HISTORISCHES WÖRTERBUCH DER PHILOSOPHIE

HISTORISCHES WÖRTERBUCH DER PHILOSOPHIE

UNTER MITWIRKUNG VON MEHR ALS TAUSEND FACHGELEHRTEN

IN VERBINDUNG MIT
GÜNTHER BIEN, ULRICH DIERSE, WILHELM GOERDT, OSKAR GRAEFE
WOLFGANG HÜBENER, FRIEDRICH KAMBARTEL, FRIEDRICH KAULBACH
HERMANN LÜBBE, ODO MARQUARD, REINHART MAURER
LUDGER OEING-HANHOFF, WILLI OELMÜLLER, KURT RÖTTGERS
ECKART SCHEERER, HEINRICH SCHEPERS, ROBERT SPAEMANN

HERAUSGEGEBEN VON

JOACHIM RITTER† UND KARLFRIED GRÜNDER

VÖLLIG NEUBEARBEITETE AUSGABE
DES ‹WÖRTERBUCHS DER PHILOSOPHISCHEN BEGRIFFE›
VON RUDOLF EISLER

BAND 6: Mo-O

SCHWABE & CO AG · VERLAG · BASEL/STUTTGART

UNTER VERANTWORTUNG DER
AKADEMIE DER WISSENSCHAFTEN UND DER LITERATUR ZU MAINZ
GEFÖRDERT MIT MITTELN DES BUNDESMINISTERIUMS
FÜR FORSCHUNG UND TECHNOLOGIE, BONN
UND DES SENATORS
FÜR WISSENSCHAFT UND KULTURELLE ANGELEGENHEITEN, BERLIN

REDAKTIONELL VERANTWORTLICHE MITHERAUSGEBER
DIESES BANDES SIND
GÜNTHER BIEN, ULRICH DIERSE, WILHELM GOERDT, NORBERT HEROLD
WOLFGANG HÜBENER, FRIEDRICH KAMBARTEL, KARL-HEINZ NUSSER
LUDGER OEING-HANHOFF, RAINER PIEPMEIER, PETER PROBST
KURT RÖTTGERS, ECKART SCHEERER, HEINRICH SCHEPERS, ROBERT SPAEMANN

WISSENSCHAFTLICHE MITARBEITER DES HERAUSGEBERKREISES

In Berlin: PETER STEMMER als Leiter des Redaktionsbüros (seit 1981), JOHANNES FRITSCHE (seit 1983)
In Münster: ANTON HÜGLI als Leiter des Redaktionsbüros (1977–1981)
In Tübingen: TILMANN BORSCHE (1975–1982), MARGARITA KRANZ (seit 1983)
In Konstanz: GOTTFRIED GABRIEL (seit 1967), THOMAS RENTSCH (seit 1981)
Beim Verlag in Basel: JAKOB LANZ (1961–1982), WALTER TINNER (seit 1982)

ADMINISTRATIVE MITARBEITER

INGE GERTISSER (seit 1968), EVA SIMMANK (seit 1981)

HIST. WB. PHILOS. 6

© 1984 BY SCHWABE & CO. AG · BASEL
GESAMTHERSTELLUNG: SCHWABE & CO. AG · BASEL
ISBN 3-7965-0115-x (für das Gesamtwerk)

VORBEMERKUNG

Neben den Autoren ist es der Herausgeberkreis, durch dessen Arbeit dieses Wörterbuch zustande kommt. Jedes Stichwort ist ein Erfordernis, es braucht einen Autor. Wie das Stichwort zu seinem Autor, müssen die kundigen und willigen Autoren zu ihren Stichwörtern kommen. Diesen reziproken Vorgang besorgen die Herausgeber.

Entwicklung und Wandlungen des Wörterbuchs, einer gemeinsamen Sache so vieler Köpfe und Hände, sind ein Stück Geschichte unserer Wissenschaft, der institutionellen Verhältnisse und ihrer personellen Auswirkungen in diesen Jahrzehnten, die zu treffenden Entscheidungen Wissenschaftspolitik auf der untersten Ebene, aber exemplarisch für Möglichkeiten und Grenzen in weiteren institutionellen Zusammenhängen. Auch darum soll hier vom Herausgeberkreis, seiner Entstehung, seinen Aufgaben, seinen Schwierigkeiten, den notwendigen Veränderungen, die Rede sein; eine Reflexion der Möglichkeit solcher Arbeit im Wissenschaftsbetrieb.

Aus Anfängen im Jahre 1958 kam es in den frühen sechziger Jahren zu regelmäßigen Beratungen Joachim Ritters mit einem kleinen Kreis von Mitarbeitern, hervorgegangen aus dem fortbestehenden Collegium Philosophicum, damals Assistenten, die dabei waren, sich zu habilitieren.

Die erste Aufgabe dieses ersten, engsten Herausgeberkreises war eine Nomenklatur; der alte ‹Eisler› wurde durchgegangen, Vorschläge für Streichungen und Neuaufnahmen wurden erörtert, oft in späterem Fortgang korrigiert, zuweilen mehrfach. Bei dieser Arbeit haben alle Beteiligten viel gelernt, sie war ebenso schwierig wie unterhaltsam, ja gelegentlich euphorisch.

Das neue Wörterbuch sollte ein Begriffswörterbuch bleiben, kein enzyklopädisches Handbuch der Philosophie werden. Die Begriffe des gegenwärtigen Philosophierens sollten in den geschichtlichen Zusammenhängen ihres Auftretens und ihrer Entwicklung, daher in Orientierung am Wortgebrauch dargestellt, daher eigene Definitionen, systematische Stipulationen vermieden werden; Stichwörter des alten ‹Eisler›, die sich als ephemer erwiesen hatten, mußten fortgelassen, andere, die er nicht gesehen oder die in der Philosophie nach seiner Zeit hinzugekommen waren, aufgenommen werden; für Grundbegriffe der Wissenschaften von philosophischer Herkunft oder philosophischer Bedeutung, die im alten ‹Eisler› nicht fehlten, mußte doch die seinen Horizont bezeichnende Einseitigkeit und Enge aufgehoben werden.

Das alles steht der Sache nach in Joachim Ritters ‹Grundsätzen und Leitlinien›, und es ist inzwischen jedem Benutzer der erschienenen Bände vertraut wie das keineswegs gleichmäßige Gelingen dieses Programms.

Für die weitere Praxis ergab sich: Die Nomenklatur sollte nicht endgültig fixiert werden, sondern offen bleiben, es sollten bei der Arbeit selbst noch Stichwörter wieder gestrichen und neue hinzugefügt werden dürfen; das schloß die sonst fast bei allen Lexika üblichen Verweise auf andere Stichwörter aus und macht daher ein abschließendes Register nötig, das auch solche Wörter nachweist, die nicht in einem eigenen Artikel behandelt sind. Der Widerspruch dieses Verfahrens zur Orientierung am Wortgebrauch ist nur scheinbar, begrifflichen Zusammenhängen entsprechen Wortfelder, deren Aufsplitterung zu unnützen Wiederholungen führen würde.

Natürlich kamen sofort Einfälle, wer welchen Artikel wohl schreiben könne und wer ihn dazu einladen solle, und diese Zuordnungen ergaben sich teils aus den Arbeitsschwerpunkten, teils aus dem Bekanntenkreis des kleinen Kollegiums, als eine lockere Mischung von Sachkompetenz und persönlichen Verbindungen. So entstanden Redaktionsressorts mit pragmatisch unscharfen Abgrenzungen. Zugleich wurde deutlich, daß dieser Kreis erweitert werden müsse, damit die notwendige Binnengliederung ebenso vollständig wie zwanglos bewältigt werden könne. Bürge für diese lebendig-kollegiale Balance war Joachim Ritter, dem alle verbunden waren.

Mitte der sechziger Jahre trat das Unternehmen vor die Öffentlichkeit des Faches, die Arbeit der Verwirklichung begann. Was hat seither ein Herausgeber am ‹Historischen Wörterbuch der Philosophie› zu tun?

Er muß zunächst für jedes Stichwort (oder für ein Bündel sachlich zusammenhängender Stichwörter) den am meisten zuständigen Autor finden; die Wahl ist manchmal fast selbstverständlich, in anderen Fällen setzt sie umständliche Recherchen voraus. Der erwünschte Autor ist einzuladen, die Bitte über die mit der Prospektmappe gegebene Programmatik hinaus individuell zu erläutern, hier knapper, dort ausführlicher. Bei Absage da capo. Bei Zusage treten Büro und Verlag in Aktion. Die vereinbarten Umfänge und Ablieferungstermine werden fixiert, Autorenverträge geschlossen. Die Manuskripte kommen pünktlich oder nicht. Die Erinnerungen des Büros müssen oft von einzelnen Herausgebern persönlich aufgenommen, behutsam dringlicher gemacht werden.

Das Manuskript kommt, es erfüllt alle Hoffnungen; keine oder wenige anpassende Eingriffe sind nötig. Oder es tut das nicht; es entspricht nicht der methodischen Absicht (ist etwa realenzyklopädisch statt wortgebrauchorientiert); läßt dieses oder jenes unberücksichtigt, überschreitet den vereinbarten Umfang (notgedrungen, weil zu knapp veranschlagt; unnötig durch Häufung gleichsinniger Belege oder zu große Ausführlichkeit sonst). Was ist zu tun? Rücksendung an den Autor mit der Bitte um Überarbeitung? Selber eingreifend redigieren?

Der Mitherausgeber findet das Manuskript ‹gut zum Satz› und schickt es dem koordinierenden Herausgeber. Der kann es erfreulicherweise auch ‹gut zum Satz› finden und so gezeichnet an den Verlag schicken. Manchmal aber muß er, andere Artikel vor Augen, Ausgleichsversuche machen; er sieht noch Kürzungsmöglichkeiten einerseits, Lücken andererseits. Was soll geschehen? Mit den Kräften des Büros selbst erledigen? Rücksendung an den Mitherausgeber? Von diesem an den Autor?

Bei alledem ist die Belastung durch das Nebeneinander des mit weiteren wissenschaftlichen Verpflichtungen verbundenen Universitätsamts und der Wörterbuchaufgabe für die Mitherausgeber schwieriger, konfliktträchtiger als für den koordinierenden Herausgeber. Der hatte sich zu entscheiden, unter seinen wissenschaftlichen Geschäften nach den Pflichten des Universitätsamtes dem Wörterbuch uneingeschränkt und fortdauernd bis zum

Vorbemerkung

Abschluß oder seinem Ausscheiden die Präferenz vor allen anderen Interessen und Arbeiten zu geben. Dieser Grad von Präferenz für das Wörterbuch ist den Mitherausgebern nicht gleichermaßen zuzumuten, sie haben ein Recht darauf, nicht zu viel anderes unerledigt zu lassen. Angesichts dessen wird das Fortschreiten des Unternehmens gerade dadurch möglich, daß die Mitherausgeber ihm dennoch immer wieder eine hohe Präferenz unter ihren übrigen wissenschaftlichen Arbeiten geben. Doch dies kann und darf nicht selbstverständlich und ein für alle Male entschieden sein, und darin liegt die Gefahr des Konflikts bei jedem einzelnen, die Kollision zwischen der Wörterbuch-Pflicht und den vielen sonstigen Ansprüchen, für die er auch da zu sein hat. Und ganz selbstverständlich ist es, daß sich Präferenzen von Zeit zu Zeit und auch auf Dauer verschieben, zu allerletzt aus bloßer Velleität, meistens von Entwicklungen im Fach und in den Institutionen bedingt. Wäre der Herausgeberkreis dem nicht ausgesetzt, hätte man daraus zu schließen, daß seine Glieder für das Fach nichts weiter bedeuten, ihre wissenschaftliche Wirksamkeit für unerheblich gehalten werden dürfte.

Das ist nicht so, und Verlag und koordinierender Herausgeber schulden den Mitherausgebern immer neu Dank für die Arbeit, die sie am Wörterbuch leisten.

Oft führt gerade die Hingabe der Mitherausgeber an die Wörterbucharbeit noch in andere Konflikte. Im Umgang mit den Beiträgen bildet sich immer deutlicher das Gefühl für die Ergiebigkeit der begriffsgeschichtlichen Methoden aus, demzufolge steigern sich die Ansprüche. Das führt, wie in der ‹Vorbemerkung› zum fünften Band berichtet, schon bei den Autoren zu immer weiteren Forschungen und dazu, daß sie «Zeit und Raum großzügig transzendieren» (J. Lanz, Arch. Begriffsgesch. 22, 1978, 16f.). Dies wiederholt sich bei den Mitherausgebern; einmal sehen sie bisweilen, was hier und da noch besser gemacht werden könnte, und machen es dann. Natürlich kommt das dem Wörterbuch zugute, und es wird auch fast immer von den Autoren akzeptiert; zum anderen möchten sie diesen oder jenen Artikel gerne selbst schreiben, sie laden sich selbst ein und sagen zu. Natürlich wird es dann gut, aber solche Autor- und Mitautorschaft gerät in Konflikt mit der Redaktionstätigkeit im engeren Sinn und erhöht im Ergebnis die Gefahr der Verzögerung. Bei allen Beteiligten und auf allen Stufen der Arbeit pendelt das Bewußtsein zwischen Perfektionismus und Resignation, muß das Erreichbare von Artikel zu Artikel neu bestimmt werden.

In dieser Lage mehrfältiger Doppelbelastung für die Mitherausgeber gibt es zwei Möglichkeiten der Abhilfe: einmal die Erweiterung des Herausgeberkreises durch Ressortteilung mit dem Ziel einer bleibenden Erleichterung für überlastete Mitherausgeber; zum anderen ihre zeitweilige Entlastung durch Vertretung, durch Übertragung der Redaktionsarbeit jeweils für einzelne Bände an weitere Mitarbeiter, d.h. durch eine neue Form der Redaktionsarbeit, die vielleicht so zu nennende 'Bandredaktion'. Wir haben beides miteinander verbunden.

Schon für die Arbeit am vorliegenden Band 6 sind 1980 als Mitherausgeber vom bisherigen Kreis hinzugewählt worden die Herren Wolfgang Hübener (Berlin) und Eckart Scheerer (Oldenburg). Inzwischen hat die Arbeit an den Bänden 7 und 8 begonnen; für sie und die weiteren Bände wurden 1983 kooptiert die Herren Gottfried Gabriel (Konstanz), Anton Hügli (Basel), Theo Kobusch (Tübingen) und Gunter Scholtz (Bochum). Verlag und Unterzeichnender danken diesen Herren für ihre Bereitschaft, die zusätzlichen Belastungen zu übernehmen und in die Mitarbeit am Wörterbuch einzutreten.

Außer dieser Erweiterung des Herausgeberkreises ist mit Band 6 die neue Form der Bandredaktion wirksam geworden: Alle Mitglieder des Herausgeberkreises werden Band für Band vom Verlag und koordinierenden Herausgeber gefragt, ob sie an diesem Band in der bisherigen Weise mitwirken und für diese Arbeit eine Präferenz vor ihren übrigen wissenschaftlichen Vorhaben versprechen möchten oder ob sie sich für ihn aus der aktiven Redaktion zurückziehen, sich auf eine nur beratende Mitwirkung beschränken und die Redaktionsarbeit für diesen Band einem Mitarbeiter übertragen wollen, der nicht zum ständigen Herausgeberkreis gehört, aber mit dem Ressort und dem Autorenkreis vertraut ist und sich für die Dauer der Arbeit an diesem Band zur Mitarbeit mit Präferenz verpflichtet und voll verantwortlich ist. Demgemäß steht von nun an auf der Rückseite des Titelblatts unter «Redaktionell verantwortliche Mitherausgeber dieses Bandes sind ...» eine Liste, auf der die Namen der an diesem Band durch Redaktionstätigkeit aktiv mitwirkenden Herausgeber und der für diesen Band hinzugetretenen Mitarbeiter genannt sind.

Am 13. Juli 1982 ist Jakob Lanz nach kurzer schwerer Krankheit im Alter von 60 Jahren gestorben. Er hat als Wissenschaftlicher Lektor des Verlages das Wörterbuch von Anfang an betreut, im guten Sinn des mißbrauchten Wortes, und er wollte sich auch noch im Ruhestand darum kümmern, bis es fertig sei. Nun hat er nicht einmal das Erscheinen dieses Bandes erlebt. Er fehlt, besonders denen, die das Werk weiterführen.

Die Potenzen seiner Person, die ihn zur lebendigen Mitte des Betriebes, der ein solches Werk allemal auch ist, machten, waren vielfältig. Er verfügte über eine weite philosophische Bildung, gründliche Kenntnisse der alten und neuen Sprachen. Dazu kamen ein hohes handwerkliches Können, staunenswerte Umsicht und Entscheidungssicherheit, eminente Arbeitsenergie – und dann vor allem, was diese Potenzen in Bewegung setzte und in Bewegung hielt: eine unersättliche sachbezogene Neugier, unversiegliche Freude am Gespräch, Leichtigkeit im Gespräch, kaum jemals aussetzender sarkastischer Humor.

So beschränkte sich seine Arbeit am Wörterbuch keineswegs auf Lektorierung als formale Vereinheitlichung der Zitationsweise, des Abkürzungswesens, auf die Auszeichnung der Manuskripte für den Setzer. Bei diesem Geschäft war er von unübertrefflicher Präzision. Aber er tat mehr, griff stillschweigend ein, wo nach dem 'Gut zum Satz' noch etwas zu tun übriggeblieben war. Er redigierte sozusagen heimlich weiter, im besonderen kürzte er (ohne jede Antastung des substantiellen Gehalts) noch, wo Autor, Redaktor, Herausgeber es nicht mehr für möglich gehalten hatten. Das machte er so ingeniös, daß die meisten Betroffenen es gar nicht merkten, und wer es merkte, erhob keinen Einspruch, sondern stimmte zu, voll des Lobes. Die Strenge seiner Ansprüche und die Beharrlichkeit ihrer Durchsetzung schlossen die Freude an der Zusammenarbeit nicht aus, sondern machten sie erst eigentlich möglich. Er hatte zu allen Herausgebern eine persönliche Beziehung, aber zu jedem eine andere, und das war für uns oft eine große Hilfe.

Unsere Erinnerung an Herrn Lanz ist von großer Dankbarkeit bestimmt, das versteht sich nach alledem von selbst, aber darüber hinaus muß ich hier nun die, die ihn nicht kannten, die Autoren und jeden Benutzer (und die Leser, die es auch gibt) daran erinnern, daß und in wie hohem Maße auch *sie* Jakob Lanz zu danken haben.

An die Stelle von Jakob Lanz ist Herr Walter Tinner getreten, der im Verlag seit einigen Jahren das andere große Projekt, den neuen ‹Ueberweg›, betreut. Er ist inzwischen dem Herausgeberkreis bekannt, und wir arbeiten in guter Verständigung und sicherem Vertrauen zusammen.

Das Redaktionsbüro ist Ende 1980 von Münster nach Berlin verlegt worden. Herr Anton Hügli ist 1981 als Wissenschaftlicher Mitarbeiter ausgeschieden und zum Direktor des Kantonalen Lehrerseminars von Basel berufen worden. An seine Stelle ist in Berlin Herr Peter Stemmer getreten. Herr Tilman Borsche ist 1982 als Wissenschaftlicher Mitarbeiter ausgeschieden und in die Stellung eines Hochschulassistenten übergegangen; die Stelle wurde vorläufig geteilt und wird seit 1983 von Frau Margarita Kranz und Herrn Johannes Fritsche wahrgenommen. Wir danken den Ausgeschiedenen, die in verschiedener Weise der Wörterbucharbeit verbunden bleiben, für ihre verdienstvolle Tätigkeit und ihren Nachfolgern für die Bereitschaft, ihre Arbeit fortzusetzen.

Die Akademie der Wissenschaften und der Literatur zu Mainz fördert das Wörterbuch im Rahmen des Bund-Länder-Abkommens über das Akademienprogramm. Die Akademie nimmt ihre Verantwortung durch die Kommission für Philosophie und Begriffsgeschichte ihrer Geistes- und Sozialwissenschaftlichen Klasse wahr; der Unterzeichnende ist dieser Kommission, der er angehört, berichtspflichtig; die Kommission nimmt zu wesentlichen Veränderungen (z. B. im Herausgeberkreis) Stellung, bevor der Verlag diese Veränderungen förmlich realisiert. Die je zur Hälfte vom Bundesministerium für Forschung und Technologie und dem Senator für Wissenschaft und kulturelle Angelegenheiten in Berlin (als dem Sitzland des koordinierenden Herausgebers) bereitgestellten Mittel werden von der Kasse der Akademie zu Mainz gemäß rheinland-pfälzischem Haushaltsrecht verwaltet. Für all dies danken die Herausgeber der Akademie und den beiden Ministerien.

Dank gilt wiederum Herrn H. Kamp vom Rechenzentrum der Universität Münster, der uneigennützig die Computer-'Buchführung' der Nomenklatur, ein wichtiges Werkzeug des Herausgeberkreises, besorgte; den auf der Impressum-Seite genannten Bandredaktoren und Mitarbeitern sowie folgenden Damen und Herren, die sich an den redaktionellen, editorischen oder administrativen Arbeiten für kürzere oder längere Zeit beteiligt haben: in Berlin Elke Eisenhauer, Christiana Goldmann, Cordula Hufnagel, Margarete Kohlenbach, Barbara von Reibnitz, Hans Ulrich Thalmann, Gernot Thiele; in Bochum Stefan Lorenz, Winfried Schröder; in Konstanz Weyma Lübbe, Martin Wälde; in Münster Ludger Kaczmarek, Ralf Konersmann, Karl-Dietmar Möller-Naß; in Oldenburg Karl-Friedrich Husen.

Die Herausgeber und alle Mitarbeiter danken allen Bibliotheken, die sie unmittelbar oder über den Leihverkehr beanspruchten, für ihre unentbehrliche Hilfe.

Berlin-Dahlem, im Winter 1983/84   K. GRÜNDER

Jedem Band des Wörterbuches werden am Schluß Verzeichnisse der Artikel und der Artikelautoren sowie häufig verwendeter Abkürzungen und Zeichen beigegeben. Nach dem Autorenverzeichnis sind Bemerkungen zur formalen Gestaltung des Werkes abgedruckt.

Mo-My

Mobilität (engl. mobility). Der Begriff der ‹M.› wurde von P. A. SOROKIN Mitte der 1920er Jahre in die Sozialwissenschaft eingeführt: ‹soziale M.› bezeichnet die Bewegung von Individuen oder Kollektiven im sozialen Raum, d. h. zwischen allen nur denkbaren sozialen Positionen, Rangabstufungen und Schichten, ‹kulturelle M.› die Bewegung von Kulturelementen (Wörtern, Ideen, Geräten usw.) [1]. Im Mittelpunkt der soziologischen M.-Forschung stand jedoch von Anbeginn nicht die kulturelle, sondern die soziale M. Man konzentrierte sich dabei darauf, die Modi dieser M.-Form, ihre verschiedenen Bewegungsaspekte, gesondert herauszuarbeiten.

Noch auf Sorokin zurück geht die Unterscheidung zwischen vertikaler und horizontaler M. Unter *horizontaler* M. versteht man «Positions- bzw. Bereichswechsel unter Vernachlässigung eventuell in der Veränderung enthaltener Auf- und Abstiege» [2], unter *vertikaler* M. die mit Auf- oder Abstiegen verbundenen Positionswechsel von Individuen (sc. statistischen Mengen von Individuen) zwischen unterschiedlich bewerteten sozialen Rängen (Statuslagen) [3], gemessen zumeist mittels Berufs-, Einkommens-, Macht/Prestige-, Bildungs- und Schichtindizes [4].

Als *Zeitmaß* für M.-Prozesse hat die Forschung die Generationenphase gewählt. Sie unterscheidet *Inter*- und *Intra*-Generationen-M., d. h. «Bewegungen, die zwischen den Generationen ablaufen», und solche, «die sich innerhalb des Lebens bestimmter Personen vollziehen» [5]. Vorrangig erforscht wurden in beiden Fällen vertikale, in der Regel auf berufliche Positionen bezogene Bewegungen, denn Berufs-M. gilt als der aussagekräftigste empirische Indikator für das Ausmaß von M. Als nützlich erwies sich in diesem Zusammenhang die von TH. GEIGER eingebrachte Unterscheidung zwischen *Umschichtungen*, erkennbar an den Berufsgliederungen eines Altersjahrganges zu verschiedenen Zeitpunkten, und *Fluktuationen*, zu deren Erfassung nicht nur Berufsgliederungen generell verglichen, sondern Übergänge von einer Position zu einer anderen auch einzeln festgehalten werden müssen [6]. In bezug auf eine bestimmte Position kann man bei Fluktuationen dann zwischen einem Zustrom (Aflux) und einem Abstrom (Deflux) unterscheiden [7].

Von der M.-Forschung eingehend untersucht wurde die Tatsache, daß M. im allgemeinen entlang bestimmter, von der Gesellschaft mehr oder weniger vorgegebener Wege (sog. M.-Kanäle) verläuft. Institutionen wie Familie, Schule und Beruf wirken als «soziale Siebe»; durch sie wird maßgeblich entschieden, wer jeweils aufsteigen kann und wer nicht [8].

M. kann sowohl objektive, in der Sozialstruktur vorgegebene, wie auch subjektive, im Persönlichkeitshabitus liegende *Ursachen* haben [9]. Die *objektiven* Ursachen erstrecken sich von der Zahl der verschiedenen, in einer Gesellschaft zur Verfügung stehenden (beruflichen) Positionen über die Geburtenhäufigkeit, die Sterblichkeitsziffer, die Qualifikations- und Anforderungsmerkmale der zu besetzenden Stellen bis hin zu umfassenden wirtschaftlichen, rechtlichen und politischen Gegebenheiten. Die *subjektiven* Ursachen hingegen beziehen sich vor allem auf Leistungsbereitschaft und Leistungsansprüche der Individuen. Als bisher unlösbar herausgestellt hat sich namentlich das Problem, die totale M. oder Gesamt-M. einer Gesellschaft zu erfassen, für die Bewegungen sehr komplexer Art aufzurechnen wären [10].

Was die *Wirkungen* von M. betrifft, ist die Forschung über Hypothesen, wie schon SOROKIN sie formuliert hat, nicht wesentlich hinausgekommen. Plausibel ist, daß Mobile besonders dann, wenn sie in höhere Statusränge aufsteigen, ihr neues Handlungsfeld im Sinne der Traditionen, Wissensbestände, Fertigkeiten und Werte, die sie aus dem Herkunftsbereich transferiert haben, merklich beeinflussen. Daraus erklären sich u. a. jene Innovationsprozesse, die durch den «Kreislauf der Eliten» (V. PARETO) ausgelöst werden [11]. Die oft stillschweigend getroffene Annahme, daß eine mobile, soziale Auf- und Abstiege nicht wesentlich hemmende, «offene» Gesellschaft demokratischer sei als eine «geschlossene», wird schon durch die Überlegung in Frage gestellt, daß höchste soziale M. nur dann erreicht werden könnte, wenn die Besetzung sozialer Positionen nach dem Zufallsprinzip erfolgte – ein Verfahren, das jedes dauerhafte gesellschaftliche Handeln verunmöglichen würde [12]. Zugleich und umgekehrt ist manifest, daß gerade Gesellschaften, die als geschlossen-totalitär gelten, nicht als unbeweglich und starr angesehen werden müssen, sondern als Systeme fortgesetzter sozialer Umstrukturierung bzw. Mobilisierung [13].

Die neue Forschung setzt daher die M. weniger mit der jeweiligen politischen Verfassung in Beziehung als vielmehr mit Faktoren wie technische und wirtschaftliche Entwicklung, Urbanisierung und Modernisierung [14].

Anmerkungen. [1] P. A. SOROKIN: Social and cultural M. (New York 1927ff., zit. London 1964) 133. 536-538. – [2] K. M. BOLTE: Sozialer Aufstieg und Abstieg (1959) 9. – [3] Vgl. SOROKIN, a.O. [1] 12; K. M. BOLTE: Dtsch. Gesellschaft im Wandel (1966) 244f.; a.O. [2] 18-21. 67ff. – [4] Vgl. a.O. [3] 251-253. – [5] a.O. [2] 9. – [6] TH. GEIGER: Typol. und Mechanik der gesellschaftl. Fluktuation, in: Die Einheit der Sozialwiss., hg. W. BERNSDORF/G. EISERMANN (1955) 105. – [7] a.O. 85; Über dynamische Analyse sozialer Umschichtungen, in: Soziol. Forsch. in unserer Zeit, hg. K. G. SPECHT (1951) 55f. – [8] SOROKIN, a.O. [1] 179f.; vgl. auch H. SCHELSKY: Schule und Erziehung in der industriellen Gesellschaft (²1959). – [9] Vgl. BOLTE, a.O. [3] 245. – [10] a.O. [2] 228. – [11] V. PARETO: The mind and society. A treatise on general sociol. 3 (New York 1935) 1421-1427; vgl. G. ZAUELS: Paretos Theorie der sozialen Heterogenität und Zirkulation der Eliten (1968). – [12] Vgl. J. A. KAHL: The American class structure (New York 1957) 14f. – [13] Vgl. H. ARENDT: Elemente und Ursprünge totaler Herrschaft (1955) 731. – [14] Vgl. BOLTE, a.O. [3] 29f.

Literaturhinweise. P. A. SOROKIN s. Anm. [1]. – K. M. BOLTE s. Anm. [2]. – S. M. LIPSET und R. BENDIX: Social M. in industrial

society (Berkeley, Calif. 1959). – K. SVALASTOGA: Prestige, class, and M. (Kopenhagen 1959). – D. V. GLASS und R. KÖNIG (Hg.): Soziale Schichtung und soziale M. Kölner Z. Soziol. Sozialpsychol., Sh. V (1961). – R. DAHRENDORF: Gesellschaft und Demokratie in Deutschland (1965). – M. BLALOCK jr.: Status inconsistency, social M., status integration, and structural effects. Amer. sociol. Rev. 32 (1967) 790-801. – K. KESSIN: Social and psychological consequences of intergenerational occupation M. Amer. J. Sociol. 77 (1971) 1-18. – W. MÜLLER: Familie, Schule, Beruf. Analysen zur sozialen M. und Statuszuweisung in der Bundesrepublik (1975). – E. R. WIEHN und K. U. MAYER: Soziale Schichtung und M. (1975). – TH. A. HERZ: Effekte beruflicher M. Z. Soziol. 5 (1976).
W. LIPP

Modalanalyse. Mit dem Ausdruck ‹M.› kennzeichnet N. HARTMANN Gegenstand und Methode der «Wissenschaft», die er, nachdem sie vor ihm «nur sporadisch getrieben» wurde, in seinem Werk ‹Möglichkeit und Wirklichkeit› (1938) «systematisch in Angriff nimmt» [1]. Ihre Aufgabe umreißt er folgendermaßen: «Die M. dringt in das Gefüge von Möglichkeit und Wirklichkeit, Notwendigkeit und Zufälligkeit ein und gewinnt aus dem eigenartigen Verhältnis, welches die Modi im Zuge des Weltgeschehens miteinander eingehen, den ontologischen Innenaspekt des Realseins als solchen, der seine positive Bestimmung wenigstens mittelbar möglich macht» [2]. Als «Kategorien der reinen Seinsweise» bilden die «Modalkategorien» (als welche die Seins*modi* sich einerseits von den beiden Seins*weisen* Realität und Idealität und andererseits von den beiden Seins*momenten* Dasein und Sosein unterscheiden [3]) insofern das «Kernstück der Ontologie», «als fast alles, was wir vom ‹Seienden als Seienden› in dieser Allgemeinheit wissen, ein Wissen auf dem Umweg über die M. ist» [4].

Die M., die für ihn «eine systematisch grundlegende Disziplin» ist [5], so daß er ihr «nicht nur für die Ontologie, sondern ebenso auch für philosophische Lehrgebiete aller und jeder Art» eine «Zentralstellung» [6] einräumt, umfaßt nach Hartmann vier Lehrstücke. Bevor er im zentralen zweiten Teil seiner Untersuchung die Analyse der Modi des «realen Seins» durchführt, der er im dritten Teil die unter dem Titel «Modalität des Irrealen» zusammengefaßte M. des «idealen Seins», des Urteils und der Erkenntnis folgen läßt, erörtert er in einem vorbereitenden ersten Teil am Modell einer dem Unterschied zwischen «realer» und «irrealer» Sphäre gegenüber «neutralen» Sphäre das für alle Seinsweisen geltende «modale Grundgesetz», dem zufolge die «relationalen» Modi einer jeden Sphäre auf die «absoluten» oder «fundamentalen» Modi derselben Sphäre, nämlich Wirklichkeit und Unwirklichkeit, rückbezogen sind [7], sowie die «generelle Anordnung» der einzelnen Modi. Die im vierten Teil durchgeführte Untersuchung des Verhältnisses der Modi verschiedener Sphären zueinander schließt das Werk ab, das man die «an Umfang und systematischer Durchdringung bedeutendste Beschäftigung mit dem Modalproblem in der Neuzeit» [8] genannt hat.

In seiner vom Standpunkt des logistischen Modalkalküls aus geführten Auseinandersetzung mit Hartmanns ontologischer Modalitätenlehre hat O. BECKER ein von ihm als modale «Grundfigur» bezeichnetes Schema entworfen [9], das es erlaubt, die zwischen den einzelnen Modi einer Sphäre bestehenden «Intermodalverhältnisse» und die sie bestimmenden «Intermodalgesetze» [10] anschaulich darzustellen und zu präzisieren (zunächst in der «neutralen» Sphäre; vgl. Schema 1).

Das Mögliche (M) und das Unmögliche ($\neg M$), das Wirkliche (W) und das Unwirkliche ($\neg W$), das Notwendige (N) und das Nicht-Notwendige ($\neg N$), die auf ihrer jeweiligen Stufe die das Schema horizontal begrenzende Gesamtstrecke ausfüllen, sind jeweils *kontradiktorisch* einander entgegengesetzt. Das Notwendige und das Unmögliche hingegen sind einander *konträr* entgegengesetzt; sie schließen sich zwar gegenseitig aus, lassen aber zwischen sich den Bereich dessen offen, was als kontingent Wirkliches oder Unwirkliches (als positiv oder negativ Zufälliges: Z) weder notwendig noch unmöglich ist. In diesem Bereich überschneiden sich das Mögliche und das Nicht-Notwendige, die sich *subkonträr* zueinander verhalten. Schließlich besteht zwischen der Notwendigkeit, der Wirklichkeit und der Möglichkeit eines Sachverhaltes ebenso wie zwischen der Unmöglichkeit, der Unwirklichkeit und der Nicht-Notwendigkeit dieses Sachverhaltes das Verhältnis der *Subalternation* (oder Implikation). Die Möglichkeit eines Sachverhaltes ist der Nicht-Notwendigkeit des ihm kontradiktorisch entgegengesetzten Sachverhaltes ebenso äquivalent, wie die Notwendigkeit eines Sachverhaltes der Unmöglichkeit des ihm kontradiktorisch entgegengesetzten Sachverhaltes äquivalent ist:

$$Mp \leftrightarrow \neg N \neg p, \; M \neg p \leftrightarrow \neg Np, \; Np \leftrightarrow \neg M \neg p, \; N \neg p \leftrightarrow \neg Mp.$$

Die Kontingenz, die als Zufälligkeit im engeren Sinne entweder darin besteht, daß ein Sachverhalt, der tatsächlich der Fall ist, nicht notwendig der Fall ist (Z^+), oder darin, daß ein Sachverhalt, der tatsächlich nicht der Fall ist, nicht unmöglich der Fall ist (Z^-), darf ebensowenig mit der Nicht-Notwendigkeit ($\neg N$ als «Zufälligkeit» im weiteren Sinne) verwechselt werden, wie die sogenannte «disjunktive» Möglichkeit, die darin besteht, daß ein Sachverhalt (p) sowohl der Fall als auch nicht der Fall sein kann ($Mp \wedge M \neg p$), nicht mit der als «indifferent» zu bezeichnenden «Möglichkeit schlechthin» (M) verwechselt werden darf [11]. Indifferent ist diese Art der Möglichkeit deshalb, weil sie sich mit dem Wirklich- oder Unwirklichsein dessen, was in ihrem Sinne möglich ist, verträgt, was für das Möglichsein im disjunktiven Sinne, das «beim Übergang zum Wirklichsein sich aufhebt», nicht gilt [12]. Die beiden Seinssphären von HARTMANNS Ontologie lassen sich als Varianten der modalen Grundfigur Beckers (als verschiedene modale «Welten») wie in Schema 2 darstellen [13].

In der Sphäre des realen Seins gilt das «Spaltungsgesetz der (Real-)Möglichkeit», dem zufolge das kontradiktorische Gegenteil dessen, was real möglich ist, real nicht möglich ist [14], so daß sich das real Mögliche (im Sinne eines «Megarischen» Möglichkeitsbegriffs [15]) als das zugleich real Notwendige mit dem real Wirklichen deckt

Schema 1

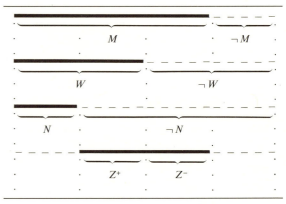

[16]. In der idealen Sphäre der «Wesenheiten und Wesenszusammenhänge» [17], deren Figur sich von der neutralen Grundfigur nur dadurch unterscheidet, «daß sie in der Mittelachse nicht gespalten ist» [18], kommt die disjunktive Möglichkeit ($M^\pm$) zur Geltung, die es in der Realsphäre ebensowenig gibt [19] wie die Kontingenz (Z).

Die Modaltafel des idealen Seins läßt sich um den Modus der *Kompossibilität* erweitern [20], die als «Möglichkeit unter der einschränkenden Bedingung des Zusammenbestehens mit anderen Dingen oder einem bestimmten System von Gesetzen» [21] einen engeren Umfang hat als die einfache ideale Möglichkeit im Sinne der Widerspruchsfreiheit. Sie hat, wie die durch ihre Einbeziehung ergänzte Grundfigur [22] zeigt, ihr Gegenstück in der von BECKER so genannten *Konezessität* («Zusammen-» oder «Mitnotwendigkeit»), auf die vor ihm «noch kein Erforscher der Modalitäten ... aufmerksam geworden zu sein scheint» [23], während der durch LEIBNIZ [24] historisch wirksam gewordene Begriff des «compossibile» z. B. schon bei THOMAS VON AQUIN [25] und WILHELM VON OCKHAM [26] begegnet.

Von der M. des ARISTOTELES, die das konkrete Veränderliche «aus einer Zweiheit von inneren Realgründen (oder Realprinzipien) konstituiert» sein läßt [27] – nämlich aus dem formalen Prinzip seiner es jeweils auf diese oder jene Bestimmtheit festlegenden «Realwirklichkeit» und dem materialen Prinzip seiner in seiner jeweiligen Bestimmtheit sich durchhaltenden «Realmöglichkeit», anders bestimmt zu werden [28] –, unterscheidet sich HARTMANNS M. dadurch, daß er nur die bereits *verwirklichte* Möglichkeit eines real Wirklichen als *reale* Möglichkeit gelten läßt, weil er alles, was real unwirklich ist, als real unmöglich und alles, was real wirklich ist, als real notwendig betrachtet. Er reduziert also die *reale* Möglichkeit, die bei Aristoteles immer auch die zukünftige Bestimmbarkeit einer Sache durch Eigenschaften, die ihr gegenwärtig noch nicht zukommen, mit einschließt [29],

Schema 2

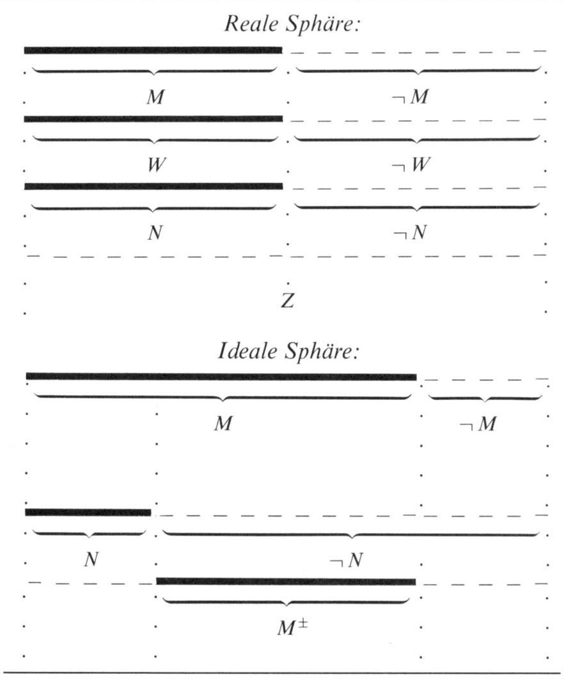

Reale Sphäre:

M	$\neg M$
W	$\neg W$
N	$\neg N$
Z	

Ideale Sphäre:

M	$\neg M$
N	$\neg N$
$M^\pm$	

Schema 3

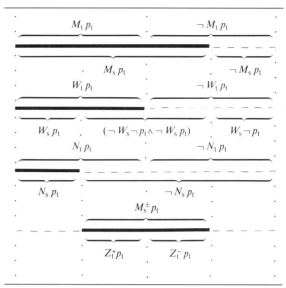

auf die *aktuelle* Möglichkeit eines aktuell bestehenden Sachverhaltes. Diese aktuelle Möglichkeit deckt sich «immer dann, wenn Gleichzeitigkeit zwischen dem angenommenen Sachverhalt und seinem Modus behauptet wird» [30], nicht nur mit dem tatsächlichen Bestehen des jeweiligen Sachverhaltes, sondern – nach dem Aristotelischen Prinzip, daß alles, was ist, *dann* notwendig ist, *wenn* es ist (τὸ ὂν ἅπαν εἶναι ἐξ ἀνάγκης ὅτε ἔστιν [31]) – auch mit der zum Zeitpunkt seines Bestehens ebenfalls bestehenden faktischen Notwendigkeit dieses Sachverhaltes.

Indem HARTMANN die in ihren Grenzen richtige Auffassung von der Notwendigkeit eines Sachverhaltes p zum Zeitpunkt t seines Bestehens ($N_t p_t$ [32]) zu einer «aktualistischen Deutung des Spaltungsgesetzes der Realmöglichkeit» radikalisiert [33], der zufolge die Veränderung eines real Wirklichen nur dadurch möglich ist, daß dieses «als ein Reales in die Vergangenheit abwandert» und durch «ein vollkommen Neuentstandenes» ersetzt wird [34], stellt er «die aristotelische These von der Substantialität des Realen» [35] in Frage, die voraussetzt, «daß im konkreten Realen zusammen mit dem Moment der jeweiligen Festgelegtheit und Entschiedenheit immer auch ein Moment durchhaltender Wandelbarkeit besteht» [36].

Bezeichnet man die für die Aristotelische M. ausschlaggebende Möglichkeit eines Sachverhaltes p zu einem dem Zeitpunkt t seines Bestehens (oder Nichtbestehens) vorausgehenden Zeitpunkt s als $M_s p_t$, so läßt sich O. BECKERS «neutrale» Grundfigur der Modalitäten in eine «temporalisierte modale Grundfigur» umwandeln, in der sich die beiden «Seinssphären» N. HARTMANNS zu einer einzigen Sphäre ergänzen [37]. Als die Welt der Natur und der Geschichte, in der wir leben, räumt diese Sphäre sowohl der Veränderung der in ihr (als Substanzen) aufeinander einwirkenden Dinge als auch der Freiheit der in ihr (als Subjekte) miteinander handelnden Personen einen Spielraum von Möglichkeiten ein, die gegenwärtig bestehen und in der Zukunft entweder verwirkt oder verwirklicht werden (vgl. Schema 3).

Anmerkungen. [1] N. HARTMANN: Möglichkeit und Wirklichkeit (²1949) VIII. – [2] a.O. V. – [3] Vgl. VI. 2f. – [4] 29; vgl. 104. – [5] 428. – [6] 31. – [7] 71. – [8] I. PAPE: Tradition und Transformation der Modalität (1966) 21. – [9] O. BECKER: Zur Logik der

Modalitäten. Jb. Philos. phänomenol. Forsch. 11 (1930) 497-548. 510; Das formale System der ontol. Modalitäten (= SM). Bl. dtsch. Philos. 16 (1942/43) 387-422. 390ff.; Untersuch. über den Modalkalkül (= MK) (1952) 58ff.; vgl. hierzu H. WEIDEMANN: Möglichkeit und Wahrheit. Oskar Beckers modale Grundfigur und das Arist. Bivalenzprinzip. Arch. Gesch. Philos. 61 (1979) 22-36. – [10] Vgl. HARTMANN, a.O. [1] 105. – [11] 45-47; vgl. BECKER, SM [9] 391f. 397f.; MK [9] 57f. – [12] HARTMANN, a.O. [1] 46; vgl. 96. – [13] Vgl. BECKER, MK [9] 60-64. – [14] Vgl. HARTMANN, a.O. [1] 127-134. – [15] Vgl. 12-14. 181-189. – [16] Vgl. 197. – [17] 310. – [18] BECKER, SM [9] 403; MK [9] 64. – [19] HARTMANN, a.O. [1] 115. – [20] Vgl. 332f. – [21] BECKER, MK [9] 65. – [22] ebda. – [23] SM [9] 405f.; vgl. MK [9] 67. – [24] Vgl. L. COUTURAT (Hg.): Opuscules et frg. inéd. de LEIBNIZ (Paris 1903, ND 1961) 530. 534. – [25] THOMAS VON AQUIN, In de caelo et mundo lib. I, 12, lect. 29, nr. 5. – [26] WILHELM VON OCKHAM, In I Sent. Prol. Opera theol. I, q. 1, hg. G. GÁL/S. BROWN (St. Bonaventure, N.Y. 1967) 52, 4; 57, 22; S. Logicae. Opera philos. I, III/3, 39; III/4, 12, hg. PH. BOEHNER/G. GÁLS/S. BROWN (St. Bonaventure, N.Y. 1974) 733, 63; 829, 104. – [27] G. MEYER: M. und Determinationsproblem. Zur Kritik Nicolai Hartmanns an der arist. «Physis» (1962) 19. – [28] Vgl. a.O. 17-23. – [29] Vgl. 23-26. – [30] DOROTHEA FREDE: Omne quod est quando est necesse est esse. Arch. Gesch. Philos. 54 (1972) 153-167, zit. 163. – [31] ARISTOTELES, De interpret. 9, 19 a 25f. (vgl. 23f.); vgl. hierzu FREDE, a.O. [30] 154f. 167; S. MCCALL: Time and the physical modalities. Monist 53 (1969) 426-446, bes. 429-431; S. WATERLOW: Passage and possibility. A study of Aristotle's modal concepts (Oxford 1982) 41f. 89f. – [32] Vgl. FREDE, a.O. 163; MCCALL, a.O.; WATERLOW, a.O. – [33] MEYER, a.O. [27] 34f. 40. 88; vgl. HARTMANN, a.O. [1] 132. – [34] Vgl. MEYER, a.O. [27] 40f. – [35] 34; vgl. 42f. – [36] 29; vgl. HARTMANN, a.O. [1] 3-5. – [37] Vgl. hierzu H. WEIDEMANN: Überlegungen zu einer temporalen M. Z. philos. Forsch. 34 (1980) 405-422.

Literaturhinweise. N. HARTMANN s. Anm. [1]. – O. BECKER s. Anm. [9]. – A. BECKER-FREYSENG: Die Vorgesch. des philos. Terminus ‹contingens› (1938). – J. HINTIKKA: Aristotle's different possibilities, in: Time and necessity (Oxford 1973) 27-40; ursprüngl. in: Inquiry 3 (1960) 18-28; auch in: J. M. E. MORAVCSIK (Hg.): Aristotle. A coll. of crit. essays (London 1968) 34-50. – H. BECK: Möglichkeit und Notwendigkeit (1961). – G. MEYER s. Anm. [27]. – H. SCHEPERS: Möglichkeit und Kontingenz (Turin 1963). – I. PAPE s. Anm. [8]. – S. MCCALL s. Anm. [31]. – N. RESCHER und A. URQUHART: Temporal logic (Wien/New York 1971). – K. JACOBI: Art. ‹Möglichkeit›, in: Hb. philos. Grundbegriffe 4 (1973) 930-947; Kontingente Naturgeschehnisse. Studia Mediewistyczne 18 (1977) 3-70. – H. WEIDEMANN s. Anm. [9] und [37]. – G. SEEL: Die Aristotelische Modaltheorie (1982). – S. WATERLOW s. Anm. [31]. H. WEIDEMANN

Modalismus ist Sammelbezeichnung für jene heterodoxen Deutungen der christlichen Trinitätslehre, nach welchen die Dreizahl in Gott nicht real voneinander verschiedene, ihrer selbst bewußte Personen bezeichnet, sondern nur verschiedene Namen, Funktionen, Vermögen oder nicht-subjekthafte Weisen des einen göttlichen Seins, Wirkens oder Erscheinens ausdrückt. Den konträren Gegensatz zu solchem M. bildet der ebenfalls heterodoxe Tritheismus, der zwar die reale Verschiedenheit der göttlichen Personen anerkennt, aber die numerische Identität des einen göttlichen Wesens nicht zu wahren versteht und deshalb zur Annahme dreier in einem zwar artlich gleichen, aber doch je eigenen Wesen bestehender Götter tendiert. Auch die philosophischen Trinitätslehren haben, sofern sie die geoffenbarte und im kirchlichen Glaubensbekenntnis ausgesagte Dreieinigkeit Gottes auf den Begriff bringen wollen, einen Weg zwischen der Skylla des Tritheismus und der Charybdis des M. zu gehen, wie z.B. E. VON HARTMANNS Kritik zu entnehmen ist [1].

Die gegenwärtig sonst kaum gestellte Frage nach dem geschichtlichen Ursprung des Wortes ‹M.› hat H. CROUZEL dahingehend beantwortet, daß diese Bezeichnung «wahrscheinlich erst im 19. Jh.» geprägt worden sei [2]. Sie ist aber älter. Nach ST. WIEST lehrten Latitudinarier (s. Art. ‹Latitudinarismus›) «eine göttliche Person sei eine Weise (modus) ... Gottes in Bezug auf die Kreaturen», und daher stamme der Ausdruck ‹M.› (dicti propterea Modalistae) [3]. Auch J. F. BUDDEUS schreibt 1723 den Ausdruck ‹M.› seinem Zeitalter zu (nostra aetate modalistae vocari solent) [4]. Weil schon 1706 in der anonym in Hamburg erschienenen Schrift ‹Les raisons des scripturaires› die Auffassung der «Modalisten» als «allgemein und unter den orthodoxen Lehren im höchsten Maße authentisch» bezeichnet wurde [5], könnte der Ausdruck ‹M.› schon aus der zweiten Hälfte des 17. Jh. stammen, was im einzelnen zu untersuchen der theologiegeschichtlichen Forschung überlassen werden muß.

Während der Ausdruck ‹M.› im 19. Jh vorwiegend dogmengeschichtlich zur Bezeichnung frühchristlicher Irrlehren, besonders des Sabellianismus, diente [6], hat er in den gegenwärtigen Kontroversen um die Trinitätslehre erneute Aktualität gewonnen. So ist nach J. MOLTMANN sowohl die Trinitätslehre K. BARTHS als auch K. RAHNERS, weil beide die göttlichen Personen nicht dialogisch-sozial denken, nur ein Ich in Gott annehmen und die Dreiheit selbstbewußter Personen auf drei Seins- oder Subsistenzweisen reduzieren, M. [7]. Dem gegen seine eigene Position dann in der Tat erhobenen Tritheismus-Vorwurf [8] sucht MOLTMANN von vornherein zu begegnen: er dient eben «faktisch überall zur Verschleierung des eigenen M.» [9].

Aus diesen Kontroversen ergibt sich die Aufgabe einer genaueren Klärung des trinitarischen Personbegriffs: Weil die göttlichen Personen sich nicht im Wesen unterscheiden, das jeder ganz eigen ist und das sie nach ihrer Weise vollzieht, müssen sie sich darin, *wie* sie es besitzen und vollziehen, unterscheiden und daher selber verschiedene Existenzweisen des einen göttlichen Wesens sein. So besitzt der Vater die unteilbare Gottheit ursprünglich, teilt sie aber, sich aussagend und darstellend, dem dadurch gezeugten Wort, seinem Sohn, mit, und aus der Liebe zwischen Vater und Sohn geht der Hl. Geist hervor, der die eine Gottheit im Modus des Geschenktseins besitzt. Derart die göttlichen Personen als τρόποι ὑπάρξεως, «modi existendi» des einen göttlichen Wesens verstehen [10], ist dann kein M., wenn diesen individuellen Existenzweisen ichhaftes Bewußtsein ihrer selbst und Subjektcharakter nicht abgesprochen wird [11]. Dieser Personbegriff ist eine der wichtigsten Ausprägungen des vielschichtigen Begriffs «modus», dessen weitverzweigte Geschichte noch fast unerforscht ist.

Anmerkungen. [1] E. VON HARTMANN: Das relig. Bewußtsein der Menschheit ([2]Leipzig o.J.) 601. – [2] Art. ‹M.›. LThK[2]. – [3] ST. WIEST: Institutiones theol. dogm. II (Ingolstadt 1791) § 70. – [4] J. F. BUDDEUS: Institutiones theol. dogm. (Leipzig 1723) 365. – [5] Vgl. WIEST, a.O. [3]; BUDDEUS, a.O. 418. – [6] Vgl. F. A. STAUDENMAIER: Die Philos. des Christenthums 1 (1840) 369. 493-504 pass.; J. FROHSCHAMMER: Die Lehre des Sabellius. Theol. Quartalschr. 31 (1849) 474; A. HARNACK: Realencykl. für prot. Theol. und Kirche 10 ([2]1882) s.v. ‹Monarchianismus› 183. – [7] J. MOLTMANN: Trinität und Reich Gottes (1980) 155. 166. – [8] W. KASPER: Der Gott Jesu Christi (1982) 360, Anm. 183. – [9] MOLTMANN, a.O. [7] 161, Anm. 41. – [10] Vgl. H. HEPPE und E. BIZER: Die Dogmatik der evang.-ref. Kirche ([2]1958) 96f.; ferner THOMAS VON AQUIN, S. theol. I, 30, 4, 2; Pot. 9, 5, 23 und RICHARD VON ST. VIKTOR, De trin. IV, 24. – [11] Vgl. L. OEING-HANHOFF: Hegels Trinitätslehre. Theol. Philos. 52 (1977) 378-407, bes. 400f. L. OEING-HANHOFF

Modalität. Der Ausdruck ‹M.› findet sich als philosophischer Terminus in den großen Fachlexika erst seit W. T. KRUG, der ihn zunächst ontologisch als Synonymon für «modus» expliziert («bedeutet oft weiter nichts als Zufälligkeit oder veränderliche Bestimmung eines Dinges»), sodann jedoch unter dem Eindruck der kantischen Verwendung fortfährt: «Neuerdings aber hat man das Wort auch in der eigenthümlichen Bedeutung genommen, daß man darunter das Verhältniß eines Dinges zum denkenden Subjecte versteht» [1]. Krug bemerkt, daß ‹modalitas› «bei den Alten» nicht vorkomme [2]. Mittelalterliche oder auch nur neuzeitliche Belege vor CRUSIUS finde ich nicht, doch scheint in Äußerungen von C. PRANTL und A. TRENDELENBURG unterstellt zu sein, daß es sie gibt [3]. Allgemein rezipiert wird der Begriff jedenfalls erst im Anschluß an KANT. Gegenstände der Ontologie und Physik, die er mitbezeichnet, behandelt die ältere Philosophie unter Titeln wie ‹Potenz›, ‹Akt›, ‹Essenz›, ‹Existenz›, ‹Notwendigkeit›, ‹Zufälligkeit›, ‹Möglichkeit›, ‹Unmöglichkeit› [4].

‹M.› ist nach dem viel älteren Adjektiv ‹modalis› gebildet. Dieses findet man zwar am häufigsten in der logischen Bedeutung, die auf BOETHIUS' Übersetzung eines Spezialsinns von τρόπος bei spätantiken Aristoteles-Kommentatoren zurückgeht (propositio, enuntiatio, syllogismus modalis). Doch gibt es außerdem eine ontologische Bedeutung, die jünger ist, auf ‹modus› in einem auf JOH. DUNS SCOTUS zurückweisenden Sinn [5] beruht und vor allem im Zusammenhang mit «distinctio modalis» erscheint (einem Ausdruck, den noch R. GOCLENIUS [6] und J. MICRAELIUS [7] erwähnen). Er bezeichnet besonders in der Jesuitenschule den Unterschied zwischen Modi oder zwischen einem Ding (Substanz oder Akzidens) und einem Modus [8]: «Modalis distinctio est, qua entia per modos, qui non sunt formaliter entia, aut ipsi modi cum inter se, tum ab entibus distinguuntur» (Der Modalunterschied ist derjenige, durch welchen die Seienden mit Hilfe von Modi, die nicht formell etwas Seiendes sind, oder aber die Modi selbst sowohl untereinander als auch von den Seienden unterschieden werden) [9]. Ein Modus in dem hier vorliegenden Sinne ist – außer Inhäsion (schon bei OCKHAM als «Modus» bezeichnet [10]), Subsistenz, Vereinigung, Kausalität und Individualität – vor allem die Existenz. Diese wird als letzte Vervollkommnung der realen Entität charakterisiert, weil sie die Essenz in die Wirklichkeit überführt [11]. Die ontologische Verwendung von ‹modalis› betrifft also Bestimmungen wie ‹Möglichsein› und ‹Wirklichsein› und gerät dadurch in unmittelbare Nachbarschaft zur logischen. Der traditionellen Nähe des logischen ‹modalis› zu ontologischen Bestimmungen wie ‹Möglichkeit›, ‹Wirklichkeit›, ‹Notwendigkeit› erinnert sich G. W. LEIBNIZ: «Wenn das notwendige Seiende möglich ist, dann existiert es. Dies ist der Gipfel der Modallehre, und es macht den Übergang von den Essenzen zu den Existenzen, von den hypothetischen Wahrheiten zu den absoluten, von den Ideen zur Welt aus» [12]. Selbst bei CHR. WOLFF, bei dem ‹modalis› keine Rolle spielt und der infolge der cartesischen Veränderung der Kategorienlehre unter ‹modus› etwas innerliches Veränderliches versteht [13], deutet sich dieser Zusammenhang noch an. Denn in Hinsicht auf Geschöpfe wird die Existenz als ‹Modus› bezeichnet («in modorum numero», «existentia entis contingentis nonnisi modus eius est»; «unter der Zahl der Modi», «die Existenz eines kontingenten Seienden ist nichts als ein Modus von ihm»), und in der natürlichen Gotteslehre wird das hypothetisch-notwendige Dekret des unendlichen Seienden, unter allen möglichen Welten die unsere zu erschaffen, den «modi analoga» zugerechnet [14].

In dem CRUSIUS-LAMBERTschen Katalog der M.en, den Kant anscheinend rezipiert [15], erscheint (anders als in der klassischen logischen Doppelalternative (possibile – impossibile, necessarium – contingens) die Bestimmung ‹Wirklichkeit›. Ob dies mit der im Mittelalter (und noch bei J. JUNGIUS) [16] gebräuchlichen Subsumption von 'wahr-falsch' unter die logischen Modi oder mit dem angedeuteten Modalcharakter von «existentia» in der von Jesuiten bestimmten Schulphilosophie zusammenhängt, ist nicht geklärt. Während CRUSIUS die M.en als etwas Logisches interpretiert («ein gewisses Verhältniß der Begriffe») [17], vertritt LAMBERT die Ansicht, daß sie eigentlich «in die Ontologie gehören» [18]. Worauf er sich bezieht, zeigt ein Blick auf Kapitelüberschriften z. B. der wolffischen Ontologie, unter denen sich Titel wie ‹De Possibili et Impossibili›, ‹De Determinato et Indeterminato›, ‹De Necessario et Contingente› befinden [19].

KANT, der die M.en innovativ unter die Kategorien rechnet und sie als solche mit Hilfe seiner modalen Urteilsformen entdeckt [20], charakterisiert sie im Sinne des logischen ‹modalis› (und ähnlich wie Crusius) als Prädikate zu Begriffen sowie als Informationen über das Verhältnis eines Objekts «zum Verstande in seinem empirischen Gebrauche, zur empirischen Urteilskraft, und zur Vernunft (in ihrer Anwendung auf Erfahrung)» [21]. Andererseits betont aber Kant, daß die M.en «nicht eine bloß logische Bedeutung haben, ... sondern *Dinge* und deren Möglichkeit, Wirklichkeit oder Notwendigkeit betreffen sollen» [22]. Er weist ihnen also neben ihrer auf Vorstellungen bezogenen logischen Funktion (und ähnlich wie Lambert) auch eine auf Dinge bezogene ontologische Funktion zu, und dieses Nebeneinander von logischer und ontologischer Bedeutung im Umkreis von ‹modalis› entspricht (wahrscheinlich unbeabsichtigt) den Gepflogenheiten der Tradition. Allerdings muß ‹Dinge› hier im Sinne des empirischen Realismus gedeutet werden, nach dem empirische Urteile im Grunde nur Explikationen kategoriengemäßer Bestimmungen sind, die vorher die transzendentale Synthesis der produktiven Einbildungskraft den Gegenständen eingeprägt hat, und für den mithin die kantischen Kategorien eine ähnliche Rolle spielen wie das universale in re für die Realitäten älterer Metaphysiken. Die Gegenstandsbedeutung der M.en betrifft bei Kant nur Erscheinungen, «allein Erscheinungen sind nur Vorstellungen von Dingen, die nach dem, was sie an sich sein mögen, unerkannt da sind» [23]. In diese Richtung weist sehr deutlich Kants Darlegung in § 76 der ‹Kritik der Urteilskraft› [24]. Man könnte die Sachlage so interpretieren, daß die Zuordnung der Bedeutung von ‹M.› zur Logik oder zur Ontologie nur davon abhängt, ob jemand gerade über empirische Urteile oder über Gegenstände der Erfahrung sprechen will.

Das Nebeneinander von Denk- und Dingbezug beim kantischen Begriff ‹M.› wird für die Behandlung von ‹Möglichkeit›, ‹Wirklichkeit und Notwendigkeit› bei J. G. FICHTE, F. W. J. SCHELLING und G. W. F. HEGEL bestimmend, doch rezipieren diese Autoren kaum den kantischen Ausdruck ‹M.› [25]. FR. SCHLEGEL, der die kantische Zuordnung der M. zu den Kategorien kritisiert [26], nimmt sie zumindest in den ‹Philosophischen Lehrjahren› auf [27]. Die anschließenden Diskussionen in Deutschland sind durch das Bestreben geprägt, eine systematische Zuordnung von ‹M.› zum Bereich der Dinge, der Subjekte und/oder der Aussagen zu erarbeiten; einen kleinen Eindruck davon gibt der Hinweis auf B. BOLZANO im Artikel ‹M. (des Urteils)› [28]. Diese Diskussionen finden im *Neukantianismus* einen gewissen Abschluß, und zwar durch strikte Zuordnung der M.-Kategorien zu den Aussagenklassen exakter Wissenschaften: Nach P. NATORP sind die M.en «die gesetzmäßigen Bedingungen, gemäß welchen eine auf den Gegenstand bezügliche Aussage auszusprechen ist mit dem Geltungswert des bloß Möglichen (der *Hypothese*) oder der feststehenden *Tatsache* oder des nach einem *Gesetze* Notwendigen» [29]. Bei E. HUSSERL zeigt sich aber wieder ein Interesse an quasi-ontologischen Aspekten der M., das systematisch im Umkreis der «thetischen Charaktere» ansetzt, und in M. HEIDEGGERS ‹Sein und Zeit› wird die fundamentalontologische Bedeutung vor allem von ‹Möglichkeit› und ‹Dasein› stark betont. Danach entwickelt schließlich N. HARTMANN eine ontologische M.en-Lehre, die mit Hilfe der Modalanalyse (s. d.) den ontologischen Innenaspekt des Realseins gewinnen soll [30].

Anmerkungen. [1] W. T. KRUG: Allg. Handwb. 2 (²1833, ND 1969) 907; vgl. KANT, KrV A 219/B 266. – [2] KRUG, a.O. V/2 (²1838, ND 1969) 43. – [3] C. PRANTL: Gesch. der Logik im Abendlande 1 (1855) 695; A. TRENDELENBURG: Elementa Logices Aristoteleae (⁸1878) 65ff. – [4] Vgl. dazu H. SCHEPERS: Möglichkeit und Kontingenz (Turin 1963); Zum Problem der Kontingenz bei Leibniz. Collegium philos. Festschr. J. Ritter (1965) 326-350; ferner I. PAPE: Tradition und Transformation der M. 1 (1966). – [5] JOH. DUNS SCOTUS, z. B. Rep. Paris. lib. 1, p. 45, q. 2, schol. 2, hg. WADDING XI/1 (1639, ND 1969) 234a; daß mit DUNS SCOTUS ein krit. Punkt in der westl. Modalspekulation erreicht ist, zeigt W. KLUXEN: Die Originalität der scotist. Met., in: Regnum Hominis et Dei. Acta Quarti Congr. Scotistici internationalis 1 (Rom 1978) 303-313. – [6] R. GOCLENIUS: Lex. philosophicum (1613, ND 1964) 700. – [7] J. MICRAELIUS: Lex. philosophicum (²1662, ND 1966) 783. – [8] FR. SUÁREZ, Disp. 7 Met. s. 1, nn. 16-20. – [9] P. FONSECA, In 5 Met. c. 6, q. 6, s. 2. – [10] WILHELM VON OCKHAM, In 2 Sent. q. 2, L.; vgl. THOMAS VON AQUIN, In 3 Phys. 5. – [11] FONSECA, In 4 Met. c. 2, q. 4, s. 4; SUÁREZ, Disp. 31 Met. s. 4, nn. 4-6. – [12] G. W. LEIBNIZ, Philos. Schr., hg. C. I. GERHARDT (1875, ND 1960) 7, 310; vgl. 4, 402. – [13] CHR. WOLFF: Ontologia ... (²1736, ND 1962) §§ 706. 710. 763. – [14] a.O. §§ 316. 842. – [15] Vgl. Art. ‹Modalität (des Urteils)›, Text bei Anm. 21-23. – [16] J. JUNGIUS: Logica Hamburgensis, generalis II, 12, 2. 3 (1638), hg. R. W. MEYER (1957) 94. – [17] Vgl. CHR. A. CRUSIUS: Weg zur Gewißheit und Zuverlässigkeit der menschl. Erkenntnis (1747) 430. – [18] J. H. LAMBERT: Neues Organon 1 (1764, ND 1965) 89: 3. Hauptstück, § 137. – [19] CHR. WOLFF, a.O. [13] §§ 79-131. 272-327; das macht etwa ein Neuntel aller §§ des Werkes aus. – [20] I. KANT, KrV A 70/B 95-A 83/B 109: §§ 9f. – [21] a.O. A 219/B 266; vgl. A 233f./B 287f. sowie Logik, hg. G. B. JÄSCHE (1800) §§ 20. 30. – [22] KrV A 219/B 267. – [23] a.O. B 164. – [24] B 339-343: Teil 2, Abt. 2. – [25] Bei HEGEL am ehesten: Logik I, 3, Vorbem. 2. Abs., und II, 1, 2. D, Vorbem. 2. Abs.; zu beachten ist die Distanzierung in der Enzyklop. (1830) § 143 Anm. – [26] FR. SCHLEGEL, Propädeutik und Logik. Krit. A. 13 (1964) 267. – [27] a.O. 18 (1962) 67. 268. 291. 510. – [28] Vgl. Art. ‹M. (des Urteils)›, Text vor Anm. [30]; vgl. auch EISLER⁴ 2, 157-159: Art. ‹M.› mit Hinweisen auf ESCHENMEYER und CHALYBAEUS; ferner I. PAPE, a.O. [4] 17-22. – [29] P. NATORP: Die log. Grundl. der exakten Wiss. (1910) II/4, 83; von dieser Position entfernt sich allerdings der späte Natorp in einer metaph. Wende: vgl. Philos. Systematik (1958) 118ff. – [30] N. HARTMANN: Möglichkeit und Wirklichkeit (²1949).

Literaturhinweise. H. PICHLER: Möglichkeit und Widerspruchslosigkeit (1912). – N. HARTMANN: Möglichkeit und Wirklichkeit (1938, ²1949). – O. BECKER: Das formale System der ontol. M.en. Bl. dtsch. Philos. 16 (1942/43) 387-422. – W. BROECKER: Das M.en-Problem. Z. philos. Forsch. 1 (1946) 35-46. – H. POIRIER: Logique et modalité du point de vue organique et physique (Paris 1952). – G. SCHNEEBERGER: Kants Konzeption der Modalbegriffe (Basel 1952). – W. MÜLLER-LAUTER: Möglichkeit und Wirklichkeit bei Martin Heidegger (1960). – H. BECK: Möglichkeit und Notwendigkeit. Eine Entfaltung der ontol. M.en-Lehre im Ausgang von Nicolai Hartmann (1961). – I. PAPE s. Anm. [4]. – L. LINSKY: Reference, essentialism, and modality. J. Philos. 66 (1969) 687-700; Reference and modality, hg. L. L. (Oxford 1971). – S. VECA: Fondazione e modalità in Kant (Mailand 1969). – J. ROLLWAGE: Das Modalproblem und die hist. Handlung. Ein Vergl. zwischen Aristoteles und Hegel (1969). – J. HINTIKKA: Models for modalities. Selected essays (Dordrecht 1969).
R. SPECHT

Modalität (des Urteils). – 1. *Antike und Mittelalter.* – Der Sache nach finden sich M. zuerst bei ARISTOTELES, ohne daß er jedoch eine Bezeichnung für die M. als solche einführt. Er unterscheidet: möglich (δυνατόν), kontingent (ἐνδεχόμενον), unmöglich (ἀδύνατον) und notwendig (ἀναγκαῖον) [1]; und er diskutiert deren Verneinungen [2]. In dem darauf basierenden Aufbau einer eigenen Modallogik besteht die originäre Leistung des Aristoteles, während seine nicht-modale Logik zum großen Teil die Systematisierung von Ansätzen darstellen dürfte, die er bereits in der platonischen Akademie vorfand [3]. Die M. inhäriert bei Aristoteles dem Prädikat, gelegentlich auch dem Subjekt [4], während sein Schüler THEOPHRAST sie der Aussage als ganzer zuordnet [5]. AMMONIUS führt dann als Terminus für diese M. τρόπος ein [6], das BOETHIUS mit ‹modus› übersetzt, während er die vier aristotelischen M. ‹*possibile*›, ‹*contingens*›, ‹*impossibile*› und ‹*necessarium*› nennt [7]. Bei APULEIUS dagegen wird ‹modus› nur für die einzelnen Fälle syllogistischer Schlüsse verwandt [8]. PETRUS ABAELARDUS führt unter verschiedenen Einteilungen der Aussagen auch diejenige in einfache und modale Aussagen an, wobei er das Adjektiv ‹modalis› verwendet, das seitdem allgemein gebräuchlich ist [9]. Er erwähnt, daß auch ‹wahr› und ‹falsch› modi genannt werden, die allerdings nur der Ausdrucksweise, nicht dem Sinne nach M. seien. Im eigentlichen Sinne von ‹M.› läßt er nur vier M. gelten: möglich, unmöglich, notwendig, nicht-notwendig, und zeigt, daß diese mit Hilfe verschiedener Stellungen der Verneinung ‹non› jeweils auf drei Weisen ausgedrückt werden können. So sind z. B. nach ihm äquipollent: possibile, non impossibile, non necesse non [10]. PETRUS HISPANUS nennt sechs Modi, die nominaliter (z. B.: possibile) oder adverbialiter (z. B.: possibiliter) ausgedrückt werden können. Den modalen Aussagen stehen alle anderen als «de inesse» gegenüber. Die beiden Modi «wahr» und «falsch» werden wie die propositiones de inesse behandelt. Es bleiben die vier Modi notwendig, kontingent, möglich, unmöglich, die jeweils mit Hilfe von Verneinungen auf vier äquipollente Weisen ausgedrückt werden können [11]. Sehr präzise und knapp führt WILHELM VON SHYRESWOOD den Unterschied zwischen einfachen und modalen Aussagen ein: modal im allgemeinen Sinne (communiter) nennt er jede Aussage, in der das Verb durch ein Adverb bestimmt wird, und modal im strengen Sinne (proprie) nennt er die sechs oben bei Hispanus genannten Modi, von denen er wie dieser wahr und falsch ausscheidet [12]. Unter Weiterentwicklung der wahrscheinlich auf arabischer Quelle fußenden Lehre des ALBERTUS MAGNUS [13] sagt THOMAS VON AQUIN, daß ein modus eine Aussage auf drei verschiedene Weisen bestimmen kann: er kann das Subjekt bestimmen («Ein weißer Mensch läuft»), er kann das Prädikat bestimmen («Sokrates läuft schnell») oder er kann die Art des Zusammenhangs von Subjekt und Prädikat bestimmen («Daß Sokrates läuft, ist möglich»). Nur in letzterem Falle aber liegt eine modale Aussage vor. Er zählt die bekannten sechs Arten von M. auf, scheidet aber «wahr» und «falsch» aus, da sie dem positiven bzw. negativen Urteil in ihrer Bedeutung entsprächen. Das modale Urteil sei zusammengesetzt aus einem modus als Prädikat und einem dictum als Subjekt; dieses dictum ergebe sich durch Umformung einer einfachen Aussage in einen accusativus cum infinitivo: «Sokratem currere possibile est.» (Im Deutschen steht entsprechend ein daß-Satz: «Daß Sokrates läuft, ist möglich.») Es müssen nach Thomas unterschieden werden die modale Aussage *de dicto*, in der sich die M. auf die Aussage bezieht (wie im vorangehenden Beispiel), und *de re*, in der sie zwar die Aussage als Ganzes bestimmt, aber bezogen wird auf ihr Subjekt (oder Prädikat), wie in dem Beispiel «Dem Sokrates ist es möglich zu laufen». Modale Aussagen de dicto sind wie singuläre Aussagen zu behandeln, modale de re entsprechend der Quantität des Subjekts. Wird eine modale Aussage verneint, so bezieht sich die Verneinung nach Thomas auf den modus und nicht auf das dictum. Die M. de re entspricht der aristotelischen Auffassung, die de dicto der des Theophrast. Viele scholastische Autoren schließen sich in der Folge der Unterscheidung de dicto/de re an. Wo nicht explizit so unterschieden wird, ist, wie auch bei den bereits oben genannten Autoren, faktisch M. im Sinne de dicto gemeint [14]. Wesentlich undifferenzierter ist die M.-Lehre wieder bei WILHELM VON OCKHAM. Er teilt die Aussagen in propositiones *de inesse* und propositiones *modales* ein. Fast alle seien sich einig, daß es genau vier M. gäbe, weil eben Aristoteles nur diese vier gelehrt habe. Nachdem Ockham klargestellt hat, daß die M. sich auf die Aussage als Ganzes beziehen müsse und nur mittels der ganzen Aussage verifizierbar sei, rechtfertigt er damit die These, daß es mehr M. gebe als die bekannten vier; eine Aussage könne nämlich etwa sein: wahr, falsch, gewußt (scita), unbekannt (ignota), ausgesprochen (prolata), geschrieben (scripta), begriffen (concepta), geglaubt (credita), gemeint (opinata), bezweifelt (dubitata) [15].

2. *Neuzeit.* – Die ‹Logica Hamburgensis› des J. JUNGIUS unterscheidet *modus generalis* (wahr, falsch) und *modus specialis*. Unter letzterem werden als *modi simplices* genannt: möglich, unmöglich, notwendig, nicht-notwendig. Kontingent wird richtig erkannt als ein *modus compositus* und als fünfter hinzugenommen. An Stelle der Bezeichnung «modus de re» heißt es hier, wie auch schon bei Albertus Magnus, «enunciatio modalis divisa» und anstatt «de dicto» heißt es «coniuncta». Die scholastische Lehre von den Gegensätzen und Äquipollenzen der vier Modalitäten findet sich hier noch einmal sorgfältig rezipiert [16]. Sehr knapp und oberflächlich dagegen tut die ‹Logik von Port-Royal› die modalen Urteile ab: bei den komplexen Urteilen, bei denen Subjekt und Prädikat zusammengesetzt sind, werden zum Schluß die vier modalen genannt als solche, bei denen das Prädikat zusammengesetzt sei. Durch entsprechende Verneinungen ließen sich 16 Arten erzeugen, doch die Beschäftigung damit sei Zeitverschwendung [17]. Bei CHR. WOLFF werden die modalen Urteile nicht mehr behandelt, weder in seiner sehr umfangreichen lateinischen noch in der kurzen deutschen Logik [18]. Auch das deutsche philosophische Lexikon von WALCH kennt die M.d.U. nicht, obwohl «Modifikation» und «Modus» ausführlich dargestellt werden – allerdings nicht in ihrer logischen Bedeutung [19]. MICRAELIUS spricht von modificatio der Aussage, wenn in dieser das Prädikat dem Subjekt unter einem bestimmten Modus zukommt; er nennt dabei nur Notwendigkeit und Unmöglichkeit [20]. Ausführlich behandelt CHAUVIN die propositio modalis, die nach ihm dann vorliegt, wenn die Aussage außer ihrer Materie und Form noch einen modus der Zuordnung von Subjekt und Prädikat ausweist. Zur Unterscheidung von anderen modi spricht er hier von «*modus formalis proprie*» und meint damit die bekannten vier Modalitäten, aus denen sich durch Negationen 16 erhalten lassen. Neben diesen, die proprie Modalaussagen konstituieren, würden von anderen auch noch weitere genannt, wie z. B.: wahr, falsch, gewiß, ungewiß, wahrscheinlich, ehrbar, nützlich, billig. Während bei der Modalaussage die M. als Prädikat fungiere, gehöre bei modalen Syllogismen die M. zur Kopula [20a].

Bei CRUSIUS wird wahrscheinlich zuerst das Wort ‹M.› im heutigen logischen Sinne gebraucht und zugleich statt der aristotelischen Vierteilung eine Dreiteilung eingeführt in «wesentlich», «natürlich» und «möglich» [21]. LAMBERT sagt stattdessen «notwendig», «wirklich» und «möglich» [22]. KANT, der der alten Einteilung des Urteils nach Quantität und Qualität in seiner ‹Kritik der reinen Vernunft› Relation und M. als weitere Glieder gleichberechtigt zur Seite stellt, ordnet den drei Fällen der M. von Crusius und Lambert nun die Bezeichnungen ‹apodiktisch›, ‹assertorisch› und ‹problematisch› zu [23]. Die M. bestimmt nach Kant «das Verhältnis des ganzen Urteils zum Erkenntnisvermögen» [24]. Kants Schüler KIESEWETTER erläutert die Lehre seines Meisters von der M.d.U. und sagt u.a., das Problematische werde durch das Wort «kann», das Assertorische durch «ist», das Apodiktische durch «muß» ausgedrückt [25]. Neu ist seine Einführung einer M. der Begriffe analog zu der der Urteile [26]. Das hat wenig Anklang gefunden, nicht einmal Kant selbst hat diese Erweiterung in seine Logik aufgenommen [27]. Die mathematisch orientierte Logik von MAASS bringt 1823 nur noch die Kantische Einteilung der M.d.U. [28]. Auch KRUG beschränkt sich in seinem Wörterbuch auf die Kantische Dreiteilung, betont allerdings, daß diese «M.-Begriffe» sowohl zur Einteilung der Begriffe als auch der «Urtheilsarten» verwandt würden. Er merkt an: «Es ist aber von selbst einleuchtend, daß diese *modalen* Steigerungen *der Begriffe* und *Urtheile* mehr *subjectiv* als *objectiv* sind. Denn was man jetzt als möglich denkt, kann man nachher auch als wirklich oder selbst als notwendig denken ...» [29]. Kants Lehre von den drei M.d.U. ist weitgehend Allgemeingut der traditionellen Logik im 19. und im ersten Drittel des 20. Jh. geworden, doch stößt sie auch auf Kritik. Zumindest wird die Einteilung nach der M. nicht so wichtig genommen wie die nach der Quantität, Qualität und Relation. Wichtig ist der neue, selbständige Ansatz von BOLZANO. Er weist zunächst einmal darauf hin, daß die Worte ‹möglich›, ‹notwendig› und ‹zufällig› mehrere verschiedene Bedeutungen haben können: Im strengen Sinne bezögen sie sich auf ein Sein oder eine Wirklichkeit. Es könne aber auch etwas «beziehungsweise auf eine Voraussetzung» notwendig bzw. zufällig, möglich, unmöglich sein. In einer weiteren, uneigentlichen Bedeutung seien die erwähnten Worte auf «Wahrheiten an sich» bezogen. Schließlich werden nach Bolzano die Worte ‹möglich› und ‹können› von uns angewandt, wenn uns selbst «keine reine Begriffswahrheit, welche das Gegentheil aussagt, bekannt sey. Begreiflicherweise folgt daraus, daß nur wir keine solche Wahrheit kennen, nicht immer, daß es auch keine gebe» [30].

Die Lehre von der M.d.U. wird in der deutschen traditionellen Logik meist in der Auseinandersetzung mit Kant dargeboten, unter gelegentlichem Rückgriff auf Aristoteles und scholastische Lehren. In Frankreich wird meist das ablehnende Urteil der ‹Logik von Port-Royal› weiter tradiert. Auch in England herrschen zunächst ähnliche Meinungen vor. HAMILTON lehnt die Beschäftigung mit M. für die Logik entschieden ab. Diese sei eine rein formale Wissenschaft – die M. aber gehörten zum Inhalt des Urteils [31]. BAIN legt die aristotelischen M. dar und meint, auch Zeitbestimmungen bezüglich Vergangenheit, Gegenwart und Zukunft seien von ähnlicher Art, doch verzichtet er dann auf eine weitere Behandlung «as being an irrelevant and useless complication» [32]. Auch J. ST. MILL denkt ähnlich: «Der Zeitumstand wird daher ganz geeignet als mit der Copula, welche das Zeichen der Prädikation ist, und nicht als mit dem Prädikat verknüpft betrachtet. Wenn dasselbe nicht von den Modifikationen gesagt werden kann, ... so nur, weil dieselben unter eine ganz andere Rubrik gehören, indem sie eigentlich Behauptungen sind nicht von etwas, das sich auf die Tatsache selbst bezieht, sondern von unserem eigenen Geisteszustand in betreff derselben, nämlich von der Abwesenheit unseres Unglaubens» [33].

Die moderne formale Logik (mathematische Logik) hatte sich, wie auch FREGE, zunächst gar nicht um die M. gekümmert, und auch heute werden sie in den meisten Lehrbüchern nicht erwähnt, obwohl das Vorbild dieser Logik, die Logik von LEIBNIZ, sich sehr eingehend mit ihnen befaßte [34]. Nach einem ersten Versuch bei McCOLL 1906 [35] veröffentlichte dann zuerst LEWIS eine umfassende formalisierte Theorie der M. [36]. Inzwischen ist allerdings die Beschäftigung mit Modalausdrücken als *Modallogik* (s. d.) zu einem eigenständigen Teilgebiet der Logik geworden.

Anmerkungen. [1] ARISTOTELES, De int. 12, 21 a 34-37; vgl. Anal. pr. I, 2, 25 a 1-3. – [2] a.O. 21 b 1-22 a 13. – [3] Vgl. I. M. BOCHEŃSKI: Formale Logik (³1970) 50. – [4] a.O. 96. – [5] Nach ALEXANDER APHRODISIENSIS, In Arist. Anal. pr. lib. I Comm., hg. M. WALLIES (1883) 158f.; vgl. BOCHEŃSKI, a.O. [3] 117. – [6] AMMONIUS, In Arist. Anal. pr. lib. I Comm., hg. M. WALLIES (1899) ad 25 a 2. – [7] BOETHIUS, MPL 64, 362 C. – [8] Vgl. M. W. SULLIVAN: Apuleian Logic (Amsterdam 1967) 82f. – [9] PETRUS ABAELARDUS, Dialectica, hg. L. M. DE RIJK (Assen 1970) 173. – [10] a.O. 198. – [11] PETRUS HISPANUS, Tractatus, hg. L. M. DE RIJK (Assen 1972) 12ff. – [12] WILHELM VON SHYRESWOOD, Introductiones in Logicam, hg. M. GRABMANN (1937) 40f. – [13] ALBERTUS MAGNUS, Lib. I Priorum Analyticorum I, 1, 460 A. Opera omnia 1, hg. A. BORGNET (Paris 1890); vgl. BOCHEŃSKI, a.O. [3] 260f. – [14] THOMAS VON AQUIN, De propositionibus modalibus, hg. I. M. BOCHEŃSKI, in: Angelicum 17 (1940) 180-218. – [15] WILHELM VON OCKHAM, S. logicae II, 1. Opera philos. 1, hg. PH. BOEHNER/G. GÁL/S. BROWN (St. Bonaventure, N.Y. 1974) 243. – [16] J. JUNGIUS: Logica Hamburgensis (1638), hg. R. W. MEYER (1957) 94ff. – [17] La logique ou l'art de penser (Paris 1672), hg. B. VON FREYTAG-LÖRINGHOFF/H. E. BREKLE (1965) 127f. – [18] CHR. WOLFF, Philosophia Rationalis sive Logica (Verona ³1735); Vernünftige Gedanken von den Kräften des menschl. Verstandes ... (1712). – [19] J. G. WALCH: Philos. Lex. (1725); auch GOCLENIUS' Lex. philos. (1613), das etliche Seiten über ‹modus› hat, bringt nichts zur modalen Aussage. – [20] J. MICRAELIUS: Lex. philos. (²1662), hg. L. GELDSETZER (1966) 450. – [20a] E. CHAUVIN: Lex. philos. (Leeuwarden ²1713, ND Düsseldorf 1967) 536. – [21] CHR. A. CRUSIUS: Weg zur Gewißheit und Zuverlässigkeit der menschl. Erkenntnis (1747) 430. – [22] J. H. LAMBERT: Neues Organon 1 (1764) 89. – [23] Zuerst in I. KANT, KrV A 70, wo er A 74 betont: «Die M.d.U. ist eine ganze besondere Funktion ... die nichts zum Inhalte des Urteils beiträgt»; sodann in seiner ‹Logik›, hg. G. B. JÄSCHE (1800) A 169. – [24] Logik ebda. – [25] J. G. C. C. KIESEWETTER: Grundriß einer reinen allg. Logik (1791) 105f. – [26] a.O. 67f. – [27] Vgl. a.O. [23]. – [28] J. G. E. MAASS: Grundriß der Logik (1823) 81. – [29] W. T. KRUG: Allg. Handwb. der philos. Wiss.en 2 (1827) 785f. – [30] B. BOLZANO: Wiss.lehre (1837), hg. HÖFLER 2 (1914) 229ff. – [31] W. HAMILTON: Lectures on met. and logic (Edinburgh ²1861, ND Stuttgart 1969) 3, 256ff. – [32] A. BAIN: Logic, Part first (London ²1873) 99f. – [33] J. ST. MILL: System der deduktiven und induktiven Logik, dtsch. J. SCHIEL (⁴1877) 1, 98. – [34] Vgl. z. B. H. POSER: Zur Theorie der modalen Begriffe bei Leibniz (1966); G. FUNKE: Der Möglichkeitsbegriff in Leibnizens System (1938); H. SCHEPERS: Zum Problem der Kontingenz bei Leibniz, in: Collegium philos. Stud. zum 60. Geburtstag von J. Ritter (1965) 326-350. – [35] H. McCOLL: Symbolic logic and its applications (London 1906). – [36] C. I. LEWIS: A survey of symbolic logic (Berkeley 1918).

A. MENNE

Modallogik (engl. modal logic, frz. logique des modalités) I. *Übersicht.* – 1. *Der Begriff der Modalität.* – Eine Aussage (Proposition) wird durch eine vollständige, in sich abgeschlossene Behauptung dargestellt, welche, als ganze, wahr oder falsch sein kann, wie etwa im Falle einer Feststellung «Die Haustür ist offen». Wenn eine derartige Aussage selbst Gegenstand einer weiteren Bestimmung derart wird, daß der gesamte resultierende Komplex selbst wiederum eine Aussage ist, dann sagt man, diese Bestimmung stelle eine auf die ursprüngliche Aussage angewendete *Modalität* dar. So verstandene Modalitäten sind also Operatoren, welche Aussagen in Aussagen überführen. Modalitäten dieser Art können entweder wahrheitsfunktional sein oder nicht. Es gibt genau zwei wahrheitsfunktionale Modalitäten: Affirmation (Bejahung, Zustimmung) und Negation (Verneinung, Bestreitung). Normalerweise denkt man bei den Modalitäten jedoch nicht an die wahrheitsfunktionalen Arten. G. H. VON WRIGHT betrachtet die Einordnung der Wahrheit und Falschheit unter die Modalitäten sogar als «anstößig» [1].

2. *Einige Arten der Modalität.* – Die klassischen Modalitäten, wie sie die Logiker zumindest seit Aristoteles behandelt haben, sind auf den Wahrheitsbegriff selbst bezogen:

Es ist *notwendig* (oder *apodiktisch*) wahr (bzw. falsch), daß *p*.
Es ist *wirklich* (oder *assertorisch*) wahr (bzw. falsch), daß *p*.
Es ist *möglicherweise* wahr (bzw. falsch), daß *p*.

Diese drei Modalitäten – nämlich die des Notwendigen (oder Apodiktischen), des Wirklichen (oder Assertorischen) und des Möglichen – können als *alethisch*, d. h. als bezogen auf den Begriff der Wahrheit (griech. ἀλήθεια) charakterisiert werden.

Neben den alethischen Modalitäten gibt es jedoch noch viele andere Modalitätstypen. Interessant und wichtig sind z. B.: (1) *Epistemische* (auf Erkenntnis und Wissen bezogene) Modalitäten. Beispiele: Es ist bekannt (oder: X glaubt), daß *p*. Es wird zugestanden (oder: vermutet, angenommen), daß *p*. Es wird vorausgesehen (oder: erwartet), daß *p*. Es ist wahrscheinlich, daß *p*. (Zu den wichtigsten epistemischen Modalitäten gehört die Modalität des *Problematischen*, d. h. dessen, von dem nicht bekannt ist, ob es wahr oder falsch ist.) – (2) *Temporale* (zeitbezogene) Modalitäten. Beispiele: Es ist manchmal der Fall, daß *p*. Es ist immer der Fall, daß *p*. Es ist immer der Fall gewesen, daß *p*. Es war gestern der Fall, daß *p*. – (3) *Boulomaische*, auf das Wünschen und Begehren (griech. βούλομαι, wollen) und seine Gegenstücke bezogene Modalitäten. Beispiele: Es wird erhofft (oder: X hofft), daß *p*. Es wird befürchtet (oder: X fürchtet), daß *p*. Es wird bedauert (oder: beklagt), daß *p*. – (4) *Deontische*, auf Pflichten (griech. δέον, das Erforderliche, die Pflicht) bezogene Modalitäten. Beispiele: Es sollte dahin gebracht werden (oder: X sollte es dahin bringen), daß *p*. Es sollte vermieden (oder: verhindert) werden, daß *p*. Es ist verboten, es dahin zu bringen, daß *p*. Es ist erlaubt, es dahin zu bringen, daß *p*. – (5) *Evaluative* (wertbezogene) Modalitäten.

Beispiele: Es ist gut, daß p. Es ist herrlich, daß p. Es ist schlecht, daß p. – (6) *Physikalische* und *kausale* Modalitäten. Beispiele: Es ist kausal (oder: physikalisch) notwendig, daß p. Es ist kausal möglich (oder: unmöglich) daß p. – (7) Eine wichtige Modalitätskategorie stellen schließlich die *Modalitäten des Handelns* dar, die eine Behauptung der Form «X tut A» in eine Form wie «X tut A rasch (oder: unaufmerksam, kompetent, schlecht)» überführen. – Wie all diese Beispiele zeigen, hat der Modalitätsbegriff ein großes Anwendungsfeld.

3. *Sind Modalitäten de dicto oder de re zu verstehen?* – Bereits seit der Antike wird die Frage diskutiert, ob Modalitäten als *de dicto* («vom Satz handelnd») oder *de re* («von der Sache handelnd») interpretiert werden müssen. Der Satz z. B. «Alle Menschen sind notwendig Lebewesen» muß danach, wenn er de dicto gedeutet wird, so konstruiert werden:

(1) Es ist notwendig, daß: Alle Menschen sind Lebewesen.

Dagegen heißt de re die Formulierung:

(2) Alle Menschen sind notwendig Lebewesen.

Im ersten Falle sprechen wir dem *Satz* «Alle Menschen sind Lebewesen» einen bestimmten besonderen Status zu, nämlich: notwendig zu sein; im zweiten Falle sprechen wir den *Menschen* ein bestimmtes besonderes Prädikat zu, nämlich: notwendigerweise Lebewesen zu sein. Unabhängig von einer speziellen Modalitätstheorie betrachtet, stellt die Unterscheidung de dicto/de re kein besonderes Problem dar; man könnte einfach die ursprüngliche Aussage als äquivok ansehen und damit als rekonstruierbar sowohl in der Form (1) als auch in der Form (2). Legt man jedoch die Modalitätstheorie des ARISTOTELES in den ‹Analytica priora› zugrunde – und in diesem Zusammenhang wird das Problem gewöhnlich diskutiert –, so läßt sich zeigen, daß nur die Interpretation (1) adäquat ist: Aristotelische Modalitäten müssen de dicto konstruiert werden, weil die Alternative mit der Diskussion des Problems in den ‹Analytica priora› nicht in Übereinstimmung gebracht werden kann [2]. Im übrigen läßt sich der Aristotelische Ansatz im allgemeinen recht gut mit der Auffassung der Modalitäten als Aussagenoperatoren vereinbaren, welche dem Folgenden zugrunde liegt.

4. *Notwendigkeit, Möglichkeit, Kontingenz. Physikalische Modalitäten.* – *Notwendig* (apodiktisch) kann eine Aussage primär in zweierlei Sinne sein. Sie ist *logisch* notwendig (L-notwendig), wenn sich – wie etwa bei «wenn p und q, dann p» – ihre Wahrheit aus logischen Gründen (diese weit, d. h. unter Einschluß definitorischer Bestimmungen verstanden) ergibt; wenn man Bedeutungsfragen beiseite läßt, so gehen bei L-notwendigen Sätzen keine Tatsachenfeststellungen ein – sie sind im Sinne von LEIBNIZ «wahr *in jeder möglichen Welt*». Eine solche Aussage ist *unbedingt* oder *kategorisch* notwendig; im Gegensatz zu Aussagen, die nur die notwendige Folge bestimmter Prämissen sind und daher relativ zu diesen *hypothetisch* notwendig heißen. Andererseits ist eine Aussage *physikalisch* notwendig (P-notwendig), wenn sie – wie etwa bei «Die Geschwindigkeit von Signalen ist kleiner als die Lichtgeschwindigkeit» – nicht (kategorisch) L-notwendig, wohl aber hypothetisch L-notwendig relativ zu einem postulierten System von Naturgesetzen ist. Solche Aussagen sind «unvermeidlich wahr *in dieser Welt*».

Eine Aussage ist *möglich*, wenn ihr kontradiktorisches Gegenteil nicht notwendig ist. Demnach erhalten wir zwei Bedeutungen der Möglichkeit von Aussagen. Eine Aussage ist *logisch* möglich (L-möglich), wenn sie mit logischen Mitteln allein nicht widerlegbar ist, d. h. wenn ihr kontradiktorisches Gegenteil mit logischen Mitteln allein nicht begründet werden kann. Eine Aussage ist *physikalisch* möglich (P-möglich), wenn ihr kontradiktorisches Gegenteil nicht aus dem System der Naturgesetze gefolgert werden kann.

Eine Aussage, die weder notwendig noch unmöglich ist, heißt *kontingent* (entsprechend wiederum in zweierlei Bedeutungen des Wortes). (Damit haben wir zugleich das alethische Analogon zur epistemischen Modalität des Problematischen erreicht.)

5. *Einige Standardsysteme der alethischen M.* – Zugrunde gelegt sei die folgende Notation: $p, q, r, \ldots$ seien Aussagenvariable; $\neg, \wedge, \vee$ mögen in üblicher Weise für die Negation, die Konjunktion und die Adjunktion stehen; $\square$ bezeichnet die Modalität der (logischen) Notwendigkeit. Wir definieren die Modalität der Möglichkeit ($\lozenge$) und die strikte Implikation ($\dashv$; mit '=' im folgenden für die strikte Äquivalenz) folgendermaßen:

$$\lozenge p = \neg \square \neg p$$
$$p \dashv q = \square (\neg p \vee q).$$

Mit dem Ziel, die formalen Grundlagen der modalen Aussagenlogik systematisch zu kodifizieren, wurden von C. I. LEWIS eine Reihe axiomatischer Systeme formuliert. Die fünf Systeme S1–S5, die Lewis angibt, basieren auf den obigen Definitionen und den (gegenüber der ursprünglichen Fassung bei Lewis hier leicht abgewandelten [3]) Axiomen:

S1: (1) $(p \wedge q) \dashv (q \wedge p)$
    (2) $(p \wedge q) \dashv p$
    (3) $p \dashv (p \wedge p)$
    (4) $(p \wedge (q \wedge r)) \dashv (q \wedge (p \wedge r))$
    (5) $((p \dashv q) \wedge (q \dashv r)) \dashv (p \dashv r)$
    (6) $p \dashv \lozenge p$
S2: (1)–(6) sowie $\lozenge (p \wedge q) \dashv \lozenge p$
S3: (1)–(6) sowie $(p \dashv q) \dashv (\lozenge p \dashv \lozenge q)$
S4: (1)–(6) sowie $\lozenge \lozenge p \dashv \lozenge p$
S5: (1)–(6) sowie $\lozenge p \dashv \square \lozenge p$.

Hauptkennzeichen von S5, das S5 zum natürlichsten und handlichsten der Lewis-Systeme macht, ist, daß das Problem der iterierten Modalitäten entfällt: Ausdrücke wie $\square \lozenge p$ und $\lozenge \square p$ können hier als äquivalent zu $\square p$ bzw. $\lozenge p$ nachgewiesen werden. Denn in S5 gilt der Grundsatz, daß die innerste Modalität bestimmend ist – alle anderen Modalitäten sind redundant.

Sämtliche fünf Axiomensysteme von Lewis hat man in der weiteren Entwicklung der M. intensiv untersucht und in verschiedenen Richtungen erweitert.

6. *Semantische Betrachtungen.* – In den bisherigen Abschnitten wurden die Bedeutungsintentionen alethischer Modaloperatoren wie $\lozenge$ und $\square$ keiner präzisen Analyse unterzogen. Dies soll jetzt nachgeholt werden, und zwar in einer vereinfachten Fassung von Vorschlägen, die auf R. CARNAP zurückgehen [4].

Wir betrachten dazu eine Menge besonderer, spezifischer und konkreter Aussagen $p_1, p_2, p_3, \ldots$ Der Einfachheit halber sei angenommen, es handle sich um genau vier Aussagen p_1–p_4. Bezogen auf diese Aussagen, können wir von alternativen möglichen Welten (W_i) sprechen, in Abhängigkeit von verschiedenen Annahmen über den Wahrheitswert dieser Aussagen. Eine mögliche Welt bezüglich einer Aussagenmenge wird danach angegeben, indem man für alle betrachteten Aussagen ihre Wahrheit oder Falschheit festlegt. Eine «Menge möglicher Welten» läßt sich entsprechend durch eine Tafel angeben, in der die Kolumnen für jede der betrachteten Aussagen durch ein + oder − anzeigen, ob sie wahr oder falsch sein soll, z. B.:

	W_1	W_2	W_3
p_1	+	+	+
p_2	+	−	+
p_3	−	−	−
p_4	−	+	−

In diesem Rahmen sind die folgenden Sprachkonstruktionen möglich:

$\Box p \leftrightharpoons p$ ist wahr in jeder möglichen Welt.
$\Diamond p \leftrightharpoons p$ ist wahr in mindestens einer möglichen Welt.

Ferner erhalten wir die zugehörige Modalität $\triangle p$ durch die Konstruktion:

$\triangle p \leftrightharpoons p$ ist in den meisten möglichen Welten wahr.

Es gelten dann aufgrund der obigen Tafel die Aussagen:
$\Box p_1, \Box (p_2 \vee p_3 \vee p_4), \neg \Box p_4, \Box \neg p_3$
$\Diamond p_1, \Diamond p_2, \Diamond \neg p_2, \neg \Diamond p_3$
$\triangle p_1, \triangle p_2, \neg \triangle p_3, \triangle \neg p_4$.

Eine Modalformel läßt sich als *gültig* genau dann bezeichnen, wenn sie bei jeder Festlegung möglicher Welten entsprechend dem obigen Schema wahr ist, z. B. ist $\Box(p \vee \neg p)$ offenbar gültig. Es sind insbesondere *alle* im obigen Abschnitt 5 genannten Axiome gültig in diesem Sinne, so daß die jetzt betrachtete Interpretation S5 ergibt.

Das zum Beweis einzuschlagende Verfahren läßt sich wie folgt illustrieren: Axiom 2 etwa wird nur dann gültig sein, wenn «$(p \wedge q) \dashv p$», d. h. wenn «$(p \wedge q) \to p$» in allen möglichen Welten wahr ist. Letztere Formel jedoch kann in einer möglichen Welt nur dann falsch werden, wenn in dieser Welt «$p \wedge q$» wahr und zugleich «p» falsch ist, was nicht sein kann. – Ferner sei der Beweis noch für das charakteristische Axiom von S5, nämlich: $\Diamond p \dashv \Box \Diamond p$, ausgeführt. Dieses Axiom gilt, wenn «$\Diamond p \to \Box \Diamond p$» in allen möglichen Welten wahr ist. «$\Diamond p$» ist aber nur dann in einer beliebigen möglichen Welt wahr, wenn «p» wenigstens in einer möglichen Welt wahr ist. Wenn jedoch «p» in wenigstens einer möglichen Welt wahr ist, so ist «$\Diamond p$» in allen möglichen Welten wahr. Daher kann «$\Diamond p$» in einer möglichen Welt nicht wahr sein, ohne daß «$\Box \Diamond p$» ebenfalls in dieser möglichen Welt wahr ist. Also ist «$\Diamond p \to \Box \Diamond p$» in allen möglichen Welten wahr, also auch das betrachtete Axiom gültig. – Ähnliche Beweise lassen sich auch für die Gültigkeit der anderen Axiome von S5 führen.

7. *Klassische Modalitätsschlüsse.* – Die scholastischen Logiker haben eine Reihe von modallogischen Prinzipien formuliert, welche eine herausragende Rolle in ihren logischen Theorien spielen. Zu den wichtigsten dieser Prinzipien zählen die Grundsätze «ab esse ad posse valet consequentia» ($p \dashv \Diamond p$) und «a necesse ad esse valet consequentia» ($\Box p \dashv p$). Die zugehörigen konversen Prinzipien wurden als ungültig behauptet (a posse ad esse non valet consequentia; ab esse ad necesse non valet consequentia). Auch die «Negationsdualität» von Notwendigkeit und Möglichkeit (d. h. $\Box p = \neg \Diamond \neg p$; $\Diamond p = \neg \Box \neg p$) war den Scholastikern wohl bekannt.

8. *Die modale Syllogistik.* – Im Buch I der ‹Analytica priora› gibt ARISTOTELES der Diskussion der modalen Syllogismen weit mehr Raum als der absoluten oder assertorischen Standardsyllogistik. Die Aristotelische Theorie der modalen Syllogismen hat eine überaus einfache Basis: Mit einer zu Beginn vorgenommenen Beschränkung auf die Syllogismen der ersten Figur formuliert Aristoteles für die Modalität der Konklusion eines (assertorisch gültigen) modalen Syllogismus die folgende Regel: «modus conclusionis sequitur modum propositionis maioris». Der Schüler und Nachfolger des Aristoteles, THEOPHRAST, «korrigierte» die modale Syllogistik seines Lehrers, indem er darauf bestand, daß es sich bei der Modalität genauso wie bei der Quantität (universell, partikulär) und der Qualität (affirmativ, negativ) verhalte: die Konklusion eines Syllogismus muß der schwächeren Prämisse (peiorem partem) folgen. Diese Ansicht hat in der peripatetischen Tradition gegenüber der Auffassung des Aristoteles die Oberhand gewonnen, soweit die Theorie der Modalität, dieser schwierige und «unrichtige» Teil der Logik des Meisters, überhaupt noch weiter beachtet wurde.

9. *Zeitliche Modalitäten.* – Wir betrachten zeitlich indefinite Aussagen wie «Es regnet heute», «Es ist Montag», «Gestern war es warm». Solche Aussagen können sein (1) zeitlich notwendig im Sinne von immer (zu allen Zeiten) wahr («Heute ist entweder Sonntag oder ein Wochentag»), (2) zeitlich unmöglich im Sinne von immer (zu allen Zeiten) falsch («Heute ist weder Sonntag noch ein Wochentag») und (3) zufällig, d. h. manchmal wahr und manchmal falsch («Heute ist Sonntag»).

Wenn p eine zeitlich indefinite Aussage ist, so können wir die zeitliche Spezifikation von p relativ zur Zeit t, nämlich «p ist wahr zur Zeit t», symbolisch ausgedrückt: $W_t(p)$, bilden. Es lassen sich nun, wie in der Antike vorgezeichnet, verschiedene zeitliche Modalitäten einführen. So finden wir bei Aristoteles eine Konstruktion der Notwendigkeit, wonach das Notwendige das zu allen Zeiten (Vergangenheit, Gegenwart und Zukunft) Wahre ist: $Np \leftrightharpoons \wedge_t W_t(p)$. Entsprechend läßt sich das Mögliche als das manchmal Wahre begreifen: $Mp \leftrightharpoons \vee_t W_t(p)$. Dazu ist anzumerken, daß diese Definitionen der Negationsdualität von Notwendigkeit und Möglichkeit ($\neg N \neg = M$) bewahren und daß überdies die entscheidenden Modalprinzipien: $Np \dashv p$; $p \dashv Mp$ gelten. Ein alternativer Ansatz zum Verständnis chronologischer Modalitäten wurde von dem megarischen Logiker DIODOROS KRONOS vertreten. Er charakterisierte das Notwendige als dasjenige, was jetzt und von jetzt an immer wahr ist:

$$Np \leftrightharpoons \wedge_t (t \geq n \to W_t(p)),$$

mit n = jetzt (die Gegenwart). Entsprechend bestimmte Diodoros das Mögliche als dasjenige, was entweder jetzt oder irgendwann in der Zukunft wahr ist:

$$Mp \leftrightharpoons \vee_t (t \geq n \wedge W_t(p)).$$

(Wenn wir die Gesetze des ausgeschlossenen Dritten in der Form $W = \neg W \neg$ voraussetzen, dann bewahren die Definitionen des Diodoros wiederum die Negationsdualität von Notwendigkeit und Möglichkeit: $\neg N \neg = M$.) Betont sei, daß die Diodorischen Modalitäten zeitlich relativiert sind auf den besonderen Zeitpunkt n = jetzt, während die aristotelischen Modalitäten wesentlich zeitlos sind – in dem Sinne, daß, was zu irgendeiner Zeit notwendig bzw. möglich ist, zu allen Zeiten notwendig bzw. möglich ist. Der Begriff der temporalen Modalität wurde verfeinert und erweitert bis zu einem hohen Komplexitätsgrad durch einige der arabischen Logiker des Mittelalters, vor allem in der Schule des AVICENNA (980–1037).

10. *Modalität als Status.* – Bis zu diesem Punkte läßt

sich unserer Darstellung im wesentlichen die Auffassung der Modalitäten als Aussagenoperatoren zugrundelegen: Ausgehend von einer Aussage 'p' haben wir eine zweite, komplexe Aussage '[M]p' so gebildet, daß durch Anfügung eines eigenen, expliziten modalen Qualifikators eine neue, intern komplexere Aussage entsteht. Ein alternativer Ansatz besteht darin, die Modalität nicht als einen eigenen und expliziten internen Teil der *Formulierung* einer (komplexen) Aussage anzusehen, sondern als implizite, unausdrückliche *Klassifikation* der Aussage.

So könnte man z. B. drei modale Bestimmungen von Aussagen entsprechend der folgenden Einteilung einführen:

[G]: die Menge derjenigen Aussagen, deren Zutreffen als gut zu betrachten ist;
[I]: die Menge derjenigen Aussagen, deren Zutreffen als indifferent zu betrachten ist;
[S]: die Menge derjenigen Aussagen, deren Zutreffen als schlecht zu betrachten ist.

Entsprechend erhielte man dann klassifikatorische Beziehungen der folgenden Art:

wenn $p \in [G]$, dann $\neg p \in [S]$;
wenn $p \in [I]$, dann $\neg p \in [I]$;
wenn $p \in [S]$ und $q \dashv p$, dann $q \in [S]$.

Bei diesem Ansatz benutzen wir Modalausdrücke, um Aussagen zu klassifizieren, nicht um sie in neue, modal zusammengesetzte Aussagen umzuformen.

Eine andere – zweifellos einfachere und vertrautere – Kategorisierung stellt die Dichotomie des *Wahren* und *Falschen* dar, die zu Aussagenmengen [W] bzw. [F] führt. Offenbar angemessene Regeln sind dann etwa:

wenn p, dann $p \in [W]$, und umgekehrt;
wenn $p \in [F]$, dann $\neg p \in [W]$;
wenn $p \in [W]$, dann $\neg p \in [F]$;
wenn $p \in [W]$ und $p \dashv q$, dann $q \in [W]$;
wenn $q \in [F]$ und $p \dashv q$, dann $p \in [F]$.

Ein wesentliches Verdienst dieser klassifikatorischen Auffassung der Modalität ist die Vermeidung des «Iterationsproblems». Das läßt sich am besten so illustrieren, daß wir die drei Modalitäten [G], [S] und [I] unseres vorletzten Beispiels jetzt nicht als modale Qualifikatoren, sondern wie Aussagenoperatoren behandeln. Dann gehen die drei oben angegebenen Regeln über in die entsprechenden Behauptungen:

$[G]p \dashv [S] \neg p$
$[I]p \dashv [I] \neg p$
$([S]p \wedge (q \dashv p)) \dashv [S]q$.

Wenn wir jedoch nun eine Interpretation dieser Ausdrücke angeben sollen, so müssen wir über eine Interpretation solcher Ausdrücke verfügen wie:

$[G]([G]p)$
$[G]([S]p)$
$[S]([G]p)$.

Daß Deutungen für derartige Iterationen von Modalitäten unvermeidbar werden, gilt allgemein für einen Ansatz, der auf Aussagenoperatoren abstellt. Dieses Problem läßt sich umgehen, wenn man modale Klassifikatoren zugrunde legt.

11. *Epistemische Modalitäten.* – Einige der Probleme epistemischer Modalitäten lassen sich anhand der Modalität des (rationalen) Glaubens verdeutlichen. Wir führen die Bezeichnung [Gx]p für «x glaubt, daß p» ein, wobei dieser Ausdruck zu verstehen ist als «x ist zur Anerkennung von p verpflichtet durch Aussagen, welche er in einer so offenbaren Weise für wahr hält, daß er diese Verpflichtung unmöglich verkennen und bestreiten kann». (Wir vernachlässigen die Frage, ob Gx als Aussagenoperator oder als Aussagenklassifikator aufzufassen ist.) Zu den Prinzipien, die offenbar für diese Modaloperatoren gelten, gehören:

(G1) $([Gx]p \wedge [Gx](p \dashv q)) \dashv [Gx]q$
(G2) $[Gx] \neg p \dashv \neg [Gx]p$
(G3a) $[Gx](p \wedge q) \dashv [Gx]p$
(G3b) $[Gx](p \wedge q) \dashv [Gx]q$.

Die Grundsätze (G1) und (G2) zeigen an, daß wir es mit dem *rationalen* Glauben zu tun haben. Es ist interessant, im Gegensatz dazu einige sicher ungültige Prinzipien zu betrachten. Dazu gehört z. B. das zu (G2) inverse Prinzip:

$\neg [Gx]p \dashv [Gx] \neg p$.

Dieses Prinzip hätte die unannehmbare Konsequenz, daß eine Person für beliebige Aussagen p entweder p oder $\neg p$ glauben muß. Dies würde die Möglichkeit sowohl von Indifferenz als auch von Unwissen in bezug auf kontradiktorische Gegenteile, ferner die bewußte Urteilsenthaltung ausschließen.

Auch das folgende Analogon zu (G1) gilt nicht:

$([Gx]p \wedge (p \dashv q)) \dashv [Gx]q$.

Man müßte sonst nämlich unterstellen, daß jemand mit einer Aussage auch sämtliche korrekt gezogenen Folgerungen aus dieser Aussage (etwa ein sehr entferntes Theorem) glaubt.

Unter den vorerwähnten Aspekten verhält sich die epistemische Modalität [Gx] genau wie die alethische Modalität $\square$. Jedoch geht der Parallelismus zwischen beiden Modalitäten nicht allzu weit, da $[Gx]p \dashv p$ evidentermaßen nicht zu rechtfertigen ist.

12. *Deontische Modalitäten.* – Die grundlegenden deontischen Modalitäten sind das Obligatorische (Gebotene), das Gestattete (Erlaubte) und das Verbotene. Wir verwenden die Bezeichnungsweise Op (Gp, Vp) für «Es ist obligatorisch (gestattet, verboten), es dahin zu bringen, daß p». Nur einer dieser drei Begriffe – etwa O – muß als Grundbegriff eingeführt werden; die anderen beiden deontischen Modalitäten lassen sich dann damit definieren:

$Gp \leftrightharpoons \neg O \neg p, Vp \leftrightharpoons O \neg p$.

Die logische Theorie dieser Modalitäten hat besonders G. H. VON WRIGHT entwickelt. Sie gründet sich auf (intuitiv plausible) Regeln wie:

$O(p \wedge q) \dashv (Op \wedge Oq)$
$[Op \wedge (p \dashv q)] \dashv Oq$.

Eine Vereinfachung des von Wrightschen Systems hat A. R. ANDERSON ausgearbeitet, der die Idee einer *systematischen Sanktion S* benutzt und die folgende Definition vorschlägt: $Op \leftrightharpoons \neg p \dashv S$, d. h. p ist obligatorisch genau dann, wenn die Unterlassung von p die Sanktion impliziert. Ein formales System der deontischen Logik läßt sich auf dieser Basis streng aufbauen. Allerdings hat die Anwendung dieser deontischen Logiksysteme zu einer Reihe von Problemen geführt, deren Bewältigung die neuere Literatur zu diesem Gegenstande großenteils gewidmet ist [5].

Anmerkungen. [1] G. H. VON WRIGHT: An essay in modal logic (Amsterdam 1951) 2, Anm. 1. – [2] Vgl. N. RESCHER: Aristotle's theory of modal syllogisms and its interpretation, in: M. BUNGE (Hg.): The crit. approach to sci. and philos. Festschr. K. R. Popper (London/New York 1964) 152-177. – [3] Vgl. G. E. HUGHES und M. J. CRESSWELL: An introd. to M. (London 1968, ²1972) 213-254: The Lewis systems, bes. 217; dtsch. Einf. in die M. (1978). – [4] Vgl. Art. ‹M. II/2› mit Lit. – [5] Vgl. Art. ‹Logik, deontische›.

Literaturhinweise. A. BURKS: The logic of causal propositions. Mind 60 (1951) 363-382. – G. H. VON WRIGHT: Deontic logic. Mind 60 (1951) 1-15; s. Anm. [1]; Causality and determinism (New York/London 1974). – A. R. ANDERSON: The formal analysis of normative systems (New Haven 1956); ND in: N. RESCHER (Hg.): The logic of decision and action (Pittsburgh 1967). – R. CARNAP: Meaning and necessity (Chicago ²1956, dtsch. 1972). – A. N. PRIOR: Time and modality (Oxford 1957); Formal logic (Oxford 1962); Past, present and future (Berkeley/Los Angeles 1967). – W. und M. KNEALE: The development of logic (Oxford 1962). – Proc. of a Coll. on modal and many-valued logics. Acta philos. fennica 16 (Helsinki 1963). – S. MCCALL: Aristotle's modal syllogisms (Amsterdam 1963). – N. RESCHER s. Anm. [2]; On the logic of chronol. propositions. Mind 75 (1966) 75-96; Temporal modalities in Arabic logic (Dordrecht 1966). – G. E. HUGHES und M. J. CRESSWELL s. Anm. [3]. N. RESCHER

II. *Kalküle und Systeme der Modallogik.* – 1. *Systeme der modalen Aussagenlogik (aussagenlogische Modalkalküle).* – Die als axiomatisierte Modalkalküle aufgebauten Systeme der modernen M. verdanken ihre Entstehung dem Umstand, daß die (nach dem Zeugnis des SEXTUS EMPIRICUS [1] bereits von dem Megariker PHILON vertretene) wahrheits(wert)funktionale Auffassung der Implikation, der zufolge eine Aussage der Form $p \to q$ dann und nur dann falsch ist, wenn p wahr und q falsch ist, als ungenügend und paradox empfunden wurde. Die «Paradoxien» der in diesem Sinne als Wahrheits(wert)funktion ihrer beiden Teilaussagen aufgefaßten Philonischen Implikation, die gewöhnlich als «materiale Implikation» bezeichnet wird, bestehen darin, daß eine wahre Aussage p von jeder beliebigen Aussage q material impliziert wird, während eine falsche Aussage p jede beliebige Aussage q material impliziert [2]: $p \to (q \to p)$, $\neg p \to (p \to q)$.

In einer 1880 beginnenden Aufsatzreihe, mit der er die moderne Entwicklung der M. vorbereitete, machte H. MACCOLL von einem Implikationsbegriff Gebrauch, der sich vom Begriff der materialen Implikation darin unterscheidet, daß ihm zufolge eine Aussage p eine andere Aussage q erst dann impliziert, wenn die logische Konjunktion von p und nicht-q nicht nur tatsächlich falsch ist, sondern *unmöglich* wahr sein kann, wenn also nicht nur tatsächlich, sondern *notwendigerweise* gilt, daß dann, wenn p wahr ist, auch q wahr ist [3]. Die Definition dieses Implikationsbegriffs läßt sich folgendermaßen symbolisieren (MacColl selbst gebrauchte andere Symbole und bezeichnete notwendigerweise wahre Aussagen als «certain» bzw. als «formal certainties» [4]):

$p \prec q =_{df} \neg \Diamond (p \land \neg q)$,
$p \prec q =_{df} \Box (p \to q)$.

Es ist das Verdienst von C. I. LEWIS, auf der Grundlage dieser von ihm als «strict implication» bezeichneten [5] Implikation (die mit der von W. ACKERMANN eingeführten «strengen Implikation» nicht verwechselt werden darf [6]) erstmals ein axiomatisiertes modallogisches System konstruiert und damit die moderne M. begründet zu haben. Dieses in seinem Buch ‹A Survey of Symbolic Logic› (1918) entwickelte [7] und 1920 verbesserte [8] System sollte später als drittes in die Reihe der in seinem (zusammen mit C. H. LANGFORD verfaßten) Buch ‹Symbolic Logic› (1932) dargestellten Systeme *S1–S5* eingehen, die so aufeinander aufgebaut sind, daß jeweils das folgende das ihm vorausgehende enthält, ohne seinerseits in ihm enthalten zu sein [9].

Ausgehend von der Definition der strikten Implikation ($\prec$) mit Hilfe des Modaloperators der Möglichkeit ($\Diamond$) und der beiden aussagenlogischen Konstanten der Negation und der Konjunktion legte Lewis seinem System *S1* sieben Axiome zugrunde [10], von denen die ersten sechs mit den Axiomen 1.1–1.6 des Systems von 1918 im wesentlichen übereinstimmen [11]. Lewis, der kein eigenes Symbol für den Notwendigkeitsoperator kannte, symbolisierte die Notwendigkeit von p durch einen Ausdruck für die ihr äquivalente Unmöglichkeit von nicht-p, wobei er 1918 das Zeichen ‹∼› als Symbol für die Unmöglichkeit und das Zeichen ‹−› als Negationszeichen gebrauchte [12], während er 1932 ‹$\Diamond$› als Symbol für den Möglichkeitsoperator einführte und ‹∼› als Negationszeichen verwendete [13]. Das Symbol ‹$\Box$› als Abkürzung für ‹∼$\Diamond$∼› begegnet erstmals 1946 bei R. C. BARCAN (später MARCUS) [14].

Die Systeme *S2–S5* ergeben sich aus *S1* dadurch, daß den Axiomen dieses Systems jeweils ein weiteres Axiom hinzugefügt wird, und zwar für *S2* das von Lewis als «Konsistenzpostulat» [15] bezeichnete Axiom

$\Diamond (p \land q) \prec \Diamond p$,

für *S3* das Axiom

$(p \prec q) \prec (\neg \Diamond q \prec \neg \Diamond p)$,

für *S4* das mit $\Diamond \Diamond p \prec \Diamond p$ äquivalente Axiom

$\Box p \prec \Box \Box p$

und für *S5* das mit $\Diamond \Box p \prec \Box p$ äquivalente Axiom

$\Diamond p \prec \Box \Diamond p$ [16].

Die beiden für *S4* und *S5* konstitutiven Reduktionsaxiome übernahm Lewis von O. BECKER [17], der 1930 gezeigt hatte, wie sich Lewis' System von 1918 (*S3*) formal zu einem «abgeschlossenen System mit sechs irreduktiblen Modalitäten» ergänzen läßt, d. h. zu dem von Lewis später *S5* genannten System, in dem sich jede beliebige Kombination von Modalitäten auf eine der sechs «Grundmodalitäten» (Wahrheit/Falschheit, Möglichkeit/Unmöglichkeit, Notwendigkeit/Nicht-Notwendigkeit) zurückführen läßt [18]. In der von ihm entworfenen modalen «Grundfigur» hat Becker das logische Verhältnis dieser sechs Modalitäten zueinander anschaulich dargestellt [19].

Während in *S1* und *S2* eine Reduktion der sog. iterierten Modalitäten nicht möglich ist, lassen sich diese in *S3* auf 42 und in *S4* auf 14 verschiedene Modalitäten reduzieren [20]. Zwischen den in *S4* nicht aufeinander reduzierbaren sieben affirmativen Modalitäten besteht ein Verhältnis der Implikation, das sich folgendermaßen darstellen läßt [21]:

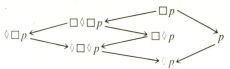

Obwohl die Systeme *S1–S5* den klassischen Aussagenkalkül enthalten, sind sie von Lewis nicht auf dem Weg der Erweiterung eines aussagenlogischen Axiomensystems konstruiert worden [22]. K. GÖDEL beschritt diesen Weg wohl als erster, als er 1931/32 bei seiner Interpretation des intuitionistischen Aussagenkalküls «mittels der Begriffe des gewöhnlichen Aussagenkalküls und des Begriffes ‹p ist beweisbar› (bezeichnet mit Bp)» [23] darauf hinwies, daß das für diesen Begriff anzunehmende Axiomensystem

1. $Bp \to p$,
2. $Bp \to (B(p \to q) \to Bq)$,
3. $Bp \to BBp$

«mit dem LEWISschen System of Strict Implication äquivalent» ist, «wenn Bp durch Np übersetzt wird» – d. h. durch $\Box p$ – «und wenn man das LEWISsche System durch das folgende BECKERsche Zusatzaxiom $Np \prec NNp$ ergänzt» [24] – d. h. durch $\Box p \prec \Box\Box p$. GÖDEL führte außerdem «die neue Schlußregel» ein, daß von einem herleitbaren Ausdruck A auf BA (bzw. $\Box A$) als einen ebenfalls herleitbaren Ausdruck geschlossen werden darf [25]. Wird der klassische Aussagenkalkül um die drei (modallogisch interpretierten) Axiome Gödels erweitert, so ergibt sich das System S4 [26], dessen Gödelsche Axiomatisierung sich als «nahezu vollständig isomorph» zu einem bereits 1928 von I. E. ORLOW für den intuitionistischen Kalkül aufgestellten Axiomensystem erweist [27]. Ersetzt man in GÖDELS System das dritte Axiom durch $\neg \Box p \to \Box \neg \Box p$, so erhält man S5 [28].

Durch Erweiterung des Aussagenkalküls um die zwei ersten Axiome Gödels und dessen «neue Schlußregel» entwarf R. FEYS 1937 das (von ihm selbst «logique t» genannte) System T [29], das in S4 enthalten ist und seinerseits S2 enthält, von S3 jedoch unabhängig ist [30]. In einem Anhang zu seinem ‹Essay in Modal Logic› konstruierte G. H. VON WRIGHT 1951 auf aussagenlogischer Basis die drei modallogischen Systeme M, M' und M'', von denen M' mit S4 und M'' mit S5 äquivalent ist [31], während sich M als ein mit T äquivalentes System erweist [32]. Erweitert man T um das nach L. E. J. BROUWER benannte (aber nicht von ihm selbst stammende) Axiom $p \to \Box \Diamond p$, so erhält man das sog. Brouwersche System, das in S5 enthalten, aber von S4 unabhängig ist [33]. Das Abhängigkeitsverhältnis zwischen den Lewisschen Systemen S1–S5, dem Feysschen System T und dem «Brouwerschen System» (B) läßt sich folgendermaßen veranschaulichen (zur Einordnung dieser Systeme in den größeren Zusammenhang zahlreicher anderer modallogischer Systeme vgl. das Diagramm in HUGHES/CRESSWELL [34]):

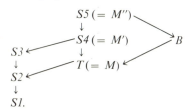

Die herkömmlichen Systeme der M., in denen die Modaloperatoren als *einstellige* Funktoren verwendet werden, lassen sich nach VON WRIGHT als Grenzfälle eines von ihm entworfenen «neuen modallogischen Systems» begreifen, dessen verschiedene Kalküle mit dem *zweistelligen* Modaloperator der *relativ* zu einem Sachverhalt q bestehenden Möglichkeit (M) eines Sachverhaltes p arbeiten: $M(p/q)$ [35]. Die dieser relativen Möglichkeit entsprechende relative Notwendigkeit (N) sieht von Wright in dem von ARISTOTELES formulierten Prinzip ausgedrückt, daß alles was *dann, wenn* es der Fall ist, *notwendigerweise* der Fall ist (De interpret. 9, 19 a 23f. 25f.): $p \to N(p/p)$ [36]. (Für eine andere Interpretation dieses Prinzips vgl. den Artikel ‹Modalanalyse›. Zu J. ŁUKASIEWICZS mehrwertigem Modalsystem [37], das VON WRIGHT kritisiert hat [38], und zu anderen «non-standard systems» vgl. HUGHES/CRESSWELL, Kap. 16 [39].)

Anmerkungen. [1] SEXTUS EMPIRICUS, Pyrrh. Hypotyp. II, 110. Opera 1, hg. H. MUTSCHMANN/J. MAU (1958) 92; Adv. math. VIII, 113f. Opera 2, hg. H. MUTSCHMANN (1914) 128f. – [2] Vgl. C. I. LEWIS: Implication and the algebra of logic. Mind (NS) 21 (1912) 522-531; vgl. W. und M. KNEALE: The development of logic (Oxford ⁷1978) 128-131. 280f. 548f.; vgl. Art. ‹Implikation›. – [3] Vgl. H. MACCOLL: Symbolical reasoning. Mind 5 (1880) 45-60, bes. 50f. 54; Symbolic reasoning (II). Mind (NS) 6 (1897) 493-510, bes. 494-498. 503; Symbolic reasoning (V). Mind (NS) 12 (1903) 355-364, bes. 355-357; Symbolic reasoning (VIII). Mind (NS) 15 (1906) 504-518, bes. 513; vgl. G. E. HUGHES und M. J. CRESSWELL (= H/C): An introd. to modal logic (London ⁵1977) 213f. – [4] H. MACCOLL, Symbolic reasoning a.O. (V) 356; vgl. H/C 214. – [5] LEWIS, a.O. [2] 526; vgl. H/C, a.O. [3] 215 Anm. 181. – [6] W. ACKERMANN: Begründung einer strengen Implikation. J. symbol. Logic 21 (1956) 113-128; Über die Beziehung zwischen strikter und strenger Implikation. Dialectica 12 (1958) 213-222. – [7] C. I. LEWIS: A survey of symbolic logic (Berkeley 1918) Kap. V, 291-339. – [8] C. I. LEWIS: Strict implication – an emendation. J. of Philos. 17 (1920) 300-302. – [9] C. I. LEWIS und C. H. LANGFORD: Symbolic logic (New York ²1959) Kap. VI, 122-198; Appendix II, 492-502; vgl. auch Appendix III, 503-514. – [10] a.O. 124f. 500. – [11] Vgl. 493; LEWIS, a.O. [7] 294; vgl. Art. ‹M.› I, 5. – [12] a.O. 292. – [13] LEWIS/LANGFORD, a.O. [9] 123. – [14] R. C. BARCAN: A functional calculus of first order based on strict implication. J. symbol. Logic (1946) 12; vgl. H/C, a.O. [3] 347 Anm. 425. – [15] LEWIS/LANGFORD, a.O. [9] 166f. 495. 500. – [16] Vgl. a.O. 493. 497. 500f. – [17] 497; vgl. O. BECKER: Zur Logik der Modalitäten. Jb. Philos. u. phänomenol. Forsch. 11 (1930) 508. 514; vgl. KNEALE, a.O. [2] 551. – [18] BECKER, a.O. [17] 507-511. – [19] Vgl. a.O. 510 sowie den Art. ‹Modalanalyse›. – [20] Vgl. H/C, a.O. [3] 48. 235. – [21] Vgl. A. N. PRIOR: Time and modality (Oxford 1957) 124; H/C, a.O. [3] 48. – [22] Vgl. H/C, a.O. [3] 217f. – [23] K. GÖDEL: Eine Interpretation des intuitionist. Aussagenkalküls, in: Erg. eines math. Kolloquiums 4 (1933; Gesammelte Mitt. des Jahres 1931/32) 39. – [24] ebda.; ND in: K. BERKA/L. KREISER: Logik-Texte. Komm. Auswahl zur Gesch. der mod. Logik (Berlin[-Ost] ²1973) 187 (das Zusatzaxiom ist ebda. irrtümlich als «$\sim Np \prec NNp$» wiedergegeben). – [25] ebda. – [26] Vgl. KNEALE, a.O. [2] 555. – [27] J. A. SLININ: Die Modalitätentheorie in der mod. Logik, aus dem Russ. übers. hg. P. KELLER, in: H. WESSEL (Hg.): Quantoren – Modalitäten – Paradoxien (Berlin[-Ost] 1972) 381; vgl. 391. – [28] ebda. 374. – [29] R. FEYS: Les logiques nouvelles des modalités. Rev. néoscolast. de Philos. 40 (1937) 517-553, bes. 532-536; vgl. H/C, a.O. [3] 30f. – [30] Vgl. a.O. 253f. – [31] G. H. VON WRIGHT: An essay in modal logic (Amsterdam 1951) Appendix II, 84-90. – [32] Vgl. B. SOBOCIŃSKI: Note on a modal system of Feys/von Wright. J. computing Systems 1 (1953) 171-178. – [33] Vgl. H/C, a.O. [3] 57f. 257; vgl. P. LORENZEN und O. SCHWEMMER: Konstruktive Logik, Ethik und Wiss.theorie (1973) 99. – [34] H/C, a.O. [3] 346. – [35] G. H. VON WRIGHT: A new system of modal logic, in: Logical studies (London ²1967) 89-126. – [36] a.O. 121f.; zum Begriff der relativen Notwendigkeit vgl. auch T. SMILEY: Relative necessity. J. symbol. Logic 28 (1963) 113-134. – [37] J. ŁUKASIEWICZ: A system of modal logic. J. computing Systems 1 (1953) 111-149; vgl. T. SMILEY: On Łukasiewicz's Ł-modal system. Notre Dame J. formal Logic 2 (1961) 149-153. – [38] VON WRIGHT, a.O. [35] 122-125. – [39] H/C, a.O. [3] 293-310.

2. *Semantische Theorie der Modalkalküle.* – In der Entwicklung der modernen M. wurde ein entscheidender Fortschritt erzielt, als es gelang, einer Reihe von Modalkalkülen (wenn auch nicht allen) eine semantische Theorie zuzuordnen, mit deren Hilfe die Allgemeingültigkeit einer Formel innerhalb eines bestimmten Systems definiert und die (schwache) Vollständigkeit der einzelnen Kalküle bewiesen werden konnte [1]. Diese als «Semantik möglicher Welten» bekannt gewordene Theorie, die in ihren verschiedenen Ausformungen vor allem mit den Namen von J. HINTIKKA [2], S. KANGER [3], S. KRIPKE [4]

und R. MONTAGUE [5] verknüpft ist, hat einen Vorläufer in der an LEIBNIZ' Begriff der möglichen Welt [6] orientierten Theorie der Zustandsbeschreibungen (*state-descriptions*) von R. CARNAP [7]. Der entscheidende Fortschritt, der in der «possible-worlds»-Semantik über Carnap hinaus erzielt wurde, besteht in der Relativierung des Begriffs der möglichen Welt durch die Einführung einer Relation, die jeweils festlegt, welche Welten von einer gegebenen Welt aus als deren mögliche «Alternativen» zugänglich sind [8].

Der für den Ansatz dieser Semantik grundlegende Begriff des Modells läßt sich im Anschluß an G. E. HUGHES und M. J. CRESSWELL [9] folgendermaßen bestimmen (KRIPKE, der zwischen «Modell» und «Modellstruktur» unterscheidet, geht von einem anderen Modellbegriff aus [10]): Ein Modell ist ein geordnetes Tripel $\langle W, R, V \rangle$, wobei unter W eine Menge von möglichen Welten $\{w_1, w_2, ..., w_n\}$ zu verstehen ist, unter R die zwischen zwei Welten w_i und w_j bestehende Relation der Zugänglichkeit der einen Welt in bezug auf die andere und unter V eine zweistellige Funktion, die jeder Formel α in jeder Welt w_i jeweils einen der beiden Wahrheitswerte 1 (wahr) und 0 (falsch) zuordnet. Die Modalbegriffe der Notwendigkeit und der Möglichkeit lassen sich dann folgendermaßen definieren: Eine Formel α (z. B. $p \vee \neg p$) ist in einer Welt w_i genau dann *notwendigerweise* wahr, wenn sie in *jeder* Welt w_j wahr ist, die zu w_i in der Relation R steht, die also von w_i aus zugänglich ist; eine Formel α ist in einer Welt w_i genau dann *möglicherweise* wahr, wenn sie in *mindestens einer* Welt w_j wahr ist, die von w_i aus zugänglich ist [11].

Die Systeme *T*, *S4*, *S5* und das *Brouwersche System* lassen sich im Hinblick auf die verschiedenen Eigenschaften voneinander unterscheiden, die der Relation R jeweils zukommen [12]. $\langle W, R, V \rangle$ ist ein *T*-Modell, wenn R lediglich die Eigenschaft der Reflexivität ($w_i R w_i$) aufweist, ein *S4*-Modell, wenn R außerdem die Eigenschaft der Transitivität (($w_i R w_j \wedge w_j R w_k) \to w_i R w_k$) besitzt, und ein *S5*-Modell, wenn R eine Äquivalenz-Relation ist, d. h. eine Relation, die sowohl reflexiv und transitiv als auch symmetrisch ($w_i R w_j \to w_j R w_i$) ist. In einem *Brouwerschen* Modell schließlich ist R reflexiv und symmetrisch, aber nicht transitiv. In *S5* kann die Relation R insofern vernachlässigt werden, als sie in diesem System jede mögliche Welt jeder anderen zugänglich macht [13]. Eine Formel ist innerhalb eines bestimmten Systems allgemeingültig, wenn sie in jeder Welt eines jeden Modells (nach KRIPKE: für jedes Modell über einer Modellstruktur) dieses Systems wahr ist [14]. So ist z. B. die Formel

$$\Box(p \to q) \to \Box(\Diamond p \to \Diamond q),$$

deren Allgemeingültigkeit ARISTOTELES behauptet zu haben scheint (εἰ τοῦ A ὄντος ἀνάγκη τὸ B εἶναι, καὶ δυνατοῦ ὄντος τοῦ A δυνατὸν ἔσται καὶ τὸ B ἐξ ἀνάγκης[15]), weder in *T* noch im *Brouwerschen System*, wohl aber in *S4* und in *S5* allgemeingültig.

An Leibniz anknüpfend, hat O. BECKER sowohl eine mit Carnaps syntaktischer Interpretation [16] verwandte «statistische Deutung des Modalkalküls» als auch eine «normativ-juristische Deutung» desselben vorgelegt [17]. Wie MONTAGUE im Anschluß an Gödel gezeigt hat [18], läßt sich eine syntaktische Interpretation der Modalitäten, nach welcher die ‹Notwendigkeit› soviel besagt wie ‹Beweisbarkeit›, in einer Theorie, die das modallogische Gesetz $\Box(\Box p \to p)$ und die elementaren Gesetze der Arithmetik enthält, nicht konsistent durchführen. Montague selbst hat eine semantische Interpretation vorgeschlagen, der zufolge die M. eine Teildisziplin der Pragmatik darstellt [19].

Anmerkungen. [1] Vgl. R. BARCAN MARCUS: Modal logic, in: R. KLIBANSKY (Hg.): Contemporary philos./La philosophie contemporaine 1 (Florenz 1968) 93f.; vgl. G. E. HUGHES und M. J. CRESSWELL (= H/C): An introd. to modal logic (London ⁵1977) 19. 71-75. 96. 112. 121. – [2] J. HINTIKKA: Modality as referential multiplicity. Ajatus 20 (1957) 49-64; The modes of modality. Acta philos. fennica 16 (1963) 65-81; auch in: Models for modalities (Dordrecht 1969) 71-86. – [3] S. KANGER: Provability in logic (Stockholm 1957). – [4] S. KRIPKE: A completeness theorem in modal logic. J. symbol. Logic 24 (1959) 1-14; Semantical considerations on modal logic. Acta philos. fennica 16 (1963) 83-94; auch in: L. LINSKY (Hg.): Reference and modality (Oxford ²1977) 63-72. 172 (Addendum); dtsch. in: S. KANNGIESSER/G. LINGRÜN (Hg.): Stud. zur Semantik (1974) 44-60; S. KRIPKE: Semantical analysis of modal logic. I. Normal modal propositional calculi. Z. math. Logik u. Grundl. der Math. 9 (1963) 67-96. – [5] R. MONTAGUE: Logical necessity, physical necessity, ethics, and quantifiers. Inquiry 3 (1960) 259-269; auch in: R. H. THOMASON (Hg.): Formal philos. Selected papers of RICHARD MONTAGUE (New Haven/London ²1976) 71-83. – [6] Vgl. G. W. LEIBNIZ, Philos. Schr., hg. C. I. GERHARDT 6 (1885, ND 1961) 603; G. GRUA, Textes inédits ... (Paris 1948) 390; vgl. B. MATES: Leibniz on possible worlds, in: H. G. FRANKFURT (Hg.): Leibniz. A coll. of crit. essays (New York 1972) 335-364. – [7] R. CARNAP: Meaning and necessity. A study in semantics and modal logic (Chicago ³1960) 9f. 182; vgl. BARCAN MARCUS, a.O. [1] 92f. – [8] J. HINTIKKA: Carnap's heritage in logical semantics, in: The intentions of intentionality and other new models for modalities (Dordrecht 1975) 76-101, bes. 83f. – [9] H/C, a.O. [1] 73. – [10] KRIPKE, Semantical considerations ... a.O. [4]; vgl. H/C, a.O. [1] 350f. – [11] Vgl. H/C 73. – [12] KRIPKE, Semantical considerations ... a.O. [4] 84 bzw. 64. – [13] Vgl. H/C, a.O. [1] 74. – [14] Vgl. 73f. 351; KRIPKE, Semantical considerations ... a.O. [4] 84 bzw. 64f. – [15] ARISTOTELES, Anal. priora I, 15, 34 a 5-7; vgl. Met. IX, 4, 1047 b 14-16; vgl. G. H. VON WRIGHT: Logical studies (London ²1967) 125f. – [16] Vgl. R. CARNAP: Logische Syntax der Sprache (Wien/New York ²1968) 192-200. – [17] O. BECKER: Untersuch. über den Modalkalkül (1952), vgl. 16-50. – [18] R. MONTAGUE: Syntactical treatments of modality, with corollaries on reflexion principles and finite axiomatizability. Acta philos. fennica 16 (1963) 153-167, bes. 158-161; auch in: THOMASON, a.O. [5] 286-302; vgl. BARCAN MARCUS, a.O. [1] 95f.; HINTIKKA: The intentions ..., a.O. [8] 104. – [19] R. MONTAGUE: Pragmatics, in: KLIBANSKY, a.O. [1] 102-122, bes. 110. 114f.; auch in: THOMASON, a.O. [5] 95-118.

3. *Quantifizierte M. (modale Prädikatenlogik).* – Zu den umstrittensten und zugleich philosophisch interessantesten Entwicklungen in der Geschichte der modernen M. gehört die Erweiterung der modalen Aussagenlogik zu einer modalen Prädikatenlogik, die auch als «quantifizierte M.» bezeichnet wird [1]. Diese Entwicklung ist vor allem den bahnbrechenden Arbeiten von Ruth BARCAN MARCUS zuzuschreiben, die 1946 damit begann, die Systeme *S2* und *S4* zu quantifizierten Modalkalkülen auszubauen [2]. Dabei führte sie als eines ihrer zusätzlichen Axiome die später nach ihr benannte Barcan-Formel

$$\Diamond \vee_x f(x) \dashv \vee_x \Diamond f(x)$$

ein, die mit der Formel

$$\wedge_x \Box f(x) \dashv \Box \wedge_x f(x)$$

äquivalent ist [3]. Zusammen mit ihrer Umkehrung erlaubt diese umstrittene Formel eine Umkehrung der Reihenfolge, in der ein Möglichkeitsoperator und ein Existenzquantor (bzw. ein Allquantor und ein Notwendigkeitsoperator) aufeinanderfolgen. Nach der gegenständlichen Auffassung der Quantifikation (der Barcan Marcus allerdings eine «substitutionelle» Interpretation vorzieht [4]) besagt die Barcan-Formel, daß es dann, wenn es möglicherweise einen Gegenstand gibt, der eine bestimmte Eigenschaft besitzt, einen Gegenstand gibt, der diese Eigenschaft möglicherweise besitzt (bzw. daß dann, wenn alle Gegenstände eine bestimmte Eigenschaft notwendigerweise besitzen, notwendigerweise alle Gegenstände diese Eigenschaft besitzen).

Werden die quantifizierten Modalkalküle, denen R. CARNAP 1946 erstmals eine quantifizierte Spielart des Systems $S5$ zur Seite stellte [5], um ein Identitätszeichen bereichert, so läßt sich mit Hilfe des Prinzips der Ununterscheidbarkeit des Identischen, d.h. mit Hilfe des Gesetzes

$$\wedge_x \wedge_y ((x = y) \to (f(x) \to f(y))),$$

bereits in $S2$, wie BARCAN MARCUS zeigte, das Theorem

$$\wedge_x \wedge_y ((x = y) \to \Box(x = y))$$

ableiten, dem zufolge jede Identität, wenn sie tatsächlich besteht, notwendigerweise besteht [6]. Mit der Wahrheit kontingenter Identitätsaussagen ist die Gültigkeit dieses Theorems durchaus vereinbar, wenn die Anwendbarkeit der Regel der universellen Einsetzung auf innerhalb modaler Kontexte vorkommende Variablen davon abhängig gemacht wird, daß die für solche Variablen einzusetzenden Ausdrücke «starre Designatoren» sind, d.h. Ausdrücke, die in jeder möglichen Welt ein und denselben Gegenstand bezeichnen [7].

Die Frage nach dem Sinn von Aussagenschemata, in denen eine innerhalb eines modalen Kontextes vorkommende Variable durch einen außerhalb dieses Kontextes befindlichen Quantor gebunden ist, wie z.B. die Variable ‹x› in dem Schema $\vee_x \Box f(x)$, stellt bei der Interpretation quantifizierter Modalkalküle das Hauptproblem dar. Im Anschluß an W. V. QUINE, der mit seinen Einwänden gegen eine Quantifikation in modale Kontexte, die er seit 1943 wiederholt vorbrachte [8] – zuletzt 1977 in einer differenzierteren Form als bisher [9] –, eine lebhafte Diskussion ausgelöst hat, läßt sich dieses Problem an dem folgenden Beispiel einer sog. «modalen Paradoxie» verdeutlichen [10]: Obwohl

(1) die Zahl 9 notwendigerweise größer ist als die Zahl 7 ($\Box(9 > 7)$) und
(2) die Zahl 9 identisch ist mit der Zahl der Planeten,

ist es unter der Voraussetzung, daß ‹notwendig› soviel bedeutet wie ‹analytisch wahr›, nicht der Fall, daß

(3) die Zahl der Planeten notwendigerweise größer ist als die Zahl 7.

Daran zeigt sich, daß es unter jener Voraussetzung nicht sinnvoll ist, auf dem Weg der existentiellen Generalisierung von (1) darauf zu schließen, daß

(4) irgendein Gegenstand existiert, der notwendigerweise größer ist als die Zahl 7 ($\vee_x \Box(x > 7)$),

und zwar deshalb nicht, weil es nicht allein von der tatsächlichen Beschaffenheit eines Gegenstandes, sondern darüber hinaus von der Art und Weise unserer sprachlichen Bezugnahme auf ihn abhängt, ob der Satz, mit dem von ihm ausgesagt wird, daß er größer ist als 7, analytisch wahr ist oder nicht [11]. Quine nennt Kontexte, auf die die Regel der existentiellen Generalisierung ebensowenig anwendbar ist wie das Prinzip der Ersetzbarkeit eines Ausdrucks durch einen denselben Gegenstand bezeichnenden anderen Ausdruck (z.B. des Ausdrucks ‹die Zahl 9› durch den Ausdruck ‹die Zahl der Planeten›), «referentiell undurchsichtig» (*referentially opaque* [12]). Das Vorkommen eines Ausdrucks in einem solchen Kontext entspricht nach Quine dem, was G. FREGE den Gebrauch eines Wortes in der «ungeraden Rede» nennt [13]. Neuerdings läßt Quine die Anwendung der existentiellen Generalisierung auf einen in einem modalen Kontext vorkommenden singulären Ausdruck ‹a› unter der Voraussetzung zu, daß dieser Ausdruck der Bedingung $\vee_x \Box(x = a)$ genügt, deren Erfüllung ihn zu einem (von S. KRIPKE so genannten) «rigid designator» macht [14].

Den Einwänden QUINES gegen eine Quantifikation in modale Kontexte hinein versuchten die Verteidiger einer quantifizierten M. auf verschiedene Weise zu begegnen. In Anlehnung an FREGE, nach dem die in der «ungeraden Rede» gebrauchten Wörter «nicht ihre gewöhnliche Bedeutung haben, sondern das bedeuten, was gewöhnlich ihr Sinn ist» [15], legten A. CHURCH und R. CARNAP den in modalen Kontexten zu quantifizierenden Variablen anstelle der *Extensionen* der für sie substituierbaren Ausdrücke die *Intensionen* dieser Ausdrücke als Wertebereich zugrunde [16]. Den in einem modalen Kontext auftretenden Individuenvariablen beispielsweise ordneten sie als Werte nicht Individuen zu, sondern sogenannte Individuenbegriffe (*individual concepts* [17]), die sich zu den Individuen, deren Begriffe sie sind, so verhalten, wie sich nach FREGE der «Sinn» eines Eigennamens zu dessen «Bedeutung» verhält [18]. Dadurch, daß dem in seiner Anwendbarkeit auf extensionale Kontexte beschränkten Prinzip der Austauschbarkeit extensionsgleicher Ausdrücke ein auf intensionale Kontexte anwendbares Prinzip der Austauschbarkeit intensionsgleicher Ausdrücke zur Seite gestellt wird, lassen sich nach CARNAP die von Quine angeführten modalen Paradoxien lösen [19].

Einen anderen Weg zur Lösung dieser Paradoxien beschritt A. F. SMULLYAN, indem er im Anschluß an B. RUSSELLS Theorie der definiten Beschreibungen zwei verschiedene Bedeutungen unterschied, in denen ein Satz der durch (3) exemplifizierten Form verstanden werden kann [20]. Während der Satz ‹Die Zahl der Planeten [Z.d.P.] ist notwendigerweise größer als 7› in der durch

(3') $\Box \vee_x ((x \text{ ist die Z.d.P.}) \wedge (x > 7))$

ausgedrückten Bedeutung, in der er falsch ist, aus (1) und (2) nicht abgeleitet werden kann, ist er in der durch

(3'') $\vee_x ((x \text{ ist die Z.d.P.}) \wedge \Box(x > 7))$

ausgedrückten Bedeutung, in der er aus (1) und (2) ableitbar ist, wahr [21].

Wer auf diesem Weg, den QUINE für eher gangbar hält als jenen anderen [22], quantifizierte M. betreiben will, kann dies nach Quine nur um den Preis eines Bekenntnisses zu der metaphysischen Auffassung tun, daß ein Gegenstand (z.B. die Zahl 9) unabhängig von der Art und Weise seiner Benennung gewisse Eigenschaften (z.B. die Eigenschaft, größer zu sein als 7) notwendigerweise oder wesentlich besitzt, gewisse andere Eigenschaften hingegen (z.B. die Eigenschaft, die Zahl der Planeten zu sein) nur zufälligerweise oder unwesentlich. Quine versah diese von ihm selbst keineswegs geteilte Auffassung mit dem Etikett «aristotelischer Essentialismus» [23], ohne damit einen Anspruch auf historische Treue gegenüber ARISTOTELES erheben zu wollen (tatsächlich ist es fraglich, ob sich dessen eigene Lehre in dem von Quine gemeinten Sinne als «essentialistisch» kennzeichnen läßt [24]).

Die um das Problem der Interpretation einer quantifizierten M. und das damit verbundene Problem des «Essentialismus» geführte Diskussion [25] trat mit der Ausarbeitung der «possible-worlds semantics» in ein neues Stadium. Um auf quantifizierte Modalkalküle anwendbar zu sein, mußte diese semantische Theorie folgendermaßen erweitert werden [26]: Eine zusätzlich eingeführte Funktion Q ordnet aus einem umfassenden Individuenbereich D jeder möglichen Welt w_i einen Teilbereich D_i als den Bereich der in ihr existierenden Individuen zu. Die bereits eingeführte Funktion V ordnet jedem n-stelligen Prädikat f^n in jeder Welt w_i eine Menge geordneter n-Tupel von Elementen aus D zu, die in w_i die Extension von f^n bildet; dem zweistelligen Prädikat ‹... ist Gattin von ...› beispielsweise ordnet sie in jeder Welt die Menge derjenigen Individuenpaare $\langle x_1, x_2\rangle$ als Extension zu, für die in der jeweiligen Welt gilt, daß x_1 die Gattin von x_2 ist.

Ob die Funktion V auch jeder Aussage, wie bisher, in jeder Welt einen der beiden Wahrheitswerte zuordnet, hängt davon ab, ob einer Aussage der Form $f(x)$ in einer gegebenen Welt auch dann ein Wahrheitswert zuerkannt wird, wenn das der Individuenvariable ‹x› zugeordnete Individuum in dieser Welt nicht existiert. Entscheidet man sich mit KRIPKE dafür, einer Aussage auch in diesem Fall einen Wahrheitswert zuzuordnen [27], so ist die Antwort auf die Frage, *welcher* Wahrheitswert einer Aussage in diesem Fall zuzuordnen ist, davon abhängig, ob man einem Prädikat f in einer Welt w_i nur solche Individuen aus dem Bereich D als Extension zuordnet, die zugleich Elemente von D_i sind, die also in w_i existieren [28]. Nimmt man diese Einschränkung vor, so muß man jede bejahende Aussage über einen Gegenstand, der in einer bestimmten Welt nicht existiert, in dieser Welt als falsch bewerten. Nimmt man sie jedoch nicht vor, so kann man z.B., wenn man zur Extension, die das Prädikat ‹... ist Gattin von ...› in unserer Welt hat, auch das aus den Personen Penelope und Odysseus bestehende Paar zählt, die Aussage, daß Penelope die Gattin des Odysseus ist, in unserer Welt selbst dann als wahr bewerten, wenn es jene beiden Personen nur in der von Homer beschriebenen, nicht aber in unserer wirklichen Welt gibt.

Allgemein gilt, daß eine Aussage der Form $f^n(x_1, ..., x_n)$ in einer Welt w_i genau dann wahr ist, wenn das n-Tupel der Individuen, die den Individuenvariablen $\langle x_1\rangle, ..., \langle x_n\rangle$ aus dem Bereich D zugeordnet werden, zur Extension von f^n in w_i gehört. Hingegen ist eine Aussage der Form $\wedge_x f(x)$ (bzw. eine Aussage der Form $\vee_x f(x)$) in einer Welt w_i genau dann wahr, wenn $f(x)$ für jede (bzw. für mindestens eine) Zuordnung eines Individuums aus dem Bereich D_i zu ‹x› wahr ist, wenn also jedes der in w_i existierenden Individuen (bzw. mindestens eines von ihnen) zur Extension von f in w_i gehört [29]. Da nach dieser Interpretation zwar den freien, nicht aber den durch Quantoren gebundenen Variablen in einer gegebenen Welt Individuen als Werte zugeordnet werden können, die in dieser Welt nicht existieren, behalten die quantorenlogischen Regeln der existentiellen Generalisierung ($f(y) \rightarrow \vee_x f(x)$) und der universellen Einsetzung ($\wedge_x f(x) \rightarrow f(y)$) in einem so interpretierten System nur dann ihre Gültigkeit, wenn sie von Prämissen der Form E!y (‹y existiert›) abhängig gemacht werden, die der Explikation der in ihnen implizierten Existenzvoraussetzungen dienen. Das durch ‹E!› symbolisierte Existenzprädikat, dessen Extension in jeder Welt w_i mit dem Individuenbereich D_i dieser Welt zusammenfällt, läßt sich folgendermaßen definieren [30]:

E!$y =_{df} \vee_x (x = y)$.

Die Einführung eines solchen Existenzprädikates ist kennzeichnend für eine sogenannte «free logic» [31], d.h. für ein von Existenzannahmen freies quantorenlogisches System, in dem lediglich vorausgesetzt wird, daß die für eine Individuenvariable substituierbaren Individuenkonstanten in dem Sinne *konsistent* sind, daß sie sich auf *möglicherweise* existierende Gegenstände beziehen [32].

Geht man mit Kripke davon aus, daß sich verschiedene mögliche Welten nicht allein dadurch voneinander unterscheiden, daß ein und derselbe Gegenstand in der einen Welt andere Eigenschaften hat als in der anderen, sondern auch dadurch, daß gewisse Gegenstände, die in der einen Welt existieren, in der anderen nicht existieren, so läßt sich zeigen, daß die Barcan-Formel nicht einmal in $S5$ gültig ist [33]. Hat nämlich irgendeine von der Welt w_i aus zugängliche Welt w_j einen größeren Individuenbereich als w_i, so folgt weder daraus, daß in irgendeiner der von w_i aus zugänglichen Welten ein Gegenstand existiert, der in ihr die Eigenschaft f besitzt ($\Diamond\vee_x f(x)$), daß in w_i ein Gegenstand existiert, der diese Eigenschaft in irgendeiner jener Welten besitzt ($\vee_x \Diamond f(x)$), noch folgt daraus, daß alle in w_i existierenden Gegenstände in jeder von w_i aus zugänglichen Welt die Eigenschaft f besitzen ($\wedge_x \Box f(x)$), daß in jeder dieser Welten alle in ihr existierenden Gegenstände jene Eigenschaft besitzen ($\Box \wedge_x f(x)$).

Vom Standpunkt der Semantik möglicher Welten aus betrachtet, ist eine quantifizierte M. insofern dem «Essentialismus» verpflichtet, als sie eine Unterscheidung zu machen erlaubt zwischen denjenigen Eigenschaften eines Gegenstandes, die er als seine wesentlichen Eigenschaften in allen von einer gegebenen Welt aus zugänglichen Welten besitzt – oder zumindest in jeder dieser Welten, in der er existiert, so daß er ohne sie überhaupt nicht existieren könnte –, und denjenigen Eigenschaften, die ihm als unwesentliche nur in der einen oder anderen dieser Welten zukommen [34]. Eine solche Unterscheidung ist allerdings nur dann sinnvoll, wenn es für die Beantwortung der Frage, welcher Gegenstand in einer gegebenen Welt w_i mit welchem Gegenstand in einer von w_i aus zugänglichen anderen Welt w_j identisch ist, ein Kriterium gibt. Geht man davon aus, daß ein Gegenstand x mit einem Gegenstand y nur insofern identisch sein kann, als x dasselbe f (derselbe Mensch, dieselbe Zahl, dasselbe Schiff, ...) ist wie y [35], wobei der durch ‹f› symbolisierte Ausdruck angibt, *was* – d.h. als welche *Art* – der jeweilige Gegenstand existiert [36], so besteht eine notwendige, wenn auch keineswegs hinreichende Bedingung dafür, daß ein in der Welt w_i existierender Gegenstand x mit einem in der Welt w_j existierenden Gegenstand y identisch ist, darin, daß x in w_i zu derselben Art gehört wie y in w_j. Freilich läßt die Erfüllung dieser Bedingung die Frage, ob x und y dasselbe Individuum der jeweiligen Art sind, noch offen.

Das von W. STEGMÜLLER als «Problem der Querwelt-ein-Identität» bezeichnete [37] «problem of trans-world identity» [38] – KRIPKE betrachtet es im Gegensatz zu HINTIKKA als ein Pseudoproblem [39] – läßt sich dadurch einer Lösung näherbringen, daß eine Welt nur dann als mögliche Alternative zu einer anderen Welt zugelassen wird, wenn diejenigen der in ihr existierenden raumzeitlichen Gegenstände, die auch in jener anderen Welt existieren, in ihr denselben Ursprung haben wie in jener anderen Welt [40]. Der weite Begriff der relativ zu einer gegebenen Welt *logisch möglichen Welt* läßt sich dann ersetzen durch den sehr viel engeren Begriff des relativ zu einem gegebenen Zeitpunkt in der Geschichte einer Welt *kausal möglichen künftigen Zustandes* dieser Welt [41].

Die zu einem gerade gegenwärtigen Zeitpunkt t bestehenden Möglichkeiten der zukünftigen Entwicklung einer Welt w lassen sich im Anschluß an N. RESCHER [42] und G. H. VON WRIGHT [43] «mit Hilfe eines nach rechts sich verzweigenden 'topologischen Baums' veranschaulichen» [44], wobei der ausgefüllte Kreis ● den gegenwärtigen Zustand von w darstellt und die durchbrochenen Linien diejenigen Möglichkeiten andeuten, die in der bereits vergangenen Entwicklung von w nicht verwirklicht wurden [45]:

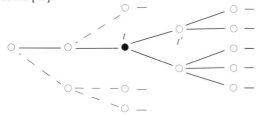

Ist die Zahl der logisch voneinander unabhängigen Aussagen $p_1, p_2, ...$, von denen jede die Bedingung erfüllt, daß entweder sie selbst oder ihre Negation jeweils einen Teilzustand des zu einem beliebigen Zeitpunkt t bestehenden Gesamtzustandes der Welt w beschreibt, gleich n, so befindet sich diese Welt zu dem auf t unmittelbar folgenden Zeitpunkt t' in irgendeinem von insgesamt 2^n *logisch möglichen* Gesamtzuständen. Je nachdem, wie viele von diesen *logisch möglichen* Gesamtzuständen relativ zu dem t' vorhergehenden Zeitpunkt t auch *kausal möglich* sind, verläuft die Entwicklung der Welt w innerhalb des durch t und t' begrenzten Zeitraumes mit einem höheren oder niedrigeren Grad an Determination bzw. Indeterminiertheit, wobei den Fall, in dem die Zahl k der jeweils *kausal möglichen* Gesamtzustände gleich 1 ist, und der Fall, in dem diese Zahl gleich 2^n ist, die beiden Grenzfälle der vollständigen Determination und der vollständigen Indeterminiertheit der jeweiligen Entwicklungsphase darstellen [46]. Von der «ontischen» Sicherheit («certainty»), mit der das Eintreten oder Ausbleiben eines Zustandes kausal determiniert ist, unterscheidet VON WRIGHT die «epistemische» Sicherheit, mit der uns das Eintreten oder Ausbleiben eines Zustandes nach allem, was wir wissen («for all we know»), gewiß ist [47].

Eine am Begriff der kausalen Notwendigkeit orientierte Spielart der quantifizierten M. stellt die von A. W. BURKS entworfene [48] und von D. FØLLESDAL weiterentwickelte [49] quantifizierte *Kausallogik* dar. Als einer der bedeutendsten neueren Beiträge zur Entwicklung einer quantifizierten M. gilt der von dem Physiker A. BRESSAN im Anschluß an Carnaps Methode der Unterscheidung zwischen Extension und Intension aufgebaute «allgemeine interpretierte Modalkalkül» [50], dessen Bedeutung vor allem darin gesehen wird, daß er eine nichtextensionale Theorie der Prädikation enthält [51]. Berührungspunkte mit diesem mehrstufigen Kalkül weist die von D. GALLIN im Anschluß an Montague entworfene «modale Prädikatenlogik» auf, die ebenfalls eine «M. höherer Ordnung» darstellt [52].

QUINE, der bezweifelt, daß C. I. Lewis jemals mit dem Aufbau einer M. begonnen hätte, wenn Whitehead und Russell in ihren ‹Principia Mathematica› nicht den Fehler begangen hätten, die (objektsprachliche) *Verwendung* zweier Sätze p und q in dem aus ihnen gebildeten Konditionalsatz ‹Wenn p, dann q› mit der (metasprachlichen) *Erwähnung* von p und q in dem Satz ‹p impliziert q› zu verwechseln [53], möchte sich, wenn überhaupt, nur auf der untersten der von ihm unterschiedenen drei Stufen einer möglichen «Verwicklung» in sie auf die M. einlassen, nämlich auf derjenigen Stufe, auf der die modalen Ausdrücke ‹... ist notwendig›, ‹... ist möglich› usw. nicht als *Operatoren* auf geschlossene oder gar offene Sätze angewandt, sondern als *Prädikate* mit den Namen von Sätzen verknüpft werden [54]. Kürzlich hat Quine den Versuch unternommen, die quantifizierte M. mit Hilfe eines auf n-stellige Prädikate und die ihnen entsprechenden n-Tupel von Gegenständen anwendbaren $(n+1)$-stelligen Notwendigkeitsprädikates als eine *extensionale* Logik zu rekonstruieren, in der sich die *intensionale* M., die von einem Notwendigkeitsoperator (oder -funktor) Gebrauch macht, übersetzen läßt [55].

Ausgehend von einem Notwendigkeitsbegriff, der relativ zu einem auf bewährten «Verlaufsgesetzen» beruhenden Wissen definiert ist, hat P. LORENZEN auf dem Boden der von ihm entwickelten operativen (bzw. dialogischen) Logik eine «konstruktive» Begründung der M. vorgenommen [56]. Eine «konstruktivistische und konzeptualistische» Theorie möglicher Individuen und möglicher Welten hat N. RESCHER vorgelegt [57], der zusammen mit A. URQUHART in der Nachfolge von A. N. PRIOR [58] auch dem Zusammenhang nachgegangen ist, der zwischen der M. und der Logik der Zeitbegriffe (*tense logic*) besteht [59].

Anmerkungen. [1] Vgl. z. B. W. V. QUINE: Reference and modality, in: From a logical point of view (New York ²1963) 154f.; auch in: L. LINSKY (Hg.): Reference and modality (Oxford ²1977) 29f. – [2] R. C. BARCAN: A functional calculus of first order based on strict implication. J. symbol. Logic 11 (1946) 1-16; The deduction theorem in a functional calculus of first order based on strict implication a.O. 115-118. – [3] a.O. 2. 5; vgl. G. E. HUGHES und M. J. CRESSWELL (= H/C): An introd. to modal logic (London ⁵1977) 142-145. 170-174. – [4] Vgl. R. BARCAN MARCUS: Interpreting quantification. Inquiry 5 (1962) 252-259, bes. 257f. – [5] R. CARNAP: Modalities and quantification. J. symbol. Logic 11 (1946) 33-64. – [6] R. C. BARCAN: The identity of individuals in a strict functional calculus of second order. J. symbol. Logic 12 (1947) 12-15, bes. 15; R. BARCAN MARCUS: Modal logic, in: R. KLIBANSKY (Hg.): Contemporary philos./La philos. contemporaine 1 (Florenz 1968) 90; vgl. H/C, a.O. [3] 190f. – [7] Vgl. S. KRIPKE: Naming and necessity (Oxford 1980) 3f. 48; W. V. QUINE: The ways of paradox and other essays (Cambridge, Mass. ²1976) 175; Intensions revisited. Midwest Stud. Philos. 2 (1977) 5-11, bes. 7f. – [8] W. V. QUINE: Notes on existence and necessity. J. of Philos. 40 (1943) 113-127; dtsch. in: J. SINNREICH (Hg.): Zur Philos. der idealen Sprache (1972) 34-52; vgl. QUINE, a.O. [1] 153. 170; vgl. R. ROUTLEY: Existence and identity in quantified modal logics. Notre Dame J. formal Logic 10 (1969) 113-149, bes. 125-135; J. HINTIKKA: Quine on quantifying in: A dialogue, in: The intentions of intentionality and other new models for modalities (Dordrecht 1975) 102-136. – [9] W. V. QUINE: Intensions revisited, a.O. [7]. – [10] Vgl. a.O. [1] 143f. 147f. bzw. 20f. 24. – [11] Vgl. ebda.; vgl. auch ebda.; vgl. R. G. BEASLEY: Zur Logik der Modalbegriffe (Diss. Münster 1984). – [12] QUINE, a.O. [1] 142. 148 bzw. 20. 25. – [13] a.O. 140 (bzw. 18) Anm. 1; vgl. G. FREGE: Über Sinn und Bedeutung. Z. Philos. u. philos. Kritik NF 100 (1892) 25-50; ND in: G. PATZIG (Hg.): Gottlob Frege. Funktion, Begriff, Bedeutung. Fünf log. Stud. (⁴1975) 40-65. – [14] QUINE, a.O. [9] 8; vgl. S. KRIPKE: Identity and necessity, in: M. K. MUNITZ (Hg.): Identity and individuation (New York 1971) 135-164; auch in: S. P. SCHWARTZ (Hg.): Naming, necessity, and natural kinds (Ithaca/London 1977) 66-101. – [15] FREGE, a.O. [13] 43. – [16] A. CHURCH: Review of Quine [8]. J. symbol. Logic 8 (1943) 45-47; R. CARNAP: Meaning and necessity (Chicago 1947, ³1960); dtsch. Bedeutung und Notwendigkeit (Wien/New York 1972); vgl. QUINE, a.O. [1] 153f. bzw. 29f. – [17] Vgl. CARNAP, a.O. [16] §§ 9. 40. – [18] Vgl. a.O. §§ 28-30 zur Ähnlichkeit und zum Unterschied zwischen Freges und Carnaps Methode. – [19] Vgl. §§ 12. 32. – [20] A. F. SMULLYAN: Modality and description. J. symbol. Logic 13 (1948) 31-37; vgl. QUINE, a.O. [1] 154 bzw. 29f. – [21] Vgl. LINSKY, a.O. [1] 3. – [22] QUINE, a.O. [1] 154 bzw. 30; vgl. a.O. [9] 6. – [23] a.O. [1] 155f. bzw. 30f.; vgl. Word and object (Cambridge, Mass. 1960, ¹⁰1976) 199f.; The ways of paradox ... a.O. [7] 175f. 184. – [24] W. N. P. WHITE: Origins of Aristotle's essentialism. Rev. Metaphysics 26 (1972/73) 57-85. – [25] Vgl. z. B. R. BARCAN MARCUS: Essentialism in modal logic. Noûs 1 (1967) 91-

96; Essential attribution. J. of Philos. 68 (1971) 187-202; T. Parsons: Grades of essentialism in quantified modal logic. Noûs 1 (1967) 181-191; Essentialism and quantified modal logic, in: Linsky, a.O. [1] 73-87; E. Black: Aristotle's 'essentialism' and Quine's cycling mathematician. Monist 52 (1968) 288-297; D. Kaplan: Quantifying in, in: D. Davidson/J. Hintikka (Hg.): Words and objections (Dordrecht 1969) 206-242, auch in: Linsky, a.O. [1] 112-144; J. Woods: Essentialism, self-identity, and quantifying in: Munitz, a.O. [14] 165-198; L. Linsky: Reference, essentialism, and modality, a.O. [1] 88-100; B. A. Brody: Why settle for anything less than good old-fashioned Aristotelian essentialism. Noûs 7 (1973) 351-365; D. Wiggins: Essentialism, continuity, and identity. Synthese 23 (1974) 321-359; W. V. Quine: Worlds away. J. of Philos. 73 (1976) 859-863; a.O. [9]; J. R. Baker: Essentialism and the modal semantics of J. Hintikka. Notre Dame J. formal Logic 19 (1978) 81-91. – [26] Vgl. S. Kripke: Semantical considerations on modal logic. Acta philos. fenn. 16 (1963) 83-94; auch in Linsky, a.O. [1] 63-72. 172 (Addendum); vgl. H/C, a.O. [3] 146f. 171f. 178f. – [27] Kripke, a.O. [26] 85f. bzw. 65f. – [28] Vgl. a.O. 86 Anm. 1 bzw. 66 Anm. 11. – [29] Vgl. 87 bzw. 67; H/C, a.O. [3] 179. – [30] Vgl. K. Lambert: Free logic and the concept of existence. Notre Dame J. formal Logic 8 (1967) 133-144; I. Dapunt: Zur Frage der Existenzvoraussetzungen in der Logik a.O. 11 (1970) 89-96; Kripke, a.O. [26] 90 bzw. 70; J. Hintikka: The modes of modality, in: Models for modalities (Dordrecht 1969) 71-86, bes. 76; W. L. Gombocz: Über E! Zur Semantik des Existenzprädikates und des ontologischen Argumentes für Gottes Existenz von Anselm von Canterbury (Wien 1974); H. Weidemann: «Socrates est»/«There is no such thing as Pegasus»: Zur Logik singulärer Existenzaussagen nach Thomas von Aquin und W. Van Orman Quine. Philos. Jb. 86 (1979) 42-59. – [31] Vgl. Lambert, a.O. [30]; J. Hintikka: Existential presuppositions and uniqueness presuppositions, in: Models for modalities a.O. [30] 112-147, bes. 113f.; H/C, a.O. [3] 179 Anm. 126. – [32] Vgl. Routley, a.O. [8] 114; Some things do not exist. Notre Dame J. formal Logic 7 (1966) 254. 256 (mit Anm. 6). – [33] Kripke, a.O. [26] 87f. bzw. 67. – [34] Vgl. Linsky, a.O. [25] 98f. – [35] Vgl. hierzu einerseits P. T. Geach: Reference and generality (Ithaca/London 1962, ³1981) 39. 43f. 157 und andererseits D. Wiggins: Sameness and substance (Oxford 1980). – [36] Vgl. hierzu Brody, Wiggins, a.O. [25]. – [37] W. Stegmüller: Hauptströmungen der Gegenwartsphilos. 2 (1975) 226f. – [38] Vgl. N. Rescher: A theory of possibility. A constructivistic and conceptualistic account of possible individuals and possible worlds (Oxford 1975) 85-89. – [39] Vgl. S. Kripke: Naming and necessity, a.O. [7], bes. 48 Anm. 15, 49f.; vgl. V. Tselishchev: Hintikka's possible worlds and rigid designators, in: J. Hintikka et al. (Hg.): Essays on math. and philos. logic (Dordrecht 1979) 387-399, bes. 393. – [40] Vgl. Kripke, a.O. [7] 112-115. 142; J. L. Mackie: De what Re is De Re modality? J. of Philos. 71 (1974) 551-561; C. McGinn: On the necessity of origin. J. of Philos. 73 (1976) 127-135; vgl. hierzu E. Saarinen: Continuity and similarity in cross-identification, in: E. Saarinen et al. (Hg.): Essays in honour of Jaakko Hintikka (Dordrecht 1979) 189-215, bes. 194-197. – [41] Vgl. Brody, a.O. [25] 359; vgl. G. H. von Wright: Causality and determinism (New York/London 1974). – [42] Vgl. N. Rescher und A. Urquhart: Temporal logic (Wien/New York 1971) 243-246. – [43] von Wright, a.O. [41] 18. 34. – [44] Determinismus, Wahrheit und Zeitlichkeit. Studia Leibnitiana 6 (1974) 161-178, zit. 164. – [45] Vgl. 163. 166. – [46] Vgl. Causality and determinism, a.O. [41] 13-19. – [47] Vgl. 21. 134-136. – [48] A. W. Burks: The logic of causal propositions. Mind 60 (1951) 363-382. – [49] D. Føllesdal: Quantification into causal contexts, in: Linsky, a.O. [1] 52-62. – [50] A. Bressan: A general interpreted modal calculus (New Haven/London 1972). – [51] Vgl. das Vorwort von N. D. Belnap Jr. a.O. xiii-xxv, bes. xix-xxi. – [52] D. Gallin: Intensional and higher-order modal logic (Amsterdam/Oxford/New York 1975), vgl. 67. – [53] Quine, Word and object, a.O. [23] 196. – [54] W. V. Quine: Three grades of modal involvement, in: The ways of paradox ... a.O. [7] 158-176. – [55] Intensions revisited, a.O. [7]. – [56] Vgl. P. Lorenzen und O. Schwemmer: Konstruktive Logik, Ethik und Wiss.theorie (1973) 79-106; vgl. auch P. Lorenzen: Zur Begründung der M. Arch. math. Logik und Grundlagenforsch. 2 (1954) 15-28 (= Arch. Philos. 5 [1954] 95-108). – [57] Rescher, a.O. [38]. – [58] A. N. Prior: Time and modality (Oxford 1957, ²1968). – [59] Rescher und Urquhart, a.O. [42]; vgl. G. H. von Wright, a.O. [41] 19-25. 137-139; R. P. McArthur: Tense logic (Dordrecht 1976).

4. *M. der propositionalen Einstellungen (epistemische und doxastische Logik).* – J. Hintikka, der vom Scheitern des Versuchs überzeugt ist, die Identität eines Individuums durch all die verschiedenartigen Welten hindurch zu verfolgen, die von einer gegebenen Welt aus *logisch* möglich sind [1], hält eine quantifizierte M. nur dann für sinnvoll, wenn sie entweder als eine Logik der *physischen* (naturgesetzlichen) Möglichkeit und Notwendigkeit oder aber als eine Logik der (von B. Russell [2] so genannten) propositionalen Einstellungen (*propositional attitudes*) betrieben wird, also z. B. als *epistemische* Logik (M. des Wissens) oder als *doxastische* Logik (M. des Glaubens oder Meinens) [3].

Die traditionelle Beschränkung auf die von Aristoteles behandelten Modalitäten der Möglichkeit, der Unmöglichkeit, der Notwendigkeit und der Kontingenz hatte bereits Wilhelm von Ockham aufgehoben, indem er den Begriff der Modalität eines Aussagesatzes («modus propositionis») auf die propositionalen Einstellungen des Wissens, des Glaubens, des Meinens usw. ausdehnte («tales modi sunt plures quam quatuor praedicti: nam sicut propositio alia est necessaria, alia impossibilis, alia possibilis, alia contingens, ita alia propositio est vera, alia falsa, alia scita, alia ignota ..., alia credita, alia opinata, alia dubitata, et sic de aliis» [4]). Gewisse Ansätze zu einer M. des Wissens finden sich nicht nur bei ihm [5], sondern beispielsweise auch bei seinem Zeitgenossen Walter Burleigh, der in seinem 1302 verfaßten Traktat ‹De obligationibus› den Unterschied zwischen dem auf einen Satz bezogenen Wissen, daß der in ihm ausgesagte Sachverhalt als eine Tatsache besteht («scire hoc dictum Tullium currere/Tullium vocari Marcum»), und dem auf eine Sache bezogenen Wissen, daß es sich mit ihr tatsächlich so und so verhält («scire de eo quod est Tullius ipsum currere/ipsum vocari Marcum»), herausstellt [6].

G. H. von Wright, der die mittelalterliche Unterscheidung zwischen der modalen Bestimmung dessen, was in einem Satz ausgesagt wird (*dictum*), und der modalen Bestimmung der Sache (*res*), über die etwas ausgesagt wird, aufgriff [7], gab der durch Freges Analyse von Kontexten der ungeraden Rede [8] und durch Carnaps Analyse von Glaubenssätzen [9] eingeleiteten modernen Entwicklung der Logik der propositionalen Einstellungen einen entscheidenden Anstoß. In seinem ‹Essay in Modal Logic› stellte er den von ihm so genannten «alethischen» Modalitäten des notwendigen, des möglichen, des kontingenten und des unmöglichen *Wahrseins* die «epistemischen» Modalitäten des als wahr, des als falsch und des weder als wahr noch als falsch *Erkanntseins* («known to be true», «known to be false», «neither known to be true nor known to be false») gegenüber [10], auf die bereits H. MacColl aufmerksam gemacht hatte [11], und entwickelte verschiedene Systeme zur Behandlung von Aussagen, in denen diese epistemischen Modalitäten mit den von ihm als existentielle Modalitäten («existential modalities») bezeichneten Begriffen der Quantorenlogik (‹jede[r,s]›, ‹irgendeine[r,s]›, ‹keine[r,s]›) kombiniert sind [12]. Die Reihenfolge, in der bei einer solchen Kombination ein epistemischer Operator und ein Quantor aufeinanderfolgen, läßt sich nach ihm unter den durch die beiden folgenden Prinzipien festgelegten Bedingungen vertauschen: (1) Wenn man weiß, daß jeder Gegenstand eine bestimmte Eigenschaft besitzt, so weiß man von jedem Gegenstand, daß er diese Eigenschaft besitzt. (2) Wenn man von irgendeinem Gegenstand weiß, daß er eine bestimmte Eigenschaft besitzt, so weiß man, daß irgendein Gegenstand diese Eigenschaft besitzt [13]. Symbolisiert man eine Aussage der Form ‹a weiß, daß [knows that] p› im Anschluß an HINTIKKA [14] durch den Ausdruck ‹$K_a p$›, so lassen sich diese beiden Prinzipien, die, wie VON WRIGHT betont, nicht umkehrbar sind, folgendermaßen darstellen:

(1) $K_a \wedge_x f(x) \to \wedge_x K_a f(x)$,

(2) $\vee_x K_a f(x) \to K_a \vee_x f(x)$.

Nach HINTIKKA ist der Wertebereich der Variablen ‹x› im Nachsatz von (1) und im Vordersatz von (2) allerdings auf diejenigen Individuen beschränkt, von denen die Person a weiß, wer sie sind, so daß (1) für ihn lediglich besagt, daß die Person a dann, wenn sie weiß, daß jeder Gegenstand (ein) f ist, von jedem Gegenstand, von dem sie weiß, welcher Gegenstand er ist, weiß, daß er (ein) f ist [15].

Während im Vordersatz von (1) und im Nachsatz von (2) *innerhalb* des durch den epistemischen Operator ‹K› bestimmten Kontextes eine Quantifikation vorgenommen wird, wird im Vordersatz von (2) und im Nachsatz von (1) *in* den durch diesen Operator bestimmten epistemischen Kontext *hinein*quantifiziert. QUINE hält eine solche Quantifikation *in* den Kontext einer propositionalen Einstellung *hinein* nur dann für sinnvoll, wenn die jeweilige Einstellung in einem referentiell durchsichtigen (*transparenten*) Sinne verstanden wird [16]. Würde man auf den von ihm als Beispiel angeführten Satz ‹Philipp weiß nicht, daß Tullius Catilina anklagte› bezüglich des Eigennamens ‹Tullius› die Regel der existentiellen Generalisierung anwenden, so hätte der daraus resultierende Satz ‹Von irgendeinem Gegenstand gilt, daß Philipp nicht weiß, daß er Catilina anklagte› («Something is such that Philip is unaware that it denounced Catiline») nach Quine unter der Voraussetzung, daß Philipp weiß, daß Cicero (der ja mit Tullius identisch ist) Catilina anklagte, keinen Sinn, weil unter dieser Voraussetzung die Frage, wer denn jener Gegenstand ist, keine eindeutige Antwort zuließe [17]. Quine hat unlängst versucht, die intensionale Logik der propositionalen Einstellungen als eine extensionale Logik zu rekonstruieren, die dem Unterschied zwischen einem Satz, der eine solche Einstellung *de dicto*, und einem Satz, der sie *de re* zum Ausdruck bringt, Rechnung trägt [18].

HINTIKKA, der 1962 mit seinem Buch ‹Knowledge and Belief› das Standardwerk der modernen epistemischen und doxastischen Logik schuf [19], hat das «Hineinquantifizieren» (*quantifying in*) in referentiell undurchsichtige Kontexte propositionaler Einstellungen gegen Quine mit dem Hinweis darauf verteidigt, daß die logische Form einer Reihe umgangssprachlicher Ausdrücke nur mit Hilfe einer solchen Quantifikation dargestellt werden kann, z.B. die Form des Ausdrucks ‹a weiß, wer [bzw. was] b ist›, die Hintikka durch das Schema $\vee_x K_a(x = b)$ wiedergibt [20]. Ausdrücke dieser Form spielen in der epistemischen Logik insofern eine entscheidende Rolle, als sie die Bedingung angeben, die erfüllt sein muß, damit Schlüsse von Ausdrücken der Form $K_a f(b)$ auf Ausdrücke der Form $\vee_x K_a f(x)$ gültig sind [21]. Das heißt, sie stellen die Anwendbarkeit der Regel der existentiellen Generalisierung auf epistemische Kontexte ebenso sicher, wie die Erfüllung von Bedingungen der Form $\vee_x (x = b)$ und $\vee_x \square (x = b)$ die Anwendbarkeit dieser Regel in einer von Existenzannahmen freien Logik bzw. in einer quantifizierten M. wiederherstellt [22]. Der Unterschied zwischen dem durch

(3) $K_a f(b)$

und dem durch

(4) $\vee_x ((x = b) \wedge K_a f(x))$

ausgedrückten Wissen der Person a, daß der Gegenstand b (ein) f ist, entspricht der mittelalterlichen Unterscheidung zwischen einer «in sensu compositionis» (oder «de dicto») und einer «in sensu divisionis» (oder «de re») verstandenen «propositio modalis» [23]. PAULUS VENETUS widmet dieser Unterscheidung im ersten Teil seiner ‹Logica Magna› einen eigenen Traktat («de sensu composito et diviso»), dem er einen Traktat über das Wissen und das Bezweifeln («de scire et dubitare») folgen läßt [24].

Wie HINTIKKA gezeigt hat, läßt sich die semantische Theorie möglicher Welten auch auf die M. der propositionalen Einstellungen anwenden. Die von Hintikka als «alternativeness relation» bezeichnete [25] Zugänglichkeitsrelation R hat dabei die Funktion, einer gegebenen Person a in einer gegebenen Welt w_i diejenigen Welten als mögliche Alternativen zu w_i zuzuordnen, die mit der von a in w_i eingenommenen Haltung des Wissens, des Glaubens usw. verträglich sind, wobei nicht jede *epistemisch* oder *doxastisch* mögliche Welt auch *logisch* möglich ist [26]. Daß eine Aussage der Form $K_a p$ (bzw. der Form $B_a p$: ‹a glaubt, daß [believes that] p›) in einer Welt w_i wahr ist, heißt unter diesen Voraussetzungen, daß p in *jeder* epistemisch (bzw. doxastisch) möglichen Welt w_j wahr ist, die mit all dem, was a in w_i weiß (bzw. glaubt), verträglich ist. Dementsprechend ist eine Aussage der Form $\neg K_a p$ (bzw. der Form $\neg B_a p$) in w_i genau dann wahr, wenn p in *mindestens einer* der mit dem Wissen (bzw. Glauben) von a in w_i verträglichen Welten *nicht* wahr ist [27]. Im Lichte dieser Semantik stellt sich das Problem einer Quantifikation in den Kontext einer propositionalen Einstellung einer Person a folgendermaßen dar: Eine in einem solchen Kontext vorkommende Individuenkonstante ‹b› bezieht sich zwar, wenn a weiß bzw. glaubt, daß es das Individuum b gibt, in jeder der mit dem Wissen bzw. Glauben von a verträglichen Welten auf ein bestimmtes Individuum; dies heißt jedoch nicht, daß es ein bestimmtes Individuum gibt, auf das sie sich in all diesen Welten bezieht, daß sie sich also in all diesen Welten auf ein und dasselbe Individuum bezieht. Nur dann, wenn diese zusätzliche Bedingung, die durch eine Aussage der Form $\vee_x K_a(x = b)$ bzw. $\vee_x B_a(x = b)$ zum Ausdruck gebracht wird, erfüllt ist, kann für die in einem Kontext der Form $K_a f(b)$ bzw. $B_a f(b)$ enthaltene Individuenkonstante ‹b› eine Individuenvariable eingesetzt und diese durch einen *außerhalb* jenes Kontextes stehenden Existenzquantor gebunden werden. Denn es gibt dann nicht nur in jeder der mit dem Wissen bzw. Glauben von a verträglichen Welten jeweils ein Individuum b, das in der jeweiligen Welt (ein) f ist, sondern das jeweilige Individuum b ist dann auch in all diesen Welten ein und dasselbe f [28]. Wie E. SAARINEN [29] gegenüber Hintikka betont hat, unterscheiden sich die propositionalen Einstellungen einer Person von den «impersonalen» Modalitäten der Möglichkeit und der Notwendigkeit unter anderem darin, daß die «Querweltein-Identität» [30] eines Individuums, die in den relativ zu einer gegebenen Welt *physisch* möglichen Welten durch die raumzeitliche *Kontinuität* der einzelnen Individuen verbürgt wird, in den mit dem Wissen oder dem Glauben einer Person verträglichen Welten eher dem Kriterium der *Ähnlichkeit* unterliegt, die zwischen den Verkörperungen ein und desselben Individuums in verschiedenen *epistemisch* oder *doxastisch* möglichen Welten besteht.

Die von Hintikka auf dem Gebiet der epistemischen und doxastischen Logik geleistete Pionierarbeit hat in dem 1980 erschienenen Buch ‹Glauben, Wissen und Wahrscheinlichkeit› von W. LENZEN [31], das sich durch eine stärkere und differenziertere Berücksichtigung der Glaubenslogik einerseits und durch die systematische Ausarbeitung vollständiger epistemisch-doxastischer Modalkalküle andererseits auszeichnet, eine wesentliche Weiterentwicklung erfahren.

Anmerkungen. [1] J. HINTIKKA: The semantics of modal notions and the indeterminacy of ontology, in: The intentions of intentionality and other new models for modalities (Dordrecht 1975) 26-42, bes. 28f. 36f.; Quine on quantifying in: A dialogue, a.O. 102-136, bes. 129f. – [2] B. RUSSELL: An inquiry into meaning and truth (London ⁴1951) 65, 167f. – [3] HINTIKKA, a.O. [1] 129f. 132. – [4] W. VON OCKHAM, Summa Logicae II, 1, hg. PH. BOEHNER/G. GÁL/S. BROWN (St. Bonaventure, N.Y. 1974) 243, 50-54. – [5] Vgl. a.O. II, 29; III/1, 30. 41-43. 51. – [6] Vgl. R. GREEN: An introd. to the logical treatise 'De obligationibus' with crit. texts of William of Sherwood (?) and Walter Burley (Diss. [masch.] Louvain 1963) 2, 40; vgl. H. WEIDEMANN: Ansätze zu einer Logik des Wissens bei Walter Burleigh. Arch. Gesch. Philos. 62 (1980) 32-45. – [7] G. H. VON WRIGHT: An essay in modal logic (Amsterdam 1951) 1f. – [8] G. FREGE: Über Sinn und Bedeutung. Z. Philos. u. philos. Kritik NF 100 (1892) 25-50; ND in: G. PATZIG (Hg.): Gottlob Frege. Funktion, Begriff, Bedeutung. Fünf logische Stud. (⁴1975) 40-65. – [9] R. CARNAP: Meaning and necessity (Chicago 1947, ³1960); dtsch. Bedeutung und Notwendigkeit (Wien/New York 1972) § 13 und Anhang C. – [10] VON WRIGHT, a.O. [7] 1f. – [11] H. MACCOLL: Symbolic reasoning (II). Mind (NS) 6 (1897) 493-510, hier: 509; Symbolic reasoning (V). Mind (NS) 12 (1903) 355-364, hier: 356. – [12] VON WRIGHT, a.O. [7] 42-56. – [13] a.O. 49; vgl. die Diskussion der beiden Prinzipien bei W. LENZEN: Glauben, Wissen und Wahrscheinlichkeit. Systeme der epistemischen Logik (Wien/New York 1980) 280-291. – [14] J. HINTIKKA: Knowledge and belief. An introduction to the logic of the two notions (Ithaca/London 1962, ⁵1977) 10-12. – [15] Vgl. a.O. 155 sowie Individuals, possible worlds, and epistemic logic. Noûs 1 (1967) 33-62. – [16] W. V. QUINE: Word and object (Cambridge, Mass. 1960, ¹⁰1976) § 31; vgl. Quantifiers and propositional attitudes. J. of Philos. 53 (1956) 177-187; auch in: The ways of paradox and other essays (Cambridge, Mass. ²1976) 185-196; vgl. HINTIKKA, a.O. [1] 108. – [17] W. V. QUINE: Reference and modality, in: From a logical point of view (New York ²1963) 141. 147; auch in: L. LINSKY (Hg.): Reference and modality (Oxford ²1977) 19. 24. – [18] W. V. QUINE: Intensions revisited. Midwest Stud. in Philos. 2 (1977) 5-11, bes. 8-10. – [19] HINTIKKA, a.O. [14]. – [20] Vgl. a.O. [14] 141-144. 148f. 154f.; vgl. J. HINTIKKA: Semantics for propositional attitudes, in: Models for modalities (Dordrecht 1969) 87-111, bes. 97f. – [21] Vgl. HINTIKKA, a.O. [14] 149f. 152-154; a.O. [1] 112; vgl. QUINE, a.O. [18] 9f. – [22] Vgl. oben Abschn. 3 sowie BEASLEY, a.O. [11 zu 3]. – [23] Vgl. z.B. THOMAS VON AQUIN, De propositionibus modalibus, hg. J. M. BOCHEŃSKI. Angelicum 17 (1940) 180-218, bes. 190-194; S. theol. I, 14, 13 ad 3; S. contra gent. I, 67; WILHELM VON OCKHAM, a.O. [4] II, 9; III/1, 41-43. – [24] Vgl. F. DEL PUNTA/M. McCORD ADAMS (Hg.): Pauli Veneti logica magna II, 6 (Oxford 1978) ix. – [25] HINTIKKA, a.O. [20] 93; Objects of knowledge and belief: Acquaintances and public figures, a.O. [1] 43. – [26] Vgl. a.O. [1] 43. 123f.; vgl. V. TSELISHCHEV: Hintikka's possible worlds and rigid designators, in: J. HINTIKKA et al. (Hg.): Essays on math. and philos. logic (Dordrecht 1979) 387-399, bes. 391f. – [27] Vgl. HINTIKKA, a.O. [20] 92. 94. – [28] Vgl. a.O. 98; a.O. [14] 149f. 152f.; a.O. [1] 31f. 44. – [29] SAARINEN, a.O. [40 zu 3]. – [30] Vgl. STEGMÜLLER, a.O. [37 zu 3]. – [31] LENZEN, a.O. [13].

Literaturhinweise. C. I. LEWIS: A survey of symbolic logic (Berkeley 1918). – O. BECKER: Zur Logik der Modalitäten. Jb. Philos. und phänomenol. Forsch. 11 (1930) 497-548. – C. I. LEWIS und C. H. LANGFORD: Symbolic logic (New York 1932, ²1959). – J. M. BOCHEŃSKI: Notes historiques sur les propositions modales. Rev. Sci. philos. théol. 26 (1937) 673-692. – R. FEYS: Les logiques nouvelles des modalités. Rev. néoscolast. de Philos. 40 (1937) 517-553; 41 (1938) 217-252. – R. C. BARCAN: A functional calculus of first order based on strict implication. J. symbol. Logic 11 (1946) 1-16. – R. CARNAP: Modalities and quantification a.O. 33-64; Meaning and necessity. A study in semantics and modal logic (Chicago 1947, ³1960); dtsch. Bedeutung und Notwendigkeit. Eine Studie zur Semantik und modalen Logik (Wien/New York 1972). – W. V. QUINE: The problem of interpreting modal logic. J. symbol. Logic 12 (1947) 43-48. – G. H. VON WRIGHT: An essay in modal logic (Amsterdam 1951). – O. BECKER: Untersuch. über den Modalkalkül (1952). – W. V. QUINE: Reference and modality, in: From a logical point of view (Cambridge, Mass. 1953; New York ²1963), 139-159; dtsch. Bezeichnung und Modalität, in: W. STEGMÜLLER (Hg.): Das Universalien-Problem (1978) 165-187. – J. M. BOCHEŃSKI: Formale Logik (1956, ⁴1978). – A. N. PRIOR: Time and modality (Oxford 1957, ²1968). – E. J. LEMMON: Is there only one correct system of modal logic? Arist. Soc. Suppl. Vol. 33 (1959) 23-40. – G. BERGMANN: The philos. significance of modal logic. Mind 69 (1960) 466-485. – R. BARCAN MARCUS: Modalities and intensional languages. Synthese 13 (1961) 303-322; revid. ND in: F. ZABEEH/E. D. KLEMKE/A. JACOBSON (Hg.): Readings in semantics (Urbana/Chicago/London 1974) 838-853. – D. FØLLESDAL: Referential opacity and modal logic (Diss. Harvard 1961, Oslo 1966). – W. und M. KNEALE: The development of logic (Oxford 1962, ⁷1978). – J. HINTIKKA: Knowledge and belief. An introd. to the logic of the two notions (Ithaca/London 1962, ⁵1977). – R. M. CHISHOLM: The logic of knowing. J. of Philos. 60 (1963) 773-795. – Proc. of a coll. on modal and many-valued logics. Acta philos. fenn. 16 (Helsinki 1963). – S. A. KRIPKE: Semantical considerations on modal logic s. Anm. [4 zu 2] 83-94; dtsch. Semantische Untersuch. zur M., in: S. KANNGIESSER/G. LINGRÜN (Hg.): Stud. zur Semantik (1974) 44-60. – R. FEYS: Modal logics, hg. J. DOPP (Louvain/Paris 1965). – S. A. KRIPKE: Semantical analysis of modal logic II. Non-normal modal propositional calculi, in: J. W. ADDISON/L. HENKIN/A. TARSKI (Hg.): The theory of models (Amsterdam/New York/Oxford 1965, ⁴1978) 206-220. – W. V. QUINE: The ways of paradox and other essays (New York 1966; Cambridge, Mass. ²1976). – J. HINTIKKA: Individuals, possible worlds, and epistemic logic. Noûs 1 (1967) 33-62. – R. BARCAN MARCUS: Modal logic, in: R. KLIBANSKY (Hg.): Contemporary philos./La philos. contemporaine 1 (Florenz 1968) 87-101. – G. E. HUGHES/M. J. CRESSWELL: An introd. to modal logic (London 1968, ⁵1977); dtsch. Einf. in die M. (Berlin/New York 1978). – N. RESCHER: Topics in philos. logic (Dordrecht 1968). – K. SCHÜTTE: Vollständige Systeme modaler und intuitionist. Logik (1968). – P. WEINGARTNER: Modal logics with two kinds of necessity and possibility. Notre Dame J. formal Logic 9 (1968) 97-159. – J. HINTIKKA: Models for modalities (Dordrecht 1969). – S. MCCALL: Time and the physical modalities. Monist 53 (1969) 426-446. – R. ROUTLEY: Existence and identity in quantified modal logics. Notre Dame J. formal Logic 10 (1969) 113-149. – D. SCOTT: Advice on modal logic, in: K. LAMBERT (Hg.): Philos. problems in logic (Dordrecht 1970) 143-173. – E. SOSA: Propositional attitudes *de dicto* and *de re.* J. of Philos. 67 (1970) 883-896. – L. LINSKY (Hg.): Reference and modality (Oxford 1971, ²1977). – N. RESCHER und A. URQUHART: Temporal logic (Wien/New York 1971). – K. SEGERBERG: An essay in classical modal logic (Uppsala 1971). – D. P. SNYDER: Modal logic and its applications (New York 1971). – A. BRESSAN: A general interpreted modal calculus (New Haven/London 1972). – J. A. SLININ: Die Modalitätentheorie in der modernen Logik, aus dem Russ. übers. P. KELLER, in: H. WESSEL (Hg.): Quantoren – Modalitäten – Paradoxien (Berlin[-Ost] 1972) 362-401. – H. LEBLANC (Hg.): Truth, syntax and modality (Amsterdam/London 1973). – P. LORENZEN und O. SCHWEMMER: Konstruktive Logik, Ethik und Wiss.theorie (1973) 79-106: ‹M.›. – J. J. ZEMAN: Modal logic. The Lewis-modal systems (Oxford 1973). – R. H. THOMASON (Hg.): Formal philos. Sel. papers of R. MONTAGUE (New Haven/London 1974, ²1976). – G. H. VON WRIGHT: Causality and determinism (New York/London 1974); Determinismus, Wahrheit und Zeitlichkeit. Studia Leibnitiana 6 (1974) 161-178. – D. GALLIN: Intensional and higher-order modal logic (Amsterdam/Oxford/New York 1975). – J. HINTIKKA: The intentions of intentionality and other new models for modalities (Dordrecht 1975). – N. RESCHER: A theory of possibility. A constructivistic and conceptualistic account of possible individuals and possible worlds (Oxford 1975). – R. BARCAN MARCUS: Dispensing with possibilia. Proc. and Addresses of the American Philos. Assoc. 49 (1976) 39-51. – R. CHISHOLM: Knowledge and belief: 'de dicto' and 'de re'. Philos. Stud. (Dordrecht) 29 (1976) 1-20. – A. CODE: Aristotle's response to Quine's objections to modal logic. J. philos. Logic 5 (1976) 159-186. – D. M. GABBAY: Investigations in modal and tense logics with applications to problems in philos. and linguistics (Dordrecht 1976). – M. KROY: Mentalism and modal logic. A study in the relations between logical and metaphys. systems (1976). – S. KUHN: Many-sorted modal logics (Stanford diss.; Ann Arbor, Mich. 1976). – S. K. LEHMANN: A first-order logic of knowledge and belief with identity. Notre Dame J. formal Logic 17 (1976) 59-77. 207-221. – W. V. QUINE: Worlds away. J. of Philos. 73 (1976) 859-863. – R. INHETVEEN: Die konstruktive Interpretation der modallogischen Semantik, in: A. G. CONTE/R. HILPINEN/G. H. VON WRIGHT (Hg.): Deontische Logik und Semantik (1977) 89-100. – E. J. LEMMON und D. SCOTT: An introd. to modal logic, in: K. SEGERBERG (Hg.): American philos. quarterly monograph series 11 (Oxford 1977). – G. PRIEST: A refoundation of modal logic. Notre Dame J. formal Logic 18 (1977) 340-354. – W. V. QUINE: Intensions revisited. Midwest Stud. in Philos. 2 (1977) 5-11. – J. R. BAKER: Essentialism and the modal semantics of J. Hintikka. Notre Dame J. formal Logic 19 (1978) 81-91. – G. N. GEORGACARAKOS: A new family of modal systems a.O. 271-281. – W. LENZEN: Recent work in epistemic logic. Acta philos. fenn. 30, 1 (Amsterdam 1978). – M. MIGNUCCI: Sur la logique modale des Stoïciens, in: J. BRUNSCHWIG (Hg.): Les Stoïciens et leur logique (Paris 1978) 317-346. – I. ANGELELLI: The Aristotelian modal syllogistic in modern modal logic, in: K. LORENZ (Hg.): Konstruktionen versus Positionen. Beitr. zur Diskussion um die Konstruktive Wiss.theorie 1 (Berlin/New York 1979) 176-215. – A. HAZEN: Counterpart-theoretic semantics for modal logic. J. of Philos. 76 (1979) 319-338. – E. SAARINEN et al. (Hg.): Essays in honour of Jaakko Hintikka (Dordrecht 1979). – B. F. CHELLAS: Modal logic. An introd. (Cambridge 1980). – K. JACOBI: Die Modalbegriffe in den log. Schr. des Wilhelm von Shyreswood und in anderen Kompendien des 12. und 13. Jh. Funktionsbest. und Gebrauch in der log. Analyse (Leiden/Köln 1980). – W. LENZEN: Glauben, Wissen und Wahrscheinlichkeit (Wien/New York 1980). – M. J. WHITE: Necessity and unactualized possibilities in Aristotle. Philos. Stud. (Dordrecht) 38 (1980) 287-298. – S. KNUUTTILA: Time and modality in Scholasticism, in: S. KNUUTTILA (Hg.): Reforging the great chain of being (Dordrecht 1981) 163-257. – R. T. MCCLELLAND: Time and modality in Aristotle, Metaph. IX. 3-4. Arch. Gesch. Philos. 63 (1981) 130-149. – S. KNUUTTILA: Modal logic, in: N. KRETZMANN/A. KENNY/J. PINBORG (Hg.): The Cambridge history of later medieval philos. (Cambridge 1982) 342-357. – G. SEEL: Die Aristotelische Modaltheorie (1982). – S. WATERLOW: Passage and possibility. A study of Aristotle's modal concepts (Oxford 1982). – H. WEIDEMANN: Zur Semantik der Modalbegriffe bei Peter Abaelard. Medioevo 7 (1981) 1-40. – R. G. BEASLEY: Zur Logik der Modalbegriffe (Diss. Münster 1984)   H. WEIDEMANN

Mode (von lat. modus, Art und Weise, das u. a. auch die aristotelischen Modalitäten (s. d.) bezeichnet und als M. je nach Geschmack und Aspekt in allen vieren ausgesagt werden kann: ästh. als möglich oder unmöglich, moral. als kontingent, ökonom. als notwendig). Das französische Wort ‹M.› dient im 15. Jh. als Bezeichnung für die wechselnde Art sich zu kleiden. Um 1620 wird ‹M.› zunächst in Flugblättern in der deutschen Sprache bekannt, in denen gegen die groteske Kleidung polemisiert wird (Monsieur Alamode). Um die Mitte des 17. Jh. wird ‹M.› heimisch zur Bezeichnung des neuen Geschmacks der Kleidung und später des Betragens (z. B. bei PHILANDER = J. M. MOSCHEROSCH) [1]. J. LOCKE stellt fest, daß die Menschen sich gern an den Meinungen ihrer Umwelt orientieren und dazu neigen, «to govern themselves chiefly, if not solely, by this *law of fashion*» [1a], welches nicht selten über die Gesetze Gottes und der Obrigkeit dominiert. Bis etwa 1770 bleibt M. dem Geschmack und wird nun der Sitte, Gewohnheit, Etikette zugeordnet. Bis jetzt waren mit ‹M.› die Vorstellungen des schnellen Wechsels, der Neuheit verbunden [2]. C. GARVES Theorie der M. enthält die meisten Elemente nachfolgender Theorien: Die M. geht von einer gesellschaftlich herrschenden Schicht aus, die durch ihr Verhalten Vorbild der unteren Schichten wird. Die Nachahmung der unteren Schichten veranlaßt die Oberschicht, sich durch Kleidung und Verhalten zu distanzieren. Voraussetzung dafür ist, daß das feste Gefüge einer Gesellschaft sich aufgelöst hat und damit die Stellung in der Gesellschaft allein nicht mehr Abhebung garantiert [3]. CH. DUCLOS konstatiert die allgemeine Gleichsetzung von M. und Vernunft und setzt dieser Verbindung begrifflich das Lächerliche entgegen. Am Einhalten der M. (Konformität) orientiert sich das allgemeine Urteil, jeder Verstoß wird «als lächerlich betrachtet» [4].

Besonders I. KANT und F. TH. VISCHER weisen den Zusammenhang von M. und Geschmack zurück: M. schließt «das gediegene Schöne» [5] aus. KANT nennt M. das Gesetz des natürlichen Hanges des Menschen zur Nachahmung, verweist auf das Verhältnis zu «Eitelkeit» und «Torheit» und bestimmt die M.n als «veränderliche Lebensweisen». Die bei GOETHE und KANT aufgenommene Erweiterung des Begriffs auf ‹Neuheit› [6] ermöglicht es, auf anderen Gebieten stattfindende Wechsel meist polemisch auch als M. zu bezeichnen: M.-Philosophie [7], M.-Dichtung – eine Assoziation, die sich bereits bei LOCKE andeutete [8]. G. W. F. HEGEL bestimmt M. als «allgemeine Gewohnheit» [9], deren Vernünftigkeit darin liegt, «daß sie über das Zeitliche das Recht, es immer von Neuem zu verändern, ausübt» [10]. Als eine «äußere Erscheinung der Vernünftigkeit» [11] ist sie «als ein Gleichgültiges zu behandeln» [12].

Das durch Nachahmung nivellierende Moment der M. betont VISCHER [13] (bei ihm findet sich auch noch die weitgehende Gleichsetzung des Modischen mit dem Französischen), während H. SPENCER zwischen dem «Ceremoniell» als einer ehrfurchtsvollen und der M. als einer auf Wetteifer beruhenden Nachahmung [14] unterscheidet und feststellt, daß die M. dem Einzelnen einen größeren Spielraum freier Entfaltung einräumt als das «Ceremoniell», dem das Merkmal der Unterordnung eignet. G. SIMMEL gibt das Prinzip der Nachahmung noch entschiedener auf und setzt ihm das Prinzip des Wechsels entgegen. Durch den Wechsel befriedigt M. über das Bedürfnis der sozialen Einbindung hinaus «das Unterschiedsbedürfnis» [15]. Die Macht der M. manifestiert sich in ihrer Fähigkeit, mit gesellschaftlichen Tabus zu brechen [16]. M. ist «die Geschichte der Versuche, die Befriedigung dieser beiden Gegentendenzen immer vollkommener dem Stande der jeweiligen individuellen und gesellschaftlichen Kultur anzupassen» [17]. Hinzu tritt nach Simmel der wirtschaftliche Faktor der M., der Form und Inhalt der M. völlig gleichgültig werden läßt. TH. VEBLEN erblickt darin «ihre wesentliche Sinnlosigkeit» [18].

W. SOMBART vertieft den *ökonomischen* Aspekt des Begriffs (ausgehend von der Begriffsbestimmung Vischers), führt dagegen den Geschmack als Orientierung wieder ein [19]. Zur Erklärung der M. erweist sich die Untersuchung ihrer Entstehung als unumgänglich: «Die M. ist des Capitalismus liebstes Kind» [20]. Anknüpfend an diese ökonomische Betrachtungsweise bezeichnet W. TROELTSCH – unter Berücksichtigung von Vischer und Simmel – die M. «*als den Ausdruck der jeweiligen Geschmacksrichtung der Abnehmer oder der Nachfrage*», als ein «Bedarfsphänomen» [21], für das die Kürze der Dauer, der Wechsel, das Irrationale und der Zwang charakteristisch ist und das einen erheblichen Einfluß auf das gesamte Wirtschaftssystem hat [22]. Die Bedeutung der «Flatterlaunen der M.» [23] für das System der Industrie hatte bereits K. Marx hervorgehoben im Anschluß an die schon 1699 von J. BELLERS festgestellte «Ungewißheit der M.» [24] und deren Einfluß auf den ökonomischen Prozeß. Im Zuge der Durchdringung aller Lebensbereiche, die in einem direkten Verhältnis zur Größe der Gesellschaft steht (E. HURLOCK [25]), entsteht eine Auseinandersetzung zwischen Kunst und «dem Verwertungssyndrom M.» (B. HINZ [26]). W. F. HAUG betont den Zusammenhang von M. als ästhetischer Innovation und kapitalistischem Verwertungsprozeß [27], auf den gleichen Zusammenhang macht S. KRACAUER aufmerksam [28].

Einen *sozialpsychologisch* und *soziologisch* orientierten Ansatz verfolgt S. R. STEINMETZ. Seine Begriffsbestimmung lautet: Die «*M. ist der periodische Stilwechsel von mehr oder weniger zwingendem Charakter*» [29]. Im Unterschied zur Moral verlangt die M. eine «freudigere und treuere Gefolgschaft». Sie zeichnet sich weniger durch Nachahmung als durch periodischen Wechsel aus [30] und ist – entgegen der Manier oder der Neuheit schlechthin – gekennzeichnet durch einen gewissen Zwang und durch «Serialität» [31]. Bereits A. Schopenhauer sah in der M. den Ausdruck der «Physiognomie jedes Zeitalters» [31a]. R. KÖNIG faßt den Begriff ähnlich weit als «allgemeine soziale Institution» und «universales kulturelles Gestaltungsprinzip» [32] zeremoniellen Verhaltens [33]. Im Gegensatz zum 'Stil' zeichne sich M. durch beständige Abwechslung aus, als Variation oder Überschreitung (und Neugründung) des Stils ebenso wie der Sitte [34], der Gewohnheit, des Brauchs [35] und der Tracht [36]. Über die deskriptiven Feststellungen von Steinmetz hinaus unterstreicht König die zeitliche Dimension der M., das Ineinander von Wechsel und Anpassung, als Gradmesser sozialer Mobilität [37]. Im Moment der Anpassung bedarf die M. als «kulturschöpferische Kraft» und «verkannte Weltmacht» [38] eines Schauplatzes, der im Wandel der Gesellschaftsformationen zunehmend die unteren Klassen umfaßt und mittlerweile zu einem Strukturwandel der M. geführt hat [39].

R. BARTHES unterscheidet zwischen ⟨M.⟩ (engl. fashion) und ⟨mode⟩ (engl. fad). Er stellt sich die Aufgabe, das «système de la M. écrite», also die Bedeutung der Sprache für den Begriff der M. darzustellen. Als ein «code véritable» in der Industriegesellschaft beruht die M. auf der Disparität zweier Bewußtseinsformen: «Pour obnubiler la conscience comptable de l'acheteur, il est nécessaire de … créer un simulacre de l'objet réel, en substituant au temps lourd de l'usure, un temps souverain» (Um das buchhalterische Gewissen des Käufers zu benebeln, ist es notwendig, … ein Trugbild des realen Gegenstandes zu schaffen, indem man die bedrückende Zeit des Verschleißes durch eine unumschränkte Zeit ersetzt) [40]. In der Absicht, Wandel und Verbreitung der M.-Gegenstände zu analysieren, weist P. HEINTZ der M. in Anlehnung an FREUD [41] den Charakter «informeller 'Führung'» zu, wobei sich aus dem zeitlichen Vorsprung der 'M.-Führer' ihr soziales Prestige entwickelt. Mit dieser Innovationstendenz stellt «im Bereich des Modischen das Neue an sich einen gesellschaftlichen Wert» dar [42].

Dieser Zusammenhang gelte besonders für die Damen-M., in der die Frau eine eigene Möglichkeit finde, soziales Prestige zu erlangen. Dagegen betont SIMONE DE BEAUVOIR, daß die Frau mit der gesellschaftlichen Verpflichtung zur Toilette von der Möglichkeit, sich als autonomes Individuum zu verwirklichen, abgeschnitten und «der männlichen Begierde als Beute» angeboten wird [43]. Diese Interpretationen werden von der Kritischen Theorie in den erweiterten Rahmen kulturkritischer Fragestellungen aufgenommen [44]. Nach TH. W. ADORNO liegt die Besonderheit der M., über die subtilen Mechanismen der gesellschaftlichen Anpassung hinaus, in der Scheinhaftigkeit ihres Innovationscharakters. Denn ihr geht es «um Aufmachung und nicht um die Sache» [45]. Indem die M. das Neue erzwingt, ohne es in der Tat zuzulassen, stellt sich Neues immer nur als Doppelung des Gleichen ein. W. BENJAMIN faßt dieses Verfahren mit der Formel von der «ewigen Wiederkehr des Neuen» [46]. In diesem Zusammenhang gründet die Geschichtslosigkeit, der zeitlose Charakter der M., den sie scheinhaft überspielt, um ihren gesellschaftlichen Auftrag in einem zu erfüllen und zu verbergen, nämlich das Ritual vorzuschreiben, «nach dem der Fetisch Ware verehrt sein will» [47]. Indem das Neue kraft der gesellschaftlichen Wirkung der M. sich zum abstrakten Eigenwert entwickelt, darf, um en vogue zu bleiben, nichts «sein, was es an sich ist» [48]. Vielmehr wird es dem bereits Vorhandenen eingepaßt. «Nichts darf sein, was nicht ist wie das Seiende … Die Ewigkeit der M. ist ein circulus vitiosus» [49].

Anmerkungen. [1] GRIMM 6 (1885) 2435-2437. – [1a] J. LOCKE: An essay conc. human underst., hg. A. C. FRASER (1894) 1, 479. – [2] Vgl. z. B. J. G. WALCH: Philos. Lex. (⁴1775). – [3] C. GARVE: Versuche über verschiedene Gegenstände aus der Moral … 1. Teil (1792). – [4] CH. DUCLOS: Considérations sur les mœurs de ce siècle 1 (Genf 1868) 112. – [5] F. TH. VISCHER: M. und Cynismus (²1879) 19. – [6] I. KANT, Anthropol. § 71 A. Akad.-A. 7, 245. – [7] J. W. GOETHE, Xenien 172; vgl. bes. G. SIMMEL: Philos. der M. (1905) 15. – [8] LOCKE, a.O. [1a] 323f. – [9] G. W. F. HEGEL, Vorles. über die Gesch. der Philos. Werke, hg. GLOCKNER 17, 245. – [10] Vorles. über Ästh. a.O. 13, 415. – [11] a.O. [9] 245. – [12] 18, 165. – [13] Vgl. VISCHER, a.O. [5] 31. – [14] Vgl. H. SPENCER: Die Principien der Sociol. 3 (dtsch. 1889) §§ 423ff. – [15] SIMMEL, a.O. [8] 8, 28. – [16] 27f. – [17] 9. – [18] TH. VEBLEN: Theorie der feinen Leute (1958, engl. 1899) 172. – [19] Vgl. W. SOMBART: Wirtschaft und M. (1902) 11. – [20] a.O. 23. – [21] W. TROELTSCH: Volkswirtschaftl. Betracht. über die M. (1912) 10. – [22] ebda. – [23] K. MARX, Das Kapital 1. MEW 23 (1962) 503. – [24] J. BELLERS: Essays about the poor, manufactures … (London 1699) 9. – [25] Vgl. E. B. HURLOCK: The psychol. of dress (New York 1976) 4ff. – [26] B. HINZ: Zur Dialektik des bürgerl. Autonomie-Begriffs, in: M. MÜLLER u.a. (Hg.): Autonomie der Kunst (²1974) 192. – [27] Vgl. W. F. HAUG: Kritik der Warenästh. (⁵1976) 162. – [28] Vgl. S. KRACAUER: Die Angestellten (³1959) 18. – [29] S. R. STEINMETZ: Die M., psychol. und soziol., in: Ges. kl. Schr. zur Ethnol. und Soziol. 3 (Groningen 1935) 146-237, zit. 150. – [30] a.O. 152ff. – [31] 155. – [31a] A. SCHOPENHAUER, Parerga und Paralipomena 2. Sämtl. Werke, hg. A. HÜBSCHER 6 (²1947) 477. – [32] R. KÖNIG: Macht und Reiz der M. (1971) 25. – [33] a.O. 137. – [34] 27. – [35] 51. – [36] Vgl. VISCHER, a.O. [5] 28; R. KÖNIG und W. SCHUPPISSER: Die M. in der menschl. Gesellschaft (1958) 12. – [37] KÖNIG/SCHUPPISSER, a.O. 2. – [38] 1; KÖNIG, a.O. [32] 25. – [39] KÖNIG/SCHUPPISSER, a.O. [36] 5. – [40] R. BARTHES: Système de la M. (1967) 9. – [41] Vgl. P. HEINTZ: Einf. in die soziol. Theorie (1968) 68f. – [42] a.O. 63. – [43] SIMONE DE BEAUVOIR: L'autre sex (1949); zit. dtsch. Das andere Geschlecht (1968) 510. – [44] Vgl. M. HORKHEIMER: Sozialphilos. Studien, hg. W. BREDE (1972) 43. – [45] TH. W. ADORNO: Zeitlose M. Zum Jazz, in: Prismen (1976) 144-161. 146. – [46] W. BENJAMIN: Zentralpark, in: Illuminationen (1977) 230-250. 243. – [47] Paris, die Hauptstadt des XIX. Jh., a.O. [46] 170-184. 176. – [48] ADORNO, a.O. [45] 159. – [49] 161. 152.

Literaturhinweise. Encyclopédie ..., hg. DIDEROT/D'ALEMBERT (1778) s.v. – J. G. KRÜNITZ: Ökonom.-technol. Encyclopädie 2. Teil (1803). – O. NEUBURGER: Die M., Wesen, Entstehen und Wirkung (1913). – L. SCHÜCKING: Die Soziol. der Geschmacksbildung (1923). – M. CURTIUS und W. D. HUND: M. und Gesellschaft – zur Strategie der Konsumindustrie (1971). – G. WISWEDE: Theorien der M. aus soziol. Sicht, in: Jb. der Absatz- und Verbrauchsforsch., hg. G. BERGLER/W. OTT 17 (1971) H. 1, 79-93. – H. GIFFHORN: M.-Verhalten (1974). – G. GOEBEL: Für eine Semiotik der M. Lendemains 21 (1981) 72-85.

H. BRINKMANN/R. KONERSMANN

Modell (von lat. ‹modulus›, Maß, Takt, Vorbild; ital. modello, frz. modèle, engl. model, pattern)

I. Für die Geschichte des philosophischen Terminus ist wichtig, daß das durch ihn bezeichnete Prinzip im Bereich des Herstellens, der Technik, ebenso bedeutsam ist wie im theoretischen Bereich. Das vom Bildhauer angefertigte M. z. B. (meist aus Gips) erfüllt eine doppelte Funktion: die des Raumgebens für künstlerisches Experimentieren und die des Musters und Vorbilds für die endgültige Verwirklichung in Stein, Erz, Marmor usw. [1]. Auch das technische M. bietet die Möglichkeit des freien, von den Bedingungen der Wirklichkeit unabhängigen Experimentierens, welches auf die Auffindung von Formen abzielt, die bei der endgültigen Verwirklichung des technischen Werkes maßgebend und vorbildlich sein sollen. – Im theoretischen Zusammenhang gewann das Prinzip M. insbesondere in der nominalistischen Tradition der neuzeitlichen Naturwissenschaft eine wichtige wissenschaftstheoretische und methodologische Rolle. Bezugspunkt ist dabei seit der Antike, in der Neuzeit im Anschluß an die kopernikanische Hypothese, insbesondere die Frage nach der 'Wahrheit' bzw. der transzendenten Entsprechung der astronomischen M.-Vorstellung [2].

Für die Geschichte des im engeren Sinne philosophischen Begriffs des M. gibt die große Auseinandersetzung zwischen Leibniz und Locke [3] eine Weichenstellung, insofern in ihr an entscheidenden Punkten die Ausdrücke M., ‹modèle› und ‹pattern› vorkommen. Diese Auseinandersetzung steht im Zeichen einer nominalistisch-realistischen Ambiguität des Namens ‹M.›. Während LOCKE die empiristisch-nominalistische Seite auch in der Auffassung des M. vertritt, plädiert LEIBNIZ für eine Orientierung des Wissens an den «inneren» Wesenheiten der Dinge. Damit bringt er eine platonisch-augustinische Tradition zur Geltung: Nach PLATON hat der Demiurg den Kosmos nach geometrischen Urbildern aus einem je schon vorhandenen Stoff gebildet [4]; AUGUSTIN läßt nach christlichen Voraussetzungen Gott als Weltschöpfer auftreten, der urbildliche Ideen und ewige Wahrheiten in die von ihm hervorgebrachte Welt investiert [5]. LEIBNIZ spricht diese geistigen Formen als ‹M.› an, nach denen sowohl die Natur ihre Gebilde produziert, welche aber zugleich auch als Vorbilder für menschliches Erkennen dienen. In dieser Tradition kommt eine Verbindung von technischem und theoretischem M.-Begriff im Zeichen einer philosophischen Theologie zustande, für die Gott nach dem M. seiner Ideen die Welt geschaffen hat, wobei diese hinwiederum M.e für menschliche Erkenntnis sind. Trotz weitgehender Freiheit in Definition und Hypothesenbildung müssen wir uns nach Leibniz an den M.-Strukturen der inneren Wesen der Sachen orientieren. Er betont, daß diese M.e nicht im Sinne eines Prägestoffs für Münzen, sondern im Sinne einer Kraft aufgefaßt werden müssen, die das Viele zu einer einzigen Sache vereinigt [6].

Obwohl bei KANT das Wort ‹M.› selbst kaum fällt, sind insbesondere im Zeichen der Begriffe ‹Symbol› und ‹Darstellung› maßgebende Erörterungen im Bereich der Kantischen Transzendentalphilosophie zu finden [7]. Kant unterscheidet zwischen der «schematischen» und der «symbolischen» Weise des Darstellens [8]. Während z. B. das Bild des Kreises eine direkte Darstellung des Begriffes vom Kreise ist und daher als «schematisch» zu bezeichnen ist, verhält sich dieses Bild zur Idee der Vollkommenheit als «indirekte» Darstellung, die symbolischen Charakter hat. Das heißt, daß es im letzteren Falle in einer «analogen» Weise zu beurteilen und zu reflektieren ist wie das Original, die Idee der Vollkommenheit, selbst. Es komme mit der Idee nur in der «Form der Reflexion», nicht dem Inhalte nach überein, da ihm mit ihr nur die «Regel des Verfahrens» gemeinsam ist [9]. Damit hat Kant dasjenige Prinzip angesprochen, für das sich seither in wissenschaftlichen Zusammenhängen der Name ‹M.› eingebürgert hat: Der Kreis kann als ein M. für die Idee der Vollkommenheit betrachtet werden. Nach Kantischer Voraussetzung kann irgendein Atom-M. z. B. wegen seiner Analogie zu einem gemeinten Erscheinungskomplex als Muster und Vorbild für die Beurteilung der physischen Wirklichkeit und für die Art des Auffassens und Interpretierens des Aufbaus der Materie angesprochen werden. Als symbolisches M. z. B. für einen monarchischen Staat könne man einen «beseelten Körper, wenn er nach inneren Volksgesetzen» beherrscht wird, betrachten, während ein totalitäres politisches Gebilde durch eine «bloße Maschine» wie z. B. «eine Handmühle» dargestellt werden könne: «Denn zwischen einem despotischen Staate und einer Handmühle ist zwar keine Ähnlichkeit, wohl aber zwischen den Regeln, über beide und ihre Kausalität zu reflektieren» [10]. Im Vollzuge solcher M.-Bildung verrichtet die Urteilskraft «ein doppeltes Geschäft». Erstens beziehe sie z. B. den reinen Begriff der Maschine auf einen Gegenstand der sinnlichen Anschauung, indem sie ein besonderes Maschinenmodell wie etwa die Handmühle durch Schematisierung vorstellt. Zweitens wende sie die «blosse Regel der Reflexion über jene Anschauung auf einen ganz anderen Gegenstand, von dem der erstere nur das Symbol ist» [11], an. Dergleichen M.-Analogien sind auch für das Funktionieren der Sprache maßgebend, sofern jeweils ein Ausdruck nicht das «eigentliche Schema für den Begriff, sondern bloß ein Symbol für die Reflexion enthält. Die Wörter ‹Grund› (Stütze, Basis), ‹abhängen› (von oben gehalten werden), ‹woraus fließen› (statt folgen), ‹Substanz› und andere seien nicht schematische, sondern symbolische Darstellungen und Ausdrücke für Begriffe, wobei eine Analogie maßgebend ist, bei der die Reflexion über einen Gegenstand der Anschauung auf einen ganz anderen Begriff übertragen wird, dem vielleicht nie eine Anschauung direkt korrespondieren kann.

Da die in der modernen *exakten Naturwissenschaft* anonym wirkende Ontologie nominalistisch ist, ist der in ihrer erkenntnistheoretischen Selbstreflexion vorkommende Begriff des M. von Überlegungen zum Wesen losgelöst worden, welches man ohnedies als unerkennbar auffaßte. Zur Geltung kam das theoretische (physikalische, mathematische, chemische usw.) M., welches als vom Verstande selbst konstruiert auftritt und als eine Regel für die Beschreibung oder Erklärung von fraglichen Tatsachen gehandhabt wird. Diese Regel kann die zu leistenden gedanklichen Schritte z. B. in bildhafter Weise vorschreiben: So hat man etwa elektrische Vorgänge durch mechanische M.e (mechanical illustration) zu illustrieren und zu begreifen versucht [12]. Hier tritt das M. als bildliche Erscheinung auf und fungiert als sichtbarer Ausdruck gedanklicher Konstruktionen, welcher zugleich Anweisung für die Erklärung der Gegenstände ist, auf welche das M. «hindeutet». Von hier aus gesehen hat es eine «Bedeutung» und ist auch Gegenstand sprachphilosophischer Untersuchungen [13]. Als eine Art von 'Sprache' kann es auch in unbildlicher, abstrakter Weise auftreten und fungiert dann nach dem Prinzip der Analogie bzw. des Symbols [14]. H. VAIHINGER bezeichnet M.e als «schematische Fiktionen», «welche zwar das Wesentliche des Wirklichen enthalten, aber in einer viel einfacheren und reineren Form» [15]. Der Verlust der Komponente Anschaulichkeit rückt den Begriff ‹M.› in die Nähe der abstrakten Theorie oder des Gesetzes, so daß ihm z.B. K. POPPER die eigenständige Bedeutung fast ganz abspricht: «M.e sind von unserem Standpunkt aus nichts anderes als Versuche, neue Gesetze auf schon überprüfte Gesetze zurückzuführen (sowie auf Annahmen über typische Anfangsbedingungen oder das Vorhandensein einer typischen Struktur – das heißt, das M. im engeren Sinne)» [16].

In den *Sozialwissenschaften* dienen Prozeß-M.e dem Versuch, quasi experimentell – mit Hilfe von Simulation – Informationen über reale Zustände eines empirischen Systems zu gewinnen [17].

Anmerkungen. [1] F. KAULBACH: Schema, Bild und M. nach den Voraussetzungen des Kantischen Denkens. Stud. gen. 18 (1965) 464-475. – [2] Vgl. P. DUHEM: Essai sur la notion de théorie physique de Platon à Galilée. Ann. chrétienne 79 (1908) No. 2ff. – [3] J. LOCKE: An essay conc. human understanding bes. III, 9; G. W. LEIBNIZ, Nouveaux essais. Akad.-A. 6/VI (1962) bes. 303. 311. 323. 335. 337ff. 352. 393. – [4] PLATON, Tim. 29 a ff. – [5] AUGUSTIN, vgl. De fide contra Manichaeos. CSEL 25/VI, 2, 973f. – [6] LEIBNIZ, a.O. [3] III, 9, § 12ff. – [7] Vgl. F. KAULBACH: Philos. der Beschreibung (1968). – [8] I. KANT, KU B 254. – [9] a.O. B 256; vgl. F. KAULBACH: Der philos. Begriff der Bewegung (1965) 187f. – [10] KANT, KU B 256. – [11] a.O. B 257. – [12] C. W. CHURCHMAN, R. L. ACKOFF und E. L. ARNOFF: Introd. to operations research (New York 1957, dtsch. 1961). – [13] R. SEELIGER: Analogie und M.e in der Physik. Stud. gen. 1 (1947/48) 125-137. – [14] Vgl. M. HESSE: Models and analogies in sci. (London 1963); E. H. HUTTEN: The role of models in physics. Brit. J. Philos. Sci. 4 (1953/54) 284-301; The language of modern physics (London 1956). – [15] H. VAIHINGER: Philos. des Als Ob (1911) 36f. – [16] K. POPPER: Naturgesetze und theoret. Systeme, in: Gesetz und Wirklichkeit, hg. S. MOSER (1949); jetzt in: Objektive Erkenntnis (1973) 388. – [17] Vgl. R. v. MAYNTZ: Formalisierte M.e in der Soziol. (1967); R. ZIEGLER: Theorie und M. (1972).

Literaturhinweise. H. HERTZ: Die Prinzipien der Mechanik, Einl. in: Vorreden und Einl. zu klass. Werken der Mechanik (1899) 123. – P. VOLKMANN: Erkenntnistheoret. Grundzüge der Naturwiss. ([2]1910). – W. STEGMÜLLER: Hauptströmungen der Gegenwartsphilos. ([2]1952). – F. KAULBACH: Die Anschauung in der klass. und modernen Physik. Philos. nat. 5 (1958) 66-95; Die Met. des Raumes bei Leibniz und Kant (1960); s. Anm. [7. 9]. – K. E. ROTHSCHUH: Theorie des Organismus (1959, [2]1963). – E. NAGEL, P. SUPPES und A. TARSKI (Hg.) Logic, methodol. and philos. of sci. (Stanford 1962). – H. STACHOWIAK: Gedanken zu einer allg. Theorie der M.e. Stud. gen. 18 (1965) 432-463; Allg. M.-Theorie (1973). F. KAULBACH

II. Der M.-Begriff hat seit dem 19. Jh. durch die Entwicklungen der *Geometrie* und *Physik* und durch die Entwicklungen der *Technik* bis hin zur *Kybernetik* vielfältige Präzisierungen und Anwendungen erfahren.

1. *Geometrie.* – a) Bereits DESCARTES lieferte ein zentrales Beispiel für den geometrischen M.-Begriff. Interpretiert man nämlich die Grundbegriffe der euklidischen Geometrie durch analytische Koordinaten (z.B. Punkte P durch reelle Zahlenpaare (x_1, x_2), Geraden g durch die Verhältnisse $y_1 : y_2 : y_3$ von Zahlentripeln, die geometrische Relation ‹P liegt auf g› durch die Gleichung $y_1 x_1 + y_2 x_2 + y_3 = 0$ usw.), so liefern die geometrischen Axiome wahre analytische Aussagen. Daher liefert das 3-dimensionale (rechtwinklige) Koordinatensystem des reellen Kontinuums ein *analytisches M. der euklidischen Geometrie* [1]. Die Frage nach der Unabhängigkeit des Parallelenaxioms von den übrigen euklidischen Axiomen lautet dann: Gibt es ein M., in dem die euklidischen Axiome bis auf das Parallelenaxiom wahr sind? Nach ersten Vorschlägen von LOBATSCHEWSKY (1826) und BOLYAI (1831) gelang F. KLEIN (1870) ein anschauliches *euklidisches M. der nicht-euklidischen Geometrie*, in dem z.B. Punkte P und Geraden g der ebenen nicht-euklidischen Geometrie interpretiert werden als Punkte im Einheitskreis U um einen rechtwinkligen Koordinatenursprung und als Geradenabschnitte der durch U laufenden Geraden [2]. Offenbar gibt es dann ein Büschel von Geradenabschnitten durch P, die g nicht schneiden (also parallel zu g sind), falls P nicht auf g liegt. Mit diesem M. ist auch die Widerspruchsfreiheit der nicht-euklidischen auf die euklidische Geometrie zurückgeführt. M. in diesem Sinn ist also eine *wahre Interpretation eines formalen Axiomensystems* und wird allgemein seit TARSKI in der M.-Theorie untersucht [3].

b) Eine andere wichtige Verwendung geometrischer M.e wurde durch die Technik geographischer Kartenzeichner vorbereitet, sofern es um die Darstellung krummer Flächenstücke (der Erdoberfläche) im M. des cartesischen Koordinatenraumes ging. Angeregt durch seine geodätische Arbeit der Hannoverschen Landesvermessung gab GAUSS dieser M.-Technik in seinen ‹Disquisitiones circa superficies curvas› [4] eine wichtige mathematische Wendung. M. bedeutet hier die *Abbildung eines äußeren Sachverhaltes in einer geometrischen Darstellung bzw. Theorie*. Ein 2-dimensionaler Punkt mit den Koordinaten u_1, u_2 des krummen Flächenstücks läßt sich danach durch (stetig-differenzierbare) Transformationen einem 3-dimensionalen Punkt des cartesischen M. mit den Koordinaten $x = x(u_1, u_2), y = y(u_1, u_2), z = z(u_1, u_2)$ zuordnen. Da nach PYTHAGORAS der Abstand s zweier Punkte im euklidischen Raum bestimmt ist durch $s^2 = x^2 + y^2 + z^2$, bestimmt sich der Abstand ds zweier unendlichnaher Punkte (u_1, u_2) und $(u_1 + du_1, u_2 + du_2)$ auf der krummen Fläche durch $ds^2 = dx^2 + dy^2 + dz^2$. Demgegenüber konnte RIEMANNS Verallgemeinerung der Gaussschen *Differentialgeometrie* für n-dimensionale Mannigfaltigkeiten nicht mehr als anschauliches M. verstanden werden [5]. 1872 gelang F. KLEIN in seinem ‹Erlanger Programm› eine allgemeine Definition des geometrischen M.-Begriffs. Danach zeichnen sich die Eigenschaften geometrischer M.e durch Invarianz gegenüber Transformationsgruppen aus [6].

2. In der *Physik* versteht man unter einem physikalischen M. die *Abbildung eines physikalischen Sachverhalts in einer mathematischen Darstellung bzw. Theorie*. So lieferten PTOLEMÄUS, KOPERNIKUS und schließlich KEPLER mit seinen Gleichungen verschiedene M.e der Planetenbahnen. Das Keplersche M. ist im Ober-M. der Mechanik NEWTONS ableitbar. Daher sind nach H. HERTZ mechanische M.e als deduktive Systeme aufzufassen, an deren Spitze Hypothesen «allgemeinster Erfahrung» stehen (z.B. die drei Newtonschen Axiome, das D'Alembertsche Prinzip, das Hamiltonsche Prinzip oder das Hertzsche Trägheitsprinzip) [7]. Logisch widerspruchsfreie und empirisch bewährte M.e derselben Sache werden von Hertz

nach heuristischen Gesichtspunkten beurteilt. Dabei heißt ein M. M_2 zweckmäßiger als M_1, wenn M_2 «mehr wesentliche Beziehungen des Gegenstandes widerspiegelt» als M_1. M_2 heißt einfacher als M_1, wenn M_2 weniger «überflüssige oder leere Beziehungen» enthält [8]. Während die logische *Widerspruchsfreiheit* eines M. apriorisch bewiesen und die *empirische «Richtigkeit»* einer Deduktion experimentell entschieden wird, kann über die heuristischen Kriterien der *Zweckmäßigkeit* und *Einfachheit* nach Hertz erst im Laufe der Zeit nach einer Folge von M.en geurteilt werden. Hertz' Überlegungen wurden von gegenwärtigen Wissenschaftstheorien aufgegriffen [9]. Im 19. Jh. schien den *mechanischen M.en* eine paradigmatische Rolle zuzuwachsen, als man auch die neuen thermischen, magnetischen, elektrischen und chemischen Entdeckungen mechanisch erklären wollte. Diese «Mechanisierung des Weltbildes» wurde begründet durch den Erhaltungssatz der Energie nach R. MAYER, H. V. HELMHOLTZ u. a., wonach in einem physikalischen System die Summe der potentiellen Energie S (z.B. die Spannkraft einer Feder) und der kinetischen Energie (z.B. die lebendige Kraft einer Feder) konstant bleibt:

$$\Sigma S + \tfrac{1}{2}\Sigma m \cdot v^2 = \text{const.}$$

Da nun für eine geleistete Arbeit nicht nur lebendige Kraft, sondern auch eine Wärmemenge oder das Potential einer elektrischen Ladung usw. auftreten kann, so sah man hier ein mechanisches M., das allen Naturerscheinungen zugrunde liegt [10]. Ein scharfer Kritiker der mechanischen M.e des Äthers und der elektromagnetischen Kräfte von FARADAY und MAXWELL war der französische Physiker und Philosoph P. DUHEM, der den mechanischen M.en nur heuristischen Wert zubilligte, aber das Ziel eines physikalischen M. im Aufstellen eines formalen mathematischen Systems sah. Duhems Analysen bereiteten die Wissenschaftslehre des Wiener Kreises, des logischen Empirismus und zeitgenössischer Wissenschaftstheorien entscheidend vor [11]. Mit EINSTEINS Relativitätstheorie wurde eine Folge *kosmologischer Welt-M.* eingeleitet. Während im 4-dimensionalen MINKOWSKI-M. der speziellen Relativitätstheorie die Galilei-Transformationsgruppe der klassischen Physik durch die Lorentz-Gruppe ersetzt wird, liefert die Riemannsche Differentialgeometrie ein M. der allgemeinen Relativitätstheorie, in dem die euklidische Metrik nur lokale Geltung hat [12]. Von philosophischer Bedeutung wurden kosmologische M.e wie z.B. DE SITTERS M. einer von Materie entleerten Welt, die mathematisch nach Einsteins Gravitationsgleichung möglich war und die Diskussion um den «leeren Raum» im 18. Jh. bei Kant und Newton wiederbelebte. Den heuristischen Wert anschaulicher M.e von der Wahrnehmung nur bedingt zugänglichen Sachverhalten demonstrierte auch BOHRS Atom-M., das auf bestimmten Analogien zwischen den Bewegungsgesetzen der Planeten im Sonnensystem und den Elektronen innerhalb eines Atoms beruht. Die Entwicklung relativistischer und quantenmechanischer Welt-M.e ist gegenwärtig noch nicht abgeschlossen [13].

3. Von besonderem Interesse für *kybernetische Betrachtungen* sind *technische Modelle biologischer und geistiger Prozesse*. Als biologische Beispiele sind anzuführen die kybernetische Schildkröte von G. WALTER, die u.a. den bedingten Reflex modelliert, der Homöostat von W. R. ASHBY, der die Ultrastabilität von Organismen technisch nachbildet oder die modernen medizintechnischen Geräte wie z.B. künstliche Niere, Herz-Lungen-Maschine, die bestimmte Organfunktionen simulieren [14]. Ebenso stellt die TURING-Maschine ein abstraktes M. von universellen Digitalrechenmaschinen dar [15]. Für den Menschen ist charakteristisch, daß sein Verhalten und Handeln gegenüber seiner natürlichen und sozialen Umwelt nach den Ergebnissen seines Experimentierens an einem 'inneren M. der Umwelt' (d.h. durch Erfahrung) verändert und angepaßt werden kann. Jedoch können auch moderne automatische Systeme bestimmte Umwelterscheinungen in internen M.en abbilden (z.B. Produktionsabläufe in Fabriken, Steuerungssysteme der Raumfahrt), und sie vermögen dann durch Lernen und Verbessern des internen M. selbständig Entscheidungen zu treffen [16].

Anmerkungen. [1] R. DESCARTES, La géométrie I. Oeuvres, hg. CH. ADAM/P. TANNERY 6 (ND Paris 1965); vgl. D. HILBERT: Grundl. der Geometrie (^{9}1962) § 9. – [2] F. KLEIN: Über die sog. nichteuklid. Geometrie, in: Ges. math. Abh. 1 (1921) 246f. – [3] Vgl. Art. ‹Formalisierung›, ‹Gültigkeit›, ‹M., M.-Theorie I›; vgl. auch H. FREUDENTHAL: The concept and the role of the model in math. and natural and social sci.s (1961). – [4] C. F. GAUSS, Disquisitiones circa superficies curvas. Werke (1863ff.) 4, 217f. – [5] B. RIEMANN, Über die Hypothesen, welche der Geometrie zugrunde liegen. Ges. math. Werke (^{1}1876) 254f. – [6] F. KLEIN, Das Erlanger Programm, a.O. [2] 460f. – [7] H. HERTZ: Die Prinzipien der Mech. (1894); dazu E. MACH: Die Mech. – hist.-krit. dargestellt (1883, ^{9}1933) Kap. 3. – [8] H. HERTZ, Einl. a.O. [7] (ND 1963) 2f. – [9] Vgl. I. LAKATOS: Falsifikation und die Methodol. wiss. Forsch.programme, in: Kritik und Erkenntnisfortschritt, hg. I. LAKATOS/A. MUSGRAVE (1974) 129f.; vgl. K. MAINZER: Wie ist das Wachstum von apriorischen Wiss.en möglich? in: Logik-Ethik-Theorie der Geisteswiss.en. 11. Dtsch. Kongr. Philos. in Göttingen 1975, hg. G. PATZIG/E. SCHEIBE/W. WIELAND (1977) 411-417. – [10] Vgl. MACH, a.O. [7] 472f. – [11] P. DUHEM: Ziel und Struktur der phys. Theorien (^{1}1908, ND 1978) Kap. 4; dazu M. JAMMER: Die Entwickl. des M.-Begriffs in den phys. Wiss.en. Stud. gen. 18 (1965) H. 3, 154-166. – [12] A. EINSTEIN: Grundzüge der Relativitätstheorie (^{3}1963) = Vier Vorles. über Relativitätstheorie (5., erweiterte Aufl.; vgl. auch H. WEYL: Raum, Zeit, Materie. Vorles. über allg. Relativitätstheorie (5., umgearb. Aufl. 1923). – [13] Vgl. M. B. HESSE: Models and analogies in sci. (1966). – A. V. BUSHKOVITCH: The concept of model in sci. theory. Int. Log. Rev. 8/1 (1977) 24-31. – [14] J. W. L. BEAMENT (Hg.): Models and analogues in biol. Symp. Soc. exp. Biol. (1960). – [15] Vgl. H. HERMES: Aufzählbarkeit, Entscheidbarkeit, Berechenbarkeit (1961) Kap. 1-2; J. v. NEUMANN: The computer and the brain (1958). – [16] Vgl. K. STEINBUCH: Automat und Mensch (1965) Kap. 13; H. STACHOWIAK: Denken und Erkennen im kybernet. M. (^{2}1969). K. MAINZER

Modell, Modelltheorie (engl. model, model theory)

I. *Logik.* – ‹Modell› (M.) heißt in der Logik ein System aus Bereichen und Begriffen, insofern es die Axiome einer passend formulierten Theorie erfüllt (TARSKI 1935/36 [1]). Die Sprache dieser Theorie muß dafür die mit Bereichen und Begriffen zu interpretierenden Grundsymbole enthalten, die durch die Interpretation zu sogenannten «Grundbegriffen» werden. ‹*Interpretation*› (KEMENY 1948: Halb-M. [2]) heißt dann auch die Abbildung, welche den Symbolen, ohne Bezugnahme auf Axiome, ihre jeweilige Bedeutung zuordnet. Interpretationen werden, nach einer Anordnung der Symbole, oft als Folgen gegeben. Kommt nur *ein* Bereich vor («Träger» der Struktur), so kann dieser als Ding-(Individuen-)Bereich B einer Sprache erster Stufe genommen werden. Die «Begriffe» können dann Objekte in B, Eigenschaften solcher Objekte, Beziehungen zwischen ihnen, sowie Abbildungen von B in B' (gegebenenfalls als spezielle Beziehungen) sein. Beziehungen werden extensional als Mengen von endlichen Folgen (zwischen deren Gliedern «die Beziehung besteht») bzw. als korrespondierende charakteristische Funktionen oder Attribute verstanden.

Die *Modelltheorie* (Mt.) in engerem Sinne (theory of models) behandelt die Beziehungen zwischen solchen Strukturen, wobei diese im allgemeinen durch gleiche «Grundbegriffe» (Typusgleichheit) und Axiome zusammengehören.

Kommen mehrere Bereiche B_1, B_2, ..., vor, so können diese als Ding-Bereiche einer «Sortenlogik» (s. d.) verstanden oder als Eigenschaften über *einem* umfassenden Bereich B_* eingeführt werden. Die dadurch implizierte Reduktion erlaubt es, die meisten Probleme in dieser Übersetzung zu behandeln. Diese Reduktionsmöglichkeit besteht auch für die M.e der Typentheorie (s. d.). Doch legt die Rolle der Bereiche für die Typentheorie eine Verfeinerung des M.-Begriffs und damit eine Erweiterung der Mt. nahe: Der Bereich jeder Sorte, die syntaktisch als funktionswertig charakterisiert ist, soll aus entsprechenden Abbildungen bestehen (*konkretes M.*). Aus der allgemeineren sortenlogischen Interpretation $I_{(.)}$ des «Anwendens» einer Funktion kann jedes funktionsartige Objekt α in die Abbildung Φ_α mit $\Phi_\alpha(x) = I_{(.)}(\alpha, x)$ überführt werden (gegebenenfalls ist vorher x in Φ_x zu überführen; analog für mengenartig charakterisierte Sorten: in die entsprechenden Umfänge). Der beschriebene Übergang zum konkreten M. kann auch von der B_*-Übersetzung (s. o.) ausgehen (MOSTOWSKI 1947 [3]). Ein konkretes M. der Typentheorie heißt *Standard-M.* (HENKIN 1950 [4]), wenn es zusätzlichen Natürlichkeitsbedingungen genügt, sonst *Nicht-Standard-M.* Für die unverzweigte Typentheorie und ihre Teilstücke laufen die Bedingungen darauf hinaus, daß jeder Bereich von Abbildungen jeweils aus allen in Frage kommenden Abbildungen bestehen («wertverlaufsmäßig maximal» oder «voll» sein) soll. Auch ‹natürlich› wird manchmal für ‹konkret› bzw. für ‹standard› gebraucht. Nachträglich kann die Unterscheidung von der Beschränkung auf die (motivierenden) konkreten M.e gelöst werden. Für die verzweigte Typentheorie sind in natürlicher Weise die wertverlaufsmäßig minimalen M.e (in welchen die Bereiche jeweils nur das Definierbare enthalten), als Standard-M.e zu bezeichnen. Für die unverzweigte Theorie können minimale M.e nicht in ähnlich natürlicher Weise ausgezeichnet werden. Die ontologisch anspruchsvolle Frage nach der Existenz von Standard-M.en führt also auf die Möglichkeit des richtigen Verständnisses von «alle Abbildungen» im maximalen oder minimalen Sinne, unabhängig von der axiomatischen Charakterisierbarkeit solcher Redeweisen [5]. Vom M.-Begriff abgeleitete Begriffe (wie Gültigkeit, Erfüllbarkeit, Folgerung, Kategorizität) können nach Inhalt und Umfang wesentlich davon abhängen, welcher M.-Vorrat als akzeptabel betrachtet wird. Sind gewisse Mindestforderungen in den Axiomen enthalten, so berührt die Beschränkung auf *konkrete* M.e nicht den Umfang (nur den Inhalt) dieser Begriffe. Bei Beschränkung auf *Standard*-M.e ist die Gültigkeit und Folgerung (außer in einfachen Grenzfällen) auch dem Umfang nach syntaktisch nicht mehr adäquat charakterisierbar, Kategorizität dagegen erst sinnvoll [6]. In *Nicht-Standard*-M.en können die Definitionen von der Intuition wesentlich abweichen. So liefert die Leibnizsche Definition der Identität $a = b$ (als: Jede Eigenschaft, die a zukommt, kommt auch b zu) eine zu grobe Beziehung, wenn der Bereich der relevanten Eigenschaften zuwenig Unterscheidungen erlaubt. Aposteriori werden auch die auf ihre Teilstruktur erster Stufe beschränkten M.e als «nicht-standard» bezeichnet, wenn sie nicht zu Standard-

M.en (wenigstens) zweiter Stufe fortsetzbar sind. Die wichtigsten und typischen Fälle sind: M.e der *Zahlentheorie*, bei welchen mehr als die aus der 0 und der Nachfolgeoperation erzeugten Objekte unter den formal definierten Begriff der natürlichen Zahl fallen (SKOLEM 1934, 1955 [7]). M.e einer *Mengentheorie* (bei welcher die Elementbeziehung ∈ im Ding-Bereich axiomatisch charakterisiert wird), die in bezug auf die Beziehung: a ist Menge aller Teilmengen von b, symbolisch:
$\wedge_x(x \in a \leftrightarrow \wedge_y(y \in x \to y \in b))$,
«nicht-standard» sind (wenn nämlich die Bedingung
$\wedge_P \vee_x \wedge_y (y \in x \leftrightarrow y \in b \wedge Py)$
für b nicht im Standard-Sinne bezüglich «$\wedge_P$» gilt).

Die explizite Bezugnahme in einer reicheren Sprache auf M.e, die 1. zum Standard-M. nicht isomorph sind, 2. in der Sprache einer Theorie nicht-unterscheidbar («elementar äquivalent») sind, in einer reicheren Sprache hat sich inzwischen als heuristisch fruchtbar für verschiedene Teilgebiete der (mathematischen) Analysis erwiesen (sog. Nicht-Standard-Analysis nach A. ROBINSON, mit aktual unendlich großen und insbesondere unendlich kleinen Größen [8]).

Anmerkungen. [1] A. TARSKI: Grundzüge des Systemenkalküls I/II. Fund. Math. 25/26 (1935/36) 503-526; 283-301; engl. in: Logic, semantics and metamath. (1956) 343-383. – [2] J. G. KEMENY: Models of logical systems. J. symbol. Logic 13 (1948) 16-30. – [3] A. Mostowski: On absolute properties of relations. J. symbol. Logic 12 (1947) 33-42. – [4] L. A. HENKIN: Completeness in the theory of types. J. symbol. Logic 15 (1950) 81-91. – [5] Hierzu und zur Existenz von Nicht-Standard-M.en vgl. Art. ‹Satz von Löwenheim-Skolem›. – [6] Vgl. Art. ‹Kategorisch/monomorph›. – [7] T. SKOLEM: Über die Nicht-Charakterisierbarkeit der Zahlenreihe mittels endlich oder abzählbar unendlich vieler Aussagen mit ausschließlich Zahlenvariablen. Fund. Math. 23 (1934) 150-161; Peano's axioms and models of arith., in: Math. interpretations of formal systems (Amsterdam 1955) 1-14. – [8] Vgl. Art. ‹Infinitesimalrechnung II›.

Literaturhinweise. – *Lehrbücher:* H. HERMES: Einf. in die math. Logik (^{3}1972). – H. SCHOLZ und G. HASENJAEGER: Grundzüge der math. Logik (1961) § 167 und Kap. 4: zu Standard-M. – *Elementare Einführung:* J. BRIDGE: Beginning model theory (Oxford 1977). – *Weiterführend mit ausführlichen Bibliographien:* C. C. CHANG und H. J. KEISLER: Model theory (Amsterdam 1973). – J. W. ADDISON, L. HENKIN und A. TARSKI: The theory of models. Proc. 1963 int. Symposium Berkeley (Amsterdam 1965). – *Speziell:* A. ROBINSON: Nonstandard analysis (Amsterdam 1970).

G. HASENJAEGER

II. *Linguistik.* – In der Linguistik wird heute ‹M.› in zwei verschiedenen Bedeutungen gebraucht: Die eine stimmt ungefähr mit dem Gebrauch des Wortes in der Mt. der mathematischen Logik überein, der zweite Gebrauch ist spezifisch linguistisch. ‹M.› bedeutet hier «Theorie der Struktur der Sprachen». Demnach sind zwei M. verschieden, wenn sie den gleichen sprachlichen Ereignissen verschieden*artige* (nicht verschiedene) Strukturen der gleichen Ebene zuweisen, also z. B. verschiedenartige syntaktische oder semantische Strukturen [1]. Die Betrachtungen zur M.-Bildung in der Sprachwissenschaft sind eng verwandt mit der M.-Bildung in anderen Wissenschaften, etwa in der Literaturwissenschaft, wobei der Begriff ‹M.› jeweils auch spezifisch in dem betreffenden Fach brauchbare Bedeutungen annimmt. So sind etwa Untersuchungen zu «M. und Nachahmungspoetik» spezifisch literaturwissenschaftlich. Die linguistische Mt. hat ihrerseits die literaturwissenschaftlichen Überlegungen zum Thema zum Teil beeinflußt [2]. Wichtiger ist in der linguistischen Diskussion die zuerst genannte Bedeutung von ‹M.›. Die Mt. befaßt sich zunächst mit der Deutung von künstlichen Sprachen der Logik. Ausgangspunkt der linguistischen Mt. ist die von KRIPKE stammende Mt. der modalen Logik. Sie behandelt die Junktoren ‹nicht› und ‹und› sowie den Modaloperator ‹es ist notwendigerweise so, daß›. Ein M. einer modallogischen Sprache umfaßt drei Komponenten: 1. eine Klasse von möglichen Welten, 2. die Zugänglichkeitsrelation zwischen möglichen Welten, 3. eine Bewertungsfunktion, die jedem Paar aus einer atomaren Aussage und einer möglichen Welt einen Wahrheitswert zuweist, also festlegt, ob die betreffende Aussage in dieser möglichen Welt wahr oder falsch ist. Dabei gilt, daß die Negation einer Aussage in einer möglichen Welt wahr ist, wenn die Aussage selbst in dieser Welt falsch ist; sonst ist die Negation falsch. Die Konjunktion aus zwei Aussagen ist in einer möglichen Welt wahr, wenn in ihr beide Teilaussagen wahr sind, sonst falsch. Die Notwendigkeit einer Aussage ist in einer möglichen Welt wahr, wenn die Aussage selbst in allen von der Welt aus zugänglichen Welten wahr ist [3].

In der Linguistik (und in der Literaturwissenschaft) kann diese Begriffsbildung deshalb mit Gewinn benutzt werden, weil sie die Möglichkeit eröffnet, den nicht unmittelbar auf die wirkliche Welt bezogenen Gebrauch der Sprache zu erfassen, also intensionale, kontrafaktische und fiktionale Sätze erklären hilft, die nicht in der wirklichen Welt wahr sind. Bei der Anwendung der Mt. auf die Linguistik spielen noch zwei Faktoren eine große Rolle: die Sprachnähe der untersuchten künstlichen Sprachen und die Berücksichtigung des Kontexts [4]. Die Sprachnähe der untersuchten künstlichen Sprachen zeigt sich darin, daß einem Satz wie «jeder Mensch ist ein Lebewesen» in der Prädikatenlogik die Form «Für jedes x, wenn x ein Mensch ist, ist x ein Lebewesen» oder formal $\bigwedge_{x}(Fx \to Gx)$ zugewiesen wird, während man in der linguistischen Semantik den Satz nur unwesentlich verändert, z. B. in «(jeder Mensch) (ein Lebewesen) ist» [5]. Dies setzt voraus, daß man mehr syntaktische Kategorien annimmt als in der üblichen mathematischen Logik, z. B. diejenige der Nominalphrase («ein Lebewesen», «jeder Mensch»), des Artikels («ein», «jeder») oder des Adverbs. Das hat wiederum zur Folge, daß man auch Formationsregeln über diejenigen der mathematischen Logik hinaus annehmen muß. – Grundlegende Arbeiten der linguistischen Mt. wurden von MONTAGUE, LEWIS und CRESSWELL verfaßt [6].

Anmerkungen. [1] C. F. HOCKETT: Two models of grammat. description. Word 10 (1954) 210-231; N. CHOMSKY: Explanatory models in linguistics, in: E. NAGEL/P. SUPPES/A. TARSKI (Hg.): Logic, methodol. and philos. of sci. (Stanford 1962) 528-550; Y. R. CHAO: Models in linguistics and models in general, in: NAGEL u. a. (Hg.), a.O. 558-566; H. P. EDMUNDSON: Math. models in linguistics and language processing, in: H. BORKO (Hg.): Automated language processing (New York 1968) 33-96; H. L. ARNOLD und V. SINEMUS (Hg.): Grundzüge der Lit.- und Sprachwiss. 2 (1974) Kap. 2.4-2.10. – [2] H. FLASCHKA: M., Mt. und Formen der M.-Bildung in der Lit.wiss. (1976). – [3] G. E. HUGHES und M. J. CRESSWELL: An introd. to modal logic (London 1968); J. BARWISE (Hg.): H.book of math. logic (Amsterdam 1977) Teil A; P. LUTZEIER: Mt. für Linguisten (1973). – [4] Vgl. A. KRATZER: Semantik der Rede. Kontexttheorie – Modalwörter – Konditionalsätze (1978). – [5] Vgl. U. EGLI: Ansätze zur Integration der Semantik in die Grammatik (1974). – [6] Vgl. R. MONTAGUE: Formal philos., hg. R. THOMASON (New Haven 1974). – M. J. CRESSWELL: Logics and languages (London 1973); D. DAVIDSON und G. HARMAN: The logic of grammar (Encino/Belmont 1975); B. PARTEE (Hg.): Montague grammar (New York 1976).

Literaturhinweise. Vgl. sämtl. Lit. der Anm. [1-6]. – P. HARTMANN: M.-Bildung in der Sprachwiss. Stud. gen. 18 (1965) 364-379. – P. H. MATTHEWS: Morphology (Cambridge 1974).

U. EGLI

Modern, die Moderne. Die Begriffsentwicklung von ‹modern› und der Neuprägung ‹die Moderne› seit dem 19. Jh. setzt die von ‹antiqui/moderni› voraus [1]. Die oft sehr künstlichen Unterscheidungen einer via antiqua und via moderna, die Auseinandersetzungen um den vorbildlichen Stil etwa der Architektur in der Renaissance und im Klassizismus des 18. Jh. sowie die politischen Implikationen der «Querelle des anciens et des modernes» konnten immer wieder zu der paradoxen oder auch dialektischen Situation führen, daß die fortgeschritteneren und bedeutenderen Denker, Künstler und Kritiker es mit dem 'antico' oder mit den 'anciens' gegen das zunächst nur zeitlich jüngere oder nur eben in Mode gewesene Moderne hielten. Als zeitlicher Relationsbegriff verstanden, scheint dem Ausdruck ‹modern› keine einheitliche Bedeutung zuzukommen, es sei denn, man unterstellt ihm – wie häufig im Rahmen des naiven Weltbilds der technisch-naturwissenschaftlichen Zivilisation und in der Sprache der Werbung – unkritisch die Bedeutung eines stetigen qualitativen Fortschritts.

In der Auseinandersetzung (querelle) mit den 'anciens', den Verfechtern der Autorität der klassischen Antike, gelang es den 'modernes', die die Bedeutung der führenden Kulturen der europäischen Neuzeit herausstellten, den Eigencharakter der verschiedenen Epochen herauszuarbeiten und gegenüber der humanistischen Idealisierung der Vergangenheit ihr neues Selbstbewußtsein zunächst auf dem Gebiet der Erfindungen und Entdeckungen zur Geltung zu bringen. Das allgemeine Gefühl eines erneuten Niedergangs, das sich zu Beginn des 18. Jh. innerhalb der kulturellen Entwicklung Frankreichs auszubreiten begann, und die Einsicht, daß die großen Werke des 'âge classique' nicht zu überbieten seien, bereiteten jedoch den 'modernes' und ihrer Fortschrittsthese besonders bezüglich der Kunstentwicklung zunehmend Schwierigkeiten.

‹Modern› erhält in der Folge die Konnotation des lediglich zeitlich Jüngeren, das qualitativ nicht zu bestimmen ist, sich aber negativ abhebt gegen eine frühere Epoche, die nicht nur vergangen ist, sondern deren Maßstäbe entweder nicht mehr erfüllbar sind oder nicht mehr gelten können. Das Bewußtsein von Modernität kann deshalb seit dem 19. Jh. die höchstentwickelten künstlerischen oder technischen Mittel mit dem Gefühl der Krise oder des Niedergangs im Moralischen und Sozialen verbinden. In solchen Bereichen tritt ‹modern› daher auch häufiger auf als in der Politik, wo es z.B. während der Französischen Revolution keine Rolle spielt, oder in der Philosophie, mit deren Begriff es gewöhnlich schon im Widerstreit steht. Auf die jeweilige Zeit oder Situation bezogene Theorien konstruieren den Begriff der ‹Moderne› deshalb auch ästhetisch, wie es z.B. Adorno tut.

1. K. IMMERMANN bestimmt das Moderne so, wie es die 'Querelle' allgemein historisierend, entschiedener aber Hegel geschichtsphilosophisch lokalisiert hatte. Bestimmte Formen der Kunst wie die Tragödie stehen nicht beliebig ohne Rücksicht auf Zeit und Ort zur Verfügung. «Jede Kunst, mithin auch die tragische, ist ... eine historische Erscheinung, und bedingt in Form und Wesen durch den Charakter des Volks, sowie durch die individuellen Umstände ihrer Entstehung» [2]. Deshalb könne es keine moderne Tragödie schlechthin geben, sondern eine spezi-

fisch deutsche «Nationaltragödie» [3], welche sich nicht wie die antike aus der «lyrischen Chorpoesie» [4] herleite, sondern mit dem deutschen Trauerspiel aus dem Epischen stamme [5]. Gemäß dessen Möglichkeiten konstruiert Immermann eine zunächst erst erhoffte moderne Tragödie, wobei ihm das geschichtlich wirkliche antike Form als Gegenbild für das nicht mehr Mögliche steht.

In der programmatischen Bezeichnung ⟨Junges Deutschland⟩ tritt neben den Ausdruck ⟨modern⟩ der Generationsbegriff ⟨jung⟩, der immer wieder bis zu den avantgardistischen Bewegungen vor dem Ersten Weltkrieg zur Benennung neuer gegen das Bestehende gerichteter Gruppierungen gebraucht wird; im Jungen Deutschland kristallisiert ⟨modern⟩ alle neuen Bestrebungen und läßt sie als das Eigene behaupten. Die Schwierigkeit, das 'eigene Moderne' zu bestimmen, wird als Charakteristik der Epoche gedeutet.

H. LAUBE verwendet ⟨modern⟩ häufig [6] und bezeichnet H. Heine schon als «Typus einer modernen Schule» [7]. Schreiben dürfe man «politisch, historisch, geographisch, statistisch, poetisch, idyllisch, sarkastisch, humoristisch – in welchem -isch Du willst – nur modern!» [8]. K. GUTZKOW versucht dies in Anlehnung an die «Mode», die eine «unleugbare Tendenz nach dem Schönen» habe, ohne es je zu erreichen, begrifflich zu fassen [9]. Entsprechend der zeitgenössischen Stilarchitektur, welche mit fertigen Stilen der Vergangenheit in einer technischen Evolution spielt, verwirft das Moderne das Alte nicht, «sondern modelt es entweder nach eigenem Geschmack oder treibt es ins Extrem. ... Das Moderne besteht also nur in einem gewissen Beigeschmack, in einem, fast möchte man sagen, Hautgout der Dinge, in ihrer Kulmination, welche sie pikant macht» [10]. «So wäre denn das Moderne recht eigentlich das Objektive im schwebenden Moment, die Tatsache der Zeit, an und für sich ohne Streit und Gegensatz, ohne Beziehung betrachtet» [11]. Der «Eklektizismus», der sich daraus für die Philosophie wie für die Baukunst ergebe, sei nicht Wiederholung alter Substanz, sondern Zinsertrag des Kapitals der alten Wahrheiten [12].

Die Unentschiedenheit der Epigonen, die sich als die «Modernen» verstehen, sieht GUTZKOW in der Unentschiedenheit über die Aufgabe von «Staat» und «Religion» [13], im Wunsch nach eigener Autonomie verbunden mit der Kritik der Institutionen, die «hinfällig» geworden seien: «Ich glaube, daß wir immer mehr für uns einstehen müssen und nur in uns selbst einen Anhaltspunkt finden dürfen. Dies ist freilich eine große Umkehr der Zeiten und Verhältnisse!» [14]. Diese Unsicherheit und Unruhe läßt TH. MUNDT eine Romanfigur aussprechen: «Ich spüre eine Krankheit in mir, die ich noch in keiner Pathologie beschrieben gefunden. Ich habe den Zeitpolyp. Seit der Juli-Revolution 1830 hat er sich in meinem Herzen angeschwemmt. ... Der Zeitgeist zuckt, dröhnt, zieht, wirbelt und hambachert in mir» [15]. ⟨Moderne Lebenswirren⟩ sind als Buch «gerade so resultatlos, als unsere Zeit selbst es noch bis auf diese Stunde ist» [16].

Die Zeitgebundenheit der Literatur eines einzelnen Volkes gerade der alten Zeit wendet B. BAUER als Argument gegen die beanspruchte Autorität der Bibel; der moderne Gedanke einer 'Weltliteratur' habe seinen Sinn in der Kritik solcher Ansprüche. Ihrerseits hätten «die Modernen ... eine Literatur geschaffen und schaffen sie noch, welche die Mängel, die Leblosigkeit, Härte und Bewegungslosigkeit – Eigenschaften, die dem vermeinten klassischen Ideal noch eigen sind – aufheben, und sie wetteifern wieder untereinander, lernen voneinander und liefern sich gegenseitig Form und Stoff, um ihre nationalen Mängel zu beseitigen ...» [17].

Im Rückblick bezeichnet H. HETTNER das Junge Deutschland als die Richtung, welche «das Panier des 'Modernen'» aufgepflanzt und es «als Parteinamen in Umlauf» gebracht habe: «Sie war ein durch und durch unreifer und deshalb notwendig verunglückter Anfang» [18]. Einzig ihre «soziale und politische Tendenz» sei «neu und wahrhaft aus dem tiefsten Selbst der eigenen Zeit heraus geboren» [19]. Das Jahr 1848 habe nicht die Krise einer Konstitution der Moderne gebracht, weshalb Hettner die «Entscheidung» für die «kommenden Jahre» erwartet, die entweder eine «große und freie Nation» mit einer Glanzzeit auch der Kunst bringen werde oder in die «traurige Scheinexistenz» eines «zweiten Byzanz» versumpfe.

Zum Periodenprinzip stilisiert R. GOTTSCHALL «die Modernen» in einer Darstellung der Literatur, «die alle geistigen Gestalten in sich aufnehme»: «Das Moderne, das materiale Princip der neuen Poesie, erschöpfte daher die ganze geistige Lebensatmosphäre der Neuzeit und trat die Erbschaft alles dessen an, was die Wissenschaft, die Gesellschaft, der Staat und die Kirche in den gewaltigen Fortwälzungen dieses Jahrhunderts erzeugt und hinterlassen, sagte sich von der kunstvollen classischen, von der träumerischen romantischen Mythe los, ohne weder das classische Ideal der Humanität, noch das romantische der phantasievollen Innerlichkeit zu verleugnen. ... Der auf sich selbst stehende Menschengeist ist der Heros dieses modernen Ideals; der unendliche Reichtum der Erscheinungswelt sein unerschöpflicher Stoff» [20].

F. TH. VISCHER sieht das Moderne ebenfalls nicht als schon erreicht, sondern als etwas, das erst zu verwirklichen ist. Es sei bestimmt durch den «Bruch mit dem Mittelalter» und durch die Bedingungen der Neuzeit [21]. Der «unendliche Verlust» eines tragenden mythischen Weltbildes war nach Vischer aber zugleich «unendlicher Gewinn» für das «mündig gewordene Subjekt», das nun «sich in der Welt zu Hause fühlt, sein inneres Leben als wirkliche Freiheit in ihr durchführt» und dessen «Phantasie die ganze ursprüngliche Stoffwelt wiedergegeben» sei [22]. Im Bewußtsein der Moderne erst werde möglich, das «objective Ideal des Altertums» wahrhaft anzueignen: «Das moderne ist daher auch als Einheit des antiken und romantischen zu fassen» [23] in einem noch unabgeschlossenen Prozeß. Ein «modernes Ideal» werde bereits geahnt als die «wahrhaft freie und mit der Objectivität versöhnte Subjectivität» [24]; was man so gut einsehe, könne man jedoch noch lange nicht machen. Wie es der Gegenwart einerseits an «schönen Formen» fehle, so habe sich andererseits die Phantasie «in Reflexion zersetzt», es sei «der Instinct verloren, die Naivetät in Kritik aufgelöst ...» [25]. Aus der Irritation der Umwälzungen der modernen Zeit folgt die Vermutung, die sich als Gewißheit ausspricht: «*wenn* wieder Blüthe der Phantasie kommen soll, so muß vorher eine Umgestaltung des ganzen Lebens kommen» [26].

Hatten alle bisherigen Bestimmungsversuche ⟨Moderne⟩ als Bezeichnung für eine Bewegung verstanden, deren Forderungen sich erst in der Zukunft zu erfüllen vermöchten, untersucht TH. FONTANE pragmatisch die in der klassischen Literatur gelegentlich erreichten Muster und folgert daraus, daß der «blühende Unsinn» der dreißiger Jahre ebensowenig wie «die Vorgänge des Jahres 1848 richtunggebend» für die schöne Literatur gewesen seien. «Unsere moderne Richtung ist nichts als eine Rückkehr auf den einzig richtigen Weg, die Wiedergenesung eines Kranken, die nicht ausbleiben konnte, solange sein Organismus noch überhaupt ein lebensfähiger war» [27].

Ein europäischer Liberaler wie K. HILLEBRAND konnte ‹modern› nun zur Behauptung klassischer Werte gegen aktuelle Strömungen gebrauchen: «Wir begnügen uns mit dem modernen Deutschland, seinem modernen Staate, seiner modernen Bildung, seiner modernen Sprache, und wenn wir irgendwo eine Barbarei finden in den letzten dreißig Jahren, so ist es unter denen, die diesem modernen Deutschland Friedrichs und Goethes untreu werden wollen, um uns zu deutschen Chauvins zu machen» [28]. In einer weiteren Zeitperspektive bedeutet ‹modern› etwas, wovon man sich eine Generation zuvor als dem 'klassischen' Gegenüber glaubte abheben zu müssen. Daneben wurde ein negativer Gebrauch des Begriffs ‹modern› möglich.

Anmerkungen. [1] Vgl. Art. ‹Antiqui/moderni›; H. R. JAUSS: Lit. Tradition und gegenwärtiges Bewußtsein der Modernität, in: Literaturgesch. als Provokation (1970) 11-66; zur dtsch. Rezeption vgl. H. R. JAUSS: Schlegels und Schillers Replik auf die 'Querelle des Anciens et des Modernes', in: a.O. 67-106; F. MARTINI: Art. ‹Modern, die Moderne›, in: Reallex. der dtsch. Literaturgesch. 2 (1965) 391-415. – [2] K. IMMERMANN: Über den rasenden Ajax des Sophokles. Ges. Werke 1-5, hg. B. VON WIESE u.a. 1 (1971) 557. – [3] ebda. – [4] a.O. 596. – [5] 598. – [6] H. LAUBE: Moderne Briefe (1833); Moderne Charakteristiken (1835). – [7] Vgl. F. MARTINI, a.O. [1] 403. – [8] Brief 6. 2. 1833, zit. nach MARTINI, a.O. [1] 403. – [9] K. GUTZKOW: Die Mode und das Moderne. Werke, hg. R. GENSEL 11 (1910) 15. – [10] a.O. 16. – [11] 21. – [12] 17. 19. – [13] 18. – [14] 20f. – [15] TH. MUNDT: Moderne Lebenswirren (1834, ND 1973) 11f. – [16] a.O. II (Einleitung). – [17] B. BAUER: Das Entdeckte Christentum (1843), Erstausg. in: E. BARNIKOL: Das Entdeckte Christentum im Vormärz (1927) 116. – [18] H. HETTNER: Die romant. Schule in ihrem inneren Zusammenhange mit Goethe und Schiller (1850), in: Schr. zur Lit. (1959) 163. – [19] a.O. 164. – [20] R. GOTTSCHALL: Die dtsch. Nationallit. in der ersten Hälfte des 19. Jh. 1 (1855) 401. – [21] F. TH. VISCHER: Aesthetik oder Wiss. des Schönen, 2. Theil, 2. Abt. (1848) 501 (§ 466). – [22] a.O. 502 (§ 467). – [23] 503 (§ 467). – [24] a.O. (Überschrift). – [25] 521 (§ 482). – [26] 524 (§ 484); auf diese Stelle bezieht sich HETTNER zustimmend a.O. [18] 165. – [27] TH. FONTANE: Unsere lyr. und epische Poesie seit 1848 (1853). Sämtl. Werke, hg. W. KEITEL III/1, hg. J. KOLBE (1969) 238; Definition von Realismus: 242. – [28] K. HILLEBRAND: Zeit, Völker und Menschen 2 (1874, ²1892) 338.

2. R. WAGNER versteht das Moderne weder als erhofften Zustand noch als das einmal Errungene, das es zu behaupten gilt, sondern als das gegenwärtige Negative, das mit der zugehörigen Gesellschaft und ihrer Kunst überwunden werden muß. Das «wirkliche Wesen» der «modernen Kunst» sei «die Industrie, ihr moralischer Zweck der Gelderwerb, ihr ästhetisches Vorgeben die Unterhaltung der Gelangweilten». Unsere Kunst lasse sich «zu den Tiefen des Proletariats herab, entnervend, entsittlichend, entmenschlichend überall, wohin sich das Gift ihres Lebenssaftes ergießt» [1]. Über die bloße Abwertung der modernen Kunst als künstlerischem Handwerk [2] steht bei Wagner eine Einsicht in die problematische Stellung der Kunst der Moderne: «Zur Zeit ihrer Blüthe war die Kunst bei den Griechen daher konservativ, weil sie dem öffentlichen Bewußtsein als ein gültiger und entsprechender Ausdruck vorhanden war: bei uns ist die echte Kunst revolutionär, weil sie nur im Gegensatz zur gültigen Allgemeinheit existiert» [3].

Der einzelne sei hilflos gegenüber diesen Bedingungen seiner Gegenwart. Das Kunstwerk könne daher «nur die Zukunft erstehen lassen, und zwar durch das Erstehen seiner Bedingungen aus dem Leben» [4]. Das erstrebte «große Gesamtkunstwerk» sei daher das «nothwendig denkbare gemeinsame Werk der Menschen der Zukunft» [5]. Wagners Verachtung des Modernen verbindet sich später bei ihm mit seinem Antisemitismus [6].

NIETZSCHES 'Kritik der Modernität', die sich auf Wissenschaften, Künste und Politik bezieht [7], setzt diejenige Wagners voraus, fundiert sie aber umfassend. Das Moderne, die Modernität folge aus einer Fehlentwicklung, die mit der Lehre des Sokrates einsetze und über das Christentum, den Protestantismus, die Aufklärung und die sozialistischen Ideen des 19. Jh. in seiner Gegenwart kulminiere. Was die «moderne Ideologie» als Fortschritte verstehe und dieser Gedanke selber, führe zur Herrschaft der «Sklaven-Moral» [8]. Grundlage dieser Bewegungen der Moderne und ihrer Bildung sei der «historische Sinn», der aus Fremdem zu leben lehre, ohne selbst Lebendiges zu sein [9]. Der moderne Mensch sei aus diesem Mangel an eigenem «durch verschiedene Moralen bestimmt» [10] und leide mithin «an einer geschwächten Persönlichkeit» [11]. Seine Konstitution sei bestimmt durch den «merkwürdige(n) Gegensatz eines Inneren, dem kein Äußeres, eines Äußeren, dem kein Inneres entspricht, ein Gegensatz, den die alten Völker nicht kennen» [12].

Der «historische Sinn», der die Institutionen untergraben habe [13], ergreife auch die Kunst, in welcher man alles kenne und alles nachzuahmen versuche. Aufgabe dieser «modernen Kunst» sei: «Stumpfsinn oder Rausch! Einschläfern oder betäuben! Das Gewissen zum Nichtwissen bringen ...! Der modernen Seele über das Gefühl von Schuld hinweghelfen, nicht ihr zur Unschuld zurückverhelfen!» [14]. Galt Wagner ihm erst als Hoffnung, das Moderne zu überwinden, so steht er jetzt als Ausdruck der Modernität: «Durch Wagner redet die Modernität ihre intimste Sprache: sie verbirgt weder ihr Gutes, noch ihr Böses, sie hat alle Scham vor sich verlernt. Und umgekehrt: man hat beinahe eine Abrechnung über den Wert des Modernen gemacht, wenn man über Gut und Böse bei Wagner mit sich im klaren ist.» Die Ambiguität gipfelt in der hypothetischen Äußerung eines «Philosophen», den zu verstehen Nietzsche sich bereit erklärt: «Wagner resümiert die Modernität. Es hilft nichts, man muß erst Wagnerianer sein ...» [15]. Und mit einer Gedankenfigur, die der von ihm so verachtete Rousseau gebraucht, sieht Nietzsche in der diagnostizierten Dekadenz selbst die Möglichkeit der Therapie: «der zweideutige Charakter unsrer modernen Welt – eben dieselben Symptome könnten auf Niedergang und auf Stärke deuten» [16].

FR. OVERBECK kennzeichnet die Begriffsentwicklung zusammenfassend und vorausdeutend dahin, daß ‹modern› entweder als «rein historischer Begriff die Gesamtheit des Neuzeitlichen und in diesem weiteren Sinne Gegenwärtigen» oder häufiger «als aesthetischer oder Wertbegriff *das Neuzeitliche*, insofern es dem Urteil seiner Zeitgenossen unterlegen hat», meine und damit «bald herabsetzendes, bald veredelndes Prädikat» sei. Diese Begriffsunterscheidung bestimmt – im Rahmen des in ‹Christentum und Kultur› thematischen Gegensatzes von Christentum und Welt – Overbecks Analyse des «Konflikts des Christentums mit der Gegenwart» (bzw. «der Gegenwart mit dem Christentum»). Während «historisches Christentum ... etwas Absurdes» sei, zögen es die modernen Theologen «als Apologeten ihres Glaubens» vor, «sich unter dem Kleide des Historikers zu verstecken»; so sei die «Theologie stets modern gewesen ..., das Christentum aber *nie*, aus keinem anderen

Grunde, als weil das Christentum nie eine Geschichte (habe) haben wollen». Das in seiner Zeit vollkommen verweltlichte Christentum teile das Geschick eines «modernen Hutes», zu veralten, «so auch modernes Christentum nichts weiter sei als ein der Mode unterworfenes Christentum» [17].

Anmerkungen. [1] R. WAGNER: Die Kunst und die Revolution (1849). Ges. Schr. und Dichtungen 3 (³1897) 19. – [2] a.O. 24. – [3] 28. – [4] 58. – [5] 60; zur Konzeption des Gesamtkunstwerks als Musikdrama vgl.: Oper und Drama a.O. [1] 3f. – [6] Modern a.O. [1] 10 (³1898) 60. – [7] FR. NIETZSCHE, Werke, hg. K. SCHLECHTA (²1960) 2, 1141. – [8] a.O. 2, 730; vgl. 3, 516f. – [9] 1, 213; vgl. 1, 99. 266. 966; 2, 714; 3, 892. – [10] 2, 682. – [11] 1, 237. – [12] 1, 232. – [13] 2, 1016. – [14] 1, 394. – [15] 2, 904. – [16] 3, 624. – [17] FR. OVERBECK: Christentum und Kultur. Gedanken und Anm. zur mod. Theol., aus dem Nachlaß hg. C. A. BERNOULLI (1919, ND 1973) 242-245.

3. Unabhängig von solchen negativen Kennzeichnungen wird ‹modern› und ‹die Moderne› zum Losungswort des deutschen Realismus und Naturalismus. Die literarische 'Moderne' (hier zum ersten Mal substantiviert) glaubt an einem «Wendepunkt» zu stehen, den sie – ohne recht daran zu glauben – mit heilsgeschichtlichen Vokabeln ziert: «Dass aus dem Leide das Heil kommen wird und die Gnade aus der Verzweiflung ..., an diese Auferstehung, glorreich und selig, das ist der Glaube der Moderne» [1]. Der unbewußten Arbeit der Antike gegenüber, «das Menschliche von den Schlacken der Tierheit zu befreien», glaubt man «mit vollem Bewußtsein die Fortentwicklung der Menschheit anzustreben» [2].

Dabei soll ‹Moderne› qualitativ bestimmt werden, die Neuzeit umfassen und als Ausdruck «für die Empfindung von der Notwendigkeit des entwicklungsgeschichtlichen Fortschrittes» [3] dienen. Mit dem Entwicklungsbegriff glaubt man, dem Vergangenen gerecht werden zu können; der Begriff ‹Milieu› bezeichnet nun das historische «Prinzip der Versöhnung: verstehend können wir vieles einst hart Verworfene verzeihen» [4]. Und zugleich dient er dazu, die ersehnte Literatur als «Zukunftsdichtung» in die Ferne zu projizieren [5].

Verband sich hier der zu Schlagworten verarmte Idealismus mit einem flachen Darwinismus zur Literaturgesinnung des neudeutschen Reiches, so differenziert H. VON HOFMANNSTHAL in dem schon durch die Krise des Liberalismus gegangenen Wien im Sinne einer neuen Gefühlskultur: «Heute scheinen zwei Dinge modern zu sein: die Analyse des Lebens und die Flucht aus dem Leben ... Modern sind alte Möbel und junge Nervositäten ... Modern ist Paul Bourget und Buddha; das Zerschneiden von Atomen und das Ballspielen mit dem All ...» [6].

R. BORCHARDT hat in seiner ‹Rede über Hofmannsthal› (1905) grundsätzlich das Moderne kritisiert: es «verschlingt sich mit dem gesunkenen Historismus, der sich als geschichtliche Weltanschauung 'auf der Gasse anbietet', zu einer ungestalten Einheit», wobei die «schärfsten Gifte des Historismus» der «relative Maßstab» und die «Lüge vom Milieu», von den «Umständen», von den «Beziehungen» sind [7]. Dieser vom Literaten fingierte Begriff des Modernen enthülle «den chaotischen Zustand einer Gesellschaft» [8].

Anmerkungen. [1] H. BAHR: Die Moderne (1890), in: Die lit. Moderne, hg. G. WUNBERG (1971) 52. – [2] H. HART: Die Moderne (1890), in a.O. [1] 72. – [3] M. BURCKHARD: Modern (1899), in: a.O. [1] 131. – [4] C. ALBERTI: Milieu (1890), in: a.O. [1] 47. – [5] C. GROTTEWITZ: Wie kann sich die moderne Literaturrichtung weiterentwickeln? (1890), in: a.O. [1] 61. – [6] H. VON HOFMANNSTHAL, Gabriele D'Annunzio. Prosa 1, hg. H. STEINER (1956) 149; H. BAHR läßt mit Hofmannsthal eine zweite Periode der Moderne beginnen; vgl. Stud. zur Kritik der Moderne (1890) 128f. – [7] R. BORCHARDT: Gegen-Moderne (1905/07), in: a.O. [1] 142. – [8] a.O. 141.

4. Die *gegenwärtigen* Begriffsbestimmungen gehen, soweit sie sich auf historische Argumentation einlassen, nicht von den bisher dargelegten Positionen aus. Sie nehmen die Ambivalenz von Affirmation und Kritik in die Begriffsbestimmung selbst auf, um den Gegenstandsbereich ambivalent aufzufassen. Dabei spielt BAUDELAIRE eine besondere Rolle.

Die Substantivierung als ‹modernité› findet sich bereits bei CHATEAUBRIAND, wo sie neben ‹vulgarité› den Gegensatz zum Romantischen bezeichnet: «La vulgarité, la modernité de la douane et du passeport, contrastaient avec l'orage, la porte gothique, le son du cor et le bruit du torrent» [1].

Bei BAUDELAIRE steht ‹modernité› für das Programm einer neuen Theorie des Schönen, die mit der platonischen Tradition bricht [2]. Die 'Querelle' hatte ergeben, daß es neben der beauté universelle ein beau relatif gebe. Baudelaire will nun «une théorie rationelle et historique du beau, en opposition avec la théorie du beau unique et absolu» [3]. Wohl setze das Schöne sich aus einem invariablen ewigen und einem relativen Element zusammen, in der Welt nach dem Sündenfall sei Schönheit aber nur mehr als bedingte zu erfahren [4]. Ganz entsprechend verbinde die sonst in der Ästhetik häufig verachtete Mode das Ewige mit dem Flüchtigen und werde neben der irdischen Schönheit Paradigma der Moderne: «La modernité, c'est le transitoire, le fugitif, le contingent, la moitié de l'art, dont l'autre moitié est l'éternel et l'immuable» [5]. Modernité bestimmt sich nicht im Gegensatz zu anderen Epochen, sondern jede Zeit hatte ihre eigene Weise der modernité, die geheimnisvolle Schönheit des Lebens so zu fassen, daß sie selbst antiquité würde [6].

Baudelaire hat nicht nur eine Theorie der Modernität formuliert, sondern mit seiner Lyrik zugleich die moderne Periode dieser Gattung eröffnet. Daran knüpft W. BENJAMINS Analyse der Moderne in einer Theorie entfremdeter Erfahrung an. Baudelaires «einzigartige Bedeutung» bestehe darin, «als erster und am unbeirrbarsten die Produktivkraft des sich selbst entfremdeten Menschen im doppelten Sinne des Worts dingfest gemacht – agnosziert und durch die Verdinglichung gesteigert – zu haben» [7]. Der «Depossidierte» [8] als «Heros ist das wahre Subjekt der modernité» [9], «das will besagen – in der Moderne zu leben, bedarf es einer heroischen Verfassung» [10]. Ihr werden die Outcasts gerecht, bis an die Grenze ihrer «heroischen Passion» im Selbstmord [11].

Gegenüber dieser Auffassung stilisiert TH. W. ADORNO die Moderne zur Norm einer «Kunst fortgeschrittensten Bewußtseins, in der die avanciertesten und differenziertesten Verfahrensweisen mit den avanciertesten und differenziertesten Erfahrungen sich durchdringen» [12]. Nicht auf das «undialektische, sprunglose Kontinuum geruhiger Entwicklung» sei Moderne zu nivellieren, die das gerade «aufsprengt» [13]. Sie trat «geschichtlich als ein Qualitatives hervor, als Differenz von den depotenzierten Mustern» [14]. Zeitliches und Normatives begegnen sich in diesem Begriff der Moderne, die «einerseits invariante Züge angenommen hat, die man ihr gern vorwirft, andererseits nicht als überholt zu kassieren ist» [15].

Die Abstraktheit des Begriffes liegt schon im Charakter des qualitativ Neuen in der Moderne; sie «ist privativ, von Anbeginn mehr Negation dessen, was nun nicht mehr sein soll, als positive Parole» und «negiert ... Tradition als solche» [16]. Hier «verschränken» sich «Innerästhetisches und Soziales» [17] zu der Abstraktheit des Kunstwerks, welche der der Ware entspricht. «Nur im Neuen vermählt sich Mimesis der Rationalität ohne Rückfall: ratio selbst wird im Schauer des Neuen mimetisch ... Das Neue ist ein blinder Fleck, leer wie das vollkommene Dies da» [18]. Auch die Kategorie des Neuen verbindet das Kunstwerk mit der Ware. Gegenüber der Tradition bestimmt sich die Kategorie des Neuen als die des «geschichtlich Unausweichlichen» [19]. Deshalb auch ist die Moderne «keine Aberration, die sich berichtigen ließe, indem man auf einen Boden zurückkehrt, der nicht mehr existiert und nicht mehr existieren soll; das ist, paradox, der Grund der Moderne und verleiht ihr normativen Charakter» [20].

Im Ausarbeiten der Begriffe der Moderne, des Neuen, der Mode, der Dissonanz gewinnt Adorno die Grundbestimmungen seiner Theorie der Kunst in der Moderne. Kunst, die den normativen Anspruch erfüllt, ist ambivalent auf den Stand der materiellen Produktion bezogen. «Das inhaltliche Moment von künstlerischer Moderne zieht seine Gewalt daraus, daß die jeweils fortgeschrittensten Verfahren der materiellen Produktion» in sie eingehen [21]. Negativ involviere die künstlerische Moderne, was sie «in Erfahrung und Technik verleugnet; und solche bestimmte Negation ist beinahe schon wieder Kanon dessen, was zu tun sei ...» [22]. Kunst müsse der Gesellschaft opponieren, sie vermöge jedoch «keinen ihr jenseitigen Standpunkt zu beziehen; Opposition gelingt ihr einzig durch Identifikation mit dem, wogegen sie aufbegehrt» [23].

In einem Versuch, die eigene Verstörung durch die Moderne begrifflich zu fassen, sieht z. B. H. SEDLMAYR die Verzerrung gerade in der «Hypertrophie der niederen Geistesformen im Menschen auf Kosten der Höheren» [24]. Die Bedingungen von Moderne sind inzwischen selbst zu einem Thema der Geschichtswissenschaft geworden; in den bedeutenden wissenschaftsgeschichtlichen Untersuchungen seit Beginn dieses Jahrhunderts, in denen wohl die Elemente aufgesucht wurden, deren Kombination den historisch einzigartigen Charakter der europäischen Neuzeit bestimmt, spielte aber der Begriff der Moderne bisher kaum eine Rolle [25]. Als zeitlicher Relationsbegriff entzieht er sich sowohl der Festlegung wie der begrifflichen Anreicherung. Er ist Durchgangspunkt von Erfahrungen, die er für kurzfristige Auseinandersetzungen zu kristallisieren vermag.

Anmerkungen. [1] F. R. CHATEAUBRIAND: Memoires d'Outre-Tombe (Paris 1849) 4, 183. – [2] Vgl. H. R. JAUSS: Ästhet. Erfahrungen und lit. Hermeneutik 1 (1977) 322ff. – [3] CH. BAUDELAIRE: Le peintre de la vie moderne. Oeuvres compl., hg. CL. PICHOIS (Paris 1976) 2, 685. – [4] a.O. 695. – [5] 695. – [6] ebda. – [7] W. BENJAMIN: Briefe (1966) 2, 752. – [8] Charles Baudelaire (1974) 71. – [9] a.O. 73. – [10] ebda. – [11] 74. – [12] TH. W. ADORNO: Ästhet. Theorie (1970) 57. – [13] a.O. 36; vgl. 41. – [14] 404. – [15] ebda. – [16] 38. – [17] 404. – [18] 38. – [19] 38; vgl. 40. – [20] 41f. – [21] 58. – [22] 57f. – [23] 201. – [24] H. SEDLMAYR: Verlust der Mitte (1948, zit. Ausg. 1973) 128. – [25] Vgl. bes. P. DUHEM: Etudes sur Léonard de Vinci 1-3 (Paris 1906-13); Sozein ta phainomena: Essay sur la notion de théorie physique de Platon à Galilée (Paris 1908); Le système du monde: Histoire des doctrines cosmol. de Platon à Copernic 1-10 (Paris 1913-1959); J. NEEDHAM: The grand titration. Sci. and soc. in East and the West (London 1969); Moulds of understanding. A pattern of nat. philos. (London 1969); Wissenschaftl. Universalismus. Über Bedeutung und Besonderheit der chines. Wiss. (1977); M. WEBER: Ges. Aufsätze zur Relig.soziol. (⁴1947); H. BLUMENBERG: Die Legitimität der Neuzeit (1966), Neuausg. 1-3 (1973, 1974, 1976); Die Genesis der kopernik. Welt (1975).

Literaturhinweise. F. MARTINI s. Anm. [1 zu 1]. – Aspekte der Modernität, hg. H. STEFFEN (1965). – Immanente Ästhetik. Ästhet. Reflexion. Lyrik als Paradigma der Moderne, hg. W. ISER (1966). – H. R. JAUSS s. Anm. [1 zu 1]. R. PIEPMEIER/Red.

Modernismus (frz. modernisme, engl. modernism, ital. modernismo)

I. Die *Vorgeschichte* des Begriffs ‹M.› ist bestimmt durch die polemische Funktion, die er innerhalb eines zeit- und ideengeschichtlichen Kontextes zum Zwecke der Diffamierung eines neuen Denkweges wahrnimmt. So bekämpft bereits M. LUTHER 1524 in seiner Schrift ‹An die Ratsherren aller Städte deutsches Lands› die Lektüre von «Modernisten» (Modernisti), durch die man lernen «und doch nymer nichts erlernen» [1] kann; Luther versteht unter M. (via moderna) die nominalistische, sich an Ockham orientierende Vorbereitung auf Logik und Dialektik innerhalb der Artistenfakultät [2]. – J.-J. ROUSSEAU wendet sich 1769 gegen eine zeitgenössische Variante des Materialismus. Epikureismus, dessen Vertreter er als Modernisten («modernistes») [3] anredet und von der Sinnhaftigkeit eines im Gefühl («sentiment intérieur») fundierten Gottesglaubens zu überzeugen sucht. – Der Kunsthistoriker und -theoretiker J. RUSKIN, der an eine im englischen Sprachraum vorgegebene Tradition anknüpfen konnte [4], erhebt den Begriff ‹M.› (modernism) zu einem die Neuzeit bestimmenden Prinzip, das Phänomene wie Atheismus, Geldhandel und besonders die Industrie- und Maschinenzivilisation umschreiben soll, die er durch eine am Mittelalter orientierte Handwerksästhetik ersetzt wissen möchte [5]. – Der niederländische Calvinist A. KUYPER identifiziert 1871 den M. als einen gegengöttlichen, in der Französischen Revolution erstmalig kulminierenden Emanzipationswillen, der den neuzeitlichen Menschen naturalistischen (Darwin) oder agnostizischen (z. B. Strauß) Fehldeutungen ausliefert [6].

Anmerkungen. [1] M. LUTHER, Weimarer A. (1899, ND Graz 1966) 15, 53; vgl. auch Art. ‹Antiqui/moderni (via antiqua/via moderna)›. – [2] Vgl. D. ALBRECHT: Stud. zu Luthers Schr. ‹An die Ratsherren aller Städte deutsches Lands, daß sie christl. Schulen aufrichten und halten sollen 1524›, in: Theol. Stud. und Krit. (1897) 708; vgl. K. HARTFELDER: Philipp Melanchthon als Praeceptor Germaniae (1889) 28. 42f. – [3] Corr. gén. de J.-J. ROUSSEAU, hg. TH. DUFOUR (Paris 1933) 19, 55 = Br. vom 15. 1. 1769 und d. A. de Franquières. – [4] Vgl. Oxford Engl. dict. 6, 573. – [5] Vgl. J. RUSKIN, Works, hg. E. T. COOK/A. WEDDERBURN (London 1906) 25, 163; 34, 445; vgl. G. METKEN: Die Präraffaeliten (1974) 137f. – [6] A. KUYPER: Het M. een fata morgana op christelijk gebied (Amsterdam 1871); Reformation wider Revolution (1904) 3ff. M. ARNDT

II. Seine heute maßgebende Prägung erfuhr der Begriff ‹M.› durch C. BRAIG in der Vorrede zu seiner deutschen Übersetzung der ‹Apologie du Christianisme› von Marc-Antoine Duilhé de St. Projet (frz. Toulouse 1885, dtsch. 1889). Er bezeichnete damit eine unter evangelischen Theologen und Religionswissenschaftlern der «liberalen» Richtung verbreitete Meinung, wonach der Rang einer Religion, auch des Christentums, nicht auf der Wahrheit ihrer Lehren beruhe, sondern auf der Gefühlsqualität der Erlebnisse, die sie vermittelt. Glaubenslehre, Gottesdienst und Formen des Gemeindelebens sind demgemäß Ausdruck für die Schöpferkraft des Unbewußten, das Bilder erzeugt, in denen das religiöse Gefühl sich wiedererkennt. Dieses von Braig «modernistisch» genannte Religionsverständnis entsteht seiner Meinung nach dadurch, daß Kants Kritik aller rationalen Theologie die Religion ihrer objektiv-rationalen Begründung beraubt, ihr dadurch auch die objektiv-rationalen Kriterien ihrer Bewertung entzogen und sie so zu einem Spielball subjektiver Gefühle gemacht habe.

Papst PIUS X. hat den Terminus ‹M.›, der ursprünglich zur Kennzeichnung außerkatholischer Richtungen der Theologie und Religionswissenschaft bestimmt war, auf gewisse Richtungen innerhalb der katholischen Theologie angewendet. Auch hier sollte dieser Begriff einen Irrationalismus und Psychologismus des Religionsverständnisses brandmarken, der die Wahrheit der christlichen Glaubensverkündigung mit den gefühlsbedingten Produkten der Einbildungskraft verwechselt, «die aus den verborgenen Höhlen des Unterbewußtseins heraufdrängen» [1]. Und auch hier wird für diesen Irrationalismus die Philosophie Kants verantwortlich gemacht, der durch seine Kritik aller rationalen Theologie dem Menschen «von seiten des Intellekts jeden Zugang zu Gott verschlossen» habe [2]. Weil nun Kant durch diese seine Kritik das Ende der «Scholastik» bedeutet hat, d.h. das Ende der weit über das Ende des Mittelalters hinaus wirkenden Tradition einer Metaphysik, die in einer rationalen Theologie ihren Gipfel erreichte, darum mußte die Überwindung des Modernismus in einer Rückkehr zu dieser, keineswegs auf ihre spezifisch mittelalterliche Form eingeschränkten «Scholastik» gesucht werden. «Nichts zeigt deutlicher an, daß jemand beginnt, modernistischen Lehren gewogen zu sein, als wenn er anfängt, die scholastische Methode zu verachten» [3].

Das Problem des M.-Begriffs ist weitgehend das Problem seiner Übertragung von der Kennzeichnung der liberalen evangelischen Theologie (bei Braig) zur Kennzeichnung einer innerkatholischen theologischen Richtung (bei Pius X.). Die meisten von denen, die kirchlicherseits als «Modernisten» verurteilt wurden, wiesen für ihre Person den in diesem Begriff enthaltenen Vorwurf des Subjektivismus und Irrationalismus entschieden zurück. Der Kampf gegen den M. nahm daher in wachsendem Maße den Charakter einer Entlarvung «versteckter und sich versteckender» Modernisten an. Dies wiederum erhöhte im weiteren Verlauf der Auseinandersetzungen die Gefahr, daß die Bemühung um Klärung der Positionen sich vermischte mit der Neigung, dem Gegner Unredlichkeit zu unterstellen und ihn einer Haltung und Überzeugung zu verdächtigen, die in seinen eigenen öffentlichen Aussagen nicht zum Ausdruck kamen. Andererseits macht die Herkunft des M.-Begriffs verständlich, daß die Anti-Modernisten überzeugt waren, das Recht der Vernunft zu vertreten, die auch in Glaubenssachen die Zuständigkeit und die Pflicht zum verantwortlichen Urteil haben müsse.

Die am meisten exponierten Adressaten des M.-Vorwurfes waren in Frankreich Alfred Loisy, in England George Tyrrell. A. LOISY (1857–1940) war denkbar weit entfernt von jener liberalen evangelischen Theologie, gegen die der M.-Vorwurf ursprünglich, bei Braig, gerichtet war. In ausdrücklicher Abgrenzung gegen Adolf v. Harnacks ‹Wesen des Christentums› wollte er in seinem Buch ‹L'évangile et l'église› nachweisen, daß der Glaube nicht der Akt eines isolierten Einzelnen sei, daß vielmehr die Verkündigung des Wortes und das Hören der Predigt, die Formulierung dogmatischer Glaubenslehren sowie die Ausformung von Kult und Kirchenordnung als Lebensäußerungen der Glaubensgemeinschaft, der Kirche, zu verstehen seien und daß sie deshalb in die Geschichte dieser Kirche und mit ihr in die Geschichte der Welt verwoben seien. Die Kirche lebt nur aus ihrem Dienst am Evangelium; aber das Evangelium lebt nur durch den Dienst dieser Kirche von Generation zu Generation fort. «Die Kirche ist für das Evangelium ebenso notwendig, wie das Evangelium für die Kirche» [4].

Trotz dieser betont, ja geradezu emphatisch geäußerten ekklesialen Gesinnung geriet Loisy unter den Vorwurf des M., weil er den Zusammenhang von Evangelium und Kirche mit Mitteln beschrieb, die wir heute als «sozialdarwinistisch» bezeichnen würden. In jeder Epoche entwickeln sich spontan und in großer Vielfalt Theologien, Gottesdienstformen und Weisen des Gemeindelebens, aus denen durch den Überlebenskampf jeweils diejenigen ausgelesen werden, die der Kirche unter den jeweiligen Lebensbedingungen die beste Chance des Überlebens gewähren. Dieser Auslesemechanismus garantiert die Optimierung des jeweiligen Entwicklungsergebnisses, weil das Nicht-Optimale untergeht bzw. in Randzonen abgedrängt wird. (Vgl. das Überleben der monophysitischen oder nestorianischen Kirchen in gewissen Randzonen des christlichen Siedlungsgebietes.) «In jeder Epoche war sie» (die Kirche), «was sie sein mußte, um durch Rettung ihrer selbst zugleich das Evangelium zu retten» [5].

Eben diese Interpretation der Glaubens- und Kirchengeschichte jedoch machte unvermerkt aus dem Wahrheitsanspruch von Evangelium und Dogma sowie aus dem Normativitätsanspruch von Kult und Kirchenordnung ein bloßes Mittel im Überlebenskampf. In dieser Verwechslung der Wahrheit mit einer bloßen Funktion des Lebens und Überlebens lag nun jener «Irrationalismus», der den M.-Vorwurf gegen Loisy begründete. Und die sozialdarwinistische Begründung und Interpretation verlieh seinem Begriff der «Dogmenentwicklung» eine Qualität, die es verständlich macht, daß noch auf Jahrzehnte hinaus jeder katholische Geistliche diesen Begriff in einem «Eid gegen die Irrtümer der Modernisten» zu verurteilen hatte. Im Gefolge der Verurteilung Loisys gerieten auch andere Autoren unter den Verdacht des M., zumal die Enzyklika ‹Pascendi› es nahelegte, alle Kritiker der Scholastik den Modernisten zuzurechnen. Doch sollte eher darauf verzichtet werden, diesen durch polemischen Gebrauch belasteten Begriff über den Kreis derjenigen Personen und Positionen hinaus zu erweitern, die ausdrücklich als «Modernisten» kirchlich verurteilt worden sind oder sich selbst als «Modernisten» bekannt haben. Die inhaltlichen Fragen, um die im «M.-Streit» gerungen wurde, geraten bei einem extensiven Begriffsgebrauch eher aus dem Blick.

In einem solchen erweiterten Begriffsgebrauch wird gelegentlich M. BLONDEL (1861–1949) den Modernisten zugerechnet, und dies aus zwei Gründen. Er hatte in seiner ‹Lettre ... sur la méthode de la philosophie dans l'étude du problème religieux› (St-Dizier 1896) die Übernatürlichkeit der christlichen Offenbarung auf eine Weise zu definieren versucht, die nun, Jahrzehnte später, manche Leser an den «Subjektivismus» der Modernisten erinnerte. Andererseits versuchte er in seinem Buch ‹Histoire et dogme› (La Chapelle Montligeon 1904) die christliche Glaubenslehre in eine wesentliche Beziehung zur Geschichte zu rücken und wurde dadurch als Anhänger eines «Evolutionismus» im Sinne von Loisy empfunden. Noch heftiger wurde der M.-Verdacht gegen Blondels Schüler und Freund L. LABERTHONNIÈRE (1860–1932) geltend gemacht, der in ausdrücklicher Kritik an der

Scholastik eine «personalistische» Philosophie zu entwikkeln versuchte.

G. TYRELL (1861–1909) wollte, wiederum in ausdrücklicher Abgrenzung gegen die liberale evangelische Theologie, die Frage nach dem Verhältnis zwischen der Wahrheit des Glaubens und der Geschichte der Kirche dadurch lösen, daß er zunächst zwischen «Offenbarung» und «Theologie» deutlich unterschied und sodann die Offenbarung als einmaliges, inhaltlich unüberholbares Ereignis einer Erfahrung, die Theologie aber als geschichtlichen und stets unabgeschlossenen Prozeß einer Reflexion verstand. Dieser Reflexionsprozeß und nur er sollte nun in die Geschichte der Kirche und mithin in die Geschichte der Welt verwoben sein, während das Erfahrungsereignis nach Inhalt und Form die bleibende Norm darstellte, an der diese Geschichte immer wieder zu messen sei. Um nun den Glauben und seine ewige Wahrheit möglichst deutlich von der Theologie und ihrer historischen Entwicklung zu unterscheiden, orientierte Tyrrell sich am Ideal einer möglichst theoriefreien Erfahrung, in die noch keine begrifflich-urteilshafte Verarbeitung eingegangen ist. Eben damit aber näherte sich die Erfahrung, wie er sie verstand, dem bloß subjektiven Erlebnis, dessen objektive Geltung nicht überprüft werden kann. So geriet sein Glaubensverständnis unter jenen Vorwurf des Irrationalismus und Subjektivismus, der von Anfang an im Begriff des M. impliziert war. Denn wo es auf bloße Erlebnisse ankommt, da fügt, so wurde nun gegen ihn argumentiert, die religiöse Qualität unseren Empfindungen «nichts hinzu ..., als einen größeren Grad von Heftigkeit» [6].

Die weitere Geschichte des M.-Begriffs ist nun dadurch bestimmt, daß Tyrrell ihn aus einem Abgrenzungsbegriff zu einer Selbstbezeichnung gemacht hat und ihm dabei eine neue Bedeutung verlieh. «‹M.› heißt Glauben an den Katholizismus; aber es heißt auch Glauben an die moderne Welt. Und dieser Glaube ist in beiden Fällen so tief, daß er es mit ruhiger Zuversicht unternehmen kann, kritisch zu sein bis zum Ende» [7]. Ein solchermaßen als Versöhnung von Glaubenstreue und Modernität verstandener «M.» erschien in Deutschland als Fortsetzung der Bemühungen HERMAN SCHELLS [8], in Italien nach den Konflikten des «Risorgimento» geradezu als nationale Notwendigkeit, wie das ‹Programma dei Modernisti› (anonym erschienen 1907) zeigt. Zu den vermuteten Verfassern dieses Programms gehörte E. BUONAIUTI (1881–1946), der sich in seinen ‹Lettere di un prete modernista› selber zum M. bekannte und in seinem Buch ‹Le M. catholique› (Paris 1927) eine Selbstdarstellung des M. geboten hat.

Betrachtet man, wie Tyrrell dies wollte, den M. als den Versuch einer Versöhnung zwischen katholischer Glaubensüberlieferung und modernem Denken, so erscheinen in historischer Rückschau die Modernisten oft wie die Vorläufer jenes «Aggiornamento», das durch Papst Johannes XXIII. und das Zweite Vatikanische Konzil eingeleitet worden ist.

Doch sollte nicht übersehen werden, daß der Begriff ‹M.›, als Tyrrell ihn aus einem Abgrenzungsbegriff zu einer Selbstbezeichnung machte, in apologetischer Absicht formalisiert worden ist. Die Termini «Glaube an den Katholizismus» und «Glaube an die moderne Welt» (ebenso wie die von Schell bevorzugten Titel «alter Glaube» und «neue Zeit») lassen die inhaltlichen Aufgaben nicht erkennen, die gelöst werden müssen, wenn die beabsichtigte Versöhnung gelingen soll, und geben keine Kriterien an, an denen Lösungsversuche gemessen werden können. Der «M.-Streit» hat der Kirche wie der Theologie nicht nur ein (bloß formal bestimmbares) Programm der Versöhnung des Glaubens mit dem Geist der «Moderne» hinterlassen, sondern vor allem Sachfragen, die auch heute weithin noch ungelöst sind. Dazu gehört, im Blick auf Loisy, das Problem des Verhältnisses von Wahrheit und Geschichte, in Rückschau auf die Versuche von Tyrrell die Frage nach dem Zusammenhang von Erfahrung und Reflexion, und in Erinnerung an die Ursprünge der M.-Bekämpfung bei Braig die Frage, ob demjenigen, der nicht dem Subjektivismus und Irrationalismus verfallen will, wirklich kein anderer Weg offenbleibe als der einer vortranszendentalen Metaphysik, die in der Enzyklika ‹Pascendi› als «Scholastik» bezeichnet wurde.

Anmerkungen. [1] PIUS X.: Enzyklika ‹Pascendi ...›. Acta apostolicae sedis 40 (1907) 600. – [2] a.O. 663. – [3] 636f. – [4] A. LOISY: L'évangile et l'église (Paris 1902) 139. – [5] a.O. 137f. – [6] PIUS X., a.O. [1] 633. – [7] G. TYRRELL: Through Scylla and Charybdis (London u. a. 1907; dtsch. [vom Verfasser] Jena 1909) XII. – [8] Vgl. H. SCHELL: Die neue Zeit und der alte Glaube (1897).

Literaturhinweise. – *Quellen:* C. BRAIG: Vorrede zur dtsch. A. von M. A. DUILHÉ DE ST. PROJET: Apol. des Christentums (1889); Modernstes Christentum und moderne Relig.psychol. (1907). – A. LOISY s. Anm. [4]; La relig. (Paris 1912). – G. TYRRELL s. Anm. [7]. – (Anonym:) Il programma dei modernisti (Rom 1907). – E. BUONAIUTI, Lettere di un prete modernista (Rom 1908). – PIUS X. s. Anm. [1] 593-650; Iusiurandum contra errores modernistarum. Acta apostolicae sedis 2 (1910) 669-672. – *Darstellungen:* J. BESSMER: Philos. und Theol. des M. (1912). – E. BUONAIUTI: Le M. cath. (Paris 1927). – E. POULAT: Hist., dogme et crit. dans la crise moderniste (Paris 1962). – R. SCHAEFFLER: Der 'Modernismus-Streit' als Herausforderung an das philos.-theol. Gespräch heute. Theol. Philos. 55 (1980) 514-534.

R. SCHAEFFLER

Modus. ‹M.› bedeutet im Lateinischen zunächst ganz allgemein die Art und Weise von etwas zu sein. Eine geläufige Definition sagt: «M. est adjacens rei determinatio» [1]. Entscheidend für die spätere philosophische Geschichte des Begriffs ist dabei das Moment des Bezogenseins auf etwas anderes, das relativ auf den M. als absolut anzusehen ist. Dessen gegebenenfalls veränderliche Seinsweise ist der M. Von dieser Grundbedeutung her fand der Begriff Eingang in viele verschiedene Wissenschaften, in denen sich sein Gebrauch jeweils spezifisch verselbständigte: so in Logik und Grammatik als Art der Zuordnung des Prädikats zum Subjekt (logische «Modalitäten» und grammatische «M.» [2]), in der Musik als Tonarten und ihre «Modulation» [3], in der Ethik als Lebensweise oder -ziel (m. vitae [4]) u.a. Aus dieser Vielfalt der Anwendungsgebiete erklärt sich die vielfältige Bedeutung des Begriffs in späterer Zeit.

Eine speziellere Bedeutung erhält das Wort ‹M.› erstmals bei AUGUSTINUS, der vornehmlich in seiner Schrift ‹De natura boni› die Dinge nach «m., species et ordo» charakterisiert. Diese genannten drei Momente haben die Kreaturen von Gott [5]; ohne sie kann etwas weder in der Wirklichkeit vorgefunden noch gedacht werden [6]. Würde eine jede Natur nach der ihr eigenen Weise «m., species et ordo» wahren, so gäbe es nichts Böses bzw. Schlechtes in der Welt [7]; denn dieses (malum) ist nichts anderes als der Verderbnis (corruptio) entweder des «m.» oder der «species» oder der «ordo naturalis» [8]. Augustinus intendierte weder eine streng ontologische Fragestellung [9], noch verfügte er über eine scharf geprägte Terminologie. Auch seine Ausführungen zum M., der gelegentlich im Unterschied zur species ganz unmittelbar auf das Gute [10] (und ebenfalls auf die Wahrheit) [11] bezogen wird, illustrieren diesen Sachverhalt. Da er indessen mit der Begründung, daß er nicht als «begrenzt» geglaubt werden dürfe, für Gott ausdrücklich einen M. ablehnt und an einer anderen, im Mittelalter oftmals zitierten Stelle ‹M.› und ‹mensura› verknüpft [13], bedeutet der Terminus bei ihm dem lateinischen Sprachgebrauch entsprechend soviel wie das mit der Eigenart einer Sache vorgegebene Maß, im Hinblick auf den Menschen vor allem auch das rechte Maßhalten im Tun und Lassen [14].

Die Scholastiker übernahmen von dem Kirchenvater als feststehende Sentenz, daß sich das Gutsein der Kreatur nach «m., species et ordo» bemesse [15]. Jedoch sahen sie sich gezwungen, diese Formel auch für die Bedeutung des Wortes ‹M.› im Rahmen einer entfalteten Ontologie zu interpretieren [16]. Derartige Ansätze eines differenzierten Verständnisses des vorgegebenen Terminus führten erstmals bei AEGIDIUS ROMANUS (†1316) zur Ausbildung einer eigenen *M.-Lehre* [17], die in der Spätscholastik zu einem festen, wenngleich keineswegs einheilig durchgeführten Lehrstück wurde. Die dieser Doktrin vorausliegende Frage war bei Aegidius: Wie ist angesichts einer Vielheit in sich verschiedener Bestimmungen eines Seienden dessen innere Einheit zu verstehen? Später trat als weitere Frage die nach der Identität eines Etwas im Wandel hinzu.

Im Sinne der spätscholastischen M.-Lehre besagt ‹M.› in strengster Bedeutung bei SUÁREZ etwas «Positives, das von sich aus eine Seinsheit (entitas) affiziert, indem er dieser etwas verleiht, was außerhalb ihrer Wesenheit liegt» [18]. Der M. ist eine Form, die einem in seiner Natur bereits bestimmten Etwas lediglich abschließend einen besonderen Zustand (status) beilegt. Als bloße Zustandsbestimmung kann er selbst keine Seinsheit konstituieren, vielmehr fordert der M. notwendig ein anderes als sein Subjekt [19]. Unabhängig von diesem könnte er nicht einmal kraft göttlicher Allmacht bestehen [20]. Als Beispiele für den M. nennt Suárez die Figur im Hinblick auf die Quantität, den Ort und die Lage eines Dinges [21], die Inhärenz der Quantität oder der Qualität ... [22]. Der «modale» Unterschied von Seinsheit als solcher und ihrem M. ist geringer als der «reale» (zwischen zwei Dingen) und wiederum mehr als der rein «gedankliche» [23].

Bei DESCARTES verschwand der subtile Unterschied, den Suárez zwischen Akzidens und M. statuiert hatte. Der M. wurde faktisch zum Akzidens, aber deutlich unterschieden gegenüber Attribut und Qualität [24]. Eine durchaus nicht einheitliche M.-Lehre wurde jedoch erst bei den Cartesianern entfaltet [25]. In der deutschen Schulphilosophie des 18. Jh. bedeutet ‹M.› eine im logischen Sinne «zufällige» akzidentelle Bestimmung [26].

SPINOZA definierte den M. im Anschluß an die Scholastiker und Cartesianer formal als eine Affektion der Substanz, ohne welche er weder sein noch begriffen werden kann [27]. Nach seiner Lehre von der einen und einzigen göttlichen Substanz sind «die besonderen Dinge nur ... M., durch die Gottes Attribute in gewisser und bestimmter Weise ausgedrückt werden» [28]. Aus der göttlichen Natur folgen die M. notwendig und nicht zufällig [29]. Als Ausgangspunkt für Spinozas M.-Lehre [30] kann die scholastische des PAUL VOETIUS angesehen werden, die für die nicht unerheblichen Umdeutungen offen war [31].

In dem Versuch, im Rahmen der Wesenslogik die «spinozistische Auslegung des Absoluten», die zwar *«vollständig»* sei, die Momente desselben aber nur *«nacheinander»* aufzähle, als notwendigen Fortgang des Absoluten zur Unwesentlichkeit zu begreifen, bestimmt HEGEL den M. als «die *Äußerlichkeit* des Absoluten», und zwar «die als Äußerlichkeit gesetzte Äußerlichkeit, ... den Schein als Schein ..., somit die *Identität mit sich, welche das Absolute ist»* [32].

Anmerkungen. [1] Ps.-THOMAS, S. totius logicae 6, 11. Opera omnia, edit. Parm. 17 (1864, ND New York 1948) 90 b. – [2] Vgl. Art. ‹Modus significandi› und ‹Modalität›. – [3] z. B. BOETHIUS, De musica 1, 1; 4, 14-16. MPL 63, 11f. 1278-1284. – [4] z. B. CICERO, Tusc. disp. 5, 66; PROPERTIUS, Eleg. 1, 7, 9. – [5] AUGUSTINUS, De nat. boni c. 3. CSEL 25/II, 856; De civ. Dei 11, 15. CSEL 40/I, 534f. – [6] De civ. Dei, ebda. – [7] De nat. boni c. 37 a.O. [5] 873. – [8] a.O. 857. – [9] Andere allgemeingültige Ternare ohne ‹m.›: De vera relig. 7, 13. MPL 34, 128f.; De div. qq. 83, 18. MPL 40, 15; De civ. Dei 11, 28 a.O. [5] 555. – [10] De div. qq. 83, 6 a.O. [9] 13. – [11] De beata vita 4, 34. CSEL 63, 114f. – [12] De nat. boni c. 22 a.O. [5] 864. – [13] De Gen. ad lit. 4, 3. CSEL 28/I, 99. – [14] Verhältnis von ‹species› und ‹M.›: De div. qq. 83, 6 a.O. [9] 13. – [15] Vgl. THOMAS VON AQUIN, De ver. 21, 6; S. theol. I, 5, 5; I-II, 85, 4. – [16] Vgl. die Übersicht bei BONAVENTURA, In 2 Sent. d. 35, a. 1, q. 1. – [17] Vgl. D. TRAPP: Aegidii Romani de doctrina modorum. Angelicum (Rom) 12 (1935) 449-501. – [18] FR. SUÁREZ, Disp. met. 7, 1. – [19] a.O. 18. – [20] 16, 1, 21; 2, 16. – [21] 16, 1, 21. – [22] 7, 1, 18. – [23] 20. – [24] Vgl. R. DESCARTES, Princ. philos. 1, 48f. 56. 60ff. Oeuvres, hg. ADAM/TANNERY (AT) 8, 22-27; Ep. 525 (29. 7. 1648). AT 5, 221; vgl. auch Art. ‹Attribut›. – [25] Vgl. dazu ST. V. DUNIN-BORKOWSKI: Spinoza 2 (1933) 219-235. 450. – [26] CHR. WOLFF: Philos. prima sive ontol. (²1736) §§ 148. 150; A. BAUMGARTEN: Met. (⁷1779) §§ 50. 65; CHR. CRUSIUS, Entwurf der notwendigen Vernunftwahrheiten ... (²1753) § 41. – [27] B. DE SPINOZA, Ethica I, def. 5, prop. 15 dem. – [28] a.O. I, prop. 25, cor. – [29] I, prop. 29 dem. – [30] Vgl. E. BECHER: Der Begriff des Attributs bei Spinoza in seiner Entwicklung und seinen Beziehungen zu den Begriffen der Substanz und des M. (1905); DUNIN-BORKOWSKI, a.O. [25] 2, 219-235; 4 (1936) 376f. 390. – [31] DUNIN-BORKOWSKI, a.O. 2, 225f. – [32] G. W. F. HEGEL, Wiss. der Logik, hg. G. LASSON 2 (²1934) 166. 162.

Literaturhinweis. J. J. ALCORTA: La teoria de los modos en Suárez (Madrid 1949).

D. SCHLÜTER

Modus significandi (Bedeutungsweise), Schlüsselbegriff der mittelalterlichen Grammatik (Linguistik) und Sprachanalyse. Zuerst bei BOETHIUS unterminologisch und zufällig verwendet, um die geläufige Interpretation der Aristotelischen Unterscheidung zwischen Nomen und Verbum wiederzugeben: Während das Nomen einen Inhalt einfachhin bezeichnet, bezeichnet das Verbum einen Inhalt in einer bestimmten *Weise*, weil es immer die Zeit, in der dieser Inhalt realisiert ist, mitbezeichnet (consignificat) [1].

Im Laufe des 12. und 13. Jh. erweitert sich der Gebrauch des Terminus ‹M.s.›, bis er alle Bedeutungsdifferenzierungen umfaßt, die von den grammatischen Formen (Wortklassen und Flexionsformen) an der Bedeutung des Wortes bewirkt werden. ‹M.s.› wird dann der Kernbegriff der neuen «spekulativen» oder «rationalen» Grammatik, die den vom Aristotelischen Wissenschaftsbegriff gestellten Forderungen gerecht zu werden versucht, daß nämlich der Gegenstand einer Wissenschaft notwendig und allgemein sein soll. In der Sprache erfüllen nach der mittelalterlichen Auffassung nur die Bedeutungsinhalte und die ‹M.s.› diese Ansprüche, weil sie allen Menschen und jeder Sprache gemeinsam sind. Wichtige Etappen der Entwicklung sind in den Priscian-Glossen des WILHELM VON CONCHES, des PETER HELIAS und des ROBERT KILWARDBY festzustellen [2]. Eine gründliche Untersuchung dieser formativen Periode der Theorienbildung steht aber noch aus. Erst um 1270 ist die theoretische Grundlage dieser Sprachtheorie völlig herausgearbeitet. Das geschieht in den Quaestiones und Traktaten ‹De M.s.›

Von diesen sind vor allem die ‹M.s.› des BOETHIUS DACUS und des MARTINUS DACUS zu erwähnen (beide um 1270) [3]. Die M.s. werden hier zuerst in expliziten semantischen Zusammenhang gebracht: Jedes Ding mit seinen allgemeinen Eigenschaften (modi essendi, proprietates communes), die Grundformen seiner Existenzweise darstellen (z.B. als Substanz, Tätigkeit, Allgemeinheit), wird, wenn es vom menschlichen Intellekt erkannt wird, zu einem Begriff (conceptus, intellectus) mit gewissen strukturellen Eigenschaften (modi intelligendi), die der essentia bzw. den modi essendi der erkannten Sache entsprechen. Dieses Aggregat von conceptus und modi intelligendi bekommt nun durch eine Namengebung (impositio) einen Namen, d.h. es wird Wort. Das Wort setzt sich aus einem Lautkörper, der an sich den Grammatiker nicht interessiert, und einer Bedeutungsform zusammen, die von der Beziehung zwischen Wort und Gegenstand konstituiert wird. Diese Bedeutung besteht aus einer inhaltsspezifischen Bedeutung (ratio significandi) und aus einigen den modi intelligendi entsprechenden M.s., die vom Wort mitbezeichnet werden (consignificantur). In einer *ersten* Namengebung wird im jeweiligen Lautsubstrat ein Name (dictio) für den spezifischen Inhalt (significatum speciale) gegeben; diese Namengebung ist prinzipiell willkürlich und ist von einer Sprache zur anderen verschieden. Während die Analyse der ausgedrückten Bedeutungen dem jeweils Sachverständigen zukommt, kann es über die Namen als solche keine Wissenschaft geben. In einer *zweiten* Namengebung werden der dictio gewisse M.s. beigelegt, und zwar zuerst ein M.s. essentialis, der die dictio in eine bestimmte Wortklasse (pars orationis) eingliedert. Der gewählte lautliche Ausdruck der M.s. ist zum Teil willkürlich, die ausgedrückten M.s. hingegen nicht, weil sie den modi intelligendi des Begriffes entsprechen und deshalb allen Menschen gemeinsam sind. Der M.s. ist also eine vom Intellekt geschaffene Form, die das Wort auf die modi essendi der Dinge bezieht; er ist der eigentliche Gegenstand der grammatischen Wissenschaft.

Die Ordnung von modus essendi über modus intelligendi zu M.s. ist nicht reversibel: die modi essendi und die M.s. sind nicht völlig äquivalent, die M.s. sind gegenüber den modi essendi «eigentümlich verblaßt» [4]; sie sind nämlich zwar von den modi essendi abgeleitet, brauchen aber nicht immer der bezeichneten Sache genau und erschöpfend zu entsprechen, insofern diese in verschiedener Weise betrachtet werden kann. Derselben Bedeutung können mehrere M.s. beigelegt werden, je nach der proprietas oder dem modus essendi, den man ausdrücken will. Als Beispiel wird oft die Reihe angeführt: «dolor, doleo, dolens, dolenter, heu», wo alle Wörter denselben Inhalt bezeichnen, dennoch wegen der verschiedenen M.s. verschiedenen Wortklassen zugeteilt werden müssen. Auch nicht-existierende Objekte können mit Hilfe von modi intelligendi und M.s. beschrieben werden, die letztlich auf (in anderen Objekten existierende) modi essendi zurückgeführt werden. Daß ein Gegenstand durch ein Nomen und deshalb «per modum substantiae» bezeichnet wird, impliziert nicht, daß dieser Gegenstand tatsächlich eine Substanz sei. Was mit den M.s. beschrieben wird, scheinen wenigstens bisweilen analoge oder gattungsüberschreitende Eigenschaften zu sein.

Jedes Wort (qua pars orationis) wird also durch einen M.s. essentialis konstituiert, der wieder zweigeteilt ist: M.s. essentialis generalis, der mehreren Wortklassen gemeinsam ist, und M.s. essentialis specificus, der für eine bestimmte Wortklasse spezifisch und konstituierend ist. Weder die Flexionsformen noch die syntaktischen Funktionen eines Wortes definieren seine Wortklassenangehörigkeit, sondern diese ist umgekehrt Möglichkeitsbedingung für jene: Nur weil ein Wort Nomen ist, kann es die Flexionsformen des Nomens haben und dessen syntaktische Funktionen ausfüllen. In der Terminologie der M.s. ausgedrückt: Jedem M.s. accidentalis, der die Flexionsformen konstituiert, geht ein M.s. essentialis voraus. Nicht jede Flexionsform hat syntaktische Funktion; nur die M.s. accidentales, die eine Beziehung zu einem anderen Wort ausdrücken, z.B. casus und numerus, sind satzkonstituierend (M.s. respectivi). Umgekehrt hat jede syntaktische Konstruktion ein semantisches Korrelat, insofern sie von M.s. verursacht ist.

Der syntaktische Teil der ‹M.s.›-Traktate umfaßt die Lehre von der gegenseitigen Abhängigkeit der M.s. der Wörter, insofern sie in Konstruktionen eingehen. Auf diesem Hintergrund entsteht ein interessanter Versuch, die möglichen Konstruktionen axiomatisch oder quasi-axiomatisch abzuleiten. Dieses System hat aber nur linguistisches Interesse [5].

Die M.s. eines Wortes werden demnach entweder durch semantische Analyse des bezeichneten Gegenstandes oder Interpretation seiner Flexionsformen oder durch Rückschließen aus den syntaktischen Konstruktionen, in die es tatsächlich eingeht, festgestellt. Das Ergebnis dieses Verfahrens unterscheidet sich nicht wesentlich von der traditionellen Grammatik, die Begründung ist aber verschieden.

Die spätere Entwicklung der M.s.-Theorie ist dadurch gekennzeichnet, daß man versuchte, die grundlegenden Aspekte der damit verknüpften erkenntnistheoretischen Problematik zu explizieren. Schwierig war es vor allem, die «Entsprechung» oder gar «Identität» von M.s. und modus essendi zu erklären. Man suchte diese Schwierigkeiten dadurch zu lösen, daß man vermittelnde Elemente erfand. So unterschied man zwischen einem bezeichnenden M.s. activus und einem bezeichneten M.s. passivus, wo der M.s. passivus als Aggregat von modus essendi und M.s. activus aufgefaßt wurde. So war der M.s. activus «formaliter» und «materialiter» vom modus essendi verschieden, während der M.s. passivus zwar formaliter verschieden, jedoch materialiter mit ihm identisch war. Schließlich waren die beiden M.s. formaliter identisch, aber materialiter verschieden. Diese Formulierung begegnet uns bei RADULPHUS BRITO (um 1300) und wurde durch die sehr verbreiteten ‹Novi M.s.› des THOMAS VON ERFURT (wohl um 1310) vermittelt [6]. Dadurch sind die Schwierigkeiten aber kaum gelöst, da die Beziehung zwischen M.s. activus und modus essendi nur negativ bestimmt ist. Eine positive Beschreibung, die etwa diese Beziehung als eine Ähnlichkeit bestimmen würde, macht wiederum die Frage nach dem Tertium comparationis brennend. Radulphus spricht von «denominatio», was aber andere Schwierigkeiten herbeiführt.

Diese ganze komplexe Theorie mit ihrer Vervielfältigung der entia rationis wurde von den verschiedensten Seiten heftig angefochten: Ein Generalangriff auf die M.s. wurde schon um 1330 von JOHANNES AURIFABER in Erfurt eingeleitet [7]. Neuere Untersuchungen haben ergeben, daß seine Inspiration vor allem in dem von JOHANNES VON JANDUN und von den Bologneser Averroisten stark beeinflußten Erfurter Milieu zu suchen ist [8].

Aber auch die Nominalisten konnten die M.s.-Theorie nicht ohne gewaltsame Umdeutung der erkenntnistheoretischen Grundlage akzeptieren. So versteht OCKHAM den Ausdruck ‹M.s.› als eine Metapher für die Tatsache, daß die Wörter eben Verschiedenes bezeichnen oder konnotieren [9]. In diesem Sinne hat PETER VON AILLY später seine ‹Destructiones modorum significandi› verfaßt.

Die M.s. wurden aber auch außerhalb der linguistischen Theorie im engeren Sinne als Erklärungsmittel verwendet. So wurden sie in Anspruch genommen, um die Rede von Gott zu rechtfertigen. Die Wörter, in denen wir über Gott sprechen, kommen Ihm, was ihren Inhalt (id quod significant) betrifft, in eigentlichem Sinne zu, ihre M.s. sind aber von den Geschöpfen genommen, und im Hinblick darauf können sie nicht in eigentlichem Sinne von Gott ausgesagt werden [10]. Die M.s. erhalten somit eine Funktion in der Theorie der analogen Prädikation. Obwohl der ganze Apparat der linguistischen Theorie keine notwendige Voraussetzung für diese theologische Applikation des Terminus ist, kann man jedoch in beiden Fällen eine gemeinsame Konzeption feststellen, nach der eine vollendete Form in verschiedener Weise partizipiert und demnach bezeichnet wird.

Aus derselben Konzeption versteht man, daß die M.s. für die Beschreibung des Unterschiedes zwischen abstrakten und konkreten Termini besonders wichtig wurden. Die einander entsprechenden Abstrakta und Konkreta haben ja dieselbe 'Bedeutung', sind aber dennoch nicht synonym, weil sie verschiedene grammatische Formen und M.s. haben. In Diskussionen zu diesem Thema tritt eine fundamentale Unklarheit des M.s.-Begriffes zutage. Es ist nicht eindeutig auszumachen, welcher Status für die M.s. (und für die modi essendi, aus denen sie abgeleitet sind) anzunehmen ist. Handelt es sich um Eigenschaften, die unschwer in die Kategorienreihen eingehen können, obwohl sie nicht direkt bezeichnet, sondern nur konnotiert werden? Oder haben sie einen besonderen, reflexiven Charakter (wie etwa die secundae intentiones), indem sie eine gattungsüberschreitende, relationale Eigenschaft der gattungsimmanenten Eigenschaften ausdrücken, die ohne einen Bezug auf den Intellekt nicht zu denken ist? Die Theorie scheint die letztgenannte Auffassung nahezulegen, die Beispiele fügen sich aber nicht immer dieser Erwartung.

Es muß schließlich erwähnt werden, daß auch die Distinktion zwischen Sein und Wesen öfters mit Hilfe der M.s. erläutert wurde. Ein besonders eindrucksvolles Beispiel gibt der Traktat ‹De ente et essentia› DIETRICHS VON FREIBERG, der die M.s.-Theorie für die Metaphysik nutzbar zu machen sucht.

Die erwähnten Applikationen der M.s. deuten aber auch ihre Begrenzung an. Sie sind mit einer statischen Bedeutungsanalyse aufs engste verknüpft, wonach die Bedeutung und M.s. der Wörter ein für allemal durch die Namengebung festgelegt ist. So ist prinzipiell keine Bedeutungsänderung durch den Kontext gestattet. Ferner sind sie dadurch einseitig auf die Analyse der Termini und deren Bedeutung angelegt, so daß eine Satzbedeutung nur als Konglomerat von Einzelbedeutungen zustande kommt. Sie sind überhaupt kaum geeignet, die Wahrheitsbedingungen eines Satzes zur Sprache kommen zu lassen. Die M.s.-Theorie bleibt somit eine Theorie der linguistischen Beschreibung, keine Theorie der logischen Analyse. Im 14. Jh., wo die Frage nach den Wahrheitsbedingungen der Sätze als brennend empfunden wurde, genügten die M.s. nicht mehr. Hier zeigte sich der Terminismus, der in England dem dominierenden Einfluß der M.s.-Theorie widerstanden hatte, weit überlegen. Die scharfe Unterscheidung zwischen den Gegenständen der Wissenschaft und den wissenschaftlichen Sätzen, die sich in dieser Zeit anbahnt und in den Gedanken OCKHAMS kulminiert, bewirkte, daß man die Geduld mit den vermittelnden entia rationis der M.s.-Theorie verlor [11]. Die Diskussion des Verhältnisses zwischen der Erkenntnis und ihrem Gegenstand wurde auf eine andere Ebene verlegt.

Dessenungeachtet konnten die M.s. in der Grammatik bestehen, wo sie sich als sehr nützlich erwiesen hatten. Die Grammatik wurde aber jetzt von einer Ermattung der Spekulation geprägt; eine Hinwendung zur praktischen Grammatik ist schon bei SIGER VON COURTRAI (um 1310) [12] deutlich und wird in der Folgezeit noch klarer. Die Terminologie begegnet uns immer noch, aber die theoretische Grundlage wird immer seltener ausgesprochen. Als die theoretische Grundlage verkümmerte, verloren die M.s. allmählich ihren Sinn auch in der grammatischen Beschreibung. Sie unterlagen schließlich den Angriffen der Humanisten, die sich andere Ziele setzten [13].

Anmerkungen. [1] BOETHIUS, In Perihermeneias, ed. secunda, hg. MEISER (Leipzig 1880) 57; vgl. PRISCIAN, Inst. grammaticae XI, in: Grammatici lat. 2 (Leipzig 1855) 549. – [2] K. M. FREDBORG: The dependence of Petrus Helias' S. super Priscianum on William of Conches' Glose super Priscianum, in: Cah. Inst. MA gr. et lat. 11 (Kopenhagen 1973) 1-57; J. PINBORG u.a.: The comm. on Priscianus Maior ascribed to Robert Kilwardby, in: Cah. Inst. MA gr. et lat. 15 (Kopenhagen 1975). – [3] Ausgaben: Corpus Philosophorum Danicorum Medii Aevi 2 (Kopenhagen 1961) und 4 (1969). – [4] M. HEIDEGGER: Die Kategorien- und Bedeutungslehre des Duns Scotus (1916) 135. – [5] J. PINBORG: Some syntactical concepts in medieval grammar. Classica et mediaevalia Fr. Blatt dedicata (Kopenhagen 1973) 496-509. – [6] THOMAS OF ERFURT, Grammatica speculativa, transl. and comm. G. L. BURSILL-HALL (London 1972). – [7] Ausgabe in: J. PINBORG: Die Entwickl. der Sprachtheorie im MA (Münster 1967) 215-232. – [8] J. PINBORG: A note on some theoretical concepts of logic and grammar. Rev. int. Philos. 113 (1975) 286-296. – [9] WILHELM VON OCKHAM: S. log. III, 4, c. 10. Opera philos. 1 (St. Bonaventure 1975) 798. – [10] THOMAS VON AQUIN: z. B. In Sent. I, d. 22, q. 1, a. 2; S. theol. I, q. 13, a. 13. – [11] J. PINBORG: Die Logik der Modistae. Studia mediewistyczne 16 (1975) 39-97; Some problems of semantic representations in medieval logic, in: Hist. of linguistic thought and contemporary linguistics, hg. H. PARRET (Berlin 1976) 254-278. – [12] Ausgabe von G. WALLERAND in: Les philosophes Belges 8 (1913); Neu-A. hg. J. PINBORG (Amsterdam 1977). – [13] J. IJSEWIJN: Alexander Hegius (†1498), Invectiva in M.s. Forum modern Language Stud. 7 (1971) 299-318.

Literaturhinweise. CH. THUROT: Notices et extraits de divers manuscrits latins pour servir à l'hist. des doctrines grammaticales du MA (1868). – J. PINBORG: Die Entwickl. ... s. Anm. [7]; Logik und Semantik im MA (1972). – G. L. BURSILL-HALL: Speculative grammars of the MA (Den Haag 1971). J. PINBORG

Möglichkeit (griech. δύναμις, lat. possibilitas, ital. possibilità, frz. possibilité, engl. possibility)

A. *Historischer Überblick.* – Der Begriff der M. bildet sich in der griechischen Philosophie aus dem des Vermögens (δύναμις), der sich schon bei den Vorsokratikern und Platon findet. ARISTOTELES erschließt diese dynamische M. in differenzierten Bedeutungen passiver und aktiver Vermögen auf verschiedenen (physischen, psychischen, ethischen und poietischen) Gebieten und gewinnt durch sie hindurch schließlich die ihnen zugrunde liegende allgemein-ontologische Bedeutung des Möglich-seins, dem die auf allen Gebieten analog allgemeine Materialursache entspricht, im Gegensatz zur Wirklichkeit und Notwendigkeit, denen die Form- bzw. Wirkursache zugeordnet sind. Darüber hinaus erfährt die dynamische M. als aktives Vermögen (Wirkursache) eine höchste ontologische Bedeutungssteigerung, wenn die erste (göttliche) Substanz als «unendliche Dynamis» bezeichnet wird. Neben der realen, inhaltlichen Bedeutung von M. führt Aristoteles auch eine rein logische, formale ein, nach welcher das Mögliche das ist, was ohne Widerspruch gedacht werden kann (bei ontologisch vorausgesetzter Widerspruchsfreiheit des Seins).

In der *Spätantike* übernimmt der *Neuplatonismus*, in seiner Synthese platonischer und aristotelischer Lehren, einerseits die schon bei Aristoteles ausdifferenzierten Bedeutungen von M., entsprechend den Material- und Formursachen bzw. Wesenheiten in den Dingen, hält aber andererseits an den platonischen Ideen fest, die nunmehr in einer «Weltvernunft» angesetzt werden und als dynamische M., aktive Vermögen, über die «Weltseele» in die den Weltdingen immanenten («aristotelischen») Ursachen hineinwirken. Die christlichen Kirchenväter, wie GREGOR VON NYSSA und AUGUSTINUS, haben dieses neuplatonische Lehrstück in die Trinitätsspekulation übertragen und die Weltvernunft in den Logos, die zweite göttliche Person, umgedeutet, in dem Gott die Ideen, die Wesenheiten der Geschöpfe, als ihre urbildliche M. von Ewigkeit her denkt.

Im *Mittelalter* wird die M. der Weltdinge hauptsächlich in theologischen Zusammenhängen – wie der Trinitätslehre bei THOMAS VON AQUIN und DUNS SCOTUS und der Allmacht Gottes auch bei NIKOLAUS VON KUES – betrachtet: Die M. der geschaffenen Dinge liegt in ihren Ideen, die im Logos, in der Vernunft Gottes (schon vor der Schöpfung) vorhergedacht sind. Hierbei wiegen die Bedeutungen der dynamischen M. als aktiven Vermögens (in der Allmacht des Schöpfergottes) und der logischen M. (im widerspruchsfreien Denken in Gottes Vernunft) vor, die beide auf ihre erste ontologische bzw. metaphysische Voraussetzung zurückgeführt werden, die unendliche Seinswirklichkeit Gottes selbst, die zugleich vollkommene Vernunftwirklichkeit und Willenstätigkeit ist.

In der *Neuzeit* geht das Verständnis der («aristotelischen») real-ontologischen, materialen M. der Weltdinge allmählich verloren, sowohl bei den empiristischen Richtungen, die mit FR. BACON Kritik an den aristotelischen vier Ursachen üben, als auch bei metaphysischen, rationalistischen Richtungen von DESCARTES bis LEIBNIZ, die, anknüpfend an die Scholastik, hauptsächlich den dynamischen und logischen M.-Begriff weiterentwickeln. Eine besondere Bedeutung hat hier die Denk-M., mit der die Weltdinge in der Vernunft Gottes vorhergedacht sind. Mit ihr verbindet sich teilweise (wie schon bei Nikolaus von Kues) eine mathematische M. (hinsichtlich des mathematischen Unendlichen, das von Gott vollkommenerweise gedacht wird).

Nach KANTS Kritik an der rationalen Metaphysik und Theologie und nach seiner transzendental-philosophischen Wende hängt die Seins-M. der Dinge (= Erscheinungen) nicht mehr von real-ontologischen (Stoff- und Form-)Ursachen ab, sondern von den subjektiven Erkenntnis-Bedingungen im Menschen, der Sinnesanschauung und der menschlichen Vernunft, die nunmehr gleichsam an die Stelle der göttlichen Vernunft tritt. In ihrem spontanen (quasi-schöpferischen), konstruktiven Denken liegt die M. der Dinge, und zwar nicht mehr nach («statischen») Wesenheiten, sondern nach dynamischen Gesetzmäßigkeiten, aufgrund kategorialer Verstandesformen.

Die dynamische, konstruktive Denk-M. findet sich dann im schöpferischen Ich-Bewußtsein im Deutschen Idealismus. In der Gegenwart kehrt sie unter verschiedenen Aspekten z. B. in den projektierenden Naturwissenschaften wieder und, in ganz anderer Weise, im schöpferischen Daseinsentwurf existentialistischer Richtungen. Von logistischer, analytischer und sprachphilosophischer Seite wird teilweise die objektiv reale (ontologische) M. der Dinge geleugnet und auf die subjektiv menschliche Denk-M. reduziert.

B. *Hauptlehren zum M.-Begriff.* – 1. *Vor Aristoteles.* – Die Vorsokratiker und Platon verwenden δύναμις (selten) und δυνατόν (öfters) im vorphilosophischen Sprachgebrauch: δύναμις für das «Vermögen», etwas zu wirken oder zu erleiden, δυνατόν für «vermögend» und «möglich», ohne daß sie diese Begriffe selbst zum Gegenstand philosophischer Untersuchung machen.

Den *frühgriechischen Naturphilosophen* sind die natürlichen Stoffelemente mit Bewegungskräften begabt. Nach THALES durchdringt den Urstoff Wasser eine «göttliche bewegende Kraft» (δύναμις [1]). Bei den späteren *Atomisten*, sofern sie keine eigene Bewegungsursache benennen, liegen in den Stoffelementen selbst Bewegungskräfte, die ihre Verbindung und Trennung und dadurch Entstehen und Vergehen der aus den Elementen zusammengesetzten Dinge bewirken. Nach PARMENIDES' «Physik» gibt es zwei Prinzipien, Licht (Feuer) und Finsternis (wohl für Seiendes und Nichtseiendes), die sich «nach ihren Vermögen» (δυνάμεις [2]) in allen Dingen finden, nämlich ihr Entstehen und Vergehen, Sein und Nichtsein zu verursachen. Die *Pythagoreer*, die als Elemente der Dinge die Zahlen annehmen, sprechen von «Natur und Vermögen (δύναμις) der Zahl», die das Wesen der Dinge ausmacht. Sie gebrauchen δύναμις in einer speziell mathematischen Bedeutung: So ist nach ihnen z. B. in der Zahl Vier die Zehn «nach Vermögen» enthalten, weil die ersten vier Zahlen addiert zehn ergeben [3]. Nicht nur hinsichtlich der Naturdinge, sondern auch im ethisch-praktischen Bereich wird der δύναμις-Begriff verwendet, so bei DEMOKRIT für das menschliche Streben, das nicht «über sein Vermögen und seine Natur» hinausgehen darf [4]. GORGIAS weiß von dem Vermögen, der Macht, der Rede.

PLATON verwendet δύναμις hauptsächlich für die seelischen Vermögen des Menschen, und zwar für die erkennenden [5] und die sittlich-praktischen der Tugenden (z. B. der Tapferkeit) [6]; in einer weiteren Bedeutung auch für das umfassende «Vermögen (die M.), das bessere Leben zu wählen» (im Mythos des Er) [7]. In ontologischer bzw. metaphysischer Bedeutung ist bei Platon der δύναμις-Begriff noch nicht ausgebildet. So findet er hinsichtlich der Ideen keine Anwendung: Im ‹Sophistes› wird eine gegnerische These erwähnt, die das Seiende als δύναμις zu bestimmen sucht, als Vermögen zu wirken und zu erleiden. Platon lehnt diese These ab, weil für ihn dieses Vermögen dem Bereich des Werdens und nicht dem des wahrhaft Seienden angehört [8].

Die *Megariker* leugnen jede reale M. der Dinge und lassen nur Wirklichkeit zu, vermutlich bereits in Auseinandersetzung mit Aristoteles, der Bewegung, Werden, Veränderung aus Nichtseiendem durch den Begriff des Möglich-Seienden erklärt, das zum Wirklich-Seienden noch in Gegensatz steht (s. u.). Dabei suchen sie die Lehre der Eleaten zu stützen, die Bewegung, Werden, Veränderung der Dinge aufheben. Bekannt ist das Argument des DIODOROS KRONOS, das zwei Prämissen hat: 1. Aus Möglichem (wenn es dieses gibt) kann nichts Un-

Möglichkeit

mögliches hervorgehen; 2. Wenn von zwei entgegengesetzten M. die eine verwirklicht worden ist, ist die andere unmöglich, so daß von dem, was jetzt wirklich ist, das Entgegengesetzte unmöglich ist. Daraus folgt dann 3., daß es nicht aus Möglichem wirklich geworden sein kann; denn dann hätte aus ihm auch das Entgegengesetzte wirklich werden können, das sich jedoch als Unmögliches erwiesen hat; und aus Möglichem kann nichts Unmögliches hervorgehen [9].

So wird das Mögliche hier mit dem Wirklichen selbst identisch und dieses mit dem Notwendigen. Das Argument läßt außer acht, daß aus Möglichem zwar nicht zugleich, wohl aber zu verschiedenen Zeiten Entgegengesetztes wirklich werden kann (z. B. kann ein Mensch, der die M. hat, zu sitzen und zu stehen, zwar nicht zugleich wirklich sitzen und stehen, wohl aber zeitlich nacheinander). Zum materialen Möglichen gehört aber wesentlich die Bewegung, Veränderung und mitfolgend die Zeit. Indem das megarische Argument dies in den Prämissen leugnet, nimmt es in ihnen schon vorweg, was der Schluß erst erbringen soll, nämlich daß es keine Bewegung und Veränderung gibt [10].

Anmerkungen. [1] AETIOS I, 7, 11 = VS 11 A 23. – [2] PARMENIDES, VS 28 B 9. – [3] VS 58 B 15; vgl. W. NESTLE: Die Vorsokratiker (1922). – [4] DEMOKRIT, VS 68 B 3; B 234. – [5] PLATON, Resp. V, 21, 477 c. – [6] Lach. 191 e-192 b. – [7] Resp. X, 15, 618 c. – [8] Soph. 247 d/e; vgl. J. SOUILHÉ: Etude sur le terme DYNAMIS dans les dialogues de Platon (Paris 1919). – [9] Nach EPIKTET, Diss. 2, 19, 1; CICERO, De fato 7, 13. – [10] Vgl. K. DÖRING: Die Megariker. Komm. Slg. der Test. (Amsterdam 1972); K. v. FRITZ, RE s.v. ‹Megariker›; auch in: Schr. zur griech. Logik 2 (1978) 75ff.

2. *Aristoteles.* – Aristoteles erschließt erstmals die Begriffe δύναμις und δυνατόν philosophisch in ihren verschiedenen Bedeutungen, besonders auch ihrer ontologischen bzw. metaphysischen, wodurch sie zu Kernbegriffen seiner Philosophie werden. In ‹Metaphysik› V, 12 sind alle Bedeutungen kurz zusammengestellt und nach zwei Hauptgesichtspunkten eingeteilt: Erstens solche, die «nach einem Vermögen» (κατὰ δύναμιν) benannt werden, also M.en als Vermögend-sein bezeichnen (im aktiven und passiven Sinne, in verschiedenen Bereichen), und zweitens eine solche, die «nicht nach einem Vermögen» (οὐ κατὰ δύναμιν) benannt wird, sondern nur nach der Widerspruchsfreiheit in der Aussage bzw. im Denken. Die letztere M. ist nach späterer Terminologie die logische M., die ersteren sind reale M.en, von denen ausführlich Buch IX handelt, besonders auch von der ontologisch-metaphysischen (Kap. 6ff.). Unter dem ersten Gesichtspunkt läßt sich nach Aristoteles wiederum die reale M. «in den Dingen» unterscheiden von ihrer inhaltlichen Denk-M. «in der Seele» (im Erkenntnissubjekt).

A. Die *reale M.* wird nach aktiven und passiven Vermögen benannt und bezieht sich a) in einer ersten Bedeutung auf jede Art von Bewegung und Veränderung, b) in einer zweiten ontologischen Bedeutung auf das Sein der Dinge. Dabei steht sie in der ersten Bedeutung durchwegs, in der zweiten teilweise im Gegensatz zur Wirklichkeit (griech. ἐνέργεια, ἐντελέχεια [1]). Besonders in der zweiten Bedeutung lassen sich schließlich c) drei Arten der realen M. unterscheiden (die des Noch-nicht-seins, des Kontingenten und des im Notwendigen eingeschlossenen Möglichen).

a) Die reale M., *bezogen auf Bewegung und Veränderung:* In der ersten Bedeutung definiert Aristoteles M. «als [wirkendes] Prinzip der Bewegung oder Veränderung [eines Dinges] in einem anderen oder [in ihm selbst], sofern es ein anderes ist» und «als [leidendes] Prinzip der Bewegung oder Veränderung [eines Dinges] von einem anderen her oder [von ihm selbst her], sofern es ein anderes ist» [2]. Hiernach bestehen die Naturdinge aus wirkenden und leidenden Vermögen bzw. Prinzipien, die Aristoteles bei den Substanzen (analog allgemein) Bewegungs- (Form-, Zweck-) und Materieursachen nennt. Die Substanzen stehen nicht nur zueinander in Beziehungen des Wirkens und Erleidens, sondern auch zu sich selbst, sofern in ihnen die Bewegungsursachen als Zweck- oder Formursachen auf die Materieursachen wirken und diese etwas erleiden.

Es ist zu beachten, daß die vier Ursachen bei Aristoteles in analoger Weise auf allen Gebieten des Realen (in Physik, Metaphysik, Ethik, Poetik, Erkenntnistheorie, Psychologie) wiederkehren und deshalb ebenso die nach aktiven und passiven Vermögen oder Prinzipien benannte M. Die M.en im Bereich menschlichen Handelns liegen nach Aristoteles darin, daß sich die konkreten Handlungssituationen, -ziele und -abläufe «auch anders verhalten können» (sich nicht notwendig immer auf dieselbe Weise verhalten) und daß die Handlungen «bei uns stehen», aus freiem Entschluß hervorgehen, «wenn nichts hindert», d.h. soweit keine beschränkenden materiellen Bedingungen vorliegen [3].

Die Natur der Vernunft ist es, sich zu allem Intelligiblen «als möglich» zu verhalten, d.h. aufnahmefähig für alles zu sein [4]. Und allgemein gilt für die Seele, «gewisserweise alles Seiende (in M.) zu sein», d.h. seinen sinnlichen und intelligiblen Formen nach, welche die Seele aufzunehmen vermag [5].

Aristoteles' Kritik an den Megarikern, die eine reale M. leugnen, stützt sich auf die Tatsache gerade der menschlichen Vermögen, die zu verschiedenen Künsten erworben werden, z. B. ein Haus zu bauen, ohne immer tätig zu sein, aber doch mit der M., zuzeiten tätig zu werden. Fiele nun die M. mit der wirklichen Tätigkeit in eines zusammen, wie die Megariker wollen: «sollte dann jemand, sobald er aufhört tätig zu sein, die Kunst [das erworbene Vermögen] nicht mehr haben? Und sobald er wieder baut, auf welche Weise sollte er sie [sogleich neu] erworben haben?» [6]. Demgegenüber hält Aristoteles am realen Möglich-, Vermögend-sein fest als demjenigen, «bei dem, wenn die wirkliche Tätigkeit dessen eintritt, wessen Vermögen ihm zugeschrieben wird, nichts Unmögliches eintreten wird» [7]. Er definiert so das Mögliche aus seinem Gegensatz zum Unmöglichen (bzw. dessen Gegenteil, dem Notwendigen).

b) Die reale M., *bezogen auf Sein* (ontologische, metaphysische M.): Bei den realen, auf Vermögen beruhenden M.en entdeckt Aristoteles erstmals eine spezifisch ontologische M. [8], d.h. eine solche, die nicht wie die übrigen auf Bewegung und Veränderung bezogen ist, sondern auf das Sein bzw. die Wesenheit der Dinge; dieser M. entspricht auch ein ontologischer Begriff der Wirklichkeit (ἐνέργεια), die sich nicht «wie eine Bewegung zu einem Vermögen» verhält, sondern «wie eine Wesenheit (οὐσία) zu einem Stoff» [9]. In ‹Physik› I–III wird das Begriffspaar ‹M.› und ‹Wirklichkeit› in ontologischer Bedeutung zur Lösung des (von den Vorsokratikern überkommenen) Problems des Werdens, der Bewegung und Veränderung eingeführt. Nach Aristoteles setzt jedes Werden (Bewegung, Veränderung) schon Seiendes voraus (dies ist seine ontologische Voraussetzung), das sich aber in bezug auf das Zu-werdende (z. B. Mensch) noch «in M.» verhält, als relatives Noch-nicht-Seiendes, weil es dieses noch nicht «in Wirklichkeit» ist [10]. Entsprechend definiert er das Werden und allgemein jede Bewegung als «die Entelechie (Wirklichkeit) des in M. Seienden als solchen» [11]. Der Zusatz «als solchen» besagt, daß das, was wird, sich bewegt, verändert, zwar an sich schon etwas Wirkliches ist, aber noch «unvollendet», weil es selbst «als solches» (nämlich in bezug auf das Ziel der Bewegung) noch in M. ist.

Die ontologische Bedeutung der «Wirklichkeit» – und entsprechend der M. – ergibt sich aus ihrer Unterscheidung von jeder Bewegung wie beispielsweise jeder Handlung, die immer in Phasen mit Anfang und Ende abläuft (wobei das Werk der Handlung außerhalb ihrer liegt, z. B. das Haus außerhalb des Hausbaues). Dagegen ist die Wirklichkeit eine «Tätigkeit», die schon am Anfang in ihrem Ende ist (ἐντελέχεια Im-Ende-sein; z. B. seelische Tätigkeiten, wie das Sehen: «man sieht und hat sogleich schon gesehen») und ihr Werk in ihr selbst hat (ἐνέργεια Im-Werk-sein, «Wirklichkeit») und von Handlung so verschieden ist wie Sein von Bewegung. Dadurch ergeben sich Wirklichkeit und M. als zwei Seinsweisen, die nicht weiter definiert werden, sondern nur «induktiv» erfaßt und in allen realen Bereichen vergleichend «analog zusammengeschaut» werden können [12].

Die allgemein ontologische M. bzw. Wirklichkeit (nach Stoff- und Formursache) ist Voraussetzung bzw. Grundlage für die nach speziellen (oben erwähnten) Vermögen benannten M.en des Wirkens oder Leidens. Besonders bedeutsam ist die aristotelische (später in der Scholastik ausgebildete) Lehre von den ersten und zweiten M.en bzw. Wirklichkeiten oder Akten, in bezug auf die seelischen Vermögen des Wollens und Erkennens. So ist der Wahrnehmungssinn ein Vermögen, das selbst schon in einem ersten (habituellen) Akt ist (zugleich mit dem Seinsakt der Seele selbst), dem eine erste M. vorhergeht, eine gewisse seelische und leibliche Anlage. Gleichwohl verhält er sich aber hinsichtlich der Erkenntnis seiner spezifischen Objekte zunächst noch in einer «zweiten M.», um aus ihr dann in die je bestimmten Erkenntnistätigkeiten, als «zweite Akte», überzugehen. Dasselbe gilt für das Vernunftvermögen, außer daß ihm allein eigentümlich ist, von vornherein schon «wesensmäßig in Wirklichkeit» (d.h. in einem habituellen, ersten Seinsakt) zu sein [13]. – Dieser besondere Sachverhalt der menschlichen Vernunft veranlaßt dann Aristoteles in der ‹Metaphysik›, nach Analogie zu ihr die erste Seinsursache aller Dinge, die immaterielle, «abgetrennte [= transzendente] Substanz», weil wesensmäßig reine Wirklichkeit, als reine Vernunfttätigkeit zu bestimmen, als vollkommenes Leben, und mit Gott zu identifizieren [14]. Die erste Seinsursache aller Dinge, die transzendente (göttliche) Substanz ist «unendliche Macht» (ἄπειρος δύναμις), wobei hier aktives Vermögen und reine Seinswirklichkeit in eins zusammenfallen [15].

c) Bei Aristoteles lassen sich folgende *drei Arten* des real Möglichen unterscheiden:

α) Das im Gegensatz zum Notwendigen stehende Mögliche: das *Noch-nicht-Seiende*. Es steht am Anfang jedes Werdens, Entstehens, jeder Bewegung, Veränderung und ist in den Materialursachen begründet.

β) Das im Gegensatz zum Notwendigen stehende Mögliche: das *Kontingente*. Es ist selbst schon etwas Wirkliches, diesem also nicht entgegengesetzt, wobei sich zeigt, daß das Wirkliche sich in zwei Bereiche aufteilt, den Bereich des Notwendigen und den des Möglichen, «das auch nicht sein kann» oder «das sich auch anders verhalten kann», τὸ ἐνδεχόμενον (wörtlich: das Zulassende, Stattgebende) καὶ μὴ εἶναι bzw. καὶ ἄλλως ἔχειν (lat. contingens, wörtlich: das Zusammentreffende). Es umfaßt erstens das Akzidentelle, die nicht wesensnotwendigen Eigenschaften der Dinge, und zweitens das Zufällige, das nicht mit Notwendigkeit oder mit Regelmäßigkeit eintritt, sich ereignet.

Das Kontingente liegt nicht nur in Materialursachen begründet, sondern hängt auch von Wirkursachen (Form-, Zweckursachen) ab. Diese sind aber direkt Ursachen für das Notwendige, nur indirekt auch für Kontingentes, das sich als Nebenwirkung ergibt, nämlich dann, wenn jene Ursachen in ihren Hauptwirkungen irgendwie behindert werden, sc. durch Materialursachen, die direkte und eigentliche Ursachen des Kontingenten sind [16]. Sie bilden gleichsam einen Unbestimmtheitsfaktor in den Naturdingen (denn die Materie ist das Unbestimmte, an sich Unerkennbare; was an ihr erkennbar ist, sind immer schon Formelemente). Daher ist das Kontingente als solches auch nicht Gegenstand der Wissenschaften, die sich immer auf das Allgemeine und Notwendige beziehen.

Die Bereiche des Notwendigen und des Kontingenten innerhalb des Wirklichen sind schon bei PLATON unterschieden als das, «was sich immer auf dieselbe Weise verhält», und das, was sich in ständiger Veränderung befindet und auch nicht sein kann, also vergänglich ist, wobei den ersten Bereich die Ideenwelt bildet, den zweiten die Sinneswelt. Bei ARISTOTELES treten an die Stelle der Ideen gewisse immaterielle, ewige Substanzen (zugleich die unbewegten Beweger der Himmelssphären), aber auch die Form-, Bewegungs- und Zweckursachen in jedem Sinnesding, die zwar nicht ewig sind, sich jedoch, solange sie sind, immer auf dieselbe Weise verhalten. Gewöhnlich findet sich bei Aristoteles eine Dreiteilung des Seienden, in das, was nur Wirklichkeit ist, in das, was zwar wirklich, aber auch mit M. verbunden ist, und das, was nur M. ist [17].

γ) Das *im Notwendigen eingeschlossene* Mögliche: Es wird öfters in der Formel ausgedrückt, daß nicht jedes Mögliche notwendig ist, wohl aber jedes Notwendige möglich [18]. Die M. liegt in den Ursachen des Wirklichen (Form-, Zweck-, Bewegungsursachen); denn in ihnen gründet ja das Notwendige. Allerdings steht hier für Aristoteles M. nicht in eigentlicher, sondern nur in äquivoker Bedeutung [19].

d) Die *Denk-M.* liegt, im Unterschied zur M. «in den Dingen», nur «in der Seele», bezieht sich aber wie jene auf ein Vermögen, nämlich das menschliche Erkenntnisvermögen. Sie findet sich bei Aristoteles, wenn man von der später zu behandelnden logischen M. absieht, in zweifachem Sinne:

α) als *noch nicht verwirklichte* Vernunfterkenntnis im theoretischen wie praktischen Bereich, und zwar auf den Stufen der Sinneswahrnehmung und Erfahrung, die sich zur Vernunfterkenntnis, die aus ihr (durch Abstraktion) gewonnen wird, noch in M. verhält.

β) Aber auch die *verwirklichte* Vernunfterkenntnis hat wiederum einen Aspekt der M., nämlich als abstrakt Allgemeines im Gegensatz zu den wirklich existierenden, konkreten Einzeldingen; denn es ist zu beachten, daß die Vernunfterkenntnis sich noch nicht im abstrakten Allgemeinen vollendet, das sich zum Einzelnen unbestimmt verhält, sondern erst in seiner Rückbeziehung auf das empirisch gegebene Einzelne, wie dies besonders in den wissenschaftlichen Schlüssen erfolgt. Daher verhalten sich die allgemeinen Erkenntnisse, die vom wirklichen Sein des Einzelnen absehen, zu denen, die sich an ihm vollenden, wie M. zur Wirklichkeit [20], so auch die oberen, allgemeineren Beweisprämissen zu den unteren, speziellen [21]. Was die einfachen Begriffe betrifft, so sind die allgemeineren – bis zu den obersten Gattungen – immer inhaltsärmer und unbestimmter in bezug auf das Einzelne und haben so eine gewisse Entsprechung im Materialprinzip, dem Unbestimmten, auf seiten der realen Dinge (wiewohl natürlich an sich alle Begriffe den Formprinzipien entstammen). So verhält sich der Gattungsbegriff in der Definition zu den spezifischen Differenzen «gleichsam wie Materie» [22], d. h. wie das Unbestimmte, Bestimmbare, zum Bestimmenden, wie M. zur Wirklichkeit.

Das Gesagte gilt für die Vernunfterkenntnis sowohl im theoretischen wie auch im praktischen Bereich. Auch hier sind die Erkenntnisinhalte (die Zwecke) Allgemeines, abstrahiert von der Materie und unbestimmte M. gegenüber dem konkreten Einzelnen (z. B. in der Seele des Architekten «das Haus ohne Materie», «das Haus in M.», gegenüber dem konkreten, einzelnen Haus [23]). Der Unterschied liegt jedoch darin, daß im theoretischen Bereich sich die Vernunfterkenntnis an schon vorgegebenen wirklichen Dingen (wieder) verwirklicht und vollendet – so z. B. die Wesensdefinition in bezug auf das Sein (Dasein) der Dinge, das für sie Voraussetzung ist [24] –, während im praktischen und poietischen Bereich die Erkenntnis sich im Handeln und Schaffen vollendet, das konkretes Einzelnes allererst zu wirklichem Sein bringt. Der Erkenntnisinhalt wird hier in Verbindung mit dem Willensvermögen zur Wirkursache, zur ermöglichenden Bedingung. Wegen der Abhängigkeit von den materialen Bedingungen fallen aber die Verwirklichungen nicht unter das Notwendige, sondern unter das Kontingente.

B. Die *logische M.* hebt Aristoteles gegen die übrigen ab als eine «M. nicht nach Vermögen», sondern nach der bloßen Widerspruchsfreiheit im Denken, Urteilen und Aussagen [25]. Sie beruht auf einer ontologischen Voraussetzung, nämlich der ausführlich dargelegten Widerspruchsfreiheit des Seins [26]. So sind auch die Beispiele am Kontingent-sein ausgerichtet, nicht am Noch-nicht-sein; denn bei der M. als Noch-nicht-sein, Unbestimmt-sein, ist das Prinzip der Widerspruchsfreiheit noch nicht in Kraft, sondern erst beim Wirklich-sein, d. h. dem Kontingent- und Notwendig-sein: z. B. kann der Mensch, wenn noch nicht wirklich sitzend oder stehend, beides zugleich in M. sein, nicht jedoch in Wirklichkeit, d. h. er kann nicht zugleich wirklich sitzen und stehen (sondern nur eines unter Ausschluß des Gegenteils).

Aristoteles bestimmt das logische Mögliche in dreifacher Weise als 1. «das, was nicht notwendig falsch ist, 2. das, was wahr ist, 3. das, was kontingent ist, wahr zu sein» [27]. Die erste Bestimmung grenzt das Mögliche gegen das Unmögliche ab, das notwendig nie wahr ist, sondern immer falsch, und schließt Kontingentes wie Notwendiges ein. Das Mögliche ist aber in demselben Text auch gegen das Notwendige abgegrenzt als «das, dessen Gegenteil nicht notwendig falsch ist» [28], d. h. als das Kontingente; denn vom Notwendigen ist das Gegenteil notwendig falsch, vom Kontingenten dagegen, z. B. dem Sitzen eines Menschen, ist auch das Gegenteil möglich, z. B. das Stehen.

Nach ‹De interpretatione› Kap. 12–13 steht die M. – unter dem zweiseitigen Aspekt: zu sein und nicht zu sein – zwischen der Unmöglichkeit (U.) und der Notwendigkeit (N.), wobei einerseits die M. zu sein der U., die nie sein kann, kontradiktorisch entgegengesetzt ist, andererseits die M. nicht zu sein der N., die immer ist. Da aber die zwei Seiten der M., nämlich das Sein-können und das Nicht-sein-können, einander nur konträr entgegengesetzt sind, stehen auch N. (als U. nicht zu sein) und U. (als N. nicht zu sein) zueinander nur in konträrem Gegensatz. Es ergibt sich folgende Aufstellung der Implikationen zu den zwei kontradiktorischen Gegensatzpaaren: 'Möglich zu sein – Nicht möglich zu sein' und: 'Möglich nicht zu sein – Nicht möglich nicht zu sein', die einander konträr entgegengesetzt sind:

Möglich zu sein	Nicht möglich zu sein
Kontingent zu sein	Nicht kontingent zu sein
Nicht unmöglich zu sein	Unmöglich zu sein
Nicht notwendig nicht zu sein	Notwendig nicht zu sein
Möglich nicht zu sein	Nicht möglich nicht zu sein
Kontingent nicht zu sein	Nicht kontingent nicht zu sein
Nicht unmöglich nicht zu sein	Unmöglich nicht zu sein
Nicht notwendig zu sein	Notwendig zu sein

Die ‹Analytica priora› führen neben den apodiktischen auch die M.-Schlüsse ein, die auf das Kontingente (τὸ ἐνδεχόμενον) gehen, das sich nicht notwendig verhält, sondern nur möglicherweise eintreten wird, und bestimmen das Mögliche im Sinne des Kontingenten (in zweiseitiger Abgrenzung gegen das Notwendige und das Unmögliche) als das, «was zwar nicht notwendig ist, was aber, wenn als vorhanden angenommen, auch nicht unmöglich ist» [29]. Unterschieden werden dann zwei Arten des Kontingenten [30]: erstens das, was nur meistenteils (ὡς ἐπὶ τὸ πολύ) eintritt, nicht immer und notwendig, und zweitens das, was unbestimmterweise (ἀόριστον) oder überhaupt durch Zufall (ἀπὸ τύχης) eintreten wird. Gegenstand wissenschaftlicher Schlüsse ist nur das Kontingente der ersten Art, dem wenigstens eine gewisse Regelmäßigkeit und Wahrscheinlichkeit eignet. Zu ihm gehören vor allem die (sublunaren) Naturvorgänge [31].

Anmerkungen. [1] Vgl. Art. ‹Entelechie I›; J. STALLMACH: Dynamis und Energeia. Untersuch. am Werke des Arist. zur Problemgesch. von M. und Wirklichkeit (1959). – [2] ARISTOTELES, Met. V, 12; IX, 1ff. – [3] Vgl. Eth. Nic. II-IV. – [4] Vgl. De an. III, 4. – [5] De an. III, 8; vgl. H. SEIDL: Der Begriff des Intellekts bei Aristoteles (1971). – [6] Vgl. ARIST., Met. IX, 3. – [7] a.O. 1047 a 24-26. – [8] IX, 6ff. – [9] 1048 b 8f. – [10] Vgl. z. B. Phys. I, 8, 191 b 13ff.; Met. IX, 7. – [11] Phys. III, 201 a 10ff. – [12] Met. IX, 6; vgl. hierzu den Kommentar in: ARISTOTELES' Met., hg. H. SEIDL (1980) 2, 471-475. – [13] Vgl. De an. III, 5. – [14] Met. XII, 7. – [15] a.O. 1073 a 8. – [16] Vgl. VI, 2f. – [17] Vgl. z. B. De Interpr. XIII, 23 a 21-28. – [18] z. B. Met. XII, 6, 1071 b 22ff. – [19] Vgl. De Interpr. XIII, 22 b 8ff.; De caelo I, 12, 281 b 2ff. – [20] Vgl. Met. XIII, 10, 1087 a 10-25. – [21] Vgl. Anal. post. I, 1. – [22] Met. VII, 12, 1038 a 6. – [23] Vgl. a.O. VII, 7f. – [24] Vgl. Anal. post. I, 2. – [25] Vgl. Met. V, 12. – [26] Vgl. a.O. IV, 3ff. – [27] V, 12, 1019 b 30-33. – [28] b 28f. – [29] Anal. pr. I, 13, 32 a 18-21; vgl. K. v. FRITZ: Schr. zur griech. Logik 2 (1978). – [30] ARIST., Anal. pr. 32 b 5ff. – [31] Vgl. H. MAIER: Die Syllogistik des Arist. 1 (1896); A. BECKER: Die arist. Theorie der M.-Schlüsse (1933); Logik und Erkenntnislehre des Arist., hg. F.-P. HAGER (1972).

3. *Hellenismus und Spätantike.* – Bei den *Stoikern* ist alles, Natur und Mensch, von strenger Notwendigkeit bestimmt, wobei die materialen Bedingungen allen Geschehens schon wirklich vorliegen (ähnlich wie bei den Vorsokratikern, auf deren materialistische Lehren, besonders Heraklits, die Stoiker zurückgreifen), so daß sich ihnen ein Determinismus ergibt, der für reale, materiale M. keinen Raum mehr läßt. Wenn die Menschen M.-Aussagen und -schlüsse bilden, so deshalb, weil ihnen nicht die Gesamtheit aller materialen Bedingungen und Umstände erkennbar ist, besonders nicht von künftigen

Ereignissen und Handlungen. So formuliert die Ältere Stoa einen gnoseologisch akzentuierten Begriff des Möglichseins im Sinne des bloßen Wahrseins: «Einiges ist möglich, anderes unmöglich; ferner ist einiges notwendig, anderes nicht-notwendig. Möglich ist das, was aufnahmefähig ist für das Wahrsein, wenn die äußeren [Gegebenheiten] dem Wahrsein nicht entgegengesetzt sind; z. B. 'Diokles lebt' ... Notwendig aber ist das, was wahr und zugleich nicht aufnahmefähig ist für das Falschsein, oder was zwar dafür aufnahmefähig ist, wobei dann aber die äußeren (Gegebenheiten) desselben dem Falschsein entgegengesetzt sind; z. B. 'die Tugend ist wertvoll' ...» [1]. Im übrigen befaßt sich die Stoa mit der Logik der M.-Schlüsse und bereichert sie (über Aristoteles hinaus) mit Untersuchungen über die hypothetischen Schlüsse [2].

Bei PLOTIN findet sich der aristotelische M.- und Wirklichkeitsbegriff in seinen verschiedenen Bedeutungen wieder, besonders bei den real-ontologischen, die den Material- und Formursachen zugeordnet sind, wenn auch nunmehr in Anwendung auf Philosopheme platonischer Herkunft, vor allem auf die von Plotin ausgebildete Hypostasenlehre. Näher betrachtet, findet sich bei Plotin:

a) die M. nach *passiven* (analog materialen) Vermögen in allem Seienden im Gegensatz zum göttlichen Einen, der ersten Hypostase, die reine Wirklichkeit ist; die ihr nachgeordneten Hypostasen nehmen stufenweise immer mehr M. an, im Sinne von Vielheit und Unbestimmtheit bis zur Materialität: die Welt-Vernunft verhält sich zum Einen schon in M., weil sie in sich schon Vielheit (die der Ideen) enthält, und die Welt-Seele wieder zur Welt-Vernunft sowie zu den Ideen in ihr (δυνάμει) [3];

b) die M. nach *aktiven* Vermögen in allem Seienden, unter dem dynamischen Gesichtspunkt des seelischen und geistigen Lebens auf allen Hypostasenstufen, von den individuellen Seelenprinzipien in den Naturdingen und im Menschen an bis zur Welt-Seele und -Vernunft und besonders im (übervernünftigen) Einen, das die höchste Wirkmacht, -ursache von allem Seienden ist (ἐκεῖνο δύναμις πάντων [4]).

Bei AUGUSTINUS wird der aristotelische M.- und Wirklichkeitsbegriff aus der neuplatonischen Tradition verwendet und in das christliche Denken einbezogen:

a) Die *passive* M. gründet in den Materialprinzipien sowohl in den Sinnesdingen als auch in den Geistwesen, die eine «spiritualis materies» haben. Doch sind die Materialprinzipien bei Augustinus nicht mehr, wie bei den Griechen, unabhängig von Gott und gleich ewig mit ihm, sondern nach der christlichen Schöpfungslehre von Gott geschaffen [5].

b) Die *aktive* M. gründet in den Form- und Wirkprinzipien in allem Seienden und in höchstem Grade in Gottes Allmacht, mit der er alles geschaffen hat. Die plotinische Lehre von der Welt-Vernunft übernimmt Augustinus einerseits für die geschaffenen Geistwesen, andererseits für die Vernunft Gottes, den Logos, in dem die Ideen der Geschöpfe ewig (schon vor der Schöpfung), in einfacher Einheit und reiner Wirklichkeit liegen.

Anmerkungen. [1] ZENON bei DIOG. LAERT. VII, 75. – [2] Vgl. M. FREDE: Die stoische Logik. Abh. Akad. Wiss. Göttingen, phil.-hist. Kl., 3. Folge 88 (1974). – [3] PLOTIN, Enn. V, 9, 4; 5; 5, 26. – [4] Enn. V, 4, 2, 38; vgl. H. BUCHNER: Plotins M.-Lehre (1970). – [5] Vgl. W. ARMSTRONG: Spiritual or intelligible matter in Plotinus and St. Augustine, in: Augustinus Magister. Congr. Int. Augustinien, 21.-24. Sept. 1954 (Paris 1954) 1, 277-283.

4. *Mittelalter.* – THOMAS VON AQUIN hat den M.- (und entsprechend den Wirklichkeits-)Begriff von Aristoteles in allen Bedeutungsdifferenzierungen übernommen ebenso wie die Zweiteilung in reale oder «hypothetische» M., die nach verschiedenen Vermögen, und logische oder «absolute», die nicht nach Vermögen bezeichnet wird, und entwickelt ihn teilweise in christlich theologischen Zusammenhängen weiter.

a) Die *reale M.* als materiale M. bezieht sich auf ein passives Vermögen (potentia passiva, Materialprinzip) in den Dingen und ist der Notwendigkeit entgegengesetzt, nämlich als Noch-nicht-sein und Kontingent-sein [1]; als aktive, dynamische M. bezieht sie sich auf ein aktives Vermögen (potentia activa, Form-, Wirkprinzip) in den Dingen und geht mit Notwendigkeit zusammen [2]. In Gott ist kein passives, sondern nur ein aktives Vermögen als höchste Wirkmacht (innertrinitarisch als generatio und spiratio; nach außen als creatio), die mit seiner notwendigen, reinen Seinswirklichkeit in eins zusammenfällt [3]. Als Wesens-M. (und Denk-M.) der Dinge bezieht sie sich zwar auf ein aktives Formprinzip in ihnen und schließt eine Notwendigkeit ein, aber doch nur eine hypothetische, weil die Dinge nicht aus ihrer Wesenheit existieren, sondern aus einer transzendenten Seinsursache, Gott, und nur unter der Voraussetzung, daß sie existieren, ihre Wesenheit notwendig ist. So verhält sich die Wesenheit der Dinge zu ihrer Existenz «wie Potenz zu Akt» [4], wie M. zu Wirklichkeit. Das findet sich bei ARISTOTELES so nicht gesagt, entspricht aber seiner Lehre, daß Wesenheit und Sein, Existenz, bei den Dingen verschieden sind (τὸ δ' εἶναι οὐκ οὐσία οὐδενί [5]).

b) Die *logische M.* ist so definiert, daß kein Widerspruch in den Begriffen (repugnantia terminorum) vorliegt, mit der ontologischen Begründung, daß nicht etwas an sich sein und zugleich nicht sein kann (in se esse et non esse simul) [6]. Diese Widerspruchsfreiheit ist immer bezogen auf ein Wirklich-sein (esse in actu) und macht die innere M. der Weltdinge (in ihrem wesensmäßigen wie in ihrem akzidentellen Sein) aus. Sie hat letztlich ihre Ursache in ihrer M. in Gottes Seinswirklichkeit und d. h. zugleich in seiner Vernunfterkenntnis, in der die Welt schon vor ihrer Schöpfung ohne Widerspruch gedacht ist, sowie in seinem allmächtigen Schöpfungswillen. Die absolute, logische (innere) M. der Schöpfung umfaßt alles, was ohne inneren Widerspruch ist, alles, was dem Sein nicht widerstreitet, und alles ist so der Allmacht Gottes unterworfen, die ja in seinem unendlichen, vollkommenen Wirklich-Sein liegt [7].

MEISTER ECKHART übernimmt den M.-Begriff aus der aristotelisch-thomasischen Tradition in den verschiedenen Bedeutungen, ohne ihn weiter zu entfalten. Die von Aristoteles gefaßte gnoseologische M. der Seele, «gewissermaßen alles [= alle Erkenntnisinhalte] zu sein», weil sie selbst ohne Form, «Form der Formen» ist [8], wird bei Eckhart zu einer metaphysisch-psychologischen M. der Seele vertieft, so form-, wesenlos, «ledig» zu werden, daß der überwesenhafte Gott in sie eingehen und sie so gleichsam Gott selbst werden kann, nicht aus sich, sondern in gnadenhafter, von Gott gewirkter Weise [9]. Was die Ideen der Schöpfung in Gottes Vernunft (dem Logos, dem Sohne) betrifft, so richtet sich Eckharts Betrachtung durchwegs mehr auf ihre Wirklichkeit in Gottes lauterem Sein als auf ihr Sein-können und Gedacht-sein in ihm [10].

Für DUNS SCOTUS ist die Materie (anders als für Thomas) nicht reine Potenz, materiale M., sondern schon eine gewisse Wirklichkeit (aliqua res actu, aliquid actu [11]). Entsprechend seiner Lehre, daß Gottes Wesenheit primär nicht Vernunft-, sondern Willenswirklichkeit sei wegen seiner Freiheit, die primär nicht in der Vernunft, sondern im Willen liege, betont Scotus auch hinsichtlich der Schöpfermacht Gottes den Aspekt der Freiheit: Gott könnte die Dinge auch anders erschaffen, als sie nach seiner Anordnung entstanden, weil seine Macht absolut ist (potentia absoluta), nicht gebunden an die Gesetze der entstandenen Schöpfung [12]. Doch wirkt sein Wille nichts Willkürliches, sondern immer das Vernünftigste, das zugleich auch nichts logisch Unmögliches ist. Gott kann nur wollen, was logisch möglich, d. h. widerspruchslos ist [13].

Weiter sei noch erwähnt, daß Scotus die M. auch hinsichtlich der Vorsehung Gottes erörtert, sofern sie das für die Menschen Zukünftige (futuribilia) betrifft, das in Gottes Vernunft schon Gegenwart und wirklich Erkanntes, Gedachtes ist. Bei den Scholastikern des ausgehenden Mittelalters und der beginnenden Neuzeit (BAÑEZ, MOLINA) bilden sich verschiedene Ansichten darüber, wie Gott aufgrund seines Vorherwissens beim Handeln der Menschen mitwirkt, ohne daß ihre Freiheit beeinträchtigt wird. Jedenfalls aber werden in Gottes Vernunft alle M.en zukünftigen Geschehens in der Schöpfung gedacht und d. h. mehr, als in ihr durch die Natur und die Menschen verwirklicht wird. Schließlich ist bei den Scholastikern auch die im Allgemeinen liegende Denk-, Erkenntnis-M. als solche von großer Bedeutung, besonders im Zusammenhang mit dem Universalienproblem. Der aufkommende Nominalismus beschränkt die Erkenntnis des Menschen sozusagen auf eine Denk-M., nämlich auf die bedeutungsmäßige Auffassung, die er den Einzeldingen «unterstellt» (durch Supposition bei WILHELM VON OCKHAM).

Bei NIKOLAUS VON KUES findet sich, in Fortbildung der augustinischen und thomasischen Tradition, eine Theologie der Allmacht Gottes, die den M.-Begriff in seinem tiefsten Gehalt ausschöpft. Sie führt die reale und logische M. der geschaffenen Dinge zurück auf die M., die sie (schon vor der Schöpfung) in der Seinswirklichkeit des Schöpfergottes haben [14].

a) Die *reale M.* der Dinge, nach ihren *aktiven* Vermögen, d. h. ihre akzidentelle und substantielle M., werden und sein zu können, gründet in der M., die sie in Gottes Seinswirklichkeit haben und mit der sie als Ideen (bereits vor der Schöpfung) «eingefalteterweise» in Gottes Vernunft immer schon verwirklicht, d. h. wirklich gedacht, und in seiner Allmacht gewollt sind: Nichts kann werden, was nicht als Ewiges in Gott schon Wirkliches ist [15]. Nikolaus hat diese Einsicht, daß in Gott das Sein-können schon Wirklich-sein ist, posse = est, in den kurzen Ausdruck ‹possest› zusammengefaßt [16]. (Er betrifft sowohl das Seinkönnen der Schöpfung in Gott wie auch Gottes eigenes Seinkönnen, läßt aber diesen an sich großen Unterschied unberücksichtigt.) Eine wichtige Rolle spielt die Analogie mit dem menschlichen Kunstschaffen, bei dem die Denk-M. in der Vernunft des Künstlers, verbunden mit seinem Willen, zugleich Wirkursache und ermöglichende Bedingung des Kunstwerkes ist.

Die reale, materiale M. der Dinge, nach ihren *passiven* Vermögen, letztlich der «ersten Materie», versucht Nikolaus ebenfalls auf ihre M. in der Wirklichkeit Gottes zurückzuführen, und zwar in ausdrücklicher Kritik an der griechischen Lehre von der «ersten Materie» als einem absoluten, neben dem göttlichen Wirklichkeitsprinzip gleich-ewigen M.-Prinzip [17]. Die Rückführung bringt allerdings eine gewisse idealisierte bzw. mathematisierte Auffassung von Materie mit sich (beeinflußt von Platons Auffassung der Materie als Raum und unbestimmter Zweiheit) und setzt sie mit der M. gleich, mit der Gott die Ideen der Geschöpfe denkt. (Nach Thomas ist jedoch diese ideale M. des Noch-nicht-geschaffen-seins der Geschöpfe in Gott verschieden von der materialen M. des Noch-nicht-seins und Nicht-mehr-seins in den geschaffenen Dingen, die erst mit der Schöpfung der Materie auftritt.)

b) Die *logische M.* im Sinne der Widerspruchsfreiheit des Erkennbaren und Denkbaren findet sich α) in der menschlichen Vernunfterkenntnis hinsichtlich jedes geschaffenen Dinges, β) in Gottes Vernunfterkenntnis hinsichtlich der Ideen aller Geschöpfe, in der zeitlos-ewig (auch schon vor der Schöpfung) alle Gegensätze, wie z. B. des Wesenhaften und Akzidentellen, des Allgemeinen und Einzelnen, des mathematischen Unendlich-Großen und -Kleinen (ja sogar des Seins und Nichtseins [18]), in eines zusammenfallen («coincidentia oppositorum») und ohne Widerspruch zusammengedacht werden [19].

Im übrigen ist (wie bei Thomas) das Gedacht-sein und logische Möglich-sein der Geschöpfe in Gottes Vernunft gegründet in dem absoluten Wirklich-sein Gottes (Maximum absolutum ... est actu omne possibile esse. Cum sit omne id, quod esse potest, est penitus in actu) [20]. Die Wirklichkeit hat, absolut gesehen, den Vorrang vor der M. (wie bei Aristoteles und Thomas auch).

Anmerkungen. [1] THOMAS VON AQUIN, S. theol. I, 41, 4, 2. – [2] S. c. gent. III, 86. – [3] S. theol. I, 41, 4; vgl. G. M. MANSER: Das Wesen des Thomismus (³1949). – [4] THOMAS, S. theol. I, 3, 4c. – [5] ARISTOTELES, Anal. post. II, 7, 92 b 13f. – [6] THOMAS, S. theol. I, 21, 4 c und ad 4; I, 25, 3 c. – [7] Vgl. S. theol. I, 25, 3; S. c. g. II, 22. – [8] Vgl. ECKHART, Dtsch. Predigt 51, hg. QUINT (1963). – [9] z. B. a.O. 2. – [10] Vgl. z. B. a.O. 13. 32. 43. – [11] DUNS SCOTUS, De rer. princ. qu. 7, a. 1, n. 3. – [12] Ord. I, dist. 44. – [13] Oxon. IV, dist. 10, qu. 2, n. 5. – [14] Vgl. J. STALLMACH: Sein und das Können-selbst bei Nikolaus von Kues, in: Parusia. Festschr. J. Hirschberger, hg. K. FLASCH (1965) 407-421. – [15] NIKOLAUS VON KUES, De possest 8ff. – [16] a.O. 14. – [17] De docta ign. II, 8. – [18] De possest 29. – [19] a.O. 9. 13ff. 74; De docta ign. I, 2-11. – [20] De docta ign. I, 4.

5. *Neuzeit bis Hegel.* – Nach DESCARTES ist, wie in der Tradition, alles das, was wir klar und deutlich, also ohne Widerspruch erkennen, möglich und kann von Gott realisiert werden [1]. In seiner Physik lehrt Descartes, daß die Materie «alle Gestalten, deren sie fähig ist, durchläuft» (formas omnes quarum est capax, successive assumat) [2]. Folglich muß alles, was aufgrund der Naturgesetze in dieser Welt möglich ist, zu irgendeiner Zeit auch wirklich werden – ein traditionsreicher Gedanke, den Leibniz verwerfen wird, weil er die Wahlfreiheit Gottes aufhebe [3].

In der Bestimmung des Unmöglichen geht Descartes gemäß seiner Lehre vom Unterschied geschaffener und ungeschaffener ewiger Wahrheiten [4] eigene Wege. Was uns unmöglich erscheint, wie etwa, daß zwei und drei addiert mehr oder weniger als fünf ergeben, ist deshalb noch nicht unmöglich für Gott. Denn Wahrheiten dieser Art, d. h. endliche Wesenheiten, sind frei von ihm erschaffen. Folglich hätte er auch eine andere Wesensordnung mit anderen Zahlenverhältnissen erschaffen können, obgleich wir nach der Art unseres Verstandes eine solche nicht zu denken vermögen. Deshalb setzt die Gewißheit, daß das, was uns evident erscheint (quae evidentissima videntur), auch wahr ist und für alle Zeit wahr bleibt, die Erkenntnis der Existenz Gottes als der höchst vollkommenen und unveränderlichen Ursache aller anderen Dinge voraus [5]. Erst diese Erkenntnis bietet die Garantie dafür, daß wir in dem, was wir klar und deutlich begreifen, die wahre Ordnung der Dinge erkennen oder den Inbegriff dessen, was in dieser Welt möglich ist. Unmöglich auch für Gott ist nur dasjenige, was einen Widerspruch zur «ersten und ewigsten aller Wahrheiten», der Existenz Gottes [6], einschließt. Dazu gehören nach Descartes Vorstellungen wie, daß Geschehenes nicht geschehen sei [7] oder daß Gott die Dinge so hätte machen können, daß sie nachher ohne ihn sein könnten [8]. Nicht das ist ein Zeichen von Ohnmacht, daß einer Unmögliches nicht bewirken kann, sondern nur, daß er «etwas von den Dingen nicht machen kann, die wir dennoch deutlich als mögliche erkennen» (quod non possit aliquid facere ex iis, quae tanquam possibilia distincte percipimus) [9]. Im Gang der *Meditationen* gewinnt diese absolute, auch für Gott gegebene Unmöglichkeit eine besondere Bedeutung bei der methodischen Konstitution der ersten zweifelsfreien Erkenntnis des endlichen Verstandes: Auch ein allmächtiges Wesen könnte niemals bewirken, «daß ich nichts bin, solange ich denke, etwas zu sein» [10].

HOBBES zieht für die M. der Weltdinge nur die Wirkursache im Materiellen (letztlich der Atome) in Betracht. Die Materie als unbestimmte M. des Noch-nicht-seins ist nicht mehr im Blick, sondern als ermöglichende Bedingung, dank ihrer Wirkursachen. Und da diese schon wirklich vorliegen, ergibt sich faktisch ein megarischer M.-Begriff: Die M. fällt mit der Wirklichkeit der materiellen Bedingungen, ihrer Wirkursachen, in eins zusammen. Die unbestimmte M. kontingenter, zukünftiger Ereignisse beruht nur auf der menschlichen Unwissenheit [11].

Monismus und Determinismus in der Metaphysik SPINOZAS lassen keinen Platz für M. Denken und Ausdehnung – bei Descartes noch zwei verschiedenen Substanzen zugeordnet – sind nunmehr zwei Wesensattribute der einen göttlichen Substanz. Nach beiden Attributen, im Ideellen wie im Materiellen, wirkt die göttliche Substanz in (besonders auch mathematisch und geometrisch bestimmbaren) notwendigen Kausalreihen, die in völliger Übereinstimmung sind. Diese schließen wahre M. aus. Wenn wir Menschen von M. sprechen, so wegen unserer Unwissenheit, weil wir die durchgängigen Bestimmungsgründe noch nicht kennen: «Möglich sind die Einzeldinge, sofern wir, wenn wir die Ursachen betrachten, aus denen sie hervorgehen müssen, nicht wissen, ob diese bestimmt sind, sie hervorzubringen» [12].

LEIBNIZ erweitert den aus dem Skotismus übernommenen Begriff des Möglichen, indem er die M. des Seienden mit dessen Erkennbarkeit, Denkbarkeit in der menschlichen, besonders aber göttlichen Vernunft gleichsetzt. In der Frühschrift ‹Confessio philosophi› (1673) definiert er das Mögliche sowohl, der Tradition folgend, als das Widerspruchslose wie auch als das, «was eingesehen werden kann, d. h. was klar eingesehen wird» (possibile est, quod intelligi potest, id est ... quod clare intelligitur); entsprechend auch das Notwendige sowohl als das, «dessen Gegenteil einen Widerspruch einschließt», wie auch als das, dessen Gegenteil «nicht klar eingesehen werden kann» (cuius oppositum implicat contradictionem, seu intelligi clare non potest) [13]. Deshalb werden bei Leibniz reale und logische M. nicht getrennt: «Möglich ist, was eine Wesenheit oder Sachhaltigkeit hat, d. h. was deutlich erkannt werden kann» (possibile est, cuius aliqua est essentia, seu realitas, seu quod distincte intelligi potest) [14].

Zu unterscheiden sind vielmehr eben aufgrund der Bezogenheit der M. auf ihre Erkennbarkeit, die eine solche für Gott bzw. für uns ist, eine absolute M. (für Gott) und eine hypothetische M. (für uns). Absolut möglich ist alles, was widerspruchslos denkbar ist (Ens vel possibile est quod non est impossibile [15]). In diesem Sinne wäre es für Gott möglich, statt dieser eine andere Welt zu erschaffen, in der andere Naturgesetze gälten, mithin anderes auf natürliche Art möglich wäre als in dieser Welt. In der Tat aber hat er dies unterlassen; nicht aufgrund einer absoluten Unmöglichkeit, sondern aufgrund seines freien Entschlusses, die beste aller möglichen Welten zu verwirklichen. Die Gesetze dieser Welt oder dessen, was auf natürliche Weise in ihr möglich ist, haben folglich eine «physische» oder «hypothetische» Notwendigkeit, absolut oder metaphysisch betrachtet sind sie kontingent [16].

Nach Leibniz, der damit eine seit dem hohen Mittelalter nachweisbare Tradition aufgreift [17], ist die M. ihrem Begriff nach nicht, wie üblich, gleichbedeutend mit der Kontingenz als einem Mittleren zwischen Notwendigkeit und Unmöglichkeit, sondern gerade im Unterschied zu ihr bestimmt. *Kontingent* ist ein Existierendes, das nicht notwendig existiert, also zu einer anderen Zeit auch nicht existieren kann, oder eine Aussage, die faktisch wahr ist, deren Gegenteil aber nicht unmöglich ist. *Möglich* ist eine Realität, die nicht existiert, aber zur Existenz gelangen kann, oder eine Aussage, die faktisch falsch ist, aber keinen Widerspruch enthält. M. und Kontingenz beziehen sich also beide auf die Existenz der geschaffenen Dinge in der Zeit (vérités de fait) und stehen im Gegensatz zu Notwendigkeit und Unmöglichkeit, die sich auf die zeitlosen Wesenheiten der Dinge (vérités de raison) beziehen. Sie unterscheiden sich dadurch voneinander, daß die Kontingenz zusammen mit der Notwendigkeit den Bereich des Wirklichen oder der wahren Sätze einteilt, die M. zusammen mit der Unmöglichkeit aber den Bereich des Nicht-Wirklichen oder der falschen Sätze [18]. Demnach ist vieles in absolutem Sinn möglich, was niemals wirklich war, ist oder sein wird. Alles Mögliche ist gleichwohl mit der Wirklichkeit verknüpft, und zwar derart, daß jedes nach Existenz «strebt» [19]. Erfüllung dieses Strebens wird nach dem freien Willen Gottes nur demjenigen beschieden, das in Beziehung auf das Ganze der Welt die höchste Vollkommenheit, d. h. den höchsten Grad an Realität besitzt (perfectio est magnitudo realitatis [20]), oder anders das, dessen Existenz mit der Existenz Gottes bzw. der anderen Existierenden «kompatibel» ist [21], ohne daß ein endlicher Verstand den Grund der Kompatibilität oder Inkompatibilität des Möglichen jemals einzusehen vermöchte, weil das die Kenntnis des Ganzen einer möglichen Welt voraussetzt. In der Differenz zwischen dem bloß Möglichen und dem Kontingenten wirkt der freie Wille Gottes. Abbildlich entsprechend erscheint vieles physisch, d. h. nach den uns bekannten Gesetzen dieser Welt möglich, was niemals wirklich wird. In dieser Differenz zwischen bedingter M. und Wirklichkeit liegt der Freiheitsraum des Menschen.

CHR. WOLFF definiert die Philosophie geradezu als die Wissenschaft von allem Wirklichen und Möglichen, insofern es sein kann. Die Erörterungen des Kontradiktionsprinzips und des Möglichen stehen am Anfang seiner Ontologie [22] wie auch bei BAUMGARTEN [23]: 1. die *logische*, innere (absolute) M. der Dinge liegt in der Widerspruchsfreiheit ihrer Wesensbegriffe; 2. die *reale* M. der Dinge ist einerseits a) eine innere, d. h. ihre Denkbarkeit, Wesens-M., sofern ihr die Existenz nicht widerstreitet, sondern vielmehr ihre Ergänzung ist, und andererseits b) eine äußere (hypothetische), sofern sie von Ursachen (aktiven und passiven Vermögen) abhängt, was kraft des Prinzips vom zureichenden Grunde nicht nur für Notwendiges, sondern auch für Kontingentes gelten muß.

Möglichkeit

KANT gibt dem M.-Begriff eine gegenüber der traditionellen gänzlich veränderte Bedeutung, und zwar im Zuge seiner Metaphysik-Kritik am Rationalismus. An die Stelle der Denk-M. der Dinge in der Vernunft Gottes tritt nunmehr ihre Denk-M. in der menschlichen Vernunft. Die reale M. ist nicht mehr bezogen auf formale und materiale Vermögen, Bedingungen in den Dingen an sich, sondern allein auf formale Erkenntnisbedingungen im Subjekt, die nunmehr nicht nur die Erkennbarkeit, sondern auch das Sein der Dinge, jedoch als bloßer Erscheinungen, konstituieren: «Die Bedingungen der *M. der Erfahrung* überhaupt sind zugleich Bedingungen der *M. der Gegenstände der Erfahrung*» [24]. Da Kant dem Menschen jede intellektuelle Anschauung abspricht, kann der Gegenstand nur durch die Sinnesanschauung gegeben und durch den Verstand gedacht werden. In diesen beiden Aspekten liegt seine reale und logische M. Beide sind in Kants Kritik am Rationalismus streng getrennt, zufolge des unaufhebbaren Gegensatzes von Verstand und Sinnlichkeit [25].

a) Die *reale* M. und zugleich die «objektive Realität» der Dinge (als Erscheinungen) ergibt sich aus der Beziehung der formalen Bedingungen auf die Sinnesanschauung und gründet letztlich in dieser selbst, dem Fundament der «synthetischen Urteile». Die Kategorientafel [26] führt unter dem Titel der «Modalität» M., Dasein und Notwendigkeit auf, wobei das Dasein als Gegebenheit in der Sinnesanschauung zu verstehen ist. Die Notwendigkeit ist dann «nichts anderes als die Existenz, die durch die M. selbst gegeben ist» [27]. Der Gegensatz zwischen der realen M. und Wirklichkeit (Dasein) folgt aus der Unterscheidung am Gegebenen in der Sinnesanschauung zwischen einem formalen und einem materialen Aspekt: den Raum-Zeit-Formen der Sinnesanschauung (im Subjekt) und dem vorgegebenen Material der Empfindungen (außerhalb des Subjekts). Demnach gibt Kant «die Postulate des empirischen Denkens überhaupt» so an: «1. Was mit den formalen Bedingungen der Erfahrung (der Anschauung und den Begriffen nach) übereinkommt, ist *möglich*. 2. Was mit den materialen Bedingungen der Erfahrung (der Empfindung) zusammenhängt, ist *wirklich* ...» [28]. – Im Zusammenhang seiner Kritik am ontologischen Gottesbeweis betont Kant, daß man nicht von der «M. der Begriffe» auf die «M. der Dinge» schließen dürfe [29], und stellt dem Wesensbegriff eines Dinges als logischer M. seine reale Existenz als Wirklichkeit gegenüber, die dem Ding nur «synthetisch» aufgrund der Sinnesanschauung zugesprochen werden könne (Beispiel der hundert Taler [30]). Dies gelte auch für den Wesensbegriff Gottes.

b) Die *logische* M. hat bei Kant nicht nur die engere Bedeutung formaler Widerspruchsfreiheit der Begriffe, sondern auch die weitere der bloßen Denkbarkeit der Dinge ohne Anschauung (in «analytischen Urteilen», bei denen der Prädikats- im Subjektsbegriff enthalten ist), abhängig von den subjektiven Bedingungen des Denkens: dem «transzendentalen Bewußtsein», dem Verstand mit seinen Kategorien und der Vernunft mit den Ideen von Seele, Welt und Gott. Letztere, das «transzendentale Ideal», umschließt die omnitudo realitatum [31], ehemals die Totalität aller Denk-M. in der Vernunft Gottes. Während der Denk-M. der Dinge in der Tradition eine real-ontologische M. in den Dingen und in Gott entspricht, hat die Denk-M. bei Kant keine solche Entsprechung; sie ist eine «bloß» logische M. Im Nachlaß Kants finden sich folgende Definitionen: «M. ist Übereinstimmung mit den Bedingungen des Denkens überhaupt; unmöglich, was denselben widerstreitet. Was mit den analytischen Bedingungen des Denkens übereinstimmt, ist logisch möglich, was mit den synthetischen, ist real möglich; die logische M. ohne reale ist der leere Begriff ohne Inhalt, d.i. Beziehung auf Objekt» [32]. «Was sich in der Erfahrung überhaupt geben läßt, also den Kategorien gemäß ist, ist objektiv möglich, aber das Gegenteil ist darum nicht unmöglich» [33].

Der *Deutsche Idealismus,* der auf Kants Kritik an der traditionellen Ontologie bzw. Metaphysik folgt und nur noch über das sittliche Vernunft-Subjekt wieder den Zugang zum Ding an sich, zur Realität an sich findet, geht von der Aktivität dieses Subjekts als erster Realität aus: von seiner «Tathandlung», Selbstsetzung im absoluten Ichbewußtsein, in der (wieder eingeführten) intellektuellen Anschauung, und richtet sich ganz auf diese «Wirklichkeit», welche nun einen absoluten Vorrang hat, während die M. (im Gegensatz zu ihr als bloß abstrakt Gedachtes) von untergeordneter Bedeutung ist. Der idealistische M.-Begriff hat keine echte Beziehung mehr zu der materialen (in der Tradition) nach passiven Vermögen benannten M., sondern nur zu der nach den aktiven, schöpferischen, produktiven Vermögen des menschlichen und göttlichen Geistes benannten. Die materiale M. ist nicht mehr gleicherweise reale Seinsweise der Dinge wie die aktive, weil das Sein nunmehr selbst dynamisiert ist zu Handlung, schöpferischem Prozeß («Arbeit des Begriffes») u.ä. des menschlichen (und zugleich im Innersten schon göttlichen) Geistes.

So lehrt FICHTE (schon in der ‹Grundlage der gesamten Wissenschaftslehre› von 1794), «dass alle Realität ... bloss durch die Einbildungskraft hervorgebracht werde», daß auf ihrer Handlung «die M. unseres Bewusstseyns, unseres Lebens ..., unseres Seyns, als Ich, sich gründet» [34]. Er definiert die Notwendigkeit als das Gefühl der Einschränkung dieser absoluten Tätigkeit zu objektiver Bestimmung, die M. dagegen als das freie Schweben der Einbildungskraft zwischen Bestimmen und Nicht-Bestimmen ein und desselben Objekts [35]. Im ‹System der Sittenlehre› von 1798 erörtert er das Verhältnis von Wirklichkeit und M. im Zusammenhang mit der Freiheit der Vernunft. «Ursprünglich ... muss ich mich *frei finden*, mir als frei gegeben werden ... Denn ich kann etwas *mögliches* setzen, lediglich im Gegensatze mit einem mir schon bekannten *Wirklichen*. Alle blosse M. gründet sich auf die Abstraction von der bekannten Wirklichkeit. Alles Bewusstseyn geht sonach aus von einem Wirklichen, – ein Hauptsatz einer reellen Philosophie, – mithin auch das Bewusstseyn der Freiheit» [36].

Auch bei SCHELLING überwiegt der dynamische M.-Begriff. In seinem Identitätssystem versucht er die (zueinander parallelen) Gegensätze der Realität und Idealität, der Existenz und des Grundes, der Erscheinung und der Idee, der Wirklichkeit und der M. als zwei Momente des im Werdeprozeß befindlichen, göttlichen Absoluten aufzufassen (in gewisser Anlehnung an Spinozas Lehre von Ausdehnung und Denken als zwei Wesensattributen der einen göttlichen Substanz) [37], so daß er folgern kann: «Im Absoluten aber ist Idealität und Realität eins, absolute M. = absolute Wirklichkeit» [38]. Dabei bildet er eine eigene Potenzlehre aus [39], wonach den genannten Gegensatzpaaren zwei gegensätzliche Potenzen in dem (an sich ungeteilten einen) Absoluten entsprechen, die auch als verneinende und bejahende Kraft bezeichnet werden. Hinzu kommt noch eine dritte Potenz, die sich zu den zwei ersten indifferent verhält, aber fähig ist, beide zusammenzufassen. Schellings Stellungnahme zum scholastistischen M.-Begriff findet sich in einer späten Abhandlung ‹Über die Quelle der ewigen Wahrheiten› [40].

Bei HEGEL ist die bloße Denk-M., als rein Abstraktes, streng unterschieden von der konkreten Wirklichkeit und hat Bedeutung nur als Moment derselben. Die bestimmten Ideen der Dinge werden gleichsam als lebendige Kräfte verstanden, die «nicht so ohnmächtig» sind, «nur zu sollen und nicht wirklich zu sein» [41]. Hegel polemisiert damit gegen den traditionellen Begriff der M., der nichts weiter enthält als die «bloße Form der *Identität-mit-sich*» gemäß der Regel, «daß Etwas sich in sich nicht widerspreche»; denn nach diesem Begriff «*ist Alles möglich*» [42]. In der ‹Wissenschaft der Logik› wird der Begriff der M. als ein Moment des Begriffs der Wirklichkeit eingeführt. Diese hatte sich ergeben als «Modalität» des Absoluten oder als dessen «*eigene Manifestation*», welche nun wiederum die in ihrem Begriff enthaltenen Momente zu entwickeln hat: «Die Wirklichkeit als selbst *unmittelbare* Formeinheit des Innern und Äußern ist damit in der Bestimmung der *Unmittelbarkeit* gegen die Bestimmung der Reflexion in sich; oder sie ist eine *Wirklichkeit gegen eine M*. Die *Beziehung* beider aufeinander ist das *Dritte* ... Dieses Dritte ist die *Nothwendigkeit*» [43]. Hegel spricht von formeller, realer und absoluter M. bzw. Wirklichkeit und Notwendigkeit, entsprechend dreier Momente des dialektischen Prozesses des Absoluten. Dabei hat immer die Wirklichkeit den Vorrang (als Thesis, An-sich-sein) vor der M. (Antithesis, Reflexion-in-sich). Die formelle M. betrifft die Zufälligkeit, die reale M. bezieht sich auf den Inhalt der Wirklichkeit, die existierende Welt (Ansichsein und Reflexion-in-sich), die absolute M. auf die absolute Wirklichkeit und Notwendigkeit. – Was in der Tradition von der realen M. galt, daß sie nämlich Gegensätze einschließt (z.B. beim Menschen die M. zu sitzen und zu stehen), behauptet nun Hegel vom Sein selbst und hebt den Satz vom Widerspruch in einen dynamischen Entwicklungsprozeß des absoluten (göttlichen) Geistes auf, der die Gegensätze des in sich widersprüchlichen Seins hervortreibt.

6. *19. und 20. Jh.* – Nach dem *Deutschen Idealismus* herrscht bis zur *Gegenwart* weiter der dynamische, aktive M.-Begriff vor, wenn auch unter sehr verschiedenen Vorzeichen der jeweiligen philosophischen Richtungen [44]. Teilweise besteht eine starke Neigung zum «megarischen» M.-Begriff, der ausdrücklich von N. HARTMANN vertreten wird. Er setzt die M. in allen Seinssphären an, die er in Reales, Logisches und Ideales einteilt, und läßt sie in der realen Sphäre mit der Wirklichkeit in eins zusammenfallen; denn möglich ist nach Hartmann etwas nur, wenn die Reihe der Bedingungen vollständig ist, also genau dann, wenn die Verwirklichung eintritt [45].

Im Gegensatz zu Hartmann betont H. BERGSON die M. als (ermöglichende) Bedingung für die Selbstverwirklichung des schöpferischen Menschen [46].

Innerhalb der materialistischen Richtungen ist der M.-Begriff in E. BLOCHS Philosophie des Noch-Nicht thematisiert. In seiner ‹Ontologie des Noch-Nicht-Seins› ist dieses Noch-Nicht-Sein (bzw. -Haben) die aktive Kraft der menschlichen Gesellschaft, die sich hoffend auf die Zukunft ausrichtet. Aus ‹Das Prinzip Hoffnung› wird zitiert: «Das *Noch-Nicht* charakterisiert die *Tendenz* im materiellen Prozeß, als des sich herausprozessierenden, zur Manifestierung seines Inhalts tendierenden Ursprungs ... Das Nicht als *prozessuales Noch-Nicht*› macht so Utopie zum Realzustand der Unfertigkeit» [47].

E. HUSSERL knüpft in seinen ‹Ideen zu einer reinen Phänomenologie ...› wieder an Kants Frage nach der M. der Gegenstände an, will sie aber «nur auf dem Boden der eidetischen Phänomenologie» entscheiden [48]. – M. HEIDEGGER bildet in ‹Sein und Zeit› einen existenzialen M.-Begriff, nach dem M. den Vorrang vor der Wirklichkeit hat [49] und zur Grundverfassung des menschlichen Daseins gehört: «Das Dasein bestimmt sich als Seiendes aus einer M., die es *ist* und in seinem Sein irgendwie versteht» [50]. «Dasein *ist* je seine M.» [51]. Nach Heideggers «Kehre» wird das Sein selbst als «das Mög-liche» [52] verstanden, als die offene Lichtung inmitten des Seienden, die dessen Wahrheit erst ermöglicht.

Unter den jüngsten M.-Auffassungen seien noch die von N. RESCHER [53] und D. WEISSMAN [54] erwähnt. Beide versuchen, beeinflußt durch G. RYLE, die reale M. durch die bloß hypothetisch angenommene M. zu ersetzen. Assertorische Aussagen über Vermögen der Dinge werden in hypothetische «Wenn ..., dann ...»-Aussagen transformiert. Nach RESCHER existiert nur Wirkliches; das Mögliche ist Konstruktion der Vernunft, von ihr abhängig («mind-dependent»). Daß wir aber dennoch zwischen bloßer Denk- und realer M. unterscheiden, erklärt Rescher dadurch, daß wir bei der zweiten M. in der Vernunft einen Akt der «supposition» (Realsetzung) vollziehen [55]. Solche und ähnliche Versuche zum M.-Begriff wollen auch etwas zu seiner Verwendbarkeit in den empirischen Naturwissenschaften beitragen und d.h. zur Voraussagbarkeit von Ereignissen bei (schon wirklich) vorgegebenen materialen Bedingungen (vgl. auch die bes. in der Logistik ausgearbeiteten Wahrscheinlichkeitskalküle).

Anmerkungen. [1] R. DESCARTES, z.B. 6. Med. Oeuvres, hg. ADAM/TANNERY (= A/T) 7, 71, 13-20. 78, 2f.; weitere Stellen vgl. E. GILSON: Index scolastico-cartésien (Paris 1912) 235. – [2] DESCARTES, Princ. Philos. 3, 47. A/T 8, 103. – [3] Vgl. z.B. LEIBNIZ an Arnauld. Philos. Schr., hg. GERHARDT (= PSG) 2, 55f.; dazu H. SCHEPERS: Zum Problem der Kontingenz bei Leibniz. Collegium Philosophicum (1965) 333f. 339 und Anm. 20-22. 33. – [4] Vgl. DESCARTES, z.B. A/T 1, 149f.; 7, 431ff.; vgl. dazu E. BOUTROUX: De veritatibus aeternis apud Cartesium (Paris 1874). – [5] Vgl. DESCARTES, z.B. Sec. Resp. A/T 7, 141. – [6] A/T 1, 150. – [7] Vgl. z.B. A/T 5, 273. – [8] Vgl. z.B. A/T 3, 429; vgl. 4, 119. – [9] a.O. [7]. – [10] 2. Med. A/T 7, 25. – [11] Vgl. TH. HOBBES: De corpore (1655) cap. 10. – [12] B. SPINOZA, Ethica IV, def. 4; vgl. Cogit. met. I, 3, § 8. – [13] G. W. LEIBNIZ, Confessio philosophi, hg. O. SAAME (1967) 64. 62. – [14] Textes inéd., hg. G. GRUA (Paris 1948) 289. – [15] Opuscules et frg. inéd., hg. L. COUTURAT (Paris 1903) 259; vgl. 364. – [16] Vgl. z.B. a.O. 16-24, bes. 19f.; PSG 7, 302-308, bes. 303. – [17] Vgl. H. SCHEPERS: M. und Kontingenz. Zur Gesch. der philos. Terminologie vor Leibniz (Turin 1963). – [18] Vgl. LEIBNIZ, a.O. [15] 18f.; SCHEPERS, a.O. [17] 5; a.O. [3] 329f.; vgl. auch G. FUNKE: Der M.-Begriff in Leibnizens System (1938); H. POSER: Zur Theorie der Modalbegriffe bei G. W. Leibniz (1969). – [19] Vgl. z.B. PSG 7, 303. – [20] a.O. [15] 474; vgl. a.O. [19]. – [21] vgl. z.B. a.O. [15] 530; a.O. [14] 271. 289; a.O. [13] 84f.; dazu SCHEPERS, a.O. [3] 334-343. – [22] CHR. WOLFF, Philos. prima sive Ontol. §§ 79ff.: «De possibili et impossibili». – [23] A. G. BAUMGARTEN, Met. I: Ontol., cap. 1, sect. 1, §§ 7ff.: «Possibile». – [24] I. KANT, KrV A 158/B 197. – [25] Vgl. D. BAUMGARDT: Das Möglichkeitsproblem der Kritik der reinen Vernunft, der mod. Phänomenol. und der Gegenstandstheorie (1920). – [26] KANT, KrV A 80/B 106. – [27] B 111. – [28] A 218/B 265. – [29] A 596/B 624 Anm. – [30] A 599/B 627. – [31] Vgl. A 571-583/B 599-611. – [32] Akad.-A. 17, 738: N 4801; vgl. a.O. 381: N 3999; 18, 327: N 5688. – [33] 18, 335: N 5721. – [34] J. G. FICHTE, Werke, hg. I. H. FICHTE 1, 227. – [35] a.O. 239. – [36] 4, 219; vgl. auch 79ff.; dazu W. SCHRADER: Empirisches und absolutes Ich (1976) 86ff.: «Der Wandel des Wirklichkeitsbegriffes ...». – [37] Vgl. z.B. F. W. J. SCHELLING: Bruno ... (1802). Werke, hg. K. F. A. SCHELLING I/4, 249ff. – [38] Philos. der Kunst (1802) a.O. I/5, 391. – [39] Vgl. System der Philos. (1802) = I/4, 412-423, bes. 416; Die Weltalter (1813) I/8, 221ff. – [40] II/1, 575-

590. – [41] G. W. F. HEGEL, System der Philos., Einl. Werke, hg. H. GLOCKNER 8, 49. – [42] a.O. I, § 143 = 8, 322f. – [43] Wiss. der Logik a.O. 4, 678f. – [44] Zahlreiche Belege für das 19. Jh. vgl. EISLER⁴ 2, 165-168. – [45] N. HARTMANN: M. und Wirklichkeit (1938). – [46] H. BERGSON: Skapandet och det nay. Le possible et le réel. Nord. Tidskr. Vetenskap 6 (1930) 441-456. – [47] E. BLOCH: Zur Ontol. des Noch-Nicht-Seins (1961) 17; vgl. Das Prinzip Hoffnung (1959) Kap. 18. – [48] E. HUSSERL: Ideen zu einer reinen Phänomenol. und phänomenol. Philos. (1913); vgl. BAUMGARDT, a.O. [25]. – [49] M. HEIDEGGER: Sein und Zeit (1927) 38. – [50] a.O. 43. – [51] 42. – [52] Vgl. Platons Lehre von der Wahrheit (²1954) 57; dazu W. MÜLLER-LAUTER: M. und Wirklichkeit bei M. Heidegger (1960). – [53] N. RESCHER: A theory of possibility (Oxford 1975). – [54] D. WEISSMAN: Eternal possibilities: A neutral ground for meaning and existence (Carbondale 1977). – [55] RESCHER, a.O. [53] 198; vgl. dazu J. P. DOUGHERTY: From Aristotle to Rescher and Back. Arist.-Kongr. Saloniki 1978; R. L. BARBER: A realistic analysis of potentiality. Rev. of Met. (1951/52) 341-360.

C. *Schlußbemerkungen.* – Wollte man die im historischen Durchblick aufgewiesenen Bedeutungen von M. systematisch einteilen (wie bei AUNE; vgl. Lit.), so wäre die alleinige Unterscheidung zwischen realen und logischen M. nicht ausreichend (so bei MATHIEU). Man müßte mindestens bei den realen M. weiter unterscheiden zwischen materialen und formalen M., d. h. solchen, die von passiven, und solchen, die von aktiven Vermögen abhängen, und ferner wieder bei beiden Arten zwischen physischen, die auf Werden, Bewegung, Veränderung des Realen, und metaphysischen bzw. ontologischen M., die auf das Sein des Realen bezogen sind. Die Denk-M. könnte zwar als «logische» M. im weiteren Sinne verstanden werden (wenn «logisch» = «mental», im Logos, in der Vernunft seiend), wäre aber, sofern sie ihrem Inhalt nach auf reale M. bezogen sein kann, diesen zuzuordnen, und zwar sowohl im theoretischen als auch im großen praktischen und poietischen, d.h. technischen wie künstlerischen Bereich.

Der logischen M. im widerspruchsfreien Denken (das selbst schon etwas Wirkliches ist) entspricht die ontologische Widerspruchsfreiheit im (wirklichen) Sein der Dinge.

Die allen Bedeutungen, den realen und logischen, zugrunde liegende M. ist die ontologische. Sie war deshalb auch der leitende Gesichtspunkt im historischen Durchblick. Abzulehnen ist die Auffassung, daß sie erst in der christlich-theologischen Spekulation in den Blick komme, während die griechische Philosophie nur einen kosmologischen M.-Begriff gekannt habe (so bei FAUST). Zwar haben die Griechen nur die M. der Dinge in der Welt betrachtet, wogegen erst die christliche Schöpfungslehre die M. der Welt selbst als ganzer in der Vernunft Gottes bedenkt. Doch ist bereits bei Aristoteles die innerweltliche M. der Dinge auch in echt ontologischer Bedeutung erkannt. Ihre Kriterien sind für die materiale M. das Unbestimmt-/Bestimmbar-sein, für die formale, aktive aber das Bestimmend-sein.

Die scholastische Theologie von der Allmacht Gottes (so bei Thomas von Aquin) bringt, in sehr tiefsinniger Weise, die ontologische, aktive M., die hier mit der Notwendigkeit und Seinswirklichkeit Gottes in eins zusammenfällt, auch mit der logischen M. der Widerspruchsfreiheit in Gottes Erkenntnis zur Deckung. Doch bedeutet dies nicht, daß die scholastische Philosophie den logischen M.-Begriff zum Fundament jeder ontologischen M. mache (so JACOBI).

Eine systematische Darstellung der logischen M., zusammen mit den zwei anderen Modalbegriffen der Unmöglichkeit und Notwendigkeit, findet sich bei O. BEKKER, außerdem ihre formalisierten Definitionen und Implikationen sowie ihre gegenseitigen konträren und kontradiktorischen Beziehungen (in Anlehnung an das scholastische Modalquadrat, das bis auf Aristoteles zurückgeht).

Literaturhinweise. A. FAUST: Der M.-Gedanke. Syst.gesch. Untersuch. 1. 2 (1931/32). – N. HARTMANN: M. und Wirklichkeit (²1949). – O. BECKER: Untersuch. über den Modalkalkül (1952). – H. BECK: M. und Notwendigkeit (1961). – I. PAPE: Tradition und Transformation der Modalität 1: M. – Unmöglichkeit (1966). – B. AUNE: Art. ‹Possibility›, in: The encyclop. of philos. 9, hg. P. EDWARDS (New York/London 1967) 419-424. – G. E. HUGHES und M. J. CRESSWELL: An introd. to modal logic (London 1968; dtsch. 1978). – U. MATHIEU: Art. ‹possibilità›, in: Enciclop. filos. 5 (Florenz ²1969) Sp. 191-206. – K. JACOBI: Art. ‹M.›. Hb. der philos. Grundbegriffe (1976) 2, 930-947. – U. WOLF: M. und Notwendigkeit bei Arist. und heute (1979). H. SEIDL

Mohismus. Der ‹M.› ist eine auf die Lehre des chinesischen Denkers MOH-(auch MEH-)TI (ca. 480-400 v. Chr.) zurückgehende anti-traditionalistische Lebens- und Welthaltung, die sich ausdrücklich gegen die Konfuzianer wandte und zum Teil als Vorläufer des Legismus gelten kann. In der Innenpolitik fordert Moh-ti statt der rituell beglaubigten Herrschaftsordnung eine auf das Nützlichkeitsprinzip gegründete, dem Allgemein-Wohl verpflichtete Wirtschafts- und Sozialpolitik (für den Konfuzianer Menzius Anathema), und in der Außenpolitik statt der Appelle an die Tugendhaftigkeit des Fürsten eine aktive Friedenspolitik bei gleichzeitiger steter Bereitschaft zur Defensive. In der Ethik ersetzt er die nach Gruppen und Klassen differenzierende Moral der Konfuzianer durch das Prinzip der allgemeinen Menschenliebe: «das feste und unzerstörbare Fundament», auf dem nach TSCHANG HUI-YEN der M. ruht [1]. Geradezu revolutionär wirkten die von Moh-tis Anhängern geforderten Tugenden der Disziplin, der frugalen Härte und Opferbereitschaft, die – im Gegensatz zum idealistischen Ideal des «Edlen» der Konfuzianer – das Aufgehen des Einzelnen in einer Gemeinschaft von Gleichgesinnten zum Ziele haben. Der Gegensatz zwischen den beiden Richtungen zeigt sich auch in der sozialen Differenz zwischen den eher dem Adel zugehörigen Anhängern des Konfuzius und den mehr ‚volksnahen' Mohisten. Er verschärfte sich in philosophischer Hinsicht, als sich die Mohisten des 4. und 3. Jh. v. Chr. intensiv mit Problemen der Sprache und der dialektischen Definition von Begriffen zu beschäftigen begannen, während nach Meinung der Konfuzianer an den Schriftzeichen-Begriffen als den Trägern ethischer Normen nicht gerührt werden sollte.

Trotz seiner weiten Geltung im China der späten Chou-Zeit hat der M. das 2. Jh v. Chr. nicht überlebt. Es wurden dafür verschiedene Gründe genannt [2]; der Hauptgrund liegt aber wohl darin, daß der M. dem wesentlich familiengebundenen chinesischen Empfinden zuwiderlief und daß er der auf einer feudalistischen Ordnung gegründeten zentralistischen Reichsstruktur im Wege stand; denn das Prinzip der allgemeinen Menschenliebe durchbricht, wenn nicht politisch, so doch zumindest ethisch – und nur in diesem Sinn kann von einer sozialistischen Tendenz im M. die Rede sein [3] – alle Klassenschranken. Die mohistische Vorliebe für Organisation und Universalität hingegen ging über den Legismus in den Konfuzianismus der Kaiserzeit ein.

Das Interesse am M. als einer ernsthaften Alternative zum Konfuzianismus erwachte erst wieder im 18. Jh., als sich die textkritische Schule des Konfuzianismus der mohistischen Texte anzunehmen begann. In der geistig verwandelten Atmosphäre des 20. Jh. wurde der M. aufgrund seiner quasi-sozialistischen Tendenz, seiner christlich anmutenden «universellen Liebe» und seiner Ansätze zur Logik- und Erkenntnistheorie bei der jungen Intelligenz vorübergehend populär. Die moderne Auseinandersetzung mit dem M. ist aber über eine Revision des traditionellen Verständnisses kaum hinausgelangt, wenn man von seiner Rezeption in der christlichen Missionsliteratur [4] und dem ideologiekritischen Interesse absieht, das BRECHT in seinem ‹Meh-ti› bewogen hat, diese Figur aus dem chinesischen Altertum für seine Auseinandersetzung mit der politischen Gegenwart zu verwenden.

Anmerkungen. [1] Zit. nach A. FORKE: Gesch. der alten chin. Philos. (²1964) 393. – [2] Vgl. F. GEISSER: Mo Ti, der Künder der allg. Menschenliebe (1947) 148. – [3] Vgl. zu dieser Frage etwa E. FABER: Die Grundgedanken des alten chin. Socialismus oder die Lehre des Philosophen Micius (1877) Vorrede 5; E. J. EITEL: Rez., in: China Rev. 6 (1877-78) 333-336; DE MARTIIS S. COGNETTI: Un socialista chin. del V secolo av. C. Mih-Teih. Atti R. Accad. Lincei, Ser. 4, Cl. Sci. morali, storiche e filol. 3 (Rom 1887) 248-281; A. DAVID-NEEL: Socialisme chinois. Le philosophe Meh-Ti et l'idée de solidarité (London 1907). – [4] Bes. FABER, a.O. [3].

Literaturhinweise. E. FABER s. Anm. [3]. – CHI FUNG LUI: The ethical implications of Mo Tih's philos. Int. J. of Ethics 35 (1924/25). – A. FORKE: Mê Ti, des Sozialethikers und seiner Schüler philos. Werke (1922). – HU SHIH: The development of the logical method in ancient China (Shanghai 1922). – A. DAVID-NEEL s. Anm. [3]. – L. TOMKINSON: The social teachings of Meh-Tse. Asiat. Soc. Japan, Transact. Ser. 2, 4 (Tokio 1927) 5-179. – H. MASPERO: Notes sur la logique de Mo tseu et de son école. T'oung Pao 25 (1928) 1-64. – YI-PAO MEI: Motse, the neglected rival of Confucius (London 1934). – W. H. LONG: Motzŭ, China's ancient philosopher of universal love (Peiping 1935). – K. LO: Mo-tzu. Biografy of Mo Ti (Chungking 1945). – W. CORSWANT: Le philosophe chinois Mê Ti et sa doctrine de l'amour mutuel. Rev. théol. philos. 34 (1946) 97-124. – F. GEISSER s. Anm. [2]. – H. H. ROWLEY: Submission in suffering and other essays on eastern thought (Cardiff 1951). – J. NEEDHAM: Sci. and civilization in China 2: Hist. of sci. thought (Cambridge 1956). – H. SCHMIDT-GLINTZER (Hg.): Mo Ti, Solidarität und allg. Menschenliebe. Mo Ti, gegen den Krieg 1. 2 (1975). T. GRIMM

Molekül. Jeder Begriff des ‹M.› hat zwei theoretische Voraussetzungen: eine atomistische Auffassung der Materie und die Möglichkeit der Unterscheidung zwischen chemischen Elementen, Verbindungen und Gemischen; der M.-Begriff verklammert diese beiden Grundannahmen zu einer einheitlichen theoretischen Struktur, indem er dem *Atom* als kleinstem Bestandteil des *Elements* das M. als kleinsten Bestandteil der *Verbindung* an die Seite stellt und von einem bloßen Gemisch von Atomen deutlich unterscheidet. Wegen dieser Zusammenhänge finden wir einen M.-Begriff weder bei DEMOKRIT, der zwar eine atomistische Theorie vertrat, diese aber nicht mit einer Element-Verbindungs-Theorie verband, noch bei ARISTOTELES, dem zwar die letztere Unterscheidung geläufig war, der es aber ablehnte, die Materie als diskontinuierlich aufgebaut zu denken [1]. Erst nachdem der mittelalterliche Aristotelismus bestimmte, eher aporetisch gemeinte Überlegungen des Aristoteles im Sinne einer Lehre von kleinsten Teilchen – «minima naturalia» – umgedeutet hatte, waren die Voraussetzungen für die Entstehung des M.-Begriffs gegeben. Dieser tritt dann inhaltlich vor allem bei D. SENNERT auf, der das Entstehen einer Verbindung in einer chemischen Reaktion aus der *Aneinanderlagerung* der minima der Elemente zu «prima mista» erklärt und damit das auf die Veränderung substantieller Formen rekurrierende aristotelische Erklärungsschema erstmals verläßt [2]. Zum ersten Mal verwendet wird der Begriff ‹M.› jedoch von P. GASSENDI, der in seinen ‹Animadversiones› klar unterscheidet zwischen den verschiedenen Atomen und den aus ihnen «aufgebauten M.», die die eigentlichen «Keime der verschiedenen Dinge sind» [3] – eine Funktion, die in der damaligen Terminologie üblicherweise den «Korpuskeln» zugeschrieben wird. Den letzten Schritt zur endgültigen Lösung von der aristotelischen Begrifflichkeit vollzog dann R. BOYLE: sein Modell enthält qualitätslose kleinste Teilchen, deren Zusammentritt zu einer «Textur» die Bausteine der Elemente – die primären Konkretionen – ergibt, die dann wiederum durch Zusammenlagerung und Umorganisation des Musters die Bausteine der Verbindungen, die «Strukturen», bilden können [4]. Damit ist im wesentlichen der moderne M.-Begriff bereits erreicht: der Terminus ‹M.› findet nun rasch Einzug auch in andere Gebiete. CUDWORTH übernimmt ihn 1678, allerdings ohne klare Abgrenzung von ‹Atom›, ins Englische [5], der Ausdruck ‹molécules du sang› wird in der Medizin allgemein geläufig [6], und in der Naturlehre werden als «moleculae minerales» jene einfachsten Teile bezeichnet, aus denen die verschiedenen Mineralien erzeugt werden [7].

Der M.-Begriff stellt bei Boyle noch ein reines Denkmodell dar, das noch keiner Experimentierpraxis als leitende theoretische Voraussetzung zugrunde liegt. Dieser Zustand ändert sich aber in der Zeit nach Boyle und nicht zuletzt auf seine Veranlassung hin: Die Chemie wird zu einer Wissenschaft, in der sich Theoriebildung und Experimentierpraxis intensiv durchdringen und gegenseitig befruchten, so daß bereits 150 Jahre später durch J. DALTON der M.-Begriff fest in einer universellen, die experimentelle Praxis weitgehend abdeckenden Theorie verankert werden kann. M.e sind ihr zufolge Zusammenlagerungen aus Atomen, die durch wechselseitige Anziehung zusammengehalten werden und deren Gewicht die Summe der Atomgewichte ist [8]. Zustatten kam Dalton bei dieser Konzeption, daß seit Lavoisier eine brauchbare analytische Methode zur Identifikation chemischer Elemente und Verbindungen entstand, die die Unterscheidung zwischen Element, Verbindung und Gemisch auf eine zuverlässige experimentelle Grundlage zu stellen gestattete.

Eine nicht unbedeutende Ergänzung des M.-Begriffs wurde von A. AVOGADRO 1811 vorgenommen, als er sich gezwungen sah, einen Aufbau der gasförmigen Elemente aus mehratomigen Bausteinen, also M.en, die aus gleichartigen Atomen bestanden, anzunehmen [9]. Allerdings wurde Avogadros Hypothese erst 1860 auf Initiative von S. CANNIZZARO allgemein anerkannt; zu dieser Verzögerung trug eine Begriffsverwirrung um den Ausdruck ‹molécule› bei, an der A. M. AMPÈRE einigen Anteil hatte und die sich auch auf J. J. BERZELIUS erstreckte [10]: Ampère hatte zwar die gleiche Hypothese wie Avogadro vertreten, aber er bezeichnete Avogadros «molécules intégrantes» und «constituantes» unterschiedslos als «particules» und nannte dessen «molécules élémentaires», die Atome also, schlicht «molécules», so daß eine Verwechslung von Atom und M. unvermeidbar wurde [11].

Neue Modifikationen des M.-Begriffs ergaben sich erst wieder nach dem Aufkommen der modernen Atommodelle und Theorien über die chemische Bindung im 20. Jh., die dazu führten, zwischen verschiedenen Bindungstypen (elektrostatischer Anziehung, Atombindung, metallischer Bindung, Komplexbindung) zu unterscheiden, und damit den M.-Begriff entsprechend zu differenzieren gestatten. Diese Theorien sind teilweise heute noch in der Entwicklung begriffen [12].

Anmerkungen. [1] ARISTOTELES, De gen. et corr. 327f.; Phys. 231; vgl. 187 b 17-31. – [2] D. SENNERT: Opera omnia 1 (Parisiis 1641) 154, zit. nach A. G. M. VAN MELSEN: Atom gestern und heute (1957) 121f. – [3] P. GASSENDI: Animadversiones in decimum librum Diogenis Laertii (Lugduni ³1675) 1, 108, zit. VAN MELSEN, a.O. [2] 130. – [4] R. BOYLE, Works, hg. T. BIRCH 3 (London 1772, ND 1966). – [5] R. CUDWORTH: Intellectual system (London 1678, ND 1964) Buch I, Kap. 1, § 16. – [6] Vgl. Art. ‹M.›, in: Encyclop. ..., hg. DIDEROT/D'ALEMBERT (Paris 1751ff.) 10, 626. – [7] Vgl. Art. ‹M.›, in: J. H. ZEDLER (Hg.): Universal-Lex. (1732ff.) 21, 897-901. – [8] J. DALTON: A new system of chem. philos. (London 1808-27). – [9] A. AVOGADRO: Versuch einer Methode, die Massen der Elementarmolekeln der Stoffe zu bestimmen (1899). – [10] Vgl. die Darst. bei E. STRÖKER: Denkwege der Chemie (1967) 174-184. – [11] Vgl. a.O. 177; A. WÜRTZ: Gesch. der chem. Verbindungen (dtsch. 1870) 328. – [12] Vgl. C. A. COULSON: Die chem. Bindung (1969); J. BARRETT: Die Struktur der Atome und M. (1973); L. ZÜLICKE: Quantenchemie 1 (1973); W. KUTZELNIGG: Einf. in die Theoret. Chemie 1. 2 (1975, 1978).

Literaturhinweise. C. BÄUMKER: Das Problem der Materie in der griech. Philos. (1890). – K. LASSWITZ: Gesch. der Atomistik vom MA bis Newton (1890). – A. G. M. VAN MELSEN s. Anm. [2]. – E. STRÖKER s. Anm. [10]. – J. R. PARTINGTON: A hist. of chem. (1961-70).

P. HUCKLENBROICH

Molinismus. ‹M.› ist ein später Terminus, der sich erst im Zusammenhang mit dem Durchbruch der ‹-ism›- bzw. ‹-ismus›-Ausdrücke einbürgert. PASCAL benutzt ihn nur beiläufig [1]; er und LEIBNIZ verwenden beide eher den Gruppennamen ‹molinistes› [2]. Demgegenüber verwendet BENEDIKT XIV., der vom «molinianum systema» spricht, noch 1748 «sectatores Molinae» [3].

‹M.› bedeutet 1. die Theorie der aktuellen Gnade, die L. DE MOLINA (1536–1600) in seiner 1588 in Lissabon erschienenen ‹Concordia liberi arbitrii› entwarf; 2. die daraus vor allem von BELLARMIN und SUÁREZ entwickelte offizielle Gnadenlehre der Gesellschaft Jesu. Beide widersprachen der Thomasinterpretation der an DOMINGO BÁÑEZ (†1604) geschulten 'Thomisten' und veranlaßten jahrhundertelange Auseinandersetzungen. Kernstücke der Theorie sind: a) der *concursus simultaneus,* b) die *scientia media.*

1. a) Nach BÁÑEZ wird der Wille von Gott durch einen der Entscheidung vorausgehenden Concursus (praemotio physica) innerlich zu dieser hinbewegt. Der M. betont demgegenüber die Spontaneität des Willens: Er wird nicht durch einen göttlichen Impuls aktuiert, sondern er aktuiert sich selber und bringt danach, als concausa Gottes, den von ihm selber gewählten Akt mit hervor; Gott seinerseits wartet die Entscheidung des Willens ab und gibt ihm dann den dieser angemessenen Concursus (c. simultaneus). Der Wille ist nicht wie bei Báñez gleichsam ein Instrument Gottes, sondern eine causa partialis neben Gott. – Weil der Mensch übernatürliche Akte aus sich nicht setzen kann, ist nach dem M. eine spezielle *gratia praevia* erforderlich, die ihn zur Fähigkeit zu solchen Akten erhebt; darüber hinaus bedarf es keiner besonderen praemotio mehr.

Im Gegensatz zum Báñez-Thomismus bleibt im M. kein innerer Unterschied zwischen *gratia sufficiens* und *gratia efficax;* Gott ist zur Mitwirkung am Heilsakt bereit unter der Bedingung, daß sich der Wille frei für ihn entscheidet; in diesem Bereitstehen Gottes besteht die Suffizienz der Gnade; wird die Bedingung erfüllt, so wirkt Gott tatsächlich mit; in diesem Tatsächlichwerden besteht die Effizienz der Gnade, die hier nicht wie im Bañezianismus eine der Gnade von vornherein innerliche Bestimmung ist, sondern ihr von außen nach der freien menschlichen Willensentscheidung für den Heilsakt zufällt.

b) Für den Bañezianismus ist Gottes Vorherwissen der freien Akte leicht zu erklären: Sie entstehen, weil Gott von Ewigkeit her dekretiert hat, bestimmten Menschen wirksame praemotiones zu geben; dieses Dekret geht Gottes Wissen voraus. Nach MOLINA aber bewirkt Gott die menschliche Entscheidung nicht so, sondern wartet sie ab; sein Wissen muß also seinem Dekret vorausgehen. Da er aber unsere freien Akte vorausweiß, muß er neben dem Wissen des Möglichen und des schlechthin Zukünftigen (scientia simplicis intelligentiae, scientia visionis) noch eine zwischen beiden in der Mitte stehende Art des Wissens (*scientia media*) besitzen, die sich auf das bedingt Zukünftige, die futuribilia, bezieht. Durch diese scientia media weiß Gott voraus, wie sich die freien Zweitursachen unter beliebigen Bedingungen verhalten. Den Gedanken des den göttlichen Dekreten vorausgehenden Wissens hat schon FONSECA um 1565 im Anschluß an CAMERARIUS entwickelt; Molina hat ihn konsequent in sein System eingebaut: Die scientia media ermöglicht darin Vorherwissen, Vorsehung, Prädestination und Reprobation. In diesem Zusammenhang wird zum ersten Mal der Gedanke der möglichen Welten in großem Stil entwickelt.

2. Das ursprüngliche System zog den Vorwurf des Pelagianismus auf sich, sofern es erklärte, das Wirksamwerden der Gnade hänge vom menschlichen Willen ab. SUÁREZ und BELLARMIN präzisierten hier: Bei der wirksamen Gnade wird der Wille immerhin beeinflußt, aber nicht physisch, sondern nur moralisch, indem ihm Gott den übernatürlichen Akt hinreichend begehrenswert erscheinen läßt. Folglich ist jede einzelne gratia efficax den Bedürfnissen ihres Empfängers angemessen (congrua). Diese Theorie (*Kongruismus*) bedeutet weniger eine Ergänzung als eine Präzisierung der Thesen Molinas, der sie schon angedeutet hatte.

Anmerkungen. [1] B. PASCAL, Les Provinciales, 3e Lettre. Oeuvres compl., hg. J. CHEVALIER (Paris 1954) 691f. – [2] Geläufig bei PASCAL, z.B. Les Provinciales a.O. 670f.; Écrits sur la Grace a.O. 951f. u. pass., aber auch bei G. W. LEIBNIZ, z.B. Essais de Théod. 1, 48; 2, 330. 361. 370. – [3] BENEDIKT XIV., Br. an den Obersten Inquisitor von Spanien. H. DENZINGER: Enchiridion symbolorum (³³1965) Nr. 2564 (1490 n.).

Literaturhinweise. L. DE MOLINA: Concordia liberi arbitrii cum gratiae donis (Lissabon 1588, verändert Antwerpen ²1595). – F. SUÁREZ: Opus Tripartitum de Gratia. Opera, hg. A. D. M. ANDRÉ 7-10 (Paris 1857-1858); De Auxiliis a.O. 11 (Paris 1858). – B. PASCAL, Les Provinciales I-IV. – G. W. LEIBNIZ: Essais de Théod. I, §§ 34-49. – G. SCHNEEMANN: Controversiarum de divinae gratiae liberique arbitrii concordia initia et progressus (1881). – E. VANSTEENBERGHE: Art. ‹M.›, in: Dict. théol. cath. X/2, 2094-2187. – F. STEGMÜLLER: Art. ‹M.›, in: LThK² 7, 527-530. – J. SAGÜÉS: Escoto y la eficacia del concurso ante F. Suárez. Estud. ecles. 41 (1966) 483-514. – J. HELLÍN: Ciencia media y supercomprehensión en Molina. Misc. Comillas 47/48 (1967) 299-318.

R. SPECHT

Moment (lat. momentum, vis movendi, Übers. von griech. ῥοπή bzw. κίνημα; engl. moment; frz. moment; ital. momento)

I. ‹M.› *in der Naturphilosophie bis Galilei.* – In den naturphilosophischen Texten vor Galilei kann man hauptsächlich drei verschiedene Bedeutungen von ‹M.› unterscheiden: a) kleinste Quantität im allgemeinen, kleinstes Gewicht (‹šahaq› in der biblischen Tradition, Isaia 40, 15 und Sap. 11, 23) oder kleinste Bewegung [1]; b) natürliche Inklination zur Bewegung, die durch das Gewicht verursacht wird und diesem proportional ist [2]; c) mechanische Inklination, die nicht nur durch das Gewicht, sondern auch durch andere Faktoren verursacht wird [3].

Im 6. Buch der ‹Physik› des ARISTOTELES und bei den griechischen Kommentatoren sowie in den lateinischen Übersetzungen und Kommentaren besitzt τὸ κίνημα bzw. «momentum» die Bedeutung der 'unteilbaren Bewegung'. Dieser Terminus erweist sich als zentral in der Diskussion über die unendliche Teilung des Kontinuums [4]. Er bleibt zudem nicht nur auf die Bewegung beschränkt, sondern wird oft sowohl auf die Bewegung als auch auf die Zeit bezogen [5].

In den Werken GALILEIS sind Beispiele für die drei obengenannten Bedeutungen zu finden, wobei zwei Verwendungsweisen von ‹M.› nicht miteinander vereinbar zu sein scheinen: a) ‹M.› in der Bedeutung von 'Variable der Wirkkraft des Gewichts' in Statik und Mechanik (auf diese Bedeutung bezieht man sich im allgemeinen, wenn man von dem galileischen M.-Begriff spricht) bezeichnet die Kraft, die ein bestimmtes Gewicht besitzt, um ein anderes, größeres oder kleineres, je nach der Distanz vom Drehpunkt des mechanischen Systems, auszugleichen. Dieser M.-Begriff drückt auch die variable Geschwindigkeit aus, mit der ein Körper Ebenen von verschiedener Neigung hinabgleitet. b) Die zweite Verwendungsweise von ‹M.› ist vor allem in ‹De motu locali› und allgemein in den Texten zu finden, die dem Studium der Gesetze gewidmet sind, welche die freie Schwerkraft, d.h. die natürliche Beschleunigung regeln. ‹M.› (momentum velocitatis, momentum seu gradus velocitatis) erscheint hier in der Bedeutung 'kleinstes (unteilbares) Inkrement von Geschwindigkeit, das in der natürlichen Beschleunigung zusammen mit dem Fluß der minima indivisibilia der Zeit zustande kommt'. Diese Bedeutung ist derjenigen verwandt, die Übersetzer und Rezeptoren im aristotelischen τὸ κίνημα gesehen haben.

a) *Das mechanische M.* (momentum gravitatis): Bei GALILEI tritt der Begriff ‹M.› zum ersten Mal in den ‹Mecaniche› auf. Er hat die spezifische Bedeutung der durch das Gewicht verursachten Inklination (*momento della gravità*): «M. ist die Neigung nach unten zu fallen, die nicht so sehr von der Schwerkraft des beweglichen Körpers als vielmehr von der Anordnung, die zwischen verschiedenen Körpern besteht, verursacht wird; und mittels dieses M. wird ein Körper, wie man oft sehen kann, einen anderen von größerer Schwerkraft ausgleichen» [6]. «Bei der Waage sieht man ein kleines Gegengewicht, das ein sehr großes Gewicht hebt, nicht aufgrund größerer Schwerkraft, sondern wegen der Distanz vom Stützpunkt der Waage, welche, mit der Schwerkraft des kleineren Gewichts verbunden, sein M. und seinen Impetus zu fallen vermehrt, mit dem es das M. des anderen größeren Körpers übersteigen kann. Das M. ist also derjenige Impetus zu fallen, der aus Schwerkraft, Stellung und anderem, aus welchem Ding solche Neigung verursacht werden kann, zusammengesetzt ist» [7]. Galilei will hier das M. der bestimmten Schwerkraft definieren, d.h. den Begriff der Veränderung der Wirkkraft einer und derselben 'Neigung sich zu bewegen' (eines und desselben Gewichts) je nach den Bedingungen, in denen es agiert; diese Bedingungen sind auf zwei zurückführbar: die Distanz des Aufhängungspunkts des Gewichts vom Drehpunkt der Waage und die größere oder kleinere Inklination der Ebenen, auf welchen das Gewicht steht. Das M. erweist sich also in seinem technischen Sinn als eine Inklination, die nicht nur durch das natürliche Gewicht, sondern auch durch die Distanz vom Drehpunkt oder durch die Geschwindigkeit der Bewegung bestimmt wird. M. wird auf eine Qualität zurückgeführt, deren Intensitätsgrad auf geometrische (d. h. vernünftige) Weise bestimmbar ist.

Anwendungsgebiete des M. in seiner mechanischen Bedeutung sind auch die Diskussionen über die Hydrostatik [8] und über die Widerstandskraft [9]. Hier kann man von 'mechanischem' M. sprechen, weil M. nicht mehr ausschließlich mit dem Gewicht verbunden ist. Man erhält auf diese Weise in M. der Kraft, der Widerstandskraft, ein 'absolutes' und ein 'partielles' M. sowie ein M. der Schwerkraft, der Geschwindigkeit usw.

b) *Das Geschwindigkeits-M.* (momentum velocitatis): Überzeugt, daß der Begriff des M. ein Gelenk zwischen Statik und Dynamik bilden könnte, prägte Galilei nach dem Beispiel des «momentum gravitatis» den Ausdruck «momentum velocitatis», der zum ersten Mal in den ‹Frammenti› erscheint. «Wenn man in der Linie des natürlichen Falls vom Anfang der Bewegung aus zwei ungleiche Distanzen nimmt, dann stehen die Geschwindigkeitsmomente, mit denen ein beweglicher Körper jene Distanzen durchläuft, untereinander in der doppelten Proportion der Distanzen» [10]. Das «momentum velocitatis» drückt den Geschwindigkeitsgrad aus, d.h. die Geschwindigkeit, die einem bestimmten M. der Schwerkraft entspricht, das ein Körper im freien Fall in einer bestimmten Entfernung vom Ruhepunkt besitzt. Die jeweils erreichte Geschwindigkeit ist die Summe aller vorhergehenden Geschwindigkeits-M.

Mit der Verwendung des statischen M.-Begriffs setzte sich Galilei die Konstruktion einer neuen Wissenschaft «de motu naturaliter accelerato» zum Ziel. Er glaubte, dieses Ziel erreichen zu können, indem er die Analyse der natürlichen Beschleunigung, die aus progressiv zunehmenden «momenta velocitatis» zusammengesetzt ist, aus dem «momentum gravitatis» ableitete. Daraus folgt die enge Verbindung zwischen M. der Schwerkraft und M. der Geschwindigkeit. Erst später, in den Jahren, die den ‹Discorso› vom ‹Dialogo› trennen, gibt Galilei das Projekt einer mechanischen Begründung der Wissenschaft der Bewegung auf und verzichtet darauf, die natürliche Beschleunigung als Effekt der Schwerkraft zu erklären. Aufgrund der Einsicht in die wesentliche Eigentümlichkeit der Dynamik wird das «momentum velocitatis» vom «momentum gravitatis» unabhängig. «momentum velocitatis» nimmt in der Folge allerdings eine andere Bedeutung an, nämlich die der 'kleinsten gleichförmigen Geschwindigkeit'. Galilei beseitigt also jeden Bezug des «momentum velocitatis» auf die Schwerkraft und auf ihre M. und vertraut seinen Zuwachs, der für alle beweglichen Körper beim Übergang von der Ruhe in die Bewegung der gleiche ist, einem Naturgesetz an, das Gott geschaffen hat.

In der ‹Giornata terza› der ‹Discorsi› ist das «momentum velocitatis» eng mit der Zeit verbunden; der Begriff zeigt deutliche Beziehungen zur Infinitesimalanalyse und bedeutet schließlich 'Atom', 'Punkt' sowie 'kleinste Zeiteinheit' (die im natürlichen Fall der Dauer einer bestimmten gleichförmigen Geschwindigkeit entspricht, welche sofort durch eine größere ersetzt wird) und zugleich 'kleinste Raumeinheit' (die der unendlich kleinen Distanz entspricht, welche mit solcher gleichförmigen Geschwindigkeit durchlaufen wird).

Das 'dynamische' M. zeigt keine Beziehung zur Schwerkraft des beweglichen Körpers. Es wird zum unendlich kleinen Element der gleichförmigen Geschwindigkeit; aus der Summe solcher Elemente setzt sich die Beschleunigung zusammen. Außerdem entspricht jedes «momentum velocitatis», das ein unendlich kleiner Teil der natürlichen Beschleunigung ist, vollkommen einem der unendlich vielen Augenblicke, aus denen die Zeit des Falls zusammengesetzt ist. So aufgefaßt und der Zeit proportional gemacht, werden die «momenta velocitatis» zu Grundphänomenen für die Wissenschaft «de motu», ist doch diesem Begriff die Aufgabe zugeteilt, die Beschleunigung der natürlichen Fallbewegung verständlich zu machen. Jedes «momentum velocitatis» der gleichförmigen Bewegung läßt einen beweglichen Körper in einer gegebenen Zeit einen immer gleichen unendlich kleinen Raum durchlaufen. Die Summe der unendlich vielen Raumteile, die mit unendlich vielen gleichen Geschwindigkeitsmomenten in unendlich vielen gleichen Zeiteinheiten mit gleichförmigen Bewegungen durchlaufen wird, muß der Summe der unendlich vielen Raumteile (einer vom anderen verschieden und immer größer), durchlaufen mit den unendlich vielen 'wachsenden' Geschwindigkeitsmomenten in den gleichen unendlich vielen Augenblicken, entsprechen. In den Beweisführungen der Haupttheoreme von ‹De motu naturaliter accelerato› bedient sich Galilei dauernd und bewußt eines Apparats von Begriffen und Techniken der Infinitesimalanalyse.

Durch seine enge Verbindung mit der Zeit wird das «momentum velocitatis» letzten Endes den Grund für eine umfassende Revision des «momentum gravitatis» bereitstellen. Die Schwierigkeiten, denen Galilei beim Versuch einer Erklärung des 'Schlages' begegnet, veranlassen ihn, die «momenta velocitatis», so wie sie in ‹De motu locali› aufgefaßt werden, und ihren Zuwachsrhythmus als Modell zu nehmen, um den Zuwachs der «momenta gravitatis», von denen der Effekt des natürlichen Schlages abhängt, zu interpretieren. Die «momenta gravitatis» werden auf diese Weise der Zeit proportional gemacht. Galilei gelangt also zu einem unvorhergesehenen Ergebnis: Die Absicht, die Eigenschaften des 'mechanischen' M. auf das 'dynamische' M. zu übertragen, verkehrt das Verhältnis der beiden M. Die Gesetze der «momenta gravitatis» dienen nicht dazu, über die natürliche Beschleunigung Rechenschaft abzulegen, es sind vielmehr die Gesetze der natürlichen Bewegung, die ein Modell liefern, das die 'mechanischen' M. und ihre Änderung erklären kann.

Anmerkungen. [1] ARISTOTELES, Phys. IV, 8, 216 a 13: ῥοπή (vis movendi, Fall- oder Steigkraft); vgl. De caelo III, 2, 301 a 22. 24; 6, 305 a 25; IV, 1, 307 b 33; κίνημα (kleinste Bewegung) vgl. Phys. VI, 1, 232 a 9; 10, 241 a 4. – [2] P. GALLUZZI: Momento. Studi galileiani (Rom 1979); in der archimedischen Tradition: EUTOKIOS, Commentarius; PS.-ARISTOTELES, Quaest. mechanicae; BUONAMICI, De motu; u.a. – [3] ARCHIMEDES, De planorum aequilibriis; VITRUVIUS, De arch. 10; F. MAUROLICO, De momentis aequalibus. – [4] Vgl. P. GALLUZZI, a.O. [2] Kap. IV. – [5] ARISTOTELES, Phys. 231 b 18-232 a 5; 232 a 6-11; 240 b 30-241 a 6. – [6] G. GALILEI, Meccaniche II, 159, 17. 19. – [7] a.O. 159, 25f. – [8] Opere 4 (Florenz 1968) 68. – [9] Discorsi, Giornata seconda. – [10] Frammenti 8, 380, 16.

Literaturhinweis. P. GALLUZZI s. Anm. [2].   D. DI CESARE

II. *Neuzeit.* – 1. *Der oder das M.* – Als der Terminus ‹M.› die deutsche Sprache erreichte, lag die in I. geschilderte naturphilosophische Entwicklung bereits hinter ihm. Daneben aber wurde er stets auch in dem übertragenen allgemeineren Sinn von 'Zeitpunkt' verwendet, derart, daß MICRAELIUS (1662) seine Bedeutung «physicis» geradezu mit «instans temporis, quod alias vocant νῦν seu *Nunc*» angeben [1] und LEIBNIZ ihn in vielen Texten (lat. und frz.) gleichbedeutend mit «instans» verwenden konnte [2]. Auch hier fehlte es nicht an gelegentlichen Differenzierungen. Aber erst der Versuch, die Zeiteinheiten indisch-arabischer astronomischer Tafeln ins Lateinische zu übersetzen, führte dazu, daß «momentum» und «instans» quantitativ bestimmt voneinander unterschieden wurden; so etwa bei ADELARD VON BATH (erste Hälfte 12. Jh.): «Die Teile der Zeit sind folgende: Jahre, Monate und Tage, Stunden, Minuten, Punkte, M. und Augenblicke»; und dann näher: «Augenblick (instans) ist ein Teil der Zeit, der selbst keinen Teil hat. M. aber ist ein Teil der Zeit, der aus 574 Augenblicken besteht» [3].

In rein zeitlicher Bedeutung ging der Terminus ‹M.› in die französische Sprache ein (vgl. LITTRÉ [4]). Von daher wird er in der ersten Hälfte des 18. Jh. als *der* M. ins Deutsche übernommen. Frühe Belege (vgl. GRIMM [5]) zeugen von einem Gefühl für die ursprüngliche Bedeutung des Wortes, indem M. nicht für jeden beliebigen Zeitpunkt verwendet wird, sondern nur für bedeutsame Augenblicke, in denen sich etwas bewegt. Wohl in der zweiten Hälfte des 18. Jh. wird ‹M.› noch einmal, nun aber direkt aus dem Lateinischen ins Deutsche, besonders in die juristische und philosophische Fachsprache übernommen, und zwar als *das* M., meist in der Bedeutung von 'Beweggrund' (vgl. z.B. KANT [6]).

Anmerkungen. [1] J. MICRAELIUS: Lex. philos. (²1662, ND 1966) s.v. ‹M.›, 786f. – [2] G. W. LEIBNIZ, vgl. bes. Essai de theodicée § 386f. Philos. Schr., hg. C. I. GERHARDT 6, 344f.; Nouv. essais 2, 14. Akad.-A. VI/6, 151f. – [3] ADELARD VON BATH, Liber ysagogarum alchorismi, auszugsw. abgedr. ohne Autorangabe in: M. CURTZE: Über eine Algorismus-Schr. des 12. Jh. Abh. Gesch. Math. 8 (1898) = Z. Math. Physik, Suppl. zu Jg. 42, 1-29, zit. 17. – [4] E. LITTRÉ: Dict. de la langue franç. 3 (1885) 598f. – [5] GRIMM 6 (L, M), bearb. M. HEYNE (1885) 2482. – [6] I. KANT, vgl. z.B. KrV B 500; KpV. Akad.-A. 5, 45.

2. *Das metaphysische M.* – Lange vor der Übernahme ins Deutsche hatte sich die Bedeutung des lateinischen Terminus ‹momentum› durch Analogiebildung vorübergehend so erweitert, daß MICRAELIUS sich genötigt sah, von der naturphilosophischen (bzw. zeitlichen) ausdrücklich eine metaphysische Bedeutung des Begriffs zu unterscheiden [1]. In der Metaphysik wurden die einfachen Prinzipien des Seins (incomplexa principia), nämlich Wesen und Existenz, ‹M.› genannt. Offenbar war die zeitliche Dimension des M.-Begriffs dazu geeignet, die intendierte Rangfolge dieser Prinzipien auszudrücken: Das Wesen einer Sache, bestehend aus Form und Materie, galt als das erste, die Existenz, die sich in den Zuständen und Eigenschaften einer Sache ausdrückt, als das zweite M. ihres Seins. Ausführlich dargestellt findet sich diese Unterscheidung bei dem Herborner Enzyklopädisten J. H. ALSTED (erste Hälfte 17. Jh.) [2]. Er fügte präzisierend hinzu, daß die M. des Seins (momenta entis/essendi/naturae) nicht Ursachen des Seins (causae internae) sondern nur Bestimmungen des Denkens (rationes inferentes) sind. Daraus erklärt sich, daß Form und Materie, die als innere Ursachen das Wesen einer Sache ausmachen, selbst nicht wieder ‹M.› genannt werden konnten.

Diese Unterscheidung wurde in der skotistischen Schulphilosophie tradiert (vgl. GOCLENIUS [3]). Alsted selbst verweist u. a. auf SCALIGER (1557), der sie in Zusammenhang mit der Unterscheidung zwischen den zur Definition gehörigen Wesensbestimmungen (differentiae) und den nicht zur Definition gehörigen untrennbaren Eigenschaften (propria) erwähnt: Letztere sind zwar «der Natur nach später als ihre Substanzen; nicht aber der Sache nach; sie sind vielmehr entweder die Sache selbst im zweiten M. ihrer Natur, wie Duns selbst es will, oder wenigstens ganz und gar untrennbar» [4]. Der Verweis auf DUNS SCOTUS ist sinngemäß gewiß richtig, doch scheint der Meister eine andere Betrachtungs- und Ausdrucksweise bevorzugt zu haben: Nach ihm werden das Wesen der Sache in einer «propositio per se primo modo», ihre untrennbaren Eigenschaften in einer «propositio per se secundo modo» erkannt und ausgesagt [5]. Seit wann die Schule diesen *Modi* des Erkennens entsprechende *M.* des Seins zuordnete, bleibt vorläufig ungeklärt.

Anmerkungen. [1] MICRAELIUS, a.O. [1 zu 1]; vgl. auch R. GOCLENIUS: Lex. philos. (1613, ND 1964) s.v. ‹M.›, 708f. – [2] J. H. ALSTED: Encyclopaedia 11, 2: De essentia (Herborn ²1630) 576; vgl. Metaphysica 1, 3f. (Herborn ⁴1622) 42f. 47. – [3] GOCLENIUS, a.O. [1]. – [4] J. C. SCALIGER: Exotericarum exercitationum liber XV: De subtilitate ex. 5, sect. 6 (²1634) 16. – [5] Vgl. L. HONNEFELDER: Ens inquantum ens (1979) 321f.

3. *Das zeitlose M.* – Während die Bedeutung von M. als 'Zeitpunkt' (temporis punctum) bis in die Antike zurückreicht (z. B. AUGUSTINUS [1], ISIDOR [2]), ist die mystische Zeitspekulation des 'ewigen Augenblicks' gewöhnlich nicht mit diesem, sondern eher mit dem Ausdruck ‹nunc stans› (s. d.) verbunden. Eine Ausnahme bildet der cusanische Dialog ‹De non aliud›, und diese Ausnahme verdankt sich einer ungewöhnlichen Übersetzung. CUSANUS zitiert eine Stelle des PS.-DIONYSIOS AREOPAGITA, an der Gott mit zeitlichen Metaphern benannt wird, darunter auch mit Καιρός [3]. Einzig in der Übersetzung des A. TRAVERSARIUS (1436) – allerdings nach dem Vorgang der ‹Vulgata› (Acta 2, 7; 1 Thess. 5, 1) –, die Cusanus benutzte, wird dieser griechische Ausdruck mit «momentum» übersetzt [4]. M. als ein Gottesname wird für CUSANUS hier, wo er nur 'den Theologen' auszulegen vorgibt, zum Anlaß, seine eigene mystische Zeitspekulation einzubringen, die er andernorts unter anderen Namen entwickelt: «Der M. ist die Substanz der Zeit. Denn mit seiner Aufhebung bleibt von der Zeit nichts ... Die Dauer selbst ist nicht ein Anderes gegenüber dem, was dauert, und das gilt am meisten vom M. oder dem Jetzt, das beständig dauert» (a momento sive nunc, quod stabiliter durat). Cusanus selbst bestätigt, daß M. hier gleichbedeutend mit dem ist, was bei ihm sonst 'Jetzt' und 'Gegenwart' (nunc, praesentia) heißt [5].

LEIBNIZ verwendet das Wort ‹M.› auch in seinen dynamischen Erörterungen fast immer in rein zeitlicher Bedeutung. Er bezeichnet damit aber nicht mehr eine ziemlich kurze Zeitdauer, sondern die Grenze der Zeit, die keine Dauer besitzt. Er vergleicht den M. mit dem Punkt als der Grenze der Linie und dem Streben (conatus, s. d.) als der Grenze der Bewegung: «Das Streben in der Bewegung oder Tätigkeit ist, was der Punkt in der Linie und der M. in der Zeit ist, nämlich Anfang oder Ende» [6]. Solche Definitionen sind nicht ungewöhnlich. Interessant aber ist ihre Anwendung auf ein Hauptproblem des Cartesianismus, die Frage nach dem Leib-Seele-Verhältnis (s. d.). Sie findet sich nur in den Schriften, Briefen und Entwürfen zur Dynamik aus der Zeit um 1670; in der ausgereiften Leibnizschen Dynamik der achtziger Jahre wird sie durch eine neue Terminologie modifiziert. Ein Grundsatz in der früheren Formulierung der Dynamik lautete: «Kein Streben ohne Bewegung dauert über den M. hinaus» (nullus conatus sine motu durat ultra momentum) [7]. Anders ausgedrückt: Dauert das Streben an, so hört es auf, Streben zu sein, und ist Bewegung. Strebungen sind also nie als solche wahrnehmbar, sondern nur aus Richtung und Geschwindigkeit wahrgenommener Bewegungen eines Körpers zu erschließen. Diesen Grundsatz erweitert Leibniz jedoch bald durch den Zusatz «... außer in den Geistern» (praeterquam in mentibus) [8]. Hier verhält es sich umgekehrt: «Im Geist dauern alle Strebungen» (in mente omnes conatus durant) [9], für immer, kann man ergänzen. Während körperliche Strebungen unmittelbar in Bewegung (oder Ruhe) übergehen, jedenfalls nur als verschwindende erscheinen und als erscheinende verschwinden, werden geistige Strebungen 'festgehalten' oder 'erinnert' (retinere, recordare). Dabei werden Gegenstrebungen nicht neutralisiert, sondern aufgehoben – allein auf diese Weise sind Strebungen als solche überhaupt wirklich. Körperliche Strebungen sind demgegenüber nur im M., also gar nicht wirklich; Gleiches gilt folgerichtig auch vom Körper selbst: «Jeder Körper ist ein momentaner Geist oder einer, der keine Erinnerung hat» (omne enim corpus est mens momentanea, seu carens *recordatione*) [10], was besagt: So wie sich der M. zur Zeit verhält, so auch der Körper zum Geist. Der Körper ist nur die Grenze, die Oberfläche oder Außenseite des Geistes, man kann ihn eine Momentaufnahme der Strebungen nennen. «Darin unterscheiden sich die körperlichen Tätigkeiten vom Geist, daß beim Körper nur die letzten Strebungen betrachtet werden, beim Geist rückblickend alle» [11]. Körper und Geist unterscheiden sich also nur in der Betrachtung: «Die Erinnerung aller Strebungen ... macht den Geist» (conatuum omnium retentio ... facit mentem) [12].

Anmerkungen. [1] Vgl. AUGUSTINUS, z. B. De civ. Dei 5, 5. – [2] Vgl. ISIDOR VON SEVILLA, Etymol. 5, 25, 25; 5, 29, 1. – [3] Ps.-DIONYSIOS AREOPAGITA, De divin. nom. 10, 2. MPG 3, 937 B; NIKOLAUS VON KUES, Directio speculantis seu de non aliud, c. 14. Akad.-A. 13, 37, 3-8; vgl. c. 15, a.O. 40, 9ff. – [4] Vgl. Dionysiaca. Recueil donnant l'ensemble des trad. lat. des ouvrages attr. au Denys de l'Aréopage 1 (Brügge 1937) 494. – [5] NIKOLAUS VON KUES, De non aliud, c. 16, a.O. [3] 40, 32f.; 41, 6ff. 13. – [6] G. W. LEIBNIZ, Summa hypotheseos physicae novae. Akad.-A. VI/2 332, 13f.; vgl. a.O. 185, u. a. – [7] Hypothesis physica nova (1671), a.O. 231, 14f. – [8] Theoria motus abstracti 17 (1671), a.O. 266, 13f. – [9] a.O. 282, 9. – [10] 266, 16. – [11] 285, 22-25. – [12] 285, 3f.

4. *Das logische M.* – a) *Von Kant zu Hegel.* – KANT verwendet ‹momentum› als einen Terminus der Mechanik (nach Galilei und Newton) [1] und der Dynamik (nach Leibniz, aber kritisch gegen dessen Lehre) [2] und übersetzt ihn ins Deutsche als «das M.». Folglich ist (der oder das) M. in zeitlicher Bedeutung bei ihm kaum zu finden [3]. Daneben aber gewinnt das Wort in der ‹Kritik der reinen Vernunft› eine neue, auf Hegel vorausweisende Bedeutung. Dort werden die logischen Funktionen des Verstandes in Urteilen in zwölf «M.» gegliedert. Bekanntlich bildet die Tafel dieser eher als 'Urteilsfunktionen' bekannten M. den Leitfaden zur Entdeckung der reinen Verstandesbegriffe oder Kategorien. Denn, wie es in den ‹Prolegomena› heißt, «die logischen M. aller Urteile sind so viel mögliche Arten, Vorstellungen in einem Bewußtsein zu vereinigen» [5]. Kant nennt sie da-

her auch «eine vollständige Tafel der M. des Denkens überhaupt» [6], die «alle M. einer vorhabenden spekulativen Wissenschaft» enthält [7]. An diesem Sprachgebrauch wird deutlich, daß unter M. unselbständige Entitäten zu verstehen sind, die aus der Zergliederung einer Einheit, in bezug auf welche allein sie Bedeutung haben, hervorgehen. Folglich sind sie von Teilen, aus denen ein Ganzes zusammengesetzt ist, streng zu unterscheiden.

Bei Kant bleibt dieser logische Gebrauch des Terminus ‹M.› auf die Sphäre der Urteile beschränkt. HEGEL wird ihn universalisieren, indem er, kurz gesagt, alles Begriffliche als ein M. der absoluten Idee bestimmt [8]. Dieser neue Gebrauch des alten Wortes scheint so vollkommen vorbereitet gewesen zu sein, daß seine Einführung weder dem Autor selbst noch seinen Zeitgenossen oder Nachfolgern als eine Neuerung auffiel. Auf diese Weise unterhalb der Schwelle bewußter Reflexion bleibend, so gut wie niemals definiert, weil offensichtlich nicht mehr definitionsbedürftig, fand er rasch und ungehindert weit über die Grenzen der philosophischen Fachsprache hinaus Verbreitung. Noch heute hat er einen festen Platz in unserer Bildungssprache neben dem durch Galilei und Kant eingebürgerten Gebrauch als Fachausdruck der Mechanik und dem in die Umgangssprache eingegangenen Gebrauch als Fremdwort für den Augenblick. Trotz dieser unauffälligen Entstehung läßt sich der Ursprungsort der neuen Bedeutung bei Hegel recht genau bestimmen, dagegen sind ihre Quellen nur vermutungsweise zu eruieren. Neben dem Vorbild der Kantischen Rede von den «M. des Denkens» [9], die inzwischen durch MELLINS ‹Wörterbuch der kritischen Philosophie› auch schon lexikalisch fixiert war [10], dürften Schellingsche Formulierungen von unmittelbar anregender Bedeutung gewesen sein.

Anmerkungen. [1] Vgl. I. KANT, Met. Anfangsgründe der Naturwiss., Allg. Anmerkung zur Mechanik. Akad.-A. 4, 551ff.; vgl. auch KrV B 210f. 215. – [2] Vgl. Über das M. der Geschwindigkeit im Anfangsaugenblick des Falls, Sieben kl. Aufsätze aus den Jahren 1788-91. Werke, hg. E. CASSIRER 4 (1922) 526f.; vgl. auch KrV B 254. – [3] Vgl. aber KrV B 218. – [4] KrV B 95. – [5] Prol. § 22. Akad.-A. 4, 305. – [6] KrV B 96; vgl. 98. – [7] KrV B 110. – [8] Vgl. G. W. F. HEGEL, Werke (Jub.-Ausg.), hg. H. GLOCKNER 16, 244. – [9] Vgl. Akad.-A. 4 (1968) 99, 30. – [10] G. S. A. MELLIN: Encyclop. Wb. der krit. Philos. 4 (1801) s.v. ‹M.›, 349f.

b) *Schelling.* – Nach SCHELLINGS Ansicht aus der Zeit um 1800 ist es «die einzige Aufgabe der Naturwissenschaft ... *die Materie zu construiren*» [1]. Der erste Entwurf zur Lösung dieser Aufgabe findet sich im ‹System des transzendentalen Idealismus› [2], nach ihm müssen «in der Construktion der Materie drei M. unterschieden werden» [3]. Diese drei M. der Konstruktion werden in der Natur durch deren drei Grundkräfte repräsentiert (Magnetismus, Elektrizität, chemischer Prozeß), die sich damit auch als «die allgemeinen Kategorien der Physik» [4] erweisen und zugleich die drei Dimensionen der Materie (Länge, Breite, Dicke) hervorbringen [5]. Die Begründung dieser Konstruktion kann hier nicht gegeben werden, doch muß wenigstens darauf hingewiesen werden, «daß diese Unterscheidung nur zum Behuf der Speculation gemacht werde, daß man sich nicht vorstellen müsse, die Natur durchlaufe jene M. etwa wirklich, in der Zeit, sondern nur, sie seyen dynamisch oder, wenn man dieß deutlicher findet, metaphysisch in ihr gegründet» [6]. Bedeutsam für die Erweiterung des M.-Begriffs aber ist eine weitere Analogie, diejenige nämlich, durch welche diese «Deduktion der Materie» im Rahmen einer Darstellung der Transzendentalphilosophie für Schelling gerechtfertigt erscheint: «In den drei Kräften der Materie und in den drei M. ihrer Construction» lassen sich die «drei Akte des Ichs ... in der ersten Epoche des Selbstbewußtseyns» (Ich als Empfundenes, als Empfindendes, als produktive Anschauung) wiederfinden [7]. Schelling versucht zu zeigen, daß sie sich «wirklich entsprechen», und folgert, daß «jene drei M. der Natur eigentlich drei M. in der Geschichte des Selbstbewußtseyns sind» [8]. Von hier aus nun wird die Wahl des Ausdrucks ‹M.› verständlich. Da das ‹System› ein Versuch ist, wie der Autor in der Vorrede sagt, «die gesammte Philosophie als das, was sie ist, nämlich als fortgehende Geschichte des Selbstbewußtseyns» vorzutragen, kommt es «hauptsächlich darauf an, die einzelnen Epochen derselben und in denselben wiederum die einzelnen M.» aufzufinden und als eine notwendige «Stufenfolge» darzustellen [9]. Auf diese Weise hofft er, den «Parallelismus der Natur mit den Intelligenten» [10] sichtbar machen zu können, der darin bestehen soll, daß die «verschiedene[n] M. der Evolution des Universums» [11] den «unveränderlichen und für alles Wissen feststehenden M. in der Geschichte des Selbstbewußtseyns» [12] entsprechen.

Die Schellingsche Übertragung des Ausdrucks ‹M.› ist also durchaus von dessen zeitlicher Bedeutung her zu verstehen. Es überrascht daher nicht, daß sowohl in dieser wie in anderen Schriften der gleichen Zeit «der M.» zumeist in seiner gewöhnlichen Bedeutung erscheint [13]. Die übertragene Bedeutung, nicht durch den veränderten Artikel lexikalisch abgehoben wie bei Hegel, führt auch nicht zu einer terminologischen Fixierung. Zwar findet sich im nächsten Umfeld der Hegelschen Neuprägung beiläufig auch «das M.» im neuen Hegelschen Sinn [14], doch hat es den Anschein, daß Schelling diesen Begriff bald ganz fallen läßt und stattdessen wieder mehr mit dem verwandten, wenn auch im ‹System› deutlich unterschiedenen Begriff der Potenz operiert, dessen Gebrauch von HEGEL ausdrücklich kritisiert wird [15]. Eine sehr späte, mit einer ausdrücklichen Reflexion auf den Begriff selbst verbundene Verwendung scheint sich eher – doch gibt SCHELLING keinen Hinweis auf mögliche Quellen – an der oben (2.) skizzierten Tradition des «momentum metaphysicum» zu orientieren: «M., bekanntlich soviel als movimentum, von moveo ...»; und dann zur Sache: «In seinem ersten M. also, oder der ersten Potenz seines Seyns ist das Seyende *reines* Können, potentia pura, im zweiten M. ebenso reines Seyn, actus purus» [16].

Anmerkungen. [1] F. W. J. SCHELLING: Allg. Deduktion des dynamischen Processes (1800) § 1. Sämtl. Werke, hg. K. F. A. SCHELLING I/4 (1859) 3. – [2] System des transz. Idealismus (1800), a.O. I/3 (1858) 440-454. – [3] a.O. 445. – [4] Allg. Deduktion ... § 4, a.O. [1] 4. – [5] Vgl. System ..., a.O. [2] 444-449. – [6] Allg. Deduktion ... § 30, a.O. [1] 25. – [7] System ..., a.O. [2] 450. – [8] 453. – [9] Vorrede, 331. – [10] ebda. – [11] 494. – [12] 634. – [13] Vgl. pass., bes. 465f. 526. 561. – [14] Über die Construktion in der Philos., Krit. Journal I, 3 (Dez. 1802), a.O. I/5, 139f. = HEGEL, Akad.-A. 4, 285, 33; 286, 8. 14. 20. – [15] Vgl. bes. HEGEL, Wiss. der Logik, Anmerkung zum 'Potenzenverhältniß'. Akad.-A. 11, 187f. – [16] SCHELLING, Philos. der Mythologie, 3. Vorles. Sämtl. Werke II/2 (1857) 49f.; vgl. a.O. 153 und die folgenden Vorles. über die einzelnen M. des theogonischen Prozesses.

c) *Hegel.* – In den frühen Schriften HEGELS findet sich gelegentlich und beiläufig «*der* M.» in rein zeitlicher Bedeutung [1], so wie dieser Ausdruck damals bereits eingebürgert war und beispielsweise von FICHTE als «M. der Dauer» im Sinne einer fiktiven Fixierung des augenblicklichen Naturzustands thematisiert wird [2]. Wenn Hegel dagegen im Schelling-Abschnitt der ‹Differenzschrift› (1801) von der naturwissenschaftlichen Rekonstruktion der «M. der anorganischen Natur» spricht und dabei Magnetismus, Elektrizität und chemischen Prozeß erörtert, so ist das unverkennbar ein Referat des Schellingschen Sprachgebrauchs [3].

Die neue Bedeutung des Begriffs entsteht erst im Jahr 1802, und zwar in Zusammenhang mit den Arbeiten am ‹Kritischen Journal der Philosophie›. Mit diesem ‹Journal› stellten Schelling und Hegel sich die Aufgabe, durch eine Kritik der philosophischen Bildungen der Zeit zur wahren Philosophie hinzuführen. Hegels Aufsatz ‹Glauben und Wissen› [4], der letzte kritische Beitrag im ‹Journal›, bringt diese Absicht zur Vollendung. In ihm wird, wie der Untertitel schon ankündigt, «die Reflexionsphilosophie der Subjectivität, in der Vollständigkeit ihrer Formen, als Kantische, Jacobische, und Fichtesche Philosophie» durchlaufen. Erst in diesem «vollständigen Cyclus» der Formen einer Sphäre wird sichtbar, daß die einzelnen von ihnen nichts anderes sind als «Dimensionen der Totalität», die sich jede für sich absolut setzen. Durch diese Einsicht aber tritt zugleich «die wahre Philosophie, aus dieser Bildung entstehend, und die Absolutheit der Endlichkeiten derselben vernichtend», indem sie sich den «Reichthum» der früheren Bildungen unterworfen hat, zur Totalität vollendet in Erscheinung [5]. Was in der Darstellung selbst noch als selbständige Gestalten, als zum System ausgearbeitete Philosophien auftrat, wird nun am Schluß der Darstellung im Begriff der wahren Philosophie – zu «M.» derselben «herabgesetzt». Diese Art von Integration selbständiger Bildungen zu einem umfassenderen und damit wahreren Ganzen, in dem jene Endlichkeiten «aufgehoben» sind, wird fortan zu einer Grundfigur des Hegelschen Philosophierens, die er an dieser Stelle mit einer für ihn ungewöhnlichen Emphase einführt. Der entscheidende Satz kann hier nur auszugsweise wiedergegeben und nicht erläutert werden: «Der reine Begriff aber, oder die Unendlichkeit, als der Abgrund des Nichts, worinn alles Seyn versinkt, muß den unendlichen Schmerz, der vorher nur in der Bildung geschichtlich und als das Gefühl war, worauf die Religion der neuen Zeit beruht, das Gefühl: Gott selbst ist todt ... rein als M., aber auch nicht als mehr denn als M., der höchsten Idee bezeichnen, und so ... der Philosophie die Idee der absoluten Freyheit, und damit das absolute Leiden oder den speculativen Charfreytag, der sonst historisch war, und ihn selbst, in der ganzen Wahrheit und Härte seiner Gottlosigkeit wiederherstellen» [6].

Von diesem Moment an ist der neue Gebrauch des Begriffs ‹M.› bei Hegel allgegenwärtig. Die Verbindung zu Schelling wird noch einmal spürbar, wenn in der ‹Phänomenologie des Geistes›, die ähnlich Schellings ‹System› den Versuch einer «Wissenschaft der Erfahrung des Bewußtseyns» [7] darstellt, die einzelnen «Gestalten des Bewußtseyns» als «M.» in dieser Erfahrung bezeichnet werden [8]. Diese Bezeichnung wird vielfach näher bestimmt. Beispielsweise werden im Geist-Kapitel alle früheren Gestalten des Bewußtseins «Abstractionen» genannt; «sie sind diß, daß er [sc. der Geist] sich analysirt, seine M. unterscheidet, und bey einzelnen verweilt». Sein Verweilen gibt diesen «den Schein, als ob sie als solche wären», sie sind aber nur «M. oder verschwindende Größen», die «in ihren Grund und Wesen» zurückgehen; «und diß Wesen eben ist diese Bewegung und Auflösung dieser M.» [9]. Die Bewegung der M. aber ist zugleich die «wirkliche Geschichte» und das Auflösen derselben die historische «Arbeit» des Begriffs [10]. Denn an sich ist zwar «das Ganze, aber unbegriffne, früher als die M.», also schon im Anfang. Aber «in dem *Begriffe*, der sich als Begriff weiß», d. h. in der zeitlichen Erscheinung des Geistes, treten «die M. früher auf, als das *erfüllte Ganze*, dessen Werden die Bewegung jener M. ist» [11].

Es scheint, daß jene Übertragung von der Quantität zur Qualität, man kann auch sagen aus der Physik in die Metaphysik, die spezifisch Hegelsche Wendung des M.-Begriffs ausmacht. Formulierungen aus den ‹Jenaer Systementwürfen› von 1804 [12] stützen diese Ansicht. Dort findet sich im Rahmen einer Diskussion der Bedeutung des Unendlichkleinen für Mathematik und Philosophie eine ausführliche Entwicklung dieses Gedankens, die folgende Definition enthält: «Ein System von M. ist eine Einheit entgegengesetzter, die nichts ausser dieser Entgegensetzung, ausser diesem Verhältnisse sind, nicht gleichsam noch einen Überschuß über einander haben, wodurch sie für sich wären» [13]. Kurz darauf wird das Ding als «das System seiner M.» bestimmt, «und diese sind nur was sie sind, im Verhältnisse zu einander, und das Ding selbst ist diß Verhältniß». Dieses Verhältnis der M. aber sei, so fährt Hegel fort, «nicht als diese äusserliche quantitative, sondern als Entgegensetzung, d. i. als qualitative, als Bestimmtheit, wie sie an sich selbst ist, zu betrachten» [14].

In der ‹Wissenschaft der Logik› findet sich die einzige bekannte Reflexion Hegels auf den Wortgebrauch von M., und zwar in der Anmerkung zum Abschnitt ‹Aufheben des Werdens›. Hier wird zunächst die dialektische Bedeutung des Begriffs «Aufheben» erörtert, und dann wird «M.» zur Bezeichnung des «Aufgehobenen» vorgeschlagen [15]. Erst in der zweiten Ausgabe von 1833 wird dieser Vorschlag mit einem Hinweis auf Gewicht und Entfernung als den «mechanischen M.» des Hebels begründet [16]. Später wird, ebenfalls erst in der zweiten Ausgabe, das Aufgehobene näher als das in die Unendlichkeit vermittelte Endliche oder als das «Ideelle» bestimmt: «eine Bestimmung, Inhalt, der unterschieden, aber nicht *selbstständig seyend*, sondern als *M.* ist» [17].

Im übrigen ist hier und besonders auch in der ‹Logik› der ‹Enzyklopädie› ein Schwergewicht der Verwendung des M.-Begriffs innerhalb der Sphäre des Begriffs selbst festzustellen. Man kann den Eindruck gewinnen, als würden nur die drei M. des Begriffs, Allgemeinheit, Besonderheit und Einzelheit [18], im eigentlichen Sinn ‹M.› genannt, oder, anders gewendet, als sei die Übernahme der Kantischen Terminologie mit einem Übergang von den Urteilen zu den Begriffen als den ursprünglichen «M. des Denkens» verbunden. Danach wären alle anderen Bestimmungen nur in einem übertragenen Sinn ‹M.› zu nennen, insofern sie nämlich auch M. des Begreifens sind. In der Naturphilosophie beispielsweise nennt Hegel die «Vierheit der Himmelskörper», nämlich Sonne, Planeten, Monde und Kometen, «das vollendete System der vernünftigen Körperlichkeit», indem es «am Himmel außer einander die M. des Begriffs» darstelle [19]. Die Lehre vom Begriff in der ‹Enzyklopädie› beginnt dementsprechend mit der Feststellung: «Die Philosophie ist begreifendes Erkennen, in so fern als, in ihr Alles, was dem sonstigen Bewußtseyn als ein seyendes ... gilt, blos als ein ideelles M. gewußt wird» [20].

Um aus der unübersehbaren Fülle von Anwendungen des Momentbegriffs in den verschiedenen philosophischen Wissenschaften abschließend eine besonders charakteristische anzuführen, sei auf die ‹Vorlesungen über die Philosophie der Religion› verwiesen, in denen Hegel die göttlichen Personen als M. der göttlichen Idee bestimmt: «Der abstracte Gott, der Vater, ist das Allgemeine ... das Andere, der Sohn, ist die unendliche Besonderheit, die Erscheinung, das Dritte, der Geist ist die Einzelnheit als solche» [21]. Die göttliche Idee unterscheidet sich also in die drei M. des Begriffs [22]. Doch ist dieser zeitlose Prozeß «nichts als ein Spiel der Selbsterhaltung, der Vergewisserung seiner selbst» [23], in dem die Personen weder getrennt noch gezählt werden können. Zwar ist die Person an sich «ein Starres, Sprödes, Selbstständiges, Fürsichsein», die Einheit von drei Personen muß daher als ein unauflöslicher Widerspruch erscheinen. Aber die in der göttlichen Idee «als verschwindendes M. gesetzte Persönlichkeit spricht aus, daß der Gegensatz *absolut*, nicht als ein niedriger Gegensatz zu nehmen sey und gerade auf dieser Spitze hebt er sich selbst auf. Es ist der Charakter der Person, ... [ihre] *Abgesondertheit aufzuheben* ... Das Wahre der Persönlichkeit ist also eben dieß, sie durch dieß Versenken, Versenktseyn in das Andere zu gewinnen», sich nicht als selbständiges Eins, das sie ist, zu fixieren, sondern als M. der Idee, zu der sie wird, als verschwindende Größe zu begreifen. «Denn die Persönlichkeit, die sich nicht in der göttlichen Idee aufgiebt, ist das Böse» [24].

Die Hegelsche Übertragung und Erweiterung des M.-Begriffs markiert die vorläufig letzte Epoche in seiner wechselvollen Geschichte. Verglichen mit der weiten Verbreitung des neuen Gebrauchs bleiben Reflexionen auf seine Bedeutung erstaunlich selten; sie scheint als unproblematisch empfunden zu werden. Die wenigen Ausnahmen bestätigen, daß es sich um nichts anderes als leichte Modifikationen der Hegelschen Begriffsbestimmungen handelt; dazu seien abschließend zwei Beispiele erwähnt: E. HUSSERL teilt den Begriff des Teils in Stücke und M. ein, indem er definiert: «Jeden relativ zu einem Ganzen G selbständigen Theil nennen wir ein Stück, jeden relativ zu ihm unselbständigen Theil ein M. (eine Seite oder einen abstracten Theil) dieses selben Ganzen G» [25]. – W. CRAMER unterscheidet, in ständiger Auseinandersetzung mit Hegel, insbesondere mit dem Anfang der Hegelschen ‹Logik›, die (notwendigen) M. des Absoluten von dem (kontingenten) Anderen des Absoluten, welche beide *durch* das Absolute sind, das eine notwendiger-, das andere kontingenterweise [26]. Das M. wird analog der Leibnizschen Bestimmung des 'Inseins' (s.d.) des Prädikats im Subjekt definiert: «Sind A und B verschiedene Qualitäten, dann wird B *in* A oder *M.* von A genannt, wenn A durch B bestimmt ist» [27].

Anmerkungen. [1] Vgl. G. W. F. HEGEL, Differenz des Fichte'schen und Schelling'schen Systems der Philos. Akad.-A. 4 (1968) 29, 17.21; 75, 34(!), aber auch später noch: a.O. 460, 12. 22f.(?); 484, 8. – [2] Vgl. J. G. FICHTE, Die Bestimmung des Menschen (1800). Werke, hg. I. H. FICHTE 2 (1845) 173-183, bes. 178. – [3] Vgl. HEGEL, a.O. [1] 73f. – [4] Glauben und Wissen, Krit. Journal II, 1 (Juli 1802), a.O. 313-414. – [5] a.O. 412f. – [6] 413f. – [7] Phänomenologie des Geistes, Einl. Akad.-A. 9 (1980) 61, 29f.; vgl. 56, 20f. – [8] a.O. 61, 36f.; vgl. Vorrede, a.O. 29, 16ff.; ferner 427, 24-27. – [9] a.O. 239, 16-23 pass. – [10] Vgl. a.O. 430, 6. – [11] a.O. 492 pass. – [12] Jenaer Systementwürfe; zur Datierung vgl. Akad.-A. 7 (1971) [Edit. Bericht] 360. – [13] Jenaer Systementwürfe II, Logik, Met., Naturphilos., a.O. 20, 3-6. – [14] a.O. 22, 8-13 pass. – [15] Wiss. der Logik 1 (^{1}1812), a.O. 11 (1978) 58. – [16] Logik 1 (^{2}1833). Sämtl. Werke (Jub.-Ausg.), hg. H. GLOCKNER 4, 120f. – [17] a.O. 174. – [18] Logik 2, Der Begriff. Akad.-A. 12 (1981) 32, 16f.; vgl. System der Philos. I, § 163, a.O. [16] 8, 358. – [19] II, § 270, Zusatz, a.O. 9, 146. – [20] System ... I, § 160, Zusatz, a.O. 8, 353; vgl. § 237, Zusatz, a.O. 448. – [21] Vorles. über die Philos. der Religion, a.O. 16, 240. – [22] Vgl. System ... III, §§ 564-571; dazu die Kritik von F. A. STAUDENMAIER: Rez. zu Hegels Vorles. über die Philos. der Rel. (1832). Jbücher Theol. christl. Philos. 1 (1834) 97-158, bes. 155. – [23] a.O. [21] 241. – [24] a.O. 238f.; vgl. die entsprechenden Passagen in: Die absolute Religion, hg. G. LASSON (1929) 60f. – [25] E. HUSSERL, Log. Unters. II/1, III. § 17 (^{1}1901) 260; vgl. (^{5}1968) 266. – [26] Vgl. W. CRAMER: Das Absolute und das Kontingente (1959) 10. 16-22. 74-82; Spinozas Philos. des Absoluten (1966) 39ff. 47ff. – [27] Aufgaben und Methoden einer Kategorienlehre. Kantstudien 52 (1960/61) 352; vgl. Vom transzendent. zum absoluten Idealismus, a.O. 26.

T. BORSCHE

III. *Psychologie.* – Der Begriff ‹M.› als Bezeichnung für die kleinste Einheit der subjektiven Zeit geht auf den Biologen K. E. V. BAER (1864) zurück [1]. Sein Gedanke, die Geschwindigkeit, mit der die erlebte Zeit abläuft, aus der Dauer des «Lebens-M.» als dem «eigentliche[n] Grundmaaß, mit welchem unsere Empfindung wirklich mißt» [2], abzuleiten, scheint jedoch zu seinen Lebzeiten kaum Beachtung gefunden zu haben. JAMES [3] zitiert v. Baer, ohne den M.-Begriff zu erwähnen. Die eigentliche Wiederentdeckung und Weiterführung seiner Arbeit ist J. V. UEXKÜLL zu verdanken [4]. Unter seinem Einfluß entstand in Deutschland eine biologisch und physiologisch orientierte Forschung zum M., die sich bis in die Gegenwart fortgesetzt hat [5]. Weitgehend in Unkenntnis dieser Untersuchungstradition wurde der Begriff in den 1950er Jahren erneut in die wissenschaftliche Terminologie eingeführt. Er wird seither meist STROUD zugeschrieben, der sich auch selbst für seinen Urheber hielt [6]. Aus den ursprünglich kybernetisch orientierten Arbeiten aus dieser Zeit ist inzwischen eine umfangreiche experimentalpsychologische Forschung zum M. hervorgegangen, die teilweise wieder an ältere, nicht explizit auf dieses Konzept bezogene Untersuchungen zur Zeitdiskrimination anknüpft [7].

Innerhalb des allen M.-Theorien gemeinsamen Grundgedankens, daß die psychologische Zeit sich aus kleinsten, nicht weiter unterteilbaren Einheiten zusammensetzt, sind in diesen unterschiedlichen Forschungstraditionen vielfältige Vorstellungen von der Funktion, den Äußerungsformen und den Eigenschaften des M. vertreten worden. Analysen dieser Bedeutungsvarianten des M.-Begriffs finden sich nur bei wenigen Autoren. Hervorzuheben sind hier PIÉRONS Differenzierung der möglichen Operationalisierungen des Begriffs der psychologischen Gleichzeitigkeit [8] und der Beitrag ALLPORTS, der deutlich macht, welche unterschiedlich weitreichenden Implikationen mit der Annahme eines psychologischen M. verbunden werden können [9]. Forschungs- und begriffsgeschichtlich erklärt sich die Unterschiedlichkeit der Ansätze zum M. aus den verschiedenen Problemzusammenhängen, in denen der Begriff entstand. Für die auf v. Baer zurückgehende Untersuchungstradition war dies die Subjektivität der Zeitanschauung; für die Kybernetiker war es die Frage, wie ein ökonomisch arbeitendes Wahrnehmungssystem funktionieren muß; die experimentalpsychologische M.-Forschung schließlich leitet sich von der Untersuchung der Phänomene her, die bei der Wahrnehmung von Dauer, Simultaneität und Bewegung auftreten.

1. Vorläufer des M.-Begriffs. – Viele der empirischen Phänomene, auf die sich die M.-Theorien v. Uexkülls wie auch der auf Stroud zurückgehenden Forschungstradition später berufen, waren der Experimentalpsychologie zuvor schon bekannt. Zu ihrer Erklärung wurden seit Mitte des 19. Jh. theoretische Vorstellungen entwickelt, die bereits viele Merkmale der späteren M.-Begriffe enthalten, wenn auch dieser Terminus noch nicht verwendet wurde und es noch an dem Versuch fehlte, die Befunde aus unterschiedlichen Phänomenbereichen miteinander in Zusammenhang zu bringen. Die wichtigsten dieser Beobachtungen gehören dem Bereich der Wahrnehmung von Bewegung und von Dauer an. Einer Entdeckung ZÖLLNERS [11] nachgehend, fand VIERORDT 1868 [10], daß ein hinter einem Spalt vorbeibewegter Gegenstand in der Bewegungsrichtung verkürzt erscheint, wobei sich das Ausmaß der scheinbaren Verkürzung in gesetzmäßiger Weise aus der Bewegungsgeschwindigkeit und der Spaltbreite ergibt. Er schloß daraus, daß die wahrgenommene Länge eines Gegenstands proportional sei zur «Zahl der Einzeleindrücke, die uns derselbe verschafft» [12], und errechnete die durchschnittliche Dauer eines Einzeleindrucks mit 0,041 Sekunden [13]. Einen weiteren Beweis für die Richtigkeit seiner Folgerung, daß «der Continuität unserer Empfindungen und sinnlichen Wahrnehmungen psychische Akte von durchaus discontinuirlicher Natur zugrundeliegen» [14], sah Vierordt in der stroboskopischen Scheinbewegung. Die gleiche Überlegung findet sich ein halbes Jh. später wieder bei CERMAK und KOFFKA [15]. Der Befund, daß für die Wahrnehmung von Scheinbewegung und realer Bewegung dieselben Gesetze gelten, veranlaßt sie zu der Annahme, daß «der Vorgang des Sehens selbst oszillatorisch verläuft, so daß eine 'Arbeits'- und eine 'Ruhe'phase periodisch aufeinanderfolgen» [16]. Zum selben Schluß kam später ANSBACHER [17] aufgrund sorgfältiger Messungen mit einer Methode ähnlich der Vierordts. Er spricht von «pulsations», aufgrund deren «the visual mechanism is active for only a certain period, which is followed by another period of inactivity» [18]. Die Dauer einer derartigen Aktivitätsperiode bestimmte Ansbacher mit 0,046 bis 0,061 Sekunden. Dieser Wert stimmt nicht nur gut mit der Schätzung Vierordts überein, sondern liegt auch in einem Bereich, der sich in vielen unterschiedlichen Experimenten als kritisch für die Diskrimination zeitlicher Abfolge erwiesen hat [19]. – Unabhängig von dieser ausschließlich auf psychologische Daten gestützten Hypothese einer Periodizität in der Verarbeitung von Gesichtsreizen wurde schon bald nach der Entdeckung der α-Wellen im EEG [20] die Vermutung geäußert, daß dieses der Ausdruck eines «Erregbarkeitszyklus» kortikaler Nervenzellen sein könnte (BISHOP 1933 [21]). Mit dem psychologischen M. ist diese Hypothese allerdings erst in den 1950er Jahren in Zusammenhang gebracht worden (s.u. 3). Zuvor hatte schon BRECHER 1937 die Möglichkeit eines derartigen Zusammenhangs diskutiert, sie aber verworfen [22].

Mit den älteren Arbeiten zum Bewegungssehen wurde der zentrale *funktionsanalytische* Aspekt des späteren M.-Begriffs vorbereitet, nämlich die Annahme einer periodischen Reizverarbeitung in diskreten Zeiteinheiten. Der bestimmende *phänomendeskriptive* Aspekt des Begriffs, der darin besteht, daß «während der Dauer eines Momentes ... die Welt ... 'stillsteht'» [23], ist ebenfalls schon in der Experimentalpsychologie des 19. Jh. untersucht worden. Innerhalb der Schule WUNDTS geschah dies unter der Bezeichnung 'Zeitschwelle', die sowohl die Schwelle für die Wahrnehmbarkeit der Sukzession zweier Reize als auch diejenige Darbietungszeit meinte, unterhalb deren Unterschiede in der Dauer eines einzigen Reizes nicht mehr als solche erkennbar sind [24]. In einer neueren, die ältere Literatur aufarbeitenden Untersuchung hat EFRON [25] darauf hingewiesen, daß die letztgenannte Schwelle schon von CHARPENTIER mit 0,066 Sekunden bestimmt wurde, was mit den oben erwähnten Schätzungen des kritischen Bereichs für die zeitliche Auflösung übereinstimmt.

2. Der M. als Maß der subjektiven Zeit. – Der theoretische Fortschritt, den die mit v. BAER beginnenden M.-Theorien über diese experimentalpsychologisch fundierten Ansätze hinaus brachten, bestand in der Integration des funktionsanalytischen und des phänomendeskriptiven Aspekts innerhalb einer allgemeinen Theorie des subjektiven Zeiterlebens. Ausgangspunkt für die Theorien v. Baers und später v. UEXKÜLLS war KANTS Auffassung der Zeit als subjektiver Anschauungsform [26]. Funktionsanalytisch läßt sich aus ihr ableiten, daß es ein inneres Substrat der Zeitwahrnehmung geben muß, welches als das «uns angeborene Zeitmaß» (V. BAER) [27] den Ablauf der erlebten Zeit bestimmt. v. Baer vermutete dieses Maß in der Zeit, «die wir brauchen, um uns eines Eindrucks auf unsere Sinnesorgane bewußt zu werden» [28], und schätzte seine Dauer auf $1/6$ bis $1/10$ Sekunde. Er war sich darüber im klaren, daß diese Empfindungszeit keine Konstante ist, sondern von der «Lebhaftigkeit des Eindrucks» [29] abhängt, sah aber noch nicht die Schwierigkeit, die sich hieraus für ihre Funktion als Zeitraster ergibt. Hierauf hat erst später BRECHER explizit hingewiesen [30]. Der Gedanke, daß das subjektive Maß der Zeit einem eigenständigen inneren Prozeß entstammen muß, ist aber bereits in v. UEXKÜLLS M.-Theorie ausgeführt. Nach v. Uexküll liegen den erlebten M. qualitätslose «M.-Zeichen» zugrunde, die «stets gleichbleibend in ... Größe und Intensität» sind [31] und als «Weltordner» die «unveränderlichen und unverrückbaren Marken ... liefern, die der Welt ihre Sicherheit verleihen» [32]. Neben der damals wegweisenden, inzwischen der Neurophysiologie selbstverständlichen Annahme eines autonomen biologischen Rhythmus ist diese Konzeption wegen ihrer wissenschaftslogisch wichtigen, in der Folgezeit häufig verwischten Unterscheidung der Beschreibungsebenen bemerkenswert: Der «erlebte M.» bezeichnet einen phänomenal repräsentierten Sachverhalt, das «M.-Zeichen» hat hingegen den Status eines hypothetischen Konstrukts. Der Ablauf der erlebten M. und die «M.-Zeichenreihe» [33] entsprechen sich zwar, sind aber keineswegs gleichzusetzen. Erst durch das Ausfüllen mit inhaltlichen Qualitäten wird das M.-Zeichen zum erlebten M. [34]; und während die M.-Zeichen eine diskrete Reihe bilden, bewirkt die «Untermerklichkeit der benachbarten M.» [35], daß die erlebte Zeit kontinuierlich abläuft.

In den späteren Arbeiten, die sich auf v. Uexküll beziehen, sind diese Differenzierungen der begrifflichen Analyse nicht weiterentwickelt worden. Das Interesse verschob sich zunehmend auf empirische Messungen, wobei vergleichende Untersuchungen [36] und die Bestimmung des Einflusses verschiedener psychophysiologischer Faktoren auf die M.-Dauer [37] im Vordergrund standen. Während v. Uexkülls theoretischer Ansatz auf die Verknüpfung erkenntnistheoretischer, psychologischer und biologischer Gesichtspunkte zielte, wurde die Erklärung für den M. in diesen nachfolgenden Arbeiten nur noch in einem lokalisierbaren neurophysiologischen Mechanismus gesucht. Man vermutete ihn in der Refraktärzeit kortikaler Ganglienzellen [38] und im α-Rhythmus des EEG [39].

3. Zyklische Abtastung als physiologische Grundlage des M. – Unabhängig von diesen deutschsprachigen Arbeiten wurde die Hypothese eines Zusammenhangs zwischen der α-Aktivität und dem M. der psychologischen Zeit seit Ende der 1940er Jahre im angelsächsischen Bereich diskutiert. Doch geschah dies innerhalb eines anderen Problemzusammenhangs. v. Uexkülls M.-Zeichen-Hypothese ging von der erlebten Zeit und den mit ihr verknüpften Phänomenen als dem erklärungsbedürftigen Sachverhalt aus. Das Interesse der Kybernetiker und Physiologen G. WALTER [40], PITTS und MCCULLOCH [41] und WIENER [42] galt dagegen primär nicht dem Zeitproblem, sondern dem Mechanismus der figural-räumlichen Wahrnehmung. Der α-Rhythmus wurde von diesen Autoren nicht als zentralnervöse Grundlage der psychologisch repräsentierten Zeit aufgefaßt, sondern als Basis eines zwar zeitlichen *Kodes,* in dem jedoch Gestalt- und Rauminformation *repräsentiert* ist: als eine «... clock, transforming time into space patterns and contrariwise» [43]. Hinsichtlich der Funktionsweise dieses hypothetischen «Scanning»-(Abtast-)Mechanismus waren die Vorstellungen unterschiedlich. WALTER [44] dachte ihn sich ähnlich der Bildübertragung beim Fernsehen, während PITTS und MCCULLOCH [45] und WIENER [46] die Abtastung nicht einzelner «Bildpunkte», sondern anatomisch übereinandergelagerter Schichten von Ganglienzellen annahmen. Zusammen mit bestimmten Vorstellungen vom strukturellen Aufbau dieser Schichten ergab sich hieraus ein Modell des Gestalterkennens. Der für die M.-Theorie wichtige Aspekt dieser Theorie liegt im Prinzip der «exchangeability of time and space» (PITTS und MCCULLOCH) [47]. Die Repräsentation figural-räumlicher Merkmale im zeitlichen Kode eines Abtastmechanismus hat nämlich zur Folge, daß zeitliche Information innerhalb der Dauer eines Abtastzyklus nicht mehr repräsentiert ist. Als allgemeinen Satz scheint dies, einer späteren Mitteilung STROUDS zufolge [48], als erster J. v. NEUMANN ausgesprochen zu haben. Sowohl WALTER [49] als auch PITTS und MCCULLOCH [50] haben den Sachverhalt gesehen, ohne aber auf die Konsequenzen einzugehen, die er für die Theorie der Zeitwahrnehmung haben muß. Diese sind in der Folgezeit von zahlreichen Autoren diskutiert worden [51]. Unter ihnen war der bei weitem einflußreichste STROUD, mit dessen Arbeiten der M.-Begriff zum ersten Mal seit v. Uexküll wieder zum Gegenstand der theoretischen Psychologie wurde. Stroud scheint auf die Idee einer aus diskreten M. zusammengesetzten psychologischen Zeit ursprünglich ohne Kenntnis anderer Autoren aufgrund von Laborbefunden gekommen zu sein [52], identifizierte seine Theorie dann aber zunächst mit dem Abtastmodell von Pitts und McCulloch [53]. Später hat er sich zu diesem Modell zurückhaltender geäußert und insbesondere die Festlegung auf ein bestimmtes physiologisches Substrat der Abtastung vermieden [54].

Strouds M.-Begriff unterscheidet sich vom Ansatz her von dem v. Uexkülls. Für diesen hat die M.-Zeichenreihe die Funktion des Zeitrasters, welcher das Erleben von Zeit, die im Sinn Kants «immer und in jeder Hinsicht subjektiv» ist [55], überhaupt erst *ermöglicht.* STROUDS Zerlegung der psychologischen Zeit in diskrete Momente bedeutet demgegenüber einen *Verlust* an Zeitinformation, bedingt durch die Art, wie «the variable physical time, t, is handled by man» [56]. Diese letztlich erkenntnistheoretisch begründete Unterschiedlichkeit des Ansatzes hat Konsequenzen für die inhaltlichen Annahmen der beiden Autoren bis hin zur Frage der Operationalisierung des M.-Begriffs. Erstens braucht Stroud nicht zu postulieren, daß alle M. gleich lang und von Außenreizen unabhängig sind. Er nimmt eine Variation der M.-Dauer von $1/5$ bis $1/20$ Sekunde an, außerdem die Möglichkeit ihrer spontanen Verdoppelung und die Synchronisierbarkeit des M.-Rhythmus mit äußeren Ereignisfolgen [57]. Diese Flexibilität ermöglicht eine Anwendung der M.-Theorie auf eine Vielzahl von Phänomenen, die eine zeitliche Integration von Information zeigen oder einen rhythmischen Verlauf vermuten lassen [58]. Die zahlreichen in der Folgezeit unternommenen Versuche, Periodizitäten der von Stroud behaupteten Art in der menschlichen Informationsverarbeitung festzustellen, haben allerdings bis jetzt zu widerspruchsvollen Resultaten geführt [59]. Ein zweiter grundlegender Unterschied zu v. Uexküll liegt in Strouds Annahme, daß innerhalb eines M. nicht nur keine *Änderung* erlebt wird, sondern daß darüber hinaus in ihm überhaupt keine *Zeitinformation repräsentiert* ist [60]. In einer operationalisierten Form besagt diese Hypothese, daß die Abfolge zweier Reize nicht zuverlässig erkennbar ist, wenn zwischen ihnen eine geringere Zeitspanne als die von Stroud angenommene minimale M.-Dauer liegt. Dies hat sich als unzutreffend erwiesen [61].

4. Der M.-Begriff in der gegenwärtigen Psychologie. – Die Entwicklung des M.-Begriffs nach Stroud läßt zwei Tendenzen erkennen. Zum einen wurden, über die Hypothese der kortikalen Abtastung hinaus oder alternativ zu ihr, mögliche Funktionsgrundlagen für einen diskreten psychologischen M. diskutiert. Der umfassendste und spekulativste Ansatz dieser Art stammt von MCREYNOLDS [62]. Er geht von der Annahme aus, daß jeder Wahrnehmungsinhalt in einem bestimmten zentralnervösen Entladungsmuster repräsentiert ist. Während das Entladungsmuster andauert, muß dieses selbst unveränderlich sein, wenn es einen *spezifischen* Inhalt repräsentieren soll. Dann müßte aber wahrgenommene Änderung repräsentiert sein durch eine «succession of different discharge patterns occurring periodically or quasi-periodically» [63]. Diese sukzessiven Entladungsmuster bezeichnet McReynolds als M. Wie Stroud nimmt er an, daß sie von unterschiedlicher Frequenz und Dauer sein können, läßt sie außerdem aber noch einander zeitlich überlappen. In der Überlappung, welche die «interaction of succeeding thoughts» ermöglicht [64], vermutet er die Grundlage des Bewußtseins. – Auch die von SHALLICE [65] vorgeschlagene Konzeption des psychologischen M. setzt beim Problem der Wahrnehmung von Änderung an. Doch sieht er es nicht, wie McReynolds, unter dem Aspekt der zentralnervösen Kodierung und bewußten Repräsentation, sondern unter dem der *Entdeckung* von realer Veränderung, welche er als statistisches Entscheidungsproblem auffaßt. Der Gedanke, daß ein diskontinuierlicher Verlauf der Informationsverarbeitung sich funktional aus der Notwendigkeit ableiten läßt, über einen gewissen Zeitraum hinweg die für eine Entscheidung benötigte Information nach Art einer Stichprobenentnahme zu sammeln, ist schon 1949 von WIENER [66] geäußert worden. SHALLICE formulierte ihn aufs neue und zeigte, daß ein Mechanismus dieser Art sich am stimmigsten in einem Modell konkretisieren läßt, dessen Zyklus durch einen sich periodisch entladenden Akkumulator bestimmt wird. Als dessen anatomisch-physiologisches Substrat sah er die Formatio reticularis an [67].

Neben diesen Versuchen, hypothetische Funktionsmodelle für den M.-Mechanismus zu entwerfen, findet sich in der neueren Literatur zum M. die Tendenz, wieder stärker auf die empirischen, vor allem wahrnehmungspsychologischen Sachverhalte einzugehen, auf denen das M.-Konzept beruht. Beispiele hierfür sind messende Untersuchungen zum Übergang vom phänomenalen M. zur phänomenalen Dauer [68] und Untersuchungen zur Minimaldauer einer Wahrnehmung [69]. Sofern die Autoren dieser Untersuchungen den Terminus ‹M.› mit seinem theoretischen Bedeutungsgehalt nicht überhaupt vermeiden und z.B. von der «perceptual unit of duration» [70] oder der «duration of the present» [71] sprechen, verwenden sie eine M.-Definition, die von ALLPORTS Formulierung «span of subjective simultaneity» [72] vielleicht am besten getroffen wird. Wie dieser Autor in einem eleganten Experiment gezeigt hat, läßt sich der so definierte M. nicht mit der Annahme diskreter Zeitquanten im Sinne von Strouds M.-Begriff erklären. Die von Allport ins Auge gefaßte Alternative ist die eines «wandernden M.» (travelling moment). Vergleichbar dem Landschaftsausschnitt, der an einem Eisenbahnfenster ‚vorüberzieht', umfaßt er ein kontinuierlich sich verschiebendes Zeitsegment mit der in ihm enthaltenen Reizinformation [73].

Anmerkungen. [1] K. E. v. BAER: Welche Auffassung der lebenden Natur ist die richtige? und wie ist diese Auffassung auf die Entomol. anzuwenden?, in: Reden gehalten in wiss. Versammlungen und kl. Aufsätze vermischten Inhalts (St. Petersburg 1864) 237-283. – [2] a.O. 254f. – [3] W. JAMES: The principles of psychol. (London 1890) 639. – [4] J. v. UEXKÜLL: Theoret. Biol. (1920). – [5] G. A. BRECHER: Die Entstehung und biol. Bedeutung der subjektiven Zeiteinheit, – des M. Z. vergl. Physiol. 18 (1933) 204-243; Die M.-Grenze im optischen Gebiet. Z. Biol. 98 (1937) 232-247; H. ILLIG: Der optische M. (Diss. München 1953); H. ILLIG, M. PFLANZ und T. v. UEXKÜLL: Exp. Untersuch. über die kleinste Zeiteinheit (M.) der optischen Wahrnehmung. Pflügers Arch. ges. Physiol. 257 (1953) 121-136; B. LOUVEN: Vegetative Beeinflussung der subjektiven Zeiteinheit des sogenannten M. der optischen Wahrnehmung. Z. exp. angew. Psychol. 11 (1964) 314-329. – [6] J. STROUD: The psychol. moment in perception, in: H. v. FOERSTER (Hg.): Trans. from the 6th conf. on cybernetics (New York 1949); The fine structure of psychol. time, in: H. QUASTLER (Hg.): Information theory in psych. (Glencoe 1955). – [7] Überblick bei D. A. ALLPORT: Phenomenal simultaneity and the perceptual M. hypothes. Brit. J. Psychol. 59 (1968) 395-406; C. T. WHITE: Temporal numerosity and the psychol. unit of duration. Psychol. Monogr. 77/12 (1963). – [8] H. PIÉRON: Les problèmes psycho-physiol. de la perception du temps. Ann. psychol. 24 (1923) 1-25. – [9] ALLPORT, a.O. [7]. – [10] K. VIERORDT: Der Zeitsinn nach Versuchen (1868) 123ff. – [11] F. ZÖLLNER: Über eine neue Art anorthoskop. Zerrbilder. Poggendorffs Ann. Phys. 117 (1862) 477-484. – [12] VIERORDT, a.O. [10] 132. – [13] a.O. 133. – [14] 181. – [15] P. CERMAK und K. KOFFKA: Untersuch. über Bewegungs- und Verschmelzungsphänomene. Beitr. zur Psychol. der Gestalt V. Psychol. Forsch. 1 (1922) 66-129. – [16] a.O. 123. – [17] H. L. ANSBACHER: Distortion in the perception of real movement. J. exp. Psychol. 34 (1944) 1-23. – [18] a.O. 13. – [19] Vgl. z.B. R. EFRON: The duration of the present. Ann. N.Y. Acad. Sci. 138 (1967) 713-729; H. SCHUCKMAN und J. ORBACH: Detection threshold as a function of interval separation between two successive targets. Science 150 (1965) 1623-1625; W. A. PHILLIPS und W. SINGER: Function and interaction of on and off transients in vision. I. Psychophys. Exp. Brain Res. 19 (1974) 493-506. – [20] H. BERGER: Über das Elektroenkephalogramm des Menschen. Arch. Psychiat. Nervenkr. 87 (1929) 527-570. – [21] G. H. BISHOP: Cyclic changes in excitability of the optic pathway of the rabbit. Amer. J. Physiol. 103 (1933) 213-224. – [22] BRECHER (1937), a.O. [5] 243. – [23] BRECHER (1933), a.O. [5] 239. – [24] W. WUNDT: Grundzüge der physiol. Psychol. 3 (⁶1911) 37f. – [25] EFRON, a.O. [19] 725. – [26] v. UEXKÜLL, a.O. [4] 45. – [27] v. BAER, a.O. [1] 264. – [28] 255. – [29] ebda. – [30] BRECHER (1937), a.O. [5] 245. – [31] v. UEXKÜLL, a.O. [4] 46. – [32] 54. – [33] 46. – [34] 46f. – [35] Theoret. Biol. (²1928, ND 1973) 82. – [36] BRECHER (1937), a.O. [5]. – [37] BRECHER (1933), a.O. [5]; ILLIG/PFLANZ/v. UEXKÜLL, a.O. [5]; LOUVEN, a.O. [5]. – [38] BRECHER (1937), a.O. [5] 241. – [39] ILLIG/PFLANZ/v. UEXKÜLL, a.O. [5] 134f. – [40] G. WALTER: The 24th Maudsley lecture: The functions of electrical rhythms in the brain. J. ment. Sci. 96 (1950) 1-31. – [41] W. PITTS und W. S. MCCULLOCH: How we know universals: The perception of auditory and visual forms. Bull. math. Biophys. 9 (1947) 127-147; ND in: P. C. DODWELL (Hg.): Perceptual processing. Stimulus equivalence and pattern recognition (New York 1971) 29-39. – [42] N. WIENER: Cybernetics (New York 1948) 165f. – [43] G. WALTER: Intrinsic rhythms of the brain, in: H. W. MAGOUN (Hg.): Handbook of physiol. 1 (Washington 1959) 279-298, hier 293. – [44] WALTER, a.O. [40] 5f. – [45] PITTS/MCCULLOCH, a.O. [41] 34. – [46] WIENER, a.O. [42] 160ff. – [47] PITTS/MCCULLOCH, a.O. [41] 32. – [48] STROUD (1955), a.O. [6] 179. – [49] WALTER, a.O. [40]. – [50] PITTS/MCCULLOCH, a.O. [41] 32. – [51] M. R. HARTER: Excitability cycles and cortical scanning: A rev. of two hypotheses of central intermittency in perception. Psychol. Bull. 68 (1967) 47-58; P. MCREYNOLDS: Thinking conceptualized in terms of interacting M.s. Psychol. Rev. 60 (1953) 319-330; O. D. MURPHREE: Maximum rates of form perception and the alpha rhythm: An investigation and test of current nerve net theory. J. exp. Psychol. 48 (1954) 57-61; WHITE, a.O. [7]. – [52] J. STROUD: The M. function hypothesis. Unpubl. Thesis, Stanford Univ., zit. nach STROUD (1955), a.O. [6]; vgl. STROUD (1949), a.O. [6] 36. – [53] a.O. 37. – [54] STROUD (1955), a.O. [6]. – [55] v. UEXKÜLL, a.O. [4] 46. – [56] STROUD (1955), a.O. [6] 174. – [57] 179. 184f. – [58] 181ff. – [59] L. G. AUGENSTINE: Evidences of periodicities in human task performance, in: H. QUASTLER, a.O. [6] 208-226; E. CALLAWAY und J. D. ALEXANDER: The temporal coding of sensory data: an investigation of two theories. J. gen. Psychol. 62 (1960) 293-309; A. B. KRISTOFFERSON: Sensory attention. Technical report No. 36, Dpt. of Psychol. McMaster Univ. (1969); R. W. LANSING: Relation of brain and tremor rhythms to visual reaction time. J. Electroencephalogr. a. clin. Neurol. 9 (1957) 497-504; P. L. LATOUR: Evidence of internal clocks in the human operator. Acta psychol. 27(1967) 341-348; P. H. VENABLES: Periodicity in reaction times. Brit. J. Psychol. 51 (1960) 37-43; P. A. VROON: Is there a time quantum in duration experience? Amer. J. Psychol. 87 (1974) 237-245; E. G. WALSH: Visual reaction time and the alpha-rhythm, an investigation of a scanning hypothesis. J. Physiol. 118 (1952) 500-508. – [60] STROUD (1955), a.O. [6] 178f.; vgl. ALLPORT, a.O. [7] 396. – [61] R. EFRON: Conservation of temporal information by perceptual systems. Perception a. Psychophys. 14 (1973) 518-530; E. W. YUND und R. EFRON: Dichoptic and dichotic micropattern discrimination. Perception a. Psychophys. 15 (1974) 383-390. – [62] MCREYNOLDS, a.O. [51]. – [63] a.O. 320. – [64] 328f. – [65] T. SHALLICE: The detection of change and the perceptual moment hypothesis. Brit. J. statist. Psychol. 17 (1964) 113-135. – [66] STROUD (1949), a.O. [6] 34. – [67] SHALLICE, a.O. [65] 132. – [68] J. SERVIÈRE, D. MICELI und Y. GALIFRET: A psychophys. study of the visual perception of 'instantaneous' and 'durable'. Vision Res. 17 (1977) 57-64. – [69] R. EFRON: The measurement of perceptual durations. Stud. gen. 23 (1970) 550-561; An invariant characteristic of perceptual systems in the time domain, in: S. KORNBLUM (Hg.): Attention and performance IV (New York 1973) 713-736. – [70] WHITE, a.O. [7]. – [71] EFRON, a.O. [19]. – [72] ALLPORT, a.O. [7] 396. – [73] Vgl. SHALLICE, a.O. [65] 117ff.; W. R. UTTAL: The psychobiol. of sensory coding (New York 1973) 362f.

Literaturhinweise. D. A. ALLPORT s. Anm. [7]. – R. N. HABER und M. HERSHENSON: The psychol. of visual perception (New York 1973) 135-151. – M. R. HARTER s. Anm. [51]. – C. T. WHITE s. Anm. [7].

O. NEUMANN

Monade, Monas (griech. μονάς, Einheit)

I. *Der Begriff ‹Monas› vor Leibniz.* – ‹Monas› bezeichnet zunächst bei PLATON im ‹Philebos› [1] die unwandelbar-unteilbaren Ideen, die ihm Seinsgründe für alle wandelbaren und teilbaren ὄντα (Seienden) sind. Damit steht Platon durchaus im Zuge *pythagoreischer* Tradition, die von der Monas als dem Urprinzip nicht nur der Zahlen, sondern aller Seienden sprach [2]. ARISTOTELES unterscheidet ausdrücklich die monadische Zahl (μοναδικὸς ἀριθμός), die unter der Quantitätskategorie steht [3], von dem Ontologisch-Einen (τὸ ἓν καὶ τὸ ὄν); im Gegensatz dazu strebt jedoch «im späteren *Neuplatonismus* und *Neupythagoreismus* das Prinzip des Metaphysisch-Einen an sich ... wieder auf das Prinzip der Monas als vor den eigentlichen Zahlen liegender ἀρχή der Zahlen zu» [4].

PLOTIN trennt die «monadische», aus Einheiten zusammengesetzte, abstrakte Zahl von der das Sein des Intelligiblen konstituierenden «substanziellen Zahl» (οὐσιώδης ἀριθμός). Die Monas ist das Minimum der arithmetischen Größe so, wie der Punkt Minimum der geometrischen Größe ist. Die Einheit der Monas erreicht daher nicht die unendliche, alles umfassende Einheit: πλειόνως ἓν ἢ μονὰς καὶ σημεῖον [5]. Die Transzendenz des ersten Prinzips wird noch gesteigert, wenn bei einigen Neuplatonikern das Unsagbare oder absolut Unerkennbare an der Spitze der Dinge steht. JAMBLICH nennt weiter das jeden Gegensatz übersteigende Eine, welches noch oberhalb des Gegensatzes von Monas und Dyade angesetzt wird [6]. DAMASKIOS unterscheidet außerdem zwischen der Einheit, in der Vielfalt völlig getilgt ist, und der Vereinigung, in der die Vielfalt durch das Eine bestimmt ist, ohne getilgt zu sein. Nach dem Unsagbaren folgt das Ein-Alle (τὸ ἓν πάντα) und das Geeinigte (ἡνωμένον), das triadische Struktur besitzt (Monas, Dyade, Triade) [7]. MARIUS VICTORINUS, der Übersetzer von Plotins ⟨Enneaden⟩, überträgt μονάς mit ⟨singularitas⟩ [8] – so auch TERTULLIAN und CALCIDIUS [9] – und unterscheidet die Monas (lat. unalitas) [10] von der Einheit-Vielheit im neuplatonischen Sinne (unitio oder counitio) [11]. – Die *christlichen Theologen* beschäftigt vor allem das Problem der Einheit einer Vielheit, nicht so sehr die Betrachtung der Einheit. Entsprechend endet bei AUGUSTINUS die Spekulation über den Ursprung der Zahlen nicht in der Einheitsmetaphysik der Neuplatoniker, sondern im trinitarischen Bekenntnis [12]. An die Stelle des absoluten Einen Plotins tritt der dreieinige Gott. Die Vorstellung von der Monas als gleichsam «geschlechtsloser Geistigkeit» und «vernünftiger Seelenkraft», der die Dyas als Entzweiung und negatives Prinzip entgegensteht, verwirft Augustin als Irrtum seiner Jugend [13].

PROKLOS verknüpft in seinem System eines triadischen Prozesses ständig mathematische und ontologische Dimensionen. Die Dynamik jeder einzelnen Trias und des Systems aller Triaden geht aus von der ursprünglichen, in sich verharrenden Einheit (μονή). «Da die Einheit (μονάς) der Ursprung (ἀρχή) ist, ist das Einheitlichere (μοναδικώτερον) besser und mächtiger als das, was der Ursache ferner steht» [14]. Die Dreiheit ist immer zugleich Einheit (μονάς) und Trias. Die Monas ist Quelle, Wurzel und Herd der Zahl. Die Zwei (Dyas) ist Mitte zwischen Einheit (μονάς) und Zahl [15]. Zwischen dem Einen und dem Nous ist für den Heiden Proklos Diad. Raum für die Götter, welche er als «triadische Monaden» bezeichnet: Monaden (M.n) sind sie gemäß ihrer Gottheit und «weil alles andere Seiende von den Göttern abhängt, Triaden aber, da sie selbst Glied einer Trias und jeweils Ursprung einer neuen Trias sind» [16].

PS.-DIONYSIOS AREOPAGITA bezeichnet in seiner christlich-neuplatonischen Einheitsmetaphysik die Monas als Prinzip der Zahlen, das jede Zahl ungeschieden in sich enthält (ἔχει πάντα ἀριθμὸν ἡ μονὰς ἐν ἑαυτῇ μοναχῶς) [17]. Das Verhältnis von Einheit und Zahlen entspricht dem der Radien des Kreises zum Mittelpunkt. Dabei spricht Ps.-Dionys von den Zahlen nicht nur als Gegenständen der Mathematik, sondern als Idealprinzipien der Einzelnaturen [18]. Die Einheit ist dreifach [19]. Die einfache Einheit (μονὰς καὶ ἑνάς), die den drei göttlichen Personen innewohnt, durchdringt alle Dinge von den himmlischen Naturen bis zum Untersten der Erde [20]. Ziel und Aufgabe des Menschen ist es, mit dem Einen verbunden und mit der heiligen Einheit (πρὸς ἱερὰν μονάδα) vereinigt zu werden: «Wir werden zu einer gottgestaltigen Einheit verbunden» (εἰς θεοειδῆ μονάδα συναγόμεθα) [21]. Dies geschieht im Prozeß der Einung der Gottheit selbst, die sich zu der ihr eigenen Einsheit (εἰς τὴν οἰκείαν μονάδα) zusammenfaßt [22].

JOHANNES ERIUGENA, der Übersetzer des Ps.-Dionysios im 9. Jh., verwendet dessen Bilder und Formulierungen, um die unteilbare Einheit der natura creatrix, seines ersten Weltprinzips, und ihre scheinbar widersprechende Entfaltung zur Vielheit der 'natura creata' verständlich zu machen. Entsprechend bestimmt er das Verhältnis Monas/Zahl: «... in monade omnis numerus ante subsistit, et habet numerum omnem monas in semetipsa singulariter, et omnis numerus unitur quidem in monade» (... in der Monas ist jede Zahl vorexistent, und die Monas hat jede Zahl in sich selbst, und jede Zahl wird zur Einheit in der Monas) [23]. Der erste Satz im pseudo-hermetischen ⟨Liber XXIV Philosophorum⟩ bedient sich des Monas-Begriffs ⟨Monas⟩, um die göttliche Trinität in neupythagoreischer Weise zu verdeutlichen: «Gott ist die Einheit (Monas), die eine (zweite) Einheit erzeugt und (drittens) in sich selbst ihre Glut zurückwirft» (Monas monadem gignit vel genuit, et in seipsum reflexit amorem sive ardorem) [24]. Diesen Satz zitiert schon ALANUS AB INSULIS [25] und übernimmt ihn als dritte seiner «regulae theologicae» [26]. Damit gewinnt er Eingang in die große hermetische und neuplatonische Literatur des Mittelalters.

Nach Meister ECKHART nimmt vor allem CUSANUS die verschiedenen Traditionsströme auf. Er entfaltet den monadischen Gedanken, auch wenn er den Begriff ⟨Monas⟩ selten gebraucht. Er versteht «monas seu singulare» als das Eine im Bereich der Zahlen und unterscheidet es streng von dem «unum absolutum», «das unteilbar ist für jede Weise der Teilung und das ohne jede Zweiheit verstanden wird» [27]. In Gegenüberstellung zur Einheit des Punktes als dem Prinzip der Ausdehnung verwendet er aber ⟨monas⟩ und ⟨unum⟩ synonym: «Unum seu monas est simplicius puncto» [28]. Cusanus fragt radikal nach dem absolut Einen und Dreieinen als Ursprung, er legt in ⟨De coniecturis⟩ eine entfaltete Einheitsmetaphysik vor und entwickelt den Gedanken der «singularitas», indem er jedes einzelne Seiende als «contractum», als je einmalige Zusammenfassung, als individuellen, lebendigen Spiegel des gesamten Universums versteht [29].

Innerhalb der Metaphysik der beginnenden *Neuzeit* gewinnt die Monas philosophische Relevanz zuerst in G. BRUNOS Spätschriften [30]. Seine Lehre vom dreifachen Minimum nimmt die Welt der Zahl zum Vorbild und Modell: «monas rerum substantia est rationaliter in numeris, essentialiter in omnibus ..., compositum porro nullum substantia vera est.» In der Körperwelt erscheinen die M.n als Atome: «numerus est accidens monadis et monas est essentia numeri; sic compositio accidit atomo et atomus est essentia compositi». «Den Gedanken ... einer strukturellen Heterogenität zwischen unendlich teilbarem Raumkontinuum und den diskreten Minima-M.n der Realität» umgeht Bruno dadurch, «daß er auch alles Extensiv-Quantitative in mathematicis diskretionistisch zu verstehen sucht» [31]. Jedes Einzelding ist besonderer und einzigartiger, wesenhaft lebendiger Spiegel des Weltganzen. Gott mit aller Fülle und Unendlichkeit ist nicht nur in der Welt als einem Ganzen, sondern auch im Einzelwesen. Das wahre Unteilbare ist daher Monade (M.), «ein einfach-unvergängliches Einzelwesen, eine aus eigenen Quellen sich auswirkende individuelle Daseinsform des göttlichen Allebens» [32].

Dieser Gedanke lebt in der Naturphilosophie eines AGRIPPA VON NETTESHEIM, PARACELSUS und VALENTIN

WEIGEL fort, ausgeprägt findet sich der M.n-Begriff bei HENRY MORE und dem jüngeren VAN HELMONT. Nach MORE, der unter dem Einfluß neuplatonisch-christlicher Gotteslehre und der Kabbala steht, strahlen aus der Unbewegten M. alle Weisen des Seienden aus: Gott ist als allgegenwärtiger Mittelpunkt wirksam in den einzelnen Seelen und Geistern wie auch in den Elementareinheiten der materiellen Welt, die er als gegeneinander selbständige und undurchdringliche Körperchen auffaßt (actu solutae monades, quamquam contiguae) [33]. Unter dem Einfluß der Archeus-Lehre des PARACELSUS liegt der Schwerpunkt der M.n-Kosmologie des F. M. VAN HELMONT im Thema des Organischen. Die «physische M.» wird streng abgegrenzt gegen das Atom und das mathematische Minimum. Mit Hilfe des M.n-Begriffs wird eine Antwort gesucht auf die «Problematik der unabsehbar teilbaren und unterteilbaren, aber doch jeweils einheitlich lebenden und sich im Sein erhaltenden Organismen» [34]. Dieses Problem stellt sich dann umfassend LEIBNIZ, der den Terminus ‹M.› historisch aus *kabbalistischen* Quellen entnimmt [35]. Materie wird dort verstanden als «ein Zusammenschluß geistiger M.n, die erstarrt sind» (coalitio monadum spiritualium torpentium). Die Welt besteht «aus göttlichen Geistern und Teilen der göttlichen Wesenheit, die zu M.n und physischen Punkten kontrahiert und verdichtet sind» (ex divinis spiritibus particulisve divinae essentiae in monadas punctave physica contractis et constipatis ...) [36].

Anmerkungen. [1] PLATON, Philebos 15 b 1. – [2] Vgl. z. B. PHILOLAOS, VS B 8 = 1 (⁶1951) 410. – [3] ARISTOTELES, Met. 1089 b 35f. – [4] H. HEIMSOETH: Atom, Seele, Md. (1960) 78. – [5] PLOTIN, Enn. VI, 9, 6, zit. D. MAHNKE: Unendliche Sphäre und Allmittelpunkt (1937) 221 Anm. 1. – [6] JAMBLICHOS bei DAMASKIOS, Dub. et sol. § 50, I, 101, 14-21; § 51, 103, 7; § 52bis, 104, 15, hg. CH. E. RUELLE (ND Amsterdam 1966). – [7] DAMASKIOS, a.O. § 55. – [8] MARIUS VICTORINUS, Adv. Ar. IV, 21, 30; Hymn. III, 224; P. HADOT/U. BRENKE: Marius Victorinus. Christl. Platonismus, in: Bibl. der alten Welt 20 (1967) 299. 340. – [9] TERTULLIAN, Adv. Valent. 38, 2; CALCIDIUS, In Tim. § 39. 88, 13-16 (WASZINK). – [10] VICTORINUS, Adv. Ar. I, 49, 9; 50, 20; dtsch. a.O. [8] 190. 192. – [11] Adv. Ar. I, 50, 20; I, 61, 10; dtsch. a.O. 206. – [12] Vgl. J. KOCH: Augustinischer und Dionysischer Neuplatonismus und das MA, jetzt in: W. BEIERWALTES: Platonismus in der Philos. des MA (1969) 323ff. – [13] AUGUSTIN, Conf. IV, hg. J. BERNHART (1955) 177. – [14] PROKLOS, In Tim. I, 23, 30; zit. W. BEIERWALTES: Proklos (1965) 28. – [15] Vgl. a.O. 25. – [16] Theol. Plat. III, 14, 144, 13f.; vgl. BEIERWALTES, a.O. 93 Anm. 19. – [17] PS.-DIONYSIOS AREOPAGITA, MPG 3, 977. – [18] MPG 3, 820; vgl. KOCH, a.O. [12] 325. – [19] MPG 3, 373 D. – [20] MPG 3, 212 C. – [21] MPG 3, 589 D. – [22] MPG 3, 429. – [23] JOH. SCOTUS ERIUGENA, MPL 122, 618 ab; vgl. MAHNKE, a.O. [5] 190. – [24] Zit. MAHNKE, a.O. 169. – [25] ALANUS AB INSULIS, MPL 210, 405. – [26] MPL 210, 624. – [27] CUSANUS, De ber. 12, hg. L. BAUR. Op. omnia XI/1 (1940) n. 13, 5. – [28] De ber. 17, n. 21, 2. – [29] Vgl. z. B. De coni. I, 13, 67. – [30] G. BRUNO: De triplici minimo et mensura (1591) I. Op. lat. conscr. (Neapel/Florenz 1879-91, ND 1962) 140. – [31] HEIMSOETH, a.O. [4] 81. – [32] Die sechs großen Themen der abendl. Met. (⁴1958) 187. – [33] a.O. [4] 338. – [34] 339. – [35] G. W. LEIBNIZ, Philos. Schr., hg. C. I. GERHARDT 3, 546; 4, 524. – [36] Zohar. Kabbala denudata seu doctrina Hebraeorum transcendentalis, übers. und hg. CHR. KNORR VON ROSENROTH 1 (1677); 2 (1684); zit. 2/6, 310; I/2, 293 nach W. BEIERWALTES: Proklos (1965) 13 Anm. 73.   FR. LÖTZSCH

II. *Von Leibniz bis Kant.* – 1. Der heute geläufige Begriff ‹Monade› (M.) erfährt seine systematische Ausprägung durch LEIBNIZ, dessen Philosophie in der M.n-Lehre kulminiert. In ihr führt die neuzeitliche Erfahrung von der Individualität des Einzelnen, bei Descartes im cogito-Argument angelegt, zur Erhebung des seelenhaften Ich zur Substanz. Ihre unendliche Zahl ideeller, individueller und dynamischer Substanzen, die – obgleich fensterlos – das ganze Universum spiegeln oder repräsentieren, stellt Leibniz dem cartesianischen Dualismus, einem Monismus spinozistischer Prägung wie auch dem physischen Atomismus etwa Gassendis entgegen.

2. Als Bezeichnung für die individuelle Substanz verwendet Leibniz den Ausdruck ‹M.› erstmals 1696, wesentliche Komponenten finden sich spätestens seit dem ‹Discours de Metaphysique› (1686); zusammenfassende Darstellungen geben die ‹Monadologie› und die ‹Principes de la Nature et de la Grace, fondés en raison› (beide 1714) [1]. Danach ist die *M.n-Lehre* folgendermaßen zu kennzeichnen:

Elemente der aristotelisch-thomistischen Seelenlehre und den scholastischen Grundsatz «ens et unum convertuntur» aufnehmend wird die M. als *Einheit* gedacht, als das, was keine Teile hat: «La *Monade* ... n'est autre chose, qu'une substance simple, qui entre dans les composés; *simple*, c'est à dire, sans parties» [2]. Nur organische Lebewesen (Menschen, Tiere, Pflanzen) stellen solche Einheiten dar, nicht aber Körper, die bloße Aggregate und «phaenomena» sind [3]. Da es Zusammengesetztes gibt, muß es auch Einheiten geben [4], die jedoch nicht materiell sein können, weil Körper nach Leibniz' Auffassung bei beliebig fortgesetzter Teilung nicht zu etwas führen, das als «unum per se» bezeichnet werden könnte. Also sind M.n immateriell und haben keine Ausdehnung, sie sind gleichsam «metaphysische Punkte» [5] und als Substanzen auf natürliche Weise weder herstellbar noch zerstörbar [6]. Ihrer Zahl nach sind sie unendlich und wegen der «identitas indiscernibilium» alle voneinander verschieden [7].

Ein weiteres wesentliches Bestimmungsstück der M.n ist ihr *Dynamismus:* «La Substance est un Etre capable d'Action» [8]. Da sich M.n nur hinsichtlich ihrer inneren Zustände, der *Perzeptionen* («perception») unterscheiden, beruht er auf einem inneren *Streben* («appetition»), das die M. von Perzeption zu Perzeption nach einem inneren Prinzip gesetzmäßig fortschreiten läßt: Deshalb spricht Leibniz von M.n auch als von «Entelechien» [9]. M.n, deren Perzeptionen «von Erinnerung begleitet» sind, nennt er *Seelen* («ame») [10]: Damit haben im Gegensatz zur cartesischen Auffassung auch Tiere eine Seele. Perzeptionen, die «die äußeren Dinge darstellen», sind von *Apperzeptionen* zu unterscheiden, womit «das Selbstbewußtsein oder die reflexive Erkenntnis» bezeichnet wird [11]. Der Apperzeption fähige M.n heißen *vernünftige Seelen* oder *Geister* («ame raisonnable», «esprit») [12]. – Neben den bewußten muß es auch unbewußte Perzeptionen geben, weil unter der Voraussetzung der Kontinuität aller Abläufe ein Mensch sonst beispielsweise nicht aus einem tiefen Schlaf oder einer Bewußtlosigkeit geweckt und zu Bewußtsein gebracht werden könnte [13]. Damit ergibt sich eine kontinuierliche Abstufung der M.n von den schlummernden M.n («Monades simples», «toutes nues») [14] mit nur verworrenen Perzeptionen bis hin zu der ständig mit völliger Deutlichkeit apperzipierenden göttlichen *Monas monadum;* dazwischen liegen die Tier- und Geist-M.n.

M.n mit deutlichen Perzeptionen sind *tätig*, mit bloß verworrenen *leidend* [15]. Dies führt zu einer Ordnung der M.n, da jeder M. als «phaenomenon» ein Körper zugehört, der aus Teilen zusammengesetzt ist, denen M.n niedriger Stufe entsprechen [16]; die göttliche M. bildet als einzige insofern eine Ausnahme, als «Gott allein vom Körper gänzlich losgelöst ist» [17].

Die M.n *spiegeln* – zumeist verworren und jede unter einem anderen Gesichtspunkt – das ganze Universum. «Chaque substance simple a des rapports qui expriment toutes les autres, et qu'elle est par consequent un miroir vivant perpetuel de l'univers» [18]. Diese Spiegelung ist als Repräsentation nicht auf die Gegenwart beschränkt, sondern umfaßt alle vergangenen und virtuell auch alle zukünftigen Zustände des Universums [19]. Dabei darf die Spiegelung keinesfalls als kausale Ein- oder Wechselwirkung verstanden werden; vielmehr sind M.n *fensterlos* («les Monades n'ont point de fenêtres, par lesquelles quelque chose y puisse entrer ou sortir» [20]), weil eine Einwirkung ihrem Charakter als substantielle Einheit widerspräche. Was phänomenal als Wirkung wahrgenommen wird, beruht vielmehr auf einem «idealen Einfluß», der insofern «durch Vermittlung Gottes zustande kommt», als Gott beim Denken eines möglichen Weltlaufs schon vor der Schöpfung jede einzelne individuelle Substanz berücksichtigt, da «in jeder möglichen Welt alles miteinander in Verbindung steht» [21]. Daß die in den isolierten M.n unabhängig ablaufenden Perzeptionsfolgen in dieser Weise aufeinander abgestimmt sind und sowohl dem idealen Einfluß als Realisierung einer gedachten möglichen Welt als auch dem kausalen Einfluß der Körper als Aggregate entsprechen, garantiert das Prinzip der *Prästabilierten Harmonie*.

3. Unter *systematischen* Gesichtspunkten läßt sich die Leibnizsche M.n-Lehre als Verschmelzung folgender drei Komponenten verstehen: a) der analytischen Urteilstheorie, b) des Entelechiedenkens und c) der cartesischen Grade der Erkenntnis. Die erste Komponente sichert die Synthese logischer und ontologischer Ansätze. Sie gestattet es Leibniz, den «vollständigen Begriff einer individuellen Substanz» so zu konzipieren, daß dieser explizit jeden anderen vollständigen Begriff in einer möglichen Welt oder einer «series rerum» berücksichtigt, damit die Kompossibilität und Widerspruchsfreiheit (als Definiens der Möglichkeit) garantiert ist [22]. Auf dieser Grundlage sind Fensterlosigkeit, Repräsentation des Universums und prästabilierte Harmonie für die M.n systematisch rekonstruierbar [23]. – Die zweite Komponente verbindet Inhalte des aristotelischen Entelechie-Denkens mit dem naturwissenschaftlich orientierten Begriff der «vis activa» zur Dynamik der M. als «res agens» [24]. – Die dritte Komponente bringt erkenntnistheoretische mit ontologischen Bestimmungen zur Synthese; denn die von Leibniz verfeinerte und präzisierte cartesische Abstufung der Erkenntnis [25] bezieht – im Gegensatz zur sub specie aeterni konzipierten Urteilstheorie – das menschliche Erkenntnisvermögen mit ein und führt als Gradabstufung der Perzeptionen zur Ordnung und Organisationsform der M.n [26].

4. Wenn sich Leibniz' ideell-begriffliches M.-Konzept zum Begriff der physischen M. des frühen Kant wandeln konnte, ist dies in einer schrittweisen Änderung des Inhalts begründet, der darauf beruht, daß die konstitutiven Komponenten des Leibnizschen Ansatzes – etwa die analytische Urteilstheorie – gar nicht vollständig bekannt (weil unveröffentlicht) waren oder – wie der Kraft-Begriff – unter dem Einfluß Newtons durch andere substituiert werden [27]. Schon von CHR. WOLFF wird die Leibnizsche M.n-Lehre nur bedingt übernommen [28]. Statt von M.n spricht er von «einfachen Dingen» bzw. «entia simplicia». Die für eine Definition nicht hinreichende ausschließende Bestimmung «ens simplex dicitur, quod partibus caret» [29] entspricht der von Leibniz, ebenso die Kennzeichnung durch Unräumlichkeit und Unteilbarkeit. Doch bestehen folgende drei gravierende Unterschiede, die bereits den Weg zu Kants Konzept physischer M.n öffnen: a) Körpern wird als «substantiae compositae» wieder der Rang von – wenn auch abgeleiteten – Substanzen zugesprochen. Weiter gibt es «elementa rerum naturalium», die als «atomi naturae» keine Perzeptionen haben [30]: Damit wird Wolffs M.n-Lehre dem cartesischen Dualismus angenähert, wenngleich unter Beibehaltung der Vielfalt diskreter Substanzen und unter Betonung deren Immaterialität. b) Mit der Abschwächung der prästabilierten Harmonie zu einem psychophysischen Parallelismus und der Einengung der analytischen Urteilstheorie auf Vernunftwahrheiten wird die Repräsentationsthese entscheidend abgeschwächt. Denn wenn sich nach Wolff «der innere Zustand eines jeden einfachen Dinges auch nach allen zusammengesetzten richten muß, die um dasselbe als um einen Mittelpunct herum sind» [31], werden weder das Universum gespiegelt noch die einfachen Substanzen (M.n), sondern allein die benachbarten Körper [32]. c) Anstelle einer einheitlichen Kraft oder eines einheitlichen Vermögens der M.n schlägt Wolff vor, neben einer vis perceptiva der Seelen für die «Elemente der cörperlichen Dinge» eine «widerstrebende Kraft» als «vis motrix» des Leibes einzuführen [33]. Damit fällt auch die Fensterlosigkeit, denn «omnes mutationes animae a sensatione originem ducunt» [34]. Entsprechend läßt Wolff offen, ob es schlummernde M.n gibt [35].

5. Mit geringfügigen Modifikationen wird die M.n-Lehre in dieser Form in der Wolffschen Schule vertreten, so von L. P. THÜMMIG und G. B. BILFINGER. J. CH. GOTTSCHED verschärft die mit Wolff eingeleitete Umdeutung, wenn er versucht, den M.n unter Aufgabe der «vis perceptiva» (und damit des Entelechie-Charakters) allein Wolffs «widerstehende Kraft» zuzusprechen, um die Zusammensetzung zu Körpern zu erklären: «Denn weil sie [die M.n] bewegende und wiederstehende Kräfte haben, so durchdringet eins das andere nicht: Sondern ein jedes bleibet ausser dem andern. Daher erfüllen viele, die neben einander sind, einen Raum» [36]. Entsprechend möchte Gottsched dem «influx physicus» vor der – durch Wolff schon abgeschwächten – prästabilierten Harmonie den Vorzug geben [37]. – Dagegen kehrt A. G. BAUMGARTEN wieder zur Leibnizschen Konzeption der M.n zurück. Neben den in der Wolffschen Schule geläufigen Bestimmungen dehnt er den M.n-Begriff wieder aus auf «monades nudae, im tiefen Schlaf liegende M.n» [38]. Weiter betont er, jede M. sei ein Mikrokosmos und habe innere Kräfte («vires repraesentativae sui universi» [39]); damit wird wieder sowohl die Repräsentationsthese als auch die prästabilierte Harmonie zwischen M.n unverkürzt vertreten. Andererseits fällt auf, daß auch Baumgarten – wenngleich beiläufig – schreibt, M.n seien «impenetrabilis» [40] – womit ihm der Weg offensteht zur These «quaedam monades huius universi sunt puncta physica» [41].

Die M.n-Lehre war Gegenstand heftiger Kontroversen, die bereits kurz nach 1720 zwischen Anhängern und Gegnern Wolffs einsetzten [42] und in der Preisaufgabe der Berliner Akademie von 1747 gipfelten [43]. Im Bestreben, hier zu vermitteln, nimmt I. KANT in Fortführung der in der Wolffschen Schule angelegten Konzeption der Körper-M.n in seiner vorkritischen Periode «monades physicae» an, die er in geläufiger Weise negativ definiert: «Substantia simplex, monas dicta, est, quae non constat pluralitate partium, quarum una absque aliis separatim existere potest». «Corpora constant partibus, quae a se invicem separatae perdurabilem habent existentiam» [44]. Jede M. erfüllt einen Raum, «non solum est in spatio, sed et implet spatium» [45], und zwar als Sphäre oder Umfang ihrer Wirksamkeit (sphaera, ambium activitatis) [46]. Diese beruht auf der «impenetrabilitas» der M.n, die, wie schon in der Wolffschen Schule, als abstoßende Kraft verstanden wird, zu der jetzt aber eine anziehende Kraft hinzutritt [47]; beide zusammen bewirken eine Elastizität der M.n [48]. – Dieser M.-Begriff, den Kant auch in seinen Metaphysik-Vorlesungen um 1763 vertritt [49], klammert seelenhafte M.n aus [50]. Er übernimmt vom tradierten Begriff die Substantialität, Punktualität und Kraftbegabtheit, doch entfällt jede teleologische und jede das Universum spiegelnde Komponente. – In seiner kritischen Philosophie bezeichnet Kant die M.n Leibnizens als «noumena» [51].

Anmerkungen. [1] Philos. Schr. von G. W. LEIBNIZ, hg. C. I. GERHARDT 1-7 (1875-1890) (= PSG) 4, 427-463; 6, 598-606; 6, 607-623. – [2] Monadol. § 1. – [3] An des Bosses (29. 5. 1716). PSG 2, 520; Mon. § 63; vgl. G. MARTIN: Leibniz. Logik and Met. (1960) §§ 25. 35. – [4] Mon. § 2. – [5] PSG 4, 482. – [6] Mon. § 4. – [7] § 57 bzw. 9. – [8] Princ. § 1; Nouveaux Essais, Préface. Akad.-A. VI/6, 53; Théod. § 400. – [9] Mon. §§ 14f. bzw. 18. – [10] Mon. § 19; Princ. § 4. – [11] Princ. § 4. – [12] Mon. § 29; Princ. § 5. – [13] Mon. §§ 22-24. – [14] § 24. – [15] § 49. – [16] §§ 63-70. – [17] § 72. – [18] §§ 56f. – [19] Disc. Met. § 9. – [20] Mon. § 7. – [21] § 51 bzw. Théod. § 9. – [22] PSG 7, 311; 4, 433; Primae Veritates, in: Opuscules et frg. inéd. de Leibniz, hg. L. COUTURAT (Paris 1903) 521. – [23] Vgl. L. COUTURAT: Sur la mét. de Leibniz. Rev. Mét. 10 (1902) 1-25; G. H. R. PARKINSON: Logic and reality in Leibniz's met. (Oxford 1963) ch. 5f. – [24] Vgl. M. GUEROULT: Dynamique et mét. Leibniziennes (Paris 1934); J. JALABERT: La théorie leibnizienne de la substance (Paris 1947). – [25] Méditationes de Cognitione, Veritate et Ideis. PSG 4, 422-426. – [26] Vgl. J. MITTELSTRASS: M. und Begriff. Stud. Leibn. 2 (1970) 171-200; H. POSER: Zum Begriff der M. bei Leibniz und Wolff. Stud. Leibn., Suppl. 14 (1975) 383-395. – [27] Lit. zur M.n-Lehre und zur Kontroverse darüber im 18. Jh. vgl. K. MÜLLER (Hg.): Leibniz-Bibliogr. (1967) bes. Nr. 2096-2212; Stud. Leibn. und Stud. Leibn., Suppl. (1969ff.). – [28] CHR. WOLFF: Vernünfftige Gedancken von Gott ... (1719) (= Dtsch. Met. I) § 598; Anderer Theil (= Anmerckungen zu ..., 1724) (= Dtsch. Met. II) § 215. – [29] Philosophia prima sive Ontol. (1729) § 673. – [30] Psychologia rationalis (1734) §§ 644. 712; Cosmologia generalis (1731) §§ 184ff. – [31] Dtsch. Met. I, § 596. – [32] Vgl. POSER, a.O. [26] 391f.; M. CASULA: Die Lehre von der prästab. Harmonie in ihrer Entwickl. von Leibniz bis A. G. Baumgarten. Stud. Leibn., Suppl. 14 (1975) 397-414. – [33] CHR. WOLFF, Dtsch. Met. II, §§ 215. 251; Psychol. rat. §§ 79f.; Cosmol. §§ 196. 135. – [34] Psychol. rat. § 64. – [35] Dtsch. Met. I, §§ 806. 900. – [36] J. CHR. GOTTSCHED: Erste Gründe der gesamten Weltweisheit (1733/34) I, § 397. – [37] a.O. I, §§ 637-645. – [38] A. G. BAUMGARTEN: Metaphysica (1739) § 401. – [39] a.O. § 400. – [40] § 398. – [41] § 399. – [42] Vgl. J. G. WALCH: Philos. Lex. (1726, ⁴1775) Art. ‹Monades›. – [43] Vgl. MÜLLER, a.O. [27]. – [44] I. KANT, Monadol. physica (1756) prop. I bzw. – [45] prop. V. – [46] prop. VI. VII. – [47] prop. VIII bzw. X. – [48] prop. XIII. – [49] Mitschr. HERDERS. Akad.-A. 28/1; vgl. K. VOGEL: Kant und die Paradoxien der Vielheit (1975) 221ff. – [50] KANT, a.O. [44] I ann. – [51] KrV A 266.

Literaturhinweise. H. HEIMSOETH: Atom, Seele, M. (1960). – K. VOGEL s. Anm. [49]. H. POSER

III. *19. und 20. Jahrhundert.* – Die Geschichte des M.n-Begriffs *nach* Kant gehört zur Geschichte der Philosophien *gegen* Kant, die über ihn hinaus – und auf Leibniz zurückgehen: vom Bewußtsein zur Wirklichkeit. Die Monadologien kennzeichnet meist ein erkenntnistheoretischer Realismus. Der M.n-Begriff taucht auf im Horizont der Frage nach der Materie (Dynamismus-Atomismus, Zellenlehre), nach dem Leib-Seele-Verhältnis (psychophysischer Parallelismus, Psychosomatik) und der Seele bzw. Subjektivität, Individualität, Person. Der Begriff verarmt, seine Elemente vereinzeln sich. So kann der Herausgeber BOLZANOS ursprünglich anonym erschienene Schrift ‹Athanasia› als Monadologie bezeichnen, obwohl hier nur die Momente der Unsterblichkeit, der Einfachheit der Seele und des Seelenschlafs aufgenommen werden [1].

Der erste, der in der Auseinandersetzung mit der Transzendentalphilosophie auf Leibniz' M.-Lehre zurückgreift, ist HERBART. M.n sind für ihn «Realen»: letzte begriffliche und körperliche sich durchdringende Einheiten, jedoch ohne Bewußtsein und Perzeption. Wie jedes andere Reale ist die Seele ein «einfaches Wesen» und funktioniert nach den Prinzipien der Selbsterhaltung und Störung. Sie gewinnt ihre Vorstellungskraft erst in Verbindung mit anderen Realen [2]. Im Anschluß an Herbart gewinn die M.-Lehre im Verlauf des 19. Jh. so sehr an Einfluß, daß J. FROHSCHAMMER 1879 schreiben kann: «In neuester Zeit gibt es ausser Hegels und Schopenhauers Anhängern wohl wenige Philosophen, welche nicht irgend einer Art Monadologie huldigen» [3].

LOTZE bemängelt an Herbart die Vorstellung eines Seelensitzes, als wäre die Seele ein räumlich lokalisierbares Atom: Wie das unausgedehnte Atom ist sie zwar ein einfaches Wesen, aber «übersinnlich» [4]. Die Behauptung einer einfachen Seelensubstanz handelt ihm von FECHNER den Vorwurf ein, wie Leibniz und Herbart ein Monadologe zu sein. Fechner ist für Lotzes prominenter Antipode, seine Streitschrift ‹Über philosophische und physikalische Atomenlehre› (1855) ein Höhepunkt im sogenannten Atomismusstreit [5]. Fechner (wie Lotze studierter Mediziner) verallgemeinert Cauchys und Faradays Äthertheorie zu einer allgemeinen Theorie der Materie und findet seinen «einfachen Atomismus» bereits von BOSCOVICH in dessen ‹Philosophiae naturalis Theoria› (1759) vorweggenommen: Atome sind mathematische, diskrete Punkte, einfache Kraftzentren, auf deren Relationen sich alle Erscheinungen von Kraft und Materie zurückführen lassen müssen. Mit einem bestimmten Grad von Komplexität der Relationen überschreiten die Atome die «Schwelle» des Bewußtseins. Vorausgesetzt ist ein theologisch begründeter «psychophysischer Parallelismus»: Die ganze Welt ist beseelt, aber nur ihr kompliziertestes Wesen, der Mensch, hat die Bewußtseinsschwelle überschritten [6]. Die Seele ist also nicht einfach, sondern komplex. Gegenüber dem monadologischen Atomismus von Herbart nennt Fechner seinen Atomismus synechologisch. E. V. HARTMANN zieht aus Fechners Atomenlehre den Schluß, daß der einfache Atomismus wieder umschlägt in einen Leibnizschen Dynamismus: Die einzige Realität der einfachen Atome sei die Kraftäußerung. Sie seien nur Vorstellungen, ihre Kraft hingegen Schopenhauerscher Wille; Fechners Atome seien durch die Schwellentheorie auf den neuesten Stand gebrachte M.n [7].

Der romantische Arzt und Naturphilosoph L. OKEN nannte die zuerst unter Leeuwenhoek unter dem Mikroskop entdeckten Infusorien auch «Punktthierchen» oder «M.n». Spekulativ nahm er die spätere Zelltheorie vorweg, indem er den gesamten Organismus als aus solchen Urtierchen zusammengesetzt ansah [8]. C. G. EHRENBERG bezeichnete nur die einfachste Klasse der Infusionstierchen als M.n [9]. Auf ihn und Leibniz bezieht sich R. VIRCHOW, wenn er die Zellen im Gegensatz zu den Atomen als Individuen und M.n charakterisiert; die Zellen leben in Gemeinschaft miteinander und bauen den Organismus als Zellenstaat auf; Virchow nennt sie auch die «Sterne» des Organismus. Anders als die Atome sind die Zellen als M.n «keine Theileinheiten, sondern Einheiten mit Theilen» [10].

Die Atomismusdebatte regte NIETZSCHE zum gründlichen Studium der Naturphilosophie von Boscovich an [11]. Monadologische Motive verraten sich in seiner Pindar entlehnten Forderung «Werde, der du bist»: «die Zentralkraft» eines Individuums zu entdecken, «den ganzen Menschen zu einem lebendig bewegten Sonnen- und Planetensystem umzubilden und das Gesetz seiner höheren Mechanik zu erkennen» [12]. Die Mikro-Makrokosmos-Analogie, von Leibniz als Spiegelung begriffen, wird für den Philologen Nietzsche zu einem hermeneutischen Vorgang («Der perspektivische Charakter des Daseins ... schließt unendliche Interpretationen in sich»), verhindert aber zugleich die Möglichkeit einer Mathesis universalis («wir können nicht um unsre Ecke sehn ...») [13]. Der Wille zur Macht als monadische Entelechie steht jeder prästabilierten Harmonie entgegen. So muß Nietzsche jede allgemeingültige Erkenntnis der Wirklichkeit ablehnen: «Es gibt keine dauerhaften letzten Einheiten, keine Atome, keine M.n: auch hier ist das 'Seiende' erst von uns *hineingelegt* ...» [14]: Fiktion wie Seele, Ich oder Subjekt. Neben Kopernikus wird Boscovich für Nietzsche zum Kronzeugen seiner Kritik am Augen- (und Sprach-)Schein [15].

Über Nietzsche hinaus wirkt die Atomismusdebatte noch in SIMMELS Philosophie und Soziologie nach [16]. Simmel promoviert über ‹Das Wesen der Materie nach Kants physischer Monadologie› (1881) und bezieht in seiner Soziologie zunächst Fechners Position: Die Individualität eines Menschen beruht nicht auf einer Seelensubstanz, sondern auf «sozialer Differenzierung» [17]. Die Soziologie ist eine Wissenschaft zweiten Grades, ihre Atome sind nicht einfach. Gegenüber dieser Konzeption wendet sich Simmel später immer stärker dem Menschen unabhängig von aller Vergesellschaftung zu, der nur noch nach seinem «individuellen Gesetz» lebt: eine fensterlose Monade, die in ihrer «Attitüde» eine eigene «Weltanschauung» hat und von der aus es keine «Brücke» zu anderen gibt [18].

Ähnlich wie dieser Individualitätsbegriff – ohne seine solipsistische Tendenz – ist der Personenbegriff von RENOUVIER und STERN aus Leibniz' M.-Lehre entwickelt [19].

DILTHEY sieht in Goethes Individualitätsvorstellung die höchste Entfaltung des Leibnizschen M.-Begriffs [20]. Goethes universalhistorische Ausweitung der autobiographischen Selbstbesinnung ist Diltheys geisteswissenschaftliches Ideal: der Übergang von der Biographie zur Weltgeschichte. In der M. und ihrer Entelechie findet Dilthey die geisteswissenschaftlichen Kategorien der Individualität und der Entwicklung vorgebildet [21]. Die Funktion der prästabilierten Harmonie erfüllt bei ihm der Begriff des Strukturzusammenhanges, der zwischen der Psyche des Individuums und dem epochalen Wirkungszusammenhang besteht.

CASSIRERS und HEIMSOETHS grundlegende Untersuchungen über Leibniz [22] verraten ein neu erwachtes Interesse der Neukantianer: «Leibniz' Philosophie ... sucht vom Bewußtsein zur Wirklichkeit vorzudringen» [23]. «Aus dem Begriff der M. spricht das Problem der 'Realität'» [24]. Gegenüber den neukantianischen Verkürzungen versucht MAHNKE die authentische Monadologie von Leibniz zu vergegenwärtigen, ohne die Errungenschaften Kants und Husserls aufzugeben [25]. Den Schritt vom Neukantianismus zum Neoleibnizianismus vollziehen dann HÖNIGSWALD und W. CRAMER [26]: der Begriff der M. überwindet die von Kant unbewältigte Dichotomie von transzendentalem Bewußtsein und Ding an sich (ohne in die Ontologie zurückzufallen), die M. ist «das Prinzip des Subjektiven», seine «Gegebenheit»: indem ich etwas erlebe, erlebe *ich* mich. Die Monadizität ermöglicht erst Erkenntnis und Verständigung mit anderen. Ganz ähnlich HUSSERL in den ‹Cartesianischen Meditationen›: der M.n-Begriff begründet die «Selbstkonstitution» der Phänomenologie. Die M. ist «das in voller Konkretion genommene Ego»: «Ich bin für mich selbst mir immerfort durch Erfahrungsevidenz als Ich selbst gegeben» [27]. Fremderfahrung wird nur möglich durch Spiegelung des anderen im monadischen Ego. Intersubjektivität ist M.n-Gemeinschaft.

W. BENJAMIN geht es nicht mehr um die Begründung von Subjektivität. Die M. bedeutet für ihn das Aufblitzen, der Augenblick der Idee: «Die Idee ist M. – das heißt in Kürze: jede Idee enthält das Bild der Welt» [28]. Sie ist ihr Mikrokosmos: «Jede Idee ist eine Sonne und verhält sich zu ihresgleichen wie eben Sonnen zu einander sich verhalten» [29]. Die M. ist eine planetarische Konstellation, d. h. eine Stillstellung der Zeit: «Wo das Denken in einer von Spannungen gesättigten Konstellation plötzlich einhält, da erteilt es derselben einen Chock, durch den es sich als M. kristallisiert. Der historische Materialist geht an einen geschichtlichen Gegenstand einzig und allein da heran, wo er ihm als M. entgegentritt. In dieser Struktur erkennt er das Zeichen einer messianischen Stillstellung des Geschehens ...» [30].

Noch vor den deutschen Neukantianern hatte PEIRCE, ebenfalls von Kant aus- und über ihn hinausgehend, die universale Kategorie «Firstness» (= M.) entwickelt. Sie meint das vage Fühlen: etwas existiert, unabhängig von allem Bezogensein auf anderes [31]. Der späte WHITEHEAD setzt für M. Ereignis (event): Der Kosmos ist ein schöpferischer Prozeß. In ihm entwickeln, durchdringen und überschneiden sich Ereignisse, durch «prehension» miteinander verbunden [32]. CARR versucht, den für die modernen Naturwissenschaften zentralen Gedanken der Relativität (Einstein) mit dem M.n-Begriff zu fassen [33].

Den Psychosomatiker V. VON WEIZSÄCKER interessiert am M.n-Begriff die Leib-Seele-Einheit, der Gestaltkreis der monadischen Existenz: Sie ist ereignishaft, pathisch, antilogisch [34].

Anmerkungen. [1] B. BOLZANO: Athanasia oder die Gründe für die Unsterblichkeit der Seele (²1838) X. – [2] J. F. HERBART: Lb. zur Einl. in die Philos. (1813). Sämtl. Werke, hg. G. HARTENSTEIN 1 (1850) 353. – [3] J. FROSCHAMMER: M.n und Weltphantasie (1879) 88. – [4] H. LOTZE: Mikrokosmus 1 (1856) 180f. 374ff.; vgl. M. WENTSCHER: Fechner und Lotze (1925). – [5] G. SCHOLTZ: «Historismus» als spekulative Geschichtsphilos.: Ch. J. Braniß (1792-1873) (1973) 138ff. – [6] G. TH. FECHNER: Die Tagesansicht gegenüber der Nachtansicht (1879, ³1919) 246f. – [7] E. V. HARTMANN: Philos. des Unbewußten (⁴1872) 463ff. – [8] L. OKEN: Allg. Naturgesch. für alle Stände (1833-1845) 5, 18; Die Zeugung (1805) 19ff.; vgl. D. MAHNKE: Unendliche Sphäre und Allmittelpunkt (1937) 14. – [9] C. G. EHRENBERG: Die Infusionsthierchen als vollkommene Organismen (1838) 1. – [10] R. VIRCHOW: Atome und Individuen [Vortrag von 1859], in: Drei Reden über Leben und Kranksein (1971) 41. – [11] 7] E. V. HARTMANN: Philos. des Unbewußten (⁴1872) 463ff. – [8] L. OKEN: Allg. Naturgesch. für alle Stände (1833-1845) 5, 18; Die Zeugung (1805) 19ff.; vgl. D. MAHNKE: Unendliche Sphäre und Allmittelpunkt (1937) 14. – [9] C. G. EHRENBERG: Die Infusionsthierchen als vollkommene Organismen (1838) 1. – [10] R. VIRCHOW: Atome und Individuen [Vortrag von 1859], in: Drei Reden über Leben und Kranksein (1971) 41. – [11] Vgl. A. MITTASCH: F. Nietzsche als Naturphilos. (1952) 14f.; K. SCHLECHTA und A. ANDERS:

F. Nietzsche. Von den verborgenen Anfängen seines Philosophierens (1962) 118ff. – [12] FR. NIETZSCHE, Werke, hg. K. SCHLECHTA 1, 292. – [13] a.O. 2, 249f. – [14] 3, 685. – [15] 3, 1178. – [16] Vgl. H. BÖHRINGER: Spuren von spekulativem Atomismus in Simmels formaler Soziol., in: H. BÖHRINGER und K. GRÜNDER (Hg.): Ästhetik und Soziol. um die Jh.-Wende: G. Simmel (1976). – [17] G. SIMMEL: Über soziale Differenzierung. Soziol. und psychol. Untersuchungen (1890). – [18] Brücke und Tür (1957) 251ff.; Lebensanschauung. Vier met. Kap. (1918). – [19] CH. RENOUVIER: La nouvelle monadol. (1899); Le personalisme (1903); W. STERN: Person und Sache 1-3 (1906-1924). – [20] W. DILTHEY: Der Aufbau der gesch. Welt in den Geisteswiss.en. Ges. Schr. 7, 199. – [21] a.O. 2, 465ff.; 3, 71ff. – [22] E. CASSIRER: Leibniz' System in seinen wiss. Grundl. (1902); vgl. H. HEIMSOETH: Die Methode der Erkenntnis bei Descartes und Leibniz (1914). – [23] CASSIRER, a.O. 350. – [24] R. HÖNIGSWALD: G. W. Leibniz (1928) 34. – [25] D. MAHNKE: Eine neue Monadol. Kantstud. Erg.H. 39 (1917). – [26] R. HÖNIGSWALD: Die Grundl.n der Denkpsychol. (²1925) 326ff.; Die Systematik der Philos. 1.2 (1976/77) 349ff.; W. CRAMER: Die M. Das philos. Problem vom Ursprung (1954); Grundleg. einer Theorie des Geistes (1957) 30ff. – [27] E. HUSSERL: Cartesianische Meditationen (1932) §§ 33. 44. 49. Husserliana 1 (²1963). – [28] W. BENJAMIN: Ges. Schr. I/1, 228. – [29] a.O. 298. – [30] a.O. I/2, 702f. – [31] CH. S. PEIRCE: Coll. papers, hg. CH. HARTSHORNE/P. WEISS (Cambridge, Mass. 1935, ⁴1974) 6. 32; vgl. J. v. KEMPSKI: Charles S. Peirce und der Pragmatismus (1952) 42f. – [32] A. N. WHITEHEAD: Process and reality. An essay in cosmol. (1941) 81. – [33] H. W. CARR: A theory of monades. Outlines of the philos. of the principle of relativity (London 1922). – [34] V. VON WEIZSÄCKER: Anonyma (1946).

Literaturhinweise. J. FROHSCHAMMER s. Anm. [3] 88-181. – F. A. LANGE: Gesch. des Materialismus 1.2 (⁵1896, ND 1974). – EISLER⁴ 2, 169-172: Art. ⟨M.⟩. – P. F. STRAWSON: Individuals (1959). – K. MÜLLER (Hg.): Leibniz-Bibliogr. (1967).

H. BÖHRINGER

Monarchianismus. Der in den patristischen Texten nicht belegte Begriff bezeichnet eine antitrinitarische Bewegung der vornicänischen Zeit (Ende 2. bis Mitte 3. Jh.), die in der damals noch unentschiedenen Trinitätsdebatte die Einheit Gottes festgehalten wissen wollte.

Deutet μοναρχία als ἅγιον κήρυγμα [1] auf eine einhellige Betonung des christlichen Monotheismus hin, so dient die einmalige Verwendung der Bezeichnung ⟨monarchiani⟩ bei TERTULLIAN [2] der ironischen Charakterisierung einer Teilrichtung des M. Den Terminus ⟨M.⟩ selbst verwendet A. HARNACK [3] im Sinne eines Sammelbegriffs für *alle* Richtungen dieser Bewegung.

Der M. zerfällt in zwei Hauptzweige, Dynamismus (auch: Adoptianismus) und Modalismus, denen die Ablehnung gnostischer und ditheistischer Tendenzen gemeinsam ist. Der Dynamismus mit seinen Hauptvertretern THEODOT DEM GERBER und PAUL VON SAMOSATA sieht in Christus einen Menschen, der, durch die Taufe mit einer göttlichen δύναμις versehen, seinen heilsgeschichtlichen Auftrag erfüllen konnte. Dagegen besteht der von NOËT ausgehende Modalismus auf der Gottheit Christi, indem er diesen durch Beseitigung seiner Personalität mit Gottvater identifiziert und beide als πρόσωπα (!) bzw. Modi der *einen* göttlichen μονάς auffasst: Αὐτός ἐστι Χριστὸς ὁ Πατήρ, αὐτὸς Υἱός, αὐτὸς ἐγγεννήθη, αὐτὸς ἔπαθεν (Der Vater selbst ist Christus, er selbst der Sohn, er selbst ist geboren und hat selbst gelitten) [4]. Diese, auch Patripassianismus genannte Position wurde durch SABELLIUS systematisiert und erweitert; in der Folgezeit diente die Benennung ⟨Sabelliani⟩ zur Bezeichnung der Modalisten schlechthin.

Anmerkungen. [1] DIONYSIUS PAPA, Adv. Sabellianos frg. MPL 5, 116 C. – [2] TERTULLIAN: Adv. Prax. X, 240, 1. CCSL 2, 1169. – [3] A. HARNACK: Lb. der Dogmengesch. 1 (1886, ⁴1909) 705-796.

– [4] HIPPOLYT, Contra haeresin Noeti cujusdam. MPG 10, 808 A.

Literaturhinweise. HIPPOLYT, Philosophoumena (S. Hippolyti Refutatio omnium haeresium). MPG 16, 3009-3468. – A. HARNACK: Art. ⟨M.⟩, in: Realenzyklop. prot. Theol. u. Kirche 13 (1896) 303-336. – G. BARDY: Art. ⟨M.⟩, in: Dict. de théol. cath. 10 (Paris 1903) 2193-2209. – V. MACCHIORO: L'eresi Noetiana (Neapel 1921). – K. MÜLLER: Dionys v. Alexandria im Kampf mit den libyschen Sabellianern. Z. neutestamentl. Wiss. u. Kunde der älteren Kirche 24 (1925) 278-285. – H. STORK: Die sog. Melchisedekianer (Theodotianer) (1928). – W. BAUER: Rechtgläubigkeit und Ketzerei im ältesten Christentum (1934). – E. EVANS: Tertullian's Treatise against Praxeas (London 1948). – TH. L. VERHOEVEN: Stud. over Tertullians' Adversus Praxean. Voornamelijk betrekking hebbend op monarchia, oikonomia, probola in verband met de triniteit (Amsterdam 1948). S. LORENZ/W. SCHRÖDER

Monarchie (von griech. μοναρχία; lat. monarchia, Alleinherrschaft; μόναρχος, monarchus, Alleinherrscher). «Die königliche Monokratie oder M. ist nichts anderes als eine erbliche Monokratie. Etymologisch bedeuten die beiden Worte ⟨Monokratie⟩ und ⟨M.⟩ dasselbe. Praktisch wird ⟨Monokratie⟩ im allgemeinen Sinn verwendet, während ⟨M.⟩ den erblichen Monokratien vorbehalten bleibt. Die M. ist historisch gesehen die am weitesten verbreitete Form der Monokratie ohne Versammlung» [1]. Die Stellung des Monarchen ist durch seine Identifizierung mit Gott (Theokratie) oder als Stellvertretung Gottes (divine right of kings, Gottesgnadentum) legitimiert, der Monarch mit dem Staat (L'état c'est moi) identifiziert oder in seiner Stellung als Familienoberhaupt oder als Eigentümer des Staates (Patrimonialstaat) gedeutet worden. Seit dem aufgeklärten Absolutismus wurde der Monarch auch als Staatsorgan (erster Diener des Staats) aufgefaßt. Je nachdem, ob er sein Amt kraft Erbfolge (Normalfall) oder kraft Wahl (die Kaiser des Hl. röm. Reiches dtsch. Nation) erlangt, spricht man von Erb- oder Wahl-M.

In der *Antike* hat schon HOMER die M. gepriesen: οὐκ ἀγαθὸν πολυκοιρανίη· εἷς κοίρανος ἔστω, / εἷς βασιλεύς (die Vielherrschaft ist nicht gut; einer soll Herrscher sein [im Frieden] und Führer [im Krieg]) [2]. Als Glied der Dreiheit M., Aristokratie und Demokratie wird die M. im Rahmen einer Staatsformenlehre vermutlich schon vor HERODOT [3] begrifflich bestimmt. Eine später immer wieder übernommene Einteilung hat, darin PLATON folgend [4], ARISTOTELES [5] gegeben: Er unterschied zwischen M., Aristokratie und Politie sowie ihren Entartungsformen (Tyrannis, Oligarchie und Demokratie). Dieses Schema verbindet das quantitative Kriterium der Anzahl der Herrschenden mit dem qualitativen Gesichtspunkt, ob die Macht von den Herrschenden zum allgemeinen Besten oder zum eigenen Vorteil ausgeübt wird.

Im *Mittelalter* wird ⟨M.⟩ meist nur in theoretisch-philosophischen Schriften gebraucht. So definiert ISIDOR VON SEVILLA vorbildlich für die Folgezeit die «monarchae» als die, die «singularem possident principatum» (die die Alleinherrschaft besitzen) [6]. Sonst tritt das Wort ⟨M.⟩ häufig hinter ⟨regnum⟩, ⟨imperium⟩, ⟨principatum⟩ zurück. THOMAS VON AQUIN verwendet ⟨monarchia⟩ und ⟨regnum⟩ synonym [7]. MARSILIUS VON PADUA setzt im Sinne der aristotelischen Staatsformenlehre die «regalis monarchia» der «tyrannis» entgegen [8]. Klassischer Ausdruck für den das Hochmittelalter bewegenden Streit zwischen Kaiser und Papst ist DANTES Streitschrift ⟨De Monarchia⟩. Obwohl Thomas ausgehend, postuliert er die Gleichberechtigung von geistlicher und weltlicher Gewalt in einer Universal-M., die von der Idee der römischen Weltherrschaft und der staufischen Reichsidee inspiriert ist. Schon vor der Indizierung durch das Trienter Konzil wurden diese Thesen von der Kirche bekämpft. Mit LEOS XIII. Rehabilitierung der M. knüpfte die katholische Soziallehre wieder an sie an.

Die frühe *Neuzeit* ist beherrscht von Begriff und Erscheinung des monarchischen Absolutismus (monarchia absoluta). Dieser steht im Gegensatz zu jeder Art organisch gewordener oder verfassungsmäßig geschaffener Mitherrschaft (monarchia moderata/temperata). Absolutistisch sind alle Herrschaftsformen, die unmittelbar von Gott abgeleitet werden (Theokratie). Ihr Urtypus ist das Gottkönigtum der alten Hochkulturen. Das christliche Verständnis des Gottesgnadentums enthält zwar vielfach noch theokratische Momente, betont jedoch den göttlichen Ursprung aller Gewalt, die Autorität des göttlichen Gesetzes sowie die Verantwortlichkeit des Herrschers vor Gott. Seit JELLINEK [9] unterscheidet man einen Absolutismus im Staat, den der Monarch ausübt, und einen Absolutismus des Staates. Im ersten Fall ist der Staat mehr oder weniger Objekt herrscherlicher Willkür.

Die aristotelische Verfassungslehre und damit Begriff und Stellung der M. innerhalb dieser behielten seit der Aristotelesrezeption des Mittelalters bis zur Schulphilosophie des 18. Jh. [10] im wesentlichen ihre Gültigkeit. Seit dem Ende des 16. Jh. haben jedoch einzelne Denker diese Lehre immer neu zu modifizieren versucht, bis sie in der Zeit der Französischen Revolution gänzlich obsolet wurde und damit auch der Begriff ‹M.› eine andere Bedeutung erhielt:

Der erste dieser Denker, J. BODIN, unterscheidet zwischen Regierungsweise und Staatsform, so daß die M. z.B. auch demokratisch regiert werden kann, wenn der Fürst alle an Ämtern, Stellen und Pfründen teilhaben läßt, oder aristokratisch, wenn er diese Privilegien nur einigen Untertanen (den Adligen, Reichsten oder Tüchtigsten) zuteilt [11]. Die M. verdient für Bodin den Vorzug vor anderen Staatsformen, weil es nur in ihr das «Souveränitätsrecht im strengen Sinn» geben kann. Sie muß aber, um die beste Staatsform zu sein, durch die aristokratische und demokratische Regierungsweise gemäßigt werden [12]. – Während in traditionellen Bahnen denkende Theoretiker wie R. FILMER die M. aus Adams Herrschaftsrecht als Vater begründen [13], erhält sie bei HOBBES allein aus praktischen Gründen den Vorzug: Zwar sieht auch er sie zunächst im Rahmen der überlieferten Staatsformenlehre, aber zwischen M. und Tyrannis besteht nur noch ein nomineller Unterschied [14]. Oberster Inhaber der Gewalt (absoluta potestas) kann sowohl ein Einzelner (Monarch) als auch mehrere (Ratsversammlung) sein. Die «unbeschränkteste M.», die von Beratungen über das politische Handeln möglichst unabhängig ist, dient aber der Friedenssicherung, dem Ziel und Zweck des Staates [15]. – Bei MONTESQUIEU wird das alte Schema der sechs Staatsformen weiter aufgelöst. Die M., die ihrer Natur nach die Herrschaft eines Einzelnen nach festen Gesetzen (im Gegensatz zur Despotie, in der ohne Gesetze regiert wird) ist, wird funktionsfähig nur durch das Prinzip der Ehre, des Bewußtseins für Standes- und Rangunterschiede, Adel und Auszeichnungen; zu ihr gehören aber ebenso notwendig auch Zwischengewalten als «Vermittlungskanäle, durch welche die Macht fließt» [16]. – ROUSSEAU schließlich hebt die M. von allen anderen Staatsformen dadurch ab, daß in ihr ein Einzelwesen (der Monarch) ein Kollektivwesen (das Volk) vertritt, damit aber auch der Privatwille des Fürsten und nicht das Allgemeinwohl das Ziel der Regierung sein wird. Hinzu kommt eine Reihe weiterer Nachteile der M., die sie nicht besonders geeignet erscheinen läßt, Wohlfahrt und Erhaltung der Untertanen zu sichern [17]. – In welchem Ausmaß durch KANT die aristotelische Staatsformenlehre aufgelöst wurde, zeigt sich schon daran, daß er statt des überlieferten Begriffs ‹M.› meist ‹Autokratie› (Selbstherrschaft eines Einzelnen) gebraucht. Ihm kommt es aber nicht auf die Staatsform, sondern auf die Regierungsform an: So ist es «Pflicht der Monarchen, ob sie gleich autokratisch herrschen, dennoch republikanisch ... zu regieren, d.i. das Volk nach Principien zu behandeln, die dem Geist der Freiheitsgesetze ... gemäß sind» [18].

Angesichts der Erfahrungen der Französischen Revolution und der napoleonischen Kriege unterscheidet B. CONSTANT zwischen Macht und Autorität und will die Herrschaftsgewalt der Exekutive (pouvoir exécutif) von dem «pouvoir neutre» des Staatsoberhaupts aus souveränitätstheoretischen und politischen Gründen getrennt wissen. Die «neutrale Macht» der Autorität soll sich mit dem «pouvoir royal» verbinden; für eine solche Verfassungskonzeption prägt Constant den Terminus ‹konstitutionelle M.› [19]. In Deutschland haben vor allem ARETIN und ROTTECK diesen Begriff verbreitet, allerdings mit der Variante einer Machtkonzentration oberhalb der Gewaltenteilung und – Constant mit Rousseau kontaminierend – der Bindung der Regierung des Monarchen an die «Vorschriften des vernünftigen Gesamtwillens» [20]. Ein konstitutioneller Monarch ist demgemäß «Oberhaupt des Volkes» und der «sinnliche Repräsentant und Beherrscher des ganzen Staats» [21]. Gerade der Gedanke der sinnlichen Repräsentation der Sittlichkeit des Volkes in einer Person bzw. im Monarchenpaar dient den *Romantikern* als Grundlage der Rechtfertigung der M. NOVALIS interpretiert dieses Prinzip in seiner berühmten politischen Aphorismensammlung ‹Glauben und Liebe› (1798) dynamisch: «Alle Menschen sollen thronfähig sein» [22]. Das gleiche spricht FR. SCHLEGEL in paradoxer Formulierung aus: «Das *Kriterium der M.* ist die größtmögliche Beförderung des Republikanismus» [23]. Dafür prägt Schlegel in seinen Vorlesungen 1804–06 den Begriff des monarchischen Prinzips. Der Begriff fand Eingang in Artikel 57 der Wiener Kongreß-Schlußakte von 1820 [24]. Dieses Prinzip wurde dann zunächst von HEGEL philosophisch unterbaut [25], doch erst die von F. J. STAHL formulierte Lehre [26] wurde seit 1850 zum Staatsprinzip Preußens und 1871–1918 zu dem des Deutschen Reichs.

Die Staatslehre des *deutschen Idealismus* unter Einschluß des Aristotelikers HEGEL knüpft an und distanziert sich zugleich von den «bloß quantitativen Unterschieden» der aristotelischen Staatsformenlehre, weil sie «nicht den Begriff der Sache» angebe [27]; sie entwarf demgegenüber Typen beschränkter Herrschaft, deren Staatsform zwar der M. gleichkam, deren Regierungsform aber «republikanisch» bzw. «repräsentativ» sein sollte (obwohl selbst KANT noch institutionelle Sicherungen und verfassungsmäßige Garantien abgelehnt hatte) [28]. Im Unterschied zur ständischen M., die auf dem Dualismus zwischen dem den Staat repräsentierenden Monarchen und dem seine Macht beschränkenden, aber neben dem Staat stehenden Ständen (Adel, Geistlichkeit und Städte) beruhte, ist in der konstitutionellen M. der König durch eine Verfassung (Konstitution) bei der Gesetzgebung an die Mitwirkung eines – wie er selbst – als Staatsorgan fungierenden Parlaments in ein oder zwei Kammern gebunden. In Deutschland wurden konstitutionelle M.n in Anlehnung an die französische Verfassung von 1814 errichtet. – Frühe Kritik an dieser Staatsform übt in Frankreich SAINT-SIMON, indem er Sache und Begriff der «konstitutionellen M.» als Advokatenerfindung ablehnt. Er propagiert stattdessen eine «industrielle M.» mit einem König, der, begriffen als Organ der öffentlichen Meinung, die Herrschaft der «Industriellen» proklamiert und selbst die Rolle des «premier industriel» einnimmt [29].

Die Weiterentwicklung sowohl der Lehre Constants von dem «pouvoir neutre» wie des monarchischen Prinzips von Fr. Schlegel zur Idee des «sozialen Königtums» bei L. VON STEIN verbindet den Gedanken der Repräsentation des ganzen Staatslebens durch eine Persönlichkeit mit der Einsicht in die Notwendigkeit einer politischen Instanz außerhalb des gesellschaftlichen Kräftespiels. «Das wahre, mächtigste, dauerndste und geliebteste Königtum ist das Königtum der gesellschaftlichen Reform» [30]. L. von Stein gab der M. für die Zukunft nur dann eine Chance, wenn sie «den hohen sittlichen Mut hat, ein Königtum der sozialen Reform zu werden» [31]. In seiner für Bismarck entworfenen Denkschrift über die Arbeiterfrage gab H. WAGENER 1864 diese Idee in der Forderung weiter, «des baldigsten neue Bande und neue Beziehungen zwischen Krone und Volk zu suchen» [32]. Als Wilhelm I. wegen seines Kontakts mit Waldenburger Webern von den Liberalen angegriffen wurde, klingt von Steins Idee noch einmal in BISMARCKS Apologie des Königs an: «Die Könige von Preußen sind niemals Könige der Reichen vorzugsweise gewesen; schon Friedrich der Große ... nahm sich den Schutz der Armut vor ... An ihrem Throne hat dasjenige stets Zuflucht und Gehör gefunden, welches entstand in Lagen, wo das geschriebene Gesetz in Widerspruch geriet mit dem natürlichen Menschenrecht ... es ist möglich, daß es ihm auch gelingen werde, ... zur Verbesserung der Lage der Arbeiter etwas beizutragen» [33].

In der modernen parlamentarischen M. etwa Großbritanniens und der skandinavischen M.n ist der König nicht nur bei der Gesetzgebung, sondern auch bei der Ernennung des Kabinetts vom Parlament abhängig [34]; das rechtstechnische Mittel, diese Abhängigkeit zu realisieren, ist das Mißtrauen, das das Parlament dem Ministerpräsidenten, dem ganzen Kabinett, gelegentlich auch einzelnen Ministern aussprechen kann (parlamentarische Regierungsform).

Die Ablösung des konkret-personbezogen monarchischen durch das abstrakt-allgemeine demokratische Prinzip hat außer zu politischen Folgelasten (plebiszitären Diktaturen, Personenkult u.a.) – als begriffsgeschichtliche Kompensation – zu einer Personalisierung des Staatsbegriffes geführt (z.B. in der Figur der frz. Marianne): «Die Rückbildung und die Beseitigung des monokratischen Gedankens, die man gern als charakteristischen Zug der modernen Verfassungsentwicklung betrachtet, geht zusammen mit einer immer stärkeren, der früheren Staatsformenlehre in dieser Art nicht bekannten Betonung der personenhaften Einheit des Staats» [35].

Anmerkungen. [1] M. DUVERGER: Die polit. Parteien (dtsch. 1959) 26. – [2] HOMER, Ilias II, 204f. – [3] HERODOT, III, 80.83. – [4] PLATON, Polit. 31, 41. – [5] ARISTOTELES, Eth. Nic. VIII, 12; Pol. III, 5-7. – [6] ISIDOR VON SEVILLA, Etymol. IX, 3, 23. – [7] THOMAS VON AQUIN, S. c. gent. I, 42. – [8] MARSILIUS VON PADUA, Defensor I, 8, 3. – [9] K. JELLINEK: Das Recht des mod. Staates (1900). – [10] Vgl. z.B. CHR. WOLFF: Vernünfftige Gedancken von dem gesellschaftl. Leben der Menschen ... (⁴1736) § 234, S. 175f. – [11] J. BODIN: De la république II, 2 (Paris 1583) 272. – [12] VI, 4. 6 a.O. 961. 1013; dazu H. DENZER: Bodins Staatsformenlehre, in: J. Bodin. Verh. int. Bodin-Tagung, München (1973) 233ff. – [13] R. FILMER: Patriarcha or the natural power of kings (London 1679-1680). – [14] TH. HOBBES, De cive, sect. 3, VII, 3. – [15] a.O. sect. 3, X, 15-19; Leviathan II, 19. – [16] CH.-L. DE MONTESQUIEU: De l'esprit des lois II, 1-4; III, 6-7; zu S. PUFENDORF vgl. H. DENZER: Moralphilos. und Naturrechte bei S. Pufendorf (1972) 190ff. – [17] J.-J. ROUSSEAU, Du contrat social III, 6. – [18] I. KANT, Akad.-A. 7, 91; vgl. 6, 352; dazu G. BIEN: Revolution, Bürgerbegriff und Freiheit, in: Philos. Jb. 79 (1972) bes. 8. – [19] B. CONSTANT, Oeuvres (Paris 1957) 1099-1250. – [20] J. C. ARETIN/K. ROTTECK: Staatsrecht der konstitut. M. (²1838-40) 1, 157. – [21] a.O. 1, 173. – [22] NOVALIS, Schr. 2, hg. P. KLUCKHOHN/R. SAMUEL (²1965) 489. – [23] FR. SCHLEGEL, Krit. A., hg. E. BEHLER 7 (1966) 20. – [24] Vgl. H. BOLDT: Dtsch. Staatslehre im Vormärz (1975) 15. – [25] G. W. F. HEGEL: Philos. des Rechts § 304. – [26] F. J. STAHL: Das monarch. Prinzip (1845). – [27] HEGEL, a.O. [25] § 273. – [28] I. KANT, Zum ewigen Frieden. Akad.-A. 8, 352. – [29] CL.-H. DE SAINT-SIMON, Oeuvres (Paris 1875) 8, 64f. 132f. – [30] L. VON STEIN: Gesch. der soz. Bewegung in Frankreich von 1789 bis auf unsere Tage (1850, ND 1959) 3, 40. – [31] a.O. 41. – [32] Zit. bei H.-J. SCHOEPS: Hermann Wagener. Z. Relig.- u. Geistesgesch. 8 (1956) 201. – [33] O. VON BISMARCK, Ges. Werke 10 (1928) 232. – [34] Vgl. Art. ⟨Staat⟩, in: Staatslex., hg. Görres-Ges. (1962) 6, 538. – [35] M. IMBODEN: Die Staatsformen (1959).

Literaturhinweise. H. M. MEISNER: Die Lehre vom monarch. Prinzip (1913). – G. SCHRAMM: Das Problem der Staatsform in der dtsch. Staatstheorie des 19. Jh. (1938). – H. NAWIASKY: Allg. Staatslehre II/2 (1955). – Staatslex. s. Anm. [34] und Art. ⟨M.⟩. – M. IMBODEN s. Anm. [35]. – E. ANGERMANN: Zwei Typen der soz. Ausgleichs ges. Interessen durch die Staatsgewalt, in: Staat und Ges. im dtsch. Vormärz (1815-1848), hg. W. CONZE (1962, ³1978) 173-206. – O. HINTZE: Das monarch. Prinzip und die konstitut. Verfassung, in: Ges. Abh. 1: Staat und Verfassung (²1962) 359-389. – Klassiker der polit. Denkens, hg. H. MAIER u.a. 1. 2 (1968). – A. MÜSSIGGANG: Die soz. Frage in der hist. Schule der dtsch. Nationalök. (1968). – O. BRUNNER: Vom Gottesgnadentum zum monarch. Prinzip, in: Neue Wege der Verfassungs- und Sozialgesch. (²1968) 160-186. – D. BLASIUS: Lorenz von Steins Lehre vom Königtum der soz. Reform und ihre verfassungspolit. Grundl. Der Staat 10 (1971) 33-51. – H. BOLDT s. Anm. [24]. – E.-W. BÖCKENFÖRDE: Der dtsch. Typ der konstitut. M. im 19. Jh., in: Staat, Gesellschaft, Freiheit (1976) 112-145. – H. BOLDT u.a.: Art. ⟨M.⟩, in: Gesch. Grundbegriffe, hg. O. BRUNNER/W. CONZE/R. KOSELLECK 4 (1978) 133-214.   R. K. HOČEVAR

Monastik. Bei der Behandlung der Klugheit im VI. Buch der ⟨Nikomachischen Ethik⟩ [1] hält ARISTOTELES als seine eigene Überzeugung fest, daß die auf das Handeln bezogene Vernunft ihrem Wesen nach identisch sei mit der Staatskunst oder Politik, während sie der allgemeinen Meinung und dem Anschein nach sich vorzüglich nur auf den Vorteil des einzelnen Handelnden selbst beziehe (περὶ αὑτὸν καὶ ἕνα); diejenige Klugheit, die es mit einer Vielheit von Personen zu tun habe, sei die Ökonomie (Haushaltungskunst), die Gesetzgebungskunst und die Staatskunst. Da zuvor die Gesetzgebung der Staatskunst als deren leitend-architektonische Form (neben der auf das Handeln im Einzelfall bezogenen politischen Fähigkeit) subsumiert worden war, ergibt sich die Dreiteilung der Klugheit 1. in die, welche sich auf die eigene Person, 2. in die, welche sich auf die Leitung eines Hauses und 3. in die, welche sich auf den Staat bezieht [2]. Die erste Form nennt THOMAS VON AQUIN ⟨*monastische Klugheit*⟩ (prudentia monastica); sie sei «regitiva unius» [3]. Diese Einteilung der praktischen Vernunft ist in der Schulphilosophie dazu benutzt worden, auch – wofür sich bei ARISTOTELES selbst nur Ansätze finden [4] – die *praktische Philosophie* in drei Disziplinen zu gliedern: in *Ethik, Ökonomik, Politik* [5]. Die Ethik, welche die Handlungen je eines einzigen Menschen auf sein Ziel behandelt, nennt THOMAS daher auch ⟨*M.*⟩ (monastica) [6]. Ähnlich zählt auch ALBERTUS MAGNUS als Teile der praktischen Philosophie (scientia practica), die er insgesamt *moralisch* nennt (bei ARISTOTELES hieß sie «politische Wissenschaft» [7]), M., Ökonomik und Politik auf [8]. Von der ethischen Tugend (die er unter Berufung auf *Cicero* vom öffentlich-politischen officium virtutis absetzt) bemerkt er, sie sei *monastisch* und vollende den Menschen in sich selbst [9]. In politisch-bürgerlichem Betracht dagegen sei ein Bauer und Eremit (rusticus et eremita) weder gut noch gerecht, eben weil er nicht civilis sei. (Albert will damit den Satz der Aristotelischen ‹Metaphysik› interpretieren, nicht jeder sei entweder gut oder schlecht, gerecht oder ungerecht, sondern hier gebe es eine Mitte.) – In der Zusammenstellung *monastisch/Eremit* klingt eine andere (hier nicht weiter explizierte) Bedeutung von monastisch an, nämlich 'klösterlich' [10].

Anmerkungen. [1] ARISTOTELES, Eth. Nic. VI, 8, 1141 b 23. – [2] Vgl. G. BIEN: Nik. Eth. (1972) 304: Erl. zu 1141 b 23. – [3] THOMAS VON AQUIN, S. theol. II/II, q. 53, a. 2 corp. – [4] Vgl. G. BIEN: Die Grundleg. der polit. Philos. bei Arist. (1973) 269ff. – [5] THOMAS, In Eth. Nic. lib. VI, lect. VII, Nr. 1200, hg. R. M. SPIAZZI (Rom/Turin 1949) 329. – [6] lib. I, lect. I, Nr. 6, a.O. 4. – [7] ARIST., Eth. Nic. I, 1, 1194 a 27; b 11; 1495 a 2. – [8] ALBERTUS MAGNUS, Met. I, tract. 1 c. 1. Opera omnia 16/1 (1960) 3. – [9] Met. V, tract. 5, 4, a.O. 279. – [10] Vgl. dazu die Hinweise bei L. SCHÜTZ: Thomas-Lex. (²1895, ND 1958) 492.   G. BIEN

Monergismus (griech. μόνος allein, einzig; ἐνέργεια Betätigung, Wirkung). Der Begriff ‹M.› wird in die Dogmengeschichte von A. VON HARNACK eingeführt und bezieht sich auf die christologische Anschauung des 7. Jh., die sich als politisch mitbedingte, die Bemühungen des Kaisers HERAKLIUS (610–641) und des Patriarchen von Konstantinopel, SERGIUS, um eine Union mit den Monophysiten unterstützende Reaktion auf die chalcedonensische Lehre über das Verhältnis der göttlichen und menschlichen Natur in Jesus Christus entwickelte [1].

«Die Frage war ..., ob Christus als Gottmensch *eine* Energie oder zwei Energien, *einen* Willen oder zwei Willen gehabt habe. Die monergetische Lehre ist in ihren Anfängen erstickt worden zugunsten des Monothelismus, aber sie lebte zugleich in diesem fort ...» [2].

Die vom Monophysitismus vertretene Theorie von der Einheit der Natur (μία φύσις) in Jesus Christus nach der Einigung (ἕνωσις) des Logos mit der menschlichen Wirklichkeit glaubt in der Formel «eine Wirksamkeit» (μία ἐνέργεια; lat. una operatio) zur Beschreibung der Wirksamkeit Jesu seine Theologie wiederzufinden [3]. Der M. leugnet die Selbständigkeit der menschlichen Seite Jesu Christi zugunsten einer alleinigen Wirkkausalität des göttlichen Logos als des einzig Tätigen (τεχνίτης, δημιουργός; lat. opifex, creator): μία ἐνέργεια, ἧς τεχνίτης καὶ δημιουργὸς ὁ Θεός, ὄργανον δὲ ἡ ἀνθρωπότης [4]. Der von SOPHRONIUS gegen den M. erhobene Vorwurf einer apollinaristischen Verkürzung der Menschheit Jesu Christi intendiert die Gleichstellung der göttlichen und menschlichen Wirksamkeit Jesu in Analogie zu der chalcedonensischen Gleichstellung der göttlichen und menschlichen Natur (Θεὸς ἀληθῶς καὶ ἄνθρωπος ἀληθῶς). Die Schwierigkeit, einen Ausweg aus dem Widerstreit eines christologischen Monismus (Monergismus, Monotheletismus, Monophysitismus) und eines christologischen Dualismus (Nestorianismus) zu finden, führt zunächst zu kirchlichen Schweigegeboten [5] bzw. zu kaiserlichen, monophysitisch orientierten Edikten [6], die in der römischen Kirche aber auf Ablehnung stoßen, zum Teil unter Bezugnahme auf die Äußerung von Papst LEO I. (440–461): «Agit enim utraque forma cum alterius communione, quod proprium est» (Jede Wesensform [Christi] wirkt in Gemeinschaft mit der andern, wie es ihrem Wesen entspricht) [7]. Zu dem entschiedensten Gegner des M. wird unter Berufung auf neutestamentliche Stellen [8] MAXIMUS CONFESSOR, der die Selbständigkeit der Menschlichkeit Jesu gegenüber ihrer monergistischen Reduktion auf ein bloß abhängiges Organ des alles erst bewirkenden und absorbierenden Logos verteidigt und die die Inkarnation zu einer Fiktion (φαντασία) degradierenden Konsequenzen des M. durchschaut. Der M. löst die Gemeinsamkeit von Jesus und den Menschen auf und enthebt den Heilsvorgang des Bezuges zur irdischen Wirklichkeit des Menschen, indem er die menschliche Wirklichkeit – «wie Hunger und Durst, Schweiß und Tränen, Müdigkeit und Furcht» [9] – erst durch einen künstlichen, sekundären Akt der Aneignung (οἰκείωσις) – «wie zur Übernahme einer Rolle» [10] – zu einer Wirklichkeit Christi werden läßt. Er rechtfertigt die menschliche Wirklichkeit also nicht schöpfungstheologisch, sondern begründet sie in einem außergewöhnlichen Akt des göttlichen Willens (λόγῳ οἰκονομίας τοῦ λόγου) [11]; die μία ἐνέργεια hat also ihren Grund in dem ἓν Θέλημα. ἔτι ἐκινεῖτο ἐν Χριστῷ τὰ ἀνθρώπινα ... τῇ δυνάμει τοῦ λόγου (Ferner wurde in Christus das Menschliche bewegt durch die Kraft des Logos) [12]. Vielleicht – so mutmaßt SEEBERG – steckt hinter der doketischen Sprödigkeit des M. gegen die irdische Wirklichkeit ein manichäischer Restbestand [13]. – Auf dem Laterankonzil von 649 wird unter MARTIN I. die Lehre von den zwei Willen (duae voluntates) und den zwei Wirkungsweisen (duae operationes) festgestellt und auf der 6. ökumenischen Synode in Konstantinopel 680/681 akzeptiert (δύο φυσικαὶ ἐνέργειαι ἀδιαιρέτως, ἀτρέπτως, ἀμερίστως, ἀσυγχύτως) (Zwei natürliche Kräfte: ungemischt, unwandelbar, untrennbar, ungeteilt) [14]. – Losgelöst von den christologischen Auseinandersetzungen des 7. Jh., wird der Begriff ‹M.› für die Lehre von der als gratia praeveniens angesprochenen Alleinkausalität Gottes im Heilsprozeß gebraucht [15].

Anmerkungen. [1] A. VON HARNACK: Lb. der Dogmengesch. (⁵1931) 2, 425ff. – [2] R. SEEBERG: Lb. der Dogmengesch. (1965) 2, 288. – [3] VON HARNACK, a.O. [1] 427 Anm. 2. – [4] Zit. nach: D. THOMASIUS: Die Dogmengesch. der alten Kirche (²1886) 381. – [5] Vgl. C. J. VON HEFELE: Conciliengesch. (³1877) 3, 121ff. – [6] ebda. – [7] Zit. nach VON HEFELE, a.O. [5] 122. – [8] z. B. Mk. 7, 24; Mt. 26, 39. – [9] SEEBERG, a.O. [2] 275. – [10] G. KRÜGER: Art. ‹Monotheleten›, in: Realencyklop. prot. Theol. und Kirche (³1905) 13, 413. – [11] Vgl. JOSEPH SCHWANE: Dogmengesch. der patrist. Zeit (²1895) 396f.; vgl. Realencyclop. a.O. [10] 412. – [12] Zit. nach W. ELERT: Der Ausgang der altkirchl. Christol. (1957) 225 Anm. – [13] Vgl. SEEBERG, a.O. [2] 274. 292; HEFELE, a.O. [5] 184; W. KOEHLER: Dogmengesch. (³1951) 164. – [14] Vgl. SEEBERG, a.O. [2] 299f.; SCHWANE, a.O. [11] 402ff. – [15] z.B.: H. G. POHLMANN: Abriß der Dogmatik (1973) 191.   M. ARNDT

Monismus (engl. monism; frz. monisme; ital. monismo). Die Wortgeschichte des Begriffs beginnt in der Schulphilosophie der deutschen Aufklärung. ‹M.› dient ihr in der Typologie philosophischer Systeme als Bezeichnung für jene Theorien, die außercartesische Aussagen zum Substanzproblem machen und damit von ihrer eigenen Überzeugung abweichen: «Monistae dicuntur philosophi, qui unum tantummodo substantiae genus admittunt ... Communem esse hanc sententiam, quae inter nos obtinet, nemo ignorat, ut Dualismus sit dominans et M. ideo exosus habeatur» (Monisten heißen Philosophen, die nur eine Art Substanz annehmen ... Nach allgemeiner Meinung, die unter uns besteht, verkennt niemand, daß der

Dualismus vorherrscht und der M. verhaßt ist) [1]. Mit der Entgegensetzung von M. und Dualismus weist CHR. WOLFF auf eine mögliche Vorstufe dieses Begriffspaares hin: die von P. BAYLE vorwiegend in theologischem Zusammenhang erstmals verwendete Unterscheidung zwischen «Unitaires» und «Dualistes» [2]. Die Verwendung von ‹M.› anstelle von ‹Unitarismus› erklärt sich nicht nur aus der erweiterten Bedeutung des Begriffs; sie entspricht vielmehr auch der Intention der Schulphilosophie, eine gegenüber der Theologie eigenständige Terminologie zu entwickeln. – Daß der Begriff ‹M.› auf Bayles ‹Unitaires› zurückgeht, bekundet im 19. Jh. W. HAMILTON. In seiner ‹Enumeration of philosophical theories› unterscheidet er zwischen «Nihilists» und «Substantialists or Realists» und teilt die «Substantialists» in «Dualists» und «Unitarians or Monists» ein. Dies ist der letzte Versuch, Bayles ‹Unitaires› für den philosophischen Sprachgebrauch zu erhalten [3]. Die Herkunft des Begriffs aus der theologischen Tradition muß Hamilton dabei bewußt gewesen sein, denn er spricht häufig betont von «the philosophical Unitarians or Monists». Im weiteren Verlauf des 19. Jh. bezeichnet ‹Unitarismus› dann vornehmlich theologische und weltanschaulich-religiöse Positionen und Gruppenbildungen.

Der Begriff ‹M.› wird zwar bereits früh in die einschlägigen Lexika aufgenommen, bleibt aber zunächst ein selten gebrauchter Schulausdruck, der vor allem in lexikalischen und philosophiegeschichtlichen Werken vorkommt [4]. (Bei Kant, Fichte, Schelling und Hegel läßt er sich nicht nachweisen.) Erste größere Publizität gewinnt er unmittelbar nach Hegels Tod in den Auseinandersetzungen um seine Nachfolge. Er bezeichnet nun die Tendenz, die Widersprüche zwischen den «religiösen und politischen, poetischen und philosophischen Parteien» zu versöhnen, so in K. F. GÖSCHELS Versuch, Hegels Philosophie und Theologie als mit dem kirchlichen Christentum vereinbar darzustellen [5]. Nach K. ROSENKRANZ wird der Terminus «von da ab allgemein aufgenommen» [6].

Einen erheblichen Funktions- und Bedeutungswandel erfährt der Begriff in der materialistisch-szientistischen Popularphilosophie, die die Emanzipation der Naturwissenschaften fordert, und in der Terminologie verschiedener erkenntnistheoretischer Strömungen der zweiten Hälfte des 19. Jh. Im publizistischen Kampf gegen die Orthodoxie in Theologie und Philosophie wird der Begriff um 1900 schließlich zur Parole verschiedener Reformbestrebungen, die ein säkulares, wissenschaftlich-weltanschauliches Reforminteresse zu Bündnissen mit weitgehend ersatzreligiösem Charakter motiviert.

Die monistische Bewegung findet ein wichtigstes Organ in der 1890 von P. CARUS und E. C. HEGELER gegründeten Zeitschrift ‹The Monist›. Der M., verkündet CARUS, ist die «neue Philosophie», «the product of the scientific tendencies of our age, ... the principle that pervades them» [7]. Aber der M. ist nicht nur das Zentrum aller Wissenschaften, er ist darüber hinaus «destined to penetrate the public mind, ... to direct all efforts at reform, and to regenerate our entire spiritual life in all its various fields» [8]. Über das, was nun eigentlich M. sei, herrscht allerdings unter seinen Anhängern wenig Übereinstimmung. Die Formel vom M. als «einer einheitlichen Weltsicht» (unitary world conception) [9] wird zwar allgemein gebraucht, aber während die meisten die Formel im Sinne einer spinozistischen Ein-Substanzen- [10] oder Ein-Prinzipien-Lehre [11] auslegen, betont vor allem Carus, daß der M. nicht schon in der Definition vorwegnehmen dürfe, was nur die Wissenschaft beantworten könne: ob es wirklich nur eine Substanz gebe und ob diese nur körperlich oder nur geistig sei [12]. M. sei nichts anderes als Konsistenz, Einheit des Denkens oder, negativ ausgedrückt, die Unmöglichkeit, zwei sich widersprechende Theorien zugleich zu akzeptieren. Der M. glaube, daß alle Widersprüche, d.h. alle Probleme, am Ende lösbar sein müssen, während der Dualismus an ihrer Lösbarkeit verzweifle und deshalb entweder zu Agnostizismus oder Mystizismus führe [13]. Ebenso vorschnell wie die Dualisten seien aber auch gewisse Monisten, die – um rasch zu der einheitlichen Weltsicht zu kommen – «simply drop either body or soul, matter or mind, spirituality or sense – experience and deny its reality» [14]. Diese Art von M. sei im Grunde ein Pseudo-M., den man, zur Abgrenzung vom wahren M., besser als Henismus bezeichne [15]. Stärker als der Streitpunkt, ob der M. nun eine Einheit der Doktrinen oder eine Doktrin der Einheit verkünde [16], war jedoch die gemeinsame Hoffnung, die man mit dem monistischen Reformprogramm – «the Message of Monism to the World» [17] – verband.

In der Rezeption der Lehren Darwins war der M. bereits durch E. HAECKEL – im Anschluß an den Indogermanisten A. SCHLEICHER [18] – zur Polemik einer wissenschaftlichen Reformvernunft gegen als rückständig geltende Positionen in Religion, Philosophie und Politik geworden. Die Polemik richtete sich gegen eine Tradition, die es noch nicht vollständig gelernt hatte, mit der Praxis der modernen Wissenschaften zu koexistieren, und in der Auseinandersetzung mit ihr Selbstbewußtsein und Selbstgeltung zu verlieren befürchtete [19]. Anders als in der nachhegelschen Religionskritik, die Religionsapologie blieb und nicht auf das Institutionelle zielte, wendet sich das Emanzipationsinteresse dieser positiv-wissenschaftlichen Reformvernunft vor allem gegen die Institutionen von Theologie und Kirche. Im Verlaufe der Auseinandersetzung mit der Orthodoxie in Kirche und Staat wird der M. zum Ausgangspunkt bedeutender Kulturbewegungen, deren Forderungen die staatliche und gesellschaftliche Wirklichkeit des deutsch-preußischen Staates nicht unwesentlich beeinflußt haben [20].

Im weltanschaulich auftretenden M. übernimmt die positive Wissenschaft die vollständige Haftung für das, was die ausgedienten Formen nicht mehr leisten können. Im Vertrauen auf den Fortschritt der Wissenschaft werden im M. Programme eines vernünftigen Daseins entworfen. So stellt etwa W. OSTWALD dem M. die Aufgabe, die «Grundsätze des rein wissenschaftlichen oder exakten Denkens» auf die «soziale und persönliche Existenz» zu übertragen, damit «auf solche Weise die von allen als Bedürfnis gefühlte Neuordnung unseres Lebens» erreicht werden kann [21]. Wie der angelsächsische M. bei CARUS [22] erhält auch der deutsche M. bei HAECKEL und OSTWALD ersatzreligiöse Funktion. Durch den M. soll dem Menschen ein geistiger Horizont umschrieben werden, der seiner Existenz Selbstverständnis verleiht. Dazu soll das Christentum erneuert werden; nicht als dogmatische Heils- und Erlösungslehre, sondern als eine den moralischen Bedürfnissen der Zeit angepaßte Handlungslehre [23].

Nach dem Ersten Weltkrieg bricht der weltanschaulich auftretende M. zusammen, zum Teil weil es sein Ziel erreicht hat, zum Teil weil der auf positiv-wissenschaftlicher Grundlage entstandene Fortschrittsglaube in der Katastrophe des Weltkrieges sein Ende findet. Damit ist, zumindest auf dem Kontinent, gleichzeitig die Publizität des Begriffs ‹M.› erloschen. Er wird außer im marxistischen Schrifttum nur noch als religiös-weltanschauliche Formel einzelner freireligiöser Gemeinschaften verwendet. Der dialektische Materialismus nimmt für sich in Anspruch, «wissenschaftlicher und konsequenter materialistischer M.» zu sein, da für ihn «die Welt ihrer Natur nach materiell ist» sowie «alle Erscheinungen der Welt verschiedene Arten der sich bewegenden Materie sind» [24].

Im angelsächsischen Bereich hingegen hält die kritische Auseinandersetzung mit dem M. noch für einige Zeit an. Sie beginnt mit W. JAMES' Angriff auf den M., der dessen Grundthesen bloßlegt [25]: 1. daß Dinge nicht aufeinander wirken können, wenn sie in irgendeinem Sinn getrennt sind (das Argument von LOTZE [26], 2. daß keine Erkenntnis möglich sei, wenn das Sein vom Bewußtsein unabhängig sei (ein Argument von J. ROYCE [27], 3. daß Wahrheit kohärent sei und 4. daß der Geist nur Geistiges erkennen könne und das Reale daher geistig sei. B. RUSSELL schließlich hat mit seiner Theorie der Externalität aller Relationen – Relationen sind den Relata nicht inhärent, sondern von ihnen unabhängig – nicht nur dem Hegelianismus Bradleys, sondern auch allen Monismen der einen Substanz den Boden entzogen [28]. J. A. SMITH unternimmt den Versuch, die Diskussion zwischen M. und Pluralismus mit dem Hinweis auf das nach wie vor ungelöste metaphysische Problem des Einen und des Vielen wieder zu eröffnen [29]. Sein Versuch bleibt erfolglos. A. EDEL sieht keine Möglichkeit, das Problem so zu stellen, daß es sich sinnvoll lösen läßt [30], und M. FARBER kommt nach einer gründlichen Analyse der Begriffe ‹Einheit› und ‹Vielheit› zu dem Schluß, daß man mit dem Problem des M. nicht auf einfache Weise fertig werden könne, da es verschiedene Hinsichten, Sinne oder gar Grade gebe, unter denen etwas als eines oder vieles bezeichnet werden könne. Die Welt könne in einer Hinsicht durchaus eines, in einer anderen vieles sein [31]. Farbers Versuch, den M. – wie schon Platon und Aristoteles in ihrer Widerlegung der Eleaten [32] – durch ‹Aufsplitterung› des Begriffs zu widerlegen [33], ist exemplarisch auch für die spätere Auseinandersetzung mit dem M. Durchgesetzt hat sich dabei vor allem die Unterscheidung zwischen einem M. der Substanz, der auf die Frage antwortet, wieviele Dinge es in der Welt gebe, und einem M. der Art, der uns sagt, wieviele Arten von Dingen es gibt [34]. Ein M. der Substanz kann, wie A. QUINTON bemerkt, ohne weiteres verträglich sein mit einem Pluralismus der Art, und ein M. der Art mit einem Pluralismus der Substanz: Spinoza etwa sei ein Monist der Substanz und ein Pluralist der Art, B. RUSSELL ein Pluralist der Substanz und ein Monist der Art [35]. – Nachdem A. DREWS dem M. als Weltanschauung bereits 1917 hatte bescheinigen müssen, daß es ihm nicht gelungen sei, «eine einheitliche Bedeutung und zugleich eine werbende Kraft» zu erhalten [36], scheint nun auch der ‹M.› als Begriff «werbende Kraft» und «einheitliche Bedeutung» unwiederbringlich verloren zu haben.

Anmerkungen. [1] CHR. WOLFF: Psychol. rationalis (1734) 24f.; vgl. FR. CHR. BAUMEISTER: Philos. definitiva (1735). – [2] P. BAYLE: Dict. hist. et crit. (³1720) 2998. – [3] W. HAMILTON: Lectures on met. and logic 1 (Edinburgh/London 1859) 294f. – [4] Vgl. J. CHR. HENNINGS: Gesch. von den Seelen der Menschen und Tiere (1774) 144ff.; E. SOCHER: Grundriß der Gesch. der philos. Systeme von den Griechen bis auf Kant (1802) 197ff.; W. G. TENNEMANN: Grundriß der Gesch. der Philos. (1816) 33; W. T. KRUG: System der theoret. Philos. (²1820) 2, 322f.; E. REINHOLD: Gesch. der Philos. (1859) 2, 324ff. – [5] K. F. GÖSCHEL: Der M. des Gedankens (1832). – [6] K. ROSENKRANZ: Krit. Erläut. des Hegelschen Systems (1840) 349. – [7] P. CARUS: The message of monism to the world. The Monist 4 (1893/94) 545. – [8] a.O. – [9] Vgl. Monism and henism, a.O. [7] 229; E. HAECKEL: Our monism, a.O. [7] 2 (1891/92) 482. – [10] Vgl. HAECKEL: Die Welträtsel (⁴1900) 22f. – [11] Vgl. L. F. WARD: A monistic theory of mind, a.O. [7] 194. – [12] CARUS, a.O. [9] 229f. – [13] a.O. 230f. – [14] 231f. – [15] 232. – [16] Vgl. C. L. MORGAN: Three aspects of M. a.O. [7] 321-332. – [17] Vgl. a.O. [7]. – [18] Vgl. A. SCHLEICHER: Die Darwinsche Theorie und die Sprachwiss. (1863) 8; HAECKEL: Generelle Morphologie der Organismen 1 (1866) 105-108; vgl. dazu F. NIEWÖHNER: Zum Begriff ‹M.› bei Haeckel und Ostwald. Arch. Begriffsgesch. 24 (1980) 123-126. – [19] HAECKEL: Über die Entwicklungstheorie Darwins (²1863); Generelle Morphol. ... 1, XIV; Der M. als Band zwischen Relig. und Wiss. (²1893) 35; W. OSTWALD: A. Comte. Der Mann und sein Werk (1914) 135-199. – [20] Der M. als Kulturziel, in: Monist. Jh. (1912/13) 545; H. SCHMIDT: Die Gründung des Deutschen Monistenbundes a.O. (1913) 740; C. RIESS: Die Zukunftsaufgaben des Deutschen Monistenbundes (1917). – [21] OSTWALD, a.O. [19] VI. – [22] Vgl. CARUS, a.O. [7] 553-560. – [23] Vgl. HAECKEL, Der M. ... a.O. [19] 28; Die Welträtsel (1899) 154; F. JODL: Der Kampf zwischen Glauben und Wissen, in: Das monist. Jh. (1912) 83-89; vgl. OSTWALD: Monistische Sonntagspredigten, 3 Reihen (1911-1913). – [24] M. M. ROZENTAL'/P. F. JUDIN (Hg.): Filosofskij Slovar' [Philos. Wb.] (Moskau 1963) 279; vgl. G. KLAUS/M. BUHR (Hg.): Philos. Wb. (⁶1969) 744f. – [25] W. JAMES: A pluralistic universe (London 1909); Das pluralist. Universum, dtsch. J. GOLDSTEIN (1914) 2. Vorles. – [26] Vgl. dazu F. C. S. SCHILLER: Lotzes M. Philos. Rev. 6 (1897) 62-64. – [27] Vgl. J. ROYCE: The world and the individual (New York 1900) 397ff. – [28] Vgl. zum Ganzen: C. F. M. JOAD: M. in the light of recent developments in philos. Proc. Arist. Soc. 17 (1916/17) 95-116. – [29] J. A. SMITH: The issue between M. and pluralism. Proc. Arist. Soc. 26 (1925/26) 1-24. – [30] A. EDEL: Monism and pluralism. J. Philos. 31 (1934) 561-571. – [31] M. FARBER: Types of unity and the problem of monism. Philos. phenomenol. Res. 4 (1943/44) 37-59; On unity and diversity, a.O. 6 (1945/46) 547-553. – [32] Vgl. dazu R. DEMOS: Types of unity according to Plato and Aristotle, a.O. 6 (1945/46) 534-546. – [33] Vgl. FARBER, a.O. [31] 51. – [34] Vgl. A. M. QUINTON, Art. ‹Pluralism and monism›, in: Encyclop. brit. 18 (1962) 89f.; R. HALL, Art. ‹Monism and Pluralism›, in: Encyclop. of philos., hg. P. EDWARDS 5 (New York 1967) 363. – [35] QUINTON, a.O. 89; zu diesen klassifikatorischen Schwierigkeiten vgl. J. BENNETT: A note on Descartes and Spinoza. Philos. Rev. 74 (1965) 379-380. – [36] A. DREWS: M., in: C. REISS, a.O. [20] 10.

Literaturhinweise. R. EUCKEN: Gesch. der philos. Terminol. (1873) 187. – A. DREWS: (Hg.): Der M., dargestellt in Beitr. seiner Vertreter 1. 2 (1908). – R. EISLER: Gesch. des M. (1910). – FR. KLINKE: Der M. und seine philos. Grundl. (1911). – A. SCHNEIDER: Philos. Grundl. der monist. Weltanschauung (1911). – A. DREWS: Gesch. des M. im Altertum (1913). – B. ERDMANN: Über den modernen M. (1914). – H. SIEGEL: Relig. im M. (1950). – H. LÜBBE: Polit. Philos. in Deutschland (1963). – Filosofskaja Enciklopedija [Philos. Enzykl.] 3 (Moskau 1974) 489-492: Art. ‹Monizm›. – H. HILLERMANN: Der vereinsmäßige Zusammenschluß bürgerl.-weltanschaul. Reformvernunft in der M.-Bewegung des 19. Jh. (1975); Zur Begriffsgesch. von ‹M.›. Arch. Begriffsgesch. 20 (1976) 214-235. – F. NIEWÖHNER s. Anm. [18].

H. HILLERMANN/A. HÜGLI

Monophysitismus ist eine Richtung innerhalb der östlichen Christologie, die sich in den christologischen Streitigkeiten während des 3. bis 7. Jh. herausbildete, sich in ihren inhaltlichen Aussagen stark differenzierte, aber vom selben Grundschema bestimmt war. Die Sammelbezeichnung ‹Monophysiten› tritt erst im 7. Jh. auf, als sich in der Absage an das Konzil von Chalkedon die Kirchen des M. gegründet und eine eigene Theologie entwickelt hatten. Der Name (Μονοφυσίτης, Μονοφυσῖται) ist in den orthodoxen Streitschriften des JOHANNES VON DAMASKUS und ANASTASIUS SINAITA erstmals belegt [1]. Die Anfänge der Christologie des M. liegen bereits im 3. Jh. in der alexandrinischen Theologenschule; sie lassen sich bis zum Konzil von Antiochien 268 zurückverfolgen. Gegen den des Adoptianismus angeklagten Paul von Samosata vertrat HYMENAEUS VON JERUSALEM die Identität Christi mit dem präexistenten Sohn Gottes und die Einheit von Gottheit und Menschheit in Christus, wobei diese Einheit als eine wesenhafte (κατ' οὐσίαν, οὐσιωδῶς) verstanden [2] und zur Grundlage einer idiomenkommunikativen Aussageweise gemacht wurde [3]. In derselben Kontroverse geht der Presbyter MALCHION einen gedanklichen Schritt weiter, indem er die Einheit in Christus als eine Einheit von Leib und Seele behauptet und an die Stelle der menschlichen Seele in Christus den göttlichen Logos setzt [4]. Damit ist die Konzeption des M. grundgelegt: Er macht die Einheit des Gottmenschen zu einer Seinseinheit. Die wesenhafte Einheit in Christus, seit APOLLINARIS ἕνωσις φυσική genannt [5], wird im Streit des alexandrinischen und antiochenischen Schule das formale Modell der alexandrinischen Christologie, wobei die inhaltlichen Aussagen divergieren können, wie die Lehren des Arius, des Apollinaris und des Athanasius zeigen. Vielleicht ARIUS selbst, jedenfalls seine Anhänger teilten dem Logos die Rolle der menschlichen Seele zu [6] und sprachen ihm als dem Subjekt der Leiden Jesu die Gottheit ab. Im Rahmen derselben Einheitschristologie betonten Apollinaris und Athanasius gegen die Arianer die Gottheit des Logos, wobei Apollinaris die menschliche Seele Christi leugnete, ATHANASIUS ihre Existenz annahm, ohne ihr eine soteriologische Funktion geben zu können. APOLLINARIS entwickelte für seine Lehre eine ausführliche Begründung und gibt ihre theologischen und anthropologischen Voraussetzungen zu erkennen: In Christus tritt an die Stelle der Geist-Seele (νοῦς ἀνθρώπινος) der göttliche Logos [7], weil zwei vollständige Wirklichkeiten keine neue Einheit ergeben können [8] und die Neigung der Geist-Seele zum Bösen die Erlösung gefährdet hätte. In seiner christologischen Formel von der einen fleischgewordenen Natur des Wortes (μία φύσις τοῦ θεοῦ λόγου σεσαρκωμένη) [9] vertrat Apollinaris einen dynamischen Naturbegriff, der den subjektiven Träger (ζῷον αὐτενέργητον) mitaussagte [10]. Seine Formel wurde vor allem durch CYRILL VON ALEXANDRIEN zur Kampfformel gegen die antiochenische Theologie. Die Absicht der Einheitsformel war die gegen Adoptianismus und Arianismus gewendete soteriologische Aussage, daß der geschichtliche Jesus und der präexistente Sohn Gottes ein und derselbe ist. Indem diese Aussage innerhalb eines anthropologischen Modells gemacht wurde, das auf der platonischen Trichotomie und der stoischen Logoshegemonie basierte, blieb die Christologie des M. einem Logos-Sarx-Schema verhaftet, das dazu verleitete, die Einheit in Christus auf Kosten seiner menschlichen Natur zu behaupten. Im Hintergrund stand zudem ein griechischer Gottesbegriff, der Gott und Welt nur in der Unterscheidung voneinander denken konnte. Als Gegenposition entwarfen die Antiochener eine Christologie im Logos-Anthropos-Schema, demgemäß die Integrität der Gottheit und der Menschheit als statischer Naturen (φύσις im aristotelischen Sinn) betont, aber ihre Einheit nur als eine akzidentelle Einheit (ἕνωσις σχετική, συνάφεια) zweier selbständiger Größen gedacht wurde. In der Kontroverse beider Richtungen, die von politischen Interessen und sachlichen Mißverständnissen wegen des unterschiedlichen Naturbegriffs getrübt war, wurde eine Klärung dadurch erreicht, daß aus der Trinitätslehre und aus der lateinischen Christologie die Unterscheidung von Natur (οὐσία, φύσις; natura, substantia) und Person (πρόσωπον, ὑπόστασις; persona) übernommen und auf dem Konzil von Chalkedon 451 die Einheit von der Person und die Verschiedenheit von den beiden Naturen ausgesagt wurde. Die monophysitischen Gegner des Chalkedonense hielten in der Mehrzahl nur verbal an der alexandrinischen Formel fest, ohne an den beiden Naturen sachliche Abstriche zu machen. Eine Verkürzung der menschlichen Natur findet sich in der Lehre des JULIAN VON HALIKARNASSOS, der Jesus für leidensunfähig (ἄφθαρτος) hielt, und im Monotheletismus des SERGIOS VON KONSTANTINOPEL, der in Christus nur einen, den göttlichen Willen annahm.

Anmerkungen. [1] JOHANNES DAMASCENUS, De haeresibus. MPG 64, 741 a; ANASTASIUS SINAITA, Viae dux adversus acephalos. MPG 89, 41 a. b; vgl. THEOPHANES CONFESSOR, Chronographia. MPG 108, 681 a; GEORGIUS CEDRENUS, Compendium historiarum. MPG 121, 885 c. – [2] A. HAHN: Eine Bibl. der Symbole und Glaubensregeln (1897) 181f.; PAUL VON SAMOSATA, Frg. 14. 16. 22-24. 29. 33, in: H. DE RIEDMATTEN: Les actes du procès de Paul de Samosate. Etude sur la christol. du 3e au 4e siècle (Fribourg 1962) 143. – [3] PAUL VON SAMOSATA, Frg. 15. 18. 19. 23, a.O. 144-147. – [4] Frg. 30. 36, a.O. 155f. – [5] APOLLINARIS, Ad Flavian. Frg. 148, in: H. LIETZMANN: Apollinaris von Laodicea und seine Schule. Texte und Untersuch. (1904) 247. – [6] Ps.-ATHANASIUS, Contra Apollinarem II, 3. MPG 26, 1136 c-1137 a; Text des EUDOXIUS bei HAHN, a.O. [2] 261f. – [7] APOLLINARIS, Ad Diocaes. eppos. 2 = LIETZMANN, a.O. [5] 256. – [8] Apodeix. Frg. 107 = LIETZMANN 232. – [9] Ad Jovian. = LIETZMANN 251. – [10] Logoi. Frg. 153 = LIETZMANN 248.

Literaturhinweise. C. E. RAVEN: Apollinarianism (Cambridge 1923). – A. GRILLMEIER/H. BACHT (Hg.): Das Konzil von Chalkedon 1-3 (1954). – J. LIÉBAERT und P. LAMARCHE: Christol. Von der Apostol. Zeit bis zum Konzil von Chalkedon, in: Hb. der Dogmengesch., hg. M. SCHMAUS/A. GRILLMEIER 3 (1965) 79-102. 119-127. – E. MÜHLENBERG: Apollinaris von Laodicea (1969). – P. SMULDERS: Dogmengeschichtl. und lehramtl. Entfaltung der Christol. (4.-6. Abschn.), in: Mysterium Salutis 3/1 (1970) 424-475 (dort weitere Lit.).
W. KLEIN

Monopluralismus (Ein-Vielheitslehre). Der von H. MARCUS geprägte Begriff ‹M.› [1] ist gleichsam die Kurzformel für seinen lose an andere Autoren [2] anknüpfenden Versuch einer Systematik der Ein-Vielheitsverhältnisse und der mit ihnen verbundenen Aporien. Monismus und Pluralismus stellen nach Marcus zwei verschiedene Tatsachen heraus: Der Monismus geht vom *Wesen* einer elementaren, überall im Hintergrund stehenden Einheit aus, der Pluralismus hingegen von der *Existenz* der konkreten Einzelnen und ihrer individuierten Vielzahl. Der M. konfrontiert beide Gesichtspunkte miteinander und zeigt ihr vielstufiges Miteinander. Denn jegliches ist entweder Ganzes aus Teilen oder Gruppe aus Gliedern oder Allgemeines aus Besonderungen. Ganzes, Gruppe und Allgemeines vertreten die Einheit, Teile, Glieder, Besonderungen die Vielheit. Es kommt aber nie ein Ganzes ohne Teile, eine Gruppe ohne Glieder, ein Allgemeines ohne Besonderungen vor. Inhaltlich handelt es sich bei der Ein-Vielheit zwar um die Einheit aus Vielen. Formal aber geht es um die Zwei-Einheit der beiden Glieder Einheit und Vielheit. Es geschieht unablässig, daß Einheit und Vielheit bei ihrem Zusammen einander zugleich mindern und fördern. So bedeutet ein starkes Heraustreten der *vielen* Teile an *einem* Gegenstand dessen Lockerung und die Schwächung seiner tragenden Einheit. Umgekehrt bringt eine Vermehrung der vielen Teile in zahlreichen Fällen auch eine Verstärkung der tragenden Äste, der Einheiten mit sich. Gefahr der Zerspaltung von außen steigert die Einheit im Inneren eines Staates. Ungetrübte Einheit mit den Nachbarn läßt inneren Streit und Zerfall zutage treten. – Wenn sich viele zu einer neuen Gruppe zusammenfinden, so ist das Zuwachs an Einheit in der Welt. Zugleich aber vermehrt sich auch die Vielheit der Einheiten selber um ein neues Glied, wie dies William James betont.

Das Immer-Zusammen zweier Gegensätze, die sich bald bekämpfen, bald steigern, bildet den Tatbestand der *Polarität*. Solche Polaritäten sind alle speziellen Dualismen, um die sich der *philosophische Dualismus* bemüht. Alle Dualismen bilden polare Einheiten von zwei Gegengliedern nach Analogie der Zwei-Einheit von Einheit und Vielheit. Als Zwei-Einheitenlehre wird so der Dualismus zum Monodualismus, damit zum dritten Glied des M., da die Zwei-Einheit eine Ein-Vielheit ist: die einfachste, kleinste. Im M. sind demnach Monismus, Pluralismus und Dualismus sinnvoll aufeinander bezogen.

Der Terminus ‹M.› ist zwar singulär geblieben; aber der – bis auf PARMENIDES zurückreichende – Ein-Vielheitsgedanke wurde in ähnlicher Form auch von anderen zeitgenössischen Autoren aufgegriffen: F. BRADLEY [3] stellte die These auf, zwei würden durch ein Bindeglied nicht eins, sondern drei. Für W. JAMES [4] ist es Sache der Zweckmäßigkeit, ob man an einem Tatbestand Einheit oder Vielheit ins Licht stellt. N. HARTMANNS [5] Kategorien sind als Ein-Vielheiten charakterisierbar. H. WEIN [6] ordnet die Ein-Vielheit in die geistesgeschichtlichen Zusammenhänge ein. F. ROSENZWEIG [7] sieht die Ein-Vielheit aus hegelscher Sicht: Das Absolute ist das Ganze. A. BAUMGARTEN [8] schreibt die Geschichte der abendländischen Philosophie mit unausgesetztem Augenmerk für das Ein-Vielheitsproblem, das er in vielerlei Verpuppungen aufdeckt.

Anmerkungen. [1] Vgl. H. MARCUS: Die Philos. des M. (1907) 7. 56. – [2] Vgl. etwa S. LAURIE: Metaphysica (²1899); P. LANER: Plurismus oder Monismus (1905); B. PETRONIEVICS: Prinzipien der Met. 1 (1907). – [3] F. BRADLEY: Appearance and reality (¹1893; dtsch. 1928). – [4] W. JAMES: Der Pragmatismus (dtsch. 1908). – [5] N. HARTMANN: Der Aufbau der realen Welt (1940). – [6] H. WEIN: Zugang zur philos. Kosmol. (²1965); Heutiges Verhältnis und Mißverhältnis von Philos. und Naturwiss. Philos. nat. 1 (1950) 56-75. 189-222; Der Streit um Ordnung und Einheit der Realwelt. Philos. nat. 5 (1958) 174-220. – [7] F. ROSENZWEIG: Hegel und der Staat 1. 2 (1920). – [8] A. BAUMGARTEN: Gesch. der abendländ. Philos. (1945).   H. MARCUS/Red.

Monopsychismus (frz. monopsychisme, engl. monopsychism, ital. monopsichismo). Von E. RENAN auf Leibniz zurückgeführte, bald nach 1860 in andere Sprachen übernommene [1] Kennzeichnung der von ihm für spezifisch averroistisch gehaltenen Lehre von der numerischen Einheit des aktiven Intellekts in allen Menschen sowie der von Ratramnus von Corbie bekämpften Augustin-Auslegung des Macharius Scottus [2]. Die Positionsformel ‹M.› verwischt die Differenz von menschlicher Gattungsvernunft und allgemeiner Weltseele und verdeckt zugleich die averroistische Unterscheidung von unvergänglichem Intellekt und sterblicher individueller Seelenform. M. M. GORCE hat gegen G. Théry mit Recht darauf hingewiesen, daß der siebente der 1270 in Paris verurteilten Artikel «Daß die Seele, welche die Form des Menschen ist, insofern er Mensch ist, mit dem Vergehen des Körpers vergeht» dem ersten «Daß der Intellekt aller Menschen der Zahl nach ein und derselbe ist» komplementär sei [3]. Daß sich ‹M.› dennoch statt einer geeigneteren Bezeichnung, wie des von PH. MERLAN beiläufig für Themistios ins Spiel gebrachten «mononoism» [4], durchgesetzt hat, erklärt sich vermutlich aus dem größeren historischen Gewicht der Lehre von der Weltseele. Schon das 5. Laterankonzil hatte die averroistische Noetik 1513 unter der mißverständlichen Formel «daß die vernünftige Seele sterblich sei oder aber eine einzige in sämtlichen Menschen» verurteilt [5].

Auch H. MORE geht von der Gleichsetzung von vernünftiger Seele und Intellekt aus und verbindet in seiner ‹Antimonopsychia› (1642) die von ihm unter Berufung auf Plotin zurückgewiesene Vorstellung einer alles verschlingenden «Unitie of Souls» mit der ihm wohl durch Ficino vermittelten Lehre des Averroes von einem «universall Intellect» [6]. MABILLON setzt die noch von P. DUHEM als präaverroistisch eingestufte [7] Augustin-Interpretation von Macharius in Beziehung zu der Verurteilung von 1513 [8]. Nach P. DELHAYE versucht sie jedoch wie ihre neuplatonisch inspirierte Vorlage (AUGUSTIN, De quantitate animae 32, 69) einen mittleren Weg zwischen absolutem M. und Polypsychismus zu gehen [9]. LEIBNIZ verwendet den Ausdruck M. nicht, schlägt aber für die Anhänger der platonisch-stoischen Lehre von einer allgemeinen Weltseele, die wie ein Ozean alle partikulären Seelen wieder absorbiere, die Bezeichnung ‹Monopsychiten› vor [10]. Unter ihren Standpunkt subsumiert er mit F. BERNIER [11] Erscheinungsformen der Kabbala und des Quietismus, aber auch Weigel, Angelus Silesius und Spinoza. Die averroistische Position dagegen läßt er unbezeichnet. Im Wolffianismus wird sie ohne deutliche Abhebung gegen den (neuplatonischen) M. auf den Hallesche Pietismus projiziert. G. V. HARTMANN unternimmt es, das von J. Lange errichtete «Averrhoistische und Monopsychitische Gebäude, daß mit Quackerischen Steinen und Poiretianischen Fenstern aufgebauet», zu destruieren [12].

Damit sind die möglichen Verwendungsweisen des noch zu erfindenden Begriffs M. vorbereitet: er kann entweder, wie noch für J. S. SPINK [13], ohne Querverbindung zum Averroismus für die Lehre von der Weltseele reserviert oder, wie noch von PH. MERLAN [14], ohne Unterschied auf beide Positionen bezogen oder auf die Noetik von Averroes, und zwar entweder auf die authentische oder die im Sinne der platonischen Tradition mißdeutete, angewendet werden. RENAN hat die letzte dieser Möglichkeiten gewählt, wie LEIBNIZ [15] den 'materiellen' Intellekt nicht von dem vergänglichen passiven Intellekt unterschieden, die von Averroes konstatierte Differenz zu Alexander von Aphrodisias in dieser Frage auf eine bloß sprachliche Divergenz reduziert und den aktiven Intellekt, dessen Einzigkeit schon THOMAS als platonisches Erbe identifiziert hatte [16], zum Referenzsubjekt dessen erhoben, was er M. nennt [17]. Damit ist er zum Hauptgewährsmann der bis heute grassierenden Begriffsverwechslungen geworden. Der doxographische Befund ist eindeutig. AVERROES setzt die Einzigkeit des «intellectus agens» als durch Alexander von Aphrodisias bewiesen voraus [18]. In den Mittelpunkt seiner eigenen Beweisführung stellt er die neue Lehre von der Einzigkeit des «intellectus materialis» [19]. Um diesem die Eigenschaften vindizieren zu können, die zuvor dem intellectus agens vorbehalten waren, wie Ewigkeit, Unvergänglichkeit und Unvermischtheit mit der Materie, muß er ihn scharf von dem organgebundenen, vergänglichen «intellectus passivus (passibilis)» im Sinne der sinnlichen Einbildungs- und Urteilskraft (virtus imaginativa, cogitativa) unterscheiden [20]. Der lateinische Antiaverroismus hat diese in der aristotelischen Vorlage nicht hinlänglich fundierte Unterscheidung übernommen, den intellectus materialis zumeist in ‹intellectus possibilis› zurückbenannt und die Verfechter seiner Einzigkeit als Averroisten bekämpft.

Während ältere Autoren die averroistische Einzigkeitsthese in der Regel korrekt referieren [21], haben zur Verwunderung von B. NARDI und F. VAN STEENBERGHEN [22] zahlreiche neuere Autoren – E. Gilson, B. Geyer, P. Glorieux, E. Troilo, A. Guzzo, F. Sassen, außerdem W. Windelband, J. Geyser, E. Krebs, H. Meyer, F. Borgato [23] und viele andere – in der Einzigkeit des intellectus agens die Zentralthese der averroischen Noetik gesehen. Ebenfalls wird Averroes bis heute, auch von Arabisten [24], die Annahme einer Vergänglichkeit des materiellen Intellekts zugeschrieben, die schon der Verurteilung von 1513 und des Bosses' Übersetzung des Leibnizschen «entendement passif» mit «intellectus possibilis» [25] zugrunde lag. Vor der Umdeutung des M. zu einem Panpsychismus, wie sie sich bei W. WINDELBAND und E. KREBS findet [26], hat B. NARDI gewarnt [27]. Ohne Nachfolge sind zwei andere Verwendungsweisen von M. geblieben: G. J. ROMANES versteht den Monotheismus als die Zusammenfassung aller Kausalität in den M. einer einzelnen Persönlichkeit [28]; der junge G. PAPINI hat die Leugnung der Existenz der Außenwelt als gnoseologischen M. umschrieben [29].

Anmerkungen. [1] C. PRANTL: Gesch. der Log. im Abendl. 2 (1861) 374; P. SEMENENKO: Studio critico sull'Averroe di Ernesto Renan e sul valore dell'Averroismo (Rom 1861) 25; W. HEELEY: Arab philosophy and its development in Spain. Calcutta Review 39, Nr. 78 (Calcutta/London 1864) 383; K. WERNER: Der Averroismus in der christl.-peripatet. Psychol. des späteren MA (1881) 102. 110. 116. – [2] E. RENAN: Averroès et l'averroisme (Paris 1852) 95. 101; vgl. RATRAMNE DE CORBIE: Liber de anima ad Odonem Bellovacensem, hg. D. C. LAMBOT (Namur/Lille 1952) 33ff. – [3] M. M. GORCE: La lutte 'contra gentiles' à Paris au 13ème siècle, in: Mélanges Mandonnet 1 (Paris 1930) 236. – [4] PH. MERLAN: Monopsychism, mysticism, metaconsciousness (Den Haag 1963) XI. – [5] G. D. MANSI: Sacr. Conc. coll. 32 (Paris 1902) 842 B. – [6] H. MORE: The complete poems, hg. A. B. GROSART (1878, ND New York 1969) 103a. 131a. – [7] P. DUHEM: Le système du monde 3 (Paris 1915) 80f. – [8] J. MABILLON: Acta Sanctorum Ord. S. Benedicti, Saec. IV quod est anno Christi DCCC ad DCCCC 2 (Paris 1680) LXXVIII; Annales ord. S. Bened. 3 (Paris 1706) 139. – [9] P. DELHAYE: Une controverse sur l'âme universelle au IXᵉ siècle (Namur 1950) 17. 22f.; vgl. ST. AUGUSTINE: The greatness of the soul, übers. J. M. COLLERAN (Westminster, Md. 1950) 212f. – [10] G. W. LEIBNIZ, Théod., Disc. prél. 9. Die philos. Schr., hg. C. I. GERHARDT 6 (1885) 55. – [11] Histoire des ouvrages des sçavans, Sept. 1688 (Rotterdam 1688) 47ff.; F. BERNIER: Voyages 2 (Amsterdam 1699) 145. 163ff. – [12] G. V. HARTMANN: Anleitung zur Historie der Leibnitzisch-Wolffischen Philos. (1737) 443. – [13] J. S. SPINK: French Free-Thought from Gassendi to Voltaire (London 1960) 238ff. – [14] PH. MERLAN, a.O. [4] 54f. – [15] Vgl. LEIBNIZ, Théod., Disc. prél. 7, a.O. [10] 54; Consid. sur la doctr. d'un esprit univ. unique (1702), a.O. [10] 529. – [16] THOMAS VON AQUINO, De unit. int. 4, 6ff. Opera omnia 43 (Rom 1976) 307. – [17] RENAN, a.O. [2] 94f. 108. – [18] AVERROES: Comment. magnum in Aristotelis De anima libros, hg. F. S. CRAWFORD (Cambridge, Mass. 1953) 453 (3, 20, 294f.) u.ö. – [19] a.O. 401-409 (3, 5, 424-653). – [20] Vgl. a.O. 449f. (3, 20, 165-188). 454 (3, 20, 304-318). 476f. (3, 33, 62-85). – [21] D. TIEDEMANN: Geist der spekul. Philos. 4 (1795) 148; G. RITTER: Gesch. der Philos. 8 (1845) 149. 151. 153ff.; A. STÖCKL: Gesch. der Philos. des MA 2 (1865) 111ff.; Art. ‹Averroes und Averroismus›, in: WETZER und WELTE's Kirchenlex. 1 (1882) 1747f.; F. BRENTANO: Die Psychol. des Arist. (1867) 17ff.; J. BACH: Des Alb. Magnus Verh. zu der Erkenntnisl. der Griechen, Lat., Araber und Juden (1881) 140ff. – [22] B. NARDI: Strani errori nella conosc. del pens. mediev. Giorn. crit. Filos. ital. 20 (1939) 359ff.; F. VAN STEENBERGHEN: Siger de Brabant 2 (Louvain 1942) 493. – [23] W. WINDELBAND: Lehrb. der Gesch. der Philos. (¹⁵1957) 290f.; J. GEYSER, in: Lehrb. der Philos., hg. M. DESSOIR (1), Die Gesch. der Philos. (1925) 286; E. KREBS: Meister Dietrich (1906) 102; H. MEYER: Abendl. Weltansch. 3 (³1966) 166; F. BORGATO, Art. ‹Monopsichismo›, in: Enc. filos. 4 (²1967) 749. – [24] R. ARNALDEZ, Art. ‹Ibn Rushd›, in: The Encycl. of Islam 3 (Leiden/London 1969) 919a. – [25] G. W. LEIBNIZ: Tentamina Theodicaeae 1 (1719) 7; G. V. HARTMANN, a.O. [12] 141. – [26] W. WINDELBAND: Gesch. der Philos. (1892) 268; E. KREBS, a.O. [23] 102. – [27] B. NARDI: Studi di filos. mediev. (Rom 1960) 209. – [28] G. J. ROMANES: Thoughts on religion (Chicago ²1895) 51. – [29] Vgl. G. PAPINI: Un uomo finito (²³1960) 110; B. CROCE: Conversazioni critiche 2 (Bari ⁴1950) 139. Red.

Monotheismus (engl. monotheism; frz. monothéisme; ital. monoteismo)

I. M. als Anerkennung und Verehrung nur eines einzigen Gottes ist die für Judentum, Christentum und Islam kennzeichnende, bei Zarathustra und in neuzeitlichen Strömungen des Hinduismus stark hervortretende Religionsform. Sie betont die metaphysische Absolutheit Gottes und dessen Ewigkeit, Allgegenwart, Allmacht und Allwissenheit. Dem M. eignet Ausschließlichkeitscharakter und Universalitätsanspruch. Gegenüber dem Polytheismus, dessen Gottheiten er entweder radikal verneint oder dämonisiert, bedeutet er einen absoluten Bruch. Die Anerkennung von Nebengöttern ist für ihn Sünde; mit dem Begriff der «Zugesellung» (*shirk*) von anderen Göttern zu Allah wird diese vom Islam verdammt [1]. Monotheistische Religionen sind gestiftete Religionen. Die ihnen eigene Offenbarungsform ist die prophetische. Das religiöse Erleben des Menschen ist im M. stark durch die Erfahrung des geschichtlichen Handelns Gottes geprägt. Dem entspricht die in monotheistischen Religionen vordringliche Bedeutung einer Geschichtstheologie, die teleologisch bestimmt ist und einen eschatologischen Heilscharakter trägt. Der M. fordert Gehorsam gegenüber dem göttlichen Willen, der an den Menschen in erster Linie ethische Forderungen stellt.

Anmerkung. [1] A. J. WENSINCK und J. H. KRAMERS: Handwb. des Islam (Leiden 1941) 693-695.

Literaturhinweise. W. SCHMIDT: Der Ursprung der Gottesidee 1-12 (1912-1955). – R. PETTAZZONI: Dio. Formaz. e sviluppo dello monoteismo nella storia della relig. (Rom 1922). – P. RADIN: Monotheism among primitive people (London 1924). – K. TH. PREUSS: Glaube und Mystik im Schatten des höchsten Wesens (1926). – J. J. FAHRENFORT: Het hoogste wezen der primitiven (Den Haag 1927). – H. FRICK: Ueber den Ursprung des Gottesglaubens und die Relig. der Primitiven. Theol. Rdsch. NF 1 (1929) 241-265. – W. KOPPERS: Der Urmensch und sein Weltbild (1949). – G. LANCZKOWSKI: Forsch. zum Gottesglauben in der Relig.gesch. Saeculum 8 (1957) 392-403.   G. LANCZKOWSKI

II. Der *Begriff* ‹M.› erscheint später als die verwandten Begriffe ‹Atheismus› und ‹Polytheismus›. Als erster verwandte ihn wohl 1660 der Cambridger Platonist H. MORE, der eine Vorliebe für Neologismen zeigt [1]. In der Absicht, den christlichen M. deutlich von scheinbar ähnlichen Religionsformen des Heidentums zu unterscheiden, sagt er: «But this to make the world God is to make all and therefore this kinde of monotheisme of the heathens is as rank atheisme as their polytheisme was proved to be before» [2]. In gleicher Bedeutung findet sich der Begriff auch später, wenn More gegen die jüdische Religion einwendet: «They [the Jews] destroy the worship of the son of God under an ignorant pretence of monotheisme» [3]. Vereinzelt taucht auch die Formulierung Μόνῳ θεῷ ἡ δόξα auf [4].

Der Begriff scheint jedoch zunächst nicht rezipiert, sondern erst wieder von H. ST. JOHN Viscount BOLINGBROKE aufgenommen worden zu sein [5]. Bei einer Zusammenfassung der Gründe, die für die Vernunftgemäßheit des M. sprechen, gebraucht Bolingbroke zur Bezeichnung seines Inhalts verschiedene Begriffe, die einander kompatibel sind: z. B. «the unity of the supreme Being» [6], «the first intelligent cause of all Things» [7]. Es gibt nach seiner Ansicht genügend Gründe dafür, «that the whole system of polytheisme unravelled in the greater mysteries, or that no more of it was retained than what might be rendered consistent with monotheisme, with the belief of one supreme self-existent Being» [8]. Der M. als natürliche Form von Gottesglauben sei keine jüdische Erfindung [9], schon bei Thales und in den Religionsformen des alten Ägypten finde sich ein System, «made up of monotheisme and of something very near akin» [10]. So gibt er schließlich dem folgenden Essay, in welchem er in Anlehnung an FR. BACON [11] gegen einen christlichen und philosophischen Platonismus argumentiert [12], den Titel ‹... some further Reflections On the Rise and Progress of Monotheisme, That first and great Principle of natural Theology, or The First Philosophy› [13].

Daß der Begriff inzwischen eine größere Verbreitung erfahren hat, dokumentiert auch D. HUME. 1751 [14] führte er bei der Beschreibung verschiedener semitischer Religionsformen mit M.-Charakter unter dem Titel «Comparison of these religions with regard to persecution» [15] aus: «And after the overthrow of that [Persian] empire we find Alexander as a polytheist reestablishing the worship of the Babylonians, which their former princes as monotheists had carefully abolished» [16]. Von hier aus scheint der Begriff durch KANT seinen Weg in die kontinental-europäische Philosophie gefunden zu haben. ‹M.› taucht auf bei seiner Untersuchung über die ‹Beweisgründe der spekulativen Vernunft, auf das Dasein eines höchsten Wesens zu schließen› [17]. «Diese höchste Ursache halten wir denn für schlechthin notwendig, weil wir es schlechterdings notwendig finden, bis zu ihr hinaufzusteigen, und keinen Grund, über sie noch weiter hinauszugehen. Daher sehen wir bei allen Völkern durch ihre blindeste Vielgötterei doch einige Funken des M. durchschimmern, wozu nicht Nachdenken und tiefe Spekulation, sondern nur ein nach und nach verständlich gewordener natürlicher Gang des gemeinen Verstandes geführt hat» [18]. Die Nähe zu den Gedanken Bolingbrokes und Humes ist offensichtlich.

Nach Kant hat der Begriff ‹M.› rasch eine weite Verbreitung gefunden, wird jedoch nicht mehr immer positiv gewertet oder als ursprüngliche Form der Religion angesehen. GOETHE stellt den M. als eine poetische Verarmung dem Polytheismus gegenüber [19], und FR. A. CARUS nennt ihn etwas «Entwickeltes ja Gemachtes» [20]. «Gewiß war ... der erste Gottesbegriff nicht monotheistisch ... auch nicht bloß polytheistisch, sondern sogar pandämonistisch» [21]. Eine ähnliche Konzeption, die jedoch dem früheren Gebrauch näher steht und sich nur hinsichtlich der historischen Abfolge der einzelnen Entwicklungsstufen unterscheidet, findet sich bei SCHLEIERMACHER: «Diejenigen Gestaltungen der Frömmigkeit, in welchen alle frommen Gemütszustände die Abhängigkeit alles Endlichen von einem Höchsten und Unendlichen aussprechen, d. i. die monotheistischen, nehmen die höchste Stufe ein, und alle anderen verhalten sich zu ihnen wie untergeordnete, von welchen den Menschen bestimmt ist, zu jenen höheren überzugehen» [22]. Im folgenden jedoch wird betont, daß der M. nicht als Endstufe eines notwendig zu durchlaufenden Entwicklungsprozesses anzusehen ist, sondern daß «ein kindlicher, aber eben deshalb noch einer verworrenen Vermischung des Höheren und Niederen unterworfener M. ... das Ursprüngliche» war [23]. Ähnlich bezeichnet FR. SCHLEGEL den M. als «Hauptbegriff und Grundlage der wahren Religion» [24] und meint wie Bolingbroke, der M. könne «in einem gewissen Grade ... ganz gut mit Polytheismus verbunden sein» [25]. Bei HEGEL läßt sich dann eine Bedeutungsverschiebung von ‹M.› konstatieren: Der M. wird zum ersten Mal nicht mehr dem Polytheismus, sondern dem Pantheismus gegenübergestellt [26]. Zu dieser Mehrdeutigkeit von M., die sich auch bei CREUZER [27] und HERRMANN zeigt [28], tragen nicht unwesentlich die damaligen Wörterbücher bei. Wenn der Begriff, wie bei BINZER und KRUG [29], als eigenes Stichwort überhaupt aufgenommen wird, so wird er als Ein-Gott-Glaube vage bald dem Atheismus und bald dem Polytheismus und Pantheismus entgegengesetzt [30]. Man kann also durchaus SCHELLING beipflichten, der konstatiert, daß er sich in «älteren und neueren Lehrbüchern ... vergebens nach einem befriedigenden Aufschluß über den ersten aller Begriffe umgesehen habe». Von den «philosophischen Lehrbüchern» wird bemerkt, «daß sie meist sachte an dem Begriff der Einheit Gottes vorbeizuschleichen suchen, wahrscheinlich als an einem sich von selbst verstehenden, der zu klar sei» [31]. Die bisher mit dem Begriff ‹M.› gemeinte Einzigkeit Gottes sei «Tautologie» [32]. Die «wahre Idee Gottes» und des M. liege im Begriff der «All-Einheit» Gottes, die aber nicht, wie im Pantheismus, «todt, unbeweglich, unlebendig» sein soll, sondern Gott als «sich zu einer wahren Mehrheit von Potenzen» aufhebenden, als in einem «theogonischen Proceß» werdenden Gott vorstellt [33].

Zur Systematisierung des jetzt entstandenen Bedeutungsspektrums schlägt J. ROYCE vor, den M. nicht dem Pantheismus entgegenzusetzen, weil der Pantheismus durchaus als eine besondere Form des M. verstanden werde könne [34], sondern dem «eigentlichen Polytheismus» und den Religionen, «die neben den eigentlichen Göttern mehr oder weniger göttliche Wesen anerkennen» [35]. Die meisten anderen Autoren bemühen sich jedoch kaum mehr um eine genauere Definition des Begriffs, sondern nehmen zum Phänomen selbst wertend oder erklärend Stellung. A. SCHOPENHAUER betont, daß dem M. «Intoleranz» wesentlich sei [36], und NIETZSCHE spricht dem M. grundsätzlich eine positive Rolle in der Entwicklung der Menschheit ab: diese «Lehre von einem Normalmenschen» [37] sei die «größte Gefahr der bisherigen Menschheit» [38]. Sie enthalte zudem «ein Minimum poetischer Welterklärung»: der M. sei so eigentlich ein «Monotono-Theismus» [39].

A. COMTE, einer der ersten, die den Begriff ‹monothéisme› im Bereich der französischen Sprache verwenden [40], ordnet ihn in seine Dreistadienlehre ein: «Dans la troisième phase théologique le monothéisme proprement dit commence l'inévitable déclin de la philosophie initiale.» Er bildet damit den Übergang zum metaphysischen Stadium und gehört letztlich zu den für die Entstehung der «Philosophie positive» notwendigen «simplifications» [41]. J. ST. MILL übernimmt nicht nur Comtes Interpretation des Begriffs [42], sondern auch dessen Erklärung des M. aus der Verwissenschaftlichung der Welt: «The special mode in which scientific study operates to instil monotheism in place of the more natural polytheism, is in no way mysterious.» Die Wissenschaft konstruiert *eine* Ursachenkette, an deren Ende *ein* Gott steht. Deshalb ist «monotheism ... the only theism which can claim for itself any footing on scientific ground» [43]. FR. M. MÜLLER bezeichnet im Anschluß an Comte und Mill den M. als Ergebnis einer Entwicklung aus Henotheismus und Polytheismus [44]. Ähnlich wie Comte sieht auch W. DILTHEY im M. anfänglich ein Stadium der geistigen Entwicklung der Menschheit, das der «Entstehung der monotheistischen Metaphysik» [45]; später jedoch, bei der Herausarbeitung der «Typen der Weltanschauung», erhält der M. eine qualitativ neue Bestimmung, die eines «ethischen M. der Freiheit» [46]. Zu den interessanteren Erklärungen der Entstehungsgeschichte des M. gehört neben den Arbeiten von F. G. FRAZER [47] und W. SCHMIDT [48] die von S. FREUD. Er vermutet, die jüdische Religion sei ursprünglich nicht monotheistisch gewesen, sondern der jüdische M. habe sich aus einem früheren ägyptischen M. entwickelt, den Moses den Juden vermittelt habe [49]. In seiner psychoanalytischen Interpretation der spärlichen historischen Fakten stellt er zwischen dem «Problem der traumatischen Neurose und dem des jüdischen M. [doch] in einem Punkt eine Übereinstimmung» fest: «in dem Charakter, den man die Latenz heißen könne!» [50]. So sei bei den Juden – nach dem Schema «Frühes Trauma – Abwehr – Latenz – Ausbruch» [51] durch die zeitweise Ablehnung Moses' ein Zwangscharakter entstanden, der psychologisch erklärt [52], warum das Judentum den M. als «Religion des Urvaters, an die sich die Hoffnung auf Belohnung, Auszeichnung, endlich Weltherrschaft knüpft» [53], angenommen habe.

Eine wichtige Rolle spielten Begriff und Bedeutung von M. auch in einer neueren innerjüdischen Diskussion in Deutschland. Sie bewegt sich neben der Forderung nach dem rechten Verständnis der Offenbarung auch um den M. und wendet sich gegen zu starke Reformen ebenso wie gegen harte Orthodoxie. S. L. STEINHEIM bezieht dabei eine Position, wenn er den schlechten «Begriffs-M.» vom persönlichen und vernünftigen «Offenbarungs-M.» unterscheidet [54]. Dies richtet sich direkt z. B. gegen H. LEO, der den Juden ihren lediglich «abstrakten M.» vorhält [55], aber auch gegen die Ansichten FICHTES, GOETHES, HEGELS u.a. [56]. Damit schafft er einen Anknüpfungspunkt für H. COHEN [57], bei dem u.a. der M. die weltgeschichtliche Bedeutung des Judentums überhaupt ausmacht: «Anstatt der Einheit Gottes setzen wir die Einzigkeit als den Inhalt des M.» [58]. M. «wächst aus dem Mythos» und ist eine «Fortentwicklung» des Polytheismus [59]. Der «reine M.» konnte aber nur in einer «Geisteskultur» wie dem Judentum entstehen [60], denn dieses erst schuf die Möglichkeit der «Korrelation» zwischen Gott und Mensch durch den Geist [61]. Das Judentum muß deswegen als Quelle für Christentum und Islam wie auch für den Idealismus angesehen werden [62], ein Gedanke, den schon früher in ähnlicher Weise K. VATKE im Zusammenhang mit dem M. geäußert hatte [63]. M. BUBER bezieht gegen eine solche Überschätzung des M. Stellung. Er betrachtet den M. nicht als elementar für (z. B.) die Gotteslehre des Judentums [64]. Auf kritische Einwände [65] hat Buber geantwortet, daß ihm der Begriff ‹M.› «nach unverbindlicher Weltanschauung» schmecke [66].

Anmerkungen. [1] Vgl. z.B. ‹Antimonopsychia› und ‹Monocardia›, in: H. MORE: Compl. poems (London 1647), hg. B. GROSART (New York 1967). – [2] An explanation of the grand mystery of godliness (London 1660) 62. – [3] Apocalypsis Apocalypseos; or the revelation of St. John unveiled (London 1680) 84. – [4] Opera omnia tum quae anglice scripta sunt, hg. J. COCKSHUTIUS (London 1679) 2, 758. – [5] H. ST. JOHN, Lord Viscount BOLINGBROKE, Works 4 (London 1754); ND, hg. D. MALLET (1968). – [6] a.O. 34. 68. – [7] 71. – [8] 67. – [9] 69f. – [10] 80: unter Verweis auf Plutarch und Diogenes Laertius. – [11] 161 u.a. – [12] z.B. 143f. 148: Postscript to the 2nd essay. – [13] 185. – [14] D. HUME: The natural hist. of relig. (1779). Works 4, hg. T. H. GREEN/T. H. GROSE (London 1882, ND 1964) 309-361. – [15] a.O. 335. – [16] 338. – [17] I. KANT, KrV B 612. – [18] a.O. 618. – [19] J. W. v. GOETHE, Dichtung und Wahrheit. Hamburger A., hg. E. TRUNZ 10 (⁶1976) 20. – [20] FR. A. CARUS: Ideen zur Gesch. der Menschheit. Nachgel. Werke 6 (1809) 256. – [21] a.O. 260. – [22] FR. E. D. SCHLEIERMACHER, Der christl. Glaube § 8, hg. M. REDEKER (1960) 1, 51. – [23] a.O. 55. – [24] FR. SCHLEGEL, Krit. A., hg. E. BEHLER 11 (1958) 24. – [25] a.O. 25. – [26] G. W. FR. HEGEL, Sämtl. Werke, hg. H. GLOCKNER 10 (⁴1965) 465f. 468; 20 (⁴1968) 117f. – [27] FR. CREUZER: Symbolik und Mythol. der alten Völker, hg. G. H. MOSER (1822) 51. – [28] G. HERRMANN: Über die älteste griech. Mythol. (1817). – [29] W. T. KRUG: Allg. Handwb. der philos. Wiss. (²1832-1838) 2, 924; A. B. BINZER: Encyclop. Wb. der Wiss., Künste und Gewerbe, hg. H. A. PIERER (1830) 14, 74. – [30] KRUG, a.O. [29]. – [31] FR. W. J. SCHELLING: Philos. der Mythol. (1854). Werke, hg. K. FR. A. SCHELLING (1856-61) 12, 12. – [32] a.O. 12, 21ff. – [33] 12, 69. 72. 67 Anm. 118. – [34] J. ROYCE: Art. ‹M.›, in: Encyclop. of relig. and ethics, hg. J. HASTINS u.a. 3 (Edinburgh/New York ²1930) 817-821. – [35] a.O. 817. – [36] A. SCHOPENHAUER, Parerga und Paralipomena. Werke, hg. A. HÜBSCHER (1939) 6, 380ff. – [37] FR. NIETZSCHE, Werke, hg. K. SCHLECHTA (1954-56) 1, 135. – [38] a.O. 2, 135. – [39] 2, 1179. – [40] N. LANDAIS: Dict. général et grammat. des dict. (Paris 1834f.); A. COMTE: Discours sur l'esprit positif (Paris 1844), frz./dtsch. hg. I. FETSCHER (1956) 8. – [41] COMTE, a.O. – [42] J. ST. MILL: Auguste Comte and positivism. Coll. works, hg. F. E. L. PRIESTLEY 10 (Toronto/London 1969) 261ff. – [43] a.O. 10, 432. – [44] FR. M. MÜLLER, Coll. works 3 (London 1898) 75. – [45] W. DILTHEY, Ges. Schr. 1 (⁶1966) 158. 161. 166 u.ö. – [46] a.O. 5 (⁵1968) 387; 2 (1921) 505. – [47] J. G. FRAZER: The golden bough (London ³1963). – [48] W. SCHMIDT, a.O. [Lit. zu I]. – [49] S. FREUD, Werke 9: Der Mann Moses und die monotheist. Relig. (1974) 455-576. – [50] a.O. 516. – [51] 528. – [52] 533. – [53] Totem und Tabu, a.O. [49] 287-444. – [54] S. L. STEINHEIM: Die Offenbarung nach dem Lehrbegriff der Synagoge 1-3 (1835-1856) 2, 243-245; vgl. Die Politik nach dem Begriffe der Offenbarung als Theokratie (1845) bes. 85. – [55] H. LEO: Vorles. über die Gesch. des jüd. Staates, geh. an der Univ. zu Berlin (1828) 3. – [56] Vgl. H. ANDORN: Die problemgesch. Zusammenhänge von S. L. Steinheim «Offenbarung nach dem Lehrbegriffe der Synagoge». Mschr. Gesch. Wiss. des Judentums 74 (1930) 437-457, bes. 446-453. – [57] H. COHEN: Die Religion der Vernunft aus den Quellen des Judentums (1919). – [58] a.O. 41. – [59] 84. 43; vgl. 115. – [60] 105. 429. – [61] 117, vgl. 122. – [62] 107. 429. 454. – [63] W. VATKE: Religionsphilos. oder allg. Philosophische Theol. (1888) bes. 20. 125. 128. – [64] M. BUBER: Reden über das Judentum (1923) 5. 140. – [65] Vgl. FR. KAUFMANN: Martin Bubers Relig.philos., in: P. SCHILPP (Hg.): Martin Buber (1963) bes. 194. – [66] a.O. 612.

R. HÜLSEWIESCHE

Monotheletismus. – 1. Der Begriff ‹M.› entstammt der Dogmengeschichtsschreibung [1] und bezeichnet die dogmatische Position, die in den christologischen Kontroversen des 7. Jh. um die Erlöserpersönlichkeit Christi die Meinung vertrat, daß in Christo lediglich ein Wille (griech. ἓν Θέλημα) geherrscht habe; der M. negiert die Selbständigkeit und Eigeninitiative der menschlichen Natur Christi und interpretiert sie als sekundäre Wirkungen des göttlich-logoshaften Willens: Sie sind «gottbewegt» (Θεοκίνητος). Gegenüber dem an Monophysitismus orientierten M. verteidigen der römische Papst und MAXIMUS CONFESSOR [2] die Duplizität des Willens Christi (δύο Θελήματα; lat. duas voluntates); Maximus kritisiert die dem M. inhärente Herabwürdigung der menschlichen Natur zu einem bloß mechanisch-passiven Instrument (ἄψυχον) und hält an der Freiheit (αὐτεξούσιον) auch der menschlichen Natur Christi fest. Der M. wird auf dem Konzil von Konstantinopel 680/681 verdammt; das Konzil entschärft die monotheletische Furcht, daß die Zweiheit des Willens einen Willenskonflikt notwendigerweise impliziere, und reklamiert die menschlich-göttliche Totalität Christi für das Heil der Menschen: καὶ δύο φυσικὰ θελήματά τε καὶ ἐνεργείας δοκάζομεν πρὸς σωτηρίαν τοῦ ἀνθρωπίνου γένους καταλλήλως συντρέχωντα (wir bekennen zwei natürliche Willen und Handlungen, die zum Heil des Menschengeschlechts in ihm sich miteinander vereinigen). Fraglich bleibt jedoch, ob die Problematik von menschlicher und göttlicher Natur, Freiheit (posse peccare) und Heiligkeit (non posse peccare) auf diesem Konzil plausibel gelöst ist [4].

Anmerkungen. [1] A. VON HARNACK: Lb. der Dogmengesch. 2 (⁵1931) 425ff. – [2] G. KRÜGER: Art. ‹Monotheleten›, in: Realencyklop. prot. Theol. u. Kirche 13 (³1903) 406ff. – [3] H. DENZINGER/A. SCHÖNMETZER (Hg.): Enchiridion Symbolorum (³²1963) 188: Nr. 558. – [4] Vgl. W. ELERT: Der Ausgang der altkirchl. Christol. (1957) 185ff. 258.

Literaturhinweise. M. JUGIE: Art. ‹Monothélisme›, in: Dict. de théol. cath. 10 (1929) 2307-2323. – W. ELERT s. Anm. [4]. – H.-G. BECK: Kirche und theol. Lit. im Byzantinischen Reich (1959) 430ff.

2. SCHELLING rühmt sich, den Begriff ‹M.› in die Philosophie eingeführt zu haben; er bezeichnet mit jenem Begriff die von ihm als «Philanthropismus» [1] kritisierte Ansicht, nach der es nur einen vernünftigen Willen gebe, der immer und notwendigerweise das Gute intendiere, während das Böse nicht von ihm gewollt, sondern bloßer Ausfluß der Sinnlichkeit sei; demnach bedeutet der M. eine Entwirklichung des Bösen. «Es gibt daher nach dieser Erklärung nur Einen Willen (wenn er anders so heißen kann), keinen zweifachen, und man könnte in dieser Hinsicht die Anhänger derselben ... mit einem ... aus der Kirchengeschichte, jedoch in einem anderen Sinne genommenen, Namen die Monotheleten nennen. Wie es aber keineswegs das intelligente oder Lichtprincip an sich, sondern das mit Selbstheit verbundene, d.h. zu Geist erhobene, ist, was im Guten wirkt, ebenso folgt das Böse nicht aus dem Princip der Endlichkeit für sich, sondern aus dem zur Intimität mit dem Centro gebrachten finstern oder selbstischen Prinzip; und wie es einen Enthusiasmus zum Guten gibt, ebenso gibt es eine Begeisterung des Bösen» [2].

Anmerkungen. [1] F. W. J. SCHELLING: Philos. Untersuch. über das Wesen der menschl. Freiheit (1809). Sämtl. Werke, hg. K. F. A. SCHELLING (1856-61) 7, 371. – [2] a.O. 7, 372. M. ARNDT

Montanismus. Der von der Kirchengeschichtsschreibung des frühen 19. Jh. [1] eingeführte Begriff ‹M.›, der sich an das bereits im 4. Jh. gebräuchliche Wort ‹Montanist› (Μοντανιστός) anschließen konnte [2], bezieht sich auf eine um 156 n.Chr. [3] auftretende radikal-eschatologische Bewegung, die maßgeblich von dem ehemaligen Kybelepriester MONTANUS getragen wurde, nach dessen phrygischer Heimat die Montanisten auch die «Kataphryger» (οἱ κατὰ Φρύγας; Cataphrygae) genannt wurden [4]. In der ersten, stark endzeitlich geprägten und weitestgehend auf Kleinasien beschränkten Phase des M. verkündeten Montanus und seine beiden prophetischen Begleiterinnen Priscilla und Maximilla das baldige Ende der Welt (συντέλεια) [5], das mit der Herabkunft des 'oberen Jerusalem' (ἄνω Ἱερουσαλήμ) auf das phrygische Dorf Pepuza begönne [6]. Die eschatologische Gewißheit, des endzeitlichen Charisma (ἔσχατον χάρισμα) teilhaftig zu sein, brach in ekstatischer Begeisterung hervor und führte zur Selbstidentifikation des Montanus mit dem im Johannesevangelium (14, 16. 26; 15, 26; 16, 7) prophezeiten Parakleten (παράκλητος) oder auch Hl. Geist [7]: «Ich bin der Vater und ich bin der Sohn und ich bin der Paraklet» (Ἐγώ εἰμι ὁ πατὴρ καὶ ἐγώ εἰμι ὁ υἱός καὶ ἐγώ εἰμι ὁ παράκλητος) [8]. Die in der Gestalt des Parakleten sich offenbarende 'Neue Prophetie' (νέα προφητεία, nova prophetia) forderte angesichts des Weltendes die kompromißlose Entweltlichung (Verbot der zweiten Ehe, wenn nicht der Ehe schlechthin, λύσις γάμων; Fastengebote, νυστεῖας νομοθετεῖν; Martyrium – optare exire in martyriis) [9]. Die durch den M. provozierten Fragen nach der Legitimität der Prophetie und der Gültigkeit der apostolischen Offenbarung machten eine Intervention des sich konsolidierenden und mit dem Bestand der Welt rechnenden Episkopats der Großkirche erforderlich [10] und führten zu einer verstärkt antimontanistischen Kirchenpolitik [11] und Literatur, in der der ursprünglich orthodoxe [12] M. zusehends verfremdet dargestellt und allmählich häretisiert wurde: seine falsifizierte Naherwartung [13], sein u.a. für TERTULLIAN so attraktiver ethischer Rigorismus [14], seine strenge Bußdisziplin [15], seine Duldung weiblicher Kleriker, seine Vergöttlichung der Maria [16], besonders aber sein Sabellianismus [17], die Überordnung der 'Pneumatiker' (πνευματικοί) über den bloß 'psychischen' Episkopat und die hieraus resultierende Bestreitung der kirchlich vermittelten Sündenvergebung [18] und schließlich die Relativierung der neutestamentlichen Offenbarungsereignisse [19] und die pneumatische Überbietung des apostolischen Kanons [20] ließen den M. zum Inbegriff antichristlicher Doktrinen und Praktiken (Σατανᾶς Μοντανός) [21] werden. Trotz dieses inkriminierenden Katalogs fragte sich besonders die protestantische Kirchengeschichtsschreibung, ob der M. nicht einen historisch legitimen Versuch der Reaktualisierung urchristlicher Eschatologie in einer Zeit zunehmender «Verweltlichung» [22] und Klerikalisierung repräsentierte und ob nicht «die Montanisten um das Christenthum willen gelitten hätten» [23]. «Man wird nicht irre gehen, wenn man gerade dadurch, dass so die Kirche festen Fuss in der Welt zu fassen begann, den M. hervorgerufen sieht. Indem er dagegen ankämpft, ist er Reaktion und vertritt die bisherige Form des Christentums» [24].

Anmerkungen. [1] A. NEANDER: Allg. Gesch. der christl. Relig. und Kirche (1828) I/3, 579ff.; F. K. A. SCHWEGLER: Der M. (1841); F. CHR. BAUR: Das Christenthum und die christl. Kirche der drei ersten Jh. (1853) 213ff. – [2] Vgl. G. FICKER: Widerlegung eines Montanisten. Z. Kirchengesch. 26 (1905) 447-463; P. DE LABRIOLLE: Les sources de l'hist. du montanisme (Paris 1913) 153, 17. – [3] Vgl. G. N. BONWETSCH: Die Gesch. des M. (ND 1972) 140ff.; dagegen: T. D. BARNES: The chronol. of montanism. J. theol. Stud. NS 11 (Oxford 1970) 403-408. – [4] Vgl. DE LABRIOLLE, a.O. [2] 242, 7f. 254, 1f. – [5] 117, 3; vgl. K. ALAND: Bemerk. zum M. und zur frühchristl. Eschatol. Kirchengesch. Entwürfe (1960) 105ff. – [6] DE LABRIOLLE, a.O. [2] 137, 4ff. – [7] 103, 30. – [8] 97, 25ff. – [9] Vgl. BONWETSCH, a.O. [3] 81ff. – [10] Vgl. EUSEBIUS, Kirchengesch., hg. ED. SCHWARTZ (²1914) 199, 10ff. – [11] Vgl. DE LABRIOLLE, a.O. [2] 196ff. – [12] Vgl. 150, 1ff.; BONWETSCH, a.O. [3] 69ff.; ALAND, a.O. [5] 118; H. J. LAWLOR: Art. ‹Montanism›, in: Encyclop. of relig. and ethics, hg. J. HASTINGS u.a. (Edinburgh 1930, ND New York 1955) 8, 827f. – [13] DE LABRIOLLE, a.O. [2] 117, 9ff. – [14] 128ff.; BONWETSCH, a.O. [3] 81ff. – [15] DE LABRIOLLE, a.O. [2] 168f. – [16] 140. 17ff. 215, 13ff. 228, 17ff. 248, 14f. 194f. – [17] 154, 14ff. 168, 1ff. 206, 1ff. 207, 1ff. 212, 18ff. 221, 2ff. – [18] TERTULLIAN, De paenitentia. De pudicitia, hg. E. PREUSCHEN (²1910) 66f.; BAUR, a.O. [1] 263. 355f. – [19] DE LABRIOLLE, a.O. [2] 103, 8f. 150, 12ff.; 156ff. – [20] Vgl. F. OVERBECK: Zur Gesch. des Kanons (1880) 73. 79; DE LABRIOLLE, a.O. [2] 84, 3ff. – [21] 223, 10. – [22] Vgl. BAUR, a.O. [1] 224. 263. – [23] G. ARNOLD: Unparteyische Kirchen- und Ketzer-Hist. (1690) 71. – [24] BONWETSCH, a.O. [3] 138. M. ARNDT

Moral, moralisch, Moralphilosophie

I. *Lateinische Antike.* – 1. Alle drei Ausdrücke gehen (wie die entsprechenden in den anderen vom Lateinischen beeinflußten Sprachen) auf den nach CICEROS Selbstzeugnis von ihm neugeprägten Terminus ‹philosophia moralis› als Übersetzung für ἠθική zurück [1].

Hier ist freilich sogleich darauf hinzuweisen, daß sich neben ‹moralis› im Lateinischen von SENECA an bis zum Ausgang der Antike wie auch in der philosophischen Terminologie des Mittelalters ebenso ‹ethicus› als Lehnwort hält, und zwar ebenso substantivisch wie adjektivisch. Dabei ist ‹ethica› oder ‹ethice› bedeutungsgleich mit ‹philosophia moralis›, während ‹ethicus› als Bezeichnung für Moralphilosoph wohl erst im Mittelalter als lateinisches Äquivalent ‹moralis› erhält [2].

2. Die genannte CICERO-Stelle gibt zugleich den entscheidenden Hinweis für die Bedeutungsanalyse von ‹moralis›. «Weil er sich auf die Sitten (mores) bezieht, welche die Griechen ἤθη nennen, pflegen wir diesen Teil der Philosophie als den über die Sitten (de moribus) zu bezeichnen; doch steht es einem, der die lateinische Sprache bereichern will, gut an, ihn den moralischen zu nennen.» (Quia pertinet ad mores, quos ἤθη Graeci vocant, nos eam partem philosophiae ‹de moribus› appellare solemus, sed decet augentem linguam latinam nominare ‹moralem›) [3]. Die Bedeutung von ‹moralis› ist demnach primär durch die Beziehung auf das Grundwort ‹mos› bzw. ‹mores› – als den Gegenstand, worauf die Moralphilosophie (M.ph.) reflektiert, nämlich die Moral (M.) – zu gewinnen.

3. Dieser lateinische Grundbegriff deckt sich in einem Kernbereich auch mit unserem heutigen Terminus ‹M.› in der weiteren Bedeutung, nämlich als der Gesamtheit der akzeptierten und durch Tradierung stabilisierten Verhaltensnormen einer Gesellschaft. Das wird besonders deutlich in VARROS Definition des mos als des von allen Mitgliedern einer kohärenten Gruppe geteilten Konsenses, der aufgrund von Tradition ein festes Verhaltensmuster ausbildet (... morem esse communem consensum omnium simul habitantium, qui inveteratus consuetudinem facit) [4].

Wie stark dieser Begriff des ‹mos› bzw. der ‹mores› am Verhalten orientiert ist, zeigt sich daran, daß er mindestens seit LUKREZ auch zur Bezeichnung von Regelstrukturen im Bereich nichtmenschlicher Naturvorgänge verwendet wird, so z.B. bei Lebewesen, Naturkräften, Elementen [5].

Zugleich zeigt sich die für unsere Ausdrücke ‹M.› bzw. ‹moralisch› charakteristische Mehrdeutigkeit – zum einen konstativ-beschreibend, zum anderen präskriptivwertend – schon in ihren römischen Äquivalenten. ‹Mos› bzw. ‹mores› wird (ohne zusätzliches Attribut) ebenso wertneutral wie auch wertend, und zwar in positivem und negativem Sinne (o tempora, o mores!) [6] verwandt [7].

Daß dieser Begriff der mores im Sinne von M. weiter zu fassen ist als der des rechtlich normierten Verhaltens, machen folgende Indizien deutlich:

a) das Institut des zensorischen Sittengerichts neben den normalen Gerichten, welches anders als diese nur nach dem Kriterium der Billigkeit (aequitas) urteilte [8];

b) das schon im klassischen römischen Recht bekannte Verbot des sittenwidrigen Vertrages (contra bonos mores) [9].

4. Das ausgeführte Bedeutungsspektrum von ‹mos/mores› kann im wesentlichen auf das abgeleitete Adjektiv ‹moralis› übertragen werden. Dieses bedeutet demnach im allgemeinen (wertneutralen, deskriptiven) Sinne: zum menschlichen Verhalten gehörend bzw. dieses betreffend; es wird aber auch wertend, und zwar nur im positiven Sinne, verwendet [10].

Aus der allgemeinen ergeben sich konsequent auch zwei spezielle Bedeutungen von ‹moralis›:

a) die rhetorisch-poetologische (z. B. moralis dictio, moralis allocutio) [11]. Hier bezeichnet der Terminus ‹moralis› die Kunst der treffenden Charakterisierung und sprachlichen Darstellung von Rollenverhalten im Sinne der ἠθοποιία.

Die seit dem 4. Jh. nachweisbare Substantivbildung ‹moralitas› bezieht sich zum einen genau auf diese Bedeutung, so z. B. als charakteristische Stileigenschaft bei MACROBIUS [12]. Daneben kann ‹moralitas› auch soviel wie moralische Integrität bedeuten [13];

b) die exegetisch-hermeneutische (sensus moralis). Entstanden aus der Umdeutung der τροπολογία in der griechischen Patristik, bezeichnet der Terminus ‹sensus moralis› jene dritte Stufe der Exegese, auf welcher nach der Erhebung des wörtlichen und des allegorischen Sinnes die Hl. Schrift als Vorbild für das menschliche Leben und Handeln interpretiert wird (... moralis quid agas ...) [14];

c) schließlich ist darauf hinzuweisen, daß sich [15] weder in der nichtchristlichen Antike noch in der lateinischen Patristik ein Beleg für ‹virtus moralis› im Sinne der aristotelischen ἀρετὴ ἠθική findet – ein bezeichnendes terminologisches Indiz für die geringe Relevanz der aristotelischen Ethik im Bereich der lateinischen Antike;

d) die Neutrum-Plural-Bildung ‹moralia› bedeutet einerseits soviel wie M.ph. [16], andererseits kann sie auch deren Gegenstand, die M., bezeichnen [17].

5. Seit CICEROS Neuprägung gibt es im Lateinischen den Terminus ‹philosophia moralis› zur Bezeichnung der Ethik innerhalb jener von Cicero [18] und im Anschluß an ihn von der gesamten lateinischen Tradition Platon zugeschriebenen Dreiteilung der Philosophie in Logik (philosophia rationalis), Physik (philosophia naturalis) und Ethik, welche wahrscheinlich von XENOKRATES stammt [19]. Sie wurde von der *Stoa* und den meisten hellenistischen Philosophenschulen rezipiert und war zu Ciceros Zeit eine allgemein akzeptierte Doktrin [20].

Auch bei SENECA behält diese 'platonische' Systematik ihre Geltung, doch wird die M.ph. ihrerseits nach einem verbreiteten stoischen Schema weiter differenziert in Güterlehre, Trieb- bzw. Affektenlehre und Pflichtenlehre [21].

Stark ausgeprägt im römischen Denken und besonders bei Seneca ist die seit dem Hellenismus hervorgetretene Funktion der M.ph. als Psychagogie, d.h. als mit rationalen und emotiven Mitteln arbeitende, unmittelbar praxisbezogene Theorie der Seelenleitung [22]. Diese erreicht ihr Ziel durch konsequente Verknüpfung von Dogmatik als der Deskription dessen, was bezüglich Mensch und Welt der Fall ist, und Paränese, d.h. der präskriptiven Argumentation, was dann zu tun ist [23].

Genau dieses moralisch-psychagogische Ziel intendieren auch Senecas Tragödien, und zwar vor allem durch das Kontrastmittel negativer Paradigmata [24].

Anmerkungen. [1] CICERO, De fato 1. – [2] Vgl. Thesaurus ling. Lat. 5 (1931-1953) Art. ‹ethicus›. – [3] CICERO, a.O. [1]. – [4] VARRO, Frg. Serv. Aen. 7, 601. – [5] Vgl. a.O. [2] 8 (1936-1966) Art. ‹mos›. – [6] CICERO, Verr. II, 4, 55. – [7] ebda. – [8] Leg. III, 7; LIVIUS IV, 8, 2; vgl. A. STEINWENTER: Art. ‹Mores›, in: RE 16 (1933) 290-298; B. KÜBLER: Art. ‹Nota censoria›, in: RE 17 (1936) 1055-1058. – [9] GAIUS, Inst. III, 157; PAULUS, Dig. XVIII, 1, 34, 2. – [10] Vgl. a.O. [2] 8, Art. ‹moralis›. – [11] Stellen a.O. [10].

– [12] MACROBIUS, Sat. 5, 1, 16, hg. J. WILLIS (1963) 242. – [13] Vgl. z. B. bei CLAUDIUS DONATUS, Aen. prooem. 2, in: Tib. Claud. Donati Interpretationes Vergilianae, hg. H. GEORGIUS 1 (1905) 16. – [14] Vgl. H. DE LUBAC: Exégèse médiévale. Les quatre sens de l'Ecriture I/2 (Paris 1959) 549ff. – [15] Jedenfalls aufgrund des Materials im Thes. ling. Lat. – [16] SENECA, Ep. 89, 12. – [17] AMBROSIUS, Myst. I, 1. MPL 16, 389. – [18] CICERO, Acad. post. I, 5, 19. – [19] Vgl. DOMINICUS GUNDISSALINUS, De divisione philosophiae, hg. L. BAUR (1903). – [20] Vgl. Anm. [19]. – [21] SENECA, Ep. 89. – [22] Vgl. I. HADOT: Seneca und die griech.-röm. Tradition der Seelenleitung (1969). – [23] Vgl. H. CANCIK: Untersuch. zu Senecas Epistulae morales (1967) 16ff. – [24] Vgl. HADOT, a.O. [22] 190.

Literaturhinweise. H. CANCIK s. Anm. [23]. – I. HADOT s. Anm. [22].
G. JÜSSEN

II. *Lateinische Patristik und lateinisches Mittelalter.* – Der in Teil I aus dem Umkreis des römischen Denkens eruierte Begriff der mores im Sinne von M. sowie das Adjektiv ‹moralis› werden in der erörterten Bedeutung ebenso in der Patristik wie im Mittelalter verwendet und bilden so die Basis weiterer begrifflicher Differenzierung und Determination.

A. *Patristik.* – 1. Grundlegend für die inhaltliche Ausgestaltung der M.ph. im Bereich der lateinischen Kirchenväter ist die Integration wesentlicher Elemente der *stoischen* Ethik in das christliche Denken durch AMBROSIUS vor allem in ‹De officiis ministrorum› [1], der ersten systematischen christlichen Ethik, die sich in Titel, Gliederung und Thematik weitgehend an Cicero orientiert. Innerhalb dieser Integration erhalten jedoch stoische Grundwerte wie z. B. Tugend (virtus) oder Pflicht (officium) sowie die Güterlehre im ganzen einen veränderten Stellenwert, und zwar im Bezug zur Transzendenz des letzten Zieles, auf das sie hingeordnet sind, nämlich das ewige Leben in Gott. Im Sinne dieser Orientierung werden auch andere charakteristische Positionen der Stoa relativiert, so die Annahme einer autonomen Perfektibilität des Menschen und das Postulat der Apatheia [2].

2. Die hier angelegte Tendenz wird von AUGUSTINUS aufgenommen und verstärkt zur konsequenten, ja radikalen Finalisierung der Bestände der tradierten M.ph. im Hinblick auf das absolut transzendente Ziel des menschlichen Lebens und Handelns. Exemplarisch seien hier nur folgende Grundstrukturen des augustinischen Ansatzes genannt:

a) die Relativierung der kosmozentrisch orientierten stoischen Lehre vom Naturgesetz durch die Konzeption der lex aeterna, welche ihrer Substanz nach mit dem Willen Gottes identisch ist [3];

b) die Überwindung des Intellektualismus durch ein neues Verständnis des Willens als einer der Vernunft gegenüber selbständigen und für das Handeln des Menschen entscheidenden Instanz; damit wird der platonische bzw. gnostisch-manichäische Dualismus als Erklärungsschema für den Ursprung des moralisch Schlechten prinzipiell irrelevant, da Augustinus dieses allein auf die Perversion des Willens selbst als Prinzip der Bosheit (nequitia) zurückführt [4];

c) die teleologische Relativierung der tradierten Tugendlehre; die auf Gott hin gravitierende Grundkraft der Liebe (pondus amoris) ist das Prinzip aller Moralität und die Wurzel der übrigen Tugenden, so daß gilt: «Dilige, et quod vis fac» (Liebe und tu, was du willst) [5];

d) in der Güterlehre durch Mediatisierung alles innerweltlichen Guten (uti), das seinen Wert nur erhält durch die Hinbeziehung auf das allein um seiner selbst willen erfreuliche göttliche Gute (frui) [6].

3. Die Stellung der M.ph. im Sinne der ‹platonischen› Disziplinensystematik wird im christlichen Denken von Augustinus als gültig übernommen und eigens durch eine metaphysische Begründung abgesichert: Die Dreiheit von Physik, Logik und Ethik wird zurückgeführt auf Gott als Grund des Seins (causa subsistendi), des Erkennens (ratio intelligendi) und der menschlichen Lebensordnung (ordo vivendi) [7].

B. *Frühscholastik.* – 1. Für das Mittelalter wird diese systematische Einordnung der M.ph. vor allem durch ihre Rezeption bei ISIDOR VON SEVILLA bedeutsam, bei welchem die ethica inhaltlich mit den vier Kardinaltugenden identisch ist [8]. Daneben referiert und tradiert Isidor auch die aristotelische Disziplinensystematik, welche freilich ebensowenig wie die aristotelische Ethik selbst im Bereich der römischen Philosophie und der lateinischen Patristik Bedeutung gewinnen konnte [9].

Danach gliedert sich die Philosophie in einen theoretischen (pars inspectiva) und einen praktischen Teil (pars actualis), welcher sich wiederum in die drei Bereiche: M.ph. (moralis = Monastik!), Ökonomik (dispensativa) und Politik (civilis) besondert [10].

Grundlage und Anknüpfungspunkt für die weitere Diskussion bleibt jedoch bis zum 13. Jh. die ‹platonische› Einteilung. Als Anzeichen für ein relativ selbständiges Weiterdenken kann gelten, daß man in der Karolingerzeit, etwa bei CHRISTIAN VON STABLO, unter Bezug auf eine bis auf Origenes zurückgehende Tradition, versucht, diese Dreiteilung der Philosophie mit dem dreifachen Schriftsinn zu identifizieren und demgemäß die M.ph. zur Erforschung des moralischen Sinnes der Hl. Schrift einzusetzen [11].

2. Nach ihrer inhaltlichen Seite entwickelt sich die M.ph. im Frühmittelalter wesentlich auf den durch Ambrosius und Augustinus eröffneten Bahnen. Dabei werden einerseits charakteristische Radikalismen der augustinischen Position abgemildert (so vor allem in der Lehre vom Verhältnis Freiheit–Gnade), andererseits aber wird im ganzen weder ihr durchgängiges Reflexionsniveau noch ihr spekulativer Höhenflug wieder erreicht, d. h. pointiert gesagt: die frühscholastische M.ph. hat ihren Schwerpunkt mehr in der M. als in der Philosophie, ist mehr deskriptive und präskriptiv-paränetische Behandlung der mores als begriffliche Analyse, argumentative Darlegung, systematische Begründung, Reflexion. Diese Nähe zur M. zeigt sich materialiter deutlich darin, daß die bescheidenen Ansätze zur Systematisierung sich direkt auf die mores beziehen, vor allem als Versuche zu einer Schematik und Typik der Tugenden und Laster sowie ihrer Untergliederung und Zuordnung [12]. Die kennzeichnende literarische Form dieser frühmittelalterlichen Ansätze ist dementsprechend die Gattung der Traktate ‹De moribus›, ‹De virtutibus›, ‹De vitiis› u.ä., welche sich vom 9. Jh. an bis ins 13. Jh. fortsetzt [13].

Eine gewisse Sonderstellung innerhalb der skizzierten Entwicklung nimmt jedoch ALKUIN ein. Er versucht, im Anschluß an Isidor die M.ph. als selbständige Disziplin weiterzuentwickeln [14]. Die von ihm unter Berufung auf Ciceros ‹De inventione› angestrebte Synthese von Ethik und Rhetorik, welch letztere ja vor allem in der römischen Tradition nicht nur scientia bene dicendi ist, sondern auch die Aufgabe hat, auf das Gerechte und Gute hin zu argumentieren (ad persuadendum iusta et bona), markiert zwar nur eine Nebenlinie der weiteren Entwicklung der M.ph. im Mittelalter, die sich gleichwohl nie ganz verliert und dann im Humanismus neue Bedeutung gewinnt [15]. Was jedoch das Reflexionsniveau angeht, ist auch Alkuins Ansatz im ganzen eher als eine «Synthese durch Summierung» [16] zu kennzeichnen, die, was die begriffliche Durchdringung ihres Gegenstandes angeht, häufig bei einer Art «Reihungstechnik» [17] auch heterogener Elemente stehen bleibt.

Anmerkungen. [1] Vgl. dazu M. POHLENZ: Die Stoa (1947) 445ff.; TH. DEMAN: Le De officiis de Saint Ambroise dans l'hist. de la théol. morale. Rev. Sci. philos. et théol. 37 (1953) 409-424. – [2] a.O. [1]. – [3] Vgl. Art. ‹Gesetz, ewiges›. – [4] Vgl. A. DIHLE: Art. ‹Ethik›, in: Reallex. Antike u. Christentum 6 (1966) 783-791. – [5] AUGUSTINUS, In Joa. ep. ad Parthos tr. 7, 8. MPL 35, 2033; vgl. DIHLE, a.O. [4]; J. MAUSBACH: Die Ethik des hl. Augustinus (1909) 1, 168ff. – [6] MAUSBACH, a.O. [5] 1, 51ff. – [7] AUGUSTINUS, De civ. Dei VIII, 4; vgl. II, 7; XI, 25. MPL 41, 227-229. 52-53. 338-339. – [8] ISIDOR VON SEVILLA, Etymol. II, 24, 3ff. MPL 82, 141; Differentiae II, 39, 149ff. MPL 83, 93; vgl. S. MÄHL: Quadriga virtutum (1969) 53ff. – [9] Vgl. oben I, 4 c. – [10] Vgl. a.O. [8]. – [11] Vgl. MÄHL, a.O. [8] 73ff.; vgl. oben I, 4 b. – [12] Vgl. dazu A. DEMPF: Ethik des MA (1927) 4ff. – [13] Vgl. WILHELM VON AUVERGNE, Opera omnia 1. 2 (Paris 1674). – [14] Vgl. MÄHL, a.O. [8] 83ff. – [15] Vgl. P. O. KRISTELLER: The moral thought of Renaissance Humanism, in: Chapters of Western civilisation 1 (³1961) 289-335. – [16] MÄHL, a.O. [8] 98. – [17] ebda.

G. JÜSSEN

C. 12. Jahrhundert, Hoch- und Spätscholastik. – 1. Die im frühen Mittelalter vornehmlich angewandte Behandlung der tradierten Materialien durch Reihungs- und Summierungstechnik setzt sich bis in das *12. Jh.* hinein fort. Die in diesem Jh. deutlich verstärkte Zuwendung zur M.-Lehre der Antike und die zugleich wachsende Erkenntnis der christlichen Eigenart des Moralischen verändern den in der Antike grundgelegten Begriff der M. nicht, zwingen aber auf längere Sicht zu einer reflektierteren Einschätzung der M.ph.

Zunächst greift man – durchaus in Fortsetzung der bisherigen Tradition, wenngleich in einem bislang nicht gekannten Ausmaß – auf antike Autoren zurück, wobei das Kontinuitätsargument eine wichtige Rolle spielt: «Die Sitten bilden sich aus dem Zusammenleben, und die Kenntnis des Vergangenen ist die Vorwegnahme des Zukünftigen» (Quia mores a convictu formantur et praeteritorum cognitio est praesumptio futurorum) [1].

Die Aussagen der Alten werden u. a. in Florilegien, wie dem ‹Moralium dogma philosophorum›, gesammelt, wobei häufig – etwa nach dem Vorbild Isidors von Sevilla – die vier Kardinaltugenden als Gliederungsprinzip fungieren. Mit Hilfe der moralischen Interpretation (sensus moralis, moralizatio) lassen sich auch solche Autoren vereinnahmen, die dem Christentum widersprechen (z.B. Ovid). Didaktisch ordnet man die so gewonnenen Stoffe unter dem Titel ‹ethica› dem Trivium, insbesondere der Grammatik zu [2].

Die verbreitete Zuwendung zur Antike bleibt jedoch nicht unwidersprochen. Insbesondere die Viktoriner melden Widerspruch an. So betont HUGO VON ST. VIKTOR die Eigenart des christlichen Tugendbegriffs, der in der Liebe Gottes wurzele, während die heidnischen Philosophen nur «vom Leib der Gutheit abgehackte Tugendglieder gemalt haben» (membra quaedam virtutum de corpore bonitatis truncata pinxerunt) [3]. Doch auch jene Autoren, welche die antike M.-Lehre positiv aufnehmen, sehen deutlich deren Grenze: So unterscheidet ABAELARD zwischen Ethik und Theologie (ethica sive moralis und divinitas) [4] – eine eigene Bezeichnung für M.-Theologie, «moralis theologia, quae circa mores et informationes hominum vertitur», findet sich erst bei ALANUS AB INSULIS [5] – und weist der Ethik die Tugenden, der Theologie vor allem die Glückseligkeit als vornehmliche

Gegenstände zu. Diese Regelung der Zuständigkeiten relativiert die Bedeutsamkeit der natürlichen M., die in den «Sitten und Einrichtungen des Vaterlandes» (mores et instituta patriae) ihren Ort hat und sich in den «politischen Tugenden» (virtutes politicae) verwirklicht; ihnen stehen die «katholischen Tugenden» (virtutes catholicae) und die «Sitten und Einrichtungen der Kirche» (mores et instituta ecclesiae) [6] gegenüber.

2. Die *Aristotelesrezeption des 13. Jh.* führt keineswegs unmittelbar zu einer umfassenden Änderung der genannten Zuständigkeiten. Bedeutsam ist zunächst, daß durch die lateinische Übersetzung der ‹Nikomachischen Ethik› der Begriff der moralischen Tugend (virtus moralis) überhaupt erst in die philosophische Terminologie eingeführt wird. Der etymologischen Herleitung dieses Begriffs aus Sitte und Gewohnheit (mos, consuetudo), die GROSSETESTE den Lateinern durch seine Übersetzungsarbeit verdeutlicht [7], fügt THOMAS VON AQUIN einen weiteren Gedanken hinzu, wenn er mos als «natürliche oder beinahe natürliche Neigung zum Handeln» deutet [8].

Damit ist der Ausgangspunkt gewonnen, der es erlaubt, die Tugenden insgesamt als innere Handlungsprinzipien zu beschreiben. Thomas, der seine M.-Lehre im wesentlichen als Tugendlehre durchführt, schließt die moralischen Tugenden und die aus ihnen entspringenden Handlungen allerdings von der Zugehörigkeit zur letzten Vollendung des Menschen aus [9].

Begreift man nun im Sinne der genannten Zuständigkeitsregelung die moralischen Tugenden als den spezifischen Gegenstand der M.ph., dann wird offenkundig, daß diese nur eine begrenzte Reichweite und Bedeutsamkeit für das menschliche Leben hat. Das ist in der Tat die verbreitete Ansicht der theologischen Magistri des 13. und 14. Jh., und zwar ungeachtet der ebenfalls verbreiteten Auffassung, daß «die M.ph. Ziel aller Teile der Philosophie ist» (moralis philosophia est finis omnium partium philosophiae) [10]. Dieser Widerspruch zwischen begrenzter Bedeutsamkeit und höchstem philosophischem Rang löst sich dann auf, wenn man, wie ROGER BACON, die M.ph. unmittelbar in die Theologie münden läßt: «bei den christlichen Philosophen ist die eigentliche und vollkommene M.-Wissenschaft Theologie» (apud christianos philosophantes scientia moralis propria et perfecta est theologia) [11].

Gegenüber einer solchen Mediatisierung der M.ph. begründet THOMAS deren eigenes Recht dadurch, daß er mit Aristoteles an der Vollendung des Menschen in diesem Leben festhält, einer Vollendung allerdings, die im Verhältnis zum Glück des jenseitigen Lebens nur «unvollkommen» (imperfecta) genannt zu werden verdient [12]. Das unvollkommene Glück kann sich wiederum in zwei verschiedenen Lebensformen verwirklichen, im aktiven Leben, welches in der Realisierung der moralischen Tugenden besteht, und im theoretischen Leben. Dabei gilt für Thomas, daß die spekulative Vernunft aus sich das moralische Gutsein des Menschen nicht zu bewirken vermag: Der Philosoph als solcher ist keineswegs der Inbegriff des guten Menschen. Im Unterschied dazu behauptet z.B. BOETHIUS VON DACIEN, ein führender Vertreter des radikalen Aristotelismus, die Maßgeblichkeit des philosophischen Lebens: «wer auch immer dieses nicht hat, der hat nicht das richtige Leben» (Haec est vita philosophi, quam quicumque non habuerit, non habet rectam vitam) [13].

3. *Nominalisten und Humanisten.* – Die von DUNS SCOTUS eingeleitete und von WILHELM VON OCKHAM radikalisierte Neufassung des Wissenschaftsbegriffs wirkt

sich nicht unmittelbar auf das Verständnis der M.ph. aus. Diese erfährt hingegen vor allem in den studia humanitatis des 14. und 15. Jh. eine grundlegende Revision [14]. Denn das in den moralischen Tugenden realisierte Gute, «durch das der Mensch gut genannt wird» [15], erhält nunmehr gegenüber dem Seienden und Wahren als den Gegenständen bloßer Spekulation den höheren Rang, so daß auch die M.ph. selbst aufgewertet wird. Neben Grammatik, Rhetorik, Poetik und Geschichte gehört sie unangefochten zum humanistischen Fächerkanon: «Für freie Geister (ingeniis liberalibus) und für solche, die sich um die öffentlichen Angelegenheiten und die Gemeinschaft der Menschen kümmern müssen, sind die Kenntnis der Geschichte und das Studium der M.ph. ganz wichtig» [16].

Hier bilden die «öffentlichen Angelegenheiten» den selbstverständlichen Bezugspunkt der M.ph., während die scholastische Aristotelesrezeption deren politische Dimension im wesentlichen verkennt. Das wird z. B. bei ROBERT KILWARDBY deutlich, für den die Ethik oder M.ph. im weiteren Sinne (ethica dicitur apud Latinos moralis communi nomine) [17] nach aristotelischem Vorbild zwar die drei bekannten Disziplinen umfaßt, nämlich die M.ph. im engeren Sinne (moralis speciali nomine), die Ökonomik und die Politik; Ziel aller Philosophie aber ist die «moralische Ethik» im engeren Sinne (ethica moralis) und die in ihr beschlossene Vollendung des einzelnen Menschen [18]. Dennoch kennt die Scholastik noch nicht jene von MELANCHTHON vollzogene Zuordnung der bloß äußeren Handlungen und Sitten (externae actiones, privati mores) zur Ethik oder M.ph., die wiederum im wesentlichen mit der Politik identifiziert wird [19], während die innere Beziehung des Menschen zu Gott sich dem Zugriff der Vernunft entzieht.

Anmerkungen. [1] GUILELMUS DE CONCHES, Moralium dogma philosophorum, hg. J. HOLMBERG (Uppsala 1929) 77. – [2] Vgl. PH. DELHAYE: L'enseignement de la philos. morale au 12e siècle. Mediaeval Stud. 11 (1949) 77-99. – [3] HUGO VON ST. VIKTOR, De scripturis et scriptoribus sacris. MPL 175, 9. – [4] PETRUS ABAELARDUS, Dialogus inter Philosophum, Judaeum et Christianum, hg. R. THOMAS (1970) 88, n. 1265. – [5] ALANUS AB INSULIS, De virtutibus et vitiis et de donis Spiritus Sancti, hg. O. LOTTIN: Psychol. et morale aux 12e et 13e siècles 6 (Louvain/Gembloux 1960) 45. – [6] Vgl. PRAEPOSITINUS VON CREMONA, a.O. [5] 3/1 (Louvain/Gembloux 1949) 114, n. 5 u. passim. – [7] Vgl. The Greek Comm. on the Nicomachean Ethics of Arist. in the Lat. Translation of Robert Grosseteste, Bishop of Lincoln (†1253), hg. H. P. F. MERCKEN (Leiden 1973) 195. – [8] THOMAS VON AQUIN, S. theol. I/II, 58, 1. – [9] S. contra gent. III, 34. – [10] ROGERI BACONIS Moralis philos., hg. E. MASSA (Turici 1953) 4. – [11] Opus maius, hg. J. H. BRIDGES 3 (Oxford 1900, ND 1964) 77. – [12] Vgl. W. KLUXEN: Glück und Glücksteilhabe. Zur Rezeption der arist. Glückslehre bei Thomas von Aquin, in: Die Frage nach dem Glück, hg. G. BIEN (1978) 77-91. – [13] BOETHIUS DACUS, De summo bono, hg. N. G. GREEN-PEDERSEN. Corpus Philos. Danicorum Medii Aevi VI/2 (Kopenhagen 1976) 377. – [14] Vgl. a.O. [15 zu B]. – [15] COLUCCIO SALUTATI, De nobilitate legum et medicinae, in: E. GARIN: Gesch. u. Dokumente der abendländ. Pädag. 2 (1966) 155. – [16] PIETRO PAOLO VERGERIO, De ingenuis moribus et liberalibus studiis adolescentiae a.O. [15] 195. – [17] ROBERT KILWARDBY, De ortu scientiarum, hg. A. G. JUDY (London 1976) 126. – [18] a.O. 142. 222. – [19] Vgl. PH. MELANCHTHON, Philos. moralis epit. Corpus Reform. 16 (1850) 21; In I lib. Eth. Arist. enarratio a.O. 285.

Literaturhinweise. J. MAUSBACH s. Anm. [5 zu A]. – TH. DEMAN: Aux origines de la théol. morale (Montréal 1951). – R. GUINDON: Béatitude et théol. morale chez Saint Thomas d'Aquin (Montréal 1956). – PH. DELHAYE: Grammatica et ethica aux 12e siècle. Rech. théol. anc. méd. 25 (1958) 59-110. – K.-D. NOTHDURFT: Stud. zum Einfluß Senecas auf die Philos. und Theol. des 12. Jh. (1963). – W. KLUXEN: Philos. Ethik bei Thomas von Aquin (1964). – A. DIHLE s. Anm. [4 zu A]. – S. MÄHL s. Anm. [8 zu B]. – J. MIETHKE: Ockhams Weg zur Sozialphilos. (1969). – G. WIELAND: Ethik und Met. Bemerk. zur M.ph. Roger Bacons, in: Virtus politica. Festschr. A. Hufnagel (1974) 147-173. – G. WIELAND: Ethica – Scientia practica. Die Anfänge der philos. Ethik im 13. Jh. (1981). G. WIELAND

III. *Neuzeit.* – A. *Die englische Tradition (16.–18. Jh.).* – Im 16. Jh. wird von verschiedenen Autoren – AGRIPPA VON NETTESHEIM, CARDANUS, MONTAIGNE – eine «moralis philosophia» oder «scientia moralis» entworfen, die keine Norm aufstellen, sondern der Vielfalt der Gebräuche und Lebensweisen nachgehen will [1]. Es handelt sich hier nicht mehr, wie bei den ‹Charakteren› THEOPHRASTS, um Beschreibung und Kritik fehlerhafter Lebensformen. Bei M. MONTAIGNE stellt eine solche empirische Aneinanderreihung verschiedener Charaktertypen durchaus keine theoretisch distanzierte Haltung dar. Es geht vielmehr darum, mit der unabsehbaren Vielfalt der menschlichen Natur vertraut zu werden, die Erfahrung zu machen, daß sie unter keinen einfachen Begriff zu subsumieren ist, um den Anspruch der Vernunft, es von vornherein besser zu wissen, abzubauen. «Die wildeste unter unseren menschlichen Krankheiten ist, unser Sein zu verachten» [2]. Die Verständigkeit (prudence), die die Natur uns zur Leitung des Lebens gegeben hat [3], ist nur wahr, wenn sie die Eitelkeit der Ansprüche, die sie von selbst aufstellt, erkennt, und – mit der «concordia discors» [4], in die wir eingefügt sind, in Fühlung bleibend – sich als lernende versteht. Es geht darum zu lernen, sich seines Seins «loyal» zu erfreuen [5].

Die politische Dimension des M.-Begriffs kommt in neuer Weise bei TH. HOBBES zum Ausdruck. Seine Tafel der Wissenschaften versteht unter «ethica» die Wissenschaft von den Folgen der Leidenschaften [6]. Die «vera et sola philosophia moralis» hat dagegen zum alleinigen Gegenstand die allgemeinen Regeln, deren Befolgung für die Erhaltung des Friedens in den zwischenmenschlichen Beziehungen aus vernünftig einsehbaren Gründen unerläßlich ist [7]. Diese natürlichen Gesetze sind jedoch vom einzelnen nur dann in sinnvoller Weise zu befolgen, wenn er Vertrauen in ihre allgemeine Einhaltung haben kann [8]. Das Bestehen eines solchen Vertrauens hat aber in Hobbes' Sicht zur Voraussetzung, daß eine souveräne Macht festlegt, was für jeden 'das Seine' ist, und die Vollstreckung ihrer richterlichen Entscheidungen sichert. Das Prinzip der natürlichen Gesetze ist die goldene Regel: die Austauschung der Waagschalen, in welchen das eigene und das fremde Recht und Unrecht gewogen werden [9]. Hobbes sieht die vernünftigen Einrichtungen, durch welche ein Zustand des zwischenmenschlichen Friedens geschaffen werden kann, als eine künstliche Bildung an, wobei für ihn Vernunft überhaupt das Vermögen der künstlichen Schöpfung ist, die nach durchsichtigen und mitteilbaren Regeln erfolgt. Von Natur aus hat der Mensch nicht – wie Bienen und Ameisen – Dispositionen, die das Eigenwohl im Gesamtwohl aufgehen lassen.

Das Problem, «den Frieden zu bewahren und die gemeinsamen Pflichten der Menschlichkeit und der Freundschaft bei dieser Vielfalt der Meinungen auszuüben» [10], steht auch im Zentrum des Denkens von J. LOCKE. Die Ethik als Verkettung von Begriffen, mittels welcher wir die Handlungen vergleichen und moralische Ideen bilden, ist eine strenge Wissenschaft, die der mathematischen vergleichbar ist [11]. Die Gewißheit, die wir in der Bestimmung der Beziehungen zwischen den reinen Ideen haben, ist durch ihre Abgelöstheit von der Wirklichkeit bedingt. Die Anwendung der moralischen Begriffe auf die Wirklichkeit bleibt im «Zwielicht der Wahrscheinlichkeit» dem abwägenden Urteil eines jeden anheimgestellt [12].

Die von SHAFTESBURY ausgehende Moralistenschule, in welcher sich der Cambridger Platonismus mit der Lokkeschen Aufklärung verbindet, sieht im Unterschied zu Hobbes die Vernunftinstanz wesentlich in Kontinuität mit der natürlichen Zugehörigkeit des Individuums sowohl zu engeren als auch zu umfassenderen Systemen. Shaftesbury unterscheidet drei Ebenen, auf welchen die Verwiesenheit der Wesen aufeinander zum Ausdruck kommt. Das triebmäßig bestimmte Beziehungsgefüge, in dem ein Wesen lebt, kann zunächst Bestand haben, ohne daß das Wesen es kennt oder in sein Gefühl einbezieht – eine Regulierung, die der vergleichbar ist, die im Inneren eines Organismus stattfindet. Auf einer zweiten Ebene lösen die Wesen, die dem System mitangehören, freundliche Gefühle (kind affections) aus, so daß das Wohl anderer Wesen zum eigenen verspürten Bedürfnis wird [13]. Eine dritte Stufe ergibt sich aus der Zusammenwirkung der primären freundlichen Gefühle mit der Fähigkeit, allgemeine Begriffe zu bilden und der eigenen Affekte gewahr zu werden [14]. Die so gebildete Empfänglichkeit für die aktuellen und für die möglichen glücklichen Verhältnisse, in welche die «public affections» mit der ebenso berechtigten Selbstliebe treten können, wird sowohl als ein Sinn als auch als Vernunft charakterisiert. Mit der ersten Bezeichnung wird der unmittelbare affektive Belang der moralischen Unterschiede angezeigt. Diese werden wahrgenommen, das besagt, daß ihre Anerkennung unwillkürlich erfolgt. Die Bezeichnung als Vernunft bringt dagegen zum Ausdruck, daß durch dieses ins Allgemeine erhobene Gefühl das menschliche Leben ein Maß und eine Regel erhält und somit ein Korrektiv für das unmittelbare Gefühl; ferner, daß der Sinn für die rechten Lebensverhältnisse der Erfahrung und dem Einwand anderer nicht unzugänglich ist. Die glücklichen und maßvollen Verhältnisse, sowohl in dem, was den Umständen nach in ihnen wandelbar ist, wie auch in dem, was in ihnen ewig und unwandelbar ist [15], sind in einer ursprünglichen Anlage, aber nicht unfehlbar dem Sinn und der Einsicht gegeben. Der Kommunikationsprozeß der Erfahrung im freien Verkehr ist jedoch schon die Verwirklichung des rechten Umgangs, den der Mensch erstrebt.

Bei F. HUTCHESON wird das Gebiet der moralischen Billigung ausdrücklich auf die Handlungen beschränkt, die aus den Affekten folgen, die vernünftige Handelnde gegeneinander haben [16]. Moralisch gebilligt können nur Handlungen werden, die entweder aus spontaner Neigung zum mitmenschlichen Wohl erfolgen oder aus der Schätzung solcher Gefühle. Diese Schätzung, der «moral sense», der erst für Hutcheson einen besonderen Sinn darstellt, ist somit zunächst eine Instanz der Beurteilung von Verhaltensweisen, in zweiter Linie aber ein Prinzip, das die Handlungen auch bestimmen kann.

Diese Revisionsinstanz des Verhaltens wird von J. BUTLER als Gewissen gefaßt. Es gehört zur moralischen Lebensinstitution ebenso wie das primäre Interesse für den Mitmenschen. Diese Teilnahme kann nicht als ein Gegensatz zur Selbstliebe verstanden werden, weil erst durch die Leidenschaften, die auf etwas außer uns gerichtet sind, das Selbst einen Inhalt bekommt, wodurch Selbstliebe überhaupt erst möglich wird. Dem Gewissen kommt die höchste moralische Autorität zu. Daß es irgendeine Stimme in uns gäbe, die völlig untrüglich als die Stimme des Gewissens auftritt, ist allerdings mit Butlers sonstiger Lehre, daß zum Menschen die Möglichkeit der Selbsttäuschung, die «tiefe und ruhige Quelle der Verblendung» gehört [17], unvereinbar.

In der Moralphilosophie von D. HUME und A. SMITH zeigt sich die Vielschichtigkeit der Sache, die in der Entgegensetzung von Gefühls- und Vernunftmoral zur Debatte steht. Zunächst behauptet HUME mit großer Schärfe, daß der Ursprung der moralischen Unterschiede nicht in der Vernunft gesucht werden kann [18]. Die Vernunft erscheint als jeder ursprünglichen Motivationskraft bar, so daß sie nur im Dienste schon wirkender Antriebe stehen kann. Sobald aber nach den Regeln gefragt wird, die das Zusammenleben ermöglichen, zeigt sich, daß die natürlichen moralischen Gefühle von sich aus untauglich sind, die dazu geeigneten Verhaltensweisen auszubilden. Sie beruhen auf natürlichen Neigungen, welche uns Nahestehenden bevorzugen, und unser moralischer Sinn macht, sich selbst überlassen, nur das normale Maß dieser Leidenschaften zur Norm [19]. Die *Gerechtigkeit* wird als eine künstliche Tugend bezeichnet [20]. Bei HOBBES bedeutet das, daß sie den planmäßig gebildeten Staat zur Voraussetzung hat. Bei HUME ist es dagegen die spontane Erfahrung, die den Menschen belehrt, wie wesentlich es für ihn ist, daß die anderen mit ihm rechnen können und daß sich Verhältnisse des gegenseitigen Vertrauens ausbilden. Wenn dieses Interesse gegenseitig ausgedrückt wird, entsteht ein Einverständnis (convention or agreement) [21], das kein Versprechen ist, sondern die Voraussetzung jedes Versprechens. Dieses Interesse bildet die «natural obligation» zur Beachtung der sittlichen Regeln, und nur weil diese menschlichen Bande im Normalfall für einen jeden von größtem Vorteil sind, ist es sinnvoll, auch im Ausnahmefall, in welchem ihre Nützlichkeit nicht mehr besteht, von einer «moral obligation» zu reden, solchen Bindungen verhaftet zu bleiben [22].

A. SMITH geht insbesondere der Entstehung und Ausbildung der moralischen Revisionsinstanz nach. Eine angemessene Theorie der moralischen Beurteilungs- und Verhaltensweisen muß dem affektiven Charakter jedes Verhaltensprinzips und zugleich dem Rechnung tragen, daß es sich um ein Prinzip der Selbstbeurteilung handelt, das sich somit unseren unmittelbaren Gefühlsregungen entgegenstellen können muß. Auch die aufgrund von einzelnen Gefühlsregungen induktiv gewonnene Regel kann den Anspruch auf Allgemeingültigkeit, den die moralische Beurteilung erhebt, nicht erklären. Es kommt A. Smith insbesondere darauf an zu zeigen, daß in unseren Urteilen über unser eigenes Verhalten der Gesichtspunkt anderer Menschen miteinbezogen ist und daß sie sich dennoch jedermann gegenüber behaupten können. Die zunächst gegebene Beurteilung des Verhaltens anderer setzt die Fähigkeit voraus, sich in die Lage anderer hineinzudenken, welche Fähigkeit Smith «Sympathie» nennt. Das ursprüngliche Bedürfnis nach Übereinstimmung im Gefühl führt jedoch auch den Handelnden dazu, seine eigene Lage aus dem Gesichtspunkt des zuerst wirklichen, dann auch imaginären Zuschauers zu betrachten. In dieser vielseitigen Abstimmung der Gesichtspunkte der Beurteilung und des Handelns erfaßt Smith die Genesis des moralischen Bewußtseins und des Selbstbewußtseins überhaupt. Auf der Sympathie des Zuschauers mit dem in einer Handlungssituation Stehenden beruhen die freundlichen Tugenden; auf der Sympathie des Handelnden mit dem unbeteiligten Zuschauer die antiken Tugenden der Mäßigung und Selbstbeherrschung [23].

An den weiten Begriff der ‹mores›, der die dem Menschen eigenen Lebensweisen überhaupt umfaßt, schließt sich ein entsprechender Gebrauch des Begriffs ‹moral› im Englischen und Französischen an. Der Teil von Humes ‹Treatise on human nature›, der von den Tugenden handelt, ist ‹On morals› betitelt; zugleich jedoch wird im Untertitel des ganzen Werkes das Feld der gesamten Untersuchung, das die Erkenntnis einschließt, als «moral subjects» gekennzeichnet. Im französischen Sprachbereich ist der Gegensatz ‹physique/moral› ein stehender Topos, wobei jedoch ‹moral› vorzüglich mit der bewußten Wahl in Verbindung gebracht wird. So wirft z. B. J. Barbeyrac [24] Spinoza vor, den Menschen bloß als physisches und nicht als moralisches Wesen zu betrachten, als das er durch Vernunft und freien Willen ausgezeichnet ist.

Die doppelte Zugehörigkeit des Menschen zu einer natürlichen oder physischen und zu einer geistigen oder moralischen Ordnung wird von G. W. Leibniz hervorgehoben. Der Mensch gehört als Teil der Welt zur Harmonie der Wesen, die auch ohne ihr wissentliches Zutun erhalten bleibt. Als Erkennender ist der Mensch zugleich durch moralische Verhältnisse bestimmt: er ist Glied des Reiches der Gnade, an welchem ein Geist nur mit seinem Wissen und Willen teilnehmen kann [25].

Anmerkungen. [1] H. C. Agrippa von Nettesheim: De incertitudine et vanitate scientiarum 54 (Antwerpen 1530); H. Cardanus: De vita propria (Basel 1542, 1575, Paris 1643); M. Montaigne: Essais (Paris 1582ff.). Pléïade-Ausg. (Paris 1967). – [2] Montaigne, Essais III, 13, 1091 b. – [3] a.O. 1050 c. – [4] 1068 b. – [5] ebda.; vgl. H. Friedrich: Montaigne (²1967) bes. Kap. IV und VII. – [6] Th. Hobbes: Leviathan I, 9 (London 1651), hg. Molesworth (1839, ND 1962) 71-73. – [7] Lev. I, 15, a.O. 146. – [8] a.O. – [9] ebda. – [10] J. Locke: An essay conc. human understanding (London 1690) IV, 16, 4. – [11] a.O. IV, 5, 8. – [12] IV, 14, 1f.; vgl. R. Polin: La pol. morale de J. Locke (Paris 1960) Kap. II. – [13] A. A. C. Earl of Shaftesbury: An inquiry conc. virtue I, 2, 1 (London 1699), ND in: Brit. moralists, hg. Selby-Bigge (Oxford 1897, ND New York 1965). – [14] a.O. I, 2, 3. – [15] I, 2, 3 Schluß. – [16] F. Hutcheson: An inquiry conc. the original of our ideas of virtue and moral good II, 1 (London 1725, ²1726), ND in: Brit. moralists a.O. [13]; A system of moral philos. 1. 2 (Glasgow 1755). – [17] J. Butler: Fifteen sermons X, 16 (London 1726), hg. Matthews (London ⁷1969) 163; vgl. dagegen: G. E. M. Anscombe: Modern moral philos. Philosophy 124 (1958) 1-19. – [18] D. Hume: A treatise on human nature III, 1, 1 (London 1739), hg. Selby-Bigge (Oxford 1888, ND 1967). – [19] a.O. III, 2, 1. – [20] III, 2, 1f. – [21] III, 2, 2. – [22] III, 2, 9. – [23] A. Smith: Theory of moral sentiments (London 1759). – [24] S. Pufendorf, Le droit de la nature et des gens II, 2, 3, frz. Übers. J. Barbeyrac (Paris 1740). – [25] G. W. Leibniz, Monadologie §§ 82-89; Discours de mét. § 36.

Literaturhinweise. Th. Fowler: Shaftesbury and Hutcheson (London 1882). – J. Martineau: Types of ethical theory 1. 2 (Oxford 1898). – R. Mondolfo: Saggi per la storia della morale utilitaria (Padua 1930/34). – S. P. Lamprecht: The moral and political philos. of John Locke (New York 1918). – Z. Lubienski: Die Grundlagen des ethisch-polit. Systems von Hobbes (Berkely 1932). – A. B. Glathe: Hume's theory of the passions and of morals (1950). – A. Duncan-Jones: Butler's moral philos. (Harmondsworth 1952). – L. Zani: L'etica di Lord Shaftesbury (Mailand 1954). – L. Vignone: L'etica del senso morale in F. Hutcheson (Mailand 1954). – W. K. Frankena: Hutcheson's moral sense theory. J. Hist. Ideas 16 (1955) 356-375. – W. C. Swabey: Ethical thought from Hobbes to Kant (New York 1961). – J. B. Stewart: The moral and pol. philos. of D. Hume (New York 1963). – P. A. Carlson: Butler's ethics (Den Haag 1964). – W. T. Blackstone: F. Hutcheson and contemp. eth. theory (Athens, Ga. 1965). – P. Polin: L'obligation mor. et polit. chez Th. Hobbes, in: Hobbes-Forsch., hg. R. Koselleck/R. P. Schnur (1969) 133-152. – T. D. Campbell: A. Smith's sci. of morals (London 1971). – H. Jensen: Motivation and the moral sense in F. Hutcheson's ethical theory (Den Haag 1971). – Ph. Mercer: Sympathy and ethics: A study of the relationship between sympathy and morality, with special reference to Hume's Treatise (Oxford 1972). – J. Harrison: Hume's moral epistemology (Oxford 1976). – B. Szabados: Butler on corrupt conscience. J. Hist. Philos. 14 (1976) 462-469. – D. F. Norton: Hutcheson on perception and moral perception. Arch. Gesch. Philos. 59 (1977) 181-197. – J. Sprute: Der Begriff des moral sense bei Shaftesbury und Hutcheson. Kantstudien 71 (1980) 221-237; Zur Funktion des moral sense bei Hutcheson. Arch. Gesch. Philos. 62 (1980) 185-189.

R. T. Caldera/J. L. Delmont-Mauri
E. Heymann/F. Ritter

B. *Leibniz, Wolff, Chr. Thomasius.* – Leibniz' Kalkül des Optimismus, das die ‹Theodizee› trägt, ist au fond ein moralisches Konzept. Hier werden die «moralische» und die «natürliche Welt» [1], deren Parallelität die prästabilierte Harmonie mit ausmacht, mit dem Argument der Güte Gottes zusammengezwungen: «la nécessité physique est fondée sur la nécessité morale» [2]. Die so gewonnene Parallelität von Moral und Physik bedingt, daß die Pflicht (obligatio) als moralische Notwendigkeit dem Begriff einer physischen Notwendigkeit nebengeordnet ist [3], eine Disposition, die der Moral selbst die Möglichkeit gibt, mit demselben metaphysischen Optimismusanspruch wie die Physik zu erscheinen. Leibniz' Definitionen ordnen die Moral, die «Scientia affectuum» [4] «de Animo scilicet ejus Motibus cognoscendi atque regendi», einmal der Physik parallel [5]. Aber zugleich werden Moral und Politik bei dem metaphysischen Juristen Leibniz so verschränkt, daß die «revera moralis perfectio», die die Natur der Seele ist, die «respublica optima» zu erkennen möglich macht [6]. So wird die Moral zum juristischen System. Denn die Einheit der «qualitas moralis», die als «libertas» definiert wird, enthält – der Leibnizschen Lehre der Definitionen folgend – als Elemente die Macht als die «impotentia moralis». «Potestas Moralis faciendi vel non faciendi patiendive dicitur ius, impotentia Moralis dicitur obligatio» [7].

Von den schillernden, vieldimensionalen Definitionsversuchen Leibnizens bleibt für Chr. Wolff vor allem die Apriorität der Moral wichtig, die er mit Ethik als «scientia practica» gleichsetzt [8], «als worinnen der Grund verschiedener guter Regeln zu finden, die wir zur Ausübung des Guten und zur Vermeidung des Bösen brauchen» [9]. Diese Regeln – Gesetze – benötigt Wolff aposteriorisch in der «praxis moralis», um die «Lenkung zum Guten und Ableitung vom Bösen» zu beschreiben. Wie für Leibniz steht auch für Wolff die moralische «conformité de la foi et de la raison» nicht in Frage, für ihn stimmt die apriorische Wissenschaft der Moral mit der «Moral des Herrn Christi und der Apostel überein» [10].

Wolff und auch Leibniz konnten sich auf einen Argumentationsbereich nicht einlassen, den ihr Zeitgenosse Chr. Thomasius – auch Jurist – als Kernstück seiner ‹Sittenlehre› darstellte, die Glückseligkeit. Wenn es um Gesetzmäßigkeit und Wissenschaftlichkeit der Moral ging, war eine solche aristotelisierende Argumentation unmöglich, weil hier die Obligation die Praxis der Moral wurde. Wenn die Praxis der «vernünftigen Liebe» [11] selbst – ohne die apriorische Norm einer anderen Welt – ihre Moral bestimmte, dann war die Sittenlehre nicht Wissenschaft, sondern eine «Lehre, die den Menschen unterweiset, worinnen seine ware und höchste Glückseligkeit bestehe, wie er dieselbe erlangen und die Hindernisse, so durch ihn selbst verursachet werden, ablegen und überwinden solle» [12].

Anmerkungen. [1] G. W. LEIBNIZ, Monadologie § 86. – [2] Théodicée, Disc. prél. § 2. – [3] Textes inédits, hg. G. GRUA (Paris 1948) 721. – [4] Opuscules et fragm. inéd., hg. L. COUTURAT (Paris 1903, ND 1961) 556. – [5] a.O. 40. – [6] Philos. Werke, hg. C. I. GERHARDT 7, 306. – [7] a.O. [3] 706. – [8] CHR. WOLFF: Philos. moralis sive Ethica (1750-53) I, § 1. – [9] Anm. zur Dtsch. Met. (²1726) § 69. – [10] a.O. § 131; das ist zugleich Wolffs Apologie gegen seine Vertreibung aus Halle 1723. – [11] Vgl. W. SCHNEIDERS: Naturrecht und Liebesethik. Zur Gesch. der prakt. Philos. im Hinblick auf Chr. Thomasius (1971). – [12] CHR. THOMASIUS: Einl. in die Sittenlehre (1692, ND 1968) 2. Hauptstück, § 1, 57.

Literaturhinweise. H.-P. SCHNEIDER: Justitia universalis (1967). – M. RIEDEL: Moralität und Recht in der Schulphilos. des 18. Jh., in: J. BLÜHDORN und J. RITTER (Hg.): Recht und Ethik. Zum Problem ihrer Beziehung im 19. Jh. (1970) 83-96. – W. SCHNEIDERS s. Anm. [11]. – J. HOSTLER: Leibniz's moral philos. (New York 1975).   Red.

C. *Kant, Fichte, Hegel, Schopenhauer.* – In der kantischen M.-Philosophie ist sowohl der Smithsche Gedanke, sich vom Standpunkt des verallgemeinerten Anderen zu betrachten [1], wie auch der Leibnizsche des Reiches der Gnade lebendig. Als vernünftiges Wesen ist der Mensch fähig, von seinem natürlichen Zwecke, der Glückseligkeit, zu abstrahieren, wenn auch nicht auf sie zu verzichten [2]. Es ist ihm somit möglich, von sich selbst Abstand zu gewinnen und die Maxime der eigenen Handlung vom Standpunkt der menschlichen Allgemeinheit zu betrachten, d. h. zu prüfen, ob sie als allgemeine gedacht und gewollt werden kann. In einer Analyse des Begriffs ‹Pflicht› als der Instanz, in deren Namen das Subjekt diese Abstraktion vollzieht und die eigene Unmittelbarkeit und das eigene Streben nach Glückseligkeit zurückstellt zugunsten eines objektiv an es Herangetragenen, zeigt KANT, daß im Handeln aus Pflicht weder die subjektive Neigung noch die beabsichtigte Wirkung, sondern «das bloße Gesetz für sich» [3] den Willen bestimmt. Ein allgemeines Gesetz aller Handlungen, das «Princip der Moral» [4], könnte also dem Willen nichts anderes als die «allgemeine Gesetzmäßigkeit der Handlungen» vorschreiben, «d. i. ich soll niemals anders verfahren, als so, daß ich auch wollen könne, meine Maxime solle ein allgemeines Gesetz werden» [5]. Um an diesem Gesetz die Allgemeinheit und Notwendigkeit aufzuzeigen, die ihm als apriorischem Gesetz aus reiner praktischer Vernunft für Kant zukommen muß und zukommt, muß man «einen Schritt hinaus thun, nämlich zur Metaphysik» [6]: Könnte alles in der Schöpfung «blos als Mittel» [7] gebraucht werden, gäbe es keinen unbedingten, keinen kategorischen Imperativ. Als dessen Grund muß vielmehr etwas als «Zweck an sich selbst» existieren; dies aber ist «der Mensch und überhaupt jedes vernünftige Wesen» [8], so daß der kategorische Imperativ auch formuliert werden kann als: «Handle so, daß du die Menschheit sowohl in deiner Person, als in der Person eines jeden andern jederzeit zugleich als Zweck, niemals bloß als Mittel brauchst» [9]. Kant zeigt auf, daß diese Bestimmung des Sittengesetzes zusammenfällt mit der Bestimmung der Freiheit und Autonomie des Willens, nämlich «sich selbst ein Gesetz zu sein» [10]. In dieser Autonomisierung – insofern der Geltungsgrund des Sittengesetzes aus Gott oder etwa der Glückseligkeit abgezogen und in den vernünftigen Willen selbst verlegt wird [11] – sieht Kant, analog der kopernikanischen Wende in der theoretischen Philosophie [12], das Eigentümliche seiner Theorie: «Man sah den Menschen durch seine Pflicht an Gesetze gebunden, man ließ es sich aber nicht einfallen, daß er nur *seiner eigenen und* dennoch *allgemeinen Gesetzgebung* unterworfen sei» [13]. In der Prüfung seiner Maxime am Sittengesetz denkt das Subjekt alle vernünftigen Wesen als Zwecke an sich selbst, mit denen es durch gemeinschaftliche objektive Gesetze, d. h. in einem «Reich der Zwecke», verbunden ist [14]. Hierin liegt «die oberste einschränkende Bedingung der Freiheit der Handlungen eines jeden Menschen» [15]. Während die «Moralität» fordert, daß die Handlung «aus Pflicht, d. i. blos um des Gesetzes willen, geschehe», kann in der «Legalität» die Handlung durchaus allein von Neigungen angestoßen sein, solange sie nur in «Übereinstimmung mit dem Gesetze» geschieht (pflichtmäßig) [16], woraus sich die beiden Teile der Sittenlehre ergeben, die Rechts- und die Tugendlehre [17].

Weil das Sittengesetz die Abstraktion von der eigenen Glückseligkeit fordert, ist die «M.» nicht «die Lehre, wie wir uns glücklich *machen*, sondern wie wir der Glückseligkeit *würdig* werden sollen». Denn auch in der Kantische Tugend geht «die Hoffnung ein, der Glückseligkeit dereinst in dem Maße teilhaftig zu werden, als wir darauf bedacht gewesen, ihrer nicht unwürdig zu sein» [18]. Das führt zu dem Dasein Gottes, des Garanten dieses Lohnes der Tugend in einem ewigen Leben, als einem Postulat der praktischen Vernunft [19].

Die M. im engeren Sinn lehrt nach Kant die Beschränkung alles Tuns durch das Recht der Menschheit in einem jeden (oder «das Recht der Menschen» [20]). Sie ist Rechtslehre [21] und hat unbedingten Vorrang vor der M. im weiteren Sinne, der Ethik [22], deren Gebiet das der Förderung der menschlichen Zwecke ist. «Vermöge des Prinzips der *Wechselliebe* sind sie [die Menschen] angewiesen, sich einander beständig zu nähern; durch das der *Achtung*, die sie einander schuldig sind, sich im Abstande voneinander zu erhalten» [23]. Beide «großen sittlichen Kräfte» werden von Kant als unentbehrlich angesehen.

Moralität ist für Kant ein unbedingtes Gut, aber nicht das ganze menschliche Gut, das die Glückseligkeit einschließt. Die M. umfaßt somit nicht mehr das gesamte Gebiet der Lebensführung: die auf die eigene Glückseligkeit gehende Klugheitslehre scheidet aus ihr aus.

Kants Begriff der Selbsttätigkeit [24] wird zum Ausgangspunkt der Sittenlehre FICHTES. Selbsttätig ist der Wille, insofern er sich selbst Grund und Form seiner Handlungen ist. Aber er *ist* wesentlich in Beziehung auf die Welt, die vom praktischen Standpunkt aus eine gegebene ist [25]. Der Begriff des Urtriebs nach Selbsttätigkeit und der Begriff der natürlichen bestimmten Triebe bestimmen sich gegenseitig [26]: Die besonderen Triebe sind in letzter Instanz durch den Urtrieb motiviert, weil sie danach streben, die Widerstände, die die Selbsttätigkeit behindern, zu überwinden; andererseits ist es nur sinnvoll, von einem Urtrieb nach Selbsttätigkeit und Tätigkeit überhaupt zu sprechen, weil es etwas 'zu Tuendes' gibt, d. h. ein Trägheitszustand zu überwinden ist. Die natürlichen Triebe, die ein System bilden, geben dem Urtrieb Bestimmtheit; sie stellen aber zugleich als gegebene ein Trägheitsmoment dar [27], ein Nicht-Ich im Ich. Dieser doppelte Charakter macht den Raum der moralischen Urteilskraft verständlich: Es obliegt ihr, aus dem, was der Trieb als 'zu Tuendes' nahelegt, denjenigen Teil auszuwählen, der mit dem reinen Trieb nach Selbständigkeit übereinstimmt, also zu prüfen, ob die nahegelegte Handlung der Freiheit förderlich ist. Der Materie nach kann die sittliche Handlung, der Kategorie der Kausalität zufolge, als Beherrschung der Natur beschrieben werden; der Kategorie der Substantialität zufolge als intellektuelle Durchdringung seiner selbst; der Kategorie der

Wechselwirkung zufolge als Verständigung und Übereinstimmung der Geister, deren Vielzahl für das Ich konstitutiv ist.

KANT schied den Begriff des sich selbst bestimmenden vernünftigen Willens von jeder Naturgegebenheit. FICHTE deutete diese Entgegensetzung als konstitutiv für beide Termini und begriff damit die zunächst negative Beziehung der Moralität auf Natur als wesentlich. Gleichzeitig werden jedoch auch positive Beziehungen anerkannt: Sowohl in Hinsicht auf die in ihm selbst gegebene Natur als auch in Hinsicht auf die ihm wesentliche Intersubjektivität ist das Ich auf von ihm Unterschiedenes angewiesen. Fichte versuchte, diese Beziehungen als das in der Selbstsetzung des Ich Mitgesetzte zu fassen und so seine Autonomie bestätigt zu finden.

Bei HEGEL wird diese Autonomie zum Problem. Die sich autonom verstehende Moralität ist als praktisches Bewußtsein auf Realisierungen aus, und insofern kann ihr ihr Gegenstand nicht gleichgültig sein [28]. Wenn die moralische Weltanschauung behauptet, daß es nur auf den Willen, nicht aber auf den Erfolg ankommt, so ist zu bedenken, daß das Wollen sich nur Hand in Hand mit der Ausführung vollziehen kann, daß es sich überhaupt als Wollen nur bilden kann, wenn es in Fühlung mit der gegenständlichen Welt ist, so daß die Harmonie mit der Welt nicht bloß das als Glückseligkeit unvermeidlicherweise ersehnte Ziel ist, sondern von Anfang an gegeben sein muß.

Ferner zeigt Hegel den Widerspruch auf, in welchen die Moralität als autonome sich in der Beziehung zum anderen Selbstbewußtsein verwickelt. «Wer darum sagt, daß er nach *seinem* Gesetze und Gewissen gegen die Andern handle, sagt in der Tat, daß er sie mißhandle» [29]. Demnach gibt es so etwas wie ein moralisches Verhältnis, das dem Einzelnen auch entgehen kann. Die autonome Moralität ist somit legitim nur, wenn sie das subjektive Moment einer wirklichen Gemeinschaft darstellt. Sie ist daher nicht eine für sich allein letztgültige Revisionsinstanz des Verhaltens, sondern die innerliche Vermittlung des Einzelnen mit der sittlichen Substanz, die sich nur innerhalb der Institutionen des Zusammenlebens bewähren kann. Der einzelne Mensch hat das Recht, das, was von ihm gefordert wird, als vernünftig verstehen zu können.

Anders ausgerichtet ist die Kantkritik SCHOPENHAUERS. Ein rein moralisches Gesetz, abgelöst von jedem juridischen und von jedem Naturgesetz, ist nicht denkbar [30]. Die Ethik hat zur Aufgabe, die tatsächlich vorkommenden moralischen Verhaltensweisen in ihrer Möglichkeit zu erklären. Diese sind durch ihre selbstlose Motivation gekennzeichnet. Da nur das Wohl und Wehe Gegenstand der Handlung sein kann, es in der moralischen Handlung nicht um das eigene Wohl und Wehe geht und das Motiv jeder Handlung ein Motiv des Handelnden selbst sein muß, so folgt, daß die moralischen Verhaltensweisen eine Identifizierung der Wesen bezeugen, die letztlich metaphysisch fundiert ist. Nur das Leid ist ein positives Gefühl, das Wohl ist nur als Enthebung vom Leid zu begreifen. Somit besteht die Identifizierung wesentlich im Mitleid. Dieses begründet die beiden Kardinaltugenden der Gerechtigkeit und der Menschenliebe, die Hilfsbereitschaft ist. Die Gerechtigkeit, die darin besteht, niemanden verletzen zu wollen, entstammt dem Mitleid, sofern dieses Grundsätze ausbildet. Nur auf dem Umweg über die Grundsätze gibt es bewußte Moralität.

Anmerkungen. [1] Vgl. I. KANT, Reflexion 6589. Akad.-A. 19, 97f. – [2] Über den Gemeinspruch ... Akad.-A. 8, 273-313. – [3] Grundl. zur Met. der Sitten. Akad.-A. 4, 400. – [4] a.O. 440. – [5] 402. – [6] 426. – [7] KpV. Akad.-A. 5, 87. – [8] a.O. [3] 428. – [9] a.O. 429. – [10] 447. – [11] 432f. 440ff. – [12] KrV B XVI. Akad.-A. 3, 11f. – [13] a.O. [3] 432. – [14] a.O. 432ff. – [15] 430f. – [16] a.O. [7] 81. – [17] Vgl. Met. der Sitten. Akad.-A. 6, 203-493; vgl. Art. ‹Moralität/Legalität›. – [18] a.O. [7] 130. – [19] a.O. 110ff. 124ff. – [20] a.O. [17] 240. – [21] Zum ewigen Frieden (1795). Akad.-A. 8, 341ff. – [22] a.O. – [23] a.O. [17] 449. – [24] a.O. [3] 452. – [25] J. G. FICHTE: System der Sittenlehre (1798) § 4. – [26] a.O. §§ 8f. – [27] § 16. – [28] G. W. F. HEGEL, Phänomenol. des Geistes (1807), hg. J. HOFFMEISTER (⁵1949) 274ff. – [29] a.O. 465. – [30] A. SCHOPENHAUER: Preisschr. über die Grundlagen der M. (1840) § 16.

Literaturhinweise. G. KRÜGER: Philos. und M. in der kantischen Ethik (1931). – M. BOTHE: Das Verhältnis von M. und Politik bei Kant, Herder, Fichte und Hegel (1944). – A. T. B. PEPERZAK: Le jeune Hegel et la vision morale du monde (Den Haag 1960). – W. G. JACOBS: Trieb als sittl. Phänomen. Eine Unters. zur Grundlegung der Philos. nach Kant und Fichte (1967). – B. WILLMS: Die totale Freiheit. Fichtes polit. Philos. (1967). – F. KAULBACH: M. und Recht in der Philos. Kants, in: J. BLÜHDORN und J. RITTER (Hg.) s. Lit. zu [III/B] 43-58. – H. KRUMPEL: Zur M.-Philos. Hegels (1972). – H. VERWEYEN: Recht und Sittlichkeit in J. G. Fichtes Ges.lehre (1975). – H. WAGNER: Moralität und Relig. bei Kant. Z. philos. Forsch. 29 (1975) 507-520. – B. AUNE: Kant's theory of morals (Princeton 1979). – O. HÖFFE: Recht und M.: ein kantischer Problemaufriß. Neue Hefte Philos. 17 (1979) 1-36. – F. MENEGONI: Moralità e morale in Hegel (Padua 1982).

R. T. CALDERA/J. L. DELMONT-MAURI
E. HEYMANN/F. RITTER

D. *Nietzsche.* – FR. NIETZSCHES Philosophie ist eine – Nietzsche hat es selbst so gesagt [1] – Kriegserklärung an M. und Moralisten. Mit einer großen aufklärerischen Anstrengung wollte Nietzsche die vollständige Destruktion der Europa beherrschenden christlich-bürgerlichen M. einleiten. Diese Destruktion sei – so glaubte er – durch moralhistorische Untersuchungen, durch den Aufweis des Gewordenseins der für übergeschichtlich allgemein und deshalb schlechthin gültig gehaltenen herrschenden M.-Vorstellungen vorzubereiten. Den ersten Schritt zu dieser umfassenden Erforschung der «schwer zu entziffernden Hieroglyphenschrift der menschlichen M.-Vergangenheit» [2] hat er in seiner ‹Genealogie der M.› selbst getan: Eine ursprüngliche, «ritterlich-aristokratische» M. entsprang dem «Pathos der Distanz» der «Vornehmen, Mächtigen, Höhergestellten», die sich von «allem Niedrigen, Niedrig-Gesinnten, Gemeinen und Pöbelhaften» abgrenzten, Werte schufen und sich selbst «gut» und das «Unten» «schlecht» nannten [3]. Diese Aristokraten-M. ist einer Revolte der Niederen aus dem Geiste des «Ressentiments» gegenüber dem Vornehmen zum Opfer gefallen [4]. Initiiert vom jüdischen Volke, welthistorisch siegreich in seiner christlichen Vollendung hat dieser «Sklavenaufstand in der M.» [5] in einer «Umwertung aller Werte» das Starke und Vornehme zum Bösen und Schlechten, das Elende, kaum Lebensfähige, Armselige zum Guten und Heiligen gemacht.

Hier wie überall erweist sich M. als «Zeichensprache der Affekte» [6]. M. ist hier Ausdruck des Hasses allen höheren Lebens, ihr Inhalt die «Umwertung aller Werte ins Lebensfeindliche» [7]. Das Lebendige, das Starke, der «Instinkt der Freiheit», der «Wille zur Macht» [8] wird durch Erweckung von Gewissensnot und Mitleid geschwächt. Das Ergebnis ist «eine Verkleinerung und Ausgleichung des europäischen Menschen» [9], durch die die Entfaltung der besten Kräfte des Menschen verhindert wird. Europa beginnt heute – so Nietzsche – nach «Mißratenen, Kränklichen, Müden, Verlebten» zu «stinken» [10]. «M. ist heute in Europa Herdentier-M.» [11]. Im

Hinblick auf diese M. nennt Nietzsche sich einen «Immoralisten» [12], bestimmt er seinen Ort als «Jenseits von Gut und Böse» [13]. Mit seinem Postulat der «Selbstüberwindung der M.» [14] verneint er nicht jegliche M., er will neue, «höhere Moralen» [15], eine Rehabilitierung aristokratischer Werturteile, eine M. des Lebens, die den wirklichen Lebenskräften angemessene Bedeutung zukommen läßt. Wie Nietzsche sich dies im einzelnen dachte, ist dunkel. Er hoffte auf einen neuen Typ von Philosophen, der einen neuen Menschen, eine neue Kultur und eine neue M. schaffen wird; er sprach von «Zucht und Züchtung», die uns von «einer neuen Art von Philosophen und Befehlshabern» gebracht werden wird: «Das Bild solcher Führer ist es, das vor unsern Augen schwebt» [16].

Anmerkungen. [1] Fr. Nietzsche, Nachgel. Frg. Okt. 1888. Krit. Ges.-Ausg., hg. G. Colli/M. Montinari VIII/3, 413. – [2] Zur Genealogie der M., Vorrede 7, a.O. VI/2, 266; vgl. I, 17 Anm., a.O. 2. – [3] I, 2, a.O. 273. – [4] I, 10, a.O. 284. – [5] I, a.O. 282; Jenseits von Gut und Böse V, 195, a.O. VI/2, 119. – [6] Jenseits ... V, 187, a.O. VI/2, 109. – [7] Ecce homo. Warum ich ein Schicksal bin 7, a.O. VI, 3, 371. – [8] Genealogie ... II, 18, a.O. [2] 342. – [9] I, 12, a.O. 292. – [10] I, 11, a.O. 291. – [11] Jenseits ... V, 202, a.O. [5] 126. – [12] Ecce homo. Warum ich ein Schicksal bin 3, a.O. [7] 365; Jenseits ... II, 32, a.O. [5] 47. – [13] Genealogie ... I, 17, a.O. [2] 302. – [14] Jenseits ... a.O. [12]; Morgenröthe, Vorrede 4, a.O. V/1, 8. – [15] Jenseits ... a.O. [11]. – [16] V, 203, a.O. 128.

Literaturhinweise. J. Kaftan: Das Christentum und Nietzsches Herren-M. (1897). – M. Kronenberg: Fr. Nietzsche und seine Herren-M. (1901). – S. Danzig: Drei Genealogien der M.: B. de Mandeville, P. Rée und Fr. Nietzsche (1904). – G. Hilbert: Nietzsches Herren-M. und die M. des Christentums (1910). – J. Kräutlein: Nietzsches M.-Lehre in ihrem begriffl. Aufbau (1926). – Ch. Andler: La morale de Nietzsche dans le 'Zarathustra'. Rev. Hist. Philos. Hist. gén. civil. 4 (1930). – A. Rosental: Nietzsches 'Europäisches Rasseproblem' (Leiden 1935). – W. Spethmann: Der Begriff des Herrentums bei Nietzsche (1935). – H. Heimsoeth: Metaphys. Voraussetzungen und Antriebe in Nietzsches 'Immoralismus' (1955). – E. Sandvoss: Hitler und Nietzsche (1969). – A. Dustdar: Met. der M. Eine ontolog. Auslegung der M.-Problematik in Nietzsches Philos. des Willens zur Macht (Diss. Bonn 1971). – I. Heidemann: Nietzsches Kritik der M. Nietzsche-Stud. 1 (1972) 95–137. – A. Altmann: F. Nietzsche. Das Ressentiment und seine Überwindung – verdeutlicht am Beispiel christl. M. (1977). – G. Rohrmoser: Nietzsches Kritik der M. Nietzsche-Stud. 10/11 (1981/82) 328–351.

E. *M. Scheler und N. Hartmann.* – Im Gegenzug zu Nietzsche weist Scheler den moralischen Werten durch die Geschichtlichkeit verschiedener Moralen hindurch ein zwar nicht von der Möglichkeit des Vollzugs eines lebendigen Geistes überhaupt, wohl aber von den sie realisierenden menschlichen Subjekten unabhängiges Sein zu. Im Akt der moralischen Wertschätzung treten die Werte und ihre Ordnungen nur «in die Erscheinung» [1], denn sie selbst «können nicht geschaffen und vernichtet werden. Sie bestehen unabhängig von aller Organisation bestimmter Geisteswesen» [2]. Das Ich ist «nur *Träger ..., nicht aber eine Voraussetzung* von Werten», es gibt kein «'wertendes' Subjekt, durch das es erst Werte gäbe, oder durch das Werte erst erfaßbar wären» [3]. Mit «M.» und «praktischer Moralität» bezeichnet Scheler zwei von fünf Hauptschichten im Sittlichen, in bezug auf die Veränderungen im Sittlichen zu bestimmen sind: Grundlegend die Ebene des Fühlens der Werte und der Struktur ihres Vorziehens, die Erlebnisform der Werte und ihrer Rangordnung, das «'*Ethos*'» [4] («kein grandioseres Zeugnis» für eine Veränderung in ihm «als die Bergpredigt» [5]), dessen sprachliche Formulierung in der «'*Ethik*'»; «*M.*», mit der ihr zugehörigen «M.-Wissenschaft», heißt die Ebene in Werten fundierter Typisierungen von Institutionen, Gütern und Handlungen (z. B. Ehe, Monogamie, Mord, Diebstahl usw.), die deren Definitionen im positiven Recht und der Sitte zugrundeliegen, die Ebene der «*praktischen Moralität*» [6], die mit Hilfe von zu den Wertrangverhältnissen gehörenden Normen das faktische Verhalten der Menschen bewertet, schließlich «*Sitte*» und «Tradition», «*Brauch*» [7], wobei in der Auswahl der Handlungen, die in sie eingehen, «bereits das *Ethos* mittätig ist, das auch den Maßstab für die praktische Moralität abgibt» [8]. Ohne in der Preisgabe der Fiktion der Aufklärung mit deren historizistischen und skeptizistischen Gegenbewegungen eine «absolute Ethik aufzugeben» [9], versteht sich Schelers Ethik als Arbeit an einer «*Entwicklungsphilosophie des sittlichen Bewußtseins* in Geschichte und Gesellschaft» [10], die von der Hoffnung getragen ist, daß die «wie eine Palette mit umgestürzten Farbtöpfen erscheinende» [11] Geschichte der vielen ethischen Wertschätzungen, aus rechter Distanz und mit dem rechten Verständnis betrachtet, «langsam den Sinnzusammenhang eines grandiosen Gemäldes» gewinnt «– oder doch der Fragmente eines solchen –, auf dem man die Menschheit, so bunt gegliedert sie ist, ähnlich sich eines Reiches objektiver, von ihr und ihren Gestaltungen unabhängiger Werte und deren objektiver Rangordnung liebend, fühlend und handelnd sich bemächtigen und sie in ihr Dasein hereinziehen sieht, wie dies die Geschichte der Erkenntnis z. B. des Himmels zeigt» [12].

Im Blick auf die vielen nicht nur im Nacheinander, sondern gleichzeitig, sogar in derselben Gesellschaft, verschiedenen Moralen (M. der Arbeit, der Genügsamkeit, des Kampfes, des Friedens usw.) fragt sich N. Hartmann, «was die Einheit der reinen Ethik in der Mannigfaltigkeit der geltenden Moralen selbst ausmacht» [13]. Daß jede dieser Moralen gegenüber den anderen «exklusiv, tyrannisch» auftritt, auf deren «Vernichtung» zielt [14], leitet über zu der Frage: «gibt es ein System der Werte?» [15], an dessen Erforschung als einer überzeitlichen, übergeschichtlichen Ordnung Hartmann mehr gelegen ist als an der der Moralen.

Anmerkungen. [1] M. Scheler: Der Formalismus in der Ethik und die materiale Wertethik (Bern/München ⁵1966) 276. – [2] a.O. 266. – [3] 95. – [4] 303. – [5] 309, Anm. 1. – [6] 303. – [7] 304. – [8] 305. – [9] 20. – [10] 22. – [11] 300. – [12] 301. – [13] N. Hartmann: Ethik (1926) 36. – [14] a.O. 37. – [15] 38.

Literaturhinweise. E. Mayer: Die Objektivität der Werterkenntnis bei N. Hartmann (1953). – M. Dupuy: La philos. de M. Scheler (Paris 1959). – H. Leonardy: Liebe und Person. M. Schelers Versuche eines 'phänomenol.' Personalismus (Den Haag 1976). – A. J. Buch: Wert. Wertbewußtsein. Wertgeltung. Grundlagen und Grundprobleme der Ethik N. Hartmanns (1982). Red.

F. *Gegenwärtige Diskussion.* – In der gegenwärtigen M.-Philosophie behalten sowohl der weite Begriff des Moralischen, der sich auf die Lebensführung bezieht, sofern sie einer bewußten Revision zugänglich ist, als auch der engere, demzufolge mit diesem Wort der Einschluß des Anspruchs der Mitmenschen in das eigene Bewußtsein gemeint ist, ihre Geltung. Diese beiden Bedeutungen decken sich nicht mit denen der individuellen und der sozialen M. Der letztere Ausdruck ist selbst doppeldeutig: Das Wort 'sozial' kann hier sowohl die Form der Kontrolle meinen als auch den Inhalt der praktischen Sorge. Innerhalb der Sozialwissenschaften wird seit E.

DURKHEIM betont, daß die Solidarität zwischen den Individuen einer Gruppe, als die die M. definiert wird, nicht unbedingt mit dem Grade des Druckes identisch ist, den die Gruppe auf das Individuum ausübt [1].

Der weite Begriff des Moralischen ist am deutlichsten in G. E. MOORES Ethik anzutreffen. Die Ethik fragt noch über das, was das Verhalten betrifft, hinaus nach dem Guten überhaupt [2]. Zu sagen, daß eine Handlung Pflicht ist, ist nichts anderes als zu sagen, daß sie das größte Ausmaß an Gutem im Universum hervorbringen wird [3]. Anders als M. SCHELER und N. HARTMANN läßt es MOORE nicht bei einer Vielfalt von gefühlten Werten sein Bewenden haben, sondern sucht nach einheitlichen Prinzipien des eigenständigen Guten (*intrinsic good*), und vermutet sie a) in den ästhetischen Qualitäten der Erfahrung, zu der auch ein kognitives Moment gehört, und b) in der Zuneigung (affection) im persönlichen Umgang, die einen eigenständigen Wert selbst zum Gegenstand hat [4]. Entschiedener lehnt den «Pseudoempirismus» der Werte J. N. FINDLAY ab; er schlägt als einheitliches Prinzip der Werte die Transzendierung der eigenen Partikularität im Verhältnis des Bewußtseins zur Welt und zu den Mitmenschen vor [5]. In ähnlicher Weise sieht H.-E. HENGSTENBERG die Grundlage des sittlich Guten in der Sachlichkeit, die den Menschen befähigt, sich auf das Seiende in dem ihm eigenen Seinsentwurf einzulassen [6].

Moores These von der nicht-natürlichen und nicht weiter definierbaren Qualität des Guten und seine Kritik jeder Herleitung des Guten aus einem gegebenen So-sein als einem «naturalistischen Fehlschluß» führte CH. STEVENSON dazu, darauf hinzuweisen, daß die wertende Rede grundsätzlich nicht in der beschreibenden aufgehen kann, sondern eine Stellungnahme ausdrückt, die danach strebt, den Hörer zum Bezug einer eigenen Position zu bewegen: nach Stevenson zielte damit die Stellungnahme primär auf eine Wirkung auf den jeweiligen Hörer ab [7]. R. M. HARE betonte dagegen, daß die moralische Rede dazu bestimmt sei, die Handlung zu orientieren, und daß somit für sie die Möglichkeit ihrer Begründung durch letzte Prinzipien, deren moralischer Charakter durch die Universalisierbarkeit gewährleistet ist, wesentlich sei [8]. Die Universalisierbarkeit ist zunächst ein logisches Erfordernis der deskriptiven Prädikate. Dagegen ist in einem Befehl die auszuführende Handlung mit der Situation, auf die sich der Befehl bezieht, nicht so verbunden, daß der Befehlende logisch verpflichtet bliebe, für jede ähnliche Situation denselben Handlungstyp vorzuschreiben. Das Eigentümliche der moralischen Rede ist jedoch, wie Hare hervorhebt, daß die ausgesprochene Vorschrift für jede Situation desselben Typus gelten soll, insbesondere auch dann, wenn der Sprecher selbst der Betroffene sein sollte. Die moralische Sprache hat somit die Fähigkeit zur Voraussetzung, sich in die anderen imaginativ zu versetzen [9].

In den Diskussionen, die durch Hares Analysen zur Rolle der moralischen Sprache veranlaßt wurden, wurde deutlich, daß es keineswegs genügen kann, daß der Vorschreibende den vorgeschriebenen Handlungstyp auch sich selbst, als möglichem Handelnden oder Leidenden, zumute. Die moralische Aufforderung kann sich sinnvoll an den anderen nur dann richten, wenn sie sein Einverständnis in den Prinzipien, auf welchen die Aufforderung sich gründet, vorwegnehmen kann. Die moralische Rede setzt eine moralische Gemeinschaft voraus. Nachdem K. BAIER die moralischen Regeln als diejenigen definiert, die dazu bestimmt sind, den Vorrang vor den Regeln des Eigennutzes zu haben, sofern ihre allgemeine Einhaltung im Interesse aller ist, weist er in Anlehnung an Humes Modifikation der Hobbesschen These darauf hin, daß sie vom Einzelnen nur dann sinnvoll eingehalten werden können, wenn ein Vertrauen in ihre allgemeine Einhaltung möglich ist [10]. Wenn somit eine bestehende Sittlichkeit der Ausgangspunkt für die Sittlichkeit des Einzelnen ist, so schließt das jedoch die Möglichkeit einer kritischen Revision jener nicht aus.

Als Maßstab für die kritische Überprüfung der Gerechtigkeit einer Gesetzgebung und bestehender moralischer Regeln schlägt J. RAWLS die analytische Konstruktion der «original position» vor, in der die Einzelnen bei gleicher Freiheit, dem Gemeinwesen beizutreten, und in Absehung von jeder Kenntnis ihrer besonderen Chancen («unter dem Schleier der Unwissenheit») über die Regeln des Zusammenlebens beraten. Der Gesichtspunkt dieses idealen Gesellschaftsvertrages wird seinerseits mittels einer PIAGET und KOHLBERG entlehnten psychologischen Hypothese als Tendenz einer moralischen Entwicklung angesehen, die in der Familie und in der Gesellschaft aus Erfahrungen des Vertrauens und der Kooperation entsteht [11]. Die sich so abzeichnende Frage nach dem konstitutiven Verhältnis der realen moralischen Traditionen zu der im Gespräch antizipierten unbegrenzten idealen Kommunikationsgemeinschaft bildet auch den Mittelpunkt der gegenwärtigen deutschen moralphilosophischen Diskussion [12].

Anmerkungen. [1] É. DURKHEIM: De la division du travail social (Paris 1930) 3. Buch. – [2] G. E. MOORE: Principia ethica (Cambridge 1903) § 2. – [3] a.O. § 89. – [4] a.O. § 110-123. – [5] J. N. FINDLAY: Values and intentions (London 1958). – [6] H.-E. HENGSTENBERG: Grundlegung der Ethik (1969) Kap. 2. – [7] CH. STEVENSON: Ethics and language (New Haven/London 1968). – [8] R. M. HARE: The language of morals (Oxford 1952); dtsch.: Die Sprache der M. (1972). – [9] Freedom and reason (Oxford 1963); dtsch.: Freiheit und Vernunft (1973). – [10] K. BAIER: The moral point of view (Ithaca 1958); dtsch.: Der Standpunkt der M. (1973). – [11] J. RAWLS: The sense of justice. Philos. Review 72 (1963) 281-305; vgl. Eine Theorie der Gerechtigkeit (1979). – [12] O. SCHWEMMER: Philos. der Praxis (1971); P. LORENZEN und O. SCHWEMMER: Konstruktive Logik, Ethik und Wiss.theorie (1973); K. O. APEL: Das Apriori der Kommunikationsgemeinschaft und die Grundlagen der Ethik, in: Transformation der Philos. 2 (1973) 358-435; Sprechakttheorie und transzendentale Sprachpragmatik zur Frage ethischer Normen, in: APEL (Hg.): Sprachpragmatik und Philos. (1976) 10-173.

Literaturhinweise. F. VORLÄNDER: Gesch. der philos. M., Rechts- und Staatslehre (1885, ND 1964). – O. DITTRICH: Gesch. der Ethik. Die Systeme der M. vom Altertum bis zur Gegenwart 1-4 (1922-32). – C. D. BROAD: Five types of ethical theory (London 1930). – W. E. H. LECKY: History of European morals (New York/London 1921, ND New York 1975). E. HEYMANN

Moral, doppelte. ‹Doppelte Wahrheit› ist bereits im späten Mittelalter zu einem festen Begriff geworden, von ‹doppelter› oder ‹zweiseitiger Moral› dagegen spricht man – im Zuge der damaligen gesellschaftskritischen Entlarvungsbemühungen – erst um die Jahrhundertwende.

Zu den «conventionellen Lügen der Kulturmenschheit» gehört nach dem Frühzionisten M. NORDAU die «zweiseitige Moral» der «Ausbeuter», die den Müßiggang als Laster anprangern und die Arbeit als Tugend preisen, aber es sorgfältig vermeiden, «sich ihrem eigenen Moralcodex zu unterwerfen», indem sie dem Fleißigen den untersten Rang anweisen und den Müßiggang als «Erkennungszeichen ihres vornehmeren Ranges» betrachten [1].

Der Vorwurf der d.M. wird in der Folge zum Standardargument marxistischer Kapitalismuskritik: die auf Egoismus beruhende bürgerliche Moral suche heuchlerisch «die Profitgier der Bourgeoisie mit altruistischen Forderungen an die Ausgebeuteten zu verschleiern» [2].

Das Schulbeispiel einer d.M. ist seit CH. VON EHRENFELS [3] und S. FREUD die bürgerliche Sexualmoral, die dem Mann, «wenngleich nur stillschweigend und widerwillig», sexuelle Freiheiten einräumt, die sie der Frau verbietet [4].

In Theologie und Religionssoziologie dient der Begriff der d.M. zur Kennzeichnung der grundsätzlichen Schwierigkeit eines jeden Christen, «das mit Staat, Recht und Gewalt arbeitende relative Naturgesetz des Sündenstandes» mit der «auf Recht, Gewalt und Selbstdurchsetzung verzichtenden religiösen Liebesmoral» zu vereinbaren [5] – ein Konflikt, der – nach E. TROELTSCH – im Protestantismus voll aufbricht [6] und den Luther mit seiner Unterscheidung zwischen «innerer Moral der Person» und «äußerer Moral des Amtes» nicht überwunden, sondern nur neu formuliert habe [7]. Diese Deutung blieb allerdings nicht unwidersprochen. Luthers Unterscheidung dürfe, wie etwa W. ELERT und D. BONHOEFFER hervorheben, nicht so verstanden werden, daß man nach Gutdünken der jeweils bequemeren Moral folgen könne; denn die Amtsmoral bleibe immer an die Liebesmoral gebunden [8], höher als jede weltliche Ordnung sei der Gehorsam gegenüber Gott [9]. Von einer d.M. könne daher bei Luther nicht gesprochen werden [10].

Nicht nur die Theologie, sondern auch die Soziologie hat ihre Mühe mit dem Begriff der d.M. Es ist, wie M. GEIGER feststellt, keineswegs ausgemacht, daß eine Person, die an andere strengere Maßstäbe stellt als an sich selbst und gegenüber der gleichen Handlung, die sie heute begeht, mit Mißbilligung reagiert, wenn sie morgen von einem andern begangen wird, einer d.M. huldigen müsse. Es sei durchaus möglich, daß das Moralsystem der betreffenden Gesellschaft von verschiedenen Kategorien von Personen Verschiedenes verlange oder daß die handelnde Person zwischen ihrer Situation und der Situation anderer einen moralisch relevanten Unterschied sehe, der eine «Ausnahme rechtfertige oder doch entschuldbar mache» [11]. Wer mit dem Begriff der d.M. operiert, wird sich in der Tat fragen müssen, was er damit treffen will: eine persönliche oder gesellschaftliche Moral, die moralische Unterschiede macht, wo – nach der Ansicht des Sprechenden – keine Unterschiede gemacht werden dürfen, oder die Diskrepanz zwischen eigenem Tun und moralischer Forderung an andere, die ihrerseits wiederum nicht Heuchelei bedeuten muß, sondern aus der unterschiedlichen Rollenperspektive [12] des Handelnden auf der einen und des Betrachters auf der andern Seite erklärbar sein könnte.

Anmerkungen. [1] M. NORDAU: Die conventionellen Lügen der Kulturmenschheit (1884) 257. – [2] Meyers neues Lexikon (Leipzig 1962) 896, Art. ‹Moral›. – [3] CH. VON EHRENFELS: Sexualethik (1907) 58. – [4] S. FREUD, Ges. Werke 7 (London ²1946-1955) 158, 144; als späteres Beispiel für diesen Wortgebrauch vgl. etwa H. THIELICKE: Theol. Ethik, 3. Teil (²1968) 576. – [5] E. TROELTSCH: Die Soziallehren der christl. Kirchen und Gruppen (1912) 500. – [6] a.O. 648. – [7] 501. 509. – [8] W. ELERT: Das christl. Ethos. Grundlinien der luther. Ethik (²1961) 537. – [9] D. BONHOEFFER: Ethik (1966) 380f. – [10] ELERT, a.O. [8] 537; ähnlich auch schon M. WEBER: Wirtschaft und Ges. (1972) 370. 373. – [11] M. GEIGER: Grundzüge der Soziol. des Rechts (²1964) 74-78, bes. 76. – [12] Vgl. a.O. 77. A. HÜGLI

Moral, offene/geschlossene. In seinem religionsphilosophischen Werk ‹Les deux sources de la morale et de la religion› (1932) unterscheidet H. BERGSON zwischen «morale ouverte» und «morale close» [1]. Neben der g.M., die allein auf der sozialen Verpflichtung der Individuen gegenüber der Gesellschaft beruhe, gebe es die o.M., die keinen sozialen Zwang auf das Individuum ausübe, sondern an seine Freiheit appelliere. «Während die erste um so reiner und vollkommener ist, je besser sie sich auf unpersönliche Formen bringen läßt, muß sich die zweite, um völlig sie selbst zu sein, in einer bevorzugten Persönlichkeit verkörpern, die beispielhaft wird. Die Allgemeinheit der einen beruht auf der allgemeinen Annahme eines Gesetzes, die der anderen auf der gemeinsamen Nachahmung eines Vorbildes» [2]. Die erste M. verpflichtet gegenüber dem Gemeinwesen (cité), die zweite gegenüber der Menschheit (humanité), die Bergson in Weiterführung der Nachahmungstheorie von G. TARDE [3] als von den «großen moralischen Persönlichkeiten» (Christus, Heiligen, Stiftern, Reformatoren, Mystikern, den Weisen Griechenlands, den Propheten Israels, den Aharanten des Buddhismus) [4] – paradigmatisch für die in jedem Menschen virtuell vorhandene «Liebe zur Menschheit» (amour de l'humanité) [5] – vorgelebt denkt [6]. Den Wesensunterschied zwischen der ersten und der zweiten M. [7] erläutert Bergson an der jeweiligen Bewußtseinshaltung, die das korrespondierende Individuum als entweder «âme ouverte» oder «âme close» aufweist. Die der geschlossenen gesellschaftlichen M. adäquate Haltung ist «die eines Individuums und einer Gesellschaft, die ganz mit sich selbst beschäftigt sind. Gleichzeitig individuell und sozial bewegt sich die Seele hier in einem Zirkel. Sie ist geschlossen» [8]. Zur Gattung der g.M. werden die sozial abhängige Familien- und Vaterlandsliebe gerechnet, während das schöpferische Prinzip der Menschenliebe sich in der Transzendenz sowohl des eigenen wie des gesellschaftlichen Interesses verwirklicht. Diese Transzendenz der offenen Seele ist im (nur abstrakt vorstellbaren) reinen Zustand ein objektloses, zielloses und unteilbares Gefühl, das nicht rational, sondern nur durch Intuition erfaßbar ist.

Das vorwärtstreibende Prinzip der offenen Seele greift teils konstruktiv, teils destruktiv, immer aber evolutionär mit der «Kraft eines Sehnens oder eines Aufschwunges» (force d'une aspiration ou d'un élan) [9] in das gesellschaftliche und moralische Selbstverständnis der Menschen ein, um es vor der tödlichen sozialen Gewöhnung an einmal geschaffene Institutionen und Konventionen zu bewahren und zur Schöpfung offener lebensfähiger Formen anzustiften [10]. Der Alterungsprozeß jeder M. von einer offenen, individuellen Form der Menschenliebe zur geschlossenen, sozialisierten Form von bloßer Pflicht und bloßem Gerechtigkeitssinn ist Ausdruck des abnehmenden Lebensschwunges. Umgekehrt hat der Lebensschwung im «Akt, durch den die Seele sich öffnet, ... die Wirkung, eine in Formeln eingesperrte und materialisierte Ethik zu erweitern und in die reine Geistigkeit zu erheben» [11].

Das Wesen der Pflicht stellt Bergson als von zwei divergierenden Kräften (pression/élan, aspiration) verursacht vor. Moralische Verpflichtung (obligation morale) bildet die Resultante eines Kräfteparallelogramms, dessen eine Komponente den gesellschaftlichen Druck (pression sociale), ein ganzes System von unpersönlichen Geboten und Gewohnheiten, darstellt, während die zweite Komponente das Gewissen des liebesfähigen Menschen mit den Appellen der ethischen «Schöpfer-Persönlichkeiten» konfrontiert [12].

Prinzipien, Gesetze, Regeln des sittlichen Verhaltens sind stets auf diesen doppelten Ursprung der Ethik zurückführbar; sie sind der «intellektuelle Extrakt» eines Kräfteparallelogramms von Druck und Aufschwung, das dem menschlichen Willen ethisch eine Richtung gibt [13]. Hieraus leitet Bergson seine Kritik an der moralischen Erziehung ab.

In seinem religionsphilosophischen Spätwerk erklärt Bergson die christliche, mit Vorrang von der Mystik (Paulus, Therese, Katharina von Siena, Franciscus) verbürgte Erfahrung eines handelnden, vitalen Gottes [14], die außerhalb von jeder Interpretation und Verbegrifflichung stehe, zum Fundament der o.M. [15]. Diese ist den vernunftgemäßen Bestimmungen durch die M.-Philosophie ontologisch vorgeordnet wie innerhalb der Bergsonschen Metaphysik insgesamt die Intuition dem Verstand. Das Fundament der g.M. bilden die Gesellschaft und das Bewußtsein des vergesellschafteten Menschen, die wissenschaftlich interpretierbar und rationalistischer Erfassung zugänglich sind. Die Analyse der Pflicht erlaubt insofern eine zweifache szientifische Zuwendung zum Psychischen und Sozialen, und sie fällt damit sowohl in den Bereich psychologischer Zuständigkeit, dem Bergson seit den Studien zu ‹Matière et mémoire› (1896) eng verbunden ist [16], wie in den der Soziologie. Die «Differenz, die Bergson zwischen seine Philosophie und die der spiritualistischen Tradition legen möchte, ist die eines konsequent durchgeführten Empirismus, der sich metaphysisch als ein System induktiver Schlüsse offenbart» [17]. Die empiristische Erfassung der Moral auf streng wissenschaftlicher Grundlage geht auf den Positivismus der modernen Soziologie zurück. So verrät der überindividuelle Zwangscharakter der g.M. seine Herkunft aus dem soziozentrischen Gesellschaftsbegriff E. DURKHEIMS [18] und L. LÉVY-BRUHLS [19], während die Vorstellung einer o.M., die von der Liebe einzelner, ethisch herausragender Individuen begründet werde, vom religiösen Humanismus christlich-mystischer Prägung beeinflußt und bereits im sozialen Indeterminismus von G. TARDE [20] angesprochen ist.

K. R. POPPER hat Bergsons Begriffe ‹o.M.› und ‹g.M.› bzw. ‹offene/geschlossene Gesellschaft› in einem genau umgekehrten und implizit Bergson kritisierenden Sinne verwendet. Während Bergson «seine offene Gesellschaftsform als das Produkt einer mystischen Intuition» ansieht, ist Popper der Auffassung, «daß sich der Mystizismus als der Ausdruck des Verlangens nach der verlorenen Einheit der geschlossenen Gesellschaft deuten läßt und damit als eine Reaktion gegen den Rationalismus der offenen Gesellschaft» [21].

Für A. GEHLEN bedeutet das moralphilosophische Werk Bergsons «bei allen Vorbehalten eine wichtige Etappe in der Geschichte der Ethik» [22], weil er erkannt habe, daß es nicht nur *eine* Quelle der M. gibt [23]. Der hauptsächliche Vorbehalt von Gehlen besteht darin, daß Bergson «den Pluralismus mehrerer ethischer Instanzen nicht gesehen habe» [24] und bei einem Dualismus stehen geblieben sei, der geschichtlich aufeinanderfolgende Stadien bestimmen soll. Wo Bergson sein Erklärungsmodell auf die unversöhnliche Gegensätzlichkeit zweier qualitativ unterschiedlicher Quellen gründet und nicht angeben kann, wie die Wandlung der g.M. bzw. Gesellschaftsform zu der entgegengesetzten offenen stattfindet [25], nimmt Gehlen ein Kraftfeld vieler sich ergänzender und/oder störender Antriebe an. Die Reduktion dieser Vielzahl auf *eine* humanitaristische, angeblich offene M. hält G. für eine Fehlentwicklung: «Dadurch wird der problemlose Alltag durchzogen von halbartikulierten, chronischen Konflikten, und die moralisierende Aggression ist eine der Reaktionen auf diesen bedrückend-extremen Zustand» [26].

TEILHARD DE CHARDIN kritisiert in Notizen und Briefen [27] die «Stellung Bergsons in den ‹Beiden Quellen›» [28]. Er lehnt die Zweiteilung der M. ab und wirft Bergson vor, «daß er sich, obwohl Philosoph, zu sehr auf eine bloße Aufzeichnung der Erscheinungen versteifen wollte – ohne eine totale Erklärung zu versuchen» [29]. Während Bergson einen Dualismus divergierender Kräfte annimmt, beruft sich die Evolutionstheorie von Teilhard auf die progressive, einsmachende Organisation jedes Denkens und jeder Wirklichkeit. «Der Irrtum Bergsons! Die *beiden* Quellen! Phänomenal *eine* einzige ... die Evolution» [30]. «Wo Bergson eine Dichotomie sieht, bemerkt Teilhard eine Progression von Schwelle zu Schwelle, von Emergenz zu Emergenz. Auch bei Bergson gibt es eine Progression, aber immer innerhalb einer Divergenz ... Beide Denker ... erkennen die Dualität. Teilhard überwindet sie durch eine genetische Konstruktion» [31], d. h. die Annahme einer konvergenten Gesamtrichtung, in der das humane wie das physikalische und biologische Phänomen in pulsierenden Sprüngen, durch explosive Entladungen (Divergenzen) vorwärtsschreitet [32]. Bergson hingegen hatte die Unmöglichkeit betont, das Humane der o.M. und der offenen Gesellschaft durch quantitative Ausweitung der familialen, nationalen, internationalen usw. Gruppierungen zu erreichen.

Anmerkungen. [1] H. BERGSON: Les deux sources de la morale et de la relig. (Paris ⁸⁸1958) 57ff. – [2] dtsch. Die beiden Quellen der M. und der Relig. (1933) 29f. – [3] G. TARDE: Les lois de l'imitation (Paris ⁷1921) VIII. IX. – [4] BERGSON, a.O. [2] 29. – [5] a.O. 32. – [6] G. PFLUG: Henri Bergson, Quellen und Konsequenzen einer induktiven Met. (1959) 328. – [7] BERGSON, a.O. [2] 31. – [8] a.O. 33. – [9] 51. – [10] 93f. – [11] 55. – [12] 81. – [13] 93. – [14] 225. 250. – [15] 96. – [16] Matière et mémoire. Essai sur la relation du corps à l'esprit (⁵⁴1953). – [17] PFLUG, a.O. [6] 228. – [18] E. DURKHEIM: Les formes élémentaires de la vie relig. (Paris 1912) 635f.; Educ. et Sociol. [aus dem Nachl.] (Paris 1922) 123. – [19] L. LÉVY-BRUHL: La morale et la sci. des mœurs (Paris 1903) 14. 30; Les fonctions mentales des sociétés inférieures (Paris 1910). – [20] TARDE, a.O. [3] 1f.; vgl. I. BENRUBI: Philos. Strömungen der Gegenwart in Frankreich (1928) 196. – [21] K. R. POPPER: Die offene Gesellschaft und ihre Feinde 1: Der Zauber Platons (²1970) 270; vgl. Art. ‹Gesellschaft, geschlossene/offene›. – [22] A. GEHLEN: Moral und Hypermoral. Eine pluralist. Ethik (²1970). – [23] ebda. – [24] a.O. 181. – [25] 169f. – [26] 181. – [27] Abgedruckt in: M. BARTHÉLEMY-MADAULE: Bergson und Teilhard de Chardin. Die Anfänge einer neuen Welterkenntnis (1970). – [28] a.O. 624f. – [29] 572. – [30] 571. – [31] ebda. – [32] P. TEILHARD DE CHARDIN: Der Mensch im Kosmos (dtsch. 1960).

Literaturhinweise. I. BENRUBI s. Anm. [20]. – J. MARITAIN: De Bergson à Thomas d'Aquin (Paris 1947); dtsch. Von Bergson zu Thomas von Aquin. Acht Abh. über Met. und M. (Cambridge, Mass. [1945]). – H. SUNDEN: La théorie bergsonienne de la relig. (1947). – R. POLIN: Henri Bergson et le mal. Etudes bergsoniennes 3 (1952) 16-40. – Bergson et nous. Actes du 10e Congr. des Soc. de Philos. de Langue franç., Paris 1959, 1.2 (Paris 1959/60). – J. GUITTON: La vocation de Bergson (Paris 1960). – P. GORSEN: Zur Phänomenol. des Bewußtseinsstroms. Bergson, Dilthey, Husserl, Simmel und die lebensphilos. Antinomien (1966). – M. BARTHÉLEMY-MADAULE s. Anm. [27]. – G. PFLUG s. Anm. [6].

P. GORSEN

Moral, provisorische. Ausdruck und Begriff stammen aus dem dritten Teil des ‹Discours de la méthode› von DESCARTES. Der Gedanke ergibt sich aus dem Programm der neuen, mit der Destruktion allen Herkommens beginnenden Wissenschaft. Die Destruktion zieht auch die bisherige naturrechtliche M.-Begründung in Mitleidenschaft. Da aber das Leben weitergeht, bedarf es einiger Maximen der Lebensführung, bis die neue Wissenschaft fertig und zu einer wissenschaftlichen M.-Begründung tauglich ist. In diesem Zusammenhang spricht Descartes davon, daß man beim Neubau des eigenen Hauses nicht nur Vorsorge (provision) für Material und Architekten, sondern auch für eine angenehme Zwischenunterkunft für die Zeit der Arbeit sorgen müsse. Eine solche Unterkunft ist die «M. par provision». Der Akzent liegt dabei nicht auf dem Begriff des Vorläufigen (provisoire), sondern auf dem der Vorsorge und des Vorrats (provision). Diese M. besteht aus «drei oder vier Maximen», die alle den Zustand des Nichtwissens mit Bezug auf so etwas wie absolute Normen zur Voraussetzung haben. Die drei ersten dieser Maximen besagen: 1. Gehorsam gegen die Gesetze und Gewohnheiten des Landes und der angestammten Religion; Vermeidung von Extremen, Anpassung; 2. Wahl des «probablen», wo nichts gewiß ist, und Festhalten am einmal eingeschlagenen Weg, sogar, wenn dieser mangels Probabilität «blind» gewählt werden mußte. Einmal gewählt, soll er behandelt werden, als ob seine Richtigkeit feststünde. Descartes bringt hier den Vergleich mit einem im Walde Verirrten, der auf jeden Fall gut daran tut, geradeaus zu gehen; 3. Unterordnung der eigenen Wünsche unter das Unvermeidliche, Beschränkung auf das, was in der eigenen Macht liegt: die eigenen Gedanken.

In diesen Regeln folgt Descartes verschiedenen Traditionen: in der ersten der *aristotelischen*, in der dritten der *stoischen*, in der zweiten dem *Probabilismus* der zeitgenössischen M.-Theologie, welche bereits die Frage nach der objektiven Rechtfertigung von Handlungen ersetzt hatte durch die Frage nach dem für die Moralität einer Handlung erforderlichen Grad von Wahrscheinlichkeit ihrer «objektiven» Richtigkeit. Descartes erklärt ganz im Sinne des Probabilismus, dem Wahrscheinlichen folgen sei nicht nur wahrscheinlich, sondern «ganz gewiß richtig».

Ziel der p.M. ist Freiheit von Reue. Allerdings gründet Descartes die Gültigkeit der drei Maximen ausdrücklich auf eine vierte: den Entschluß, sich kontinuierlich durch Arbeit an der neuen Wissenschaft über die wahre Natur der Dinge aufzuklären und so an der Erarbeitung des «höchsten Gutes», des Inbegriffs aller Tugenden und aller erreichbaren Güter, mitzuarbeiten. Die Maximen der p.M. und die «Glaubenswahrheiten» werden von der allgemeinen Hypothetisierung des Wissens ausgenommen und machen diese durch existenzielle Entlastung erst möglich.

Der Gedanke der p.M. gehört nicht zu den Elementen des Cartesianismus, die Epoche gemacht haben. Erst in der Gegenwart stößt er im Zusammenhang mit dem Thema «Wissenschaft und Lebenswelt» auf neues Interesse.

Literaturhinweise. E. BOUTROUX: Valeur de la mét. cartésienne. La M.p. Ann. de Philos. chrét. 119 (1889) 278-288. – A. ESPINAS: Descartes et la M. 1. 2 (Bonard 1925). – P. MESNARD: Essai sur la M. de Descartes (Paris 1936). – R. CUMMING: Descartes' provisional morality. Rev. of Met. 9 (1955/56) 207-235. – G. RODIS-LEWIS: La M. de Descartes (Paris 1957). – R. SPAEMANN: Prakt. Gewißheit – Descartes' p.M., in: Epirrhosis. Festgabe C. Schmitt (1968) 683-696. – A. KLEMMT: Descartes und die M. (1971). – D. KALOCSAI: Le problème des règles de la M.p. de Descartes (Budapest 1973). – T. KEEFE: Descartes, «M. definitive» and the autonomy to ethics. The romanic Rev. 64 (1973) Nr. 2, 85-98. – L. NOUSSAN-LETTRY: Para una interpretación tematica de la M.p. Descartes Discurso III. Philosophia 39 (1973) 47-61. – N. FÓSCOLO DE MERCKART: Les trois moments moraux du Discours de la Méthode. Rev. philos. Louvain 73 (1975) 607-627.

R. SPAEMANN

Moral, sozialistische. Der Begriff ‹s.M.› dient zur Kennzeichnung des Systems sittlicher Werte und Normen im proletarischen Klassenkampf. Terminologisch gleichbedeutend mit ‹kommunistische M.› bzw. ‹Ethik des Sozialismus› entsteht der Terminus in der Kritik des wissenschaftlichen Sozialismus an den Normen bürgerlicher, überhistorischer M. und des bürgerlichen Rechts in der Phase der Konstituierung der Arbeiterklasse in Deutschland in den 1840er Jahren. Einen ersten Höhepunkt der Diskussion über Bedingungen und Notwendigkeit der s.M. bildet der 'Revisionismusstreit' in der deutschen Sozialdemokratie um 1900. Zum Gegenstand politischer Theorie und disziplinärer ethischer Reflexion wird die s.M. nach der sozialistischen Oktoberrevolution in Rußland mit der Entstehung des sowjetischen Staats.

Das M.-Problem stellt sich in den Anfängen der Arbeiterbewegung mit der Begründung der historischen Notwendigkeit des Sozialismus und der sozialen Revolution. Während kleinbürgerliche Demokraten und 'wahre' Sozialisten auf eine 'Reform des Bewußtseins' und die Geltung allgemeinmenschlicher sittlicher Prinzipien setzten, erklärte der historische Materialismus die Notwendigkeit der Transformation des Kapitalismus aus der gesellschaftlichen Produktion und Reproduktion des Kapitalverhältnisses der Klassen und die geschichtliche Bestimmtheit von M.-Normen aus dem Klassenkampf. Beispiele früher Kritik sind FR. ENGELS' ‹Die Kommunisten und Karl Heinzen› [1], K. MARX' ‹Die moralisierende Kritik und die kritisierende M.› (beide 1847) [2] und das ‹Manifest der Kommunistischen Partei› (1848) [3]. Im Zentrum steht die Zurückweisung 'ewiger Werte' zugunsten materialistischer Kritik der soziaökonomischen und ideologischen Bedingungen der M.

Eine affirmative marxistische Erörterung der Inhalte der s.M. setzt breit ein zur Zeit der Rückbesinnung auf die kantische Philosophie in der Arbeiterbewegung, vermittelt durch fortschrittliche bürgerliche Intellektuelle. Als sozialistischer Theoretiker definiert J. DIETZGEN 1869 die M. als «den summarischen Inbegriff der verschiedensten einander widersprechenden sittlichen Gesetze, welche den gemeinschaftlichen Zweck haben, die Handlungsweise der Menschen gegen sich und andere derart zu regeln, daß bei der Gegenwart auch die Zukunft ..., neben dem Individuum auch die Gattung bedacht sei» [4]. In der marxistischen Sozialdemokratie um 1900 setzt sich gegen den historischen Determinismus [5] seit H. COHENS Rückführung des Sozialismus auf die Ethik Kants, gründend in den Werken F. A. LANGES [6], zunehmend und in E. BERNSTEINS ‹Die Voraussetzungen des Sozialismus› (1898) gipfelnd die These vom ethischen Defizit im Marxismus bzw. der Begründung eines moralisch motivierten friedlichen Wegs zum Sozialismus durch [7]. G. W. PLECHANOW, F. MEHRING, FR. ENGELS, R. LUXEMBURG und W. I. LENIN haben den neukantianischen, ethischen Sozialismus als bürgerliche, idealistische und antirevolutionäre Ideologie kritisiert [8].

Die politisch-praktische Notwendigkeit der Formulierung der Werte der s.M. stellt sich nach 1917 mit dem Aufbau der sozialistischen Gesellschaft. W. I. LENIN bejaht die Legitimität einer «kommunistischen M.» und einer «kommunistischen Sittlichkeit» trotz der historischmaterialistischen Kritik an einer von einem «übernatürlichen, klassenlosen Begriff» abgeleiteten Ethik: «sittlich ist, was der Zerstörung der alten Ausbeutergesellschaft und dem Zusammenschluß aller Werktätigen um das Proletariat dient, das eine neue, die kommunistische Gesellschaft aufbaut» [9]. Wichtige Beiträge zur Konzeption der s.M. leisten M. I. KALININ und A. S. MAKARENKO [10], in der westeuropäischen kommunistischen Bewegung etwa A. GRAMSCI mit der Analyse der M. im vorrevolutionären Kampf der Arbeiterklasse um ihre Hegemonie [11].

Die s.M. ist heute Forschungsgegenstand der marxistischen Ethik. Diese beantwortet philosophisch und empirisch-soziologisch bzw. psychologisch die Frage nach dem Status und der Funktion der M. systematisch und historisch. Sie definiert M. als Form gesellschaftlichen Bewußtseins, als Einheit von moralischer Wertauffassung und sittlicher Praxis, als komplexes weltanschauliches Teilsystem, als System historisch wirksamer, sich verändernder gesellschaftlicher Normen. Die M. widerspiegelt die wesentlichen Strukturen der sozialen Organisation der Produktion/Reproduktion, des rechtlichen und politischen Überbaus, der Herrschafts- und Eigentumsverhältnisse. Die M. ist determiniert von der Dialektik der Klassen, nicht aber durch voneinander isolierte Klasseninteressen. Determination der M. schließt die antizipatorische, kritische Funktion von Wert und Norm ein.

Den theoretischen Kontext von ‹s.M.› bilden die Probleme der Genese und Geschichte der M., der axiologischen Hierarchie sittlicher Normen und Werte, der Beziehung von sozialen und kognitiven Faktoren bei der M.-Begründung, des Verhältnisses von Sinnlichem bzw. Intuition und Rationalem bzw. Reflexion als Motivationsgründe, der Wirkungsweise der s.M. im individuellen und kollektiven Verhalten und der theoretischen Begründung des Guten, des Glücks und anderer Inhalte der s.M. der internationalistischen Arbeiterbewegung.

Anmerkungen. [1] K. MARX und FR. ENGELS, MEW 4, 309ff. – [2] a.O. 331ff. – [3] 461ff. – [4] J. DIETZGEN, Sämtl. Schr., hg. E. DIETZGEN (1930) 71. – [5] Vgl. H. J. SANDKÜHLER: Gesellschaft als Naturprozeß, in: Theorie und Labor. Dialektik als Programm der Naturwiss., hg. P. PLATH/H. J. SANDKÜHLER (1978) 148ff. – [6] F. A. LANGE: Die Arbeiterfrage in ihrer Bedeut. für Gegenwart und Zukunft (1865); Gesch. des Materialismus und Kritik seiner Bedeut. in der Gegenwart (1866). – [7] H. COHEN: Biograph. Vorwort und Einl. mit krit. Nachtrag [zu F. A. Langes Gesch. des Mat.] (⁵1896) 2. XVff. – [8] Vgl. Dokumentation der Quellen und Bibliogr. in: Marxismus und Ethik, hg. H. J. SANDKÜHLER/R. DE LA VEGA (²1974). – [9] W. I. LENIN, Werke 31 (1959) 280f. 283. – [10] M. I. KALININ: Über kommunist. Erziehung (dtsch. 1961); A. S. MAKARENKO, Werke 5 (1974). – [11] A. GRAMSCI: Il materialismo storico e la filos. di B. Croce. Nuova ed. riveduta e integrata (Rom 1977) 55. 121.

Literaturhinweise. L. M. ARCHANGELSKI: Kategorien der marxist. Ethik (1965). – Ethik und Persönlichkeit, hg. S. F. ANISSIMOW/R. MILLER (1975). – Ethik. Philos.-ethische Forsch. in der Sowjetunion, hg. A. G. CHARTSCHEW/R. MILLER (1976). – Probleme der marxist. Ethik. Solidarität – Verantwortung – Persönlichkeit. Marxismus-Digest 25 (1976). – Stud.texte zur marxist.-leninist. Ethik (1976).
H. J. SANDKÜHLER

Moralist, Moralismus. Der älteste Vorläufer des Wortes ist das mittellateinische ‹moralizator› (qui moralia docet) vom Verb ‹moralizare› (dicta ad mores aptare): Bibelstellen in der patristischen Allegorese einen Moralsinn geben, auf die Sitten der Menschen beziehen [1]. Daraus wird altfranzösisch ‹moraligier les bestes›: Beispiele aus dem Tierleben mit moralischen und theologischen Erklärungen versehen, wie die Verfasser der Bestiarien [2]. 1611 ist das Substantiv ‹moraliseur› belegt in der Bedeutung von «Ethicke lectorer or philosopher» [3]. 1694 hat das Verb ‹moraliser› den pejorativ-kasuistischen Nebensinn des épilogueur, rafiner mal à propos [4], 1743 das Substantiv ‹moraliseur› vollends die Bedeutung von Moralprediger angenommen [5].

Mit diesem Bedeutungsabfall hängt es zusammen, daß 1690 neben dem Wort ‹moraliseur› als Bezeichnung des *mit Ethik befaßten Schulphilosophen* das Wort ‹moraliste› aufkommt in der Bedeutung von «Auteur qui écrit, qui traite de la morale» [6]. CHR. THOMASIUS, der es zusammen mit dem Begriff ‹morale› [7] (von philosophia moralis) [8] ins Deutsche einführte, hat es durchaus noch im alten Sinne von ‹moraliseur› [9] verstanden, doch bezeichnet das neue Wort schon um diese Zeit auch einen neuen Typus des Moralphilosophen, den Thomasius selbst im besten Sinne in seiner Person verwirklichte, nämlich den auf praktische Sittenlehre zielenden *Verfasser von Moraltraktaten*, der nicht mehr notwendig Universitätslehrer ist und für ein gebildetes bürgerliches Publikum schreibt [10].

In Frankreich wird die moraltheologische Diskussion zwischen Jesuiten und Jansenisten die Bedeutungsgeschichte des Wortes weiter bestimmen. RICHELET zeigt an, daß es um 1719 schlechthin die Jansenisten in Flandern bezeichnete [11], und die Jesuiten von Trévoux geben ihm 1743 die stark eingeengte Definition: *moralischer Rigorist* [12]. Von hierher verfällt es der gleichen pejorativen Einfärbung wie sein alter Konkurrent ‹moraliseur› und steht bei ROUSSEAU in einer Reihe mit ‹sermonneur› und ‹pédant› [13]. In Deutschland hat sich die Abwertung lexikalisch faßbar zwischen 1763 [14] und 1855 [15] vollzogen. Schon Franz Moor sagt bei SCHILLER: «Der milzsüchtige, podagrische M. von einem Gewissen ...» [16].

Auch dieser zweite Qualitätsverfall in der Semantik ist mit dem Erscheinen eines neuen Typus des M. gekoppelt, der zuerst von DE JAUCOURT in der Encyclopédie signalisiert wird. Nachdem er im Artikel ‹Morale› den Niedergang der scholastischen Philosophie im Kasuismus konstatiert hat [17], sieht er im Artikel ‹Moraliste› die Neubegründung einer aufgeklärten, d.h. nichtchristlichen, systematischen Ethik durch die neue Naturrechtslehre verwirklicht, wobei er freilich zugibt, daß eine Untersuchung über den Zusammenhang der christlichen Moral mit der recta ratio noch ausstehe. Wahre M. sind für ihn daher Grotius, Pufendorf, Barbeyrac, Tilloton, Wolaston, Cumberland, Nicole und La Placette [18]. Hinzu kommen im Artikel ‹Morale› noch Bacon, Selden, Shaftesbury, Hutcheson und Montesquieu.

An der zeitgenössischen cartesianischen Moralphilosophie kritisiert er ihre Allgemeinheit und Nichtverwendbarkeit für die sittliche Praxis: die Ethik des pur amour sei im Rausch der Einbildungskraft begründet, Hobbes gehe leider von einem falschen Begriff der menschlichen Natur aus. Am schlechtesten kommt bei ihm eine Gruppe von M. weg, auf die nun weder die Qualifikation des Moraltheologen noch die des Moralphilosophen mehr paßt: «Plusieurs enfin ne se sont attachés qu'à faire des portraits finement touchés, laissant à l'écart la méthode et les principes qui constituent la partie capitale de la morale. C'est que les écrivains de ce caractère veulent être gens d'esprit, et songent moins à éclairer qu'à éblouir» [19].

Trotz dieses Vorwurfs der Prinzipien- und Methodenlosigkeit erfüllt der *kritische Sittenschilderer* als Literat neben normativer Sittenlehre und theoretischer Moralphilosophie eine spezifische empirische und deskriptive

Funktion, die seine Bedeutung für das 19. Jh. und bis heute bestimmen wird [20]. MONTAIGNE nimmt in seiner Charakter- und Menschenschilderung die klassische Tradition der ‹Moralia› des PLUTARCH wieder auf und begründet in der Renaissance die neue Psychologie und Anthropologie. LA BRUYÈRE, mit explizitem Bezug auf die ‹Ethici characteres› des Theophrast, LA ROCHEFOUCAULD, VAUVENARGUES und CHAMFORT haben zur Zeit der Edition der ‹Encyclopédie› das neue Genus längst zur Blüte gebracht.

Aus dieser Bestimmung des M. entwickelt sich die bei TH. GAUTIER zuerst belegte moderne Auffassung: *Autor mit dem Ethos der Wahrhaftigkeit*. Als hervorragenden Repräsentanten dieser Haltung verteidigt Gautier in seinen ‹Portraits contemporains› Honoré de Balzac: «L'Auteur de la Comédie humaine non seulement n'est pas immoral, mais c'est même un moraliste austère» [21]. Auf hintergründige Weise taucht in dieser Qualifikation des M. ein Wesenszug wieder auf, der schon für seine frühe Erscheinungsform charakteristisch war, die jansenistische Strenge. Der Rigorismus des Sittenlehrers im Entwurf des Menschen, wie er nach der vollkommenen Tugend sein soll, erscheint hier als die Observanz der unbedingten Aufrichtigkeit in der Darstellung des Menschen, so wie er ist.

In der Diskussion der intellektuellen Redlichkeit wird bei NIETZSCHE die literarische mit der philosophischen Bedeutungstradition des Wortes wieder verschmolzen. Moralismus (Ms.) – wie ihn z.B. I. KANT oder J. G. FICHTE bestimmen [22] – ist für Nietzsche der hoffnungslos reaktionäre Versuch, nach dem Untergang der christlichen Moral eine neue selbständige Ethik aus Prinzipien entwickeln zu wollen: «Wer Gott fahren ließ, hält umso strenger am Glauben an die Moral fest ... Man glaubt, mit einem Ms. ohne religiösen Hintergrund auszukommen: aber damit ist der Weg zum Nihilismus notwendig» [23].

Nietzsches Kritik richtet sich in ihrem Schwerpunkt gegen «die ebenso steife als sittsame Tartüfferie des alten Kant, mit der er uns auf die dialektischen Schleichwege lockt, welche zu unserem 'kategorischen Imperativ' führen, richtiger, verführen» [24]. Leibniz und Kant sind für Nietzsche die «zwei größten Hemmschuhe der intellektuellen Rechtschaffenheit Europas!» [25] – dagegen «Höhepunkte der Redlichkeit: Macchiavell, der Jesuitismus, Montaigne, Larochefoucauld» [26]. Auch Hobbes hat «kühnlich aus dem bellum omnium contra omnes und dem Vorrechte des Stärkeren Moralvorschriften für das Leben ableiten können, die freilich nur in einem innerlich unerschrockenen Sinne, wie in dem des Hobbes, und in einer ganz anderen großartigen Wahrheitsliebe ihren Ursprung haben» [27].

Auch die M. vor Kant sind bei Nietzsche Ethiker, die durch das postulierte Idealbild des Menschen den Blick auf den wahren Menschen verstellen: «Die bisherige Psychologie litt an dieser Stelle Schiffbruch: sollte es nicht vornehmlich darum geschehen sein, weil sie sich unter die Herrschaft der Moral gestellt hatte, weil sie an die moralischen Wert-Gegensätze selbst glaubte, und diese Gegensätze in den Text und Tatbestand hineinsah, hineinlas, hineindeutete?» [28] Das nennt Nietzsche an anderer Stelle auch Falschmünzerei [29] oder Schleiermacherei [30].

Die französischen M. in der Montaigne-Nachfolge haben dagegen den entscheidenden Schritt zur Entideologisierung der Anthropologie getan: «Larochefoucauld und jene anderen französischen Meister der Seelenprüfung ... gleichen scharf zielenden Schützen, welche immer und immer wieder ins Schwarze treffen, – aber ins Schwarze der menschlichen Natur» [31]. Dagegen haben die Deutschen «nie ein siebzehntes Jahrhundert harter Selbstprüfung durchgemacht wie die Franzosen – ein Larochefoucauld, ein Descartes sind hundertmal in Rechtschaffenheit den ersten Deutschen überlegen –, sie haben bis heute keinen Psychologen gehabt» [32].

Überhaupt, sagt Nietzsche, «das Auftreten der M. gehört in die Zeiten, wo es zu Ende geht mit der Moralität» [33]. Aus der Gleichsetzung von Moral mit Ideologie ergibt sich bei Nietzsche schließlich, daß der wahre M., als der unvoreingenommene Beobachter der menschlichen Natur, ein Immoralist genannt werden muß: «Die M. müssen es sich jetzt gefallen lassen, Immoralisten gescholten zu werden, weil sie die Moral sezieren ... Die älteren M. sezierten nicht genug und predigten allzu häufig ...» [34]. «– Immoralist (– die bisher höchsterreichte Form der intellektuellen Rechtschaffenheit, welche die Moral als Illusion behandeln darf, nachdem sie selbst Instinkt und Unvermeidlichkeit geworden ist –)» [35].

Die vorwiegend pejorative Bedeutung von ‹M.› geht auch in den neueren Sprachgebrauch ein. Der M. gilt als wirklichkeitsfremd. Seine abstrakten Prinzipien gehen, wie der Soziologe E. DURKHEIM schreibt, an den wahren Bedürfnissen der jeweiligen Gesellschaft vorbei; «sie drücken nur die Art aus, wie sich der M. die Moral vorstellt», aber nicht, wie sie ist [36]. Er verkehrt daher auch, worauf etwa M. SCHELER hinweist, den von ihm angestrebten Zweck in sein Gegenteil, «da der M. nicht merkt, daß er mit seinen 'Normen' faktisch nur zu *erzeugen* tendieren muß, was er so lebhaft verbietet, und daß er mit seinen Geboten und Imperative freie sittliche Personen, die das Gute wollen – nicht weil es 'geboten' ist –, sondern weil sie es *sehen*, nur *zurückstößt*, das zu tun, was sie sehen» [37].

Anmerkungen. [1] CH. DU CANGE: Glossarium ad scriptores mediae et infimae latinitatis (Paris 1733) 4, 1034. – [2] A. TOBLER/ E. LOMMATZSCH: Altfrz. Wb. (1963) 6, 249. – [3] R. COTGRAVE: Dict. of the French and English tongues (London 1611, ND Columbia 1950) s.v. ‹moraliseur›. – [4] Dict. Acad. Franç. (Paris 1694) 2, 485. – [5] Dict. universel franç. et latin, vulgairement (Paris 1743) 4, 989. – [6] A. FURETIÈRE: Dict. universel (Den Haag/Rotterdam 1690, ND Genf 1970) s.v. ‹Moraliste›. – [7] CHR. THOMASIUS: Einl. zur Sittenlehre, hg. W. SCHNEIDERS (1971) 147. – [8] a.O. Vorwort. – [9] 349 und Vorrede b1. – [10] W. SCHNEIDERS: Naturrecht und Liebesethik (1971) 48ff. – [11] P. RICHELET: Nouveau dict. franç. (Lyon 1719) 2, 51. – [12] Dict. universel a.O. [5]. – [13] J.-J. ROUSSEAU: Emile ou de l'éducation (1762). Oeuvres compl. (Paris 1971) 66. – [14] F. ROUX: Nouv. dict. franç. et allemand (1763) 525. – [15] W. HOFFMANN: Vollst. Wb. der dtsch. Sprache (1855-61) 3, 106. – [16] FR. SCHILLER, Die Räuber IV, 2. Sämtl. Werke (1958) 1, 577. – [17] D. DIDEROT und J. L. R. D'ALEMBERT (Hg.): Encyclop. Nouv. éd. (Genf 1778) 22, 238f. – [18] a.O. 239: Art. ‹Moraliste›. – [19] ebda. – [20] W. DILTHEY, Die Funktion der Anthropol. in der Kultur des 16. u. 17. Jh. Ges. Schr. (1957) 2, 36ff.; B. GROETHUYSEN: Philos. Anthropol., in: Hb. der Philos. (1931) III A, 194ff. – [21] TH. GAUTIER: Portraits contemporains (Paris [3]1874) 130; vgl. 107-110. – [22] I. KANT, KpV (1788); KrV B 825ff.; J. G. FICHTE: Darstellung der Wiss.lehre aus dem Jahre 1801, § 26. Werke, hg. I. H. FICHTE (1845f.; ND 1971) 2, 64. – [23] FR. NIETZSCHE, Werke, hg. K. SCHLECHTA (1956) 3, 880f. – [24] a.O. 2, 570. – [25] 2, 1148. – [26] Die Unschuld des Werdens, hg. A. BAEUMLER 1. 2 (1956) 2, 390 = Werke, hg. G. COLLI/M. MONTINARI VII/2 (1974) 24. – [27] Werke, a.O. [23] 1, 167f. – [28] a.O. 2, 612. – [29] 3, 657. – [30] 2, 1149. – [31] 1, 476f. – [32] 2, 1149. – [33] 3, 735. – [34] 1, 884. – [35] 3, 1308. – [36] E. DURKHEIM: De la division du travail social (1893); dtsch. Über die Teilung der sozialen Arbeit (1977) 84. – [37] M. SCHELER: Der Formalismus in der Ethik und die materiale Wertethik ([5]1966) 221f.

Literaturhinweise. A. FONILLÉE: Nietzsche et l'immoralisme (Paris ²1902); Le moralisme de Kant et l'amoralisme contemporain (Paris 1905). – F. SCHALK: Die frz. M. 1.2 (1940). – R. POLIN: La création des valeurs (Paris 1944). – E. MOUNIER: Traité du caractère (Paris 1946). – R. LE SENNE: Traité de morale gén. (Paris 1947). – R. POLIN: Du laid, du mal, du faux (Paris 1948). – L. LAVELLE: Traité des valeurs (Paris 1951). G. LAMSFUSS

Moralität/Legalität (lat. moralitas, legalitas, dt. Sittlichkeit, Gesetzmäßigkeit). Das Begriffspaar ‹M./L.› geht auf I. KANT zurück. Die Formulierung knüpft an Differenzierungen an, die zum Grundbestand der Ethik und Rechtsphilosophie gehören. So ist die vor allem aus Kants Ethik geläufige Unterscheidung von M. und L. auch eine Weiterentwicklung der stoischen Lehre von den an sich guten und vernünftigen Handlungen und den bloß pflichtgemäßen Taten [1]. Ferner steht Kants Terminologie in der Tradition der bekannten Unterscheidung zwischen dem Wie und dem Was des sittlich Guten: zwischen der (inneren) Absicht, die letztlich über den sittlichen Wert der Handlung entscheidet, und den (äußeren) Werken (dem Erfolg oder Zweck der Handlung). Diese Differenzierung begegnet uns ansatzweise bereits in der griechischen Antike [2], weiter in der Stoa [3] und im NT [4]. Von dort findet sie Eingang in die christliche Ethik, etwa bei AUGUSTINUS [5], bei ABAELARD mit seiner Unterscheidung von intentio und operatio [6] sowie bei THOMAS VON AQUIN, der das sittlich Gute nach dem objektiven Ziel und der subjektiven Absicht differenzierte [7]. Auch in seiner Rechtsphilosophie benutzt Kant die Begriffe ‹M.› und ‹L.›, und zwar zur begrifflichen Trennung von Ethik und Recht, womit er ein Problem des neuzeitlichen Naturrechts aufgriff. Vor allem CHR. THOMASIUS hat hier mit seiner Unterscheidung der inneren und äußeren Pflichten Kant vorgearbeitet [8], einflußreich waren auch die einschlägigen Werke von A. G. BAUMGARTEN und G. ACHENWALL [9].

Das Begriffspaar ‹M.-L.› dient KANT zunächst und vor allem zur Darstellung des Prinzips der Ethik und der Struktur des sittlich guten Willens und Handelns. Dem obersten Prinzip der Kantischen Ethik, dem Sittengesetz bzw. der moralischen Gesetzgebung, durch die sich der Wille (als praktische Vernunft) selbst bestimmt, sind insbesondere zwei Strukturelemente eigen: erstens ein aus reiner praktischer Vernunft bewirktes Gesetz, das eine bestimmte Handlung zur Pflicht macht, und zweitens ebendieses Vernunftgesetz als «Bestimmungsgrund» oder «Triebfeder» des Willens. Diese Unterscheidung hält Kant mit den Begriffen ‹M.› und ‹L.› fest: Erfüllt die sittliche Handlung nur die erste Bedingung, stimmt also die Handlung mit dem Gesetz «ohne Rücksicht auf die Triebfeder» [10] überein, so spricht er von L. als Gesetz- oder Pflichtgemäßheit der Handlung. Sind dagegen beide Bedingungen gegeben, wird also überdies um des Gesetzes willen gehandelt, so spricht Kant von M. «Und darauf beruht der Unterschied zwischen dem Bewußtsein pflichtmäßig und aus Pflicht ... gehandelt zu haben, davon das erstere (die L.) auch möglich ist, wenn Neigungen bloß die Bestimmungsgründe des Willens gewesen wären, das zweite aber (die M.), der moralische Wert, lediglich darin gesetzt werden muß, daß die Handlung aus Pflicht, d. i. bloß um des Gesetzes willen geschehe» [11]. Nach Kant entscheidet sich allein am Bestimmungsgrund des Willens, ob von bloßer L. der (äußeren) Handlung oder von reiner M. bzw. von «innerer», «moralischer Gesinnung» [12] gesprochen werden darf.

Daß nicht der Gegenstand, sondern allein die Triebfeder für die Unterscheidung von M. und L. maßgeblich ist, macht auf eine logische Eigenschaft dieser Begriffe aufmerksam: M. und L. setzen sich gegenseitig voraus und bedingen sich wechselseitig, aber in unterschiedlicher Hinsicht. M. schließt dem Umfang nach immer L. ein, aber nicht umgekehrt, sofern zur L. der Handlung keine moralische Gesinnung erforderlich ist. Da die Gesinnung gleichwohl immer mit der legalen Handlung verknüpft sein kann, L. also potentielle M. ist, schließt dem Inhalt oder Begriff nach L. immer M. ein: Dem Umfang nach verhält sich M. zur L. wie das Besondere zum Allgemeinen, hinsichtlich des Inhalts wie das Allgemeine zum Besonderen. Am Leitfaden der Begriffe M. und L. gelingt es Kants Rechtsphilosophie, Ethik und Recht «in Ansehung der Triebfedern» [13] bzw. nach «der Art der Verpflichtung» [14] zu unterscheiden. Die Ethik erfüllt das Kriterium der M., das Recht das der L.: Diejenige Gesetzgebung, «welche eine Handlung zur Pflicht und diese Pflicht zugleich zur Triebfeder macht, ist ethisch. Diejenige aber, welche ... auch eine andere Triebfeder als die Idee der Pflicht zuläßt, ist juridisch» [15]. Das Besondere der Kantischen Lehre von Recht und Ethik besteht darin, beide Bereiche zu trennen, ohne sie vollständig voneinander zu lösen: Die Idee der Sittlichkeit und ethischen Verbindlichkeit des Rechts wird nicht preisgegeben. Dies macht Kant anhand des den Begriffen ‹M.› und ‹L.› eigenen Implikationsverhältnisses deutlich. Die Ethik schließt ihrem Inhalt nach die äußeren (Rechts-)Pflichten nicht aus ihrem Bereich aus, sondern umfaßt die inneren und äußeren Pflichten; sie geht «auf alles, was Pflicht ist, überhaupt» [16]. Rechtspflichten sind folglich auch dann verbindlich, wenn der äußere Zwang zu ihrer Erfüllung fehlt. Ethik und Recht unterscheiden sich in erster Linie «durch die Verschiedenheit der Gesetzgebung. ... Die ethische Gesetzgebung (die Pflichten mögen allenfalls auch äußere sein) ist diejenige, welche nicht äußerlich sein kann; die juridische ist, welche auch äußerlich sein kann» [17].

Im Anschluß an Kant greift J. G. FICHTE die Begriffe ‹M.› und ‹L.› auf, deren Verständnis sich allerdings erheblich wandelt. Fichte sucht die M. genetisch aus dem Ich als absoluter Spontaneität zu deduzieren [18]. Dies führt darin über Kant hinaus, daß M. – im Sinne eines konstitutiven, nicht bloß heuristischen Prinzips – das Umwillen und der absolute Endzweck allen sittlichen Handelns wird [19]. Gemäß diesem M.-Verständnis ist gefordert, alles der Spontaneität des Ich als dessen Werkzeug zu unterwerfen [20]. Dieser «physiokratische Zug» [21] der M. als «Selbstständigkeit» [22] führt dazu, M. und L. nach dem Zweck-Mittel-Schema zu rationalisieren und L. zu einem bloßen Mittel und Werkzeug der M. zu machen. «Man kann die L. gar nicht wollen, außer um der M. willen» [23]. Folgerichtig trennt Fichte in der ‹Grundlage des Naturrechts› (1796) Ethik und Recht, dessen Endzweck «bloße L.» ist [24], vollständig und entwickelt einen «bloß technisch-praktischen Rechtsbegriff ohne moralische Verbindlichkeit» [25]. Die andere Seite dieser Trennung ist die um so festere Bindung von L. und Recht an M.: Da der «moralische Endzweck», die «M. aller vernünftiger Wesen» [26], sich nur in der Gemeinschaft realisieren läßt und diese sich nur mittels Recht und Staat, «ist es absolute Gewissenspflicht, sich mit anderen in einem Staat zu vereinigen» [27].

Ab 1812 entwickelt Fichte neben der Auffassung von L. und Recht als «Bedingung aller Sittlichkeit» [28] die Idee der Überwindung von Staat und Recht als äußerer

Zwangsordnung. Da «es nicht bloß Absicht (ist) ..., daß nur L. herrsche, sondern ... daß eigentlich wahre M. herrsche» [29], ist der Staat nur Durchgangsstadium auf dem Weg, «sich zur M. zu erheben» [30]. Diese Tendenz zur Aufhebung der L. in M. arbeitet Fichtes Religionslehre sehr pointiert heraus. Er unterscheidet dort den «Standpunkt der objectiven L.» [31] als die Position der «niederen M.» [32] und des «ordnenden Gesetzes» von dem Standpunkt der «wahren und höheren Sittlichkeit» als der Position der «höheren M.» und des «schaffenden Gesetzes» [33], zu dem man sich zu erheben habe. Die «niedere M.» ist lediglich auf «juridische Verhältnisse» und legales Handeln aus [34]. Auf dem Standpunkt der «höheren M.» dagegen ist das bloß legale Gesetzeshandeln überwunden, und das Gesetz «begehret ... auszurüsten mit einem neuen Leben» [35], in dem alle Selbstliebe und Begehrlichkeit dem Gesetz nicht nur unterworfen (niedere M.), sondern schlechthin «vernichtet» sind [36], so daß für bloße L. keine Anwendungsmöglichkeit mehr besteht.

G. W. F. HEGEL benutzt zunächst – etwa in seiner Abhandlung über die jüdische Gesetzesreligion und die von Jesus verkündete christliche Religion der M. [37] – die Begriffe M. und L. ganz im Sinne Kants. Im Zuge einer eingehenden kritischen Auseinandersetzung mit Kant werden die theoretischen Grundlagen dieser Begriffe später grundlegend geändert, gleichwohl bleibt die Kantische Auffassung in modifizierender Form integrierender Bestandteil der Hegelschen Theorie der Sittlichkeit. An Kant kritisiert Hegel die Konzeption einer apriorischen Gesetzgebung als ein untaugliches Mittel, sittliche Praxis in ihrer Gegenwärtigkeit zu begreifen [38]. Die Kants M.- und L.-Begriff zugrundeliegende Idee einer moralischen Gesetzgebung laufe auf einen «leeren Formalismus» [39] und ineins damit auf einen Dualismus von Gesetz und Sinnenwelt als dessen Anwendungsbereich hinaus, so daß die Vernünftigkeit des Sittlichen «nicht als ein immanent Vernünftiges, sondern nur als ein äußeres, formelles Allgemeines herauskomme» [40]. Hinter dieser Kritik steht Hegels Auffassung, daß Sittlichkeit nicht nur in Form eines moralischen Sollens aufgegeben, sondern als ein «konkret Allgemeines» [41] immer bereits schon gegeben ist.

Trotz dieser Kritik an der Idee der Gesetzgebung, die u. a. dazu führt, daß Hegel später den L.-Begriff fallen läßt, bleibt er auch in seiner Rechtsphilosophie von 1820 als der endgültigen Fassung seiner praktischen Philosophie Kant verpflichtet. Dies geht schon aus der Einteilung der Rechtsphilosophie in «abstraktes und formelles Recht», «M.» und «Sittlichkeit» hervor: Hegel macht hier die für Kant grundlegende Unterscheidung von M. und Recht bzw. L. «zum Anfang und Ausgangspunkt» seiner eigenen Lehre [42]. Sichtbar wird die Nähe zu Kant aber auch an Hegels Begriff der Sittlichkeit selbst. Anders als Kant und ähnlich dem späten Fichte unterscheidet Hegel von der M. begrifflich die Sittlichkeit [43], in die als dem «Reich der verwirklichten Freiheit» [44] sich formelles Recht und formelle M. «aufheben» und dadurch zugleich erhalten. Nach Hegel hat Kant die Sittlichkeit in Form von M. und abstraktem Recht nur als Möglichkeit und als Sollen entwickelt. Da M. und Recht im Modus der Möglichkeit und des Sollens «an sich» ihre eigene Wirklichkeit schon voraussetzen [45] und Hegels Theorie der Sittlichkeit mit ihrer Darstellung der Wirklichkeit von M. und abstraktem Recht eben diese Voraussetzung ausdrücklich vollzieht und zur begrifflichen Anerkennung verhilft, entfaltet der Hegelsche Sittlichkeitsbegriff das,

was an immanenten Ansprüchen und Tendenzen im Begriff der M. und des abstrakten Rechts bereits liegt [46]. Auf dem Standpunkt der Sittlichkeit, der in Familie und Staat konkrete Gestalt gewinnt, ist die für das formelle Recht und die formelle M. konstitutive Entgegensetzung des subjektiven Willens und der vorhandenen Welt überwunden und beide miteinander versöhnt: Das Sittliche hat «einen festen Inhalt», die «an und für sich seienden Gesetze und Einrichtungen», die als «die sittlichen Mächte ... das Leben der Individuen regieren» [47]; umgekehrt existieren die Gesetze nur insofern, als sie der Inhalt des Wissens und Wollens der freien Subjektivität sind, die als sittliche in der Identifikation mit ihren Zwecken lebt [48].

Trotz der bald einsetzenden Kritik, etwa bei Hegel und bei F. SCHLEIERMACHER, der Kants Theorie der M. und der «fälschlich sogenannten L.» [49] eine «Verwechslung des Sittlichen mit dem Rechtlichen» vorwirft [50], setzte sich Kants Terminologie rasch durch: Man findet sie natürlich bei den Kantianern wie J. S. BECK [51], J. M. BUSSARD [52], K. H. V. GROS [53], K. H. HEYDENREICH [54], C. CHR. E. SCHMID [55] und L. H. JACOB [56], der auch bereits die Negationen ‹Illegalität› und ‹Immoralität› verwendet [57]. Die Begriffe ‹M.› und ‹L.› sind aber auch weiteren an Kant in je anderer Weise anknüpfenden Philosophen geläufig. So greift J. F. FRIES die Kantischen Termini auf [58], ebenso P. J. A. FEUERBACH [59] und später A. SCHOPENHAUER: «Durch Motive läßt sich L. erzwingen, nicht M.: man kann das Handeln umgestalten, nicht aber das eigentliche Wollen, welchem allein moralischer Werth zusteht» [60]. Der Kantische Sprachgebrauch geht allerdings ab 1830 in den philosophischen Schriften rapide zurück; dafür erhalten sich die Begriffe in der Bildungssprache und können etwa 100 Jahre nach ihrer Einführung zu den «althergebrachten Wendungen» gezählt werden [61], die eine «elementare und wohl allgemeine Einsicht» formulieren [62].

Eine gewisse Bedeutung gewinnt Kants Begrifflichkeit wieder in der Rechtsphilosophie des Neukantianismus, vor allem bei R. STAMMLER und H. COHEN, deren Lehren zum Verhältnis von Ethik und Recht zwei Extreme innerhalb der neukantianischen Bewegung darstellen. Nach Stammler haben zwar «richtiges Recht» und «sittliche Lehre» im «menschliche(n) Wollen» «dieselbe Wurzel» [63]. Da Stammler aber im Sinne einer «reinen Rechtslehre» [64] einen rein formalistischen Rechtsbegriff entwickelt, kann er nur äußerlich Ethik und Recht nach «M. im Innern» und «L. im Äußern» [65] unterscheiden [66]. Ganz anders Cohen, für den selbst Kant Ethik und Recht zu unverbunden nebeneinander hat stehen lassen [67]. Cohen will – auch unter Aufnahme Fichtescher Gedanken – konsequenter und deutlicher noch als Kant Sittlichkeit und Recht wechselseitig begründen [68]. Hinter der Idee, «daß auch in Recht und Staat die L. in M. allmählich sich verwandele» [69], steht der Gedanke, «daß nicht von vornherein und durchaus die M. der L. entgegengesetzt ist, sondern daß in der L. M. als immanente Kraft anerkannt werde. Damit wird auch die Folgerung möglich, daß auch die M. der L. als einer gleichartigen Kraft einwohne» [70]. Auch G. RADBRUCH knüpft an Kants Terminologie an, doch in recht äußerlicher Weise. Seine Rechtsphilosophie unterscheidet zwar Ethik und Recht wie Kant: «Die Moral fordert 'M.', das Recht nur 'L.'» [71]. Dies bedeutet aber keine «Unterscheidung der Verpflichtungsweisen» mehr [72]. Denn «nur die moralische Norm (hat) in dem Willen ein verpflichtbares Substrat, während das Substrat des Rechts, das Verhalten, die Verpflichtbarkeit begriffsnotwendig ausschließt» [73]. Die Bedeutung des Kantischen L.-Begriffs kann Radbruchs Rechtslehre nicht mehr nachvollziehen. Für ihn ist «die L. gar keine Eigentümlichkeit des Rechts, sondern allen Werten gemeinsam, die nicht den Einzelmenschen und seine Beweggründe zu ihrem Gegenstand haben, also auch den logischen und ästhetischen Werten» [74]. Auch im Neuhegelianismus, so bei J. BINDER [75], und im Friesianismus, so bei L. NELSON [76], findet Kants Unterscheidung Aufnahme.

Außerhalb der Rechtsphilosophie, in der Ethik im engeren Sinn wird sie hingegen in der Regel nicht aufgegriffen. Auch die gegenwärtig diskutierten Kommunikationstheorien versuchen, die Trennung von Moral und Recht zu unterlaufen. So ist J. HABERMAS' Diskursethik darauf gerichtet, «daß die Dichotomie zwischen Innen/Außenmoral verschwindet, der Gegensatz zwischen moralisch und rechtlich geregelten Bereichen relativiert ... wird» [77]. Gegenläufige Bestrebungen sind vergleichsweise selten. In den letzten Jahren hat J. RITTER die Kantisch-Hegelsche Lehre von M. und L. bzw. Recht wieder zu aktualisieren versucht [78]. Auch H. REINER [79] und O. HÖFFE [80] versuchen, die mit M. und L. gemeinte Differenzierung wieder für Ethik und Rechtsphilosophie fruchtbar zu machen.

Anmerkungen. [1] W. SCHINK: Kant und die stoische Ethik. Kantstudien 18 (1913) 419-475, bes. 443. – [2] H. REINER: Gesinnungsethik und Erfolgsethik. Arch. Rechts- und Sozialphilos. 40 (1957) 520-533; ARISTOTELES, Eth. Nic. 1105 b 5-9. – [3] a.O. [1] 419ff. – [4] Etwa Markus 7, 1-22; 12, 38-44; Matthäus 7, 1-22. – [5] AUGUSTINUS, De sermone Domini in monte, lib. II, c. 13. – [6] ABAELARD, Scito te ipsum. Abelard's Ethics, hg. D. E. LUSCOMBE (Oxford 1971) 33ff. 53. – [7] THOMAS VON AQUIN, S. theol. I/II, q. 19, a. 5 und a. 7. – [8] CHR. THOMASIUS, Fundamenta iuris naturae et gentium (1709) lib. I, c. V, §§ 17f. – [9] C. RITTER: Der Rechtsgedanke Kants nach den frühen Quellen (1971) 107ff. – [10] I. KANT, Metaphysik der Sitten. Akad.-A. 6, 219. – [11] KpV. Akad.-A. 5, 81. – [12] a.O. 84. 152. – [13] a.O. [10] 219. – [14] 220. – [15] 219. – [16] ebda. – [17] 220. – [18] J. G. FICHTE: System der Sittenlehre. Werke, hg. I. H. FICHTE 4 (1845, ND 1971) 29. – [19] a.O. 233f. – [20] 216. 231. – [21] F. SCHLEIERMACHER: Grundlinien einer Kritik der bisherigen Sittenlehre (1803). Werke III/1 (1846) 293. – [22] a.O. 217. – [23] a.O. [18] 294. 284. – [24] 284. – [25] Grundlage des Naturrechts. Werke, hg. I. H. FICHTE 3, 10f. – [26] a.O. [18] 233. – [27] 238. – [28] Staatslehre (1813). Werke, hg. I. H. FICHTE 4, 432. – [29] a.O. [18] 275. – [30] a.O. [24] 206. – [31] Anweisung zum seligen Leben. Werke, hg. I. H. FICHTE 5, 577. – [32] a.O. 468. – [33] 469. – [34] 467. – [35] 469. – [36] 518. – [37] G. W. F. HEGEL: Positivität der christlichen Religion. Werke, hg. E. MOLDENHAUER 1 (1971) 106. 137f. – [38] Über die wiss. Behandlungsarten des Naturrechts. Werke 2 (1970) 453-480. – [39] Grundlinien der Philos. des Rechts. Werke 7 (1970) § 135. – [40] a.O. § 27. – [41] § 24. – [42] J. RITTER: M. und Sittlichkeit, in: Metaphysik und Politik (1969) 284. – [43] a.O. [39] § 33. – [44] § 4. – [45] § 141. – [46] ebda. – [47] §§ 144f. – [48] § 142. – [49] a.O. [21] 312. – [50] 135. 131. – [51] J. S. BECK: Grundriß der critischen Philos. (1796) § 224. – [52] J. M. BUSSARD: Eléments de Droit naturel privé (Fribourg 1836) §§ 13-15. – [53] H. K. v. GROS: Lehrbuch der philos. Rechtswiss. oder des Naturrechts (1822) § 52. – [54] K. H. HEYDENREICH: Propaedeutick der Moralphilos. nach Grundsätzen der reinen Vernunft, 1. Teil (1794) § 3, 3. Teil 75f. – [55] C. CHR. E. SCHMID: Grundriss der Moralphilos. (1793) 109f. – [56] L. H. JACOB: Philos. Sittenlehre (1794) § 202. – [57] ebda.; siehe auch J. H. ABICHT: Versuch einer krit. Unters. über das Willensgeschäfte (1788) 262; P. J. A. FEUERBACH: Revision der Grundsätze und Grundbegriffe des positiven peinlichen Rechts, 2. Teil (1800, ND 1966) 103f. – [58] J. F. FRIES: Philos. Rechtslehre (1803). Sämtl. Schr., hg. G. KÖNIG/L. GELDSETZER 9 (1971) 11. – [59] a.O. [57] 99. – [60] A. SCHOPENHAUER, Die beiden Grundprobleme der Ethik. Werke, hg. A. HÜBSCHER 4 (1938) 255. – [61] R. STAMMLER: Theorie der Rechtswiss. (1911) 489. – [62] Die Lehre vom richtigen Recht (1902) 52. – [63] a.O. 56f. – [64] a.O. 1ff. – [65] a.O. [61] 52ff. – [66] P. NATORP: Recht und Sittlichkeit. Kantstudien 18 (1913) 1-79, bes. 41ff. – [67] H. COHEN: Ethik des reinen Willens ([3]1921) 344. – [68] a.O. 228. – [69] Kants Begründung der Ethik ([2]1910) 400. – [70] a.O. [67] 67f. – [71] G. RADBRUCH: Rechtsphilos. ([5]1955) 134. – [72] a.O. 135. – [73] ebda. – [74] ebda. – [75] J. BINDER: Rechtsbegriff und Rechtsidee (1915) 216. – [76] L. NELSON: System der philos. Rechtslehre und Politik (1924) 498f. – [77] J. HABERMAS: Legitimationsprobleme im Spätkapitalismus (1975) 122. – [78] a.O. [42]. – [79] a.O. [2] 532. – [80] O. HÖFFE: Recht und Moral: ein kantischer Problemaufriß. Neue Hefte für Philos. 17 (1979) 1-36.

Literaturhinweise. J. BLÜHDORN und J. RITTER (Hg.): Recht und Ethik (1970). – O. HÖFFE s. Anm. [80]. – P. NATORP s. Anm. [66]. – K.-H. NUSSER: Das Kriterium der M. und die sittliche Allgemeinheit. Zur Bestimmung von M. und Rechtsbegründung bei Kant und Hegel. Z. philos. Forsch. 35 (1981) 552-563. – H. REINER s. Anm. [2]. – J. RITTER s. Anm. [42]. L. SAMSON

Moralität, Sittlichkeit. «*Moralitas omnibus numeris absoluta virtuti repugnat*» (Der Standpunkt einer schlechthinnigen M. steht im Gegensatz zur Tugend) formuliert HEGEL in der zwölften seiner Habilitationsthesen vom August 1801 [1]. Der Naturrechts-Aufsatz von 1802/03 nimmt den Gedanken auf: Die M. ist nichts wahrhaft Sittliches [2]. Was ist damit gemeint? Wie sind die beiden einander entgegengesetzten Positionen zu verstehen? Sind nur abstrakte und von Hegel selbst entworfene Standpunkte gemeint oder lassen sich ihnen geschichtliche Namen bzw. als Systeme entwickelte wirkliche Philosophien zuordnen? Welche Seite hat in diesem Widerstreit recht oder wenigstens das höhere Recht? – Zunächst: Die Entgegensetzung von Tugend bzw. S. und M. ist nicht eine um effektvoller Paradoxie willen gesuchte einmalige und insofern zufällige Formulierung Hegels, sie drückt vielmehr eine von ihm seit der Jenenser Zeit ständig reflektiert vertretene und systematisch begründete Überzeugung aus. Paradox (im Aristotelischen Sinne [Top. 104 b 19. 34; 172 b 29; 173 a 7]) ist sie freilich insofern, als sie (wie auch die anderen auf die praktische Philosophie bezogenen Habilitationsthesen) den damals gängigen Überzeugungen der Kantischen, Jacobischen und Fichteschen Philosophie widerspricht. Der Standpunkt, Begriff und Name der Tugend (im allgemeinen Sinne von Rechtschaffenheit) vertritt in der zwölften Habilitationsthese den der S. [3] aus einem leicht einsehbaren Grund: Das deutsche Wort ‹S.› konnte in den in lateinischer Sprache formulierten Thesen eben keinen Platz finden.

Die Reflexion auf das Problem einer semantisch eindeutigen Bezeichnung für die sachlich begründete Unterscheidung von M. und S., die für Hegels Konzeption der praktischen Philosophie in ihren Grundannahmen konstitutiv ist, begleitet seine entsprechenden Überlegungen von Anfang an. In der Sprache selbst, deren Winke sonst verworfen würden, so führt Hegel aus, finden wir eine Andeutung des Richtigen: «daß es nämlich in der Natur der absoluten S. ist, ein Allgemeines oder Sitten zu seyn; daß also das griechische Wort, welches S. bezeichnet, und das deutsche diese ihre Natur vortrefflich ausdrücken; daß aber die neueren Systeme der S., da sie ein Für-Sich-Seyn und die Einzelnheit zum Prinzip machen, nicht ermangeln können, an diesen Worten ihre Beziehung auszustellen» [4]. Diese sprachliche Andeutung erweise sich als so mächtig, daß jene von den neuzeitlichen Reflexionsphilosophien entwickelten Systeme der praktischen Philosophie die Worte ‹Sitte› und ‹S.› nicht dazu verwenden oder, wie Hegel polemisch prägnant präzisiert, nicht «mißbrauchen» konnten, «um *ihre* Sache zu bezeichnen: sie haben aus gutem Grunde zum Bezeichnen ihres Standpunktes das Wort *M.* angenommen, was zwar nach seinem Ursprung gleichfalls dahin deutet, aber weil es mehr ein erst gemachtes Wort ist, nicht so unmittelbar seiner schlechtern Bedeutung widersträubt» [5]. Die ‹Rechtsphilosophie› der Berliner Zeit nimmt diese frühe Unterscheidung in unveränderter Weise auf. «M. und S., die gewöhnlich etwa als gleichbedeutend gelten, sind hier in wesentlich verschiedenem Sinne genommen. Inzwischen scheint auch die Vorstellung sie zu unterscheiden; der Kantische Sprachgebrauch bedient sich vorzugsweise des Ausdrucks M., wie denn die praktischen Prinzipien dieser Philosophie sich durchaus auf diesen Begriff beschränken, den Standpunkt der S. sogar unmöglich machen, ja selbst sie ausdrücklich zernichten und empören. Wenn aber M. und S. ihrer Etymologie nach auch gleichbedeutend wären, so hinderte dies nicht, diese einmal verschiedenen Worte für verschiedene Begriffe zu benutzen» [6].

Welches also ist der spezifisch Hegelsche Sinn der Unterscheidung von S. und M.? Faßt man den «bestimmten Standpunkt des Moralischen», wie man ihn «heutigen Tags im besten Sinne des Wortes zu nehmen habe», näher ins Auge», so ergebe sich, daß sein Begriff nicht mit dem, was man sonst Tugend, S., Rechtschaffenheit usw. nenne, unmittelbar zusammenfalle: «Ein sittlich tugendhafter Mensch ist darum noch nicht auch schon moralisch» [7]. Die Unterscheidung und das Interesse am spezifisch Moralischen erweist sich als spezifisch modern. Erst in den neueren Zeiten sei es vornehmlich eingetreten, daß man bei den Handlungen immer nach den Beweggründen frage; während man sich sonst nur dafür interessierte, ob ein Mensch rechtschaffen sei und ob er tue, was seine Pflicht ist, wolle man jetzt auf das Herze sehen. Die Beweggründe einer Tat sind nun genau das, was man «das Moralische» nennt [8]. Zum Standpunkt der M. «im besten [nämlich Kantisch-philosophischen] Sinne des Wortes» gehört die Reflexion und das bestimmte Bewußtsein über das, was das Pflichtgemäße ist, und das Handeln in diesem vorhergegangenen Bewußtsein. Die Pflicht selbst ist hier das Gesetz des Willens, das der Mensch frei aus sich heraus feststellt und zu dem er sich um dieser Pflicht willen entschließen soll, indem er das Gute nur tut aus der gewonnenen Überzeugung heraus, daß es das Gute sei. Dieses Gesetz, und das heißt die um ihrer selbst willen und aus freier Überzeugung und innerem Gewissen gewählte und auch ausgeführte Pflicht, ist nach der Ansicht der Vertreter der moralischen Weltanschauung für sich das abstrakt Allgemeine des Willens, das seinen Gegensatz an der Natur, den sinnlichen Trieben, den eigensüchtigen Interessen, den Leidenschaften und an allem habe, was man zusammengefaßt Gemüt und Herz nennt. Dieser Gegensatz wird als ein im Subjekt fester angenommen, so daß jede Seite die andere nur aufheben und besiegend negieren könne. Das bedeutet, bezogen auf das einzelne handelnde Subjekt und sein Verhalten, daß als moralisch nur ein Entschluß und eine ihm gemäß vollzogene Handlung gelten könne, wenn sie durch die freie Überzeugung von der Pflicht einerseits und durch die Besiegung nicht nur des besonderen Willens, der natürlichen Triebfedern, Neigungen, Leidenschaften usw., sondern auch der edleren Gefühle und höheren Triebe andererseits zustande gekommen sei. Denn genau das ist für «die moderne moralische Ansicht» charakteristisch, von dem festen Gegensatz des Willens in seiner geistigen Allgemeinheit und seiner sinnlichen natürlichen Besonderheit auszugehen und eine vollendete Vermittlung dieser entgegengesetzten Seite nicht zuzulassen. Hegel hält fest: Dieser Gegensatz auf dem beschränkten Gebiet des menschlichen Handelns sei nur spezieller Ausdruck einer allgemeinen, für den modernen Verstand charakteristischen Entgegensetzung des Allgemeinen und Besonderen; die neuere Bildung habe diesen Gegensatz, der an sich von jeher in mannigfachen Formen das menschliche Bewußtsein beunruhigt habe, erst auf die Spitze des härtesten Widerspruches hinaufgetrieben und ihn in allen für das menschliche Welt- und Selbstverständnis wesentlichen Bereichen geltend gemacht: auf dem Gebiet des Naturverhältnisses, in der Deutung der Bestimmung des Menschen, des Verhältnisses von Begriff und Lebendigkeit, von abstrakter Theorie und gehaltvoller Lebenserfahrung. Die moderne Reflexionsbildung des formellen Verstandes habe durch eine derartige durchgreifende Scheidung und Entgegensetzung dessen, was an und für sich ist, und dessen, was äußere Realität und Dasein ist, den Menschen zur Amphibie gemacht, zu einem Wesen, das nun in zwei Welten zu leben habe.

Hegel nimmt den grundsätzlichen Gedanken des Standpunktes der M. zustimmend auf. Kant habe «den Wendepunkt der Philosophie in der neueren Zeit» herbeigeführt und damit den «absoluten Ausgangspunkt» gefunden. Kant insbesondere habe den schon berührten Gegensatz der M. auf das höchste hervorgetrieben [9]. Durch die Kantische Philosophie habe daher die Erkenntnis des Willens ihren festen Grund und Ausgangspunkt und der Wille seine unendliche Autonomie gefunden. «Es ist ein großer Fortschritt, daß dies Prinzip aufgestellt ist, daß die Freiheit die letzte Angel ist, auf der der Mensch sich dreht, diese letzte Spitze, die sich durch nichts imponieren läßt, so daß der Mensch nichts, keine Autorität gelten läßt, insofern es gegen seine Freiheit geht» [10]. Dies vertreten zu haben, habe der Kantischen Philosophie die große Ausbreitung und Zuwendung gewonnen, weil sie gelehrt habe, daß der Mensch ein schlechthin Festes, Unwankendes in sich selbst findet, einen festen Mittelpunkt, so daß ihn nichts verpflichtet, worin diese Freiheit nicht respektiert wird. «Dies ist das Prinzip; aber» – in dieser Wendung deutet sich ein neues, jene Zustimmung freilich in nichts zurücknehmendes Moment einschränkender Kritik an – «aber dabei blieb es auch stehen» [11]. Hegel korrigiert Kant insofern, als er den sich perennierenden Widerstreit der beiden Seiten in der Entgegensetzung von an sich geltender Pflicht und subjektiver Befriedigung aufhebt, insofern er fernerhin beide Seiten (also auch das subjektive Wohl) als legitime Momente eben der M. gelten läßt und insofern er drittens die Möglichkeit einer Vermittlung der sonst einander entgegengesetzten Momente erweist.

Das Prinzip der M. besteht nach Hegel darin, daß der Handelnde bei seinem Handeln in vollem Sinne «dabei» ist, «daß man selbst dabei sei», «*ut ego intersim*» oder daß man sagen könne: «*mea interest*» [12], daß «Ich dabei gewesen, dabei tätig» war [13]. Ich als dieses Individuum will und soll in der Ausführung eines Zweckes nicht zugrunde gehen; dies ist mein *Interesse*, welches aber nicht mit Selbstsucht verwechselt werden dürfe [14]. Der moralische Standpunkt vertritt das Recht des subjektiven Willens. Nach diesem Recht anerkennt und ist der Wille nur etwas, sofern er das Seinige ist, und insofern er Seiniges in seinem Gegenstand erkennt, er also darin sich als Subjektives ist [15]. Dieses «Selbst-darin- und dabei-Sein» in und bei einer Handlung ist nun als der Beweggrund des Handelnden näher das, was man *das Moralische* an einer

Handlung nennt. Es hat zwei Seiten: einmal das Allgemeine im *Vorsatz*, sodann das Besondere der *Absicht* [16].

1. Die Frage nach der inneren Selbstbestimmung des Willens durch die Pflicht als seine autonome Triebfeder ist spezifisch für die M. und kommt beim abstrakten juridischen Recht, bei dem es nicht um Grundsatz und Absicht des Handelnden, sondern um die äußere Legalität geht, nicht ins Spiel. Meine Freiheit besteht eben darin, mit meinem Wissen und meiner Einsicht und Absicht («welche Absicht ich gehabt, wie die Sache innerlich in mir gewesen»), mit meinem Urteil, meinem inneren Zustimmen und Für-gut-Finden «dabei zu sein» [17]. Oder: Der subjektive Wille ist insofern moralisch frei, als diese Bestimmungen innerlich als die seinigen gesetzt und von ihm gewollt werden. Seine tatsächliche Äußerung mit dieser Freiheit ist die Handlung, in deren Äußerlichkeit er nur dasjenige als das Seinige anerkennt und sich zurechnen läßt, was er davon an sich selbst gewußt und gewollt hat. Hegel hält emphatisch fest: «Diese subjektive oder moralische Freiheit ist es vornehmlich, welche im europäischen Sinne Freiheit heißt» [18]. Die Subjektivität des Willens in ihm ist Selbstzweck und darum schlechthin wesentliches Moment. Für den als frei und moralisch anerkannten Willen können die sittlichen und religiösen Bestimmungen eben nicht nur als äußerliche Gesetze und Vorschriften einer fremden Autorität den Anspruch an ihn machen, von ihm befolgt zu werden: sie müssen in seinem Herzen und Gewissen, in seiner Gesinnung und Einsicht ihre Zustimmung, Anerkennung oder Begründung haben. Das (wahre und nicht bloß formelle) Gewissen ist als die Einheit des subjektiven Wissens und dessen, was an und für sich und in Wahrheit Recht und Pflicht ist, «ein Heiligtum, welches anzutasten Frevel wäre» [19]. Freilich kann man in die Innerlichkeit der moralischen Überzeugung der Menschen schlechterdings auch nicht einbrechen; ihr kann von außen keine Gewalt geschehen: Der moralische Wille ist anderen prinzipiell unzugänglich [20]. Das Prinzip des moralischen Standpunktes nach dieser Seite der formellen Willensbestimmung ist die für sich unendliche Subjektivität des Willens, welche darin besteht, daß der Mensch, der auf dem Standpunkt des abstrakten Rechtes nur als Persönlichkeit gilt und sich in Sachen (seinem Eigentum) ein äußeres Dasein gibt, sich für sich selbst zu seinem Gegenstand hat [21]. Der Wille ist nunmehr nicht bloß an sich, sondern für sich unendlich.

2. Zur M. gehört als ein anzuerkennendes Moment und als zweite Seite sodann auch alles das, was Kant dem freien, autonomen und moralischen Willen als das zu Besiegende gegenübergestellt hatte: die sinnliche natürliche Besonderheit, die Triebe, Interessen und Leidenschaften, der besondere Wille und das, was man Herz und Gemüt nennt. Auch dies gehört zum Dasein des besonderen subjektiven Willens, d. h. des fürsichseienden, unendlichen subjektiven Willens; die gelten zu lassende unendliche Besonderheit ist ein wesentliches Definiens der moralischen Subjektivität. Das «in allem selbst Dabeisein» impliziert, daß der Mensch als einzelnes Subjekt in den Zwecken seiner Handlung auch seinen besonderen Inhalt habe und enthalten wisse. «Daß dies Moment der Besonderheit des Handelnden in der Handlung enthalten und ausgeführt ist, macht die subjektive Freiheit in ihrer konkreten Bestimmung aus, das Recht des Subjektes, in der Handlung seine Befriedigung zu finden» [22]. Hegel zeigt, daß eben diese abstrakte und als in sich besonders bestimmte Subjektivität mit dem ihr eigentümlichen *materialen* Inhalt genau den Gegenstandsbereich der Kantischen praktischen Vernunft ausmacht; deren Aufgabe besteht nach Kant nur darin, jenen Inhalten die objektive *Form* einer Allgemeinheit und eines sich nicht Widersprechenden zu geben (Verallgemeinerungsfähigkeit der zunächst subjektiven Maxime) [23]. Das moralische Subjekt also hat, daran hält Hegel fest, sehr wohl das Recht, sich seine Neigungen, Triebe und natürlichen Bedürfnisse zum Inhalt zu machen und in seinen Handlungen deren Befriedigung zu suchen, nur eben nicht auf natürliche Weise («unbändig wie Wilde und Rohe»). Überhaupt sind die natürlichen Bedürfnisse nicht als einzelne und unmittelbare Triebe zu befriedigen, sondern durch reflektierendes Denken bezogen und transformiert auf und in ein Allgemeines und Ganzes der Reflexion; dieses Reflexions-Allgemeine ist das, was man sonst das (persönliche) Wohl und die *Glückseligkeit* nennt [24]. Hegel bestreitet «die streng moralische Ansicht», nach der die beiden Momente der M., die Pflicht und der empirische Wille, sein Wohl sich zum Zweck zu machen, als absolute Gegensätze betrachtet werden müßten: Diese konkreten Inhalte sind als solche nicht der Persönlichkeit entgegen; ihre Verfolgung ist erlaubt, ja sogar selbst Pflicht und im allgemeinen notwendig; sie ist freilich nicht zur Absolutheit zu erheben. Daß der Mensch ein Lebendiges ist, ist eben nicht zufällig, sondern vernunftgemäß, und insofern hat er ein Recht, seine daraus entspringenden Bedürfnisse zu seinem Zweck zu machen. «Es ist nichts Herabwürdigendes darin, daß jemand lebt, und ihm steht keine höhere Geistigkeit gegenüber, in der man existieren könnte» [25].

Das persönliche Dasein als *Leben* ist die zur Totalität zusammengefaßte Besonderheit der Interessen des natürlichen Willens [26]. Das Moment der *Besonderheit*, welches die natürlichen Interessen und Triebe der Einzelnen an sich haben, d. h. die damit gegebene *Absonderung* vom Allgemeinen macht es verständlich, daß Hegel die M. andererseits als die «S. des bourgeois oder des Privatmenschen» bezeichnen kann; sie ist als S., insofern sie am Einzelnen als solchem sich ausdrückt, ein Negatives [27]. Der Rückgang ins Private, gedeutet als M. («on revient aux mœurs»), ist die «allgemeine Langeweile des Öffentlichen» [28]. Ähnlich kann von der Glückseligkeit als Thema der M., als einer «in ein ganz ruhiges, gleichsam privat-bürgerliches Verhältnis» geratenen Bestimmung bemerkt werden, es sei eine eigene Langeweile in diesem Worte wie in dem des (persönlichen) Wohls (Hegel hält freilich zugleich fest, daß diese Begriffe nicht identisch seien mit dem «Besten des Menschen», d. h. dem seiner Bestimmung Gemäßen, das Gegenstand der Reflexionen über das Glück in der älteren Philosophie gewesen ist [29]). «Die großen Interessen des Menschen, sein wahres Verhältnis, liegen in der Sphäre der S. – die moralischen sind nur Abschnitzel» [30].

Diese nicht sehr erhabenen Kennzeichnungen heben freilich – das sei noch einmal erinnert – nicht das Recht des Individuums auf, die subjektive Befriedigung seiner Interessen zu wollen; diese ist schließlich – allerdings als Folge und nicht selbst als das eigentlich zu Intendierende – in der Verwirklichung großer, an und für sich geltender substantieller Zwecke immer auch enthalten.

Gegenstand der M. und also ein wesentlicher Zweck und ein Recht der Subjektivität ist neben dem eigenen Wohl sodann *das Wohl anderer*. Das Wohl und Beste anderer im Auge zu haben – vielleicht sogar mit Zurücksetzung und Aufopferung eigener Interessen – gilt vorzugsweise und im engeren Sinne als sogenannte «moralische Handlung». Sie unterscheidet sich von der Rechtschaffenheit dessen, der das Rechte will und behauptet, wiederum (wie allgemein die M.) dadurch, daß der Handelnde, was er tut, mit dem bestimmten Bewußtsein, daß es an sich recht ist, tut. Das ist aber etwas anderes, als unbefangen anderen Dienste tun; bei diesem «ist es eben nicht der Rede wert». Wohlwollende Handlungen anderen gegenüber sind keine absoluten Zwecke, und sie sind den Gerechtigkeitspflichten untergeordnet; sie sind Ausdruck der Generosität dessen, der sie vollzieht, und der, wie Hegel (den Doppelsinn der Wendung geschickt ausnützend) sagt, (für andere) «etwas übrig hat».

Die moralische Freiheit des Subjekts also besteht, abgesehen vom Recht, für sich selbst definieren zu dürfen, was als sein Wohl zu gelten habe, darin, nur das als Gut und Pflicht anzuerkennen, was es als solches und als vernünftig einsieht; darin besteht das höchste Recht des Subjekts – aber es ist dies eben doch bloß ein formelles Recht. Insofern die M. das innerliche Verhältnis des Willens zu sich selber und zur Pflicht als zur Pflicht um dieser selbst willen ist, vermag sie ihrerseits keine konkreten und inhaltlichen Pflichten in wirklichen Welt- und Lebensverhältnissen anzugeben: Auf dem Standpunkt der M. ist keine materiale Pflichtenlehre möglich. So kann beispielsweise die ausschließlich mit dem Prüfstein der inneren Widerspruchsfreiheit operierende praktische Vernunft das Verbotensein des Diebstahls nur dann erweisen, wenn zuvor das Bestehen von Eigentum als sinnvoll erwiesen angenommen werden kann – das aber liegt nicht in der Kompetenz des formellen maximenprüfenden Verstandes. Es ist sicher eine große und höchst wichtige Bestimmung der Kantischen Philosophie, die Autorität des Selbstbewußtseins und der subjektiven Freiheit aufs Panier erhoben zu haben, ja dies ist der durch nichts zu diskreditierende Wendepunkt in der Philosophie der neueren Zeit, aber es ist doch ein Mangel *dieser* Fassung des Prinzips der M., daß es von sich aus inhaltlos und nur formell ist [31]. Was der Mensch wirklich tun und wollen soll, wie sich die Rechtschaffenheit konkret äußern soll, welches also die objektiven Pflichten sind, ist das, was dem Menschen in seinen Verhältnissen vorgezeichnet, ausgesprochen und bekannt ist; es ist daher in einem «sittlichen Gemeinwesen» leicht auszumachen [32]. Als Bekräftigung dieser Überzeugung zitiert Hegel zu wiederholten Malen als eine «große wahrhafte Antwort» die Auskunft jenes Pythagoreers, welcher auf die Frage eines Vaters, wie er seinem Sohne die beste Erziehung geben könne, erwidert hatte: «Indem du ihn zum Bürger eines Staates mit guten Gesetzen machst» [33].

Die S. besteht darin, den Sitten seines Landes und Volkes sowie seiner Zeit gemäß zu leben. Primäre Aufgabe der praktischen Philosophie ist daher, die Vernünftigkeit, Rechtlichkeit und Sittlichkeit der großen Lebensordnungen (in Ehe und Familie, Stand, gesellschaftlichen Institutionen, Staat und Verfassung) zur Sprache zu bringen, affirmierend aufzuweisen und dabei das Substantielle und Wahrhafte vom Falschen, Zufälligen und Uneigentlichen kritisch zu scheiden; es ist dabei nicht nötig, in jedem Falle der Schilderung dessen, was an den Institutionen und Verhältnissen das Gediegene ist, einen imperativen Zusatz von der Art anzuhängen: dementsprechend zu handeln, ist also Pflicht. In der Übereinstimmung der Individuen mit dem, was als Sitte und Ethos in der Wirklichkeit des Lebens und als allgemeine Handlungsweise und Gewohnheit gilt, realisiert der Mensch seine Natur in Gestalt der «Tugend» als eine vernünftige, «zweite Natur», die an die Stelle des ersten bloß natürlichen Willens gesetzt wird [34]. Mit diesen Bestimmungen greift Hegel erinnernd auf die klassische Ethik Aristotelischer Prägung zurück [35]. Das Recht der Individuen auf ihre subjektive Bestimmung zur Freiheit findet seine Erfüllung und Realisierung darin, daß sie der sittlichen Wirklichkeit angehören: in dieser Objektivität hat diese Bestimmung ihre Wahrheit und erst ihr eigenes Wesen, besitzt sie ihre *innere* Allgemeinheit *wirklich*; das Sittliche ist nicht wie das Gute im moralischen Verstande abstrakt, es allein ist im intensiven Sinne wirklich und verleiht Wirklichkeit. In der sittlichen Substantialität ist daher das Recht der Individuen auf ihre Besonderheit ungeschmälert erhalten [36], wie schon auf dem Standpunkt der rechtverstandenen M., wofern dort das Gute als Einheit des Begriffs des Willens und des besonderen Willens gedeutet wird, in dieser Einheit sowohl das abstrakte Recht der Persönlichkeit wie – als Moment der M. – das Wohl und die Subjektivität des Wissens und die Zufälligkeit des äußerlichen Daseins «als für sich vollständig aufgehoben, damit ihrem Wesen nach darin *enthalten* und *erhalten* sind», – eben das macht «die realisierte Freiheit, den absoluten Endzweck der Welt» aus [37]. (Auf dieses Enthaltensein den Finger zu legen, ist auch heute nicht überflüssig angesichts solcher neueren Interpretationen, die das «Aufgehobensein» der M. in der S. nur als deren Negation zu sehen vermögen.)

Hegel hält fest: Der Anspruch und das Recht der Besonderheit des Subjekts, d.h. das Recht der subjektiven Freiheit und also die Ausformulierung des Standpunktes der M., macht weltgeschichtlich den Wende- und Mittelpunkt in dem Unterschied des Altertums und der modernen Zeit aus [38]. Ungenügend und unrecht ist die Fassung der M. allein dann, wenn sie an einer abstrakten Entgegensetzung des Besonderen und des an-und-fürsich allgemein Geltenden festhält und jenes sowie die leere Pflicht um der Pflicht willen für sich allein abgesondert behauptet. Nicht nur ist das bloß moralische Gewissen leer und nur formell, die M. und das Böse haben ihre gemeinsame Wurzel im Gewissen als nur formeller Subjektivität [39]. Sich ausschließlich und mit Verwerfung der Ehrfurcht gegen alles Bestehende und das vorhandene Objektive in Sitten und Institutionen auf dem Standpunkt des abstrakten Gewissens und der abstrakten subjektiven Freiheit in sich zu stellen, wird als «der Hauptstandpunkt und die Krankheit dieser Zeit» von Hegel diagnostiziert [40].

Nachdem Hegel so die Unterscheidung von M. einerseits, von abstrakter und wahrer M. sowie von S., Tugend, Rechtschaffenheit andererseits in ihrer Allgemeinheit getroffen hat, vermag er mit ihrer Hilfe auch andere, relativere Verhältnisse zu beschreiben. Eine nationalitätenpsychologische Anwendung stellt die Feststellung dar, daß der moralische Standpunkt eher den Deutschen eigen sei, sie seien mehr denkend, und bei ihnen gewinne derselbe Inhalt mehr die Form der Allgemeinheit, während die Franzosen am meisten von Tugend sprächen, weil bei ihnen das Individuum mehr Sache in seiner Eigentümlichkeit und einer natürlichen Weise des Handelns sei [41]. Wesentlicher ist, daß diese Unterscheidung zur Beschreibung einer Epoche in der Geschichte der griechischen S. zu dienen vermag. Die griechische Welt ist die Welt der schönen und freien Sittlichkeit; insbesondere war es das Eigentümliche des Athenischen Staates, daß hier die Sitte die Form war, worin er seinen Bestand hatte, also in der Untrennbarkeit des Gedankens vom wirklichen Leben, in der konkreten Einheit des handelnden Geistes mit Vaterland und Familie. Die geistige Substanz, aber noch nicht im Extrem einer Entgegensetzung gegen alles Natürliche, war hier die Grundlage ihrer Sitten, Gesetze und Verfassungen, so daß also der schon zitierte Ausspruch des Pythagoreers als maßgebende Lebensweisung in seinem vollen Recht war. Ein Bruch in dieser unbefangenen S. trat zu Beginn des Peloponnesischen Krieges durch Sokrates ein. Sokrates ist berühmt als Lehrer der Moral; er war mehr als das: er ist als der *Erfinder* der Moral anzusehen. «Sittlichkeit haben die Griechen gehabt; aber welche moralischen Tugenden, Pflichten usw. (sie haben sollten, G. B.), das wollte Sokrates sie lehren. Der moralische Mensch ist nicht der, welcher bloß das Rechte will und tut, nicht der unschuldige Mensch, sondern der, welcher das Bewußtsein seines Tuns hat» [42]. Wenn dennoch auch die andere Bestimmung recht behalten soll, daß die M. eine spezifisch moderne, eine durch das Christentum in die Welt gebrachte, von der Reformation verteidigte und dann von Kant auf die Spitze getriebene Möglichkeit der neuzeitlichen Subjektivität ist, so muß innerhalb der Sittlichkeit im allgemeinen unterschieden werden die schöne unentzweite und unbefangene griechische S. vor Sokrates einerseits und die christlich-neuzeitliche S. andererseits; diese hat das Moment der Subjektivität und M. in sich: die (moderne) Subjektivität des Sittlichen weiß in sich Rechenschaft zu geben und enthält den Vorsatz, die Absicht und den Zweck des Sittlichen [43]. Die «schöne (griechische) S. ist» demgegenüber «noch nicht durch den Kampf der subjektiven Freiheit, die sich wiedergeboren hätte, herausgerungen, sie ist noch nicht zur freien Subjektivität der Sittlichkeit heraufgereinigt» [44].

Anmerkungen. [1] G. W. F. HEGEL, Werke, Suhrkamp-Ausg. 2, 533. – [2] Über die wiss. Behandlungsarten des Naturrechts. Sämtl. Werke, hg. H. GLOCKNER 1, 511. – [3] Vgl. Rechtsphilos. § 150. – [4] a.O. [2] 1, 510. – [5] a.O. – [6] Rechtsphilos. § 33 Erl. – [7] Ästhetik. Sämtl. Werke 12, 85ff. – [8] Rechtsphilos. § 121 Zus. – [9] a.O. [7] 90ff. – [10] Rechtsphilos. § 135 Erl. – [11] Gesch. der Philos. III. Sämtl. Werke 19, 591. – [12] Rechtsphilos. § 107, handschr. Zus. – [13] a.O. § 123 handschr. Zus. – [14] Enzyklopädie III, § 475 Zus. – [15] Rechtsphilos. § 107. – [16] Vgl. a.O. § 121 Zus. – [17] § 105 handschr. Zus. – [18] Enzyklopädie III, § 503. – [19] Rechtsphilos. § 137 Erl. – [20] a.O. § 106 Zus. – [21] § 104. – [22] § 121. – [23] a.O. [13]. – [24] § 123; Enzyklop. III, § 479f. – [25] Rechtsphilos. § 123 handschr. Zus. und Zus. – [26] a.O. § 127. – [27] a.O. [2] 510. 512. – [28] Aphorismen aus der Jenenser Periode. Werke 2, 245. – [29] Rechtsphilos. § 125 handschr. Zus. – [30] a.O. § 126 handschr. Zus. – [31] Vgl. a.O. § 135; Phänomenol. des Geistes. Werke 3, 442ff.; Enzyklopädie III, § 507ff. – [32] Rechtsphilos. § 150. – [33] a.O. [11]; a.O. [2] 514; Quelle: DIOGENES LAERTIUS VIII, 16. – [34] Rechtsphilos. § 151. – [35] Vgl. hierzu: J. RITTER: M. und S. Zu Hegels Auseinandersetzung mit der Kantischen Ethik, in: Kritik und Met., H. HEIMSOETH zum 80. Geb. (1966) 331-351, bes. 349. – [36] HEGEL, Rechtsphilos. § 154. – [37] a.O. § 139. – [38] § 124. – [39] § 139 Erl. – [40] § 138 handschr. Zus.; vgl. Rechtsphilos. § 408 Zus. – [41] Rechtsphilos. § 150 Zus. – [42] Philos. der Gesch. Sämtl. Werke 11, 350; vgl. a.O. [11] 17, 191f.; a.O. [7] 12, 422f. – [43] Philos. der Religion II. Sämtl. Werke 11, 99. – [44] Philos. der Gesch., a.O. [42] 154.

Literaturhinweise. F. ROSENZWEIG: Hegel und der Staat 2 (1920, ND 1962) 93ff. – F. WAGNER: Gesch. des S.-Begriffs (1928-36). – O. MARQUARD: Hegel und das Sollen. Philos. Jb. 72 (1964) 103-119, auch in: Schwierigkeiten mit der Gesch.philos. (²1982) 37-51. – J. RITTER s. Anm. [35], auch in: Met. und Politik. Studien zu Aristoteles und Hegel (1969) 281-309 und M. RIEDEL (Hg.): Materialien zu Hegels Rechtsphilos. 2 (1975) 217-246. – I. GÖRLAND: Die Kantkritik des jungen Hegel (1966). – F. VALENTINI: Hegel e la moralità. G. crit. Filos. ital. 50 (1971) 468-489. – R. MARCIC: Gesch. der Rechtsphilos. (1971) 323ff. – A. ELSIGAN: Zum Begriff der M. in Hegels Rechtsphilos. Wiener Jb. Philos. 5 (1972) 187-208. – G. HEINTEL: Moralisches Gewissen und substantielle S. in Hegels Gesch.philos., in: Gesch. und System, hg.

H. D. KLEIN (1972) 128-143. – J. ROLLAND DE RENÉVILLE: Pour Hegel. Rev. Mét. Morale 78 (1973) 496-512, bes. 507ff. – B. LIEBRUCKS: Recht, M. und S. bei Hegel, in: Materialien zu Hegels Rechtsphilos., hg. M. RIEDEL 2 (1975) 13-51. – CH. TAYLOR: Hegel (Cambridge 1975; dtsch. 1978) ch. XIV. – M. D'ABBIERO: Moralità ed eticità nella Realphilos. 2. G. crit. Filos. ital. 54 (1975) 222-262. – O. REBOUL: Hegel, critique de la morale de Kant. Rev. Mét. Morale 80 (1975) 85-100, bes. 93f. – TH. BAUMEISTER: Hegels frühe Kritik an Kants Ethik (1976). – B. BITSCH: Sollensbegriff und M.-Kritik bei Hegel (1977). – E. ANGEHRN: Freiheit und System bei Hegel I, 2, B. C (1977). – R. P. HORSTMANN: Subj. Geist und M., in: Hegels philos. Psychol. Hegel-Studien. Beih. 19 (1979) 191-200. – L. NAGL: Aspekte der Kritik Hegels an Kants Ethik (1976). – Philos. Kants (Ist M. wirklich in der S. aufgehoben?). Hegel-Jb. (1979) 161-168. – E. TUGENDHAT: Selbstbewußtsein und Selbstbestimmung (1979) 14. Vorles. – G. BIEN: Arist. Ethik und Kantische Moraltheorie, in: Aristoteles und die moderne Wiss. Freiburger Universitätsbl. 73 (1981) 57-74. – C. CESA: Tra M. e S. Sul confronte di Hegel con la filos. pratica di Kant, in: Hegel interprete di Kant, hg. V. VERRA (Neapel 1981) 13-66. – K.-H. NUSSER: Das Kriterium der M. und die sittliche Allgemeinheit. Z. philos. Forsch. 35 (1981) 552-563. – U. RAMEIL: Sittliches Sein und Subjektivität. Zur Genese des Begriffs der S. in Hegels Rechtsphilos. Hegel-Stud. 16 (1981) 123-162. G. BIEN

Moralsystem bezeichnet als terminus technicus in der katholischen Sittenlehre (Moraltheologie) den Inbegriff der verschiedenen Grundregeln zur Lösung der Problematik von objektiver (Gesetz) und subjektiver Norm (Gewissen) zum Zweck der Bestimmung dessen, wozu das geschichtliche Individuum hic et nunc religiös-ethisch verpflichtet ist. Die Bezeichnung ist irreführend; denn das M. als Prinzip betrifft nur den Zweifelsfall und ist nicht der die ganze Sittenlehre beherrschende Grundsatz. Näherhin bieten die M.e formale Prinzipien zur Lösung der Dialektik des Probabeln in Zweifelsfällen, in denen es sich um die Festlegung des Gebotenen bzw. noch Erlaubten handelt. Zu verstehen ist ihr Aufkommen nur im geschichtlichen Zusammenhang der Entwicklung des Verständnisses der christlichen Sittenlehre.

1. Für die Verwirklichung des Christlichen griff die geschichtliche Kirche zunehmend das stoische Nomosdenken in seiner popularphilosophischen Form auf, verband es mit dem wirksam gebliebenen jüdischen Gesetzesdenken und harmonisierte beides mit überkommenen Worten Jesu. In dem Abgleiten der kirchlichen Ethik in ein gesetzliches Sollen sah man eine legitime Weiterentwicklung des ursprünglichen Verständnisses christlicher Verwirklichung. Nur ganz skizzenhaft können hier die Ansatz- und Wendepunkte dieser Entwicklung bezeichnet werden.

Seit der Bildung der Volkskirche trat an die Stelle des urchristlichen ἅγιος «jedermann», aber trotz der dadurch einsetzenden Milderung der Bußdisziplin brachte deren Rigorismus es dahin, daß die im Leben stehenden Christen fast ausnahmslos zu einer praktisch undurchführbaren Buße sich verpflichtet sahen. Aus dieser unlöslichen Verlegenheit führte die von den iroschottischen und angelsächsischen Missionaren (6./8. Jh.) auf das Festland verpflanzte Privatbuße (Beichte). Diese neue Form der Buße bot zwar die Möglichkeit allgemeiner Anwendung, aber sie legalisierte ein «christliches» Mittelmaß bzw. einen religiösen Minimismus. Dadurch und mehr noch durch die an die Stelle der Bußbücher seit dem 13. Jh. tretenden kompendiösen Beichtsummen wurde aus der Kasuistik der Strafen eine solche der Sünden. Das Lateranum IV (1215) verordnete, jeder Gläubige müsse einmal im Jahr «omnia sua peccata» beichten: «sacerdos diligenter inquirens et peccatoris circumstantias et peccati» (Der Priester soll gründlich nach den Umständen des Sünders und der Sünde fragen). Die Rückwirkung dieser Bestimmungen auf die Beichtdisziplin konnte nicht ausbleiben, sie stärkte die Tendenz zu einem normativen Objektivismus. Die ethische Imputation wich dem geltenden Erfolgsrecht, zu dessen Werkdenken noch Kommutationen, Redemptionen und Ablaß traten. Grundsätzlich galt rigoros der Wortlaut des Gesetzes, den die Rechtsregel betonte: «in dubiis semitam debemus eligere tutiorem» (im Zweifel sollen wir den sichereren Weg wählen) [1]. Der Rechtsobjektivismus duldete nur gegenüber positiven Gesetzen die Anwendung der Regel: «lex dubia non obligat» (ein zweifelhaftes Gesetz verpflichtet nicht). Als besonders praktikabel erwies sich der Satz «melior est conditio possidentis» (Die rechtliche Stellung des Besitzenden ist besser). Es blieb nicht aus, daß derartige für die nachträgliche Beurteilung des Tuns bereitgestellte Rechtsregeln auch zur Gewissensbildung herangezogen wurden. *Von ihnen leiten die M.e ihren Ursprung her.*

2. Der mittelalterliche Christ lebte in objektiven sakramentalen Ordnungen. Auf diese bezogen sich in erster Linie die Fragestellungen der praktischen Seelsorge und der aufkommenden theologischen Wissenschaft. Ethisch gesehen begnügte man sich mit der Weitergabe überkommener Tugendschemata, blieb im allgemeinen aber bei den geforderten Werken stehen, bis ABÄLARD († 1142) die Problematik des Ethischen in ihrer ganzen Tiefe aufriß. Doch sah auch er die Ethik des Evangeliums als die Vollendung der lex naturalis, ganz entsprechend dem ‹Prooemium› des ‹Dekretum GRATIANI›: «Ius naturale est, quod in lege et Evangelio co(n)tinetur» (Naturrecht ist das, was Gesetz und Evangelium enthalten) [2].

Die Harmonisierung der überkommenen religiösen, ethischen und rechtlichen Normen führte THOMAS VON AQUIN in umfassender und abschließender Weise auf ihren Höhepunkt. Er entwarf eine dem teleologischen Denken seines Gesamtsystems entsprechende Ethik der Gesetzlichkeit, integrierte Naturgesetz und Gesetz des Moses in die lex Evangelii und interpretierte diese als Gesetz der caritas. In Abhängigkeit von Aristoteles versteht er die iustitia legalis als den Inbegriff aller Tugenden [3]. Das gleiche Verständnis des Sittlichen bietet sein Gesetzesbegriff: «rationis ordinatio ad bonum commune» (Hinordnung der Vernunft auf das Gemeingut) [4]. Zwar läßt er die Gerechtigkeit in der Epikie kulminieren, aber diese versteht er mit Aristoteles gesetzlich und interpretiert: «per epieikeiam aliquis excellentiori modo obedit, dum observat intentionem legislatoris ubi dissonant verba legis» (Durch die Epikie gehorcht jemand auf ausgezeichnetere Weise, weil er die Intention des Gesetzgebers beachtet, wo diese vom Wortlaut des Gesetzes abweicht) [5]. Das gesamte Tun des Menschen unterliegt dem debitum iustitiae [6], mag dieses auch in abgestufter Metaphorik sich präsentieren. Es gibt keine Adiaphora im konkreten Handeln [7], und sogar die virtus religionis wird als pars potentialis der Gerechtigkeit eingegliedert.

Die Konsequenzen der Dialektik von eschatologischem Verständnis und historischer Verwirklichung des Christlichen fanden ihre Systematisierung in der von Thomas dargelegten doppelten Moral, der des status vitae christianae communis und des status perfectionis. Für beide Stände handelt es sich lediglich um verschiedene Wege der Verwirklichung des Christlichen, der «perfectio caritatis» [8]. Von ihr gilt: essentialiter consistit in praeceptis [9]. Für beide Wege hat primär die gleiche humane Ethik Geltung. Für den normalen Christen ist sie insoweit verpflichtend, als sie für die Erhaltung der moralischen Ordnung, das Minimum für die Erreichung der perfectio caritatis, unerläßlich ist [10]. Für den Stand der Vollkommenheit besteht vi voti eine Rechtsverpflichtung zur Befolgung der evangelischen Räte, und außerdem gibt die Einbeziehung des gesamten Handelns in den Gehorsam gegenüber dem Oberen auch diesem Stand eine gesetzliche Struktur. So umgreift den gesamten Bereich menschlichen Handelns die Gesetzlichkeit in der Form des strengen debitum iustitiae und des debitum morale caritatis als der lex nova. Alles Sollen aber ist gehalten in der lex divina, der gegenüber alle anderen Gesetze analog sind, so wie die Epikie «pars potior legalis iustitiae» ist und als solche «superior regula humanorum actuum» [11].

3. Die nachreformatorische katholische Sittenlehre verkannte infolge des unüberbrückbaren Gegensatzes der Konfessionen die in der Ethik des Thomas sich abzeichnenden Entwicklungsmöglichkeiten, reduzierte diese auf die von ihm kategorial verwandte Gesetzlichkeit und entleerte sie ihres eigentlichen Gehalts. Die Begründung aus dem Glauben trat mehr und mehr zurück und bestärkte die rechtsgesetzliche Interpretation der ethisch-religiösen Verpflichtungen. Die Moraltheologie löste sich von der Dogmatik und zielte auf ein kontrollierbares Verständnis des Ethischen, ging einen Bund mit der Kasuistik der ‹Summae casuum› ein und machte die Anliegen der Beichtpastoral für die eigene Disziplin thematisch. Das geschah nicht zuletzt infolge der Einschärfung des Beichtgebotes und des tridentinischen Dekrets, nach dem alle Todsünden zu beichten sind mitsamt den «circumstantiae speciem mutantes» und das Bekenntnis der läßlichen Sünden als «recte et utiliter» empfohlen wird. Bis in unsere Tage stellt man die Jahre des Aufkommens der M.e als das goldene Zeitalter der Moraltheologie hin [12]. In Wirklichkeit ist diese Moral eine theologiegeschichtlich bedingte humane Ethik normativer Gesetzlichkeit, deren Überwindung in der katholischen Theologie zu Beginn des 19. Jh. anhebt, aber infolge des zur Herrschaft kommenden Neuthomismus und des kirchlichen Zentralismus erst im 20. Jh. sich durchzusetzen beginnt.

Alle total gesetzlich sich verstehende Ethik operiert mit der Voraussetzung, daß die gesetzliche Sollensbestimmung bis in das je schlechthin Individuale reicht und die dementsprechende Erfüllung vom Menschen fordert. Gott «mußte es jedem Menschen möglich machen, in den normalen Gesellschaftsbedingungen durch eigenes Nachdenken und fremde Belehrung aus diesen allgemeinen Grundsätzen alle notwendigen oder belangreichen sittlichen Vorschriften ableiten zu *können*» [13]. Ein solcher Rationalismus läßt im Praktischen nichts unbestimmt und kann darum grundsätzlich nichts der Entscheidung des handelnden Subjekts überlassen. Er verkennt die Dialektik von Gesetz und Freiheit, der nur in der Entscheidung des ethischen Subjekts ein Ende gesetzt werden kann. Infolgedessen entwickelt sich ein im Gesetzlichen verankerter Individualismus, der das konkret Verpflichtende in einem Subsumptionsverfahren zu finden vermeint. Das führt zur Herrschaft der Kasuisten, deren intimstes Interesse der Schutz des Individuums gegenüber dem «rigor legis» ist. Neben die normativ ausgerichteten systematischen Moraltheologien mit dem sie charakterisierenden M. traten daher ergänzend die Kompendien der «casus conscientiae».

4. Von dem entscheidenden Prinzip, das für die Lösung der zentralen Frage der Vermittlung von Gesetz und

Freiheit in den einzelnen M.en in Anwendung kommt, nehmen sie ihren Namen, angefangen vom absoluten über den gemäßigten Tutorismus (= Rigorismus) und die verschiedenen Formen des Probabilismus bis zum Laxismus. Jedes M. enthält die Summe der unter einem prinzipiellen Gesichtspunkt stehenden theoretischen (spekulativen) und praktischen Regeln (Klugheitsregeln), anhand deren man vom theoretischen Zweifel zu einem für das Handeln erforderlichen praktisch sicheren Gewissensurteil gelangen soll. Man spricht von «reflexen (oder indirekten) Prinzipien» (Beispiele unter 1). *Derartige von einem klar umschriebenen reflexen theoretischen Prinzip beherrschte M.e entstanden erst im 16. Jh.* Schon die schlichte Darlegung der einzelnen Formen dieser Systeme und der dafür notwendigen Distinktionen eröffnet noch vor der Anwendung einen Blick auf das «mare magnum» der Kasuistik.

a) Die systematische Entwicklung der M.e deckt sich nicht mit der geschichtlichen; sie haben einander nicht abgelöst, sondern nebeneinander bestanden. Daß den Reigen der Rigorismus des sogenannten absoluten Tutorismus eröffnet, ist geistesgeschichtlich wohlverständlich. Denn für die rigorose Bußdisziplin war die Tat entscheidend, und infolge der Verkennung des Einflusses der Ignoranz auf sittliche Entscheidungen steht am Anfang der Reflexion über die Schuld die Präsumption zugunsten der unverbrüchlichen Gesetzesverpflichtung. Als die Scholastik begann, sich mit der Gewissensbildung (formatio conscientiae) zu befassen, wurde daher für sittliches Handeln die dem Gesetz gemäß formierte conscientia certa verlangt, während Handeln mit zweifelndem Gewissen als sündhaft galt [14]. So meint denn auch die für das Tun geltende Regel: «via tutior est eligenda» den Weg der Befolgung der Gesetze. Gegen das Gesetz vermag zugunsten der Freiheit auch eine opinio probabilissima nichts: «in dubio standum est pro lege». Diesen geschichtlich bedingten Standpunkt des «absoluten» Tutorismus, der das strenge debitum iustitiae mit der ethischen Norm verwechselt, vertraten später vor allem *jansenistisch* eingestellte Theologen gegen den lax gehandhabten Probabilismus. Diesen verurteilte ALEXANDER VIII. in der propositio: «Non licet sequi opinionem probabilem vel inter probabiles probabilissimam» (Es ist nicht erlaubt, der wahrscheinlichen oder unter den wahrscheinlichen der wahrscheinlichsten Auffassung zu folgen) [15]. Der gemäßigte Tutorismus erkennt zwar eine opinio probabilissima zugunsten der Freiheit als Argument für eine Entscheidung gegen das Gesetz an, aber praktisch weicht er kaum vom rigorosen Tutorismus ab.

b) Schon das Mittelalter wurde sich mehr und mehr der Grenzen des Rechtsrigorismus bewußt, wie im ‹Corpus iuris canonici› festzustellen ist; das hohe Mittelalter kannte die Epikie, und die Ethik des Nominalismus konnte erst recht nicht die Starrheit der Gesetzesverpflichtung aufrechterhalten. Verständlich ist es daher, daß die Einsicht in die Unhaltbarkeit des Gesetzesrigorismus allmählich an Boden gewann. Dazu verhalf die von CAJETAN (†1534) getroffene Unterscheidung von spekulativem (theoretischem) und praktischem Zweifel, in welcher der Unterschied von theoretischer Erkenntnis und Erkenntnis in der Verwirklichung des Ethischen und damit die Unzulänglichkeit des rechtsgesetzlich verstandenen abstrakt-normativen Denkens sich ankündigte. Aber die Problematik der Implikationen des konkreten ethischen Denkens wird noch lange verkannt, wie die Tatsache beweist, daß die Diskussion um das M. unentwegt von der die ethische Konkretion simplifizierenden abstrakten Grundfrage «Gesetz und Freiheit» abhängig bleibt. Der Probabiliorismus als Antwort ist das System, dessen Mitte das Prinzip ist: Man muß stets dem Gesetz folgen, wenn nicht die Gründe für die Handlungsfreiheit «probabiliores» sind, d.h. wahrscheinlicher auf das in concreto zu verwirklichende zutreffen. Damit wird als Prinzip für die Anwendung der Rechtsregel statuiert: «lex dubia non obligat». Die Zweifelsgründe können sich auf ein Nichtbestehen des Gesetzes, seine Zurücknahme oder sein Erlöschen beziehen. Aber die im Abstrakten verbleibenden Erörterungen tragen nicht einmal bis in die Schwierigkeiten der Problematik konkreten Rechtsdenkens, viel weniger noch bis in die der Verwirklichung des Religiös-Ethischen.

c) Unter systematischem Aspekt ist es in der Linie der Entwicklung der M.e konsequent, den nächsten Schritt im Interesse der Handlungsfreiheit des Individuums gegenüber dem in positione befindlichen Gesetz zu der Frage zu tun: Ist man auch dann gehalten, dem Gesetz den Vorrang zuzuerkennen, wenn die Gründe für und wider die Geltung des Gesetzes sich die Waage halten, also «aeque vel fere aeque probabiles» sind? Dieser Äquiprobabilismus erklärt: Man hat in casu die Wahl zwischen der für die Handlungsfreiheit sprechenden Meinung und dem Gesetz, falls es um die Existenz des Gesetzes geht, nicht aber, wenn es sich um seine Zession handelt; im letzteren Falle verpflichtet das Gesetz; man erkennt sein nachwirkendes Schwergewicht. Aber die Unzulänglichkeit des Äquiprobabilismus ergibt sich schon aufgrund der Tatsache, daß ein eindeutiges Urteil über die Gleichgewichtslage des pro und contra praktisch von unüberwindlicher Schwierigkeit ist und seine Anhänger infolgedessen de facto in das nächst strengere oder mildere System ausweichen. Hauptvertreter des Äquiprobabilismus war der ursprünglich dem Probabiliorismus nahestehende ALPHONS VON LIGUORI. Er hat eine Reihe von Abhandlungen zu den strittigen Probabilismusfragen verfaßt [16], aber «im Hinblick auf ein mildes Urteil des Beichtvaters vorwiegend die untere Grenze des Sollens abgesteckt» [17], und vertrat daher den einfachen Probabilismus, allerdings mit gewissen Vorbehalten. Theorie und Praxis des Alphons sind ein Beweis für sein Ringen mit der unzulänglichen Methode aller M.e. O. SCHILLING hat unter dem Namen «Praesumptionis systema» [18] einen verbesserten Äquiprobabilismus vorgelegt. Nach gründlicher Überlegung solle man sich für die opinio entscheiden, für welche die praesumptio spricht. Zur sachlichen Lösung trägt die Umbenennung nichts bei.

ALPHONS bringt in seiner ‹Theologia moralis› [19] als Abschluß des Gewissenstraktats eine ‹Dissertatio de usu moderato opinionis probabilis seu *morale systema* pro delectu opinionum quas licite sectari possumus›. *Seitdem bürgerte sich der Terminus ‹M.› ein.* Aber noch GURY SJ (†1866) schreibt in seiner Moraltheologie im IV. Kap. des Traktats ‹De conscientia›: «Varia systemata circa probabilitatem».

d) Die Charakterisierung aller M.e ließe sich um den Terminus ‹probabel› anordnen, seit dem 16. Jh. Kernwort aller Auseinandersetzungen um das schlechthin gültige moraltheologische Systemprinzip. Das Wort war auch der geschichtliche Ausgangspunkt aller Streitigkeiten und errang zu guter Letzt den status einer sententia communis. B. DE MEDINA hat im Jahre 1577 als erster das Prinzip des Probabilismus formuliert: «Mihi videtur quod si est opinio probabilis, licitum est eam sequi, licet opposita probabilior sit»(Mir scheint, daß es erlaubt ist, einer wahrscheinlichen Meinung zu folgen, auch wenn eine entgegengesetzte Annahme wahrscheinlicher ist) [20], eine mitunter sachlich auch schon vor ihm vertretene Ansicht. Damit war das umstrittenste «reflexe» oder «indirekte» Prinzip für die Gewissensbildung formuliert, das die Entwicklung weitertragen sollte. Es besagt: Solange nicht ein sicheres Gesetz entgegensteht, hat das Individuum einen ethischen Anspruch auf Handlungsfreiheit, d.h. die Wahl zwischen mehr oder weniger probablen Annahmen. In dieser Fassung ist das Prinzip an sich bei verantwortungsvoller Anwendung unangreifbar, und es wurde alsbald weithin anerkannt, wiewohl die Systeme des Tutorismus, Probabiliorismus und Äquiprobabilismus es mehr oder weniger ablehnten. Die Schwierigkeit des Systems ballt sich in der Bestimmung und Handhabung des Begriffs ‹opinio probabilis›. Seine Stufen und Nuancierungen (o. p. interna, externa [auctoritates], solide, aeque, dubie, tenuiter, absolute, comparative etc.) spielen in den Streitigkeiten eine große Rolle. Das Ergebnis war die Forderung einer «opinio vere ac solide probabilis». Den Ausbau der Lehre übernahmen in erster Linie die *Jesuiten*, die mit wenigen Ausnahmen den Probabilismus vertraten, in scharfem Gegensatz zu den vergeblichen Bemühungen des Ordensgenerals THYRSUS GONZALEZ (†1705), den Probabiliorismus zur Ordensdoktrin zu erheben. Er wurde darin von INNOZENZ XI. begünstigt, der zwar die Grenzen des Probabilismus absteckte, das System aber unangetastet ließ [21]. Die *Dominikaner* dagegen rückten in ihrer Mehrheit vom Probabilismus ab, zumal seit den Erlassen ALEXANDERS VII. gegen allzu laxe Handhabung des Systems [22]. Die entscheidende Begründung hatte schon F. SUÁREZ (†1617) gegeben. Er ging aus von der Gewißheit einer sicheren Promulgation des Gesetzes als Bedingung für seine Verpflichtung und verband damit den Rechtssatz: «in dubio melior est condicio possidentis», den er zugunsten der in possessione befindlichen Handlungsfreiheit des Individuums interpretierte. Diese Tatsache dürfte wohl die bedeutendste in der moraltheologischen Entwicklung während der Epoche der unerquicklichen Streitigkeiten um die M.e sein. Sie markiert den Beginn einer grundsätzlichen Überwindung des mittelalterlichen rigorosen rechtsgesetzlichen Denkens zugunsten der freien Entscheidung des Individuums. Doch die Harmonisierung der Rechts- und Klugheitsregeln des Probabilismus bedingt ein äußerst labiles Gleichgewicht des Systems, das leicht gefährlichen Modifizierungen ausgesetzt ist.

e) Die genannten M.e wurden von D. M. PRÜMMER OP (†1931) noch um das von ihm begründete «Systema compensationis seu rationis sufficientis» bereichert. Er will die opinio solide probabilis zugunsten der Handlungsfreiheit gelten lassen trotz einer für das Gesetz sprechenden opinio probabilior, aber mit der Einschränkung: die etwaige Gefahr der Sünde (d. h. der Verletzung der objektiven Ordnung) fordert eine hinreichende Kompensation (ratio sufficiens). Man erkennt den Kompromiß, über dessen Zustandekommen die Kasuistik von Fall zu Fall entscheidet. Das System ist ein Probabilismus mit Kautelen, die bei verantwortlicher Anwendung des Probabilismus selbstverständlich sein sollten.

f) In konsequenter Weiterführung der Betonung der Handlungsfreiheit des Individuums gingen schon früh Theologen so weit, die «sententia minus probabilis» sogar dann gelten zu lassen, wenn sie sich auf eine Hypothese des Handelnden selbst stützte. Dieser Minus-Probabilismus, der unter Umständen der Hochachtung vor der persönlichen Gewissensentscheidung und echtem Ethos entspringen kann, offenbart eklatant die grundsätzliche Problematik des Ethischen, welche die M.e nicht zu sehen vermögen, und so gerät der Probabilismus unversehens in die Nähe des berüchtigten, von PASCAL gegeißelten «diriger l'intention» [23]. Damit gleitet er über in den Laxismus, der theoretisch zwar von keinem Theologen ausgebaut oder vertreten, wohl aber im 17. Jh. von einer Reihe von Probabilisten nach der Devise praktiziert worden ist, es sei erlaubt, der opinio minus probabilis, also einer schwachbegründeten wahrscheinlichen Meinung zugunsten der Freiheit zu folgen (J. DE CARAMUEL OC ist princeps laxistarum nach A. J. SANCHEZ, P. TAMBURINI SJ u.a.). Der Laxismus wurde vor allem von den *Jansenisten* scharf bekämpft. Die schon erwähnten päpstlichen Verurteilungen des Probabilismus treffen a fortiori den Laxismus; ausdrücklich verwarf sein Prinzip INNOZENZ XI. [24].

Die M.e gründen in der theologischen Dogmatik des Katholizismus, wonach die Sittenlehre als «genormte Normwissenschaft» [25] für ihre Normen aus den Glaubensquellen und dem Naturrecht unbedingte Geltung beansprucht. Eine Konsequenz dieser Auffassung ist: für alle von der Kirche unbeanstandet gebliebenen M.e (Probabiliorismus, Äquiprobabilismus und Probabilismus) ist zu beachten, daß sie nicht nur bei klar bestehender gesetzlicher Verpflichtung nicht in Anwendung gebracht werden können, sondern auch nicht, wenn es sich um Zwecke handelt, die unbedingt erreicht werden müssen: gültige Spendung des Sakramente, Sorge um das Seelenheil, Wahrung sicherer Rechte Dritter u.a.m. Dazu beansprucht die Kirche als Institution für sich die unfehlbare Erklärung und Interpretation der lex naturalis sowie die Vollmacht, religiös-ethische Verpflichtungen in ihren Rechtsordo zu erheben, dessen Gesetze Gewissensverpflichtungen erzeugen. Von rechtlich relevanter Bedeutung ist auch das dogmatische Moment von opus und meritum.

Alle M.e verkennen durch die Reduktion der Frage der Verwirklichung des Religiös-Ethischen auf das Verhältnis von Gesetz und Freiheit die rational nicht durchschaubaren Implikationen der konkreten Situation, in der das geschichtliche Individuum Entscheidungen zu treffen hat, die der gesetzlichen Normierung sich ebenso entziehen wie einer rationalen Nachprüfung. Das Abwägen zwischen den verschiedenen opiniones ist nicht in dem Sinne objektivierbar, daß diese in ein syllogistisches Subsumptionsverfahren eingefangen werden könnten. Eine falsche Interpretation moraltheologisch notwendiger Grenzziehungen im Hinblick auf die praktischen Erfordernisse der Beichtjudikatur einerseits, andererseits eine petitio principii in der Auslegung jeglicher ethischen Verpflichtung als Gottes Willen wirkten zusammen und drängten die Moraltheologie in der Epoche nachreformatorischer Ghettohaltung der Kirche in eine geistesgeschichtliche Einseitigkeit, aus der sie heute als gesetzlich verstandene Wesens- und Wertethik in der Auseinandersetzung mit der Situations- und Existentialethik herausstrebt [26].

Anmerkungen. [1] Corp. iur. can., hg. A. FRIEDBERG X, 5, 12, 12; vgl. a.O. 5, 27, 5. – [2] a.O. D. 1, praef. – [3] THOMAS VON AQUIN, S. theol. II/II, 58, 5. – [4] a.O. I/II, 90, 4. – [5] In Arist. Eth. Nic. V., lect. 16, n. 1078. – [6] S. theol. I/II, 60, 3. – [7] Vgl. a.O. I/II, 18, 8. 9. – [8] II/II, 184, 1. – [9] 184, 3. – [10] Vgl. I/II, 99, 5; II/II, 80, a. un. – [11] II/II, 120, 2. – [12] Vgl. z.B. F. PELSTER SJ: Eine Kontroverse über die Methode der Moraltheologie aus dem Ende des 16. Jh. Scholastik 17 (1942) 385. – [13] V. CATHREIN SJ: Moralphilos. (⁵1911) 447. – [14] Vgl. z.B. THOMAS VON

Aquin, In IV Sent. 21, 2, 3 ad 3; Quodl. VIII, 13. – [15] Enchiridion symbolorum, hg. Denzinger/Schönmetzer (= Denz.) Nr. 1293. – [16] Vgl. Diss. A. Ballerini: De genuina S. Alphonsi sententia circa usum opinionis probabilis, in: Ballerini/Palmieri, Opus theol. mor. (Prati 1898) I³, 632-706; dazu: Vindiciae Alphonsianae (Paris u. a. ²1874). – [17] B. Häring und E. Zettl, in: LThK² 1, 332. – [18] O. Schilling: Theologia mor. fund. (1935) 180f. – [19] Alphons von Liguori, Theol. moralis lib. 1, tract. 1, n. 55-89. – [20] B. de Medina, Com. in S. theol. Thom. Aqu. I/II, 19, 6. – [21] Vgl. die für Gonzalez günstige Entscheidung von 1679 bei Denz. Nr. 1219; weitere Entscheidungen Innozenz XI. a.O. Nrn. 1151-1215; zum Ganzen: Aug. Lehmkuhl SJ: Probabilismus vindicatus (1906). – [22] Denz. Nrn. 1101-1145. – [23] B. Pascal, Lettres écrites à un provincial VII. – [24] Denz. Nr. 1153. – [25] F. Tillmann: Hb. der kath. Sittenlehre III (⁴1953) 10. – [26] Vgl. dagegen Enzyklika ‹Humani generis› (12. 8. 1950); Sanct. Officii Acta apost. Sedis 48 (1956) 144. J. Klein

Moraltheologie. Erst nachdem sich in längerer Entwicklung die christliche Sittenlehre zu einer eigenen Disziplin innerhalb der Theologie ausgebaut hatte, wurde für sie der Name ‹M.› (theologia moralis oder morum) zu Ende des 16. Jh. eingeführt [1].

Anweisungen für das christliche Leben im Neuen Testament und Paränese wie Gemeindeordnungen in der Väterzeit bleiben zunächst mehr Gelegenheitsschriften. Ansätze einer Systematisierung finden sich vom 3./4. Jh. an nicht ohne Einfluß der antiken philosophischen Ethik. Besonders Augustinus (das Tugendschema, lex aeterna – lex naturalis, Bedeutung der Caritas, ‹uti› und ‹frui› zur Unterscheidung der Werte) wirkt weit ins Mittelalter hinein. Die Scholastik beginnt – neben der kasuistischen und kanonistischen Behandlung – die Sittenlehre in der Theologie auch systematisch zusammenzufassen, so Albertus Magnus (Summa de bono sive de virtutibus) und Thomas von Aquin (Summa theologiae II).

Nach dem Tridentinischen Konzil wird sie als eigenes Fach – allerdings mit vorherrschend kasuistischer Methode – selbständig. Die Begegnung mit den geistigen Strömungen der Zeit und eine kritische Neubesinnung führen seit der zweiten Hälfte des 18. Jh. in der katholischen Theologie zu einer wissenschaftlich vertieften, echt theologischen Sittenlehre insbesondere in Deutschland (J. M. Sailer, J. B. Hirscher, F. X. Linsenmann [2]). Sie nennt sich ‹M.› [3], während die protestantische Theologie anfangs auch von ‹M.› [4], später aber nur von ‹christlicher› bzw. ‹theologischer Ethik› spricht [5]. Vereinzelt begegnet der Name ‹M.› schon früher, bei Augustinus ‹moralis disciplina›, bei Alanus ab Insulis (um 1160) im Unterschied von ‹theologia rationalis› und ‹moralis›, bei Thomas von Aquin ‹scientia moralis› [6]. M. behandelt das sittliche Leben (‹moralis› ist nach Cicero Übersetzung von ἦθος [7]) auf der Grundlage der christlichen Glaubensbotschaft (Anruf des persönlichen Gottes, Nachfolge Christi, übernatürliches Endziel, formierende Tugend der Caritas) im Unterschied zur philosophischen Ethik.

Kant unterscheidet «theologische Moral», die die Sittengesetze lehrt, «welche das Dasein eines höchsten Weltregierers voraussetzen», von M., die auf das «Dasein eines Welturhebers» aus der «sittlichen Ordnung und Vollkommenheit» der Welt schließt [8]. Eine solche M., auch «Ethiktheologie» genannt, ist zur theoretischen Erkenntnis eines göttlichen Wesens wie alle «Versuche eines bloß speculativen Gebrauchs der Vernunft in Ansehung der Theologie» unfähig. Sie führt aber dennoch, «aber nur in ihrem praktischen Gebrauche», zur Annahme eines «einigen, allervollkommensten und vernünftigen Urwesens», das als Ursache alle Sittengesetze «in sich befaßt». «Die M. ist also nur von immanentem Gebrauche, nämlich unsere Bestimmung hier in der Welt zu erfüllen, indem wir in das System aller Zwecke passen, und nicht schwärmerisch oder wohl gar frevelhaft den Leitfaden einer moralisch gesetzgebenden Vernunft im guten Lebenswandel verlassen, um ihn unmittelbar an die Idee des höchsten Wesens zu knüpfen» [9].

In den letzten Jahren ist in der M. eine breite grundsätzliche Diskussion in Gang gekommen, die sich um die Begründung sittlicher Normen, um Grund und Grenzen sittlicher Autonomie und um den Geltungsanspruch moralischer Aussagen neu bemüht.

Anmerkungen. [1] H. Henriquez: S. theol. moralis 1-3 (Salamanca 1591-93, Venedig 1596. 1600, Mainz 1613); L. de Mendoza: S. totius theol. moralis (Madrid 1598); L. Zecchius: S. moralis theol. et casuum conscientiae (Brixen 1599); weitere Titel bei: M. Lipenius: Bibl. realis theol. 2 (1685) 314-317; J. G. Walch: Bibl. theol. selecta 2 (1758) 1089-1122. – [2] J. M. Sailer: Hb. der christl. Moral 1-3 (1817); J. B. Hirscher: Christl. Moral als Lehre von der Verwirklichung des göttl. Reiches in der Menschheit 1-3 (1835); F. X. Linsenmann: Lb. der M. (1878). – [3] Am weitesten verbreitet: A. M. de Liguori: Medulla theol. moralis Hermanni Busenbaum cum adnotationibus per A. de L. (Neapel 1748), 2. Aufl.: Theol. moralis (Neapel 1753-55), 6. Aufl. 1-3 (Rom 1767), insges. 70 Aufl., krit. A., hg. L. Gaudé 1-4 (Rom 1905-12); weitere Titel des 16.-18. Jh. bei Lipenius und Walch, a.O. [1]. – [4] z. B. G. Calixt: Epitome theol. moralis (1634); J. A. Osiander: Theol. moralis (1678); J. Olearius: Doctrina theol. moralis (1688); J. F. Buddeus: Institutiones theol. moralis (1711); J. L. Mosheim: Sittenlehre der Heiligen Schrift (1735); S. J. Baumgarten: Unterricht vom rechtmäßigen Verhalten eines Christen oder theol. Moral (1738); Chr. A. Crusius: Kurzer Begriff der M. (1772). – [5] Im Calvinismus durchgehend ‹christl. Ethik›; vgl. L. Daneau: Ethices christianae libri tres (Genf 1577); J. H. Heidegger: Ethicae christianae prima elementa (1711); vgl. Lipenius, a.O. [1] 1, 629f.; Fr. D. E. Schleiermacher: Die christl. Sitte. Sämtl. Werke, hg. L. Jonas I/12 (²1884); H. Martensen: Die christl. Ethik (³1866); G. Chr. A. von Harless: Christl. Ethik (⁶1864); R. Rothe: Theol. Ethik 1-5 (²1867-71); Fr. H. R. Frank: System der christl. Sittlichkeit 1-2 (1884-87); J. A. Dorner: System der christl. Sittenlehre (1885); Th. Haering: Das christl. Leben. Ethik (³1914); W. Elert: Das christl. Ethos (1949); P. Althaus: Die christl. Ethik (²1953); H. Thielicke: Theol. Ethik 1-2 (1955-58); W. Trillhaas: Christl. Ethik (1959). – [6] Augustin, De moribus ecclesiae II, 1; Alanus ab Insulis, De virtutibus et de vitiis et de donis Spiritus Sancti; vgl. O. Lottin: Psychol. et morale aux 12e et 13e siècles (Gembloux 1942-60) 6, 46; Thomas von Aquin, S. theol. I, 84 proem.; II/II prol. – [7] Cicero, De fato 1. – [8] I. Kant, KrV B 660. – [9] KrV B 664. 842f. 846f.; KU § 85; vgl. § 86.

Literaturhinweise. Chr. E. Luthardt: Gesch. der christl. Ethik 1-2 (1888-93). – J. Mausbach und G. Ermecke: Kath. M. 1-3 (⁹1960-61). – R. Hofmann: M. Erkenntnis- und Methodenlehre (1963). – B. Häring: Das Gesetz Christi. M. 1-3 (⁶1963-67) 1, 54-57; Lit. – R. Egenter/J. G. Ziegler/G. Ermecke: Art. ‹M.›, in: LThK² 7, 613ff. – A. Auer: Autonome Moral und christl. Glaube (1971). – B. Schüller: Die Begründung sittl. Urteile (1973). – J. Ratzinger: Prinzipien christl. Moral (1975). – A. K. Ruf: Grundkurs M. 1. 2 (1975/1977). – B. Stöckle: Wb. christl. Ethik (1975). – F. Böckle: Fundamentalmoral (1977). – H. Rotter: Christl. Handeln (1977). R. Hauser

Morphologie

I. *Die Bildung des Begriffs und seine Bedeutung in den Geisteswissenschaften.* – Der Begriff ‹M.› wurde von Goethe für eine Anschauung geprägt, welche die 'Gestalten' und 'Wandlungen' der Natur und der Kunst bzw. Geschichte nicht trennt und die auch vor der ausschließenden Teilung in Natur- und Geisteswissenschaften liegt. ‹M.› bezeichnet seither naturwissenschaftlich die

Lehre von den organischen Formen (oft idealistisch und im Grenzbereich dessen, was sich physiologisch exakt beschreiben läßt), in den Geisteswissenschaften eher im übertragenen Sinne Entwicklungsformen und annähernde Gesetzmäßigkeiten kultureller Gebilde.

Die Konzeption «ruht auf der Überzeugung, daß alles was sei, sich auch andeuten und zeigen müsse. Von den ersten physischen und chemischen Elementen an, bis zur geistigsten Äusserung des Menschen ...» [1]. Das kann modernen, zeichentheoretischen Ansätzen ebenso entgegenkommen, wie es selbst mit (auch nach Goethes Auffassung gescheiterten) Versuchen zusammenhängt, die von der 'signatura rerum' bis zu Lavaters 'Physiognomik' reichen [2]. Goethe schreibt diese in der Epistemologie der Neuzeit verdrängten Bestrebungen einem «Trieb» zu: «Es hat sich daher auch in dem wissenschaftlichen Menschen zu allen Zeiten ein Trieb hervorgetan, die lebendigen Bildungen als solche zu erkennen, ihre äussern sichtbaren, greiflichen Teile im Zusammenhange zu erfassen, sie als Andeutungen des Innern aufzunehmen und so das Ganze in der Anschauung gewissermassen zu beherrschen. Wie nah dieses wissenschaftliche Verlangen mit dem Kunst- und Nachahmungstriebe zusammenhänge, braucht wohl nicht umständlich ausgeführt zu werden. Man findet daher in dem Gange der Kunst, des Wissens und der Wissenschaft mehrere Versuche, eine Lehre zu gründen und auszubilden, welche wir die M. nennen möchten» [3]. Dieser umfassende Begriff von Natur einschliesslich der menschlichen Gebilde begründet wiederum Goethes Kunstanschauung; seine naturwissenschaftlichen Studien haben in seinem Werk die Stelle, «die bei geringeren Künstlern oft die Ästhetik einnimmt ...» [4].

Die Trennung von 'Natur' und 'Geist'/'Geschichte' in der Einteilung der Wissenschaften und Fakultäten ließ den Begriff nur gelegentlich auftreten. J. G. DROYSEN ordnet jedoch in seiner ‹Historik› M. der formenden Kraft des Geistes zu [5]. In der Geschichte unterliege der Einzelne der «bestimmenden Macht» des «Allgemeinen», das er als «Ergebnis der Geschichte» vorfinde und aufgrund dessen er nun selbst erst «bestimmend und weiterbildend» zu wirken vermag [6]. Droysen begreift die geschichtliche Arbeit des Menschen nach Humboldts Theorie der Sprache; wie diese sich im jeweiligen Sprechen individualisiert und konkretisiert, so realisieren sich die Ideen (des Heiligen, des Schönen, der Macht, des Rechts [7]) im Handeln des Menschen als jedesmalige «Individualisierung, der sog. Morphologie» [8]. Die historische Forschung will das Besondere nicht verstehen, insofern es «Anomalie» [9] ist: «Das Verstehen ... ist ein Denken aus dem Besonderen, ein Zurückschließen auf das im Besonderen ausgedrückte Allgemeine, auf das in dem Morphologischen ausgedrückte Geistige» [10].

Die historische Arbeit bezieht sich nach Droysens umfassendem Entwurf der ‹Historik› auf mehrere «Reihen» von «Gemeinsamkeiten»: die «natürlichen» 'Menschennatur', 'Familie', 'Geschlecht und Stamm', 'Volk' einschließlich der Ethnographie als zugehöriger Wissenschaft; die «idealen Gemeinsamkeiten» 'Sprache', 'Kunst', 'Idee des Wahren', 'Sphäre des Heiligen' und die dazwischenliegenden «praktischen Gemeinsamkeiten» 'Arbeit', 'Recht' und 'Staat' [11]. Über all deren jeweiligen «Spezialgeschichten» erhebt sich «die Geschichte» [12], die nicht mehr nach den – neuerdings aktualisierten – mechanistischen Modellen des 18. Jh. Ereignisse von Strukturen (= Zustände, Verfassungen) trennt, sondern nach einem dynamischen Modell Entwicklung als «Bewußtwerden und Bewußtsein der Menschheit über sich selbst» ist [13].

Dieser Begriff geschichtlicher M. erfährt keine weitere Ausbildung, vor allem dort nicht, wo O. SPENGLER z. B. eine M. der Geschichte zu umreißen beansprucht. Trennt er das «Einmalig-Wirkliche» der «Welt als Geschichte» vom «Beständig-Möglichen» der «Welt als Natur» [14], so tut er es, um die «Formensprache der menschlichen Geschichte, ihre periodische Struktur, ihre organische Logik» [15] als das «Schicksalsproblem» der Historie von der Naturkausalität abzuheben [16]. M. befasse sich dabei nicht mit den «Tatsachen der Geschichte an und für sich», sondern mit dem, was sie «durch ihre Erscheinung bedeuten, andeuten» [17]: «Die M. der Weltgeschichte wird notwendig zu einer universalen Symbolik» [18] und soll «wissenschaftlich geregelte Physiognomik» aller Kulturerscheinungen, auch der exakten Wissenschaften werden [19]. Dieses Programm wurde nicht eingelöst und ist über einzelne Aperçus nie hinausgelangt, während es doch, wie z. B. E. PANOFSKY mit ‹Gothic Architecture and Scholasticism› (1951) bewies, durchaus möglich ist, Gestaltungen verschiedener Kulturbereiche methodisch zu vergleichen. Spenglers eigene «Auflösung des gesamten Wissens in ein ungeheures System morphologischer Verwandtschaften» [20] ließ ihn als historistische Entropie den spezifischen relativierenden Skeptizismus des Abendlandes diagnostizieren.

L. FROBENIUS hat unabhängig davon eine weniger historische als physiognomische Kulturmorphologie entwickelt. Er denkt aber aus der geschichtlichen Situation, der Eroberung der Welt, welcher die «Flächenschau» der Tatsachen entspreche, die nun durch die «Tiefenschau» zu ersetzen sei, welche die Tatsachen als «Erscheinungsformen einer nur der Hingabebereitschaft sich erschließenden Wirklichkeit» auffaßt [21]. Gegen alle naturwissenschaftlich orientierten Kausalitätserklärungen wird «Wirklichkeitsempfängnis» postuliert als «die Fähigkeit, ergriffen zu werden vom Wesen der Erscheinungen ...» [22]. Der Morphologe versenke sich mit «intuitiver Weltanschauung» in die «innere Logik alles Werdens, Wachsens, Reifens, die durch Experiment und System nicht erfaßt werden kann, und findet statt starrer Gesetze Typen des lebendigen Seins und Werdens und statt der Formeln symbolische Ereignisse» [23]. Kultur sei «nicht von Menschen geschaffen», sondern «sie durchlebt den Menschen» [24], und insofern sie das «Seelenhafte» des Wesens der Kultur bezeichne, wird sie ‹Paideuma› genannt [25].

H. RICKERT stellte Spengler (und das kann auch für Frobenius gelten) in den Zusammenhang der lebensphilosophischen Strömungen [26]. Bei aller bemühten Abgrenzung zu den exakten Wissenschaften verführen sie doch generalisierend: «jede generalisierende, also auch die 'morphologische' Darstellung» müsse dazu gelangen, «das seinem Wesen nach stets individuelle Historische aus der Geschichte auszuschalten», es vergewaltige «die geschichtliche Besonderheit, die sich nie wiederholt» [27]. Das mag für diese Autoren zutreffen, fällt aber hinter Droyens Konzeption zurück.

Populärwissenschaftlich und selbst feuilletonistisch wird M. in den zwanziger Jahren zu einem beliebten Modell, gelegentlich zur bloßen Metapher, um die irritierte Realitätserfahrung zu bändigen. Dabei muß sie aber benennen, was an Innerem äußere Gestalt wird, und dabei die Spannung zwischen dem Inneren und diesem seinem Zeichen aufrechterhalten. Gewöhnlich scheitert sie an der Bedingung ihrer Möglichkeit, weil ihr Erklärungsanspruch sich durch das in Frage stellt, was sie zu erklären beansprucht.

W. ELERT möchte eine ‹Morphologie des Luthertums› entwerfen im Rahmen einer allgemeinen M. der Konfessionen im Verhältnis der «konfessionellen Dynamis» zu der «Gestalt», in der die Dynamis zum Ausdruck komme [28]. Sie vernachlässigt die historischen Veränderungen zugunsten einer «Konstante», die als «Dominante» die «Einzelzusammenhänge» bestimme [29], findet sich aber doch vor der Schwierigkeit, daß diese Konstante einen Anfang haben muß und nun doch historische Fragen der Genese aufwirft [30]. Beim Luthertum sei der «evangelische Ansatz» die Dynamis, bei dem zu erstellenden 'Bild' vom Luthertum, zu dem auch «die nachweisbaren historischen Wirkungen» gehören, muß diese Deutung mit anderen konkurrieren, die «ohne konfessionelle Perspektive zum Ziel» kommen [31]. Die Konfessionen werden unabhängig von der ursprünglichen Dynamis zu «überindividuellen Mächten mit eigener Morphologie» [32], womit sich Säkularisierungstheoreme anbieten sowie die Analyse von Strukturen, die den Individuen unbewußt bleiben, wiewohl sie deren Verhalten regeln. Beides wird nicht ausgearbeitet.

Weit weniger um die Erklärung historischer Phänomene als um die «ungehemmte Hingabe an die Gestaltbetrachtung» [33] geht es G. MÜLLER in seiner ‹Morphologie der Dichtung› [34]. Das 'poetische Gesetz der Einheit' soll morphologisch verstanden werden aus dem «Zusammenwirken des Metrisch-Rhythmischen ..., der Gliederung, des Tons, der Denkform, der Wertnahme, des 'Inhalts'», und das 'poetische Gesetz der Entfaltung' wird veranschaulicht an 'Typus' und 'Gattung' und dem «metamorphosenartigen Werden, in dem der Sprachleib einer Dichtung sich verwirklicht», wobei diese Erscheinungen nicht Teile, sondern «Glieder und Kraftzüge», ihr Wirken das einer «Entelechie» ist [35]. Die Begeisterung vermag sich nicht zu methodischer Begrifflichkeit zu läutern.

Auf einem ganz anderen Fundament steht die «Soziale Morphologie», die E. DURKHEIM als neue Disziplin der Soziologie vorgeschlagen hat, um das «soziale Substrat» gesellschaftlichen Lebens zu erfassen: «Das soziale Leben ruht auf einem Substrat, das seiner Größe wie seiner Form nach bestimmt ist. Es wird durch die Masse der Individuen konstituiert, aus denen die Gesellschaft sich zusammensetzt, durch die Art und Weise, wie sie sich auf dem Boden verteilen, und durch die Natur und Konfiguration der Dinge jeglicher Art, die auf die kollektiven Beziehungen wirken» [36].

M. MAUSS knüpft in seiner Untersuchung der Eskimogesellschaften an diese Methode an, um damit «Zusammenhänge von einer gewissen Allgemeinheit festzustellen» [37]. Ergeben soll sich, «auf welche Weise die materielle Form der menschlichen Gruppierungen, das heißt Natur und Zusammensetzung ihres Substrates, auf die verschiedenen Modi kollektiver Tätigkeit einwirken» [38]. Die «allgemeine Morphologie» erfasse Merkmale, welche die ganze Zeit konstant bleiben [39], geographische Bedingungen, Zahl und Größe der Gruppen, Sprache, Siedlungsformen, wobei die Siedlung die Einheit ist, welche die «Basis der Morphologie der Eskimos» [40] bildet. Auf der allgemeinen Morphologie baut eine «jahreszeitliche» M. auf [41], da sich die «morphologische Gestalt der Gesellschaft, die Technik ihrer Wohnbauten und die Struktur der darin Schutz suchenden Gruppe ganz und gar ...» mit der Jahreszeit wandelt [42]. Das soziale Leben in allen seinen Formen erweist sich damit als «Funktion des morphologischen Typus der Gesellschaften» [43]. Bei den Eskimos sehe man «wirklich in dem Augenblick, wo die Form der Gruppe sich ändert, mit einem Schlag die Religion, das Recht und die Moral sich umgestalten» [44]. Mauss stellt die M. unter den Anspruch naturwissenschaftlicher Methodenstrenge und Begründung. Die Beweiskraft seiner Untersuchung ist so groß, weil sie «die gleiche Deutlichkeit und Präzision besitzt, als käme sie in einem Laboratorium zustande», und weil sie sich «jedes Jahr mit absoluter Unveränderlichkeit» wiederholt [45].

Seine Forschungsmethode, die indoeuropäischen Kulturen mit ihren Mythologien, Ritualen, Institutionen und Literaturen auf die drei Funktionen «souveraineté», «force» und «fécondité» zurückzuführen, bezeichnet G. DUMÉZIL selbst als «vergleichende Mythologie» [46], während deutsche Autoren sie mit der M. Goethes in Zusammenhang gebracht haben [47]. Angemessener wohl erwiesen für L. SEBAG die Forschungen Dumézils, «was die symbolische Struktur der menschlichen Beziehungen impliziert, wiewohl diese Struktur niemals in ihrer Totalität konstituiert ist, sondern viel eher als konstituierend erscheinen kann» [48]. Die «so freigelegte Struktur» definiere «die bestimmten symbolischen Rahmen, innerhalb derer eine gewisse historische Schöpferkraft gewaltet hat» [49].

M. FOUCAULT sieht den 'Isomorphismus' der verschiedenen Diskurse einer Epoche analog den Isomorphismen, die Dumézil an den verschiedenen Religionen und Mythologien aufzeigte, und er will sein Modell der Diskurse ebenso wie jener die drei Funktionen in Beziehung zur Geschichte setzen. Wie dort die römische Religion den skandinavischen Legenden oder einem iranischen Ritus als isomorph erwiesen wird, nicht um ihre Stellung in der römischen Geschichte zu bezweifeln, sondern um ihre «innere Morphologie» herauszuarbeiten, so werden die wissenschaftlichen Diskurse einer Epoche auf ein gemeinsames theoretisches Modell zurückgeführt, weil man «die Geschichte, die Analyse des Funktionierens und der Rolle dieses Wissens, seiner Stellung und der Art seiner Verbindung mit der Gesellschaft nicht betreiben kann, wenn man nicht die Stärke und Dauerhaftigkeit dieser Isomorphismen berücksichtigt» [50].

Anmerkungen. [1] J. W. GOETHE, Fragmente zur vergleichenden Anatomie. Gedenkausg., hg. E. BEUTLER 17 (1952) 415. – [2] Vgl. zu diesen Zusammenhängen R. PIEPMEIER: Aporien des Lebensbegriffs seit Oetinger (1978) bes. 75-109. 207-231. – [3] J. W. GOETHE, Die Absicht eingeleitet, in: Bildung und Umbildung organischer Naturen (1807, ersch. 1817 in: Zur Morphologie, Bd. I, Heft 1). Gedenkausg., hg. E. BEUTLER 17 (1952) 13. – [4] W. BENJAMIN: Goethes Politik und Naturanschauung, in: Die lit. Welt 4 (1928) Nr. 49 (7. 12. 1928) 6; zit. nach R. TIEDEMANN: Stud. zur Philos. W. Benjamins (1965, 1973) 84f. – [5] J. G. DROYSEN: Historik (1857), hg. P. LEYH (1977) 18. 20. 27. – [6] a.O. 17f. – [7] 17. – [8] 19; diese Ansätze betont A. SCHMIDT: Gesch. und Struktur (1971) 16ff. und Zum Problem einer marx. Historik, in: W. OELMÜLLER (Hg.): Wozu noch Geschichte? (1977) 136ff. – [9] J. G. DROYSEN: a.O. [5] 21; vgl. 132. – [10] a.O. 57. – [11] 132. 291ff. 313ff. 336ff. 337. – [12] 361. 363ff. – [13] 444. – [14] O. SPENGLER: Der Untergang des Abendlandes. Umrisse einer M. der Weltgesch. (1918-22, 1972) 7; vgl. 206. – [15] a.O. 35. – [16] 69; vgl. 140. – [17] 8. – [18] 64. – [19] 69; vgl. 135. 141. 205. – [20] 553. – [21] L. FROBENIUS: Kulturgesch. Afrikas. Proleg. zu einer histor. Gestaltlehre (1933) 17ff. – [22] a.O. 21. 25. – [23] Paideuma, Umrisse einer Kultur- und Seelenlehre (1921) 7f. – [24] a.O. 58. 4; vgl. 11. – [25] 12. – [26] H. RICKERT: Die Philosophie des Lebens (1920) 32. – [27] ebda. – [28] W. ELERT: Morphologie des Luthertums 1 (1931, ²1952) 3. – [29] ebda. – [30] 6; vgl. 8. – [31] 9. 3. – [32] 9. – [33] G. MÜLLER: Die Gestaltfrage in der Lit.-Wiss. und

Goethes M. (1944) 6. – [34] a.O. 7. – [35] 9f. – [36] E. DURKHEIM: M. sociale, in: L'Année sociologique 2, 6e sect. (1897/98) 520; zit. nach M. MAUSS: Soziologie und Anthropologie 1 (1974) 182. – [37] M. MAUSS: Über den jahreszeitl. Wandel der Eskimogesellschaften. Eine Studie zur sozialen M. (1904/05), in: a.O. [36] 183. – [38] a.O. 184. – [39] 211. – [40] 201. – [41] 211ff. – [42] 214. – [43] 275. – [44] 276. – [45] ebda. – [46] Vgl. G. DUMÉZIL: Aspects de la fonction guerrière chez les Indo-Européens (Paris 1956, dtsch. 1964) X; vgl. M. ELIADE: Die Sehnsucht nach dem Ursprung (1973) 47; C. S. LITTLETON: The new comparative mythology. An anthropological assessment of the theories of G. Dumézil (Berkeley/Los Angeles 1966). – [47] O. HÖFLER: Einführung zu: G. DUMÉZIL, Loki (1948, dtsch. 1959) XIV; zur Konzeption Höflers vgl. auch: M. und Objektivität, in: Gestalthaftes Sehen. Ergebnisse und Aufgaben der M. Zum 100jähr. Geb. von Ch. v. Ehrenfels, hg. F. WEINHANDL (1960) 196-204. – [48] L. SEBAG: Marxisme et structuralisme (Paris 1964, dtsch. 1967) 165. – [49] a.O. 166. – [50] M. FOUCAULT: Über versch. Arten, Gesch. zu schreiben. Ein Gespräch mit R. Bellour (1967), in: Antworten der Strukturalisten, hg. A. REIF (1973) 164.   R. PIEPMEIER/Red.

II. *Naturwissenschaften.* – Der Ausdruck ‹M.› wurde, seitdem ihn GOETHE ausführlich umschrieben hatte, allgemein in den Naturwissenschaften übernommen.

Schon vor Goethe hatte C. F. BURDACH das Wort bereits mehrfach angewendet (erstmals 1800) [1]; er fand aber mit dieser Wortprägung keine Beachtung. Burdach erörterte die M. als die Lehre von der Gestaltung überhaupt im Anorganischen und im Organischen. 1817 veröffentlichte er eine programmatische Abhandlung ‹Über die Aufgabe der M.›, womit er bei Goethe auf freundliche Resonanz stieß.

Sehr bald nach 1817 findet sich das Wort häufiger: 1824 bei dem Botaniker CHR. G. NEES VON ESENBECK in Goethes Heften zur M., bei H. F. LINK in der 2. Auflage seiner ‹Elementa philosophiae botanicae› (1824), bei J. H. SCHMIDT in seinem Werk: ‹Zwölf Bücher über M. überhaupt und vergleichende Noso-M. insbesondere› (1831). Goethe wird als «der große Stifter der M. als einer selbständigen Wissenschaft» bezeichnet [2].

Als GOETHE sich seinen morphologischen Studien zuwandte, hatte die Naturwissenschaft bereits eingehend die organischen Formen in Beschreibung und Vergleich untersucht und eine große Systematik der Lebewesen aufgestellt. Man glaubte, alle Lebewesen seien miteinander vergleichbar, weil Gott bei der Schöpfung immer denselben Plan, mit gewissen notwendigen Veränderungen, verfolgt habe. So etwa lehren HALLER in Deutschland, LINNÉ in Schweden, RÉAUMUR in Frankreich, SPALLANZANI in Italien. Durch Beobachtungen an Insekten zeigten sich jedoch solche Unterschiede im «Bauplan», daß dessen Einheitlichkeit in Frage gestellt zu werden begann.

G.-L. LECLERC DE BUFFON versucht deshalb schon in der Mitte des 18. Jh. einen anderen Weg der Erklärung: Aus lebendiger Materie entstanden sogleich durch spontane Verbindung die ersten Vertreter aller Tier- und Pflanzenarten, die als Typen für die Folge ihrer Nachkommen gelten können. EMPEDOKLES hatte im 5. Jh. v. Chr. eine ähnliche Lehre vorgetragen: Aus der Erde gehen «typoi», rohe Formen, hervor, die sich miteinander zu Lebewesen verbinden oder auch wieder zugrunde gehen. BUFFON glaubte an einen ursprünglichen, allgemeinen göttlichen Plan (un dessein primitif et général), der der mannigfaltigen Entwicklung der Lebewesen zugrunde liege [3]. Diese Auffassung erscheint zwar noch traditionell, aber sie will dem «dessein» nicht so sehr eine ursprüngliche Realität zusprechen, sondern vielmehr diese Pläne als Ergebnis der unter bestimmten physikalischen Bedingungen wirkenden Gesetze der lebendigen Materie festhalten [4].

Für Goethe dagegen ist der Typus von unbezweifelbarer Realität, weil der im Begriff erfaßten Einheit des Typus eine Einheit in der Natur selbst entspricht, die wir in unserem Denken aus der sie verhüllenden Mannigfaltigkeit herausheben [5]. So werden Urbilder des Tieres und der Pflanze erkennbar. Auch C. G. CARUS schreibt: «Das ideale Bild aller wesentlichen Eigentümlichkeit eines vegetativen Organismus vermögen wir im Geist zu erfassen unter dem *Begriffe der Urpflanze* ...». Für das Tierreich hielt Carus ein einziges plastisches Urbild nicht für vorstellbar, weil im Tierreich über das «rein Bildende» hinaus die Bedeutung auf dem «Umbilden und Bestimmen der Bildung» liege [6].

Nach G. CUVIER gibt es vier allgemeine Pläne, «nach denen die zugehörigen Tiere modelliert zu sein scheinen und deren einzelne Unterabteilungen, wie dieselben auch von den Naturforschern bezeichnet werden mögen, nur leichte, auf die Entwicklung oder das Hinzutreten einiger Teile gegründete Modifikationen sind» [7]. Es sind die der Wirbeltiere, Gliedertiere, Mollusken und Strahltiere. Durch Ergebnisse der Paläontologie, die er selbst mitbegründete, kam er zu der Auffassung, daß durch gewaltige Erdkatastrophen die gesamte Pflanzen- und Tierwelt einer Periode vernichtet wurde und darauf eine neue Schöpfung die Erde wieder besiedelt habe. Die Arten seien konstant und keine Zwischenformen auffindbar.

G. SAINT-HILAIRE ging davon aus, daß alle Wirbeltiere nach einem und demselben Plan gebaut seien (unité de plan), und versuchte, durch das Studium der menschlichen Monstrositäten seinen Grundsatz zu bekräftigen. In seinem Streit mit Cuvier konnte er ihn allerdings nicht völlig aufrechterhalten; die Unterschiede in den körperlichen Formen erwiesen sich als zu groß. A.-P. DE CANDOLLE vertrat ebenfalls eine «idealistische M.». L. AGASSIZ änderte Cuviers Katastrophentheorie dahin ab, daß Gott zu öfteren Malen Lebewesen geschaffen habe, wobei er jedesmal dort wieder anfing, wo er vorher aufgehört hatte, «in der Absicht, nach und nach seine Geschöpfe zu verbessern, bis sie das letzte Ziel, das Ebenbild Gottes zu werden, erreicht hatten» [8]. Immerhin konnte man in jener Zeit schon von einer Geschichte der Schöpfung, einer Vervollkommnung der organischen Formen, einem Fortschritt der Organisation sprechen. Die Formen bleiben jedoch «ideal», insofern sie nur durch die geschichtlichen Verhältnisse in Erscheinung treten, nicht aber aus ihnen hervorgehen [9].

Für die romantische Naturphilosophie wurde der Gedanke leitend, daß im Tierreich schon die menschliche Gestalt in den einzelnen Organen wiederzufinden sei. So schreibt etwa L. OKEN: «Der Mensch ist die Spitze, die Krone der Naturentwicklungen, und muß alles umfassen, was vor ihm dagewesen, wie die Frucht alle früheren Teile der Pflanze in sich begreift. Der Mensch muß die gesamte Welt im Kleinen darstellen.» Und: «Es gibt nur eine Menschenzunft, nur ein Menschengeschlecht und nur eine Gattung; eben weil er das ganze Tierreich ist» [10]. H. G. BRONN vertrat die Lehre von einem Gesamtplan der Schöpfung: «In der Aufeinanderfolge der verschiedenen Pflanzen- und Tierformen ist ein gewisser steter Gang und Plan zu erkennen, die nicht vom Zufall abhängig sind. Indem alle Arten nur eine zeitweise Dauer besitzen und früher oder später wieder untergehen, geben sie Raum für nachfolgende neue, welche nicht nur fast immer in Zahl, Organisation und Verrichtungen einen Ersatz für die verschwindenden bieten, sondern auch noch mannigfaltiger und daher zum Teil vollkommener zu sein pflegen und nach Organisations-Höhe, Lebens-Weise und Funktionen stets ein Gleichgewicht zueinander behaupten. Es besteht daher immer eine gewisse *feste Beziehung zwischen den neu entstehenden und den verschwindenden Formen von Organismen*» [11]. «Ein *fester Plan scheint* der ganzen Entwicklungs-Folge der Organismen auch *insofern zugrunde zu liegen,* als der *Mensch erst am Schluß derselben erscheint,* wo er alles vorbereitet findet, was zu seiner eigenen Existenz und zu seiner steigenden Entwicklung und Ausbildung notwendig ist, welche letzte bei früherem Auftreten desselben nicht möglich gewesen sein würde» [12].

R. OWEN konnte durch seine Unterscheidung von analogen und homologen Organen wesentlich zur Klärung der morphologischen Fragestellung beitragen. Analogie ist mithin «ein Teil oder ein Organ, welches in einem Tier dieselbe Funktion hat wie ein anderer Teil oder ein anderes Organ in einem verschiedenartigen Tier». Homologie liegt für ihn vor, wenn sich «dasselbe Organ bei verschiedenen Tieren unter allen möglichen Abwandlungen der Formen und Funktionen» findet. «So sind z. B. Kiemen und Lungen analog, die Schwimmblase der Fische und die Lunge der Säugetiere homolog» [13].

Der idealistischen M. stellte sich die phylogenetische oder kausale M. entgegen, die aus DARWINS Grundgedanken erwuchs, daß die organischen Formen als historische Gebilde aufzufassen sind, denen keine Ideen zugrunde liegen; sie gehen vielmehr aus einer Reihe von Ereignissen und Einwirkungen hervor. Der Gegensatz läßt sich auch als der von M. und Physiologie verdeutlichen. So meint K. GOEBEL, überall müßten die Organe im Zusammenhang mit ihren Funktionen untersucht werden. Die Organographie verfolgt vor allem das sichtbare Entstehen und Umbilden der Organe. «Es handelt sich also für die moderne M. zunächst darum, die Faktoren näher kennenzulernen, von denen *jetzt* das Entstehen der Gestaltungsverhältnisse abhängt.» «Ja, man könnte geradezu sagen: Morphologisch ist das, was sich physiologisch noch nicht verstehen läßt» [14]. Inzwischen ist die M. erneut als Biotypologie und als dynamische M. zu einer zentralen Aufgabe der Biologie geworden. W. TROLL und K. L. WOLF gehen von der Gestalt als dem ontisch Vorgängigen aus: Sie bildet den Typus, nach dem sich die Entwicklung richtet. Die reale Gestalt wird verständlich, wenn in ihr der Typus erschaut ist. Die Aufgabe der Biotypologie ist damit gestellt: die biotische Mannigfaltigkeit ideenhaft von innen zu durchleuchten. Aus neuscholastischer Sicht schließen sich dieser Auffassung H. ANDRÉ und B. STEINER an. Auch F. WAASER spricht von «Ideen», die das organische Geschehen beherrschen und sich in ihm darstellen [15]. Vor allem E. DACQUÉ hat viele der älteren Gedanken aufgenommen: Beim Typus muß die Formidee erschaut werden, bei der Anpassung die konkrete Beziehung zur Lebensweise. Die Anpassung ist die Verkörperung der Forderungen, die die Umwelt an den Organismus stellt. Die angepaßte Form ist die Antwort, welche der in sich gegründete Typus darauf gibt. Immer gilt der Primat der Form vor der Funktion. Die metaphysisch wirksame Urform ist die Idee des Menschen; die ganze Tierwelt wird zum Symbol jener Urform als der «Entelechie» der Natur durch alle Erdzeitalter hindurch [16]. – Für J. VON UEXKÜLL erwächst die Bedeutung, die etwas für ein Lebewesen gewinnt, aus der Tätigkeit, dem tätigen Umgang mit ihm. Diese Tätigkeiten lassen sich in Funktionskreise gliedern, z. B. der Nahrung, des Feindes, des Geschlechts. Es besteht ein apriorisches Zuordnungsverhältnis zwischen dem «Bauplan» des Subjekts und den «Bedeutungsträgern». Die Lebensaufgabe der Lebewesen «besteht darin, die Bedeutungsträger bzw. Bedeutungsfaktoren gemäß ihrem subjektiven Bauplan zu verwerten». Das Ineinandergreifen des Baus des Subjekts und des Baus seiner Umwelt läßt sich wie eine «Komposition» auffassen. «Die Formbildung der Lebewesen wird erst dann unserem Verständnis näher gebracht werden, wenn uns gelungen ist, aus ihr eine Kompositionslehre der Natur abzuleiten» [17].

Die Theorie der Baupläne wurde historisch mit dem Teleologieproblem verbunden. Man sah die Formen und Strukturen der Organismen entweder als zweckmäßig an oder ließ sie sogar aus einer Zwecktätigkeit entspringen. Diese Bioteleologie, die sich meistens mit einer ausdrücklich festgehaltenen Weltidee vereinigt, haben R. WOLTERECK, A. MÜLLER, P. TEILHARD DE CHARDIN u. a. beredt ausgeführt. Auch A. PORTMANN hat betont, daß es die erste Aufgabe der Biologie sei, auch im Abweichendsten den Typus, den Grundplan zu erkennen. Die Form in ihrer raumzeitlichen Gestaltung stellt sich immer wieder anders dar; sie läßt ein Lebewesen erst in einer konkreten Situation unverwechselbar zum Vorschein kommen. Die «Transzendenz der Erscheinung über jede Erhaltungsfunktion hinaus» aufzuzeigen, sieht Portmann als «eine der bedeutungsvollsten Aufgaben der gegenwärtigen Lebensforschung» an [18].

Den Lehren von Bauplänen, Typen und zielgerichtetem Aufbau der Organismen stellte sich die Evolutionstheorie entgegen, die beanspruchte, 1. durch Vergleich, Observation und Experiment überprüfbar zu sein, 2. einer rein kausalanalytischen Erklärung der Organismen den Weg zu bereiten, 3. von theologischer Metaphysik zu befreien. Die Funktion (Leistung, Aufgabe, Tätigkeit) eines Organs und Organismus gewinnt den Vorrang vor der Form bzw. Gestalt, die Physiologie tritt an die Stelle der Morphologie. Die Genetik übernimmt die Erforschung von Reproduktion und Artkonstanz. Die Abstammungslehre überwindet die beziehungslose Koordination von Bauplänen oder Typen. Am schärfsten vertrat diese Theorie zum ersten Mal E. HAECKEL in seiner ‹Generellen Morphologie der Organismen› (1866), später z. B. in der ‹Natürlichen Schöpfungsgeschichte› (1868). Die M. wird nicht als beschreibende, sondern als erklärende Wissenschaft bezeichnet. Die wichtigste Grundlage der M. ist der Kausalnexus zwischen «Ontogenie» und «Phylogenie». In den letzten Kapiteln versucht Haeckel den «Monismus» als philosophische Konsequenz der Forschung zu erweisen [19].

In der Informationstheorie der Genetik tauchen die Begriffe «Plan» und «Typus» wieder auf, allerdings als nachweisbare Strukturen der die Vererbung bestimmenden chemischen Verbindungen. Es enthüllt sich ein «Vererbungsplan», der mit wenigen «Typen» eine unabsehbare Mannigfaltigkeit von Formen hervorzubringen und festzulegen vermag.

Versuche, den erörterten Gegensatz zu überwinden, sind in verschiedener Weise unternommen worden, etwa in dem Sinne, daß es sich bei M. und Physiologie bzw. Evolutionstheorie um komplementäre Aspekte handle.

Anmerkungen. [1] C. F. BURDACH: Propäd. zum Studium der gesamten Heilkunst (1800); Der Organismus menschlicher Wiss. und Kunst (1809); Anatomische Untersuchungen bezogen auf Naturwiss. und Heilkunst, 1. Heft (1814). – [2] J. H. SCHMIDT: Zwölf Bücher über M. überhaupt und vergleichende Noso-M.

insbesondere (1831) 1, 149. – [3] G. L. Leclerc de Buffon: Histoire naturelle, De l'âne. Oeuvres philos., hg. J. Piveteau u. a. (Paris 1954) 3-53f.; vgl. J. Roger: Die Auffassung des Typus bei Buffon und Goethe. Verh. der Ges. Dtsch. Naturforscher und Ärzte 103 (1964) 74-80, bes. 78. – [4] J. Roger, a.O. – [5] Vgl. W. Troll: Organische Gestaltung und variable Proportionen. Neue Hefte zur M. 2 (1956) 699. – [6] C. G. Carus: Natur und Idee (1861) 233f.; vgl. auch Carus, in: Romantische Naturphilos., hg. C. Bernoulli/H. Kern (1926) 301-386, bes. 381. – [7] Nach J. V. Carus: Gesch. der Zoologie (1872) 614f. – [8] Vgl. G. Rattray Taylor: Das Wissen vom Leben (1963) 147. – [9] Vgl. E. Rádl: Gesch. der biolog. Theorien 2 (1909) 326. – [10] L. Oken: Lehrb. der Naturphilos. (1831) 489. – [11] H. G. Bronn: Untersuchungen über die Entwicklungs-Gesetze der organischen Welt während der Bildungs-Zeit unserer Erd-Oberfläche (1858) 80. – [12] a.O. 81. – [13] Vgl. G. Rattray Taylor, a.O. [8] 142. – [14] K. Goebel: Die Grundprobleme der heutigen Pflanzen-M. Biol. Zentralbl. 25 (1905) 65-83, bes. 82; vgl. auch: Organographie der Pflanzen (1898-1901). – [15] Vgl. Th. Ballauff: Das Problem des Lebendigen (1949) 74. – [16] a.O. 74f. – [17] J. von Uexküll: Bedeutungslehre (1940, 1956) 114. 131; vgl. Fr. Brock: Die Grundlagen der Umweltforsch. Jakob von Uexkülls. Zoolog. Anzeiger (1939) Suppl. 12, 16-68. – [18] A. Portmann: Die Beurteilung der Erscheinung im Organischen. Stud. Gen. 12 (1959) 235-241, bes. 241. – [19] Nach G. Uschmann: 100 Jahre «Generelle M.». Biol. Rundschau 5 (1967) 241-252.

Literaturhinweise. J. W. Goethe, Über Natur und Naturbetrachtung. Aus Goethes Schr., ausgew. von K. L. Wolf (1950). – A. von Humboldt: Ideen zu einer Physiognomik der Gewächse (1806), hg. M. Dittrich (1959). – R. Leuckert: Über die M. und die Verwandtschaftsverhältnisse der wirbellosen Tiere (1848). – H. Milne-Edwards: Das Verfahren der Natur bei Gestaltung des Naturreichs (1853). – C. Gegenbaur: Die Stellung und Bedeutung der M. Morpholog. Jb. 1 (1876) 1-19; Vergleichende Anatomie der Wirbeltiere (1898-1901). – C. Nägeli: Mechanisch-physiolog. Theorie der Abstammungslehre (1883). – E. Haeckel: Systemat. Phylogenie. T. I-III (1894-96). – O. Hertwig: Zeit- und Streitfragen der Biologie (1894-97). – D'Arcy W. Thompson: On growth and form (Cambridge 1917). – A. Naef: Idealistische M. und Phylogenetik (1919); M. der Tiere, in: Handwb. der Naturwiss. 7 (1932) 3-17. – M. Heidenhain: Formen und Kräfte in der lebendigen Natur (1923). – E. Dacqué: Urwelt, Sage und Menschheit (1924, ^{5}1928); Organische M. und Paläontologie (1935); Die Urgestalt (1940, 1951). – A. Meyer: Logik der M. im Rahmen einer Logik der gesamten Biologie (1926). – P. Weiss: Morphodynamik (1926). – J. André: Urbild und Ursache in der Biologie (1931). – A. N. Sewertzoff: Morphol. Gesetzmässigkeiten der Evolution (1931). – K. Beurlen: Funktion und Form in der organ. Entwicklung. Die Naturwiss. 20 (1932) 73-80. – G. von Frankenberg: Das Wesen des Lebens (1933). – A. Mitterer: Das Ringen der alten Stoff-Form-Metaphysik mit der heutigen Stoff-Physik (1935). – G. Schmid: Über die Herkunft der Ausdrücke M. und Biologie. Nova Acta Leopoldina NF 2 (1935) 587-620. – J. Needham: Order and Life (New Haven/Cambridge 1936). – H. Driesch: Studien zur Theorie der organ. Formbildung. Acta Biotheor. 3 (1937) 51-80. – W. Troll: Vergleichende M. der höheren Pflanzen 1. 2 (1937); Gestalt und Urbild (1941); Allg. Botanik (1948, ^{3}1959); Bio-M. und Biosystematik als typolog. Wiss.en. Stud. Generale 4 (1951) 376-389. – B. Steiner: Der Schöpfungsplan (1938). – K. L. Wolf: Theoret. Chemie (1941). – Hb. der Biologie, hg. L. von Bertalanffy I-X (1942-77). – Fr. Nardi: Organismus und Gestalt (1942). – F. Waaser: Gestalt und Wirklichkeit im Lichte Goethe'scher Naturanschauung (1942). – A. Portmann: Einführung in die vergleichende M. der Wirbeltiere (1948), ^{3}1965). – N. Hartmann: Teleolog. Denken (1951). – A. Benninghoff: Das Problem der organ. Form (1952). – W. Zimmermann: Evolution (1953). – Schöpfungsglaube und Evolutionstheorie. Eine Vortragsreihe (1955). – Histoire générale des sci., hg. R. Taton, T. I. II. III/1. 2 (Paris 1957-64). – Die Evolution der Organismen, hg. G. Heberer 1. 2 (^{2}1959). – K. Bühler: Das Gestaltprinzip im Leben des Menschen und der Tiere (1960). – H. Hölder: Geologie und Paläontologie in Texten und ihrer Gesch. (1960). – A. Meyer-Abich: Geistesgeschichtl. Grundlagen der Biologie (1963). – P.

Baumanns: Das Problem der organ. Zweckmässigkeit (1965). – E. Ungerer: Die Wiss. vom Leben 1-3 (1966).   Th. Ballauff

III. *Linguistik und Literaturwissenschaft.* – 1. In der *Linguistik* bezeichnen ‹M.› und seine weniger gebräuchlichen Synonyme ‹Formenlehre› im Deutschen, ‹accidence› im Englischen und ‹morphemics› im amerikanischen Strukturalismus den meist zwischen Phonologie und Syntax angesiedelten Teil der Grammatik, der sich mit jenen 'formalen' (im Gegensatz zu den 'funktionalen' der Syntax [1] und den 'inhaltlichen' der Semantik) Aspekten der Bestandteile von Wörtern befaßt, die bedeutungstragend und nicht wie die Phoneme nur bedeutungsunterscheidend sind. Die kleinsten dieser 'formalen' Bestandteile heißen ‹*Morpheme*› [2]. Bei einer type-token-Unterscheidung wird ‹Morphem› auf den Typ eines solchen Bestandteils eingeschränkt, während das einzelne Token als ‹*Morph*› bezeichnet wird. Kontextbedingte Varianten desselben Morphems heißen ‹*Allomorphe*›. So sind ‹-es› in ‹boxes› und ‹-en› in ‹oxen› Allomorphe des englischen Pluralmorphems. Die einzelnen Bedeutungselemente, die sog. semantischen Merkmale, die von einem Morphem getragen werden, heißen ‹*Seme*›. So zeigt das lateinische Morphem ‹-ă› in ‹amica› die drei Seme Nominativ, Singular und weiblich an. Die *Morphonologie* befaßt sich mit den morphologisch signifikanten Aspekten der Lautform der Sprache.

Das englische ‹accidence› entstammt den mittelalterlichen Grammatiken, die zwischen essentiellen und akzidentellen Eigenschaften (accidentia) der partes orationis (Redeteile, Wortarten) unterscheiden. Zu den essentiellen modi significandi (Bezeichnungsweisen), die ein Wort einer bestimmten Wortart zuordnen, kommen akzidentelle hinzu, die durch eine Inflexion dem Wort Eigenschaften wie Tempus, Numerus, Genus, Kasus zuordnen, die ihm nicht notwendig sind [3]. Von einigen französischen Linguisten abgesehen, die den Ausdruck ‹Morphem› auf diese 'akzidentellen' Affixe, auch gebundene Morpheme genannt, beschränken, befaßt sich die M. heute im allgemeinen mit den Wurzel- (z. B. ‹Herz›) wie mit den Flexionsmorphemen (z. B. ‹-en›, ‹-lich›), mit der Formen- und mit der Wortbildungslehre.

Während das erste Aufkommen des Terms ‹M.› in der Sprachwissenschaft des 19. Jh. noch nicht ausgemacht zu sein scheint [4], wird der Term ‹Morphem› dem polnischen Linguisten J. Baudouin de Courtenay [5] zugeschrieben [6]. Als Inspirationsquellen für den linguistischen Term ‹M.› sind der biologische Term, Goethes spezifischer Gebrauch und das Bedürfnis nach einem englischen und französischen bzw. interlingualen Äquivalent für das deutsche ‹Formenlehre› in Betracht zu ziehen. Das biologische Vorbild (die Sprache als Organismus) bei der Einführung des Terms ‹M.› ist manifest bei G. von der Gabelentz [7], der in der Folge die etymologische und die morphologische Untersuchung des «Wortschatzes in seiner Erscheinung» auseinanderhält. Von der Etymologie werden alle «stammverwandten», von der M. «alle durch die gleichen Mittel gebildeten Wörter» zusammengestellt [8]. Die M. hatte eine Blütezeit in der strukturalistischen Phase der Linguistik mit ihrem Rückgriff auf die minimalen Bestandteile, aus denen das Sprachsystem aufgebaut ist, in «taxonomischer», d. h. atomistischer und deskriptiver Orientierung im amerikanischen [9], in mehr ganzheitlicher und funktionaler Orientierung im europäischen Strukturalismus [10].

Anmerkungen. [1] Vgl. F. de Saussure: Cours de linguistique gén. (Genf 1915, Paris ^{3}1931) 185f. – [2] J. Baudouin de Cour-

TENAY: Versuch einer Theorie der phonet. Alternationen (Straßburg 1895); L. BLOOMFIELD: A set of postulates for the sci. of language. Language 2 (1926) 154f. – [3] O. JESPERSEN: The philos. of grammar (London 1924) 37ff., J. LYONS: Introd. to theoretical linguistics (Cambridge 1968) 198f. – [4] Vgl. P. H. MATTHEWS: M. (Cambridge 1974). – [5] Vgl. a.O. – [6] R. JAKOBSON: The 20th century in Europ. and Amer. linguistics. The Framework of Language (Ann Arbor 1980) 70. – [7] G. VON DER GABELENTZ: Die Sprachwiss. (1891) 15. – [8] a.O. 131. – [9] Vgl. E. A. NIDA: M. (Ann Arbor ²1949). – [10] Vgl. R. JAKOBSON: Selected writings II/A: Morphol. studies (Den Haag 1971) 3ff.

2. In der *Literaturwissenschaft* hat der Term ‹M.› im *Rußland* der Zwischenkriegszeit Schule gemacht. Russische Formalisten (B. ÈJCHENBAUM, V. ŠKLOVSKIJ) wehrten sich gegen das ihnen angeheftete Etikett ‹Formalismus›, indem sie im Hinblick auf die ganzheitliche Konnotation des biologischen und des linguistischen Begriffs der M., deren Korrelation mit einer funktionalen Analyse (der «Physiologie») und wohl auch ihre psychologische These von der «fühlbaren Form» ihre Richtung als «morphologische Schule» bezeichneten [1].

Morphologisch nannten auch A. M. PETROVSKIJ [2] und sein Schüler A. A. REFORMATSKIJ [3] die hierarchisch geordnete Aufteilung eines Textes in statische (Thema) und dynamische (Motiv) Einheiten der Fabel als Voraussetzung der eigentlichen teleologischen Analyse der Struktur des Textes zur Entdeckung seines jeweiligen «Kerns». Der russische Formalismus wird als ein Kapitel der «aristotelischen Poetik des 20. Jh.» gewürdigt, in der die textimmanenten Verfahren und Strukturen wichtiger genommen werden als die Intention des Schreibers und die Reaktion des Lesers [4].

Paradigmatisch geworden ist V. PROPPS M. des Zaubermärchens [5]. Nach Propp bilden die Aktionen einer Person, von ihm Funktionen genannt, und nicht inhaltliche Eigenschaften die konstanten Strukturelemente der Zaubermärchen. Die Zahl der Funktionen ist begrenzt und ihre Reihenfolge bei möglichen Auslassungen, jedoch nach strengen Gesetzen der Kompatibilität und Inkompatibilität konstant, so daß alle Zaubermärchen ihrer Struktur nach einen einzigen Typ bilden.

Anmerkungen. [1] Vgl. z.B. V. ŠKLOVSKIJ: Literatura i kinematograf (Berlin 1923) 40. – [2] Morfologija puškinskogo ‹Vystrela› (M. von Puschkins ‹Der Schuß›); V. BRJUSOV (Hg.): Problemy poetiki (Moskau/Leningrad 1925) 173ff. – [3] Opyt analiza novellističeskoj kompozicii (Moskau 1922); engl. An essay on the analysis of the composition of the novella, in: S. BANN und J. E. BOWLT (Hg.): Russ. formalism (Edinburgh 1973) 85ff. – [4] L. DOLEŽEL: Narrative composition, a.O. 173ff.; A. A. HANSEN-LÖVE: Der russ. Formalismus (Wien 1978) 24ff. – [5] V. PROPP: Morfologija skazki (Leningrad 1928, Moskau ²1969); vgl. C. LÉVI-STRAUSS: La structure et la forme: Réfl. sur un ouvrage de V. Propp (1960); Anthropol. structurale deux (Paris 1973) 139ff.; Dtsch. Übers. der wichtigsten Arbeiten PROPPS und seiner Würdigung durch C. LÉVY-STRAUSS in: V. PROPP: M. des Märchens (1975).

E. HOLENSTEIN

Motiv (engl. motive; frz. motif; ital. motivo)

I. Der Begriff ‹M.› entstammt der Aristotelischen Analyse des Prozesses (κίνησις), wo ARISTOTELES unterscheidet zwischen dem, was einen Prozeß verursachen (κινητικόν) und dem, was ihn erleiden kann (κινητόν) [1]. Bei THOMAS VON AQUIN bezeichnet ‹motivum› in einem allgemeinsten Sinn die Prozeßursache, insofern sie einen Prozeß verursachen kann («ex parte moventis motivum dicitur secundum potentiam, inquantum scilicet potest movere») [2]. Bei den Lebewesen verhalten sich Wahrnehmungs- (vis apprehensiva) und Strebevermögen (vis appetitiva) wie motivum und mobile; M. ist also die durch Sinne, Einbildungskraft oder Intellekt gegebene Vorstellung, insofern sie das Strebevermögen aktuiert [3]. So bezeichnet Thomas auch den Anlaß nicht vernünftiger Empfindungen, z.B. des Schmerzes oder Affekts, als M. [4]. Gegenstand sittlicher Bewertung ist das M. der auf einer überlegten Willensentscheidung beruhenden Handlung (actio humana), bei der Thomas zwischen dem Objekt des äußeren Aktes und dem des inneren Willensaktes unterscheidet; letzteres bezeichnet er als M. oder Ziel (finis) [5]. Da vom Intellekt bestimmt, erstrebt der Wille (voluntas) notwendig alles unter der Rücksicht des Guten [6]; die M. der sinnlichen und affektiven Strebungen können den Willen nur mittelbar bestimmen, indem sie das Urteil über das Gute beeinflussen [7].

J. LOCKE antwortet mit dem Begriff des M. (motive) auf die Frage, was den Willen bestimmt (what determines the will) [8]. Der entscheidende Unterschied zu Thomas liegt im Begriff des Willens und der Bedeutung des Begehrens für die Willensbestimmung. Bereits TH. HOBBES hatte die Definition des Willens als appetitus rationalis abgelehnt [9]; für LOCKE ist der Wille «die Kraft, die Fähigkeiten des Wirkens in den einzelnen Fällen zur Bewegung oder zur Ruhe zu veranlassen» [10]. M. ist immer ein gegenwärtiges Unbehagen (uneasiness), «das in einem Begehren besteht oder wenigstens stets davon begleitet ist» [11]. Ein als solches erkanntes (größeres) Gut kann nur mittels eines Unbehagens den Willen bestimmen [12].

Gegen Lockes These, letztes M. des sittlichen Handelns sei der Egoismus, wendet sich A. SHAFTESBURY durch die Unterscheidung zwischen natürlichen (gemeinnützigen), selbstischen und unnatürlichen Affekten [13]. Ebensowenig ist für F. HUTCHESON das Wohlwollen (benevolence), auf dem alle Tugenden beruhen, auf die M. oder Triebfedern (springs) des Selbstinteresses rückführbar. Unmittelbares M. des sittlich guten Handelns ist vielmehr «eine Bestimmung unserer Natur, auf das Gut der anderen bedacht zu sein; oder ein Instinkt, der vorgängig zu jeder vom Interesse geleiteten Vernunft uns zur Liebe zu anderen bewegt» [14]. Im Gegensatz zu Thomas kann nach D. HUME «die Vernunft allein niemals M. eines Willensaktes sein» [15]. Sie «ist nur Sklave der Affekte und soll es sein» [16]. Da der Affekt als solcher in keiner Beziehung zur Vernunft steht, kann er nicht unvernünftig genannt werden; Vernunft und Affekte können deshalb bei der Motivierung des Willens niemals einander entgegengesetzt sein [17]. Die Unterscheidung zwischen Tugend und Laster ist eine Leistung des Gefühls. Hume betont die Bedeutung des M. für die sittliche Bewertung einer Handlung: «Alle tugendhaften Handlungen erhalten ihr Verdienst nur von tugendhaften M., und sie werden nur als Zeichen dieser M. angesehen» [18].

Die rationalistische Gegenposition vertritt CHR. WOLFF. Nur die Vorstellung des Guten (idea boni) kann einen Akt der Begierde (appetitus) hervorrufen; die Unterscheidung zwischen appetitus sensitivus und rationalis beruht auf der zwischen der idea boni confusa und distincta [19]. Beide werden als «Bewegungsgrund» bezeichnet [20]; motivum ist dagegen nur eine «repraesentatio boni ... distincta» [21]; Wolff definiert es als «ratio sufficiens actuum volitionis ac nolitionis» (hinreichender Grund der Akte des Wollens und Nichtwollens) [22]. Nach demselben Gesichtspunkt unterscheidet A. G. BAUMGARTEN bei den «bewegenden Ursachen» (causae impulsivae) oder «Triebfedern des Gemüts» (elateres animi) [23] zwischen «sinnlichen Triebfedern» (stimuli), die das untere, und «Bewegungs-Gründen» (motiva), die das obere Begehrungsvermögen bestimmen [24].

Dieser Terminologie schließt sich I. KANT in den Vorlesungen über Moralphilosophie (1784/85; Collins) [25] und der ‹Grundlegung zur Metaphysik der Sitten› an: «Der subjektive Grund des Begehrens ist die Triebfeder, der objektive des Wollens der Bewegungsgrund; daher der Unterschied zwischen subjektiven Zwecken, die auf Triebfedern beruhen, und objektiven, die auf Bewegungsgründe ankommen, welche für jedes vernünftige Wesen gelten» [26]. Die Zuweisung der Triebfedern an die Sinnlichkeit gibt Kant später jedoch auf. Wenn nach der ‹Kritik der praktischen Vernunft› unter «Triebfeder (elater animi) der subjektive Bestimmungsgrund des Willens eines Wesens verstanden wird, dessen Vernunft nicht, schon vermöge seiner Natur, dem objektiven Gesetz notwendig gemäß ist» [27], so bedeutet «subjektiv» hier lediglich, daß etwas durch die Konstitution eines Subjekts bedingt ist; es besagt keine Abhängigkeit von sinnlichen Begierden. Nur wenn das moralische Gesetz unmittelbar den Willen bestimmt, hat eine Handlung sittlichen Wert; der «objektive Bestimmungsgrund» allein muß «zugleich der subjektiv hinreichende Bestimmungsgrund der Handlung sein» [28]. Das ist nur möglich durch das subjektive Gefühl der Achtung vor dem Gesetz, das Kant mit dem Bewußtsein der Pflicht gleichsetzt [29].

Der *Utilitarismus* lehnt eine Bewertung der Handlung aufgrund des M. ab. J. BENTHAM versteht unter einem praktischen M. jede beliebige Sache, die durch ihren Einfluß auf den Willen eines sinnlichen Wesens Mittel sein kann, diesen zum Handeln zu bestimmen («any thing whatsoever, which by influencing the will of a sensitive being, is supposed to serve as a means of determining him to act») [30]. Die einzigen M. sind Lust (pleasure) und Unlust (pain). Da Lust in sich selbst gut und Unlust in sich selbst schlecht ist, gibt es kein in sich schlechtes M.; M. können nur von ihren Wirkungen in den jeweiligen Umständen her bewertet werden [31]. Die Wertordnung innerhalb der M., die Bentham aufstellt, bemißt sich deshalb an den meisten von ihnen bewirkten Folgen [32]. Ob eine Handlung sittlich richtig (right) oder falsch (wrong) ist, kann nach H. SIDGWICK nur anhand der Intention, nicht des M., entschieden werden. Die Intention umfaßt alle als sicher oder wahrscheinlich vorausgesehenen Folgen der Handlung; M. sind die begehrten Folgen oder unsere Antriebe, die sich auf diese richten [33].

Die vor allem an psychologischen und handlungstheoretischen Fragen orientierte sprachanalytische Diskussion bemüht sich um eine genauere Abgrenzung von ‹M.› etwa gegenüber ‹Intention›, ‹Grund› (reason), ‹wollen› (want). Von besonderer Bedeutung für die Ethik ist die das Freiheitsproblem betreffende Frage, wie die Erklärung einer Handlung durch M.e sich von der durch Ursachen (causes) unterscheidet [34].

Anmerkungen. [1] ARISTOTELES, Phys. III, 1, 200 b 28-32. – [2] THOMAS VON AQUIN, In Phys. III lect. 4, nr. 9. – [3] S. contra gent. II, 47. – [4] S. theol. I/II, q. 47, a. 1; III, q. 15, a. 6 c. – [5] a.O. I/II, q. 1, a. 1; q. 7, a. 4; q. 8, a. 1 c; Quaest. disp. de malo q. 14, a. 2 c. – [6] S. theol. I/II, q. 8, a. 1. – [7] a.O. I/II, q. 9, a. 2; q. 75, a. 2 c; q. 77, a. 1. – [8] J. LOCKE, An essay conc. human understanding II, 21, § 29. – [9] TH. HOBBES, Leviathan I, 6. – [10] LOCKE, a.O. [8] II, 21, § 71. – [11] ebda. – [12] § 35. – [13] A. SHAFTESBURY, An inquiry conc. virtue or merit II, 1, sect. III. – [14] F. HUTCHESON, An inquiry conc. moral good and evil II, § 10. – [15] D. HUME, A treatise of human nature II, 3, sect. III = 413, hg. SELBY-BIGGE. – [16] ebda. 415. – [17] ebda. 415f. – [18] III, 2, sect. I = 478. – [19] CHR. WOLFF, Psychologia empirica §§ 580. 880. – [20] Vernünftige Gedanken von dem Menschen Tun und Lassen, zur Beförd. ihrer Glückseligkeit § 165. – [21] Psychol. emp. § 890. – [22] a.O. § 887. – [23] A. G. BAUMGARTEN: Met. (⁷1779) §§ 342. 669. – [24] a.O. §§ 677. 690. – [25] I. KANT, Akad.-A. 27/1, 255. – [26] a.O. 4, 427. – [27] KpV A 127. – [28] ebda. – [29] Met. Sitten, Akad.-A. 6, 464. – [30] J. BENTHAM, An introd. to the principles of morals and legislation X, § 1, nr. 3. – [31] a.O. X, § 2, nr. 9-12; § 3, nr. 29. – [32] X, § 3, nr. 31-34; II, nr. 19. – [33] H. SIDGWICK, The methods of ethics (London ⁷1962) 202-204. 362-372. – [34] Vgl. W. P. ALSTON: Art. ‹M.es and motivation›. Encyclop. of philos. 5 (1967) 399-409; R. LAWRENCE: M. and intention (Evanston 1972).

Literaturhinweis. B. KÄUBLER: Der Begriff der Triebfeder in Kants Ethik (Diss. Leipzig 1917).

F. RICKEN

II. Das Wort ‹M.› wird von dem spätlateinischen ‹motivus› als Übersetzung des aristotelischen κινητικός abgeleitet; die Scholastik bezeichnete mit ihm sowohl im engeren Sinn den Beweggrund eines Entschlusses oder einer Handlung in der Willenslehre als auch im weiteren Sinn bewegende und einwirkende Potenzen überhaupt. – Während die Rhetorik des Mittelalters und der Renaissance für die Gerichtssprache (genus iudicale) die speziellere Bedeutung bevorzugte, knüpfte die Literatur-, Kunst- und Musikgeschichte des 18. Jh. nach französischem Vorbild an die allgemeinere an. GOETHE spricht über die M. serbischer Lieder und meint, «daß aber die wahre Kraft und Wirkung eines Gedichts in der Situation, in dem M. besteht» [1]. Ebenso spricht man von M. in der Malerei und in der Musik. ‹M.› bezeichnet hier sowohl inhaltliche Elemente als auch Situationen und Beweggründe einer Handlung. LESSING führte die Methode des M.-Vergleichs in seine Untersuchungen zum französischen und englischen Drama ein [2]. Ihm folgen A. W. SCHLEGEL und die Literaturkritik der sich entwickelnden Germanistik. J. und W. GRIMM glaubten aus einem Vergleich übereinstimmender Stoffe und M. in den Literaturen der Völker einen Urmythos erschließen zu können [3]. Doch erst durch die Erforschung der Volksliteraturen im 19. Jh. wurde der Begriff für den literaturwissenschaftlichen Gebrauch festgelegt; die Forschung wandte sich gleichzeitig von der Wertung ab und ging zur Untersuchung der Richtungsgenese über. – Die Auffassung des M. als der kleinsten inhaltlichen Einheit eines literarischen Gefüges wurde durch W. SCHERER in seiner Methode der Stoff- und M.-Forschung auf das «Erlebte, Erlernte und Ererbte» im Leben und Werk des Dichters ausgedehnt. Das Kunstwerk soll aufgrund dieser inhaltlichen Elemente kausalgenetisch erklärt werden [4]. W. DILTHEYS M.-Lehre entspricht dagegen vollkommen seiner geisteswissenschaftlichen Methode. So soll das M. jetzt helfen, die Psyche des Dichters und seine poetische Theorie zu erkennen und zu verstehen [5]. Hieran schließen sich O. WALZEL und F. GUNDOLF an. Das M. wird bei ihnen als stoffliche Verfestigung eines Problems, das sich in einer Dichtung darstellt, verstanden [6]. Dadurch wird die M.-Geschichte zur Problemgeschichte. Mit verwandtem methodischen Ansatz versuchen J. KÖRNER und W. KROGMANN, die literarischen M. im Lichte der Psychoanalyse S. Freuds zu interpretieren [7]. – Unter dem Einfluß neuer poetologischer Versuche weichen diese Auffassungen heute einer Methode, die das M. morphologisch, nach seiner künstlerischen Funktion in einem literarischen Ganzen untersucht. Bei der Klärung des Begriffs geht man wieder auf die ursprüngliche Bedeutung als «Beweggrund» zurück und versucht, neben dem inhaltlichen vor allem auch dem formalen Aspekt gerecht zu werden. Denn einerseits ist das M. immer schon inhaltlich gefüllt; anderseits aber muß von der inhaltlichen Füllung abgesehen werden, um die M.-Struktur herauszuarbeiten. W. KAYSER definiert: «Das M. ist eine sich wiederholende, typische ... Situation. In diesem Charakter als Situation liegt es begründet, daß die M. auf ein Vorher und Nachher verweisen. Die Situation ist entstanden, und ihre Spannung verlangt nach einer Lösung. Sie sind somit von einer bewegenden Kraft, die letztlich ihre Bezeichnung als M. ... rechtfertigt» [8]. Das Schema, die typische Struktur des M. wird durch Abstraktion von den individuellen Ausformungen gewonnen. Auf diese Weise ist der Begriff des M. von dem des Stoffs geschieden. Im Begriff des M. wird gegenüber dem inhaltlichen das movierende Element in den Vordergrund geschoben und zum Bezugspunkt der Interpretation gemacht, die ihrerseits wieder die Funktion, Morphologie, Psychologie oder Geschichte eines M. stärker hervorheben kann.

Der Rückgriff auf das movierende Element eröffnet sowohl der modernen Hermeneutik als auch dem Strukturalismus und der Wirkungsgeschichte einen neuen Zugang zum M. So kann die literaturwissenschaftliche *Hermeneutik* die im M. kondensierte menschliche Situation als erkenntniskonstitutiv erfassen und zum Ausgangspunkt der literarischen Interpretation nehmen. Im *Strukturalismus* wird sie in ihrem Modellcharakter zum Gegenstand der Analyse, wie etwa in der Strukturanalyse von Mythen, Sagen und Märchen bei LÉVI-STRAUSS, PROPP, GREIMAS und BARTHES. In der *Wirkungsgeschichte* erscheint das M. als ein von historisch voneinander abhängigen Lösungsversuchen eröffnetes Problem, dessen komparatistische Beschreibung und Interpretation sich der Geistesgeschichte nähert. Als Basis dient eine Theorie der Literatur als dialektisches Argumentationssystem [9].

Im Bereich der allgemeinen *Kunsttheorie* hat Z. CZERNY den Versuch unternommen, Ansätze zu einer vergleichenden Theorie des M. in der Kunst überhaupt aufzuzeigen.

Anmerkungen. [1] J. W. GOETHE: Gespräche mit Eckermann (18. 1. 1825). Gedenk-A., hg. E. BEUTLER 24 (1949) 138. – [2] G. E. LESSING, Werke, hg. J. PETERSEN (1925-1935) 12, 344ff. – [3] J. GRIMM: Kl. Schr. (1864-1890) 4, 74ff.; 8, 148ff. – [4] Vgl. W. SCHERER: Poetik (1888) 212ff. – [5] Vgl. W. DILTHEY: Die Einbildungskraft des Dichters. Bausteine für eine Poetik (1887). Ges. Schr. (1924) 6, 216f. – [6] Vgl. O. WALZEL: Gehalt und Gestalt im Kunstwerk des Dichters (1924) 398; Das Wortkunstwerk. Mittel seiner Erforsch. (1926) 152ff.; F. GUNDOLF: Goethe (Berlin 1916). – [7] Vgl. J. KÖRNER: Erlebnis, M., Stoff, in: Vom Geiste neuer Lit.forsch. Festschr. O. Walzel (1924) 80-90; Art. ‹M.›, in: Reallex. dtsch. Lit.gesch., hg. P. MERKER/W. STAMMLER (1925/31) 2, 412-415; Psychoanalyse des Stils, in: Lit. Echo. Halbmschr. für Lit.freunde 21 (1919) 1089ff.; Wortkunst ohne Namen. Übungstexte zur Gehalt-, M.- und Formanalyse (1954) 12: Einl. des Hg.; vgl. W. KROGMANN: M.-Übertragung und ihre Bedeutung für die lit.hist. Forsch. Nationalztg. 17 (1937). – [8] W. KAYSER: Das sprachl. Kunstwerk (²1951) 62. – [9] Vgl. W. VEIT: Auctoritas – Autorität in der Literatur, in: Dichtung – Sprache – Gesellschaft. Akten der 4. int. Germanisten-Kongr., hg. V. LANGE (1971) 99-106.

Literaturhinweise. K. BURKE: A grammar of motives (1945); A rhet. of motives (1950). – W. KAYSER s. Anm. [8]. – H. NAUMANN (Hg.): Der mod. Strukturbegriff (1955). – Z. CZERNY: Contributions à une théorie comparée du motif dans les arts, in: Stil- und Formprobleme, hg. P. BÖCKMANN (1959) 38-50. – W. KROGMANN: Art. ‹M.›, in: Reallex. der dtsch. Lit.gesch. (²1961) 2, 427-432; vgl. Art. ‹Stoff- und M.-Gesch.›, a.O. (1980) 4, 213-228. – E. FRENZEL: Stoff-, M.- und Symbolforsch. (1963) Stoff- und M.-Gesch. (Grundl. der Germanistik) (1966). – W. VEIT: Topos-forsch. Ein Forsch.ber., in: Dtsch. Vjschr. Lit.wiss. 37 (1963) 120-163; ‹M.›, in: Fischer-Lex. 35/2 (1965) 400-408. – U. WEISSTEIN: Einf. in die Vergl. Lit.wiss. (1968). – H.-G. JAUSS: Lit.gesch. als Provokation der Lit.wiss. (1969). – G. SCHIWY (Hg.): Der frz. Strukturalismus (1969). – H. BLUMENSATH (Hg.): Strukturalismus in der Lit.wiss. (1972). – Grundzüge der Lit.- und Sprachwiss., in: Lit.wiss., hg. V. SINEMUS/H. L. ARNOLD 1 (1973) 200-207.

W. VEIT

III. ‹M.› wird in seiner allgemeinen Bedeutung als «ce qui nous oblige, & nous engage à faire quelque chose» [1] in der *Musiktheorie* zum bestimmten Begriff, und zwar in der Harmonielehre als «motivo di cadenza» [2] und in der Formenlehre als Bezeichnung für «la principale pensée d'un air» [3]. Im letzteren Sinn «le M. est ce qui constitue le plus particulierement le génie musical» [4]. Dieser zweifachen Bedeutung des Begriffs entsprechend unterscheidet ROUSSEAU zwischen den «motifs particuliers» (z. B. «motif de Cadence», «motif de Fugue») und dem «motif principal» als der ein ganzes Werk beherrschenden Grundidee [5]. Schloß der Begriff bereits in seiner herkömmlichen Definition als Hauptgedanke einer Arie die Möglichkeit einer schematischen Wiederholung ein [6], so impliziert er in seiner modernen, von JÄHNS auf WEBER sowie vor allem von WOLZOGEN auf WAGNER bezogenen Fassung als «Leit-M.» das Prinzip der thematischen, d. h. einem bestimmten dichterischen Moment zugeordneten Wiederholung [7]. In grundsätzlich verwandtem Sinn ist die musikwissenschaftliche Definition RIEMANNS zu verstehen, wonach das M. «ein Melodiebruchstück» ist, «das für sich eine kleinste Einheit von selbständiger Ausdrucksbedeutung bildet» [8]. Von der «Figur» als der elementareren, auf einen Takt beschränkten melodischen Bewegungsformel ist das zumeist zweitaktige M. rein formal durch seine metrische Gewichtsverteilung zugunsten eines Klimaxeffekts unterschieden [9].

Aus der Musiktheorie wird der Begriff in die Theorie der anderen Künste übernommen, und zwar zunächst in die Poetik, wie aus der folgenden Äußerung SALVINIS hervorgeht: «Troverannosi sonetti ancor di buoni autori, cominciar con grand'impeto, con bel motivo, come sogliono dire i musici» [10]. In der für die Literaturwissenschaft grundlegenden Definition durch GOETHE wird unter M. – nun freilich gerade im Gegensatz zur musiktheoretischen Auffassung des Begriffs – nicht ein substantieller Teil des Kunstwerks selbst, sondern eine außerhalb des Kunstwerks bestehende, reale Lebenssituation verstanden [11], die als der vorkünstlerische und daher rationalisierbare Stoff der Dichtung Gegenstand der literaturwissenschaftlichen «M.-Geschichte» werden kann [12]. In dieser vorkünstlerischen Bedeutung dem in der Theorie der bildenden Kunst seit langem gebräuchlichen Sujetbegriff verwandt [13], wird der M.-Begriff durch Goethe auch auf die Darstellungsobjekte von Malerei und Plastik übertragen [14]. Freilich kann die Wahl des M. durchaus künstlerisch bestimmt sein. In diesem Sinne malt CÉZANNE «sur le motif» [15], wenn er angesichts des Lac d'Annecy bemerkt: «Tout cela est très beau, mais ça ne fait pas motif» [16]. Nach der strengen kunstwissenschaftlichen Definition PANOFSKYS ist unter M. insbesondere das empirische und folglich allgemeinverständliche Gegenständlichkeit als die primäre Grundlage jeder mimetischen Darstellung zu verstehen im Unterschied zu der im Sujet gegebenen gedanklichen Verknüpfung des M. mit mehr oder weniger symbolischen Geschichten oder Ideen, die ihrerseits nicht mehr allein von der M.-

Geschichte, sondern vielmehr mit Hilfe von Ikonographie und Ikonologie zu erfassen sind [17].

Mit dieser an der mimetischen Kunst und deren Entzweiung in Inhalt und Form orientierten Einschränkung des M.-Begriffs auf den vorkünstlerischen Stoff des Kunstwerks geht eine an der Musik und deren Ineinssetzung von Form und Inhalt orientierte Einschränkung des M.-Begriffs auf spezifisch künstlerische Phänomene einher. «Selbst eine einzelne Form z.B. im Ornament heißt M. in diesem Sinn» [18]. Die Affinität dieses abstrakten M.-Begriffs zur in ihrer Seins- und Bedeutungsidentität der Musik verwandten «abstrakten Kunst» ist offensichtlich [19]. Zwischen den grundsätzlich unterschiedenen Begriffen des M. als des vorkünstlerischen gegenständlichen Stoffs einerseits und als der spezifisch künstlerischen Form andererseits vermittelt für den Bereich der Kunstwissenschaft HETZERS Begriff des «Bild-M.», der gerade die künstlerische Anschauungseinheit von gegenständlichem M. und übergegenständlicher Bildfiguration meint [20].

Anmerkungen. [1] S. DE BROSSARD: Dict. de Musique (Paris 1703; ND Amsterdam 1964) 70: Art. ‹Motivo›. – [2] ebda.; vgl. auch J. G. WALTHER: Musikal. Lex. (1732; ND 1953) 425: Art. ‹Motivo di Cadenza›. – [3] Encyclop., hg. DIDEROT/D'ALEMBERT 10 (1765) 766: Art. ‹Motif›. – [4] ebda. – [5] J.-J. ROUSSEAU: Dict. de Musique (Paris 1768) Art. ‹Motif›. – [6] a.O. Anm. [3] ebda. – [7] Vgl. Art. ‹Leit-M.›, in: Die Musik in Gesch. und Gegenwart, hg. F. BLUME 8 (1960) 584-588; H. RIEMANNS Musiklex., neubearb. hg. H. H. EGGEBRECHT (1967) 512f. – [8] H. RIEMANN: System der musikal. Rhythmik und Metrik (1903) 14. – [9] Vgl. P. HARTMANN: Syntax und Bedeutung I: Die syntakt. Bedeutungsmatrix (1964) 68f. – [10] A. M. SALVINI: Prose toscane recitate nell'Accad. della Crusca I (Florenz 1715) 345. – [11] J. P. ECKERMANN: Gespräche mit Goethe (1835). Gedenk-A., hg. E. BEUTLER 24 (1949) 136-139: Gespräch vom 18. 1. 1825; erstes Vorkommen in: Wilhelm Meisters Lehrjahre (1795). In der Weimarer A. I/22, 160. – [12] Vgl. Art. ‹M. I.›. – [13] Vgl. R. DE PILES: Cours de peinture par principes (Paris 1708). – [14] GOETHE, Gedenk-A. a.O. [11] 13 (1954) 146 (1798). 259 (1799) und 977 (1824). – [15] J. GASQUET: Ce qu'il m'a dit, in: Cézanne (Paris 1921) 79ff. Le motif. – [16] Zit. nach K. CLARK: Motives, in: Problems of the 19th and 20th centuries. Acts 20th int. Congr. Hist. of Art 4 (Princeton 1963) 190. – [17] E. PANOFSKY: Iconography and Iconology..., in: Mean. in the visual arts (Garden City 1955) 26-41. – [18] FR. TH. VISCHER: Ästhetik oder Wiss. des Schönen (1846-1857) § 493. – [19] Vgl. W. BAUMEISTER: M. – M.-Losigkeit, in: Das Unbekannte in der Kunst (1947, ²1960) 116-120. – [20] TH. HETZER: Das dtsch. Element in der ital. Malerei des 16. Jh. (1929) 35ff.; vgl. P. HARTMANN, a.O. [9] 88-93.

Literaturhinweise. J. KÖRNER: Art. ‹M.›, in: Reallex. der dtsch. Lit.gesch., hg. P. MERKER/W. STAMMLER 2 (1926/28) 412-415. – H. LAUSBERG: Hb. der lit. Rhet. Reg.bd. (1960) 925: motif. – W. KROGMANN: Art. ‹M.›, in: Neubearb. Reallex. der dtsch. Lit.-gesch., hg. W. KOHLSCHMIDT/W. MOHR 2 (1965) 427-432. – Art. ‹M.› s. Anm. [7] 591.   W. KAMBARTEL

IV. Die ältere *Bewußtseinspsychologie* verstand unter M.en vorwiegend die bewußten Gründe (nicht Ursachen) von Wahlen; so definierte A. PFÄNDER M. als «fordernder», aber nicht «verursachender Willensgrund» [1]. Mit S. FREUDS Konzeption des Unbewußten erhielt auch die Vorstellung der «Existenz verborgener, unbewußter M.» entscheidende Bedeutung in der Psychologie [2].

Zwar bezeichnet ‹M.› auch heute noch vielfach eine «dynamisch» wirksame Form des auf künftiges Verhalten gerichteten Erlebens, doch gilt in der Regel jeder (antezedente) psychologische oder physiologische Faktor als M., der ein Verhalten in Richtung auf ein Ziel in Gang bringt und hält. Allerdings wird der Begriff ‹M.› nur von einigen Autoren noch als Oberbegriff für alle motivierenden Agentien benutzt; manche vermeiden ihn wegen seiner historischen Konnotationen und seiner Unbestimmtheit ganz.

Ausdrücklich figurieren M.e in der Motivationstheorie von D. MCCLELLAND u. a. als stets gelernte Antizipationen von «Lohn» und «Strafe» [3]. Damit werden M.e zu nur einer von mehreren Motivationsdeterminanten; so verwendet auch J. W. ATKINSON den M.-Begriff für «eine relativ allgemeine und stabile Persönlichkeitsdisposition, die als eine der Motivationsdeterminanten gilt, nämlich die Tendenz, nach einem Ziel zu streben» [4].

In Weiterentwicklung des Atkinsonschen Ansatzes einer kognitiven Theorie der Motivation (s.d.) definiert H. HECKHAUSEN M.e als «hochverallgemeinerte Zielvorstellungen und Handlungserwartungen», die als «Niederschläge langdauernder Erfahrungen» aufzufassen sind [5].

Als Dispositionalbegriff spielt ‹M.› in verschiedenen Persönlichkeitstheorien eine entscheidende Rolle. G. W. ALLPORT versteht unter M. «jede innere Bedingung im Menschen, die Handeln oder Denken induziert» [6]. Diesen M.en wird *funktionale Autonomie* zugesprochen: Zwar haben sich die *M.-Systeme* des Erwachsenen aus früheren entwickelt, aber sie sind funktional davon unabhängig geworden, vor allem «sind die zu jedem erworbenen M.-System gehörigen Spannungen nicht von der gleichen Art wie die vorausgehenden Spannungen, aus denen sich das erworbene System entwickelt hat» [7]. Wo in der behavioristischen Psychologie von M.en die Rede ist, gelten sie in der Regel als gelernte Motivationsformen, die auf primäre (meist physiologisch konzipierte) Triebe zurückzuführen sind [8].

Eine verbindliche Ordnung der M.-Formen liegt bis heute nicht vor. Im Rahmen der klinischen Psychologie versuchte H. S. SULLIVAN eine Klassifizierung nach der Art der vom Individuum gesuchten Befriedigung einzuführen: *Konjunktive* M. liegen dann vor, wenn eine dauerhafte und angemessene Befriedigung angestrebt wird; als *disjunktive* M. bezeichnet er alle jene, denen ein Streben nach kurzfristiger Ersatzbefriedigung eigen ist [9]. In der motivationspsychologischen Forschung hat sich die Einteilung in Annäherungs- und Meidungs-M. als fruchtbar erwiesen [10]. Von den vielen M.-Arten, die darüber hinaus in der klinischen Psychologie und in Persönlichkeitstheorien (oft als Persönlichkeitsfaktoren) beschrieben werden, sind empirisch am gründlichsten untersucht: Hunger und Durst, Sexualität, Aggressivität, Angst und Furcht, Neugierde (Erkundungsverhalten), Affiliation, Macht und das Leistungs-M. [11].

Anmerkungen. [1] A. PFÄNDER: M. und Motivation (1911). – [2] S. FREUD, Ges. Werke 1, 289. – [3] D. MCCLELLAND u.a.: The achievement M. (New York 1953). – [4] J. W. ATKINSON: An introd. to motivation (Princeton 1964) 267f. – [5] H. HECKHAUSEN: M.e und ihre Entstehung, in: F. WEINERT u.a. (Hg.): Funk-Kolleg. Pädag. Psychol. 1 (1974) 133-171. – [6] G. W. ALLPORT: Pattern and growth in personality (New York 1961) 196. – [7] a.O. [6] 226. – [8] R. BERGIUS: Art. ‹Behaviorist. Motivationsbegriffe›, in: H. THOMAE (Hg.): Hb. der Psychol. 2 (1965) 817-866. – [9] H. S. SULLIVAN: The interpersonal theory of psychiat. (New York 1953) 350f. – [10] THOMAE (Hg.), a.O. [8]. – [11] a.O. [8].

Literaturhinweise s. Art. ‹Motivation›.   C. F. GRAUMANN

Motivation (engl. motivation; frz. motivation; ital. motivazione)

I. *Der psychologische Begriff.* – In der Psychologie meint das theoretische Konstrukt ‹M.› in seiner allgemeinsten Bedeutung den Zusammenhang zwischen den antezedenten inneren (personalen) und äußeren (situativen) Bedingungen und dem darauffolgenden Erleben und Verhalten, das die Veränderung einer gegebenen Lage zur Folge hat. Je nach M.-Theorie wird der zwischen den antezedenten Bedingungen und den Verhaltensauswirkungen angenommene Prozeß als eher energetisch oder eher kognitiv-regulativ konzipiert.

Zu Beginn der einzelwissenschaftlichen Psychologie meint ‹M.› die Willenshandlungen vorbereitenden Vorgänge und Zuständlichkeiten. Dabei wirken laut W. WUNDT (kognitive) «Beweggründe» und (emotionale) «Triebfedern» als «Motive» zusammen [1]. Der Phänomenologe A. PFÄNDER hingegen trennt scharf zwischen Trieben und Motiven. Triebe mögen etwas bewirken, aber sie motivieren nicht. Der letztere Begriff wurde reserviert für die Bestimmung eines Willensaktes durch den «fordernden Grund», der vernommen, bejaht und im Akt vollzogen werden muß [2].

Nach dem Rückgang der vorwiegend auf Selbstbeobachtung basierenden Willenspsychologie wurde ‹M.› dann erst gegen Mitte des 20. Jh. wieder zu einem allgemeiner verwendeten Begriff, sei es für «alle Determinanten menschlicher und tierlicher Aktivität» («all variables which arouse, sustain, and direct behavior») [3], sei es für das «Wirkungsgefüge vieler Faktoren eines gegebenen Person-Umwelt-Bezuges, die das Erleben und Verhalten auf Ziele richten und steuern» [4], sei es für «Phasen des Aktivitätskontinuums ..., die unter dem Aspekt ihres Einflusses auf eine molekulare oder molare Veränderung der Intensität, Richtung und Form jener Aktivität gesehen werden» [5]. Eine Einigung über ein verbindliches M.-Konstrukt ist nicht zuletzt durch die Konfrontation von «mechanistischen» und «kognitivistischen» M.-Theorien in Frage gestellt [6]. Während erstere M. wesentlich aus der Interaktion von Trieb und Reizen (lerntheoretisch) erklären, werden letztere wegen ihrer völlig anderen Akzentuierung – von ATKINSON [7] – auch als Erwartungs×Wert-Theorien bezeichnet. Die aus HULLS Lerntheorie und dem ihr zentralen Triebkonzept (drive) entwickelten M.-Theorien lassen als M. nur unspezifische *Aktivierung* oder Energetisierung gelten. Die motiviertes Verhalten charakterisierende (Ziel-)*Gerichtetheit* und *Selektivität* gelten dann als reine Lerneffekte [8]. Demgegenüber sieht die kognitivistische M.-Theorie, die Ansätze der älteren Willenspsychologie, der Feldtheorie LEWINS und des molaren und «subjektiven» Behaviorismus TOLMANS aufgreift, kognitive Prozesse als entscheidend intervenierend an zwischen Reiz und Trieb, Reiz und Reaktion, Trieb und Reaktion, Reaktion und Reaktionsfolgen [9]. Kognitive «Interventionen» entscheiden demnach a) über die Aufforderungscharaktere einer Situation, denen Zu- oder Abwendungstendenzen des Verhaltens entsprechen, b) über das Motiv, das aktualisiert wird, sowie c) darüber, welche möglichen Handlungsausgänge in welcher Wahrscheinlichkeit erwartet und d) wie sie bewertet werden (Anreizwert). Die Stärke einer M. bestimmt sich danach als die multiplikative Verknüpfung von Anreizwert und Eintretenswahrscheinlichkeit [10]. Mit dieser Konzeptualisierung ist zugleich die Verbindung zur (psychologischen) Entscheidungstheorie hergestellt.

Aus der Fülle der in der Umgangssprache wie in der Psychiatrie gebräuchlichen *M.-Formen* haben Affekt, Antrieb, Bedürfnis, Begehren, Drang, Emotion, Instinkt, Interesse, Stimmung, Strebung, Trieb und Wille ihren Platz in den verschiedenen psychologischen Systemen behaupten können, obwohl kaum methodische Möglichkeiten der verbindlichen Unterscheidung bestehen [11]. Dagegen hat die Unterscheidung von primärer (biogener bzw. angeborener) und sekundärer (soziogener bzw. erworbener) M. breitere Anerkennung gefunden, wenngleich gerade in der Humanpsychologie die Kontroverse über den biogenen Triebcharakter etwa der Angst oder der Aggression diese Dichotomisierung in Frage gestellt hat.

Als wissenschaftlich fruchtbarer hat sich dagegen die Unterscheidung von extrinsischer und intrinsischer M. herausgestellt. Unter extrinsischer M. versteht man die Erhöhung der Auftretenswahrscheinlichkeit eines Verhaltens durch von außen an ein Lebewesen herangetragene Bekräftigung (Belohnung), während ein Verhalten intrinsisch motiviert ist, wenn es vornehmlich durch in ihm selber liegende Faktoren wahrscheinlicher wird [12]. Um etwa verständlich zu machen, warum auf ein und dieselbe äußere Situation verschiedene Menschen bzw. ein und derselbe Mensch zu verschiedenen Zeiten sehr verschiedenartiges Verhalten aktualisieren, bemüht die neuere M.-Theorie das hypothetische Konstrukt des *Motivs* als eine relativ überdauernde hochgeneralisierte Wertungsdisposition [13] und das der *Entscheidung*. Mit der zunehmenden Berücksichtigung der kognitiven und evaluativen Komponenten der M., mit der wachsenden Einsicht in die Multivalenz motivationaler Situationen [14] scheint sich eine Synthese psychophysiologischer und phänomenologischer M.-Konzepte anzubahnen. Die sozialpsychologische Fragestellung, wie Menschen aus Handlungen anderer auf deren Motive schließen, aber auch sich selbst Urheberschaft und Verantwortung für Taten und Leistungen zuschreiben (attribuieren), hat zur Entwicklung der *Attributionstheorie* [15] geführt, von der wesentliche Momente – vor allem im Rahmen der Analyse der Leistungs-M. – in die kognitive M.-Theorie eingegangen sind.

Da ‹M.› nach wie vor einer der schillerndsten Begriffe der Psychologie ist, sind auch die zeitgenössischen M.-Theorien von sehr unterschiedlichem wissenschaftstheoretischem Niveau. Kritische Überblicke geben, allerdings in Fragestellung und Umfang begrenzt, BOLLES, MADSEN und WEINER [16]. Fortlaufende Forschungsberichte und theoretische Neuformulierungen bietet das seit 1953 jährlich erscheinende ‹Nebraska Symposium on M.›. Über die Entwicklung der durch ATKINSON angeregten M.-Psychologie informiert die seit 1973 von HECKHAUSEN herausgegebene Reihe ‹M.-Forschung›.

Anmerkungen. [1] W. WUNDT: Grundriß der Psychol. (¹1896, ¹³1918). – [2] A. PFÄNDER: Motive und M. (¹1911, ³1963). – [3] P. T. YOUNG: Motivation and emotion (New York 1961). – [4] H. HECKHAUSEN: Leistungs-M., in: H. THOMAE (Hg.): Hb. der Psychol. 2 (1965) 603–702. – [5] H. THOMAE: Die Bedeutung des M.-Begriffes a.O. [4] 42. – [6] B. WEINER: Theories of motivation. From mechanism to cognition (Chicago 1972). – [7] J. W. ATKINSON: An introd. to motivation (Princeton 1964). – [8] J. S. BROWN: The motivation of behavior (New York 1961). – [9] H. HECKHAUSEN: Intervening cognitions in motivation, in: D. E. BERLYNE und K. B. MADSEN (Hg.): Pleasure, reward, preference (New York 1973) 217–242. – [10] ATKINSON, a.O. [7]; H. HECKHAUSEN, a.O. [4]. – [11] H. THOMAE: Motivformen, a.O. [4] 205–228. – [12] S. KOCH: Behavior as ‹intrinsically› regulated. Work notes towards a pre-theory of phenomena called ‹motivation›, in: M. R. JONES (Hg.): Nebraska Symp. on motivation 4 (Lincoln 1956) 42–87. – [13] H. HECKHAUSEN: Motive und ihre Entstehung, in: F. E. WEINERT u.a.: Funk-Kolleg Pädag. Psychol. 1 (1974) 133–171. – [14] THOMAE, a.O. [5]. – [15] E. E. JONES u.a.: Attribution – Perceiving the causes of behavior (Morristown, N.J. 1972). – [16] Vgl. Lit.

Literaturhinweise. D. BINDRA: Motivation – A systematic reinterpretation (New York 1959). – R. C. BOLLES: Theory of motivation (New York 1967). – J. S. BROWN s. Anm. [8]. – J. W. ATKINSON s. Anm. [7]. – H. THOMAE (Hg.): Hb. der Psychol. 2: Allg. Psychol. II: M. (1965). – R. C. BOLLES: Theory of motivation (New York 1967). – K. B. MADSEN: Theories of motivation (Munksgaard ⁴1968). – C. F. GRAUMANN: M. Einf. in die Psychol. 1 (1969). – P. G. ZIMBARDO: The cognitive control of motivation (Glenview, Ill. 1969). – B. WEINER s. Anm. [6]. – H. HECKHAUSEN (Hg.): M.-Forsch. (1973). C. F. GRAUMANN

II. *Der phänomenologische Begriff.* – Bei E. HUSSERL hat der Begriff der M. verschiedene Bedeutungen. Die wichtigsten sind:

1. Jede Setzung des Bewußtseins hat ihren ursprünglichen Rechtsgrund in der originären Gegebenheit von Etwas (eines Dinges, eines Wesens, eines Sachverhaltes), d. h. die Rechtmäßigkeit seiner Setzung ist durch jene originale Gegebenheit vernünftig motiviert. Der Begriff der M. betrifft hier den Rechtsgrund für die Beziehungseinheit zwischen noetischem Setzen und noematischem Satz im Modus der Erfülltheit (Evidenz) [1].

2. Der Terminus ‹M.› kennzeichnet die Wesensgesetzlichkeit, gemäß der sich das Universum der intentionalen Erlebnisse, die den reellen Seinsgehalt des transzendentalen Ego ausmachen, zur Einheit verbindet [2]. Die Gesetze der M. sind Gesetze des «Wenn – So», «Weil – So» (M.-Kausalität). Indem alles Konstituieren ihnen folgt, bildet der gesamte Erlebnisstrom immer eine Einheit der M. [3]. Es ist die M. in der Sphäre der Passivität (assoziative Weckung) und in der Sphäre der Aktivität (freie, vernünftige Stellungnahme des Ich) zu unterscheiden [4]. Der Begriff der M. ist in allen Bereichen des Bewußtseinslebens anwendbar (sei es Wahrnehmen, Urteilen, Werten oder Wollen) [5].

3. In der Abhebung gegenüber der exakten, physikalischen Kausalität, die alle Veränderungen in der objektiven Welt der naturalistischen Einstellung regelt, bezeichnet ‹M.› die alles Geschehen in der Welt der natürlich-personalistischen Einstellung beherrschende Gesetzlichkeit [6]. Das «Wenn – So» der M.-Kausalität kann mich als geistiges Subjekt nur bestimmen, wenn es in meinem intentionalen Erleben beschlossen ist [7]. Auch hier ist der Anwendungsbereich des M.-Begriffes universal. Es kann der M.-Begriff jedoch auch auf den personalen Bereich als Kategorie einer intentionalen phänomenologischen Psychologie eingeschränkt werden [8].

4. HUSSERL spricht bei der Analyse der Fremderfahrung ebenfalls von M. Der in der Primordialsphäre auftretende Körper des anderen motiviert mich dazu, ihn nicht nur als Körper zu nehmen, sondern als «Leibkörper», d. h. ihn in Analogie zu meinem eigenen Leib zu appräsentieren [9]. Hierdurch wird die Einfühlung in andere Personen als Verstehen der M. ihres Verhaltens und ihrer Handlungen allererst ermöglicht [10].

Anmerkungen. [1] E. HUSSERL: Ideen zu einer reinen Phänomenol. und phänomenol. Philos. 1. Husserliana 3 (Den Haag 1950) 335f.; 3. Die Phänomenol. und die Fundamente der Wiss. Husserliana 5 (Den Haag 1952) 26f. – [2] Cartesianische Meditationen und Pariser Vorträge. Husserliana 1 (Den Haag ²1963) 109. – [3] ebda.; vgl. Ideen ... 2: Phänomenol. Untersuch. zur Konstitution. Husserliana 4 (Den Haag 1952) 226ff. 229. – [4] Analysen zur passiven Synthesis. Aus Vorles. und Forsch.mss. 1918-1926. Husserliana 11 (Den Haag 1966) 85; Ideen ... 2 a.O. [3] 213. 222. 220f. 255. – [5] a.O. 220ff. – [6] 211f. 215ff. – [7] 231. – [8] 255ff. – [9] Cartes. Med. ... a.O. [2] 122ff. – [10] Ideen ... 2 a.O. [3] 228f. 270ff.

Literaturhinweise. E. HOLENSTEIN: Phänomenol. der Assoziation. Zu Struktur und Funktion eines Grundprinzips der passiven Genesis bei E. Husserl (Den Haag 1972). – B. RANG: Kausalität und M. (Den Haag 1973). P. JANSSEN

Motivforschung (schwed. motivforskning; engl. motif research) ist als Methode der religions-, ideen- und theologiegeschichtlichen Forschung seit den 1920er Jahren Kennzeichen der Theologie, die von A. NYGREN, G. AULÉN und R. BRING an der südschwedischen Universität Lund ausgebildet wurde und bald internationale Beachtung fand. «Die M. bewegt sich auf der Grenzlinie zwischen Philosophie und Geschichte», weil sie auf Grund einer philosophischen Voraussetzungsanalyse mit bestimmten kategorialen Fragen an das historische Quellenmaterial herantritt [1]. Sie will sich nicht mit genetischen Fragestellungen begnügen oder bei einer Analyse von einzelnen Ausdrucksformen, Vorstellungen und Lehren stehen bleiben, sondern bis zu der Grundstruktur vordringen, von der eine historische Religion oder Konfession in ihren Äußerungen maßgebend bestimmt wird. Als Methode zur Bestimmung der Eigenart, des spezifischen Typs und der Struktur einer Religion ist die M. von ihren Vertretern auch als «typologische Forschung» und als «Strukturforschung» charakterisiert worden [2]. Für die M. stellt sich die Aufgabe, die als «Grundmotiv» (fundamental motif) bezeichnete tragende Mitte einer historischen Religion festzustellen, die sowohl in Gedanken und Lehren als auch in der praktischen Frömmigkeit zum Ausdruck kommen kann. Als Grundmotiv (Gm.) darf nur dasjenige Element bezeichnet werden, das die Struktur einer Religion bestimmt und ihr das entscheidende Gepräge gibt [3]. Was von dem Forscher als Gm. einer historischen Religion herausgestellt wird, hat jedoch zunächst nur den Charakter einer Arbeitshypothese, die am historischen Quellenmaterial stets aufs neue überprüft und verifiziert werden muß.

Nachdem das Gm. einer Religion fixiert worden ist, stellt sich die Aufgabe, die Geschichte des Gm. von den ersten Anfängen bis zur Gegenwart zu verfolgen. Da nicht angenommen werden darf, daß diese Geschichte in einer gradlinigen und ungestörten Entwicklung verlaufen ist, muß in den einzelnen Perioden und Epochen untersucht werden, ob und inwieweit sich das Gm. in Auseinandersetzung mit anderen, rivalisierenden Motiven behaupten konnte oder assimilierende Synthesen mit ihnen eingegangen ist.

Die Fruchtbarkeit der M. zeigt sich eindrucksvoll in A. NYGRENS Werk ‹Eros und Agape› (1: 1930; 2: 1937), das in zahlreiche Sprachen übersetzt worden ist. Nygren hat dargelegt, daß Spätjudentum, Hellenismus und Christentum von ganz unterschiedlichen Gm. geprägt worden sind, daß diese Gm. sich im Laufe der Geschichte aber gleichwohl gegenseitig beeinflußt und vorübergehend in einer Motivmischung miteinander verbunden haben. Während das Spätjudentum und der Pharisäismus in ihrer Gesetzlichkeit vom *Nomos*motiv und das Griechentum in seinem Weisheitsstreben vom *Eros*motiv bestimmt sind, wird das neutestamentliche Christentum vom *Agape*motiv geprägt. Das Agapemotiv bezeichnet die Herablassung und Selbsthingabe der göttlichen Liebe und die dadurch begründete Gemeinschaft zwischen Gott und Menschen. Gilt das Agapemotiv als Mittelpunkt des Christentums, so hat dies eine Konzentration auf die Christusbotschaft, die Inkarnation und die Heilsbedeutung von Kreuz und Auferstehung zur Folge. Im Laufe seiner Geschichte ist das Christentum jedoch schon bei den apostolischen Vätern und vor allem bei

TERTULLIAN eine Synthese mit dem Nomosmotiv, im Mittelalter und in der Renaissance eine Synthese mit dem Erosmotiv eingegangen. In der Reformation und vor allem in der Theologie LUTHERS kommt es zu einer wirkungsvollen Erneuerung des Agapemotivs [4].

Wird das christliche Gm. einerseits aus dem neutestamentlichen Quellenmaterial gewonnen, so kann es andererseits in seiner reinen Form vom Forscher auch als kritische Instanz gegenüber den in der kirchlichen Lehrtradition vorliegenden Aussagen geltend gemacht werden. Dies ist in der Dogmengeschichtsschreibung und Dogmatik G. AULÉNS geschehen. Die Feststellung, daß die christliche Religion als Gottesgemeinschaft vom Agapemotiv geprägt ist, schließt nicht aus, daß sich in der christlichen Lehre neben diesem entscheidenden Gm. noch eine Reihe anderer Gedankenmotive finden, die gleichfalls Anerkennung verdienen. Aulén spricht von religiösen Motiven, die unauflöslich mit dem christlichen Glauben verbunden sind. Er hat im Blick auf die theologische Gegenwartslage vier Hauptmotive hervorgehoben, zwischen denen ein gewisses Spannungsverhältnis herrscht: das Heiligkeitsmotiv, das dualistisch-dramatische Motiv, das eschatologische Motiv und das Gemeinschaftsmotiv [5].

Um die Eigenart der christlichen Religion genauer zu erfassen, ist es erforderlich, ihr Gm. mit dem anderer Religionen zu vergleichen. Weil als Untersuchungsobjekt der M. jede beliebige Religion gewählt werden kann, hat R. BRING die These vertreten, daß die systematische Theologie «prinzipiell Religionsforschung» ist [6].

Bedingt durch eine religionsphilosophische und theologische Kritik ist seit Mitte der 1950er Jahre die Wirkung und Anwendung der M. spürbar zurückgegangen.

Anmerkungen. [1] A. NYGREN: Filosofi och motivforskning (Stockholm 1940) 44. – [2] a.O. 78. – [3] Eros und Agape – Gestaltwandlungen der christl. Liebe (1955) 1, 21. – [4] a.O. 2, 538ff. – [5] G. AULÉN: Das christl. Gottesbild in Vergangenheit und Gegenwart (1930) 352f. – [6] R. BRING: Teologi och relig. (Lund 1937) 174.

Literaturhinweise. V. LINDSTRÖM: Art. ‹M.›, in: RGG³ 4 (1960) 1160-1163. – B. ERLING: Nature and hist. A study in theol. methodology with special attention to the method of motif research (Lund 1960). – CH. W. KEGLEY (Hg.): The philos. and theol. of Anders Nygren (Carbondale-Edwardsville/London/Amsterdam 1970). – A. NYGREN: Meaning and method. Prolegomena to a sci. philos. of relig. and a sci. theol. (London 1972). – G. HORNIG: Offenbarungstheol. und M. in Schweden. Neue Z. systemat. Theol. u. Relig.philos. 16 (1974) 146-174 (mit Lit.).

G. HORNIG

Münchhausen-Trilemma ist ein von H. ALBERT eingeführter Begriff für die methodologischen Schwierigkeiten, zu denen «die Forderung nach einem Rekurs auf wahre und sichere Gründe, auf unbeweisbare aber einsichtige erste Prinzipien» führt [1]. Unter Verweis auf H. DINGLER [2] benennt ALBERT drei unakzeptable Alternativen, zu denen das «Postulat der zureichenden Begründung» führe: 1. «*infiniten Regress*», 2. «*logischen Zirkel*», 3. «*Abbruch des Verfahrens* an einem bestimmten Punkt» [3]. Die erste Alternative des M. erscheint als praktisch undurchführbar, die zweite als logisch bedenklich, die dritte zwar als die annehmbarste, aber mit der Gefahr, daß Begründung durch Dogmatismus ersetzt werde: «Das Verfahren ist ganz analog zur Suspendierung des Kausalprinzips durch Einführung einer causa sui» [4].

Schon Schopenhauer und Nietzsche verwenden das Motiv des Münchhausen-Kunststücks für eine Kritik an logischen Erschleichungen. So in SCHOPENHAUERS Polemik gegen den ontologischen Gottesbeweis Spinozas: «Das rechte Emblem der *causa sui* ist Baron Münchhausen, sein im Wasser sinkendes Pferd mit den Beinen umklammernd und an seinem über den Kopf nach vorn geschlagenen Zopf sich mit sammt dem Pferde in die Höhe ziehend; und darunter gesetzt: *Causa sui*» [5]. NIETZSCHE greift das Bild auf: «Das Verlangen nach 'Freiheit des Willens' (...) ist nämlich nichts Geringeres, als eben jene *causa sui* zu sein und, mit einer mehr als Münchhausenschen Verwegenheit, sich selbst aus dem Sumpf des Nichts an den Haaren ins Dasein zu ziehn» [6]. Für TH. W. ADORNO befindet sich die Phänomenologie in einer Münchhausen-Situation: «Die ertrinkende Phänomenologie sucht mit ihrem eigenen Wesenszopf sich aus dem Sumpf des verachteten blossen Daseins herauszuziehen» [7]. Andererseits gibt Münchhausen auch ein Modell dialektischer Methode ab: «Vom Denkenden heute wird nicht weniger verlangt, als daß er in jedem Augenblick in den Sachen und außer den Sachen sein soll – der Gestus Münchhausens, der sich an dem Zopf aus dem Sumpf zieht, wird zum Schema einer jeden Erkenntnis, die mehr sein will als entweder Feststellung oder Entwurf» [8].

In der Verwendung des Münchhausen-Motivs bei Schopenhauer und Nietzsche und in Alberts Begriff des M. ist eine negative Bewertung einer zirkulären oder dogmatischen Selbstbegründung der Vernunft impliziert. Bei Adorno dagegen kann Münchhausen im Sumpf auch als Vorbild angesehen werden: für das In-der-Schwebe-Bleiben dialektischer Denkanstrengung. In einem Resultat allerdings kommen ADORNO und ALBERT überein: «Das Problem des archimedischen Punktes der Erkenntnis mag zu den falsch gestellten Problemen gehören» [9]. Eine ähnliche Konsequenz ist in der Formulierung H. BLUMENBERGS impliziert: «der 'Anfang' der Vernunft ist eine Münchhausiade» [10].

Anmerkungen. [1] H. ALBERT: Konstruktion und Kritik. Aufs. zur Philos. des krit. Rationalismus (1972) 14. – [2] H. DINGLER: Philos. der Logik und Arith. (1931) 21ff. – [3] H. ALBERT: Traktat über krit. Vernunft (1969) 10f. 13. – [4] a.O. 14; zur Diskussion vgl. HAJATO HÜLASA: Baron Albert im Trilemma. Studia philos. 36 (Basel 1977) 84-89; H. ALBERT: Hülasa auf der Kanonenkugel a.O. 37 (1978) 235-242. – [5] A. SCHOPENHAUER, Über die vierfache Wurzel des Satzes vom zureichenden Grunde. Werke, hg. A. HÜBSCHER (1977) 5, 29; vgl. 1, 57f. – [6] FR. NIETZSCHE, Jenseits von Gut und Böse. Werke, hg. K. SCHLECHTA (1966) 2, 584. – [7] TH. W. ADORNO, Gesammelte Schriften 5, hg. G. ADORNO/R. TIEDEMANN (1971) 192; vgl. 232. – [8] Minima Moralia. Reflexionen aus dem beschädigten Leben (1970) 91. – [9] ALBERT, a.O. [3] 15; vgl. ADORNO: Ges. Schriften 5, 14. 235. – [10] H. BLUMENBERG: Die Genesis der kopernikan. Welt (1975) 199.

N. RATH

Mundan (weltlich) bezeichnet bei E. HUSSERL als Gegenbegriff zu ‹transzendental› [1] das sich innerhalb der natürlichen Einstellung in naiver Erfahrung und Praxis sowie in wissenschaftlicher Theoretisierung entfaltende Welt- und Selbstverständnis des Menschen [2].

Anmerkungen. [1] Vgl. E. HUSSERL: Die Krisis der europ. Wiss. und die transzendentale Phänomenol. Eine Einl. in die phänomenol. Philos. Husserliana 4 (Den Haag ²1962) 259. – [2] Ideen zu einer reinen Phänomenol. und phänomenol. Philos. 1. Husserliana 3 (Den Haag 1950) 70.

Literaturhinweis. E. FINK: Die phänomenol. Philos. Edmund Husserls in der gegenwärtigen Kritik. Kantstudien 38 (1933) 321-383; jetzt in: Stud. zur Phänomenol. 1930-1939 (Den Haag 1966) 79-156.

U. CLAESGES

Mündigkeit. – 1. ‹M.› ist ursprünglich – und auch heute noch – ein deutscher *Rechtsbegriff*. Mit dem althochdeutschen Wort ‹Munt› und seiner latinisierten Form ‹mundium› wird in mittelalterlichen Quellen die Stellung des germanischen Hausherrn gegenüber Frau, Kindern und Gesinde bezeichnet: Die Munt bedeutet nach innen Herrschaft und Fürsorge, nach außen Haftung und Schutz [1]. (Eine *falsche*, aber wirkungsreiche Etymologie verbindet M. mit dem klangähnlichen ‹Mund› und führt immer wieder – u. a. bei LUTHER und LESSING – zur Identifikation von M. und Sprechenkönnen [2].) M., obwohl sprachlich aus der ‹Munt› entstanden, steht sachlich konträr zu ihr und besagt zunächst: außerhalb der Munt des Vaters, frei von seiner Herrschaft, aber auch ledig seines Schutzes zu leben, also ein Subjekt zu sein, das seine Handlungen selbst bestimmt und sie sich rechtlich zurechnen lassen will und muß. Verständlich wird dieser Gegensatz von Munt und M. dadurch, daß das Wort ‹M.› wohl als Verkürzung des erloschenen ‹Selb-M.› entstanden ist, die den nun seinerseits zum Hausherrn gewordenen Sohn auszeichnet. So schließt ‹M.› zwei Bedeutungskomponenten in sich: Unabhängigkeit als Negation eines vergangenen und Selbständigkeit als Behauptung eines gegenwärtigen Zustandes. Voraussetzung dafür, daß «dy Kinder mundig werden» [3] und «selbmündig» leben konnten («selbmundia vivere» [4]), war die Erlangung wirtschaftlicher Selbständigkeit; diese Bedingung war beim Mann in der Regel mit der Begründung eines eigenen Hausstandes erfüllt; die Frau dagegen wechselte, wenn sie heiratete, nur den Herrn: Mündig wurde sie nie [5].

Die Rezeption des römischen Rechts verknüpft die M. mit der heterochthonen «emancipatio»: diese ist der ausdrücklich vollzogene Rechtsakt, durch den der pater familias seinen Sohn oder seinen Sklaven freigibt, ihn aus seiner Gewalt entläßt [6]. Da lag es nahe, Emanzipation und Mündigsprechung zu identifizieren, jedoch hat dieser Versuch zu Friktionen geführt:

Der römischen Rechtssprache fehlt das genaue Äquivalent von ‹M.›: Wer emanzipiert wurde, ist frei (liber), sein eigener Herr (sui iuris). Die gebräuchliche Übersetzung von ‹mündig› in das lateinische ‹majorennis› (volljährig) bringt die so wichtigen Konnotationen von Macht und Selbständigkeit zum Verschwinden. Im Gegensatz hierzu wird bei Übertragungen aus dem Lateinischen M. auch reduziert auf «dasjenige Alter, in welchem jemand aus der Unmündigkeit herausgetreten ist, aber die Jahre der Volljährigkeit noch nicht erreicht hat». ‹M.› verdeutscht in diesem Kontext ‹pubertas› (Geschlechtsreife). Nach dem hier zitierten ‹Lexikon des Kirchenrechts› von 1839 werden die «Weibspersonen aber mit dem zwölften Jahre mündig (puberes)» [7]. Es rücken also mit ‹majorennitas› und ‹pubertas› verschiedene lateinische Altersstufenbezeichnungen, obgleich ursprünglich von der Institution der Emanzipation ganz unabhängig, in die leere Stelle eines sprachlichen Äquivalents von ‹M.› ein.

Hier geht es nicht nur darum, juristische Terminologien verschiedener Herkunft aufeinander abzustimmen, sondern auch um das 'semantische' Problem, in juristischer Begrifflichkeit den Status des Noch-Nicht von dem des Jetzt-Schon der M. durch eine klare Zäsur zu unterscheiden, obwohl die Kontinuität des Lebensprozesses für die genaue Markierung dieser Grenze keinen sicheren Anhalt bietet. Zwischen der Stetigkeit der Entwicklung und der Trennschärfe des Begriffs vermittelt das Stufenschema: Es gibt nicht nur eine M., sondern mehrere, die sukzessive erreicht werden. Die Vielzahl rechtlicher Status und sozialer Rollen, die dem Erwachsenen gleichzeitig zukommen, wird auf eine Geschichte projiziert, in der sie vom Heranwachsenden nacheinander erworben werden. Je nachdem, was man da schon oder noch nicht darf, kann, soll oder muß, unterscheiden sich die diversen ‹M.en› als Bezeichnungen der nacheinander betretenen Stufen. Neben M. im Sinn von pubertas und majorennitas gibt es die «Ehe-M.», «Straf-M.», «Eides-M.», «Wahl-M.», «Religions-M.», «Kultur-M.», «Filmbesuchs-M.» [8]. Sowohl die Zahl dieser Stufen als auch ihre innere Aufgliederung nimmt mit dem Grad der sozialen Differenzierung zu.

Diese erste Schwierigkeit bei der Übernahme römischer Rechtsvorstellungen wird von einer zweiten überlagert: Das germanische Recht kennt zwar den Zustand der M., aber keinen rechtlichen Akt, durch den er anfängt: eine förmliche Emanzipation ist «äußerst selten» [9]. Dies führt zu einer nie abreißenden Polemik gegen das Konzept der Emanzipation [10]. In dieser Tradition stehend, verbannt HEGEL – der den Ausdruck ‹M.› vermeidet und lieber von ‹Volljährigkeit› spricht – diese Freilassungsinstitution aus der Rechtsphilosophie [11]. Er setzt, nach Auskunft seines Z. C. zeichnenden Rezensenten, «in die erlangte M. der Kinder die Befugnis zur Ausscheidung aus der Familie» [12]. Hegel selbst sagt: «Das Sklavenverhältnis der römischen Kinder ist eine der diese Gesetzgebung befleckendsten Institutionen»; denn «die Kinder sind an sich Freie» [13]. Ist der Mensch «born free and equal», dann ist Emanzipation nicht möglich und nicht nötig. Damit verliert der Zustand der M. seinen Anfang: Man wird nie mündig oder ist es immer schon. – Zu der so aporetisch auslaufenden Geschichte der Abwehr des als fremd Empfundenen gehört es auch, daß in der Tradition der Rechtsphilosophie Sklaven und Leibeigene nicht ‹unmündig› und als Freigelassene nicht ‹mündig› genannt werden. Dies sind Attribute, die den Kindern in ihrem Verhältnis zu den Eltern und dem Mündel im Verhältnis zum Vormund reserviert blieben [14].

Parallel zum Versuch der Eliminierung des Emanzipationsbegriffs verläuft der einer Harmonisierung: M. wird nun erlangt durch eine «emancipatio tacita» (stillschweigende Emanzipation) [15]. Diese Hilfsfiktion rettet den formalen Nexus von Akt und Status, von Übergang und Zustand dadurch, daß der faktisch ja vollzogene Übergang thematisiert, das in ihm liegende Kriterium der M. expliziert und dieses für den fehlenden Akt des Vaters substituiert wird. «Sobald die Kinder sich selbst versorgen und regieren können», werden sie «nach dem Rechte der Natur mündig», sagt CHR. WOLFF [16]. Und J. CHR. GOTTSCHED gibt die nominale Bestimmung: «Sobald sie sich aber selbst zu versorgen und zu regieren wissen, nennet man sie mündig» [17]. Die Unmündigen haben ein «ius in vitae et corporis sui conservationem» (ein Recht auf die Erhaltung ihres Lebens und ihres Leibes) (ACHENWALL [18]); sie werden mündig, «quamprimum ad eum statum perveniunt, ut sibimetipsis de ipsis prospicere possint, quae ad conservationem sui indigent» (sobald sie zu jenem Zustand gelangt sind, da sie sich selbst um das kümmern können, was sie zu ihrer Selbsterhaltung brauchen) (CHR. WOLFF [19]).

Diesen Zusammenhang von M. und Selbsterhaltung hat KANT am prägnantesten formuliert: Die Kinder werden «durch die bloße Gelangung zu dem Vermögen ihrer Selbsterhaltung ... mündig (maiorennes), d.i. ihre eigenen Herren (sui iuris), und erwerben dieses Recht ohne besonderen rechtlichen Akt, mithin bloß durchs Gesetz (lege)» [20]. Doch kennt auch Kant die Spanne zwischen pubertas und maiorennitas, zwischen geschlechtlicher und bürgerlicher M. und Reife: «Die Epoche der M., d. i. des Triebes sowohl als Vermögens, seine Art zu erzeugen, hat die Natur auf das Alter von etwa 16 bis 17 Jahren festgesetzt: ein Alter, in welchem der Jüngling im rohen Naturstande buchstäblich ein Mann wird; denn er hat alsdenn das Vermögen, sich selbst zu erhalten, seine Art zu erzeugen und auch diese samt seinem Weibe zu erhalten ... Der Naturmensch ist in einem gewissen Alter schon Mann, wenn der bürgerliche Mensch (der doch nie aufhört, Naturmensch zu sein) nur Jüngling, ja wohl gar nur Kind ist; denn so kann man denjenigen wohl nennen, der seiner Jahre wegen (im bürgerlichen Zustande) sich nicht einmal selbst, viel weniger seine Art erhalten kann» [21]. So drückt sich in der inneren Spannung des Rechtsbegriffs der M. die anthropologisch fundamentale Schwierigkeit aus, Natur und zugleich mehr als Natur zu sein, mit der Selbsterhaltung zugleich Sozialität verwirklichen zu müssen.

2. Mit dem Namen Kants verbindet sich auch der Gebrauch des Begriffs ‹M.› in der *Geschichtsphilosophie.* Hier kann die historisch so brüchige Begriffstrias Unmündigkeit – Emanzipation – M. metaphorisch verwendet werden, weil sie ein Modell für das geschichtliche Grundmuster von Zustand$_1$ – Übergang – Zustand$_2$ abgibt [22]. Die Aufklärung unterstellt dabei eine Analogie zwischen der Geschichte der Menschheit und dem natürlich ablaufenden Erwachsenwerden des Kindes oder der bewußt gelenkten Erziehung eines Zöglings. Doch fehlt etwa in LESSINGS «Erziehung des Menschengeschlechts» der Begriff ‹M.› ganz, oder er hat, wie etwa bei I. ISELIN [23] und J. J. SPALDING, wo er aber möglicherweise den Anstoß für Kant gegeben hat [24], nur marginale Funktion. Neue Emphase und höheren Rang erhält er erst, als KANT 1784 seine kleine Abhandlung zur ‹Beantwortung der Frage: Was ist Aufklärung?› veröffentlicht. «Aufklärung», so erklärt Kant, «ist der Ausgang des Menschen aus seiner selbstverschuldeten Un-M. Un-M. ist das Unvermögen, sich seines Verstandes ohne Leitung eines anderen zu bedienen.» Aufklärung heißt demnach nichts anderes, als den «Schritt zur M.» tun [25]. Un-M. ist, was bisher war, M., was künftig sein soll. Der Aufklärer sieht sich zwischen zwei Zustände gestellt und kennt die Richtung, in die selbsttätig fortzuschreiten ihn als Aufklärer auszeichnet. Daß etwa zur gleichen Zeit der reflexive Gebrauch von ‹Emanzipation› den transitiven verdrängt [26], findet seine Entsprechung darin, daß M. hier nicht Resultat fremder, sondern Ziel eigener Handlungen ist. Gleichwohl vermeidet es Kant, ‹Emanzipation› in geschichtsphilosophischem Sinn zu verwenden: dies liegt zu nahe an sprunghafter Selbstermächtigung. Aufklärung indessen geschieht «nicht revolutionsmäßig, durch einen Sprung» [27], sondern als «Reform der Denkungsart», als «Fortschreiten» [28]. Die Kontinuität des Fortschritts sichert die Identität seines Subjekts: es kann seinen Zustand ändern und dennoch mit sich identisch bleiben, als Subjekt sich selbst erhalten. M. HORKHEIMER und TH. W. ADORNO beziehen sich kritisch auf diese Identität, wenn sie vom Subjekt der Aufklärung behaupten: «Seine Prinzipien sind die der Selbsterhaltung. Un-M. erweist sich als das Unvermögen, sich selbst zu erhalten.» [29]

Die Formel, in der Kant Aufklärung und M. verknüpft, hat eine Rezeption erfahren, deren Breite und Intensität auf eine tiefere Fundierung verweist, als es die metaphorische Verwendung eines Rechtsbegriffs darstellen könnte. Der Begriff ‹M.› gehört nahezu unentbehrlich zu dem Versuch, Geschichte aufklärerisch als Fortschritt entwerfen zu wollen und dennoch ihren Anfang als Sündenfall hinnehmen zu müssen. Ein anonymer Rezensent der ebenfalls anonym erschienenen Schrift ‹Eden, das ist Betrachtung über das Paradies› (1772) hat als erster die mythische Ursünde nicht als Fall, sondern als Anfang eines Fortschritts interpretiert und entsprechend das Paradies beschrieben als einen «sinnlichen, kindischen und unmündigen Zustand» [30]. Vier Jahre später nimmt HERDER Stellung gegen diese Degradierung Adams – die ja eine Herabwürdigung dessen, der ihn geschaffen hat, einschließt – und ruft höhnisch: «Siehe deinen Unmündigen: die Kindheit jedes Einzelnen ist der des ganzen Geschlechts gleich.» Im Paradies und aus ihm herausgefallen zu sein, das bedeutet für Herder nicht das glückliche Ende eines kindischen, sondern das unglückliche eines kindlichen Zustandes – und den Anfang eines sklavischen: der erste Mensch ist nun «nicht mehr Kind, sondern Knecht.» «Das Kind ist nicht mehr Kind, sondern Philosoph, Metaphysiker, vielleicht bald Bube» [31]. Als KANT dann dieses Thema aufgreift, kehrt der «Ausgang» aus der Un-M. wieder als der «Übergang ... aus der Vormundschaft der Natur in den Stand der Freiheit». Der Sündenfall wird als Emanzipationsakt gesehen, aber nicht so genannt: «Dieser Schritt ist daher zugleich mit der Entlassung ... aus dem Mutterschoße der Natur verbunden» [32]. Mit der Parataxe von aktivem «Schritt» und passiv erfahrener «Entlassung» läßt Kant kunstvoll ungesagt, wer hier das Handlungssubjekt ist. Die Natur, als Vormund und als Leibeshöhle aufgefaßt, muß verlassen werden, weil der «Mensch ... sich darin nicht erhalten» kann [33]. «Der Übergang aus dem wilden Zustand in den bürgerlichen, aus dem rohen in den verfeinerten des Geschmacks und der Kunst, aus der Unwissenheit in den aufgeklärten der Wissenschaft, kurz: aus der Un-M. in die M. ist der schlimmste» [34]. In den akuten Erfordernissen der Aufklärung manifestiert sich ein dauerndes Problem, nämlich das Hängen zwischen dem Nicht-Mehr naturhafter Geborgenheit und dem Noch-Nicht definitiver kultureller Freiheitssicherung. Der Ausgang aus der Un-M. ist für Kant nicht das, worauf es hier und jetzt ankommt, sondern in dessen Aktualisierung zugleich die mythische Darstellung des anthropologischen Verhältnisses von Natur und Kultur vollzogen wird. Der Begriff ‹M.› dient zwar dem Aufklärer Kant zur Selbstlokalisierung des Subjekts in der Geschichte, aber der damit zugleich geleisteten Lokalisierung der Geschichte im Selbstverständnis des Subjekts verdankt die Metapher vom Ausgang aus der Un-M. einen erheblichen Teil ihrer außergewöhnlichen Rezeption [35].

Die räumlich und zeitlich unmittelbare Antwort auf Kants Appell zur M. ist die systematisch bedeutendste geblieben. Sie findet sich in einem Brief J. G. HAMANNS vom 18. 12. 1784 an den Kant und Hamann gemeinsamen Freund und Schüler Chr. J. Kraus [36]. Zum einen nimmt Hamann Anstoß an dem «vermaledeiten adjecto oder Beiworte: selbstverschuldet»; zum andern fragt er: «Wer ist der unbestimmte Andere, ... der leidige Vormund?» Kant hatte damit eine Stelle bezeichnet, in die Natur, Monarch, Gott eingesetzt werden können, also Instanzen, die als despotisch erfahren werden, wenn sie nicht rationalen Regelungen unterliegen. Diese Substituierbarkeit nützt Hamann zu der Pointe: Kant selbst ist es! Mit subtiler Ironie unterwirft sich Hamann diesem Vormund – «Auch will ich mir seine Vormundschaft zur Leitung meines eigenen Verstandes, doch cum grano salis, gefallen lassen» – und gelangt, gerade durch solchen Gehorsam, in seinen Erwägungen über die Frage der Selbstverschuldung zu dem kühnen Revers: Die Schuld liegt nicht beim «fälschlich angeklagten Unmündigen», sondern «in der Blindheit seines Vormundes, der sich selbst für sehend ausgibt». Hamanns Fazit: «Meine Verklärung der Kantischen Erklärung läuft also darauf hinaus, daß wahre Aufklärung in einem Ausgang des unmündigen Menschen aus einer allerhöchst selbstverschuldeten Vormundschaft bestehe.» Der Aufklärer als schuldbeladener Vormund: dieser Gedanke kann unmittelbar an die Sündenfall-Deutung HERDERS anknüpfen, wo es heißt: «Den Menschen, das Vernunfttier, hat die Schlange erzogen, den Menschen, das Gotteskind, bildete Gott.» «Kinder müßt ihr werden, sagt der zweite Adam» [37]. HAMANN schließt seinen Brief mit dem Ausruf: Ich «halt es mit der unmündigen Unschuld. Amen!» [38]. Er vertritt hier die asketisch-mystische Tradition des Esprit d'enfance [39].

Im Gefolge Kants findet das Begriffspaar ‹M.› und ‹Un-M.› weiterhin Verwendung in geschichtsphilosophischen und 'gesellschaftskritischen' Zusammenhängen. Der Kantschüler J. H. TIEFTRUNK will den so großen «Schritt des Menschengeschlechts vom Kind ... zur männlichen Reife» in einer «Religion der Mündigen» enden lassen [40]. Der Reform-Gedanke ist auch bei TH. G. V. HIPPEL mit dem Begriff ‹M.› verbunden: «Gesetze erziehen Menschen und müssen sich, wenn Menschen mündig werden, von Menschen erziehen lassen» [41]. Aber es kommt auch zu Verschärfungen, durch die ‹M.› fast zur Legitimationsformel für revolutionäre Handlungen wird. So bestimmt 1795 J. B. ERHARD Revolution als den Akt, mit dem «sich ein Volk durch Gewalt in die Rechte der M.» einsetzt. «Insoferne jedes Volk unaufhaltsam seiner M. entgegengeht, insoferne bereiten sich alle Völker zu einer Revolution vor. Es ist aber möglich, daß sich die Verfassungen den verschiedenen Graden von M. anpassen und dadurch eine eigentliche Revolution verhüten, so daß alles nach und nach geschieht und unvermerkt die Verfassung ihre richtige moralische Form erhält. So, wie man von dem Volke sagen kann, daß es seine Un-M. verschuldet habe, so kann man auch von der Regierung sagen, daß sie jede Revolution verschuldet hat, weil sie sich nicht der M. anpaßte» [42]. Ähnlich bringt auch P. J. A. FEUERBACH Verständnis dafür auf, daß sich «ein seiner M. bewußtes Volk» gegen eine diese M. nicht anerkennende Regierung wendet [43]. Wo zum einen das große Ziel der M. nicht als erreichbarer Zustand, sondern nur als Regulativ für die Richtung des Fortschritts erscheint, also «die Lust des unendlichen Progresses als Last des unendlichen Ausbleibens empfunden wird» [44], und wo zum andern Entlastungsinstanzen wie, noch aufklärerisch, Moralität und Religion oder, schon romantisch, Kunst und Natur ausfallen, da scheinen es in der Tat nur zwei Möglichkeiten zu geben: Entweder das, was ist, ist schon das, was sein soll: Dies war der Ausweg HEGELS; oder es muß hier und jetzt das getan werden, was den definitiven Zustand hervorbringt, einen Zustand totaler M., in dem alle Menschen Brüder sind – mit der selten bemerkten Konsequenz, die JEAN PAUL 1796 Jesus «mit strömenden Tränen» aussprechen läßt: «Wir sind alle Waisen, ich und ihr, wir sind ohne Vater» [45]. Mit diesem Prospekt nimmt die Romantik Abschied von der ganzen Geschichtsphilosophie, die unter den Titeln ‹Emanzipation› und ‹M.› konzipiert und propagiert worden war. Mit entsprechend pejorativer Beiklang begegnet dann ‹M.› etwa in der distanzierenden Wendung von M. V. BRABECK: «... so glaubt sich jetzt jeder mündig» [46] oder in CHR. M. WIELANDS bitter-ironischem Zitat: «Die Menschheit hat in Europa die Jahre der M. erreicht» [47]. Den Grund für eine solche Einschätzung der sich mündig wähnenden Gegenwart hatte Wieland schon 1777 formuliert: «Für das Kind kommt eine Zeit, wo es sich selbst regieren kann, und sofort hört die väterliche Gewalt auf. Für ein Volk gibt's keine solche Zeit in der Natur, je größer, je älter, je aufgeklärter es wird: je unfähiger wird es, sich selbst zu regieren» [48].

Gegenüber der romantischen Distanzierung verbindet die Hegelsche Rechte (insbesondere E. GANS, F. W. CAROVÉ, K. ROSENKRANZ) ihr Bemühen, Reform als Explikation dessen zu betreiben, wozu die Mittel in der vernünftigen Realität schon da sind, auch mit den Vorstellungen von M. und Un-M. [49]. Dabei finden, wie in der ganzen Zeit des Vormärz, ‹M.› und ‹Emanzipation› nebeneinander Verwendung – und zwar in zunehmender Häufigkeit [50]. Aber dieser extensive Gebrauch geht schließlich über in eine neue Art der Reflexion, in der der Begriff ‹M.› nicht mehr nur auf verschiedene Personen und Gruppen bezogen, sondern – eine Fortwirkung der romantischen Distanzierung – zugleich eben diese Beziehung mitthematisiert wird. Dies geschieht bei M. STIRNER: «Hier liegt der Unterschied zwischen Selbstbefreiung und Emanzipation (Freisprechung, Freilassung). Wer heutigen Tages 'in der Opposition steht', der lechzt und schreit nach Frei'lassung'. Die Fürsten sollen ihre Völker für 'mündig erklären', d.h. emanzipieren! Betragt Euch als mündig, so seid Ihr's ohne jede Mündigsprechung, und betragt Ihr Euch nicht danach, so seid Ihr's nicht wert, und wäret auch durch Mündigsprechung nimmermehr mündig. Die mündigen Griechen jagten ihre Tyrannen fort, und der mündige Sohn macht sich vom Vater unabhängig. Hätten jene gewartet, bis ihre Tyrannen ihnen die M. gnädigst bewilligten: sie konnten lange warten. Den Sohn, der nicht mündig werden will, wirft ein verständiger Vater aus dem Hause und behält das Haus allein; dem Laffen geschieht recht» [51]. In diesem Passus ist die transitive Verwendung von ‹Emanzipation› kein Anachronismus, sondern augenzwinkernde Reflexion auf den ursprünglichen Begriffsgebrauch. Wo es ernst wird, kommt ‹M.› nicht mehr vor: M. HESS und K. MARX rufen nur noch nach «Emanzipation» und «Befreiung». Noch 1848 konnte eine Petition an die Frankfurter Nationalversammlung vom «Stand der Arbeiter» und der «M. dieses Standes» sprechen [52]. Eine Klasse aber wird nicht mündig, sie emanzipiert sich. Erneut passen ‹M.› und ‹Emanzipation› nicht zueinander. Die Gesellschaft ist eben nicht mehr aufgefaßt als eine der unmündigen Kinder, sondern der ausgebeuteten Sklaven. Nicht die vaterlose, sondern die herrschaftsfreie Gesellschaft ist das Ziel. Mit dieser Entlassung aus der Geschichtsphilosophie gerät der Begriff ‹M.› für einen Augenblick selbst in den Zustand, den er bezeichnet.

Die Entlassung, zusammen mit dem Verlust appellativer Ernsthaftigkeit wegen der durch Reflexion gebrochenen Verwendung, disponiert den Begriff ‹M.› dazu, in den Dienst der *Historie* zu treten. M. ist nun nicht mehr das, was man selbst jetzt will, sondern was andere ehedem wollten. So auch bei STIRNER: «Die Periode zwischen Reformation und Revolution ist ... die des Verhältnisses zwischen Mündigen und Unmündigen ...» [53]. Und ähnlich verläßt M. HESS nur im historischen Rückblick das Vokabular von Knechtschaft und Emanzipation: Mit der deutschen Philosophie und der französischen Revolution «entreißen die europäischen Völker ihren Vormündern den Schlüssel» zum Reich der Freiheit

[54]. Und ähnlich wird die Vorstellung der M. benutzt von W. DILTHEY. 1870 schreibt er: «Die M. des Geistes, welche die Aufklärung erstrebte, erforderte zu ihrer völligen Verwirklichung die Allgemeinheit und Notwendigkeit des sittlichen Gesetzes» [55]. Dilthey verwendet ‹M.› durchgehend als Interpretationskategorie.

Fast ein Jahrhundert lang bleibt M. ein Begriff minderen Ranges. Erst nach 1945 gewinnt er einiges von seiner früheren Valenz zurück. Als Gegenpart zum 'Führerprinzip' wird «M. als Voraussetzung der Demokratie» [56] erkannt. Doch erst ca. zwanzig Jahre später geht ‹M.› eine neue Verbindung ein mit jenem Begriff, zu dessen Gunsten sie einst zurücktreten mußte: ‹Emanzipation›. J. HABERMAS, einer der Protagonisten dieser Wiederverknüpfung, erklärt programmatisch: «In der Selbstreflexion gelangt eine Erkenntnis um der Erkenntnis willen mit dem Interesse an M. zur Deckung.» Das so bestimmte «emanzipatorische Erkenntnisinteresse» erschließt uns die Antizipation «einer emanzipierten Gesellschaft, die die M. ihrer Glieder realisiert hätte» [57].

3. ‹M.› als Leitbegriff der *Erziehungswissenschaft* ist in der Spanne zwischen naturhaft-biologischer und kulturell-moralischer Selbsterhaltung angelegt. Nach KANT sind die Eltern so lange zur Erziehung verpflichtet, bis die «Kinder vermögend sind, sich selbst zu erhalten», d. h. «bis zur Zeit der Entlassung (emancipatio)» [58]. Soweit der terminus ad quem für die rechtliche Obligation der Eltern. Dennoch gebraucht Kant in seiner Pädagogik-Vorlesung den Ausdruck ‹mündig› nur en passant und noch dazu im Sinne von ‹pubes› [59]. M. ist also nicht als Ziel erzieherischen Handelns deklariert, und sie wird es auch in der ganzen 'klassischen' Pädagogik nicht. SCHLEIERMACHER verwahrt sich sogar ausdrücklich dagegen: «Es ist nicht Aufgabe des Staates, das Ende der pädagogischen Wirksamkeit zu bestimmen; und die Lösung der Aufgabe kann am wenigsten in der Beziehung auf die M.-Erklärung gefunden werden» [60].

Erst als man nach 1945 neu über Sinn und Zweck pädagogischer Bemühungen nachdenkt, tritt «M. als Erziehungsziel der neuen Schule» [61] auf und avanciert schließlich zum Dreh- und Angelpunkt der 'emanzipatorischen Erziehungswissenschaft'. «Für die Erziehungswissenschaft konstitutiv ist das Prinzip, das besagt, daß Erziehung und Bildung ihren Zweck in der M. des Subjekts haben» (K. MOLLENHAUER [62]). So kommt es darauf an, «die im edukativen Vorgang selbst angelegte Tendenz zur Freigabe der M. der Subjekte als das leitende Erkenntnisinteresse aufzugreifen» (H. BLANKERTZ [63]). Der Deutsche Bildungsrat möchte «den Lernenden zu mündigem Denken und Verhalten» befähigen [64], ein Kultusministerium ihn «zu einem mündigen Glied unserer Gesellschaft» werden lassen [65]. Nicht gelungen ist es der Erziehungswissenschaft, ‹M.› rational als Norm zu begründen oder dauerhaft mit Inhalt zu füllen. Die philosophische Untermauerung bleibt formal – wie etwa bei J. HABERMAS: «Im Bildungsprozeß ist die M. der Unmündigen vorweggenommen»; so soll es möglich sein, «unter der Obhut vorgeschossener M. mündig zu werden» [66]. Die pädagogische Konkretisierung wirkt mühsam – wie etwa in H. ROTHS Versuch, «moralische M. als Ergebnis von Lernprozessen» darzustellen [67]. Dieses theoretische Manko gehört indessen zu den Bedingungen, unter denen das Konzept der M. seine soziale Funktion als Zielvorstellung zu erfüllen vermag. Der Begriff ‹M.› markiert eine Leerstelle, in die verschiedene, ja einander widerstreitende Inhalte eintreten und dann doch den gleichen Namen führen können. Die philosophische Kritik fragt am pädagogischen Begriff ‹M.› nicht primär nach Gründen und Inhalten, sondern analysiert jene Verformungen, denen das Konzept auch in seiner Formalität zugänglich und ausgesetzt ist. R. SPAEMANN macht geltend – der Argumentationsfigur nach ähnlich wie Hamann gegen Kant –, daß die «emanzipatorische Ideologie» M. als Ziel eines unendlichen Prozesses auffaßt und so der Rekurs auf diesen Begriff nicht mehr dazu dient, «den Kreis der Mündigen zu erweitern, sondern den Kreis derer, die vorerst als unmündig erklärt werden» [68]. Darin weiß sich Spaemann mit TH. W. ADORNO einig, der trotz seiner «entschiedenen Parteinahme für Erziehung zur M.» Dialektiker bleibt und einsieht, daß «in einer Welt wie der heutigen der Appell zur M. fast so etwas wie eine Tarnung des allgemeinen Unmündig-gehalten-Werdens sein kann» [69].

4. Für die *Theologie* steht die M. im Zusammenhang des Problems der Säkularisation. Mit der Forderung, «daß die Massen, welche sich selbst fühlen und M. zu fordern gelernt haben, ... durch die sittliche Idee und so wirklich sittlich mündig werden» (R. ROTHE), befinden wir uns noch in der Nachfolge Hegels und Schleiermachers [70]. DILTHEY baut der Theologie eine hundert Jahre überspannende Brücke; denn erst der im Gefängnis der Gestapo Dilthey lesende D. BONHOEFFER läßt den Begriff ‹M.› in der Theologie wieder virulent werden [71]. «Man versucht, der mündig gewordenen Welt zu beweisen, daß sie ohne den Vormund 'Gott' nicht leben könne» [72]. Dagegen wendet sich Bonhoeffer mit Leidenschaft: «Die mündige Welt ist gottloser und darum vielleicht gerade Gott-näher als die unmündige Welt» [73]. Subjekt der M. ist – zum ersten Mal – nicht mehr der Mensch oder die Menschheit, sondern die Welt. Der Begriff ‹M.› sucht einen geschichtlichen Zustand neu zu interpretieren: die Neuzeit als Epoche, die sich von dem «Vormund 'Gott'» befreit hat, und die moderne Welt, die ohne Gott «leben kann», nicht auf göttliche Erhaltung angewiesen, sondern zur Selbsterhaltung fähig ist. Es findet noch einmal der Versuch statt, einen Sündenfall, jetzt aber den aus dem vermeintlichen Paradies des Mittelalters in die so schwierige Welt der Neuzeit, als Anfang eines Prozesses zu begreifen, in dem man nicht nur als Christ steht, sondern dessen Initiator das Christentum selbst ist: So wird das, was ursprünglich als Abfall qualifiziert wurde, nunmehr als Konsequenz des Glaubens ausgelegt und so legitimiert. Der Religionsbegriff der dialektischen Theologie ist die Basis, auf der dieser Versuch ruht: 'Religion' – im Gegensatz zum wahren 'Glauben' – depraviert Gott zum Vormund; die «mündige Welt» ist damit zugleich 'säkularisiert'. Nach dem Urteil von J. MOLTMANN hat Bonhoeffers Begriff der «echten M.» der Theologie den Blick auf «echte Säkularität und Weltlichkeit» freigegeben [74].

F. GOGARTEN [75] stützt sich auf denselben Religionsbegriff, verwebt aber den Begriff ‹M.› in einen anderen Kontext. Der Mensch ist nicht mehr wie auch immer ausgezeichneter Teil der «mündigen Welt», mit ihr und in ihr mündig, sondern er steht der Welt gegenüber – und zwar als von Gott angenommener und ihm gegenüber «mündiger Sohn» [76]; er ist «im Unterschied zum Kind der Mündige und darum Selbständige» [77]. Und es ist Christus, der «die große Wendung von der Zeit der Un-M. zu der der mündigen Sohnschaft» bringt [78]. Nach dieser Wendung und wegen seines durch sie erlangten neuen Status ist der Mensch auch als Erbe dessen eingesetzt, was Gottes Eigentum ist. Die Welt geht in die Verfügungsgewalt des mündigen Sohnes über: «Die Zeit der M. ist darum gekommen, wenn dem Sohn sein Erbe zur eigenen und freien Verfügung und Verwaltung in die Hand gegeben ist» [79]. Der zunächst wie eine Kontamination zweier Rechtsmetaphern anmutende Zusammenhang von M. und Erbschaft, den Gogarten herstellt, erweist sich als unvermeidbar, wenn das, worüber die Rechtssubjekte hier verfügen, die Totalität namens 'Welt' ist. Wenn mündig zu werden heißt, die Erbschaft anzutreten, dann sind hier Vorkehrungen nötig, um nicht den Tod des Erblassers zur Voraussetzung von M. werden zu lassen: Die Welt kann auch als Erbe nur weltliche Welt bleiben, wenn sie ständig zugleich als Schöpfung verstanden wird; und der Sohn kann nur Erbe sein, wenn die «mündige Sohnschaft» nicht von dem für sie konstitutiven Korrelat, dem Vater, losgelöst wird [80].

«Daß M. nicht eine Emanzipation der Vernunft bedeutet, sondern daß sie die M. des an seinen Vater gebundenen Sohnes ist, hat F. Gogarten sehr tiefsinnig gezeigt.» Mit dieser Bemerkung setzt H. THIELICKE [81] den Versuch fort, den Tod Gottes nicht als Preis der M. des Menschen zahlen zu müssen. Thielicke sagt ja zur M., aber nein zur Emanzipation. Doch die Pointe, die er bringt, hat zwei Spitzen. Zum einen versteht er M. als Resultat eines Aktes der Befreiung aus Knechtschaft: das hieß bislang Emanzipation, wird nun jedoch nicht mehr so genannt. Und zum andern ist M. genau mit jenem Zustand identisch, der ihr als überwunden vorausliegen sollte, dem der Kindheit: «Die Erlösung des Menschen zielt also auf seine M. ..., sie befreit ihn aus der Knechtschaft zur Kindschaft» [82]. Am Ende steht – Kant und Hamann auf einen Nenner gebracht – das Paradox: «mündige Kindschaft» [83].

Zu einer ähnlichen Position gelangt der späte K. BARTH. Er bezieht sich zunächst kritisch auf die Säkularisierungstheologie von und im Anschluß an Bonhoeffer: «Man redet heute so gern und so viel (zu gern und zu viel) von der Gott gegenüber angeblich mündig gewordenen Welt.» Wichtiger ist indes der «mündig werden sollende Mensch: der mündige Christ und die mündige Christenheit» [84]. Damit schließt sich K. Barth *scheinbar* theologischen Bestrebungen an, dem gesellschaftlichen und pädagogischen Postulat von M. ein innerkirchliches Pendant zur Seite zu stellen: ‹Der mündige Christ› [85]; tatsächlich aber stellt er jenes Postulat in die Folge seiner Theologie: Gott hat den Menschen «nicht entmündigt, sondern mündig gesprochen und auch als mündig behandelt» [86]; dem widerspricht es, wenn die Kirche an der «Unsitte der Säuglingstaufe» festhält [87]. Der «unmündige Täufling» kann nicht «mündiger Christ» werden [88]. Auch hier also muß der Übergang von einem Status zum anderen selbsttätig vollzogen werden; mündig sein heißt eben auch: keinen Stellvertreter benötigen, keinen anderen für sich handeln lassen. Wo der Glaube anfängt, wo der alles entscheidende Schritt zu tun ist, muß für ein «mündiges Geschöpf» der Grundsatz gelten: «Gehorsam gegen Gott kann nur freier Gehorsam sein» [89]. M. wird damit zu einer Qualität, die dem Menschen allein in seiner Beziehung zu Gott zukommt und für alle anderen Beziehungen nur mögliche Störfaktoren darstellen. Zu Ende gedacht aber ist diese theologische Tendenz erst in der philosophischen Einsicht, die O. MARQUARD formuliert: «M. heißt vor allem Einsamkeitsfähigkeit» [90].

Anmerkungen. [1] H. BRUNNER: Dtsch. Rechtsgesch. 1 (²1906) 91-110: ‹Das Haus›; 2 (1892) 31-34: ‹Der unmünd. König›. – [2] M. LUTHER, Übers. von Weish. 10, 21; Matth. 21, 16; G. E. LESSING, Werke, hg. K. LACHMANN/F. MUNCKER 6 (1890) 195; auch bei J. HABERMAS: Technik und Wiss. als 'Ideol.' (1968) 163; vgl. W. T. KRUG: Allg. Handwb. der philos. Wiss.en 2 (1827) 812. – [3] A. WALDE: Vergl. Wb. der idg. Sprachen 2 (1927) 272; KLUGE/GÖTZE: Etymol. Wb. der dtsch. Sprache (1934) 403. – [4] BRUNNER, a.O. [1] 1, 102, Anm. 59. – [5] ebda. – [6] R. SOHM: Institutionen. Gesch. und System des röm. Privatrechts (¹⁰1901) 463-465: ‹Die Aufhebung der patria potestas›. – [7] A. MÜLLER: Lex. des Kirchenrechts (²1839) 4, 113. – [8] R. BORENSIEPEN: Art. ‹Alter und Recht›, in: Handwb. der Rechtswiss. 1 (1926) 107-112; H. DÖLLE: Familienrecht 1 (1964) 153-169; 2 (1965) 195f.; W. ROESSLER: Zur Theorie der dtsch. Schule. Bildung und Erziehung 19 (1966) 1-12; G. POTRYKUS: Art. ‹Altersstufen im Recht›, in: Lex. der Päd. (1970) 1, 34f. – [9] MÜLLER: Art. ‹Emanzipation›, in: Dtsch. Enzyklop. 8 (1734) 319. – [10] K. M. GRASS und R. KOSELLECK: Art. ‹Emanzipation›, in: Hist. Grundbegriffe 2 (1975) 153-197, zit. 155. – [11] G. W. F. HEGEL, Vorles. über Rechtsphilos., hg. K.-H. ILTING 2 (1974) 614; dagegen in Notizen zur Vorles.: «fortdauernde Un-M.», a.O. 627. – [12] a.O. 1 (1973) 439. – [13] 2 (1974) 610. – [14] CHR. WOLFF: Vernünftige Gedanken von dem gesellschaftl. Leben des Menschen (1721) 87-89. 106f. 130; J. CHR. GOTTSCHED: Erste Gründe der gesamten Weltweisheit. Prakt. Teil (⁴1743) 232-238. – [15] GRASS und KOSELLECK, a.O. [10] 155f. – [16] CHR. WOLFF, a.O. [14] 89. – [17] J. CHR. GOTTSCHED, a.O. [14] 225. – [18] G. ACHENWALL: Juris naturalis pars posterior (1763) §§ 54. 58. – [19] CHR. WOLFF: Jus Naturae (1740/48) VII, §§ 775ff. – [20] I. KANT: Met. Sitten (1797). Akad.-A. 6, 282. – [21] Mutmaßlicher Anfang der Menschengesch. (1786). Akad.-A. 8, 116. – [22] A. C. DANTO: Anal. philos. of hist. (Cambridge ²1968) 236. – [23] I. ISELIN: Philos. und patriot. Träume eines Menschenfreundes (1755) 75f. – [24] J. J. SPALDING: Berlinische Antrittspredigt (²1764) 19f.; vgl. N. HINSKE, Nachwort zu: Was ist Aufklärung?, hg. N. HINSKE (²1977) 544ff. – [25] I. KANT: Beantwortung der Frage: Was ist Aufklärung? (1786). Akad.-A. 8, 35ff.; vgl. N. HINSKE: Kant als Herausforderung an die Gegenwart (1980) 67-85. – [26] GRASS und KOSELLECK, a.O. [10] 157-162. – [27] KANT, a.O. [20] 6, 355. – [28] a.O. [25] 36. 39. – [29] M. HORKHEIMER und TH. W. ADORNO: Dialektik der Aufklärung (Amsterdam 1947) 102. – [30] Kl., Rezension von: Anonymus (J. H. v. GERSTENBERG): Eden, das ist Betrachtung über das Paradies (1772), in: Allg. dtsch. Bibl. 17/2 (1772) 374ff.; vgl. M. METZGER: Die Paradieserzählung (1959). – [31] J. G. HERDER: Älteste Urkunde der Menschengeschlechts (1776). Sämtl. Werke, hg. B. SUPHAN 8, 29. 32. 25. – [32] KANT, a.O. [21] 114f.; zu Kants Auseinandersetzung mit Herders Schrift vgl. seine Briefe an Hamann vom 6./8. 4. 1774. Akad.-A. 10, 153-156. 158-161. – [33] Mutmaßl. Anfang ... a.O. 122. – [34] Refl. zur Anthropol. Akad.-A. 15, 621. – [35] Vgl. M. SOMMER: Die Selbsterhaltung der Vernunft (1977) 249ff. – [36] J. G. HAMANN, Briefwechsel, hg. A. HENKEL 5 (1965) 289-292. – [37] HERDER, a.O. [31] 29f. – [38] HAMANN, a.O. [36] 292; vgl. zum Brief an Kraus im ganzen E. BÜCHSEL: Aufklärung und christl. Freiheit. J. G. Hamann contra I. Kant. N. Z. systemat. Theol. 4 (1962) 133-157. – [39] Vgl. R. SPAEMANN: Refl. und Spontaneität (1963) 138ff. – [40] J. H. TIEFTRUNK: Tugendlehre. 2. Teil (1805) 484; Die Relig. der Mündigen (1800). – [41] Anonymus (TH. G. v. HIPPEL): Über die bürgerl. Verbesserung der Weiber (1792) 201. – [42] J. B. ERHARD: Über das Recht des Volkes zu einer Revolution (1795) 179ff. – [43] P. J. A. FEUERBACH: Über dtsch. Freiheit und Vertretung dtsch. Völker durch Landstände (1814). Kl. Schr. (1833) 110f.; weitere Stellen von Kantianern zit. bei W. SCHNEIDERS: Die wahre Aufklärung (1974) 69. 112. 116. 142. 159. 183f. – [44] O. MARQUARD: Schwierigkeiten mit der Geschichtsphilos. (1973) 71. – [45] JEAN PAUL, Siebenkäs. Werke (³1970) 2, 273. – [46] M. v. BRABECK: Einige Bemerk., dem gesamten Corps der Hildesheimischen Ritterschaft in ihrer Verslg. am 20. 4. 1799 vorgelegt. Ann. der leidenden Menschheit H. 7 (1799) 98, zit. nach GRASS und KOSELLECK, a.O. [10] 163 Anm. 62. – [47] CHR. M. WIELAND: Betracht. über die gegenwärtige Lage des Vaterlandes (1793). Akad.-A. 1/15 (1930) 558. – [48] Über das göttl. Recht der Obrigkeit (1777). Sämtl. Werke 30 (1857) 290f. – [49] Die Hegelsche Rechte, hg. H. LÜBBE (1962) 51. 54. 60. 145; vgl. H. LÜBBE: Polit. Philos. in Deutschland (1963) 27-82. – [50] GRASS und KOSELLECK, a.O. [10] 167ff. – [51] M. STIRNER: Der Einzige und sein Eigentum (1845) 197f. – [52] Dokumente des Sozialismus, hg. E. BERNSTEIN 1 (1902) 412. – [53] M. STIRNER: Kl. Schr. (²1914) 238f. – [54] M. HESS, Philos. und sozialist. Schr. 1837-1850 (1961) 224. – [55] W. DILTHEY: Leben Schleiermachers (1870). Ges.

Schr. XIII/1 (1970) 158; vgl. auch Weltanschauung und Analyse des Menschen seit Renaissance und Reformation, a.O. 2 (1957) 90f.; Der Aufbau der gesch. Welt in den Geisteswiss.en, a.O. 7 (1958) 97. – [56] W. WEYMANN-WEYKE: Die M. als Voraussetzung der Demokratie. Die Kirche in der Welt 7 (1954) 343-346. – [57] HABERMAS, a.O. [2] 164. – [58] KANT, a.O. [20] 280f. – [59] Pädagogik, hg. F. TH. RINK (1803). Akad.-A. 9, 498. – [60] FR. SCHLEIERMACHER, Pädag. Schr., hg. E. WENIGER (1957) 1, 15. – [61] TH. FUHRMANN: M. als Erziehungsziel der neuen Schule. Die Pädagog. Provinz 2 (1948) 257-268. – [62] K. MOLLENHAUER: Erziehung und Emanzipation (⁶1973) 9f. – [63] H. BLANKERTZ: Einf. zu: U. KLEDZIG (Hg.): Arbeitslehre als Fach (1972) 12. – [64] Dtsch. Bildungsrat (Hg.): Strukturplan für das Bildungswesen. Empfehl. der Bildungskommission (1970) 84. – [65] Richtl. für Hauptschulen des Landes Schleswig-Holstein, hg. Kultusministerium des Landes Schleswig-Holstein (1966) 5. – [66] J. HABERMAS: Pädag. 'Optimismus' vor Gericht einer pessimist. Anthropol., in: N. Slg. 1 (1961) 251-278, zit. 257. – [67] H. ROTH: Pädag. Anthropol. 2 (1971) 388-400. – [68] R. SPAEMANN: Autonomie, M., Emanzipation. Zur Ideologisier. von Rechtsbegriffen. Kontexte 7 (1971) 94-102, zit. 96. – [69] TH. W. ADORNO: Erziehung zur M. (1970) 143. 153ff.; vgl. SPAEMANN, a.O. [68] 98. – [70] R. ROTHE: Theol. Ethik 6 (²1870) 241. 246. – [71] Vgl. CHR. GREMMELS: M. – Gesch. und Entfalt. eines Begriffs. Die Mitarb. 18 (1969) 360-372; E. FEIL: Die Theol. Dietrich Bonhoeffers (1971) 355ff. – [72] D. BONHOEFFER: Widerstand und Ergebung (⁴1967) 159. – [73] a.O. 181. – [74] J. MOLTMANN: Die Wirklichkeit der Welt und Gottes Gebot nach D. Bonhoeffer. Die mündige Welt 3 (1960) 57. – [75] F. GOGARTEN: Verhängnis und Hoffnung der Neuzeit. Die Säkularisierung als theol. Problem (1953) 145; Die Wirklichkeit des Glaubens. Zum Problem des Subjektivismus in der Theol. (1957) 18ff. – [76] Verhängnis und Hoffnung, a.O. 73. – [77] 31. – [78] 50. – [79] 72. – [80] 73ff.; Wirklichkeit des Glaubens, a.O. [75] 53-69; vgl. auch: Der Mensch zwischen Gott und Welt (1952) 23ff. 210ff. – [81] H. THIELICKE: Theol. Ethik II/2 (1958) 132 Anm. – [82] a.O. 241. – [83] 241. 244. – [84] K. BARTH: Kirchl. Dogmatik IV/4 (1967) X. – [85] J. THOMÉ: Der mündige Christ (¹1949 [indiziert], ²1968); D. JÄGGI: Von der M. in der Kirche. Anima 12 (1957) 142-147; H. GIESEN u.a.: Der mündige Christ (⁴1960); W. TRILLHAAS: Ethik (³1970) 539; E. BETHGE: Ohnmacht und M. (1969); J. B. METZ: Glaube in Gesch. und Gesellschaft (1977). – [86] BARTH, a.O. [84] 25. – [87] a.O. XI. – [88] 204. – [89] 39. 145. – [90] O. MARQUARD: Abschied vom Prinzipiellen (1981) 18.

M. SOMMER

Mundus archetypus. Die platonische Idee ist der seiende, urbildhafte Ursprung des Begründet-Seienden (παράδειγμα – εἰκών, ὁμοίωμα [1], Teilhabe). Auf das unwandelbare Ur-Bild hinblickend (προσχρώμενος παραδείγματι [2]) hat der Demiurg die wandelbare, zeitlich verfaßte Welt als Bild gemacht, indem er das «sich fehlerhaft Bewegende» in eine mathematisch fundierte Ordnung überführte. Dieser platonischen Lehre gemäß legt PHILO den κόσμος νοητός (Bereich des Logos und der Ideen) als das vom Gott geschaffene ἀρχέτυπον (Archetyp, s. d., Urbild, Original) aus, das seinerseits intelligibler Vorentwurf für die welt als sichtbare Erscheinung ist [3]. – Die Grundlegung eben dieser Welt in der «wahren und ersten» Welt des Intelligiblen ist auch ein zentraler Gedanke PLOTINS: Der in sich dialektisch *eine* νοῦς, die Einheit der sich als Sein denkenden Ideen ist ἀρχέτυπον οἷον καὶ παράδειγμα der welthaften Mannigfaltigkeit [4]. – Die griechische *Patristik* übernimmt – auch terminologisch – diese Unterscheidung [5]: Gott oder sein Logos ist ewiges ἀρχέτυπον für das zeithafte Bild 'Welt' [6]. Von dieser Konzeption ausgehend sind in der philosophischen Theologie des Mittelalters und der Renaissance die Ideen als Gedanken Gottes mit dem M.a. identisch gedacht; nach dessen «Ausdruck» (expressio = exemplar) ist die Welt geschaffen, auf ihn soll sie aufgrund ontologischer Ähnlichkeit zurückbezogen werden [7]. Bedeutsam für diesen Gedanken ist auch die Wirkungsgeschichte des platonischen ⟨Timaios⟩ in der Interpretation und Terminologie des CALCIDIUS [8].

Anmerkungen. [1] PLATON, Parm. 132 d 1f.; Resp. 484 c 8; 592 b 2. – [2] Tim. 28 a 7. – [3] PHILO, Op. mundi 16; Vita Mos. II, 127. – [4] PLOTIN, Enn. III, 2, 1, 25; V, 1, 4, 5. – [5] z.B. CLEMENS ALEXANDRINUS, Strom. V, 14; 387, 21ff. (STÄHLIN/FRÜCHTEL); PS-DIONYSIUS AREOPAGITA, De div. nom. II, 5f. MPG 3, 644 A ff. – [6] GREGOR V. NYSSA, Or. catech. 21. MPG 45, 60 A; ORIGENES, In Joh. 2, 2. 55, 4 (PREUSCHEN). – [7] BONAVENTURA, II Sent. d. 1, p. 2 a. 1 q. 3. Opera 2 (Quaracchi 1885) 39 a; Sci. Chr. q. 2, a.O. 5, 9 b; Brevil. I, 8, a.O. 5, 216 b; zum Terminus ferner: HONORIUS AUGUSTODUNENSIS, De imag. mundi 1, 2. MPL 172, 121 B; BERNHARDUS SILVESTRIS, De mundi univ. II, 4, 25, hg. BARACH; ALBERTUS MAGNUS, I Sent. d. 35 a. 7, hg. BORGNET 26, 190 a: «Ideae et rationes mundi archetypi in mente Dei»; für platon. Tradition in der Renaissance und später: CUSANUS, De ven. sap. XXXVIII, n. 110, hg. P. WILPERT (1964); G. BRUNO, De la Causa, Principio e Uno. Dial. ital., hg. G. AQUILECCHIA (1954) 327; Oratio valedictoria. Opera Lat. I/1, 15, hg. F. FIORENTINO (1879); J. KEPLER, Harmonices mundi V, 9. Werke, hg. W. v. DYCK/M. CASPAR 6, 360, 33; R. CUDWORTH, Syst. intell., hg. MOSHEMIUS (1733) 1, 641ff. – [8] CALCIDIUS, In Tim., hg. J. H. WASZINK (London ²1975) 282, 10; 323, 12; 340, 19ff. (exemplum archetypum, species archetypa).

W. BEIERWALTES

Mundus intelligibilis/sensibilis (griech. κόσμος νοητός/κόσμος αἰσθητός). – 1. PLATON unterscheidet innerhalb des Seienden insgesamt eine Dimension des nur Denkbaren (νοητὸς τόπος, γένος νοητόν [1], M.i.) und eine Dimension des Sinnenfälligen (ὁρατὸς τόπος, γένος ὁρατόν, αἰσθητόν [2], M.s.), die eine dialektisch gestufte Einheit ausmachen. Das Intelligible ist «immer» (zeitfrei) seiend, hat kein Werden (γένεσις); als Idee ist es vielmehr das wahrhaft Seiende, das, was jedes Seiende an sich und in sich unwandelbar ist, die einzige Sinngestalt, die Grund und Ursprung alles Vielfältigen ist, das im Bereich des Sinnenfälligen durch die Anwesenheit (παρουσία) der Idee sich allererst als dasselbe Seiende durchhalten kann [3]. Nur die Idee ist im eigentlichen Sinne denkbar und erkennbar (nur dem νοῦς zugänglich), weil sie im Lichte der Wahrheit [4], letztlich im Guten selbst gründet. Dieser zwar «jenseits des Seins» [5] seiende Ursprung von Allem ist zugleich der lichtende Grund der Einheit der Ideen. Der Gedanke einer Gemeinsamkeit oder Verflechtung der Ideen (συμπλοκή, κοινωνία) zu einem «lebendigen und denkenden, vollkommenen Seienden» (παντελῶς ὄν), für das das Nichtsein im Sinne von Andersheit konstitutiv ist, wird im ⟨Sophistes⟩ expliziert [6]. – Gegenüber dem Bereich des Intelligiblen, der «Ebene der Wahrheit» [7], *ist* der M.s. nie, vielmehr «wird» er immer, ist durch sein Konstitutionsprinzip, die Zeit, als ganzer nie mit sich selbst identisch. Weil er nur Erscheinung, Abbild (εἴδωλον, εἰκών), Imitation (μίμησις) des Intelligiblen ist, gibt es von ihm lediglich unsichere Mutmaßung (εἰκασία – δόξα – πίστις) [8]. Modell der Unterscheidung der beiden Bereiche in νοητά und ὁρατά (δοξαστά) ist das Liniengleichnis [9], das ontologisch die Relation von M.i. und M.s. als Teilhabe (μέθεξις) und gnoseologisch den Denkweg der Seele zum Intelligiblen (ἄνοδος τῆς ψυχῆς εἰς τὸν νοητὸν τόπον [10]) als abstrahierende, hypothetische Dialektik zeigt, die in den selbst voraussetzungslosen Grund oder in das «Umwillen» der vom Eros geführten denkenden Bewegung zielt [11]. Der M.s. wird jedoch nicht im Sinne eines dualistischen Systems (etwa der Gnosis) vom M.i. her «antithetisch» abgewertet, sondern bleibt trotz der Unähnlichkeit mit ihm als Abbild ihm ähnlich: im

«Schaffen» auf die Idee blickend, wollte der Demiurg, daß der Kosmos ihm möglichst ähnlich werde [12]; immerhin ist er θεὸς αἰσθητός [13]. Alles Seiende in ihm will sein wie sein Grund, die Idee [14].

2. Die differenzierte Kritik des ARISTOTELES an der platonischen Ideenlehre entspringt dem Versuch, das Wesen der Idee auf deren Funktion zu restringieren, erwirkende Ursache des Hiesigen zu sein. Als solche aber leistet die Idee nicht das Gesollte; das ontologisch zu Begründende und logisch zu Erklärende wird lediglich in einem intelligiblen Überbau verdoppelt. Diese Kritik wird als ein Denk-Habitus verständlich, der eine *transzendente* Begründung des Einzel-Seienden für unmöglich hält und daher auch die These ablehnen muß, daß das immanente begründende Wirken der Idee nur durch ihr dem Einzelnen transzendentes Sein sinnvoll und vollkommen sei. Das aristotelische Eidos ist vielmehr das dem Einzel-Seienden immanente allgemeine, sich selbst «genügende» Strukturprinzip, das die Annahme eines M.i. überflüssig macht [15]. Weil μέθεξις im Sinne des Aristoteles keine Sachaussage, sondern eine «poetische Metapher» ist [16], bleibt die Möglichkeit einer Überwindung des platonischen «χωρισμός» zwischen M.i. und M.s. rätselhaft. Damit verursacht die aristotelische Auslegung der Ideenlehre wesentlich das langanhaltende und konsequenzenreiche Mißverständnis, das den Platonismus zu einem groben Dualismus machte.

3. PLOTIN und mit ihm die gesamte Tradition des Platonismus hat die platonische Unterscheidung von κόσμος νοητός (ἀληθινός) und αἰσθητός [17] wieder aufgenommen. Der νοῦς, die zweite, im Einen selbst gründende Hypostase, ist die «Fülle der Ideen», das einheitstiftende Prinzip alles Intelligiblen: In ihm ist zwar jedes νοητόν vom anderen unterschieden (ἑτερότης [18]), im Einzelnen ist jedoch das Ganze gegenwärtig. Der Wesensbezug von Denken und Sein, wie ihn Parmenides vorgestellt hat, wird als der Identitätsakt des Geistes gedacht [19]. Wenn also im Geist das Zu-Denkende (Intelligible, Idee) mit dem Sein identisch ist und der Geist alles Zu-Denkende ist, so *ist* er, was er denkt [20]: Er begreift im Selbstdenken sein eigenes Wesen. Diesen Selbstbegriff vollzieht er jedoch nicht diskursiv, sondern «intuitiv» mit «Einem Blick» [21], weil in ihm Alles zugleich (ὁμοῦ πᾶν) und ineinander unbegrenztes, ewiges Leben, «ständige» Bewegung des Denkens im Sein als dessen Leben ist. Geist ist σφαῖρα νοητή [22], in die sich das Eine – «unentfaltet-entfaltet» – als «zweites», denkendes Eine entfaltet hat und so den Überstieg des Geistes über sich selbst in seinen Ursprung initiiert. Der platonische Gedanke des παντελῶς ὄν und des «vollkommenen Lebewesens» [23] sowie das aristotelische Theologumenon, daß der Gott sich selbst denke, sind durch den plotinischen Geistbegriff in eine spekulative Einheit gebunden. – Der intelligible Kosmos ist (wie bei Platon) κάνων oder ἀρχέτυπον [24], d. h. regulativer Ursprung des sinnenfälligen Kosmos. Da dieser jedoch aus dem ausdehnungslosen Ewigen «herausgefallen» ist und deshalb die Abständigkeit der Zeit für sein Sein bestimmend geworden ist, kann in ihm nie das Einzelne das Ganze sein oder werden: die Differenz herrscht in der Mannigfaltigkeit vor. Gleichwohl bleibt er als Bild (εἰκών, μίμημα) immer auf seinen transzendenten Ursprung hin gerichtet. Von ihm hat er auch die ihm eigene Schönheit und Ordnung empfangen, die sich in einer durch Parusie des Göttlichen gewirkten συμφωνία oder συμπάθεια manifestiert, «buntes Wunderwerk» des Intelligiblen, Drama, in dem das Gegensätzliche sich ausgleicht [25]. In einer derartigen Konzeption des M.s. zeigt sich Plotins durchaus antignostische Tendenz [26].

4. PROKLOS hat den Einen Geist in eine Vielzahl geistigen Seins vertikal und horizontal aufgefaltet, indem er aus dem überseienden, absoluten Einen zunächst die «vielen Einen» (Henaden) entspringen ließ: Diese vermitteln die gründende Kraft des Einen den Triaden der seienden Mannigfaltigkeit. Das Gesamt dieser Triaden stellt die Differenziertheit und zugleich den Vollzug der Einheit des intelligiblen Bereiches dar, in dem, hierarchisch gegliedert, das eine im anderen Seienden, gedacht oder denkend, auf je eigene Weise ist (πάντα ἐν πᾶσιν, οἰκείως δὲ ἐν ἑκάστῳ) [27]. Die Grundgesetzlichkeit von Sein und Bewegung jeder einzelnen Trias und des Systems aller Triaden ist die Trias 'Verharren – Hervorgang – Rückkehr': Geist denkt sich selbst, indem er, im Einen und daher in sich verharrend, in sich selbst hervorgeht und sich auf sich selbst und damit in sein Prinzip zurücknimmt. Daß er sich aus der Unterscheidung in sich selbst Hervorgehenden mit sich selbst vermittelnd in Übereinstimmung bringt, *ist seine Wahrheit*. – Die intelligible Bewegung der Trias μονή – πρόοδος – ἐπιστροφή ist auch die Weise, wie sich der sinnenfällige Kosmos durch das Wirken des Demiurgen als ewiger Kreis konstituiert. Die «goldene Kette» der ontologisch zu verstehenden kosmischen Kausalität gründet so im Intelligiblen, daß es von ihm her eine mit sich selbst vermittelte (analogische) Einheit ist: «Alles geht aus Geist hervor und der ganze Kosmos hat sein Sein aus Geist» [28]. Geist also ist der durchlichtende Seins- und Sinngrund des Kosmos (ἵνα ὁ νοῦς ἐλλάμπῃ τὸν κόσμον [29]), weil der Kosmos in ihm immer schon als seiendes παράδειγμα vorentworfen ist. Der «Kreis der Zeit» wirkt den Kosmos vervollkommnend und «zurückführend» auf dieses sein Urbild wieder ein (ἐπιστροφή).

5. Den plotinischen Begriff des κόσμος νοητός hat AUGUSTINUS entscheidend umgeformt: Gott ist der seiende und denkende «Ort» der Ideen; der M.i. ist also keine außerhalb des Ursprungs in sich selbst stehende, «abgetrennte» Dimension. Da bereits PHILO den Ideen-Kosmos (τῶν ἰδεῶν κόσμος [30]) als den Logos des weltschaffenden Gottes dachte (τὸν νοητὸν κόσμον ... θεοῦ λόγον ἤδη κοσμοποιοῦντος [31]), der Logos als «ältester» oder «erstgeborener» Sohn des Gottes zum Vermittler, Erhalter und Lenker der Welt wurde, und da ferner im mittleren Platonismus ALBINOS die Ideen als ewige und in sich selbst vollendete «Gedanken Gottes» (νοήσεις θεοῦ [32]) begriff (vor ihm vielleicht schon ANTIOCHOS VON ASKALON [33]), ist nicht die Grundlegung der Ideen in der mens divina, sondern die theologische Durchdringung dieses Philosophems der genuine augustinische Gedanke. Während AUGUSTINUS anfangs [34] die denkende Einheit der Ideen mit dem biblischen Begriff des «Reiches» (Joh. 18, 36) identifiziert, legt er sie später [35] als ewige und unwandelbare Vernunft, als «Weisheit», als die Wahrheit selbst, durch die sie endlichem Denken einzuleuchten vermögen, als die schöpferische «Kunst» und als das *Wort* aus. Die Idee ist daher der im *Wort* selbst vorentworfene Grund der Schöpfung. Wenn also Gott «im Anfang», d.h. durch seinen Sohn, welcher das *Wort* und die *Weisheit* ist [36], die sinnenfällige Welt schafft, so läßt er in diesem personalen Grundakt seiner Freiheit die Idee zum «rationalen» Grund des «faktisch» Seienden werden. Durch Schöpfung im Licht von Idee und Wort wird Seiendes aus Nichts (d.h. aus *ihm* [37]) selbst licht- und worthaft gegründet. Daher ist die sinnenfällige Welt trotz ihrer Unvollkommenheit in

sich sinnvoll («universitas etiam cum sinistra parte perfecta» [38]) und zugleich «Anruf», sie auf den Schöpfer hin zu transzendieren.

6. Augustins Identifikation des M.i. oder der Ideen mit dem göttlichen Denken und die damit gegebenen Implikationen für Akt und Ziel der Schöpfung des M.s. sind in der Philosophie des *Mittelalters* teils schematisch aufgenommen oder aber (besonders durch die augustinische Richtung) spekulativ vertieft worden. Bedeutsam wurde außerdem die extensive Wirkungsgeschichte des platonischen ‹Timaios› z. B. bei BERNHARDUS SILVESTRIS [39]. Für JOH. SCOTUS ERIUGENA ist «Ursprung, *aus* dem alles ist, der Vater, Ursprung, *durch* den alles ist, der Sohn» [40]. Dieser ist das «Sprechen des Vaters»; im *Wort* aber sind die causae primordiales als Möglichkeiten (πρωτότυπα, προορίσματα [41]) von welthaft Seiendem mitgezeugt; es ist schöpferische Weisheit, seinen eigenen Ursprung reflektierende Mächtigkeit (virtus). So begreift Gott in seinem Wort und seiner Weisheit sich selbst («notio qua semetipsum Deus intelligit» [42]) und setzt in ihm zugleich die Welt als «Theophanie» [43]. Das augustinische Philosophem wird bei BONAVENTURA zum Zentrum von Metaphysik und Trinitätstheologie überhaupt. Gott denkt und erkennt sich selbst in einem ewig «jetzigen» Akt und erzeugt als «Ausdruck» (expressio, similitudo expressiva) seines eigenen Seins sein *Wort* und in ihm alle Ideen: «omnia in eo [Filio] expressit» [44]. Die Ideen sind zwar in sich unterschieden, bilden aber *ein* «exemplar» [45]. Sie sind also mit dem sich selbst (intrinsecus) ausdrückenden Sein Gottes identisch: «summa lux et veritas plena et actus purus» [46], zugleich Grund des schöpferischen Ausdrucks ad extra, so daß der M.s. als Abbildung dem «mundus archetypus, qui est in mente divina» [47], soweit als möglich ähnlich ist ('Exemplarismus'). In diesem Element seiner Ideenlehre trifft sich Bonaventura trotz wesentlicher Unterschiede im ganzen mit THOMAS, der das Erkennen Gottes als dessen Sein (esse) und sein Wesen (essentia) als «idea rerum» begreift, jedoch nicht als in sich seiendes Wesen, sondern sofern es erkannt ist [48].

7. Während die Frage nach dialektischer Einheit von M.i. und M.s. im platonisch-augustinischen Sinne durch MEISTER ECKHART, CUSANUS, FICINUS und den *Cambridger Platonismus* noch einmal maßgeblich für Philosophie und Theologie gestellt wurde, ist sie durch den zunehmenden Schwund der Transzendenz, d. h. durch Aufhebung der transzendenten Grundlegung von Sein und Erkennen im Empirismus, in der Aufklärung und der Transzendentalphilosophie als genuin metaphysische Frage verfallen. Sie wird eingeschränkt auf die Beziehung der an und für sich seienden Welt (absolute Idee) zu einer Welt der Erscheinung, in der das Endliche zum Moment des Unendlichen geworden ist, auf die immanente Dialektik von Sinnlichkeit und Verstand oder Vernunft, Vernunft und Wirklichkeit, Sittengesetz und Tat, transzendentaler Subjektivität und Faktizität. Auch dort, wo die Termini M.i. und M.s. (= Noumena und Phaenomena) noch für wesenhaft unterschiedene, aber bedingend aufeinander bezogene Seins- und Erkenntnismodi gebraucht werden, sind sie nur aus der Subjektivität als ihrem gemeinsamen Horizont verstehbar. Bei KANT z. B. ist das transzendental Umfassende vorbereitet in seiner Habilitationsschrift ‹De mundi sensibilis atque intelligibilis forma et principiis› (1770) und umfassend expliziert in den ‹Kritiken› und der ‹Grundlegung zur Metaphysik der Sitten›, wo M.i. «eine Welt vernünftiger Wesen – als ein Reich der Zwecke» begriffen wird, das auf der Autonomie eines selbst gesetzgebenden und ihm selbst zugleich unterworfenen Willens gründet (kategorischer Imperativ) und dem auf es bezogenen «Reich der Natur» entgegengesetzt ist [49]: «Idee» einer sich selbst als praktisch denkenden Vernunft. Erkenntnistheoretisch enthält die Annahme des Begriffes M.i. (Noumena) zwar keinen Widerspruch, seine objektive Realität kann jedoch auf keine Weise erkannt werden; er hat lediglich als «Grenzbegriff» die negative Funktion, «die empirischen Grundsätze einzuschränken» [50].

Anmerkungen. [1] PLATON, Resp. 508 c 1. 509 d 2; Tim 52 a. – [2] Resp. 508 c 2; Phaed. 83 b 4; Tim. 28 c 1. – [3] Tim. 27 d 6ff.; Phaed. 78 c/d. 100 d 5; Symp. 211 b; Phaedr. 249 c 4. – [4] Resp. 508 d 5. 510 a 9. 511 e 3. – [5] Resp. 509 b 9. – [6] Soph. 248 b ff., bes. e 7. – [7] Phaedr. 248 b 6. – [8] Tim. 27 d 6ff. 37 d 3ff. 39 e 2; Resp. 511 b ff. – [9] Resp. 509 d 6-511 e 5. – [10] 517 b 5. – [11] 532 b 1f.; vgl. 511 b 4ff. – [12] Tim. 28 a 7. 29 a 2ff. 29 e 3. – [13] Tim. 92 c 7. – [14] Phaed. 74 d 9. 75 a 2; b 7. – [15] ARISTOTELES, Met. 987 a 29ff. 990 a 33ff. 1078 b 7ff. – [16] Met. 991 a 22. – [17] PLOTIN, z. B. Enn. III, 2, 2, 27. 40ff.; 8, 3, 8; IV, 8, 3, 8; V, 8, 4; 9, 10, 9ff.; VI, 2, 2, 9; 22, 36ff. – [18] Enn. V, 1, 4, 29ff.; 3, 10, 24f. – [19] V, 1, 8. – [20] V, 9, 5, 7. – [21] IV, 4, 1, 20. – [22] VI, 5, 10, 44. – [23] PLATON, Tim. 31 b 1. – [24] PLOTIN, Enn. V, 3, 4, 16f.; III, 2, 1, 25; V, 1, 4, 5. – [25] III, 2, 12, 4; 11, 13. – [26] II, 9, 5, 3ff. 23ff.; 16, 1ff.; 17, 25ff. – [27] PROKLOS, Elem. theol. 103; 92, 13, hg. DODDS. – [28] a.O. 34; 38, 3f. – [29] In Tim. I, 403, 17, hg. DIEHL. – [30] PHILON, Op. mundi 20. – [31] a.O. 24; Vit. Mos. II, 127. – [32] ALBINOS bei PORPHYRIOS, Isag. 163, 13. 27, hg. HERMANN. – [33] W. THEILER: Die Vorbereitung des Neuplatonismus (²1964) 15ff. – [34] AUGUSTIN, Solil. I, 1, 3; De ord. I, 11, 32. – [35] Retr. I, 3, 4; Civ. dei XI, 10, 3; Div. quaest. 46. 78; Trin. VI, 10, 11; XV, 16, 25; Gen. ad litt. II, 8; 8, 17; Serm. 117, 3; In Joh. 1, 11; 4, 4. – [36] Conf. XI, 7, 9; 9, 11. – [37] De nat. boni XXV, 25ff. – [38] Solil. I, 1, 2. – [39] BERNHARDUS SILVESTRIS, De mundi univ. I, 1, 5; 2, 93; 2, 152ff.; 4, 63ff.; II, 11, 24ff., hg. BARACH. – [40] JOH. SCOTUS ERIUGENA, Prol. in Joh. MPL 122, 287 B. – [41] De div. nat. II, 2. MPL 122, 529 B. – [42] De praed. II, 4. MPL 122, 362 D. – [43] Zum Ganzen vgl. W. BEIERWALTES: Negati affirmatio: Welt als Metapher. Philos. Jb. 83 (1976) 237-265. – [44] BONAVENTURA, In Hexaëm. I, 13. Opera 5 (Quaracchi 1891) 331 b. – [45] I Sent. d. 35 art. un. q. 2, a.O. 1, 605 b. – [46] Qu. scient. Chr. II concl., a.O. 5, 9 a. – [47] II Sent. d. 1, p. 2, a. 1, q. 3, a.O. 2, 39 a. – [48] THOMAS V. AQUIN, S. c. gent. I, 55; De ver. q. 3, a. 2 (c. 4). – [49] KANT, Akad.-A. 4, 433f. 438f.; zur Terminol. auch Proleg. § 34; KrV B 176ff. 294ff. 305ff. 312 mit Anm. 336; A 249ff.; KpV 74. 79. 96; Nachlaß (Met.) Nr. 5109. Akad.-A. 18, 91. – [50] KrV A 259f.

Literaturhinweise. Zu Platon: P. FRIEDLÄNDER: P. 1-3 (1954, ²1960) (Lit.). – R. LORIAUX: L'être et la forme selon P. (Paris 1955) 176ff. – L. ROBIN: Les rapports de l'être et de la connaissance d'après P. (Paris 1957) 28ff. – *Zu Aristoteles*: H. CHERNISS: A's criticism of Plato (Baltimore 1944) 174ff. – *Zu Plotin*: A.-H. ARMSTRONG, in: Sources de Pl. (Vandœuvres/Genf 1960) 392ff. – K.-H. VOLKMANN-SCHLUCK: Pl. als Interpret der Ontol. Platons (³1966). – J. TROUILLARD: La procession plotinienne (Paris 1955). – W. BEIERWALTES: Pl. Über Ewigkeit und Zeit. Kom. zu III, 7 (1967). – *Zu Proklos*: W. BEIERWALTES: Pr. (1965). – J. PÉPIN: Théol. cosmique et théol. chrét. (Paris 1964) 493ff. – *Zu Augustin*: M. GRABMANN, Philos. Jb. 43 (1930) 297-307. – J. RITTER: M.i. (1937). – *Zu Bonaventura*: J. M. BISSEN: L'exemplarisme divin selon St.B. (Paris 1929). – *Zu Meister Eckhart*: H. DENIFLE, Arch. Lit.- u. Kirchengesch. MA 2 (1886) 460ff. – *Zu Kant*: W. TEICHNER: Die intelligible Welt (1965). – *Zu M.i./M.s.*: W. KRANZ: Kosmos. Arch. Begriffsgesch. 2 (1955/57). – H. BARTH: Philos. der Erscheinung 1. 2 (1947/59). – K. LÖWITH: Der Weltbegriff der neuzeitl. Philos. Sber. Heidelberg. Akad. Wiss. 4 (1960). – H. BLUMENBERG: Die Genesis der kopernikanischen Welt (1975).

W. BEIERWALTES

Mundus phaenomenon. Innerhalb einer metaphysisch bestimmten Philosophie ist M.ph. der Bereich der «Erscheinung» des wahren, an sich transzendenten, gleichwohl begründenden Seins (z. B. der Idee) von sinnenfällig Seiendem. – Die kritizistische Unterscheidung KANTS von Phaenomena und Noumena ist weder mit der metaphysischen und vorkritischen Unterscheidung von M. sensibilis (M. ut phaenomenon, universum phaenomenon [1]) und M. intelligibilis identisch, noch ist sie mit der Dialektik von Sinnlichkeit und Verstand strikt zu parallelisieren. Der Verstand nämlich bleibt seinem Wesen nach auf Sinnlichkeit verwiesen, da seine Begriffe (Kategorien) nur «von empirischem Gebrauch», d.h. transzendentale Bedingungen der Möglichkeit sinnlicher Erfahrung sind. Das Noumenon (Ding an sich selbst gegenüber der Erscheinung) ist daher nicht Objekt der eigenen, nicht-sinnlichen («intellektuellen») Anschauung, die außerhalb unseres Erkenntnisvermögens liegt, sondern ein Grenzbegriff, durch den der Verstand eine negative Erweiterung erfährt: Durch die problematische Annahme von Noumena schränkt er die Anmaßung der Sinnlichkeit ein. – Die Erscheinung ist nicht als «bloßer Schein» zu verstehen, vielmehr kommt ihr qua Gegenstand möglicher, durch die Anschauungsformen von Raum und Zeit vermittelter und durch den Verstand begreifbarer Erfahrung objektive Realität zu [2]. – In unsachgemäßer Interpretation Kants scheidet SCHOPENHAUER wieder streng M.ph. als den Bereich der Anschauung, in dem der Zufall herrscht, vom M. intelligibilis, welcher den Zufall beherrscht [3].

Anmerkungen. [1] I. KANT, De mundi sensib. atque intell. forma et principis § 13. Akad.-A. 2, 398; ferner §§ 3. 5. 7. 10. 12. – [2] bes. KrV A 235ff.; Variabel: KpV 9f. 94ff. 183. 206; KU 92. 352. – [3] A. SCHOPENHAUER, Werke, hg. HÜBSCHER 2, 325, 13ff.; 4, 72, 15ff.; 5, 220, 20ff.

Literaturhinweise. G. D. HICKS: Die Begriffe Phänomenon und Noumenon in ihrem Verhältnis zueinander bei Kant (1897). – H. BARTH: Philos. der Erscheinung 2 (Basel 1959) 432ff.

W. BEIERWALTES

Museum, imaginäres (frz. musée imaginaire). Mit dem Begriff ‹i.M.› bezeichnet A. MALRAUX den Tatbestand, daß durch *Reproduktion* bzw. Vervielfältigung der bildenden Kunst durch den Druck die gesamte Weltkunst in unsere Kultur einströmt und der individuellen wie kollektiven Rezeption verfügbar geworden ist [1]. Damit erfüllt das i.M. eine Funktion, die im traditionellen Museum angelegt ist, von diesem jedoch noch nicht erfüllt werden konnte. Zum ersten Mal in der Geschichte der Kunst werden Kunstwerke unterschiedlichster Epochen, Stile, Gattungen und Formen an einem Ort und zur gleichen Zeit der Rezeption zugänglich. Dies verändert die Werke selbst wie die Weisen ihrer Rezeption. Es hat auch die Bedingungen für die Kunstproduktion der Moderne grundlegend revolutioniert. Erst das Museum konstituiert Kunstwerke als rein ästhetische Gegenstände, indem es sie aus ihrer ursprünglichen Funktion löst. Durch die technischen Medien der Reproduktion (Photographie, Druck, Film) wird die Besonderheit individueller Oeuvres, werden Formen wie Miniatur, Farbfenster und Wandteppich voll entdeckt, tritt eine Vielzahl übersehener, unterschätzter und vergessener Werke gleichberechtigt neben die traditionellen Meisterwerke. Die durch das i.M. ermöglichte virtuelle Gleichzeitigkeit des «Erbes der gesamten Geschichte» hat das Bewußtsein von Kunst und Kunsttraditionen ins Unermeßliche erweitert und den universalen Humanismus der Kunstwerke aller Völker und Zeiten erfahrbar gemacht.

Malraux' Grundgedanke ist in W. BENJAMINS Auffassung vorgebildet, daß die durch die Entwicklung der technischen Produktivkräfte bewirkte unbeschränkte Reproduzierbarkeit von Kunstwerken die traditionalen «auratischen» Formen der Kunstrezeption ablöst und durch qualitativ andere ersetzt, ja neue ästhetische Medien (Photographie, Film) hervorbringt [2]. Die Vorstellung, daß dem modernen Bewußtsein die gesamte Geschichte der Kunst «zu Dienst und zu Gebot» steht, formuliert bereits HEGELS Ästhetik [3]. HERDERS Idee einer universalen Geschichte der Humanität sowie FR. SCHLEGELS Theorie des historisch-«enzyklopädischen» Charakters moderner Kunst [4] dürften gleichfalls in der Vorgeschichte des Begriffs des i.M. ihren Ort haben. Entsprechungen in der modernen Kunsttheorie finden sich bei so unterschiedlichen Autoren wie T. S. ELIOT und B. BRECHT. Auch die Konzeption des Verhältnisses von Gegenwart und Vergangenheit in der marxistischen Theorie der Kunstgeschichte (KAGAN, GIRNUS, WEIMANN) hat mit den im Begriff des i.M. niedergelegten Gedanken vieles gemein.

Anmerkungen. [1] A. MALRAUX: Les voix de silence (Paris 1951), dtsch. Stimmen der Stille (1960) Teil 1. – [2] W. BENJAMIN: Das Kunstwerk im Zeitalter seiner techn. Reproduzierbarkeit (1936, ³1969). – [3] G. W. F. HEGEL, Vorles. über die Ästhetik. Werke, hg. H. GLOCKNER 13 (1964) 232; vgl. T. METSCHER: Kunst und sozialer Prozeß (1977) 82f. – [4] FR. SCHLEGEL, Prosaische Jugendschriften, hg. MINOR (1882) 2, 424; vgl. R. WELLEK: Gesch. der Lit.kritik 1750-1830 (1959) 267.

Literaturhinweise. A. MALRAUX s. Anm. [1]; Le musée imaginaire de la sculpture mondiale (Paris 1952-54). TH. METSCHER

Musik (griech. μουσική; lat. musica; engl. music; frz. musique; ital. musica). – 1. Der Wortursprung liegt im Griechischen: Von μοῦσα, Muse, abgeleitet findet sich bei PINDAR erstmals μουσική (Musiké) – ein Adjektiv in substantivischer Bedeutung, dem τέχνη (Techne) zu ergänzen ist: Techne musiké heißt 'Musenkunst' [1]. Die Wortbedeutung ist sehr weit; keineswegs ist der Inbegriff von M.-Werken gemeint, sondern die musische Betätigung, genauer die «musische Erziehung durch musische Betätigung» [2]. Im attischen Bildungssystem, repräsentativ bei PLATON [3], wird die Musiké der Gymnastik gegenübergestellt: Diese umfaßt die sportlichen Disziplinen für die Ertüchtigung des Körpers, Musiké aber begreift all das ein, was der Ausbildung des Geistes dient: so Lesen, Schreiben, Gesang, Lyraspiel und auch alle Disziplinen der später sogenannten Artes liberales [4]. Musiké ist «Geisteskultur» [5]. Zwei engere Bedeutungen heben sich aus diesem weiten Spektrum heraus: Musiké als Einheit von Dichtung, Tanz und Tonkust, die der Rhythmus verbindet [6]; sodann Musiké als Theorie des Klanges, als mathematische Disziplin neben Arithmetik, Geometrie und Astronomie, im Viergespann also, das später in die Artes liberales einging [7]. Es war von weitreichender Konsequenz für die Entwicklung des Begriffs und das Verständnis der Sache, daß ‹M.› in der Antike ein Doppeltes bedeutete: die musische Betätigung und die Praxis der Tonkunst einerseits und die Wissenschaft der Harmonie, gleichsam eine «Philosophie und Theologie der Akustik» [8] andererseits. Denn wenn diese Bereiche auch geschieden waren, so erhielt die M. als Tonkunst doch sogleich im ersten und dauerhaftesten Wissenschaftssystem auch eine ontologische Fundierung und wurde in den Zusammenhang einer wissenschaftlichen und spekulativen Weltdeutung einbezogen. Beide Formen der Musiké griffen ineinander: Die Praxis als Techne schloß Wissen ein, die mathematische Theorie befaßte sich auch mit der Praxis (s. u.).

Erste Wesensbestimmungen der M. als Phänomen des Klanges finden sich in Mythos und Legende. Ihr göttlicher Ursprung wird erzählt und ihre Macht ins Bild gesetzt. Diese ist magische Gewalt; sie bezwingt die Menschen und die äußere Natur und beschwichtigt Götter und Dämonen. Die Vernunft streift die mythische Deutung ab und unterwirft die Macht des Klanges ihrer Kontrolle; durch theoretische Philosophie wird sie erklärt, durch praktische vernünftigen Zwecken dienstbar gemacht. Die frühe M.-Philosophie ist also nicht Ästhetik, sondern Metaphysik der Akustik einerseits und therapeutische, ethische, pädagogische und politische Theorie andererseits. Ihre erste, wirkmächtige Gestalt begegnet im Pythagoreismus, der altorientalische Traditionen aufnimmt und der bis in die Gegenwart hinein das Denken über M. noch mitbestimmt. Da den Konsonanzverhältnissen einfache Zahlenverhältnisse zugrunde liegen, wurde für PYTHAGORAS und seine Schule die klingende M. zur sinnfälligsten Bestätigung ihrer Ontologie: Das Sein der Dinge und der Welt ist Harmonie, Einigung des Verschiedenen (PHILOLAOS) [9], und diese Harmonie ist ein Verhältnis von Zahlen. Die sinnlich spürbare, dunkle Magie des Klanges wird rationalisiert, indem sie sich als begreifbare Magie der Zahl erweist. Zahl und Größe sind die «beiden verschwisterten Urgestalten des Seienden» (ARCHYTAS VON TARENT) [10]; sie durchwalten den sichtbaren Kosmos, kommen im Klang zu hörbarer Erscheinung und konstituieren universale Harmonie: Es ergibt sich ein «harmonikales» Weltbild, eine «Noetik» (von νόησις, Vernunft), nach der die natürliche Welt, die Seele der Menschen und die M. als Klang in Korrespondenz treten, da sie vom gleichen Vernunftprinzip beherrscht sind [11]. Auf diesem Boden wird M. als mathematische Wissenschaft begründet: Wie Arithmetik, Geometrie und Astronomie so hat auch sie Zahl und Harmonie, die Prinzipien des Kosmos, zu ihrem Gegenstand. Und da sie den Klang in ein weites Geflecht von Analogien einstellt und die Harmonie alles Seienden einbezieht, bekommt sie einen weiten Gegenstandsbereich über die Akustik hinaus: Sie wird zur Wissenschaft der vernünftigen Seinsordnung. Die Sphärenharmonie, die «pythagorische M.», wie sie später genannt wird [12], ist nur ein Teilbereich. Noch im 18. Jh. kennt der Begründer der Ästhetik, A. G. BAUMGARTEN, diesen weiten M.-Begriff: Die Ontologie, insofern sie sich mit der Ordnung des Seins befaßt, heißt «Musica philosophica» [13].

Solch universalen M.-Begriff tradierte der Platonismus, wenngleich PLATON selbst ‹Musiké› nicht in diesem Sinne gebrauchte. Aber er integrierte seiner Philosophie den Pythagoreismus. Die Wissenschaft der Harmonie gehört zu den vier Mathemata, die die Seele vom Bereich des Werdens abwenden und zum Sein hinführen und die so die Dialektik vorbereiten. M. als Theorie der hörbaren Bewegung ist der Astronomie verschwistert, die die sichtbare Bewegung der Gestirne thematisiert; beide überschreiten die Sinnenwelt in Richtung auf das zugrundeliegende geistige Reich der Zahlen [14]. Auch das Motiv der Sphären-M. hat Platon – wenn auch allegorisch – aufgenommen [15]. Doch seine Philosophie ist vor allem wichtigstes Dokument dafür, daß Musiké als Tonkunst in den Kontrollbereich praktischer Vernunft einbezogen wird. Platons Philosophie der M. ist – besonders an den Pythagoreismus DAMONS anschließend – Kulturkritik und ethisch-politisches Programm. Denn die Macht der Musiké baut die Sittlichkeit des Menschen auf, wie sie andererseits sie auch gefährdet. Gegen die ältere Kunst des enthusiastischen Rhapsoden und die neuere nur dem Vergnügen dienende sowie gegen die Ansätze freier Instrumental-M. verlangt PLATON der Musiké einen sittlichen, begreifbaren Sinn ab, den Logos [16]. Auch und gerade das Musikalische der Musiké, das Melos, unterliegt ethischer Prüfung. Denn jede Harmonie (d.h. hier: jedes Tongeschlecht) repräsentiert ein Ethos, eine seelische Haltung und Gesinnung, die die klingende M. dem Hörer einprägt. Deshalb durchmustert Platon die M.-Tradition, scheidet die verderblichen Instrumente und Gattungen aus und bestimmt, welche M. dem Ideal seines Vernunftstaates dient [17]. Die Macht der M. verlangt solch rigide Kritik. Der musikalische Nomos, die tradierte Weise, muß ebenso geheiligt werden wie der staatliche Nomos, das Gesetz. Denn Änderungen der Tongeschlechter gefährden die staatliche Ordnung [18]; sittliche M. aber erzieht die Bürger und stabilisiert den sittlichen Staat, «weil Rhythmus und Harmonie am meisten in das Innere der Seele eindringen und sie am stärksten ergreifen, indem sie die rechte Haltung mit sich bringen und den Menschen demgemäß gestalten ...» [19]. Im ‹Timaios› hat Platon pythagoreisch die Erklärung dafür geliefert: die Bewegung der Seele korrespondiert der musikalischen [20].

Platons Insistieren auf ethischer Funktion und geistigem Gehalt stellt ARISTOTELES die Erfahrung und den Umgang mit der wirklichen M.-Praxis entgegen und eröffnet neue, dem Pythagoreismus widerläufige Tendenzen, die nun ebenfalls das weitere Begreifen von M. bestimmen. Schon im Wortgebrauch ist Aristoteles moderner; er trägt der Auflösung der alten Musiké, der Einheit von Bewegung, Ton und Wort, sprachlich Rechnung und nennt M. nur die Tonkunst (Gesang, Instrumentalspiel und ihre Verbindung). Auch für Aristoteles gehört die M. noch in den Gegenstandsbereich der praktischen Philosophie: M.-Ausübung ist «poietisches», d.h. ein Werke herstellendes, praktisches Wissen [21]; und der vornehmste Zweck der M. ist die Bildung sittlicher Charaktere durch musikalische Nachahmung solcher Charaktere in Rhythmus und Melodie. Aber es werden auch andere Zwecke anerkannt: neben der heilenden Reinigung von den Leidenschaften, von der auch Platon sprach, Vergnügen und Spiel (παιδία) und sinnvolle Gestaltung der Muße (διαγωγή); als solche ist M. eine zweckfreie Tätigkeit wie die sie begreifende Philosophie auch [22]. Diese Lockerung und Weiterung des ethischen Maßstabes läßt M. nun weit mehr in ihrer Eigenart ins Bewußtsein treten: Alle Tongeschlechter sind von Nutzen, nur in anderem Zweckzusammenhang; die Schönheit der sittlichen M. soll vom Hörer bewußt intendiert und richtig beurteilt werden; M.-Pädagogik soll zu diesem gebildeten Genuß fähig machen [23]. Die Harmonik als Erforschung des Meßbaren am akustischen Phänomen ist noch – pythagoreisch – angewandte Mathematik; aber der Klang ist für Aristoteles nicht mehr eingebettet in die universale Harmonie des Kosmos; die Sphären-M. wird widerlegt [24]. Dadurch ergibt sich eine neue Stellung des Denkens zur M., nämlich eine M.-Wissenschaft, die sich wesentlich auf das Begreifen der Tonkunst und ihrer Elemente konzentriert: ARISTOXENOS VON TARENT [25]. Seine neue Schule der «Musiker», die von der klingenden M. ausging, wurde rückblickend der alten Schule der «Kanoniker» gegenübergestellt, die rein mathematische und theoretische Bestimmungen und Regeln zur Basis machte [26]. Aristoxenos hat an der hohen ethischen Einschätzung der M. festgehalten, radikalere Aufklärung bringt diese aber ins Wanken. Bei ARISTOTELES trat M. aus dem staatskultischen Kontext heraus, den ihr PLATON vorzeichnete, und wurde Bestandteil gebildeter Geselligkeit; dem entspricht, daß sie historisch Element verfeinerter Zivilisation wurde. Ausschließlich als ein solches Element wird sie – im Anschluß an DEMOKRIT – von der kynischen, skeptischen und epikureischen Philosophie aufgenommen und ihr sittlicher Wert widerlegt: M. ist ein Luxus, angenehm wie Wein und Schlaf, ein moralisch zuweilen sogar bedenkliches Vergnügen (PHILODEMOS VON GADARA, SEXTUS EMPIRICUS) [27]. Im Kontext fortgeschrittener Zivilisation und M.-Kultur hat die vom Bann des Klanges frei gewordene Vernunft somit einerseits empirische M.-Forschung und andererseits Zweifel am hohen Wert der M. freigesetzt.

Im Neupythagoreismus und Neuplatonismus der Spätantike bestimmen demgegenüber gerade mystische Zahlenspekulationen und Theorien der Sphären-M. die M.-Philosophie (THEON VON SMYRNA, JAMBLICH) [28]. Die Metaphysik dieser Prägung, die sich von der sinnlichen Welt und so von der sinnlichen Seite der M. abwendet, bereitet den Boden für den M.-Begriff des Mittelalters. ARISTIDES QUINTILIANUS (um 100 n.Chr.) gibt – eine große Tradition verarbeitend – exemplarisch die Definitionen vor, die fortan M. zu einer universalen Ordnungswissenschaft und die M.-Praxis zu einer Anwendung gelehrten M.-Wissens machen. Bis ins 18. Jh. konnte M.-Komposition als ein Verfahren nach Regeln genannt werden, die aus sicheren Prinzipien theoretisch abgeleitet sind [29]. M. ist nach Aristides «[spekulative] Erkenntnis (γνῶσις) des Angemessenen [d. h. des Schönen und Guten] in Körpern und Bewegungen»; und im engeren Sinn «Wissenschaft (ἐπιστήμη) vom Melos und dem, was zum Melos gehört». Die Systematik gliedert sich in einen theoretischen Teil, der die in Zahl und Natur liegenden Gründe (αἰτία) und die technischen Lehren (über Harmonie, Rhythmus und Melos) darlegt, und in einen praktischen Teil, der die kompositorische Anwendung und die Vortragslehre enthält. M. ist Wissenschaft (ἐπιστήμη) und zugleich Kunst (τέχνη) [30]. Die schulmäßige Grobgliederung des Gebietes, die im Mittelalter wirksam wird, formuliert BOETHIUS: musica mundana = M. des Weltalls, der Natur; musica humana = M. des Menschen, Leib-Seele-Harmonie; musica instrumentalis = die vom Menschen künstlich erzeugte M., die M. im engeren Sinn [31]. Es zeigt sich daran, daß der ältere M.-Begriff nicht nur eine weite Bedeutung hat, sondern gleichsam eine objektive und eine subjektive Seite entwickelt: Ursprünglich Tätigkeit aufgrund von Wissen bedeutet M. auch zum einen Harmonie der Schöpfung und menschliche Tonkunst – zum anderen vor allem aber auch das Wissen davon. Gerade bei Boethius wird der fürs Mittelalter charakteristische Vorrang der Theorie vor der M.-Praxis akzentuiert: M. als Wissenschaft verhält sich zur M.-Praxis wie der Herr zum Sklaven, der Geist zum Körper. Musiker ist nicht der, der zu komponieren und zu spielen vermag, sondern: «Der also ist ein Musiker, welcher die Fähigkeit besitzt, gemäß der wissenschaftlichen Erforschung und Regel in der M. über Tonart und Rhythmus, über Klanggeschlechter und deren Vermischung, über die Lieder der Komposition, kurz über alles zu urteilen ...» [32].

Nun festigt M. als gegründetes Wissen den ihr bereits in der Antike (M. T. VARRO) eingeräumten Platz im Bildungssystem des Artes liberales, der zweckfreien Künste (AUGUSTIN, ISIDOR VON SEVILLA, CASSIODOR) [33]. Ja, sie ragt als Disziplin heraus und übernimmt das Prinzipat, da sie sowohl mathematische Verstandeswissenschaft wie auch – in ihrer Anwendung – dem Herzen verbunden ist (BOETHIUS) [34] und als einzige Eingang in den kirchlichen Kultus findet (PSEUDO-THOMAS) [35]. Hier macht sich die Neubestimmung der Artes als Propädeutik der christlichen Theologie bemerkbar; denn die Theologie ist es, die die Stellung der M. stärkt, und zwar gerade die der sonst wenig geachteten «musica practica», der Praxis. Die Kirchenväter sahen im Psalmengesang das Abbild des Gesangs der Engel und der Heiligen und die Reinigung der Seele für den Hl. Geist (AMBROSIUS, JOHANNES CHRYSOSTOMUS) [36]. Deshalb werden die M.-Definitionen jetzt häufig sogleich auf die M. im engeren Sinn, auf die Tonkunst zugeschnitten: AUGUSTIN: «musica est scientia bene modulandi» (M. ist die Kenntnis von der rechten Gestaltung) [37]; ISIDOR: «musica est peritia modulationis sono cantuque consistens» (M. ist die Kenntnis des Rhythmus in Ton und Gesang) [38]; ODO: «[musica est] veraciter canendi scientia» (M. ist das Wissen vom richtigen Singen) [39]. Daneben treten die theologischen Ausdeutungen der M. Da sie in ihrem zeitlichen Verklingen auf die ewige M. Gottes und des Himmels verweist, kann ADAM VON FULDA sie eine wahre Philosophie, nämlich eine beständige Meditation über den Tod nennen [40]. Der biblische Topos, nach dem Gott alles nach Maß, Zahl und Gewicht geordnet hat (Weish. 11, 21), ermöglicht, die pythagoreisch-platonische Ontologie als Basis für die M. in das theologische Weltbild einzuholen. AUGUSTIN verbindet signifikant die alte pythagoreische mit der neuen christlichen Bestimmung dieser Kunst: M. ist körperliche, «klingende Zahl», der die ewige, rein geistige Zahl zugrunde liegt; zu dieser soll die Seele hingelenkt werden. M. ist aber theologisch gesehen darüber hinaus ein Geschenk der göttlichen Vorsehung und der tiefste Ausdruck des frommen Herzens, das seine Liebe zu Gott ausspricht [41]. Ihr bloß sinnlicher Klangreiz ist irdische Verlockung, und deshalb bedarf sie des religiösen Wortes [42]. Sie kann aber über das Wort noch hinausgehend – im Jubilus – die unnennbare Freude über den unnennbaren Gott aussprechen [43]. Auch M. LUTHER rückt sie deshalb eng an die Theologie heran [44]. In ihrer kirchlichen Funktion hat M. in der Geschichte des Christentums aber seit AUGUSTIN eine umstrittene Position, die sich in der wechselhaften Liturgiegeschichte spiegelt: M. wird verdächtigt, das religiöse Wort zu verdrängen; und sie wird gepriesen als die, die mehr zu sagen vermag als Worte. Ihre kirchliche Anbindung an das Wort und die im Aristotelismus erfolgende Tilgung der «musica mundana» und «humana» (JOHANNES DE GROCHEO, ROGER BACON) [45] rückt sie im Spätmittelalter aus dem mathematischen Quadrivium heraus und nähert sie dem sprachlichen Trivium an, nämlich der Rhetorik – eine Tendenz, die sich später verstärken wird.

Auch am Beginn der Neuzeit bleiben die mittelalterlichen Deutungsformen der M. noch in Geltung. Sie wird in der Renaissance als Abbild der M. Gottes verstanden, an der die Seele vor ihrem irdischen Dasein teilhatte und zu der sie zurückstrebt (M. FICINUS) [46]. Der Gedanke der «musica mundana» wird in der Theosophie und Kabbalistik des 16. und 17. Jh. zur phantastischen Geheimwissenschaft ausgestaltet (F. G. ZORZI, AGRIPPA VON NETTESHEIM, R. FLUDD) [47]; aber er verbindet sich auch mit der modernen Astronomie: J. KEPLER bestätigt die Sphären-M. der Planeten [48]. Der moderne Rationalismus kann gerade an der M. die universale Geltung mathematischen Begreifens auch auf dem Feld des Schönen dartun. Laut DESCARTES erfreut M., wenn ihre mathematische Struktur für den Sinn klar erkennbar ist, ohne einförmig zu sein [49]. Hier wird der Unterschied zum Mittelalter deutlich: Denn nicht soll von sinnlich vernehmbarer M. zu geistigen Zahlenverhältnissen aufgestiegen werden; sondern Zweck der M. ist die Freude des Sinnes, die sich als eine Form mathematischer Erkenntnis erweist. LEIBNIZ' berühmter Satz von der M. als «der geheimen arithmetischen Übung des unbewußt zählenden Geistes» begreift in ähnlicher Weise die Klangwahrnehmung als ein unbewußtes mathematisches Verfahren des Gehörsinnes, von dem nur das Resultat, das Gefühl des Wohlgefallens oder Mißbehagens, ins Bewußtsein tritt [50]. Im Kontext dieses Denkens bleibt auch bei den Praktikern das Verständnis von M. als mathematischer Wissenschaft im Sinne der Artes erhalten: «Die Musica ist eine Mathematische Wissenschaft, welche uns durch die Zahlen zeiget den rechten Unterschied und Abtheilung des Klanges, woraus wir eine geschickte und natürliche Harmoniam setzen können» (A. WERCKMEISTER; vgl. A. STEFFANI) [51]. Aber diese M.-Mathematik, die eine Affektenlehre oft zur Seite hatte (z. B. A. KIRCHER) [52], wird von dieser in den Hintergrund gedrängt; als Affektsprache, «Klang-Rede», nähert M. sich wiederum der Rhetorik (J. MATTHESON) [53]. Und sie tut dies um so leichter, als M. wesentlich als Vokal-M. gedacht war und den Zusammenhang mit dem Wort nicht aufgab. Schon in der Renaissance wurde von Praktikern das Wesen der M. in ihrem Affektausdruck gesehen (GLAREAN, AGAZZI) [54]. Diese Deutung gewinnt im Barock an Dominanz, parallel mit der Entstehung dramatischer Opern-M. und dem Zurücktreten strenger polyphoner Satzweise. DESCARTES' Affektentheorie, die die Leidenschaften physiologisch in der Bewegung der «Lebensgeister» verankert und eine weitgefächerte Affekten-Tabelle erstellt [55], ist für diese philosophische Substruktion der M. nur ein Beispiel, aber ein frühes und wirkmächtiges: noch J. MATTHESON hat sie rezipiert [56]. Für ihn ist der Zusammenhang zwischen den mathematisch erfaßbaren Tonverhältnissen und den Bewegungen von Herz und Gemüt nicht mehr plausibel demonstrierbar. Deshalb wird Mathematik zur Grundlagentheorie heruntergestuft, während die Affektenlehre das Wichtigere, die Theorie der Melodiebildung und -wirkung zu fundieren vermag. Das Ende der Tradition, in der M. eine regelgeleitete, mathematische Ars war, bezeichnet HERDERS Polemik gegen die «Harmonisten», die aus «todter Regelmäßigkeit ... eine todte Folge todter Regelmäßigkeiten» erträumen. Aus Mathematik und Physik ergibt sich «kein Jota zur Philosophie des Tonartig Schönen» [57]. Regeln spiegeln nicht die göttliche Ordnung mehr, sondern sind tote Formeln; Mathematik hat sich von der Metaphysik gelöst und wurde bloße Rechnerei. M. aber ist unendlich mehr, nämlich Ausdruck von Empfindung und Gefühl.

Anmerkungen. [1] PINDAR, 1. Olymp. Ode 15; TH. GEORGIADES: M. und Rhythmus bei den Griechen (1958) 80f. – [2] a.O. 45. – [3] PLATON, Resp. III, 409 d-412 b. – [4] J. DOLCH: Lehrplan des Abendlandes ([3]1971, ND 1982) 18. 24. 26; H. KOLLER: M. und Dichtung im alten Griechenland (1963) 86ff. – [5] L. RICHTER: Zur Wiss.lehre von der M. bei Platon und Aristoteles (1961) 1 (Anm.). – [6] GEORGIADES, a.O. [1] 7. – [7] ARCHYTAS VON TARENT, VS I 47 B 1 ([11]1952, ND 1964) 432. – [8] RICHTER, a.O. [5] 2. – [9] PHILOLAOS, VS I 44 B 10, a.O. [7] 410. – [10] ARCHYTAS, a.O. [7]. – [11] R. SCHÄFKE: Gesch. der M.-Ästhetik ([2]1964) 12ff. – [12] J. H. ZEDLER: Großes vollst. Univ.-Lex. 22 (1739) 1469. – [13] A. G. BAUMGARTEN: Philosophia generalis § 148 (1770, ND 1968) 65; vgl. Metaphysica § 78 ([7]1779, ND 1963) 22. – [14] PLATON, Resp. VII, 530 d-531 e. – [15] a.O. X, 616 e-617 d. – [16] Leg. II, 669 b-670 a. – [17] Resp. III, 398 c-399 e. – [18] a.O. IV, 424 c; vgl. Leg. VII, 800 a (ff.). – [19] Resp. III, 401 d. – [20] Tim. 47 c. – [21] RICHTER, a.O. [5] 112ff. – [22] ARISTOTELES, Pol. VIII, 5-7. – [23] a.O. 1340 b 36ff.; 1341 a. – [24] De caelo II, 8. – [25] ARISTOXENOS, Harmonika stoicheia, gr.-engl. hg. H. ST. MACRAN (Oxford 1902, ND 1974); Elementa harmonica, hg. R. DA RIOS (Rom 1954). – [26] SCHÄFKE, a.O. [11] 147f. – [27] PHILODEMOS VON GADARA, De musica librorum quae exstant, hg. I. KEMPKE (1884); SEXTUS EMPIRICUS, Pros mathematikus (Against Professors) VI, hg. R. G. BURY (London/Cambridge, Mass. 1949, ND 1961). – [28] THEON VON SMYRNA, Expos. rerum mathem. ad legendum Platonem utilem, hg. E. HILLER (1878); griech./frz. hg. J. DUPUIS (Paris 1892, ND Bruxelles 1966) 79-153; JAMBLICH, De communi mathematica scientia, hg. N. FESTA/U. KLEIN (1975). – [29] F. W. MARPURG: Der critische Musicus an der Spree I/2 (1750, ND 1970) 12. – [30] ARISTIDES QUINTILIANUS, De musica libri tres I, 4f., hg. R. P. WINNINGTON-INGRAM (1963) 4-6; dtsch. Übers. R. SCHÄFKE: Von der M. (1937) 164-168. – [31] BOETHIUS, De institutione musica I, 2, hg. G. FRIEDLEIN (1867); dtsch. Übers.: O. PAUL: Fünf Bücher über die M. (1872, ND 1973). – [32] a.O. I, 34. – [33] AUGUSTIN, De ordine II, 14. MPL 32, 1013f.; ISIDOR, Etymologiarum I, 2; III, 15-23. MPL 82, 73f. 163-169; CASSIODOR, De artibus ac disciplinis liberalium litterarum V. MPL 70, 1208-1212. – [34] BOETHIUS, a.O. [31] I, praef. – [35] THOMAS VON AQUIN, De arte musica, hg. G. AMELLI (Mailand 1880) 19; vgl. K. G. FELLERER: Die Musica in den artes liberales, in: J. KOCH (Hg.): Artes liberales (1959) 33-49. – [36] AMBROSIUS, Enarrationes in XII psalmos davidicos, praef. MPL 14, 921f.; JOHANNES CHRYSOSTOMUS, Expos. in psalmum XLI, 1. MPL 55, 157. – [37] AUGUSTIN, De musica I, 2. MPL 32, 1083. – [38] ISIDOR, a.O. [33] 163. – [39] ODO, Dialogus de musica. MPL 133, 759. – [40] ADAM VON FULDA, Musica, in: M. GERBERT (Hg.): Scriptores ecclesiastici de musica sacra (1784, ND 1963) 3, 335 b. – [41] AUGUSTIN, De musica VI. – [42] Conf. X, 33. MPL 32, 799f. – [43] Enarrationes in psalmis II, ser. I, 8. MPL 36, 283; vgl. W. WIORA: Jubilare sine verbis. Hist. und syst. M.-Wiss. Aufsätze (1972) 130-151. – [44] O. SÖHNGEN: Theolog. Grundlagen der Kirchen-M., in: K. F. MÜLLER und W. BLANKENBURG (Hg.): Leiturgia IV (1961) bes. 65. – [45] J. WOLF (Hg.): Die M.-Lehre des J. de Grocheo, lat.-dtsch. Sammelbände der Int. M.-Gesellschaft 1 (1899/1900) bes. 82f.; R. BACON, Opus tertium 59, hg. J. S. BREWER (London 1859) 228-232. – [46] M. FICINUS, De diuino furore, Epist. I. Op. omnia (Basel 1576, ND 1962) 1, 614. – [47] F. GIORGIO VENETUS (= F. G. ZORZI): De harmonia mundi totius cantica tria (Paris 1525); H. C. AGRIPPA VON NETTESHEIM, De occulta philos. II, 24ff. Opera (Lyon 1600, ND 1970) 1, 228ff.; R. FLUDD: Utriusque cosmi, majoris scilicet et minoris, metaphysica, physica atque technica historia in duo vol. divisa. Tomus primus de macrocosmi historia (1617). – [48] J. KEPLER: Harmonices mundi libri V (1619). Ges. Werke 6, hg. M. CASPAR (1940); dtsch. Übers. M. CASPAR: Weltharmonik. (1967). – [49] R. DESCARTES: Musicae compendium ([1618] 1650). Oeuvres, hg. CH. ADAM/P. TANNERY 10, 89-141; lat.-dtsch. Ausg.: Leitfaden der M., hg. J. BROCKT (1978). – [50] G. W. LEIBNIZ: Epistulae ad diversos, hg. CH. KORTHOLT (1734) 240f. (17. 4. 1712). – [51] A. WERCKMEISTER: Musicae mathematicae hodegus curiosus oder Richtiger Musicalischer Weg-Weiser (1687, ND 1972) 9f.; vgl. A. STEFFANI: Quanta certezza habbia da suoi principii la musica (1695); dtsch. Übers. A. WERCKMEISTER: Sendschreiben, darin enthalten, wie große Gewißheit die M. aus ihren Principien und Grundsätzen habe (1700). – [52] A. KIRCHER: Phonurgia nova sive conjugium mechano-physicum artis et naturae (1673); dtsch. Übers. A. CARIONE: Neue Hall- und Tonkunst (1684) 171ff.; Masurgia universalis (Rom 1650) 1, 549ff. 581ff. 598f.; 2, 142ff. 201ff. 422ff. – [53] H. H. EGGEBRECHT: M. als Tonsprache. Musikal. Denken (1977) bes. 42ff. – [54] SCHÄFKE, a.O. [11] 272ff. 282f.; H.-H. UNGER: Die Beziehungen zwischen M. und Rhetorik im 16.-18. Jh. (1941, ND 1969). – [55] DESCARTES, Les passions de l'ame (1649), a.O. [49] 11, 291-497. – [56] J. MATTHESON: Der vollkommene Capellmeister (1739, ND 1954) 14-19. – [57] J. G. HERDER, Krit. Wälder IV. Sämtl. Werke, hg. B. SUPHAN 4, 113. 91.

2. Mit Entstehung der Kunstphilosophie und Ästhetik, durch die die schönen Künste endgültig im 18. Jh. zusammengeschlossen und den mechanischen Künsten entgegengesetzt werden [1]. gerät auch die M. in einen neuen Systemzusammenhang: Aus dem Bereich der Artes libe-

rales, wo sie primär M.-Wissen war, wechselt sie in den Kreis der schönen Künste über, wo sie jetzt im modernen Sinne Tonkunst, ein *ästhetisches Phänomen* ist. Zwar wird M. auch jetzt vorerst noch als Ars, als Fähigkeit aufgrund von Wissen und Übung gedacht. Aber sie wird mehr und mehr zum Produkt des unbewußt schaffenden Genies; und M. kann unter den neuen Voraussetzungen sehr viel leichter den Inbegriff von Tonwerken meinen, während es im 16. Jh. eine bedeutsame Neuerung war, als N. LISTENIUS den Begriff des Werkes in den M.-Begriff mit aufnahm (dies gelang, indem er im Rückgriff auf Aristoteles zur «theoretischen» und «praktischen» eine «poetische» M. hinzufügte, die die Hervorbringung eines «opus perfectum et absolutum» zum Ziel habe) [2]. Die Ästhetik des 18. Jh. bestimmt das Wesen der M. aus ihrem Verhältnis zu den anderen schönen Künsten. Deren gemeinsames Kennzeichen ist – wie CH. BATTEUX beispielgebend ausführt [3] – die (idealisierende) Nachahmung der Natur. Die Systeme zeigen der bildenden Kunst die Tendenz, der bildenden Kunst die äußere sichtbare Natur und der M. die unsichtbare innere Natur des Menschen, Gemüt und Leidenschaften, als Inhalt zuzuweisen; Poesie aber ahme Handlungen und Gedanken nach und/oder könne alle Bereiche der Natur zum Gegenstand der Darstellung nehmen (J. HARRIS, J. G. HERDER, J. A. EBERHARD) [4]. Doch näher betrachtet, bricht die M. gerade bei diesen Autoren aus dem Verband der nachahmenden Künste aus und konstituiert sich als Ausdruckskunst [5]. Denn sie benutzt zwar wie die Malerei für ihre Nachahmungen «natürliche Zeichen», solche, die mit dem Bezeichneten von Natur aus verknüpft sind (wie der Schrei mit dem Schmerz) (M. MENDELSSOHN, F. J. RIEDEL) [6]. Aber im Falle der M. haben Urbild und Abbild wenig Ähnlichkeit; nur wo M. hörbare Naturerscheinungen nachahmt, erweist sie sich der Malerei vergleichbar (CH. BATTEUX, D. DIDEROT) [7]. Aber in dieser Weise «malend», ist sie nicht eigentlich M. (J. J. ENGEL) [8]. Diese schildert nicht vorgegebene Vorstellungen und akustische Erscheinungen, sondern drückt die inneren Bewegungen des Menschen aus und bewirkt sie unmittelbar im Hörer (z. B. CH. AVISON, CH. G. KRAUSE) [9]. Hat große «Gewalt über die Gemütszustände», aber ihr Ausdruck ist dennoch «unbestimmt, allgemein und vieldeutig»; zur Klarheit bedarf sie der unterstützenden Worte (TH. TWINNING, M. MENDELSSOHN) [10]. Deshalb wird sie nicht vom Urbild, sondern von ihrer Wirkung her definiert (J. HARRIS, J. A. HILLER) [11]. Als ihr Gehalt erweisen sich bald nicht mehr die tabellarisch erfaßten bestimmten Affekte, sondern das viel weitere Feld der Empfindungen. Diese werden von der Empfindungstheorie der Leibniz-Schule als ein Kontinuum klarer, aber verworrener Vorstellungen beschrieben (clare et confusa repraesentatio) [12]. Die M. als Natursprache der Empfindungen hat deshalb eine eigentümliche Dialektik: Sie drückt die Empfindungen präzis und wahr aus und ist dennoch dunkel (J. G. HERDER) [13]. «Wir werden so sanft von ihr gerührt, daß wir nicht wissen, was wir empfinden; oder besser, daß wir unsrer Empfindung keinen Namen geben können» (J. A. HILLER) [14]. Nur in M. artikuliert sich ihr Gehalt, der dem vorstellenden, gegenständlichen Bewußtsein entzogen bleibt. Darin liegt die aufkeimende Rechtfertigung der modernen freien Instrumental-M. als Kunst sui generis. Allerdings ist ihr Wert noch umstritten. Als bloßes Empfindungsspiel rangiert sie in KANTS Kunstsystem weit unten, wenngleich sie immerhin «die ästhetische Idee eines zusammenhängenden Ganzen einer unnennbaren Gedankenfülle» mit sich führt, die zu einem Affekt gehört [15]. SCHILLER hingegen stellt den Musiker als «Seelenmaler» dem Dichter zur Seite [16], und CH. G. KÖRNER billigt der M. die Würde zu, nicht wechselnde Leidenschaften, sondern die stete Einheit des sittlichen Charakters darstellen zu können [17]. Die verfeinerte Gefühlskultur der Empfindsamkeit und die radikale Ich-Aussage des Sturm und Drang erheben die M. zur Sprache des Herzens und der Leidenschaften, wie Klang und Stimme in der Natur stets der «lebendige Ausdruck des ... inneren Seyns» sind (HERDER, HILLER, CH. F. D. SCHUBART, W. HEINSE) [18]. Sie ist die universal verständliche Sprache, durch die der Mensch unmittelbar sein Gefühl dem Menschen mitteilt und Teilnahme erweckt (J.-J. ROUSSEAU) [19]. Als Ausdruck von individueller Empfindung und subjektivem Gefühl erweist sie sich als fortschrittlichste Kunst und Kunst im eigentlichen Sinn; denn es zeigt sich, daß alle Kunst «Darstellung eines bestimmten Zustandes der Empfindsamkeit» ist (K. H. HEYDENREICH) [20].

Aus der M., die in langer Tradition ihren Grund in Gott und in der Weltenharmonie hatte, wurde so in der Aufklärung das Ausdrucksorgan der Subjektivität. Diese aber versteht in der Romantik ihr Gefühl als Ahnung und Gegenwart des Absoluten; denn ins Gefühl floh vor dem aufgeklärten Verstand die Religion. Dadurch erhält M. bis an die Schwelle des 20. Jh. ihre hohe und zugleich problematische Stellung: M. wird Ausdruck eines quasi-religiösen Gemütes, ja zur Offenbarung des Absoluten. Ästhetische Versenkung in M. wird zur Religion, denn M. ist «Andacht» (HERDER) [21], «das Land des Glaubens», «das letzte Geheimnis des Glaubens, die Mystik, die durchaus geoffenbarte Religion» (W. H. WACKENRODER, L. TIECK) [22]. M. vermag uns «in die Gegenwart des Ewigen zu versetzen» (K. W. F. SOLGER) [23]. Sie kündet von der himmlischen Heimat der Seele (JEAN PAUL) [24]. Dieses Verhältnis zur M. wendet den Blick geschichtlich zur sakralen Vokalpolyphonie zurück. «Die Kirchen-M. ist der höchste Zweck der Tonkunst» (J. F. REICHARDT) [25], denn auf dem Boden der Religion brachte die M. ihre größten Werke hervor (SCHLEIERMACHER, SOLGER, A. F. THIBAUT) [26]. Aber gerade auch die freie Instrumental-M., in ihrer neuen Gestalt der Symphonie, zeigt für die Romantik den Charakter göttlicher Offenbarung: Die «unschuldigen», reinen Töne mit ihrem unbestimmten Ausdrucksgehalt sind nicht von dieser Welt, sondern der Widerschein einer anderen, nach der sie Sehnsucht wecken (WACKENRODER, JEAN PAUL) [27]. M. ist der Inbegriff des Wunderbaren, «das Allerunbegreiflichste, das Wunderbar-Seltsamste, das geheimnisvollste Rätsel» (L. TIECK) [28]. Ihre Kennzeichnung als Sprache pointiert deshalb jetzt ihre gänzliche Unvergleichbarkeit mit der menschlichen Sprache: Sie ist die «Sprache, die die Himmelsgeister reden» [29], «die Sprache jenes unbekannten romantischen Geisterreichs», «die geheimnisvolle, in Tönen ausgesprochene Sanskritta der Natur» (E. T. A. HOFFMANN) [30]. Wenn sie überhaupt etwas Benennbares bezeichnet, so das Unendliche: «Sie ist die romantischste aller Künste, beinahe möchte man sagen, allein echt romantisch, denn nur das Unendliche ist ihr Vorwurf ... Die M. schließt dem Menschen ein unbekanntes Reich auf, eine Welt, die nichts gemein hat mit der äußeren Sinnenwelt, die ihn umgibt, und in der er alle bestimmten Gefühle zurückläßt, um sich einer unaussprechlichen Sehnsucht hinzugeben» (E. T. A. HOFFMANN, vgl. WAKKENRODER) [31]. Die Aufnahme religiöser und metaphysischer Deutungsfiguren täusche nicht über die gänzlich neue Situation: nicht das religiös geglaubte oder vernünftig begriffene Absolute wird in M. wiedererkannt, sondern allein in M. ist es erfahrbar. M. tendiert dazu, die Funktion von Religion und Metaphysik selbst zu übernehmen. Die romantische Rückwendung zum Pythagoreismus führt deshalb nicht zu erneuter metaphysischer Basierung der M. durch mathematisch-spekulative Vernunft, sondern nur zu ihrer poetischen Verklärung durch dichterische Einbildungskraft (J. F. H. von DALBERG) [32] oder zur historischen Erforschung der pythagoreischen Tradition (A. von THIMUS) [33]. Selbst SCHELLINGS Neupythagoreismus beschränkt sich darauf, die M. den «vernommenen Rhythmus und die Harmonie des sichtbaren Universums» zu nennen, ohne mathematisch dieses nachweisen zu wollen [34]. So schlägt die Mathematik letztlich keine Brücke mehr zwischen M. und Kosmos. Für WACKENRODER ist es geradezu ein Paradox, daß der «glänzenden Geistererscheinung», der M., ein «elendes Gewebe von Zahlenproportionen» zugrunde liegt [35]. Dafür aber erhält M. ihre eigene metaphysische Dignität, indem sie das sonst kaum begreifbare «Leben» auszusprechen vermag (WACKENRODER, A. W. SCHLEGEL, JEAN PAUL, SCHLEIERMACHER) [36]. Über S. KIERKEGAARD und R. WAGNER bis W. DILTHEY und C. LÉVI-STRAUSS bleibt diese Deutung der M. als Ausdruck und Interpretation des Lebens präsent [37]. A. SCHOPENHAUER zieht daraus die systematische Konsequenz: Er stellt die M. an die Spitze der Künste, da sie als einzige «die Quintessenz des Lebens» und das An-sich der Welt, den absoluten Grund, unmittelbar abbildet; signifikant wird in Leibniz' bekanntem Ausspruch nun die Mathematik durch Metaphysik ersetzt: «M. ist eine geheime metaphysische Übung des unbewußt philosophierenden Geistes» [38].

Neben die ästhetische tritt um 1800 die *geschichtsphilosophische Deutung* der M.: Sie wird als Kunst der christlichen Moderne der griechisch-antiken Plastik gegenübergestellt. M. und Plastik verhalten sich wie das Unendliche, Unbestimmte zum Endlichen, Bestimmten, wie das Subjektive zum Objektiven, das Innere zum Äußeren, die Zeit zum Raum (SCHILLER, A. W. und F. SCHLEGEL, F. AST, W. VON HUMBOLDT, JEAN PAUL, SCHLEIERMACHER, HEGEL) [39]. In diesem geschichtsphilosophischen Deutungsschema wird gerade auch die neue freie Instrumental-M., die jüngste Kunst, als Produkt des fortgeschrittenen christlichen Geistes verstanden (E. T. A. HOFFMANN) [40]. Deshalb kann HEGEL an ihr die Dialektik der modernen, durchs Christentum vermittelten Subjektivität aufzeigen: M. ist innerhalb des Kunstsystems die eigentlich romantische Kunst; und als reine Instrumental-M. repräsentiert sie die «letzte Spitze der Freiheit», indem sie frei von allem Stoff die «abstrakte Innerlichkeit», das «abstrakte Sichselbstvernehmen» ausspricht [41]. In dieser Freiheit der Subjektivität, losgelöst von allem substantiellen Inhalt, droht sie aber auch leer und bedeutungslos zu werden [42]. Exemplarisch wird sie deshalb der Poesie untergeordnet. Ähnlich verfährt SCHLEIERMACHER, wenngleich er der freien Instrumental-M. als Ausdruck des bewegten Selbstbewußtseins noch größeres Recht einräumt [43]. Doch mit der Einschätzung der M. als christlicher Kunst wird bald gebrochen. KIERKEGAARD kehrt HEGELS These um: In M. artikuliert sich nicht die subjektive Innerlichkeit des Menschen, sondern das vom Christentum abgespaltene und dämonisch gewordene Sinnlich-Erotische [44]. Für SCHOPENHAUER ist M. Abbild des alogischen, gebärenden und zerstörenden Weltwillens; ein Abbild, das von diesem dunklen Grund zu erlösen vermag [45]. R. WAGNER schließt daran an: Im Musiker wirkt nicht der individuelle, sondern der schlechthin allgemeine Wille, der durch M. das Innerste der Welt zur Erscheinung bringt. M. offenbart dabei die «latente M.» in allen «Lebensbezügen und Lebensäußerungen» [46]. M. wird jetzt nach dem Ende des kirchlichen Christentums als Refugium des christlich-religiösen Kerns, ja als neue Religion proklamiert: Sie ist die «erlösendste Kunst», eine nicht schöne, sondern erhabene Kunst, die «die höchste Extase des Bewußtseins der Schrankenlosigkeit» erregt [47]. Nicht die reine Instrumental-M., die «absolute M.», wie Wagner 1846 erstmals sagt [48], sondern das Gesamtkunstwerk übernimmt diese hohe Funktion, die Einheit von Ton, Wort und Gebärde, mit der die antike Tragödie sich erneuert. Diese Rückbindung an die Antike radikalisiert NIETZSCHE: M. ist dionysische Kunst, keine Kunst der christlich-romantischen Subjektivität, sondern des heidnisch-antiken Rausches, der Bejahung der Natur [49]. Später pointiert er in der Abwendung von Wagner etwas anderes: Wahrhaft originale M. sei jeweils nur der «Schwanengesang» und das «*Aus*klingen» einer sterbenden Kultur [50]; sie sei also allenfalls ein «Überbleibsel» des dionysischen Affektausdrucks, Wagners M. nur Verweichlichung und Entnervung, moderne M. überhaupt décadence [51]. Spätere Auffassungen, die in der M. das Ende von Mythos, Religion und Kulturentwicklung sehen, schließen hier an Nietzsche an (TH. MANN, K. WOLFSKEHL, C. LÉVI-STRAUSS) [52].

Auf dem Hintergrund der religiösen und metaphysischen Erwartungen an die M. als der Repräsentantin der modernen Kultur hat die philosophische Diskussion der Form-Inhalt-Problematik ihre Brisanz. Die gängige Inhaltsästhetik, die M. als Ausdruck von Seelischem bestimmte, konnte von diesem Inhalt her so wenig die künstlerische Qualität der Werke begreiflich machen, wie sie den jeweiligen Inhalt kaum eindeutig benannte. Deshalb richtet sich die Aufmerksamkeit auf die Form. H. G. NÄGELI nennt das Wesen der M. «Spiel»; sie habe keinen Inhalt, sondern nur Formen, die ein «unausgenießbares Lustreich» für die ästhetische Betrachtung seien [53]. Die nachhaltigste Wirkung übt bis in die Gegenwart die These E. HANSLICKS: «Tönend bewegte Formen sind einzig und allein Inhalt und Gegenstand der M.» [54]. Darin liegt allerdings eine – erst später entdeckte – Anknüpfung an die Tradition des Neuplatonismus. Denn Form wird als innere Form, als «sich von innen heraus gestaltender Geist» gedacht, Komposition als «freie Schöpfung des Geistes aus geistfähigem, begriffslosem Material» [55]. HEGEL und vor allem SCHLEIERMACHER hatten mit dem Gedanken der inneren Form einen Form-Inhalt-Dualismus umgangen und Form als konkretisierten Inhalt, Gestalt als herausgebildeten Gehalt begriffen [56]. HANSLICK bestreitet in diesem Sinne nicht den musikalischen Gehalt, sondern nur den bestimmten außermusikalischen Inhalt: «Die M. ist ein Spiel, aber keine Spielerei. Gedanken und Gefühle rinnen wie Blut in den Adern des ebenmäßig schönen Tonkörpers» [57]. Diese Konzeption wurde häufig als Formalismus mißverstanden, der schon deshalb nicht überzeugte, da er nicht eindeutig war und die Wirkung auf das Gefühl nicht erklären konnte. Deshalb blieb schließlich die Inhaltsästhetik dominierend, die M. als Kunst des Gefühls verstand (F. TH. VISCHER, E. VON HARTMANN) [58]. Für G. G. GERVINUS ist reine Instrumental-M. Nachahmung der Vokal-M. und deshalb mittelbar sogar auf Vorstellungsinhalte bezogen [59]. F. VON HAUSEGGER macht M. nachdrücklich als Ausdruck und Übertragung von Gemütszuständen deutlich. Nicht die Form, sondern die hinzutretenden Vorstellungen bewahrten sie davor, bloße «Gefühlsduselei» zu sein; M. bewege sich auf der Grenze zwischen Vorstellung und Gefühl [60]. Doch wird Hanslicks Einwendungen und Anregungen Rechnung getragen und nun einerseits auf die ästhetisch gelungene Form abgehoben und andererseits der geistige Gehalt und außermusikalische Bezug zu klären versucht. Wenn M. keine bestimmten Gefühle darstellen kann, so hat sie für H. LOTZE doch «namenlose» Gefühle zum Inhalt, wie sie etwa der zweckmäßige Bau der Welt in uns auslöst. M. gewähre uns darüber hinaus eine Versenkung in die natura naturans, in die schaffende Kraft der Welt [61]. M. LAZARUS, H. VON HELMHOLTZ und H. RIEMANN [62] präzisieren und variieren HANSLICKS Einsicht, daß nicht die Gefühle, wohl aber ihre allgemeine Dynamik und Bewegungsform musikalisch darstellbar seien [63]. Dabei wird die verborgene Aktivität des Hörers herausgearbeitet, der durch seine «synthetische Geistestätigkeit» den musikalischen Zusammenhang rekonstruiert und die Tonfolgen wie deren allgemeinen Empfindungsgehalt «subjektiviert», d. h. als sein eigenes Erlebnis erfährt [64]. Versuchten HELMHOLTZ und RIEMANN zunächst, von den «Tonempfindungen» her eine M.-Ästhetik aufzubauen, so erweist sich, daß nicht die klingende M., sondern die «Tonvorstellungen» in der Phantasie des Künstlers und des Hörers den Sinnzusammenhang der M. konstituieren (H. RIEMANN) [65]. Die M.-Philosophie setzt nun überwiegend bei der Analyse der ästhetischen Wahrnehmung an. Die Einfühlungspsychologie nimmt diesen Ansatz auf. Während laut TH. LIPPS der Hörer die Tonfolgen strukturiert und wertet, bewirken sie in ihm eine «psychische Resonanz» und evozieren dunkle Erinnerungen an analoge Bewegungen des Lebens. Das sich in die Töne einfühlende ideelle Ich genießt sich selbst und erlebt im Tonganzen eine «innere Geschichte», die es als seine eigene Geschichte erfährt [66]. Nach J. VOLKELT vermitteln die «Bewegungsempfindungen» die Einfühlung in das Werk, in dem das Selbst dann «Arten und Grade von Spannung und Tätigkeit» erlebt [67]. Die M.-Philosophie im Zeichen der Einfühlungspsychologie ist Inhaltsästhetik, die nun aufweist, wie sehr der Hörer den seelischen Gefühlsinhalt nur aufgrund eigener Erfahrung und eigenen Erlebens realisiert.

Kunstpsychologische Überlegungen sind auch der Hintergrund für H. KRETSCHMARS Begründung einer musikalischen Hermeneutik, die in Anknüpfung an die ältere Affektenlehre den Tongestalten seelische Bewegungen zuordnet; Interpretation habe diese zu benennen und ins Bewußtsein zu heben [68]. Noch weit bestimmtere Inhalte sieht A. SCHERING in der M. bezeichnet. M. sei überall Symbol, Bild eines geistig erfaßbaren Sinnes. Eine «musikalische Symbolkunde» soll unter Einbeziehung des geistesgeschichtlichen Kontextes die geistigen Sinngehalte der Werke herausstellen [69]. Die Beziehung zu außermusikalischen Inhalten ist hier für M. so sehr konstitutiv, daß die Idee einer absoluten M. mit nur musikalischem Inhalt zur «ästhetischen Unklarheit» deklariert wird [70]. Auch E. KURTH verankert M. in Vor- und Außermusikalischem, aber – im Sinne der romantischen Ausdruckstheorie – in metaphysisch gedachter Willensenergie: «M. ist eine Naturgewalt in uns, eine Dynamik von Willensregungen» [71]. Das führt Kurth nicht zu einer systematischen Bedeutungslehre; für Kurth gilt es vielmehr, «die Umsetzung gewisser Spannungsvorgänge in Klänge zu beobachten» und im Hinblick darauf die Tonfigurationen zu analysieren [72]. Auch im 20. Jh. erhebt sich gegen solches M.-Denken Einspruch. Gegen die Einengung der Freiheit der absoluten M. nicht nur durch Programme, sondern auch durch konventionelle Formen wendet sich F. BUSONI [73]. Und gegen die Ausdruckstheoretiker richtet I. STRAWINSKY die provokative Behauptung, daß M. nichts auszudrücken imstande sei; sie strukturiere lediglich die Zeit [74]. A. HALM nähert sich dem «mystischen Wesen» der M. nicht durch den Rückgang zu einem außermusikalischen Grund, sondern durch die Analyse der «innermusikalischen Rationalität» der «organischen Struktur» von Werken [75]. H. SCHENKER hat mit dem Hinweis auf die Eigengesetzlichkeit der M. und den «absoluten Charakter des Tonlebens» ihre künstliche Anbindung an Äußeres, Gegenständliches abgewehrt [76]. Psychologische und phänomenologische Untersuchungen haben die Kontroverse zwischen formaler und inhaltlicher Betrachtungsweise entschärft und das Problem differenziert. Die Gestaltpsychologie hat – an CH. VON EHRENFELS anschließend – für die M. die Beobachtung fruchtbar gemacht, daß Gestalten stets als sinn- und ausdruckshaft aufgefaßt und ihre Gestaltqualitäten gefühlsmäßig wahrgenommen werden. A. WELLEK hat das im engeren Sinne Formale der Gestalten als deren «Gestaltniveau» von ihrem Sinn und Ausdruck als der «Gestalttiefe» abgehoben [77]. An die Stelle der Dualität von Form und Inhalt tritt in den Kunst-Ontologien von N. HARTMANN und R. INGARDEN die Unterscheidung von akustischen und nicht-akustischen Schichten bzw. Momenten. Und zu den letzteren gehören das «Unaussprechliche des Seelenlebens» (HARTMANN) oder die «emotionalen Qualitäten» (INGARDEN) wie die Werkform und die dem Werk immanente Zeitstruktur [78]. Gerade das Verhältnis von M. und Zeit hat die Phänomenologie im Anschluß an E. HUSSERL am genauesten untersucht [79]. In dem Bemühen, dem Spezifikum des ästhetischen Phänomens gerecht zu werden, bestätigt die Phänomenologie das, was die Romantik (z. B. TIECK) [80] metaphysisch behauptet hatte: M. ist eine «Welt ganz für sich» (K. HUBER) [81].

Als gänzlich autonomes, in sich beschlossenes Kunstgebiet war M. besonders der marxistischen Ästhetik aber verdächtig, die deshalb ihren gesellschaftlichen Realitätsgehalt betont. M. wird als «mittelbare Widerspiegelung der Wirklichkeit» gedacht, als Widerspiegelung der emotionalen Reaktionen auf die dingliche und gesellschaftliche Welt (Z. LISSA) [82] oder – in der Formulierung von G. LUKÁCS – als Mimesis der Mimesis, die die Weltempfindung zu einer ästhetischen Sphäre ausgestaltet [83]. In dieser Neufassung der Aufklärungsästhetik bleibt M. mit ihrer Erkenntnisfähigkeit eher hinter den anderen Künsten zurück. Bei E. BLOCH und TH. W. ADORNO bekommt sie als Kunst jüdisch-christlicher Tradition demgegenüber nochmals die hohe Stellung, die ihr die Romantik einräumte. Denn sie ist laut BLOCH – wie die Philosophie – dem metaphysischen, unfertigen Wesen der Welt verpflichtet: Gerade in ihrer Dunkelheit antizipiere sie ahnend am genauesten das werdende Weltziel, die Begegnung des Menschen mit sich selbst, die der Gottesbegriff meine; so sei M. die einzige «subjektive Theurgie» [84]. ADORNO begreift M. als Dialektik von Ausdruck und Konstruktion, als Auseinandersetzung der künstlerischen Subjektivität mit dem «musikalischen Material», in dem sich zugleich der objektive Geist, der Geist der Gesellschaft niederschlug. Komposition ist Antwort auf ein Problem des musikalischen Materials und darin eine Auseinandersetzung mit der Gesellschaft. Form wird von Adorno in der Nachfolge Hegels als Bestimmung des Inhalts, Ausdruck aber zumeist als der des Leidens des Subjektes gedacht. Zugleich deute sich im musikalischen Ausdruck ein utopisches Gegenbild, Versöhnung an: M. formuliert ihrer Idee nach den göttlichen Namen [85].

Semiotische und strukturalistische Theorien erörtern gegenwärtig das alte Problem der Sprachhaftigkeit der M. und das moderne Problem der seriellen M. in neuen Termini und mit Hilfe neuer Modelle (z. B. C. LÉVI-STRAUSS, N. RUWET, J. J. NATTIEZ) [86], während quer zu allen Zeitströmungen M. auch noch im 20. Jh. im Rahmen eines harmonikalen pythagoreischen Weltbildes als sinnlich erfahrbare, zahlhafte Ordnungsstruktur begriffen wird (H. KAYSER, R. HAASE) [87].

Anmerkungen. [1] Vgl. Art. ‹Ästhetik›, ‹Kunst, Kunstwerk› (II/5), ‹Kunstphilosophie, Kunstgeschichte, Kunstwissenschaft›. – [2] N. LISTENIUS: Musica, ab autore denuo recognita, c. I (1549, ND 1927). – [3] CH. BATTEUX: Les Beaux Arts, réduit à un même principe (Paris 1747). – [4] J. HARRIS: Three treatises (London 1744); J. G. HERDER, Ob Malerei oder Tonkunst eine größere Wirkung gewähre? Ein Göttergespräch (1785). Sämtl. Werke, hg. B. SUPHAN 15, 222-240; J. A. EBERHARD: Hb. der Aesthetik (²1814) 3, 45ff. – [5] Vgl. zum folgenden H. H. EGGEBRECHT: Das Ausdrucks-Prinzip im musikal. Sturm und Drang (1955). Musikal. Denken (1977) 69-111. – [6] M. MENDELSSOHN, Über die Hauptgrundsätze der schönen Künste und Wiss.en. Schr. zur Philos., Aesthetik und Apologetik, hg. M. BRASCH (1880, ND 1968) 2, 141-168; F. J. RIEDEL: Theorie der schönen Künste (1774) 27ff. – [7] CH. BATTEUX: Einl. in die schönen Wiss., dtsch. K. W. RAMLER (1762) 1, 215f.; D. DIDEROT, Rameaus Neffe. Ästhet. Schr., hg. F. BASSENGE (1968) 2, 457. – [8] J. J. ENGEL: Über musikal. Malerei (1780). Schr. (1802) 4, 297-342. – [9] CH. AVISON: Essay on musikal expression (London 1753, ND New York 1967); dtsch.: Versuch über den musikal. Ausdruck (1775); CH. G. KRAUSE: Von der Musikal. Poesie (1753, ND 1973) 52ff. – [10] TH. TWINNING: Aristotele's treatise on poetry, transl. with notes, and two Dissertations on poetical and musical imitation (1789); dtsch. J. G. BAHLE: Abh. über die poet. und musikal. Nachahmung (1798) 247. 251; M. MENDELSSOHN, a.O. [6] 163. – [11] J. HARRIS: Drey Abh., die erste über die Kunst, die andere über die M., Mahlerei und Poesie, die dritte über die Glückseligkeit (1757) bes. 75; J. A. HILLER: Über die M. und deren Wirkungen (1781). – [12] Vgl. Art. ‹Empfindung› [I/2]. Hist. Wb. Philos. 2, bes. 459. – [13] J. G. HERDER, Krit. Wälder IV. Sämtl. Werke 4, 161f. – [14] J. A. HILLER, Abh. von der Nachahmung der Natur in der M., in: F. W. MARPURG: Hist.-Krit. Beyträge zur Aufnahme der M. 1 (1754, ND 1970) 515-543, zit. 523. – [15] I. KANT, KU § 53. Akad.-A. 5, 329. – [16] FR. SCHILLER, Über Matthissons Gedichte (1794). Werke. Nat.-Ausg. 22, 272. – [17] CH. G. KÖRNER: Über musikal. Charakterdarst. (1795). Ästhet. Ansichten, hg. J. P. BAUKE (1964). – [18] HERDER, Sämtl. Werke 15, 240; 20, 64ff.; J. A. HILLER, a.O. [14] 520ff.; CH. F. D. SCHUBART: Ideen zu einer Ästhetik der Tonkunst, hg. L. SCHUBART (1806); W. HEINSE: Hildegard von Hohenthal 1. 2 (1795/96). – [19] J.-J. ROUSSEAU: Essai sur l'origine des langues (1753). Oeuvres compl., nouv. éd. 29 (1792) bes. 315f. – [20] K. H. HEYDENREICH: System der Aesthetik (1790). – [21] HERDER, Cäcilia (1793). Sämtl. Werke 16, 256; Kalligone (1800). Sämtl. Werke 22, 184. 186. – [22] W. WACKENRODER: Werke und Br. (1967) 204. 251. – [23] K. W. F. SOLGER: Vorles. über Ästhetik, hg. K. W. L. HEYSE (1829, ND 1973) 341. – [24] G. JÄGER: Jean Paul und die M. (Masch.schr. Diss. Tübingen 1949) 145ff. – [25] J. F. REICHARDT: Musikal. Kunstmagazin 2 (1791) 16. – [26] F. E. D. SCHLEIERMACHER: Über die Religion. Reden an die Gebildeten unter ihren Verächtern (1799) 183, hg. H.-J. ROTHERT (1958 u.ö.) 102; Die Weihnachtsfeier (1806), hg. H. MULERT (1908) 22; SOLGER, a.O. [23] 341f.; A. F. THIBAUT: Über Reinheit der Tonkunst (1824). – [27] WACKENRODER, a.O. [22] 227f.; JEAN PAUL, Sämtl. Werke, hg. E. BEREND I/10, 171. – [28] L. TIECK bei WACKENRODER, a.O. [22] 242. – [29] a.O. [22] 242; vgl. 190. – [30] E. T. A. HOFFMANN: Kreisleriana Nr. 1 und 3. Fantasie- und Nachtstücke, hg. W. MÜLLER-SEIDEL (1966) 33. 39. – [31] Kreisleriana Nr. 4, a.O. 41, vgl. 34; WACKENRODER, a.O. [22] 205. – [32] F. J. H. VON DAL-

BERG: Blicke eines Tonkünstlers in die M. der Geister (1787). – [33] A. VON THIMUS: Die harmonikale Symbolik des Altertums 1. 2 (1868-1876). – [34] F. W. J. SCHELLING: Philos. der Kunst (1802/03). Sämtl. Werke I/5 (1859) 501; (ND 1966) 145. – [35] WACKENRODER, a.O. [22] 205. – [36] a.O. 203; A. W. SCHLEGEL: Die Kunstlehre (1801/02). Krit. Schr. und Br., hg. E. LOHNER (1963) 2, 221; JEAN PAUL, a.O. [27]; SCHLEIERMACHER, Weihnachtsfeier, a.O. [26] 23. – [37] S. KIERKEGAARD, Entweder-Oder I, übers. E. HIRSCH (1964) 128; R. WAGNER, Ges. Schr. und Dicht. (⁴1907) 9, 69f.; W. DILTHEY, Ges. Schr. 7, 224; C. LÉVI-STRAUSS: Der nackte Mensch. Mythologica IV (1976) 773. – [38] A. SCHOPENHAUER, Die Welt als Wille und Vorstellung III, § 52. Sämtl. Werke, hg. P. DEUSSEN 1, 309. 313. – [39] SCHILLER, Nat.-Ausg. 20, 381; F. SCHLEGEL, Prosaische Jugendschr., hg. J. MINOR (Wien 1882) 1, 137; A. W. SCHLEGEL, Kunstlehre, a.O. [36] 24f. 97. 99. 207; F. AST: System der Kunstlehre (1805) §§ 54. 63-65; W. VON HUMBOLDT, Über den Charakter der Griechen. Werke, hg. A. FLITNER/K. GIEL (²1961) 2, 71f.; K. MÜLLER-VOLLMER: Poesie und Einbildungskraft (1967) 184ff.; JEAN PAUL, Vorschule der Ästhetik. Sämtl. Werke I/11, 16ff. 74. 80; SCHLEIERMACHER, Ästhetik, hg. R. ODEBRECHT (1931) 145; vgl. W. DILTHEY: Leben Schleiermachers (1870) Anhang 119, Nr. 47; G. W. F. HEGEL: Alte und neue Kirchen-M. (1814). Schr. zur M., hg. F. SCHNAPP (1963) 209ff. – [41] HEGEL, Ästhetik, hg. F. BASSENGE (1955) 2, 264. 266. 272. 274. – [42] a.O. 309; A. NOWAK: Hegels M.-Ästhetik (1971) 182ff.; H. HEIMSOETH: Hegels Philos. der M. Hegel-Studien 2 (1963) 161-201. – [43] SCHLEIERMACHER, Ästhetik, a.O. [39] 178ff.; Vorles. über die Aesthetik, hg. C. LOMMATZSCH. Sämtl. Werke III/7, 360ff.; G. SCHOLTZ: Schleiermachers M.-Philos. (1981) 85ff. – [44] KIERKEGAARD, Entweder-Oder I: Die unmittelbaren erot. Stadien oder das Musikal.-Erotische, a.O. [37] 47-145. – [45] SCHOPENHAUER, a.O. [38] 304ff. – [46] R. WAGNER: Beethoven (1870). Ges. Schr. und Dicht. (⁴1907) 9, 69f. 72f.; Über Franz Liszt's symphon. Dichtungen (1857) 5, 191. – [47] Relig. und Kunst (1880/81), a.O. 10, 211. 221f. 249f.; 5, 191; 9, 78. – [48] a.O. 2, 61; C. DAHLHAUS: Die Idee der absoluten M. (1978) bes. 24ff. – [49] FR. NIETZSCHE: Die Geburt der Tragödie aus dem Geiste der M. (1872). Werke, hg. K. SCHLECHTA (³1962) 1, 21ff. – [50] Nietzsche contra Wagner (1889), a.O. 2, 1045; 3, 872 (Nachlaß der achtziger Jahre). – [51] Götzen-Dämmerung (1889), a.O. 2, 996; Versuch einer Selbstkritik (1886), a.O. 1, 16f.; Der Fall Wagner (1888), a.O. 2, 1146; 3, 783 (Nachlaß der achtziger Jahre). – [52] TH. MANN: Buddenbrooks (1901); K. WOLFSKEHL: Über den Geist der M. Jb. geist. Bewegung 3 (1912) 20-32; C. LÉVI-STRAUSS, a.O. [37] 757ff. – [53] H. G. NÄGELI: Vorles. über M. mit Berücksicht. des Dilettanten (1826) bes. 29ff. – [54] E. HANSLICK: Vom Musikalisch-Schönen (1854, ND 1965) 32. – [55] a.O. 34. 154; DAHLHAUS: E. Hanslick und der musikal. Formbegriff. M.-Forsch. 20 (1967) 145-153; M.-Ästhetik (1967) 79ff. – [56] NOWAK, a.O. [42] 153ff.; SCHOLTZ, a.O. [43] 120ff. 131ff. – [57] HANSLICK, a.O. [54] 102. – [58] F. TH. VISCHER: Aesthetik oder Wiss. des Schönen 3 (1857) 775ff.; E. VON HARTMANN: Philos. des Schönen (1888) bes. 654-664. – [59] G. G. GERVINUS: Händel und Shakespeare. Zur Ästhetik der Tonkunst (1868). – [60] F. VON HAUSEGGER: Die M. als Ausdruck (1885, ²1887); Das Jenseits des Künstlers (Wien 1893) bes. 270ff. – [61] H. LOTZE: Kl. Schr. (1891) 3, 200-214; Grundzüge der Ästhetik (1884) 31ff. – [62] M. LAZARUS: Das Leben der Seele 3 (²1882) 69-208, bes. 106ff.; H. VON HELMHOLTZ: Die Lehre von den Tonempfindungen als physiolog. Grundl. für die Theorie der M. (⁶1913, ND 1968) 413ff.; H. RIEMANN: Grundlinien der M.-Ästhetik (1887, ⁶1921) bes. § 13. – [63] HANSLICK, a.O. [54] 15f. – [64] RIEMANN, a.O. [62] § 23. – [65] Ideen zu einer Lehre von den Tonvorstellungen (1916); B. DOPHEIDE (Hg.): M.-Hören (1975) 15f. – [66] TH. LIPPS: Grundleg. der Ästhetik (³1923) 462-481. – [67] J. VOLKELT: System der Ästhetik (²1927) 1, 222ff. – [68] H. KRETSCHMAR: Anregungen zur Förderung musikal. Hermeneutik (1902). Ges. Aufs. (1911) 2, 168-192. – [69] A. SCHERING: Das Symbol in der M. (1941). – [70] KRETSCHMAR, a.O. [68] 175. – [71] E. KURTH: Die romant. Harmonik und ihre Krise in Wagners Tristan (¹1923, ND 1968) 3; M.-Psychologie (1931) 14ff. – [72] Die romant. Harmonik a.O. 2. – [73] F. BUSONI: Entwurf einer neuen Ästhetik der Tonkunst (1907), hg. H. H. STUCKENSCHMIDT (1974) 12f. – [74] I. STRAWINSKY: Musikal. Poetik (1939/40), in:

Leben und Werk – von ihm selbst (1957) 180ff. – [75] A. HALM: Die Symphonie Anton Bruckners (²1914); Beethoven (1927, ND 1971) bes. 320ff. – [76] H. SCHENKER: Neue musikal. Theorien und Phantasien (1910) II/1, 21ff. – [77] A. WELLEK: M.-Psychol. und M.-Ästhetik (1963) 192-215. – [78] N. HARTMANN: Ästhetik (1953) 197-212; R. INGARDEN: Untersuchungen zur Ontologie der Kunst (1962) 3-136. – [79] E. HUSSERL: Zur Phänomenol. des inneren Zeitbewußtseins (1893-1917). Husserliana 10 (1966); M. ROTHÄRMEL: Der musikal. Zeitbegriff seit Moritz Hauptmann (1963) (Lit.!). – [80] TIECK bei WACKENRODER, a.O. [22] 245. – [81] K. HUBER: M.-Ästhetik, hg. O. URSPRUNG (1954) 199. – [82] Z. LISSA: Über das Spezifische der M. (1957). – [83] G. LUKÁCS: Ästhetik (1962) I/2, 330-401. – [84] E. BLOCH: Geist der Utopie (²1923, 1964). Ges.-Ausg. 3, 49-208; Das Prinzip Hoffnung (1959), a.O. 5, 1243-1297; Zur Philos. der M. (1974). – [85] TH. W. ADORNO: Philos. der neuen M. (1949, ⁴1972). Ges. Schr. 12 (1975); Dissonanzen (1956), Einl. in die M.-Soziologie (1962), a.O. 14 (1973); Musikal. Schr. I-III, a.O. 16 (1978); Fragment über M. und Sprache a.O. 16, 251ff. – [86] LÉVI-STRAUSS: Das Rohe und das Gekochte. Mythologica I (1976) Ouverture; J.-J. NATTIEZ: Fondements d'une sémiologie de la musique (Paris 1975); N. RUWET: Langage, musique, poésie (Paris 1972); R. SCHNEIDER: Semiotik der M. (München 1980) (Lit.!). – [87] H. KAYSER: Akróasis. Die Lehre von der Harmonik der Welt (Basel ³1976); Lehrb. der Harmonik (1950); R. HAASE: Die harmonikalen Wurzeln der M. (Wien 1969); Der meßbare Einklang. Grundzüge einer empir. Weltharmonik (1976).

Literaturhinweise. H. ALBERT: Die Lehre vom Ethos in der griech. M. (1899, ND 1968); Die M.-Anschauung des MA und ihre Grundlagen (1905, ND 1964). – W. HILBERT: Die M.-Aesthetik der Frühromantik (1911). – H. GOLDSCHMIDT: Die M.-Ästhetik des 18. Jh. und ihre Bez. zu seinem Kunstschaffen (1915, ND 1968). – P. MOOS: Die Philos. der M. von Kant bis E. von Hartmann (²1922). – F. GATZ: M.-Ästhetik in ihren Hauptrichtungen. Ein Quellenbuch (1929). – W. SERAUKY: Die musikal. Nachahmungsästhetik im Zeitraum von 1700 bis 1850 (1929). – G. PIETZSCH: Die Klassifikation der M. von Boethius bis Ugolino von Orvieto (1929). – H. PFROGNER: M. Gesch. ihrer Deutung (1954) (Bibliogr.!). – TH. GEORGIADES s. Anm. [1 zu 1]. – L. RICHTER s. Anm. [5 zu 1]. – R. HAMMERSTEIN: Die M. der Engel. Unters. zur M.-Anschauung des MA (1962). – R. SCHÄFKE s. Anm. [11 zu 1]. – W. SALMEN (Hg.): Beitr. zur Gesch. der M.-Anschauung im 19. Jh. (1965). – C. DAHLHAUS: M.-Ästhetik (1967). – R. DAMMANN: Der M.-Begriff im dtsch. Barock (1967). – ST. A. MARKUS: M.-Ästhetik 1. 2 (1967/1977). – D. ZOLTAI: Ethos und Affekt. Gesch. der philos. M.-Ästhetik von den Anfängen bis zu Hegel (1970). – C. DAHLHAUS (Hg.): Beiträge zur musikal. Hermeneutik (1975); s. Anm. [48 zu 2]. – S. BIMBERG u. a. (Hg.): Hb. der M.-Ästhetik (1979). G. SCHOLTZ

Muße (griech. σχολή, lat. otium, frz. loisir, engl. leisure) bedeutet zunächst das Freisein von Staatsgeschäften und ökonomischen Tätigkeiten, die in der Antike als Nicht-Muße (ἀ-σχολία, negotium) definiert waren, und impliziert in diesem Sinne die Hinordnung des Lebens primär auf den Bereich der ruhenden Beschauung. σχολὴν ἄγειν bedeutet Feste feiern, Freude haben, sodann Beschäftigung während dieser Zeit (Vorträge), schließlich Ort dieser Tätigkeit (Schule). M. (ahd. muoza, mhd. muoze) bedeutet freie Zeit, Möglichkeit, Gelegenheit zu etwas; in diesem Sinne steht das Wort etymologisch in der Nähe von «müssen» (mhd. müezen, altgerm. môtan).

Bei PLATON ist M. die Voraussetzung für Philosophie überhaupt [1], damit sich die Seele, befreit von den Forderungen des Leibes, in die Schau der Dinge (θεωρία) versenken kann [2], und stellt so im ‹Symposion› das Bild höchster Vollendung dar. Die Philosophen sind in Freiheit und M. aufgewachsen, Geschäfte und Dienstleistungen sind Sache der βάναυσοι [3]. M. ist somit Freiheit von privaten und öffentlichen Geschäften [4]. Nur die Polis, die M. und das Nötige zum Leben gewährt [5], schenkt Glück. Das ἀσχολούμεθα γὰρ ἵνα σχολάζωμεν (wir sind tätig, damit wir M. haben) des ARISTOTELES [6] zeigt das Grundverhältnis von Arbeit und M. an. Alles zweckorientierte Einzelhandeln entbehrt des letzten Glücks. Allein die M. schafft die Bedingung, dies zu erreichen. So transzendiert der Mensch sich in der M., berührt darin etwas Übermenschliches und Göttliches. Es ist Aufgabe des Gesetzgebers, Ziel der Erziehung und Wille der guten Herrschaft und des Staates, die sozialen Bedingungen für dieses grundsätzlich kontemplative Verhältnis zum Seienden zu schaffen [7]. Entsprechend sorgt der Tyrann dafür, daß niemand M. hat [8]. Achtet die Erziehung nicht auf die Schaffung von M., so führt sie zur Knechtschaft, wie ja auch alle lohnbringenden Künste und Handwerke, die auch eine schlechte körperliche Verfassung zur Folge haben, banausisch sind [9]. Deshalb ist die M. ein Privileg der durch Sklaven entlasteten Freien. Aber auch bei ihnen schlägt in der Fülle der äußeren Güter die M. in Übermut um, wenn sie nicht einhergeht mit den Tugenden der Gerechtigkeit, der Mäßigung und der Weisheitsliebe [10]. Indem die Griechen Normen für die M. aufstellten, die ihrem Volkscharakter entsprachen, entwickelten sie die M. zu einer «nationalen Kunst» [11]. – Die Berührung des Göttlichen in der M. ist nicht verfügbar, sondern nach VERGIL ein Geschenk der Götter [12], doch «otium sine litteris mors est et hominis vivi sepultura» (M. ohne Kunst und Wissenschaft ist der Tod und das Grab des lebendigen Menschen) (SENECA [13]).

In der christlich-abendländischen Rezeption der Antike mündet die aristotelische Lehre von der M. dann mehr oder weniger in den breiten Strom der vita contemplativa ein [14]. Der alte Gegensatz von sklavischer ἀσχολία und freier σχολή allerdings setzt sich fort in der mittelalterlichen Polarität von artes serviles und artes liberales. Mit der Neuzeit beginnt dann die M. ihren Vorrang (auch als Bedingung für Philosophie) an die Arbeit abzugeben. Die Zuordnung der Wissenschaft zu den praktischen Künsten an Stelle von «Disputationen» und «müßigen magischen Zeremonien» [15] soll dem Menschen die von Gott gegebene und im Sündenfall verlorene Herrschaft über die Kreatur zurückgeben.

KANT verwarf – in Ablehnung der M. als Grundhaltung und in Anwendung des modernen Arbeitsbegriffs auf die Tätigkeit des Philosophen – die Schau (θεωρία) als das Wesen der Erkenntnis; er kehrte damit auch den grundlegenden Satz des Aristoteles über die M. um. Ebenso wird bei HEGEL die Arbeit anstelle der M. «zum Namen für den dialektischen Weg zu Gott» [16]; doch behält bei Hegel zugleich die M. insofern ihre alte Funktion, als für ihn die Philosophie der «Sonntag des Lebens» ist, an dem sich der Mensch über das Geschäft der Werktage erhebt [17]. An Hegel anknüpfend, tritt vollends bei MARX der «wahre, weil wirkliche Mensch, als Resultat seiner *eigenen Arbeit*» hervor [18]. Im Bemühen, den elitären M.-Begriff der Tradition zu universalisieren und zugleich die notwendige Neubestimmung des Verhältnisses von Arbeit und freier Zeit (einschließlich der Mußezeit) vorzunehmen, versteht es sich für Marx von selbst, daß «die unmittelbare Arbeitszeit selbst nicht in dem abstrakten Gegensatz zu der freien Zeit bleiben kann – wie sie vom Standpunkt der bürgerlichen Ökonomie aus erscheint» [19]. Auf der Grundlage einer tendenziell auf völlige Automatisation zusteuernden Planwirtschaft werde es nämlich in zunehmendem Maße jedermann möglich werden, seine universelle Selbstentfaltung voranzutreiben. Hatte Aristoteles gegen den latenten Umschlag der M. in Übermut den Privilegierten die korrektiven Tugenden der Gerechtigkeit, der Mäßigung und der Weisheitsliebe empfohlen, so setzt Marx auf den – «mit Bezug auf den werdenden Menschen betrachtet» – selbstdisziplinierenden Effekt des «unmittelbaren Produktionsprozesses», der gewährleisten soll, daß die erweiterte «freie Zeit – die sowohl M.-Zeit als Zeit für höhre Tätigkeit ist», ihren «Besitzer» auch wirklich «in ein andres Subjekt verwandelt» [20]. Zudem wird in der klassenlosen Gesellschaft nach Marx «die Arbeit travail attractif, Selbstverwirklichung des Individuums» [21]. So werden M. und schöpferische Produktivität von Marx, der als Beispiel für «wirklich freie Arbeiten» eine ästhetische Selbstobjektivation, das «Komponieren», anführt [22], nicht schlichtweg eliminiert, sondern in ihrem Stellenwert neu bestimmt.

Der Verlust der vita contemplativa in der Moderne läßt dann die M. wieder thematisch werden. Allerdings ist die M. als «Blüte und Frucht des Daseins» [23] in der Gefährdung der Neuzeit der gewöhnlichen Natur des Menschen fremd; sie gelingt – so SCHOPENHAUER und NIETZSCHE – nur mehr dem Genie [24]. Im «Widerpart» zum Müßigen, dem Philister [25], kristallisiert sich für beide die Kritik an der Arbeitsideologie der Neuzeit; nur der Rückgriff auf den M.-Begriff der Antike [26] vermag den Menschen davor zu bewahren, daß nunmehr alles schlechte Gewissen auf Seiten des otium liegt und alles gute Gewissen auf Seiten des animal laborans, so daß die Legitimation der M. nur noch im «Bedürfnis nach Erholung» gesucht wird [27]. Die – in der Folgezeit sich besonders in Amerika ausbreitende – Vorstellung einer Freizeitgesellschaft, deren Mitglieder eben bloß vermeinen, sie verstünden sich auf die «Kunst des Müßiggangs», unterzog schon Nietzsche einer heftigen Kritik [28].

Aspekte des M.-Begriffes sind also seine Polarität zum zweckorientierten und zielgerichteten Handeln, die Bereitstellung eines Raumes, innerhalb dessen die Kontemplation sich entfalten kann, indem das Ich sich aus der Isoliertheit einzelner Betätigung und aus dem Dienst des unmittelbaren Zweckes löst und in ruhender Gelassenheit sich in der Sinnmitte der Person sammelt. Dieser Ruhe eignet eine besondere Feierlichkeit, die die M. in die Nähe von Spiel, Kult, Fest, Feier und Repräsentation rückt. Der Fest-Teilnehmer steht der Darstellung des im Fest (Kult, Liturgie) Gefeierten in der Haltung der M. gegenüber. Die Fähigkeit zur M. prägt sich so gesellschaftlich auch in einer geistigen Rangordnung aus, die aus dem Unterschied im Grad innerer Freiheit erwächst (Herrschaftsmoment). Wie M. die eine Seite des menschlichen Lebens darstellt, in dem aufnehmendes Empfangen und tätiges Sich-Auswirken wie Ebbe und Flut alterieren, so steht sie auch zwischen Nichts-Tun (Müßiggang, Langeweile, «leere» Zeit) und betriebsamer Geschäftigkeit, Hetze. In der M. «haben» wir die Zeit, und in diesem Haben sind wir bei uns selbst und der Welt im Modus der Geborgenheit, Entspanntheit und Gelöstheit. Der Knecht-Freie-Sinnentwurf der Antike freilich wirkte so stark nach, daß der Zerfall der feudalen Gesellschaftsordnung einen tiefgreifenden Bedeutungswandel nach sich zog. Während der im Gefolge der ersten industriellen Revolution aufkommende Arbeitsbegriff – zusammen mit der Funktionalisierung (Entzauberung) – auch noch die spezifisch musische Geistigkeit (artes liberales) seinem Geltungsanspruch zu unterwerfen trachtete (Freizeit und Erholung als Arbeit), erweiterte die zweite industrielle Revolution die dem Menschen zur Verfügung stehende «freie Zeit» derart, daß die Theorie der «Freizeit» weithin an die Stelle der M. trat.

Demgegenüber versuchen J. PIEPER und H. KUHN im Rückgriff auf Antike und Mittelalter die M. als empfangendes Offensein, hörendes Schweigen und entspannte Aktivität der Person, als kontemplativen Kontakt zur Mitte der Welt, zum Bezirk der ewigen Urbilder, gerade für den heutigen Menschen mit seiner anwachsenden freien Zeit zu retten [29]. Die «freie Zeit» selbst ist nicht schon M.; mit welchem Tun sie auszufüllen sei, war schon bei ARISTOTELES die Hauptfrage [30]. Die letzte innere Ermöglichung und Rechtfertigung empfängt die M. nach PIEPER aus ihrer «Einwurzelung in der Kultischen Feier» [31]. Letztlich ist so der Bereich der M. «der Bereich der Kultur überhaupt» [32], denn auch «die Künste sind eine Gabe der M. an die Arbeit» [33].

Anmerkungen. [1] PLATON, Apol. 36 d; Phaidr. 227 b; Critias 110 a; Politikos 272 b. – [2] Phaid. 66 d. – [3] Theait. 172 d; 175d und e. – [4] Leg. XII, 961 b. – [5] a.O. VIII, 828 d. – [6] ARISTOTELES, Eth. Nic. X, 7, 1177 b 5. – [7] Pol. VII, 14, 1333 a und b. – [8] a.O. V, 11, 1313 b. – [9] VIII, 2, 1337 b. – [10] VII, 15, 1334 b. – [11] E. CURTIUS: Altertum und Gegenwart. Ges. Reden und Aufs. (1882) 2, 152. – [12] VERGIL, Eklogen I, 6. – [13] SENECA, Ep. 82, 3. – [14] THOMAS VON AQUIN, S. theol. II/2, q. 179-182. – [15] FR. BACON: Novum Organum scientiarum II, 52, Praef., hg. TH. FOWLER (Oxford ²1889) 598f.; dtsch. A. TH. BRÜCK (1830, ND 1974). – [16] H. KUHN: Das Sein und das Gute (1962) 299. – [17] G. W. F. HEGEL: Philos. der Gesch., hg. G. LASSON 1 (1917) 19. – [18] K. MARX, Die Frühschriften, hg. LANDSHUT (1953) 269; vgl. zur Beseitigung der Arbeit Dtsch. Ideol. a.O. 367 u. passim. – [19] Grundrisse der Kritik der Politischen Ökonomie (Berlin-Ost ²1974) 599. – [20] ebda. – [21] 509. – [22] ebda. – [23] A. SCHOPENHAUER: Parerga und Paralipomena. Werke, hg. HÜBSCHER (²1948, ND 1966) 1, 353; vgl. 351. 354ff. – [24] a.O. 363; FR. NIETZSCHE, Musarion-A. 7, 189. – [25] SCHOPENHAUER, a.O. [23] 364. – [26] NIETZSCHE, a.O. [24] 19, 181. 308. – [27] 12, 240. – [28] 238ff.; vgl. TH. VEBLEN: The theory of the leisure class (London 1899); dtsch. Theorie der feinen Leute (1958). – [29] KUHN, a.O. [16] 295-328. – [30] ARISTOTELES, Pol. VIII, 3, 1337 b. – [31] J. PIEPER: M. und Kultur (⁵1958) 79. – [32] a.O. 86. – [33] KUHN, a.O. [16] 309.

Literaturhinweise. P. LA FARGUE: Le droit à la paresse (Paris 1883); dtsch. I. FETSCHER: Das Recht auf Faulheit (1966). – TH. VEBLEN s. Anm. [28]. – J. PIEPER s Anm. [31]. – CH. K. BRIGHTBILL: Man and leisure. A philos. of recreation (Englewood Cliffs 1961). – G. HOURDIN: Une civilisation des loisirs (Paris 1961). – S. DE GRAZIA: Of time, work and leisure (New York 1962). – H. KUHN s. Anm. [16].

N. MARTIN

Mutation. Als M. wurde bis ca. 1900 das Auftreten einer neuen, von den bisher vorkommenden Arten abweichenden und von da an sich in dieser veränderten Weise weiter vererbenden Pflanzen- oder Tierart bezeichnet (DE VRIES [1]). Die Orientierung des M.-Begriffes an dem äußeren Erscheinungsbild hat sich als unzulänglich erwiesen. In der Vererbungswissenschaft wird deshalb als M. eine Änderung im Erbgut verstanden. Man unterscheidet drei Arten von M.: 1. die Gen-M., 2. die Chromosomen-M., 3. die Genom-M., je nachdem ob sich die Änderung des Erbguts auf ein Gen, auf einen Chromosomenabschnitt oder die Anzahl der Chromosomen (Genom) bezieht. Genom-M. sind durch die heutige Methodik der Chromosomenuntersuchung unmittelbar erfaßbar. Gen-M. können nur durch eine sorgfältige Gen- (d.h. Kreuzungs-)Analyse ermittelt werden. Chromosomen-M. sind teils durch die Chromosomenuntersuchung, teils durch die Kreuzungsanalyse festzustellen. Die Häufigkeit der M. (M.-Rate) wird berechnet nach dem relativen Anteil der neu mutierten Gameten (Keimzellen), bezogen auf die Gesamtzahl der Gameten einer Generation (jedes Individuum geht aus zwei Gameten hervor). Die bisherigen Berechnungen für einzelne Gene des Menschen liegen um 1 bis 2 auf Hunderttausend. Die wichtigsten Ursachen der M. sind ionisierende Strahlen und chemische Stoffe, durch welche die genetische Substanz angegriffen wird. Die M.-Prophylaxe ist eine wichtige Aufgabe der Eugenik.

Anmerkung. [1] H. DE VRIES: Die M.-Theorie. Versuche und Beobacht. über die Entstehung von Arten im Pflanzenreich (1901).

Literaturhinweis. C. BRESCH: Klass. und molekulare Genetik (1964).   O. V. VERSCHUER

Mutterrecht. Der von J. J. BACHOFEN geprägte Terminus ‹M.› bezeichnet eine Ordnung der Gesellschaft, in der die Abstammung in der mütterlichen Linie (Mutterfolge, matrilineare Deszendenz) die soziale und rechtliche Existenz des Einzelnen – insbesondere die Vererbung von Gruppenzugehörigkeit, Namen, Rang und Eigentum – bestimmt. Für das Kind ist das Verhältnis zum Bruder seiner Mutter bedeutender als das zu seinem Vater. Mit dem M. verbunden ist oft die Matrilokalität: Das verheiratete Paar wohnt am Ort bzw. in der Sippe der Frau. Nicht aufrechterhalten läßt sich dagegen Bachofens Gleichsetzung des M. mit dem Matriarchat, der Mutter- oder Frauenherrschaft (Gynaikokratie). Die beiden Begriffe bedeuten Verschiedenes.

Die erste Beschreibung einer mutterrechtlichen Gesellschaft stammt von dem Irokesen-Missionar J. F. LAFITAU [1], die erste theoretische Begründung des M. von BACHOFEN [2], der es nach antiken Quellen aus Kleinasien herleitete. Die Polarität von Mann und Frau wird von ihm mit dem Dualismus von Geist und Stoff gleichgesetzt; die Entwicklung der Familienformen ist daher für ihn Ausdruck einer fortschreitenden Emanzipation des Geistes vom Stoff. In seinem dreiphasigen Geschichtsmodell folgt auf die Phase der durch regellose Promiskuität bestimmten hetärischen Gynaikokratie die Phase der demetrischen Gynaikokratie: Die Abkunft von der Mutter bestimmt den Status des Kindes, und die Frauen sind Träger und Hüter des Rechts. Sie wird abgelöst durch das Patriarchat als der dritten und letzten Phase der gesellschaftlichen Entwicklung. J. F. McLENNAN hat Bachofens Stufenfolge weitgehend übernommen [3], und durch L. H. MORGAN erhielt sie die für lange Zeit maßgebende, um zwei Stufen erweiterte Form: Promiskuität – Blutsverwandtschaftsfamilie – Gruppenehe – mutterrechtliche Familie – Patriarchat und monogame Einehe [4]. Die von Morgan herausgestellte enge Verbindung zwischen der Evolution der Familienformen und der Entwicklung des Eigentumsbegriffs wurde von F. ENGELS [5] im Sinne des historischen Materialismus interpretiert und ging so als wichtiges Element in die marxistische Deutung der Gesellschaftsgeschichte ein. Marxisten verschiedenster Provenienz haben im Anschluß an Engels die M.-Theorie auf zum Teil sehr kontroverse Weise weiterentwickelt [6].

Das evolutionistische Modell der frühen M.-Theoretiker blieb nicht unangefochten; Autoren wie H. S. MAINE, C. N. STARCKE, E. WESTERMARCK, R. H. LOWIE und H. F. K. GÜNTHER [7] verwarfen es als eine wohlfeile Konstruktion, und L. KLAGES und A. SCHULER priesen in ihrer spekulativen Umkehrung der Bachofenschen Geschichtsmetaphysik das M. als das Naturrecht einer paradiesischen, gesetzlosen Urzeit vor dem Eingreifen des lebensfeindlichen Geistes [8].

Als Erklärung für die Entstehung des M. wurde im Anschluß an die Vorarbeiten von L. BRENTANO und H. SCHURTZ [9] von E. GROSSE, F. GRAEBNER, W. KOPPERS, W. SCHMIDT, R. THURNWALD [10] u. a. die These vertreten, die Frau habe sich durch die Erfindung des Feldbaus eine ökonomische und soziale Vorrangstellung über die jagenden Männer verschafft, die sie allerdings bald zugunsten des Bruders und Mutterbruders habe abtreten müssen. Die Verbindung von M. und Erfindung des Feldbaus erklärte auch, warum das M. nicht die erste Familienform ist, sondern eine Übergangsstufe zwischen der – nach ihrer Auffassung allerdings nicht durch Promiskuität, sondern durch Monogamie geprägten – Urkultur zu vaterrechtlichen Formen.

In entschiedener Ablehnung aller monokausalen und für alle Kulturen verbindlichen Erklärungsversuche dringen vor allem R. H. LOWIE und G. P. MURDOCK auf die Anerkennung einer Vielfalt voneinander unabhängiger lokaler Einzelentwicklungen [11], und A. E. JENSEN, W. H. GOODENOUGH, W. DAVENPORT und E. W. MÜLLER behaupten ein breites Spektrum von Kompromißformen zwischen Matrilinearität und Patrilinearität [12].

Anmerkungen. [1] J. F. LAFITAU: Mœurs des sauvages amér. comparées aux mœurs des premiers temps 1. 2 (Paris 1724). – [2] J. J. BACHOFEN: Das M. Eine Untersuch. der Gynaikokratie der alten Welt (1861). Ges. Werke, hg. K. MEULI u. a. 2. 3 (1948). – [3] J. F. McLENNAN: Primitive marriage (Edinburgh 1865); Stud. in ancient hist. (London 1876); vgl. J. LUBBOCK: The origin of civilization and the primitive condition of man (London 1870). – [4] Systems of consanguinity and affinity of the human family (Washington 1871); L. H. MORGAN: League of the Ho-de-no-sau-nee or Iroquois (Rochester 1851); Ancient society (New York 1877). – [5] FR. ENGELS: Der Ursprung der Familie, des Privateigentums und des Staats (1884). – [6] C. V. KELLES-KRAUZ: Bachofen (1861-1901). Die Neue Zeit 15, Jg. 20, 1 (1901/02) 517-524; H. CUNOW: Zur Urgesch. der Ehe und Familie (1912); R. BRIFFAULT: The mothers (New York 1927); W. REICH: Der Einbruch der sexuellen Zwangsmoral (1931); E. FROMM: Anal. Sozialpsychol. und Gesellschaftstheorie (1970); D. RIBEIRO: Der zivilisatorische Prozeß (1971); E. TERRAY: Zur polit. Ökonomie der «primitiven» Gesellschaften (1974); K. MARX: The ethnol. notebooks, hg. L. KRADER (Assen 1974, dtsch. 1976); E. BORNEMAN: Das Patriarchat (1975). – [7] H. S. MAINE: Ancient law (London 1861); C. N. STARCKE: Die primitive Familie (1888); E. WESTERMARCK: The hist. of human marriage (London/New York 1891); R. H. LOWIE: The matrilineal complex (Berkeley 1919); The hist. of ethnol. theory (New York 1937); H. F. K. GÜNTHER: Formen und Urgesch. der Ehe (1940). – [8] L. KLAGES: Vom kosmogonischen Eros (1922); Der Geist als Widersacher der Seele (1929-32) 1330ff.; A. SCHULER: Frg. und Vorträge aus dem Nachlaß (1940) 241ff. – [9] L. BRENTANO: Die Volkswirtschaft und ihre konkreten Grundbedingungen. Z. Sozial- und Wirtschaftsgesch. 1 (1893) 77-148; H. SCHURTZ: Urgesch. der Kultur (1900). – [10] E. GROSSE: Die Formen der Familie und die Formen der Wirtschaft (1896); F. GRAEBNER: Kulturkreise und Kultursch. in Ozeanien. Z. Ethnol. 37 (1905) 28-53; Ethnol., in: Anthropol. Reihe Kultur der Gegenwart III/5 (1923); W. KOPPERS und W. SCHMIDT: Völker und Kulturen (1924); R. THURNWALD: Art. ‹M.›, in: EBERT (Hg.): Reallex. der Vorgesch. 8 (1927) 360-380; W. SCHMIDT: Das M. (1955). – [11] R. H. LOWIE: Some moot problems of social organization. Amer. Anthropologist 36 (1934) 321-330; G. P. MURDOCK: Social structure (New York 1949); vgl. J. HAEKEL: Zum Problem des M. Paideuma 5 (1950-54) 298-322. 481-508. – [12] A. E. JENSEN: Gab es eine mutterrechtl. Kultur? Stud. gen. 3 (1950) 418-433; W. H. GOODENOUGH: A problem of Malayo-Polynesian social organization. Amer. Anthropologist 57 (1955) 71-83; W. DAVENPORT: Non-unilineal descent and descent groups. Amer. Anthropologist 61 (1959) 557-572; E. W. MÜLLER: Grundformen der Verwandtschaft. Kölner Z. Soziol. u. Sozialpsychol. 18 (1966) 337-354; B. MALINOWSKI: Sex and repression in savage society (London 1927).

Literaturhinweise. K. MEULI: Nachwort zu: J. J. BACHOFEN, Ges. Werke, hg. K. MEULI u. a. 2. 3: Das M. (1948) 3, 1011-1128. – Matrilineal kinship, hg. D. M. SCHNEIDER/K. GOUGH (Berkeley 1961). – W. E. MÜHLMANN und E. W. MÜLLER: Art. ‹M.›, in: Wb. der Soziol. (²1969) 727-729. – H. J. HEINRICHS (Hg.): Materialien zu Bachofens ‹Das M.› (1975). E. W. MÜLLER

Muttersprache, eine im Mittelalter hochkommende Wortprägung, wahrscheinlich germanischen Ursprungs [1] (seit dem frühen 12. Jh. mlat. ‹materna lingua› und ‹maternus sermo› [2], im Umkreis von LUTHER seit 1522 als hd. ‹M.› nachweisbar [3]), ist zweimal philosophisch relevant geworden.

Für die beginnende Neuzeit ist ‹M.› das Stichwort, unter dem der Eigenwert der lebenden Volkssprachen gegenüber der Gelehrtensprache erkannt und nach und nach in den verschiedenen Lebensbereichen durchgesetzt wurde mit den entsprechenden Folgen für das religiöse, rechtliche, wissenschaftliche usw. Leben.

Nach einer vorübergehenden Sentimentalisierung soll ‹M.› heute als sprachwissenschaftlicher Terminus die besondere Stellung einer Sprache in der Wechselwirkung mit ihrer Sprachgemeinschaft kennzeichnen [4]. Die Formel, daß eine M. als Prozeß des «Wortens der Welt» durch eine Sprachgemeinschaft anzusehen sei, will vor allem zwei Tatsachen bewußt halten: einmal den energetischen Grundcharakter jeder einzelnen Sprache, insofern sie ihrer Existenz nach die ununterbrochene Aktivität der gesammelten Sprachkraft einer Menschengruppe, die sich in diesem Prozeß als Sprachgemeinschaft konstituiert, darstellt; sodann die in diesem säkularen Geschehen beschlossene Leistung der sprachlichen Gestaltung des Seins, vor allem in der Einmaligkeit ihres Ablaufs und ihres Ergebnisses [5]. Die Konsequenzen dieser vor allem auf W. VON HUMBOLDTS Sprachauffassung gegründeten Einsichten zeigen sich in der heute allgemein anerkannten Frage nach dem spezifisch muttersprachlichen, also nicht nur allgemeinsprachlichen Einschlag in dem geistigen Ausbau aller Gebiete menschlicher Kultur.

Anmerkungen. [1] L. WEISGERBER: Die Entdeck. der M. im europ. Denken (1948) 54ff. – [2] HESSO, Magister Argentinensis: Relatio de concilio Remensi (1119). MGH Lib. de lite 3 (1897) 24; GUIBERT DE NOGERT: Histoire de sa vie, hg. G. BOURGIN (Paris 1907) 141. – [3] K. GÜTHEL: Dialogus (1523) C ii b; M. LUTHER, Weimarer A. 18, 123, 154. – [4] WEISGERBER, a.O. [1] 132ff. – [5] WEISGERBER: Von den Kräften der dtsch. Sprache 2: Die sprachl. Gestaltung der Welt (³1962) 79ff.

Literaturhinweise. K. HEISIG: M. Z. Mundartforsch. 22 (1954) 144-174 (dort Bericht über die bisherige kontroverse Lit. zur Entstehung des Wortes). – L. WEISGERBER: Von den Kräften der dtsch. Sprache 3: Die M. im Aufbau unserer Kultur (²1957); Das Tor zur M. (⁶1963). – E. ROTHACKER: Ontol. Voraussetz. des Begriffs M., in: Sprache. Schlüssel zur Welt. Festschr. L. Weisgerber, hg. H. GIPPER (1959) 39-46. – R. STEDING: Ein früher ostfälischer Beleg für «materna lingua». Korrespondenzbl. des Vereins für niederdeutsche Sprachforsch. 76 (1969) 41-43; Zur Wortgesch. von M. Niederdeutsches Wort 12 (1972) 44-58. – G. DE SMET: Modertale – materna lingua, in: Gedenkschrift für W. Foerste, hg. D. HOFMANN (1970) 139-147. L. WEISGERBER

Mysterium (griech. μυστήριον; lat. mysterium, sacramentum; ital. mistero; frz. mystère; engl. mystery)

Der Begriff ‹M.› hat in der altgriechischen Religion seinen Ort und bezeichnet die M.-Kulte, für die ein Schweigegebot charakteristisch war. Es handelt sich um Naturmythologie, um den Glauben, daß der Mensch nach dem Tode im Jenseits in einem gottähnlichen Zustand wieder erwacht. In klassischer Zeit in Eleusis geübt, mit Weihen verbunden, wird dieser Glaube in hellenistischer Zeit wieder belebt. Einmal im Jahr erleben die Geweihten das M. der Neugeburt, die zur Vergottung führt. Die mit der Feier verbundenen Sitten sind an den einzelnen Orten verschieden. Die Arkandisziplin wird überall streng gewahrt [1].

Der griechische Begriff ‹M.› beeinflußt bald auch die frühchristliche Welt, obwohl das Alte Testament mehr von der Unnahbarkeit Gottes spricht. Immerhin verbindet sich hiermit der Begriff, so daß auch im Neuen Testament vom ‹M.› gesprochen wird. Insbesondere bleibt der Wille Gottes [2], sein von Ewigkeit her verborgener [3] Heilsplan ein M. (οἰκονομία τοῦ μυστηρίου) [4]. Von daher wird das Christusgeschehen als die Mitte des göttlichen Heilsplans ‹M.› (τὸ μυστήριον τοῦ Χριστοῦ) genannt [5]. Insofern in den Pastoralbriefen das Christusereignis auch als Verkündigungs- und Glaubensinhalt begriffen wird, kann hier vom ‹M. des Glaubens› (τὸ μυστήριον τῆς πίστεως) [6] und vom ‹M. der Frömmigkeit› (τὸ τῆς εὐσεβείας μυστήριον) [7] gesprochen werden. In den Evangelien kommt der Begriff nur Mk. 4, 11 u. parr. vor, wo von dem M. des Reiches Gottes die Rede ist.

In der altkirchlichen Welt wird das Geheimnisvolle und Dunkle als Wesen des Göttlichen auch im kirchlichen Bereich verstanden. Wie Gott selbst und seine Oikonomia ein M. bleiben, sind auch die Bezirke, in denen der Mensch sich ihm naht, vom M. umschlossen. Dieses gilt vor allem von der Taufe (bei CYPRIAN, CLEMENS VON ALEXANDRIEN und ORIGENES), aber ebenso vom Opfer-M. im Abendmahl. Das M. wird im Gottesdienst verehrt, es wird auch «betrachtet». Die Kirche wird zur Verwalterin der M. Der Begriff ‹M.› ist bei den Kirchenvätern nirgends begrenzt. Alles, was von Gott kommt, ist ein M.; es läßt sich nicht ergründen und bleibt immer wunderbar. Für ATHANASIUS und die drei großen *Kappadozier* ist die Menschwerdung des Logos das M. schlechthin. Auch die Kirche ist aufgrund ihrer Verbindung mit Christus ein M. KYRILL VON ALEXANDRIEN bezeichnet die ganze christliche Lehre als M. [8]. Am stärksten kommt dieser Begriff bei Ps.-DIONYSIUS AREOPAGITA zum Ausdruck. Er lehrt, durch die kirchlichen M. die himmlische Hierarchie zu sehen und zum göttlichen Ursprung, zum Ur-Einen zurückzukehren [9].

Anmerkungen. [1] Belege bei O. CASEL: De Philosophorum graecorum silentio mystico (1919) 3ff. – [2] Eph. 1, 9. – [3] 1. Kor. 2, 7; Kol. 1, 26; Eph. 3, 9; Röm. 16, 25. – [4] Eph. 3, 9. – [5] Kol. 4, 3; Eph. 3, 4; Kol. 2, 2. – [6] 1. Tim. 3, 9. – [7] 1. Tim. 3, 16. – [8] KYRILL VON ALEXANDRIEN, De adoratione XVI. – [9] Ps.-DIONYSIUS AREOPAGITA, De div. nom. 4, 17-713.

In der lateinischen Patristik wird ‹sacramentum› zum Äquivalent von μυστήριον. Schon die ältesten lateinischen Bibelübersetzungen übersetzen in der Regel so. Im profanen Latein bezeichnet ‹sacramentum› eine Kaution oder einen Eid, besonders den militärischen Eid des Rekruten [1]. Die juristisch-militärische Herkunft des Begriffs ist bei TERTULLIAN bewußt und wird von ihm gerne benutzt, um der Taufe, die er als ‹Sakrament› bezeichnet, den Charakter eines verpflichtenden Fahneneides auf die militia Christi zu geben. Neben Taufe und Eucharistie bezeichnet ‹Sacramentum› – die Bedeutungsfülle von ‹M.› übernehmend – alle liturgisch-kultischen Riten, den verborgenen Heilsplan Gottes insgesamt, besondere heilsgeschichtliche Ereignisse sowie – an Eph. 5, 32 anschließend – typische Vorausabschattungen des Christusereignisses im Alten Testament. AUGUSTINUS betont, indem er das Sakrament als «signum visibile invisibilis sacrificii» [2] oder als «verbum visibile» [3] bestimmt, seinen Bildcharakter. Er unterscheidet «signum» und «res», das äußere Zeichen und die göttliche Gnadenwirkung. «Signa, quae ad res divinas pertinent, sacramenta appellantur» (Zeichen, die sich auf göttliche Dinge beziehen, werden Sakramente genannt) [4]. In der Hauptsache die zentralen kultischen Akte der Taufe und der Eucharistie bezeichnend, ist der Sakramentsbegriff bis in die Scholastik durchaus fließend. Erst im 12. Jh. setzt sich die Siebenzahl der Sakramente und damit eine deutliche Fixierung des Begriffs auf den kultisch-liturgischen Bereich durch. In der Hochscholastik wird besonders die Art und Weise der mit dem sakramentalen Geschehen verbundenen Gnadenwirkung diskutiert. THOMAS VON AQUIN unterscheidet eine «causa principialis» der Gnade, die nur Gott selbst sein kann, und eine «causa instrumentalis», die die Sakramente als Werkzeuge in der Hand Gottes sind [5].

Für LUTHER ist Gott ein tiefes Geheimnis, ebenso das Verhältnis des Menschen zu Gott [6]. Wenn Luther auch das Wort ‹M.› nur selten gebraucht, so setzt er den Begriff überall voraus, wo er von Gottes Sein und Wirken spricht. Spricht er vom göttlichen Wort, dann ist ihm bewußt, daß es nicht durch die Vernunft erfaßt wird, sondern durch ein geheimnisvolles inneres Hören (auditio interior) [7]. Das M. schlechthin ist für ihn Christus: «Was sind denn nu die mysteria? Nichts anders, denn Christus selbs, das ist: der glawbe und Euangelium von Christus» [8]. Alles, was im Evangelium verkündet wird, geht über die Vernunft und bleibt verborgen. Was Christus ist und tut, kann kein Mensch erfassen, es bleibt ein M. Somit ist auch die Gemeinschaft mit Christus, die «communio cum Christo», im Grunde ein Geheimnis.

Dieser tiefe Zug lutherischer Theologie hat sich in der Reformation nicht überall gehalten. Bei vielen aber, die Luther gefolgt sind, findet sich ein M.-Verständnis, so bei J. ARNDT [9] und PH. J. SPENER [10], der bei der Besprechung der «divina mysteria» (im weitesten Sinne) auf J. Gerhard, K. Dannhauer, Heinrich Müller und viele andere zurückverweist.

Neben der Übersetzung ‹sacramentum› bleibt im Lateinischen ‹M.› als Fremdwort erhalten [11], das nicht den juristisch-militärischen Beiklang besitzt, aber den ursprünglichen esoterischen Inhalt festhält. So wird das Wort ‹M.› in von einer Transzendenz und ihrer Unbegreiflichkeit sprechenden Zusammenhängen gebraucht. So schreibt etwa I. KANT: «In Ansehung dessen, was zu erkennen allgemeine Menschenpflicht ist (nämlich des Moralischen), kann es kein Geheimnis geben, aber in Ansehung dessen, was nur Gott tun kann, wozu etwas selbst zu tun unser Vermögen, mithin auch unsere Pflicht übersteigt, da kann es nur eigentliches, nämlich heiliges Geheimnis (M.) der Religion geben, wovon uns etwa nur, daß es ein solches gebe, zu wissen und es zu verstehen, nicht eben es einzusehen, nützlich sein möchte» [12]. In den die Geschichte der philosophischen Theologie durchziehenden Auseinandersetzungen um das rechte Verhältnis von Glaube und Wissen hat der Begriff seinen festen Ort. TOLANDS mit ‹Christianity not mysterious› überschriebener, die für den englischen Deismus typische Ineinssetzung von Christentum und natürlicher Religion programmatisch entfaltender Versuch [13], nachzuweisen, daß das Christentum nichts gegen und über die Vernunft und somit keine M. enthalte, setzt diesen Sprachgebrauch voraus. Im 19. und 20. Jh. dient der Begriff der zu einer deutlichen, fideistisch konzipierten Trennung von Glaube und Vernunft neigenden kirchlichen Orthodoxie dazu, alles der Vernunft Verborgene und als solches eben zu Glaubende zu bezeichnen. Besonders die Trinität avanciert zu dem aller Vernunft entzogenen Geheimnis schlechthin: «Die heilige Dreifaltigkeit ist das Geheimnis der Geheimnisse» [14].

Innerhalb dieses Problemhorizontes steht auch G. MARCELS Sprechen vom «ontologischen M.» (mystère ontologique). Marcel unterscheidet das M. als das, in das die Reflexion eingeht, wenn das Problem des Seins mit der Frage «Was bin ich?» auf das eigene Ich bezogen wird, vom Problem, das als festumreißbares vor dem Menschen steht, deutlich von ihm verschieden und ihn deshalb nicht mitumgreifend. Das M. wird auch als das Metaproblematische bezeichnet, das sich in einem jedes Verstandesvermögen übersteigenden, eher in der Weise der Intuition und der Sammlung geschehenden Partizipieren an einer die Realität des Subjekts fundierenden Wirklichkeit vollzieht [15].

Neben diesem innerhalb einer theologischen Tradition vermittelten Gebrauch dient der Begriff als Bezeichnung für die antiken M.-Religionen. Dem für das 18. Jh. charakteristischen Interesse an fremden Kulturen und Religionen entspringt die Aufmerksamkeit, mit der sich CHR. MEINERS [16] und J. A. STARCK [17] der Erforschung der antiken, besonders der eleusinischen M. in einer Weise zuwenden, die in die Philosophie hineinwirkt [18]. Die kulturgeschichtliche Bedeutung der M., ihr Verhältnis zur Volksreligion der Griechen sowie zum Christus-M. der Christen, zum Monotheismus und zur Philosophie werden von SCHELLING [19], HEGEL [20], von FR. CREUZER [21], CHR. A. LOBECK [22] und anderen erörtert.

Anmerkungen. [1] LIVIUS X, 38. – [2] AUGUSTIN, De civ. Dei X, 5. MPL 41, 282. – [3] Joh. Tract. 80. 3. MPL 35, 840. – [4] Ep. 138, 7. MPL 33, 537. – [5] THOMAS VON AQUIN, S. theol. III, q. 62, a. 1. – [6] M. LUTHER, Weimarer Ausg. 18, 549. – [7] a.O. 4, 253; vgl. 3, 153. 192. – [8] 10/I/2, 126. – [9] J. ARNDT: Vier Bücher vom wahren Christentum (1610) 2, 28. – [10] PH. J. SPENER: Die allgemeine Gottesgelehrtheit aller gläubigen Christen und rechtschaffenen Theologen (1680) 1, 230ff. – [11] CICERO, Ep. ad Att. 5, 21; 6, 1; 15, 25. – [12] I. KANT, Relig. innerhalb der Grenzen ... Akad.-A. 6, 139. – [13] J. TOLAND: Christianity not mysterious (¹1696, ND 1964). – [14] M. J. SCHEEBEN, Die M. des Christentums. Ges. Schr. 2 (1951) 21. – [15] G. MARCEL: Etre et avoir (Paris 1935) 167-179; dtsch. E. BEHLER (1954) 125-133. – [16] CHR. MEINERS: Über die M. der Alten (1776). – [17] J. A. STARCK: Apol. des Ordens der Frey-Mäurer (1778) 151ff.; Über die alten und neuen M. (1782). – [18] J. G. HAMANN, Konxompax. Sämtl. Werke 3, 217-228. – [19] F. W. J. SCHELLING, Über die Gottheiten von Samothrake. Sämtl. Werke, hg. SCHRÖTER 3, 721-745. – [20] G. W. F. HEGEL, Werke, hg. GLOCKNER, z. B. 3, 309; 11, 313; 13, 57; 16, 153f. – [21] FR. CREUZER: Symbolik und Mythol. der alten Völker, bes. der Griechen (1810ff.). – [22] CHR. A. LOBECK: Aglaophamus (1829, ND 1961).

Literaturhinweise. A. RÉVILLE: Du sens du mot sacramentum dans Tertullien, in: Bibl. Ecole hautes Et., Sci. relig. 1 (1889) 195ff. – H. VON SODEN: ΜΥΣΤΗΡΙΟΝ und sacramentum in den ersten zwei Jh. der Kirche. Z. neutestamentl. Wiss. 12 (1911) 188-227. – H. A. A. KENNEDY: St. Paul and the M. relig. (1913). – R. KITTEL: Die hellenist. M.-Relig. und das AT (1922). – J. DE GHELLINEK u.a.: Pour l'hist. du mot sacramentum (1924). – O. CASEL: Das Wort sacramentum. Theol. Rev. 24 (1925) 41-47; Das M.-Gedächtnis der Meßliturgie im Lichte der Tradition. Jb. Liturgiewiss. 6 (1926) 113-204; Zum Worte sacramentum, a.O. 8 (1928) 225-232. – J. SCHNEIDER: M. im NT. Theol. Stud. u. Krit. 104 (1932) 255-287. – D. DEDEN: Le 'M.' paulinien. Ephemerides theol. Lovanienses 13 (1936) 403-442. – H. U. VON BALTHASAR: Le M. d'Origène. Rech. Sci. relig. 26 (1936) 38-64. – H. G. MARSH: The use of ΜΥΣΤΗΡΙΟΝ in the writings of Clemens of

Alexandria with special reference to his sacramental doctrine. J. of theol. Stud. 37 (1936) 64-80. – K. Prümm: ‹M.› von Paulus bis Origenes. Z. kath. Theol. 61 (1937) 391-425. – K. Soehngen: Der Wesensaufbau des M. (1938). – A. M. Hoffmann: Der Begriff des M. bei Thomas von Aquin. Divus Thomas 17 (1939) 30-60. – K. Prümm: M. und Verwandtes bei Hippolyt. Z. kath. Theol. 63 (1939) 207ff.; ‹M.› und Verwandtes bei Athanasius a.O. 63 (1939) 350ff. – O. Casel: Glaube, Gnosis und M. Jb. Liturgiewiss. 15 (1941) 155-305, bes. 269-305. – G. Bornkamm: Art. ‹μυστήριον›, in: Theol. Wb. zum NT 4 (1942) 809-834. – H. Rahner: Das christl. M. und die heidn. M. Eranos-Jb. 11 (1944) 347-449. – A. Kolping: Sacramentum Tertullianeum (1948). – G. Fittkau: Der Begriff des M. bei Johannes Chrysostomus (1953). – J. Doignon: sacrum – sacramentum – sacrificium dans le texte lat. du livre de la Sagesse. Rev. Ét. lat. 34 (1956) 240-253. – E. Vogt: Mysteria in textibus Qumran. Biblica 37 (1956) 247-257. – B. Rigaux: Revelation des M. et perfection à Qumran et dans le NT. NT Studies 4 (1957/58) 237-262. – P. Visentin: M./sacramentum dai padri alla scolastica. Studia Patavina 4 (1957) 394-414. – R. E. Brown: The semitic background of the NT. M. Biblica 39 (1958) 426-448; 40 (1959) 70-87; The pre-christian semitic concept of ‹M.›. Cath. biblical Quart. 20 (1958) 417-443. – C. Mohrmann: Ét. sur le latin des Chretiens 1 (1958) 233-244. – O. Casel: Das christl. Kult-M. (⁴1960). – R. Braun: Deus Christianorum (1962) 435-443. – V. Loi: Il termine ‹m.› nella lett. lat. christiana preniceana. Vigiliae christianae 19 (1965) 210-232; 20 (1966) 25-44. – K. Rahner: Über den Begriff des Geheimnisses in der kath. Theol., in: Schr. zur Theol. 4 (1967) 51-99. – A. Grillmaier: Gesch. Überblick über die M. Jesu im allg., in: Mysterium salutis III/2 (1969) 3-22. – R. Schulte: Zur Wort- und Begriffsgesch. von M. und sacramentum in Hinblick auf die Sakramententheol., in: Mysterium salutis IV/2 (1973) 70-93.

R. Stupperich/Red.

Mysterium tremendum et fascinosum. Unter dem methodischen Gesichtspunkt des «religionspsychologischen Zirkels» prägt R. Otto [1] diese in der Religionswissenschaft geradezu axiomatisch gewordene deskriptive Formel der religiösen Erfahrung. Im kritischen Anschluß an die von Kant entwickelte, später zum Topos gewordene Lehre über das «Erhabene» verarbeitet er die von N. Söderblom und (vermutlich) A. Réville bereitgestellten Phänomenanalysen und beschreibt die responsoriale Grundsituation des Menschen, der sich von einem an sich namenlosen, unaussprechbaren (ἄρρητον), als übermächtig, ganz anders als er selber seiend und keineswegs originär ethisch fordernd empfundenen Anderen (das Heilige, Mysterium, Numinose) total angesprochen erfährt. Rational begrifflicher Bestimmung weitestgehend entzogen, läßt sich der so gestiftete Sinnbezug des Menschen zu der letzten Wirklichkeit nur durch «Ideogramme» andeutungsweise erörtern. Auf den durch sinnliche Eindrücke veranlaßten, vom M. ergehenden Anspruch reagiert das divinatorische Wahrheitsgefühl deutend und bewertend durch die idealtypischen Selbstgefühle einerseits der ehrfürchtigen Scheu, indem es sich vom Heiligen als einem machtvoll majestätischen «tremendum» abgedrängt erkennt; anderseits übt ebendieses Numinose einen solch verlockenden Reiz aus, daß sich der Mensch staunend zu ihm als zu einem «fascinosum» hingezogen fühlt. – In der Theoretisierung dieses Phänomenbestandes bindet Otto die dialektisch-religiösen Gefühlselemente des tremendum und fascinosum in die «Kontrastharmonie» der apriorischen Kategorie des Heiligen (M.t.f.) ein, in der das irrationale formale (apophantische) Moment des M. als der Geist Gottes in der Tiefe der menschlichen Vernunft mit den rationalen, gehaltlichen, prädikativen Momenten des Schauervollen und Beseligenden synthetisiert wird («Schematisierung»). – Die bestehenden Bedenken gegenüber der keineswegs rein psychologisch zu interpretierenden Theoretisierung lassen keinen Zweifel an der allgemeinen Gültigkeit der spezifischen Formel religiöser Erfahrung zu. Ihre Elemente sind in möglicherweise schwerpunktmäßiger Verschiedenheit in allen religiösen Erscheinungsformen antreffbar.

Anmerkung. [1] R. Otto: Das Heilige. Über das Irrationale in der Idee des Göttlichen und sein Verhältnis zum Rationalen (1917, ³⁶⁻⁴⁰1971).

Literaturhinweise. A. Paus: Religiöser Erkenntnisgrund. Herkunft und Wesen der Aprioritheorie R. Ottos (Leiden 1966).

A. Paus

Mystik, mystisch (griech. μυστική [sc. παράδοσις], μυστικός; lat. mystica, mysticus; engl. mystic, mystical; frz. mystique; ital. mistica, mistico

I. Das griech. μυστικός (Adjektivbildung vom Verb μύω ‹sich schließen›, ‹zusammengehen›, bes. der Augen [1]) heißt zunächst soviel wie ‘auf die Mysterien bezogen’, ‘mit den Geheimriten verbunden’ [2], dann generell ‘dunkel’, ‘geheimnisvoll’ (Gegensatz: φανερόν, ‘offen’) [3]. In der *Spätantike* wird der Begriff philosophisch bedeutsam. Überall dort, wo auf den verborgenen Sinn einer Redeweise, die geheimnisvolle Bedeutung eines dunklen Wortes o. ä. hingewiesen wird, findet der Begriff Anwendung. So spricht Proklos von der μυστική παράδοσις des Parmenides, der Theologen usw. [4]. Je mehr man sich höheren, göttlicheren Dingen zuwende, um so mehr werde die Ausdrucksweise mystisch und geheimnisvoll [5]. Auch zur Charakterisierung der Lehre des Pythagoras dient μυστικῶς [6], gelegentlich auch für die des Demokrit [7]. Die Mythen erfordern nach Proklos ein mystisches und göttlich inspiriertes Verständnis (μυστικῆς τινος δεῖται καὶ ἐνθεαστικῆς νοήσεως) [8]. Bei der mystischen Einigung mit dem Göttlichen (τὴν πρὸς τὸ θεῖον μυστικὴν ἕνωσιν) muß man die Materie ganz hinter sich lassen [9]. Porphyrios findet den Beifall seines Lehrers Plotin, als er ein Gedicht rezitiert, in dem vieles auf mystische Art voll Enthusiasmus und mit verborgenem Sinn gesagt wird (μυστικῶς μετ' ἐνθουσιασμοῦ) [10]. Die ‹Suda› nennt die Geburt des Heraiskos «mystisch» (geheimnisvoll, wunderbar), weil er mit den Schweigen gebietenden Finger mit den Lippen festgehalten habe [11]. Im Lateinischen erscheint μυστικός gelegentlich als griechisches Fremdwort [12] oder öfter latinisiert (mysticus); es bezieht sich auch hier auf die Mysterien oder bedeutet ‹geheim(nisvoll)› [13].

In der *griechischen Patristik* halten sich die verschiedenen Bedeutungen des Begriffs. Er wird jetzt auch auf christlich-theologische Lehrgehalte bezogen und bei der Bibelexegese verwendet. So werden tiefere, schwer begreifliche Dogmen wie das der Göttlichkeit Christi oder das der Trinität ‹mystisch› genannt [14], aber auch die geoffenbarte, menschlicher Vernunft allein nicht zugängliche Lehre als solche [15], die Botschaft Christi [16] und besonders häufig die Sakramente [17]. Vor allem wird mit ‹mystisch› jetzt der typologische und allegorische Sinn der Hl. Schrift bezeichnet, sei es, daß dieser als solcher reflektiert wird oder einzelne Ereignisse oder Aussagen ‹mystisch› genannt und gedeutet werden. So unterscheidet Clemens von Alexandrien zwischen dem, was den Aposteln τυπικῶς καὶ μυστικῶς, παραβολικῶς καὶ ᾐνιγμένως (typologisch-mystisch und gleichnishaft-rätselhaft) und dem, was ihnen σαφῶς καὶ γυμνῶς (klar und unverhüllt) gesagt ist; und diesen mystischen Sinn gilt es zu erfassen [18]. Origenes meint, daß der göttliche Logos

Ärgernisse (σκάνδαλα) und Geheimnisse (μυστικοί) in die Schrift einfügte, um durch sie einen tieferen Sinn zu offenbaren, diesen aber vor der Menge verbarg [19]. Aber man darf nicht bei einem oberflächlichen Sinn der Worte stehenbleiben, sondern muß zu ihrem mystischen Sinn vordringen [20]. Typologisch ist das Alte Testament die Vorausdeutung des Neuen: das mystische Rätsel der Propheten ist aufgelöst mit Christus [21]. Unter den *lateinischen Kirchenvätern* bekämpft AUGUSTINUS zwar vehement die mystische Vorgänge berichtenden heidnischen «fabulae» [22], weiß aber, daß einzelne Geschehnisse der Schrift, Worte oder Zahlen auch eine mystische (übertragene, nicht augenfällige) Bedeutung tragen können [23].

Der Sprachgebrauch des *Mittelalters* wurde jahrhundertelang geprägt durch die häufig zitierten Schriften des PS.-DIONYSIOS AREOPAGITA. Besonders sein kleines Werk über die μυστική θεολογία [24] gab immer wieder zu Kommentierungen und Reflexionen über den Begriff ‹M.› Anlaß [25]. Der auf μυστικά θεάματα angespannt Bedachte soll die Sinne und die geistigen Tätigkeiten (νοεράς ἐνεργείας), alles Sinnliche und Geistige, Nichtseiende und Seiende verlassen und sich ohne Erkenntnis (ἀγνώστως) erheben zur Einung mit dem, was über allem Wesen und aller Erkenntnis ist, und in rein abgelöster Verzückung sich hinaufführen lassen zum übernatürlichen Strahl der göttlichen Finsternis. Je höher man hinaufkommt, desto weniger werden die Worte; im Dunkel finden wir Schweigen (ἀλογία) und Mangel an Erkenntnis (ἀνοησία). Die Theologie muß sich verneinender Aussagen bedienen; Gott ist nichts sinnlich Wahrnehmbares, nichts Geistiges, nicht etwas vom Nichtseienden, noch etwas vom Seienden [26]. Dies nimmt THOMAS VON AQUIN auf, wenn er die mystischen Darlegungen (expositiones mysticae) als die einzig Gott angemessenen bezeichnet, da die aus dem sinnlichen Bereich genommenen Ausdrücke die Vielfältigkeit seines Wesens nicht zu treffen vermögen [27].

Daneben heißt auch im Mittelalter ‹mysticus›/‹mystice› häufig ein Typ allegorischer Schriftauslegung, so bei JOHANNES SCOTUS ERIUGENA [28], HUGO VON ST. VIKTOR, der moralischen und mystischen Sinn unterscheidet [29], RICHARD VON ST. VIKTOR, der dem historischen das in 'tropologisch', 'allegorisch' und 'anagogisch' gegliederte mystische Verständnis gegenüberstellt [30] und THOMAS VON AQUIN, der gleichbedeutend «ratio mystica», «causa mystica», «sensus mysticus», «intellectus mysticus» und «mystica significatio» verwendet [31], außerdem häufig vom «corpus mysticum» der Kirche spricht [32].

Aber auch die Erkenntnis des Göttlichen wird ‹mystisch› genannt, so schon bei PS.-DIONYSIUS, der eine doppelte Überlieferung in der Theologie annimmt: die eine ist ἀπόρρητον καὶ μυστικήν, die andere offen und manifest [33]. Im Anschluß an seine Formulierung τὰ θεῖα καὶ τὰ μυστικὰ θεάματα [34] sprechen JOHANNES SCOTUS ERIUGENA von «divinae et mysticae speculationes» [35] und HUGO VON ST. VIKTOR von «divina, mystica speculamina» [36]. DIONYSIUS CARTUSIANUS definiert die «mystica theologia» vor allem als «ardentissima divinae caliginis intuitio» (glühendste Anschauung der göttlichen Dunkelheit) [37]. Er beruft sich auf JOHANNES GERSON, wenn er die mystische Theologie eine «experimentalis cognitio de Deo» (forschende und suchende Erkenntnis von Gott) nennt [38]. Dies geht auf THOMAS VON AQUIN zurück, der zwei Arten der «cognitio divinae bonitatis vel voluntatis» kennt, die «speculativa» und «affectiva seu experimentalis», in der man Gottes Lieblichkeit schmeckt und an seinem Willen Wohlgefallen hat (gustum divinae dulcedinis et complacentiam divinae voluntatis) [39]. (Hierauf beruft sich noch G. SCHOLEM zur Definition der M. [40]).

Dagegen kommt bei den heute zumeist ‹Mystiker› genannten Theologen des Mittelalters der Begriff selten vor: JOHANNES TAULER übersetzt «corpus mysticum» mit «geistlicher licham» [41]. Und MEISTER ECKHART verwendet M. im Sinne von «sensus mysticus» [42]. HILDEGARD VON BINGEN jedoch sieht ihr ganzes Werk ‹Scivias› unter dem Auftrag, die «verschlossenen Geheimnisse kundzutun», die die Menschen «furchtsam in verborgenem Acker fruchtlos vergraben» (clausuram mysticorum resera, quam ipsi timidi in abscondito agro sine fructu celant) [43]. Den Menschen sollen viele Geheimnisse (nova secreta et multa mystica) entdeckt werden durch ungelehrten Mund [44].

NICOLAUS CUSANUS folgert aus Ps.-Dionysius, die docta ignorantia sei der einzige Weg, Gott zu finden: «Est solum deus ultra coincidentiam contradictoriorum. Unde latum et breve, multum et paucum coincidunt in deo. Et hoc est mystica theologia» (Gott ist nur jenseits des Zusammenfallens der Gegensätze. In ihm fallen das Große und Kleine, das Viel und Wenig zusammen. Und das ist die mystische Theologie) [45]. Für den mystischen Theologen ist es notwendig, über alle Verstandeserkenntnis und Philosophie, die nur Distinktes erkennt, hinaus in Selbstaufgabe in die Dunkelheit der coincidentia Gottes, die die Unendlichkeit ist, einzutreten: «Et nemo potest Deum mystice videre nisi in caligine coincidentiae, quae est infinitas» [46]. So führt die theologia mystica zu Leere und zur schweigenden Schau des unsichtbaren Gottes [47], denn sie weiß, daß von ihm eigentlich nichts ausgesagt werden kann, was er nicht unendlich überstiege [48]. Die Devotio moderna (HEINRICH HERP) bezeichnet die theologia mystica als «occultissima sapientia» (verborgenste Weisheit), die durch göttliche Erleuchtung unmittelbar dem Menschen eingegeben werde [49].

Im *Barockzeitalter* wird M. oft ohne nähere Erläuterung gebraucht [50], oder es wird, wie bei P. POIRET, nach den all. M. gemeinsamen Lehren geforscht: Gott will ganz in den Menschen kommen; die Wandlung des Menschen, eines Sklaven der Finsternis, kann nur durch Gott geschehen; der Mensch kann dem sich selbst darbietenden Gott zustimmen. Die Vereinigung ist in diesem Leben noch mit Glaubensdunkelheit verbunden und sozusagen nur Willensübereinstimmung mit Gott [51]. G. ARNOLD versteht unter M. «nur die hohe Stuffe der Beschauung Gottes oder auch die innigste und wesendliche Vereinigung der Seelen mit Gott, darinne sie Gott über alle Sinnlichkeit und Einbildung selbst schauet und geniesset» [52]. Für andere ist die Vereinigung in der Liebe Gottes vor allem durch geistliche Lebensführung und Askese zu erreichen (usque ad unionem perfectae charitatis cum Deo) [53].

KANT spricht kritisch von M. und «Mysticism» als einem «Übersprung (salto mortale) von Begriffen zum Undenkbaren, ... einer Erwartung von Geheimnissen, oder vielmehr Hinhaltung mit solchen». Sie ist «Schwärmerei», «vernunfttödtend» und «schweift ins Überschwengliche hinaus» [54]. Dies entspricht einem im späten *18. und 19. Jh.* einsetzenden breiten Sprachgebrauch, in dem «Mysticismus» als Schwärmerei und Gefühlsreligion abqualifiziert wird [55], ja auch gelegentlich als «krankhafter Auswuchs des menschlichen Wesens», «Quelle mannichfaltiger Seelenstörungen» und deshalb als Fall für den «psychischen Arzt» [56].

Die Romantiker haben demgegenüber versucht, den Begriff ‹M.› zu rehabilitieren oder doch einen falschen Mystizismus von der wahren M. zu unterscheiden. So können für NOVALIS «Religion, Liebe, Natur, Staat» nur «mystisch (geheimnisvoll) behandelt werden. ... Wenn alle Menschen ein paar Liebende wären, so fiele der Unterschied zwischen Mystizism und Nichtmystizism weg». «Liebe ist ein Produkt der Wechselwirkung zweier Individuen, daher mystisch und universell» [57]. Der «Sinn für Mystizism» ist der «Sinn für das Eigentümliche, Personelle, Unbekannte, Geheimnisvolle, zu Offenbarende, Notwendig-Zufällige»; deshalb bedeutet ‹M.› Darstellung der Notwendigkeit im Zufälligen, z. B. des Schicksals in Kunst und Geschichte [58]. F. SCHLEGEL lehnt den «falschen» und «höchst verderblichen Mystizismus» ab, weil in ihm «in einseitiger oder bloß negativer Ansicht nur die ewige Einheit Gottes und stete Einerleiheit seines Wesens in dumpfer Wiederholung aufgefaßt wird» [59] und «die Entwicklung zur Göttlichkeit nicht ergriffen», sondern «die vollendete Übereinstimmung mit der Gottheit antizipiert» wird [60]. Die echte M. dagegen ist die «rechte und richtige Erkenntnis oder Anerkenntnis der göttlichen Geheimnisse» [61], nicht «Spekulation ohne Objekt», sondern «absolute Philophie, auf deren Standpunkte der Geist alles als Geheimnis und als Wunder betrachtet, was er aus andern Gesichtspunkten ... natürlich findet» [62]. Anderen Autoren dieser Zeit ist die M. «die lebendige Ansicht der Welt, in welcher Ideen offenbar werden» [63], oder die Darstellung des «Ewigen ... in der Wirklichkeit ..., welche die ganze Wirklichkeit ohne alle weitere Deutung ... als Offenbarung faßte» [64].

Auch SCHELLING wehrt sich gegen einen falschen Gebrauch der Begriffe ‹M.› und ‹Mystizismus›. Viele nennen «mystisch» alles, was über ihr «individuelles Begreifungsvermögen hinausgeht». Dagegen heißt "τὸ μυστικόν" richtig «alles, was verborgen, geheim ist. Materiell betrachtet ist aber alles verborgen, alles mystisch ... Das vorzugsweise Mystische ist gerade die Natur, und in der Natur wieder das am meisten Materielle ... Mystiker ist also niemand durch das, was er behauptet, sondern durch die Art, wie er es behauptet», d. h. «aus einer unmittelbaren Offenbarung, aus bloßer ekstatischer Intuition oder aus bloßem Gefühl» im Gegensatz zur «formell wissenschaftlichen Erkenntniß» [65].

«Forschen in den natürlichen und göttlichen Heimlichkeiten» nennt F. VON BAADER die M., lehnt aber die «mystificateurs», die «dieses Forschen ... als Frevel» ansehen und sich nur auf das Gefühl berufen, ab. Nur schlechte mystische Spekulation sei «empfindunglos»; der Tiefe des Gefühls oder Gemüts entspreche jene des Geistes oder der Spekulation [66]. J. GÖRRES faßt den Begriff sehr weit, so daß die M. auch den Bereich des Okkulten, Dämonischen und Magischen umfaßt. «M. ist ein Schauen und Erkennen unter Vermittlung eines höheren Lichtes und ein Wirken und Thun unter Vermittlung einer höheren Freiheit». Das «mystische Leben» ist jenes, das sich «der innerlichen göttlichen Mitte» und «in Gott dem tiefen Mysterium des Daseyns» zuwendet [67].

GOETHE verhält sich meist ablehnend gegenüber der M. (sie ist «eine unreife Poesie, eine unreife Philosophie»; sie geht «ins Abstruse, in den Abgrund des Subjekts» [68]); ebenso SCHLEIERMACHER («unreife Grübeleien» [69]), der aber einer «großen kräftigen M.», in der der Geist sich auf sich selbst beschränkt und nur in sich «den Schlüssel des Ganzen» findet, den Respekt nicht versagen will [70].

HEGEL weiß von dem pejorativen Gebrauch des Wortes ‹M.› und sucht ihr mit dem Instrumentarium seiner Philosophie gerecht zu werden: «Das Mystische ist allerdings ein Geheimnißvolles, jedoch nur für den Verstand und zwar einfach um deswillen, weil die abstrakte Identität das Princip des Verstandes, das Mystische aber (als gleichbedeutend mit dem Speculativen) die konkrete Einheit derjenigen Bestimmungen ist, welche dem Verstand nur in ihrer Trennung ... für wahr gelten.» Was aber der Verstand nicht wahrhaben will, macht das Wesen des Vernünftigen aus: «die Entgegengesetzten als ideelle Momente in sich zu enthalten. Alles Vernünftige ist somit zugleich als mystisch zu bezeichnen», d. h. es geht «über den Verstand hinaus», ohne deswegen «dem Denken unzugänglich zu sein» [71]. In der Philosophiegeschichte zählen Johannes Gerson, Raimundus von Sabunde, Roger Bacon und Raimundus Lullus zur M., die Ähnlichkeiten mit dem Spinozismus und Neuplatonismus hat [72]. Hegels Schüler K. ROSENKRANZ sieht wieder das «Streben nach Einigung mit der Gottheit» als Kern der M. [73], während A. HELFFERICH die Verwandtschaft mit der spekulativen Philosophie hervorhebt [74].

Anmerkungen. [1] H. FRISK: Griech. etymol. Wb. 2 (1970) 280; zur Wortgesch. vgl. P. CHANTRAINE: Interférences de vocab. entre le grec et les langues europ. Studii clasice 2 (Bukarest 1960) 69f. – [2] HERODOT VIII, 65; AISCHYLOS, Frg. 387; THUKYDIDES VI, 28, 60; ARISTOPHANES, Ach. 764; Ran. 314; PHILODEMUS, De ira, hg. C. WILKE (1914) 46; DAMASCIUS, De princ. 111. 213; POLLUX GRAMM. VIII, 123; LUCIAN, De saltat. 59; PHILO, De spec. leg. I, 319; HERMOGENES, De ideis I, 6, 219. – [3] STRABO X, 3, 9; XVII, 1, 29; VETTIUS VALENS, hg. W. KROLL (1908) 46, 11; Septuaginta: 3 Makk. 3, 10. – [4] PROCLUS, In Plat. Parm. comm., hg. G. STALLBAUM (1840) 779; In Plat. Tim. comm., hg. E. DIEHL (1903-06) 3, 12, 29; 3, 99, 19; vgl. 3, 83, 13; 3, 168, 10. – [5] In Plat. Tim. comm. a.O. 1, 21, 1; vgl. 1, 14, 1; 1, 103, 28; 1, 423, 28. – [6] a.O. 1, 7, 29; PORPHYRIUS, Vita Pythag. 41 = VS 58 C 2; De antro nymph. 4; Der Μυστικὸς Λόγος von Hippasus zur Verunglimpfung des Pythagoras geschrieben: DIOG. LAERT. VIII, 7. – [7] so in der (verlorenen) spätantiken Schrift Δημοκρίτου Φυσικὰ καὶ Μυστικά (Demokrit als Adept eines Magiers): VS 68 B 300, 15; in der Astrologie: E. RIESS: Nechepsonis et Petosiridis fragmenta magica. Philologus-Suppl. 6 (1891-93) Frg. 18. 24. – [8] PROCLUS, In Plat. Remp. comm., hg. W. KROLL (1899-1901) 1, 79, 22f.; vgl. JULIAN, or. VII, 216 b. – [9] PROCLUS, a.O. 1, 80, 30-1, 81, 10. – [10] PORPHYRIUS, Vita Plot. 75. – [11] Suidae lex., hg. A. ADLER 2 (1931) 579. – [12] CICERO, Att. IV, 2, 7; VI, 4, 3. – [13] L. ACCIUS, Trag. 687; VARRO, Men. 401; VERGIL, Georg. I, 166; OVID, Ep. II, 42; Ars am. II, 640; MARTIAL, VIII, 81, 1; STATIUS, Theb. VIII, 765. – [14] EUSEBIUS CAES., MPG 22, 248f.; 20, 1348; 24, 716; GREGOR ANTIOCH., MPG 88, 1873; CYRILLUS ALEX., MPG 76, 1424. – [15] GREGORIUS NYSS., MPG 44, 319; 45, 81. – [16] CLEMENS ALEX., MPG 9, 352. 609. – [17] Belege bei G. W. H. LAMPE: A Patristic Greek lex. (Oxford 1961) 894. – [18] CLEMENS ALEX., MPG 9, 689. 64; vgl. 9, 60; THEODORET, MPG 81, 124. – [19] ORIGENES, De princ. IV, 2, 9. MPG 11, 376. – [20] Joh. I, 15. MPG 14, 49; vgl. 14, 469; BASILIUS, MPG 32, 308. – [21] CLEMENS ALEX., MPG 8, 65; vgl. 8, 321; EUSEBIUS CAES., MPG 20, 65; 22, 88. 161. – [22] AUGUSTINUS, De civ. Dei VIII, 27; X, 21. – [23] De spir. et lit. VI, 10; De pec. mer. et rem. XXI, 35; XXXV, 57; Contra ep. Parm. I, 12; III, 23; II, 9; Contra lit. Pet. II, 15. – [24] Ps.-DIONYSIUS AREOPAGITA, De mystica theol. MPG 3, 997-1064. – [25] JOHANNES SCOTUS ERIUGENA, Expositiones seu glossae in mysticam theol. S. Dionysii. MPL 122, 267-296, übers. 1171-1176; ALBERTUS MAGNUS, De mystica theol. Opera omnia, hg. A. BORGNET 14 (Paris 1892) 816-865; JOHANNES GERSON, De theol. mystica. Oeuvres compl., hg. P. GLORIEUX 3 (Paris 1962) 250-292; DIONYSIUS CARTUSIANUS: In lib. De mystica theol. Opera omnia 16 (Tournai 1902) 447-480; HUGO VON BALMA: Theologia mystica (Ende 13. Jh., oft Bonaventura zugeschrieben). – [26] Ps.-DIONYS. AREOP., a.O. [24]. – [27] THOMAS VON AQUIN, In div. nom. comm. IX, 2. – [28] JOH. SCOTUS ERIUGENA, De div. praedest. XVI, 6; Expos. in hierar. coel. MPL 122, 165. 167. 171. – [29] HUGO VON ST. VIKTOR, De arca Noe morali. MPL 176, 617ff.; De arca Noe mystica. MPL 176, 681ff.; Didascalion VI, 3. MPL 176, 759. 801; 177, 337; vgl. Hugo von Fouilloy, De claustro animae IV, 6. 8. 11. MPL 176, 1140f. 1143f. 1146f. – [30] Richard von St. Viktor, Benjamin maior V. MPL 196, 199f.; vgl. De verbo incarnato VIII. MPL 196, 1002. – [31] Thomas von Aquin, In 4 Sent. I, 2, 1. Super Ev. Matth. 1, 4; 8, 1; 11, 2; 16, 1; 21, 2; 24, 3; Super Ev. Joh. 1, 12f. 16; 2, 1; 4, 1; 5, 2; 9, 1; 13, 4; 20, 4. 6; Super ad Galat. 4, 7; Super ad Hebr. 10, 3 u. ö. – [32] Summa theol. III, 8, 1. 3; 60, 3; 80, 4; In 3 Sent. XII, 3, 1; In 4 Sent. VII, 3, 1; VIII, 2, 1; XII, 1, 3; XVIII, 1, 1; XXIV, 2, 1; vgl. Super ad Coloss. 1, 6; vgl. Art. ‹Corpus mysticum›. – [33] Ps.-Dionys. Areop., ep. IX, 1. MPG 3, 1105. – [34] De caelesti hierar. XV, 4. MPG 3, 333. – [35] Joh. Scotus Eriugena, Expos. in hierar. cael. XV, 3. MPL 122, 263. – [36] Hugo von St. Viktor, Expos. in hierar. coel. X. MPL 175, 1145. – [37] Dionysius Cartusianus, a.O. [25] 491. – [38] a.O. 492; Joh. Gerson, a.O. [25] 252f. – [39] Thomas von Aquin, Summa theol. II/II, 97, 2 ad 2. – [40] G. Scholem: Die jüdische M. in ihren Hauptströmungen (1967) 4. – [41] Joh. Tauler: Die Predigten, hg. F. Vetter (1910) 158, 24f. 34f. – [42] Meister Eckhart, Lat. Werke 3 (1956) 297, 7; 4 (1956) 46, 1. – [43] Hildegard von Bingen, Scivias I, 1 prol.; vgl. III, 1 prol.; III, 13, 3. – [44] a.O. III, 11, 18; vgl. II, 6, 31. – [45] Nicolaus Cusanus, Randbemerkung zum Albert-Kommentar zur ‹Myst. Theol.›, in: L. Baur: Cusanus-Texte III/1, Sber. Heidelb. Akad. der Wiss., Phil.-hist. Kl. 1940/41, Abh. 4. – [46] Brief vom 14. 9. 1453, in: E. Vansteenberghe: Autour de la docte ignorance (1915) 114ff. – [47] Apologia doctae ignorantiae 10. – [48] Cribratio Alchorani II, 1; De visione Dei (in Hs. oft ‹De theol. myst.›), Widmung. – [49] Henricus Harphius (Herp): Theol. mystica cum speculativa, tum praecipue affectiva (1538, ND 1966) fol. 149r; vgl. fol. 75r. – [50] J. Böhme: Sex puncta mystica, oder kurtze Erklärung sechs mystischer Puncte. Schriften 7 (1730), ND hg. W.-E. Peuckert (1957). – [51] P. Poiret: Brief über die Grundsätze und Charakter der Mystiker, in: Théologie réelle (1700), zit. in: M. Wieser: P. Poiret (1932) 204; vgl. das Mystikerverzeichnis 226ff. – [52] G. Arnold, in Ausw. hg. E. Seeberg (1934) 380; vgl. 388ff. – [53] D. Schramm: Institutiones theol. mysticae (1777) 1, 4. – [54] I. Kant, Akad.-A. 8, 398. 335; 7, 59; 5, 71. – [55] J. S. Vater: Über Mysticismus und Protestantismus (1814); H. Schmid: Der Mysticismus des Mittelalters (1824) bes. 5ff.; E. A. Borger: Über den Mysticismus (1826) bes. 7ff.; kritisch differenzierend zu diesem Sprachgebrauch J. G. Fichte, Sämtl. Werke, hg. I. H. Fichte (1845/46) 5, 427ff. 473f. – [56] J. Chr. A. Heinroth: Gesch. und Kritik des Mysticismus aller bekannten Völker und Zeiten (1830) V. – [57] Novalis, Schriften, hg. J. Minor (1923) 2, 47. – [58] a.O. 2, 298. 315; 3, 283; vgl. 2, 183. – [59] F. Schlegel, Krit. Ausg., hg. E. Behler (1958ff.) 8, 538; vgl. 2, 240 (Nr. 398); 12, 132; 13, 59ff. 365. 402. – [60] a.O. 12, 419. – [61] 8, 566. – [62] 2, 184 (Nr. 121); außerdem zahlreiche Fragmente zu M. und Mystizismus, vgl. 19, 719f. (Register s.v.). – [63] J. J. Wagner: System der Idealphilos. (1804) 104. – [64] K. W. F. Solger, Brief vom 3. 8. 1818, in: Tieck and Solger. The compl. corresp., hg. P. Matenko (New York/Berlin 1933) 468f.; vgl. Briefe vom 22. 11. 1818 und 1. 1. 1819, a.O. 486. 509f. – [65] F. W. J. Schelling, Sämtl. Werke, hg. K. F. A. Schelling (1856-61) 10, 190-192. – [66] F. von Baader, Sämtl. Werke, hg. F. Hoffmann (1850-60) 8, 207f.; 9, 162. – [67] J. Görres: Die christl. M. (1836-42) 1, 1. 11. – [68] J. W. von Goethe, Hamb. Ausg. 12, 375. 493; vgl. 375f. 456. – [69] F. Schleiermacher, Dialektik, Einl. § 10. Sämtl. Werke III/4/2 (1839) 3. – [70] Über die Religion (1799) 158f. – [71] G. W. F. Hegel, Werke, hg. H. Glockner 8, 198. – [72] a.O. 19, 194ff.; vgl. 93; vgl. F. Ast: Grundriss der Gesch. der Philos. (²1825) 247ff.: ‹Die M. des Mittelalters›. – [73] K. Rosenkranz: Studien 5 (1848) 98. – [74] A. Helfferich: Die christl. M. in ihrer Entwickelung und in ihren Denkmalen (1842) 100f. 104. P. Heidrich

II. Die *philosophische Kritik* der M., häufig auch artikuliert im Wort ‹Mystizismus›, gründet sich auf wenige, immer wiederkehrende Argumente und drückt sich aus in einer beschränkten Anzahl von Vorwürfen. Die der M. beigelegten kritischen Attribute sind u.a.: ‹dunkel›, ‹unheimlich›, ‹verworren›, ‹subjektiv›, ‹antirational›, ‹geheimnisvoll›, ‹hinterwäldlerisch› oder ‹hinterweltlerisch› (im Sinne Nietzsches), ‹versponnen›, ‹krankhaft›, ‹degeneriert› und ‹dekadent›. Die Reihung reduziert sich letztlich auf folgende Punkte der Kritik: die mangelnde Objektivierbarkeit mystischer Erfahrungen, auf deren rational nicht einholbare Inhalte und den als gegenaufklärerisch und d. h. hier als unphilosophisch verstandenen Impetus mystischer Bemühungen sowie auf den Vorwurf, die M. sei ein Dekadenzsymptom des philosophischen Denkens bzw. des Denkens und Lebens überhaupt. Beispielhaft für diese in verschiedenen Formen sich manifestierende ablehnende Haltung der M. gegenüber sind im 19. Jh. Schopenhauer, Feuerbach, Marx, Dühring, Nietzsche und Nordau.

A. Schopenhauer definiert M. im weitesten Sinne als eine «jede Anleitung zum unmittelbaren Innewerden Dessen, wohin weder Anschauung noch Begriff, also überhaupt keine Erkenntnis reicht». Während der Mystiker ausgeht «von seiner innern, positiven, individuellen Erfahrung, in welcher er sich findet als das ewige, alleinige Wesen», geht der Philosoph «aus von den Allen Gemeinsamen, von der objektiven, Allen vorliegenden Erscheinung». Nur der Philosoph kann überzeugen, weil er objektive und objektivierbare Data zugrunde legt und zu überprüfbaren Ergebnissen gelangt. Schopenhauer warnt daher die Philosophie davor, auf die Abwege der M. zu geraten und «etwan, mittelst Behauptung intellektualer Anschauungen oder vorgeblicher unmittelbarer Vernunftwahrnehmungen, positive Erkenntnis von Dem vorspiegeln zu wollen, was, aller Erkenntnis ewig unzugänglich, höchstens durch eine Negation bezeichnet werden kann» [1].

In L. Feuerbachs materialistischer Analyse der Religion werden M. und 'Mystizismus' (definiert als «Deuteroskopie») mit Attributen wie ‹dunkel›, ‹unbestimmt›, ‹trügerisch› usw. belegt. «Der Mystiker spekuliert über das Wesen der Natur oder des Menschen, aber *in* und *mit der Einbildung*, daß er über ein *anderes*, von beiden unterschiedenes, persönliches Wesen spekuliert. Der Mystiker hat dieselben Gegenstände, wie der einfache, selbstbewußte Denker; aber der wirkliche Gegenstand ist dem Mystiker *nicht* Gegenstand *als er selbst*, sondern als ein *eingebildeter*, und daher der *eingebildete* Gegenstand ihm der *wirkliche* Gegenstand» [2].

Paradigmatisch für die ausschließlich pejorative Verwendung von ‹M.› und ‹mystisch› ist K. Marx. Beide stehen für ‹nebulös›, ‹irrational›, ‹unbewußt›, ‹verschwommen› und ‹unklar›. Vernunft wird in Opposition zum «Wunderbaren und Mystischen» gesetzt, «mystische Unglaublichkeit» einer politisch gegensätzlichen Behauptung attestiert, die «phantastische, salbungsvolle, weichherzige M.» [3] eines Redners karikiert und davon gesprochen, daß «die Gestalt des gesellschaftlichen Lebensprozesses ... ihren mystischen Nebelschleier abstreift ..., sobald sie als Produkt frei vergesellschafteter Menschen unter deren bewußter planmäßiger Kontrolle steht» [4]. Das mystische Bewußtsein, das religiös und politisch auftreten kann, ist Marx das sich selbst unklare Bewußtsein; dieses muß analysiert werden, um das Bewußtsein zu reformieren [5].

Für E. Dühring ist «der Verfall in den Mystizismus [und die M.] ein untrügliches Zeichen der philosophischen Auflösung», ein Dekadenzsymptom des «verstandesmäßigen Verhaltens», da man sich darin auf geheimnisvolle, gefühlsartige, keiner rationalen Mitteilung fähige Erkenntnisse beruft. Dühring begreift die M. schließlich nur noch in psychopathologischen Kategorien und spricht ihr eine eigenständige Inhaltlichkeit und Originalität ab [6]. – In ähnlicher Weise bezeichnet M.

NORDAU die M. als «Hauptstigma der Degenerierten». In einer ausführlichen ‹Psychologie des Mystizismus› bemüht er sich schließlich um eine Analyse dieser krankhaften Anschauungsweise und geht der Frage nach, «in welcher Weise das entartete oder erschöpfte Gehirn dem Mystizismus verfällt» [7].

Obwohl bei FR. NIETZSCHE eine eigentliche Thematisierung der M. fehlt, lassen einige Aphorismen keinen Zweifel an der ironisch-spöttischen Abqualifizierung der M.: «Wenn Skepsis und Sehnsucht sich begatten, entsteht die M.» [8]. Oder: «Die mystischen Erklärungen gelten für tief, die Wahrheit ist, daß sie noch nicht einmal oberflächlich sind» [9].

Im Gegensatz zur fast durchgängigen Verwerfung der M. zur Zeit des Aufstiegs naturwissenschaftlich-positivistischen Denkens im 19. Jh. wird die M. im 20. Jh. sehr viel differenzierter bewertet. Eine große Variationsbreite in der Beurteilung und Bestimmung der M. ersetzt die pauschale Disqualifizierung. Gleichzeitig erhält der Begriff eine größere Bedeutungsvielfalt.

Bei E. VON HARTMANN sind M. und «mystisches religiöses Gefühl» der «letzte und tiefste Urgrund aller Religiosität», weil in ihm die Religion ihre Fundierung und Selbstgewißheit hat. Für eine religiöse Erkenntnis eignet sich dieses Gefühl jedoch nicht, weil es mit seiner Unsagbarkeit und Unaussprechlichkeit zwar «die Bewußtseinsresonanz der höchsten religiösen Wahrheit» ist, diese Wahrheit als solche aber nicht im Bewußtsein hat [10].

Demgegenüber akzentuiert H. COHEN die grundlegende Differenz zwischen Monotheismus = Vernunftreligion als einzig wahrer Religion und M., die nur auf Intuition basiert [11]. Hieraus resultiert die prinzipielle Kritik an der M., die insbesondere am mystischen Begriff der Vereinigung des Menschen mit Gott en détail geübt wird [12]. Der «Zauber der M.» ist ableitbar aus ihrer Grundhaltung, dem «Widerspruch zu aller vernunftmäßigen Erkenntnis» [13].

Um eine differenzierte Behandlung der M. bemüht sich die Religionsphilosophie R. EUCKENS: M., die «völlige Versenkung aller Besonderheit in das All-Eine» ist notwendiger Bestandteil jeder lebendigen Religion, aber nicht das Ganze der Religion, da sonst «mehr der natürliche Lebensdrang gebrochen als ein neuer, naturüberlegener errungen wird»: «Wir können sie [die M.] nicht entbehren, aber wir kommen mit ihr nicht aus» [14]. – Eine ähnlich partielle Anerkennung der M. findet sich bei W. WINDELBAND: Sie ist das Bestreben des Menschen, «über alles Wissen hinaus zu einer unmittelbaren Anschauung der geistigen Wirklichkeit, zu einem inneren Erleben des Zusammenhanges der Seele mit den letzten Gründen der Dinge» zu gelangen; sie kann und darf aber, nach ihrem eigenen Selbstverständnis, nicht die Form des begrifflichen Denkens und der sprachlichen Objektivierung annehmen: «Die M. ist möglich als intuitives Erlebnis des Individuums, sie ist unmöglich als wissenschaftliche Lehre» [15].

Gerade aus der Erfahrung der Unzulänglichkeit des wissenschaftlichen Denkens formuliert sich dann aber eine neue Rehabilitation der M.: Ausgehend von F. MAUTHNER [16] gelangt G. LANDAUER zu der Ansicht, «daß das große Werk der Skepsis und der radikalsten Kritik ... der Wegbereiter ist für neue M. und für neue starke Aktion». Landauer reiht sich selbst ein in die Tradition jener «ketzerisch mystischen Skeptiker», wie z.B. Ps.-Dionysius Areopagita, Scotus Eriugena, Meister Eckhart und J. Böhme, die sich nicht «bei etwas Positivem beruhigten» und erkannten, daß man die Welt nicht «räumlich, zeitlich, dinghaft wahrnehmen und mit Worten belegen» kann, sondern daß sie «von innen her geschaffen werden» muß: «durch Abkehr von Raum und Zeit, durch mystische, nicht oder kaum auszusprechende Versenkung sollen außen die Dinge und innen das Ichgefühl aufhören zu sein, Welt und Ich in eins zerfließen» [17]. Mauthner selbst wurde dadurch angeregt, seine Position in bewußter Abhebung von früheren Formen der M. als «nominalistische», «skeptische» und dann auch «gottlose M.» zu bezeichnen [18]. M., ein «Seelenzustand ..., in welchem man sich zur geheimnisvollen Vereinigung mit dem All hingezogen fühlt und das Unwißbare zu wissen glaubt über solche Vereinigung», ist eine positive Reaktion auf Perioden des Wissenschaftsbankrotts und der Verzweiflung, die jeder Periode gesteigerten Wissenschaftshochmuts folgen [19]. Eine solche «heilige M.» des Einswerdens mit der Welt, «das Aufhören alles Unterschieds» ist aber nur in kurzen Stunden der «Ekstase» möglich [20].

Neben den mehr oder weniger positiven Stimmen zur M. stehen jene, die in erster Linie analytisch das Phänomen untersuchen wollen, wie in der (vergleichenden) Religionsphilosophie und -wissenschaft: E. TROELTSCH sieht die M. allgemein als Reaktion auf oder Ergänzung zu der «Objektivierung des religiösen Lebens in Kulten, Riten, Mythen oder Dogmen». Sie muß theorielos, undogmatisch, unmittelbar, «verhältnismäßig instinktiv und spontan» sein. In einem engeren Sinn kann M. die verselbständigte Religion bedeuten, die sich gegen die und an die Stelle der konkreten Religion(sgemeinschaft) stellt. «Dann wird die Gotteinigung, die Vergottung, die Entwerdung das eigentliche und einzige Thema der Religion» [21]. – E. CASSIRER erklärt den Sinn der M. nicht aus einem Ungenügen an der dogmatischen Religion, sondern an dem «empirisch-sinnlichen Dasein und der sinnlichen Bild- und Vorstellungswelt». Hier sucht die M. den «reinen Sinn der Religion» wiederzugewinnen: «Nur wenn das Ich sich völlig aus dieser Sphäre zurückzieht, wenn es in seinem Wesen und Grunde wohnt, um sich in ihm von dem einfachen Wesen Gottes anrühren zu lassen, ohne Vermittlung eines Bildes: nur dann erschließt sich ihm die reine Wahrheit und die reine Innerlichkeit dieses Verhältnisses» [22]. Allerdings kann diese Vereinigung von Gott und Welt nicht gelingen, und so «bleibt zuletzt lediglich ein bloßes Hin- und Hergehen zwischen ihnen übrig. Die Form des mystischen Lebens wechselt zwischen der Schau des Göttlichen und der Hingabe an das Irdische, zu der der Mystiker sich, getrieben durch die unmittelbaren sozialen Pflichten, in freiwilliger Entäußerung entschließt» [23].

M. SCHELER begreift die M. mit den Kategorien der Wissenssoziologie: M. ist «ekstatisches und unmittelbares Identifikationswissen in Anschauung und Gefühl», sie ist individualistisch und bedeutet, weil mystisches Wissen «prinzipiell 'ineffabile'» ist, Ablehnung der Sprache und des formulierten Ausdrucks, denn Sprache ist für sie «nur ein unzureichendes Darstellungsmittel des Gedankens und des in der mystischen 'unio' und 'exstasis' Erlebten und Geschauten». «Das Schweigen über die 'Geheimnisse'» ist für die M. «Methodik der Wissensfindung selbst» [24]. – G. MEHLIS sieht die M. zwar ebenfalls als Versuch der «Überwindung der Trennung zwischen der irrationalen Gottheit und der reinen Seele schon in diesem Leben bis zur vollkommenen Wesensvereinigung», mystisches Denken als individualistisch und antidogmatisch, als Einheitsdenken, das gegen jede Form von Dualismus gerichtet ist, gesteht ihm aber die Möglichkeit zu, sich in einer symbolischen Sprache (Gleichnissen, Bildern, Metaphern) ausdrücken zu können [25]. – Im Anschluß an Mehlis faßt F. BURGER, der bei Picasso «Formen der M.» ausmacht, «wie sie niemals vorher so rein sich in der Kunst zu äußern wagten», das Wesen der M. als «absolute Indifferenz», als «Indifferenz der Individualität». «M. verlangt ein Formen des Formlosen, ein Gestalten des Gestaltlosen» [26].

Entgegen manchen Stimmen, die die M. keineswegs nur in der Religion ansiedeln wollen, sondern als «das merkwürdige Einswerden mit dem Du oder Nicht-Ich» überhaupt sehen [27], versteht G. WALTHER die M. als «Urquelle aller leibhaften religiösen Erfahrung» und mystische Erlebnisse als «jene Erlebnisse ..., die ihrem inneren Sinn nach den Anspruch erheben, Gott, wenn auch noch so unvollkommen, zu wirklicher Gegebenheit zu bringen», Gottes «direkte Äußerung, Offenbarung, Erscheinung» zu erfahren [28]. – So hatte auch schon für M. WEBER die M. ein «Haben» des Heils bedeutet, bei dem «der Einzelne nicht Werkzeug, sondern 'Gefäß' des Göttlichen ist, das Handeln in der Welt mithin als Gefährdung der durchaus irrationalen und außerweltlichen Heilszuständlichkeit erscheinen muß» [29].

Für K. JASPERS' psychologische Analyse ist das Mystische (im weitesten Sinn) die Erlebnisform der Aufhebung des Gegensatzes von Subjekt und Objekt, Seele und Welt. Es steht «in Reaktion gegen die rationale Einstellung in ihrer gegenständlichen Zersplitterung»; in ihm wird «ein Einheitliches und Totales erlebt, das eine ganz irrationale Fülle hat». Es ist wesentlich Erlebnis, nicht Inhalt [30].

Eben diese von Jaspers analysierte Überwindung der Subjekt-Objekt-Spaltung ist es, wodurch die M. bei E. BLOCH utopisch-antizipierende Wucht erhält. «Versenkung», «Subjektausschüttung in Gott, ... Gottesausschüttung ins Subjekt», «Ledigwerden von seinem individuellen Sosein wie von der Vielheit aller Dinge» sind die Grundzüge der M. «Keine Anderheit mehr, das ist schließlich die riesig antizipierende Illusion aller Mystiker gewesen, jedoch ein phantasma utopicissime fundamentum» [31]. – Bloch steht damit in einer Reihe mit anderen Rehabilitierungsversuchen der M., die sie aus ihrer Entgegensetzung zum Denken, zur Wissenschaft usw. zu lösen versuchen, so bei A. SCHWEITZER, wo M. und Leben, M. und Ethik eine Verbindung eingehen sollen [32]; so bei L. ZIEGLER, wo die M. als Loslösung und Unabhängigkeit von der Welt, innere und äußere Armut des mystischen Heilswegs, gelobt werden [33]; bei O. SPANN, der die M. gegen die Vorwürfe des Schwärmerischen, Unklaren, Subjektivismus in Schutz nimmt und in ihr den «Rückgang auf ein Unmittelbares», «die Einkehr des Geistes in seine ursprüngliche innere Welt» und damit den Ursprung aller Religion und Kultur erblickt [34]; bei H. DUMOULIN, der die M. «als die ideale Lösung der letzten Spannungen der menschlichen Existenz, nämlich der Leib-Seele-Spannung, der Spannung in der menschlichen Erkenntnis ..., schließlich der ... metaphysischen Spannung des Menschen zum Absoluten» begreift [35].

Eine solche Integrierung der M. erschien anderen jedoch als «Bedrohung unserer wissenschaftlichen Weltanschauung», da sie «die dunkle Selbstwahrnehmung des Reiches außerhalb des Ich, des Es» bedeutete [36]. Dem Positivismus, Empirismus, Neopositivismus und verwandten Positionen gilt M. – zum Teil mit Argumenten oder Injurien der M.-Kritik des 19. Jh. – als Sammelbegriff für alles geheimnisvoll-nebelhafte, verschwommene, irrationale, unwissenschaftliche oder auch unverstandene bzw. unverständliche Denken und Tun. – Eine differenzierte, aber gleichwohl auf den Grundprinzipien der «wissenschaftlichen Philosophie» beharrende Position vertritt B. RUSSELL. Für ihn ist die M. «ihrem Wesen nach kaum etwas anderes als eine gewisse Gefühlsintensität und Gefühlstiefe in eines Menschen Auffassung vom Kosmos» und damit der Gegensatz zur exakten Wissenschaft. Russell lehnt die M. zwar «als Glaubensbekenntnis in bezug auf die Welt» ab, empfiehlt sie aber «als Einstellung dem Leben gegenüber» [37]. – Demgegenüber gebraucht K. R. POPPER ‹M.› im eindeutig pejorativen Sinn. Er deutet den Mystizismus als «Ausdruck des Verlangens nach der verlorenen Einheit der geschlossenen Gesellschaft», d.h. als «eine Reaktion gegen den Rationalismus der offenen Gesellschaft» [38].

G. SCHOLEM, Historiker jüdischer M., definiert den Mystiker als jemanden, «dem eine unmittelbare und real empfundene Erfahrung des Göttlichen, der letzten Realität, geschenkt oder vergönnt worden ist oder der sie mindestens bewußt zu erlangen sucht ... durch eine plötzliche Erleuchtung, eine Illumination ... oder aber als Endergebnis langer ... Vorbereitungen) [39]. «M. als solche» gibt es nicht; sie tritt nur «innerhalb des Zusammenhanges einer bestimmten Tradition», als «M. von etwas [auf]: M. des Christentums, M. des Islams, M. des Judentums und dergleichen». Das Einheitliche aller Formen der M. liegt darin, daß sie immer auftritt, «wo die Religion in einem bestimmten Glaubens- und Gemeinschaftsleben ihren klassischen Ausdruck in der Geschichte erhalten hat», und daß sie sich zur orthodoxen Tradition teils affirmativ, teils provokativ verhält: «Die mystische Religion sucht ... den Gott, der ihr in den spezifischen religiösen Vorstellungen der Gemeinschaft entgegentritt, in der sie sich entwickelt, aus einem Objekt des Wissens und der Dogmatik zu einer neuen und lebendigen Erfahrung zu machen. Sie sucht darüber hinaus diese Erfahrungen in einer neuen Weise zu interpretieren» [40]. Nach Scholem erfüllt M. eine kritische Funktion, da sie gegen erstarrte und dadurch unfruchtbar gewordene Dogmatik neue und zum Teil archaische Elemente des religiösen Bewußtseins, z.B. mythische, richtet, um eine «Aufschmelzung des heiligen Textes und die Entdeckung neuer Dimensionen an ihm» zu erreichen. Trotzdem gelingt es der M. nur selten, ihren kritischen Intentionen und Einsichten zu fruchtbarer Öffentlichkeit zu verhelfen, was sowohl in ihrer tendenziellen Unfähigkeit zum Ausdruck [41] als auch – besonders bei der jüdischen M. – in ihrem Hang zur Esoterik begründet ist [42].

In der *katholischen Theologie* des 20. Jh. erfährt die M. insbesondere seit dem Ende des Ersten Weltkriegs – zum Teil durch die Problemlage dieser Zeit bedingt – eine neue, verstärkte Beachtung, die sich niederschlägt in einer Fülle von Bestrebungen, ihr Wesen definitorisch zu erfassen und ihre Bedeutung für das kirchliche Leben zu bestimmen: so bei J. ZAHN und E. KREBS, die die M. als das im Diesseits mögliche Erfahren der Vereinigung der Seele mit Gott begreifen [43]; bei A. MAGER, der besonderen Nachdruck auf das die M. auszeichnende «erfahrungsmäßige Erkennen Gottes» («cognitio Dei experimentalis») legt und zu ihrer Bestimmung eine «Psychologie der M.» fordert [44]. Demgegenüber warnt K. RAHNER vor einer Überschätzung der M. und konzipiert sie im «Rahmen der normalen Gnade und des Glaubens» [45].

In der *protestantischen Theologie* E. TROELTSCHs und A. SCHWEITZERs hatte die M. eine keineswegs ablehnende Beurteilung erfahren; ihre Legitimität war von beiden zum Teil nachdrücklich unterstrichen worden. In der 'dialektischen Theologie' jedoch wird die M. scharf kritisiert, so bei K. BARTH als Loslösung von der Außenwelt und Rückzug in den Innenraum [46], bei F. GOGARTEN als diejenige, die «die Krankheit [einer erstarrten Religion] nicht heilt, sondern ... an ... Geschichte und Gemeinschaft vorbeieilt», um die «unmittelbare ... Vereinigung mit Gott» zu suchen [47], und bei E. BRUNNER, der in der M. «die feinste sublimste Form der Naturvergötterung, des Heidentums, der Geistverdinglichung» sieht und den Ästhetizismus des Erlebens und die «Irrationalität des Gefühls» kritisiert [48].

Anmerkungen. [1] A. SCHOPENHAUER, Die Welt als Wille und Vorstellung. Sämtl. Werke, hg. A. HÜBSCHER 3 (1938) 702. – [2] L. FEUERBACH, Das Wesen des Christentums. Sämtl. Werke, hg. W. BOLIN/F. JODL 6 (1960) 106. – [3] K. MARX, MEW 11, 47. 52. 55. – [4] a.O. 23, 94. – [5] 1, 346; vgl. 3, 7. – [6] E. DÜHRING: Krit. Gesch. der Philos. von ihren Anfängen bis zur Gegenwart (²1873) 163. 195. – [7] M. NORDAU: Entartung 1 (1892) 37. 75ff. – [8] FR. NIETZSCHE, Musarion-A. 14 (1925) 22. – [9] a.O. 12 (1924) 158. – [10] E. v. HARTMANN: Die Relig. des Geistes (²1907) 44f. – [11] H. COHEN: Die Relig. der Vernunft aus den Quellen des Judentums (1919) 106. 157. 488. – [12] a.O. 122. 191. 249. 305. – [13] Der Begriff der Relig. im System der Philos. (1915) 104. – [14] R. EUCKEN: Der Wahrheitsgehalt der Relig. (⁴1920) 50. 148f. – [15] W. WINDELBAND: Präludien 1 (⁹1924) 292f. 299. – [16] F. MAUTHNER: Beitr. zu einer Kritik der Sprache 1-3 (1901-02). – [17] G. LANDAUER: Skepsis und M. (²1923) 3. 46f. – [18] F. MAUTHNER: Wb. der Philos. 2 (²1924) 383f.; Gottlose M. (1924) 24; vgl. J. KÜHN: Gescheiterte Sprachkritik. F. Mauthners Leben und Werk (1975) 210. 250-252. – [19] MAUTHNER: Gottlose M. a.O. [18] 38f. – [20] Wb. der Philos. a.O. [18] 384-387. – [21] E. TROELTSCH: Ges. Schriften 1: Die Sozialllehren der christl. Kirchen und Gruppen (1922) 850. 854. – [22] E. CASSIRER: Philos. der symbol. Formen (⁴1964) 298. – [23] Freiheit und Form (²1918) 22f. – [24] M. SCHELER, Ges. Werke 8 (1960) 30. 64. – [25] G. MEHLIS: Der Begriff der M. Logos 12 (1923/24) 182. 175-179. 181. 174; vgl. Die M. in der Fülle ihrer Erscheinungsformen (1926). – [26] F. BURGER: Cézanne und Hodler. Einf. in die Probleme der Malerei der Gegenwart (⁴1920) 121. – [27] H. SCHOLZ: Relig.philos. (²1922) 106. – [28] G. WALTHER: Zur Phänomenol. der M. (1923) V. 5. – [29] M. WEBER: Ges. Aufsätze zur Relig.soziol. 1 (1920) 538f. – [30] K. JASPERS: Psychol. der Weltanschauungen (⁵1960) 21. 84; vgl. 343f. 440-462; Philos. Logik 1: Von der Wahrheit (1947) 696f.; Der philos. Glaube angesichts der Offenbarung (1962) 395-398. – [31] E. BLOCH: Das Prinzip Hoffnung (1959) 1535. 1537; vgl. Atheismus im Christentum (1968) 287ff. 285ff. – [32] A. SCHWEITZER: Verfall und Wiederaufbau der Kultur (1923) 56f.; Kultur und Ethik (1923) 231ff. – [33] L. ZIEGLER: Gestaltwandel der Götter 1 (1922) 353ff. – [34] O. SPANN, Gesamt-A. 13: Philosophenspiegel (1970) 351f. – [35] H. DUMOULIN: Östl. Meditation und christl. M. (1966) 52f. – [36] S. FREUD, Ges. Werke 15 (³1961) 58; 17 (⁴1966) 152. – [37] B. RUSSELL: M. und Logik (1952) 6. 14. – [38] K. R. POPPER: Die offene Gesellschaft und ihre Feinde 1 (⁴1975) 269f.; vgl. 429f. – [39] G. SCHOLEM: Zur Kabbala und ihrer Symbolik (1965) 12. – [40] ebda.; Die jüd. M. in ihren Hauptströmungen (1957) 6. 9. 11. – [41] a.O. [39] 21. 20. – [42] Die jüd. M. a.O. [40] 22f. – [43] J. ZAHN: Einf. in die christl. M. (²1918) bes. 40f.; E. KREBS: Grundfragen der kirchl. M. dogmatisch erörtert und für das Leben gewertet (1921) bes. 36. – [44] A. MAGER: M. als seelische Wirklichkeit (1947) 15f. 22. 20; vgl. M. als Lehre und Leben (1934). – [45] K. RAHNER: Art. ‹M. VI›, in: LThK² 7, 743f. – [46] K. BARTH: Die kirchl. Dogmatik 1/2 (⁴1948) 348-350. – [47] F. GOGARTEN: Die relig. Entscheidung (1921) 54; vgl. 63. 67. – [48] E. BRUNNER: Die M. und das Wort (1924) 2f. 5. H.-U. LESSING

Mystische, das. Jeder sinnvolle Satz ist nach WITTGENSTEIN im ‹Tractatus logico-philosophicus› eine Wahrheitsfunktion (s.d.) von Elementarsätzen und erfüllt somit «die logische Form» der Sprache, die diese mit der Welt gemeinsam hat. Somit ist alles sinnvoll Beschreibbare immanent. Das außerhalb des so Beschreibbaren Liegende nennt Wittgenstein «das M.». Das M. ist also in seiner Philosophie, als etwas Transzendentes, buchstäblich «unaussprechbar».

Literaturhinweise. s. Art. ‹Atomismus III› und außerdem E. ZEMACH: Wittgenstein's philos. of the mystical. Rev. of Met. 18 (1964) 38-57. – B. F. MCGUINNESS: The mysticism of the *Tractatus.* Philos. Rev. 75 (1966) 305-327. – R.-A. DIETRICH: Untersuch. über den Begriff des «Mystischen» in Wittgensteins ‹Tractatus› (Phil. Diss. Göttingen 1971). E. STENIUS

Mythologie, neue. Der Begriff ‹n.M.› bezeichnet eine von Schelling und Fr. Schlegel im Übergang der klassischen bürgerlichen deutschen Philosophie zur Romantik kritisch gegen die aufklärerische-rationale Philosophie in geschichtsphilosophischer Absicht eingeführte ästhetische Kategorie. Programmatisch – unter HÖLDERLINS Einfluß – zuerst bei SCHELLING (1795) [1] als Versuch der Lösung des Vermittlungsproblems durch Ästhetik: Nicht Philosophie, sondern Poesie als «Lehrerin der Menschheit» soll die Frage beantworten: «Wie muß eine Welt für ein moralisches Wesen beschaffen sein?» [2] Die n.M. ist gegenüber der griechisch-orientalischen eine «Mythologie der Vernunft ... im Dienste der Ideen» [3], definiert aber Vernunft durch die Idee der Schönheit als ästhetischen Akt und leitet so die Erhebung der Kunst (Poesie) zum Organon der Philosophie ein [4]. 1800 wird der Begriff bei Schelling und Schlegel radikalisiert: Er soll die Rückkehr aller Wissenschaften in den «Ozean der Poesie» [5] leisten. Er kritisiert den Wissenschaftsbegriff der Transzendentalphilosophie, vor allem aber deren Geschichts- und Fortschrittstheorie, spielt unter dem durch Schellings Naturphilosophie vorbereiteten universalistisch-organizistischen Aspekt 'Natur' gegen 'Begriff' aus und fordert die Restitution eines poetischen «Goldenen Zeitalters» [6]. In Analogie zu Schelling und unter Hinweis auf dessen Naturphilosophie sieht FR. SCHLEGEL [7] im Idealismus die Quelle einer n.M. Sie soll als «Kunstwerk der Natur» durch Poesie vermittelt werden und einen neuen, von der kritischen Philosophie nicht mehr zu erwartenden Realismus, eine Totalität im Sinne der organischen Natur, verbürgen [8].

Eine letzte, zentrale Funktion hat der Begriff – nun auch von GOETHE und insbesondere von K. PH. MORITZ beeinflußt [9] – in SCHELLINGS Identitätsphilosophie, zumal in dessen Philosophie der Kunst (1802-05) [10]. Die «moderne M.» – im Gegensatz zur alten ist sie Leistung nicht eines einzelnen Dichters, sondern der ganzen «Gattung» – ist zu erwarten von der Einheit von «höherer spekulativer Physik» [11] und Kunst. Anders als die 'abstrakte' Begriffsphilosophie vermag sie das Absolute, Göttliche zu erfassen und in einer «sinnlichen Religion» zu verwirklichen. In ihr konkretisiert sich das Ziel der Identitätsphilosophie, «daß die Einheit des Absoluten und Endlichen (Besonderen) in dem Stoff der Kunst von der einen Seite als Werk der Natur, von der andern als Werk der Freiheit erscheint» [12].

Anmerkungen. [1] Erstes Systemprogramm des Idealismus, in: J. HOFFMEISTER: Dokumente zu Hegels Entwicklung (1936) 219-221. – [2] a.O. 219. – [3] 221. – [4] F. W. J. SCHELLINGS Werke, hg. K. F. A. SCHELLING (1856ff.) 3, 627. – [5] a.O. 629. – [6] 589. – [7] FR. SCHLEGEL, Krit. Schr., hg. W. RASCH (²1964) 496-503. – [8] a.O. 499. – [9] SCHELLING, a.O. [4] 5, 412; vgl. dazu H. J. SCHRIMPF, in: H. SINGER und B. v. WIESE (Hg.): Festschr. R. Alewyn (1967) 165-192. – [10] SCHELLING, a.O. [4] 5, 357-736. – [11] 449. – [12] 451f. H. J. SANDKÜHLER

Mythos, Mythologie

I. *Antike.* – Nicht um das Phänomen des altorientalisch-griechischen M. – um Komplexe traditioneller Erzählungen, bezogen auf Ansprüche von Familien, Stämmen und Städten, auf Götter und Heroenkult – geht es hier, sondern um seine begriffliche Erfassung mit Hilfe des Wortes μῦθος (μ.).

1. Die Besonderheit des M., wie er am wirkungsvollsten im heroischen Epos 'HOMERS' gestaltet, im Werk HESIODS zusammengefaßt [1], durch 'Orpheus' konkurrierend ergänzt war, tritt im 6. Jh. ins Bewußtsein durch radikale Distanzierung und Kritik: Dies sind «Erfindungen der Früheren», moralisch verwerflich für XENOPHANES [2], «lächerliche» «Erzählungen der Griechen» für HEKATAIOS [3]. Terminus der Distanzierung wird μῦθος im 5. Jh. [4], ein Wort des Epos (Wort, Plan, Bericht), in der attischen Umgangssprache nicht geläufig. M. ist fortan definitorisch die unwahre Erzählung [5]: Dichtung, Fabel, Kindermärchen. M. ist unverbürgt – «nicht von mir ist der M.» [6] –, aber «lustvoll» zu hören [7]. Kontrastbegriff wird λόγος (Rechnung, Rechenschaft, verantwortete Rede) [8]. Für Geschichts- wie Naturwissenschaft ist M. das zu Widerlegende [9]. Am radikalsten ist EPIKUR in der Ablehnung des Götter- und Jenseits-M., der den Seelenfrieden stört [10]. Sophisten, Rhetoren, Literaten können auf Form und Gehalt des M. zurückgreifen, ihm nützliche Wirkungen für Staat und Individuum nicht ohne Reserve zuerkennen [11]. Selten sind Versicherungen des Glaubens an die gereinigte Überlieferung, die dann nicht μ. wäre [12]. Trotzdem bleibt die Macht des M. als Kommunikationssystem bestehen, zumal er in der Tragödie des 5. Jh. erst seine eindrucksvollste Form erhalten hat. Darum die Ansätze, den M. und insbesondere Homer trotz der offenbaren 'Unwahrheit' zu rechtfertigen.

2. Am erfolgreichsten ist die allegorische Interpretation, die den wahren 'Hintergedanken' (ὑπόνοια) des vordergründig Absurden aufweisen will. Sie wird seit THEAGENES [13] im 5. Jh. entwickelt, von der *Stoa* als Naturallegorese (Zeus = Himmel; Hera = Luft) systematisch ausgebaut, und PLUTARCH [14] durch metaphysische Allegorese überflügelt. Daneben hält sich die rationalistische Methode, die einen historisch wahren, plausiblen Kern aus der Phantastik herauspräpariert; Aufsehen erregte vor allem die Reduktion des Götter-M. auf Menschengeschichten durch EUHEMEROS [15].

3. PLATON geht aus von der Bestimmung des M. als «lügenhaft» und «kindlich», fordert radikale Reinigung, ja Verbot der Dichtung im Idealstaat [16]; dafür ist ein neuer M. als «Lüge zum Nutzen des Staates» zu erfinden [17]. Wenn Platon zum Abschluß der Dialoge ‹Gorgias›, ‹Phaidon›, ‹Staat› einen M. gestaltet, nennt er diesen zunächst λόγος, insofern er wahr sei [18]. Indem aber alle menschliche Rede und besonders die schriftliche Fixierung spielerisch-vorläufig ist, wird das eigene Werk, der Entwurf des ‹Staates› wie der ‹Gesetze›, zum μ. [19], ein «kindliches Spiel», das von der Hoffnung lebt, die Wahrheit nicht ganz zu verfehlen [20]. Auch die Lehren der Vorgänger sind bloß μ. [21]. Der ‹Timaios› lehrt prinzipiell: Wahre Aussage gibt es nur vom unveränderlichen Sein; körperlich-natürliche Wirklichkeit läßt sich nur in 'wahrscheinlicher Rede' erfassen, die ebenso εἰκὼς μ., weil unzulänglich, wie εἰκὼς λόγος, weil verantwortbar, heißen kann [22]. Die ‹Gesetze› empfehlen aus konservativer Sicht Ehrfurcht auch vor dem traditionellen M. [23].

4. Wohl auf POSEIDONIOS geht der Ansatz zu einer historischen Theorie des M. zurück, in Anknüpfung an Platon und Aristoteles: Im M. ist Wissen der Vorzeit bewahrt [24]; M. ist kindgemäß; Freude am M., als Freude am Lernen, ist Vorstufe der Philosophie [25]; demnach war offenbar in «alten Zeiten» M. die angemessene und einzige Form der Belehrung, vor der Erfindung von Geschichtschreibung und Philosophie [26].

5. Geheimlehren in Mysterien heißen ἱερὸς λόγος, nicht μ. Ebenso verstehen sich die an ‹Genesis› und ‹Timaios› orientierten phantastischen Entwürfe der Gnostiker und Hermetiker als «Erkenntnis» und Offenbarung, nicht als M., auch wenn sie sich mit dem «M. der Griechen» verbünden [27]; für die christlichen Kritiker freilich sind sie «M.» [28], während die christliche Lehre sich bewußt vom M. absetzt [29].

6. Eine prinzipielle, bis in die Neuzeit weiterwirkende Theorie des M. entwickelt der *Neuplatonismus* aus der ‹Timaios›-Interpretation: Die dort beschriebene Weltschöpfung ist nicht im Wortsinn wahr, sondern eine didaktische Darstellungsform [30]. Dies eben ist nach PLOTIN die wesentliche Leistung des M.: das zeitlose, ungetrennte Sein nach Raum und Zeit auseinanderzulegen [31]; «dies ist niemals geschehen, es ist immer; der Geist sieht alles zugleich, die Erzählung bringt das eine zuerst, das andere danach» [32]. PORPHYRIOS fügt hinzu, daß im Bereich der Seele, Dämonen und niederen Götter die Wahrheit sich notwendigerweise verhülle [33]. Von hier aus rechtfertigt PROKLOS allgemein den traditionellen M.: Die Natur selbst ist Abbild, nach Raum und Zeit zergliedert; der untersten Seinsstufe paßt sich auch der Götter-M. an, wobei das Widernatürliche auf das Übernatürliche, das Dämonische aufs göttliche Geheimnis verweist [34]. Auch die Menschenseele ist 'Abbild'; darum ihre Freude am M. als 'Abbild', das ihrer eigenen 'Phantasia' gemäß ist [35]. Der plotinisch-proklische M.-Begriff wird dann in der Neuzeit vor allem von F. CREUZER wieder aufgegriffen – der M. soll «das Göttliche einer höchsten Idee zur unmittelbaren Anschauung bringen» [36] – und geht durch seine Vermittlung in die Entmythologisierungs-Diskussion der Gegenwart ein [37].

Anmerkungen. [1] HESIODS ‹Theogonie› und ‹Kataloge›, in: Frg. Hesiodea, hg. R. MERKELBACH/M. L. WEST (Oxford 1967) waren eine Einheit, wie auch wohl im 7./6. Jh. mehrfach überarbeitet. – [2] XENOPHANES, VS 21 B 1, 22; B 10-16. – [3] HEKATAIOS, FGrHist 1 F 1, hg. JAKOBY. – [4] EURIPIDES, Hippol. 197; HERODOT 2, 45; DEMOKRIT, VS 68 B 297. – [5] SEXTUS EMPIRICUS, Adv. Math. 1, 264: «Darstellung von Ungeschehenem und Unwahrem»; vgl. 252 nach ASKLEPIADES VON MYRLEA; CICERO, De inv. 1, 27; QUINTILIAN, Inst. orat. 2, 4, 2. – [6] EURIPIDES, Frg. 484, hg. NAUCK. – [7] THUKYDIDES 1, 22, 4; ISOKRATES 2, 48; 4, 158; 12, 1. – [8] Die Antithese erstmals bei PINDAR, 1. Olymp. Ode 28f. (476 v.Chr.). – [9] THUKYDIDES 1, 21; ARISTOTELES, Hist. an. 578 b 23. – [10] EPIKUR, Rat. Sent. 12; Ep. 1, 81; 2, 87. 104. 116; 3, 134. – [11] z.B. LYKURGOS, Adv. Leocr. 95; DIONYS VON HALIKARNASS, Ant. Rom. 2, 20. – [12] PAUSANIAS 8, 2, 4. – [13] THEAGENES, VS 8; METRODOR VON LAMPSAKOS, VS 61; DIOGENES VON APOLLONIA, VS 64 A 8; PLATON, Resp. 378 d. – [14] PLUTARCH, bes. De Iside et Osiride. – [15] Vgl. Art. ‹Euhemerismus›. – [16] PLATON, Resp. 377 a ff. 595 b ff. – [17] Resp. 414 b-415 d; vgl. 389 b. – [18] Gorg. 523 a. 527 a. – [19] Resp. 376 d. 501 e; Tim. 26 c/e; Leg. 752 a. 790 c. 841 c. 980 a. – [20] Phaidr. 276 e. 265 b. – [21] Theait. 156 c. 164 d/e; Soph. 242 c. – [22] Tim. 29 b ff. – [23] Leg. 865 d. 887 d. – [24] Tim. 22 c; ARISTOTELES, Met. 1074 b 1. – [25] Met. 982 b 18. – [26] STRABON, 1, 19f.; MAXIMOS VON TYRUS 4, 6, 46f., hg. H. HOBEIN. – [27] HIPPOLYTOS, Refutatio omnium haer. 5, 23. – [28] a.O. 5, 27, 5; 6, 42, 2. – [29] 2. Petrus 1, 16; vgl. 1. Timoth. 1, 4; 4, 7; 2. Timoth. 4, 4. – [30] So schon XENOKRATES, Frg. 54, hg. HEINZE; SPEUSIPPOS, Frg. 54, hg. LANG. – [31] PLOTIN, Enn. 3, 5 (50) 9, 24. – [32] SALLUST, Περὶ ϑεῶν καὶ κόσμου 4, hg. D. NOCK, 8, 14ff. – [33] Proklos, In Plat. Remp. I 86, 5; II, 107, 5, hg. KROLL; MACROBIUS, In Somn. Scip. 1, 2, 13-18. – [34] PROKLOS, In Plat.

Remp. I, 77, 13ff. – [35] a.O. II, 107, 14; OLYMPIODOROS, In Plat. Gorg. 217f., hg. NORVIN. – [36] F. CREUZER: Symbolik und Mythol. der alten Völker I (²1819) 91. – [37] Vgl. etwa F. SCHNIE-WIND: Antwort an Rudolf Bultmann, in: H. W. BARTSCH (Hg.): Kerygma und M. I (⁵1967) 77-121, 79.

Literaturhinweise. E. HOFMANN: Qua ratione ἔπος μ. αἶνος λόγος in antiquo Graecorum sermone adhibita sint (Diss. 1922). – P. FRUTIGER: Les mythes de Platon (Paris 1930). – L. MÜLLER: Wort und Begriff μῦθος im klass. Griech. (Diss. 1953). – F. BUF-FIÈRE: Les mythes d'Homère et la pensée Grecque (Paris 1956). – J. PÉPIN: Mythe et allégorie (Paris 1958). – W. THEILER: Der M. und die Götter Griechenlands, in: Untersuch. zur antiken Lit. (1970) 130-147. – W. HIRSCH: Platons Weg zum M. (1971).

W. BURKERT

II. *Von der Patristik bis zum 17. Jh.* – Das *frühe Christentum* sieht in den antiken M. durchweg das konkurrierende System heidnischer Theologie, das als μῦθος, d. h. Fingiertes, Erlogenes, Widervernünftiges zurückgewiesen wird (Gegensatz: die christliche Heilsbotschaft als ἀλήθεια, λόγος) [1]. Das Mittel, M. als «Kampfbegriff» [2] zu benutzen, steht dabei sowohl den Gegnern der biblischen Berichte (CELSUS bezeichnet diese als μῦθοι κενοί, leere Erzählungen [3]) als auch den Kirchenvätern ORIGENES, CLEMENS VON ALEXANDRIEN, JUSTIN u. a. zur Verfügung, die mit μῦθος, lat. fabula, das Altweiberhafte, Kindische und besonders Leere und Dichterisch-Fiktive verbinden [4] und es der christlichen Wahrheit konfrontieren [5]. So kann μῦθος außer auf heidnische Göttererzählungen auch auf andere, von der eigenen abweichende Lehren bezogen werden, von den Ἰουδαϊκοὶ μῦθοι bis zu valentinianischen und anderen Häresien [6]. Unter Rückgriff auf Varro sprechen TERTULLIAN und AUGUSTIN von einem «triplex genus» heidnischer Götter, einem «physicum», das die Philosophen behandeln, dem «mythicum», das bei den Dichtern in Umlauf ist, und dem «gentile» der einzelnen Völker [7].

Für die Auseinandersetzung mit den alten M. kann die Patristik die Mittel der heidnischen M.-Kritik aufgreifen: moralisch Anstößiges aufzudecken [8], Widersprüche zu finden [9], Götter in Dichterfiktionen zu verflüchtigen [10], auf die gängigen physikalischen Deutungen zu verweisen [11] oder euhemeristisch nur vergöttlichte Menschen in den Göttern zu sehen [12]: all dies dient dem Nachweis, daß nicht jene Gestalten (d. h. oft nur: die Götterstatuen [13]), sondern nur der christliche Gott das Recht auf Verehrung besitzt [14]. Reale Existenz haben sie höchstens als böse, verführerische Dämonen [15]. Dies Verfahren wird bis in die Karolingerzeit im Kampf gegen die germanischen Götter angewandt [16]. Nur selten findet sich eine positive Einstellung zum M.: so u. a. bei der Berufung auf Platons M. (exoterische Einkleidung esoterischer philosophischer Wahrheit) [17] und im Versuch, heidnische M. zur inhaltlichen Bestätigung und Verdeutlichung christlicher Positionen heranzuziehen [18]. Die dabei angewandte Allegorese wird dann auch an Bibelstellen erprobt, bei denen wörtliches Verständnis nicht (mehr) angemessen erscheint und die nun ihrerseits als 'mythisch' gelten [19]. Liberalität gegenüber dem M. kennzeichnet dann das Ende des theologischen Kampfes und den Triumph des Christentums [20].

Im *Mittelalter* überleben die M. als Bildungsgut für Geistliche und Dichter [21]. Die allegorische Deutung, die in der karolingischen Renaissance zur Suche nach geheimnisvollen Anspielungen auch in der Bibel führte [22], erlaubt es, mythische Frivolitäten zu entschärfen [23], die Lehren griechischer Philosophie in die M. hineinzulesen [24], M. als Verhüllung verborgener Geheimnisse zu sehen [25], Vergils ‹Aeneis› als Darstellung des menschlichen Lebens auszulegen [26] und in Ovid sogar Christliches zu entdecken [27]. Noch DANTE und BOCCACCIO stehen in dieser Tradition der M.-Allegorese [28]. Daneben behauptet sich Euhemerismus bei den Historikern: GOTTFRIED VON VITERBO erklärt die antiken Heroen zu menschlichen Ahnherren des gefeierten Königshauses und zu Staatsgründern [29], und SNORRI STURLUSON spannt den Bogen vom griechischen M. zu den Helden der nordischen Sage [30].

Die Beschäftigung der *Humanisten* mit der nun so genannten «mythologia» bleibt ohne epochale Bedeutung für deren Deutung [31]. Euhemeristische Interpretationen behalten ihren Platz neben allegorischen und verbinden sich bei J. ANNIUS VITERBENSIS mit dem Bemühen, auf der Basis entsprechender Etymologien Personen des griechischen M. biblischen Gestalten gleichzusetzen [32]. Versuche, nach patristischer Art heidnische Religionen als Entstellung der im Paradies geoffenbarten Urreligion zu begreifen, finden sich bei A. STEUCHUS EUGUBINUS [33] und J. GOROPIUS BECANUS, der ebenfalls heidnische Götter und Bibelgestalten gleichsetzt [34]. NATALIS COMES deutet die heidnischen «fabulae» als «philosophiae dogmata», die ethisches und physikalisches Wissen, geheimnisvolle, einem unwissenden Volk weise verhüllte Gedanken über das Wesen der Gottheit enthalten [35]. Ähnlich sieht auch F. BACON in den «fabulae et parabolae» «occulta et mysteria Religionis, Politicae, et Philosophiae» [36] und nicht zuletzt auch vorgriechische Überlieferungen [37]. Insbesondere kritisiert er die stoische und die zeitweilig beliebte alchemistische M.-Deutung [38]. Daneben zeigt sich im 16. Jh. das Bedürfnis nach Reallexika der Antike [39] und das Bestreben, aufgrund 'vergleichender Sprachforschung' (Annahme des Hebräischen als Ursprache) Beweise für vermutete Zusammenhänge der M. und damit der Völker zu erbringen [40]. Ins Deutsche wird ‹M.› mit «erdichtete Märe» [41] übersetzt.

Im *17. Jh.* wird 'vergleichende M.-Forschung' gebräuchlich; u. a. fragt man nach der Übertragung biblischer und phönizischer Tradition nach Griechenland [42]. G. I. VOSSIUS u. a. verwenden verschiedene Muster (Euhemerismus, Allegorese, Uroffenbarungs- und Dämonenthese, Übertragungstheorie u. a.) zur Interpretation der M. [43]. Zunehmend werden auch zeitgenössische Formen nichtchristlicher Religionen zum Vergleich herangezogen [44]. Bei E. HERBERT OF CHERBURY wird dann in den Irrtümern heidnischer Religion die Wahrheit allgemeiner, natürlicher Gotteserkenntnis entdeckt und deren Depravation den Priestern zur Last gelegt [45]. Damit ist die M.-Kritik der Aufklärung vorbereitet.

Anmerkungen. [1] 1 Tim. 4, 7; 2 Tim. 4, 4; Tit. 1, 14; 2 Petr. 1, 16. 19; entsprechend auch der Sprachgebrauch bei PHILON, De exsecr. 162. – [2] Vgl. G. STÄHLIN, Art. ‹μῦθος›, in: Theol. Wb. zum NT, hg. G. KITTEL 4 (1966) 802. – [3] ORIGENES, C. Cels. I, 20. MPG 11, 696; IV, 36. MPG 11, 1084. – [4] a.O. V, 42. MPG 11, 1248; V, 57. MPG 11, 1272; De princ. II, 4, 3. MPG 11, 202; CLEMENS ALEX., Stromata I, 29. MPG 8, 928; JUSTINUS, Dialogus cum Tryph. 9. MPG 6, 493; Apologia II, 12; I, 23. MPG 6, 464. 364; CLEMENS ALEX., Protr. 2. MPG 8, 69; SYNESIUS, De prov. I, 2. MPG 66, 1213; ποιηταὶ καὶ μυθολόγοι nebeneinander bei JUSTINUS, Apologia II, 5. MPG 6, 452; vgl. I, 54. MPG 6, 408; zu Ableitungen und Komposita vgl. G. W. H. LAMPE: A Patristic Greek lex. (Oxford 1968) 887f. – [5] ORIGENES, a.O. [3] I, 12; VIII, 66. MPG 11, 677. 1617; IRENÄUS, C. haer. I, 8, 1. MPG 7, 521ff.; CLEMENS ALEX., Quis div. salv. 42. MPG 9, 648. – [6] Vgl. schon Tit. 1, 14; außerdem IRENÄUS, a.O.; TERTULLIAN, De praescr. adv. haer. 7. MPL 2, 20; AUGUSTINUS, C. adv. leg. et proph. II, 1. MPL 42, 637; vgl. STÄHLIN, a.O. [2] 789ff. – [7] TERTULLIAN, Ad nat. II, 1. 3. 7. 9; I, 19. MPL 1, 587. 589. 594f. 597ff. 585; AUGUSTINUS, De civ. Dei VI, 5 u. ö. MPL 41, 180ff.; vgl. die Unterscheidung von «tempus adelon», «tempus mythicon» und «tempus historicon» bei CENSORINUS, De die nat., hg. J. CHOLODNIAK (1889) XXI, 1; οἱ μυθικοὶ χρόνοι auch bei DIONYSIUS HALIC. I, 2; vgl. Thes. ling. lat. 8 (1936-66) s.v. ‹mythicus, mythus›. – [8] Vgl. u. a. TATIAN, Adv. Graec. 21. MPG 6, 853; CLEMENS ALEX., Protr. 2. MPG 8, 97ff.; FIRMICUS MATERNUS, De err. profan. relig. 13. MPL 12, 1006ff. u.ö.; AUGUSTINUS, De civ. Dei VI, 6f. MPL 41, 182ff.; – [9] CLEMENS ALEX., Protr. 2. MPG 8, 100. – [10] Vgl. u. a. ATHENAGORAS, Leg. pro. Christian. 10. MPG 6, 908; CLEMENS ALEX., Protr. 2. MPG 8, 96; TERTULLIAN, Ad nat. II, 7. MPL 1, 594f.; AUGUSTINUS, De civ. Dei VI, 5ff. MPL 41, 180ff. u.ö. – [11] Vgl. u. a. ARISTIDES, Apol. XIII, 7, in: J. GEFFCKEN: Zwei griech. Apologeten (1907) 21; TATIAN, a.O. [8]; TERTULLIAN, a.O. [7]; AUGUSTINUS, a.O. [10]; CLEMENS ALEX., a.O. [10]. – [12] Vgl. u. a. CLEMENS ALEX. a.O. [8]; LACTANTIUS, Ep. div. inst. 6. 24. MPL 6, 1023. 1031f.; ISIDOR VON SEVILLA, Etym. VIII, 11, 1ff. MPL 82, 314ff.; vgl. auch GREGOR VON TOURS, Hist. eccl. Franc. II, 29. MPL 71, 224. – [13] JUSTINUS, Apol. I, 9. MPG 6, 340; Ep. ad Diognetum 2, in: Die apostol. Väter, hg. F. X. FUNK/K. BIHLMEYER 1 (1924) 141f.; vgl. CLEMENS ALEX., Protr. 4. MPG 8, 133ff.; dazu auch Jesaia 44, 9ff.; Apostelgesch. 7, 40ff.; PHILON, De vita contem. 7. – [14] Vgl. M. SIMON: Les dieux antiques dans la pensée chrét. Z. Relig.- Geistesgesch. 6 (1954) 97ff. – [15] JUSTINUS, Apol. I, 5ff. MPG 6, 452ff.; bes. I, 54, MPG 6, 429ff.; CLEMENS ALEX., Protr. 2f. MPG 8, 121ff. 124ff.; ORIGENES, C. Cels. IV, 29. MPG 11, 1069; AUGUSTINUS, De civ. Dei VI, 8, 2. MPL 41, 187; MARTIN VON BRACARA, De correct. rust., hg. C. P. CASPARI (Christiania 1883) c. 6ff.; vgl. FABIUS PLANCIADES FULGENTIUS, Mitologiae, hg. R. HELM (1898, ND 1970) III, 5; dazu außerdem 5 Mose 32, 17; 1 Kor. 8, 4ff.; PHILON, a.O. [13]; Hinweise auf den Urmonotheismus: LACTANTIUS, a.O. [12] 25. MPL 6, 1032; CLEMENS ALEX., Protr. 2. MPG 8, 93ff. – [16] Vgl. H. ACHTERBERG: Interpretatio christiana. Verkleidete Glaubensgestalten der Germanen auf dtsch. Boden (Diss. Greifswald 1930) bes. 4ff. 14ff. 82ff. 170ff.; F. VON BEZOLD: Das Fortleben der antiken Götter im mittelalterl. Humanismus (1922, ND 1962) 7. – [17] CLEMENS ALEX., Strom. V, 9. MPG 9, 89ff. u.ö.; vgl. ORIGENES, C. Cels. I, 7. MPG 11, 668f.; IV, 39. MPG 11, 1089ff. – [18] JUSTINUS, Apol. I, 20ff. MPG 6, 357ff.; CLEMENS ALEX., Protr. 12. MPG 8, 237ff.; dazu H. RAHNER: Griech. M. in christl. Deutung (³1966) 14. 281ff.; R. HERZOG: Metapher – Exegese – M., in: M. FUHRMANN (Hg.): Terror und Spiel (1971) 157ff.; vgl. außerdem ORIGENES, C. Cels. IV, 39. MPG 11, 1089ff.; zu den die Rezeption heidn. Wiss. rechtfertigenden Gleichnissen vgl. E. NORDEN: Die antike Kunstprosa 2 (⁵1958) 675ff.; BEZOLD, a.O. [16] 3f. – [19] ORIGENES, C. Cels. II, 4; V, 42. MPG 11, 800ff. 1245ff.; zur Ablehnung wörtl. Verständnisses bes. ORIGENES, De princ. IV, 3, 1. MPG 11, 376ff.; GREGORIUS NYSS., Com. in cant. cant., prooem. MPG 44, 761; dazu J. DANIÉLOU: La démythisation dans l'école d'Alexandrie, in: Il problema della demitizzazione (Padua 1961) 45ff.; STÄHLIN, a.O. [2] 797f. – [20] Vgl. BEZOLD, a.O. [16] 2ff. 12ff.; H. BLUMENBERG: Wirklichkeitsbegriff und Wirkungspotential des M., in: Terror und Spiel a.O. [18] 65f.; zur frühchristl. M.-Deutung insgesamt J. PÉPIN: M. et allégorie (Paris 1958) 245ff. – [21] Vgl. O. GRUPPE: Gesch. der klass. Mythol. und Religionsgesch. während des MA im Abendl. und während der Neuzeit (1921, ND 1965) 3f. 8ff.; BEZOLD, a.O. [16] 12ff. – [22] Vgl. GRUPPE, a.O. 8ff.; THEODULF, Carmina IV, 1. MPL 105, 331; zum Aufkommen neuer Lehrbücher, bes. zu den drei ‹Mythographi Vaticani›, vgl. GRUPPE, a.O. [21] 9f. 12ff. – [23] GRUPPE, a.O. 3; zur Kritik an der Rezeption heidn. Wiss. vgl. u. a. PETRUS DAMIANI, De sancta simpl. 1ff. MPL 145, 695ff.; dazu BEZOLD, a.O. [16] 17ff. – [24] BERNARD SILVESTER, De mundi univ., hg. C. S. BARACH/ J. WROBEL (1876, ND 1964). – [25] JOHANNES VON SALISBURY, Entheticus de dogmate philos. 185ff. MPL 199, 969. – [26] FAB. PLANC. FULGENTIUS, Expos. Virgil., hg. R. HELM (1898, ND 1970); JOHANNES VON SALISBURY, Polycraticus VIII, 24. MPL 199, 816ff.; zum Vergil-Kommentar des Bernhard Silvester vgl. ABAELARD: Ouvr. inéd., hg. V. COUSIN (Paris 1836) 639ff. – [27] Vgl. GRUPPE, a.O. [21] 17ff. (Ph. de Vitry, P. Berchorius u.a.). – [28] DANTE, Il convivio II, 1, 2ff.; G. BOCCACCIO, Genealogiae deorum gentilium libri, hg. V. ROMANO (Bari 1951); vgl. HERZOG, a.O. [18]; Rev. Etud. ital. 11 (1965): Dante et les mythes. –

[29] GOTTFRIED VON VITERBO, Speculum regum I, 7f. MGH Scriptores 22, 37ff.; vgl. auch Pantheon, particula 32, 9. MGH 22, 300ff.; OTTO VON FREISING, Chronica I, 11; SAXO GRAMM., Dän. Gesch., übers. P. HERRMANN (1901) 245f. – [30] Edda Snorra Sturlusonar, Praef.; vgl. L. DENECKE: Ritterdichter und Heidengötter. 1150-1220 (1930) 179ff. – [31] Vgl. H. R. JAUSS: Diskussionsbemerkung, in: Terror und Spiel a.O. [18] 645f.; J. SEZNEC: La survivance des dieux ant. (London 1940); zu F. Filelfo und C. Landino vgl. GRUPPE, a.O. [21] 26ff.; außerdem A. FREYSALLMANN: Aus dem Nachleben antiker Göttergestalten (1931); zu Petrarca: E. LEUBE: Petrarca und die alten Götter. Romanist. Jb. 11 (1960) 89ff. – [32] IOANNES ANNIUS VITERBENSIS: Antiquitatum variarum vol. XVII (hier: Paris 1515). – [33] AUGUSTINUS STEUCHUS EUGUBINUS: De perenni philos. libri X (Lugduni 1540, ND New York/London 1972) 1ff. – [34] IOANNES GOROPIUS BECANUS: Origines Antwerpianae (Antwerpen 1569); Opera (Antwerpen 1580); vgl. GRUPPE, a.O. [21] 37f. – [35] NATALIS COMES: Mythologiae, sive explicationum fabularum libri X (Venetiis 1568); vgl. GRUPPE, a.O. [21] 34f.; J. DE VRIES: Forschungsgesch. der Mg. (1961) 67ff. – [36] F. BACON, De dignitate et augmentis scientiarum II, 13. Works 1 (London 1858, ND 1963) 517ff.; vgl. De sapientia veterum. Works 6 (1861, ND 1963) 625ff. – [37] De dignitate, a.O. 521; vgl. CH. W. LEMMI: The classic deities in Bacon (Baltimore 1933); B. C. GARNER: F. Bacon, Natalis Comes and the mythol. trad., J. Warburg Courtauld Inst. 33 (1970) 264ff.; später J. G. HAMANN, Kreuzzüge des Philologen. Sämtl. Werke, hg. J. NADLER 2 (1950) 204. – [38] BACON, De sapientia, a.O. [36] bes. 646ff. 667f. 677ff.; alchemistische M.-Deutung bei J. TOLLIUS: Fortuita ... (Amsterdam 1687). – [39] Vgl. u.a. H. H. ALSTED: Elucidarius carminum et hist. (Daventriae 1503); G. PICTORIUS: Theologia mythol. (1532); Apotheseos ... libri tres (1558); L. G. GYRALDUS: De deis gentium varia et multiplex hist. (1548); vgl. GRUPPE, a.O. [21] 31ff. 38ff. – [40] G. POSTEL: De originibus seu de Hebr. linguae et gentis antiquitate (Paris 1538); C. GESNER: Mithridates ... (1555, ND 1974); vgl. GRUPPE, a.O. [21] 42ff. – [41] P. DASYPODIUS: Dict. latinogermanicum ... (³1537) s.v. ‹Märe›; vgl. W. BETZ: Zur Wortgesch. von ‹M.›, in: Dtsch. Sprache: Gesch. und Gegenwart. Festschr. für F. MAURER (1978) 21ff. – [42] D. HEINSIUS: Aristarchus sacer (Lugduni Bat. 1627, ²1639) c. 1. – [43] G. I. VOSSIUS: De theol. gentili, et physiol. christ. ... (Amsterdam 1641); S. BOCHART: Geographiae sacrae pars prior et altera (Cadomi 1646/51); Opera omnia (Lugduni Bat. ³1692); P. D. HUETIUS: Demonstr. evang. (Paris 1679); vgl. GRUPPE, a.O. [21] 47ff. 50ff. 55ff. – [44] H. GROTIUS: De veritate relig. christ. IV, 3. Opera omnia theol. 3 (Amsterdam 1679, ND 1972) 64; A. KIRCHER: Oedipus aegyptiacus, 1-3 (Rom 1652-54); J. H. URSINUS: Sacrorum et philol. miscell. libri VI (1666) bes. 88ff. – [45] E. HERBERT OF CHERBURY: De relig. gent. (Amsterdam 1663, ND 1967); vgl. T. PFANNER: Systema theologiae gentilis purioris (1679).

III. *Die Aufklärung.* – Der auch im 18. Jh. noch verbreiteten Auffassung der M. als entstellter biblischer Überlieferung [1] steht auf seiten der aufklärerischen Kritiker positiver Religion (bes. D'HOLBACHS) die Betrugstheorie als beliebte Deutungshilfe gegenüber: Die 'abstrusen' und 'unvernünftigen' M. werden erst wirklich verständlich, wenn man sie als Werk habgieriger und machthungriger Priester hinstellt [2].

Obwohl die durch Entdeckungs- und Missionsreisen belebte Ethnographie u.a. dazu anregt, Ähnlichkeiten z. B. zwischen indianischen und antik-klassischen M. aufzuspüren und beide auf eine ursprüngliche, später nicht mehr verstandene Uroffenbarung zurückzuführen [3], zweifelt das 18. Jh. doch zunehmend an dem auch nur verhüllten Wahrheitsgehalt der alten M. [4]. FONTENELLE sieht in den «fables» nichts als «l'histoire des erreurs de l'esprit humain». Sie sind kennzeichnend für eine kindlich-wilde Entwicklungsstufe der Menschheit [5]. Damit ist die allegorisch-symbolische Deutung des M. jedoch nicht beseitigt; sie vermag sich während des ganzen Jh. nicht zuletzt dadurch zu halten, daß in der Verkleidung des M. auch geschichtliche, z. B. kulturgeschichtliche Ereignisse gesehen werden [6]; so entdeckt A. BANIER unter der «Hülle der Fabel» dann euhemeristisch als deren «Wahrheit» die versteckte historische Tatsache [7]. Sein Werk wird in Deutschland von LESSING begrüßt, weil «die Erlernung der Mythologie» von Bedeutung für die «schönen Künste und Wissenschaften», aber auch für «Historie», «Sittenlehre», «Naturkunde» und «reine Gottesgelahrtheit» ist [8]. Lessing hat damit durchaus Ansichten seiner Zeit wiedergegeben, denn als solchermaßen für Künstler, Gelehrte und alle Gebildeten nützliches inventarisierbares Wissen erscheint die Mythologie auch in den zeitgenössischen Lexika [9].

Während die ‹Encyclopédie› in Deutungsfragen noch auf Banier verweist [10], sind dessen Ansichten von der ‹Académie des Inscriptions et Belles-Lettres›, die sich stark für Religionsgeschichte und Mythologie interessierte, unter dem Einfluß FRÉRETS bereits verworfen [11]. Dieser sieht in den M., wie später COURT DE GÉBELIN und BRYANT [12], die Erinnerung an bedeutende kultus- und kulturgeschichtliche Ereignisse oder Zustände, leugnet aber keineswegs die Existenz anderer M. bildender Faktoren [13]. Über diese Stufe der M.-Interpretation geht dann CH. DE BROSSES hinaus, der zwar eine eher rationalistisch klingende Ableitung von μῦθος aus ägypt. 'Muth' (Tod, also Mythologie = «l'histoire ou le récit des actions des morts») gibt, Euhemerismus und Allegorese jedoch weitgehend verwirft, im M. das Produkt von Unwissenheit und Furcht und im «Fetischismus» die Ursprungsform der (heidnischen) Religion erkennt. Fetischismus gehört demnach jener auch von den zivilisierten Völkern einst durchlebten barbarischen, der Gegenwart kaum vergleichbaren Kindheitsphase der Menschheit an, die für manche Völker noch immer Gegenwart ist, während andere schon die «siècles de raison» erreicht haben [14].

Einiges davon findet sich schon bei G. VICO: Für ihn sind M. ursprünglich Produkte einer gefallenen und von direkter göttlicher Offenbarung getrennten, mit wenig Denkkraft, aber viel Phantasie begabten, der Natur mit Unwissenheit und Furcht, Staunen und Neugier sowie dem Glauben an eine vorsehende Gottheit begegnenden, kindlichen Menschheit, die all ihr Wissen (von der Metaphysik bis zur Geographie) 'poetisch' niederlegt. Furchterregende Naturerscheinungen werden als Handlungen göttlicher Wesen aufgefaßt; abstrakte Begriffe werden nach dieser aus der Not geborenen «logica poetica», dem Schlüssel zum Geheimnis der Mythologie, in Bilder gefaßt oder personifiziert (Achilles als eine «Idee der Tapferkeit, die allen Starken gemeinsam ist»; Jupiter als eine Instanz für «Weissagungsangelegenheiten») [15]. Mit einer so begriffenen «mitologia» ist es dann möglich, Götter- und Heroenerzählungen als wichtigste Geschichtsquelle für die Frühzeit der Menschheit auszuwerten [16].

Anmerkungen. [1] Vgl. GRUPPE, a.O. [21 zu II] 58ff. – [2] P. TH. D'HOLBACH: System der Natur (1770, dtsch. 1960) 295ff.; vgl. 437f. – [3] Vgl. DE VRIES, a.O. [35 zu II] 83f.; J. F. LAFITAU: Mœurs des sauvages amériquains ... 1-4 (Paris 1724) zit. 1. – [4] Vgl. A. VAN DALE: De oraculis ethnicorum dissertationes duae (Amsterdam 1683). – [5] B. LE BOVIER DE FONTENELLE: Histoire des oracles (1687). Oeuvres compl., hg. G.-B. DEPPING 2 (Paris 1818, ND Genf 1968) 85ff.; De l'origine des fables a.O. 395. 398; vgl. G. CANTELLI: Mito e storia in J. Leclerc, Tournemine e Fontenelle. Riv. crit. Stor. Filos 27 (1972) bes. 391ff. – [6] H. VON DER HARDT: Aenigmata prisci orbis (1723); N. S. BERGIER: L'origine des dieux du paganisme; et le sens des fables découvert ... (Paris 1767, ²1774, dtsch. 1788); A. COURT DE GÉBELIN: Monde primitif ... (Paris 1773); J. BRYANT: A new system, or, an analysis of ancient mythology (London 1774-76); CH. F. DUPUIS: Origine de tous les cultes 1-7 (Paris 1795); Abrégé de l'origine de tous les cultes (Paris 1796, ²1821). – [7] A. BANIER: Expl. hist. des fables (Paris 1711, ²1715), dann unter dem Titel: La mythologie et les fables expliquées par l'hist. (Paris 1738-40), dtsch. Erläuterung der Götterlehre und Fabeln aus der Gesch., übers. J. A. SCHLEGEL u.a. (1754-66) zit. 1, Vorrede des Verfassers 50f. 67f., vgl. 1. Buch 68ff.; zur Gleichsetzung von ‹M.› und ‹Fabel› im dtsch. Sprachbereich vgl. u.a. M. D. OMEIS: Gründliche Anleitung zur teutschen accuraten Reim- und Dichtkunst (1704) Anhang: Teutsche Mythologie, darinnen die Poetische Fabeln klärlich erzehlet ... – [8] G. E. LESSING, Sämtl. Schr., hg. K. LACHMANN/F. MUNCKER 5 (³1890) 409f., vgl. 157f. – [9] B. HEDERICH: Gründliches mythol. Lex. (1724), neu hg. J. J. SCHWABEN (1770, ND 1967) Vorbericht XIff.; J. H. ZEDLER: Großes vollst. Universal-Lex. 22 (1739, ND 1961) 1761ff.; Encyclopédie, hg. DIDEROT/D'ALEMBERT 10 (1765, ND 1966) 924. – [10] Encyclopédie, a.O. 926; vgl. Art. ‹fable› 6, 342ff. – [11] Vgl. GRUPPE, a.O. [21 zu II] 67. 69. – [12] a.O. [6]. – [13] N. FRÉRET, Oeuvres compl. 17 (Paris 1796) 141ff. 156f. 288 u.ö.; Réflexions gén. sur la nature de la rel. des Grecs, et sur l'idée qu'on doit se former de leur mythologie. Hist. de l'Acad. Royale des Inscr. et Belles-Lettres 23 (1756) 23f.; vgl. G. CANTELLI: N. Fréret ... Riv. crit. Stor. Filos. 29 (1974) 264ff. 386ff. – [14] CH. DE BROSSES: Du culte des dieux fétiches ... (o.O. 1760, ND Farnborough 1972) 5ff. 76f. 182ff.; vgl. R. J. TOURNEMINE: Projet d'un ouvrage sur l'origine des fables. Mém. pour l'Hist. des Sci. et des Beaux Arts (Mém. de Trévoux) (Nov./Dez. 1702) 84ff.; D. HUME: The natural history of religion (1757). Philos. works, hg. TH. H. GREEN/TH. H. GROSE 4 (London 1882, ND 1964) 315ff.; vgl. schon DEMOKRIT, VS A 75; STATIUS, Thebais III, 661. – [15] G. VICO: Principi di una scienza nuova (1725). Opere 3, hg. F. NICOLINI (Bari 1968); (³1744). Opere 4/1 (Bari 1942) 6. 9. 28f. 73ff. 85ff. 90f. 112f. 117ff. 123ff. 133ff. 145ff. 150. 161ff. 195; dtsch. Übers. E. AUERBACH (1966) 7f. 10. 19f. 23ff. 31ff. 34f. 48f. 51ff. 55ff. 63ff. 67ff. 71. 77ff. 93. – [16] a.O. Opere 4/1, 9f. 163. 327ff. u.ö., dtsch. Ausg. 10. 78. 144ff.

IV. *Die Zeit der Romantik.* – Während der M.-Begriff Vicos in seiner Zeit nicht rezipiert wurde, legt CHR. G. HEYNE, der in vielem an diesen erinnert, den Grund für den modernen M.-Begriff und für das Fachgebiet ‹Mythologie› (Mg.) [1], und zwar vor allem mit der auf Analogien zu zeitgenössischen Primitiven gestützten und vermutlich durch die englische Präromantik beförderten [2] Annahme einer «aetas mythica», einer geschichtlich notwendigen Entwicklungsstufe («infantia generis humani») und einer entsprechenden Denk- und Ausdrucksweise, dem «sermo mythicus seu symbolicus». M. weisen auf Versuche von Menschen der Frühzeit, die überwältigende Natur zu begreifen; Unwissenheit und Furcht, starke sinnliche Affizierbarkeit und unvollkommene Sprache, welche ihre 'Begriffe' nur der Welt der Sinne entnahm, mußten dabei außer falschen oder übersteigerten Vorstellungen unbewußte «Allegorien» hervorbringen, weil man gezwungen war, «abstracta» als «concreta», «cogitata» als «facta», Naturkräfte als Personen wiederzugeben [3]. Der «sermo mythicus» lebt in der Gegenwart als «sermo poeticus» fort [4]. Heyne unterscheidet zwei «genera mythorum», das «historische» und das (allein Modellrelevanz beanspruchende) «philosophische» Genus [5]. Sein M.-Begriff weist Parallelen auch zu TURGOT auf [6], zuweilen auch zu CHR. MEINERS, der besonders am Problem der Mysterien interessiert ist [7].

Derlei Deutungen des M. sind von HERDER und der Romantik ausgeführt worden. Für Herder ist, bei gelegentlicher terminologischer Unschärfe und trotz vereinzelter Verwendung des aufklärerisch-negativen Mg.-Begriffs [8], die «Mg. jedes Volks» vor allem ein «Abdruck der eigentlichen Art, wie es die Natur sah», Ausdruck der noch kindlichen Träumereien «der menschlichen Seele» und die «griechische Mg.» die «reichste und schönste auf der Erde» [9], was ein besonderes Interesse für die damals allgemein bekannt werdende «nordische Mg.» nicht ausschließt [10]. An anderer Stelle ist ihm die antike Mg. «theils Geschichte, theils Allegorie, theils Religion, theils blos Poetisches Gerüste»; sie liefert nicht Wahrheit, sollte aber wegen ihrer Anschaulichkeit, «sinnlichen Schönheit» und ihres «Reichthums von Ideen» den Dichtern dazu dienen, «selbst Erfinder zu werden» («Poetische Heuristik»). Indes ist es schwierig, «eine ganz neue Mg. zu schaffen», daher soll man das antike «System der M.» verändern dürfen und vielleicht auch eine «Politische Mg.» erarbeiten [11]. Ganz gehört die Mg. für Herder nie der Vergangenheit an: «Wir lachen die Griechische Mg. aus, und jeder macht sich vielleicht die seinige» [12]. Die Verbindung von Poesie und M. bei Herder bedeutet nicht Rückschritt zur Aufklärung, sondern, daß beide als religiös fundierte, volkstümliche Schöpfungen verstanden werden und der M. damit aufklärerischer Kritik entzogen ist [13].

Über einen rationalistischen M.-Begriff kamen CHR. M. WIELAND und J. H. VOSS (in der Kritik an Heyne) nicht hinaus [14], und dies forderte wiederum PH. BUTTMANNS Kritik heraus, der als Voraussetzung der «M.-Systeme» weiterhin «die Personifikation gewisser physischen oder intellektualen Gegenstände» annimmt, die allegorische Deutung des M. beibehalten will und in seinen Widersprüchlichkeiten gerade den unverfälschten «Volksglauben» sieht [15]. Während Buttmann vom «historischen und dem bloß poetischen» als den beiden «Haupt-Elementen» der Mg. spricht [16], sieht sie K. PH. MORITZ, darin Goethe und Schiller nahe [17], ganz von ihrer poetischen Seite her: die M. stellen «höhere Mächte» und «die ganze Natur» in der «Sprache der Phantasie» dar; sie haben einen geschichtlichen Hintergrund, sind aber als «wahres Kunstwerk» und «schöne Dichtung» in sich vollendet und bezeichnen nicht etwas «außer sich» (gegen die M.-Allegorese!), sondern haben Zweck, Wert und Bedeutung in sich selbst [18].

Unzertrennlich sind Mg. und Poesie für F. SCHLEGEL. Als «erste Blüte der jugendlichen Phantasie», «Kunstwerk der Natur» und «hieroglyphischer Ausdruck der umgebenden Natur» war die «schöne Mg.» der Antike Mittelpunkt ihrer Poesie. Da die gegenwärtige Poesie einer solchen Mg., einer «geltenden symbolischen Naturansicht», entbehrt, muß durch Wiedererweckung der alten (antik-klassischen, nordischen, indischen) eine «neue Mg.» geschaffen werden; denn «Grundlage ... aller Kunst und Poesie ... ist die Mg.» [19]. Wenn Schlegel später Mg. als «Gemisch von Geschichte, mündlich fortgepflanzten Sagen, Sinnbildlichkeit und willkürlich hinzugefügter Dichtung» definiert, so erblickt er auch jetzt darin die «Spuren des wahren Begriffs der Gottheit» (im Sinne einer kindlichen Menschen angepaßten Uroffenbarung), was eine «philosophische» Interpretation nötig mache [20]. Verwendet wird auch der Begriff «christliche Mg.» [21], obwohl Schlegel sonst M. und Christentum unterscheidet [22], wie es noch deutlicher W. VON HUMBOLDT tat [23]. F. SCHLEIERMACHER stellt der Mg. sogar die Religion als solche entgegen; denn die Mg. will «tiefer hineindringen in die Natur und Substanz des Ganzen» der Welt, während die Religion sich damit begnügt, «alle Begebenheiten in der Welt als Handlungen eines Gottes vor[zu]stellen» [24].

Demgegenüber nennt F. HÖLDERLIN «alle Religion ihrem Wesen nach poetisch» und reflektiert über die Vereinigung aller Religionen zu einer einzigen, «wo jeder seinen Gott und alle einen gemeinschaftlichen in dichterischen Vorstellungen ehren, wo jeder sein höheres Leben und alle ... die Feier des Lebens mythisch feiern»; denn alle Religion ist «in ihrer Vorstellung weder intellektuell noch historisch, sondern intellektuell historisch, d. h. mythisch» [25].

Das Interesse der Romantik an der indischen Mg., das durch philologisch-historische Forschungen gefördert wird [26] und trotz kritischer Klarstellungen [27] anhält (F. SCHLEGEL nimmt bei aller Zurückhaltung «eine innere Struktur ..., ein Grundgewebe» als Gemeinsamkeit der indischen Mg. mit anderen an [28]), geht Hand in Hand mit einer Aufwertung des (geheimnisvoll-dunklen) «Symbols» gegenüber der (verstandesmäßig-klaren) «Allegorie» [29]: Auch GOETHE gibt innerhalb der zeitweise heftigen Diskussion über den poetischen Wert anderer, «nationaler» wie «nordischer» Mg., «christlicher» oder «Ritter-Mg.», den klaren Vorzug der griechischen Mg., weil sie einen «unerschöpflichen Reichtum göttlicher und menschlicher Symbole» in sich birgt [30]. Nachdem sich bereits J. J. WAGNER die veröffentlichten indischen Texte für seine spekulative M.-Deutung zunutze gemacht hatte [31], sucht als einer der ersten J. A. KANNE die griechische Mg. mit philologischer Akribie auf ihre indischen Ursprünge zurückzuführen. «Fetischismus» ist ihm die Basis aller Mg. und deren erster Stoff die dem «Naturmenschen» «fremd und göttlich» erscheinende Natur. Mg. läßt sich deshalb nicht, wie bei Heyne, «allegorisch», aus sprachlicher Armut und überhitzter Phantasie, ableiten, aber auch nicht historisch; denn sie erzählt «nur göttliche Geschichte», ist «Selbstoffenbarung» Gottes [32]. Die oft verwegene Kombination von Mg. und religiösphilosophischer Spekulation erreicht ihren ersten Gipfel beim jungen J. GÖRRES, dem «die Mythe» «wie ein erhabenes grosses Meteor ... fern am Morgenhimmel» der Menschheit erscheint [33]. Ähnlich Kanne, mit dem er in vielem übereinstimmt (Pantheismus, Urzeit- und Urvolkspekulation, Priesterweisheit, Symbolgedanke) [34], findet er in der indischen Mg. das an frühe Völker überlieferte «göttliche Gedicht» der Frühe. Der «esoterischen» «Theosophie» stehen bei ihm «Mythe» und «Religion» gemeinsam als «exoterisch» gegenüber [35].

Die folgenreiche Kontroverse zwischen F. CREUZER und G. HERMANN bedeutet den Zusammenstoß von philosophischer Spekulation der Romantik und wissenschaftlich-rationalistischer Philologie. CREUZER vertritt die These, in der Mg. (verstanden sowohl als Gesamtheit der M. als auch als Wissenschaft von diesen [36]) seien Begriffe nicht «constitutiv», sondern «leitend», «nicht legislatorisch, sondern nur interpretirend»; er lehnt deshalb «eine mythologische Methodik aus bloßer Reflexion und einer Folge von discursiven Begriffen» zugunsten von «Anschauung» und im Umgang mit dem M. erprobter Erfahrung ab [37]. Mehr als seine eigentliche M.-Bestimmung, die weithin als Gemeingut der Symboliker gelten kann (Trennung von «innerer, theologischer» Seite eines jeden M. und «äußerer, volksmäßiger», d. h. sich an das Fassungsvermögen der Vielen anpassender Seite) [38], verdient Creuzers begriffliche Differenzierung der Interpretationskategorien ‹Symbol› und ‹M.› Interesse: «Im Symbol nimmt ein allgemeiner Begriff das irdische Gewand an, und tritt ein Bild bedeutsam vor das Auge unseres Geistes. Im M. äußert die erfüllte Seele ihr Ahnen oder Wissen in einem lebendigen Worte» [39]. M. sind so sekundär, «ausgesprochene Symbole» und enthalten als «Sage» «alte Begebenheiten», als «Überlieferung» «alten Glauben und alte Lehre»; sie sind letztlich religiösen Ursprungs («Theologumena», «Theomythien») und setzen «Gedachtes» in «Geschehenes» um; später nähern sie sich der Poesie und verlieren so zuletzt ihre «geheime Bedeutsamkeit» [40]. Für G. HERMANN ist dies nur eine auf «mystischen Ideen» und nicht auf «Darlegung bestimmter Begriffe» beruhende M.-Deutung [41]. Für ihn gehört der religiöse Glaube «nicht als solcher ... zur Mg.»; diese ist – einmal mehr – «Erklärung des Ursprungs und Zusammenhangs der physischen sowohl als moralischen Welt und dessen, was sich in ihr begeben hat». Griechische M. sind «Philosopheme», von Priestern bildlich-personifizierend vorgetragen, vom unwissenden Volk als unbegreifliche Götterlehre religiös mißverstanden [42].

Während Creuzer von Voss rationalistisch kritisiert wird [43], unternimmt es der Hermann-Schüler CHR. A. LOBECK, Creuzers These von den priesterlichen Weisheitslehren der Mysterien zu widerlegen, diese dem Volksglauben gleichzustellen und die Rede von einer mit Urreligion und Urweisheit verbundenen «mythologia originalis» ad absurdum zu führen [44]. Demgegenüber hat Creuzer nicht zuletzt die von B. DE MONTFAUCON und J. J. WINCKELMANN begründete, seit Heyne akademische Kunst-Mg. [45] beeinflußt [46]. F. CHR. BAUR sieht vor allem durch Creuzer die Mg. «wissenschaftlich» begründet und innerhalb der anderen Disziplinen der Altertumswissenschaft an die erste Stelle gerückt [47]. Zu verbessern sucht er Creuzers «Definition der beiden Hauptbegriffe» der Mg.: Symbol sei die «Darstellung einer Idee durch ein einfaches Bild», M. dagegen die «bildliche Darstellung einer Idee durch eine Handlung», «das in eine Handlung auseinander gelegte Symbol» [48]. Inhaltlich ist Mg. Teil der «Religions-Geschichte», in der «mythische Naturreligion» und «Christenthum» dem Gegensatz von «Pantheismus» und «Idealismus», «Natur und Ichheit, Nothwendigkeit und Freiheit, Objectivität und Subjectivität» entsprechen [49].

HEGEL gibt seinem «Freunde» Creuzer darin recht, daß der M. «an sich [als] Symbol» gelten kann, ohne daß man in den Irrtum verfallen dürfe, «alle Mg. und Kunst symbolisch zu fassen» [50]. Die Integration der Auffassung Creuzers in seine Ästhetik gelingt Hegel dadurch, daß er die für jenen zentralen orientalischen M. der «symbolischen» «Vorkunst» zurechnet, die über sich hinaus auf etwas anderes verweist, und sie vom «eigentlich Mythologischen» oder «Mg. als solcher» abgrenzt, d.h. dem «klassischen» Ideal der griechischen Kunst, wo die als Individualitäten gebildeten Göttergestalten nur sich selbst bedeuten [51]. Als «Werk der phantasirenden Vernunft» enthält die Mg. «Gedanken», «Philosopheme», jedoch nur «implicite»; erst in der Philosophie kommen diese «in der Form des Gedankens zum Bewußtseyn»; von daher gilt (gegen Platons M.): «Die Mythe gehört zur Pädagogie des Menschengeschlechts. Ist der Begriff erwachsen, so bedarf er derselben nicht mehr» [52].

Spekulativ sind letztlich auch die Voraussetzungen der bei Herder aufgekommenen Idee vom M. als Volksschöpfung, wie sie teilweise Buttmann, dann K. W. F. SOLGER und besonders die Brüder GRIMM vertreten [53]. J. GRIMM sucht auf der Basis indogermanischer etymologischer Forschungen die Gemeinsamkeiten der M. verwandter Völker aufzuspüren und so auch das Verhältnis von «sagenwahrheit» und «historischer wahrheit» zu klären: Im «volksepos» durchdringen sich «reinmythische (göttliche)» und «reinhistorische (factische) wahrheit». M. und Geschichte verhalten sich wie «schicksal» und «freiheit» zueinander [54]. Die Klagen über ein Fehlen einer «deutschen Mg.» sind grundlos: sie existiert, und zwar als «mitte» zwischen der «celtischen» und der «nordischen» [55].

Auch für K. O. MÜLLER sind (griechische) M. ursprünglich «Volkssagen», nicht absichtliche «Erfindungen» creuzerscher Priester-Philosophen, sondern unbewußt und notwendig entstandene «Erzählungen von Handlungen und Schicksalen persönlicher Einzelwesen» aus der Zeit vor der «eigentlichen Geschichte Griechenlands», also nicht «Allegorie» oder «Mährchen» [56]. M. vereinigen in sich «Geschehenes» und «Gedachtes», «Reelles» und «Ideelles», «Geschichte» und «Religion» bzw. «Philosophie». M. und Symbol wollen beide «Ideen über die Gottheit» darstellen und mitteilen, durch die Erzählung einer das göttliche Wesen offenbarenden Tat (M.) oder durch einen mit der Gottheit verbundenen Gegenstand (Symbol) [57]. Die wissenschaftliche Erforschung des M. zerstört sein Leben, liefert aber, auf Einfühlung und Vertrautheit mit der Antike beruhend, wertvolle Erkenntnisse über den Menschen und seine Geschichte, gerade insofern die Mg. uns fremd ist [58]. Methodisch konnte Müller an die hermeneutischen Grundlegungen seines Lehrers A. BOECKH anknüpfen, der sich seinerseits in Mg.-Fragen weitgehend und manchmal bis in die Formulierungen hinein an jenem orientierte [59]. Dies ist nur *ein* Beispiel für die weitreichende Wirkung Müllers [60], in dessen gedanklicher Nähe sich auch CHR. H. WEISSE bewegt, der besonders die Vernachlässigung der spekulativen M.-Forschung zugunsten der bloßen Faktenhuberei kritisiert [61].

In SCHELLINGS Denken nimmt das Thema des M. und der Mg. von Anfang an eine bevorzugte Stellung ein, bis mit der ‹Philosophie der Mg.› ein später Höhepunkt der Romantik erreicht wird. Zunächst gliederte er M. nach Heynes Vorbild in «mythische Geschichte» und «mythische Philosophie», letztere wiederum in «theoretische», «psychologische», «transzendentale» und «praktische» [62]. Im sogenannten ‹Systemprogramm› (seine Verfasserschaft vorausgesetzt) forderte er eine «neue», eine «Mg. der Vernunft», den den Gegensatz von Volk und Philosophen beseitigt und «allgemeine Freiheit und Gleichheit der Geister» verwirklicht [63]. Dann nannte er, ähnlich wie Schlegel, Mg. «das Mittelglied der Rückkehr der Wissenschaft zur Poesie», überließ die Schaffung einer «neuen Mg.» allein «dem weiteren Verlauf der Geschichte» [64], oder er bezeichnete Mg. als jene Form, in der die Götter «zur vollkommenen Objektivität und unabhängigen poetischen Existenz gelangen», als «Ersten Stoff aller Kunst» und «absolute Poesie» und bestimmte den Unterschied zwischen antiker und «moderner Mg.» als den von «Natur» und «Geschichte» (Geschichte als Reich der Freiheit, in dem doch eine «Vorsehung» waltet) [65]. Schließlich sieht er – auch hierin Schlegel vergleichbar – die Möglichkeit einer «universellen Mg.» an die Existenz «der symbolischen Ansicht der Natur» geknüpft [66]. In seinem Spätwerk, das sich noch in manchem an Creuzer orientiert [67], will er in der Wendung gegen «bloß gelehrte oder historische Forschung» eine «wahre Wissenschaft der Mg.», d.h. «Theorie» oder «Philosophie der Mg.» liefern. Diese begreift Mg. als «Göttergeschichte», als die tatsächlichen Entwicklungsstufen des menschlichen Bewußtseins, «indem man annimmt, das Bewußtseyn der Menschheit habe in allen Momenten der Mg. wirklich verweilt. Die aufeinander folgenden Götter haben sich des Bewußtseyns wirklich nacheinander bemächtigt» [68]. Mg. muß deshalb «tautegorisch» sowohl objektiv, als

«Theogonie», wie auch subjektiv, als «theogonischer Proceß ... im Bewußtseyn», verstanden werden, als jener notwendige Weg, den die Menschheit nehmen mußte, von einem anfänglichen «relativen Monotheismus» über den Polytheismus zu einem «frei erkannten», wahrhaften Monotheismus, zu dem das Christentum den Zugang eröffnet hat [69]. Erkennbar ist dieser «mythologische Proceß» erst von der alle Entwicklungsmomente vereinigenden, daher selbst schon «allgemeinen» griechischen Mg. her [70].

H. STEFFENS deutet Mg. als «Naturanschauung, die mit der Entwicklungsgeschichte der Erde zusammenfällt», und als Ausdruck eines naturgebundenen, «dämmernden Bewußtseyns», welches nur den chaotischen Kampf der Naturkräfte zu sehen vermag («chaotische Mg.») [71]. Damit ist der M. von der «mosaischen Überlieferung», in der Gott die «dämonischen Naturkräfte» ordnet [72], deutlich unterschieden, ja die Aufgabe, «den Begriff der Mythe zu entwickeln», erscheint als «letzter Kampf des Weltbewußtseins mit dem christlichen». Die der Individualentwicklung strukturähnliche Gattungsgeschichte hat dementsprechend ihren Anfang im M. und zielt auf die Rückkehr zu Gott [73].

Anmerkungen. [1] Vgl. A. E.-A. HORSTMANN: Mg. und Altertumswiss. Der M.-Begriff bei Chr. G. Heyne. Arch. Begriffsgesch. 16 (1972) 60ff. «Mg. oder Fabelkunde der Griechen und Römer» als Einzeldisziplin dann z. B. bei F. A. WOLF: Darstellung der Alterthumswiss. Mus. Alterthumswiss. 1 (1807) 57ff. 144. – [2] R. LOWTH: De sacra poesi Hebraeorum (Oxford 1753, ³1775), hg. J. D. MICHAELIS (1758, ²1770; dtsch. 1815); R. WOOD: An essay on the original genius of Homer (London 1769, dtsch. 1773). – [3] CHR. G. HEYNE: De fide historica aetatis mythicae (1798). Comm. Soc. Regiae Sci. Gottingensis 14 (1800) 107ff.; Quaestio de caussis fabularum seu mythorum veterum physicis (1764), in: Opuscula Academica 1 (1785) 184ff., bes. 189ff.; Sermonis mythici seu symbolici interpretatio ... (1807). Comm. ... a.O. 16 (1808) 285ff.; Praefationes zu: Apollodori bibliothecae libri tres et fragmenta (1782f., ²1803) bes. 1, XVIII; zu weiteren Schriften HORSTMANN, a.O. [1] 61. – [4] HEYNE: Historiae scribendae inter Graecos primordiae (1799). Comm. ... a.O. 14 (1800) 121ff.; 149ff.: de mythorum poeticorum natura, origine et caussis; vgl. bereits CICERO, De oratore III, 155. – [5] Sermonis mythici, a.O. [3] 304f. – [6] A. R. J. TURGOT: Sur l'hist. univ. Oeuvres 2 (Paris 1808) 272. – [7] CHR. MEINERS: Ueber die Mysterien der Alten. Vermischte philos. Schr. 3 (1776) 164ff.; Grundriß der Gesch. aller Religionen (1785) 118ff. – [8] J. G. HERDER, Sämtl. Werke, hg. B. SUPHAN (1877-1913, ND 1967) 11, 323ff.; 6, 255; 8, 373f. – [9] a.O. 13, 307; 14, 98. 103ff. – [10] 3, 483ff.; 24, 311ff.; zu den Diskussionen über die Rolle der nationalen Mythologien vgl. F. STRICH: Die Mg. in der dtsch. Lit. von Klopstock bis Wagner (1910, ND 1970) 1, 54ff. 173ff.; zur «nordischen Mg.» vgl. F. G. NEUENHAGEN: Mg. der nord. Völker (1794); «gothische Mg.» schon bei WOOD, a.O. [2] dtsch. 159. – [11] HERDER, a.O. [8] 1, 426ff. 447 (Hinweis auf Lessings Vorschlag eines «heuristischen Gebrauchs der Fabel»); zur polit. Mg. bei Bacon und Blackwell vgl. STRICH, a.O. 1, 50 Anm. 1. – [12] HERDER, a.O. 4, 356ff. – [13] 7, 23; 22, 145ff.; vgl. 13, 387ff.; 25, 133ff. – [14] CHR. M. WIELAND: Vorrede zu: Lucian von Samosata. Sämtl. Werke 1/2 (1788/89, ND 1971) 3ff.; J. H. VOSS: Mythol. Briefe 1 (1794) V. 1ff. 28ff. u.ö.; Voss' eigene M.-Entstehungstheorie 13ff.; vgl. STRICH, a.O. [10] 1, 72ff. 183ff. – [15] PH. BUTTMANN: Ueber die philos. Deutung der griech. Gottheiten (1803), in: Mythologus ... (1828/29) 1, 1ff. – [16] Über den M. des Herakles a.O. 1, 246ff. – [17] Vgl. STRICH, a.O. [10] 1, 247ff. 262ff. 297ff. – [18] K. PH. MORITZ: Götterlehre oder Mythologische Dichtungen der Alten (1791, 1795 u.ö.), zit. nach der Neuausg. (Berlin/München/Wien o.J.) 7ff.; vgl. GRUPPE, a.O. [21 zu II] 105ff. – [19] F. SCHLEGEL: Rede über den Mg. (1800). Krit. A., hg. E. BEHLER 2 (1967) 312f. 318ff.; zur Wirkung bei Novalis und A. W. Schlegel u.a. vgl. STRICH, a.O. [10] 1, 394f.; 2, 6ff.; zu A. W. SCHLEGEL vgl. bes. Krit. Schr. und Br., hg. E. LOHNER 2 (1963) 282ff. – [20] F. SCHLEGEL, Krit. A. 11 (1958) bes. 23ff. 178ff. 306; 13 (1964) 33. 54; vgl. W. A. VON SCHMIDT: Mg. und Uroffenbarung bei Herder und F. Schlegel. Z. Rel.- Geistesgesch. 25 (1973) 32ff. – [21] Krit. A. 2, 235; vgl. bereits J. V. ANDREAE: Mythologiae christianae ... libri III (1619); HERDER, a.O. [8] 16, 160ff. – [22] SCHLEGEL, Krit. A. 12 (1964) 53; 2, 259. – [23] W. VON HUMBOLDT, Werke, hg. A. FLITNER/K. GIEL 2 (1961) 72. – [24] F. SCHLEIERMACHER: Über die Religion (1799), hg. H.-J. ROTHERT (1961) 31ff. – [25] F. HÖLDERLIN, Sämtl. Werke und Br., hg. G. MIETH (1970) 1, 863f.; vgl. STRICH, a.O. [10] 1, 345ff.; P. BÖCKMANN: Sprache und M. in Hölderlins Dichten, in: Die dtsch. Romantik, hg. H. STEFFEN (1967) 7ff.; U. GAIER: Hölderlin und die M., in: Terror und Spiel a.O. [18 zu II] 295ff.; G. BUHR: Hölderlins M.-Begriff (1972). – [26] Vgl. W. JONES: On the Gods of Greece, Italy, and India. Asiatick Res. 1 (1788) 221ff.; Mythologie des Indous, travaillée par M^dme de Polier sur des manuscrits ... par feu Mr. de Polier, 1-2 (Roudolstadt/Paris 1809); GRUPPE, a.O. [21 zu II] 122ff. – [27] H. T. COLEBROOKE: On the rel. ceremonies of the Hindus ... Asiatic Res. 5 (1799) 345ff.; 7 (1801) 232ff. 288ff. – [28] SCHLEGEL, Krit. A. 8 (1975) 192f. – [29] Vgl. H.-G. GADAMER: Wahrheit und Methode (⁴1975) 68ff. – [30] J. W. VON GOETHE, Hamb. A. 9, 536f.; 10, 49; vgl. STRICH, a.O. [10] 1, 302; 2, 231ff.; zu Schiller bes. K. BERGER: Schiller und die Mg. Dtsch. Vjschr. Lit.wiss. 26 (1952) 178ff.; R. SCHATZ: Schiller und die Mg. (Diss. Zürich 1955); zur «Ritter-Mg.» vgl. u.a. A. W. SCHLEGEL, a.O. [19] 4, 102ff. – [31] J. J. WAGNER: Ideen zu einer allgemeinen Mg. der alten Welt (1808); dazu Rez. von F. AST, Z. Wiss. und Kunst 1 (1808) 2, 117ff. und F. CREUZER, Heidelb. Jb. Lit. 1 (1808) 1, 25ff.; vgl. AST: Die vier Lebensalter der griech. Mg. Z. Wiss. und Kunst 1 (1808) 1, 25ff. – [32] J. A. KANNE: Erste Urkunden der Gesch. oder allg. Mg. (1808); dazu Rez. von AST, Z. Wiss. und Kunst 1 (1808) 2, 126ff.; vgl. KANNE: Mg. der Griechen (1805) 1, Vff.; Pantheon der Ältesten Naturphilos. (1811) 1ff.; System der ind. Mythe (1813); vgl. D. SCHREY: M. und Geschichte bei J. A. Kanne und in der romant. Mg. (1969). – [33] J. GÖRRES: Glauben und Wissen (1805). Ges. Schr. 3 (1926) 7. – [34] M.-Gesch. der asiat. Welt 1 (1810) 16ff.; Wachstum der Historie (1807/08). Ges. Schr. a.O. 413. – [35] a.O. [33] 8f. 54f.; dazu G. BÜRKE: Vom M. zur Mystik (1958) 13ff. – [36] G. HERMANN und F. CREUZER: Briefe über Homer und Hesiodus vorzüglich über die Theogonie (1818) 29. 88ff. 56ff. – [37] a.O. 88ff. 99. – [38] 41ff. 55f. 96ff.; CREUZER: Symbolik und Mg. der alten Völker, bes. der Griechen 1-4 (1810-12, ³1837ff.), zur Akkommodation: 1, 21; zur Rezeption Creuzers vgl. GRUPPE, a.O. [21 zu II] 133ff.; E. HOWALD (Hg.): Der Kampf um Creuzers Symbolik (1926). – [39] Symbolik ... a.O. 1 (²1819) 83ff. – [40] 1 (²1819) 57ff. 83ff. – [41] Briefe ... a.O. [36] 59ff. 86; sowie HERMANN: Ueber das Wesen und die Behandlung der Mg. (1819) 124ff. – [42] Briefe ... a.O. [36] 64ff. 69ff.; Ueber das Wesen ... a.O. 32ff. 38. 101. 124. 140ff.; De mythologia Graecorum antiquissima diss. (1817). Opuscula 2 (1827) 167ff. – [43] J. H. VOSS: Antisymbolik (1824), vgl. STRICH, a.O. [10] 2, 339ff. – [44] CHR. A. LOBECK: Aglaophamus sive de theol. mysticae Graecorum causis libri tres (1829, ND 1961) 1, 3ff. 192f. 625; 2, 1050ff. 1279ff.; vgl. GRUPPE, a.O. [21 zu II] 151ff. – [45] B. DE MONTFAUCON: L'antiquité expliquée et représentée en figures (Paris 1719); J. J. WINCKELMANN: Monumenti antichi inediti (Rom 1767); HEYNE: Einl. in das Studium der Antike (1782). – [46] C. A. BÖTTIGER: Ideen zur Kunst-Mg. (1826-36); (Hg.): Amalthea oder Museum der Kunst-Mg. 1-3 (1820-25); vgl. GRUPPE, a.O. [21 zu II] 137ff. 140ff. – [47] F. CHR. BAUR: Symbolik und Mg. oder die Naturreligion des Alterthums (1824/25) 1, IIIff. 91. 383. – [48] a.O. 1, VIII. 28f. 39. 54f. – [49] 1, VI. 148f. – [50] G. W. F. HEGEL, Ästhetik, Sämtl. Werke, hg. H. GLOCKNER 12, 415ff. – [51] a.O. 522ff.; 13, 24ff. 67ff. 86ff. – [52] 17, 114ff.; 18, 187ff. – [53] K. W. F. SOLGER: Nachgel. Schr. und Briefwechsel 2 (1826, ND 1973) bes. 676ff.; vgl. STRICH, a.O. [10] 2, 348ff.; GRUPPE, a.O. [21 zu II] 153ff. – [54] J. GRIMM: Gedanken über M., Epos und Gesch. (1813). Kleinere Schr. 4 (1869, ND 1965) 74ff. – [55] a.O. 75; 5 (1871, ND 1965) 198ff. – [56] K. O. MÜLLER: Prolegomena zu einer wiss. Mg. (1825, ND 1970) 59. 103ff. 111ff. 172. – [57] a.O. 66ff. 256ff. – [58] IVf. 64ff. 206ff. 218ff. 235ff. 267ff. 281ff. 293. – [59] A. BOECKH: Encyklopädie und Methodologie der philol. Wiss. (1877) 528ff. – [60] Vgl. GRUPPE, a.O. [21 zu II] 163ff. – [61] CHR. H. WEISSE: Über das Studium des Homer und seine Bedeutung für unser Zeitalter (1826) 286ff.;

Darstellung der griech. Mg. (1828). – [62] F. W. J. SCHELLING, Sämtl. Werke, hg. K. F. A. SCHELLING (1856-61) 1, 43ff. 63ff. 72ff. 80ff. – [63] R. BUBNER (Hg.): Das älteste Systemprogramm (1973) 265. – [64] SCHELLING, a.O. [62] 3, 629. – [65] 5, 405f. 427. 448f. 453. – [66] 6, 67. – [67] 8, 355. 395f.; vgl. 11, 89. 226f. – [68] 11, 4ff. 61ff. 122ff. 199. 217ff. – [69] 11, 126ff. 139. 176ff. 185ff. 192ff. 207ff. 215ff.; 12, 100ff. 108ff.; vgl. 13, 378ff. – [70] 12, 591ff.; 11, 131; 12, 646f.; vgl. 13, 410; vgl. A. ALLWOHN: Der M. bei Schelling (1927); G. DEKKER: Die Rückwendung zum M. (1930); H. ANTON: Romantische Deutung griech. Mg., in: Die dtsch. Romantik, a.O. [25] 277ff.; O. MARQUARD: Zur Funktion der Mg.-Philos. bei Schelling, in: Terror und Spiel a.O. [18 zu II] 257ff. – [71] H. STEFFENS: Anthropologie 1 (1822) 179ff. 224; vgl. 347ff. – [72] a.O. 1, 182. – [73] Christl. Religionsphilos. 1 (1839) 283. 287. 299. 351. 384. 395ff. 297ff. 348f.; vgl. STRICH, a.O. [10] 2, 142ff.

V. *Zweite Hälfte des 19. Jh.* – In der zweiten Hälfte des 19. Jh. wandelt sich der Begriff des M.: Aus einem Programmwort der Romantik bei der Suche nach der Urweisheit wird ein Gegenstand nüchterner Forschung, die im Bewußtsein von Evolution und Fortschritt M. nur in den rohen Anfängen der Menschheitsgeschichte vermutet (und damit nicht zuletzt auf HEYNE zurückgreift). Schon gegen Ende des 18. Jh. war dessen M.-Begriff in der historisch-kritischen Bibelexegese präsent, so z. B., wenn die sogenannte 'mythische Schule', J. G. EICHHORN, J. PH. GABLER und G. L. BAUER, die Theorie vom «sermo mythicus» auf das Alte und Neue Testament anwandte, um die 'Fakten' von ihrer mythischen Einkleidung zu sondern und das zeitlos Gültige zu retten [1]. Hierüber geht dann W. M. L. DE WETTE hinaus, indem er zunächst den gesamten ‹Pentateuch› als «mythisch» im Sinne freier Dichtung, aus dem sich keine einzelnen historischen Tatsachen mehr herausschälen lassen, bezeichnet [2]. Als sich mit G. W. MEYER die Kritik der 'mythischen Schule' meldet [3], sieht er im M. die geschichtlich nicht überholbare 'Ausdruckskategorie des religiösen Lebens': «In der Mg. entwerfen wir in freyer Dichtung Bilder des Uebersinnlichen und seines Verhältnisses zum Irdischen, um unsere Ahnungen vom wahren Seyn der Dinge anschaulich darzustellen» [4]. Für D. F. STRAUSS schliesslich sind die «neutestamentliche M. nichts Andres, als geschichtartige Einkleidungen urchristlicher Ideen, gebildet in der absichtslos dichtenden Sage», die «das einfache historische Gerüste des Lebens Jesu» umrankte [5]. Strauss erkennt dabei das Problem der «Grenzlinie des Mythischen und Historischen», zwischen M. und dogmatischem Kernbestand, wie es sich seitdem jeder den M.-Begriff verwendenden Theologie stellt [6].

Während Strauss demnach nicht die völlige Preisgabe der dogmatischen Geltung des Christentums intendiert [7], will eben dies L. FEUERBACH, der seine Destruktion der theologischen Gehalte scharf von jener «christlichen Mg.» abgrenzt, die «die Philosophie der Religion aufopfert» und «die Religion anstatt der Vernunft reden läßt» [8]. Bei K. MARX wird dann Religion nicht auf M., sondern auf Ideologie reduziert. M. ist für ihn hingegen etwas Vergangenes: «Alle Mg. überwindet und beherrscht und gestaltet die Naturkräfte in der Einbildung und durch die Einbildung: verschwindet also mit der wirklichen Herrschaft über dieselben.» Doch als solche «unbewußt künstlerische Verarbeitung der Natur (... die Gesellschaft eingeschlossen)» durch die «Volksphantasie» liefert sie «Material» für die unübertroffene (klassisch-griechische) Kunst [9].

In der wissenschaftlichen Forschung dieser Zeit gelten M. im allgemeinen als Reflexe von Naturgewalten im Geist primitiver Völker; daß sie genuiner Ausdruck religiösen Gefühls sind, wird vielfach bestritten, andererseits aber ihr 'poetischer' Charakter oft bewundert [10], auch in der mit den indogermanischen Forschungen sich ausbildenden 'Vergleichenden Mg.', wo A. KUHN mit Hilfe der Kenntnis des indischen ‹Rigveda› die Religion und den M. eines indogermanischen Urvolks (re-)konstruiert [11] und (FRIEDRICH) MAX MÜLLER im «Veda eine ganze Welt uranfänglicher, natürlicher und verständlicher Mg. bewahrt» sieht [12]. M. ist Folge einer unvermeidlichen «Kinderkrankheit» der Sprache, resultiert aber nicht, wie bei Heyne, aus deren Schwäche, sondern aus deren Überfluß: «Die Mg. ist nur ein Dialekt, eine alte Form der Sprache», die vor allem aufgrund von «Polyonymie und Synonymie» «mythologische Missverständnisse» erzeugt: die Götter des ‹Veda› sind daher «nomina, nicht numina, wesenlose Namen, nicht namenlose Wesen» [13]. Den M. gilt es nun zu «zergliedern und in die Elemente [zu] zerlegen» [14]. Ein ähnlich (natur-)wissenschaftliches Pathos zeigt sich bei F. L. W. SCHWARTZ, der glaubt, daß sich im Leben der Völker «mythische Massen gleichsam abgelagert» haben und Mg. ihrer Struktur nach mit «Gebirgsschichten» verglichen werden können [15], und bei H. OLDENBERG, der den M. gar aus «mythischen Molekülen oder Monaden» zusammengesetzt sieht [16]. Doch bleibt mutiges Spekulieren weiter in Mode: Den Ursprung mythisch-religiöser Vorstellungen finden die einen in Babylon [17], die anderen bei den Kaukasiern [18]. Die zu dieser Zeit besonders beachtete «niedere Mg.» nennt Schwartz «ein Chaos gläubiger Naturanschauungen», woraus sich dann «die Formen der eigentlichen Götterlehre in markirterer Gestalt» entwikkeln [19], während W. MANNHARDT die «Volksüberlieferung» als «Quelle ... jeder ... wahren Mg.» ansieht und die «mythenbildende Kraft des Volkes» bei Jägern, Bauern usw. noch immer für wirksam hält [20].

Für die Ethnologie bildet den Kern aller Mg. letztendlich Animismus [21] oder ein «irrational» bzw. «savage and senseless element» [22]. F. B. JEVONS erblickt in den M., Heyne ähnlich, «attempts to explain things – the phenomena of nature, the constitution of the universe and the descent of man»; sie werden abgelöst von «science» und «philosophy» [23].

Für die Völkerpsychologie definieren M. LAZARUS und H. STEINTHAL Mg. als eine dem Wort der Sprache vergleichbare «Apperceptionsform der Natur und des Menschen, eine Anschauungsweise auf einer gewissen Stufe der Entwickelung des Volksgeistes», die keinen als «Gegenstand des Volks-Bewußtseins» möglichen Inhalt ausschließt und noch heute im Volk oder bei Kindern weiterlebt [24]. Genauer ist M. die «gesammte Vorstellungs-Welt der Völker auf ihrer ersten Entwicklungsstufe», ein «Bild ... von dem All», von der «Einrichtung der Welt als eines Ganzen», von den «Vorgängen in der Natur und im Menschenleben». Der Mensch auf dieser Stufe «denkt mythisch; und darum wird jeder Gedanke zum M., jede Anschauung zum Symbol». Auch die Religion, die «ihrem Begriffe und ihrer Idee nach» nichts mit M. zu tun hat, muß sich seiner Form unterwerfen [25]. Auf Steinthals Terminus des «mythischen Denkens» als Bezeichnung für die «Denkweise des primitiven Menschen» greift dann später E. MEYER zurück [26]. T. VIGNOLI sucht nach dem M. und Wissenschaft gemeinsamen «psychisch-physiologischen Grundprincip» und entdeckt den Keim des M. «in dem ureigenen Wesen der thierischen Sinnesempfindung» und ihrer Fähigkeit zur «spontanen Personification des Inhaltes eines jeden sinnlichen Eindrucks». Noch immer wirkt dieser Mechanismus der M.-Bildung fort, auch in der Wissenschaft, wo sich z. B. noch in der Physik «mythische Entificationen von Kräften» finden; erst wenn er durchschaut ist, kann der M. dem «rationellen Denken» völlig Platz machen [27]. – Gegen die gängige Art von «Natur-Mg.» wendet sich V. RYDBERG, der «Mythogonie» («sog. Wetter-Mg. oder Naturmythik») von Mg. unterschieden wissen will [28]. Auch O. GRUPPE verwirft die in der Natur-Mg. übliche Verfolgung von «Übereinstimmungen zwischen den Culten und M. der einzelnen indogermanischen Völker» bis in die «proethnische Urzeit». Statt der «Vererbungshypothese» vertritt er wieder die Übertragungstheorie: Kult- und M.-Import aus Ägypten und Vorderasien nach Indien und Europa. M. selbst ist «Erträumung einer besseren Welt» [29].

Während die Klassische Philologie gegen die Vergleichende Mg. und Sprachwissenschaft die Skepsis einer 'strengen', auf Textkritik beruhenden Wissenschaft pflegt und sich, außer in handbuchartigen Zusammenfassungen, nur im Rahmen von Quellenuntersuchungen und Texteditionen Problemen des M. zuwendet [30], findet die Mg. Beachtung in den selbständig gewordenen Disziplinen der Archäologie und Kunstgeschichte, besonders auch in der Religionsgeschichte [31]: Positionen der Vergleichenden Mg. vertritt L.-F. A. MAURY [32]; A. RÉVILLE kontrastiert die «dramatische Form» des M. dem Ritus als dem «groupement de plusieurs symboles convergeant vers une idée centrale» und entdeckt im mythischen Begreifen der Natur «imaginations poétiques» ohne religiöses Element [33]. Gerade auf das «religiös Mythische» hebt hingegen F. G. WELCKER ab: Der «religiöse Geist» des Menschen bringt M. hervor, die sein Wissen um das dem «Ich» in der sichtbaren Welt gegenüberstehende «Du» bzw. um das ihm überlegene «göttliche Leben» ausdrücken: Göttergestalten als «Sinnbilder der Natur» [34]. M. sind wie Symbole «Formen innerer Wahrnehmung, genialer Erkenntniß, Mittel und Werkzeuge zum sinnlich-geistigen Verständniß religiöser Dinge», Vermittlung der Religion durch die «Phantasie» [35].

Welckers Schüler H. USENER erkennt, daß zum M. alles das wird, was auf den «Kindheitsstufen der völker» «das gemüt des volkes erregt», da es als Unbekanntes in Gestalt eines «göttlichen wesens» erfahren wird. Die Mg. als die wissenschaftliche «lehre (λόγος) vom M.» ist deshalb «formenlehre der religiösen vorstellungen»; sie behandelt die «religiöse begriffsbildung»: «beseelung (personifikation)» und «verbildlichung (metapher)», und leitet hieraus die Formen «der symbolik», «des mythus» und «des kultus» ab [36]. Die «Religionsgeschichte» soll das «Werden und Wachstum des menschlichen Geistes» vom M. zur «vernünftigen Erkenntnis», von der «religiös gebundenen Sitte» zur «freien sich selbst bestimmenden Sittlichkeit» aufhellen; dabei kann die Mg. als Wissenschaft mit ihren Erkenntnissen auch noch der gegenwärtigen Religion und ihren «Mythologemen» «die Wohltat einer planmäßigen Befreiung» bringen [37].

J. J. BACHOFEN dagegen interessiert sich vor allem von rechts- und sozialgeschichtlichen Fragestellungen aus für die Mg. Als «Darstellung der Volkserlebnisse im Lichte des religiösen Glaubens» sind M. «Geschichtsquelle», die über die Frühzeit mutterrechtlicher Lebensform historisch wahre Auskunft gibt, so daß M. und Geschichte nur in dem Sinne «der Verschiedenheit der Ausdrucksweise des Geschehenen in der Überlieferung» getrennt sind [38]. In Bachofens Äußerungen zu M. und Symbolik – wie Creuzer bezeichnet er den M. als «Exegese des Symbols» – dominieren romantische Klänge, so auch, wenn er in der ‹Gräbersymbolik der Alten› die nicht mehr geglaubten M. in der «Verbindung mit Mysterium und Grab» wieder zu Ansehen gebracht sieht, indem sie vor allem zur Darstellung religiöser, ethischer und moralischer Wahrheiten werden [39].

Näher an der Altertumswissenschaft der Zeit bleiben J. BURCKHARDTS Bemerkungen über «die Griechen und ihren M.». «In völlig naiver Zeit geboren» übte der M. «seine volle und glänzende Herrschaft ... in der Blütezeit der Griechen» aus, die ihn «als ideale Grundlage ihres ganzen Daseins» verteidigten und mit der «Abwendung vom M.» das Ende ihrer Jugend einleiteten. Gerade in der «beständigen Zurückbeziehung aller Dinge und Anschauungen auf eine poetisch gestaltete Vorzeit» hatten sie «in ihrem M. eine ganz kolossale Romantik zur ... geistigen Voraussetzung» [40].

Unter Rückgriff auf die 'Vergleichende Mg.' und mit Anklängen an Lazarus und Steinthal setzt W. DILTHEY das «mythische Vorstellen» als Stadium der «intellektuellen Entwicklung» vor der Entstehung von Metaphysik und Wissenschaft an, ohne allerdings A. Comtes Dreistadiengesetz zuzustimmen, dessen Fehler schon in der mangelnden «Unterscheidung von M. und Religion» liege. Denn nicht die Religion wird geschichtlich überholt, sondern nur deren Ausdrucksform, das «mythische Vorstellen», das von der Metaphysik abgelöst wird [41].

Als nach 1850 die Wirkung der Philosophie A. SCHOPENHAUERS einsetzt, vermag dessen M.-Deutung der wissenschaftlichen Diskussion kaum mehr Neues zu bieten: ohne genaue Abgrenzung zu verwandten Begriffen wie «Parabel», «Allegorie», «Symbol» oder «Fabel» erscheint M. in Anlehnung an den sonst kritisierten Creuzer als «Vehikel» und «exoterische» Hülle religiös-philosophischer «Wahrheit», geringerer Intelligenz angepaßtes «Surrogat» fürs Volk und insofern dann «Regulativ» auch für dessen Handeln [42]. Dies gilt auch für das AT und das NT. Das «non plus ultra mythischer Darstellung» bietet der indische «M. von der Seelenwanderung»; bewundert wird aber auch die griechische Mg., die «gewissermaßen die Urtypen aller Dinge und Verhältnisse enthält» [43].

R. WAGNER steht dagegen eher in der Nachfolge der über die Brüder Grimm führenden romantischen M.-Deutung: M. ist «religiöse Naturanschauung» des Volkes, das die Naturphänomene einer willkürlich handelnden Macht zurechnet, «zur Bildung von Göttern und Helden» fortschreitet und somit im M. zum «Schöpfer der Kunst» wird [44]. Anders als F. HEBBEL, der unter dem Eindruck der historischen Schule zwischen Mg. und Allgemein-Menschlichen scharf unterscheidet [45], schreibt Wagner dem (griechischen) Drama, gerade weil es seinen Stoff dem M. entnimmt, die Fähigkeit zu, den «Menschen» und «die rein menschliche Natur» zu zeigen (Gegensatz: der an den geschichtlichen Stoff gebundene Roman, der den «Staatsbürger» zum Inhalt hat) [46]. Das Kunstwerk der Zukunft impliziert demnach den Untergang des Staates und bringt die Vollendung eines «neu erfundenen, und im Drama zur verständlichsten Darstellung gebrachten M.» [47].

Der junge NIETZSCHE entwirft, fasziniert durch Wagner, seinen M.-Begriff ganz vom Griechentum her und stößt damit ebenso auf das Unverständnis der Fachwissenschaft wie einst Creuzer. Wesen und «Genesis des tragischen M.» erkennt er in der «Verbildlichung dionysischer Weisheit durch apollinische Kunstmittel»: so wird in der Tragödie die für die unmittelbare Anschauung unerträgliche Wahrheit des Urleids der «individuatio» durch «apollinische Täuschung» (am Einzelschicksal des «tragischen Helden») dem Zuschauer faßbar symbolisiert, der damit vor der sonst – bei unvermitteltem Erleben «dionysischer» Musik – drohenden verzückten, orgiastischen «Selbstvernichtung» bewahrt bleibt. Wie die griechische Kultur in der Tragödie ihren Höhepunkt erreicht, so bedeutet es ihr Ende, als die (sokratische) Wissenschaft den M. ablöst; indessen wirkt der «mythologische Trieb», die «mythenschaffende Kraft» in Philosophie, Theologie und Sprache weiter [48]. M. ist so das Instinktive, begrifflich nicht Ersetzbare und als «mythischer Mutterschoß» und «mythische Heimat» Voraussetzung für Leben, Kultur und selbst für den Staat: «Ohne M. ... geht jede Kultur ihrer gesunden schöpferischen Naturkraft verlustig: erst mit M. umstellter Horizont schließt eine ganze Kulturbewegung ab.» Dem abstrakt reflektierenden Denken entgegengesetzt, erhält M. damit eine kritische Funktion gegenüber der an Fortschritt und Wissenschaft orientierten, in Wahrheit aber kulturlosen Gegenwart. Allenfalls die vom «mythisch denkenden» Wagner zu erhoffende «Wiedergeburt des deutschen M.» kann ihr zu neuem Leben, zur «deutschen Wiedergeburt der hellenischen Welt», verhelfen [49].

An der Wende zum 20. Jh. verherrlicht H. ST. CHAMBERLAIN mit der germanischen Rasse auch deren Mg.: die der «indischen Arier» ist ihm «die reichste ... der Welt»; allgemein ist Mg. dadurch gekennzeichnet, daß sie «Ungesehenes» auf «Geschautes» zurückführt. Zentrale These in diesem Zusammenhang: «Sobald der M. angetastet wird, gerät man ins Judentum» [50].

Anmerkungen. [1] J. G. EICHHORN: Urgeschichte. Repertorium für bibl. und morgenländ. Lit. 4 (1779) 129ff., in 3 Bdn. hg. J. PH. GABLER (1790-93) bes. 1, 4f. 256; 2, 24. 260ff. 481ff. 624ff.; 3, XVIIf. XXXff. 62ff. 171ff. u.ö.; G. L. BAUER: Entwurf einer Hermeneutik des AT und NT (1799); Hebräische Mg. des AT und NT (1802); vgl. CHR. HARTLICH und W. SACHS: Der Ursprung des M.-Begriffes in der modernen Bibelwiss. (1952) 20ff. 69ff.: zu Eichhorn und Bauer; 38ff.: zu den Auseinandersetzungen um die 'mythische Schule'; J. W. ROGERSON: Myth in Old Testament interpret. (Berlin 1974). – [2] W. M. L. DE WETTE: Beiträge zur Einl. in das AT (1806/07) 2, IIIf. 11ff. 31. 396ff. u.ö. – [3] G. W. MEYER: Apologie der geschichtl. Auffassung der hist. Bücher des AT (1811). – [4] Lb. der christl. Dogmatik (1813) 1, 16f.; Ueber Religion und Theol. (²1821). – [5] D. F. STRAUSS: Das Leben Jesu (1835/36) 1, 71f. 74f.; 1 (³1838) VIII. 113ff. – [6] a.O. 1 (²1837) 103ff.; 1 (³1838) 115ff.; zur Kritik an Strauss vgl. u. a. H. STEFFENS: Von der falschen Theol. und dem wahren Glauben (1823) 43ff.; CHR. H. WEISSE: Ueber den Begriff des M. und seine Anwendung auf die neutestamentl. Gesch. Z. Philos. spek. Theol. 4 (1839) 74ff. 211ff.; 5 (1840) 114ff.; STRAUSS: Streitschriften zur Vertheidigung meiner Schrift über das Leben Jesu (1841). – [7] STRAUSS, a.O. [5] 2 (1836) 686ff.; 2 (³1839) 718ff.; 1 (³1838) VIIIff.; vgl. J. F. L. GEORGE: M. und Sage (1837) bes. 115ff. – [8] L. FEUERBACH: Das Wesen des Christentums (1841) Vorwort. – [9] K. MARX: Kritik der polit. Ökonomie. Einleitung. MEW 13, 641f. – [10] Vgl. DE VRIES, a.O. [35 zu II] 199ff.; L. PRELLER: Griech. Mg. (1854) 1, 1ff. – [11] A. KUHN: Die Herabkunft des Feuers und des Göttertranks (1859, ²1886, ND 1968); Ueber Entwicklungsstufen der M.-Bildung. Abh. preuß. Akad. Wiss., Phil.-hist. Kl. (1873) 123ff.; Mytholog. Studien, hg. E. KUHN 2 (1912); zur 'Vergleichenden Mg.' vgl. u.a. J. MÄHLY: Über vergleichende Mg. (1885); GRUPPE, a.O. [21 zu II] 172ff. – [12] (F.) M. MÜLLER: Vergleichende Mg. (1856), in: Essays 2 (1869) 68. – [13] a.O. 7ff. 14. 45. 64ff. 83f. 127; Griech. Sagen (1867). Essays 139ff. 144f.; der Hinweis auf die zentrale Bedeutung der Sprache für die M.-Bildung bei M. BRÉAL: Mélanges de Mg. et de linguistique (Paris 1877) 3ff. – [14] MÜLLER, Essays a.O. [12] 77. 125; Überblick über die verschiedenen Schulen der Vergleich. Mg. und die Auseinandersetzung mit deren Kritikern beim späten Müller, in: MÜLLER: Beiträge zu einer wiss. Mg. (1898/99). – [15] F. L. W. SCHWARTZ: Der Ursprung der Mg. (1860) 18f.; vgl. Sonne, Mond und Sterne (1864); Wolken und Wind, Blitz und Donner (1879); GRUPPE, a.O. [21 zu II] 193. – [16] H. OLDENBERG: Die Religion des Veda (1894, ²1917) 51ff. – [17] E. STUCKEN: Astralmythen (1907); H. WINCKLER: Himmels- und Weltenbild der Babylonier. Der alte Orient 3 (1902) H. 2/3; A. JEREMIAS: Im Kampfe um Babel und Bibel (⁴1903). – [18] I. J. HANUSCH: Gesch. der Filos. von ihren Uranfängen an bis zur Schließung der Filosofenschulen (1850) 90ff. – [19] SCHWARTZ, Der Ursprung ... a.O. [15] 5f. – [20] W. MANNHARDT: Germanische M. (1858) Vf.; zur german. Mg. vgl. DE VRIES, a.O. [35 zu II] 248ff. – [21] E. B. TYLOR: Primitive culture (London 1871, ³1891) 1, 284f. 304; H. SPENCER: The principles of sociol. 1/1 (New York/London o.J.). – [22] A. LANG: Myth, ritual and religion (London 1906, ND 1968) 1, 33; 2, 152 u.ö. – [23] F. B. JEVONS: An introd. to the hist. of religion (London 1896) 249ff., bes. 263ff.; vgl. LANG, a.O. 2, 300f. – [24] M. LAZARUS und H. STEINTHAL: Einl. Gedanken über Völkerpsychol. Z. Völkerpsychol. Sprachwiss. 1 (1860) 44f. – [25] STEINTHAL: M. und Religion (1870) 7. 19ff., bes. 24ff.; Allgemeine Einl. in die Mg. Arch. Religionswiss. 3 (1900) 249ff. 297ff.; ursprüngl. Identität von M. und Religion demgegenüber noch bei C. BURSIAN: Ueber den religiösen Charakter des griech. M. (1875) bes. 13. – [26] E. MEYER: Gesch. des Altertums 1/1 (⁶1953) 87ff. – [27] T. VIGNOLI: M. und Wiss. (1880) 1ff. 6. 16. 144ff. 226f. – [28] V. RYDBERG: Undersökningar i Germanisk Mg. 2 (Stockholm/Göteborg 1889) 429ff. 442. – [29] O. GRUPPE: Die griech. Culte und M. ... 1 (1887) IIIff. 151f. 232. – [30] Vgl. GRUPPE, a.O. [21 zu II] 193ff. 200ff. – [31] a.O. 207ff. 214ff. – [32] L.-F. A. MAURY: Hist. des rel. de la Grèce antique (Paris 1857-59). – [33] A. RÉVILLE: Prolégomènes de l'hist. des rel. (Paris ²1881) 151f. 174ff. – [34] F. G. WELCKER: Griech. Götterlehre (1857-63) 1, VIf. 75ff.; 2, 7; 3, VIf. – [35] a.O. 1, 57f. 75ff.; 2, 63. – [36] H. USENER: Göttemamen (1896, ³1948) Vff. 273. – [37] Mg. (1907) 40. 45ff. 55. 59. 64f. – [38] J. J. BACHOFEN, Ges. Werke 6 (1951) 9; 2 (1948) 12ff. 16; vgl. 8 (1966) 126. – [39] a.O. 4 (1954) 60ff. – [40] J. BURCKHARDT: Griech. Kulturgesch., hg. J. OERI 1 (⁴1908) 13ff., bes. 29ff. 38. – [41] W. DILTHEY, Ges. Schr. 1 (⁵1962) 134ff. – [42] A. SCHOPENHAUER, Sämtl. Werke, hg. W. VON LÖHNEYSEN (²1968) 1, 485ff.; 2, 807; 5, 390ff. 429. 435. – [43] a.O. 2, 743. 773ff.; 5, 429. 455; 1, 485ff.; 5, 182f. 474f. 482ff. – [44] R. WAGNER, Ges. Schr. und Dichtungen (⁴1907) 4, 31ff.; vgl. 3, 42ff., bes. 47f. – [45] F. HEBBEL, Sämtl. Werke, hg. R. M. WERNER III/6: Briefe (1906) 43; II/4: Tagebücher (1905) 201f. 274f. – [46] WAGNER, a.O. [44] 4, 45ff. – [47] 4, 34ff. 55ff. 64ff. 88; vgl. 2, 130ff.; 3, 44. 50ff. – [48] FR. NIETZSCHE: Die Geburt der Tragödie aus dem Geiste der Musik (1872). Werke, hg. K. SCHLECHTA (⁷1963), 1, 58ff. 87ff. 113ff. 120ff. 124ff. 129ff.; vgl. 1, 879; 3, 319; «mythol. Trieb»: Werke, hg. G. COLLI/M. MONTINARI III/3 (1978) 77. – [49] a.O. 1, 88. 103ff. 124ff. 413. – [50] H. ST. CHAMBERLAIN: Die Grundlagen des 19. Jh. (1899, ²1900) 1, 235. 241 Anm. 1. 391ff.; 2, 553ff. 563ff. 567 u.ö.

VI. *20. Jahrhundert.* – Das 20. Jh. hat eine solch große Anzahl von Veröffentlichungen über M. und Mg. hervorgebracht, daß klare Entwicklungslinien schon durch die zahlreichen Querbeziehungen auch zwischen Autoren unterschiedlicher Provenienz nur schwer ausgemacht werden können. Während die einzelnen wissenschaftlichen Disziplinen den M. zumeist nur aus historischer, kultureller oder ästhetischer Distanz betrachten, wird er andererseits zu einem Potential, das ihn für Philosophie und Wissenschaft zum Gegenspieler macht und die wissenschaftliche Rationalität zur Besinnung auf ihre Grenzen zwingt [1]. Darüberhinaus ist der M. offenkundig noch in vielen Lebensbereichen unmittelbar wirksam, von den einen als unentbehrliches Element menschlichen Daseins verteidigt, von anderen als irrationaler Störenfried bekämpft.

1. In der *Ethnologie* gelten zu Beginn des Jh. noch die traditionellen Auffassungen der Natur-Mg. So sieht L. FROBENIUS «die eigentliche Quelle der M.-Bildung» in dem für «Naturmenschen» charakteristischen «Paralleli-

sieren, Symbolisieren und Ergänzen» und glaubt den «Sonnengott» noch im «Kulturheros» zu entdecken [2]. P. EHRENREICH hält die regelmäßig wiederkehrenden Naturerscheinungen für die «mythologisch bedeutsamsten» («Mond-Mg.») und führt den «primitiven M.» auf die durch «unmittelbare Wahrnehmung der Wirklichkeit» gekennzeichnete «mythologische Apperzeption» zurück. Er trennt den primitiven M. dabei ausdrücklich von religiösen und wertet ihn «als Erzeugnis des Volksgeistes, in dem sich die Weltanschauung der Urzeit sowohl, wie die des naiv betrachtenden Menschen der Gegenwart reflektiert» («naturmythologisches Märchen» als «Hauptquelle für die Kenntnis dieses primitiven Geisteszustandes») [3]. In beidem folgt er W. WUNDT, der konstatiert: «Der M. gehört zum Reich der Vorstellungen ... Der Kultus dagegen umfaßt überall nur Handlungen, die sich auf Dämonen und Götter beziehen» [4]. Allerdings ist es schwierig, «jenes Gewebe von M. und Dichtung, das wir die Mg. eines Volkes nennen», zu analysieren; denn begrifflich lassen sich M. und poetische Gestaltung zwar unterscheiden, praktisch jedoch ist beides ineinander verwoben: «der tatsächliche mythische Gehalt eines überlieferten M. ist daher kein unmittelbar gegebener, sondern ein erschlossener» [5]. Ähnliche Bestimmungen finden sich bei Ethnologen vielfach, bisweilen verbunden mit dem Evolutionsgedanken [6].

L. LÉVY-BRUHL hatte die Verschiedenheit mythischen Bewußtseins vom modernen Denken auf den (von ihm später widerrufenen) Begriff des «Prälogischen» gebracht: «die Einrichtungen, die Gebräuche, die Glaubensmeinungen der 'Primitiven' (gehen) auf eine prälogische und mystische Geisteshaltung zurück ..., die anders orientiert ist als die unsere»; ihre «Kollektivvorstellungen» werden «durch das Gesetz der Partizipation beherrscht»; funktional gesehen sind M. «Ausdruck dafür, daß die soziale Gruppe an ihre eigene Vergangenheit und an die Gruppen der umgebenden Wesen gebunden ist, und zugleich ein Mittel, das Gefühl dieser Solidarität zu unterhalten» [7]. G. F. LIPPS entdeckt die «Quelle der M.-Bildung» in einer an Primitiven am besten zu beobachtenden «naiven Weltbetrachtung», die jedoch nicht mit dem Primitiven verschwindet, sondern so lange bleibt, wie der «wahrnehmende Mensch Gegenstände als unbedingt und schlechthin bestehend annimmt und alles das in ihnen zu finden glaubt, was er selbst durch den Wahrnehmungsprozeß erst in sie hineingelegt hat». Erst die «kritische» Philosophie und Erkenntnistheorie findet den «Grund für das Wesen der Dinge ebenso wie für die sinnliche Wahrnehmung derselben im eigenen Denken und Wahrnehmen» [8].

O. SPENGLER hingegen hält den M. nicht für ein vergangenes und mit dem Fortschritt der Kultur überholtes Phänomen des primitiven Menschen: nicht nur in ihrem Verhältnis zueinander sind «Theorie» und «Technik» «M.» und «Kultus» vergleichbar (wobei der Gläubige im ersten Fall «die Geheimnisse seiner Umwelt erschließen», im zweiten «bezwingen» will); auch die moderne Physik ruht ganz auf mythischem Fundament, ihr 'Wissen' von der Natur» auf dem «religiösen Weltbild der gotischen Jahrhunderte»; und so ist auch «jede Atomlehre ... ein M., keine Erfahrung» [9].

Demgegenüber ist es wiederum E. CASSIRERS Absicht, den M. durch eine philosophisch-erkenntnistheoretische Analyse zu «überwinden», und zwar durch eine «Phänomenologie des M.», die die Wissenschaft durch Aufdecken ihres mythischen Ursprungs so über sich selbst aufklären will, daß diese nicht wie bei Comte wieder im M. endet [10]. M. ist für Cassirer «eine eigene typische Weise des Bildens». Das «empirisch-wissenschaftliche» und das «mythische Weltbild» unterscheiden sich durch die «Modalität» der Kategorien, insofern im M. der Gegenstand nicht durch Zurückführung auf seine Gründe begriffen wird, sondern es hier «nur die schlichte Ergriffenheit durch ihn» gibt. Im M. als «Anschauungsform» vollzieht sich die «Ur-Teilung» in die zwei Welten des «Heiligen» und des «Profanen», im «M. als Lebensform» die Entwicklung des «Selbstgefühls» des Ich, das sich von «allem dinglich-Gegebenen» scheidet [11]. M. ist von daher auch nicht, wie in der Deutung durch die französische Soziologie nach DURKHEIM, Ausdruck früher Gesellschaftsverhältnisse [12], sondern eine besondere Form der Welterfahrung überhaupt und dadurch «einer der wichtigsten Faktoren des Gemeinschaftsgefühls» [13]. Die Überwindung des M. erfolgt mit der Trennung der religiösen von der mythischen Auffassung: Während der M. in einer Welt der Bilder verharrt, strebt die Religion nach «immer reinerer Vergeistigung», erkennt die Bilder also als inadäquates Zeichen der Idealität des Bedeuteten: ein Prozeß, der bis zur Kunst und zum «ästhetischen Bewußtsein» führt, wo die Bilder sich zum «Schein» bekennen und in ihm ihre eigene Wahrheit haben [14].

Im ganz strengen Sinne will E. UNGER dem M. gerecht werden, indem er dessen «Wirklichkeitsanspruch» ohne vorherige Verkürzung seiner «Irrationalität» und «Undurchdringlichkeit» zu akzeptieren sucht. Da im Mittelpunkt des M. als einer «Experimentalreligion» die «reale Bewirkung des Wunderbaren steht», kann ihm nur eine Wirklichkeit angemessen sein, in der es «Wunder», «erklärbares Ausnahmegeschehen» gibt [15]. «Mythisches Bewußtsein» ist danach Paradigma für die zukünftige «Bewußtseinsganzheit», «mythische Realität» als «Lösungswirklichkeit des Anfangs» «Indiz» für den «Zielzustand» einer «mit der gegebenen Erfahrung inkommensurablen Wirklichkeit» [16]. Damit schloß sich Unger den Überlegungen O. GOLDBERGS an, Mg. sei als «Lehre vom Bestehen einer metaphysischen Volkswirklichkeit», mithin als «aktuelle transzendente Realitätsforschung» zu verstehen [17]; auch E. DACQUÉS Versuch, die M. für die «Erd- und Menschheitsgeschichte fruchtbar zu machen», und die These, daß an der «Wirklichkeitsbedeutung» der M. festzuhalten sei, erfährt bei Unger eine weitere Ausbildung [18].

Gemessen an solch radikalen Ansätzen, die Wahrheit des M. zu erweisen, erscheinen die zeitgenössischen und späteren soziologisch orientierten M.-Interpretationen von Religionswissenschaft und Ethnologie eher traditionell, wenn sie auch über die gängigen Thesen der Natur-Mg. und Evolutionstheorie hinausgehen [19]. So vergleicht B. MALINOWSKI M. von ihrer Funktion her, als «sacred tales» die Tradition zu stärken und sie mit «greater values and prestige» auszustatten, mit der Bedeutung der biblischen Geschichte für den Christen: Der M. erfüllt insofern ebenso tiefe religiöse Wünsche wie praktische Bedürfnisse, ist für die primitive Kultur unersetzbar und «a vital ingredient of human civilization» [20]. Gerade der Charakter des M. als einer für den Primitiven «wahren Geschichte» und unerläßlichen Voraussetzung für seinen Glauben, sein Leben und seine «ganze Welt» wird mehrfach betont [21]. Daneben findet sich häufig der Zusammenhang von M. und Kultus thematisiert [22], auf das AT angewandt in der sogenannten 'Myth and Ritual School' und bei S. MOWINCKEL [23]. Auch A. E. JENSEN versteht die M. aus der Situation von Kult und Fest, ihre Erzählung in Parallele zur Verlesung des Evangeliums und sieht das entscheidende Merkmal der «ernsten, großartigen M.» (im Unterschied zu «ätiologischen M.» der «Volkskunst») darin, daß sie das Bestehende als ein Gewordenes, als durch einen «einmaligen Akt» und «ein großartiges Geschehen in der Urzeit» entstanden vorstellen [24]. Ähnlich hieß es schon bei H. BAUMANN: M. ist ein «anschaulich erzählter», «für wahr gehaltener» Bericht über eine in der Vorzeit spielende Handlung mit übermenschlichen «Akteuren», in «erklärender» und «beglaubigender» Absicht vorgetragen [25].

Dies führt auf die Herausarbeitung des besonderen Zeitbezugs der M., wie ihn neben G. VAN DER LEEUW (M. ist für ihn die «wiederholende Aussage eines mächtigen Geschehens», das «vorbildlich», «typisch und ewig», d. h. «außerhalb aller Zeitlichkeit» ist [26]) vor allem M. ELIADE immer wieder hervorgehoben hat: «Jeder M. ... sagt von einem Ereignis aus, das *in illo tempore* stattgefunden hat und das ein verbindliches Beispiel für alle Handlungen und 'Situationen' darstellt, die in der Folge dieses Ereignis wiederholen.» Durch Wiederholung des «mythischen Archetypus» im Ritus wird der Mensch «in eine magisch-religiöse Zeit», in die «'ewige Gegenwart' der mythischen Zeit» hineingestellt [27]. Gerade der moderne Mensch sucht nach der (noch lebendigen) «archaischen Konzeption» des «M. der ewigen Wiederkehr», der geschichtliches Leid durch Verweis auf «archetypisches» Geschehen und «übergeschichtlichen Sinn» erträglich machen kann [28]. Die Präsenz des «Mythischen» zeigt sich indes auch in den «politischen M.» von Kommunismus und Nationalsozialismus und nicht zuletzt eben in den Träumen und Phantasien des heutigen Menschen, in seinem Interesse an der «Nachahmung von Vorbildern» [29].

Die Kritik Eliades richtet sich u. a. gegen die allzu forsche Art der von Freud begründeten und dann weithin geübten psychoanalytischen M.-Deutung [30], die durch die Erforschung des Unbewußten zwar neue Verstehensdimensionen eröffnete, aber im Horizont der aufklärerischen M.-Erklärung zu bleiben drohte, da sie M. letztlich nur als pathologisches Phänomen zu sehen vermochte. Nach FREUD selbst ist der Schlüssel zum M.-Verständnis die Traumanalyse [31]: Wie der Traum den Trieben des Individuums (Freud nennt sie «mythische Wesen» und die Trieblehre «sozusagen unsere Mg.» [32]) den imaginären Ersatz für real versagte Befriedigung liefert, so hat der M., der der ersten von drei Weltanschauungsstufen (animistisch-mythologisch, religiös, wissenschaftlich) angehört [33], die Rolle einer Ablagerungsstelle für verdrängte und sich folglich bisweilen neurotisch äußernde Triebregungen auf der Gattungsebene übernommen (Ödipus-M.), repräsentiert also «im phylogenetischen Sinne ein Stück des untergegangenen Kinderseelenlebens» [34]. Dabei besteht zwischen den «affektiven Strebungen», die den «ersten Anstoß zur M.-Bildung» gaben, und denen, die den Träumen und «Symptombildungen» zugrunde liegen, Identität [35]. Überdies läßt sich vieles von der «mythologischen Weltauffassung, die weit bis in die modernsten Religionen hinein reicht», «als in die Außenwelt projizierte Psychologie» begreifen [36]. – In der Nachfolge Freuds setzt sich die Anwendung der Psychoanalyse auf M. und Religion fort [37], zum Teil mit recht griffigen Formeln [38], aber auch nicht unwidersprochen [39], da die Psychoanalyse gerade das Hauptmerkmal des M. übersehe, nämlich selbst «Neuinterpretation einer früheren Erzählung», «Neudeutung seiner eigenen Wurzeln» zu sein [40].

C. G. JUNG schließt sich zunächst eng an Freud an (Parallelität zwischen M. und kindlichem Denken, zwischen M. und Traum) [41], geht dann aber hinter den Bereich des «persönlichen Unbewußten» auf das «kollektive Unbewußte» zurück, in dem er die überpersönlichen «mythenbildenden Strukturelemente» («Archetypen») verwurzelt sieht, welche den «unbewußten Bedeutungskern» aller «geformten M.» bilden [42]. Nicht das Leugnen oder die Vernichtung der M., sondern allein deren der jeweiligen Kulturstufe angemessene «Deutung» sichert «die Ganzwerdung des psychischen Menschen» [43].

C. LÉVI-STRAUSS entwickelt seine strukturalistische «Wissenschaft der M.» nicht zuletzt aus dem Ungenügen der bisherigen M.-Deutungen. Für ihn gehört der M., da er ja von Ereignissen «vor langer Zeit» berichtet, die zugleich «eine Dauerstruktur bilden», «sowohl in das Gebiet des gesprochenen Wortes ... wie in das der Sprache» (vgl. Saussures Unterscheidung von 'langue' und 'parole'). Seine «Substanz» liegt wesentlich in der *Geschichte*, die darin erzählt wird. Der M. ist Sprache ... auf einem sehr hohen Niveau ..., wo der Sinn ... sich vom Sprachuntergrund ablöst, auf dem er anfänglich lag» [44]. Er besteht aus «Mythemen», «konstitutiven Einheiten», die durch die vom mythischen Denken vorgenommene «Bastelei» (bricolage) erst ihren mythischen Sinn gewinnen [45]. Der Sache nach kann das mythische Denken als Versuch interpretiert werden, durch immer neue, wiederholende und variierende, Oppositionen ausdrückende M.-Bildung («Blätterstruktur» des M.) jene die Gesellschaft bedrängenden Widersprüche (z. B. Leben – Tod) theoretisch zu bewältigen [46]. Aber nicht so sehr von dieser seiner sozialen Funktion her ist der M. adäquat zu begreifen, sondern im Sinne «objektivierten Denkens» als spontaner Ausdruck eines sich als Objekt imitierenden menschlichen «Geistes», dessen überindividuell gültige und so für die erstaunliche Ähnlichkeit der M. untereinander verantwortliche Strukturgesetze durch den Nachweis aufgehellt werden können, «wie sich die M. in den Menschen ohne deren Wissen denken» («M. der Mg.») [47].

Anmerkungen. [1] Vgl. u. a. H.-G. GADAMER: M. und Vernunft. Kleine Schr. 4 (1977) 48ff. – [2] L. FROBENIUS: Das Zeitalter des Sonnengottes 1 (1904) 28ff. – [3] P. EHRENREICH: Die allgemeine Mg. und ihre ethnologischen Grundlagen (1910) 6ff. 109. 114. 118; vgl. H. LESSMANN: Aufgaben und Ziele der vergleichenden M.-Forschung (1908); Kritik an Ehrenreich und «seinen evolutionistischen Nachfolgern» bei J. L. SEIFERT: Sinndeutung des M. (1954). – [4] W. WUNDT: Elemente der Völkerpsychol. (1912) 410; vgl. Völkerpsychol. II/3 (1909) 593ff. – [5] Völkerpsychol. II/1 (1905) 577ff. 590ff.; II/3, 1ff. 594. – [6] EISLER⁴ 2, 195f.; J. G. FRAZER: The golden bough, part I: The magic art and the evolution of kings 1-2 (London/New York ³1911). – [7] L. LÉVY-BRUHL: Les fonctions mentales dans les sociétés inférieures (Paris 1910); dtsch.: Das Denken der Naturvölker (1921) 323ff. 329ff.; vgl. La mythologie primitive (ND Paris 1963); La mentalité primitive (Paris 1922); dtsch.: Die geistige Welt der Primitiven (1927); zum Widerruf: Les carnets (Paris 1949) 60; vgl. D. PETIT-KLINKENBERG: M. et expérience selon L. Lévy-Bruhl. Rev. philos. Louvain 71 (1973) 114ff. – [8] G. F. LIPPS: M.-Bildung und Erkenntnis (1907) V. 1ff. 9ff. 21ff. 24. – [9] O. SPENGLER: Der Untergang des Abendlandes (1918-22). Sonder-A. in 1 Bd. (1963) 512ff. 913ff. 482ff. 487. 495. 507. 884. – [10] E. CASSIRER: Philos. der symb. Formen 2: Das mythische Denken (1925, ⁵1969) IXff. 1ff. 48. – [11] a.O. 20. 37ff. 78. 91ff. – [12] Vgl. G. DUMÉZIL: Aspekte der Kriegerfunktion bei den Indogermanen (1964); M. et épopée (Paris 1968-71). – [13] CASSIRER, a.O. [10] 183ff. 200. 209. 212. 229ff. – [14] a.O. 30ff. 279ff. 311. – [15] E. UNGER: Wirklichkeit – M. – Erkenntnis (1930) 3ff. 38f. III. 40ff. 48ff. 60ff. 90. 98f. – [16] a.O. 60ff. 188ff. 202. – [17] O. GOLDBERG: Die Wirklichkeit der Hebräer 1 (1925) 16; vgl. Die Götter der Griechen,

Maß und Wert 1 (1937/38) 163ff.; UNGER, a.O. [15] 56f. – [18] E. DACQUÉ: Urwelt, Sage und Menschheit (²1924) Vorrede; 20ff.; vgl. UNGER, a.O. [15] 39. 285ff. – [19] Vgl. u. a. E. DURKHEIM: Sociol. et philos. (Paris 1924, dtsch, 1967) 133; De la définition des phénomènes religieux. L'année sociol. 2 (1897/98) 1ff., dtsch. z.T. in: J. MATTHES: Religion und Gesellschaft 1 (1967) 120ff., bes. 136 Anm. 9; vgl. R. EICKELPASCH: M. und Sozialstruktur (1973) 9ff. – [20] B. MALINOWSKI: M. in primitive psychology (New York 1926, ND 1971) 11ff. 87ff. – [21] R. PETTAZZONI: Die Wahrheit des M. Paideuma 4 (1950) 1ff.; vgl. P. RADIN: Primitive man as philosopher (New York/London 1927). – [22] RADIN: The basic myth of the North Amer. Indians. Eranos-Jb. 17 (1949) 370; K. TH. PREUSS: Der religiöse Gehalt der M. (1933) bes. 6ff. 21. 29ff.; BAUMANN und VAN DER LEEUW, vgl. unten [25 und 26]; zum Verhältnis von M. und Kult vgl. S. SCHOTT: M. und M.-Bildung im Alten Ägypten (1945); J. FONTENROSE: The ritual theory of myth (Berkeley/Los Angeles 1966). – [23] S. H. HOOKE (Hg.): M. and ritual (Oxford 1933); M., ritual, and kingship (Oxford 1958); S. MOWINCKEL, Art. ‹M. und Mg.› III, RGG³ 4, 1274ff. – [24] A. E. JENSEN: M. und Kult bei den Naturvölkern (1951, ²1960) 49ff. 78ff. – [25] H. BAUMANN: Schöpfung und Urzeit des Menschen im M. der afrikanischen Völker (1936, ND 1964) 2; M. in ethnol. Sicht. Studium Gen. 12 (1959) bes. 3; vgl. 583ff. – [26] G. VAN DER LEEUW: Phänomenol. der Rel. (1933, ²1956) 468ff.; vgl. M. als ‹Machtwort› bei F. HEILER: Erscheinungsformen und Wesen der Rel. (1961) 283. – [27] M. ELIADE: Traité d'hist. des rel. (Paris 1949), dtsch.: Die Rel. und das Heilige (1949) 487ff.; vgl. P. PHILIPPSON: Unters. über den griech. M. (1944) 43ff.: «Die Zeitart des M.». – [28] ELIADE: Der M. der ewigen Wiederkehr (1953) 5ff. 201ff. 210ff. – [29] M., Träume und Mysterien (1961) 19ff.; vgl. Das Heilige und das Profane (1957) 40ff. – [30] M., Träume ... a.O. 9ff.; vgl. UNGER, a.O. [15] 25ff. – [31] S. FREUD, Ges. Werke 2-3 (London 1942) 699. – [32] a.O. 15 (1944) 101. – [33] 9 (1944) 96. – [34] O. RANK/H. SACHS: Die Bedeutung der Psychoanalyse für die Geisteswiss. (1913, ND 1965) 24; vgl. FREUD, a.O. [31] 267ff. 554f.; a.O. [33] 188f.; vgl. W. SCHMIDBAUER: M. und Psychol. (1970) 51ff. – [35] FREUD, Ges. Werke 8 (1945) 414. – [36] 4 (1941) 287f. – [37] SCHMIDBAUER, a.O. [34], zum Ödipus-M. 75ff. 85ff. – [38] Vgl. u. a. K. ABRAHAM: Traum und M. (1909) 36f. 71 u.ö.; O. RANK: Der M. von der Geburt des Helden (1909); Psychoanalyt. Beiträge zur M.-Forschung (1919); RANK/SACHS, a.O. [34] bes. 23ff. – [39] Vgl. u. a. C. CLEMEN: Die Anwendung der Psychoanalyse auf Mg. und Religionsgesch. Arch. ges. Psychol. 61 (1928) 1ff. – [40] P. RICŒUR: Die Interpretation (1969) 553; vgl. Symbolik des Bösen (1971) 9ff. 185ff. – [41] C. G. JUNG: Wandlungen und Symbole der Libido (³1938) 21ff.; Symbole der Wandlung. Ges. Werke 5 (1973) 496ff. – [42] Ges. Werke 11 (1963) 619f.; Von den Wurzeln des Bewußtseins (1954) 4ff. 89ff.; C. G. JUNG/K. KERÉNYI: Einf. in das Wesen der Mg. (1941) 103ff. 106ff. – [43] Von den Wurzeln ... a.O. [42] 54f. 95f. 591; JUNG/KERÉNYI, a.O. 112f. – [44] C. LÉVI-STRAUSS: Strukturale Anthropologie (1969) 227ff.; Mythologica 1 (1976) 13. – [45] Das wilde Denken (²1977) 29ff. – [46] Strukt. Anthropol. a.O. [44] 235ff. 253f. – [47] a.O. 224; Mythologica, a.O. [44] 23ff.; vgl. EICKELPASCH, a.O. [19] 61ff.; zur kritischen Diskussion: M. und Totemismus, hg. E. LEACH (1973).

2. In der *Klassischen Philologie und Altertumswissenschaft* gehen die M.-Auffassungen zum Teil weit auseinander, ohne indessen, im Vergleich mit denen des 19. Jh., immer grundsätzlich Neues zu bieten. Umstritten ist bes. das Verhältnis von M. und Religion. E. HOWALDS These, «daß der M. mit Religion nichts zu tun hat» und deshalb «ausschließlich als Literatur behandelt» werden dürfe [1], weist F. PFISTER zurück und definiert M. seinerseits als «religiöse Erzählung, deren Helden Götter, göttliche Wesen und Heroen sind» [2]. M. P. NILSSON wiederum sieht einen «theoretischen Unterschied» zwischen Religion und Mg., obwohl sie praktisch «eng verwoben» sind. Innerhalb der Götter-Mg. müssen die «religiösen und kultischen» Elemente scharf von «dem im eigentlichen Sinne Mythischen» getrennt werden, von den «Abenteuern der Götter und ihrer Lebensgeschichte»; die nicht-religiösen Bestandteile der Mg. entstammen vornehmlich «dem Märchen und der Geschichte» [3]. Der späte U. VON WILAMOWITZ-MOELLENDORFF unterscheidet ebenfalls deutlich zwischen M. und Religion, da für ihn M. Phantasieprodukte der Dichter sind, der Dichter, die als «Erzieher des Volkes» «das Sittliche erst in die Religion hineingezogen haben», diese dann aber mit einem «dichten Schleier von Mg.» umgaben und schließlich durch ihre «mythischen Lianen» entkräfteten [4]. Für W. ALY hingegen ist der M. zwar nicht ausnahmslos Religion, hat aber an allen Religionen mitgewirkt und ist «ein Gestalten, das an seine eigenen Schöpfungen soweit glaubt, daß es sie fürchten kann». Besonderes Interesse verdient dabei die «Struktur der mythischen Anschauungsform» [5].

Breiter Zustimmung innerhalb der Klassischen Philologie kann W. NESTLE sicher sein, wenn er, gegen die «Neuromantik» gewandt, den seit der Antike vertrauten Gegensatz von M. und Logos zum Deutungsschema griechischer Geistesgeschichte erhebt: «mythisches Vorstellen» gilt danach als «bildhaft», «aus dem Unbewußten schaffend und gestaltend»; es ist gekennzeichnet «durch das Suchen nach einer guten oder schlimmen Absicht dämonischer Wesen, durch die Spiritualisierung der Naturkräfte und die Materialisierung geistiger Inhalte und durch den Glauben an die magische Wirkung kultischer Handlungen»; dieses Vorstellen überprüft seine Inhalte nicht an der Wirklichkeit. «Logisches Denken» dagegen ist «begrifflich», «absichtlich und bewußt zergliedernd und verbindend». Die griechische Geistesentwicklung ist der Sieg des Logos über den M., der Weg «aus der Unmündigkeit zur Mündigkeit des Geistes», von den Griechen exemplarisch zurückgelegt, ein (mit M. Weber) notwendiger Prozeß der «Rationalisierung» und «Entzauberung» der Welt [6]. – Die populär gewordene Antithese 'M. – Logos' wird in der Folgezeit immer wieder präzisiert und kritisch reflektiert [7]. B. SNELL hält die Gegensatzformel zum Teil für berechtigt, zum Teil für verfehlt und kommt dann seinerseits zu dem Schluß: «Logisches Denken ist volles Wachsein, während mythisches an das Träumen grenzt, in dem, unkontrolliert vom Willen, die Bilder und Gedanken vorüberschweben» [8].

Aus literaturwissenschaftlicher Sicht hatte A. JOLLES die zu den «einfachen Formen» zählende «Mythe» vom «Mythus» als der «Form, in der sie (die Mythe) vereinzelt jedesmal gegenwärtig vor uns liegt», unterschieden. Ihr Ursprung liegt dort, «wo sich ... aus Frage und Antwort die Welt dem Menschen erschafft». In diesem Sinne «Wahrsage», «göttliches Wissen, das die Dinge aus den Dingen heraus versteht» und «Bündigkeit beschwört», steht sie in ständiger «Fehde» mit dem «Logos», d.h. der vom Willen, «die Welt von sich aus aktiv zu verarbeiten», bestimmten «Erkenntnis» [9]. Eine andere begriffliche Differenzierung nimmt L. RADERMACHER vor: Im «weiteren Gebrauch» umfaßt M. «alles Erzählte ..., das der Geschichtsschreibung im Sinne einer gewollten Wahrheitsforschung voranliegt», in der «engeren und eigentlichen Bedeutung» ist M. «ahnendes, dichterisch in Rede gekleidetes Begreifen des Göttlichen und der Welt» und insofern von Logos, Sage und Märchen unterschieden [10]. Anders als G. S. KIRK, der auch nicht-griechische M. und die Erkenntnisse anderer Disziplinen berücksichtigt [11], beschränkt sich die Klassische Philologie weitgehend auf den griechischen M. und seine poetische Gestaltung. Er gilt etwa A. LESKY als «nationales Gemeingut» des Volkes und «heilige Geschichte von größter Realität», vor allem aber, in Gestalt der Heldensage, als wunderbar-unvergleichliches «Abbild menschlichen Seins überhaupt» [12].

Solche Formulierungen erinnern von fern an W. F. OTTO, der unter dem Eindruck Hölderlins, auch Nietzsches, die aufklärerisch-rationalistische und psychoanalytische M.-Deutung bekämpft und auf die abgebrochene Tradition der Romantik zurückgreift [13], sich dabei aber zwangsläufig der zum Teil bissigen Kritik durch die etablierte Religions- und Altertumswissenschaft aussetzt [14]. Gegenüber dem Logos gibt Otto jetzt wieder dem M. den Vorrang, denn der M. ist «autoritatives», «wahres Wort», das «ins Leben greift» und die «Kraft» hat, «im Reich der Dinge etwas zu wirken», weil er «die Sache nicht bloß bezeichnet, sondern selbst *ist*»: mit dem Kultus «wesensgleich» meint M. die dem Denken verschlossene, lediglich erfahrbare Offenbarung des «Seins der Dinge» in der «Gestalt» des «Göttlichen» [15]. Hatte z. B. Cassirer die mythische Identifikation von Wort und Sache noch als Ausdruck überwundenen Bewußtseins abgetan, so erscheint für Otto, der darin dem späten Heidegger nahesteht, nun wieder die Sprache selbst als «Sein der Dinge» und «Wesenhaftigkeit der Welt». Als solche ist sie M., der damit grundsätzlich nicht mehr nur der Vergangenheit angehört [16], vermag doch die Dichtung (Hölderlin!) «Gleichnisse des ursprünglichen M.» zu schaffen, in «Nachklängen» etwas von seiner «Seinsoffenbarung» zu vermitteln und so auch die «Spätgeborenen» noch in «Gläubige» zu verwandeln [17].

Wo wissenschaftlich-technische Vernunft (und mit ihr zuweilen die gesamte Moderne) skeptisch betrachtet wird und das von ihr Verachtete zu neuer Dignität kommt, finden Auffassungen wie die W. F. Ottos rege Zustimmung [18]. Ein extremes Beispiel dafür bietet G. NEBEL; Nebel beruft sich u. a. auf F. G. JÜNGER, der den Blick «in die gestaltgebärenden Tiefen des M.» gelenkt und «die unheilvolle Gegenmacht der Technik», die «der griechische Genius ... schon im M. verwarf», habe schauen lassen [19]. Den «Pantheismus» und die «irdische Fülle» des M. spielt Nebel gegen die christlich-moderne Fortschrittsidee aus, meint dann aber in den Göttern des heidnischen M., an deren «volle Wirklichkeit» er doch nicht mehr recht zu glauben vermag, den «Bundesgott Israels» und «Vater Jesu Christi» «erfahren» zu können [20].

Ebenfalls an W. F. Otto anknüpfend will K. KERÉNYI das Problem der Mg. dort aufgreifen, wo es mit K. O. Müller stehengeblieben war [21]. Seine umfassende Kenntnis von Ethnologie und Psychoanalyse (C. G. Jung) und das Gespräch mit der zeitgenössischen Literatur (Th. Mann) lassen ihn die überkommenen Theorien von Literaturwissenschaft, Religionsgeschichte und Philologie ablehnen [22]. «Lebendige Mg.» ist ihm die dem Göttlichen wahrhaft angemessene «Ausdrucks-, Denk- und Lebensform», demnach «in ihrem Wesen religiös» und durch keine andere, etwa wissenschaftliche Ausdrucksweise zu ersetzen [23]. M. «begründen», künden das «Woher?», berichten von der in ewiger Wiederholung gegenwärtigen «zeitlosen Urzeit», und die Menschen mythischer Zeiten leben, insofern, mit einer Formulierung TH. MANNS, ein «zitathaftes Leben», «Leben als Nachfolge» [24].

Anmerkungen. [1] E. HOWALD: M. und Tragödie (1927) 6; Der M. als Dichtung ([1937]) 9ff. – [2] F. PFISTER: Die Rel. der Griechen und Römer (1930) 146f. – [3] M. P. NILSSON: Gesch. der griech. Religion 1 (^{2}1955) 13ff. 16ff. – [4] U. VON WILAMOWITZ-MOELLENDORFF: Der Glaube der Hellenen (1931-32, ^{3}1959) 1, 1ff. 40ff. – [5] W. ALY: Art. ‹M.›, in: RE 16/2, 1374ff. 1403ff. – [6] W. NESTLE: Vom M. zum Logos (1940) 1ff. 4ff. 17ff. – [7] Vgl. H. HOMMEL: M. und Logos. Studium Gen. 8 (1955) 310ff. – [8] B. SNELL: Die Entdeckung des Geistes (^{3}1955) 295ff. – [9] A. JOLLES: Einfache Formen (1930, ^{2}1958) 91ff. 96ff.; vgl. E. BETHE: M. – Sage – Märchen (1905) bes. 43f. – [10] L. RADERMACHER: M. und Sage bei den Griechen (^{2}1943, ^{3}1968) 67ff. 337f. Anm. 143. – [11] G. S. KIRK: M. Its meaning and functions in ancient and other cultures (Cambridge 1970); vgl. dazu R. ACKERMAN: Writing about writing about myth. J. Hist. Ideas 34 (1973) 147ff. – [12] A. LESKY: Die griech. Tragödie (^{3}1964) 68f.; vgl. W. SCHADEWALDT: Das Drama der Antike in heutiger Sicht. Universitas 8 (1953) 593f.; Kritik an der einseitigen Zuordnung des M. zur Religion und Betonung seiner allgemeinen Exempelfunktion bei H. DÖRRIE: Sinn und Funktion des M. in der griech. und röm. Dichtung (1978); Zurückhaltung gegenüber umfassenden M.-Theorien bei H. J. ROSE: Griech. Mg. (^{2}1961) 9ff. – [13] W. F. OTTO: Die Götter Griechenlands (1929) 210; Die Gestalt und das Sein (1955) 211ff.; M. und Welt (1963) 236ff. 246ff. 267ff. – [14] Vgl. K. VON FRITZ, Vorwort zu OTTO: M. und Welt, a.O. 5ff. – [15] OTTO, Die Gestalt ... a.O. [13] 66ff.; M. und Welt 268ff. 285ff. – [16] M. und Welt 279ff.; vgl. 230ff. – [17] Die Gestalt ... a.O. [13] 224f. 87ff.; M. und Welt 275ff. – [18] Eine entsprechende Interpretation des Prometheus-M. bei F. K. SCHUMANN: M. und Technik (1958); vgl. H. GOTTSCHALK: Lex. der Mg. der europ. Völker (1973) 10. – [19] G. NEBEL: Griech. Ursprung 1 (1948) 5f. 31. 146ff. 181f.; Pindar und die Delphik (1961) 16ff. 43f.; F. G. JÜNGER: Griech. M. (^{3}1957) 7ff. – [20] G. NEBEL: Griech. Ursprung, a.O. 146ff. 154ff.; Pindar ... a.O. 9ff. – [21] K. KERÉNYI: Was ist Mg.? (1939), in: Die Eröffnung des Zugangs zum M., hg. K. KERÉNYI (1967) 214. – [22] Über Ursprung und Gründung in der Mg., in: JUNG/KERÉNYI, Einführung ... a.O. [42 zu VI/1] 9ff.; Was ist Mg.? a.O. 213f. 218ff. 223ff.; Umgang mit dem Göttlichen (1955) 41; TH. MANN/K. KERÉNYI: Gespräch in Briefen (1967) 116ff.; vgl. KERÉNYI: Die Mg. der Griechen 1 (^{3}1964) 7ff. – [23] Was ist Mg.? a.O. [21] 221. 232f.; Über Ursprung ... a.O. 11ff.; Umgang mit dem Göttlichen a.O. 36ff.; Die antike Religion (^{2}1952) 43. – [24] Über Ursprung ... 13ff.; TH. MANN: Freud und die Zukunft (1936). Schr. und Reden ... 2 (1968) bes. 223ff.

3. Zu den Vertretern jener «geist- und intellektfeindlichen» Bewegung, der man den M. aus den Händen nehmen müsse, um ihn «ins Humane 'umzufunktionieren'», zählt TH. MANN L. KLAGES, neben A. SCHULER Repräsentant des sogenannten 'Kosmiker-Kreises' [1]. Für KLAGES bietet sich M. als Oppositionsterminus gegenüber «Wissenschaft» an, und so findet das M.-Logos-Schema hier seine Neuauflage unter umgekehrtem Vorzeichen: «logistischer Weltbegeistung» kontrastiert die «sog. animistische Weltbeseelung», gegen «rationales Bewußtsein» wird «mythisches Denken» aufgewertet, das als «Denken des Blutes» für weniger «subjektiv» als «Wissenschaftlichkeit» gehalten wird, und die Wurzel «der mythischen Stufe» in «unterpersönlichen Wesensschichten» geortet. Der «Weg des Unheils» begann, als die Griechen den «Urwald des M. mit den Beilhieben des Geistes» rodeten und so den Prozeß «vom mythischen Schauen über die Verpersönlichung der wirkenden Mächte bis zum nackten Verstandeskult» einleiteten [2].

Ähnlich wie Klages möchte auch A. BAEUMLER Bachofen zu neuem Recht verhelfen, habe er doch wie die Romantik «Ehrfurcht vor dem M.» und damit die richtige «mythologische Einstellung» gehabt; denn da M. nicht nur in die «Urzeit», sondern auch in die «Urgründe der Menschenseele» hinabreicht, kann Wahrheitskriterium für die Mg. (wie auch für die Philosophie) nicht ihre Wissenschaftlichkeit, sondern nur «Tiefe» sein [3]. Derweilen bewundert man im George-Kreis vielfach die fortdauernde Kraft des M. oder aber ersehnt sie schmerzlich [4] und preist in ihm die «ewig wirkende Wahrheit» [5]. Anderseits erscheint F. GUNDOLF Nietzsches «Erwartung einer Wiedergeburt des deutschen M. angesichts der Wagnerischen Mg.» unbegreiflich, da diese doch ihre Herkunft aus Literatur und Theater nicht verleugnen und also nicht «zum lebenden M. eines Volkes» werden könne [6].

Demgegenüber setzen E. BERTRAMS nietzsche-biographische «Studien zu einer Mg. des letzten großen Deutschen» voraus, daß «mythenschaffende Kraft, welche von einer wirklich großen Gestalt notwendig ausstrahlt», zu allen Zeiten tätig zu sein vermag: exemplarisch sichtbar am «antiken Heroen-M.» ebenso wie an der «mittelalterlichen Heiligenlegende». Und da Geschichte ohnehin kein getreues Abbild der Vergangenheit liefern kann, sondern «tätige Bildschaffung» ist, fällt sie ihrem Begriffe nach letztlich mit M. zusammen, der, zu immer weiterer Vertiefung auffordernd, dennoch nie vollendet wird [7].

Damit kommt Bertram dem Begriff eines politisch-sozialen M. nahe, wie er von G. SOREL geprägt wurde und bis weit in die Umgangssprache hinein wirkte. Bestärkt durch Nietzsches Vision eines neuen M. und Bergsons Lebensphilosophie, entwickelt Sorel das Konzept des «sozialen M.», der der empirischen Wirklichkeit grundsätzlich inkommensurabel ist, die moralischen Kräfte des Menschen zur Tat, d.h. zur «Revolution» mobilisiert und Individuen als «freie» emotional zur Masse eint. In den sozialen M. finden sich die «kräftigsten Tendenzen» eines Volkes, einer Partei oder Klasse, «die sich unter sämtlichen Lebensumständen dem Geiste mit der Beständigkeit von Instinkten darstellen und die den Hoffnungen nahe bevorstehender Handlung ... volle reale Anschaulichkeit verleihen»; dazu gehört der urchristliche Glaube an das Reich Gottes ebenso wie Marx' Lehre von der Revolution [8]. In diesem antiintellektualistischen Sinn wurde M. das «Fanal für den Aufbruch des Irrationalen» und zum «Vehikel der Massenbewegungen des 20. Jhs.» [9].

Die Faszination dieses M.-Begriffs zeigt sich sowohl in der russischen Literatur (V. MAJAKOWSKIJS «neuer M.» der Revolution [10]) wie auch nach dem Ersten Weltkrieg in Deutschland, wo sich gerade in Verbindung mit krisenbewußter Rationalitäts- und Kulturkritik immer wieder die Frage nach der Präsenz des M. aufdrängt [11]. Das gilt z.B. für E. MICHEL, der die Wiedergeburt der Kunst «aus dem Geiste des religiösen M.» fordert [12], und für H. VON HOFMANNSTHAL, der die Gegenwart sogar insgesamt «mythisch» nennt [13]. R. KAYSER wiederum bezeichnet seine Epoche als «Zeit ohne M.», d.h. ohne «das Wissen um geistige Wesenheit», und stellt ihr die Aufgabe, nach dem «Nihilismus» «den neuen M. zu schaffen, den neuen Europäer-Gott zu gebären», dessen M. jedoch «nicht friedlich und hirtenhaft» sein werde [14]. Für L. ZIEGLER hingegen hat der M. der christlichen Religion seine Stelle an den «M. Atheos der Wissenschaft» abgetreten und damit vielleicht an den «M. der Religion in einer künftigen, zukünftigen Wortbedeutung ...?» [15]. F. BÖHM betrachtet den M. als «unverlierbaren, aber zugleich wandlungsfähigen Besitz des Menschen», als «Bezeugung ursprünglicher Wirklichkeit», auf die «jedes wirkliche Philosophieren im Vollzug seiner selbst zurückweist» [16]. Nach A. LIEBERT entspricht der M. einem «unmittelbaren, elementaren menschlichen Bedürfnis» nach «einer idealen Ergänzung und Vollendung unseres Wesens und Schicksals», nach Überwindung von «Relativität» und «geschichtlicher Gebundenheit», erkennbar noch in der Gestalt der Metaphysik. In der Gegenwart löst der «neue» «M. vom ewigen Sein» den historisch-relativistischen «M. vom ewigen Werden» ab und gibt die «Wendung zur Religion, d.h. zu dem größten, hinreißendsten M. der Kultur» zu erkennen [17].

Die nationalsozialistische Anwendung Sorelscher Theorie liefert A. ROSENBERG: Für ihn wird sich der «altneue» «M. des Blutes» und der «Ehre der deutschen Nation» als «erlebter M. der nordischen Rassenseele» durchsetzen und – unwiderlegbar – «Tatsachen schaffen», da er «alle Richtungen des Ich, des Volkes, überhaupt einer Gemeinschaft» zusammenfaßt und den «neuen Menschen des kommenden Ersten Deutschen Reichs» hervorzubringen berufen ist. Dies bedeutet die Überwindung des jüdischen «M. der Auserwähltheit», des päpstlichen von der «Stellvertretung Gottes» und letztlich auch die Befreiung vom ganzen 19. Jh. [18]. Gerade jenem, nicht dem 20. Jh., wollte indes HITLER – gegen Rosenberg – den M. als etwas «Mystisches» zugerechnet wissen [19].

Der politisch-soziale M.-Begriff läßt sich oft, besonders nach dem Zweiten Weltkrieg, nur schwer vom Ideologiebegriff abgrenzen [20]. Dies gilt auch für die *Funktion* des Wortes als Terminus der Entlarvung (von Leitbildern und Ideen), wobei dem Entlarvten seine (mehr oder weniger gefährliche) kollektive Suggestivkraft durchaus bescheinigt bleibt. So spricht man vom «Tugend-M.» [21], vom «M. Marlene Dietrich» [22], vom «M. der herrschenden Klasse» [23] und Ähnlichem [24], schließlich auch von «contemporary scientific mythology» (im Sinne illegitimer Übertragung wissenschaftlicher Konzeptionen auf außerwissenschaftliche Kontexte) [25] und von innerwissenschaftlichen «Vorurteilen und M.», die aufkommen, wenn Forscher in einer partiell erfolgreichen Theorie ein Universalrezept sehen [26]. Das Maß der Abwertung des M.-Begriffs hängt in diesen und ähnlichen Fällen jeweils von dem Maß des Vertrauens ab, das man der Fähigkeit von Wissenschaft und Vernunft entgegenbringt, M. zu destruieren und durch 'positive' Erkenntnis zu ersetzen.

Diese Fragen stellt sich auch E. CASSIRER, der nochmals die «Funktion [des M.] im Kulturleben der Menschen» untersucht. Zwar seien im Laufe der Geschichte «die Mächte des M.» durch «höhere» («intellektuelle und moralische, ethische und künstlerische») «Kräfte» besiegt worden, in Ausnahmesituationen stehe jedoch die Wiederkehr des «Chaos» durch planmäßig erzeugten Ausbruch mythischen Denkens weiterhin zu befürchten; Philosophie könne politische M. zwar nicht zerstören, aber in ihrer Gefährlichkeit doch kenntlich und so bekämpfbar machen [27].

K. KERÉNYI sucht zumindest die «echten» «M. der Religionsgeschichte» von den «unechten M.», den «Instrumenten einer politischen Bewegung», zu trennen und sieht im echten M. das «Urphänomen M.», d.h. «die ihm eigene, nicht abgeschlossene Bearbeitung der Wirklichkeit» objektiviert [28]. Die Betrachtung des Wirtschaftslebens führt E. BÖHLER zur Schlußfolgerung, daß M. unvergangen, als «mystischer Reflex des Lebenswillens, der die irrationale Grundlage auch der allerrationalsten Erscheinungen bildet», lebensnotwendig («Motor der Weltgeschichte») und zugleich gefährlich ist, daher auch nicht vernichtet, sondern nur in seiner «Blindheit» vermindert werden kann und darf [29].

Von der strukturalistischen Semiologie her erkennt R. BARTHES im M. ein «sekundäres semiologisches System», das den «Sinn» eines «Zeichens» des primären Systems, z.B. der Sprache, parasitär als «Form» ausnutzt, um so einen bestimmten «Begriff» gegenüber dem «Leser», dem «Verbraucher des M.», «durchzubringen». Ziel dieses von Barthes fast ausschließlich der Bourgeoisie angelasteten Verfahrens ist die Verwandlung von Geschichte in Natur, also von historisch Gewordenem in scheinbar natürliche (nicht änderbare) Gegebenheit. In diesem Sinne ist M. eine «entpolitisierte Aussage» und der «Mythologe» folglich Ideologiekritiker. «Beste Waffe gegen den M.» sei, diesen selber durch eine dritte semiologische Kette zu «mythifizieren» und mithin einen «künstlichen M.» zu schaffen [30].

Anmerkungen. [1] TH. MANN/K. KERÉNYI, Gespräch ... a.O. [22 zu VI/2] 44. 105. 107; zum Kosmikerkreis vgl. G. PLUMPE: A. Schuler. Chaos und Neubeginn – Zur Funktion des M. in der Moderne (1978). – [2] L. KLAGES: Der Geist als Widersacher der Seele (1929-32, ⁵1972) 36. 121. 452. 1363. 850f. 1247f. – [3] A. BAEUMLER: Das mythische Weltalter (1926, Sonder-A. 1965) 89f. 93. 158. 252. 304. 85ff., außerdem 315ff.; KLAGES, a.O. 908ff.; zur Reaktion der 'Zunft' vgl. F. DORNSEIFF: Antike und Alter Orient (²1959) 400ff.; vgl. neuerdings aber die Berufung auf Bachofen bei R. VON RANKE-GRAVES: Griech. Mg. 1 (1961) 10ff. – [4] Vgl. N. VON HELLINGRATH, H. FRIEDEMANN, H. BRASCH, E. LANDMANN, alle in: Der George-Kreis, hg. G. P. LANDMANN (1965) 131. 229. 237. 307. 391. – [5] K. HILDEBRANDT: Platon (1933) 203, auch 410. – [6] F. GUNDOLF: Nietzsche als Richter, sein Amt, in: Der George-Kreis a.O. [4] 291. – [7] E. BERTRAM: Nietzsche. Versuch einer Mg. (1918, ³1919) 1ff.; vgl. F. GUNDOLFS bissige Kritik in: Stefan George. Dokumente seiner Wirkung, hg. L. HELBING und C. V. BOCK (Amsterdam 1974) 17f. – [8] G. SOREL: Über die Gewalt (Paris 1908, dtsch. 1969) 30ff. 141ff. 292ff. – [9] H. BARTH: Masse und M. (1959) 86ff. – [10] V. MAJAKOWSKIJ, vgl. J. STRIEDTER, in: Terror und Spiel a.O. [18 zu II] 409. – [11] Vgl. TH. ZIOLKOWSKI: Der Hunger nach dem M., in: Die sog. Zwanziger Jahre, hg. R. GRIMM und J. HERMAND (1970) 169ff.; ZIOLKOWSKI: Hesse, myth, and reason, in: Myth and reason, hg. W. D. WETZELS (Austin 1973) 127ff. – [12] E. MICHEL: Der Weg zum M. (1919) 75. 126. – [13] H. VON HOFMANNSTHAL: «Die ägyptische Helena». Ges. Werke, Prosa 4 (1955) 459f. – [14] R. KAYSER: Die Zeit ohne M. (1923) 13ff. 94f. – [15] L. ZIEGLER: Gestaltwandel der Götter (³1922) 2, 471ff. 750f. – [16] F. BÖHM: M., Philos., Wiss. Z. dtsch. Kulturphilos. 3 (1937) 80ff. 94. – [17] A. LIEBERT: M. und Kultur. Kantstudien 27 (1922) 401ff. 407. 412f. 415ff. 434. 441ff. – [18] A. ROSENBERG: Der M. des 20. Jh. (1930, ⁷⁹⁻⁸²1935) 700. 2. 459. 521ff. 614ff. 688. 692. 698ff. 462f. 514. 698ff. – [19] H. PICKER: Hitlers Tischgespräche (1977) 213 (11. 4. 1942). – [20] Vgl. K. BURKE: Ideology and myth. Accent. Quart. new Lit. 7 (1946/47) 195ff.; H. D. LASSWELL/A. KAPLAN: Power and society (New Haven/London ⁵1963) 116ff.; P. FELDKELLER: Die Rolle der 'Ideologie' im Leben der Völker. Sociologus NF 3 (1953) 1ff.; S. MOSER: M., Utopie, Ideologie. Z. philos. Forsch. 12 (1958) 423ff.; B. HALPERN: 'Myth' and 'ideology' in modern usage. Hist. Theory 1 (1961) 129ff.; R. T. DE GEORGE: Philos., ideology and «logical myths», in: Akten des 14. Intern. Kongr. für Philos., Wien 1968, 1 (1968) 463ff. – [21] V. PARETO: Der Tugend-M. und die unmoralische Lit. (1911, dtsch. 1968). – [22] Der Spiegel 31 (1977) H. 47. – [23] J. H. MEISEL: Der M. der herrschenden Klasse (1958, dtsch. 1962). – [24] Vgl. BETZ, a.O. [41 zu II] 30f. – [25] ST. TOULMIN: Contemp. scient. mythology, in: Metaph. beliefs. Three essays by ST. TOULMIN, R. W. HEPBURN, A. MACINTYRE (London 1970) 1ff. – [26] H. BONDI: M. und Annahmen in der Physik (1971) 19ff. – [27] E. CASSIRER: Der M. des Staates (1944, ²1978) 7f. 360ff. 387ff.; vgl. u.a. auch K. GOLDAMMER: Der M. von Ost und West (1962). – [28] TH. MANN/K. KERÉNYI: Gespräch ... a.O. [22 zu VI/2] 95. 104ff.; vgl. 11ff. 20f.; KERÉNYI, a.O. [21 zu VI/2] 234ff. – [29] E. BÖHLER: Der M. in Wirtschaft und Wiss. (1965) 11ff. 149ff. 580. – [30] R. BARTHES: M. des Alltags (²1970) 85ff. 110ff. 130ff. 134ff. 121. 147ff.

4. Unter dem Eindruck der Wirksamkeit «moderner M.» aller Art setzt sich in sehr unterschiedlichen wissenschaftlichen Kontexten nach dem Zweiten Weltkrieg die kontroverse Diskussion um die Bedeutung des 'alten' M., sein Weiterleben in der Gegenwart und sein Verhältnis zur 'modernen' Rationalität verstärkt fort.

M. HORKHEIMER und TH. W. ADORNO stellen gegenüber dem beliebten Fortschritts-(seltener: Verfalls-) Schema 'M.–Aufklärung' fest: «schon der M. ist Aufklärung, und: Aufklärung schlägt in Mg. zurück». Sie suchen den Grund für den Rückfall in die Barbarei auch «nicht so sehr bei den eigens zum Zweck des Rückfalls ersonnenen ... modernen Mg.», sondern in der «Dialektik der Aufklärung» selbst: wie Mg. «den endlosen Prozeß der Aufklärung ins Spiel» bringt, indem er «jede bestimmte theoretische Ansicht der vernichtenden Kritik aussetzt, «nur ein Glaube zu sein» (Ablösung älterer durch jüngere Mg.), «so verstrickt Aufklärung mit jedem ihrer Schritte tiefer sich in Mg. Allen Stoff empfängt sie von den M., um sie zu zerstören, und als Richtende gerät sie in den mythischen Bann». Aufklärung, d.h. «radikal gewordene, mythische Angst» («Das mythische Grauen der Aufklärung gilt dem M.»), will alles «Unbekannte» eliminieren, glaubt mithin nur als «Positivismus» Ruhe finden zu können und kehrt just damit zur formalen Struktur des M. zurück, weil das (positivistische) «Prinzip der Immanenz, der Erklärung jeden Geschehens als Wiederholung, das die Aufklärung wider die mythische Einbildungskraft vertritt», eben «das des M. selber» ist: Mg. hat «die Essenz des Bestehenden: Kreislauf, Schicksal, Herrschaft der Welt als Wahrheit zurückgespiegelt ... In der Prägnanz des mythischen Bildes wie in der Klarheit der wissenschaftlichen Formel wird die Ewigkeit des Tatsächlichen bestätigt». Nur das Bewußtsein dieser Dialektik kann verhindern, daß Aufklärung, ohne die «Freiheit in der Gesellschaft» nicht möglich scheint, als Positivismus in den «M. dessen, was der Fall ist», regrediert [1]. Im übrigen ist noch «in der bewundernden Allgemeinheit der klassischen Gebilde» der M., «die Unausweichlichkeit des Bannes, als Norm der Gestaltung» perpetuiert [2]. – Dies Bedrohlich-Zwanghafte am M. hatte bereits W. BENJAMIN hervorgehoben, so etwa, wenn er die «schaltende» «mythische Gewalt» als «verwerflich» der «waltenden», «göttlichen» konfrontierte oder in Goethes ‹Wahlverwandtschaften› den «Bannkreis des M.», aber auch Goethes Auflehnung gegen die «mythischen Mächte» wahrnahm [3].

Der merkwürdigen «Verbindung zwischen M., Rationalität und Zwang» glaubt K. HEINRICH durch die Untersuchung der «Funktion der Genealogie *im* M.», die am Beispiel Hesiods bereits von P. PHILIPPSON genau analysiert worden war [4], auf die Spur gekommen zu sein; sie ist für HEINRICH «die zentrale Funktion *des* M.»: «Das genealogische System» leistet es, «den Bruch zu überbrücken zwischen dem Ursprung und allem, was dem Ursprung entspringt, die Macht der heiligen Ursprünge zu übertragen auf das von ihnen Abstammende», das sich so der eigenen Identität zu versichern hat. Umgekehrt zeige sich das ‹ursprungsmythische Denken› in der Hingabe an die «Mächte» als präsent noch in Heideggers Ursprungs-‹Denken›, in der Blut-und-Boden-Beschwörung und in der psychoanalytischen Koppelung von Gegenwärtigem an onto- bzw. phylogenetisch Vergangenes. Schon Bacon habe gegen dieses Denken «entmythologisierenden Protest» erhoben [5].

«Entmythologisierung» selbst war zum Schlagwort für das theologische Programm geworden, mit dem R. BULTMANN ältere Ansätze der historischen Bibelkritik (bei A. DREWS bis zur Preisgabe der Historizität Jesu verschärft [6]) weiterführte und damit jener Tradition treu blieb, die zwischen Christentum und M. klare Unterscheidungen wünschte [7], welche allerdings von L. ZIEGLER mit der Behauptung in Frage gestellt worden waren, daß vom Christentum nur das gerettet zu werden verdiene, was an ihm M. sei [8]. Und während für

R. Otto der «durchsystematisierte M.» bereits Verfallsprodukt gegenüber der ursprünglichen Erfahrung des «Heiligen» und «Numinosen» ist [9] und K. Barth im M. bloß ein dem kindlichen Sinn angemessen erzähltes «Uneigentliches, das auf ein Eigentliches nur hinweisen will», findet [10], glaubt E. Troeltsch, daß «ohne Logos ... eine große religiöse Lebenswelt ebensowenig bestehen (kann) wie ohne M.» [11].

P. Tillich begreift den M. eher von seiner formalen Seite her, nämlich als die («logische und ästhetische Erfassung des Unbedingten» vereinigende) «Ausdrucksform für den Offenbarungsinhalt» und insofern als jene «Sprache», deren sich das Christentum wie jede andere Religion bedienen muß, wenngleich es sich bei ihm nur um einen «gebrochenen M.» handelt [12]. Für Bultmann dagegen ist zwar das «urchristliche Denken ganz vom M. beherrscht», jedoch hat «die Verkündigung des NT eine Wahrheit», die von dem für den modernen Menschen veralteten und unannehmbaren «mythischen Weltbild unabhängig ist» [13]. Der Weg zur Lösung der daraus sich ergebenden theologischen Aufgabe, «die christliche Verkündigung zu entmythologisieren» [14], führt über die von Heidegger begründete, von H. Jonas bereits auf die reflexive Sonderform des «gnostischen M.» angewandte «existentiale Interpretation» [15], die davon ausgeht, daß Mg. der – inadäquat formulierte – «Ausdruck eines bestimmten Verständnisses der menschlichen Existenz» (als einer von unkontrollierbaren Mächten abhängigen) ist, und die daher das «Kerygma», die «persönliche Botschaft» und «Verkündigung» «entmythologisiert» zur Sprache bringen zu können glaubt [16].

In der inzwischen unübersehbar gewordenen, weit über die Fachgrenzen der Theologie ausstrahlenden Diskussion zur Entmythologisierung [17] ist die Rehabilitierung des M. als eines unvergangenen lebenswichtigen Elements zum festen Topos geworden. So will K. Jaspers den M. «gereinigt, aber nicht abgeschafft» wissen und fordert dazu auf, uns «die wundersamen mythischen Gehalte, die uns sittlich vertiefen, menschlich erweitern [,anzueignen], indirekt aber uns der Hoheit des von ihnen niemals erfüllten, sie alle übersteigenden Gottesgedankens bildloser Transzendenz näherzubringen» [18].

Auch für E. Buess ist der M. nicht überholt, sondern in den «Raum und Vollzug der Offenbarung und des Glaubens einbezogen» [19]. Ebenso sieht K. Goldammer in Anlehnung u. a. an F. Medicus [20], dem mit der Überzeugung von der Unersetzlichkeit des M. auch G. Wehrung folgt [21], im M. etwas von der Wissenschaft im Grunde nicht Tangiertes, «Bleibendes», «das nicht ohne weiteres aus der Religion und ... aus unserem Kulturleben entfernt werden kann», bestreitet auch die Möglichkeit, aus dem «biblischen M.» das «Kerygma» herauszulösen, und findet schon im M. selbst dessen fortdauernden Wandel («Mythenaufbau», «-umbau», «-abbau»), so daß der M. auch in seiner Gefährlichkeit immer «Menschseinsschicksal» bleibe [22]. Ähnlich ist A. Anwander von der «Unaufhebbarkeit» des M. überzeugt, aber ebenso davon, daß er «erlöst werden» muß [23]; und schließlich besteht auch F. Vonessen gegen Bultmann auf der Unersetzbarkeit des M., der von der Offenbarung nicht zu trennen sei und sich zur Wissenschaft verhalte wie Anschauungskraft zu Verstand und Bild zu Begriff [24].

Auch unabhängig von der Entmythologisierungsdebatte bleibt die Frage nach der gegenwärtigen Bedeutung, nach Weiterleben und Überwindung des M. aktuell [25]. G. Gusdorfs These, «conscience mythique» und «conscience réflexive» vermöchten komplementär zu sein und gerade die Vernunft brauche den bereichernden, sinngebenden und ihr Ort und Grenze zuweisenden M. [26], wird von C. I. Gulian widersprochen, der M. nur als «historisches Phänomen» versteht [27]. Von positivistischer Seite propagiert E. Topitsch die «Entmythologisierung»: für ihn sind die M. wie jede theologisch-metaphysische Spekulation aus einem überholten Bestand «von werthaft-emotionalen Motiven, Modellvorstellungen und Wortattrappen» hervorgegangen und deshalb als «vorwissenschaftlich» anzusehen [28]. (Eine Gleichsetzung von Metaphysik und M. vollzog auf andere Weise J. Derrida mit Hilfe des von A. France geprägten Terminus' der «mythologie blanche» [29]). Aber bereits E. Kahler hatte bemerkt, daß der Glaube an die Allmacht der Ratio eine fatale Illusion ist und Mythisierungen aller Art dem «Bedürfnis nach einem irrational, unverrückbar geltenden Lebensgrunde» entspringen, folglich auch überall dort Wachsamkeit geboten ist, wo das «Definitive» «mythisch», d. h. «unanrührbar und sakrosankt» zu werden droht [30]. L. Kolakowski nennt den «Entwurf der totalen Entmythologisierung der Kultur trügerisch», da jedes (für menschliche Gesellschaft lebensnotwendige) «Werten», soweit es nicht willkürlich geschieht, im M., «d. h. in dem der Geschichte vorangegangenen Menschsein» gründet und also «die mythische Organisation der Welt (d.h. die Regeln, die das Verstehen der empirischen Realitäten als sinnvoller gewährleisten) ... in der Kultur permanent gegenwärtig» ist. Mit dem so «generalisierten M.-Begriff» läßt sich nicht nur die Metaphysik, sondern innerhalb der Logik sogar und gerade die Wahrheit als «Teil des M.» begreifen, «der die bedingten Erfahrungsrealitäten auf eine unbedingte Welt bezieht», d.h. des «M. der Vernunft», für oder gegen den folglich nur eine «Entscheidung» möglich ist, da er, wie jeder M., nicht wiederum selbst «der Dichotomie von Wahrheit und Falschheit» untersteht [31]. Indes verkennt auch Kolakowski nicht die «Bedrohung des mythologischen Terrors» und den Konflikt zwischen dem «legitimen Bedürfnis nach dem M.» und der «legitimen Selbstverteidigung vor der Gefahr des M.»; er hält deshalb «Wachsamkeit» gegenüber dem «Narkotikum» der Mg. für nötig [32]. Differenzierung «angesichts der M.-Pflichtigkeit der Menschen» empfiehlt O. Marquard: Anders als «Monomythie», die den Menschen der «Gewalt einer einzigen Geschichte» ausliefere, gewähre «Polymythie» ein «Minimum an Chaos» als «Bedingung der Möglichkeit der Individualität» [33]. Entschiedener noch als Kolakowski verweist G. Brand auf den «M. als die Grundlage aller Deutung»: «Die Dimension des M. allein ist es, die uns die Möglichkeit einer Antwort ... auf die Frage nach dem Sinn unserer Existenz gibt» und «in der eine motivationale Geschichte als Zusammenhang einheitlich erfaßt werden kann» [34].

Doch selbst bei Autoren, die für das «Strukturgesetz der Entwicklung des abendländischen Denkens» die weniger komplizierte, Nestles Buchtitel abwandelnde Formel «Vom M. zur Reflexion» [35] zunächst einmal akzeptieren würden, bleibt M. zumindest als alternative bzw. komplementäre *Möglichkeit* präsent: so zieht zwar G. Krüger trotz anfänglicher Gleichsetzung von M. und Religion gegenüber dem «heute nur noch in fragwürdiger Unechtheit» existenzfähigen M. schließlich doch noch die Religion im Blick auf das vor, «was die Vernunft überragt» [36]; K. Hübner dagegen rehabilitiert den von Wissenschaft und Technik verdrängten griechischen M. insofern, als für ihn der «Übergang vom M. zur Wissenschaft» nur als «Mutation» zu denken ist, M. und Wissenschaft demnach in ihrer transzendentalen, «apriorischen» Funktion gleichen Rang haben und vom jeweils anderen nicht als «falsch» widerlegt werden können. Somit ist es nicht auszuschließen, daß «Mythisches wieder allgemein erlebbar und erfahren werden kann» [37]. Und wenn die Physik die strenge Gültigkeit des Kausalgesetzes nicht aufrechterhalten kann, ist dies für M. HOCHGESANG der Anlaß dafür, den M. sogar *in* der Wissenschaft wiederkehren zu sehen. Von einem «neuen mythischen Zeitalter» ließen sich (trotz aller Gefahren besonders der «Ersatz-M.») die «Heilung vieler Gebrechen der Intellektualisierung und Mechanisierung und ein neues ganzheitliches Menschenbild» erhoffen [38].

Von philosophischer Seite wird nicht zuletzt durch die Dichtung das Fortleben «mythischer Erfahrung» [39] und die Existenzberechtigung eines durch «Anteilnahme, Liebe, Einfühlung» gekennzeichneten mythisch-dichterischen Weltverhaltens neben der «Kompetenz der Physik» verbürgt gesehen [40] und damit zum Teil auch auf die Vielzahl der Literaturwerke des 20. Jh. reagiert, die Mythen verarbeiten (St. George, H. von Hofmannsthal, Th. Mann, R. M. Rilke, J. Joyce, H. Broch, H. H. Jahnn, J. Anouilh u.v.a.). Hatte Aristoteles ⟨M.⟩ schon als terminus technicus der Poetik verwandt [41], so bringt H. BROCH nun die gesamte europäische Literaturgeschichte selbst auf die Formel: «coming from myth, returning to myth» [42]. Die Fülle der Untersuchungen, die den Begriff ⟨M.⟩ als literaturwissenschaftliche Interpretationskategorie verwenden, ist im übrigen längst unüberschaubar geworden [43]; die Autoren greifen allerdings vielfach auf einen in anderen Wissenschaften erarbeiteten M.-Begriff zurück und verwischen nicht selten die Grenzen zwischen M. und Literatur [44].

Während der marxistischen Orthodoxie M. als durch Religion bzw. Philosophie schlechthin überholt gilt [45], verweist E. BLOCH auf das Freiheit und Erlösung verheißende «höchste wie tiefste Utopikum in Mythischem» und hält eine «Rettung des M. durch utopisches Licht begrifflicher Künftigkeit» für denkbar [46]. R. GARAUDY fragt konkret nach der Möglichkeit des M., «Komponente des Handelns [zu] sein, das die Welt verändern soll», und betont von daher das appellative Moment des M.: er ist «symbolischer Bericht, der den Menschen daran erinnert, daß er seinem Wesen nach schöpferisch, d.h. zunächst durch die Zukunft, die er erfindet, bestimmt ist» [47]. Gerade für Marxisten wird damit aber die Abgrenzung von 'guten' und 'schlechten' M. dringend [48]. So erscheinen E. FISCHER M. heute akzeptabel, wenn sie das Werk des «die unsichtbare Wirklichkeit» aufdeckenden und «Modelle» schaffenden «mythenbildenden Künstlers jenseits von Kultus und Ritus» sind und auf der «Synthese mit dem Logos», auf der Vereinigung von «Vernunft» und «Phantasie» basieren [49].

Demgegenüber bedeutet die im Rahmen der Arbeitsgruppe 'Poetik und Hermeneutik' gestellte Frage nach dem «postmythischen M.», nach «Funktion» und «Realität» des «Mythischen» in «nicht-mehr-mythischer Zeit» insofern einen Neuansatz, als nun gerade mit den «Grenzzonen» des Phänomens «die mannigfaltigen Modalitäten einer reduzierten, reflektierten oder komplizierten Seinsweise des M.» ins Zentrum gerückt werden [50]. Die Prämisse eines «uneinholbaren Bedeutungspotentials» des M. – H.-G. GADAMER hatte mit der «offenen Unbestimmtheit» doch wohl Ähnliches gemeint [51] – legt dabei den gleichwohl problematischen Verzicht auf definitorische Abgrenzungen nahe [52]. H. BLUMENBERG geht in diesem Zusammenhang von «Terror» und «Poesie» als der umfassenden 'Antinomie der M.-Schätzung' aus [53] und deutet M. als geglückte Versuche, «aus dem Schrecken in Geschichten über den Schrecken auszuweichen» [54]: «Nur wenn man den M. als Distanz zu dem versteht, was er schon hinter sich gelassen hat» («Schrecken, schlechthinnige Abhängigkeit, Strenge des Rituals und der sozialen Vorschrift» usw.), «kann man den Spielraum der Imagination als das Prinzip seiner immanenten Logik begreifen, aus der die Grundformen der Umständlichkeit und Umwegigkeit, der Wiederholung und Integration, der Antithese und Parallele hervorgehen» [55]. Der Gegensatz M./Kunst, wie ihn z.B. E. GRASSI erneuert [56], verliert bei Blumenberg an kategorialem Gehalt durch die Charakterisierung des seinem Wesen nach liberal-humanen M. als eines dogmenfreien «Rahmens» für immer neue Interpolationen (bis hin zu den «Grenzwerten» der M.-Vollendung Epikurs und Nietzsches): «Das Vergessen der 'Urbedeutungen' ist die Technik der M.-Konstitution selbst – und zugleich der Grund dafür, daß Mg. immer nur als 'in Rezeption übergegangen' angetroffen wird.» Die Rezeptionsgeschichte des M. kann dann ihrerseits als Indikator für die Entwicklung des Wirklichkeitsverständnisses fungieren: in ihrem Verlauf wurde der «mythische» Wirklichkeitsbegriff der «momentanen Evidenz» vom völlig andersartigen «modernen» des «in sich einstimmigen offenen Kontextes» – wohl unwiderruflich – abgelöst [57].

Anmerkungen. [1] M. HORKHEIMER und TH. W. ADORNO: Dialektik der Aufklärung (Neuausg. 1969) 3f. 6. 9. 17f. 22f. 33ff. X. – [2] ADORNO: Ästhetische Theorie. Ges. Schr. 7 (1970) 243; zum Verhältnis Kunst/M. vgl. 179f. 191ff. – [3] W. BENJAMIN, Ges. Schr. 2 (1977) 197ff.; 1 (1974) 140ff., bes. 151. 164f.; zum Begriff der «mythischen Mächte» vgl. HORKHEIMER/ADORNO, a.O. [1] 53. – [4] P. PHILIPPSON, a.O. [27 zu VI/1] 7ff. – [5] K. HEINRICH: Parmenides und Jona (1966) 9ff. 23ff. 58ff. 157ff. – [6] A. DREWS: Die Christusmythe (1910). – [7] Vgl. G. VON RAD: Theol. des AT 2 (^{5}1968) 120; zur Abgrenzung von jüdischer Religion und M. vgl. H. COHEN: Religion und Sittlichkeit (1907); Der Begriff der Religion im System der Philos. (1915); Die Religion der Vernunft aus den Quellen des Judentums (1919); dazu A. JOSPE: Die Unterscheidung von M. und Religion bei H. Cohen und E. Cassirer (Diss. Breslau 1932); zur Deutung der Kabbalah im Sinne einer «Re-Mythisierung» der jüdischen Religion vgl. G. SCHOLEM: Kabbalah und M. Eranos-Jb. 17 (1949) 287ff. – [8] L. ZIEGLER: Das heilige Reich der Deutschen (1925) 2, 313; vgl. Überlieferung (^{2}1949) 171ff.; der Begriff des «Christian Myth» und die Deutung der «Catholic tradition» als M. neuerdings bei A. W. WATTS: Myth and ritual in Christianity (London/New York 1954). – [9] R. OTTO: Das Heilige (1917, ^{10}1923) 30. – [10] K. BARTH: Die kirchliche Dogmatik 3/1 (1945) 91ff.; vgl. 1/1 (^{8}1964) 345f. – [11] E. TROELTSCH: Logos und M. in Theol. und Rel.philos. (1913). Ges. Schr. 2 (^{2}1922) 817. – [12] P. TILLICH: M. und Mg. (1930). Ges. Werke 5 (1964) 187ff.; Rel.philos. (1925), a.O. 1 (1959) 350ff.; Wesen und Wandel des Glaubens, a.O. 8 (1970) 148; Systemat. Theol. 1 (^{3}1956) 259. – [13] R. BULTMANN, Art. ⟨M. und Mg. IV⟩, in: RGG^3 4, 1278ff.; Glauben und Verstehen 4 (1965) 133. 146ff. 156f. – [14] NT und Mg. Kerygma und M. 1 (1948) 16. – [15] M. HEIDEGGER: Sein und Zeit (1927); H. JONAS: Gnosis und spätant. Geist 1 (1934, ^{3}1964) 1ff. 14ff. 90f.; 2/1, 14ff. – [16] BULTMANN, Glauben und Verstehen a.O. [13] 4, 146f. 156f.; NT und Mg. ... a.O. [14] 23ff. 52f. – [17] Vgl. u.a. Kerygma und M. 1ff. (1948ff.); G. BACKHAUS: Kerygma und M. bei D. F. Strauss und R. Bultmann (1956); E. CASTELLI (Hg.): Il problema della demitizzazione. Arch. Filos (Padua 1961), dazu unter versch. Titeln: Arch. Filos. 1962, 1965, 1966, 1973; R. H. AYERS: «Myth» in theol. discourse. Anglican theol. Rev. 48 (1966) 200ff.; Weltliches Sprechen von Gott. Zum Problem der Entmythologisierung (1967); P. BARTHEL: Interprétation du langage mythique et théol. biblique (Leiden 1967); W. PANNENBERG: Christentum und M. (1972); H. J. BROSCH und H. M. KÖSTER (Hg.): M. und

Glaube (1972); F. SCHUPP: M. und Religion (1976); R. MARLÉ, Art. ‹M.›, in: Hb. theol. Grundbegriffe 2 (1963) 193ff. – [18] K. JASPERS: Wahrheit und Unheil der Bultmannschen Entmythologisierung. Kerygma und M. 3 (1954) bes. 18ff.; vgl. A. KLEIN: Glaube und M. (1973). – [19] E. BUESS: Die Gesch. des mythischen Erkennens (1953) 27f. 72. 224ff. – [20] F. MEDICUS: Das Mythologische in der Religion (1944). – [21] G. WEHRUNG: M. und Dogma (1952) 9ff. – [22] K. GOLDAMMER: Die Entmythologisierung des M. als Problemstellung der Mg. Studium Gen. 8 (1955) 378ff. – [23] A. ANWANDER: Zum Problem des M. (1964) bes. 110ff.; eine ausführliche theol.-philos. Diskussion auch bei F. ULRICH: M. – Logos – Erfahrung. Salzb. Jb. Philos. 14 (1970) 187ff. – [24] F. VONESSEN: M. und Wahrheit (²1972) 1ff. 80ff. – [25] Exemplarische Titel: Symphilosophein. Bericht über den 3. Dtsch. Kongreß für Philos. (1952) 237ff.; Das Problem der Mg.; Philos. und M., hg. H. POSER (1979) bes. Vff.; Die Wirklichkeit des M., hg. K. HOFFMAN (1965); G. PLUMPE: Das Interesse am M. Arch. Begriffsgesch. 20 (1976) 236ff.; L. CENCILLO: Mito. Semántica y realidad (Madrid 1970). – [26] G. GUSDORF: Mythe et métaphysique (Paris 1953) 8f. 264ff. 281ff. – [27] C. I. GULIAN: M. und Kultur (1971) 16. 53ff. 60ff. 180f.; differenzierter jedoch: R. CANTONI: Il pensiero dei primitivi (Mailand ²1963) 288ff.; vgl. Mito e storia (Mailand 1953). – [28] E. TOPITSCH: M. – Philos. – Politik (1969) 7ff. 18ff. 54ff. 67. 79ff.; vgl. TOPITSCH, in: POSER (Hg.): Philos. und M. a.O.; Vom Ursprung und Ende der Met. (²1972) 13ff. – [29] A. FRANCE: Le jardin d'Épicure. Oeuvres compl. 9 (Paris 1927) 525; J. DERRIDA: La mythologie blanche. Poétique 2/5 (1971) 1ff. – [30] E. KAHLER: Das Fortleben des M. (1945), in: Die Verantwortung des Geistes (1952) 201ff. – [31] L. KOLAKOWSKI: Die Gegenwärtigkeit des M. (1973) 16. 40ff. 47f. 156. 8f. 13ff. 19f. 50ff. 78f. 58ff. – [32] a.O. 120ff. 132ff. – [33] O. MARQUARD: Lob des Polytheismus, in: Philos. und M. a.O. [25] 40ff.; auch in: MARQUARD: Abschied vom Prinzipiellen (1981) 91ff. – [34] G. BRAND: Gesellschaft und persönliche Gesch. (1972) 83ff. 97. 124; vgl. 91. 99ff.; Welt, Gesch., M. und Politik (1978) bes. 147ff.; Welt, Gesch., M., in: Philos. und M. a.O. [25] 93ff.; ähnliche Funktionsbestimmungen des M. bei J. KOCKELMANS: On myth and its relationship to hermeneutics. Cultural Herm. 1 (1973/74) bes. 67; A. VERGOTE: De mythe als manifestatie. Tijdschr. Filos. 34 (1972) 195ff.; R. F. BEERLING: M. als interpretatie, Tijdschr. Filos. 33 (1971) 519ff. – [35] H. HOLZ: Vom M. zur Reflexion (1975). – [36] G. KRÜGER: Mythisches Denken in der Gegenwart, in: Die Gegenwart der Griechen im neueren Denken. Festschr. für H.-G. GADAMER zum 60. Geb. (1960) 117ff.; vgl. auch GADAMER, a.O. [1 zu VI/1]. – [37] K. HÜBNER: Kritik der wiss. Vernunft (1978) bes. 423ff.; Mythische und Denkformen, in: Philos. und M. a.O. [25] 75ff. – [38] M. HOCHGESANG: M. und Logik im 20. Jh. (²1969) 13ff. 41ff. 85ff. 118. 146. – [39] B. LIEBRUCKS: Sprache und M., in: Konkrete Vernunft. Festschr. für E. ROTHACKER (1958) bes. 269ff. 275ff. – [40] W. BRÖCKER: M. und Physik, in: W. B.-H. BUHR (Hg.): Zur Theologie des Geistes (1960) 85ff.; Dialektik – Positivismus – Mg. (1958) 62f., zur «mythischen Welt» Heideggers: 106ff.; Die Auferstehung der mythischen Welt in der Dichtung Hölderlins. Studium Gen. 8 (1955) 316ff. – [41] ARISTOTELES, Poetik 6, 1450 a 3ff. – [42] H. BROCH: The style of the mythical age, in: Dichten und Erkennen. Essays 1 (1955) 249; vgl. Die mythische Erbschaft der Dichtung 239ff. – [43] Vgl. u.a.: R. WELLEK und A. WARREN: Theorie der Literatur (³1963) bes. 168ff.; B. SLOTE (Hg.): Myth and symbol (Lincoln 1963); K. ZIEGLER: M. und Dichtung, in: Reallex. der dtsch. Lit.gesch., hg. P. MERKER/W. STAMMLER 2 (²1965) 569ff.; J. B. VICKERY (Hg.): Myth and lit. (Lincoln 1966); G. SCHMIDT-HENKEL: M. und Dichtung (1967); B. OSTENDORF: Der M. in der Neuen Welt. Eine Unters. zum amerik. Myth Criticism (1971); P. KOBBE: M. und Modernität (1973); W. RIGHTER: Myth and lit. (London/Boston 1975); R. WEIMANN: Literaturgesch. und Mg. (1977); vgl. auch F. STRICH, a.O. [10 zu IV]; A. DORNHEIM: Vom Sein der Welt (Mendoza [Argentinien] 1958); D. BUSH: Mg. and the Renaissance tradition in English poetry (New York ²1963); Mg. and the romantic tradition in English poetry (New York 1963); B. A. VAN GRONINGEN u. a.: De mythe in de lit. (Den Haag 1964); J. KLEINSTÜCK: M. und Symbol in engl. Dichtung (1964); F. JESI: Letteratura e mito (Turin 1968); P. ALBOUY: Mythes et mythologies dans la litt. franç. (Paris 1969); K. S. GUTHKE: Die Mg. der entgötterten Welt (1971); außerdem: W. EMRICH: Geist und Widergeist (1965) 78ff.; W. W. DOUGLAS: The meanings of 'myth' in modern criticism. Modern Philol. 50 (1952/53) 232ff. – [44] Vgl. z.B. R. CHASE: Notes on the study of myth. Partisan Rev. 13 (1946) 338ff.; Myth as lit. English Institute Essays (ND New York 1965) 3ff.; Quest for myth (Baton Rouge 1949); N. FRYE: Analyse der Lit.kritik (1964) 163. 218; Fables of identity (New York usw. 1963) 1. – [45] M. BUHR und A. KOSING: Kleines Wb. der marxist.-leninist. Philos. (1974) 190f. – [46] E. BLOCH: Verfremdungen 1 (1962) 158. 162; Das Prinzip Hoffnung (1959) 1, 16; 3, 1614. – [47] R. GARAUDY: Marxismus im 20. Jh. (1969) 139ff. 145f. – [48] Vgl. u.a. E. BLOCH: Verfremdungen a.O. [46] 158ff.; GARAUDY, a.O. 140; J. HÁJEK: Konzept der sozialist. Lit. Tagebuch 21 (1966) 11f.; V. MADAREVIĆ: Lit. und revolutionärer M. als Kategorie der Utopie. Praxis 8 (1972) 313ff. – [49] E. FISCHER: Von der Notwendigkeit der Kunst (1967) 16. 106ff.; Kunst und Koexistenz (1966) 191ff. 201ff. – [50] M. FUHRMANN, in: Terror und Spiel a.O. [18 zu II] 9. – [51] H.-G. GADAMER, a.O. [29 zu IV] 471. – [52] Kritisch z.B. KOBBE, a.O. [43] 13f. – [53] H. BLUMENBERG: Wirklichkeitsbegriff und Wirkungspotential des M., in: Terror und Spiel a.O. [18 zu II] 13ff. – [54] Formulierung O. MARQUARDS, in: a.O. 528. – [55] BLUMENBERG, a.O. [53] 49f. – [56] E. GRASSI: Kunst und M. (1957) 95ff. 105f. – [57] BLUMENBERG, a.O. [53] 13. 27ff. 36ff. 49ff. 60ff.; vgl. Arbeit am M. (1979).

Literaturhinweise. O. GRUPPE s. Anm. [21 zu II]. – Myth and mythmaking, hg. H. A. MURRAY (New York 1960, ²1968). – J. HENNINGER, H. CAZELLES und R. MARLÉ, Art. ‹Mythe›. Dict. de la Bible, Suppl. 6 (Paris 1960) 225ff. – J. DE VRIES s. Anm. [35 zu II]. – M. LURKER: Bibliographie zur Symbolkunde (1964-68). – Myth. A Symposium, hg. TH. A. SEBEOK (Bloomington 1965, ⁴1971). – K. KERÉNYI (Hg.) s. Anm. [21 zu VI/2]. – G. LANCZKOWSKI: Neuere Forsch. zur Mg. Saeculum 19 (1968) 282ff. – Bibliographie zur Symbolik, Ikonographie und Mg., hg. M. LURKER 1ff. (1968ff.). – P. S. COHEN: Theories of myth. Man NS 4 (1969) 337ff. – B. FELDMAN und R. D. RICHARDSON: The rise of modern mythology. 1680-1860 (Bloomington/London 1972). – F. JESI: Il mito (Mailand 1973). – F. SCHUPP s. Anm. [17 zu VI/4]. – W. BETZ s. Anm. [41 zu II]. – Philos. und M., s. Anm. [25 zu VI/4]. – M. und Mg. in der Lit. des 19. Jh., hg. H. KOOPMANN (1979). – A. HORSTMANN: Der M.-Begriff vom frühen Christentum bis zur Gegenwart. Arch. Begriffsgesch. 23 (1979) 7-54. 197-245. – H. GOCKEL: M. und Poesie. Zum M.-Begriff in Aufklärung und Frühromantik (1981). – M. und Moderne. Begriff und Bild einer Rekonstruktion, hg. K. H. BOHRER (1983).

A. HORSTMANN

N

Nachahmung (griech. μίμησις, lat. imitatio, engl. imitation, frz. imitation, ital. imitazione). Im gegenwärtigen Sprachgebrauch der Sozial- und Verhaltenswissenschaften bedeutet N. a) die bewußte Angleichung des eigenen Verhaltens an das Verhalten eines anderen (des Modells) und b) die unreflektierte ('automatische') Übernahme (Wiederholung) des Modellverhaltens. Das entscheidende Merkmal der Definition besteht im direkten Ursache-Wirkungs-Verhältnis zwischen Modell- und Nachahmer-Verhalten. Unter ‹Verhalten› können neben beobachtbaren Handlungen auch kognitive Vorgänge wie Einstellungen und Meinungen und emotionale Prozesse verstanden werden.

In der Geschichte des N.-Begriffes lassen sich die folgenden Entwicklungslinien unterscheiden. Eine erste Linie wird durch diejenigen Ansätze bezeichnet, in denen die N. als *naturgegebene Verhaltenstendenz* (Trieb oder Instinkt) aufgefaßt wird. Als Reaktion gegen die Theorien dieses Typs entsteht eine zweite Linie, in der die N. als *erlerntes Verhalten* konzipiert wird. Die Perspektive der dritten Linie ist auf die *Funktion* der N. in der *Entstehung innerer Prozesse* gerichtet, während die vierte Linie an den (kognitiven oder emotionalen) *Voraussetzungen* der N. orientiert ist.

1. *N. als naturgegebene Verhaltenstendenz.* – a) In der *empirischen Psychologie* des späten 18. Jh. wird die N. in aller Regel als *Trieb* bezeichnet, wobei man gerne auf das aristotelische Wort vom Menschen als dem «am meisten zur N. neigenden Lebewesen» zurückgreift [1]. Nach der Durchschnittsauffassung der Zeit, die z.B. der Theologe F. V. REINHARD zum Ausdruck bringt, erscheint unter der Rubrik ‹Begehrungsvermögen› der «Trieb zur N.» als «Neigung, seine Thätigkeit gerade so einzurichten, wie man es bey anderen wahrnimmt» [2]. Auch KANT spricht von dem «natürlichen Hang des Menschen, in seinem Betragen sich mit einem bedeutendern ... in Vergleichung zu stellen und seine Weise nachzuahmen» [3]. Als weiterer Beleg dafür, mit welcher Selbstverständlichkeit man die N. als anthropologische Konstante betrachtete, können Stellen aus der Dichtung der Weimarer Klassiker dienen; so GOETHE: «Dieweil nun Affe, Mensch und Kind / Zur N. geboren sind ...» [4], und SCHILLER: «Der Mensch ist ein nachahmendes Geschöpf / Und wer der Vorderste ist, führt die Herde» [5].

Man war sich zwar über die Triebnatur der N. einig, doch herrschten beträchtliche Meinungsverschiedenheiten bezüglich der Einordnung des N.-Triebes in das Gesamtgefüge der menschlichen Triebe. Der Eklektiker J. G. H. FEDER gleicht diese Meinungsverschiedenheiten aus, indem er die N. zu den «Trieben von sehr vermischten Beziehungen» rechnet, und als ihre Gründe, die «tief in der menschlichen Natur eingeprägt sein müssen», die damals gängigen Hypothesen nebeneinanderstellt: «unwillkührliche Reizungen, die von der Sympathie herkommen», «Bedürfniß der Beschäftigung», «Neigung, sich andern gefällig zu machen», und «Hoffnung, dieselben Vortheile, die andere sich erworben haben ... zu erlangen» [6]. Unter diesen «Gründen» der N. wurden in der Psychologie der deutschen Aufklärung vor allem die ersten beiden erörtert. REINHARD führt die N. auf den «Thätigkeitstrieb» zurück [7], verbreiteter ist jedoch – wohl in Anlehnung an die britische Moralphilosophen – die Subsumtion der N. unter die *Sympathie*. Unklar blieb allerdings das Ursache-Wirkungs-Verhältnis zwischen N. und Sympathie. M. A. WEIKARD erklärt zunächst: «Es können N.en aus Sympathie erfolgen; oder aus der Fähigkeit zu N.en wird Sympathie entstehen», bezeichnet jedoch zusammenfassend die Sympathie als «Frucht unseres N.triebes» [8]. Ähnlich J. N. TETENS, der seine Diskussion der N. mit der Frage beginnt: «Wie wirket unser Mitgefühl?», im Ergebnis jedoch «unsere Mitgefühle mit anderen» aus einer bestimmten Art der «Nachmachung» erklärt [9]. Auch in bezug auf eine andere zeitgenössische Auseinandersetzung offeriert FEDER eine Kompromißlösung, indem er die N. zu den «natürlichsten, heilsamsten und gefährlichsten Trieben des Menschen» zählt [10]. Man meinte nämlich einerseits, wie KANT im Anschluß an Aristoteles, daß «Lernen nichts als Nachahmen ist» [11], sah die N. aber andererseits unter *moralischer* Perspektive als bedenklich an; so ebenfalls Kant, der den Nachahmer im Sittlichen als Mann ohne Charakter und bloßen Nachäffer bezeichnet [12]. Eine etwas differenziertere begriffliche Unterscheidung unter moralisierenden Gesichtspunkten trifft REINHARD. Wie er meint, verfällt der Trieb zur N. «auf Fehler, wenn er wirkt, ohne daß die Seele sich dessen deutlich bewußt ist». Neben dieser *passiven* N. können aber auch bestimmte Formen der *bewußten, aktiven* N. (u.a. Nachäffen des Neuen, weil es neu ist, Eifersucht, Schmeichelei) nicht «vor dem Richtstuhle der Vernunft und des Christentums entschuldiget werden» [13].

Eine von moralischen Nebenabsichten freie Unterscheidung verschiedener Formen der N. nimmt TETENS vor. Die N. ist für ihn «immer etwas Willkührliches»; sie geht «mehr auf die Form der Handlung, nemlich, auf die Art und Weise, wie sie verrichtet wird, und auf die Wirkung, in so ferne sie von dieser Form abhängt». Wenn es dagegen um das Materielle geht, handelt es sich um *Nachmachen* oder *Nachtun*, je nachdem, ob die Wirkung der Handlung oder die Handlung selbst im Vordergrund steht [14].

Dem «Vermögen des Nachmachens» widmet Tetens eine überaus differenzierte Analyse. Sie steht unter der folgenden Fragestellung: «Wie kann eine Aktion nachgemachet werden, die ein anderer vor unsern Augen vornimmt, da wir doch weiter nichts sehen, als ihre Außenseite ... Wir sehen nicht in das Innerste des Menschen, wir fühlen seine Anstrengungen nicht, sondern nur ihre äußerlichen Wirkungen, wie werden wir denn geschickt gemacht, uns in seine Lage zu versetzen, das nämliche innerlich zu empfinden, wie er?» [15]. Einen ersten Ansatz zur Beantwortung dieser Frage, der auf der Vergleichung der im Spiegel gesehenen eigenen Handlung mit der fremden Handlung beruht, verwirft Tetens wegen seiner offensichtlichen Implausibilität. «Der Weg der Natur ist kürzer»: er besteht darin, daß die eigene und die fremde Handlung mit demselben Wort bezeichnet werden [16]. Das wesentliche Moment der N. ist die Herstellung einer «verähnlichenden Verbindung» [17]. Sie geschieht entweder durch eine ähnliche Empfindung – dann handelt es sich um denselben Prozeß wie bei der Sympathie – oder durch die Reproduktion einer ähnlichen Idee oder – bei der eigentlichen N. – durch eine Fiktion, d. h. indem aus vorhandenen Materialien eine neue Vorstellung nach einem vorgelegten Ideal gebildet wird [18].

Für Tetens spielt die Sprache eine entscheidende Rolle beim Erwerb wenigstens der höheren Formen der N. Der umgekehrte Gedanke, daß die N. für die Anfänge der Sprachentstehung verantwortlich ist, war seinen Zeitgenossen ebenfalls geläufig; er wurde im Rahmen der Diskussionen über den göttlichen bzw. natürlichen Ursprung der Sprache zugunsten der letzteren Hypothese eingeführt, und zwar von D. TIEDEMANN. Tiedemann vertritt eine onomatopoetische Theorie der Sprachentstehung: «Man hatte ... angemerkt, daß die meisten Dinge in ihrer Bewegung, oder sonst, gewisse Schälle hervorbringen, die ihnen eigen sind. Diese suchte man nachzumachen, und dadurch vermittelst der Association die Vorstellungen der Dinge selbst zu erregen» [19]. Ähnlich äußert sich K. F. IRWING, der allerdings die Onomatopöie auf die N. von Tierlauten beschränkt [20].

Von TIEDEMANN stammen auch die ersten systematischen Beobachtungen des N.-Verhaltens. An seinem Sohn beobachtete er das erste Auftreten unwillkürlicher N.-Bewegungen im 4. Monat; die N. von Sprachlauten durch Beobachtung der Mutter fand er erstmals im 8. Monat [21]. Diese Beobachtungen wurden im 19. Jh. immer wieder angeführt, bis sie durch systematischere Untersuchungen bestätigt wurden [22].

b) In der ersten Hälfte des 19. Jh. wurde die N. vorwiegend durch die Fortsetzer der Erfahrungsseelenkunde des 18. Jh., daneben auch durch naturphilosophisch orientierte Forscher thematisiert.

Als *Fortsetzer der psychologischen Tradition des 18. Jh.* kommen J. F. FRIES und F. E. BENEKE in Betracht. Beide Autoren fassen die N. zwar noch als Trieb auf, doch verstärkt sich bei ihnen die schon im 18. Jh. erkennbare Tendenz, die Anregung der N. auf das assoziative Geschehen zurückzuführen. So ordnet FRIES die N. der «Ausbildung der Triebe unter den Gesetzen des untern Gedankenlaufes» zu; in ihr führen «die Associationen unsere Willensthätigkeit gerade so ... wie im Mitgefühl unsere Lustgefühle» [23]. Für BENEKE kommt die N. zustande, indem sich die «unerfüllten Urvermögen an das stärkste gleichartige Gebilde» anschließen [24]. Er bezeichnet es ausdrücklich als «irrig ..., den N.-Trieb als den Menschen angeboren aufzuführen» [25]. Eine angeborene Grundlage des N.-Triebes will Beneke nur für die Tiere anerkennen; sie besteht dann freilich in «engeren Verknüpfungen zwischen gewissen Gattungen der Sinnenvermögen ... und gewissen Muskelvermögen». *Damit ist die Triebkonzeption der N. partiell aufgegeben;* er meint Beneke, daß bei Tier und Mensch die N. auch «ohne alles Streben, durch bloße Reizübertragungen» erfolgen kann [26].

Zu den durch die *romantische Naturphilosophie* beeinflußten Psychologen gehört C. G. CARUS. Er läßt die N. aus der *Sympathie* hervorgehen, die er als «Anziehung ... durch eine wesentliche innere Gleichartigkeit bei einer gewissen äußeren Verschiedenheit» bestimmt [27]. Carus kennt eine N. *mit Besonnenheit* (d. h. Selbstbewußtsein) und eine «N. bloß mit Weltbewußtsein oder Bewußtlosigkeit», die er auch als *«unwillkürliches Nachahmen»* oder als «Nachmachen oder Nachtun» bezeichnet [28]. Die unwillkürliche N. tritt zwar vorwiegend im Kindesalter auf, doch fehlt sie auch dem Erwachsenen nicht ganz; insbesondere ist sie – als «geistige Ansteckung» – für «Geistesepidemien der Menschheit» [29] verantwortlich. Das «höhere Vermögen der N.» befähigt andererseits die menschliche Seele, im Vereine mit der schöpferischen Einbildungskraft die «Erscheinung der schönen Kunst hervorzurufen» [30].

Indem Carus die biologischen Wurzeln und die im Unbewußten ablaufenden Wirkungen der N. betont, antizipiert er von einer idealistischen Position aus die Entwicklungstendenzen des Begriffs in der zweiten Hälfte des 19. Jh.

c) Durch das Auftreten der *Darwinschen Evolutionstheorie* erhält die Triebkonzeption der N. eine neue Wendung; man fragt jetzt nach dem *Anpassungswert* der N. und nach ihrer Stellung im Hinblick auf die beiden grundlegenden Faktoren der Anpassung, nämlich *Instinkt* und *Intelligenz*. In der darwinistischen Biologie und der durch sie beeinflußten funktionalistischen Psychologie vollzieht sich die Theoriebildung zur N. in drei Etappen:

Die *erste Phase* ist durch Analogieschlüsse vom menschlichen auf das tierische Bewußtsein und durch eine lamarckistisch geprägte Auffassung instinktiven Verhaltens gekennzeichnet. Im Sinne dieser Anschauungen nennt G. J. ROMANES die N. «ein Hauptmittel, wodurch die Intelligenz einen Instinkt abzuändern vermag» [31]; und zwar führt die N. geradezu zur «Bildung von Instinkten», die dann durch Vererbung erworbenen Verhaltens auf die folgenden Generationen übertragen werden. Außerdem bedienen sich bei intelligenteren Tieren die Eltern absichtlich der N., um «ihre Jungen in der Verrichtung quasi-instinktiver Handlungen» zu unterweisen [32]. Auch W. PREYER grenzt die N. vom Instinkt scharf ab; für ihn zählen die «imitativen Bewegungen» zu den «vorgestellten Bewegungen»; bei ihrem ersten Auftreten sind sie immer bewußt, weswegen sie (im Gegensatz zu den instinktiven Bewegungen) an die Funktion der Großhirnrinde gebunden sind [33]. W. WUNDT gehört ebenfalls zu dieser Gruppe von Theoretikern. Zwar bezeichnet er die N. als Trieb, sieht in ihr aber die «Hauptquelle» anderer, individuell erworbener und vererblicher Instinkte [34].

In der *zweiten Phase* wird die anthropomorphistische Betrachtung des tierischen Verhaltens methodologischer Kritik unterzogen; der Aufschwung der wissenschaftlichen Genetik veranlaßt eine Distanzierung von lamarckistischen Positionen. Dieser Vorgang läßt sich am besten bei C. L. MORGAN verfolgen. In seinen früheren Werken bezeichnet er die N. noch allgemein als «niedrigere Form der Intelligenz» [35]. Später subsumiert er die genetisch frühesten Formen der N. unter den Begriff «Instinkt», und zwar ist die «biologische N.» in ihrem Effekt, nicht aber in ihrer Absicht imitativ. Von anderen Formen angeborenen Verhaltens unterscheidet sie sich nur durch eine besondere Beziehung zwischen Reiz und Reaktion: «When [the] stimulus is afforded by the behaviour of another animal, and the responsive behaviour it initiates is similar to that which affords the stimulus, such behaviour may be termed imitative» [36]. Damit ist die auch heute noch maßgebende Definition des N.-Verhaltens erreicht. Von einer behavioristischen Reduktion der N. auf Reiz-Reaktions-Beziehungen war Morgan allerdings noch weit entfernt; neben der «instinktiven N.» kennt er noch eine «intelligente», bei der von zufälliger Erfahrung profitiert wird, und eine «reflektierende», bei der die Handlungserfolge beobachtet und als Resultat der N. erkannt werden; die N.-Versuche sind jetzt nicht mehr zufallsbedingt, sondern sie beruhen auf einem geistig repräsentierten «Verhaltensplan» (scheme of behaviour [37]). Daneben verwendet Morgan noch ein Begriffspaar, das der Sache nach schon bei Tetens angesprochen war: die Reproduktion einer *Handlung* bezeichnet er als «N.», die Reproduktion eines *Handlungsresultates* als «Kopie» [38].

Um die Jahrhundertwende gehörte die Instinktkonzeption der N. zum Grundstock der Überzeugungen aller evolutionistisch denkenden Biologen und Psychologen [39]. Sie barg jedoch den Keim ihres eigenen Verfalls in sich, denn mit der Ablehnung lamarckistischer Deutungen der Instinkthandlung hatte man sich daran gewöhnt, den Begriff ‹Instinkt› auf angeborene Verhaltensweisen zu beschränken, die durch ein für allemal festgelegte anatomische Bahnen realisiert werden [40]. In dieser Fassung konnte der Instinktbegriff jedoch nicht mehr auf die N. angewendet werden, denn diese ist gerade durch den Erwerb neuer Reiz-Reaktions-Beziehungen charakterisiert und kann nicht durch fest 'verschaltete' anatomische Bahnen bewirkt werden.

Die breitere Rezeption solcher Überlegungen markiert die Wende zur *dritten Phase* der evolutionstheoretischen Konzeption der N. Als ihr Kronzeuge kann K. GROOS benannt werden. In seinen frühen Arbeiten schließt er sich der Meinung derjenigen Psychologen an, welche die N. «für einen vererbten Instinct halten» [41]. Später will er das angeborene Moment der N. auf eine «vererbte Disposition» einschränken; diese besteht in der «Tendenz der Bewegungsvorstellungen zur Ausführung der Bewegungen», eine damals von vielen Psychologen als ‹ideomotorisches Gesetz› akzeptierte Annahme [42]. In seiner letzten Arbeit zum N.-Problem lehnt Groos auch diese Erklärung ab; er spricht jetzt wieder von einem N.-Trieb, der als «ererbter Drang einer tieferen und ursprünglichen Region unseres Wesens angehört als das durch Einsicht bestimmte und absichtlich vollzogene Nachahmen» [43]. Voraussetzung für die Rückkehr von der Instinkt- zur Triebkonzeption der N. ist einesteils eine von W. MCDOUGALL stammende Unterscheidung zwischen «Triebkräften» (propensities) und «Fähigkeiten» (abilities), die beim instinktiven Verhalten niederer Tiere fest aneinander gekoppelt sind, bei höher begabten Lebewesen sich jedoch weitgehend voneinander lösen [44], und andererseits die in Abkehr von behavioristischen Konzeptionen vertretene Forderung, daß der Gegenstand der N. (das ‹Urbild›) *erlebt* werden muß, so daß die bloße Ähnlichkeit des Verhaltens zweier Individuen nicht ausreicht, um N. zu konstatieren. Kurz: «Wenn sich Menschen oder Tiere durch das, was sie erleben, dazu gedrängt fühlen, in ein Verhalten einzutreten, das (als solches oder in seinem Ergebnis) dem vorher Erlebten ähnlich ist, so handelt es sich um N.» [45].

Bei dem geistigen Erben der darwinistischen Tierpsychologie, der biologischen Verhaltensforschung (*Ethologie*), spielt die Annahme eines N.-Triebes heute keine bedeutende Rolle mehr. W. H. THORPE läßt als «echte N.» nur das «Kopieren einer ansonsten unwahrscheinlichen Handlung oder Äußerung» gelten; sie findet sich, außer bei den Primaten, nur beim Erwerb des Gesangs durch einige Vogelarten und setzt hier die Existenz einer angeborenen akustischen «Schablone» (template) voraus [46]. K. LORENZ meint, daß auch bei der menschlichen N. das «Entstehen eines sensorischen Vorbildes» der erste Schritt sei. Wahrscheinlich ohne Kenntnis der Groosschen Theorie des N.-Triebs konstatiert Lorenz in einer phänomenologischen Beschreibung seines eigenen N.-Verhaltens einen «primären, d.h. durch keine erkennbaren anderen Motivationen verursachten Drang, das Gesehene nachzuahmen» [47].

d) Die wohl umfassendste Anwendung hat das Konzept des N.-Triebes in der *biologistisch geprägten Soziologie* des ausgehenden 19. Jh. gefunden. Bei H. SPENCER, dem Begründer der evolutionstheoretischen Richtung in der Soziologie, spielt der Instinkt der N. noch eine untergeordnete Rolle; Spencer spricht ihn vor allem dem primitiven Menschen zu und erblickt in der N.-Sucht des Wilden ein Indiz für dessen «perzeptives» Bewußtsein – im Gegensatz zum «reflektiven» des zivilisierten Menschen [48]. Aber schon A. SCHÄFFLE sieht den N.-Trieb vor allem bei dem letzteren, indem er ihn durch das Anwachsen des «Vermögens der Reflexion auf den Nutzen» begünstigt werden läßt. N. wird von Schäffle bestimmt als «die Aneignung der nützlichen Muster und Originale durch die bloß empfänglichen Massen»; dadurch, daß es sich vielfach bewährt hat, Autoritäten zu folgen, wird die N. zu einer «weit verbreiteten Gewohnheit» und ergo – in lamarckistischer Denkweise – zu einem «erblichen Hang des menschlichen Geistes» [49].

Das Konzept der bloß passiven, nachahmenden Masse liegt auch dem soziologischen System von G. TARDE zugrunde. Tarde erhebt die N. zum sozialen Bindemittel schlechthin. Originelle Geistesleistungen (Erfindungen, inventions) sind nur dadurch möglich, daß das Individuum zeitweilig der Gesellschaft entflieht. Denn: «La société, c'est l'imitation» [50]. Für Tarde ist die N. der soziale Ausdruck einer *universellen Wiederholungstendenz*, die er in der unbelebten Natur in der Wellenbewegung, in der belebten Natur in der Erblichkeit wiederfindet [51]. Seine *psychologische* Analyse geht davon aus, daß jede zur Gewohnheit gewordene Handlung eine Wiederholung und damit eine N. ihrer selbst ist (= *biologische N.*). In der Soziologie möchte Tarde die Bezeichnung ‹N.› jedoch der interindividuellen Wiederholung vorbehalten sehen (= *kollektive N.*). Diese Form der N. entwickelt sich zwar aus der Selbst-N., wird aber aktualisiert durch soziale Beeinflussungsvorgänge (Suggestion, von Tarde noch als «Somnambulismus» bezeichnet). So erklärt sich die Fortsetzung des obigen Aphorismus: «... et l'imitation, c'est une espèce de somnambulisme».

Tarde hat seine Theorie später dadurch ergänzt, daß er neben der universellen Tendenz zur N. eine ebenso universelle Tendenz zur *Gegen-N.* angenommen hat, also dazu, genau das Gegenteil von dem zu tun und zu sagen, was man andere tun sieht und sagen hört [52]. Die Gegen-N. steht insofern mit der N. auf derselben Stufe, als sich beide auf die momentan gesellschaftlich akzeptierten Ideen und Gewohnheiten beziehen. Sie darf nicht mit der Erfindung verwechselt werden, denn diese kommt gerade durch die Beschäftigung mit «bizarren, jeder Aktualität entbehrenden Problemen» zustande [53].

J. M. BALDWIN anerkennt zwar Tardes Priorität bezüglich der Annahme, daß «N. die *soziale* Grundtatsache sei», meint aber, daß er selbst auf dem Wege genetisch-psychologischer Studien zu seinem Konzept der N. gelangt sei, und stimmt Tarde zu, wenn er den Unterschied ihrer beiden Auffassungen auf die Formel «psycho-soziologisch» (Tarde) gegen «physio-psychologisch» (Baldwin) bringt [54]. Damit sind in der Tat die Differenzen zwischen Baldwin und Tarde richtig benannt. Denn Baldwin teilt zwar mit Tarde den exzessiv weiten Begriff der N., ja er dehnt ihn noch aus, indem er N. überall dort erwartet, «wo nur immer irgend eine Wechselwirkung zwischen einem lebenden Organismus und der Außenwelt vorhanden ist», also vielleicht schon bei zur Bewegung fähigen Pflanzen [55]. Aber im Gegensatz zu derjenigen Tardes basiert seine N.-Konzeption nicht auf vagen Analogien und angeblich universellen Weltgesetzen, sondern auf wohldurchdachten psychophysiologischen und entwicklungspsychologischen Analysen.

Nach Baldwin besteht das Wesen der N. in der *Wiederholung* (oder wenigstens Erhaltung) *einer Reizeinwirkung*, und diese wird durch eine Bewegungsreaktion realisiert. Daß überhaupt ein Reiz eine Reaktion hervorruft, erklärt sich aus den Gesetzen der *Dynamogenese* und der *Suggestion*. Dynamogenese bezeichnet die Tendenz jeder Empfindung, eine Reaktion auszulösen [56], Suggestion die Aktualisierung dieser Tendenz durch einen tatsächlich ins Bewußtsein eintretenden Reiz [57]. Die Wiederholung bzw. Erhaltung einer Reizeinwirkung wird durch einen Reaktionstyp gewährleistet, für den Baldwin den Begriff *«Kreisreaktion»* geprägt hat. Sie kommt zustande, indem «der Reiz einen motorischen Prozeß anregt, der wieder diesen Reiz hervorbringt, und dieser wieder den motorischen Prozeß» [58]. Die Kreisreaktion schafft die Möglichkeit immer präziserer N., denn die Wiederholungen gehen mit Variationen einher, und aus diesen werden diejenigen ausgewählt, welche am besten geeignet sind, eine gegebene Reizwirkung zu erhalten.

In der beschriebenen Form bildet die Kreisreaktion die früheste und einfachste Art der N. Bei ihr wird lediglich das von der Reaktion hervorgebrachte Resultat beachtet, nicht aber die Reaktion selbst und schon gar nicht das Zusammenpassen der Reaktion mit ihrem Resultat. Diese Leistungen werden erst auf der späteren Stufe der *andauernden* N. erworben; sie ist definiert durch die «Vergleichung der ersten vom Kinde produzierten Resultate ... mit der ... Vorlage, die nachgeahmt wird» [59]. Die andauernde N. involviert immer eine *Koordination*, z. B. zwischen der gesehenen Vorlage und den aus den eigenen Bewegungen entstammenden Muskelempfindungen. Infolgedessen wird die nachahmende Bewegung mit der nachgeahmten Vorlage zu einer neuen Reaktion verschmolzen, die fortan auch ausgeführt werden kann, ohne daß die Vorlage sichtbar ist. Damit ist das Stadium der *inneren* N. erreicht, das den Ausgangspunkt für alle «Erfindungen» des Kindes bildet [60].

N. und Erfindung werden also von Baldwin nicht in der Manier Tardes mechanistisch einander gegenübergestellt, sondern Erfindungen sind ebenso ein soziales Produkt wie N.en. Insofern kann Baldwin als *Soziologe* mit weit besserem Recht als Tarde die N. als «Methode der Gesellschaftsorganisation» bezeichnen [61]. Als *psychologischer* Theoretiker der N. vereint Baldwin zwei Richtungen der Theoriebildung, die sich nach ihm getrennt entwickelt haben: Einesteils markieren seine Überlegungen eine Wende von der Instinkt- zur Lernkonzeption der N., anderseits ist er ein Pionier jener Theorien, welche die N. zum Angelpunkt der Herausbildung 'innerer', kognitiver Funktionen erheben.

2. *N. als erlerntes Verhalten*. – a) Sieht man von vereinzelten Andeutungen ab (etwa bei Beneke, s. oben), so ist im 19. Jh. wohl A. BAIN der erste Psychologe, der die Triebkonzeption der N. aufgibt und durch eine – wie man heute sagen würde – lerntheoretische Konzeption ersetzt. Bain bringt gegen den instinktiven Ursprung der N. eine Reihe von Argumenten vor; das wichtigste ist, daß eine instinktive N. zu ihrer Erklärung eine «unendliche Anzahl präexistenter Assoziationen zwischen Empfindungen und Handlungen» erfordern würde [62]. Bains *assoziationstheoretische* Erklärung der N. enthält die wesentlichen Elemente mancher lerntheoretischer Ansätze des 20. Jh.: «The grand process of trial and error brings on the first coincidence between a movement and the appearance of that movement in another person; while repetition of the coincidence leads to a cohesion sufficient to render the imitation perfectly easy» [63]. Die N. hat dieselbe Genese wie alle Willenshandlungen [64]: eine ursprünglich spontane Bewegungstendenz (Gesetz der *Spontaneität*) wird durch Lust erhöht, durch Schmerz vermindert (Gesetz der *Selbsterhaltung*); wird das zufällige Zusammentreffen einer Bewegung und der Lust einige Male wiederholt, so entsteht eine erworbene Verbindung, und die tatsächliche oder vorgestellte Lust löst künftig die Bewegung aus (Gesetz der *Kontiguität*).

Gegen Ende des 19. Jh. wurde zwar die Instinktkonzeption der N. gelegentlich mit ähnlichen Argumenten wie denjenigen Bains bekämpft [65], aber seine Analyse der N. fand keine allgemeine Anerkennung; die Idee einer spontan auftretenden Bewegungstendenz widersprach den an der Reflexphysiologie geschulten, jegliche Spontaneität des Nervensystems ablehnenden Denkgewohnheiten der Zeit, außerdem war seine Analyse subjektivistisch und ohne hinreichende empirische Grundlage. Von einer lerntheoretischen Analyse der N. im heutigen Sinne können wir erst sprechen, nachdem I. P. PAVLOV die Kontiguitäts-Assoziation im bedingten Reflex und E. L. THORNDIKE das Bainsche «Gesetz der Selbsterhaltung» in seinem «Effektgesetz» objektiviert hatten [66].

b) Die *lerntheoretischen* Interpretationen der N. teilen in besonderem Maße das Schicksal, das N. E. MILLER und J. DOLLARD [67] den N.-Theorien insgesamt zusprechen, nämlich ein Spiegelbild der jeweilig vorherrschenden psychologischen Hauptströmungen zu sein. Ihre Geschichte ist daher weitgehend mit derjenigen des amerikanischen *Behaviorismus* identisch.

In einer *ersten Phase* zielen die Bemühungen der Lerntheoretiker um die N. in doppelte Richtung. Auf empirischer Ebene sucht man anhand von Tierexperimenten die N. als wenig verbreitete und überdies ineffiziente Form des Lernens darzutun [68]. Auf theoretischer Ebene wird die N. unter die von dem jeweiligen Forscher akzeptierten Lerngesetze subsumiert, ohne daß ihre Besonderheiten im Vergleich zu anderen Lernprozessen berücksichtigt würden. E. L. THORNDIKE, der den ersten Ansatz in dieser Richtung unternimmt, steht allerdings zum Teil noch auf dem Boden der Instinktkonzeption; er will zwar die Gesetze der Übung und des Effekts auf das N.-Verhalten anwenden, anerkennt aber die Existenz einiger «ursprünglicher N.-Tendenzen» [69]. Eine erste konsequente lerntheoretische Analyse der N. mit einer klaren Explikation des Lernvorganges stammt von G. HUMPHREY [70]. N. wird seiner Meinung nach durch die Bildung *bedingter Reflexe* erworben. Der Begriff ‹N.› beschreibt nur die Eigenart der gelernten Handlung, d. h. ihre Ähnlichkeit mit dem als Reiz dienenden Verhalten. Die in dieser Phase der Theoriebildung einflußreichste Analyse des N.-Verhaltens wird von E. B. HOLT [71] vorgenommen. N. ist für ihn ein bedingter Reflex, der sich aus der Selbst-N. («*Echo-Prinzip*»; es handelt sich um das Baldwinsche Konzept der Kreisreaktion) entwickelt. Holts Reflexhypothese sucht soziales Verhalten unabhängig von sozialen Bedingungen zu erklären. Außerdem bleibt unklar, wie die 'iterierende' Selbst-N. jemals 'gestoppt' werden kann [72]. Etwa gleichzeitig mit Holts Monographie erscheinen auch in der sozialpsychologischen Literatur ähnliche Deutungen der N. [73].

Kennzeichen der *zweiten Phase* ist in theoretischer Hinsicht die Anwendung der umfassenden Verhaltenstheorien, deren Konstruktion das Ziel des Neobehaviorismus war, auf die Erklärung der N.; in empirischer Hinsicht finden wir die ersten experimentellen Bedingungsanalysen nachahmenden Verhaltens. MILLER und DOLLARD unternehmen in dem klassischen Werk dieser Richtung den Versuch, das System von C. L. Hull auf menschliches Verhalten auszudehnen und dadurch eine Theorie des sozialen Lernens zu entwickeln [74]. Die Autoren unterscheiden «matched-dependent behavior», das N.-Verhalten im engeren Sinne, von «same behavior», dem gleichförmigen Verhalten als Reaktion von Individuen auf den gleichen Reiz. Die dritte Form der N. nennen sie «copying», d. i. ein systematischer Versuch der Annäherung des Beobachterverhaltens an das Vorbildverhalten. Im Gegensatz zu den früheren lerntheoretischen Analysen, die mit Ausnahme Thorndikes auf der Kontiguität zwischen Reiz und Reaktion beruhten, ist nach Miller und Dollard die *Bekräftigung* (reinforcement) infolge Triebreduktion, und zwar die Bekräftigung des Nachahmenden selbst, Voraussetzung für das Erlernen aller Formen der N. Wie jede andere erlernte Gewohnheit, so zeigt auch die N. das Phänomen der *Generalisation* über Reize und Reaktionen. Der Triebtheorie der N. tragen Miller und Dollard insofern Rechnung, als sie die Existenz eines sekundären, d. h. *erlernten* Triebes zur N. (imitativeness) anerkennen [75].

Auch O. H. MOWRER vertritt die Auffassung, daß das N.-Verhalten nach den gleichen Prinzipien gelernt werden müsse wie jede andere Gewohnheit. Nach der letzten Version seiner «Zwei-Faktoren-Theorie des Lernens» [76] werden Gewohnheiten erworben, indem affektiv getönte, assoziativ erworbene «Vorstellungen» (images) – nämlich Hoffnung und Furcht – mit reaktionsproduzierten propriozeptiven Rückmeldungen gekoppelt werden. Beim N.-Verhalten stammen allerdings die letzteren nicht aus dem eigenen Verhalten, sondern aus dem Verhalten eines Modells. Auch die Beobachtung, daß ein Modell bekräftigt wird, kann zu N.-Verhalten führen; es handelt sich dann um «stellvertretendes» oder «einfühlendes» Lernen [77]. Allgemein findet bei der N. der eigentliche Lernprozeß *vor* der Ausführung der zu lernenden Reaktion statt. In dieser Annahme liegt die entscheidende Differenz zwischen Mowrers Analyse der N. und derjenigen von Miller und Dollard [78].

In der *dritten Phase*, die sich bis in die Gegenwart (1982) erstreckt, wird die N. zu einem der am intensivsten bearbeiteten Forschungsprobleme der Lerntheorie. Man wendet sich von dem Anspruch auf die Konstruktion umfassender Verhaltenstheorien ab; die N. wird jetzt nicht mehr als Epiphänomen fundamentalerer Lernprozesse 'erklärt', sondern als Phänomen sui generis erfaßt. Neben dem *Erlernen der N.* tritt jetzt immer mehr das *Lernen durch N.* in den Blickpunkt der Theoriebildung und empirischen Forschung.

Gemäß den allgemeinen Entwicklungstendenzen des behavioristischen Paradigmas gehen die derzeit relevanten Ansätze von zwei gegenläufigen metatheoretischen Postulaten aus. In der von B. F. SKINNER inaugurierten *Verhaltensanalyse* geht man auf die ursprünglichen Intentionen des Behaviorismus zurück, indem unter radikalem Verzicht auf Erklärungen durch hypothetische (physiologische oder kognitive) innere Prozesse das offen beobachtbare Verhalten zum einzigen Forschungsgegenstand der Psychologie erklärt wird. Dagegen erweitern die verschiedenen Varianten des letztlich auf E. C. TOLMAN zurückgehenden *kognitiven Behaviorismus* das als unzureichend erkannte Reiz-Reaktions-Schema durch Einbeziehung immer neuer zwischen Reiz und Reaktion vermittelnder 'innerer Ereignisse', welche der Erkenntnisfunktion des Psychischen Rechnung tragen sollen.

Die *verhaltensanalytische* Richtung der N.-Forschung knüpft in einem Punkt an Miller und Dollard an: der Erwerb von N.-Verhalten setzt voraus, daß der *Nachahmende* bekräftigt wird, allerdings nicht notwendigerweise durch Triebreduktion. Da 'Triebe' als hypothetische innere Prozesse abgelehnt werden, fällt auch der von Miller und Dollard postulierte sekundäre N.-Trieb weg; an seine Stelle tritt die *generalisierte N.* Deren Genese stellt man sich wie folgt vor [79]: Die ersten N.-Reaktionen ereignen sich zufällig, durch physische Unterstützung seitens des Erziehers oder auch durch ein Training mittels der Techniken der Verhaltensformung. Sind solche Reaktionen einmal aufgetreten, dann werden sie durch äußere Bekräftigung bestärkt und aufrechterhalten. Nachdem einige N.-Reaktionen in dieser Weise erworben worden sind, hat sich eine Klasse von heterogenen, aber funktional äquivalenten Verhaltensweisen (nämlich die generalisierte N.) herausgebildet, die dann durch intermittierende Bekräftigung aufrechterhalten wird. Damit haben wir nach verhaltensanalytischer Auffassung eine ökonomische Erklärung für diejenigen Vorgänge, die üblicherweise unter dem Begriff ⟨Identifikation⟩ zusammengefaßt werden. «In der Sprache des gesunden Menschenverstandes abgefaßte, auf intra-psychische, kognitive Akte bezogene Euphemismen» haben allenfalls heuristische Funktion, aber keinen Erklärungswert, denn sie verwischen die Grenze zwischen Beobachtung und Deutung und verstellen die wirklichen Probleme durch Aufkleben kognitivistischer Etiketten [80].

Die Schärfe dieser Diatribe läßt erkennen, wie sehr sich die Verhaltensanalytiker in einen Abwehrkampf gegen eine Opposition verwickelt fühlen, die durch die *kognitive Wende* des Behaviorismus eingeleitet wurde. In der N.-Forschung wurde sie im wesentlichen durch die Pionierarbeit von A. BANDURA und R. H. WALTERS bewirkt. Bandura und Walters unterscheiden zwischen dem Erlernen und der Ausführung (performance) von Verhalten und weisen den beiden Ebenen die bis dato diskutierten Erklärungsprinzipien zu: der Erwerb nachahmenden Verhaltens beruht auf Kontiguität, seine Ausführung auf Bekräftigung [81]. Für beides reicht es aus, daß die relevanten Vorgänge an einem Modell beobachtet werden; aus diesem Grunde ziehen es Bandura und Walters vor, statt von N.-Lernen von *Beobachtungslernen* zu sprechen; die beobachtete Bekräftigung des Modells bezeichnen sie – in Anlehnung an Mowrer – als «stellvertretende Bekräftigung» (vicarious reinforcement). Von anderen Formen des Lernens unterscheidet sich das Beobachtungslernen durch seine ausschließlich 'verdeckte' innere Basis; es beruht auf «inneren Repräsentationssystemen», und zwar nimmt BANDURA zwei solcher Systeme an, ein imaginales und ein verbales. Dadurch erhält seine Theorie ihre 'kognitivistische' Färbung. Daß sie gleichzeitig der behavioristischen Perspektive verpflichtet bleibt, erkennt man z. B. daran, daß Bandura das Entstehen imaginaler 'Vermittler' (zwischen Reiz und Reaktion) durch einen Prozeß der sensorischen Konditionierung erklärt [82]. Gegenüber den älteren behavioristischen Ansätzen, die selbst das N.-Verhalten häufig aus einer individuumzentrierten Perspektive angingen [83], betont Bandura die durchgängige soziale Determiniertheit des Verhaltens.

Banduras 'soziale Lerntheorie' ist gegenwärtig wohl die am breitesten rezipierte Systematisierung derjenigen Erscheinungen, die unter der konventionellen Bezeichnung ‹N.› zusammengefaßt werden. Ihre Popularität verdankt sie neben ihrer soliden empirischen Basis auch ihrer Anwendung auf praxisrelevante Gebiete der Psychologie, z. B. der Psychotherapie (Verhaltensmodifikation [84]) und der Aggressionsforschung [85]. Allerdings ist sie auch von kognitiv-behavioristischer Seite nicht unwidersprochen geblieben.

Zum Beispiel drängt J. ARONFREED darauf, zwischen den in die Rubrik ‹Beobachtungslernen› eingeordneten Erscheinungen zu differenzieren. Als ‹N.› will Aronfreed nur diejenige Form des Beobachtungslernens bezeichnen, die in einer genauen Übereinstimmung mit dem Verhaltensvorbild resultiert; sie basiert auf der Ausbildung einer «kognitiven Schablone» (cognitive template), worin Struktur und Topographie des Vorbild-Verhaltens repräsentiert sind. N. ist also prozeßorientiert; dagegen ist Beobachtungslernen (im weiteren Sinn) ergebnisorientiert. Hier ist die kognitive Repräsentanz «relativ grob und undifferenziert»; sie bildet globale Handlungs-Wirkungs-Sequenzen ab [86]. Jede Form des Beobachtungslernens erfordert, daß eine *affektive Bewertung* der kognitiven Repräsentanz des beobachteten Verhaltens vorgenommen wird, was von Bandura nicht hinlänglich berücksichtigt wird [87]. Auch in der allgemeinen Zielrichtung seiner Analysen differiert Aronfreed nicht unerheblich von Bandura: Während für den letzteren die *Bedingungen* des Beobachtungslernens im Vordergrund des Interesses stehen, kreisen Aronfreeds Überlegungen um die *Funktion* der N. und des Beobachtungslernens im Prozeß der *Verinnerlichung* der sozialen Kontrolle des Verhaltens. Damit findet Aronfreed Anschluß an eine Betrachtungsweise der N., die in der behavioristischen Tradition weitgehend in Vergessenheit geraten war.

3. *Die Funktion der N. für die Herausbildung innerer Prozesse.* – Das gemeinsame Merkmal der unter dieser Rubrik zusammengefaßten Theorien besteht darin, daß sie der N. eine kausale Rolle für die Entstehung 'innerer' psychischer Prozesse und Strukturen aus dem äußeren Handeln zusprechen.

a) Eine *erste Gruppe* von Theorien beschränkt die Leistung der N. auf die Vermittlung der *Erkenntnis von Fremdpsychischem*. In ihnen wird die Existenz einer an das Subjekt gebundenen psychischen Innenwelt nicht problematisiert, dagegen erscheint erklärungsbedürftig, wie wir dazu gelangen, die Erlebnisse anderer Lebewesen zu erfassen, obwohl uns in der Wahrnehmung nur ihr äußeres Handeln zugänglich ist.

Explizit wurde die entsprechende Fragestellung, und ihre Beantwortung durch Rückgriff auf die N., erstmals von TETENS [88] formuliert; implizit lag sie jenen Ansätzen zugrunde, in denen die N. als Element der *Sympathie* gewürdigt wurde. Im 19. Jh. wurde die Erkenntnis des Fremdpsychischen in der Regel mit Hilfe der Analogieschluß-Theorie erklärt [89], und die N.-Theorien des Mitgefühls gerieten in Vergessenheit. Ihre Wiederbelebung in der erweiterten Form der *Einfühlungs-Theorie* durch TH. LIPPS ergibt sich demgemäß aus einer Kritik an der Analogieschluß-Theorie.

Lipps' Begriff der Einfühlung ist weiter als der traditionelle Begriff der Sympathie. Einesteils beschränken sich Einfühlungs-Akte nicht auf das 'Nacherleben' einzelner Fremderlebnisse, sondern sie konstituieren das fremde psychische Individuum insgesamt [90]; und andererseits vermittelt die Einfühlung nicht nur das Verstehen anderer Menschen, sondern erstreckt sich auch auf die Auffassung der Natur und ihres Zusammenhangs [91]. In einem Punkt geht Lipps jedoch auf die Theorien der Aufklärungspsychologie zurück: Er führt die Einfühlung zum Teil auf den N.-Trieb zurück, dessen Existenz von niemandem bezweifelt werde [92]. Durch ihn wird das unmittelbare Miterleben einer Bewegungstendenz beim Sehen fremder Bewegungen erklärt, jedoch nicht der affektive Charakter der Einfühlung; für ihn macht Lipps den «Trieb der Äußerung» verantwortlich, der rückwirkend den zur Äußerung drängenden Affekt auslöst [93]. Allerdings ist Einfühlung *innere*, nicht äußere N. Ihr Wesen ist nämlich, daß «ich mich in einem Wahrgenommenen strebend nach Ausführung der Bewegung fühle» [94], und dies setzt voraus, daß ich mich mit dem Vorbild identifiziere. Bei der *äußeren* N. werden dagegen die Bewegung des Vorbilds und die eigene Bewegung als getrennte erlebt. Da nun «im Akte der Einfühlung ... für mein Bewußtsein das Nebeneinander des Nachgeahmten und der N. fehlt», sei es eigentlich mißverständlich, die Einfühlung als «innere N.» zu bezeichnen [95]. Als «Hilfsvorstellung» will J. VOLKELT diese Redeweise jedoch gelten lassen, da sie zum Ausdruck bringt, daß der N.-Trieb den ersten Anstoß zur Einfühlung bildet [96].

b) J. M. BALDWIN macht die N. für die *Genese des Ichbewußtseins* verantwortlich. Sein Ansatz ist nur auf dem Hintergrund der von ihm behaupteten «Dialektik des Wachstums der Persönlichkeit» verständlich zu machen. Diese vollzieht sich in drei Stadien: dem *projektiven*, in dem das Kind noch nicht zwischen Ich und Nicht-Ich unterscheidet, dem *subjektiven*, in dem der eigene Körper von anderen Körpern unterschieden und in bezug auf das Ich der Gegensatz von 'Innen' und 'Außen' erworben wird, und dem *ejektiven*, in dem die Innen-Außen-Polarität auch auf andere Personen angewendet wird [97]. Die N. – in der Form der andauernden N. (s. oben) – bewirkt den Übergang vom projektiven zum subjektiven Stadium; denn sie geht mit einem Gefühl der Anstrengung einher, d. h. sie produziert eine «innen gefühlte Reihe, die der äußeren vorgestellten Reihe entspricht». Dadurch entsteht der «erste Keim der Selbstheit gegenüber der Objektheit» [98]. Auch der Übergang von der subjektiven zur ejektiven Phase wird durch N. bewirkt, denn er besteht in der Übertragung des N.-Produktes 'Ich' auf die nachgeahmte Vorlage. In summa: die N. «setzt mich – das Kind – in Stand, von meiner Erfahrung darüber, was Du bist, überzugehen zu einer Interpretation dessen, was ich bin; und dann von dieser vollkommneren Empfindung dessen, was ich bin, zurückzugehen zu einer vollkommneren Kenntnis dessen, was Du bist» [99].

Mit einer anderen Facette seiner N.-Konzeption nähert sich Baldwin bereits dem dritten hier zu besprechenden Typ von N.-Theorien an. Indem die innere N. (über ihre Entstehung aus der andauernden N. s. oben) eine erste Unterscheidung zwischen vorgestellten und wahrgenommenen Objekten ermöglicht, bildet sie den Ausgangspunkt für die Konstruktion von *Schein-Objekten* (semblant objects), d. h. solcher Objekte, denen Ähnlichkeit mit der Realität verliehen wird, obwohl ihnen (objektiv) Realität abgeht [100]. Die experimentelle Kontrolle solcher Objekte vollzieht sich im *Spiel* und resultiert im Aufbau *schematischer Objekte*, die als Modus des quasi-logischen Denkens den Übergang vom prä-logischen Denken des Kindes zum logischen Denken des Erwachsenen bilden.

c) Eine *dritte* Gruppe von Theoretikern verläßt die *globale*, auf die Herausbildung der Polarität zwischen eigenem und fremdem Erleben zentrierte Perspektive, und wendet sich einer *differenzierten* Analyse der Funktion der N. in der *Genese kognitiver Prozesse* zu.

P. BECK, der Autor einer heute vergessenen Monographie zur N. [101], befindet sich ähnlich wie Baldwin im Übergang zu diesem Theorietyp. Es geht ihm um den Nachweis, daß «Sprache und Wahrnehmung, d.h. die innere und äußere Kultur des Menschen, auf N. beruht» [102]. Beck bestimmt die Wahrnehmung als «innere Handlung» [103], die durch «die Zerlegung des einfachen Bewußtseinsaktes in das Bewußtsein der räumlich orientierten Außenwelt und das Bewußtsein des handelnden Ich» [104] gekennzeichnet ist. Wegen «der Tendenz, jede Bewegung nachzuahmen» [105], ist eine große Anzahl von Wahrnehmungen mit Bewegungsimpulsen verbunden, die «allmählich zu Innervationen degenerierten» und dadurch «die Vorstellung bewegter bzw. handelnder Wesen erzeugten» [106]. Damit ist gleichzeitig die Basis für die Entstehung der Sprache, d.h. der «Übertragung von Vorstellungen» gelegt; denn aufgrund der ursprünglichen N.-Tendenz werden die in die Wahrnehmung eingehenden Bewegungsimpulse von anderen Individuen übernommen [107]. Das äußere Handeln geht also entwicklungsgeschichtlich dem inneren Handeln grundsätzlich voraus; der Übergang vom einen zum anderen ist durch die N. verursacht und daher durchgängig sozial bedingt, denn «bei den N.-Handlungen ist das handelnde Subjekt nicht das Individuum, sondern die Gemeinschaft» [108].

Ohne die Theorie Becks zu kennen, aber vielfach durch Baldwin beeinflußt, hat J. PIAGET [109] eine Konzeption entwickelt, die N. als *motorischer Prozeß* für die Genese von *Vorstellungsbildern* (images mentales) in Anspruch genommen wird und damit als unentbehrliche Voraussetzung für den Erwerb der *Symbolfunktion* (einschließlich der Sprache) erscheint. Anders als Beck zieht Piaget allerdings einen scharfen Trennungsstrich zwischen Wahrnehmung und Vorstellung; für ihn ist die N. gerade derjenige Prozeß, der die perzeptive in die symbolische Repräsentationsebene überführt [110]. Wenn also Piaget konstatiert: «Das reine Vorstellungsbild ist eine verinnerlichte N. des Objektes, auf das es sich bezieht, ebenso wie die äußere N. eine direkte Kopie des Modells ist» [111], dann darf nicht der Ausdruck ‹Kopie› nicht als gleichsam photographisches Abbild verstanden werden, sondern er bezeichnet den ‹figurativen› Aspekt der schematisierenden, konstruktiven Aktivität der Intelligenz.

Die N. ist nämlich, wenngleich nicht mit der Intelligenz identisch, ihr dennoch untergeordnet [112]. Dies gilt vor allem für die frühesten Stadien der N., die sich parallel zur Entwicklung der *sensumotorischen Intelligenz* entfalten. Die ersten N.en sind immer Selbst-N.en, im Sinne der Baldwinschen Kreisreaktion; darauf aufbauend werden zunächst nur solche Bewegungen reproduziert, die sich bereits im Repertoire des Kindes befinden und deren Resultat für das Kind visuell wahrnehmbar ist. Der Erwerb der ersten Koordinationen zwischen sensumotorischen Schemata führt zur N. dem Kinde verfügbarer Reaktionen ohne visuelle Erfolgskontrolle; danach werden erstmals auch neue Verhaltensweisen reproduziert, jedoch zunächst nur in Anwesenheit des Modells. Erst mit dem Ende der sensumotorischen Phase der Intelligenz (etwa mit 1½ Jahren) kommt es zur *verschobenen N.*, d. h. der zeitlich verzögerten Reproduktion neuer Verhaltensweisen. Damit ist die Voraussetzung dafür geschaffen, die Intelligenz vom unmittelbaren sensumotorischen Austausch mit der Umgebung zu emanzipieren und die für die Symbolfunktion wesentliche Differenzierung zwischen Zeichen und Bezeichnetem zu etablieren; und zwar sind die aus der aufgeschobenen N. erwachsenden Vorstellungsbilder die ersten Zeichen, und die von ihnen schematisch repräsentierten Objekte oder Handlungen sind die ersten Zeichenbedeutungen.

Die N. ist nun gerade deswegen dazu geeignet, den Erwerb der Symbolfunktion einzuleiten, weil sie sich in *einer* Hinsicht von der Intelligenz unterscheidet. Im allgemeinen sind intelligente Anpassungen nämlich durch ein *Gleichgewicht zwischen Assimilation und Akkommodation* gekennzeichnet; ‹Assimilation› meint hier die einverleibende Angleichung äußerer Objekte an schon existierende Schemata, ‹Akkommodation› die Modifikation existierender Schemata durch äußere Objekte. In der N. ist dieses Gleichgewicht, wenn sie über die sensumotorische Stufe hinausgelangt ist, aber nicht gegeben; hier *überwiegt die Akkommodation*, sie hat sich zeitweilig von der Intelligenz 'abgelöst' [113], und dem entspricht ein *Überwiegen der Assimilation* im (symbolischen) Spiel. Dieses zeitweilige Auseinandertreten assimilativer und akkommodativer Schemata ermöglicht die Differenzierung zwischen Zeichen und Bezeichnetem [114], es ist das allgemeinste Funktionsmerkmal des vorbegrifflich-symbolischen Denkens des Kleinkindes.

N. ist zwar Akkommodation, aber wie jeder andere Akt der Akkommodation setzt sie Assimilation voraus: «Die N. wird erworben durch eine ständige Assimilation der Modelle an Schemata, die geeignet sind, sich an die Modelle zu akkommodieren» [115]. Daraus erklärt es sich, daß «Modelle nur in dem Maße nachgeahmt werden, in dem sie verstanden werden» [116]. Damit hat Piaget im Rahmen seiner umfassenden Theorie einen Aspekt der N.-Problematik berücksichtigt, der von einem letzten Theorietyp einseitig akzentuiert wird.

4. *Die inneren Voraussetzungen der N.* – Eine letzte Gruppe von Theoretikern betrachtet die N. vorwiegend unter dem Aspekt ihrer inneren Voraussetzungen; sie lehnt die Annahme eines N.-Triebes ab und faßt die N. als Ausdruck grundlegenderer psychischer Gesetzmäßigkeiten auf, ohne sie nach Art der Lerntheoretiker als primär außengesteuerte Verhaltensweise zu konzipieren.

a) Die *kognitiven Voraussetzungen* werden erstmals von K. KOFFKA analysiert, und zwar aus der Perspektive der Gestaltpsychologie. N. bedeutet für Koffka entweder die Aktualisierung bereits existierender Strukturfunktionen oder den Neuerwerb von Strukturen aufgrund der Beobachtung eines anderen Individuums, das einer Struktur gemäß handelt [117]. Bezüglich der Merkmale neu erworbener Strukturen muß – im Anschluß an Morgan – zwischen der N. von *Bewegungen* und der erfolgsorientierten N. von *Handlungen* unterschieden werden; letztere reflektieren einen höheren Strukturtyp als erstere. Eine reine N. von Bewegungen gibt es freilich gar nicht, da das Gemeinsame von vorgemachter und nachgemachter Bewegung immer in der «Bewegungsgesamtmelodie» besteht. Wenn Thorndike das Vorkommen von N. überhaupt in Abrede stellt, so liegt das an der verfehlten Gleichsetzung von N. und Bewegungs-N. [118].

Insgesamt reduziert sich für Koffka das N.-Problem «auf ein sehr allgemeines Strukturproblem, wie aus einer Wahrnehmungsstruktur eine Bewegungsstruktur hervorgehen kann» [119]. Dies ermöglicht es ihm, die damals gängigen Erklärungsansätze umzudeuten: Die Kreisreaktion beruht auf *Strukturähnlichkeit* zwischen Wahrnehmung und Bewegung, ihre Wiederholung wird dann abgebrochen, wenn ein Gleichgewicht zwischen Vorbild und N. erreicht ist [120]; das ideomotorische Prinzip ist ein einfacher Fall von *Strukturergänzung*. Bei der 'intelligenten' N., die auch auf Strukturergänzung zurückgeht, verschiebt sich das N.-Problem von der Ausführung der N.-Bewegung auf das Zustandekommen einer 'richtigen' Struktur: Wenn die vorgemachte Handlung verstanden worden ist, ist das Nachmachen kein Problem mehr [121]. An der N.-Forschung seiner Zeit kritisiert Koffka, daß sie zu sehr auf das «Nachahmen-Müssen» orientiert sei; wichtiger sei das Problem des «Nachahmen-Könnens»; hier gewinne zwar die Wahrnehmungsstruktur einen gewissen Einfluß auf die Bewegungsstruktur, der Impuls zur N. stamme jedoch aus anderen Quellen [122]. Vom allgemeinen N.-Problem muß das Problem des *Lernens durch N.* unterschieden werden; hierbei bewirkt das Vorbild eine Verbesserung der Situation, unter anderm indem der «Angriffspunkt der Lösung» betont wird. Unter diesem Blickwinkel ist die N. ein «mächtiger Faktor der Entwicklung» [123].

Die gestalttheoretischen Ideen zur N. hatten einen gewissen Einfluß auf das Denken Piagets, im übrigen gerieten sie während der Vorherrschaft der behavioristischen N.-Theorien in Vergessenheit, und Koffkas Überlegungen werden erst heute wieder adäquat gewürdigt [124]. Sehr viel früher und intensiver wurden sie in der Philosophie rezipiert; M. SCHELER z. B. entnimmt aus ihnen, daß auch die unwillkürliche N. eine «N. der inneren Handlungsintention» voraussetzt, und wertet dies im Dienste der Widerlegung der Lippsschen N.-Theorie der Einfühlung aus [125].

b) Den *emotionalen* Voraussetzungen der N. hat die *Psychoanalyse* ihre Aufmerksamkeit gewidmet, ohne daß man indessen von einer ausgearbeiteten psychoanalytischen Theorie der N. sprechen könnte. «Von der Identifizierung führt ein Weg über die N. zur Einfühlung» – mit diesen Worten hat S. FREUD [126] die psychoanalytische Standardauffassung festgelegt, wonach die N. Folge des grundlegenderen Prozesses der *Identifizierung* ist. Und zwar ist dieses Ursache-Folge-Verhältnis so fest, daß die N. geradezu in die Definition der Identifizierung aufgenommen wird; Identifizierung ist «eine Angleichung eines Ichs an ein Fremdes, in deren Folge dies erste Ich in bestimmten Hinsichten sich so benimmt wie das andere, es nachahmt» [127]. An dieser engen Koppelung nimmt aber Freud insofern eine Korrektur vor, als das Produkt der Identifizierung, das Über-Ich, «nicht nach dem Vorbild der Eltern, sondern des elterlichen Über-Ichs aufgebaut ist», so daß die Identifizierung nicht so sehr die N. der Eltern als vielmehr die Übernahme der «Tradition der Rasse und des Volkes» zur Folge hat [128].

Daneben finden sich im Werk Freuds auch Äußerungen über die N., die nicht im Kontext der Lehre von der Identifizierung stehen. Zum Beispiel kennt Freud, ganz im Sinne der im ideomotorischen Prinzip niedergelegten Auffassungen der 'Schulpsychologie', einen «Drang zur N.», der bei der Wahrnehmung von Bewegungen auftritt, jedoch nicht zu tatsächlichen Bewegungen, sondern nur zu Innervationsempfindungen führt; hieraus soll erklärt werden können, daß der Inhalt einer Vorstellung und der psychische Aufwand beim Vorstellen in Beziehung zueinander stehen [129]. Später, im Zuge der Einführung der Todestrieb-Hypothese, erwägt Freud, daß die Spiele der Kinder auf das Wirken des Wiederholungszwanges zurückzuführen sein könnten, läßt es aber offen, ob sie nicht doch im Dienste des Lustprinzips stehen; auf jeden Fall bezeichnet er die Annahme eines N.-Triebes zur Erklärung des kindlichen Spiels als überflüssig [130].

Die Rezeption der psychoanalytischen Auffassungen über die N. ist allerdings nicht durch diese mehr gelegentlichen Äußerungen Freuds bestimmt, sondern vollzieht sich ganz im Bann eines Dualismus zwischen Identifizierung und N., den als einer von vielen der Soziologe T. PARSONS auf die folgende Formel bringt: Die beiden wesentlichen Mechanismen des sozialen Lernens sind N. und Identifizierung; bei der N. werden spezifische Strukturen übernommen, bei der Identifizierung allgemeine Orientierungen [131]. In ähnlicher Weise wird gegenwärtig in vielen psychologischen Lehrbüchern zwischen N. und Identifizierung unterschieden. Über die kausalen Beziehungen zwischen beiden Prozessen ist damit nichts gesagt, und in der Tat stehen unter den zumeist lerntheoretisch angehauchten 'Abkömmlingen' der psychoanalytischen Lehre von der Identifizierung Ansätze, in denen die Identifizierung als Motiv der N. aufgefaßt wird, neben solchen, in denen die Identifizierung als Produkt generalisierter N. gedeutet wird [132]. Daneben wird auch geleugnet, daß sich ein empirisch realisierbarer Unterschied zwischen Identifizierung und N. konstatieren lasse; so z. B. von BANDURA, der demgemäß statt von «Beobachtungslernen» vielfach auch von «Identifikationslernen» spricht [133].

Schlußbemerkung. – Trotz der Vielfalt der vorgestellten N.-Begriffe und der auf sie aufbauenden Theorien gibt es in der heutigen Psychologie durchaus einen gewissen Minimalkonsens über die N., der abgesehen von 'Extremisten' (z. B. in der Verhaltensanalyse und in der orthodoxen Psychoanalyse) wohl von den meisten N.-Forschern akzeptiert werden dürfte. Er läßt sich wie folgt zusammenfassen:
1. Die N. ist ein Phänomen sui generis, sie läßt sich nicht auf angeblich grundlegendere Formen des Lernens reduzieren. – 2. Die N. ist nicht nur ein Mittel zum Erwerb äußeren Verhaltens, sondern sie ist eines der hauptsächlichen Instrumente des Erwerbs innerer, kognitiver Strukturen und der Verinnerlichung sozialer Normen und Ansprüche. – 3. Je nach dem Entwicklungsstand, den Zielen und Motiven des Nachahmenden, und nach den äußeren Bedingungen der N. gibt es eine Vielfalt von Formen der N.; will man sie klassifizieren, so muß mindestens zwischen der prozeßorientierten N. von Bewegungen und der ergebnisorientierten N. von Handlungen unterschieden werden. – 4. Abgesehen vielleicht von gewissen ontogenetisch frühen Vorstufen der N. involviert jegliche Form der N. die Existenz einer kognitiven Repräsentation des Vorbildverhaltens. Daß sich am äußeren Verhalten verschiedene Formen der N. ablesen lassen, liegt daran, daß die kognitive Repräsentation verschiedene Grade der Differenziertheit, Integration und Schematisierung aufweisen kann.

Neben diesem impliziten Konsens existieren auch explizite Versuche zur Integration der verschiedenen N.-Theorien; auf den anspruchsvollsten unter ihnen, der von L. KOHLBERG [134] stammt, sei wenigstens hingewiesen, da er sich wegen seiner Komplexität der lexikographischen Darstellung im vorgegebenen Rahmen entzieht.

Vielleicht ist es kein Zufall, daß Kohlberg einer der

wenigen zeitgenössischen N.-Forscher ist, der eine adäquate Kenntnis der Begriffsgeschichte wenigstens seit Baldwin besitzt. Denn die Geschichte des N.-Begriffs ist eine Geschichte der ständigen Neuentdeckungen schon längst gefundener begrifflicher Unterscheidungen, die für sachlich relevante Probleme des Gegenstands stehen; Extrempositionen, in denen die Probleme geleugnet werden, sind hier in der Regel Ausdruck historischer Ignoranz.

Anmerkungen. [1] Das Aristoteles-Zitat findet sich z. B. bei: J. N. TETENS: Philos. Versuche über die menschliche Natur und ihre Entwickelung (1777) 1, 664; M. A. WEIKARD: Der philos. Arzt (²1798) 2, 112; gemeint ist offenbar die Stelle aus dem 4. Kap. der ‹Poetik› (1448 b 7), in welcher ARISTOTELES den N.-Trieb als eine der natürlichen Ursachen der Dichtkunst bezeichnet. – [2] F. V. REINHARD: System der christl. Moral 1 (²1802) 218. – [3] I. KANT: Anthropologie in pragmatischer Hinsicht abgefaßt (²1800). Werke, hg. E. CASSIRER 8 (1922) 135. – [4] J. W. VON GOETHE, Parabel. Artemis-Ged.-A. 1 (1950) 405. – [5] F. SCHILLER, Wallensteins Tod III 4, vers 1434f. Sämtl. Werke, Hanser-A. 2 (1959) 457. – [6] J. G. H. FEDER: Unters. über den menschl. Willen 1 (1785) 424f. – [7] REINHARD, a.O. [2] 218. – [8] WEIKARD, a.O. [1] 2, 114. 116. – [9] TETENS, a.O. [1] 1, 665. 677. – [10] FEDER, a.O. [6] 424. – [11] KANT, KU (²1793) 183. – [12] a.O. [3] 185. – [13] REINHARD, a.O. [2] 568f. – [14] TETENS, a.O. [1] 1, 672f. – [15] a.O. 665. – [16] 669. – [17] 675. – [18] 677. – [19] D. TIEDEMANN: Versuch einer Erklärung des Ursprungs der Sprache (1772, ND 1978). – [20] K. F. IRWING: Erfahrungen und Unters. über den Menschen 2 (1777) 160f. – [21] D. TIEDEMANN: Beobachtungen über die Entwickelung der Seelenfähigkeiten bei Kindern. Hessische Beitr. zur Gelehrsamkeit und Kunst 2 (1787) 330. 332. – [22] Entgegen einer Bemerkung von M. DESSOIR: Gesch. der neueren dtsch. Psychol. (²1902) 1, 546, sind Tiedemanns Beobachtungen im 19. Jh. nicht in Vergessenheit geraten; z. B. beruht die Darstellung des Säuglingsalters durch K. F. BURDACH: Die Physiologie als Erfahrungswiss. 3 (1830), auf ihnen. – [23] J. F. FRIES: Hb. der psychischen Anthropologie 1 (²1837) 223. – [24] F. E. BENEKE: Lehrbuch der Psychol. (1833) 128. – [25] Psycholog. Skizzen 2: Über die Vermögen der menschl. Seele und deren allmälige Ausbildung (1827) 630. – [26] a.O. 633. – [27] C. G. CARUS: Vorles. über Psychol. (1831, ND 1931) 377. – [28] a.O. 413ff. – [29] Über die Geistesepidemien der Menschheit (1852). – [30] a.O. [27] 419. – [31] G. J. ROMANES: Die geistige Entwicklung im Tierreich (1885) 239. – [32] a.O. 245f. – [33] W. PREYER: Die Seele des Kindes (1882) 125f. 176. – [34] W. WUNDT: Vorles. über die Menschen- und Thierseele (³1897) 457f. – [35] C. L. MORGAN: Animal life and intelligence (London ²1891) 453. 455. – [36] Animal behaviour (London 1900) 190. – [37] a.O. 191f. – [38] Instinkt und Gewohnheit (1909) 190f. – [39] Anstelle vieler anderer sei nur der bedeutendste Vertreter dieser Richtung W. JAMES, genannt: für ihn ist die N. ein Instinkt «im vollen Sinne des Wortes»: Principles of psychology 2 (New York 1891) 408. – [40] Ihren prägnantesten Ausdruck fand dieser Ansatz in H. E. ZIEGLERS 'histologischer' Definition des Instinkts, vgl.: Der Begriff des Instinktes einst und jetzt (³1920) 80ff. – [41] K. GROOS: Die Spiele der Thiere (1896) 73. – [42] Das Seelenleben des Kindes (⁶1923) 49. – [43] Über das Nachahmen. Z. Psychol. 145 (1939) 385. – [44] W. McDOUGALL: Aufbaukräfte der Seele (1937) 45-83. – [45] GROOS, a.O. [43] 358. – [46] W. H. THORPE: Learning and instinct in animals (London 1963). – [47] K. LORENZ: Die Rückseite des Spiegels. Tb.-Ausg. (1977) 197f. – [48] H. SPENCER: Principien der Sociol. 1 (1877) 105. – [49] A. SCHÄFFLE: Bau und Leben des socialen Körpers 2 (²1881) 205f. – [50] G. TARDE: Les lois de l'imitation (Paris ⁶1911). – [51] a.O. 95. – [52] a.O. Vorwort zur 2. Aufl., XII. – [53] a.O. XIII. – [54] J. M. BALDWIN: Das soziale und sittliche Leben erklärt durch die seelische Entwicklung (1900) IVf. – [55] Die Entwicklung des Geistes beim Kind und bei der Rasse (1898) 244. – [56] a.O. 146. – [57] 100. – [58] 125. – [59] 343. – [60] a.O. [54] 78-95. – [61] 409. – [62] A. BAIN: The senses and the intellect (London 1855) 408. – [63] a.O. 409. – [64] The emotions and the will (London ³1888) 315. – [65] Vgl. J. SULLY: The human mind 2 (London 1892) 218 und TH. RIBOT: La psychol. des sentiments (Paris 1896) 228. – [66] I. P. PAVLOV, Ges. Werke III/1 (1953) 5; E. L. THORNDIKE: Animal intelligence (New York 1911). – [67] N. E. MILLER und J. DOLLARD: Social learning and imitation (New Haven/London 1941) 289. – [68] Vgl. J. B. WATSON: Imitation in monkeys. Psychol. Bull. 5 (1908) 168-178; E. L. THORNDIKE, a.O. [66]. – [69] THORNDIKE: Psychol. der Erziehung (1922) 44f. – [70] G. HUMPHREY: Imitation and the conditioned reflex. Pedagog. Seminary 28 (1921) 1-21. – [71] E. B. HOLT: Animal drive and the learning process (London 1931) 118ff. – [72] MILLER/DOLLARD, a.O. [67] 286ff. – [73] J. F. DASHIELL: Fundamentals of objective psychology (Boston 1928); G. A. LUNDBERG: Foundations of sociology (New York 1939); D. KATZ und R. L. SCHANCK: Social psychology (New York 1938); L. B. MURPHY, G. MURPHY and TH. NEWCOMB: Experimental social psychology (New York 1937); K. YOUNG: Imitation, in: E. R. A. SELIGMAN (Hg.): Encycl. of the social sci. 7 (New York 1932) 587f. – [74] MILLER/DOLLARD, a.O. [67] Vorwort. – [75] a.O. 146ff. – [76] O. H. MOWRER: Learning theory and behavior (New York/London 1960). – [77] Learning theory and the symbolic processes (New York/London 1960) 70-116. – [78] Vgl. hierzu und zu den lerntheoret. Ansätzen zur N. allgemein: C. ZUMKLEY-MÜNKEL: Imitationslernen – Theorien und empirische Befunde (1976); J. STRÄNGER: Beobachtungslernen (Diss. Bochum 1977). – [79] J. J. GERWITZ und K. G. STINGLE: Learning of generalized imitation as the basis for identification. Psychol. Rev. 75 (1968) 374-397. – [80] a.O. 378, Fußnote 4. – [81] A. BANDURA und R. H. WALTERS: Social learning and personality development (New York 1963). – [82] A. BANDURA: Principles of behavior modification (New York 1969) 133. – [83] Diese individuumzentrierte Perspektive stammt letztlich aus Tardes und Baldwins Konzept der ‹Selbst-N.›; ihren prägnantesten Ausdruck findet sie bei O. H. MOWRER, der seine N.-Theorie als «Autismus-Theorie» des Spracherwerbs bezeichnet; vgl. O. H. MOWRER: Learning theory and personality dynamics (New York 1950) 707ff. – [84] Vgl. BANDURA, a.O. [82]. – [85] A. BANDURA: Aggression – A social learning analysis (Englewood Cliffs 1973). – [86] J. ARONFREED: Conduct and conscience – The socialization of internalized control over behavior (New York 1968) 76-80. – [87] a.O. 87. – [88] Vgl. TETENS, a.O. [1]. – [89] Eine Aufzählung der Vertreter der Analogieschluß-Theorie findet sich bei L. BINSWANGER: Einführung in die Probleme der allg. Psychol. (1922) 228. – [90] TH. LIPPS: Die ethischen Grundfragen (⁵1912) 17. – [91] Leitfaden der Psychol. (1903) 190. – [92] Das Wissen von fremden Ichen. Psychol. Unters. 1 (1907) 716. – [93] a.O. 716ff. – [94] Grundlegung der Ästhetik (³1923) 120. – [95] a.O. 127. – [96] Vgl. J. VOLKELT: System der Ästhetik 1 (1905) 255. – [97] BALDWIN, a.O. [54] 6ff. – [98] a.O. [55] 314. – [99] a.O. 317. – [100] Thought and things, or genetic logic 1 (New York 1906) 111f. – [101] P. BECK: Die N. und ihre Bedeutung für Psychol. und Völkerkunde (1904). – [102] a.O. 58. – [103] 15. – [104] 44. – [105] 29. – [106] 44. – [107] 45. – [108] 145. – [109] J. PIAGET, N., Spiel und Traum. Ges. Werke 5 (1975). – [110] J. PIAGET und B. INHELDER: Die Entwicklung der inneren Bildes beim Kind (1979) 477ff. – [111] PIAGET, a.O. [109] 352. – [112] a.O. 116. – [113] 22. – [114] 349. – [115] 112. – [116] 115. – [117] K. KOFFKA: Die Grundlagen der psychischen Entwicklung (²1925) 231. – [118] a.O. 231f. – [119] 238. – [120] 235. – [121] 236. – [122] 237. – [123] 239f. – [124] J. STRÄNGER, a.O. [78] 35ff. – [125] M. SCHELER: Wesen und Formen der Sympathie (⁵1948) 7. – [126] S. FREUD: Massenpsychol. und Ich-Analyse (1921). Ges. Werke 13, 121. – [127] Neue Folge der Vorles. zur Einführung in die Psychoanalyse (1933). Ges. Werke 15, 69. – [128] a.O. 73. – [129] Der Witz und seine Beziehung zum Unbewußten (1905). Ges. Werke 6, 218f. – [130] Jenseits des Lustprinzips (1920). Ges. Werke 13, 11-15. – [131] T. PARSONS und E. A. SHILS (Hg.): Toward a general theory of action (Cambridge, Mass. 1951) 129. – [132] U. BRONFENBRENNER: Freudian theories of identification and their derivatives. Child Development 31 (1960) 15-40. – [133] BANDURA, a.O. [81]. – [134] L. KOHLBERG: Zur kognitiven Entwicklung des Kindes (1974).

Literaturhinweise. G. W. ALLPORT: The hist. background of modern social psychology, in: The handbook of social psychology, hg. G. LINDZEY/E. ARONSON (Reading, Mass. ²1968) 1-80. – J. P. FLANDERS: A review of research on imitative behavior. Psychol. Bull. 69 (1968) 316-337. – N. E. MILLER und J. DOLLARD s. Anm. [67]. – C. ZUMKLEY-MÜNKEL s. Anm. [78].

E. SCHEERER/U. SCHÖNPFLUG

Nachahmung, bildende. ⟨Bildende N.⟩ (in der Bedeutung: schöpferisch gestaltende Naturnachahmung) ist Grundbegriff der Ästhetik von K. PH. MORITZ (1756–1793), mit dem dieser den traditionellen Antagonismus von 'Nachahmung und Schöpfung' zu synthetisieren versucht. Goethe hat einen Abschnitt von Moritzens Hauptschrift ⟨Über die bildende N. des Schönen⟩ (Braunschweig 1788) als Dokument der klassischen Ästhetik in seine ⟨Italienische Reise⟩ [1] aufgenommen (in Anerkennung gemeinsamer römischer Gespräche 1786/88). Moritz verwendet den Begriff ⟨bildende N.⟩ synonym mit ⟨Stil⟩ und gibt eine ähnliche Dreiteilung wie Goethe in dem Aufsatz ⟨Einfache Nachahmung der Natur, Manier, Stil⟩ (1789). Doch während GOETHE «Einfache Nachahmung» und «Manier» als «Vorhof» oder «Mittler» zur höchsten Norm «Stil» begreift, wertet MORITZ seine entsprechenden Begriffe «Nachahmungssucht» und «Originalsucht» (= «Manier») gegenüber dem «edlen wetteifernden Nachahmungstrieb» (= «bildende N.» oder «Stil») ab [2]. Indem Moritz auch für «Stil» am Nachahmungsbegriff festhält, bleibt er näher bei J. G. SULZER, dessen positiver Gegenbegriff zur bei ihm eindeutig negativen Kategorie «Manier» nicht «Stil», sondern «Vollkommenheit der Nachahmung» lautet [3]. Später hat auch GOETHE «Manier» stärker abgewertet: «Das Resultat einer echten Methode nennt man Stil, im Gegensatz der Manier. Der Stil erhebt das Individuum zum höchsten Punkt, den die Gattung zu erreichen fähig ist; deswegen nähern sich alle großen Künstler einander in ihren besten Werken ... Die Manier hingegen individualisiert, wenn man so sagen darf, noch das Individuum» [4]. Ähnlich SCHILLER: «Leidet die Eigentümlichkeit des darzustellenden Objekts durch die Geiseseigentümlichkeit des Künstlers, so sagen wir, die Darstellung sei manieriert. Das Gegenteil der Manier ist der Stil, der nichts anders ist, als die höchste Unabhängigkeit der Darstellung von allen subjektiven und allen objektiv zufälligen Bestimmungen. Reine Objektivität der Darstellung ist das Wesen des guten Stils: der höchste Grundsatz der Künste» [5]. So heißt es bei K. PH. MORITZ: «Man sagt daher auch *im antiken Styl*, und nicht *in antiker Manier*, weil *Manier* schon die besondere Art eines einzelnen, *Styl* aber keine besondere Art, sondern das wesentliche Schöne in der Kunst selbst bezeichnet. Im *antiken Styl* heißt also nach den ächten Grundsätzen des Schönen bearbeitet, wo eigentlich keine Originalität mehr Statt findet» [6].

Anmerkungen. [1] J. W. VON GOETHE, Italienische Reise. Werke, Hamburger A. 11, hg. H. VON EINEM (¹⁰1981) 534ff. – [2] K. PH. MORITZ, Schr. zur Ästhetik und Poetik. Krit. A., hg. H. J. SCHRIMPF (1962) bes. 63ff. 205. – [3] Vgl. J. G. SULZER: Allg. Theorie der schönen Künste 1. 2 (1771/74) 2, Art. ⟨Manier⟩. – [4] J. W. VON GOETHE, Diderots Versuch über die Malerei (1789/99). Sämmtl. Werke, hg. K. GOEDECKE 11, 702. – [5] F. SCHILLER, Kallias-Brief vom 28. 2. 1793. Schillers Briefe, hg. F. JONAS 3 (1893) 295. – [6] K. PH. MORITZ, Michelangelo, in: Schr. zur Ästhetik ... a.O. [2] 220.

Literaturhinweise. H. VON EINEM, in: GOETHE, Werke, Hamburger A. 12 (⁹1981) 585f. – E. MENZ: Die Schrift K. Ph. Moritzens ⟨Über die bildende Nachahmung des Schönen⟩ (1968). – TH. P. SAINE: Die ästhet. Theodizee. K. Ph. Moritz und die Philos. des 18. Jh. (1971). – T. TODOROV: Théories du symbole (Paris 1977). – M. BOULBY, K. Ph. Moritz. At the fringe of genius (Toronto 1979). – H. J. SCHRIMPF: K. Ph. Moritz (1980).

H. J. SCHRIMPF

Nachahmung der Natur. ⟨Mimetisch⟩ (μιμητικός) nennt PLATON teils (von der Darstellungsweise ausgehend und der ursprünglichen Bedeutung des Wortes entsprechend [1]) die dramatische Dichtung, teils (vom Wirklichkeitsbezug des im Kunstwerk Dargestellten ausgehend) alle Dichtung sowie auch die anderen Künste (τέχναι). Den Wirklichkeitsbezug unterwirft Platon einer für die spätere Ästhetik bedeutsamen Kritik: Die Kunst ahmt nicht das ewige Urbild, sondern nur dessen sinnliches Abbild nach, weshalb der Künstler mit seiner an der bloßen Erscheinung haftenden Kunst nur «Nachbildner von Schattenbildern» ist [2]. Trotz deutlicher Ansätze, die die Möglichkeit einer sinnlichen Darstellung der Ideen andeuten [3], hat Platon den «alten Streit zwischen Dichtung und Philosophie», der bei einer Kunstbetrachtung, die die Wirklichkeitsaussage des Kunstwerks zum Kriterium macht, immer ausbricht, zugunsten der Philosophie entschieden; das eigentliche Wesen der Natur wird in der Teilhabe an den nur für die dialektische Philosophie erkennbaren transzendenten Ideen sichtbar [4].

Nach ARISTOTELES ist die Nachahmung (μίμησις) das Grundprinzip aller Kunst, die er nach Mitteln (Farben, Formen, Tönen, Rhythmus und Wort) sowie nach Gegenständen und Art der Nachahmung einteilt. Für die Dichtung wird μίμησις zum Oberbegriff, da er, deutlicher als der ursprünglich wohl formal verstandene Terminus ποίησις, den besonderen Wirklichkeitsbezug bezeichnet. In der ⟨Poetik⟩ nimmt Aristoteles dem Begriff ⟨Nachahmung⟩ das Pejorative, das ihm bei Platon anhaftet, und beschränkt ihn konsequenter auf die Kunst. Da nicht der Vers, sondern die Nachahmung den Dichter macht, wie es gleichgültig ist, ob er Selbsterfundenes oder Historisches zu formen (γενόμενα λέγειν bzw. ποιεῖν) wählt [5], ist klar, daß die Nachahmung, die den Dichter vom Geschichtsschreiber unterscheidet, nicht mehr die ungenügende Reproduktion eines schon Bestehenden, sondern freie Darstellung und Deutung menschlichen Lebens ist [6]. Die Nachahmung kann die Menschen idealisierend, satirisch oder realistisch darstellen [7], vor allem aber ist sie «philosophischer als die Geschichte», weil sie nicht das durch den Zufall bestimmte und begrenzte Einzelne darstellt, sondern das Wesenhafte, Allgemeine, das immer und überall geschehen kann oder muß [8]. Hiermit hat Aristoteles ein Hauptproblem der Ästhetik formuliert und die Kunst rehabilitiert, indem er ihr eine *Wesens*erkenntnis zugesteht; ihr Gegenstand ist nicht mehr ein bloßes Schattenbild der eigentlichen Wirklichkeit, sondern die sich durch die Verbindung von Form und Materie konstituierende Natur, deren Ziel und Wesen im Artefakt dargestellt werden kann.

In der Folgezeit begegnen teils eine vulgärmimetische Kunstauffassung – die von Zeuxis gemalten Trauben locken Sperlinge herbei –, teils eine mimetisch-selektive – Zeuxis ahmt für sein Helenabild die schönsten Körperteile der schönsten Jungfrauen Krotons nach; diese Anekdoten gehören später zum eisernen Beispielschatz der Kunstschriftsteller. Bei CICERO nähert sich die platonische Idee einer Idealvorstellung, deren künstlerisches Abbild die unvollkommene empirische Wirklichkeit übertrifft [9], und die emanistische Umbildung platonischer Gedanken erlaubt PLOTIN, Natur und Kunst im Verhältnis zu den Prinzipien (λόγοι) als gleichermaßen nachahmend zu bezeichnen. Beiden ist gemeinsam, daß sie reine Formen in die Materie «hineinschicken», wobei die Künste, indem sie nicht einfach das Sichtbare wiedergeben, sondern auf die Prinzipien zurückgehen, die sinnliche Natur an Schönheit übertreffen können [10]. Hiermit wurde den platonischen Gedanken eine für die Ästhetik wichtige Wendung gegeben, aber das Nachahmungsprinzip mußte in solchem Kontext schließlich seinen Sinn verlieren.

Die neuplatonische Auffassung, die eher eine Schönheitsmetaphysik als eine Kunstlehre war, wurde von den frühchristlichen und mittelalterlichen Denkern übernommen [11], und so wurde ‹N.d.Nat.› erst in der Renaissance wieder zentraler Begriff der Kunsttheorie. Mit der Hinwendung zur Sinnenwelt wurde in der Frührenaissance die ‹N.d.Nat.› künstlerisches Programm, und später kamen die Übersetzungen (VALLA 1498) und kommentierten Ausgaben (ROBORTELLI 1548) der aristotelischen ‹Poetik› einer Neuentdeckung gleich. Die sich daran knüpfenden italienischen Poetiken (NINTURNO, SCALIGER) verschafften dem Nachahmungsbegriff fast kanonische Gültigkeit, wobei man meist eine Synthese mit der neuplatonischen Lehre von einer darzustellenden wahren und die Natur übersteigenden Schönheit durch eine idealisierende Deutung des Allgemeinen und Typischen bei Aristoteles anstrebte [12]. Die optimale N.d.Nat. fand man, der rhetorischen Tradition entsprechend, außerdem schon in antiken Mustern verwirklicht, so daß N.d.Nat. oft mit Nachahmung der Alten gleichgesetzt wurde [13].

Die so verstandene selektive N.d.Nat. wurde von der späteren europäischen Kritik und Ästhetik übernommen und beherrschte, von dem horazischen «ut pictura poesis» unterstützt, mit wechselndem Nachdruck auf dem Schönen und Typisch-Allgemeinen die Debatte. Die Epoche abschließend und ihre wichtigsten Ergebnisse zusammenfassend konnte CH. BATTEUX die Nachahmung der schönen, d.h. durch Auslese erhöhten Natur als das allen Künsten gemeinsame Prinzip proklamieren [14]. Die weniger originale als konsequente Durchführung des Nachahmungsprinzips war insofern fruchtbar, als sie ihn veranlaßte, ‹nachahmen› ausdrücklich mit ‹fingere› zu übersetzen und der Wirklichkeit die Wahrheit, der Kunst die Wahrscheinlichkeit zuzuordnen, um so den ästhetischen Sinn dieser Termini energisch von dem alltäglichen zu unterscheiden.

In der deutschen Barockpoetik ist Nachahmung der Natur Gemeinplatz, eine Auseinandersetzung mit ihrem Sinn fängt aber erst in der Aufklärung an. J. J. BREITINGER appliziert Leibniz' Lehre von den möglichen Welten auf die Kunsttheorie und verbindet die Idee des schöpferischen Dichters auf diese Weise mit dem Nachahmungsprinzip. Der schöpferische Dichter befindet sich in der Lage Gottes vor der Erschaffung der Welt, und die Natur, die er 'nachahmt', ist die unendliche Fülle des Möglichen [15]. Breitinger fordert jedoch mit seiner Lehre von der «abstractio imaginationis» nicht konsequent eine idealisierende Nachahmung. Leibniz' popularisierte Lehre von der Harmonie und Vollkommenheit nicht der Teile, sondern des Weltganzen gab dem ästhetischen Programm eine neue philosophische Grundlage, denn sinnlicher Ausdruck der Vollkommenheit ist Schönheit. So ist es, nach M. MENDELSSOHN, Aufgabe des Künstlers, die Schönheit des für den Menschen unüberschaubaren Ganzen im begrenzten Ausschnitt zu konzentrieren, die ideal geschaute Schönheit der Allnatur in der verschönernden Nachahmung des Teiles darzustellen [16]. Noch G. E. LESSING hält im ‹Laokoon› an der (idealisierenden) N.d.Nat. fest, aber eine deutliche Unzufriedenheit mit dem Begriff zeigt sich im 70. Stück der ‹Hamburgischen Dramaturgie›, wo er, wie Mendelssohn, unter Nachahmung eine unter ästhetischem Aspekt vorgenommene Auslese versteht [17]. Hier, wie in J. G. SULZERS von der emotionalistischen und moralischen Wirkungspoetik beeinflußten ‹Theorie der Schoenen Kuenste›, wird der Terminus zwar beibehalten, aber als ungenügend zur Bestimmung der Kunst anderen Begriffen neben- oder untergeordnet [18].

Für J. CHR. GOTTSCHED gehört es zur «vollständigen und fruchtbaren Beschreibung eines Dichters», daß er ein «geschickter Nachahmer aller natürlichen Dinge» ist, wobei es auch ihm schon um das Wahrscheinliche und Mögliche geht, denn «dichten heißt, gewiß etwas ersinnen oder erfinden, was nicht wirklich geschehen ist» [19]. Die so sich ergebende Spannung zwischen Natur und Nachahmung konstituiert Ähnlichkeit als grundlegenden ästhetischen Wert [20].

J. E. SCHLEGEL analysierte in seinen Abhandlungen über die Nachahmung (1741-44) den Begriff, indem er teils, um der ästhetischen Lust und der Moral willen, Unähnlichkeiten in der Nachahmung fordert, teils mit seiner Unterscheidung von gewöhnlicher und künstlerisch täuschender Nachahmung, die immer das Bewußtsein von Urbild und Abbild impliziert, den klassischen Begriff des 'Scheins' vorwegnimmt [21].

Mit dem durch A. A. C. SHAFTESBURYS Neuplatonismus und E. YOUNGS Hervorhebung des Originalgenies vorbereiteten Durchbruch der Schöpfungsästhetik im Sturm und Drang (HERDER, GOETHE; HAMANN nimmt eine Sonderstellung ein) und mit KANTS ‹Kritik der Urteilskraft› wurde die N.d.Nat. als ästhetischer Begriff bedeutungslos. Die Klassik verwendete teils andere Begriffe (Schein, Kunstwahrheit gegenüber Naturwirklichkeit), teils wurde die Nachahmung als eine niedrigere Stufe betrachtet (GOETHE: «Einfache N.d.Nat., Manier und Stil» [22]), so daß G. W. F. HEGEL in seiner ‹Ästhetik› den verflachten Begriff kurz abtat [23], um die von ihm ursprünglich gemeinte Problematik in anderen Abschnitten zu behandeln. In England gebrauchte noch S. T. COLERIDGE den Terminus in seinem Vollsinn; seitdem ist er nur noch von den Chicago Critics als zentraler ästhetischer Begriff verwendet worden, und zwar im alten aristotelischen Sinn [24].

Anmerkungen. [1] G. F. ELSE: 'Imitation' in the 5th century. Class. Philol. 53 (1958) 73-90; vgl. Art. ‹Mimesis›. – [2] PLATON, Resp. 595 a-608 b. – [3] a.O. 401 c; 472 d. – [4] 501 b; Soph. 236 c. – [5] ARISTOTELES, Poet. 9. – [6] a.O. 1; PLATON, Resp. 392 d. – [7] ARISTOTELES, Poet. 2. 4. 15. 25. – [8] a.O. 9. – [9] CICERO, Orator II, 8. – [10] PLOTIN, Enn. V, 8, 1. – [11] Vgl. hierzu bes. K. FLASCH: Ars imitatur naturam. Platonischer Naturbegriff und mittelalterl. Philos. der Kunst. Parusia, hg. K. FLASCH (1965) 265-306. – [12] J. E. SPINGARN: A history of lit. criticism in the renaissance (New York 1899) 27ff. – [13] a.O. 132ff. – [14] CH. BATTEUX: Les beaux-arts réduits à un même principe (Paris 1746). – [15] J. J. BREITINGER: Crit. Dichtkunst (1740, ND 1966) 1, 136f. – [16] M. MENDELSSOHN, Schr. zur Philos., Ästhetik und Apologetik, hg. M. BRASCH 2 (1880, ND 1968) 152. – [17] G. E. LESSING, Werke, hg. H. G. GÖPFERT 4 (1973) 555-558. – [18] J. G. SULZER: Allg. Theorie der Schoenen Kuenste II/1 (1777) 283-287. – [19] J. CHR. GOTTSCHED: Versuch einer krit. Dichtkunst (1730, ⁴1751) 98. 149. – [20] Vgl. W. PREISENDANZ: Die Auseinandersetzung mit dem Nachahmungsprinzip in Deutschland und die bes. Rolle der Romane Wielands, in: Nachahmung und Illusion. Poetik und Hermeneutik 1, hg. H. R. JAUSS (²1969) 74. – [21] J. E. SCHLEGEL, Werke 3 (1764) 95-176. – [22] J. W. GOETHE, Hamb. Ausg. 11, 534ff. – [23] G. W. F. HEGEL, Vorles. über die Ästhetik. Sämtl. Werke, hg. H. GLOCKNER 12, 71-77. – [24] Vgl. hierzu Critics and criticism, ancient and modern, hg. R. S. CRANE (Chicago 1952).

Literaturhinweise. E. BERGMANN: Die antike Nachahmungstheorie in der dtsch. Ästhetik des XVIII. Jh. Neue Jb. klass. Altertum Gesch. dtsch. Lit. 27 (1911) 120-131. – E. PANOFSKY: Idea (1924 u.ö.). – U. GALLI: La mimesi artistica secondo Aristotele. Studi ital. Filol. class. NS 4 (1926) 281-290. – A. TUMARKIN: Die

Überwindung der Mimesislehre in der Kunsttheorie des XVIII. Jh., in: Festgabe für S. Singer (1930) 40-55. – R. McKeon: Lit. criticism and the concept of imitation in antiquity. Class. Quart. 26 (1932). – S. Bing: Die Naturnachahmungstheorie bei Gottsched und den Schweizern und ihre Beziehung zu der Dichtungstheorie der Zeit (Diss. Köln 1934). – A. Lovejoy: 'Nature' as aesthetic norm, in: Essays in the hist. of ideas (Baltimore 1948) 69-77. – H. Eizereif: ‹Kunst: eine andere Natur›. Hist. Unters. zu einem dichtungstheoret. Grundbegriff (Diss. Bonn 1952). – H. Koller: Die Mimesis in der Antike (Bern 1954). – H. Blumenberg: ‹N.d.Nat.›. Zur Vorgesch. der Idee des schöpferischen Menschen. Studium Gen. 10 (1957) 266-283. – K. Flasch s. Anm. [11]. – Nachahmung und Illusion, hg. H. R. Jauss (²1969). – S.-A. Jørgensen: ‹N.d.Nat.› – Verfall und Untergang eines ästhet. Begriffs. Kopenhagener germ. Stud. 1 (1969). – H. P. Herrmann: Naturnachahmung und Einbildungskraft. Zur Entwicklung der dtsch. Poetik von 1670 bis 1740 (1970). – J. Bruck: Der aristotel. Mimesisbegriff und die Nachahmungstheorie Gottscheds und der Schweizer (Diss. Erlangen 1972). – U. Hohner: Zur Problematik der Naturnachahmung in der Ästhetik des 18. Jh. (1976). – H.-G. Kemper: Gottebenbildlichkeit und Naturnachahmung im Säkularisationsprozeß 1. 2 (1981). S.-A. Jørgensen

Nachbild (engl. after-image, frz. image consécutif, ital. imagine consecutiva). Das deutsche Wort ‹N.› ist als Übertragung des Fremdworts ‹Kopie› entstanden [1]. Philosophisch kann ‹N.› bzw. ‹Nachbildung› die Art des Verhältnisses ausdrücken, in der – z. B. nach platonischer Auffassung – die Welt der Erscheinungen (N.er) auf die Welt der Ideen (Urbilder) bezogen ist [2]. In der Physiologie und Psychologie wird unter ‹N.› der Sachverhalt verstanden, daß unter bestimmten Bedingungen auch *nach* der Einwirkung eines Reizmusters auf das Sinnesorgan noch ein mit sinnlicher Präsenz wahrgenommenes Abbild des Reizmusters vorhanden ist. In der Regel wird die Bezeichnung ‹N.› auf die visuelle Modalität beschränkt; N.-Erscheinungen in anderen Sinnesgebieten werden meistens als ‹Nachempfindung› bezeichnet. Vom N. im engeren Sinne, das von dem ursprünglichen Wahrnehmungsinhalt anschaulich meistens unterschieden werden kann, muß die 'Persistenz' abgegrenzt werden, d. h. die Tatsache, daß die Dauer eines Wahrnehmungsinhaltes die Dauer der Einwirkung des ihn auslösenden Reizes überschreitet. In unpräziser Weise wird oft auch die ohne das Auftreten eines anschaulich präsenten N. stattfindende Nachwirkung der Reizung eines Sinnesorgans als ‹N.› bezeichnet.

Hinsichtlich der Beziehung ihrer Helligkeitsverteilung auf die Helligkeitsverteilung des primären Wahrnehmungsinhaltes unterscheidet man ‹positive N.er› (gleiche Helligkeitsverteilung) von ‹negativen N.ern› (umgekehrte Helligkeitsverteilung). Die analoge Beziehung hinsichtlich der Farbverteilung wird als ‹gleichfarbig› bzw. ‹komplementär› bezeichnet. Unter ‹Bewegungs-N.› versteht man die anschauliche Bewegung der objektiv ruhenden visuellen Umwelt nach Betrachtung eines gleichmäßig bewegten Reizmusters.

1. Da N.-Erscheinungen auch unter natürlichen Wahrnehmungsbedingungen leicht bemerkt werden, überrascht es nicht, daß sie schon in der *Antike* beschrieben und erörtert wurden. Die erste und für lange Zeit vollständigste Darstellung findet sich bei Aristoteles [3]. Er erwähnt das gleichfarbige N., das farbige 'Abklingen' des N. nach Betrachtung der Sonne und das Bewegungs-N. (Wasserfalltäuschung). Dieses Beobachtungsmaterial wurde in der Antike nur noch von Ptolemäus [4] erweitert. Er beobachtet, daß ein in schnelle kreisförmige Bewegung gebrachter Gegenstand als ruhender Kreis wahrgenommen wird – eine Erscheinung, die zwar historisch unter den N.-Begriff subsumiert wurde, jedoch eher unter den Begriff der Persistenz fällt.

Die aus der Antike erhaltenen Äußerungen zu N.-Erscheinungen lassen erkennen, daß die N.er im Sinne einer Affektion des Sehorgans oder des Sehvorgangs durch den gesehenen Gegenstand interpretiert wurden. Es ist daher sicher nicht zufällig, daß N.er vor allem von solchen Philosophen erwähnt wurden, die das Sehen aus einer vom Gegenstand ausgehenden Einwirkung ableiten und die in der Antike verbreitete Auffassung einer in umgekehrter Richtung verlaufenden Einwirkung ablehnen. Für Aristoteles [5] fügen sich die N.er in die Konzeption der Wahrnehmung (αἴσθησις) als durch ein Medium – im Falle des Sehens «das Durchsichtige» (τὸ διαφανές) – vermittelter Zustandsänderung (ἀλλοίωσις). Die N.er sind ein auf die Wahrnehmung bezogener Sonderfall des Gesetzes, daß eine Zustandsänderung, wie auch die Bewegung im allgemeinen, nicht unmittelbar nach Wegfall der Bewegungsursache zur Ruhe kommt. Auch für Lukrez, der unter Vergröberung der Auffassung Epikurs [6] die Wahrnehmung auf vom Gegenstand nach Art eines dünnen Häutchens abgelöste Bilder zurückführt, ist z. B. das Bewegungs-N. [7] ein willkommenes Beweisstück. Dagegen veranlassen die N.-Erscheinungen Ptolemäus, seine von Euklid übernommene 'Sehstrahl'-Theorie durch die Annahme zu erweitern, daß der Sehstrahl durch den Kontakt mit dem Licht eine Affektion (passio) erleidet [8].

Die durch N.er hervorgerufenen Farberscheinungen werden in der Antike bezeichnenderweise in einem Atemzug mit Farberscheinungen diskutiert, die auf farbige Beleuchtung, Reflexion an farbigen Flächen oder Färbung der lichtdurchlässigen Medien des Augapfels zurückgehen [9]. Ebensowenig wie bei der Erörterung der Wahrnehmung im allgemeinen werden bei den N.ern die physikalischen, physiologischen und psychologischen Verursachungsmomente unterschieden. Auf dieser Basis konnten die N.er nicht zu einer endgültigen Entscheidung zwischen den rivalisierenden Theorien des Sehens [10] herangezogen werden. N.-Erscheinungen finden daher zusammen mit Wahrnehmungstäuschungen verschiedenster Genese ihren angemessenen Platz in den Beweismodi für den Agnostizismus der späten Skepsis [11].

2. Entscheidende Bedeutung für die Theorie des Sehvorgangs gewinnen N.-Erscheinungen in der um 1000 geschriebenen ‹Optik› [12] von Alhazen (Ibn al-Haytham). Alhazen beginnt sein Werk mit dem Verweis auf N.er und schließt aus ihrer Existenz, daß das Licht einen Einfluß auf das Sehorgan (genauer gesagt auf die von ihm im Anschluß an Galen [13] als Sitz der Empfindung angesehene Linse) ausübt [14]. Diese Argumentation wird in der Mitte des 13. Jh. von Roger Bacon [15] und von Witelo in seiner bis in die Zeit Keplers maßgeblichen ‹Optik› [16] übernommen. Die endgültige Überwindung der Annahme, daß beim Sehen Licht aus dem Auge ströme, geht also keineswegs auf (im modernen Sinne) *physikalische* Beobachtungen zurück, sondern gründet sich auf einen (modern gesprochen) *wahrnehmungspsychologischen* Befund. Zwar wurde die Emanzipation der *Physik des Lichtes* von der *Physiologie und Psychologie des Sehens* erst durch die Rezeption des Gedankengangs von Alhazen im Westen ermöglicht, doch werden bis weit in die Neuzeit hinein N.-Erscheinungen in der Regel im Rahmen von Überlegungen über die physikalische Natur des Lichts diskutiert und demgemäß in Werken zur

Optik behandelt [17]. Dies wird besonders deutlich an der Beschreibung der Reihenfolge des Auftretens verschiedener Farben in den durch das Betrachten der Sonne erzeugten N.ern. Während noch im 16. Jh. [18] die von Aristoteles überlieferte Reihenfolge 'karminrot – purpur – schwarz' mitgeteilt wird, resultiert die Rezeption der *Newtonschen* Optik z. B. bei MALEBRANCHE [19] und BUFFON [20] in der Beobachtung, daß die Farben in der Reihenfolge des Newtonschen Prismenspektrums auftreten. Auch die komplementären N.er werden von Buffon unter dem Eindruck der Theorie Newtons erstmals beschrieben und als Beweismaterial für diese Theorie herangezogen.

Parallel zu der physikalischen Betrachtungsweise der N.er verläuft die Formulierung physiologischer N.-Theorien, die in ihrer spezifischen Ausgestaltung an den Stand der jeweiligen physikalischen Vorstellungen über das Licht und die Farben gebunden sind. Daß die N.er nicht schon im optischen Apparat des Auges, sondern erst im Nervensystem entstehen, wurde erstmals von KEPLER [21] erkannt. In der Folgezeit werden die N.er in der Regel auf ein Überdauern des Eindrucks im Sehnerven zurückgeführt, wobei zur Erklärung der Farbenerscheinungen an N.ern die Vorstellung entwickelt wird, daß der Sehnerv sieben für die Newtonschen Spektralfarben spezifische Fasern enthält [22]. Die negativen N.er wurden 1634 erstmals von DE PEIRESC beschrieben; er erklärt sie aus einem durch das Licht hervorgerufenen «Mangel» (vitium) und ist damit Vorläufer der späteren Ermüdungstheorien des negativen N.es [23]. Daß Ermüdung durch den Eindruck und Fortdauer des Eindrucks selbst wenigstens begrifflich getrennt werden müssen, wird erst von C. BONNET [24] ausgesprochen.

3. Ein im engeren Sinne *physiologisches*, d.h. nicht mehr auf die physikalische Natur des Lichtes bezogenes Interesse an den N.ern bildet sich erst im 19. Jh. heraus, nicht zuletzt unter dem Einfluß der Goetheschen Farbenlehre. GOETHE [25] ordnet die N.er unter die «physiologischen Farben» ein und erklärt sie aus einer Tendenz der Netzhaut zur Opposition gegen das Licht. *Inhaltlich* wegen ihrer Polemik gegen die Newtonsche Optik nicht ernst genommen, beeinflussen Goethes Beobachtungen zu den physiologischen Farben die Sinnesphysiologie des 19. Jh. zunächst *methodisch*, durch ihre sorgfältige *Phänomendeskription*. Goethes Methode wird innerhalb der Physiologie zuerst von J. E. PURKINJE [26] rezipiert, der auch terminologisch durch die Einführung der Bezeichnung «N.» [27] für die bis dahin meist als «zufällige Farben», «Spektra», ja sogar als «Gespenster» bekannten N.-Erscheinungen zur Klärung beiträgt. Purkinje unterscheidet freilich noch das «Blendungsbild», das «unwillkürlich dem Sinne vorschwebt», von dem blendungsfreien «N.», das durch «freie Tätigkeit längere Zeit festgehalten werden kann» [28]. Erst G. TH. FECHNER subsumiert die Blendungsbilder und die ohne Blendung hervorgerufenen N.er unter einen einheitlichen N.-Begriff [29] und hebt hervor, daß die N.er «stets nur mit einem Gefühle der Rezeptivität, nur in Kontinuität mit den gemachten sinnlichen Eindrücken, von Willkür und Vorstellungsassoziation unabhängig, entstehen und bestehen» und ihre Verlaufsform ausschließlich durch die «vorhergegangenen sinnlichen Eindrücke» gesetzlich bestimmt wird [30]. Von Fechner [31] stammt auch die von H. HELMHOLTZ [32] übernommene und die Physiologie des 19. Jh. beherrschende Vorstellung, daß die N.er aus einer simultanen Wirkung zweier Prozesse (*Fortdauer der Erregung* und *Herabsetzung der Erregbarkeit*) hervorgehen.

Solange elektrophysiologische Registrierungen am visuellen System noch nicht oder nur sehr unvollständig möglich waren, gehörte das Studium der N.-Erscheinungen zum klassischen Instrumentarium der Sinnesphysiologie. In diese Periode, die mit Purkinje beginnt und etwa hundert Jahre später mit der ersten erfolgreichen Ableitung der Erregungstätigkeit einzelner Fasern des Sehnervs [33] endet, fällt die minutiöse Beschreibung zahlreicher N.-Phasen, die in der Regel mit dem Namen ihres Entdeckers bezeichnet wurden [34]. Ihre besondere Bedeutung erhielten die N.-Erscheinungen durch die Tatsache, daß sie in der die Sinnesphysiologie dieser Periode bestimmenden Kontroverse zwischen H. HELMHOLTZ [35] und E. HERING [36] einen beträchtlichen Teil der Beweislast zu tragen hatten. Vor allem durch die Untersuchung zum Teil farbiger *Kontrasterscheinungen* an N.ern wurde Hering dazu veranlaßt, an die Stelle der Helmholtzschen drei Elementarfarben (Rot, Grün, Blau) die paarweise angeordneten Gegenfarben (Rot–Grün; Blau–Gelb) zu setzen, gegen die von Helmholtz vertretene psychologische Interpretation der Kontrasterscheinungen eine physiologische Deutung geltend zu machen und anstatt des Fechner-Helmholtzschen Antagonismus von Überdauern der Erregung und Ermüdung das Zusammenwirken zweier Stoffwechselprozesse (Assimilation und Dissimilation) anzunehmen. Die Kontroverse zwischen Helmholtz und Hering mußte so lange unentschieden bleiben, als die von Helmholtz bzw. Hering postulierten physiologischen Prozesse auf dasselbe anatomische Substrat, nämlich die Rezeptorschicht der Netzhaut, bezogen wurden. Noch in der Ära der 'subjektiven' (im Gegensatz zur elektrophysiologischen) Sinnesphysiologie wurde ein Durchbruch durch J. VON KRIES [37] erzielt, der in seiner «Zonentheorie» beiden Konzeptionen ihr Recht ließ.

Nach der *Zonentheorie* laufen die *peripheren* Vorgänge in einer der Helmholtzschen Dreifarbentheorie entsprechenden Weise ab, aber die *zentralen* Vorgänge folgen dem Heringschen Gegenfarbenprinzip. Die Resultate elektrophysiologischer Registrierungen [38] bestätigen die prinzipielle Richtigkeit der Zonentheorie und gestatten eine Präzisierung insofern, als nur die Prozesse in der Rezeptorschicht der Netzhaut nach dem Helmholtzschen Schema verlaufen, jedoch bereits auf der ersten, noch in der Netzhaut stattfindenden Stufe der neuralen Verarbeitung eine Kontrast- und Farbcodierung nach dem Heringschen Gegenfarbenprinzip stattfindet. Auch für den zeitlichen Verlauf der N.-Phasen lassen sich elektrophysiologische Korrelate am neuralen Substrat nachweisen [39]. Trotz der Fortschritte der Elektrophysiologie kommt jedoch auch heute noch den N.ern eine bedeutende methodische Rolle für die Physiologie des visuellen Systems zu, die sich freilich in jüngster Zeit in Richtung auf eine Analyse der Mechanismen der *Form-* und *Bewegungs*wahrnehmung verschoben hat [40].

4. Da N.er nicht spontan entstehen, sondern sich nur anläßlich der Tätigkeit eines Sinnesorgans entwickeln, bilden sie vor allem einen Forschungsgegenstand der *Sinnesphysiologie*. Andererseits impliziert der N.-Begriff die Existenz eines Abbildes in Abwesenheit des abgebildeten Gegenstandes; er fällt also, solange er nicht näher expliziert wird, mit einer verbreiteten Fassung des Begriffs der Vorstellung [41] zusammen. Von daher liegt es nahe, die N.er auch unter dem Gesichtspunkt der *Gedächtnispsychologie* und der Genese visueller Vorstellungen zu erörtern. Dieser Ansatz findet sich schon bei ARISTOTELES, wenn er die im Traum auftretenden anschauli-

chen Vorstellungen (φαντάσματα) durch Verweis auf N.er erklärt [42]. Auch wenn er feststellt, daß das Erinnern sich auf Überreste (μοναί) in den Sinnesorganen richtet [43], denkt er vielleicht an N.er. Die an dem bekannten Beispiel des Eindrucks eines Siegelrings in das Wachs verdeutlichte These, daß die Wahrnehmung von den Gegenständen die Form (εἶδος) ohne die Materie (ὕλη) aufzunehmen imstande ist [44], findet sich auch in der Schrift ‹Über das Gedächtnis› als Beleg für die Ansicht, daß das Gedächtnis eher der Wahrnehmung als dem Denken zugehört [45]. Dies könnte bedeuten, daß sie aus der Beobachtung von N.ern gewonnen wurde. Zu beweisen ist diese Vermutung nicht. Doch ist aufschlußreich, daß AUGUSTINUS das Wachs-Siegelring-Beispiel unter wörtlicher Übernahme der aristotelischen Ausdrucksweise (reliquiae formae quae facta erat in sensu [46]) durch eine Beschreibung von N.ern verdeutlicht.

In der Neuzeit wird erstmals bei D. HARTLEY [47] unter Verweis auf alle damals bekannten N.- und Persistenzerscheinungen der Übergang von der Empfindung in die Vorstellung verdeutlicht. In seiner im Anschluß an Newtons Physik entworfenen Psychophysiologie entspricht den N.ern eine Fortdauer der Vibrationen einer Nervenfaser oder des Gehirns; anhand dieser Fortdauer wird begreiflich gemacht, wie eine Vibration (als Korrelat der Empfindung) in eine «Miniatur-Vibration» («vibratiuncle» als Korrelat der Vorstellung) übergehen kann.

Eine wesentlich differenziertere und unter Verzicht auf physiologische Spekulationen vorgetragene Auffassung von der Rolle der N.er im Prozeß des Einprägens und Erkennens eines Sinneseindrucks findet sich bei J. N. TETENS [48], von dem auch der Begriff der *«Nachempfindung»* als Oberbegriff für N.- und Persistenzerscheinungen in verschiedenen Sinnesgebieten stammt. Tetens gibt eine in den Grundzügen auch dem heutigen Kenntnisstand entsprechende Beschreibung des allmählichen Anwachsens und des Fortdauerns des sinnlichen Eindrucks. Eben dieses Fortdauern, über dessen Länge Tetens recht präzise Angaben macht, ist die Nachempfindung [49]. Die Nachempfindung ist jedoch nicht eine bloße Fortsetzung des Eindrucks; sie unterscheidet sich von dem nur als innere Modifikation *gefühlten* Eindruck dadurch, daß sie durch Hinzutreten der Reflexion sich auf einen äußeren Gegenstand bezieht und mit *Bewußtsein empfunden* wird. Wenn nun die Reflexion eintritt, so ist der Eindruck selbst nicht mehr vorhanden, vor allem nicht beim Sehen, wo er unterbrochen hervorgebracht wird ([50]; über die Ursache dieser diskreten Hervorbringung des Eindrucks sagt Tetens nichts). Also: «Der Augenblick der Reflexion fällt in das Moment der Nachempfindung», und die Nachempfindung ist eine «ursprüngliche Vorstellung» oder «Empfindugsvorstellung» [51].

Nach Tetens muß deswegen auf dem Wege vom Eindruck zur Vorstellung die Stufe der Nachempfindung durchlaufen werden, weil a) der Eindruck selbst eine begrenzte Dauer hat und b) die Reflexion Zeit benötigt. Dieser Gedanke erinnert an Vorstellungen über die funktionale Rolle nachbildartiger Prozesse im Einprägen und Erkennen, die erst in neuester Zeit wieder im Rahmen der Kognitiven Psychologie [52] entwickelt werden. Nach G. SPERLING [53] wird ein kurzzeitig dargebotenes visuelles Reizmuster zunächst in einen visuellen Informationsspeicher – analoge Bezeichnungen sind «ikonischer Speicher» [54] oder, am deutlichsten, «sensorischer Speicher» [55] – von unbegrenzter Kapazität, aber sehr begrenzter Dauer (maximal 2 Sekunden) und rascher Zerfallsgeschwindigkeit aufgenommen. Der *sensorische Speicher* ist insofern dem N. verwandt, als er nur durch die von den Sinnesorganen einlaufende Information 'aufgefüllt' werden kann, eine einigermaßen 'wörtliche' Kopie des Reizmusters enthält und seine Dauer der Willkür des Betrachters entzogen ist. Jedoch ist die sensorische Speicherung nicht an die Existenz anschaulich repräsentierter N.er gebunden, und im Unterschied zu den – bereits in der Netzhaut entstehenden – N.ern wird für die sensorische Speicherung in der Regel eine corticale Lokalisation angenommen [56]. Die weitere Verarbeitung des sensorisch gespeicherten Abbildes hat einen meßbaren Zeitbedarf; sie besteht in der Herausbildung eines akustisch-artikulatorischen [57] oder eines visuellen [58] Codes, die in einen vom sensorischen Speicher zu unterscheidenden *Kurzzeitspeicher* eingelesen werden. Dort können die akustisch oder visuell codierten Repräsentationen willkürlich aufrechterhalten oder umorganisiert werden [59].

5. Die sensorische Speicherung ist, ähnlich den Nachempfindungen im Sinne von Tetens, eine bloße *Durchgangsstufe* auf dem Wege von der Rezeption zur Identifikation eines Sinneseindrucks. Das *Resultat* des auf der Grundlage des sensorischen Speichers operierenden Erkennungsprozesses ist in der Regel eine *abstrakte Repräsentation* des ursprünglichen Wahrnehmungsinhalts. Indessen ist schon in der Psychologie des 19. Jh. gelegentlich darauf hingewiesen worden, daß visuelle Vorstellungsinhalte auch den Charakter unmittelbarer sinnlicher Präsenz besitzen können, ohne jedoch mit bloßen N.ern zusammenzufallen. So beschreibt FECHNER [60] unter Bezugnahme auf Purkinje das *Erinnerungs-N.* als eine «unmittelbare Fortsetzung der dem gewöhnlichen N.e unterliegenden Tätigkeit in das Feld der Vorstellungen hinein» [61] und gibt Kriterien zur Unterscheidung des Erinnerungs-N. von dem N. auf der einen Seite und dem Erinnerungsbild auf der anderen Seite an. Die von Fechner genannten Bedingungen für das Auftreten des Erinnerungs-N. (z. B. momentane Exposition des Reizobjektes) lassen vermuten, daß mit dem Erinnerungs-N. der in der heutigen Psychologie als sensorische Speicherung bekannte Sachverhalt gemeint sein dürfte. Andererseits kann nach Fechner das Erinnerungs-N. durch «Anstrengung der Erinnerungstätigkeit ... neu belebt werden» [62], ein Prozeß, der in der heutigen Psychologie wieder zu einem intensiv erforschten Problem geworden ist [63], freilich eher dem Kurzzeitgedächtnis als der sensorischen Speicherung im engeren Sinne zugeordnet wird.

Die willkürliche Wiedererweckbarkeit rückt das Fechnersche Erinnerungs-N. in die Nachbarschaft der von E. R. JAENSCH [64] im Anschluß an V. URBANTSCHITSCH [65] beschriebenen «(subjektiven) *optischen Anschauungsbilder*» oder «*eidetischen Bilder*». Die Anschauungsbilder drücken sich in der Fähigkeit aus, «einen dargebotenen Gegenstand, entweder nur unmittelbar nach der Beobachtung oder auch nach längerer Zwischenzeit, im unmittelbaren und eigentlichen Sinne zu *sehen*» [66]. Sie teilen mit den N.ern die unmittelbare sinnliche Präsenz, doch verweisen die Bedingungen ihres Auftretens und ihre phänomenalen Merkmale auf eine zentralnervöse Genese. Der wesentliche Unterschied zwischen den Anschauungsbildern einerseits und der (JAENSCH natürlich noch nicht bekannten) sensorischen Speicherung bzw. den N.ern andererseits ist jedoch der folgende: Sowohl N.er wie auch sensorische Speicherung sind als gesetzmäßige Folgeerscheinung der Einwirkung eines Reizmusters ein *allgemeinpsychologischer* Sachverhalt; dagegen ist die Fähigkeit, Anschauungsbilder zu erzeugen, nach

Jaensch Ausdruck einer *entwicklungs- und persönlichkeitsspezifischen* «eidetischen Anlage». Die eidetischen Phänomene sind für Jaensch ein «Symptom des nach außen integrierten Typus, für den das enge Kohärenzverhältnis mit der Umwelt charakteristisch ist» [67]. Das Kindesalter ist durch enge Kohärenz zur Umwelt gekennzeichnet; im Erwachsenenalter wird der Grad des Kohärenzverhältnisses zu einem typologischen Merkmal [68]. In ihrem Endstadium trägt die auf der Eidetik aufbauende Typologie Jaenschs unverkennbar rassistische Züge [69].

Über die Existenz und die Auftretenshäufigkeit eidetischer Bilder läßt sich nur schwer ein Urteil bilden, da die von verschiedenen Untersuchern verwendeten Kriterien uneinheitlich sind und zudem vielfach auf dem schwer kontrollierbaren sprachlichen Bericht meistens kindlicher Beobachter beruhen [70]. Doch lassen sich auch mit objektiven Kriterien gelegentlich visuelle Gedächtnisleistungen nachweisen, die nur aus der Wiederbelebung eines völlig detailtreuen Abbildes des eingeprägten Gegenstandes verständlich zu machen sind [71]. Die Tendenz der modernen funktionalistischen Psychologie geht dahin, die eidetischen Bilder aus ihrem Status als Sonderfälle oder als Ausdruck einer entwicklungs- und persönlichkeitsspezifischen 'Veranlagung' zu lösen und sie unter dem Gesichtspunkt der in der Allgemeinpsychologie entwickelten Modelle für die Funktionsweise visueller Speicherungs- und Verarbeitungsprozesse zu analysieren [72].

Anmerkungen. [1] J. C. ADELUNG: Grammat.-krit. Wb. der Hochdeutschen Mundart, 3. Teil (1811) 366. – [2] Vgl. zu dieser Verwendung: I. KANT, KrV B 596f. – [3] ARISTOTELES, De insomniis 459 b 5ff. – [4] PTOLEMÄUS, Optica II, 82. L'optique de Claude Ptolémée, hg. A. LEJEUNE (Louvain 1956) 66. – [5] ARISTOTELES, De insomniis 459 a 25ff. – [6] Zur Deutung der Wahrnehmungstheorie EPIKURS vgl. D. C. LINDBERG: Alhazen's theory of vision and its reception in the West. Isis 58 (1967) 321-341. – [7] LUKREZ, De rerum natura IV, 424f. – [8] PTOLEMÄUS, Optica II, 23. L'optique ... a.O. [4] 22f.; vgl. dazu: A. LEJEUNE: Euclide et Ptolémée ... (Louvain 1948) 29. – [9] So z.B. bei ARISTOTELES, LUKREZ, PTOLEMÄUS, SEXTUS EMPIRICUS. – [10] Vgl. hierzu: J. I. BEARE: Greek theories of elementary cognition (Oxford 1906); A. E. HAAS: Antike Lichttheorien. Arch. Gesch. Philos. 20 (NF 13) (1907) 343-386. – [11] SEXTUS EMPIRICUS, Hyp. Pyrrh. I, 45. – [12] ALHAZEN, Optica thesaurus Alhazeni Arabis ..., ed. F. RISNER (Basel 1572) I, 1. – [13] Vgl. zu GALEN: R. E. SIEGEL: Galen on sense perception (Basel/New York 1970). – [14] ALHAZEN, a.O. [12]; vgl. zu Alhazen: H. BAUER: Die Psychol. Alhazens (1911); D. C. LINDBERG, a.O. [6]. – [15] R. BACON, Opus majus V, dist. 5, c. 1. The ‹Opus Majus› of Roger Bacon, hg. J. H. BRIDGES (London 1897, 1900) 2, 31. – [16] WITELO, Vitellionis Thuringopoloni Opticae libri decem ..., ed. F. RISNER (Basel 1572). – [17] z.B. J. KEPLER, Ad Vitellionem paralipomena ... Ges. Werke, hg. F. HAMMER 2 (1939) 152; R. DESCARTES, Dioptrique VI. Oeuvres, hg. ADAM/TANNERY 6, 131f.; I. NEWTON, Optics, quaestio 16. Opera (London 1779-1785) 6, 222. – [18] J. FERNEL: De universa medicina (Venedig 1564) VI, c. II. – [19] N. MALEBRANCHE, Recherche de la vérité, Ecl. XVI. Oeuvres, hg. G. RODIS-LEWIS 3 (Paris 1964) 255-305. – [20] G.-L. LECLERC DE BUFFON: Sur les couleurs accidentelles, in: Hist. de l'Acad. Royale des Sci., Année 1743 (Amsterdam 1749) 1-10. – [21] KEPLER, a.O. [17]. – [22] C. BONNET, Essai de psychol., chap. 26. Oeuvres d'hist. nat. et de philos. 8 (Neuchâtel 1783) 39. – [23] Vgl. Petri Gassendi Vita Peireskii, lib. V. PETRI GASSENDI ... Opera omnia (Lugduni 1658) 5, 317. – [24] BONNET, a.O. [22]. – [25] J. W. von GOETHE, Zur Farbenlehre, Didaktischer Teil, 15-61, vgl. bes. 33. Farbenlehre, vollst. Ausg. der theoret. Schr. (1963) 186. – [26] J. E. PURKINJE: Über das Sehen in subjectiver Hinsicht. Beobachtungen und Versuche zur Physiol. der Sinne (1819). – [27] a.O. 163, Anm. 3. – [28] 167f. – [29] G. TH. FECHNER: Über die subjectiven Nach- und Nebenbilder. Ann. Phys. Chem. 126/Zweite Reihe 20 (1840) 193-221. 427-470. – [30] Elemente der Psychophysik (1860) 2, 469. – [31] Über die subjectiven Complementarfarben. Ann. Phys. Chem. 120/14 (1838) 221-245. 513-535. – [32] H. HELMHOLTZ: Über N.er, Ber. 34. Vers. dtsch. Naturf. in Karlsruhe (1858) 225-226. – [33] E. D. ADRIAN und R. MATTHEWS: The action of light on the eye. Int. J. Physiol. 63 (1927) 387-414. – [34] Die beste Übersicht findet sich bei F. W. FRÖHLICH: Die Empfindungszeit (1929) 188-217. – [35] H. HELMHOLTZ: Hb. der Physiol. Optik (^{2}1896) bes. 376-382. – [36] E. HERING: Zur Lehre vom Lichtsinne (1878) bes. 99-106. – [37] J. von KRIES: Die Gesichtsempfindungen, in: Hb. der Physiol. des Menschen, hg. W. NAGEL 3 (1905) 109-282. – [38] R. DE VALOIS: Behavioral and electrophysiol. studies of primate vision, in: W. D. NEFF (Hg.): Contrib. to sensory physiology 1 (New York 1965) 137-178. – [39] R. JUNG: Visual perception and neurophysiology, in: Handbook of sensory physiology, hg. R. JUNG VII/3A (Berlin/Heidelberg/New York 1973) 1-152. – [40] Einen guten Überblick gibt: R. SEKULER: Spatial vision. Ann. Rev. Psychol. 25 (1974) 195-232. – [41] Vgl. etwa J. MILL: Analysis of the phenomena of the human mind (London ^{2}1869) 52. – [42] ARISTOTELES, De insomniis 460 a-461 b. – [43] De anima 408 b. – [44] a.O. 424 a. – [45] De memoria 450 a. – [46] AUGUSTINUS, De trinitate, lib. 11, c. 2. – [47] D. HARTLEY: Observations on man, his frame, his duties and his expectations 1 (London 1749). – [48] J. N. TETENS: Philos. Versuche über die menschl. Natur und ihre Entwickelung (1777, ND 1913). – [49] a.O. 32. – [50] 34. – [51] 32. 38. – [52] Vgl. dazu: U. NEISSER: Cognitive psychology (New York 1967). – [53] G. SPERLING: The information available in brief visual presentations. Psychol. Monogr. (1960) 74. – [54] NEISSER, a.O. [52] 15-45. – [55] R. C. ATKINSON und R. M. SHIFFRIN: Human memory. A proposed system and its control processes, in: K. W. SPENCE und J. T. SPENCE (Hg.): The psychology of learning and motivation 2 (New York 1968) 89-195. – [56] Einen Überblick über die Arbeiten zur sensorischen Speicherung bieten: E. SCHEERER: Simultane und sukzessive Verarbeitung bei der Identifikation visueller Reizmuster (Diss. Bochum 1970) 67-119; A. O. DICK: Iconic memory and its relation to perceptual processing and other memory mechanisms. Perc. Psychophysics 16 (1974) 575-596. – [57] G. SPERLING: Successive approximations to a model of short-term memory. Acta Psychol. 27 (1967) 285-292. – [58] M. I. POSNER: Abstraction and the process of recognition, in: SPENCE und SPENCE (Hg.), a.O. [55] 3 (New York 1970) 43-100. – [59] Vgl. ATKINSON und SHIFFRIN, a.O. [55]. – [60] FECHNER, a.O. [30] 491-498. – [61] 496. – [62] 493. – [63] Vgl. zum Konzept eines ‹visuellen Arbeitsgedächtnisses›: A. D. BADDELEY et al.: Imagery and visual working memory, in: P. M. A. RABBIT und S. DORNIC (Hg.): Attention and performance 5 (London/New York/San Francisco 1975) 205-217. – [64] E. R. JAENSCH: Über die subjektiven Anschauungsbilder. Ber. VII. Kongr. exp. Psychol. 1921 (1922) 3-48. – [65] V. URBANTSCHITSCH: Über subjektive optische Anschauungsbilder (1907). – [66] E. R. JAENSCH: Über den Aufbau der Wahrnehmungswelt (^{2}1927) 2. – [67] Über den Aufbau des Bewußtseins 1 (1930) 5. – [68] Zur «Integrations-Typologie»: E. R. JAENSCH: Grundformen menschl. Seins (1929). – [69] Der Gegentypus (1938) bes. 68-74. 220-238. – [70] C. GRAY und K. GUMMERMAN: The enigmatic eidetic image: A critical examination of methods, data, and theories. Psychol. Bull. 82 (1975) 383-407. – [71] C. F. STROMEYER und J. PSOTKA: The detailed texture of eidetic images. Nature 225 (1970) 346-349. – [72] C. GRAY und K. GUMMERMAN, a.O. [70]; ähnlich schon, wenn auch auf bewußtseinspsychol. Grundlage: W. TRAXEL: Krit. Unters. zur Eidetik. Arch. Psychol. 114 (1962) 260-336.

Literaturhinweise. R. H. GOLDSCHMIDT: Rückblick auf N.-Theorien bis zur Herausbildung der Fechner-Helmholtzschen Auffassung. Arch. ges. Psychol. 42 (1922) 262-282. – E. G. BORING: Sensation and perception in the history of experimental psychology (New York 1942) 157-160.

E. SCHEERER

Nacherleben wird umgangssprachlich fast synonym mit ‹nachfühlen›, ‹nachempfinden› gebraucht [1]. Der umgangssprachliche wie literarische Gebrauch von N. ist eng an denjenigen von ‹Erleben› und ‹Erlebnis› gebunden [2].

Eine selbständige begriffliche Funktion entwickelt ‹N.› in der Ästhetik-Diskussion der zweiten Hälfte des 19. Jh.

Der Begriff ‹N.› erhält hier seinen Ort in den Versuchen, nach dem Zerfall des Selbstverständnisses der idealistischen Ästhetik neue Ansätze zu gewinnen. Zentrales Thema sind nicht mehr die Erscheinungen als Entäußerung des Absoluten, sondern die psychischen Äußerungen als Objektivationen des Bewußtseins. Damit rücken die Verhaltensweisen des endlichen Subjekts in den Mittelpunkt des Interesses und werden psychologisch auf ihre Gesetzmäßigkeiten erforscht.

Vor allem die Arbeiten von H. VON HELMHOLTZ [3] und G. TH. FECHNER [4], die eine experimentelle und mathematische Analyse von Empfindungen und Bewegungsakten sowie eine Analyse der Sensibilität und Reaktivität des Organismus verfolgen, stellen erste Versuche dar, eine naturwissenschaftliche Psychologie zu entwickeln. Die in diesem Rahmen erzielten Ergebnisse werden zur Grundlage für das erste experimentelle psychologische Programm, das W. WUNDT geschaffen hat [5]. Wundt definiert die Psychologie als Wissenschaft von der unmittelbaren Erfahrung. Die Besonderheit der psychischen Erscheinung wird darin gesehen, daß sie unmittelbar nur dem zugänglich ist, der in der Lage ist, die Vorgänge im eigenen Bewußtsein zu beobachten. Damit wird die Introspektion zum Hauptmittel der historischen Bewußtseinspsychologie.

Sich bewußt in diesen Kontext stellend, betonen die Vertreter einer antimetaphysischen Ästhetik als Prinzipien der ästhetischen Anschauung des endlichen Subjekts «Einfühlung», «Ausdruck», «Übereinstimmungsgefühl» und «Nacherleben» [6]. Dabei wird versucht, Kunst und Kunstwerk in den Prinzipien einer spezifisch psychologischen Verhaltensweise zu begründen und aus ihr her zu begreifen. Auf der Grundlage einer Konzeption von Kunst als psychischer Produktion werden zahlreiche, zum Teil divergierende Ansätze einer psychologischen Ästhetik entwickelt [7]. N. wird hier konzipiert als ein «anläßlich des Objekts möglicher Nachvollzug», als eine «Reproduktion der originalen künstlerischen Produktion» [8], als eine «sympathische Einfühlung» [9], als «ästhetisches Miterleben» [10].

Obwohl diese Ansätze einer psychologischen Ästhetik sich bewußt gegen eine spekulative idealistische Ästhetik richten und sich naturwissenschaftlich verstehen, werden Momente der romantischen Einfühlungskonzeption und des frühen 19. Jh. aufgenommen. Ein relevanter Hinweis findet sich schon in J. J. WINCKELMANNS Entwurf einer Kunstgeschichte, deren Prämisse in der Thematisierung der unüberbrückbaren zeitlichen Distanz besteht, die die Gegenwart von der Vergangenheit trennt: «Nur der besitzt den Zauberstab, um die Vergangenheit zu neuem Leben zu erwecken, der sie von innen her zu verstehen, das Geheimnis der organischen Entstehung aufzulösen vermag. Um das zu erreichen, muß man selbst wiedergeboren werden durch ein völliges Aufgehen in den Idealen einer fernen Zeit» [11]. Zurückgegriffen wird auch auf FR. SCHLEIERMACHERS Kunstlehre des Verstehens mit ihrem Konzept der Einfühlung, deren Ansatz einer psychologischen Interpretation mit dem Kanon psychologischer Auslegungsregeln für die Theoriebildung des 19. Jh. von großer Bedeutung geworden ist [12]. Als wesentliches Moment der psychologischen Interpretation sieht Schleiermacher ein «divinatorisches Verhalten» an, das er als Auffassung des «inneren Hergangs» der Abfassung eines Werks konzipiert [13]. Verstehen wird damit zu einer auf die ursprüngliche Produktion bezogenen Reproduktion: Die Individualität des Verfassers ist unmittelbar aufzufassen, «indem man sich selbst gleichsam in den anderen verwandelt» [14]. Konstitutiv für das unmittelbare, sympathetische und kongeniale N. ist das Gefühl; die theoretische Grundlage dieser Konzeption ist in der Genie-Ästhetik zu suchen.

Einen umfassenden systematischen Ort, der weit über einen nur ästhetischen Kontext hinausgeht, erhält das N. in W. DILTHEYS Versuch, eine Logik der Geisteswissenschaften zu entwickeln, die in dem Verhältnis von Erleben, Ausdruck und Verstehen zentriert ist. Hiernach sind in Absetzung vom naturwissenschaftlichen Begriff der «Erklärung» in den Geisteswissenschaften Begriffe und theoretische Ansätze mimetische Nachkonstruktionen, die auf eine Rückübertragung der geistigen Objektivationen in ein nachvollziehendes Erleben zielen. Dilthey spricht von einem «Zurückübersetzen in die geistige Lebendigkeit, aus der sie hervorgegangen ist ... Zurückübersetzen in die volle ganze Lebendigkeit durch eine Art von Transposition» [15]. In einem ersten Stadium versucht Dilthey, diese Fragen der Wissenschaftslogik im Kontext einer beschreibenden und zergliedernden Psychologie zu klären; dabei greift er auf das romantische Einfühlungsmodell zurück. Ausdrucksverstehen und Erleben verhalten sich reziprok: «aus der Fülle des eignen Erlebnisses wird durch eine Transposition Erlebnis außer uns nachgebildet und verstanden» [16]. In dieser individualistischen «monadologischen» Auffassung ist Nacherleben ein substituiertes Erleben; im N. wird vergangenes oder fremdes Erlebnis im eigenen wieder lebendig. In einer Revision der Einfühlungstheorie, die Dilthey vor allem in den methodologischen Abhandlungen zur Grundlegung der Geisteswissenschaften vornimmt [17], ist Verstehen dann nicht mehr ein N., sondern Nachkonstruktion einer geistigen Objektivation; Verstehen richtet sich nicht mehr auf psychologische, sondern auf symbolische Zusammenhänge: «Das Verstehen dieses [objektiven] Geistes ist nicht mehr psychologische Erkenntnis. Es ist der Rückgang auf ein geistiges Gebilde von einer ihm eigenen Struktur und Gesetzmäßigkeit» [18]. Auf dieser Grundlage entwickelt Dilthey den methodologischen Zusammenhang von Erkenntnis, geistiger Objektivation und Verstehen als Fundierung der Geisteswissenschaften. Ob Dilthey bei diesem Versuch das psychologische Modell des N. ganz fallengelassen hat, ist strittig [19]; auch in den späteren Arbeiten wird Verstehen noch charakterisiert als «Übertragung des eigenen Selbst in einen gegebenen Inbegriff von Lebensäußerungen. Auf der Grundlage dieses Hineinversetzens ... entsteht nun aber die höchste Art, in welcher die Totalität des Seelenlebens im Verstehen wirksam ist – das Nachbilden oder N.» [20].

In der Nachfolge Diltheys erhält ‹N.› in der bewußten Unterscheidung und Absetzung von einer postulierten Objektivität des Verstehens eine pejorative Bedeutung. So ist nach H. RICKERT immer zu fragen, «ob mit dem Verstehen das N. individuellen psychischen Sinns, oder ob damit das Auffassen überindividuellen, unwirklichen Sinns gemeint ist, der dem psychischen Sinn das historische Interesse verleiht, und wie diese beiden Arten des Verstehens zusammenhängen» [21]. Auch für E. SPRANGER ist «Verstehen nicht gleichbedeutend mit einem getreu abbildenden N. des subjektiven Seins, Erlebens und Verhaltens einer Einzelseele» [22]; eine ähnliche Unterscheidung nimmt auch G. SIMMEL vor [23].

Das bei Dilthey thematisierte Problem der Spannung zwischen der «Objektivität» von Verstehen und der «Subjektivität» von N. bestimmt auch die Ansätze einer Literatur- und Kunstwissenschaft, die sich bewußt als Geisteswissenschaften verstehen. In der Literaturwissenschaft erscheint diese Spannung als ein Problem der Interpretation. So gibt E. STAIGER das Gefühl als ihre konstitutive Basis aus: «Das allersubjektivste Gefühl gilt als Basis wissenschaftlicher Arbeit! ... Sind wir aber bereit, an so etwas wie Literaturwissenschaft zu glauben, dann müssen wir uns entschließen, sie auf einem Grund zu errichten, der dem Wesen des Dichterischen gemäß ist, auf unserer Liebe und Verehrung, auf unserem unmittelbaren Gefühl» [24]. In der Kunstgeschichte ist für H. SEDLMAYR Interpretation ein «Nachschaffen», «Wiedererschaffen», jedoch nicht im Sinne eines «N. des Schafensprozesses, in dem das Kunstwerk entstanden ist» [25]. Ein «echtes Nachschaffen» wurzelt nach Sedlmayr in einer in der Person beruhenden Wahlverwandtschaft mit bestimmten Kunstwerken, anstelle eines «nur einfühlenden N., das ... in oberflächlichen Schichten des Erlebens wurzelt» [26].

In einer sich bewußt von einer geisteswissenschaftlichen Grundlegung abkehrenden Literatur- und Kunstwissenschaft der Gegenwart [27] scheinen diese Ansätze und damit auch der Begriff ‹N.› problematisch geworden zu sein.

Anmerkungen. [1] Vgl. J. und W. GRIMM, Dtsch. Wb. 7 (1889) 44. – [2] Vgl. Art. ‹Erleben›, ‹Erlebnis›. HWP 2 (1972) 702ff. – [3] H. VON HELMHOLTZ: Hb. der physiol. Optik (1896). – [4] G. TH. FECHNER: Elem. der Psychophysik (1907). – [5] W. WUNDT: Grundzüge der physiol. Psychol. (1874). – [6] Art. ‹Einfühlungsästhetik›, a.O. [2] 397ff.; ferner 704. – [7] Hierzu u.a. R. VISCHER: Das optische Formgefühl (1873); S. WITASEK: Grundzüge der allg. Ästhetik (1904); K. GROOS: Ästhetik, in: Die Philos. im Beginn des 20. Jh. (²1907) 487-528; J. VOLKELT: System der Ästhetik 1-3 (1905-1914); TH. LIPPS: Grundlegung der Ästhetik (1914); vgl. ferner den zusammenfassenden Überblick bei P. MOOS: Die dtsch. Ästhetik der Gegenwart 1, Die psychol. Ästhetik (1919). – [8] E. MAJOR: Die Quellen des künstl. Schaffens (1913) 3ff., vgl. 117; vgl. auch V. KUHR: Ästhet. Erleben und künstl. Schaffen (1929) 26. – [9] TH. LIPPS: Ästhet. Einfühlung. Z. Psychol. Phys. 11 (1900) 415-450. – [10] K. GROSS: Der aesthet. Genuß (1902) 185ff. – [11] J.J. WINCKELMANN: Gesch. der Kunst des Altertums (1764) Vorrede. Werke, hg. J. EISELEIN 3 (1825, ND 1963) 27. – [12] Hierzu ausführlich H.-G. GADAMER: Wahrheit und Methode (²1965) 172ff., ferner 56ff. – [13] FR. SCHLEIERMACHER, Werke I/7, 83. – [14] a.O. 146f. – [15] W. DILTHEY: Gleichartigkeit der Menschennatur und Individuation (1896). Ges. Schr. 5, 265. – [16] a.O. 263. – [17] Vgl. hier besonders: Der Aufbau der geschichtl. Welt in den Geisteswiss., a.O. 7, 77-188. – [18] a.O. 85. – [19] Vgl. hierzu J. HABERMAS: Erkenntnis und Interesse (1968) 143-177. – [20] DILTHEY, Hineinversetzen, Nachbilden, N. Ges. Schr. 7, 213f.; vgl. 5, 317f. – [21] H. RICKERT: Die Grenzen der naturwiss. Begriffsbildung. Eine logische Einl. in die hist. Wiss. (1896). – [22] E. SPRANGER: Psychologie des Jugendalters (⁴1924) 6; vgl. Lebensformen. Geisteswiss. Psychol. und Ethik der Persönlichkeit (⁴1924) 365. – [23] G. SIMMEL: Probleme der Gesch.philos. (³1907) 28ff. – [24] E. STAIGER: Die Kunst der Interpretation (1955) 12f. – [25] H. SEDLMAYR: Kunst und Wahrheit (1958) 88. – [26] a.O. 109. – [27] Vgl. exemplarisch O. F. BEST: Hb. lit. Fachbegriffe (1972). B. FICHTNER

Nachfolge (imitatio) Christi. Die Bedeutungsgeschichte des Begriffes ist entscheidend verknüpft mit der profangriechischen und der alttestamentlichen Anschauung von der Nachahmung (Na.) bzw. Nachfolge (Nf.) Gottes. – Späte *griechische* Philosophen (PLUTARCH) verwenden den von PLATON noch negativ verwendeten Begriff der Mimesis [1] zur Bezeichnung der ethisch interpretierten Na. Gottes [2]. – Im *Alten Testament* wird die Nf. Gottes nicht zu einem theologischen Zentralbegriff, da er zum terminus technicus für das «Wandeln hinter den anderen Göttern» [3] geworden ist; erst im hellenistischen Judentum erscheint der Appell der imitatio Dei (ἀκολουθεῖν, ἕπεσθαι, μιμεῖσθαι) unter Bezugnahme auf Gen. 1, 26f. (εἰκών, imago) als Na. der Milde, des Mitleids und der Gerechtigkeit Gottes; das Ähnlichsein mit Gott wird zu einem eschatologischen Heilsgut [4].

Im *neutestamentlichen* Sprachbefund gilt es zu unterscheiden zwischen den sich bis auf wenige Ausnahmen [5] auf Jesus beziehenden Nf.-Worten (ἀκολουθέω), die von den äußeren räumlichen Nachfolgen [6] bis zu der um der messianischen Ausschließlichkeit Jesu vollzogenen Aufgabe irdischer Lebensverhältnisse und des Lebens selbst [7] reichen, und den im paulinischen Schriftgut überlieferten Na.-Worten (μιμέομαι) [8], in denen der demonstrative Verweis auf Jesus übergeht in die der Soteriologie entsprechende Begründung durch Jesus Christus [9]. Na. Chr. bleibt rückbezogen auf das Offenbarungshandeln Gottes und ist somit Antwort auf das «vorangehende göttliche Handeln durch Christus» [10]. Der durch Christus erlöste Mensch wird zur Nf. und Na. befreit, sowohl zu der Christi als auch zu der Gottes [11].

Während sich in der frühzeitlichen *Apologetik* der Gedanke der Na. Gottes vorzüglich zum Anknüpfungspunkt für den Dialog mit der heidnischen Philosophie eignet [12], gewinnt der Begriff Relevanz in den christlichen Martyriumserfahrungen, in denen die Na. Chr. als Leidens-Na. verstanden wird [13]. – Im *Mittelalter* erscheint die Nf. Chr. – interpretiert als Demut, Armut, Leiden u. a. – als der Weg zur Wiederherstellung der durch den Sündenfall depravierten Gottesebenbildlichkeit des Menschen [14] und nimmt als asketische Methode Eingang in das Mönchswesen [15]; der inner- und außerkirchlichen Opposition dient der Appell der Nf. Chr. (imitare, sequi) als Aufforderung zur Abkehr von der Verweltlichung der Kirche [16], wobei die Frage kontrovers wird, ob das nachzuahmende Leben Jesu historisch oder allegorisch zu vergegenwärtigen sei [17]. Ihre literarisch eindrucksvollste Ausprägung findet das Ideal der Nf. Chr. in den THOMAS VON KEMPEN zugeschriebenen Büchern ‹De imitatione Christi›, in denen besonders das als Demut (humilitas) verstandene Kreuz als Angleichung (conformitas) und als Weg zu Gott gesehen wird: «Tolle ergo crucem tuam et sequere Iesum: et ibis in vitam aeternam» (Nimm also dein Kreuz auf dich und folge Jesus nach: und du wirst in das ewige Leben eingehen) [18].

LUTHER interpretiert die Nf. Chr. im Sinne seiner Lehre von der Rechtfertigung sola fide als die unter dem Kreuz stehende Aufgabe jeglicher Selbstrechtfertigung und als Kritik der auch im Zeichen der Nf. möglichen mittelalterlichen Werkethik. («Darum ist es notwendig, daß derjenige, der Christus als Vorbild nachahmen möchte, zunächst fest daran glaubt, daß Christus für ihn zu seinem Heil gelitten hat und gestorben ist. Heftig irren also diejenigen, die, Christus direkt als Vorbild nehmend, sich anschicken, die Sünden vor allem durch Werke und Arbeiten abzubüßen, um das Sakrament empfangen zu dürfen» [19].) Innerhalb der Gegenreformation nimmt der Begriff der ‹Nf. Christi› – in Anknüpfung an die Schrift von Thomas von Kempen und die Vita von Ludolf von Sachsen [20] – eine zentrale Stellung bei IGNATIUS VON LOYOLA ein und gewinnt innerhalb der missionarischen Praxis die Bedeutung eines entschiedenen Kampfes für das Christentum. «... ego volo et desidero et mea ... est determinatio deliberata ... imitari Te in ferendis omnibus injuriis ...» (Ich will und ich wünsche und es ist ... meine wohlerwogene Bestimmung Dich nachzuahmen, indem ich alle Ungerechtigkeiten ertrage) [21].

Innerhalb der *neuzeitlichen Philosophie* wird die Na.

Chr. als eine Begründung der Ethik in dem Augenblick problematisch, da die apriorische und autonome Verfassung der praktischen Vernunft in der Philosophie KANTS behauptet wird. «Nachahmung findet im Sittlichen gar nicht statt, und Beispiele dienen nur zur Aufmunterung, d. i. sie setzen Thunlichkeit dessen, was das Gesetz gebietet, außer Zweifel, sie machen das, was die praktische Regel allgemeiner ausdrückt, anschaulich, können aber niemals berechtigen, ihr wahres Original, das in der Vernunft liegt, bei Seite zu setzen und sich nach Beispielen zu richten» [22].

In der neueren *Theologie* versucht D. BONHOEFFER gegenüber der nachlutherischen Verkürzung der christlichen Existenz zu einer tatenlosen Heilssicherheit die Einheit von Gnade und Nf. als Krisis menschlicher Selbstrechtfertigung und -behauptung zu begreifen. «Nur wer in der Nf. Jesu im Verzicht auf alles, was er hatte, steht, darf sagen, daß er allein aus Gnaden gerecht werde. Er erkennt den Ruf in die Nf. selbst als Gnade und die Gnade als diesen Ruf. Wer sich aber mit dieser Gnade von der Nf. dispensieren will, betrügt sich selbst» [23].

Anmerkungen. [1] H. KOSMALA: Nf. und Na. Gottes. Annual Swed. theol. Inst. 2 (Leiden 1963) 44ff. – [2] a.O. 55ff.; P. A. HEITMANN: Imitatio Dei. Die ethische Na. Gottes nach der Väterlehre der zwei ersten Jh. (Rom 1948) 20ff.; vgl. H. MERKI: ΟΜΟΙΩΣΙΣ ΘΕΩ: Von der plat. Angleich. an Gott zur Gottähnlichkeit bei Gregor von Nyssa (1952) 7ff. – [3] Art. ἀκολουθέω, in: Theol. Wb. zum NT, hg. G. KITTEL 1, 211. – [4] A. SCHULZ: Nf. und Na. (1962) 224. – [5] Mk. 14, 13; Mt. 9, 19. – [6] Mk. 3, 7; Mt. 8, 1. – [7] Mt. 8, 22; Lk. 9, 57ff.; Mk. 10, 21. – [8] 1. Kor. 11, 1; 1. Thess. 1, 6. – [9] SCHULZ, a.O. [4] 275f. 305f. – [10] a.O. 305. – [11] HEITMANN, a.O. [2] 13ff. – [12] MERKI, a.O. [2] 44ff. 61. – [13] Vgl. SCHULZ, a.O. [4] Anm. 2. – [14] IRENEE HAUSHERR: L'imitation du Christ chez les Byzantines, in: Mélanges offerts au F. Cavallera (Toulouse 1949/50) 240. – [15] Catholicisme hier, aujourd'hui, demain, hg. G. JACQUEMET 5 (Paris 1963) 1266. 1267f. 1271; vgl. E. KLEINEIDAM: Die Nf. Chr. nach Bernhard von Clairvaux, in: Amt und Sendung, hg. E. KLEINEIDAM/O. KUSS/E. PUZIK (1950) 456ff. – [16] J. VON WALTER: Franz von Assisi und die Na. Chr. Bibl. Zeit- und Streitfragen (1910) 153ff. – [17] Vgl. E. BENZ: Ecclesia Spiritualis. Kirchenidee und Gesch.theol. der Franziskan. Reformation (1934) 115f. 427ff. – [18] THOMAS HEMERKEN A KEMPIS, De Imitatione Christi, hg. M. J. POHL (1904) 2, 82. – [19] M. LUTHER, Weimarer A. 57/III, 114, 15-19. – [20] Vgl. E. H. LEUBE und H. BOEHMER: Ignatius von Loyola (1941) 39f. 273f.; vgl. LILLY ZARNCKE: Die Exercitia Spiritualia des Ignatius von Loyola (1931) 81ff. – [21] Exercitia Spiritualia S. P. IGNATII DE LOYOLA (1855) 173f. – [22] I. KANT, Akad.-A. 4, 409; vgl. N. HARTMANN: Ethik (1926) 116; W. KAMLAH: Philos. Anthropol. (1973) 107. – [23] D. BONHOEFFER: Nf. (1971) 22.

M. ARNDT

Nächstenliebe. ‹Nächster› ist die Übersetzung von πλησίον, einem adverbialen Akkusativ des Adjektivs πλησίος, ‹nahe›, ‹benachbart›; substantivisch gebraucht, bedeutet πλησίον ‹Nahestehender›, ‹Nachbar›, ‹Landsmann›, ‹Mitmensch›.

In Israel war es die große Gemeinschaft, die Sippe, der Stamm, das Volk, welche die Sichtweite des einzelnen, der dazugehörte, bestimmten, und von da aus sind auch die alttestamentlichen Wörter (hebr. meist re'a), die in der Septuaginta mit πλησίον übersetzt werden, zu verstehen. Die Gesetze, die das Verhältnis zum Nächsten betreffen und deren elementarste auf der zweiten Tafel des Dekalogs zusammengefaßt sind, setzen das Volk voraus und sind diesem gegeben. Ebenso ist der Nächste im *Gebot der N.* (Lev. 19, 18) der Landsmann, wovon gerade auch Lev. 19, 34 ausgeht, wenn an dieser Stelle das Gebot auch auf den Fremdling ausgedehnt wird, der in Israel Wohnsitz nehmen will. Doch erfahren die Rechtssätze – zwischen Moral und Recht wird im AT nicht unterschieden – oft eine so weite und allgemeine Formulierung, daß sie nicht auf den Landsmann beschränkt zu werden brauchen; in der Deutung des vorchristlichen Judentums wurden manchmal Ausländer ausdrücklich ausgeschlossen, manchmal wiederum wurden alle Menschen einbezogen.

Der Bedeutungswandel des Begriffs des Nächsten, der in Jesu Verkündigung geschieht und sich in Matth. 5, 43-48 [1] antithetisch gegen das AT richtet, ist nicht als Erweiterung des Bereichs vom Stammesgenossen zum Mitmenschen im allgemeinen, sondern als schärfere Fassung des Inhalts zu verstehen: Der Nächste ist jemand, der Hilfe braucht und von dem man keine Gegenleistung erwarten kann wie von Freunden, Verwandten und Gleichgestellten. Die Liebe, die im Reich Gottes herrscht und die dem Glauben an sein Kommen entspringt, ist spontan und gilt daher auch dem Fremdling und dem Feind (Luk. 10, 25–37).

In Abhebung vom Ethos der Antike, bei dem die Gerechtigkeit im Vordergrund steht, rückt das Christentum die N. ins Zentrum des ethischen Denkens und Handelns. Die Taten, in denen sich die N. ausdrückt, sind verschiedenartig, da sie sich jeweils aus dem Zusammenspiel von Stunde, Lage und Person ergeben und nicht an Ideen gebunden sind.

Kirchliche Verkündigung und Theologie verbinden den antiken Begriff ἔρως (Liebe) oft mit dem neutestamentlichen ἀγάπη (Liebe zu Gott). Griechische Kirchenväter lehren, daß die Liebe zu Gott die N. eo ipso einschließt [2]. Die N. verlangt deshalb, Glück und Unglück des Nächsten wie eigenes Geschick zu tragen [3]. Nach AUGUSTINUS heißt Lieben: sein Begehren dem Ziel zuwenden, von dessen Erreichen man sich Glück verspricht. Das Liebesbegehren ist die elementarste Lebensäußerung des Menschen, und ob es gut oder schlecht ist, hängt davon ab, was man als sein bonum betrachtet, Gott oder die Welt. Da aber die Welt nur scheinbar das Begehren des Menschen stillt und nur Gott allein dies wirklich kann, so ist die wahre Selbstliebe Liebe zu Gott [4]. Daher wird bei Augustin die N. teils zu einer Form des amor dei und teils zu einer Form des amor sui reduziert. Zur N. gelangt der einzelne, indem er die Selbstliebe so erweitert, daß sie zunächst die Nahestehenden, danach die Fremden und zuletzt die Feinde umfaßt. Aufgrund der wahren Selbstliebe, die darin besteht, Gott als sein höchstes Gut zu lieben, weiß der einzelne auch, daß wirkliche N. bedeutet, den Nächsten zur gleichen Liebe zu Gott zu führen [5].

Auch in der Philosophie und Theologie des *Mittelalters* wird die N. deutlich an die Liebe zu Gott gebunden: Wir lieben den Nächsten nicht um seiner selbst, sondern um Gottes willen [6]. Der Grund, den Nächsten zu lieben, ist Gott; denn das müssen wir im Nächsten lieben, daß er in Gott ist [7]. Gott und nicht der Nächste ist der höchste Gegenstand der Liebe, und dieser wird insofern geliebt, als er Ebenbild Gottes ist [8]. Man muß also Gott zuerst lieben, damit in ihm auch der Nächste geliebt werden kann [9]. N. bedeutet Liebe zur geschaffenen Güte Gottes (propter bonitatem creatam); sie ist deshalb von der Liebe zu Gott als bonitas increata wesenhaft verschieden [10].

Dagegen gilt für LUTHER, daß die Gottesliebe nicht ohne die N. denkbar ist, daß «das gepot von der liebe Gottis gantz und gar herunter ynn die liebe des nehisten gezogen ist» [11]. Der einzelne steht der Forderung nach

N. in seinem jeweiligen Beruf und Stand gegenüber. Die weltlichen Einrichtungen (Ehe, Obrigkeit, wirtschaftliche Ordnungen usw.) werden daran gemessen, inwieweit sie dem Gebot der N. entgegenkommen, und sollen danach reformiert werden [12]. Weil das Wohlgefallen Gottes dem Menschen zuvorkommt und dieser darum nicht mit verdienstvollen Taten Gottes Liebe herniederholen muß, kann er seine Taten frei dem Nächsten zugute kommen lassen, ohne andere Absichten, als ihm zu helfen. «Darnach sollen wir unns fleyssen gegen den nechsten und alle unsere werck dahyn ordnen, das sie dem nechsten dienen. Vor got sollen wir mit nicht handeln, dann allain mit dem blossen glauben ... Den glauben muß ich hynein und hynauff zu Got bringen, die werck herauß und hernider in den nechsten» [13]. Die Radikalität der N. besteht darin, daß ein Gebot, das N. als Forderung enthält, überflüssig sein muß. Darum haben «die gutte werck ..., die du deinem nehisten thun solt ... keynen namen, das sich nitt eyn unterscheyd erhebe und stucklich sich teylen, das du etliche thuest unnd ettliche nicht thuest, ßondern du gantz und gar sollt dich yhm ergeben, ... gleych wie Christus hatt nitt alleyn fur dich gepetet und gefastet» [14]. Die N. denkt nicht an das zu genießende Gute, sondern wendet sich frei und spontan dem Nächsten zu [15].

Für KANT gründet das Gebot der N. – «in uneigentlicher Weise genommen ..., weil es zum Lieben direkt keine Pflicht geben kann» – im kategorischen Imperativ: «Die Pflicht der N. ... ist in der Maxime enthalten, keinen anderen Menschen bloß als Mittel zu meinen Zwecken abzuwürdigen» [16].

Bei KIERKEGAARD wird die N. als christliche Liebe in einen Gegensatz zur natürlichen Liebe in Freundschaft und Zuneigung, die Vorliebe ist, gestellt. Vorliebe macht Unterschiede, vor Gott aber sind alle Menschen gleich. Da der Mensch nach der christlichen Lehre Gott gleicht, ist sein Nächster jeder Mensch, auch der Feind, und «Liebe zum Nächsten ist deshalb die ewige Gleichheit im Lieben» [17]. Nur eine Tat gilt als N.: «einem anderen Menschen zur Gottesliebe helfen» [18]. Da dies aber im irdischen Sinne unglücklich macht, verkennt der Nächste diese Liebe als Haß. N. bringt daher das tiefste Leiden: in seiner Liebe von dem mißverstanden zu werden, dem diese Liebe gilt. Die Werke im Beruf werden entwertet, denn was immer zum Besten des Nächsten getan wird, selbst in der Aufopferung, so kommt es doch stets dem Täter selber zugute, sei es auch nur in der Weise, daß die Tat vom Nächsten oder von einem Dritten verstanden wird. Die N. ist als Leiden des Verkanntwerdens die höchste Anstrengung [19].

NIETZSCHE stellt die N. als solche in Frage: sie ist entweder nur eine geheuchelte Tugend, hinter der sich andere (eigennützige) Interessen verbergen [20] (so, wie man seit dem 17. Jh. schon des öfteren hinter der N. die Selbstliebe und Begehrlichkeit der Menschen vermutet hatte [21] oder die innere Widersprüchlichkeit der N. aufdecken wollte [22]), oder sie gilt ihm als «Schwäche, als Einzelfall der Widerstands-Unfähigkeit gegen Reize» [23].

Auf der anderen Seite ist in der Philosophie des Dialogs und in der Theologie immer wieder auf die Zusammengehörigkeit von Gottes- und N. hingewiesen worden [24]. N. ist, so findet sich bei H. COHEN schon im AT angelegt, auch Liebe zum Fremdling und weitet sich deshalb zum «Gebot der Menschenliebe» aus [25]. Eben diese Menschenliebe sah M. SCHELER nur als Substitut für die alte Gottes-, Selbst- und N. [26]. Und E. BRUNNER wollte sie streng von der N. als «unbedingter Anerkennung des Du, ohne Rücksicht auf sein Sosein» unterschieden wissen [27]. Übereinstimmung scheint darin zu bestehen, daß die N. nicht eine Pflicht im üblichen Sinne sei, die sich in bestimmten Handlungen oder Leistungen erfüllen ließe, sondern eine «Gesinnung», «eine Totalforderung an unser Herz» [28], eine «Totalitäts- und Wesenskundgabe des Menschen», die «liebende Kommunikation mit dem menschlichen Du als solchem» und somit «Grund und Inbegriff des Sittlichen überhaupt» [29], ein «ethisches Kommunizieren der sonst ewig getrennten Welten von Ich und Nicht-Ich», das im Unterschied zur Gerechtigkeit spontan, die fremde Person fühlend, «Solidarität schafft» [30].

Anmerkungen. [1] Vgl. Mk. 13, 31; Matth. 22, 39; Gal. 5, 14. – [2] MAXIMUS CONFESSOR, Cap. de car. I, 13. 23. MPG 90, 964f. – [3] JOHANNES CHRYSOSTOMUS, Hom. de perf. car. 2. MPG 56, 281f. – [4] AUGUSTINUS, De mor. eccl. cath. I, 26, 48-50. – [5] De doct. christ. I, 18f. 40. 72; III, 37; De trin. 8, 12f. – [6] HUGO VON ST. VIKTOR, De sacram. christ. fidei 6. MPL 176, 528f. – [7] THOMAS VON AQUIN, S. theol. II/II, 25, 1; vgl. II/II, 26, 2; vgl. DUNS SCOTUS, In III sent. dist. XXVIII. Opera omnia 7 (Lyon 1639, ND 1968) 659. – [8] BONAVENTURA, In III sent. dist. XXVII, 1, 2. Opera omnia 3 (Quaracchi 1887) 595. – [9] BERNARD VON CLAIRVAUX, Opera 3 (Rom 1963) 139. – [10] F. SUÁREZ, Opera omnia 12 (Paris 1856) 639. 648. – [11] M. LUTHER, Weimarer A. (= WA) 17/2, 99; WA Tischreden 5, 397. – [12] WA 15, 625; 34, 178. 181; 10/1/2, 41. – [13] WA 10/3, 223f. – [14] WA 10/1/2, 38; vgl. WA 7, 66. – [15] WA 10/1/2, 178; 17/2, 99; vgl. 32, 406; 33, 189. – [16] I. KANT, Met. der Sitten. Tugendlehre, Akad.-A. 6, 410. 450. – [17] S. KIERKEGAARD: Der Liebe Tun. Ges. Werke 19 (1966) 27. 51. 63f. 69. 72. 77. – [18] a.O. 119. – [19] 121ff. – [20] FR. NIETZSCHE, Werke, hg. K. SCHLECHTA (1954-56) 2, 47. 440. 657. 876. 944. – [21] P. NICOLE: Oeuvres philos. et morales (Paris 1845, ND 1970) 179ff. 397ff.; vgl. B. PASCAL, Pensées, hg. L. BRUNSCHVICG Nr. 402. – [22] P. TH. D'HOLBACH: Taschentheologie, in: Religionskrit. Schr. (1970) 269. – [23] NIETZSCHE, a.O. [20] 2, 1075; vgl. 1157f. – [24] F. EBNER: Das Wort und die geistigen Realitäten (1921) 116. 181. 183; F. ROSENZWEIG: Der Stern der Erlösung. Ges. Schr. 2 (1976) 239. 243. 267. 299; K. BARTH: Die kirchl. Dogmatik I/2 (⁴1948) 442ff. 449ff.; K. RAHNER: Schr. zur Theol. 6 (1965) 277ff. 293ff. – [25] H. COHEN: Die Rel. der Vernunft aus den Quellen des Judentums (1919) 144; Jüdische Schr. 1 (1924) bes. 150. 186. 188. – [26] M. SCHELER: Vom Umsturz der Werte. Ges. Schr. 3 (⁴1955) 96f. – [27] E. BRUNNER: Das Gebot und die Ordnungen (²1933) 290, vgl. 117f. – [28] E. TRILLHAAS: Ethik (²1965) 92; N. HARTMANN: Ethik (⁴1962) 450ff. – [29] RAHNER, a.O. [24] 6, 286ff.; 5, 508ff. – [30] HARTMANN, a.O. [28] 453-456. 459.

Literaturhinweise. A. NYGREN: Eros und Agape (1930-37). – A. BULTMANN: Das christl. Gebot der N., in: Glauben und Verstehen 1 (1933) 229-244. – G. COMBÈS: La charité d'après Saint Augustin (Paris 1934). – C. H. RATSCHOW: Agape, N. und Bruderliebe. Z. syst. Theol. 21 (1950/52) 160-182. – TH. W. ADORNO: Kierkegaards Lehre von der Liebe. Z. Religions- und Geistesgesch. 3 (1951) 23-38, auch in: ADORNO, Ges. Schr. 2 (1979) 217-236. – G. WINGREN: Luthers Lehre vom Beruf (1952). – V. LINDSTRÖM: A contrib. to the interpret. of Kierkegaard's book ‹The works of love›. Studia theol. 6 (1952/53) 1-29. – J. FICHTNER und H. GREEVEN: Art. πλησίον, in: G. KITTEL (Hg.): Theol. Wb. zum NT 6 (1954) 309-316. – O. LINTON: St. Matthew 5, 43. Studia theol. 18 (1964) 66-79. – H. FRIEMOND: Existenz in Liebe nach S. Kierkegaard (1965). – K. E. LØGSTRUP: Auseinandersetzung mit Kierkegaard. Kontroverse 2 (1968) 92-102. – G. OUTKA: Agape. An ethical analysis (New Haven/London 1972). – B. WELTE: Dialektik der Liebe (1973). – J. BRECHTKEN: Augustinus Doctor caritatis (1975).
K. E. LØGSTRUP

Nagualismus. Der Begriff ‹N.›, der ein vor allem in Altamerika verbreitetes religiöses Phänomen bezeichnet, leitet sich über das spanische ‹nagual› vom aztekischen ‹naualli› ab, das «Verkleidung» und mystische Simultanexistenz bedeutet. N. ist eine Art Individualtotemismus, in dem einzelne, ursprünglich wohl nur besonders hochgestellte Menschen mit einem oft in der Ekstase erkannten und zumeist tierischen Beschützer eine so enge Schicksalsgemeinschaft eingehen, daß Verwundung oder Tod des Tieres den Menschen mit dem gleichen Schicksal trifft. Der Begriff ‹N.› hat später eine Ausdehnung auf Erscheinungen erfahren, die für diese altamerikanische Alter-Ego-Idee nicht nachweisbar sind. Bereits MOLINA [1] übersetzte das Wort ‹nāualli› mit ‹bruxa› [2], «Hexe». In seiner Nachfolge wurde der Terminus ‹N.› dann für Geheimbünde verwendet, die magische Praktiken pflegen, Narkotika anwenden und allgemein verbindliche Initiationen fordern.

Anmerkungen. [1] A. DE MOLINA: Vocabulario en lengua castellana y mexicana (Mexico 1571) fol. 63 b. – [2] Heutige Schreibung: ‹bruja›.

Literaturhinweise. D. G. BRINTON: Nagualism. A study in native Amer. folk-lore and hist. (Philadelphia 1894). – E. SELER: Altmexikan. Stud. II/1. Veröff. Kgl. Mus. Völkerkunde Berlin VI (1899) 29-57; Ges. Abh. zur Amer. Sprach- und Altertumskunde 2 (1904, ²1960) 75f. 460. – G. FOSTER: N. in Mexico and Guatemala. Acta Amer. (Mexico 1944) 85-103. – J. HAEKEL: Die Vorstellung vom Zweiten Ich in den amer. Hochkulturen. Wiener Beitr. zur Kulturgesch. und Linguistik 9 (1952) 124-188.

G. LANCZKOWSKI

Naherwartung. Der Begriff ‹N.› taucht als eine Kategorie theologischer Hermeneutik in der 'Konsequenten Eschatologie' des ausgehenden 19. Jh. zur Bezeichnung der eschatologischen Erwartungssituation des Urchristentums auf, deren Entdeckung zu einer fundamentalen Krise der als Kulturprotestantismus bezeichneten, unter dem Einfluß von Idealismus, Optimismus und diesseitigem Fortschrittsglauben stehenden Theologie führte [1]. Der Begriff ersetzt die traditionellen Umschreibungen, wie z. B. «Erwartung des nahen Weltendes» [2] oder «Gefühl des nahen Endes» [3].

N. meint zunächst das in neutestamentlichen Stellen ausgesprochene [4], obgleich in seiner Phänomenologie nicht auf das Christentum beschränkte [5] Geschichtsbewußtsein einer radikalen Krisis und eines baldigen Endes des gegenwärtigen Äons und eines baldigen Anfangs der βασιλεία τοῦ Θεοῦ (des Reichs Gottes), vollziehe sich die Wende nun als Ankunft oder als Wiederkunft des Menschensohnes [6].

Als massgeblicher Vertreter einer 'Konsequenten Eschatologie' stellte J. WEISS das eschatologische, futurische, völlig transzendente und von Jesus als unmittelbar bevorstehend geglaubte Reich Gottes in das Zentrum seiner Exegese, dessen tatsächliches Ausbleiben eine Resignation Jesu hervorgerufen habe [7]; da auch die nachösterliche N. nicht erfüllt wurde, beginnt bereits im Neuen Testament der Prozeß der Bewältigung der 'Parusieverzögerung', beispielsweise durch die Relativierung der menschlichen Zeitauffassung (2. Petr. 3, 8), durch die Ausarbeitung eines erst noch einzuhaltenden «apokalyptischen 'Fahrplans'» [8], durch die Interpretation des Ausbleibens der Parusie als eines Zeichens göttlicher Barmherzigkeit (2. Petr. 3, 9) und durch die die N. entschärfende Gewißheit einer erst noch zu missionierenden Welt [9]. Obwohl Paulus selbst noch in der N. lebte, erhob er Kreuz und Auferstehung zu eschatologischen Heilsereignissen und leitete somit die Präsentsetzung des Heils ein, wie sie sich radikalisiert im Johannesevangelium findet [10], dessen Logoslehre die notwendig gewordene «Enteschatologisierung» [11] begünstigt und die

N. verdrängt; die von Paulus als nahestehend erwartete kosmische Erlösung wird verkürzt zum Glauben an die sakramental vermittelte Erlösung von der Sterblichkeit [12]. «Der einstige Primat des Hoffens auf den bereits zum Gericht inthronisierten Menschensohn und Herrn wurde abgelöst vom Primat des Glaubens an den in Verkündigung, Sakrament und Kult gegenwärtig-wirkenden Kyrios. Die Parusiehoffnung der Endzeitkirche war nur noch aktuell lebendig als individuelle Jenseits- und Auferstehungshoffnung» [13]. Da in der nachapostolischen Theologie der mit dem präexistenten Christus identifizierte Logos zum Inbegriff einer «weltschöpferischen und weltordnenden Tätigkeit» [14] wird, kann sich nunmehr eine «Verwandlung des apokalyptischen Christus in die platonische Weltseele» [15] vollziehen, so daß die Christen jetzt auch «für den festen Bestand des Reiches und die römischen Dinge» beten können [16], während die Geschichtstheologien das Telos an das «ferne Ende» [17] der irdischen Geschichte rücken, obwohl in der Kirchengeschichte gespannte N.en wiederkehren [18].

Wenn die Parusieverzögerung nach einem Wort des Deisten M. TINDAL die Frage nach Wahrheit oder Irrtum der Apostel – wenn nicht auch Jesu – aufwarf [19], so sah sich die christliche Theologie angesichts der Ergebnisse der 'Konsequenten Eschatologie' zu einer Bewältigung der N.-Problematik gezwungen. Die einfachste Möglichkeit besteht in der von den Vertretern der 'realized eschatology' vorgenommenen Eliminierung der N. aus der Verkündigung Jesu als einer bloß sekundären Überarbeitung durch die urchristlichen Schriftsteller zwecks Paränese und Moral [20], obwohl diese Rekonstruktion der Anfangsgeschichte des Christentums – uneschatologische Predigt Jesu, dann nachösterliche N. und schließliche Entspannung – auf exegetische und historische Schwierigkeiten stößt. R. BULTMANN dagegen akzeptiert die N. als einen von Jesus aus der Apokalyptik übernommenen Traditionsbestandteil [21], interpretiert sie aber im Zuge seiner an der Existenzphilosophie gewonnenen Anthropologie als ein Mythologem für «echte Zukunft», deren Krisis-Charakter die Entscheidung provoziert. «Steht der Mensch in der Entscheidung und charakterisiert ihn eben dies wesentlich als Menschen, so ist ja immer letzte Stunde, und es ist begreiflich, daß für Jesus die ganze zeitgeschichtliche Mythologie in den Dienst dieser Erfassung der menschlichen Existenz trat und er in ihrem Lichte seine Stunde als die letzte erfaßte und verkündigte» [22]. Eschatologie meint dann das Ende der Welt, insofern der Glaubende als «entweltlichte Existenz» [23] aus den Ordnungen der Welt herausgerufen wird und sich vor Gott «als Einzelner» [24] zu verstehen beginnt: Das Heil wird dementsprechend präsentisch interpretiert als die qualifizierte Zeit, als Kairos, der das bloß lineare Zeitschema vergleichgültigt. Kreuz und Auferstehung bedeuten «nicht nur ein Vorgefecht ..., sondern den *entscheidenden* Sieg: alles, was hernach noch kommen kann, ist nur ein Nachgefecht; und damit ist es unwesentlich geworden, wann diese Nachgefechte ... zum Abschluß kommen» [25].

Gegenüber diesen apologetischen Rettungsversuchen nahm A. SCHWEITZER bereits die Eschatologie und damit die N. als einen die «ganze öffentliche Wirksamkeit» Jesu [26] prägenden und bestimmenden Faktor an und sah in der Geschichte des Christentums das Resultat des «Nichteintreffens der Parusie» [27], also eines Irrtums. An die Stelle der N. traten Kirche [28] und Dogma [29]; beide neutralisierten die N. zu einer Unbestimmtheit der

Geschichte, in der man leben konnte, zumal sich mit der N. auch «Furcht und Bangen» [30] verbanden. «Es gibt keine Geschichtsvorstellung, die sich ihrer 'Substanz' nach auf die eschatologische N. berufen könnte» [31]. Betrachtet man Geschichte dennoch unter der Perspektive von Heil und Erlösung, so meldet sich hinter der enttäuschten N. latent die Theodizeefrage «Warum zuerst nur Jesus und nicht das ganze Heil auf einen Schlag?» [32].

Anmerkungen. [1] Vgl. F. OVERBECK: Über die Christlichkeit unserer heutigen Theol. (1903) 27.33. 86ff. – [2] W. G. KÜMMEL: Das NT (²1970) 291. – [3] B. DUHM: Das kommende Reich Gottes (1910) 13. – [4] Vgl. Mk. 1, 15; 9, 1; 13, 24ff.; 14,25. 62; Mt. 4, 17; 10, 7; 25, 1ff.; Lk. 10, 9. 11; 19, 11.; 21, 31; Röm. 13, 11; 1. Kor. 15; 1. Thess. 4, 13ff.; 5, 1ff.; 2. Thess. 2; 2. Petr. 3; vgl. E. GRÄSSER: Das Problem der Parusieverzögerung in den synopt. Evang. und in der Apog. (²1960) 3f. 16f. 58f. 74f. 128ff. – [5] Vgl. z. B. G. JEREMIAS: Der Lehrer der Gerechtigkeit (1963) 326ff.; W. BALDENSPERGER: Die messian.-apokalypt. Hoffnungen des Judenthums (³1903) 87. 175. 209f. – [6] R. BULTMANN: Theol. des NT (⁶1968) 30. – [7] J. WEISS: Die Predigt Jesu vom Reiche Gottes (²1900) 100ff. – [8] W. MARXSEN: Einl. in das NT (³1964) 39. – [9] Vgl. H. CONZELMANN: Die Mitte der Zeit (⁴1962) 6. 9f. 104ff.; GRÄSSER, a.O. [4] 178ff. 215. – [10] Vgl. BULTMANN, a.O. [6] 389f.; Das Evang. des Johannes (¹⁶1959) 91. 196. 271f. – [11] M. WERNER: Die Entstehung der christl. Dogmas (1941). – [12] a.O. 389ff. – [13] A. STROBEL: Kerygma und Apokalyptik (1967) 115f. – [14] WERNER, a.O. [11] 546. – [15] a.O. 549. – [16] H. U. INSTINSKY: Die alte Kirche und das Heil des Staates (1963) 52. – [17] STROBEL, a.O. [13] 116; vgl. GRÄSSER, a.O. [4] 215. – [18] STROBEL, a.O. [13] 112ff. – [19] KÜMMEL, a.O. [2] 59f. – [20] C. H. DODD: The parables of the Kingdom (London 1953) 43ff. 106ff. 133ff. 152ff.; vgl. E. STAUFFER: Jesus, Gestalt und Gesch. (1957). – [21] BULTMANN, a.O. [6] 3f. – [22] Jesus (³1967) 39; vgl. W. SCHMITHALS: Die Theol. R. Bultmanns (1966) 306ff. – [23] BULTMANN, a.O. [10] 389. – [24] Glauben und Verstehen (1952) 2, 69. – [25] G. DELLING: Das Zeitverständnis des NT (1940) 118; vgl. GRÄSSER, a.O. [4] 12ff. – [26] A. SCHWEITZER: Gesch. der Leben-Jesu-Forsch. (1966) 2, 402. – [27] a.O. 417. – [28] Vgl. CONZELMANN, a.O. [9]; GRÄSSER, a.O. [4] 178ff. 200ff. 216f. – [29] WERNER, a.O. [11] 131f. – [30] a.O. 111. – [31] H. BLUMENBERG: Die Legitimität der Neuzeit (1966) 30. – [32] J. MOLTMANN: Der gekreuzigte Gott (1972) 172; vgl. U. HEDINGER: Wider die Versöhnung Gottes mit dem Elend (1972) 26.

Literaturhinweise. J. WEISS s. Anm. [7]. – E. GRÄSSER s. Anm. [4]; Die N. Jesu (1973).　　　　　　　　　　　　　M. ARNDT

Naiv, Naivität. – 1. ‹Naivität› (von frz. naïf und naïveté) ist ein zentraler Begriff in der Ästhetik und Kulturkritik der französischen und deutschen Klassik des 17. und 18. Jh. Er hat zunächst neutrale Bedeutung mit einer leicht negativen Nuance und wird von G. GIRARD bestimmt im Umfeld der Synonyme «sincérité» (Aufrichtigkeit), «franchise» (Offenheit) und «ingénuité» (vertrauensvolle Harmlosigkeit): «La naïveté fait dire librement ce qu'on pense»; das kommt manchmal aus einem Mangel an «réflexion». Deshalb fehlt es ihr oft an Höflichkeit (politesse), so dass der Naive manchmal auch beleidigen (offenser) kann [1]. In der französischen Ästhetik bleibt das Naive stets mehrdeutig zwischen seinen positiven Nuancen der 'Aufrichtigkeit' und 'Offenheit' und seinen negativen Nuancen der 'Grobheit' und 'Roheit'. Die für die deutsche Ästhetik kennzeichnende Positivierung des Begriffs in kulturkritischer Absicht setzt eine ästhetische Entwicklung voraus, die das Naive als das dialektische Ergebnis gerade dieser ästhetischen Entwicklung durchschaubar macht: «Das Naive ist das Sentimentalische» [2].

Die Ästhetisierung des Begriffs beginnt mit D. BOUHOURS. Er benutzt den Begriff zur Beschreibung und Unterscheidung der französischen Sprache von allen anderen Sprachen und nennt sie «la plus simple et la plus naïve langue» der Welt [3]. Die Naivität der französischen Sprache besteht im klassischen Verzicht auf alles überflüssige Beiwerk und in der Beachtung des «ordre naturel» beim Satzbau [4]. Zur Naivität der französischen Sprache gehört deshalb auch deren Klarheit [5]. Aufgrund dieser Eigenschaften hat die französische Sprache ein besonderes Talent, um «les plus tendres sentiments du cœur» auszudrücken; ja, sie ist «la langue du cœur» [6]. Wichtig ist die Unterscheidung des Naiven vom Natürlichen: «Toute pensée naïve est naturelle; mais toute pensée naturelle n'est pas naïve» [7]. Denn die Naivität in ihrer eigentlichen Bedeutung hat stets eine gewisse Beziehung zum Geistigen: Sie besteht in einem «air simple et ingénu», aber «spirituel et raisonnable» [8]. Infolgedessen kann J. DE LA BRUYÈRE sagen, daß dieselbe Sache im Munde des «homme d'esprit» eine Naivität ist und im Munde eines Dummen eine «sottise» [9].

In diesem Sinne, aber im Blick auf die Gattung der Idylle [10] und die höfische Konversation, den «élegant badinage», unterscheidet dann N. BOILEAU-DESPRÉAUX in seiner ‹Art poétique› das Naive vom «plat» und «bouffon» [11]. Wiederum in Anknüpfung an Bouhours' Unterscheidung des Natürlichen vom Naiven präzisiert dann A. H. DE LA MOTTE die Beziehung des Naiven zum empfindlichen Fühlen: Das Natürliche opponiert dem «recherché» und dem «forcé», das Naive jedoch dem «réfléchi» und gehört nur zum «sentiment» [12]. Es bleibt jedoch die Mehrdeutigkeit der Naivität zwischen liebenswürdiger Unschuld, aber auch roher Dummheit und feinfühligem Charme des Ausdrucks. Deshalb unterscheidet L. DE JAUCOURT im Rückgriff auf eine einschlägige Bestimmung von CH. BATTEUX [13]: «Une naïveté» und «La naïveté». Die erste ist das Ergebnis von «imprudence» und «ignorance des usages du monde»; die zweite aber ist die Sprache des «beau génie» und «macht das gewinnende Wesen der Rede aus» (les charmes du discours) [14].

Die deutsche Ästhetik setzt diese Entwicklung voraus, akzentuiert aber die kulturkritischen Aspekte der Naivität. Dabei entwickeln CH. M. WIELAND und M. MENDELSSOHN den Zusammenhang zwischen dem Erhabenen und dem Naiven, den aber schon A. H. DE LA MOTTE entdeckt hatte: «Le Sublime … peut etre naïve»; denn der gemeinsame Nenner des Erhabenen und des Naiven ist die Nacktheit ihres Erscheinens ohne Rücksicht auf weitere «réflexion»: sie sind «l'expression toute nue du sentiment» [15]. CH. M. WIELAND bestimmt dann das «Erhabene Naive» als «die wahre Unschuld einer Seele, die sich immer entblößen darf, ohne beschämt zu werden» [16]. Auch M. MENDELSSOHN verknüpft das Erhabene mit dem Naiven. Denn das Naive «des sittlichen Charakters» besteht «in der Einfalt im Äußerlichen, die, ohne es zu wollen, innerliche Würde verrät» [17]. Auf dieser Linie bestimmt auch KANT die Naivität als den «Ausbruch der der Menschheit ursprünglich natürlichen Aufrichtigkeit wider die zur anderen Natur gewordene Verstellungskunst». Bei Kant zeigt sich jedoch die notwendige Beziehung der Naivität auf die Reflexion: Die Naivität gibt es nicht an sich, sondern nur in Beziehung auf einen Betrachter, der in einem bestimmten Verhalten im Verhältnis zur eigenen Reflexion über dasselbe als n. bezeichnet: «Man lacht über die Einfalt, die es noch nicht versteht, sich zu verstellen; und erfreut sich doch auch über die Einfalt der Natur, die jener Kunst hier einen Querstrich spielt.» Deshalb sind an der Beurteilung der Naivität «Ernst und Hochschätzung» beteiligt [18]. Aus diesem Blickwinkel erklärt dann FR. SCHILLER in seiner Abhandlung ‹Über n. und sentimentalische Dichtung› das «Naive der Denkart» als Erregung eines «gemischten Gefühls»: «Wir fühlen uns genötigt, den Gegenstand zu achten, über den wir vorher gelächelt haben, und, indem wir zugleich einen Blick in uns selbst werfen, uns zu beklagen, daß wir demselben nicht ähnlich sind» [19]. Insgesamt gilt: «Das Naive ist eine *Kindlichkeit, wo sie nicht mehr erwartet wird*, und kann ebendeswegen der wirklichen Kindheit in strengster Bedeutung nicht zugeschrieben werden» [20]. Schiller versteht also das Naive als Reflex und Reflexion einer Entwicklung zum Sentimentalischen, das als Möglichkeitsbedingung des Naiven demselben vorangeht.

Anmerkungen. [1] G. GIRARD: Synonymes françois (Imprimatur Paris 1735) 304f. – [2] P. SZONDI: Das Naive ist das Sentimentalische. Euphorion 66 (1972) 174ff. – [3] D. BOUHOURS: Les entretiens d'Ariste et d'Eugène (Amsterdam 1708) 52. – [4] a.O. 62f. – [5] 65. – [6] 64f. – [7] La manière de bien penser dans les ouvrages d'esprit (Lyon 1701) 297. – [8] a.O. 202. – [9] J. DE LA BRUYÈRE: Les Caractères de Théophraste ... avec Les Caractères ou les Mœurs de ce siècle, hg. R. GARAPON (Paris 1968) Des Jugements Nr. 50. – [10] N. BOILEAU-DESPRÉAUX: Épîtres – Art poétique – Lutrin, hg. CH. H. BOUDHORS (Paris ³1967) Art poétique: Chant II Vers 6ff. – [11] a.O. Chant I Vers 93ff. – [12] A. H. DE LA MOTTE: Fables nouvelles (Amsterdam ⁴1727) 35f. – [13] Vgl. CH. BATTEUX: Cours de Belles-Lettres distribué par exercices 1-4 (Paris 1747-50) 2, 11. – [14] L. DE JAUCOURT: Encyclopédie 11 (Neufchastel 1765) 10. – [15] A. H. DE LA MOTTE: a.O. [12] 36. – [16] CH. M. WIELAND: Abhandlung vom Naiven. Ges. Schr., hg. von der Dtsch. Komm. der Kgl. Preuß. Akad. der Wiss. I/4 (1916) 19. – [17] M. MENDELSSOHN: Über das Erhabene und Naive in den schönen Wiss. (1758) Ästhet. Schr. in Auswahl, hg. O. F. BEST (1974) 240. – [18] I. KANT, KU § 54. Akad.-A. 5, 335. – [19] FR. SCHILLER: Sämtl. Werke, hg. G. FRICKE/H. G. GÖPFERT 5 (²1960) 697f. – [20] a.O. 699.

Literaturhinweise. P. SZONDI s. Anm. [2]. – C. HENN: Simplizität, Naivetät, Einfalt. Studien zur ästhet. Terminologie in Frankreich und in Deutschland 1674-1771 (Zürich 1974). – CHR. PERELS: Studien zur Aufnahme und Kritik der Rokokolyrik zwischen 1740 und 1760 (1974).

2. Im Blick auf E. HUSSERLS Überlegungen zur «Generalthesis der natürlichen Einstellung» [1] beschreibt E. FINK «Philosophie als Überwindung der 'Naivität'» [2], indem er M. HEIDEGGERS Ausarbeitung der «ontologischen Differenz» [3] zum Leitfaden der eigenen Untersuchung macht. Die natürliche Einstellung ist nach E. FINK bestimmt durch die «*Benommenheit* von Dingen» [4]. Der Mensch «ist nur offen für die *Dinge*, aber nicht für die *Offenheit* der Dinge. Er ist nur eingestellt auf *Seiendes*, und ist verschlossen gegen das Sein», er «lebt in der *ontologischen Indifferenz*» [5]. Daraus ergibt sich die «Naivität des nivellierten Seinsverständnisses», das «den Unterschied von Seiendem und Sein» [6] ignoriert. Das nivellierte Seinsverständnis aber bezeugt sich im «Primat der *Vorhandenheit*. Das Leitbild, an dem das Daß-Sein von allem Seienden ausgelegt wird in der Naivität, ist das Sein des körperlichen Dinges» [7]. Dem nivellierten Seinsverständnis entspricht ein ebenso nivelliertes Wahrheitsverständnis. Demgegenüber ist die «Differenz der ontischen und ontologischen Wahrheit» [8] durch «Metaphysik des Daseins» hervorzuheben, denn der Mensch ist «das Seiende ..., in dem die Wahrheit, in ihrer Differenz als ontische und ontologische, existiert» [9]. Daraus folgt umgekehrt: «Naivität ist eine *verkümmerte Weise der Wahrheit*, eben die Festgelegtheit in der *ontischen* Wahrheit und das Nicht-mehr-sehen der *ontologischen* Wahrheit» [10]. E. Finks Kritik an der Naivität ist im Kern Kritik an der Wissenschaft, die ihre ontologischen Voraussetzungen nicht einmal diskutiert, geschweige denn reflektiert: Naiv ist, wer die Ontologie der Wissenschaft unbefragt als maßgeblich übernimmt und anerkennt. Wenn aber die Wissenschaft zum Inbegriff einer reflektierten Weltansicht wird, dann wird umgekehrt die Philosophie zum Anwalt der Naivität, insofern sie die wissenschaftliche Weltansicht hinterfragt. Deshalb verteidigt R. SPAEMANN die «Philosophie als institutionalisierte Naivität» [11]: Philosophie ist eine «n. Denkweise». Denn 1. besteht sie auf einer «Art von Unmittelbarkeit», und angesichts der Wissenschaft ist sie «Denken im gewöhnlichsten Sinne des Wortes» im Verzicht auf irgendeine maßgebliche Methode. Und 2. verzichtet sie auf die Vorteile «der wissenschaftlichen Arbeitsteilung». Der Philosoph muß «gewissermaßen alles noch einmal selbst denken». Und 3. «besteht die Naivität philosophischen Denkens in seinem kindlichen Ernst». Die Philosophie rechnet mit der Endlichkeit des menschlichen Lebens und kann sich deshalb auf die unendliche Vorläufigkeit wissenschaftlicher Hypothesen nicht einlassen [12].

Anmerkungen. [1] E. HUSSERL: Ideen zu einer reinen Phänomenologie und phänomenol. Philos. 1. Husserliana 3 (Den Haag 1950) 62ff. – [2] E. FINK: Nähe und Distanz (1976) 98ff. – [3] M. HEIDEGGER: Vom Wesen des Grundes (⁴1955) 5. – [4] FINK, a.O. [2] 107. – [5] a.O. 116. – [6] 120. – [7] 117. – [8] 126. – [9] 124. – [10] 126. – [11] R. SPAEMANN: Philos. als institutionalisierte Naivität. Philos. Jb. 81 (1974) 139ff. – [12] a.O. 141.   P. PROBST

Naiv/sentimentalisch. Unter dem Titel ‹Über n. und s. Dichtung› faßte SCHILLER 1800 drei zuvor in den ‹Horen› veröffentlichte Texte zusammen [‹Über das Naive›, ‹Die s.en Dichter›, ‹Beschluß der Abhandlung über n. und s. Dichter›: Horen (1795) 11. Stück bzw. 12. Stück, (1796) 1. Stück]. ‹Naiv› und ‹sentimentalisch› sind keine Epochenbegriffe, sondern bezeichnen Dichtungs- und Empfindungsweisen [1]. Während sich der n. Dichter ganz der Unmittelbarkeit eines Gegenstands überläßt, «bloß der einfachen Natur und Empfindung folgt, sich bloß auf Nachahmung der Wirklichkeit beschränkt» [2], thematisiert der s. Dichter über den Gegenstand zugleich dessen Beziehung zu ihm und zu einer Idee: er «*reflektirt* über den Eindruck, den die Gegenstände auf ihn machen und nur auf jene Reflexion ist die Rührung gegründet, in die er selbst versetzt wird, und uns versetzt», und der «Gegenstand wird hier auf eine Idee bezogen» [3]. ‹Naiv› wird als «perspektivischer» [4] Begriff eingeführt: n. ist etwas nicht an sich, sondern nur in einer bestimmten Konstellation mit seinem anderen: der Gegenstand muß «*Natur*» sein, und er muß «*n.*» sein, «d. h. daß die Natur mit der Kunst im Kontraste stehe und sie beschäme» [5].

Der in dieser Definition verwandte Gegensatz von Natur und Kunst (oder «Kultur» [6], «Reflexion» [7]) trägt alle Unterscheidungen. Natur – «das Bestehen der Dinge durch sich selbst, die Existenz nach eigenen und unabänderlichen Gesetzen» [8] – war die Antike und die antiken Dichter [9], der s. Dichter gehört dem «Stand der Kultur» [10] an. Weil Natur n. nur werden kann unter der Herrschaft der Reflexion, ist das Naive «eine *Kindlichkeit, wo sie nicht mehr erwartet wird*» [11]. Naiv sind deshalb eigentlich nur Dichter «unter den Neuern» [12], Shakespeare, Sterne, Dante und Cervantes, Goethe. Andererseits bezeichnet Schiller als n. auch die Dichter «unter den Alten» [13], mit der Zusatzüberlegung, daß es in der

Moderne eigentlich keine n. Dichter mehr geben könne [14]. Vor allem in dieser Hinsicht gilt die geschichtsphilosophische Konstruktion einer Restitution der verlorenen Natur: die Dichter «werden also entweder Natur *seyn*, oder sie werden die verlorene *suchen*» [15]. Der s. Dichter setzt die verlorene Natur als Ideal und bezieht auf dieses die Wirklichkeit; seine Dichtung ist deshalb nicht Nachahmung der Wirklichkeit, sondern «Darstellung des Ideals» [16]. Aus den möglichen Akzentuierungen im Verhältnis zwischen Ideal und Wirklichkeit ergeben sich zwei Gattungen der s. Dichtung mit jeweils zwei Arten: die (scherzhafte oder strafende) Satire und die elegische Dichtung (Elegie oder Idylle) [17]. Das – weil unendlich, nie ganz erreichbare – Ideal ist nicht das 'Zurück zur Natur' Rousseaus, sondern die Vereinigung der Natur mit der Freiheit, die die Natur vor der Kultur nicht kennt [18]. Ihm entspricht das «Ideal schöner Menschlichkeit (...), das nur aus der innigen Verbindung beyder», des n. und des s. Charakters, «hervorgehen kann» [19]. Insofern Schiller die n. und die s. Dichtung als zwei gleichberechtigte Dichtungsarten und zugleich als Momente eines historischen Prozesses faßt, dessen Ziel die Synthese beider ist, gehört seine Konzeption zu den ersten der geschichtsphilosophisch orientierten Ästhetiken der Romantik und des Deutschen Idealismus.

Anmerkungen. [1] FR. SCHILLER, Werke. Nat.-A. 20 (1962) 466 u.ö. – [2] a.O. 440. – [3] 441. – [4] P. SZONDI: Poetik und Geschichtsphilos. 1 (1974) 167. – [5] SCHILLER, a.O. [1] 413. – [6] a.O. 437. – [7] 473 Anm. – [8] 413. – [9] 413. 437f. – [10] 437. – [11] 419. – [12] 433. – [13] 433; vgl. 439. 467 Anm.; 471. – [14] 435. 475f. – [15] 432; vgl. 436. – [16] 437. – [17] 441ff. 448ff. – [18] 428ff. 437ff. 451ff. – [19] 491; vgl. aber 473 Anm.; hierzu: P. SZONDI: ‹Das Naive ist das Sentimentalische›, in: Lektüre und Lektionen (1973) 47-99.

Literaturhinweise. P. WEIGAND: A study of Schillers ‹Über n. und s. Dichtung› and a consideration of its influence in the twentieth century (New York 1952). – H. CYSARZ: N. und s. Dichtung. Reallex. der dtsch. Literaturgesch. 2 (²1965) 589ff. mit der dort ang. Lit. – H. R. JAUSS: Schlegels und Schillers Replik auf die 'Querelle des Anciens et des Modernes', in: Literaturgesch. als Provokation (1970) 67-106. – P. SZONDI s. Anm. [4] und [19]. – W. BINDER: Die Begriffe ‹n.› und ‹s.› und Schillers Drama, in: Aufschlüsse. Studien zur dtsch. Lit. (1976) 201-218.   Red.

Naivität/Pietät (N. von spätlat. nativitas und frz. naïveté/P. von lat. pietas) ist der grundlegende und leitende Doppelbegriff in der gleichnamigen Arbeit von P. WUST, der methodisch wohl an M. Scheler anschließt, thematisch aber weiterführt. Das «Doppelphänomen von N. und P. weist ... unmittelbar in den Bereich der Metaphysik des Geistes hinein» [1]. Daraus ergibt sich die notwendige Abgrenzung «vom Naturprinzip», das «eine absolut blinde Substanz» [2] bezeichnet. Denn N. und P. sind beide «an eine gewisse Mittelsphäre zwischen absoluter Unbewußtheit und absoluter Bewußtheit gebunden» und in dieser Zwischenstellung durch «ein gewisses Dumpfheitsmoment» bestimmt. Diese Dumpfheit ist aber nicht schon den Tieren, sondern erst dem Menschen eigentümlich. Dadurch kommt dann ein völlig anderes, nämlich «geistiges Naturprinzip» in den Blick, denn «nur in der Reflexionssphäre ... sind N. und P. möglich, aber auch in dieser Sphäre nur dann ..., wenn sie nicht als reine Reflexionssphäre zu gelten hat, wenn sie vielmehr auch das Reflexive des Geistes noch in einem gewissen naturartigen Zustande darbietet» [3]. Die N. ist näher zu bestimmen durch Vergleich mit verwandten Erscheinungen. Insbesondere sind N., Einfalt und Einfältigkeit trotz auch wesensmäßiger Berührungspunkte zu unterscheiden. Zum Leitfaden nimmt Wust Parzifals «tumpheit»: «Das Wort ‹tumpheit› erscheint ... nämlich nicht bloß in der Form ‹Dummheit›, sondern auch in der Wortform ‹Dumpfheit›», und erst dadurch wird der Wesensbegriff der ‹tumpheit›, der «auch das Ahnungsvolle der Seele» enthält [4], vollständig deutlich.

All diese Merkmale der ‹tumpheit› bestimmen auch das Wesen von ‹Einfalt› und ‹Einfältigkeit›, wobei die Einfalt vor allem durch die «Momente von Unschuld, Reinheit, Integrität, Vertrauen» bestimmt ist, Einfältigkeit aber durch «Welterfahrenheit». Es ist dies die Seite, wo sich Einfältigkeit und Dummheit zu berühren scheinen. Und doch besteht hier ein Unterschied. «Denn Dummheit deutet auf das Fehlen geistiger Qualitäten hin, die zum Wesen des Menschen gehören. ... Einfältigkeit aber ... hat mit diesen besonderen oder individuellen Anlagemängeln bestimmter geistiger Naturen nichts zu tun. Sie ist vielmehr nur die Kehrseite oder die negative Folgeerscheinung des naiven Weltvertrauens, das wir als das Wesen der Einfalt kennengelernt haben» [5]. Aus diesen Bestimmungen ergibt sich für Wust das Bild der primären N., die «mit ihrer selbstlosen Güte und Aufopferungsfreudigkeit die Liebe bis zur Torheit» steigert. Das Gegenbild zu ihr ist die «listige Weltklugheit», die als eine «Klugheit ohne Liebe» auch das Gegenbild zur sekundären N. ist, die als eine mit «Klugheit gepaarte Liebe» dann «Weisheit» genannt wird [6].

Das Verhältnis von N. und P. ist ein Ergänzungsverhältnis: «Die P. ist nur als eine Ergänzung dessen zu betrachten, was bereits im Habitus der Naivität wesensmäßig mit eingeschlossen liegt» [7], so jedoch, daß sich die N. erst in der P. aktualisiert. Die P. ist ein «Schutzmittel der personalen Intimität» [8]; ebenso ist sie das «natürliche Band zwischen dem Menschen und seiner Umwelt» [9], denn «mit der P., die als das Bewußtsein der geistigen Würde und Selbstachtung erscheint», ist auch der Punkt erreicht, «wo das Distanzmoment der Selbstpietät auch gegenüber dem fremden Ich wie überhaupt gegenüber der Gemeinschaft die schützende Rolle übernimmt» [10]. Schließlich ist die P. auch ein «spezifisch religiöses Phänomen» und «die metaphysische Basis aller Kultur überhaupt» [11]. Der «ontologische Gesamtsinn» des Doppelphänomens von N. und P. ist folgender: «Durch die N. wird zunächst ... der Geist als geistiges Wesen konstituiert. ... Aber die natürliche Dumpfheit der N. ... hält den Menschen auch wieder in der Nachbarschaft der Naturregion fest. Sie läßt ihn teilnehmen an der Wohltat einer naturhaften Triebsicherheit, ohne ihm die Wohltat der geistigen Aseität zu entziehen» [12].

Anmerkungen. [1] P. WUST: N. und P. Ges. Werke, hg. W. VERNEKOHL 2 (1964) 48. – [2] a.O. 49f. – [3] 63ff. – [4] 173ff. – [5] 178f. – [6] 180ff. – [7] 214. – [8] 219ff. – [9] 229. – [10] 224. – [11] 249ff. – [12] 350f.

Literaturhinweise. G. MARCEL: La piété selon Peter Wust, in: Être et Avoir (Paris 1935) 319-357.   A. LEENHOUWERS/Red.

Name (griech. ὄνομα; lat. nomen; engl. name; frz. nom; ital. nome)

I. *Antike* (ὄνομα). – 1. *Vorsokratiker.* – Aus den Fragmenten der Vorsokratiker erscheint eine hinreichend gesicherte Bestimmung dessen, was ὄνομα in philosophischen Texten vor Platon bedeutet, nicht möglich. Auch wenn man annehmen kann, daß ὄνομα immer schon das mitumfaßt habe, was spätere Definitionen explizieren, werden die Grenzen des alten Begriffs dadurch nicht deutlicher für uns. Denn die weniger bestimmte Bedeutung ist eine andere. Den Versuchen, Grundbegriffe wie ὄνομα, ἔπος oder λόγος auf unterschiedliche Weise bestimmter zu interpretieren, sind durch die überlieferten Fragmente keine klaren Schranken gesetzt. Zudem stammen viele Zeugnisse aus sehr viel späteren Quellen und sind nur mit entsprechenden Vorbehalten zu verwenden, so die 'pythagoreischen' [1] und die 'hippokratischen' [2] Fragmente; oder die Lehren sind selbst späteren Ursprungs, wie die DEMOKRIT zugeschriebene ὄνομα-ἄγαλμα-Theorie (vgl. unten 6.) [3]. Fest steht jedoch, daß in der griechischen Philosophie vor Platon sprachliche Probleme reflektiert wurden, und weiter, daß ὄνομα, meist im Plural ὀνόματα, als Bezeichnung für den Gegenstand solcher Reflexionen eine Rolle spielte. Problemlos ist auch die Feststellung, daß ὄνομα im außerphilosophischen Sprachgebrauch der Bezeichnung von Personen- und sonstigen Eigennamen vorbehalten war. Bei HOMER finden sich nur zwei Ausnahmen von dieser Regel: die stehende Wendung zur Einleitung einer wörtlichen Rede, in der ὀνομάζειν im Sinne von 'jemanden ansprechen' gebraucht wird [4], und ὀνομάζειν im Sinne von '[Gaben] verheißen' [5].

Es liegt nahe zu vermuten und wird durch die Überlieferung bestätigt, daß die *philosophische* Reflexion der Sprache einsetzte, als und indem die Frage nach der *Wahrheit* der Rede gestellt wurde. Im Gegensatz zu einer eher philologisch zu nennenden Beschäftigung mit der Sprache, etwa in der Absicht, die richtige Lesung und Deutung alter Texte, deren unmittelbares Verständnis verloren gegangen war, neu zu eruieren, fragten die Philosophen nach der Richtigkeit der Rede in bezug auf das, worüber geredet wird [6]. Nun sind sowohl die Rede als auch das, worüber geredet wird, einerseits im Prinzip grenzenlos und andererseits in jeweils klar begrenzte Elemente – die Rede in Wörter, ihr Gegenstand in Sachen – gegliedert. Um einen bestimmten Gegenstand der Untersuchung zu gewinnen, bot es sich an, jene unbestimmte Frage nach dem Verhältnis von Sprache und Sein in die bestimmte Frage nach dem Verhältnis ihrer Elemente – ὀνόματα und πράγματα – zu wenden, auch ohne daß damit von Anfang an schon eine präzise Vorstellung davon, was ein ὄνομα und was ein πρᾶγμα sei, verbunden gewesen sein müßte.

Zur Übersetzung von ὀνόματα erscheinen daher das deutsche Wort ‹Sprache› oder das französische ‹langage› als am wenigsten irreführend, da sie geeignet sind, spezifischere Vorstellungen abzuhalten. Und man darf vermuten, daß sowohl HERAKLIT als auch PARMENIDES unter dem Titel ὀνόματα und ähnlichen, terminologisch noch nicht fixierten Bezeichnungen nicht mehr als dieses im Blick hatten [7]. Insofern nun der Plural ὀνόματα für ‹Sprache im allgemeinen› gebraucht wird, kann der Singular ὄνομα treffend mit ‹Wort› übersetzt werden. ‹Wort› (Sing. zu ‹Wörter›) ergibt sich damit in der Reflexion auf Sprache als die erste bestimmte Bedeutung von ὄνομα, sicher schon vor Platon so gebraucht, seit Platon aber für die Folgezeit fest eingebürgert. Sie muß lateinisch mit ‹verbum› wiedergegeben werden. In diesem Sinn ist der λόγος (sei es als Satz, als Rede oder als Sprache) aus ὀνόματα als seinen Elementen zusammengesetzt und allein von diesen her zu erklären. Doch ist zu berücksichtigen, daß die Grundbedeutung von ὄνομα stets erhalten bleibt: Wenn die Reflexion auf Sprache ὄνομα als Wort bestimmt, dann heißt das, daß Wörter als N. verstanden werden. Ein Bewußtsein der Differenz zwischen ὄνομα als N. (intensional betrachtet) und ὄνομα als Wort (extensional betrachtet) ist auf dieser Stufe nicht festzustellen.

Dadurch, daß das Verhältnis von Sprache und Sein als ein Verhältnis von Wörtern und Sachen bestimmt wird, verlagert sich die philosophische Frage nach der Wahrheit dieses allgemeinen Verhältnisses auf die Frage nach der Wahrheit des besonderen Verhältnisses zwischen einem *einzelnen* Wort und der ihm zugeordneten Sache. Allerdings ist damit noch nichts darüber entschieden, ja es ist noch nicht einmal ausdrücklich die Frage gestellt, ob *jedem* Wort, das als Element der Rede ὄνομα ist, die Funktion zukomme, ein Element des Seins zu benennen. Man untersucht zunächst die naheliegenden Fälle, bevor man Grenzfälle überhaupt wahrnimmt und Vollständigkeitsfragen zu stellen beginnt. Und was läge in dieser Sicht näher, als an die Namengebung unter den Menschen zu denken? So wird diese Namengebung zum ersten Paradigma für sprachphilosophische Untersuchungen.

Anmerkungen. [1] Vgl. VS 58 C 2 (¹²1966) 1, 463, 5f.; DEMOKRIT, VS 68 B 26. 142. – [2] Vgl. HERAKLIT, VS 22 C 2, 21, a.O. 1, 189, 18; ANTIPHON, VS 87 B 1, a.O. 2, 339, 1-4. – [3] DEMOKRIT, VS 68 B 142; vgl. dazu: M. HIRSCHLE: Sprachphilos. und Namenmagie im Neuplatonismus mit einem Exkurs zu 'Demokrit' B 142 (1979) 63ff. – [4] Vgl. HOMER, Ilias 6, 253. 406. 485; Odyssee 8, 194. 291 u.ö. – [5] Ilias 9, 515; 18, 449. – [6] Vgl. HERAKLIT, VS 22 B 23. 32. 48; PARMENIDES, VS 28 B 8, 38ff. 51f. 53; 28 B 19. – [7] Vgl. E. COSERIU: Die Gesch. der Sprachphilos. von der Antike bis zur Gegenwart 1 (²1975) 37.

2. *Platon.* – Diejenige Weise der Reflexion auf Sprache, die die Rede (λόγος) als aus N. (ὀνόματα) bestehend voraussetzt, wird in der Diskussion um die Richtigkeit der N. (ὀρθότης ὀνομάτων) historisch greifbar, wie sie zur Zeit des Sokrates unter den Sophisten geführt wurde. Es geht in dieser Diskussion um die Alternative, ob es eine natürliche Richtigkeit der N. gebe oder nicht. Dabei handelt es sich nicht in erster Linie um eine Frage nach dem Ursprung der N.; beide Seiten reden von ὀνόματα τίθεσθαι (N. geben) und von einem angenommenen νομοθέτης (Gesetzgeber, hier näher N.-Geber). Es geht vielmehr um die Geltung der N. oder um die Frage, ob ein N. der Natur der durch ihn bezeichneten Sache gemäß sei (bzw. sein solle) – griech.: φύσει – oder ob ein solches natürliches Geltungsverhältnis nicht bestehe und der N. aus anderen, der Natur der Sache gegenüber gleichgültigen Gründen – Verabredung, Gewohnheit, Zufall, griech.: νόμῳ, später θέσει – auf das durch ihn Benannte bezogen sei (bzw. sein könne oder dürfe). Die Ursprungsfrage tritt wohl überhaupt erst mit EPIKUR in den Vordergrund, der den Gegensatz φύσει/θέσει dadurch zu versöhnen versucht, daß er ihn *zeitlich* auseinanderlegt: Anfangs (ἐξ ἀρχῆς) gaben die Menschen auf natürliche Weise und nur durch die Not des Lebens belehrt ihren Eindrücken stimmlichen Ausdruck. Erst später (ὕστερον) hat die Vernunft (λογισμός) diese natürlichen Produkte vereinheitlicht und vervollständigt, soweit es für die jeweilige Gemeinschaft erforderlich war [1].

Ausführlich werden beide Thesen in PLATONS Dialog ‹Kratylos› vorgestellt und erörtert. Beide Seiten verstehen unter ὄνομα, ohne den Begriff explizit zu definieren, eine bestimmte Lautgestalt (φωνῆς μόριον), die einer bestimmten Sache (ὄν, ἕκαστον) zugeordnet ist. Nach Kratylos ist nur diejenige Lautgestalt wirklich ein N., die in bezug auf die ihr zugeordnete Sache eine natürliche Richtigkeit (ὀρθότητα ... φύσει πεφυκυῖαν) hat, welche «für alle, Griechen wie Barbaren, dieselbe ist» [2]. Sein Kontrahent Hermogenes läßt diese Einschränkung nicht gelten, sondern behauptet, die Richtigkeit der N. beruhe allein auf Vertrag und Übereinkunft (συνθήκη καὶ ὁμολογία). Zum Beleg seiner Ansicht verweist er auf die N. der Sklaven, die vom Besitzer gegeben und geändert werden können, ohne daß sie ihre jeweilige Gültigkeit verlieren [3]. Hier zeigt sich, wie anfangs den Eigennamen (ὀνόματα) paradigmatische Bedeutung für die philosophische Betrachtung der Wörter (ebenfalls ὀνόματα) zufällt.

Platon erkennt das Dilemma dieser Alternative. Ist die Wahrheitsfähigkeit der Rede an die Wahrheitsfähigkeit der Wörter gebunden – eine stillschweigende Voraussetzung der ganzen Diskussion, die Sokrates sich zudem ausdrücklich bestätigen läßt [4] – dann geht einerseits durch die These des Hermogenes von der nicht-natürlichen Beziehung zwischen Wort und Sache mit der Möglichkeit wahrer Wörter zugleich die Möglichkeit wahrer Rede verloren. Andererseits kann man mit der These des Kratylos das Phänomen der Sprachverschiedenheit nicht verstehen; es sei denn, man wäre bereit, einen unabsehbar großen Teil menschlicher Rede für leeren Schall zu erklären. Da die Wahrheitsfähigkeit der Rede für Platon nicht zur Disposition steht und solange ihre Bindung an die Wahrheitsfähigkeit der Wörter vorausgesetzt bleibt, muß Sokrates versuchen, die φύσει-Lehre von der Richtigkeit der N., die Kratylos nur behauptet, seinerseits zu begründen. Diese Begründung wird durch eine Erörterung des Begriffs des N. geleistet.

Es ist der Zweck eines N. kundzugeben (meist: δηλοῦν), was die durch ihn benannte Sache ist; auf diese Weise wird er bestimmt als ein Werkzeug zur Unterscheidung der Sachen und zur gegenseitigen Belehrung (ὄνομα ἄρα διδασκαλικόν τί ἐστιν ὄργανον καὶ διακριτικὸν τῆς οὐσίας [τῶν πραγμάτων]) [5]. Diese Werkzeug-Analogie erweist sich als fruchtbar: Wie der Tischler, der eine Weberlade anfertigt, verschiedene Materialien verwenden kann, um seinen Zweck sachgemäß zu erfüllen, so kann auch der Wortbildner (νομοθέτης, näher auch: ὀνοματουργός [6]) «Laute und Silben» (τοὺς φθόγγους καὶ τὰς συλλαβάς) [7], die seine Materialien sind, auswählen, um mit ihnen einen richtigen N. zu bilden – solange er verschiedenen Lautgestalten dieselbe innere Form (εἶδος [8], ἰδέα [9]) gibt, derart, daß sie ihren Zweck erfüllen, d.h. kundgeben, was die Sache ist. Es ist die allgemeine Natur des N., die besondere Natur der Sache, die er benennt, durch Laute offenbar zu machen. Der (richtige) N. ist also ein Doppelwesen, bestehend aus der invariablen Idee von der Natur der zu benennenden Sache und einer in Grenzen variablen Lautgestalt. Die Variabilität ist so groß, daß kein einziger Laut einer richtigen Lautgestalt mit irgendeinem Laut einer anderen richtigen Lautgestalt 'desselben' N. übereinstimmen muß [10]; sie ist aber begrenzt durch die Bedingung, daß alle Lautgestalten 'desselben' N. «dasselbe bedeuten» (ταὐτὸν σημαίνει / δηλοῖ ... τὸ αὐτό) [11] müssen. Mit der Bestimmung, daß sich dieselbe Bedeutung oder die Macht des N. (τοῦ ὀνόματος δύναμις) [12] in gänzlich verschiedenen, wenn auch keineswegs beliebigen Lauten auszusprechen vermag, ist die Bedingung genannt, unter der es möglich zu sein scheint, die Lehre von der natürlichen Richtigkeit der N. mit dem Phänomen der Sprachverschiedenheit zu vereinbaren und so das anfängliche Dilemma aufzulösen.

Doch Platon fragt weiter, wie sich die Richtigkeit der Beziehung zwischen vielfältiger Lautgestalt und einfältiger Bedeutung eines N. erkennen lasse. Die meisten N. lassen sich, so scheint es, als kontrahierte Beschreibungen der Sache, die sie benennen, analysieren. Dies ist ein Phänomen, das den Griechen wiederum von dem leicht durchschaubaren Aufbau vieler ihrer Eigennamen her geläufig ist; nicht zufällig wird als erstes Beispiel des Dialogs der N. eines der Teilnehmer, nämlich des 'Hermogenes', angeführt. Solche Analysen sind das Feld der *Etymologie*, der Lehre von der Wahrheit der Wörter, die Sokrates mit inspirierter Phantasie in aller Breite vorführt. Jede derartige Analyse eines N. führt aber letztlich auf einfache N. (πρῶτα ὀνόματα) [13], deren Bedeutung nicht weiter analysierbar ist. Hier muß ein anderes Prinzip zwischen Laut und Bedeutung vermitteln. Für Platon kann das nur die Mimesis sein, die unmittelbare Nachahmung der Sache durch die Lautgestalt des N., genauer noch, da die Lautgestalt als solche ja durchaus weiter analysierbar ist, durch einzelne Laute. So ist z.B. der N. ἄλφα durch seinen ersten Teil der durch ihn benannten Sache, dem Laut α, unmittelbar ähnlich. Im Hinblick auf dieses Nachahmungsverhältnis zwischen Laut und Bedeutung muß die allgemeine Definition vom Zweck des N., daß er nämlich in Buchstaben und Silben kundgeben solle, was eine Sache sei (δηλοῦν οἷον ἕκαστόν ἐστι τῶν ὄντων), durch den Zusatz ergänzt werden, daß dies letztlich nur durch eine Nachahmung des Wesens der Sache (μιμεῖσθαι ... τὴν οὐσίαν) geschehen könne [14].

Diese komplizierte Konstruktion eines Begriffs des N. kann ihren Zweck jedoch nicht erfüllen. Platon selbst macht im letzten Teil des Dialogs ihre Grenzen deutlich. Es ist nicht gelungen zu zeigen, wie aus einem N. das Wesen der durch ihn benannten Sache erkannt werden könne. Was der N. offenbar macht, ist günstigstenfalls die Meinung des N.-Gebers vom Wesen der Sache. Seine Analyse ist also keine hinreichende Bedingung des Wissens. Außerdem wird, was immer ein N. offenbar macht, nicht notwendig aufgrund von Nachahmung offenbar, sondern es wird verstanden, gleichgültig ob eine Ähnlichkeit zwischen dem N. und der Sache vorliegt oder nicht. Seine Analyse ist also auch keine notwendige Bedingung des Wissens. Das Ergebnis der Untersuchung besteht folglich in der Einsicht, daß schon die Frage nach der Richtigkeit der N., nicht erst die eine oder die andere Antwort darauf, das Wesen des N. verkennt.

Platon zieht die Konsequenz aus den Aporien des ‹Kratylos›, indem er im ‹Sophistes› dasselbe Problem (περὶ τῶν ὀνομάτων [15]) kurz wieder aufgreift und auf völlig neue Grundlagen stellt. Er hat die unfruchtbare Frage nach dem Verhältnis zwischen Wörtern und Sachen verlassen und fragt stattdessen nach dem Verhältnis der Wörter zueinander. Dadurch muß das 'etwas kundtun' und 'bedeuten' nicht mehr dem einzelnen Wort (ὄνομα) zugemutet werden, sondern wird als die Aufgabe des Satzes (λόγος) bestimmt, einer geordneten Wortfolge, deren Teile zusammenstimmen. Von solchen Teilen unterscheidet er nun zwei Arten: ὄνομα ist nur noch eine Art der Teile des λόγος, die andere heißt ῥῆμα, womit Platon einen geläufigen Ausdruck zum Terminus prägt, den er zwar schon im ‹Kratylos›, dort aber durchaus nicht in bestimmter Opposition zu ὄνομα verwendet hat [16]. Beide werden komplementär definiert: «Die Kundgabe, die auf die Handlungen geht, nennen wir Verb» (τὸ μὲν ἐπὶ ταῖς πράξεσιν ὂν δήλωμα ῥῆμά που λέγομεν), und sofort anschließend: «Das Zeichen aber, das dem, was jene Handlungen verrichtet, durch die Stimme beigelegt wird, nennen wir Nomen» (τὸ δέ γ' ἐπ' αὐτοῖς τοῖς ἐκείνας πράττουσι σημεῖον τῆς φωνῆς ἐπιτεθὲν ὄνομα) [17]. Hieß es im ‹Kratylos›, «durch fortlaufendes Benennen entstehen die Logoi» (διονομάζοντες γάρ που λέγουσι τοὺς λόγους) [18], so formuliert Platon in deutlicher Abkehr von diesem Gedanken jetzt im ‹Sophistes›: «Aus Nomina allein, auch wenn sie nacheinander ausgesprochen werden, entsteht niemals ein Logos, und ebensowenig aus Verben, wenn sie ohne Nomina ausgesprochen werden» (οὐκοῦν ἐξ ὀνομάτων μὲν μόνων συνεχῶς λεγομένων οὐκ ἔστι ποτὲ λόγος, οὐδ' αὖ ῥημάτων χωρὶς ὀνομάτων λεχθέντων), denn eine solche Reihung von Wörtern (συνεχῶς ὧδε λεγόμενα ταῦτα) vermag nichts kundzugeben [19]. Sobald man aber beide Arten auf sachgemäße Weise «mischt», entsteht aus ihrer Verknüpfung der Logos, der auf diese Weise zugleich mit der ursprünglichen Unterscheidung von Redeteilen erstmals terminologisch als 'Satz' bestimmt wird. Und zwar ergeben ein Nomen und ein Verb zusammengenommen den elementaren Satz, dessen Bezeichnung πρῶτος λόγος [20] unüberhörbar an die πρῶτα ὀνόματα erinnert, die im ‹Kratylos› die Bezeichnung für die elementaren N. waren. Der Satz aber «benennt nicht nur, sondern bestimmt auch etwas, indem er die Verben mit den Nomina verknüpft» (οὐκ ὀνομάζει μόνον ἀλλά τι περαίνει, συμπλέκων τὰ ῥήματα τοῖς ὀνόμασι). Auf diese Weise «gibt er Kunde» (δηλοῖ), und zwar nicht nur «über das Seiende» (περὶ τῶν ὄντων), sondern auch über «Werdendes oder Gewordenes oder Zukünftiges» [21]. Platon kann sich bei diesen neuen Begriffsbestimmungen auf den Sprachgebrauch berufen, der λέγειν und ὀνομάζειν ganz in diesem Sinn, freilich unbestimmt, schon lange unterscheidet, ohne daß sich die Reflexion der Sprache diesen Unterschied bisher zunutze gemacht hätte [22].

Mit diesen wenigen Bemerkungen hat Platon zwei folgenreiche Neuerungen in die philosophische Sprachbetrachtung eingeführt. Zum einen ist das Problem der Wahrheitsfähigkeit der Rede ganz explizit vom Wort auf den Satz verlagert, dieser allein ist möglicher Ort von Wahrheit und Irrtum. Zum andern ist erkannt, daß nicht alle Wörter von gleicher Art sind. Hier beginnt die Lehre von den Redeteilen. ὄνομα bedeutet folglich nicht mehr Wort im allgemeinen, sondern steht nur noch für eine besondere Wortart, das Nomen. Dieses ist für Platon, der keine sprachwissenschaftliche Systematik anstrebt, zunächst nur das Gegenstück zum Verb. ὄνομα erhält damit explizit die Bestimmung, die es implizit sowohl im gewöhnlichen Sprachgebrauch als auch in den Beispielen der Reflexion auf Sprache längst hatte. Es kann gesagt werden, was ein N. ist, nachdem erkannt ist, daß nicht alle Teile der Rede N. sind.

Anmerkungen. [1] EPIKUR bei DIOG. LAERT. X, 75f. – [2] PLATON, Krat. 383 a/b. – [3] a.O. 384 d. – [4] Vgl. 385 b/c. – [5] 388 b/c. – [6] 388 e; 389 a. – [7] 389 d. – [8] 389 b. – [9] 389 e. – [10] Vgl. 394 b/c. – [11] 394 c. – [12] 394 b/c. – [13] Vgl. 422 a-c. 424 a-425 b. – [14] Vgl. 422 c-424 a, zit. 422 d. 423 e. – [15] Soph. 261 d. – [16] Krat., vgl. bes. 421 d/e. 424 e/425 a. 431 b/c. – [17] Soph. 262 a. – [18] Krat. 387 c. – [19] Soph. 262 a/b. – [20] 262 c. – [21] 262 d. – [22] Vgl. ebda.

3. *Aristoteles.* – Für ARISTOTELES sind die Neuerungen des platonischen ‹Sophistes› bereits selbstverständlich. Wenn er gelegentlich und beiläufig ὄνομα auch in der generischen Bedeutung von ‹Wort› verwendet [1], dann muß man, seiner eigenen Terminologie zufolge, diesen Gebrauch als metaphorisch bezeichnen (als eine Übertragung von der Art auf die Gattung [2]). Denn die eigentliche Bedeutung wird unmißverständlich in der Lehre vom Sprechen (περὶ λέξεως) definiert. Diese Lehre erörtert Aristoteles in den Kapiteln 19–21 der ‹Poetik›, um auf ihrer Grundlage dann in Kap. 22 die λέξεως ἀρετή, die jeweils beste Sprachform für die verschiedenen Dichtungsarten, bestimmen zu können.

Ein Abschnitt der Lehre vom Sprechen betrifft die Unterscheidung seiner Teile (μέρη λέξεως: Kap. 20). Hier werden aufgezählt: στοιχεῖον (Element, gemeint ist der einzelne Sprachlaut), συλλαβή (Silbe), σύνδεσμος (Verbindungswort), ἄρθρον (Gliederungswort), ὄνομα (Nomen), ῥῆμα (Verb), πτῶσις (flektiertes Wort), λόγος (Satz, Text). Daß hier Verschiedenartiges in einer Reihe steht, wird aus den Definitionen der einzelnen Teile deutlich. Das Element ist eine einfache, die Silbe, das Verbindungswort und das Gliederungswort sind zusammengesetzte, alle vier aber bedeutungslose Lautgestalten (φωνὴ ἄσημος); die übrigen vier sind zusammengesetzte und bedeutungstragende Lautgestalten. Nomen und Verb werden dabei, wie im ‹Sophistes›, als die beiden elementaren Bedeutungsträger der Rede bestimmt: ὄνομα δέ ἐστι φωνὴ συνθετὴ σημαντικὴ ἄνευ χρόνου ἧς μέρος οὐδέν ἐστι καθ' αὑτὸ σημαντικόν (N. ist eine zusammengesetzte bedeutungstragende Lautgestalt ohne Zeitangabe, von der kein Teil an sich selbst bedeutungstragend ist) [3]. Das Verb wird gleichlautend definiert mit dem unterscheidenden Zusatz, daß es die Zeit mitbedeute (προσσημαῖνον) [4]. Wortarten und Satzteile werden nicht unterschieden. Folglich sind Verben, «für sich allein», also ohne konkreten Zeitbezug ausgesprochen, selbst Nomina, wie Aristoteles in ‹De interpretatione› bemerkt [5].

In einem weiteren Abschnitt der Lehre vom Sprechen unterscheidet Aristoteles die Arten der N. (ὀνόματος εἴδη: Kap. 21), und zwar nach drei Gesichtspunkten, ohne daß diese selbst genannt werden. N. sind erstens entweder einfach oder aus mehreren Teilen zusammengesetzt [6]. Zweitens sind von den N. die einen männlich (ἄρρενα), die anderen weiblich (θήλεα) und die übrigen «dazwischen» (μεταξύ; Rhet.: σκεύη – «Gerätschaften»). In der ‹Rhetorik› führt Aristoteles diese Einteilung der N. nach ihrem Geschlecht (γένος) auf Protagoras zurück [7]. Drittens und vor allem aber werden die N. nach der Art ihres (poetischen) Gebrauchs unterschieden und ausführlich erläutert: «Jeder N. ist entweder ein gebräuchlicher (κύριον) oder ein seltener (γλῶττα) oder ein übertragener (μεταφορά) oder ein schmückender (κόσμος) oder ein erfundener (πεποιημένον) oder ein erweiterter (ἐπεκτεταμένον) oder ein verkürzter (ὑφηρημένον) oder ein veränderter (ἐξηλλαγμένον)» [8]. Die Tatsache, daß andere Wortarten nicht eingeteilt werden, unterstreicht die Bedeutung der ὀνόματα.

ὄνομα wird ferner durch Abgrenzung gegenüber λόγος bestimmt. Der λόγος ist eine bedeutungstragende Lautgestalt, die selbst bedeutungstragende Teile enthalten kann und jedenfalls etwas besagt (φάσις) [9]. Gegen die Ausführungen des platonischen ‹Sophistes› betont Aristoteles, daß nicht jeder λόγος aus ὄνομα und ῥῆμα zusammengesetzt sein muß [10]. Hatte Platon den λόγος als Satz überhaupt erst entdeckt und ihn sogleich von seiner wichtigsten Gestalt her neu zu definieren versucht, so präzisiert Aristoteles, daß damit nur eine Art des λόγος erfaßt sei. Diese unterscheidet er als λόγος ἀποφαντικός (Aussagesatz) von anderen Arten des λόγος, so etwa vom εὐχὴ λόγος (Gebet) [11], den er in der ‹Poetik› in eine längere Aufzählung der σχήματα τῆς λέξεως (Formen des Sprechens) einreiht [12], während er andererseits auch die ‹Ilias› als *einen* λόγος bezeichnet [13]. Während alle λόγοι bedeutungstragend sind, ist allein der λόγος ἀποφαντικός (behauptender Satz) wahrheitsfähig. Als bloße Bedeutungsträger (φωναὶ σημαντικαί) rücken ὄνομα und λόγος daher wieder eng zusammen. Sie unterscheiden sich, ähnlich wie im ‹Kratylos›, nur äußerlich oder allein dadurch, daß dieser eine zusammengesetzte, jener eine einfache Bedeutung enthält. Folglich sind sie häufig austauschbar, auch wenn es sich gelegentlich trifft, daß für eine Sache, deren λόγος man hat, kein N. zur Verfügung steht [14]. In diesem Sinn kann Aristoteles den N. auch Zeichen des λόγος nennen [15].

An die Stelle der Frage nach der Richtigkeit der N. ist die Frage nach ihrer Bedeutung getreten. Jeder N. bedeutet etwas (σημαίνει τι), unabhängig davon, ob dieses etwas ist oder nicht ist, und vor aller Wahrheitsfrage. Er ist also Zeichen (σημεῖον) einer Vorstellung (νόημα), mithin, ohne daß dies ausdrücklich hervorgehoben würde, eines Allgemeinen [16]. Jeder N. bedeutet zudem etwas Bestimmtes oder Eines. Denn jedes etwas ist auch etwas Bestimmtes (ὡρισμένον), und nicht-Eines bedeuten hieße nichts bedeuten (τὸ γὰρ μὴ ἓν σημαίνειν οὐδὲν σημαίνειν ἐστίν) [17]. Ferner bedeuten die N. nicht auf natürliche Weise (φύσει) [18] und nicht wie ein Werkzeug (ὡς ὄργανον) [19] – beides gegen die Sprachansicht des ‹Kratylos› gerichtet –, sondern aufgrund überkommener Geltung (κατὰ συνθήκην) [20]. Diese Geltung ist beständig, aber nicht unveränderlich, zumal die N. nur mittelbar über die Vorstellungen auf ihre Gegenstände bezogen sind. Ontologisch betrachtet, ist der N. daher einem Akzidens vergleichbar (ὥσπερ γὰρ ὄνομά τι μόνον τὸ συμβεβηκός ἐστιν) [21]. Die Mittelbarkeit der Bedeutung hat schließlich die Möglichkeit von Mehrdeutigkeit (πλείω σημαίνειν) zur Folge. Eines-bedeuten ist das Wesen der N., Eindeutigkeit aber ist eine Forderung, die die Wissenschaft an sie stellt, da ohne sie die Wahrheit der Rede nicht gewährleistet werden kann [22].

Sehr weit hat sich Aristoteles mit diesen Betrachtungen von den Problemen des ‹Kratylos› entfernt. So gilt ihm der mimetische Klang der N. nur noch als ein sprachliches Ausdrucksmittel, auf dessen Anwendung die Kunst der Rhapsoden und Schauspieler zurückgeführt werden kann [23]. Und die Etymologie wird zu einem rhetorischen Topos degradiert ([τόπος] ἀπὸ τοῦ ὀνόματος: einerseits für Eigennamen [24], andererseits für Wörter im allgemeinen [25]), der von der späteren Rhetorik-Tradition als «notatio» (CICERO) [26], «locus etymologiae» (QUINTILIAN) [27] oder im Mittelalter als «argumentum sive locus a nomine» [28] übernommen wird.

Anmerkungen. [1] Vgl. ARISTOTELES, De sens. 1, 437 a 14. – [2] Vgl. Poet. 21, 1457 b 8. – [3] Poet. 20, 1457 a 10f., vgl. De interpr. 2, 16 a 19f. – [4] Poet. 20, 1457 a 14f., vgl. De interpr. 3, 16 b 6. – [5] De interpr. 3, 16 b 19f. – [6] Vgl. Poet. 21, 1457 a 31-35; Beispiele in De interpr. 2, 16 a 21-27. – [7] Vgl. Rhet. III, 5, 1407 b 7f. – [8] Poet. 21, 1457 b 1ff. – [9] Vgl. Poet. 20, 1457 a 23f.; De interpr. 4, 16 b 26f. – [10] Vgl. Poet. 20, 1457 a 24f. – [11] De interpr. 4, 17 a 4. – [12] Poet. 19, 1456 b 9. – [13] Poet. 20, 1457 a 29f. – [14] Vgl. Anal. priora I, 35, 48 a 30; 39, 49 b 3ff.; Anal. post. II, 7, 92 b 6f. 31ff. – [15] Met. B 7, 1012 a 23f. – [16] Vgl. z. B. De interpr. 1, 16 a 1-18. – [17] Vgl. Met. B 4 pass., zit. 1006 b 7. – [18] De interpr. 2, 16 a 27; 4, 17 a 2. – [19] a.O. 4, 17 a 1. – [20] 2, 16 a 19. 27; 4, 17 a 2. – [21] Met. E 2, 1026 b 13f. – [22] Vgl. bes. Soph. el. 4, 165 b 23-166 a 21. – [23] Vgl. Rhet. III, 1, 1404 a 20-23. – [24] a.O. II, 23, 1400 b 16-25. – [25] Top. II, 6, 112 a 32-38. – [26] CICERO, Topica VIII, 35. – [27] QUINTILIAN, Inst. orat. I, 6, 28f.; vgl. VII, 3, 25. – [28] Vgl. E. R. CURTIUS: Europ. Lit. und lat. MA (⁹1978) Exkurs 14, 488.

4. *Sprachtheorie*. – Mit der *Stoa* beginnt die systematische Sprachbetrachtung innerhalb der griechischen Philosophie; die zuvor nur gelegentlich und nach Bedarf getroffenen Unterscheidungen werden vervollständigt. Unter dem Terminus λέξις wird die Ebene der Laute erörtert, die Ebene der Bedeutung hingegen unter dem Terminus λόγος. Damit wird es möglich, die Elemente der Lautgestalt (στοιχεῖα λέξεως) von den Elementen der Bedeutung (traditionell λόγου μέρη, im Bewußtsein der neuen Unterscheidung aber ebenfalls στοιχεῖα genannt [1]) klar zu unterscheiden, und erst damit ist die Lehre von den Redeteilen deutlich abgegrenzt.

Nach allgemeiner Überlieferung kennt die stoische Sprachlehre fünf Redeteile, deren Bezeichnungen sich auch bei Aristoteles finden (ὄνομα, προσηγορία, ῥῆμα, ἄρθρον, σύνδεσμος). Was bei Aristoteles allerdings nur als gelegentliche Unterscheidung der N. in besondere und allgemeine (ἴδιον/κοινόν) [2] auftaucht, wird von den Stoikern zu zwei verschiedenen Redeteilen – ὄνομα und προσηγορία – erhoben, die man gewöhnlich, aber irreführend mit 'Eigenname' und 'Gattungsname' übersetzt hat. Nach dem Bericht des DIOGENES LAERTIUS (um 200 n. Chr.) über den Bericht des Diokles von Magnesia (1. Jh. v. Chr.) hat der Stoiker DIOGENES VON BABYLON (2. Jh. v. Chr.) diese Termini so definiert: «Prosegoria ist ein Redeteil, der eine allgemeine Beschaffenheit (κοινὴν ποιότητα) bezeichnet, wie Mensch, Pferd. Onoma ist ein Redeteil, der eine besondere Beschaffenheit (ἰδίαν ποιότητα) bezeichnet, wie Diogenes, Sokrates» [3]. Was damit gemeint ist, macht erst der Zusammenhang zwischen den Redeteilen der stoischen Sprachlehre und den Kategorien der stoischen Ontologie deutlich. Beide bezeichnen Beschaffenheiten, die den wirklichen Dingen zukommen; diese aber sind körperlich und veränderlich. Der 'Eigenname' bezeichnet eine eigentümliche Qualität, die es erlaubt, ein einzelnes Ding von jedem anderen zu unterscheiden, der 'Gattungsname' dagegen eine Qualität, die verschiedenen Dingen zukommen kann und diese gemeinsam von andersartigen Dingen unterscheidet. Das jedoch, was beide unmittelbar bezeichnen, ihr eigentliches σημαινόμενον, ist selbst nichts Körperliches, sondern etwas nur Gedachtes, für das die Stoiker den Terminus λεκτόν geprägt haben. Als solches ist es weder wirk- und leidensfähig noch selbständig existierend, aber auch nicht abhängig davon, ob ein Ding von einer durch es bezeichneten Beschaffenheit jemals wirklich existiert. Für die Kennzeichnung wirklicher Existenz dient nach stoischer Lehre, soweit sich das rekonstruieren läßt, ein anderer Redeteil, das ἄρθρον [4]. Seine Funktion wird deutlich, wenn man es als sprachlichen Ausdruck der ontologischen Kategorie des ὑποκείμενον, der bloßen, völlig unbestimmten Existenz von etwas, versteht [5]. Den Unterschied von ὄνομα und ἄρθρον erläutert CHRYSIPP: Es sei unmöglich zu sagen, 'dieser [Mensch] ist tot', weil 'dieser' deiktisch (δεικτικόν) sei, die Deixis aber Lebendiges betreffe (ἐπὶ γὰρ ζῶντος καὶ κατὰ ζῶντος ἡ δεῖξις), mithin im Subjekt eine Existenz anzeige, die dann im Prädikat negiert werde. Dagegen könne man sehr wohl sagen, 'Dion ist tot', weil der N. 'Dion' keine Existenz impliziere, seine Nichtexistenz also durchaus im Prädikat ausgesagt werden könne [6]. Durch diese Unterscheidung wird aber auch deutlich, daß – trotz zahlreicher Beispiele wie 'Diogenes' und 'Sokrates' – N. hier keinesfalls die spätere grammatische Bedeutung von Eigenname hat, der ohne zu charakterisieren nur benennt, sondern daß vielmehr nach stoischer Ansicht der N. ohne zu benennen nur charakterisiert.

Während das ῥῆμα, das von einer Sache aussagt, wie sie sich jeweils selbst oder in Beziehung auf anderes verhält, also den stoischen Kategorien des πῶς ἔχον und des πρός τί πως ἔχον korrespondiert, bezeichnen ὄνομα und προσηγορία die eigene Bestimmtheit oder das, was eine

Sache zu dem macht, was sie jederzeit von sich her ist; sie sagen über die Sache, die sie benennen, etwas aus. Folglich gewinnt die Analyse der N. wieder große Bedeutung für die Stoiker. Neben Sprichwörtern und alten Dichterworten (besonders Homer) verwenden sie die *Etymologie* als ein geeignet erscheinendes Mittel, um die Natur der Dinge zu erkennen [7]. Vorausgesetzt wird freilich, daß die charakteristischen Beschaffenheiten der Dinge ursprünglich erkennbar sind und die N. wenigstens ursprünglich der Natur der Dinge entsprechend gegeben wurden. Dieser Erkenntnisoptimismus aber ist in der Tat eine Grundvoraussetzung der stoischen Philosophie, nach welcher die Natur selbst von demselben universalen Logos gestaltet wird wie das Denken und das Sprechen. Ein später Nachklang dieser stoischen Lehre findet sich bei einem Kommentator des Dionysios Thrax, der «den Philosophen» eine ausdrückliche Analogie zwischen den Elementen der Sprache (φωνή), den Elementen des Denkens (λόγος) und den kosmischen Elementen der Körper (σώματα) nachsagt [8].

Aus dem fruchtbaren Zusammenstoß der stoischen Philosophie und der alexandrinischen Philologie geht in einem sehr komplexen und schwer aufzuklärenden Entwicklungsprozeß die spätantike Grammatiktheorie hervor. Die *Grammatiker* unterscheiden acht Redeteile. Dabei werden einerseits, und zwar zumindest seit TRYPHON (1. Jh. v.Chr.), die stoischen Kategorien ὄνομα und προσηγορία als zwei Arten derselben Gattung wieder zusammengefaßt. Die grammatische Definition des N., wie sie von APOLLONIOS DYSKOLOS und seinem Sohn HERODIAN (2. Jh. n.Chr.) überliefert wird, verwendet dieselben Termini wie die stoischen Bestimmungen von ὄνομα und προσηγορία: «N. ist ein Redeteil mit Fällen, der jedem der zugrundeliegenden Körper oder [unkörperlichen] Sachen eine gemeinsame oder eigentümliche Beschaffenheit zuspricht» (ὄνομά ἐστι μέρος λόγου πτωτικόν, ἑκάστῳ τῶν ὑποκειμένων σωμάτων ἢ πραγμάτων κοινὴν ἢ ἰδίαν ποιότητα ἀπονέμον) [9]. Insofern sich die Grammatiker später nicht mehr an der stoischen, sondern an der peripatetischen Kategorienlehre orientieren, verändern sie die letzte Bestimmung dieser Definition [10]. Ein Scholiast nennt auch Namen: «Die um Romanos und [dessen Schüler, den alexandrinischen Aristoteles-Kommentator, 6. Jh. n.Chr.] Philoponos haben anstelle der Beschaffenheit 'Wesen' (ἀντὶ τοῦ ποιότητα οὐσίαν) gesetzt» [11]. Die reinen Grammatiker, von denen derselbe Scholiast berichtet, daß sie «nicht nur auf die Bedeutungen (πρὸς τὰ σημαινόμενα) blicken, sondern auch auf den Ausdruck (τοὺς τύπους τῆς φωνῆς)» [12], entziehen sich diesem philosophischen Problem dadurch, daß sie die semantischen Bestimmungen der Definition entschärfen, wie es repräsentativ bei DIONYSIOS THRAX zu lesen ist: «N. ist ein Redeteil mit Fällen, der Körper oder Sachen bezeichnet ... und auf gemeinsame und eigentümliche Weise bedeutet ...» (ὄνομά ἐστι μέρος λόγου πτωτικόν, σῶμα ἢ πρᾶγμα σημαῖνον, ... κοινῶς τε καὶ ἰδίως λεγόμενον ...) [13]. Ähnlich definieren lateinische Grammatiker, wie etwa DONATUS: «Nomen est pars orationis cum casu corpus aut rem proprie communiterve significans» [14]. Auf ein Minimum reduziert, findet sich diese Definition bei AUGUSTINUS wieder, der wohl auch hier nur gewöhnlichen Schulgebrauch referiert: «Nomen esse id quo res aliqua nominatur» (N. ist das, wodurch irgendeine Sache benannt wird) [15].

Andererseits wird ὄνομα nach wie vor als generische Bezeichnung für alle Redeteile gebraucht. APOLLONIOS DYSKOLOS versucht, dafür eine grammatische Begründung zu geben: Alle Redeteile können durch Vorsetzen des Artikels zu einem ὄνομα gemacht werden, bedeuten dann allerdings nichts anderes mehr als ihre eigene Lautform (τὸ ὄνομα τῆς φωνῆς) [16]. Gewöhnlich aber wird die generische Bedeutung von ὄνομα durch den Vorrang dieses Redeteils vor allen anderen erklärt [17]. Für die lateinischen Grammatiker wird diese Erklärung allerdings problematisch, weil im Lateinischen als generische Bezeichnung für alle Redeteile ‹verbum› vorgegeben ist. PRISCIAN versucht, diese Tatsache durch den Hinweis zu rechtfertigen, daß Verben von allen Redeteilen am häufigsten gebraucht werden [18], obwohl auch er am grammatischen Vorrang des Nomens festhält [19], während QUINTILIAN 'verbum' in seiner allgemeinen Bedeutung durch 'dictio' ersetzt [20]. AUGUSTINUS spielt mit dieser Problematik: Indem er das Argument von der möglichen Nominalisierung aller Wörter aufgreift [21], gelingt es ihm zu zeigen, daß «generale verbum et generale nomen», obwohl sie nicht dasselbe (non idem) bedeuten, doch genausoviel (tantundem) bezeichnen [22].

Anmerkungen. [1] Vgl. SVF 2, 148; DIOG. LAERT. (= DL) VII, 58; s. auch [8]. – [2] Vgl. ARISTOTELES, Rhet. III, 5, 1407 a 31; Eth. Nic. III, 2, 1110 b 24; Pol. IV, 2, 1289 a 36. – [3] DL VII, 58. – [4] Vgl. R. T. SCHMIDT: Die Grammatik der Stoiker (lat. 1839, zit. dtsch. 1979) 62-66. 130f.; J. PINBORG: Class. antiquity, in: Greece, current trends in linguistics, hg. TH. A. SEBEOK 13 (Den Haag 1975) 99; M. FORSCHNER: Die stoische Ethik (1982) 71 mit Anm. 38. – [5] Vgl. FORSCHNER, a.O. 43-53, bes. 47. – [6] Vgl. CHRYSIPP, SVF 2, 202 a, zit. Z. 27. 13f.; dazu PINBORG, a.O. [4] 65. – [7] Vgl. GALEN, SVF 2, 883; dazu allgemein SCHMIDT, a.O. [4] 51-60. 114-126; H. STEINTHAL: Gesch. der Sprachwiss. bei den Griechen und Römern 1 (²1890) 331-357. – [8] Vgl. Scholia in Dionysii Thracis Artem gramm., hg. A. HILGARD. Grammatici Graeci (= GG) I/3 (1901) 514f. – [9] GG I/3, 524; ebenso 358; entsprechend PRISCIAN, Inst. gramm. II, 8. Grammatici Lat. (= GL), hg. H. KEIL II (1855) 56f. – [10] Vgl. CHOIROBOSKOS, Prolegomena ..., hg. A. HILGARD. GG IV/1 (1889) 105, 23ff.; SOPHRON, Excerpta ..., hg. A. HILGARD. GG IV/2 (1894) 379, 32ff.; vgl. auch GG I/3, 215, 26; u.a. – [11] GG I/3, 524, 11f. – [12] 522, 29f. – [13] DIONYSIOS THRAX, Ars gramm., hg. G. UHLIG. GG I/1 (1883) 24, 3ff. – [14] DONATUS, Ars gramm. II, 1. GL IV (1864) 373, 1f. – [15] AUGUSTINUS, De mag. 5, 14. – [16] Vgl. APOLLONIOS DYSKOLOS, De constructione 1, 34, hg. G. UHLIG. GG II/2 (1910) 34, 3-7. – [17] Vgl. a.O. 18f.; GG I/3, 358, 10-21; 521, 13-20; u.ö. – [18] PRISCIAN, Inst. gramm. VIII. GL II (1855) 369, 5-10. – [19] a.O. XVII. GL III – 116, 7. 25ff. – [20] QUINTILIAN, Inst. orat. I, 5, 2. – [21] AUGUSTINUS, a.O. [15] 5, 16. – [22] a.O. 7, 20; vgl. 5, 12.

5. Philon von Alexandrien. – In der Stoa werden grammatische und etymologische Erklärungen der N. offenbar nicht als Gegensätze empfunden. Doch bald treten symbolische Deutung und semantische Analyse auseinander. Diese wird von der grammatischen Wissenschaft übernommen und formalisiert, jene wird von der theologischen Spekulation aufgegriffen und potenziert.

Wie für die Stoa, so ist auch für PHILON VON ALEXANDRIEN alles durch den urbildlichen Logos artikuliert. Dieser Logos ist gestaltetes Abbild Gottes oder seine erste Schöpfung und zugleich gestaltendes Vorbild seiner zweiten Schöpfung. Innerhalb unserer Welt ist er Privileg und Besonderheit des Menschen. Hier wie dort steht er in einer ursprünglichen Differenz von innerer Wahrheit und äußerer Kundgabe [1]. Im Rahmen dieser Unterscheidung zwischen dem inneren Logos als urbildlich beständigem Denken und äußerem Logos als dem sinnlich wahrnehmbaren und mitteilbaren, aber deshalb abbildlich unbeständigen Ausdruck des Denkens [2] wird das Wort definiert als der einer Sache zu- und untergeordnete N.: «Denn der N. ist immer ein zweites gegenüber der zugrundeliegenden Sache, ähnlich dem Schatten, der einen Körper begleitet» (ὄνομα γὰρ ἀεὶ δεύτερον ὑποκειμένου πράγματος, σκιᾷ παραπλήσιον, ἣ παρέπεται σώματι) [3]. Doch bezeichnen die N. nicht eigentlich die Dinge selbst, sondern bringen, wenn sie «nicht unangemessen und unpassend gebildet sind» (τὰς θέσεις μήτ᾽ ἀνοικείους μήτ᾽ ἀναρμόστους), «die Eigentümlichkeiten der Dinge sehr gut zum Ausdruck» (ἐμφαινούσας εὖ μάλα τὰς τῶν ὑποκειμένων ἰδιότητας), und zwar derart, «daß an ihrer Benennung zugleich auch ihre Natur erkannt wird» (ὡς ἅμα λεχθῆναί τε καὶ νοηθῆναι τὰς φύσεις αὐτῶν) [4].

Da nach Philon – nicht anders als für die gesamte antike Sprachreflexion – die Bedeutung der Rede auf die Bedeutungen ihrer Elemente zurückzuführen ist, stellt sich ihm das Problem des Ursprungs und der Angemessenheit der Sprache als ein Problem der N.-Gebung. Denn «gäbe es keine N., dann gäbe es auch keine Sprache» (μὴ γὰρ ὄντων ὀνομάτων, οὐδ᾽ ἂν διάλεκτος ἦν) [5]. Nun entstehen die N. nicht von selbst aus den Wesenheiten der Dinge, denn diese sind in sich vollkommen und bedürfen des N. nicht; sie müssen also gegeben werden. Unter Berufung auf Moses (Gen. 2, 19) und mit deutlicher Spitze gegen die Stoiker (οἱ παρ᾽ Ἕλλησι φιλοσοφοῦντες [6]) schreibt Philon die Aufgabe der Namengebung allein Adam zu, dem Erstgeborenen der Menschen. Denn erstens ist Adam die «eigenhändige» Schöpfung Gottes [7], also unter allen Menschen ihm am nächsten. Folglich ist seine «vernünftige Natur» noch «unvermischt», so daß er «die Vorstellungen von den Körpern und Gegenständen in voller Reinheit aufnimmt» (τὰς φαντασίας τῶν σωμάτων καὶ πραγμάτων ἀκραιφνεστάτας λαμβάνων) [8] – er erfüllt also in einzigartiger Weise die Bedingungen des stoischen Wahrheitskriteriums. Außerdem ist Adam nicht nur «weise», sondern auch «König» aller Kreatur, «dem Herrn aber kommt es zu, jedem seiner Untertanen einen N. zu geben» [9]. Und schließlich, gibt Philon zu bedenken, setzt die Einheitlichkeit der Namengebung die Einzigkeit des Namengebers voraus. Durch sie wird bewirkt, daß «die Setzung mit der Sache übereinstimmt und für alle dasselbe Zeichen des Dinges oder des Bezeichneten gilt» (ἡ θέσις ἐφαρμόττειν τῷ πράγματι, καὶ τοῦτ᾽ εἶναι σύμβολον ἅπασι τὸ αὐτὸ τοῦ τυγχάνοντος ἢ τοῦ σημαινομένου) [10]. Mit dieser Bestimmung des N.-Gebers, der das, was er benennt, erkannt hat und beherrscht, verbindet sich die Lehre, daß weder Gott, noch die Engel, noch auch das Wesen der Seele eigentlich benannt, d.h. durch ihren N. erkannt werden können. Nur uneigentlich offenbaren sie sich durch verschiedene N. unter jeweils besonderen Aspekten [11].

Durch die Entfernung der «nachgeborenen» Menschen von der eigenhändigen Erschaffung durch Gott erlahmt in ihnen die Fähigkeit, die ursprünglichen N. recht zu verstehen und zu gebrauchen. Es bleiben jedoch «Merkmale der Verwandtschaft mit dem Ahnherrn» [12], und folglich ist die Möglichkeit der Restauration gegeben. Aber nicht gelehrte Etymologie führt uns zu den Ursprüngen zurück – obwohl Philon etymologische Erklärungen häufig als Argument oder als Mittel der Exegese verwendet –, sondern die Reinigung der Seele. Ein kontemplatives Leben nach dem Vorbild der ʼTherapeutenʼ, d.h. fern vom Lärm der Welt, versetzt den Menschen unserer Zeit in die Lage, die ursprüngliche und wahre Bedeutung der Wörter wieder verstehen zu können. Nur unter derart günstigen Bedingungen kann es gelingen, die «in den Wörtern verborgene unsichtbare Bedeutung» (τὸν ἐναποκείμενον ταῖς λέξεσιν ἀόρατον νοῦν) zu erfassen und «durch die N. wie durch einen Spiegel die übermäßige Schönheit der in ihnen sichtbar werdenden Gedanken zu schauen» (ὥσπερ διὰ κατόπτρου τῶν ὀνομάτων ἐξαίσια κάλλη νοημάτων ἐμφαινόμενα κατιδοῦσα) [13].

Anmerkungen. [1] Vgl. PHILON VON ALEXANDRIEN, Leg. spec. 4, 69. – [2] Vgl. Migr. Abr. 77ff. – [3] Dekal. 82. – [4] Opif. mundi 149. – [5] Leg. alleg. 2, 15. – [6] a.O. – [7] Opif. mundi 148; vgl. 140. – [8] a.O. 150. – [9] 148. – [10] a.O. [5]. – [11] Vgl. Mut. nom. 8-15. – [12] Opif. mundi 145, vgl. 140. – [13] Vita cont. 78.

6. *Proklos.* – Während PLOTIN sprachphilosophische Fragen eher unter dem Begriff des Logos erörtert, welcher nach ihm die unvollkommene Weise der diskursiven Erkenntnis charakterisiert und der Seele zuzuordnen ist, tritt für die späteren Neuplatoniker wieder der N. ins Zentrum der Reflexion auf Sprache. Im Hintergrund steht die Namenmagie der ʻChaldäischen Orakelʼ, die JAMBLICH kommentiert und verteidigt und PROKLOS, selbst ein geweihter Theurge, gar als «heilige Worte» (ἱερὸς λόγος) schätzt [1]. In diesem Umkreis entsteht die ὄνομα-ἄγαλμα-Theorie [2], die Lehre von der symbolischen Kraft der N. Erstmals bei HIEROKLES VON ALEXANDRIEN belegt [3], wird sie von PROKLOS ausführlich entwickelt. «Wie die Konsekrationskunst (ἡ τελεστική) durch gewisse Symbole und geheime Zeichen die Standbilder (τὰ ἀγάλματα) den Göttern ähnlich macht ..., so errichtet auch die Gesetzgebungskunst (ἡ νομοθετική) gemäß derselben Nachahmungsfähigkeit die N. als Standbilder der Dinge (τὰ ὀνόματα ... ἀγάλματα τῶν πραγμάτων), indem sie bald durch solche bald durch andere Laute die Natur der Dinge abbildet (τὴν τῶν ὄντων φύσιν ἀπεικονιζομένη)» [4].

Zwischen N. und Sache besteht eine mittelbare Ähnlichkeitsbeziehung, die sich aus ihren Ursache- und Teilhabeverhältnissen erklärt: Einerseits sind die N. Abbilder der Vorstellungen (ψυχικὰ εἴδη) und die Vorstellungen Abbilder der Ideen (νοερὰ εἴδη). Andererseits sind auch die Dinge selbst Abbilder der Ideen. Nun hat jedes Abbild an seinem Urbild teil und ist durch es verursacht. Indirekt also sind die N. auch Abbilder der Dinge, obwohl zwischen ihnen kein direktes Teilhabe- und Verursachungsverhältnis besteht [5]. Mit einem Hinweis auf die Verringerung der Ähnlichkeit beim Abstieg von den Ideen zu den Dingen bzw. zu den N. versucht Proklos den alten skeptischen Einwand gegen die natürliche Bedeutungslehre, der sich auf Synonymie, Homonymie und Sprachverschiedenheit gründet, zu entkräften: Da ein N. die durch ihn benannte Idee niemals vollkommen abzubilden vermag, kann dieselbe Idee durch verschiedene N. bezeichnet werden, indem diese sie unter jeweils anderen Aspekten oder in jeweils unterschiedlichen Graden von Angemessenheit darstellen [6]. Mit der Feststellung, daß durch verschiedene Laute dasselbe bezeichnet werden kann, weil die Lautgestalten Nachbildungen der von ihnen bezeichneten Sachen sind [7], hat Proklos zwei Gedanken des ʻKratylosʼ, die aus der Sicht Platons unvereinbar waren, aufgegriffen und sie mit Hilfe seiner Stufentheorie zu einer affirmativen Erklärung der bedingten Richtigkeit der N. verbunden.

Doch sind mit diesen Bestimmungen nur die menschlichen N. oder die N. dritter Stufe charakterisiert. Von ihnen unterscheidet Proklos vor allem die ersten oder göttlichen N. (θεῖα ὀνόματα). Bei den Göttern sind N., Gedanke und Sache – d.h. sprechen, denken und schaffen – identisch. Das göttliche Wort ist der unmittelbar schöpferische Gedanke, und der in den vielen Gedanken artikulierte geistige Kosmos (κόσμος νοητός) ist nichts anderes als der Geist (νοῦς) selbst, in dem die Vielheit noch nicht aus der Einheit herausfällt [8]. Die dämonischen oder zweiten N. erklären sich von selbst. Sie sind nur für die theurgische Praxis von Bedeutung, die Vermittlungsmächte zwischen Göttern und Menschen braucht [9].

Obwohl Proklos die göttlichen N. «erste» (πρώτιστα) N. nennt [10], bleibt er letztlich doch im Rahmen der Lehren Plotins, wenn er sie zugleich nur in einem übertragenen Sinn N. sein läßt. Nicht der intuitiven Schau des Geistes, sondern dem diskursiven Erkennen der Seele ist das Sprechen eigentümlich (ταύταις [ψυχαῖς] γὰρ οἰκεῖον τὸ εἰπεῖν) [11]. Die Konsequenz des Gedankens, daß der 'erste' N. auch 'eigentlicher' N. sei, hat erst der späte AUGUSTINUS gezogen: «Verbum quod foris sonat (das menschliche Wort), signum est verbi quod intus lucet (letztlich des göttlichen Wortes), cui magis verbi competit nomen» [12]. Mit dieser Wendung des griechischen ὄνομα ins lateinische ‹verbum›, welches zugleich aus der biblisch inspirierten Logos-Lehre gespeist wird, ist die begriffsgeschichtliche Grenze vom N. zum Wort (Sing. zu ‹Worte›) überschritten. Das lateinische ‹nomen› als Restübersetzung von ὄνομα verliert damit alle spekulative Bedeutung. Es wird für lange Zeit als einer der acht Redeteile in der Schulgrammatik heimisch.

Am Ende der antiken Sprachbetrachtungen stehen die ‹Etymologien› des ISIDOR VON SEVILLA, in denen der N. nicht nur mit dem Entstehen, sondern auch mit dem Vergehen des Wissens verknüpft wird. Nach Isidor ist der N. ein Merkzeichen, das die Erkenntnis der Sachen sowohl bewirkt als auch vor der Vergessenheit bewahrt: «Nomen dictum quasi notamen, quod nobis vocabulo suo res notas efficiat. Nisi enim nomen scieris, cognitio rei perit» [13].

Anmerkungen. [1] PROKLOS, In Plat. Rem publ. comm., hg. W. KROLL (1899/1901) 2, 133, 17. – [2] Vgl. M. HIRSCHLE: Sprachphilos. und N.-Magie im Neuplatonismus (1979) 68. – [3] HIEROKLES VON ALEXANDRIEN, in aur. Pyth. carm. comm. 25, hg. F. W. KÖHLER (1974) 105f.; DEMOKRIT, vgl. VS 68 B 142(!). – [4] PROKLOS, In Plat. Crat. comm., hg. PASQUALI (1908) 19, 12-18. – [5] Vgl. HIRSCHLE, a.O. [2] 17ff., mit Belegen. – [6] Vgl. PROKLOS, In Plat. Tim. comm., hg. E. DIEHL (1903-06) 1, 97ff. – [7] a.O. 99, 1-4. – [8] z.B. 2, 255, 16-25; 3, 199, 26f. – [9] z.B. a.O. [4] 20, 13ff.; 32, 13ff.; 33, 12f. – [10] z.B. a.O. [1] 1, 170, 21. – [11] a.O. [6] 3, 243, 25. – [12] AUGUSTINUS, De Trin. 15, 11, 20. – [13] ISIDOR VON SEVILLA, Etymol. 1, 7, 1.

Literaturhinweise. – *Allgemeines:* H. STEINTHAL s. Anm. [7 zu 4]. – E. COSERIU s. Anm. [7 zu 1]. – J. PINBORG s. Anm. [4 zu 4]. – D. DI CESARE: La semantica nella filos. greca (Rom 1980). – *Zu den Vorsokratikern:* A. TRAGLIA: Per la storia dei termini *ónoma* e *rêma* e sul valore di *ónoma*, *lógos* ed *épos* in Eraclito e Parmenide, in: Contributi (Bari 1955) 147-161. – E. LOEW: Onoma und ónomazein bei Parmenides. Philol. Wschr. (1925) 666-668. – *Zu Platon:* K. GAISER: N. und Sache in Platons 'Kratylos' (1974). – *Zu Aristoteles:* E. COSERIU: τὸ ἓν σημαίνειν. Bedeutung und Bezeichnung bei Aristoteles. Z. Phonetik, Sprachwiss. Kommunikationsforsch. 33 (1979) 433-437. – *Zur Stoa:* R. T. SCHMIDT s. Anm. [4 zu 4]. – M. POHLENZ: Die Begründung der abendländ. Sprachlehre durch die Stoa (1939). Kl. Schr., hg. H. DÖRRIE 1 (1965) 39-86. – K. BARWICK: Probleme der stoischen Sprachlehre und Rhetorik (1957). – J. CHRISTENSEN: An essay on the unity of Stoic philos. (Kopenhagen 1962). – *Zur Grammatik:* G. F. SCHOEMANN: Die Lehre von den Redetheilen nach den Alten (1862). – *Zu Philon:* K. OTTE: Das Sprachverständnis bei Philo von Alexandrien (1968). – *Zu Proklos:* M. HIRSCHLE s. Anm. [2 zu 6].

T. BORSCHE

II. *Mittelalter und Renaissance.* – Im Mittelalter trägt der Begriff des N. primär semantische Charakteristika. Grammatiker und Logiker kommen darin überein, die für den N. bestimmende Definition PRISCIANS übernommen zu haben: «Proprium est nominis significare substantiam et qualitatem» (Die Eigentümlichkeit des N. besteht darin, die Substanz und die Beschaffenheit zu bezeichnen) [1]. Der N. unterscheidet sich von den anderen Wortklassen (partes orationis) weniger durch eine für ihn ausschließlich spezifische Funktion in Sätzen als vielmehr durch seine originär semantische Relation in ihrem funktions*begründenden* Charakter. Dieser Signifikationsgehalt des N. impliziert zugleich ein pragmatisches Moment, insofern über die Bedeutungsrelation ‹N./Sache› hinaus im Rezipienten des N. ein Begriff konstituiert wird: ‹Bezeichnendes Bedeuten› (significare) heißt einen Begriff erzeugen (intellectum generare) [2].

Die im 12. (ABÄLARD [3], Logica ‹Cum sit nostra› [4]) und 13. Jh. (PETRUS HISPANUS [5], WILHELM VON SHERWOOD [6]) gebräuchliche logisch-semantische Definition des N. läßt sich auf ARISTOTELES [7] und BOETHIUS [8] zurückführen: «Nomen est vox significativa ad placitum sine tempore cuius nulla pars separata aliquid significat finita recta» (Der N. ist ein Sprachlaut, der zeitlos nach Vereinbarung etwas bedeutet, bei dem kein Teil für sich etwas bedeutet, der finit und leitend ist) [9]. Es ist bemerkenswert, daß im Mittelalter (ROGER BACON) der Ternar «sonus» (Laut), «vox» (Sprachlaut) und «vox significativa» (Sprachlaut mit Bedeutung) im Anschluß an die aristotelischen Analysen zur Physiologie des Lebewesens diskutiert wird [10]. Wenngleich dem N. eine bestimmte Funktion als «pars orationis» nicht abgesprochen wird, verbleibt ihm als Grundcharakteristikum die semantische Relation, da sie allein seine satzlogische Verwendbarkeit verbürgt; eine flektierte Form als Satzsubjekt erfüllt nicht die Notwendigkeit des logisch-semantischen Satzsubjekts, stets eine Substanz zu bezeichnen [11]. Zugleich werden die acht traditionellen «partes orationis» auf zwei Wortklassen qua Satzelemente, «nomen» und «verbum», reduziert, da ein semantisch gültiger und vollständiger Satz nur aus der Kombination von «nomen» und «verbum», in die alle anderen Wortklassen eingehen, resultiert. Die Satzsymmetrie wird gewährleistet durch die wechselseitige Relation zwischen «nomen» und dem auf reine Prädikatsfunktion eingeschränkten «verbum» [12].

Der N. selbst weist unterschiedliche Bedeutungsgehalte auf [13]: «Nomen proprium» (Eigenname): «quod dicitur de uno solo in una significatione» (eindeutig ausgesagt von einem Individuum); «nomen appellativum» (Allgemeinbenennung): «quod dicitur de multis in una significatione» (eindeutig ausgesagt von vielen); «nomen categorematicum» (Kategorem): «quod significat rem alicuius praedicamenti» (bezeichnet den durch eine Aussageweise bestimmten Inhalt); «nomen syncategorematicum» (Synkategorem): «quod significat dispositiones subicibilium vel praedicabilium» (bezeichnet Verfaßtheiten an zugrunde liegenden oder aussagbaren Inhalten – etwa: omnis, nullus); weiterhin: «nomen univocum», «aequivocum», «denominativum»; «nomen primae vel secundae intentionis»; «nomen substantivum vel adiectivum»; «nomen habitus vel privationis».

Bei der Verwendung der auf «nomina propria» applizierten Definition Priscians erhebt sich das Problem, ob das «nomen proprium» eine Substanz mit ihrer Beschaffenheit bezeichnet oder ob es überhaupt etwas bedeutet. Eine spezifische Lösung dieses Problems liegt vor bei

ANSELM VON CANTERBURY, indem er die Funktion des N. neu begründet, und zwar durch die Unterscheidung von «significatio» (Bedeutung, meaning) und «appellatio» (Benennung oder Sinn, reference) [14]: Das «nomen proprium» (etwa: Sortes) benennt entweder ein Individuum, ohne es zu bedeuten, oder es bedeutet gerade das, was es benennt [15]; das «nomen appellativum» hingegen (etwa: grammaticus) bedeutet stets etwas als Beschaffenheit und benennt ein anderes etwas als Substanz: «Sufficienter probatum est grammaticum non esse appellativum grammaticae sed hominis, nec esse significativum hominis sed grammaticae» (Somit ist hinreichend bewiesen, daß ‹Grammatiker› nicht die Grammatik, sondern den Menschen *benennt* und nicht den Menschen, sondern die Grammatik *bedeutet*) [16]. Von ABÄLARD wird diese Differenzierung im «nomen appellativum» wiederaufgenommen und bisweilen terminologisch variiert, so daß die «significatio rei» oder «nominatio» der «appellatio», die «significatio intellectuum» der «significatio» entspricht [17]. Abälards Innovation besteht in der Einführung eines quasi-nomen im Bereich der «nominatio»: Ein Satzausdruck (dictum propositionis) 'Sortem esse hominem' ist in dem Satz 'Sortem esse hominem est necessarium' weder ein N., der eine «res», Sortes, benennt, noch ein Satz, der verifizierbar oder falsifizierbar wäre, sondern ein quasi-nomen einer quasi-res, eines Sachverhalts [18].

Die Semantik des N. gewinnt am Ende des 12. Jh. (PARVIPONTANI) an Tiefe aufgrund bewußter Aufnahme der ‹Logica nova› [19] und durch die pragmatische Relevanz der N.-Theorie im Zusammenhang mit der aufkommenden Disputation. Besonders das Auftreten von Paralogismen veranlaßt eine verstärkte Entwicklung einer Theorie der *Univokation*. Im Gegensatz zur Äquivokation wird Univozität gefaßt als «... manente eadem significatione variata nominis appellatio ...» [20], als mannigfaltige N.-Referenz bei gleichbleibender Bedeutung, und zwar in Argumentationszusammenhängen. Die Mannigfaltigkeit der N. ist kontextabhängig, während sich die Bedeutung des N. in ihrer Selbstidentität einer «prima impositio», einer ersten N.-Setzung, verdankt.

Am Anfang des 13. Jh. wird die Semantik der Univozität transformiert in eine Theorie der «suppositio», die eine Systematisierung der verschiedenen Möglichkeiten von Referenz in unterschiedlichen Kontexten darstellt. Das Revolutionäre dieser Suppositionstheorie ist die Fortbildung des N. zum «terminus». Die Bedeutung als immanente Eigentümlichkeit des N. wird abgelöst durch die Referenz als äußere Eigentümlichkeit des «terminus» [21]. Als Suppositionsweisen sind zu nennen [22]: «suppositio materialis» (der «terminus» steht für sich selbst; etwa: «homo est nomen»), «suppositio simplex» (der «terminus» steht für das, was er bedeutet; etwa: «homo est species»), «suppositio personalis» (der «terminus» steht für das Subjekt; etwa: «homo currit»), «suppositio personalis determinata» (der «terminus» steht für *ein* bestimmtes Subjekt; etwa: «homo currit»), «suppositio personalis confusa» (der «terminus» steht für mehrere Subjekte), «suppositio personalis confusa et distributiva» (der «terminus» steht für alle Subjekte, die jeweils für sich genommen werden können; etwa: «omnis *homo* est animal; ergo 'hic homo est animal' est verum»), «suppositio personalis confusa tantum» (der «terminus» steht für alle Subjekte, ohne daß sie jeweils für sich genommen werden könnten; etwa: «omnis homo est *animal*; ergo 'omnis homo est hoc animal' est falsum»).

Der Geltungsprimat der Bedeutung bei Petrus Hispanus und den Pariser Logikern, besonders JOHANNES PAGUS und LAMBERT VON AUXERRE, wird insofern restringiert, als einer vermittelnden Instanz (bridging entity), der «suppositio naturalis», die in ihrem Referenzcharakter unmittelbar den überzeitlichen Bedeutungsgehalt impliziert, vorrangig Beachtung geschenkt wird. Bei der «suppositio naturalis» wird ein «terminus» in sich selbst ohne kontextuale Bestimmtheit genommen, und zwar so, daß er für alle möglichen Individuen steht, die gemäß Vergangenheit, Gegenwart und Zukunft an dem, was der «terminus» bedeutet, partizipieren (Der terminus ‹Mensch› steht für alle vergangenen, gegenwärtigen und zukünftigen Menschen, die an dem formalen Bedeutungsgehalt ‹Menschheit› partizipieren) [23].

Bei der Vorherrschaft der Suppositionstheorie verbleibt der Theorie des N. besonders die Frage nach der N.-*Setzung* (impositio nominis). Für den Setzungsprozeß sind drei Momente bestimmend: der erste N.-Setzer (primus impositor nominis), das N.-Subjekt (cui imponitur nomen) und die N.-Bedeutung (a quo imponitur nomen). In Absetzung von dieser geläufigen Ansicht, daß nämlich ein erster N.-Setzer, Gott, im Subjekt die N.-Bedeutung als N. des Subjekts verknüpfend setzt, somit eine menschlicher Erfahrbarkeit entzogene Instanz innerhalb des Prozesses der N.-Gebung die primäre Funktion ausübt, und auch im Gegensatz zu den Suppositionstheoretikern begründet ROGER BACON [24] seine neue Theorie, die den alltäglichen Sprachgebrauch in das Zentrum der Betrachtung stellt. Durch das Zurückweisen des Geltungsanspruchs der Univozität wird das Verhältnis zwischen Univokation und Äquivokation umgekehrt. Jeder artifizielle N.-Gebrauch, sei er autonymisch (etwa: homo est disyllabum), sei er meta-sprachlich (etwa: homo est nomen), sei er meta-logisch (etwa: homo est species), wird auf aktualen N.-Gebrauch restringiert, so daß ein N. nur durch unmittelbare Verwendung seitens eines Sprechers Bedeutung gewinnt. Bacon spricht von «renovata significatio» oder «renovata impositio». Daß die Bedeutung von etwas stets neu gewonnen und dem etwas zuerkannt werden kann, hängt von der unmittelbaren Entscheidungsfreiheit des Sprechers ab, der, obwohl erster N.-Setzer, von der jeweiligen Sprechsituation zur N.-Setzung veranlaßt wird, dies jedoch nur okkasionell. Aufgrund einer Akzentverlagerung im Ad-placitum-Theorem wird die Hypothese, daß Namensgebung auf Vereinbarung beruhe, zur Baconschen These der individuellen Sprachfreiheit.

Konzentrierte Besinnung auf den Eigenwert spezifischer Wissenschaften als solcher ermöglicht in der zweiten Hälfte des 13. Jh. den Aufschwung einer besonderen Disziplin, der spekulativen Grammatik. Sie gibt sich nicht mehr damit zufrieden, allein logische Grammatik zu sein, sondern sucht der Sprache als Sprache eigentümliche Logizität zu explizieren. Nach ersten Ansätzen bei JORDAN VON SACHSEN und ROBERT KILWARDBY entwickeln besonders die Dacer MARTINUS, BOETHIUS und JOHANNES, ferner MICHAEL VON MARBAIX, RADULFUS BRITO, SIGER VON COURTRAI und THOMAS VON ERFURT [25] eine Sprachtheorie, die sich unter Voraussetzung einer Ontologie und Vernunfttheorie der Entfaltung der «modi significandi» (Bedeutungsweisen) zuwendet. Derartige «modi significandi» haben die Funktion, durch Verknüpfung von Lexem (dictio) - einer aus Sprachlaut (vox) und materialer Bedeutung (ratio significandi) gebildeten Spracheinheit - und formaler Bedeutung (ratio consignificandi oder modus significandi) jeweils eine bestimmte Wortklasse (pars orationis) zu konstituieren, so daß ein identischer Bedeutungsgehalt durch die Formierung seitens der Bedeutungsweisen unterschieden wird [26]. Diese Modalisierung der Wortklassen kommt unmittelbar in ihren Definitionen zum Ausdruck, wie speziell aus der Bestimmung des N. erhellt: «Nomen ergo est pars orationis significans per modum entis, vel determinatae apprehensionis» (Der N. ist demnach eine Wortklasse, die auf die *Weise* eines Seienden oder bestimmten Erfassens signifikative Funktion besitzt) [27]. Die formale Wortklassen- und Syntaxbetrachtung der Modisten resultiert aus der Auffassung der Grammatik als einer Universalwissenschaft mit gegenüber den Singulärsprachen metasprachlichem Anspruch.

Die modistische Sprachlogik findet im Mittelalter auch im Rahmen metaphysischer Diskussionen Verwendung [28], wird aber gerade wegen der eigenen metaphysischen und erkenntnistheoretischen Implikationen scharf bekämpft, besonders von JOHANNES AURIFABER und PETER VON AILLY [29], Repräsentanten der von WILHELM VON OCKHAM inaugurierten «via moderna», die einer Autonomisierung der extensional verfahrenden Logik aufgrund radikaler Trennung zwischen extra- und intramentaler Realität das Wort redet. OCKHAMS Theorie des N. steht von vornherein im Zusammenhang mit seiner Terminus-, Suppositions- und Prädikationstheorie. Gemäß der Differenzierung in «termini scripti», «prolati» und «concepti» (geschriebene und gesprochene Terme der natürlichen Sprache und erfaßte Terme der Mentalsprache) begegnen «nomina scripta», «vocalia» und «mentalia» [30]. Ockhams spezifisches Interesse gilt im Rahmen seiner Universalientheorie dem allgemeinen N. der Mentalsprache. Da entgegen der Konzeption eines extramentalen realen Universale für Ockham «universalia» nur als «intentiones animae» (Gedankeninhalte) – oder im Bereich der Vokalsprache als nach Belieben eingesetzte Zeichen – anzutreffen sind [31], da ferner die traditionellen Suppositionsweisen auf «suppositio personalis», «materialis» und «simplex» reduziert werden und einzig der «suppositio personalis» signifikativer Charakter zuerkannt wird [32], besitzen die «nomina communia», sofern sie etwas bedeuten, einzig die Funktion, für partikuläre Substanzen personal zu supponieren; sie bedeuten nichts anderes als Einzeldinge (nomina communia ... significant praecise res singulares), bedeuten somit eine Mannigfaltigkeit, von der sie nicht etwa äquivok, sondern univok prädiziert werden [33].

Für MEISTER ECKHARTS N.-Theorie ist konstitutiv: Der eingeschränkte Geltungsbereich der N. als Definitionsgehalte, die Gründungsfunktion Gottes in seiner Identität von Innominabilität und Omninominabilität [34] und die Paradoxalstruktur des göttlichen «verbum», das im ungeschaffenen und unerschaffbaren Seelengrund dieser selbst ist und als dieser Seelengrund univok bezogen ist auf das göttliche Sein (deus-pater in seinem Sein) bezogen ist, darüber hinaus sich als Einheit oder Gottheit erkennt und zugleich dieses Erkennen erkennt, um stets sich selbst zu erkennen und zu wollen (Das Ich als Urbild erkennt sich selbst als Bild, so daß das Ich als causa sui Ursprung seiner selbst und zugleich Einheit seiner Selbstdifferenzierung ist) [35]. Diese Theorie bildet abgeschwächt den Hintergrund der Ergon- und Energeiatheorie der Sprache des NIKOLAUS VON KUES. Geprägt von der neuplatonisch transformierten Sprachtheorie Platons, kombiniert Cusanus die von Platon diskutierten Physei- bzw. Thesei-Theoreme. Er denkt den menschlichen Verstand (ratio) als verbindenden und trennenden Ursprung der die selbst übereinstimmenden und unterschiedenen Sinnendinge bestimmenden N. (impositio nominis fit ad beneplacitum) [36], ohne daß der N. als «ens rationis» vom «nomen naturale» gänzlich verschieden wäre: Er ist vielmehr das «nomen naturale», freilich als seine Andersheit, da der Verstand nicht fähig ist, die Genauigkeit des «nomen naturale» zu erkennen [37]. Allein der Geist (mens) als Vernunft (intellectus) [38] besitzt aufgrund seiner «intuitio veritatis absolutae» [39], seines Bild-Charakters, Einsicht in das Wesen des «nomen naturale»: «Unum est igitur verbum ineffabile quod est precisum nomen omnium rerum vt motu rationis sub vocabulo cadunt, quod quidem ineffabile nomen in omnibus nominibus suo modo relucet, quia infinita nominabilitas omnium nominum: et infinita vocabilitas omnium voce expressibilium: vt sic omne nomen sit ymago precisi nominis ...» (Es gibt also ein einziges unaussagbares Wort, welches der genaue N. aller Dinge ist, sofern sie durch die Verstandesbewegung unter das Sprachwort fallen. Dieser unaussagbare N. strahlt jedoch auf eigentümliche Weise in allen N. wider, da er die unendliche Nennbarkeit aller N. und die unendliche Sprachlauthaftigkeit alles dessen ist, was durch Sprachlaut ausdrückbar ist, so daß auf diese Weise jeder N. Bild des genauen N. ist) [40]. Während bei Eckhart jedoch die verbum-Theorie eine Theorie der Selbstdifferenzierung des Ich ist, steht für Cusanus der Geist qua Vernunft zunächst in der Bild-Differenz zu seinem Ursprung, seinem Objekt [41], um erst in der Hinwendung zu diesem Ursprung, dem «nomen naturale», die Einheit seiner selbst und seines Ursprungs, um damit zugleich selbst für alles Entsprungene Ursprung zu sein [42].

Auch in der *Renaissance* begegnet neben der Akzentuierung der Volkssprache (DANTE) [43] und der Rhetorik (PETRARCA, VALLA) [44] eine an PLATON und PLOTIN anknüpfende N.-Diskussion, so bei FICINO: Sei es, daß die natura rerum Urheber der N. ist, sei es, daß dort, wo die Natur N.-Findung nicht oder nur schwer ermöglicht, Gewohnheit oder Übereinkunft für sich oder in Verbindung mit der Natur N.-Gebung begründen – das Wissen der Dinge hängt nicht von den N. ab, sondern von den Ideen (ideae), deren Begriffsgehalte (notiones) uns eingeboren und die ersten, wahren N. der Dinge sind (prima veraque nomina rerum) [45].

Anmerkungen. [1] PRISCIANUS, Inst. gramm. II, 8, hg. M. HERTZ/H. KEIL. Grammatici Lat. II (1855) 55, 6; vgl. DONATUS, Ars gramm. II, 1, hg. H. KEIL. Grammatici Lat. IV (1864) 373, 2f. – [2] Vgl. ABAELARDUS, Dialectica I, hg. L. M. DE RIJK (Assen ²1970) 112, 31; vgl. ARISTOTELES, De interpr. 3, 16 b 20. – [3] Vgl. ABAELARDUS, Dial. I, a.O. 129, 4f. – [4] Vgl. Logica ‹Cum sit nostra› I, in: Logica Modernorum (= LM) II/2, hg. L. M. DE RIJK (Assen 1967) 418, 12f. – [5] Vgl. PETRUS HISPANUS, Tract. I, 4, hg. L. M. DE RIJK (Assen 1972) 2, 12f. – [6] Vgl. GUILLELMUS DE SHERWOOD, Introductiones I, in: M. GRABMANN: Die Introductiones in logicam des Wilhelm von Shyreswood († nach 1267). Sber. bayer. Akad. Wiss., philos.-hist. Abt. 10 (1937) 31, 21f. – [7] Vgl. ARISTOTELES, De interpr. 2, 16 a 19-21. – [8] Vgl. BOETHIUS, De syllogismo categorico I. MPL 64, 794 D. – [9] Vgl. Dialectica Monacensis, Introd., in: LM II/2, a.O. [4] 463, 22f. – [10] Vgl. ROGER BACO, Summulae dialectices. Sevilla, Bibl. Cap. Colombina, Cod. 5-2-40, fol. 76rb/va; vgl. ARISTOTELES, Hist. animal. IV, 9, 535 ab. 536 ab. – [11] Vgl. ARISTOTELES, De interpr. 1, 16 a 32-b 1; Dial. Monac., Introd., in: LM II/2, a.O. [4] 464, 12f. – [12] Vgl. Logica ‹Ut dicit›, in: LM II/2, a.O. [4] 380, 20-35. – [13] Vgl. ROGER BACON, Summulae dialectices, hg. R. STEELE (Oxford 1940) 236, 18-237, 23. – [14] Vgl. ANSELMUS CANTUARIENSIS, De grammatico. Werke, hg. F. S. SCHMITT 1 (1968) 141-168. – [15] Vgl. GUILLELMUS DE CONCHES, Glossule in Prisc., in: LM II/1, hg. L. M. DE RIJK (Assen 1967) 224. – [16] ANSELMUS CANT., De gramm. 14, a.O. [14] 159, 26f. – [17] Vgl. ABAELARDUS, Logica

‹Ingredientibus›. Glossae super Peri ermenias. Philos. Schr., hg. B. GEYER (1927) 309, 1-13. – [18] Vgl. ABAELARDUS, Dial. I, a.O. [2] 150, 13-16; Logica ‹Ingredientibus›, a.O. 367, 12f.; 443, 32f. – [19] Vgl. J. PINBORG: Logik und Semantik im MA. Ein Überblick (1972) 16-18 (zur Logica nova). – [20] Tract. de univocatione Monacensis, in: LM II/2, a.O. [4] 337, 4f.; vgl. Fallacie Parvipontane, in: LM I, hg. L. M. DE RIJK (Assen 1962) 562, 11f. – [21] Vgl. Dial. Monac. VI, in: LM II/2, a.O. [4] 605f.; Logica ‹Cum sit nostra› V, a.O. 446, 31-33: «Terminus supponit quando ponitur in oratione; terminus significat sive ponitur in oratione sive extra orationem.» – [22] Vgl. zu WILHELM VON SHERWOOD, Logica ‹Cum sit nostra›, Logica ‹Ut dicit›, PETRUS HISPANUS, LAMBERT VON AUXERRE, ‹Summe Metenses›, ‹Summule Antiquorum› im Zusammenhang mit der Suppositionstheorie: PETRUS HISPANUS, Tract., Introd., a.O. [5] LXXVII-LXXIX. LXXXIf. – [23] Vgl. PETRUS HISP., Tract. VI, 4, a.O. 81, 1-10. – [24] Vgl. ROGER BACON, De signis, hg. K. M. FREDBORG/L. NIELSEN/J. PINBORG. Traditio 34 (1978) 81-136, bes. 109-115; Compendium studii theologiae, hg. H. RASHDALL (Farnborough 1966); dagegen: ROBERTUS KILWARDBY, Commentum super Prisc. maior., hg. K. M. FREDBORG u.a. (Kopenhagen 1975) 71-73. – [25] Vgl. PINBORG: Die Entwickl. der Sprachtheorie im MA (1967) 60-135. – [26] Vgl. PINBORG, a.O. [19] 113f. – [27] THOMAS VON ERFURT, De modis significandi sive grammatica speculativa II, n. 16. THOMAS OF ERFURT, Grammatica speculativa, hg. G. L. BURSILL-HALL (London 1972) 154. – [28] Vgl. R. IMBACH: Gravis iactura verae doctrinae. Proleg. zu einer Interpr. der Schrift 'De ente et essentia' Dietrichs von Freiberg O.P. Freib. Z. Philos. Theol. 26 (1979) 369-425. – [29] Vgl. PINBORG, a.O. [25] 172-185; M. MARKOWSKI: Sprache und Logik im MA. Misc. mediaev. 13/1 (1981) 36-50, bes. 47. – [30] Vgl. GUILELMUS DE OCKHAM, Summa logicae (= SL) I, 3. Opera philos. 1, hg. P. BOEHNER/G. GÁL/S. BROWN (New York 1974) 11-14. – [31] Vgl. SL I, 17, a.O. 59. 65f. – [32] Vgl. SL I, 64, a.O. 195-197. – [33] Vgl. SL I, 17, a.O. 60. 78-92. – [34] Vgl. MEISTER ECKHART, In Exod. n. 35. Lat. Werke II, 41, 15-42, 1. – [35] Vgl. zum Ganzen: MEISTER ECKHART, Pr. 16b. Dtsch. Werke (= DW) I, 268, 3-270, 8; 273, 3f.; Pr. 22. DW I, 382, 3-383, 1; Pr. 52. DW II, 492, 3-7; 502, 4-504, 3; B. MOJSISCH: Meister Eckhart. Analogie, Univozität und Einheit (1983). – [36] NICOLAUS DE CUSA, Idiota de mente 2. Werke, hg. P. WILPERT (1967) I, 240, 37. – [37] Vgl. De mente 2, a.O. 240, 38f. – [38] Vgl. a.O. 242, 1-3. – [39] Vgl. De mente 7, a.O. 255, 33f. – [40] De mente 2, a.O. 242, 11-15. – [41] Vgl. De mente 3, a.O. 243, 38-40. – [42] Vgl. De mente 3, a.O. 244, 9-11. – [43] Vgl. K. O. APEL: Die Idee der Sprache von Dante bis Vico. Arch. Begriffsgesch. 8 (1963) 95-123. – [44] Vgl. W. KÖLMEL: Humanist. Sprachkritik: Petrarca-Valla. Misc. mediaev. 13/2 (1981) 657-667. – [45] Vgl. M. FICINUS, In Cratylum Epitome. Opera 2 (Basel 1576, ND Turin 1962) 1314.

Literaturhinweise. – Allgemein: N. KRETZMANN: Semantics, History of, in: The Encycl. of Philos. 7 (New York 1967) 358 b-406 a. – A. MAIERÙ: Terminologia logica della tarda scolastica (Rom 1972). – K. KOERNER: Linguistic thought in the middle ages (Amsterdam 1980). – *Zur Logik bis zum 14. Jh.:* J. JOLIVET: Arts du langage et théologie chez Abélard. Ét. Philos. médiév. 57 (Paris 1969) 13-62. – J. LEGOWICZ: Das Problem des Ursprungs der «Allgemeinheit» von N. in der Universalientheorie bei Abaelard. Misc. mediaev. 13/1 (1981) 352-356. – L. M. DE RIJK: Die Bedeutungslehre der Logik im 13. Jh. und ihr Gegenstück in der metaphys. Spekulation. Misc. mediaev. 7 (1970) 1-22; The development of suppositio naturalis in mediaeval logic I: Natural supposition as non-contextual supposition. Vivarium 9 (1971) 71-107. – J. PINBORG: Bezeichnung in der Logik des XIII. Jh. Misc. mediaev. 8 (1971) 238-281. – H. W. ENDERS: Sprachlog. Traktate des MA und der Semantikbegriff. Ein hist.-system. Beitrag zur Frage der semant. Grundlegung formaler Systeme (1975). – H. A. G. BRAAKHUIS: The views of William of Sherwood on some semantical topics and their relation to those of Roger Bacon. Vivarium 15 (1977) 111-142. – A. DE LIBERA: The Oxford and Paris traditions in logic. Cambridge history of later medieval philos. (Cambridge 1982) 174-187. – *Zur Grammatica speculativa:* H. ROOS: Die Modi significandi des Martinus de Dacia (1952). – B. E. O'MAHONNY: The mediaeval doctrine of modes of meaning (Louvain 1964). – G. L. BURSILL-HALL: Speculative grammars of the middle ages (Den Haag 1971). – *Zu Logik und Sprache im 14. und 15. Jh.:* G. LEIBOLD: Zu Interpretationsfragen der Universalienlehre Ockhams. Misc. mediaev. 13/1 (1981) 459-464. – V. RICHTER: Ockham und Moderni in der Universalienfrage. Misc. mediaev. 13/1 (1981) 471-475. – W. HÜBENER: «Oratio mentalis» und «oratio vocalis» in der Philos. des 14. Jh. Misc. mediaev. 13/1 (1981) 488-497. – K. O. APEL: Die Idee der Sprache bei Nicolaus von Cues. Arch. Begriffsgesch. 1 (1955) 200-221.

A. DE LIBERA/B. MOJSISCH

III. *Neuzeit.* – In der Neuzeit taucht der Terminus ‹N.› zunächst vorwiegend in den Grammatiken auf. Die grundlegende Einteilung der N. in Eigennamen (nomina propria) und Gemeinnamen (nomina appellativa) spielt in der Renaissance nur selten eine Rolle; wo sie überhaupt vorgenommen wird (wie z.B. bei LILY [1]), hält man sich zunächst an die auf DONATUS [2] zurückgehende Definition, nach der ein Eigenname ein solcher N. ist, der genau einen Gegenstand bezeichnet. Eine Ausnahme unter den Renaissance-Grammatikern ist SIGER DE COURTRAI [3], der eine aus der Logik entlehnte formale Bestimmung dieser Unterscheidung gibt: danach sind Eigennamen solche, die nicht mit universellen Artikeln (signa universalia) wie 'jeder' oder 'kein' kombiniert werden können.

Die spätere traditionelle Grammatik bietet teilweise formale (morphologische), teilweise inhaltliche (semantische) Definitionen für den Terminus ‹N.› an; oft werden auch verschiedene Kriterien zugleich gebraucht, wodurch die Definitionen nicht immer ganz stimmig sind. Das am häufigsten gebrauchte formale Kriterium der frühen traditionellen Grammatik ist die Deklinierbarkeit; ein häufiges semantisches Kriterium ist, daß N. Dinge oder Qualitäten bezeichnen. Innerhalb der N. wird dann zunächst zwischen Adjektiven und Substantiven, innerhalb der Substantive wiederum zwischen Eigen- und Gemeinnamen unterschieden. Beide Subklassifizierungen werden in der Regel nach semantischen Kriterien vorgenommen, obwohl auch syntaktische Unterschiede bemerkt werden. Die strikte Trennung der Nomina von den Adjektiven hat sich in der Grammatik erst im 18. Jh. vollständig durchgesetzt.

In der rationalistischen Port-Royal-Grammatik [4] fallen die N. in die Kategorie der Wörter, die die Gegenstände des Denkens bezeichnen (im Gegensatz zu solchen, die die Form und Art der Gedanken bezeichnen). Gegenstände des Denkens sind dann entweder Substanzen oder Akzidentien. Auf der sprachlichen Ebene entspricht dieser Zweiteilung die Subkategorisierung der N. in Substantive und Adjektive. Innerhalb der Substantive unterscheiden die Port-Royal-Grammatiker dann noch einmal zwischen N. für Ideen, die nur für einen einzigen Gegenstand stehen (wie 'Paris'), und solchen, die für mehrere stehen ('Mensch'); erstere sind die Eigennamen (noms propres), letztere die Gemeinnamen oder Appellative (appelatifs).

Bei den Philosophen, die sich ausführlicher mit der Sprache auseinandergesetzt haben, wird bis ins 19. Jh. hinein nicht immer zwischen ‹N.› und ‹Wort› im allgemeinen unterschieden. So sind für J. LOCKE [5] sowohl Eigennamen als auch Substantive als auch beliebige andere Ausdrücke, die Ideen bezeichnen, N. Dabei unterscheidet er drei Arten von N. danach, ob sie einfache Ideen (z.B. 'Licht'), gemischte Modi ('Vatermord') oder Substanzen ('Gold') bezeichnen. Auch G. BERKELEY [6] gebraucht ‹N.› in diesem weiten Sinn. Nach ihm bezeichnen allerdings Gemein-N. niemals abstrakte Ideen, sondern lediglich jeweils viele einzelne Ideen auf unbestimmte Weise.

Im 19. Jh. rückt der Begriff des N. wieder stärker ins Zentrum logischer und philosophischer Betrachtungen. Nach B. BOLZANO [7] bezeichnen N. – genauer: Eigennamen – stets gemischte Vorstellungen der Form: «der Gegenstand, der daran Ursache ist, daß ich einst diese und jene Anschauung hatte». Im Falle des N. 'Sokrates' bestünden diese Anschauungen z. B. darin, daß man an den großen Philosophen denkt, der vor soundsoviel Jahren in Griechenland unter dem N. 'Sokrates' gelebt hat.

A. DE MORGAN [8] unterscheidet vier Anwendungen von N., von denen er zwei objektiv und zwei subjektiv nennt. Objektiv kann sich ein N. auf einen Gegenstand (z. B. Caesar) außerhalb des Geistes oder auf (als unabhängig vom Geist gedachte) Qualitäten (z. B. 'Caesar' zu heißen) beziehen. Subjektiv kann sich ein N. auf eine Klasse von Gegenständen oder auf ein Attribut beziehen; Klasse und Attribut sind nach De Morgan zwei verschiedene Möglichkeiten des Geistes, Pluralitäten auf Singularitäten zurückzuführen.

Nach E. SCHRÖDER [9] unterscheiden sich N. von anderen Wörtern durch die Eigenschaft, gemäß sprachlicher Konventionen Gegenstände des Denkens selbständig zu bezeichnen. Die einfachen N. sind dabei die konkreten Eigennamen; das sind solche N., die (wie 'Venus') konkrete, wahrnehmbare Gegenstände bezeichnen. Diesen stellt Schröder die abstrakten N. gegenüber, die sich auf Attribute konkreter Gegenstände beziehen; zu den Attributen zählen Qualität, Quantität und Beziehungen.

Vor allem J. ST. MILL [10] hat sich ausführlich mit der Einteilung der N. beschäftigt. Neben den Unterteilungen der N. in konkrete (z. B. 'Mensch') und abstrakte ('Farbe') sowie in Eigen- und Gemein-N. führt er auch eine Unterscheidung von konnotativen und nicht-konnotativen N. ein. Erstere bezeichnen Gegenstände und schreiben ihnen gleichzeitig Eigenschaften zu; letztere implizieren keine Eigenschaften der bezeichneten Gegenstände. Nach Mill sind alle konkreten Gemein-N. konnotativ: 'Mensch' z. B. bezeichnet alle Menschen und schreibt ihnen die Eigenschaft, Mensch zu sein, zu. Eigennamen wiederum sind nach Mill stets nicht-konnotativ: 'Dartmouth' z. B. ist der Name einer Stadt, die zwar an der Mündung des Flusses Dart liegt, die aber immer noch durch diesen N. bezeichnet werden könnte, wenn etwa der Fluß seinen Lauf änderte. Insbesondere ergibt sich also bei Mill eine unterschiedliche Analyse von Eigen-N. und Kennzeichnungen [11].

Demgegenüber vertritt G. FREGE [12] eine einheitliche Theorie, wobei er N. und Kennzeichnungen unter dem Sammelbegriff «Eigennamen» zusammenfaßt. Danach besitzen N. wie Kennzeichnungen neben ihren Referenten (der Bedeutung) einen Sinn, wenn auch bei ersteren dieser nicht für alle Sprecher einer Sprache derselbe sein muß. So werden z. B. einige Sprecher dem N. 'Aristoteles' den Sinn der Kennzeichnung 'der Schüler Platos und Lehrer Alexanders des Großen' unterlegen, während andere 'Aristoteles' im Sinne von 'der aus Stagira gebürtige Lehrer Alexanders des Großen' auffassen mögen. Diese «Schwankungen des Sinns» von N. sind für Frege ein typischer Mangel der Gebrauchssprache, der bei der Konstruktion einer «vollkommenen Sprache» (der Wissenschaft) ausgeschlossen werden müsse.

Während Frege N. *wie* Kennzeichnungen analysiert, ohne dabei vorauszusetzen, daß erstere stets durch letztere paraphrasierbar sind, faßt B. RUSSELL [13] die N. der Gebrauchssprache *als* Kennzeichnungen (bzw. als Abkürzungen für solche) auf. Neben solchen verkappten Kennzeichnungen gibt es nach Russell auch echte N. (logische Eigen-N.), deren Bedeutung mit ihrem Denotat, dem N.-Träger, gleichzusetzen ist. (Russell lehnt die Fregesche Unterscheidung zwischen Sinn und Bedeutung ab.)

Ein Problem, das sowohl die Fregesche als auch die Russellsche Betrachtungsweise mit N. der Gebrauchssprache haben, ist die Vagheit der mit einem N. zusammenhängenden, den N.-Träger identifizierenden Eigenschaften. Um diese Schwierigkeit zu umgehen, schlagen Vertreter der sogenannten Cluster-Theorie [14] vor, mit jedem N. ein ganzes Bündel von Kennzeichnungen zu assoziieren, von denen jeweils hinreichend viele den N.-Träger identifizieren. Zu den Eigenschaften, die mit dem N. 'Moses' assoziiert werden, könnten demnach folgende gehören: einziger Führer der Israeliten beim Auszug aus Ägypten gewesen zu sein; Träger des N. 'Moses' gewesen zu sein; das vollbracht zu haben, was die Bibel über Moses berichtet usw. Ein Sprecher des Deutschen müßte dann eben nicht alle, wohl aber eine genügend große Anzahl dieser Eigenschaften mit dem N. 'Moses' in Verbindung bringen, damit der eindeutige Bezug auf den Referenten (nämlich Moses) garantiert ist.

S. KRIPKE [15] hat eine Reihe von Einwänden vorgebracht, die sich gegen alle Theorien richten, die die Bedeutung von N. auf Eigenschaften oder Kennzeichnungen zurückführen wollen. Kripkes Hauptargument basiert (ähnlich wie schon Mills Betrachtungen) auf der Beobachtung, daß solche Theorien Sätze der Form 'N ist nicht F' als widersprüchlich deklarieren würden, sobald die Eigenschaft F in die Bedeutung des N. N eingeht; nach der Russellschen Theorie drückte also der Satz «Scott ist nicht die Person namens 'Scott'» einen Widerspruch aus, obwohl es sich doch (nach Kripke) beim Inhalt dieses Satzes um einen kontingenten (wenn auch nicht bestehenden) Sachverhalt handelt. Ähnlich argumentiert Kripke gegen die Cluster-Theorie: es wäre ja immerhin möglich, daß der N.-Träger keine der Eigenschaften des mit ihm zu assoziierenden Bündels besitzt. Kripkes Schluß aus diesen Argumenten ist, daß N. bloß referieren und keinen Inhalt (oder Sinn) haben. Die Frage, woher dann die N. ihre Referenten bekommen, soll von einer (von Kripke nur skizzierten) Kausaltheorie der Eigen-N. beantwortet werden: der N.-Träger ist derjenige Gegenstand, der am Anfang der Kausalkette steht, die durch den Gebrauch des N. entsteht. Die Kausaltheorie soll auch eine Erklärung dafür liefern, daß sich ein Sprecher mit Hilfe eines N. auf einen Gegenstand X beziehen kann, ohne daß er über eine X identifizierende Kennzeichnung verfügt.

Ein spezielles Problem stellen leere N., also solche ohne (existierenden) N.-Träger, dar; dies sind insbesondere fiktionale N. wie 'Sherlock Holmes'. Während sich solche N. nach den Theorien von FREGE und RUSSELL sowie nach der Cluster-Theorie in Analogie zu nicht-referierenden Kennzeichnungen analysieren lassen, bereiten sie für KRIPKES Kausaltheorie eine erhebliche Schwierigkeit: die Gebrauchskette führt bei ihnen ins Leere. Kripkes eigener Ausweg besteht darin, N. wie 'Sherlock Holmes' als verkappte Kennzeichnungen anzusehen, womit die Theorie an Einheitlichkeit verliert; die dabei zugrundegelegte Kennzeichnungstheorie ist dabei nicht die Russellsche, sondern steht der Fregeschen erheblich näher.

Eine andere Lösung des Problems der fiktionalen N. schlägt T. PARSONS [16] vor: Eine (unabhängig davon motivierte) Erweiterung des Gegenstandsbereichs, der Ontologie, um fiktive Entitäten (wie z. B. Romanhelden) stellt die Referenten für N. wie 'Sherlock Holmes' bereit. Hat man erst einmal diese Gegenstände widerspruchsfrei eingeführt, so läßt sich die Kripkesche N.-Theorie auch auf fiktionale N. anwenden. Der Unterschied zwischen gewöhnlichen N.-Trägern und Gegenständen wie Sherlock Holmes besteht dann im wesentlichen darin, daß letztere nicht notwendig bezüglich aller Eigenschaften determiniert sind und insofern (nach einem von Parsons vorgeschlagenen Kriterium) nicht existieren. Im Unterschied zu leeren Kennzeichnungen, die überhaupt nicht referieren, besitzen also fiktionale N. Referenten, wenn diese auch nicht existieren.

Anmerkungen. [1] W. LILY: Grammatica latina (1527), ND in: Jb. dtsch. Shakespeare-Ges. (1908) 75. – [2] DONATUS, Ars grammatica. Grammatici Lat., hg. H. KEIL IV (1864, ND 1961) 355. – [3] SIGER DE COURTRAI, Oeuvres, hg. G. WALLERAND (Louvain 1913), 97. – [4] A. ARNAULD und C. LANCELOT: Grammaire gén. et raisonnée (Paris 1660), ND hg. H. E. BREKLE (1966) 29ff. – [5] J. LOCKE: An essay conc. human understanding (London 1690) III. – [6] G. BERKELEY: A treatise conc. the principles of human knowledge (Dublin 1710) Introd. § 18. – [7] B. BOLZANO: Wiss.-lehre (1837) I, § 75. – [8] A. DE MORGAN: On the syllogism and other logical writings, hg. P. HEATH (London 1966) 116ff. – [9] E. SCHROEDER: Vorles. über die Algebra der Logik I (1890, ND New York 1966) Einl., B. – [10] J. ST. MILL: A system of logic (London 1843, ⁸1965) I, 2. – [11] Vgl. Art. ⟨Eigenname⟩ und ⟨Kennzeichnung, Kennzeichnungstheorie⟩. – [12] G. FREGE: Über Sinn und Bedeutung. Z. Philos. philos. Kritik 100 (1892) 17. – [13] B. RUSSELL: The philos. of logical atomism. Monist 28 (1918) 524; Introd. to mathem. philos. (London 1919, ¹²1967) 174f. – [14] Vgl. L. WITTGENSTEIN, Philos. Unters. I, § 79; J. R. SEARLE: Proper names. Mind N.S. 67 (1958) 166f. – [15] S. KRIPKE: Naming and necessity (Oxford 1980, dtsch. 1981). – [16] T. PARSONS: Nonexistent objects (New Haven 1980) 111ff.

Literaturhinweise. – Zur Gesch. der trad. Gramm.: E. VORLAT: The development of English grammatical theory 1586-1737 (Leuven 1975). – I. MICHAEL: English grammatical categories and the tradition to 1800 (Cambridge 1970). – *Zum 20. Jahrhundert:* W. V. O. QUINE: On what there is. Rev. Metaphysics 2 (1948) 21ff. – N. L. WILSON: In defense of proper names against descriptions. Philos. Studies 4 (1953) 72ff. – K. S. DONELLAN: Proper names and identifying descriptions. Synthese 21 (1970) 335ff. – L. LINSKY: Names and descriptions (Chicago/London 1977). – D. S. SCHWARZ: Naming and referring (Berlin/New York 1979). – M. DUMMETT: Frege – Philos. of language (London ²1981) 54ff.

TH. ZIMMERMANN

IV. *Sprachwissenschaft.* – Die Sprachtheorie im Sinne der Sprachwissenschaft postuliert, der Ausdruck ⟨N.⟩ solle den N. im engeren Sinne, also den Eigen-N. (Vor-N., Familien-N., Götter-N., Orts-N. usw.) vorbehalten bleiben. Das 'nomen proprium' ist also zu trennen vom 'nomen appellativum', dem normalen Wort. Sieht man davon ab, daß dem N. in frühen Kulturen magische Kraft zugesprochen wurde, die Macht über den N.-Träger verlieh, so darf für die heutige Bewußtseinsstufe als Regel gelten, daß der N. in erster Linie der identifizierenden Kennzeichnung des Benannten dient. Seine Funktion besteht wesenhaft darin, diakritisches singuläres Erkennungszeichen zu sein, und wenn er überdies zufällig 'sprechend' sein sollte, so ist das, von der Benennungsfunktion her betrachtet, eine entbehrliche Zutat. Der N. ist infolgedessen vom Wort dadurch unterschieden, daß er nichts zu bedeuten braucht, daß er also in der Regel keinen sprachsystembedingten Inhalt hat wie ein bedeutungtragendes Wort, sondern gleichsam als Lautetikett seinem Träger direkt zugeordnet ist, ohne etwas über ihn aussagen zu müssen. Dies wird dadurch bekräftigt, daß z. B. bei der Wahl des Vor-N. für ein Kind erfahrungsgemäß heute weder der etymologische Sinngehalt des N. noch die Berufung auf einen N.-Patron bzw. auf eine Familientradition ausschlaggebend zu sein pflegt, sondern vielmehr der Wunsch nach Wohlklang und die mehr oder minder bewußte Anpassung an den Zeitgeschmack. Freilich schließt dies nicht aus, daß auch der eigentliche Sinn des N. oder der Bezug auf einen christlichen N.-Patron, meist bei Gebildeten oder Gläubigen, beachtet wird. Auch können Schriftsteller wie Th. Mann durch geschickte Namenwahl für ihre Helden dem Ausspruch 'nomen est omen' zu erneuter Geltung verhelfen, während im tatsächlichen Leben solche Bezüge dem reinen Zufall überlassen bleiben. Daß die sprachliche Leistung des N. von der des Wortes grundlegend verschieden ist, erhellt aus einem einfachen Beispiel: die Berufsbezeichnung 'Müller' (Mann, der eine Mühle betreibt) ist ein Wort der deutschen Sprache, dessen Inhalt etwas über den so bezeichneten Mann aussagt, also etwas bedeutet. Heißt jedoch ein Mensch lediglich 'Müller', ohne selbst Müller zu sein, dann liegt ein N. vor, d. h. ein identifizierendes Etikett, das keinerlei inhaltlichen Aufschluß über seinen Träger zu geben vermag. Historisch hat sich der N. 'Müller' vom Worte 'Müller' abgelöst und mit der N.-Funktion seine inhaltliche Geltung eingebüßt. Treten mehrere Personen mit diesem N. auf, so werden zusätzliche diakritische Zeichen gefordert, um dem N. seine identifizierende Funktion zu erhalten: es treten also z. B. Vor-N., Wohnort, Geburtstag usw. hinzu. Der N. 'Müller' stiftet keine Begriffsklasse wie das Wort im Felde der deutschen Berufsbezeichnungen. Freilich können die Grenzen zwischen N. und Wort fließend und deshalb im Einzelfall schwer zu bestimmen sein: wohl die meisten N. sind historisch aus Wörtern entstanden, wobei sie ihren Wortinhalt weitgehend eingebüßt haben. Wörter können auch weiterhin zu N. werden und N. zu Wörtern, sie gewinnen damit einen sprachsystembedingten Inhalt: so z. B. im Falle des Zeppelins, wo eine bestimmte Konstruktion lenkbarer Luftschiffe mit dem zunächst nichtssagenden N. ihres Erfinders belegt wurde, der dann insofern 'sprechend' werden und eine Wortbedeutung gewinnen konnte, als er zur gängigen Bezeichnung eines bestimmten Typus von Luftfahrzeugen wurde und im 'Felde' der Flugzeuge einen inhaltlichen Stellenwert gewann [1]. Wörter für nur einmal existierende Gegenstände rücken verständlicherweise in N.-Nähe, ohne doch N. zu sein (Sonne, Mond u. ä.). Besonders im weiten Bereich der Markenbezeichnung kann die Entscheidung darüber, ob N. oder Wörter vorliegen, gelegentlich Schwierigkeiten bereiten.

Anmerkung. [1] H. GIPPER: Muttersprachl. Wirkungen auf die wiss. Begriffsbildung und ihre Folgen. Arch. Begriffsgesch. 9 (1964) 243-259.

Literaturhinweise. H. AMMANN: Die menschl. Rede 1 (1925) 6. Kap.: Der N., 66ff. – O. FUNKE: Zur Definition des Begriffes 'Eigenname', in: Festschr. J. Hoops (1925) 72-79. – D. GERHARDT: Über die Stellung der N. im lexikal. System. Bl. Namenforsch. 1 (1949/50) 1-24. – J. KURIŁOWICZ: La position linguistique du nom propre. Onomastica (1956) 1-14. – A. GARDINER: The theory of proper names (New York 1957). – P. HARTMANN: Das Wort als N. (1958). – P. TROST: Zur Theorie des Eigen-N., in: Omagiu I. Iordan (Bukarest 1958) 867-869. – H. ST. SØRENSEN: The meaning of proper names with a definiens formula for proper names in modern English (Kopenhagen 1963). – W. FLEISCHER: Zum Verhältnis von N. und Appellativum im Deutschen. Wiss. Z. Univ. Leipzig, Ges. Sprachwiss. Kl. 13 (1964) 369-378. – O. LEYS: De eigennaam als linguïstisch teken (Leuven 1965). – F. L. DEBUS: Aspekte zum Verhältnis N.–Wort (Groningen 1966). – H. GIPPER und H. SCHWARZ: Bibliogr. Hb. zur Sprachinhaltsforsch. 1 (1966) Einl. XCVIff., ferner die Besprechungen zu den Titeln Nr. 5226 (D. GERHARDT), 6651 (P. HARTMANN).

H. GIPPER

Name Gottes

I. *Altes Testament und jüdische Tradition.* – 1. Namenlos ist der eine Gott, gerade deswegen gibt es für ihn viele Benennungen. Weil Gottes Eigenname *Jhwh* unaussprechbar ist, heißt er «der ausdrücklich (oder geheim) ausgesprochene Name». Alle Benennungen Gottes sind Versuche der Menschen, den Namen Gottes (N.G.) nachträglich zu begreifen und zu benennen, denn «ehe die Welt erschaffen wurde, existierte nur Gott und sein Name» [1]. Sein «großer Name lebt und besteht in alle Ewigkeit» [2].

Die Unterscheidung zwischen den 'Benennungen' Gottes – in der Literatur als ‹Askara› bezeichnet, eine Abkürzung von «Haskarat Haschem», «Aussprechen des Namens» [3] – und dem 'Namen' (schem) geht nach talmudischer Tradition auf Ex. 3, 25 [4] zurück: «R. Abina wies auf einen Widerspruch hin: es heißt 'Dies ist mein Name auf ewige Zeiten', dagegen heißt es 'dies ist meine Benennung von Geschlecht zu Geschlecht'!?» [5].

Im AT wird Gott mit einer Fülle möglicher Benennungen benannt, die im Laufe der Entwicklung philosophischer Spekulationen immer mehr ergänzt und variiert werden. A. MARMORSTEIN weist z. B. für das rabbinische Judentum 91 Synonyme für Gott nach [6]; im 11.–14. Jh. sprach man von den 70 N.G. [7]. PETRUS GALATINUS, auf den die neuzeitliche Theologie irrtümlicherweise die falsche Lesart 'Jehowah' für *Jhwh* zurückführt, zählt 1518 genau 720 N.G. auf, die er aus den 10 Modi der 72 Namen des 72buchstabigen Gottesnamens gewinnt [8]. Besonders die philosophische Attributenlehre des Mittelalters [9] und die Kabbala [10] beschäftigten sich mit den N.G. und seinen Benennungen im AT. MAIMONIDES spricht in ‹Über die Heiligung seines Namens› von 7 zu heiligenden N.G.: «Der Name, der JHWH geschrieben wird. Das ist der schem hammephorasch, er ist es auch, wenn er Adonai geschrieben wird. El; Eloah; Elohim; Elohe oder Elohai; Schaddai; Zebaoth» [11]. J. BUXTORF (fil.) nennt mit Berufung auf HIERONYMUS [12] 10 Namen: El, Elohim, Elohai (Elohe), Zebaoth, Eljon, Ehejeh, Adonai, Jah, Schaddai, Jhwh [13] und teilt sie in zwei Gruppen ein: «Quaedam enim desumpta sunt ab Essentia Dei: ut Ehejeh, Jah, Jhwh; quaedam ab Effectis et Atributis ejus, ut sunt caetera Nomina» (einige Namen sind von Gottes Wesen abgeleitet, so Ehejeh, Jah, Jhwh; einige von seinen Wirkungen und Attributen, das sind die übrigen Namen) [14]. Diese 10 Namen bei Buxtorf entsprechen in etwa denen bei MAIMONIDES, da dieser meint, der Name Ehejeh sei mit dem Tetragrammaton Jhwh identisch [15] und der Name Jah sei ein Teil des Tetragrammatons [16]. Alle anderen Namen seien aus dem Tetragrammaton abgeleitete Namen, nur dieses drücke «das Wesen Gottes» aus [17]. Wie die talmudische Tradition zwischen dem Namen und den Benennungen Gottes unterscheidet, so differenziert die jüdische wie christliche Religionsphilosophie zwischen dem Namen Jhwh, der allein das Wesen oder die Essenz Gottes ausdrückt, und den übrigen Namen, die alle nur von diesem einen Namen abgeleitet sind und Gottes Attribute bezeichnen.

2. *Jhwh* kommt im AT 6823mal vor. Der vier Radikale wegen heißt dieser Name auch das «Tetragrammaton». Die Aussprache von Jhwh, über die es eine lange Diskussion gegeben hat, ist heute festgelegt als Jahweh [18], eine Lesart, die zum ersten Mal 1567 von G. GENEBRARD vorgeschlagen worden war [19]. Die ursprüngliche Aussprache ist nicht gesichert, auch die ursprüngliche Bedeutung des Namens ist unklar [20]. In den von Juden verfertigten griechischen Übersetzungen des AT für Juden und den Umschreibungen des AT mit griechischen Buchstaben in der ‹Hexapla› des ORIGENES wird dieser Name nie übersetzt, sondern auch im Griechischen mit seinen vier Radikalen Jhwh wiedergegeben [21]. In den christlichen Kopien der ‹Septuaginta› wird Jhwh mit κύριος übersetzt, etwa 330mal mit θεός. Im Deutschen steht meistens «Herr», «Ewiger» oder «der Ewige».

Jhwh kommt im AT 315mal in Verbindung mit *Adonai* («mein Herr») vor (LUTHER: «Herr Herr»), 134mal steht Adonai alleine für Jhwh. Es ist anzunehmen, daß schon zu einer Zeit, in der es noch möglich war, kleine Korrekturen im Wortlaut des alttestamentlichen Textes vorzunehmen, Adonai dem Wort Jhwh vorangesetzt wurde, um zu vermeiden, daß der Name Jhwh ausgesprochen wurde, was aus sicher noch mindestens bis 586 v.Chr. tat. Die Vokale des Wortes Adonai sollten anzeigen, daß das folgende Jhwh als Elohim *ausgesprochen* werden sollte («mein Herr Elohim»). Gerade weil in den ‹Chroniken› immer Jhwh alleine steht, niemals jedoch Adonai, nimmt man an, daß schon um 300 v.Chr. statt Jhwh immer Adonai gelesen wurde [22]. Vielleicht geht diese Vermeidung des Namens Jhwh auf eine Fehlinterpretation des 3. Gebots (Ex. 20, 7) zurück, das zwar nicht die Aussprache des Namens Jhwh verbietet, wohl aber, mit dem Namen Jhwh falsch zu schwören, ihn «zu mißbrauchen» (vgl. Lev. 24, 16). Daß trotz der Lesung Adonai in jüdischen Kreisen aber weiterhin die *Schreibweise* Jhwh verwendet wurde, zeigen die ‹Hexapla› (3. Jh.) und alle frühen Übersetzungen von Juden für Juden [23].

Erst die Christen haben in ihren Kopien der ‹Septuaginta› den Namen Jhwh durch κύριος übersetzt, haben also den Namen auf Griechisch so übersetzt, wie sie ihn auf Hebräisch ausgesprochen gehört haben. Gerade weil sie den Namen nicht wie die Juden transliteriert oder in hebräischen Buchstaben im griechischen Text wiedergegeben haben, kann man annehmen, daß der Name Jhwh für die Christen nicht besonders heilig war. Andererseits konnten die Juden zu der Ansicht kommen, die Christen hätten den Namen Jhwh dadurch besonders geheiligt, daß sie ihn noch nicht einmal mit seinen Buchstaben geschrieben, sondern ihn völlig durch κύριος wiedergegeben haben. Nach dieser Auffassung wäre die Vermeidung des Namens Jhwh in der späteren jüdischen Tradition eine Folge der christlichen Kopisten der ‹Septuaginta›. – Im Mittelalter, als der hebräische Text von den Masoreten punktiert wurde, wurden die Radikale von Jhwh mit einer geringfügigen Änderung [24] mit den Vokalen von Adonai punktiert, was dann bei den christlichen Hebraisten zur Mißform JeHoWaH (Jehova) geführt hat (Galatinus, Reuchlin, Luther, Buxtorf, Fuller, Gataker, Leusden). Obwohl schon im 17. Jh. behauptet worden war, diese Lesart gehe auf P. Galatinus (1518) zurück [25], hat schon 1651 J. VOISIN nachgewiesen, daß in 3 der 4 Manuskripte von R. MARTINS 1278 geschriebener ‹Pugio fidei› die Lesart «Jehovah» zu finden ist [26].

Der Name Jhwh wurde in der jüdischen Tradition zum «Eigennamen» Gottes, dem *«schem hammephorasch»* (κύριον ὄνομα). Diese Bezeichnung stammt aus halachischen Quellen des 2. Jh. n.Chr. und steht ursprünglich in keinem Zusammenhang zur jüdischen Mystik [27]. Der Gegensatz zu «schem hammephorasch» ist der «Beiname», Kinnui, προσηγορικὸν ὄνομα. Ausgangspunkt aller Diskussion über die Bedeutung von «schem hammephorasch» ist der Mischna-Satz: «Im Heiligtum sprach man [der Priester] den Namen so, wie er geschrieben wird, aus, außerhalb des Heiligtums aber nur einen Beinamen (Kinnui)» [28]. Schon talmudische Stellen [29] setzten als Gegensatz zu dem «Beinamen» den «schem hammephorasch», und klassisch wird die Stelle bei MAIMONIDES: «Daselbst [im Tempel] spricht man auch den Namen ganz so aus, wie er geschrieben wird; er besteht nämlich aus den Buchstaben Jod, He, Waw, He; dies ist der *Schem hammephorasch*». Außerhalb des Tempels wird Gott mit einem *Kinnui* benannt, nämlich durch «*Alef Dalet*» [30].

Die Buchstaben Jod, He, Waw, He sind die des Tetragrammatons, die Buchstaben Alef und Dalet sind die Abkürzungen für Adonai. Wie aber Jhwh auszusprechen ist, weiß auch Maimonides nicht [31]. Im 2. und 3. Jh. n. Chr. kannte man allerdings noch die Aussprache, da Abba Saul denen, die den Namen gemäß seinen Buchstaben *aussprechen*, den Anteil an der zukünftigen Welt abspricht [32].

Zwei Übersetzungen von «schem hammephorasch» sind erwogen worden: a) «der deutlich, ausdrücklich ausgesprochene Name» und b) «der geheime, nicht auszusprechende Name».

Beide Übersetzungen leiten sich her vom Partizip Pual des Verbs «parasch», trennen, absondern, ausdrücklich angeben. Das Partizip «mephorasch» heißt «klar bestimmt», «entschieden» (Nu. 15, 34), «klar und verständig», «in Abschnitte zerlegt» (Ne. 8, 8). Nehemia fügt hinzu: «so daß man verstand, was gelesen worden war».

Fast alle neuzeitlichen Auslegungen berufen sich auf Maimonides: Jhwh sei «der Gott ausschließlich zukommende Name» und darum werde er schem hammephorasch genannt (Übersetzung S. Munk: le nom de Dieu distinctement prononcé; S. Pines: articulated name); «und dies bedeutet, daß dieser Name das Wesen Gottes in einer klaren, nicht-äquivoken Weise bezeichnet» [33]. So P. GALATINUS: «nomen expositum» [34]; J. REUCHLIN: «nomen expositorium» [35]; J. BUXTORF: «nomen explicatum vel expositum» [36]; R. MARTIN: «nomen expositum» [37]; J. F. BUDDE: «nomen separatum vel explicatum» [38].

M. LUTHER beruft sich auf R. Martin und Salvagus Porchetus (sem hamme foras, id est explanatum): «Schem Hamphoras, welchs sol heißen: der ausgelegte Name» [39].

E. NESTLE übersetzt: «nomen separatum i.e. distinctum = ausgesondert, ausgezeichnet, reserviert, einzigartig zu fassen» [40], W. BACHER: «der ausgezeichnete, von den anderen Namen abgesonderte, Gott allein eigentümliche Name» [41]. M. GRÜNBAUM [42] meint dagegen (ausgehend von der Bedeutung «nomen separatum», «nomen secretum»), schem hammephorasch heiße: «der geheime, verborgene, nicht auszusprechende Name, der «abgesonderte», «wunderbare» Name. Auch er kann sich auf MAIMONIDES berufen, denn dieser sagt, im schem hammephorasch «ist das Geheimnis Gottes enthalten» [43].

Die beiden Übersetzungen von schem hammephorasch müssen sich nicht ausschließen: Wer vom schem hammephorasch als dem «ausdrücklich, deutlich ausgesprochenen Namen» spricht, meint hiermit, daß Gott sich mit dem Namen Jhwh ausdrücklich und deutlich Moses offenbart, er diesen als seinen Eigennamen bezeichnet hat. Wer hingegen schem hammephorasch als den «geheimen, nicht auszusprechenden Namen» interpretiert, meint hiermit seine Heiligung und Ehrung. Gerade weil Gott sich selbst unter diesem Namen Jhwh Moses offenbart hat, konnte dieser Name als der deutlich ausgesprochene – von anderen Gottesnamen abgesonderte und so besondere – besonders verehrt werden; deshalb auch durfte er nicht entweiht werden.

Doch das Nicht-Aussprechen des Namens gehört, wenigstens was das palästinensische Judentum betrifft, einer späten Zeit an (ca. 300). Gerade das deutliche Aussprechen des Namens Jhwh spielte schon alttestamentlich manchmal (vgl. 1. Sam. 17, 43–45; Ps. 20, 89; 118, 26; 148, 13; 1. Chr. 16, 2) eine wichtige Rolle, weswegen L. Löw [44], W. HEITMÜLLER [45] und K. KOHLER [46] die Meinung vertreten, «be-schem», immer übersetzt durch «im Namen Gottes», müsse eigentlich durch «mit Nennung des Namens», «with pronunciation of the Name» [47] übersetzt werden.

3. *Schem* und seine *Heiligung*. – a) Schon im AT wird Gott als «Name» (schem) bezeichnet, womit immer nur der Name Jhwh gemeint ist. Nie wird Gott mit ha-schem *angeredet* [48]. Meistens spricht Jhwh von sich selbst als von seinem Namen: «mein Name» (Ex. 20, 24; Lev. 20, 3; Jes. 48, 9; Jer. 44, 26; Am. 2, 7; Hes. 20, 44; 36, 20; 36, 22; 39, 7; 43, 7). «Name» als Bezeichnung für Gott ist somit vorzüglich Selbstbezeichnung Jhwh's und zwar immer verbunden mit der Ankündigung oder Aufforderung zur «Heiligung des Namens».

Alle Versuche der Menschen, den *einen* N.G. zu erkennen und zu begreifen, sind indes nicht nur nachträglich, sondern sie sind auch vorläufig: erst am Ende der Tage wird der N.G. einzig und einzigartig sein: «Und sein Name ist. Ist er denn jetzt nicht einer? R. Nahmann b. Jizchaq (gest. 356) erwiderte: Die zukünftige Welt wird dieser Welt nicht gleichen; in dieser Welt wird er Jod He geschrieben und Alef Dalet gelesen, in der zukünftigen Welt wird er aber ganz einer sein, indem er Jod He geschrieben und Jod He gelesen werden wird» [49]. Dann aber ist Gott nicht mehr in der Vorläufigkeit mannigfaltiger Benennungen benennbar. F. ROSENZWEIG beschreibt den Tag der Erlösung unter diesem Aspekt: «Wo dem einen Namen keine anderen Namen mehr sich entgegenwerfen, wo der eine Name all-ein ist und alles Geschaffene ihn und nur ihn bekennt, da ist die Tat der Heiligung zur Ruhe gekommen» [50].

Am Ende der Tage werden alle Völker mit einer Sprache sprechen, «auf daß alle anrufen den Namen Jhwh's und ihm einheitlich *dienen*» [51].

b) «Dienst» ist die «Heiligung des Namens», und dieser Dienst geschieht nicht durch theologische Erörterungen oder philosophische Spekulationen, sondern durch Handlungen: «Alle Deine Handlungen seien zum (wegen des) Namen(s) des Himmels» [52].

Die Lehre von der «Heiligung des Namens» [53] geht zurück auf Lev. 22, 31–32: «Darum haltet meine Gebote und tut danach; ich bin Jhwh. Entheiligt nicht meinen heiligen Namen, damit ich geheiligt werde unter den Kindern Israels; ich bin Jhwh, der euch heiligt». Das Handlungsgefüge zwischen Gott und den Menschen ist ein wechselseitiges. Gott heiligt seinen Namen durch die Welt, und die «Heiligung des Namens» wird so zur Verpflichtung für die Welt. Diese Verpflichtung ist darum auch als das 9. der 613 Gebote bzw. Verbote formuliert worden [54], noch *vor* den Geboten, das «Höre Israel» zu beten (Nr. 10) und die Torah zu studieren (Nr. 11). Darum ist für L. BAECK der Begriff der «Heiligung des Namens» der «Inbegriff menschlicher Verpflichtung vor Gott» [55]. H. COHEN sieht in der «Heiligung des Namens» das Ziel aller religiösen Pflichten: «Die ‹Heiligung des göttlichen Namens› ist derjenige Terminus, in welchem alles religiöse Pflichtenleben zusammengefaßt wird» [56]. Die gesamte jüdische Ethik, die Befolgung der Gebote und Verbote Gottes, kann deshalb als «Heiligung des Namens» angesehen werden.

c) Als höchste «Heiligung des Namens» gilt der Märtyrertod. Dieser ist die letzte Konsequenz der Verpflichtung des Menschen vor Gott [57]. Der Sprachgebrauch «Heiligung des Namens» = Märtyrertum geht auf das AT zurück: «Wenn wir den Namen unseres Gottes vergessen hätten und unsere Hände aufgehoben zum fremden Gott: würde das Gott nicht erforschen? Er kennt ja unseres Herzens Grund. Doch um deinetwillen werden wir täglich getötet und sind geachtet wie Schlachtschafe» (Ps. 44, 21–23).

Die Kap. 20, 36 und 39 bei Hesekiel beschreiben das Schicksal der Juden als eine Wechselwirkung von Entheiligung des Namens durch die Menschen und Heiligung des Namens durch Jhwh selbst. Zerstreuung und Sammlung geschieht beides um der Heiligung des Namens willen: «Ich tue es nicht um euretwillen, ihr vom Hause Israel, sondern um meines heiligen Namens willen, den ihr entheiligt habt unter den Heiden ... Denn ich will meinen großen Namen, der von den Heiden entheiligt ist, den ihr unter ihnen entheiligt habt, wieder heilig machen ... Denn ich will euch aus den Heiden herausholen und euch aus allen Ländern sammeln und wieder in euer Land bringen» (Hes. 36, 22–24).

Anmerkungen. [1] PIRKE DE RABBI ELIEZER, Kap. 3; engl.: G. FRIEDLÄNDER (London 1916, ND New York 1971) 10; zur philos. Einordnung dieses Satzes in die Attributenlehre vgl. MAIMONIDES: Führer der Unschlüssigen I, 61, hg. A. WEISS (1923, ND 1972) 1, 226; im Anschluß an Maimonides dann R. MARTIN: Pugio fidei adversus Mauros et Judaeos (²1687, ND 1977) 649f. – [2] b. Berakhot V, 1; fol. 32a. – [3] W. BACHER: Die exegetische Terminologie der jüd. Traditionslit. 1. Teil (1899, ND 1965) 186-188; J. FÜRST: Schem hammephorasch oder Askara, der ausdrücklich, deutlich ausgesprochene Gottesname Jhvh. Z. Dtsch. Morgenländ. Ges. [= ZDMG] 33 (1879) 297-301; Askara oder Schem hammephorasch, das ausdrücklich ausgesprochene Tetragrammaton. ZDMG 36 (1882) 410-416. – [4] Vgl. auch Jes. 26, 8; Ps. 135, 13; Ps. 30, 5; 97, 12; Hos. 12, 6. – [5] b. Pesahim III, 8; fol. 50a. – [6] A. MARMORSTEIN: The old Rabbinic doctrine of God, 1. The names and attributes of God (1927) (New York 1968) 54-107; vgl. S. S. COHON: The name of God, a study in Rabbinic theology. Hebrew Union College Annual [= HUCA] 23, 1 (1950-1951) 579-604; K. G. KUHN: Die rabbinischen Gottesbezeichnungen. Theol. Wb. zum NT, hg. G. KITTEL [= ThWNT] 3 (1938) 93-95; E. LEVINAS: Le nom de Dieu d'après quelques textes talmudiques, in: E. CASTELLI (Hg.): L'analyse du langage théologique. Le Nom de Dieu (Paris 1969) 155-167. – [7] Vgl. A. NAGER: Über Schem ha-mephorasch. ZDMG 35 (1881) 162-167 mit der Ergänzung von SCHILLER-SZINESSY, 532. – [8] PETRUS GALATINUS: De arcanis catholicae veritatis II, ca. 17 (Ausg. Frankfurt 1672) 98f.; vgl. A. GIUSTINIANUS: Praecatio pietatis plena ad Deum omnipotentem ex 72 nominibus divinis ebraicis et latinis cum interprete commentariolo (Venedig 1513). – [9] D. KAUFMANN: Gesch. der Attributenlehre in der jüd. Religionsphilos. des MA von Saadja bis Maimuni (1877), bes. 165-420 (Die Lehre vom höchsten Gottesnamen). – [10] G. SCHOLEM: Der N.G. und die Sprachtheorie der Kabbala (1970). Judaica 3 (1973) 7-70. – [11] MAIMONIDES: Mischneh-Torah I, Hilkot Jesode ha-Torah VI, 2, hg. M. HYAMSON (Jerusalem 1965) 41b. – [12] HIERONYMUS PRESB., Ep. 25 ad Marcellam (De decem nominibus Dei). Opera III (Basel 1537) 91; vgl. auch M. LUTHER: Vom Schem Hamphoras und vom Geschlecht Christi (1543). Weimarer Ausg. 53 (1920) 606; Eine Epistel aus dem Prophet Jeremia (1526), a.O. 20 (1904) 569. – [13] J. BUXDORF (fil.): De nominibus Dei hebraicis. Dissertationes philologico-theologicae (Basel 1662) 247. – [14] a.O. 247; 1. Gruppe: 248-264; 2. Gruppe: 264-281. – [15] MAIMONIDES, Führer der Unschlüssigen I, Kap. 63, a.O. [1] 233; JEHUDA HELEVI: Cusari IV, 3, hg. D. CASSEL (⁴1920) 304 ist sich dieser Identität nicht sicher; vielleicht sei Ehejeh auch von hajah (leben) abgeleitet. – [16] MAIMONIDES, Mischneh-Torah a.O. [11] VI, 4, 41b. – [17] a.O. [15] I, 61, 221-I, 63, 239. – [18] L. LÖW: Die Aussprache des vierbuchstabigen Gottesnamens (1867). Ges. Schr. 1 (1889, ND 1979) 187-212; O. EISSFELDT: Neue Zeugnisse für die Aussprache des Tetragramms als Jahwe. Z. alttest. Wiss. [= ZAW] 53 (1935) 59-76; R. KITTEL: Jahve, Jehova. Real. f. prot. Th. K. 8 (1900) 529-541; G. R. DRIVER: The original form of the name Jahwe. ZAW 46 (1928) 7-25; R. MAYER: Der Gottesname Jahwe im Lichte der neuesten Forschung. Bibl. Z. 2 (1958) 26-53; N. WALKER: The Tetragrammaton. Its origin, meaning and interpretation (West Well Epson 1949); J.-M. LAGRANGE: La révélation du nom divin ⟨Tetragrammaton⟩. Rev. Bib. 2 (1893) 329-350; W. VISCHER: Eher Jahwo als Jahweh. Theol. Z. 16 (1960) 259-267; E. SCHRADER: Zur hiphilischen Deutung des Gottesnamens Jahwe. ZDMG 34 (1880) 404; R. HAUPT: Der Name Yahwe. Orient. Lit.-Z. [= OLZ] (1909) 211-214; W. F. ALBRIGHT: The name Jahveh. J. bibl. Lit. [= JBL] 43 (1924) 370-378; 44 (1925) 158-162; 46 (1927) 175-178; E. KÖNIG: Die formell-genetische Wechselbeziehung der beiden Wörter Jahweh und Jahu. ZAW 17 (1897) 172-179; W. W. BAUDISSIN: Der Ursprung des Gottesnamens Ἰαώ, in: Stud. zur semit. Religionsgesch. (1911) 179-254; F. DELITZSCH und F. DEITRICH: Über den Jahve Namen. ZAW 4 (1884) 21-28; 3 (1883) 280-298); J. A. MONTGOMERY: The pronunciation of the «Ineffable Name» according to a Jewish text in the museum. Museum J. Univ. of Pennsylvania 1 (Philadelphia 1910) 28-30. – [19] G. GENEBRARDUS: Chronologia hebraeorum (1567) (Paris 1600) 79f. – [20] Sepher Haschem oder Das Buch über den vierbuchstabigen Namen Gottes, von Rabbi Abraham Aben Esra. Zum ersten Mal hg. und mit einem Comm. nebst Einl. vers. v. G. H. LIPPMANN (Fürth 1834); S. D. GOITEIN: YHWH the passionate; the monotheistic meaning and origin of the name YHWH. Vetus Test. [= VT] 6 (1956) 1-9; J. OBERMANN: The divine name YHWH in the light of recent discoveries. JBL 68 (1949) 301-323; K. KOHLER: The Tetragrammaton and its uses. J. Jew. Lore Philos. 1 (1919) 19-32; S. MOWINCKEL: The name of the God of Moses. HUCA 32 (1961) 121-133; M. REISEL: The mysterious name of Y.H.W.H. (Assen 1957); D. N. FREEDMAN: The name of God of Moses. JBL 79 (1960) 151-156; R. ABBA: The divine name Yahweh. JBL 80 (1961) 320-328; E. C. B. MACLAURIN: YHWH. The origin of the Tetragrammaton. VT 12 (1962) 439-463; H. KOSMALA: The name of God (YHWH and HU). Ann. Swedish theol. Inst. 2 (Leiden 1963) 103-106; N. WALKER: Yahwism and the divine name Yhwh. ZAW 70 (1958) 262-265; O. EISSFELDT: Baʻalšamēm und Jahwe. ZAW 57 (1939) 1-33; K. G. KUHN: Jw, Jh, Jhw, Jhwh, in: Orientstudien. Festschr. LITTMANN (1935); J. PH. HYATL: Was Yahweh originally a creator deity? JBL 86 (1967) 369-377; S. R. DRIVER: Recent theories on the origin and nature of the Tetragrammaton. Studia Biblica 1 (Oxford 1885) 1-20; M. JASTROW: The origin of the form jah of the divine name. ZAW 16 (1896) 1-16; J. C. ARTAN: La ⟨Allocutio super Tetragrammaton⟩ de Arnaldo de Vilanova. Sefarad IX, 1 (1949) 75-105; C. STEUERNAGEL: Jahwe der Gott Israels, in: Festschr. WELLHAUSEN (1914) 329-349; G. GESENIUS: Thesaurus philologico criticus linguae hebraeae et chaldaeae Veteris Testamentis II (1840) 575-580; E. SCHILD: On Exodus 3, 14 'I am that I am'. VT 4 (1954) 296-302; TH. C. VRIEZEN: Ehje 'ašer 'ehje. Festschr. A. BERTHOLET (1950) 498-512; C. H. RATSCHOW: Werden und Wirken (1941); W. V. SODEN: Jahwe. «Er ist, er erweist sich.» Die Welt des Orients [= WO] 3 (1966) 176-187; J. LINDBLOM: Noch einmal die Deutung des Jahwe-Namens Ex. 3, 14. Ann. Swedish theol. Inst. 3 (1964) 4-15. – [21] P. E. KAHLE: The Greek Bible manuscripts used by Origen. JBL 79 (1960) 111-118. – [22] B. JACOB: Im Namen Gottes (1903) 164-176. – [23] G. H. DALMAN: Studien zur bibl. Theol. Der Gottesname Adonaj und seine Gesch. (1889). – [24] E. NESTLE: Adonai. ZAW 16 (1896) 325. – [25] Vgl. den Sammelband von H. RELANDUS: Decas exercitationum philologicarum de vera pronuntiatione nominis Jehova (Trajecti ad Rhenum 1707) 205. 270. 291; dieser Band enthält auch ⟨Oratio de SS Dei nomine tetragrammato⟩ des L. CAPELLUS (vom 1624). – [26] MARTIN, a.O. [1], die Ausgabe von 1687 ist die 2. Aufl. mit der Einleitung von B. CARPZOV; zum Streit um die Lesarten Jehowa bzw. Jahweh im 16. und 17. Jh. vgl. G. F. MOORE: Notes on the name Jhwh, I-II: Old Testament and semitic studies in memory of W. R. HARPER, Vol. 1 (Chicago 1908) 145-163 = Amer. J. Theol. 12 (1908) 34-52; vgl. III-IV: Amer. J. semitic Langu. Lit. 25, 4 (1909) 312-318; vol. V-VIII: a.O. 28 (1911/12) 56-62; J. SIMONIS Lexicon hebraicum et chaldaicum. Rec., emend., auxit J. G. EICHHORN (1793) 423f.; J. BUXTORF P.: Lex. chaldaicum, thalmudicum et rabbinicum (1640, ND 1977) 2432-2438; F. SECRET: Les Kabbalistes chrétiens de la renaissance (Paris 1964) 8-13. 102-105. – [27] Vgl. G. SCHOLEM: Über eine Formel in den koptisch-gnostischen Schr. und ihren jüd. Ursprung. Z. neutest. Wiss. [= ZNW] 30 (1931) 170-176. – [28] Sota VII, 6. – [29] z.B. b. Sota 38a; vgl. b. Joma 66a. – [30] MAIMONIDES, Hilkot Tefilla U-Birkat Kohanim 14, 10 a.O. [11] II, 117b; vgl. auch E. POCOCKE: Porta Mosis (Oxford 1655) 164; zur Maimonides-Stelle vgl. M. GRÜNBAUM: Über Schem hammephorasch als Nachbildung eines aramäischen Ausdrucks und über sprachl. Nachbildungen überhaupt. ZDMG 39 (1885) 549f. – [31] MAIMONIDES, Führer der Unschlüssigen I, 61 a.O. [1] 223f. – [32] Mischna Sanhedrin XI, 1; vgl. j. Sanhedrin 28b. – [33] Führer der Unschlüssigen I, 61, 222; vgl. J. ALBO: Sefär ha-Ikkarim II, 28. – [34] GALATINUS, a.O. [8] Cap. X, 74. – [35] J. REUCHLIN: De arte cabalistica (Frankfurt 1672) III, 723. – [36] J. BUXTORF (fil.), a.O. [13] 249. – [37] MARTIN, a.O. [1] 649. – [38] J. F. BUDDE: Introductio ad historiam philosophiae Ebraeorum (1702) 273. – [39] LUTHER, a.O. [12] 53, 591; vgl. 586 zu VICTORIA PORCHETI: Adversus impios Hebraeos (Paris 1520); in seiner schon von Zeitgenossen als «schweinisch», «kotig» und «Kloake» bezeichneten Schrift (574) deutet Luther den Namen schem hammephorasch um zu «Scham Haperes, das heisst: Hie dreck, nicht der auff der Gassen ligt, Sondern aus dem bauch komt»: 601. – [40] E. NESTLE: Jacob von Edessa über den Schem hammephorasch und andere Gottesnamen. ZDMG 32 (1878) 465-508. 735-737, hier: 505f. – [41] BACHER, a.O. [3] 159. – [42] GRÜNBAUM, a.O. [30] und: Ges. Aufsätze zur Sprach- und Sagenkunde (1901) 238-434. – [43] MAIMONIDES, Führer der Unschlüssigen I, 62 a.O. [1] 228; GRÜNBAUM, ZDMG 39 (1885) 554f. – [44] Löw, a.O. [18] 187-189. – [45] W. HEITMÜLLER: Im Namen Jesu (1903) 17-46. – [46] KOHLER, a.O. [20] 23-26. – [47] Abweichend hiervon: JACOB, a.O. [22] 38. – [48] JACOB, a.O. [22] 175, Anm. 3. – [49] b. Pesahim III, 8, fol. 50a; vgl. MAIMONIDES, Führer der Unschlüssigen I, 61 a.O. [1] 225 zu Sach. 14, 9. – [50] F. ROSENZWEIG: Der Stern der Erlösung (⁴1979) 426f. – [51] Zeph. 3, 9; vgl. die philosophische Auslegung bei MAIMONIDES, Mischneh-Torah 14, Hilkot Melachim XI, 4 und XII, 5. – [52] m. Aboth 2, 12. – [53] L. Löw: Kiddusch ha-Schem and Chillul ha-Schem (1866). Ges. Schr. 1 (1889, ND 1979) 223-231; F. PERLES: Der Begriff des Kiddusch haschem, in: Jüd. Skizzen (1912) 114-117; MAIMONIDES: Iggeret Ha-Schemat or Maamar Kiddush Ha-Shem (1161), in: L. D. STITSKIN: Letters of Maimonides (New York 1977) 34-69; S. H. BERGMANN: Die Heiligung des Namens (Kiddusch Haschem), in: Vom Judentum (Prag 1914) 32-43: «Der Zionismus ist unser Kiddusch Haschem.» – [54] Vgl. MAIMONIDES: The Commandments, trad. by CH. B. CHAVEL 1 (New York 1967) 12-15. – [55] L. BAECK: Das Wesen des Judentums (³1923) 190. – [56] H. COHEN: Die Religion der Vernunft aus den Quellen des Judentums (²1929) 507. – [57] b. Synhedrin VIII, 7; fol. 74a (im Anschluß an Lev. 22, 32); A. HOLTZ: Kiddush and Hillul Hashem. Judaism 10 (1961) 360-367; N. OVADIA und H. HILLEL: Kiddush Ha-Shem and Hillul Ha-Shem. Encycl. Judaica (Jerusalem 1971) 10, 977-986; D. J. BORNSTEIN: Kiddusch Ha-Schem. Encycl. Judaica 9 (Berlin 1932) 1213-1217; J. KATZ: Exclusiveness and tolerance (London 1961) 82-92: «The Martyrs»; M. M. BRAVMANN: On the spiritual background of Early Islam and the history of its principal concepts. Muséon LXIV/3-4 (1951) 324-343.

Literaturhinweise. H. ZANCHIUS: De natura Dei seu de divinis attributis libri V (Heidelberg 1577). – P. F. SAN JORANUS: Dodecameron ... sive de Dei nomine atque attributis (Lyon 1592). – J. SPERBER: Kabbalisticae precationes sive selectiores sacrosancti nominis divini glorificationes e sacrorum Bibliorum fontibus (Magdeburg 1600). – J. MATANIUS: De Dei nomine, iuxta hebraeos – commentarius criticus (Lucca 1767). – ANONYM: Schemhamphorasch. Das ist: der dargesetzte, ausgebreitete und erklärte Name Gottes, Jehova, welcher von den Juden bisher nicht ausgesprochen werden konnte noch sollte, nun aber ausgesprochen werden kann, soll und muß. Ans Licht gestellt vom Elias. Am Tage Jehova Zebaoth. 3 Teile o.O. o.J. (18. Jh.). – D. H. JOEL: Die Religionsphilos. des Sohar und ihr Verhältnis zur allg. jüd. Theol. (1849, ND New York 1977) 222-267: «Gottesnamen». – A. GEIGER: Urschrift und Übersetzungen der Bibel in ihrer Abhängigkeit von der Entwicklung des Judenthums (1857) 261-308; «Die Gottesnamen». – A. KÖHLER: De pronunciatione ac vi sacrosancti tetragrammatis commentatio (Erlangen 1867). – E. LANDAU: Synonyma für Gott in der neu-hebräischen Lit. (1888). – S. R. HIRSCH: Der Pentateuch II, 2 (1893) 24-26. – A. DEISSMANN: Bibelstudien 1 (1895) 1-20. – J. BÖHMER: Das Biblische «Im Namen», eine sprachwiss. Unters. über das Hebräische be-schem und seine griech. Äquivalente (1898). – D. ROSIN: Die Religionsphilos. Abraham Ibu Esras, 6. Die Gottesnamen. Mschr. Gesch. Wiss. Judentums 42 (1898) 154-161. – F. GIESEBRECHT: Die alttestamentl. Schätzung des Gottesnamens und ihre religionsgeschichtl. Grundlage (1901). – E. GLASER: Jehowah – Jovis und die drei Söhne Noahs (1901). – P. VETTER: Die literarkrit. Bedeutung der alttest. Gottesnamen. Theol. Quartalsschr. 85 (1903) 12-47. 202-235. 520-547. – L. TRAUBE: Nomina Sacra (1907). – V. APOWITZER: Les noms de Dieu et des Anges. Rev. Et. juives 60 (1910) 39-52. – W. W. BAUDISSIN: Kyrios als Gottesname im Judentum 1-4 (1929). – J. Z. LAUTERBACH: Substitutes for the Tetragrammaton. Proc. Amer. Acad. Jewish Res. 2 (1931) 39-67. – A. MARMORSTEIN: Philo and the Names of God. Jewish quart. Review 32 (1931/32) 295-306. – R. MARCUS: Divine names and attributes in Hellenistic Jewish Lit. Proc. Amer. Acad. Jewish Res. 3 (1932) 43-120. – O. GRETHER: Name und Wort Gottes im AT. (1934). – A. R. JOHNSON: The One and the Many in the Israelite conception of God (Cardiff 1942). – H. JUNKER: Der sehende und blinde Gott. Sber. bayr. Akad. Wiss., phil.-hist. Abt. 7 (1942). – R. CRIADO: El valor dinamico del nombre divino en el AT (Granada 1950). – E. DHORME: Le nom du Dieu d'Israël. Rev. Hist. Rel. 141 (1952) 5-18. – J. GRAY: The God Yw in the religion of Canaan. J. of Near Eastern Stud. (1953) 278-283. – H. BIETENHARD: ὄνομα. ThWNT 5 (1954) 242-283. – C. MAZZANTINI: La questione dei 'nomi divini'. Giorn. Metaf. 9 (1954) 113-124. – S. ESH: «Der Heilige (Er sei gepriesen)». Zur Gesch. einer nachbibl.-hebr. Gottesbezeichnung (Leiden 1957). – M. REISEL: Observations on Ehyeh asher Ehyeh, Huba and Shem ha-Meforash (Assen 1957). – F. NIEWÖHNER: Der Name und die Namen Gottes. Arch. Begriffsgesch. 25 (1981) 133-161.

F. NIEWÖHNER

II. *Neues Testament und christliche Tradition.* – Das NT bindet den N.G. eng an Person und Heilstat Christi, der sein intimes Verhältnis zu Gott mit dem Wort ‹Vater› (Mt. 11, 27 u.a.) kundgibt. Aus diesem Vater-Sohn-Verhältnis leitet sich auch die Gebetsanrede der Christen her (Gal. 4, 6). Christus selbst, der Gott auch als ‹Kraft› und ‹Himmel› umschreibt, wird mit dem der ‹Septuaginta› entnommenen N.G. κύριος bezeichnet.

Die auf den Hellenismus zurückgehende Kyrios-Bezeichnung, die schon im 4. Jh. v.Chr. wegen übertriebener Scheu, den N.G. zu nennen, im Judentum Anklang fand, trägt zur Theologie der Kirchenväter, die Gott als unnennbar und unbegreiflich (ἄρρητον, ἀκατονόμαστον, ἀκατάληπτον) auffassen, bei. Die neuplatonische Schrift des Ps.-DIONYSIOS AREOPAGITA Περὶ θείων ὀνομάτων (Über die göttlichen Namen) bezeichnet Gott als namenlos (ἀνώνομον) und gleichzeitig viel- und allnamig [1]. Zunehmende Bedeutung gewinnt die Lehre, daß der eigentliche N.G. «der Seiende» sei. Schon PHILO hatte gemeint, daß Gott nur dieser N. zukomme, da kein anderer N. sein Wesen erfassen könne [2], und GREGOR VON NAZIANZ [3] sowie HILARIUS VON POITIERS [4] erachten «ens» bzw. «esse» für den zutreffendsten N.G. Dies führt AUGUSTIN fort mit der These, allein der N. «Ich bin, der ich bin», das Wesen (essentia), gebühre Gott [5]; diese Auffassung sieht er bereits bei Platon angelegt [6]. Durch THOMAS VON AQUIN erhält diese Lehre ihre weitere Ausformung: Alle N.G. wie «der Gute», «der Weise» usw.

erreichen Gottes Wesen nicht, da sie von menschlichen Qualitäten ausgehen; nur der N. «der Seiende» (hoc nomen qui est) ist der eigentliche N.G. (proprium nomen Dei) [7].

Die Reformation hat zum Teil von diesen Lehren keinen Gebrauch gemacht, zum Teil aber auch die im AT überlieferten N.G. aufgegriffen und in ihre Dogmatik eingefügt. LUTHERS ‹Großer Katechismus› schärft ein, daß der N.G. das menschliche Leben durchdringen und verwandeln soll und nicht mißbraucht werden darf [8]. Wer auf den N.G. getauft ist, ist von Gott selbst getauft [9]. Im N.G. sind wir Kinder Gottes und Miterben Christi [10]. Wir haben «die grosse unaussprechliche ehre davon, das wir nach solches Gottes namen genennet, ... das aus seinem namen und unserm namen ein name wird» [11]. Für CALVIN bringen die N.G. das göttliche «Antlitz wie in einem Bilde» zum Ausdruck [12]; der N. «Herr» (Jehova) bezeichnet Gottes Herrschaftsrecht und Gewalt [13]. Die protestantische Orthodoxie bemüht sich um Klassifizierung der N.G. und unterscheidet u. a. «nomina essentialia, personalia, officialia» [14].

Das 19. Jh. hat die N.G. zunächst philosophisch-spekulativ gedeutet: Im Namen ist Gott zugleich mit sich identisch und unterscheidet sich von sich selbst. Im Namen λόγος, das Wort, ist er sich selbst Gegenstand und teilt sich der Welt mit [15]. Im Namen Jahwe «drückt sich ... das Bewusstsein der Einheit Gottes aus ..., die Form des Selbstbewusstseins, ... der Ichheit, ... der Persönlichkeit» Gottes [16]. Dagegen hat H. F. KOHLBRÜGGE emphatisch vom N.G. gepredigt: Im N.G., dem «Inbegriff aller ... Tugenden und Vollkommenheiten, welche er in Christo uns geoffenbart» hat [17], ist den Menschen Gottes Allmacht, Herrlichkeit und Erbarmen kundgetan, in ihm wissen sie sich errettet [18]. Für A. VON OETTINGEN und M. KÄHLER bedeuten die N.G. die Formen der «Selbstkundgebung» Gottes und Offenbarung an die Menschen [19], die Herstellung «eines persönlichen Verhältnisses zwischen Gott und seinem Volke, das ihn bei seinem Namen rufen darf» [20]. So sieht auch K. BARTH im N.G. «die Wirklichkeit Jahwes selber»; er ist die «Gestalt», unter der er sich offenbart. Es gibt nicht nur die Verborgenheit Gottes, sondern auch seine «Selbstenthüllung» im Namen, in dem Israel um Gott «noch einmal ganz anders» weiß, da es mit ihm im Bund steht. Im NT wird die Weissagung des N.G. erfüllt, insofern an die Stelle Jahwes der Name Jesu tritt: «Genau an die Stelle ... des zuletzt in Jerusalem in einem steinernen Hause real wohnenden Namen des Herrn tritt nun die Existenz des Menschen Jesus von Nazareth» [21]. In bewußter Absetzung von der patristischen N.G.-Deutung, die aus dem «Ich bin, der ich bin» nur eine «ontologische Definition herauszulesen» glaubte, sieht E. BRUNNER im N.G. die «Herstellung ... persönlicher Beziehung und Gemeinschaft». Gott wird dadurch zum «Du», er will sich mitteilen. Der N.G. ist die «Einheit des geoffenbarten Wesens und des offenbarenden Handelns Gottes» [22]. Dagegen sind in P. TILLICHS ontologischer Theologie die N.G. wie «Vater», «König», «das Wort» Symbole für Gott, die es abstrakt «auszudeuten» gilt, ohne sie «abzuschwächen» [23].

Anmerkungen. [1] PS.-DIONYSIOS AREOPAGITA, De div. nom. MPG 3, 629; vgl. MEISTER ECKHART, Lat. Werke 2 (1954) 41f.: Gott ist nicht unnennbar, sondern auf jede Weise nennbar (omninominabile). – [2] PHILO, De vita Mosis I, 75. – [3] GREGOR VON NAZIANZ, Or. XXX, 18. MPG 36, 125ff. – [4] HILARIUS VON POITIERS, De trin. I, 5. MPL 10, 28. – [5] AUGUSTINUS, De trin. VII, 5, 10. – [6] De civ. Dei VIII, 11. – [7] THOMAS VON AQUIN, S. theol. I, 13, 2. 11. – [8] M. LUTHER, Weimarer Ausg. 30/I, 198. – [9] a.O. 213; 6, 531. – [10] 13, 168. – [11] 31/I, 424. – [12] J. CALVIN, Inst. christ. relig. I, 10, 2. – [13] a.O. II, 8, 13. – [14] J. F. KÖNIG: Theologia positiva acroamatica ([10]1699) 35f.; D. HOLLATZ: Examen theol. acroamaticum (1707) 1, 309ff.; A. CALOV: Theologia positiva (1682) 53ff. – [15] C. DAUB: Über den Logos. Ein Beitrag zur Logik der göttl. Namen. Theol. Studien und Kritiken 6 (1833) 355-410. – [16] CHR. H. WEISSE: Philos. Dogmatik 1 (1855) 386. – [17] H. F. KOHLBRÜGGE: Erläuternde und befestigende Fragen und Antworten zu dem Heidelberger Katechismus ([8]1922) 172. – [18] Zwanzig Predigten, im Jahre 1846 gehalten (1857) 2. 15. 362. 365; vgl. TH. STIASNY: Die Theol. Kohlbrügges (1935) 37f. – [19] A. VON OETTINGEN: Lutherische Dogmatik (1897-1902) II/1, 56. 66. – [20] M. KÄHLER: Die Wiss. der christl. Lehre ([3]1905) 159. 193. – [21] K. BARTH: Die kirchl. Dogmatik I/1 (1932) 334-336. – [22] E. BRUNNER: Die christl. Lehre von Gott (Dogmatik I) (1946) 124-133. – [23] P. TILLICH: Systemat. Theol. 1 ([3]1956) 279. 281; vgl. A. SEIGFRIED: Gott über Gott (1977).

Literaturhinweise. E. SCHLENKER: Die Lehre von den göttl. Namen (1938). – H. BIETENHARD: Der N.G. in der Bibel, in: Festschr. für A. Schädelin (1950) 39-55. – J. BRINKTRINE: Der Gottes-Name. Theol. Glaube 42 (1952) 173-179. – CHR. DE MORÉ-PONTGIBAUD: Sur l'analogie des noms divins. Recherches Sci. rel. 42 (1954) 321-360. – TH. A. FAY: Analogy and the problem of the divine names in the metaphysics of Thomas Aquinas. Angelicum 52 (1975) 69-90.

A. SEIGFRIED

Narrativ, Narrativität. Der Ausdruck ‹narrativ› bezeichnet ein Textschema, das in allen Kulturen für die Ordnung von Erfahrung und Wissen grundlegend ist. Im Darstellungsschema der Narrativität (N.) wird ein Zusammenhang von Geschehen und Handlung in eine nach Relevanzgesichtspunkten geordnete und unter einer temporalen Anschauungsform stehende Geschichte übergeführt. Zugleich wird diese Geschichte im Medium der Sprache konkretisiert und perspektiviert (Diskurs der Geschichte). Die Form der N. läßt sich unabhängig von ihren besonderen Ausprägungen und Verwendungsweisen erfassen. Diese sind ebenso vielfältig im pragmatischen Bereich (z. B. Augenzeugenbericht, Lebensbeschreibung, Chronik, Naturgeschichte, Kulturgeschichte, politische Geschichte usw.) wie im Bereich der Literatur und im engeren Sinne der Fiktion (Roman, Novelle, Märchen, Fabel, Literarisierung einer Vielzahl pragmatischer Erzählformen). Jede Geschichte steht unter dem Prinzip ihrer relativen Abgeschlossenheit und stellt den Übergang zwischen dem (relativen) Ausgangszustand und dem (relativen) Endzustand einer thematisch erfaßten Identität dar. Sie ist zugleich eine temporale Interpretation der Differenz von Ausgangs- und Endzustand und ihre Veranschaulichung in einem spezifischen Feld der Erfahrung.

Die Begriffe ‹narrativ› und ‹N.› haben im Zusammenhang mit der deutschen Rezeption des französischen literaturwissenschaftlichen Strukturalismus in die deutsche Literaturkritik Eingang gefunden. Sie ersetzen die traditionellen Ausdrücke ‹erzählend› und ‹Erzählform›. Obwohl bereits in der morphologischen Tradition der Literaturbetrachtung das narrative Schema selbst erfaßt worden war, so insbesondere in A. JOLLES' ‹Die einfachen Formen› (1930) und in E. LÄMMERTS ‹Bauformen des Erzählens› (1955), bezeichnet doch der terminologische Wechsel einen einschneidenden Wechsel des Gesichtspunkts, unter dem das Wesen des Erzählerischen erfaßt wird; ‹narrativ› und ‹N.› unterscheiden sich von ‹erzählend› und ‹Erzählform› durch ihre deskriptive Neutralität, sowohl im Hinblick auf die Unterscheidung von fiktional und nichtfiktional (pragmatisch) wie von literarisch und nichtliterarisch.

⟨Narrativ⟩, ⟨N.⟩ gehen auf lateinisch ⟨narrare⟩, ⟨narratio⟩ zurück. Die Form der narratio wird in der *römischen Rhetorik*, Aristoteles folgend, insbesondere erörtert im Hinblick auf ihre pragmatische Funktion in der Gerichtsrede. CICERO bestimmt die narratio als «rerum gestarum aut ut gestarum expositio (Darlegung von Geschichten, die sich wirklich ereignet haben oder die sich ereignet zu haben scheinen) [1]. Er unterscheidet drei Arten von narratio: zunächst jene, die einen Streitfall als diesen darstellt, dann die Abschweifung über das Thema im engeren Sinne hinaus, schließlich die narratio, die bloß der Unterhaltung oder der Übung dient. Diese ihrerseits zerfällt in zwei Klassen, eine, die Ereignisse in den Mittelpunkt stellt (diese ist ihrerseits unterteilt in fabula, historia und argumentum), und eine, in deren Mittelpunkt Personen stehen. Unter die personenbezogene narratio fällt insbesondere die Form des Romans, der hier am Paradigma des alexandrinischen Romans genau beschrieben ist. QUINTILIAN unterscheidet neben der narratio vor Gericht drei weitere Formen: Die Fiktion (fabula), wie in Tragödien und Epen, die realistische Erzählung (argumentum) und den Tatsachenbericht: historia «in qua est gestae rei expositio» (in der ein tatsächliches Ereignis dargelegt wird) [2]. Genauer geht Quintilian nur auf die narratio vor Gericht ein. Hier gibt es die Möglichkeit, das Faktum selbst oder die Erzählung der weiteren Umstände in den Mittelpunkt zu stellen. Die narratio ist «rei factae aut ut factae utilis ad persuadendum expositio vel ... oratio docens auditorium, quid in controversia sit» (die Darlegung einer zur Überzeugung nützlichen Tatsache oder eines Sachverhalts, der eine Tatsache zu sein scheint, oder ... eine Rede, die die Zuhörer davon in Kenntnis setzt, worum der Streit geht) [3]. Insbesondere geht Quintilian auf die Methoden der Erhöhung der Wahrscheinlichkeit des Erzählens [4] sowie auf die Frage ein, wie eine narratio beschaffen sein muß, die mit den Fakten nicht oder nur partiell übereinstimmt und dennoch den Anschein der Wahrheit haben soll [5].

Die rhetorische narratio-Lehre ist im wesentlichen auch in den *modernen* Rhetoriken nicht über den hier gezeichneten Rahmen hinausgegangen. Wo die Argumentation weiter entfaltet wird, geschieht dies im Rahmen der Poetiken und Gattungstheorien, die unter dem Gesichtspunkt literarischer N. einzelne Fragen genauer ausarbeiten. In diesem Zusammenhang ist insbesondere auf die grundlegende Bedeutung von ARISTOTELES' ⟨Poetik⟩ zu verweisen, die die Einheit der Handlung im Drama und im Epos unter dem Gesichtspunkt der Nachahmung und der Wirkung genau behandelt.

Ein weiterentwickeltes Interesse an den Grundgegebenheiten der N. findet sich erst im Übergang zum 18. Jh. In FÉNELONS ⟨Lettre sur les occupations de l'Académie Françoise⟩ (1714, gedr. 1718) wird unter den der Akademie vorgeschlagenen Aufgaben das Projekt einer Abhandlung über die Geschichtsschreibung entwickelt, wobei insbesondere die Literarität des historiographischen Erzählens reflektiert wird. Unter den *französischen* Abhandlungen zur narrativen Darstellungsform, die das 18. Jh. hervorgebracht hat, verdienen DIDEROTS Reflexionen in ⟨Les deux Amis de Bourbonne⟩ und in ⟨Ceci n'est pas un conte⟩ sowie der Artikel ⟨Narration⟩, den MARMONTEL für die ⟨Encyclopédie⟩ verfaßte und den er später in seine ⟨Eléments de littérature⟩ (1787) aufnahm, besondere Beachtung. DIDEROT versucht in ⟨Les deux amis de Bourbonne⟩ eine Typologie des conte und fragt in der Tradition Quintilians nach den formalen Bedingungen der Illusionsbildung im Rezipienten. MARMONTEL entwickelt eine Theorie des narrativen Interesses und unterscheidet dabei konzeptuelles, emotives und imaginatives Interesse, die zusammenkommen müssen, um die drei am Erzählprozeß beteiligten Vermögen des Verstandes, des Gefühls und der Imagination zu befriedigen. In *Deutschland* sind es die scharfsinnigen Reflexionen LESSINGS zur Fabel [6], in denen erstmals das allgemeine, systematische Substrat einer Narration ans Licht gebracht wird. J. J. ENGEL unterscheidet in einer vorausweisenden Untersuchung insbesondere zwischen Erzählung und Beschreibung sowie zwischen einer Form der Narration, die sich der Beschreibung annähert, und einer anderen, deren Wesen das der Handlungsverknüpfung ist, so daß sie von Engel als «pragmatische» bezeichnet wird [7].

Mit Engel bricht eine Tradition der Erfassung der narrativen Form ab. Erst A. JOLLES (s.o.) stellt erneut die Frage nach der Pragmatik der narrativen Exposition und ihrer 'einfachen Formen' sowie nach deren fiktionalen Äquivalenten. Mit Jolles ist der Zusammenhang mit jener Theorie der narrativen Formen wieder hergestellt, der in der Rhetorik Ciceros und Quintilians seinen Ursprung hat. Wie die Erzählmorphologie von Jolles ist auch V. PROPP inspiriert von Goethes Morphologie der Pflanzen. Doch führen beide Werke in der Ausarbeitung weit auseinander. Mit seiner Morphologie des Märchens will Propp die Vielfalt der Märchen in ihrer fundamentalen Einheit sichtbar machen und so das narrative Gattungsschema des Volksmärchens ermitteln. Die russischen Volksmärchen werden als Abwandlungen eines invarianten Grundschemas von Erzählfunktionen aufgefaßt, die die Erzählanalyse aufdecken soll [8].

Mit seiner Rückführung der Märchenpersonen auf gattungskonstitutive Aktanten und ihrer Handlungen auf gattungskonstitutive Handlungsschemata und Handlungssequenzen hat Propp einen entscheidenden Schritt auf dem Weg zu einer allgemeinen Theorie der Erzählstrukturen getan, wie sie insbesondere in *Frankreich* in den sechziger Jahren ausgearbeitet worden ist. Ausgangspunkt der dort entwickelten strukturalen Erzählanalyse ist die strukturale Mythenanalyse von C. LÉVI-STRAUSS, die von Propp wesentliche Anregungen übernommen hat [9]. Während aber Propps Paradigma das der botanischen Morphologie ist, ist es bei Lévi-Strauss die strukturale Sprachwissenschaft (F. DE SAUSSURE und bes. TRUBETZKOY und seine Schüler). Für LÉVI-STRAUSS ist jeder Mythos zweifach lesbar: nicht nur als eine narrativ-syntagmatische, sondern zugleich als eine paradigmatische Struktur. Jeder Mythos ist die narrative Konkretisation eines zu erschließenden Systems von konzeptuellen Oppositionen und Oppositionsbündeln, das durch die narrative Struktur ausgespielt und vermittelt wird. Der Mythos ist eine Art 'logisches Werkzeug', dessen Aufgabe im wesentlichen darin besteht, Widersprüche, die sich der Erfahrung als unaufhebbare darstellen, versuchsweise und spekulativ aufzuheben. Zugleich aber wird der Mythos selbst abgehoben von seinen Realisierungen, die als 'Varianten' die mythische Grundstruktur in immer komplexeren Verhältnissen zur Darstellung bringen. Damit wurde Lévi-Strauss für eine neue strukturale Erzählanalyse bahnbrechend: A. J. GREIMAS formulierte, im Anschluß an Lévi-Strauss, eine ⟨narrative Grammatik⟩, die sich aus einer narrativen Tiefengrammatik, das heißt einem System achronischer konzeptueller Oppositionen, und einer narrativen Oberflächengrammatik, d.h. der Übersetzung des Oppositionssystems in eine temporale Abfolge, zusammensetzt [10]. R. BARTHES entwickelte ein Modell der narrativen Hierarchie und ein System der narrativen Funktionen, die den Erzähltext bestimmen [11]. T. TODOROV machte, ausgehend insbesondere von Anregungen des russischen Formalismus, den Unterschied zwischen Geschichte (histoire) und Diskurs (discours) deutlich [12]. C. BRÉMOND suchte im Anschluß an Propp ein Strukturschema der narrativen Verläufe zu bestimmen [13]. Auf der Grundlage dieser Arbeiten hat sich seither die Erzählanalyse vielfältig differenziert und verfeinert und ist zu bedeutenden Einsichten sowohl in den mehrschichtigen Bau des jedem Erzähltext zugrunde liegenden narrativen Schemas als auch in die konkrete Gestalt der einzelnen Erzählwerke gekommen. Sowohl die Analyse der narrativen Massenproduktionen und ihrer ideologischen Voraussetzungen als auch die Analyse der großen Erzählwerke hat durch das neue Interesse an den Erzählstrukturen wesentliche Anregungen erfahren.

Im Zusammenhang damit hat aber auch in der *Historiographie* in den letzten Jahren ein wachsendes Interesse an den narrativen Formen eingesetzt, die in der Geschichtsschreibung bis dahin kaum eigene Beachtung gefunden hatten [14]. Nach einer ersten ‹Morphologie› der historischen Darstellungsformen bei J. G. DROYSEN und G. SIMMELS lebensphilosophischen Reflexionen über die historische Formung [15] finden die historiographischen Darstellungsformen zwischen Erzählung, Beschreibung und systematischem Modell erst seit A. DANTO [16] und H. WHITE [17] neue Aufmerksamkeit. Nicht zuletzt aber steht die Historiographie vor der Herausforderung der neuen Erzählanalyse, wie sie von einer sich auf strukturale und semiotische Fragen öffnenden Literaturwissenschaft entwickelt worden ist. Die Frage nach der Erzählpragmatik des historiographischen Diskurses ist von *philosophischer* Seite insbesondere von H. LÜBBE aufgeworfen worden [18], der dabei Anregungen der auf phänomenologischer Grundlage stehenden Philosophie der Geschichte von W. SCHAPP aufnimmt [19].

Anmerkungen. [1] CICERO, De invent. I, 19, 27. – [2] QUINTILIAN, Inst. orat. II, 4, 2. – [3] a.O. V, 2, 31. – [4] IV, 2, 52ff. – [5] IV, 2, 88ff. – [6] G. E. LESSING: Abh. über die Fabel (1753). – [7] J. J. ENGEL: Frg. über Handlung, Gespräch und Erzählung (geschr. 1774), in: Ästhet. Versuche. Schr. 4 (1802) 101-266. – [8] V. PROPP: Morfólogija skázki (Morphol. des Märchens) (1928, dtsch. 1972); vgl. Art. ‹Morphol. III›. – [9] C. LÉVI-STRAUSS: The structural study of myth, in: Myth. A Symp. J. of Amer. Folclore 78 (1955) 428-444; frz. in: Anthropol. structurale (Paris 1958). – [10] A. J. GREIMAS: Éléments d'une grammaire narrative, in: Du sens (Paris 1970). – [11] R. BARTHES: Introd. à l'anal. structurale des récits. Communications 8 (1966) 1-27. – [12] Vgl. bes. T. TODOROV: Les catégories du récit litt. Communications 8 (1966) 125-151; Litt. et signification (Paris 1967). – [13] C. BRÉMOND: La logique des possibles narratifs: Communications 8 (1966) 60-76. – [14] Vgl. bes. R. KOSELLECK/W.-D. STEMPEL (Hg.): Gesch. – Ereignis und Erzählung. Poetik und Hermeneutik 5 (1973); J. KOCKA/TH. NIPPERDEY (Hg.): Theorie und Erzählung in der Gesch. Theorie der Gesch. 3 (1979). – [15] J. G. DROYSEN: Historik (Vorles. 1857-83), hg. H. HÜBNER (1937); G. SIMMEL: Das Problem der historischen Zeit, in: Zur Philos. der Kunst (1922); Die hist. Formung, in: Frg. und Aufs. (1923). – [16] A. DANTO: Anal. philos. of hist. (New York 1965, dtsch. 1974); vgl. bereits W. DRAY: Laws and explanation in history (Oxford 1957) 81. 85. 118. – [17] H. WHITE: Metahist. The hist. imagination in 19th-century Europe (London 1973). – [18] H. LÜBBE: Gesch.begriff und Gesch.interesse (1977). – [19] W. SCHAPP: In Geschichten verstrickt. Zum Sein von Mensch und Ding (1953), hg. H. LÜBBE (1976).

K. STIERLE

Narzißmus (auch Narcismus, Narzismus oder Narcissismus; engl. narcissism, frz. narcissisme, span. narcisismo), **narzißtisch**

I. Ein griechischer Mythos erzählt, wie der Jüngling Narzissos sich dem Werben der Nymphe Echo entzieht und sich in sein eigenes Spiegelbild verliebt. Er muß sterben, wird aber in eine Narzisse verwandelt. Nach einer anderen Version nimmt er sich das Leben.

Der Begriff wurde 1899 von P. NÄCKE in die *psychologische* Literatur eingeführt. Näcke bezeichnete mit ihm die «schwerste Form des Auto-Erotismus»; diese «Selbstverliebtheit» gehe über die gewöhnliche Eitelkeit hinaus, jedoch nicht immer mit nachweisbaren Zeichen der Wollust, weshalb ein «Pseudo-N.» vom «echten N.» zu unterscheiden sei [1]. Ein Jahr zuvor hatte H. ELLIS dasselbe Phänomen als «narcissus-like-tendency» beschrieben [2]. Später gibt er an [3], Näcke habe den Begriff ‹N.› erstmals bei der Übersetzung dieser Abhandlung ins Deutsche verwandt. Dies erklärt, weshalb die Einführung des Begriffs einmal Näcke, ein andermal Ellis zugeschrieben wird.

In der *Sexualpsychopathologie* behält ‹N.› die von Ellis und Näcke gemeinte Bedeutung einer Normvariante der Sexualität bzw. einer Perversion [4], in der *Psychoanalyse* wird der Begriffsinhalt erweitert und erfährt eine bedeutsame klinische und theoretische Neuorientierung. FREUD geht 1914 von der für seine Denkweise charakteristischen Beobachtung aus, daß «einzelne Züge des narzißtischen Verhaltens bei vielen mit anderen Störungen behafteten Personen gefunden werden», und der Hypothese, «daß eine als N. zu bezeichnende Unterbringung der Libido in viel weiterem Umfang in Betracht kommen und eine Stelle in der regulären Sexualentwicklung des Menschen beanspruchen könnte» [5]. Der Größenwahn, der Rückzug des Interesses von der Außenwelt auf die eigene Person, die Wahl des Liebesobjekts nach Kriterien der Ähnlichkeit mit dem Bild von sich selbst, die Phantasien von Allmacht und magischen Kräften bei Kindern und primitiven Völkern legen Freud die Annahme nahe, daß es einen primären N., eine «ursprüngliche Libidobesetzung des Ichs» gibt, «von der später an die Objekte abgegeben wird». Enttäuschen die Objekte, kann die Libido als sekundärer N. wieder auf das Ich zurückgenommen werden [6]. Freud nahm damit einen Gedanken I. SADGERS auf, der 1908 auf narzißtische Züge bei Homosexuellen hingewiesen hatte [7]. JONES berichtet, Freud habe den Begriff ‹N.› erstmals bei einer Sitzung der Wiener Psychoanalytischen Gesellschaft am 10. Nov. 1909 [8] benutzt, um ein Stadium der Sexualentwicklung zu bezeichnen [9]. Diesen Gedanken führte O. RANK näher aus [10]. In den Arbeiten Freuds taucht der Begriff 1910 zur Beschreibung eines Regressionsvorgangs auf und als Weg, ein Liebesobjekt zu finden [11]. 1912 erklärt er eine narzißtische Entwicklungsphase für «vielleicht normalerweise unerläßlich» [12]. 1913 setzt er sich mit der besonderen Qualität narzißtischer Phantasien (Animismus, Magie, Allmacht der Gedanken) auseinander [13].

Die Definition des N. als libidinöse Besetzung des «Ich» – von H. HARTMANN 1950 präziser als «Selbstrepräsentanz» gefaßt [14] – wurde in der Folge ausgeweitet bzw. von Freud und seinen Schülern uneinheitlich gehandhabt. Gründe hierfür waren, daß Freud den metapsychologischen Ort des N. nie genauer bestimmte und das ökonomische Modell der Libidoverteilung sich bald als zu einfach erwies und differenzierteren Vorstellungen von den Objektbeziehungen wich [15].

Kritische Sichtungen der psychoanalytischen Literatur [16] zeigen, daß der Begriff ‹N.› für vier Phänomenbereiche verwandt wird, die entwicklungspsychologisch allerdings zusammenhängen [17]: 1. für eine sexuelle *Perver-*

sion im Sinne von Ellis und Näcke; 2. für eine psychophysiologische *Entwicklungsstufe* mit der Annahme, der früheste Zustand des Kindes sei (nach dem Modell der intrauterinen Einheit von Mutter und Kind) harmonisch und ohne Trennung von Selbst und Objekten [18]; 3. für die Charakterisierung einer besonderen Art von *Objektwahl*, nämlich der nach dem Kriterium der Ähnlichkeit mit den Vorstellungen von der eigenen Person (narzißtische Objektbeziehung) [19]; 4. für die Bezeichnung der verschiedenen *Zustände des Selbstgefühls*, der affektiven Einstellung eines Menschen zu sich selbst. Ist diese realitätsgerecht, spricht man von gesundem N., ist sie es nicht, von narzißtischer Störung. Die narzißtische Störung kann sich in einem überhöhten Selbstwertgefühl ebenso wie in übertriebenen Minderwertigkeitsgefühlen äußern [20].

Anmerkungen. [1] P. NÄCKE: Die sexuellen Perversitäten in der Irrenanstalt. Psychiat. en neurol. Bladen 3 (Amsterdam 1899) 122-149. – [2] H. H. ELLIS: Autoerotism: A psychological study. Alienist and Neurologist 19 (St. Louis 1898) 260-299, zit. 280. – [3] Psychol. of sex (London ²1933, ND 1978) 134. – [4] M. HIRSCHFELD: Sexualpathol. 1 (²1921). – [5] S. FREUD: Zur Einf. des N. Ges. Werke 10 (1914) 138-170, zit. 138. – [6] a.O. 141. – [7] 138; vgl. I. SADGER: Psychiatrisch-Neurologisches in psychoanal. Beleuchtung. Zbl. Gesamtgebiet Med. u. Hilfswiss.en Nr. 7/8 (1908) 45-53; Ein Fall von multipler Perversion mit hysterischen Absenzen. Jb. der Psychoanal. 2 (1910) 59-133; Sexuelle Perversionen. Jb. der Psychoanal. 6 (1914) 296-313. – [8] H. NUNBERG/ E. FEDERN (Hg.): Protokolle der Wiener Psychoanal. Vereinigung, Bd. II 1908-1910 (1977) 282. – [9] E. JONES: Das Leben und Werk von Sigmund Freud 2 (1962) 322. – [10] O. RANK: Ein Beitrag zum N. Jb. psychoanal. psychopathol. Forsch. 3 (1911) 401-426. – [11] S. FREUD: Eine Kindheitserinnerung des Leonardo da Vinci. Ges. Werke 8 (1917) 170. – [12] Über einen autobiographisch beschriebenen Fall von Paranoia (1912) a.O. [11] 297. – [13] Totem und Tabu. Ges. Werke 9 (1913) 93-121. – [14] H. HARTMANN: Ich-Psychol. (1972) 132. – [15] Näheres vgl. J. LAPLANCHE/J.-B. PONTALIS: Das Vokabular der Psychoanal. (1972). – [16] M. KANZER: Freud's uses of the terms «autoerotism» and «narcissism». J. Amer. psychoanal. Ass. 12 (1964) 529-539; S. E. PULVER: Narcissism, the term and the concept a.O. 18 (1970) 319-341; W. SCHUMACHER: Bemerk. zur Theorie des N. Psyche 24 (1970) 1-22; B. GRUNBERGER: Vom N. zum Objekt (1976). – [17] H. HENSELER: Die Theorie des N., in: Die Psychol. des 20. Jh., hg. D. EICKE 2 (1976) 459-477. – [18] M. BALINT: Primärer N. und primäre Liebe. Jb. der Psychoanal. 1 (1960) 3-34; W. G. JOFFE und J. SANDLER: Über einige begriffliche Probleme im Zusammenhang mit dem Studium narzißtischer Störungen. Psyche 21 (1967) 152-165; H. ARGELANDER: Ein Versuch zur Neuformulierung des primären N. Psyche 25 (1971) 359-373; HENSELER, a.O. [17]. – [19] H. KOHUT: N. (1973). – [20] ARGELANDER, a.O. [18]; KOHUT, a.O. [19]; The restoration of the self (New York 1977); O. F. KERNBERG: Factors in the psychoanal. treatment of narcissistic personalities. J. Amer. psychoanal. Ass. 18 (1970) 51-85; Object-relations theory and clinical psychoanalysis (New York 1976). H. HENSELER

II. FREUD verwendet den Begriff ‹narzißtische Kränkung› (n.K.) vor allem für Beeinträchtigungen des Selbstgefühls. Allerdings schwankt die Begriffsbedeutung bei ihm zwischen 'Motiv' einerseits und 'Symptom, Bestandteil, Folge' andererseits. In n.K., eng verknüpft mit dem Penisneid, erkennt er ein starkes *Motiv* bei der Entstehung psychischer Geschlechtsunterschiede [1] und geschlechtsspezifisch pathologischer Reaktionen (Frigidität) [2], aber auch – als psychologische neben der kosmologischen und biologischen einer der drei großen Kränkungen der Menschheit – für die affektiven Widerstände seiner Zeitgenossen gegen die Psychoanalyse, die besonders durch die Erkenntnis, «daß das Ich nicht Herr sei in seinem eigenen Haus» [3], «starke Gefühle der Menschheit verletzt» habe [4]. Als *'Symptom, Bestandteil, Folge'* begreift er die n.K. einmal bei der Erörterung der Pathogenese der Melancholie, indem er fragt, «ob nicht Ichverlust ohne Rücksicht auf das Objekt (rein n.Ich-K.) hinreicht, das Bild der Melancholie zu erzeugen ...» [5]; ferner sei die n.K. einer der Bestandteile, aus denen sich die «konkurrierende oder normale 'Eifersucht' wesentlich zusammensetzt» [6], und schließlich sei «eine schwere Kränkung des natürlichen N.» die Folge eines Zustands, in dem der Mensch ständig eine Schicksalsschädigung befürchten müsse [7].

Besonders schwere n.K. können zu einer *narzißtischen Narbe* [8] führen. Diese kann ihrerseits Charakterverformungen (character distortion [9]) bzw. narzißtische Persönlichkeitsstörungen bewirken, als deren Symptom dann wieder «eine krankhafte Intoleranz auf n.K.» [10] auftreten kann.

A. MITSCHERLICH greift die oben erwähnte Reihe von n.K. der Menschheit wieder auf [11] und beschreibt regressive und progressive Bewältigungsversuche. Als regressive Abwehrform tritt besonders bei Jugendlichen «Apathie» auf, aber auch «Identifikationsscheu» und «Labilität des Selbstwertgefühls» [12]. Solche «pathologischen Symptome» [13] erklärt Mitscherlich aus dem «Wert-Vakuum» in der Nachkriegszeit und dem Fehlen von Figuren, die für die Jugendlichen als Anreiz für eine Idealbildung und eine Identifikation mit den Eltern, besonders mit dem Vater, hätten dienen können. Dieser Beschreibung der «vaterlosen Gesellschaft» stellt Mitscherlich das Bild einer Gesellschaft entgegen, welche die erfahrenen n.K. progressiv zu verarbeiten vermag, indem sie «den Vater besitzt, aber in der die Väter eine Identität mit sich selbst erreicht haben, die ihnen die Lösung vom Vatervorbild und vom ausschließlichen Denken in Kategorien der Vaterherrschaft ermöglicht» [14].

T. ZIEHE schließt sich Mitscherlich in der Beschreibung der adoleszenten Identifikationsschwierigkeiten und der narzißtischen Störungen an, sieht ihre Ursachen aber hauptsächlich in den veränderten gesellschaftlichen Gegebenheiten, die zu einem Wandel der familiären Sozialisationsbedingungen und zur Herausbildung eines «neuen Sozialisationstyps» [15] geführt haben: «der rigide autoritäre Sozialisationstyp, den die klassische patriarchalische Familie noch erzeugte, wird heute – auch vom Standpunkt des Kapitals – immer unrationeller; er wird daher tendenziell ersetzt durch einen flexiblen, für wechselnde Triebobjekte und Triebziele disponiblen Sozialisationstyp, der sich den wechselnden Sachzwängen des Arbeitsprozesses ... anzupassen vermag» [16]. Dieser neue Sozialisationstyp ist u. a. gekennzeichnet durch geschwächte Ich-Funktion, starke Mutterbindung, Außenlenkung durch die Gruppe von Gleichaltrigen sowie die Tendenz zu einem «dem Realitätsrisiko n.er K. aus dem Weg gehenden Verweigerungsverhalten» [17], das letztlich zu einem «Rückzug ins Private» [18], zur Entpolitisierung führt.

Während SCHÜLEIN und Ziehe versuchen, die Herausbildung des neuen Sozialisationstyps auch positiv zu werten mit dem Hinweis auf veränderte Verkehrs- und Kommunikationsformen [19], wird dieser Ansatz von anderer Seite als «psychiatrisch-klinische Etikettierung» kritisiert, die der eigenen Rechtfertigung diene und den (unzulässigen) Versuch mache, «politisches Verhalten sozialisationstheoretisch zu erklären». Abgelehnt wird letztlich der deterministische Ansatz der Psychoanalyse, welcher der Theorie des neuen Sozialisationstyps zugrunde liegt [20].

Anmerkungen. [1] S. Freud, Ges. Werke 14 (⁴1968) 27. – [2] a.O. 12 (³1966) 172f. – [3] 11. – [4] 14, 109. – [5] 10 (³1963) 440. – [6] 13 (⁵1967) 195. – [7] 14, 337. – [8] 13, 19. – [9] L. Eidelberg: Encyclopedia of psychoanal. (New York 1968) 260, § 1405. – [10] L. Schlegel: Grundriß der Tiefenpsychol. (1978) 3, 150. – [11] A. Mitscherlich: Auf dem Weg zur vaterlosen Gesellschaft (1963) 389f. – [12] A. und M. Mitscherlich: Die Unfähigkeit zu trauern (1967) 259. 262. – [13] Vgl. a.O. [11] 392. – [14] ebda. – [15] T. Ziehe: Pubertät und N. (²1978) 106. – [16] M. Schneider: Neurose und Klassenkampf (1973) 328. – [17] Vgl. Ziehe, a.O. [15] 164. – [18] J. A. Schülein: Von der Studentenrevolte zur Tendenzwende oder der Rückzug ins Private, in: Kursbuch 48, hg. K. M. Michel/H. Wieser (1977) 101-117, zit. 116. – [19] Schülein, a.O. 117; Ziehe, a.O. [15] 242. – [20] A. Bruder-Bezzel und K.-J. Bruder: Unter den Talaren, der Muff von 10 Jahren: Die Theorie vom neuen Sozialisationstyp. Psychol. und Gesellschaftskritik 3 (1979) H. 3, 19-32. 20f.

Literaturhinweise. A. Mitscherlich s. Anm. [11]. [12]. – T. Ziehe s. Anm. [15].   K.-F. Husen

III. Nach S. de Beauvoir (1949) hat 1964 A. Hauser versucht, mit dem Begriff des N. die Grundstruktur des kollektiven Bewußtseins einer ganzen Epoche und deren künstlerischer Produkte zu erfassen: N. (als pathologischer Zustand der Seele) ist das *sozialpsychologische* Korrelat eines entsprechenden pathologischen Zustands der Gesellschaft, nämlich der Entfremdung [1]. Als eine von Entfremdung «im Sinne einer Krise der zwischenmenschlichen Beziehungen und des Verlustes der Verwurzelung im sozialen Boden» gekennzeichnete Epoche begreift Hauser vor allem das späte 16. Jh., wo die Entfremdung durch die Entstehung des modernen Kapitalismus induziert wird. Der Manierismus als künstlerischer Ausdruck des in der «Krise der Renaissance» erzeugten kollektiven N. schafft so den 'narzißtischen Typus' (Don Juan, Faust, Hamlet), dessen Syndrom vor allem durch Sadomasochismus, Bindungsunfähigkeit, innere Leere und Ambivalenz gegenüber sich selbst wie gegenüber seiner sozialen Umwelt gekennzeichnet ist.

Die neuere Sozialpsychologie verwendet seit kurzem den Ausdruck ‹Sozial-N.›, um eine kollektive Bewußtseinsstruktur zu benennen, die durch ein instabiles Selbstwertgefühl der jeweiligen Gruppe charakterisiert ist, wobei Allmachtsphantasien und Idealisierungen, mit denen das Individuum die ganze Gruppe oder eine 'Führerpersönlichkeit' libidinös besetzt [2], die Bedrohungen des narzißtischen Gleichgewichts auszugleichen versuchen. Systematisch produziert werden solche Größenphantasien von bestimmten Formen moderner Massenmedien (Comics, Werbung) [3] zur Auffüllung des für die moderne Zivilisation charakteristischen 'narzißtischen Defizits' (Gefühle der Langeweile, Sinnlosigkeit, Ohnmacht, Wertlosigkeit).

Sozial- und kulturgeschichtlich kann man also die für die euroamerikanische Zivilisation typische Ich-Störung als 'sekundären' N. identifizieren, der durch Wiederbelebung des frühkindlichen N. das Selbst da zu stabilisieren versucht, wo es entfremdenden Einflüssen (etwa im Prozeß gesellschaftlicher Zersetzung) ausgeliefert ist (Caruso). Schübe eines solchen kollektiven, kompensatorisch-pathologischen N. lassen sich insbesondere in der Spätantike, bei der Auflösung des Feudalismus durch die eindringende Geldwirtschaft (13.–17. Jh.) und in den Phasen bedeutender Umwälzungen im Zuge der Industrialisierung sowie kollektiver Kränkungen (kriegerische Niederlagen) und demagogisch-psychopathischer Massenbewegungen (Faschismus) feststellen.

Anmerkungen. [1] A. Hauser: Der Manierismus. Die Krise der Renaissance und der Ursprung der modernen Kunst (1964) 114-129. – [2] R. Battegay: N. und Objektbeziehungen. Über das Selbst zum Objekt (1977) 34f. – [3] L. Porcher: Introd. à une sémiotique des images (Paris 1975) 133-225.

Literaturhinweise. L. Lavelle: L'erreur de Narcisse (Paris 1939). – S. de Beauvoir: Le deuxième sexe (Paris 1949). – E. Fromm: Das Menschliche in uns (1968). – S. Losereit: Die Suche nach dem verlorenen Eden in der Lyrik der frz. Symbolisten (Diss. 1968). – W. Schumacher: Bemerkungen zur Theorie des N. Psyche 24 (1970). – B. Grunberger: Le narcissisme (Paris 1971). – H. Kilian: Das enteignete Bewußtsein. Zur dialekt. Sozialpsychol. (1971). – I. A. Caruso: Soziale Aspekte der Psychoanal. (1972). – G. Ammon: Dynamische Psychiatrie (1973). – H. Kohut: N. (1973). – J.-R. Armogathe: Le quiétisme (Paris 1973). – H. Henseler: Narzißtische Krisen (1974); s. Anm. [17 zu I]. – L. Corman: Narcissisme et frustration d'amour (Paris 1975). – T. Ziehe s. Anm. [15 zu II]. – L. Porcher s. Anm. [3]. – D. Spazier und J. Bopp: Grenzübergänge. Psychother. als kollektive Praxis (1975) 228ff. – I. A. Caruso: N. und Sozialisation (1976). – Narcisses. Nouv. Rev. Psychanalyse 13 (1976). – R.-W. Müller: Geld und Geist. Zur Entstehungsgesch. von Identitätsbewußtsein und Rationalität seit der Antike (1977). – R. Battegay s. Anm. [2]. – O. Kernberg: Borderline-Störungen und pathol. N. (1977); s. Anm. [20 zu I]. – U. D. Finger: N. und Gruppe (1977). – H.-J. Fuchs: Entfremdung und N. Semant. Untersuch. zur Gesch. der 'Selbstbezogenheit' als Vorgesch. von frz. «amour-propre» (1977). – K. Kohut: Die Heilung des Selbst (1978). – K. Strzyz: Sozialisation und N. (1978). – H. Bill: Sexualität und N. (1979). – E. Fromm: Die Seele des Menschen. Ihre Fähigkeit zum Guten und zum Bösen (1979). – H. Häsing u.a.: Narziß. Ein neuer Sozialisationstypus (1979). – A. Miller: Das Drama des begabten Kindes (1979). – Le Narcissisme. L'amour de soi (Paris 1980). – K. Eissler: Todestrieb, Ambivalenz, N. (1980). – C. Lasch: Das Zeitalter des N. (1980). – W. Schmidbauer: Die Ohnmacht des Helden. Unser alltägl. N. (1981). – N.: Erneuerung der Psychoanalyse oder neue Psychologie des Selbst (1981). – Die neuen N.-Theorien: Zurück ins Paradies? (1981). – Mythos und N. Vom Selbst zum Ich (1982). – J. Wunderli: Vom tragischen zum positiven N. (1983). – H. Becker und C. Nedelmann: Psychoanalyse und Politik (1983).
                                                                                    H.-J. Fuchs

Nation, Nationalismus, Nationalität. Der Begriff ist nur selten eindeutig und ausdrücklich definiert; seine Bedeutung ist häufig schillernd und überschneidet sich mit der anderer Begriffe, besonders mit ‹Volk›. Trotzdem hat er es, vor allem seit dem 18. Jh., zu bedeutender politischer und publizistischer Wirksamkeit gebracht.

Das lat. ‹natio› (von ‹nasci›, ‹geboren werden›) betont die Geburt und Abstammung (Natio ist die Göttin der Geburt [1]), den Herkunftsort einer Person oder auch einer Sache [2], bedeutet ‹Völkerschaft› oder ‹Volksstamm› [3] (Cicero: eruditissima illa Graecorum natio, jenes sehr gebildete Volk der Griechen [4]). ‹Natio› steht so oft mit ‹gens› und ‹populus› zusammen [5], jedoch gelegentlich in Abhebung von ‹civitas› [6], weshalb die ‹nationes› auch als ‹wild› (ferae bzw. acerrimae) bezeichnet werden können [7]. Schließlich meint der Begriff auch eine besondere Gruppe eines Volkes, z. B. die Klasse der Aristokraten [8], eine Philosophen-Schule [9], oder ironisch eine bestimmte Sorte oder Gattung von Menschen, die ein gemeinsames Merkmal auszeichnet [10].

Die ‹Vulgata› gibt griech. ἔθνος (hebr. gowim) mit ‹natio› wieder, was häufig die *heidnischen* Völker bezeichnet [11]. Diesen Sprachgebrauch übernehmen die Kirchenväter, bei denen ‹ἔθνος/natio› ebenfalls im Gegensatz zu den Christen steht [12], wenn es nicht neutral ‹gens/Volk› bedeutet [13]. Isidor von Sevilla weist auf den Ursprung von ‹natio› aus ‹nasci› hin [14].

Obwohl im Mittelalter ‹nationes› auch noch ‹die Heiden› sein können [15], erscheint der Begriff doch meistens für ‹Völkerschaft›, ‹Abstammung› u. ä. Oft ist die Bedeutung unbestimmt; ein deutliches Abgrenzungskriterium zu den Nachbarbegriffen (gens, populus) liegt nicht vor. Es lassen sich aber etwa folgende Gebrauchsweisen unterscheiden: ‹nationes› sind jene Völkerschaften, die durch keine gemeinsame politische Organisation zusammengefaßt werden, sei es, daß sie, weil «barbarae», keine Organisation kennen oder diese vom Autor im Augenblick nicht hervorgehoben wird. Sie sind dann nur durch Herkunft, geographische Lage, Sprache, Sitten und Gebräuche (nie aber durch ein Moment allein) miteinander verbunden. ‹Natio› wird offensichtlich dann gebraucht, wenn andere Begriffe zur Festlegung nicht ausreichend erscheinen oder eindeutige Merkmale nicht vorhanden sind; es faßt Menschen zusammen, «die eine wie auch immer geartete Gemeinsamkeit durch ihre Abstammung verbindet» [16]. Wenn es auch häufig fernliegende, als unkultiviert erkannte Völker sind, die ‹nationes› genannt werden, so gilt dies doch nicht ausschließlich: es gibt auch «nationes» des eigenen Kulturkreises, ja auch innerhalb des Reiches (also Stämme) [17]. Daneben kann ‹natio› (als Singular) wie im klassischen Latein die Abstammung einer Person bezeichnen [18]. Dies ist besonders, aber wiederum nicht ausschließlich dann der Fall, wenn Geburtsort und «natio» voneinander abweichen, wie z. B. bei Papst Theodor I., der zwar in Jerusalem geboren ist, aber «natione Grecus» genannt wird, weil seine Eltern Griechen waren [19]. Die geographisch-ethnographische Basis für «natio» reicht von kleinsten Einheiten (Stadt, Geschlecht, Sippe) bis zu sehr großen (Landschaft, Stamm, Volk, mehrere Völker). Eine große «natio» kann demnach mehrere kleinere «nationes» umfassen [20]. Schließlich meint ‹natio› auch die rechtliche Herkunft einer Person, ihren Stand, der ja ebenfalls durch die Geburt festgelegt ist (Bauer, Bürger, Adliger, Freier oder Höriger) [21].

Ein neuer Anwendungsbereich ergibt sich im Spätmittelalter. Nachdem bereits auf dem 2. Lyoner Konzil (1274), auf den Konzilien von Vienne (1311/12) und Pisa (1399) «nationes» unterschieden wurden, wird auf dem Konzil von Konstanz (1414/17) festgelegt, daß nach N. abgestimmt werden soll (concilium constituitur ex nacionibus), aber es fehlt ein festes Kriterium für den Begriff ‹N.›, so daß die Anzahl der N.en (es werden schließlich fünf festgesetzt) umstritten bleibt [22]. Außerdem werden an oberitalienischen Universitäten (Bologna) die Studenten nach N.en unterschieden, vereinzelt bereits im 13. Jh., häufiger seit dem 14. und 15. Jh.; dann wird auch an anderen europäischen Universitäten so verfahren, und in Handelszentren wie Antwerpen kennt man ebenfalls unterschiedene N.en [23]. Auch hier ist also ‹N.› in erster Linie eine Herkunftsbezeichnung (Landsmannschaft). Ein Bewußtsein von dem Wert der eigenen N. zeigt sich gelegentlich seit dem 15. Jh., in Frankreich bei ALAIN CHARTIER [24], in Deutschland bei NICOLAUS CUSANUS, der beklagt, daß das «imperium Germanicum» von Fremden aufgeteilt und einer anderen N. (alteri nationi) unterworfen werde [25]. In Urkunden und bei Geschichtsschreibern des 15. Jh. ist des öfteren von der «natio Germanica» bzw. «Alemanica» und «deutscher nation» die Rede [26]. Jetzt wird auch die Formel «Heilig Reich und Teutsch Nacion» geprägt [27], womit der Verband der geistlichen und weltlichen Fürstentümer, d. h. der politisch bestimmenden Organe, gemeint ist, an dessen Spitze der König steht [28]. An diesen wendet sich 1520 auch M. LUTHER, wenn er die «deutsche N., Bischoff und Fursten» auffordert, «das volck das yhm befolen ist», vor den Gelderhebungen des Papstes zu schützen und ihnen «durch ein keyserlich odder gemeyner N. gesetz» entgegenzuwirken [29].

Damit hat sich der Begriff so weit herausgebildet, daß er in der frühen Neuzeit häufig gebraucht wird, sei es als Synonym für «gens» und «populus» [30], sei es in der Gleichsetzung mit «kingdomes and all civill societies» [31]. F. BACON spricht schon von Ehre und Größe einer N. [32], meist wird der Begriff aber ohne besondere Hervorhebung verwendet [33]. Diese ergibt sich erst, als im 17. Jh. in England die Rechte der N. gegen das absolute Königtum reklamiert werden [34] und im 18. Jh. in Frankreich an den König appelliert wird, als «Chef d'une Nation» das Wohl dieser N. zu befördern und die «intérêts de la Nation» wahrzunehmen [35]. Denn «le Roy est élu pour le bien de la N., et la N. n'est pas faite pour le Roy» [36]. Immer ist es aber die in den Parlamenten und Ständeversammlungen verfaßte N., die hier spricht, und so sind es diejenigen, die die Rechte der N. zu vertreten beanspruchen, die Vertreter der Stände und ihrer althergebrachten Freiheiten gegen den Absolutismus [37]. Dies spiegelt auch der Sprachgebrauch z. B. bei MONTESQUIEU: Unter den beiden ersten Dynastien des französischen Königtums versammelte man oft «la nation, c'est-à-dire les seigneurs et les évêques» [38].

Ansonsten bezeichnet ‹N.› (dann meist im Plural) im 18. Jh. wie bisher die durch Sitten und Gebräuche, Charakter, Sprache und Gesetze voneinander unterschiedenen Völker [39], was die Einigung unter einer Regierung nicht zur Voraussetzung hat («folglich in einer oftmahls kleinen Provintz, Leute von unterschiedenen N. bey einander wohnen können» [40]), nach der ‹Encyclopédie› aber einschließt: ‹N.› ist ein «mot collectif dont on fait usage pour exprimer une quantité considérable de peuple, qui habite une certaine étendue de pays, renfermée dans de certaines limites & qui obéit au même gouvernement» [41]. Noch KANT definiert: «Diejenige Menge oder auch der Theil derselben, welcher sich durch gemeinschaftliche Abstammung für vereinigt zu einem bürgerlichen Ganzen erkennt, heißt N. (gens)» [42].

Doch seit der Mitte des 18. Jh. erhält ‹N.› mehr und mehr eine rein politische Bedeutung. E. DE VATTEL setzt ‹N.› mit «état», dem «corps politique», gleich. Die N. befindet souverän über ihre politische Verfassung und ist zur Erhaltung ihrer selbst und ihrer Mitglieder verpflichtet. Sie bildet eine «personnalité morale» [43]. ARGENSON beobachtet 1754, «que jamais l'on n'avait répété les noms de nation et d'état comme aujourd'hui» und spielt damit auf den Anspruch der französischen Parlamente an, die N. zu repräsentieren [44]. Der Monarch soll für ihn das Interesse der N., d. h. des Staatsvolks als eines ganzen ohne Unterscheidung in Adlige und Bürger, vertreten [45]. ROUSSEAU, der sonst noch meistens den alten Sprachgebrauch pflegt, stellt (in offensichtlicher Übernahme von Montesquieus Formel, daß «le peuple en corps», «le corps de la nation» seinen Repräsentanten die legislative Befugnis übertrage und diese dann die «voix de la nation» seien [46]) das Staatsoberhaupt an die Spitze des «corps de la nation», in dem alle Staatsbürger gleich sind. Der Verfassungsentwurf für Korsika sieht deshalb das Bekenntnis zum «caractère national» und die Verpflichtung, alle Kräfte in den Dienst der «nation corse» zu stellen, vor [47]. Bei HOLBACH ist es die N., die die oberste Autorität und Souveränität auf die Regierenden überträgt; deren Macht ist an die N. gebunden: «La volonté de la Société ... est le bien commun qui unit la Nation à ses Chefs, & ceux-ci à la Nation.» Die N. besteht jetzt nicht mehr aus den Ständen, sondern aus der «plus grand nombre des individus qui composent une société». Ihr Wille wird in den «Représentants» vereinigt [48]. Für MABLY liegt die legislative Gewalt beim «corps entier de la nation» und nur die Exekutive bei der Obrigkeit: «Les princes sont les administrateurs et non pas les maîtres des nations» [49]. Es hieße, die Dinge auf den Kopf stellen, wenn «la nation est faite pour le prince et non le prince pour la nation» [50]. Die Parlamente und Ständeversammlungen des alten Frankreich dienen auch hier als Vorbild für die Neukonstituierung der N. [51].

Auch in Deutschland erhält der Begriff nach und nach einen neuen Sinn. Gefordert wird jetzt das Bekenntnis zur eigenen N., zu den Interessen des Vaterlandes, das Selbstbewußtsein dieser N. als eines Ganzen, weshalb die Begriffe ‹N.› und ‹Patriotismus› jetzt zusammengehören. Eine «national-Denkungs-Art, eine allgemeine Vaterlands-Liebe» vermißt C. F. VON MOSER bei den Deutschen und fordert, sich «in den Dienst des Staats» und des «allgemeinen Besten» zu stellen [52]. Einschränkend bemerkt bereits J. G. ZIMMERMANN, daß der «Nationalstolz», «das Bewußtseyn des wahren Werthes seiner N.», zwar «eine politische Tugend von grosser Wichtigkeit» sei, aber immer «zu den edlen Handlungen» gelenkt werden müsse, um nicht in ein feindseliges Vorurteil gegenüber anderen N.en abzugleiten [53]. Auch HERDER, der den «Charakter der N.» in den «Data ihrer Verfaßung und Geschichte» erkennt und die Besinnung der deutschen N. auf sich selbst (was ihre «Aufklärung» einschließt) fordert [54], bezeichnet zugleich die N. als «ungejäteten Garten ... von Thorheiten und Fehlern so wie von Vortrefflichkeiten und Tugenden» und will sie deshalb nicht «ex professo preisen» [55]. Er sieht zwar die Gefahr des «Nationalwahns», aber in der Abteilung der Menschheit nach Völkern und N. auch einen natürlichen Vorgang: «Was in einer N. einmal Wurzel gefaßt hat, was ein Volk anerkennet und hochhält; wie sollte das nicht Wahrheit seyn?» [56]. «Man nennts Vorurtheil! Pöbelei! eingeschränkten Nationalism! Das Vorurtheil ist gut, zu seiner Zeit: denn es macht glücklich. Es drängt Völker zu ihrem Mittelpunkte zusammen ...» [57]. Eine Vielzahl von Neubildungen wie ‹Nationalcharakter›, ‹-ehre›, ‹-freiheit›, ‹-gefühl›, ‹-geist›, ‹-geschichte›, ‹-literatur›, ‹-ruhm›, ‹-schauspiel›, ‹-theater›, ‹-tugend› u. a. zeigen die weite Verbreitung dieses neuen N.-Begriffs [58]. Im Adel oder am Hofe sieht man jetzt nicht mehr die N. repräsentiert [59], sondern in allen Mitgliedern des Staates, die sich zum «allgemeinen Interesse der N.» verbinden; «N. ist der Bürger- und Bauernstand» [60]. Zur N., die «die gesezgebende Macht als natürliches Eigenthumsrecht hat» und den Staaten «blos Verwaltung und Ausübung derselben» überträgt, «gehören aber alle (auch der Regent und seine Räthe) welche im Lande geboren sind, oder wenigstens im Lande Grundeigenthum besitzen» [61]. Der «Bürger- und Bauernstand» als «Quellen des Reichthums und der Stärke einer N.» machen «die eigentliche N.» aus [62].

Hier zeigt sich bereits die Auswirkung der Französischen Revolution, in der die neuere Entwicklung des Begriffs ‹N.› kulminierte und ‹N.› zum Losungswort der Revolution wurde. Am 17. Juni 1789 konstituierten sich die Generalstände auf Vorschlag von SIEYES und gegen MIRABEAU, der den Titel «représentans du peuple français» empfahl, als «Assemblée nationale» [63]. Die dann beschlossene ‹Déclarations de l'homme et du citoyen› konstatiert: Die Souveränität «réside essentiellement dans la nation. Nul corps, nul individu ne peut exercer d'autorité qui n'en émane expressément» [64]. Bereits seit 1788 wird in einer Fülle von Schriften von diesem N.-Begriff (häufig emphatisch fordernd) Gebrauch gemacht, besonders von Sieyes: Die N. ist «eine Körperschaft von Gesellschaftern (corps des associés), die unter einem gemeinschaftlichen Gesetz leben und durch dieselbe gesetzgebende Versammlung repräsentiert werden». Dadurch, daß der Dritte Stand das Gemeininteresse der N. vertritt (der Adel betreibt nur seine Eigeninteressen), umfaßt er «alles, was zur N. gehört» [65]. Auch in dieser Zeit kommt es zu vielen Neubildungen: ‹garde nationale›, ‹armée nationale›, ‹éducation nationale›, ‹crime de lèse-nation› (‹nationale› ersetzt hier den alten Zusatz ‹royal›), dazu ‹fête nationale› u. a., die den Kult der N. anzeigen, und Ausrufe wie «Vive la Nation» [66]. So ist es nicht verwunderlich, daß für diese wert- und gefühlsbezogene Haltung zur N. der Ausdruck ‹Nationalismus› (= Ns.) – nach HERDER [67] – geprägt wurde [68].

Gegner der Revolution tradieren dagegen den alten N.-Begriff: «Mais qu'est-ce qu'une nation? ... C'est le souverain et l'aristocratie» [69]. Für E. BURKE gehört zum Menschsein die Anerkennung einer Reihe von natürlichgeschichtlichen Bindungen, «that form what I should call a *natural* aristocracy, without there is no nation» [70]. Ebenso lehnt C. L. VON HALLER den neuen N.-Begriff ab [71]. Andererseits wird er aber auch anerkannt, wie von F. ANCILLON («Wenn der Staat vorhanden ist, hebt die N. an. Bis dahin giebt es Völkerschaften», die «auf den Namen von N. keine Ansprüche machen können» [72]), oder auf die eigenen Verhältnisse und Erfordernisse appliziert, wie bei FICHTE, für den die N. auch ohne staatliche Verfaßtheit fortbesteht bzw. der Staat «bloss das Mittel ist für den höheren Zweck der ewig gleichmässig fortgehenden Ausbildung des rein Menschlichen in dieser N.». «Liebe des Einzelnen zu seiner N.», «Vaterlandsliebe» bedeutet das Bekenntnis zu einem gemeinsamen Ganzen, einer «ewigen Ordnung der Dinge», die über die Individuen hinaus fortdauert und für die diese sich aufopfern. Darin liegt der «Nationalcharakter eines Volks» [73]. Während bei W. VON HUMBOLDT Staat und N. nicht aufeinander angewiesen sind und «Geist und Charakter der N.» sich eher im freien Zusammenwirken der Individuen bilden [74], haben für A. MÜLLER «nationaler Sinn» und «Nationalität» (= Nt.) [75], die «Sehnsucht und Wechselwirkung unter den Menschen», ihren Halt und ihr Leben «National-Leben» im Staat, und dieser erhält durch die Nt. seine «Befestigung» [76].

Andere Autoren suchen wieder nach natürlichen Eigenschaften als Kriterium für die N. So sieht F. SCHLEGEL in der «Einheit der Sprache» und der «gemeinschaftlichen Abstammung ... das festeste dauerhafteste Band ..., das die N. ... in unauflöslicher Einheit zusammenhält», und fordert Adel, ständische Verfassung und Kaisertum als ihre Existenzgrundlagen [77]. Auch für J. E. ERDMANN ist «die Sprache das eigentliche Kriterium der Nt.» [78]. In zeitgenössischen Lexika schlägt sich dieses N.-Verständnis nieder [79]. Im Gegensatz dazu bildet bei anderen allein das «Staatsvolk» die N., und Eigentümlichkeiten eines Volkes sind für ihre Bestimmung höchstens sekundär [80]. «Das Wesen der Nt. ist vielmehr nur da zu suchen, wo der Kern der Persönlichkeit liegt, nämlich in der den nationalen Grundcharakter offenbarenden Einheit des Bewusstseins und Gefühls, in der ganzen Willensrichtung und Gesinnung» [81]. «Eine Nt. ... ist eine Menschenmenge, die eine N. werden will ... Race, Sprache, Sitte, Glaube, Schicksale können dabei förderlich oder hinderlich mitwirken. Das Gelingen ist eine Machtfrage» [82]. Auch wenn die Bedeutung natürlicher

Faktoren nicht geleugnet wird, sind doch «die Identität des politischen Lebens ..., der Besitz einer nationalen Geschichte und die sich daraus ergebende Gemeinsamkeit der Erinnerungen» für die Ausbildung einer N. ausschlaggebend [83]. Historiker wie L. VON RANKE sehen in der Erfahrung der gemeinsamen Geschichte das primäre eine N. bildende Element, wenn auch andere Faktoren wie die Kultur nicht geleugnet werden [84], H. VON SYBEL u. a. hingegen wieder mehr in der Sprache «neben Recht und Sitte, neben Lebensweise und Geschmack», vor allem dann, wenn die staatliche Einheit noch fehlt [85]. Die Berufung auf den einen oder anderen N.-Begriff diente im 19. Jh. häufig dazu, nationale Einheit oder Selbständigkeit zu begründen und durchzusetzen und damit die Grenzen anderer N. zu verändern: «Das Nt.-Prinzip ist das Revolutionsprinzip» [86]. Sie diente aber ebenso dazu, solche Ansprüche zurückzuweisen, wie bei E. RENAN, der das vermeintliche deutsche Recht auf das Elsaß damit abwehrt, daß das Signum einer N. nicht in der ethnischen, sprachlichen, religiösen oder geographischen Einheit zu suchen sei, sondern im «consentement actuel, par la volonté qu'ont les différentes provinces d'un état de vivre ensemble», und dies binde das Elsaß an Frankreich [87]. «Une nation est donc une grande solidarité, constituée par le sentiment des sacrifices qu'on a faits et de ceux qu'on est disposé à faire encore ... L'existence d'une nation est ... un plébiscite de tous les jours» [88]. Ähnliche Formulierungen finden sich in der italienischen Einheitsbewegung [89]. N. ist so, nach M. WEBER, ein Begriff, dem alle «empirischen Qualitäten» abgehen und der nur besagt, «daß gewissen Menschengruppen ein spezifisches Solidaritätsempfinden anderen gegenüber *zuzumuten* sei, [er] gehört also der Wertsphäre an» [90].

Nachdem der Sozialismus zunächst den Begriff N. nur kritisch reflektiert hatte, gab es gegen Ende des 19. und zu Beginn des 20. Jh. Tendenzen zu einer vorsichtigen Rehabilitation von ‹N.› und ‹Nt.›, besonders im Austromarxismus [90a]. - Den Ns. als ausdrücklich akzeptierte Doktrin vertrat M. BARRÈS im Sinne einer Einordnung in Staat, Rasse und N.: «le nationalisme, c'est l'acceptation d'un déterminisme» [91]. Auch nach dem Ende der klassischen Epoche der Nationalstaaten [92], nach dem Ersten Weltkrieg, werden ‹N.› und ‹Ns.› weiterhin gepflegt, so bei Teilen der rechten Intelligenz als Gegenstand quasi religiöser Empfindungen (H. FRANKE: Ns. ist die «Religion des Diesseits»; E. JÜNGER: «Ns., dieses Wort gehört ... jedem, der glaubt» [93]). Ihren Höhepunkt erreichte die Fetischisierung des Begriffs in der Propaganda des Nationalsozialismus [93a]. Nach dessen Zusammenbruch sind ‹N.› und ‹Ns.› zwar weitgehend obsolete Begriffe geworden [94], ohne daß man doch ganz auf sie verzichten könnte. Das besondere Schicksal der deutschen Teilung ließ die von F. MEINECKE [95] im Anschluß an F. J. NEUMANN und A. KIRCHHOFF [96] explizierte Unterscheidung von «Staats-» und «Kultur-N.» wieder virulent werden [97]. (Auf der anderen Seite spricht man von der «sozialistischen N.».) Daneben wird ‹Ns.› auf die Unabhängigkeitsbestrebungen der ehemaligen Kolonialvölker angewandt [98]. Weitgehende Einigkeit besteht aber darin, daß man eine verbindliche und allgemein akzeptable Definition beider Begriffe nicht finden kann [99].

Anmerkungen. [1] CICERO, De nat. deor. III, 18, 47. – [2] PLINIUS D. Ä., Nat. hist. VIII, 57; XI, 33; XXI, 83; CAESAR, Bel. Gal. I, 53; TACITUS, Ann. II, 52; XI, 18. – [3] TACITUS, Germ. 38; Ann. XIV, 44; PLINIUS, a.O. XXXII, 62; CAESAR, a.O. III, 7; PLAUTUS, Capt. 887; Men. 258; VARRO, Ling. lat. IX, 93; LIVIUS XXI, 46, 10. – [4] CICERO, De or. II, 4, 18. – [5] Imp. Pomp. XI, 31; QUIN-TILIAN, Inst. or. XI, 3 (87); CATO, Orat. 164 frg. 2; CICERO, Agr. I, 26; De nat. deor. III, 39, 93; Font. XI, 25. – [6] CICERO, Phil. X, 10, 20; I, 10, 24; vgl. Prov. cons. V, 10; PLINIUS, a.O. [2] V, 30. – [7] SALLUST, Cat. X, 1. – [8] CICERO, Sest. XLIV, 96. – [9] De nat. deor. II, 29, 74; SENECA, Nat. VI, 26, 2; VERGIL, Cat. V, 4. – [10] CICERO, Mur. XXXIII, 69; Pis. XXIII, 55; PLAUTUS, Rud. II, 2, 6, 311. – [11] Gen. 10, 5; Lev. 20, 23; 25, 44; Deut. 4, 27; 29, 16; Luk. 2, 24f. – [12] TERTULLIAN, De idol. X, 15, 22; De spect. VI, 11, 29; ARNOBIUS, Ad nationes; AUGUSTINUS, MPL 33, 254; AMBROSIUS, De fuga saec. V, 30; De off. min. III, 8, 34; De inst. virg. V, 34. – [13] TERTULLIAN, Adv. Marc. III, 20; IV, 2. 25. 39; V, 9. 17; HIERONYMUS, Ep. 18 A 6, 7; A 15, 7; AUGUSTINUS, De civ. Dei IV, 6; V, 22; X, 32; XIV, 28 u.ö.; MARTIANUS CAPELLA I, 58; II, 203; IV, 331 u.ö. – [14] K. BIERBACH: Kurie und nationale Staaten im früheren MA (1938) 10-22. – [15] Vgl. BERNHARD VON CLAIRVAUX, MPL 182, 651. – [16] H.-D. KAHL: Einige Beobachtungen zum Sprachgebrauch von 'natio' im mittelalt. Latein mit Ausblicken auf das nhd. Fremdwort 'N.', in: Aspekte der N.-Bildung im MA, hg. H. BEUMANN/W. SCHRÖDER (1978) 63-108, zit. 105; weitere Belege bei K. HEISSENBÜTTEL: Die Bedeutung der Bezeichnungen für 'Volk' und 'N.' bei den Gesch.schreibern des 10.-13. Jh. (Diss. Göttingen 1920) 50-62; F. W. MÜLLER: Zur Gesch. des Wortes und Begriffes 'nation' im frz. Schrifttum des MA bis zur Mitte des 15. Jh. Roman. Forsch. 58/59 (1947) 247-321. – [17] Vgl. HEISSENBÜTTEL, a.O. – [18] K. G. HUGELMANN: Stämme, N. und Nationalstaat im dtsch. MA (1955) 287f.; MÜLLER, a.O. [16]. – [19] KAHL, a.O. [16] 70. – [20] Vgl. HELMOLD VON BOSAU, zit. bei KAHL, a.O. 76ff. – [21] KAHL, a.O. 68. 75. 91; MÜLLER, a.O. [16]. – [22] H. FINKE: Die N. in den spätmittelalt. allg. Konzilien. Hist. Jb. 57 (1937) 323-338; A. WERMINGHOFF: Der Begriff 'Deutsche N.' in Urkunden des 15. Jh. Hist. Vjschr. 11 (1908) 184-192; HUGELMANN, a.O. [18] 289ff. – [23] KAHL, a.O. [16] 98f.; HUGELMANN, a.O. [18] 288f. – [24] MÜLLER, a.O. [16] 310ff.; R. JOHANNET: Le principe des nationalités (Paris 1923) 26. – [25] NICOLAUS CUSANUS, De conc. cath. III, 32. – [26] HUGELMANN, a.O. [18] 291f. – [27] Ewiger Landfriede von 1495, in: K. ZEUMER: Quellensammlung zur Gesch. der Dtsch. Reichsverfassung (²1913) 281; vgl. Wahlkapitulation Karls V. von 1519, in: a.O. 309-313, § 4: «die Teutsch N., das Heilig Römisch Reiche und die Churfürsten», § 18: «Teutsch N. und des Heilig Römisch Reich». – [28] WERMINGHOFF, a.O. [22]. – [29] M. LUTHER: An den christl. Adel dtsch. N. Weimarer Ausg. 6, 419; vgl. 6, 465f. – [30] Vgl. J. L. VIVES, Opera omnia (Valencia 1782-90/ND London 1964) 3, 293; 5, 322. – [31] TH. SMITH: De republica Anglorum (London 1570, ND Menston 1970) 14. – [32] F. BACON, Essays XXIX. Works, hg. SPEDDING/ELLIS/HEATH (London 1857-74) 6, 449f. – [33] hg. BACON, Works a.O. 1, 181f. 186. 193; J. LOCKE: Two treatises of government, Pref.; I, § 144f.; II, § 41. 106. 239. – [34] Vgl. M. A. JUDSON: The crises of the constitution (New Brunswick, N.J. 1949) bes. 288 (Zitat aus den ‹Commons Debates› 1629); F. HERTZ: Wesen und Werden der N., in: N. und Nationalität (1927) 10 (Zitate aus der Zeit der Großen Revolution 1648/49). – [35] H. DE BOULAINVILLIERS: Hist. de l'ancien gouvernement de la France (Den Haag/Amsterdam 1727) 1, 26. 32. 172; vgl. L. DE SAINT-SIMON, Ecrits inédits, hg. P. FAUGÈRE 4 (Paris 1882) 14. 28. 193. – [36] (ANONYM): Entretien d'un Parisien et d'un Breton (ca. 1718-20), zit. bei E. CARCASSONNE: Montesquieu et le problème de la constit. franç. au XVIIIe siècle (Paris 1927) 40; vgl. 32: Zitat aus Ms. von P. DUPUY. – [37] Vgl. H. SÉE: La doctrine polit. des parlements au XVIIIe siècle. Rev. hist. Droit franç. et étr. 30 (1924) 292ff.; M. GÖHRING: Weg und Sieg der modernen Staatsidee in Frankreich (²1947) 165ff.; R. BICKART: Les parlements et la notion de souveraineté nationale au XVIIIe siècle (Paris 1932). – [38] CH. L. DE MONTESQUIEU: De l'esprit des lois (Genf 1748) XXVIII, 9; vgl. XIX passim; XXVIII, 1. 2; u.ö.; vgl. J. HARRINGTON: Polit. works, hg. J. G. A. POCOCK (Cambridge 1977) 587. – [39] MONTESQUIEU, a.O.; VOLTAIRE: Essais sur les mœurs et l'esprit des nations (Genf 1756); J.-J. ROUSSEAU, Oeuvres compl., hg. B. GAGNEBIN/M. RAYMOND 3 (Paris 1964) z.B. 169. 196. 199. 39. 44. 53. – [40] J. H. ZEDLER: Grosses vollst. Univ.-Lex. aller Wiss. und Künste 23 (1740) 902. – [41] Encyclopédie ..., hg. DIDEROT/D'ALEMBERT 11 (Neuchâtel 1765) 36. – [42] I. KANT, Anthropologie. Akad.-A. 7, 311; vgl. 15, 590f. 595; vgl. J. CHR. ADELUNG: Grammatisch-krit. Wb. der hochdtsch. Mundart (²1798) s.v. – [43] E. DE VATTEL: Le droit des gens ou principes de la loi naturelle (London 1758) 1, 1f. 23ff. 42. – [44] R. L. DE VOYER D'ARGENSON: Journal et mémoires 8 (Paris 1859-67) 8, 315; vgl. 8, 313; 5, 318; GÖHRING, a.O. [37]. – [45] ARGENSON: Consid. sur le gouvernement ancien et présent de la France (²1784) 12. 195; vgl. 292f. – [46] MONTESQUIEU, a.O. [38] XI, 6. – [47] ROUSSEAU, Du contrat social II, 4. Oeuvres a.O. [39] 3, 374; Economie politique. Oeuvres 3, 244. 256; Constitution pour la Corse. Oeuvres 3, 913. 943. – [48] P.-H. TH. D'HOLBACH: La politique nat. (London 1773) 1, 97. 111; vgl. 87. 102. 114f. 131ff. 136. 138ff. – [49] G. B. DE MABLY, Oeuvres compl. (Paris 1794/95) 12, 56. 363; vgl. 9, 293; 11, 433f. 310. – [50] a.O. 11, 418; dtsch. Ausprägungen dieser Formel: K. F. HÄBERLIN: Hb. des Teutschen Staatsrechts nach dem System des Herrn Geheimenrath Pütter (²1797) 1, 181; J. VON SONNENFELS: Hb. der inneren Staatsverwaltung (1798) 42. – [51] MABLY, a.O. 1, 225. 229f. – [52] C. F. VON MOSER: Von dem Deutschen national-Geist (1765) 13. 90f.; vgl. 51. – [53] J. G. ZIMMERMANN: Vom Nationalstolze (⁴1783) 184. 335f. – [54] J. G. HERDER, Sämtl. Werke, hg. B. SUPHAN (1877-1913) 5, 503; 6, 105; 17, 317. 297. – [55] a.O. 17, 211. – [56] 17, 230. – [57] 5, 510; vgl. 5, 497. – [58] Belege bei H. SCHULZ und O. BASLER: Dtsch. Fremdwb. 2 (1942) 177-183. – [59] J. MÖSER, Sämtl. Werke, hg. B. R. ABEKEN 9 (1843) 240-243; Sämtl. Werke (1943ff.) 9, 180f. – [60] L. SCHLÖZER in: Staatsanzeigen 1788 und 1790/91, zit. bei U. A. J. BECHER: Polit. Gesellschaft (1978) 187-191. – [61] C. F. BAHRDT: Rechte und Obliegenheiten der Regenten und Unterthanen in Bez. auf Staat und Relig. (1792) 62. 64. 78; vgl. 68. 70f. 77. 82. 87. 116. – [62] Hb. der Moral für den Bürgerstand (1789) 10. 12; vgl. Gesch. seines Lebens, seiner Meinungen und seiner Schicksale (1791) 3, 357; vgl. TH. G. VON HIPPEL: Über Gesetzgebung und Staatenwohl (1804) 51. 197; A. KNIGGE: Benjamin Noldmann's Gesch. der Aufklärung in Abyssinien (1791) 2, 184f. 188. – [63] Hist. parlementaire de la Révol. franç., hg. P.-J.-B. BUCHEZ/P.-C. ROUX (Paris 1834-38) 1, 443-472; H. G. DE MIRABEAU, Oeuvres 1 (Paris 1835) 107-113; zu den versch. Benennungen der ‹Assemblée nat.› in zeitgenöss. Publikationen vgl. E. SCHMITT: ‹Repräsentation und Revolution› (1969) 179-187. – [64] Art. 3, in: A. AULARD und B. MIRKINE-GUETZÉVITCH (Hg.): Les déclarations des droits de l'homme (Paris 1929) 16. – [65] E. J. SIEYES: Qu'est-ce que le tiers état? Polit. Schr. 1788-90, hg. E. SCHMITT/R. REICHARDT (1975) 124f.; vgl. 84. 95. 164. 179. 185. 194f. 214. – [66] J. GODECHOT: Nation, patrie, nationalisme et patriotisme en France au XVIIIᵉ siècle. Ann. hist. de la Révol. franç. NS 43 (1971) 495f. 498; M. FREY: Les transformations du vocab. franç. à l'époque de la révol. (Diss. Zürich 1925) 127f.; F. BRUNOT: Hist. de la langue franç. 9 (Paris 1937) 636ff. – [67] HERDER, a.O. [57]. – [68] Nachtrag von weitern Originalschriften, welche die Illuminatensekte überhaupt, sonderbar aber den Stifter derselben, Adam Weishaupt, ... betreffen (1787) 2, 63; frz. zitiert von A. BARRUEL: Mém. pour servir à l'hist. du jacobinisme (Hamburg 1798/99) 3, 184; weniger politisch 1809 bei R. RASK: Udvalgte Afhandlinger (Kopenhagen 1932-35) 2, 105f.; vgl. G. DE BERTIER DE SAUVIGNY, in: Rev. Politics 32 (1970) 157-161. – [69] J. DE MAISTRE, Brief vom 3. 1. 1817. Lettres et opusc. inéd. (Paris ⁴1861) 1, 448. – [70] E. BURKE: An appeal from the new to the old Whigs. Works (London 1850) 1, 525. – [71] C. L. VON HALLER: Restauration der Staatswiss. (1820-34) 1, 25. 242f. – [72] F. ANCILLON: Über die Staatswiss. (1820) 35f. – [73] J. G. FICHTE, Reden an die dtsch. N., bes. 8. und 9. Rede. Werke, hg. I. H. FICHTE (1845/46) 7, 392. 396f. 377f. 382f. – [74] W. VON HUMBOLDT, Ideen zu einem Versuch, die Grenzen der Wirksamkeit des Staats zu bestimmen. Sämtl. Werke, Akad.-A. (1903-20) 1, 236. 131. 162. 234. 240. 113; vgl. F. MEINECKE: Weltbürgertum und Nationalstaat (⁴1917) 39ff. – [75] Zur frühen Gesch. von 'Nt.' vgl. MEINECKE, a.O. 151. – [76] A. H. MÜLLER: Die Elem. der Staatskunst (1809) 2, 166. 240; 3, 253; vgl. MEINECKE, a.O. 152ff. – [77] F. SCHLEGEL: Die Entwickl. der Philos. in zwölf Büchern (1804/05). Krit. Ausg., hg. E. BEHLER 13 (1964) 145. 149f. 167f.; vgl. 4 (1966) 407. – [78] J. E. ERDMANN: Philos. Vorl. über den Staat (1851) 32f.; Über das Nt.-Prinzip (1862) 24; vgl. C. FRANTZ: Die Naturlehre des Staates (1870) 139. – [79] Allg. dtsch. Realencykl. der gebildeten Stände (Brockhaus) 10 (⁹1846) 155f. – [80] J. C. BLUNTSCHLI: Allg. Staatsrecht (1852) 40. 42; R. VON MOHL: Encykl. der Staatswiss. (1859) 119; vgl. 18. – [81] H. AHRENS: Naturrecht oder Philos. des Rechts, des Staates (⁶1870/71) 335. – [82] J. FRÖBEL: Theorie der Politik (1861-64) 2, 104. – [83] J. ST. MILL: Betracht. über Repräsentativregierung XVI. Ges. Werke, hg. TH. GOMPERZ (1869-86) 8, 220f. = Coll. works (Toronto/Buffalo 1963ff.) 19, 546. – [84] L. VON RANKE: Weltgesch. 1 (1881) IX; vgl. E. MEYER: Kleine Schr. zur Gesch.theorie (1910) 37f.; O. HINTZE: Hist. und polit. Aufsätze 4 (1909) 177; vgl. A. GASPARIAN: Der Begriff der N. in der dtsch. Gesch.schreibung des 19. Jh. (1916). – [85] H. VON SYBEL: Die dtsch. N. und das Kaiserreich (1862) 24f. 27; vgl. GASPARIAN, a.O. – [86] C. FRANTZ: Unsere Politik (1850) 63. – [87] E. RENAN: Nouv. lettre à M. Strauss (1871). Oeuvres compl. (Paris 1947-61) 1, 455. – [88] Qu'est-ce qu'une nation? (1882). Oeuvres a.O. 1, 904. – [89] G. MAZZINI: Nazionalità. Scritti ed. ed ined. (Imola 1906-53) 6, 125; P. ST. MANCINI: Della nazionalità come fondamento del diritto delle genti (Turin 1851/Rom 1920) bes. 7ff.; vgl. F. CHABOD: L'idea di nazione (Bari 1962) 61ff.; F. J. NEUMANN: Volk und N. (1888) 52ff. – [90] M. WEBER: Wirtschaft und Gesellschaft (⁵1972) 528. – [90a] Vgl. H. MOMMSEN und A. MARTINY: Art. ‹Ns., Nt.-Frage›, in: Sowjetsystem und demokratische Gesellschaft (1966-72) 4, 623-695. – [91] M. BARRÈS: Scènes et doctrines du nationalisme (Paris 1902/éd. déf. 1925) 1, 8; vgl. E. R. CURTIUS: M. Barrès und die geistigen Grundlagen des frz. Ns. (1921) bes. 126. – [92] Vgl. G. LEIBHOLZ: Volk, N. und Staat im 20. Jh. (1958); TH. SCHIEDER: Der Nationalstaat in Europa als hist. Phänomen (1962). – [93] 1926/27, zit. in: H.-P. SCHWARZ: Der konservative Anarchist. Politik und Zeitkritik E. Jüngers (1962) 63. – [93a] Vgl. J. GOEBBELS: Die zweite Revolution (o.J.) 40ff. – [94] Vgl. z.B. G. ORWELL: Notes on Nationalism (1945). Coll. essays, journalism and letters 3 (London 1968) 362f. – [95] MEINECKE, a.O. [74] 3ff. – [96] NEUMANN, a.O. [89] 132. 149; A. KIRCHHOFF: Zur Verständigung über die Begriffe N. und Nt. (1905) 52ff. – [97] W. BENZ, G. PLUM und W. RÖDER: Einheit der N. (1978). – [98] E. EMERSON: From empire to nation: The rise of self-assertion of Asian and African peoples (Cambridge, Mass. 1960); W. HÄCKEL: Afrikanischer Ns. (1974); J. MARGULL in: RGG³ 4, 1315. – [99] W. SULZBACH: Imperialismus und Nationalbewußtsein (1959) 7; Zur Definition und Psychol. von 'N.'. Polit. Vjschr. 3 (1962) 139; E. LEMBERG: Ns. 1 (1964) 17f.; K. R. MINOGUE: Ns.: The poverty of a concept. Europ. Arch. Soziol. 8 (1967) 332-343.

Literaturhinweise. F. J. NEUMANN s. Anm. [89]. – F. MEINECKE s. Anm. [74]. – F. HERTZ s. Anm. [34]. – F. CHABOD s. Anm. [89]. – J. GODECHOT s. Anm. [66]. – H.-D. KAHL s. Anm. [16]. – K. W. DEUTSCH und R. L. MERRITT: Nationalism and national development. An interdiscipl. bibl. (Cambridge, Mass. 1970). – A. D. SMITH: Nationalism. A trend report and bibl. (Den Haag 1975) [Current sociology 21 (1973) Nr. 3]. – R. KOENEN: N. und Nationalbewußtsein aus der Sicht der SED (Diss. Bochum 1974). – CH. C. HEROD: The nation in the hist. of Marxian thought (Den Haag 1976). – K. CHR. SCHWEITZER: Die dtsch. N. Aussagen von Bismarck bis Honecker (1976). – H. ERNST: Die dtsch. N. in der Sicht der DDR (Diss. Berlin 1977). – L. L. SNYDER: The meaning of nationalism (Westport, Conn. ³1977). – H. A. WINKLER (Hg.): Ns. (1978). – E. SCHNEIDER: Der N.-Begriff der DDR und seine deutschlandpolit. Bedeutung (1981). U. DIERSE/H. RATH

Nationalliteratur. Der Begriff ‹N.› begegnet in der Literaturwissenschaft erstmals in der Aufklärung: 1777 bei dem Schweizer Theologen und Literaturwissenschaftler L. Meister (1741–1811) und kurz darauf (1781) bei C. A. Küttner (1749–1800). MEISTER versteht unter N. die Darstellung der geschichtlichen Entwicklung der deutschen Sprache und Dichtung vom frühen Mittelalter bis zur Gegenwart, wobei ‹Nation› im Sinne von ‹Volk› aufgefaßt wird; Sprache, Kunst und Literatur eines Volkes sind Ausdruck seines «Nationalcharakters», seiner «Nationaldenkart» [1]. Ähnlich geht es dem Philologen KÜTTNER darum, «in unsern Schriftstellern selbst den Schicksalen der teutschen Poesie und Sprache nachzuspüren» und seine «kaltmüthigen Landsleute auf den Reichthum unserer Nationalliteratur aufmerksam zu machen» [2].

Die begriffliche Herausbildung von N. steht in engem Zusammenhang mit der wachsenden Bedeutung national geprägter Geschichts- und Kulturentwicklung seit der Aufklärung, die zahlreiche Wortzusammensetzungen mit ‹National-› hervorbrachte. Auch auf dem Gebiet der Literatur bemüht man sich um nationale Identität. Aus dem 17. und frühen 18. Jh. ist noch die blasse Formulierung ‹historia literaria der Teutschen› überliefert, worunter man lediglich ein kompendienartiges Auflisten wissenschaftlicher und dichterischer Literatur verstand [3]. Doch schon in der Frühaufklärung finden sich bei J. CH. GOTTSCHED Ansätze, die deutsche Literatur in ihrer Gesamtheit und Einheitlichkeit zu begreifen und sie in ihrem Eigenwert von der französischen Dichtung abzugrenzen [4]. Die als begriffliche Vorstufen zu N. anzusehenden Termini ‹Nationaltheater›, ‹Nationalgedicht›, ‹Nationaldichter›, ‹Nationalpoesie› u. a. setzen diese patriotische Tradition fort. Der Entwicklung des Begriffs ‹Nationaltheater› durch J. E. SCHLEGEL (ab 1743) und seiner Weiterführung und ersten Realisierung durch G. E. LESSING (Hamburg 1767) folgt die Gründung mehrerer ‹Hof- und Nationaltheater› im ausgehenden 18. Jh. (Wien 1776, Mannheim 1779, Berlin 1786 u. a.) [5]. G. A. BÜRGER hält 1776 den zeitgenössischen Dichtern vor: «Deutsche sind wir! Deutsche, die nicht griechische, nicht römische, nicht Allerweltsgedichte in deutscher Zunge, sondern in deutscher Zunge deutsche Gedichte ... fürs ganze Volk machen sollen. ... Geb' uns einer ein großes National-Gedicht» [6]. Der Begriff ‹Nationaldichtkunst› wird 1778 von J. G. HERDER verwendet, läßt sich für ihn aber nicht auf die deutsche Literatur beziehen [7]. Dennoch ermöglicht Herder mit der Anbindung des Nation-Begriffs an die Geschichte der Völker und mit der Forderung nach einer Nationalkultur die Vorstellung von national differenzierten Einzelliteraturen (Volksliteraturen). CH. M. WIELAND vertritt die Auffassung, eine deutsche «National-Dichtkunst» sei von den politischen Zuständen her nicht möglich, von der Sache her aber auch nicht wünschenswert; allgemeine, die enge Grenze des Nationalen übersteigende Grundgesetze der Kunst stünden dem entgegen [8].

In der Romantik setzt A. W. SCHLEGEL einem zu engen Literaturverständnis das gesteigerte Bewußtsein der «Universalität» entgegen, unter der er die Literatur sieht [9]. F. SCHLEGEL beklagt in der oberflächlichen Fixierung auf eine autonome «Nationalpoesie» den Verlust des inneren, alle national geprägten Schattierungen erst ermöglichenden, grundlegenden Zusammenhangs aller Poesie; ihm schweben eine «europäische Bildung» und eine einheitliche «europäische Poesie» vor [10].

J. W. GOETHES Vorstellungen über eine Weltliteratur aus den Jahren 1827–1830 («Nationalliteratur will jetzt nicht viel sagen; die Epoche der Weltliteratur ist an der Zeit») zielen nicht gegen N. als solche, wohl aber gegen ihre Vorherrschaft, die einem vertieften, das «allgemein Menschliche» befördernden, zukunftsorientierten Literaturbewußtsein hinderlich ist [11]. Für HEGEL stellt die N. nur einen Aspekt des literarischen Kunstwerks dar, der in der Entwicklung der modernen Kunst, für die Goethe ein Beispiel darstellt, durch wachsende Kontakte der Völker untereinander zunehmend aufgehoben wird [12]. Auch für NIETZSCHE ist Goethe der Vertreter einer «höheren Gattung von Literaturen, als 'National-Literaren' sind» [13]. Ihm folgt eine kleine Elitegruppe «Höchstgebildeter» [14], die die Nationalliteratur überwindet wie den Nationalcharakter, da sie «an der Kultur arbeitet», an der «Umschaffung der Überzeugungen» [15].

Die Literaturgeschichtsschreibung des 19. Jh. verschließt sich diesen Positionen. N. gilt als «die Masse der schriftlichen Werke einer Nation, welche aus deren Nationalität hervorgegangen sind und geeignet sind, dieselbe anzusprechen und höher auszubilden» [16]. Um die Verbreitung des Fachbegriffs ‹N.› bemüht sich nach den Befreiungskriegen zunächst der Literarhistoriker L. WACHLER (1767–1838) und will mit ihm die vaterländische Gesinnung seiner Leser festigen [17]. Auch in der bald darauf einsetzenden Reihe der explizit nationalliterarisch orientierten deutschen Literaturgeschichten von A. KOBERSTEIN (1827), J. HILLEBRAND (1827), G. G. GERVINUS (1835–1842), L. WIHL (1840), A. F. CH. VILMAR (1845) u. a. [18] gilt Literaturgeschichtsschreibung als nationales Anliegen; Periodisierung und Kanonisierung der Literatur erfolgen unter dem zentral gewordenen nationalliterarischen und nationalsprachlichen Aspekt. Diese Tendenz setzt sich in der zweiten Hälfte des 19. Jh. fort (vgl. W. SCHERER [19]). Sie durchdringt das öffentliche Literaturbewußtsein (Buchmarkt, Schule, Medien u. a.) und die Germanistik. Quellensammlungen wie die verschiedenen nationalliterarischen Kompendien (‹Bibliothek der gesamten deutschen N. von der ältesten bis auf die neuere Zeit› 1835ff., ‹Bibliothek des Lit. Vereins in Stuttgart› 1842ff., ‹Bibliothek der deutschen N. von ihren Anfängen bis auf die neueste Zeit› 1868ff.) oder die 222 Bände umfassende ‹Deutsche National-Literatur› (1882–1899) bekunden das vorherrschende Bedürfnis nach bürgerlich-nationaler Kulturpräsentation.

Erst im 20. Jh. hat N. in der Literaturgeschichtsschreibung und Literaturwissenschaft organisierendes und strukturierendes Prinzip durch die mühsam aufkommende Vergleichende Literaturwissenschaft und natürlich auch durch die großen, das Nationalbewußtsein erschütternden geschichtlichen Umwälzungen ein entscheidendes Korrektiv erfahren. Dennoch ist gegenwärtig das Literaturverständnis in den Fachdisziplinen und den Rezeptionsbereichen vorwiegend nationalliterarisch, mindestens aber nationalsprachlich orientiert. Die moderne Komparatistik schließt solche herkömmlichen Betrachtungsweisen zwar nicht aus, ergänzt sie aber und rückt sie in die größeren Zusammenhänge einer europäischen Kulturtradition (E. R. CURTIUS u. a.) und einer allgemeinen, übernationalen Literaturwissenschaft und Poetik (J. PETERSEN, R. WELLEK u. a.) [20].

Aus der Dialektik von National- und Weltgeschichte leitet die marxistische Literaturwissenschaft eine Wechselbeziehung zwischen N. und Weltliteratur ab. Sie beruft sich dabei auf den von K. MARX und F. ENGELS beschriebenen Zusammenhang zwischen bürgerlich-kapitalistischem Weltmarkt und den «geistigen Erzeugnissen der einzelnen Nationen», die zum Gemeingut werden: «Die nationale Einseitigkeit und Beschränktheit wird mehr und mehr unmöglich, und aus den vielen nationalen und lokalen Literaturen bildet sich eine Weltliteratur» [21]. N. wird in der DDR aufgefaßt als die «schöngeistige Literatur einer Nation, die in einer bestimmten historischen Etappe ihrer Entwicklung dem gesellschaftlichen Fortschritt dient» [22]. Die ‹sozialistische N.› der DDR «setzte die in der spätbürgerlichen Literatur des Imperialismus unterbrochene Linie der bürgerlichen Nationalliteratur ... auf neuer Stufe fort» [23]. In der ‹multinationalen› Sowjetliteratur sieht man ein Paradigma für die «dialektische Verbindung von Nationalem und Internationalem», die im Literatursektor dadurch gekennzeichnet ist, daß die sozialistischen Nationalliteraturen unter Bewahrung des «spezifisch Nationalen» durch «diejenigen ihrer Errungenschaften ..., die den Kunstfortschritt sowohl im eigenen Lande als auch im internationalen Maßstab fördern», in die sich entwickelnde höhere Qualitätsstufe der ‹sozialistischen Weltliteratur› eingehen, ohne in ihr gänzlich aufzugehen [24].

Anmerkungen. [1] L. MEISTER: Beitr. zur Gesch. der teutschen Sprache und Nationallitt. 1. 2 (Heidelberg 1780, zuvor schon anonym London 1777), hg. Typograph. Ges. 1, IIIff. (Vorrede); 2, 28f. 45 u.a. – [2] C. A. KÜTTNER: Charaktere teutscher Dichter und Prosaisten 1. 2 (1781) 1, III. – [3] So bei J. F. REIMMANN: Versuch einer Einl. in die historiam literariam sowohl insgemein als auch in die historiam literariam der Teutschen insonderheit. 7 Bde. (1708-1721). – [4] J. CH. GOTTSCHED: Versuch einer crit. Dichtkunst vor die Deutschen (1730, ⁴1751, ND 1962). – [5] E. STADLER: Nationaltheater, in: P. MERKER/W. STAMMLER (Hg.): Reallex. der dt. Literaturgesch. 1. 2 (1965) 598-602. – [6] G. A. BÜRGER: Ein Herzensausguß über Volkspoesie, in: Dt. Mus. 1 (1776) 440-450. – [7] J. G. HERDER: Über die Wirkung der Dichtkunst auf die Sitten der Völker in alten und neuen Zeiten. Sämtl. Werke, hg. B. SUPHAN 8 (1892, ND 1967) 359. 394. 414. 434. – [8] CH. M. WIELAND: Der Eifer, unsrer Dichtkunst einen National-Charakter zu geben (1773). Werke, hg. F. MARTINI/H. W. SEIFFERT 3 (1967) 267ff. – [9] A. W. SCHLEGEL: Über Lit., Kunst und Geist des Zeitalters (1803), in: Z. ‹Europa›, hg. F. SCHLEGEL II/1 (ND 1963) 90. – [10] F. SCHLEGEL: Über das Studium der griech. Poesie (1797). Krit. Schriften, hg. W. RASCH (o.J.) 106. 109. 118. 120-123. 128. 145. – [11] J. W. GOETHE: Werke (1953) 12, 352. 361-364. – [12] G. W. F. HEGEL: Ästhetik, hg. F. BASSENGE 1 (o.J.) 268f. – [13] F. NIETZSCHE, Werke, hg. K. SCHLECHTA 1 (1966) 928. – [14] a.O. 1, 800. – [15] 1, 852. – [16] H. A. PIERER (Hg.): Encyclopäd. Wb. d. Wissenschaften, Künste und Gewerbe 14 (1830) 458. – [17] L. WACHLER: Vorlesungen über die Gesch. der teutschen N. 1. 2 (1818f.). – [18] A. KOBERSTEIN: Grundriß der Gesch. der dt. N. (1827). J. HILLEBRAND: Lehrb. der Lit.-Ästhetik, in T. II ein ‹Abriß der Gesch. der dt. N.› (1827); G. G. GERVINUS: Gesch. der poet. National-Lit. der Deutschen (1835-1842); L. WIHL: Gesch. der dt. N. (1840); A. F. CH. VILMAR: Vorles. über die Gesch. der dt. N. (1845); guter Überblick bei R. F. ARNOLD: Allg. Bücherkunde z. neueren dt. Literaturgesch. (⁴1966) 111ff. – [19] W. SCHERER: Gesch. der dt. Lit. (1883). – [20] H. RÜDIGER: N.en und europ. Lit., in: Schweiz. Mh. Politik, Wirtschaft, Kultur 42 (1962) 195-211. – [21] Manifest der Kom. Partei. MEW 4, 466. – [22] R. KLAPPENBACH und W. STEINITZ (Hg.): Wb. der dt. Gegenwartssprache 4 (1974) 2617. – [23] Autorenkollektiv: Historisch-inhaltliche Konzeption der Gesch. der dtsch. Lit. von der Aufklärung bis zur Gegenwart. Weim. Beitr. 17, H. 2 (1971) 54-86, zit. S. 79. – [24] H. KOCH u.a. (Hg.): Zur Theorie des soz. Realismus (1974) 870-872; vgl. auch: G. ZIEGENGEIST u.a. (Hg.): Multinationale Sowjetlit. (1975).

Literaturhinweise. V. SANTOLI: An den Anfängen der ‹nationalen Literaturgesch.›, in: Festschr. z. achtzigsten Geb. von G. LUKÁCS, hg. F. BENSELER (1965) 357-373. – H. BÖHME: N., in: D. KRYWALSKI (Hg.): Handlex. zur Literaturwiss. (1974) 349-357. – V. BRAUNBEHRENS: Nationalbildung und N. (1974). – C. TRÄGER: Weltgeschichte – N., Nationalgeschichte – Weltliteratur. Weim. Beitr. 20, H. 7 (1974) 18-28. – W. SCHRÖDER: Die Antinomie von autonomer Nationalgesch. und ideellem Universalismus. Weim. Beitr. 22, H. 7 (1976) 20-43.   H. RÜCKER

Nationalökonomie. Seit der Wende vom 18. zum 19. Jh. wurde der Terminus ‹N.› zur unspezifischen Bezeichnung der Wirtschaftswissenschaften ungeachtet differenter Lehrmeinungen gebräuchlich. Das Problem der Formen und Regelmechanismen gesellschaftlicher Organisation des Produktionsprozesses, des Marktgeschehens, der Bedürfnisbefriedigung, der Geldwert- und Kreditschwankungen hat schon durch das ganze 18. Jh. den Gegenstand einer eigenen Wissenschaft gebildet. Sie wurde allgemein in Europa ‹politische Ökonomie› (ital. economia politica/nazionale, frz. économie politique, engl. political economy), in Deutschland fast nur ‹*Staatswirtschaft*› genannt. Der Ausdruck ‹N.› wurde seit 1805 [1] für die spezifisch deutsche Rezeption der von Smith und Ricardo ausgehenden Form der Theorie des Wirtschaftsliberalismus gebräuchlich.

In Deutschland gilt A. SMITH als Begründer derjenigen ökonomischen Lehrtradition, die in Anlehnung an den Titel seines Hauptwerks mit dem Namen ‹N.› bedacht wird. Er verband die politisch-ökonomischen Erkenntnisse einer langen Reihe konsultativer Administratoren hofstaatlicher Handels- und Kreditpolitik des 18. Jh. mit den physiokratischen Erkenntnissen von der natürlichen Ordnung wirtschaftlichen Lebens und brachte sie in Verbindung mit dem auf wirtschaftliche Selbständigkeit und Freiheit drängenden Produzentenstreben des 18. Jh. Eindeutiger denn alle seine Vorgänger machte er staatliche Finanzwissenschaft zu einer Lehre, deren eigentliches Wissensobjekt das Wirtschaftsverhalten der Untertanen und die hieraus resultierenden Massenwirkungen sein müssen. Seine Forderung nach Beseitigung obrigkeitlicher Wirtschaftspolitik herkömmlicher Art begründet er sowohl moralisch mit der Lehre vom «moral sense» HUTCHESONS und HUMES [2] als auch historisch. Seine Stufenlehre technisch-wirtschaftlicher Lebensbewältigung mit korrespondierenden Gemeinschaftsordnungen gipfelt in der Analyse des zeitgenössisch Erreichten, einer arbeitsteilig und marktorientiert funktionierenden Wirtschaft, die eine ihr angemessene Gesellschaftsordnung erfordert. Die hergebrachte Ordnung sei überholt, sie störe das Einspielen der natürlich und zwangsläufig zum Guten wirkenden Regelmechanismen der marktorientierten Wirtschaft, die des freien, auch international zu führenden Konkurrenzkampfes bedürfe [3].

Im Deutschland des späten 18. Jh. fand Smiths Lehre lebhafte Beachtung. CH. GARVE nannte sie die «philosophisch gewordene Lehre staatswirtschaftlicher Verwaltung» und der Finanzpolitik [4]. CH. V. SCHLÖZER teilte die neue Lehre in Anlehnung an die kameralwissenschaftliche Fächertrias des 18. Jh. (*Ökonomie:* den einzelnen Wirtschaftsbetrieb betreffend; *Polizei:* den Wohlstand der Gesamtheit betreffend; *Finanzwesen:* das Handels-, Geldmarkt- und Steuerpolitik betreffende Kammerregiment) systematisierend ein in: 1. einen *metapolitischen* Teil der Staatswirtschaft (Lehre von Begriff und Entstehung, Wertbildung und Konsum der Sachgüter in ihrer Interdependenz); 2. *Industriepolitik* (Lehre von der staatlichen Beihilfe zu bürgerlicher Güterproduktion, die sog. Wohlstands- und Gewerbepolizei des 19. Jh.; K. H. RAU nannte sie 1826 «Volkswirtschaftspflege») und 3. *Finanzpolitik* [5]. Diese Einteilung bleibt für die klassische N. des 19. Jh. verbindlich. In Anlehnung an Herders Philosophie [6] entwarf J. v. SODEN 1805 eine magisch-idealistische N. als neue «Szienz», die eine Analyse des Nationalreichtums leisten werde und «ein Naturrecht der geselligen Menschheit in Absicht auf Erhaltung und Beförderung ihres physischen Wohlstands» erbringe. Diesem Naturrecht wird ein normengebender Anspruch («prohibitive Gesetze der N.») vindiziert für die staatliche Willensbildung. Die wirtschaftenden Menschen sind nach Soden eine «zwar im gesellschaftlichen Verein befindliche Masse, aber in Beziehung auf ihre Individualität» [7]. Diese Ausrichtung, die den für Smiths Lehre konstitutiven «moral sense» ausblendet, führt in der klassischen Lehre der N. zum Fundamentalsatz von den Triebkräften des Eigennutzes, ohne dessen Wirkungen kein volkswirtschaftliches Gesetz aufgestellt werden könne [8].

Eine sachliche und methodische Neubesinnung der N., die gleich der Kameralwissenschaft des 18. Jh. der akademischen Ausbildung von Staatsbeamten diente und das theoretische Rüstzeug staatlicher Wohlstandspolitik lieferte, wurde in Deutschland durch Staatsbeamte eingeleitet (F. B. HERMANN, R. V. MOHL) und ausgelöst durch das Versagen der Triebkräfte des Eigennutzes. Statt Wohlstandsharmonie zu bewirken, führten jene Triebkräfte zur Entgleisung der Volkswirtschaft in den Pauperismus. Man erkannte die Unhaltbarkeit der perspektivischen Ausrichtung der N. auf das wirtschaftliche Verhalten von Privateigentümern der Güterproduktion, freigesetzt von sozialer Rücksichtnahme. Man sah die Nachteile privatwirtschaftlicher Vereinzelung, die jegliche Chancengleichheit und soziale Gerechtigkeitsansprüche vereitelten. Bei einer Kritik an der deduktiven Methode der klassischen N. setzten K. MARX und F. ENGELS auf der einen, die *historische Schule* der deutschen N. auf der anderen Seite an. Modelle einer neuen politischen Integration wirtschaftlicher Lebensbewältigung in großen Gemeinschaften erstrebten beide Richtungen, erreichten indes nur die Marxisten (Vergesellschaftung der Güterproduktion). Die historische Schule der deutschen N. wollte sich den induktiv zu gebrauchenden Entwurf deduktiv aus der Geschichte als 'Physiologie' oder 'Anatomie' der Volkswirtschaft vermitteln lassen. Die hieraus ablesbar werdenden *realistischen Naturgesetze* sollten die Sozial- und Wirtschaftsstrukturen verändern und sowohl die kapitalistische als auch die kommunistische Lösung überwinden [9]. Aus dieser Fragestellung bildete sich der neue Wissenschaftszweig der Sozial- und Wirtschaftsgeschichte. Nachdem jedoch N. für G. SCHMOLLER die Wissenschaft von den geschichtlichen Erscheinungen des Gemeinsinns [10] und für A. WAGNER «Sozialökonomik», die Lehre von dem nach Autarkie strebenden «Organismus» der «heimischen Volkswirtschaft als Ganzem» [11] geworden war, verlor die N. den Kontakt mit den in den Hochkapitalismus hineinsteuernden Realitäten des Wirtschaftslebens. H. DIETZEL versuchte mit der «theoretischen Sozialökonomik», der Wissenschaft von den spezifischen Wirkungsweisen der wirtschaftlichen Motive, den Anschluß an die Gegenwart wiederzugewinnen [12]. Seine Typenlehre der Verkehrs- und Gemeinwirtschaft wirkte auf die Soziologie M. WEBERS.

Seit Beginn der 70er Jahre entwickelte sich die N. moderner wissenschaftlicher Prägung, eine positive Theorie von den Grundprozessen des sozialen Wirtschaftslebens. Sie ist der quantitativen Analyse zugewendet und baut auf der Grenznutzentheorie (W. ST. JEVONS, C. MENGER, L. WALRAS [13]) und der des ökonomischen Gleichgewichts (WALRAS) auf, heute als PARETO-Optimalität [14] bekannt. KEYNES machte die neue Theorie und die von Walras eingeführte und entwickelte Methode mathematischer Behandlung der ökonomischen Theorie für die staatliche *Konjunkturpolitik* nutzbar [15].

Anmerkungen. [1] Erster Beleg bei G. ORTES: Errori popolari intorno all'economia nazionale (1771, ND Mailand 1804); J. v. SODEN: Die N. Ein philos. Versuch über die Quellen des Nazional-Reichtums ... 1-8 (1805ff.); L. JACOB: Grundsätze der N. (1805); G. HUFELAND: Neue Grundleg. der Staatswirtschaftskunst 1. 2 (1807f.). – [2] F. HUTCHESON: Essay on the nature and conduct of passions and affections (London 1762); D. HUME: An enquiry conc. the principles of morals (London 1751). – [3] A. SMITH: An inquiry into the nature and causes of the wealth of Nations (London 1776). – [4] CH. GARVE: Einige Betracht. über die allgemeinsten Grundsätze der Sittenlehre (1798) 259; Vermischte Aufsätze (²1800) 195f. – [5] CH. V. SCHLÖZER: Anfangsgründe der Staatswirtschaft oder die Lehre vom Nationalreichtum (Riga 1804). – [6] J. G. HERDER: Ideen zur Philos. der Gesch. der Menschheit 1-4 (1784-1791). – [7] v. SODEN, a.O. [1] 1, 9ff. –

[8] K. H. RAU: Lb. der polit. Ökonomie 1-3 (1826, zit. ⁵1847) Vorrede. – [9] W. ROSCHER: Grundriß zu Vorles. über die Staatswiss. nach gesch. Methode (1843); Grundl. der N. 1 (1854); K. KNIES: Polit. Ökonomie vom Standpuncte der gesch. Methode (¹1853). – [10] G. SCHMOLLER: Grundriß der allg. Volkswirtschaftslehre 1 (1900). – [11] A. WAGNER: Agrar- und Industriestaat (1902). – [12] H. DIETZEL: Theoret. Sozialökonomik (1882). – [13] W. ST. JEVONS: Theory of polit. economy (London/New York 1871); C. MENGER: Grundsätze der Volkswirtschaftslehre (1871); M. E. L. WALRAS: Eléments d'économie polit. pure (Lausanne 1874-77). – [14] V. PARETO: Cours d'économie polit. (Lausanne 1896); Manuale di economia polit. (Mailand 1906). – [15] J. M. KEYNES: Economic consequences of peace (London 1919); A treatise on probability (1921); General theory of employment, interest and money (London/New York 1936).

Literaturhinweise. E. SALIN: Gesch. der Volkswirtschaftslehre (1923). – C. GIDE und C. RIST: Gesch. der volkswirtschaftl. Lehrmeinungen, dtsch. R. W. HORN (1913). – J. GRÜNFELD: Die leitenden sozial- und wirtschaftspolit. Ideen in der dtsch. N. und die Überwindung des Smithianismus bis auf Mohl und Hermann (1913). – A. SCHUMPETER: Gesch. der ökonom. Analyse. Grundriß der Sozialwiss. 1. 2 (1965). – P. BERNHOLZ: Grundl. der polit. Ökonomie (1972). – E. VOGEL: Der Anteil der Dtsch. hist. Schule an der Entwickl. der 'polit. Ökonomie' zu einer 'nationalen Wirtschaftslehre'. Vjschr. Sozial- u. Wirtschaftsgesch. 30 (1937) 209-228.

H. RABE

Nativismus. Als «nativistisch» bezeichnet H. V. HELMHOLTZ diejenigen Theorien der Wahrnehmung, speziell der Gesichtswahrnehmung, in denen vorausgesetzt wird, daß es einen elementaren Bestand aller Erfahrung vorausliegender Strukturen des Wahrnehmungsfeldes gebe [1] und daß im besonderen die räumliche Differenzierung optischer Eindrücke und die Raumanschauung selbst dem Bewußtsein ursprünglich, angeboren seien, entweder im Sinne der von JOHANNES MÜLLER begründeten Auffassung, daß die Netzhaut sich selbst in ihrer Räumlichkeit empfindet [2], oder im Sinne der Auffassung E. HERINGS, daß «die Empfindungen der einzelnen Netzhautfasern nach gewissen angeborenen Gesetzen» in einen «subjektiven Sehraum» eingetragen werden [3]. Solchen Auffassungen konfrontiert HELMHOLTZ die auf MOLINEUX und LOCKE zurückgehende «empiristische Theorie», derzufolge die Sinnesempfindungen, als bloße ihrerseits noch nicht räumlich qualifizierte Zeichen für äußere Dinge und Vorgänge, erst «durch Erfahrung und Übung» räumlich «gedeutet» werden müssen [4]. Beträchtlichen Einfluß gewinnt in diesem Problemfeld H. LOTZES Theorie der Lokalzeichen.

Der N. in seiner ursprünglichen Bedeutung ist, im Gegensatz zum Raum-Zeit-Apriorismus der kantischen transzendentalen Ästhetik, ausschließlich eine Antwort auf die von Kant nicht gestellte Frage nach dem psychologisch-physiologischen Ursprung nicht so sehr der Raumvorstellung als solcher, als vielmehr der Lokalisationsphänomene [4a]. HELMHOLTZ setzt die Objektivität des Raumes in der Regel ohne weiteres voraus [5]. Die bis in die Gegenwart fortgesetzte, vor allem auf die Frage nach der Relevanz des Lernens und sukzessiven Vertrautwerdens zugespitzte [6] Kontroverse zwischen empiristischer und nativistischer Auffassung des Wahrnehmens, speziell des Sehens, deckt sich nicht mit der erkenntnistheoretischen Konfrontation von Apriorismus und Empirismus, sondern bleibt innerhalb dessen, was darin als «Empirismus» auftritt: Sie bezieht sich grundsätzlich nur auf die Rezeptionsweise und den Gegebenheitscharakter dessen, was *in* der Erfahrung begegnet, nicht aber auf diese selbst in ihrer transzendentalen Verfassung [7].

In erweiterter, unspezifischer Bedeutung bezeichnet ‹N.› nicht selten das wie immer verstandene «Angeborensein», «ursprüngliche Angelegtsein» von Begriffen, Verhaltensweisen, Fähigkeiten usw. A. MARTY spricht z. B. vom «N.» der Sprachbildung [8].

Anmerkungen. [1] Vgl. H. V. HELMHOLTZ: Hb. physiol. Optik (^{1}1867) 435. 804ff.; Vorträge und Reden 1 (^{4}1896) 329-365. – [2] Vgl. J. MÜLLER: Zur vergl. Physiol. des Gesichtssinnes des Menschen und der Tiere (1826) 54ff. – [3] Vgl. E. HERING: Beitr. zur Physiol. Zur Lehre vom Ortssinne der Netzhaut (1861) 64; der Raumsinn und die Bewegung des Auges, in: HERMANNS Hb. Physiol. 3/1 (1879) 343ff. – [4] HELMHOLTZ: Hb. ... a.O. [1] 441. – [4a] Vgl. Art. ‹Lokalisation›. – [5] HELMHOLTZ: Vorträge ... a.O. [1] 332. – [6] Vgl. F. H. ALLPORT: Theories of perception and the concept of structure (New York/London ^{3}1961) 299ff.; vgl. 86ff. – [7] Vgl. C. STUMPF: Über den psychol. Ursprung der Raumvorstellung (1873) 307ff. – [8] Vgl. A. MARTY: Über Sprachreflex, N. und absichtl. Sprachbildung. Vjschr. wiss. Philos. 15 (1891) 251-284.445-467; 16 (1892) 104-122.

Literaturhinweise. S. SULLY: The question of visual perception in Germany (II). Mind 3 (1878) 167-195. – S. WITASEK: Psychol. der Raumwahrnehmung des Auges. Die Psychol. in Einzeldarstell. 2 (1910). – O. KLEMM (Hg.): Gesch. der Psychol. (1911) 336-344. – E. G. BORING: Sensation and perception in the hist. of exp. psychol. (New York 1942). – C. G. PRATT: The role of past experience in visual perception. J. of Psychol. 30 (1950) 85-107. – F. H. ALLPORT s. Anm. [6]. – D. HAMLYN: Sensation and perception: a hist. of the philos. of perception (New York 1961) 154-157. – G. HOCHBERG: N. and empiricism in perception; in: L. POSTMAN (Hg.): Psychol. in the making (New York 1962) 255-330. – W. METZGER (Hg.): Hb. Psychol. 1 (1966) 1050-1054. – Handbook of perception 1, hg. E. C. CARTERETTE/M. P. FRIEDMANN (New York/London 1974) 102-105.

W. HALBFASS

Natur (griech. φύσις, lat. natura, engl. nature, frz. nature, ital. natura)

I. Antike. – Zwei Grundbedeutungen, die der Begriff ‹Physis› (Ph.) auch schon in vorphilosophischem griechischem Kontext hat, so in der mythischen Dichtung bei HOMER [1], AISCHYLOS [2], SOPHOKLES [3] und PINDAR [4], der allerdings öfter den Ausdruck φυά aufweist [5], sind für den Ph.-Begriff in der griechischen Philosophie besonders fundamental, nämlich einerseits die Bedeutung ‹Beschaffenheit, Wesen› [6] und andererseits die Bedeutung ‹Werden, Wachstum, Wuchs› [7]. Die bekannteste Bedeutung von Ph., wonach der Begriff das Insgesamt aller natürlichen Seienden in ihrem Wesen und dem Gesetz ihres Werdens und Wachsens meint, findet sich dagegen erst relativ spät und ist eine Schöpfung der Philosophie des ARISTOTELES [8] mit Anklängen schon bei PLATON [9].

Die doxographischen Berichte des ARISTOTELES lassen denn auch die früheste griechische Philosophie, die der sog. *ionischen N.-Philosophen*, im Lichte des aristotelischen Ph.-Begriffes erscheinen: THALES [10], ANAXIMANDER [11], ANAXIMENES VON MILET [12] und HERAKLIT VON EPHESOS [13] haben gemäß der doxographischen Tradition ebenso wie viele vorsokratische Denker nach ihnen Werke περὶ φύσεως (über die 'Natur' insgesamt) verfaßt [14]. In diesen Werken war gemäß späterer Berichterstattung die N. in ihrem Wesen und Werden als Ganzes Thema, besonders aber der Ursprung und das Prinzip (die Arché) der natürlichen Dinge und Vorgänge, sei es als Anfang und Ende, Ursprung und Ziel, sei es als alldurchwaltendes Wesensgesetz, sei es in beiden Bedeutungen [15]. Aus dem Prinzip oder den Prinzipien wurde das wahre Wesen der Dinge und die Gesetzlichkeit ihres natürlichen Werdens erklärt, so bei THALES aus dem Wasser [16], bei ANAXIMANDER aus dem Apeiron [17], bei ANAXIMENES aus der Luft [18], bei HERAKLIT aus dem Feuer und dem Logos [19], bei EMPEDOKLES aus den vier Elementen sowie aus Philia und Neikos [20].

Der Ausdruck ‹Ph.› begegnet denn auch erstmals in ausgesprochen philosophischem Kontext bei HERAKLIT [21], so wenn dieser erklärt, alle Dinge im Hinblick auf den allbeherrschenden Welt-Logos und Welt-Sinn ihrem Wesen, ihrer N. nach deuten und zerlegend unterscheiden zu wollen, indem er das Gesetz ihres Werdens aufzeige [22]; das wahre Wesen aller Dinge, ihre Ph., liebt es nach HERAKLIT, sich zu verbergen, d.h. das innerste Weltgesetz, der Logos, bleibt der oberflächlichen Ansicht verborgen und kann nur in tiefsinnigen paradoxen Formeln erfaßt werden [23]; menschliche Weisheit, in der menschliche Bestheit (Arete) ihre höchste Vollendung findet, aber besteht gerade im Sagen und Tun der Wahrheit gemäß dem Vernehmen des wahren Wesens aller Dinge, ihrer N. (Ph.) [24]. Daneben kann dem Heraklit in Berichten auch unter Verwendung des Begriffes Ph. die Ansicht zugeschrieben werden, die N. manifestiere sich in Gegensätzen und zeige gerade darin ihre Harmonie und Ordnung [25]. Dasselbe Wesen will Heraklit gegen Hesiod in jedem Tage erkennen [26].

Bei den *Eleaten* und den von ihnen beeinflußten Denkern zeigen sich die Auswirkungen eines wesenhaft anderen und neuen Ansatzes in der Begreifung des wahren und ewigen Seins, das nun nicht mehr einfach allen Dingen als ihr Prinzip zugrunde liegt, sondern das gegenüber der Vielheit sowie dem Entstehen und Vergehen (dem Werden) aller Dinge allein wahrhaft ist, während Nichtsein überhaupt nicht ist und auch das Werden, welches als Entstehen und Vergehen Nichtsein voraussetzt, in den Bereich der bloßen Doxa verwiesen wird (PARMENIDES [27]). Noch ein XENOPHANES VON KOLOPHON, von der antiken Doxographie gerne als Lehrer des Parmenides angesehen [28] und als Verfasser eines Werkes περὶ φύσεως genannt, in welchem seine philosophische Theologie exponiert war, ebenso wie (nach Aristoteles) seine Ontologie [29], konnte dem Begriff ‹Ph.› eine positive Bedeutung abgewinnen, indem er das wahre Wesen, die eigentliche Beschaffenheit eines Phänomens, der oberflächlichen Scheinmeinung der Sterblichen, dem Mythos darüber, entgegensetzte [30].

Aber bereits PARMENIDES VON ELEA vermag, indem er einerseits von den Voraussetzungen seiner Seinslehre ausgeht, andererseits den Begriff der Ph. rein als Werden, Wachsen (Synonym von γένεσις) auffaßt, der Ph. keinen Platz mehr im Bereich des wahren Seins und der Aletheia (der Wahrheit) anzuweisen [31]. Ph. als Werden, Wachsen und Entstehen gehört in den Bereich der Doxa [32]. Nur von ferne klingt in zwei Fragmenten der Begriff des (gewordenen) Wesens an, aber auch er wird nur im Bereich der Doxa angewendet [33]. Ähnliches gilt auch bei EMPEDOKLES vor dem Hintergrund eines etwas differenzierteren philosophischen Systems: Ph. im Sinne des Entstehens (aus dem Nichts) gibt es ebensowenig wie Vergehen, Enden (in das Nichts), das entgegengesetzte Korrelat [34], sondern nur Mischung und Trennung der seienden vier Grundelemente unter der Einwirkung von Liebe (Philia) und Streit (Neikos) [35]. Auch ein anderes ausdrücklich bezeugtes Fragment des Empedokles weist den Begriff der Ph. in der Bedeutung von 'Entstehung' und 'Ursprung' auf [36], während auch die Bedeutung (gewordenes) 'Wesen' sich gelegentlich findet [37]. Vielfach ist von Empedokles eine Abhandlung περὶ φύσεως im bekannten Sinne bezeugt [38].

Auch ANAXAGORAS hat ähnlich wie Empedokles und in Abweichung vom monistischen Hylozoismus der ersten ionischen Naturphilosophen das Insgesamt der N. nicht nur aus einem einzigen in sich belebten stofflichen Urprinzip erklärt, sondern nach ARISTOTELES einer Vielzahl stofflicher Prinzipien, den Homoiomerien, ein aktives Prinzip gegenübergestellt, den Geist, welcher die unbegrenzt vielen Elemente der Mischung trennte und aus dem Chaos die Weltordnung schuf [39]. Der Ausdruck ‹Ph.› fehlt in den ausdrücklich bezeugten Fragmenten des ANAXAGORAS in philosophisch relevantem Zusammenhange, doch wird auch von ihm wieder berichtet, er habe seine Kosmologie im Rahmen eines Werkes über die Natur im Ganzen entwickelt [40].

DIOGENES VON APOLLONIA, ein jüngerer Zeitgenosse des Anaxagoras, scheint auf den Prinzipiendualismus (Geist-Homoiomerien) des Anaxagoras dadurch haben reagieren zu wollen, daß er zur alten Lehre von einem einzigen Wesensprinzip der ganzen N. zurückkehrte, diesem aber wesentliche Merkmale des anaxagoreischen Geistes zuwies: Das eine Prinzip der ganzen Natur ist zugleich die Luft (wie bei Anaximenes), von deren Einatmen die Menschen und alle übrigen Wesen leben, und der Geist, der alles zum Besten ordnet, alles lenkt und alles beherrscht, aber auch alles durchdringt und allem beiwohnt, wie Diogenes in seinem Werk περὶ φύσεως lehrt [41]. Diogenes, der ebenso wie Anaxagoras keine Entstehung aus dem Nichts akzeptiert (wie Empedokles gemäß eleatischen Prinzipien), läßt deutlich erkennen, daß alle Dinge ihrem Wesen nach aus dem einen Urprinzip entstammen und entstehen, ja geradezu dieses sind, und keine eigene Ph. (kein Eigenwesen) haben können [42]. Das Prinzip von allem wäre also hier zugleich Urwesen und Ursprung von allem, ihre eigentliche Ph.

Daß das Prinzip (die Arché) oder die Elemente aller Dinge zugleich das wahre Wesen und der substanzielle Ursprung aller Dinge und Vorgänge im Sinne der Ph. seien, haben nach einer zuverlässigen Überlieferung LEUKIPP und DEMOKRIT, die Atomisten, ausdrücklich gelehrt [43]. Bei Demokrit ist bereits der Zusammenhang zwischen seinem Ph.-Begriff in der Kosmologie und demjenigen in der Anthropologie und Ethik deutlicher erkennbar und durch Fragmente belegt: Das kosmologische System des Demokrit, welches er demjenigen des Anaxagoras gegenübergestellt haben soll [44], kehrt wieder zum kosmologischen Monismus zurück: Auf ein Geist-Prinzip wird verzichtet, vielmehr nimmt er die Atome, eine unendliche Vielzahl unteilbarer körperlicher Elemente als das wahrhaft Seiende an, welches sich im leeren Raum (dem Nichtseienden) bewegt, nicht qualitativ, sondern quantitativ geometrisch durch Gestalt, Lage und Anordnung gekennzeichnet (und in sich unterschieden) ist, und durch seine Bewegung und Mischung in Ewigkeit alles, insbesondere größere zusammengesetzte Körper und immer neue Welten, hervorbringt [45]. Atome und Leeres sind das objektiv Wirkliche und Wahre, die Erscheinungswelt, insbesondere die von uns wahrgenommenen sekundären Qualitäten wie süß und bitter, warm und kalt sowie die Farbe existieren nur im subjektiven menschlichen Empfinden (nur νόμῳ, nicht ἐτεῇ, wie Demokrit sagt [46]), und die Vorgänge in der Erscheinungswelt, in dem, was wir subjektiv wahrnehmen, sind ursächlich zurückzuführen auf Veränderungen, die Gestalt, Lage und Ausdehnung der Atome in unserem Empfinden durch ihre Ausflüsse hervorrufen [47]. Auch Seele und Geist des Menschen, welche Demokrit identifiziert haben soll, sind nach ihm aus der Kombination verschiedener Atome (im Sinne kleinster materieller Teilchen) abzuleiten [48]. So wären im materialistischen und monistischen Weltbild der Atomisten, insbesondere des Systematikers Demokrit, die Atome die wahre Ph. aller Dinge als das objektiv Wirkliche und Wahre im Unterschied zur bloßen Erscheinungswelt, zum subjektiv Gemeinten und zur bloßen Konvention (νόμος) [49].

Der Naturbegriff in Anthropologie und Ethik (einschließlich pädagogischer Überlegungen) bei Demokrit steht im wesentlichen in Übereinstimmung mit dem kosmologischen Begriff der Ph.: Das Zeugen der Kinder gehört zur feststehenden Ph. der Menschen und aller übrigen Lebewesen, ebenso die Sorge um sie, der Mensch allein erwartet sich auch einen Vorteil von den Kindern [50]. Jede Art von Verständigkeit ist vor allem in der Naturanlage des Menschen begründet, wenn diese frühzeitig erzieherisch gepflegt wird, weniger in der mit der Zeit angesammelten Erfahrung [51]. Die wahre Erziehung gleicht (dem Wirken) der N. (der Ph.), denn auch die pädagogische Umformung schafft (aus N.) wiederum N. [52]. Im Lichte dieser Voraussetzung ist denn auch die Höhereinschätzung der Übung gegenüber der bloßen Anlage zu verstehen [53]. In allem Tun darf der Mensch niemals seine eigene Kraft und N. (Ph.) mißachten, d. h. er darf nichts tun, was seiner Anlage nicht entspricht und über seine Kräfte geht [54]. Dem von N. Stärkeren geziemt es zu herrschen [55], und aufgrund seiner göttlichen Natur hat Homer auch vollendete Dichtung geschaffen [56].

Demokrit, welcher nicht nur (der Sache nach) den Gegensatz N./Konvention (Ph./Nomos), sondern auch (dem Namen nach) den Gegensatz N./Zufall (Ph./Tyche) kennt [57], gehört schon einer Zeit an, in welcher der Begriff der Ph. nun nicht mehr primär im kosmologischen, sondern im anthropologischen Zusammenhang seine Bedeutung hat.

Die große Bedeutung des Begriffes ‹Ph.› auch in der anthropologischen Diskussion der *Sophisten* und PLATONS hat aber ihre Wurzeln nicht nur im vorsokratischen Denken, sondern auch in der Adelsethik PINDARS und andererseits in gewissen begrifflichen Festlegungen ionischer Naturwissenschaft, wie sie uns aus einigen Schriften des *Corpus Hippocraticum* entgegentreten:

PINDAR ist für die Geschichte des Ph.-Begriffes insofern von Bedeutung, als er in besonders konsequenter Weise die Auffassung vertritt, daß wahre Vortrefflichkeit, vor allem Tapferkeit im Krieg und im sportlichen Wettkampf, aber auch die Weisheit des Dichters (ebenso wie Wesen und Leistungen des Menschen überhaupt) allein auf der durch Abstammung bedingten, mit der Geburt gegebenen natürlichen Anlage (bei Pindar allerdings meist φυά, nicht φύσις genannt) beruht [58] und weder nachträglich erworben noch erlernt [59], sondern höchstens durch Übung gefördert und entwickelt werden kann [60]. Damit, daß aber das Natürliche im Sinne des Angeborenen und Unbeeinflußten, ohne fremdes Dazutun Entstandenen, des aus eigener Kraft Gewordenen hier vor allem als Grundlage der Vortrefflichkeit angesetzt wird, erhält der Begriff der Ph. (der φυά) eine ausgesprochen positive Komponente, den Akzent des Vorbildlichen, ja des Normativen [61].

Aus einem ganz anderen Bereich griechischen Geistes, nämlich dem der ionischen ἱστορίη, insbesondere der Naturforschung, dann aber auch der Medizin, konnte die Sophistik mit ihrer anthropologisch-pädagogischen Problematik eine weitere Anregung für ihren Ph.-Begriff entnehmen: Schon bei HERODOT hat Ph. (φύσις) oftmals die Bedeutung von «durchschnittlicher, normaler Beschaffenheit» im Unterschied zur außergewöhnlichen Abweichung von dieser Beschaffenheit [62]. In zwei *hippokratischen Schriften* (nämlich in περὶ ἀέρων ὑδάτων τόπων und in περὶ ἱερῆς νούσου) läßt sich ein ähnlicher Begriff der Ph. feststellen, welcher sowohl auf Phänomene der Außenwelt als auch auf Teile des menschlichen Organismus angewendet wird, und zwar gilt dann, wenn Abweichungen vom Normalzustand (= φύσις) festgestellt werden [63].

Auch in der in engerem Sinne medizinischen Literatur des *Corpus Hippocraticum* heißt ‹Ph.› oft 'Normalzustand', wobei nun hier der gesunde Zustand des Körpers und seiner Organe beim Menschen gemeint ist [64]. Ph. und der Ausdruck τὸ κατὰ φύσιν stehen für den Normalzustand, welcher dem Naturwidrigen, Abnormen gegenübergestellt wird (dem βίαιον) [65]. Aufgabe und Tätigkeit des Chirurgen bestehen darin, krankhafte Abweichungen und Abnormitäten wieder «zur N. zurückzuführen» (εἰς τὴν φύσιν ἄγειν) [66]. Nur beiläufig kann hier noch darauf hingewiesen werden, daß in der älteren medizinischen Literatur, wie sie im Corpus Hippocraticum gesammelt ist [67], der Begriff ‹Ph.› neben 'Normalzustand' auch die allgemeinere Bedeutung der göttlichen, im ganzen Kosmos wirkenden, heilenden Naturkraft [68] mit ihren Auswirkungen auch im menschlichen Organismus und ihrer richtungweisenden Bedeutung für die Kunst des Arztes, ferner die Bedeutung des inneren Wesens aller Dinge und Vorgänge, so auch etwa der Krankheiten [69], und schließlich die medizinisch-fachtechnische Bedeutung der generellen und der individuellen Konstitution des menschlichen Körpers [70] haben kann.

Ein weiterer Aspekt des Ph.-Begriffes, welcher in der ganzen vorsokratischen Spekulation schon latent vorhanden war, aber erst in ihrer Spätphase ausdrücklich formuliert wird (jedenfalls soweit es uns in Fragmenten faßbar ist), ist für die anthropologische Diskussion um den Ph.-Begriff bei den *Sophisten* und PLATON von großer Bedeutung, nämlich die Bedeutung der Ph. als wirkende göttliche Kraft, welche oft sogar mit personifizierenden Ausdrücken umschrieben wird. Hatten sich Züge einer göttlichen Wesenheit schon in den Seinsprinzipien der ältesten Naturphilosophen gefunden [71] und hatten neben dem Hauptzeugen HERAKLIT [72] auch EMPEDOKLES [73] und der Pythagoreer PHILOLAOS [74] die Ph. ausdrücklich als wirkende göttliche Macht bezeichnet, so findet sich in einem berühmten Fragment von EPICHARMOS [75] die Äußerung, daß die Ph. weise ist und allein um die Weisheit Bescheid weiß. Weist auch die Unterscheidung des DEMOKRIT [76] zwischen der Autarkeia, der Selbstgenügsamkeit, dem Insichruhen der Ph. und der Unzuverlässigkeit des vielversprechenden Zufalls in eine ähnliche Richtung, so findet sich der Begriff der göttlichen, personifiziert dargestellten Ph. dann erst richtig bei GORGIAS [77] und EURIPIDES [78], welcher wohl von ANAXAGORAS inspiriert ist [79], wie überhaupt die Göttlichkeit der Ph. oft im Zusammenhang mit der teleologischen Naturbetrachtung auch eines DIOGENES VON APOLLONIA [80] in Erscheinung tritt, ja erst mit letzter Deutlichkeit artikuliert wird.

Die Grundfragestellungen der *Sophistik* und ihre grundlegenden Antworten sind zwar wesentlich anthropologischer und pädagogischer Art, aber in ihnen wirkt die griechische Konzeption von der Göttlichkeit der Ph. (nebst vielen anderen Voraussetzungen) doch auch nach: Vor allem der bekannte Gegensatz zwischen der (göttlichen) Ph. und dem Nomos (als menschlicher Satzung), welcher gerade durch namhafte Vertreter der Sophistik (nicht durch alle) besonders deutlich herausgearbeitet wurde, impliziert im Ursprung auch die Göttlichkeit der Ph. ebenso wie der jetzt erstmals deutlich artikulierte Gegensatz zwischen N. und Kunstfertigkeit, menschlichem Machen (φύσις und τέχνη): Zwar tritt beim Ahnherrn der Sophisten, PROTAGORAS, dieser Gegensatz kaum in Erscheinung, denn nach PLATONS ‹Theaitetos› soll getreu der im Homo-mensura-Satz niedergelegten subjektivistischen Position in der Erkenntnistheorie auch im ethischen Bereich bei PROTAGORAS ein vollständiger Relativismus gelten: Gut und Böse, Gerecht und Ungerecht haben kein in sich bestehendes, objektives, 'natürliches' Wesen, sondern haben ihre Geltung nur davon, dass einzelne Staaten und ihre jeweilige öffentliche Meinung gewisse Dinge jeweils gerade für dem Gemeinwesen (bzw. gewissen Einzelnen) zuträglich erachten und darum mit moralischen und religiösen sowie allenfalls ästhetischen Wertbegriffen benennen: Diese Werte beruhen rein auf menschlicher *Satzung*. Was jeweils von diesem oder jenem kollektiven oder individuellen Subjekt für ethisch und allgemein werthaft positiv erklärt wird, das *ist* es für es auch in dem Augenblick und unter diesen besonderen Umständen [81].

Aber bereits vom Anaxagoras-Schüler ARCHELAOS, einem Zeitgenossen des Protagoras, wird der Ausspruch überliefert, daß das Gerechte und das Schimpfliche (δίκαιον und αἰσχρόν) nicht von N. aus (in sich selbst aufgrund eines ewigen Wesens) bestehe (also nicht φύσει sei), sondern nur aufgrund menschlicher Satzung (νόμῳ) [82]. Er wäre also der erste, von dem die Verwendung der Antithese Ph./Nomos bezeugt ist.

Vollends hat dann der Sophist ANTIPHON (dessen Identität mit dem gleichnamigen Redner umstritten ist) den Gegensatz zwischen Ph. und Nomos in seinem Werk ‹Über die Wahrheit› in ausführlicher Darlegung entwickelt, während von HIPPIAS VON ELIS Platon nur gerade den Ausspruch berichtet, daß das (vom Staate erlassene, positive) Gesetz der Tyrann der Menschen sei, welcher diese zu vielem Widernatürlichen zwinge, und daß die von N. aus bestehende Wesensverwandtschaft aller Menschen durch die verschiedenen Gesetze verschiedener Staaten mißachtet werde [83]. Nach Xenophon soll Hippias die objektive Wahrheit und Gültigkeit der Gesetze durch Hinweis auf ihre Wandelbarkeit (darauf, daß sie von den Politikern selbst oft verändert werden) sowie auf ihre Verschiedenheit in verschiedenen Staaten bestritten haben [84], ohne daß allerdings auch hier die Konzeption von einem natürlichen, mit dem Wesen aller Menschen verbundenen Gesetz deutlich propagiert wäre. Ebenso wie PROTAGORAS [85] scheint nun aber auch HIPPIAS [86] seine Reverenz vor dem religiösen Glauben der Hellenen erwiesen und angenommen zu haben, daß von den Göttern den Menschen allgemeingültige Gesetze (das Recht: δίκη) gegeben worden seien, welche nicht wie diejenigen der Menschen zeit- und ortsgebunden, d. h. relativ wären [87]. Erst eine vielfach als später (Mitte 4. Jh.) erwiesene Schrift des *Corpus Hippocraticum* mit deutlichen Anklängen an sophistisches Gedankengut hat dann die Formulierung wagen können, daß die Menschen die (relative) gesetzliche Satzung (νόμος) ohne rechtes Wissen aufgestellt hätten, die Götter dagegen Urheber des wahren Wesens (der Ph.) aller Dinge seien, was sich im Kontext gerade auch auf Recht und Unrecht bezieht [88].

ANTIPHON dagegen exponiert schon relativ früh ausführlich den Gegensatz von Ph. und Nomos im klassisch gewordenen Sinne: Die Notwendigkeit der Natur wird der Willkür menschlicher Gesetze und Satzungen gegenübergestellt. Das Naturgesetz verlangt das einem jeden Menschen wesenhaft Zuträgliche, ihm nicht zu folgen ist unbedingt schädlich; menschlicher Satzung nicht zu gehorchen, wird nur bestraft, wenn es von den Urhebern der Satzung entdeckt wird. Das vom menschlichen Gesetz Verbotene ist das bloß vermeintlich Schädliche (Vergehen gegen die Ph. schaden in Wahrheit), denn menschliche Gesetze beruhen auf bloßer Konvention und tun der wahren Ph. oft Gewalt an [89]. Barbaren und Hellenen sind von N. aus (nicht dem Gesetz nach) alle gleich, denn als Menschen können sie alle aus der äußeren N. den gleichen Nutzen ziehen [90]. Sowohl die später von der *Stoa* ausgebildete Lehre vom Naturrecht als auch die später für ARISTOTELES so bedeutungsvolle Antithese zwischen N. und Kunst, zwischen urwüchsigem Wachstum und Stoff einerseits und menschlichem Verfertigen andererseits erhalten bei ANTIPHON ihre erste ausdrückliche Ausprägung [91].

Aber nicht nur das Naturrecht im sozialen und rationalen Sinne der Stoa, sondern auch die Konzeption vom natürlichen Recht des Stärkeren im Gegensatz zur gesetzlich-rechtlichen Konvention hat ihren Ursprung bei den *Sophisten:* Es sind vor allem Vertreter der jüngeren Sophistik, so POLOS und KALLIKLES in Platons Dialog ‹Gorgias›, sowie THRASYMACHOS im 1. Buch von Platons ‹Politeia›, welche die Auffassungen vom Recht als Vorteil der Machthaber und vom Recht auf hemmungsloses Ausleben der Begierden vertreten [92].

Die zweite große Grundbedeutung hat der Begriff der Ph. bei den Sophisten im Zusammenhang mit pädagogischen Fragen erlangt: Da die Sophisten als Lehrer der Arete (der insbesondere politischen Vortrefflichkeit) auftraten, stellte sich die (dann auch bei Platon und Aristoteles so zentrale) Frage nach dem Verhältnis von Naturanlage (φύσις), Übung (ἄσκησις) und Belehrung (διδαχή) bei der Erlangung der Arete. Erwartungsgemäß wird von den Sophisten Übung (auch μελέτη) und insbesondere Belehrung (auch διδασκαλία) im allgemeinen höher bewertet als die angeborene Ph.: So bestimmt KRITIAS ausdrücklich, daß mehr Menschen durch Übung als durch natürliche Anlage tüchtig (ἀγαθοί) werden [93], und in ähnlichem Sinne äußern sich auch DEMOKRIT [94] und EPICHARMOS [95], während PROTAGORAS, welcher in Platons gleichnamigem Dialog sich deutlich für die These von der Lehrbarkeit der Arete einsetzt [96], in Übereinstimmung mit der hellenischen Tradition klar darauf hingewiesen haben soll, daß (erfolgreiche) Belehrung Begabung (d. h. eine gute natürliche Anlage: φύσις) und Übung voraussetzt [97]. ANTIPHON soll das Verhältnis zwischen Erziehung und natürlicher Anlage im Bildungsprozeß mit Samen und Ackerboden verglichen haben, wobei der erstrangige, entscheidende Charakter der Erziehung hervorgehoben wird [98]. Der aus dem ‹Protreptikos› des Iamblichos erschlossene sophistische Autor aus der Zeit des Peloponnesischen Krieges, der sog. ANONYMUS IAMBLICHI, stellt die natürliche Anlage als ein Zufälliges den andern beiden Faktoren des Bildungs- und Menschwerdungsprozesses gegenüber, welche in der Hand des Menschen liegen und planvolles erzieherisches Handeln voraussetzen, wobei alle Faktoren auch hier als unabdingbar angenommen werden [99]. Die pädagogische Dreiheit des Sophisten mit der Ph. als der grundlegenden Komponente, aber auch das damit zusammenhängende Bild vom Ackerbau wirkt auch noch in Ps.-PLUTARCH ‹Über die Erziehung der Kinder› nach [100].

Vieles spricht dafür, daß die von PLATON im ‹Kratylos› [101] aufgegriffene und erstmals vollumfänglich behandelte Kontroverse, ob die Sprache des Menschen, insbesondere aber die Namen der Dinge, vom Wesen der Seienden unmittelbar abgeleitet, d. h. «von N.» (φύσει), sind oder ob sie auf menschlicher Konvention und Satzung (νόμῳ) beruhen, im Umkreis des sophistischen Denkens ihren Ursprung hat: Jedenfalls wird diese Kontroverse von der Überlieferung bis auf PYTHAGORAS zurückgeführt und der mit der Sophistik geistesverwandte DEMOKRIT hat nach derselben Quelle zu diesem Problem ebenfalls (im konventionalistischen Sinne) Stellung bezogen [102]. Der Herakliteer KRATYLOS vertritt in Platons gleichnamigem Dialog die entgegengesetzte Position [103], ebenso wie PYTHAGORAS nach Proklos [104].

PLATON knüpft in seinen ethischen Frühdialogen sehr eng an die Fragestellungen der Sophisten von der Lehrbarkeit der Arete an, welche auch von Platons Lehrer SOKRATES intensiv behandelt und mit neuem sittlichen Ernst diskutiert worden sein sollen [105]. In den beiden Dialogen ‹Protagoras› und ‹Menon› wird die Frage, ob die Arete eine Einheit sei, ob sie auf einem Wissen beruhe und gerade darum lehrbar sei, ausdrücklich in Diskussionen zwischen Sokrates und den Sophisten erörtert [106], und in diesem Zusammenhang erhält nun auch die Fragestellung, ob die Arete lehrbar oder einübbar sei oder ob sie von N. aus dem Menschen erwachse, zentrale Bedeutung [107]. Der Begriff der Ph., der sich übrigens bei PLATON in den sämtlichen bisher genannten sprachlichen Bedeutungen findet [108], wird bei ihm erstmals philosophisch relevant auch auf den Gebieten der Ethik und der Anthropologie: Die Ph. im Sinne der guten Naturanlage tritt bei Platon der Übung und Belehrung als gleichberechtigter bestimmender Faktor des Bildungsprozesses zur Seite: Die Paideia der Wächter in Platons ‹Politeia› baut in sehr hohem Maße auf der guten Veranlagung des Zöglings auf [109], ebenso wie die menschgemäße Paideia und das von ihr angeregte Lernen auf der Ph., dem Wesen des Menschen (besonders seiner vorgeburtlichen Ideenschau) beruht [110], wobei Ph. hier auch die Bedeutung des Wesens des Menschen ganz allgemein hat [111]. In diesem pädagogisch-ethisch-anthropologischen Zusammenhange kann Ph. auch die Bedeutungen ‘körperliche Beschaffenheit und Konstitution’ [112], ‘psychische Verfaßtheit und Beschaffenheit’ [113] und gar ‘geistige Anlage’, ‘Anlage zu bestimmten Geisteshaltungen’ [114] haben.

Den Gegensatz zwischen Ph. und Nomos, wie ihn die jüngeren Sophisten Polos, Kallikles und Thrasymachos auffaßten, hat Platon ausführlich in den Dialogen ‹Gorgias› und ‹Politeia› I dargestellt [115]. Dem «Recht der N.» (νόμος τῆς φύσεως) als dem Recht des Stärkeren, wie es die jüngeren Sophisten (z. B. KALLIKLES [116]) auffaßten, stellt PLATON seine Konzeption vom wahrhaft und wesenhaft Gerechten (der Idee der Gerechtigkeit) entgegen: die höhere geistige Ordnung der Idee (als Grundlage für das wahre menschliche Gesetz) ist das eigentlich Natürliche [117]. – Auch die bereits erwähnte Kontroverse, ob die Namen der Dinge «von N.» (φύσει) sind, d. h. in sich selbst schon die natürliche Richtigkeit enthalten, oder ob sie bloß auf menschlicher Konvention (συνθήκῃ καὶ ὁμολογίᾳ) beruhen, löst Platon unter Rückgriff auf die Ideenlehre: Die Sprache, die als rein menschliche auf Konvention beruht, muß auf das wahre Wesen (Ph.) der Dinge in den Ideen achten, und der Sprachschöpfer muß die Idee der richtigen Bezeichnung als des «von N.» angemessenen Organs der Verlautbarung berücksichtigen, um die wahrhaftige (natürliche) Richtigkeit der Benennung zu erreichen [118].

Im Rahmen seiner Naturphilosophie, mit der Platon zwar an vorsokratische Forschungen anknüpft [119], diesen aber kritisch gegenübersteht und nur eine wahrscheinliche Darlegung (εἰκὼς μῦθος), nicht aber einen die Wahrheit erfassenden Logos in den Untersuchungen über die sichtbare Welt zuläßt [120], zudem sich verschiedentlich verächtlich über das Gerede der alten Naturphilosophen von der N. des Ganzen (Ph.) äußert [121], liegt es Platon vor allem daran, die bestimmende und wesentliche Wirkung der Materialursachen in allen natürlichen Dingen und Vorgängen zu bekämpfen [122], ebensosehr aber auch die Vorstellung von einer Ph. abzuweisen, welche als von sich aus und ohne Vernunft wirkende Ursache alle Naturdinge (lebendige Organismen und leblose Körper) hervorbringt [123].

Das Prinzip Platons bei der Erklärung der N. im ganzen ist also dies, Struktur und Vorgänge in der sichtbaren Welt immer einerseits auf planvolles, 'technisches' Wirken eines göttlichen Demiurgen und göttlichen Geistes zurückzuführen [124] und andererseits im Lichte des ewigen Wesens aller Dinge, wie es die Ideen enthüllen, zu betrachten [125]. Wenn so im Weltganzen Techne, vernünftige Tätigkeit, formhafte Gesetzlichkeit der blind wirkenden und wachsenden bloßen N. noch übergeordnet werden, so geschieht dies in bewußter Opposition gegen die Lehre der Sophisten und die ihnen nach Platon zugrundeliegende Lehre der 'Physiker', d.h. der (materialistischen) Naturphilosophen, wonach die Welt durch Ph. und Tyche (Zufall) aus der Mischung unbeseelter Elemente entstanden sei und diese Ph. gegenüber Techne und Nomos als bloßem Menschenwerk den absoluten Vorrang habe [126]. Diese Denkrichtung führt Platon auch von der Naturdeutung her (ebenso wie von Ethik und Anthropologie her) noch über das bloß Natürliche hinaus zur Meta-Physik. Menschliche Techne und menschliche Gesetzgebung (Nomos) sind nicht schlechter als Ph., sondern selbst unmittelbar dem göttlichen Nomos verwandt und daher in einem höheren Sinne von N. aus [127].

Die Metaphysik und das metaphysisch-theologische Interesse läßt (besonders, aber nicht nur den späten) Platon den Vorrang des Seelischen vor allem Körperlichen und Materiellen in der Welt nachweisen: Wenn Ph. der Anfang aller Entstehung, allen Werdens und ihr Prinzip ist, dann ist nach Platon die Seele als das sich selbst und von sich aus Bewegende Prinzip der Bewegung und des Lebens in der ganzen N., und in dieser Bedeutung ist sie auch das wahre und eigentliche Naturprinzip, die wahre Ph. gegenüber dem Körper, welcher immer nur als in selbst wieder bewegter kann [128]. Die Weltseele als das umfassende Seelische in der Welt enthält alle einzelnen Seelen in sich, und so haben alle menschlichen Belange gerade auch in bezug auf Techne und Nomos Anteil an der beseelten Gesamtnatur [129].

Über die Weltseele hinaus steigt aber die Metaphysik Platons noch zum göttlichen Demiurgen auf, welcher die Weltseele selbst noch zusammensetzt [130], für die Ordnung und Harmonie im Weltganzen sorgt [131] und zweifellos mit dem göttlichen Geist als Ursache der teleologischen Ordnung in der N. identisch ist, d.h. diesen symbolisiert [132].

Aber dieser göttliche Geist kann nicht Ursache der Ordnung und Harmonie in der Welt sein, ohne sich an den ewigen, wahrhaft seienden Ideen orientieren zu können [133], und diese sind ja denn nun auch nach Platon die wahre, höchste und eigentliche Ph. im Sinne des wahrhaft seienden Wesens aller Dinge [134]. So kann Platon ganz im Sinne der Idee als des wahrhaft seienden Wesens von der Ph. des Kreises [135], von der Ph. der Zahlen [136] oder von der Ph. des Schönen [137] sprechen. Aber auch das Seiende selbst hat sein Wesen, seine Ph. [138], und die Ideen insgesamt haben ihr ewiges Wesen, ihre Ph. [139]. Darauf, daß die Ideen selbst die wahre Ph. sind und nach Platon gerade als Urbild aller Dinge im wahrhaft Seienden, der Ph., verharren [140], bezieht sich zwar die Definition der Ideen als der urbildlichen Ursache dessen, was naturgemäß (κατὰ φύσιν) immer besteht, bei XENOKRATES, die so einflußreiche Formulierung des Xenokrates [141] bedeutet aber doch eine Einengung von Platons Ideenbegriff durch einen Schüler, welche auch ARISTOTELES mitmacht, wenn er sagt, Platon habe Ideen nur von N.-Dingen (τῶν κατὰ φύσιν) angenommen [142]. In Platon hat der Ph.-Begriff durch die Identifikation mit dem wahren unveränderlichen Sein der Ideen einen wesenhaften Wandel erfahren, welchen wir bereits Parmenides und den Eleaten zuzuschreiben nicht berechtigt sind [143].

Das höchste Prinzip PLATONS, die Idee des Guten, welche als jenseits von Wahrheit, Erkenntnis, Sein und Wesen noch die Ursache von dem allem ist [144], wird von Platon im zehnten Buch der ⟨Politeia⟩ [145] auch Ursache, 'Hersteller' der Ideen und in diesem Sinne Erzeuger der (wahren) N. (φυτουργός) genannt. Es kann keinem Zweifel unterliegen, daß Platon im Rahmen seiner Metaphysik vor allem mit Bezug auf Weltseele und Gestirnsseelen [146] sowie auch den unsterblichen geistigen Grund der Seele des Menschen [147], nicht zuletzt aber mit Bezug auf die Ideen [148] unter Ph., der wahren N., immer göttliches Wesen versteht [149].

ARISTOTELES reagiert mit seinem Begriff von Ph. (welcher nun eindeutig ein 'N.'-Begriff genannt werden kann) gegen die Überordnung von (göttlicher) Techne, Gesetzlichkeit und demiurgischem Wirken über alle, insbesondere die sichtbare Natur durch Platon: Nicht die Ph. ahmt die Techne nach, sondern umgekehrt die Techne die Ph., wobei die menschliche Kunst nur das noch ergänzen kann, was die Ph. ihr übrigläßt. So führt Aristoteles an verschiedenen Stellen mit deutlicher Spitze gegen Platon aus [150].

Aristoteles vereinigt nun in seinem Philosophieren nicht nur die verschiedenen bisherigen Bedeutungen von Ph. [151], sondern er reflektiert ausdrücklich über den Begriff der Ph., der für sein Philosophieren so fundamental wie für keinen Denker vor ihm wird, und er unterscheidet an zwei verschiedenen Stellen seines Werkes ausdrücklich unter einem je etwas anderen Gesichtswinkel die verschiedenen für ihn relevanten Bedeutungen von Ph., so in ⟨Metaphysik⟩ Δ, 4, wo er von der Bedeutung der Ph. als des Entstehens und Ursprungs (γένεσις) der werdenden und wachsenden Dinge [152], und in ⟨Physik⟩ B, 1, wo er vom Unterschied zwischen N. und Kunst und zwischen den Seienden, die von N. aus (φύσει) sind, und allen übrigen ausgeht [153].

Was von N. aus ist (Lebewesen und ihre Teile, Pflanzen und einfache Körper, d.h. die vier Elemente), hat das Prinzip der Bewegung und Ruhe in sich selbst, alles übrige Seiende hat kein solches Prinzip in sich [154]. Daraus ergibt sich nach Aristoteles die erstrangige und grundlegende Bedeutung von Ph. als dem Wesen von Seienden, die ein Prinzip der Bewegung in sich selbst als solche haben [155]. Alle übrigen Bedeutungen von Ph. sind von dieser ursprünglichen und substanziellen Bedeutung abgeleitet [156]. Mehrfach wird dieser Grundbegriff der Ph., welcher in engem Zusammenhang mit dem aristotelischen Substanzbegriff steht [157], im Gegensatz zum Begriff der Techne und vor allem der Artefakten, die kein eigenes Prinzip der Bewegung in sich haben, entwickelt [158].

Unter den verschiedenen allgemeinen Bedeutungen des Begriffes ‹Ph.›, die sich bei Aristoteles finden, sind die wichtigsten diejenigen, die getreu der oben genannten Grundbedeutung, verschiedene Aspekte der von N. aus seienden Dinge (der Substanzen der Körperwelt) betreffen, so der Stoff, die Materie, aus der ein natürliches Seiendes gemacht ist [159], ferner vor allem die Wesensform, die ein Naturding bestimmt und auf dessen Verwirklichung alle Prozesse in einem natürlichen Seienden als auf ihr Ziel hinauslaufen [160], und schließlich das Bewegungsprinzip, die Ursache der Bewegung in diesem natürlichen Seienden [161], welche ebensosehr wie der Bewegungsprozeß im natürlichen Seienden selber [162] von Aristoteles ‹Ph.› genannt werden. Der zentrale Aspekt ist derjenige der substanzbegründenden Wesensform eines natürlichen, aus Form und Stoff zusammengesetzten Seienden, denn diese ist als das Telos des Bewegungsprozesses zugleich der Ursprung und das Prinzip der Bewegung, und alles Stoffliche, die Materialursache (nach gewissen vorsokratischen Naturphilosophen die Hauptursache der natürlichen Vorgänge [163]) wird nur ‹Ph.› genannt, weil es zur Aufnahme der Wesensform fähig ist [164], ebenso wie Entstehen und Wachsen um ihres Ziels und Ursprungs, der Form, willen, auf deren Verwirklichung sie hintendieren, ‹Ph.› heißen und die Dignität der Bewegung erhalten [165]. Die Wesensform ist freilich gerade auch als Ph. nicht vom konkreten, naturhaft Wirklichen ablösbar, sondern ein dieses von innen her aktivierendes Prinzip [166]. Das allgemeine Wesen ist nach Aristoteles, wenn es nicht als Wesensform auf von selbst bewegte natürliche Seiende bezogen ist, nur in höchst abgeleitetem Sinne Ph., wie u. a. die verschiedenen Polemiken gegen Platons Ideenlehre zeigen [167].

Im Zusammenhang mit diesem Begriff von Ph. steht es, daß Aristoteles die gesamte bewegte Körperwelt als ‹Ph.› bezeichnen kann [168] und daß andererseits die Ph. oft in einem beinahe personifizierenden Sinne als die in diesem Bereich wirkende Naturkraft behandelt werden kann [169], welche ordnet, schafft und gestaltet [170], welche nichts umsonst tut [171], immer nach dem Vollkommenen und Besten strebt [172] und so auch für die teleologische Ordnung in der Welt verantwortlich ist [173]. In diesem Sinne kann die Ph. auch von Aristoteles als eine göttliche wirkende Macht bezeichnet werden [174]. An anderen Stellen, wo schärfer das rein Geistige, Unsinnliche, Unbewegte als göttlich aufgefaßt wird, wird die Ph. als etwas Dämonisches, nicht aber etwas Göttliches bezeichnet [175].

Oft ist bemerkt worden, wie sehr der aristotelische Begriff der Ph. als dessen, was von sich aus Prinzip der Bewegung ist, von der platonischen Definition der Seele als des sich selbst bewegenden Prinzips abhängig ist [176], obwohl Aristoteles der Seele ausdrücklich die Selbstbewegung im platonischen Sinne abspricht [177] und gegen die Identifikation von Psyche und Ph. durch Platon polemisiert [178].

Die Seele ist freilich belebendes Prinzip der ganzen organischen N., durch sie als Lebensprinzip unterscheiden sich die Lebewesen von den toten Dingen [179]. Die Seele ist die erste Entelechie des physischen organischen Körpers, sie ist zugleich die Wesensform und das belebende Prinzip des Organismus und des natürlichen Körpers, der als solcher nur der Möglichkeit nach über Leben verfügt [180]. Das bedeutet, daß die Seele die zwecktätige unkörperliche Ursache der organischen Struktur und der Bewegung in den Lebewesen ist: Als vegetative Seele (θρεπτικὴ ψυχή) bewirkt sie in den Pflanzen Ernährung, Wachstum und Fortpflanzung, als animalische Seele in den Tieren Sinnesempfindung, Begehren und Ortsbewegung [181]. Die so in Tieren und Pflanzen wirkende und zeugende Seele wird von Aristoteles ausdrücklich die Ph. des Lebewesens und der Pflanze genannt [182]. Allerdings ist nicht die ganze Seele Ph., sondern nur die Seele als Prinzip der Bewegung, wobei neben Ortsbewegung auch Qualitätsveränderung und Wachstum gemeint ist [183]. Die Seele ist Gegenstand der Naturphilosophie nur, sofern sie mit der Materie verbunden ist und in ihr als Bewegungsprinzip wirkt [184]. Wenn sich auch im Menschen alle die von der Seele in Pflanzen und Tieren bewirkten Vermögen und Fähigkeiten wiederfinden [185] und wenn auch die ganze natürliche Entwicklung auf den Menschen und seine Vernunft (λόγος und νοῦς) hin angelegt zu sein scheint [186], so hält Aristoteles doch ausdrücklich fest, daß der Geist, das Denkvermögen (διανοητικόν) des Menschen als ein Göttliches von außen in die Seele hineinkommt und daher, weil er den Bereich der Ph. transzendiert, nicht Gegenstand der Naturphilosophie sein kann [187].

Findet der Bereich der Ph. nach Aristoteles im Menschen an der Wirklichkeit des Geistes seine Grenze, so auch im Weltall, im Gesamtkosmos bei der Frage nach dem Ursprung allen Lebens und aller Bewegung überhaupt: Zwar führt Aristoteles sämtliche Bewegung in der Welt auf die ewige und vollkommene Kreisbewegung des Fixsternhimmels und des Äthers (der sich vom Fixsternhimmel bis zum Monde erstreckt und zu dessen Ph. die Kreisbewegung gehört [188]) zurück, aber an den klassischen Stellen, an denen er sein hierarchisch aufgebautes Weltbild entwickelt, geht er doch über den Fixsternhimmel noch hinaus, zurück auf einen sich selber denkenden göttlichen Geist als ersten unbewegten Beweger schlechthin und absolut erstes Prinzip des ganzen Alls [189], welcher nun über alle Ph. erhaben und nur noch Gegenstand der Metaphysik, der Ersten Philosophie oder der Theologie ist [190].

Der Begriff der Ph. findet bei Aristoteles vor allem in der theoretischen Philosophie seine Anwendung, in der Ethik, ja der praktischen Philosophie überhaupt ist er von geringerer Bedeutung als etwa bei Platon und den Sophisten: Zwar kann etwa Aristoteles die äußeren und die leiblichen Güter «natürliche Güter» (φύσει ἀγαθά) nennen [191], und gern sucht er die natürlichen Grundlagen des ethisch Wertvollen auf, so die physische, auf Verwandtschaft beruhende Liebe (φυσικὴ φιλία) zwischen Vater und Sohn oder die naturgemäße Liebe zwischen Mann und Frau [192]. Ebenso gehen jeder Tugend gewisse natürliche Beschaffenheiten voran, in denen die sittlichen Qualitäten schon angelegt sind, aber diese sogenannten «natürlichen Tugenden» sind nicht dem Gebiet der eigentlichen Tugend zuzurechnen, welche ethisch wertvoll nur ist, wenn sie vom Menschen gewollt und verantwortet wird: Keine der ethischen Tugenden ist von N.; gut und weise werden wir nicht durch unsere Ph. [193].

Um so größere Bedeutung kommt den ethischen Aspekten des Ph.-Begriffes in jenen hellenistischen Systemen der Philosophie zu, welche das Ideal des naturgemäßen Lebens predigen, nämlich in der *Stoa* und der Philosophie des EPIKUR:

In gewissem Sinne die Anreger der stoischen Konzeption vom naturgemäßen Leben waren *kynische Philosophen*, welche in Anknüpfung an Sokrates die Ethik gegenüber Logik und Physik zum Hauptgebiet ihres Philosophierens machten [194]. Mittels Übung vor allem, mehr als durch Naturanlage oder Belehrung, gelangt man nach kynischer Auffassung zur Tugend, aber die Anstrengung, die zur Tugend und damit zur Glückseligkeit führt, muß naturgemäß sein, wie DIOGENES VON SINOPE ausführt [195]. In engem Zusammenhang mit dieser ethischen Forderung steht die Überzeugung, daß die konventionellen, menschlichen, politischen Gesetze vom Gesetz der N. überragt werden, dem vor allem der Weise zu folgen hat [196]. Ausdrücklich stellt Diogenes in bekanntem Sinne den (bloß menschlichen) Nomos der Ph. gegenüber [197], und ANTISTHENES lehrt gar, daß es nach dem Gesetz viele Götter gebe, nach der N. aber nur einen Gott [198]. Erhält hier die Ph. einen ausgesprochen normativen Charakter, so können andererseits die Kyniker doch wieder die Möglichkeit einer Verderbnis der Ph. annehmen, was sich in der ethischen Verwerfung der natürlichen triebhaften Lust sowie der rein menschlichen Liebe äußert [199]. Was von N. gut ist und was nicht, kann man nach kynischer Auffassung besser von Tieren und Naturvölkern als von Kulturmenschen lernen, denn die Ph. hat den Menschen wie eine Stiefmutter, das Tier aber wie eine Mutter behandelt [200].

Die *Stoa* bringt nun das Ideal des naturgemäßen Lebens zur breiten Ausführung, wobei ihre Ethik durch eine naturphilosophisch fundierte und stark von Heraklit inspirierte Weltanschauung unterstützt und abgesichert wird: ZENON VON KITION, der Begründer der Stoa und Schüler des Kynikers Krates [201], hat als Ziel des wahrhaft sittlichen Lebens das Leben in Übereinstimmung mit der N. (oder gar: in der Nachfolge der N.: τὸ ὁμολογουμένως oder ἀκολούθως τῇ φύσει ζῆν) definiert: Dieses naturgemäße Leben ist gleichbedeutend mit dem tugendhaften Leben, und die Ph. führt uns geradezu auf dieses Leben hin [202]. Unter der Ph., der gemäß der Mensch leben soll, versteht z. B. CHRYSIPP sowohl diejenige des Weltganzen wie auch diejenige des Menschen, denn die menschliche Ph. ist Teil der kosmischen Ph., und das tugendhafte Leben ist nicht verschieden von dem auf der erfahrungsmäßigen Erkenntnis der N.-Vorgänge beruhenden Leben [203].

Es ist daher für die Sittlichkeit und Lebensführung des Menschen von ausschlaggebender Bedeutung, die Ph. des Alls und die Ph. des Menschen zu kennen: Die All-N. (ὅλη τῶν ὅλων) oder die allgemeine (κοινή) N. manifestiert sich in den einzelnen Lebewesen, insbesondere den Menschen, als Teil-N. (μερική, ἡ ἐπὶ μέρους) oder als individuelle (ἰδία) Ph. [204].

Von den zahllosen Begriffen, mit denen die Vertreter der alten Stoa die All-N. definieren und explizieren, seien hier nur die wichtigsten genannt, welche zeigen, daß im stoischen System sich verschiedene Tendenzen in der Weltdeutung des Heraklit, aber auch derjenigen Platons und Aristoteles', zu einer Einheit verschmolzen und zu einem systematischen Ganzen vereinigt finden: Die All-N., die Ph. des Ganzen, ist stets mit sich identisch, überall dieselbe [205], sie ist Gott, ja kann auch Zeus genannt werden [206]; sie ist unmittelbar identisch mit dem göttlichen Logos als dem göttlichen Weltgesetz: dieser Logos ist der allgemeine Logos der Ph. [207]. Ph. im Sinne der All-N. wird also durchaus das eine, aktive göttliche Prinzip des Alls genannt, und dieses eine kann nun sowohl unter dem Aspekt des Schicksals wie auch unter dem Aspekt der Vorsehung begriffen werden: Ph. ist Schicksal (εἱμαρμένη) im Sinne der natürlichen Ordnung des Alls und des mit dieser verbundenen durchgängigen Kausalnexus [208]. Ph. ist aber auch Vorsehung (πρόνοια) im Sinne des vorausschauenden, planenden, vorsorgenden göttlichen Intellekts, der die Welt regiert, aber auch von innen durchdringt [209]. Durch den einen Aspekt der göttlichen Ph. wird die unumstößliche Notwendigkeit des göttlichen Wirkens in seiner Begründung betont [210], durch den andern Aspekt das fürsorgliche Wohlwollen der Ph. als des göttlichen Logos [211], wodurch zwei scheinbare Gegensätze vereint werden.

Besonders bedeutungsvoll ist jene Synthese von Ph. und Techne im höchsten Prinzip, welche sich in der Bezeichnung der All-N. als kunstvoll wirkendes Feuer, das planvoll zur Zeugung schreitet, äußert [212]. Die Ph. ist also zugleich Logos und Feuer (sowie πνεῦμα ἔνθερμον), sie ist zugleich substanziell stofflich und logisch wirkend [213], sie durchdringt und gestaltet so den Kosmos, welcher seinerseits als beseeltes und vernunftbegabtes Wesen konzipiert ist [214]. Die Techne im Sinne des vollkommenen göttlichen Wirkens und Gestaltens ist so in der All-N. selbst enthalten [215] und dient aller menschlichen Kunstfertigkeit durch ihre Überlegenheit als Vorbild [216]. Der Gegensatz zwischen Ph. und Techne wird damit im göttlichen Weltgrund aufgehoben, und die stoische Position unterscheidet sich hier sowohl von der Überordnung der Techne über die Ph. bei Platon als auch von der Überordnung der Ph. über die Techne bei Aristoteles.

Der stoische Begriff von der All-N. ist in der Entwicklung der Schule in den Grundzügen gleich geblieben, wurde aber durch die Bestimmung später ergänzt, daß die Ph. mittels der Keimformen (λόγοι σπερματικοί) das organische Leben auf der Erde hervorbringt [217]. Von der Ph. wird auch die Bestimmung aufgestellt, daß sie allein es ist, die sich im Kreislauf aller Dinge (Entstehung aller Dinge aus dem Urfeuer und Rückkehr zu ihm) erhält [218].

Der Mensch, als einziges unter allen Lebewesen, kann sich kraft der besonderen Struktur der ihn auszeichnenden Vernünftigkeit (Möglichkeit der Zustimmung oder Nichtzustimmung zu den Sinneseindrücken [219]), auch von der Ph. abwenden, und zwar geschieht dies durch eine Verkehrung, die ihn der N. entfremdet [220]. Nur die N. selbst kann den Menschen zu sich selbst, aus der Verkehrung seines Denkens zur aufrechten Vernunft, zum gesunden Urteil (ὀρθὸς λόγος) wenden. In der Erkenntnis des höchsten Gutes wendet sich der Mensch wieder der N. zu und schöpft aus ihr das Prinzip seines Handelns und seiner Pflichten [221].

PANAITIOS VON RHODOS, ein Repräsentant der sog. mittleren Stoa, hat sein Interesse in der Ethik (vor allem in seiner Pflichtenlehre, die wir aus Cicero kennen [222]) sehr stark auf die Ph. des Menschen konzentriert: Nicht so sehr aus der Ph. des Alls wie noch bei Zenon ergibt sich unmittelbar das Gesetz dessen, was der Mensch zu sollen hat, sondern unmittelbar aus der N. des Menschen selbst ergeben sich alle Pflichten des Menschen, die sich nun nicht nur auf die in der Vernunft des Menschen begründete Humanität im allgemeinen, sondern auch auf die individuellen Aufgaben jedes einzelnen Menschen beziehen [223]. Das naturgemäße ethische Verhalten des Menschen hat sich eindeutig nach der teleologischen Ordnung der Ph. des Menschen in Körper und Seele (Geist) zu richten, nicht nur was die Tugend, sondern auch was die bloße Schicklichkeit betrifft [224].

Der Schüler des Panaitios, POSEIDONIOS VON APAMEA, hat vor allem durch seinen kosmologischen Ph.-Begriff auf die Geschichte der antiken Philosophie gewirkt: Indem er die altstoische Auffassung vom Kosmos als einem lebendigen Organismus wieder aufnimmt, betont er in ihm vor allem die «Sympathie» aller Teile dieses Kosmos untereinander, den universellen «Syndesmos» aller Elemente des Kosmos [225]. Von der unbewußt gestaltenden N.-Kraft, welche das Anorganische und die niederen Lebewesen erschafft, unterscheidet er noch die Pronoia, welche bewußt und planvoll schaffend vorgeht und auf die die Erschaffung der Götter und Menschen zurückzuführen ist, welche aber als Geist der Welt (mens mundi) doch Teil der All-N., des Kosmos, bleibt [226].

Die späteren *Stoiker der Kaiserzeit* zeichnen sich in der Ausarbeitung des Ph.-Begriffs ihrer Schule durch keine wesentlichen Neuerungen mehr aus, jedoch ist bei ihnen in verstärktem Maße ein religiöses Interesse festzustellen, was für den kosmologischen Ph.-Begriff zur Folge hat, daß die Ph. als göttliches Prinzip des Weltganzen in den Vordergrund tritt, wobei ein stark persönlich gefärbtes Verhältnis des Menschen zu der oft (wenn auch nur in übertragenem Sinne) selbst wieder personifizierten göttlichen Ph. möglich wird: Für EPIKTET ist Gott und N. ein und dasselbe [227]. Ebenso identifiziert SENECA die Ph. und den göttlichen Logos und nennt sie Gott [228], ja, die Ph. ist ihm geradezu Mutter aller Wesen [229]. Nicht nur gebührt der Ph. als einer Führerin zur Tugend und Glückseligkeit [230] religiöse Verehrung und völlige Hingabe [231], sondern was der Mensch von der N. lernt, ist als eine Art Offenbarung geheimer Mysterien durch die N. an einige Auserwählte aufzufassen [232]. Auch MARCUS AURELIUS redet die Ph. an wie eine Gottheit, die gibt und nimmt, der gegenüber vom Menschen her Gehorsam und Ergebung am Platze ist [233], aus der, in der und auf die hin alles ist [234].

Wie die Stoa die Ansätze des Ph.-Begriffs bei Heraklit zum System ausgebildet hat, so EPIKUR (in vielleicht noch umfassenderem Sinne) die nur noch fragmentarisch erfaßbaren Elemente eines Ph.-Begriffes bei Demokrit [235].

In der Ethik bringt EPIKUR die Lust, welche er im Anschluß an kyrenaische Ansätze als Anfang und Ende des glückseligen Lebens definiert [236], in wesenhafte Verbindung mit der Ph. des Menschen, indem er sie als das erste dem Menschen angeborene (συγγενικόν) und mit seiner Ph. untrennbar verbundene (σύμφυτον) Gut bezeichnet [237]. Die naturgemäße Lust, und das heißt die Lust, welche Anzeichen der körperlichen Gesundheit und der ungestörten Seelenruhe ist, ist ihrerseits die Norm, nach der unsere Triebe und Begierden zu beurteilen sind [238]. Während Begierden (ἐπιθυμίαι) schädlich sein können und in dem Falle zu meiden sind, so ist zwar jede Lust, weil sie dem Wesen, der Ph., nach uns angemessen ist, ein Gut, aber nicht jede ist ein Gegenstand unserer Wahl [239]. Der Ph. muß also immer gehorcht, sie darf in keinem Fall vergewaltigt werden [240]. Aufgrund der rechten Einsicht in die angemessene Lebensweise (φρόνησις) vermag der Weise auch die Grundwahrheit Epikurs zu erkennen: Die Tugenden, deren Wurzel die Einsicht ist, sind mit der Lust (ἡδονή) wesenhaft, d.h. von N. aus, verbunden (συμπεφύκασιν), sie bedingen sich gegenseitig [241].

Das Vernunftvermögen des Menschen (λογιστικόν) hat nun aber in jedem Falle von der Ph. auszugehen, auch wenn es in gewissen Fällen berufen ist, sie zu ergänzen und das von ihr Begonnene zu vollenden: Die menschliche Ph. folgt in vielen und mannigfachen Beziehungen der Belehrung und dem Zwang, die von den Dingen (der Ph. im kosmologischen Sinne) ausgehen, und der Vernunft bleibt dann nur noch, das von der N. ihr Nahegelegte genauer zu erforschen und mit eigenen Erfindungen zu bereichern. So entsteht nach Epikur die Sprache zunächst von N. (φύσει) und nicht durch Konvention (νόμῳ), was aber nicht hindert, daß die menschliche Konvention nachträglich für die endgültige Festlegung der Bezeichnungen entscheidend ist [242].

Aufgabe des Menschen ist es in gewisser Hinsicht, ein Spiegel der natürlichen Ordnung im Kosmos zu sein, was aber bei Kindern und Tieren öfter der Fall ist als bei erwachsenen Kulturmenschen [243].

Auch bei Epikur bedarf der Mensch also ethisch gesehen der Rückführung zur Ph., welche ihn von Furcht und übermäßigen Begierden befreien und ihm zur naturgemäßen Lust verhelfen soll [244]. Diese Rückwendung zur Ph. und zu einem naturgemäßen Leben vermag der Mensch nur zu vollziehen dank der 'Physiologia', der naturwissenschaftlich fundierten Weltanschauung Epikurs (nicht zu verwechseln mit naturwissenschaftlicher Spezialforschung), welche eine beglückende Wirkung der Erkenntnis vermitteln soll [245]. Ohne diese Physiologia, diese naturphilosophische Erkenntnis der Wahrheit, ist es nicht möglich, zu reinen Lustempfindungen zu gelangen, denn nur die Erkenntnis des Wesens der All-N. (ἡ τοῦ σύμπαντος φύσις) ver mag von der Furcht (Todesfurcht, Furcht vor der Willkür der Götter und der blinden Macht des Schicksals in den Gestirnen) sowie von grenzenlosen Begierden und Schmerzen zu befreien [246].

Die Physiologia und Physik Epikurs folgt im wesentlichen den Ansätzen des materialistischen Atomismus Demokrits: Die Ph. im kosmologischen Sinne wird von Epikur als «Körper und leerer Raum» definiert, wobei mit den Körpern die Atome gemeint sind, die sich im leeren Raum bewegen und nach mechanischen Gesetzen miteinander verbinden [247]. Es herrscht aber nicht eine alldurchdringende, bis ins kleinste Detail hinein wirksame N.-Gesetzlichkeit, sondern nur einiges geschieht nach Notwendigkeit, anderes durch Zufall, wieder anderes durch den Menschen, was im Bereich der Ethik zur Folge haben soll, daß der Mensch sich mit Vernunft des Zufalls bedient und weder diesem noch der stoischen Heimarmene sklavisch untertan ist [248]. Nach Epikur gibt es weder eine von N. aus bestehende Gemeinschaft unter den Menschen [249] noch, wie die Stoiker lehrten [250], ein allgemeingültiges Naturrecht [251], sondern Staat und Recht beruhen beide auf menschlicher Übereinkunft.

Paradoxerweise zeigt sich bei Epikur verschiedentlich die Neigung, die All-N. im Sinne einer wirkenden göttlichen Kraft zu personifizieren [252], und wenn bei ihm noch in den meisten Fällen ein Sprechen in übertragenem Sinne vorausgesetzt werden kann, so läßt dann der römische Dichter LUKREZ die Ph. in Gestalt der Natura, Venus oder Fortuna als Gottheit auftreten [253].

Im Prinzip erhalten sich die wichtigsten Grundbedeutungen des philosophischen Begriffs der Ph. auch in der *kaiserzeitlichen Philosophie*, wie sich im mittleren Platonismus als einer zentralen Grundströmung zu Beginn dieser Epoche, so etwa bei PLUTARCH VON CHAIRONEIA [254], feststellen läßt. Interessant ist noch festzuhalten, daß im Rahmen der jüdisch-hellenistischen Philosophie etwa eines PHILON VON ALEXANDRIEN die höchste Gottheit (zugleich das wahrhaft Seiende im Sinne platonischer Metaphysik und der Gott des AT) auch als höchste und beste Ph. (mit den Eigenschaften der Ewigkeit, Freiheit, Unsichtbarkeit, Unveränderlichkeit) bezeichnet wird, während der göttliche Logos als «Gesetz der N.» (νόμος τῆς φύσεως) gilt [255].

Die wichtigste Bedeutung, welche der Begriff ‹Ph.› im *Neuplatonismus* erhalten hat, ist zweifellos durch die Stellung begründet, welche PLOTIN der Ph. als einer Hypostase in seinem metaphysischen System zugewiesen hat: In der hierarchisch gestuften Reihe der metaphysischen Wesenheiten bei Plotin vom Einen-Guten über den göttlichen Geist (und seine Ideen) sowie die Weltseele (welche zusammen die drei obersten Hypostasen bilden) bis hin zum untersten Grunde aller Wirklichkeit, der Raum-Materie [256], hat die Ph. ihren festen Platz als zweite, 'untere' Weltseele: Während die obere Weltseele zwar schon zwischen dem göttlichen Geist und dem Bereich des sinnlich Wahrnehmbaren vermittelt und auch schon in den Bereich des Sichtbaren hineinstrahlt, gehört sie doch noch dem Bereich des Intelligiblen, Unsichtbaren, Ewigen an [257]. Die Hypostase der Ph. als untere Weltseele dagegen ist bei Plotin aufs engste mit dem Leib der Welt verbunden (so eng wie die menschliche Seele im inkarnierten Zustand mit dem menschlichen Körper), sie wirkt auf der Erde in Tieren und Pflanzen bis in die Materie hinein [258]. Als Abbild und Erzeugnis der höheren Seele ist es nach Plotin die Ph., welche die sinnlich wahrnehmbare Körperwelt allererst hervorbringt und gestaltet [259]. Die Ph. als in den Naturdingen wirkende Kraft verfügt zwar über Logos, Eidos (Form), und ihr wird sogar eine gewisse Art von Betrachtung, Theoria, zugeschrieben [260], aber sie ist bewußter Reflexion (wie noch die höhere Weltseele) nicht fähig, sie schafft vielmehr unbewußt oder sie schafft und wirkt schweigend, und ihre lebendige 'logische' Tätigkeit ist dem unterbewußten Zustand eines Schlafenden zu vergleichen [261]. Im übrigen erhalten sich auch bei Plotin wie im Neuplatonismus insgesamt die traditionellen Bedeutungen von Ph., so z. B. die des 'Wesens', doch findet der Begriff hauptsächlich von der Seele an abwärts seine Anwendung [262], so auch im Menschen als Bezeichnung der vegetativen Seele [263].

Diese Ansetzung der Ph. als Hypostase zwischen der höheren, unsinnlichen Weltseele und der bloßen Körperwelt als solcher hat im Neuplatonismus weitergewirkt, so bei JAMBLICH [264] und noch bei PROKLOS [265]. Es ist offensichtlich, daß mit dieser Einstufung der Ph. eine gewisse Abwertung des 'bloß' natürlichen Bereiches verbunden ist.

Nurmehr verweisen können wir in diesem philosophiegeschichtlichen Zusammenhang auf den theologisch-theosophischen Ph.-Begriff in der *Gnosis* [266] und in den *Hermetischen Schriften* [267], ebenso wie auf den Ph.-Begriff, in der griechischen *Patristik* [268], der vielfach an Neuplatonisches anknüpft.

Anmerkungen. [1] HOMER, Odyssee X, 303. – [2] AISCHYLOS, Suppl. 496; Pers. 441; Cho. 281; Ag. 633; Prom. 488ff. – [3] SOPHOKLES, Ant. 659. 727; Ai. 1259. 1301; vgl. Ai. 472 und fr. 84. – [4] PINDAR, Isthmia 4, 53; Nemea 6, 5. – [5] Olympia 1, 67; Pythia 4, 235; Isthmia 6, 47; 7, 22; Olympia 2, 86; 9, 100; Pythia 8, 44; Nemea 1, 25; 7, 54. – [6] So schon bei HERAKLIT, VS I, 22 B 1. 112. 123. – [7] So schon bei PARMENIDES, VS I, 28 B 10. 19; im Anschluß daran später bei EMPEDOKLES, VS I, 31 B 8, vgl. 9. – [8] ARISTOTELES, De caelo I, 2, 268 b 11; III, 1, 300 a 16; Met. A 3, 984 b 9; A 6, 987 b 2; Phys. I, 6, 189 a 27. – [9] PLATON, Prot. 315 c 5; Phaidon 96 a 8; vgl. Lysis 214 b, Tim. 57 d, Philebos 59 a und Nomoi 720 b ff. 857 d. 891 c. – [10] THALES, VS I, 11 A 1 = DIOG. LAERT. I, 22-44, bes. 24. – [11] ANAXIMANDER, VS I, z. B. 12 A 2; A 7. – [12] ANAXIMENES, VS I, 13 A 3-5. – [13] HERAKLIT, VS I, 22 A 1 = DIOG. LAERT. IX, 1-17, bes. 5 und 12. – [14] Für ARISTOTELES als bestimmenden Archegeten dieser doxographischen Tradition s. Met. A 3, 983 b 6ff. – [15] Bei ANAXIMANDER ist der Ursprung-Ziel-Aspekt der Arché stärker betont (VS I, 12 B 1), bei HERAKLIT der des alldurchwaltenden Wesensgesetzes (VS I, 22 B 1. 30ff. 64ff.). – [16] THALES, VS I, 11 A 12ff., bes. 12 = ARISTOTELES, Met. A 3, 983 b 17ff. – [17] ANAXIMANDER, VS I, 12 A 9-11. 14f. – [18] ANAXIMENES, VS I, 13 A 1. 4ff., bes. 13 A 4 = ARISTOTELES: Met. A 3, 984 a 5ff. – [19] HERAKLIT, VS I, 22 A 5ff., bes. A 5, darin ARISTOTELES, Met. A 3, 984 a 7ff. – [20] EMPEDOKLES, VS I, 31 A 28ff. und 31 B 17f. – [21] Die (zur Anzahl der erhaltenen Frg.) relative Häufigkeit der Verwendung von Ph. bei Heraklit fällt auf im Vergleich mit dem etwas früheren Xenophanes, von dem nur eine einzige Stelle bekannt ist. – [22] HERAKLIT, VS I, 22 B 1. – [23] a.O. B 123. – [24] B 112. – [25] B 10. – [26] B 106. – [27] PARMENIDES, VS I, 28 B 2, 6-8. – [28] XENOPHANES, VS I, 21 A 29-31. – [29] a.O. 21 A 30, vgl. B 23ff. – [30] B 32. – [31] So interpretiert bes. F. HEINIMANN: Nomos und Ph. Herkunft und Bedeutung einer Antithese im griech. Denken des 5. Jh. (Basel 1945, Darmstadt ³1978) 89ff. – [32] PARMENIDES, VS I, 28 B 19. – [33] a.O. B 10; 16. – [34] EMPEDOKLES, VS I, 31 B 8. – [35] a.O. B 9, vgl. B 6-8. A 28ff. – [36] B 63. – [37] Vgl. z.B. B 110, 5 (= VS I, 352, 24). – [38] A 1f. 24 (= VS I, 282, 15. 33; 286, 40); vgl. B 1. – [39] ANAXAGORAS, VS I, 59 B 1ff. 11ff.; vgl. A 41ff., bes. 43. 47. – [40] a.O. B 1ff.; vgl. bes. B 4 (= VS II, 33, 20). – [41] DIOGENES VON APOLLONIA, VS II, 64 B 1ff.; vgl. dazu A 4ff. – [42] a.O. B 2. – [43] DEMOKRIT, VS II, 68 B 168; vgl. A 58. – [44] a.O. B 5. – [45] VS II, 67 A 6ff. und 68 A 34ff., bes. ARISTOTELES, Met. A 4, 985 b 4ff.; 985 b 14ff. – [46] VS II, 68 B 9. – [47] VS II, 67 A 28ff., bes. 32. – [48] a.O. 68 A 101. – [49] B 9. 125; vgl. 67 A 32. – [50] 68 A 277f. – [51] B 183. – [52] B 33. – [53] B 242. – [54] B 3. – [55] B 267. – [56] B 21. – [57] B 176. – [58] PINDAR, Olympia 13, 13; Nemea 1, 28; 3, 40; Isthmia 3, 14; Olympia 11, 19; vgl. 10, 20. – [59] Olympia 2, 86; 9, 100; Nemea 3, 40. – [60] Olympia 10, 20. – [61] Siehe dazu auch HEINIMANN, a.O. [31] 99ff. – [62] HERODOT, Hist. VII, 16 α; III, 109; II, 38; IV, 50, 2; V, 118, 2. – [63] Corpus Hipp., hg. LITTRÉ (= L.), hg. KÜHLEWEIN (= K.) φιν. 11 (VI, 382 L.); 14 (VI, 388 L.); 13 (VI, 386 L.; π. ἀέρ. 9 (Corp. med. graec. 64, 5 HEIBERG). – [64] Corpus Hipp., π. ἀγμῶν 1 (II, 46, 8 K.); 37 (II, 101, 17 K.); 30 (II, 90, 14f. K.); vgl. π. ἄρθρων ἐμβολῆς 10 (II, 126, 2 K.). – [65] a.O. und π. ἀγμῶν 2 (II, 47, 10. 19f. K.); 3 (II, 49, 10 K.) u.ö. – [66] π. ἄρθρ. ἐμβ. 16 (II, 141, 4 K.); 38 (II, 159, 7 K.); 62 (II, 211, 20 K.); vgl. π. νούσων I, 10 (VI, 158 L.). – [67] Vgl. zum Thema auch W. NESTLE: Hippocratica. Hermes 73 (1938) 1ff. – [68] Corpus Hipp., Epidemien VI, 5, 1 (V, 314, 4-6 L.). – [69] a.O. VI, 394, 18; II, 112, 1 L. – [70] II, 668, 10 L.; vgl. VI, 278, 2 L. – [71] Vgl. darüber besonders gut W. JAEGER: Die Theologie der frühen griech. Denker (1953, ²1964) 28ff. – [72] HERAKLIT, VS I, 22 B 10. 123; vgl. B 112. – [73] EMPEDOKLES, VS I, 31 B 126. – [74] PHILOLAOS, VS I, 44 B 6. 21. – [75] EPICHARMOS, VS I, 23 B 4. – [76] DEMOKRIT, VS II, 68 B 176. – [77] GORGIAS, VS II, 82 B 11a, 1. – [78] EURIPIDES, Troades 886; Frg. 910; vgl. SOPHOKLES, Frg. 739. – [79] Zu beachten ist hier vor allem der autokrat. Charakter des Nus bei ANAXAGORAS, VS II, 59 B 12. – [80] DIOGENES VON APOLLONIA, VS II, 64 B 1ff., bes. B 2; vgl. B 3. 5. 7f.; dazu W. THEILER: Zur Gesch. der teleolog. N.-Betrachtung bis auf Aristoteles (Zürich 1925, Berlin ²1965) 6ff. – [81] PROTAGORAS, VS II, 80 B 1, dazu PLATON, Theait. 151 d ff., bes. 151 e. 152 a. – [82] ARCHELAOS, VS II, 60 A 1f. – [83] HIPPIAS VON ELIS, VS II, 86 C 1 = PLATON, Protag. 337 c ff. – [84] VS II, 86 A 14 = XENOPHON, Memor. 4, 4, 5ff. – [85] PROTAGORAS bei PLATON, Protag. 320 c ff.; vgl. VS II, 80 A 5-7. – [86] HIPPIAS, VS II, 86 A 9 = PLATON, Hippias maior 286 a ff.; vgl. XENOPHON, Memor. 4, 4, 19ff. – [87] Vgl. HESIOD: Theog. 901-903; Erga 219-224. 256-260. – [88] Corpus Hipp. VI, 476M. L. (HIPPOKRATES, π. διαίτης) in VS I, 22 C 1, bes. VS I, 185, 30-186, 3. – [89] ANTIPHON, VS II, 87 B 44. – [90] Vgl. bes. VS II, 87 B 44B, Col. 2. – [91] Vgl. VS II, 87 B 15 mit ARISTOTELES, Phys. I, 1, 193 a 9. – [92] Über POLOS vgl. PLATON, Gorg. 461 b ff. 470 c ff.; über KALLIKLES vgl. PLATON, Gorg. 482 c ff. (das Recht der N. als das Mehrhaben des Stärkeren). 491 b ff (Recht auf hemmungsloses Ausleben der Begierden); über THRASYMACHOS vgl. PLATON, Resp. I, 338 a ff. – [93] KRITIAS vgl. VS II, 88 B 9. – [94] DEMOKRITOS, VS II, 68 B 242. – [95] EPICHARMOS, VS I, 23 B 33. – [96] PROTAGORAS in PLATONS Protag. 317 e ff. 320 c ff. – [97] VS II, 80 B 3. – [98] ANTIPHON, VS II, 87 B 60. – [99] ANONYMUS IAMBLICHI, VS

II, 89 A 1, § 2. – [100] PLUTARCH, π. παίδων ἀγωγῆς (De lib. educ.), c. 4, 2 A ff. – [101] PLATON, Krat. 383 a 4ff.; für die beiden Positionen siehe 383 a bzw. 384 d. – [102] DEMOKRIT, VS II 68 B 26. – [103] KRATYLOS, VS II, 65 A 5 = PLATON, Krat. 383 a. – [104] PROCLUS in Crat. p. 5, 25 PASQUALI. – [105] Vgl. über SOKRATES bei XENOPHON, Memor. 3, 9, 4ff.; bei ARISTOTELES, Eth. Nic. VI, 13, 1144 b 17. 28; Eth. Eud. I, 5, 1216 b 6 und in PLATONS Dialogen Protag. und Men. (vgl. unten). – [106] PLATON, Protag. 317 e 3ff.; 328 d/e ff.; 349 d/e ff.; Men. 70 a 1ff.; 86 c 4ff.; 98 b 1ff. – [107] PLATONS Men. beginnt geradezu mit der Frage, ob die Arete von N. aus (φύσει), d.h. angeboren oder einübbar oder lehrbar sei: 70 a 1-4. – [108] Vgl. dafür F. AST: Lex. Plat. III, 520ff. (s.v. φύσις). – [109] PLATON, Resp. II, 375 a; VII, 526 c. – [110] Phaidr. 249 e. – [111] Vgl. Resp. V, 456 a: Mann und Frau dem (menschl.) Wesen nach gleichsehr zu Wächtern berufen; vgl. auch Men. 80 d 5-86 c 3: auch der Sklave erinnert sich an die Ideen. – [112] Pol. 271 a-b; Symp. 189 d. – [113] Phaidr. 270 b. 245 b; Nom. VII, 798 a. – [114] Phaidr. 270 a; Soph. 265 d; Resp. II, 375 e; III, 410 e. 485 a. 495 a; VIII, 549 b; IX, 576 a; Pol. 307 c. – [115] Gorg. 483 e ff.; vgl. Resp. I, 338 a ff. und Anm. [92]. – [116] Für den Ausdruck νόμος τῆς φύσεως vgl. Gorg. 483 e. – [117] Resp. VI, 501 b. – [118] Krat. 389 c. 391 a. – [119] Phaid. 96 a ff.; 97 b ff. – [120] Tim. 59 c/d. – [121] Phaidr. 270 a; Krat. 401 b. – [122] Phaid. 98 b ff.; Tim. 46 c-e. – [123] Soph. 265 c-e. – [124] Vgl. Anm. [123] und Phileb. 28 d ff. sowie Tim. 28 a ff. – [125] Phaid. 99 d ff.; Tim. 27 d ff. – [126] Nom. X, 886 b ff. – [127] Nom. IV, 715 e f.; X, 890 d. – [128] Phaidr. 245 c 5ff. und bes. Nom. X, 892 c. 894 d. 896 a. – [129] Nom. X, bes. 902 b. – [130] Tim. 34 a ff. – [131] Phaid. 97 b ff.; Phileb. 28 d ff.; Tim. 28 a ff. – [132] Vgl. dazu F. P. HAGER: Der Geist und das Eine (1970) 6ff. 29ff. – [133] Tim. 27 d 5ff., bes. 28 a 6-b 2. – [134] Parm. 132 d. – [135] Ep. VII, 342 c. – [136] Resp. VII, 525 c. – [137] Resp. V, 476 b; Phaidr. 254 b. – [138] Resp. VII, 537 c. – [139] Phileb. 66 a; vgl. 44 e. – [140] Parm. 132 d. – [141] XENOKRATES, Frg. 30 HEINZE. – [142] ARISTOTELES, Met. A 9, 990 b 8-11 = M 4, 1079 a 3-7; Λ 3, 1070 a 18ff.; dazu den Kommentar von ALEXANDER VON APHRODISIAS, In Ar. Met. 79, 19-80, 6 HAYDUCK. – [143] Gegen H. und M. SIMON: Die alte Stoa und ihr N.-Begriff (1956) 43f. – [144] Resp. VI, 508 e 1-509 b 10; vgl. VII, 517 b 7-c 6. – [145] a.O. X, 597 d ff. – [146] Nom. X, 886 b ff.: Die Beweise für den Primat des Seelischen im Kosmos sind Beweise für die Existenz und Fürsorge der Götter. – [147] Nom. V, 726 a ff. – [148] Phaidr. 247 c-e; Soph. 254 b; vgl. Phaid. 80 b ff. – [149] Ep. VII, 341 d. 344 d. – [150] ARISTOTELES, Protr. bei IAMBLICHOS IX, 49, 28 PISTELLI; Phys. II, 8, 199 a 15 (vgl. Pol. 1337 a 1), gegen PLATON, Soph. 265 e. – [15] Vgl. dazu H. BONITZ, Index Arist. 835 b 50-839 b 9. – [152] ARISTOTELES, Met. Δ 4, 1014 b 16ff. – [153] Phys. II, 1, 192 b 8ff. – [154] a.O. 192 b 13ff. – [155] 192 b 21; III, 1, 200 b 12; VIII, 3, 253 b 5; VIII, 4, 254 b 17; Met. Δ 4, 1015 a 14; 1014 b 19; E 1, 1025 b 20. – [156] Met. Δ 4, 1015 a 13ff. – [157] Vgl. Met. Z und H; dazu Phys. II, 1, 192 b 33f. – [158] Vgl. neben Phys. II, 1 auch Meteor. IV, 12, 390 b 14; De gen. anim. III, 11, 762 a 18; IV, 6, 775 a 22. – [159] Met. Δ 4, 1014 b 26ff.; vgl. Phys. II, 1, 193 a 9-17. – [160] Met. Δ 4, 1014 b 35ff.; Phys. II, 1, 193 a 30ff. – [161] Met. Δ 4, 1014 b 18ff.; vgl. Phys. II, 1, 192 b 8ff. – [162] Met. Δ 4, 1014 b 16f.; vgl. Phys. II, 1, 193 b 12ff. – [163] Von Arist. selbst so dargestellt in Met. A 3ff., bes. A 3, 983 b 6ff. – [164] Met. Δ 4, 1015 a 15f. – [165] a.O. 1015 a 16f. – [166] Phys. II, 1, 193 b 3ff. – [167] Met. A 9, 991 a 8ff.; vgl. M 5, 1079 b 12ff. als Beispiele. – [168] De caelo I, 1, 268 a 1ff.; III, 1, 298 a 27ff.; vgl. II, 1, 2, 268 b 11ff.; Met. A 6, 987 b 2; Γ 3, 1005 a 33. – [169] Vgl. BONITZ, Index Arist. 836 a 56ff.; 836 b 28ff. – [170] a.O. 836 b 11ff. – [171] ARISTOTELES, De caelo I, 4, 271 a 33ff.; vgl. Index Arist. 836 b 29ff. – [172] De gen. et corr. II, 10, 336 b 28; De caelo II, 14, 297 a 16; Phys. VIII, 7, 260 b 23; vgl. VIII, 6, 259 a 11. – [173] BONITZ, Index Arist. 836 a 51ff.; vgl. zum ganzen Komplex W. THEILER, a.O. [80] 84ff. 89ff. – [174] Vgl. die Stellen in Anm. [171] und dazu Eth. Nic. VII, 14, 1153 b 32. – [175] Περὶ τῆς καθ' ὕπνον μαντικῆς 2, 463 b 12ff., bes. 463 b 14f. – [176] Vgl. dazu W. THEILER, a.O. [80] 84ff. – [177] ARISTOTELES, De an. I, 4, 408 a 30ff.; vgl. I, 3, 406 b 25ff. und Met. Λ 6, 1071 b 37ff. – [178] De part. anim. I, 1, 641 a 32ff., bes. 641 b 9f.; vgl. De gen. anim. II, 4, 741 a 2f. – [179] De an. I, 1, 402 a 6f.; 403 a 27f. – [180] De an. II, 1, 412 b 5; vgl. 412 a 19f. – [181] De an. II, 2, 413 b 7ff.; II, 3, 414 a 31ff. – [182] De gen. anim. II, 4, 741 a 1. – [183] De part. anim. I, 1, 641 b 9; De gen. anim. II, 4, 741 a 2ff.; De part. anim. I, 1, 641 b 4ff.; 641 a 27ff. – [184] Met. E 1, 1025 b 34ff., bes. 1026 a 5f.; vgl. De an. I, 1, 403 b 7; De part. anim. I, 1, 641 a 21. 32. – [185] De an. II, 3, 414 a 29-415 a 13. – [186] Pol. 1334 b 14f. – [187] De gen. et corr. II, 3, 736 b 27f.; vgl. De an. III, 4f. – [188] De caelo I, 3, 269 b 18-270 a 12; vgl. I, 4ff. – [189] Met. Λ 6-10, bes. 7. 9; vgl. Phys. VIII und VII, 1. – [190] Für die Transzendenz und absolute Unbewegtheit des Ersten Bewegers vgl. Met. Λ 7. 9; für das höchste Prinzip als Gegenstand der Theologie (im Unterschied zur Physik) vgl. z. B. Met. E 1. – [191] Vgl. darüber F. DIRLMEIER: Die Oikeiosislehre Theophrasts. Philologus, Suppl. 30 (1937) 34f. 36 zu φύσει und κατὰ φύσιν. – [192] ARISTOTELES, Eth. Nic. VIII, 15, 1162 a 16ff. – [193] Für die Verwendung von φυσικός als Bezeichnung von Aretai vgl. Eth. Nic. VII, 13, 1144 b 3; 1117 a 4f.; 1129 a 23; 1134 b 17ff.; für die These, daß ethische Tugenden grundsätzl. nicht φύσει sind, vgl. Eth. Nic. 1103 a 19; 1106 a 10; 1143 b 6. – [194] DIOG. LAERT. VI, 103. – [195] a.O. 70ff. – [196] 71. – [197] 38. – [198] PHILODEMOS, De piet. 72 GOMPERZ; CICERO, De nat. deor. I, 13, 32. – [199] ANTISTHENES bei CLEMENS ALEX., Strom. II, 107, 2. – [200] Vgl. dafür BION VON BORYSTHENES bei KERKIDAS (Pap. Oxy. VIII, 1082); Nachwirkung bei PHILON VON ALEXANDRIEN (De post. Caini 162), PLUTARCH (in STOB. LIII, 14), LUKREZ (V, 222F.), PLINIUS (Nat. hist. VII, 1), CICERO (De rep. III, bei AUGUSTINUS, C. Iulian. Pelag. IV, 12; LAKTANZ, De opif. dei 3). – [201] Vgl. darüber DIOG. LAERT. VII, 2ff.; VII, 5ff. für die Schülerschaft bei Krates bzw. die Schulgründung. – [202] SVF I, 45, 21 = ZENON bei DIOG. LAERT. VII, 87; vgl. insgesamt SVF I, Nr. 179. – [203] SVF III, Nr. 4 = DIOG. LAERT. VII, 87. – [204] SVF III, 3, 29f.; vgl. (für die Begriffe ⟨N. des Alls⟩ und ⟨Teil-N.⟩, ⟨Einzel-N.⟩) SVF I, 46, 10f. – [205] SVF II, 337, 16. – [206] SVF I, 42, 13; II, 273, 25f.; II, 269, 13ff. – [207] SVF II, 305, 34ff.; II, 269, 13; vgl. II, 79, 39. – [208] SVF II, 269, 13 (εἱμαρμένη); II, 293, 29f. (N.-Ordnung des Alls); II, 284, 12 (Kausalnexus); II, 315, 8f. (Notwendigkeit der Ordnung); II, 284, 11 (N.-Ordnung als zwingender Grund). – [209] SVF I, 44, 37; I, 45, 2 bzw. I, 44, 1. 9; II, 328, 21 (für die φύσις als πρόνοια bzw. für ihren von innen her alles durchdringenden Charakter). – [210] Vgl. a.O. [208]. – [211] Vgl. a.O. [209]. – [212] SVF I, 44, 1. 9f. – [213] SVF II, 328, 21ff. – [214] SVF II, 191, 34ff. – [215] SVF II, 135, 33. – [216] SVF II, 334, 16ff.; vgl. CICERO, De nat. deor. I, 57. – [217] DIOG. LAERT. VII, 148 in SVF II, 328, 13ff. – [218] SVF I, 111, 22ff.; II, 185, 4; II, 113, 10; II, 303, 8. – [219] SVF I, Nr. 61; II, Nr. 91. – [220] SVF III, 53, 8 = III, Nr. 228. – [221] Für die «Rückkehr zur N.» vgl. CICERO, De fin. IV, 48; für die Führung des Menschen zur Arete durch die N. vgl. SVF III, 61, 39; über die Entartung (perversio) der Vernunft vgl. SVF III, 53, 5ff. (Kap. ⟨De perversione rationis⟩ bei H. von Arnim). – [222] CICERO, De off. III, 7-10, 12. 18; vgl. I, 8f. und Br. an Atticus (Att. 16, 11, 4) vom November 44; dazu M. POHLENZ: Antikes Führertum. Cicero de officiis und das Lebensideal des Panaitios (Leipzig/Berlin 1934) 5ff. et passim. – [223] CICERO, De off. I, 7, 11-15a; I, 107-114; dazu M. POHLENZ: Die Stoa 1 (Göttingen ⁵1978) 198ff. 201ff. – [224] CICERO, De off. I, 7, 11ff.; ferner I, 15b-17 und I, 93-99 für das Schickliche (πρέπον, καλόν), dazu POHLENZ, a.O. [222] 55ff. 67ff. – [225] Vgl. die Belegstellen bei K. REINHARDT: Kosmos und Sympathie (1926) 49ff. 111ff. 114ff. 178ff. 245ff. 252ff. 262ff. – [226] CICERO: De nat. deor. II, 32, 81ff.; dazu REINHARDT, a.O. 92ff. und Poseidonios (1921) 234ff. – [227] EPIKTET, Diatriben (Diss.) I, 29, 19. – [228] SENECA, De beneficiis IV, 7 (vgl. Nat. quaest. I, 12). – [229] Epist. mor. ad Luc. 90, 38. – [230] De beata vita 8. – [231] De otio sap. 32. – [232] Nat. quaest. VII, 30. – [233] MARCUS AURELIUS, An mich selbst X, 14. – [234] a.O. IV, 23. – [235] Vgl. darüber DIOG. LAERT. X, 2ff. – [236] EPIKUR, Br. an Menoikeus bei DIOG. LAERT. X, 128. – [237] DIOG. LAERT. X, 129. – [238] a.O. 127f. – [239] 129, bes. 63, 10-12 USENER. – [240] Gnomol. Vat. 21. – [241] DIOG. LAERT. X, 132. – [242] a.O. 75. – [243] CICERO: De fin. II, 10, 32. – [244] EPIKUR, Kyriai doxai XII, in DIOG. LAERT. X, 143. – [245] DIOG. LAERT. X, 79; vgl. X, 142f. – [246] DIOG. LAERT. X, 142; bes. Kyriai doxai XI; vgl. DIOG. LAERT. X, 79, 143. – [247] SEXTUS EMP., Adv. math. IX, 333; CICERO, De nat. deor. II, 32, 82; vgl. DEMOKRIT, VS II, 68 A 37, bes. VS II, 93, 22ff. – [248] EPIKUR, Menoikeus-Br. bei DIOG. LAERT. X, 133-135. – [249] EPIKUR bei EPIKTET, Diss. II, 20, 6. – [250] SVF III, Nr. 314ff. 318f. 321ff., bes. 325, ferner 345. 519. 520. – [251] SENECA: Epist. mor. ad Luc. 97, 15; gegen die Stoa, vgl. für deren These, daß das Recht von N. sei, auch SVF III, Nr. 308ff. –

[252] Vgl. EPIKUR, Frg. 469; CICERO, De fin. II, 28, 90; Gnomol. Vat. 25; DIOG. LAERT. X, 130 mit AETIUS II, 3, 1; CICERO, De nat. deor. I, 16, 43. – [253] LUKREZ, De rer. nat. I, 1ff.; V, 77. 107. 186. 1361; vgl. I, 216. 224. 263. 321. 328. 629; III, 931. – [254] Vgl. den Index von D. WYTTENBACH zu seiner Ausg. von PLUTARCHS Moralia VIII, 1653ff. – [255] Vgl. den Index von H. LEISEGANG zur Ausg. der Werke PHILONS VON ALEXANDRIEN von COHN-WENDLAND VII, 836ff., Abschn. 2-4. – [256] Vgl. als Überblick die Indices von W. THEILER zur PLOTIN-Ausg. von HARDER/BEUTLER/THEILER (1971) VI, 109ff. – [257] PLOTIN, Enn. IV, 8, 7; V, 1, 7. 8; IV, 1, 1; 2, 1 für die höhere Weltseele; III, 5, 2; II, 1, 5; 3, 9. 17f.; III, 5, 6 für die Unterscheidung zweier Weltseelen. – [258] Enn. III, 8, 1. 3f.; IV, 4, 13; II, 3, 17f.; vgl. II, 3, 9. – [259] Enn. III, 8, 2; vgl. III, 3, 17f. – [260] Enn. III, 8, 1-4 passim; vgl. bes. III, 8, 3, 2-14ff. HENRY-SCHWYZER. – [261] Enn. III, 3, 4; vgl. IV, 4, 13. – [262] Vgl. W. THEILER: Indices a.O. [256] 121f. (Nr. 40f.). – [263] a.O. 131f. (Nr. 61ff., bes. 62). – [264] Vgl. dafür IAMBLICHOS bei STOB., Ecl. I, 184. 186; vgl. I, 80. – [265] PROKLOS, Comm. in Plat. Tim. 4 C ff.; vgl. Comm. in Plat. Parm. IV, 152. – [266] Vgl. das ‹Register gnostischer Begriffe› s.v. ‹N.› in: Die Gnosis, hg. W. FÖRSTER 2 (Zürich 1971) 445. 465. – [267] Vgl. für die Bedeutung der Ph. in den hermet. Schriften: J. KROLL: Beitr. zur Gesch. der Philos. des MA 12 (1914) 130ff. – [268] Vgl. H. DÖRRIE, in: Der Kleine Pauly IV (1972) 842f.

Literaturhinweise. E. HARDY: Der Begriff der Ph. in der griech. Philos. 1 (1884). – J. D. LOGAN: The Arist. concept of ΦΥΣΙΣ. Philos. Review 6 (1897) 18-42. – J. W. BEARDSLEE: The use of ΦΥΣΙΣ in fifth-century Greek lit. (Chicago 1918). – W. THEILER s. Anm. [80]. – O. THIMME: ΦΥΣΙΣ, ΤΡΟΠΟΣ, ΗΘΟΣ. Semasiol. Unters. über die Auffassung des menschl. Wesens (Charakters) in der älteren griech. Lit. (1935). – H. PATZER: ΦΥΣΙΣ. Grundleg. zu einer Gesch. des Wortes (1945). – H. LEISEGANG: Art. ‹Physis› in: RE XX, 1 (1941) 1130-1164. – F. HEINIMANN s. Anm. [31]. – D. HOLWERDA: Commentatio de vocis quae est ΦΥΣΙΣ vi atque usu praesertim in Graecitate Aristotele anteriore (Groningen 1955). – H. und M. SIMON s. Anm. [143]. – L. BEERETZ: Die Bedeutung des Wortes φύσις in den Spätdialogen Platons (1963). – M. HEIDEGGER: Vom Wesen und Begriff der Ph., Aristoteles Phys. B 1. Wegmarken (1967) 309-371. – D. MANNSPERGER: Ph. bei Platon (1969). – F. WIPLINGER: Ph. und Logos. Zum Körperphänomen in seiner Bedeutung für den Ursprung der Met. bei Aristoteles (1971). – F. SELVAGGI: Il concetto di natura in Aristotele e S. Tommaso. Scritti in onore di C. Giacon (Padua 1972) 259-276.

F. P. HAGER

II. *Frühes Mittelalter.* – 1. *Augustinus.* – Im allgemeinen übernimmt AUGUSTINUS den Terminus ‹natura› ohne besondere Modifikationen aus der antiken Tradition der Philosophie. Er definiert: «N. ist das, wovon man erkennt, daß es in seiner Art etwas ist» (ipsa natura nihil est aliud, quam id quod intelligitur in suo genere aliquid esse) [1]. In dieser Bedeutung ist der überlieferte Begriff der N. den neueren Begriffen Wesen (essentia) und Substanz (substantia) gleichzusetzen [2]. In dieser Bedeutung ist auch Gott eine N., freilich keine erschaffene, sondern eine erschaffende (Deus est natura scilicet non creata, sed creatrix [3]). Zur näheren Bestimmung dieser Unterscheidung werden die N.en in drei Arten eingeteilt, und zwar nach dem Grad ihrer Veränderlichkeit: «Es gibt eine N., die nach Ort und Zeit veränderlich ist, wie den Körper; und es gibt eine N., die auf keine Weise örtlich, sondern nur zeitlich veränderlich ist, wie die Seele. Und es gibt eine N., die weder örtlich noch zeitlich verändert werden kann; das ist Gott» [4]. Diese antiken Bestimmungen des N.-Begriffs werden, bisweilen modifiziert und mit mehr oder weniger differenzierten Einteilungen versehen, durch das ganze frühe Mittelalter hindurch weiter tradiert, bis sie im Gefolge der Aristoteles-Rezeption im 13. Jh. wieder ausdrücklich thematisiert und neu begründet werden (vgl. unten III). Als charakteristisch für diese Zwischenzeit können angesehen werden: a) die Ausführungen des BOETHIUS über die dreifache Modifizierung des N.-Begriffs [5], b) die etymologische Erläuterung des ISIDOR VON SEVILLA: «Natura dicta ab eo quod nasci aliquid faciat. Gignendi enim et faciendi potens est» [6], und c) die Einteilung des N.-Begriffs in vier Arten bei JOH. SCOTUS ERIUGENA [7].

Im besonderen aber ist festzustellen, daß die N. als Gesamtheit der Phänomene, die die Sinnenwelt konstituieren, im augustinischen Denken wenig Raum findet. Entsprechend der Ausrichtung der literarischen und gelehrten Kultur der Spätantike und der Tradition der christlichen Spekulation der ersten Jahrhunderte zielt das Interesse des Augustinus an den 'N.-Phänomenen' nicht auf die Begründung einer Physik, sondern beschränkt sich darauf, Aspekte, Kenntnisse und Stichworte zu sammeln, die in moralischen und religiösen Diskursen verwendet werden können. Die N. bietet exempla, insbesondere die mirabilia, die dadurch Bedeutung erlangen, daß und insofern sie auf anderes verweisen: auf einen Zusammenhang von Lehren, die sich auf den Menschen und die Heilsgeschichte beziehen. Und wenn sich schon in hellenistischer Zeit die Physik in eine religiöse Kontemplation der Welt verwandelt hat, so wird dies im Horizont der christlichen Erfahrung noch stärker betont, denn Gott ist der Schöpfer der Welt. An die Stelle der N. als Prinzip der Erzeugung und Veränderung der Dinge tritt die N. als *voluntas Dei*. Die reich entwickelte Literatur über die mirabilia, die AUGUSTINUS hauptsächlich durch Plinius und Solinus kannte, fügt sich in eine Konzeption ein, die die N. als ein von Gott geschriebenes Buch auffaßt, in dem auch der Ungebildete (idiota) die göttlichen Lehren zu lesen vermag [8]. Das Symbol von der N. als Buch erlangt eine fundamentale Bedeutung in der gesamten christlichen Tradition, weil es nicht nur eine allgemeine Analogie aufzeigt, sondern eine Punkt für Punkt gültige Parallele mit der Hl. Schrift festlegt: Beide sind im eigentlichen Wortsinn Bücher, die auf einen einzigen Autor verweisen, beide sind Mittel, durch welche Gott sein Wort an die Menschen richtet [9]. Damit wird die N. als ein Werkzeug der Offenbarung Gottes bestimmt. Die Kontemplation der N. wird allmählich dieselben hermeneutischen Techniken benutzen wie die Interpretation der Schrift, freilich mit viel größerer Freiheit und nicht an den Buchstaben eines heiligen Textes gebunden, so daß sich ihr die natürliche Welt in ein Gewebe von Symbolen auflöst; die N. findet ihre Bestimmung nicht in einer eigenen ontologischen Konsistenz, sondern in der Fähigkeit, anderes zu repräsentieren, bis sie schließlich in den Willen Gottes selbst zurückgeht, «da doch der Wille des großen Schöpfers die N. jedes geschaffenen Dinges ist» (cum voluntas tanti utique Conditoris conditae rei cuiusque natura sit) [10].

Diese Rückführung der N. auf den Willen Gottes hat weitreichende Folgen. Einerseits ergibt sich daraus eine eindeutige Bewertung der N. (im Sinne von Gen. 1, 31: «und siehe, es war sehr gut»): Danach liegt es im Begriff der N. als einer von Gott geschaffenen (ipsarum enim naturarum est Deus auctor et conditor [11]), daß alle N.en als solche gut sind (omnis natura in quantum natura est, bona est [12]) und daß das Übel und das Böse (malum) nicht zur N. gehören, sondern nur einen Mangel (privatio boni) darstellen. Andererseits folgt daraus, daß eine formale Unterscheidung zwischen N. und Über-N. fehlt. Man wird dies erst später in der Kultur des Mittelalters finden, wenn sich unter dem Einfluß der aristotelischen Physik das Problem der Beziehung zwischen der N. als dem Objekt einer solchen Physik, d.h. der N., insofern sie bestimmten Gesetzen unterworfen ist, und dem Handeln

Gottes innerhalb oder außerhalb dieser Gesetze unausweichlich stellen wird. In einer N., die ganz in den Willen Gottes aufgelöst ist, kann jene Unterscheidung keine wesentliche Bedeutung gewinnen. Zwar weiß auch AUGUSTINUS vom «gewöhnlichen» Lauf der Dinge gemäß den «Gesetzen» der N. (naturae usitatissimus cursus habet quasdam naturales leges suas [13]). Mehr aber liegt ihm daran zu betonen, daß die Naturen selbst und ihre Gesetze nach Gottes Willen geschaffen sind und daher durch ihn auch verändert werden können: «Wie es also Gott nicht unmöglich war, N.en so zu bilden, wie es ihm beliebte, ist es ihm ebensowenig unmöglich, die von ihm gebildeten Naturen beliebig zu verändern» (sicut ergo non fuit impossibile Deo, quas voluit, instituere; sic ei non est impossibile, in quidquid voluerit, quas instituit, mutare naturas) [14]. Trotzdem kann man nicht behaupten, daß Gott in dem, was uns als Wunder erscheint, schlechthin gegen die N. (contra naturam) handle, denn das ist unmöglich, weil er damit gegen seinen eigenen Willen handeln würde; vielmehr muß man sagen, daß er darin außerhalb der gewöhnlichen Ordnung der N. (contra [auch: super, praeter] naturae usitatum cursam) handelt, also gegen eine Gesetzmäßigkeit, die nicht so konzipiert war, daß sie solche Eingriffe jemals ausgeschlossen hätte [15].

Anmerkungen. [1] AUGUSTINUS, De mor. eccl. cath. 2, 2. MPL 32, 1346. – [2] Vgl. ebda. – [3] De trin. 15, 1, 1. MPL 42, 1057; vgl. 14, 9, 12, a.O. 1046. – [4] Epist. 18, 2. MPL 33, 85. – [5] BOETHIUS, Liber de persona et duabus naturis 1: Natura quid sit. MPL 64, 1341f. – [6] ISIDOR VON SEVILLA, Etymol. 11, 1, 1. – [7] JOH. SCOTUS ERIUGENA, De divisione naturae 1, 1. – [8] Vgl. Art. ‹Buch der N.›. HWP 1, 957ff. – [9] Vgl. AUGUSTINUS, Enn. in Ps. 45, 7. MPL 36, 518 u.ö. – [10] De civ. Dei 21, 8, 2. MPL 41, 721. – [11] De Gen. ad litt. 2, 15, 30. MPL 34, 276; vgl. De civ. Dei 12, 25. MPL 41, 374 u.ö. – [12] De lib. arb. 3, 13, 36. MPL 32, 1289; vgl. De nat. boni c. Man. 1. MPL 42, 551 u.ö. – [13] De Gen. ad litt. 9, 18, 32. MPL 34, 406; vgl. a.O. [7]. – [14] De civ. Dei 21, 8, 5. MPL 41, 722. – [15] De Gen. ad litt. 6, 13, 24. MPL 34, 349; vgl. 9, 18, 35, a.O. 408; C. Faustum Man. 26, 3. MPL 42, 480.

2. *Symbolischer Naturbegriff.* – Die Lehre des Augustinus ist von grundlegender Bedeutung für das ganze Mittelalter, das mit freier schöpferischer Phantasie das Arsenal des Symbolismus bis ins Maßlose erweitert. Wertvolle Zeugnisse dafür sind sowohl die Enzyklopädien wie auch die Lapidarien, die Bestiarien und die vielfältigen Darstellungen in den bildenden Künsten. Eine erste enzyklopädische Kompilation, in der die symbolisch-allegorische Übertragung einen bevorzugten Schlüssel für die Deutung von Naturereignissen bildet, ist ‹De natura rerum› von ISIDOR VON SEVILLA. Hier entwickelt sich die Darstellung der N. spontan zu einer symbolischen Interpretation «secundum mysticum sensum» [1]. Sie findet eine tiefere Bedeutung der natürlichen Vorgänge gerade darin, daß diese als Symbol (figura) [2] für die heilsgeschichtliche Wirklichkeit verstanden werden können.

Zwischen dem Lesen des Wortes Gottes und dem Lesen des Universums ist damit ein Zusammenhang hergestellt, der in der mittelalterlichen Tradition immer stärker unterstrichen wird; so etwa in der exemplarischen Enzyklopädie ‹De universo› von RABANUS MAURUS, in der dieselbe Beziehung zwischen «historia» und «allegoria», welche die Interpretation der Bibel durchzieht, die geschichtliche Beschreibung und die mystische Erklärung der N. der Dinge begründet [3].

In derselben exegetischen Tradition entwickeln sich sowohl die reichhaltige mittelalterliche Tradition von Traktaten ‹De natura rerum› wie auch die mystischen Visionen einer HILDEGARD VON BINGEN, und es ist diese Konzeption – verankert in der Augustinischen Tradition –, die auch die Polemik gegen die ersten Versuche durchzieht, eine *philosophia mundana*, welche mit einer Untersuchung der Struktur der *fabrica mundi* verbunden ist, zu konstruieren.

Im Namen des Wunders polemisiert MANGOLD VON LAUTENBACH gegen diese Philosophie und tadelt das Vertrauen auf den gewöhnlichen Lauf der Dinge: «Consuetudo naturae toties victa est ut jam ipsa de se natura parum confidere possit» [4].

Ganz ähnlich argumentiert PETRUS DAMIANI im Namen der göttlichen Allmacht, durch die die N. auf den Willen Gottes reduziert wird: «ipsa quippe rerum natura habet naturam suam, Dei scilicet voluntatem» [5]. Folgerichtig wird in einer Abhandlung über die N. der Tiere auch dieser Bereich der N. allegorisch gedeutet und heilsgeschichtlich gerechtfertigt: «Gott, der allmächtige Schöpfer der Dinge, hat, wie er die Erde dem Menschen zum Gebrauch erschuf, so auch durch jene natürlichen Kräfte und notwendigen Bewegungen, die er den Tieren eingab, dafür Sorge getragen, den Menschen heilbringend zu belehren» (Rerum quippe conditor omnipotens Deus, sicut terrena quaeque ad usum hominum condidit; sic etiam per ipsas naturarum vires, et necessarios motus, quos brutis animalibus indidit, hominem salubriter informare curavit) [6].

Der Einfluß des Ps.-DIONYSIUS geht in dieselbe Richtung. Er entwickelt sich bis zu den extremen Resultaten des JOH. SCOTUS ERIUGENA, seine weitere Verbreitung wird aber erst im 12. Jh. einsetzen. Die N. verklärt sich ganz und gar zu einer göttlichen *theophania*, in der sich der Übergang von der unaussprechlichen Einheit zu der sinnlichen Vielfalt wie ein Erscheinen Gottes darstellt, das mit dem Stand des Menschen nach dem Sündenfall zufällig verknüpft ist. Und noch einmal wiederholt sich die Parallele zwischen Kreatur und Schrift als den zwei Aspekten der einen Lehre Gottes, durch welche hindurch wir «in ipsam puram et invisibilem pulchritudinem ipsius veritatis» verwiesen werden [7].

Anmerkungen. [1] ISIDORE DE SÉVILLE, Traité de la nature, hg. J. FONTAINE (Bordeaux 1960) Kap. 9, 1, S. 207, 3; vgl. Kap. 18, 5, S. 243, 40; Kap. 24, 2, S. 263, 13. – [2] a.O. Kap. 4, 1, S. 185, 2; Kap. 26, 10, S. 271, 68. – [3] Vgl. RABANUS MAURUS, De universo 9, Prologus. MPL 111, 257ff. – [4] MANGOLD VON LAUTENBACH, Opusc. c. Wolfelmum Coloniensem. MPL 155, 171 A. – [5] PETRUS DAMIANI, De divina omnipotentia..., c. 11. MPL 145, 612 C. – [6] De bono religiosi status et variarum animantium tropologia. MPL 145, 763-792, zit. c. 2, 767 c. – [7] JOH. SCOTUS ERIUGENA, Super Ierarchiam Caelestem 1, 3. MPL 122, 139.

3. *12. Jahrhundert.* – Im 12. Jh. kommt es zu einem tiefgreifenden Wandel in der N.-Betrachtung. Wenn auf der einen Seite die Interpretationen und symbolischen Übertragungen, die Auflösung der physischen Realität in ein Geflecht von tieferen Realitäten, weiterbestehen, begegnen wir auf der anderen Seite dem Heranreifen einer neuen Haltung der N. gegenüber, einer Wertschätzung ihrer eigenen Realität und ihrer Stellung innerhalb der Ordnung der Vorsehung und innerhalb der Struktur eines neuen Wissens. Nicht zufällig hat man von der 'Entdeckung der N.' als einem charakteristischen Element der sogenannten Renaissance des 12. Jh. gesprochen. An die Stelle der inhaltsarmen Enzyklopädie des MARCIANUS CAPELLA tritt im Verlauf weniger Jahrzehnte eine vollständige Bibliothek, die nicht nur aus schon vorher greifbaren, aber wenig benutzten Texten (wie dem platoni-

schen ‹Timaios› und MACROBIUS), sondern insbesondere aus zum ersten Mal übersetzten Texten besteht: Ptolemäus und Galen, Albumasar und Avicenna, Alfarabi und Alfargani, nicht zu reden von der ‹Logica nova› des Aristoteles, der die Übersetzungen seiner anderen Werke folgen werden. Vor diesem gewandelten kulturellen Hintergrund entstehen die neuen Naturlehren; ohne auf die einzelnen Systeme einzugehen, sollen einige konstante und charakteristische Elemente hervorgehoben werden.

Als Prinzip und erzeugende Kraft gewinnt die N. – auch in ihrem Erschaffensein – eine vorher unbekannte Konsistenz. In den N.-Lehren des THIERRY VON CHARTRES und des WILHELM VON CONCHES konstituiert die Wechselwirkung der Elemente die Welt in allen Teilen bis hin zur Entstehung lebendiger Organismen. Den ganzen Prozeß leitet das Feuer (ignis est quasi artifex et efficiens causa) [1], dessen Wärme (calor vitalis) [2] sich von den Himmeln her in die darunterliegenden Elemente ausbreitet und die Bewegung und das Leben weitergibt. Dies ist ein natürlicher Prozeß (ordo naturalis, naturaliter procedere) [3], der eine Weiterführung des Schöpferwerkes darstellt und den in seiner Dynamik nachzuvollziehen ins Gebiet der Physik und der ratio gehört. Auf diese Weise entsteht die Interpretation der ‹Genesis› «secundum physicam» von THIERRY, der ausdrücklich die «allegoricam et moralem lectionem» [4] beiseite schiebt, nicht anders als die ‹Philosophia› des WILHELM VON CONCHES, der die Fähigkeit der ratio rühmt, eine Wissenschaft von der N. aufzubauen, deren Gesetzen sich auch die Interpretationen des Wortlauts der Hl. Schrift unterordnen müssen; und Wilhelm zögert nicht, grundlegende traditionelle Lehren, wie die von der Erschaffung des Mannes aus Lehm und der Frau aus der Rippe des Mannes oder von den überhimmlischen Wassern, als contra rationem zurückzuweisen [5].

«Physice de Deo philosophatur», polemisiert gegen Wilhelm von Conches der Zeitgenosse WILHELM VON SAINT-THIERRY [6]. Die Grundlage der biblischen Naturlehre gerät in eine Krise, und an ihrer Stelle entwickelt sich eine neue N.-Lehre, die in der ersten Hälfte des 12. Jh. platonische und stoische Themen wieder aufnimmt und in erster Linie den ‹Timaios› als eine große philosophische Genesis ansieht, die leicht mit der mosaischen ‹Genesis› in Übereinstimmung gebracht werden kann, wenn erst der Demiurg durch den Schöpfergott ersetzt worden ist. Und vom ‹Timaios› her konzipieren die N.-Lehren des 12. Jh. die Idee des Kosmos als eines lebendigen und organischen Ganzen (animal intellegens/unum perfectum, Tim. 30 c, 33 a), dessen Teile von Kräften und Sympathien zusammengehalten werden, die in der anima mundi ihren tieferen Zusammenhang finden. Auf diesem Hintergrund werden, wie schon im hellenistischen Zeitalter, hermetische und astrologische Einflüsse wirksam, deren neue Verbreitung auf der Wiederaufnahme hellenistischer Texte (wie z. B. des ASKLEPIOS), auf Übersetzungen und Überarbeitungen arabischer Texte und auf pseudoepigraphischen Texten beruht. Das durchgängige Thema aller dieser Texte ist die Einheit des Ganzen («quod est superius est sicut quod est inferius ad perpetranda miracula rei unius», liest man in der ‹Tabula Smaragdina› [7]), eine Doktrin, die DANIEL VON MORLEY auf Hermes Trismegistos zurückführt und von der sich die Möglichkeit magischer Handlungen und punktueller astrologischer Vorhersagen ableitet. In dieser neuen N., die ein organisches Ganzes bildet, singen die Himmel immer noch das Lob des Herrn, aber in einer neuen und andersartigen Weise: Sie sind Boten seines Willens, die die Pläne der Vorsehung in die Sprache der Physik und der Geschichte übersetzen. Sie sind, wenn nicht Ursachen, dann doch Zeichen, welche bedeuten und warnen, in denen also der Mensch die eigenen Geschicke entdecken und versuchen kann, ihren unheilvollen Lauf zu ändern [8]. Darauf beruht einmal eine neue Würde der Vernunft («ratio imperat celo» [9] kann man im ‹Experimentarius› des BERNARDUS SILVESTRIS zu einem Thema lesen, das auf Ptolemäus zurückgeht) und dann, in einem spezifischeren Sinn, die gesamte astrologische Wissenschaft der interrogationes und der electiones, an die sich die neue Medizin anschließt. Nicht zufällig insistiert URSUS VON KALABRIEN auf den Entsprechungen zwischen dem menschlichen Körper und den Sternbildern, deren Kenntnis für den Arzt von entscheidender Bedeutung ist. «Siderum virtus in medicina prepotens est», schreibt noch DANIEL VON MORLEY, wenn er die Notwendigkeit hervorhebt, daß der Arzt bei dem Astrologen Hilfe suche, da dieser die «causas rerum» kenne [10]. In einigen Texten wird die N. sogar mit der «qualitas celescium corporum» identifiziert [11], insoweit sie «natura elementans» [12], Prinzip der Bewegung und der Veränderung nicht nur der elementaren Körper, sondern der gesamten Menschengeschichte ist. Das Thema der Abfolge der Reiche und deren Beziehung auf die großen Konjunktionen [13] kehrt genau im Gefolge der hellenistischen und arabischen Astrologie wieder (von Ptolemäus bis zu Firmicus Maternus und Albumasar). Aus dem Naturalismus werden hier extreme Folgerungen gezogen: «Qui enim ignorat celestium principia corporum et qualitates temporum constat eum ignorare naturas temporalium», liest man in einem pseudohermetischen Werk aus der Mitte des 12. Jh. [14].

Die Astrologie spielt auf diese Weise eine wichtige Rolle; auf sie oder auf bestimmte Teilstücke gehen nach einer Einteilung, die Daniel von Morley vorgeschlagen hat, alle Disziplinen der N.-Wissenschaft zurück. Wir sind hier von der Vorstellung der N. als einem sacramentum salutaris allegoriae weit entfernt; die N. hat eine ihr eigene Dichte und Konsistenz als ein Zusammenhang von Ereignissen bekommen, der von dem Spiel physischer Kräfte beherrscht wird und einer Kausalität unterliegt, in der die Himmelskörper, der Ursprung des ätherischen Feuers, die wahren cronocratores sind, die Herrscher über die Zeit [15]. In dieser neuen Perspektive finden sich nicht nur in zahlreichen poetischen Werken typische Personifizierungen der N. – von ‹De mundi universitate› von BERNARD SILVESTER bis zu ‹De planctu naturae› von ALANUS AB INSULIS –, sondern in ihr wird auch die N. selbst neue Selbständigkeit gewinnen, zusammen mit den N.-Wissenschaften: von der Astronomie bis zur Medizin, zur Magie und zur Technik, wie z. B. navigatio, armatura, architectura, lanificium, theatrica. Diese werden die Mittel, durch welche die bürgerliche Gesellschaft heranwächst («rei publicae membra per terram gradiuntur», bemerkt JOHANNES VON SALISBURY [16]; sie sind die Werkzeuge, mit denen die infirmitates peccati geheilt werden sollen. Auch dies ist Anzeichen einer neuen Beziehung, die sich zwischen Mensch und N. zu bilden begonnen hat.

In diesem Kontext wird die Physik, die mit all ihren Verzweigungen die Dignität einer Wissenschaft gewonnen hat, die neue und systematischere aristotelische Wissenschaft von der N. in sich aufnehmen.

Anmerkungen. [1] THIERRY VON CHARTRES, Tract. de sex dierum operibus, Commentaries on Boethius by Thierry of Chartres and his school, hg. N. HÄRING (Toronto 1971) 553-575, zit. § 17,

562, 9. – [2] a.O. § 17, 561, 75. 79. – [3] § 9, 559, 16; § 10, 559, 31; u. a. – [4] § 1, 555, 1-6. – [5] Vgl. WILHELM VON CONCHES, Philos. I, 13; II, 1, hg. G. MAURACH (Pretoria 1980) 38f. 42. – [6] WILHELM VON ST. THIERRY, De erroribus Guilelmi de Conchis. MPL 180, 333-340, zit. 339 A. – [7] I. RUSKA: Tabula Smaragdina. Ein Beitrag zur Gesch. der hermet. Lit. (1926) 2. – [8] Vgl. DANIEL VON MORLEY, Liber de naturis inferiorum et superiorum, hg. K. SUDHOFF. Arch. Gesch. Naturwiss. Technik 8 (1918) 34. – [9] BERNARDO SILVESTRE, Experimentarius, hg. M. B. SAVORELLI. Rivista crit. Storia Filos. 14 (1959) 283-342, zit. 317. – [10] a.O. [8] 32. – [11] Liber Hermetis Mercurii Triplicis de VI rerum principiis, hg. TH. SILVERSTEIN (1955) 217-301, zit. Nr. 372f., S. 282. – [12] BERNHARDUS SILVESTRIS, Cosmographia, Macrocosmus 4, 7, hg. P. DRONKE (Leiden 1978) 118. – [13] Vgl. a.O. [11] S. 290f. – [14] Nr. 521, S. 296. – [15] Vgl. Nr. 416f., S. 287. – [16] JOH. VON SALISBURY, Policraticus 6, 20, hg. CH. WEBB 2 (Oxford 1909) 58f.

T. GREGORY

III. *Hochmittelalter.* – Im 13. Jh. werden das Denken des lateinischen Westens und insbesondere auch die überlieferten N.-Vorstellungen stark beeinflußt durch die neue Verbreitung der Werke des Aristoteles mit den arabischen Kommentaren und Interpretationen und des Corpus der astronomischen und astrologischen Lehren, das aus den Werken des Ptolemäus entstanden ist. Der geschlossene und endliche aristotelisch-ptolemäische Kosmos wird hierarchisch in eine himmlische und in eine sublunare Welt eingeteilt. Jene ist der Ort der gleichförmigen Kreisbewegung der unvergänglichen Planetensphären, diese der Ort des Werdens und der unaufhörlichen Verbindung und Trennung der Elemente, von deren Streben zu ihren 'natürlichen Örtern' die Prozesse des Entstehens, Veränderns und Vergehens und jede geradlinige und endliche Bewegung der Körper ausgehen. Dieser Duplizität der Ordnungen entspricht in der Terminologie des AVICENNA [1] eine doppelte Stufung der N.: a) die «natura universalis», die kosmische Kraft, die sich in die Organa der Welt verteilt, oder die Himmel, die als Prinzipien und universale Ursachen die Harmonie der Welt regieren und alle Werdensprozesse lenken; b) die «natura particularis», die den einzelnen Körpern der sublunaren Welt innewohnt und die deren Prozeß der spezifischen Verwirklichung und Vervollkommnung in Übereinstimmung mit der universalen N. regelt. Durch diese ununterbrochene Kette von Ursachen verwirklicht sich in christlicher Sicht die Regierung der Welt durch Gott, der jedes Geschöpf zur vollen Entfaltung seiner N. bis zum Erreichen der Grenzen, die ihr gesetzt sind, führt. Die Termini ‹natura naturans/natura naturata› – entstanden aus der Übersetzung der arabischen Kommentare zu Aristoteles, besonders desjenigen von Averroes [2] – werden gebraucht, um einerseits Gott als Schöpfer und obersten Gesetzgeber der N. und andererseits die geschaffene N. in ihren verschiedenen Ordnungen (die Himmel als Werkzeuge Gottes und die einzelnen N.en) zu bezeichnen. Die Autonomie der Wesen innerhalb der vom Schöpfer gewollten Ordnung, ihre wesentlichen spezifischen Eigenschaften und ihre Wirkfähigkeit sind die besonderen Merkmale des neuen N.-Begriffs, der sich endgültig von der Mitte des 13. Jh. an durchsetzt. Von da an fällt die Geschichte des Begriffs der N. großenteils zusammen mit der des aristotelischen N.-Begriffs [3]. Dieser spielt fortan eine fruchtbare Rolle in den Diskussionen über das Eingreifen Gottes in die Ordnung der geschaffenen N., über die Unterscheidung zwischen N. und Über-N., über die Definition der göttlichen Personen, und auch in der theologischen Erörterung der zwei N.en in der Einheit der Person Christi.

Anmerkungen. [1] Vgl. AVICENNA, Met. VI, 5; die Unterscheidung wird ausdrücklich Avicenna zugeschrieben von WILHELM VON ALVERNIA, Opera omnia 1 (Orléans/Paris 1674) 713 a-b, und von ROGER BACON, Communia naturalia 1. Opera hact. ined. R. B., hg. STEELE, fasc. 2, 92f. – [2] Vgl. Art. ‹Natura naturans/natura naturata›. – [3] Vgl. ARISTOTELES, Phys. II, 1, 192 b 8ff.; Met. V, 4, 1014 b 16ff.

1. Bei BONAVENTURA werden mit ‹natura› und ‹naturale› in erster Linie die Dinge bezeichnet, die nicht von einer geschaffenen Intelligenz produziert sind. So werden sie von dem unterschieden, was Erzeugnis der Kunst (ars) ist und deshalb ‹artificiale› genannt wird [1]. Solche Dinge sind Gegenstand der scientia naturalis, die sich mit den res beschäftigt, insofern sie sich von den signa unterscheiden, welche den Gegenstand der scientia sermocinalis bilden [2]. Die Naturwissenschaft ist eigentlich N.-Philosophie, wie Bonaventura in der ‹Reductio› ausführt. Sie gliedert sich in Physik, die die vergänglichen Dinge betrifft, Mathematik, die die abstrahierbaren Formen behandelt, und Metaphysik, die sich mit jedem Seienden beschäftigt, indem sie es auf Gott als erstes Prinzip zurückführt [3]. Von Gott geschaffen, strebt die N. nach dem, wozu sie von ihrem Schöpfer bestimmt ist [4], und wirkt «secundum leges sibi inditas a Deo» [5]. Auf diese Weise werden die «res quae fiunt cursu naturali» bestimmt. Bonaventura definiert damit eine natürliche Ordnung, die er vom «cursus mirabilis sive supernaturalis» und vom «cursus voluntarius» unterscheidet [6]. Was den ersten betrifft, so glaubt er, daß Gott in den natürlichen, von ihm selbst festgesetzten Lauf der Dinge eingreifen kann: sowohl indem er contra naturam handelt, wenn er etwas der N. Ähnliches schafft, aber nicht auf natürliche Weise (tamen alio modo), als auch, indem er supra naturam handelt, wenn er etwas bewirkt, was die N. nicht bewirken kann und wozu sie nicht bestimmt ist [7]. Oberhalb des gewöhnlichen Laufs der Dinge erkennt man damit die Rolle der göttlichen Allmacht: Während die ordinatio naturalis, um etwas zu produzieren, secundum causas inferiores geregelt ist, geschieht die Erzeugung von etwas außerhalb des gewöhnlichen Laufes der N. durch eine ordinatio secundum causas superiores, durch einen Akt, der a potentia superiori ist [8]. Andererseits unterscheidet sich der Bereich der N. vom Bereich der per voluntatem et rationem hervorgebrachten Dinge [9], und die Tätigkeit desjenigen, der per intellectum wirkt, wie der Künstler (artifex), unterscheidet sich von der Tätigkeit desjenigen, der secundum naturam wirkt [10]. Die Welt der N. wird so von der Welt des Geistes unterschieden, in welche der freie Wille Gottes wie auch des Menschen fällt. Aber was den Menschen betrifft, so gehört sein Streben, das sein Wille ist, gewiß zu seiner N., da er von N. aus nach Glückseligkeit strebt, insofern er immutabiliter zu ihr hingezogen wird (inclinatur). Trotzdem bewegt er sich, indem er dieses oder jenes Gut nach dem Urteil der Vernunft will, frei und ist vernünftiges Streben: Natürliches und vernünftiges Streben sind nicht zwei verschiedene Vermögen der Seele; es handelt sich vielmehr um ein einziges Vermögen, das sich auf unterschiedliche Weise bewegt [11]. Bonaventura führt noch eine weitere Unterscheidung in die Verwendung des Terminus ‹naturale› ein: Einerseits ist naturale alles, was aus der N. einer Sache folgt und secundum consonantiam naturae ist – und in diesem Sinn haben alle Geschöpfe natürliche Fähigkeiten, Eigenschaften und Wirkungen; andererseits kann ‹naturale› alles bezeichnen, was einer Sache «durch ihre eigene N. derart, daß es ihr nicht durch eine andere, sei es eine erschaffende oder eine erhal-

tende» (per propriam naturam, ita quod non per aliam naturam, nec dantem nec conservantem), zukommt – und in diesem Sinn ist nur die Kraft Gottes natürlich, während jede andere gratuita ist, da sie liberaliter von ihm geschaffen, erhalten und im Handeln unterstützt wird [12]. So versteht man, daß die N. der geschaffenen Dinge, die aus nichts geschaffen ist, ursprünglich nur Mangel und Instabilität besitzt. Weil sie aber nach dem Sein strebt und weil «das Streben der N. nicht vergeblich ist» (desiderium naturae non est frustra), ist die Erhaltung der Dinge im Sein von seiten Gottes nicht contra naturam, sondern mit ihr übereinstimmend (consona) [13].

Anmerkungen. [1] BONAVENTURA, II Sent., d. 7, p. 2, a. 2, q. 2c. – [2] I Sent. prooem., q. 1, opp. 4, et ad 3f. – [3] De reductione artium 4. – [4] IV Sent., d. 48, a. 2, q. 2, ad 4. – [5] II Sent., d. 34, a. 1, q. 3, ad 4. prop. neg. – [6] a.O. d. 23, a. 2, q. 1c. – [7] d. 18, a. 1, q. 2, ad 5. – [8] IV Sent., d. 11, p. 1, a. un., q. 6c. – [9] II Sent., d. 1, p. 1, a. 1, q. 2, ad 5. – [10] a.O. d. 1, p. 1, a. 1, q. 1, ad 3f. – [11] d. 24, p. 1, a. 2, q. 3c. – [12] I Sent., d. 42, dub. 5. – [13] a.O. d. 8, p. 1, a. 2, q. 2, ad 7f.

2. ALBERTUS MAGNUS, der versucht, das neue Corpus der peripatetischen Lehren «den Lateinern verständlich zu machen», und dabei den Bereich der Philosophie von dem der Theologie scharf unterscheidet [1], hält sich an den aristotelischen N.-Begriff [2]. Nachdem er die philosophia realis (quae ... causatur ab opere naturae in nobis) in drei Teile, nämlich in naturalis sive physica, metaphysica und mathematica unterschieden hat [3], bestimmt er den beweglichen Körper und betrachtet ihn «im Hinblick auf alle seine Unterschiede und Einteilungen» (secundum omnes differentias et divisiones eius) [4] als Gegenstand jeder scientia naturalis [5]. Die N.-Dinge (naturalia) sind Tiere, Pflanzen, zusammengesetzte materielle Körper und Elemente und haben in sich «eine gewisse Fähigkeit oder Kraft, die Prinzip der Bewegung und der Ruhe ist» (quandam virtutem ... sive vim quae est principium motus et status sive quietis) [6]; genau dies unterscheidet sie von den Kunstprodukten (artificialia) und von dem, was mit Gewalt bewegt wird, – d.h. von den Dingen, denen ein inneres Prinzip der Bewegung und der Ruhe fehlt. Dieselbe Kraft (virtus), die erstes Prinzip und für sich ist, unterscheidet die naturalia auch von den accidentia, die sich allein secundum accidens bewegen [7]. Während die N. selbst unmittelbar und mit einfacher Bewegung bewegt, gibt es N.-Dinge, die nicht von N. bewegt werden, sondern durch eine Bewegung, die zwar auch aus einem inneren Prinzip entspringt, aber nicht einförmig, sondern vielfältig und durch die Eigenschaften des Körpers vermittelt ist: Das sind die Dinge, die eine sensible und mit Willen begabte Seele haben, wie z.B. die vernünftige Substanz [8]. Die Seele, die kein beweglicher Körper, sondern wesentliches Prinzip einiger beweglicher Körper ist, wird auf diese Weise Gegenstand der philosophia naturalis oder scientia naturalis [9]. Die natürliche Bewegung unterscheidet sich auch von der Bewegung, mit der die Intelligenz den himmlischen Körper, gleichförmig aber *in seinem Ort*, bewegt, während das N.-Ding sich *zu seinem Ort* bewegt, wenn es außerhalb desselben ist [10]. Die gleichförmige Bewegung, wenn sie weder einfach noch unaufhörlich ist, ist zweifellos ab anima und kann von Wissen begleitet sein oder nicht. Im ersten Fall bewegt die Seele in naturalibus (Hunger, Durst, Zeugungsprozeß und was darauf hingeordnet ist), und zwar je gleichförmiger desto weniger bewußt, so daß sie sich, wenn das Prinzip der Bewegung nicht von Wissen begleitet wird, als vollkommen gleichförmig und dennoch als von einer Seele entspringend erweist, weil sie, obwohl selbst einfach, vieles bewegt (agit multa), wie es in der vegetativen Seele geschieht, welche nährt, wächst und zeugt und dies mit mehreren Operationen tut, und zwar notwendigerweise, aber nicht kontinuierlich: «Die Bewegung der N. aber ist einfach und notwendig, wie es dem Feuer natürlich ist zu wärmen» (naturae autem motus est unicus, et ex necessitate, sine cognitione, sicut igni naturale est calefacere) [11].

Immer noch Aristoteles folgend behauptet Albert, daß die Prinzipien der N. secundum naturam drei sind, und zwar Materie, Form und Privation [12], während nur die zwei ersten davon Prinzipien secundum essentiam sind [13]. Secundum naturam ist dann nicht nur alles, was sein Sein ex principiis naturae hat, sondern auch die (natürlichen) Leiden und Tätigkeiten, die der N., verstanden als inneres Prinzip einer Sache, folgen [14]. Albert unterscheidet schließlich das, was natürlich ist, insofern die Tätigkeit der N. auf es gerichtet ist, von dem, was praeter naturam, contra naturam, supra naturam ist: Der menschliche Same ist bestimmt, die ihm entsprechende menschliche Form hervorzubringen. Wenn die menschliche Form hervorkommt, aber nicht «gemäß der Ordnung des natürlichen Wirkens» (secundum ordinem operationis naturalis), hat man ein Ergebnis praeter naturam. Wenn der menschliche Same hingegen die Form eines Esels hervorbringen würde, wäre das contra naturam. Aber es gibt Vollkommenheiten (perfectiones), wie die Gnade und die Heiligkeit, deren die N. fähig ist, obwohl ihre Tätigkeit nicht auf sie gerichtet ist, und die sie daher auf keine Weise allein erreichen kann; zu ihnen kann sie allein durch das Eingreifen einer höheren Kraft gelangen: diese Vollkommenheiten sind supra naturam [15]. Noch genauer wird unterschieden zwischen N. und dem, was eine N. hat: Letzteres wird substantia individua genannt, weil es individuiert und ein Einzelnes ist; es wird res naturae genannt, weil es per naturam in der Seinsfülle seiner Art konstituiert ist; man sagt auch suppositum, weil es der gemeinsamen N., die die Form ist, unterliegt (subicitur): Wenn homo die gemeinsame N. anzeigt, bezeichnet hic homo das einzelne suppositum aufgrund der Materie, die in ihm N. ist. Man sagt dann substantia prima, weil es der substantia secunda und den Akzidenzien unterliegt (substat). Und schließlich ist es substantia, insofern es aus sich selbst bestehend ist, zusammengesetzt aus zwei N.en, der Materie und der Form [16]. Die Handlungen eines Seienden, das eine N. hat, kommen dem suppositum, nicht der N. zu. Die N. ist eigentlich nicht tätig (non agit), sondern sie ist principium actionis im suppositum, und das gilt sowohl für das geschaffene Sein wie auch für die Personen in der göttlichen N. [17].

Anmerkungen. [1] Vgl. die Belege bei B. NARDI: La posizione di Alberto Magno di fronte all'averroismo, in: Studi di filos. medievale (Rom 1960) 119-127. – [2] ALBERTUS MAGNUS, Phys. I, tr. 1, c. 1. – [3] ebda. – [4] Phys. I, tr. 1, c. 4. – [5] a.O. tr. 1, c. 3. – [6] Phys. II, tr. 1, c. 2. – [7] a.O. tr. 1, c. 3. – [8] a.O. [6]. – [9] De anima I, tr. 1, c. 1. – [10] a.O. [6]. – [11] ebda. – [12] Phys. I, tr. 3, c. 8. – [13] De div. nom. IV, 38. – [14] Phys. II, tr. 1, c. 4. – [15] De div. nom. VI, 12. – [16] a.O. [14]. – [17] De div. nom. II, 51. 60.

3. THOMAS VON AQUIN lehrt die Autonomie der N., der Gott eine eigene Konsistenz und Wirkfähigkeit verliehen hat, und stellt der Vernunft die Aufgabe, die Prinzipien der N. zu untersuchen und ihre Phänomene zu erklären: Der ordo rerum naturalium, der kein Werk der Vernunft, sondern nur Gegenstand ihrer Betrachtung ist (ratio non facit, sed solum considerat), wird von der N.-Philosophie

erforscht, die unter sich auch die Mathematik und die Metaphysik begreift. Diese Ordnung unterscheidet sich von derjenigen, die die Vernunft durch Überlegung macht, und zwar sowohl in ihrer eigenen Tätigkeit – dies ist der Bereich des Denkens, Gegenstand der rationalen Philosophie – als auch in der Tätigkeit des Willens – dies betrifft das eigentlich menschliche Handeln, Gegenstand der Moral, das von den Tätigkeiten des Menschen zu unterscheiden ist, die aus seiner N. entspringen, wie diejenigen, die dem vegetativen Leben zugehörig sind – und schließlich in den äußeren Dingen, deren Grund die Vernunft ist – gemeint sind die Artefakte als Gegenstände der mechanischen Künste [1]. N. ist das, aufgrund dessen etwas res naturalis genannt wird [2]: Der Terminus, der vorher die Erzeugung der Lebewesen bedeutet, bedeutet nun das innere Prinzip selbst der Erzeugung und daher das innere Prinzip der Bewegung von allem, was beweglich ist. Weil nun dieses Prinzip die Materie oder die Form ist, nennt man N. die Form oder die Materie der N.-Dinge, die in sich das Prinzip der Bewegung besitzen. Und weil die Materie und die Form das Wesen des N.-Dings ausmachen, gewinnt der Name ‹natura› die Bedeutung des Wesens einer jeden Sache, die in der N. existiert [3]. Auf diese Weise wird das Lebewesen zum Paradigma des natürlichen Seins, das, im Unterschied zum Artefakt, die immanente Idee (anima) in sich besitzt, die der Zweck seiner Entwicklung ist und daher das Prinzip der Bewegung und das Ziel (finis), auf das es seine Materie ausrichtet. Wie eine res artificialis nicht vollendet ist, bevor sie die forma artis, die dem Zweck oder der Idee im Geist des Künstlers entspricht, erreicht hat, so wird eine res naturalis z.B. kein Pferd sein, bevor sie nicht die forma naturae suae erreicht hat [4]. Allgemeiner gesagt, bilden die Naturunterschiede verschiedene Ordnungen innerhalb der geschaffenen und von Gott regierten Welt. Die Regierung der Welt durch Gott erscheint nämlich «verschieden gemäß der Verschiedenheit der N.en» (diversimode secundum differentiam naturarum): Es gibt Seiende, die vernunftbegabt und fähig sind, sich selbst zu regeln und sich mit ihren eigenen Handlungen auf ein vorgegebenes Ziel hin auszurichten. Außerdem gibt es Seiende ohne Vernunft, unfähig, sich selbst auf ihr eigenes Ziel hin auszurichten, und deshalb von etwas anderem gelenkt, die aber, weil sie unvergänglich sind, von ihrem eigenen Ziel nicht abweichen können und unfehlbar der Führung des Ersten Bewegers unterworfen sind (die himmlischen Körper). Schließlich gibt es vergängliche Seiende, die, wenn sie vergangen sind, durch andere vergängliche ersetzt werden. Diese können sich in ihren eigenen Handlungen von der Naturordnung entfernen, ein Mangel, der aber durch irgendein Gut, das daraus folgt, kompensiert wird, so daß letztlich nicht einmal sie sich der Macht Gottes entziehen [5]. Wie es aber für die sublunaren Körper natürlich ist, daß sie von den himmlischen Körpern bewegt werden, die secundum naturae ordinem höher stehen, so ist es für jedes Geschöpf natürlich, von Gott nach seinem Willen verändert zu werden. Deshalb handelt Gott, wenn er direkt in die Regierung der Welt eingreift, nicht contra naturam, sondern allein contra solitum cursum naturae [6]. Alle Geschöpfe streben nach einem Ziel, sowohl wenn sie per intellectum und frei, als auch wenn sie per naturam handeln, indem sie nach derjenigen Wirkung streben, von der auf irgendeine Weise eine similitudo naturalis in ihnen existiert [7]. Ein solches Ziel wird immer gesucht und gewollt sub ratione boni [8]. Der Mensch ist in seiner Art durch die vernünftige Seele konstituiert, die seine N. definiert. Deshalb ist in ihm nur das secundum naturam, was secundum ordinem rationis ist, während das, was gegen die Vernunft ist, gegen seine N. ist, auch wenn es aus der Neigung seiner sensitiven N. kommt [9]. Das ihm eigentümliche Streben ist der Wille: Wie das natürlich ist, was gemäß der Neigung der N. geschieht, so ist willentlich das, was gemäß der Neigung des Willens geschieht; dem Willen widerstrebt Zwang oder Gewalt von seiten eines äußeren Agens, aber ihm widerstrebt nicht die Notwendigkeit der N.: Mit Notwendigkeit strebt der Wille nach seinem letzten Ziel [10], während er in den kontingenten Gütern die Freiheit der Wahl (liberum arbitrium) genießt [11]. Die Wahlfreiheit findet ihre Wurzel sowohl im Willen und in ihrem Subjekt als auch in der Vernunft und in ihrem Grund [12].

Anmerkungen. [1] Vgl. THOMAS VON AQUIN, Eth. I, lect. 1. – [2] S. contra Gentiles (= ScG) IV, 35. – [3] ebda.; S. theol. I, 29, 1 ad 4; III, 2, 1c. – [4] De an. II, lect. 7; ScG IV, 35. – [5] ScG III, 1. – [6] S. theol. III, 44, 2 ad 1; II/II, 104, 4, ad 2. – [7] ScG III, 2. – [8] ScG III, 3. – [9] S. theol. I/II, 71, 2c, ad 1. 3. – [10] a.O. I, 82, 1c. – [11] I, 83, 1c. – [12] I/II, 17, 1 ad 2.

4. DUNS SCOTUS bestimmt das Seiende, den univoken Gegenstand der Metaphysik, als etwas Gemeinsames, das jeder Unterscheidung vorausliegt. Dieses Verständnis des Seienden erlaubt ihm, eine natura communis in den Dingen anzunehmen, deren formale Realität dem Eingreifen der Vernunft vorausliegt und deren Einheit geringer ist als diejenige des Individuums [1]. Diese N. ist wesentlich indifferent sowohl gegenüber der Allgemeinheit, die von der Vernunft bewirkt wird, als auch gegenüber der Individuation, die von der individuierenden Differenz bewirkt wird, die die N. kontrahiert, um das Individuum, von dem die N. dennoch formal unterschieden bleibt, zu konstituieren [2]. Eine jedwede N. ist nämlich mehreren supposita mitteilbar, und zwar auf zwei Weisen: So wie das Allgemeine, wie man sagt, sich dem Einzelnen mitteilt, und so wie die Form dies tut, die, nach Boethius, das principium quo des suppositum oder Einzelnen konstituiert, indem sie ihm die Quidditas verleiht. Das suppositum hingegen ist nicht mitteilbar [3].

Dies ist der bekannteste Gebrauch des Terminus ‹N.› bei Scotus. Daneben gibt der Autor aber auch eine Reihe von Bedeutungen von ‹natura› und ‹naturale›, die dazu dienen, den Bereich der N. weiter zu präzisieren. Zunächst bedeutet N. zweierlei: Zum einen bezeichnet sie, gemäß der Lehre des Aristoteles, das innere Prinzip der Bewegung und der Ruhe, zum anderen steht sie für das innere oder äußere Prinzip, das auf natürliche Weise wirkt, im Gegensatz zur Kunst und zum Vorsatz [4]. Außerdem aber wird ‹naturale› aequivok gebraucht, weil es verschiedenen Termini entgegengesetzt ist. In einer Hinsicht ist es nämlich dem Übernatürlichen entgegengesetzt, in einer anderen dem Freien oder Willentlichen, in einer dritten Hinsicht dem Gewaltsamen. Vom Handelnden aus gesehen ist natürlich das aktive Prinzip, das aus natürlicher Notwendigkeit handelt, auf andere Weise also als der frei und willentlich Handelnde, der sich selbst zum Handeln bestimmt. Im zweiten Sinne heißt natürlich dasjenige aktive Prinzip, das natürlich hingeordnet ist auf das Leidende, worauf es einwirkt, während übernatürlich das Tätigkeitssubjekt genannt wird, das die natürliche Ordnung übersteigt. Allein das ungeschaffene Agens wird übernatürlich genannt, während das geschaffene Agens natürlich genannt wird. Wenn man das Leidende betrachtet, wird dasjenige natürlich genannt, das gemäß seiner eigenen Neigung leidet, während es der Gewalt unterworfen ist, wenn es eine Einwirkung erfährt, die dieser Neigung entgegengesetzt ist. Und weil das Leidende auch vollkommen unbestimmt sein und keine Neigung zu dem, was es empfängt, haben kann (so ist die Fläche indifferent gegenüber der weißen wie der schwarzen Farbe), ist das Natürliche, vom Leidenden aus gesehen, auch dem Neutralen entgegengesetzt [5].

Anmerkungen. [1] Vgl. JOH. DUNS SCOTUS, II Sent., d. 3, q. 1, n. 7. Opera omnia, hg. WADDING (Lyon 1639, ND 1968) VI, I, 357. – [2] II Sent., d. 3, q. 1, n. 8, a.O. 360; q. 6, n. 11-14, a.O. 407ff. – [3] Ordinatio I, d. 2, p. 2, q. 1-4, n. 379-381. Opera omnia, hg. Comm. Scotisticae II, 345f.; Lectura I, d. 2, p. 2, q. 1-4, n. 248, a.O. XVI, 207f. – [4] Ordinatio, prol. p. 1, q. un., n. 73, a.O. I, 45. – [5] IV Sent., d. 43, q. 4, n. 2-4, a.O. [1] X, 67f.

5. Gegen die Auffassung der gemeinsamen N. von Scotus wendet sich WILHELM VON OCKHAM, der die Frage stellt, ob das univoke Universale tatsächlich außerhalb der Seele und – ex natura rei, obwohl non realiter – vom Individuum unterschieden ist. Er verneint diese Frage und behauptet die vollkommene Identität der N. des Individuums mit dem Individuum selbst [1]. Ockham betrachtet das Verhältnis natura/suppositum in den Geschöpfen und in Gott auf unterschiedliche Weise: Da die Identität von suppositum und N. in den Geschöpfen vollkommen ist, kann das geschaffene suppositum sich nicht vervielfältigen, ohne daß die N. sich vervielfältigt; die göttliche N. hingegen vervielfältigt sich nicht, während die supposita in ihr viele sind [2]. Ferner kommt in Christus die Tätigkeit der Person oder dem suppositum und nicht der N. zu, während es falsch ist zu sagen, daß in den Geschöpfen das suppositum oder die Person tätig sei, und wahr ist zu behaupten, daß die N. tätig ist [3]. Auch Ockham versteht die N. als inneres Prinzip der Bewegung und der Ruhe eines Seienden. Sie ist Prinzip per se und nicht per accidens und gehört wesentlich zum Beweglichen oder ist Teil von ihm, so daß der Bereich der Akzidenzien und der Kunstprodukte ausgeschlossen ist. Ockham unterstreicht aber, daß die N. nicht notwendigerweise aktives Prinzip ist; sie kann auch passives Prinzip sein. Auf diese Weise haben die durch äußeren Antrieb bewegten Himmel die Fähigkeit, im Raum bewegt zu werden, was ihrer N. entspricht. Und die vergänglichen Dinge, die das aktive Prinzip der Erzeugung nicht in sich haben, haben dennoch Materie, deren Dasein es möglich macht, daß sie erzeugt werden können [4].

In der Erörterung des Gegensatzes natura/lex unterscheidet Ockham vier Bedeutungen von ‹N.›. Die erste nimmt die aristotelische Definition aus der ‹Physik› wieder auf; die zweite steht für den Instinkt, der der sinnlichen Vorstellung, was zu tun sei, natürlich folgt; aber N. ist auch die «recta ratio circa agibilia» und schließlich das «rectum dictamen rationis». Ein gerechtes Gesetz kann nie gegen die N. in der letztgenannten Bedeutung sein und ist eigentlich auch nicht gegen die N. im Sinne der dritten Bedeutung, weil das Gesetz, das etwas gegen die N. vorschriebe, ungerecht wäre [5].

Anläßlich der Erörterung der Erzeugung spezifiziert Ockham die verschiedenen Bedeutungen von ‹N.› und ‹naturale› weiter: Zunächst unterscheidet sich ‹naturale› von dem, was durch die Kunst und durch die freie Handlung hervorgebracht wird, und in diesem Sinn wird jedes unfreie Agens ‹naturale› genannt, auch das gewaltsame Agens, insofern es nicht frei ist. Zweitens spricht man von N. in Gegensatz zu dem, was aus Gewohnheit und Übereinkunft besteht; so spricht man nicht von N., vielmehr sind sie erworben (adquisiti). Drittens steht ‹natür-

lich› in Gegensatz zu ‹gewaltsam›: Man sagt, daß etwas potentiell natürlich ist, wenn es die natürliche Neigung zu dem besitzt, was es erreichen kann, und es ist potentiell gewaltsam in bezug auf das Gegenteil von dem, wonach seine natürliche Neigung strebt. Aber etwas ist potentiell neutral, wenn es keine bestimmte Neigung besitzt, sondern vielmehr indifferent disponiert ist, eines der Gegenteile zu empfangen, da es nur potentiell passiv ist. Viertens unterscheidet sich ‹natürlich› von ‹übernatürlich›. Und schließlich unterscheidet sich ‹natürlich› als Prinzip der Bewegung per se vom Prinzip der Bewegung per accidens. Im Hinblick auf diese Bedeutungen sagt man, daß die Erzeugung ein natürlicher Prozeß ist, wenn man den Terminus in der ersten und der zweiten Weise nimmt, es aber nicht ist, wenn man den Terminus in der dritten Weise nimmt, weil die Erzeugung sich von der Materie aus verwirklicht, die passive Potenz und neutral gegenüber der Form ist. Was die vierte Bedeutung betrifft, so wird die Erzeugung ‹natürlich› genannt, weil die Form von einem geschaffenen Agens verursacht wird, ‹übernatürlich› hingegen, wenn sie von einem übernatürlichen Agens geschaffen wird, nämlich von Gott, der nicht nur als partielle Ursache in die Erzeugung der von einer Zweitursache unmittelbar verursachten Wirkung eingreift – in diesem Fall ist sein Eingreifen «secundum communem cursum naturae» –, sondern auch vollständige Ursache der Form sein kann – in diesem Fall ist sein Eingreifen «contra communem cursum naturae». Schließlich wird, in der fünften Bedeutung des Wortes, die Erzeugung ‹natürlich› genannt, weil sie von einem inneren, wenn auch passiven und nicht aktiven Prinzip der Materie hervorgebracht wird, auch wenn die Form teilweise von dem geschaffenen äußeren Agens oder vollständig von Gott hervorgebracht wird [6].

Anmerkungen. [1] WILHELM VON OCKHAM, I Sent (Ord.) d. 2, q. 6. Opera theol. II, 160-224. – [2] I Sent. (Ord.) d. 2, q. 11, a.O. 377f. – [3] III Sent. (Report.), q. 1, ad dub., a.O. VI, 32. – [4] Expositio super Physicam Aristotelis, Berlin, cod. elect. 974, f. 108b, zit. bei L. BAUDRY: Lexique philos. de Guillaume d'Ockham (Paris 1958) 168. – [5] Expositio super libros Elenchorum I, § 6. Opera philos. III, 126f. – [6] III Sent. (Report.) q. 6, a. 2, a.O. [1] VI, 173-178.

Literaturhinweise. – Allgemeiner Teil. P. DUHEM: Le système du monde 2-9 (Paris 1914-1958). – L. THORNDIKE: A history of magic and experimental science 1. 2 (New York ²1929). – A. C. CROMBIE: Augustine to Galileo (London ²1957). – La filos. della natura nel Medioevo. Atti del terzo Congresso internaz. di Filos. medioevale. Passo della Mendola (Trento) 31. 8.-5. 9. 1964 (Mailand 1966). – F. BOLL, C. BEZOLD und W. GUNDEL: Sternglaube und Sterndeutung. Die Gesch. und das Wesen der Astrologie (⁵1966). – *Besonderer Teil.* A. BIESE: Die Entwickl. des N.-Gefühls im MA und in der Neuzeit (²1891). – T. A. LACEY: Nature, miracle and grace. A study of St. Augustine's conception of natural order (London 1916). – J. W. BEARDSLEE s. [Lit. zu I]. – E. GILSON: L'esprit de la philos. médiévale (Paris ²1948) 18. Kap. – A. MAIER: Studien zur Naturphilos. der Spätscholastik 1-5 (Rom 1949-1958). – A. J. FESTUGIÈRE: La révélation d'Hermès Trismégiste 1-4 (Paris ³1950-1954). – A. C. CROMBIE: Robert Grosseteste and the origins of experimental science, 1100-1700 (Oxford 1953). – T. GREGORY: Anima mundi. La filos. di Guglielmo di Conches e la scuola di Chartres (Florenz 1955). – H. A. WOLFSON: The philos. of Church Fathers 1 (Cambridge, Mass. 1956) 257-286. – M.-D. CHENU: La théologie au douzième siècle (Paris 1957) 1. Kap. – M. CLAGETT: The science of mechanics in the Middle Ages (Madison 1959). – CH. H. HASKINS: Studies in the history of Mediaeval science (New York ²1960). – R. LEMAY: Abu Ma' shar and Latin Aristotelianism in the twelfth century (Beirut 1962). – T. LITT: Les corps célestes dans l'univers de Saint Thomas d'Aquin (Louvain/Paris 1963). – J. K. WRIGHT: The geographical lore of the time of the Crusades (New York ²1965). – J.

RATZINGER: Der Wortgebrauch von natura und die beginnende Verselbständigung der Met. bei Bonaventura, in: Die Met. im MA, hg. P. WILPERT. Miscell. mediaev. 2 (1963) 483-498. – H. LIEBESCHÜTZ: Chartres und Bologna, N.-Begriff und Staatsidee bei Joh. von Salisbury. Archiv Kulturgesch. 50 (1968) 3-33. – A. GHISALBERTI: La concezione della natura nel commento di Tommaso d'Aquino alla Met. di Aristotele, in: Atti del Congresso internaz.: Tommaso d'Aquino nel suo settimocentenario 9 (Neapel 1978) 222-228. – L. OEING-HANHOFF: Mensch und N. bei Thomas von Aquin. Z. kath. Theol. 101 (1979) 300-315.

A. MAIERÙ

IV. *Humanismus und Renaissance.* – Der Übergang zum humanistischen Begriff der N. vollzieht sich einerseits durch die Überwindung der augustinischen Idee der N. als Zeichen Gottes und als Spur einer ursprünglichen Ordnung, die durch die Ursünde zerstört worden ist, andererseits durch die Kritik am aristotelisch-scholastischen System, das die Naturprinzipien der Physik und der Metaphysik des Aristoteles als Grundlage der natürlichen Gesetzmäßigkeit angenommen hatte. Dazu haben vor allem humanistische Gelehrte und Philologen beigetragen. Pythagorismus, Platonismus, Neuplatonismus, Stoizismus, Epikureismus und hermetische Philosophie, deren Authentizität und historische Dignität wiederhergestellt wird, werden als neue Arten, die N. zu lesen, vorgeschlagen.

1. NIKOLAUS VON KUES lehrt, indem er die Mathematik als Spiegel und Rätsel der Werke Gottes in der Welt gebraucht [1], daß keine Proportion zwischen Endlichkeit und Unendlichkeit besteht [2]. Die geometrischen Relationen, die für endliche Quantitäten gültig sind, verlieren, wenn sie ins Unendliche projiziert werden, alle positive Bestimmtheit und verschmelzen zur coincidentia oppositorum. Durch die Paradoxien des Unendlichen wird jede Positivität der rationalen Bestimmtheiten und der endlichen Relationen, auf die die Präzision des aristotelischen Kosmos und die Stabilität der geschaffenen N. gegründet war, zerstört. Die natürliche Welt zeigt sich unendlich entfernt von der regio aequalitatis, in der jeder Gegensatz versöhnt und mit Gott als der «Form, Wahrheit oder dem Maß von allem, was er nicht selbst ist» (forma, veritas aut mensura omnium, quae non sunt ipsum), identifiziert wird [3]. Ihres ontologischen Fundaments beraubt, werden die Grenzen des Kosmos ungewiß und «coniecturales»: Die endliche Welt wird unbestimmt, und in ihr wird die Erde zu einer beweglichen «stella nobilis», die nicht mehr mit dem Weltmittelpunkt zusammenfällt [4]. Auf diese Weise beginnt die Zerstörung des endlichen Kosmos von Antike und Mittelalter sowie die Öffnung zum unendlichen Universum der Kosmologie der Spätrenaissance und zur modernen Idee einer N. als eines isomorphen geometrischen Raums. Befreit von den Fesseln der aristotelischen ratio naturalis, mißt sich die N. mit der potentia absoluta Gottes, zu der sie in einer Beziehung unauslotbarer Abhängigkeit steht [5]. Das natürliche Universum ist für Cusanus eine kontinuierliche und vielfältige Explikation dessen, was in der Totalität des Möglichen ewig gegenwärtig und implizit in Gott ist, gerade weil «Gottes Schöpferkraft nicht erschöpft ist in seiner Schöpfung» (Dei potentia creativa non sit evacuata in ipsius creatione) [6].

Als Akt kontinuierlicher Explikation kontrahiert sich die N. in einer Vielfalt endlicher Wesen, die vom Geist Gottes belebt und befruchtet werden: Das ist für Cusanus der «Geist, der durch das ganze Universum und durch dessen einzelne Teile verbreitet und verschränkt ist; er wird N. genannt. Daher ist die N. gewissermaßen die Einfaltung von allem, das durch Bewegung entsteht» (spiritus per totum universum et singulas eius partes diffusus et contractus, qui natura dicitur. Unde natura est quasi complicatio omnium quae per motum fiunt) [7]. In der vielfältigen, kontrahierten und durch das Geist-Wort Gottes beseelten N. löst Cusanus die aristotelische Physis und die platonische anima mundi auf; eine anima mundi, die nicht mehr Vermittlerin zwischen Gott und der N. ist, sondern unmittelbare Explikation seiner weisen Allmacht, die mittels der Bewegung die Welt aktuiert und sie im Blick auf die Einheit zur «amorosa connexio» zurückführt [8].

Geist als Prinzip der Bewegung, Weltseele als kosmisches Leben, Liebesband als harmonische Spannung auf die Ordnung und das Gute hin, geometrische Symmetrie als Struktur des Universums – das sind platonische Themen, die großen Einfluß auf den neuen Begriff der N. gewinnen. Diese Themen, von denen allein die theologische Orthodoxie unberührt bleibt, verbinden sich mit Vorstellungen des vorsokratischen und stoischen Hylozoismus, des astrologischen, hermetischen und magisch-alchemischen Organizismus, bis sie in eine neue Naturauffassung münden, die das begriffliche Schema der aristotelisch-scholastischen Physik sprengt. Andererseits geht der aristotelische Begriff der N. als Prinzip der Bewegung gestärkt daraus hervor: Wenn jeder N.-Prozeß den Übergang einer virtus von ihrer Potenz zu ihrem Akt (oder finis) durch die Explikation einer operatio voraussetzt, ist es gerade der Dynamismus dieser operatio, der Interesse findet und immer mehr mit vitalistischen Bedeutungen angereichert wird. Das Modell der 'organischen Finalität' der N. tritt in den Vordergrund durch den Übergang des Begriffs des Zwecks als eines externen idealen Modells zu demjenigen des Zwecks als eines internen spontanen Impulses. Das intentionale Handeln der N. wird ein wichtiges Thema [9], das den Weg zu einer Idee der N. als einer notwendigen und spontanen Kraft öffnet, die sich mittels autonomer Prinzipien organisiert und erzeugt. Das kosmische Gesetz der Sympathie, d.h. des Ähnlichen, das zur Vereinigung mit dem Ähnlichen neigt, begründet die universelle Übereinstimmung (convenientia) der Dinge, aufgrund derer jeder Körper von N. aus das Ziel der Eintracht verfolgt und sich und die Welt der Vollkommenheit entgegenführt. Daraus folgt die Idee, daß nichts unbewegt ist, da die Eintracht Attraktion und die Attraktion Bewegung voraussetzt. Daraus folgt auch das Lob der Freundschaft und der Liebe als ethische Übertragung eines grundlegenden N.-Gesetzes [10].

Die Idee der N. von M. FICINO läßt sich auf die vitalistischen Themen der anima mundi, der kosmischen Liebe und des Geistes als schöpferischer Kraft zurückführen [11]. Für ihn wird die anima mundi Instrument des göttlichen Geistes bei der Verwirklichung seiner providentiellen Absicht. Sie ist innere Kunst (ars), die die N. von innen her mit der Lebensbewegung des Geistes gestaltet, indem sie eine kontinuierliche Mannigfaltigkeit von Möglichkeiten, Bewegungen und Formen gemäß der vorgeschriebenen Ordnung der göttlichen Weisheit hervorruft. Situiert an der unteren Grenze der Stufen des Seins, wird die N. der Dinge stoisch als ein Schoß von «spiritalia et vivifica semina» aufgefaßt, die der universelle Geist über die Himmel befruchtet und sie mit Leben und Vernunft ausstattet. Jeder Teil der Welt und auch der kleinste Körper, aus dem sie zusammengesetzt ist, ist von Leben als innerem Gestaltungsprinzip (intus fabricatrix) beseelt, das das Reich der N. gemäß der Regel des Guten und der Liebe organisiert [12]. Die N. wird damit ein der Materie innewohnender Werkmeister: «Was ist die menschliche Kunst? Eine gewisse N., die die Materie von außen behandelt. Was ist die N.? Eine Kunst, die die Materie von innen gestaltet ... Was ist ein Kunstwerk? Der Geist des Künstlers in der [von ihm] getrennten Materie. Was ist ein Werk der N.? Der Geist der N. in der [mit ihr] verbundenen Materie» (Quid est ars humana? Natura quaedam materiam tractans extrinsecus. Quid natura? Ars intrinsecus materiam temperans ... Quid artificium? Mens artificis in materia separata. Quid naturae opus? Naturae mens in coniuncta materia) [13]. Um diese schöpferische Tätigkeit zu begünstigen, ist der Mensch da als «copula mundi», als Horizont und «terminus medius» zwischen fruchtbaren Einflüssen der Gestirne und weiblicher Passivität der Materie. Gerade weil er fähig ist, in die Beziehungen zwischen den himmlichen Kräften und der Materie einzugreifen, unterstützt und vervollkommnet er das Werk der N. [14]: Dieses aktive Eingreifen, das Ficino vor allem in demjenigen des Arztes und des Magiers erkennt, wird wesentliches Element des N.-Begriffs selbst. Arzt-Astrologe und Magier nämlich veranlassen die N., verstärkte oder neue Wirkungen hervorzubringen, die andernfalls latent und unausgedrückt bleiben würden.

Auf die gleiche Theorie der universellen Beseelung hermetisch-stoischer Art und auf den Begriff des Menschen als eines wesentlichen Verknüpfungsringes zwischen himmlischen Einflüssen und Potentialität der N. beruft sich PICO DELLA MIRANDOLA. Er sieht in der N. eine «ratio mersa et confusa», die die durch den himmlischen Geist belebte Materie organisiert und vervollkommnet, und sieht im Menschen als Magier einen wesentlichen artifex der 'Vermählung' zwischen Himmel und Erde, aus der die natürlichen Formen entstehen. Deshalb sieht er in der natürlichen Magie (s.d.) das göttlichste Werk des Menschen, insofern sie fähig ist, die «miracula Dei» ans Licht zu bringen, die «in den Winkeln der Welt, im Schoß der N. in geheimen Vorratskammern» (in mundi recessibus, in naturae gremio, in promtuariis arcanisque) verborgen sind [15]. Dieser innere Zusammenhang zwischen Mensch und N., zwischen menschlicher Tätigkeit und Verfügbarkeit der Materie begünstigt die Auffassung der N. als eines Ortes, der für Kombinationen und Transformationen, die dem Plan der Schöpfung Neues hinzufügen, offen ist. Das ist ein Motiv, das das magische, astrologische und alchemistische Denken der Renaissance von AGRIPPA VON NETTESHEIM [16] bis CARDANO [17], von PARACELSUS [18] bis CAMPANELLA [19] und DELLA PORTA [20] durchzieht. Die N. wird ein Schoß, angefüllt mit potentiell Neuem, das, vom Magier hervorgerufen, als Wunder (mirabilia naturae) erscheint, weil es außerhalb jeder vermeintlichen oder voraussehbaren Norm steht. Es ist die 'novitas rerum', hervorgehend aus dem Schoß der 'Mutter Natur', die von dem Menschen angeregt wird, ihre Tätigkeiten und verborgenen Kräfte auszuüben. Das Wunder wandelt sich (wenn die Magie natürlich und nicht dämonisch ist) von einem übernatürlichen Eingriff, der die Ordnung der N. übersteigt und verkehrt, zur Manifestation einer verborgenen Möglichkeit, die schon in der Ordnung eingeschrieben ist, oder zu einem kombinatorischen Kunstwerk, das durch den Menschen veranlaßt wird.

Die Verherrlichung der schöpferischen Erfindungskraft (inventio, s.d.) des Menschen, die derjenigen der N. entspricht, bringt das verbreitete Bewußtsein zum Ausdruck, daß der Horizont möglicher Erfahrungen für unbegrenzte Erweiterungen jenseits der Grenzen der aristotelischen N.-Philosophie offen ist. Veranlaßt durch die großen geographischen Entdeckungen und technischen Erneuerungen, manifestiert sich dieses Bewußtsein in dem Willen, die N. auf neue Weise zu lesen, um neue Dinge zu sehen. Die Erweiterung der Erkenntnisse über die unmittelbaren und allgemeinen Erfahrungen hinaus wird durch die verstärkte Aufmerksamkeit für die einzelnen und bemerkenswerten Erscheinungen der N. realisiert. Die Neugierde (curiositas) treibt zur Erforschung des Seltenen und des Seltsamen an, sie ermutigt die Wissenschaft des Individuellen und des Okkulten, den Geschmack für das Exotische, das Monströse, das Unauffindbare. Die Zeichnungen von Leonardo oder von Dürer und die Sammelwerke von K. GESNER [21], L. FUCHS [22], U. ALDROVANDI [23], CH. DE L'ÉCLUSE [24] bezeugen diese Ausdehnung des Gesichtsfeldes auf neue und ungewohnte N.-Erscheinungen in dem Bewußtsein, daß die in der N. verborgenen oder in der neuen Welt verstreuten Geheimnisse sich der Vorstellungskraft der Menschen und jeder vorgegebenen Theorie entziehen. Die Begegnung mit neuen Erscheinungen oder die Entdeckung neuer Ebenen der Wirklichkeit werden als Zeichen der unbegrenzten Schöpfungskraft der N. angesehen, die es zu erforschen gilt. Daraus folgt die Priorität der induktiven Methode und der Katalogisierung, die den N.-Forscher des 16. Jh. kennzeichnet, der Fakten sammelt und Kenntnisse anhäuft, anstatt eine Klassifikationstheorie oder eine Erkenntniskritik zu entwerfen. Daraus folgt auch die Verschmelzung des antiquarischen Geschmacks und des Interesses für die Sammlungen von Fossilien, Metallen, Edelsteinen oder exotischen Pflanzen und Kräutern, die in botanischen Gärten zusammengetragen werden. Das jedoch stellte die einheitliche und deduktive aristotelische Kodifizierung der N. in Frage und erneuerte den naturalistischen Enzyklopädismus, der auf der Stufe von Theophrast, Plinius und Dioskurides stehengeblieben war.

Anmerkungen. [1] Vgl. NIKOLAUS VON KUES, De docta ignor. I, 11f.; De venat. sap. 5; De possest. Phil.-theol. Schr., hg. L. GABRIEL 2 (1967) 318-320. – [2] De docta ign. I, 8. – [3] Compl. theol. 3. – [4] Vgl. De docta ign. II, 11f. – [5] Vgl. De docta ign. II, 8; De possest a.O. [1] 276. 282ff. 300. – [6] De possest, a.O. 276; vgl. De docta ign. II, 3-6; III, 1ff. – [7] De docta ign. II, 10; vgl. De venat. sap. 25. – [8] Id. de mente 13; De docta ign. II, 9; De beryl. 23; De possest, a.O. 282. – [9] Vgl. BESSARIONE, De natura et arte 1, 3-5 (Ausg. 1503) 105v ff. 106r. 108r. 109r. – [10] Vgl. PICO DELLA MIRANDOLA: Comm. sopra una canz. d'amore, hg. E. GARIN (Florenz 1942) 445ff.; ERASMUS, Colloquia (1533): Amicitia; LEONE EBREO: Dialoghi d'amore II. III, hg. S. CARAMELLA (Bari 1929) 67ff. 74ff. 377ff. – [11] M. FICINO, Theol. plat. IV, 1; In Conv. Platonis sive de amore III, 1-4; De vita 3f. 9. 25. – [12] Theol. plat. IV, 1; II, 1, 7. – [13] Theol. plat. IV, 1. – [14] De vita 26; Apologia. Op. omn. (Basel 1576) I, 570. 572f. – [15] PICO DELLA MIRANDOLA: Orat. de hom. dign., hg. E. GARIN (Florenz 1942) 152; Heptaplus I, 1, 5. – [16] AGRIPPA VON NETTESHEIM, De incert. et vanit. scient. 41-47; De occulta philos. I, 2, 33-40. – [17] CARDANO, De rerum varietate 14ff.; De natura II. – [18] PARACELSUS, Labyr. medic. 9; Philos. sagax I, 6. – [19] T. CAMPANELLA, De sensu rer. IV, 1ff.; Theol. XIV, 9f. – [20] DELLA PORTA, Magia naturalis, Epist. dedic. I, 1, 7-10. – [21] K. GESNER: De omni rerum fossilium genere (Zürich 1565); Catal. plant. (Zürich 1565); De raris et admir. herbis (Zürich 1555); Hist. plant. (Venedig 1541); Histor. anim. (Venedig 1551-87); De piscib. et aquatil. omnib. (Zürich o.J.). – [22] L. FUCHS: De hist. stirpium (Basel 1542); Plant. effigies (Leiden 1551); Herb. et stirp. hist. (Paris 1549). – [23] U. ALDROVANDI: De animal. insectis (Bologna 1602); Ornithologia (Bologna 1599-1603). – [24] CH. DE L'ÉCLUSE: Exoticorum lib. (Antwerpen 1605); Rariorum plant. hist. (Antwerpen 1601).

2. Die Idee, daß das System der N. nicht mehr geschlossen ist, sondern durch den Menschen erweitert werden kann, bekommt einen besonderen Impuls durch die Tätigkeit der Praktiker und die Entwicklung der Künste. Der Alchemist, der Architekt, der Mechaniker, der Chirurg und der Künstler setzen in der Renaissance allmählich die Idee durch, daß die handwerkliche und poetische Tätigkeit des Menschen in sich die Macht hat, die Welt der Erscheinungen zu rekonstruieren und zu einer 'zweiten Schöpfung' der N. zu gelangen. Die Alchemie versucht und verwandelt die N. in der Absicht, zum «magnum opus» der endgültigen Vervollkommnung zu gelangen. Für den Alchemisten ist die N. jenseits der harmonischen Physis zu suchen, indem man bis zur letzten Stufe der Schöpfung vordringt, der chaotischen «sylva» des MA, der ersten und bloßen Materie, aus der man in einem freien kombinatorischen Spiel neue Formen und neue Eigenschaften eduzieren kann [1]. Indem sie den freien Gebrauch der N. und die doppeldeutige Tätigkeit der Verwandlung thematisiert, pflegt, prüft und erforscht die Alchemie tiefe und verborgene Kräfte der N., die das scholastische Denken als jenseits der Barrieren einer rationalen und göttlichen Ordnung der N. liegend verworfen hatte. Die scholastische Lehre der Materie und der Form, der Elemente und der Eigenschaften, die diese Ordnung rechtfertige, wird ihrerseits verworfen, und man gelangt mit PARACELSUS zu einer neuen Triade von Elementen und zur Anerkennung der Alchemie als wahrer Vollendung der N.: «die natur ist so subtil und so scharpf in iren dingen, das sie on grosse kunst nicht wil gebraucht werden; dan sie gibt nichts an tag, das auf sein stat vollendet sei, sonder der mensch muß es vollenden. Dise vollendung heißet alchimia» [2].

Eine andere, aber konvergierende Interpretation der Kunst als zweiter Schöpfung der N. und des Menschen als ihres Künstlers entsteht in den Werkstätten (botteghe) der Künstler und in den Fabriken der Architekten und Ingenieure. So sagt L. B. ALBERTI: «Was immer die N. hervorbringt, das alles gestaltet sie nach dem Gesetz der schönen Form» (Quidquid ... in medium proferat natura, id omne ea concinnitatis lege moderatur) [3]. Hier ist die N. durch das Gesetz der Symmetrie und der Kunstform (concinnitas) geleitet und von dem pythagoreisch-platonischen Ideal von Gott als Geometer und Architekt inspiriert, der die Welt nach der goldenen Regel der Proportion konstruiert. Die biblische Schöpfung nach Zahl, Gewicht und Maß erweist sich als bereichert durch die Interpretation der N. und Gottes im Lichte der griechischen Mathematik und des humanistischen Ideals des Menschen als Demiurgen. Die Physik des ‹Timaios› überlagert den Bericht der ‹Genesis›: Die harmonischen «Gründe» der fünf regelmäßigen Körper, die «jedem anderen Ding in der N. das Sein» [4] verleihen, fallen zusammen mit den Gründen selbst der Schöpfung. Um diese Gründe zu erforschen (la natura è costretta dalla ragione de la sua legge, che in lei infusamente vive), verkehrt LEONARDO den platonischen Mythos der Höhle: Es ist nämlich gerade «die große Höhle» der N., die den Menschen mit «begieriger Lust» antreibt, «die große Fülle der verschiedenen und fremdartigen Formen zu sehen, die die künstlerische N. hervorbringt» [5]. Hier entsteht das Bewußtsein, daß die N. voll ist von unendlichen Gründen, die nie Gegenstand der Erfahrung waren und die der Künstler-Demiurg zunächst suchen und ans Licht zurückholen und dann im Kunstwerk nachschaffen muß (ciò ch'è nell'universo ... esso lo ha prima nella mente e poi nelle mani) [6]. Daraus geht die Renaissance-idee der Malerei als Widerspiegelung der N. und des Kunstwerks als symbolischer Form einer N. hervor, die als vollständige Darstellung der Wirklichkeit, als Kanon der Objektivität und Evidenz, als Reich der Formen, in denen sich die Fülle des Seins erschöpft, konzipiert wird.

Wenn die Kunst als Nachahmung der N. bewirkt, daß sie Wissenschaft hervorbringt, offenbaren die künstlichen Prozesse der Veränderung und Manipulation eine unbegrenzte Verfügbarkeit der N., so daß sie zum Zweck der Befreiung des Menschen von der Notwendigkeit und zum Zweck der Vermehrung ihres Nutzens und ihrer Möglichkeiten gebraucht, verbessert und verändert werden kann. In diesem Sinn spricht V. BIRINGUCCIO von der «benignità della natura, liberalissima a chi la cerca» (Güte der N., die sich demjenigen, der sie sucht, als sehr großzügig erweist) [7], und G. AGRICOLA enthüllt dem Menschen die «Eingeweide» der Erde, «benefica benignaque mater», und fordert ihn auf, die «providens et sagax natura» zu erforschen und nicht auf ihren legitimen Gebrauch zu verzichten; denn dieser ist die Verwirklichung des Zieles, zu welchem Gott die Welt geschaffen hat [8]. Die 'Praxis' der 'Dinge' und die Manipulation der 'Materialien' offenbart einem einfachen Keramiker wie B. PALISSY den ursprünglichen Wert der N. als Vergleichspunkt für jede Theorie oder abstraktes Wissen und den Vorrang des Kultus der N. gegenüber dem Kultus der Bücher [9]. Handarbeit und Werkzeug stellen die Beziehung zwischen N. und Kunst auf eine neue Grundlage. Die antike und mittelalterliche Auffassung, daß die N. ihrem Wesen nach von der Kunst verschieden sei und daß die artificialia nie die Vollkommenheit der naturalia erreichen, wird durch die Verbreitung der Schriften zur Technik und Mechanik im 16. Jh. in Frage gestellt. Im Gefolge der ‹Quaestiones mechanicae› des Ps.-ARISTOTELES [10] wird die Kunst von einer Nachahmerin zu einer schlauen Betrügerin der N., weil sie imstande ist, diese durch die Erfindung der Maschinen, die mit artificium und ingenium gebaut werden, zu beherrschen und zu besiegen. Die Mechanik ist, sagt GUIDOBALDO DEL MONTE, «tam naturae aemula quam oppugnatrix valida» (ebenso sehr Nacheiferer der N. wie ihr starker Widersacher) [11], und diese Beziehung des Nacheiferns und Widerstrebens gegenüber der N. führt dazu, in der N. selbst einen mächtigen Apparat zu sehen, der von Gesetzen, die denjenigen der Maschine nicht unähnlich sind, regiert wird. Das Offenbarwerden einer wesentlichen Kontinuität zwischen den konstruktiven Formen des Instruments und den konstruktiven Gesetzen der N. öffnet den Weg zu jener Entsprechung zwischen Geometrie und Physik, zwischen Mathematik und mechanischen Künsten [12], die zur Auffassung der Maschine als Modell der umfassenden N.-Erklärung führen wird. Diese Verkehrung der Beziehung von N. und Kunst, Kennzeichen der neuen Wissenschaft, wird die endgültige Abkehr der organizistischen und hylozoistischen N.-Deutungen signalisieren: Die große 'Metapher des Körpers' wird von der ebenso erfolgreichen Metapher der Maschine und des Uhrwerks ersetzt werden [13].

Anmerkungen. [1] PARACELSUS, Philos. ad Athen. I, 1f.; II, 2ff. – [2] Paragranum III. Werke, hg. K. SUDHOFF VIII, 181. – [3] L. B. ALBERTI, De re aedific. IX, 5. 10. – [4] L. PACIOLI, De divina prop. 5; vgl. 54f. – [5] LEONARDO, Scritti lett., hg. A. MARINONI (Mailand 1952) 181f. – [6] Tratt. di pittura I, 9; vgl. auch 1. 5f. 8f.; III, 266. – [7] V. BIRINGUCCIO: De la pirotechnia (Venedig 1540) VIIv., 5v. – [8] G. AGRICOLA: De re metallica (Basel 1556) I, 8-10. – [9] B. PALISSY, Oeuvres, hg. A. FRANCE (Paris 1880) 166. – [10] PS.-ARISTOTELES, Mechanica 847 a 11-29. – [11] G. DEL MONTE:

In duos Archimedis aequipond. lib. (Pesaro 1587) Praef.; vgl. auch Mechanic. lib. (Pesaro 1577) Praef. – [12] F. COMMANDINO: Proleg. zu EUCLIDES Elementa (Pesaro 1572); A. RAMELLI: Le diverse et artificiose machine (Paris 1588) Pref. – [13] Vgl. z.B. MONANTHEUIL: Praef. zu ARISTOTELES Mechanica (Paris 1599); J. KEPLER, Op. omn., hg. CH. FRISCH (1859ff.) 2, 84.

3. Gegen die animistische und okkultistische N.-Auffassung wurde mit verschiedenen Gründen argumentiert. Gegenüber dem allmählichen Zerfall des alten Begriffs der N. und des natürlichen Gesetzes und gegenüber der unkontrollierbaren Öffnung der Welt der Phänomene für die Geheimnisse der N. versuchte der Aristotelismus, mit POMPONAZZI, diese Vielfalt und die Idee selbst der N. als 'Wunder' in das begriffliche System des peripatetischen und zum Teil scholastischen Naturalismus zurückzuführen. In ‹De naturalium effectuum causis sive de incantationibus› (1520) führt Pomponazzi eine strenge Reduktion aller Wirkungen, selbst der geheimnisvollen und rätselhaftesten, innerhalb der kausalen und hierarchischen Ordnung des aristotelisch-ptolemäischen Kosmos durch. Indem Pomponazzi den größten Teil der durch Mantik, Theurgie, Magie und selbst der christlichen Offenbarung tradierten mirabilia als Erfahrungsdaten annimmt, vereint und 'rettet' er sie auf der Ebene der aristotelischen 'natürlichen Vernunft' und anerkennt sie als Wirkungen der natürlichen oder der zweiten in der himmlischen Ordnung eingeschriebenen Ursachen, d.h. der Planeten. Die ganzen wirkenden Kräfte, mit welchen Magie, Hermetik und Christentum die N. durchdrungen sahen (seien es Dämonen und heidnische natürliche Gottheiten oder Engel und Teufel der christlichen Theologie), werden auf die wirkenden Einflüsse der bewegenden Intelligenzen der Himmelssphären zurückgeführt [1]. Jede Erscheinung, jede wunderbare Wirkung hat ihren eigenen Grund in den Himmelskörpern, insofern sie Wirkursachen und Instrumente der zwingenden Handlungen Gottes sind: «Die geringere Wirkung geschieht nicht unmittelbar durch Gott über uns, sondern nur vermittelt durch seine Diener. Alles nämlich lenkt und ordnet Gott planmäßig und schön, und er hat in die Dinge ein ewiges Gesetz gelegt, das zu umgehen unmöglich ist» (effectus inferior immediate non fit a Deo super nos, sed tantum mediantibus eius ministris. Omnia enim Deus ordinat et disponit ordinate et suaviter, legemque aeternam rebus indidit, quam praeterire impossibile est) [2]. Die lex aeterna, die der N. eingegeben ist, fällt mit der zwingenden, geordneten und von den Himmelskörpern hierarchisierten Handlung zusammen, die von der arabischen Astrologie und von der starr naturalistischen Deutung des Aristoteles durch Averroes und Alexander von Aphrodisias theoretisch vorformuliert worden ist. Wenn man sich diesem N.-Gesetz nicht entziehen kann, wird der christliche Begriff des Übernatürlichen in der Tat eliminiert [3]. Alles was über die N. hinauszugehen scheint, wird, wenn es im Lichte des astrologischen Rationalismus analysiert wird, in diese Welt zurückgeführt und in ihr erschöpft. Das Zufällige, das Einzelne, das Monströse und jede wunderbare und grundlose Erscheinung findet ihre Erklärung im vernünftigen Rahmen des aristotelischen Naturalismus.

Die Wirksamkeit der Sterne wird außerdem Norm jedes geschichtlichen Ereignisses im Rahmen der natürlichen Ökonomie [4]. Durch die arabische astrologische Theorie der großen Konjunktionen und durch die stoische und peripatetische Theorie der kosmischen Zyklen und Katastrophen erkennt Pomponazzi in der ewigen Wiederkehr der Sternperioden das unausweichliche Gesetz, das den zyklischen Prozeß von Entstehung, Kulmination und Verfall nicht nur der N., sondern auch der Staaten, der menschlichen Seele und der Religionen regelt [5].

Diese Reduktion der historischen und heiligen Zeit auf die naturalistische und astrale Zeit wird zu einem Charakteristikum des politischen und historischen Denkens des 16. Jh., insbesondere bei MACHIAVELLI, der der demiurgischen «virtus» des Menschen die «fortuna» entgegensetzt, die er als zyklisches Gesetz der N. versteht, welche dazu neigt, jede Republik, die nicht bereit ist, ihr Widerstand zu leisten, zum Verfall zu führen. [6]. Das Gesetz der «vicissitudo rerum», das durch den Kreis der Sterne die Qualität der Zeiten und die Ordnung der Dinge festlegt und verändert, ist dasjenige, das die Welt der N. und der Menschen zu ständiger Veränderung anregt [7]. Die Verbindung von Astrologie und Geschichte, von kosmischer Zeit und N.-Prozessen macht außerdem ein grundlegendes Element der Thematik der «rinascita» und der «renovatio» aus, die als Rückkehr nicht *zum*, sondern *des* Alten, als Ankunft einer kosmischen, schon bekannten Konjunktur, die die N. wieder erneuert und eine entsprechende Regenerierung der Kultur verlangt. Daraus folgt ferner die Thematik von Morgenröte und Frühling im utopischen Denken, die die vollkommene Gesellschaft im Kontext einer mit Harmonie erfüllten und von der fatalen Kette des ständigen Alterns und Verfallens befreiten N. idealisiert. In diesem Sinne werden ‹fatum› und ‹fortuna› zwei Schlüsselbegriffe, mit denen die Philosophie der Renaissance die N. und die ethische Dimension des Menschen in den Horizont der himmlischen Kreisbewegung einschließt [8]. Die Theodizee fällt schließlich mit der kosmischen Gerechtigkeit zusammen, mit der Gott die der N. immanente Finalität der astralen Notwendigkeit unterordnet; und Gott selbst, der auch in den entschiedensten naturalistischen Ansichten des 16. Jh. niemals geleugnet wird, wird jedoch ohne die N., mit der er sich identifiziert, indem er sich in ihr widerspiegelt, unverständlich.

Anmerkungen. [1] P. POMPONAZZI, De natural. effect. causis X, 120f. 135ff. 143-146. 149f. 156ff. 162f. 169. 184. 201; XII, 220ff. 229. 231. 241ff. 258. 289; XIII, 298f. 306. – [2] a.O. X, 134; vgl. XIII, 301ff. – [3] X, 146. 199f.; XII, 276f. 283-287. 294; XIII, 317ff. – [4] X, 130f. 146ff. 150ff. 168f.; XII, 292f. – [5] X, 173f.; XII, 223. 280-289. 295; Dubit. in IV Meteorol. (Venedig 1563) 12r-v; De fato II, 7, 1. – [6] N. MACHIAVELLI, Il Principe 25; Discorsi I, 2; Istorie fiorentine V, 1. – [7] Vgl. z.B. POMPONAZZI, a.O. [1] X, 290f. 295; L. LE ROY: De la vicissitude ... des choses dans l'univers (Paris 1575) I, 1-11. – [8] Vgl. POMPONAZZI, De fato I, 4; De natural. effect. caus. X, 155f.; XII, 264f. 291; vgl. auch P. F. ARPE: Theatrum fati (Rotterdam 1716) 45-70.

4. Der Bruch mit diesem komplizierten System von metaphysischen, physischen und ethisch-politischen Implikationen, die aus dem aristotelischen Begriff der N. und dem hierarchischen und qualitativen System des Kosmos hervorgehen, erklärt die revolutionäre Tragweite der neuen Astronomie von KOPERNIKUS. Fest überzeugt von der Identität von Ontologie und Geometrie, sieht Kopernikus in der sinnlichen Evidenz die Manifestation einer der Welt innewohnenden geometrischen Ordnung, deren einfaches und einheitliches Prinzip er sucht. Deshalb zögert er nicht, die Gegebenheiten des «sensus communis» umzukehren, auf denen die aristotelische Physik und die ptolemäische Astronomie aufgebaut waren: Er geht von einer «absurda opinio» aus – der Beweglichkeit der Erde –, die er «gegen die herrschende Ansicht der Mathematiker und fast gegen die allgemeine

Meinung» (contra receptam opinionem mathematicorum ac propemodum contra communem sensum) [1] verteidigt, und macht sie zu jenem hypothetischen einfachen Prinzip, aus welchem alle himmlischen und irdischen Phänomene in einer harmonischen Serie von mathematischen Formen und Beziehungen entspringen, die die «bewunderungswürdige Symmetrie der Welt und den festen harmonischen Zusammenhang zwischen Bewegung und Größe der Kreisbahnen, wie man ihn auf andere Weise nicht finden kann» (admirandam mundi symmetriam, ac certum harmoniae nexum motus et magnitudinis orbium, qualis alio modo reperiri non potest) [2], bestätigen. Mehr als in dem neuen Weltbild (imago mundi) ist in dieser epistemologischen Umkehrung der wichtigste Hinweis von Kopernikus für eine neue Art, die N. zu studieren, zu finden: Entsprechend verfährt die «Klugheit der N. ... Wie sie es streng vermieden hat, etwas Überflüssiges oder Unnützes hervorzubringen, so bereichert sie vielmehr oft eine Sache durch zahlreiche Wirkungen» [3]. Im Beweisgang der Geometrie wird eine aufgestellte Hypothese durch korrektes Multiplizieren der Konsequenzen verifiziert; entsprechend verfährt die «Klugheit der N. .... wie sie es streng vermieden hat, etwas Überflüssiges oder Unnützes hervorzubringen, so bereichert sie vielmehr oft eine Sache durch zahlreiche Wirkungen» (naturae sagacitas ... sicut maxime cavit superfluum quiddam vel inutile produxisse, ita potius unam saepe rem multis ditavit effectibus) [4]. Die N. macht nicht nur, wie ARISTOTELES sagte [5], nichts umsonst, sondern gewinnt die Vielfalt der Wirkungen aus der kleinsten möglichen Zahl von Prinzipien gemäß einem aus der Geometrie genommenen epistemologischen Modell. Die Produktivität der N. geht also nicht aus verborgenen Mächten oder geheimnisvollen Kräften hervor, sondern sie erlangt kraft der Zahl und des Maßes das Maximum der Zwecke mit dem Minimum der Mittel. Daraus folgt die Idee, daß Wesen und Bewegung jedes Körpers ausschließlich aus den ihrer zirkulären geometrischen Form innewohnenden Eigenschaften bestimmt werden [6]. Diese Geometrisierung des Formbegriffs, von größter Bedeutung in der Entwicklung der modernen Philosophie, untergrub die Grundlagen der animistischen und astrologischen Weltansicht und der Hierarchie von Wesenheiten, auf denen das alte Prinzip der physischen und metaphysischen Kausalität beruhte. Indem er die Erde zu einem rotierenden Planeten unter Planeten machte [7], stürzte KOPERNIKUS die traditionelle kosmische Ordnung und die ethisch-qualitative Topographie des himmlischen und irdischen Raumes, die seit Jahrhunderten das christianisierte Bild des griechischen Kosmos ausmachte. Darüber hinaus wird die Auseinandersetzung über die Bewegung der Erde zu einer neuen Reflexion über Probleme der Physik und der Dynamik eröffnen, die dem modernen N.-Begriff und der Entstehung der galileischen Physik zugrunde liegen. Ein weiterer Schritt zur Zerstörung der alten Kosmologie wird von TYCHO BRAHE vollzogen, indem er die kristalline Festigkeit der Sphären negiert und die Flüssigkeit der Himmel behauptet, und zwar aufgrund seines Studiums der Novae und der Kometen, die zwischen 1572 und 1577 auftauchen. In der Stella nova von 1572 sah Brahe nicht nur den Beweis von der Möglichkeit himmlischer Zeugungen, sondern auch das Zeichen einer noch nicht abgeschlossenen göttlichen Schöpfung und eine N., die dem absoluten und freien Willen Gottes unterworfen ist, der «völlig frei handelt und durch keinerlei Fesseln der N. gebunden ist» (liberrime agit, nec ullis obstricta est naturae vinculis) [8].

Die Vereinigung der irdischen und der himmlischen Physik und die Reduktion des «ordo rerum» auf die Einheit der geometrischen Struktur wird von KEPLER vollzogen. Er sieht in der Welt und in der N. eine archetypische Textur geometrischer Gegenstände, die, zunächst im göttlichen Geist gegenwärtig, dann als Wirkungen «außerhalb der Geometrie und der Verstandesbegriffe in den Dingen der N. und des Himmels selbst» (extra geometriam, extraque mentis conceptus, in ipsis rebus naturalibus et coelestibus) [9] hervorbrechen. Kepler stützt sich auf die pythagoreisch-platonische Idee der engen Übereinstimmung zwischen noetischem Wesen und physischer Realität der Geometrie und der daraus folgenden Möglichkeit, mit der mathematischen Vernunft die göttlichen Gründe zu rekonstruieren, die bei der Schöpfung des Universums leitend waren: «Die Figuren aber sind erst im Urbild, dann im Werk, früher im göttlichen Geist als in den Geschöpfen, zwar in verschiedener Weise je nach dem Subjekt, aber dennoch in der gleichen Form ihres Wesens» (Primo autem figurae sunt in Archetypo quam in opere, prius in mente divina quam in creaturis, diverso quidem subiecti modo sed eadem tamen essentiae suae forma) [10]. Theologie und Mathematik konvergieren darin, daß sie die Welt als lebendigen Ausdruck der Trinität offenbaren, in der sich zwischen der Allmacht des Vaters (die im Zentrum scheinende Sonne) und der Weisheit des Sohnes (die Sphäre der Sterne) die Spannung des Geistes entfaltet als kosmisches Band von Energie und Licht, als magnetische «anima mundi», die den Ausgang und Rückgang der Dinge auf die solare und göttliche Einheit hin hervorbringt [11]. Das geometrische Modell des Kosmos steht bei Kepler neben vitalistischen Motiven der neuplatonischen Tradition und des Sonnenkults der Antike und der Renaissance, die Universum und N. in einem einheitlichen Ganzen von Energie und Vernunft, von Lebenskraft und architektonischem Logos vereinigen. Die N. in diesem Sinne ist nichts anderes als durch geometrische Vernunft, d.h. durch spiritus oder anima oder mens 'architecta' geordnete Materie. Jede Veränderung der Materie erweist sich als Werk einer «architectonica naturalis facultas», die sie «über die einzelnen auf ihr Ziel hin zu lenkenden Glieder belehrt» (de singulis membris ad finem ordinandis admonita) [12] und sie auf eine geometrische Morphogenese hin orientiert, die in der Konstanz von Formen und Strukturen immer neue kombinatorische Produktionen ermöglicht [13]. In diesem Sinn ist die Form Ordnungsprinzip der N., insofern sie fähig ist, die Materie, die ein rein Unbestimmtes ist, zu bestimmen und zu umgrenzen und sie auf diese Weise vollkommen einsichtig zu machen (Quae igitur finita, circumscripta et figurata sunt, illa etiam comprehendi possunt) [14].

Anmerkungen. [1] KOPERNIKUS, De revol. orb. coel., Praef. Werke (Warschau 1975) 2, 4. – [2] De rev. I, 10, a.O. 2, 21. – [3] Praef. a.O. 2, 4. – [4] I, 10, a.O. 2, 20. – [5] Vgl. z. B. ARISTOTELES, De caelo 1, 4, 271 a 33. – [6] KOPERNIKUS, De rev. I, 8, a.O. [1] 2, 15f.; I, 4f., a.O. 2, 10f. – [7] I, 9ff., a.O. 2, 17-24. – [8] T. BRAHE, De nova stella (1573, ND 1901) A 4r. – [9] J. KEPLER, Harmonices mundi II, Prooem. Ges. Werke 6, 67. – [10] Harm. mundi I, Prooem. a.O. 6, 15. – [11] Myster. cosmogr. 2, a.O. 1, 23; Harm. mundi V, 10, a.O. 6, 363ff. – [12] De stella nova 24, a.O. 1, 268. – [13] Vgl. Harm. mundi II, a.O. 6, 72ff. 83ff. – [14] I, Prooem., a.O. 6, 15.

5. Die Zweideutigkeit der Keplerschen Idee der N., die Animismus und Geometrie, Energie und Logos vereinigt, charakterisiert das Denken der Spätrenaissance. Neben Strömungen, die sich mit experimentellen und ma-

thematischen oder logisch-methodologischen Forschungen beschäftigen, stehen hylozoistische, atomistische oder vitalistische N.-Philosophien, die mit der aristotelischen Restauration der vorsokratischen Kosmogonien verbunden sind [1].

An diese Denkrichtung knüpft B. TELESIO an, der in ‹De rerum natura juxta propria principia› die charakteristischen Strömungen des sogenannten Naturalismus der Renaissance systematisiert. Indem er eine drastische Reduzierung der Prinzipien und begrifflichen Strukturen der alten Physik vollzieht, bestimmt er die N. als eine gleichförmige und gleichbleibende Einheit, die durch nur drei Prinzipien geregelt ist: ein passives Substrat, die körperliche Materie, und zwei aktive Kräfte, die Wärme und die Kälte, beide unkörperlich und unvergänglich und in dauerndem Gegensatz miteinander [2]. Nur durch die Schöpfungsbeziehung mit Gott verbunden [3], hat die N. die Fähigkeit erhalten, auf autonome Weise ihren eigenen Lauf zu vollenden, ohne daß äußere Gründe oder getrennte Substanzen eingreifen. Indem der aristotelische Erste Beweger in die Materie eintaucht, löst sich der Begriff der N. als Prinzip von Bewegung und Ruhe in eine der materiellen Masse gänzlich innewohnende Dynamik auf [4]. Diese Masse wird von den entgegengesetzten Kräften der Wärme, die bewegt, verdünnt und trennt, und der Kälte, die vereint, verdichtet und zur Ruhe bringt, in Spannung gehalten [5]. Unter der Wirkung der Wärme, des «opifex omnium», dessen gestaltende und fürsorgliche Tätigkeit von der Sonne, der wahren 'Vernunft der Welt', emaniert, wird jede körperliche Form in Beziehung auf die Disposition der Materie zur Existenz gedrängt [6]. Als vorübergehende und wechselnde Disposition ist die Form nicht mehr Wesen oder 'getrenntes Modell', mit der die Materie 'eingeprägt' und 'verwirklicht' wird, sondern eher eine 'Art' unter den vielen möglichen Arten, mit der die in sich vollständige materielle N. ihr eigenes Wesen in verschiedenen Formen 'ausprägt'. Diese Umkehrung der Beziehung zwischen Materie und Form und die Reduktion des Zusammenhangs zwischen Möglichkeit und Wirklichkeit auf eine der Materie innewohnende Dynamik beraubt die N. der Prinzipien der aristotelischen N.-Philosophie [7]. Bemerkenswert ist hier die Identifikation von N. und Materie: Von einem bloß privativen und logischen Prinzip wird die «materia prima» zu einem positiven und konkreten Element, dem einzigen wahren «suppositum» der N. und der Wirklichkeit. Materie und Lebenskraft genügen alleine, die N. und die Struktur des Universums auszudrücken, die sich in eine Stufung von materiellen Formen (Himmel, Elemente und Erde) auseinanderlegt, je nachdem, ob die himmlische Wärme oder die irdische Kälte vorherrscht [8]. Organische und anorganische Welt sind Ausdruck ein und derselben N., die von dem belebenden Geist der Wärme durchdrungen ist, der Menschen, Tieren und Dingen die Fähigkeit gibt zu empfinden, d.h. zu 'leiden' und jede Veränderung 'wahrzunehmen'.

Diese Idee einer «materia prima», die nicht mehr unterste Stufe der Schöpfung, nicht mehr Zeichen des Falls und des Bösen, nicht mehr der Form untergeordnet ist, beherrscht den Begriff der N. bei G. BRUNO. Für ihn ist die Materie nicht nackt und prope nihil, sondern von einer doppelten Potentialität gekennzeichnet: einer passiven ('Möglichkeit' des Seins) und einer aktiven ('Fähigkeit' des Seins). Als Dynamis oder aktive Potenz ist sie noetische Hyle und wird mit der universellen Vernunft oder dem «dator formarum» identifiziert, der das Vermögen der Weltseele ist, mit der Gott das Universum belebt [9]. Auf diese Weise identifiziert Bruno göttliche Kausalität und Materie: Aktivität und Passivität, Form und Materie, werden zwei komplementäre und untrennbare Aspekte einer und derselben geistigen Hyle, die Avincebron «den Gott, der in allen Dingen ist» nannte [10]. In diesem Sinn gilt «natura est Deus in rebus» [11]. In Gott nämlich vereinigen sich nicht nur der absolute Akt und die formierende Kraft, sondern auch die absolute Potenz und das materielle Substrat. Innerhalb dieser hylemorphischen göttlichen Einheit expliziert und kontrahiert die N. – nach dem Beispiel der Neuplatoniker und des Cusanus – die lebendige Materie und produziert dabei vielfältige und ständig wechselnde Formen. Die N. empfängt nicht von 'außen', sondern entläßt und bringt wie 'aus dem Schoß' die Vielzahl der Formen hervor und benutzt die Materie als Instrument dieser Produktion (la natura de la sua materia fa tutto per modo di separazione, di parto, di effluzione) [12]. In dieser Hinsicht ist in der N. das, was entsteht und vergeht, nicht die Materie, sondern die erscheinende und veränderliche Gesamtheit der Formen (nella natura, variandosi in infinito e succedendo l'una a l'altra le forme, è sempre una materia medesma) [13], in die sich die undifferenzierte und unendliche Einheit auseinanderlegt, kontrahiert und bestimmt und deren unaufhörliches Abwechseln das zyklische Geborenwerden und Sterben der Dinge markiert (è in volontà della natura che ordina l'universo, che tutte le forme cedano a tutte) [14]. Daraus folgt Brunos atomistische Hypothese: Die Materie, die als kosmischer Äther leerer und unendlicher Raum ist, ist als physische Körperlichkeit ein unendliches Ganzes von Atomen, materiellen Minima und lebendigen Monaden, die sich unaufhörlich vereinigen und trennen unter dem demiurgischen Zwang der einzigen substantiellen Form, die von Bruno anerkannt wird, d.h. der Weltseele, die sich in der Materie als 'Geber' oder 'Quelle der Formen' verbirgt. Aus dieser Identifikation von göttlicher Kausalität und Materie zieht Bruno kühne metaphysische und physische Konsequenzen. In der Unendlichkeit der Räume realisiert die Materie die gesamte absolute und unendliche Potenz Gottes. Daraus folgt die Idee von der Unendlichkeit des kosmischen Raumes und den unendlich vielen möglichen Welten, die, der unseren ähnlich, in diesem von der göttlichen Potenz erfüllten Raum verstreut sind [15]. Mit Bruno geht der N.-Begriff entschieden über den geistigen Rahmen und die traditionelle kosmologische Darstellung hinaus und treibt die durch Cusanus und Kopernikus eingeleitete Krise in ihr Extrem. Die Werke der N. sind nicht mehr in das geschlossene System der sublunaren Welt einschließbar, sondern sind überall da gegenwärtig, wo die unendliche Potenz Gottes gegenwärtig ist.

Eine direkte Wiederaufnahme des Telesianischen Naturalismus findet sich bei T. CAMPANELLA. Campanella, der mit antiaristotelischer Absicht die Themen der Philosophie des Telesio, des magisch-astrologischen Organismus und des Platonismus patristischer Herkunft vereinigt, faßt die Welt als eine Stufung von Realitäten auf, die mit Gott durch verschiedene Grade der Partizipation verbunden sind. Auf dem Boden der universellen Materie, die Ort und nicht Grund aller Formen ist, wird die körperliche Masse von den entgegengesetzten Kräften der Wärme und der Kälte bewegt und beseelt und ist von einem Geist durchdrungen, der die vielfältigen Formen des Geschaffenen belebt und artikuliert, deren jede Trägerin eines Instinkts zur Wahrnehmung und zur Empfindung ist [16]. Nach Campanella 'empfindet' jedes Ding, d.h. es 'nimmt durch Instinkt wahr', und zwar das, was es erhält oder zerstört, was ihm ähnlich oder entgegengesetzt ist, was daher zu lieben oder zu hassen ist [17]. In diesem providentiellen Spiel von Sympathien und Antipathien realisiert der «sensus rerum» die Ordnung der N. dadurch, daß er, indem er die Seienden erhält, die Welt rettet und den Zweck, für den Gott sie geschaffen hat, verwirklicht. In diesem Instinkt offenbart sich außerdem die der N. innewohnende Vernunft: Jedes Seiende betätigt sich und handelt, weil es existieren 'kann', um seine Existenz 'weiß' und diese 'liebt', aber dieses instinktive 'können', 'wissen', 'lieben' ist nichts anderes als das metaphysische Zeichen der drei Prinzipien der göttlichen Trinität, die Gott jedem Seienden eingibt und die die N. – die jedem Seienden innewohnende Kunst – zu leiten und vollkommen zu verwirklichen strebt (Nobis autem videtur esse natura, innata ars, ipsa essentia rei quatenus ex potentia, sapientia et amore, tanquam principiis metaphysicis constituitur) [18]. Auf diese Weise erfüllt die N. die Aufgabe, das Universum zu regeln, insofern sie an der göttlichen ihr immanenten Vernunft teilhat, die die Welt als Tier oder lebendige Statue Gottes belebt und harmonisiert und die danach strebt, die göttliche Potenz, Weisheit und Liebe vollkommen auszudrücken [19]; alle Teile dieses lebendigen Körpers fügen sich in einen einzigen Plan, indem sie sich ordnen nach den «innumeri gradus participabilitatis» [20] an Gott. Mit Gott durch eine Beziehung der Teilhabe und Transzendenz verbunden, offenbart sich die N. – gerade durch den «sensus rerum» und die angeborene Fähigkeit 'selbst zu handeln' – als eine untergeordnete, aber nicht von einem absoluten und freien göttlichen Willen beherrschte Ordnung. Damit bewahrte Campanella die Ordnung der N. vor dem Pantheismus Brunos und dem übernatürlichen Providentialismus von Augustinus.

Anmerkungen. [1] Vgl. z.B. J. ZABARELLA: De nat. sci. const. (Venedig 1586) 2ff.; De rebus nat. (Köln 1602) 231ff. 238. 367; F. PATRIZI: Nova de univ. phil. (Ferrara 1591) II, Panarch. 18, 39v; III, Pamps. 4, 56v; 5, 59r. – [2] Vgl. B. TELESIO, De rer. nat. I, 4. – [3] a.O. I, 10; IV, 29. – [4] II, 5. 13. – [5] I, 2. 4f.; II, 21ff. – [6] I, 13ff. 18f. – [7] II, 1. 20; III, 1ff.; IV, 1. – [8] I, 3. 11ff. – [9] G. BRUNO, De la causa 3. Dialoghi italiani (= DI), hg. G. GENTILE/G. AQUILECCHIA (Florenz ³1958) 272f. – [10] a.O. 274. – [11] Spaccio 3. DI 776. – [12] De la causa 4. DI 311. – [13] a.O. 3. DI 266. – [14] a.O. 4. DI 297. – [15] De l'infinito 1. DI 375f.; 3. DI 436; Camoer. Acrot. a. 63. Op. lat. I, 175f. – [16] T. CAMPANELLA, De sens. rer. II, 2-5; Epil. magn. I, 19ff. – [17] De sens. rer. I, 6-8; Epil. magn. V, 4. – [18] Metaph. II, 1, 2. – [19] De sens. rer. II, 26f. 32; Epil. magn. I, 9. – [20] Metaph. II, 1, 2.

Literaturhinweise. – *Allgemeiner Teil.* L. THORNDIKE: A hist. of magic and experimental sci. (New York 1934-1941). – H. BUTTERFIELD: The origins of modern sci., 1300-1800 (London ²1957). – P. DUHEM: Le système du monde 10 (Paris 1959). – M. BOAS: The scientific renaissance, 1450-1630 (London 1962). – W. P. D. WIGHTMAN: Sci. and the renaissance 1. 2 (London 1962). – R. LENOBLE: Esquisse d'une histoire de l'idée de nature (Paris 1969).
– *Besonderer Teil.* F. FIORENTINO: Bernardino Telesio ossia studi storici su l'idea della natura nel Risorgimento ital. 1. 2 (Florenz 1872-1874). – P. DUHEM: Études sur Léonard de Vinci 1-3 (Paris 1906-1913). – E. CASSIRER: Individuum und Kosmos in der Philos. der Renaissance (1927). – W. DILTHEY: Weltanschauung und Analyse des Menschen seit Renaissance und Reformation (³1929). Ges. Schr. 2. – L. THORNDIKE: Sci. and thought in the fifteenth century (New York 1929). – A. O. LOVEJOY: The great chain of being (Cambridge, Mass./London 1936, ²1964). – W.-E. PEUCKERT: Pansophie: ein Versuch zur Gesch. der weißen und schwarzen Magie (1936). – F. DE DAINVILLE: La géographie des humanistes (Paris 1940, ND Genf 1969). – C. GIACON: La seconda scolastica 1-3 (Mailand 1944-1950). – H. HAYDN: The counter-renaissance (New York 1950) 8. Kap. – E. GARIN: L'umanesimo ital. (Bari 1952). – Léonard de Vinci et l'expérience scientifique au seizième siècle (Paris 1953). – E. J. HOLMYARD: Alchemy (Harmondsworth 1957). – A. KOYRÉ: From the closed world to the infinite universe (Baltimore 1957). – W. PAGEL: Paracelsus. An introd. to the philos. medicine in the era of the renaissance (Basel/New York 1958). – D. P. WALKER: Spiritual and demonic magic from Ficino to Campanella (London 1958). – A. BLUNT: Artistic theory in Italy: 1450-1600 (Oxford ²1959). – E. GARIN: Medioevo e Rinascimento (Bari ²1961). – A. KOYRÉ: La révolution astronomique. Copernic, Kepler, Borelli (Paris 1961). – P. H. MICHEL: La cosmologie de G. Bruno (Paris 1962). – T. S. KUHN: The copernican revolution (Cambridge ²1966). – B. GILLE: Les ingénieurs de la Renaissance (Paris 1967). – J.-C. MARGOLIN: L'idée de nature dans la pensée d'Erasme (Basel/Stuttgart 1967). – V. VÉDRINE: La conception de la nature chez G. Bruno (Paris 1967). – A. KOYRÉ: Mystiques, spirituels, alchimistes du XVIe siècle allemand (Paris ²1971). – P. ROSSI: I filosofi e le macchine: 1400-1700 (Mailand ²1971). G. STABILE

V. *Neuzeit.* – In der Geschichte des Wortes ⟨N.⟩ werden Bedeutungen, welche aus dem semantischen Felde des Wortes ⟨Physis⟩ herkommen, ebenso weitergebildet wie diejenigen, die dem Wort von seinem eigenen lateinischen Ursprung her eigentümlich sind. Etymologisch gesehen gehören zu φύσις Bedeutungen wie: Hervorbringen, Zeugen, Wachsen, Werden [1]. Das lateinische ⟨natura⟩ gehört zu ⟨nasci⟩ (geboren, hervorgebracht werden) und ist zu verbinden mit ⟨indigenus⟩ (am Orte geboren, einheimisch) und ⟨ingenium⟩ (von in-gigno: das Angeborene, die N.-Anlage). ⟨Natura⟩ ist Inbegriff des durch die Geburt Mitgebrachten, das Angeborene [2]. Für den N.-Begriff ist das Denken von der Physis von maßgebender Bedeutung, das ARISTOTELES durch die Bestimmung derjenigen Gegenstände als «natürlicher» (κατὰ φύσιν) auf den Begriff gebracht hat, die «in sich selbst den Anfang von Bewegung und Stillstand» haben [3]. Das Gegenwort ⟨techne⟩ deutet demgemäß auf eine Verursachung von Bewegung und Veränderung hin, welche der Sache von außen her, durch Handanlegen von seiten des Menschen, geschieht. Auf diesen Physisbegriff gründet sich eine durch das abendländische Denken verfolgbare Tradition, in welcher N. als das Selbständige, Freie, Mächtige, Ursprüngliche, Gute, Vorbildliche erklärt wird. GALILEIS Gesetz des 'freien' Falls, d.h. desjenigen, den z.B. der Stein vollzieht, indem er seiner N. ungehinderten Lauf lassen kann, mag dem Zusammenhang mit dem Physisdenken seinen Namen verdanken. Diese Tradition wird im folgenden als das Denken der 'freien' N. bezeichnet werden [4]. Im Zusammenhang dieser Bestimmung entwickelt ARISTOTELES auch die Bedeutung von Physis als des einer Sache eigentümlichen Wesens (φύσις ... ἑκάστῳ) [5]. Damit ist die Sache selbst bzw. dasjenige gemeint, was in der Neuzeit auch als 'inneres' Wesen der Sache bezeichnet wurde: es ist die Sache, sofern sie nicht als zuständlich bedingt bzw. erscheinend, sondern als selbständig und eigentümlich betrachtet wird. Die insbesondere in der Jurisprudenz vielfach beredete ⟨N. der Sache⟩ (s.d.) gehört hierher. In diesem etymologisch reflektierten Begriff kommt in sehr verschiedenen Weisen das sich immer neu meldende Bedürfnis des Rechtsdenkens zum Ausdruck, sich an Bestimmungen zu orientieren, die sich aus der Sache selbst ergeben. Der Begriff ⟨N. der Sache⟩ im Sinne einer die Sache selbst bestimmenden 'substantiellen Form' wirkt sich z.B. auch noch in KANTS Unterscheidung zwischen «natura formaliter spectata» und «natura materialiter spectata» aus. N. in bloß formaler Bedeutung genommen, sei das erste innere Prinzip all dessen, was «zum Dasein eines Dinges» gehöre, während N. in materieller Bedeutung als das Feld der Erscheinungen unter Gesetzen aufgefaßt wird [6].

Anmerkungen. [1] Vgl. G. CURTIUS: Grundz. der griech. Etymol. (1879) 304. – [2] Vgl. I. SCHUDOMA: Raum und N. bei Homer, in: Synusia, Festschr. W. Schadewaldt (1965) 11–22. – [3] ARISTOTELES, z. B. Phys. II, 1, 192 b 15; vgl. F. KAULBACH: Der philos. Begriff der Bewegung (1965) 18ff. – [4] Vgl. F. KAULBACH: Philos. der Beschreibung (1968) 90ff. – [5] ARISTOTELES, a.O. [3] 193 a 9ff. – [6] I. KANT, Met. Anfangsgründe der N.-Wiss., Vorrede. Akad.-A. 4, 467.

1. Im mittelalterlichen Denken sind die Voraussetzungen dafür gegeben, daß Gott für jedes Ding in der N. eine individuelle Bestimmung gegeben hat: das stimmt zusammen mit dem Wesensbegriff des Aristoteles. Im neuzeitlichen Denken der N. beginnt sich von Anfang an im Gegensatz zum Wesen das Prinzip des Gesetzes geltend zu machen. Charakteristisch für das Gesetz ist, daß es keine 'Ausnahme' in Form individueller Wesenseigentümlichkeiten und ausgezeichneter, privilegierter Sachen zuläßt. Der physische Raum wird z. B. als homogen im philosophischen Sinne insofern aufgefaßt, als jede beliebige Stelle in ihm ihre Bestimmung durch das allgemeine Gesetz gewinnt, welches für alle Stellen gilt. Maßgebend wird das Prinzip der 'Reihe', durch welches alle Tatsachen der N. aufgrund gesetzlicher Beziehungen zwischen ihnen angeordnet werden, so daß sie nicht die Rolle von 'Wesen', sondern von Reihengliedern annehmen. Nominalistische Voraussetzungen gewinnen insofern Geltung, als die neuzeitliche N.-Wissenschaft seit ihrem Beginn an empirischer Praxis orientiert ist (Messung, Experiment usw.). Die naturwissenschaftliche 'Erfahrung' und ihre empiristischen Wortführer seit F. BACON bestehen darauf, daß der Erkennende die durch Beobachtung der Erscheinungen gewonnenen Daten in synthetischen Verstandesaktionen zu theoretischen Zusammenhängen verbindet. So bildet das neuzeitliche Bewußtsein im Vollzug der Etablierung seiner N.-Wissenschaft ein dem gemäßes Wissenschaftsideal aus: der verbindende Verstand muß nach öffentlichen, allgemein bekannten Regeln verfahren, statt in hermetischem Kreise privat gewonnene Praktiken zu üben und in individuell mitgeteilte, vielleicht auf Einbildung beruhende Kenntnisse sich einweihen zu lassen. Dadurch, daß wir in methodischem Aufbau auf dem Fundament der Erfahrung Gesetze der N. erkennen, setzen wir uns in den Stand, diese zu beherrschen. N. wird unter der Voraussetzung des Gesetzes- und Methodenprinzips als Bereich technischer Verfügbarkeit denkbar; denn es wird als Aufgabe der N.-Wissenschaft angesehen, sichere Vorhersagen zu machen, die es erlauben, menschliche Zwecke durch effektive Regelung der N.-Prozesse zu realisieren.

Eine besondere Rolle spielt in dieser Entwicklung LEIBNIZ, der im Bereich der Physik sich zum neuen, am Gesetz orientierten Denken bekannt, im Bereich der Metaphysik aber eine Rechtfertigung des Wesens und der substantiellen Formen unternommen hat [1]. Denker wie E. WEIGEL, LEIBNIZ, der junge KANT sprachen von Gott als dem Schöpfer und Herrn der N., aber sie gaben der N. eine freie und selbständige Stellung aufgrund des allgemeinen Gesetzes, welches Gott als der Architekt des Weltbaues in der N. investiert habe. Die N. sei keines einzelnen, zufälligen und willkürlichen Eingriffes von seiten Gottes fähig oder bedürftig, weil sie von Gott von vornherein insofern freigesetzt worden ist, als alles in ihr nach allgemeinen und notwendigen Gesetzen geschehe. Sie ist nicht gehorsam im mittelalterlichen Sinne der potentia oboedientialis, sondern vollzieht die göttlichen Absichten aus eigenen, in ihr selbst liegenden Antrieben [2]. Insofern zeige sie sich nicht als «widerwärtiges Subjekt» [3].

KANT redet auch von der «sich selbst überlassenen N.» [4]. Die antike Vorstellung der selbständigen und sich aus sich selbst heraus vollendenden Physis gewann zunächst durch das Aufkommen des Gesetzesprinzips Nahrung, insofern eine gesetzlich vollkommen geordnete N. als ebenso autark und unabhängig vom äußeren Einfluß eines despotischen Willens gedacht werden muß wie eine politische Gesellschaft, die aufgrund einer guten Verfassung das Zweckmäßige aus sich selbst zu erkennen und zu tun vermag. Bei E. WEIGEL findet sich z. B. explizit die Analogisierung zwischen staatlich-gesellschaftlichen Systemen und dem Planetensystem. Die Astronomie gewinnt besondere Bedeutung, weil, wie KANT in seiner ‹Allgemeinen Naturgeschichte und Theorie des Himmels› (1755) betont, in der «systematischen Verfassung des Weltgebäudes» sichtbar wird, daß die N. aus freien Stücken und sich selbst überlassen der absolut vernünftigen Planung des Schöpfers Genüge tut. In dieser Phase des Denkens der N. [5] gilt der Mechanismus, allerdings in dynamischer Interpretation, als Pfand für die Selbständigkeit der N.: denn Kant z. B. interpretiert in seiner Frühzeit die von Gott in die Schöpfung investierten 'ewigen Wahrheiten' im Sinne dynamisch-mechanistischer allgemeiner Gesetzlichkeit und versucht in dieser Phase seines Denkens das Prinzip des Wesens (innere Möglichkeit der Dinge) mit demjenigen des Gesetzes zu versöhnen. Als den Inhalt der von Gott der N. gegebenen, sie freisetzenden Verfassung sieht er die von den Physikern gefundenen Bewegungs- und Kräftegesetze an. Daß man die mechanische Verfassung als wesentlich für die N. überhaupt angesehen hat, darauf weist das für die Geschichte des Wortes ‹Mechanismus› sehr einflußreiche Votum von BOYLE hin, statt des Wortes ‹N.› künftig ‹Mechanismus› zu sagen [6]. HOBBES hatte insofern ein mechanistisches Programm für die Erklärung der N., Gesellschaft und Geschichte vertreten, als er die in der Mechanik gefundenen Bewegungsgesetze der Materie auf alle Bereiche, auch die des Lebens und menschlichen Handelns, zu übertragen versuchte [7]. Dieses Konzept tat auch beim frühen KANT seine Wirkung, der in seiner frühen Kosmogonie, Lukrezische Bahnen weiterverfolgend, eine mechanische Entstehungsgeschichte unseres Weltsystems entwarf und die dabei wirksamen Entwicklungsstrukturen in N. und Menschengeschichte verfolgte. Aufgrund der mechanistischen Auffassung suchte er die Unbedürftigkeit der N. gegenüber göttlichen Eingriffen zu erweisen, in diesem Punkte mit Leibniz in Gegensatz zu Newton tretend. NEWTON hätte physikalische Argumente (dauernder Kraftverlust der N. durch unvollkommene Elastizität, Reibung usw.) ins Feld geführt, um die These zu begründen, daß sich Gott von Zeit zu Zeit dazu entschließen müsse, der N. wieder neue Kräfte zuzuführen, wenn der Zustand der Erschöpfung eingetreten ist. LEIBNIZ argumentiert theologisch, wenn er es als Gott allein würdig erklärt, daß er ein so vollkommenes Uhrwerk der N. geschaffen habe, welches keines immer neu wiederholten Aufziehens bedarf [8]. KANT legt das Gewicht auf die durch ihr Gesetz autarke N., die insofern ein Bild der Vernunft zu sein hat, als in ihr keine zufälligen, willkürlichen Eingriffe von außen vorkommen dürfen, sondern alles nach einem allgemeinen, notwendigen Gesetz geschehen müsse, welches die Möglichkeit bietet, Künftiges vorherzusagen. Dieses Gesetz müsse Charakter der N. selbst sein, ohne ihr von außen gewaltsam aufgeprägt zu werden [9]. Bedeutsam ist der Zusammenhang zwischen N.-System und N.-Entwicklung. Letztere wird von Kant in Weiterführung einer bedeutsamen Tradition

(z. B. Nikolaus von Kues) als Auswicklung eines ursprünglich Eingefalteten interpretiert [10]. N.-Geschichte ist unter dieser Voraussetzung als Bildungsprozeß zu begreifen, den die N. aufgrund ihrer selbständigen, systematischen Verfassung aus sich heraus zu leisten vermag. Im Zeichen des Zusammenhanges zwischen systematischer Verfassung der N., Selbständigkeit und Entwicklung setzt sich dann die Traditionslinie des Gedankens der N.-Entwicklung, zu der so verschiedene Denker wie Goethe, Schelling, Darwin, Haeckel usw. gehören, bis in die Gegenwart hinein fort.

Anmerkungen. [1] Vgl. G. W. LEIBNIZ, Discours de métaphysique 18. Philos. Schr., hg. C. I. GERHARDT 4, 444. – [2] Vgl. F. KAULBACH: Der philos. Begriff der Bewegung (1965) 30f. – [3] Vgl. I. KANT, Allg. Naturgesch. und Theorie des Himmels. Akad.-A. 1, 364. – [4] a.O. 221. – [5] Vgl. KAULBACH, a.O. [2] 91. – [6] R. BOYLE, A free inquiry into the vulgarly received notion of nature (1686). Works in 6 vol. (London 1772) 5, 158-254, bes. 169. 177f.; zur daraufolgenden Kontroverse vgl. J. G. WALCH, Philos. Lex., s.v. ‹N.› (⁴1775, ND 1968) 2, 214f. – [7] Vgl. TH. HOBBES, Human nature, or the fundamental elements of policy 7, 1. Engl. Works, hg. MOLESWORTH 4 (1840) 31. – [8] Vgl. G. W. LEIBNIZ, an Arnauld, a.O. [1] 2, 94f.; vgl. auch 4, 500f. 520. – [9] KANT, a.O. [3] 338ff. – [10] a.O. 314.

2. KANT trägt in seiner Denkgeschichte eine Dialektik von Vernunft und N. aus, welche durch die «Copernicanische Wendung» in Gang kommt. War bisher der göttliche Verstand als alleiniger Gesetzgeber aufgetreten, so übernimmt jetzt der subjektive menschliche Verstand gegenüber der N. die Rolle des Gesetzgebers. Durch diese Verlagerung der Gewichte in der Konstellation: Gott-menschliches Subjekt–N. gerät die N. in den Zustand des Gefesselt- und Gebundenseins. Das naturwissenschaftliche Interesse an der N. hatte von Galilei ab heterogene Motive zur Geltung gebracht: Einerseits bestand das Interesse, die N. für die Realisierung der Zwecke theoretischer und praktischer Vernunft verfügbar zu machen, andererseits aber wurde die N. als selbständiger Wirkungsbereich, dem der N.-Forscher und Techniker selbst angehört, verstanden. Kant charakterisiert die Situation des Menschen, der die N. in die Hand bekommen will, so, daß er sich als erkennendes und als praktisches Subjekt die Stellung gibt, von der aus er die N. gedanklich und durch Handlung verfügbar machen kann, indem er ihr das Netz von apriorischen Raum-Zeit-Formen und kategorialen Strukturen überwirft und ihr so den Charakter der «Naturnotwendigkeit» aufträgt. Der amphibolische Charakter der Stellung, welche der moderne Mensch der N. gegenüber einnimmt, wird von Kant im ‹Beschluß› der ‹Kritik der praktischen Vernunft› an der berühmten Stelle charakterisiert, an welcher er auf den «bestirnten Himmel über mir und das moralische Gesetz in mir» zu sprechen kommt, welche beide das Gemüt mit «immer neuer und zunehmender Bewunderung und Ehrfurcht» erfüllen, je öfter und anhaltender das Nachdenken sich damit beschäftige [1]. Der bestirnte Himmel bedeutet für mich eine Perspektive, in der ich mich gegenüber der unendlichen qualitativen und quantitativen Ausdehnung der N. als vollkommen bedeutungslos und nichtig empfinden muß, während die andere Perspektive, die der Freiheit, meinen «wahrhaft» unendlichen Wert erkennen läßt. Nach Kants Worten kommt es darauf an, daß sich das menschliche Subjekt vom «Gängelbande» der N. befreie. Es «schreibt» der N. Gesetze vor: dabei muß bedacht werden, daß es sich hier nur um die «allgemeinen» N.-Gesetze handeln könne, die zu den «besonderen» N.-Gesetzen in einem analogen Verhältnis stehen, wie es zwischen der allgemeinen Verfassung (Grundgesetz) eines Landes und den einzelnen besonderen Gesetzen besteht, die im Rahmen dieses Grundgesetzes Geltung haben. Diese allgemeinen N.-Gesetze sind im System der «synthetischen Grundgesetze» kodifiziert, durch sie wird das Territorium umgrenzt, welches als Bereich «möglicher Erfahrung» angesprochen wird [2], welche das Fundament für die wirkliche Erfahrung der N. gibt. In diesem Zusammenhang wird dem Subjekt die Rolle eines Fragenden übertragen, der die N. so befrage, wie der Richter die Zeugen: er «nötigt» die N. auf die Fragen zu antworten, die er ihr nach einem bestimmten Plane und «Entwurf» vorlegt. Es soll nicht in das Belieben der N. gestellt sein, dem experimentierenden und beobachtenden Subjekt zufällig zustande kommende Erfahrungsinhalte anzubieten: vielmehr soll sie gezwungen werden, ihre Erscheinungen in einer vom Subjekt systematisch geplanten Reihenfolge zu zeigen [3]. Nur der Stand des Richters, den das Subjekt nach seiner «Revolution der Denkart» gegenüber der N. behauptet, muß zugleich auch als der Stand des Gesetzgebers angesehen werden. Analoge Reflexionen zur Stellung zwischen menschlichem Subjekt und N. finden sich schon bei F. BACON [4], der u. a. zwischen dem Status der ‘freien’ N., die den ihr selbst eigentümlichen Gang geht, ohne behindert zu werden, und der durch menschliche Gedanken gefesselten und überwältigten N. unterscheidet: hier ist die Rede von der «libertas naturae» und von deren «vincula». Die Originalität in KANTS Konzeption der gefesselten N. besteht in dem tiefen Gedanken der apriorischen Weltverfassung, welche der subjektive Verstand dem Lande möglicher Erfahrung gegeben hat. N. ist aber nicht nur Inbegriff von Möglichkeiten, sondern das «*Dasein* der Dinge, sofern es nach allgemeinen Gesetzen bestimmt ist» [5]. Kant unterscheidet zwischen der formalen und der inhaltlich-gegenständlichen Perspektive des Begriffes der N.: zwischen «natura formaliter» und «natura materialiter spectata». Was den materialen Aspekt der N. angeht, so gibt er die Erklärung: N. sei der «Inbegriff aller Gegenstände der Erfahrung» [6]. Der formale Aspekt der N. jedoch läßt die gesetzmäßige Form, in welcher die Gegenstände möglicher Erfahrung stehen, erkennen: N. sei «das *Dasein* der Dinge, sofern es nach allgemeinen Gesetzen bestimmt ist» [7]. In dieser «formalen» Bestimmung der N. wird einerseits deren Abhängigkeit von der gesetzgebenden Handlung des Verstandes in der Wendung «nach allgemeinen Gesetzen» angedeutet, andererseits wird in dem Wort ‹Dasein› (Existenz ist kein Prädikat erster Stufe) der durch Gesetzgebung des Verstandes nicht bestimmbare selbständige Zug der N. festgehalten. Eine Zweideutigkeit in der Bestimmung der «natura formaliter spectata» kommt dadurch zustande, daß Kant in der zitierten Stelle der ‹Prolegomena› von seinem transzendentalen Formbegriff Gebrauch macht, während er in den ‹Metaphysischen Anfangsgründen der N.-Wissenschaft› den Formbegriff der aristotelischen Tradition zur Geltung bringt, der die formende Verwirklichung der besonderen Sache bedeutet. Hier erklärt er: «Wenn das Wort N. bloß in *formaler* Bedeutung genommen wird, da es das erste, innere Prinzip alles dessen bedeutet, was zum Dasein eines Dinges gehört, so kann es so vielerlei N.-Wissenschaften geben, als es spezifisch verschiedene Dinge gibt, deren jedes sein eigentümliches inneres Prinzip der zu seinem Dasein gehörigen Bestimmungen enthalten muß» [8]. In diesem Zusammenhang unterscheidet Kant den Terminus ‹Wesen›, zu dem die Bestimmung des Daseins nicht gehört und der daher den Gegenstand

der Mathematik charakterisiert, von dem Terminus ‹N.›, zu dem die Bestimmung des Daseins gehört.

Der von Kant begangene dialektische Weg, in welchem die Vernunft zur philosophischen Einsicht ihrer Gesetzgeberrolle gekommen ist, führt zu Positionen weiter, die zum N.-Begriff der ‹Kritik der Urteilskraft› gehören. Die auf notwendige Einheit und Zusammenhang bedachte Vernunft macht nämlich die Erfahrung, daß zwischen den allgemeinen und den besonderen N.-Gesetzen eine Lücke klafft, die als 'Zufall' in Erscheinung tritt. Die Vernunft muß es als Mangel ansehen, daß sie durch ihre gesetzgeberische Diktion nicht garantieren kann, daß sich die einzelnen N.-Gesetze zu umfassenderen systematischen Einheitszusammenhängen zusammenschließen. Auf diesem Wege kann sie also die Einheit der N. nicht verbürgen. Vom Standpunkt der Gesetzgebung allgemeiner Gesetze aus muß diese Einheit als zufällig betrachtet werden. Vernunft ist aber daran interessiert, diesen Zufall in systematische Einheit aufzuheben. Da diese Einheit der N. nicht empirisch *gefunden* und ebensowenig dogmatisch abgeleitet werden kann, weist Kant dem Denken folgenden kritischen Weg: es betrachtet die N. im Zeichen der reflektierenden Urteilskraft von vornherein so, 'als ob' sie ein organisches System wäre. Von diesem Standpunkt aus wird es möglich, den Begriff einer N. zu fassen, welche von sich aus und aus freien Stücken dem systematischen Einheitsbedürfnis der Vernunft entgegenkommt. Diejenigen Gebilde der N., die unter dem Gesichtspunkt der inneren Zweckmäßigkeit betrachtet werden und welche den organizistisch interpretierten Systemcharakter der Vernunft selbst repräsentieren [9], werden von uns als lebende Organismen angesprochen. Die für diese zuständige N. ist der Bereich der «freien Gesetzmäßigkeit», der produzierenden «bildenden Kräfte» [10]. In den Blick kommt N. als «System», als «Ganzes der Erfahrung». Am Ende dieses dialektischen Weges steht die freie N.: sie wird jetzt in ihrer Freiheit vom Stande des seine eigene Freiheit behauptenden menschlichen Subjekts her anerkannt.

Kants Konzept der auf dem von der Kritik gelegten Fundament aufgebauten Metaphysik sieht eine Gliederung in «Metaphysik der N.» und «Metaphysik der Sitten» vor. Erstere will den für theoretische Handlungen im Bereich der N.-Wissenschaften grundlegenden Entwurf einer «äußeren» (der Physik zugeordneten) und «inneren» (der Psychologie entsprechenden) N. leisten und dessen Gegenstand beschreiben [11]. Am Ende der ‹Kritik der Urteilskraft› bahnt Kant durch seine Unterscheidung zwischen «N.-Zweck» (s.d.) und Zweck der N. den Weg von der Sphäre der N.-Produktion zur menschlichen Handlungswelt. Im Bereich praktischer Vernunft wird der Dialog der Vernunft bzw. Freiheit und der N. vor allem an folgenden Angelpunkten kantischen Denkens sichtbar: 1. Der kategorische Imperativ fordert dazu auf, die Rechtfertigung der eigenen Handlungsmaxime durch ihre Messung an einer als praktische Idee entworfenen kosmischen Rechtsgesellschaft der vernünftigen Wesen (allgemeine Gesetzgebung), die er «intelligible N.» nennt, zu vollziehen, 2. in der Motivierung der «Hoffnung» auf endgültigen Erfolg unseres vernunftgeleiteten Handelns (Vernunft und Macht der Verwirklichung, moralische Theologie) und 3. im Entwurf einer geschichtsfundierenden N. (Geschichtsphilosophie). Was den zweiten Punkt, den der «Hoffnung» angeht, so ergibt sich das Problem für die Vernunft und ihre Freiheit aus dem Eingeständnis ihrer Ohnmacht: Damit der sich für Vernunft engagierende Handelnde aufgrund eines Überzeugtseins von einem endgültigen Erfolg der Vernunft trotz alles beobachteten Scheiterns überhaupt zu handeln vermag, muß er in sich die Hoffnung begründen können, daß sein Einsatz nicht umsonst ist. Hierfür ist für ihn das Postulieren eines Wesens *notwendig*, welches einerseits in vollkommener Weise vernünftig ist und andererseits über die Macht des Ins-Dasein-Rufens gebietet, die uns in der N. begegnet. Diese Hoffnung kann nur durch die «Annahme» einer Verbindung von Vernunft und Macht, von Freiheit und N., wie sie durch «Gott» garantiert wird, begründet werden [12]. Was den dritten Punkt angeht, so läßt Kant die geschichtsphilosophische Vernunft eine geschichtliche N. entwerfen, aufgrund deren wir Geschichtsschreibung zu leisten vermögen, ebenso gibt uns dieser Entwurf auch die Verfassung, in der wir geschichtlich-politisch handeln können. In den neun Sätzen der ‹Idee zu einer allgemeinen Geschichte in weltbürgerlicher Absicht› charakterisiert Kant ein die menschliche Geschichte leitendes und ihr Zielstrebigkeit verleihendes Prinzip: er nennt es N. Die Idee dieses Entwurfes sieht vor, daß ihr «Gegenstand» Vernunft und Macht vereinigt. In dieser N. porträtiert sich Vernunft selbst: aber sie legt sich zugleich höchste Macht bei, wodurch garantiert wird, daß für den politisch-geschichtlich handelnden Menschen die Hoffnung gerechtfertigt ist, daß er in seinem Einsatz für die Vernunft nicht scheitert [13]. Diese N. wird als Produzentin auch des Menschen und seiner Geschichte gedacht. Zugleich erweist sie sich als große Pädagogin, die den Menschen durch Ausnutzung seiner Schwächen zum Handeln für die Ziele der Vernunft antreibt, die in der geschichtlichen Verwirklichung einer die Welt umspannenden Rechtsgesellschaft (weltbürgerliche Gesellschaft) besteht. Wenn Hegel später von der List der Vernunft in der Geschichte spricht, so beschreibt Kant das listige Verfahren der N. als des klugen und weisen Pädagogen der Menschen, der zugleich die absolute Macht hat, weil er eben nicht bloß als Vernunft, sondern auch als N. gedacht wird, in Sätzen, aus denen die Strategie sichtbar wird, mit der die N. aufgrund einer souveränen Perspektive die vernunftresistenten Menschen über ihre eigenen Köpfe hinweg für ihre vernünftigen Ziele arbeiten läßt. Die Idee dieser N. gibt dem politisch-geschichtlich Handelnden, der sich auf den Boden der Vernunft und ihrer Zwecke stellt, dadurch Grund für Hoffnung auf Gelingen der gemeinsamen menschlichen Arbeit für diese Zwecke, daß sie das Postulat des Fortschritts einplant. Die 'geschichtliche' N. wird als eine den Fortschritt (s.d.) beabsichtigende und ihn auch realisierende N. a priori *gedacht:* Diese apriorische Fortschrittsidee kann als Leitfaden für den Versuch gelten, in der wirklichen, empirischen Geschichte fortschrittliche Tendenzen zu entdecken.

Der Dialektik der Vernunft bzw. Freiheit und N. eignet im geschichtsphilosophischen Ansatz insofern gedankliche Brisanz, als der N. selbst die Rolle vernünftiger Einsicht und Freiheit übertragen wird, so daß eine Konkurrenzsituation zwischen Vernunft und N. zu entstehen scheint. Damit kehrt die Dialektik zwischen Freiheit und Naturnotwendigkeit, die im «dritten Widerstreit der transzendentalen Ideen» ausgetragen wurde, auf höherer Stufe wieder [14]. In der Antinomie wurde die Dialektik durch die kritische Methode eines für die Einheit der Vernunft und zugleich für die Erfüllung ihrer Interessen zweckmäßigen Gebrauchs von Perspektiven geleistet: Freiheit und Naturnotwendigkeit, das war das Ergebnis, können miteinander bestehen, sofern man zwei verschiedene Perspektiven zu gebrauchen versteht. Auf geschichtsphilosophischer Stufe, auf welcher nicht Freiheit dialektisch gegen Notwendigkeit, sondern gegen eine andere Freiheit, die der N., ausgespielt wird, ergibt sich folgender Weg: Die geschichtsphilosophischen Aussagen über die freie N., welche mit dem Menschen ihre Absichten verfolgt, erweisen sich am Ende als gerechtfertigt und zugleich als vereinbar mit der Behauptung der Freiheit menschlichen Handelns, wenn man nur jeweils zwei verschiedene Perspektiven gebraucht, deren eine die These rechtfertigt, während die andere für die Antithese verantwortlich ist. Der These gemäß wird das autonome Subjekt des Handelns behauptet, während die Antithese den Blick auf den objektiven N.-Zusammenhang richtet. Beide Thesen sind, das wäre der Weg der dialektischen Auflösung des Widerstreits zwischen These und Antithese, als Perspektiven zu werten, deren sich das geschichtsphilosophische Denken bedient, um die Idee der Freiheit mit derjenigen der N.-Macht zu versöhnen.

Anmerkungen. [1] I. KANT, KpV. Akad.-A. 5, 161. – [2] Vgl. F. KAULBACH: Philos. der Beschreibung (1968) 250ff. – [3] KANT, KrV B XIII. – [4] F. BACON, De augmentis scientiarum 2. Works, hg. SPEDDING u.a. (London 1858, ND 1963) 496. – [5] KANT, Proleg. § 14. Akad.-A. 4, 294. – [6] § 16, a.O. 295. – [7] a.O. [5]. – [8] Met. Anfangsgründe der Naturwiss., Vorrede. Akad.-A. 4, 467. – [9] Vgl. KrV B 860ff. – [10] Vgl. KU § 65. Akad.-A. 5, 374. – [11] a.O. [8] 467-479. – [12] KpV. Akad.-A. 5, 124f. – [13] Idee zu einer allg. Gesch. in weltbürgerl. Absicht. Akad.-A. 8, 15-31; vgl. dazu F. KAULBACH: Welchen Nutzen gibt Kant der Gesch.philos.? Kantstudien 66 (1975) 65-84. – [14] Vgl. KrV B 472-479.

3. SCHELLING bestimmt besonders in seiner Frühzeit sein philosophisches Programm durch den Gedanken des Systems der N. und der in der N. inkarnierten Vernunft: er spricht z.B. vom «allgemeinen Organismus» [1]. In seiner Identitätsphilosophie überschreitet er die kritischen Grenzen, die Kant gezogen hatte, indem er die vernünftige N. nicht, wie dieser, als bloße «Idee», sondern als dogmatisch zu beschreibendes Sein deklariert. Er stellt ein Programm der «N.-Philosophie» auf, dem die Methode entspricht, sich auf den Standpunkt der absoluten N. selbst zu stellen, die als mit der Vernunft identisch erklärt wird, um von hier aus sich und die Welt in den Blick zu bekommen. In der Sprachgewohnheit der Schelling-Zeit wird der Name ‹N.-Philosophie› monopolistisch für das Identitätsprogramm verwendet, während z.B. Kant dieses Wort im Sinne einer rationalen, d.h. nach Gründen und Folgen verfahrenden Theorie der N. gebraucht hatte. Kant hatte diesem Namen die Bedeutung gegeben, die ihm durch die Übersetzung des Wortes ‹philosophia naturalis› zufiel, welches bei Thomas und Albertus Magnus belegbar ist [2] und im Titel des newtonischen Hauptwerkes ‹Philosophiae naturalis principia mathematica› erscheint. Der monopolistische Anspruch auf den Namen ‹N.-Philosophie› ist durch das Programm des absoluten Idealismus begründet, maßgebende Instanz für Wissenschaft überhaupt zu sein. Daher herrscht der Anspruch, über die «beschränkte Ansicht», von der N. aus dem «Standpunkte des bloßen Verstandes», den die Identitätsphilosophen der kritischen Philosophie vorwerfen, hinausgegangen und zum Standpunkt «der Vernunft» übergegangen zu sein. Schelling behauptet einen Begriff der freien N. in scharfer Auseinandersetzung mit FICHTE, der die N. lediglich als Material der Pflichterfüllung angesprochen hat. In dieser Formel sah SCHELLING einen Verrat am «Geist» in der N.: insofern Fichte damit die N. in eine Materialstellung rückt, sie zum Anderen des Geistes macht und damit ihre Freiheit und zugleich Ganzheit leugnet. N.-Philosophie habe in der N. selbst den Geist wiederzusuchen, der sie selbst ist, aber dort in der N. in «unbewußter» Form am Werke sei [3].

HEGEL betont gegen die vorwiegend ästhetisch-stilisierte N.-Philosophie Schellings, daß naturphilosophisches Denken «nicht Sache der Einbildungskraft, nicht der Phantasie» sein dürfe, sondern sie müsse «Sache des Begriffs, der Vernunft» sein [4]. Insofern erklärt er sich jedoch mit dem Programm der Schellingschen N.-Philosophie einig, als diese «die N. nicht als in der Wahrnehmung sinnlich Gegebenes zum Grunde der Wissenschaft macht, sondern ihre Bestimmungen aus dem absoluten Begriffe erkennt» [5]. Hegel orientiert sich in der N.-Philosophie wie auch in der Philosophie des Geistes am Prinzip der Substanz (Wesen), in welchem er das vom «Verstande» diktierte Gesetz dialektisch aufhebt. So versucht er die begrifflichen Substanzen in der N. darzustellen und zu beschreiben: Mit diesem dialektischen Programm will er das nur an den Erscheinungen orientierte, nominalistische und von ihm als subjektivistisch bezeichnete Denken aufheben. N. sei die Idee selbst, aber «in der Form des Andersseins»: sie ist der Geist in seiner «Äußerlichkeit» [6].

Anmerkungen. [1] F. W. J. SCHELLING, Über den Ursprung des allg. Organismus. Werke, hg. M. SCHRÖTER I, 559ff. – [2] Vgl. Art. ‹Naturphilosophie›. – [3] Vgl. SCHELLING, Darlegung des wahren Verhältnisses der Naturphilos. zu der verbesserten Fichteschen Lehre (1806). Werke I/7, 1-126. – [4] G. W. F. HEGEL, Naturphilos., Einl. Werke, hg. H. GLOCKNER 9, 31. – [5] Wiss. der Logik a.O. 4, 211; vgl. 8, 87f. – [6] a.O. [4] 49.

4. Wenn ROUSSEAU die N. gegen die Kultur (Konvention) in Schutz nimmt, so spricht er aus einem gesellschaftlich-geschichtsphilosophischen Interesse: sein Begriff der N., der auch den ästhetischen Einschlag der Künstler hat, die immer aufs neue zum Studium der N. auffordern, hat normativen Charakter, sofern er zur Überwindung der künstlichen Schranken zwischen Menschen und der damit verbundenen Heuchelei, Verstellung, Lüge usw. anleiten soll. Auch das Programm der N.-Dialektik hat für die politische Philosophie deshalb Anziehungskraft, weil in ihr die Tendenz der Aufhebung der Ent-fremdung zwischen Menschen und N. und zwischen Mensch und Mensch wirksam ist. Aus dieser Tendenz lassen sich gesellschaftsphilosophische Devisen ableiten.

ENGELS hat in seiner ‹Dialektik der N.› im Anschluß an Schelling und Hegel und zugleich in Auseinandersetzung mit dem Idealismus der Denker versucht, von «materialistischen» Voraussetzungen aus in der N. eine dialektische Struktur nachzuweisen. N. wird als Prozeß aufgefaßt, der nach einer alten geschichtsphilosophischen Denkfigur in einem bestimmten Stadium den Menschen hervorbringt: Dieser wird als Produkt der N. gedacht, welches auf diese im Handeln zurückwirkt und mit ihr auf dem Wege einer dialektischen Auseinandersetzung eine Einheit eingeht [1]. Kategorien wie folgende werden in der ‹Dialektik der N.› maßgebend: Herstellung der Ganzheit (Totalität) durch Synthese, die nicht als mechanistisch *aus* Teilen zusammensetzend, sondern das Ganze *in* den Teilen verwirklichend gedacht wird; Umschlag der Quantität in Qualität; gegenseitige Durchdringung der Gegensätze. Es bedeutet eine Schwäche der Position von Engels gegenüber derjenigen von Schelling und Hegel, daß er die dialektische Methode unkritisch auf materialistische Denkvoraussetzungen überträgt und der Gefahr nicht entgeht, die Geschichte des Menschen und seiner Handlungen dinglich zu objektivieren und zu naturalisieren. Er will antiidealistisch die Dialektik der N. aus den Ergebnissen der N.-Wissenschaften empirisch erweisen, schreibt diesen aber andererseits einen dialektischen Duktus dogmatisch vor.

SARTRE, der im Prinzip denselben Fehler macht, versucht jedoch in einer Kontroverse mit anderen marxistischen Denkern der Gefahr der Naturalisierung der Geschichte zu begegnen und dem Prinzip der Subjektivität und Freiheit durch die These Geltung zu verschaffen, daß nur Geschichte, aber nicht N. dialektischen Charakter habe [2]. Eine Entscheidung in dieser Frage dürfte davon abhängen, ob es unabhängig von den Voraussetzungen absoluter Dialektik möglich sein wird, eine Substanzphilosophie der N. dialektisch zu entwickeln, welche mit dem Prinzip der geschichtlichen Freiheit des menschlichen Subjekts vereinbar ist.

Konsequenter als Engels, der die 'Gegenseite' des Idealismus, den auf dem Standpunkt des Handelns stehenden ökonomischen Materialismus wählt, vollzieht NIETZSCHE den Bruch mit dem idealistischen Denken. So weist er der 'idealistischen' Erkenntnistheorie nach, daß sie selbst wie auch die von ihr untersuchte naturwissenschaftliche Erkenntnis 'eigentlich' vom Willen zur Macht diktiert ist. Daß N.-Wissenschaft Ausdruck eines Willens zur Macht über die N. ist, zeigt sich nach Nietzsche an den von ihr gebrauchten Kategorien wie Identität, Kausalität, Substantialität usw. Dieser Wille zur Macht ist selbst etwas Naturhaftes in uns: Wie er über unser Bewußtsein herrscht, so muß die Stellung dieses Bewußtseins der N. gegenüber im Gegensatz zur Auffassung des Idealismus als die der Abhängigkeit und der Ohnmacht gedacht werden. Das Bewußtsein muß mit einer dünnen Eisdecke verglichen werden, die sich über der unermeßlichen Tiefe der N. und ihrer Gewalten befindet. Zwischen den «großen Schriftzügen der N.» und unserer «kleinen Schrift» besteht keine Gemeinschaft [3]. Nietzsche bestätigt das gesetzgeberische Verhalten unseres Verstandes gegenüber der N. in der N.-Wissenschaft, welches Kant analysiert hatte: er entlarvt dieses Verhalten als Wille zur Macht. Sofern sich dieser in der N.-Wissenschaft auswirke, müsse er für eine notwendige, berechenbare N. eintreten und ignorieren, daß freie N. Inbegriff des «Zufalls» sei [4], gesehen mit den Augen unseres Verstandes. In der ihr selbst adäquaten Perspektive betrachtet, ist sie nach Nietzsche absolute Notwendigkeit, d.i. eine solche, die ihr nicht vom subjektiven Verstande auferlegt wurde. Vernünftigkeit oder Unvernünftigkeit seien keine Prädikate für das All, der ewige Kreislauf der Dinge geschehe blind und ohne Rücksicht auf unsere Vernunft (ewige Wiederkehr des Gleichen). Hier sei eine Notwendigkeit im Spiele, die in der Weise des blinden Fatums über unsere Köpfe und unsern Verstand hinweg ihre unausweichlichen Wege geht. Das Denken des amor fati sei der Prüfstein, an welchem die Schwachen zerbrechen und die Starken sich in ihrer ganzen Bereitschaft zum Handeln zeigen. Unser eigenes Vorkommen als das von Menschen in diesem Zusammenhang sei unerklärlich, vielleicht seien wir «zufällig in diese mechanische Weltordnungs-Ecke geworfen» [5]. In der Rede von der Gesetzmäßigkeit der N., die das neuzeitliche naturwissenschaftliche Bewußtsein pflege, verberge sich der Wille, in ihr einen menschlichen Charakter zu finden: aber wenn das N.-Gesetz den Anspruch auf Vernünftigkeit der N. behaupte, so müsse man darin einen Aberglauben sehen [6].

In dieselbe Richtung, in welche Nietzsche in der Auseinandersetzung zwischen Vernunft bzw. Freiheit und N. mit seinem Plädoyer für die N. weist, gehen auch evolutionistische Überlegungen im Bereich des *Darwinismus*. Auch die davon sonst ganz verschiedenen Ansätze der Tiefenpsychologie und deren Konsequenzen sind hier zu nennen. Seit Kopernikus, so erklärt Nietzsche, sei der Mensch immer mehr aus dem Mittelpunkt des Alls herausgefallen und übernehme in zunehmendem Maße im Kosmos die Rolle des «Eckenstehers». Demgemäß besagen unsere Erfahrungen, die wir im Zeitalter der Atomphysik und ihrer Technik sowie der Astronautik machen, daß wir in demselben Maße, in welchem wir N.-Mächte in unsere Verfügung zu stellen vermögen, die Erfahrung einer vorher nie gekannten Intensität von unbewältigten und nicht zu bewältigenden N.-Kapazitäten machen. Der Standpunkt, den das physikalische Bewußtsein der 'modernen Physik' gewonnen hat, läßt die N. in einer andern Perspektive begreifen, als es vom Standpunkt der klassischen Physik aus geschehen ist. Während hier der Physiker sich gegenüber den 'Gegenständen' seines Denkens und experimentierenden Handelns als Subjekt distanziert hat, muß sich der 'moderne' Physiker als agierendes Leibwesen in den Zusammenhang der N. und ihrer Wirkungen eingefügt begreifen. Diese Situation wird von Physikern durch die Wendung «Wechselwirkung zwischen Subjekt und Objekt» beschrieben. Für den Begriff der N. hat das zur Folge, daß diese den Charakter der totalen 'Welt' annimmt, in deren Wirkungszusammenhang sich der Physiker als einbezogen zu begreifen hat.

Anmerkungen. [1] Vgl. F. ENGELS: Dialektik der N. (²1955); vgl. A. SCHMIDT: Der Begriff der N. in der Lehre von Marx (1962). – [2] Vgl. Existentialismus und Marxismus. Eine Kontroverse zwischen Sartre, Garaudy, Hyppolite, Vigier und Orcel (Paris 1962, dtsch. 1965). – [3] F. NIETZSCHE, Fragm. Werke, hg. COLLI/MONTINARI V/2, 361. – [4] Streifzüge eines Unzeitgemäßen 7, a.O. VI/3, 109. – [5] a.O. [3] 459. – [6] Vgl. Menschliches, Allzumenschliches 2, 1, 9, a.O. IV/3, 20; F. KAULBACH: Nietzsches Interpretation der N. Nietzsche-Studien 10 (1981/82) 442f.

Literaturhinweise. F. DESSAUER: Die Teleologie in der N. (1949). – N. HARTMANN: Philos. der N. (1950). – S. TOULMIN: The philos. of sci. (London 1953). – C. F. VON WEIZSÄCKER: Die Gesch. der N. (²1954); Die Einheit der N. (1971). – W. HEISENBERG: Das N.-Bild der heutigen Physik (1955). – K. LÖWITH: Nietzsche, in: Die großen Deutschen 3 (²1956). – E. J. DIJKSTERHUIS: Die Mechanisierung des Weltbildes (1956). – M. CAPEK: Philos. impact of contemp. physics (Toronto/New York/London 1961). – K. NALLMANN: Studien zum philos. N.-Begriff der Römer mit bes. Berücksichtigung des Lukrez. Archiv Begriffsgesch. 7 (1962) 140-284. – F. KAULBACH: Philos. Begriff der Bewegung (1965). – W. SCHAPP: Metaph. der N. (Den Haag 1965). – L. SCHÄFER: Kants Metaph. der N. (1966). – M. ÉLIADE: Kosmos und Gesch. (1966). – F. KAULBACH: Philos. der Beschreibung (1968). – B. RENSCH: Biophilos. auf erkenntnistheoret. Grundlage (1968). – L. KRÜGER (Hg.): Erkenntnisprobleme der N.-Wissenschaft (1970). – F. KAULBACH: Einf. in die Metaphysik (1972). – J. MITTELSTRASS: Die Möglichkeit von Wissenschaft (1974). – R. LÖW: Philos. des Lebendigen (1980). – R. LÖW und R. SPAEMANN: Die Frage Wozu (1981). – G. BATESON: Geist und N. (1982). – E. M. ENGELS: Die Teleologie des Lebendigen (1982).

F. KAULBACH

Natur der Sache (lat. natura rei; ital. natura della cosa), oft synonym mit ‹Natur der Dinge› (lat. natura rerum; engl. nature of things; frz. nature des choses). – 1. Der Ausdruck ‹N.d.S.› gehört dem allgemeinen Sprachgebrauch an. Er begegnet hier vorwiegend in Redewendungen wie «Das liegt in der Natur der Sache» oder «Es liegt in der Natur der Sache, daß ...» und dient so zur Begründung von Aussagen, die als selbstverständlich und keiner näheren Begründung bedürftig erscheinen. Analysiert man diese Begründungen und die ihnen zugrunde liegenden Wortbedeutungen, so ergibt sich, daß der Ausdruck «Sache» im ‹N.d.S.›-Begriff jeden beliebigen Gegenstand oder Gegenstandsbereich bezeichnen kann, während mit ‹Natur› entweder begriffliche oder empirische oder normative Strukturen der in Rede stehenden Sache gemeint sind. Demgemäß handelt es sich bei Berufungen auf die N.d.S. um entweder analytische oder empirische oder normative Begründungen. Doch sind diese Berufungen wegen der Mehrdeutigkeit des Ausdrucks ‹N.d.S.› häufig verschieden interpretierbar und nicht selten als Kombination verschiedener Begründungsarten aufzufassen.

2. Der Ausdruck ‹Natur› (von lat. nasci = geboren werden, wachsen; entsprechend griech. φύσις von φύειν) meint seiner ursprünglichen Wortbedeutung nach im materialen oder absoluten Sinne die Gesamtheit aller 'gewachsenen', von Menschenhand unberührten Dinge und im formalen oder relativen, auf einzelne Gegenstände bezogenen Sinne die 'gewachsene' oder 'natürliche' Beschaffenheit eines Dinges. Der formale oder relative Naturbegriff hat sich aber schon im griechischen Sprachgebrauch von seinem etymologischen Befund gelöst und die Bedeutung von Beschaffenheit oder Struktur eines Dinges oder einer Sache überhaupt angenommen, eine Bedeutung, die dann auch auf die logische und metaphysische Struktur der Dinge übertragen wurde. Doch ist dem Griechischen eine dem deutschen Ausdruck ‹N.d.S.› entsprechende stehende Wortverbindung fremd. Sie taucht erst im Lateinischen auf (natura rei, natura rerum) und wurde z. B. bei LUKREZ sogar zum Titel eines metaphysischen Lehrgedichts (‹De natura rerum›) [1]. Gleichwohl sind die Wortverbindungen ‹N.d.S.› oder ‹Natur der Dinge› nicht eigentlich zu philosophischen Fachausdrücken geworden. Das belegt der negative Stichwortbefund in den meisten philosophischen Wörterbüchern und Sachverzeichnissen. Er erklärt sich daraus, daß am Leitfaden der Ausdrücke ‹N.d.S.› und ‹Natur der Dinge› nahezu alle Grundprobleme der Metaphysik und Erkenntnistheorie abzuhandeln wären.

3. Eine fachspezifische 'Lehre' von der N.d.S. mit streckenweise festen Lehrtraditionen und einem umfangreichen Spezialschrifttum hat sich in der Jurisprudenz seit Beginn des 19. Jh. herausgebildet, vor allem im deutschen Sprachbereich, zum Teil auch im romanischen, weniger im angloamerikanischen Raum. Im wesentlichen ging und geht es dabei um die Rezeption und Transformation philosophisch-naturrechtlicher Begriffstraditionen und ihre Einfügung in das System der allgemeinen Rechtslehre, besonders der Rechtsquellentheorie und der juristischen Methodenlehre.

a) Zur naturrechtstheoretischen Vorgeschichte dieser Entwicklung müssen hier wenige Hinweise genügen. Ausgangspunkt ist die der griechischen Philosophie entstammende Unterscheidung zwischen dem von Natur (φύσει) und dem durch Satzung oder Übereinkunft Gerechten (θέσει δίκαιον). Im Anschluß daran heißt es bei THOMAS VON AQUIN: «Fit autem aliquid iustum dupliciter: uno modo, ex ipsa natura rei, quod dicitur ius naturale; alio modo, ex quodam condicto inter homines, quod dicitur ius positivum» [2]. Der hier von Thomas als Grundbegriff der Naturrechtstheorie verwendete ‹N.d.S.›-Begriff meint, in Anknüpfung an Aristoteles, die metaphysisch-teleologische Struktur rechtserheblicher Gegenstände und Gegenstandsbereiche, vor allem die normative, von ihrer Zweckursache her interpretierte Natur des Menschen, des Gemeinwesens und dessen grundlegender Institutionen. Eine allgemeine, oft zitierte Definition dieses Begriffs findet sich in der ‹Politik› von ARISTOTELES: «Denn die Beschaffenheit, die ein jedes Ding beim Abschluß seines Werdeprozesses hat (οἷον γὰρ ἕκαστόν ἐστι τῆς γενέσεως τελεσθείσης), nennen wir die Natur des betreffenden Dinges, sei es nun ein Mensch, ein Pferd, ein Haus oder was immer; auch ist der Zweck und das Ziel das Beste» [3]. Neben diesen metaphysisch-teleologischen ‹N.d.S.›-Begriff, der, in verschiedenen Varianten, von Platon und Aristoteles über Augustinus und Thomas bis zu Leibniz und Hegel zum theoretischen Kernstück der metaphysisch-teleologischen Naturrechtslehren wurde, trat seit Beginn der Neuzeit verstärkt der empirisch-kausalgesetzliche ‹N.d.S.›-Begriff. Auch er fand Eingang in die Naturrechtstheorie, prominent z. B. bei MONTESQUIEU, dessen Hauptwerk mit dem Satz beginnt: «Les lois, dans la signification la plus étendue, sont les rapports nécessaires qui dérivent de la nature des choses» [4]. Gemeint sind damit empirisch-kausalgesetzliche, auch soziale Strukturen, die der staatliche Gesetzgeber vorfindet und die seiner Gesetzgebung Schranken setzen oder auch Regelungen bzw. Regelungsmöglichkeiten [5] vorzeichnen. Dieser empirische Begriff der N.d.S. wurde in Deutschland, vermittelt durch HUMES Philosophie [6], vor allem von J. G. H. FEDER vertreten: «wesentliche, unabänderliche Begriffe» des Rechts «müssen ... in der Natur, in den unabänderlichen Eigenschaften der Dinge, ihren Grund haben» [7]. Er prägte auch die Rechtstheorie von PÜTTER [8] und die an ihn anschließende rechtswissenschaftliche Forschung [9]. Daß daneben der ‹N.d.S.›-Begriff auch in naturrechtlichen Schrifttum vielfach, wenngleich oft nur beiläufig, im analytischen Sinne verwendet wird, bedarf keines Beleges. Allgemein gilt, daß sich so gut wie jeder Naturrechtskonzeption eine oder mehrere Ausprägungen des ‹N.d.S.›-Begriffs zuordnen lassen [10].

b) Die eigentümliche Karriere des ‹N.d.S.›-Begriffs in der Rechtswissenschaft begann in der germanistischen Jurisprudenz um die Wende vom 18. zum 19. Jh. Sie erklärt sich aus der besonderen Quellensituation dieser Disziplin, die sich in dem Bedürfnis nach einer dritten Rechtsquelle neben Gesetz und Gewohnheitsrecht bzw. nach einem zweiten Mittel der Lückenfüllung neben der Analogie manifestierte. In beide Bedarfsstellen trat der ‹N.d.S.›-Begriff ein, zunächst noch verhältnismäßig unbefangen in einem eklektizistisch-naturrechtlichen Sinne verstanden, dann zunehmend, im germanistischen Zweig der historischen Rechtsschule, als vermittels historischer Forschung aufgefundener Begriff und Leitgedanke rechtlicher Institutionen [11]. Eine feste, bereits deutlich dem juristischen Positivismus verpflichtete Lehrtradition bildete sich für eine gewisse Zeit vor allem in der gemeindeutschen Prozessualistik heraus. Ihr Begründer ist der heute weitgehend unbekannte Prozessualist KARL GROLMANN, der in seiner Rechtsquellenlehre zwischen unmittelbaren und mittelbaren gesetzlichen Quellen unterscheidet und zu den letzteren die N.d.S. und die Gerichtsobservanz zählt. Zur N.d.S. führt er aus: «Unter den mittelbaren gesetzlichen Quellen verdient eine Hauptstelle die *Natur der Sache,* d. h. hier: die aus dem Wesen und dem Zwecke eines Instituts abzuleitenden Regeln; denn wo die Gesetze selbst nichts genauer bestimmen, da haben sie nothwendig mit dem Wesen eines, von ihnen gebilligten Instituts, alles das, was hieraus gefolgert werden muß, stillschweigend gebilligt, und mit der Anerkennung eines bestimmten Zweckes einer Handlung oder Einrichtung die Gültigkeit der, aus der Analyse des gebilligten Zweckes abzuleitenden Regeln anerkannt» [12]. An diesem noch immer mehrdeutigen Verständnis des ‹N.d.S.›-Begriffs interessiert hier vor allem sein teleologischer Bedeutungsgehalt, der nun nicht mehr im Sinne einer teleologischen Metaphysik, sondern im technisch-praktischen Sinne hypothetischer Zweck/Mittel-Relationen verstanden sein will. Dieses Verständnis ist auch in anderen Rechtsgebieten einflußreich geworden, und wenn man für das 19. Jh. überhaupt von einer fachsprachlichen Verwendungsweise des Ausdrucks ‹N.d.S.› in der Jurisprudenz sprechen kann, so liegt sie in seiner Definition als Zweck eines Rechtsinstituts, womit, von der naturrechtlichen Interpretierbarkeit dieses Begriffs abgesehen, entweder der vom Gesetzgeber mit dem Institut verfolgte Zweck oder die soziale Funktion desselben gemeint ist.

Diese Wortbedeutung war zwar (und ist zum Teil noch heute) weit verbreitet, hat sich aber keineswegs einhellig durchgesetzt. Neben sie trat in der romanistischen und der Begriffsjurisprudenz das Verständnis der N.d.S. als ‹Rechtsnatur›, d.h. als Rechtsbegriff eines Lebensverhältnisses oder als systematischer Oberbegriff eines Rechtsinstituts. Von anderen Autoren, z.B. von B. W. LEIST, wurde die empirische Bedeutungslinie fortgeführt [13]. In ihrem Sinne ist wohl auch DERNBURGS berühmt gewordene Definition der N.d.S. als die den Lebensverhältnissen, «den Dingen innewohnende Ordnung», auf die der Jurist bei Schweigen des Gesetzes zurückgreifen müsse, zu verstehen [14]. Vollends zum Schlagwort und Sammelausdruck für alle Faktoren der «freien Rechtsfindung» degenerierte der Begriff um die Wende vom 19. zum 20. Jh. So heißt es z.B. bei dem Pandektisten F. REGELSBERGER: «Der Inhalt eines Rechtssatzes wird ... wesentlich bestimmt durch die thatsächliche Beschaffenheit desjenigen typischen Lebensverhältnisses, welches den Gegenstand seiner Ordnung bildet, durch dessen wirtschaftlichen, sittlichen, gesellschaftlichen Zweck. ... Man kann sagen: bis zu einem gewissen Grade sind in den Lebensverhältnissen selbst die Linien für ihre rechtliche Ordnung vorgezeichnet. Zur Erkenntnis dieser Bedingungen führt eine vernünftige eindringende Betrachtung der Lebensverhältnisse. Ihr erschließen sie jene Natur, die viel gerühmte und viel verlästerte, oft verworfene und immer wieder gesuchte Natur der Sache. Natur der Sache, Vernunft der Dinge, naturalis ratio, Zweckgedanke, Verkehrsbedürfnis, Rechtsgefühl sind nur verschiedene Bezeichnungen für dasselbe Ding» [15]. Ein anderer Autor meint: «die 'Natur der Sache' ist nichts anderes, als das 'nach Sachlage Natürliche', d.h. das derzeit Richtige, Gerechte, Kulturgemäße, Heilsame» [16].

Belege dieser Art ließen sich mühelos vermehren. Sie erklären, daß die Verwendung des ‹N.d.S.›-Begriffs in der Jurisprudenz immer wieder scharfe Kritik erfahren hat. «Das Schlimmste an dem Ausdruck» sei, notierte I. BEKKER 1892, «daß er nicht zum scharfen Denken zwingt, und darum schon recht häufig als Gedankensurrogat venutzt ist» [17]. Diese Feststellung gilt nach wie vor. Auch im gegenwärtigen Jahrhundert ist der ‹N.d.S.›-Begriff, mit wechselnden Bedeutungen, in den Dienst nahezu jeder theoretisch-methodologischen Richtung getreten, von der phänomenologischen und institutionellen Rechtslehre über die Naturrechts-Renaissance nach 1945 bis zu existentialistischen, hermeneutischen und dialektischen Rechtstheorien. Den Versuchen, die untechnische, vage und mehrdeutige Verwendungsweise des Ausdrucks in eine technische, klare und eindeutige zu überführen, ist, trotz beachtenswerter Ansätze im 19. Jh., kein durchgreifender Erfolg beschieden gewesen, ebensowenig wie den Vorschlägen, auf die Verwendung des Ausdrucks im juristischen Sprachgebrauch völlig zu verzichten und stattdessen das jeweils Gemeinte präziser zu benennen. Immerhin hat eine Reihe von Spezialuntersuchungen, angeregt vor allem durch einen zuerst 1948 erschienenen Aufsatz von G. RADBRUCH [18], die verschiedenen Verwendungsweisen des Begriffs inzwischen hinreichend geklärt. Sie beruhen auf seinen bereits eingangs erwähnten drei Grundbedeutungen, der analytischen, der empirischen und der normativen, wobei die letztere, in Anlehnung an die Terminologie Kants, in eine objektiv-praktische, d.h. auf Moral- bzw. Naturrechtsnormen, und eine technisch-praktische, d.h. auf Zweck/Mittel-Empfehlungen bezogene, zu unterscheiden ist.

Anmerkungen. [1] LUCRETII de rerum natura libri sex, ed. BAILEY (Oxford 1921). – [2] THOMAS VON AQUIN, S. theol. II/II q. 60 a. 5; s. auch q. 57 a. 2. – [3] ARISTOTELES, Pol. I, 2, 1252 b 32–1253 a 1. – [4] MONTESQUIEU, De l'esprit des lois I/1. – [5] Vgl. z. B. auch a.O. XXIX, 16: «que les lois soient conçues de manière qu'elles ne choquent point la nature des choses». – [6] D. HUME, An enquiry concerning the principles of morals, sec. I. – [7] J. G. H. FEDER: Unters. über den menschl. Willen 3 (1786) 152. – [8] J. ST. PÜTTER: Beytrage zum Teutschen Staats- und Fürstenrechte (1777) 8. – [9] Dazu J. BLÜHDORN: Zum Zus. von 'Positivität' und 'Empirie' im Verständnis der dt. Rechtswiss. zu Beginn des 19. Jh., in: Positivismus im 19. Jh., hg. J. BLÜHDORN/J. RITTER (1971) 134f. – [10] Vgl. R. DREIER: Zum Begriff der ‹N.d.S.› (1965) 3-34 (mit Belegen). – [11] Dazu und zum Folgenden R. Dreier, a.O. 35ff. (mit Belegen). – [12] K. GROLMANN: Theorie des gerichtl. Verfahrens in bürgerl. Rechtsstreitigkeiten nach dem gemeinen dtsch. Recht (1803, ³1810) § 11. – [13] B. W. LEIST: Naturalis ratio und N.d.S. Civilist. Abh. 10, 3 (1860); Die realen Grundlagen und die Stoffe des Rechts. Civilist. Stud. auf dem Gebiete dogmat. Anal. 4 (1877). – [14] H. DERNBURG: Pandekten I (⁵1896) 87. – [15] F. REGELSBERGER: Pandekten I (1893) 68. – [16] H. REICHEL: Gesetz und Richterspruch (1915) 110. – [17] I. BEKKER: Ernst und Scherz über unsere Wiss. (1892) 147. – [18] G. RADBRUCH: Die N.d.S. als jurist. Denkform, in: Festschr. R. Laun (1948) 159ff., auch erschienen als SA der Wiss. Buchges. (1960).

Literaturhinweise (nur neuere Monographien). O. BALLWEG: Zu einer Lehre von der N.d.S. (²1963). – P. KOLB: Der Begriff der ‹N.d.S.› in der höchstrichterlichen Rechtsprechung (Diss. Würzburg 1963). – H. SCHAMBECK: Der Begriff der ‹N.d.S.› (1964). – R. DREIER: Zum Begriff der ‹N.d.S.› (1965). – N. A. POULANTZAS: Nature des choses et droit (Paris 1965). – A. KAUFMANN: Analogie und ‹N.d.S.› (1965). – J. KIM: ‹Methodendualismus› und ‹N.d.S.› im Denken Gustav Radbruchs (Diss. Freiburg/Br. 1966). – H. MARX: Die jurist. Methode der Rechtsfindung aus der N.d.S. bei den Göttinger Germanisten Johann Stephan Pütter und Justus Friedrich Runde (Diss. Göttingen 1967). – M. DISSELHORST: Die N.d.S. als außergesetzliche Rechtsquelle, verfolgt an der Rechtsprechung zur Saldotheorie (1968). – E. G. VALDÉS: Derecho y «naturaleza de las cosas». Analisis de una nueva versión del derecho natural en el pensamiento juridico alemán contemp. (Cordoba/Arg. 1970/71). W. NEUSUESS: Gesunde Vernunft und N.d.S. Stud. z. jurist. Argumentation des 18. Jh. (1970). – H. A. SCHWARZ-LIEBERMANN VON WARENDORF: Réflexion sur la nature des choses et la logique du droit. Contrib. à l'ontologie et à l'épistémologie jurid. (Paris 1972). – G. SPRENGER: Naturrecht und N.d.S. (1976).   R. DREIER

Natur in Gott ist zusammen mit ‹Ungrund›, ‹Kontraktion Gottes›, ‹Grund in Gott› u.a. ein Begriff, der Gott nicht als in sich ruhendes Sein, sondern als Leben und Selbstbewegung zu fassen sucht.

Unter Verwendung der kabbalistischen Vorstellungen vom Ensoph und den Sephirot unterscheidet J. BÖHME in Gott eine «ewige geistliche N.», die, noch vor aller

Schöpfung, mit Gottes Willen und Wort identisch ist, mit seinem «Vorsatz», sich zu entäußern und in der Körperwelt zu offenbaren. Dadurch entsteht eine Bewegung in Gott, eine «Begierde», die bis zum ewigen Gebären der sieben Urgestalten getrieben wird und durch die Gott aus der ungeschiedenen Einheit in differenzierte Kräfte entfaltet wird [1]: «Diese Faßlichkeit ist Natur, und das unfaßliche Leben in der Natur ist Gottes ewigsprechendes Wort, das in Gott bleibt und Gott selber ist» [2].

Ähnlich wie Böhme hat F. CHR. OETINGER die N.i.G. begriffen: Sie ist «nicht sowol in Gott selbst als in den abglänzenden Kräften Gottes, die von Gott unzertrennlich seyn, und dennoch ist es eine ewige Natur, eine ewige Gebärung ihrer selbst aus sich selbst: sie macht sich einen Raum damit sie darinnen die endliche Kreatur formire» [3]. Sie ist «der erste Grund, daß etwas kann geschaffen werden, ohne daß man sagen muß, Gott habe sein Wesen zur Kreatur gemacht» [4].

Diese Spekulationen hat SCHELLING aufgenommen: N.i.G. wird mit Gottes Grund, den Gott notwendig in sich selbst haben muß, gleichgesetzt; sie ist «ein von ihm zwar unabtrennliches, aber doch unterschiedenes Wesen» [5]. Indem die N.i.G. eine *mögliche* Welt zeigt, vermittelt sich Gott mit sich selbst, er kommt zum Selbstbewußtsein und wird dadurch zum lebendigen, persönlichen Gott, der nicht bewegungsloses Sein ist, sondern, um Gott zu werden, «durch die Natur, durch die Sphäre des endlichen Geistes hindurchgegangen» sein muß, ohne daß dabei aber die Welt zur bloßen Emanation Gottes wird [6]. Der «Naturalismus», «das System, welches eine N.i.G. behauptet», macht erst «Bewußtseyn, Intelligenz und freien Willen in Gott» denkbar. Sie ist «ein negatives Prinzip in Gott», da es «unmöglich ist, ein Wesen mit Bewußtseyn zu denken, das durch keine verneinende Kraft in ihm selber in die Enge gebracht worden» [7]. Sie ist auch Bedingung für die äußere Schöpfung, überhaupt für die Möglichkeit der Welt und des Bösen, die also ihren Grund in dem haben, was nicht im Selbst Gottes, sondern in seiner Natur, seinem Unbewußten und Irrationalen liegt. Der spekulative Gottesbegriff soll verhindern, einen Dualismus zweier widersprechender Prinzipien anzunehmen und im Gegenteil die Identität von Denken und Sein, Einheit und Vielheit, Subjektivem und Objektivem, Idealem und Realem, Transzendenz und Immanenz zu erhalten. Die N.i.G. erweist Gott als ewig Werdenden, der in Freiheit mit der Welt unauflöslich – auch mitleidend [8] – verbunden ist.

F. VON BAADER hat ebenfalls eine N.i.G. angenommen («Der absolute Geist muss zugleich die absolute Natur sein. Dieser Begriff der absoluten Identität des Geistes und der N.i.G. fällt mit dem der Identität der Freiheit und Nothwendigkeit zusammen ...» [9]), jedoch gegen Schelling und mit Böhme die Gleichursprünglichkeit von Geist und N.i.G. behauptet, nicht das Vorangehen der N., wie er es bei Schelling angesetzt fand [10].

Anmerkungen. [1] J. BÖHME, Sämtl. Schr. (1730), ND hg. W.-E. PEUCKERT (1955-61) 3, 19f. 83f.; 8, 98; 15, 16-20. – [2] a.O. 15, 137. – [3] F. CHR. OETINGER: Bibl. und emblemat. Wb. (1776, ND 1969) 448. – [4] Sämmtl. Schr., hg. K. CH. E. EHMANN (1858-64) II/2, 264. – [5] F. W. J. SCHELLING, Sämmtl. Werke, hg. K. F. A. SCHELLING (1856-61) 7, 358. – [6] a.O. 13, 291. – [7] 8, 69. 73f. – [8] 8, 71. – [9] F. VON BAADER, Sämtl. Werke, hg. F. HOFFMANN (1850-60) 9, 218; vgl. 8, 109. – [10] a.O. 2, 378; 13, 172f.

Literaturhinweise. C. A. AUBERLEN: Die Theosophie Fr. Ch. Oetingers (1859) 177. 658ff. – H. ZELTNER: Schelling (1954). – H. GRUNSKY: J. Böhme (1956) 68f. 327. – K. LÜTHI: Gott und das Böse (1961). – ST. PORTMANN: Das Böse – die Ohnmacht der Vernunft (1966). – R. PIEPMEIER: Aporien des Lebensbegriffs seit Oetinger (1978) 165.

S. PORTMANN

Natur, zweite (lat. altera, alia oder secunda natura)

I. – 1. *Griechische Vorgeschichte des Begriffs.* – φύσις (Natur) und ἕξις (Habe, Haltung) sind früh miteinander in Beziehung gesetzt worden. Sie haben dies gemeinsam, daß sie etwas umwandeln. Dem Naturprozeß auf der einen Seite entspricht ein Einübungs- und Gewöhnungs- bzw. Erziehungsprozeß auf der anderen Seite. An diese Beziehung knüpft DEMOKRIT an: «Natur und Erziehung (διδαχή) haben eine gewisse Ähnlichkeit, denn auch die Erziehung wandelt den Menschen um, durch diese Umwandlung aber schafft sie Natur (φυσιοποιεῖ)» [1]. Am speziellen Beispiel der Erziehung der Wächter im *Staat* verweist auch PLATON auf den Zusammenhang zwischen Übung, Gewohnheit und Natur: «Nachahmungen werden, wenn man sie von Jugend an forttreibt, zu Gewohnheiten und damit zu Natur (εἰς ἔθη τε καὶ φύσιν καθίστανται), sowohl in Bezug auf den Leib und auf die Sprache als in Bezug auf die Gesinnung» [2]. Das allgemeine Entstehungsproblem von 'Tauglichkeiten' (Tugenden) greift ARISTOTELES auf: Während für die «dianoetischen Tugenden» Anlagen vorhanden sein müssen (deren Entfaltung Erfahrung und Zeit kostet), brauchen die «ethischen Tugenden» die Gewöhnung (ἔθος); denn keine der sittlichen Tugenden wird *von* Natur zuteil. Wir brauchen die natürliche Anlage, die in uns aufzunehmen; zur Wirklichkeit aber wird diese Anlage durch Gewöhnung [3]. Anläßlich einer Erörterung der zehn Gebote wird dieser Gegensatz auch bei PHILON deutlich, wobei das Entscheidende die Dauer ist, «weil Gewohnheit, wenn sie andauert, stärker ist als Natur» (διότι ἐγχρονίζον ἔθος φύσεως κραταιότερόν ἐστι) [4]. Noch deutlicher streicht GALEN die Bedeutung der Zeit für die Annäherung von Gewohnheit und Natur heraus: «Mit der Zeit geschieht es, daß, was aus langedauernden Gewohnheiten kommt, sich der natürlichen Eigenheit angleicht» (εἰς ἴσον ἥκειν – ad equalitatem accedat) [5].

Anmerkungen. [1] DEMOKRIT, VS 68 B 33; eine detaillierte Untersuchung der Vorgeschichte der ‹zweiten Natur› gibt J. H. WASZINK: Die Vorstellungen von der 'Ausdehnung der Natur' in der griech.-röm. Antike und im frühen Christentum, in: Pietas, Festschr. B. Kötting. Jb. Antike Christentum, Erg.Bd. 8 (1980) 30-38. – [2] PLATON, Resp. III, 395 d. – [3] Vgl. ARISTOTELES, Eth. Nic. II, 1, 1103 a 14-26. – [4] PHILON VON ALEXANDRIEN, De decalogo 26, 137. Werke, hg. L. COHN 4 (1902) 299. – [5] GALEN, Περὶ ἐθῶν 2. Scripta minora 2, hg. I. MÜLLER (1981) 22; gr./lat./dtsch.: De consuetudinibus, hg. J. SCHMUTTE. Corp. med. Graec., Suppl. III (1941) 20f. 47.

2. *Lateinische Prägung des Begriffs.* – Sowohl die Ansicht, daß Gewohnheit etwas der Natur Ähnliches sei, als auch die, daß Gewohnheit mit der Zeit zu Natur werde, sind im griechischen Sprachraum vielfältig belegbar [1]. Eine Gegenüberstellung *verschiedener* Naturen in diesem Zusammenhang ist jedoch erst in lateinischen Texten anzutreffen, erstmals, soweit bekannt, bei CICERO in der Wendung «consuetudine quasi alteram quandam naturam effici» (daß durch Gewohnheit gewissermaßen eine andere Natur hervorgebracht wird) [2]. Die gleiche Wendung taucht bei ihm auch in einem anderen Kontext auf: «nostris denique manibus in rerum natura quasi alteram naturam efficere conamur» (schließlich versuchen wir, durch unserer Hände Arbeit in der Natur der Dinge gewissermaßen eine andere Natur hervorzubringen) [3]. Ein Begriffspaar wie ‹natura – altera natura› überrascht

allerdings nicht, wenn es in anderem Zusammenhang seit ARISTOTELES üblich ist, vom Freund zu sagen, er sei «ein anderer er selbst» (ἔστι γὰρ ὁ φίλος ἄλλος αὐτός) [4], und CICERO ganz entsprechend definiert, «verus amicus ... tamquam alter idem» [5]. Wie das «andere Ich» (ἄλλος ἐγώ) des ZENON [6], so zeigt auch die 'andere Natur' Gleichheit in der Verschiedenheit, d. h. sie besteht nicht von Natur aus, ergibt sich jedoch aus ihr und wirkt wie Natur.

Nachdem der Ausdruck ‹altera natura› eingeführt ist, nehmen spätere Autoren auf ihn als auf eine geläufige Bezeichnung Bezug, auch wenn sie ihn sich nicht zu eigen machen. So schreibt GALEN, der seine eigenen Erörterungen über die Gewohnheit ohne diesen Terminus führt: «Es scheint aber die Gewohnheit mit der Natur zu konvergieren, weshalb man schön gesagt hat, sie sei eine erworbene Natur (φύσις ἐπίκτητος/natura acquisita)» [7], was immerhin auf eine 'andere' Natur hindeutet. Auch AUGUSTINUS verweist gelegentlich auf diesen «gelehrten» Ausdruck, der die quasi naturgesetzliche Macht der (schlechten) Gewohnheit – ein wichtiger Gedanke der augustinischen Lehre vom Menschen – prägnant bezeichnet: «consuetudinem malam ... quae ab eruditis etiam dici solet secunda natura» [8]. Sein Zeitgenosse MACROBIUS schließlich kennt die terminologische Fixierung der Gewohnheit als einer z.N. bereits als eingebürgerten Sprachgebrauch: «consuetudo, quam secundam naturam pronuntiavit usus» [9].

Doch ist nicht alles, was «zweite» Natur genannt wird, ein Produkt der Gewohnheit. Von den hier behandelten Zusammenhängen sind zu unterscheiden:

a) die Bezeichnung ‹z.N.› für die gefallene Natur des Menschen im Gegensatz zu seiner 'ersten' paradiesischen Natur; so bei TERTULLIAN: «naturae corruptio alia natura est» [10], oder bei AUGUSTINUS, der noch deutlicher die von Gott geschaffene «prima natura hominis» von der durch den Sündenfall bedingten «quasi secunda natura» abhebt [11]. Für Augustinus ist es gleichwohl die Gewohnheit, die uns an diese z.N. bindet, ohne sie bewirkt zu haben [12].

b) Aufzählungen von Arten der Natur, wenn etwa AUGUSTINUS das «genus naturarum» in drei «species», nämlich Gott, Seele und Körper einteilt [13] oder J. SCOTUS ERIUGENA mit dem Nichtseienden diesen drei Arten eine vierte hinzufügt [14].

Die augustinischen Erörterungen über die Macht der Gewohnheit und die Notwendigkeit der Gnade aufgreifend, unterscheidet THOMAS VON AQUIN die «eingegossene Tugend», die nicht aus Anlagen und nicht aus Übung, Wiederholung, Gewohnheit hervorgeht, sondern übernatürlichen Ursprungs ist. Demgegenüber rücken Natur und z.N., ihres natürlichen Ursprungs wegen, dichter zusammen: «Das Gewohnte wirkt lustvoll, insofern es naturhaft wirkt, denn die Gewohnheit ist sozusagen eine z.N.» (id quod est consuetum efficitur delectabile, inquantum efficitur naturale; nam consuetudo est quasi altera natura) [15]. Auch das von Natur und durch Gewohnheit Böse gehört zusammen: «Die Bosheit gewisser Menschen kann naturhaft genannt werden, sei es aufgrund einer Gewohnheit, welche eine z.N. ist, sei es aufgrund einer naturhaften Neigung von seiten der sinnlichen Natur zu einer ungeordneten Leidenschaft» (malitia aliquorum hominum potest dici naturalis, vel propter consuetudinem, quae est altera natura, vel propter naturalem inclinationem ex parte naturae sensitivae ad aliquam inordinatam passionem) [16]. Die Gewöhnung ist für die selbsterworbenen Tugenden (und damit für die z.N.) wesentlich, für die «eingegossenen Tugenden» und für die «Gnade des Beistands», die aus Natur und Gewohnheit überhaupt nicht entstehen kann, wirkt Gewohnheit höchstens akzidentiell [17].

Anmerkungen. [1] Vgl. die Sammlung von Belegen und ihre differenzierte Analyse bei WASZINK, a.O. [1 zu 1] bes. 31-35. – [2] CICERO, De finibus V, 25, 74. – [3] De nat. deorum 2, 60, 152. – [4] ARISTOTELES, Eth. Nic. IX, 4, 1066 a 31f. – [5] CICERO, De amicitia 21, 80. – [6] Nach DIOGENES LAERTIUS VII, 23. – [7] GALEN, De motu musculorum 2, 7. Werke, hg. C. G. KÜHN 4 (1822, ND 1964) 452. – [8] AUGUSTINUS, Contra Julianum 1, 69, 14f. 42. CSEL 85, 1 (1974) 76f.; vgl. 1, 105, 47f. a.O. 123; vgl. auch Contra Jul. 4, 103 und 6, 41. – [9] MACROBIUS, Saturnalia 7, 9, 7, hg. J. WILLIS (1963) 429. – [10] TERTULLIAN, De anima 41, 1, hg. J. H. WASZINK (Amsterdam 1947) 57; vgl. WASZINK, a.O. [1 zu 1] 37f. – [11] AUGUSTINUS, De div. quaest. ad Simplicianum 1, 11, hg. A. MUTZENBECHER. CCSL 44 (1970) 16. – [12] Vgl. L. Confessiones 8, 5. – [13] Vgl. Epist. 18, hg. A. GOLDBACHER. CSEL 34, 1 (1895) 45. – [14] Vgl. J. SCOTUS ERIUGENA, De divisione naturae I, 1. – [15] THOMAS VON AQUIN, S. theol. I/II q. 32, a. 2, ad 3. – [16] a.O. I q. 63, a. 4, ad 2. – [17] I/II q. 63, a. 3f.

3. Neuzeitliche Aufhebung der Unterscheidung.

Die Neuzeit entdeckt den latenten Konservativismus in der Gewohnheit. MONTAIGNE wendet die Feststellung «l'accoutumance est une seconde nature» [1] auf die Hervorhebung der entscheidenden Funktion der Sitten an: Wenn es «von Natur» aus nichts gibt, was an sich gilt oder in sich recht ist, dann enthalten die «Sitten» (als die z.N.) das, woran man sich halten muß [2]; und für Montaigne heißt (mit PLINIUS) «usus efficacissimus rerum omnium magister» [3].

Deutlicher wird PASCAL. Zunächst unterscheidet er, wie AUGUSTINUS [4], die zwei Naturen der Menschen vor und nach dem Sündenfall: Mit dem «instinct impuissant du bonheur de leur première nature» kontrastieren «les misères de leur aveuglement et de leur concupiscence, qui est devenue leur seconde nature» [5]. Dann stellt er fest, ebenfalls wie Augustinus, daß diese z.N. den Menschen zur Gewohnheit geworden ist, und verallgemeinert: Der Mensch ist von Natur aus der Gewohnheit ausgeliefert – die Gewohnheit ist seine Natur. So erweist sich selbst das, was uns als Naturgesetz erscheint, als durch die Gewohnheit bedingt: «Qu'est-ce que nos principes naturels, sinon nos principes accoutumés ... Une différente coutume nous donnera d'autres principes naturels» [6]. Diesen Gedanken expliziert Pascal in drei Schritten. In einem ersten Schritt verweist er auf die Gleichgewichtigkeit von Natur und Gewohnheit, was ihre Widerständigkeit gegen Veränderungsbemühungen betrifft: «s'il y en a [des principes naturels] d'ineffaçables à la coutume, il y en a aussi de la coutume contre la nature, ineffaçables à la nature» [7]. In einem zweiten Schritt präzisiert er die zeitliche Nachordnung von Natur und Gewohnheit, die sich ergibt, wenn der Unterschied festgehalten werden soll. Dafür bietet sich die überlieferte Zahlenfolge des Naturbegriffs an: «La coutume est une seconde nature, qui détruit la première» [8]. In einem dritten Schritt kommt Pascal zum Ausgangspunkt zurück, der nun näher begründet ist: «Mais qu'est-ce que nature ... J'ai grand peur que cette nature ne soit elle-même qu'une première coutume, comme la coutume est une seconde nature» [9].

Mit dieser Aufhebung der Differenz zwischen erster und z.N. durch Pascal ist der Zweifel artikuliert, ob es überhaupt möglich sei, die reine (erste) Natur des Menschen begrifflich zu bestimmen oder gar historisch aufzufinden. Dieser Zweifel zieht sich durch die Folgezeit bis hin zu ROUSSEAU, der noch einmal zu unterscheiden versucht, «ce qu'il y a d'originaire et d'artificiel dans la nature actuelle de l'homme» [10]. Zur aktuellen Natur gehören 'Instinkte' und 'Gewohnheiten', zur ursprünglichen Natur nur die Instinkte; aber da handelt es sich um einen besonderen (nicht-historischen) Zustand: «un état qui n'existe plus, qui n'a peut-être point existé, qui probablement n'existera jamais» [11]. Er enthält also die (vor-geschichtliche) Anlage zur Entwicklung eines Nicht-Anlagemäßigen, paradox ausgedrückt: Die ursprüngliche Natur lügt nicht, aber es ist die Natur des Menschen zu lügen [12].

Vom Individuum auf die Gemeinschaft überträgt FICHTE den Terminus ‹andere Natur›, mit dessen Hilfe er die ‹Sitte› definiert, um so ihre dem Bewußtsein und der Freiheit entzogene Allgemeingültigkeit zu verdeutlichen: «Sitte ... bedeutet uns ... die angewöhnten und durch den ganzen Stand der Cultur zur anderen Natur gewordenen, und ebendarum im deutlichen Bewusstseyn durchaus nicht vorkommenden Principien der Wechselwirkung der Menschen untereinander» [13].

Diese Übertragung baut HEGEL weiter aus. In der Erörterung der Sittlichkeit bestimmt er nach den Pflichten und der Tugend auch die Sitte: «In der einfachen *Identität* mit der Wirklichkeit der Individuen erscheint das Sittliche, als die allgemeine Handlungsweise derselben – als *Sitte*». Die Sitte wird dann näher definiert. Sie ist «die *Gewohnheit* [des Sittlichen] als eine *zweite Natur*, die ... der als eine Welt lebendige und vorhandene *Geist*» ist [14]. Die Sitte ist also die Welt, in der wir, als Subjekte, wirklich leben; sie ist unsere geistige Substanz. Folglich ist sie nicht nur eine endliche Macht wie die Natur, die das Bewußtsein als etwas ihm Fremdes «gelten läßt», indem es sich in seinem «Verhalten» nach ihr richtet, sondern sie ist als zweite auch eine höhere Natur: «Für das Subjekt haben die sittliche Substanz, ihre Gesetze und Gewalten ... eine absolute, unendlich festere Autorität und Macht als das Seyn der Natur», denn «*sie sind*, im höchsten Sinne der Selbstständigkeit» [15]. – Daneben kennt Hegel auch die traditionelle Bedeutung der z.N., die er in der *Anthropologie* erörtert: «Die Gewohnheit ist mit Recht eine z.N. genannt worden, – *Natur*, denn sie ist ein unmittelbares Sein der Seele, – eine *zweite*, denn sie ist eine von der Seele *gesetzte* Unmittelbarkeit, eine Ein- und Durchbildung der Leiblichkeit, ...» [16]. In der *Religionsphilosophie* findet sich beiläufig eine Definition, die die ganze Tradition des Begriffs prägnant zusammenfaßt. Es heißt dort nämlich von der «Gewohnheit», daß sie «als uns zur z.N. gewordene die Gestalt der Unmittelbarkeit annimmt, aber einer vermittelten» [17].

Anmerkungen. [1] M. DE MONTAIGNE, Essais 3, 10. Oeuvres compl., hg. A. THIBAUDET (Paris 1962) 987. – [2] Vgl. a.O. 3, 13. Oeuvres ..., 1047ff. – [3] PLINIUS, Hist. nat. 26, 6; vgl. MONTAIGNE, a.O. [1] 1, 23. Oeuvres ..., 106. – [4] AUGUSTINUS, a.O. [11 zu 2]. – [5] B. PASCAL, Pensées, fr. 483 (Brunschwicg, 430). Oeuvres compl., hg. J. CHEVALIER (Paris 1954) 1224. – [6] Pensées, fr. 119 (92), a.O. 1121. – [7] ebda. – [8] a.O. fr. 120 (93). – [9] ebda. – [10] J.-J. ROUSSEAU, Disc. sur l'origine de l'inégalité parmi les hommes. Oeuvres compl., hg. POURRAT (Genève 1782) 1, 37. – [11] a.O. 37f. – [12] Vgl. 56. – [13] J. G. FICHTE, Die Grundzüge des gegenwärtigen Zeitalters (1804). Werke, hg. I. H. FICHTE (1845/46, ND 1971) 7, 214. – [14] G. W. F. HEGEL, Grundlinien der Philos. des Rechts, § 151. Werke, hg. H. GLOCKNER 7, 233. – [15] a.O. § 146. Werke ... 7, 228. – [16] Philos. des Geistes § 410. Werke ... 10, 236; vgl. Zusatz, a.O. 241. – [17] Vorlesungen über die Philos. der Religion, hg. G. LASSON I, 1 (1925) 145.

4. *Historisierende Nachklänge.* – Nach Hegel greift man nur noch gelegentlich auf den Terminus der z.N. zurück, und zwar zumeist in rein historischer Absicht oder in der Absicht, eigene Gedanken mit einem historisch ausgewiesenen Ausdruck zu verdeutlichen. So bemerkt C. L. MICHELET anläßlich einer an Hegel anknüpfenden Erörterung der Gewohnheit, daß diese einerseits zwar «die erste Weise der Freiheit des Menschen» sei, andererseits aber ihn von neuem unfrei mache. Daher sei sie «mit Recht eine z.N. genannt» worden [1].

Auch nach J. E. ERDMANN hat die Gewohnheit die doppelte Funktion, daß sie «bindet und fesselt, löst und befreit», also in ihrem Begriff Entgegengesetztes vereinigt. «Das aber hat der gesunde Menschenverstand längst gewußt, und demgemäß die Gewohnheit eine zweite oder andere Natur genannt. 'Natur', weil sie eine Beschaffenheit ist, von der wir uns nicht losmachen können, 'andere' oder zweite, weil sie eine hervorgebrachte, künstliche ist, Beides zusammen, weil sie keine natürliche Natur ist» [2].

«Die Pädagogik ist die Kunst, die Menschen sittlich zu machen: sie betrachtet den Menschen als natürlich, und zeigt den Weg ihn wiederzugebären, seine erste Natur zu einer zweiten geistigen umzuwandeln, so daß dieses Geistige in ihm zur *Gewohnheit* wird» [3]. Dieses Wort HEGELS kennzeichnet eine metaphysisch-ethische Wendung des Problems der Gewohnheit, wie sie z.B. bei RAVAISSON entwickelt wird. Sofern die Gewohnheit, in voller Freiheit, eine neue Natur schafft, bewegt sie sich zwischen dem Willen und der Natur. Dabei transformiert sie «en mouvements instinctifs les mouvements volontaires», nähert also das Bewußte dem Natürlichen immer mehr an. «En descendant par degrés des plus claires régions de la conscience, l'habitude en porte avec elle la lumière dans les profondeurs et dans la sombre nuit de la nature. C'est une nature acquise (GALEN, *De Motu muscul.*, II, 17), un *seconde nature* (ARISTOTE, *De Mem.*, 2) qui a sa raison dernière dans la nature primitive, mais qui seule l'explique à l'entendement. C'est enfin une nature *naturée*, œuvre et révélation successive de la nature *naturante*» [4].

In unserem Jahrhundert greift A. GEHLEN den Begriff der z.N. in einem kulturphilosophisch modifizierten Sinn wieder auf. Er stellt die Frage: «Wie bringt es denn der Mensch ... eigentlich zu einem voraussehbaren, regelmäßigen, bei gegebenen Bedingungen denn doch mit einiger Sicherheit provozierbaren Verhalten, also zu einem solchen, das man quasi-instinktiv oder quasiautomatisch nennen könnte, das bei ihm *an Stelle* des echt instinktiven steht und das offenbar den stabilen sozialen Zusammenhang erst definiert? So fragen», nimmt er die Antwort vorweg, «heißt das Problem der *Institutionen* stellen» [5]. Dieser Problemstellung folgt ein Lösungsvorschlag, der an Fichte und vor allem an Hegel erinnert: «Genau an der Stelle, wo beim Tiere die 'Umwelt' steht, steht beim Menschen die 'z.N.' oder die Kultursphäre». Diese gehört somit zu den «*natürlichen* Lebensbedingungen» des Menschen; der Mensch ist «von Natur ein Kulturwesen» [6].

Anmerkungen. [1] C. L. MICHELET: Anthropologie und Psychologie oder die Philos. des subjectiven Geistes (1840) 1, 3, 1: Die Gewohnheit 211f. – [2] J. E. ERDMANN: Ernste Spiele ([2]1870), 11. Vortrag: Über Gewohnheiten und Angewohnheiten (1858) 189-208, zit. 197; vgl. Psycholog. Briefe (1852, [6]1882), 9. Brief, 195-219, bes. 199. – [3] HEGEL, a.O. [14 zu 3] § 151, Zusatz. Werke ... 7, 234. – [4] F. RAVAISSON: De l'habitude (1838), hg. J. BARUZI (Paris [2]1957) 38f.; zu dem histor. Verweis Ravaissons auf GALEN vgl. a.O. [7 zu 2], der Verweis auf ARISTOTELES, 452 a 26f., ist irreführend. – [5] A. GEHLEN: Der Mensch ([10]1974)

79. – [6] a.O. 80; vgl. dazu U. ANACKER: Natur und Intersubjektivität (1974) 29f.; W. L. THIEME: Die Gewohnheit als z.N. Logos 19 (1930) 105-109.

G. FUNKE

II. – 1. In der *vor- und frühneuzeitlichen Tradition* ist ‹z.N.› weithin synonym mit ‹consuetudo›; der Begriff der z.N. reflektiert oder kritisiert das als selbstverständlich Betrachtete der herrschenden Gewohnheit und der geltenden Konvention. Zuerst im 16., verstärkt seit dem 18. Jh., bahnt sich eine erweiterte Verwendung des Begriffs an: für die ästhetische Reflexion kann ‹z.N.› ein Kunstwerk als Ganzheit eigenen Wesens oder die Sphäre der Kunst insgesamt bezeichnen, in der Rechts- und Moralphilosophie für ‹Rechtssystem› oder ‹Sittlichkeit› stehen, in der marxistischen Theorie schließlich für die Bestimmung von Gesellschaft und Geschichte herangezogen werden. ‹Z.N.› gerät dabei um so mehr ins Zentrum von Theoriebildungen, je konsequenter sich die zumeist mit diesem Begriff verbundene kritische Intention von der Aufdeckung der scheinbaren Natürlichkeit individuellen Verhaltens auf die Analyse objektivierter Ergebnisse menschlicher Tätigkeit und damit der Pseudonatürlichkeit kultureller und geschichtlich-gesellschaftlicher Sphären verlagert.

2. Die *Kunst* wurde in und seit der Antike unter dem Konzept einer Nachahmung der Natur verstanden; seit der Renaissance tritt der Gedanke von Kunst als zweiter Schöpfung allmählich in den Vordergrund, bis er sich in der Genieästhetik des 18. Jh. gegenüber der Nachahmungslehre durchsetzt [1]. Nach SCALIGERS ‹Poetik› von 1561 macht es den Vorrang der Poesie vor den anderen Künsten aus, daß nur der Dichter, als ein «alter deus», eine «natura altera» erschaffen könne [2]. Mit der Möglichkeit des Menschen, eine z.N. hervorbringen zu können («formando o possendo formar altre nature»), ist für ihn, den Worten des Zeus in einem Dialog G. BRUNOS zufolge, die Möglichkeit gegeben, zum Ebenbild Gottes zu werden (dio de la terra) [3]. Nach SHAFTESBURY ist der Dichter ein zweiter Schöpfer, der nach eigenem Recht ein in sich zusammenhängendes Ganzes schafft: «Such a poet is indeed a second *Maker*; a just Prometheus under Jove. Like that sovereign artist or universal plastic nature, he forms a whole, coherent and proportioned in itself, with due subjection and subordinacy of constituent parts» [4]. Der Terminus ‹z.N.› selbst bleibt bei Shaftesbury allerdings noch für 'Gewohnheit' reserviert: «Habit or Custom (a second Nature)» [5]. An Shaftesbury anschließend, verwendet GOETHE ‹z.N.› explizit als ästhetischen Begriff: «so gibt der Künstler, dankbar gegen die Natur, die auch ihn hervorbrachte, ihr eine z.N., aber eine gefühlte, eine gedachte, eine menschlich vollendete zurück» [6].

HÖLDERLIN nimmt Goethes Konzeption von Kunst als z.N. auf, als er ihn zur Mitarbeit für «ein humanistisches Journal» gewinnen will; Absicht der von ihm geplanten Zeitschrift sei es u.a., an antiken und modernen Meisterwerken zu zeigen, «wie jedes dieser Werke ein idealisches, systematisches, karakteristisches Ganze ist, das aus lebendiger Seele des Dichters und der lebendigen Welt um ihn hervorgieng und durch seine Kunst zu einer eigenen Organisation, zu einer Natur in der Natur sich bildete» [7]. Über die bereits zuvor von KANT [8] und SCHILLER [9] geltend gemachte Auffassung von einer Naturähnlichkeit der Kunst hinaus definiert A. W. SCHLEGEL die Kunst «als die durch das Medium eines vollendeten Geistes hindurchgegangene, für unsere Betrachtung verklärte und konzentrierte Natur»; es kann nicht mehr um Nachahmung der Natur gehen, sondern «der Mensch ist in der Kunst Norm der Natur» [10]. – Ins 20. Jh. hineingewirkt hat der ästhetische Begriff der z.N. vor allem über LUKÁCS und ADORNO [11].

Anmerkungen. [1] Vgl. H. BLUMENBERG: 'Nachahmung der Natur'. Zur Vorgesch. der Idee des schöpferischen Menschen. Studium Generale 10 (1957) H. 5, 266-283. – [2] J. C. SCALIGER: Poetices libri septem (1561) I, 1; dazu W. TATARKIEWICZ: History of Aesthetics, hg. D. PETSCH (Warschau 1974) 3: Modern aesthetics 178-180. 188f.; BLUMENBERG, a.O. 281. – [3] G. BRUNO: Spaccio de la bestia trionfante (1584) 3. Dialog, 1. Abschnitt. Dialoghi Italiani, hg. G. GENTILE/G. AQUILECCHIA (Florenz ³1958) 732; dtsch. L. KUHLENBECK: Giordano Bruno's Reformation des Himmels (1889) 235; vgl. H. BLUMENBERG: Aspekte der Epochenschwelle: Cusaner und Nolaner [= Erweiterte und überarb. NA von: Die Legitimität der Neuzeit 4] (1976) 157f. – [4] A. EARL OF SHAFTESBURY, Soliloquy or advice to an author, in: Characteristics of men, manners, opinions, times, etc. (London 1714) 1, 208 [NA (London 1900) 1, 137]; vgl. auch: An essay on the freedom of wit and humour, a.O. (NA 1900) 1, 96; zur zit. Stelle: O. WALZEL: Das Prometheussymbol von Shaftesbury zu Goethe (¹1910, ³1968) 12ff. – [5] An inquiry concerning virtue, or merit (1714), hg. D. WALFORD (Manchester 1977) 67; vgl. auch: Soliloquy ..., a.O. (NA 1900) 1, 143. – [6] J. W. GOETHE, Diderot's Versuch über die Mahlerei (1799). Sophien-A. I, 45 (1900) 261; vgl. weiter zum Begriff ‹z.N.›: Sophien-A. I, 47 (1896) 12. 17. 265; 46 (1891) 29; 29 (1891) 135. – [7] FR. HÖLDERLIN, Entwurf eines Briefs an Goethe (1799). Sämtl. Werke, Große Stuttgarter A., hg. FR. BEISSNER 6/1 (1954) 350 (Text); 6/2 (1958) 955-957 (Erläut.). – [8] Vgl. I. KANT, KU § 45 – Akad.-A. 5, 306. – [9] Vgl. FR. SCHILLER, Kalliasbriefe, hier vom 23. 2. 1793. Sämtl. Werke, hg. G. FRICKE/H. G. GÖPFERT 5 (⁴1967) 416. 419. 433. – [10] A. W. SCHLEGEL, Die Kunstlehre. Krit. Schriften und Briefe 2, hg. E. LOHNER [1801] (1963) 92; vgl. 84f. 89. – [11] Vgl. unten II 5.

3. Die Hegelsche Konzeption von *Sittlichkeit* als z.N. ist vorbereitet bei KANT in der Frage, «wie die Cultur fortgehen müsse, um die Anlagen der Menschheit als einer *sittlichen* Gattung, zu ihrer Bestimmung gehörig zu entwickeln, so daß diese jener als Naturgattung nicht mehr widerstreite» [1]. Der Streit zwischen Naturanlagen und Kulturansprüchen werde so lange gehen, «bis vollkommene Kunst wieder Natur wird: als welches das letzte Ziel der sittlichen Bestimmung der Menschengattung ist» [2]. Z.N. ist hier – wenn auch der Terminus nicht vorkommt – nicht mehr, wie bei Rousseau, als Verfälschung der originären Natur und noch nicht, wie bei Hegel, als Gewohnheit des Sittlichen bestimmt, sondern als Aufgabe. Aufgegeben kann es auch sein, sich von unaufgeklärter z.N. zu befreien: so ist es «für jeden einzelnen Menschen schwer, sich aus der ihm beinahe zur Natur gewordenen Unmündigkeit herauszuarbeiten» [3]. In der ‹Anthropologie› spricht Kant von «*Angewöhnungen*» als «andere(r) Natur»; seine Formulierung von der «zur andern Natur gewordene(n) Verstellungskunst» ist von Rousseau beeinflußt, ebenso wie PESTALOZZIS Polemik gegen die Dressur von Tieren, die zu einer «Unnatur im Dienstgebrauch» als einer «andern Natur» führe [4].

Für HEGEL ist nur die «sich *wiederherstellende* Gleichheit oder die Reflexion im Anderssein in sich selbst» – zweite Unmittelbarkeit also – «das Wahre» [5]. Aus dem «Tode der Natur» geht der Geist als «eine schönere Natur» hervor [6]. Der Bestimmung, daß «das Rechtssystem das Reich der verwirklichten Freiheit, die Welt des Geistes aus ihm selbst hervorgebracht, als eine z.N., ist» [7], entspricht für die Wirklichkeit der Individuen die Auffassung von der Gewohnheit des Sittlichen als einer z.N. [8]. Der emphatische Anspruch, die z.N. enthalte etwas qualitativ Neues, wird bei KIERKEGAARD zurückgewiesen; er spricht von der «Gewohnheit ..., welche ja eine z.N. ist, aber doch keine neue Qualität, sondern nur ein quantitativer Progreß» [9]. Zu den möglichen Einwänden des 'Ästhetikers' in ‹Entweder-Oder› gegen die «unvermeidliche Gewohnheit» der Ehe gehört auch: «Ich liebe die Natur, aber ich hasse die andere Natur» [10]. Gewichtig wird der Begriff der z.N. für Kierkegaard, insofern der Glaube «in einem Menschen zur *andern Natur* werden» kann [11]. Die Formulierung, daß der «Glaube ... zur z.N.» werden kann, findet sich auch bei SCHOPENHAUER [12].

Ein zur Gewohnheit gewordenes moralisch-ästhetisches Empfinden bezeichnet VISCHER als ‹z.N.›: man denke beim Ausdruck «zynisch» an das «Aufdecken eines Solchen, was nach unserem zur z.N. gewordenen Verhalten zur Sache als an sich häßlich abstößt und anwidert» [13]. NIETZSCHES Kritik am Historismus polemisiert gegen die z.N. vom Standpunkt der ersten: «wir pflanzen eine neue Gewöhnung, einen neuen Instinkt, eine z.N. an, so daß die erste Natur abdorrt»; dies sei aber gefährlich, «weil die zweiten Naturen meistens schwächlicher als die ersten sind» [14]. Ein Trost dabei sei allenfalls, «zu wissen, daß auch jene erste Natur irgendwann einmal eine z.N. war und daß jede siegende z.N. zu einer ersten wird» [15]. Eine ähnliche Kritik an der z.N. zugunsten der ersten ist in Nietzsches Wendung gegen die scheinbare Natürlichkeit christlicher Moral angelegt: «Der Begriff ‹Sünde› erfunden samt dem zugehörigen Folterinstrument, dem Begriff ‹freier Wille›, um die Instinkte zu verwirren, um das Mißtrauen gegen die Instinkte zur z.N. zu machen!» [16] Damit ist die radikale Gegenthese zu Hegels Theorem von Sittlichkeit als z.N. ausgesprochen.

Anmerkungen. [1] I. KANT, Mutmaßlicher Anfang der Menschengesch. (1786). Akad.-A. 8, 116. – [2] a.O. 8, 117f. – [3] Beantwortung der Frage: Was ist Aufklärung? (1784). Akad.-A. 8, 36. – [4] Anthropologie im pragmatischer Absicht (1800). Akad.-A. 7, 121; KU § 54 = Akad.-A. 5, 335; J. H. PESTALOZZI, Sämtl. Werke, hg. A. HUBENAU u.a., 11 = Schriften 1795-97, bearb. E. DEJUNG/H. KNITTERMEYER (1933) 211. – [5] G. W. F. HEGEL: Phänomenol. des Geistes (1807), hg. E. MOLDENHAUER/K. M. MICHEL. Theorie-Werk-A. (1970) 3, 23. – [6] Enzyklop. der philos. Wiss.en im Grundrisse (1830) 2. Teil, a.O. (1970) 9, 537. – [7] Grundlinien der Philos. des Rechts (1820) a.O. (1970) 7, 46 (§ 4). – [8] Vgl. neben § 151 der ‹Rechtsphilosophie› (7, 301f.; vgl. oben I 3) und § 268 (7, 414) auch HEGELS Vorlesungen über die Philos. der Gesch. (1822/23-30/31) a.O. (1970) 12, 57. – [9] S. KIERKEGAARD, Der Begriff der Angst (1844). Ges. Werke 5, dtsch. CH. SCHREMPF (1923) 48. – [10] Entweder-Oder, T. 2 (1844), a.O. 2, dtsch. W. PFLEIDERER und CH. SCHREMPF (1913) 105f. – [11] Philos. Brocken (1844) a.O. 6, dtsch. H. GOTTSCHED und CH. SCHREMPF (1925) 87. – [12] A. SCHOPENHAUER, Über die vierfache Wurzel des Satzes vom zureichenden Grunde (1813). Werke, hg. A. HÜBSCHER (³1972, ND 1977) 5, 143. – [13] FR. TH. VISCHER, Über Zynismus und sein bedingtes Recht. Krit. Gänge, hg. R. VISCHER (²1922) 5, 438. – [14] FR. NIETZSCHE, Vom Nutzen und Nachteil der Historie für das Leben (1874). Werke, hg. K. SCHLECHTA (1966) 1, 230; vgl. 231f. – [15] a.O. 1, 230. – [16] Ecce homo (1889) a.O. 2, 1159; vgl. auch: Morgenröte (1881) I, Aph. 38 a.O. 1, 1039; vgl. weiter a.O. 2, 169; 3, 207.

4. MARX konzipiert *Gesellschaft* und *Geschichte* als Natur; umgekehrt sieht er die inner- und außermenschliche 'erste' Natur wesentlich als gesellschaftlich-geschichtlich bestimmt [1]. Das wird äußerst folgenreich für den Begriff der z.N., der bei ihm zwar nicht dem Wortlaut, wohl aber dem Sinn nach an entscheidenden Stellen vorkommt. Marx will das «Naturgesetz» der Bewegung der modernen Gesellschaft enthüllen [2] und stellt sich auf den «Standpunkt, ... die Entwicklung der ökonomischen Gesellschaftsformation als einen naturgeschichtlichen Prozeß» aufzufassen [3]. Innerhalb des «naturwüchsigen Systems der gesellschaftlichen Teilung der Arbeit» [4] – wobei nützliche Arbeit bestimmt wird als «ewige Naturnotwendigkeit, um den Stoffwechsel zwischen Mensch und Natur, also das menschliche Leben zu vermitteln» [5] – entsteht ein «Fetischcharakter der Warenwelt» [6]. Dieser besteht darin, daß die Warenform «den Menschen die gesellschaftlichen Charaktere ihrer eignen Arbeit als gegenständliche Charaktere der Arbeitsprodukte selbst, als gesellschaftliche Natureigenschaften dieser Dinge zurückspiegelt» [7]. Die *Waren* treten den Menschen infolge der Abstraktheit des Tausches als eine z.N. entgegen [8], aber ihre Naturhaftigkeit ist nur scheinbar: «Im graden Gegenteil zur sinnlich groben Gegenständlichkeit der Warenkörper geht kein Atom Naturstoff in ihre Wertgegenständlichkeit ein» [9]. Vielmehr entspringt der Anschein, die Waren seien z.N., «aus dem eigentümlichen gesellschaftlichen Charakter der Arbeit, welche Waren produziert» [10]. Z.N. kann demnach nicht mehr, wie für Hegel, als das Höhere, Wahre der ersten Natur gegenüber gelten, sondern verfällt, als bloßer Schein, der Kritik, die auf dem gesellschaftlichen Charakter der z.N. insistiert, wie umgekehrt auf dem naturwüchsigen Moment an Gesellschaft und Geschichte [11].

Anmerkungen. [1] Vgl. A. SCHMIDT: Der Begriff der Natur in der Lehre von Marx (¹1962, NA 1971) 7f. 66. – [2] K. MARX, Das Kapital. Kritik der polit. Ökonomie, 1 (Vorrede zur 1. Aufl. 1867). MEW 23 (1971) 15f. – [3] MEW 23, 16. – [4] MEW 23, 87. – [5] MEW 23, 57. – [6] MEW 23, 87. – [7] MEW 23, 86. – [8] Vgl. A. SOHN-RETHEL: Die Formcharaktere der z.N., in: P. BRÜCKNER u.a.: Das Unvermögen der Realität. Beiträge zu einer anderen materialist. Ästhetik (1974) 185-207, bes. 186-188. – [9] MARX, MEW 23, 62; vgl. 86. – [10] MEW 23, 87; vgl. H. REINICKE: Ware und Dialektik (1974) 49; vgl. A. SCHMIDT, a.O. [1] 63-66. 71. – [11] Vgl. SCHMIDT, a.O. [1] 8. 178. 201; vgl. zur Kritik an Gesch. als z.N. auch FR. ENGELS, Brief vom 21./22. 9. 1890 an J. Bloch. MEW 37 (1967) 464; vgl. ferner W. LEFÈVRE: Die z.N. und die Naturwiss.en. Philos. naturalis 17 (1978) 242-253, bes. 250-252.

5. An Hegel anknüpfend, bestimmt der frühe LUKÁCS ‹z.N.› als «Welt der Konvention» [1], als «eine Schädelstätte vermoderter Innerlichkeiten» ohne Substantialität [2]. Da z.N. als «die selbstgeschaffene Umwelt für den Menschen kein Vaterhaus mehr ist, sondern ein Kerker», kommt es zur «Fremdheit der Natur, der ersten Natur gegenüber» [3]. Die Außenwelt als z.N. ist für die moderne Subjektivität nur mehr «ein Inbegriff sinnesfremder Gesetzlichkeiten, von denen aus keine Beziehung zur Seele gefunden werden kann» [4]. In ‹Geschichte und Klassenbewußtsein› wird diese Theorie der z.N. auf die Marxsche Warenanalyse und die Kategorie der *Verdinglichung* bezogen: es komme darauf an, die «durch das Warenverhältnis entstandene Verdinglichung» ihrer objektiven und subjektiven Seite nach zu begreifen, sie als bewußtseinsproduzierend zu verstehen und «sich von dieser Knechtschaft unter die so entstandenen z.N. zu befreien» [5]. ‹Z.N.› im Sinne von Verdinglichung ist hier ausgeweitet zum tragenden Begriff materialistischer Dialektik und, der kritischen Dimension nach, verschärft zur Begründung von Revolutionstheorie. Auch H. MARCUSE verbindet seine Theorie der Revolte mit einem internalisierte «Verhaltensmuster und Wünsche» bezeichnenden Begriff der z.N.: «wenn die Revolte nicht in diese z.N. hineinreicht, wird eine gesellschaftliche Veränderung 'unvollkommen' bleiben» [6]. Für die strukturalistische Ethnologie von C. LÉVI-STRAUSS ist die Unterscheidung von Natur und Kultur nicht mehr länger substantiell: «Der Gegensatz von Natur und Kultur ... scheint uns heute einen vor allem methodologischen Wert zu haben»

[7]. J. DERRIDA formuliert als Konsequenz der Arbeiten von Lévi-Strauss zum Ineinander-Übergehen von Natur und Kultur die These, «daß die ganze philosophische Begrifflichkeit, die mit dem Gegensatz Natur/Kultur in einem systematischen Zusammenhang steht, darauf angelegt ist, das, was sie ermöglicht, im Ungedachten zu lassen: den Ursprung des Inzestverbots» [7a].

Zu einer Schlüsselkategorie wird ‹z.N.› im Denken ADORNOS. Im Anschluß an Lukács' Konzept der entfremdeten Welt als z.N. und BENJAMINS Deutung der barocken Allegorie als Verschränkung von Natur und Geschichte [8] fordert ADORNO, «das geschichtliche Sein in seiner äußersten geschichtlichen Bestimmtheit, da, wo es am geschichtlichsten ist, selber als ein naturhaftes Sein zu begreifen» und umgekehrt «die Natur da, wo sie als Natur scheinbar am tiefsten in sich verharrt, zu begreifen als ein geschichtliches Sein» [9]. Er folgert: «Es ist in Wahrheit die z.N. die erste» [10]. Die Entfaltung dieses Ansatzes, 'erste Natur', das Substrat von Vermittlungsprozessen, immer bereits als vermittelte z.N., 'z.N.', das Ergebnis von Vermittlungsprozessen, vor allem von Tausch und Arbeit, stets auch in ihrer scheinhaften Unmittelbarkeit zu sehen, durchzieht die Kritische Theorie Adornos. Erste und z.N. als ineinander verschränkt zu begreifen, bleibt ein Kernpunkt der von ihr vorgetragenen Kunst-, Kultur-, Ideologie- und Gesellschaftskritik: «Die bereits bei Hegel kritisch tingierte Theorie der z.N. ist einer negativen Dialektik unverloren. Sie nimmt die unvermittelte Unmittelbarkeit, die Formationen, welche die Gesellschaft und ihre Entwicklung dem Gedanken präsentiert, tel quel an, um durch Analysis ihre Vermittlungen freizulegen» [11]. Z.N. in diesem Sinne sind Geschichte und Gesellschaft [12], «der Wert als Ding an sich» [13], «der identitätssetzende Geist» [14], «die Produktionsverhältnisse» [15], Kultur [16], Kunst «als ein Sein sui generis» [17], das tonale System der Musik [18], die Muttersprache [19], Reaktionsformen der Menschen in der neueren Geschichte [20] usw. Die wichtigsten Verwendungsweisen aus der Geschichte des Begriffs tauchen bei Adorno, durchgängig kritisch gewendet, wieder auf und werden durch weitere Bestimmungen erweitert; der Begriff wird zur Methode, die Illusion «zweiter Unmittelbarkeit» aufzuheben [21]. Angezielt ist eine dialektische «Theorie der z.N.» [22]. H. SCHWEPPENHÄUSER [23], O. NEGT und A. KLUGE [24] schließen an Adornos Theorie der z.N. an; dabei bestimmen Negt und Kluge subjektives Bewußtsein [25] bzw. insbesondere Zeitbewußtsein (das Empfinden der durch Produktionsabläufe zerstückelten Zeit als '‹Leben›') als z.N. [26]. K. HORN interpretiert die Psychoanalyse Freuds als Kritik an «den Zwängen zweiter innerer Natur», die der zweiten äußeren Natur gegenüberstehe [27].

Was sich in den Verschiebungen der Bedeutung von z.N. durchhält, ist das Potential einer Aufdeckung des natürlichen Scheins an den Formen menschlichen Lebens und den Resultaten menschlicher Tätigkeit als nicht-natürlich, nicht-unmittelbar, als geworden. In der Konsequenz des skeptischen oder kritischen Aufweises der Pseudonatürlichkeit von z.N. wird die 'Natürlichkeit' der 'ersten Natur' immer fragwürdiger [28]. Der Fortgang der Reflexion auf ‹z.N.› scheint einen ahistorischen Begriff von ‹erster N.› ebenso zu verbieten wie einen Begriff von Subjektivität bzw. Kultur, der die naturhaften Momente in Subjekt und Gesellschaft vergißt.

Anmerkungen. [1] G. LUKÁCS: Die Theorie des Romans. Ein geschichtsphilos. Versuch über die Formen der großen Epik (²1920) 52f. – [2] a.O. 54f. – [3] 55. – [4] 117; vgl. 165. – [5] Gesch. und Klassenbewußtsein. Studien über marxist. Dialektik (1923) 97. – [6] H. MARCUSE: Versuch über die Befreiung (²1969) 26. – [7] C. LÉVI-STRAUSS: Das wilde Denken (dtsch. 1973) 284. – [7a] J. DERRIDA: Die Struktur, das Zeichen und das Spiel im Diskurs der Wissenschaften vom Menschen, in: Orte des wilden Denkens. Zur Anthropologie von C. Lévi-Strauss, hg. W. LEPENIES/ H. RITTER (1970) 387-412. 396. – [8] Vgl. W. BENJAMIN: Ursprung des deutschen Trauerspiels (1928), rev. Ausg., hg. R. TIEDEMANN (²1969) 197, ferner 178. 182f. 199; dazu: TH. W. ADORNO, Die Idee der Naturgesch. (1932). Ges. Schr., hg. R. TIEDEMANN 1 (1973) 357-360. – [9] ADORNO, a.O. 354f.; vgl. auch: Neg. Dial. (³1970) 351. – [10] Ges. Schr. 1, 365. – [11] Neg. Dial. a.O. [9] 46. – [12] Vgl. a.O. 346f. 351. 73; vgl. auch: M. HORKHEIMER und TH. W. ADORNO: Dialektik der Aufklärung (1947, ²1969) 190. – [13] Neg. Dial. a.O. [9] 346. – [14] a.O. 348. – [15] Spätkapitalismus oder Industriegesellschaft? (1968). Ges. Schr. 8 (1972) 365. – [16] Vgl. Noten zur Lit. 1 (1958). Ges. Schr. 11 (1974) 28f. – [17] Ästhetische Theorie. Ges. Schr. 7 (1970) 206; vgl. 100f. 120. – [18] Vgl. Philos. der neuen Musik (1949, ⁴1972) 17. – [19] Vgl. Stichworte, Krit. Modelle 2 (1969) 111; zu Sprache als 'z.N.' vgl. auch U. MAAS: Grundkurs Sprachwiss. 1: Die herrschende Lehre (1973) 42. – [20] Vgl. ADORNO: Eingriffe. Neun krit. Modelle (1963, ⁶1970) 78. – [21] a.O. [16] 28. – [22] Neg. Dial. a.O. [9] 46. – [23] H. SCHWEPPENHÄUSER: Zur Dialektik der Emanzipation, in: M. GREIFFENHAGEN (Hg.): Emanzipation (1973) 388. 391. 405. – [24] O. NEGT und A. KLUGE: Öffentlichkeit und Erfahrung (²1973) 23. 45. – [25] A. KLUGE: Unheimlichkeit der Zeit (1977) 379; a.O. [24] 23. – [26] a.O. [24] 45. – [27] K. HORN: Emanzipation aus der Perspektive einer zu entwickelnden Krit. Theorie des Subjekts, in: GREIFFENHAGEN (Hg.), a.O. [23] 287; vgl. 279. 282. 303. 314. 317. – [28] Zur Dialektik von 'erster' und 'z.N.' vgl. NIETZSCHE, a.O. [14 zu II 3] 1, 230; ADORNO, Ges. Schr. 1, a.O. [8] 365.

Literaturhinweise. G. FUNKE: Gewohnheit (1958). – K. HÜBNER und A. MENNE (Hg.): Natur und Gesch. (1973). – A. SOHN-RETHEL s. Anm. [8 zu II 4]. W. LEFÈVRE s. Anm. [11 zu II 4].

N. RATH

Natura communis. Zum philosophischen Ausdruck mit spezifischer Bedeutung wird die Wortverbindung ‹n.c.› innerhalb der zweiten Phase der mittelalterlichen Rezeption der Werke des arabischen Philosophen AVICENNA (Ibn Sīnā 990-1037) durch den lateinischen Westen. Nachdem Dominicus Gundissalinus in der zweiten Hälfte des 12. Jh. die auf Ibn Daud zurückgehende spanische Übersetzung von ‹Kitāb aš-šifā› (Buch der Genesung) in das Lateinische übersetzt hatte, kommt es nach einer ersten Phase der Rezeption, für die Autoren wie Wilhelm von Auvergne und Albertus Magnus stehen, auf dem Hintergrund der Auseinandersetzung mit dem auf Averroes sich berufenden heterodoxen Aristotelismus zu einer erneuten Hinwendung zu Avicenna, in der Thomas von Aquin, Heinrich von Gent und vor allem Johannes Duns Scotus eine maßgebliche Rolle spielen [1]. Vereinzelt begegnet die Wortverbindung ‹n.c.› schon vor der Rezeption des Avicenna Latinus. So spricht JOHANNES SCOTTUS ERIUGENA (ca. 810-877) in seinem Werk ‹Periphyseon› IV, 5 von der «generalissima quaedam et communis omnium natura» [2], aus der alle Gestalten der Dinge hervorgehen, und in der Übersetzung von ‹De fide orthodoxa› des JOHANNES DAMASCENUS (†749) durch Burgundio Pisano (ca. 1150) wird die den Individuen gemeinsame Artnatur als n.c. bezeichnet [3]. Der letztere Sprachgebrauch setzt sich fort: In der lateinischen Übersetzung der ‹Destructio destructionis› (Tahāfut at-tahāfut) des AVERROES (1126-1198) heißt es – die bekanntere und vielzitierte Fassung dieses Dictums findet sich in Averroes' De anima-Kommentar –, daß der Verstand die allgemeine Betrachtung der besonderen Dinge hervorbringt, weil er die eine n.c. von ihnen abstrahiert [4]. Für ALBERTUS MAGNUS ist das Naturding (res naturae) ein Suppositum, sofern es auf eine letzte, nicht mehr mitteilbare Weise «unter einer n.c. steht» [5]. In gleichem Zusammenhang verwendet auch THOMAS VON AQUIN den Terminus [6]. Er unterscheidet die unter dem Begriff der Art erfaßte «natura in communi» von der in einem bestimmten Einzelding vorliegenden Natur [7] und spricht in Ausweitung der Bedeutung von n.c. als der von den individuierenden Prinzipien absehenden Artnatur [8] sogar von einer «natura communis entis» [9]. Ganz ähnlich meint bei ROGER BACON († nach 1292) ‹n.c.› sowohl die im Sinn der Art von den Einzeldingen als auch die im weiteren Sinn aussagbare gemeinsame Natur [10]. Die gleiche Verwendung von ‹n.c.› als Artnatur kennt auch PETRUS JOHANNES OLIVI († 1298) [11].

Seine besondere Bedeutung gewinnt der Terminus aber erst in Verbindung mit AVICENNAS Lehre von der dreifachen Betrachtung des Wesens: Begriffe wie Mensch, Pferd oder Sinnenwesen können nach Avicenna nur dann von einer Mehrzahl von Individuen ausgesagt werden, wenn die durch sie ausgesagte «Natur» (natura) oder «Wesenheit» (essentia) von sich her (in se) weder universal ist – denn sonst könnte es keinen einzelnen Menschen geben – noch singulär – denn dann gäbe es nur einen einzigen [12]. Die Natur oder Wesenheit ist im sinnlich wahrgenommenen Individuum und im logisch universalen Prädikat die gleiche; für sich betrachtet ist sie nur das, was sie ist: «Das Pferdsein selbst ist nichts als nur das Pferdsein» (ipsa equinitas non est aliquid nisi equinitas tantum) [13]. Zu ihr gehört es, weder in den sinnlich erfahrbaren Einzeldingen noch im Verstand zu existieren, weder eines noch vieles zu sein. Sein in der Realität und Sein im Verstand, Singularität und Universalität gehören nicht zur Definition der Natur oder Wesenheit, sondern treten zu ihr erst hinzu [14]. Deshalb spricht Avicenna davon, daß die Wesenheit als Wesenheit betrachtet sowohl der hier und jetzt individuell existierenden als auch der als universal gedachten Wesenheit wie ein Teil dem Ganzen «im Sein voraufgeht» (praecedit in esse). Das bedeutet aber für ihn keineswegs, daß die Wesenheit als Wesenheit außerhalb der Individuen für sich existiert. Die als solche erkannte und für sich betrachtete Natur besitzt nur das Sein eines geistig Erkannten, sei es eines von Gott durch Erkenntnis seiner selbst, sei es eines vom Menschen durch Abstraktion Erkannten [15]. Doch ist der Verstand nur die Ursache des Erkanntseins, nicht aber dessen, was die Natur als Natur ist [16]. Vom eigenen Sein der Natur gilt offensichtlich das, was Avicenna vom eigenen Sein der Wesenheit feststellt: Die «Festigkeit» (certitudo), durch die etwas die Bestimmtheit eines positiv Gegebenen besitzt und als «Sache» (res) bezeichnet werden kann, kommt ihm durch die Washeit selbst zu. Wenn man also von einem «besonderen Sein» (esse proprium) des Dreiecks oder der Weiße sprechen will, so kann sie in nichts anderem bestehen als in der Dreieckigkeit oder Weißheit selbst [17]. Es liegt auf der Hand, daß diese Lehre mit den neuen Wegen, die sie einschlägt, zugleich neue Fragen auslöst. Wie ist das der Natur oder Wesenheit eigene Sein zu bestimmen, wenn dieses Sein «früher» ist als das Gedachtsein, gleichwohl nur im Modus des Gedachtseins begegnet, wenn das Sein (im Sinn der verschiedenen Weisen der Existenz) und die Einheit zu dieser Natur oder Wesenheit erst hinzutreten? Muß mit einem solchen Sein nicht notwendig auch eine – wie immer zu bestimmende – Weise der Einheit verbunden sein? [18]

Die unterschiedlichen Antworten, die diese Fragen bei Thomas von Aquin und Johannes Duns Scotus erfahren, finden sich auf eine erste Weise bereits in der Avicenna-Rezeption ALBERTS DES GROSSEN und HEINRICHS VON GENT vorgebildet. Betrachtet man, so stellt ALBERT im Anschluß an Avicenna fest, das Allgemeine (universale) über seine Existenz im Verstand und seine Existenz in den Einzeldingen hinaus, wie es sich «in sich selbst» (in seipso) darstellt, so erweist es sich als eine «einfache und unveränderliche Natur» (natura simplex et invariabilis) [19], die «für sich existierend ... in nichts anderem besteht als in ihrer Washeit» (secundum se ipsam existens ... ipsa consistit absoluta in sua quiditate) und als solche weder eine hinzukommende Bestimmtheit noch den Bezug auf etwas anderes enthält [20]. Deshalb sind die «essentia absoluta in se ipsa» und die essentia in ihrer Mitteilbarkeit an eine Mehrheit von Individuen [21], das «ipsum universale» und die «universalitas ipsius» [22] auseinander zu halten. Bezeichnenderweise bringt Albert diese dreifache Wesensbetrachtung Avicennas in eine Verbindung mit der ganz andersartigen Unterscheidung des universale ante rem, in re und post rem [23]. Daß die zweite Unterscheidung in allen drei Gliedern einen Begriff des universale zugrunde legt, der den Bezug der Aussagbarkeit von einer Mehrheit von Einzelfällen als konstitutives Merkmal enthält und damit der besonderen Intention Avicennas, im Begriff der absolut betrachteten Natur die Sachhaltigkeit rein als solche festzuhalten, zuwiderläuft, bleibt unbemerkt [24].

THOMAS VON AQUIN sucht diese Intention festzuhalten, ohne aber der gemeinsamen Natur als solcher einen eigenen metaphysischen Status einzuräumen. Die Natur, so stellt Thomas schon in ‹De ente et essentia› fest, kann vom jeweiligen Einzelding als ganzem nur ausgesagt werden, weil sie in dem ihr eigentümlichen Sinngehalt weder die Bestimmtheit der Einheit noch die der Vielheit, weder die eines Seins im Verstand noch die eines Seins in einem bestimmten Individuum enthält, freilich auch keine dieser Bestimmtheiten ausschließt. Betrachtet man nämlich die Natur in dem, was ihr als solcher zukommt und nicht in dem Sein, das sie – sei es im Einzelding, sei es im Verstand – besitzt, so wird deutlich, daß nicht nur die Existenz in diesem oder jenem Einzelding nicht zum Sinngehalt der für sich betrachteten Natur (natura absolute considerata) gehört, sondern daß auch die Universalität mit ihren Momenten der Einheit und der Gemeinsamkeit nicht der Natur in ihrer absoluten Betrachtung zukommt, sondern allein dem im Verstand existierenden, durch Abstraktion entstandenen Begriff, sofern er in einer Beziehung steht zu den Individuen, deren Repräsentation er ist. Avicennas Vorordnung der in ihrem reinen Sinngehalt betrachteten Natur wird von Thomas aber nicht nur als Priorität gegenüber Einheit und Vielheit, Singularität und Universalität, sondern zugleich als Priorität gegenüber jeglichem Sein gedeutet. Die abstrakt betrachtete Natur «sieht von jeglichem Sein ab, ohne doch eine die Weisen des Seins auszuschließen» (abstrahit a quolibet esse, ita quod non fiat praecisio alicuius eorum) [25]. Nur weil sie selbst kein Sein besitzt, kann die Washeit der Gattung oder Art in einer Mehrzahl von Individuen existieren; «sie kommt ihnen nicht zu gemäß einem allen gemeinsamen Sein, sondern gemäß einem allen gemeinsamen Sinngehalt (ratio)» [26]. Dieser Sinngehalt bestimmt, als was das Einzelding existiert und als was es vom menschlichen Verstand erkannt wird; er besitzt die Priorität dessen, was Maß des anderen ist. Selbst wenn eine Natur in keinem Exemplar existiert und von keinem Menschen erkannt wird, so betont Thomas, bleibt die Natur *als solche* das, was sie ist [27]. Dennoch ist die Priorität, die der in ihrem reinen Sinngehalt erfaßten Natur zukommt, nicht die Priorität eines Prinzips, das einen eigenen metaphysischen Status besitzt, sondern die Priorität des reinen Sachgehalts, der als solcher nur in Form eines Reflexionsproduktes in Erscheinung tritt [28]. Was der Natur in dieser Priorität ihrerseits noch einmal voraufgeht, ist das Erkanntsein durch den Verstand Gottes [29]. Damit wird der gegenüber Avicenna veränderte metaphysische Bezugsrahmen deutlich: Durch den Rekurs auf eine von Ewigkeit her erkennende und aus dem Nichts erschaffende erste Ursache kann für die gemeinsame Natur eine Maßgeblichkeit behauptet werden, ohne ihr einen (die Aporien der platonischen Ideenlehre auslösenden) eigenen metaphysischen Status zuordnen zu müssen.

Für HEINRICH VON GENT muß dagegen der Natur als Natur vorweg zu ihrem Sein in den Dingen und ihrem Sein im Verstand eine eigene Weise des Seins, ein «esse essentiae», zukommen. Denn die Intention, in der die res in ihrem Wirklichsein (esse) erkannt wird, setzt stets die Intention voraus, in der diese res in jener «besonderen Festigkeit» (certitudo propria) erfaßt wird, die ihr durch ihre Artnatur zukommt und durch sie allererst als res bezeichnet werden kann, nämlich als etwas, das ist, was es ist, und das, unabhängig von jeder Existenz außerhalb des Verstandes, «nicht nicht ein solches sein kann» [30]. Zwar sind Wesen und Dasein im wirklichen Seienden real untrennbar, doch folgt daraus nicht, daß die Wesenheit ihr Sein sei oder umgekehrt, denn «das eine kann niemals formal vom anderen prädiziert werden» [31]. Wenn der Verstand zwei Begriffe bildet, die in der Einfachheit der gleichen Sache gründen, ihrem Gehalt nach aber zumindest teilweise verschieden sind, kann die Zweiheit der Intentionen nicht bloßes Werk des Verstandes sein [32]. Eine solche intentionale Verschiedenheit ist aber nach Heinrich nicht nur zwischen Wesen und Dasein, sondern auch zwischen spezifischer Natur und Suppositum anzunehmen. Für sich und unter Absehung von allen hinzukommenden Bestimmungen betrachtet, erweist sich nämlich die Natur, wie es im Anschluß an Avicenna heißt, als jene «simplex et nuda et absoluta quiditas sive essentia», der es (im Unterschied zur göttlichen Wesenheit) «von sich her» (de se) nicht zukommt, in einem bestimmten Suppositum zu sein, die vielmehr indifferent ist sowohl gegenüber Wirklichsein und Nichtwirklichsein als auch gegenüber Singularität und Universalität, Einheit und Vielheit [33]. Was das der Natur eigene Wesenssein konstituiert, ist jene Festigkeit (ratitudo), jene Stimmigkeit, durch die sich eine «res rata» von der als Gegenstand des bloßen Meinens begegnenden «res a reor, reris» unterscheidet. Die ratitudo, so lehrt Heinrich, ist gegründet in der Beziehung zur Idee im göttlichen Verstand [34]. Doch setzt diese Beziehung, wie es in einer merkwürdigen Widersprüchlichkeit heißt, ihrerseits den Inhalt des zu Ratifizierenden in seiner inneren Möglichkeit voraus: «Nicht deshalb ist etwas keine res, weil es keine Idee in Gott besitzt, vielmehr hat es keine Idee in Gott, weil es in sich keine res ist» [35].

Damit ist das Prinzip genannt, das JOHANNES DUNS SCOTUS zum Leitfaden seiner Lehre macht: Was die Natur «formal aus sich» (formaliter ex se) ist, tritt im Denken in Erscheinung, muß als solches aber dem Denken vorausliegen. Gegen die These, die Natur der materiellen Substanz sei in der Wirklichkeit «von sich her singulär», allgemein sei sie nur als Werk des Verstandes, beruft sich Scotus daher auf die Erkenntnis selbst: Soll der Gegenstand dem Erkenntnisakt vorausgehen, kann die Natur dieser Substanz nicht «von sich her diese» sein; denn sonst würde der unter allgemeinen Begriffen erfaßte Gegenstand unter dem Gegenteil dessen erkannt, was seine wirkliche Natur ist. Gäbe es, wie die Gegenthese besagt, reale Einheit nur in Form numerischer Einheit, so entspräche dem allgemeinen Begriff keinerlei reale Einheit (und damit kein Korrelat) im Gegenstand selbst. Sokrates und Platon, so heißt es unter den angeführten Gründen, wären auf alle gleiche Weise voneinander verschieden wie Sokrates und eine Gerade. Die für einen Vergleich verschiedener Individuen wie für die Annahme realer Relationen der Ähnlichkeit, Gleichheit oder Gegensätzlichkeit als Fundament erforderliche reale Einheit entfiele. Selbst das von jeder Verstandestätigkeit unabhängige Faktum, daß Feuer Feuer erzeugt und nicht Wasser, wäre nicht erklärbar [36]. Daß die Natur der materiellen Substanz nicht von sich her singulär ist und daß ihr unabhängig von jeder Verstandestätigkeit eine reale Einheit zukommt, die geringer ist als die numerische, bedeutet aber nicht, daß sie als solche universal ist. Erst wenn die als Natur dieses Trägers negativ indifferente Natur ('es widerstreitet ihr nicht, nicht diese zu sein') im abstraktiv gewonnenen Begriff als positiv indifferent ('es widerstreitet ihr nicht, in beliebigen individuellen Trägern verwirklicht zu sein') erkannt ist, kann dieser Begriff vom Verstand in einer zweiten Intention als «complete universale», d. h. als logisch allgemein aussagbares Prädikat, erfaßt werden [37]. Der in erster Intention erkannte Gehalt enthält als solcher also weder die individuelle Bestimmtheit, in der er außerhalb des Verstandes existiert, noch den Modus universaler Aussagbarkeit, der seinem Begriff im Verstand zukommt. Auch wenn das «Pferdsein», so heißt es mit Avicenna, in der Wirklichkeit nie anders als in einem dieser Modi vorkommt, ist es «von sich her» (de se) der Natur nach «früher» als die Modi der Einheit oder Vielheit, der Singularität oder Universalität, des Seins außerhalb oder des Seins innerhalb des Verstandes [38]. Wenn aber die Natur vorweg zu jeder dieser Weisen das ist, was sie ist, nämlich der in der Definition zum Ausdruck kommende «reine Sachgehalt des vollbestimmten Wesens» [39], muß ihr eine eigene Seiendheit (entitas) zukommen, die dem Grad ihrer Einheit entspricht [40]. Dies schließt keineswegs aus, daß die Artnatur ihrerseits noch einmal aus Konstituentien zusammengesetzt ist, die – wie etwa die in den Begriffen von Gattung und Artunterschied sich zeigenden Momente – als voneinander formal verschiedene Sachgehalte eigene realitates darstellen [41]. Von den allgemeineren Wesensstufen ist die (Art-)Natur dadurch verschieden, daß sie in dem durch Zusammensetzung sich vollziehenden Prozeß der Determination des «washeitlichen Seins» des Seienden ein Letztes darstellt, das selbst nurmehr zu einem «Sein ganz anderer Art», nämlich zu dem der individuellen Bestimmtheit determiniert und kontrahiert werden kann. Nur der Artnatur kommt daher (als Eigentümlichkeit, nicht als Wesensmoment) die «unitas realis minor unitate numerali» zu. Ist sie durch die individuelle Bestimmtheit kontrahiert, so kann sie «denominativ», nämlich als Natur dieses Trägers, auch numerisch eine genannt werden [42]. Da die individuelle Differenz kein Teil der Washeit ist, kann sie nur als deren «letzte Wirklichkeit», als «ultima realitas entis», als «haecceitas» (s. d.), gefaßt werden, die als eigene Entität zusammen mit der durch sie kontrahierten spezifischen Entität «per identitatem» oder, wie es an anderer Stelle heißt, «unitive» im konkreten ens compositum als einem dritten enthalten ist [43]. Die Natur, so besagt dies, existiert in der Wirklichkeit nur als Natur des jeweiligen Individuums und ist von dessen individueller Bestimmtheit nicht wie eine res von einer anderen zu trennen. Gleichwohl bleibt sie im konkreten Compositum das, was sie von sich her ist. Zwischen ihr und der individuellen Bestimmtheit waltet jene formale Nichtidentität, die sich für uns nur in der Nichtidentität der Gehalte der betreffenden conceptus proprii zeigt, der Sache nach aber der begrifflichen Unterscheidung vorauffliegt [44]. Deshalb kann im Unterschied zum nomen concretum «homo», das die Natur meint, sofern sie einem Träger zukommt, im nomen abstractum «humanitas» diese Natur bezeichnet werden, sofern sie sich in «letzter Abstraktion», nämlich «als bloße Washeit» zeigt. Kann «homo» vom individuellen Träger ausgesagt werden, so «humanitas» nur von sich selbst [45].

Ihre tiefere Bedeutung gewinnt die Lehre des Scotus von der n.c. erst im Zusammenhang mit dem für die scotische Metaphysik maßgeblichen Sinn von «Seiend». In der doppelten Negation der «Indifferenz» oder «Nichtrepugnanz» gegenüber der individuellen Bestimmung (und darüber hinaus gegenüber der aktuellen Existenz) drückt sich nämlich eine logische Möglichkeit aus, die, wie Scotus in anderem Zusammenhang feststellt, «absolut, kraft eigener Bestimmtheit zu bestehen vermag» (absolute – ratione sui – posset stare), weil sie auf einer Verträglichkeit der Gehalte beruht, die der Natur weder durch ein verursachendes Vermögen noch durch einen die Beziehung herstellenden Verstand, sondern «formal aus sich» (formaliter ex se) zukommt, und zwar «weil (eben) dieses dieses ist und jenes jenes und dies in bezug auf jedweden begreifenden Verstand» [46]. Als «Seiendes» (ens) kann daher für Scotus im weitesten Sinn jeder Gehalt bezeichnet werden, «dem das Sein nicht widerstreitet» (cui non repugnat esse), der «formal aus sich» jene «Festigkeit» (ratitudo) besitzt, die ihn vom «schlechthinnigen Nichts» desjenigen abhebt, was aufgrund der Widersprüchlichkeit seiner Gehalte nicht einmal *sein kann* [47]. Meint aber «Seiend» jenes allen Seienden gemeinsame, schlechthin einfache Moment des An-sich-selbst-bestimmt-Seins und Mit-sich-selbst-identisch-Seins, jene allen kategorial-ontischen Seinsweisen vorauffliegende transzendental-ontologische prima ratio [48], dann ist es möglich, die «humanitas» in ihrem durch ihre Inhaltlichkeit konstituierten und vom bloßen «quid nominis» der Chimäre abgehobenen «quid rei» als «ens ratum» im weiteren Sinn zu verstehen, ohne ihr damit eine bestimmte ontische Seinsweise zu vindizieren [49]. Die Washeit der Rose besitzt, wie Scotus gegen Heinrich von Gent einwendet, kein eigenes Sein, sondern *ist*, sofern nicht außerhalb des Verstandes, nur in der Weise des Gedachtseins, doch ist das, was im Gedachtsein repräsentiert wird, nicht die gedachte Washeit der Rose, sondern die «quiditas rosae absolute» [50]. Da Metaphysik nicht das für uns nur konstatierbare faktische Einzelne zum Gegenstand hat, sondern dessen im Begriff erfaßbare formale washeitliche Struktur, die in ihrer inneren Möglichkeit notwendig ist, ist sie als Wissenschaft möglich [51]. Meint «Seiend» wie bei Scotus die in allen Bestimmungen waltende formale ratio, dann kann der n.c. ein ontologischer Status eingeräumt werden, der nicht der ontische Status einer subsistierenden res ist. Ist «Seiend» dagegen wie bei Thomas von Aquin vom Akt des Seins als dem gründenden Prinzip her zu verstehen, dann kann die Wesenheit als bloße Potenz selbst nicht seiend sein. Natur und individuelle Bestimmtheit sind real identisch und nur rational unterscheidbar. Während Thomas Avicenna in der Negation der Einheit folgt und der n.c. auch die Seiendheit abspricht, folgt Scotus Avicennas Annahme einer eigenen Seiendheit der n.c. und räumt ihr auch eine entsprechende Einheit ein [52].

Die weitere Geschichte des Begriffs der n.c. ist durch die Auseinandersetzung mit dem thomanischen, vor allem aber dem scotischen Verständnis des Begriffs bestimmt. Zwar wird die (als solche bei Heinrich von Gent – wie in der lateinischen Übersetzung Avicennas – noch gar nicht und bei Scotus nur an wenigen Stellen [53] begegnende) Wortverbindung n.c. im Unterschied zu den Termini «natura» und «commune/communitas» auch jetzt eher selten gebraucht, doch spielt der mit diesen und ähnlichen Termini bezeichnete Begriff, vor allem in der Behandlung des Individuationsproblems und der Universalienfrage, eine um so größere Rolle. Besonders die ältere und jüngere Scotusschule räumt dem Begriff eine zentrale Stellung ein, zeigt aber in der Interpretation der scotischen Lehre selbst starke Unsicherheiten und Schwankungen. Vor allem die ältere Scotusschule vermag deren subtiles Niveau nicht zu halten: Die Deutungen der Gemeinsamkeit der Natur bewegen sich zwischen der Erklärung als communitas per inexistentiam einerseits und der Erklärung als communitas indifferentiae negativae andererseits. Die Scotisten des 14. Jh. tendieren mehrheitlich dazu, die Realität der n.c. extrem realistisch zu verstehen. ANTONIUS ANDREAS († 1320) folgert aus der Realität der Einheit der n.c. auch deren aktuelle Existenz. Gegen einige gemäßigtere Vertreter der Schule, die die Einheit der n.c. als privativ auffassen, betonen andere, darunter vor allem FRANZ VON MAYRONIS († nach 1328), deren Positivität [54]. Ja, letzterer scheut sich nicht, das von Scotus abgelehnte esse essentiae der göttlichen Ideen wieder einzuführen [55]. Damit deutet sich ein ultrarealistischer Essentialismus und Formalismus an, der die ursprüngliche Lehre zu verdecken, ja zu verfälschen droht [56]. Die Scotisten vor allem des 16. und 17. Jh. bemühen sich demgegenüber, die authentische Lehre des Scotus herauszuarbeiten. Dies bewahrt aber nicht davor, daß in den meisten Lehrbüchern des 19. Jh. in bezug auf die scotische Lehre von der n.c. von einem exzessiven Realismus die Rede ist [57], ein Urteil, das erst die historische Forschung dieses Jh. hat korrigieren können. Auch die schon früh einsetzende Kritik der scotischen Lehre unterstellt eine extrem realistische Auffassung der n.c. HEINRICH VON HARCLAY († 1317) nennt die n.c. eine «res distincta», interpretiert ihre communitas als aktuelle Universalität und sieht deshalb in der gleichzeitigen Behauptung von Indifferenz und Singularität der n.c. einen Widerspruch. Die nach Scotus von Gott und Geschöpf als gemeinsam aussagbaren Begriffe (und dazu zählt nach Scotus vor allem der des ens) mißversteht er (wie nicht wenige nach ihm) als Begriffe vom Typ des Begriffs einer n.c. und sieht daher die Einheit Gottes gefährdet [58]. Wie Harclay geht auch PETRUS AUREOLI († 1322) davon aus, daß jede extramentale res als solche singulär ist, und kritisiert deshalb die Annahme einer (als res verstandenen) n.c. als widersprüchlich und überflüssig. Die Einheit und Indifferenz der n.c. ist die Einheit und Indifferenz eines «conceptus similitudinarius»; im wirklichen Seienden ist diese Einheit nur «in potentia et inchoative» [59]. Weit radikaler ist die Kritik, die WILHELM OCKHAM († 1349) seiner ausführlichen und die scotische Lehre von ultrarealistischen Deutungen abgrenzenden Darstellung [60] folgen läßt. Wenn jede extramentale res in Wirklichkeit singulär und numerisch eine ist und eine singuläre res nur aus sich selbst singulär sein kann, ist die Annahme einer a parte rei formal distinkten n.c. nicht nur nicht notwendig, sondern ohne Widerspruch auch gar nicht möglich [61]. Sokrates und Platon kommen nicht «in aliquo», sondern «aliquo», nämlich durch sich selbst überein [62]. Göttliche Ideen gibt es nur von Einzelnem [63]. Das Universale, so ist gegen Scotus wie gegen seine Kritiker, ja gegen jede Form der Annahme einer n.c. einzuwenden, ist nicht die abstrahierbare gemeinsame Washeit eines Dinges, sondern ein vom Verstand gemachtes Bild, das sich «indifferenter» auf alle entsprechenden Individuen bezieht [64], oder, wie es an anderer Stelle heißt, eine «intellectio confusa», die als natürliches Zeichen für die Individuen steht, auf die sie sich bezieht [65]. Nichts anderes meint nach Ockham auch Avicennas These von der Indifferenz der n.c. [66]. Ist aber das «Frühersein» der Natur gegenüber Singularität und Universalität nichts anderes als die Differenz zwischen singulärem Sachverhalt und allgemeiner Prädikation, kann von einer ontologischen Bedeutung der n.c. keine Rede mehr sein.

Wie wenig mit Ockhams berechtigter Kritik zugleich die indizierten Probleme gelöst sind, zeigt die breite Erörterung des Individuationsproblems und der Universalienfrage [67], in der F. SUÁREZ († 1617) versucht, den Sinn des von Thomas und vor allem von Scotus benutzten Begriffs der n.c. unter den Bedingungen der ockhamschen Kritik neu zu formulieren. Wenn nur Individuen existieren und sich real unterscheiden, so gibt Suárez dieser Kritik recht, kann nicht von der begrifflichen auf eine reale Unterscheidung geschlossen werden [68]. Die von der individuellen Differenz unterschiedene n.c. gibt es nur als Begriff. Dessen Fundament ist nicht eine in ihrem formalen Gehalt von den individuellen Differenzen abgetrennte Natur, sondern eine Ähnlichkeit, die allen Individuen zukommt, denen es in der formalen Einheit ihres Wesens nicht widerstreitet, daß es andere, ihnen ähnliche Individuen gibt und die in einem die individuelle res unvollkommen repräsentierenden Begriff erfaßt wird [69]. Diese Nichtrepugnanz erlaubt es, von einer der Natur «ex se» zukommenden Mitteilbarkeit, einer «aptitudo essendi in multis» zu sprechen und sie als negativ indifferent zu bezeichnen [70]. Die individuelle Differenz ist real, sofern sie der Natur die höchst reale Einheit hinzufügt. Doch ist sie nur begrifflich «hinzugefügt», weil zwischen ihr und der n.c. keine reale, sondern nur eine gedankliche Unterscheidung besteht, freilich eine solche, die in der genannten similitudo ihr fundamentum in re besitzt [71].

Durch den Einfluß der spanischen Spätscholastik setzt sich die Lehre von der n.c. auch in der Schulmetaphysik des 17. Jh. fort [72]. R. GOCLENIUS, J. MICRAELIUS und S. CHAUVIN führen den Begriff in ihren Lexika auf [73]. In den Einwänden gegen Descartes' fünfte Meditation kritisiert P. GASSENDI den Rekurs auf die ewigen Naturen der Dinge mit dem (offensichtlich die Lehre des Suárez wiedergebenden) Hinweis, daß die n.c. nur ein aufgrund der Ähnlichkeit singulärer Naturen gebildeter Begriff ist [74]. Auch DESCARTES bezieht sich in seiner Antwort auf den sachlichen Zusammenhang des Lehrstücks, wenn er betont, daß die Wesenheiten der Dinge unabänderlich und ewig sind, weil Gott es so gewollt hat (nicht, wie Scotus sagt, formal aus sich) [75]. P. BAYLE sieht in seinem ‹Dictionnaire› in Spinozas Lehre von der einen Substanz eine Fortsetzung der Doktrin der Skotisten von den in den Dingen sich unteilbar durchhaltenden allgemeinen Naturen, zumindest, so wirft er ihnen vor, haben sie dieser Lehre nichts entgegenzusetzen [76]. In seiner die Erörterung des Suárez aufgreifenden Dissertation ‹De principio individui› nennt LEIBNIZ die (von ihm extrem realistisch interpretierte) scotische Lehre von der n.c., um sie dann zu verwerfen [77]. Unter den neuscholastischen Autoren räumt C. NINK dem an Scotus orientierten Verständnis der n.c. eine zentrale Stellung ein [78].

Anmerkungen. [1] Vgl. E. GILSON: Avicenne en occident au moyen âge. Arch. Hist. doctr. litt. Moyen Age 44 (1969) 89-121. – [2] JOHANNES SCOTTUS ERIUGENA, Periphyseon l. IV, c. 5 (De divisione naturae). MPL 122, 185. – [3] JOHANNES DAMASCENUS, De fide orthodoxa, c. 8, hg. E. M. BUYTAERT (St. Bonaventure/Louvain/Paderborn 1955) 42f. – [4] AVERROIS Destructio destructionum philosophiae Algazelis, disp. I. ARISTOTELIS Opera cum Averrois Commentariis IX (Venedig 1562-1574, ND 1962) f. 36 G: «... scientia ... est scientia particularium modo universali, quem facit intellectus in particularibus, cum abstrahit ab eis naturam unam communem»; vgl. auch: De an. I, com. 8, a.O. Suppl. II, f. 4 C. – [5] ALBERTUS MAGNUS, In I Sent., d. 26, a. 4, hg. BORGNET XXVI, 8. – [6] THOMAS VON AQUIN, S. theol. I, 29, 3; ScG l. IV, c. 40; In II De an. 1, 13. – [7] S. theol. I, 119, 1. – [8] S. theol. I, 76, 2 ad 3 et 4; I, 13, 9. – [9] ScG l. I, c. 65. – [10] ROGER BACON, Liber primus communium naturalium p. 2. Opera hact. ined., hg. R. STEELE, Fasc. 2 (Oxford 1905) 51. 107. – [11] PETRI JOHANNIS OLIVI Quaestiones in secundum librum Sententiarum q. 12, hg. B. JANSEN 1 (Quaracchi 1922) 213. – [12] AVICENNA, Logica p. III (Venedig 1508, ND Frankfurt a.M. 1961) f. 12ra. – [13] AVICENNA LATINUS, Liber de philosophia prima sive scientia divina tr. V, c. 1, hg. S. VAN RIET (Louvain/Leiden 1980) 228. – [14] a.O. 229ff. – [15] 233-238. – [16] a.O. [12]. – [17] AVICENNA LATINUS, a.O. [13] tr. I, c. 5 (1977) 34f.; vgl. dazu A.-M. GOICHON: La distinction de l'essence et de l'existence d'après Ibn Sīnā [Avicenne] (Paris 1937) 70-91. – [18] Vgl. J. OWENS: Common nature: A point of comparison between Thomistic and Scotistic metaphysics. Medieval Studies 19 (1957) 1-14, bes. 4. – [19] ALBERTUS MAGNUS, De praedicabilibus tr. II, c. 3, hg. BORGNET I, 24; vgl. auch: tr. I, c. 2, hg. BORGNET I, 4. – [20] Metaphysica l. V, tr. 6, c. 7, ed. Colon. XVI, 287. – [21] Liber I De intellectu et intelligibili tr. II, c. 2, hg. BORGNET IX, 493. – [22] Metaphysica l. V, tr. 6, c. 5, ed. Colon. XVI, 286. – [23] De praedicabilibus tr. II, c. 3, hg. BORGNET I, 24; Metaphysica l. V, tr. 6, c. 5, 7, ed. Colon. XVI, 285f. 287. – [24] Vgl. dazu G. WIELAND: Unters. zum Seinsbegriff im Metaphysikkomm. Alberts des Großen (1972) 45f. – [25] THOMAS VON AQUIN, De ente et essentia c. 3; ferner Quodl. VIII, q. 1, a. 1; In II De an. 1. 12; De pot. q. 5, a. 9 ad 16; ScG l. I, c. 26; In VI Met. 1. 13. – Vgl. dazu und zum folgenden J. OWENS, a.O. [18] 5-7; Thomistic common nature and Platonic idea. Medieval Studies 21 (1959) 211-223; Quiddity and real distinction in St. Thomas Aquinas. Medieval Studies 27 (1965) 1-22. – [26] In I Sent. d. 8, q. 4, a. 2. – [27] Quodl. VIII, q. 1, a. 1. – [28] Vgl. W. KLUXEN: Bedeutung und Funktion der Allgemeinbegriffe in thomistischem und skotistischem Denken, in: De doctrina Ioannis Duns Scoti 2 (Rom 1968) 229-240, bes. 233f., sowie die in Anm. [25] genannten Arbeiten von J. OWENS. – [29] a.O. [27]. – [30] HEINRICH VON GENT, Quodl. III, q. 9, hg. J. BADIUS ASCENSIUS (Paris 1518, ND Löwen 1961) f. 60v-61r; V, q. 5, f. 158v. – [31] Summa quaestionum ordinariam. a.O. 27, 1, hg. J. BADIUS ASCENSIUS (Paris 1520, ND St. Bonaventure/Louvain/Paderborn 1953) f. 162r. – [32] Quodl. V, q. 12, f. 171r. – [33] Summa a. 28, q. 5, f. 168v; a. 28, q. 4, f. 167v-168rv; Quodl. II, q. 1, f. 28v; II, q. 8, f. 33r; III, q. 9, f. 60v-62r; III, q. 15, f. 76r. – [34] Summa a. 21, q. 2, f. 124v; a. 21, q. 4, f. 126rv; Quodl. V, q. 2, f. 154r; VII, q. 2, f. 158r; vgl. dazu W. HOERES: Wesen und Dasein bei Heinrich von Gent und Duns Scotus. Franzisk. Studien 47 (1965) 153-161. – [35] Quodl. VI, q. 3, f. 221r. – [36] JOHANNES DUNS SCOTUS, Ordinatio II, d. 3, p. 1, q. 1, nn. 1-28, ed. Vat. VII, 391-402; Lectura II, d. 3, p. 1 q. 1, nn. 1-27, ed. Vat. XVIII, 229-236; Met. VII, q. 13, nn. 1, 8-12, ed. Viv. VII, 402f. 409-412; Rep. II, d. 12, q. 5, nn. 2-3, 7-10, ed. Viv. XXIII, 25f. 28-30: Zur Frage nach der realen Einheit des Fundaments der Relationen von Identität, Gleichheit und Verschiedenheit vgl. J. P. BECKMANN: Die Relationen der Identität und Gleichheit nach Johannes Duns Scotus. Unters. zur Ontologie der Beziehungen (1967). – [37] Met. VII, q. 18, n. 6, ed. Viv. VII, 456f.; Ord., a.O. nn. 33-34. 37-38, ed. Vat. VII, 403f. 406ff.; Lect. a.O. nn. 33-34. 38, ed. Vat. XVIII, 238f. –

[38] Ord. a.O. n. 31, ed. Vat. VII, 402f.; Lect. a.O. nn. 30-31, ed. Vat. XVIII, 237. – [39] W. KLUXEN, a.O. [28] 236. – [40] JOHANNES DUNS SCOTUS, Ord. a.O. [36] n. 34, ed. Vat. VII, 404f. – [41] Ord. II, d. 3, p. 1, q. 5-6, n. 189, ed. Vat. VII, 484f.; Lect. II, d. 3, p. 1, q. 5-6, n. 178, ed. Vat. XVIII, 285; Ord. I, d. 8, p. 1, q. 3, nn. 106. 139-140, ed. Vat. IV, 201f. 222f. – [42] Ord. II, d. 3, p. 1, q. 5-6, nn. 181. 172-175, ed. Vat. VII, 480. 476-478; Lect. a.O. nn. 171-177, ed. Vat. XVIII, 282-285. – [43] Ord. a.O. nn. 187-190, ed. Vat. VII, 483-485; Met. VII, q. 13, n. 20, ed. Viv. VII, 420f.; Ord. II, d. 16, q. un., n. 17, ed. Viv. XIII, 43. – [44] Vgl. dazu Ord. I, d. 8, p. 1, q. 3, n. 140, ed. Vat. IV, 223f.; Ord. I, d. 2, p. 2, q. 1-4, n. 403, ed. Vat. II, 356f. – [45] Lect. I, d. 5, p. 1, q. un., nn. 21-23, ed. Vat. XVI, 417f.; Ord. I, d. 5, p. 1, q. un., nn. 18-22, ed. Vat. IV, 17-21. – [46] Ord. I, d. 36, q. un., nn. 50, 60-61, ed. Vat. VI, 291. 296; Met. IX, q. 2, n. 3, ed. Viv. VII, 531f.; vgl. dazu und zum folgenden L. HONNEFELDER: Die Lehre von der doppelten ratitudo entis und ihre Bedeutung für die Metaphysik des Johannes Duns Scotus, in: Deus et Homo ad mentem J. Duns Scoti (Rom 1972) 661-671. – [47] Ord. IV, d. 1, q. 2, n. 8, ed. Viv. XVI, 109; Quodl. q. 3, n. 2, ed. Viv. XXV, 113-115; Ord. I, d. 36, q. un., nn. 48-52. 60-63, ed. Vat. VI, 290-292. 296f.; Ord. I, d. 43, q. un., nn. 14-18, ed. Vat. VI, 358-361. – [48] Vgl. L. HONNEFELDER: Ens inquantum ens. Der Begriff des Seienden als solchen als Gegenstand der Metaphysik nach der Lehre des Johannes Duns Scotus (1979). – [49] JOHANNES DUNS SCOTUS, Ord. I, d. 3, p. 2, q. un., nn. 317-319, ed. Vat. III, 192f. – [50] Lect. I, d. 36, q. un., n. 30, ed. Vat. XVII, 470f. – [51] Ord. II, d. 3, p. 1, q. 5-7, n. 172, ed. Vat. VII, 476. – [52] Vgl. dazu W. KLUXEN, a.O. [28] 238-250; J. OWENS, a.O. [18] 13f. – [53] JOHANNES DUNS SCOTUS, Ord. II, d. 3, p. 1, q. 4, n. 92, ed. Vat. VII, 436; Met. VII, q. 13, nn. 19. 22, ed. Viv. VII, 419f. 422. – [54] Vgl. J. KRAUS: Die Lehre des Johannes Duns Skotus O.F.M. von der n.c. (Fribourg 1927) 65f.; Die Lehre von der realen spezifischen Einheit in der älteren Skotistenschule. Divus Thomas 14 (1936) 353-378. – [55] Vgl. B. ROTH: Franz von Mayronis O.F.M. Sein Leben, sein Werk, seine Lehre vom Formalunterschied in Gott (Werl 1936) 563-565. – [56] Vgl. J. KRAUS, Die Lehre von der real. spez. Einheit ... a.O. [54] 353-355. – [57] Vgl. J. KRAUS: Die Lehre des Johannes Duns Scotus ... a.O. [54] 26-43; P. MINGES: Der angebl. exzessive Realismus des Duns Scotus (1908). – [58] HENRICUS DE HARCLAY, Quaestio de significato conceptus universalis, hg. G. GÁL. Franciscan Stud. 31 (1971) 186-234; vgl. auch J. KRAUS: Die Universalienlehre des Oxforder Kanzlers Heinrich von Harclay in ihrer Mittelstellung zwischen skotist. Realismus und ockhamist. Nominalismus. Divus Thomas 10 (1932) 56. 484. 490f. – [59] PETRUS AUREOLUS, In II Sent., ed. ZANETTI (Rom 1665) 107. 109; vgl. dazu F. A. PREZIOSO: Il nominalismo ambiguo di Pietro Aureoli. Sapienza 25 (1972) 265-299. – [60] WILHELM VON OCKHAM, Ordinatio I, d. 2, q. 4-6. Opera theol. 2, hg. ST. BROWN/G. GÁL (St. Bonaventure, N.Y. 1970) 99-224, bes. 161-167. – [61] Ord. I, d. 2, q. 6, a.O. 173-192; S. logicae p. I, c. 16. Opera philos. 1, hg. PH. BOEHNER/G. GÁL/ST. BROWN (St. Bonaventure, N.Y. 1974) 54-57. – [62] Ord. a.O. 211f. – [63] Ord. I, d. 35, q. 5. Opera theol. 4, hg. G. I. ETZKORN/F. E. KELLEY (St. Bonaventure, N.Y. 1979) 493. – [64] Ord. I, d. 2, q. 8. Opera theol. 2, 272. – [65] Expos. in libr. Periherm. 1. 1, § 6. Opera philos. 2, hg. A. GAMBATESE/ST. BROWN (St. Bonaventure, N.Y. 1978) 351f. 354f. – [66] Ord. I, d. 2, q. 6 a.O. [60] 219f.; S. logicae p. I, c. 14 a.O. [61] 47-49. – [67] F. SUÁREZ, Disputationes metaphysicae (= DM) 5. 6. – [68] DM 5, 2, 12. 32. – [69] DM 5, 2, 15. 30. 32; 6, 1, 12f; 6, 2, 10; 6, 4, 12f.; 6, 5, 3. – [70] DM 6, 4, 3; 5, 2, 8. – [71] DM 5, 2, 7f. 16. 19f. – [72] Vgl. M. WUNDT: Die dtsch. Schulmetaphysik des 17. Jh. (1939) 210-213. – [73] R. GOCLENIUS: Lex. philos. quo tanquam clave philosophiae fores aperiuntur (Frankfurt 1613, ND 1964) 409f. 740; J. MICRAELIUS: Lex. philos. terminorum philosophi citatorum (Stettin ²1662, ND 1966) 302; S. CHAUVIN: Lex. philos. (²1713, ND 1967) 121. 432. – [74] P. GASSENDI, in: R. DESCARTES, Meditationes de prima philos. Oeuvres, hg. ADAM/TANNERY VII, 319f. – [75] DESCARTES, a.O. 380. – [76] P. BAYLE: Dict. hist. et crit. 6ème éd., t. I (Basel 1741) 19 (Zus. C). – [77] Vgl. G. W. LEIBNIZ, Dissertatio metaphysica de principio individui. Philos. Schr., hg. C. I. GERHARDT IV, 15-26, bes. 24. – [78] Vgl. C. NINK: Ontologie. Versuch einer Grundlegung (1952) 11-58, bes. 49f.

Literaturhinweise. J. KRAUS: Die Lehre des Johannes Duns Skotus ..., s. Anm. [54]. – J. OWENS s. Anm. [18]. – W. HOERES: Wesenheit und Individuum bei Suárez. Scholastik 37 (1962) 181-210. – W. KLUXEN s. Anm. [28].   L. HONNEFELDER

Natura naturans/naturata (hervorbringende Natur/hervorgebrachte Natur). – 1. Die *terminologischen Voraussetzungen* dieser Begriffe gehen, wenngleich nicht in allen ihren systematischen Implikationen [1], auf die arabisch-lateinische Übersetzung eines ARISTOTELES-Textes zurück, in dem «Naturprodukte» und «Kunstprodukte» gegeneinander abgehoben werden: die Naturprodukte haben – anders als die Artefakte – den «Ursprung» (ἀρχή) ihres Hervorgehens in sich, derart, daß der Naturprozeß von einem Anfangsgebilde im natürlichen Sichbilden der Natur (φυόμενον) zu einem Zielgebilde als μορφή derselben Natur hinführt (τὸ φυόμενον ἐκ τινὸς εἴς τι ἔρχεται ἢ φύεται) [2]. In der arabisch-lateinischen Übersetzung dieser Textstelle durch MICHAEL SCOTTUS ist das Naturprodukt bestimmt als: «naturatum ab aliquo ad aliquid venit et naturatur aliquid» [3]. Der lateinische Kommentar des AVERROES zu diesem Text verwendet die gleiche Terminologie [4]. Diesen Begriff des Naturprozesses überträgt Michael Scottus in der paraphrasierenden Übersetzung eines Aristoteles-Textes [5] auf das Verhältnis von Gott und Welt, das nach dem Modell eines Naturproduktes interpretiert wird: der göttliche «Gesetzgeber» kann durch die triadische Ordnung der Welt «verehrt» werden, da es die «hervorgebrachte Natur» selbst ist, die diese Gesetzmäßigkeit aufweist und ihr entsprechend alles leitet (quoniam natura naturata ita fecit et nos sequimur ... suum opus) [6]. Hier wird erstmals der Begriff ‹natura naturata› gebraucht, der zwar nicht terminologisch, wohl aber sachlich und problemgeschichtlich auf neuplatonisches Gedankengut zurückzuweisen scheint [7]. Der komplementäre Gebrauch von ‹natura naturans/naturata› findet sich ebenfalls bei Michael Scottus [8].

Anmerkungen. [1] Vgl. H. SIEBECK: Über die Entstehung der Termini natura naturans und natura naturata. Arch. Gesch. Philos. 3 (1890) 370-378. – [2] ARISTOTELES, Phys. II, 1, 193 b 17; vgl. M.-P. LERNER: Recherches sur la notion de finalité chez Aristote (Paris 1969) 69. 81. – [3] AVERROES, Comm. in Arist. Phys. II, 14, in: Aristotelis Opera cum Averrois Comm. 4 (Venedig 1562, ND 1962) 53 B; vgl. a.O. II, 11, 52 A (zu Arist. Phys. 193 a 31ff.). – [4] Vgl. a.O. 52 C. 53 E/F. – [5] ARISTOTELES, De caelo I, 1, 268 a 19. – [6] AVERROES, Comm. in Arist. De caelo I, 2, a.O. [3] Bd. 5, 2 F; vgl. auch Comm. magn. in Arist. De anima, hg. F. S. CRAWFORD (1953) 187. – [7] Vgl. a.O. [1]; H. A. LUCKS: Natura naturans – Natura naturata. The new Scolast. 9 (1935) 1-24; O. WEIJERS: Contrib. à l'hist. des termes ‹natura naturans›, ‹natura naturata› jusqu'à Spinoza. Vivarium 16 (1978) 70-80. – [8] Vgl. L. THORNDIKE: Michael Scot (London 1963) 105.

2. In der *Scholastik* wird die Doppelterminologie ‹natura naturans/naturata› in philosophischen und theologischen (auch in juridischen) Kontexten gebraucht. Eine frühe Definition führt VINCENT VON BEAUVAIS (1244) an: «natura primo dicitur dupliciter: uno modo natura naturans, idest ipsa summa lex naturae, quae Deus est ... aliter vero dicitur natura naturata, et haec multipliciter» [1]. Für die scholastische Rezeption ist einerseits eine systematische Ausdifferenzierung dieser Begriffe kennzeichnend, andererseits aber auch eine betont kritische Distanz nicht zu übersehen, da der neu eingeführte Terminus «naturare» [2] die zeugende und schöpferische Macht des christlichen Gottes – als Trinität und «creator» – nicht angemessen zu bestimmen vermag. Während BONAVENTURA den Gebrauch dieser Termini nur referiert [3], begreift ALBERTUS MAGNUS zwar das schöpferische Prinzip der Dinge als die «res naturans» [4],

durch die alle Natur – auch das Naturrecht – «konstituiert» ist (constitutum est a natura naturante) [5]. Aber nur mit grundsätzlichen Einschränkungen kann diese Terminologie, die von den frühen christlichen Autoren nicht gebraucht worden sei (nec ab aliquo philosopho nec ab aliquo sancto), auf das trinitarische Zeugungsgeschehen übertragen werden, insofern nämlich im Vater das «principium generationis Filii» [6] liegt. Im «eigentlichen» Sinn sind daher diese Begriffe weder auf die Trinität noch auf die schöpferische Kunst Gottes (Ars Divina) anzuwenden. Diese kritische Perspektive ist auch für THOMAS VON AQUIN kennzeichnend. In gewisser Weise, als «allgemeine Natur», d. h. als «allgemeines Prinzip der Natur», könnte, wie einige es getan hätten, auch Gott als natura naturans bezeichnet werden [7]. Aber «besser», weil auf die «Gattung der natürlichen Ursachen» der Natur bezogen, ist dieser Begriff auf die ordnende Kausalität der siderischen Bereiche zu beschränken [8]. In der thomistischen Schultradition [9] ist daher die natura naturans konsequent nur als «naturordnendes Prinzip» (principium ... ordinans naturam) verstanden worden.

Dagegen bezeichnet MEISTER ECKHART in einer Anwendung dieser Begriffe auf die Trinitätslehre die göttliche «Wesenheit» als die «ungenâtûrte nâtûre», in der – durch die «Zeugungskraft» (nâtûren) des Vaters – der Sohn und vermittelt der Geist als «genâtûrte nâtûren» [10] bestehen. RAIMUNDUS LULLUS überträgt die Begriffe auf den Schöpfungsprozeß und legt ihre Beziehung in trinitarischer Analogie aus (in natura superiori est naturans, qui de se ipso producit naturatum, et ex ambobus se ipsis spirant naturare) [11]. Im Spätmittelalter sind dann diese Begriffe, die die Scholastiker [12] wegen ihrer sprachlichen und systematischen Implikationen zumindest als «holperig» (asper) und die Humanisten [13] als «barbarisch» beargwöhnten, in die philosophische Fachsprache [14], in den allgemeinen literarischen Gebrauch [15] und in die romanischen [16], weniger in die germanischen Volkssprachen [17] übergegangen.

Anmerkungen. [1] VINCENTIUS BELLOVACENSIS, Speculum doctrinale IX, 4 (Duaci 1624, ND 1965) 1372. – [2] DU CANGE, Glossarium 5, 575ff. – [3] BONAVENTURA, In III Sent., d. 8, dub. 2. Werke 3 (Quaracchi 1887) 197. – [4] ALBERTUS MAGNUS, Met. I, 4, 2. Werke, hg. B. GEYER 16, 1 (1960) 49. – [5] In IV Sent., d. 16, a. 13. Werke, hg. A. BORGNET 29 (Paris 1894) 570b. – [6] Super Dion. De div. nom. c. 4, n. 200, a.O. [4] 37, 1 (1972) 281. – [7] THOMAS VON AQUIN, S. theol. I/II, 85, 6. – [8] In Dion. De div. nom. V, 21, n. 550, hg. C. PERA (Rom 1950) 206. – [9] IOHANNES A S. THOMA, Cursus philos. thomisticus II (Rom ²1949) Naturalis philos. I, q. 9, a. 1, 171. – [10] MEISTER ECKHART, Tractat XV, hg. F. PFEIFFER (1857, ND 1962) 537. – [11] RAIMUNDUS LULLUS, De consolatione eremitae 9. Opera lat., hg. J. STÖHR 1 (1959) 99. 194. 215. 228. 352; vgl. De efficiente et effectu 10. Opera lat., hg. H. HARADA 7 [CCCM 32] (1975) 278. 153f. 156. – [12] Vgl. die Belege bei LUCKS, a.O. [7 zu 1] 6ff. – [13] G. J. VOSSIUS: De vitiis sermonis et glossematis latino-barbaris IV, 14. Opera II (Amsterdam 1695) 236. – [14] Vgl. die Bel. b. WEIJERS, a.O. [7 zu 1] 75ff. – [15] Lex. lat. med. aevi iugoslaviae, fasc. 4 (1974) 756; vgl. auch [2]. – [16] Frz. Etymol. Wb., hg. WARTBURG 7, 47 mit dem Hinweis auf R. GROSSETESTE, Château d'Amour 866; Dizionario etimol. ital. 4 (1954) 2553; Enc. Dantesca 4 (1973) 14. – [17] J. H. ZEDLER: Grosses vollst. Universal-Lex. 23 (Leipzig 1740, ND 1961) 1045; GRIMM 7, 430. 445.

3. Zu Beginn der *Neuzeit* bleibt durch die lexikographische Aufzeichnung der ‹natura naturans/naturata›-Terminologie in den Kompendien der Barockscholastik [1] und des Cartesianismus [2] noch eine Brücke zur Tradition bestehen, doch das systematische Rahmengefüge ändert sich grundlegend. Für GIORDANO BRUNO, der polemisch, aber kenntnisreich auf die Tradition zurückgreift, kann die «Form» – als personifizierte natura naturans [3] – nicht mehr über die «Verführung» durch die Materialität der Welt klagen, da es die «Materie» selbst ist, die als «Quelle», «Schoß» und «Mutter» aller Formgestaltungen fungiert. In ihr, der Materie, schafft Gott mittels einer «göttlichen Kraft», nämlich der «Natur», die daher in ihrem Hervorbringen mit dem hervorbringenden Gott identisch ist (Natura enim ... est Deus ipse) [4]. Man kann diese Terminologie auch in der juridisch-kanonischen Überlieferung der ‹natura naturans/naturata›-Begriffe nachweisen [5]. Dagegen wird bei SPINOZA die göttliche Natur durch das kategoriale Gefüge von Substanz, Attribut und Modus ausgelegt. Während es nur der Substanz und ihren Attributen zukommt, aus und durch sich zu sein, zeigt der Modus ein Verhältnis an, in dem sich die göttlichen Attribute der Substanz «ausdrücken». Die Modi erscheinen, insofern sie die Attribute des «Denkens» und der «Ausdehnung» manifestieren, als die natura naturata, während Gott selbst als die ewige Substanz die natura naturans [6] ist. Dieses Verhältnis ist jedoch nicht als klassische Kausalbeziehung zu verstehen: denn insofern die hervorgebrachte Natur ohne die hervorbringende Natur weder sein noch begriffen werden kann, geht die natura naturans/naturata-Beziehung in ein Verhältnis über, das in der späteren Spinoza-Rezeption sowohl als «Pantheismus» wie auch als «Atheismus» ausgelegt wurde. Es ist offensichtlich, daß für Spinoza die «Natur» eine absolute Position einnimmt, der gegenüber die traditionelle Unterscheidung zwischen Naturprodukten und Kunstprodukten entfallen muß. Die gleiche Nivellierung dieser Differenz – aber umgekehrt zugunsten der Kunstprodukte und artifiziell-erzwungenen Bewegungen – ist für die beginnende neuzeitliche Naturwissenschaft kennzeichnend, die dann konsequent die natura naturans/naturata-Terminologie nicht weiterführt. Dort, wo der Begriff ‹natura naturans› dennoch auftaucht, wie etwa bei F. BACON [7], bezeichnet er den «Urquell der gebenden Natur», deren «wahre Gestalt», die aber durch strikt empirische Verfahrensweisen zu explizieren ist. Die Terminologie in ihrem ursprünglichen Sinn verschwindet aus dem modernen, mechanistisch orientierten Weltbild.

Anmerkungen. [1] R. GOCLENIUS, Lex. philos. (1613, ND 1964) 747; J. MICRAELIUS, Lex. philos. (²1662, ND 1966) 878. – [2] J. CLAUBERG, Met. de ente V, § 74. Op. omn. philos. 1 (Amsterdam 1691, ND 1968) 295f.; A. HEEREBOORD, Meletemata philos., Colleg. phys., disp. 2, thesis 1, § 4 (Nijmwegen 1665) 66. – [3] G. BRUNO, De la causa, principio et uno, dial. 4, hg. G. AQUILECCHIA (Turin 1973) 119, 10. – [4] Summa terminorum met. 51. Op. lat. conscr. I, 4 (Florenz 1889, ND 1962) 101. – [5] B. TIERNEY: Natura id est Deus. A case of juristic pantheism? J. Hist. Ideas 24 (1963) 307-322. – [6] B. SPINOZA, Ethica I, prop. 29, schol.; I, prop. 31; Korte Verhandeling ... Deel 1, Kap. 8f. Werke, hg. C. GEBHART I (1924) 47f.; vgl. H. A. WOLFSON: The philos. of Spinoza 1 (Cambridge, Mass. 1934) 216. 252-255. 371; M. GUEROULT: Spinoza I, Dieu (1968) 345ff.; E. G. BOSCHERINI: Lex. Spinozanum (1970) 735f. – [7] FR. BACON, Novum Organum II, Aph. 1. Works, hg. SPEDDING/ELLIS/HEATH 1 (London 1858, ND 1963) 227.

4. In der *neueren Philosophiegeschichte* werden die Termini in die kontrovers geführte Diskussion des «Spinoza Benedictus vel Maledictus» [1] einbezogen. Die Wertung ist zunächst weithin negativ. Diese Ablehnung – mit nur wenigen Ausnahmen – geht quer durch so unterschiedliche philosophische Positionen hindurch, wie sie etwa P. BAYLE [2], J. G. WALCH [3] oder CHR. WOLFF [4] vertreten. Erst die Spinoza-Debatte, die sich an LESSING anschließt, setzt neue Akzente. Nachdem Lessing gelehrt

hat, daß sich das Mysterium der Trinität für das zur «Vernunft» erzogene Menschengeschlecht natürlich aufklären werde [5], reduziert F. H. JACOBI in seinen Spinoza-Briefen diese Konzeption unter Ausklammerung der dritten Phase der Trinität einseitig auf das Verhältnis von «Vater» und «Sohn», das – als «Identität des Nichtzuunterscheidenden» – im Spinozistischen Sinn als ‹natura naturans/naturata› [6] zu verstehen wäre. Es ist konsequent, daß in dieser Uminterpretation «Gott» als das «Seyn in allem Daseyn» erscheinen muß, als das ἕν καὶ πᾶν, das fortan zur Formel des «Pantheismusstreites» wird. Die polemisch belasteten Begriffe ‹natura naturans/naturata› sind dann im aufgeklärten Spinozismus [7] der Goethezeit – trotz aller Spekulation über «Gott und Natur» [8] – bemerkenswert selten verwendet worden.

Anmerkungen. [1] Vgl. E. ALTKIRCH: Maledictus und Benedictus. Spinoza im Urteil ... (1924). – [2] P. BAYLE, Dict. hist. et crit. 2 (Rotterdam 1679) 1090. – [3] J. G. WALCH, Philos. Lex. (⁴1775, ND 1968) 2, 214. – [4] CHR. WOLFF, Theol. nat. II (²1741, ND 1981) § 671, S. 672ff. – [5] G. E. LESSING, Die Erziehung des Menschengeschlechts §§ 73ff. Werke, hg. H. GÖPFERT 8 (1979) 505-510. – [6] F. H. JACOBI, Über die Lehre des Spinoza. Werke (1819, ND 1972) 4, 1, 88. 186; 4, 2, 76. 88. 142. – [7] Vgl. H. TIMM: Gott und die Freiheit: Studien zur Religionsphilos. der Goethezeit, 1. Die Spinozarenaissance (1974) 226ff. – [8] Vgl. K. H. HEYDENREICH: Natur und Gott nach Spinoza (1789, ND 1973).

5. In den Systemkonzeptionen des *Idealismus* wird die ‹natura naturans/naturata›-Terminologie von der direkten Spinozainterpretation abgelöst und als eine ‹Formel› verwendet, in der die eigene philosophische Position problemgeschichtlich auslegbar wird. Es ist zunächst überraschend, daß KANT die Begriffe nicht gebraucht. Aber die Differenz, die in ihnen liegt, ist für Kants Unterscheidung zwischen der «materiellen» und «formalen Bedeutung» [1] der Natur konstitutiv, in der – gegenüber Spinoza – jeder «transzendente» (oder «hyperphysische») Erklärungsgrund der Natur entfällt. Die frühen Kantianer haben diese Differenz dann ausdrücklich auf die scholastische ‹natura naturans/naturata› [2] zurückbezogen. Für FICHTE, der die kritisch-restriktiven Erfahrungsgrenzen bereits im Ansatz seiner Philosophie überschreitet, ist durch die Selbstsetzung des Ich die dogmatische Substantialität der Natur aufgehoben. Insofern nun dieses Ich in der Folge der Setzungsphasen eine praktisch-sittliche Ordnung konstituiert, muß es – entgegen der Substantialität der natura naturans – als «ordo ordinans» begriffen werden, während die gesetzte Weltordnung als «ordo ordinatus» [3] erscheint. Während HEGEL [4] Spinozas Reduktion des «Denkens» auf die natura naturata durch die immanente Negativität des Denkens selbst auflöst, interpretiert SCHELLING diese Problematik dahingehend, daß die Natur im Geist zu sich selbst erwacht und sich damit – wie umgekehrt in der Transzendentalphilosophie – aus der Differenz in eine indifferente Einheit überführt, als welche das Absolute selbst ist. Für das Absolute ist nun die Natur, aber als diese «reflektierte» Natur, die natura naturata, die im absoluten Erkenntnisakt der natura naturans [5] gründet. In der Erkenntnis des Absoluten fallen daher die natura naturata und ihr polares Gegenbild, die «ideelle Welt» des Geistes, in die «Eine Welt» [6] zusammen, deren «Widerschein» das All ist. Hier wird deutlich, daß Schelling die ‹natura naturans/naturata›-Thematik in einen neuplatonischen Kontext umsetzt und dialektisch fortbildet. Auch für SCHLEIERMACHER ist dieses dialektische Rahmengefüge, nach welchem die «Welt nicht ohne Gott, Gott nicht ohne die Welt» ist, leitend. Die «hypophilosophische» Formel der ‹natura naturans/naturata›, die Schleiermacher auf Spinoza und Eriugena zurückführt, markiert eine radikale theophanistische Extremposition, die ebenso einseitig wie die «antiphilosophische» Annahme des Schicksals sei [7]. Die «Dialektik» des Denkens, die sich notwendig in diesen Einseitigkeiten der Gott- und Weltinterpretation bewegt, vermag daher die gegensatzlose Einheit Gottes nicht zu erreichen, die nur im Gefühl der schlechthinnigen Abhängigkeit als «Religion» erfahrbar ist. Die transzendentalphilosophische Wendung, die für die Naturkonzeption im Idealismus generell charakteristisch ist, bestimmt auch SCHOPENHAUERS Fassung des «Willens», der sich als natura naturans in der Welt der «Vorstellung» zur natura naturata [8] individualisiert. Aber diese voluntaristische Grundkonzeption ist insofern in ihrem Nerv getroffen, als in den kämpfend sich verzehrenden Individuen das unstillbare Wollen des Weltwillens selbst aufbricht, der die «Zähne in sein eigenes Fleisch» schlägt. «Der Quäler und der Gequälte sind eins» [9]. Die ‹natura naturans/naturata›-Konzeption stürzt hier in einen abgründigen «Widerstreit», dessen Lösung für Schopenhauer darin läge, «alle Leiden auf sich zu nehmen», um in diesem «Nichts das All» zu finden.

Anmerkungen. [1] I. KANT, Met. Anfangsgründe der Naturwiss. A III. Akad.-A. 4, 467; vgl. KrV A 418/B 446; A 845/B 873; vgl. P. PLAAS: Kants Theorie der Naturwiss. (1965) 24ff. – [2] G. S. A. MELLIN: Enc. Wb. der krit. Philos. 4 (1801, ND 1971) 401. – [3] J. G. FICHTE, Aus einem Privatschreiben. Akad.-A. I/6 (1981) 373f. – [4] G. W. F. HEGEL: Vorles. über die Gesch. der Philos. Werke, hg. H. GLOCKNER 19, 392-398; vgl. auch a.O. 18, 438. – [5] F. W. J. SCHELLING: Ideen zu einer Philos. der Natur ... (1797, ²1803) Einl., Zusatz. Werke, hg. K. F. A. Schelling I/2 (1857) 67. – [6] System der ges. Philos. und Naturphilos. insbes. (1804) § 42, a.O. I/6 (1860) 199ff. – [7] F. SCHLEIERMACHER, Dialektik. Auswahl in vier Bden., hg. O. BRAUN/J. BAUER 3 (1910) 85ff. 90ff.; vgl. Gesch. der Philos. Werke III/4, 1 (1839) 277. – [8] A. SCHOPENHAUER: Die Welt als Wille und Vorstellung. Werke, hg. A. Hübscher 3 (1949) 194. 367. 655; vgl. a.O. 4 (1950) 111; 5 (1946) 327; 6 (1947) 97. 685. – [9] a.O. 2 (1949) 418f.

6. Für den Bruch der *nachidealistischen Philosophie* mit der älteren Tradition ist es kennzeichnend, daß die aristotelisch-scholastischen Voraussetzungen der ‹natura naturans/naturata›-Terminologie nur mühsam wiederentdeckt wurden [1]. Der neuere systematische Gebrauch folgt jedoch weitgehend der Spinozistischen Konzeption. Die Kritik, die L. FEUERBACH an der Verhältnisstruktur der natura naturans/naturata [2] übt, richtet sich auf eine vermeintliche Inkonsequenz bei Spinoza, der die Theologie zwar philosophisch «negiert», aber dennoch «auf dem Standpunkt der Theologie» verbleibe. Nicht jedoch in dieser «Mesalliance von Philosophie und Theologie», sondern im Rahmen der modernen «Naturwissenschaft» sei die Natur zu interpretieren. Die Thematik der natura naturans gelangt damit in den Einzugsbereich der exakten Wissenschaften, ohne ihre philosophische Perspektive aufgeben zu müssen. Für H. BERGSON steht die «nature» konsequent in einer methodologischen Spannung, die aus der Relevanz einzelwissenschaftlicher Ergebnisse und deren philosophischer Intuition entspringt. In den höheren gesellschaftlichen Ordnungssystemen kehrt diese strukturelle Dualität als die Differenz zwischen den sozialen «Zwängen» und dem «freien Streben» (aspiration) des Individuums in einer offenen Gesellschaft wieder. Der Übergang von der tieferen Stufe zur höheren ist für Bergson, der die Begriffe Spinozas «abwandelt», im Hinblick auf die Ursprünglichkeit der sozial-ethischen

Normen als eine Rückkehr zur natura naturans [3] zu verstehen (c'est pour revenir à la Nature naturante que nous nous détachons de la Nature naturée). Aber anders als für die gesamte Tradition ist hier die natura naturans nicht mehr der hervorbringende Grund, sondern das Ziel, auf das hin die Entelechie des ‹élan vital› strebt. Demgegenüber ist der neuscholastische [4] und neukantianische Gebrauch [5] dieser Begriffe weniger bedeutsam.

In der Philosophie der *Gegenwart*, insofern sie an den klassischen Rationalismus anknüpft, tritt die ‹natura naturans/naturata›-Problematik vor dem Versuch einer philosophischen Letztbegründung durch die «absolute Reflexion» [6] zurück. Eine neue Bedeutung scheinen die tradierten Begriffe dort zu gewinnen, wo auf die im Vergleich zur Theorie und Praxis «unterbestimmte» Natur zurückgefragt wird. Diese Frage, die sich auf das zurückwendet, was der Wissenschaft und Technik als «natura naturans und natura rerum» schon immer vorgegeben ist, würde dann «die erste und letzte Frage jeder natürlich denkenden Philosophie» [7] sein.

Anmerkungen. [1] Vgl. J. E. ERDMANN: Grundriß der Gesch. der Philos. (³1878) 56; H. DENIFLE: Meister Eckeharts lat. Schriften. Arch. Litt.- u. Kirchengesch. 2 (1886) 456; R. EUCKEN: Gesch. der philos. Terminol. (1879, ND 1964) 122. 172. – [2] L. FEUERBACH, Gesch. der neueren Philos. Werke, hg. SCHUFFENHAUER 2 (1969) 410ff. 454. – [3] H. BERGSON, Les deux sources de la morale et de la religion. Oeuvres, hg. A. ROBINET (1959) 1024. – [4] A. D. SERTILLANGES: Der hl. Thomas v. Aquin (²1954) 481. 554. – [5] F. W. GARBEIS: Das Problem des Bewußtseins in der Philos. Kants (1924) 128ff. – [6] W. CRAMER: Die absolute Reflexion I. Spinozas Philos. des Absoluten (1966) 67ff. – [7] K. LÖWITH, Natur und Humanität des Menschen, in: Ges. Abh. (1960) 185.

Literaturhinweise. H. SIEBECK s. Anm. [1 zu 1]. – H. A. LUCKS s. Anm. [7 zu 1]. – M. GUEROULT s. Anm. [6 zu 3] 556-568. – B. TIERNEY s. Anm. [5 zu 3]. – O. WEIJERS s. Anm. [7 zu 1].

K. HEDWIG

Natura universalis/particularis. – 1. Der griechische Begriff der Natur (φύσις) enthält von Anfang an eine charakteristische Mehrdeutigkeit, die sich daraus ergibt, daß die Natur gewöhnlich von etwas anderem, und zwar von durchaus Verschiedenem ausgesagt wird. Schon aus der vorsokratischen Philosophie sind zahlreiche Fragmente überliefert, die nicht nur über die Natur im allgemeinen (περὶ φύσεως) handeln, sondern speziell sowohl die Natur des Ganzen (ἡ τοῦ πάντος / τοῦ ὅλου / τοῦ κόσμου φύσις) als auch die Natur besonderer Gegenstände, z. B. die des Menschen (φύσις ἀνθρώπου), zum Gegenstand haben. Die Verselbständigung dieser beiden Bedeutungsmomente zeigt sich z. B., wenn einerseits THEOPHRAST die Pflanzen untersucht, um die eigene (ἰδία φ.) und ganze (ὅλη φ.) Natur jeder Art (εἶδος) zu bestimmen [1], und andererseits die *Stoa* ihre Aufmerksamkeit auf die durch den allgemeinen Logos bestimmte Allnatur (κοινὴ φ. / natura universa) [2] richtet.

Es findet sich aber auch ein Hinweis darauf, wie sich das sonst meist unbestimmte Nebeneinander zu einer bestimmten Entgegensetzung verdichtet. Nach Diogenes Laertius lehrte CHRYSIPP, daß «unsere Naturen Teile der Natur des Ganzen sind» (μέρη γάρ εἰσιν αἱ ἡμέτεραι φύσεις τῆς τοῦ ὅλου) [3]. Da nun die Stoa ein der Natur gemäßes Leben forderte, stellte sich die Frage, welcher Natur zu folgen sei, der allgemeinen oder der besonderen, was Chrysipp und Kleanthes offenbar unterschiedlich beantworteten: «Unter der Natur aber, der gemäß man leben muß, versteht Chrysipp sowohl die allgemeine wie auch die eigentümlich menschliche (τήν τε κοινὴν καὶ ἰδίως τὴν ἀνθρωπίνην). Dagegen läßt Kleanthes nur die allgemeine als diejenige gelten, der man folgen muß, nicht aber auch die besondere» (τὴν κοινὴν μόνην ... φύσιν, ... οὐκέτι δὲ καὶ τὴν ἐπὶ μέρους) [4]. Wie es scheint, konnte sich diese erhellende Entgegensetzung terminologisch nicht durchsetzen [5]. Daß sie jedoch durch die geläufigen Differenzierungen des griechischen Naturbegriffs nahegelegt wurde, zeigt eine Formulierung, mit deren Hilfe PS.-DIONYSIOS AREOPAGITA die Frage nach dem Grund des Übels in der (von Gott geschaffenen, mithin eigentlich guten) Natur zu entkräften versuchte: «Aber auch in der Gesamtnatur (ἐν τῇ ὅλῃ φύσει) ist das Übel nicht. Denn da alle Naturformen (φυσικοὶ λόγοι) von der Gesamtnatur (παρὰ τῆς καθόλου φύσεως) stammen, kann es für diese letztere auch kein Entgegengesetztes geben. Für die Einzelnatur (τῇ καθ' ἕκαστον) aber wird das eine naturgemäß sein, das andere aber nicht» [6].

Auch diese Darstellung, so scheint es, führte nicht zu einer terminologischen Fixierung, wie sich daraus entnehmen läßt, daß die beiden frühen Übersetzer des Dionysios (HILDUIN, um 832; JOH. SCOTUS ERIUGENA, um 867) diesen Passus unterschiedlich, aber nicht mit dem Begriffspaar ‹n.u./n.p.› übersetzt haben [7]. Die Lage änderte sich jedoch im 12. Jh., als das Begriffspaar in den philosophischen Sprachgebrauch bereits eingeführt war: Nicht nur übersetzt (um 1167) JOHANNES SARRACENUS – der mit Bedacht bisweilen nicht «Wort für Wort», sondern «den Sinn der Worte durch andere Worte» wiedergibt [8] – die entsprechenden Ausdrücke des Dionysios mit ‹n.u./n.p.› – worin ihm spätere Übersetzer nicht gefolgt sind [9] –, sondern darüberhinaus sehen sich die mittelalterlichen Kommentatoren des Dionysios, die diese neue Übersetzung zugrunde legen, zu mehr oder weniger ausführlichen Erörterungen dieses – lateinischen – Begriffspaars veranlaßt. THOMAS VON AQUIN (1265) z. B. referiert zunächst die zu seiner Zeit geläufige Definition: «Man muß wissen, daß der allgemeine Grund aller natürlichen Dinge n.u. genannt wird» (sciendum est quod n.u. dicitur causa universalis omnium quae naturaliter fiunt); dann aber ergänzt er die Definition durch den Zusatz: «innerhalb der Gattung der natürlichen Dinge» (in genere rerum naturalium), um platonistische Interpretationen der allgemeinen Natur als einer von den natürlichen Dingen abgetrennten Kraft (vgl. unten Avicenna) auszuschließen. Sein Kommentar schließt mit der Feststellung, es sei «besser, als n.u. die tätige Kraft des ersten Körpers, der der erste in der Gattung der natürlichen Ursachen sei, zu bezeichnen» (melius est dicendum quod n.u. dicitur vis activa primi corporis, quod est primum in genere causarum naturalium). Die n.p. wird demgegenüber als das «Bewegungsprinzip irgendeiner bestimmten Sache bezeichnet» (dicitur p.n. principium motus alicuius rei determinatae) [10].

Zuvor schon (1250) hatte ALBERTUS MAGNUS dieselbe Dionysios-Stelle sehr viel ausführlicher und kritischer kommentiert. Er bezog sich dabei ausdrücklich auf die Definition des Avicenna und warnte besonders vor dem Irrtum, die n.u. mit der göttlichen Kunst (ars divina) zu identifizieren, wie Averroes es getan habe, oder gar Gott selbst mit ihr gleichzusetzen «gemäß der Ansicht derer, die eine doppelte N. unterscheiden, nämlich natura naturans und natura naturata, und Gott als natura naturans bezeichnen» [11].

Dionysios hat, wie vieles andere, so wohl auch diese Unterscheidung von PROKLOS übernommen. In der Schrift ‹De malorum subsistentia›, die griechisch nur in

Fragmenten überliefert ist, erörtert Proklos auch die Frage, «wie das Schlechte in Körperdingen zugleich gut sein könne» (πῶς τὸ ἐν σώμασι κακὸν ἅμα καὶ ἀγαθόν ἐστι) [12], und beantwortet sie mit einer Unterscheidung zwischen ganzer und partieller Natur: «Denn in der partiellen Natur liegt *ein* Zweck, und was diesem zuwider ist, ist wider die Natur; in der ganzen Natur aber sind alle Zwecke und alle Arten natürlich» (ἐν μὲν γὰρ τῇ μερικῇ φύσει εἷς ἐστι λόγος καὶ τὸ παρὰ τοῦτον αὐτῇ παρὰ φύσιν· ἐν δὲ τῇ ὅλῃ πάντες οἱ λόγοι καὶ πάντα τὰ εἴδη) [13]. WILHELM VON MOERBEKE überträgt (1280) diesen Satz wortgetreu: «in particulari quidem natura ratio una, et quod preter hanc, huic preter naturam, in tota autem omnes rationes et species omnes naturaliter» [14], und setzt auch an anderen Stellen für die proklische Unterscheidung ‹n. tota/particularis› ein [15].

Anmerkungen. [1] THEOPHRAST, De causis plantarum I, 18, 4; und passim. – [2] Vgl. z. B. SVF II, 269; CICERO, De nat. deorum 2, 13, 35. – [3] DIOGENES LAERTIUS VII, 88. – [4] a.O. 89. – [5] Vgl. aber z. B. SVF I, 46, 10f. – [6] PS.-DIONYSIOS AREOPAGITA, De divin. nom. 4, 26. MPG 3, 728 c. – [7] Dionysiaca (1937) 1, 288. – [8] Vgl. a.O. LXXV Anm. – [9] a.O. [7]. – [10] THOMAS VON AQUIN, In Dion. de divin. nom. 4, l. 21, n. 550ff. – [11] ALBERTUS MAGNUS, Super Dion. de divin. nom. 4, n. 200f. Opera omn. hg. B. GEYER 37, 1 (1972) 280ff., zit. 281, 27-32. – [12] PROKLOS, De malorum subsistentia 23, § 60, 1. Tria opusc., hg. H. BOESE (1960) 261. – [13] a.O. 263, 8ff. – [14] 262, 9ff. – [15] Vgl. § 57, 11f., a.O. 256; § 60, 22ff., a.O. 262.

2. Im 13. Jh. ist das Begriffspaar ‹n.u./n.p.› allgemein geläufig. Doch schon für OCKHAM verliert es seine Bedeutung, denn nach ihm gilt der Terminus Natur nur für einzelne Dinge, kann also nicht mehr in Stufen der Allgemeinheit differenziert werden [1]. Gelegentliche spätere Verwendungen können als vergebliche Wiederbelebungsversuche einer entbehrlich gewordenen Unterscheidung angesehen werden (vgl. unten 3.).

Wann das Begriffspaar erstmals in die philosophische Sprache des lateinischen Mittelalters eingeführt wurde, ist nicht geklärt. Albert, Roger Bacon und Meister Eckhart verweisen auf die ‹Metaphysik› des AVICENNA; in ihr darf man, mit A. MAIERÙ [2], wohl den mittelalterlichen Ursprungsort vermuten. Im Zusammenhang einer Erörterung der vier aristotelischen Ursachen unterstreicht AVICENNA den Vorrang der causa finalis und versucht, den Einwand zu entkräften, daß die Zwecke der Natur unendlich viele seien, denn sonst könnte es keinen letzten und höchsten Zweck geben. Erste Absicht der Natur aber ist ihre Erhaltung, «und diese Absicht ist der zur Vollkommenheit strebende Grund der Tätigkeit der allgemeinen Natur» (et illa intentio est causa perfectiva actionis naturae universalis). Insofern es unvergängliche Dinge gibt (individuum perpetuum non designatum, z. B. Himmel und Sonne), bedarf die Natur zu ihrer Erhaltung keiner Vermehrung durch Erzeugung. Bei den vergänglichen Dingen hingegen, die aus körperlicher Materie gebildet sind (generatum ex hyle corporali), ist die Erhaltung der Natur, da sie in den Individuen keine Dauer hat, nur als Erhaltung der Art durch eine endlose Fortpflanzung der Individuen möglich. Hier ist also der allgemeine Zweck der Natur nicht identisch mit dem besonderen Zweck der Individuen, die ihre eigene Natur zu vollenden streben. Diesen Widerstreit der Zwecke der Natur in bezug auf dasselbe Individuum klärt Avicenna mit Hilfe einer Unterscheidung von zwei Arten der Natur: «Ich verstehe aber unter besonderer Natur die eigentümliche Kraft zur Leitung eines Individuums, und ich verstehe unter allgemeiner Natur die den himmlischen Substanzen eingegossene Kraft, die *eine* Sache ist und die Gesamtheit der vergänglichen Dinge regiert» (intelligo autem per n.p. virtutem propriam regiminis unius individui, et intelligo per n.u. virtutem infusam in substantias caelorum, quasi unam rem et gubernantem universitatem generationum) [3].

Da der lateinische Avicenna (1150) sogleich viel gelesen wurde, ist es durchaus möglich, daß die Unterscheidung von daher Eingang in den allgemeinen philosophischen Sprachgebrauch fand, zumal sie sich als gut geeignet erwies, traditionelle Probleme des Naturbegriffs zu lösen – solange man bereit war, von der Natur auch allgemeiner Gegenstände zu sprechen.

In der ROBERT GROSSETESTE zugeschriebenen ‹Summa philosophiae› werden die Begriffe ‹n.u.› und ‹n.p.› ausgehend von aristotelischen Deutungen, aber mit weiteren Zusätzen ausführlich definiert. Die n.u. tritt auf drei Stufen des kosmischen Seins auf, als ungeschaffene höchste Kraft (virtus increata), als geschaffene Wirkkraft der himmlischen Intelligenz oder Substanz (vis insita substantiae caelesti, id est intelligentiae creatae) und als deren Abkömmling im Bereich der körperlichen und niedrigeren Natur und in den untergeordneten Intelligenzen (gubernans et moderans sub creatore benedicto omnem corporem et inferiorem naturam et intelligentias subiectas) [4]. Die n.p. verhält sich zur n.u. wie eine Art zu ihrer Gattung. Sie bezieht sich also nicht auf eine individuelle Eigenschaft, sondern wird definiert als die «Kraft und Wirkfähigkeit, die von einer Art ausgeht (n. itaque p. est vis et proprietas operativa consequens speciem), wenn ihre Wirkung auch nicht immer an jedem Individuum festzustellen ist» [5]. Zu ihr gehören sowohl die wesentlichen (per se) als auch die unwesentlichen (per accidens) Besonderheiten der Art, wie z. B. die Vernunft und die Zweibeinigkeit beim Menschen.

Bei ROGER BACON wird es besonders deutlich, daß er Problemstellung und Formulierung von Avicenna übernimmt, doch gibt er dem Begriffspaar eine neue Bewertung: «Die Natur teilt sich in eine allgemeine und eine besondere, wie Avicenna im 6. Buch der ‹Metaphysik› lehrt. Die allgemeine Natur ist die leitende Kraft des Universums, die sich von den himmlischen Substanzen auf alle Körper der Welt erstreckt» (virtus regitiva universi diffusa in substantias celorum per omnia corpora mundi) – so drückt sich auch Avicenna aus – «und ist das, worin alle Körper übereinstimmen» (in quo omnia corpora conveniunt) – hier deutet sich die nominalistische Umwertung der Begriffe durch Bacon an. «Und diese allgemeine Natur ist die körperliche Natur, die durch die zweite Gattung des Seienden, nämlich den Körper, bestimmt ist» (et hec n.u. est natura corporalis que per secundum genus, quod est corpus, designatur) [6]; sie bezieht sich also, anders als bei Avicenna, aber ähnlich wie bei Grosseteste, nur auf einen Teil des Seienden oder dessen, was eine Natur hat; die Natur des unkörperlichen Seienden bleibt außerhalb der hier behandelten Unterscheidung.

Die besondere Natur (der Körper) hat ihrerseits zwei Seiten. Sie ist nämlich «leitende Kraft der Art und leitende Kraft des Individuums, da bei jeder Erzeugung sowohl eine Art als auch ein Individuum entsteht» (virtus regitiva speciei et virtus regitiva individui, quia in omni generacione quidem fit una species et similiter unum individuum) [7]. Doch verkehrt Bacon die platonistische Rangfolge der beiden Seiten. Damit wird diese Unterscheidung deutlicher als bei Avicenna in die Erörterung des Universalienproblems hineingezogen. Letzter und höchster Zweck der Natur wie auch der Schöpfung Gottes sind nicht Gattung und Art, sondern die einzelnen Individuen: «Und daher bezwecken und bewirken beide Naturen, nämlich die allgemeine und die leitende Kraft des Individuums, in erster Linie das Individuum» (et ideo due nature, scilicet, universalis et virtus regitiva individui intendent et operabuntur individuum principaliter) [8]. Nun gilt aber, was für die allgemeine Natur des Körpers gilt, für alle Körper im besonderen, denn als dieses Übereinstimmende wurde sie definiert. Folglich kann Bacon vom «Gesetz der allgemeinen Natur» (lex naturae universalis) [9] sprechen, dem die besondere Natur, d. h. jedes Ding in dieser Welt, «gehorcht» (n.u. cui obedit n.p.) [10].

ALBERTUS MAGNUS betrachtet die allgemeine Natur in zweierlei Hinsicht. In bezug auf die allgemeinen Begriffe der Naturdinge (per praedicationem [11]) unterscheidet er die auf Gattung oder Art eingeschränkte allgemeine Natur (n.u. determinata in esse generis vel speciei, wie animalis natura und hominis natura) und die uneingeschränkte allgemeine Natur (n.u. absolute). Letztere ist das, was allen Naturdingen gemeinsam ist und weswegen sie ‹naturalia› genannt werden. Gemeint ist das Prinzip von Ruhe und Bewegung in ihnen oder die Bestimmung, daß sie beweglich sind. Albert wehrt sich gegen die Lehre, die der n.u. in diesem Sinn ein Sein außerhalb der Einzeldinge, mithin auch eine Wirkfähigkeit auf diese zuschreiben will. In bezug auf die Naturdinge selbst (in rebus) bezeichnet er als n.u. diejenige Natur, «die jede besondere Natur umfaßt und leitet». Damit ist das Kräftespiel der himmlischen Bewegungen (proportio virtutis motuum coelestium) gemeint, das die irdischen Dinge beeinflußt. Unter solchen Einflüssen kommt es zu Erscheinungen, deren Grund nicht die n.p. der Dinge ist, an denen sie sich zeigen, sondern die n.u.; und Wirkungen dieser Art sind allein im Blick auf letztere natürlich zu nennen. Auf Aristoteles verweisende Beispiele solcher Erscheinungen sind für Albert, wie auch für THOMAS [12] und ECKHART [13], die Frau und der Tod – beide sind nicht von der n.p. intendiert.

Auch THOMAS VON AQUIN zieht die Unterscheidung zwischen n.u. und n.p. heran, um die Frage zu klären, ob Mängel (defectus) in der Natur, wie Krankheit, Alter, Tod und Verfall, naturgemäß oder naturwidrig sind. Er übernimmt also die Formulierung des (lateinischen) Dionysios (vgl. oben 1.) und löst auf diese Weise einen Widerspruch in den Texten des ARISTOTELES. Dieser hat nämlich in ‹De caelo› II, 6 behauptet, Alter und Verfall seien widernatürlich (ἀδυναμίαι πᾶσαι παρὰ φύσιν εἰσίν, οἷον γῆρας καὶ φθίσις) [14], in ‹Physik› V, 6 aber genau das Gegenteil gelehrt (τὸ γὰρ γῆρας κατὰ φύσιν) [15]. Nach THOMAS sind die genannten Mängel zwar gegen die besondere Natur der Dinge, deren Zweck die Erhaltung des Individuums ist, aber der allgemeinen Natur, die die Erhaltung des Universums betreibt, durchaus gemäß [16]. Im Zusammenhang der Frage nach der Möglichkeit von Wundern macht Thomas die Mittelstellung der allgemeinen Natur zwischen Gott und den Einzelnaturen deutlich. Mit Bezug auf Augustinus weist er die Konvergenz von Gott und Natur, die in diesem Begriffspaar angelegt ist, wenn nicht klar zwischen natürlichen und anderen Dingen unterschieden wird, ausdrücklich zurück: «Wie aber der Himmel causa universalis in bezug auf die unter ihm stehenden Körper ist, so ist Gott causa universalis in bezug auf alle Seienden, in bezug auf ihn ist auch der Himmel selbst eine causa particularis ... Wie also etwas durch die Kraft des Himmels gegen die n.p. geschehen kann und dennoch nicht der Natur schlechthin widerstreitet, weil es der n.u. gemäß ist, so kann durch die Kraft Gottes etwas gegen die n.u. geschehen, die aus der Kraft des Himmels wirkt; das wird trotzdem nicht der Natur schlechthin widerstreiten, weil es der allgemeinsten Natur gemäß sein wird (secundum naturam universalissimam), die aus der sich auf alle Geschöpfe erstreckenden Ordnung Gottes erkannt wird» [17].

Bei JOH. DUNS SCOTUS wird die Unterscheidung zwischen n.u. und n.p. zwar auch noch für die Frage herangezogen, «ob Mißbildungen (monstra als Abweichungen von der Norm natürlicher Arten) von der Natur intendiert sind» [18], doch sie verliert an Bedeutung, weil die Frage für beide Naturen positiv beantwortet wird. Zur Differenzierung bemüht Scotus die zusätzliche Unterscheidung zwischen erster und zweiter Intention der Natur. «Die n.p. intendiert eine Mißbildung nur indirekt» (secundaria intentione). Denn, wie in Analogie zur Kunst erläutert wird, wenn etwas Entgegenstehendes die vollkommene Realisierung ihres Zwecks verhindert, dann behilft sie sich, so gut sie eben kann (agit bzw. corrigit meliori modo, quo potest), erfüllt also ihren Zweck lieber auf unvollkommene Weise als gar nicht. «Die n.u. intendiert eine Mißbildung auf beide Weisen, sowohl direkt als auch indirekt»: indirekt, da eine Mißbildung immer eine zufällige Wirkung (effectus casualis) ist, die unabhängig von der Absicht des Hervorbringenden (praeter intentionem agentis) geschieht; direkt, da sie «aus einem Zusammenfluß mehrerer Ursachen» geschieht, deren Gesamtprodukt, auch insofern es von der n.p. nicht direkt intendiert ist, auf ein bestimmtes Ziel ausgerichtet, und das heißt direkt intendiert sein muß (monstra ordinata sunt ad determinatum finem; igitur sunt intenta). Als Zweck der n.u. nennt Scotus die Schönheit des Universums; gelegentliche Mängel im einzelnen verschönern das Ganze.

Mit demselben Argument, das auf Augustinus zurückgeht, begründet auch MEISTER ECKHART die Tatsache, daß Gott, indem er «das Gute nicht für das eine oder andere, sondern für die Harmonie des ganzen Universums besorgt», die Absichten der n.p. zugunsten der Zwecke der n.u. durchkreuzt; was wiederum am Beispiel der Frau erläutert wird [19]. So heißt an anderer Stelle die n.u. auch «paterfamilias», womit Eckhart den «guten Haushaltsvorstand» (ἀγαθὸς οἰκόνομος) von Aristoteles übersetzt [20].

Anmerkungen. [1] Vgl. Art. ‹Natur› III, 5. – [2] Vgl. a.O. III mit Anm. 1. – [3] Alle Zitate aus AVICENNA LATINUS, Liber de philos. prima sive scientia divina, tr. 6, c. 5, hg. S. VAN RIET 2 (Leiden/Louvain 1980) 334f. – [4] R. GROSSETESTE, S. philos. tr. 16, c. 2. Die philos. Werke des R. G., hg. L. BAUR (1912) 590, 20-27 passim. – [5] a.O. 591, 11ff. – [6] R. BACON, Communia naturalia I/1, p. 2, d. 2, c. 7. Opera hact. ined., hg. R. STEELE, Fasc. 2 (Oxford [1909]) 92, 14-20. – [7] a.O. 93, 6ff. – [8] 95, 23ff. – [9] p. 3, d. 2, c. 6 a.O. Fasc. 3 (Oxford 1911) 220, 22; 224, 12. – [10] a.O. 220, 16. – [11] Die Unterscheidung der Hinsichten wird ausgesprochen a.O. [11 zu 1] 282, 25ff., in Anlehnung an AVICENNA, Sufficentia I/1, c. 7; alle übrigen Zitate dieses Absatzes aus ALBERTUS MAGNUS, II Physic. tr. 1, c. 5. Opera omn., hg. BORGNET 3 (1890) 100ff. – [12] Vgl. THOMAS VON AQUIN, S. theol. I, 92, 1 ad 1; I/II, 42, 2 ad 3; 85, 6c. – [13] MEISTER ECKHART, Exp. lib. Sap. 12, v. 10, n. 231. Lat. Werke 2, hg. J. KOCH 566; vgl. 8, v. 1, n. 197 mit Anm. 7, a.O. 531. – [14] ARISTOTELES, De caelo 288 b 15f. – [15] Phys. 230 a 28. – [16] THOMAS VON AQUIN, De malo 5, 5c; De ver., 13, 1 ad 2; V Phys. 10, n. 739; II De caelo et mundo 9, 2; ScG 3, 94; S. theol. a.O. [12]. – [17] De potentia 6: de miraculis 1 ad 1. – [18] J. DUNS SCOTUS, In Arist. Phys. 2, q. 14, 4-8. Opera omn. hg. WADDING 2 (Lyon 1639) 159f.; daraus auch alle folgenden Zitate. – [19] MEISTER ECKHART, Exp. lib. Gen. 2, v. 2, n. 153. Lat. Werke, hg. K.

WEISS 1 (1964) 303. – [20] Quaest. Paris., hg. B. GEYER, 5, n. 3. Lat. Werke 5, 78, 12; vgl. ARISTOTELES, De gen. animal. II, 6, 744 b 16.

3. Die Philosophie der *italienischen Renaissance* lehrt, insofern sie platonistisch orientiert ist, die von Albert und Thomas ausdrücklich abgelehnte Konvergenz von Gott und Natur [1]. In diesem Zusammenhang greift sie zwar den stoischen Begriff der natura universa (κοινὴ φύσις) auf, scheint aber des Gegensatzpaares ⟨n.u./n.p.⟩ nicht mehr zu bedürfen. Dagegen wird dieses wie die meisten scholastischen Distinktionen einerseits von der aristotelischen Schulphilosophie bis weit in die Neuzeit hinein tradiert, andererseits werden die mit ihm verbundenen Naturauffassungen in der wissenschaftlichen Fachliteratur der frühen Neuzeit noch vielfältig erörtert [2].

Wenn J. ZABARELLA die Absichten der «n.u., die vor allem anderen die Erhaltung der Arten sucht», der n.p., die «zunächst das Individuum, dann erst die Art erhalten will», gegenüberstellt, dann erinnert das zwar deutlich an die Problemstellung bei Avicenna, ist aber einer unmittelbaren Interpretation aristotelischer Schriften entwachsen [3]. Ausdrücklich auf Aristoteles bezogen ist auch die Passage, in der Zabarella die n.u. als die «Ordnung aller Dinge» bezeichnet, die den einzelnen Dingen unumgängliche Gesetze vorschreibt, und erläuternd hinzufügt: «Die eigene Natur (natura propria) des Zusammengesetzten will nicht zerfallen und auf keine Weise untergehen, aber die allgemeine Natur (n.u.) setzt fest, daß sie dem Untergang preisgegeben ist und schließlich untergeht» [4]. Es zeigt sich, daß die im 13. Jh. allgemein geläufige Terminologie zur Interpretation derselben aristotelischen Gedanken für den Aristoteliker des 16. Jh. zwar noch bekannt, aber nicht mehr verbindlich ist.

Die Unterscheidung findet auch Eingang in die philosophischen Lexika des 17. Jh.: ausführlich bei R. GOCLENIUS (1613), der die n.u. weiter nach Anwendungsgebieten in n.u. logica, astronomica und physica differenziert, während die n.p. auf die Naturdinge beschränkt bleibt (n.p. physica), nämlich als «Natur der Einzeldinge, die für jedes von ihnen der Grund seiner Bewegung ist» [5]; kurz bei J. MICRAELIUS (¹1653), der die n.u. als den «Zusammenhang aller Zweitursachen» (connexio omnium causarum secundarum) definiert, um Platz für Gott zu gewinnen, der «über» beiden Naturen steht, weil er diesen Zusammenhang «umstoßen» kann, «was die Stoiker bestreiten» [6]; aber schon gar nicht mehr bei ST. CHAUVIN (¹1692) [7].

Als ROBERT BOYLE gegen Ende des 17. Jh. in einer Abhandlung über den Terminus ⟨Natur⟩, den er wegen seiner hoffnungslosen Vieldeutigkeit am liebsten streichen und durch den Terminus ⟨Mechanismus⟩ ersetzen möchte, das Begriffspaar ⟨n.u./n.p.⟩ wieder aufgreift, hat er das Gefühl, eine neue Unterscheidung einzuführen: «If I were to propose a notion, as less unfit, than any I have met with, to pass for the principal notion of nature, with regard to which many axioms and expressions, relating to that word, may not be inconveniently understood, I should distinguish between the universal, and the particular nature of things» (lat. Version: universalem particularemque rerum Naturam distinguerem), die er nach einigen Erläuterungen mit den Ausdrücken «cosmical mechanism» und «individual mechanism [eines Körpers]» interpretiert [8]. Entsprechend unterscheidet er an anderer Stelle «between the laws of nature, more properly so called, and the custom of nature, or, if you please, between the fundamental and general constitutions among all bodily things, and the municipal laws (if I may so call them) that belong to this or that particular sort of bodies» [9]. Obwohl Boyle mit Hilfe dieser Unterscheidung auch das alte Problem der «monsters» auf dieselbe Weise löst wie seine scholastischen Vorläufer [10], bleibt die Terminologie schwankend. Er verwendet sie übrigens nur zu dem Zweck, sich die Aussagen der Alten über die Natur verständlich zu machen; wenn es darum geht, naturphilosophische Probleme selbst zu behandeln, erscheint sie ihm eher als hinderlich [11].

Wenige Jahre später trägt J. CHR. STURM seine Naturauffassung in einer Übung vor, die den Titel trägt ⟨De naturae agentis superstitioso conceptu⟩ (1692). In der einleitenden Aufzählung der verschiedenen Bedeutungen von natura erwähnt er, daß «nicht unpassend einige Leute jüngst die neue Unterscheidung zwischen n.u. und n.p. eingeführt haben» [12]. Nach einer Kritik anderer Naturbegriffe schließt er sich ausdrücklich dieser Unterscheidung des «berühmten *Boyle*» an und verlangt, daß durch sie die scholastische Unterscheidung natura naturans/natura naturata ersetzt werde, die nicht nur barbarisch, sondern auch lästerlich sei, indem sie Schöpfer und Geschöpfe einander annähere. Die 'neue' Terminologie ist Ausdruck einer mechanistischen Naturdeutung, die alle Bewegung letztlich auf Gott zurückführt, die ganze Natur folglich als nur von außen bewegt ansieht. Doch hat eben dies zur Folge, daß die Unterscheidung beider Naturen letztlich ohne Bedeutung bleibt: «Diese ganze sichtbare Welt aber, die sie Universalem Naturam nennen, und die einzelnen Gestalten und Strukturen der partiellen Körper, unter denen sie Naturae Particulares verstehen, sind nichts als gewisse vernunftlose und träge Maschinen» (nonnisi brutas quasdam & inertas machinas esse) [13].

In der Absicht, die moderne mechanistische Naturdeutung so weit zu relativieren, daß die Vielfalt der besonderen Naturen, auf deren Erforschung und Nutzung die Medizin beruht, nicht verdeckt würde, greift G. CHR. SCHELHAMMER die Unterscheidung von Boyle und Sturm zwischen n.u. und n.p. auf. Unter n.u. versteht er diejenigen Gesetze, «die allen Dingen gemeinsam sind und die wir erste Prinzipien und Axiome nennen», näher die «Gesetze von Materie und Bewegung im allgemeinen». Doch bleiben diese Gesetze sehr allgemein und «existieren außerhalb der Komposition der Dinge» [14]. Für diese gewinnt die allgemeine Natur dadurch konkrete Bedeutung, daß sie zugleich das von Gott erlassene «ewige Gesetz ist, ... durch welches einem jeden [Ding] geboten ist, angemessen nach seinem Ziel zu streben» (agere convenienter ad finem) [15]. Unter dieser allgemeinen Natur haben alle Gattungen, Arten und Individuen der natürlichen Körper, mehr noch, auch deren Teile und Elemente, sofern sie nur «ein etwas» konstituieren, ihre eigene Natur, die Schelhammer im Bereich der Lebewesen auch «ingenium» nennt. «Aus der natürlichen Anlage (ingenium) der Individuen aber gehen Neigungen und Bereitschaften zu etwas oder Aversionen hervor, die ebenfalls 'von Natur' genannt zu werden pflegen» [16]. Die allgemeine Natur nivelliert also nicht die besonderen Naturen nach ihrem Gesetz, sondern erhält sie gerade in ihrer Eigenheit. Gegen die mechanistische Naturdeutung wird die von Boyle wieder eingeführte Unterscheidung hier so gewendet, daß die n.u. nur bestimmt, daß sich alles bewegt und was Bewegung ist, alle wirkliche Bewegung aber von den besonderen Naturen ausgeht. Wie denn auch die Medizin die Kräfte einzelner Naturen nutzen soll, um durch Kunst dem Zerfall des menschlichen Körpers entgegenzuarbeiten, der zwar der allgemeinen Natur gemäß ist, aber doch durch einzelne Naturen bewirkt wird [17].

Als J. G. WALCH in seinem ‹Philosophischen Lexicon› von 1726 (⁴1775) die Einteilung der körperlichen Natur «in eine allgemeine und besondere» erwähnt, kennt er nur noch die Kontroverse derer, die den ursprünglichen Ort der Unterscheidung selbst nicht mehr kennen [18]. Diese ist ihm und seiner Zeit völlig fremd geworden.

Anmerkungen. [1] Vgl. Art. ‹Natur› IV. – [2] Vgl. B. HOPPE: Biologie. Wissenschaft von der belebten Materie von der Antike zur Neuzeit. Sudhoffs Archiv, Beih. 17 (1976) bes. 109-127. 196-230. – [3] J. ZABARELLA, De naturalis scientiae constitutione 32, in: De rebus naturalibus libri XXX (Köln 1590) 89 A. – [4] De misti generatione et interitu II, 4, a.O. 559 C. – [5] R. GOCLENIUS, Lex. philos. (1613, ND 1964) s.v. ‹Natura› 739ff. – [6] J. MICRAELIUS, Lex. philos. (²1662, ND 1966) s.v. ‹Natura› 880. – [7] Vgl. ST. CHAUVIN, Lex. philos. (²1713, ND 1967) s.v. ‹Natura› 432ff. – [8] R. BOYLE: A free inquiry into the vulgarly received notion of nature (London 1682). The Works in six Vol. 5 (London 1772) 158-254, zit. sect. 4, 177f.; vgl. Tractatus de ipsa natura (Genf 1688) 21f. – [9] a.O. sect. 7, 219. – [10] 7, 220. – [11] Vgl. 7, 221f. – [12] J. CHR. STURM, De naturae agentis superstitioso conceptu 1, 8. Philos. eclect. 2 (1698) 363; vgl. aber 2, 10, a.O. 387f. – [13] 4, 1, a.O. 400; vgl. 4, 9, a.O. 412f. – [14] G. CHR. SCHELHAMMER: Natura sibi et medicis vindicata 7, 6ff. (Kiel 1697) 139f. – [15] 5, 21, a.O. 104. – [16] 7, 3f. a.O. 137f. – [17] 9, 20 a.O. 186. – [18] Vgl. J. G. WALCH, Philos. Lex. (⁴1775, ND 1968) s.v. ‹Natur› 2, 214f.

T. BORSCHE/B. HOPPE

Naturalismus kann seit dem Beginn des 17. Jh. jede Lehre heißen, die in irgendeiner Form die 'Natur' zum Grund und zur Norm aller Erscheinungen, auch in der Geschichte, Kultur, Moral und Kunst, erklärt. Je nach der dominierenden Bedeutungsnuance des Wortes ‹Natur› ergeben sich verschiedene Varianten des N., die zumeist nicht genau definiert, sondern nur vage umschrieben sind. Die überwiegend polemische Verwendung des Wortes hat der Präzisierung seiner Bedeutung lange Zeit im Weg gestanden. Gelegentlich bezeichnet man auch eine vorphilosophische Einstellung als N.: «reine Misologie, auf Grundsätze gebracht» [1].

1. Der *metaphysische* N. der frühen Neuzeit ist durch seine Opposition gegen den Supra-N. der christlich-mittelalterlichen Tradition bestimmt. Er nimmt Motive des antiken Denkens über Physis und Kosmos auf und lehrt, daß es weder Dinge noch Ereignisse gebe, die außerhalb der einen natürlichen Ordnung liegen; er kommt daher bald in den Verdacht des Atheismus. Das Wort ‹naturalista›, das seit dem Mittelalter den Naturforscher bezeichnete, erhielt so bei christlichen Apologeten bald eine negative Bedeutung, z.B. bei PH. DE MORNAY («les faux naturalistes») [2], R. CARPENTER («atheisticall naturalists») [3], und G. VOETIUS («alios philosophos naturae omnia adscribentes aut supra naturalem cognitionem vix assurgentes plerumque Naturalistas vocant») [4]. Insofern als N. die spekulative Metaphysik ablehnt und den empirischen Charakter aller menschlichen Erkenntnis betont, berührt er sich mit dem Sensualismus und Materialismus des 17. und 18. Jh. sowie mit dem Positivismus und Pragmatismus des 19. und 20. Jh., ist aber nicht mit ihnen identisch. Da die Opposition gegen den christlich-mittelalterlichen Supra-N. im 20. Jh. an Bedeutung verloren hat, lebt der N., der vor allem in den USA Vertreter findet, jetzt immer mehr aus der Identifikation mit der naturwissenschaftlichen Denkweise. Er leugnet zwar nicht, daß es verschiedene Weisen der Welterfahrung gebe, aber er erklärt die szientischen Methoden, mit denen Dinge und Ereignisse in der raum-zeitlichen und der kausalen Ordnung erfaßt werden, für den einzigen Zugang zur Wahrheit. Freilich vermag er ihren Vorrang nicht philosophisch zu begründen. In seinem Verständnis des Menschen zeigt er sich immer virulent: Indem er eine völlig immanente Deutung der menschlichen Natur und Bestimmung gibt und die Entwicklung und Geschichte des Einzelnen wie der Gattung nur auf die Triebe und Bedürfnisse zurückführt, die dem Menschen als Natur- und Sinnenwesen eignen, gerät er ständig in Konflikt mit jeder Anthropologie christlicher oder idealistischer Prägung.

2. Der *ethische* N. im weiteren Sinne zieht die praktischen Folgerungen aus dem metaphysischen N. Er deutet das sittliche Leben als bloße Überhöhung des biologischen und wendet sich gegen alle Versuche, ethische Normen aus einer Anthropologie abzuleiten, die den Menschen als Geistwesen oder freies Vernunftwesen versteht. Die Ethik des N. läuft daher zumeist auf die vieldeutige Formel hinaus, der Mensch solle so handeln, daß er seine «natürlichen» Anlagen voll entfalte und verwirkliche.

Als ethischer N. im engeren Sinne wird diejenige metaethische Theorie bezeichnet, welche die Ethik in das Ganze der wissenschaftlichen Erkenntnis einzubauen sucht, indem sie die ethischen Prädikate, die in der gewöhnlichen Sprache vorkommen, auf 'natürliche', d.h. objektiv verifizierbare Prädikate zurückführt. Seit G. E. MOORE diese Theorie als «naturalistischen Fehlschluß» kritisierte [5], ist sie Gegenstand lebhafter Diskussion in den angelsächsischen Ländern geblieben.

3. Im 17. und 18. Jh. bildete sich auf dem Boden der traditionellen Metaphysik eine besondere Variante des N. heraus, der *theologische* N. Dieser wertet die «bloße Natur» im Gegensatz zur «Übernatur» auf und versucht, das Verhältnis des Menschen zu Gott und die daraus entspringenden Pflichten (den Gottesdienst) durch die bloße Vernunft, ohne Rekurs auf eine göttliche Offenbarung, zu bestimmen. Er hält die «bloße Natur» für fähig, das ewige Heil zu erringen, teils weil er annimmt, sie sei der Sünde nicht bis in den Kern ihres Wesens verfallen und bedürfe daher objektiv keines übernatürlichen Beistandes, teils weil er keine anderen Bedingungen des Heils anerkennt als nur solche, die von der bloßen Vernunft erkannt werden können. Damit nähert sich der theologische N. einerseits dem Pelagianismus, andererseits dem Deismus, der der Offenbarung nur subjektive oder geschichtliche Notwendigkeit beimißt. In Deutschland wurde seit P. MUSAEUS (1665) die Lehre von der Suffizienz der natürlichen Religion als N. bezeichnet. Im Anschluß an BAUMGARTEN [6] faßt KANT den «N. in Glaubenssachen» enger, nämlich als diejenige Art von Rationalismus, die «die Wirklichkeit aller übernatürlichen göttlichen Offenbarung verneint» [7]; er lenkt die Sonderentwicklung des theologischen N. damit wieder in die Bahn des metaphysischen N. zurück.

4. Im späteren 19. Jh. greift der N. auch auf die *Ästhetik* über, vor allem auf die Literaturästhetik. Er findet seinen markantesten Ausdruck in den theoretischen Schriften E. ZOLAS, der die Aufgabe des Schriftstellers in Analogie zu der des Naturwissenschaftlers setzt. Der ästhetische N. stellt eine Reaktion auf die Idealisierung und Verflüchtigung des Wirklichen in der romantischen und nachromantischen Literatur dar. Er verfolgt häufig eine gesellschaftskritische Tendenz und neigt in diesem Zusammenhang dazu, die abstoßenden Züge des Natürlichen hervorzuheben. Er bezeichnet mit dem Wort ‹Natur› primär die vom Menschen geschaffene oder gestaltete, gesellschaftlich vermittelte, also nicht eigentlich 'natürliche' Welt.

Anmerkungen. [1] I. KANT, KrV B 883. – [2] PH. DE MORNAY: De la vérité de la relig. chrestienne (1590) Préface. – [3] R. CARPENTER: The soules sentinel (1612) 76. – [4] G. VOETIUS: De atheismo, in: Select. disp. theol. (1648) 1, 123. – [5] G. E. MOORE: Principia ethica (Cambridge 1903). – [6] A. G. BAUMGARTEN: Met. (⁷1779) § 999. – [7] I. KANT: Die Relig. innerhalb der Grenzen der bloßen Vernunft (²1794) 231.

Literaturhinweise. L. J. DIECMANN: De naturalismo cum aliorum, tum maxime J. Bodini (1684). – A. TRIBBECHOW: Hist. naturalismi (1700). – J. G. FABER: De naturalismo morali (1752). – W. R. SORLEY: On the ethics of N. (London 1885). – J. WARD: N. and agnosticism (London 1899). – G. E. MOORE s. Anm. [5]. – Y. H. KRIKORIAN (Hg.): N. and the human spirit (New York 1944). – V. FERM: Varieties of N., in: A hist. of philos. systems (New York 1950) 429-441. – H. BLUMENBERG, P. G. KLUSSMANN und K. LANKHEIT: Art. ‹N.›, in: RGG 4 (1960) 1332-1341. – R. RUPRECHT (Hg.): Lit. Manifeste des N. (1962). – M. THOMPSON: Naturalistic met., in: R. M. CHISHOLM u. a.: Philos. (Englewood Cliffs 1964) 183-204. – W. K. FRANKENA: Ethical N. a.O. 355-370.
G. GAWLICK

Naturalismus, ethischer (engl. ethical naturalism). Vor der Jahrhundertwende bezeichnete man als e.N. jene normativen Theorien der Ethik, die – als Gegenposition zum Supernaturalismus, Spiritualismus und den verschiedenen Spielarten des Idealismus – die Entfaltung der sogenannten natürlichen Anlagen des Menschen zum moralischen Ziel erklären [1]. Mit dem Erscheinen von G. E. MOORES ‹Principia ethica› (1903) erhielt dieser Ausdruck eine neue Bedeutung. Er steht nicht mehr für eine normative, sondern für eine metaethische Theorie, d. h. eine Theorie über die Bedeutung moralischer Wörter und insbesondere des Wortes 'gut'. Naturalistisch nach Moores Definition ist eine Theorie, die 'gut' (oder andere Wert-Begriffe) mit Hilfe natürlicher Begriffe definiert oder, wie Moore auch sagt, für 'gut' eine «bestimmte Eigenschaft eines natürlichen Objektes oder einer Anzahl natürlicher Objekte» einsetzt [2]. Moore hat zwar einige Mühe zu erklären, was eine natürliche Eigenschaft ist [3], aber A. C. EWING dürfte dem, was Moore meint, wohl am nächsten kommen, wenn er den N. in der Ethik definiert als den Gesichtspunkt «which, while admitting that ethical propositions are sometimes true, analyses ethical concepts solely in terms of the concepts of a natural science» [4]. Diese Identifikation natürlicher und moralischer Eigenschaften hat, wie MOORE und C. D. BROAD übereinstimmend feststellen, zur Folge, daß die Ethik keine autonome Wissenschaft mehr ist, sondern eine «empirische oder positive Wissenschaft» [5]. Als Schulbeispiele für Naturalisten führt MOORE Spencer und Mill an – «'gut' bedeutet 'mehr entwickelt' sein», «gut ist, was begehrt wird» [6]. Die Reihe der dem N. zugeschlagenen Autoren wird später u. a. erweitert mit E. WESTERMARK, R. B. PERRY [7] und J. DEWEY [8].

Kennzeichen jedes N. ist nach MOORE, daß er den Fehler begeht, den Moore als «naturalistischen Fehlschluß» bezeichnet [9], ohne jedoch hinreichend deutlich machen zu können, worin dieser Fehler nun eigentlich besteht. W. K. FRANKENA bietet drei mögliche Interpretationen an: Der naturalistische Fehlschluß ist a) der Fehler, daß eine nicht-natürliche Eigenschaft wie 'gut' in Begriffen einer natürlichen Eigenschaft definiert wird, b) der Fehler, daß man α) eine Eigenschaft in Begriffen einer andern Eigenschaft definiert, β) eine undefinierbare Eigenschaft zu definieren versucht [10]. Die erste Art des Fehlschlusses, die allein die Bezeichnung «naturalistischer Fehlschluß» rechtfertigen würde, ist jedoch nur ein besonderer Fall der keineswegs auf die Ethik beschränkten zweiten Art von Irrtum, der nach Frankena eher Definitionsfehlschluß heißen müßte und der allein es verständlich macht, warum Moore die sogenannten «metaphysischen Ethiker» [11] – BROAD spricht von «theologischen Naturalisten» [12] – wie Spinoza und Kant, die 'gut' mit einer metaphysischen Eigenschaft gleichsetzen, ebenfalls des «naturalistischen Fehlschlusses» bezichtigen kann. Um überhaupt von einem Fehlschluß sprechen zu können, müßte man allerdings, wie FRANKENA hervorhebt, erst zeigen, daß 'gut' tatsächlich weder eine natürliche Qualität, noch irgendeine andere Qualität, noch überhaupt definierbar ist. Moore habe jedoch diesen Beweis nie geführt. Das einzige, was er seinen naturalistischen Gegnern vorwerfen könne, sei ihre Blindheit für die angebliche Einzigartigkeit der ethischen Eigenschaften gegenüber allen andern Eigenschaften [13]. Moores Vorwurf des «naturalistischen Fehlschlusses» kann daher, wie A. N. PRIOR, Frankenas Gedanken wieder aufnehmend [14], feststellt, nicht die Naturalisten, sondern höchstens die inkonsequenten Naturalisten treffen, die auf der einen Seite Behauptungen von der Art 'was angenehm ist, ist gut' für sinnvolle Sätze ansehen – was nur der Fall sein könne, wenn das Angenehme eine Sache, das Gute eine andere sei – und dies auf der andern Seite als logisch wahr erklären möchten – was nur möglich sei, wenn 'gut' und 'angenehm' für identisch angesehen werden [15]. Diese Inkonsequenz aber hat, wie Prior nachweist, nicht erst Moore gesehen, ihre Entdeckung geht bis auf R. Cudworth, F. Hutcheson und R. Price zurück [16].

Die Geschichte der Metaethik (s.d.) ist in gewisser Hinsicht nichts anderes als der großangelegte Versuch, den bei Moore fehlenden Beweis dafür nachzuliefern, daß das Ethische vom Nicht-Ethischen verschieden ist und das Programm des N., die ethischen Charakteristika – «without remainder» [17], «without loss of meaning» [18] – auf nicht-ethische zurückzuführen, notwendigerweise scheitern muß. Ein erster Schritt dazu ist die Behauptung C. L. STEVENSONS und der Emotivisten, daß die von Moore vergeblich gesuchte Eigenart von 'gut' und andern ethischen Prädikaten nicht darin bestehe, eine besondere und – wie Moore und die Intuitionisten glauben – undefinierbare Eigenschaft zu bezeichnen, sondern überhaupt keine Eigenschaft zu bezeichnen, vielmehr Gefühle oder Attitüden auszudrücken und bei andern ähnliche Gefühle und Attitüden zu evozieren. Der entscheidende zweite Schritt ist der Präskriptivismus von R. M. HARE, der mit Stevenson und den übrigen Emotivisten einiggeht in der Ablehnung des Kognitivismus [d. h. der Theorie, die ethische Sätze als (wahre oder falsche) Feststellungen über irgendwelche Eigenschaften betrachtet], aber die Eigenart ethischer Ausdrücke nicht in dem sieht, was der Sprechende durch sie bewirkt, sondern vielmehr in dem, was er tut, indem er sie verwendet: Wer moralische Urteile fällt, verpflichtet sich selbst, direkt oder indirekt, auf eine Vorschrift oder Präskription für eine aktuale oder denkbare Entscheidungs- oder Wahlsituation [19]. Eigenart aller Wertwörter sei daher, daß sie, neben der ihnen ebenfalls zukommenden deskriptiven Bedeutung (der Bezeichnung der Eigenschaften, aufgrund derer ein Ding oder eine Handlung empfohlen wird) immer auch eine präskriptive Bedeutung haben [20]. Wie STEVENSON in bezug auf die emotive [21], so argumentiert HARE nun in bezug auf die präskriptive Bedeutung, daß der Naturalist, indem er «dies ist ein gutes A» als gleichbedeutend erklärt mit «dies ist ein A, das C ist», wobei C ein Wort mit einer rein deskriptiven Bedeutung sei, es unmöglich mache, «to use the sentence 'An A which is C is good' in order to commend A's which are C; for this sentence would be analytic and equivalent to 'An A which is C is C'» [22]. Eine naturalistische Analyse, mit einem Wort, beraube die Wertwörter ihrer speziellen sprachlichen Funktion, Dinge zu empfehlen und handlungsleitend zu sein [23]. Aus diesem Grund gibt es nach Hare keinen Weg, um von Faktenaussagen – wie schon Hume gesehen habe – oder linguistischen Aussagen oder einer Kombination beider zu moralischen Urteilen zu kommen [24].

Um den schon nach Moores Ansicht «unglücklichen» Terminus [25] «naturalistischer Fehlschluß» zu vermeiden, spricht Hare später in Anlehnung an Austin von einem «deskriptivistischen Fehlschluß»; denn das Kennzeichen dieses Fehlschlusses sei, eine Äußerung als deskriptiv zu verstehen, die es nicht ist [26]. Zu den generell als «Deskriptivisten» bezeichneten Opfern des «deskriptivistischen Fehlschlusses» [27] rechnet Hare dabei sowohl die Intuitionisten als auch die verschiedenen Spielarten des von ihm kaum je zureichend definierten N. [28].

Die Unhaltbarkeit des N. ist in der Metaethik so sehr zum Dogma geworden, daß es längere Zeit keine Naturalisten gab, die sich selber als solche zu bezeichnen wagten [29]. Seit Mitte der 50er Jahre aber gewinnt der N. an Reputation [30] und erfährt in den 60er Jahren eine neue Blüte. Die Gültigkeit des sogenannten Humeschen Gesetzes, daß von einem Seinsurteil kein Sollensurteil abzuleiten sei, wird von verschiedener Seite in Frage gestellt [31] und durch triviale (und darum auch wenigsagende) Ableitungsbeispiele faktisch widerlegt [32]. Die Neo-Naturalisten oder Deskriptivisten [33] halten den Präskriptivisten entgegen, daß gewisse Arten von Tatsachen – nach G. J. WARNOCK z. B. «facts about people's needs or interests, happiness or wants» [34], nach J. R. SEARLE [35] und G. E. M. ANSCOMBE [36] gewisse «institutionelle» Fakten – logisch, aufgrund dessen, was unter «moralisch» zu verstehen sei, gewisse moralische Urteile enthalten. Es steht uns daher «logisch» nicht frei, wie WARNOCK mit P. FOOT [37] argumentiert, daß wir alles und jedes gut oder schlecht nennen können [38]. Das Dilemma aller dieser Deskriptivismen bleibt: Entweder baut man gewisse deskriptive Inhalte per definitionem in die Bedeutung moralischer Wörter wie 'gut' und 'richtig' ein und muß dann die Frage unbeantwortet lassen, warum man überhaupt moralisch in diesem Sinn handeln soll, weil es, wie WARNOCK einräumt, keine Werturteile gibt, «which anyone is logically obliged to accept» [39]; oder man hält an einer formalen, inhaltlich 'neutralen' Analyse ethischer Urteile fest, kann damit Handlungen und Entscheidungen aufs engste miteinander verknüpfen, aber muß als Preis dafür jede logische Beziehung zwischen Faktenaussagen und moralischen Urteilen verneinen. Statt einer logischen kann es höchstens noch eine zufällige, psychologische Beziehung geben: Wir haben die Moral, die wir haben, weil wir die Wesen sind, die wir sind: mit gewissen «fundamental human needs» [40]. Dieses bestätigt jedoch indirekt die Richtigkeit der präskriptivistischen Analyse, daß alle naturalistischen (deskriptivistischen) Theorien die moralischen Wörter ihres handlungsleitenden Charakters berauben [41].

Anmerkungen. [1] Vgl. etwa W. R. SORLEY: On the ethics of naturalism (Edinburgh/London 1885). – [2] G. E. MOORE: Principia ethica (Cambridge 1903) 39f. – [3] Vgl. a.O. 41; dazu später: A reply to my critics, in: The philos. of G. E. Moore, hg. P. A. SCHILPP (New York 1942) 581f. – [4] A. C. EWING: The definition of the good (New York 1947) 36. – [5] MOORE, a.O. [2] 39; C. D. BROAD: Some of the main problems of ethics. Philosophy 21 (1946) 103; vgl. später auch R. B. BRANDT: Ethical theory (Englewood Cliffs, N.J. 1959) 155; dagegen R. HANDY: The naturalistic 'reduction' of ethics to science. J. Philosophy (1956) 829-835. – [6] MOORE, a.O. [2] 46-58. 64-74; Zur Kritik an Moores Mill-Interpretation vgl. etwa M. WARNOCK: Ethics since 1900 (Oxford 1960) 19-27; E. W. HALL: Categorial analysis (Chapel Hill 1964) 100-132; A. RYAN: Mill and the naturalistic fallacy. Mind 75 (1966) 422-425; K. NIELSEN: Mill's proof of utility. Bucknell Review 23 (1977) 110-123. – [7] BRANDT, a.O. [5] 166ff. 169ff. – [8] R. J. ROTH: Naturalistic ethics: Problem of method. New Scholasticism 40 (1966) 285-311. – [9] MOORE, a.O. [2] 38. – [10] W. K. FRANKENA: The naturalistic fallacy. Mind 48 (1939) 464-477; zit. nach PH. FOOT: Theories of ethics (Oxford 1967) 50-63, bes. 56f. 59. – [11] FOOT, a.O. 57; vgl. MOORE, a.O. [2] 39. 110-141. – [12] C. D. BROAD: Five types of ethical theory (London 1930) 259. – [13] FOOT, a.O. [10] 61-63; für weitere Lit. zu Moores 'naturalistischem Fehlschluß' vgl. R. L. FRANKLIN: Recent work on ethical naturalism. Amer. philos. quart. Monograph 7 (1973) 56, Anm. 3. – [14] A. N. PRIOR: Logic and the basis of ethics (Oxford 1949) 1-7. – [15] a.O. 7ff. – [16] Vgl. 95-107. – [17] Vgl. C. D. BROAD, a.O. [12] 257. – [18] J. HOSPERS: An introd. to philos. analysis (Englewood Cliffs, N.J. ²1967) 568. – [19] R. M. HARE: Essays on the moral concepts (London/Basingstoke 1972) 51f. – [20] a.O. 52, vgl. 50. – [21] Vgl. C. L. STEVENSON: Moore's arguments against certain forms of ethical naturalism, in: P. A. SCHILPP (Hg.), a.O. [3] 71-90. – [22] HARE: The language of morals (London/Oxford/New York 1952) 90f. – [23] Essays ... a.O. [19] 45; The language ... 82; ähnlich auch C. WELLMANN: The language of ethics (Cambridge, Mass./London 1961) 45-54. – [24] Vgl. Essays ... a.O. [19] 40-45; Lit. zu Hares Deutung des 'naturalistischen Fehlschlusses' in FRANKLIN, a.O. [13] 72, Anm. 55. – [25] The language ... a.O. [22] 82. – [26] Essays ... a.O. [19] 55. – [27] a.O. 55, vgl. 49; Freedom and reason (London/Oxford/New York 1963) 16-18. – [28] Vgl. dazu etwa L. W. SUMNER: Hare's arguments against ethical naturalism. J. Philosophy 64 (1967) 779-791; als weitere Beispiele für die Kritik an Hare vgl. B. N. FLEMING: Mr. Hare and naturalism. Analysis 15 (1954/55) 82-85; R. HANCOCK: The refutation of naturalism in Moore and Hare. J. Philosophy 57 (1960) 326-334; S. STOIANOVIC: Hare's argument against certain forms of naturalism. Mind 72 (1963) 264-267; J. F. LANGE: R. M. Hare's reformulation of the open question. Mind 75 (1966) 244-247; P. KURTZ: Has ethical naturalism been refuted? J. Value Inquiry 4 (1970) 161-171; C. DANIELS: Hare on the meaning of good. Mind 79 (1971) 139-141; J. WALKER: A naturalist reply to Hare. Philos. Studies 24 (1973) 45-51; J. H. WELLBANK: Is a new definition of ethical naturalism needed? J. Value Inquiry 8 (1974) 46-51; D. BLUMBERG: Antinaturalism and the subversion of morality. Philos. phenomenol. Res. 37 (1976/77) 498-515; J. A. BAILEY: Are value judgments synthetic a posteriori? Ethics 88 (1978/79) 35-57. – [29] Vgl. G. J. WARNOCK: Contemp. moral philosophy (London/Basingstoke 1967) 62. – [30] Beispiele dafür sind etwa: P. B. RICE: On the knowledge of good and evil (New York 1955); W. D. LAMONT: The value judgment (Edinburgh 1955); G. F. HOURANI: Ethical value (Ann Arbor 1956); B. BLANSHARD: The impasse in ethics, and a way out (Berkeley 1955); C. I. LEWIS: The ground and nature of the right (New York 1955); vgl. dazu etwa FRANKENA: Ethical naturalism renovated. Review Metaphysics 10 (1956/57) 457-473; J. P. DOUGHERTY: Recent developments in naturalistic ethics. Proc. Amer. cath. philos. Ass. 33 (1959) 97-108; aufschlußreich ist auch Brandts 'quasi-naturalistische' Definition von Wertwörtern, vgl. BRANDT, a.O. [5] 265-269. – [31] Vgl. etwa die Beiträge in: W. D. HUDSON (Hg.): The IS/OUGHT question (London/Basingstoke 1969); weitere Lit. in: K. NIELSEN: On deriving an OUGHT from an IS: A retrosp. look. Review Metaphysics 32 (1978/79) 487-514. – [32] A. N. PRIOR: The autonomy of ethics. Australasian J. Philos. 38 (1960) 197-206; J. M. SHORTER: Professor Prior on the autonomy of ethics, a.O. 39 (1961) 286f.; G. MAVRODES: On deriving the normative from the non-normative. Michigan Acad. Sci. Arts Letters 53 (1968) 353-365; R. KURTZMAN: 'Is', 'Ought', and the autonomy of ethics. Philos. Review 79 (1970) 493-509; F. JACKSON: Defining the autonomy of ethics, a.O. 83 (1974) 88-96. – [33] W. D. HUDSON: Modern moral philosophy (London/Basingstoke 1970) 249. – [34] WARNOCK, a.O. [29] 61. – [35] J. R. SEARLE: How to derive 'Ought' from 'Is', in: W. D. HUDSON (Hg.), a.O. [31] 130. – [36] G. E. M. ANSCOMBE: On brute facts. Analysis 18 (1958) 69-

72; Modern moral philos. Philosophy 33 (1958) 1-19. – [37] PH. FOOT: Moral beliefs. Proc. Aristot. Soc. 59 (1958/59) 83-104; Goodness and choice, a.O. Suppl. 35 (1961). – [38] WARNOCK, a.O. [29] 47; zu dieser Diskussion vgl. etwa: HUDSON, a.O. [33] 249-329; C. D. MACNIVEN: Strong and weak descriptivism in ethics. Mind 81 (1972) 161-178; M. GLASS: Philippa Foots naturalism: A new version of the breakdown theory of ethics, a.O. 82 (1973) 417-420; M. B. E. SMITH: Foot and Hare on naturalism. Metaphilosophy 5 (1974) 187-197; M. FORRESTER: An argument for descriptivism. J. Philosophy 71 (1974) 759-769; B. L. BLOSE: A dilemma for nondescriptivism, a.O. 769-779. – [39] WARNOCK, a.O. [29] 68. – [40] HARE, Essays ... a.O. [19] 72. – [41] Vgl. dazu auch NIELSEN, a.O. [31] 495-502.

Literaturhinweise. E. M. ADAMS: Ethical naturalism and the modern world-view (Chapell Hill 1960). – J. HARRISON: Ethical naturalism, in: P. EDWARDS (Hg.): The encycl. of philos. 3 (New York/London 1967) 69-71. – R. L. FRANKLIN s. Anm. [13].

A. HÜGLI

Naturbeherrschung. G. W. F. HEGEL reflektiert die frühesten Versuche der N. durch Zauberei: «Die Hauptbestimmung in dieser Sphäre der Zauberei ist die direkte Beherrschung der Natur durch den Willen, das Selbstbewußtsein, daß der Geist etwas Höheres ist als die Natur» [1]. Tatsächlich aber besitzt der Mensch erst «an seinen Werkzeugen ... die Macht über die äußerliche Natur» [2]. Deshalb betrachtet D. FR. SCHLEIERMACHER die Arbeit als «eine Weise des Geistes, sich das äußerliche Sein anzueignen», wodurch «in der Gesamtheit die ganze Möglichkeit der N.» geschichtlich werde [3]. Schleiermacher vermutet, daß «nach jeder Erweiterung der Erkenntnis ... notwendig die Frage (anstehe), was daraus für die Herrschaft des Menschen über die Natur folge, und umgekehrt durch den ständigen Impuls zur N. bekommt das Erkennen einen neuen Anstoß» [4]. K. MARX und FR. ENGELS bestimmen das Wesen der modernen Technik als «Maschinerie» [5] und die N. als ein neuzeitliches Prinzip. K. MARX verweist auf F. Bacon und R. Descartes, die «als Resultat der veränderten Denkmethode ... eine veränderte Gestalt der Produktion und praktische Beherrschung der N.» [6] erwarteten. K. LÖWITH charakterisiert F. Bacons Idee der Identität von Wissen und Macht: «Je mehr man weiß, desto fortgeschrittener wird man in der Beherrschung der N.» [7], und nach E. BLOCH dient «die N. (in der Mangel und Katastrophen aufhören) ... bei Bacon der Aufrichtung eines 'regnum hominis'» [8]. R. DESCARTES wollte die Menschen «zu Herren und Eigentümern der Natur» [9] machen, während I. KANT vorsichtiger vom «betitelten Herrn der Natur» [10] sprach. Für FR. ENGELS beginnt «mit der Ausbildung der Hand, mit der Arbeit, ... [die] Herrschaft über die Natur» [11], die uns vom Tier unterscheidet. Denn «das Tier *benutzt* die äußere Natur bloß ...; der Mensch ... *beherrscht* sie» [12]. Dabei betont Engels allerdings, daß «unsre ganze Herrschaft über sie darin besteht, ... ihre Gesetze zu erkennen und richtig anwenden zu können» [13]. Auch K. Marx nimmt F. BACONS Formel «natura non nisi parendo vincitur» [14] auf, wenn er das «Verständnis der Natur und die Beherrschung derselben ... [zu] Grundpfeilern der Produktion und des Reichtums» erklärt [15]. Für FR. NIETZSCHE ist der instrumentelle Gebrauch der Wissenschaft eine konsequente «Umwandlung der Natur in Begriffe zum Zweck der Beherrschung» [16].

Erfolge der Naturwissenschaft und Technik verdecken zu Beginn des 20. Jh. die Problematik der N. Bis heute gilt in der Technikphilosophie die Definition der «Realtechnik» [17] als «N. durch Umgestaltung der materiellen Außenwelt» [18]. Für O. SPENGLER ist dies eine «faustische Technik» [19]. Ihrer «mechanischen Gesetzlichkeit [geht] als ihr Fundament», wie M. SCHELER analysiert, «die Norm der N. als möglicher Lenkung von Psychischem und Physischem» [20] vorher. In «Leidvehütung» [21] sieht S. FREUD den Sinn der N., deren Stand zugleich mitbestimmend für die Kultur ist [22]. In K. JASPERS' zusammenfassender Bestimmung ist Technik «das Verfahren der N. durch den wissenschaftlichen Menschen für den Zweck, sein Dasein zu gestalten, um sich von Not zu entlasten und die ihn ansprechende Form seiner Umwelt zu gewinnen». Er bemerkt aber auch, daß «durch gewaltig gesteigerte N.» der Mensch überwältigt wird und die «Natur durch die Natur des technisch arbeitenden Menschen erst recht zum Tyrannen» [23] werden muß. Und nach A. GEHLEN wird beim «jetzigen Stande der N. ... die Vitalität der Menschen ihnen selbst zum Problem» [24]. Daraus ergibt sich die zunehmende Kritik an der N. als neuzeitlicher Leitformel und als Prinzip der modernen Technik.

W. BENJAMIN kritisiert die Technik als N.; ihr Sinn sei vielmehr: «Beherrschung vom Verhältnis von Natur und Menschheit» [25]. Die Kritik an der N. wird vor allem bei M. Heidegger, Th. W. Adorno und M. Horkheimer zur geschichtsphilosophischen Grundsatzkritik an der Moderne. HEIDEGGER kritisiert die N. aus der Sicht des seinsvergessenen «Ge-stells» als «herausforderndes Entbergen» [26] von Natur und Mensch. Als geschichtlich – geschicklich kritisieren ADORNO und HORKHEIMER das «urbürgerliche ... Programm absoluter N.» [27] im Zusammenhang einer «Dialektik der Aufklärung» [28]. M. THEUNISSEN interpretiert den Gesamtzusammenhang durch die These: «N. enthüllt ... ihre Dialektik: der Versuch einer Liquidation der unberechenbaren Natur führt zu einer 'Liquidation des Subjekts'» [29]; und nach F. GRENZ hängt die Vergesellschaftung «von der N. [ab] und diese, die Natur in sich selbst Brechende, überzieht notwendig alles Gesellschaftliche, das 'Leben' selbst, mit Herrschaft» [30]. Letztlich erweist sich N. gerade als «Naturverfallenheit» [31].

In sozialphilosophischer Hinsicht diskutieren E. Bloch, H. Marcuse und J. Habermas den Zusammenhang von N. und Menschenbeherrschung. So nennt E. BLOCH den «Jubel über große technische Fortschritte ... allemal nichtig», denn «Fortschritten in der 'N.' (können) sehr große Rückschritte der Gesellschaft entsprechen» [32]. Und H. MARCUSE kritisiert, daß «die N. mit der Beherrschung des Menschen verbunden blieb» [33]; er fordert eine Gesellschaft, «bei der die N. selbst der Befreiung und Befriedung des Daseins untergeordnet ist» [34]. Gegen eine nicht naturbeherrschende Technik, die Marcuse für möglich hält und Bloch mit seiner «Allianztechnik» [35] fordert, wendet sich J. HABERMAS mit dem Hinweis, daß «Technik, wenn sie überhaupt auf einen Entwurf zurückgeht, offenbar nur auf ein 'Projekt' der Menschengattung *insgesamt* zurückgeführt werden kann und nicht auf ein historisch überholbares» [36]. Daraus ergibt sich die Aufgabe, die Verluste durch N. mindestens ästhetisch zu kompensieren. So erklärt TH. W. ADORNO: Durch «Beherrschung des Beherrschenden revidiert Kunst zuinnerst die N.» [37], denn «durch Vergeistigung allein, nicht durch verstockte Naturwüchsigkeit durchbrechen die Kunstwerke das Netz der N. und bilden der Natur sich an» [38]. So will «ästhetische Rationalität ... wiedergutmachen, was die naturbeherrschende draußen angerichtet hat» [39].

Im weiteren Zusammenhang wird die N. aus ökologischer Sicht kritisiert. TH. VON UEXKÜLL erklärt dazu:

«Wir haben ... die Natur nur in Hinblick auf unsere Maßstäbe befragt, sie mit unseren Maßen gemessen und gewogen. Was herauskam, war eine Natur, mit der wir umgehen und die wir nach unseren Wünschen verändern können ... Aber – wir sind über unserem Erfolg einer Verwechselung zum Opfer gefallen: Die Natur, mit der wir auf diese Weise umgehen, ist nicht die Natur selbst ... Diese Natur hat nicht unsere, sondern ihre Maßstäbe. Sie spricht nicht für den Menschen, sondern für sich selbst. Sie steht dem Menschen nicht gegenüber, sondern umgreift ihn» [40]. Und A. GEHLEN bindet die Geschichte der N. an den tabuierten Eigenwert der Natur in den Anfängen der N.: «Die Natur im Menschen und außer ihm wurde jetzt kultivierbare, in der Distanz von Verbot und Zugriff ausgewogene ... und in ihrem eigenen Daseinswert anschauliche Natur.» Und nur in der stabilisierten Spannung von «Aneignung und Eigenwert entsteht diejenige Moral, die dem Belebten angemessen ist». Aber inzwischen setze «erstmals in der Geschichte die *Beschränkung der erlaubten Mittel nicht schon an der Grundproduktion* [ein] – diese selbst ist unverantwortbar» [41]. Zu beachten ist allerdings, daß auch die Anerkennung des Eigenwerts der Natur nicht den Totalverzicht auf N. bedeutet; denn nach H. OTTMANN würde sich ohne N. «die Emanzipation von der Naturwüchsigkeit gar nicht vollziehen, die Voraussetzung menschlicher Freiheit ist» [42]. Deshalb betont TH. W. ADORNO, daß das «Produkt aller N. und ihres Unrechts ... [auch] das starke und entfaltete Subjekt» ist, das erst die Kraft hat, «vorm Objekt zurückzutreten und seine Selbstzersetzung zu revozieren» [43]. Im Zusammenhang dieser Frage diskutiert dann R. ZUR LIPPE die «N. am Menschen» [44].

Anmerkungen. [1] G. W. F. HEGEL: Vorles. über die Philos. der Religion. Theorie-Werk-A. (1969) 16, 283. – [2] a.O. 6, 453. – [3] D. FR. SCHLEIERMACHER: Vorles. über Psychologie. Werke, hg. BRAUN/BAUER (1911) 4, 15. – [4] a.O. 15f. – [5] K. MARX: Das Kapital. MEW 23 (1968) 391ff. – [6] a.O. 411. – [7] K. LÖWITH: Vorträge und Abh. Zur Kritik der christl. Überlieferung (1966) 149. – [8] E. BLOCH: Das Prinzip Hoffnung (1967) 2, 766. – [9] R. DESCARTES: Discours de la méthode, hg. GÄBE (1960) 101. – [10] I. KANT: KU. Werke, hg. WEISCHEDEL (1957) 10, 553. – [11] FR. ENGELS: Dialektik der Natur. MEW 20 (1972) 446. – [12] a.O. 452. – [13] 453. – [14] F. BACON: Works, hg. SPEDDING (London 1857–1874) 1, 15. – [15] K. MARX: Grundrisse der Kritik der polit. Ökon. (1974) 593. – [16] FR. NIETZSCHE, Werke, hg. SCHLECHTA 3 (²1960) 440. – [17] F. VON GOTTL-OTTLIENFELD: Wirtschaft und Technik. Grundriß der Sozialökonomik 5 (1914) 207. – [18] FR. RAPP: Analyt. Technikphilos. (1978) 43. – [19] O. SPENGLER: Der Untergang des Abendlandes (ND 1979) 1186. – [20] M. SCHELER: Der Formalismus in der Ethik und die mat. Wertethik. Ges. Werke 2 (⁴1954) 233. – [21] S. FREUD: Das Unbehagen in der Kultur. Studienausg. 9 (³1974) 217. – [22] Die Zukunft einer Illusion a.O. 142. – [23] K. JASPERS: Vom Ursprung und Ziel der Gesch. (1949) 129. – [24] A. GEHLEN: Urmensch und Spätkultur (³1975) 98. – [25] W. BENJAMIN: Schr., hg. ADORNO 1 (1955) 581. – [26] M. HEIDEGGER: Die Frage nach der Technik, in: Vorträge und Aufsätze (³1967) 30. – [27] TH. W. ADORNO: Negative Dialektik (1966) 240. – [28] M. HORKHEIMER und TH. W. ADORNO: Dialektik der Aufklärung (ND 1971) 34. – [29] M. THEUNISSEN: Gesellschaft und Gesch. (1969) 15. – [30] F. GRENZ: Adornos Philos. in Grundbegriffen (1974) 49f. – [31] HORKHEIMER und ADORNO, a.O. [28] 39. – [32] E. BLOCH: Das Prinzip Hoffnung (1976) 2, 814. – [33] H. MARCUSE: Der eindimensionale Mensch. Studien zur fortgeschr. Industriegesch. (1967) 180. – [34] a.O. 248f. – [35] E. BLOCH, a.O. [32] 802. – [36] J. HABERMAS: Technik und Wiss. als 'Ideologie' (1968) 55. – [37] TH. W. ADORNO: Ästhet. Theorie (²1974) 207. – [38] a.O. 411. – [39] 430. – [40] TH. VON UEXKÜLL: Der Mensch und die Natur. Grundzüge einer Naturphilos. (1953) 9. – [41] A. GEHLEN: Urmensch und Spätkultur (⁴1977) 252; vgl. auch: R. SPAEMANN: Techn. Eingriffe in die Natur als ein Problem der polit. Ethik, in: Ökologie und Ethik, hg. BIRNBACHER (1980) 192; D. BIRNBACHER: Sind wir für die Natur verantwortlich? a.O. 109. – [42] H. OTTMANN: Philos. und techn. Welt. Z. philos. Forsch. 34 (1980) 173. – [43] TH. W. ADORNO, a.O. [37] 397. – [44] R. ZUR LIPPE: Naturbeherrschung am Menschen 1 (²1981) 50.

Literaturhinweise. M. HORKHEIMER: Zur Kritik der instrumentellen Vernunft (1967). – W. VON ENGELHARDT: Was heißt und zu welchem Ende treibt man Naturforschung? (1969). – R. MAURER: Revolution und 'Kehre'. Studien zum Problem gesellschaftl. Naturbeherrschung (1975); Jürgen Habermas' Aufhebung der Philosophie. Philos. Rundschau 24 (1977) Beih. 8; Nietzsche und die krit. Theorie. Nietzsche-Studien 10/11 (1981/82). – A. SCHMIDT: Der Begriff der Natur in der Lehre von Marx (³1978). – R. ZUR LIPPE: Am eigenen Leibe. Zur Ökonomie des Lebens (²1979). – H. MÖRCHEN: Macht und Herrschaft im Denken von Heidegger und Adorno (1980). – W. SCHIRMACHER: Technik und Gelassenheit (1983).   W. SCHIRMACHER

Naturgeschichte. – 1. N. ist gegenwärtig zunächst häufig ein Synonym für *Geschichte der Natur*, d. h. die Entwicklung des Kosmos, des Sonnensystems, der Erde und des Lebens auf ihr. Wie auch bei anderen Verwendungen des Wortes ‹Geschichte› kann dabei neben dem Geschehen auch seine Beschreibung oder Erklärung in kosmologischen, geologischen und biologischen Erzählungen und Theorien den Titel ‹N.› tragen [1].

2. Der klassische Gebrauch von N. ist nicht *entwicklungs*geschichtlich eingeschränkt. Hier bezeichnet ‹N.› ganz allgemein das beschreibend vorgetragene Wissen von der Natur und die es organisierenden Disziplinen, die heute auch so genannten beschreibenden Naturwissenschaften (wie etwa Mineralogie, 'Physische Geographie', Geologie, Botanik, Zoologie, Paläontologie) und die zu ihnen gehörige Praxis des Sammelns, Aufzeichnens, Systematisierens. Dieser Gebrauch von ‹N.› geht auf die ursprüngliche Bedeutung des griech. ἱστορία zurück, die nicht auf *zeitlich* geordnete Berichte oder *genetische* Erklärungen festgelegt ist, vielmehr jeder Art von Bericht oder Beschreibung zugesprochen werden kann, welche nicht erklärungs- oder begründungsorientiert vorgehen [2], z. B. dem Bericht des Augenzeugen vor Gericht oder der schlichten Wiedergabe eines Krankheitsverlaufes [3]. Ein in diesem Sinne einschlägiger Titelbegriff wird ‹N.› durch die ‹Historia naturalis› von PLINIUS D. Ä. (23/24–79), die das naturhistorische Wissen der Antike sammelt und zusammenfaßt [4]. Bis ins 18. Jh. hinein heißen gegenüber der bloß beschreibenden Naturhistorie natur*wissenschaftliche* Theorien 'Philosophie', wie es mit dem Titel ‹Philosophiae naturalis principia mathematica› auch die theoretische Mechanik I. NEWTONS dokumentiert. Dies gilt auch für entwicklungsgeschichtliche Erklärungen und Theorien: J.-B. LAMARCKS hierher gehöriges berühmtes Werk trägt noch 1809 den Titel ‹Philosophie zoologique›; dagegen heißt seine Klassifikation der wirbellosen Tiere klassisch ‹Histoire naturelle des animaux sans vertêbres› (1815–22).

Der klassische Gebrauch von ‹N.› hat im 19. Jh. in Schulfach- und Museumsbezeichnungen ('Naturkunde', 'Naturhistorisches Museum') Konjunktur und ist so bis ins 20. Jh. durchaus gegenwärtig. Zugleich erfahren die Worte ‹Geschichte› und ‹N.› etwa seit dem Ende des 18. Jh. eine Umformung ihres Gebrauchs, welche KANT auf die knappe Formel gebracht hat: «Die *Geschichte* betrifft die Begebenheiten, die, in Ansehung der Zeit, sich *nacheinander* zugetragen haben» [5]. Der Kontext dieses Kantischen Satzes *gehört* zur N. im klassischen Sinne. Kant möchte für eine systematische Einordnung der «Physischen Geographie» zwischen *Beschreibung* und

Geschichte (Erzählung) trennen, schickt allerdings voran: «Wir können aber beides, Geschichte und Geographie, auch gleichmäßig eine Beschreibung nennen, das mit dem Unterschiede, daß erstere eine Beschreibung der *Zeit*, letztere eine Beschreibung dem *Raume* nach ist» [6]. – Mit der Differenzierung, die Kant dokumentiert, gehen, schon weit vor Darwin, entwicklungsgeschichtliche Erklärungen für die in den naturhistorischen Disziplinen beschriebenen Phänomene einher [7]. Von daher liegt es nahe, ‹N.› zunehmend auf eine *zeitliche* Ordnung zu beziehen und als Kurzform für «Entwicklungsgeschichte der Natur» zu verstehen.

Wiederum Kant sieht sehr klar, daß der klassische Gebrauch von ‹N.› erklärende Theorien ausschließt und es daher nicht ohne weiteres zuläßt, «ihm eine andere Bedeutung, welche die Naturforschung des Ursprungs bezeichnen kann, zuzugestehen» [8], und schlägt daher für eine Entwicklungsgeschichte der Natur das Wort «Physiogonie» vor [9]. Die terminologische Entwicklung hat jedoch den Bedenken Kants nicht Rechnung getragen, so daß sich bis heute bei den Worten ‹N.› und ‹naturhistorisch› die klassische deskriptive und die moderne entwicklungsgeschichtliche Bedeutung findet, häufig in einer Verschränkung, die auch viele naturhistorische Sammlungen und Museen in sinnfälliger Ordnung zeigen.

3. Getrennte Erwähnung verdienen geschichtsphilosophische und sozialgeschichtliche Gebrauchsfälle von ‹N.›, insbesondere bei MARX: Hier werden etwa als «naturgeschichtlich» solche gesellschaftlichen Entwicklungen charakterisiert, die sich naturwüchsig, d. h. nicht als Ergebnis absichtvollen Handelns vollziehen [10]. In diesem Sinne erscheint marxistischen Ansätzen die bisherige soziale, politische und ökonomische Geschichte der Menschheit ganz oder teilweise noch als Vorgeschichte oder N. der Menschheit. – Bei Marx ist andererseits der Gebrauch von ‹N.› eher diffus: Häufig liegt schlicht ein an naturwissenschaftliche Entwicklungstheorien wie den Darwinismus angelehnter Gebrauch vor. Anders müssen wohl einige Verwendungen von ‹N.› in den ‹Pariser Manuskripten› gelesen werden, so wenn die «Geschichte selbst» als «ein *wirklicher* Teil der *Naturgeschichte*, des Werdens der Natur zum Menschen» verstanden [11] oder die Geschichte als «die wahre Naturgeschichte des Menschen» [12] gekennzeichnet wird. Im letzten Fall mag Marx die Rede von ‹N.› sogar mit Bezug auf eine Entwicklung verwenden, in der die Natur (im Sinne des «Wesens») sich verwirklicht.

Anmerkungen. [1] Vgl. Art. ‹Geschichte der Natur›. – [2] Vgl. B. SNELL: Die Ausdrücke für den Begriff des Wissens in der vorplatonischen Philos. (1924). – [3] Vgl. zum Gebrauch von ἱστορία in der empirischen Schule der antiken Medizin K. DEICHGRÄBER: Die griech. Empirikerschule (1930, ND 1965) 126ff. 298ff. – [4] PLINIUS SECUNDUS: Naturalis historiae libri 37, hg. L. JAN/ K. MAYHOFF 1-6 (1865-1909, ND 1967-1970); dtsch. übers., bearb. und hg. von M. E. D. L. STRACK 1-3 (1853-55, ND 1968). – [5] I. KANT, Phys. Geogr. Akad.-A. 9, 160. – [6] ebda. – [7] Vgl. exemplarisch O. H. SCHINDEWOLF: Wesen und Gesch. der Paläontologie (1948). – [8] KANT, Über den Gebrauch teleolog. Principien in der Philos. Akad.-A. 8, 162f.; vgl. auch Akad.-A. 2, 434 Anm. – [9] Akad.-A. 8, 163 Anm. – [10] K. MARX, z. B. MEW 23, 16. – [11] MEW Erg.-Bd.: Schr. bis 1844, 1. Teil, 544. – [12] a.O. 579.

Literaturhinweise. P. E. GEIGER: Das Wort 'Geschichte' und seine Zusammensetzungen (Diss. Freiburg i. Br. 1908) bes. 65-67. – H. FLEISCHER: Marxismus und Gesch. (³1970). – A. SCHMIDT: Der Begriff der Natur in der Lehre von Marx (²1971). – F. KAMBARTEL: Erfahrung und Struktur (²1976) 61-86. – A. SEIFERT: Cognitio Historica (1976). – W. LEPENIES: Das Ende der N. (1976); N. und Anthropologie im 18. Jh. Hist. Z. 231 (1980) 21-41. – G. FUNKE: Ist N. als Wiss. möglich? Phil. nat. 18 (1981) 208-224. – H. LÜBBE: Die Einheit von N. und Kulturgesch. (1981).

F. KAMBARTEL

Naturgesetzlichkeit, Naturgesetz (lat. lex naturae, ital. legge della natura, frz. loi de la nature, engl. natural law). Mit dem Begriff ‹Naturgesetzlichkeit› (N.) verbindet sich allgemein der Gedanke der Ordnung und Regelhaftigkeit der Natur. Im Mittelalter bezeichnet ‹lex naturae› oder ‹lex naturalis› auch das innere Moralgesetz [1], entsprechend versteht MONTAIGNE unter ‹loix naturelles› jene Gesetze, die aus der Natur des Menschen folgen.

1. *N. als Ordnung und Regelhaftigkeit.* – Die Verwendung des Begriffs ‹Naturgesetz› (Ng.) und seiner griechischen oder lateinischen Äquivalente ist zunächst relativ selten, an seiner Stelle treten häufig andere Begriffe auf. Die Vorstellung einer allem Sein immanenten Gesetzlichkeit findet sich aber bereits bei den Vorsokratikern ANAXIMANDER und HERAKLIT, für den der Logos zugleich Nomos und Dike ist [2]. Von Ng. spricht PLATON [3], für ARISTOTELES ist die Dreizahl ein dem Kosmos auferlegtes Gesetz [4]. ‹Notwendigkeit› (ἀνάγκη) kommt in diesem Zusammenhang schon in der ältesten *medizinischen* Literatur vor sowie bei DEMOKRIT, XENOPHON [5], PLATON [6] und öfters bei ARISTOTELES. Ähnliche Bedeutung haben ‹Themis› (θέμις, Brauch, Gesetz, Recht) und ‹Dike› (δίκη, Sitte, Recht, Gerechtigkeit, Strafe), bei den *Stoikern* ‹Heimarmene› (εἱμαρμένη, Vorsehung) [7]. Der stoische Begriff eines göttlichen Gesetzes als einer der Welt innewohnenden Vernunft (Logos) leitet über zum Begriff des Ng. Bei LUKREZ findet man mehrfach die Ausdrücke ‹foedera naturae› und ‹leges naturae› [8]. AUGUSTINUS spricht von Gewohnheiten göttlichen Handelns, betont allerdings, daß sie «zugunsten besonderer Zwecke jeden Augenblick verlassen werden können» [9]. Vielfach, so z. B. bei G. BRUNO, wird das Ng. im Geiste Gottes als Anlage (dispositio) der Dinge verstanden [10] oder – wie bei LEIBNIZ – in den unwandelbaren Willen Gottes verlegt [11]. In einer dem neueren Gebrauch verwandten Weise findet man den Ausdruck bei LEONARDO DA VINCI [12], bei W. GILBERT [13] und bei J. KEPLER [14]. Für DESCARTES folgen aus der Unveränderlichkeit Gottes gewisse Regeln als Ng. [15]. Das Ng. ist für viele ältere Autoren das Verhalten der Dinge, das ihrer Natur gemäß ist, wie nach ARISTOTELES die schweren Körper ihrer Natur gemäß nach unten fallen. Entgegen unserer heutigen Auffassung war die menschliche Tätigkeit, die in Mechanik und Technik ihre Leistungen vollbringt, gegen die Ng. gerichtet. G. UBALDI DAL MONTE: «Quandoquidem quodcumque fabris, architectis, ..., repugnantis naturae legibus opitulatur, id omne mechanicum est imperium» (Alles, was von Zimmerleuten, Baumeistern ... den widerstrebenden Naturgesetzen zum Trotze geleistet wird, gehört dem Herrschaftsbereich der Mechanik an) [16].

2. *N. und Bewegung.* – Schon ARISTOTELES versucht im siebten Buch der ‹Physik› die Bewegungsgesetze zu formulieren [17]. Nachdem NICOLAUS VON ORESME und die Oxforder Schule Versuche unternommen haben, irdische Vorgänge quantitativ-mathematisch darzustellen, unternimmt es THOMAS BRADWARDINUS, die Bewegungsgesetze in einer allgemein gültigen Regel zu fassen, die schon die Vorstellung eines funktionalen Zusammenhanges zeigt und in unsere mathematische Schreibweise übertragen werden kann [18]. Diese schon in der Schule von Oxford durchgeführten Calculationes sind Vorläufer

unseres neuzeitlichen Gesetzesbegriffes [19], wie man ihn dann bei I. NEWTON findet. Er spricht von «leges motus», und das 2. Gesetz drückt einen mathematischen Funktionszusammenhang aus, wenn gesagt wird, daß «die Änderung der Bewegung der einwirkenden Kraft proportional ist» [20]. Das 18. Jh. hat Ng. mit Bewegungsgesetzen identifiziert, so auch in der ‹Encyclopédie› [21].

3. *N. und Kausalität.* – Die Vorstellung eines Ng. wird zumindest seit dem 17. Jh. im engen Zusammenhang gesehen mit der Kausalität, mit den Begriffen ‹Ursache› und ‹Wirkung›, so daß ‹Ng.› und ‹Kausalgesetz› häufig synonym verwendet werden. Die Unklarheit der Begriffsbildung kommt zum Ausdruck, wenn Ng. z. B. mit Kraft identifiziert wird [22]. Die Identifizierung von Ng. und Kausalgesetz ist heute nicht aufrechtzuerhalten. Im engeren Sinne sind nur *Sukzessionsgesetze* als Kausalgesetze zu verstehen. Sukzessionsgesetze sind z. B. die Bewegungsgesetze, die man im 17. und 18. Jh. vor allem im Auge hatte. Demgegenüber gibt es *Nachbarschaftsgesetze* (z. B. die Gesetze der Kristallstrukturen) und *Gesetze der Koexistenz* (z. B. das Gasgesetz). Letztere sind *keine* Kausalgesetze, sie setzen das Kausalprinzip aber voraus.

4. *N. und Finalität.* – Ob es in der Natur nur kausale oder auch finale Gesetze gebe, ist seit Leibniz immer wieder diskutiert worden. LEIBNIZ unterscheidet die Ng., denen die Körper unterworfen sind und die Gesetze der Wirkursachen oder der Bewegungen sind, von den Gesetzen der Zweckursachen, gemäß denen die Seelen handeln [23]. Aus den früheren Schriften von Leibniz geht hervor, daß für ihn die Ng., die er mit den mechanischen Gesetzen identifiziert, nicht bloß kausal sind. Es gibt vielmehr zwei Methoden, die Ng. herzuleiten und zu erklären, die kausale und die finale [24]. NEWTON verwendet die kausale Methode; LEIBNIZ weist darauf hin, daß alle naturgesetzlichen Vorgänge auch als Lösungen von Extremalaufgaben dargestellt werden können; diese lassen sich aber immer final oder teleologisch interpretieren (Tentamen anagogicum).

L. EULER, der dafür die Variationsrechnung entwickelt hat, zeigt, daß dies für alle klassischen Ng. gelten muß, sofern sie Sukzessionsgesetze sind [25]. Noch PLANCK unternimmt es, die ganze Physik dem Prinzip der kleinsten Wirkung zu unterwerfen, welches wieder teleologisch deutbar ist [26]. Daß es neben den Wirkursachen auch Zweckursachen in der Natur gebe, ist von vielen immer wieder behauptet und zuletzt von den *Neovitalisten* zu beweisen versucht worden [27]. Alle diese Beweise haben sich als unzulänglich erwiesen. Wir kennen keine methodischen Mittel, finale Gesetze zu erkennen, die nicht im Leibnizschen Sinne gleichzeitig auch kausal interpretierbar sind [28].

5. *N. und Wirklichkeit.* – Bereits KANT unterscheidet zwischen Regeln, die als bloße Sammlungen von Erfahrungen angesehen werden können, und Gesetzen der Natur, für die gilt, daß der «Verstand selbst der Quell» ist [29]. Die allgemeinsten Gesetze werden schon im 18. Jh. als Prinzipien bezeichnet. Eine eindeutige definitorische Unterscheidung von Prinzipien und Gesetzen gibt es bis heute nicht. Als die entscheidende Methode zur Erforschung der Ng. hat sich das Experiment erwiesen, das ermöglicht, funktionale Zusammenhänge festzustellen. Diese können qualitativer und quantitativer Natur sein. Experimente lassen nicht nur *eine* mathematische Beschreibung zu. Ihre Planung wird von theoretischen Überlegungen geleitet. Diese finden daher auch Eingang in die Formulierung der Ng. Damit hängt eng die Frage zusammen, ob die Ng. in der Natur wirken oder nur in unserem Verstande sind. Letztere nominalistische Auffassung findet sich schon bei J. S. T. GEHLER: «Wirklich sind in der Natur nur die einzelnen Wirkungen vorhanden, die Gesetze existieren bloß in den Ideen der Naturforscher oder in dem System der Naturlehre» [30]. Viele Naturwissenschaftler des 19. Jh. sehen die Ng. in rein empiristischer Weise. Sie seien nur durch Erfahrung induktiv gewonnen und sollen daher auch aussagen, wie die Naturvorgänge an sich sind. Demgegenüber erklärt E. MACH mit Kant die Unerkennbarkeit der an-sich-seienden Natur und folgert, daß die Naturwissenschaft nur eine möglichst einfache mathematische Beschreibung des empirisch Erforschten geben soll [31]. Da eine apriorische Begründung der Ng. im Sinne Kants heute allgemein als unmöglich angesehen wird, eine rein empirische Begründung aber niemals den Notwendigkeitscharakter erklären kann, den wir den Ng. glauben zuerkennen zu müssen, hat vor allem der logische Positivismus auf die Bedeutung des logisch-theoretischen Zusammenhanges hingewiesen; der Konventionalismus (POINCARÉ) und der Operativismus (DINGLER, BRIDGMAN) haben auf die aller Naturerkenntnis zugrunde liegenden Konventionen aufmerksam gemacht. Darüber hinaus stellt sich die Frage, wieweit wir durch unser im Experiment vollzogenes handelndes Eingreifen in die Natur die Form der Ng. selbst erzeugen (EDDINGTON) [32]. Die moderne Naturwissenschaft kann heute kaum noch von isolierten Ng. sprechen. Die Ng. stellen funktionale, mathematisch formulierte Zusammenhänge dar, die sich logisch-mathematisch zu theoretischen Systemen zusammenschließen. Die Ng. beziehen sich aufgrund ihres empirischen Ursprungs und der Forderung ihrer Anwendbarkeit auf die erfahrbare Wirklichkeit. Sie enthalten logische, sprachliche, anschauliche und konventionale Elemente.

6. *N. und Determinismus.* – Klassische Ng., wie Bewegungsgesetze und elektromagnetische Gesetze, sind *deterministisch*. Die moderne Physik kennt zwei Arten von Gesetzen: Die Nahewirkungsgesetze der Relativitätstheorie sind deterministisch, die quantentheoretischen Gesetze dagegen sind *statistisch*. Man glaubte lange, daß die statistischen Gesetze nur vorläufig seien und das Ziel der Forschung ihre Ablösung durch deterministische Gesetze sei. Heute sieht es so aus, als ob die Ng. grundsätzlich statistischer Natur und alle deterministischen Gesetze auf statistische zurückführbar seien. Ob es eine allgemeine, durchgehende Gesetzlichkeit der Erfahrungswirklichkeit gebe, können wir nicht wissen, denn es kann nicht bewiesen werden, daß es keine Gesetzeslücken gibt. STEGMÜLLER hat darauf hingewiesen, daß man von einer Legalität der Natur sprechen könne, ohne eine durchgehende Determiniertheit derselben anzunehmen [33].

7. *Gültigkeit der Ng.* – Es ist bis heute nicht geklärt, worauf die als notwendig erscheinende Gültigkeit der Ng. beruht. Eine eindeutige Definition des Begriffes ‹Ng.› im Sinne des heutigen Gebrauches kann nicht gegeben werden. Da es anscheinend nicht möglich ist, Ng. mit Gewißheit festzustellen, spricht K. R. POPPER von nomologischen Hypothesen, von denen er quasinomologische und empirische Generalisierungen unterscheidet [34]. Besondere Schwierigkeiten bereiten Gesetzeshypothesen bezüglich ihrer Überprüfbarkeit, wenn sie Dispositionsprädikate enthalten [35]. Man versuchte, Ng. formal zu charakterisieren durch die Bestimmung, daß sie keine speziellen Orts- und Zeitkoordinaten, keine Eigennamen und ostensive Bestimmungen wie ‹hier›, ‹jetzt› usw. enthalten dürfen. Die Untersuchungen von N. GOODMAN stellten in Frage, ob man einen Begriff der

Gesetzesartigkeit überhaupt logisch-strukturell bestimmen kann [36]. Bisher ist keine befriedigende Lösung des Goodman-Paradoxon vorgeschlagen worden [37]. Dann sind aber auch keine Kriterien für die von Popper vorgeschlagene Unterscheidung von nomologischen Hypothesen, quasinomologischen und empirischen Generalisierungen möglich.

Anmerkungen. [1] Thomas von Aquin, S. Theol. II, 91, 2. – [2] Heraklit, VS 22, B 30. 31. 33. 50. 94. 114; Anaximander, VS 12, B 1. – [3] Platon, Tim. 83 e. – [4] Aristoteles, De caelo 268 a 10ff. – [5] Xenophon, Memor. I, 1, (11). – [6] Platon, Leges 967 a. – [7] Vgl. z. B. SVF 2, 917. – [8] Lucrez, De rerum natura II, 302; VI, 907. – [9] Augustinus, De civ. Dei 21, 8. CSEL 48, pars XIV 2, 770-774. – [10] G. Bruno, De immenso et innumerabilibus VIII, 9. Opera, hg. Fiorentino (Neapel 1884, ND 1962) I/2, 310; De triplici minimo et mensura I, 1 a.O. I/3, 136. – [11] G. W. Leibniz, Theod. I, § 28. – [12] Leonardo da Vinci, Ms. 5, fol. Iv; Ms. E, fol. 43v; Ms. C, fol. 23v. – [13] W. Gilbert: De magnete (London 1600) I, Kap. 5. Wiss. Klassiker in Faksimiledrucken 6 (1893). – [14] Joannis Kepleri astronomi opera omnia, hg. Chr. Frisch 3 (1882) 149. – [15] R. Descartes, Princ. phil. II, 37. – [16] Guidonbaldi e Marchionibus Montis mechanicorum liber (Pesaro 1577), zit. nach H. Schimank: Der Aspekt der N. im Wandel der Zeiten, in: Das Problem der Gesetzlichkeit (1949) 2, 180. – [17] Vgl. M. Schramm: Die Bedeutung der Bewegungslehre des Arist. für seine beiden Lösungen der zenonischen Paradoxie (1962). – [18] A. Maier: Die Anfänge des phys. Denkens im 14. Jh. Philos. naturalis 1 (1950) 30. – [19] E. J. Dijksterhuis: Die Mechanisierung des Weltbildes (1956) 216f. – [20] I. Newton: Philosophiae naturalis principia mathematica (Genf 1748) 20. 21. 23. – [21] Art. ‹lois de la nature›, in: Encyclop., hg. Diderot/d'Alembert 11 (1765, ND 1966) 41. – [22] B. Nieuwentijt: Rechter Gebrauch der Weltbetrachtung zur Erkenntnis der Macht, Weisheit und Güte Gottes ... (1715, dtsch. 1747) 28. Betracht., S. 504. – [23] G. W. Leibniz, Monadol. 79, 80. – [24] Vgl. A. Kneser: Das Prinzip der kleinsten Wirkung von Leibniz bis zur Gegenwart (1928). – [25] L. Euler: Methodus inveniendi lineas curvas. Addimentum II: De motu projectorum (1744). Opera omnia, hg. F. Rudio u.a. I/24 (1952) 298ff. – [26] M. Planck: Das Prinzip der kleinsten Wirkung. Phys. Rundblicke (1922). – [27] H. Driesch: Philos. des Organischen (⁴1928); R. Woltereck: Ontol. und des Lebendigen (1940). – [28] G. Frey: Erkenntnis der Wirklichkeit (1965) 127ff. – [29] I. Kant, Sämtl. Werke (Leipzig 1920/22) 6, 745f. – [30] J. S. T. Gehler: Phys. Wb. (1798) 3. Teil. – [31] E. Mach: Erkenntnis und Irrtum (²1906). – [32] A. Eddington: Philos. der Naturwiss. (1939) 7. Kap. – [33] W. Stegmüller: Probleme und Resultate der Wiss.theorie und Anal. Philos. 1 (1969) 231. – [34] K. R. Popper: Logik der Forsch. (²1966, ⁴1971) 34ff. – [35] R. Carnap: Testability and meaning (1954). – [36] N. Goodman: Fact, fiction and forecast (Cambridge, Mass. 1954) 24ff. 73ff. – [37] Stegmüller, a.O. [33] 276ff. 694ff.; 4/2 (1973) 507ff.

Literaturhinweise. E. Boutroux: Über den Begriff des Ng. in der Wiss. und in der Philos. der Gegenwart (1907). – R. Eucken: Geistige Strömungen der Gegenwart (⁶1920). – B. Bauch: Das Ng. (1924). – H. Schimank s. Anm. [16]. – E. J. Dijksterhuis s. Anm. [19]. – E. Schrödinger: Was ist ein Ng.? Beitr. zum naturwiss. Weltbild (1962). – W. Stegmüller: Der Begriff des Ng. Stud. gen. 19 (1966) 649-657. – The conception of law in sci. J. of Philos. (1953). – G. Frey: Gesetz und Entwicklung in der Natur (1958). – C. G. Hempel: Philos. der Naturwiss.en (1974). – K. R. Popper: Naturgesetze und theoret. Systeme, in: H. Albert: Theorie und Realität (1972).   G. Frey

Naturkonstante. Unter einer N. versteht man eine feste physikalische, chemische oder astronomische Größe, deren numerischer Wert und deren Dimension unabhängig vom Bezugssystem eines Beobachters oder Experimentators konstant bleibt [1]. Ein Beispiel der *Klassischen Physik* ist die von H. Cavendish 1738 erstmals bestimmte *Gravitationskonstante*, welche als Proportionalitätsfaktor G in dem von I. Newton aufgestellten Gravitationsgesetz

$$K = G \cdot \frac{M_g \cdot m_g}{r^2}$$

(mit den schweren Massen M_g, m_g zweier Körper und ihrem Abstand r) auftritt. Die Dimension dieser N. ist

$$\dim G = \frac{\dim K \cdot \dim r^2}{\dim M_g \cdot \dim m_g}$$

und daher in den Einheiten $m^3 \, sec^{-2} \, kg_i \, kg_g^{-2}$ (mit kg_i und kg_g als Einheit für träge bzw. schwere Masse) zu messen. Die numerischen Werte von N.n werden experimentell approximativ bestimmt

(z. B. $G = 6{,}67 \cdot 10^{-11} \, m^3 \, sec^{-2} \, kg_i \, kg_g^{-2}$).

Ebenso ist $g = 9{,}8665 \, m \, sec^{-2}$ eine N., die in Galileis Fallgesetz $s = \frac{1}{2} g \, t^2$ auftritt. In den *physikalischen* und *chemischen* Gesetzen des 18. und 19. Jh. wurden in diesem Sinne eine Reihe zentraler N.n eingeführt (z. B. Boyles Gaskonstante, Avogardos Molekelnkonstante, Faradays Konstante). In der *Relativitätstheorie* tritt die Lichtgeschwindigkeit c als vom Beobachter unabhängige N. auf. Als eine Grundbeziehung der *Quantentheorie* bestimmte M. Planck die Gleichung $\varepsilon = h \cdot \nu$ zur Berechnung der Energie ε eines Energiequants mit der Frequenz ν der entsprechenden Strahlung und der N. h, deren Zahlenwert er experimentell an der Hohlraumstrahlung bestimmte und der inzwischen auf mehreren Wegen unabhängig berechnet wurde. Die Atom-, Quanten- und Elementarteilchenphysik entdeckte viele neue N.n, die z. B. Wellenlänge, Masse, Atomgewicht eines Teilchens bestimmen.

In der *Astronomie* gehen erste Versuche zur Bestimmung von N.n auf Aristarch von Samos (310–230 v.Chr.) zurück, der geometrische Meßmethoden für konstante Entfernungs- und Größenverhältnisse von Erde, Mond und Sonne einführte [2]. Auf A. S. Eddington geht der Versuch zurück, zwischen N.n der relativistischen Kosmologie (der Gravitationskonstanten G, der Lichtgeschwindigkeit c, der Hubbleschen Konstanten H, der mittleren Massendichte ρ_o des Universums) und N.n der Quantentheorie (dem elektrischen Elementarquantum e, der Masse m_e des Elektrons, der Masse m_p des Protons, dem Planckschen Wirkungsquantum h) konstante Proportionalitätsfaktoren zu bestimmen, die als *dimensionslose* N.n interpretiert werden können [3]. Der Faktor γ, der in allen Beziehungen Eddingtons auftritt, wird aus dem Verhältnis der Gravitationsanziehung und der Coulombschen Anziehung im Wasserstoffatom durch

$$\gamma = \frac{e^2}{G \cdot m_p \cdot m_e} = 2{,}3 \cdot 10^{39}$$

bestimmt. Dieser Ansatz wurde in den dreißiger Jahren von P. A. M. Dirac und später von P. Jordan weiterentwickelt.

In philosophischen Betrachtungen zur Physik ist den universellen, unableitbaren N.n zum Teil ein sehr grundlegender Charakter zugesprochen worden. So kann man nach M. Planck [4] mit ihnen die Frage nach dem «eigentlich Substantiellen», den «unveränderlichen Bausteinen, aus denen das physikalische Weltgebäude zusammengefügt ist», beantworten: «... die sogenannten *universellen Konstanten*: vor allem die Lichtgeschwindigkeit im Vakuum, die elektrische Ladung und die Ruhmasse eines Elektrons, das aus der Wärmestrahlung gewonnene ‹elementare Wirkungsquantum›, welches wahrscheinlich auch bei chemischen Erscheinungen eine fundamentale Rolle spielt, die Gravitationskonstante, und wohl noch manche andere ... besitzen insofern reale Bedeutung, als ihre Werte unabhängig sind von der Beschaffenheit, dem Standpunkt und dem Geschwindigkeitszustand eines Beobachters». Für W. HEISENBERG bestimmen die universellen N.n «die Maßstäbe der Natur, sie liefern uns charakteristische Größen, auf die man alle anderen Größen der Natur zurückführen kann» [5].

Anmerkungen. [1] Für die folgenden Beispiele vgl. F. HUND: Gesch. der physikal. Begriffe 1. 2 (²1978). – [2] TH. HEATH: Aristarchus of Samos. The ancient Copernicus. A hist. of Greek astronomy to Aristarchus, together with Aristarchus' Treatise on the sizes and distances of the sun and moon (Oxford 1913, 1959) 351-414; K. MAINZER: Gesch. der Geometrie (1980) 59ff. – [3] A. S. EDDINGTON: Fundamental theory, hg. E. T. WHITTAKER (Cambridge 1946, 1953); vgl. K. MAINZER: Arthur Stanley Eddington, in: J. MITTELSTRASS (Hg.): Enzykl. Philos. und Wiss.theorie 1 (1980) 519. – [4] M. PLANCK: Vorträge und Erinnerungen (⁶1965) 66. – [5] W. HEISENBERG: Physik und Philos. (1959) 156.

K. MAINZER

Naturmensch. Der Ausdruck ‹N.› (gelegentlich fälschlich synonym mit ‹natürlicher Mensch›) bezeichnet den Menschen im Natur-, d. h. vorkulturellen Zustand.

Der N. erscheint schon in der *griechischen* Philosophie entweder als barbarische Vorstufe oder als Wesen eines goldenen Zeitalters, so daß die Entwicklung der Menschheit Aufstieg oder Abfall bedeuten kann. Nach der pessimistischen frühen Geschichtsphilosophie [1] streben die *Kyniker* [2] das kultur- und bedürfnislose Leben des N. als Ideal an, was verinnerlicht in der Stoa weiterwirkt. Für DIKAIARCH VON MESSENE [3], auf den sich noch ROUSSEAU [4] beruft, bedeutet die Entwicklung des Privateigentums den Abfall vom positiven Zustand des N. – Dagegen sieht schon XENOPHANES [5] den Menschen in stetigem Fortschritt zum Besseren. PROTAGORAS [6] nimmt im Mythos von der Entstehung des Menschen einen zweiten Schöpfungsakt an, der durch das göttliche Geschenk der Sozialität das Zusammenleben der Menschen begründet. Auf die mythische Weltdeutung des N. weist PRODIKOS [7] hin. Tierähnlich und gesetzlos war das Dasein des N. nach DEMOKRIT [8], KRITIAS [9] und EPIKUR [10], für den Kulturentwicklung ein langsamer Gesittungs- und Differenzierungsprozeß ist. Die *sophistische* Theorie, daß die Gerechtigkeit erst durch einen Gesellschaftsvertrag eingeführt worden ist, findet sich bei PLATON [11]. Für ARISTOTELES [12] ist bei aller Primitivität der Mensch der Urzeit ohne Sozialität nicht denkbar. Im Anschluß an POSEIDONIOS hält noch SENECA [13] das Leben des N. für kärglich.

Im *17. und 18. Jh.* taucht der Begriff in den Staatsphilosophien wieder auf. Wie schon in der Sophistik ermöglicht nach ihnen erst ein Vertrag das soziale und staatliche Leben. Der vorhergehende Naturzustand wird je nach den anthropologischen Grundvorstellungen der Denker verschieden interpretiert: Für HOBBES [14] ist der N. ein egoistisches Wesen, das sich im Kampf aller gegen alle und ohne Anerkennung der Rechte anderer durchzusetzen versucht. LOCKES [15] humaneres Menschenbild gewährleistet einen vorsozialen Rechtszustand von Freiheit, Gleichheit und Privatbesitz durch das Naturrecht, dessen Übertretung jeder ahnden darf. MONTESQUIEU [16] deutet den N. als friedliches, isoliertes Wesen, das in ständiger Angst zurückgezogen und ohne Aggressionen lebt. Eine Umkehrung dieser Hochschätzung des Fortschritts vollzieht ROUSSEAU: In seinem frühesten Stadium zeichnet sich der «homme original» (auch homme naturel, homme barbare, homme sauvage) gegenüber dem Tier durch nichts aus als durch instinktive Mitleidsmoral und Entwicklungsfähigkeit. Auch der Verstand – bei den Staatsdenkern immer schon vorausgesetzt – ist historisch geworden. Da aber der Kulturmensch der Gegenwart durch den «amour-propre» korrumpiert ist, ist die «glücklichste Epoche» der Menschheit «die rechte Mitte zwischen der Indolenz des primitiven Zustandes und der streberischen Aktivität unserer Selbstsucht» (... ce période du développement des facultés humaines, tenant un juste milieu entre l'indolence de l'état primitif et la pétulante activité de nôtre amour propre, dut être l'époque la plus heureuse, et la plus durable) [17].

Diese Wertschätzung frühmenschlicher Kultur wirkt sich kulturgeschichtlich im späten 18. Jh. im Geniekult, in der Verherrlichung des edlen Wilden und in der Naturschwärmerei aus. Dieser Wendung parallel läuft die philosophische Hoffnung, das durch menschliche Zutaten unverfälschte Wesen des Menschen beim isolierten N. gültig studieren zu können, etwa bei CONDILLAC [18], DEFOE [19] und EICHHORN [20]. Dagegen polemisiert – die moderne Kulturanthropologie vorwegnehmend – HERDER, für den der Mensch nur als Sozialwesen denkbar ist: «Der Naturzustand des Menschen ist der Stand der Gesellschaft» [21]. Die moderne *Kulturanthropologie* tritt dem noch im 19. Jh. unternommenen Versuch, eine frühe Wildform des Menschen zu finden [22], grundsätzlich entgegen: «Jedenfalls kennen wir den Menschen nur im Besitz von Kulturerrungenschaften, die ... so fundamental sind, daß die Existenz des Menschen ohne sie undenkbar wäre. Eine Unterscheidung von N. und Kulturmensch ist daher unpräzise, wenn man sie buchstäblich nimmt – es gibt und gab je nur eine Kulturmenschheit, allerdings mit ganz ungemeinen Unterschieden des kulturellen Inventars» [23]. DACQUÉ [24] vertritt noch im 20. Jh. die Theorie vom mythischen «volltrüchtigen Frühmenschen» [25] (Gesamtmensch, Vollmensch): «Der Mensch im Urzustand bedeutet das paradiesische Dasein» [26] und enthält «das Urwesenhafte des Menschen» [27]. – Zur Kennzeichnung des ungebildeten Menschen, der verständnislos in der technifizierten Welt lebt, hat ORTEGA Y GASSET den Begriff ‹N.› aufgegriffen [28].

Anmerkungen. [1] Vgl. etwa HESIOD, Erga 90ff. 109ff., hg. U. VON WILAMOWITZ-MOELLENDORFF (²1962) Vitae – [2] Zu ANTISTHENES s. DIOGENES LAERTIUS, Vitae philosophorum VI, hg. H. S. LONG 2 (Oxford 1964) 247; zu DIOGENES VON SINOPE s. DIOG. LAERT., a.O. VI, 20 = 256. – [3] DIKAIARCHOS VON MESSENE, Frg. 1-6, hg. C. MÜLLER, in: Frg. Historicorum Graecorum 2 (Paris 1848) 225ff. – [4] Vgl. J.-J. ROUSSEAU, Discours sur l'origine et les fondements de l'inégalité parmi les hommes II. Oeuvres compl. 3 (Paris 1964) 135 Anm. V. – [5] XENOPHANES, VS 21 B 18. – [6] Vgl. PLATON, Protagoras 322 a ff. – [7] PRODIKOS, Frg. 5. VS 2, 317. – [8] DEMOKRIT, nach DIODOR I, 8. VS 2, 135f. – [9] KRITIAS, Frg. 25. VS 2, 386-389. – [10] Nach LUKREZ, De rerum natura V, 925-1457, hg. C. BAILEY 1 (Oxford 1947, ND 1966) 480-508. – [11] PLATON, Leg. 358 e ff. – [12] ARISTOTELES, Pol. 1252 b 9ff. – [13] SENECA, Ad Lucilium ep. morales, ep. 90, hg. L. D. REYNOLDS 2 (Oxford 1965) 331ff. – [14] TH. HOBBES, Leviathan (1651) I, 13. 14. Engl. Works, hg. W. MOLESWORTH 3 (London 1839, ND 1966) 110-130. – [15] J. LOCKE, Two treatises of government II: Of civil government 4-7 (1689). Works (London 1823, ND 1963) 5, 339-342. – [16] CH.-L. DE MONTESQUIEU: De l'esprit des lois (1748) I, 2. Oeuvres compl., hg. R. CALLOIS (Paris 1951, ND 1976) 235f. – [17] ROUSSEAU, a.O. [4] 171. – [18] E. B. DE CONDILLAC: Traité des sensations (1754). Oeuvres philos., hg. G. LE ROY 1 (Paris 1947). – [19] D. DEFOE: The Life and strange surprising Adventures of Robinson Crusoe

(1719). – [20] J. G. EICHHORN: Der N., ein morgenländ. Roman des Abu Dschafar Ebn Tofail; aus dem Arab. übers. (1783). – [21] J. G. HERDER, Ideen zur Philos. der Gesch. der Menschheit. Sämtl. Werke, hg. B. SUPHAN 13 (1887, ND 1967) 375. – [22] A. RAUBER: Homo sapiens ferox oder die Zustände der Verwilderten (1885, ²1888). – [23] A. GEHLEN: Über Kultur, Natur, Natürlichkeit, in: Anthropol. Forsch. (1961) 78. – [24] E. DACQUÉ: Das verlorene Paradies (1938, ³1952). – [25] a.O. 8. – [26] 65. – [27] 6. – [28] J. ORTEGA Y GASSET: Der Aufstand der Massen (dtsch. 1956, ND 1965) 59.

Literaturhinweise. R. REDSLOB: Die Staatstheorien der frz. Nationalversammlung (1912). – W. UXKULL-GYLLENBRAND: Griech. Kulturentstehungslehren (1924). – A. GEHLEN s. Anm. [23] 78-92.

CHR. GRAWE

Naturphilosophie (griech. φιλοσοφία bzw. ἐπιστήμη φυσική, φυσική; lat. philosophia bzw. scientia naturalis, scientia physica; engl. natural philosophy bzw. science; frz. philosophie de la nature; ital. filosofia della natura)

I. *Antike.* – Die (verglichen mit φυσική und physica in der Antike selten belegte) Wortbildung φιλοσοφία φυσική geht auf ARISTOTELES zurück. Die damit bezeichnete Disziplin belegt er auch mit den Begriffen ἐπιστήμη φυσική und (wohl als Abkürzung von φυσική ἐπιστήμη und φυσική φιλοσοφία aufzufassen [1]) φυσική. Sie bildet mit Theologie und Mathematik die Gruppe der drei betrachtenden (theoretischen) Wissenschaften [2] (ἐπιστήμαι/φιλοσοφίαι θεωρητικαί), innerhalb deren sie aufgrund ihres Gegenstandsbereichs den zweiten Rang einnimmt: Ihre Aufgabe ist die Betrachtung der sinnlich wahrnehmbaren Substanzen (τῆς φυσικῆς καὶ δευτέρας φιλοσοφίας ἔργον ἡ περὶ τὰς αἰσθητὰς οὐσίας θεωρία) [3], insofern sie bewegt (ἢ κινούμενα) [4] und begrifflich erfaßt sind (οὐ γὰρ μόνον περὶ τῆς ὕλης δεῖ γνωρίζειν τὸν φυσικὸν ἀλλὰ καὶ περὶ τῆς οὐσίας τῆς κατὰ τὸν λόγον) [5].

Für die *vorsokratischen Naturphilosophen* (Aristoteles nennt sie u. a. οἱ πρότερον φυσιολόγοι [6]) setzt sich die Bezeichnung φιλόσοφοι φυσικοί/philosophi naturales neben φυσικοί erst in der späteren Doxographie durch [7]; sie wird dann insbesondere für die Abgrenzung zwischen der vorsokratischen – 'ionische N.' – und der auf Sokrates folgenden Philosophie herangezogen [8]. – Die von der N. (φυσιολογία) betriebene Erforschung natürlicher Ursachen (insbesondere der Bewegung der Himmelskörper) leistet nach EPIKUR die Befreiung von Furcht als Voraussetzung für die Glückseligkeit, was LUKREZ mit seiner Lehre von der Beseitigung des «terror animi» mit Hilfe der N. (naturae species ratioque) aufnimmt [9]. – Die *Stoa* kennt – seit ZENON VON KITION [10] – neben Ethik und Logik einen «natürlichen Teil der Philosophie» (φυσικὸν μέρος τῆς φιλοσοφίας) [11], in den auch die philosophische Theologie einbezogen ist (τῶν φυσικῶν ἔσχατος εἶναι ὁ περὶ τῶν θεῶν λόγος) [12]. Diese Einteilung war von großem Einfluß [13] und läßt sich über CICERO, SENECA (der auch die Erforschung der «natura rerum» der N. zuweist), AUGUSTIN bis hin zu ISIDOR VON SEVILLA unverändert nachweisen [14]. Eine differenzierende Modifikation dieses Schemas nimmt EUSEBIUS vor: Die N. (τὸ φυσικὸν μέρος τῆς φιλοσοφίας) zerfällt in die Betrachtung der intelligiblen und unkörperlichen Gegenstände (τὴν τῶν νοητῶν καὶ ἀσωμάτων ἐποπτείαν) einerseits und die auf die Sinnendinge gerichtete 'Physiologie' (τὴν τῶν αἰσθητῶν φυσιολογίαν) andererseits [15].

Anmerkungen. [1] A. MANSION: Introd. à la Phys. arist. (Louvain/Paris 1946) 38. – [2] ARISTOTELES, Met. E 1, 1026 a 18f. – [3] Met. Z 9, 1037 a 14f.; vgl. dazu A. MANSION: Erste Philos., Zweite Philos. und Met., in: Met. und Theologie des Arist., hg. HAGER (1969) 337, Anm. 54; vgl. auch: ASCLEPIUS, In Met. Comm. in Arist. graeca (= CAG) VI, 2, hg. HAYDUCK (1888) 421. – [4] Met. K 4, 1061 b 28f.; vgl. SYRIAN, In Met. CAG VI, 1, hg. KROLL (1902) 56. – [5] Met. Z 9, 1037 a 15. – [6] De anima III, 2, 426 a 20. – [7] HIPPOLYT, Philosophumena 1, 4; 1, 1. Dox. Graeci, hg. DIELS (³1958) 558, 27; 555, 1f.; ALEXANDER APHR., In Met. CAG I, hg. HAYDUCK (1891) 24; THEMISTIOS, In Arist. Phys. paraphr. CAG V, 2, hg. SCHENKL (1900). – [8] THOMAS V. AQUIN, In Met., hg. CATHALA/SPIAZZI (Turin/Rom 1964) 46 (zu Met. 1, 6; 987 b 1f.); J. BRUCKER, Historia critica philosophiae (²1767) 1, 465; G. W. F. HEGEL, Vorles. über die Gesch. der Philos. Werke, hg. GLOCKNER (1958) 17, 193; für den Zusammenhang vgl. PLATON, Phaed. 96 a 7; XENOPHON, Mem. 1, 1, 11; E. SCHMALZRIEDT: ΠΕΡΙ ΦΥΣΕΩΣ. Zur Frühgesch. der Buchtitel (1970) 96f. 180f. – [9] EPIKUR, Epist. ad Herodotum Γ 78f. 37. Opere, hg. ARRIGHETTI (Turin 1960) 69f. 20; T. LUCRETIUS CARUS, De rerum natura 1, 148; vgl. N. W. DE WITT: Epicurus and his philosophy (Minneapolis ²1964) bes. 128f. 150f. – [10] SVF I, 45 (= DIOG. LAERT. 7, 39). – [11] SVF II, 35. – [12] a.O. 42. – [13] J. MICRAELIUS: Lex. philos. (²1662; ND 1966) 1004; L. VIVÈS, Opera omnia 3 (Valencia 1782; ND London 1964) 14. – [14] CICERO, De oratore 1, 68; SENECA, Epist. morales 88, 24; 89, 9; AUGUSTINUS, De civ. Dei 8, 4. Corp. christ. lat. 47, 220, 27f.; De civ. Dei 11, 25. Corp. christ. lat. 48, 344; ISIDOR VON SEVILLA, Etym. 8, 6, 3. MPL 82, 305; zur Übertragung dieses Schemas auf die Bücher des AT vgl. HRABANUS MAURUS, De universo 9, 1. MPL 111, 416 B/C; ALKUIN, De dialectica 1. MPL 101, 952 C. – [15] EUSEBIUS PAMPHILI, Praep. ev. 11, 7, 1. Griech. christl. Schriftst. VIII/2, 21, 1ff.

Literaturhinweis. G. HENNEMANN: Grundzüge einer Gesch. der N. und ihrer Hauptprobleme (1975) 13-28.

II. *Mittelalter.* – JOHANNES ERIUGENA entwickelt im 9. Jh. in seiner Schrift ‹De divisione naturae› eine spekulative Physiologie [1], deren integrative Elemente die kontemplative Theologie, die Ethik, die Physik wie die Einzelwissenschaften (artes) bilden. Das Spezifische seiner «naturalis scientia» gründet darin, daß nicht nur die räumlich-zeitlicher Veränderung unterliegenden Naturdinge als solche, sondern zugleich auch die ihnen gegenüber transzendenten und sie ermöglichenden immateriellen Naturen (Ideen) betrachtet werden (Est enim Physica naturarum sensibus intellectibusque succumbentium naturalis scientia ...) [2].

In seinen ‹Quaestiones naturales› führt ADELARD VON BATH zum ersten Mal in der Geschichte der Wissenschaft eine rein naturwissenschaftliche Fragestellung streng durch und deutet die Notwendigkeit einer naturwissenschaftlichen Methode an [3]. Er stellt sich auf den Standpunkt der Naturphilosophen (physici) [4] und erörtert sowohl biologisch-psychologische Probleme – solche der Pflanzen, der niederen Lebensvorgänge bei Tier und Mensch, der Sinnesphysiologie – wie kosmologische Fragen – solche der Hydrographie, Meteorologie und sphärischen Astronomie.

Der N. zur Explikation der Kosmogonie bedient sich erneut THIERRY VON CHARTRES, der in seinem Hexaëmeronkommentar unter Hintansetzung des mystischen und allegorischen Schriftsinnes «secundum physicam et ad litteram» [5] prozediert und für die Deutung der Eigenschaften der Elemente sogar eine mechanische Erklärung versucht [6]. Nach WILHELM VON CONCHES entwickelt der Naturphilosoph (physicus), der von den Naturen der Körper handelt, primär eine Theorie der Elemente, die an der demokritischen Korpuskulartheorie orientiert ist: Die einfachen und kleinsten Teile der Körperwesenheit sind die Elemente, die gleichsam ersten Prinzipien (Philosophus igitur tanquam physicus de naturis corporum tractans, simplas illarum et minimas particulas elementa quasi prima principia vocavit» [7].

HUGO VON ST. VIKTOR unterteilt die Philosophie in vier Grundwissenschaften, in die theoretische, praktische, mechanische und logische [8]. Zur theoretischen Wissenschaft rechnet er klassisch-traditionell neben Theologie und Mathematik die Physik (physica), die von den Ursachen in ihren Wirkungen und den Wirkungen in ihren Ursachen handelt [9].

Die den mittelalterlichen Schulbetrieb zunächst beherrschenden artes liberales treten mit zunehmender Kenntnis der aristotelischen Schriften [10] immer mehr in den Hintergrund. Wegbereiter dieser Entwicklung ist DOMINICUS GUNDISSALINUS mit seiner programmatischen Schrift ‹De divisione philosophiae› [11], einer Einleitung in das Studium der gesamten Philosophie [12], die sich im Ausgang von griechischen Quellen zum ersten Mal zugleich auch an arabischen und lateinischen Vorlagen orientiert. Das Wissen wird untergliedert in «scientiae eloquentiae» (Grammatik, Poetik und Rhetorik), in die «scientia media» (Logik) und in «scientiae sapientiae» (theoretische Philosophie: Physik, Mathematik und Theologik als prima philosophia; praktische Philosophie: Politik, Ökonomik mit Mechanik, Ethik) [13]. Die Naturwissenschaft (scientia physica sive naturalis) [14] bildet somit einen der drei Teile der aristotelisch-boethianisch gefaßten theoretischen Philosophie.

DAVID VON DINANT darf als der erste Lateiner bezeichnet werden, der «... in Anlehnung an die naturphilosophischen Anschauungen des Stagiriten sein eigenes, originelles philosophisches System aufbaute» [15]. Seine Grunddoktrin: Einzigkeit der Substanz, die mit Gott identisch ist und als Ursprung aller Körper ‹Materie›, aller Seelen aber ‹Vernunft› oder ‹Geist› heißt [16]. Aristoteles' ‹Physik› zitiert David als ‹Phisica› [17]. Nicht die arabischen naturphilosophischen Quellen (bes. Alkindi, Thabit ibn Qurra, Rhazes, Alfarabi, Haly Abbas, Alhazen, Avicenna, Alpetragius, Averroes [18]), sondern eben Davids N. und die des Aristoteles, durch die Übersetzungstätigkeit des GERHARD VON CREMONA im letzten Drittel des 12. Jh. gerade erst bekannt [19], trifft zunächst das Verdikt, das dem Dekret der 1210 abgehaltenen Synode aus Paris zu entnehmen ist [20]. 1215 erläßt ROBERT VON COURÇON zur Reorganisation der Studien in Paris Universitätsstatuten, die erneut einen Unterricht in N. untersagen: «Non legantur libri Aristotelis de metaphysica et de naturali philosophia nec summe de eisdem, aut de doctrina magistri David de Dinant, aut Amalrici heretici, aut Mauricii hyspani» [21]. Dieses Verbot wird von GREGOR IX. 1231 wiederholt [22]. Zwischen 1230 und 1240 liegen aber die Werke des AVERROES in Paris vor [23], in denen – in Anlehnung an Aristoteles – eine die N. in eigentümlicher Weise exponierende Theorie begegnet: «Democritus quidem possibile est ei dare differentias in istis rebus secundum suam opinionem in principiis, quia considerat naturaliter in naturalibus» [24]. Der N. wird somit gegenüber den anderen Wissenschaften eine neue Eigenständigkeit zuerkannt: sie besitzt dann, wenn naturphilosophisch prozediert wird, einen uneingeschränkten Primat.

Bereits zu Beginn des 13. Jh. operieren, unbeeinflußt von den Pariser Verboten, naturphilosophisch ALEXANDER NECKHAM [25], ALFREDUS ANGLICUS [26], MICHAEL SCOTTUS [27] und besonders ROBERT GROSSETESTE, der unter methodologischer Perspektive für eine enge Verbindung von mathematischer und naturwissenschaftlicher Betrachtung eintritt: «Utilitas considerationis linearum, angulorum et figurarum est maxima, quoniam impossibile est sciri naturalem philosophiam sine illis» (Am größten ist der Nutzen, die Linien, Winkel und Figuren zu betrachten, da es nicht möglich ist, ohne sie Kenntnisse in der N. zu besitzen) [28].

VINZENZ VON BEAUVAIS untergliedert die Philosophie in «philosophia naturalis», «rationalis» (doctrinalis), «moralis» und ergänzt sie um die «pars historialis», ohne diesen Teil in strengem Sinne (proprie) zur Philosophie gerechnet wissen zu wollen [29].

Von Grosseteste beeinflußt ist ROGER BACON, der um 1245 in Paris als einer der ersten die libri naturales des Aristoteles kommentiert. Als philosophische Realdisziplinen gelten Mathematik (als Idealwissenschaft gefaßt wegen ihrer Demonstrationen, die irrtumslose Wahrheit und zweifelsfreie Gewißheit bieten), N. (philosophia naturalis, scientia naturalis) und Ethik; die N. hinwiederum wird eingeteilt in: «perspectiva», «astronomia iudicaria et operativa», «scientia ponderum», «alkimia», «agricultura», «medicina» und «scientia experimentalis» [30], die unter den Naturwissenschaften den ersten Rang einnimmt, da sie deren Konklusionen an der Einzelerfahrung zu überprüfen hat und vermag [31].

PETRUS PEREGRINUS VON MARICOURT fordert in seiner ‹Epistula de magnete› als Komplement der N. und Mathematik die experimentelle Methode, da ohne sie vom Naturforscher Irrtümer nicht korrigiert werden könnten [32]. Als derartiger Experimentalwissenschaftler prüft er die magnetischen Erscheinungen, sucht induktiv die Pole und Gesetze auf und überprüft die Hypothesen zur Magnetkraft eben anhand von Experimenten.

Mathematik und Naturwissenschaft, besonders Physik und Optik – im Anschluß an Alhazen –, kennzeichnen das Forschungsinteresse WITELOS, der neben seinen bekannten Schriften einen noch unaufgefundenen Traktat über die N. (De philosophia naturali) verfaßt haben soll [33].

Eine besondere Vorliebe für die Naturwissenschaft (scientia naturalis) [34] legt ALBERT DER GROSSE an den Tag. Vornehmlich aristotelische, neuplatonische und arabische Elemente bestimmen Gegenstand und Methode seiner naturwissenschaftlichen Forschungen, ohne daß er sich selbst vergäße: Was nicht überliefert ist, wird von ihm selbst durch eigene Untersuchungen ergänzt. Die drei wesentlichen Teile der Realphilosophie (philosophia realis) bilden N., Metaphysik und Mathematik [35] (auch bei JOHANNES DUNS SCOTUS liegt eine derartige Verbindung von Real- und N.-Philosophie vor: Der Habitus des Menschen ist als erkenntnisfähiger entweder erworben oder eingegeben, als erworbener entweder theoretisch oder praktisch, als theoretischer entweder real oder rational, als realer entweder der Metaphysik, der Mathematik oder der Physik zugehörig – im Fall der Physik also: «habitus intellectivus acquisitus speculativus realis physicus» [36]). Von AVERROES [37] übernimmt ALBERT das Bewußtsein der Eigenständigkeit naturphilosophischen Fragens: «... nihil ad me de Dei miraculis, cum ego de naturalibus disseram» [38]. SIGER VON BRABANT [39] und JOHANNES VON JANDUN [40] folgen explizit diesem Programm. Für Albert ist Gegenstand der Naturwissenschaft überhaupt der natürliche, bewegliche Körper, insofern er der Bewegung unterworfen ist [41]. Demgemäß lassen sich drei Bereiche der Naturwissenschaft unterscheiden: Betrachtung 1. des natürlichen, beweglichen Körpers für sich (Physik), 2. des natürlichen, beweglichen Körpers, insofern er materiell und einfach ist (Über Entstehen und Vergehen; Über den Himmel und die Welt; Über die Natur des geographischen Ortes; Über die Ursachen der

Eigentümlichkeiten der Elemente), und 3. des natürlichen, beweglichen Körpers, insofern er materiell und gemischt, aus Elementen zusammengesetzt, ist (Wetterkunde; Gesteinskunde; Über die Seele; Über Sterben und Leben; Über Nahrung und Ernährung; Über Jugend und Greisenalter; Über Schlafen und Wachen; Über Sinn und Sinneswahrnehmung; Über Gedächtnis und Erinnerung; Über die Bewegungen der Tiere; Über Lebensgeist und Atmung; Über die Vernunft und den Erkenntnisinhalt; Pflanzenkunde; Tierkunde) [42]. Offenkundig ist Alberts Versuch, die unsystematisch vorliegenden naturphilosophischen Schriften des Aristoteles in eine Ordnung zu bringen. Dieses Streben nach Exaktheit manifestiert sich auch in seiner naturphilosophischen Methode: Ein logischer Schluß (conclusio), der zur Sinneswahrnehmung (sensus) in Widerspruch steht, ist unannehmbar; ein Prinzip, das mit der auf Erfahrung bezogenen Sinneswahrnehmung (experimentalis cognitio in sensu) nicht übereinstimmt, steht zu sich selbst in Gegensatz [43]. Alberts N. bleibt nicht ohne Wirkung; bei JOHANNES PICARDI VON LICHTENBERG besitzt gerade – und ausschließlich – der Naturphilosoph Albert autoritative Geltung [44].

Bei BONAVENTURA begegnet erneut die Trichotomie ‹Metaphysik, Mathematik, Physik›, wobei – terminologisch bedeutsam – mit «naturalis philosophia» in extensiver Weise die natürliche Philosophie überhaupt angesprochen ist, die die Physik in strengem Sinn (physica) und die anderen beiden Wissenschaften umgreift: «ideo naturalis philosophia triplicatur in physicam proprie dictam, in mathematicam et in metaphysicam; ita quod physica consideratio est circa rerum generationem et corruptionem secundum virtutes naturales et rationes seminales ...» [45]. Bonaventuras Beschreibung der «physica consideratio» läßt stoisch-augustinischen Einfluß erkennen.

Für THOMAS VON AQUIN, der sich ebenfalls des trichotomischen Schemas bedient [46], sind «naturalis philosophia» und «scientia naturalis» Synonyma; mit seiner Gegenstandsbestimmung der N. wendet er sich gegen Albert: «Et quia omne quod habet materiam mobile est, consequens est quod ens mobile sit subiectum naturalis philosophiae. Naturalis enim philosophia de naturalibus est; naturalia autem sunt quorum principium est natura; natura autem est principium motus et quietis in eo in quo est; de his igitur quae habent in se principium motus, est scientia naturalis» (Weil alles, was Stoff besitzt, beweglich ist, bildet folglich das bewegliche Seiende den Gegenstand der N. Die N. handelt nämlich vom der Natur Zugehörigen; der Natur Zugehöriges aber ist das, dessen Ursprung die Natur ist; die Natur hinwiederum ist der Ursprung der Bewegung und der Ruhe in dem, in welchem er sich befindet; von dem also, das in sich den Ursprung der Bewegung besitzt, handelt die Naturwissenschaft) [47]. Nicht das «corpus mobile», der bewegliche Körper, sondern das «ens mobile», das bewegliche Seiende, ist für Thomas [48] Gegenstand der N., das Seiende, sofern es in sich den Ursprung der Bewegung besitzt – kritisch beurteilt diese Differenz des Thomas zu Albert im 15. Jh. HEIMERICUS DE CAMPO [49]. Dieses bewegliche Seiende als Gegenstand der N. ist sowohl dem Sein als auch dem Begriff nach von der Materie abhängig [50].

Von Grosseteste beeinflußt ist der Thomaskritiker ROBERT KILWARDBY, der die theoretische Philosophie gemäß aristotelischer Vorgabe untergliedert [51] und die Naturwissenschaft (scientia naturalis) definiert als «pars scientiae speculativae humani aspectus perfectiva quoad cognitionem corporis mobilis secundum quod mobile est» (Teil der theoretischen Wissenschaft, der in bezug auf die Erkenntnis des beweglichen Körpers als solchen den Gesichtskreis des Menschen zu vervollkommnen fähig ist) [52].

Wenngleich sich auch bei DIETRICH VON FREIBERG die aristotelische Einteilung in Metaphysik, Mathematik und Physik findet [53], ist er nicht bloßer Rezipient der naturphilosophischen Theorien des Stagiriten: Die Zeitproblematik, bei Aristoteles im vierten Buch der ‹Physik› erörtert, fällt in den Bereich der Metaphysik [54], die Intellekttheorie, von Aristoteles in der naturphilosophischen Schrift ‹De anima› entfaltet, begründet überdies die Möglichkeit von Metaphysik überhaupt [55]. Dietrich verharrt jedoch nicht nur bei der Kritik traditioneller naturphilosophischer Ansichten, sondern zeichnet sich auch als selbständiger Naturwissenschaftler aus, indem er neben Theorien über Farben, Elemente der Naturkörper, ihre Mischungen, Licht, Kontraria, Kontinua, Geistphysiologie, Himmelsbeseelung, Intelligenzen und abgetrennte Seiende [56] – bisweilen abgelegene, dennoch auf seine N. erhellend zurückwirkende Lehren – seine beachtenswerte Theorie des Regenbogens [57] entwickelt [58], die eine bedeutsame Wirkungsgeschichte besitzt [59].

Die N. stellt für MEISTER ECKHART nicht nur einen Faktor dar, der im Ternar der wesentlichen Teile der Philosophie traditionsgemäß Erwähnung verlangte [60]. Sie dient vielmehr der mit der Theologie des Evangeliums identischen Metaphysik [61] als Komparativinstanz [62]: Die Inhalte der N. erhellen die der Metaphysik wie die der Metaphysik – unter Bewahrung ihrer Urbildfunktion [63] – die der N. Es bleibt nicht bei der singulär ausgesprochenen Absicht, «ex naturalibus, per naturalia et in naturalibus» den Nachweis zu erbringen, daß es im Bereich des Göttlichen notwendig sei, von der Trinität zu sprechen [64]: Naturphilosophische Theoreme wie die der analogen und univoken Kausalität [65] dienen generell aufgrund der Respondenz zwischen Naturbereich und geistigem Bereich [66] der Explikation eben dieses «mundus intelligibilis» [67], einer Explikation, die sich schließlich jedoch nicht in traditionell-naturphilosophisch-metaphysischen Betrachtungen erschöpft, sondern im Gedanken des Ich als der Gottheit das Entstehen von Determiniertheit überhaupt verstehbar werden läßt [68].

Gegenüber Eckharts Dynamisierung scheinbar verfestigter Disziplinen wirkt NIKOLAUS VON STRASSBURG wieder traditionell: Im Unterschied zum Metaphysiker und Mathematiker betrachtet der Naturphilosoph (physicus) vornehmlich die weder von der Materie noch überhaupt von materiellen Bedingungen abgetrennte Form, eines der drei Naturprinzipien 'Form', 'Materie' und 'Privation' [69].

Verstärkte Auseinandersetzung mit und prononcierte Kritik an der aristotelischen N. prägen das Bild der Folgezeit, die zu Resultaten gelangt, welche eine fruchtbare Basis für die neuzeitliche Naturwissenschaft bilden. Für WILHELM VON OCKHAM ist die N. (philosophia naturalis) *eine* Wissenschaft (una scientia), wenngleich ihr aufgrund ihrer Teile unterschiedliche Gegenstände zugeordnet werden können [70]; nicht das «corpus naturale» [71], sondern das «corpus» unter verschiedenen Rücksichten (corpus, corpus caeleste, corpus generabile et corruptibile [72]) unterliegt der Betrachtung der N. Als Teile der N. werden genannt: «Prima pars erit de condicionibus communibus et magis notis omnium naturalium. Secunda erit de corporibus coelestibus et eorum proprietatibus. Tertia erit de corporibus inanimatis, et eorum passionibus. Quarta docebit de corpore animato, anima rationali, et actibus eius. Quinta erit de ceteris animalibus, et eorum proprietatibus. Sexta erit de plantis» [73]. Theoretisch restringiert Ockham Realität auf Individualdinge für sich (res absolutae), auf Substanzen und Qualitäten [74]. Inhalte wie Quantität, Bewegung, Raum und Zeit besitzen daher als Referenzobjekte allein Substanzen oder ihre Qualitäten [75], nicht jedoch ein ihnen jeweils eigentümliches reales Referenzobjekt. Dieses Verkennen physikalischer Realitäten rechtfertigt in Hinsicht auf die Folgezeit das Urteil: «Quantification became for them more a matter of logic and language than of physical science; perhaps for this reason, Ockham's followers soon became involved in all manner of *sophismata calculatoria*, which dwelt interminably on logical subtleties but had little value for promoting an understanding of nature» [76].

Von Ockhams in naturphilosophischer Hinsicht korrekt so bezeichneter «via nominalium» [77] trennt sich WALTER BURLEY [78], der als Propagator der «via realium» (Bewegung z. B. ist ein «ens reale») eine antiockhamistische Position einnimmt, während andere Vertreter der sog. Merton School, THOMAS BRADWARDINE [79], JOHN DUMBLETON [80], WILLIAM HEYTESBURY [81] und RICHARD SWINESHEAD [82] (Calculator), proockhamistisch eingestellt sind [83].

Die Bedeutung des Bewegungsbegriffs für die Naturwissenschaft (scientia naturalis) stellt erneut JOHANNES BURIDAN heraus, indem er als ihren Gegenstand das «mobile» oder – synonym – das «ens mobile» faßt [84]. Nach FRANCISCUS DE MARCHIA [85] entwickelt er im Spezialproblem des «motus separatus» seine Impetus-Theorie, die, antiaristotelisch konzipiert, in ihrer Progressivität für die neuzeitliche Physik wegbereitende Funktion besitzt [86]. Eine weitere Annäherung an die neuzeitliche Physik zeigt sich bei Buridan insofern, als er seine Theorie der Bewegung auch auf die Himmelskörper angewendet wissen will und die Annahme von Intelligenzen als deren Beweger verwirft [87].

NIKOLAUS VON KUES' Dynamisierung des gesamten Weltbildes als Folge der Einsicht, daß das absolut Größte mit dem absolut Kleinsten koinzidiert, die Ausfaltung des absolut Größten/Kleinsten, das Universum, selbst jedoch stets durch Möglichkeit begrenzte und somit verschränkte Wirklichkeit ist, verbietet die Rede von der Erde als stabilem Mittelpunkt des Universums: «Terra igitur, quae centrum esse nequit, motu omni carere non potest» (Demnach kann die Erde, die nicht Mittelpunkt sein kann, nicht von jeder Bewegung frei sein) [88], dies ein bedeutsamer Schritt in Richtung auf die neuzeitliche Astronomie. Als Naturphilosoph (physicus) ergänzt Cusanus seine Mentalphilosophie durch eine physiologische Theorie des Geistes (spiritus) und der Seele (anima) [89], gibt überdies Anleitungen, durch Experimente mit der Waage Fortschritte in der Medizin, Mineralogie, Chemie, Geographie, Marinologie, Navigationskunde, Klimatologie, Astronomie, Musiktheorie und Geometrie zu erzielen [90]. Cusanus beschreibt seine Methode (via statici experimenti [91]): «Experimentalis scientia latas deposcit scripturas. Quanto enim plures fuerint, tanto infallibilius de experimentis ad artem, quae ex ipsis elicitur, posset deveniri» (Die Erfahrungswissenschaft erfordert umfangreiche Aufzeichnungen. Je mehr es nämlich davon gibt, um so untrüglicher kann man von den Versuchen zu wissenschaftlicher Fertigkeit gelangen, die aus ihnen ermittelt wird) [92]. Mit dieser methodologischen Reflexion deutet Cusanus an, was in der neuzeitlichen Physik erst realisiert wird: Die exakte Naturwissenschaft soll an die Stelle der theoretischen N. treten.

Anmerkungen. [1] Vgl. JOHANNES ERIUGENA, De div. nat. IV, 1. MPL 122, 741 C. – [2] a.O. III, 3. MPL 122, 629 B. – [3] Vgl. M. MÜLLER: Die Quaestiones naturales des Adelardus von Bath. Beitr. Gesch. Philos. Theol. MA XXXI/2 (1934) 90. – [4] Vgl. ADELARDUS BATHONIENSIS, Quaestiones nat., hg. MÜLLER 12, 27; 22, 23 («Aristoteles in Physicis»); 30, 9; 42, 20. – [5] THEODERICUS CARNOTENSIS, De septem diebus et sex operum distinctionibus, hg. HÄRING. Arch. d'hist. doctr. et litt. du MA 30 (1955) 184. – [6] Vgl. a.O. 190f. – [7] GUILELMUS DE CONCHIS, Philosophia I. MPL 90, 1133 CD. – [8] Vgl. HUGO DE S. VICTORE, Didasc. VI, 14. MPL 176, 809 C ff. – [9] Vgl. a.O. II, 17. MPL 176, 757 D. – [10] Vgl. M. DE WULF: Hist. de la philos. médiévale 1 (Louvain ⁶1934) 64-80; 2 (Louvain ⁶1936) 25-58; E. FRANCESCHINI: Arist. nel medioevo lat. Estratto dagli Atti del IX congresso naz. di filos., Padova, 20-23 settembre 1934 (Padua 1935); D. J. ALLAN: Mediaeval versions of Arist., De caelo, and of the Comm. of Simplicius. Mediaev. Renaissance Stud. 2 (1950) 82-120; Ricerche e studi su Arist. nel medioevo lat., in: Arist. nella critica e negli studi contemp. (Mailand 1956) 144-166; F. VAN STEENBERGHEN: Die Philos. im 13. Jh. (1977) 83-90; W. TOTOK: Hb. Gesch. der Philos. 2 (1973) 316-325. – [11] Vgl. DOMINICUS GUNDISSALINUS, De div. philos., hg. BAUR. Beitr. Gesch. Philos. MA IV/2-3 (1903). – [12] Zur Gesch. der Klassifikation der Wiss. vgl. J. MARIÉTAN: Problème de la classification des sciences d'Arist. à S. Thomas (Saint-Maurice/Paris 1901); F. VAN STEENBERGHEN: Réflexions sur la systématisation philos. Rev. néoscol. Philos. 41 (1938) 185-216; J. A. WEISHEIPL: Classification of the sciences in medieval thought. Mediaeval Stud. 27 (1965) 54-90; The nature, scope and classification of the sciences, in: Science in the middle ages, hg. D. C. LINDBERG (Chicago/London 1978) 461-482. – [13] Vgl. L. BAUR, Dominicus Gundissalinus a.O. [11] 193. – [14] Vgl. DOMINICUS G., De div. philos., Prol., hg. BAUR 15, 3. – [15] M. KURDZIALEK: David von Dinant und die Anfänge der arist. N., in: La filos. della natura nel medioevo. Atti del terzo congr. intern. di filos. medioevale, Passo della Mendola 1964 (Mailand 1966) 415. – [16] DAVID DE DINANTO, Quaternulorum fragmenta, hg. KURDZIALEK. Studia Mediewistyczne 3 (1963) 71, 2-7. – [17] a.O. 43, 9. – [18] Vgl. A. C. CROMBIE: Von Augustinus bis Galilei. Die Emanzipation der Naturwiss. (dtsch. 1977) 40f. – [19] Vgl. VAN STEENBERGHEN, a.O. [10] 86. – [20] H. DENIFLE and A. CHÂTELAIN: Chartularium Universitatis Parisiensis 1 (Paris 1889) 70. – [21] a.O. 78f. – [22] Vgl. 138. – [23] Vgl. VAN STEENBERGHEN, a.O. [10] 114. 119. – [24] AVERROES, In Arist. De generatione et corruptione I, 7. Corp. Comm. Averrois in Arist., Vers. Lat. IV, 1, hg. FOBES (Cambridge, Mass. 1956) 15, 50-52. – [25] Vgl. A. NECKHAM, De naturis rerum. De laudibus divinae sapientiae, hg. WRIGHT. Rerum Brit. Medii Aevi Script. 34 (London 1863). – [26] Vgl. ALFREDUS ANGLICUS, De motu cordis, hg. BAEUMKER. Beitr. Gesch. Philos. MA XXIII/1-2 (1923). – [27] Vgl. MICHAEL SCOTTUS: Super autorem sphaerae (Bologna 1495, Venedig 1631); De sole et luna (Straßburg 1622). – [28] ROBERT GROSSETESTE, De lineis, angulis et figuris seu de fractionibus et reflexionibus radiorum, hg. BAUR. Beitr. Gesch. Philos. MA IX (1912) 59f.; vgl. A. C. CROMBIE: Robert Grosseteste and the origins of experimental science (Oxford 1953); W. A. WALLACE: Causality and scientific explanation 1 (Ann Arbor 1972) 28-47. – [29] Vgl. VINCENTIUS BELLOVACENSIS, Speculum naturale, doctrinale, morale et historiale, Prol. (Duaci 1624) 13. – [30] Vgl. ROGER BACON, Communia naturalia I, pars 1, dist. 1, c. 2. Opera, hg. STEELE 2 (Oxford 1979) 5-10. – [31] Opus maius pars 4, c. 2, hg. BRIDGES 2 (Oxford 1897, ND 1964) 172f.; zu Roger Bacon und seinem möglichen Einfluß auf JOHN PECKHAM vgl. WALLACE, a.O. [28] 47-53. – [32] PETRUS PEREGRINUS MARICURTENSIS, Ep. de magnete I, 2, in: E. SCHLUND: Peter Peregrinus von Maricourt. Sein Leben und seine Schr. (ein Beitr. zur Roger Baco-Forsch.). Archivum Francisc. hist. 4 (1911) 636. – [33] Vgl. C. BAEUMKER: Witelo, ein Philosoph und Naturforscher des XIII. Jh. Beitr. Gesch. Philos. MA III/2 (1908) 240-242. – [34] Vgl. ALBERTUS MAGNUS, Phys. I, tr. 1, c. 1. Opera omnia, hg. BORGNET 3 (Paris 1890) 1a. – [35] Vgl. a.O. 2a; vgl. dazu G. WIELAND: Unters. zum Seinsbegriff im Met.-Kommentar Alberts des Großen. Beitr. Gesch. Philos. Theol. MA, NF 7 (1971) 47-53. – [36] Vgl. JOANNES DUNS SCO-

TUS, In III Sent. dist. 34, q. unica. Opera omnia 15 (Paris 1894) 494ab. – [37] Vgl. AVERROES, a.O. [24]. – [38] ALBERTUS MAGNUS, De gen. et corr. I, tr. 1, c. 22. BORGNET 4, 363b; vgl. De caelo et mundo I, tr. 4, c. 10. Editio Colon. V/1 (1971) 103, 5-12. – [39] Vgl. SIGER DE BRABANT, De anima intellectiva III. Siger de Brabant: Quaestiones in III De anima. De anima intellectiva. De aeternitate mundi, hg. BAZÁN. Philosophes médiévaux 13 (Louvain/ Paris 1972) 83f. – [40] Vgl. JOHANNES DE JANDUNO, In Met. I, q. 16 (Venedig 1525) 13ra. – [41] Vgl. ALBERTUS MAGNUS, Phys. I, tr. 1, c. 3. BORGNET 3, 7a. – [42] Vgl. a.O. c. 4. BORGNET 3, 8a-10a. – [43] Vgl. a.O. VIII, tr. 2, c. 2. BORGNET 3, 564b; zu Alberts N. vgl. A. WALZ und A. PELZER: Bibliografia S. Alberti Magni indagatoris rerum naturalium. Angelicum 21 (1944) 13-40; P. MUÑOZ VEGA: Las teorias fisicas de S. Alberto Magno. Angelicum 21 (1944) 84-96. – [44] Vgl. L. STURLESE: Albert der Gr. und die dtsch. philos. Kultur des MA. Freiburger Z. Philos. Theol. 28 (1981) 133-147. – [45] BONAVENTURA, De reductione artium ad theol. 4. Opera omnia 5 (Quaracchi 1891) 321a; zur Terminologie vgl. auch M. GRABMANN: Mittelalterl. Geistesleben 2 (1936) 183-199 (für Examinazwecke abgefaßte Quaestionen-Slg. der Pariser Artistenfakultät aus der 1. Hälfte des 13. Jh.). – [46] Vgl. THOMAS AQUINAS, In Boetii De trin. lect. II, q. 1, a. 1, resp. – [47] In Phys. I, lect. 1, c. 1, n. 3. – [48] Vgl. a.O. n. 4. – [49] Vgl. HEYMERICUS DE CAMPO, Problemata inter Albertum Magnum et Sanctum Thomam ... Köln, Univ.- und Stadtbibliothek, Ennen 284; vgl. G. MEERSSEMAN: Gesch. des Albertismus 2 (Rom 1935) 23-66. – [50] Vgl. THOMAS AQUINAS, In Boetii De trin. lect. II, q. 1, a. 1, resp. – [51] Vgl. ROBERT KILWARDBY, De ortu scientiarum V, hg. JUDY. Auct. Brit. Medii Aevi 4 (Oxford 1976) 13, 28-14, 29. – [52] a.O. VI. JUDY 17, 19f. – [53] Vgl. THEODORICUS DE FREIBERG, De origine rerum praedicamentalium 5, 60-67, hg. STURLESE. Opera omnia 3 (1983). – [54]. Vgl. De natura et proprietate continuorum, hg. REHN. Opera omnia 3. – [55] Vgl. De intellectu et intelligibili II, 1, 1, hg. MOJSISCH. Opera omnia 1 (1977) 146, 2-12; zur Kritik an der N. des Arist. vgl. auch: HENRICUS BATE, Speculum divinorum et quorundam naturalium II, 15, hg. VAN DE VYVER. Philosophes médiévaux 10 (Louvain/Paris 1967) 61-66. – [56] Zur handschr. Überlieferung vgl. B. MOJSISCH, Proleg. zu Dietrich von Freiberg. Opera omnia 1 (1977) XXVIII-XXXVII. – [57] Vgl. J. WÜRSCHMIDT: Dietrich von Freiberg. Über den Regenbogen und die durch Strahlen erzeugten Eindrücke. Beitr. Gesch. Philos. MA XII/5-6 (1914). – [58] Vgl. W. A. WALLACE: The scientific methodology of Theodoric of Freiberg. A case study of the relationship between science and philosophy (Fribourg 1959); a.O. [28] 94-103. – [59] Vgl. L. STURLESE: Dietrich von Freiberg, in: Die dtsch. Lit. des MA. Verfasser-Lex., hg. RUH 2 (Berlin/New York 1979) 136. – [60] Vgl. MEISTER ECKHART, In Sap. n. 207. Lat. Werke (= LW) 2, 541, 8f. – [61] Vgl. In Ioh. n. 444. LW 3, 380, 12-14. – [62] a.O. n. 3. LW 3, 4, 14-17. – [63] Vgl. n. 435. LW 3, 372, 4f. – [64] Vgl. n. 160. LW 3, 131, 13-132, 6. – [65] Vgl. In Gen. II n. 116-127. LW 1, 582, 3-592, 2. – [66] Vgl. a.O. n. 206. LW 1, 680, 4-681, 8. – [67] Vgl. In Ioh. n. 4-27. LW 3, 5, 7-21, 13. – [68] Vgl. zum Ganzen: B. MOJSISCH: Meister Eckhart. Analogie, Univozität und Einheit (1983). – [69] Vgl. NICOLAUS DE STRASSBURG, Summa philosophiae. Cod. Vat. Lat. 3091, fol. 238ra. – [70] Vgl. GUILLELMUS DE OCKHAM, In I Sent. lib. 1, prol., q. 9. Opera theol. 1, 257, 3-9; Philos. naturalis I, c. 2 (Rom 1637) 2b-4a. – [71] Vgl. In I Sent. lib. 1, prol., q. 9. Opera theol. 1, 256, 5. – [72] Vgl. a.O. 257, 20-22. – [73] Philos. naturalis I, c. 6 (Rom 1637) 8b. – [74] Summa logicae (= SL) I, c. 49. Opera philos. 1, 154, 23f. – [75] Vgl. SL I, c. 44. Opera philos. 1, 135, 105f.; 137, 156-158. – [76] WALLACE, a.O. [28] 54; vgl. auch: J. E. MURDOCH: Mathesis in philosophiam scholasticam introducta: The rise and development of the application of mathematics in fourteenth-century philosophy and theology, in: Arts libéraux et philosophie au moyen âge; Actes du quatrième congrès intern. de philos. médiév., Montréal/Can. 1967 (Montréal/Paris 1969) 215-254. – [77] Zu einer differenzierten Betrachtung des sog. Nominalismus Ockhams vgl. R. IMBACH: Wilhelm Ockham, in: O. HÖFFE (Hg.): Klassiker der Philos. 1 (1981) 220-244. – [78] Vgl. J. E. MURDOCH und E. D. SYLLA: Walter Burley, in: Dict. of scientific biography (= DSB), hg. GILLISPIE (New York 1970ff.) 2, 608-612. – [79] Vgl. J. E. MURDOCH: Thomas Bradwardine. DSB 2, 390-397. – [80] Vgl. J. A. WEISHEIPL: The place of John Dumbleton in the Merton School. Isis 50 (1959) 439-454. – [81] Vgl. C. A. WILSON: William Heytesbury. DSB 6, 376-380; William Heytesbury, Medieval logic and the rise of mathematical physics (Madison 1960). – [82] Vgl. J. E. MURDOCH und E. D. SYLLA: Richard Swineshead. DSB 13, 184-213. – [83] Vgl. WALLACE, a.O. [28] 53-62. – [84] JOHANNES BURIDANUS, In Phys. I, q. 3 (Paris 1509, ND 1964) fol. 4rb. – [85] Vgl. A. MAIER: Die naturphilos. Bedeutung der scholast. Impetustheorie, in: Ausgehendes MA. Ges. Aufsätze zur Geistesgesch. des 14. Jh. 1 (Rom 1964) 361f.; vgl. auch: G. FEDERICI VESCOVINI: Francis of Marchia. DSB 5, 113-115. – [86] JOHANNES BURIDANUS, In Phys. VIII, q. 12 (Paris 1509, ND 1964) fol. 121ra. – [87] Vgl. a.O. 120vb-121ra. – [88] NICOLAUS CUSANUS, Doct. ign. II, 11 h 1, 100, 15f. – [89] Vgl. De mente 8. Werke, hg. WILPERT 1 (1967) 258f. – [90] Vgl. De staticis experimentis a.O. 277-290. – [91] Vgl. a.O. 282. – [92] 284; zum Zusammenhang zwischen Naturwiss. und Met. bei Cusanus vgl. TH. P. MCTIGHE: Nicholas of Cusa as a forerunner of modern science, in: Actes du 10e congr. intern. d'hist. des sciences Ithaca 1962, 1 (Paris 1964) 619-622; zu den naturphilos. Quellen des Cusanus vgl. H. G. SENGER: Die Philos. des Nikolaus von Kues vor dem Jahre 1440. Unters. zur Entwicklung einer Philos. in der Frühzeit des Nikolaus (1430-1440). Beitr. Gesch. Philos. Theol. MA, NF 3 (1971) 130-154.

Literaturhinweise. – Allgemeine Literatur: P. DUHEM: Le système du monde. Hist. des doctr. cosmol. de Platon à Copernic 1-10 (Paris 1914-1959, ND 1971). – L. THORNDIKE: A hist. of magic and experimental science 1-8 (New York 1923-1958). – CH. H. HASKINS: Studies in the hist. of mediaeval science (Cambridge, Mass. ²1927). – G. SARTON: Introd. to the hist. of science 1-3 (Baltimore 1927-1947). – E. GILSON: La philos. au moyen âge des origines pat. à la fin du XIVe siècle (Paris ²1944); Hist. of Christian philos. in the middle ages (New York 1955). – J. HASHAGEN: Kulturgesch. des MA. Eine Einf. (1950). – O. PEDERSEN: The development of natural philos., 1250-1350. Class. mediaevalia 14 (1953) 86-155. – E. J. DIJKSTERHUIS: Die Mechanisierung des Weltbildes (1956). – G. LEFF: Medieval thought: St. Augustine to Ockham (Baltimore 1958). – Artes liberales. Von der antiken Bildung zur Wiss. des MA, hg. J. KOCH (Leiden 1959). – C. B. BOYER: The rainbow: From myth to mathematics (New York 1959). – M. CLAGETT: The science of mechanics in the middle ages (Madison 1959). – J. A. WEISHEIPL: The development of physical theory in the middle ages (New York 1959). – E. NAGEL: The structure of science. Problems in the logic of scient. explanation (New York 1961). – D. KNOWLES: The evolution of medieval thought (New York 1962). – A. MAIER: Studien zur N. der Spätscholastik 1-5 (Rom 1949-1958); Die Stellung der schol. N. in der Gesch. der Physik, in: Ausgehendes MA, s. Anm. [85] 413-424; Ergebn. der spätschol. N., in: Ausgehendes MA, s. Anm. [85] 425-457. – H. ROMBACH: Substanz, System, Struktur 1 (1965). – F. VAN STEENBERGHEN: La philos. de la nature au XIIIe siècle, in: La filos. della natura, s. Anm. [15] 114-132. – G. GRANT: Physical science in the middle ages (New York 1971). – F. COPLESTON: A hist. of medieval philos. (London 1972). – J. E. MURDOCH: Philos. and the enterprise of science in the later middle ages, in: The interaction between science and philos., hg. Y. ELKANA (Atlantic Highlands, N.J. 1974) 51-74. – E. A. MOODY: Studies in medieval philos., science and logic (Berkeley 1975). – W. A. WALLACE: The philos. setting of medieval science, in: Science in the middle ages, s. Anm. [12] 91-119. – CH. H. LOHR: Die Entw. des mittelalterl. Denkens. Theol. Philos. 55 (1980) 361-383. – *Literatur zu einzelnen Autoren:* K. WERNER: Die Kosmologie und Naturlehre des schol. MA mit spez. Beziehung auf Wilhelm von Conches. Sber. kais. Akad. Wiss., Phil.-hist. Kl. 75 (Wien 1873) 309-403. – R. C. DALES: Robert Grosseteste's scient. works. Isis 52 (1961) 381-402. – R. CARTON: L'expérience physique chez Roger Bacon (Paris 1924). – W. FROST: Bacon und die N. (1927). – N. W. FISHER und S. UNGURU: Experimental science and mathematics in Roger Bacon's thought. Traditio 27 (1971) 353-378. – B. RIZZI: Il magnetismo dalle origini e l'epistola ‹De magnete› de Pietro Peregrino. Physis 11 (1969) 502-519. – A. ZIMMERMANN: Albert le Grand et l'étude scient. de la nature. Arch. Philos. 43 (1980) 695-711. – CH. WENIN: Les classifications bonaventuriennes des sciences philos., in: Scritti in onore di C. Giacon (Padua 1972) 189-216. – J. A. WEISHEIPL: Friar Thomas d'Aquino: His life, thought and works

(Garden City, N.Y. 1974). – E. SOMMER-SECKENDORFF: Robert Kilwardby und seine philos. Einl. ‹De ortu scientiarum›. Hist. Jb. 55 (1935) 312-324. – G. GÁL: Robert Kilwardby's questions on the met. and phys. of Aristotle. Franciscan Studies 13 (1953) 7-28. – L. SCHMÜCKER: An analysis and original research of Kilwardby's work ‹De ortu scientiarum› (Rom/Brixen 1963). – S. MOSER: Grundbegriffe der N. bei Wilhelm von Ockham (Innsbruck 1932). – G. LEFF: William of Ockham: The metamorphosis of scholastic discourse (Manchester 1975). – W. A. WALLACE: The ‹Calculatores› in early sixteenth-century physics. Brit. J. Hist. Sci. 4 (1968/69) 221-232; Mechanics from Bradwardine to Galileo. J. Hist. Ideas 32 (1971) 15-28. – S. GÜNTHER: Nikolaus von Cusa in seinen Beziehungen zur math. und physikal. Geographie. Abh. Gesch. Math. 9 (1899) 123-152. – E. HOFFMANN: Das Universum des Nikolaus Cusanus. Sber. Heidelb. Akad. Wiss., Phil.-hist. Kl. 3 (1930). – A. ZIMMERMANN: «Belehrte Unwissenheit» als Ziel der Naturforsch., in: Nikolaus von Kues, hg. K. JACOBI (1979) 121-137.

III. *Renaissance.* – Eine Aufwertung erfährt die N. in PICO DELLA MIRANDOLAS Entwurf des philosophischen Bildungsweges. Dieser hebt mit den vorbereitenden Disziplinen Dialektik und Ethik an und führt (an PROKLOS' Gedanken des Übergangs von der Kosmosbetrachtung zur Theologie – ἡ φυσιολογία φαίνεται θεολογία τις οὖσα [1] – erinnernd) über die N. zur Erkenntnis des Göttlichen: «animam naturalis philosophiae lumine perfundamus, ut postremo divinarum rerum eam cognitione perficiamus» [2]. Wenn auch die Einzelbeobachtung für praxisbezogene Wissenschaften wie Medizin, Agrikultur oder Nautik als erforderlich betrachtet wird [3], ist Picos Verständnis von N. doch wesentlich durch seine Intellekttheorie, weniger aber von naturwissenschaftlichen Vorstellungen bestimmt, wie die Identifizierung von Selbsterkenntnis und Welterkenntnis (qui enim se cognoscit in se omnia cognoscit) [4], von der die N. ausgeht, zeigt: «hac cognitione per naturalem philosophiam illuminati, iam Deo proximi» [5]. Höchste Vollendung der N. (naturalis philosophiae absoluta consummatio) [6] ist die «magia naturalis», die – anders als die verwerfliche schwarze Magie – in der Betrachtung der Wunderwerke Gottes besteht [7].

In seiner Schrift ‹De naturalium effectuum causis sive de Incantationibus› nimmt P. POMPONAZZI eine Erklärung von Wundern, Zauberei u. ä. durch den Aufweis ihrer natürlichen Ursachen vor; so wird Moses' Fähigkeit, Wunder zu wirken, auf seine «experientia Philosophiae naturalis et Astronomiae» zurückgeführt [8].

Auch bei grundsätzlich empiristischer Ausrichtung sind Rückgriffe auf ältere Theoreme nicht ausgeschlossen: So leitet B. TELESIO die Naturvorgänge aus den polaren Prinzipien 'Wärme' und 'Kälte' ab [9]. Den Vorrang des Bewegungsbegriffs innerhalb der aristotelisch geprägten N. (die das Objekt der N. als den Bereich der «mobilia/corruptibilia» bestimmt [10]) will F. PATRIZZI auf dem Wege der Übernahme der neuplatonischen Lichtmetaphysik (Aufstieg von der materiellen Welt zum göttlichen Prinzip: non per motum, sed per lucem et lumina ad primam causam ascenditur) überwinden [11]. – M. NIZOLIUS wendet sich gegen die aristotelische Trennung von N. und Theologie; diese ist vielmehr als ein Teil der N. aufzufassen [12]. G. BRUNO, der seine im ‹Aschermittwochsmahl› vorgetragenen Überlegungen als «Speculazioni ... naturali» (naturphilosophische Spekulationen) [13] bezeichnet, bestreitet (von wenigen Ausnahmen, wie dem als «kontemplatives, naturphilosophisches, moralisches und göttliches Buch» gewürdigten ‹Hiob› abgesehen [14]) die Autorität der Bibel in Fragen der N. [15].

Anmerkungen. [1] PROKLOS, In Plat. Tim. comm., hg. DIEHL (1903-1906) 1, 217, 25. – [2] G. PICO DELLA MIRANDOLA, De hominis dignitate. Opera omnia (1557-1573), ND hg. VASOLI (1969) 1, 317; vgl. dazu G. BOAS: Philosophies of science in Florentine Platonism, in: C. S. SINGLETON (Hg.): Art, science and history in the renaissance (Baltimore 1967) 239-254. – [3] PICO, a.O. 1, 502f. – [4] a.O. 1, 320. – [5] ebda. – [6] 1, 327; vgl. dazu L. THORNDIKE: A history of magic and exp. science (New York ³1959) 6, 390-436. – [7] PICO, a.O. [2] 328. – [8] P. POMPONAZZI: De naturalium effectuum causis sive de Incantationibus (1567, ND Hildesheim/New York 1970) 66; vgl. dazu J. H. RANDALL jr.: The school of Padua and the emergence of modern science (Padua 1961) bes. 102ff. – [9] B. TELESIO: De natura rerum juxta propria principia (Rom ¹1565, Neapel 1586); vgl. dazu G. DI NAPOLI: Fisica e met. in B. Telesio, in: Rassegna di sci. filos. 6 (1953) 3-50. – [10] G. CONTARENUS, Opera (Paris 1571) 99; dazu M. FICINO, Opera (1576) 2, 1032. – [11] F. PATRIZZI: Nova de universis philosophia, in qua Aristotelica methodo non per motum, sed per lucem et lumina ad primam causam ascenditur; deinde nova quadam ac peculiari methodo Platonica rerum universitas a Deo deducitur (Ferrara 1591). – [12] M. NIZOLIUS, Vier Bücher über die wahren Prinzipien und die wahre philos. Methode 3. 4, übers. THIEME (1980) 299. – [13] G. BRUNO, Opere italiane 1, hg. GENTILE (Bari 1925ff.) 8. – [14] a.O. 94. – [15] 91ff.

Literaturhinweise. L. THORNDIKE s. Anm. [6]. – G. BOAS s. Anm. [2]. – C. BÉRUBÉ (Hg.): Regnum Hominis et Regnum Dei, 2: Sectio specialis. La tradizione scotistica veneto-padovana (Rom 1978).

IV. *17. und 18. Jahrhundert.* – Im Unterschied zu nach wie vor gängigen traditionellen Definitionen von N. als Erforschung der «entia mobilia» [1] und in deutlicher Abkehr von Aristoteles entwickelt F. BACON einen Begriff von N. (natural philosophy), der sowohl Theorie (speculative natural philosophy) als auch Praxis/Technik (operative natural philosophy) umfaßt [2]. Aufgabe der ersten (auch: natural science) ist «the inquisition of causes», die der zweiten (auch: natural prudence) «the production of effects» [3]. Der spekulative Teil der N. wird mit Hilfe aristotelischer Begrifflichkeit seinerseits unterteilt: «physic» untersucht Wirk- und Materialursachen, «metaphysic» Formal- und Finalursachen [4]. Die experimentell verfahrende N. bedient sich einer zweifachen Methode: «Natural philosophy hath a double scale or ladder ascendent and descendent; ascendent from experiments to the invention of causes, and descending from causes to the invention of new experiments» [5]. Nachdrücklich rückt Bacon – ähnlich wie DESCARTES, der statt nutzloser Spekulation eine «physique claire, certaine, demonstrée» fordert [6] – die Nutzanwendung der N. in den Vordergrund: «talem intelligo philosophiam naturalem, quae non abeat in fumos speculationum subtilium aut sublimium, sed quae efficaciter operetur ad sublevanda vitae humanae incommoda» (Ich verstehe N. so, daß sie nicht in die Rauchschwaden von spitzfindigen und hochfliegenden Spekulationen abirrt, sondern erfolgreich tätig ist zur Behebung der Gebrechen menschlichen Lebens) [7].

Verschärfend übernimmt HOBBES das restriktive Verständnis von N. (natural philosophy): Statt von einer metaphysischen und spekulativen Grundlage auszugehen [8], soll sie sich auf mathematische Voraussetzungen stützen [9]. Daher kann er traditionelle Entwürfe nicht als N. anerkennen, die sich somit als eine erst junge (von HARVEY, GALILEI u.a. begründete) Disziplin darstellt [10]. Ähnlich läßt J. CLAUBERG die Entwicklung einer «wahren N.», die von Erfahrung und Beobachtung (ab experientia et observatione) ausgeht, erst für die zeitgenössische Forschung gelten: «vera naturalis philosophia minus cognita atque exculta fuit» [11]. Ihren Niederschlag fanden diese Tendenzen in dem Programm der *Royal Society*, entworfen von R. HOOKE [12], der eine Reform des «Present State of Natural Philosophy ... by a Methodical Proceeding in the Making Experiments and Collecting Observations» vorschlug [13]. – Ganz in diesem Sinne äußert sich NEWTON zu den theoretischen Grundlagen der N., für die Beobachtung und Experiment Voraussetzung bleiben [14], rehabilitiert aber ein theologisches Interesse an ihren Ergebnissen: «Whereas the main business of natural philosophy is to argue from phaenomena without feigning hypotheses, till we come to the very First cause; which certainly is not mechanical: and not only to unfold the mechanism of the world but chiefly to resolve these and such like questions ... And though every true step made in this philosophy brings us not immediately to the knowledge of the First cause, yet it brings us nearer to it» [15]. Gegen solche Bemühungen, die für diese Zeit – etwa in der Physikotheologie – gut belegt sind [16], wendet sich G. BERKELEY: Der «philosophus naturalis» solle sich gänzlich auf Experimente, Bewegungsgesetze und mechanische Prinzipien beschränken und theologische Folgerungen aus der N. den höherrangigen Wissenschaften (der Theologie) überlassen [17]. – NEWTONS Leistungen, insbesondere die erfolgreiche Anwendung der Mathematik [18], finden Anerkennung bei LOCKE, der ihm jedoch die Förderung von Erkenntnissen lediglich in «some ... particular provinces of the incomprehensible universe» zugesteht [19], dies in Übereinstimmung mit seiner grundsätzlichen Skepsis der N. gegenüber: «all the weakness of our faculties in this state of mediocrity ... makes me suspect, that natural philosophy is not capable of being made a science» [20]. Radikaler zieht HUME auch den Wert der Geometrie für die Entwicklung der N. zur Wissenschaft in Zweifel: «The most perfect philosophy of the natural kind only staves off our ignorance a little longer ... Nor is geometry, when taken into the assistance of natural philosophy even able to remedy this effect» [21].

Gleichzeitig lassen sich – als Gegenentwürfe zur (zunehmend unter der Benennung ⟨philosophia naturalis/natural philosophy⟩ erscheinenden) mechanistischen N. – konkurrierende Konzepte nachweisen. So macht H. MORE die Nützlichkeit der Erforschung der Zweckursachen im Rahmen der N. für die Religion gegen Descartes' «philosophia mechanica» geltend [22]. Ähnlich wird DELISLE DE SALES' ⟨Philosophie de la nature⟩ als Gegengewicht zu HOLBACHS ⟨Système de la nature⟩ begriffen [23]. Mit deutlicher Wendung gegen Descartes bestreitet G. VICO den Wahrheitsanspruch einer auf geometrische Weise betriebenen N., da Sätze über die (nicht vom Menschen gemachte und daher für ihn nicht erkennbare) physische Welt Vicos Wahrheitskriterium nicht genügen. Eine philosophisch betriebene Physik verweise auf Gott, der allein – als ihr Schöpfer – die wahren Prinzipien der Natur erfaßt [24]. A. RÜDIGERS ⟨Physica Divina⟩ versteht sich als «doctrina, qua probabiliter cognoscimus, quibus principiis ... Deus in constituenda natura sensibili sit usus» [25].

Eine Bedeutungsdifferenzierung von ⟨scientia naturalis⟩ und ⟨philosophia naturalis⟩ wird auch im frühen 18. Jh. nicht vorgenommen [26], und noch um die Mitte des Jahrhunderts legt die Lexikographie die Synonymie der Begriffe fest [27].

Anmerkungen. [1] J. JUNGIUS, Logica hamb., hg. MEYER (1957) 29; Collegii Complutensis disputationes in Arist. dialecticam et phylosophiam (!) naturalem (Leiden 1668), ND hg. RISSE (Hildesheim/New York 1977) Disp. 19, q, 5, § 4, 320; später noch: F. C. BAUMEISTER, Elementa philos. recentioris (1755) 10. – [2] F. BACON, Works, hg. SPEDDING/ELLIS/HEATH (London 1857ff., ND 1963) 3, 351. – [3] ebda. – [4] 3, 354. – [5] 3, 351f. – [6] R. DESCARTES, Oeuvres, hg. ADAM/TANNERY (Paris 1964ff.) 1, 216; vgl. 6, 61f.; 9/2, 14. – [7] BACON, a.O. [2] 1, 500; dieses Zitat ist Titelmotto von TH. BIRCH: The history of the Royal Society of London (London 1756, ND 1968). – [8] TH. HOBBES, English works, hg. MOLESWORTH (London 1839ff., ND 1962) 1, XI. – [9] HOBBES, Opera philos., hg. MOLESWORTH (London 1839ff., ND 1961) 1, 65. – [10] a.O. [8] 1, VIIIf.; vgl. später: TH. REID, Philos. works, hg. HAMILTON (Edinburgh [8]1895), ND hg. BRACKEN (1967) 1, 217. – [11] J. CLAUBERG, Disp. physicae 1, 11. Opera omnia philos. 1 (Amsterdam 1691, ND 1968) 54. – [12] Abgedruckt in: C. R. WELD: A hist. of the Royal Society with memoirs of the presidents, compiled from authentic documents (London 1848) 1, 146ff.; vgl. dazu: M. ORNSTEIN: The role of scient. societies in the seventeenth century (Chicago 1975) 108f. – [13] R. HOOK, Posthumous works (London 1705, ND New York/London 1969) 3-70. – [14] I. NEWTON, Optics 3, q. 31. Opera quae exstant omnia, hg. HORSLEY (London 1779ff., ND 1964) 4, 263; vgl. dazu: H. HOME, Lord KAMES: Essays on the principles of morality and natural religion (London 1758, ND Hildesheim/New York 1976) 23. – [15] NEWTON, Optics 3, q. 28, a.O. 4, 237f.; vgl. dagegen HOOK, a.O. [13]. – [16] TH. MORGAN: Physico-Theology (London 1712) 298; G. CHEYNE: Philos. principles of natural religion: Containing the elements of natural philosophy, and the proofs for natural religion arising from them (London 1705); R. BOYLE: Of the usefulness of natural philos. The works 1 (London 1772, ND 1966) 10. – [17] G. BERKELEY, De motu § 42. The works, hg. LUCE (London 1948ff.) 4, 21. – [18] Vgl. dazu CHR. WOLFF, Elementa matheseos 5, hg. HOFMANN. Ges. Werke III/33 (1971) 475. – [19] J. LOCKE, The works (London 1823, ND 1963) 9, 186. – [20] a.O. 3, 86; dagegen G. BERKELEY, Principles of human knowledge 101, a.O. [17] 2, 85. – [21] D. HUME, The philos. works, hg. GREEN/GROSE (London 1874ff., ND 1964) 4, 27. – [22] H. MORE, Opera omnia (London 1679, ND 1966) 2/1, 7. – [23] J. B. C. ISOARD DELISLE DE SALES: Philos. de la nature, ou traité de morale pour le genre humain, tiré de la philos., et fondé sur la nature (Paris [7]1804); dtsch.: Die Philos. der Natur (1773/74); vgl. dazu: VOLTAIRE, Lettre à M. Delisle de Sales, 25. 11. 1770. Oeuvres, hg. BEUCHOT 66 (Paris 1833) 493f.; vgl. auch a.O. 295. – [24] G. VICO, De nostri temporis studiorum ratione. Opere 1 (Bari 1914, ND 1968) 85; dazu B. CROCE: Die Philos. G. Vicos (1927) 12f. – [25] A. RÜDIGER: Physica divina, recta via Eademque inter superstitionem et atheismum media, ad utramque hominis felicitatem, naturalem atque moralem ducens (1716) 28. – [26] R. ANDALA: Exercitationes academicae in philos. primam et naturalem (Franeker 1709) 94f.; S. CHAUVIN: Lex. philos. ([2]1713, ND 1967) 491; G. PASCHIUS: De novis inventis ([2]1700) Index. – [27] J. H. ZEDLER: Großes vollst. Univ.-Lex. 23 (1740) 1047.

Literaturhinweis. J. SCHALLER: Gesch. der N. von Bacon von Verulam bis auf unsere Zeit (1841-1847).

S. LORENZ/B. MOJSISCH/W. SCHRÖDER

V. *Von Kant bis zur Gegenwart.* – In der Neuzeit wurde ⟨N.⟩ in den folgenden vier Bedeutungen erörtert: 1. auf dem Boden der kritischen Metaphysik der Natur Kants; 2. als Programm einer allgemeinen Seinsphilosophie, wobei Natur in der Nachfolge Spinozas als absolute Substanz interpretiert wird: z.B. in der «Naturphilosophie» Schellings und Hegels; 3. auf der Basis der induktiven Metaphysik, wobei die Arbeit der positiven Naturwissenschaft zugrunde gelegt wird; 4. als Wissenschaftstheorie der Naturwissenschaft.

1. KANT grenzt Denkrichtung und Methode seiner Metaphysik der Natur von transzendentalphilosophischen Erörterungen der Natur ab, die sich in der ⟨Kritik der reinen Vernunft⟩ finden. Die letzteren zielen darauf ab, diejenigen grundsätzlichen Entwürfe des Subjekts zu charakterisieren, welche eine Naturerscheinung als Objekt möglicher Erkenntnis überhaupt ausweisen. In der Metaphysik der Natur dagegen wird diese Begründung

der Objektivität der Naturgegenstände als solche vorausgesetzt, und es werden die Begriffe erörtert, durch welche die *Welt* bestimmt wird, in welcher der Naturwissenschaftler seine Gegenstände mathematisch konstruieren und experimentelle Erfahrungen mit ihnen gewinnen kann [1]. «Besondere Metaphysik», wie diejenige der Natur oder der Sitten, beschäftigt sich mit einer «besonderen Natur dieser oder jener Art Dinge, von denen ein empirischer Begriff gegeben ist, doch so, daß außer dem, was in diesem Begriffe liegt, kein anderes empirisches Prinzip zur Erkenntnis derselben gebraucht wird (z. B. sie legt den empirischen Begriff einer Materie, oder eines denkenden Wesens zum Grunde und sucht den Umfang der Erkenntnis, deren die Vernunft über diese Gegenstände a priori fähig ist) ...» [2]. Demgemäß werden in der Metaphysik der Natur vier Perspektiven des Materiebegriffes erörtert, die Kant den Sondergebieten der Phoronomie, der Dynamik, der Mechanik und der Phänomenologie zuweist. Das phoronomische Weltmodell liefert dem mathematischen Physiker die Prinzipien für die Konstruktion von Gesamtbewegungen aus Teilbewegungen. Materie in dieser Perspektive ist schlechthin das Bewegliche im Raume. Die Aufgabe des dynamischen Modells aber ist es, dem Entwurf einer Welt physikalischen Handelns zu dienen, in der die Materie als bestimmte Gestalt vorgesehen ist, die teilbar und in verschiedenen Graden von der vollkommenen Flüssigkeit bis zur Starrheit elastisch ist. Der Metaphysiker der Materie kombiniert hierzu zwei Grundkräfte, die der «Attraktion» und der «Repulsion». Durch Zusammenwirken dieser Kräfte ist gestalthafte Ausdehnung der Materie zu begreifen, wobei deren «Dichte» jeweils vom Intensitätsgrad einer jeden der beiden aufeinander bezogenen Kräfte abhängt. So verstanden ist zu sagen, daß Materie einen Raum nicht nur «einnimmt», sondern ihn sogar «erfüllt» [3]. Die von Kant vertretene «dynamische» Theorie der Materie wird von ihm selbst als programmatisch für eine allgemeine dynamische N. aufgefaßt. Aufgrund dieser vermag er Attribute der Materie, die sonst nur in der Sprache der sinnlichen Erfahrung aussagbar sind, wie fest, flüssig, dicht, starr, spröde usw. auf einen metaphysischen Begriff zu bringen. Der allgemeine Dienst, den eine kritisch begründete Metaphysik der Natur dem philosophischen und zugleich naturwissenschaftlichen Denken leistet, kann an diesem Beispiel erörtert werden: das dynamische Modell der Materie bietet im Hinblick auf die Erklärung der Dichte eine Alternative zum «mathematischen» Modell, welches diese durch «Poren», d. h. leere Räume verschiedener Größe, die in einem Körper angenommen werden, zu erklären versucht. Somit befreit die dynamische N. das Denken vom Monopol mathematischer Erklärung und macht es von der Herrschaft einer unerkannten mechanistischen Metaphysik frei [4]. Die «dynamische N.» konstruiert die spezifische Verschiedenheit der Materien nicht, indem sie die Materie als bloße Werkzeuge «äußerer bewegender Kräfte» auffaßt, sondern sie spricht ihr «ursprünglich» eigentümliche bewegende Kräfte der Anziehung und Zurückstoßung zu.

Schließlich ist noch die Perspektive der «Mechanik» zu erwähnen, durch welche zu den bereits von den anderen Perspektiven hinzugebrachten Grundcharakteren der Materie derjenige der Relativität der Bewegung hinzugefügt wird. Hier wird von einer «Gemeinschaft der Bewegungen» gesprochen, aufgrund deren die Mitteilung von Bewegung erklärt wird. Der durch die Metaphysik der Natur geleistete Entwurf ist durch das Bedürfnis der naturwissenschaftlichen Praxis der Konstruktion und des Experimentierens mit den Gegenständen motiviert. Ein theoretisches Bedürfnis anderer Art wird in der Kritik der teleologischen Urteilskraft erfüllt: es ist demjenigen Denken eigentümlich, welches immer schon die Erfahrung der Naturphänomene gemacht hat, die wir als 'lebendig' bzw. 'Leben' ansprechen. Um ein Naturobjekt, welches im übrigen die Voraussetzung der für Naturwissenschaft geforderten Gegenstandskonstitution erfüllen muß, als «organisches» Gebilde anzusprechen, muß ihm durch «reflektierende» Urteilskraft eine «innere» Zweckmäßigkeit in dem Sinne beigelegt werden, daß jeder Teil umwillen des Ganzen und das Ganze umwillen eines jeden der Teile agiert. Der Satz, daß es lebendige, d.h. mit innerer Zweckmäßigkeit versehene Gebilde in der Natur gibt, ist, vom Standpunkt einer kritischen Teleologie aus gesehen, in die Aussage zu übersetzen, daß die als lebendig angesprochenen Erscheinungen so zu beurteilen seien, 'als ob' sie sich zweckmäßig verhielten und selbständige autarke Gebilde wären.

2. SCHELLINGS Programm der «N.» geht auf eine Überwindung der kantischen Position aus, die vom Standpunkt absoluter Identität zwischen Vernunft und Natur als «reflexionsphilosophisch» bezeichnet wird. Schelling erhebt den Anspruch, die lebendige Struktur und den Systemcharakter in den Lebenserscheinungen zu «erkennen» und Seins-Aussagen darüber zu machen. Diese werden vom Standpunkt der absoluten Identität von Ich und Welt, Subjekt und Objekt, Idealität und Realität, Geist und Natur aus legitimierbar. Wenn man von einer 'Methode' der Schellingschen Naturphilosophie sprechen darf, so wäre sie so zu kennzeichnen: er interpretiert den Reichtum der Naturerscheinungen zum Zwecke einer philosophischen Systematisierung nach dem Prinzip der Polarität. Dabei kann er an die dynamische Theorie der Materie anknüpfen. Die Produktion des jeweils Ganzen einer Naturerscheinung aus dem Kampf der polaren Gegensätze ist das leitende Motiv, welches Schelling durch die verschiedenen, hierarchisch einander unter- und übergeordneten Stufen des Naturreiches hindurch zur Geltung bringt. Auf jeder Stufe wird durch Synthese der Gegensätze ein Ganzes produziert, welches seinerseits wieder auf einer höheren Stufe in ein Gegensatzverhältnis tritt, welches wieder durch eine neue, noch höhere Einheitsbildung überwunden wird. Der Magnet z. B. ist die Einheit eines Kraftfeldes, welches die Identität der einander entgegengesetzten magnetischen Pole darstellt. Höhere Stufen der Darstellung der Identität des Differenten sind im Bereich der Elektrizität, der chemischen Erscheinungen, der lebendigen Organismen und der seelisch-geistigen Phänomene gegeben. Auf der Stufe des Lebendigen beruft sich Schelling auf die von J. BROWN herausgestellte Polarität zwischen Erregbarkeit und Erregung sowie die von K. F. KIELMEYER dargestellten Verhältnisse «organische Kräfte», wie derjenigen der Sensibilität, der Irritabilität und der Reproduktion, von denen jeweils zwei von ihnen miteinander in ein polares Verhältnis treten [5]. Verfolgt man den Aufbau dieser Stufen in dem Bereich des «geistigen» Naturreiches, so nimmt die Polarität hier die Form von Liebe und Haß, Gut und Böse, Individuum und Staat usw. an. – Allgemein ist zum Programm dieser N. zu sagen, daß es den Rahmen einer philosophischen Theorie der Natur im engeren Sinne bei weitem überschreitet, da hier ein absoluter Naturbegriff im Anschluß an Spinozas «deus sive natura» vorschwebt. Demgemäß spielt in diesem Programm Natur die Rolle des Seins im Ganzen, mit dem sich das subjektive Bewußtsein identisch zu setzen hat, wenn es denAnsprü-

chen einer philosophischen Erkenntnis des Absoluten genügen will. N. versteht sich von hier aus gesehen zugleich als Philosophie des Geistes, weil von dem über-legenen Standpunkte der absoluten Philosophie aus Geist und Natur als identisch begriffen werden. Der Standpunkt des absoluten Idealismus versteht sich als Station in der Geschichte der Auseinanderentwicklung von Positionen, an deren Anfang die Natur im Sinne des Bereiches unmittelbarer Produktionen steht und in deren Verlauf das Prinzip der Freiheit und der Vernünftigkeit in dieser Natur sich von dem Gegenprinzip der Notwendigkeit der unbewußten Produktionen löst, um sich am Ende wieder mit ihm identisch zu setzen. So ist es möglich, eine Stufenfolge des Seienden zu entwickeln, deren Anfänge in dem Bereich der im engeren Sinne verstandenen 'Natur' gelegen sind und deren Fortgänge in denjenigen der Menschengeschichte führen [6]. Unter dieser Voraussetzung wird von der N. der Gedanke der Entwicklung zur Geltung gebracht, der im späteren Verlaufe des 19. Jh. für das Denken der Naturwissenschaft maßgebend wurde. Bei Schelling wird die philosophische Bedeutung des Begriffes der Entwicklung auf dem Gedanken der Polarität und der Identität der Pole begründet. Auf diesem Fundament ist es auch möglich, die gedankliche Linie, die durch die N. hindurch führt, bis zur Geschichtsphilosophie weiterzuverfolgen [7]. Natur als Inbegriff des Seienden wird von Schelling in Kategorien begriffen, die aus einer langen und großen Tradition heraus zu deuten sind: vor allem kommt hierbei der Begriff der Substanz in Frage. Den Begriff der Substanz und die ihm in seiner Geschichte vom aristotelischen Usia-Denken bis zum Konzept der Leibnizschen Monade und der diesem entgegengesetzten Idee der absoluten Substanz Spinozas zuteil gewordenen Bedeutungen holte Schelling in seine N. ein. Das große Gewicht seines naturphilosophischen Programms für die Philosophie im allgemeinen resultiert auch daraus, daß er auf dem Boden der N. den Plan zu verwirklichen versuchte, das monadologische Individualitätsprinzip mit dem der spinozistischen All-Einheit zu verbinden. Die Aristotelischen Begriffe der Form, der Entelechie, der Dynamis in der Auslegung polar entgegengesetzter Kräfte, die in ihrer Auseinandersetzung die Wirklichkeit von Naturerscheinungen hervorbringen, sind im kategorialen Aufbau der «N.» vertreten [8]. Die schwere Last einer «absoluten Philosophie», die dieses naturphilosophische Programm mit sich trug, mußte auch zu Aussagen führen, die sich dem mehr oder weniger berechtigten Spott und Hohn der positiven Wissenschaften ausgesetzt haben.

Demgegenüber ist es heute an der Zeit, auch dem Wert dieser verfemten metaphysischen N. gerecht zu werden [9]. Es ist zu bedenken, daß sie die Idee der Einheit der Natur als leitenden Gesichtspunkt ihres Programms zur Geltung gebracht hat, wobei sie dieses Thema nicht im platten Sinne einer Einheit der Physik, sondern derjenigen der Natur selbst verfolgt hat. In wissenschaftsgeschichtlicher Hinsicht ist darauf hinzuweisen, daß z. B. der Physiker OERSTEDT, Schüler Schellings, unter dem Einfluß des Gedankens der übergreifenden Einheit der Natur und der Identität der polar entgegengesetzten Kräfte die Einheit von Elektrizität und Magnetismus in positiv-wissenschaftlichem Sinne salonfähig und technisch verfügbar gemacht hat. Der Wert dieses naturphilosophischen Programms wird auch besonders in dem Augenblick einsichtig, in welchem man die heute aktuelle Aufgabe bedenkt, die in der neuzeitlichen Naturwissenschaft gewählten Erkenntniszwecke selbst einer Kritik zu unterwerfen, zu begrenzen und zu rechtfertigen. Dazu bedarf es des metaphysischen Entwurfes einer Natur-Welt, welche die Maßstäbe für eine derartige Begrenzung der Erkenntniszwecke abgibt.

Was HEGEL angeht, so ist zunächst an seinen frühen, noch unter dem Einfluß von Schelling stehenden Jenenser Aufsatz über die allgemeine Stellung der N. im System der Philosophie überhaupt zu erinnern [10]. Noch im Fahrwasser Schellings vertritt er hier die These, daß die ganze Philosophie insofern N. heißen kann, als hier die Identität von Denken und Sein von einem Standpunkt des absoluten Wissens aus verhandelt wird. N., vom absoluten Standpunkt aus gedacht, macht den subjektiven Gedanken zu einem wirklichen Denken, sie ist «absoluter», nicht «relativer» Idealismus; der letztere betont die beherrschende Stellung des subjektiven «Ich denke» gegenüber der angeblich «äußeren» Natur und setzt sich daher, recht betrachtet, in Abhängigkeit von dieser. Religionsphilosophische, geschichtsphilosophische und praktisch-philosophische Erörterungen fließen in die naturphilosophischen Überlegungen Hegels ein. Diese beanspruchen einen «höheren» spekulativen Standpunkt, von dem aus Natur und Sittlichkeit, Natur und Geschichte, Vernunft und Religion usw. als identisch gedacht werden können. Sofern z. B. in der Geschichte eine Notwendigkeit erkennbar ist, die mit derjenigen der Naturgesetze vergleichbar ist, wirkt sich zugleich 'Natur' in ihr aus. Schließlich nimmt Hegel für den Standpunkt der absoluten Identität, durch den er wie Schelling das «reflexionsphilosophische» Denken Kants und Fichtes überwinden will, in Anspruch, er entspreche allein «der Sittlichkeit» auch im Bereich der N., weil er die Natur zugleich auch als sittliche Natur zu begreifen vermöge. Die wahrhaft sittliche Betrachtung der Natur sei zugleich auch die wahrhaft «intellektuelle», welche der Natur und ihren Stufen eine ihnen eigentümliche Vernünftigkeit zubilligt [11]. Sittlichkeit sei eine in der Geschichte des Menschen und seiner Handlungen sich herausbildende Substanz, dessen «Natur» je einer bestimmten geschichtlichen Stufe entspricht. In der «N.», die bei Hegel den zweiten Teil des späteren «Systems» ausmacht, dessen erster Teil die Logik und dessen dritter Teil die Philosophie des Geistes umfaßt, geht es um folgende Hauptprinzipien [12]: Der Begriff der Natur wird als die «Idee in der Form des Andersseins» bestimmt. Das ist nicht primär so zu verstehen, daß sich die Idee in der Natur die Gestalt der Negativität ihrer selbst gegeben hat, vielmehr nimmt sie die Gestalt der Natur dadurch an, daß sie sich als Bereich mit dem Charakter der «Äußerlichkeit» darstellt. Sie ist Inbegriff von nebeneinander und nacheinander vorkommenden Ereignissen, deren Zusammenhang durch «Notwendigkeit und Zufälligkeit» bestimmt ist [13]. Als durch «zufällige» Notwendigkeit bestimmt, erweist sich Natur als dem Geist unterlegen, dem absolute Notwendigkeit eignet. Natur vermag den Begriff der Gestalten, die sie produziert, nicht gegen das Spiel des Zufalls festzuhalten: daher wird keines ihrer Produkte seinem eigenen Begriffe vollkommen adäquat sein. «Es ist die Ohnmacht der Natur, die Begriffsbestimmungen nur abstrakt zu erhalten und die Ausführung des Besonderen äußerer Bestimmbarkeit auszusetzen» [14]. Daran zeigt sich, daß Hegel vom Standpunkt des Gedankens der in Natur und Geist sich realisierenden Idee aus der ersteren einen geringeren Stellenwert anweist als Schelling vom Aspekt seiner Identitätsphilosophie aus. Der Aufbau der N. zeigt bei Hegel die systematische Gliederung in Mechanik, Physik und Organik. Als Grundkategorien der

Mechanik nennt er Raum und Zeit, Bewegung, Zahl, Gesetz. Die Inhalte werden vor allem durch das Galileische Fallgesetz sowie durch die Newtonsche Theorie der Gravitation und der beschleunigten Bewegung gegeben. Als methodischen Fehler der Hegelschen N. kann man vom kritischen Standpunkt aus seine Verfahren bezeichnen, Begriffe und Aussagen der positiven Naturwissenschaft, insbesondere der Physik, die als empirische Beschreibungen der Naturphänomene gemeint sind, im Sinne des absoluten Wissens zu deuten und dadurch den subjektiven Charakter der positiven Wissenschaft zu vernachlässigen. In der «Physik» sei Thema die körperliche Gestaltung und das physische Verhältnis der einzelnen, «individuellen» Körper gegeneinander. Hegel bringt die dynamische Theorie der Materie bei Kant und Schelling, in welcher die Rede von den Kräften der Kontraktion und der Expansion war, die in ihrer polaren Spannung jeweils die Gestalt und die Dichte der Materie hervorbringen, auf die Sprache einer dialektischen Darstellung der sich auseinander entwickelnden Naturgestalten. Auf einer höheren Stufe als auf derjenigen der Gestaltbildung der Körper ist die Polarität dieser Kräfte nach Hegel so darzustellen, daß die Kontraktion als «Schwere», die Expansion als «Licht» auszulegen ist. Die an der Unterscheidung der Sinnesgebiete des Sehens, des Hörens, des Tastens usw. orientierte empirisch-physikalische Einteilung in Optik, Akustik, Mechanik und Thermodynamik versucht Hegel seins-philosophisch zu deuten: Danach erfordert der «Begriff» des Lichtes, als eines selbständigen Wesens, die Einrichtung einer physikalischen Disziplin, die Optik heißt, das Wesen des Klanges fordert die Gründung der Disziplin der «Akustik» usw. Weitere Themen der Physik sind Wärme, Elektrizität, der chemische Prozeß: schließlich geht es in der N. um die Erkenntnis eines Einheitsbandes, welches die zunächst getrennten Bereiche zur absoluten Einheit der Natur verbindet. Was die «organische Physik» angeht, so gliedert sie Hegel in eine Philosophie des «Erdkörpers» als des allgemeinen Systems der individuellen Körper, zu denen er auch die kristallinischen Gebilde zählt, und das System des Lebendigen, welches seinerseits in die «vegetabilische» und «animalische» Natur unterteilt wird. Dabei deutet sich nach Hegel bei der Verfolgung der sich auseinanderentwickelnden und immer höhere Stufen erreichenden Gestalten ein Aufstieg an, bei dem die Subjektivität in zunehmender Weise hervortritt. In der organischen Individualität des tierischen Organismus kommt sie insofern zur Darstellung, als die «eigene Äußerlichkeit der Gestalt zu Gliedern *idealisiert* ist, der Organismus in seinem Prozesse nach außen die selbstische Einheit in sich erhält» [15]. In diesem Zusammenhang ist die Aufnahme der romantischen Krankheitslehre bemerkenswert, die von Hegel auf eine dialektische Sprache gebracht wird. Krankheit ist der Zustand, bei welchem sich das einzelne Organ nicht mit dem Ganzen vermittelt, sondern sich verselbständigt. Es beharrt «in seiner besondern Tätigkeit gegen die Tätigkeit des Ganzen, dessen Flüssigkeit und durch alle Momente hindurchgehender Prozeß hiemit gehemmt ist» [16]. Die Maßnahme des «Ganzen», den Fluß der Vermittlung mit den Organen und dieser mit dem Ganzen wiederherzustellen, besteht im Fieber, welches «... als Verlauf der *Totalität* gegen die *vereinzelte* Tätigkeit eben so sehr der Versuch und Beginn der *Heilung* ist» [17].

3. Während in der N. das Sein der Natur dargestellt wird, um damit das Fundament auch der positiven Wissenschaften zu legen, haben sich diese nach dem Kraftloswerden der Idee selbständigen philosophischen Wissens im 19. Jh. auf den Standpunkt ihrer Positivität zurückgezogen und den Maßstab für Erkenntnis und Wissen bestimmt. Maßgebend wurde jetzt die Erfahrungswissenschaft: N. wurde entweder als ein von dieser Wissenschaft abhängiges, durch Verallgemeinerung ihrer Begriffe gewonnenes System oder als Wissenschaftstheorie der Naturwissenschaft aufgefaßt. Als Schlüsselfigur in diesem Zusammenhang kann der Physiologe J. VON MÜLLER angesehen werden, der im Zeichen der «poietischen Ontologie» Schellings [18] das «Bedürfnis der Physiologie nach einer philosophischen Naturbetrachtung» zur Geltung gebracht hat. Wenn unter Physiologie die «Theorie des Lebens» zu verstehen sei, dann dürfe diese Wissenschaft nicht nur vom «Verstande» diktiert werden, der nur die «allgemeinen verständigen Denkbestimmungen der Objekte» und vor allem die Relationen zwischen ihnen zu fassen vermag [19]. Der Verstand fesselt die Natur: das freie Prinzip des Lebens bleibt draußen. Gefordert ist ein Denken vom Standpunkt der *Vernunft* aus. Im Gegenzug gegen das wissenschaftstheoretische Programm der neuzeitlichen Naturwissenschaft seit Galilei erklärt Müller im aristotelischen Sinne, daß Naturwissenschaft das «Wesen», nicht nur die Beziehungen zwischen festgestellten Daten zu begreifen habe. Das Einzelne müsse in der Perspektive des Ganzen, das Endliche in derjenigen des Unendlichen begriffen werden. Nicht die vom Verstande gesetzte «Regel», an deren Leitfaden die Naturtatsachen konstruiert werden sollen, darf dominieren: vielmehr muß in einer «richtigen Erfahrung» das von der Regel freie Begreifen vom Standpunkt der produktiven Einbildungskraft aus maßgebend sein. Die Arbeit der «genauen, sicheren, ruhigen Erfahrung» darf dabei nicht geschenkt werden: aber sie soll in die Perspektive des Ganzen gerückt werden, die nicht vom Verstande, sondern von der Vernunft zur Geltung gebracht wird. Die Empirie, die in den Umkreis der auf Totalität abzielenden Vernunft aufgenommen werden soll, hat die Naturphänomene so zu betrachten, wie sie sich ungezwungen, frei, «in Gesundheit» darstellen. Diese Verbindung von Philosophie und Empirie fordert eine Art von «Beschreibung» der als frei sich produzierend aufgefaßten Naturphänomene, die «philosophischer ihrer Natur nach ist, als alle metaphysische Untersuchung der Erklärungsgründe». Müller hat im Anschluß an Schelling damit ein naturphilosophisches Programm formuliert, welches auch für den Charakter der Naturforschung GOETHES maßgebend ist, der z.B. das Licht nicht, wie es bei Newton geschieht, nach dem Modell der Zusammensetzung aus elementaren Farben begriffen und im Experiment demgemäß behandelt hat: Vielmehr war es Goethes Absicht, dem Phänomen Licht die Gelegenheit zu geben, sich in Freiheit dem Blick des Naturforschers zu zeigen, und die «Taten und Leiden des Lichtes» zu begreifen habe [20].

A. VON HUMBOLDT wählt die philosophische Idee des Kosmos, die er als erscheinende Gestalt der Natur im ganzen interpretiert, zum Leitfaden seiner «physischen Weltbeschreibung». Auch hier wird exakte, messende und berechnende Einzelbeobachtung in die Perspektive des Ganzen, Umfassenden gestellt [21]. Die «Physik der Welt» darf nicht zum Unternehmen einer bloßen «Anhäufung empirisch gesammelter Einzelheiten» herabsinken [22]. Das Ganze des Kosmos ist in den einzelnen Erscheinungen zu vergegenwärtigen: es darf nicht als unerreichbare Idee einer «Totalität» und nur der empirischen Forschung dienendes «Regulativ» verstanden werden, wie das bei Kant der Fall ist. Positiv wissenschaftliche Einzelarbeit und naturphilosophisches Denken des Ganzen, Allgemeinen der umfassenden Natur setzen sich gegenseitig im weiteren Verlauf der naturwissenschaftlichen Arbeit des 19. Jh. auseinander und vereinigen sich zugleich in jeweils verschiedenen Einheitsgestalten, wobei der Standpunkt des Denkens in zunehmendem Maße auf den Boden der Empirie hinüberwandert. Auf diese Weise nimmt auch die positive Naturforschung einen Charakter an, demgemäß die Ergebnisse der exakten wissenschaftlichen Arbeit unmittelbar zugleich auch als naturphilosophische Aussagen über die Natur selbst und im ganzen gedeutet werden. Als repräsentativ hierfür kann die Entdeckung der Erhaltung der Energie im Kosmos auf dem Wege der Umwandlung der Energieformen angesehen werden [23]. R. MAYER, der Entdecker dieses Prinzips, begriff die Idee der Einheit in der Natur zunächst in der Weise, daß er «Kräfte» und «Materien» unter dem Begriff der Ursache zusammenfaßte, die er als quantitativ unzerstörbares und qualitativ wandelbares Objekt bestimmte [24]. Von der Proportionalität zwischen mechanischer Energie einerseits und Wärme andererseits schloß er auf ein beiden gemeinsames Kraftprinzip, das er auf die exakt physikalische Sprache des Berechnens und Messens brachte, wobei er dem mechanischen Äquivalent der Wärme, vom späteren Standpunkt aus gesehen, rechnerisch sehr nahe kam. Als Ergebnis, dem naturphilosophische Bedeutung zukommt, konnte er als «axiomatische Wahrheit» den Satz formulieren, daß «während des Lebensprozesses nur eine *Umwandlung* so wie der Materie, so der Kraft, niemals aber eine *Erschaffung* der einen oder anderen vor sich gehe» [25]. Zugleich wurde die naturphilosophische Idee der Identität der im Hinblick auf ihre quantitative Konstanz faßbaren, in verschiedene Formen ineinander überführbaren Kraft in der Welt Grundlage für neue Forschungsmöglichkeiten in Biologie, Physik und Technikwissenschaft und -praxis.

Eine vergleichbare Rolle in der Verbindung der Ansprüche positiver Forschung einerseits und der Idee des Ganzen der Natur andererseits spielt die Evolutionstheorie DARWINS, die dem im 19. Jh. zu Bedeutung gekommenen naturphilosophischen Gedanken der Entwicklung empirische Argumente an die Hand gab. Der zugleich für die positive Forschung und die N. bedeutsame Hauptgedanke ist der, daß die Lebewesen unter dem Druck des Konkurrenzkampfes ums Dasein existieren und daß nur die besten, an die Realität optimal angepaßten Konstruktionen diesen Kampf überstehen. Dadurch vollzieht sich eine Auslese der geschicktesten und stärksten Konstruktionen, die in langen Zeiträumen einen Wandel der Arten bewirkt und am Ende diejenigen übrigläßt, die optimal an die Bedingungen des Kampfes ums Dasein angepaßt sind [26].

Aus der weiteren geschichtlichen Entwicklung der Auseinandersetzung zwischen N. und positiver Naturwissenschaft im 19. Jh. läßt sich eine allgemeine Erkenntnis gewinnen, der sowohl naturphilosophische wie auch geistesphilosophische Bedeutsamkeit eignet: Einerseits treten die positiven Naturwissenschaften aus dem Bereich naturphilosophischen Denkens heraus und gewinnen ihre autarken, spezifischen Methoden, Kategorien und Zweckaspekte. Physiologie, Biologie als positive Wissenschaften nehmen auf diese Weise Gestalt an: ebenso wie auch die experimentelle Psychologie, die ihre autonome Gestalt auch durch Emanzipation von der Physiologie gewonnen hat [27]. Zugleich aber wird erkennbar, daß die Vernunft der Emanzipation und Vereinzelung der Wissenschaften die Aufgabe lebendig erhält, immer wieder von neuen Stufen der Besonderung aus das Ganze der Natur und die Einheit der Wissenschaften zu denken. Diese Aufgabe suchte man vom Standpunkt der Empirie aus auf dem Wege der «induktiven Metaphysik» zu erfüllen, bei der es darauf ankam, auf der Basis positiv wissenschaftlicher und empirischer Einzelforschung Wege zur Erkenntnis des Ganzen, Umfassenden der Natur einzuschlagen. Als repräsentativ hierfür kann unter anderen der Begründer der experimentellen Psychologie im 19. Jh., W. WUNDT, angesehen werden. «Wissenschaftlich» betriebene Philosophie wird von ihm als die «allgemeine Wissenschaft» deklariert, «welche die durch die Einzelwissenschaften vermittelten allgemeinen Erkenntnisse zu einem widerspruchslosen System zu vereinigen hat» [28]. Für die auf induktivem Wege gewonnene N. sah er es als Aufgabe an, die Verträglichkeit naturwissenschaftlicher Grundannahmen mit den Begriffen der realen Forschung selbst zu untersuchen. So vertrat er z. B. einen naturphilosophischen Begriff der Materie, nach welchem diese im Grunde als Energie aufzufassen ist. Auch behauptete er die These, daß Vernunft bzw. Geist schon in die Naturvorgänge zu verlegen seien. Charakteristischerweise verstand er diese Behauptung aber nicht im Sinne der Identitätsphilosophie Schellings und Hegels, sondern vom Standpunkt der induktiven Metaphysik aus: er interpretierte sie als «Mutmaßung» bzw. «Schlußfolgerung», zu der man durch eine Weiterverfolgung der in der empirischen Forschung angefangenen Gedankenlinien in der Richtung der Erkenntnis des Ganzen kommen sollte. Bezeichnenderweise sind naturphilosophische Denker dieses Typus von der positiven Forschung selbst ausgegangen; das trifft auch auf R. H. LOTZE [29] und H. VON HELMHOLTZ [30] zu. LOTZE geht es darum, den Streit zwischen den mechanistischen Naturforschern mit ihrer «Erkenntnis der Sinnenwelt» und den Vertretern der «Weltansicht des Gemüts» mit ihren «Ahnungen des Übersinnlichen» zu schlichten [31]. Dem naturphilosophischen Gedanken der Einheit des Ganzen der Natur versucht er durch die Vorstellung gerecht zu werden, daß das Einwirken der Dinge aufeinander nicht bloß «faktisch» zu verstehen sei, da hierbei der Zufall eine ihm nicht zukommende Bedeutung gewinnen würde. Vielmehr muß die «Tatsache ihrer Korrespondenz ... aus einer beständigen substantiellen Einheit aller begriffen werden» [32]. Die Natur jedes Dinges muß als Gedanke oder Idee aufgefaßt werden, für deren «gleichbleibenden Sinn es unzählige verschiedene Ausdrücke, Erscheinungen oder Bewährungen unter verschiedenen Bedingungen gibt» [33]. – VON HELMHOLTZ stellt die einzelwissenschaftliche Forschung unter die Idee der «vollkommenen Begreifbarkeit der Welt» [34]. Hier wird erkennbar, daß die Idee des Ganzen in Annäherung an positivistische Auffassungen im Sinne des vollständigen Systems der Erkenntnisse über die Natur interpretiert wird. – In diesem Zusammenhang ist der vom Standpunkt der Wissenschaft aus als Außenseiter anzusprechende Philosoph E. VON HARTMANN zu nennen, der seinem «transzendentalen Realismus» gemäß der Natur zwar Wirklichkeit zuerkennt, die unabhängig vom Bewußtsein angenommen wird, ihr aber jeden Selbstzweck abspricht. Sein Gedanke einer hierarchischen Stufenordnung der Natur weist einerseits auf die Schellingsche N. zurück, andererseits wirkt er nach «vorwärts» gesehen in der N. NIC. HARTMANNS nach [35].

Im Sinne einer kritischen Abgrenzung positiv wissenschaftlichen Naturbegreifens gegenüber Ansprüchen eines Naturverständnisses, die durch die Erfahrung unserer Zugehörigkeit zur lebendigen Natur gegeben werden, wirkte G. TH. FECHNER, der die «Nachtseite» der Natur, wie sie von der positiv exakten Wissenschaft vertreten wird, von der «Tagesseite» unterschied, die uns durch das Leben in uns mit der Natur zugänglich wird [36]. Auch Fechner stellte es sich zur naturphilosophischen Aufgabe, im Sinne der induktiven Metaphysik die empirische Forschung zugrunde zu legen, um von ihrem Fundament aus zu Überlegungen über das Ganze der Natur überzugehen. Trotz seiner Polemik gegen die spekulative N. wirkten Motive der Schelling-Okenschen N. fort, sofern er die Welt «nicht als toten Mechanismus, sondern als Erscheinungsweise eines geistigen Wesens» ansehen wollte [37]. Andererseits begründete er im Sinne der induktiven Metaphysik die Annahme der Unsterblichkeit der Seele dadurch, daß er das Bewußtsein als eine allgemeine Eigenschaft der Natur angesehen wissen wollte. Der Tod führe als «zweite Geburt» zu einem freieren Dasein des individuellen Geistes hin, in dem dieser in der höherstufigen und umfassenderen Einheit des Geistes unserer Erde weiterlebe [38]. Das für die weitere Entwicklung der experimentellen Psychologie bedeutsame Programm der «Psychophysik» ist besonders zu erwähnen, in welchem Fechner eine Abtrennung und zugleich eine Vereinigung der physikalischen und der psychologischen Perspektiven verfolgt.

In einem anderen Sinne leistet E. DU BOIS-REYMOND eine kritische Begrenzung der mechanistischen Naturauffassung [39]. Selbst Arzt und Physiologe (Schüler von Johannes Müller), befürwortete er den Mechanismus innerhalb der ihm angemessenen Grenzen, die er freilich entschieden betonte. Seine Behauptung des «ignoramus – ignorabimus» bezog er einerseits auf die prinzipielle Unbegreiflichkeit des Wesens von Materie und Kraft und andererseits auf die prinzipielle Unbegreiflichkeit des Bewußtseins [40]. Was die Materie und ihre Erkenntnis angeht, so sei nicht einzusehen, warum sie nicht weiter geteilt werden könne, als es, zu Zeiten Du Bois-Reymonds physikalisch gesehen, möglich war. Die Kraft betreffend sei es unmöglich, die verschiedene Dichte der Körper aus der verschiedenen Zusammenfügung des gleichen Urstoffes zu erklären. Es ist daran zu erinnern, daß in derselben Richtung schon Kant argumentiert hatte, freilich in kritisch differenzierterer Weise. Die Unbegreiflichkeit von Geist und Bewußtsein mit den Mitteln naturwissenschaftlicher Begriffe begründet Du Bois-Reymond damit, daß sich aus der erkannten «Anordnung oder Bewegung materieller Teilchen» keine «Brücke ins Reich des Bewußtseins» schlagen lasse [41]. Verwandt mit der auf dem Boden induktiver Metaphysik vorgehenden Forschung ist das naturphilosophische Denken NIC. HARTMANNS [42]. Der Untertitel seines naturphilosophischen Hauptwerkes, in welchem er dieses als Abriß der speziellen Kategorienlehre deklariert, verrät die Abhängigkeit, in die das philosophische Denken hier von den in den Einzelwissenschaften ausgebildeten Kategorien und Kategorienschichten gesetzt wird.

Einen bedeutsamen naturphilosophischen Entwurf leistet A. N. WHITEHEAD [43] vom genuin philosophischen Standpunkt aus, indem er modern physikalische Erkenntnisse in der Perspektive der Idee des Kosmos interpretiert und in der Nachfolge z. B. Hegelscher N. Tatsachen der Natur prozessual zu begreifen versucht. Ausweitung empirischer Einzelforschung in einen kosmischen Horizont und Interpretation der einzelnen Naturphänomene, besonders im Bereich der Lebenssphäre, in der Perspektive der Einheit von Natur und Geist, Leib und Seele kennzeichnen die Aufgabe, die sich B. RENSCH in seiner N. stellt, in welcher er den Gedanken der Evolution universal darzustellen versucht [44].

4. Die auf der Basis der induktiven Metaphysik aufbauenden naturphilosophischen Entwürfe des 19. und 20. Jh. haben die Natur selbst zum Thema. Davon sind heute unter dem Namen N. auftretende Versuche zu unterscheiden, in denen es lediglich um eine allgemeine Theorie der Naturwissenschaften geht: N. wird unter dieser Voraussetzung als Wissenschaftstheorie der Naturwissenschaft verstanden. Die Selbstreflexion physikalischer und biologischer Methoden steht hier im Mittelpunkt. Der Name N. wird unter dieser Voraussetzung im Sinne desjenigen Sprachgebrauches verstanden, der sich z. B. im Titel des großen newtonschen Werkes findet [45]. Besonders seit den positivistischen Ansätzen MACHS und COMTES wird dieser Name vorwiegend im Sinne einer Methodologie der Naturwissenschaft bzw. einer Lehre von deren Fortschritt verstanden. N. sollte, das war z. B. das Programm bei E. MACH, keine metaphysischen Aussagen über die Natur selbst zu machen versuchen, sondern durch methodologische Untersuchungen dem Fortschritt der die Wohlfahrt und das Glück der Menschen befördernden Naturwissenschaft dienlich sein [46]. In der Nachfolge Machs betont M. SCHLICK das Unrecht aller metaphysischen Ambitionen der N. und des Anspruchs, «unabhängig von den Naturwissenschaften die Welt mit eigenen Methoden zu ergründen ...» [47]. N. habe eine Untersuchung der begrifflichen Voraussetzungen zu leisten, auf denen Naturwissenschaft beruht; sie habe das Verhältnis zu untersuchen, in dem die von der Naturwissenschaft gebildeten Naturbegriffe «zueinander stehen». Besonders die beiden großen Themen der modernen Physik, die Relativitätstheorie EINSTEINS und die Quantentheorie PLANCKS haben vor allem auch methodologische Probleme aufgeworfen, deren erkenntnistheoretische und wissenschaftstheoretische Behandlung Gegenstand positivistisch orientierter N. wurde. So schreibt H. REICHENBACH: «Wir können .... einen Unterschied zwischen N. und Naturwissenschaftsphilosophie nicht anerkennen; im Gegenteil ist es unsere Auffassung, daß eine N., die nicht von vornherein die Begriffsbildungen der Wissenschaft und des täglichen Lebens unter prinzipiell einheitlichem Gesichtspunkt sieht, sich den entscheidenden Weg zur Einsicht in die Natur des Erkenntnisvorgangs versperrt ...» [48]. Hier wird deutlich, daß naturphilosophische Fragen in solche der Erkenntnistheorie und Wissenschaftstheorie umgemünzt werden. Davon unterscheidet sich im Prinzip nicht ein naturphilosophisches Programm wie etwa das von C. F. VON WEIZSÄCKER, der trotz Orientierung an Kant den Titel ‹Einheit der Natur› schließlich im Sinne einer «Einheit der Physik» interpretiert. Nur unter der Bedingung, so wird hier argumentiert, der Einheit der Naturwissenschaft könne man erst sinnvoll von der Einheit der Natur selbst sprechen. Hier wird die auch der Denkrichtung der induktiven Metaphysik eigentümliche Voraussetzung gemacht, daß es nur der positiven Naturwissenschaft obliege, sich einen Zugang zur Natur selbst zu bahnen. Die Funktion der Philosophie sei es, eine Anleitung zur Korrektur der Wissenschaften zu geben, allerdings «im Gespräch» mit großen Philosophen der Vergangenheit [49]. Im Anschluß an Kant versucht von Weizsäcker diejenigen regulativen Ideen zu nennen, welche die physikalische Forschung auf eine «Einheit der Natur» hinleiten sollen.

Anmerkungen. [1] I. KANT, Met. Anfangsgründe der Naturwiss., Akad.-A. 4, 467-479; vgl. hierzu F. KAULBACH: Met. der Natur. Weltidee und Prinzip der Handlung bei Kant. Z. philos. Forsch. 30 (1976) 329-349. – [2] KANT, a.O. 4, 469f. – [3] 496f.; vgl. auch F. KAULBACH: Die Met. des Raumes bei Leibniz und Kant (1960). – [4] KANT, a.O. 4, 532f. – [5] J. BROWN: Elementa medicinae (1780); K. F. KIELMEYER: Über das Verhältnis der organ. Kräfte untereinander in der Reihe der verschiedenen Organisationen, die Gesetze und Folgen dieser Verhältnisse (Rede, gehalten am 11. 2. 1793 an der Karlsschule zu Stuttgart); hierzu K. FISCHER: Gesch. der neueren Philos. 7, Schellings Leben, Werke und Lehre (²1899) 343f. – [6] F. W. J. SCHELLING, Werke, hg. M. SCHROETER 1 (1927) 169-204. 413-419. 205-265. – [7] Als Ahnherr der Tradition dieses Natur- und Gesch.philos. verbindenden Literaturtypus kann LUCREZ mit seinem Werk ‹De rerum natura› angesehen werden. Auf der Linie dieser Tradition liegt auch HERDER mit seinen ‹Ideen zur Philos. der Gesch. der Menschheit›; in diesem Werk wird ein Weg beschritten, der von kosmolog. Aspekten, in denen auch die Entstehung der Erde erörtert wird, über geographische und anthropologische schließlich zu geschichtsphilosophischen Gesichtspunkten führt. – [8] L. OKEN: Lb. der N. (1831). – [9] Vgl. auch H. CHR. OERSTED: Der Geist in der Natur (1850/51). – [10] G. W. F. HEGEL, Über das Verhältnis der N. zur Philos. überhaupt. Hegels Werke 1, hg. K. L. MICHELET (1832) 297-319. – [11] a.O. 1, 317. – [12] Enzykl. der philos. Wiss. im Grundrisse (³1830), hg. F. NICOLIN/O. PÖGGELER (⁷1969): Philos. der Natur. – [13] a.O. §§ 247f. – [14] § 250. – [15] § 350. – [16] § 371. – [17] § 372. – [18] F. KAULBACH: Philos. der Beschreibung (1968) 354. – [19] a.O. 370. – [20] J. W. GOETHE, Hamb. Ausg. 13, 315. – [21] KAULBACH, a.O. [18] 378. – [22] a.O. 69. – [23] R. MAYER: Bemerkungen über die Kräfte der unbelebten Natur (1842); Die organ. Bewegung in ihrem Zusammenhange mit dem Stoffwechsel. Ein Beitrag zur Naturkunde (1845); beides neu veröffentl. in: Die Mechanik der Wärme. Zwei Abh., hg. A. VON OETTINGEN (1911) 3-8; 9-79. – [24] A. VON OETTINGEN (Hg.), a.O. 4. – [25] a.O. 36. – [26] Zum Werkverzeichnis CH. DARWINS: G. HEBERER und F. SCHWANITZ (Hg.): Hundert Jahre Evolutionsforsch. Das wiss. Vermächtnis Charles Darwins (1960). – [27] W. WUNDT: Hauptpunkte der N., in: System der Philos. II (⁴1919) 1-135. – [28] a.O. I, 9. – [29] R. H. LOTZE: Mikrokosmos. Ideen zur Naturgesch. und Gesch. der Menschheit, Versuch einer Anthropol. 1-3 (1896, ⁶1923); Grundzüge der N. Dictate aus den Vorles. (1882). – [30] H. VON HELMHOLTZ: Vorträge und Reden 1. 2 (1865, ⁴1896). – [31] LOTZE, a.O. [29] 1, VIII. X. – [32] a.O. 3, 488. – [33] 3, 508. – [34] HELMHOLTZ, Schr. zur Erkenntnistheorie, hg. P. HERZ/M. SCHLICK (1921) 133. – [35] E. VON HARTMANN: Grundriß der N. (1907) 9; N. HARTMANN, vgl. Anm. [42]. – [36] G. TH. FECHNER: Die Tagesansicht gegenüber der Nachtansicht (1879); Das Büchlein vom Leben nach dem Tode (1836). – [37] K. LASSWITZ: G. Th. Fechner (1896) 15. – [38] FECHNER, Büchlein a.O. [36] Kap. I, 1-4, bes. 3. – [39] E. DU BOIS-REYMOND: Über die Grenzen des Naturerkennens. Die sieben Welträtsel. Zwei Vorträge (1881, ³1891). – [40] a.O. 20-22. – [41] 41. – [42] N. HARTMANN: Philos. der Natur. Abriß der spez. Kategorienlehre (1950). – [43] A. N. WHITEHEAD: Process and reality. An essay in cosmology (New York 1929); dtsch. Prozeß und Realität (1979); The concept of nature (Cambridge 1955). – [44] B. RENSCH: Das universale Weltbild. Evolution und N. (1977). – [45] I. NEWTON: Philos. nat. principia math. (1686). – [46] E. MACH: Erkenntnis und Irrtum. Skizzen zur Psychol. der Forsch. (1905, ⁵1926); hierzu F. KAULBACH: Das anthropol. Interesse in Ernst Machs Positivismus, in: Positivismus im 19. Jh. Beitr. zu seiner gesch. und syst. Bedeutung, hg. J. BLÜHDORN/J. RITTER (1971) 39f. – [47] M. SCHLICK: N., in: Die Philos. in ihren Einzelgebieten, hg. M. DESSOIR (1925) 393-492, zit. 398. – [48] H. REICHENBACH: Ziele und Wege der heutigen N. (1931) 6f. – [49] C. F. VON WEIZSÄCKER: Die Einheit der Natur (1971).

Literaturhinweise. W. OSTWALD: Grundriß der N. (1908). – H. DINGLER: Die Grundlagen der N. (1913); Gesch. der N. (1932). – E. BECHER: N. (1914). – M. SCHLICK s. Anm. [47]. – E. BECHER: Met. und Naturwissenschaften. Eine wissenschaftstheoret. Unters. ihres Verhältnisses (1926). – W. BURKAMP: N. der Gegenwart (1930). – H. REICHENBACH s. Anm. [48]. – N. HARTMANN s. Anm. [42]. – W. ZIMMERMANN: Evolution. Die Gesch. ihrer Probleme und Erkenntnisse (1953); Evolution und N. (1968). – W. LEIBBRAND: Die spekulative Med. der Romantik (1956). – F. KAULBACH: Der philos. Begriff der Bewegung (1965); s. Anm. [18]. – A. N. WHITEHEAD: Adventures of ideas (1933); dtsch. Abenteuer der Ideen (1971). – J. MITTELSTRASS: Met. der Natur in der Methodol. der Naturwissenschaften, in: Natur und Gesch. X. Dtsch. Kongr. für Philos., Kiel, 8.-12. 10. 1972, Abt. N. (1973) 63-87. – K. BONIK und W. F. GUTMANN: Evolution, N. und die Konsequenzen für die Physiologie. Natur Museum 110 (1980) 1-10. – M. DRIESCHNER: Einf. in die N. (1981). – E. M. ENGELS: Die Teleologie des Lebendigen (1982).
F. KAULBACH

Naturrecht (aus griech. φύσει δίκαιον; lat. ius naturae; engl. natural law/right; frz. droit naturel; ital. diritto naturale)

I. *Abriß der Wort-, Begriffs- und Problemgeschichte.* – A. *Wortgeschichtlich* aus dem griechischen φύσει δίκαιον hervorgegangen, über das lateinische «ius naturae» in viele europäische Sprachen aufgenommen, haben sich früh Variationen je nach dem Grundverständnis des Ausdrucks entwickelt: τὸ δίκαιον πεφυκέναι (natürlich Rechtes), ius naturale (natürliches Recht), lex naturae (Naturgesetz), lex naturalis (natürliches Gesetz).

B. *Begriffsgeschichtlich* änderte sich der Sinn des N. je nach 1. dem vorausgesetzten *Begriff* von Natur und von Recht, 2. der darauf angewandten *Methode* und 3. dem Inhalt des damit erhobenen *Postulates*.

1. *Abhängig vom Naturbegriff und vom Rechtsbegriff* ist ‹N.› theoretisch vielfach denkbar; diese Möglichkeiten haben sich *praktisch* in sich zum Teil überschneidenden und widersprechenden Lehren vom N. verwirklicht.

a) Wer ‹*Natur*› als Wesenseigenart denkt, für den ist N. ein (individuelles oder kollektives) «Daseinsrecht»; wer ‹Natur› als Ursprünglichkeit denkt, für den ist N. die «Urordnung»; wem sie Echtheit (Unverdorbenheit) bedeutet, für den ist N. status integritatis; wer sie als Kausalität denkt, dem wird N. zum «Naturgesetz»; wer ‹Natur› als Rationalität versteht, dem ist N. «Vernunftrecht»; wer sie als Idealität (Geistnatur) denkt, dem wird N. zur «Rechtsidee»; wer sie als Realität (Sachnatur) erfährt, für den ist N. «Sachgerechtigkeit» (Natur der Sache); wer sie für Kreatürlichkeit erkennt, dem ist N. «Schöpfungsordnung»; wem sie bloß Vitalität bedeutet, für den ist N. «Machtrecht» des «Stärksten» oder der «Masse»; wer sie als Sozialität versteht, dem erscheint N. als «Zeitgerechtigkeit» konservativer oder revolutionärer politischer Art.

b) Wo ‹*Recht*› «Ordnung» (objektives Recht) bedeutet, folgt daraus N. (lex naturalis) als Lehrsystem oder Modell für Gesetzgebung; wo ‹Recht› «Anspruch» (subjektives Recht) bedeutet, folgt daraus N. (ius naturale) als Inbegriff der (dem Einzelnen) angeborenen Rechte oder als Persönlichkeitsrecht gegenüber dem Staat; wo es als «positives» (strenges) Recht aufgefaßt wird, folgt daraus N. als «Billigkeitsrecht» (ius aequum); wo es «Gerechtigkeit» will, muß N. die absolut gültige formale «Idee» oder ein relativ gültiges materiales «Ideal» des Rechts sein; wo es bloßen «Nutzen» erstrebt, ist N. die Norm für (persönliches oder soziales) «Glück»; wo es nur «Sicherheit» gewährleisten soll, ist N. eine Garantie für Rechtsschutz; wo es als «Tradition» gilt, ist N. «gutes altes Recht»; wo es der «Humanität» dienen möchte, ist N. ein Inbegriff der «Menschenrechte».

2. *Abhängig von der Methode* wissenschaftlichen Fragens zeigt N. sowohl die Fragwürdigkeit menschlichen Imrechtseins als auch die Notwendigkeit des Aufs-Recht-hin-Angelegtseins des Menschen.

a) *Theoretisch* lehrt die *Theologie* N. als mythologisch-metaphysische Offenbarung menschlicher Geschöpflichkeit; die *Philosophie* lehrt N. als ethisch-rationale Erkenntnis menschlicher Vernünftigkeit; die *Geschichtswissenschaft* lehrt N. als Traditionsnorm, Gegenwartsregel oder Zukunftsordnung menschlicher Geschichtlichkeit; die *Naturwissenschaft* lehrt N. als empirische Verhaltensrealität der condition humaine.

b) *Praktisch* arbeitet der *Jurist* mit N. als einer Direktive für Gesetzgebung und Rechtsprechung; der *Soziologe* arbeitet mit N. als Regulativ gesellschaftlich-wirtschaftlicher Ordnung; der *Politologe* arbeitet mit N. als Legitimation staatlicher Verfassungsideologie.

3. *Die methodische Mehrseitigkeit* des N. folgt in der Gegenwart der Mehrdeutigkeit des Begriffs ‹Positivismus›, dem das N. entgegenwirkt.

a) dem *atheistisch-irreligiösen* Positivismus gegenüber fordert N. ein durch metaphysische Begründung göttlich gerechtfertigtes Recht; dem *logizistisch-philosophischen* Positivismus gegenüber fordert N. ein durch teleologische Begründung sachgerechtes Recht; dem *historisch-psychologischen* Positivismus gegenüber verlangt N. ein sittliches Recht; dem *naturalistischen* Positivismus gegenüber postuliert N. ein idealistisch begründetes sinngerechtes Recht.

b) dem *praktisch-juristischen* Positivismus gegenüber fordert N. übergesetzlich begründetes und begrenztes Recht; dem *pragmatisch-soziologischen* Positivismus gegenüber fordert N. ein personalistisch begründetes und begrenztes Recht; dem *politisch-ideologischen* Positivismus gegenüber fordert N. ein krisenfest begründetes und begrenztes Recht.

C. Die *Geschichte des N.-Problems* folgt den Perioden der abendländischen Philosophiegeschichte.

1. Das *antike* N. beginnt mit der Lehre von der kosmischen Ordnung (ANAXIMANDER) und dem göttlichen Gesetz (HERAKLIT), das über alles herrscht (PINDAR), obwohl es ungeschrieben ist (SOPHOKLES). Die Sophisten und EURIPIDES bekämpfen damit die Tradition, LYKOPHRON und ALKIDAMAS fordern es als «Recht der Schwachen» (Unterdrückten), THRASYMACHOS und KALLIKLES als «Recht des Stärkeren» (Tyrannen). ANTIPHON und ISOKRATES finden es im panhellenischen Völkerbrauch. Die Historiker suchen es in der Geschichte: HERODOT in ihrem Gericht, THUKYDIDES in der Machtbalance des Augenblicks. Die Stoiker unterschieden ein «erstes» N. (der Triebe) vom «zweiten» (der Vernunft); KLEANTHES formulierte N. als natürlich-sittliche Weltordnung. Über PANAITIOS und CICERO den Römern vermittelt, wurde die «naturalis ratio» Rechtserkenntnisprinzip der römisch-byzantinischen Juristen; JUSTINIAN erklärte das N. zur verpflichtenden Rechtsquelle.

2. Die N.-Lehre der *Patristik* verband die theologische Tradition des ‹Alten Testaments› mit der stoischen Lehre vom Vernunftgesetz: der ‹Dekalog› «erinnere» nur, was schon natürliches Recht ist (PHILON und CLEMENS VON ALEXANDRIEN). Sie verstand das «den Heiden ins Herz geschriebene Gesetz» bei PAULUS mit der «Goldenen Regel» zusammen als N. Es gab aber auch Kirchenväter, welche die «lex naturae Christi» als N. der «lex caritatis» christologisch verstanden. AUGUSTINUS dachte die «lex naturalis» als mittlere Stufe der ontotheologischen Seinsordnung. THOMAS VON AQUIN gab der *früh- und hochscholastischen* N.-Lehre die abschließende Systematik, indem er das N. in unveränderliche «principia primaria» und entwicklungsfähige «principia secundaria» gliederte.

3. Die *reformatorische* N.-Auffassung ist komplex. Fortwirkende scholastische Tradition zeigt sich in Differenzierungen, wie: strenges und laxes, absolutes und hypothetisches, verbietendes und erlaubendes N. im 16. Jh. Divergenzen lutherischer und calvinischer Rechtstheologie wirkten mit humanistischem Einfluß zusammen. LUTHERS N.-Begriff ergab sich aus der «Zwei-Reiche-Lehre»: weltliches N. gilt vernünftig-geschichtlich, göttliches innerlich-geistlich. MELANCHTHON sah im N. die dialektische Einheit von objektivem Sittengesetz und subjektivem Gewissensurteil. ZWINGLI faßte das N. im natürlichen Liebesgebot der «Goldenen Regel». CALVIN verband das humanistische Seinsgesetz rationaler Schöpfungsordnung mit der biblischen Weisung zu einer Norm gottgewollter Gemeinschaft (christiana politia).

4. Im *Zeitalter des Absolutismus* formte sich die N.-Lehre zur rationalen Sozialanthropologie um. Ihr Zentrum bildete die Spannung zwischen GROTIUS (appetitus societatis) und PUFENDORF (Sozialitätsprinzip) einerseits, HOBBES (bellum omnium contra omnes) und LIPSIUS (ratio status) andererseits. Politologisch wandelte sich die stoisch-christliche Tradition der zwei N.-Stufen in die Lehre vom Sozialvertrag und Unterwerfungsvertrag um. Teils vom Empirismus HOBBES', teils vom Obrigkeitsdenken LUTHERS her wurde der absolutistische Fürstenstaat legitimiert. Doch bewahrte die von der spanischen Spätscholastik im 16. Jh. entwickelte N.-Lehre einer «sozialen Pflichtenordnung» auch im 17. Jh. ihren Einfluß. Gleichzeitig war die calvinistische Theorie der Volkssouveränität auch im N. (Lehre vom Widerstandsrecht) wirksam geworden.

5. Im *18. Jh.* verbreitete sich das N. über ganz Europa: in Frankreich durch DOMAT, in Italien durch FILANGIERI, sogar in England durch BLACKSTONE; in die USA wurde das N. über WISE und JEFFERSON eingeführt. In Deutschland setzte mit CHR. THOMASIUS und CHR. WOLFF die Individualisierung des N.-Gedankens ein. Als angeborenes Recht des Einzelnen verstanden, wurde N. im Zuge der Aufklärung und der Auswirkungen der Französischen Revolution zum Inbegriff unaufgebbarer politischer Grundrechte des Bürgers gegen den Staat. KANT und W. VON HUMBOLDT machten es zum Kriterium rechtsstaatlicher Garantie der Persönlichkeit. Die Lehrsysteme des N. der Zeit wurden vorbildlich für drei europäische Gesetzgebungswerke: das preußische ‹Allgemeine Landrecht› (1794), den französischen ‹Code Civil› (1804), das österreichische ‹Allgemeine Bürgerliche Gesetzbuch› (1811).

6. Zu Beginn des *19. Jh.* beeinflußten naturrechtliche Gedanken noch den politischen und ökonomischen Liberalismus (BENTHAM in England, der 'Krausismo' in Spanien), aber auch den entstehenden Sozialismus (BABEUF, SAINT-SIMON). Zahlreiche Lehrbücher des N. gab es bis etwa 1860; dann verschwand der Begriff – vom Historismus bekämpft, von der Rechtssoziologie (IHERING) ersetzt – aus dem Universitäts- und Gymnasialunterricht.

7. Erst nach 1900 sprach man von einer «renaissance du droit naturel» (CHARMONT) [1]. Durch beide Weltkriege und die sie begleitenden oder bedingenden Verfassungskrisen ist diese Entwicklung zu einer «Hochrenaissance» (GUTZWILLER) [2] gediehen: Die Erneuerung des N. breitete sich (auf dem Boden des Neuthomismus) in den romanischen Ländern Europas aus, ebenso in Westdeutschland und den Beneluxstaaten, weniger in der Schweiz. Ihr stellte sich freilich bald die «ewige Wiederkehr des Rechtspositivismus» [3] entgegen; dieser «Neopositivismus» wirkte sich besonders in Großbritannien und dem Commonwealth, Skandinavien und Südamerika aus. Infolge der historisch ungenügend erforschten Begriffsgeschichte des N. philosophisch, theologisch und

auch politisch kontrovers, oft (besonders in der obergerichtlichen Judikatur) allzu emotional bedingt, ist die naturrechtliche Bewegung seit einigen Jahren weithin in «Ideologieverdacht» geraten und wissenschaftlich scharf kritisiert worden. Aus dieser Lage hat sich eine ontologische Neubesinnung auf den Grund und die Grenzen des N.-Gedankens in der «Geschichtlichkeit des Menschen» erhoben und zur Forderung eines «konkreten N.» (MAIHOFER) [4] geführt.

8. Diese Forderung hat, besonders auch in Frankreich und Italien, starken Widerhall gefunden. Nicht ohne Grund. Alle historischen Theorien des N. sind wandelbar, seine jeweiligen Gestalten vergänglich. Aber die Frage nach dem N. selbst kann nicht verstummen, weil ihr Postulat ein existentielles Anliegen jedes Menschen betrifft. Deshalb ist die *Funktion des N.*, das Normengeflecht jeder Sozialordnung zu legitimieren und zu limitieren, immer dieselbe geblieben. Sie darf auch in Zukunft nicht unerfüllt bleiben.

Anmerkungen. [1] J. CHARMONT: La renaissance du droit naturel (Paris 1910, ²1927). – [2] M. GUTZWILLER: Hochrenaissance des 'Natur'-Rechts. Z. schweiz. Recht, NF 76 (1957) 242. – [3] D. LANG-HINRICHSEN: Die ewige Wiederkehr des Rechtspositivismus, in: Festgabe für E. MEZGER (1954) 1ff. – [4] W. MAIHOFER: N. als Existenzrecht (1963) 15ff.

Literaturhinweise. H. THIEME: Das N. und die europ. Privatrechtsgesch. (1947, ²1954). – H. WELZEL: N. und materiale Gerechtigkeit (1951, ⁴1962). – F. WIEACKER: Privatrechtsgesch. der Neuzeit (1952, ²1967). – A. P. D'ENTRÈVES: Natural law (London ³1955). – L. STRAUSS: Natural right and history (Chicago 1953). – E. WOLF: Das Problem der N.-Lehre (1955, ³1964). – M. MÜLLER u.a.: Art. ⟨N.⟩. Staatslexikon⁶ 5, 929-984 (mit Lit.). – E. WOLF und E. WOLF: Art. ⟨N.⟩. RGG³ 4, 1353ff. – G. ELLSCHEID: Art. ⟨N.⟩. Hb. philos. Grundbegriffe 2 (1973) 969ff. – K.-H. ILTING: ⟨N.⟩. Geschichtl. Grundbegriffe 4 (1978) 245-313.   E. WOLF

II. *Antike.* – Es gibt in der antiken Literatur keine Theorie des N. oder Naturgesetzes als der Legitimationsgrundlage eines vorstaatlichen oder staatlichen Zwangsrechts und somit keine Theorie der rechtlichen Rahmenbedingungen politischen Handelns. Die einschlägigen Schriften entwickeln politische, nicht rechtliche Systeme, sie befassen sich mit Problemen der Gerechtigkeit unter der Norm des Guten oder Nützlichen, nicht der des Rechts als eines legitimations- und grenzbedürftigen Zwangsrechts. Sie operieren mit Zwangsgesetzen, aber sie fassen den Zwang als etwas zuweilen Notwendiges, das keiner prinzipiellen Rechenschaft bedarf. CICERO nimmt die griechischen Vorlagen auf, er verwandelt sie in Entwürfe, in denen das N. (ius, lex naturae) als normative Bedingung der «societas generis humani» und der «societas civilis», speziell Roms, fungiert; jedoch bleibt auch bei ihm die unbestrittene Zwangsbefugnis des Menschen und des Staats eine nicht näher erörterte Zufälligkeit. Ciceros «ius» oder «lex naturae» bleibt zweckorientiert und gibt damit keine Basis einer Trennung von zweckbestimmter Ethik und zwangsbewehrtem Recht. Entsprechend diesem Befund gibt es in den naturrechtlichen Erörterungen der Antike keine Frage nach der Möglichkeit der «obligatio», mit der die Naturgesetze und die Gesetze des Staats den Menschen und Bürger verpflichten; des weiteren läßt sich allgemein festhalten, daß N. und Naturgesetz zwar als Normen, aber zugleich objektiv als Realitäten gedacht werden, so daß häufig nicht entscheidbar ist, ob die Autoren im einzelnen von Zuständen oder Vorschriften sprechen, ob sie Fakten der Natur und des Kosmos beschreiben oder Handlungsregeln entwickeln. Verstand und Wille eines göttlichen Gesetzgebers werden nicht unterschieden. So ist es ebenso schwierig, mit den Begriffen von Sollen und Sein als Alternativen zu arbeiten, wie zu entscheiden, ob δίκαιον bzw. «ius» mit ⟨Recht⟩ (right, droit) oder ⟨gerecht⟩ (just) wiederzugeben ist. – Es wird im folgenden auf die wichtigsten Autoren und Schriften hingewiesen, die vom N. und Naturgesetz sprechen und nach unserer ersten negativen Abgrenzung eine positive Erfassung des mit der nicht übersetzbaren Korrespondenzbegriffen von N. und Naturgesetz Gemeinten ermöglichen.

HOMER und HESIOD sehen in der durchgängig als sakral geltenden Rechtsordnung eine Vorbedingung menschlichen Lebens; HOMER entwirft als Gegenbild das recht- und kulturlose Dasein der Zyklopen [1]. Während er das Recht (θέμις) meist als Setzung der Götter oder Fürsten faßt, rückt bei HESIOD die δίκη als Beschlußrecht der Polis (häufig aber auch: göttliches Verhängnis) in den Vordergrund [2]. In der ionischen und italischen Vorsokratik wird das Recht zu einem die Welt umspannenden, nicht nur sozialen, sondern kosmischen Prinzip. ANAXIMANDER sagt: «... Woraus aber das Werden ist den seienden Dingen, in das hinein geschieht auch ihr Vergehen nach der Schuldigkeit (χρεών). Denn sie zahlen einander gerechte Strafe (δίκη) und Buße für ihre Ungerechtigkeit (ἀδικία) nach der Zeit Anordnung» [3]. HERAKLIT nimmt das Motiv auf: «Man soll aber wissen, daß der Krieg etwas Gemeinsames ist und das Recht (δίκη) Zwist und daß alles geschieht auf Grund von Zwist und Schuldigkeit» [4]. PARMENIDES stellt seine Lehre in Form einer Rede der Δίκη dar [5]. Im Gedicht selbst tritt Dike als ontologisch-kosmisches Prinzip auf: Sie hat das Sein weder zum Werden noch zum Vergehen freigegeben [6].

Eine radikale Wendung gegen diese kosmologisch orientierten Ideen vollzieht PROTAGORAS; die einzelne Polis und ihre auf den gemeinsamen Nutzen gerichtete κοινὴ δόξα ist in gleicher Weise das Maß der in ihr geltenden Gesetzgebung wie die menschliche Wahrnehmung Maß des für den Menschen Seienden ist. Das somit positivistisch legitimierte jeweilige Gesetz (νόμος) kann nach Protagoras im einzelnen korrigiert werden gemäß der besseren Kenntnis des wechselnden Nutzens für die Polis. Protagoras selbst ist Fachmann dieser Polistherapie [7]. Die Gesetze sind somit in der Natur der Menschen (nicht mehr des Kosmos) fundiert, ein grundsätzlicher Antagonismus von Gesetz (νόμος) und Natur (φύσις) ist jedoch nach wie vor nicht möglich. Natur und Gesetz treten erst in der auf Protagoras folgenden Sophistik in einen (vielfältigen) Gegensatz, wobei die Voraussetzung dieses Kontrastes die von Protagoras eingeleitete Applikation des Naturbegriffs speziell auf die biologisch-medizinische Natur des Menschen ist. Die Sophisten sprechen also von der Natur des Menschen nicht als von seinem Wesen, und sie begründen keine natürlichen Menschenrechte (wie sie etwa Chr. Wolff aus der Natur des Menschen ableiten wird), sondern stellen einen nach der beobachtbaren Natur möglichen Zustand gegen einen naturwidrigen, aufgrund der Kultur faktisch gegebenen und zur Norm erhobenen Zustand des menschlichen Zusammenlebens. Es werden keine Rechtsforderungen entwickelt, sondern es wird die bestehende Kultur – und damit auch ihre Rechtsordnung – kritisiert. So kann im Konsens mit Protagoras auch in der auf ihn folgenden *Sophistik* die Vorstellung erhalten bleiben, daß das δίκαιον identisch ist mit dem jeweiligen positiven Recht [8], obwohl das Kultur-Recht und die Natur wie wahr und falsch auseinandertreten und die eleatische erkenntnistheoretische Kontrastbildung von Gesetz (νόμος) als Schein bzw. Willkür und Wahrheit (ἀλήθεια) für die Institutionenkritik fruchtbar gemacht wird [9]. Ein Ferment in der Entgegensetzung von Natur und Gesetz ist die von Protagoras beeinflußte Ethnographie HERODOTS mit der Betonung der Divergenz der Bräuche der verschiedenen Völker. Der Kontrast von Natur und Gesetz ist in der Sophistik und der ihr verpflichteten Komödie (Aristophanes) und Tragödie (bes. Euripides) vielfältig gefaßt worden [10]. HIPPIAS VON ELIS stellt nach PLATON eine auf Gleichheit beruhende natürliche Verwandtschaft der Menschen ihrer Ungleichheit und Zerfallenheit in den jetzigen Gesellschaften unter der Tyrannis der Gesetze entgegen (νόμος, τύραννος ὤν, wohl im Gegensatz zu Pindar, der – u. a. nach Platon – das Gesetz als «König aller» bezeichnet hatte [11]) [12]. Nach ANTIPHON sind die Gesetze bloße Vereinbarungen, sie erzeugen ein Mißverhältnis zwischen tatsächlicher Handlung und Sanktion, während die Natur einen sinnvollen Zusammenhang stiftet zwischen menschlichem Tun und den Folgen. Vor Gericht ist der Ausgang jedes Rechtshandels völlig offen, so daß der Unrechttäter die Chance hat, erneut zu profitieren [13]. Allgemein nimmt man an, daß es gerecht ist, «die gesetzlichen Vorschriften des Staats, in dem man Bürger ist, nicht zu übertreten» [14] – also handle man in der Öffentlichkeit gesetzeskonform, im übrigen nach Gesichtspunkten des eigenen Nutzens. Die griechische Kultur hat intern und nach außen Unterschiede im Rang der Menschen gestiftet – «von Natur sind wir alle in allen Beziehungen gleich geschaffen, Barbaren und Hellenen» [15]. Eine andere Variante der Sophistik kehrt die allgemeine Mensch-Tier-Natur gegen die Gesetze und Kulturzwänge [16]. Die Kontrastbildung findet später ihre Fortsetzung in der kynischen Bewegung [17]. Diesem linken Flügel läßt sich ein rechter entgegenstellen, dessen bekanntester Exponent Kallikles im platonischen ‹Gorgias› ist (womöglich eine fingierte Figur). Er vertritt die Vorstellung, daß es ein Recht des Stärkeren als ein «N.» (erstes Vorkommen) gibt; hierbei sucht er wie Nietzsche im Darwinismus seine Vorbilder im Tierreich; die bestehenden Gesetze sind lediglich Schutzvereinbarungen der Schwächeren [18]. Wenn PLATON formuliert, die von Natur Stärkeren eroberten die Herrschaft über die Minderwertigen «der Natur gemäß und, beim Zeus, dem Gesetz gemäß, nämlich dem der Natur» [19], so klingt hier noch die Paradoxie der Verknüpfung von Natur und Gesetz nach, die in der Sophistik zu Kontrastbegriffen wurden. Von einem Recht des Stärkeren, dem «droit du plus fort» (ROUSSEAU) [20], spricht nur der platonische Kallikles; daß jedoch die faktischen Rechtsverhältnisse nur ein Instrument der jeweils Mächtigen sind, wird häufiger vertreten. «Das Gerechte ist nichts anderes als der Vorteil des Stärkeren», heißt es bei THRASYMACHOS [21]. Nach THUKYDIDES bestimmt im Fall der Machtungleichheit der Stärkere, was als Recht zu gelten hat; vertragliche Vereinbarungen kommen zustande und werden gehalten, wenn und solange Machtgleichheit besteht [22]. Die Position des Kallikles wird Platon selbst in einer bestimmten Variante aufnehmen (s. unten). – Während LYKOPHRON sich im vorgegebenen Rahmen der sophistischen Kulturkritik hält und die Gesetze als Vereinbarungen und bloße «Bürgen gegenseitiger Gerechtsame» faßt [23], führt KRITIAS den Götterglauben überhaupt auf einen politischen Kalkül zurück [24] und bezieht damit auch die ungeschriebenen Gesetze (ἄγραφοι νόμοι), die als sakral und völkerübergreifend gelten, in die Kritik ein [25].

Der Beitrag PLATONS zur N.-Tradition läßt sich in zwei Komponenten fassen. Die erste allgemeine besteht in der Ideenlehre, gemäß der bestimmte objektive Werte – u. a. auch das δίκαιον – die Kriterien der Beurteilung menschlichen Handelns liefern. Die Konzeption von Werten als solchen unabhängig von den faktischen Zuständen ist paradigmatisch geblieben [26], und Platons ‹Politeia›, in der die Ideenlehre am systematischsten dargestellt ist, wurde zum Leit- oder Kontrastbild der politischen Philosophie [27]. In den ‹Nomoi› entwickelt Platon zweitens eigene Vorstellungen zum N. [28]. Gegen den Positivismus, wie ihn z. B. Thrasymachos in der ‹Politeia› vertritt, wird eine allgemeine Norm der Beurteilung des Handelns aufgestellt [29]. Zugleich verweist Platon auf eine zweite Gegenposition, die ihren Positivismus in einer materialistischen Naturtheorie fundiert [30]. Platon selbst nimmt eine rationale Weltseele und kosmische Teleologie an, deren Gesetz erkennbar ist und als Muster der politischen Gesetzgebung dient; das Erkenntnismedium ist dabei der «orthos logos» [31]. Mit der Hochschätzung des Gesetzes und der vom Gesetz bestimmten Natur als etwas Göttlichem wird beim späten Platon der Antagonismus der Sophistik von Natur und Gesetz zurückgenommen und der Weg für die Stoa gebahnt [32].

Vor den ‹Nomoi› nimmt Platon gegen die Gesetzesherrschaft zugunsten der Herrschaft des wissenden Philosophen Stellung: «Nicht die Gesetze sollen die Macht haben, sondern der mit Einsicht begabte königliche Mann» [33]. So kehrt hier, wenn auch neu interpretiert, die Vorstellung der Präferenz des besonderen, durch seine Natur ausgezeichneten Einen vor den Gesetzen und der Menge, die Kallikles im ‹Gorgias› propagiert hatte, in Platons eigener Konzeption wieder. ARISTOTELES stellt sich von Anfang an auf die Gegenseite und plädiert für den Vorrang der Gesetzesherrschaft [34], wie Platon selbst es in den ‹Nomoi› tat.

ARISTOTELES nimmt traditionelle Motive des N. auf, bindet sie jedoch in seine positivistische und konservativ-empiristische Gesamttendenz; am deutlichsten zeigt sich dies in der Umformung der naturrechtlichen Lehre der Gleichheit aller Menschen in eine naturrechtliche Legitimation der Versklavung der sogenannten Barbaren durch die Griechen. – In der ‹Nikomachischen Ethik› unterteilt Aristoteles das politische Recht (πολιτικὸν δίκαιον) in ein natürliches und ein gesetzliches Recht [35]. Das natürliche Recht ist in seinem Ursprung und in seiner Geltung nicht an besondere Vereinbarungen gebunden [36]; es gilt also überall und immer, jedoch nicht mit rigoroser Ausnahmslosigkeit, sondern «meistens» – einzelne Abweichungen legitimieren nicht dazu, das Gegebensein des N. überhaupt zu leugnen. Damit wird das N. in die allgemeine ethische Theorie eingegliedert, gemäß der im Bereich des Handelns alles auch anders sein kann. In der ‹Rhetorik› scheint Aristoteles eine andere Position zu vertreten. Er unterscheidet besondere und allgemeine Gesetze; das besondere Gesetz wurde von einzelnen Menschen für sie selbst schriftlich oder ungeschrieben festgelegt. «Das allgemeine Gesetz dagegen ist das Naturgesetz. Es gibt nämlich, wie wir alle ahnen, ein von Natur aus allgemeines Recht und Unrecht, auch wo keine Gemeinschaft untereinander oder keine Übereinkunft besteht» [37]. Als Beispiele des ungeschriebenen Naturgesetzes bringt er die Bestattungsform, für die Antigone in Sophokles' Drama eintritt, weiter die Vorstellung des Alkidamas, daß der Gott alle Menschen frei in die Welt brachte und die Natur niemanden zum Sklaven gemacht hat. Gerade dies letzte Beispiel zeigt, daß Aristoteles hier nicht seine eigene Meinung wiedergibt, sondern eine rhetorische Argumentation anbietet. So wird in der ‹Rhetorik› nichts anderes gelehrt als in der ‹Nikomachischen Ethik›. Ein Stück eigener N.-Lehre jedoch ist die teleologisch begründete Sklaverei im I. Buch der ‹Politik›: Die Natur selbst will, daß die Barbaren von den Hellenen als ihr Sacheigentum beherrscht und behandelt werden. «Derjenige Mensch, welcher von Natur nicht sich selber, sondern einem andern angehört, der ist Sklave von Natur» [38]. Die Menschen (also doch zur Gattung des animal rationale gehörend!), «welche ihre natürliche Aufgabe im Gebrauch ihrer Körperkräfte finden und bei denen dies ihre höchste Leistung ist, sind Sklaven von Natur» [39]. So können rechtens Barbaren von Griechen als Werkzeuge und Sklaven benutzt werden [40]. Hier kann Aristoteles gegen die kritische N.-Lehre von Autoren, denen «die Herrschaft über Sklaven als naturwidrig schien» [41], an die ‹Nomoi› PLATONS anschließen, in denen die Unterscheidung von Herren und Sklaven als notwendig hingestellt wird [42], während Platon in der ‹Politeia› zur Sklavenfrage schwieg. Wenn ARISTOTELES die allgemeine Maxime vertritt, daß Gleichen gleiche Rechte gebühren, so geschieht dies mit der Prämisse der natürlichen Ungleichheit der Menschen: Barbaren sind a priori rechtlos, und des weiteren schaffen auch die Tätigkeiten eine Ungleichheit: Wer seinen Lebensunterhalt selbst erarbeiten muß, ist nicht Teil der Bürgerschaft und unterliegt damit nicht der Gleichheitsmaxime [43]. – Viele Lehrstücke der aristotelischen Politik und Ethik sind in die N.-Tradition eingegangen, so die ausführliche Unterscheidung der «iustitia commutativa» und «distributiva» [44], die Lehre von der Tatherrschaft und Zurechenbarkeit [45] oder auch die Vorstellung, daß das Einzelgesetz in einem Zusammenhang mit einer allgemein akzeptierten Wertvorstellung stehen soll [46].

Durch CICERO ist für spätere Zeiten die *Stoa* mit der N.-Tradition verknüpft worden. Die ursprünglich stoischen Gedanken sind schwer zu rekonstruieren, weil die Originaltexte nur in Fragmenten, deren Zuschreibung und Datierung häufig problematisch ist, erhalten sind. Im Anschluß an den späten Platon und in verbaler Verwandtschaft mit Pindar und Heraklit nimmt die frühe Stoa ein die ganze Menschheit bestimmendes (verpflichtendes?) gemeinsames Gesetz (νόμος κοινός) an, dem zu folgen Tugend (ἀρετή) ist [47]. Dieses gemeinsame Gesetz konstituiert eine wohl schon von ZENON konzipierte Menschheitsgesellschaft, eine 'Kosmopolis', deren Bürger die Menschen (oder nur die Weisen?) aufgrund ihrer Teilhabe an der Vernunft sind [48]. Der Weise handelt bewußt als Weltbürger. Der universalistische Zug des stoischen Naturgesetzes ist verbunden mit einer individualistischen, auf die Sophistik und den Kynismus (Zenon war Schüler des Kynikers Krates [49]) zurückgehenden Komponente, wenn auch dieser Individualismus kaum provokativ gegen die bestehenden Institutionen vertreten wurde. Aber anders als in der konservativen N.-Idee von Aristoteles wird das N. in der Stoa gegen bestehende Gesetze und Bräuche ins Spiel gebracht: CHRYSIPP hält die bestehenden Verfassungen durchgängig für verfehlt [50]; er erklärt die Kinderzeugung durch Blutsverwandte für rechtens [51]; DIOGENES VON BABYLON und Chrysipp meinten, «für den guten Ruf» «darf man, von dem damit verbundenen Nutzen abgesehen, nicht einmal einen Finger ausstrecken» (detractata utilitate ne digitum quidem esse eius causa porrigendum) [52]; der Stoiker BLOSSIUS soll Tiberius Gracchus bei seinen Reformplänen beraten haben [53]. Während so in der Stoa das N. für politische Praxis Bedeutung gewonnen zu haben scheint, ist es die eigentümliche Leistung CICEROS, Jurisprudenz und N. miteinander zu verbinden und dadurch den spezifischen Rechtscharakter vom Ethischen zwar nicht zu trennen, doch diese Trennung vorzubereiten. Doch zunächst zu EPIKUR: «Das natürliche Recht (Gerechte) ist ein Ausdruck (Abkommen) des Nutzens, sich gegenseitig nicht zu schaden noch Schaden zu leiden» [54]; «Der Gerechtigkeit kommt an sich kein Sein zu, sie ist nur eine Vereinbarung ...» [55]. Die natürliche Grundlage des vereinbarten (also sprachgebundenen, mit Tieren und zu Vereinbarungen unfähigen Völkern nicht bestehenden [56]) Rechts liegt in der utilitaristischen Tendenz der Menschen [57]; diese Naturanlage führt zum Zusammenleben und zur Vereinbarung von Konfliktvermeidung. Gegen Platon und Aristoteles wird dem Recht eine eigene Dignität verweigert, und der Staat wird aus seiner Hypostasierung zu einem lediglich negativ bestimmten Zweckverband heruntergebracht: Der Staat dient nur der Abwehr von Störfaktoren. Im Laufe der Zeit können sich die Nutzmomente eines Landes und entsprechend die Grundlage für Recht und Unrecht ändern. «Wo bei neu entstehenden Umständen das bestehende Recht keinen Nutzen mehr bringt, ... da ist es nicht mehr Recht, weil es nicht mehr nutzt» [58]. Ob entsprechend dem positivistischen Grundgedanken nur der Wert (die Gerechtigkeit) oder entsprechend der kritischen naturrechtlichen Tradition auch die Geltung (Rechtsein) der so von ihrer Bestimmung abweichenden Gesetze bestritten wird, läßt sich kaum ausmachen, es spricht bei der 'quietistischen' Gesamttendenz von Epikur mehr fürs erstere. Die Lehre des privaten Rückzugs und des bloß auf das einzelne Subjekt bezogenen «bonum» führt CICERO dazu, in der praktischen Philosophie scharf gegen Epikur zu opponieren.

CICERO versucht, mit den Mitteln der griechischen politischen Philosophie und N.-Lehre das tradierte römische Recht zu begreifen, es zu systematisieren und für die neuen Probleme im Innern und Äußern zu erneuern. Wie die Titel ‹De republica› (verfaßt zwischen 54 und 51) und ‹De legibus› (um 51, vermutlich unveröffentlicht) zeigen, schließt er sich Platon an; in der frühen Phase wird der Peripatos von Einfluß gewesen sein, dann zunehmend die Stoa (bes. Panaitios). Aus der Akademie wirkte die skeptische Position von Karneades, es gebe kein N. (Ius enim, de quo quaerimus, civile est aliquod, naturale nullum [59]) als Herausforderung. In der Jugendschrift ‹De inventione› unterscheidet Cicero drei Rechtsbereiche gemäß ihrem Ursprung in der Natur, der Gewohnheit und dem Gesetz [60], eine auf griechische Vorlagen zurückgehende Trias (φύσις, ἦθος, νόμος), die dann als zeitliche Abfolge gefaßt wird [61]: Das Recht entsteht ursprünglich naturwüchsig, es geht zum Teil in ein Gewohnheitsrecht über (hierunter werden auch die Edikte der Prätoren, die für spätere Fälle «praejudicata» darstellten, mitbefaßt), dies kann zum Bestandteil des «ius civile», der eigentlichen Gesetze (inklusive der XII-Tafel-Gesetze) werden. Nach Hinweisen auf die zentrale Bedeutung des «ius civile» für das Staatswesen [62] und der über der Philosophie stehenden Dignität der XII-Tafel-Gesetze [63] entwickelt Cicero in ‹De republica› den Staat als eine in der Natur und im gemeinsamen Willen begründete Rechts- und Nutzgemeinschaft [64] und stellt die Entwicklung der römischen Verfassung als einen naturnotwendigen Prozeß dar [65]. In ‹De legibus› unternimmt er eine systematische Kodifikation des Rechts auf philosophischer – stoischer – Basis. Die Grundlage soll die Natur des Menschen bilden [66]. Die Deduktion beginnt mit der

Definition des Gesetzes: Die «lex vera» «est ratio summa, insita in natura, quae iubet ea quae facienda sunt, prohibetque contraria» (das wahre Gesetz ist die höchste Vernunft, die in der Natur eingepflanzt ist, und befiehlt, was zu tun ist, und das Gegenteil verbietet) [67]. Der Mensch also partizipiert wie die Götter an dem höchsten Weltgesetz; durch die gemeinsame Vernunft kommt eine Gemeinsamkeit der Menschen und Götter in einer kosmopolitischen Gesellschaft zustande (universus hic mundus una civitas communis deorum atque hominum) [68]. Ungerechte Gesetze einer «civitas» sind entsprechend nicht wirkliche Rechtsgesetze: «... multa perniciose, multa pestifere sciscuntur in populis, quae non magis legis nomen attingunt, quam si latrones aliquas consensu suo sanxerint» [69]; der römische Staat dagegen steht von allen bisherigen in größter Konformität mit dem Naturgesetz; er hat sich, wie es in ‹De republica› hieß, «naturali quodam itinere et cursu» [70], vernunftkonform entwickelt. Während in ‹De republica› noch die Magistrate die Träger der «potestas» im römischen Staat sind [71], neigt Cicero in ‹De legibus› zu einer Verstärkung der Volkskomponente gegenüber den sich zunehmend als nicht staatserhaltend erweisenden Magistraten und spricht ihm nicht nur die «libertas», sondern auch die «potestas» zu (potestas in populo, auctoritas in senatu) [72]. – In ‹De officiis› (verfaßt im Herbst 44) sucht Cicero zu zeigen, daß ein naturrechtliches «honestum» und das «utile» der Menschen identisch sind; er sucht also die gleiche Aufgabe zu lösen, die sich Rousseau im ‹Contrat social› (justice-utilité, droit-intérêt) setzt. – In einem scheinbaren Konfliktfall appelliert Cicero an das Urteil des «populus Romanus»: einen Menschen, gar einen «familiaris» zu töten gilt als «non honestum», handelt es sich jedoch um einen Tyrannen – Cicero denkt an Cäsar –, so kann die Tat «honesta» sein.

Das römische Recht hat sich nicht aus allgemeinen Regeln des N. entwickelt, sondern ist durchgängig kasuistisch konzipiert und nimmt selten Bezug auf die philosophische Tradition des Rechts im allgemeinen: «non ex regula ius sumatur, sed ex iure quod fit regula fiat» (nicht aus der Regel soll das Recht genommen werden, sondern aus dem Recht, das ist, soll die Regel werden), heißt es in den ‹Digesten› [73]. Die Tradition des positiven Rechtslehre gipfelt in der unter JUSTINIAN herausgegebenen Sammlung der ‹Pandekten› bzw. ‹Digesten›, der ‹Institutionen› und des ‹Codex der Kaisergesetze› (533–534), später zusammengefaßt unter dem Namen des ‹Corpus iuris civilis›. In den Anfangspassagen wird formelhaft die stoisch-ciceronische Rechtsphilosophie aufgenommen. Der Ort und die prägnante Darstellungsform haben diese Passagen zu wichtigen Elementen der späteren N.-Tradition werden lassen. «Privatum ius tripartitum est: collectum etenim est ex naturalibus praeceptis aut gentium aut civilibus. Ius naturale est, quod natura omnia animalia docuit: nam ius istud non humani generis proprium, sed omnium animalium ... Ius gentium est, quo gentes humanae utuntur ...» (Das private Recht ist dreigeteilt: denn es ist aus den natürlichen Gesetzen oder aus den Gesetzen der Völker oder aus den zivilen Gesetzen zusammengestellt. Das N. ist das, was die Natur alle Lebewesen lehrt: denn dieses Recht ist nicht nur dem menschlichen Geschlecht, sondern allen Lebewesen eigen ... Das Recht der Völker ist das, das die menschlichen Völker gebrauchen ...) [74]. Hiermit wird die stoische Tradition des «ius naturale» der vernunftbegabten Wesen aufgespalten in ein bloßes N. im Bereich des Animalischen und ein Vernunftrecht. Das N. und das Vernunftrecht oder «ius gentium» können in einen Gegensatz geraten, ohne daß hiermit jedoch eine Antinomie gegeben wäre; das bloße N. ist nicht einklagbar. «Bella etenim orta sunt, et captivitates secutae et servitutes, quae sunt iuri naturali contrariae: iure enim naturali ab initio omnes homines liberi nascebantur» (Denn es hat Kriege gegeben, und ihnen folgende Gefangen- und Knechtschaften, die dem N. widersprechen: nach dem N. sind nämlich von Anfang an alle Menschen als Freie geboren) [75]. Die Freilassung von Sklaven, die nach ARISTOTELES dem N. widersprechen müßte – obwohl er sie selbst empfiehlt [76] –, ist hier als Institut des «ius gentium» gerechtfertigt.

Anmerkungen. [1] HOMER, Odyssee 9, 116ff. – [2] HESIOD, Erga 225ff. 276ff. – [3] ANAXIMANDER, VS I, 12 B 1. – [4] HERAKLIT, VS I, 22 B 80. – [5] PARMENIDES, VS I, 28 B 1, 14ff. – [6] a.O. B 8, 13f. – [7] PLATON, Theait. 167 c. – [8] Vgl. F. FLÜCKIGER: Gesch. des N. 1, Altertum und Frühmittelalter (1954) 49. – [9] Vgl. F. HEINIMANN: Nomos und Physis (^{2}1965, ^{3}1978) 120f. – [10] a.O. 110ff. – [11] PLATON, Gorg. 484 b. – [12] Prot. 337 c ff.; vgl. E. SCHÜTRUMPF: Kosmopolitismus oder Panhellenismus? Zur Interpretation des Ausspruches von Hippias in Platons Protagoras (337 c ff.). Hermes 100 (1972) 5–29. – [13] ANTIPHON, VS II, 87 B 44, A, 1. – [14] a.O. B 44, A, 1, 6ff.; vgl. XENOPHON, Mem. IV, 4, 12; ARISTOTELES, Eth. Nic. V, 2, 1129 a 33f. u.ö. – [15] a.O. B 44, B, 2, 10ff. – [16] HERODOT 2, 64; 7, 104; ARISTOPHANES, Wolken 1427 – erster Beleg für den Kontrast von physis und nomos(!); Vögel 755. – [17] Vgl. W. ECKSTEIN: Das antike N. in sozialphilos. Beleuchtung II (1926) 51. – [18] PLATON, Gorg. 482 c–484 a. – [19] a.O. 483 e. – [20] ROUSSEAU, Du contrat social 1, 3. – [21] THRASYMACHOS, VS II, 85 B 6a; vgl. PLATON, Resp. I. – [22] THUKYDIDES I, 76; V, 89. – [23] LYKOPHRON, VS II, 83, 3. – [24] Kritias, VS II, 88 B 25. – [25] Zu den 'agraphoi nomoi' vgl. die klassische Studie von R. HIRZEL: Agraphos Nomos (1900). – [26] Vgl. H. WELZEL: N. und materiale Gerechtigkeit (1951) 22. – [27] Vgl. I. KANT, KrV A 316. – [28] PLATON, Leges, bes. VI-VII. X. XII. – [29] Vgl. J. P. MAGUIRE: Plato's theory of natural law. Yale class. Studies 10 (1947) 163f. – [30] PLATON, Leges, bes. 889 d–890 a. – [31] Vgl. Art. ‹Orthos logos›. – [32] Vgl. W. JAEGER: Praise of law. The origin of legal philos. and the Greeks, in: Interpret. of modern legal philos., hg. P. SAYRE (New York 1947) 369; G. R. MORROW: Plato and the law of nature, in: Essays in political theory, hg. M. R. KONVITZ/A. E. MURPHY (Washington/London 1948, ^{2}1972) 17–44. – [33] PLATON, Politikos 294 b; 296 e. – [34] ARISTOTELES, Pol. III, 13, 1284 a 3–17. – [35] Eth. Nic. V, 7, 1134 b 18; ähnlich Mag. Mor. I, 33, 1194 b 30. – [36] Eth. Nic. V, 7, 1134 b 32. – [37] Rhet. I, 13, 1373 b 4-9. – [38] Pol. I, 4, 1254 a 14f. – [39] I, 5, 1254 b 18-20. – [40] I, 6, 1255 a. – [41] I, 3, 1253 b 20f. – [42] PLATON, Leges VI, 777 b. – [43] Vgl. E. SCHÜTRUMPF: Die Analyse der Polis durch Aristoteles (1980) 45 u.ö. – [44] ARISTOTELES, Eth. Nic. V, 3-4, 1131f. – [45] Eth. Nic. V, 8, 1135 b. – [46] Pol. II, 8, 1269 a 21; III, 16, 1287 b 6. – [47] DIOGENES LAERTIOS VII, 87f. – [48] SENECA, De ira II, 31, 7; Ad Lucilium 95, 52f.; PLUTARCH, De Alexandri Magni fortuna 329 a b. – [49] Vgl. DIOGENES LAERTIOS VI, 104; VII, 2, 4. – [50] CHRYSIPP, Frg. 324. SVF III, 80. – [51] Frg. 744-746. SVF III, 185. – [52] CICERO, De fin. III, 57; DIOGENES VON BABYLON, Frg. 42. SVF III, 219. – [53] M. POHLENZ: Die Stoa. Gesch. einer geist. Bewegung (^{2}1948) 180f. – [54] EPIKUR, Sent. 31; vgl. DIOGENES LAERTIOS X, 139-154. – [55] Sent. 33. – [56] Vgl. Sent. 32. – [57] H. USENER: Epicurea (1887, ND 1966) Frg. 524. – [58] EPIKUR, Sent. 38. – [59] CICERO, De rep. III, 13. – [60] De inventione 2, 65ff. – [61] a.O. 2, 160ff. – [62] Rede für Aulus Caecina 70. 73. – [63] De oratore I, 195. – [64] De rep. I, 39ff. – [65] a.O. II, 30. – [66] De legibus I, 17. – [67] a.O. I, 18. – [68] I, 23. – [69] II, 13. – [70] De rep. II, 30. – [71] a.O. II, 57. – [72] De legibus III, 28; vgl. J. BLÄNSDORF: Griech. und röm. Elemente in Ciceros Rechtstheorie. Würzburger Jb.er Altertumswiss., NF 2 (1976) 145f. – [73] Digesten 50, 17, 1. – [74] a.O. I, 1, 1: Inst. I, 2, 3, von Domitius Ulpian. – [75] Inst. I, 2, 2; vgl. Digesten I, 1, 4; I, 5, 4; XII, 6, 64. – [76] ARISTOTELES, Pol. VII, 10, 1330 a 32f.

Literaturhinweise. H. DIELS: Ein antikes System des N. Intern. Mschr. Wiss. Kunst Technik 11 (1916/17) 82–102. – M. SALOMON: Le droit naturel chez Aristote. Arch. Philos. Droit Sociol. jurid. 7 (1937) 120–127; Der Begriff der Gerechtigkeit bei Aristoteles

(Leiden 1937). – J. RITTER: 'N.' bei Aristoteles. Zum Problem einer Eneuerung des N. (1961), ND in: Met. und Politik (1969) 133-179. – U. KNOCHE: Ciceros Verbindung der Lehre vom N. mit dem röm. Recht und Gesetz, in: Cicero, ein Mensch seiner Zeit, hg. G. RADKE (1968) 36ff. – G. WATSON: The natural law and stoicism, in: Problems in Stoicism, hg. A. A. LONG (London 1971) 216-238.   R. BRANDT

III. *Mittelalter und frühe Neuzeit.* – Die scholastischen N.-Lehren des Mittelalters und der frühen Neuzeit waren zwar für die Entwicklung der europäischen Jurisprudenz von Bedeutung, müssen aber systematisch der Ethik und Moraltheologie zugerechnet werden. Sie sprechen nur am Rand von Zuständigkeiten und Verfahren, weil sie als Instanz nicht irdische Gerichte, sondern den ewigen Richter im Auge haben, der allzuständig und allwissend ist. ‹Natur› in ‹N.› bezieht sich, wenn es nicht die Vorgegebenheit des N. bezeichnen soll, auf die natürliche Vernunft des Menschen und wird erst spät auf ‹Objektnaturen› (Handlungssachverhalte) bezogen, ohne daß dadurch die Rolle der Vernunft beeinträchtigt würde, die allein solche Naturen perzipieren kann. Das Ausspielen einer N.-Tradition gegen eine Vernunftrechtstradition kann von den geläufigen scholastischen Texten her nicht gerechtfertigt werden. ‹N.› und ‹natürliches Gesetz› werden meist synonym verwendet. Die heutige Präferenz für ‹N.› hängt u.a. mit der Umdeutung von ‹Naturgesetz› durch frühneuzeitliche Physiken zusammen.

1. a) Die wichtigsten Termini der mittelalterlichen N.-Lehren sind ciceronianischer bzw. stoischer Abkunft (ewiges Gesetz, recta ratio, natürliches Licht). Maßgebliche Quellen sind die lateinische Bibel, Stellen AUGUSTINS, das ‹Corpus Juris Civilis› und das Dekret GRATIANS; dessen N.-Distinktionen stützen sich auf ISIDOR VON SEVILLA, der patristisches Gut überliefert. Stellen aus ARISTOTELES über das natürlich Rechte (Eth. Nic. 5) stehen erst seit Mitte des 13. Jh. zur Verfügung. – Nach dem AT erläßt Gott Gesetze (leges) für die Welt und den Menschen, und nach Röm. 2, 14f. ist den Völkern, die das Gesetz nicht haben, des Gesetzes Werk ins Herz geschrieben.

Nach AUGUSTIN gebietet ein ewiges Gesetz, das Gottes Vernunft oder Wille ist, die Wahrung der natürlichen Ordnung. Das natürliche Gesetz ist eine Abschrift (transcriptio) davon im Menschen; inhaltlich entspricht es dem ‹Dekalog› bzw. der Regel «Was du nicht willst, daß man dir's tu ...». Wegen der Bösen gibt es außerdem ein zeitliches Gesetz, dessen Kraft vom ewigen Gesetze herrührt [1]. – Nach der Definition ULPIANS ist N., «was die Natur alle Lebewesen gelehrt hat» [2]; es stammt von der göttlichen Vorsehung, gilt bei allen Lebewesen und ist unveränderlich [3]. Das «jus gentium» stammt von der natürlichen Vernunft und gilt zwar nicht bei allen Lebewesen, jedoch bei allen Völkern [4]; die Definition des GAIUS erwähnt daneben ein eigenes N. nicht [5]. Schwierigkeiten mittelalterlicher Autoren bei der Unterscheidung von N. und «jus gentium» gehen nicht selten auch auf diese Stellen im ‹Corpus Juris Civilis› zurück. Bürgerliches Recht, das nur bei einem Volke gültig ist [6], entsteht, indem beim N. oder «jus gentium» etwas hinzugefügt bzw. abgezogen wird [7]. – GRATIAN bezeichnet als N., «was im Gesetz und Evangelium enthalten ist» und sich auf die Regel «Was du nicht willst, daß man dir's tu ...» bzw. auf Matth. 7, 12 zurückführen läßt [8]. «Göttliche Gesetze» nennt er solche, die nicht bloß auf Gewohnheit, sondern auf der Natur beruhen [9]. Er unterscheidet bürgerliches Recht, ‹jus gentium› und schließlich als würdigstes Recht 'N.' [10], das zugleich mit der vernünftigen Natur entsteht, unveränderlich und (weil auf natürlichem Instinkt beruhend) allen Völkern gemeinsam ist [11]. Andererseits wird auch das «jus gentium» als ein Recht charakterisiert, dessen sich alle Völker bedienen [12]. Schwierigkeiten mittelalterlicher Autoren bei der Unterscheidung zwischen natürlichem Recht, das im Evangelium promulgiert ist, aber auf natürlichem Instinkt beruht, und göttlichem Gesetz, das auf der Natur beruht; ferner zwischen N. und «jus gentium», die gleichermaßen allen Völkern gemeinsam sind; schließlich zwischen bürgerlichem Recht, das jedes Volk sich als eigenes setzt aus göttlichem oder menschlichem Anlaß [13], um menschlicher Dreistigkeit und Schädlichkeit zu steuern [14], und positivem göttlichem Recht haben ihre Wurzel nicht selten in diesen Formulierungen des Dekrets.

b) In der Frühscholastik finden sich gelegentliche Erwähnungen des N., z. B. bei PETRUS LOMBARDUS [15]. Die Dekretkommentatoren bemühen sich um eine Harmonisierung der Angaben bei Gratian und geben der N.-Lehre «eine vorher unbekannte Kohärenz, Klarheit und Kraft» [16], die die hochscholastischen Diskussionen erst möglich macht. Das 13. Jh. bringt sodann zusammenhängende Darstellungen, z.B. bei STEPHAN VON LANGTON und dem bei dem Dekretisten RUFINUS [17] anknüpfenden WILHELM VON AUXERRE (Summa aurea 3, 7, 1). N. im weiten Sinn ist nach diesem, was die Natur alle Lebewesen gelehrt hat (Inst. 1, 2); im engen Sinn, was die vernünftige Natur ohne alle oder viele Überlegung zu tun diktiert. Es entspricht der Synderesis (das lehren auch frühe Dominikaner wie HUGO VON ST. CHER und ROLAND VON CREMONA) und enthält Empfehlungen (demonstrationes) und Gebote, deren erste Klasse (praecepta primae necessitatis) die Pflichten gegen Gott enthält, von denen nicht dispensiert werden kann. Die «praecepta» der übrigen Klassen sind unter bestimmten Bedingungen dispensabel [18]. – Für die augustinisch geprägte Franziskanertradition des 13. Jh. wird aus dem ewigen Gesetz oder der göttlichen Vernunft unmittelbar das natürliche und mittelbar das positive Gesetz ausgeschrieben (transscribere). Schon hier gilt ‹N.› als vieldeutiger Terminus. Das treibende innere Prinzip der Instinktwesen heißt «natürliches Gesetz» im weiten Sinn; das der Lebewesen mit bloßer Sinneserkenntnis «natürliches Gesetz» im engeren Sinn; dasjenige, das der vernünftigen Natur eingeschaffen ist, heißt «natürliches Gesetz» im engsten Sinn und ist ein eingeprägter kognitiver Habitus des praktischen Intellekts [19]. – ALBERTUS MAGNUS, der erst im Ethik-Kommentar von 1250 Stellen aus Eth. Nic. 5 über das natürlich Rechte verwendet, sieht im N. oder Recht der Vernunft die allgemeinsten Prinzipien des menschlichen Rechts. Je allgemeiner dessen Regeln sind, desto weitgehender gehören sie zum natürlichen Recht, dessen Prinzipien, im Gegensatz zu den Konklusionen aus ihnen, ins menschliche Herz geschrieben sind [20].

2. Eine ihrer klassischen Gestaltungen erhält die mittelalterliche N.-Lehre durch THOMAS VON AQUIN, der vielfach auf die Explikationen früherer Autoren zurückgreift. Charakteristisch für Thomas' N.-Theorie ist die enge Verknüpfung von N. und natürlichen Neigungen der Geschöpfe, die sich notwendig aus deren Wesen ergeben und daher nicht ohne dieses Wesen verändert werden können. Alle Geschöpfe haben im System der Welt ihren von Gott geplanten Platz und Auftrag; folglich kann Gott nicht ein einzelnes Geschöpf im Wesen verändern, ohne die Ordnung der Welt zu verändern. Er hat jedoch die Existenz gerade dieser Welt beschlossen, und

deshalb ist es gewiß, daß er weder ihre Ordnung noch das N. ändern wird. Beides ist in Gottes Plan und daher im göttlichen Intellekt festgelegt und jeglicher Willkür entzogen: Das natürliche Gesetz beruht auf Gottes Intellekt und nicht auf Gottes oder eines anderen Willen.

Das ewige Gesetz ist die Regel der göttlichen Weisheit bei der Lenkung und Regierung der Schöpfung [21]. Die Geschöpfe haben an ihm Anteil, denn sie werden durch natürliche Neigungen zu ihren spezifischen Zielen hingelenkt [22]. In diesen Neigungen besteht das natürliche Gesetz; beim Menschen bringen sie sich vornehmlich in der natürlichen Vernunft zur Geltung, und zwar durch Weisungen der praktischen Vernunft (dictamina rationis practicae) [23]. Deshalb kann man den Inhalt des unveränderlichen natürlichen Gesetzes aus den unveränderlichen Neigungen erschließen. Sofern alles von Natur zu seinem Ziel, d. h. zur vollen Ausbildung seiner natürlichen Anlagen, strebt, lautet die allgemeinste Weisung der praktischen Vernunft: «Man muß alles, was der vollen Ausbildung der Anlagen dient (das Gute), erstreben und das Gegenteil meiden». Die detaillierteren Weisungen beziehen sich auf die Selbsterhaltung, die Zeugung und Aufzucht von Nachwuchs, auf das Streben nach Erkenntnis Gottes und auf das Leben in Gemeinschaft [24]. Diese natürlichen Gesetze werden ohne alle Mühe erkannt [25]. Das beständige Verfügenkönnen über sie, die «Synderesis», ist ein unfehlbarer Habitus der praktischen Vernunft, während das Gewissen als Vermögen der Anwendung der praktischen Vernunftprinzipien auf Einzelfälle fehlbar ist [26].

Zur für die späteren Diskussionen fundamentalen Frage nach dem Grund der Verbindlichkeit des N. (verboten, weil böse, oder böse, weil verboten) erklärt Thomas zwar, Verstöße gegen das N. seien böse, weil sie verboten sind, nennt aber zugleich mit der Begründung, was gegen die natürliche Ordnung verstoße (inordinatum), widerstreite der natürlichen Vernunft, einen sachlichen Grund für ihr Verbotensein [27]. Bei dieser Antwort wird unterstellt, daß weder Gottes Macht noch Gottes Weisheit zu der tatsächlich vorhandenen Ordnung determiniert sind: Gott kann «de potentia absoluta» etwas anderes tun als das, wovon er vorherbestimmt, daß er es «de potentia ordinata» tun wird. Aber er kann nichts tun, wovon er nicht vorherbestimmt hat, daß er es tun wird: er hätte zwar eine andere Welt mit einer anderen Ordnung erschaffen können, doch für die Welt, die er tatsächlich erschaffen hat, ist gerade diejenige Ordnung gut, die das natürliche Gesetz verfügt [28]. – Für den Menschen gibt es keine Alternative zum bestehenden N. – Thomas spricht nicht von geschichtlichen Veränderungen der Natur und des Menschen, wohl aber von geschichtlichen Veränderungen der menschlichen Erkenntnis von Natur und N. [29]. Er unterscheidet im Sentenzenkommentar (ähnlich wie WILHELM VON AUXERRE) indispensable «praecepta prima» von gegebenenfalls dispensablen «praecepta» niedrigerer Stufe [30]; in der ‹Quaestio de malo› nähert er sich der strengen Formulierung GRATIANS (Decr. 1, di. 5, dict. Grat.) [31]. Die theologische Summe lehrt zwar, daß von Konklusionen aus den allgemeinen N.-Vorschriften gegebenenfalls dispensiert werden kann [32], doch handelt es sich bei den Beispielen offensichtlich um «jus gentium».

Die sehr allgemeinen N.-Prinzipien regeln viele Einzelfälle nicht eindeutig und müssen daher durch positives Recht näher bestimmt werden [33]. Dieses verhält sich zum N. entweder wie die Konklusion zur Prämisse (jus gentium) oder wie das Bestimmte zum Allgemeinen (bürgerliches Recht) [34]. Weil alle Menschen schlußfolgern können, ist allgemeiner Konsens beim «jus gentium» die Regel, so daß es fast allen Völkern gemeinsam ist [35]. Das bürgerliche Gesetz ist dagegen nicht allen Völkern gemeinsam, weil der Spielraum bürgerlicher Gesetzgeber bei der Übersetzung allgemeiner N.-Vorschriften in Einzelbestimmungen und die Verschiedenheit der örtlichen Bedürfnisse sehr groß ist [36].

3. Bei der Bestimmung des Inhaltes des N. besteht zwischen den Theorien Thomas von Aquins und der Franziskanerschule, deren klassischer Vertreter WILHELM VON OCKHAM ist, kein prinzipieller Dissens; desgleichen nicht bei der Überzeugung, daß Gottes sittlicher Wille für den Menschen erkennbar ist und daß Gottes Weisungen von Menschen nicht verändert werden dürfen. Dissens besteht dagegen bei der Begründung: Menschliche Intellekte können das Wesen eines Geschöpfes nicht hinreichend genau erkennen, um seine notwendige Verknüpfung mit einer bestimmten Neigung behaupten zu dürfen, auch sind sie mit der Ordnung der bestehenden Welt nicht sehr vertraut; noch weniger wissen sie, inwieweit Gott gebunden ist, die Ordnung der bestehenden Welt unangetastet zu lassen, denn sie kennen das Wesen Gottes nicht. Daher engt die Behauptung, das natürliche Gesetz beruhe auf Gottes Wesen, das Gottes Intellekt erkennt, und sei dem Zugriff von Gottes Willen entzogen, den Spielraum Gottes auf unzulässige Weise ein. Dem tritt die franziskanische Richtung entgegen. Was gut ist, ist gut, weil Gott es will; nach weiteren Gründen hat der Mensch nicht zu fragen. Für ihn ist wichtig, daß er weiß, was Gott verfügt. Dafür ist durch die Vernunft gesorgt – nicht, weil sie es aus sich erschließen kann, sondern weil Gott es ihr zur Kenntnis bringt. Aus unserer Erkenntnis Gottes folgt immerhin, daß er nicht gegen das Kontradiktionsprinzip verstößt. Daher kann von schrankenloser göttlicher Willkür nicht die Rede sein – nur können Menschen nicht immer entscheiden, ob etwas kontradiktorisch ist oder nicht.

a) Schon BONAVENTURA [37] stellt fest, daß das N. (die Einprägung des natürlichen Gesetzes in uns) nur unveränderlich ist, soweit es Pflichten gegen Gott vorschreibt. Soweit es dagegen bloß geschöpfliche Beziehungen regelt, kann Gott es verändern [38]; das impliziert, es in geringerem Maße durch Gottes Wesen festgelegt sein muß, als Thomas lehrt. Mit Rücksicht auf die Vielfalt überlieferter Explikationen erklärt Bonaventura den N.-Begriff für nicht eindeutig. Das N. im eigentlichen Sinne entspricht der Explikation GRATIANS (was im Gesetz und Evangelium enthalten ist: Decr. 1, di. 1); im eigentlicheren Sinn dem Recht, das allen Völkern gemeinsam ist (vgl. Inst. 1, 2, 11); im eigentlichsten Sinn dem Recht, das die Natur allen Lebewesen eingeprägt hat (vgl. Inst. 1, 2, pr.) [39]. Während das Gewissen als Habitus des Verstandes gilt, gilt die Synderesis als Habitus des Willens, der durch sie wie durch ein natürliches Gewicht zum Guten gedrängt wird. – JOHANNES DUNS SCOTUS entwickelt namentlich die Theorie von der Veränderlichkeit des N. fort. Nicht der göttliche Intellekt, der unabänderlich erkennt, daß ein Sachverhalt so oder so ist, sondern der göttliche Wille, der frei bestimmt, ist Ursache dafür, daß etwas Geschöpfliches gut oder nicht gut ist [40]; nach einem weiteren Grund hat man nicht zu fragen [41]. Zwar findet der göttliche Wille im göttlichen Intellekt einfache Ideen vor, an die er sich zu halten hat [42]; bei deren Kombination aber ist ihm keine Grenze gesetzt als das Kontradiktionsprinzip [43]. Nur bei göttlichen Geboten mit notwendigem Zusammenhang der Termini legt daher die göttliche Erkenntnis den göttlichen Willen fest [44]. Ein solcher Zusammenhang besteht jedoch allein bei dem Prinzip, daß man Gott über alles lieben muß. Dieses ist als einziges unveränderlich [45]. Alle übrigen sind für den göttlichen Willen disponibel [46]. Daher kann man nur die ersten Gebote des ‹Dekaloges› als unveränderliches N. ansehen [47]; Handlungen, die zu den übrigen Geboten im Widerspruch stehen, wären nicht böse, wenn Gott sie nicht verboten hätte [48].

b) Ihre klassische Gestaltung findet diese Richtung bei WILHELM VON OCKHAM. Das natürliche Gesetz beruht allein auf Gottes Willen und Befehl, nicht unmittelbar auf Gottes unabänderlichem Wesen [49]: er kann «de potentia absoluta» das natürliche Gesetz verändern, soweit das Widerspruchsprinzip gewahrt bleibt [50] (nach Ockham wäre allerdings selbst ein göttliches Gebot des Gotteshasses nicht widersprüchlich [51]). Durch die so entstehende Unsicherheit über die Dauerhaftigkeit der sittlichen Gebote wird freilich die menschliche Praxis nicht beeinträchtigt. Falls Gott Gebote ändert, verändern sich zugleich die Erwartungen der menschlichen Vernunft, und deshalb bleibt N. immer das, was mit der Vernunft (naturalis ratio, recta ratio) übereinstimmt [52] – sei es, daß Gott sie jeweils seinen Entscheidungen anpaßt (die alghazalische Lösung [53]) oder sei es, daß jede neue natürliche Ordnung so viel Konsistenz besitzt, daß die Vernunft sich an ihr orientieren kann [54].

Ockham betont die Vieldeutigkeit des N.-Begriffes, und zwar mit dem Interesse, die Behauptung, eine bestehende Regelung sei naturrechtlich und daher unantastbar bzw. eine vorgeschlagene Regelung widerstreite dem N., differenzierbar zu machen. Recht ist entweder «jus fori» oder «jus poli» (himmlisches Recht) [55]. «Jus fori» wird durch göttlichen oder menschlichen Vertrag bzw. Befehl explizit gesetzt, mag es der «recta ratio» entsprechen oder nicht. «Jus poli» ist die natürliche Billigkeit, die ohne positiven göttlichen oder menschlichen Befehl der «recta ratio» gemäß ist [56]. Man darf zwar behaupten, daß N. «jus poli» ist, doch ist ‹N.› nicht eindeutig: Erstens heißt ‹N.› das natürliche Recht, das der «recta ratio» entspricht und (für Menschen, nicht für Gott) indispensabel und unveränderlich ist [57]; zweitens heißt ‹N.› das Recht der Menschen, die nach dem Sündenfall zunächst ohne Rechtsgewohnheit und Satzung allein in natürlicher Billigkeit lebten (Naturzustand); dieses ist veränderlich und heißt nur deshalb ‹N.›, weil alle Völker an es gebunden sind, bevor sie aus angemessenen Gründen etwas anderes beschließen (vgl. Decr. 1, dist. 1, 7) [58] (Ockham unterstellt hier, daß Gott nach dem Sündenfall den Menschen erlaubte, vom Gemeineigentum und der Freiheit des Paradieses zum Privateigentum und zur Unterwerfung unter Obrigkeiten überzugehen, falls dies bei Übergriffen Böser ratsam würde [59]); danach ergänzten oder ersetzten Rechtsgewohnheiten und geschriebene Gesetze das anfängliche Recht der natürlichen Billigkeit; drittens heißt vieles ‹N.›, was aus «jus gentium» oder aus menschlichem Recht durch evidenten Vernunftschluß folgt, sofern nicht durch Konsens der Betroffenen etwas anderes festgesetzt ist. Dieses Recht kann man «bedingtes N.» nennen, denn es setzt voraus, daß durch positive Detailregelungen das N. auf Besitzergreifung und Unterwerfung konkretisiert wurde [60]. Da solche Detailregelungen bei Konsens der Betroffenen verändert werden dürfen, ist auch dieses N. veränderlich [61]. – Einige N.-Prinzipien sind von selbst bekannt oder folgen unmittelbar aus von selbst bekannten; bei diesen ist Irrtum nur durch Verschulden möglich. Andere N. gehen aus den genannten ersten Prinzipien zweifelsfrei hervor und werden ohne große Überlegung bekannt; auch sie gestatten nur verschuldete Unwissenheit. Andere N. schließlich können nur von wenigen Fachleuten ermittelt werden; über sie gibt es begründete Meinungsverschiedenheiten und unverschuldete Unwissenheit [62]. Bei Unsicherheiten sind für gutachtliche Äußerungen Bibelkundige und Moralphilosophen, für verbindliche Entscheidungen die Gesetzgeber zuständig [63]. – «Jus gentium» ist Recht, das bei allen Völkern in Übung steht; es besteht weithin aus N., und deshalb sind ‹jus gentium› und ‹N.› oft synonym [64]. Auch bedeutet ‹N.› bisweilen dasselbe wie ‹göttliches Recht›, ja sogar dasselbe wie ‹bürgerliches Recht›, nämlich dann, wenn es die Gesamtheit des nichtkanonischen Rechtes bezeichnen soll [65].

Zu den bedeutenden Autoren in der Nachfolge Ockhams gehören JOHANNES GERSON und dessen Lehrer PETER VON AILLY [66], ferner der wirkungsgeschichtlich bedeutende GABRIEL BIEL, der die Gegenposition zu GREGOR VON RIMINI so formuliert: Nicht die Natur der Sache, sondern Gottes Wille ist die erste Regel der Gerechtigkeit [67]. In der Schule Biels wächst MARTIN LUTHER auf, dessen Unterscheidung von göttlichem Naturgesetz, weltlichem Naturgesetz und Gesetz Christi freilich auf ältere Überlieferungen zurückgeht. Für MELANCHTHON wird das eine N., das er besonders intensiv mit dem moralischen Gesetz des AT identifiziert, zum Rechtsgrund für die Hineinnahme der Philosophie in den Bereich der lutherischen Reformation: sie dient letztlich nur der Auslegung des göttlichen Gesetzes (Philosophia pars est legis divinae) [68]. So steht das N. am Beginn einer großen und vielgestaltigen Tradition der deutschen Philosophie.

c) Als maßgeblicher Autor der Reaktion gegen den «Voluntarismus» zahlreicher Konzeptualisten gilt GREGOR VON RIMINI mit seiner Unterscheidung zwischen ausdrücklichem Gebot (lex imperativa) und bloßem Urteil, daß etwas gut oder böse ist (lex indicativa). Weil das N. eine «lex indicativa» ist, kann es nicht auf einem göttlichen Befehl beruhen. Verstöße gegen es widersprechen vielmehr der Vernunft, welche erkennt, daß etwas angemessen bzw. unangemessen ist, und zwar im Prinzip unabhängig davon, ob Gott es gebietet oder verbietet. Selbst wenn (per impossibile) Gottes Vernunft nicht existierte oder irrte, widersprächen Verstöße gegen das natürliche Gesetz nichtsdestoweniger der «recta ratio» der Engel oder Menschen (das 'grotianische' Argument) [69].

4. In der N.-Lehre der Schule von Salamanca werden Traditionen thomistischer (vgl. 2.) und konzeptualistischer (vgl. 3.) Herkunft auf dem methodologischen Niveau des Humanismus verarbeitet und auf Probleme bezogen, die die Eroberung der Neuen Welt und der politische und ökonomische Umbruch stellte. Gründer der Schule, die für Europa tonangebend wurde, ist der Dominikaner FRANCISCO DE VITORIA. Die juristischen jus-gentium-Autoren wie F. VÁSQUEZ und COVARRUBIAS bilden neben den Theologen eine wirkungsgeschichtlich bedeutende eigene Richtung [70]. Die spanische Schule hat erstens (bei allen Unterschieden im Detail und unter starker Betonung des Konsensprinzips) eine stabile Vermittlung zwischen «voluntaristischer» und «intellektualistischer» Richtung im Verbindlichkeitsstreit erarbeitet (bei «Intellektualismus» ist weniger an Thomas von Aquin als an Gregor von Rimini zu denken). Die ockham-bielsche Richtung hat zur Theorie das Moment beigetragen, daß der Wille des zuständigen Gesetzgebers Bedingung der Gültigkeit jedes Gesetzes ist, die Gegenrichtung das Mo-

ment, daß Gott notwendig in sich Gutes will. – Die Schule hat zweitens der überkommenen N.-Lehre durch ihre Anwendung auf speziell neuzeitliche Probleme eine Aktualität gegeben, die wesentlich zur europäischen Blüte des N. im 17. und 18. Jh. beigetragen hat. Sie hat drittens jene Klärung des Völkerrechtsbegriffs herbeigeführt, die bis in unser Jahrhundert maßgeblich blieb; inhaltlich wurde durch Betonung der politischen Unantastbarkeit fremder Territorien bei Freiheit des Handels und der Kommunikation ein richtungweisendes völkerrechtliches Konzept entwickelt, während man in der Kriegslehre bei einer Theorie des «justum bellum» verharrte.

a) FRANCISCO DE VITORIA betont (gegen Gregor von Rimini), daß Gesetze nur verbindlich sind, wenn eine befugte Obrigkeit sie erlassen hat [71], daß sich aber (entgegen Ockham) unabhängig davon das natürliche Gesetz auf das bezieht, was aufgrund der Natur der Sache recht ist [72]. Infolgedessen ist das N. unveränderlich, denn über die innere Natur der Sachen kann Gott nicht verfügen, ohne gegen logische Gesetze zu verstoßen, und daher hängt es nicht von seinem Willen ab, was aufgrund der Natur der Sache gut oder böse ist [73]. Ein Konsens aller Vernünftigen darüber, daß etwas in sich recht ist, gibt Evidenz, daß es zum natürlichen, von Gott gewollten Gesetz gehört [74], ebenso der Nachweis, daß ein Bedürfnis oder eine Neigung allen Menschen gemeinsam ist [75]. Diese Evidenz besteht zunächst für die allgemeinen N.-Prinzipien erster Stufe, daß man das Gute tun muß und niemandem zufügen darf, was man selbst nicht leiden möchte. Prinzipien zweiter Stufe sind zweifelsfreie Folgerungen aus solchen erster (z. B.: Du willst nicht getötet werden, ergo); sie genießen allgemeinen Konsens, sind aber gegebenenfalls dispensabel (Notwehr, gerechter Krieg). Prinzipien dritter Stufe sind entfernte Konklusionen aus einem Prinzip erster Stufe und einer raumzeitlich bestimmten Prämisse; diese sind nur verbindlich, solange ihr Hervorgehen aus der naturrechtlichen Prämisse wahrscheinlich und ihre raumzeitliche Prämisse zutreffend bleibt [76]. Das «jus gentium» ist N. oder aus N. abgeleitet und vom Konsens der Majorität des Erdkreises begleitet [77], der gewissermaßen eine «respublica» ist und insofern gesetzgeberische Gewalt besitzt [78]. Auch das positive Recht wurzelt im N. und hat insofern Gott zum Urheber [79]. Vitoria lehrt, daß die öffentliche Gewalt kraft des N. *zunächst* allen Mitgliedern der «respublica» gleichermaßen zusteht, hält aber dann das Recht der Könige ebenfalls für naturrechtlich begründet [80]. Er betont die Kritikfunktion des N. gegenüber positiven Gesetzen [81]. Seine völkerrechtliche Bedeutung liegt in der naturrechtlichen Behandlung aktueller Probleme wie desjenigen der Kolonisierung und Missionierung Amerikas [82], des gerechten Krieges [83] und der zeitlichen Gewalt des Papstes (Antikurialismus) [84]. Dabei erscheinen Topoi, die für spätere Diskussionen maßgeblich sind, z. B. der von der prinzipiellen Rechtsgleichheit aller «respublicae» [85] und der Freiheit der Meere [86]. Zu beachten ist, daß Vitoria nicht als Jurist, sondern als Moraltheologe spricht [87]. – Sein Nachfolger, der Dominikaner DOMINGO DE SOTO, verzichtet auf eine explizite Widerlegung der Theorien Ockhams und Riminis über den Grund der Verbindlichkeit, betont jedoch einerseits (mit Thomas von Aquin), daß ein Gesetz eine Hervorbringung des Intellektes und nicht des Willens ist; andererseits (gegen Gregor von Rimini), daß es nur vom zuständigen Gesetzgeber erlassen werden kann [88], und schließlich (gegen Wilhelm von Ockham), daß das N. auf der Natur der Sache beruht [89]. Das natürliche Gesetz, das dem göttlichen Gesetz entstammt [90], ist eine natürliche Orientierung der Vernunft durch Gott, die ohne Überlegung bekannt wird [91]: Sobald z. B. die Bedeutung von ‹gut› und ‹böse› bekannt ist, erkennt der Intellekt in seinem eigenen Licht kraft der Synderesis auch die Explikation «Man muß das Gute tun, das Böse meiden» [92]. Es gibt mehrere unmittelbar evidente, unveränderliche, unaustilgbare und aufgrund der Natur der Sache notwendige erste Prinzipien, z. B. das der Selbsterhaltung und der Erzeugung und Aufzucht von Kindern [93]. Alle sittlichen Vorschriften beruhen auf dem natürlichen Gesetz, doch gibt es unterschiedliche Stufen der Evidenz [94] (daß Sotos Stufennumerierung sich mit der Vitorias nicht deckt, hat Mißverständnisse gefördert). Das «jus gentium», das bei allen Völkern gilt, kann (anders als das N.) geschichtlichen Situationen durch Veränderung Rechnung tragen, denn es folgt aus einem ersten Prinzip und einer durch menschliche Entscheidung eingesetzten Prämisse. Die Vernunft (das Vermögen der Schlußfolgerungen) lehrt es jedermann, während sich bei bürgerlichen Gesetzen die Einzelnen vergleichen bzw. informieren müssen [95].

b) Auch die Jesuitenautoren bilden in der N.-Lehre keine einheitliche Schulrichtung aus. LUIS DE MOLINA betont gegen Ockham, daß die Verpflichtung des N. aus der Natur der Objekte stammt und daß N.-Objekte geboten bzw. verboten sind, weil sie innerlich gut bzw. böse sind; nicht aber gut bzw. böse, weil sie geboten oder verboten sind [96]. Gleichzeitig bezweifelt Molina jedoch die leichte Erkennbarkeit von Ableitungen aus den obersten Prinzipien des N. [97]. Schließlich beklagt er die Vieldeutigkeit des jus-gentium-Begriffes: Die Theologen rechnen das «jus gentium» gewöhnlich zum positiven Gesetz, die Juristen charakterisieren es als allgemeines Recht der Menschen im Gegensatz zum N. als allgemeinem Recht der Lebewesen; infolgedessen bezeichnet bei Juristen «jus gentium» teils positiv-rechtliche, teils aber auch naturrechtliche Vorschriften [98]. – GABRIEL VÁSQUEZ DE BELMONTE war durch seine Lehre über den Grund der Verbindlichkeit und seine Analyse des Gesetzesbegriffes [99] einflußreich. Dem ewigen Gesetz fehlt der Befehlscharakter und die Promulgation, es ist daher kein wirkliches Gesetz, sondern lediglich Gottes Erkenntnis des Schöpfungssachverhaltes [100]. Weil auch beim N. im eigentlichen Sinn die Verbindlichkeit nicht auf Gottes Befehl oder Urteil beruht [101], kann es weder (gegen Wilhelm von Ockham) eine «lex imperativa» noch (gegen Gregor von Rimini) eine «lex indicans», sondern nur eine Richtschnur sein, der gute Taten entsprechen und böse nicht. Es besteht in der widerspruchsfreien vernünftigen Natur und hieße besser nicht «Gesetz», sondern «Recht» oder «Regel» [102]. Der Vernunft widerstreiten einige Sachverhalte vom Wesen her so wie das Feuer dem Wasser. Infolgedessen kann Gott vom N. nicht deshalb nicht dispensieren, weil er seinen Willen nicht widerrufen kann, sondern weil er den Sachzwang der Gerechtigkeit nicht aufheben kann – er ist ja die Gerechtigkeit selbst [103]. Diese Stelle zeigt, daß Vásquez nicht «die Lösung des N. von seiner theonomen Basis» betreibt [104], sondern nur seine Verwurzelung in der göttlichen Natur statt in göttlichen Tätigkeiten: Was böse ist, ist böse, weil Gott so ist, wie er ist [105].

c) FRANCISCO SUÁREZ, einer der wenigen scholastischen Autoren dieser Epoche, die explizit in der Rechtsdefinition das subjektive Recht berücksichtigen [106] und nur Intelligenzen für gesetzesfähig erklären [107] (ein Indiz dafür, daß nun Sittengesetz und Gesetz der Natur auseinandertreten), stellt sich im Verbindlichkeitsstreit gegen G. Vásquez, obgleich er dessen Analyse des Gesetzesbegriffes teilt [108]. Das ewige Gesetz ist ein wirkliches Gesetz [109], und das natürliche Gesetz [110] ist weder nur indikativ [111] noch beruht es allein auf Gottes Willen [112]. Der «recta ratio» angemessene bzw. unangemessene Akte sind zwar schon vom Wesen her gut oder böse; zu der dadurch entstehenden sittlichen Verpflichtung gesellt sich aber außerdem noch Gottes gesetzgeberischer Wille und fügt im Fall von Übertretungen zu der philosophischen oder sittlichen Schuld die Sündigkeit im theologischen Sinn hinzu [113], und zwar mit hypothetischer Notwendigkeit. Denn nachdem Gott beschlossen hatte, zu Gutem und Bösem fähige Untertanen zu erschaffen, mußte er konsequenterweise zum sittlichen Gesetzgeber werden, und zwar zu einem strikt vernünftigen, denn eine unvernünftige Gesetzgebung Gottes wäre widersprüchlich. Ein über diese Evidenz hinausreichendes äußeres Gebieten und Verbieten ist für den Gesetzescharakter des N. nicht erforderlich [114]; es ist mit der Einschaffung der «recta ratio» hinreichend promulgiert. De facto hat es Gott allerdings im ‹Dekalog› und ‹Evangelium› noch einmal schriftlich promulgiert [115].

Wirkungsgeschichtlich ist die Klärung des jus-gentium-Begriffes bemerkenswert [116]. Suárez gelangt nach Erörterung der herrschenden Meinungen [117] zu folgendem Schluß: N. und «jus gentium» unterscheiden sich dadurch, daß erstens das «jus gentium» nicht aus der Natur der Sache folgt, sondern Böses durch Verbot erzeugt (seine Regelungen sind zweckmäßig, aber nicht notwendig); daß zweitens das «jus gentium» veränderlich, das N. aber nicht notwendig, ist und daß drittens das N. wirklich allen Völkern gemeinsam ist, das «jus gentium» aber bloß beinahe allen und nur in der Regel. Daraus geht hervor, daß «jus gentium» positives menschliches Recht ist, und zwar Gewohnheitsrecht [118], welches entstand, weil alle Menschen nicht nur eine spezifische, sondern in gewisser Hinsicht auch eine politische und moralische Einheit bilden [119]. Entscheidend ist in diesem Zusammenhang die Distinktion zwischen «jus gentium intra se» und «inter se». Das erste liegt vor, wenn Verfahren oder Gesetze zum inneren Recht fast aller Völker gehören. Aber nur das zweite ist «jus gentium» im strengen Sinn: es regelt die Beziehungen der Völker untereinander und umfaßt u. a. Gesandtschafts- und internationales Handelsrecht sowie Kriegs- und Friedensrecht [120]. Diese Distinktion bezeichnet ein wichtiges Stadium des Überganges vom «jus gentium» zum internationalen Recht.

5. Die mittelalterlichen N.-Lehren bieten zunächst Kriterien für die sittliche Entscheidung und Selbstbeurteilung und für die beratende und urteilende Tätigkeit von Seelenführern. Indirekt betreffen sie aber auch das «forum externum», denn sie ermöglichen innerhalb des Gemeinwesens einerseits die prinzipielle Rechtfertigung obrigkeitlicher Maßnahmen, andererseits nicht-institutionelle Normenkontrolle (Behauptung der Nichtübereinstimmung von Gesetzen mit dem N.) und die Qualifizierung einer Obrigkeit als Tyrannis. Im Außenverhältnis ermöglichen N.-Lehren die Rechtfertigung von Regierungsmaßnahmen zur Förderung oder Verhinderung von ökonomischer oder ideologischer Kommunikation, zur Maßregelung äußerer Feinde und zur Bestrafung von Besiegten; daß sie aber ebensogut Kritik an Maßnahmen gegenüber anderen Gemeinwesen begründen können, zeigt das Beispiel der Schule von Salamanca. In der Präzisierung, die diese dem mittelalterlichen N. gab, ist es auf Generationen hinaus bei der Gestaltung der europäischen Rechtstheorien ein maßgeblicher Faktor geblieben.

Anmerkungen. [1] Wichtige Stellen bei AUGUSTINUS, De ordine 2, 8; De libero arbitrio 1, 5-7; De vera relig. 30, 31; Contra Faustum 22, 27; De div. quaest. 31, 1; Ep. 157, 15. – [2] Inst. 1, 2, pr.; Dig. 1, 1, 1. – [3] Inst. 1, 2, 11; Dig. 1, 1, 11. – [4] Inst. 1, 2, 1f.; Dig. 1, 1, 1; Inst. 1, 2, 1; Dig. 1, 1, 4f.; Dig. 1, 5, 4f. – [5] Dig. 1, 1, 1; 1, 1, 9. – [6] Inst. 1, 2, 1; Dig. 1, 1, 9. – [7] Inst. 1, 2, 11; Dig. 1, 1, 6. – [8] GRATIAN, Decr. 1, di. 1, dict. Grat.; vgl. F. BLIEMETZRIEDER: Gratian und die Schule Anselms von Laon. Arch. kath. Kirchenrecht 112 (1932) 37ff. – [9] Decr. 1, di. 1, 1; ISIDOR, 5 Etym., c. 2. – [10] Decr. 1, di. 1, 6; ISIDOR, 5 Etym., c. 4. – [11] Decr. 1, di. 5, dict. Grat.; Decr. 1, di. 1, 7; ISIDOR, 5 Etym., c. 4. – [12] Decr. 1, di. 1, 9; ISIDOR, 5 Etym., c. 6. – [13] Decr. 1, di. 1, 8; ISIDOR, 5 Etym., c. 5. – [14] Decr. 1, di. 4, dict. Grat. – [15] PETRUS LOMBARDUS, 3 Sent., d. 37, 4-6. – [16] A. PASSERIN D'ENTRÈVES: Natural law (London 1951) 33. – [17] Die Summa Decretorum des Magister Rufinus, hg. H. SINGER (1902). – [18] M. GRABMANN: Das N. der Scholastik von Gratian bis Thomas von Aquin, in: Mittelalterl. Geistesleben 1 (1926) 71ff. – [19] a.O. 83ff.; vgl. O. LOTTIN: La syndérèse chez les premiers maîtres franciscains de Paris. Rev. néoscolast. Philos. 29 (1927) 265ff. – [20] GRABMANN, a.O. [18] 90ff. – [21] THOMAS VON AQUIN, S. theol. II/I, 91, 1, c; 93, 1, c; 19, 6, ad 2. – [22] a.O. 91, 2, c; 19, 4, c. – [23] In 4 Sent. 33, 1, 1; S. theol. I, 59, 1; 87, 4; II/I, 91, 2. – [24] S. theol. II/I, 94, 2; In 4 Sent. 33, 1, 1. – [25] De veritate 16, 1. – [26] S. theol. II/I, 94, 1, ad 2; I, 79, 13; Quaest. disp. 16 de Synderesi; Quaest. disp. 17 de conscientia. Zum Verständnis des Ineinandergreifens von ewigem, natürlichem und positivem Gesetz ist besonders hilfreich W. KLUXENS Kapitel ‹Gesetz und Geschichtlichkeit›, in: Philosophische Ethik bei Thomas von Aquin (²1980) 230-241. – [27] S. theol. II/I, 71, 6, ad 4; die Frage, ob etwas nur «malum» sein könne, «quia prohibitum», stellt sich auch im Islam, z.B. in der Kontroverse zwischen asharitischer und mutazilitischer Ethik, vgl. G. F. HOURANI: The rationalist ethics of Abd al-Jabbar, in: S. M. STERN u.a. (Hg.): Islamic philos. and the class. trad. Essays pres. to R. Walzer (Oxford 1972) 105ff. – [28] S. theol. I, 25, 5. – [29] Das meint offensichtlich auch II/I, 57, 2; entsprechend 94, 5, ad 1; mehrere Beispiele in 94. – [30] In 4 Sent. d. 33, q. 1, a. 12; In 3 Sent. d. 32, q. 1, a. 3. – [31] In 3 Sent. d. 37, q. 2, a. 4, ad 13. – [32] S. theol. II/I, 97, 1, a. 3. – [33] II/I, 93, 3; 91, 3, c; II/II, 60, 5, c; 57, 2, c; 57, 3, c. – [34] II/I, 95, 2, c; 4, c. – [35] II/I, 95, 4, ad 1; II/II, 57, 3, ad 3; II/I, 94, 4, c. – [36] II/II, 85, 1, ad 1; II/I, 96, 4, c; II/II, 66, 7, c; 60, 5, ad 1; II/I, 96, 4, c. – [37] GRABMANN, a.O. [18] 77ff. – [38] BONAVENTURA, In 2 Sent., d. 35, a. un., q. 3. – [39] In 4 Sent., d. 33, a. 1, q. 2. – [40] JOH. DUNS SCOTUS, Opus ox. 2, d. 1, q. 2, n. 9. – [41] 1, d. 8, q. 5, n. 24. – [42] d. 39, q. un., n. 7. – [43] a.O.; 2, d. 3, q. 11, n. 11; 1, d. 3, q. 4, n. 20. – [44] 1, d. 44, q. un., n. 2; 3, d. 19, q. un., n. 7. – [45] Opus ox., Prol. q. 4, n. 15; 3, d. 36, q. un., n. 13. – [46] 1, d. 44, q. un., n. 2. – [47] 3, d . 37, q. un., n. 5-7. – [48] 3, d. 37, q. un., n. 2. – [49] WILHELM VON OCKHAM, In 1 Sent. d. 35, q. 5 G; In 2 Sent., q. 4/5 H; q. 19 O. P; In 3 Sent. q. 12 YY; Dial. 1, 1, 9. – [50] In 2 Sent., q. 19 O. P; Quodl. 3, q. 13; 6, q. 1; Opus nonag. Dierum 95, Nota de duplici potestate Dei. – [51] Hierzu P. BOEHNER: Philos. writings of Ockham (London ⁴1967) XLIXf. sowie E. HOCHSTETTER: Viator Mundi. Franzisk. Studien 32 (1950) 1ff., bes. 14 mit einer Interpretation von Quodl. 3, q. 14f., die unterstellt, daß Ockham seine extreme These später korrigierte. – [52] Dial. 3, 2, 3, 6; In 1 Sent., d. 41, q. 1 K. – [53] Vgl. Tahafut al-Tahafut [The incoherence of the incoherence], hg. S. VAN DEN BERGH 1 (Oxford 1957) 316. – [54] OCKHAM, Dial. 3, 2, 1, 15. – [55] Ockham gibt an: AUGUSTINUS, De vita clericorum 14, q. 4, letztes Kap. – [56] Opus nonag. Dierum 65, 2f. – [57] Dial. 3, 2, 3, 6. – [58] a.O. – [59] Breviloquium 3, 6-8. – [60] Dial. 3, 2, 3, 6. – [61] Super potestate 2.7; 3.8; allgemein: Opus nonag. Dierum 65, 3; Dial. 3, 2, 3, 6. – [62] Dial. 3, 2, 1, 15. – [63] Dial. 1, 6, 2, 100. – [64] Dial. 3, 2, 2, 11; 3, 2, 3, 6. – [65] Opus nonag. Dierum 65, 3; Dial. 1, 6, 1, 47; 3, 2, 3, 6; Opus nonag. Dierum 91, 3. – [66] Maßgebl. Stellen: PETER VON AILLY, In 2 Sent., Pr. G; In 1 Sent., q. 14, a. 2 M; De conscientia erronea, in: JOHANNES GERSON, Opera omnia, hg. L. ELLIES DUPIN (Antwerpen 1706), bes. 1, 638; ferner: In 1 Sent. q. 14, a. 3 Q; In 1 Sent., q. 14, a. 1 B; Utrum Petri

Ecclesia, in: GERSON, Opera omnia 1, 663; In 1 Sent., q. 9, a. 2 R. S; In 1 Sent., q. 14, a. 3 T. U; In 1 Sent., Pr. H; In 2 Sent., Pr. P; In 1 Sent., Pr. L. – [67] GABRIEL BIEL, Epitome 1, d. 43, q. 1 E; d. 17, q. 1 J. – [68] Besonders deutlich ausgesprochen in: Philosophiae moralis epitome (1546), in: MELANCHTHON, Studien-Ausg., hg. R. NÜRNBERGER (1961) 157-160 [= CR 16, 21-25]; Literatur: F. X. ARNOLD: Zur Frage des N. bei M. Luther (1937); R. NÜRNBERGER: Die lex naturae als Problem der vita christiana bei Luther. Arch. Reformationsgesch. 37 (1940) 1ff.; C. BAUER: Die N.-Lehre des jüngeren Melanchthon. Festschr. G. RITTER (1950); Melanchthons N.-Lehre. Arch. Reformationsgesch. 42 (1951) 64ff. – [69] GREGOR VON RIMINI, In 2 Sent., d. 34, q. 1, a. 2. – [70] S. E. REIBSTEIN: J. Althusius als Fortsetzer der Schule von Salamanca (1955). – [71] FRANCISCO DE VITORIA, Rel. de pot. papae et conc. 1, 5. Arg. – [72] In sec. secundae III, q. 57, a. 2, 7. – [73] Rel. de homicidio 5; 3, 1.-3. Beweis. – [74] In sec. secundae III, q. 57, a. 2, 7; Rel. de homicidio 9. – [75] Rel. de pot. civili 6. – [76] In sec. secundae III, q. 57, a. 2, 4; Rel. de matrimonio 8. – [77] Rel. 1 de Indis, de tit. leg. 2, 1. Beweis. – [78] Rel. de pot. civili 21, Korollar; zur Befugnis der Majorität 14. Beweis, 1. Teil. – [79] Rel. de pot. civili 8; Rel. de pot. papae et conc. 1, 1. Beweis. – [80] Rel. de pot. civili 6-8. – [81] Rel. 1 de Indis, de tit. leg. 2, 12. Beweis. – [82] Bes. Rel. 1 de Indis; vgl. dazu J. HÖFFNER: Christentum und Menschenwürde (1947). – [83] Bes. Rel. 2 de Indis. – [84] Bes. Rel. de pot. eccl., quaest.: Utrum potestas spiritualis. – [85] Bes. Rel. 1 de Indis 4ff. – [86] Rel. 1 de Indis, de tit. leg. 2, 10. Beweis, unter Berufung auf Justinians ‹Institutionen› (De rerum divisione). – [87] Dazu C. SCHMITT: Der Nomos der Erde (1950) 69-96. – [88] DOMINGO DE SOTO, De justitia et jure 1, q. 1, a. 1, concl. 1; a. 3, concl. 1; a. 4, concl. 1; q. 1, a. 4, ad 1. – [89] a.O. q. 3, a. 1, pro quaest. int. – [90] a.O. 1, q. 1, a. 1, concl.; a. 2, concl. – [90] 2, q. 1, a. 1, concl.; 1, q. 3, a. 1, concl. 1; a. 2, concl. 1; q. 3, a. 3, concl.; a. 4. – [91] 1, q. 3, a. 1, concl. 1; q. 4, a. 1, concl. 1f. – [92] 1, q. 1, a. 4, ad 1; q. 4, a. 1, concl. 2. – [93] 1, q. 4, a. 2, concl. 1f.; a. 5, concl. 1-3; 3, q. 1, a. 3, concl. – [94] 2, q. 3, a. 1, concl. 2. – [95] 3, q. 1, a. 3, concl. 1f.; zum Eigentum vgl. 4, q. 1, a. 2, concl. 1; q. 3, a. 1, concl. 1; 3, 1, q. 1, a. 4, ad 1; q. 4, a. 4, concl. 2; a. 5, concl. 1f.; ferner 2, q. 3, a. 1, concl. 2; 3, q. 4, a. 5, concl. 1f.; 1, q. 7, a. 1, concl. 1f. – [96] LUIS DE MOLINA, De justitia et jure 1, d. 4, n. 2f.; 6, d. 47, n. 2. – [97] a.O. 6, d. 47, n. 6; d. 49, n. 2. – [98] 6, d. 69, n. 3. – [99] GABRIEL VÁSQUEZ DE BELMONTE, In pr. secundae, d. 47, c. 1f.; d. 150, c. 4, n. 28. 30f.; c. 2, n. 16. – [100] a.O. qu. 91, a. 1 expl. – [101] d. 97, c. 1, n. 2f. – [102] d. 150, c. 3, n. 22f. 26; qu. 94, obs. circa doctr. art. 1. – [103] d. 97, c. 3, n. 5f. 9f.; dazu: FRANCISCO SUÁREZ, De legibus 2, c. 5, n. 2f. – [104] H. WELZEL: N. und materiale Gerechtigkeit (⁴1962) 97. – [105] VÁSQUEZ, a.O. [99] d. 97, c. 3, n. 9f. – [106] SUÁREZ, De legibus ac Deo legislatore 2, c. 17, n. 2. – [107] a.O. 1, c. 4, n. 2. – [108] De voluntario d. 6, s. 3; De legibus 3, c. 20, n. 3. 9. – [109] De legibus 2, prooem.; 2, c. 3, n. 1; 2, c. 3, n. 3; 2, c. 3, n. 6. – [110] a.O. 2, c. 6, n. 1f. – [111] c. 4, n. 3ff.; c. 6, 3f. – [112] c. 6, n. 5f. – [113] c. 6, n. 14.17-19; De bonitate et malitia, 2, c. 3, n. 6. – [114] De legibus 2, c. 3, n. 6; c. 6, n. 5-23; De bonitate et malitia, d. 7, s. 1, n. 8. 14. – [115] De legibus 2, prooem.; c. 6, n. 24. – [116] Zu Suárez' frühem jus-gentium-Verständnis vgl. den Vorlesungspassus von 1601, in: F. Suárez. Ausgewählte Texte zum Völkerrecht, hg. J. DE VRIES (1965) 20-26. – [117] SUÁREZ, De legibus 2, c. 17; c. 18, n. 1. – [118] a.O. c. 19, n. 1-6; c. 20, n. 9. – [119] c. 19, n. 9. – [120] c. 19, n. 8.

Literaturhinweise. A. DEMPF: Ethik des MA (1927); Sacrum Imperium (1929). – H. CAIRNS: Legal philos. from Plato to Hegel (Baltimore 1949). – J. MARÍN Y MENDOZA: Hist. del derecho natural y de gentes (Madrid 1950). – A. PASSERIN D'ENTRÈVES s. Anm. [16]. – F. FLÜCKIGER: Gesch. des N. (Zürich 1954). – M. B. CROWE: The term 'synderesis' and the Scholastics. Irish theol. Quart. 23 (1956) 151ff. 228ff. – L. J. BREDWOLD: The meaning of the concept of right reason in the natural law tradition. Jurisprudence 36 (1958). – E. REIBSTEIN: Völkerrecht, eine Gesch. seiner Ideen in Lehre und Praxis 1 (1958). – A. TRUYOL Y SERRA: Hist. de la filos. del derecho y del estado 1 (Madrid 1961). – H. WELZEL s. Anm. [104]. – B. HAMILTON: Political thought in sixteenth-century Spain (Oxford 1963). – G. AMBROSETTI: Diritto naturale cristiano (Rom 1964). – J. FELLERMEIER: Das N. in der Scholastik. Theol. Glaube 58 (1968) 333ff. – W. TOTOK: Hb. der Gesch. der Philos. II (1970) 19-21, 25-28; III (1980) 13, 18-22. – K. H. ILTING: Art. ‹N.› III. Geschichtl. Grundbegriffe 4 (1978) 258-277. – Literaturangaben zu den angeführten Autoren finden sich in: R. SPECHT: Materialien zum N.-Begriff der Scholastik. Arch. Begriffsgesch. 21 (1977) 86-113, bes. 110-113. R. SPECHT

IV. Neuzeit. – Der neuzeitliche N.-Begriff wird vor allem durch zwei Faktoren bestimmt: a) Das N. findet eine von der Theologie unabhängige Begründung, die sich sozialgeschichtlich darin ausdrückt, daß nun nicht mehr Theologen, sondern Juristen und Philosophen sich des N. annehmen. b) Der aristotelische und teleologische Naturbegriff wird verdrängt durch den mechanistischen Naturbegriff der neuzeitlichen Naturwissenschaften. Der Übergang vom antiken und mittelalterlichen zum neuzeitlichen N.-Begriff, obwohl schon in der Spätscholastik vorbereitet, vollzieht sich jedoch nur zögernd und kommt erst mit Hobbes voll zum Durchbruch.

1. M. Luther bis G. W. Leibniz. – Die Enttheologisierung des N. war in der Scholastik bereits in der These angelegt, daß die natürliche, durch menschliche Vernunft einsehbare Ordnung Teil der göttlichen Ordnung sei. Sie erhält neue Nahrung durch M. LUTHERS Lehre von den zwei Regimenten und seinem «eschatologischen Dualismus zwischen dem göttlichen, geistlichen Naturgesetz des Reiches Christi und dem menschlichen ungeistlichen N. des Reiches der Welt» [1]. Das Reich der Welt, im Unterschied zum Reich Christi, besteht aus der Gemeinschaft der Ungläubigen, der Nichtchristen. Trotz dieses Unterschieds gibt es jedoch nicht zweierlei natürliches Recht, sondern eine einzige «lex naturalis», die jedem Menschen von seinem Schöpfer ins Herz geschrieben worden ist [2], ihren allgemeinsten Ausdruck in der «goldenen Regel» gefunden hat [3] und inhaltlich den Forderungen des ‹Dekalogs› entspricht [4]. Der Unterschied zwischen christlichem und weltlichem N. macht sich einzig darin bemerkbar, daß der weltliche Mensch infolge des Sündenfalls das göttliche Gesetz leiblich statt geistlich, von der «felicitas humana» statt von der «beatitudo aeterna» her versteht und daß sein Herz so sehr verfinstert ist [5], daß er durch das natürliche Recht allein nicht mehr regiert werden kann. Er bedarf daher des «gesatzten» (kaiserlichen) Rechtes, des Stadt- und Landrechtes [6] und einer starken Obrigkeit, die als Abbild und Statthalter des göttlichen Regiments, als Vollstrecker des göttlichen Zornes und Werkzeug seiner erhaltenden Liebe [7] mit dem Schwert [8] für die Durchsetzung der göttlichen Ordnung sorgt. Aus «Bosheit, wider alles göttliche und weltliche Recht» handelt, wer als «Aufrührer» «Oberkeit und Recht nicht leiden will» [9].

Luthers voluntaristische Deutung des N. läßt letztlich auch das göttliche Recht nur als eine besondere Form des positiven Rechts erscheinen. Gott schreibt nicht das Recht vor, das unabhängig von ihm schon Geltung hat, sondern umgekehrt: Das natürliche Recht hat Geltung, weil er es vorschreibt: «Non enim quia sic debet vel debuit velle, ideo rectum est, quod vult. Sed contra: Quia ipse sic vult, ideo debet rectum esse, quod fit» [10]. Von diesem Gedanken her ist es nur noch ein kleiner Schritt zu der Auffassung, daß es nicht so sehr auf den Inhalt der gesetzten Ordnung ankomme, als vielmehr auf die Tatsache, daß diese Ordnung von Gott gesetzt worden sei. Es ist dieser kleine Schritt, den J. CALVIN auf dem Boden der von Luther vertretenen N.-Auffassung getan hat. Angesichts der zerstörerischen Kraft der gefallenen Natur ist der Staat nach Calvin das einzige Heilmittel (unicum remedium), welches das menschliche Geschlecht vor der Selbstzerstörung zu bewahren vermag [11]. In der «police terrienne» erkennen wir den Spiegel unserer Verkehrtheit: «D'autant qu'il faut que par force nous soyons amenez à suyvre équité et raison» [12]. Gehorsam gegenüber der Obrigkeit ist daher das höchste Gebot der Natur: «nous ne pourrons pas vivre en paix et concorde, sinon que ceux que Dieu a institutez en estat et dignité, soyent obeis ...» [13]. Auf die Frage, warum wir uns der Obrigkeit zu unterwerfen haben, weiß Calvin nur eine Antwort: weil Gott es will. Denn der Wille Gottes «ist der höchste Maßstab der Gerechtigkeit» (summa est iustitiae regula), «so daß, was auch immer er will, deshalb für gerecht gehalten werden muß, weil er es will» (ut quidquid vult eo ipso quod vult iustum habendum sit) [14].

Calvins N.-Begriff kam erst bei Hobbes zum Tragen, der die Attribute der göttlichen Macht auf den Staat als den «sterblichen Gott» übertrug. Der eigentliche, bis zum Ende des 17. Jh. dominierende N.-Lehrer des Protestantismus blieb PH. MELANCHTHON. Dieser aber knüpfte wiederum beim aristotelischen N. an. N. ist für ihn einerseits das Wissen um die göttliche Schöpfungsordnung: «N. ist das der Natur des Menschen eingepflanzte Wissen des göttlichen Gesetzes» (Legem naturae esse notitiam legis divinae naturae hominis insitam) [15], und andererseits eben diese Schöpfungsordnung selbst [16]. Der Inhalt des N. umfaßt nach Melanchthon die auch dem gefallenen Menschen durch natürliche Vernunft einsichtigen [17] praktischen Grundprinzipien (prima principia practica) des menschlichen Denkens [18], allen voran, daß Gott zu gehorchen und zwischen gut und böse zu unterscheiden sei [19]. Das N. als Ordnung der menschlichen Beziehungen verpflichtet uns, das menschliche Leben und die menschliche Gesellschaft mit ihren Institutionen wie Ehe, Familie und Staat zu erhalten und im zwischenstaatlichen Bereich das «jus gentium» zu befolgen [20]. Das positive Recht ist nach Melanchthon bloß eine «determinatio» der N.-Sätze im Hinblick auf bestimmte «circumstantiae» [21], ein positives Gesetz, das dem N. widerspricht, gilt für ihn daher als nichtig [22].

Neben den zahlreichen protestantischen N.-Lehrern im Gefolge Melanchthons – J. OLDENDOP, N. HEMMING, B. WINKLER u. a. [23] – ist einzig H. GROTIUS von besonderer Bedeutung. Sein Hauptinteresse gilt allerdings, wie schon bei seinem wichtigsten Vorläufer, A. GENTILI [24], dem konkreten Staats- und Völkerrecht; die «prima principia» spielen für ihn eine eher untergeordnete Rolle [25]. Seine naturrechtlichen Hauptquellen sind, neben den Spätscholastikern [26], vor allem die Stoiker und ihre Lehre von der ersten und zweiten Natur des Menschen. Zur ersten Natur gehört der auch den Tieren eigene Trieb zur Selbsterhaltung; es ist daher, wie Grotius mit Cicero folgert, erste Pflicht, sich im natürlichen Zustand zu erhalten, alles Naturgemäße zu tun und Naturwidrige zu meiden [27]. Noch höher als dieser Naturtrieb allerdings stehe die allein der menschlichen Natur eigentümliche Vernunft: Die rechte Vernunft sage uns, daß wir für die Gemeinschaft zu sorgen, fremdes Gut zu respektieren, gegebene Versprechen zu erfüllen, durch eigene Schuld veranlaßten Schaden zu ersetzen haben [28]. Einen gewissen Trieb zur Geselligkeit findet sich zwar nach Grotius schon bei den Tieren in der Sorge für ihre Jungen und für ihresgleichen, aber der Mensch allein habe, dank seiner Sprache und seiner Urteilskraft, auch die Mittel, eine auf Einsicht beruhende, friedliche und geordnete Gemeinschaft mit seinesgleichen, die «oikeiosis», wie sie die Stoiker nannten, aufzubauen [29]. Verbindliches N. sei daher, was den Geboten der Vernunft nicht widerstreite [30] und der vernünftigen Natur entspreche [31]. Die naturrechtlichen Bestimmungen der Vernunft wären,

wie Grotius, mit einem auf GREGOR VON RIMINI [32] zurückgehenden spätmittelalterlichen Topos sagt, auch dann gültig, wenn es keinen Gott gäbe [33]; denn sie seien ebenso unwandelbar wie die mathematischen Sätze, sie zu leugnen, hieße, sich selbst zu widersprechen [34]. Nur weil die vernünftigen Handlungen in sich selbst moralisch schlecht oder moralisch notwendig sind, sind sie von Gott verboten oder geboten, und nicht umgekehrt [35].

Ein überzeugenderer Versuch, die widerstrebenden antiken und christlichen Elemente des N. mit dem bestehenden positiven Recht zu einer Einheit zu bringen, ist die 'christliche' N.-Lehre, die G. W. LEIBNIZ spätestens ab 1677 systematisch auszubauen begann [36]. Das N. ist für Leibniz *Natur*-Recht in doppeltem Sinne: Die Rechtsordnung ist als Teil der allgemeinen göttlichen Seinsordnung in der «Natur der Dinge» begründet, und die Seinsordnung ist letztlich nichts anderes als eine Rechtsordnung, ausgerichtet auf die «Gesetze der Gerechtigkeit» (loix de la justice) [37]. So ist das N. sowohl Recht aus der Natur der Sache als auch Recht aus der vernünftigen Natur des Menschen. Inbegriff der Gerechtigkeit ist die «caritas sapientis», die «Liebe des Weisen» [38]. Aus diesem Satz lassen sich, wie Leibniz glaubt, nach der kombinatorischen Methode durch Abstraktion die «Elemente» oder einfachen Begriffe des N. (termina simplicia) gewinnen, deren Definitionen sich zu einer in sich widerspruchsfreien Kette (catena definitionum) zusammenfügen lassen [39]. Im Ausgang von diesen Definitionen erweisen sich die traditionellen Bestandteile des N. – die auf Ulpian zurückgehende Lehre von den drei Bereichen des natürlichen Rechts (neminem laedere, suum cuique tribuere, honeste vivere) [40], die innerhalb des protestantischen Aristotelismus verbreitete Lehre der «societas hominum cum Deo» [41] und der augustinische Liebesbegriff – als Stufen einer einzigen umfassenden Wissenschaft: der «jurisprudentia naturalis». Auf der untersten Stufe des «reinen Rechts» (jus merum sive strictum) herrscht die «justitia commutativa», die ausgleichende Gerechtigkeit, die dafür sorgt, daß niemand verletzt und der Friede aufrechterhalten wird [42]. Die zweite Stufe des Rechts, die Stufe der «Billigkeit» (aequitas) oder «Nächstenliebe» (caritas) ist auf die «justitia distributiva» ausgerichtet; sie gebietet, der Gemeinschaft zu nützen und jedem das Seine (seinem Verdienste gemäß) zukommen zu lassen [43]. Auf der höchsten Stufe, der «pietas», schließlich, soll das «honeste vivere» verwirklicht werden: die Erfüllung der Pflichten gegenüber Gott und gegenüber den andern als den «Nächsten» [44]. Gott ist nicht nur das liebenswerte Wesen, dem zu dienen Glückseligkeit bedeutet [45], aufgrund seiner Allmacht und Fürsorge garantiert er zugleich, daß die N.-Gebote auch befolgt werden, indem er keine gute Tat unbelohnt, keine Sünde unbestraft läßt [46].

Anmerkungen. [1] J. HECKEL: N. und christl. Verantwortung im öff. Leben nach der Lehre M. Luthers, in: Zur polit. Predigt, hg. Evang.-Luth. Dekanat München (1952) 50. – [2] M. LUTHER, Über das 1. Buch Mose. Werke. Weimarer Ausg. I, 24 (1900) 6. – [3] Wider die himml. Propheten, a.O. 18 (1908) 80. – [4] Auslegung der zehn Gebote, a.O. 16 (1899) 424f. 431. – [5] a.O. 447. – [6] Tischreden, a.O. III, 3 (1914) 156; 6 (1921) 290f.; 4 (1916) 6. – [7] Vgl. HECKEL, a.O. [1] 52. – [8] LUTHER, a.O. [2]. – [9] Warnung an seine lieben Deutschen, a.O. 30/3 (1910) 283; Ob Kriegsleute auch in seligem Stande sein können, a.O. 19 (1897) 632f. – [10] De servo arbitrio, a.O. 18 (1908) 712. – [11] J. CALVIN, Comm. epist. Pauli ad Romanos. Corpus Reformatorum (= CR) 77 (1892) 250. – [12] Sermons sur le Deuteronome. CR 55 (1884) 409. – [13] CR 54 (1883) 320. – [14] Institutio christianae religionis. CR 30 (1864) 700. – [15] PH. MELANCHTHON, Loci theologici. CR 21

(1854) 712. – [16] Vgl. C. BAUER: Melanchthons N.-Lehre. Arch. Ref. Gesch. 42 (1951) 67. – [17] MELANCHTHON, Ennaratio libri I ethic. Arist. CR 16 (1850) 536; Proleg. in officia Ciceronis, a.O. 281, Anm. 1. – [18] a.O. [15] 711. – [19] a.O. 712. – [20] Vgl. BAUER, a.O. [16] 75f. – [21] MELANCHTHON, Philos. moral. epitome. CR 16 (1850) 70; Eth. doctr. elementa, a.O. 229. – [22] a.O. 16, 72; Comm. in libri II polit. Arist., a.O. 434. – [23] Vgl. C. VON KALTENBORN: Die Vorläufer des Hugo Grotius (1848). – [24] Vgl. H. GROTIUS: De jure belli ac pacis, Proleg. 38 (Amsterdam 1646, ND 1913), dtsch.: Des H. Grotius drei Bücher über das Recht des Krieges und Frieden, hg. J. H. VON KIRCHMANN (1869). – [25] Vgl. H. WELZEL: N. und materiale Gerechtigkeit (1951) 127. – [26] Vgl. R. W. LEE: H. Grotius (London 1930); E. WOLF: Große Rechtsdenker der dtsch. Geistesgesch. (⁴1963) 257ff.; PH. MEYLAN: Grotius et l'école du droit naturel, in: Hommage à Grotius (Lausanne 1946) 43-71. – [27] GROTIUS, De jure ... a.O. [24] I/2, 1. – [28] a.O. Proleg. 7. – [29] Proleg. 6. – [30] Proleg. 9. – [31] I/1, 10. – [32] Vgl. WELZEL, a.O. [25] 94f. – [33] GROTIUS, De jure ... a.O. [24] Proleg. 11. – [34] a.O. I/1, 10 (5). – [35] I/1, 10 (12). – [36] Vgl. H.-P. SCHNEIDER: Justitia universalis. Quellenstud. zur Gesch. des 'christl. N.' bei G. W. Leibniz (1967) 352; W. SCHNEIDERS: N. und Gerechtigkeit bei Leibniz. Z. philos. Forsch. 20 (1966) 607-650. – [37] G. W. LEIBNIZ, Br. an A. Arnauld vom Sept. 1687. Philos. Schr., hg. C. I. GERHARDT 2 (1879, ND 1960) 124ff. – [38] De justitia, in: G. MOLLAT (Hg.): Rechtsphilosophisches aus Leibnizens ungedr. Schr. (1885) 35; Definitiones ethicae. Op. philos., hg. J. E. ERDMANN (1840, ND 1959) 670; Erclärung einiger Worthe, a.O. [37] 7 (1890, ND 1961) 75; Catena definitionum, in: G. GRUA (Hg.): G. W. Leibniz. Textes inéd. 2 (Paris 1948) 537. – [39] Vgl. SCHNEIDER, a.O. [36] 359. – [40] Nova methodus, pars 2, § 73. Akad.-A. VI/1 (1971) 343; De iure et iustitia, in: GRUA (Hg.), a.O. [38] 2, 620. – [41] Vgl. Discours de mét., a.O. [37] 4 (1880, ND 1960) 427-463. – [42] De notionibus juris et justitiae, Op. philos., a.O. [38] 119. – [43] a.O. – [44] ebda. – [45] ebda. – [46] ebda. –

Literaturhinweise. C. VON KALTENBORN s. Anm. [23]. – O. VON GIERKE: Johannes Althusius und die Entwicklung der naturrechtl. Staatstheorien (1880). – J. SAUTER: Die philos. Grundl. des N. (1932). – H. THIEME: Das N. und die europ. Privatrechtsgesch. (1947). – E. REIBSTEIN: Die Anfänge des neueren Natur- und Völkerrechts (1949). – P. OTTENWÄLDER: Zur N.-Lehre des H. Grotius (1950). – C. BAUER s. Anm. [16]. – W. WELZEL s. Anm. [25]. – J. HECKEL s. Anm. [1]. – E. WOLF: Das Problem der N.-Lehre (1964). – H.-P. SCHNEIDER s. Anm. [36]. – W. RÖD: Geometr. Geist und N. Bayer. Akad. Wiss., Phil.-hist. Kl., Abh. NF 70 (1970).

2. B. Spinoza, J.-J. Rousseau und die englische N.-Tradition von Th. Hobbes bis A. Smith. – Allen bisherigen neuzeitlichen N.-Versuchen gemeinsam ist die Berufung auf eine vom menschlichen Willen unabhängige Instanz: die Natur- oder Schöpfungsordnung, der Wille Gottes, die in der Natur des Menschen eingeschriebenen Neigungen und Normen. TH. HOBBES setzt dieser Tradition ein Ende und stellt das N., im Anschluß an die von P. GASSENDI wieder aufgenommene epikureische Lehre [1], auf ein neues Fundament: den Willen und die Einsicht des Einzelnen. Dieser Ansatz führt jedoch zwangsläufig zu einer Vermischung zweier, erstmals von ALTHUSIUS unterschiedener [2] Erkenntnismethoden: der normativen Begründung dafür, warum bestehende staatliche Ordnungen anerkannt werden sollen, und der deskriptiven Erklärung, warum jeder (Einsichtige) die bestehenden Ordnungen zwangsläufig anerkennen muß. In deskriptiver Hinsicht ist die Staatslehre von HOBBES eine Staats*physik*: Wie Newton aus den galileischen Fallgesetzen die Planetenbewegungen als Resultanten des zentrifugalen Bewegungsimpulses und der zentripetalen Massenanziehung erklärte, so erklärt Hobbes den Staat aus den beiden Grundkräften des Menschen, dem zentripetalen Machttrieb, der den Krieg aller gegen alle verursacht, und der zentrifugalen Furcht vor diesem Zustand, die aufgrund eines Zweck-Mittel-Kalküls zu der Einsicht führe, daß der einzelne sich nur schützen kann, wenn sich alle aus dem Naturzustand herausbegeben und der staatlichen Zwangsgewalt unterwerfen. In normativer Hinsicht ist Hobbes' Staatstheorie eine analytische Rechtslehre, die resolutiv die einzelnen Rechtselemente zu gewinnen und durch Komposition dieser Elemente die logische Entstehung des Staates nachzuzeichnen versucht. Der Naturzustand ist nun nicht mehr ein empirisch beobachtbarer Zustand, sondern der rechtliche Zustand, der sich ergibt, wenn man sich – hypothetisch – alle rechtlichen Bindungen aufgelöst denkt [3]. Wo kein Gesetz, d.h. nach Hobbes' Definition keine «Verbindlichkeit, etwas zu tun oder zu unterlassen», besteht [4], hat jeder das Recht, tun und lassen zu können, was ihm beliebt. Das im Naturzustand geltende N. (jus naturale) ist daher die Freiheit (liberty), «each man hath, to use his own power, as he will himselfe, for the preservation of his own Nature; that is to say, of his own Life; and consequently, of doing any thing, which in his own Judgement, and Reason, hee shall conceive to be the aptest means thereunto» [5]. Da der Naturzustand für die Menschen, wie sie nun einmal sind, den Krieg aller gegen alle bedeuten würde, wird sich unter den Bedingungen des N. keiner sicher fühlen können – nicht weil jeder, wie Hobbes – in die physikalistische Argumentation zurückfallend – unterstellt, die gleiche Macht hat, jeden andern zu töten [6], sondern weil jeder das gleiche *Recht* hat, jeden andern zu töten. Ein solches Recht haben heißt jedoch soviel wie überhaupt kein Recht haben [7]; der Sinn des Rechts, die Selbsterhaltung aller, kann daher nur erfüllt werden, wenn jeder – vorausgesetzt, seine Ruhe und Selbsterhaltung sei gesichert – den Frieden sucht, indem er von seinem Rechte auf alles abgeht und mit der Freiheit zufrieden ist, die er auch den übrigen eingeräumt wissen will [8]. Damit diese zweite Forderung des natürlichen Gesetzes und alle aus ihr fließenden «laws of nature», z. B. daß Verträge zu halten, Wohltaten zu verdanken seien [9], eingehalten werden können, muß zunächst, durch die Schaffung des institutionellen Staates, für die Realisierung ihrer Voraussetzung gesorgt werden. Jeder überträgt sein «natürliches» Recht einem oder mehreren Menschen, «auf daß diese nach ihrem Gutdünken die Macht aller zum Frieden und zur gemeinschaftlichen Verteidigung anwenden» [10]. Erst die Existenz einer staatlichen Zwangsgewalt gibt so den aus dem N. abgeleiteten natürlichen Gesetzen ihre Verbindlichkeit, und umgekehrt ist die Gehorsamspflicht gegenüber den bürgerlichen Gesetzen (des Staates) «part of the law of nature» [11].

Die Vermischung von normativer und deskriptiver Argumentation zeigt sich bei Hobbes besonders deutlich am Begriff des «natürlichen Gesetzes» und «natürlichen Rechtes» selbst: Das natürliche Gesetz gilt einerseits als Folgerung aus dem natürlichen Recht (auf alles), andererseits wird es rein instrumentell verstanden als «Gebot der rechten Vernunft in Betreff dessen, was behufs einer möglichst langen Erhaltung des Lebens ... zu tun und zu lassen ist» [12]. Sich selbst zu schützen und zu verteidigen, wird dabei nicht als moralisches Gebot betrachtet, sondern als «Naturnotwendigkeit», und die natürlichen Gesetze sind insofern, wie Hobbes einräumt, «eigentlich keine Gesetze». Zu solchen werden sie nur dadurch, daß «der mit dem höchsten Recht über alles gebietende Gott» sie erlassen hat [13]. Der Grund dafür, daß Gott mit Recht (d. h. verbindlich) gebietet, ist jedoch kein anderer als der, daß er allmächtig ist [14]. Diese Auskunft ist doppelt befremdlich: Der Hinweis auf Gott ist in sich selbst systemfremd, und die Gleichsetzung von Macht und Recht droht den zentralen Unterschied zwischen normativer Begründung und theoretischer Erklärung, zwischen der auf freiwilligem Vertrage beruhenden Gültigkeit [15] eines Gesetzes und seiner faktischen Erzwingbarkeit, vollends zu verwischen.

Die unmittelbaren Nachfolger oder Gegner von Hobbes fallen weitgehend wieder hinter seinen Neuansatz zurück. J. BRAMHALL, der einzige Gegner, den Hobbes einer Erwiderung für würdig erachtete [16], wirft Hobbes vor, er habe den Gott der Natur vergessen und die altruistischen Gefühle, «which God himself hath imprinted in the heart of man», ebenso übersehen wie «the main and principal laws of nature which contain a mans duty to his God and the principal end of his creation» [17]. R. CUMBERLAND erhebt den Anspruch, aus der «Natur der Dinge» das allgemeine «Law of nature» gewinnen zu können, demzufolge die Bemühung um das allgemeine Wohl des ganzen Systems vernünftig Handelnder dem Wohl eines jeden seiner Teile diene und das Glück eines jeden einschließe, sofern er einer jener Teile sei. Umgekehrt bewirkten die diesem Streben entgegengesetzten Handlungen entgegengesetzte Wirkungen, zögen also für uns selbst und für andere Übel nach sich [18]. Cumberlands Argumentation ist ein bezeichnendes Beispiel dafür, wie eine rein deskriptive Aussage, durch den Hinweis auf die sich einstellenden natürlichen Sanktionen, zugleich als Forderung wirken kann.

SPINOZA schließlich setzt das N. gänzlich mit faktischer Macht gleich: Was einer für nützlich für sich erachtet, «sei es durch die Leitung der gesunden Vernunft, sei es auf den Antrieb der Affekte», darf er auch mit vollem Recht der Natur erstreben, «denn es ist gewiß, daß die Natur an sich betrachtet das vollste Recht zu allem hat, was sie vermag, d. h. daß sich das Recht der Natur so weit erstreckt, wie sich ihre Macht erstreckt» [19].

J. LOCKE greift die traditionelle christliche und stoische Lehre wieder auf, macht sie aber aufgrund seiner erkenntnistheoretischen Voraussetzungen derart unwirksam, daß seine naturrechtlichen Vorstellungen faktisch einer modifizierten Version der Auffassungen von Hobbes gleichkommen. Locke zweifelt nicht daran, daß es ein vom Menschen unabhängiges Gesetz der Natur gibt, das einem vernunftbegabten Wesen einsichtig und klar ist [20]. Er verwirft jedoch die traditionellen Quellen des N.: die Überlieferung (traditio), die «natürliche Übereinstimmung» (consensus) [21] aller Menschen und die «inscriptio» in der Seele des Menschen [22]. Aber der von ihm vorgeschlagene Weg, durch Vernunft aufgrund von Sinneseindrücken zunächst den Gesetzgeber und dann das von ihm Gebotene und dessen Verbindlichkeit auszumachen [23], beantwortet nur die Frage nach dem Urheber und der Verbindlichkeit, nicht aber die Frage nach dem Inhalt des N. Mit dem Beweis für die Existenz und Weisheit Gottes aus der Zweckmäßigkeit der Welt [24] glaubt Locke, den Urheber des N. festgestellt und seine Verbindlichkeit erklärt zu haben: Das N. gilt, weil Gott es befohlen hat [25]. Was dies aber ist, das Gott durch uns getan sehen will, läßt sich auch nicht mit Hilfe der von Locke herangezogenen stoischen convenientia-Lehre der Übereinstimmung der menschlichen Natur mit dem natürlichen Gesetz feststellen, da Locke, entschiedener noch als N. CULVERWEL [26], weder in der menschlichen Seele eingeschriebene noch in der menschlichen Natur angelegte Normen zu erkennen vermag [27]. Als einziges Kriterium dafür, ob die von den Menschen geschaffenen Normen dem natürlichen Gesetz entsprechen, bleibt so für LOCKE allein dies, daß diese Normen sowohl den Nutzen des einzelnen wie auch die Wohlfahrt der Gesellschaft fördern; denn: Gott hat «Tugend und allgemeines Glück unzertrennlich miteinander verknüpft» [28]. Von dem von Gott zur Pflicht erhobenen Selbsterhaltungs- und Glücksstreben ausgehend [29], demonstriert nun Locke, wie es zum Übergang vom Naturzustand zu einem geordneten politischen Körper (body politick) kommt, mit dem Unterschied zu Hobbes, daß bei Locke die Individuen bereits im Naturzustand zu ihrer Selbsterhaltung ein natürliches Recht auf Eigentum besitzen und daß deshalb «das große und hauptsächliche Ziel, zu dem sich die Menschen im Staatswesen zusammenschließen, die Erhaltung des Eigentums ist» [30].

Der Schwierigkeit in der Idee des N., die schon Hobbes beschäftigte und die bei Locke erneut zutage tritt, kann sich auch J.-J. ROUSSEAU nicht entziehen. Rousseau zweifelt offensichtlich nicht daran, daß das an sich Gute und Ordnungsmäßige unabhängig von allen menschlichen Verträgen lediglich durch die Natur der Dinge besteht und daß Gott Quelle aller Gerechtigkeit ist [31]. Man brauche sich bloß von den N.-Büchern wegzuwenden und über «die ersten und einfachsten Äußerungen der menschlichen Seele» nachzudenken, um auch die zwei Grundprinzipien zu finden, von denen alle Regeln des N. herkommen: das leidenschaftliche Interesse an unserem Wohlergehen und das natürliche Mitleid mit jedem andern empfindenden Wesen [32]. Im Naturzustand jedoch, in dem keine Regierungen und Gesetze für die Einhaltung des N. sorgten, diene es nur «zum Besten des Bösen und zum Nachteil des Rechtschaffenen, wenn Letzterer sie gegen jedermann beobachtete» [33]. Die entscheidende Frage ist daher, unter welchen institutionellen Bedingungen jeder einzelne ein Interesse daran haben kann, «gerecht zu sein» [34]. Auf sie antwortet Rousseaus Lehre vom «contrat social»: in einem Staat, der vom allgemeinen Willen, der «volonté générale», beherrscht wird [35] und in dem jeder im Gemeininteresse sein eigenes Interesse und in seinem eigenen das Gemeininteresse wahrnimmt [36], so daß «jeder einzelne, obgleich er sich mit allen vereint, gleichwohl nur sich selbst gehorcht und so frei bleibt wie vorher» [37].

Es blieb D. HUME überlassen, mit der traditionellen Vorstellung eines ewigen, unabhängig vom menschlichen Willen bestehenden N. endgültig zu brechen. Welche Prinzipien die N.-Lehrer auch aufstellen mögen, man kann, wie Hume feststellt, sicher sein, daß der letzte Grund für jede Regel, die sie finden, «the convenience and necessities of mankind» sei [38]. Genau dies aber sei tatsächlich die einzige Begründung, die sich für die natürlichen Gesetze, wie Hume sie mißverständlicherweise weiterhin nennt, finden lasse: daß man z. B. Eigentumsregeln zu beachten und Verträge zu halten habe, seien keine natürlichen, sondern konventionelle Regeln, die die Menschen zu ihrem gemeinsamen Nutzen erfunden hätten [39]. Die Verbindlichkeit dieser Regeln rühre nicht daher, daß sie ein allmächtiger Herrscher oder Gott befohlen habe, sondern daß sie sich allgemeiner moralischer Zustimmung erfreuen. Dieselben Gründe sind nach Hume auch maßgebend bei der Etablierung von Regierungen: in «den großen Gesellschaften, in denen es sich als unmöglich erwiesen habe, die natürlichen Gesetze einzuhalten», hätten die Menschen die Regierungen erfunden mit dem Ziel, «to constrain men to observe the laws of nature» [40]. In diesem Sinne seien die bürgerlichen Tugenden erfunden worden zugunsten der natürlichen, aber die Gehorsamspflicht gegenüber dem Staat sei nicht etwa auf die natürlichen Gesetze, etwa daß Versprechen zu halten seien, zurückzuführen, sondern entspringe einem besondern, durchaus gleichrangigen Interesse, dem Interesse «to preserve order and concord in society» [41].

Hume hat damit zweifellos den Weg geebnet für das von A. SMITH unter Berufung auf Grotius entworfene Projekt eines Systems einer «Natural Jurisprudence», «a theory of the general principles which ought to run through, and be the foundation of the laws of all nations» [42]; denn diese Theorie beruhe auf dem Grundgedanken, daß jede gesellschaftliche Ordnung, sofern sie überhaupt das Zusammenleben der Menschen ermöglichen soll, eine minimale Garantie der Gebote der «natürlichen Gerechtigkeit» gewährleisten muß [43].

Anmerkungen. [1] P. GASSENDI, Ethica. Op. omnia 2 (Lyon 1658, ND 1964) 755. 794f. – [2] Vgl. J. ALTHUSIUS: Politica, Praef. 2f. (³1614, ND 1961). – [3] Vgl. W. RÖD: Geometr. Geist und N. Bayer. Akad. Wiss., Phil.-hist. Kl. NF 70 (1970) 15ff. 30ff. – [4] TH. HOBBES, Leviathan I, 14. Engl. works, hg. W. MOLESWORTH 3 (1839, ND 1962) 117. – [5] a.O. 116. – [6] Lev. I, 13, a.O. 110. – [7] De cive 1, 11, Opera philos., hg. G. MOLESWORTH 2 (1840, ND 1961) 165. – [8] Lev. I, 14, a.O. [4] 3, 117f. – [9] Lev. I, 14f. – [10] Lev. I, 17. – [11] Lev. II, 26, a.O. [4] 254; De cive 14, 10. – [12] De cive 2, 1. – [13] De cive 3, 33. – [14] De cive 1, 14. – [15] De cive 8, 3; Lev., Introd. – [16] Vgl. An answer to Bishop Bramhall. Engl. works 4 (1840, ND 1962) 279-384. – [17] J. BRAMHALL: The catching of Leviathan or the great whale (1658). Works 4 (Oxford 1844) 520. – [18] R. CUMBERLAND: De legibus naturae (London 1672); engl.: A treatise of the laws of nature (London 1727, ND 1978) Introd. § 9. – [19] B. SPINOZA, Tractatus theol.-polit., c. 16. Op. hg. C. GEBHARDT 3 (1925) 189f. – [20] J. LOCKE, Two treatises of governement, Sec. treat. § 12; First treat. §§ 16f. 86. 91. 101f. 124; Sec. treat. §§ 1. 4. 16. 22. 124; Essays on the law of nature, hg. W. VON LEYDEN (Oxford 1954) 126-132. – [21] Essays ..., a.O. 160-178. – [22] a.O. 136-144. – [23] 112. 150. – [24] 152ff. – [25] 156. – [26] N. CULVERWEL: An elegant and learned discourse of the light of nature (London 1652, ND 1978) 99. 102. – [27] LOCKE, An essay conc. human understanding I, 2, 3, hg. A. C. FRASER 1 (Oxford 1894, ND New York 1959) 67. – [28] Essay ... I, 2, 6, a.O. 70. – [29] II, 21, 51. 53, a.O. 347ff. – [30] a.O. [20] Sec. treat. § 123f. – [31] J.-J. ROUSSEAU, Du contrat social (= CS) 2, 6. Oeuvres compl. 3 (Paris 1964). – [32] Disc. sur l'orig. de l'inégalité, a.O. 126. – [33] CS 2, 6. – [34] CS, 1re vers., a.O. [31] 286. – [35] CS 2, 4. – [36] 4, 1. – [37] 1, 6. – [38] D. HUME, Enquiries conc. human understanding 3, 2, hg. L. A. SELBY-BIGGE (Oxford 1962) 195. – [39] A treatise of human nature III, 2, 5, hg. L. A. SELBY-BIGGE (Oxford 1960) 519. – [40] Treatise ... III, 2, 8, a.O. 543. – [41] a.O. 544. – [42] A. SMITH: The theory of moral sentiments VII, 4, 37, hg. D. D. RAPHAEL/A. L. MACFIE (Oxford 1976) 341. – [43] Vgl. H. MEDICK: Naturzustand und Naturgesch. der bürgerl. Ges. (1973) 247.

Literaturhinweise. L. STRAUSS: Natural right and hist. (Chicago/London 1950). – H. WARRENDER: The polit. philos. of Hobbes (Oxford 1957). – R. DERATHÉ: J.-J. Rousseau et la sci. polit. de son temps (Paris 1964). – W. EUCHNER: N. und Politik bei J. Locke (1969, ND 1979). – J. B. NOONE: Rousseau's theory of natural law as conditional. J. Hist. Ideas 33 (1972) 23-42. – H. MEDICK s. Anm. [43].

3. *S. Pufendorf, Chr. Thomasius und Chr. Wolff.* –

Der in bezug auf Klarheit, Breite, Systematisierungsgrad und historische Wirkung seines Werkes wohl bedeutsamste N.-Lehrer der Neuzeit war S. PUFENDORF. Ihm gebührt das Verdienst, die insbesondere von Hobbes und Spinoza behauptete Gleichheit von menschlicher und außermenschlicher Natur – «est namque natura semper eadem et ubique una eademque ejus virtus et agendi potentia» [1] – in Frage gestellt und – auf Anregung seines Lehrers E. WEIGEL [2] – klar zwischen physischer und moralischer Welt unterschieden zu haben. Neben den Gegenständen der physischen Natur, den «entia physica», die von gleichförmigen, unabänderlichen Gesetzen der Kausalität bestimmt sind, gibt es nach PUFENDORF die «entia moralia» als eine spezifische Seinsweise der physischen Dinge, die auf Freiheit beruht und auf die «Vervollkommnung des menschlichen Lebens» abzielt [3]. Die «entia moralia» sind, im Unterschied zu den «entia physica», nicht von Gott geschaffen (creata), sondern gesetzt (imposita) [4] in dem doppelten Sinne, daß sie durch freie, gegenüber äußern Ursachen indifferente Handlungen hervorgebracht werden, und daß diesen Handlungen ein moralischer Wert «imponiert» wird durch ihre Übereinstimmung mit den (natürlichen) Gesetzen [5]. Daß es solche Gesetze gibt, liegt, wie Pufendorf in Anlehnung an Hobbes sagt, daran, daß eine unbeschränkte Freiheit der menschlichen Natur höchst schädlich gewesen wäre und daß es ihr zum besten gereicht, die Freiheit des Willens mit gewissen Gesetzen im Zaum zu halten [6]. Pufendorf verwirft daher jeden Zugang zum N. bis auf den einen: die Natur, Beschaffenheit und Neigungen der Menschen recht genau zu betrachten (quam ipsam hominis naturam, conditionemque, et inclinationes accuratis contemplari) [7] – nicht um aus dieser Natur des Menschen unmittelbar irgendwelche Normen zu entnehmen, sondern um die Normen zu bestimmen, die – angesichts der zufälligen Beschaffenheit der Menschen – vonnöten sind, damit es allen Gliedern des menschlichen Geschlechts wohl ergehe [8]. Was den Menschen kennzeichne, sei sein Streben nach Selbsterhaltung, seine natürliche Hilflosigkeit (imbecillitas) und seine «pravitas animi», seine Neigung, andern zu schaden [9]. Daraus folge unmittelbar der Grundsatz des N., «daß ein solches Wesen gesellig sein muß, um heil und wohlbehalten zu sein und das Gute seiner Lage genießen zu können. D. h. er muß sich mit seinesgleichen vereinigen und sich gegen sie so verhalten, daß sie keinen Anlaß haben, ihn zu verletzen, sondern eher Ursachen finden, seine Wohlfahrt zu erhalten und zu fördern» [10].

Die Grundforderung der Geselligkeit, die hier als Mittel zur Selbsterhaltung erscheint, verkörpert, wie Pufendorf an anderer Stelle deutlich macht, einen Wert in sich selbst: Obgleich durch die Weisheit Gottes das natürliche Recht der menschlichen Natur so angepaßt ist, daß sich seine Beachtung immer mit Nutzen und Vorteil verbindet, erfordert die allgemeine Menschenliebe keinen anderen Grund als den, «daß der andere auch ein Mensch, d.h. ein von Natur verwandtes Wesen» ist [11], dessen Würde geachtet und der als ein von Natur freies Wesen angesehen werden muß [12].

Aus dem einen Grundprinzip der Sozialität entwickelt Pufendorf sein gesamtes N.-System, das im 19. Jh. in zahlreiche Gesetzesbücher eingegangen ist. Es führt von den Rechten und Pflichten der Einzelmenschen [13] über die Rechte der engen Gemeinschaft in Ehe, Familie und Haus [14] bis zum Staats- [15] und Völkerrecht [16]. Verpflichtend sind diese Normen nach Pufendorf jedoch nicht aufgrund der durch Überlegung einsichtigen Werthaftigkeit des Sozialitätsprinzips allein, sondern – und hier fällt er in die traditionelle Argumentationsweise zurück – weil die natürlichen Gesetze von Gott befohlen worden sind [17] und ihre Durchsetzung von ihm erzwungen werden kann – durch natürliche Sanktionen wie Verlust des guten Gewissens, der Gemütsruhe oder der Gesundheit [18]. Das N. hat in dieser Hinsicht einen analogen Status wie das durch staatliche Autorität gesetzte bürgerliche Recht, und wie das bürgerliche Recht beschränkt sich das N. – in Vorwegnahme der Kantischen

Unterscheidung zwischen Legalität und Moralität – auf äußere, gesetzmäßige Handlungen [19] und überläßt – außer im Falle der gesetzwidrigen Handlungen – die Erforschung der Gesinnung, der inneren Seelenregungen, der Moraltheologie [20]. Der Hauptunterschied zwischen natürlichem und bürgerlichem Recht allerdings bleibt, daß das N. für alle Menschen gültig ist [21], den Staat überhaupt erst autorisiert [22], Gesetze zu erlassen, und allen Gesetzen und Befehlen, die ihm widersprechen, jegliche verpflichtende Kraft nimmt [23]. Welche politische Sprengkraft Pufendorfs N.-Ideen innewohnt, zeigt sowohl das Echo, das er bei den geistigen Vätern der nordamerikanischen Unabhängigkeitsbewegung, so insbesondere bei J. WISE, aber auch bei J. OTIS, S. ADAMS und J. ADAMS [24], gefunden hat, als auch die Tatsache, daß vieles von dem, was Pufendorf aussprach, hundert Jahre später in Frankreich allgemein zum Tragen kam [25].

CHR. THOMASIUS hat die grundlegenden Einsichten von Pufendorf weitgehend wieder verwischt, auf der andern Seite aber einige wichtige Aspekte des neuzeitlichen N.-Begriffs klar zutage gebracht. Während Pufendorf mit Sorgfalt vermieden hatte, das N. auf ein Faktum zurückzuführen – das Fundament des N. bleibt die freie Anerkennung jedes Menschen als Person – kehrt Thomasius bereits in seinen noch an Pufendorf angelehnten ‹Institutiones jurisprudentiae divinae› von 1687 zu dem traditionellen Versuch zurück, das N. aus der Natur des Menschen abzuleiten: «... putamus, ipsam humani generis conditionem, seu statum totius humani generis esse normam legis naturalis» [26]. Der in dieser Hinsicht einzige Unterschied zwischen seinem früheren und seinem späteren Werk besteht darin, daß Thomasius die zur Norm erklärte Natur des Menschen anfänglich in der «socialitas», später in dem Selbsterhaltungs- und Glücksstreben sieht [27] und dieses Streben – die Pufendorfsche Unterscheidung zwischen «entia physica» und «entia moralia» wieder aufhebend [28] – als rein physisches Faktum interpretiert [29]. Der Glaube an die Möglichkeit eines unmittelbaren Übergangs von Tatsachenaussagen zu Normen erlaubt es Thomasius, aus der Feststellung, daß jeder aufgrund seiner Triebveranlagung lang und glücklich zu leben wünscht, zu der imperativischen Formulierung seines obersten Naturrechtprinzips überzugehen: «Facienda esse, quae vitam hominum reddunt et maxime diuternam et felicissimam ...» [30]. Das von allen gewollte und mithin gesollte «glückliche Leben» ist nur erreichbar, wenn jeder ein Leben gemäß den «leges naturales» führt, die für die Befriedigung der drei Grundaffekte des Menschen, die Wollust, den Ehrgeiz und die Habsucht sorgen. Das Ehrenhafte (honestum) leitet die inneren Handlungen, das Schickliche (decorum) die äußeren Handlungen, mit denen wir das Wohlwollen der Mitmenschen erwerben, das Rechte (justum) die äußern Handlungen, die den Frieden erhalten und gestörten Frieden wieder herstellen [31]. Der entscheidende Unterschied besteht dabei zwischen dem «justum» auf der einen und «honestum» und «decorum» auf der anderen Seite. Das Recht beruht auf einer äußern, in der Furcht vor der Zwangsgewalt anderer Menschen begründeten Pflicht [32], das honestum und decorum dagegen verpflichtet nur innerlich, durch das Gewissen [33]. Thomasius versucht diesem Unterschied auch terminologisch Rechnung zu tragen: Von Gesetzen (imperia) könne man nur bei den auf Zwangsgewalt beruhenden menschlichen Regeln des positiven Rechts sprechen, die «natürlichen Regeln» dagegen seien bloße «consilia», Ratschläge [34], die an die menschliche Einsicht in die natürlichen Zweck-Mittel-Zusammenhänge appellieren. Die naturrechtlichen «consilia» sind deshalb für den Weisen bestimmt, für den diese, obwohl sie nicht wie die positiven Gesetze verpflichten [35], eher noch größere motivierende Kraft haben als die positiven Gesetze, während die Toren nur durch die zwangsandrohenden positiven Gesetze zu lenken sind [36]. Mit dieser Unterscheidung zwischen «consilium» und «imperium», zwischen «innerer» (obligatio interna) und «äußerer» Verpflichtung (obligatio externa), ist Thomasius in bezug auf die Erkenntnis der Positivität des Rechtes und der Trennung von Moral und Recht für das spätere Rechtsdenken weithin bestimmend geblieben.

Weniger vorwärts als vielmehr rückwärts weisend ist dagegen CHR. WOLFFS Versuch, die traditionellen und neuzeitlichen Lehrgehalte des N. zu einem allesumfassenden System der Rechts-, Staats- und Völkerrechtslehre zu verarbeiten. In Wolffs Systematisierung treten alle Hauptgebrechen wieder zum Vorschein, die dem N.-Begriff anhaften. Der Anspruch, im Gegensatz etwa zu Pufendorf, eine «wissenschaftliche» N.-Lehre zu geben [37], führt Wolff zurück zu den traditionellen Versuchen, das N. aus der Natur des Menschen abzuleiten [38]. Jemanden «verbinden» – so definiert Wolff und vermengt damit von vornherein die Frage, was getan werden soll, mit der Frage der faktischen Durchsetzbarkeit – «ist nichts anders als einen Bewegungs-Grund des Wollens oder nicht Wollens damit verknüpffen. Z.E. Die Obrigkeit verbindet die Unterthanen den Diebstahl zu unterlassen durch die darauf gesetzte Straffe des Stranges» [39]. Die Natur nun, so behauptet er, hat die Bewegungsgründe so mit den guten und bösen Handlungen verknüpft, daß sie uns «verbindet», das Gute zu tun und das Böse zu lassen [40]; unser höchstes Gut, die Seligkeit, hänge davon ab, ob wir der Natur folgen oder nicht [41]. Gut aber sei allein, was unseren «innerlichen und äußerlichen Zustand» vollkommener, schlecht, was ihn unvollkommener mache. Das oberste Gesetz der Natur, aus dem alle andern natürlichen Gesetze ableitbar sein sollen, laute demnach: «Thue, was dich und deinen oder anderer Zustand vollkommener machet; unterlass, was ihn unvollkommener machet» [42]. Weil dieses Gesetz in der Natur der Dinge verankert ist, würde es nach Wolff auch dann gelten, wenn es weder Gott nach «Obere» gäbe [43]. Weil zur Vollkommenheit gehört, daß jeder frühere mit jedem späteren Zustand «zusammenstimmt» [44], und allein die Vernunft den Zusammenhang der Dinge erkennt, ist die Vernunft «die Lehrmeisterin des Gesetzes der Natur» [45]. Da die guten Handlungen notwendig gut sind, ist das Gesetz der Natur unveränderlich und ewig [46]. Es ist vollständig, sofern es für jede mögliche Handlung entscheidet, ob sie zu tun oder zu lassen sei [47], und es ist «göttliches Gesetz», weil Gott, dessen Verstand alles möglich und dessen Wille alles Mögliche wirklich macht, die Handlung des Menschen mit dem Zustand der Vollkommenheit verknüpft hat [48]. Wolff gelingt es auf diese Weise, alle herkömmlichen Bestimmungen des N. aufzusammeln, und sein Schlüsselbegriff «Vollkommenheit» ist weit genug, um die Hauptinhalte des traditionellen N. in sich aufzunehmen; denn Wolff glaubt, «Sonnenklar» erweisen zu können, daß «die Vollkommenheit» unserer Natur nicht in unserem Eigennutzen liegt, sondern daß «so wohl die Ehre Gottes, als die Beförderung des gemeinen Bestens mit unter der Vollkommenheit unserer Natur erhalten ist» [49].

Wolff rühmt sich überdies, endlich verständlich gemacht zu haben, wie das positive Recht aus dem N. hervorgeht [50]: Menschliche Schwachheit und Unkenntnis der wahren Zusammenhänge zwischen Handlungen und Handlungsfolgen führen dazu, daß Menschen vom Gesetz der Natur abweichen [51]. Daher muß – mit der Einführung staatlicher Sanktionsmöglichkeiten – «eine neue Verbindlichkeit im Gemeinwesen dazu kommen, die da durchdringt, wo die natürliche unkräftig erfunden wird» [52]. Auf diese Weise wird «das natürliche Gesetz zu einem bürgerlichen Gesetz» [53]. Da das N. nach Wolff vollständig ist, fällt das positive Recht, von einzelnen Ausnahmen abgesehen [54], grundsätzlich mit dem N. zusammen. Angesichts der Vagheit des naturrechtlichen Begriffs der Vollkommenheit wird sich auch faktisch keine Differenz zwischen positivem Recht und natürlichem Recht feststellen lassen, und die Wolffsche Staatskonstruktion, nach der das N. im Interesse des Gemeinwohles die Obrigkeit gegenüber den zum Gehorsam verpflichteten Untertanen dazu autorisiert, Gesetze zu erlassen und durchzusetzen [55], ist nicht dazu angetan, einen Unterschied zwischen positivem Recht und natürlichem Recht geltend zu machen. Deshalb handelt Wolff auch in den acht Bänden seines ‹N.› sämtliche Gebiete des positiven Rechts ab, wodurch das N. zu einer Enzyklopädie des Rechts wird. Unter dem Eindruck, das bestehende Recht sei auch schon das N., sahen daher Wolffs Schüler ihre Aufgabe vor allem darin, das geltende Recht mit der Methode des Wolffschen N. anzugehen. Sie haben so mittelbar dazu beigetragen, daß Wolffs N. seine größten Erfolge bei der Kodifikation der preußischen und österreichischen Gesetzeswerke feiern konnte [56], indirekt aber auch den Untergang des N. vorbereitet, indem sie dessen Gegnern das Hauptargument dafür lieferten, ein über das positive Recht hinausgehendes N. als eine Überflüssigkeit abzutun.

Anmerkungen. [1] B. SPINOZA, Ethica III, Praef. Opera, a.O. [19 zu 2] 2, 138. – [2] Vgl. W. RÖD: E. Weigels Lehre von den Entia moralia. Arch. Gesch. Philos. 51 (1969) 58-84. – [3] S. A. PUFENDORF, De jure naturae et gentium I, 1, 2f., hg. G. MASCOVIUS (1759, ND 1967). – [4] a.O. I, 1, 4. – [5] Vgl. I, 2, 6. – [6] II, 1, 2. – [7] II, 3, 14. – [8] II, 3, 15. – [9] II, 3, 14f.; II 1, 6. – [10] II, 3, 15. – [11] II, 3, 18. – [12] III, 2, 1; II, 1, 5. – [13] III. IV. – [14] VI. – [15] VII. VIII. – [16] VIII, 6-9. – [17] I, 6, 2. 4; II, 3, 20. – [18] I, 6, 8f.; II, 3, 21. – [19] VII, 3, 2. – [20] De officio hominis et civis, Praef. (Gießen 1741). – [21] De jure ... VII, 3, 2. – [22] II, 3, 24. – [23] VIII, 1, 6; Diss. de obligatione erga patriam § 17. Dissertationes academicae (1678). – [24] Vgl. WELZEL, a.O. [25 zu 1] 157ff.; Die N.-Lehre Pufendorfs (1958) 49. – [25] Vgl. P. HAZARD: Die Krise des europ. Geistes 1680-1715 (1939) 24. 319; WELZEL: Die N.-Lehre Pufendorfs (1958) 6. – [26] CHR. THOMASIUS, Instit. jurispr. divinae libri tres (1687, ⁷1720, ND 1963) I, 4, § 29. – [27] Fundamenta juris naturae et gentium, Proem. § 29 (1718, ND 1979). – [28] a.O. Proem. § 24; vgl. § 7. – [29] I, 1, § 59. – [30] I, 6, § 21. – [31] I, 4, § 90. – [32] I, 5, § 21. – [33] I, 4, § 61. – [34] I, 5, § 34. – [35] I, 4, § 64. – [36] I, 4, § 79. 84. – [37] CHR. WOLFF, Jus naturae methodo scient. petract. I, Proleg. § 1. Ges. Werke, lat. Schr. 17 (1740, ND 1972) 1f. – [38] a.O. I, Proleg. § 2. – [39] Vern. Ged. von der Menschen Thun und Lassen, zu Beförderung ihrer Glückseeligkeit. Ges. Werke, dtsch. Schr. 4 (⁴1733, ND 1976) 1, § 8. – [40] a.O. 1, § 9. – [41] § 45f. – [42] § 12. – [43] § 20. – [44] § 13. – [45] § 23. – [46] § 25f. – [47] § 27. – [48] § 29. – [49] § 42. – [50] Instit. juris naturae et gentium (1752) Praef. Ges. Werke, lat. Schr. (1750, ND 1926). – [51] a.O. [39] 1, § 64. – [52] Vern. Ged. von dem gesellschaftl. Leben der Menschen, a.O. [39] 5 (⁴1736, ND 1975) 2, 3, § 341. – [53] 2, 4, § 401. – [54] a.O. [50] I, Praef.; a.O. [52] 2, 3, § 341; 4, § 401. – [55] a.O. [50] III, 2, 6, § 1075ff. – [56] Vgl. M. THIEME: Die Zeit des späten N. Z. Savigny-Stiftung Rechtsgesch. 56 (1936) 226.

Literaturhinweise. H. THIEME s. Anm. [56]. – H. WELZEL s. Anm. [24]. – H. RÜPING: Die N.-Lehre des Chr. Thomasius und ihre Fortbildung in der Thomasius-Schule (1968). – W. RÖD s. Anm. [2]. – H. DENZER: Moralphilos. und N. bei S. Pufendorf (1972). – H. M. BACHMANN: Die naturrechtl. Staatslehre Chr. Wolffs (1977); Zur Wolffschen N.-Lehre, in: W. SCHNEIDERS (Hg.): Chr. Wolff (1983) 161-170.   A. HÜGLI

4. *I. Kant.* – KANTS Anknüpfung an die Tradition des N. ist durch seine «kopernikanische Wende» bestimmt, die den Ansatz seiner theoretischen und praktischen Philosophie leitet. Die Natur, auf die naturrechtlich das Recht begründet werden soll, kann nicht ein Gegenstand der Erfahrung sein, weil Erfahrung ihren Urteilen nie «wahre oder strenge, sondern nur angenommene oder komparative Allgemeinheit (durch Induktion)» gibt [1], wogegen auch den praktischen Gesetzen jene Notwendigkeit zukommt, «die in einem jeden Gesetze gedacht wird, nämlich die objektive aus Gründen a priori» [2]. Ebensowenig läßt sich der Sollenscharakter praktischer Gesetze aus der Natur ableiten [3]. Keine Eigenschaft, die Gegenstand der äußeren oder inneren Sinneserkenntnis ist, kann damit als Quelle des Rechts in Frage kommen. Einzig der Mensch, obschon auch «eine von den Erscheinungen der Sinnenwelt», ist sich nicht nur empirischer, sondern auch «intelligibeler Gegenstand», indem er sich selbst «auch durch bloße Apperzeption, und zwar in Handlungen und inneren Bestimmungen, die er gar nicht zum Eindruck der Sinne zählen kann» erkennt. Das Vermögen solcher Erkenntnis a priori nennt Kant «Vernunft» [4]. Die Natur, aus der ein N. abzuleiten ist, kann nur die reine Vernunft in ihrem praktischen Gebrauch sein, «durch den a priori erkannt wird, was geschehen solle» [5]. Das N. beruht daher wie die Ethik «auf lauter Prinzipien a priori» [6].

Recht ist ein reiner, doch anwendungsbezogener Begriff. Kant beschränkt aber die Darstellung der Rechtslehre auf «das Recht, was zum a priori entworfenen System gehört», also auf die «metaphysischen Anfangsgründe», und verweist die besonderen Fälle der Anwendung in die «zum Teil weitläufigen Anmerkungen» [7]. Da N. und Ethik beide auf praktischer Vernunft beruhen, gehören sie gemeinsam zur «Metaphysik der Sitten» als einem «System der Erkenntnis a priori», welches «nicht Natur, sondern Freiheit der Willkür zum Objekt hat» [8]. Der kategorische Imperativ, «handle nur nach derjenigen Maxime, durch die du zugleich wollen kannst, daß sie ein allgemeines Gesetz werde» [9], ist das «formale Prinzip der Pflicht», er gilt vom Willen überhaupt [10] und begründet die Verbindlichkeit, die den Begriff der Pflicht ausmacht, der beiden Teilen der «Metaphysik der Sitten» zugehört [11]. Diese ist daher «allgemeine Pflichtenlehre», die sich in Ethik als «Tugendlehre» und in die «Rechtslehre» gliedert [12]. Die Verbindlichkeit der Pflicht ist «nicht bloß praktische Notwendigkeit», sie enthält auch Nötigung [13]. Pflicht ist immer mit Zwang verbunden: «Alle Pflichten enthalten einen Begriff der Nötigung durch das Gesetz, die *ethischen* eine solche, wozu nur eine innere, die *Rechtspflichten* dagegen eine solche Nötigung, wozu auch eine äußere Gesetzgebung möglich ist; beide also eines Zwanges, er mag nun Selbstzwang oder Zwang durch einen andern sein» [14].

Rechts- und Tugendlehre unterscheiden sich somit weniger durch die Verschiedenheit der Pflichten als durch die unterschiedene Gesetzgebung, die von den Triebfedern, den «subjektiven Bestimmungsgründen» [15] abhängt. «Alle Gesetzgebung ... kann doch in Ansehung der Triebfedern unterschieden sein. Diejenige, welche eine Handlung zur Pflicht und diese Pflicht zugleich zur Triebfeder macht, ist *ethisch.* Diejenige aber, welche das letztere nicht im Gesetze mit einschließt, mithin auch eine andere Triebfeder, als die Idee der Pflicht selbst, zuläßt, ist *juridisch*» [16]. Im ersten besteht die *Moralität*, im zweiten die *Legalität* einer Handlung [17].

Die Einheit der praktischen Vernunft fordert, daß nicht nur die Ethik, sondern auch die Rechtslehre aus ihrem obersten Prinzip, dem Sittengesetz, begründet werden muß. «Wir kennen unsere eigene Freiheit (von der alle moralischen Gesetze, mithin auch alle Rechte sowohl als Pflichten ausgehen) nur durch den *moralischen Imperativ*, welcher ein pflichtgebietender Satz ist, aus welchem nachher das Vermögen, andere zu verpflichten, d.i. der Begriff des Rechts entwickelt werden kann» [18]. Diese Gemeinsamkeit von Recht und Ethik führt zwar Kant zur Annahme, daß beide Arten rein praktischer Vernunftgesetze letztlich durch eine innere Triebfeder bestimmt werden, daß es also auch moralische Gründe dafür gibt, einer äußeren Gesetzgebung in den Handlungen zu entsprechen [19]. Doch hütet er sich davor, daraus eine Abhängigkeit der Rechtspflichten von den Tugendpflichten oder der Verbindlichkeit des Rechts von ethischer Verbindlichkeit abzuleiten. Den Rechtsgesetzen ist nicht aus Moralität zu folgen, sondern allein, weil sie gebieten, was rechtens ist. Ob man ihnen aus Zwang oder Einsicht folgt, spielt keine Rolle, während gerade dies bei ethischen Gesetzen über Wert oder Unwert einer Handlung entscheidet. Durch diese Abkoppelung der Verbindlichkeit des Rechts von ethischer Verbindlichkeit wird Kant zum Begründer einer liberalen Rechts- und Politiktheorie in Deutschland.

Die gemeinsame Fundierung von Recht und Ethik im Sittengesetz führt somit keineswegs zu einer Abhängigkeit des Rechts von der Ethik. Durch den Begriff der Pflicht ist das rechtmäßige Handeln *pflichtgemäß*, aber damit nicht, wie das ethische, ein Handeln *aus* Pflicht [20]. Dem bloß äußeren pflichtgemäßen Handeln entspricht das Recht als Vermögen, andere zu verpflichten [21]. Sind der Urheber einer Verpflichtung und damit der Verbindlichkeit nach dem Gesetze und der Urheber des Gesetzes nicht identisch, dann ist das «Gesetz positiv (zufällig) und willkürlich» [22]. Der Inbegriff solcher bloß äußerlich verbindender Gesetze, «für welche eine Gesetzgebung möglich ist», nennt Kant «Rechtslehre»; die Wirklichkeit einer solchen Gesetzgebung behandelt die Lehre vom positiven Recht [23]. Die bloße Rechtswissenschaft ohne Anwendungssphäre bezeichnet er auch als die «*systematische* Kenntnis der natürlichen Rechtslehre (Ius naturae)» [24]. Die Rechtslehre teilt sich damit «in das *N.*, das auf lauter Prinzipien *a priori* beruht, und das *positive* (statutarische) Recht, was aus dem Willen eines Gesetzgebers hervorgeht» [25]. Für den darin enthaltenen Begriff des Rechts gibt Kant drei Bestimmungsgründe an und folgert aus ihnen das allgemeine Prinzip des Rechts: a) Rechtsverhältnisse sind praktische, aber bloß äußerliche Verhältnisse der Verbindlichkeit zwischen Personen; b) Rechtsverhältnisse beziehen die Willkür des einen auf die Willkür des andern; c) Rechtsverhältnisse betreffen nicht die Materie der Willkür, sondern nur die Form des Verhältnisses der beiderseitigen Willkür, und zwar genauer die Frage, ob die Handlung «eines von beiden sich mit der Freiheit des anderen nach einem allgemeinen Gesetze zusammen vereinigen lasse» [26]. Damit ist das allgemeine Prinzip des Rechts gegeben: «Eine jede Handlung ist *recht*, die oder nach deren Maxime die Freiheit der Willkür eines jeden mit jedermanns Freiheit nach einem allgemeinen Gesetze zusammen bestehen kann» [27]. Der Rechtsbegriff fordert die Gesetzmäßigkeit des Handelns, aber nicht, daß das Rechtsprinzip selbst zur Maxime des Handelns gemacht werde; dieses gibt vielmehr nur den äußeren Rahmen möglicher Maximen an. «Die Rechtslehre hatte es bloß mit der *formalen* Bedingung der äußeren Freiheit ... d.i. mit dem *Recht* zu tun» [28]. Das allgemeine Rechtsgesetz fordert nur die Zusammenstimmung meiner Handlung mit jedermanns Freiheit nach einem allgemeinen Gesetz, es verlangt nicht, daß ich meine Freiheit selbst auf diese Bedingungen einschränke. «Wenn die Absicht nicht ist, Tugend zu lehren, sondern nur, was *recht* sei, vorzutragen, so darf und soll man selbst nicht jenes Rechtsgesetz als Triebfeder der Handlung vorstellig machen» [29]. Handle ich diesem Gesetz gemäß, so handelt der unrecht, der mich daran hindert [30]. Gegen solches Unrecht kommt mir ein *Zwangsrecht* zu, denn Zwang als Verhinderung eines Hindernisses der Freiheit ist rechtmäßig. Das Recht ist daher mit der Befugnis zu zwingen verbunden [31].

Kants Begründung des Rechts in der äußeren Gesetzmäßigkeit des Handelns führt dazu, daß dieses bereits vor und unabhängig von der bürgerlichen Gesellschaft auch in einem Naturzustand besteht, ohne freilich auf diesen beschränkt zu sein; vielmehr fordert der Rechtsbegriff als bloße *Befugnis* zu zwingen die Sicherung dieser Befugnis in einem bürgerlichen Zustand durch «öffentliche Gesetze» [32]. Dieser Unterscheidung von ungesicherter und gesicherter Befugnis zu zwingen, folgt Kants Einteilung des N. in das natürliche oder Privatrecht und in das bürgerliche oder öffentliche Recht [33]. Die Idee des *Staats* als rechtssichernder Institution gründet in der Idee des Rechts: ein Wille, der alle Rechte sichert, muß «zum Zwangsgesetz für jedermann dienen» können, und dies vermag «nur ein jeden anderen verbindender, mithin kollektiv-allgemeiner (gemeinsamer) und machthabender Wille» [34]. Der Übergang vom Natur- in den bürgerlichen Zustand erfolgt durch einen in Anlehnung an Rousseau konzipierten Gesellschaftsvertrag [35].

Auf dem Boden des bürgerlichen Zustands tritt dem N. das *positive Recht* gegenüber. Während natürliche Gesetze auch ohne äußere Gesetzgebung a priori durch die Vernunft erkannt werden können, trifft dies für die positiven Gesetze nicht zu: sie verbinden ohne wirkliche äußere Gesetzgebung überhaupt nicht [36]. Selbst wenn man annehmen würde, daß alle äußere Gesetzgebung ausschließlich von der Art wäre, daß sie nur positive Gesetze enthielte, die nicht zugleich als natürliche a priori erweisbar wären, so wäre mindestens ein natürliches Gesetz erforderlich, das die Autorität des Gesetzgebers begründete. Also mindestens das bereits im Naturzustand geltende Privatrecht und das Verfassungsrecht gründen bei Kant direkt im N. [37].

Anmerkungen. [1] I. KANT, KrV B 3. – [2] KpV. Akad.-A. 5, 26. – [3] Vgl. KrV B 575. – [4] B 574f. – [5] B 661. – [6] Met. der Sitten (= MS). Akad.-A. 6, 237. – [7] a.O. 205f. – [8] 216. – [9] Grundl. zur Met. der Sitten (= GMS). Akad.-A. 4, 421. – [10] MS, a.O. [6] 389. – [11] a.O. 222. – [12] 379. – [13] 223. – [14] 394. – [15] KpV, a.O. [2] 72. – [16] MS, a.O. [6] 219. – [17] a.O.; vgl. Art. ‹Legalität, Legitimität›. – [18] 239. – [19] 214. 219. – [20] Vgl. KpV, a.O. [2] 81. – [21] MS, a.O. [6] 219. – [22] a.O. 227. – [23] 229. – [24] ebda. – [25] 237. – [26] 230. – [27] ebda. – [28] 380. – [29] 231. – [30] 230f. – [31] 231f. – [32] 242; vgl. Über den Gemeinspruch. Akad.-A. 8, 298. – [33] MS, a.O. [6] 242. – [34] a.O. 256. – [35] 315f. – [36] 224. – [37] ebda.

5. *Frühe Kantianer, J. G. Fichte und F. W. J. Schelling.* – Innerhalb der *Kantischen Schule* sind bereits vor Erscheinen der ‹Metaphysik der Sitten› (1797) Arbeiten hervor-

getreten, die in Anlehnung an die ‹Grundlegung der Metaphysik der Sitten› (1785) das N. aus dem kategorischen Imperativ zu begründen versuchten [1]. Gemeinsam kommt ihnen die Ansicht zu, daß das Recht alles umfaßt, was nach dem Sittengesetz erlaubt ist. Aus dieser Erlaubnis wird ein Zwangsrecht gefolgert: dem Sittengesetz gemäß kann ich jeden, der mein Recht verletzt, zwingen, von dieser Verletzung abzulassen. Konsequenter als Kant selbst fordert J. B. ERHARD die ausnahmslose Entsprechung von positivem Recht und N.: «Das positive Recht darf dem N. nie zuwider sein, weil es dadurch auch gegen die Moral wäre» [2]. Trifft dies dennoch ein, so ist es moralisch gerechtfertigt, das positive Recht umzustürzen: «eine Revolution ist rechtmäßig, wenn durch sie eine offenbare Beleidigung der Menschenrechte aufgehoben werden soll» [3].

Gegen einen Begründungszusammenhang von Recht und Moral wendet sich S. MAIMON. Er will das N. «rein, sowohl von der Moral auf der einen, als von dem positiven Recht auf der anderen Seite getrennt» abhandeln [4] und definiert «N.» als die «Wissenschaft von den, durch das Moralgesetz a priori bestimmten, notwendigen und allgemeingültigen scheinbaren Ausnahmen von demselben» [5]. Auch für ihn besteht das Recht in der Befugnis zu zwingen [6], aber äußerer Zwang ist «an sich betrachtet ... dem Moralgesetz zuwider» [7], daher spricht er von «Ausnahmen vom Moralgesetz»; zugleich sind diese Ausnahmen «notwendige Bedingungen seines möglichen Gebrauchs» oder «indirekte Folgen aus demselben» [8], was die Bezeichnung «scheinbare Ausnahmen» rechtfertigen soll.

Auch J. G. FICHTES N.-Lehre, die ebenfalls vor Kants ‹Metaphysik der Sitten› unter dem Titel ‹Grundlage des N. nach Prinzipien der Wissenschaftslehre› erschien, trennt Recht und Moral: «So bedarf es keiner künstlichen Vorkehrungen, um N. und Moral zu scheiden ... Beide Wissenschaften sind schon ursprünglich und ohne unser Zutun durch die Vernunft geschieden ...», ja, fährt er fort, «völlig entgegengesetzt» [9]. In seiner Wissenschaftslehre hat Fichte die Möglichkeit, Recht und Moral zu trennen, systematisch vorbereitet. Wie die Sätze der Wissenschaftslehre als Ausdruck notwendiger Handlungen des Ich und damit als Bedingungen des Selbstbewußtseins verstanden werden, so gilt auch der Begriff des Rechts als eine notwendige Handlung des Ich, ohne die das Selbstbewußtsein nicht möglich wäre. Seine Deduktion besteht darin, aufzuzeigen, daß diese bestimmte Handlung «eine Bedingung des Selbstbewußtseins» ist [10].

Die Deduktion beginnt mit dem Nachweis, daß sich ein vernünftiges Wesen nicht als ein solches mit Selbstbewußtsein setzen kann, ohne sich als eines unter mehreren zu setzen [11]. Die Notwendigkeit, andere vernünftige Wesen außer sich anzunehmen, folgt aus zwei Bedingungen: Ein vernünftiges Wesen kann sich nicht setzen, ohne sich freie Wirksamkeit zuzuschreiben, und diese Tätigkeit muß als die eines endlichen Wesens begrenzt sein [12], was nur durch ein Objekt möglich ist, das wiederum gesetzt sein muß. Doch das Setzen eines Objekts setzt freie Wirksamkeit voraus, und diese setzt ein Objekt voraus, auf das sie geht. Das Selbstbewußtsein kann nicht erklärt werden, solange sich Wirksamkeit und Objekt gegenseitig bedingen [13]; dies wird nur dann möglich, wenn es ein Objekt gibt, welches in uns die freie Wirksamkeit beginnen läßt. Doch dieses Beginnen kann nicht durch Zwang erfolgen, sondern muß als Aufforderung gedacht werden, durch die das Subjekt sich selbst zur Wirksamkeit bestimmt. Dies ist nur durch ein anderes vernünftiges Wesen möglich, womit die Existenz solcher Wesen als Bedingung des Selbstbewußtseins aufgewiesen ist. «Das endliche Vernunftwesen kann eine freie Wirksamkeit in der Sinnenwelt sich selbst nicht zuschreiben, ohne sie auch anderen zuzuschreiben, mithin auch andere endliche Vernunftwesen außer sich anzunehmen» [14].

Aus diesem Gedanken leitet Fichte den Rechtsbegriff ab: Die Einwirkung fremder Freiheit auf die eigene ist kein Zwang, sondern *Anerkennen* der Freiheit anderer durch Einschränkung eigener Freiheit. Ich kann ein Wesen nur dann als freies erkennen, wenn es zeigt, daß es meine Freiheit anerkennt, indem es durch den Begriff meiner Freiheit seine eigene einschränkt. Solche Anerkennung ist gegenseitig: Jedes vernünftige Wesen schränkt seine Freiheit durch den Begriff der möglichen Freiheit des andern ein. Dieses Verhältnis nennt Fichte «*Rechtsverhältnis*»; es kommt im «*Rechtssatz*» zum Ausdruck: «Ich muß das freie Wesen außer mir in allen Fällen anerkennen als ein solches, d.h. meine Freiheit durch den Begriff der Möglichkeit seiner Freiheit beschränken» [15].

Damit ist der Begriff des Rechts unabhängig vom Sittengesetz als Bedingung der Möglichkeit von Selbstbewußtsein abgeleitet. Moral und Recht werden nun als zwei «völlig entgegengesetzte» [16] Disziplinen behandelt, die sich wie unbedingtes Gebot zu bloßer Erlaubnis verhalten. «Das Sittengesetz gebietet kategorisch die Pflicht: das Rechtsgesetz erlaubt nur, aber gebietet nie, daß man sein Recht ausübe.» «Auf dem Gebiete des N. hat der gute Wille nichts zu tun. Das Recht muß sich erzwingen lassen, auch wenn kein Mensch einen guten Willen hätte» [17]. Zudem bezieht sich der Rechtsbegriff nur auf Äußerungen der Freiheit in der Sinnenwelt, nicht auf solches, das «im Innern des Gemütes verbleibt» [18]. Darum kennt Fichte kein Recht auf Denk- und Gewissensfreiheit.

Weitere Bestimmungen des N. folgen daraus, daß eine Reihe von Bedingungen erfüllt sein muß, damit eine Rechtsgemeinschaft freier sich gegenseitig anerkennender Individuen möglich ist. Fichte unterscheidet äußere und innere Bedingungen. Zu den äußeren gehört, daß jedem Ich ein Leib zukommt [19]; die innere Bedingung besteht darin, daß jeder den andern als freie Person behandeln *will*, denn keiner ist dazu (wie beim Sittengesetz) verpflichtet. Die Rechtsgemeinschaft beruht auf diesem Willen und damit auf einer kontingenten Bedingung. Ich kann einen andern nur dann dem Rechtsgesetz gemäß behandeln, wenn er mich auch so behandeln will; will er nicht, so ist zwischen uns die Rechtsgemeinschaft aufgehoben [20]. Dies kann aber nicht der Fall sein, weil die Rechtsgemeinschaft *notwendige* Bedingung des Selbstbewußtseins ist: Das Rechtsgesetz muß selbst dann gültig bleiben, wenn die Rechtsgemeinschaft nicht mehr besteht. Fichte glaubt dieses Problem dadurch lösen zu können, daß er annimmt, das Rechtsgesetz beschreibe eine Sphäre, in der es gilt, und zugleich damit eine Sphäre, in der es nicht gilt. Behandle ich einen andern dem Rechtsgesetz gemäß, so habe ich ein Recht, daß er mich gleichfalls so behandelt. Tut er dies nicht, so tritt er aus der Rechtsgemeinschaft aus, und ich muß seine Freiheit nicht mehr nach dem Rechtsgesetz respektieren: dieses erlaubt mir, seine Freiheit anzugreifen, d.h. ich habe ein Recht, ihn zu zwingen. Will einer das Rechtsgesetz nicht einhalten, so steht mir ein *Zwangsrecht* zur willkürlichen Behandlung seiner Person zu [21]. «Das Zwangsrecht ist insofern *unendlich*, und hat gar keine Grenze ... wenn nicht etwa der andere in seinem Herzen das Gesez übernimmt, als ein solches, und sich ihm unterwirft» [22].

Die Bedingungen dafür, daß jemand frei oder Person sei, nennt Fichte *«Urrechte»* [23]. Den Urrechten steht das Zwangsrecht gegenüber, das demjenigen zukommt, dessen Urrechte verletzt werden [24]. Die Rechtslehre hat die Urrechte zu deduzieren [25] und die Bedingungen der Möglichkeit der Anwendung des Zwangsrechts aufzuzeigen [26]. Das Zwangsrecht kommt bei widerrechtlichem Gebrauch der Freiheit zur Anwendung, was voraussetzt, daß ihr rechtlicher Gebrauch festgelegt ist. Dieser besteht darin, daß allen gleiches Recht zukommt oder ein *Gleichgewicht des Rechts* besteht [27]. Zu den Bedingungen eines solchen gehört die wechselseitige Einschränkung des Gebrauchs der Freiheit, was dadurch geschehen kann, daß beide den Umfang ihrer Rechte bestimmen und gegenseitig anerkennen. Die Folge wäre, daß das Recht auf die Einhaltung dieser Verabredung und damit auf einer moralischen Basis beruhte [28]. Die Sicherheit des Rechtszustandes muß aber auch ohne Moralität gewährleistet sein, denn: «Jeder hat nur auf die *Legalität* des Anderen, keineswegs auf seine *Moralität* Anspruch» [29]. Fichte glaubt, den Rechtszustand auf eine rein rechtliche Weise durch eine Veranstaltung sichern zu können, durch welche «aus jeder rechtswidrigen Handlung das Gegenteil ihres Zwecks erfolgte» [30]. Ein solches *«Zwangsgesetz»* soll so wirken, «daß aus jeder Verletzung des Rechts für den Verletzenden unausbleiblich und mit mechanischer Notwendigkeit, so daß er es ganz sicher voraussehen könne, die gleiche Verletzung seines eigenen Rechts erfolge» [31]. Dies bildet den Ausgangspunkt von Fichtes Deduktion des *Staates*. Das Zwangsgesetz fordert zu seiner Durchsetzung eine zwingende Macht über den Individuen. Diese kann nicht auf dem Willen eines Einzelnen beruhen [32], sondern muß einem gemeinsamen Willen entspringen: dem Willen, daß jeder die Sicherheit der Rechte aller will [33]. Dieser Wille wird im *Staatsbürgervertrag* realisiert [34].

Erst der Staat ermöglicht die Anwendung des Zwangsrechts [35]. Er sichert nicht bloß, wie bei Kant, das Recht, denn nur durch den Staat existieren überhaupt Rechtsverhältnisse, da verbindliche Rechtspflichten ohne äußeren Zwang nicht möglich sind. Somit gibt es kein Recht im Naturzustand: «Es ist sonach, in dem Sinne, wie man das Wort oft genommen hat, gar kein N., d.h. es ist kein rechtliches Verhältnis zwischen Menschen möglich, außer in einem gemeinen Wesen und unter positiven Gesetzen» [36]. Auch die Urrechte sind «bloße Fiction», sie haben zwar «ideale Möglichkeit», aber keine «reelle Bedeutung» [37]. Dies heißt freilich nicht, daß Fichte den N.-Begriff zugunsten des positiven Rechts aufgibt; er wertet vielmehr einzelne staatsrechtliche Bestimmtheiten, wie z.B. das Recht der Polizei, als Teile des N. auf [38]. Staatsbürgervertrag, Gesetzgebung und Staatsgewalt sind Bedingungen der Möglichkeit des Rechtsbegriffs als einer notwendigen Bedingung des Selbstbewußtseins. N. ist damit nur im Staat möglich, außerhalb des Staates gibt es kein Recht: «der Staat selbst wird der Naturzustand des Menschen, und seine Gesetze sollen nichts anderes sein, als das realisierte N.» [39].

In der durch Kant eingeleiteten Tradition der Begründung des N. auf Freiheit steht auch die N.-Lehre des jungen F. W. J. SCHELLING, die bereits vor den einschlägigen Schriften Kants und Fichtes erschien, allerdings in aphoristischer und unvollendeter Gestalt. Die erste Erwähnung von «N.» findet sich in einer Anmerkung der Schrift ‹Vom Ich als Prinzip der Philosophie› (1795), in der Schelling andeutet, daß das N. «auf dem Begriff der praktischen Möglichkeit beruhe» [40], worunter ein «Sollen» zu verstehen sei [41]. Diese Andeutung wird in der Schrift ‹Neue Deduktion des N.› (1796) weiter ausgeführt, wobei Schelling der Methode von Fichtes Wissenschaftslehre folgt. Wie dieser trennt auch er Recht und Ethik, die beide aus dem «Gebot der Moral» [42] hervorgehen, wonach das Ich danach streben soll, ein Wesen an sich zu werden [43], d.h. absolut frei zu sein [44]. Dem Gebot der Ethik, «handle so, daß die ganze moralische Welt deine Handlung ... wollen könne» [45], stellt Schelling den obersten Grundsatz der Rechtsphilosophie gegenüber: «Ich habe ein Recht zu allem, wodurch ich die Individualität meines Willens der Form nach behaupte» [46]. Das Recht steht damit im Gegensatz zur Ethik, welche die Individualität des Willens der Materie nach einschränkt [47].

Aus dem Rechtsgebot leitet Schelling drei Rechte ab [48]: Gegen den allgemeinen Willen habe ich ein «Recht auf Selbstheit des Willens, auch der Materie nach, insofern ich dadurch mein Recht auf Selbstheit des Willens der Form nach behaupte» [49]; gegen den individuellen Willen habe ich das Recht, «meine Individualität im Gegensatz gegen jede andere (der Form und Materie nach) zu behaupten» [50]; gegen den Willen überhaupt kommt mir ein «N. im engeren Sinne» zu [51], worunter Schelling – in Anlehnung an den Wortsinn – «unumschränkte Herrschaft über die Natur» versteht [52]. Ich bin gegen den «Willen überhaupt», d.h. gegen jeden Willen im Recht, wenn sich mein Wille gegen einen Bereich richtet, in dem es keinen Willen gibt, und das ist die Natur [53].

Die Freiheit des individuellen Willens tritt immer dann in ihre ursprüngliche Uneingeschränktheit zurück, wenn es um ihre Selbstbehauptung geht. In diesem Falle ist der individuelle Wille gegen jeden Willen, auch gegen den allgemeinen, im Recht [54]. Ich bin berechtigt, jedem Streben, die Selbstheit meines Willens aufzuheben, ein gleiches Streben entgegenzusetzen, also Zwang mit Zwang zu beantworten [55]; ich habe gegen solchen Zwang ein *Zwangsrecht* [56]. Dieses ist ein N. im obigen Sinne: Wenn die Form meines Willens durch den Willen eines anderen Individuums aufgehoben wird, hebt dieses die Form seines eigenen Willens auf, da diese Form überall identisch ist [57]; damit wird es «Objekt für mich» und «bloßes Naturwesen» [58], gegen welches das N. in Kraft tritt. Besteht das Recht seinem Begriff nach in der Behauptung der Individualität des Willens der Form nach, so «wird jedes Recht notwendig N. für mich, d.h. ein Recht, das ich nach bloßen Naturgesetzen behaupte, und im Streit gegen welches jedes Wesen bloßes Naturwesen für mich ist» [59]. Solches Recht ist gleichbedeutend mit physischer Übermacht, womit das N. als Zwangsrecht sich selbst zerstört [60]. Auch für Schelling kann es kein N. im Sinne eines Rechts im Naturzustand geben, doch hat er im Unterschied zu Fichte die Frage nicht mehr beantwortet, wie nun dennoch Recht denkbar sei; er beschränkt sich vielmehr auf die Forderung einer Wissenschaft, die das Problem eines Zustandes löst, «in dem auf der Seite des Rechts immer auch die physische Gewalt ist» [61].

Anmerkungen. [1] G. HUFELAND: Lehrsätze des N. und der damit verbundenen Wiss. (²1795); C. CHR. E. SCHMID: Grundriß des N. (1795); J. CHR. HOFFBAUER: N. (1793); K. H. HEYDENREICH: Das N. nach den Grundsätzen der Vernunft 1. 2 (1794/95). – [2] J. B. ERHARD: Über das Recht des Volkes zu einer Revolution (1795), hg. H. G. HAASIS (1976) 14. – [3] a.O. 52. – [4] S. MAIMON: Über die ersten Gründe des N. Philos. Journal, hg.

F. J. Niethammer 1 (1795, ND 1969) 143. – [5] a.O. 142. – [6] Vgl. 144. – [7] 143. – [8] ebda. – [9] J. G. Fichte, Grundlage des N. nach Prinzipien der WL. Ges.-Ausg., hg. R. Lauth/H. Jacob/H. Gliwitzki I/3, 291ff.; I/4, 1-165; zit. I/3, 359f. – [10] a.O. I/3, 319. – [11] ebda. – [12] 329. – [13] 340f. – [14] ebda. – [15] 358. – [16] 360. – [17] 359. – [18] 360. – [19] a.O. § 6. – [20] a.O. I/3, 386f. – [21] a.O. 387f. – [22] 393. – [23] 390. – [24] 391. – [25] a.O. § 9-11. – [26] § 12ff. – [27] a.O. I/3, 410f. – [28] a.O. 424f. – [29] 425. – [30] 427. – [31] 430. – [32] 431. – [33] 432f. – [34] 434ff. – [35] 431. – [36] 432. – [37] 403f. – [38] I/4, 84f. – [39] I/3, 432. – [40] F. W. J. Schelling: Vom Ich als Prinzip der Philos. Werke, hg. K. F. A. Schelling 1, 233. – [41] a.O. 234. – [42] Neue Deduktion des N. § 33, a.O. 1, 252. – [43] § 3. – [44] § 4. – [45] § 45. – [46] § 68. – [47] § 69. – [48] § 140. – [49] § 105. – [50] § 140, 2. – [51] § 140, 3. – [52] § 131. – [53] § 130. – [54] § 144. – [55] § 149. – [56] § 150. – [57] § 155. – [58] § 158. 160. – [59] § 161. – [60] § 162. – [61] § 163.

6. *G. W. F. Hegel.* – In Hegels Verständnis des N. in den frühen Jenaer Schriften liegt eine gegenüber Fichte neue Auffassung von Natur zugrunde, die durch Schellings Naturphilosophie beeinflußt ist. Damit versucht Hegel den Zusammenhang von Natur und Recht für das N. wieder fruchtbar zu machen und den von ihm erneuerten antiken N.-Gedanken gegen die N.-Systeme Kants und Fichtes ins Feld zu führen.

Ausgehend von Schellings absoluter Identität von Subjekt und Objekt kann Hegel Natur nicht mehr, wie Fichte, als ein dem Ich schlechthin Entgegengesetztes verstehen [1]; er fordert vielmehr das Einssein von Ich und Natur [2]: nicht Freiheit von den «ewigen Gesetzen der Natur und ihrer strengen Notwendigkeit», sondern Gehorsam gegenüber der Natur kommt dem Individuum zu [3]. Solange beides als getrennt aufgefaßt wird, kann «keine wahre Realität des Sittlichen, kein Einssein des Begriffs desselben und seiner Wirklichkeit statt finden» [4]. Diese Realität des Sittlichen nennt Hegel «sittliche Natur» [5] – ein Begriff, mit dem er versucht, den Gegensatz von Natur als «unvernünftigem Vielem» und Vernunft als «reiner Einheit» zu überwinden [6]. Natur soll als Einheit von physischer und sittlicher Natur gedacht werden [7], so daß Sittlichkeit nicht mehr ein Produkt der Freiheit des Subjekts, sondern diesem vorgegeben ist und der Naturzustand selbst schon als sittlich gelten kann [8].

In Anlehnung an die Antike faßt Hegel die sittliche Totalität als ein *Volk* [9]. Die Sittlichkeit kann sich «nicht im Einzelnen ausdrücken, wenn sie nicht seine Seele ist, und sie ist es nur, insofern sie ein Allgemeines und der reine Geist eines Volkes ist», wobei unter diesem Allgemeinen die Sitten des Volkes zu verstehen sind [10]. Soweit sich aber die Sittlichkeit nur am einzelnen als solchem ausdrückt, ist sie ein Negatives: nur Möglichkeit, nicht Wirklichkeit des allgemeinen Geistes. Die sittlichen Eigenschaften des Einzelnen machen die negative Sittlichkeit aus; sie sind nur «Möglichkeiten oder Fähigkeiten, in der allgemeinen Sittlichkeit zu sein» [11]. Als solche bilden sie den Gegenstand der Moral. Damit ist es das N. mit Fichte und Kant keine Konsequenz der Moral, denn dieser kommt «nur das Gebiet des an sich Negativen» zu, «dem N. aber das wahrhaft Positive, nach seinem Namen, – daß es konstruieren soll, wie die sittliche Natur zu ihrem wahrhaften Rechte gelangt» [12]. Das absolut Sittliche muß «in der *Form der Allgemeinheit* und der Erkenntnis, als *System der Gesetzgebung* sich vorstellen», und dieses System muß «vollkommen die Realität oder die lebendigen vorhandenen Sitten» ausdrücken [13]. N. gilt damit als Ausdruck der sittlichen Natur als dem sittlichen Ganzen eines Volkes, das seinen Teilen, den einzelnen Individuen, als das Positive vorgeordnet ist [14].

Diesen Begriff des N. hat Hegel bald nach Erscheinen des N.-Aufsatzes modifiziert und gegen Ende der Jenaer Zeit ganz aufgegeben [15]. Deutlich zeigt sich diese Wandlung an der Stellung, die dem Einzelnen gegenüber dem sittlichen Ganzen zukommt. Im N.-Aufsatz gilt er als das Negative [16], und dieses wird als Vernichten verstanden, sei es als «Vernichten einzelner Bestimmtheiten» durch Arbeit oder als Tod zur Erhaltung des Ganzen [17]. In den ‹Vorlesungen zur Realphilosophie› von 1803/04 beginnt das Negative zwischen Einzelheit und Allgemeinheit zu vermitteln. Zwischen die Sittlichkeit der Familie als Einzelheit [18] und der absoluten Sittlichkeit des Volkes setzt Hegel den Kampf der Einzelnen um gegenseitige Anerkennung [19]. Dieses Anerkennen ist negative Tätigkeit, die wiederum als ein Vernichten, nämlich als Verletzen des andern gefaßt wird [20], woraus das Positive der absoluten Sittlichkeit hervorgeht [21]. Deutlicher zeigt sich die Annäherung an die kantisch-fichtesche Position in den Vorlesungen von 1805/06. Hier wird nun ausdrücklich erklärt, daß es im Naturzustand kein N. geben kann. Mit dem Naturzustand ist der Begriff gegeneinander freier Selbstbewußtseine gesetzt, der sich erst realisieren muß, womit der Naturzustand verlassen wird [22]. Wie bei Fichte entsteht jetzt das Recht aus gegenseitigem Anerkennen: «In dem Anerkennen hört das Selbst auf, dies Einzelne zu sein; es ist rechtlich im Anerkennen, d.h. nicht mehr in seinem unmittelbaren Dasein» [23]. Aus dem Anerkennen geht jeder als ein Wissen des Willens und damit zugleich als ein Allgemeines hervor. «Der Wille der Einzelnen ist der allgemeine und der allgemeine ist einzelner, Sittlichkeit überhaupt, unmittelbar aber Recht» [24]. Damit ist eine Nähe zu Fichte erreicht, die nicht mehr mit der an der antiken Polissittlichkeit orientierten N.-Konzeption zu vereinbaren ist; denn Natur kann nicht länger Maßstab des N. sein, wenn das Recht aus dem freien Willen der Einzelnen hervorgeht.

In der Heidelberger ‹Enzyklopädie› weist Hegel auf eine Zweideutigkeit des Ausdrucks «N.» hin: Man kann damit meinen, daß das Recht «als ein durch die unmittelbare Natur gleichsam eingepflanztes» sei, oder es wird so gemeint, «wie es durch die Natur der Sache d.i. den Begriff sich bestimme» [25]. Jetzt bevorzugt Hegel klar die zweite Bedeutung: «In der Tat aber gründet sich das Recht und alle seine Bestimmungen allein auf die freie Persönlichkeit, eine Selbstbestimmung, welche vielmehr das Gegenteil der Naturbestimmung ist» [26]. Hegel hält den Namen «N.» nur für «herkömmlich» und «nicht ganz richtig», denn das Prinzip des Rechts liegt nicht in der Natur, weder in der äußeren noch in der subjektiven Natur des Menschen, sondern allein in der Freiheit [27]. Dennoch kann der Begriff ‹N.› nach seiner Meinung beibehalten werden, «wenn wir der Freiheit zugeben, die Natur der Sache zu sein», was aber insofern unpassend scheint, als die Natur «zunächst unbefangen, nicht entgegengesetzt etwas anderem» ist, während die Freiheit sogleich in Gegensätzen erscheint [28]. Trotz dieses Schwankens findet sich der Ausdruck «N.» noch im Untertitel der ‹Grundlinien der Philosophie des Rechts›.

Obschon nun Hegel mit Kant und Fichte im Freiheitsbegriff das Prinzip des Rechts sieht, ergeben sich doch erhebliche Differenzen sowohl in bezug auf das Verständnis dieses Prinzips als auch auf den Rechtsbegriff. So versteht er den freien Willen nicht als zufällige Willkür des Einzelnen, sondern als «sich selbst bestimmende Allgemeinheit» [29], als «Einheit des vernünftigen Willens mit dem einzelnen Willen» [30]; das Recht besteht nicht in der gegenseitigen Beschränkung der Willkür, sondern im «Dasein des freien Willens» [31]. Beides ergibt sich aus einer Radikalisierung des kantisch-fichteschen Ansatzes.

Hegel versteht Kants Freiheit des Willens als Willkür [32] und analysiert diese als endlichen Willen, der nur der Form nach bei sich seiendes unendliches Ich ist und damit über den Inhalt, den Trieben und Neigungen steht [33]. Dennoch bleibt sie von diesen abhängig, und so kommt ihr der Widerspruch zu, «die freie von allem abstrahierende Reflexion und die Abhängigkeit von dem innerlich oder äußerlich gegebenen Inhalte und Stoffe» zu sein [34]. Ohne Bindung an einen bestimmten Inhalt setzt sie als Möglichkeit zu wählen doch voraus, daß überhaupt Inhalte gegeben sind, zwischen denen gewählt werden kann [35], womit sie noch nicht frei von aller natürlichen Bestimmtheit ist. Aufgehoben wird dieser Widerspruch erst im Willen als sich selbst bestimmender Allgemeinheit, dem an und für sich freien Willen als der wahrhaften Idee [36]. Dieser Wille hat «den Willen selbst als solchen, hiermit sich in seiner reinen Allgemeinheit, zu seinem Gegenstande – der Allgemeinheit, welche eben dies ist, daß die *Unmittelbarkeit* der Natürlichkeit und die *Partikularität*, mit welcher ebenso die Natürlichkeit behaftet, als sie von der Reflexion hervorgebracht wird, in ihr aufgehoben ist» [37]. Während bei Rousseau, Kant und Fichte der allgemeine Wille auf dem Wege des Vertrags aus dem unvernünftigen Einzelwillen hervorgeht, ist hier der Wille des Einzelnen nicht mehr einzelner Wille in seiner Besonderheit, sondern selbst schon allgemeiner und damit vernünftiger Wille [38].

Da der an und für sich freie Wille nicht wie die Willkür etwas anderes, sondern sich selbst zum Gegenstand hat, ist er nicht wie diese bloße Möglichkeit, «mich zu diesem oder einem andern zu bestimmen» [39], sondern als das «Wirklich-Unendliche» ist «seine gegenständliche Äußerlichkeit das Innerliche selbst» [40]. Was er zum Gegenstand hat, sind die Bestimmungen seines Begriffs, denn sein Bestimmen ist Selbstbestimmung; es besteht darin, «in seinem *Dasein*, d.i. als sich gegenüberstehendes zu sein, was sein Begriff ist» [41]. Das Recht ist damit nicht mehr wie bei Kant und Fichte gegenseitige Beschränkung der Freiheit oder Willkür, sondern *«Dasein des freien Willens»* [42], womit die Freiheit auch für das Recht zum positiven Prinzip wird. Die einzelnen Bestimmungen ergeben sich aus dem Unterschied der Entwicklung des Freiheitsbegriffs [43]. Sie sind nicht nur Begriffe, sondern zugleich eine Reihe von Gestaltungen, weil der Begriff des an und für sich seienden Willens Idee und damit in der Form des Daseins ist [44]. Diese Entwicklung des Rechts gliedert sich in das abstrakte oder formelle Recht, das dem vorpolitischen Zustand des alten N. entspricht, in die Moralität und die Sittlichkeit, die im Staat kulminiert, «dessen Recht das Höchste ist» [45].

Anmerkungen. [1] G. W. F. HEGEL, Glauben und Wissen. Sämtl. Werke, hg. H. GLOCKNER 1, 418. – [2] Vgl. a.O. 417. – [3] a.O.; vgl. 424. – [4] 424. – [5] ebda. – [6] Über die wiss. Behandlungsarten des N., a.O. 459. – [7] Vgl. a.O. 461. – [8] a.O. 452. – [9] 486. – [10] 510. – [11] 511. – [12] ebda. – [13] 514; vgl. 489. – [14] 510f. – [15] Vgl. dazu M. RIEDEL: Hegels Kritik des N. Hegel-Studien 4 (1967) 188ff. – [16] HEGEL, a.O. [6] 1, 487ff. – [17] 494f. – [18] Jenser Realphilos. 1, hg. J. HOFFMEISTER (1932) 234. – [19] a.O. 222-232. – [20] 228. – [21] 232. – [22] Jenser Realphilos. 2, hg. J. HOFFMEISTER (1931) 205. – [23] a.O. 206. – [24] 212. – [25] Enzyklop., a.O. [1] 6, 286; Hinweise auf diese Zweideutigkeit tauchen in den Vorles. Hegels immer wieder auf; vgl. HEGEL: Vorles. über Rechtsphilos., hg. K.-H. ILTING (1973/74) 1, 239f.; 4, 76f.; Die Vernunft in der Gesch., hg. J. HOFFMEISTER (⁵1955) 117. – [26] Enzyklop., a.O. 286. – [27] Vorles. über Rechtsphilos., a.O. [25] 1, 239. – [28] a.O. 4, 79. – [29] Grundlinien der Philos. des Rechts, a.O. [1] 7, 72. – [30] System der Philos., a.O. 10, 382f. – [31] a.O. [29] 7, 79. – [32] a.O. 67f. – [33] 66 (§ 14). – [34] 66; vgl. 67f. – [35] 66 (§ 14f.). – [36] 72 (§ 21). – [37] a.O. – [38] 75 (§ 24); vgl. F. ROSENZWEIG: Hegel und der Staat (1920) 2, 106f. – [39] a.O. [29] 7, 66 (§ 14). – [40] 74 (§ 22). – [41] 74 (§ 23). – [42] 79 (§ 29). – [43] 80 (§ 30). – [44] 82 (§ 32). – [45] 84f. (§ 33).

7. *Historische Rechtsschule, Nebenströmungen (Herbart, Schopenhauer, Krause), Rechtspositivismus, Historismus.* – Der bald nach Hegel einsetzende Verfall des N.-Gedankens tritt zuerst in der *historischen Schule* (s.d.) der Rechtswissenschaft hervor, die in ihrer Betonung der Geschichtlichkeit des Rechts auf Herder, Justus Möser und Gustav Hugo zurückgeht. Als deren Wegbereiter gilt G. HUGO. Nach intensiver Auseinandersetzung mit Kant [1] kommt er zur Ansicht, daß es kein vom positiven Recht unabhängiges N. geben könne; er glaubt darin mit Kant übereinzustimmen [2]. Wird die Wirklichkeit zum Maßstab des Möglichen gemacht, so fällt das N. mit dem positiven Recht zusammen [3], und N.-Lehre wird zur «Philosophie des positiven Rechts» [4]. Entsprechend gilt das N. der Tradition als «eine mehr oder weniger vollständige Enzyklopädie des positiven Rechts» [5], denn die N.-Lehrer sahen «gewöhnlich das positive Recht ... für das an, was die Vernunft lehre» [6].

Haupt der historischen Rechtsschule war F. C. VON SAVIGNY, Mitstreiter waren G. F. PUCHTA, F. EICHHORN, J. GRIMM. Mit Hugo teilt SAVIGNY die Ansicht, daß man das herkömmliche N. aus den bestehenden Institutionen des Rechts gemacht habe [7]; die Forderung, das Vernunftrecht solle den Inhalt des Gesetzbuches bestimmen, gilt ihm als «großsprechende, völlig hohle Ansicht» [8]. Statt das positive Recht im N. zu begründen, soll man die Geschichte befragen, wie sich das Recht wirklich entwickelt hat [9]. Der Ursprung des Rechts liegt nicht in gesetzgeberischer Willkür, sondern im Volk. Die frühesten geschichtlichen Quellen zeigen, daß das Recht bereits einen bestimmten Charakter hat, der einem Volk ebenso eigentümlich zukommt wie Sprache, Sitte und Verfassung [10]. Diesem «natürlichen Recht» (nicht N.!) stellt Savigny das Recht der Juristen, die Rechtswissenschaft, als eine weitere Stufe der Rechtsentwicklung entgegen [11]. Das natürliche Recht kann jedoch keinen Maßstab zur Beurteilung des positiven abgeben, es ist lediglich sein geschichtlicher Ursprung. Alles Recht ist als Gewohnheitsrecht entstanden, «d.h. daß es erst durch Sitte und Volksglaube, dann durch Jurisprudenz erzeugt wird, überall also durch innere, stillwirkende Kräfte, nicht durch die Willkür eines Gesetzgebers» [12]. Später spricht Savigny in Anlehnung an seinen Gesinnungsgenossen und Hegelschüler Puchta vom «Volksgeist». Das Recht lebt im gemeinsamen Bewußtsein des Volkes: es ist «der in allen Einzelnen gemeinschaftlich lebende und wirkende Volksgeist, der das positive Recht erzeugt» [13].

Der historischen Rechtsschule steht F. J. STAHL nahe, sowohl durch Gemeinsamkeiten bezüglich der Frage nach der Entstehung des Rechts als auch in der Ablehnung des N. Das Recht ist «seinem innersten Wesen nach schlechterdings positives Recht», und zwar sowohl der Geltung wie dem Inhalt nach [14]. Weder im rechtlichen Bewußtsein der Gemeinschaft noch in den Rechtsideen liegt die «bindende Kraft und Sanktion» des Rechts. Einer Norm kann man nur dann rechtlich unterworfen sein, wenn sie «als aktueller verwirklichter Wille der Gemeinschaft (Gesetz oder Gewohnheit) besteht» [15]. Trifft dies zu, dann ist es bindendes Recht, «auch wenn es unvernünftig ist» [16]. Bloße Rechtsideen können auch nicht den Inhalt des Rechts hergeben: «sie sind nur Direktiven, aber noch keine bestimmten (präzisierten) Vorschriften und Gebote, also noch kein Recht». Aber durch sie erhält der Rechtsinhalt «ein vernünftig-notwendiges Moment», welches das positive Moment der Individualisierung und Konkretisierung ergänzt [17]. Rechtsideen und rechtliches Bewußtsein des Volkes «sind in keiner Weise noch 'Recht' zu nennen», was über dem positiven Recht steht, «ist nicht naturrechtliche, sondern moralische Verbindlichkeit» [18]. «Die Rechtsideen für sich allein (das sogenannte 'Vernunftrecht')» sind kein Recht, sondern «Aufforderungen an die Gemeinschaft, den Gemeinzustand nach ihnen zu gestalten». So sind sie zwar «Maßstab des Urteils über jede positive Rechtsbildung und eine Richtschnur ihrer Fortbildung, aber sie sind nicht selbst eine Rechtsbildung» [19]. «Recht» ist für Stahl gleichbedeutend mit «positivem Recht» [20], dennoch untersteht es den Prinzipien des früheren N.; aber diese sind kein Recht, so daß man sich nicht auf sie gegen positives Recht berufen kann.

Neben der vor allem unter Juristen vorherrschenden Ablehnung des N. hielten sich auch *naturrechtliche Nebenströmungen*, die vorwiegend unter dem Einfluß Kants stehen. Dazu gehört zunächst J. F. FRIES, der das N. auf das Sittengesetz gründet, wonach jeder Person ein absoluter Wert als Würde zukommt [21]. Daraus folgert er als oberstes Rechtsgesetz: «Es soll niemand den andern der Würde seiner Person und der persönlichen Gleichheit eines jeden mit allen zuwider behandeln» [22].

Origineller gibt sich J. F. HERBARTS N.-Lehre. Er kritisiert allerdings die gewöhnliche N., besonders in bezug auf die Übertreibung, die der Begriff der Persönlichkeit erfahre «mit Hilfe der falschen Psychologie, nach welcher die Vernunft nicht etwa erworben, sondern als ursprünglich besonderes Vermögen dargestellt wird» [23]. Mit dem Begriff der Vernunft fällt auch der des Willens als praktischer Vernunft im Sinne Kants: «Wollen» ist gleichbedeutend mit «Begehren» [24]. Dennoch erklärt Herbart die Gültigkeit des N. aus der Moral [25], wobei alle sittlichen Ideen in einem ästhetischen Urteil des «sittlichen Geschmacks» gründen [26], das sich auf eigene Begehrungen [27], genauer auf die Vorstellung von Verhältnissen von Begehrungen [28], richtet. Ein solches Urteil liegt auch dem Rechtsbegriff zugrunde: Nach Kant beruht die Verbindlichkeit des Rechts auf äußerem Zwang, dem Herbart den Zweck zuschreibt, Streit zu vermeiden. Daher kann er den Rechtsbegriff auf der Mißbilligung von Streit begründen, also durch ein ästhetisches Urteil [29]. Recht definiert er dann als «Einstimmung mehrerer Willen, als Regel gedacht, die dem Streit vorbeuge» [30].

Für A. SCHOPENHAUER sind Ungerechtigkeit und Gewalt ursprünglicher als das Recht [31]. «Daher ist der Begriff des Unrechts ein positiver und dem des Rechts vorhergängig, als welcher der negative ist und bloß die Handlungen bezeichnet, welche man ausüben kann, ohne Andere zu verletzen» [32]. Da die Begriffe «Unrecht» und «Recht» unabhängig von aller positiven Gesetzgebung sind, «gibt es ein rein ethisches Recht, oder N., und eine reine, d. h. von aller positiven Satzung unabhängige Rechtslehre» [33]. Schopenhauer sieht das letzte Fundament der Moralität im *Mitleid* [34], aus dem auch das N. hervorgeht. Dabei unterscheidet er Rechts- und Tugendpflichten danach, ob das Mitleid lediglich davon abhält, fremdes Leiden zu verursachen, oder ob es zu tätiger Hilfe antreibt [35]. Das Mitleid gilt Schopenhauer

als eine «Tatsache des menschlichen Bewußtseins» und «liegt in der menschlichen Natur selbst» [36].

K. CHR. F. KRAUSE leitet aus der Gleichheit der Individuen und ihrer Vernünftigkeit die Forderung des Rechts ab, «daß allen gleiche Möglichkeit gelassen, geschaffen und gegeben sein müsse, ihre Vernunftzwecke nicht nur für sich allein, sondern auch in harmonischer und liebevoller Gemeinschaft zu erreichen» [37]. Äußere Bedingung dafür ist, daß sich alle Individuen nicht gegenseitig hindern und sich friedlich vereinen, was eine vernunftgemäße Staatsverfassung notwendig macht, die Krause «naturrechtlich» nennt, weil sie von der Vernunft gefordert wird. Entsprechend heißt die Wissenschaft davon «N.-Lehre oder philosophische Rechtslehre» [38]. Sie hat «die äußeren Bedingungen der Vernünftigkeit aus der Anschauung der Vernünftigkeit selbst vollständig darzulegen» [39]. Es gibt soviele Rechte wie Vernunftideale, die der Mensch anstrebt: «ein Recht auf Wahrheit, Religion, Liebe, Kunst und (als Bedingung der Möglichkeit der Erreichung der Vernunftideale selbst) ein Recht auf Bestehen der leiblichen Persönlichkeit und auf den Inbegriff des irdischen Nutzens» [40]. In enger Anlehnung an Krause versuchen seine Schüler K. D. A. RÖDER [41] und insbesondere H. AHRENS eine Rechtsphilosophie auf umfassender anthropologischer Grundlage aufzubauen. Unter «N.» versteht Ahrens «die Wissenschaft, welche aus dem Wesen und der Bestimmung des Menschen und der menschlichen Gesellschaft das oberste Prinzip oder die Idee des Rechts ableitet, und zu einem System von Rechtsgrundsätzen ... entwickelt» [42]. Die Vernunft, die das Wesen des Menschen auszeichnet [43], liefert das höchste, für den Menschen erstrebenswerte Gut: die «Darbildung des vollen und ganzen göttlich-menschlichen Wesens», welches den Maßstab für alle besonderen Güter und Zwecke bildet [44]. Aufgabe des Rechts ist es, die Bedingungen herzustellen, unter welchen alle Güter und Güterzwecke in der menschlichen Gesellschaft verfolgt werden können [45].

Im Gegensatz zu diesen sich hauptsächlich an Kant orientierenden N.-Lehren geht diejenige A. TRENDELENBURGS auf Platon und vor allem Aristoteles zurück. Trendelenburg behandelt das N. als Teil der Ethik [46] und lehnt die Trennung von Recht und Moral als «modern» ab [47]. Erste Aufgabe des N. ist es, aus seinen Voraussetzungen, der Metaphysik, der Psychologie und der Ethik, das Prinzip des Rechts zu finden [48]. Es lautet: «Das Recht ist im sittlichen Ganzen der Inbegriff derjenigen allgemeinen Bestimmungen des Handelns, durch welche es geschieht, daß das sittliche Ganze und seine Gliederung sich erhalten und weiter bilden kann» [49]. Damit gründet das N. nicht mehr in der Freiheit des Einzelnen, sondern wieder im sittlichen Ganzen.

Mit dem Verfall der historischen Rechtsschule gewinnt der *Rechtspositivismus* zunehmend an Boden und wird zur herrschenden Doktrin. Zwar lehnen beide Lehren das N. ab, die historische Rechtsschule hatte aber an der Geschichte ein Korrektiv des herrschenden Rechts: sie kannte eine von der Willkür des Gesetzgebers unabhängige Rechtsquelle, das Rechtsbewußtsein des Volkes oder den Volksgeist. Mit der Zurückweisung dieser Annahme [50] bleibt allein das geltende, positive Recht, dasjenige, das «im Sinne der strengen Jurisprudenz Recht ist» [51]. Damit ist nicht mehr die Geschichtlichkeit, sondern die Geltung und Faktizität des Rechts die Basis der Ablehnung des N.

Als einer der ersten entwickelt A. MERKEL ein Programm des Rechtspositivismus, in dem er sich gegen jede

Art von Metaphysik wendet und jede über dem positiven Recht stehende Norm ablehnt [52]. Vorläufiger Höhepunkt des Rechtspositivismus bildet K. BERGBOHMS vehemente Ablehnung des N.: «Es muß m.e.W. das Unkraut N., in welcher Form und Verhüllung es auch auftreten möge, offen oder verschämt, ausgerottet werden, schonungslos, mit Stumpf und Stiel» [53]. Bergbohm führt eine Reihe von Argumenten an, die jedem klar machen sollen, daß «jedes Recht außer dem positiven schlechthin ein Nonsens» sei [54]. Sie lassen sich im wesentlichen auf folgende Punkte reduzieren: a) N. und positives Recht können nicht nebeneinander bestehen, da beide geschlossene Systeme bilden, die sich gegenseitig ausschließen [55], womit das N. weder Maßstab [56] noch Grund [57] des positiven Rechts sein kann. b) Es ist unmöglich, die Prädikate, die das N. vor dem positiven Recht auszeichnen, wie z.B. «ewig», «universell», «absolut», überhaupt einem Recht zuzuschreiben, denn jeder Stoff, der rechtlich geregelt wird, ist endlich und bedingt, und damit hängt auch das regelnde Recht von diesem Endlichen und Bedingten ab [58]. Somit gibt es kein ewiges, universelles, an sich verbindliches Recht, sondern alles Recht ist an geschichtlich entstandene Bedingungen gebunden [59]. c) Nach Bergbohm sind auch die Quellen des N. zu kritisieren [60]: Natur und Vernunft, Ethos und religiöses Gesetz sind «immer nur Motive und Erklärungsgründe, können nie Geltungsgründe von Rechtsnormen sein», denn «aus der Vernunft folgen immer nur Vernunftsätze, aus dem Ethos praktische Sittenregeln, usw.» [61]; niemals kann aus ihnen eine rechtlich qualifizierte Norm hervorgehen. Das spezifisch Rechtliche ist eben nur dem positiven Recht eigen und wird von den N.-Lehrern willkürlich in die angeblichen Rechtsquellen hineingelegt [62]. Dazu kommt, daß der Begriff einer vernünftigen Menschennatur, der auf alle menschlichen Individuen zutrifft, so leer wäre, daß er nichts erklärt [63], und daß es bei der Vielfalt menschlicher Handlungen und Verhältnisse kein für alle Menschen verbindliches Ethos geben kann [64]. Die Kritik endet mit dem Fazit: «Das N. ist also vom praktischen wie vom theoretischen Standpunkt gerichtet und ... von der Jurisprudenz jeder Form ganz und gar aufzugeben – jede darauf verwandte geistige Arbeit ist töricht verschwendet» [65]. Wie sehr man sich an dieses Verdikt gehalten hat, zeigt die herrschende Stellung, die dem Rechtspositivismus noch im 20. Jh. zukommt.

Die allgemeine Verbreitung des Rechtspositivismus gegen Ende des 19. Jh. fordert zur Reaktion heraus und führt zu einer Gegenströmung, die den N.-Gedanken in veränderter Gestalt wieder aufgreift. Diese Bestrebungen gehen aus der Erneuerung des Historismus durch O. VON GIERKE [66] und W. DILTHEY einerseits sowie des Idealismus in Gestalt des Neukantianismus andererseits hervor. Dilthey sucht den Streit zwischen N. und positivem Recht durch die Annahme zu schlichten, beide seien Momente der geschichtlichen Wirklichkeit des Rechts. Durch das Wirken der Individuen in der geschichtlich-gesellschaftlichen Welt entsteht ein sie übergreifender Zweckzusammenhang. Ein solcher kann auf zweierlei Weise zustande kommen: erstens durch das «Ineinandergreifen der einzelnen Handlungen der verschiedenen Individuen» – dann handelt es sich um ein «System der Kultur» –, zweitens durch «die Macht der großen Willenseinheiten in der Geschichte, welche ein folgerichtiges Tun innerhalb der Gesellschaft vermittels der ihnen unterworfenen Einzelwillen herstellen» [67]. Das *Recht* ist ein Zweckzusammenhang, der durch *beide* Mittel entsteht: «In der Tatsache des Rechts sind ... die Systeme der Kultur noch nicht von der äußeren Organisation der Gesellschaft getrennt». Daher ist es stets einseitig, wenn nur die eine oder andere Seite des Rechts hervorgehoben wird [68]. «Das Recht ist ein auf das Rechtsbewußtsein als eine beständig wirkende psychologische Tatsache gegründeter Zweckzusammenhang» [69]. Das *Rechtsbewußtsein* kann über das positive Recht hinausgreifen, ja sich diesem entgegenstellen [70]; das Recht selbst als Zweckzusammenhang existiert aber nur als Funktion einer äußeren Organisation der Gesellschaft: es hat seinen Sitz im Gesamtwillen [71]. Rechtsbewußtsein der Einzelnen und Gesamtwille wirken bei der Rechtsbildung zusammen [72]. Zweckzusammenhang des Rechts und äußere Organisation der Gesellschaft sind Korrelate: jedes hat das andere zur Bedingung seines Daseins [73]. Daher ist es weder möglich, den Staat aus dem Recht zu konstruieren – dies ist der «fundamentale Fehler des N.» –, noch kann der Staat Recht schaffen: das Recht «wird ... nicht gemacht, sondern gefunden», – dies ist «der tiefe Gedanke des N.» [74]. Das Recht ist insofern N., als jede Rechtsordnung etwas enthält, das vom Willen des Staates verschieden ist, und zugleich ist dieses N. wesentlich geschichtlich [75], besitzt aber eine Basis von «in sich dauernden Wahrheiten» [76].

Anmerkungen. [1] G. HUGO: Lehrb. des N. als einer Philos. des positiven Rechts (1799) X. – [2] a.O. XI. – [3] 55f.; vgl. 52f. – [4] 51; vgl. den Titel des Buches. – [5] Lehrb. des N. (1819, ND 1971) 9. – [6] a.O. 8f. – [7] F. C. VON SAVIGNY: Vom Beruf unserer Zeit (³1840, ND 1967) 115. – [8] a.O. 11. – [9] 7f. – [10] 8. – [11] 12f. – [12] 14. – [13] System des heutigen röm. Rechts 1 (1840) 14. – [14] F. J. STAHL: Die Philos. des Rechts 2 (²1845) 179f. – [15] a.O. 179. – [16] 182. – [17] 180. – [18] 181. – [19] 182. – [20] 181. – [21] J. F. FRIES: Philos. Rechtslehre und Kritik aller pos. Gesetzgebung (1803, ND 1971) 6f. – [22] a.O. 14. – [23] J. F. HERBART, Aphorismen zur prakt. Philos. Sämtl. Werke, hg. G. HARTENSTEIN 9, 297. – [24] Allg. prakt. Philos., a.O. 8, 30. – [25] Analyt. Beleuchtung des N. und der Moral, a.O. 8, 304. 240. 260; vgl. 9, 398. – [26] 8, 257ff.; vgl. 11ff. – [27] 23. – [28] Vgl. 18f. 25. – [29] 305. – [30] 50. – [31] A. SCHOPENHAUER, Preisschr. über die Grundl. der Moral. Sämtl. Werke, hg. A. HÜBSCHER 4 (1938) 213. – [32] a.O. 216f.; vgl. Die Welt als Wille und Vorst., a.O. 2, 399f. – [33] a.O. [31] 4, 216f.; vgl. Die Welt ..., a.O. 2, 403. – [34] 4, 208f. – [35] 212f. – [36] 213. – [37] K. CHR. F. KRAUSE: Grundl. des N. (²1890) 42. – [38] a.O. 43. – [39] 9; vgl. 43. – [40] 43. – [41] K. D. A. RÖDER: Grundzüge des N. oder der Rechtsphilos. (1856). – [42] H. AHRENS: N. oder Philos. des Rechts und des Staates 1 (⁶1870) 1. – [43] a.O. 230. – [44] 251f. – [45] 264. – [46] F. A. TRENDELENBURG: N. auf dem Grunde der Ethik (²1868) 4. – [47] a.O. 22. – [48] 5. – [49] 83. – [50] Vgl. K. BERGBOHM: Jurisprudenz und Rechtsphilos. 1 (1892) 491, mit Lit. Anm. 17. – [51] a.O. 91, Anm.; Bergbohm lehnt hier auch jeden Zusammenhang mit dem Positivismus A. Comtes ab; vgl. 311. – [52] A. MERKEL: Über das Verhältnis der Rechtsphilos. zur 'positiven' Rechtswiss. und zum allg. Theil derselben. Z. Privat- öff. Recht Gegenwart 1 (1874) 1-10; 402-421, bes. 411ff. – [53] BERGBOHM, a.O. [50] 118. – [54] a.O. 479. – [55] 372-396. – [56] 397f. – [57] 399f. – [58] 410-425; vgl. 426ff. – [59] 175. 425. 450, Anm. 32. – [60] 441-459. – [61] 444f. – [62] 465. – [63] 448. – [64] 449f. – [65] 479. – [66] O. VON GIERKE: Recht und Sittlichkeit. Logos 6 (1916/17) 211-264, bes. 245. – [67] W. DILTHEY: Einl. in die Geisteswiss. Ges. Schr., hg. B. GROETHUYSEN 1 (²1923) 53f. – [68] a.O. 54. – [69] a.O. – [70] 55. – [71] ebda.; 77. – [72] 57. – [73] 55. – [74] 78. – [75] 79. System der Ethik, a.O. Anm. [67] 10 (1958) 103. – [76] a.O.

Literaturhinweise. R. MUCKE: Vorles. über N. oder Philos. des Rechts und des Staates von K. Chr. Krause (1892). – V. EHRENBERG: Herders Bedeutung für die Rechtswiss. (1903). – K. LISSER: Der Begriff des Rechts bei Kant (1922). – J. KRAFT: Die Methode der Rechtstheorie in der Schule von Kant und Fries (1924). – G. DULCKEIT: N. und positives Recht bei Kant (1932, ND 1973). – F. EICHENGRÜN: Die Rechtsphilos. Gustav Hugos

(1935). – H. SCHELSKY: Theorie der Gemeinschaft nach Fichtes N. (1936). – TH. SCHWARZ: Die Lehre vom N. bei K. Chr. Krause (1940). – A. HOLLERBACH: Der Rechtsgedanke bei Schelling (1957). – H. DAHLKE: K. Marx über das Wesen des Rechts (Diss. Frankfurt a.M. 1959). – A. R. WEISS: F. A. Trendelenburg und das N. im 19. Jh. (1960). – H. LOTTIG: Marx und das Recht (1961). – N. BOBBIO: Hegel und die N.-Lehre. Filosoficky Casopis 15 (1967) 322-344, ND in: Materialien zu Hegels Rechtsphilos., hg. M. RIEDEL 2 (1975) 81-108. – M. RIEDEL s. Anm. [15 zu 6]; Natur und Freiheit in Hegels Rechtsphilos., in: Materialien ... a.O. 109-127. – Rechtswiss. und Philos., hg. J. BLÜHDORN/J. RITTER (1969). – M. OSTEN: Der N.-Begriff in den Frühschr. Schellings (Diss. München 1969). – F. KAULBACH: Moral und Recht in der Philos. Kants, in: Recht und Ethik, hg. J. BLÜHDORN/J. RITTER (1970) 43-58. – N. KREISSL: Das Rechtsphänomen in der Philos. W. Diltheys (1970). – CHR. SCHEFOLD: Die Rechtsphilos. des jungen Marx von 1842 (1970). – Z. BATSCHA: Ges. und Staat in der polit. Philos. Fichtes (1970). – R. KASS: Karl Bergbohms Kritik der N.-Lehre des ausgehenden 19. Jh. (Diss. Kiel 1972). – H. VERWEYEN: Recht und Sittlichkeit in J. G. Fichtes Ges.lehre (1975). – F. KAULBACH: Der Herrschaftsanspruch der Vernunft in Recht und Moral bei Kant. Kantstudien 67 (1976) 390-408. – V. GERHARDT: Recht und Herrschaft. Zur ges. Funktion des Rechts in der Philos. Kants. Rechtstheorie 12 (1981) 53-94.   R. RUŽIČKA

V. *Neuere Diskussion.* – Um die Jahrhundertwende kam im Gegenzug zur Historischen Rechtsschule und besonders zum Rechtspositivismus, die schon Mitte des 19. Jh. den Zusammenbruch des modernen N. herbeigeführt hatten [1], durch den Neukantianismus und die katholische Moralphilosophie eine neue N.-Diskussion in Gang.

Die sich aus der Ablehnung jeglichen N. ergebende Beschränkung aller Beschäftigung mit Recht auf das positive Recht fand die Kritik des (Marburger) Neukantianers R. STAMMLER, der wegen seiner kritischen Anstöße häufig als Neubegründer der Rechtsphilosophie bezeichnet wird [2].

Bevor Stammler seine an Kants kritische Philosophie, nicht an seine Rechtsphilosophie anschließende 'kritische, formale' Rechtsphilosophie systematisch entfaltete, wandte er sich in ‹Wirtschaft und Recht› (1896) gegen ein N. als «Kodex eines idealen Rechts»: «Ein N. in diesem Sinne muß als wissenschaftlich unmöglich erachtet werden» [3]. Da ein Rechtsinhalt «der nicht ein empirisch mögliches und darum notwendig wechselndes und veränderliches Zusammenwirken von Menschen zum Gegenstand» habe, «ganz leer und sinnlos» sei, könne weder geltendes noch ersonnenes Recht jemals «allgemeingültige Geltung beanspruchen» [4]. Auch sei es nicht möglich, «in der menschlichen Natur eine Grundlage von voller Allgemeingültigkeit derartig zu erhalten, daß nun auch der Inhalt von rechtlicher Regelung als ein zu allen Zeiten und jedem Ort allgemein geltender daraus sich notwendig ableiten ließe»; denn, abstrahiere man von allen geschichtlichen Besonderheiten in den Qualitäten und Grundtrieben der Menschen, so blieben nur physiologische Anlagen und Fähigkeiten übrig, die erst durch Ausbildung und Erziehung zu relevanten Faktoren für das soziale Leben der Menschen würden; dasselbe gelte für die Vernunft, die im Sinne der objektiv richtigen Zwecksetzung nicht zur Natur gehöre. Damit wollte Stammler jedoch «keineswegs die Möglichkeit einer naturrechtlichen Erwägung überhaupt, noch auch diejenige einer sicheren Gewinnung naturrechtlicher Sätze in Abrede stellen», vielmehr gebe es «(wenn wir den altererbten Sprachgebrauch beibehalten) ein N.», «aber ein N. mit wechselndem Inhalt» [5]. Diese Bezeichnung, die bei Stammler nicht häufig zu finden ist, wurde in der weiteren N.-Diskussion zum Schlagwort für ein N., das gegen unbedingte inhaltliche N.-Sätze gerichtet war.

Stammler selbst nennt dieses N. auch das «unter empirisch bedingten Verhältnissen ... theoretisch richtige Recht» [6]. Dies ausführend, erklärt er 1902, es sei «eine allgemeingültige formale Methode zu finden, in der man den notwendig wechselnden Stoff empirisch bedingter Rechtssetzungen dahin zu bearbeiten, richten und bestimmen vermag, daß er die Eigenschaft des objektiv Richtigen erhält» [7]. Da nun eine «Harmonie der Einzelzwecke in gesicherter Methode nicht möglich ist», wenn die «Sonderzwecke des Wünschens und Strebens» das bestimmende Gesetz abgäben [8], gilt ihm die «Gemeinschaft frei wollender Menschen» als das «soziale Ideal», und der «Inhalt einer Norm des Verhaltens ist richtig, wenn er in seiner besonderen Lage dem Gedanken des sozialen Ideals entspricht» [9].

Im Gegensatz zu Stammlers neuem Anfang in der N.-Diskussion kann man die Beteiligung der katholischen Moralphilosophie an dieser Diskussion eher als eine Neubelebung des traditionellen thomistischen N. bezeichnen. Der einflußreichste und repräsentative Vertreter dieser Neubelebung ist V. CATHREIN, der K. Bergbohms in ‹Jurisprudenz und Rechtsphilosophie› (1892) erhobenen Einwendungen gegen das N. zurückweist, da sie sich meistens «gegen offenbar unrichtige Auffassungen des N.» richteten [10], und der sich gegen Stammlers Relativismus wendet. «Es ist ... ganz und gar nicht richtig, daß es keine notwendigen und unwandelbaren, von Zeit und Ort unabhängigen und in einem gewissen Sinne ewigen Rechtsgrundsätze gebe» [11]. Zwar könne uns die Erfahrung «keine absolut notwendigen, allgemeingültigen Prinzipien liefern» [12], aber «wo immer wir mehrere Menschen in Gesellschaft finden, tritt gleich die Vernunft mit ... gebieterischen Forderungen an sie heran» [13]. So stehe der Rechtssatz: Du sollst jedem das Seine geben, a priori allgemein fest, habe einen positiven Inhalt, und lasse zahlreiche Folgerungen zu, «z.B. die Pflicht, das Leben und das Eigentum des Nebenmenschen zu respektieren, die eingegangenen Verträge zu halten, nicht zu betrügen u. dgl.» [14]. Neben dieses positive Gebot trete im N. «im engeren und eigentlichen Sinne», das nur die sich auf das gesellschaftliche Leben der Menschen beziehenden «natürlichen Sittengesetze» umfasse, das negative Gebot: Du sollst niemand unrecht tun [15]. Zu diesem N. gehöre alles, was sich aus diesen Grundgeboten «durch notwendige Schlußfolgerungen herleiten läßt, und zwar unabhängig von jeder übernatürlichen Offenbarung und unabhängig von jeder positiven göttlichen oder menschlichen Anordnung» [16].

Das N. stellt für Cathrein «unter Voraussetzung gewisser Verhältnisse ... eine unabweisliche Vernunftforderung» dar; man rede aber dennoch besser von N. als von Vernunftrecht, da «die bindende Kraft dieser Gebote» nicht «von unserer Vernunft selbst» komme [17]. Die Vernunftgebote seien vielmehr auf den «Schöpfer des Menschen» als letzte Quelle zurückzuführen und seien nur dessen «Willensausdrücke» [18]. «Wer das N. annimmt und weiß, was er sagt, nimmt auch ... einen allgemeinen, über allen Völkern und Staaten stehenden, von Zeit und Ort unabhängigen Gesetzgeber» an, «einen Gesetzgeber, der Herrschaft über die Natur der Dinge selbst besitzt und wie die übrigen Geschöpfe so auch die Menschen auf einen bestimmten Zweck hinordnet» [19]. – Im Gegensatz zur kath.Moralphilosophie war für den Protestantismus zu Beginn des 20. Jh. das N.-Problem kein Thema [20].

Im Bereich der von Juristen betriebenen Rechtsphilosophie blieb der Neukantianismus dominierend. G. RADBRUCH, ein Vertreter des südwestdeutschen Neukantianismus, baute auf dem Grundgedanken auf, «daß Werturteile nicht der Erkenntnis, sondern nur des Bekenntnisses fähig sind» [21]. Dennoch erscheinen ihm in der Philosophie als die wichtigsten Lehren «nicht die, welche sagen, was ist, sondern diejenigen, die aussprechen, was sein sollte», und die Rechtsphilosophie handele «nicht vom positiven, sondern vom richtigen Rechte, nicht vom Recht, sondern vom Wert, vom Sinn, vom Zweck des Rechts – von der Gerechtigkeit». «Nur die Kategorie des richtigen Rechts ist allgemein gültig, aber keine ihrer Anwendungen. Es läßt sich also kein Rechtssatz ausdenken, der unter allen Umständen richtig oder unrichtig sein müßte» [22]. Wolle man dennoch am Namen ‹N.› festhalten, so nur im Sinne des Stammlerschen Begriffs des «N. mit wechselndem Inhalt» [23].

Das Extrem kritischer Zurückweisung jeglichen N.-Denkens in der neukantianischem Einfluß entworfenen Rechtsphilosophie markiert der rechtswissenschaftliche Positivismus H. KELSENS. Positives Recht und N. haben nach Kelsen verschiedene Geltungsgründe: «Die Norm des N. gilt kraft ihres inneren Gehalts, weil sie 'gut', 'richtig', 'gerecht' ist; die Norm des positiven Rechts: weil sie nur auf eine bestimmte Weise erzeugt, speziell, weil sie von einem bestimmten Menschen – der eben darum als 'Autorität' gilt – gesetzt wurde» [24]. «Die N.-Norm realisiert sich sozusagen 'von selbst', und das N. führt deshalb nicht wie das positive Recht zum Staat als einer Zwangsorganisation, sondern zu einer 'anarchischen' Ordnung» [25]. Kelsen wendet sich gegen alle Versuche, das positive Recht durch N. zu rechtfertigen; er warnt vor dem «Einbruch der N.-Theorie in die wissenschaftliche Bearbeitung des positiven Rechts», die er mit der «Einmengung der Metaphysik in den Bereich der Erfahrung» vergleicht [26]. Er beansprucht zwar auch für das positive Recht den Begriff des Sollens, aber «die mit dem Gedanken des positiven Rechtes gemeinte 'Richtigkeit', 'Gerechtigkeit' könne nur eine 'relative' sein, das Sollen nur ein 'hypothetisches' ...» [27]. Alle Versuche, die positive Rechtsordnung naturrechtlich zu legitimieren, sind «naturrechtliche Ideologie» [28] und gehören zur Rechtspolitik, nicht zur «Theorie des positiven Rechts».

Einen ersten Versuch, über den «metaphysikfreien, abstrakten Formalismus» des Neukantianismus in der Rechtsphilosophie hinauszugelangen, unternahm E. KAUFMANN in der Überzeugung, der Neukantianismus habe an Kant eine erkenntnistheoretische Umdeutung vorgenommen und dessen Vernunftideen, die positive Inhalte meinten, übersehen [29]. Auf der Grundlage dieser Kritik bekannte sich Kaufmann zum Gedanken des «N.», der «als das Wissen von einer höheren Ordnung etwas Ewiges und Unvermeidliches» sei [30]. Konkret setzte Kaufmann sich dafür ein, daß die Gleichheit vor dem Gesetz als überpositives Rechtsprinzip auch inhaltlich den Gesetzgeber binde: «Nur wenn gewisse oberste Rechtsprinzipien nicht verletzt worden sind, schafft das 'Gesetz' wirklich 'Recht'» [31]. Das Gerechte sei zwar nicht definierbar, aber «unserem Gewissen gegeben», «uns unmittelbar gewiß» [32] und von menschlichen Persönlichkeiten schöpferisch zu gestalten [33]. Da wir als endliche Wesen das Absolute nicht theoretisch erkennen könnten, müßten wir uns ihm von verschiedenen Gerechtigkeitsprinzipien aus nähern [34] und dürften nicht wie das rationalistische N. glauben, daß sich die Idee der Gerechtigkeit in abstrakte, allgemeine und sachliche Normen auflösen lasse [35].

Im Anschluß an Kant und J. F. Fries unternahm L. NELSON die Suche nach einem metaphysischen N. Er anerkennt ein N., das auf der Idee der vernünftigen Selbstbestimmung aufbaut, welcher ein ursprüngliches dunkles Interesse jedes vernünftigen Wesens korrespondiere. Als einzigen allgemeingültigen N.-Satz formuliert er: «Alle vernünftigen Wesen haben das Recht auf die gleiche äußere Möglichkeit, zur Selbstbestimmung zu gelangen» [36].

Unter Zustimmung und Kritik der Position Nelsons [37] geht es A. GYSIN um das Bewahren der naturrechtlichen Methode. Dabei wendet er sich sowohl gegen das überkommene N., soweit es unwandelbare inhaltliche Bestimmungen rationalistisch konstruierte oder sich als sich selbst realisierendes, evidentes N. verstand, als auch gegen die Formalisierung des N. [38]. Als materiales Prinzip des N. versteht er die Lehre von der Gleichheit, die nicht mit der formalen Gleichheit verwechselt werden dürfe, sondern eine Grundnorm allen Rechts sei, die in ihrer Anwendung wegen der Unzulänglichkeit menschlicher Erkenntnis zu wandelbarem Recht führen müsse [39]. Neben diesem materialen N. sieht Gysin aber noch ein naturrechtliches Denken, das die «Idee der Positivität ... als Präzisierung des Gerechten» denke, wobei das materiale Gerechtigkeitsprinzip «die feste Schranke der Positivität» bilde [40]. Da nur in der Rechtsform Gerechtigkeit verwirklicht werden könne, setze die Idee der Rechtsverwirklichung eine gebundene Jurisprudenz voraus, die die Formen des Rechts im gesellschaftlichen Leben gestalte. Naturrechtliches Denken begründet so Jurisprudenz als dogmatische Disziplin [41], «welche der naturrechtlichen Methode bei sich dem Eintritt im Prinzip versagt. Denn zur Verwirklichung der Gerechtigkeit ist die Ausschließung des Gerechtigkeitskriteriums als entscheidenden Maßstabes im juristischen Verfahren nötig».

Die aus der bisherigen Diskussion geläufigen Begriffe der Rechtsidee, des richtigen Rechts, des N. mit wechselndem Inhalt erhalten eine neue Bedeutung in der sogenannten Schule des «objektiven Idealismus». Ihr Begründer, J. BINDER, beginnt seine ‹Philosophie des Rechts› (1925) mit einem offenen Bekenntnis zum Idealismus und einer Abkehr von Kritizismus und der Inhaltlosigkeit seiner Rechtsidee; Binder findet bei Hegel, was er bei Kant vergebens suchte: «die Wirklichkeit der Ideen in der empirischen Welt, eine ideenerfüllte Wirklichkeit, und die Geschichte als den Prozeß der Erscheinung der Ideen in der Wirklichkeit» [42]. Die Ideen werden nun normativ, als «Aufgabe für das menschliche Handeln», verstanden [43] und außerdem mit einem Inhalt verbunden, da sie nur so ihre praktische Funktion erfüllen könnten, indem sie den Willen «leiten» [44]. Binder betont, «daß es keine absolut geltenden empirischen Inhalte geben kann», die Idee und die Werte absolut gelten [45]. Werte haben zwar keine empirische Realität, aber ideale Gültigkeit [46]. Da diese Idee des Rechts als Aufgabe verstanden wird, muß es auch «a priori möglich sein, daß diese Aufgabe gelöst wird, daß es richtiges Recht gibt» [47], und durch die Erfüllung dieser Aufgabe wird die Idee zum gestaltenden Faktor der Wirklichkeit. Den Inhalt der Rechtsidee sieht Binder in dem Gedanken der Gemeinschaft; der Einzelne sei ein Ich, eine Persönlichkeit nur als Glied der Gemeinschaft [48].

Allerdings stelle die Idee des Rechts kein Idealrecht dar, und Recht müsse auch unter verschiedenen Zweckmäßigkeitsgesichtspunkten beurteilt werden. Deshalb sei es möglich, «daß für ein bestimmtes Volk, eine bestimmte Kultur und eine bestimmte Zeit irgendeine vorgestellte

Rechtseinrichtung richtiges Recht sein kann, die unter anderen Verhältnissen als unrichtig bezeichnet werden müßte» [49]. Richtiges Recht ist also kein einheitlicher Gesichtspunkt wie etwa bei Stammler das soziale Ideal, sondern eine «Kollektividee» [50]. Der richtige Kern der N.-Idee, die Idee des Rechts, sei zwar Richtmaß und Beurteilungsmittel für das empirische Recht, Richtpunkt für den Gesetzgeber, aber kein Recht, das immer das positive sei [51]. Ganz im Sinne Binders wendet sich auch K. LARENZ gegen die Versuche, ein N.-System als System zeitlos geltender Rechtsnormen zu entwerfen. Der Rechtsphilosoph habe aber «in dem wirklichen positiven Recht die ihm immanente Vernünftigkeit aufzuzeigen, indem er die Rechtsidee in ihren Momenten entwickelt» [52].

Während des Dritten Reiches gab es in der Rechtswissenschaft unter dem Namen ‹N.› einen Neuansatz, der ganz auf die neuen politischen Gegebenheiten abgestellt war. So meinte H. H. DIETZE 1936, daß Recht, wenn es «natürlich» bleiben wolle, sich in immerwährender Bewegung halten müsse; aus der Wirklichkeit habe die Rechtsphilosophie das N. herauszuschälen. Damit war freilich keines der in der Tradition vorkommenden N.-Systeme gemeint, vielmehr sollte das «neue deutsche Recht ... so gestaltet werden, wie es die natürlichen Anschauungen des Volkes, die Natur der Dinge und die naturgegebenen Lebensmöglichkeiten verlangen» [53]. Wenn man die durch den Positivismus zerrissenen natürlichen Zusammenhänge wiederherstellen und das Recht wieder in Beziehung zur völkisch gebundenen Sittlichkeit setzen wolle, müsse dies notwendig in das N. münden [54]. Die Rechtsphilosophie habe «deutsches Recht als natürliches Recht, als Natur-Recht der deutschen Volksgemeinschaft» zu lehren [55], in welchem als bleibende Elemente Blut, Boden und elementare Gesinnung enthalten sein müßten [56]. Das neu zu entwickelnde «N. der Gemeinschaft» ergebe sich aus der «Natur der Sache» [57], und die lebensgesetzliche Ordnung verpflichte auch den Gesetzgeber [58], wobei «germanisches Lebensrecht» und «N. der Gemeinschaft» gleichzusetzen sind [59]. Damit jedoch dieses «N.» nicht zu einer Bindung für den Gesetzgeber oder gar den Führer wurde, mußte es als «dynamisches» [60] aufgefaßt und der Partei zur alleinigen «Schaffung» überlassen werden [61].

In der Rechtswissenschaft war – einflußreicher als das «N.» im Sinne Dietzes – C. SCHMITTS konkretes Ordnungsdenken das methodische Mittel zur Gestaltung des neuen Rechts [62]. Dieses kann aber nicht, wie dies Dietze versuchte, als naturrechtliches Denken bezeichnet werden, wenngleich es dem Denken aus der Natur der Sache ähnelt. Schmitt kritisierte den Positivismus und Normativismus der Weimarer Staatsrechtslehre u. a. auch deshalb, weil er kein «auf ein N. oder Vernunftrecht begründeter», sondern an faktisch geltenden Normen ausgehängter und deshalb in sich widerspruchsvoller Normativismus gewesen sei [63]. Jegliche Berufung auf ein N. lehnt er 1934 wegen dessen möglicherweise revolutionärer, staatsuntergrabender Kraft ab [64]. Später – 1943/44 – bekennt er sich zu einem «unzerstörbaren Kern allen Rechts» und rechnet dazu u. a. die «auf gegenseitiger Achtung beruhende Anerkennung der Person» [65].

E. FORSTHOFF sieht im N. kein Thema der Zeit [66]. Die Vernunft werde lediglich feststellen, «daß unter diesen gegebenen Umständen das oder das gerecht und wahr ist, wobei das Wertbewußtsein, das zu dieser Feststellung hinführt, ein geschichtstranszendent beheimatetes ist, denn die Geschichte als solche ist wertfrei». Die Transzendenz des Wertbewußtseins will Forsthoff aber nicht naturrechtlich verstanden wissen, da er eine sprachliche Disposition für das N. nicht feststellen könne, die Rechtswissenschaft aber in dem von ihr vorausgesetzten Sprachverständnis dem allgemeinen Selbstverständnis des Geistes unlöslich verbunden sei.

Universelles N. findet sich während der Zeit des Dritten Reiches fast nur noch im Neuthomismus, dessen Eintreten für das N. seit Cathrein ungebrochen blieb. J. SAUTER sprach 1932 sogar von einer «Auferstehung des N.» [67], wobei er sich selbst gegen die häufig behauptete «Evidenz des N.» bezüglich seines Inhalts aussprach [68]. In den obersten N.-Sätzen sah er vielmehr «lauter formale Sätze», die freilich evident seien: «Das N. ist uns eben nicht nur gegeben, sondern – wie alles Metaphysische – noch mehr aufgegeben» [69].

Für die Zeit nach 1933 ist H. ROMMENS angesichts des Dritten Reiches mutige Begründung eines metaphysischen N. hervorzuheben. Nach Rommen müssen «Sein und Sollen im letzten Grunde zusammenfallen». «Das Sein und das Gute, die ontologische und die deontologische, moralische Ordnung müssen im tiefsten und letzten eins sein» [70]. Für den Menschen als vernünftige freie Natur heißt das: «handle nach der Vernunft, vollende dein Wesenssein, erfülle die Ordnung des Seins, der du frei gegenüberstehst» [71]. So wird die Ordnung der Welt, die «lex aeterna» für den vernünftigen freien Menschen zur «lex naturalis». Zum Wesen des Menschen gehöre auch seine soziale Natur, und die Ordnung der sozialen Beziehungen sei der eigentliche Gegenstand des N. [72] als eines Teils des natürlichen Sittengesetzes [73]. Eigentlich seien nur zwei Normen evident: «das Gerechte zu tun, das Ungerechte zu lassen, und ...: Jedem das Seine», wobei das Gerechte das der Natur entsprechende sei [74]. Dieses universale N. fand zwar zur Zeit seiner Veröffentlichung keine Anerkennung seitens des «neuen deutschen N.», doch wirkte es dafür um so intensiver in der N.-Diskussion im Nachkriegsdeutschland nach.

Noch während des Dritten Reiches gab es jedoch auch seitens der evangelischen Theologie durch E. BRUNNER ein Bekenntnis, wenn nicht zum Wort [75], so doch zur Sache des N., nachdem noch 1932 H. STEUBING [76] jedes N. als dem Wesen des evangelischen Christentums widersprechend bezeichnet hatte, da der christliche Glaube nicht auf Vernunft, sondern in der Gottesoffenbarung durch Jesus basiere, das (katholische) N. aber Natur und Vernunft als selbständige Größen über Gott statuiere. BRUNNER will aus Anlaß der Erfahrung des totalen Staates [77] die im Begriff ‹N.› inkorperierte Gerechtigkeitsidee neu aufbauen. Dabei versteht er als deren Grundprinzip den Satz: «einem jeden das Seine zuteilen» [78], wobei dieser Gedanke entscheidend durch den «Gedanken der Schöpfungsordnung Gottes bestimmt» sei [79]. N. sei das Recht, das aus der gottgeschaffenen Natur des Menschen hervorgehe, insbesondere aus sogenannten «Schöpfungskonstanten» [80].

In Deutschland kam es nach dem Zweiten Weltkrieg als Antwort auf die Erfahrung «gesetzlichen Unrechts» (G. Radbruch) zu einer Erneuerung und Blüte des N.-Denkens. Man spricht diesbezüglich häufig von einer 'Renaissance des N.', teilweise sogar von einer 'Hochrenaissance des N.', gelegentlich aber auch kritisch vom «Schein einer Wiederkehr des N.» [81] und von einer «Scheinrenaissance» [82]. Einen neuen Versuch, zu überpositiven und doch inhaltlichen Rechtsprinzipien zu gelangen, unternahm H. COING unter Bezugnahme auf die materiale Wertethik. Die materiale Wertethik Max Schelers und Nicolai Hartmanns war zwar schon kurz nach ihrer Formulierung von A. VERDROSS [83] als die «bisher vergeblich gesuchte Grundlage» aller neuen materialen Rechtsphilosophie begrüßt worden, doch fand ihre eigentliche Fruchtbarmachung für die Rechtsphilosophie erst in der N.-Diskussion nach dem Zweiten Weltkrieg statt. Von einer Analyse des Rechtsgefühls und Rechtsbewußtseins, der seelischen Kräfte, aus denen Recht sich bilde, müsse man sich – so COING – zu einer Analyse der darin gegebenen Grundwerte wenden, um dann die Frage zu prüfen, ob mit den Werten auch für bestimmte typische Situationen bestimmte Rechtsprinzipien, die sich aus den Werten ergeben, abzuleiten seien [84]. Das führt zu dem Ergebnis, daß sich inhaltliche und dennoch notwendige Rechtsgrundsätze aus den sittlichen Grundwerten der Gerechtigkeit und ihrer Ergänzungswerte wie Personenwürde, Zuverlässigkeit, Wahrhaftigkeit usw. wegen der im sozialen Leben immer wiederkehrenden Grundsituationen ableiten lassen [85]. Sie haben ihren Standort in einem neben dem Reich des Seins stehenden Reich der Werte [86]; diese Rechtsgrundsätze richten sich als Leit- und Grenzsätze vornehmlich an den Gesetzgeber, lassen diesem aber einen erheblichen Spielraum. Die Bezeichnung ‹N.› für diese Rechtsprinzipien hält Coing trotz der historischen Mehrdeutigkeit des Begriffs und auch trotz ihrer Ableitung nicht aus der «Vernunftnatur des Menschen», sondern aus der «sittlichen Wertordnung» für zweckmäßig, weil dieser Ausdruck den Bestand von ewigen Normen bezeichne: «wir suchen den Inhalt eben jenes Normencomplexes zu ergründen, der – unabhängig von der jeweiligen Einsicht und der Willkür des positiven Gesetzgebers – über und vor allem historischen Recht steht und ihm sein Ziel und Maß gibt, wofern es Recht im wahren Sinn und mehr als bloß zwangsmäßige Friedensordnung sein will» [87].

Nach H. HUBMANN ist an der «durch Wertgefühl, Werterfahrung und Vernunft bestätigten Erkenntnis festzuhalten, daß es vorgegebene, absolute Werte gibt, die auf die Menschennatur hingeordnet sind»; aufzugeben sei aber der «Glaube an eine feststehende Wertrangordnung», da das Gewicht, das den Werten im Einzelfall zukomme, «wandelbar» sei. Der menschlichen Vernunft sei es aufgegeben, Rechtsnormen so zu gestalten, daß sie «den Anforderungen der Werte und der Sachumstände gerecht» werden [88].

Die Verbindung von Recht und allgemeingültigen sittlichen Inhalten bzw. Werten ist in der Nachkriegszeit auch durch die Rechtsprechung der obersten Gerichte der Bundesrepublik Deutschland ins allgemeine Bewußtsein getreten. So hat der Bundesgerichtshof häufig eine vorgegebene Wertordnung zur Entscheidungsbegründung herangezogen; das Bundesverfassungsgericht hingegen war eher vorsichtig im Gebrauch naturrechtlicher Argumentation, hat dafür aber eine kaum weniger umstrittene Wertordnung im Grundgesetz der BRD erkennen wollen. In der Rechtswissenschaft und Rechtsphilosophie hingegen ist die materiale Wertethik als Anknüpfungspunkt einer N.-Lehre wie auch Coings Konstruktion oberster Rechtsgrundsätze fast allgemein abgelehnt worden, wobei die mangelnde Allgemeingültigkeit materialer Werte den Hauptkritikpunkt bildete [89].

Diese fast allgemeine Ablehnung widerfuhr ebenso den christlichen N.-Begründungen. Die schroffste Kritik des N.-Denkens kam von soziologischer Seite. Insbesondere E. TOPITSCH wurde nicht müde, die wissenschaftliche Begründbarkeit normativer Systeme und damit auch der naturrechtlichen Systeme zu bestreiten und den Zirkel in ihrer Argumentation bloßzulegen: «Wie schon oft in der Geschichte der N.-Bestrebungen werden auch heute wieder Wertungen, Normen und Postulate an die wissenschaftlich festgestellten Tatsachen und die Möglichkeiten herangetragen, mit ihnen zu einem ‹Gesamtbild› verschmolzen und aus diesem wieder abgelesen» [90]. Auch nach dem Rechtssoziologen E. E. HIRSCH beruhen die behaupteten N.-Normen auf Dogmen und seien wegen ihrer Allgemeinheit «Leerformeln» [91]. Werden hier N.-Theorien historisch-soziologisch als Reaktionen auf die «Erschütterung bestehender normativer Systeme» (Topitsch) interpretiert, so ist für L. STRAUSS die Ablehnung des N. «identisch mit Nihilismus» und die Ausgrenzung der Wertproblematik aus dem Erkenntnisanspruch der Sozialwissenschaft «Vernunft im kleinen und Wahnwitz im großen» [92].

Zwar ließ sich die N.-Diskussion durch die Kritik am Begründungsanspruch absoluten und zeitlosen N. nicht vollständig erledigen, doch wurde dieser Anspruch kaum mehr erhoben. Ausdruck dieser Zurückhaltung ist die Wendung der N.-Diskussion zu einer Diskussion der Natur der Sache (s. d.). Hierher sind auch die von H. WELZEL sogenannten «sachlogischen Strukturen» zu rechnen, «die den ganzen Rechtsstoff punktförmig durchsetzen und eine bestimmtgeartete Regelung vorzeichnen» [93]. Diese Strukturen bänden den Gesetzgeber aber nur logisch, d.h. wenn seine Regelung sachgemäß sein solle, und nur relativ, d.h. nur dann, wenn der Gesetzgeber eine Regelung bestimmter Art vornehmen wolle, so daß z.B. der Gesetzgeber, wenn er nur bei Schuld strafen wolle, an den sachlichen Gehalt der Schuld gebunden sei. Hauptbeispiel für eine sachlogische Struktur ist nach Welzel die «kategoriale Gesetzlichkeit der menschlichen Handlung», ihre Finalität [94]. Neben dieser relativen Grenze kennt Welzel aber auch noch eine absolute, ebenfalls immanente Grenze allen Rechts, die er im Anschluß an Kant in der sittlichen Autonomie des Mitmenschen sieht, wodurch jede Degradierung des Menschen zur Sache ausgeschlossen sei [95]. Die Anerkennung des Menschen als verantwortliche Person nennt Welzel später [96] den materialen Gehalt «im obersten Axiom des N.», alle Begründungen aus der erkennbaren Natur der Dinge erscheinen ihm aber als Zirkelschluß: «Was die Naturrechtler an Wertvorstellungen in die Dinge hineingelegt haben, das holen sie hinterher als das ‹Natürliche› oder das ‹Unnatürliche› aus ihm wieder heraus» [97]; alle Berufung auf die Natur setze das daraus Abgeleitete dem Ideologieverdacht aus [98]. Im Anschluß an Welzel definiert G. STRATENWERTH 1957 die sachlogischen Strukturen als «ontische Gegebenheiten, die sich unter einem bestimmten Gesichtspunkt als wesentlich herausheben» [99]. Wer etwa die Finalität der Handlung als wesentlich erkenne, sie aber beim Versuch als unwesentlich erkläre, durchbreche «die Identität des leitenden Gesichtspunktes» [100]. Das positive Recht bestimme unter bestimmten leitenden Gesichtspunkten, welche Merkmale wesentlich sind: «Die Blickrichtung auf den Menschen als Person ist ein solcher Wertgesichtspunkt, der die wertbedeutsamen Merkmale aus der Fülle ontischer Daten heraushebt» [101], wobei noch offen bleibe, ob das positive Recht diesen Gesichtspunkt überhaupt aufnehmen müsse: «Die grundsätzliche Wertentscheidung folgt der sachlogischen Einsicht nicht nach, sondern geht ihr voraus» [102]. Anders als die sachlogischen Einsichten, die unmittelbar auf anthropologische Sachverhalte verwiesen, wie z.B. die sachlogischen Eigenheiten des zweck-

und sinngerichteten menschlichen Verhaltens, weise die Natur der Sache auf eine sinnerfüllte soziale Welt, auf Zweck- und Sinngehalte, auf die sich das eben gekennzeichnete Verhalten richte [103]. Aber wie schon bei den sachlogischen Strukturen, so gilt auch bei den Erwägungen aus der Natur der Sache und der damit notwendig verbundenen Wertgesichtspunkte, daß das positive Recht nicht notwendig bestimmte Wertgesichtspunkte aufnehmen muß: «Nur die Vermutung darf geäußert werden, daß die Entscheidung über die leitenden Wertgesichtspunkte nicht dem Zufall oder der Willkür unterliegt» [104]. Einen Weg von der Natur der Sache zum N. gibt es für Stratenwerth wegen der Relativität der Natur der Sache auf leitende Gesichtspunkte nicht [105].

Von der Natur der Sache zu einem «konkreten N.» gelangt W. MAIHOFER, der die Existenzphilosophie mit dem N.-Denken in Verbindung bringt. Eine solche Verbindung hatte zuvor schon M. MÜLLER herzustellen versucht, der dabei zu einem «geschichtlichen N.» oder «existentiellen Wesensrecht» kam, das am geschichtlichen Wesenswandel zu orientieren sei und die «unbeliebige Notwendigkeit der Geschichtlichkeit des Seins» ausdrücke [106]. Für MAIHOFER ist im Denken der Natur der Sache eine Brücke zwischen «dem vom Sein geforderten Sollen und dem vom Bewußtsein geforderten Sollen» geschlagen [107]. Dieses Denken deduziere nicht in der Weise des abstrakten N. aus obersten Rechtsgrundsätzen, sondern leite «aus den im Rechtsstoff liegenden Rechtssachverhalten selbst» konkretes N. ab [108]. Die Rechts- bzw. Lebenssachverhalte sind dabei keine isolierten Dinge oder Gegenstände, sondern «Komplexe des Geschehens in der Welt» [109], Weisen des In-der-Welt-Seins, um deren Vorzeichnung, Sicherstellung und Durchsetzung alle Ordnung des Rechts und der Sitte sich drehe [110]. Suche man genauer nach den sachgesetzlichen Strukturen dieser Lebensgestalten, sozialen Positionen, Rollen, so erkenne man nicht nur ihr Sein, sondern auch ihr «am Sein verwirklichtes Sollen». Das Sein der betrachteten Lebensverhältnisse bestehe aus Verweisungen und Entsprechungen, ihr Sinn in Bewandtnissen und damit Bedeutungen, aber problematisch bleibe ihr Sollen, insbesondere das Verhaltensollen, das man von anderen fordere und das ihrer Rolle entsprechen solle [111]. Den natürlichen, berechtigten Verhaltensregeln könne man sich dadurch nähern, daß man sich zunächst in die Lage des anderen versetze und frage, «was wir als Solche vom Anderen als Solchen erwarten» (goldene Regel), darauf müsse man das so gefundene Verhaltensollen sorgfältig daraufhin prüfen, ob es «als ein aus der Natur der Sache folgendes allgemeines Verhaltensgesetz für jeden Anderen in solcher Rolle oder Lage» tauge (Kants kategorischer Imperativ) [112]. Die Unbedingtheit der natürlichen Pflichten sei eine «geschichtliche»: «ihre konkrete Gültigkeit und Geltung jetzt und hier, in dieser Rolle und dieser Lage». N. wird dadurch zu einem «Vorausentwurf der geschichtlichen Selbst-Bestimmung des Menschen» [113], und alle Rede von einem «von Natur oder von Gott vorgegebenen objektiven Sittengesetz ... schlichte Selbsttäuschung» [114].

Wenn Maihofer später sein konkretes N. im Gegensatz zu dem die Ungleichheit rechtfertigenden, ideologischen N. der Tradition ein utopisches nennt [115], so bezieht er sich auf E. BLOCH, dem es in ‹N. und menschliche Würde› um ein «kritisches N.» geht: «Das radikale subjektive N. und sein Ausspruch: jeder nach seinen Fähigkeiten, jedem nach seinen Bedürfnissen, das radikale objektive N.: Solidarität, diese reichen zum Steuer der Rechte postulativ aus, werden konkret ausreichen» [116]. Dem derart «kritischen N.» steht eine «naturrechtliche Draperie» gesellschaftlicher Widersprüche gegenüber, die sich die Arbeit für die Beibehaltung realen Unrechts mit rechtspolitischen Strömungen teile [117].

Die bei M. Müller und W. Maihofer schon angesprochene Dimension der Geschichtlichkeit gewinnt auch in der N.-Diskussion immer mehr an Bedeutung. Zum ausdrücklichen Thema wurde «N. und Geschichtlichkeit» bei A. KAUFMANN, der den Grund der Skepsis gegenüber dem N. «in dem heute ganz allgemein vorhandenen Bewußtsein der geschichtlichen Bedingtheit des Rechts» sieht [118]. Diese stellt vor die Frage, «ob nicht im Recht selbst, d. h. in seiner ontologischen Struktur, Absolutheit und Relativität, Beständigkeit und Entwicklung, Ewigkeit und Geschichtlichkeit als polare Kräfte wirksam sind», mit der Folge, daß das Verhältnis von positivem Recht und N. das einer gegenseitigen Beziehung und Spannung wäre [119]. Mit dieser Frage ist schon die Antwort vorgezeichnet: am Recht als einer Realentität seien Existenz und Essenz, Positivität und Rechtswesenheit zu unterscheiden, aber Recht sei nur in der Doppelheit von «Richtigkeit (man könnte auch sagen: 'Naturrechtlichkeit') und Positivität des Rechtsinhalts». Freilich bestehe zwischen dem Wesen und der Existenz des Rechts eine «ontologische Differenz», d. h. sie fielen nicht notwendig zusammen [120]; auch kämen wir aufgrund «der Unvollkommenheit unserer Erkenntniskraft» nie in den Bereich des vollkommen richtigen Rechts, so daß nur ein Heranarbeiten an die Idee der Gerechtigkeit bleibe [121]. «Einen Sinn aber kann dieses Unterwegssein letztlich nur haben, wenn es auf ein Ziel gerichtet ist, wenn es auf dem Hintergrund eines Überzeitlichen und Absoluten geschieht» [122]. Für das Recht bedeutet das, daß es als geschichtliches nicht auf ein beliebiges Ziel hin, sondern «unterwegs zum Recht im ganzen, zum N.» sei; Geschichtlichkeit des Rechts heiße «Offenheit des Rechts zum N. hin», womit hier und jetzt «das zeitgerechte Recht» möglich werde [123]. Zwar ist wegen der ontologischen Differenz die «Perversion des Rechts ... eine Dauergefahr» [124]. «Aber immer wird sich Recht nur dadurch legitimieren können, daß es dem Menschen das ihm als Person Zustehende gewährt» [125].

Das rationale Prinzip jeden N. zu finden und zu begründen, versucht J. EBBINGHAUS unter Ablehnung sowohl des Neukantianismus K. Stammlers als auch der Neukantianismuskritik E. Kaufmanns durch einen Rückgriff auf das allgemeine Rechtsprinzip in Kants Rechtsphilosophie [126]: «Zum Rechte der Natur gehören alle diejenigen Gesetze möglicher Einschränkungen äußerer Freiheit der Menschen, ohne die diese Freiheit unter gar keinen menschenmöglichen Bedingungen mit der aller anderen nach Gesetzen vereinigt werden kann» [127]. Die im allgemeinen Rechtsprinzip zum Ausdruck gebrachte Übereinstimmung von jedermanns Freiheit enthalte auch ein für alle Rechtsgebiete anwendbares «normatives Prinzip» [128].

Eine eigenständige N.-Begründung auf der Grundlage eines in der Natur des Menschen liegenden Rechtsbewußtseins findet man bei H. REINER [129]. Dieses Rechtsbewußtsein gründe in der Tatsache, «daß wir Menschen eine wertende und stellungnehmende Vernunft besitzen ...» [130]. Zu seinen konkreten Inhalten komme das Rechtsbewußtsein über den Begriff der Gerechtigkeit [131]; grundlegend für die weitere inhaltliche Gestaltung der Rechtsordnung sei die Tatsache, daß es etwas gebe, was jeder von Natur immer schon habe, nämlich den eigenen Leib [132], woraus sich das «Recht auf den Urbesitz der Person» ergebe [133].

A. VERDROSS konstruiert, aufbauend auf V. KRAFTS «rationaler Begründung der sozialen Moral», in der vier allgemeine, naturgegebene Zielstrebungen (z.B. Selbsterhaltung) des Menschen ausgewiesen werden, ein N., dessen Normen der Verwirklichung jener naturgegebenen Ziele dienen [134]. Den Inhalt des N. ermittelt VERDROSS, indem er fragt, «was jeder Mensch von der Gemeinschaft erwarten kann, um das von allen Menschen angestrebte allgemeine Ziel eines menschenwürdigen Lebens erreichen zu können». Die Konkretisierung der allgemeinen Grundsätze des primären, statischen N. sollten dann von einem sekundären, dynamischen N. vorbereitet und vom positiven Recht verwirklicht werden; so könne sich das N. als das humane Gewissen des positiven Rechts erweisen [135]. Da die Inhalte des N. bei Verdross nur rahmenhaft formuliert sind, hat O. WEINBERGER von einer «schwachen N.-Lehre» gesprochen [136]. Ein N. mit Minimalgehalt lehrt H. L. A. HART, nach dem Recht an den Zweck des Überlebens gebunden ist und durch sein System eine Minimalform des Schutzes für Personen, Eigentum und Versprechen bieten muß [137].

Eine allgemeine Erschütterung erfaßte Ende der 60er Jahre auch die «uneinnehmbar erscheinende Hochburg naturrechtlichen Denkens» (J. Messner), die katholische Moraltheologie. J. MESSNER freilich verteidigt die N.-Lehre und verbindet über den Begriff der «Anwendung» das primäre N., das wegen der gleichbleibenden Personnatur des Menschen unveränderlich sei, mit einem sekundären N., das sich aus den allgemeinen Prinzipien in Verbindung mit der Einsicht in die unter den jeweiligen Umständen zu erkennende Natur der Sache ergebe [138]. A. HOLLERBACH sieht dagegen im christlichen N.-Denken – ausgelöst bereits durch die Enzyklika ‹Mater et Magistra› vom 8. 1. 1965 mit der Anerkennung der Religionsfreiheit für den Rechtsbereich – eine «Wendung zu einem anthropologischen Personalismus», der die Geschichtlichkeit des Menschen zu seiner metaphysischen Grundausstattung zähle [139]. Der eigentliche Naturrechtler sei wahrscheinlich der Rechtspolitiker, der dem Recht – unter den Bedingungen der heutigen Welt mit ihrem geschärften Bewußtsein von Freiheit – seinen Weg nur in der Auseinandersetzung in einer offenen politischen Gesellschaft weisen könne; dies sei ein «naturrechtlicher Fixpunkt allerersten Ranges» [140].

Deutlich hat E.-W. BÖCKENFÖRDE die mangelnde Verbindung von kirchlichem N. und politischem Handeln [141] aufgezeigt: das kirchliche N. erlaube «von seinem abstrakt-allgemeinen, der Intention nach übergeschichtlichen Argumentationsansatz her, methodisch gesichert nur die Aufstellung allgemeinster und elementarer Prinzipien», die zentrale Bereiche jeder Gesellschaftsordnung, so etwa die Eigentumsordnung, vor der Tür lassen [142]. Der richtige Kern dieses N. könne nur durch ein Umdenken für das politische Handeln fruchtbar gemacht werden, und zwar in der Weise, daß man die grundlegenden, normativen Aussagen als Prinzipien und Richtungsanzeiger verstehe, die die Grundlage für je nach Lage und Verhältnissen verschiedenartige argumentative Konkretisierungen bildeten. Das Finden der Konkretisierungen müsse dabei dem «Prozeß argumentativer Auseinandersetzung» überlassen bleiben, da «Ableitungen» hier nicht zwingend seien [143].

Ganz ohne Rekurs auf ein N. ist nach P. HÄBERLE, der die Kritik Böckenfördes übernimmt, eine «zeitgemäße demokratische Verfassungstheorie» zu entwickeln [144].

«Die ‹Sache› und Funktion Verfassung der res publica sollte sich selbst so entwickeln, bewähren und tragen, daß es naturrechtlicher ‹Rückgriffe› nicht bedarf». Dies sei nötig, da das N. vorbelastet sei, an Evidenz so verloren habe, daß Konsens kaum mehr herstellbar sei, den Öffentlichkeitsbezug nicht thematisiere und über die funktionell-rechtlichen Grenzen der Verfassungsorgane nichts aussage. Freilich sollten Teile «unbezweifelten» N. als «Notbremse» für (Grenz-)Situationen beibehalten werden [145]. Auch R. DREIER hält nach der N.-Debatte von 1945 bis 1965 ein unkritisches Zurück zum N. nicht für möglich [146]; dennoch seien Rechtswissenschaft und Rechtspolitik auf die rechtsphilosophische Dimension verwiesen, wenn sie den Problemhorizont, den vormals die N.-Lehre ausgefüllt habe, zurückgewinnen wollten. Dabei gehe es neben Ideologiekritik um Politisierung und Ethisierung der Rechtswissenschaft, worunter er die Forderung nach kritischer Reflexion versteht, die sich bewußt halte, «daß es zwar kein ewig gültiges N. und auch keine der Kritik entzogene Theorie der guten Gesellschaft gibt, daß aber das bestehende Recht und die bestehende Gesellschaft der steten Überprüfung an dem Maß der Emanzipation und sozialen Gerechtigkeit bedürfen, welche historisch, d. h. unter gegebenen wie unter manipulierbaren Bedingungen objektiv möglich sind» [147]. Dreier bezieht sich hierbei ausdrücklich auf J. HABERMAS, für den das N. nicht mehr «ontologisch, transzendentalphilosophisch oder anthropologisch aus ... der Natur der Welt, des Bewußtseins oder des Menschen» begründet werden kann. Die N.-Diskussion sei nicht nur kontrovers verlaufen, sondern habe auch durch die Pluralismus der Begründungsversuche ihre Glaubwürdigkeit verloren und sei im allgemeinen selbst unter dem Niveau der zeitgenössischen Philosophie geblieben [148]. Dennoch weise die Idee des N. über bürgerliche Ideologie hinaus, lasse sich aber erst durch eine Interpretation aus den konkreten gesellschaftlichen Verhältnissen verwirklichen. Allgemeinverbindliche Normen einer Gesellschaft müssen diskursiv begründet werden können, d. h. sie müssen einer uneingeschränkten und ungezwungenen Diskussion standhalten [149]. Nach N. LUHMANN ist der «Verlust des N. durch Verfahrensrecht auszugleichen», damit das Recht ein Ordnungsfaktor der Gesellschaft bleiben kann [150].

H. RYFFEL hält angesichts der «schlechthin unausweichlichen» Frage nach der Richtigkeit des Rechts den konsequenten Rechtspositivismus wie auch den radikalen Relativismus für unzulänglich. Mit der Richtigkeitsfrage sei man aber noch nicht beim N. angelangt, sondern stehe vor einem «Pluralismus der Richtigkeitsvorstellungen» [151]. Das N., soweit es absolute inhaltliche Normen behaupte, scheide sogar aus, da «das Wesen des Menschen und seine Stellung in der Welt nicht eindeutig festgelegt» seien [152]; es löse sich «in einen offenen Pluralismus werdender und sich entfaltender Werte auf», der nur auf dem Wege der Konfliktlösung durch Überzeugung überwunden werden könne [153]. Dabei finde ein Rückgang auf ein tieferliegendes «Gemeinsames» statt, das zwar weder oberster Wert sei noch maßgebende Werte liefere, aber ein Korrektiv für das Verhalten darstelle und der humane Grund sei, «aus dem verschiedene mögliche Wertsysteme und die ihnen zugehörigen Einzelwerte hervorgehen». Der im Wesen des Menschen begründete unverlierbare Sinn des N., daß der Mensch letztlich überall zum Einklang seiner selbst und zum Einklang mit der Welt und den Mitmenschen strebe, bleibe und sei gerechtfertigt; gäbe es diesen gemeinsamen Grund nicht, so ständen die voneinander abweichenden Werthaltungen in einem unversöhnlichen Gegensatz [154].

Für R. SPAEMANN ist der anhaltende Streit um das «von Natur Rechte» ein Argument für das N.: «Gäbe es kein von Natur Rechtes, so könnte man über Fragen der Gerechtigkeit gar nicht sinnvoll streiten.» Wo aber ein Streit mit Worten geführt werde, setze er allemal «einen gemeinsamen Gegenstand voraus: die Gerechtigkeit als das 'von Natur' Rechte» [155]. Damit sei aber noch nicht gesagt, daß es ein N. gebe, sondern nur, «daß in der Richtung, die dieser Name bezeichnet, sinnvollerweise etwas zu suchen sei». Natur als das Maß des Handelns genommen, dürfe «nicht in einer positiven Bestimmung dessen liegen, was das Glück des Menschen ausmacht», da dies die «Preisgabe des modernen Subjektbegriffes bedeuten» würde; vielmehr zerfalle das N. in zwei Momente: «einerseits in ein Freiheitsrecht als Gesamt der apriorischen Bedingungen gegenseitiger Anerkennung und Rechtfertigung handelnder Wesen bzw. der notwendigen, aus der 'Natur der Sache' folgenden Bedingungen jeder Konsensbildung, andererseits in ein N. in sensu stricto, das diejenigen Bedingungen des Handelns betrifft, die aller Konsensbildung vorausliegen und nur um den Preis der Selbstzerstörung verletzt werden können» [156]. Letzteres habe sowohl Eingriffe in die Natur als Umwelt als auch in die Natur des Menschen selbst zu verhindern [157]. Ein solches N.-Denken will nicht nur den Interessen zukünftiger Generationen Beachtung verschaffen, sondern fordert dazu auf, die «anthropozentrische Perspektive» [158] im Rechtsdenken zu verlassen und mit der Anerkennung der Rechte der Natur eine neue Dimension des Rechtes zu entdecken [159]. Der Mensch wird als Glied der Biosphäre gesehen, das ein 'partnerschaftliches' Verhältnis zur Natur sucht, weil nur so langfristig die Grundbedingungen menschlicher Handlungsfreiheit und die Basis für eine menschenwürdige Existenz zu sichern sind [160].

Neben diesem besonders die Natur zur Geltung bringenden N.-Denken, gewinnt im Zuge der «Rehabilitierung der praktischen Philosophie» auch das Bemühen um eine normative Rechtsphilosophie unter dem Titel N. als Vernunftrecht an Bedeutung. Zur Vermeidung des naturalistischen Fehlschlusses vom Sein auf ein Sollen wird dieses N. nicht aus einer bloßen Interpretation anthropologischer Befunde abgeleitet, sondern durch analytisch-transzendentale und vernunftkritische Überlegungen begründet. Dabei gilt für O. HÖFFE [161] – in deutlicher Anlehnung an die praktische Philosophie Kants – als höchster normativ-kritischer Maßstab für politische Gerechtigkeit das «Prinzip wechselseitiger Einschränkung und Sicherung von Freiheit». Diesem «a priori-Prinzip des N.» soll freilich nur eine regulative, nicht auch schon eine operationale Bedeutung zukommen.

Anmerkungen. [1] Vgl. K. H. ILTING: Art. ⟨N.⟩. Geschichtl. Grundbegriffe 4 (1978) 309ff. – [2] Vgl. G. RADBRUCH: Rechtsphilos. (⁷1970) 116. – [3] R. STAMMLER: Wirtschaft und Recht (1896) 171; ferner: Über die Methode der geschichtl. Rechtstheorie (1888), in: Rechtsphilos. Abhandl. und Vorträge 1 (1925). – [4] Wirtschaft und Recht 179. – [5] a.O. 185. – [6] a.O. – [7] Die Lehre vom richtigen Recht (1902, ²1926) 88. – [8] a.O. 197. – [9] 198. – [10] V. CATHREIN: Recht, N. und positives Recht (1901) 163. – [11] a.O. 164. – [12] 163. – [13] 164. – [14] ebda. – [15] 125. – [16] ebda. – [17] 126. – [18] 134. – [19] 139. – [20] Vgl. A. HOLLERBACH: LThK² 7 (1962/68) 828. – [21] G. RADBRUCH: Grundzüge der Rechtsphilos. (1914) 2. – [22] a.O. 4f. – [23] 5; kritisch zu STAMMLERS 'Rückfall' in altes N.: – [24] H. KELSEN: Die Idee des N. Z. öffentl. Recht 76 (1927/28) 224; vgl. auch: Die Grundlage der N.-Lehre, in: F. M. SCHOLZ: Das N. in der polit. Theorie (1963) 1ff. – [25] Die Idee ... 227. – [26] a.O. 231. – [27] 230. – [28] 245. – [29] E. KAUFMANN: Kritik der Neukantian. Rechtsphilos. (1921). – [30] In: Veröff. der Vereinigung der Dtsch. Staatsrechtslehrer 3 (1927) 3. – [31] a.O. 5f. – [32] 11. – [33] 13. – [34] ebda. – [35] 16. – [36] L. NELSON: System der philos. Rechtslehre (1924) § 47. – [37] A. GYSIN: Zur Rechtsphilos. von J. F. Fries und L. Nelson, in: Rechtsphilos. und Grundlagen des Privatrechts (1969). – [38] N. und Positivität des Rechts (1928) a.O. 48ff. – [39] a.O. 61f. – [40] 67. – [41] 78f. – [42] J. BINDER: Philos. des Rechts (1925) 67; kritisch zu Hegel: 111. – [43] a.O. 109. – [44] 263. – [45] 780. – [46] 782. – [47] 784. – [48] 283. – [49] 789. – [50] 790. – [51] 760. – [52] K. LARENZ: Rechts- und Staatsphilos. der Gegenwart (1931) 87. – [53] H. H. DIETZE: N. in der Gegenwart (1936) 2. – [54] a.O. 8. – [55] 9. – [56] 13. – [57] 137. – [58] 141. – [59] 142. – [60] 175. – [61] 179. – [62] C. SCHMITT: Über die drei Arten rechtswissenschaftl. Denkens (1934) 67. – [63] Vorbem. zur 2. Aufl. der Polit. Theologie (1934). – [64] Jurist. Wschr. (1934) 713. – [65] Die Lage der europ. Rechtswiss., in: Verfassungsrechtl. Aufs. (1958) 422f. – [66] E. FORSTHOFF: Recht und Sprache (1940) 13f. – [67] J. SAUTER: Die Philos. Grundlagen des N. (1932) 221. – [68] a.O. 223. – [69] 223f. – [70] H. ROMMEN: Die ewige Wiederkehr des N. (1936) 165. – [71] a.O. 184. – [72] 195. – [73] 223. – [74] 229f. – [75] E. BRUNNER: Gerechtigkeit (1943) 103. – [76] H. STEUBING: N. und natürl. Theol. im Protestantismus (1932) 160f. – [77] BRUNNER, a.O. [75] 8f. 104. – [78] a.O. 101f. – [79] 104. – [80] 106. – [81] ILTING, a.O. [1] 313. – [82] S. BREUER: Krit. Justiz 16 (1983) 127. – [83] A. VERDROSS, in: Zschr. öffentl. Recht 7 (1927/28) 311. – [84] H. COING: Die obersten Grundsätze des Rechts (1947) 8f. 29f. 36f. – [85] a.O. 54f. – [86] 28f. – [87] 63; vgl. auch COINGS spätere Stellungnahme zum N. in: Grundzüge der Rechtsphilos. (³1976) 196. 206. – [88] H. HUBMANN, in: Festschr. M. Nüchterlein (1978) 124. – [89] G. LUF, in: Jus humanitas. Festschr. A. Verdross, hg. H. MIEHSLER u. a. (1980) 139ff. – [90] E. TOPITSCH: Das Problem des N., in: W. MAIHOFER (Hg.): N. oder Rechtspositivismus (1972) 170. – [91] E. E. HIRSCH: Das Recht im sozialen Ordnungsgefüge (1966) 49. – [92] L. STRAUSS: N. und Gesch. (1956) 4f. – [93] H. WELZEL: N. und Rechtspositivismus, in: MAIHOFER (Hg.), a.O. [90] 334. 330f. – [94] a.O. 336. – [95] 338. – [96] Wahrheit und Grenze des N. (1963) 10. – [97] a.O. 11. – [98] 19. – [99] G. STRATENWERTH: Das rechtstheoret. Problem der 'Natur der Sache' (1957) 17. – [100] a.O. – [101] a.O. 18. – [102] 20. – [103] 21. – [104] 25. – [105] 29. – [106] M. MÜLLER: Existenzphilos. im geistigen Leben der Gegenwart (1949) 105. – [107] W. MAIHOFER: Die Natur der Sache (1958), in: A. KAUFMANN (Hg.): Die ontolog. Begründung des Rechts (1965) 61. – [108] a.O. 65. – [109] Vom Sinn menschl. Ordnung (1956) 41f. – [110] Vgl. Recht und Sein (1954) 124. – [111] a.O. [107] 76. – [112] a.O. 78f. – [113] N. als Existenzrecht (1963) 21. – [114] a.O. 22. – [115] Ideologie und N., in: MAIHOFER (Hg.): Ideologie und Recht (1969) 135f. – [116] E. BLOCH: N. und menschl. Würde (1961) 268. – [117] a.O. 11f. – [118] A. KAUFMANN: N. und Geschichtlichkeit (1957), in: Rechtsphilos. im Wandel (1972) 1ff. – [119] a.O. 18. – [120] 18ff.; vgl. auch: Die ontolog. Geschichtlichkeit des Rechts (1962), a.O. [118] 123f. – [121] a.O. 19. – [122] 22. – [123] 23. – [124] Die ontolog. Geschichtlichkeit, a.O. [120] 125. – [125] In: Das N.-Denken heute und morgen. Gedächtnisschr. f. R. Marcic, hg. D. MAYER-MALY/P. M. SIMONS (1983) 607. – – [126] J. EBBINGHAUS: Kants Rechtslehre und die Rechtsphilos. des Neukantianismus (1960), in: G. PRAUSS (Hg.): Kant (1973) 322ff. – [127] Positivismus – Recht der Menschheit – N. – Staatsbürgerrecht (1952), in: MAIHOFER (Hg.), a.O. [90] 292. – [128] Das Kantische System der Rechte des Menschen (1964). Ges. Aufsätze (1968) 189; zur rein rationalen Idee des Rechts vgl. auch: Wozu Rechtsphilos.? (1972) 4f. – [129] H. REINER: Grundlagen, Grundsätze und Einzelnormen des N. (1964). – [130] a.O. 22. – [131] 27. – [132] 31. – [133] 33; 41f. – [134] A. VERDROSS: Statisches und dynamisches N. (1971) 105ff. – [135] a.O. 114; vgl. hierzu: V. KUBEŠ: Das moderne N. und die rat. Bewältigung der rechtl.-valitiven Sphäre. Jurist. Bl. (1980) 57ff. – [136] O. WEINBERGER, in: Jus humanitas a.O. [89] 321ff. – [137] H. L. A. HART: Der Begriff des Rechts (1973) 263; vgl. WEINBERGER, a.O. 327. – [138] J. MESSNER: Das N. (⁶1966) 359ff. – [139] A. HOLLERBACH: Christl. und allg. N.-Denken, in: F. BÖCKLE und E.-W. BÖCKENFÖRDE (Hg.): N. in der Kritik (1973) 35f. – [140] a.O. 37. – [141] E.-W. BÖCKENFÖRDE: Kirchl.

N. und polit. Handeln, in: BÖCKLE und BÖCKENFÖRDE (Hg.), a.O. [139] 96ff. – [142] a.O. 117. 121. – [143] 123f. – [144] P. HÄBERLE: Verfassungstheorie ohne N. Arch. öffentl. Recht 99 (1974) 437ff. – [145] a.O. 445. – [146] R. DREIER: Die rechtsphilos. Dimension der Rechtswiss., in: TH. WÜRTENBERGER (Hg.): Rechtsphilos. und Rechtspraxis (1971) 31. – [147] Zum Selbstverständnis der Jurisprudenz als Wissenschaft. Rechtstheorie 2 (1971) 53. – [148] J. HABERMAS: Theorie und Praxis (⁴1971) 118ff. – [149] In: J. HABERMAS und N. LUHMANN: Theorie der Gesellschaft oder Sozialtechnologie (1971) 119. 263. – [150] N. LUHMANN: Legitimation durch Verfahren (1969) 148; Soziolog. Aufklärung (1970) 180. – [151] H. RYFFEL: Das Problem des N. heute, in: MAIHOFER (Hg.), a.O. [90] 503. – [152] a.O. 515. – [153] 519f. – [154] 523ff.; vgl. auch: Recht und Ethik heute, in: Recht und Gesellschaft (1978) 507ff. 518ff. – [155] R. SPAEMANN: Die Aktualität des N., in: BÖCKLE und BÖCKENFÖRDE (Hg.), a.O. [139] 262f. – [156] a.O. 272ff. – [157] 272. – [158] ebda.; vgl. auch: Techn. Eingriffe in die Natur als Problem der polit. Ethik. Scheidewege 9 (1979). – [159] G. STUTZIN: Die Natur der Rechte und die Rechte der Natur. Rechtstheorie 11 (1980) 355. – [160] Vgl. auch O. HÖFFE: Umweltschutz als Problem der polit. Ethik – Umrisse einer rechtsphilos. Begründung. Mensch und Umwelt (1980) 320. – [161] Ethik und Politik (1979); Polit. Gerechtigkeit – Grundzüge einer naturrechtl. Theorie. Studia philos. 38 (1979); N. ohne naturalist. Fehlschluß (1980).

Literaturhinweise. – *Sammelwerke:* J. HÖFFNER, A. VERDROSS und F. VITO (Hg.): Naturordnung, in: Gesellschaft, Staat, Wirtschaft (1961). – F. H. SCHMÖLZ (Hg.): Das N. in der polit. Theorie (1963). – F. BÖCKLE (Hg.): Das N. im Disput (1966). – W. MAIHOFER (Hg.) s. Anm. [90]. – A. MÜLLER, S. H. PFISTER und B. SCHNYDER (Hg.): Natur und N. (1972). – F. BÖCKLE und E.-W. BÖCKENFÖRDE (Hg.) s. Anm. [139]. – H. MIEHSLER u.a. (Hg.) s. Anm. [89]. – D. MAYER-MALY und P. M. SIMONS (Hg.) s. Anm. [125]. – *Monographien:* E. WOLF: Das Problem der N.-Lehre. Versuch einer Orientierung (¹1955, ³1964). – A. LANGNER: Der Gedanke des N. seit Weimar und in der Rechtsprechung der BRD (1959). – F. WIEACKER: Zum heutigen Stand der N.-Diskussion (1965). – H. D. SCHELAUSKE: N.-Diskussion in Deutschland (1968). – S. BREUER: Sozialgesch. des N. (1983). K. KÜHL

Naturschönheit/Kunstschönheit

I. – KANTS terminologische Unterscheidung von ‹N.› und ‹K.› hat eine besonders im 17. und 18. Jh. häufige Thematisierung der 'Schönheit der Natur' zum Hintergrund. Der Begriff ‹N.› wurde aus zwei verschiedenen Gesichtspunkten entwickelt: 1. aus einer metaphysischen und naturwissenschaftlichen intellektuellen Betrachtung der Vollkommenheit der Struktur der Welt bzw. einiger Elemente derselben, wie z.B. des Systems der Weltkörper, der Einrichtung der Erde, der Organismen usw.; dabei spielen die teleologischen bzw. physikotheologischen Begriffe für das ästhetische Vergnügen eine Hauptrolle, das zur Betrachtung des Daseins und der Weisheit Gottes führt; 2. aus einer direkten, konkreten und (unmittelbar oder mittelbar) visuellen Anschauung der Natur, als Himmel, als Landschaft oder besonderer Gegenstände in der Natur (Pflanzen, Tiere usw.). Manchmal sind beide Gesichtspunkte miteinander verbunden.

Die erste Richtung war maßgebend im 18. Jh.; sie wurde z.B. in Spanien von B. GRACIÁN [1], in England von R. CUDWORTH [2], M. PRIOR [3], I. NEWTON [4], in Frankreich von N. MALEBRANCHE [5] und B. FONTENELLE [6], in Deutschland von G. W. LEIBNIZ vertreten. Hauptmerkmal der N. war für Leibniz die Übereinstimmung von 'Einigkeit und Vielheit'; man sehe, «wie Glückseligkeit, Lust, Liebe, Vollkommenheit, Wesen, Kraft, Freiheit, Übereinstimmung, Ordnung und Schönheit miteinander verbunden» sind. Dadurch empfinde die Seele Lust und werde zur Tugend geführt [7]. Andere Vertreter dieser Anschauung waren in England SHAFTESBURY, J. RICHARDSON [8], H. NEEDLER, F. HUTCHESON [9] und H. HOME [10]. So beruht für SHAFTESBURY die N. wie Schönheit überhaupt auf «Symmetry and Order» [11]. In einem Dialog läßt Shaftesbury die «majestick Beautys of this Earth», in der Zuwendung zur Gottheit (deity), dem «Supreme Creator» preisen: «... I sing of Nature's Order in created Beings, and celebrate the Beautys which resolve in Thee [Deity Supreme Creator], the Source and Principle of all Beauty and Perfection» [12]. Für NEEDLER gibt es nichts, «that affords a more sensible Proof both of The Existence and Goodness of God, than the Beauty of Universe ...» [13]. In Deutschland wurde diese Richtung vor allem von E. CH. VON KLEIST, G. F. MEIER [14], H. S. REIMARUS [15], A. G. BAUMGARTEN, J. G. SULZER, M. MENDELSSOHN und I. KANT vertreten. E. CH. VON KLEIST gebrauchte für die Natur in ihrer Schönheit und Vollkommenheit die Metapher «Posaunen seiner (d.i. des Schöpfers) Größe, ... seiner Pracht» [16]. BAUMGARTEN läßt in einer Wende zum 'Subjektivismus', die sich bereits bei Shaftesbury abzeichnet, der schönen Kunst und Dichtung die Aufgabe zukommen, «als Schönheit die Vollkommenheit von Welt zu vergegenwärtigen: 'Was der Geschmack im weiteren Sinne beobachtet, ist die als Schönheit scheinende Vollkommenheit der Welt' ...» [17]. SULZER versteht unter dem Schönen «Mannigfaltiges» in «Ebenmaß und Ordnung» als harmonisches Ganzes [18]; in der «Schönheit der allgemeinen Natur» und in der «wundervollen Einrichtung aller Weltkörper» findet MENDELSSOHN die «Anfüllung der ganzen Seele», die das naturwissenschaftliche Wissen allein nicht leisten könnte [19]; N. ist Vollkommenheit und Zweckhaftigkeit der Natur [20]. KANT erkennt in einer Abhandlung von 1755 «den ganzen Wert derjenigen Beweise [an], die man aus der Schönheit und vollkommenen Anordnung des Weltbaues zur Bestätigung eines höchstweisen Urhebers zieht», wendet sich aber gegen ein «Sichbedienen dieser Gründe auf eine schlechte Art» [21], indem er auf der Eigengesetzlichkeit der Natur besteht, weil man sonst «genötigt wird, die ganze Natur in Wunder zu verkehren» [22].

Die zweite Richtung kam zunächst im 17. Jh. seltener zur Geltung: ihr Hauptvertreter bleibt GRACIÁN [23]. Dafür gewinnt sie im 18. Jh. einen ständig größeren Einfluß, zuerst in England, z.B. bei SHAFTESBURY, J. ADDISON, J. SPENCE [24] und D. HARTLEY [25]. So läßt SHAFTESBURY in bezug auf die «majestick Beautys of this Earth» in einem Dialog ausrufen: «O Glorious Nature! supremely Fair, and sovereignly Good! All-loving and All-lovely, All-divine! Whose Looks are so becoming, and of such infinite Grace; whose Study brings such Wisdom, and whose Contemplation such Delight; whose every single Work affords an ampler Scene, and is a nobler Spectacle than all which ever Art presented!» [26] «Dem Naturschönen gegenüber weitet sich der Blick [ampler scene]; weltweit wird die Seele, bis sie Alles in Einem umspannt» [27]. ADDISON nennt die Art von Schönheit, die wir in verschiedenen Naturprodukten finden, geeignet «to raise in us a secret Delight, and a kind of Fondness for the Places or Objects in which we discover it. This consists either in the Gaiety or Variety of Colours, in the Symmetry and Proportion of Parts, in the Arrangement and Disposition of Bodies, or in a just a Mixture and Concurrence of all together» [28]. In Frankreich erhält diese Richtung etwa durch ANDRÉ [29], BATTEUX [30], besonders durch ROUSSEAU [31], Einfluß, in Deutschland durch BROCKES, GÖTZ und GLEIM [32]; dann durch HALLER, der das Thema der Schönheit der Berge anschlägt [33], und durch J. G. SULZER, dessen Werk ‹Unterredungen über die Schönheiten der Natur› (1750) als maßgebend betrachtet werden darf. KANT spricht 1764 vom «Gefühl des Schönen», das durch die Natur «gerührt» wird, z. B. durch «blumenreiche Wiesen, Täler mit schlängelnden Bächen» [34]. Der Begriff der N. geht schließlich in die ästhetische Nachahmungslehre ein; so stellt BATTEUX «als Hauptregel den Satz» auf, «daß der Geist des Künstlers die Natur nicht so wie sie wirklich ist, sondern nur die schöne Natur nachahmen darf» [35]. Schöne Natur ist hier jedoch «nicht das Wahre, was ist, sondern das Wahre, das sein kann, das schöne Wahre (le beau vrai), vorgestellt, als ob es wirklich existierte und mit allen Vollkommenheiten (perfection), die es annehmen kann» [36]. Dagegen soll bei J. CHR. GOTTSCHED die Natur, wie sie ist, in ihrer Schönheit nachgeahmt werden: «Die natürlichen Dinge sind an sich selber schön: und wenn also die Kunst auch was schönes hervorbringen will, so muß sie dem Muster der Natur nachahmen» [37]. Nach J. J. BREITINGER haben «wir alle unsere Begriffe von dem Schönen der Natur zu danken» [38], und es sei «auch das bloße Bestreben eines Poeten, die Vollkommenheit der Natur in ihren Werken, durch die Nachahmung der Kunst zu übertreffen, ... an sich selbst ungereimt ...» [39]. Nach SULZER findet der Künstler «an jedem besondern Werke dieser großen Meisterin [Natur] ... die genaueste Beobachtung dessen, was zur Vollkommenheit und zur Schönheit gehöret ... Deswegen kann auch die Theorie der Kunst nichts anders sein, als das System der Regeln, die durch genaue Beobachtung aus dem Verfahren der Natur abgezogen worden» [40]; ähnliche Bestimmungen finden sich bei Winckelmann [41] und Mendelssohn [42].

Anmerkungen. [1] B. GRACIÁN, Obras, hg. C. CALDERÓN (Madrid 1944) 438 b. – [2] R. CUDWORTH: The true intellectual system of the universe (London 1687), lat.: Systema intellectuale huius universi, übers. von MOSHEIM (Jena 1733) I, 162. – [3] M. PRIOR: Poems on several occasions, «An Ode written in 1668» (London 1707, Cambridge 1905) I, 1ff. – [4] I. NEWTON: Opticks (London 1704) Quaest. XXVIII. – [5] N. MALEBRANCHE: Méditations chrétiennes, IV Méd., §§ 13f. (Köln 1683, Paris 1928) 65-67. – [6] B. LE BOVIER DE FONTENELLE: Entretiens sur la pluralité des mondes [1686] (Paris 1698) 2f. – [7] G. W. LEIBNIZ, Opera philos. quae extant, hg. J. E. ERDMANN (1839/40) 672. – [8] A. ASHLEY COOPER Earl of SHAFTESBURY: Characteristicks of men, manners, opinions, times ... [1711] (1790) II, 76ff.; J. RICHARDSON sen. und J. RICHARDSON jun.: Two discourses (London 1719) 197-199. – [9] H. NEEDLER: On the beauty of the universe. The works (London ²1728) 63ff.; F. HUTCHESON: An inquiry into the original of our ideas of beauty and virtue (London 1725), dtsch. Übers.: Untersuchung unserer Begriffe von Schönheit und Tugend (1762) 9. 14. 34. 69. 71. – [10] H. HOME: Elements of criticism (Edinburgh 1762) III, 426. 428-430. – [11] SHAFTESBURY, a.O. [8] III, 180. – [12] II, 345. – [13] NEEDLER, a.O. [9] 63ff. – [14] G. F. MEIER: Anfangsgründe aller schönen Wiss.en (Halle 1748-50) II, 150. – [15] H. S. REIMARUS: Abh. von den vornehmsten Wahrheiten der natürlichen Relig. (1754) 197. – [16] E. CH. VON KLEIST, Werke, hg. A. SAUER (1968) I, 22ff. – [17] J. RITTER, Art. ‹Ästhetik›. Hist. Wb. Philos. 1 (1971) 559. – [18] J. G. SULZER: Allg. Theorie der schönen Künste 4 (1794) 308f. – [19] M. MENDELSSOHN: Briefe über die Empfindungen (1755) 3. Brief. – [20] a.O. 5. Brief. – [21] I. KANT, Akad.-A. 1, 222. – [22] a.O. 332f. – [23] GRACIÁN, a.O. [1] 433a. 437b-439b. – [24] G. TONELLI: Estetici minori britannici del Settecento. G. crit. Filos. Ital. 34 (1955) 33. – [25] a.O. 38. – [26] SHAFTESBURY, a.O. [8] II, 344f. – [27] CHR. F. WEISER: Shaftesbury und das dtsch. Geistesleben (1916) 163. – [28] J. ADDISON: The Spectator (1711/12), hg. MORLEY (London 1891) Nr. 412. – [29] Y. M. DE L'ISLE ANDRÉ: Essai sur le beau (Paris 1741) 22. – [30] CH. BATTEUX: Les beaux arts reduits à un même principe (Paris 1746, 1764) 82ff. – [31] E. FÄHRMANN: J.-J. Rousseau's Naturanschauung (Diss. Berlin 1907) 34ff. 44. 48. – [32] M. BATT: The treatment of nature in German literature from Günther to the appearance of Goethe's Werther (Chicago 1902) 104f. – [33] G. TONELLI: Poesia e pensiero in A. v. Haller (Turin 1965) Kap. I. – [34] KANT, Beobachtungen über das Gefühl des Schönen und Erhabenen (1764). Akad.-A. 2, 207-210. – [35] E. VON DANCKELMAN: Charles Batteux. Sein Leben und sein ästhet. Lehrgebäude (1902) 38. – [36] ebda.; BATTEUX, a.O. [30] 47. – [37] J. CHR. GOTTSCHED: Versuch einer Crit. Dichtkunst (1730, ⁴1751, ND 1962, 1977) 132. – [38] J. J. BREITINGER: Crit. Dichtkunst (Zürich 1740, ND 1966), 269. – [39] Crit. Abh. von der Natur ... (Zürich 1740, ND 1967) 446; vgl. S. BING: Die Naturnachahmungstheorie bei Gottsched und den Schweizern ... (Diss. 1934) 5f. – [40] SULZER, a.O. [18] 3 (1793) 507. – [41] K. H. VON STEIN: Die Entstehung der neueren Ästhetik (1886) 384f. – [42] L. GOLDSTEIN: M. Mendelssohn und die dtsch. Ästhetik (1904) 50.

Literaturhinweise. L. FRIEDLÄNDER: Über die Entstehung und Entwicklung des Gefühls des Romantischen in der Natur (1873). – A. BIESE: Die Entwicklung des Naturgefühls im MA und in der Neuzeit (1888). – M. BATT s. Anm. [32]. – E. A. KUBLER: Die Entwicklung des Naturgefühls in der deutschschweiz. Lit. (Diss. Ithaca, N.Y. 1926). – A. RIESE: Das Naturgefühl im Wandel der Zeiten (1926). – W. FLEMMING: Der Wandel des dtsch. Naturgefühls vom 16. bis zum 18. Jh. (1931). – M. M. PRINSEN: De idylle in de achttiende eeuw in het licht der aesthetische theorieën (Amsterdam 1934). – H. ÖFTERDING: Naturgefühl und Naturgestaltung bei den alemannischen Dichtern von B. L. Muralt bis J. Gottsched (1940). – G. TONELLI: Kant, dall'estetica metafisica all'estetica psicoempirica. Mem. Accad. Sci. Torino, Ser. 3, t. 3, p. II (1955) 18-21. 37-41. 77-80. – H. V. und M. S. OGDEN: English taste in landscape in the XVII cent. (Ann Arbor, Mich. 1955). – P. VAN TIEGHEM: Le sentiment de la nature dans le préromantisme européen (Paris 1960). – G. ATKINSON: Le sentiment de la nature et le retour à la vie simple, 1690-1740 (Genf 1960). – J. ERHARD: L'idée de nature en France dans la première moitié du XVIII siècle II, 5 (Paris 1963) 2°-3°. – Für weitere Angaben siehe: F. A. SCHMITT: Stoff- und Motivgesch. der dtsch. Lit. (1959).

G. TONELLI

II. – 1. Die Auseinandersetzung um 'das Naturschöne' in den ästhetischen Systemen des 19. Jh. nimmt ihren Ausgang von KANTS Einführung des Begriffs in der ‹Kritik der ästhetischen Urteilskraft›. Da Kant die Kunst ebenso wie die Natur aus der Subjektivität begründet, das «Prinzip des Geschmacks» als das «subjektive Prinzip der Urteilskraft überhaupt» bestimmt [1], negiert Kant die Möglichkeit einer Ästhetik im Hegelschen Sinn, es gibt keine «Wissenschaft des Schönen», sondern nur eine «Kritik des Geschmacks».

Ist schöne Kunst immer eine des Genies, eine «Hervorbringung durch Freiheit» [2], so ist zwischen das Naturschöne und das Kunstschöne die «Einbildungskraft» als Differenzpunkt geschaltet, so daß Kant sagen kann: «Eine N. ist ein schönes Ding; die K. ist eine schöne Vorstellung von einem Dinge» [3]. Für die Beurteilung einer N. als solcher «brauche ich nicht vorher einen Begriff davon zu haben, was der Gegenstand für ein Ding sein solle», während bei der Kunst immer erst ein «Begriff von dem zum Grunde gelegt wird, was das Ding sein soll» [4]. Wird so in der Beurteilung des Kunstschönen zugleich die Vollkommenheit eines Dinges in Anschlag gebracht werden müssen, so darf diese in der Beurteilung der N. gar nicht in Betracht gezogen werden, will nicht das ästhetische in das teleologische Urteil übergehen, in dem die Natur nicht mehr beurteilt wird «wie sie als Kunst erscheint, sondern sofern sie wirklich (obzwar übermenschliche) Kunst ist» [5]. Im Unterschied zum Erhabenen, dessen Grund nur in uns, in der Auffassung eines Gegenstandes der Natur liegt, finden sich in der Natur Gegenstände vor, die wir schön nennen können, die in der «Zweckmäßigkeit ihrer Form ... für unsere Urteilskraft gleichsam vorherbestimmt» zu sein scheinen [6]. Die Natur muß «wenigstens eine Spur» zeigen oder «einen Wink» geben, daß sie irgendeinen Grund zu unserem Wohlgefallen enthalte [7]. Der Grund für unsere Bewunderung der Natur liegt darin, daß in ihren schönen Formen eine «Zweckmäßigkeit ohne Zweck» zum Ausdruck kommt. Da wir den Zweck «äußerlich nirgend antreffen», müssen wir ihn «in uns selbst, und zwar in demjenigen, was den letzten Zweck unseres Daseins ausmacht, nämlich der moralischen Bestimmung, suchen» [8]. «Da es aber die Vernunft auch interessiert, daß die Ideen ... objektive Realität haben ... so muß die Vernunft an jeder Äußerung der Natur von einer dieser ähnlichen Übereinstimmung ein Interesse nehmen; folglich kann das Gemüt über die Schönheit der Natur nicht nachdenken, ohne sich dabei zugleich interessiert zu finden. Dieses Interesse aber ist der Verwandtschaft nach moralisch» [9]. Der «Vorzug der N. vor der K.» [10] ist darin gesetzt, daß allein das Naturschöne ein «unmittelbares Interesse», ein der Verwandtschaft nach moralisches, zu erwecken vermag. So ist «ein unmittelbares Interesse an der Natur zu nehmen ... jederzeit ein Kennzeichen einer guten Seele», während «das Interesse am Schönen der Kunst ... gar keinen Beweis einer dem Moralischguten anhänglichen Denkungsart» abgibt [11]. Das «unmittelbare Interesse» muß von dem Gedanken, daß die Natur die Schönheit hervorgebracht hat, begleitet sein, sonst «bleibt entweder ein bloßes Geschmacksurteil ohne alles Interesse, oder nur ein mit einem mittelbaren, nämlich auf die Gesellschaft bezogenen verbundenes übrig» [12]. Obzwar ein Produkt der schönen Kunst Regeln unterliegt und Kunst «jederzeit eine bestimmte Absicht, etwas hervorzubringen» hat, darf die Zweckmäßigkeit des Kunstwerks doch nicht als eine absichtliche erscheinen, d. h. «schöne Kunst muß als Natur anzusehen sein, ob man sich ihrer zwar als Kunst bewußt ist» [13]. Die Schwierigkeit dieser Bestimmung löst Kant, indem er sagt, «schöne Kunst ist Kunst des Genies», dieses aber die «angeborne Gemütsanlage (ingenium), durch welche die Natur der Kunst die Regel gibt» [14]. Damit hat Kant die Kunst der Naturnachahmung, der getreuen wie der idealisierenden, enthoben, ohne sie jedoch von einer Idee, einem Begriff ableitbar gemacht zu haben.

Anmerkungen. [1] I. KANT, KU B 145. – [2] a.O. B 174. – [3] B 188. – [4] B 188. – [5] B 189. – [6] B 76. – [7] B 169. – [8] B 170f. – [9] B 169. – [10] B 167. – [11] B 166. – [12] B 167. – [13] B 180. – [14] B 181.

2. Gegen Kants Unterscheidung des Naturschönen und des Kunstschönen polemisiert HERDER in seiner Skizze eines ästhetischen Systems ‹Kalligone› (1800). Nur «unsere Eingeschränktheit macht, daß wir menschliche von der Naturkunst unterscheiden» [1]. KANTS Bestimmung, daß man «nur die Hervorbringungen durch Freiheit ... Kunst nennen» sollte [2], ist für HERDER «willkürlich»: «Ob ein Werk aus Willkühr oder aus Zwang gemacht sey, dies ändert seine Einrichtung nicht; und wer sagt uns, daß den Werken der Natur nicht Vernunft, d.i. vom Geist gedacht, eine allordnende Regel zum Grunde liege?» [3] Herder weist, wieder in kritischer Wendung gegen Kant, auf die historische Bedingtheit des Geschmacks und damit der Kunst hin [4] und faßt dementsprechend auch das Naturschöne geschichtlich auf. Er behauptet, daß jedes Naturding seine besondere Schönheit besitze, als Ausdruck seiner maximalen Seinsmöglichkeit, und man daher in der Natur von einer ansteigenden Schönheit ausgehen müsse: von den Umrissen, Farben, Tönen bis hinauf zu den Tieren und zum Menschen [5]. Das Naturhäßliche finde sich immer auf den Übergangsstufen zwischen zwei Naturreichen, wie z. B. in den Amphibien, wogegen das reine Wassertier, der Fisch, als Inbegriff von Eigenschaften und Vollkommenheiten seines Elements, als schön empfunden werde [6]. Wenn er schließlich – im Anschluß an Winckelmann und Lessing – den Menschen als das «Maas und Muster der organischen Schönheit» [7] bestimmt, wird die Intention der naturgeschichtlichen Betrachtungsweise Herders deutlich als der Versuch, gegen Kant den Beweis zu führen, daß Schönheit ohne Begriff, d.h. ohne die Vorstellung eines Zwecks nicht möglich ist.

Eine Position zwischen Kant und der «Philosophie der Kunst» Schellings und Hegels nimmt W. VON HUMBOLDT ein, der in seinen Überlegungen zur Kunst zwar am Naturschönen festhält, es aber gegenüber dem Formalismus Kants zu konkretisieren trachtet. Humboldt übt in seiner Schrift ‹Die Vasken› (1801) Kritik an der Natur [8], ohne jedoch das Naturschöne dem Kunstschönen unterzuordnen, betont vielmehr die Verschiedenheit im Charakter: Kunst ist «Darstellung der Natur durch die Einbildungskraft» [9].

Für SCHILLER hängt die Rechtfertigung seines Dichtens davon ab, ob sich eine notwendige Beziehung zwischen der Kunst in dem ihr eigenen Bereich der schönen Gestalt und der Bestimmung des Menschen, die mit Kant für Schiller eine sittliche ist, ausmachen läßt. Wenn Schiller in den sogenannten ‹Kallias-Briefen› an Körner bemüht ist, ein objektives Prinzip der Schönheit zu finden, so geht er vom Naturschönen aus, um an ihm zu beweisen, daß Schönheit «Freiheit in der Erscheinung» ist. «Unter der Tiergattungen ist das Vögelgeschlecht der beste Beleg meines Satzes. Ein Vogel im Flug ist die glücklichste Darstellung des durch die Form bezwungenen Stoffes ... Offenbar ist die Schwerkraft eine Fessel für jedes Organische, und ein Sieg über dieselbe gibt daher kein unschickliches Sinnbild der Freiheit ab» [10]. In der Schrift ‹Über Anmut und Würde›, die allein die Schönheit des Menschen zum Gegenstand hat, trennt Schiller in eine «architektonische Schönheit», eine Schönheit des Baus, die dem «Urheber der Natur» Ehre macht, und in «Anmut und Grazie», die als «persönliches Verdienst» ihrem Besitzer Ehre machen [11], ohne jedoch den Widerspruch zwischen Sinnlichkeit und Freiheit aufzulösen: «Es ist also immer nur der übersinnliche Grund im Gemüte, der die Grazie sprechend, und immer nur ein bloß sinnlicher Grund in der Natur, der sie schön macht» [12].

GOETHE geht in seinen Überlegungen zur Kunst noch einmal vom Wesen, von der Natur und nicht von der Geschichte aus. Kunst ist dann nicht «Symbol des Sittlichguten» als Ausdruck der moralischen Bestimmung des Menschen wie bei Schiller, sondern «Manifestation geheimer Naturgesetze», die ohne die Kunst verborgen geblieben wären [13], und als solche Harmonie mit dem hinter allem liegenden, unerforschlichen Gesetz. Die Kunst ist die «würdigste Auslegerin» der Natur [14], das Kunstwerk jedoch keine Naturnachahmung, denn «die Natur arbeitet auf Leben und Dasein ... ihres Geschöpfes, unbekümmert ob es schön oder häßlich erscheine» [15]. Kunst ist für Goethe eine andere Natur, der Künstler als Teil der Natur gibt, «dankbar gegen die Natur, die auch ihn hervorbrachte, ihr eine zweite Natur, aber eine gefühlte, eine gedachte, eine menschlich vollendete zurück» [16]. Die «geistige Schönheit» entsteht durch das «Maß», dem der Künstler «alles, sogar die Extreme», die in der Natur nur getrennt erfahren werden können, zu unterwerfen weiß [17]: als «tragische Idylle» ist die Laokoongruppe «vollkommenes Kunstwerk» [18].

Anmerkungen. [1] J. G. HERDER, Werke, hg. SUPHAN (1880) 22, 126. – [2] KANT, KU B 174. – [3] HERDER, a.O. [1]. – [4] a.O. 207ff. – [5] 55ff. – [6] Vgl. 79ff. – [7] 90. – [8] W. VON HUMBOLDT, Werke in fünf Bänden, hg. A. FLITNER/K. GIEL 2 (²1969), vgl. z. B. 471. 577. – [9] Über Göthes Herrmann und Dorothea (1798) a.O. 145. – [10] FR. SCHILLER: Kallias-Briefe an Körner. Werke (Insel-Ausg.) 4 (1966) 97 (= Brief vom 23. 2. 1793); vgl. zur Auseinandersetzung mit Kant die Briefe an Körner vom 8. und 19. 2. 1793 und ‹Über Anmut und Würde›. – [11] a.O. 153. – [12] 166. – [13] J. W. GOETHE, Maximen und Reflexionen Nr. 719. – [14] a.O. Nr. 720. – [15] Diderots Versuch über die Malerei (1799). Schr. zur Kunst, Gedenk-A. 13, 204. – [16] a.O. 210. – [17] Über Laokoon (1798). Hamb. Ausg. 12, 57. – [18] a.O. 12, 59.

3. Richtunggebend für die philosophische Behandlung des ‹Schönen› nach Kant wird SCHELLINGS Identitätsphilosophie, sein Gedanke von der «Philosophie der Kunst» als «Organon der Philosophie» [1]. So bemerkt noch W. HEBENSTREIT in seiner ‹Encyclopädie der Aesthetik› (1843), «daß erst seit Schelling's Lehre von einer Identität des Idealen und Realen eine wissenschaftliche Behandlung des Schönen möglich» geworden sei, indem durch jene Lehre die durch Kant begrifflich fixierte Trennung des sinnlichen und des geistigen Elements nicht nur aufgehoben, sondern auch die Verbindung beider zur Einheit bedingt worden ist [2]. SCHELLING geht vom künstlerischen Schaffensprozeß aus, vom Genie, das den «unendlichen Widerspruch» zwischen Natur und Geist, von dem die ästhetische Produktion ihren Ausgang nimmt, auflöst im Kunstwerk als «Synthesis von Natur und Freiheit» [3]. Der Künstler stellt im Werk «Unendliches endlich» dar [4], d. h. realisiert Schönheit, die als das «real angeschaute Absolute» [5] der Grundcharakter jedes Kunstwerks ist [6]. Gegen die Schönheit des Kunstwerks wird alle N., da die organische Produktion nicht vom Bewußtsein, also auch nicht vom Widerspruch ausgeht, als «schlechthin zufällig» erscheinen [7]. Nachahmung der Natur kann also nicht «Princip der Kunst» sein, vielmehr ist, «was die Kunst in ihrer Vollkommenheit hervorbringt, Princip und Norm für die Beurteilung der Naturschönheit» [8].

SCHOPENHAUER stützt wie Schelling den Begriff der Schönheit auf die sich in der Form offenbarende immanente Gesetzmäßigkeit. Das ästhetische Gefühl bestimmt er als das Vermögen, «statt der einzelnen Dinge ... die Ideen derselben zu erkennen» [9]; daher ist es ein rein äußerlicher Unterschied, ob das ästhetische Wohlgefallen «durch ein Werk der Kunst» oder durch «die Anschauung der Natur und des Lebens» ausgelöst worden ist [10]. Das Naturschöne bleibt dem Kunstschönen gegenüber aber unvollkommen, da die Idee erst im Kunstwerk «rein wiederholt» ist, ausgesondert aus der Wirklichkeit, «mit Auslassung aller störenden Zufälligkeiten» [11]. Jedes Ding der Natur hat «seine eigenthümliche Schönheit», aber der Mensch ist «vor allem Andern schön und die Offenbarung seines Wesens das höchste Ziel der Kunst» [12]. Da es in der Natur kein vollkommen Schönes gibt, ist «Erkenntniß des Schönen ... zum Theil a priori» [13], der Künstler kommt dem durch die Natur gegebenen Schönen ergänzend entgegen, indem er im einzelnen Ding dessen Idee erkennt, dem «harten Marmor» die Schönheit der Form aufdrückt, der Natur «gleichsam zurufend: Das war es, was du sagen wolltest!» [14].

Eine Zwischenposition nimmt SOLGER ein. Passagen im ‹Erwin› (1815) gemahnen an Sulzers Hymne auf die Natur in den ‹Unterredungen› von 1750, doch Solger reflektiert bereits auf Kant und Schelling, seine Betrachtung der Natur ist die ‹romantische› eines Novalis: Die Schönheit ist eine Idee, «die eben darin besteht, daß die besonderen Beschaffenheiten der Dinge nicht bloß das Einzelne und Zeitliche sind, als welches sie uns erscheinen, sondern zugleich in allen ihren Theilen die Offenbarungen des vollkommenen Wesens der Gottheit in seiner Besonderheit und Wirklichkeit. Sie pflanzt also den Dingen, selbst in ihrer Besonderheit, ein ursprünglich göttliches und ewiges Leben in seiner ganzen Vollendung ein, und theilt jedem von ihnen in allen seinen Theilen die Ewigkeit Gottes mit. Was wir aber in unserer Welt Schönheit nennen, ist eben die Erscheinung jener ursprünglichen Idee» [15]. Schönheit in der Natur wird nur erkannt, «wenn wir darin den lebendig webenden Geist der allumfassenden Gottheit ahnden» [16], d. h. das einzelne Ding muß auf seinen Begriff «wie er zugleich der göttliche Begriff ist» [17] bezogen werden. Gegen Kants subjektive Begründung des Schönen besteht Schönheit in dem Verhältnis des Gegenstands zur Idee, das nur im Denken erkannt werden kann. Dieser Gedanke ist Ausgang für die Überlegung in den ‹Vorlesungen über Ästhetik›, daß es das Schöne nur als «Resultat des Selbstbewußtseins» gebe und daher kein Schönes «außer der Kunst» sein könne: «Wie das Naturrecht eine bloße Chimäre ist, und nur im Staate ein Recht existiert ... so giebt es auch kein Natur-Schönes» [18]. In der Abhängigkeit des Schönen von der Kunst, «die seine Quelle ist», wird in der ästhetischen Betrachtung der Natur diese selbst zum «Kunstprodukt», d. h. sie wird nicht als bloßer Stoff, sondern als Ergebnis betrachtet, als «Resultat der göttlichen Kunst» [19], neben das K. als «Äußerung einer göttlichen Kraft in uns» tritt [20].

Was Schelling nicht ausgesprochen hatte, wird bei HEGEL explizit: eine Ästhetik, will sie denn Philosophie sein, ist nur möglich als «Philosophie der schönen Kunst» [21]. Mit dieser Wendung gegen Kant schließt Hegel eine Behandlung des Naturschönen in seiner Ästhetik aus. Zum Nachweis seiner Behauptung weist Hegel darauf hin, daß niemand je daran gedacht habe, die N. systematisch zu erklären [22]. Nichtsdestoweniger handelt das zweite Kapitel des ersten Teils der ‹Ästhetik› vom Naturschönen. Es ist Hegel nur «Reflex des dem Geiste angehörigen Schönen, als eine unvollkommene und unvollständige Weise, eine Weise, die ihrer Substanz nach im Geiste selber enthalten ist» [23], das «lebendige Naturschöne» ist «weder schön für sich selber noch aus sich selbst als schön und der schönen Erscheinung wegen produziert» [24]. Die Abwertung des Naturschönen und sein Ausschluß aus der Ästhetik folgen aus Hegels Identifikation des Wirklichen mit dem Vernünftigen [25], in deren Folge nur das als wirklich und wahr gelten kann, was seinem Begriff entspricht, die Idee als «Kongruenz des Begriffs und der Realität» [26]. Läßt die Bestimmung des Schönen als das «sinnliche Scheinen der Idee» [27] Kunstschönes und Naturschönes noch ungetrennt, so ist Hegels Privilegierung des Kunstschönen bedingt durch seine Definition der Natur als der «Idee in der Gestalt ihres Andersseins» [28], die nicht dem Geistvollen in der Natur, sondern ihrer Unfreiheit nachgehen will, indem sie aufzeigt, daß die Natur der Notwendigkeit unterworfen ist, «weil alles beschränkt, relativ oder schlechthin nur in Beziehung auf etwas anderes ist» [29]. Diese Mängel teilt die Natur dem Naturschönen mit, und aus ihnen leitet Hegel die Notwendigkeit des Kunstschönen oder des Ideals ab, dessen Aufgabe ist, «die Erscheinung der Lebendigkeit und vornehmlich der geistigen Beseelung auch äußerlich in ihrer Freiheit darzustellen und das

Äußerliche seinem Begriff gemäß zu machen» [30]. «Dann erst ist das Wahre aus seiner zeitlichen Umgebung, aus seinem Sichhinausverlaufen in die Reihe der Endlichkeiten herausgehoben und hat zugleich eine äußere Erscheinung gewonnen, aus welcher nicht mehr die Dürftigkeit der Natur und Prosa hervorblickt, sondern ein der Wahrheit würdiges Dasein» [31].

«Als die sinnlich objektive Idee nun ist die Lebendigkeit in der Natur schön» [32], aber das Leben, obwohl als dieses Idee, stellt doch nicht die Unendlichkeit und Freiheit dar, denn es hat keine Beständigkeit und entzieht sich dem Begriff, es hat keine «ideelle Subjektivität», ist nur für anderes schön, so daß gegen das Ideal gehalten die N. als schlechthin untergeordnet erscheint [33]. Das Kunstschöne ist die «aus dem Geiste geborene und wiedergeborene Schönheit» [34], das Kunstwerk steht «höher als jedes Naturprodukt, das diesen Durchgang durch den Geist nicht gemacht hat» [35]. Jede gemalte Landschaft nimmt einen «höheren Rang» ein als die bloß natürliche Landschaft [36], noch jeder «schlechte Einfall» steht über dem Naturprodukt [37].

SCHLEIERMACHER lobt den Vorsatz Hegels, das Naturschöne aus der Ästhetik auszuschließen, und wendet in seinen ‹Vorlesungen zur Ästhetik› die Aufmerksamkeit allein auf die künstlerische Vollkommenheit des durch die Energie des Menschengeistes gestalteten inneren Bildes [38]. Das in der Romantik hochgesteigerte sogenannte ‘Naturgefühl’ sowie deskriptive Beschreibungen, etwa Alexander von Humboldts ‹Ansichten der Natur› (1808), lenkten die Aufmerksamkeit allerdings immer wieder zurück auf die durch Naturgegebenheiten erweckten Eindrücke. Es entstanden systematische Darstellungen der Naturschönheiten, z.B. schrieb FR. BRATANECK eine ‹Ästhetik der Pflanzenwelt› (1853), FR. TH. VISCHER wird seine Lehre vom Naturschönen «ästhetische Physik» nennen [39].

CHR. H. WEISSE, einer der Mitbegründer des ‘spekulativen Theismus’, kehrt in seiner – der dialektischen Form nach im Hegelschen Sinn entwickelten, dem theistisch gefärbten Inhalt nach sich von ihm losmachenden – Ästhetik die Hegelsche Folge mit Philosophie als höchster Form des absoluten Geistes um in die Stufung: Philosophie – Kunst – Religion. Dieser Umstellung entsprechend ändert sich die Position des Naturschönen im System der Ästhetik: Es steht im «dialektisch-speculativen Sinne höher» als die K. [40], Weisse stellt es unter dem Namen «Von dem Genius in objectiver Gestalt» [41] an den Schluß seines Systems. Der Vorzug der N. ist gerade ihre Veränderlichkeit, ihre Lebendigkeit, in der sie «als eine stets neue» [42] erscheint. Das Naturschöne ist Weisse «Vorbild, Muster und Endziel» [43] der K.

Hegels philosophische Methode ebenso wie seine Ergebnisse übernehmend, jedoch der Kunst einen höheren Rang als der Religion zuweisend, schreibt VISCHER eine ‹Ästhetik›, deren zweiter Teil das Schöne «in einseitiger Existenz» behandelt, aufgespalten in das Naturschöne als «objektive» [44] und in die Phantasie als «subjektive Existenz des Schönen» [45]. Der dritte Teil erst geht auf die Kunst als «subjektiv-objektive Wirklichkeit des Schönen» [46] ein, in welcher die gegensätzliche Einseitigkeit zwischen dem Naturschönen und der Phantasie «aufgehoben» ist. Trotz des breiten Raums, den die Behandlung der Schönheit der Natur einnimmt, ist sie, da auch für Vischer Schönheit das «sinnliche Scheinen der Idee» ist, nur Schein, der keinen Anspruch auf Selbständigkeit hat [47]. Das Schöne ist «kein Objekt», sondern eine «Schöpfung» der Phantasie [48], aber die Kunst bleibt auf Natur auf einen «Anstoß in einem Vorgefundenen» [49] angewiesen, der im Subjekt das weckt, «was wahre Schönheit schafft» [50]: «wir sehen Schönes in der Natur wesentlich vermittelst des Ideals, das wir zur Anschauung mitbringen, und: wir erzeugen das Ideal erst im Anschauen eines gegebenen Gegenstandes, den wir unbewußt zum Schönen umbilden» [51].

ROSENKRANZ' ‹Ästhetik des Häßlichen› (1853) enthält einen Abschnitt über «Das Naturhäßliche», in dem er, mit Herder, nach den Formen des Häßlichen in der Natur fragt: «Viele Amphibien z.B. sind häßlich, weil sie Land- und Wasserthiere zugleich sind» [52], und, mit Goethe, auf die Bedingungen seines Zustandekommens reflektiert wird: «Das Werden, dem Alles in der Natur unterliegt, macht durch die Freiheit seines Processes in jedem Augenblick das Uebermaaß und das Unmaaß möglich, damit eine Zerstörung der reinen, von der Natur an sich angestrebten Form und damit das Häßliche» [53]. Kapitel, die sich mit dem Naturschönen im Unterschied zum Kunstschönen auseinandersetzen, enthalten auch die Ästhetiken von G. M. DURSCH und A. E. UMBREIT, M. CARRIÈRE und J. BAYER, sowie die Abhandlung von E. CALLOW, ohne jedoch wichtige neue Gesichtspunkte einzubringen [54]. Vischers voluminöse Zusammenfassung markiert den Endpunkt der (deutschen) nachidealistischen Ästhetik, die Unterscheidung K. – N. geht ein in die Diskussion um den Naturalismus.

Anmerkungen. [1] F. W. J. SCHELLING: System des transzendentalen Idealismus (1800). Werke, hg. M. SCHRÖTER 2 (1927) 349. – [2] W. HEBENSTREIT: Encycl. der Aesthetik (Wien 1843) 6 (= Art. ‹Ästhetik›). – [3] Schelling, a.O. [1] 620. – [4] 619. – [5] Philos. der Kunst (1802) § 33. Werke, hg. M. SCHRÖTER 3, 418. – [6] a.O. [1] 619. – [7] 622. – [8] ebda. – [9] A. Schopenhauer, Die Welt als Wille und Vorstellung § 37. Zürcher Ausg., hg. A. HÜBSCHER 1, 250. – [10] § 37, a.O. 251. – [11] ebda. – [12] § 41, a.O. 269. – [13] § 45, a.O. 282. – [14] § 45, a.O. 283). – [15] K. W. F. SOLGER: Erwin. Vier Gespräche über das Schöne und die Kunst (1815) 154f. – [16] a.O. 31. – [17] 170. – [18] Vorles. über Ästhetik, hg. K. W. L. HEYSE (1829) 4. – [19] a.O. 5. – [20] 4. – [21] G. W. F. HEGEL: Vorles. über Ästhetik 1. Theorie-Werk-A. 13, 13. – [22] a.O. 15. – [23] ebda. – [24] 167. – [25] Grundlinien der Philos. des Rechts, Vorrede a.O. [21] 7, 24. – [26] Wiss. der Logik 2, a.O. 6, 464. – [27] Ästhetik, a.O. [21] 151. – [28] Nürnberger Schr. a.O. 4, 33. – [29] a.O. 218. – [30] Ästhetik, a.O. [21] 202. – [31] ebda. – [32] 167. – [33] Vgl. 190. – [34] 14. – [35] 49. – [36] ebda. – [37] 14. – [38] F. E. D. SCHLEIERMACHER: Vorles. über Ästhetik, hg. LOMMATZSCH (1842). Werke III/7, 148-180. – [39] FR. TH. VISCHER: Ästhetik oder Wiss. des Schönen (1846-57), 2. Teil: Das Schöne in einseitiger Existenz, hg. R. VISCHER (²1922) 2. – [40] CHR. H. WEISSE: System der Ästhetik als Wiss. von der Idee der Schönheit 1. 2 (1830, ND 1966) 424. – [41] a.O. 418. – [42] a.O. 424. – [43] 427. – [44] VISCHER, a.O. [39] §§ 232-378, a.O. 3-356. – [45] §§ 379-458, a.O. 356-582. – [46] 3. Teil: Die Kunstlehre: Die subjektiv-objektive Wirklichkeit des Schönen oder die Kunst §§ 485-573. – [47] § 234, a.O. 12; § 487, a.O. 3. – [48] § 487, a.O. 3; vgl. auch: Vorträge, erste Reihe: Das Schöne und die Kunst, hg. R. VISCHER (²1898) 245. – [49] § 380, a.O. 367. – [50] § 380, a.O. 368. – [51] § 379, a.O. 358. – [52] K. ROSENKRANZ: Ästhetik des Häßlichen (1853) 22. – [53] a.O. 15. – [54] G. M. DURSCH: Ästhetik oder die Wiss. des Schönen auf dem christl. Standpunkte (1839); A. E. UMBREIT: Ästhetik (1838); M. CARRIÈRE: Ästhetik. Die Idee des Schönen und ihre Verwirklichung im Leben und in der Kunst (³1885); J. BAYER: Ästhetik in Umrissen (²1863); E. CALLOW: Über christl. Kunst. Stuttg. Kunstbl. (1834) Nr. 25.

4. Nachdem B. CROCE 1902 die Theorien über das Naturschöne als wunderlichen Komplex «von willkürlichen Behauptungen und Phantastereien» [1] bezeichnet hatte, wendet erst wieder ADORNO Aufmerksamkeit auf das Naturschöne, indem er gegen die ‘Philosophie des Geistes’ auf Kant zurückgeht, der in der Trennung von Geist

und Natur dieser eine Selbständigkeit, Unverfügbarkeit hatte lassen können.

Gegen Hegels Lehre, der Weltgeist sei über die Gestalt der Kunst hinaus, behauptet sich seine andere von der Kunst als Bewußtsein von Nöten. Dieses Hegelsche Motiv habe sich, schreibt Adorno in der ‹Ästhetischen Theorie›, «über alles von ihm Absehbare hinaus bestätigt», in ihm liegt die sogenannte Negativität der neuen Kunst beschlossen [2]. Da Kunst, auch die sublimierteste, nichts sein kann, «was nicht aus der Welt stammte» [3], müssen die Kunstwerke, «die nicht als Zuspruch sich verkaufen wollen», dem «Äußersten und Finstersten der Realität» sich gleichmachen [4]. Kunst ist Utopie, darf aber, «um nicht Utopie an Schein und Trost zu verraten, nicht Utopie sein», sondern muß dem «Schein von Versöhnung» unversöhnlich absagen [5]. Wahrheit hat Kunst als «Schein des Scheinlosen» [6]. In dieser Konstellation trifft sich das Kunstschöne mit dem Naturschönen: «Schön ist an der Natur, was als mehr erscheint, denn was buchstäblich an Ort und Stelle ist» [7]. Adornos These, daß Kunst «promesse du bonheur» [8] nur mehr in der Negativität des Kunstwerks sein kann, erhält ihr Konterpart in seiner Theorie des Naturschönen: Das Naturschöne ist Epiphanie eines Glücks, das noch gar nicht existiert, es ist «die Spur des Nichtidentischen an den Dingen im Bann universaler Identität», während dessen Waltens «kein Nichtidentisches positiv da» ist [9], es ist «Chiffre des noch nicht Seienden» [10], ohne daß dieses sich entschleiere. Die Verklammerung des Naturschönen mit dem Kunstschönen erweist sich in der ästhetischen Betrachtung der Natur. «Wie die Kunsterfahrung ist die ästhetische von der Natur eine in Bildern» [11], und so ist die Erfahrung des Naturschönen wie die des Kunstschönen Erfahrung diesseits der Naturbeherrschung, bedarf aber als «Anamnesis der Freiheit», die sich Freiheit im «älteren Unfreien» erhofft [12], der Kunst, um sich dem mythischen Trug, dem Bann der Natur zu entwinden [13]. Die Kenntnisnahme des Naturschönen hat nach ihrem geschichtlichen Augenblick verlangt und ist somit als Naturerfahrung in den historischen Prozeß eingebunden [14]. Der Schauer, den die Menschen vor der Übermächtigkeit der Natur empfunden haben, ist vergangen. Er lebt in den Kunstwerken als qualitativ anderer fort: «Im Artefakt befreit sich der Schauer vom mythischen Trug seines Ansichseins, ohne daß er doch auf den subjektiven Geist nivelliert würde» [15].

Anmerkungen. [1] B. CROCE: Ästhetik als Wiss. vom Ausdruck und allg. Sprachwiss., dtsch. von H. FEIST und R. PETERS. Ges. philos. Schr. I, 1 (1930) 352. – [2] TH. W. ADORNO: Ästhet. Theorie. Ges. Schr. 7 (1970) 35. – [3] a.O. 209. – [4] 65. – [5] 55. – [6] 199. – [7] 111. – [8] 26. – [9] 114. – [10] 115. – [11] 103. – [12] 104. – [13] 105. – [14] 102f. – [15] 124.

Literaturhinweise. E. VON HARTMANN: Die dtsch. Ästhetik seit Kant (1886). – H. MEYER-BENFEY: Das Schöne der Natur und der Kunst. Eine Studie zu Schillers philos. Schr. Jb. freien dtsch. Hochstifts (1926) 120-144. – D. HENRICH: Kunst und Natur in der idealist. Ästhetik, in: Nachahmung und Illusion, hg. H. R. JAUSS (1964, ²1969) 128-134. – E. SAUERWALD: Die Aporie der Diderotschen Ästhetik. Ein Beitrag zur Unterscheidung des Naturschönen und Kunstschönen (1975). C. HUFNAGEL

Natursprache. Der Begriff ‹N.› (auch: Sprache der Natur; lat. lingua naturae bzw. naturalis; frz. langue naturelle; engl. natural language) wird erstmals [1] von J. BÖHME eingeführt zur Bezeichnung der Sprache, in der das Wort das Wesen bzw. die 'Natur' der Dinge unmittelbar ausdrückt und die somit als Erkenntnisweg fungieren kann: N. ist also jene – von Böhme im Anschluß an die Tradition [2] dem alttestamentlichen Adam zugewiesene – Sprache (lingua Adamica), in der die «Einheit von Sache, Wort und Wesen» [3] besteht, indem sie in ihrer phonetischen Artikulation auf die Natur der Dinge hinweist [4]: «... so verstunden die Menschen die N., denn es lagen alle Sprachen darinnen; als sich aber dieselbe Baum der einigen Zungen ... zertheilete ..., so hörete die N., daraus Adam allen Dingen Namen gegeben ..., auf» und wird erst mit der «Wiedergeburt ..., in der geistlichen Welt» restituiert [5].

Böhmes Schüler A. VON FRANCKENBERG glaubt die N. in den onomatopoietischen Wörtern der «deutschen Zunge» [6] wiederzufinden; überhaupt kommt die deutsche Sprache z. B. nach den Dichtungstheoretikern ZESEN und SCHOTTEL der N. sehr nahe: Nachdem die von Adam nach «natürlichem antrieb und nach den eigenschaften der dinge» [7] gebildete N. in der babylonischen Sprachverwirrung verlorengegangen sei, gelte es nunmehr, die unter dem Dickicht konventioneller – «künstlicher» – Wörter verborgenen, den Bezug zum Wesen der Dinge wahrenden Urwörter (Stammwörter; mots radicaux) wieder zu entdecken. LEIBNIZ äußert einerseits Zweifel an der Rekonstruierbarkeit der N.: «Neque ulla datur lingua plane naturalis (N.) qualem Jacobus Bohemius ... credidit» [8]. Andererseits teilt er die Ansicht von Schottel von der in den Urwörtern sich manifestierenden Überlegenheit der deutschen Sprache und von ihrer Nähe zur N.: «..., et il semble que le Teuton a plus gardé du naturel, et (pour parler le langage de Jaques Böhm) de l'Adamique ...» [9].

In der im *18. Jh.* ausgetragenen Diskussion um den Naturzustand taucht das Problem der N. im Zusammenhang mit dem Verhältnis von Natur und Kultur auf. Einerseits ist N. die Sprache der innermenschlichen Natur, ihrer Gefühle und Empfindungen: «Die meisten Leute gerathen, wenn ihnen Unrecht geschieht, in grosze Hitze; man hat sich also mechanisch angewöhnt, die Hitze in solchen Fällen für N. der gekränkten Unschuld zu halten» [10]. Andererseits bezeichnet ‹N.› die außermenschliche Natur nachahmende Sprache und wird von HERDER geschichtsphilosophisch zum Ursprung der menschlichen – «besonnenen» – Sprache erklärt: «Denn was war *diese erste Sprache als eine Sammlung von Poesie?* Nachahmung der tönenden, handelnden, sich regenden Natur? Aus den Interjektionen aller Wesen genommen und von Interjektionen menschlicher Empfindung belebt! Die N. aller Geschöpfe vom Verstande in Laute gedichtet, in Bilder von Handlung, Leidenschaft und lebender Einwirkung!» [11]. Auch für HAMANN war die Natur sprechend, aber deshalb, weil sich in ihr Gott selbst offenbarte: «Jede Erscheinung der Natur war ein Wort – das Zeichen, Sinnbild und Unterpfand einer neuen, geheimen, unaussprechlichen, aber desto innigeren Vereinigung, Mittheilung und Gemeinschaft göttlicher Energien und Ideen. Alles, was der Mensch am Anfange hörte, ... war ein lebendiges Wort; denn Gott war das Wort» [12].

NOVALIS bezeichnet mit ‹N.› «jene heilige Sprache», die die Menschen der Urzeit mit der Natur verband, jenen «wunderbaren Gesang, dessen unwiderstehliche Töne tief in das Innere der Natur eindrangen» [13]. Die N. ist ursprünglich die «gemeine Sprache» [14], und ihre Wiederherstellung wird für die Zukunft ersehnt [15]. Für SCHELLING ist das Verstehen der N. an die «schöpferische Einbildungskraft» gebunden [16].

Die Konzeption Böhmes von der N. taucht als Problem überall dort wieder auf, wo der kognitive Wert von Sprache zur Diskussion steht [17]. «Kein Wunder, daß jeder Versuch, der Sprache eine tiefere kognitive Bedeutung abzugewinnen, in den folgenden zwei Jahrtausenden [nach Platon] immer wieder ... auf die überwundene Anschauung des *Kratylos* von der etymologischen Richtigkeit der Namen zurückgriff (so in der Lehre von der 'N.', die noch Leibniz ... inspirierte)» [18].

Anmerkungen. [1] W. KAYSER: Böhmes N.n-Lehre und ihre Grundl. Euphorion 31 (1930) 552 Anm. 61. – [2] a.O. 523ff.; vgl. Die Klangmalerei bei Harsdörffer (1962) 144ff.; A. COUDERT: Some theories of a natural language from the Renaissance to the 17th century. Studia Leibnitiana, Sonderh. 7 (1978) 56ff. 87f. – [3] E. BENZ: Die Sprachtheol. der Reformationszeit. Stud. gen. 4 (1951) 211; vgl. Zur met. Begründung der Sprache bei Jacob Böhme. Euphorion 37 (1936) 346. – [4] J. BÖHME, Sämtl. Schr., hg. W.-E. PEUCKERT 1 (1955) 252ff.; vgl. P. HANKAMER: Jakob Böhme (²1960) 214ff.; F. M. VAN HELMONT: Kurtzer Entwurff des Eigentlichen Natur-Alphabets der Heiligen Sprache (1667). – [5] BÖHME, a.O. 7, 322. 330; vgl. COUDERT, a.O. [2] 88ff. – [6] Zit. nach: A. BORST: Der Turmbau von Babel 3/I (1960) 1355. – [7] PH. VON ZESEN: Rosenmând. Sämtl. Werke, hg. F. VAN INGEN 11 (1974) 107; COUDERT, a.O. [2] 100f.; P. HANKAMER: Die Sprache (ND 1965) 118f.; KAYSER, Klangmalerei a.O. [2] 175 Anm.; J. G. SCHOTTELIUS: Ausführl. Arbeit von der Teutschen Haubtsprache, hg. W. HECHT (ND 1967) 2, 60f. 64. – [8] Zit. nach: S. VON DER SCHULENBURG: Leibniz als Sprachforscher (1973) 4 Anm. 13. – [9] G. W. LEIBNIZ, Philos. Schr., hg. C. I. GERHARDT 5 (1882) 260; vgl. 7 (1931) 198f. 204f.; vgl. COUDERT, a.O. [2] 108f. – [10] WIELAND, zit. nach GRIMM 7 (1889) 466; vgl. J. BURNET: Of the origin and progress of language I (²1774, ND 1974) 305ff.; vgl. FR. HEMSTERHUIS: Alexis oder vom goldenen Zeitalter. Philos. Schr., hg. J. HILSS 2 (1912) 259f. – [11] J. G. HERDER, Abh. über den Ursprung der Sprache. Sprachphilos. Schr., hg. E. HEINTEL (1960) 35f. – [12] J. G. HAMANN, Hauptschr. erklärt 4: Über den Ursprung der Sprache, hg. E. BÜCHSEL (1963) 199; vgl. 41. – [13] NOVALIS, Schr., hg. P. KLUCKHOHN/R. SAMUEL 1 (³1976) 106; vgl. H.-J. MÄHL: Die Idee des goldenen Zeitalters im Werk des Novalis (1965) 13; R. EISLER: Orphisch-dionysische Mysteriengedanken in der christl. Antike (ND 1966) 95f. – [14] NOVALIS, a.O. 3 (²1968) 290. – [15] H. FAUTECK: Die Sprachtheorie Fr. v. Hardenbergs (1940) 38f.; MÄHL, a.O. [13] 322ff. – [16] F. W. J. SCHELLING, Werke, hg. M. SCHRÖTER 1 (1927) 697. – [17] Vgl. E. CASSIRER: Philos. der symbolischen Formen 1: Die Sprache (ND 1972) 140ff. – [18] K.-O. APEL: Transformationen der Philos. 2 (1976) 336.

M. ARNDT

Naturvölker/Kulturvölker. Wortgeschichtlich sind die beiden Begriffe offensichtlich nicht zu gleicher Zeit und komplementär entstanden. ‹N.› ist eine Neubildung aus der Zeit um 1775, die 1777 lexikalisch zum ersten Male belegt ist [1] und HERDER zugeschrieben wird [2]. Die Beleggeschichte des Wortes ‹K.› reicht nicht weiter zurück als bis in die vierziger Jahre des 19. Jh. [3], lexikalisch erfaßt wird es erst in der zweiten Hälfte des 19. Jh. [4]. Während ‹N.› eine Ersatzbildung darstellt für den Begriff der Wilden: «Naturvolk, ... ein im Stande der Natur, ohne merkliche bürgerliche Verfassung lebendes Volk, dergleichen Völker und Menschen gemeiniglich Wilde genannt werden» [5], zielte der Begriff der K., wie den Kontexten seines ersten Auftretens zu entnehmen ist [6], wohl in erster Linie darauf, die Kulturleistungen der alten vorderasiatischen, asiatischen und mittelamerikanischen Hochkulturen als genuin und als vergleichbar mit denen der modernen westeuropäischen Völker zu kennzeichnen. Als gegensätzliche Begriffe haben ‹N.› und ‹K.› ihre Vorgeschichte in der antiken Entgegensetzung von Hellenen bzw. Römern und Barbaren, der mittelalterlich-christlichen von Völkern der christlichen Ökumene, der civitas Dei, und den pagani, gentiles, infideles, Heiden [7], vor allem aber in der rechtstheoretischen und philosophischen Konstruktion eines menschlichen Naturzustandes tierhafter Wildheit und permanenten Kampfes um die Selbsterhaltung bei BODIN, VICO und HOBBES einerseits und der zivilisationskritischen Konstruktion eines Naturzustandes glückhafter Natürlichkeit bei ROUSSEAU andererseits im Verhältnis jeweils zum Rechtszustand bzw. erreichten Zivilisationsstand europäischer Völker. Beide Konzeptionen fanden Rückhalt und Bestätigung in den seit dem 16. Jh. in reichem Maße publizierten Berichten über Entdeckungsreisen und Reisebeschreibungen, doch waren jene Berichte zumeist von diesen Ansichten bereits gefärbt [8].

Gegen das Konstrukt eines isoliert lebenden Naturmenschen wendet sich schon VOLTAIRE in seinem ‹Essai sur les mœurs› [9], und gestützt auf reiches ethnographisches Material macht HERDER in seinen ‹Ideen› Front gegen den solipsistischen Naturmenschen als ein «Raubtier gegen seinesgleichen» [10]. Für ihn ist der «Naturstand des Menschen ... der Stand der Gesellschaft; denn in dieser wird er geboren und erzogen» [11]. Als soziales Wesen verfügt der Mensch bereits im Naturstand über Sprache [12], durch Sprache über Vernunft [13], als Mitglied eines Volkes über die «National-Bildung» [14] des Volkes und ist eingebunden in einen Überlieferungszusammenhang, in dem «Tradition und organische Kräfte», «Mitteilung» und «Aufnahme und Anwendung des Mitgeteilten» die «Erziehung unseres Geschlechts» konstituieren [15]. «Wollen wir diese zweite Genesis des Menschen, die sein ganzes Leben durchgeht, von der Bearbeitung des Ackers Kultur oder vom Bilde des Lichts Aufklärung nennen, so stehet uns der Name frei; die Kette der Kultur und Aufklärung reicht aber sodann bis ans Ende der Erde. Auch der Kalifornier und Feuerländer lernte Bogen und Pfeile machen, und sie gebrauchen; er hat Sprache und Begriffe, Übungen und Künste, die er lernte, wie wir sie lernen; sofern ward er also wirklich kultiviert und aufgeklärt, wiewohl im niedrigsten Grade. Der Unterschied zwischen aufgeklärten und unaufgeklärten, zwischen kultivierten und unkultivierten Völkern ist also nicht spezifisch, sondern nur gradweise» [16]. Geknüpft ist diese Bestimmung eines nur graduellen Unterschieds zwischen den unkultivierten und kultivierten Völkern bei Herder an die kulturoptimistische Hoffnung auf eine fortschreitende Erziehung des Menschengeschlechts zur Humanität, dem Ziel der Menschheitsgeschichte, und impliziert damit eine Dynamisierung und Historisierung des Begriffs der N., wie auch ihr Zustand auf Humanisierung hin ausgelegt ist.

Diese Ansicht Herders bleibt fürs erste ohne Resonanz. In den Universal- und Kulturgeschichten des ausgehenden 18. und beginnenden 19. Jh. erhält sich das Bild vom wilden Urzustand der Menschen und der Menschheit [17], in der zeitgenössischen Philosophie die Vorstellung vom Leben der N. in Roheit und Wildheit, beispielsweise bei KANT [18] und HEGEL, für den sie nicht zu den «welthistorischen Völkern» [19] gehören. Zugleich wirken auch noch die Versuche nach, die ethnographischen Daten in Übereinstimmung mit der biblischen Überlieferung zu bringen und «in den N. Entartungen oder Verkümmerungen der K. zu sehen» [20]. Eine Wiederauflage der Vorstellungen von einem menschlichen Urzustand findet sich, evolutionstheoretisch plausibilisiert, sogar noch gegen Ende des 19. Jh. bei L. H. MORGAN und F. ENGELS [21].

Angesichts innereuropäischer Krisen ruht in der ersten

Hälfte des 19. das gegen Ende des 18. Jh. so stark entwickelte anthropologische und ethnographische Interesse. Dies ändert sich erst mit dem Aufblühen des Kolonialismus und dem damit verbundenen reicheren Fließen ethnographischer Informationen und findet seinen Ausdruck in der Gründung ethnologischer Gesellschaften, völkerkundlicher Museen und der Ausgliederung der Ethnologie als selbständiger Disziplin aus der zunehmend naturwissenschaftlicher werdenden Anthropologie [22].

Der Beginn der eigentlichen Begriffsgeschichte des Begriffspaares ‹N./K.› fällt zusammen mit der Herausbildung der Völkerkunde in Deutschland, markiert durch die Werke von M. L. FRANKENHEIM und TH. WAITZ [23], und ist im Kern die Geschichte der Versuche, das Differenzerlebnis und die Fremdheitserfahrung angesichts außereuropäischer Kultur- und Sozialsysteme in Einklang zu bringen mit den eigenen unbefragt geltenden kulturellen und sozialen Normvorstellungen.

FRANKENHEIM schließt in seinen anthropologischen Vorstellungen in gewisser Weise an Herder an, indem auch er einen Prozeß der Völkerentwicklung zur Humanität annimmt und relativ auf dieses Entwicklungsziel hin drei Klassen von Völkern unterscheidet. Die erste siedelt er auf der «untersten Stufe der Völkerbildung» an; die Strebungen dieser Völker seien gänzlich auf Selbsterhaltung der Individuen gerichtet, auf die Außenwelt hin orientiert: «ihre ganze Lebensweise ist an die sie umgebende Natur gebunden. Wir nennen sie N.» [24]. Bei den K. komme ergänzend zum Streben nach Selbsterhaltung der Individuen geistiges Streben als die Einheit des Volkes stiftendes und erhaltendes Moment hinzu. In die dritte Klasse der humanen Völker fielen diejenigen, «die die Einheit des Menschengeschlechts, die gleiche Berechtigung aller Menschen» anerkennen, doch existierten zur Entwicklung dieser Klasse erst Ansätze [25]. Geleitet von der Vorstellung der Einheit des Menschengeschlechts, erkennt Frankenheim nur Unterschiede geistiger Bildung und stärkerer oder schwächerer Naturabhängigkeit zwischen N. und K., nicht jedoch solche einer rassemäßigen Veranlagung an. Wenngleich er auch eine Entwicklung der K. aus einem früheren Stadium als N. und zugleich eine den N. eigene Entwicklung feststellt, fällt ihr Studium für ihn doch in den Bereich einer naturwissenschaftlichen, der Naturbeschreibung und Physiologie analogen Betrachtungsweise [26]. Entscheidendes Differenzkriterium zwischen N. und K. ist ihm die Überwindung ausschließlicher Naturabhängigkeit durch die Entwicklung eines Einheitsbewußtseins, wodurch sich die N. aus einer «plastischen leblosen Masse» und dem Zustand der Geschichtslosigkeit zu einer Art «organischem Körper» und zur Geschichtlichkeit entwickeln [27], womit sie aus dem Bereich ethnologischer in den kulturgeschichtlicher Betrachtung fallen [28].

TH. WAITZ bemüht sich sehr eingehend um eine Begriffsbestimmung für N., die er über eine Untersuchung des Naturzustandes der Menschen zu erlangen sucht. Da Anthropologie für ihn «Erfahrungswissenschaft» ist, kann «der Naturzustand nicht aus abstrakten Begriffen», sondern nur auf «empirischem Wege zu ermitteln» [29] sein. Da aber «Menschen nirgends im eigentlichen Naturzustande je gefunden» worden seien, so ließe sich eine «Charakterschilderung des natürlichen Menschen» nur «durch Abstraktion von aller Cultur», durch «Benutzung der Analogien desselben mit dem Kinde und dem völlig Unerzogenen» [30] entwerfen. Danach befindet sich der Naturmensch in vollständiger Abhängigkeit von der Naturumgebung, verharrt in schwer überwindlicher Trägheit und zeichnet sich aus durch die völlige Zügellosigkeit seiner starr egoistischen Begierden und durch den Mangel an Stetigkeit in allem seinem Tun und Treiben [31]. Anhand dieses Entwurfs lasse sich zeigen, «daß wir die Mehrzahl der culturlosen Völker der Erde als N. zu bezeichnen berechtigt sind, weil sie, obgleich nicht im eigentlichen Naturzustande befindlich, doch auf einer Entwickelungsstufe stehen, die diesem ziemlich nahe kommt; denn alle die Eigenthümlichkeiten, welche wir dem natürlichen Menschen beilegen mußten, finden sich an ihnen in unzweideutiger Weise wieder» [32]. An dieser Charakterschilderung der N. wird sich in den folgenden fünfzig Jahren bis auf geringfügige Nuancen nichts ändern, und sie setzt eine bereits feste Tradition fort. Anders ist es mit der Bestimmung des Verhältnisses von N. zu K., deren Unterschiede für ihn nicht spezifisch, d. h. durch rassemäßige Veranlagung vorgeprägt, «sondern durchaus flüssig» [33] sind, wie aus Spuren des angenommenen Naturzustandes, die sich «auch im Leben der K. nachweisen und verfolgen lassen», und aus der Tatsache, «daß es nirgends feste Grenzen zwischen den verschiedenen Bildungsstufen der Völker giebt» [34], zu erkennen sei. Waitz stimmt hier mit Ansichten Herders überein, auch mit der Warnung, europäische Wertvorstellungen nicht auf die N. zu übertragen [35], eine Warnung, der in der Ethnologie in der Folgezeit durchaus Rechnung getragen wird. Die noch von Waitz vertretene Bestimmung der N. als im Verhältnis zu den K. kulturlosen Völkern (obgleich er gewisse kulturelle Erwerbungen bei den vorfindlichen N. anerkennt), erfährt ihre entscheidende Modifikation mit der Veröffentlichung von E. B. TYLORS ‹Primitive Culture› (1871) [36]. In der Folge wird vornehmlich in der Ethnologie der Blick darauf gelenkt, daß den K. in den N. eine Pluralität von Kulturen gegenübersteht, die ausnahmslos und ebenso wie die K. über kulturelle und sozialintegrative Institutionen wie Sprache, Religion, Rechts- und Wirtschaftsordnungen verfügen. Entsprechend wird auch der Begriff der N. vor allem in einer wörtlichen Interpretation problematisch. Das geht einher mit den verstärkten Versuchen der Ethnologie, ihren Gegenstandsbereich zu definieren und gegenüber Geschichte und Kulturgeschichte zu begrenzen.

So sind für A. BASTIAN N. («Wildstämme») schrift- und geschichtslose Völker («die Ethnographie kennt keine Chronologie» [37]) im Gegensatz zu den «Geschichtsvölkern» [38], wobei jedoch Geschichtslosigkeit weder Abwesenheit kultureller, sozialer oder überhaupt jeder Art von Entwicklung noch auch das Fehlen jeglichen Geschichtsbewußtseins oder historischer Überlieferung bei den N. meint [39], sondern hauptsächlich das objektive Korrelat für die Komplementarität der Ethnologie zur Geschichtswissenschaft bezeichnen soll. Diese Komplementarität besteht vornehmlich darin, daß, da N. für Bastian entwicklungsarme und einfach strukturierte Protoformen der K. sind, ihr Studium die Komplexität der K. durchsichtiger zu machen verspricht: «Was zum Verfolgen des Zellebens bis in höchst pherogamische Wipfel hinauf die Kryptogamen an Hülfsmitteln geliefert haben, zum Aufbau einer wissenschaftlichen Botanik, das mag zum Verständnis der Kulturen, und K., von den Natur- und Wildstämmen erwartet werden (den Kryptogamen des Menschengeschlechts)» [40]. Bei Bastian wird der Begriff der N. zwar noch in einem Gegensatz zu dem der K. erhalten, doch findet sich hier bereits der Versuch, ihn als wissenschaftsspezifischen Terminus zu formulieren.

Das setzt sich fort bei F. RATZEL. Dieser sieht im Begriff ‹N.› nicht mehr als eine konventionelle, «neutrale» Bezeichnung für «Völker, die mehr unter dem Zwange der Natur oder in der Abhängigkeit von derselben stehen als die K.» [41]. Unterschiede zwischen den N. und K. findet er aber nicht im Grade, sondern in der Art ihres Zusammenhanges mit der Natur [42]. Eine entwicklungsgeschichtliche Differenzierung lehnt er ab, desgleichen eine Charakterisierung der N. als geschichtslose Völker oder ihre Analogisierung mit einem «Kindheitszustande der Menschheit» [43]. Für ihn ist letztlich «der Begriff N. ... ein rein ethnographischer, ein Kulturbegriff» [44], und entsprechend stellt sich ihm das Verhältnis zwischen N. und K. dar: «Kulturlich bilden diese Völker eine Schicht unter uns, während sie nach natürlicher Anlage zum Teile, soweit sich erkennen läßt, uns gleichstehen» [45].

Mit der Anerkennung einer Pluralität von Kulturen wird die Ethnologie fortschreitend zu einer «Kulturwissenschaft» [46], die sich den Kulturen der N. widmet, oder, wie es ein Buchtitel paradox-provokativ formuliert, «die Kultur der Kulturlosen» [47] studiert und in wissenschaftlicher Arbeitsteilung die K. den auf schriftlichen Überlieferungen sich stützenden Disziplinen überläßt. (Gleichzeitig anerkennt übrigens die Geschichtswissenschaft die Geschichtlichkeit der ehedem als geschichtslos angesehenen N. und integriert sie prinzipiell in ihren Gegenstandsbereich, überläßt jedoch deren Spezialstudium der Ethnologie [48].) Damit tritt für die Ethnologie der Begriff der N. aus seiner Komplementarität zum Begriff der K. und reiht sich als überkommener, konventionell gebrauchter Begriff unter andere, zur Kennzeichnung des eigentlichen Gegenstandsbereichs dieser Disziplin geschaffene Begriffe, wie beispielsweise «Schriftlose Völker» (BASTIAN), «Völker geringer Naturbeherrschung» (THURNWALD), «Restvölker, Rückzugsvölker» (MÜHLMANN), «Primitive Gesellschaften» (SCHOTT) [49] u.a. ein. Wenn gleichwohl in der gegenwärtigen Ethnologie der Begriff noch verwendet wird, so im Bewußtsein, daß der «Ausdruck N. ... in sich ein Widerspruch» ist, denn «ein Volk, das seine Existenz in der Geschichte behauptet, kann nicht kulturlos sein, ... allein sein Überleben zeigt ..., daß es Natur verändert und Kultur schafft» [50].

Die strikte Entgegensetzung von N. und K. im Horizonte eines wertbegrifflich aufgefaßten Gegensatzes von Natur und Kultur wird also in der Ethnologie, vor allem bei den empirisch arbeitenden und feldforschenden Ethnologen weitaus früher modifiziert und eher ganz aufgegeben als in denjenigen Wissenschaften, die in Teilbereichen und mit anderen Voraussetzungen über dem gleichen Gegenstands- und Materialbereich arbeiten wie sie. Versuche prinzipieller, auf psychische und kognitive Wesensdifferenzen zielende Begriffsbestimmungen des Gegensatzes zwischen N. und K. bieten besonders die Kulturgeschichte und die Völker- oder Sozialpsychologie.

G. KLEMM teilt in seiner großen ‹Cultur-Geschichte der Menschheit› diese in geistig aktive und passive Nationen ein [51]. J. LIPPERT macht die bewußt gestaltete, sich technologisch und institutionell ausdifferenzierende Lebensfürsorge zum Prinzip des Kulturfortschritts und unterscheidet N. und K. mittels des Entwicklungsstandes der Lebensfürsorge [52]. H. SCHURTZ legt die Differenz in die Prinzipien von personaler Individualisierung und bewußter Lebensgestaltung: «bei den N. herrscht mehr die Masse und das Herkommen, bei den K. mehr die Persönlichkeit und der Verstand» [53].

Den ambitioniertesten Versuch einer völker- und sozialpsychologischen Differenzbestimmung stellt A. VIERKANDTS Werk ‹N. und K.› [54] dar. Ausgehend von Wundt erweitert er dessen individualpsychologisch ausgelegte Unterscheidung zwischen unwillkürlichen und willkürlichen Willensakten zu Typen von Bewußtseinsvorgängen, die er in idealtypischem Sinne den N. und K. zuordnet [55] und auf diesen Dualismus hin das ihm zugängliche ethnographische Material interpretiert. Diesen, gerade in der Typisierung strikten Dualismus hat Vierkandt später selbst revidiert [56].

Eine spezifische Formulierung eines Gegensatzverhältnisses zwischen N. und K. findet sich in der Sprachwissenschaft des 19. Jh., die sich vornehmlich über die Beschäftigung mit dem Sanskrit und den anderen, als genetisch miteinander verwandt erkannten indoeuropäischen Sprachen zur eigenständigen Disziplin formierte. Es erhält sich in sprachtypologischen Arbeiten von W. VON HUMBOLDT, A. F. POTT, H. STEINTHAL, A. SCHLEICHER bis N. FINCK [57] die Vorstellung von der syntaktisch-morphologisch begründeten Höherwertigkeit und größeren Vollkommenheit der indoeuropäischen Sprachen gegenüber morphologisch anders strukturierten Sprachen der «rohen und wilden Nationen» [58] Amerikas, Südostasiens und Afrikas. Dabei wird parallelisiert zwischen Graden und Stufen einer mehr oder weniger entfalteten Morphosyntax und einer größeren oder geringeren Befähigung der in solchen unvollkommenen Sprachen denkenden Völker zur differenzierten Entfaltung geistiger Vorstellungsgehalte, zu mehr oder minder abstraktem Denken und zu ärmerer oder reicherer sprachlicher Strukturierung der jeweiligen Lebenswelt. Zwar scheiterte eine strenge Korrelation zwischen fehlender Kulturentwicklung und fehlender morphologischer Repräsentation syntaktischer Relationen stets am Beispiel des klassischen Chinesisch und des modernen Englisch, doch wurden dann eben hier Ausnahmen geschaffen [59]. Aufgegeben wurden derartige Vorstellungen erst, als in der amerikanischen Linguistik die nordamerikanischen Indianersprachen zur Grundlage der Theoriebildung genommen wurden.

Eine auf einem Gegensatz von Natur und Kultur sich gründende Gegenüberstellung von N. und K. hat sich über das 19. Jh. hinaus nicht erhalten, doch lassen sich Bildungen wie «Primitivkulturen/Hochkulturen», «marginale Kulturen/komplexe Kulturen» [60] u.a. durchaus als spezifische Transformationen dieses Gegensatzes ansprechen.

Anmerkungen. [1] J. CH. ADELUNG: Versuch eines gramm.-krit. Wb. der Hochdtsch. Mundart, 3. Th. (1777) 752. – [2] GRIMM: Dtsch. Wb. 7 (1889), Art. ‹N.› 469. – [3] I. BAUR: Die Gesch. des Wortes 'Kultur' und seiner Zusammensetzungen (Diss. München 1952) 689. – [4] J. CH. A. HEYSE: Allg. verdeutschendes und erklärendes Fremdwb. (¹³1864) 224. – [5] ADELUNG, a.O. [1]. – [6] Das Ausland 165 (1842) 657; O. PESCHEL: Gesch. des Zeitalters der Entdeckungen (1858) 513. – [7] J. NIEDERMANN: Kultur. Werden und Wandlungen des Begriffs und seiner Ersatzbegriffe von Cicero bis Herder (Florenz 1941) 40; W. E. MÜHLMANN: Gesch. der Anthropol. (²1968) 25ff. – [8] H. PLISCHKE: Von den Barbaren zu den Primitiven. Die N. durch die Jahrhunderte (1926) 93ff. – [9] VOLTAIRE, Oeuvres compl. 11 (Paris 1878) 19f. – [10] J. G. HERDER, Sämtl. Werke, hg. B. SUPHAN 13, 320. – [11] a.O. 375. – [12] 141. – [13] 355. – [14] 258. – [15] 347f. – [16] 348. – [17] Vgl. G. KLEMM: Allg. Cultur-Gesch. der Menschheit 1 (1843). – [18] Vgl. I. KANT, Die Metaphysik der Sitten. Akad.-A. 8; Mutmaßlicher Anfang der Menschengesch., Akad.-A. 6. – [19] G. W. F. HEGEL, Werke, hg. H. GLOCKNER 11, 120f. – [20] PLISCHKE, a.O. [8] 111. – [21] Vgl. L. H. MORGAN: Ancient society, or researches in the lines of human progress from savagery, through barbarism to civilization (London 1877); F. ENGELS: Der Ursprung der Familie, des Privateigenthums und des Staats (1884). – [22] Vgl. MÜHLMANN, a.O. [7] 85. 96ff. – [23] M. L. FRANKENHEIM: Völkerkunde. Charakteristik und Physiol. der Völker (1852); TH. WAITZ: Anthropol. der N. (1859ff.). – [24] FRANKENHEIM, a.O. 187. – [25] a.O. 188. – [26] 190. – [27] 538. – [28] 539. – [29] WAITZ, a.O. [23] 10. – [30] a.O. 337. 346. – [31] 345. – [32] 346f. – [33] 368. – [34] 368. – [35] 336. – [36] E. B. TYLOR: Primitive Culture (London 1871). – [37] A. BASTIAN: Ethnol. und Gesch. (1892) 16. – [38] a.O. 13. – [39] A. BASTIAN: Die Vorgesch. der Ethnol. (1881) 57. – [40] BASTIAN, a.O. [37] 9. – [41] F. RATZEL: Völkerkunde 1 (1885) 5. – [42] a.O. 6. – [43] 11ff. – [44] 10. – [45] 14. – [46] PLISCHKE, a.O. [8] 118. – [47] K. WEULE: Die Kultur der Kulturlosen (1910). – [48] E. BERNHEIM: Lehrb. der Hist. Methode und der Gesch.philos. (⁶1908) 46. – [49] R. SCHOTT: Art. ‹Primitive Ges.en›, in: Staatslex. 6 (1961) 484f. – [50] J. F. THIEL: Grundbegriffe der Ethnol. (1977) 11. – [51] G. KLEMM, a.O. [17] 195ff. – [52] J. LIPPERT: Kulturgesch. der Menschheit in ihrem organischen Aufbau 1. 2 (1886/87). – [53] H. SCHURTZ: Urgesch. der Kultur (1900) 73. – [54] A. VIERKANDT: N. und K. Ein Beitrag zur Socialpsychol. (1896). – [55] a.O. 4f. – [56] A. VIERKANDT: Die Stetigkeit im Kulturwandel (1908). – [57] W. VON HUMBOLDT: Über die Verschiedenheit des menschl. Sprachbaues. Akad.-A. 7; A. SCHLEICHER: Die Sprachen Europas in systemat. Übersicht (1850); H. STEINTHAL: Charakteristik der hauptsächlichsten Typen des Sprachbaues (1860); A. F. POTT: Anti-Kaulen (1863); Die Ungleichheit menschl. Rassen, haupts. vom sprachwiss. Standpunkte (1896); N. FINCK: Die Haupttypen des Sprachbaus (1909). – [58] HUMBOLDT, Akad.-A. 4, 16. – [59] Vgl. HUMBOLDT: Lettre à M. Abel-Rémusat. Akad.-A. 5, 254ff. – [60] THIEL, a.O. [50] 11f.

Literaturhinweise. H. PLISCHKE: Von den Barbaren zu den Primitiven. Die N. durch die Jahrhunderte (1926). – K. KLOSTERMAIER: N.-K. Zur Diskussion um die ethnograph. Grundbegriffe, in: Festschr. P. SCHEBESTA (1963) 513-557. – H. LOISKANDL: Edle Wilde, Heiden und Barbaren (1966). – W. E. MÜHLMANN s. Anm. [7]. – R. SCHOTT: Aufgaben und Verfahren der Völkerkunde, in: Lehrb. der Völkerkunde, hg. G. TRIMBORN (⁴1971) 1-36; Das Gesch.bewußtsein schriftloser Völker, in: Arch. Begriffsgesch. 12 (1968) 166-205. – J. F. THIEL s. Anm. [50]. K. GROTSCH

Naturwissenschaften. – 1. Das Wort ‹Naturwissenschaft› findet sich *nicht*, wie meist im Anschluß an F. KLUGE [1] behauptet wird, zuerst bei CHR. WOLFF 1720 in dessen Werk ‹Vernünfftige Gedancken von Gott, Der Welt und der Seele des Menschen› [2]: «... demnach lässet sich, was natürlich ist, verständlich erklären und deutlich begreiffen ..., und daher ist die Natur-Wissenschafft möglich, welche nichts anders ist als eine Wissenschafft dessen, was durch das Wesen und die Kräffte der cörperlichen Dinge möglich ist», obgleich es durch ihn eine schnellere Verbreitung gefunden haben mag. Es ist ihm gleichbedeutend mit «Physik» und «Naturlehre»: «Die Creaturen äussern ihre Thätligkeit entweder durch Bewegung, oder durch Gedancken. Jene nennen wir Cörper; diese Geister. Da nun die Welt-Weisheit sich bemühet, von allen Dingen richtigen Grund anzuzeigen; muß sie sowohl die Kräffte und Würckungen derer Dinge untersuchen, welche das Ihrige durch Bewegung verrichten, als der anderen, welche durch ihre Gedancken ihnen selbst bewust sind. Also zeiget sie, was in der Welt möglich ist, sowohl durch die Kräffte der Cörper, als der Geister. Derjenige Theil der Welt-Weisheit, darinnen man erkläret, was durch die Kräffte der Geister möglich ist, wird die Pneumatologie oder Geister-Lehre genennet: der andere hingegen, darinnen man zeiget, was durch die Krafft der Cörper möglich ist, bekommet den Namen der Physick, oder Natur-Wissenschaft, oder Natur-Lehre» [3].

Ab 1703 benutzt diese Wortbildung bereits J. J. SCHEUCHZER in Buchtiteln wie: ‹Physica, oder Natur-Wissenschafft› [4]; ‹Kern Der Natur-Wissenschafft› [5], ‹Jobi Physica Sacra, oder Hiobs Natur-Wissenschafft, vergliechen Mit der Heutigen› [6], ‹Kupfer-Bibel/In welcher Die Physica Sacra, Oder geheiligte Natur-Wissenschafft derer In Heil. Schrifft vorkommenden Sachen/ Deutlich erklärt und bewährt› [7]. In der ‹Physica› schreibt Scheuchzer: «Es hat insonderheit unsere heutige auf die Erfahrung und Mathematische Grundsätz gebaute Natur-Wissenschaft nicht nur in ansehung der Auflösung vorkommender Begebenheiten/sondern auch der zueignung zur Erkantnuß und Forcht Gottes einen grossen Vorzug» [8]; in der ‹Einleitung zur Natur-Wissenschafft› bestimmt er die «Physica» als «eine Wissenschafft natürlicher Dingen. Eine Wissenschafft/ja gewisse Wissenschafft/weilen sie beruhet auf gewissen/ ohnfehlbaren Sätzen/und gleichsam vest stehet auf zweyen Säulen/der Vernunft und Erfahrung. Ist hiemit zu unterscheiden von dem Glauben/da wir auf eines andern Wort/oder Schrifft/die Wissenschafft eines Dings gründen/ und von der Opinion/oder Meinung/Wehnung/da wir wehnen/nicht eigentlich wissen. Wir gestehen zwahr grad anfangs/das wir dise Natur-Wissenschaft noch nicht haben in demjenigen Grad der Gewißheit/in welchem stehen die Mathematischen Wissenschaften/ wir streben aber je mehr und mehr darnach/das wir sie ergreiffen mögen» [8a]. Im ‹Kern› definiert Scheuchzer ähnlich: «1. Es ist die *Physica* eine *Wissenschaft* natürlicher Dingen, in so fehr sie natürlich sein. Man sol da *Wissen*, nicht *Glauben*, oder *Wehnen* ... 4. Es wird die Natur-Wissenschaft erlehrnet nicht so fast aus denen Schriften dises oder jenes berühmten Natur-forschers; als aus der Natur selbs/vermittelst unsern *Sinnen*, und der *Vernunft*. Die Erfahrung allein machet die Menschen zu Leichtgläubigen Selbstbetriegeren/die Vernunft allein zu Grillenfängeren/und Phantasten. 5. Aus der Natur-Wissenschaft lehrnet man mit grossem Nutzen und vergnügen kennen *Gott*, die *Welt*, und den *Menschen*», was traditionale und zukunftweisende Bestimmungen enthält: «6. *Gott* als den gütigsten Schöpfer/weisen Erhalter/und unerschöpflichen Brunnen alles guten/welcher sich nicht hat wollen unbezeuget lassen. 7. Die *Welt*, als ein Kunstwerk der Göttlichen Macht/als ein Schauplatz übriger Göttlichen Vollkommenheiten/in welchem die Himmel/alle himmlischen und irdischen Cörper erzehlen die Ehre des Schöpfers. 8. Den *Menschen*, als eine kleine *Welt* ...» [9]. 1740 nimmt J. H. ZEDLER [10] das Wort bereits auf, wobei nun auch noch «Naturkunde» als Synonym hinzutritt: «*Natur-Lehre, Natur-Kunde, Natur-Wissenschafft, Physick*, Physica, Philosophia naturalis». Dabei wird zunächst auf die Bedeutungseinengung gegenüber dem griechischen Gebrauch verwiesen: «... nachgehends ist diese Lehre eingeschräncket worden, und man hat insgemein zu ihrem Object die Natur der Cörper gesetzet. Wir sehen sie für diejenige Lehre an, da wir wahrscheinlich erkennen, welches die selbständigen Principien und Anfänge der Würckungen in der Natur sind, die wenigstens dem ersten Anblick nach mit den Sinnen nicht dürffen begriffen werden, damit wir uns gegen die natürlichen Dinge, wenn wir damit zu thun haben, klug verhalten. In dieser Beschreibung sehen wir die Physick vor eine Lehre der Wahrscheinlichkeit an, welches nicht sowol von den Schlüssen, als vielmehr von den Principien, so vornehmlich die Physick ausmachen, zu verstehen.» Entsprechend werden die ‹Elementa physicae› des P. V. MUSSCHENBROEK [11] 1747 von J. CHR. GOTTSCHED mit ‹Grundlehren der Naturwissenschaft› übersetzt, wobei als Aufgabe des Werkes «nicht ... eine ganze Naturkunde; sondern nur die Anfangsgründe derselben, das ist, eine allgemeine Physik zu liefern» genannt wird [12].

Allgemeiner trägt dann J. S. T. GEHLER 1790 unter «*Physik, Naturlehre, Naturkunde, Naturwissenschaft,* Physica, Physice, Philosophia naturalis, Physique» ein: «Diesen Namen führt die gesamte Lehre von der Natur der Körperwelt, oder von den Eigenschaften, Kräften und Wirkungen der Körper. Im weitläuftigsten Sinne des Worts gehört zur Naturwissenschaft alles, was jemals über die Körper erfahren oder gedacht worden ist» [13]. Allerdings trennt er dann doch schon eine «eigentliche Physik oder Naturlehre» ab, muß aber zugeben: «Dasjenige, was die Naturlehrer unter dem Namen der eigentlichen Physik vorzutragen pflegen, hat also noch jetzt sehr unbestimmte Grenzen» [14]; «Am ordentlichsten möchte es scheinen, alle unsere Kenntniße von den Körpern in *historische, philosophische* und *mathematische* zu theilen, und daraus drey Hauptabschnitte der ganzen Naturwissenschaft unter den Namen der *Naturgeschichte,* der *Physik* und der *angewandten Mathematik* zu bilden. Die Naturgeschichte würde sich alsdann mit der bloßen Aufzählung, Benennung und Beschreibung der allgemeinen Stoffe sowohl, als der besondern Körper, ingleichen ihrer Eigenschaften, Erscheinungen und Wirkungen, die angewandte Mathematik mit Betrachtung der dabey vorkommenden Größen beschäftigen. So würde für die eigentliche Physik die Entwickelung dessen, was die besondern Erscheinungen gemein haben, oder die Entdeckung der Naturgesetze, die Erklärung der Erscheinungen und Begebenheiten aus diesen Gesetzen, und die Erforschung der Ursachen und Triebfedern übrig bleiben» [15], wobei er aber anfügt, daß «aus dieser Classification noch zur Zeit mehr Verwirrung als Nutzen entspringen» dürfte, «weil jeder Theil der Hülfe der andern bedarf» und andererseits z. B. die «Chymie» nach diesem Plane auseinandergerissen werde und «Da wir endlich von den Ursachen der Phänomene noch so wenig wissen, so würde die eigentliche Physik im Verhältniß mit den beyden übrigen Theilen zu klein seyn, und großentheils zu Hypothesen oder unfruchtbaren Speculationen Anlaß geben» [16]. Einig sei man allerdings darin, «daß die *besondere Naturgeschichte* oder die historische Kenntniß der besondern Körper auf der Erde, ihrer Weitläuftigkeit halber, von der Physik getrennt, und als eine eigne Wissenschaft behandelt werden müsse» [17]. Unter «Naturgeschichte» wiederum gibt er an: «*Naturgeschichte,* Historia naturalis, Histoire naturelle. Diesen Namen führt diejenige Wissenschaft, welche uns die natürlichen Körper auf unserer Erde in angemessener Ordnung *kennen* lehrt, die *historische Kenntniß* der sinnlichen Gegenstände auf der Erde. Man könnte ihr ganz schicklich den Namen der *Naturbeschreibung* beylegen» [18]. Da «Geschichte» überhaupt «Erzählung dessen, was ist oder gewesen ist» bedeute, «würde die Naturgeschichte eine Wissenschaft von sehr großem Umfange seyn» und den größten Teil der Naturlehre bzw. Physik enthalten «und sich blos dadurch unterscheiden, daß sie nur historische Kenntniße, d. i. Erzählungen, Beschreibungen, Classificationen lieferte: die philosophische Betrachtung und Entdeckung der Ursachen hingegen der Physik überließe» [19].

2. Man erkennt sofort den Umbruch im Denken der Jahrhundertwende, wenn man Ausführungen der zweiten Auflage des ‹Gehler› danebenhält: Zum einen werden unter den Haupteintrag «Physik» neben den schon in der ersten Auflage verwandten Wörtern zusätzlich noch aufgeführt: «Naturphilosophie» und «Natural philosophy». Ein Eintrag unter dem Stichwort: «Naturgeschichte» fehlt ganz, obgleich der Umfang des vielbenutzten Wörterbuchs auf ein Vielfaches des ursprünglichen angewachsen ist [19a].

Wenn auch später noch Titel mit ihrem Namen erscheinen, so entweder, um der Differenzierung der einzelnen Disziplinen durch Einheitsbildung zu entgehen – so z. B. M. PERTY, wenn er als «Naturgeschichte» «ihrer vollen Bedeutung nach den Komplex und das Ziel sämmtlicher N.» angibt [20] –, oder, wie H. F. LINK [21], zwar anders differenziert, aber doch schon die neue historisierende Denkweise aufnimmt: «Geschichte ist eine Erzählung merkwürdiger Begebenheiten, und Naturgeschichte ist eine Erzählung des Merkwürdigen, welches man an den natürlichen Körpern bemerkt hat ... Kant wollte das Wort Naturgeschichte mit Naturbeschreibung vertauschen, indem jenes sich nur auf die Veränderungen beziehe, welche die Natur erlitten habe ... Aber der Ausdruck Naturbeschreibung ist zu enge, denn die organischen Körper bieten doch in den Veränderungen ihres Lebens eine wahre Geschichte dar, und die Naturgeschichte der Erde ist nichts mehr als die Geschichte eines einzelnen Wesens, welches nur etwas länger dauert, als ein einzelner organischer Körper» [22]. Indem dieser eine typisch «organische» Bestimmung benutzt, trifft er eine neue Differenzierung: «Aber die Geschichte zeichnet sich dadurch wesentlich von allen andern Wissenschaften und Lehren aus, daß sie nicht von dem Einzelnen und Einfachen, sondern von dem Zusammengesetzten anfängt, und von dort zu dem Einfachen fortschreitet» [23] und sieht sich dann gezwungen, zwischen «natürlicher Naturgeschichte» und «künstlicher Naturgeschichte» zu unterscheiden [24].

«Das Ende der Naturgeschichte» [25] zeigt sich auch am Auftreten des neuen Terminus «Geschichte der Natur»: So findet man in einem der meistbenutzten Lehrbücher der Zeit, F. A. C. GRENS ‹Grundriß der Naturlehre›: «Naturwissenschaft oder Naturlehre (Physica), im weitläufigsten Sinne des Worts, ist ... die Wissenschaft von den Ursachen der Veränderung des Zustandes der Dinge ... Diese rationelle Naturlehre setzt die historische voraus, welche die Aufzählung der Gegenstände der Sinnenwelt zum Zweck hat ... Man nennt die letztere, *Naturgeschichte* (Historia naturalis), und unterscheidet sie noch von der *Geschichte der Natur,* welche die Veränderungen, die unsere Sinnenwelt erlitten hat, erzählt, wovon wir aber nur Bruchstücke besitzen» [26]. Sodann werden, ebenfalls «wegen des weitläufigen Umfanges» die Phänomene des Lebens organischer Körper ausgeschlossen, und so die Naturlehre «auf die sogenannte todte Natur» eingeengt, wobei dann die «Physiologie» danebentritt [27]. Interessant ist ferner, daß C. W. G. KASTNER [28] sich bereits vorstellen kann, «die *Geschichte* ganz zum leitenden Principe der Naturuntersuchung zu machen.»

3. Diese Temporalisierungstendenz, ebenso wie die zweite, die Mathematisierungstendenz, hat KANT angelegt, beide wurden für die Folgezeit wichtig, die Temporalisierungstendenz besonders bei SCHELLING, die Mathematisierungstendenz bei FRIES.

I. KANT hatte bereits in seinen ‹Metaphysischen Anfangsgründen der Naturwissenschaft› (1786) zwischen einer «historischen Naturlehre», «welche nichts als systematisch geordnete Facta der Naturdinge enthält», und «Naturwissenschaft» unterschieden, gemäß der Einteilung «der *empirischen* oder der *rationalen* Verknüpfung der Erkenntnisse in einem Ganzen»; die «historische Naturlehre» aber zerfiel ihm wiederum in «*Naturbeschreibung,* als einem Classensystem derselben nach Ähnlichkeiten, und Naturgeschichte, als einer systematischen Darstellung derselben in verschiedenen Zeiten und Örtern» [29]. In der Auseinandersetzung mit G. Forster [30] macht er den *noch* nicht entwickelten Zustand dafür verantwortlich und fixiert dies am «bezweifelten, ja gar schlechthin verworfenen Unterschied zwischen Naturbeschreibung und Naturgeschichte»: «wenn man unter der letzteren eine *Erzählung* von Naturbegebenheiten, wohin keine menschliche Vernunft reicht, z. B. das erste Entstehen der Pflanzen und Thiere, verstehen wollte», so würde «eine solche freilich, wie Hr. F. sagt, eine Wissenschaft für Götter, die gegenwärtig, oder selbst Urheber waren, und nicht für Menschen sein. Allein nur den Zusammenhang gewisser jetziger Beschaffenheiten der Naturdinge mit ihren Ursachen in der ältern Zeit nach Wirkungsgesetzen, die wir nicht erdichten, sondern aus den Kräften der Natur, wie sie sich uns jetzt darbietet, ableiten, nur blos so weit zurückverfolgen, als es die Analogie erlaubt, das wäre *Naturgeschichte* ..., die Sprachschwierigkeit im Unterscheiden kann den Unterschied der Sachen nicht aufheben»; konsequenterweise schlägt er dann zwei neue Termini vor: «Ich würde für die Naturbeschreibung das Wort *Physiographie*, für Naturgeschichte aber *Physiogonie* in Vorschlag bringen» [31]; diesen Vorschlag nimmt dann C. J. WINDISCHMANN in seinen ‹Ideen zur Physik› zum Teil auf, indem er der Theogonie die Physiogonie gegenüberstellt [32]. Es ist sicherlich gerechtfertigt, davon zu sprechen [33], daß Kant «das genealogische Arrangement» des «natürlichen Systems» von DARWIN in der Herausarbeitung historischer Wirkungsgesetze der Natur in seiner ‹Kritik der Urteilskraft› (1790) bereits vorweggenommen hat.

F. W. J. SCHELLING [34] hat dies dann weitergeformt. Er will zeigen, «daß die Natur in ihren ursprünglichsten Produkten *organisch* ist»; dabei geht es ihm durchaus um eine «Naturwissenschaft im strengsten Sinne des Wortes»: «Da unsere Untersuchungen nicht sowohl auf die Naturerscheinungen selbst als auf ihre letzten Gründe gerichtet und unser Geschäft nicht sowohl diese aus jenen als jene aus diesen abzuleiten ist, so ist unsere Aufgabe keine andere als die: eine Naturwissenschaft im strengsten Sinne des Wortes aufzustellen, und um zu erfahren, ob eine speculative Physik möglich sey, müssen wir wissen, was zur Möglichkeit einer Naturlehre als Wissenschaft gehöre» [35]. «Da über Natur philosophiren so viel heißt, als die Natur schaffen, so muß vorerst der Punkt gefunden werden, von welchem aus die Natur ins *Werden* gesetzt werden kann» [36]. Wenn Schelling in der Folgezeit auch immer wieder von Naturforschern die «Entfernung» seiner «Theorie» von der Erfahrung bzw. Empirie entgegengehalten wurde, so muß doch darauf verwiesen werden, daß Schelling ausdrücklich hervorhebt: *«Wir wissen nicht nur dieß oder jenes, sondern wir wissen ursprünglich überhaupt nichts als durch Erfahrung, und mittelst der Erfahrung,* und insofern besteht unser ganzes Wissen aus Erfahrungssätzen» [37], gerade weil «über die Natur philosophieren» «die Natur schaffen» heißt und dieses, sie zu «konstruieren», gilt: «Der Begriff von *Erklärung* der Naturerscheinungen muß also aus der wahren Naturwissenschaft völlig verschwinden» [38]. Konstitutiv ist dabei die Ganzheitsidee und die Idee des Organismus: «Wissenschaft der Natur ist an sich selbst schon Erhebung über die einzelnen Erscheinungen und Produkte zur Idee dessen, worin sie eins sind ... Es hilft also nicht, das Einzelne zu kennen, wenn man das Ganze nicht weiß» [39]; «Die Einsicht in diese innere Notwendigkeit aller Naturerscheinungen wird ... noch vollkom- mener, sobald man bedenkt, daß es kein wahres System gibt, das nicht zugleich ein organisches Ganzes wäre» [40]. Bedenkt man, daß fast gleichzeitig bei K. F. BURDACH [41], J. B. DE LAMARCK [42] und G. R. TREVIRANUS [43] zwischen 1800 und 1802 der Begriff der Biologie erstmalig auftaucht, dann wird deutlich, daß damit «dann auch terminologisch der Übergang von einer Wissenschaft der Lebewesen zu einer Wissenschaft des Lebens, von der Naturgeschichte zur Geschichte der Natur, vollzogen» [44] ist.

Die zweite bei KANT angelegte Tendenz findet sich ebenfalls in den ‹Metaphysischen Anfangsgründen der Naturwissenschaft›: «Die Naturwissenschaft würde nun wiederum entweder *eigentlich*, oder *uneigentlich* so genannte Naturwissenschaft seyn, wovon die erstere ihren Gegenstand gänzlich nach Principien a priori, die zweite nach Erfahrungsgesetzen behandelt. – *Eigentliche* Wissenschaft kann nur diejenige genannt werden, deren Gewißheit apodiktisch ist; Erkenntniß, das blos empirische Gewißheit enthalten kann, ist ein nur uneigentlich sogenanntes *Wissen* ... Eine rationale Naturlehre verdient also den Namen einer Naturwissenschaft nur alsdann, wenn die Naturgesetze, die ihr zum Grunde liegen, a priori erkannt werden ... Eigentlich so zu nennende Naturwissenschaft setzt Metaphysik der Natur voraus ... Ich behaupte aber, daß in jeder besonderen Naturlehre nur so viel *eigentliche* Wissenschaft angetroffen werden könne, als darin *Mathematik* anzutreffen ist» [45]. Hier schließt J. F. FRIES an: «So können wir in allgemeiner Bedeutung alle diejenigen Theile der menschlichen Wissenschaft *naturwissenschaftliche* nennen, in welchen Erklärungen aus allgemeinen Gesetzen gegeben werden, und es stehen alle diese Lehren unter denselben *allgemeinen Naturgesetzen*, welche die Metaphysik kennen lehrt» [46]. Er setzt dabei aus der Metaphysik «als bekannt» voraus, «daß die einzige *vollständig wissenschaftliche* Erkenntniß des Menschen die *Erkenntniß von der Welt der Gestalten und deren Bewegungen sey*» [47], und so ergibt sich, daß «diese Wissenschaft von dem Gestalteten und Beweglichen allein in *engerer Bedeutung die Naturwissenschaft* oder Physik genannt» [48] wird. Fries setzt der Schellingschen «dynamischen Naturlehre oder Naturphilosophie» seine «mathematische Naturphilosophie» entgegen, die drei Teile enthält: «1. Einen rein philosophischen Theil in den allgemeinsten Naturgesetzen ... 2. Unter diese Principien ordnet sich zur Anwendung das *Ganze unserer rein mathematischen Erkenntnisse*. 3. Dieses geschieht aber vermittelst der *reinen Bewegungslehre* oder der nur *auf Philosophie angewandten Mathematik*» [49]. Mit seiner Forderung nach einer «Philosophie der reinen Mathematik» sowie nach der «philosophischen Untersuchung der reinen Bewegungslehre» nennt er Ziele, die für die Ausformung der mathematisch-physikalischen N. bis in die Gegenwart hinein maßgeblich sind. Ebenso ist seine Kennzeichnung der mathematischen Naturphilosophie als einer «Rüstkammer aller derjenigen Hypothesen, aus welchen nachher in der Erfahrung die Erklärungen gelingen» [50] Grundzug der weiteren Ausprägung der physikalischen N.

Naturphilosophie als integrierender Bestandteil der Naturwissenschaft findet sich dann immer wieder bis in die Gegenwart in der Gegenwehr zum Positivismus: «Die metaphysikfreie Naturwissenschaft» z. B. eines E. MACH ist für L. NELSON «gesetzlose Naturwissenschaft»: «Daß es ein vergebliches Beginnen ist, die Naturwissenschaft von aller Metaphysik zu befreien, ohne damit zugleich die Möglichkeit der Naturwissenschaft selbst aufzuheben, haben wir gezeigt. Man kann die allem naturwissenschaftlichen Erkennen zugrunde liegende Metaphysik wohl verschleiern, aber nicht aus der Welt schaffen» [51], und K. R. POPPER sagt später: «Der positivistische Radikalismus vernichtet mit der Metaphysik auch die Naturwissenschaft» [52].

Ein anderes von FRIES stammendes Motiv ist bis in die Gegenwart hinein wirksam geblieben. E. F. APELT hat es so formuliert, «daß alle menschliche Wissenschaft Naturwissenschaft ist» [53], wobei diese Naturwissenschaft in zwei große Gruppen zerfällt: die Gruppe der «Wissenschaft vom Geiste, anthropologische Wissenschaften» und diejenige der «Wissenschaft von der Körperwelt, physikalische Wissenschaften».

Auch für G. W. F. HEGEL nimmt die Naturphilosophie «den Stoff, den die Physik ihr aus der Erfahrung bereitet, an dem Punkte auf, bis wohin ihn die Physik gebracht hat» [54]: «Das, wodurch sich die Naturphilosophie von der Physik unterscheidet, ist näher die Weise der Metaphysik, deren sich beide bedienen; denn Metaphysik heißt nichts anderes als der Umfang der allgemeinen Denkbestimmungen, gleichsam das diamantene Netz, in das wir allen Stoff bringen und dadurch erst verständlich machen» [55]. Auch ihm sind Physik und Naturphilosophie nicht streng geschieden, beide «denkende Erkenntnis der Natur»: «In der Tat aber ist das erste, was gegen die empirische Physik zu zeigen ist, dieses, daß in ihr viel mehr Gedanke ist, als sie zugibt und weiß» [56]. Bei allen verschiedenen Ausformungen der verschiedensten Arten von Naturphilosophie und der je spezifischen Bestimmung des Physik- bzw. Naturwissenschaftsbegriffs – auch H. STEFFENS ‹Grundzüge der philosophischen Naturwissenschaft› (1806), G. H. SCHUBERTS ‹Ansichten von der Nachtseite der N.›, J. F. HERBARTS ‹Anfaenge der philosophischen Naturlehre› (1828/29) und F. FISCHERS ‹Philosophische Physik› (1832) gehören dazu [56a] – darf doch diese einheitliche integrierende Tendenz aller Vertreter heute nicht übersehen werden. Die späteren Auseinandersetzungen zwischen den Schulen haben dies weitgehend verloren gehen lassen. J. W. RITTER schreibt z. B. 1809: «Es soll die strengste Empirie mit der klärsten Speculation in beständiger Eintracht halten, u. überhaupt den aus den N. schwindenden *Geist* noch einmal zum Bleiben bewegen» [57], und H. CHR. OERSTED noch 1850 in ‹Der Geist in der Natur›: «Die beiden Weltanschauungen, von welchen die eine von der Betrachtung des Geistigen, die andere von der des Körperlichen ausgeht, sollen versöhnt werden» [58]. In der Tat: «Grundsätzlich bietet die Zeit um 1800 in der Geschichte der N. einzigartige Möglichkeiten, über Zusammenhänge von Naturwissenschaft und Geisteswissenschaft nachzudenken, da dies von den Naturforschern jener Zeit selbst getan wurde; in dieser Nähe zu Philosophie, Theologie und Kunst haben spätere Naturforscher allgemeine Reflexionen über ihr Fach nicht mehr angestellt» [59].

Andererseits muß aber eben doch betont werden, daß die Epoche der verschiedenen (‹idealistischen›) Naturphilosophien als Naturwissenschaften eine typisch deutsche Erscheinung war und bedeutende Naturforscher wie z. B. HELMHOLTZ sich später expressis verbis gegen sie stellten; im Anschluß daran gingen die Mathematisierungs- und die Temporalisierungstendenz wieder stark auseinander.

4. H. VON HELMHOLTZ schließlich bringt den bis heute wirksamen *Realismus* auf die Formel: «Naturwissenschaft hat zum Objecte denjenigen Inhalt unserer Vorstellungen, welcher von uns als nicht durch die Selbstthätigkeit unseres Vorstellungsvermögens erzeugt angeschaut wird, d. h. also das als wirklich Wahrgenommene. Entweder giebt sie nur eine geordnete Uebersicht alles Empirischen (Naturbeschreibung und Experimentalphysik) ..., oder sie sucht die Gründe der Facta zu erschließen, d. h. sie sucht die Begriffe, aus welchen sich die einzelnen bestimmten empirischen Wahrnehmungen ableiten lassen; sie sucht also das Wirkliche zu verstehen (wissenschaftliche Physik)» [59a]; ähnlich bestimmt der von Herbart beeinflußte B. RIEMANN: «Naturwissenschaft ist der Versuch, die Natur durch genaue *Begriffe* aufzufassen» [59b]. HELMHOLTZ ist es auch, der zunächst den Zustand schildert, in welchem sich die Naturwissenschaft in eine Vielzahl von N. aufgelöst hatte – so verzeichnen auch die meisten Enzyklopädien bzw. Conversationslexika später nurmehr den Plural –: «Wer soll noch das Ganze übersehen, wer die Fäden des Zusammenhanges in der Hand behalten und sich zurecht finden?» [60], um dann die später sprichwörtliche Charakterisierung zu treffen: «*Hegel's* Naturphilosophie erschien den Naturforschern wenigstens absolut sinnlos ... Die Naturforscher wurden von den Philosophen der Borniertheit geziehen, diese von jenen der Sinnlosigkeit. Die Naturforscher fingen nun an, ein gewisses Gewicht darauf zu legen, dass ihre Arbeiten ganz frei von allen philosophischen Einflüssen gehalten seien, und es kam bald dahin, dass viele von ihnen, darunter Männer von hervorragender Bedeutung, alle Philosophie als unnütz, ja sogar als schädliche Träumerei verdammten» [61].

Diese «Empirisierung» läßt nun E. DU BOIS-REYMOND in seiner berühmten Rede ‹Über die Grenzen des Naturerkennens› (1872) die angeführte Kantische These, daß in jeder besonderen Naturlehre nur so viel eigentliche Wissenschaft angetroffen werden könne, als darin Mathematik anzutreffen sei, dahin «verschärfen, dass für Mathematik Mechanik der Atome gesetzt wird»: «Naturerkennen oder Erkennen – genauer gesagt naturwissenschaftliches Erkennen der Körperwelt mit Hilfe und im Sinne der theoretischen Naturwissenschaft – ist Zurückführen der Veränderungen in der Körperwelt auf Bewegungen von Atomen ... oder Auflösen der Naturvorgänge in Mechanik der Atome» [62]. Im gleichen Sinne formuliert dann R. HÖNIGSWALD [63]: «So lange wir von der Naturwissenschaft – insofern uns ihr Object, die sinnlich wahrnehmbaren Erscheinungen, quantitativ bestimmt entgegentritt, also Gegenstand der Mechanik ist – in Kirchhoff's durchaus positivistischem Sinne fordern, dass sie 'die in der Natur vor sich gehenden Bewegungen vollständig und in der einfachsten Weise beschreibe', so lange werden wir *Mathematik* als unentbehrliches Mittel dieser Beschreibung und daher als eine selbstverständliche Bedingung aller Naturwissenschaft, als wirklicher *Wissenschaft* zu betrachten haben.»

Im gleichen Jahr 1900 nun klingen «zwei ganz neue Leitmotive» [64] an, die bestimmend für die weitere Entwicklung wurden und zur Neuorientierung im physikalischen und biologischen Denken führten: M. PLANCKS Entdeckung einer neuen Theorie der Wärmestrahlung, auf der sich dann die Quantentheorie aufbaute und die Wiederauffindung der Mendelschen Vererbungsgesetze unabhängig voneinander durch E. TSCHERMAK, H. DE VRIES und K. E. CORRENS. Der hierdurch bewirkte «Umsturz» im Weltbild der sich gerade wieder zu einer Einheit zusammenschließenden «Physik» führte dann zur Gegenüberstellung von «klassischer» und «moderner» Naturwissenschaft [65].

5. Wissenschaftstheoretisch diskutiert wird bis in die

Gegenwart hinein die auf W. DILTHEYS Konstituierung der Geisteswissenschaft(en) als selbständiger Diziplin(en) und deren Abgrenzung basierende Unterscheidung von «nomothetischem» naturwissenschaftlichem und «idiographischem» geschichtlichem Denken bei W. WINDELBAND («Hier haben wir eine rein methodologische, auf sichere logische Begriffe zu gründende Einteilung der Erfahrungswissenschaften vor uns. Das Einteilungsprinzip ist der formale Charakter ihrer Erkenntnisziele. Die einen suchen allgemeine Gesetze, die anderen besondere geschichtliche Tatsachen.» [66]) einerseits bzw. die Abhebung des «generalisierenden» Verfahrens der N. vom «individualisierenden» der Geschichte bei H. RICKERT [67] andererseits. Dabei wird häufig übersehen, daß beide miteinander verschränkt sind: «So wird der Begriff der Geschichte ebenso *relativ* wie der der Naturwissenschaft, und wie es historische Elemente in den N. giebt, so werden wir auch *naturwissenschaftliche Elemente in den Geisteswissenschaften* finden» [68].

Auf diesen engen Konnex hat in der Gegenwart besonders K. HÜBNER hingewiesen: «Naturwissenschaftliche Theorien gründen sich auf philosophische, theologische und andere Grundsätze, die ihrerseits wieder in historischen Theorien – nämlich solchen der Geschichte der Philosophie, der Theologie usw. – vermittelt werden; und umgekehrt werden geschichtswissenschaftliche Theorien durch normative, judicale und andere Festsetzungen der Naturwissenschaften mitbestimmt» [69]. Hübner hat auch gezeigt, daß es jenseits positivistischer Nivellierungen [70] eine Einheit von Naturwissenschaft und Geschichtswissenschaft in (mindestens) fünf formalen und einer materialen Hinsicht gibt: der Identität in bezug auf ihre Theorien, ihrer Beziehung zur Wirklichkeit, der Ermöglichung dieser Beziehung nur mit apriorischen Voraussetzungen, die nur durch eine und in einer geschichtlichen Situation gerechtfertigt werden können; schließlich darin, «daß sie notwendigerweise von der *gleichen, eine jeweilige historische Situation als Epoche kennzeichnenden Menge apriorischer Grundsätze* ausgehen, wobei diese Menge nicht homogen oder widerspruchsfrei sein wird» [71].

Anmerkungen. [1] F. KLUGE (Hg.): Etymolog. Wb. der Dtsch. Sprache (^{21}1975) 505. – [2] CHR. WOLFF: Vern. Ged. von Gott, Der Welt und der Seele des Menschen, Auch allen Dingen überhaupt (1720, zit. nach der Aufl. 1733) §§ 631. 385. – [3] Vern. Ged. Von den Kräfften des menschl. Verstandes Und Ihrem richtigen Gebrauche In Erkäntniss der Wahrheit (1712) § 12; der letzte Satz findet sich erst ab ^{3}1722; zit. nach dem ND (1965) 118. – [4] J. J. SCHEUCHZER: Physica, oder Natur-Wissenschafft (1703, ^{2}1711, ^{3}1729, ^{4}1743). – [5] Kern Der Natur-Wissenschafft (1711). – [6] Jobi Physica Sacra, oder Hiobs Natur-Wissenschafft, vergliechen Mit der Heutigen (1721). – [7] Kupfer-Bibel/In welcher Die Physica Sacra, Oder geheiligte Natur-Wissenschafft derer In Heil. Schrifft vorkommenden Sachen/Deutlich erklärt und bewährt (1731). – [8] Physica ... a.O. [4] (^{2}1711) Vorrede. – [8a] a.O. 1. – [9] Kern ... a.O. [5] 1. – [10] J. H. ZEDLER: Grosses vollst. Univ.-Lex. Aller Wiss. und Künste 23, 1147. – [11] P. V. MUSSCHENBROEK: Elementa physicae (1734). – [12] Vgl. hierzu auch A. DIEMER: Die Differenzierung der Wiss.en in die Natur- und die Geisteswiss.en ..., in: DIEMER (Hg.): Beiträge zur Entwickl. der Wiss.theorie im 19. Jh. (1968) 178f. – [13] J. S. T. GEHLER, Physikal. Wb. oder Versuch einer Erklärung der vornehmsten Begriffe und Kunstwörter der Naturlehre mit kurzen Nachrichten von der Gesch. der Erfindungen und Beschreibung der Werkzeuge begleitet, Dritter Theil (1790) 488. – [14] a.O. 490. – [15] 489f. – [16] 490. – [17] ebda. – [18] 312. – [19] ebda. – [19a] H. W. BRANDES u. a. (Hg.): Physikal. Wb. 1-11 (1825-45) 7, 493-573. – [20] M. PERTY: Allg. Naturgesch., als philos. und Humanitätswiss. 1 (1837) III. – [21] H. F. LINK: Propyläen der Naturgesch. (1839); auch: Über die Anwendung und den Misbrauch der NaturWissenschaft in der Physik. Philos. Journal einer Gesellschaft Teutscher Gelehrten 7 (1797) 315-333. – [22] a.O. 4f. – [23] 5. – [24] 7. – [25] Vgl. W. LEPENIES: Das Ende der Naturgesch. Wandel kultureller Selbstverständlichkeiten in den Wiss.en des 18. und 19. Jh. (1978). – [26] F. A. C. GREN: Grundriß der Naturlehre (^{5}1808) 2. – [27] a.O. – [28] C. W. G. KASTNER: Grundriss der Experimentalphysik 1 (1810) 27. – [29] I. KANT, Met. Anfangsgründe der Naturwiss. Akad.-A. 4, 467f. – [30] Über den Gebrauch teleolog. Principien in der Philos. (1788). Akad.-A. 8, 160f. – [31] a.O. 161ff. 163 Anm. – [32] C. J. WINDISCHMANN: Ideen zur Physik (1805) 30. – [33] Vgl. LEPENIES, a.O. [25] 38. – [34] F. W. J. SCHELLING, Werke, hg. M. SCHRÖTER 2, Schr. zur Naturphilos. 1799-1801, 5. – [35] a.O. 275. – [36] 5. – [37] 278. – [38] 1. Erg.-Bd., 582. – [39] 3, 346. – [40] 2, 279. – [41] K. F. BURDACH: Propädeutik der gesammten Heilkunde (1800). – [42] J. B. LAMARCK: Biologie ou considération sur la nature, les facultés, les développements et l'origine des corps vivants (1800/01). – [43] G. R. TREVINARUS: Biologie, oder Philos. der lebendigen Natur (1802-22). – [44] LEPENIES, a.O. [25] 29. – [45] KANT, a.O. [29] Vorrede. – [46] J. F. FRIES, Sämtl. Schr. 13, 4. – [47] a.O. 3. – [48] 4. – [49] 9. – [50] 10. – [51] L. NELSON, Werke 3, 272f. – [52] K. R. POPPER: Logik der Forsch. (^{2}1966) 11. – [53] E. F. APELT: Über Begriff und Aufgabe der Naturphilos. (1930). Abh. Friesschen Schule NF 1, 89ff. 124. – [54] G. W. F. HEGEL, Enzykl. II, § 246. – [55] a.O. – [56] a.O. Einl. – [56a] Vgl. auch K. ROSENKRANZ: Ueber die Entwickl. der philos. Naturwiss. von Kant bis Hegel, in: Studien zur Philos. und Lit. 2 (1844) 1-41. – [57] J. W. RITTER: Br. eines romant. Physikers, hg. F. KLEMM/A. HERMANN (1966) 12. – [58] H. CHR. OERSTED: Der Geist in der Natur (1850) XXV. – [59] D. VON ENGELHARDT: Zu einer Sozialgesch. der romant. Naturforsch. Sudhoffs Archiv 65 (1981) 220. – [59a] L. KOENIGSBERGER: Hermann von Helmholtz 2 (1903) 126f. – [59b] B. RIEMANNS Ges. Mathemat. Werke und wissenschaftl. Nachlaß, hg. H. WEBER (1876) 489. – [60] H. VON HELMHOLTZ: Ueber das Verhältniss der N. zur Gesammtheit der Wissensch. (1862) – [61] a.O. 8; vgl. auch seine ‹Einl. zu den Vorles. über theoret. Physik› (1903). – [62] E. DU BOIS-REYMOND: Über die Grenzen des Naturerkennens, zit. nach der SA der WB (1961) 6. – [63] R. HÖNIGSWALD: Zum Begriff der 'Exakten Naturwiss.' (1900) 57. – [64] E. SCHRÖDINGER: Der Geist der Naturwiss., in: H. H. HOLZ und J. SCHICKEL (Hg.): Vom Geist der Naturwiss. (1969) 38; vgl. auch W. HEISENBERG: Wandlungen in den Grundlagen der Naturwiss. (^{6}1945). – [65] Vgl. hierzu G. KÖNIG: Klass. und moderne Naturwiss., in: H. ROMBACH (Hg.): Wiss.theorie 1 (1974) 131ff. – [66] W. WINDELBAND: Gesch. und Naturwiss. (1894), in: Präludien 2, 144. – [67] H. RICKERT: Kulturwiss. und Naturwiss. (^{6}1926) 55f. – [68] Die Grenzen der naturwiss. Begriffsbildung. Eine log. Einl. in die hist. Wiss.en (1902) 266f. – [69] K. HÜBNER: Was sind und was bedeuten Theorien in Natur- und Geschichtswiss.?, in: K. HÜBNER und A. MENNE (Hg.): Natur und Gesch. (1973). – [70] Vgl. hierzu etwa die Artikel ‹Naturwissenschaften› von J. PETZOLDT in der 1. Aufl. des ‹Handwb. der N.› (hg. E. KORSCHELT/G. LINCK/F. OLTMANNS u. a.) 7 (1912) 50-94 sowie PH. FRANK in der 2. Aufl. des gleichen Wb. (hg. R. DITTLER/G. JOOS/E. KORSCHELT u. a.) 7 (1932) 149-168. – [71] K. HÜBNER: Die Einheit der Wiss. in neuer Sicht, in: P. GOOD (Hg.): Von der Verantwortung des Wissens (1982) 58-85; vgl. auch S. J. SCHMIDT: Zum Dogma der prinzipiellen Differenz zwischen Natur- und Geisteswiss. (1975).

G. KÖNIG

Naturwüchsig ist ein Kunstwort zur Charakterisierung sozialer Einrichtungen und Verhaltensweisen. Als solches wird es zuerst 1833 von H. LEO im staatstheoretischen Zusammenhang gebraucht: «Der Staat ist um so reiner ein Kunstwerk göttlichen Ursprungs, je weniger noch, sich frei ihm gegenüberstellende, Reflexion sich seiner bemächtigt hat, je naturwüchsiger noch seine Entwicklung gewesen ist» [1]. Die Bedeutung 'aus sich heraus entwickelt' und 'organisch entfaltet' wird in der Folgezeit vielfach aufgegriffen und ist ein «Modewort» geworden [2], das zwar weiterhin hauptsächlich in staatstheoretischen Zusammenhängen auftaucht, aber auch in anderen Kontexten (Sprache, Kunst, Verhaltensweisen) verwendet wird. Die häufige Verwendung des Begriffs in der Literatur [3] hat auch wesentlich zur Einbürgerung des Begriffs beigetragen. Bereits 1834 greifen E. GANS [4] und H. LAUBE [5] den Ausdruck ‹naturwüchsig› mit explizitem Bezug auf Leo auf. E. GANS bildet das abgeleitete Substantiv «Naturwüchsigkeit» [6]. 1842 spricht J. MOSEN im Sinne Leos vom «naturwüchsigen Staat, welcher sich so zu dem Geiste der Nation verhält, wie der menschliche Leib zu seiner Seele». Als Gegenbild zum naturwüchsigen Staat setzt er den «mechanischen Polizeistaat, welcher keine Staatsbürger kennt, sondern nur träge Massen von nutzbaren Spießbürgern, verwaltet nach den Grundsätzen der Stallfütterung» [7]. Dagegen sind später für L. VON RANKE Nationen nicht naturwüchsig, sondern Ergebnisse großer geschichtlicher Begebenheiten [7a]. J. GRIMM spricht von «naturwüchsiger Menschensprache» [8], H. M. CHALYBÄUS sieht «Naturwüchsigkeit» als «erstes Stadium im psychologischen Entwicklungsprozeß der Individuen und im geschichtlichen des Menschengeschlechts» [9].

Insgesamt hat der Begriff ‹naturwüchsig› in dieser Tradition einen positiven Akzent: in der Absetzung von lebensferner kalter (Verstandes-)Reflexion hat das naturwüchsig Gewordene den Charakter von Lebensfähigkeit und Belebtheit.

J. FRÖBEL sieht demgegenüber in der positiven Bewertung naturähnlicher Vorgänge im politischen Bereich einen unhaltbaren, sich selbst widersprechenden Standpunkt, der sich «mit Bewußtsein für die Bewußtlosigkeit, mit freiem Willen für das Aufgeben des freien Willens» [10] entscheidet. Der Begriff ‹Naturwüchsigkeit›, der für diesen Standpunkt steht, bekommt bei ihm als «plumpe 'Naturwüchsigkeit'» [11] einen eindeutig negativen Akzent. Trotz des inhaltlichen Gegensatzes bleibt J. Fröbel insofern in der bisher beschriebenen Tradition, als ‹naturwüchsig› eher metaphorisch verwendet wird, ohne den Status eines präzise definierbaren Begriffs zu bekommen. Dies ändert sich im Aufgreifen des Ausdrucks ‹naturwüchsig› durch MARX; der Begriff wird zur analytischen Kategorie. Als ‹naturwüchsig› werden bei Marx in der ‹Deutschen Ideologie› die Produktionsinstrumente bezeichnet, die unmittelbar aus der Natur hervorgehen: Äcker, Wasser, Wind im Gegensatz zu solchen Produktionsinstrumenten, die selbst Produkte von Arbeit (bzw. zivilisierte Produktionsinstrumente) sind [12]. Diesen Differenzen der Produktionsinstrumente entsprechen grundlegende Differenzen in Eigentums- und Herrschaftsformen: «Im ersten Fall, beim naturwüchsigen Produktionsinstrument, werden die Individuen unter die Natur subsumiert, im zweiten Fall unter ein Produkt der Arbeit. Im ersten Fall erscheint daher auch das Eigentum (Grundeigentum) als unmittelbare, naturwüchsige Herrschaft, im zweiten als Herrschaft der Arbeit, speziell der akkumulierten Arbeit des Kapitals» [13]. Der Kapitalismus produziert für seine anarchistische und planlose Produktion selbst wiederum den *Schein* der Naturwüchsigkeit (als ergäben sich kapitalistische Produktions- und Distributionsformen unmittelbar aus der Natur der Menschen und Materialien). Verkürzend gebraucht Marx auf dieser Ebene ‹naturwüchsig› als Bezeichnung für ungeplante, bewußtlose Prozesse. Bezogen auf den Weltmarkt heißt es: «Die *allseitige* Abhängigkeit dieser naturwüchsigen Form des *weltgeschichtlichen* Zusammenwirkens der Individuen wird durch diese kommunistische Revolution in die Kontrolle und bewußte Beherrschung dieser Mächte verwandelt, die, aus dem Aufeinander-Wirken der Menschen erzeugt, ihnen bisher als durchaus fremde Mächte imponiert und sie beherrscht haben» [14]. Mit dem bisher beschriebenen Spektrum sind auch alle vorangegangenen Bedeutungen des Begriffs ‹naturwüchsig› miterfaßt.

Im folgenden wird der Begriff bei verschiedenen Autoren in eingeengter Bedeutung neu aufgegriffen. Für Fr. J. STAHL bedeutet ‹naturwüchsig› etwas nicht durch «freie menschliche Vernunft und Reflexion» Ausgedachtes [15]. So ist z. B. für ihn die parlamentarische Regierung in Deutschland Theorie und Reflexion, in England aber naturwüchsig, weil «sie dort auf Thatsachen, Verfassung und Sitte» ruht. Ebenso ist auch der «vorgefundene Verfassungszustand» in Frankreich vor 1789 oder der «vorgefundene Vermögenszustand» vor 1848 in Deutschland [16] «naturwüchsig».

W. DILTHEY verwendet ‹naturwüchsig› als beschreibenden Begriff zur Skizzierung der Entstehung der Geisteswissenschaften. «Neben den Naturwissenschaften hat sich eine Gruppe von Erkenntnissen entwickelt, naturwüchsig, aus den Aufgaben des Lebens selbst, welche durch die Gemeinsamkeit des Gegenstandes miteinander verbunden sind ... Geschichte, Nationalökonomie, Rechts- und Staatswissenschaften, Religionswissenschaften, das Studium von Literatur und Dichtung ..., also die 'Geisteswissenschaften'» [17]. Ähnlich beschreibend, jedoch die Marxsche Bedeutung aufgreifend, verwendet J. HABERMAS ‹naturwüchsig›, wenn er vom «verführerischen Schein der Naturwüchsigkeit» [18] spricht, den die historischen Lebensformen durch ihre Dauer erhalten. Der Begriff der Natur umfaßt die Materie und das «geschichtliche Naturwüchsige gleichermaßen», also auch die «Naturwüchsigkeit eines materiellen Lebensprozesses». Darüberhinaus besteht «die Gefahr, daß die steigende technische und organisatorische Beeinflussung des sozialen Wandels in täglichen Routinen tatsächlich eine zweite Naturwüchsigkeit zurückgewinnt» [19]. Daneben wird ‹naturwüchsig› heute oft, in der Regel beiläufig [20], gelegentlich aber auch pointiert z. B. zur Kritik an der Perpetuierung der «blinden Naturwüchsigkeit» der Gesellschaft [21], der «behaupteten 'Natürlichkeit', 'Naturwüchsigkeit' » des Kapitalverkehrs verwendet [22].

Gegenwärtig scheint der Begriff ‹naturwüchsig› in beschreibend-kritischer Verwendung zu einem Wort der geistes- und sozialwissenschaftlichen Umgangssprache zu werden.

Anmerkungen. [1] H. LEO: Studien und Skizzen zu einer Naturlehre des Staates (1833) 1. – [2] O. LADENDORF: Modephrasen und Neologismen. Z. dtsch. Unterricht 16 (1903) 701; vgl. Jahrbücher Wiss. Kunst 2 (1855) 99; G. V. USEDOM: Polit. Briefe und Charakteristiken aus der dtsch. Gegenwart (1849) 131. – [3] Vgl. H. HEINE: Lutetia. Anhang (Spätere Notiz). Sämtl. Schr., hg. K. BRIEGLEB (1968-76) 5, 546; vgl. die Hinweise auf Auerbach, Gotthelf, Keller, Goltz u. a. bei O. LADENDORF, a.O. [2] 17 (1903) 235f.; H. HETTNER: Gesch. der dtsch. Lit. 3/1 (1869) 26. – [4] E. GANS: Rezension zu H. Leo [1]. Vermischte Schr. (1834) 2, 206f. – [5] H. LAUBE: Moderne Charakteristiken (1835) 2, 58. – [6] E. GANS, a.O. [4]. – [7] J. MOSEN, Sämtl. Werke (1880) 4, 423 (Zitat aus dem Jahre 1842); vgl. J. E. ERDMANN: Philos. Vorles. über den Staat (1851) 30. – [7a] L. VON RANKE: Weltgesch. 1 (1881) IX. – [8] J. GRIMM, Kleinere Schr. 1 (1864) 261. – [9] H. M. CHALYBÄUS: Fundamentalphilos. (1861) 49. – [10] J. FRÖBEL: System der socialen Politik (1847) 45; vgl. Neue Politik (1946) 1, 46. – [11] System ... 46. – [12] K. MARX und FR. ENGELS, MEW 3, 65. – [13] ebda. – [14] a.O. 37; vgl. in etwa auch M. HESS: Philos. und sozialist. Schr., hg. A. CORNU/W. MÖNKE (1961) 207. 121. – [15] FR. J. STAHL: Die gegenwärtigen Parteien in Staat und Kirche (1863) 63. – [16] a.O. 157ff. – [17] W. DILTHEY: Der Aufbau der geschichtl. Welt in den Geisteswiss. (⁷1979) 79; vgl. auch 70. – [18] J. HABERMAS: Theorie und Praxis (1963) 70; vgl. 157f. 180. 86f. –

[19] a.O. 154f. 228. – [20] J. COHN: Der Sinn der gegenwärtigen Kultur (1914) 131; M. HORKHEIMER und TH. W. ADORNO: Dialektik der Aufklärung (Amsterdam 1947) 167. – [21] TH. W. ADORNO u.a.: Der Positivismusstreit in der dtsch. Soziologie (1972) 87. – [22] H. J. SANDKÜHLER: Praxis und Gesch.bewußtsein (1973) 109. M. DABAG

Naturzustand. ‹N.› im politisch-juristischen Sinne eines vorstaatlichen Zustandes kann, je nach Tradition, drei unterschiedliche Bedeutungen annehmen: Für die *epikureische* Tradition ist N. ein Zustand vorstaatlicher Freiheit, Gleichheit und Vereinzelung, aber im Sinn allgemeiner Barbarei, Recht- und Friedlosigkeit, aus der als erste Stufe zum zivilisatorischen Fortschritt ein Herrschaftsvertrag und die als bloße Konvention der Nützlichkeit gedachte Vereinbarung einer Rechtsordnung heraushilft [1]. In der *aristotelisch-thomistischen* Tradition bedeutet ‹N.› – wie beispielsweise in der spanischen Spätscholastik [2] – das vorzivile Stadium im natürlichen Wachstum zur Vollendung des dem Menschen gesetzten Zieles nach Maßgabe des göttlich-natürlichen Gesetzes als des tragenden Grundes allen Rechts (während für Aristoteles selbst gemäß seiner Voraussetzung logischer Priorität der Polis gegenüber den Individuen die Menschen in anfänglicher Vereinzelung trotz aller antiken Fabeln von einem goldenen Zeitalter nicht Gegenstand eines besonderen Theorems sein konnten). Wo N. hingegen in *stoisch-patristischer* Orientierung als paradiesischer Idealzustand nicht verdorbener Natur mit ungetrübter Vernunft und deren engelhafter Herrschaft über Dinge und Tiere figuriert, wie bei OCKHAM [3] oder GERSON [4], da dient er leicht der Hervorhebung der postlapsaren «Unnatürlichkeit» menschlichen Rechts und staatlicher Ordnung und führt zur Antithese von natürlichem und positivem Recht.

Unter der die frühe Neuzeit beherrschenden Antithese von Natur und Gnade tritt in der *kontroverstheologischen* Behandlung des N. im 16. und 17. Jh. die Frage nach der Denkbarkeit eines «status pure naturalis» des Menschen in den Vordergrund [5]. Gemäß der scholastischen Überlagerung patristischer Überlieferung, wonach das Evangelium von Christus nicht die Wiederherstellung der integren Natur, der Humanität des Menschen, ist, sondern die Überhöhung seiner aristotelischen Vernunftnatur ins Übernatürliche, wird die Frage im gegenreformatorischen Katholizismus bejaht. Die Reformatoren hingegen verneinen sie, weil sie die von Gottesliebe, -glaube und -erkenntnis bestimmte paradiesische Verfassung des Menschen als seine (vom Sündenfall freilich verderbte) Natur ansehen und deren Geschenkcharakter leugnen. Diese Kontroverse bildet den theologischen Hintergrund für das im 18. Jh. so vielfach bezeugte Interesse an Robinsonaden und Waldmenschen. Anthropologisch steht dahinter die aus dem antiaristotelischen cartesischen Dualismus samt der Abkehr von der teleologischen Naturphilosophie in der mechanischen Naturdeutung hervorgehende Entzweiung des Menschen in die Substanz seiner egalitären physischen Bedürfnisnatur und die bloß akzidentellen Qualitäten seiner geschichtlich individuell gebildeten Kultur und Sittlichkeit. Unvermeidlich tritt so auch die technische Seite von Staat, Recht und Politik in den Vordergrund und wird die Legitimation solcher Techniken zu einem neuartigen Problem ihrer Genese [6]. In diesem Zusammenhang dient ‹N.› als analytische Kategorie zur Aufdeckung der natürlichen Grundlagen aller menschlichen Geschichtswelt und gewinnt als der vorgeschichtlich-ursprüngliche Zustand und dergestalt als Ur- oder Kontrastbild in zweideutiger Weise zugleich normativen Sinn. Insgesamt erwächst daraus die emanzipatorische Bedeutung der frühneuzeitlichen Lehre vom N.: Sie unternimmt es, den Menschen in strengem methodischem Individualismus, der die praktische Auseinandersetzung mit konkreten sozio-politischen Problemen in eine more geometrico betriebene Philosophie transformiert, aus seinen Herkunftsbindungen herauszudenken und ihn als Eigentümer seiner selbst und der Produkte seiner Arbeit und demgemäß als den unter der naturgesetzlichen Mechanik der Vergesellschaftung autonomen Produzenten seiner Geschichtswelt zu definieren. Indem die traditionelle Naturrechtslehre so zur «Wissenschaft vom N.» (J. HABERMAS) sich wandelt, bezeichnet der Gedanke des N. den Punkt, von dem aus neu nach der dem Individualinteresse am besten dienenden Form politischer Vereinigung gefragt wird. Hier hängen mit der Kategorie des N. eng zusammen die neuzeitlichen Versionen des Gesellschafts- oder Herrschaftsvertrages im Sinn eines Staatsgründungsvertrages, welche indessen nicht unmittelbar zu einer voluntaristischen Volkssouveränitätsdoktrin führen. Dabei kann die neue Ordnung der Freiheit wegen jener Doppeldeutigkeit des Naturbegriffs sowohl – mehr katholisch-französisch – als (Wieder-)Herstellung eines natürlichen Systems wie – mehr protestantisch-englisch-deutsch – als Heraustreten aus dem (postlapsar gedachten) N. erscheinen.

In der politischen Theorie wird diese epochale Wende durch TH. HOBBES markiert, der den N. im Sinn des außer- oder vorgesellschaftlichen Zustandes, in dem die vereinzelten Einzelnen nur der mechanischen Naturgesetzlichkeit ihrer Triebe, aber keinem positiven, von politischer Gewalt garantierten Gesetzesbefehl unterworfen sind, zuerst zum Grundbegriff der Rechts- und Staatslehre gemacht hat [7]. In zweistufiger Abstraktion wird hier zunächst das, was (unter den gegebenen gesellschaftlichen Bedingungen) als natürliche Anlage der Menschen erscheint, aus diesem historisch-konkreten sozialen Rahmen herausgelöst und dann im Kriegszustand (bellum omnium contra omnes) zu seiner äußersten Konsequenz geführt. Dabei läßt dieser N. des natürlichen Rechts eines jeden auf alles Freiheit und persönliche Macht in revolutionärer Weise als individuell verfügbare Güter, als mögliche Gegenstände rechtlicher Willensakte erscheinen und wird so gegen die traditionellen N.-Lehren eher epikureisch orientiert zum theoretischen Ausgangspunkt für eine vom Vertragsgedanken als zentralem Entwurf des sozialen Selbstverständnisses [8] bestimmte, individuell radizierte Herrschaftsordnung im Sinn eines (absorptiven) staatsrechtlichen Vertretungssystems [9]. Das Neuartige ist mithin nicht die Schilderung des N. als eines Kriegszustandes. Der spanische Spätscholastiker L. MOLINA etwa hat den vorstaatlichen Zustand nicht minder schreckerregend beschrieben [10]; auch bestehen insoweit zwischen Hobbes, seinem stärker der Tradition verhafteten Kritiker PUFENDORF und seinem realistischeren Nachfolger LOCKE, die unter N. einen ungesicherten Friedenszustand verstehen, sowie ROUSSEAU, bei dem der N. idyllische Züge annimmt, beträchtliche Unterschiede. Auch die Rückführung der Geltung des positiven Rechts auf die pure Notwendigkeit der Sicherung des Überlebens ist so neu nicht. Doch kommt dem Begriff des im status civilis allein durch die vernünftige menschliche Einrichtung einer friedenssichernden Herrschaftsgewalt negierten oder aufgehobenen N. nun, indem die gesamte politische Ordnung nicht mehr von einem letzten Ziel, sondern ausschließlich von der «Naturbasis» der Vergesellschaftung und ihren natürlich-vernünftigen Rechtsgrundsätzen her verstanden wird, als einem analytisch-normativen Modell grundlegende *theoretische* Bedeutung zu: «isthac doctrina [status naturalis]» – stellt schon PUFENDORF fest [11] – «suo sibi jure principem in politica architectonica vindicat locum» (Diese Lehre ... nimmt mit Recht für sich eine beherrschende Stellung in der architektonischen [d.h. systematischen] Politik[theorie] in Anspruch). Diese beherrschende Stellung als systemstiftende «Vernunftidee» hält der N.-Gedanke bis KANT [12] und trägt und prägt über ihn und C. G. SVAREZ sowie K. A. Frh. v. MARTINI am Ende des 18. Jh. auch noch die rechtsstaatlichen Intentionen des ‹Preußischen Allgemeinen Landrechts› von 1791/94 und des ‹Westgalizischen Bürgerlichen Gesetzbuches› von 1797 [13], bleibt außerdem Grundkategorie der keiner übergreifenden Rechtssetzungsgewalt unterliegenden Beziehungen zwischen den Völkern und Staaten [14]. Erst in der Konsequenz der Totalitätsphilosophie HEGELS, der den N. im Sinn eines Zustandes natürlichen Rechts und natürlicher Freiheit als «erdichtet» abgetan hatte [15], und unter dem Einfluß der organischen Staats- wie der geschichtlichen Rechtslehre wird er von der Staatstheorie in den Bereich philosophischer und theologischer Spekulation verwiesen [16].

Als Inbegriff der resolutiv aufgedeckten Elemente der frühbürgerlichen Gesellschaft, gedacht als historisch invariantes Grundmuster sozialen Verhaltens, bezeichnet der Begriff des N. bei Hobbes indessen weder eine historische Stufe der Menschheitsentwicklung, noch ist er einfach die vorwissenschaftliche Voraussetzung einer prägenden politischen Erfahrung aus der Zeit der konfessionellen Bürgerkriege oder aus der Anschauung der Kriege zwischen den Souveränen, noch bloß methodische, heuristische Fiktion. In der nachchristlichen Wiederholung der creatio ex nihilo durch galileische Komposition, durch nominalistische Konstruktion, welche die aristotelische Bestimmung des logischen Verhältnisses von Polis und Einzelmensch umkehrt, ist er ontologische Notwendigkeit [17].

Anders als Hobbes unterscheidet PUFENDORF mehrere Modifikationen des N. [18]. Neben dem «status naturalis in ordine ad Deum», welcher den Zustand der Geschöpflichkeit bezeichnet und die Pflicht zur Gottesverehrung sinnfällig macht, beschäftigt sich Pufendorf hauptsächlich mit dem N. des Menschen in bezug auf sich selbst einerseits und in bezug auf seine Mitmenschen andererseits (status naturalis in ordine singulorum hominum ad se ipsos bzw. in ordine ad alios homines). Unter dem erstgenannten Aspekt liefert der N. die Erklärung für den Zivilisationsprozeß: Von der puren Negation des Kulturzustandes her werden dessen Vorteile für den Vernünftigen zu Normen seines Handelns. Schlüsselbegriff der Entwicklung aus einem in der Annahme menschlicher Koexistenz immer schon überschrittenen Anfangszustand ist die menschliche «imbecillitas» [19], worin sich der die aristotelische Tradition transzendierende grotianische Gedanke der Sozialität der Menschen mit der hobbesianischen Zuspitzung des stoischen Selbsterhaltungsprinzips kreuzt und woraus sich die Vergesellschaftung als Zwang zur Überwindung der defizienten Menschennatur erklärt. Unter dem Aspekt der Geselligkeit dient der N. in seiner reinen Vernunftgestalt (status naturalis in ordine ad alios homines merus aut absolutus) [20] als «status naturalis libertatis» zirkelhafter Ableitung der Rechte und Pflichten des Einzelnen im Sinn optimaler Verhaltensweisen eines vernunftbegabten Individuums unter den gegebenen Bedingungen, wonach der N. wegen der sozialen Disposition des Menschen und des vernünftigen Kalküls seines eigenen Nutzens prinzipiell als ein (freilich allemal gefährdeter) Friedenszustand erscheint. Realiter existiere dieser Freiheitszustand jedoch nur zwischen souveränen Herrschern; in Wirklichkeit gebe es auch im vorstaatlichen Zustand (status naturalis temperatus, qui revera existit) [21] immer schon ein (zunächst patriarchalisches) Herrschaftsmoment, welches die N.-Lehre bis hin zum Absolutismus der Zeit freilich nicht mehr einfach als gegeben hinnimmt, sondern mit dem Gedanken der Notwendigkeit einer Schutzgewalt rationalisiert und rechtfertigt.

Komplexer als bei Hobbes ist die Vorstellung vom N. auch bei J. LOCKE [22], wo er als ein a priori rechtlicher Zustand Ansprüche impliziert, welche der status civilis einlösen muß. N. ist ihm ein idealer Zustand der Rechtsgleichheit in der Freiheit und im herrschaftsunabhängigen individuellen Vollzug der moralischen Normen des Naturrechts, denen zu folgen die Menschen auch im N. befähigt seien. Gleichzeitig neigten sie aber auch zu trieb- und interessenmotivierten Regelverletzungen. Folglich ist der «ordinary state of nature» als Produkt aller sozialen Auswirkungen der menschlichen Normalnatur ein Zustand gesellschaftlicher «inconveniencies», d.h. eines brüchigen Friedens mit den theoretischen Grenzfällen des «state of peace» (properly the state of nature) und des «state of war». Die «civil society», welche aus der Preisgabe jener natürlichen Vollzugsgewalt durch individuellen «consent» und stellvertretende Ausübung durch Richter nach Gesetzen entsteht, dient der Verwirklichung der im N. aufgedeckten Rechte der Menschen, die ihre in individueller «property» vergegenständlichte Selbsterhaltung durch gesellschaftliche Arbeit und sozialen Austausch zur «happiness» zu steigern bestrebt sind. Sie ist folglich auch keine Neuschöpfung, sondern Fassung und Sicherung der natürlichen Rechtsform der Gesellschaft im N. Von daher kann politische Herrschaft, die nur als Garant der natürlichen Freiheiten, d.h. als Garant der Rationalität des N. und Korrektor seiner «inconveniences» sinnvoll vorstellbar ist, jederzeit als legitim oder illegitim beurteilt werden. N. ist bei Locke nicht mehr nur hypothetischer Ausgangspunkt der zivilisatorischen Entwicklung und zugleich Grundmuster sozialen Verhaltens, sondern darüber hinaus normatives Modell vorstaatlicher Freiheits- und Gleichheitsrechte des Einzelnen. «That all men», beginnt dann die ‹Virginia bill of rights› von 1776 [23], «are by nature equally free and independent and have certain inherent rights, of which, when they enter into a state of society, they cannot, by any compact, deprive or divest their posterity; namely the enjoyment of life and liberty, with the means of acquiring and possessing property and pursuing and obtaining happiness and safety». Sehr viel realistischer als Hobbes trägt Locke so der Tatsache und den Notwendigkeiten gesellschaftlicher Differenzierung Rechnung, ohne doch, wie man das gerne darstellt [24], zum Propheten der bürgerlichen Klassengesellschaft und des harmonistischen Laissez-Faire-Liberalismus zu werden. Denn gerade die institutionelle politische Vermittlung der subjektiven Rechte des N. mit dessen zwischenmenschlichen Widersprüchen ist der Sinn der Lockeschen civil society.

Wenn es richtig ist, daß dieser Rückgang auf das autonome Individuum und seine Rechte eine bloß politische Revolution zur Folge hat, welche «das bürgerliche Leben in seine Bestandteile auf[löst], ohne diese Bestandteile selbst zu revolutionieren», wie MARX in der ‹Judenfrage› [25] meinte, dann ging es ROUSSEAU um die Revolution eben dieser Bestandteile: um die moralische Revolution des Menschen. Hatte Hobbes in seiner Lehre vom N. bei Licht besehen nur die politische Organisation und das staatliche Gesetz negiert, nicht aber die gesellschaftlich erworbenen Verhaltensweisen und Begierden, so macht Rousseau in derselben Absicht auf ein analytisch-normatives Modell Ernst mit der Anthropologie der Asozialität und kommt zu der Hypothese eines paradiesischen Friedenszustandes, in dem der Mensch, sprachlos wie ein Tier, ganz bei sich ist [26]. Dank der sinnlich-vernünftigen Doppelnatur des Menschen und seiner (ziellosen) Perfektibilität geht aus der ursprünglichen Gleichheit der guten Naturmenschen in einer den N. korrumpierenden Entwicklung über Arbeitsteilung, Ackerbau, Eigentum, Herrschaft, Gesetz, Elend und Verbrechen am Ende jedoch die Gleichheit der blind gehorchenden Untertanen hervor und wird aus dem ganz selbstbezogenen homme naturel nach der Zerstörung der antiken Ganzheit von geistigem, religiösem, sozialem und politischem Leben durch das Christentum schließlich der zwischen N. und bürgerlicher Ordnung entzweite bourgeois. Dieser dialektische Prozeß der Verkümmerung und Entzweiung in der Entfaltung ist unumkehrbar. Was bleibt, ist die Möglichkeit der politischen Aufhebung des Menschen, seine Selbstentäußerung im citoyen einer neuen moralisch-politischen Totalität des Lebens und die pädagogische Umgehung des Bruchs in einer totalen Erziehungswelt [27].

Anmerkungen. [1] Vgl. EPIKUR, Kyriai doxai, und LUKREZ, De rerum natura V, 1011ff., hg. H. DIELS (1923) 293ff. – [2] Vgl. etwa F. SUÁREZ, Tract. de legibus et legislatore Deo (1619) I, 3, § 12. Opera omnia, ed. nova, hg. C. BERTON 5 (Paris 1856) 10. – [3] W. VON OCKHAM, Opus nonaginta dierum 14, hg. J. G. SIKES/H. S. OFFLER. Opera politica 2 (Manchester 1963) 430-440; Dialogus de imperio III, 2, 3, 6. Opera plurima (Lyon 1494-96, ND 1962); Breviloquium de principatu tyrannico III, 7ff., in: R. SCHOLZ: W. v. Ockham als polit. Denker und sein Breviloquium (1944, ND 1952) 125ff. – [4] J. GERSON, Sermo de dominio evangelico. Opera omnia, hg. E. DU PIN 3 (Anvers 1706) 201b = Oeuvres compl., hg. P. GLORIEUX 5 (1963) Nr. 236: «In coena domini». 414f. – [5] A. KAISER: Natur und Gnade im Urstand (1965). – [6] H. HOFMANN: Legitimität und Rechtsgeltung (1977) 20f. – [7] TH. HOBBES, De cive V. Opera philos., hg. G. MOLESWORTH 2 (London 1839, ND 1966) 209-216; Leviathan I, 13 a.O. 3 (London 1841, ND 1966) 97-102. – [8] B. WILLMS: Gesellschaftsvertrag und Rollentheorie. Jb. Rechtssoziol. u. Rechtstheorie 1 (1970) 275-298. – [9] H. HOFMANN: Repräsentation (1974) 385. – [10] L. MOLINA: De iustitia et iure (1593ff.) II, 22, 8 (Maguntiae 1659) 113-115. – [11] S. PUFENDORF: De statu hominum naturali. Diss.-nes Acad. Selectiores (Lund 1675) 584. – [12] I. KANT, Met. der Sitten I (1797) §§ 9. 15. 33. 38f. 41f. 44. 49. Allg. Anm. E I. Akad.-A. 6 (1914); Über den Gemeinspruch: Das mag in der Theorie richtig sein, taugt aber nicht für die Praxis II (1793). Akad.-A. 8 (1923) 289-306. – [13] Vgl. H. CONRAD: Rechtsstaatl. Bestrebungen im Absolutismus Preußens und Österreichs am Ende des 18. Jh. (1961) 11ff.; vgl. auch J. H. G. VON JUSTI: Natur und Wesen der Staaten (1760) 1ff.; J. ST. PÜTTER: Neuer Versuch einer Jurist. Enzyklop. und Methodol. (1767) 8f. – [14] I. KANT, Met. I, §§ 53ff.; a.O. [12] 343ff. – [15] G. W. F. HEGEL, Enzyklop. der philos. Wiss. (1830) § 502, hg. F. NICOLIN/O. PÖGGELER (⁶1959) 396f.; vgl. Grundlinien der Philos. des Rechts (1821) §§ 75. 168. 194. Sämtl. Werke, hg. H. GLOCKNER 7 (²1938) 131-133. 248f. 274f. – [16] J. K. BLUNTSCHLI: Allg. Staatslehre (⁶1886) 324ff. – [17] M. RIEDEL: Zum Verhältnis von Ontol. und polit. Theorie bei Hobbes, in: Hobbes-Forsch.en, hg. R. KOSELLECK/R. SCHNUR (1969) 103-118. – [18] Vgl. PUFENDORF, a.O. [11]; De iure naturae et gentium, ed. ultima II/2 (Amstelaedami ¹⁰1698) 104-119. – [19] De iure a.O. [18] II, 2, § 8 = 113. – [20] a.O. II, 2, § 1 = 104. – [21] Vgl. II, 2, § 4 = 110f. – [22] J. LOCKE, Two treatises of government (1689) II, 2, hg. TH. I. COOK (New York ⁴1961) 122-128. – [23] Zit. nach G. JELLINEK: Die Erklärung der Menschen- und Bürgerrechte, in: Zur Erklärung der Menschenrechte, hg. R. SCHNUR (1964) 20. – [24] W. RÖHRICH: Sozialvertrag und bürgerl. Emanzipation von Hobbes bis Hegel (1972) 33. – [25] K. MARX, Zur Judenfrage. MEW 1, 369. – [26] J.-J. ROUSSEAU: Discours sur l'origine et les fondemen[t]s de l'inégalité parmi les hommes (1755). – [27] Du contrat social (1762); Emile (1762).

Literaturhinweise. O. ZÖCKLER: Die Lehre vom Urstand des Menschen, gesch. und dogmat.-apologet. untersucht (1879). – O. VON GIERKE: Johannes Althusius und die Entwickl. der naturrechtl. Staatstheorien (⁶1968). – G. JELLINEK: Adam in der Staatslehre (1893). – E. TROELTSCH: Die Sozialllehren in den christl. Kirchen und Gruppen (1912) 163ff. 445ff. – E. REIBSTEIN: Die Anfänge des neueren Natur- und Völkerrechts (1949). – H. COING: Der Rechtsbegriff der menschl. Person und die Theorie der Menschenrechte (1950) 191ff. – L. STRAUSS: Naturrecht und Gesch. (dtsch. 1956) 190ff. – I. FETSCHER: Der gesellschaftl. «N.» und das Menschenbild bei Hobbes, Pufendorf, Cumberland und Rousseau, in: Schmollers Jb. Gesetzgebung, Verwaltung u. Volkswirtschaft 80 (1960) 641-685; Rousseaus polit. Philos. (1960). – J. HABERMAS: Theorie und Praxis (1963) 52ff. – C. B. MACPHERSON: Die polit. Theorie des Besitzindividualismus. Von Hobbes bis Locke (dtsch. 1967) 30ff. 268ff. – R. SPAEMANN: Genetisches zum Naturbegriff des 18. Jh. Arch. Begriffsgesch. 11 (1967) 59-74. – S. LANDSHUT: Kritik der Soziol. (1969) 98ff. – W. EUCHNER: Naturrecht und Politik bei John Locke (1969) 192ff. – F. MÜLLER: Entfremdung (1970) 23ff. – G. BIEN: Zum Thema des N. im 17. und 18. Jh. Arch. Begriffsgesch. 15 (1971) 275-298. – H. MEDICK: N. und Naturgesch. der bürgerl. Ges. (1973). – U. MATZ: Politik und Gewalt (1975) 167ff. 189ff.   H. HOFMANN

Naturzweck. Der Ausdruck ist ein von KANT in die Teleologie der Natur eingeführter Titel, der diejenigen Naturprodukte (Organismen) kennzeichnet, deren innere Form sich rein mechanischer Erklärungsart entzieht: «Ein Ding existiert als N., wenn es von sich selbst (obgleich in zwiefachem Sinne) Ursache und Wirkung ist» [1], und zwar in Hinsicht auf Gattung, Individuum und Teil. Kant erläutert die Seinsart des N. im abhebenden Unterscheiden vom menschlichen Kunstprodukt: Beide unterstehen dem nexus finalis, d.h. bei beiden ist jeder ihrer Teile um der anderen und des Ganzen willen da (ὄργανον). Beim N. aber werden die Teile nicht durch eine außerhalb gelegene vernünftige Ursache beigebracht und verbunden, sondern sind durcheinander da (erwirken sich wechselseitig und so das Ganze), so daß allein die sich selbst organisierenden Wesen N. genannt werden können [2]. – Entgegen allen bisherigen Erklärungsversuchen solcher N. legt Kant deren prinzipielle Unerklärbarkeit fest [3]: Der Begriff des N. stellt die Natur unter die Idee einer intelligiblen Kausalität in der Natur. Diese aber ist menschlich-endlichem Erkennen verschlossen. Daher bleibt das Sein von N. für uns problematisch. Der N. ist nur eine Idee [4], ein «regulativer Begriff für die reflektierende Urteilskraft» [5], dessen Notwendigkeit aus der Beschaffenheit unseres Verstandes resultiert.

Sobald in der Folgezeit Kants Unterscheidung zwischen der Natur als dem «inneren Prinzip alles dessen ..., was zum Dasein eines Dinges gehört», und der Natur als dem «Inbegriff aller Dinge, so fern sie Gegenstände ... der Erfahrung sein können» [6], aufgegeben wird, verliert sein Verbot eines dogmatischen Gebrauchs des Begriffs des N. seinen Sinn. Daher ist von neuem in der naturwissenschaftlich orientierten Philosophie der zweiten Hälfte des 19. Jh. die Frage heftig umstritten, ob die organische Natur allein durch mechanische Kausalität oder nur mit Hilfe der Annahme eines den Organismen eigenen Naturwillens, der sich als N. offenbare, erklärbar sei [7].

Anmerkungen. [1] I. KANT, KU § 64. Akad.-A. 5, 370. – [2] a.O. § 64f. 5, 369-376. – [3] § 74. 5, 396f. – [4] § 71. 5, 389; § 77. 5, 405. –

[5] § 65. 5, 375. – [6] Met. Anfangsgründe der Naturwiss. Vorrede. 4, 467. – [7] Vgl. dazu z. B. E. v. HARTMANN: Philos. des Unbewussten (¹¹1904) 1, 36-47: Wie kommen wir zur Annahme von Zwecken in der Natur? 3, 57-79: Die Teleol. vom Standpunkte der Descendenztheorie.

I. BANDAU

Nebenwirkungen (engl. side effects, frz. effets secondaires, ital. effetti secondari) bezeichnen die inkaufgenommenen Wirkungen von Handlungen neben der Hauptwirkung, die vom Handelnden vor der Handlung als Zweck ausgezeichnet worden ist. Zwei Problemkreise ergeben sich: handlungstheoretisch die Fragen nach der Verursachung von N. durch und nach der Zurechnung von N. zum Handelnden (1.), entscheidungstheoretisch und ethisch für den Handelnden das Problem der Voraussage und Bewertung von N. (2.).

1. *N. als Problem der Handlungstheorie.* – Für ARISTOTELES sind die N. einer Handlung willentlich (ἑκούσιον, in der Scholastik: voluntarium) und zurechenbar, die ohne physischen Zwang und nicht unerwartet (παραλόγως) zustande kommen, auch wenn sie nicht vom Handelnden gewünscht (volitum) sind [1]. Der Begriff des Willentlichen wird im Anschluß an THOMAS VON AQUIN differenziert in das «voluntarium directum» (auch voluntarium in se), d.h. die als Zweck einer Handlung unmittelbar und einsichtsvoll gewollte Hauptwirkung, und in das «voluntarium indirectum» oder «voluntarium in causa», d.h. die vorausgesehenen und mit der Erlangung des Handlungszwecks unablösbar verbundenen und bewußt inkaufgenommenen N. einer Handlung. Diese N. sind in ihrer Ursache, d.h. der Verfolgung des Hauptzwecks, nicht aber als Handlungswirkungen gewollt und daher dem Handelnden, wenn auch in geringerem Maße, zuzuschreiben [2]. Hier wie bei der noch von CHR. WOLFF [3] gebrauchten Unterscheidung von «intentio directa», dem unmittelbar erstrebten Zweck, und der «intentio indirecta», den nicht an sich, sondern nur in der Verfolgung des Zwecks mitintendierten bzw. inkaufgenommenen N., stellt sich das Problem der Aufrichtigkeit, wie PASCAL erstmals bemerkte. Er verspottet als «diriger l'intention» die Umbenennung des eigentlichen und als solchen unmoralischen Zwecks zur «intentio indirecta» [4]. J. BENTHAM unterscheidet zwischen den Konsequenzen, die «directly intentional» sind und ein Motiv in der Reihe der handlungsbestimmenden Ursachen bilden, und solchen Konsequenzen, die «obliquely intentional», d.h. vom Handelnden vorausgesehen, aber selbst nicht Handlungsmotiv sind [5]. Nach LUHMANN zeichnet der Handelnde durch den Zweckbegriff eine bestimmte Wirkung unter der unübersehbaren Komplexität von Folgen aus und setzt damit die anderen Wirkungen zu N. herab. Zweck, Mittel und N. bezeichnen Wertrelationen unter den Wirkungen eines Geschehens, durch welche dieses erst zur Handlung wird [6].

Das Strafrecht unterscheidet zwischen N., die der Täter als notwendige Folge seines Handelns voraussieht und von deren Gesetzeswidrigkeit er sicher weiß – diese N. fallen wie die Absicht unter direkten Vorsatz (dolus directus) –, und solchen, deren Eintritt der Täter nur für möglich hält und deren Gesetzeswidrigkeit er in Kauf nimmt (bedingter Vorsatz, dolus eventualis) [7].

2. *N. als ethisches Problem.* – Handlungen sind in einen Kausalzusammenhang eingebettet, der als ganzer vom Handelnden weder kontrolliert noch verantwortet werden kann. In der Sicht der Entscheidungstheorie steht der Handelnde einer schlechtstrukturierten Entscheidungssituation unter Unsicherheit bezüglich Umweltereignissen, Handlungsstrategien und deren N. gegenüber und muß versuchen, sein Entscheidungsproblem in ein wohlstrukturiertes zu überführen. In ethischer Sicht entsteht die Frage, in welchem Ausmaß die N. einer Handlung beachtet und verantwortet werden müssen. Während die archaische Ethik dem Handelnden die Verantwortung für die gesamten Wirkungen der Handlung zuschreibt [8] – HEGEL lobt deshalb die «Gediegenheit» der archaischen Moral [9] –, verschiebt das Christentum die ethische Gewichtung vom Erfolg auf die Gesinnung. Nach AUGUSTINUS kommt es für die sittliche Qualität der Handlung auf die Absicht an, weil der Erfolg und die N. unsicher und unbekannt sind («exitus incertus et ignotus») [10]. ABAELARD verschärft die These Augustins: Gott urteilt nur nach Willen und Vorsatz, nicht nach dem «effectus» eines äußeren Werkes [11]. Nach THOMAS VON AQUIN hat der Handelnde dagegen neben seiner Absicht, seiner Zwecksetzung, auch die Mittel und N. zu verantworten [12]. Am Beispiel der Hinnahme der möglichen Tötung eines Aggressors bei der Selbstverteidigung erörtert Thomas das Problem der Handlung mit Doppelwirkung. Eine solche Handlung mit positiver und negativer Wirkung ist nach Thomas erlaubt, wenn sie in guter Absicht und unter Berücksichtigung der Verhältnismäßigkeit erfolgt [13].

Die Prinzipien der Beurteilung einer Handlung mit Doppelwirkung (actus duplicis effectus) werden in den Thomas-Kommentaren von BARTOLOMÉ DE MEDINA und der Schule von Salamanca systematisch fortentwickelt [14]. Ihre erste ausgebildete Form finden sie jedoch bei JOHANNES A SANCTO THOMA, der den weitverbreiteten Kommentar der Salmantizenser entscheidend beeinflußt hat [15]. Johannes nennt drei Kriterien für das erlaubte Inkaufnehmen von negativen N.: a) Die N. müssen unbeabsichtigt, «praeter intentionem», sein, b) objektiv den Charakter akzidenteller Wirkungen haben und nicht notwendig mit dem Handlungszweck verbunden sein, und sie müssen c) in angemessener Proportion zu einem Zweck stehen, auf dessen Verfolgung der Handelnde nicht verzichten kann und darf [16]. J. P. GURY nennt vier Bedingungen, die in der *katholischen Moraltheologie* bestimmend geworden sind, sich aber auch auf Probleme der politischen Ethik übertragen lassen: Eine Handlung mit doppelter Wirkung ist erlaubt, wenn a) der Zweck gut und aufrichtig ist, d.h. der Handelnde nicht die schlechte Wirkung intendiert, wenn b) der Handlungstypus an sich gut und erlaubt ist (kein «actus intrinsice malus» vorliegt), wenn c) die schlechten N. ebenso unmittelbar vom Handelnden bewirkt werden wie die gute Wirkung, d.h. sie nicht als Mittel zur guten Wirkung intendiert werden, und wenn d) ein hinreichend schwerwiegender Grund («ratio proportionate gravis») vorliegt, die Handlung durchzuführen bzw. der Handelnde nicht durch andere Verpflichtungen gehalten ist, ganz auf sie zu verzichten [17].

Außerhalb der katholischen Moraltheologie hat das moralische Problem der N. weniger Beachtung gefunden [18]. WOLFF unterscheidet Grade der Zurechnung für beabsichtigte und unbeabsichtigte N. und bestimmt die Nichtbeachtung von N. als «inconsiderantia», als schuldhafte Unterlassung der Ausübung intellektueller Tugend [19]. Da für KANT der «moralische Wert der Handlung» nicht in der Wirkung liegt [20], wird das Problem der N. von ihm systematisch aus der Ethik ausgeblendet. Gegen Kant betont HEGEL, daß der Handelnde die Folgen und N. nicht verleugnen und verachten könne, sondern daß diese zur «Natur der Handlung» dazugehören. Das Handeln ist der Notwendigkeit des Endlichen unterworfen, sich in der Sphäre des Zufälligen zu verwirklichen, wodurch das, was zufällige und notwendige Folgen sind, eine gewisse Unbestimmtheit erhält, die aber nicht zur Vernachlässigung der Folgen in der ethischen Beurteilung berechtigt. «Der Grundsatz: bei den Handlungen die Konsequenzen verachten und der andere: die Handlungen aus den Folgen beurteilen und sie zum Maßstabe dessen, was recht und gut sei, zu machen – ist beides gleich abstrakter Verstand» [21]. Auch M. SCHELER betont die «Einheit der Handlung», in der Situation, Gesinnung und Erfolg untrennbar zusammengehören. Er unterscheidet den Handlungserfolg von den «Kausalfolgen der Handlung, die erst aufgrund der *Annahme* der Realisierung des Inhaltes ... etwa durch *Schlüsse* festgestellt werden können» und nicht zur sittlich relevanten Einheit der Handlung gehören [22]. Gesinnung und N. werden von M. WEBER in der Disjunktion von Gesinnungs- und Verantwortungsethik als grundsätzlich unvereinbare Handlungsorientierungen *politischer* Ethik einander gegenübergestellt [23]. R. SPAEMANN bezieht das Problem der N. in die Bestimmung des Moralischen mit ein; er sieht das Wesen des Unmoralischen in einem «Die Augen-Verschließen vor den N. des Handelns»: Der Handelnde läßt, um die Verfolgung seiner partikularen Zwecke nicht zu gefährden, die N. lieber unbeachtet; unsittlich ist eine Handlung, deren N. solches, das den Charakter des Selbstzwecklichen hat, treffen und dieses zum Mittel eines Zwecks herabsetzen [24]. Deshalb bezeichnet Spaemann z. B. Erziehung – darin über E. SPRANGERS [25] «Gesetz der ungewollten Nebenwirkungen» hinausgehend – als ausdrückliche Berücksichtigung der persönlichkeitsprägenden N. im Umgang mit Kindern und Jugendlichen [26].

3. N. als interdisziplinäres Problem. – Mit zunehmender Technisierung verschärft sich das Problem der unbeabsichtigten N. der Technik und Wirtschaftstätigkeit und stellt die politische Ethik, Entscheidungstheorie und Gesetzgebung vor Probleme der Abschätzung von N. und Risiko (technology assessment, Kosten-Nutzen-Analyse, N. in der Medizin) [27], für die die traditionelle Lehre von der Handlung mit doppelter Wirkung fruchtbar gemacht werden kann [28].

In den Wirtschaftswissenschaften wird das Problem der N. unter dem Begriff der externen Effekte oder Externalitäten behandelt. Untersucht werden die Wirkungen privatwirtschaftlicher Verträge auf Dritte oder die Allgemeinheit, die Probleme der N. von Produktion und Konsumption (z. B. Umweltverschmutzung) und des durch N. verursachten Auseinanderfallens von privaten und sozialen Kosten [29]. In der Theorie der Wirtschaftssysteme und Politischen Ökonomie wird die Fähigkeit der gesellschaftlichen Entscheidungssysteme Markt, Abstimmung und zentrale Lenkung, N. zu berücksichtigen und zu vermeiden, erforscht und Vorschläge für die Ausgestaltung von Institutionen gemacht, in denen unbeabsichtigte N. oder Externalitäten reduziert werden können (Internalisierung externer Effekte) [30]. Zugleich zeigt das Problem der N. auch die Grenzen der Planbarkeit auf [31].

Anmerkungen. [1] ARISTOTELES, Eth.Nic. III, 1, 1110 a 1-10; V, 10, 1135 b 17. – [2] THOMAS VON AQUIN, S. theol. I/II, 6, 1. 6. – [3] CHR. WOLFF: Philos. practica universalis ... pars prior (1738) § 621. Ges. Werke, hg. J. ECOLE II/10 (1971). – [4] B. PASCAL, Lettres provinciales, lettre 7. Oeuvres, hg. L. BRUNSCHVICG/P. BOUTROUX (Paris 1908, ND 1965) 5, 83-108, zit. 85. – [5] J. BENTHAM: Principles of morals and legislation (London 1789) chap. VIII, 6. – [6] N. LUHMANN: Zweckbegriff und Systemrationalität (1973, ²1977) 44. – [7] A. SCHÖNKE/H. SCHRÖDER: Strafgesetzbuch. Kommentar zu § 15 (²¹1982) 199-204. – [8] Vgl. ARISTOTELES, Eth. Nic. III, 3, 1113 a 29-35 und b 29-35; AUGUSTINUS, De civ. Dei I, 19. MPL 41, 32. – [9] G. W. F. HEGEL, Grundl. der Philos. des Rechts § 118. – [10] AUGUSTINUS, De sermone Domini in monte II, 13, 45f. MPL 34, 1289-1290; vgl. in ep. Joannis ad Parthos tract. X, 7. MPL 35, 2059; De civ. Dei I, 16. MPL 41, 30; Confessiones IX, 13, 26. MPL 32, 863. – [11] ABAELARD, Ethica seu Scito te ipsum, cap. 7. MPL 178, 650; vgl. auch cap. 3. – [12] THOMAS VON AQUIN, S. theol. I/II, 20, 5; 18, 2; auch 19, 6. 7. – [13] II/II, 64, 7. – [14] B. DE MEDINA: Expositio in primam secundae Angelicae Doctoris (Salamanca 1577) q. 74, a. 6; Collegii Salmanticensis cursus theologicus (Lyon 1647) tract. 13, disp. 10, dub. 6, n. 211ff. – [15] Vgl. J. GHOOS: L'acte à double effet. Ephem. Theol. Lovan. 27 (1951) 30-52, bes. 32. – [16] JOHANNES A SANCTO THOMA: Cursus theologicus (Madrid 1645-1656) tom. VI, disp. XI, a. VI, cap. 39 und 42. – [17] J. P. GURY: Compendium theologiae moralis (Regensburg 1874) tr. I, cap. II, n. 9; vgl. zur Kritik an diesem Prinzip F. BÖCKLE: Fundamentalmoral (1977) 310-315. – [18] Vgl. H. THIELICKE: Theol. Ethik (1965) 208ff. – [19] WOLFF, a.O. [3] § 760-763. – [20] I. KANT, Grundl. zur Met. der Sitten A 15; vgl. KrV B 575f. – [21] HEGEL, a.O. [9] § 118. – [22] M. SCHELER: Der Formalismus in der Ethik ... (⁵1966) 137. – [23] M. WEBER: Der Beruf zur Politik, in: Soziologie. Weltgesch. Analysen. Politik (1956, ⁴1968) 167-185, bes. 175ff. – [24] R. SPAEMANN: N. als moralisches Problem, in: Kritik der pol. Utopie (1977) 167ff. – [25] E. SPRANGER: Das Gesetz der ungewollten N. in der Erziehung (1962). Ges. Schr. 1 (1969) 348-405. – [26] R. SPAEMANN: Die Herausforderung, in: Mut zur Erziehung (1978) 16. – [27] Vgl. W. W. LOWRANCE: Of acceptable risk (Los Altos 1976); H. HAAS (Hg.): Technikfolgen-Abschätzung (1975); J. HOFMANN: Erweiterte Nutzen-Kosten-Analyse (1981). – [28] P. KOSLOWSKI: Lebensverlängerung, N. und die Grenzen der ärztl. Behandlungspflicht, in: P. KOSLOWSKI u.a.: Die Versuchung durch das Machbare. Eth. Konflikte in der mod. Medizin und Biol. (1983). – [29] E. MISHAN: The postwar lit. on externalities. An interpr. essay. J. econ. Lit. 9 (1971) 1-29; P. KOSLOWSKI: Ethik des Kapitalismus (1982). – [30] R. H. COASE: The problem of social cost. J. Law Econ. 3 (1960) 1-44; E. SOHMEN: Allokationstheorie und Wirtschaftspolitik (1976), bes. Kap. 7; P. KOSLOWSKI: Markt- *und* Demokratieversagen? Polit. Vjschr. 24 (1983) 166-187. – [31] Vgl. F. TENBRUCK: Zur Kritik der planenden Vernunft (1972).

Literaturhinweise. M. MÜLLER: Ethik und Recht in der Lehre von der Verantwortlichkeit (1932). – J. T. MANGAN: A hist. analysis of the principle of double effect. Theol. Studies 10 (1949) 41-61. – J. GHOOS s. Anm. [15]. – R. SPAEMANN s. Anm. [24]. – J. M. BOYLE: Toward understanding the principle of double effect. Ethics 90 (1980) 527-538. – J. L. MACKIE: Ethik (1981) 205-216.

P. KOSLOWSKI

Nebularhypothese. – 1. Mit ‹N.› werden die von KANT [1] und LAPLACE [2] (unabhängig voneinander) vorgelegten kosmogonischen Entwürfe und ihre Weiterentwicklungen bezeichnet. Bis in die Mitte des 19. Jh. werden sie Kant-Laplacesche Theorie genannt und ohne den Terminus ‹N.› rezipiert [3]. Die Verwendung in BÜCHNERS ‹Kraft und Stoff› (er spricht von der «jetzt allgemein angenommenen Kant-Laplaceschen N.» [4]) trägt zur Verbreitung des Begriffs bei [5], neben dem Sonderformen wie ‹Nebelhypothese› (E. DÜHRING [6]) zunächst noch gebräuchlich bleiben. Etwa gleichzeitig läßt sich der Begriff in der englischen Literatur, so bei H. SPENCER, einem Verfechter der N., nachweisen: «... practically demonstrated as this process now is, we may say that the doctrine of nebular genesis passes from the region of hypothesis into the region of established truth» [7]. Die von der wissenschaftsgeschichtlichen Literatur vereinzelt vorgenommene Übertragung des Terminus ‹N.› auf vorkantische Theorien – so wurde etwa TH. WRIGHT [8] als

«Schöpfer der N.» [9] bezeichnet – konnte sich nicht durchsetzen.

2. Die Entstehung unseres Sonnensystems ist nur ein Evolutionsschritt in einer langen Kette der Ausbildung einer Hierarchie von Strukturen, die unser Universum bevölkern. Entsprechend der heute gültigen Standard-Kosmogonie entstand unsere Welt aus einem extrem heißen «Feuerball»-Stadium, bei dem anfangs (d.i. von 10^{-42} bis 10^{-4} sec) alle Teilchen mit der Strahlung im Gleichgewicht waren. Bei einer Temperatur von 10^{32} K bis 10^{12} K und einer Dichte von 10^{92} gcm^{-3} bis 10^{14} gcm^{-3} waren wegen der übermächtigen Zahl der stark wechselwirkenden Teilchen die Hadronen dominierend (Hadronenära). Nach der Epoche der Leptonen (10^{-4} bis 1 sec), in der die Elektronen und Neutrinos vorherrschten, und der Strahlungsära (1 sec bis 10^{12} sec), in der die Photonen noch gegenüber der Materie überwogen (Ende bei ca. $3\cdot10^5$ Jahren), war das «Feuerball»-Stadium beendet, und mit der stellaren Ära, die durch die Vorherrschaft der Materie gekennzeichnet ist, konnte die Bildung von Galaxien und darin die Sternentstehung mit den Planetensystemen beginnen.

Der letzte Entwicklungsschritt ist schon seit DESCARTES (1644 [10]), KANT (1755 [11]) und LAPLACE (1796 [12]) Gegenstand kosmogonischer Hypothesen gewesen. Gegenüber ihrer Konkurrentin, der dualistischen Hypothese (zuerst BUFFON 1749 [13]), wonach der Vorübergang eines massiven Körpers Material aus der Sonne herausgerissen hat, aus dem sich die Planeten und die Satelliten bildeten, verdichten sich gegenwärtig die Indizien für die protosolare Nebulartheorie von Laplace, welche, in Kurzform ausgedrückt, besagt, daß die Sonne mit ihrem Planetenkranz sich gleichzeitig aus einer interstellaren Materiewolke gebildet hat, die vor $4{,}6\cdot10^9$ Jahren unter der Wirkung der Gravitation zu kondensieren begann. Die schnelle Eigenrotation formte aus der Wolke eine abgeplattete Gasscheibe, aus deren Zentralteil die Sonne und aus deren äußeren Bereichen sich die Planeten bildeten.

3. So plausibel und einleuchtend die N. klingt, so schwierig sind ihre Details zu verfolgen. Die N. ist nur eine Hypothese unter vielen theoretischen Ansätzen in der Kosmogonie des Sonnensystems. Der Grund für die weite Streuung in den Annahmen liegt in der geringen Zahl der verfügbaren empirischen Daten, die eine solche Hypothese stützen können. So fehlen etwa die ersten 100 Mio. Jahre in den geologischen Berichten, weshalb man keine Information über die materiale Umgebung besitzt, in der unser Planet entstanden ist. Gegenwärtige Planetenbildungen bei neu entstehenden Sternen liegen zudem außerhalb der Reichweite unserer Teleskope. Die älteren Theorien hatten noch wenig Fakten zur Verfügung, die Einschränkungen auf den möglichen Entstehungsvorgang ausüben konnten: die räumlichen Abstände der Planetenbahnen (partiell durch das Titius-Bode-Gesetz wiedergegeben, $0{,}4+0{,}3\cdot 2^n$, $n = -\infty$ für Merkur, 0 für Venus, 1 für Erde, 2 für Mars, 3 für Asteroiden usw.); die Bahnbewegungen und Eigenrotationen der Planeten und die anderen himmelsmechanischen Daten wie Achsenstellung zur Ekliptik; das Masse- und Drehmoment-Verhältnis zwischen der Sonne und den Planeten. Dies ist relativ wenig Information, um die Genesis eines Systems zu erklären, das aus einem schweren Zentralkörper, 9 Planeten, 32 natürlichen Satelliten, einem Ringsystem, einem Asteroidengürtel, vielen Kometen, einem Meteoritenkomplex, interplanetarem Gas und Plasma zusammengesetzt ist. Rein erkenntnislogisch wäre es denkbar, daß die gegenwärtigen Spuren aus der Frühzeit des Sonnensystems gar nicht ausreichen, um seine Entstehung zu rekonstruieren. Allein in der jüngsten Zeit sind vor allem aus der Untersuchung von Meteoriten neue derartige Spuren aufgetaucht. Meteoriten enthalten in ihrem Inneren Gasproben des ursprünglich solaren Nebels. Die Mineralogie dieser Körper liefert Aufschluß über Temperatur und Druck des Nebels in jener Zeit, als zwischen den einzelnen Körnern der Meteoriten und dem Gas chemische Reaktionen abliefen. Aus dem relativen Anteil der Endprodukte des radioaktiven Zerfalls, die im Innern der Meteoriten gefangen sind, kann man erkennen, wann die ursprünglichen Elemente, die für die Entstehung bestimmter Radioisotope verantwortlich waren, sich aus dem Elternkörper des Meteoriten gebildet haben (CAMERON 1975 [14]).

4. Wesentlich für das gegenwärtige Bild der Kosmogonie des Sonnensystems (REEVES 1975 [15]) ist die Einbettung dieses Prozesses in das allgemeine Problem der Galaxien- und der Sternentstehung. Unsere Galaxis ist dreimal so alt wie unsere Sonne, ca. $1{,}5\cdot10^{10}$ Jahre. Sie entstand aus großräumigen Inhomogenitäten, die vermutlich noch aus der Feuerballphase des Universums vorhanden waren. Eine riesige Gasmasse von ca. 10^{11} $M_\odot$ aus H und He ohne schwere Elemente wurde gravitativ instabil, begann zu kollabieren und ließ im Laufe ihrer Kontraktion die erste Generation von Sternen entstehen. In deren Innerem wurden jene schweren Elemente erzeugt und anschließend in den interstellaren Raum ausgestoßen, die die Voraussetzung für die höheren Strukturen, zuletzt auch für den Menschen, bilden. Die Galaxis, die am Anfang Kugelform besaß, plattete sich langsam ab und bildete die bekannten Spiralarme aus. Diese sind lokale Verdichtungen von Sternpopulationen in der galaktischen Scheibe, sie rotieren um den galaktischen Kern; obwohl sie stabile Muster darstellen, ändert sich das Material, das sie konstituiert, ständig; nur die Hälfte seiner Lebenszeit verbringt ein Stern in einem Arm, ehe er zum nächsten wandert. Das innerhalb der Galaxis vorhandene interstellare Gas teilt sich aufgrund gravitativer Kondensation in Wolken, und diese umkreisen den galaktischen Kern, indem sie von einem Spiralarm zum anderen wandern. Bei jedem solchen Durchgang erfahren jene Wolken, die am massivsten und am kältesten sind, aufgrund der dabei auftretenden Bremswirkung eine Kontraktion, so daß ein weiterer Fragmentierungsvorgang ausgelöst wird und ein Sternhaufen entsteht. Die massivsten Sterne dieses Haufens setzen vor allem durch die in ihrem Endstadium auftretenden Supernovaexplosionen den Prozeß der Nukleosynthese und die Anreicherung des interstellaren Materials mit schweren Elementen fort. Aus einer dieser Wolken muß dann auch vor ca. 10^{10} Jahren jener Sternhaufen entstanden sein, in dem sich unsere Sonne gebildet hat. Bei der Teilung der Wolke wurde die Rotationsenergie auf die verschiedenen Massen aufgeteilt, was die Trennung wiederum verstärkte. Die protostellaren Nebel platteten sich durch die Rotation ab. Nun ist es aber noch gar nicht selbstverständlich, daß sich aus dem Nebel in diesem Zustand auch unbedingt ein Stern bildet. Es gibt drei Gründe, die dies verhindern können: Die Wolke kann zu heiß sein, zu stark magnetisch und sich zu schnell drehen. Die thermische Barriere wird durch den schon geschilderten Auswahlvorgang überwunden, wenn die Wolke sich dem Spiralarm nähert; für die Abführung von magnetischer und rotatorischer Energie gibt es einen eigenen Mechanismus, nämlich eine Koppelung, die das galaktische

Magnetfeld zwischen der kontrahierenden Wolke und ihrer Umgebung hervorruft. Die Rotation der Wolke, die durch die Kontraktion beschleunigt wird, wickelt die magnetischen Kraftlinien auf, wodurch eine Bremswirkung durch die Umgebung auftritt, die magnetische und Rotationsenergie verzehrt. So kann sich die Wolke trotz ihrer vielleicht anfangs ungeeigneten dynamischen Eigenschaft weiter zusammenziehen, wobei besonders an der Rotationsachse Temperatur und Dichte wachsen. Der interstellare Staub enthält die Kondensationskerne für die Anlagerung von Eis, er sammelt sich an der Äquatorebene und bildet dort eine neue *Staubschicht*, die viel dünner ist als die Nebelscheibe selbst. Innerhalb der Staubschicht ist die Temperaturverteilung wichtig. Dort, wo heute die großen äußeren Planeten liegen, ist die Temperatur ziemlich tief, während die sonnennahen Planeten sich bei hohen Temperaturen gebildet haben (Merkur bei ca. 1500 K, Venus bei 1000 K und die Erde bei 550 K). Bei den letzten konnten nur Silikate und Eisen im festen Zustand bleiben.

Der Grund für die anschließend erfolgende Zerteilung der Staubscheibe, zuerst in Ringe und dann in selbständige Körper, muß in der Turbulenz in der Orbitalbewegung gesehen werden, aus der Dichteschwankungen resultieren, die die Akkretion von Staubwolken zur Folge haben. Die planetaren Wolken der äußeren Region konnten aufgrund der tiefen Temperaturen (ca. 200 K) viel Eis ansammeln und deshalb auch den gesamten H- und He-Bestand ihrer Umgebung an sich ziehen, und das erklärt den Massenunterschied zwischen den riesigen äußeren und den terrestrischen Planeten, die fast gar kein H und fast kein Eis besitzen. Der Mechanismus der Entstehung der Mondsysteme von Jupiter und Saturn ist auf gleiche Weise über Rotationsverlangsamung mittels der Koppelung der Kraftlinien des magnetischen Feldes an die Umgebung zu denken. Die kleinen Planeten verloren die Verbindung mit dem äußeren Magnetfeld, da sie die Atmosphäre nicht festhalten konnten. Für den Erdmond und für die beiden Monde Deimos und Phobus des Mars muß allerdings ein anderer Bildungsmechanismus angenommen werden.

Während des eben geschilderten Planetenbildungsvorganges kontrahiert sich die Protosonne weiter, wobei sich die flüchtigen Elemente an der Drehachse sammeln, die Temperatur steigt und die Wärme mittels Konvektion an die Oberfläche transportiert wird; hier liegt die Ursache des Sonnenwindes, der anschließend das Planetensystem einer Reinigung unterzieht, indem er die freien Atome mit sich wegführt. Der Sonnenwind ist auch die Ursache dafür, daß die Sonne später viel von ihrer ursprünglichen Rotation verloren hat (seit der Bildung ist die Rotation auf etwa $1/100$ gesunken). Während der Kontraktion des konvektiven Protosterns bleibt die Oberflächentemperatur fast konstant (ca. 3000 K; Hayashi-Spur). Später wächst die Zentraltemperatur, die Durchsichtigkeit nimmt so weit ab, daß der Transport der frei werdenden Energie durch Strahlung erfolgen muß. Damit stabilisiert sich die Leuchtkraft des Sternes (T-Tauri-Phase), und wenn die Zentraltemperatur $7 \cdot 10^6$ K erreicht hat, setzt das Wasserstoffbrennen ein, der Stern hat die Hauptreihe erreicht, und hier befindet sich unsere Sonne auch heute noch.

Anmerkungen. [1] I. KANT: Allg. Naturgesch. und Theorie des Himmels (1755) 2. Teil, 1. Hauptst. Akad.-A. 1, 261ff.; vgl. dazu: E. ADICKES: Kant als Naturforscher 2 (1925) 206ff.; A. DREWS: Kants Naturphilos. als Grundl. seines Systems (1894) 21ff. – [2] P. S. LAPLACE: Exposition du système du monde (Paris 1796). – [3] A. SCHOPENHAUER, Parerga und Paralipomena 2, § 85. Sämtl. Werke, hg. P. DEUSSEN 5 (1913) 144ff.; A. VON HUMBOLDT: Kosmos 1 (1845) 86ff.; G. H. SCHUBERT: Ansichten von der Nachtseite der Naturwiss. (1808; ND 1967) 122ff.; H. VON HELMHOLTZ: Über die Wechselwirkung der Naturkräfte, in: Populäre wiss. Vorträge 2 (1871) 122; vgl. Über die Entstehung des Planetensystems, in: Vorträge und Reden 2 (^{5}1903) 77; J. S. T. GEHLER: Phys. Wb. 10/2 (1842) 1477ff.; vgl. auch Art. ‹Kant-Laplacesche Theorie›. – [4] L. BÜCHNER: Kraft und Stoff (^{21}1904) 116. – [5] Vgl. z.B. C. DU PREL: Entwicklungsgesch. des Weltalls. Entwurf einer Philos. der Astronomie (1882) VIII; Die Planetenbewohner und die N. (1880). – [6] E. DÜHRING: Kritische Gesch. der allg. Principien der Mechanik (1877) XVII. – [7] H. SPENCER: The nebular hypothesis, in: Essays scientific, political and speculative 1 (New York 1899) 181; T. C. CHAMBERLIN: An attempt to test the nebular hypothesis by the relations of masses and momenta. J. of Geol. 8 (1900) 58-73; F. R. MOULTON: An attempt to test the nebular hypothesis by an appeal to the laws of dynamics. Astrophysical J. 11 (1900) 103-130; für Frankreich vgl. H. POINCARÉ: Leçons sur les hypothèses cosmogoniques (Paris 1911). – [8] TH. WRIGHT: An original theory or new hypothese of the universe (London 1750). – [9] O. LIEBMANN: Notiz zur Kant-Laplace'schen Kosmogonie. Philos. Mh. 9 (1874) 246ff.; M. JACOBI: Ein Vorläufer der Kant-Laplaceschen Theorie von der Weltentstehung, in: Preuß. Jb. 117 (1904) 246; dazu: F. A. PANETH: Die Erkenntnis des Weltbaus durch Thomas Wright und Immanuel Kant. Kantstudien 47 (1955/56) 337-349. – [10] R. DESCARTES, Principes 4, 1ff. Oeuvres, hg. ADAM/TANNERY 8/2, 201ff. – [11] KANT, a.O. [1]. – [12] LAPLACE, a.O. [2]. – [13] G. L. LECLERC Comte DE BUFFON: Hist. nat. gén. et particulière, avec la description du Cabinet du Roi 1 (Paris 1749). – [14] A. G. W. CAMERON: The origin and the evolution of the solar system, in: The solar system (San Francisco 1975) 16-23; vgl. The origin and the evolution of the solar system. The sci. American 233 (1975) 32-41. – [15] H. REEVES: Origine du système solaire. Recherche 6 (Paris 1975) 808-816.

Literaturhinweise. S. JAKI: The relevance of physics (Chicago/London ^{2}1970) bes. 203ff. – H. REEVES (Hg.): Symposium sur l'origine du système solaire. Nizza, 3.-7. April 1972 (Paris 1972); s. Anm. [15]. – G. B. KUIPER: On the origin of the solar system. Celestial Mechanics 9 (1974) 321. – A. G. W. CAMERON s. Anm. [14]. – W. R. WARD: Cosmogony of the solar system. Rev. of Geophys. a. Space-Phys. 13/3 (1975) 422-430.

B. KANITSCHEIDER

Negat wird in der modernen Logik das Resultat einer Negation genannt, also das Ergebnis der Anwendung eines Negators auf eine Aussage [1]. Negation ist dann die Operation der Anwendung selbst.

R. CARNAP benutzt den Ausdruck wohl zuerst, jedoch nicht nur für negierte Aussagen, sondern auch für das Komplement von Klassen und Relationen [2].

Anmerkungen. [1] Vgl. etwa H. SCHOLZ und G. HASENJÄGER: Grundzüge der math. Logik I (1961) 45. – [2] R. CARNAP: Abriß der Logistik (1929) 6. 23. 28.

A. MENNE

Negation (griech. ἀπόφασις, στέρησις, lat. negatio, frz. négation, ital. negazione, engl. negation)

I. In der *Geschichte der Logik* lassen sich im wesentlichen vier Formen der N. unterscheiden:

1. *Negativer Urteilsakt:* Bestreitung (Verneinung) einer Aussage im Gegensatz zu ihrer Behauptung (s. d.), Affirmation (s. d.) oder Bejahung (s. d.). In diesem Sinne muß der N. eine eigene illokutionäre Rolle zugewiesen werden.

2. *Aussagenlogische (kontradiktorische) N.:* Hierbei bestimmt die N. die logische Form der Aussage (des propositionalen oder Urteilsinhalts) so, daß eine Aussage *p* mit Hilfe der vorangestellten Partikel 'nicht', des sogenannten Negators (s. d.), gebildet wird ($\neg p$).

3. *Negative Kopula:* Hier wird das Wort 'nicht' dazu verwendet, ein Begriffswort '*P*' abzusprechen, in Sätzen der Form ⟨x ist nicht *P*⟩ (x ε' *P*).

4. *Negative Begriffe:* Begriffe, die sprachlich in der Form 'nicht-*P*' (z. B. 'nicht-grün') auftreten.

ARISTOTELES kennt zunächst eine Verneinung (ἀπόφασις), durch die «etwas etwas abgesprochen wird», wobei er offenbar sowohl an singuläre Sätze der Form ⟨x ε' *P*⟩ als auch an Sätze der (syllogistischen) Form ⟨*S e P*⟩ denkt [1]. Hier wird noch nicht unterschieden zwischen Bestreitung und negativer Kopula. Zwischen der Verneinung in diesem Sinne und der zugehörigen Bejahung (κατάφασις) besteht der kontradiktorische Gegensatz (ἀντίφασις) [2]. Aristoteles führt auch unter dem Terminus στέρησις die später so genannte privative Verneinung durch negative Begriffe auf [3], zögert aber, Bildungen wie «Nicht-Mensch» als Begriffe im eigentlichen Sinne (bestimmte Begriffe) zu betrachten. Er nennt sie ἀόριστος, was in der Folge von BOETHIUS mit «infinitus» wiedergegeben wird. Durch die falsche Übersetzung von «infinitus» (richtig: «unbestimmt») ergab sich dann «unendlich» als dritte Urteilsqualität (neben «bejahend» und «verneinend») in der Kantischen Urteilstafel.

Die aussagenlogische N. ist unter der Bezeichnung ἀπόφασις bereits der stoischen Logik bekannt, entsprechend auch die Aufhebung der doppelten N. Außerdem kannte man dort die στέρησις und die ἄρνησις, wobei erstere das Prädikat und letztere das Subjekt einer positiven Elementaraussage verneint [4]. Nach Auffassung der Stoiker kann von der στέρησις und von der ἄρνησις logisch auf die ἀπόφασις geschlossen werden; aber nicht in allen Fällen auch umgekehrt [5].

APULEIUS verwendet als wörtliches lateinisches Äquivalent von ⟨apophasis⟩ im Aristotelischen Sinne «abdicatio» [6]. Erst durch BOETHIUS setzt sich dann endgültig die Bezeichnung «negatio» als Übersetzung durch. Er definiert: «quoties autem aliquid ab aliquo praedicando disiungimus, negatio est, ut homo lapis non est, lapidem enim ab homine disiungimus» (Sooft wir durch eine Aussage etwas von etwas anderem unterscheiden, ist dies eine N., wie wir nämlich [durch die Aussage] 'der Mensch ist kein Stein' den Stein vom Menschen unterscheiden) [7]. Hierbei unterscheidet er die «negatio universalis» im Sinne des syllogistischen ⟨*S e P*⟩ [8] von der «negatio particularis» ⟨*S o P*⟩ [9]. Wird ein finiter Begriff verneint, wie z. B. «non est iustus homo», nennt er das «negatio simplex», geschieht die Verneinung dagegen durch einen infiniten Ausdruck, wie z. B. «est iniustus homo», nennt er das «negatio privatoria» [10]. Terminologie und Theorie des Boethius sind für die Scholastik maßgebend. ABAELARD führt zusätzlich mehrere Negationen hypothetischer Sätze ein, je nachdem ob Vordersatz oder Nachsatz negiert werden [11]. Die mittelalterliche Logik wird weithin so interpretiert [12], daß sie die negative Kopula durch Anwendung der Partikel 'non' auf die affirmative Kopula darstellt und so als abgeleitet betrachtet, entsprechend dem Satz: «in propositione negativa negatio afficere debet copulam». Den Ausdruck der N. verstand das Mittelalter synkategorematisch und rechnete ihn demgemäß zur Form des Urteils, so z. B. BURIDAN [13]. Die Lehre von der synkategorematischen Natur der N. wird von J. JUNGIUS wieder aufgegriffen [14]. Während HOBBES wohl erstmals die Auffassung vertritt, daß die N. im negativen Urteil zum Prädikat und nicht zur Kopula gehört [15], wirkt die mittelalterliche Bestimmung bis zu CHR. WOLFF («Negationis signum est particula negandi copulae praefixa» [16]) und I. KANT nach: «In verneinenden Urtheilen afficirt die Negation immer die Copula» [17].

Die Diskussion zur N. konzentriert sich in der Zeit nach Kant auf das Verhältnis des verneinenden Urteils zum bejahenden. Dabei geht es insbesondere um die Frage, ob beide Urteilsarten gleichberechtigt sind oder ob das bejahende Urteil gegenüber dem verneinenden grundlegender ist. Die Vertreter der zweiten Auffassung verweisen mit F. A. TRENDELENBURG [18] auf ARISTOTELES selbst, der dabei so verstanden wird, daß das Urteil ursprünglich Bejahung ist [19]. Eine Andeutung zu dieser Auffassung findet sich aber auch bei KANT, der ansonsten die traditionelle Gegenüberstellung von Bejahung und Verneinung beibehält: «Nun kann sich niemand eine Verneinung bestimmt denken, ohne daß er die entgegengesetzte Bejahung zum Grunde liegen habe» [20]. Ausdrücklich erklärt dann C. SIGWART, dem sich B. ERDMANN [21] anschließt, daß «die Verneinung nur einen Sinn gegenüber einer versuchten positiven Behauptung» habe [22], so daß sie sich stets auf die bejahende Kopula erstrecke. Die Anerkennung einer negativen Kopula wird mit den Worten abgelehnt: «ein Band, welches trennt, ist ein Unsinn» [23]. Eine ähnliche Bemerkung findet sich bereits bei W. T. KRUG [24]. M. W. DROBISCH erklärt dagegen noch: «Die Form desselben [des Urteils] beruht *zunächst* auf der bejahenden oder verneinenden *Qualität* der Copula, welcher gemäss als die Grundeintheilung der Urtheile in *bejahende (judicia affirmativa)* und *verneinende (judicia privativa s. negativa)* anzusehen ist» [25].

Charakteristisch für SIGWARTS Auffassung ist, daß er überhaupt eine Beziehung zwischen Kopula und Urteilsqualität annimmt, indem er die Zuordnung von Kopula und der Urteilsqualität 'bejahend' beibehält. Seine Ansicht, daß die Kopula «nicht der Träger, sondern das Object der Verneinung» sei [26], kann aber ebenso für die Bejahung geltend gemacht werden. Andererseits kann man von dem negativen Urteil nicht sagen, daß es das positive Urteil im Sinne des Urteilsaktes enthalte [27]. Diese Schwierigkeiten werden vermieden, wenn man mit F. BRENTANO [28] einen neutralen Urteilsinhalt annimmt, auf den sich die Urteilsakte des Bejahens (Anerkennens) und Verneinens (Verwerfens) allererst beziehen. In einem nächsten Schritt ist G. FREGE [29] dazu übergegangen, nur noch den Urteilsakt des Bejahens als «behauptende Kraft» zugrunde zu legen (dargestellt durch seinen Urteilsstrich) und den Urteilsakt des Verneinens durch das Bejahen eines verneinten Inhalts (Gedankens) auszudrücken. Damit gelingt es Frege, die sonst notwendigen drei logischen Elemente Bejahen, Verneinen (als Urteilsakte) und aussagenlogische N. auf zwei Elemente zu reduzieren [30]. Ähnliche Überlegungen finden sich vorher auch schon bei B. BOLZANO, zusammengefaßt z. B. in der Erklärung «*Etwas bejahen* heißt nämlich nichts Anderes als Behaupten, daß etwas wahr sey; *Etwas verneinen* nichts Anderes als Behaupten, daß etwas nicht wahr sey» [31]. Im übrigen weist Bolzano wie Hobbes die These zurück, daß im negativen Urteil die Kopula verneint werde, und sagt, daß «wir den Begriff der Verneinung in allen den Fällen, wo man denselben bisher fälschlich zur Copula bezogen hat», im «Aussagetheile» zu suchen habe [32]. Eine ausführliche Begründung hierfür und eine historische Darstellung dieser Kontroverse findet sich im übrigen bei E. SCHRÖDER [33]. Im Blick auf das klassenlogische Komplement, das er «N.» nennt [34], ordnet Schröder die verneinenden Urteile generell als «negativ prädizierende» ein und verteidigt explizit Kants unendliches Urteil der Sache nach [35].

Eine negative Kopula tritt in der modernen Prädikatenlogik zumeist nicht auf, d. h. man kennt nur 'positiv' geschriebene Elementarsätze der Form ‹P trifft auf x_1, ..., x_n zu›, geschrieben etwa ‹$Px_1, ..., x_n$› oder ‹$P(x_1, ..., x_n)$›, und schließt daran deren *aussagenlogische* N.en ‹$\neg Px_1, ..., x_n$›, ‹$\neg P(x_1, ..., x_n)$› an. – Im Unterschied dazu wird die elementare Prädikation in der konstruktiven Sprachtheorie und der dialogischen Logik so gedeutet, daß mit der affirmativen Kopula (ε) pragmatisch gleichursprünglich eine *negative* Kopula (ε′) verbunden ist: wir lernen den Gebrauch eines Prädikators P in Redehandlungen des *Zu- und Ab*sprechens von P und schreiben dies: ‹$x_1, ..., x_n$ ε P› bzw. ‹$x_1, ..., x_n$ ε′ P› [36].

Die kontradiktorische aussagenlogische N. wird in der gegenwärtigen Logik wie folgt behandelt: Die klassische, auf G. FREGE (und das Chrysippische Zweiwertigkeitsprinzip) zurückgehende Auffassung definiert die N. von p über die Wahrheitswerttafel

p	$\neg p$
W	F
F	W

und ordnet sie entsprechend als einstellige Wahrheitswertfunktion ein, die eine wahre Aussage in die zugehörige falsche Aussage, und umgekehrt, bzw. die Wahrheitswerte 'wahr' und 'falsch' ineinander überführt [37]. – Daneben stehen intuitionistische und konstruktivistische Rekonstruktionen, die sich für den Sinn von ‹$\neg p$› an der 'effektiven' Widerlegbarkeit von p orientieren: Die für ‹$\neg p$› konstitutive Beweis- oder allgemeiner Begründungsverpflichtung besteht dann darin, einsichtig zu machen, daß p unbeweisbar (unbegründbar), nicht lediglich faktisch unbewiesen (unbegründet) ist. Eine derartige Widerlegung von p kann insbesondere so geschehen, daß die Unterstellung, es gäbe eine Begründung für p, ad absurdum geführt wird [38]. Bei diesem Verständnis sind das *tertium non datur* ($p \vee \neg p$) und der *duplex-negatio*-Satz ($\neg\neg p \to p$) nicht logisch gültig: Weder ist jedes p entweder begründbar oder widerlegbar, noch beinhaltet die Widerlegung der Widerlegbarkeit von p eo ipso bereits eine Begründung von p. Im Anschluß an A. J. KOLMOGOROFF kann die intuitionistische N. auch als Ausdruck der *Unlösbarkeit* einer Beweis- oder Begründungs*aufgabe* gedeutet werden [39]. – Formal läßt sich die Widerlegbarkeit von p, in Orientierung an der *ex-falso-quodlibet*-Regel, auch als $p \to \bot$ definieren, wobei $\bot$ etwa eine logische Kontradiktion ist [40].

Anmerkungen. [1] ARISTOTELES, De interpret. 6. 7, 17 a 25-18 a 12. – [2] a.O. 6, 17 a 33f.; 7, 17 b 16ff. – [3] 10, 19 b 5ff. – [4] DIOG. LAERTIUS VII, 69f. FDS Nr. 914. – [5] ALEXANDER VON APHRODISIAS, In Arist. anal. priora I. CAG II/1, 400-405 = FDS Nr. 921. – [6] APULEI PLATONICI MADAURENSIS Opera quae supersunt III (1970) 177. – [7] MANLII SEVERINI BOETII in librum de interpretatione editio prima. MPL 64, 317 B. – [8] a.O. 320 A. – [9] 320 B. – [10] 345 B/346 A. – [11] PETRUS ABAELARDUS, Dialectica, hg. L. M. DE RIJK (Assen 1970) 473ff. – [12] E. A. MOODY: Truth and consequence in mediaeval logic (Amsterdam 1953) 38; vgl. aber B. ERDMANN: Logik 1 (^{2}1907) 504. – [13] MOODY, a.O. 16ff. – [14] J. JUNGIUS: Logica hamburgensis, hg. R. W. MEYER (1957) 73. – [15] TH. HOBBES, Opera philos. 1, hg. G. MOLESWORTH (ND Aalen 1961) 31. – [16] CHR. WOLFF: Philos. rationalis sive logica (Frankfurt ^{3}1740) 220. – [17] I. KANT, Logik (Jäsche) § 22, Anm. 3. – [18] Vgl. F. A. TRENDELENBURG: Erläuterungen zu den Elementen der arist. Logik (1842). ND in: ARISTOTELES, Texte zur Logik, hg. R. BEER (1967) 83. – [19] ARISTOTELES, a.O. [1] 5, 17 a 8. – [20] I. KANT, KrV B 603. – [21] B. ERDMANN: Logik 1 (^{2}1907) 504f. 513. – [22] C. SIGWART: Logik 1 (^{3}1904) 156. – [23] a.O. 159. – [24] W. T. KRUG: System der Philos. 1 (Denklehre) (^{3}1825) 162. – [25] M. W. DROBISCH: Neue Darstellung der Logik (^{5}1887) 46. – [26] C. SIGWART, a.O. [22] 159. – [27] Vgl. A. PFÄNDER: Logik (^{2}1929) 93ff. – [28] Vgl. F. BRENTANO: Psychol. vom empirischen Standpunkt (1874). ND, hg. O. KRAUS 2 (1959) 38f.; vgl. auch H. LOTZE: Logik (1874) § 40. – [29] G. FREGE: Begriffsschr. (1879) § 7. – [30] Die Verneinung. Eine logische Untersuchung. Beiträge zur Philos. des dtsch. Idealismus 1 (1918-19) 154; ND in: Log. Untersuchungen, hg. G. PATZIG (1966) 54-71. – [31] B. BOLZANO, Wiss.lehre § 23, 3; vgl. ferner § 141. – [32] a.O. § 136, 2. – [33] E. SCHRÖDER: Vorles. über die Algebra der Logik 1 (1890) § 15. – [34] a.O. 343; so auch A. N. WHITEHEAD und B. RUSSELL: Principia mathematica 1 (1910) *22.04. – [35] SCHRÖDER, a.O. [33] 335. – [36] W. KAMLAH und P. LORENZEN: Log. Propädeutik (^{2}1973) 35. – [37] Vgl. Art. ‹Aussagenlogik› Nr. 6. – [38] Vgl. etwa A. HEYTING: Intuitionism – An introduction (Amsterdam/London ^{3}1971) 136: 7.1.1; ferner die Art. ‹Logik, konstruktive› 437ff., ‹Logik, dialogische› 405. – [39] Vgl. A. J. KOLMOGOROFF: Zur Deutung der intuitionist. Logik. Math. Z. 35 (1932) 58-65; ferner A. HEYTING: Math. Grundlagenforsch. – Intuitionismus – Beweistheorie (1934, ND 1974) 14ff. – [40] Vgl. etwa P. LORENZEN: Formale Logik (^{4}1970) § 9; ferner Art. ‹Logik, operative› 448.

Literaturhinweise. J. D. MABBOTT, G. RYLE und H. H. PRICE: Symposium: N. Proc. Arist. Soc., Suppl. 9 (1929) 67-111. – A. J. AYER: N. J. Philos. 49 (1952) 797-815; ND in: Philos. essays (London 1954, ND 1965) 36-65. – A. MENNE: Beweis und N. Actes du Xe Congr. int. de Philos. 5 (Amsterdam/Louvain 1953) 91-97. – M. LAZEROWITZ: Negative terms. Analysis 12 (1951/52) 51-66. ND in: The structure of metaphysics (London 1955). – G. H. V. WRIGHT: On the logic of negation. Soc. Scient. Fennica, Comm. physico-mathematicae 12, 4. Teil (Helsinki 1959). – G. BUCHDAHL: The problem of negation. Phil. phen. Res. 22 (1961/62) 163-178. – A. MENNE: Das unendliche Urteil bei Kant. Phil. nat. 19 (1982) 151-162. A. MENNE/Red.

II. *Sprachwissenschaftlich* wird die N. als mögliche Ergänzung der Satzbasis (*fakultative Konstituente*) angesehen [1]. Insofern die N. jedoch im Unterschied zu den übrigen fakultativen Konstituenten der Satzbasis kein Satzglied ist [2], kann sie sprachlich auf verschiedene Weise realisiert werden, d. h. sie kann in bestimmten Fällen Teil anderer Konstituenten werden [3], z. B. ‹nicht beliebt = unbeliebt›, ‹nicht jemand = niemand›, ‹nicht irgendwo = nirgendwo›. Hierbei ist hervorzuheben, daß die Wortartzugehörigkeit der N.-Wörter [4] sich auf verschiedene Wortgruppen verteilt: ‹niemand› und ‹nichts› können als unbestimmte Pronomina angesehen werden, ‹kein› als Zahlwort, unbestimmter Artikel oder Pronomen [5], und die N.-Wörter ‹niemals›, ‹nimmer›, ‹nie›, ‹nirgendwo›, ‹nirgends›, ‹keineswegs› und ‹keinesfalls› als Adverbien [6].

Der Komplexität des sprachlichen Phänomens der N. ist in der historischen Entwicklung der Sprachwissenschaft erst spät Rechnung getragen worden. Zwar verfügt schon ARISTOTELES über einen abstrakten N.-Begriff, aber seine Definition eines Verneinungssatzes (ἀπόφασις) als einer «Aussage, die einem etwas abspricht» [7], vernachlässigt die skizzierten sprachlichen Realisierungen der N. zugunsten der logischen Allgemeinheit. In der Grammatik des DIONYSIOS THRAX, der ersten umfassenden Klassifizierung der Wortarten, werden weder die N.-Wörter abgehandelt, noch findet sich ein abstrakter N.-Begriff [8]. Erst in der Grammatik des APOLLONIOS DYSKOLOS, mit dem Beginn einer Lehre vom Satz (Syntax), kommt der Begriff der N. zur sprachwissenschaftlichen Anwendung [9]. Aber schon in den ‹Institutiones Grammaticae› PRISCIANS, der bis in die Neuzeit maßgebenden Grammatik des Lateinischen, ist der abstrakte N.-Begriff wieder verschwunden [10]. Auch in der Folgezeit behandeln die Grammatiker zwar wie Priscian die einzelnen N.-Wörter, überlassen aber den abstrakten, die semantische Einheit der N.-Wörter sichernden N.-Begriff der Logik [11]. In der Transformationsgrammatik CHOMSKYS hat die N. entsprechend dem Postulat der Bedeutungsinvarianz bei Transformationen den Status einer obligatorischen Transformation [12]. Die linguistische Diskussion um die adäquate Analyse der N. ist nach wie vor kontrovers.

Systematisch weicht der sprachwissenschaftliche N.-Begriff in wenigstens drei Hinsichten von dem logischen N.-Begriff ab. So ist es möglich, daß in einem einfachen Satz eine verstärkte N. durch zwei N.-Wörter ausgedrückt wird, obwohl sich hier logisch gesehen eine Bejahung ergeben müßte. Auch im (älteren) Deutsch finden sich hierfür Belege: «Unsere Weiber haben nie kein Geld und brauchen immer viel» (Goethe), «Reiß dir deshalb kein Haar nicht aus!» (M. Claudius) [13] (heute wohl nur noch mundartlich, kindertümlich oder ironisch). Zweitens wird sprachwissenschaftlich zwischen der *Satz-N.* und der *Satzglied-N.* unterschieden. Entspricht syntaktisch dem semantischen Bereich der Satz-N. in einer groben Annäherung derjenige Teil des Satzes, der auf die N. folgt, so bezieht sich die N.-Konstituente bei der Satzglied-N. nur auf die ihr folgende Konstituente [14]. Beispiel: «*Nicht ich* habe das behauptet», «Ich habe *nicht das* behauptet» [15]. Drittens muß bei der sprachlogischen Analyse zwischen einer sogenannten *starken* und *schwachen* N. unterschieden werden [16]. Die schwache N. wird oft verwendet, um andere Behauptungen oder deren Präsuppositionen zu bestreiten; die starke N. dagegen läßt die Präsupposition des positiven Satzes bestehen. So ist ein Satz wie «Pizarro hat Eldorado *nicht* gefunden» doppeldeutig: wird für die Begründung dieses Satzes angeführt, daß Eldorado gar nicht existiert, dann liegt die schwache N. vor; wird dagegen die Existenz-Präsupposition nicht bestritten, sondern der Satz damit begründet, daß Pizarro vielleicht an der falschen Stelle gesucht hat, dann liegt die starke N. vor [17].

Anmerkungen. [1] K. E. HEIDOLPH, W. FLÄMIG und W. MOTSCH: Grundzüge einer dtsch. Grammatik (1981) 220. – [2] Zur Definition vgl. a.O. 197f. – [3] 220. – [4] Zur Definition: Duden-Grammatik der dtsch. Gegenwartssprache, bearb. von P. GREBE u. a. (³1973) 595. – [5] Bzw. «artikelartiges N.-Pronomen»: HEIDOLPH, a.O. [1] 662. – [6] Vgl. Duden-Grammatik a.O. [4] 595f. – [7] ARISTOTELES, De interpret. 6, 17 a 25f. – [8] DIONYSIOS THRAX, Ars grammatica, übers. und hg. G. UHLIG (1883). – [9] APOLLONIOS DYSKOLOS, Syntax, hg. R. SCHNEIDER/G. UHLIG (1910, ND 1965) vgl. u. a. 118 b 1-5. – [10] PRISCIAN, Institutiones grammaticae hg. M. HERTZ (1961) vgl. 61, 21 und 156, 14-19. – [11] So z. B. in der Logik bzw. Grammatik von Port-Royal: A. ARNAULD und P. NICOLE: L'art de penser. La logique de Port-Royal (Paris 1662, ND 1965) Kap. 17-20; A. ARNAULD und C. LANCELOT: Grammaire gén. et raisonnée ou La grammaire de Port-Royal (Paris 1676, ND 1966). – [12] N. CHOMSKY: Aspekte der Syntaxtheorie (1969) 169; engl. Cambridge, Mass. 1965. – [13] Beispiel aus der Duden-Grammatik a.O. [4] 598. – [14] Vgl. HEIDOLPH, a.O. [1] 221f. – [15] Beispiel: 222; vgl. auch G. STICKEL: Untersuchungen zur N. im heutigen Deutsch (1970). – [16] U. BLAU: Die dreiwertige Logik der Sprache (1977) 75-81: Abschn. 3.2. – [17] Vgl. a.O. 76. G. HEYER

Negation, Negativität

I. *Von der Antike bis zur Schulphilosophie des 18. Jh.* – Mit ‹negatio› (n.) übersetzt die lateinische Tradition den aristotelischen Begriff ἀπόφασις für das verneinende Urteil: «Negatio vero est enuntiatio alicujus ab aliquo» [1]. Dieses Urteil wird auch «divisio» genannt, weil es eine Trennung aussagt [2]. ARISTOTELES bezeichnet als ἀπόφασις auch die στέρησις (privatio) [3]. Zudem unterscheidet er zwischen finiten (weiß) und infiniten (nicht weiß) Nomina [4].

Die lateinische Tradition hat den Begriff ‹n.› im Zusammenhang verschiedener Verneinungstypen im Satz entwickelt. Dabei boten die aristotelischen Anknüpfungspunkte zwei Möglichkeiten. Wenn es gemäß den drei Arten der Prädikatsnomina (praedicatum finitum, praedicatum infinitum, praedicatum privativum) drei Arten der Bejahung gibt, entsprechen diesen durch die Verneinung des Prädikats drei Weisen der Negation (N.). BOETHIUS spricht von «n. simplex», «n. infinita» und «n. privativa» [5]. Man konnte aber schon das «praedicatum infinitum» und das «praedicatum privativum» selbst als N.en begreifen, so THOMAS VON AQUIN. Dabei treten zu der «n. simplex» als Verneinungen zwei Sätze, in denen einem Subjekt ein «nomen infinitum» oder ein «nomen privativum» zugesprochen wird (neben *homo non est iustus* statt, wie in der ersten Weise, *homo non est non iustus* und *homo non est iniustus* also *homo est non iustus* und *homo est iniustus*) [6]. Während das infinite Prädikat in dieser zweiten Weise eine Zwischenstellung einnimmt, wird das privative Prädikat als Präzisierung eines Absprechens einer Bestimmung begriffen, nämlich hinsichtlich solcher Subjekte, die sie von Natur aus haben, was den Begriff der Privation ausmacht [7] (obwohl Privation im Anschluß an ARISTOTELES [8] in einem weiten Sinn synonym mit N. gebraucht wird [9]). Da die Privation nur von Subjekten bestimmter Gattungen ausgesagt werden kann, wird sie meist als «n. in genere» bezeichnet. So unterscheidet THOMAS, ALBERTUS MAGNUS folgend [10], zwei N.en: Die eine, die «n. simplex» oder «n. extra genus», besagt einfach, daß etwas nicht in einem ist; die andere ist die N. innerhalb einer bestimmten Gattung: 'Blind' wird nur das genannt, was von seiner Natur her das Sehvermögen hat. Die «n. simplex» unterliegt keinen Beschränkungen dieser Art: So kann Sehen allem abgesprochen werden, was nicht sieht, sowohl einer Chimäre als auch einem Stein oder einem Menschen [11]. In anderen Zusammenhängen unterscheidet THOMAS die «n. in genere» als eine dritte Form der N. zwischen der «n. simplex» und der N. als Zusprechung eines privativen Prädikats. «Ingenitus» als Prädikatsnomen einer Aussage über Gott könne weder eine «n. simplex» [12] noch eine Privation sein, weshalb zwischen beide eine N. zu stellen sei, die mit der N. als Privation, aber ohne deren Implikation, ein «genus» voraussetzt [13]. Auch die N. im Prozeß der Bildung von Arten aus der Gattung durch die spezifische Differenz ist als eine «n. in genere» sowohl von der einfachen N. als auch von der N. als Privation im engen Sinn unterschieden. So wird vom Esel «sine ratione» ausgesagt, weil die N. der Vernunft in der spezifischen Differenz zu seinem Begriff gehört [14]. Schließlich ist für Thomas die «n. simplex» allgemeiner als die N. qua Bejahung mit einem infiniten Prädikat, diese aber ihrerseits allgemeiner als die N. qua Bejahung mit einem privativen Prädikat [15]. DUNS SCOTUS unterscheidet zum einen wie Thomas von Aquin zwischen der «n. extra genus» und der Bejahung mit privativem Prädikat als «n. in genere» [16]; zum anderen betont er, die «n. in genere» könne auch als Mittleres zwischen diesen beiden angesehen werden. Sie bezeichnet dann den Unterschied innerhalb einer Gattung [17].

Vor allem durch den Gebrauch von N. auch für die Privation, aber auch aufgrund – oft mißverstandener [18] – aristotelischer Sätze wie «Wenn die N. die Ursache der N. ist, ist die Affirmation Ursache der Affirmation» [19] war in der Scholastik die Frage kontrovers, ob die N. ein

Seiendes in den Dingen oder bloß im Verstande sei. Hier standen sich die «negationes reales» der Scotisten und die Thomisten gegenüber [20]. Für DUNS SCOTUS ist die N. etwas in den Dingen Seiendes; als Mensch hat der Mensch die N. des Esels in sich, eine N. in der Sache selbst, nicht bloß im Verstand [21]. Er unterscheidet in diesem Zusammenhang drei Weisen, nach denen eine N. in etwas sein könne: zunächst wegen des Nichtvorhandenseins einer Ursache, die die Wirkung als ein Positives setzt. Die andere N. hingegen ist in etwas aufgrund von dessen positiver Wesensbestimmung. Zwei Dinge sind einander «negationes», weil sie sich entweder, wie Mensch und Esel, nur durch die letzte spezifische Differenz oder, wie Mensch und Weißheit, schon in den darüberliegenden Gattungen unterscheiden [22]. In dieser Linie hat ANTONIUS TROMBETA die privative N. als «ens reale» und «negatio ut in aliquo positivo» bezeichnet, der gegenüber die logische Verneinung nur eine Mentalexistenz habe [23]; haben Autoren wie AEGIDIUS ROMANUS, JOHANNES CANONICUS, die Conimbricenses oder ANTONIUS RUVIUS sie als «entia realia negativa» verstanden [24], gewinnt bei FRANCISCUS DE MAYRONIS die ganze Logik eine extramentale Existenz. Affirmation und N. können sowohl für den bejahenden oder verneinenden Erkenntnis- oder Sprechakt als auch für den dadurch bezeichneten Sachverhalt genommen werden und sind so in der Sache [25]. RUVIUS sagt, die N.en gehörten zum Wesen der Sache [26]. Auch für MASTRIUS haftet jedem Seienden als Seienden eine «negatio identitatis» an [27]. Die Seiendheit des Seienden selbst negiert als positive Form wesensmäßig die N. ihrer selbst, so daß das Wesen des Seienden geradezu in dieser doppelten Real-N. besteht: «negatio negationis entis a parte rei formalissime est ipsa quidditas entis» [28]. Diese N. unterscheidet ST. CHAUVIN als metaphysische von der logischen [29]. Für THOMAS VON AQUIN hingegen ist die N., wie die Relation, nichts in den Dingen Seiendes, sondern ein bloßes «ens rationis» [30]; ebenso spricht OCKHAM den N.en jedwede extramentale Existenz ab [31]. BURIDAN unterscheidet die «n.» als «diffinitio negativa» (negative Definition), als «terminus infinitus» (unbestimmter Begriff), als «propositio negativa» (verneinender Satz) und als «totale significatum propositionis negativae» (der ganze durch eine verneinende Aussage bezeichnete Sachverhalt) und weist für alle ihre extramentale Existenz zurück [32]. Gegen die Scotisten und gegen AUREOLIS Annahme inkomplexer Mental-N.en [33] hält JEAN SALABERT am Urteilscharakter der N. fest [34]. Ebenso leugnet FRANCISCUS LE RÉES, daß es außerhalb des Urteils noch eine «negatio simplex a parte rei» geben könne [35].

Aus der «n. negationis» in der Scholastik darf man nicht auf eine Priorität der N. vor der Position schließen; denn die Scholastik hat, im Gegensatz zu Hegel, wohl eine Umschreibung einer einfachen, positiven Entität durch N.en, nicht jedoch eine reale Vermitteltheit alles Positiven durch die N. zugelassen [36]. Sowohl für die Thomisten als auch für die Scotisten gelten Dicta wie: «Die Bejahung ist von Natur früher als die N.» [37], «Die N. wird nur durch die Affirmation erkannt» [38]. Allerdings hat NIKOLAUS VON KUES – ohne damit freilich in den über jede Affirmation und N. erhabenen Gott eine N. zu tragen [39] – den Primat der N. vor der Affirmation behauptet: «Die N. ist das Prinzip aller Affirmationen» [40].

Schon in der platonischen Dihairesis [41] konnte man sich der Bestimmung eines Dinges durch die N. anderer nähern [42]. Dazu trat im Christentum die Differenz zwischen der Endlichkeit der Kreatur und der Unendlichkeit Gottes. Da aber alles, was etwas als Besonderes und Einzelnes ist, von Gott verliehenes Sein ist [43], hat die Scholastik diese Bestimmung der Dinge zum einen nicht vom «summum ens», sondern vom «ens commune», den allgemeinen Gattungen, aus vorgenommen und sie zum anderen nicht unter dem Gesichtspunkt der Beschränkung, der N. vorgängiger Realität, sondern als Hinzufügung positiver Bestimmungen begriffen [44]. Was einem endlichen Ding an N.en, realen oder als «entia rationis», zukommt, ruht deshalb auf der nicht als N., sondern als positive Realität begriffenen Natur dieses Dinges [45]. Diese Perspektive kippt bei SPINOZA um. Wohl hat die Charakterisierung der endlichen Kreatur als Privation oder N. der göttlichen Unendlichkeit Tradition: NIKOLAUS VON KUES unterscheidet von Gott als dem «negative infinitum» das Universum als «privative infinitum» [46]. Und wenn DESCARTES es zurückweist, das Unendliche nicht durch eine wahre Idee, sondern nur durch die N. des Endlichen zu erfassen [47], liegt darin die These, daß das Endliche die N. des Unendlichen in sich enthält: «quod *limitatio contineat negationem infiniti*» [48]. Noch für LEIBNIZ sind die Kreaturen beschränkt und begrenzt, weil sie am Prinzip der N. oder des Nichts partizipieren [49]. SPINOZA hingegen bricht mit der alten Formmetaphysik, für die alle Formbestimmtheit seinsverleihende Aktualität ist, wenn er die Gestalt, die Bestimmung eines Dinges nicht zu dessen Sein, sondern zu dessen Nichtsein rechnet und sie als N. bezeichnet: «Haec ergo determinatio ... est ejus non esse ... determinatio negatio est» [50].

In der Logik hat LEIBNIZ mehrfach versucht, die prädikativ verneinende Aussage in eine bejahende mit einem negativen Prädikat zu überführen [51]. Während CHR. WOLFF ⟨N.⟩ nur in der Logik benutzt [52], in der Ontologie hingegen der Begriff «realitas» mit seinem Gegenbegriff «absentia rei» nur relativ selten auftaucht [53], nimmt das Begriffspaar «realitas/negatio» (als oberste und gleichrangige Einteilung der «determinationes entium») in den Metaphysiken von A. G. BAUMGARTEN und G. F. MEIER eine zentrale Stellung ein [54]. N. gilt hier als «ens negativum» [55].

Anmerkungen. [1] BOETHIUS, In librum De interpr., ed. prima. MPL 64, 317 B; vgl. ARISTOTELES, De interpr. 6, 17 a 25f.; auch PLATON, Soph. 257 b 9. – [2] THOMAS VON AQUIN, In libros Peri herm. expos. I, lec. 3, 4. – [3] ARISTOTELES, Met. V, 22, 1022 b 32f. – [4] Vgl. Anal. pr. I, 46, 51 b 5ff.; vgl. De interpr. 2, 16 a 32; 3, 16 b 14; 10, 19 b 8ff. – [5] BOETHIUS, a.O. [1] 343 B ff.; vgl. auch THOMAS VON AQUIN, a.O. [2] II, 10, lec. 2, 6ff. – [6] Nach den Beispielen von THOMAS VON AQUIN, a.O. [5]. – [7] THOMAS VON AQUIN, In I Sent., d. 13, q. 1, a. 4, solutio. – [8] ARISTOTELES, Met. V, 22, 1022 b 22ff. – [9] THOMAS VON AQUIN, In XII libros Met. Arist. expos. IX, lec. 1, 18, hg. R. M. SPIAZZI (Turin 1964) 1785; vgl. ALBERTUS MAGNUS, Met. V, tr. 5, c. 4. Op. omnia XVI/1 (1960) 279, 38. – [10] ALBERTUS MAGNUS, Met. IV, tr. 2, c. 4, a.O. 179, 19ff.; VII, tr. 1, c. 5, a.O. XVI/2 (1964) 324, 44ff. – [11] THOMAS VON AQUIN, In Met. IV, lec. 3, 2, a.O. [9] 565. – [12] In I Sent., d. 28, q. 1, a. 1, ad 2. – [13] d. 13, q. 1, a. 4, solutio. – [14] d. 8, q. 4, a. 1, ad 1. – [15] a.O. [2] II, c. X, lec. 2, 9. – [16] DUNS SCOTUS, Expos. in Met. Arist. IV, s. 1, c. 2. Op. omnia, hg. L. WADDING (Lyon 1639, ND 1968) IV, 114f. – [17] Oxon. I, d. 23, q. 7, a.O. V/2, 1075. – [18] Vgl. W. HÜBENER: Die Logik der N. als ontolog. Erkenntnismittel, in: Positionen der Negativität, hg. H. WEINRICH (1975) 105–140, hier 118ff. – [19] ARISTOTELES, Anal. post. I, 13, 78 b 14ff. – [20] Zum scotist. Begriff der «negatio realis» vgl. BARTHOLOMAEUS MASTRIUS DE MELDULA und BONAVENTURA BELLUTUS: Philos. ad mentem Scoti cursus integer (Venedig 1708) t. 1 (Logica), d. 3, q. 7, n. 99; t. 2 (Physica), d. 4, q. 1, a. 1, n. 2ff.; t. 4 (Metaphysica, p. 1), d. 2, q. 9, a. 3, n. 275ff. – [21] DUNS SCOTUS, Report. Par. I, d. 23, q. un., n. 7, a.O. [16] XI/1, 125. – [22] Oxon. I, d. 36, q. un., n. 13, a.O. V/2, 1270; vgl. Report. Par.

II, d. 1, q. 2, n. 18, a.O. XI/1, 246f. – [23] A. TROMBETA: Opus in Met. Arist. Paduae in Thomistas disc. (Venedig 1502) f. 91vb ff. – [24] Vgl. die Nachweise in MASTRIUS/BELLUTUS, a.O. [20], t. 4 (Metaphysica, p. 1), d. 2, n. 232. – [25] FRANCISCUS DE MAYRONIS: Praecl. ac multum subt. egregiaque scripta ... in quatuor libros sent. ... (Venedig 1520, ND 1966) f. 239 G; vgl. 269 G. – [26] A. RUVIO: Comm. in universam Arist. dialecticam (1634) 57b. – [27] MASTRIUS/BELLUTUS, a.O. [20] t. 4 (Metaphysica), d. 5, q. 4, a. 1, n. 49, n. 62; q. 5, dub. 4, n. 103. – [28] a.O. n. 103. – [29] ST. CHAUVIN: Lex. philos. (Leeuwarden 1713, ND 1967) 435. – [30] THOMAS VON AQUIN, De ver. 21, 1; vgl. In Met. IV, lec. 1, n. 12, a.O. [9] 540. – [31] WILHELM VON OCKHAM, Expos. in lib. Praedicament. Arist., c. 17, § 8. Op. philos. 2 (St. Bonaventure, N.Y. 1978) 309. – [32] J. BURIDANUS: In Met. Arist. (Paris 1588, ND 1964) IV, q. X, f. 20ra ff. – [33] Vgl. W. HÜBENER, a.O. [18] 115f. – [34] J. SALABERT: Philos. Nominalium vindicata (Paris 1651) 35. – [35] FRANCISCUS LE RÉES: Cursus philos. (Paris 1648) 1, 483. 472. – [36] Vgl. W. HÜBENER, a.O. [18] 127ff. 136ff. – [37] THOMAS VON AQUIN, In Peri herm. I, lec. 1, n. 10. – [38] DUNS SCOTUS, Report. Par. I, d. 3, q. 1, n. 16 [XI/1, 42]; für ähnliche Sätze vgl. W. HÜBENER, a.O. [18] 128. – [39] NIKOLAUS VON KUES: De principio. Philos.-theol. Schr., hg. L. GABRIEL 2, 240. – [40] a.O. 252. – [41] PLATON, Soph. 218 d-231 e, 235 b ff. – [42] Vgl. ALBERTUS MAGNUS, Met. VII tr. 1, c. 9, a.O. [9] XVI/2, 331, 18ff. – [43] THOMAS VON AQUIN, De ver. 2, a. 4, solutio. – [44] Vgl. G. KAHL-FURTHMANN: Das Problem des Nicht (1934, ²1968) 123ff. – [45] THOMAS VON AQUIN, In I Sent., d. 35, q. 1, a. 1, ad 2. – [46] NIKOLAUS VON KUES, De docta ignorantia II, 1. – [47] R. DESCARTES, Med. III. Oeuvres, hg. ADAM/TANNERY 7, 45. – [48] a.O. 3, 427. – [49] G. W. LEIBNIZ: Textes inéd., hg. G. GRUA (Paris 1948) 1, 364. – [50] B. SPINOZA, Opera, hg. C. GEBHARDT (1924) IV, 240; vgl. W. HÜBENER: Zu Spinozas Satz 'Omnis determinatio est negatio', a.O. [18] 500. – [51] Vgl. R. KAUPPI: Über die Leibnizsche Logik (Helsinki 1960) 76ff. u.ö. – [52] CHR. WOLFF: Philos. rationalis sive Logica (1728) § 205ff. – [53] Vgl. A. MAIER: Kants Qualitätskategorien, in: Zwei Unters. zur nachscholast. Philos. (Rom ²1968) 81. – [54] a.O. – [55] A. G. BAUMGARTEN: Metaphysica (Halle 1739, ⁴1757) § 135, vgl. schon § 36; vgl. G. F. MEIER: Metaphysik (Halle 1755-59) §§ 48. 130. Red.

II. *Von Kant bis zur Gegenwart.* – KANTS Einteilung der Kategorien der Qualität und HEGELS spekulative Deutung der Begriffe ‹N.› und ‹Negativität› (Nt.) sind für die neuere Geschichte dieser Begriffe von entscheidender Bedeutung. In der Urteilslehre des Neukantianismus sowie der neueren Philosophie der Logik und Sprachanalyse wird vor allem der Begriff der N. bzw. Verneinung behandelt. Der Begriff der Nt. gewinnt bei J.-P. SARTRE und TH. W. ADORNO, die sich mit Hegel kritisch auseinandersetzen, wieder an Bedeutung. Auch in Gesellschafts- und Systemtheorie, Linguistik, Literaturwissenschaft und Ästhetik wird die theoriebildende Funktion der Begriffe ‹N.› und ‹Nt.› erkannt.

1. Während in der Schulphilosophie des 18. Jh. Realität und N. gleichursprüngliche Bestimmungen waren, ist für KANT Realität das Primäre und N. lediglich die aufgehobene Position [1]. In seiner vorkritischen Abhandlung ‹Versuch den Begriff der negativen Größen in die Weltweisheit einzuführen› (1763) unterscheidet Kant zwischen der logischen und realen Entgegensetzung: Nach dem Satz des Widerspruchs ist die Folge der logischen Entgegensetzung ein «nihil negativum». Bei der realen Entgegensetzung heben zwei Bewegungskräfte einander auf; die Folge ist Ruhe, ein «nihil privativum». Kant unterscheidet zwischen Beraubung (privatio) und Mangel (defectus), der keinen positiven Grund erfordert, und kritisiert die Philosophen, die die Übel in der Welt wie bloße Verneinungen behandeln. Diese sind vielmehr entweder Übel des Mangels oder der Beraubung. In der Mathematik gibt es nach Kants Auffassung keine schlechthin negativen Größen, sondern eine Größe ist die negative der anderen; die negativen Größen zeigen ein Gegenverhältnis an [2]. «Verneinungen an sich selbst» sind nicht denkbar; sie sind immer durch die entgegengesetzten Positionen bestimmt [3].

In der ‹Kritik der reinen Vernunft› versucht Kant eine vollständige Einteilung der verschiedenen Formen des Nichts zu geben: «nihil privativum», «nihil negativum», «ens rationis» (leerer Begriff ohne Gegenstand) und «ens imaginarium» (leere Anschauung ohne Gegenstand) [4]. Die Bedeutung der Realrepugnanz macht Kant in seiner späteren Metaphysikkritik geltend [5]. Der Begriff der N. gehört zu den Kategorien der Qualität, dabei stellt ein besonderes Problem die Abgrenzung des unendlichen Urteils dar [6]. So auch in der ‹Logik› [7]. Die Antinomienlehre der ‹Kritik der reinen Vernunft› unterscheidet zwischen analytischer und dialektischer Opposition: Die der Antinomien ist in Wahrheit eine dialektische, in der der eine Satz den anderen im Sinne des unendlichen Urteils negiert [8]. Die «transzendentale Verneinung» als durchgängige Bestimmung eines jeden Dinges beruht danach auf einer Einschränkung des Alls der Realität (transzendentales Ideal, Gott), das nur eine transzendentale Idee ist. Als Bedingung unserer Erfahrungserkenntnis müssen wir auch den Inbegriff aller empirischen Realität voraussetzen [9]: Realität zeigt ein Sein in der Zeit, N. ein Nichtsein in der Zeit an, jede Empfindung hat einen Grad oder eine intensive Größe, wodurch sie dieselbe Zeit mehr oder weniger erfüllen kann, insgesamt ist sie eine bestimmte N. des Inbegriffs aller empirischen Realität [10]. Dieser Grundsatz, der mit einer inhaltlich bestimmenden N. verbunden ist, gewinnt für den späten Kant an Bedeutung [11]. Verneinende Urteile sind dort besonders wichtig, wo Irrtümer durch eine «warnende Negativlehre» [12] abgewehrt werden müssen.

Im Unterschied zu Kant bestimmt S. MAIMON das Verhältnis zwischen allgemeiner und transzendentaler Logik so, daß nicht diese jene voraussetzt, sondern umgekehrt. Er leitet damit – wie schon K. L. REINHOLD [13] – zum Deutschen Idealismus über. Nach Maimons Auffassung setzen die logische Bejahung und Verneinung die transzendentalen Begriffe von Realität und N. voraus [14]. Die Qualitätskategorien leitet MAIMON aus einer bestimmten Art des Gegebenseins der Objekte ab. Das Gegebensein der Objekte in einem Verhältnis der Bestimmbarkeit macht die Kategorie der Realität, in einem diesem entgegengesetzten Verhältnis die Kategorie der N. und das Gegebensein derselben in keinem Verhältnis der Bestimmbarkeit die Kategorie der Limitation aus [15]. Das unendliche Urteil, dem der Begriff des transzendentalen Nichts zugrunde liegt, unterscheidet sich wesentlich vom negativen Urteil [16].

Anmerkungen. [1] A. MAIER: Kants Qualitätskategorien. Diss. (1930) 29. – [2] KANT, Akad.-A. 2, 171f. 177f. 198. 182. 174. – [3] Einzig möglicher Beweisgrund. Akad.-A. 2, 87. – [4] KrV B 348. – [5] KrV B 329f.; Preisschrift. Akad.-A. 20, 282f. 302. – [6] KrV B 97f.; vgl. G. TONELLI: Die Voraussetzungen zur Kantischen Urteilstafel in der Logik des 18. Jh., in: Kritik und Met., hg. F. KAULBACH/J. RITTER (1966) 147. 151. – [7] Akad.-A. 9, 103f. – [8] KrV B 531f. – [9] Preisschrift. Akad.-A. 20, 302; KrV B 602ff. 608ff. – [10] KrV B 182f. 209f. 217f. – [11] P. ROHS: Kants Prinzip der durchgängigen Bestimmung alles Seienden. Kantstudien 69 (1978) 176f. 180. – [12] KANT, KrV B 737-740. – [13] A. PH. KÖNIG: Denkformen in der Erkenntnis. Die Urteilstafel bei I. Kant und K. L. Reinhold (1980) 121ff. – [14] S. MAIMON: Versuch einer neuen Logik oder Theorie des Denkens (1794, ND 1970) XXI; Die Kategorien des Aristoteles (1794) 145ff. – [15] Versuch einer neuen Logik ... 163. – [16] Kategorien ... 146. 151; Versuch einer neuen Logik ... 436.

Literaturhinweise. – Zu Kant: A. MAIER s. Anm. [1]. – H. HEIMSOETH: Zur Herkunft und Entwicklung von Kants Kategorientafel. Kantstudien 54 (1963) 387-391; Transzendentale Dialektik. Ein Kommentar zu Kants KrV 3 (Berlin 1969) 419-459. – G. TONELLI s. Anm. [6]. – P. ROHS s. Anm. [11]. – M. WOLFF: Der Begriff des Widerspruchs. Eine Studie zur Dialektik Kants und Hegels (1981). – *Zu Maimon:* F. KUNTZE: Die Philos. S. Maimons (1912) 136. 141f. 233. – S. H. BERGMAN: The philos. of S. Maimon (Jerusalem 1967) 124-127.

2. J. G. FICHTE bestimmt das Verhältnis zwischen allgemeiner und transzendentaler Logik in der Wissenschaftslehre neu [1]. Die reinen Verstandesbegriffe leitet er aus den ersten drei Grundsätzen alles menschlichen Wissens ab. Die Kategorie der N. wird gewonnen, wenn von der bestimmten Handlung des Urteilens im zweiten Grundsatz (dem Ich wird schlechthin entgegengesetzt ein Nicht-Ich) abstrahiert und bloß auf die Form gesehen wird. Nach dem dritten Grundsatz (Ich setze im Ich dem teilbaren Ich ein teilbares Nicht-Ich entgegen) können Ich und Nicht-Ich nur zusammen bestehen, indem sie sich gegenseitig einschränken. Das Nicht-Ich wird als ein Quantum gesetzt: «aber jedes Quantum ist *Etwas*, mithin auch *Realität*. Dennoch soll das Nicht-Ich N.; – also gleichsam eine reale N., (eine negative Größe) seyn». Das Nicht-Ich aber hat nur Realität, wenn in das Ich das Gegentheil von Realität und Tätigkeit gesetzt ist: «Das Gegentheil der Thätigkeit aber heißt *Leiden*. Leiden ist *positive* N., und ist insofern der bloß *relativen* entgegengesetzt» [2].

In der Neubearbeitung der Wissenschaftslehre (nach 1800) wird das Absolute als absolutes Sein vom Sein des Wissens unterschieden. In der N. seiner selbst gelangt das Wissen zum absoluten Sein. Aufgabe der Wissenschaftslehre ist es zu zeigen, daß die «N. der Einsicht», die absolute «N. des Begriffes», nicht negativ bleibt, sondern Position, «absolute positive N.» ist [3]. Auch für die späte Religionsphilosophie Fichtes ist der Begriff der N. von Bedeutung: «Der Mensch kann sich keinen Gott erzeugen; aber sich selbst, als die eigentliche N., kann er vernichten, und sodann versinket er in Gott» [4].

Die zeitgenössische Auseinandersetzung mit Fichtes Wissenschaftslehre behandelt die Frage, ob die Entgegensetzung von Ich und Nicht-Ich, die geschichtsphilosophisch als Entzweiung der modernen Subjektivität mit Natur und Geschichte gedeutet wird, nicht im leeren Nichts endet, unter den Stichwörtern ‹Annihilation›, ‹Nichts›, ‹Nihilismus›, ‹N.› und ‹Nt.› [5]. Während diese Begriffe im Kreis der Jenaer Frühromantik, bei NOVALIS und F. SCHLEGEL [6], noch keine terminologische Fixierung erfahren, erhalten sie bei SCHELLING und HEGEL innerhalb eines Systems der Philosophie eine eingegrenztere Bedeutung.

Der frühe SCHELLING geht wie Fichte von der Entgegensetzung von Ich und Nicht-Ich aus. Dieses stellt als solches eine absolute oder bloße N., ein absolutes Nichts und absolutes Nichtsein dar [7]. Die ursprünglichen Formen des Nicht-Ich sind: Wechsel, Vielheit, Negabilität [8]. Kants Kategorien ergeben sich aus der Synthese von Ich und Nicht-Ich. Die Fortbestimmung der Entgegensetzung von Ich und Nicht-Ich führt zum Gegensatz von empirischer und absoluter Freiheit, empirischem und absolutem Ich. Das Streben des endlichen Ich nach Identität mit dem absoluten hat die N., die «Zernichtung» der Persönlichkeit zum letzten Ziel: «Der höchste Moment des Seyns ist für uns Uebergang zum Nichtseyn, Moment der *Vernichtung*» [9].

Entsprechend der Entgegensetzung von Ich und Nicht-Ich geht Schelling in seiner Naturphilosophie von dem Gegensatz zwischen einer unbeschränkten, ursprünglich-positiven und beschränkten, ursprünglich-negativen Tätigkeit aus. Die positive Tätigkeit ist nur positiv im Gegensatz zu einer ursprünglichen N.: «Denn wäre sie *absolut* (schrankenlos), so könnte sie selbst nur noch negativ (als absolute N. aller N.) vorgestellt werden» [10]. Bei der Ausarbeitung seiner Naturphilosophie gewinnt für Schelling der positive Sinn einer N. der N. und der Begriff der Nt. Bedeutung. So unterscheidet sich die «Zurückstoßungskraft als N. aller Grenze» von der «Anziehungskraft als N. aller Größe» dadurch, daß aus ihrer N. etwas Positives hervorgeht, «weil die N. einer N. doch etwas *Positives* ist» [11]. Mit dem Verständnis der Natur als absoluter Produktivität muß deren Bestimmung als Hemmung, als N., Bestimmtheit als Nt. vorgestellt werden [12]. In Schellings identitätsphilosophischen Schriften erscheint alles Besondere als «relative N. in Bezug auf das All gesetzt». Die Einzelnheit ist als solche absolute N. der Allgemeinheit. Die Verwicklung der Seele mit dem Leib ist die Folge einer «N. in der Seele selbst» und eine Strafe. Die Seele wird in dem Maße unsterblich sein, in dem sie sich von dieser N. befreit hat [13]. Zugleich wird ‹Nt.› für Schelling zur polemischen Vokabel. So habe sich das Bessere des Zeitalters in dem Verständnis der meisten in eine bloße Nt. verwandelt [14]. Die Philosophie der ‹Weltalter› rechnet mit Gottes Selbstverneinung. Verneinung ist der erste Übergang von Nichts in Etwas [15]. In seiner Spätphilosophie unterscheidet Schelling zwischen negativer bzw. rein rationaler Philosophie, die von der Möglichkeit, und positiver Philosophie, die von der Existenz ausgeht. Gegen Hegel betont er, daß das Logische das bloß Negative der Existenz darstellt, die jenem vorhergeht [16]. Die Spätphilosophie sucht den Übergang des unendlichen Seins in die Existenz durch N. zu bestimmen: «Jene *potentia ultima* – durch ihre unendliche Nt. ist sie die anziehende Potenz des eben so unendlichen Seyns, welches darum das Zweite und mit ihr zusammen erst das Seyende ist ...» [17]. Das neu entstandene, existierende Sein wirkt ausschließend auf das reine Sein, setzt es als nicht seiend. Diese N. muß überwunden werden [18].

Für HEGEL bilden die Begriffe N. und Nt. erst in den Schriften der Jenaer Zeit (1801–1806) einen Bestandteil seiner philosophischen Terminologie. Im ‹Systemfragment von 1800› wird bei der Bestimmung der Tätigkeit des Opferns bereits die spätere N.-Problematik antizipiert [19]. Am Anfang der Jenaer Zeit meint Hegel: Logik und Metaphysik [20] sind zwei Weisen von Vernunft zugeordnet, die der formalen oder negativen und die der absoluten Vernunft. Diesen entsprechen wiederum zwei Formen der Unendlichkeit: «die erste Unendlichkeit ist die der absoluten Vernunft; die Unendlichkeit der reinen Identität oder der Nt. ist die der formalen oder negativen Vernunft» [21]. Die Nt. der negativen Vernunft ist «absolute Nt.» [22]. Absolute Vernunft bedeutet absolute Affirmation, die gegen das Entgegengesetzte und Endliche gekehrt dieses in absoluter N. negiert [23]. Da die Entgegensetzung selbst bereits eine N. ist, stellt das Negieren des Entgegengesetzten eine N. der N. dar [24]. In den Schriften der Jahre 1803–1806 bestimmt Hegel die Begriffe N. und Nt. einerseits innerhalb einer Natur- und Geistesphilosophie konkreter, andererseits innerhalb einer Logik und Metaphysik systematischer [25]. In der ‹Phänomenologie des Geistes› (1807) werden konkrete Einzelanalysen innerhalb einer systematischen Begründung der spekulativen Philosophie bzw. Logik vorgenommen [26]. In der Dialektik eines Erfahrungsprozesses wird das Bewußtsein mit verschiedenen Formen von Nt. konfrontiert: absolute, abstrakte, allgemeine, daseiende, einfache, in sich reflektierte, natürliche, reale, reine, sich bewegende, unerfüllte, Nt. an sich, Nt. des Begriffs, Nt. überhaupt [27]. Erst das zum absoluten Wissen gelangte Bewußtsein ist fähig, den Begriff der «reinen *einfachen* Nt.» zu fassen, in dem die Substanz zugleich Subjekt ist [28]. Das Bewußtsein hat sich einer Dialektik anvertraut, in der nach dem Gesetze der «*bestimmten* N.» einseitige Standpunkte aufgehoben werden [29]. Als Entsprechungen zu den verschiedenen Formen von Nt. sind zu unterscheiden: absolute N., abstrakte, erfüllte, natürliche, reine, selbstbewußte, sich auf sich beziehende, unvollendete, N. des Begriffs, N. seiner selbst [30].

Auch die ‹Wissenschaft der Logik› unterscheidet verschiedene Formen von N. und Nt., so die «konkrete, *absolute* Nt.» als «N. der N.» von der «*abstrakten* Nt.» als «N. *überhaupt*» [31]. Den Übergang von der Seins- zur Wesenslogik expliziert Hegel durch Rückgriff auf den Begriff der Nt. Die unendliche Bewegung des Seins ist keine dem Wesen «fremde Nt.», sondern seine eigene [32]. Das Wesen ist die erste N. des Seins, der Begriff die zweite oder: «die N. dieser N., also das wiederhergestellte Sein, aber als die unendliche Vermittlung und Nt. desselben in sich selbst» [33]. Erst die Idee als Einheit von Begriff und Objektivität ist das Wahre, die Methode. Diese begreift den Anfang der Logik, den Anfang des reinen Denkens, als das Andere seiner selbst, das negative Beziehung auf sich, Nt. ist [34]. In den realphilosophischen Darstellungen der späteren Schriften und Vorlesungen findet sich eine differenzierte Verwendung der Begriffe N. und Nt., ohne daß aber über die in der ‹Phänomenologie› und in der ‹Logik› entwickelten Unterscheidungen wesentlich hinausgegangen würde [35].

Anmerkungen. [1] J. G. FICHTE: Über den Begriff der WL (1794). Gesamt-A. I/2, 138. – [2] Grundlage der ges. WL (1794). Gesamt-A. I/2, 267. 292f. – [3] Darstellung der WL (1801). Werke, hg. I. H. FICHTE 2, 51ff. 64; Die WL (1804). Nachgel. Werke, hg. I. H. FICHTE 2, 150. 163. 263. – [4] Anweisung zum seligen Leben (1806). Werke 5, 518. – [5] D. ARENDT (Hg.): Nihilismus. Die Anfänge von Jacobi bis Nietzsche (1970) 23. 27. 43. – [6] NOVALIS, Schr., hg. P. KLUCKHOHN/R. SAMUEL (²1960ff.) 2, 111 (Nr. 12); 181ff. (Nr. 234ff.); 229f. (Nr. 363ff.); 3, 468 (Nr. 1095); F. SCHLEGEL, Krit.-A., hg. E. BEHLER 18, 36 (Nr. 183); 228 (Nr. 406); 276 (Nr. 975); 396 (Nr. 906); 408 (Nr. 1060); 426 (Nr. 7); 19, 14 (Nr. 124); 116 (Nr. 306); 230 (Nr. 235). – [7] F. W. J. SCHELLING: Vom Ich als Prinzip der Philos. (1795). Hist.-krit. Ausg. I/2, 113f. – [8] a.O. 158. – [9] 128; Philos. Br. über Dogmatismus und Kritizismus (1795). Werke, hg. K. F. A. SCHELLING 1, 324; vgl. auch: Abh. zur Erläut. des Idealismus der Wiss.lehre (1796/97). Werke 1, 394f. – [10] Ideen zu einer Philos. der Natur (1797). Werke 2, 220f. – [11] a.O. 2, 234f. – [12] Einl. zu dem Entwurf eines Systems der Naturphilos. (1799). Werke 3, 287. – [13] Werke 6, 181; 4, 406. – [14] a.O. 4, 309; 7, 352. – [15] 8, 218. 223. 225. – [16] Einl. in die Philos. der Mythologie. Werke 11, 563; Zur Gesch. der neueren Philos. Werke 10, 143. – [17] Andere Deduktion der Prinzipien der positiven Philos. Werke 14, 351. 355. – [18] Philos. der Mythologie. Werke 12, 110ff. – [19] H. NOHL: Hegels theol. Jugendschr. (1907) 350. – [20] K. ROSENKRANZ: G. W. F. Hegel's Leben (1844) 191f. – [21] G. W. F. HEGEL, Ges. Werke, Akad.-A. 4, 359. – [22] a.O. 337. 16. 419. – [23] 358. – [24] 450. – [25] Zum Begriff Nt. vgl. W. BONSIEPEN: Der Begriff der Nt. in den Jenaer Schr. Hegels (1977) 81-126; 197-200; zum Begriff N. vgl. z. B. HEGEL, Ges. Werke 6, 295. 298; 7, 3ff. 31ff. 67ff. u. a.; 8, 229. 231. 257. – [26] Vgl. a.O. 9, 30. – [27] a.O. 112. 244. 165. 360. 18. 295. 244. 119. 114. 120. 322. 115. 306. 219. – [28] ebda. – [29] 57. 72. – [30] 78. 112. 322. 112. 111. 120. 78. 118. 311. 79. – [31] Wiss. der Logik, hg. G. LASSON (1966/67) 1, 103. – [32] Ges. Werke 11, 242. 246-250. – [33] a.O. 12, 29. – [34] a.O. 244-248. – [35] Jubl.-A. 11, 380. 465; 15, 88; 20, 185.

Literaturhinweise. – *Zu Fichte:* F. INCIARTE: Transzendentale Einbildungskraft (Bonn 1970) 56ff. 121ff. – W. JANKE: Fichte (Berlin 1970) 95ff. 122ff. 340ff. – L. SIEP: Hegels Fichtekritik und die WL von 1804 (1970) 49ff. – *Zu Schelling:* CHR. WILD: Reflexion und Erfahrung (1968). – F. W. SCHMIDT: Zum Begriff der Nt. bei Schelling und Hegel (1971). – W. SCHULZ: Die Vollendung des Dtsch. Idealismus in der Spätphilos. Schellings (²1975). – *Zu Hegel:* D. HENRICH: Formen der N. in Hegels Logik. Hegel-Jb. 1974 (1975) 245-256. – W. HÜBENER: Hegels Idee der Nt. und die metaphys. Tradition, in: H. WEINRICH (Hg.) s. Anm. [18 zu I] 476-481. – K. DÜSING: Das Problem der Subjektivität in Hegels Logik (1976). – W. BONSIEPEN s. Anm. [25]. – D. HENRICH: Hegels Logik der Reflexion, in: HENRICH (Hg.): Die Wiss. der Logik und die Logik der Reflexion. Hegel-Tage Chantilly 1971 (1978) 204-328. – H. F. FULDA: Hegels Dialektik als Begriffsbewegung und Darstellungsweise, in: R.-P. HORSTMANN (Hg.): Seminar: Dialektik in der Philos. Hegels (1978) 124-174. – M. WOLFF s. Lit. zu II.1.

3. L. FEUERBACH begreift seine christentumskritische neue, positive Philosophie als die «*totale* N.» der spekulativen Hegelschen Philosophie, indem sie «zugleich die *N.* und zwar *widerspruchlose* N. derselben ist» [1]. Hegel vollzieht die «*Selbst-N.* des negativen Denkens» ohne «absolute Nt.», so daß die «N. der Abstraction» selbst wieder eine «Abstraction» ist [2]. Dagegen überführt Feuerbach diese «indirecte, unbewusste, negative N.» der Theologie in eine «directe, positive, bewusste N.» [3]. K. MARX ging schon sehr früh von der Kritik der Religion zur Kritik der politischen und sozialen Verhältnisse über. In der ‹Kritik des Hegelschen Staatsrechts› (1843) wird die Monarchie als der vollendete Ausdruck der Entfremdung und die Republik als die N. derselben innerhalb ihrer eigenen Sphäre bezeichnet [4]. In den ‹Ökonomisch-Philosophischen Manuskripten› (1844) denkt Marx das wahre Resultat der N. der N. als Position des Kommunismus, der eine Aneignung des menschlichen Wesens darstellt, «die sich mit sich durch N. des Privateigentums vermittelt» [5]. Das Große an der Hegelschen ‹Phänomenologie› und ihrer «Dialektik der Nt.» besteht darin, daß Hegel in ihr die Selbsterzeugung des Menschen als einen Prozeß, die Vergegenständlichung als Entgegenständlichung faßt [6]. Im Nachwort zur 2. Aufl. des ersten Bandes des ‹Kapital› (1873) sagt Marx von der dialektischen Kritik, daß sie kritisch und revolutionär sei, indem sie «in dem positiven Verständnis des Bestehenden zugleich auch das Verständnis seiner N., seines notwendigen Untergangs» einschließe [7]. Nach F. ENGELS stellt das Gesetz der N. der N. eines der drei Grundsetze der Dialektik dar (neben dem Gesetz von der Durchdringung der Gegensätze) [8]. Im ‹Anti-Dühring› erklärt er: «Negieren in der Dialektik heißt nicht einfach nein sagen, oder ein Ding für nicht bestehend erklären, oder es in beliebiger Weise zerstören» [9]. Auch W. I. LENIN betont: «Nicht die bloße N., nicht die unnütze N., *nicht das skeptische* Negieren, Schwanken, Zweifeln ist charakteristisch und wesentlich in der Dialektik ... sondern die N. als Moment des Zusammenhangs, als Moment der Entwicklung, bei Erhaltung des Positiven ...» [10].

A. SCHOPENHAUER versucht Hegels spekulative Philosophie zu überwinden, indem er dessen Optimismus den Pessimismus, der Bejahung des Willens zum Leben dessen Verneinung gegenüberstellt. Sie beginnt mit der Einsicht in die «Nt. alles Glückes» [11]. Dem sich in der Askese vollendenden Tugendhaften bleibt nur die Erkenntnis, der Wille ist verschwunden, die Welt zerfließt ins Nichts; auf ihrem Gipfelpunkt angelangt, endigt Schopenhauers Lehre daher mit einer N. [12].

S. KIERKEGAARD greift Hegels Begriffe ‹N.› und ‹Nt.› auf, verleiht ihnen aber einen neuen Sinn. In seiner Dissertation ‹Über den Begriff der Ironie› (1841) sieht er sich mit Hegel in dessen Verständnis der Ironie als «unendliche absolute Nt.» einig [13]. Anders als Hegel interpretiert er jedoch den Standpunkt des Sokrates als den der unendlichen Nt., die in sich die Möglichkeit zur ganzen Unendlichkeit der Subjektivität enthält [14]. In seiner Auseinandersetzung mit K. W. F. SOLGERS Begriff der Ironie betont KIERKEGAARD, Solger habe sich ganz im Negativen verlaufen als ein Opfer des Hegelschen Systems [15]. In den folgenden pseudonymen Schriften stellt Kierkegaard verschiedene Lebensstadien dar [16]. In der ethisch-religiösen Sphäre ist das Positive am Negativen, die Freiheit an der Schuld erkennbar, und die Selbstvernichtung die wesentliche Form des Gottesverhältnisses [17]. Die «Nt. des existierenden Subjekts» entsteht dadurch, daß es als Geist verzweifelt sein kann [18]. Die Verzweiflung selbst ist eine Nt. und die Unwissenheit darüber eine neue [19]. Der eigentlich subjektive existierende Denker «hält beständig diese Wunde der Nt. offen ...» [20]. Hegel und die spekulative Dogmatik der Hegelschen Rechten kritisiert er, weil sie die Sünde nicht als Position, sondern als N. begreifen [21].

Anmerkungen. [1] L. FEUERBACH: Vorläufige Thesen zur Reform der Philos. (1842). Werke, neu hg. W. BOLIN/F. JODL (²1959) 2, 227; Grundsätze der Philos. der Zukunft (1843). Werke 2, 274. – [2] Vorläufige Thesen ... Werke 2, 238; Notwendigkeit einer Reform der Philos. (1842), a.O. 216; Grundsätze ..., a.O. 293. – [3] Grundsätze ..., a.O. 277. 268. – [4] K. MARX, MEW 1, 233. – [5] MEW Erg.bd., T. 1, 553. – [6] a.O. 581. 570. 574; vgl. 584ff. – [7] MEW 23, 27f.; vgl. 23, 791. – [8] MEW 20, 348. – [9] a.O. 132. – [10] W. I. LENIN: Konspekt zu Hegels 'Wiss. der Logik'. Werke 38, 218. – [11] A. SCHOPENHAUER, Die Welt als Wille und Vorstellung. Werke, hg. W. VON LÖHNEYSEN 1, 439f. – [12] a.O. 1, 557f.; 2, 784. – [13] S. KIERKEGAARD, Ges. Werke, hg. E. HIRSCH/H. GERDES u. a. 31, 25. 259. – [14] a.O. 222. – [15] 315. 328. – [16] Abschließende unwissenschaftl. Nachschr. (1846). Ges. Werke 16/1, 290ff. – [17] a.O. 16/2, 244. 169. – [18] 16/1, 74. – [19] Die Krankheit zum Tode (1849). Ges. Werke 24, 41. – [20] a.O. [16] 16/1, 77. – [21] Der Begriff Angst (1844). Ges. Werke 11, 10; Die Krankheit zum Tode, a.O. 24, 97. 106.

Literaturhinweise. – *Zu Feuerbach:* S. RAWIDOWICZ: L. Feuerbachs Philos. (1931, ND 1964). – M. W. WARTOFSKY: Feuerbach (Cambridge 1977). – *Zu Marx und zum Marxismus:* G. A. WETTER: Der dialekt. Materialismus (⁵1960) 411ff. – W. SCHMIED-KOWARZIK: Die Dialektik der gesellschaftl. Praxis (1981). – *Zu Schopenhauer:* A. HÜBSCHER: Denker gegen den Strom (1973) 254ff. – *Zu Kierkegaard:* N. THULSTRUP: Kierkegaards Verhältnis zu Hegel (1969); engl. Übers. (Princeton 1980). – M. C. TAYLOR: Journeys to selfhood. Hegel & Kierkegaard (Berkeley 1980).

4. In logischen und erkenntnistheoretischen Untersuchungen um die Jahrhundertwende erfährt der Begriff ‹N.› – indirekt der Begriff ‹Nt.› – eine ausführliche Behandlung. Zur Diskussion steht die Gleichstellung von positivem und negativem Urteil. CHR. SIGWART leugnet, daß Bejahung und Verneinung gleichursprüngliche Formen des Urteilens sind. Aufgabe der Verneinung ist es lediglich, einen Irrtum abzuhalten. Die Verneinung erweist sich als Urteil über ein versuchtes oder vollzogenes positives Urteil [1]. Da das so verstandene negative Urteil keine erkenntniserweiternde Funktion besitzt, spricht B. BAUCH nicht mehr von einem negativen Urteil, sondern nur noch vom negativen Satz [2]. Bejahung und Verneinung koordinieren dagegen: H. LOTZE, F. BRENTANO, J. BERGMANN, W. WINDELBAND, H. COHEN, H. RICKERT, E. LASK u.a. [3]. W. WINDELBAND [4] macht gegenüber Sigwart geltend, daß «in der N. zuletzt doch ein Moment sachlicher Geltung stecken muß» [5]. Bei H. RICKERT kommt der N. bei der Abgrenzung des Reichs der Werte von dem der existierenden Gegenstände besondere Bedeutung zu. Die N. eines existierenden Etwas ergibt als «*bloße* N.» immer nur das Nicht-Etwas. Die N. des geltenden Wertes hingegen kann zwar auch das Nicht-Etwas bedeuten, aber auch ein anderes Etwas, nämlich den negativen Wert bzw. Unwert. Die Verknüpfung der N. mit einem Existenzbegriff ist somit eindeutig, mit jedem Wertbegriff zweideutig [6]. Die Verneinung eines Wertes ist selbst ein Akt der Wertung, der in seiner «Nt. jedenfalls mit einem Wert verknüpft» bleibt [7]. Der verneinte Wert macht als Unwert die Objekte, an denen er haftet, zu Übeln [8]. An Rickert anknüpfend betont E. LASK: Das Verneinungswürdige wird nicht erst durch den Irrtum geschaffen, sondern vielmehr macht das Bestehen verneinungswürdiger Gebilde den Irrtum möglich. Das erkennende Subjekt ist nicht imstande, wahre und wahrheitswidrige Sinngefüge anzustiften; ihnen kommt eine Quasitranszendenz zu [9]. Zur Bezeichnung der dem Vorstellungsgebilde als zukommend erachteten Wahrheitswidrigkeit steht der sprachliche Ausdruck ‹nicht› zur Verfügung. ‹Nein› ist hingegen der sprachliche Ausdruck für das dem Sinn hingegebene Subjektverhalten [10]. Positivität und Nt. des Urteils sind streng zu koordinieren, um einen Vorrang der Wahrheit vor der Wahrheitswidrigkeit zu vermeiden, der die Übergegensätzlichkeit des transzendenten Gegenstandes aufheben würde [11].

Auch das unendliche Urteil wird in der logischen und erkenntnistheoretischen Diskussion des Neukantianismus beachtet – positiv gewürdigt bei H. COHEN: für ihn wird das sogenannte «*Nichts zum Operationsmittel*, um das *jedesmalige* Etwas, das in Frage steht, in seinem Ursprung, und dadurch erst eigentlich zur Erzeugung und zur Bestimmung zu bringen» [12]. Als solches wird das unendliche Urteil bei Cohen zum Urteil des Ursprungs. Nach B. BAUCH unterscheidet sich das unendliche Urteil vom negativen dadurch, daß es Hingrenzung auf ein Ziel ist: «Es ist Richtung auf einen Limes, Weg vom Nicht zum So, vom Unbestimmten zum Bestimmten» [13]. Eine neue Betrachtungsweise wird durch die Phänomenologie E. HUSSERLS eingeleitet. Für ihn ist es ein Grundfehler der traditionellen Logik, verschiedene Grundformen des Urteils aufgestellt zu haben. Es gibt nur eine Grundform, das schlichte kategorische Urteil '*S* ist *P*'. Ähnlich wie Sigwart versteht Husserl die Verneinung als Ungültigkeitserklärung [14]. N. ist aber nicht allein Sache des prädikativen Urteilens, sondern tritt in ihrer Urgestalt in der vorprädikativen Sphäre der rezeptiven Erfahrung auf, als Erwartungsenttäuschung: «N. ist eine Bewußtseinsmodifikation, die sich selbst ihrem eigenen Wesen nach als das ankündigt» [15]. In den ‹Logischen Untersuchungen› betont Husserl, daß die Nichterfüllung «keine bloße Privation der Erfüllung, sondern ... eine so eigenartige Form der Synthesis, wie die Erfüllung» ist. Das Erlebnis des Widerstreits stellt auch eine Form der Synthesis dar, nämlich die der Unterscheidung [16].

Die Philosophie der Logik und Sprachanalyse diskutiert ebenfalls das Problem der Gleichstellung von bejahendem und verneinendem Urteil. G. FREGE – der zwischen Satz, Gedanke und Urteil unterscheidet – verwirft die Annahme von zwei verschiedenen Weisen des Urteilens, des bejahenden und verneinenden. Urteilen bedeutet wesentlich anerkennen, was ist. In der Verneinung gehört das Verneinungswort ‹nein› nicht zum Urteil, sondern ist Ausdruck des Gedankens, der dem Urteilen unterliegt. Die Verneinung eines falschen Gedankens bedeutet, daß der Urteilende den ihm widersprechenden Gedanken als wahr anerkennt [17]. L. WITTGENSTEIN knüpft in seinem ‹Tractatus logico-philosophicus› (1921) dort an und interpretiert das Zeichen der Verneinung als eine Veranlassung, etwas zu tun: «Es ist, als veranlaßte uns das Zeichen der N. zu etwas. Aber wozu? Das wird nicht gesagt. Es ist, als brauchte es nur angedeutet werden; als wüßten wir es schon» [18]. Für B. RUSSELL gibt es zwar wahre negative Urteile, aber keine negativen Tatsachen. Ein negatives Urteil drückt lediglich einen «disbelief» aus. Die Frage nach den objektiven Bedingungen für die Existenz von negativen Urteilen bleibt jedoch bestehen. Russell geht davon aus, daß in dem Gegenstand selber die Beziehung einer positiven Unähnlichkeit zu der Eigenschaft bestehen muß, die von dem Gegenstand verneint wird [19]. Damit scheint aber jede Theorie der N. zu einem Paradox zu führen: «Whatever is negated thereby *is*» [20].

Bei Russell findet sich die Einteilung in: wahr–falsch–bedeutungslos. G. H. VON WRIGHT kritisiert Russell, weil bei ihm der Begriff des Bedeutungslosen unscharf bleibe. Er will diesem Mangel durch eine neue Theorie der N. abhelfen [21]. Unter Berufung auf Aristoteles erneuert er die Theorie des unendlichen Urteils: '*x* ist nicht-*P*'. Die in diesem Urteil vorkommende N. nennt von Wright eine starke, die im Urteil '*x* ist nicht *P*' vorkommende dagegen eine schwache N. Die starke N. enthält die schwache, aber nicht umgekehrt. Die starke N. ist Behauptung und Verneinung zugleich, die schwache N. nur eine Verneinung. Dem Unterschied zwischen starker und schwacher N. entspricht der zwischen Falschheit und Nicht-Wahrheit: Falschheit ist stärker als Nicht-Wahrheit [22]. Diese Theorie der N. stimmt formal mit Auffassungen der intuitionistischen Mathematik und Logik überein, die von L. E. J. BROUWER entwickelt und von A. HEYTING axiomatisiert wurde. Für den Intuitionisten liegt N. nur bei der wirklichen Konstruktion eines Widerspruchs vor. Manche, insbesondere G. F. C. GRISS, fordern eine negationslose Mathematik und Logik [23].

Anmerkungen. [1] CHR. SIGWART: Logik 1 (⁵1924) § 20, 4. – [2] B. BAUCH: Wahrheit, Wert und Wirklichkeit (1923) 74. – [3] P. VOGELSBERGER: Hauptprobleme der N. in der log. Unters. der Gegenwart (Diss. 1937) 2. – [4] W. WINDELBAND: Beitr. zur Lehre vom negat. Urtheil (1921) 173. 177. – [5] Die Prinzipien der Logik (1913) 24f. – [6] H. RICKERT: Der Gegenstand der Erkenntnis (⁶1928) 261. – [7] Allg. Grundleg. der Philos. (1921) 118. – [8] a.O. [6] 262. – [9] E. LASK, Schr. 2, 434. 298. 302. 421. – [10] a.O. 434f. – [11] 392. – [12] H. COHEN: Das Prinzip der Infinitesimal-Methode und seine Gesch. (1883) Abschn. 41; Logik der reinen Erkenntnis (²1914) 74. – [13] BAUCH, a.O. [2] 298. – [14] E. HUSSERL: Erfahrung und Urteil (§ 72), hg. L. LANDGREBE (⁴1972) 352f. – [15] § 21 a, a.O. 98. – [16] Log. Unters. II/2 (⁴1968) 41f. – [17] G. FREGE: Die Verneinung (1919). Log. Unters., hg. G. PATZIG (1966) 58f. 65ff. – [18] L. WITTGENSTEIN, Tractatus 4.06-4.0641; Philos. Unters. 549, hg. G. E. M. ANSCOMBE/R. RHEES (1967) 180. – [19] B. RUSSELL: Human knowledge (⁵1966) 138, Anm.; 141f. – [20] E. TOMS: Being, negation and logic (1962) 122. – [21] G. H. VON WRIGHT: On the logic of negation. Soc. Sci. fennica. Comment. Phys.-Math. XXII/4 (1959) 6f. – [22] a.O. 3-6. – [23] a.O. 27f.; A. HEYTING: Intuitionism (1976) 98. 120.

Literaturhinweise. – *Zum Neukantianismus:* P. VOGELSBERGER s. Anm. [3]. – W. FLACH: N. und Andersheit (1959). – H. SEIDEL: Wert und Wirklichkeit in der Philos. H. Rickerts (1968) 21ff. – W. MARX: Transzendentale Logik als Wiss.theorie. Systemat.-krit. Unters. zur philos. Grundlegungsproblematik in Cohens 'Logik der reinen Erkenntnis' (1977) 119ff. – *Zu Husserl:* D. HENRICH: Über die Grundlagen von Husserls Kritik der philos. Tradition. Philos. Rdsch. 6 (1958) 1-26. – I. KERN: Husserl und Kant (Den Haag 1964) 386ff. – K. SCHUHMANN: Die Fundamentalbetrachtung der Phänomenologie (Den Haag 1971) 31ff. 66ff. 123ff. – L. LANDGREBE: Der Weg der Phänomenol. (1978) 41ff. – *Zu Frege:* M. DUMMETT: Frege. Philos. of language (London 1973) 364ff. – H. D. SLUGA: G. Frege (London 1980). – *Zu Wittgenstein:* G. PITCHER: Die Philos. Wittgensteins (1967). – R. B. PIPPIN: Negation and not-being in Wittgenstein's Tractatus and Plato's Sophist. Kantstudien 70 (1979) 179-196. – S. KISRO-VÖLKER: Die unverantwortete Sprache (1981). – *Zu Russell:* E. R. EAMES: B. Russell's theory of knowledge (London 1969). – R. M. SAINSBURY: Russell (London 1979) 218ff. – *Zur intuitionistischen Logik:* A. HEYTING s. Anm. [23]. – ST. KÖRNER: Philos. der Math. (1968) 142ff.

5. M. HEIDEGGER geht in seiner noch unter dem Einfluß von H. Rickert stehenden Dissertation ‹Die Lehre vom Urteil im Psychologismus› (1914) auf das Problem des negativen Urteils ein: Das im negativen Urteil ausgedrückte Nichtgelten stellt auch ein Gelten dar. Positives und negatives Urteil sind somit gleichgeordnet [1]. Im Anschluß an E. Husserl betont Heidegger dann die Bedeutung der vorprädikativen Erfahrung. In ‹Sein und Zeit› (1927) fragt er: «Warum nimmt alle Dialektik zur N. ihre Zuflucht, ohne dergleichen *selbst* dialektisch zu begründen, ja auch nur *als Problem* fixieren zu können? Hat man überhaupt je den *ontologischen Ursprung* der Nichtheit zum Problem gemacht oder *vordem* auch nur *nach den Bedingungen* gesucht, auf deren Grund das Problem des Nicht und seiner Nichtheit und deren Möglichkeit sich stellen läßt?» [2] In ‹Was ist Metaphysik?› (1929) antwortet Heidegger: Die Verneinung wird ermöglicht durch das «Nichts»; der Mensch ist negationsfähig durch seine – durch die «Angst» sich zeigende – «Hineingehaltenheit in das Nichts» [3]. Damit ist zugleich das Problem der ontologischen Differenz angesprochen, die Heidegger als das Nicht zwischen Seiendem und Sein versteht: «Aber sowenig Sein als das Nicht zum Seienden ein Nichts ist im Sinne des nihil negativum, sowenig ist die Differenz als das Nicht zwischen Seiendem und Sein nur das Gebilde einer Distinktion des Verstandes ...». Das nichtende Nicht des Nichts und das nichtende Nicht der ontologischen Differenz gehören im Wesen des Seins des Seienden zusammen [4]. Die Grundfrage der Metaphysik gilt es neu zu bedenken: «Warum ist überhaupt Seiendes und nicht vielmehr Nichts?» [5] Das Verhältnis von N. und Nichts wird auch von J.-P. SARTRE thematisiert, der im Rückgriff auf Elemente der Hegelschen Dialektik sowie auf Heideggers Existenzialontologie zu einer eigenen Theorie der N. und der Nt. gelangt. Mit Heidegger geht er davon aus, daß es das Nicht und die Verneinung als spezifische Verstandeshandlung nur gibt, weil es das Nichts gibt. Im Unterschied zu Heidegger will er den Zusammenhang zwischen dem Nichts und der einzelnen konkreten Verneinung aufzeigen. Im Unterschied zu Hegel will er die N. als Struktur des Seins des Geistes darstellen [6]. Das Nichts und die N. gelangen durch den Menschen zu den Dingen. Durch die Beziehung des Menschen zur Welt entstehen Negiertheiten (négatités). Diese sind Wirklichkeiten, die in ihrer inneren Struktur mit N. behaftet sind, z. B. Abwesenheit, Reue, Trennung [7]. Damit durch den Menschen das Nichts in die Welt kommen kann, muß er sich vom Sein losgelöst haben, sein eigenes Nichts sein [8]. Dies geschieht durch eine ursprüngliche Verneinung (négation originelle). Das An-sich ist, was es ist; das menschliche Bewußtsein, das Für-sich, ist das, was es nicht ist, und das nicht, was es ist. Das Für-sich ist die reine Nichtung des An-sich; das Für-sich ist wie ein Seinsloch im Inneren des Seins: als reine Nt. (une pure négativité) [9].

Bei M. HORKHEIMER und TH. W. ADORNO werden die Begriffe ‹N.› und ‹Nt.› im Zusammenhang einer Kritik an der Herrschaft der instrumentellen Vernunft von Bedeutung [10]. Nach ADORNO hat philosophische Reflexion sich des Nichtbegrifflichen, Nichtidentischen im Begriff zu versichern. Sie ist negative Dialektik, die in der Kritik am Identitätszwang des Begriffs ein konsequentes Bewußtsein von Nichtidentität gewinnt. Diese wird als Negatives, Nt. erfahren, die als in den gesellschaftlichen Verhältnissen begründete Nt. sich als Motor des dialektischen Gedankens erweist [11]. Das Ganze – anders als bei Hegel [12] – ist nicht das Wahre, sondern das Unwahre: «Indem aber Philosophie wider Hegel die Nt. des Ganzen bestimmt, erfüllt sie zum letztenmal das Postulat der bestimmten N., welche die Position sei. Der Strahl, der in all seinen Momenten das Ganze als das Unwahre offenbart, ist kein anderer als die Utopie, die der ganzen Wahrheit, die noch erst zu verwirklichen wäre» [13]. Bestimmte N. ist bei Adorno «immanente N.» [14]: Durch die bestimmte N. der Identifikationsschemata wird Erkenntnis als Affinität des Bewußtseins zu seinem Gegenstand – nicht als dessen Bild – konstituiert [15]. H. MARCUSE meint in kritischer Abgrenzung sowohl von der Hegelschen als auch der materialistischen Dialektik: Der Begriff der N., die sich im Innern eines Systems als Befreiung entfalten soll, ist fragwürdig. Man muß vielmehr die reale Möglichkeit in Betracht ziehen, daß ein bestehendes antagonistisches Ganzes von außen negiert wird. Zwischen dem Innern des antagonistischen Systems und dem Außen, von dem her die Nt. des Systems negiert werden soll, besteht eine qualitative Differenz. Die Macht des Negativen erwächst außerhalb der bestehenden repressiven Totalität der Gesellschaft [16]. Marcuse wendet sich gegen die Entsagung als «N. der Nt., die selbst noch negativ bleibt», und plädiert für Transformation der Bedürfnisse in Formen, die den Bruch eher als das Positive, die Differenz eher als den Fortschritt anzeigen [17]. Die Bedeutung der N. für die Begriffsbildung der Wissenschaften untersucht G. BACHELARD [18]. In der von S. FREUD beeinflußten Psychoanalyse wird die Verneinung als entscheidendes Moment der Entwicklung des Ich erkannt. Nach S. Freud kann ein verdrängter Vorstellungsinhalt unter der Bedingung ins Bewußtsein durchdringen, daß er sich verneinen läßt [19]. R. A. SPITZ sieht in der frühkindlichen Erwerbung des Nein den Ursprung der menschlichen Kommunikation [20]. – Die Systemtheorie N. LUHMANNs begreift Gesellschaft als ein Sozialsystem, das mit seinen Grenzen unbestimmte Komplexität ausgrenzt und damit Möglichkeiten vorstrukturiert, die in der Gesellschaft ergriffen werden können. Ausgrenzung nichtmanipulierbarer Komplexität bedeutet eine N., die jeweils wieder zurückgenommen werden kann. Vorauszusetzen ist eine eigentümlich-menschliche Fähigkeit zur N.: «Ihre begriffliche Nachkonstruktion setzt Klarheit über den *funktionellen Primat der Nt. im sinnkonstituierenden Erleben* voraus. Was Nt. 'an sich' ist, mag hier unentschlüsselt bleiben» [21]. Die besondere Fähigkeit zur N. ist – wie K. HEINRICH zeigt – aber auch mit einer eigentümlichen Schwierigkeit des Neinsagens verbunden [22]. In der neueren Linguistik, Literaturwissenschaft und Ästhetik schließlich wird immer mehr erkannt, daß die Begriffe ‹N.› und ‹Nt.› für die Theoriebildung eine zentrale Rolle spielen [23].

Anmerkungen. [1] M. HEIDEGGER: Frühe Schr. (1972) 122-126; vgl. auch: Die Kategorien- und Bedeutungslehre des Duns Scotus (1916), a.O. 169ff. – [2] Sein und Zeit (^{10}1963) 286. – [3] Was ist Metaphysik? (1929) 20. – [4] Vom Wesen des Grundes. Vorwort zur 3. Aufl. (1949). Ges.-A. I/9, 123. – [5] Einl. zu 'Was ist Metaphysik?' (1949), a.O. 381. – [6] Was ist Metaphysik? (1929), a.O. 108. 116f.; J.-P. SARTRE: Das Sein und das Nichts (1962) 57f. – [7] a.O. 65. 61. – [8] 62ff. – [9] 242. 773f. 247. – [10] M. HORKHEIMER und TH. W. ADORNO: Dialektik der Aufklärung (1969) 30; HORKHEIMER: Zur Kritik der instr. Vernunft (1967) 170f. – [11] ADORNO: Negative Dialektik (1966). Schr. 6, 23f. 17. 41. 43. 171. 202. – [12] a.O. 355. – [13] Schr. 5, 324f. – [14] a.O. 318; 7, 60. – [15] a.O. [11] 267; Schr. 5, 141. – [16] H. MARCUSE: Zum Begriff der N. in der Dialektik. Ideen zu einer krit. Theorie der Gesellschaft (1969) 188ff. – [17] Psychoanalyse und Politik (1968) 31. 72. – [18] G. BACHELARD: La philosophie du non (Paris 1940). – [19] S. FREUD: Die Verneinung. Werke, hg. A. FREUD 14, 11-15. – [20] R. A. SPITZ: Nein und Ja (1978) 111. – [21] J. HABERMAS und N. LUHMANN: Theorie der Gesellschaft oder Sozialtechnologie – Was leistet die Systemforschung? (1971) 24. 35. – [22] K. HEINRICH: Versuch über die Schwierigkeit nein zu sagen (1964). – [23] Vgl. H. WEINRICH (Hg.), a.O. [18 zu I].

Literaturhinweise. – *Zu Heidegger:* E. TUGENDHAT: Das Sein und das Nichts, in: Durchblicke. Festschr. für M. Heidegger (1970) 132-161. – J. TAUBES: Vom Adverb 'nichts' zum Substantiv 'Das Nichts', in: H. WEINRICH (Hg.) s. Anm. [18 zu I] 141-153. – *Zu Sartre:* K. HARTMANN: Grundzüge der Ontologie Sartres in ihrem Verhältnis zu Hegels Logik (1963). – M. LUTZ-MÜLLER: Sartres Theorie der N. (1976). – *Zu Adorno:* F. GRENZ: Adornos Philos. in Grundbegriffen (^{2}1975). – L. DÜVER: Th. W. Adorno (1978). – C. BRAUN: Krit. Theorie versus Kritizismus (1983) 25-64. – *Zu Marcuse:* H. JANSOHN: H. Marcuse (1971). – *Zu Psychoanalyse und Linguistik:* W. VER EECKE: Negativity and subjectivity. A study about the function of negation in Freud, linguistics, childpsychology and Hegel (Brüssel 1977). – *Gesamtdarstellungen:* G. KAHL-FURTHMANN s. Anm. [44 zu I]. – H. WEINRICH (Hg.) s. Anm. [18 zu I]. – K. HEDWIG: Negatio negationis. Arch. Begriffsgesch. 24 (1980) 7-33.
W. BONSIEPEN

Negation der Negation ist zum Terminus geworden und zu begriffsgeschichtlicher Wirksamkeit gekommen vor allem im spekulativen Idealismus HEGELS – als Ausdruck für gewisse Zustände dialektischer Bewegung und zugleich für eine immer wiederkehrende, durch «Aufheben» charakterisierte Phase im Rhythmus dieser Bewegung. Vor Hegel sowie in nachhegelschen Texten über Dialektik wird statt ‹N.d.N.› zuweilen auch der Ausdruck ‹doppelte Negation› (duplex negatio, duplicata negatio) gebraucht. Grundlegend für Hegels Verwendung des Ausdrucks ‹N.d.N.› ist jedoch, daß das doppelt vorkommende Wort ‹Negation› hier – im Unterschied zum gewöhnlichen Sinn heutiger Rede von doppelter Negation – nicht dazu dient, etwas über Urteile, Aussagen oder Termini in Aussagen zu sagen; es wird vielmehr dazu gebraucht, jene «Gedankenbestimmungen» zu charakterisieren, in denen sich nach Auffassung des spekulativen Idealismus der alleinige Gegenstand der Philosophie und das menschliche Wissen von ihm artikulieren. Gegenbegriff zu ‹Negation› ist hier – wie bei negatio und negativum in der Metaphysik des 18. Jh. – nicht ‹Affirmation›, sondern ‹Realität› [1]. Allerdings differenziert Hegel im Gegensatz zu dieser Tradition zwischen Negation und Negativem, wie auch zwischen Realität und Positivem [2] – unbeschadet der Erhaltung einer Bedeutungsverwandtschaft, die es erlaubt, in Kontexten, in denen es auf Nuancen nicht ankommt, statt von N.d.N. vom Negativen des Negativen zu sprechen [3]. Weitere Unterschiede zwischen Hegels Auffassung von Negation und der Standardauffassung von Negation innerhalb der Ontologie des 18. Jh. bestehen darin, daß 1. (bloße) Negation bei Hegel nicht mehr als ein absoluter Mangel an Bestimmung konzipiert wird, sondern als Qualität, die mit Verneinung behaftet ist und für einen Mangel gilt [4]; daß 2.

dementsprechend die Vorstellung einer negationslosen omnitudo realitatis als Unbegriff verworfen wird [5], sowie daß 3. qualitative Bestimmtheit sich nicht unwiderruflich in Realitäten und Negationen auseinanderlegt, die eindeutig unterschieden sind und auseinandergehalten werden können; vielmehr gilt auch, einem Diktum Spinozas entsprechend, daß jede qualitative Bestimmtheit ist Negation. *Spinozas* «omnis determinatio est negatio» (jede Determination ist Negation) ist nach Hegel sogar ein Satz «von unendlicher Wichtigkeit» [6]. Hegel will mit ihm jedoch nicht die getroffene Unterscheidung zwischen Realität und Negation wieder rückgängig machen, sondern ihre «Aufhebung» vorbereiten. Durch Aufheben der Unterscheidung sowohl zwischen Realität und Negation einer qualitativen Bestimmtheit wie auch zwischen einem Dasein und seiner Bestimmtheit denkt er sich die Gedankenbestimmung 'Etwas' als erste N.d.N. gebildet [7]. Weitere Fälle von N.d.N. sind beispielsweise: Grenze, Unendlichkeit, Fürsichseiendes, Substanz, Zeit, Strafe.

Wie im Fall des Etwas ist N.d.N. für Hegel generell Ergebnis und Index der Überwindung eines Gegensatzes zwischen paarweisen Bestimmungen, von denen die eine den Charakter hat, eher real oder positiv zu sein, während der anderen der Charakter eines Mangels oder eines Negativen zukommt. Zur Überwindung des Gegensatzes gehört, daß dessen eine Seite die Selbständigkeit der anderen vernichtet; es gehört dazu aber auch, daß sich das aus beiden Seiten bestehende Ganze als ein Verhältnisganzes *selbst* negiert und *einfache*, aber konkrete Einheit wird. Hegels reflexionslogischer Terminus für diesen Doppelcharakter stattfindender Negation ist *Negativität*. Sofern ‹Negation› nicht nur ein Ergebnis ausdrückt, sondern auch das Ereignis oder die Tätigkeit, die zu diesem Ergebnis führt, und sofern man den Unterschied zwischen (seinslogischer) Negation und (reflexionslogisch) Negativem vernachlässigen darf, kann man daher N.d.N. bzw. Negatives des Negativen auch mit Negativität identifizieren. Doch muß man dabei beachten, daß diese Negativität nicht nur eine Verfassung sich negativ zueinander verhaltender Gegensatzglieder ist – die (relative) Negativität eines jeden der Gegensatzglieder gegen sein Anderes –, sondern auch die entsprechende Verfassung des Verhältnisganzen, sich in sich selbst zu verzehren – *absolute* Negativität [8] –, und daß die destruktive Tätigkeit die Negation von Negation zu einem «In-sich-Zurückkehren» [9] dessen macht, wovon sie ausgeht. Die N.d.N. als Ergebnis ist so zugleich «einfache Beziehung auf sich» [10].

Beachtung im Hinblick auf die Bedeutung von ‹N.d.N.› als Ergebniswort verdient ferner der Umstand, daß N.d.N. im Sinne absoluter Negativität nicht nur das Nichtigwerden von Unterschieden und Gegensätzen zwischen Bestimmungen von *Endlichem* beinhaltet, sondern auch zwischen Bestimmungen von Endlichem und verendlichenden Bestimmungen des *Unendlichen* oder Absoluten. Durch die Funktion, dieses Nichtigwerden denkbar zu machen, wird N.d.N. zu einem Konzept, das eine vermeintliche Konsequenz des erwähnten Spinoza-Satzes verhindern helfen soll. Übereinstimmend mit Jacobi hat Hegel angenommen, daß, wenn man die These, jede qualitative Bestimmtheit sei Negation, nicht modifiziert, man damit die Behauptung verbinden müsse: daß *nur* die eine, in ihr selbst ganz bestimmungslose Substanz ist; daß alle ihre Attribute wie auch die Modi nur aufgrund von Unterscheidungen sind, die ein äußerer Verstand macht, und daß die Individuen keine Substantialität haben [11]. Mit dem Nichtigwerden des Gegensatzes von Bestimmungen des Endlichen und des Unendlichen hingegen soll das Eine, das Gegenstand der Philosophie ist, in seinem eigenen, aus ihm selbst hervorgehenden Inhalt denkbar werden. Mit Rücksicht darauf wird «Negativität» auch zu einem Ausdruck für das *Hervorgehen* von Differenz und Sich-Entzweien. Zugleich soll das Nichtigwerden jenes Gegensatzes in seinem Ergebnis auch das verendlichende Instantiierung und damit Konkretisierung von abstrakt Unendlichem denkbar machen. So verhält sich Etwas, als Daseiendes und «Insichsein» aufgehobener Unterscheidung, ähnlich zu Dasein wie Lebendiges sich zu Leben und denkendes Subjekt sich zu Denken verhält, und ‹N.d.N.› als Ergebniswort ist allemal auch Ausdruck für solches, das der Vorstellung mit Recht als Subjekt gilt, insofern es – wenn nicht in Wahrheit Subjekt, so jedenfalls – «der Anfang des Subjekts» ist [12]. Von daher versteht sich andeutungsweise, daß ‹N.d.N.›, bedeutungsgleich mit «absolute Negativität» gesetzt, schließlich sowohl zum Denken von Einzelheit, Individualität und Selbstsein als auch zur Charakterisierung des Prinzips dient, aus dem der Prozeß der Gedankenbestimmungen hervorgeht [13].

Wenn die N.d.N. identifiziert wird als Gedankenbestimmung (und Charakteristikum gewisser Gedankenbestimmungen), so ist damit noch nichts ausgemacht über logische Eigenschaften einer Aussage, deren Prädikat oder deskriptiver Gehalt der Negation einer Negation entspricht. Hegel hat sich kaum mit der Frage befaßt, wie Gedankenbestimmungen, die Negationen von Negationen sind, in Aussagen ausgedrückt werden. Doch ist klar, daß sich eine solche Aussage von doppelter Negation unterscheidet. Sie ist nicht logisch äquivalent mit der Affirmation eines Prädikats, das dem Positiven oder der Realität entspricht, dessen bzw. deren Negation oder Negatives in der N.d.N. 'negiert' ist. Die doppelte Negation hingegen ist der Affirmation äquivalent, deren Negation in ihr negiert ist. Ferner: Von einer Aussage, die die Negation einer Negation im hegelschen Sinn ausdrückt, darf man sagen, sie sei äquivalent einer *neuen* Affirmation, deren Prädikat gegenüber demjenigen der früheren Affirmation inhaltlich bestimmter ist und aus der sich nicht rückwärts über die Aussage des der N.d.N. entsprechenden Prädikats auf die frühere Affirmation schließen läßt. Aber diese Äquivalenz beruht nicht auf formalen Eigenschaften beider Aussagen, sondern auf dem Ersetzungscharakter, den das Prädikat der neuen Affirmation im Verhältnis zum Prädikat der die N.d.N. ausdrückenden Aussage hat. Daß es seinen Ersetzungscharakter bekommt, wird in der die N.d.N. ausdrückenden Aussage dadurch vorbereitet, daß die N.d.N. den spekulativen Gegensatz jener Bestimmungen überwindet, um deren Berücksichtigung das Prädikat der neuen Affirmation bereichert ist. Die N.d.N. überwindet diesen Gegensatz, indem sie seine Glieder zu Momenten eines in sich gegliederten, aber einfachen Ganzen macht. Der Gegensatz, um den es sich dabei innerhalb der N.d.N. noch handelt, ist natürlich nicht derjenige, den die ontologische Tradition des 18. Jh. im nihil negativum enthalten dachte [14]; er ist also kein kontradiktorischer, denn seine Glieder gelten beide, und zwar von eben jenem Substrat, das sie beide näher bestimmen. Vom konträren und subkonträren Gegensatz quantifizierter Urteile unterscheidet ihn, daß Zwischenglieder in ihm ausgeschlossen sind und seine Relata sich nicht überschneiden. Er ist auch kein unendliches (limitatives) Verhältnis; denn seine Glieder liegen beide innerhalb einer bestimmten Begriffssphäre. Ebensowenig ist er die von Rickert im Begriff der Heterothesis gedachte kategoriale Opposition; denn die Glieder sind nicht bloß gegeneinander 'andere', sondern verhalten sich negativ zueinander, verkehren ihren Inhalt ineinander und machen sich so zu Momenten der «absoluten Negativität».

Seinen *historischen Ursprung* hat *Hegels Konzept* einer N.d.N. nicht in den vergleichsweise formalen Bemühungen, die Strukturen spekulativer Dialektik anzugeben und mittels ihrer einen kontinuierlichen Zusammenhang allgemeinster Gedankenbestimmungen herzustellen. Vielmehr ergab sich das hegelsche Verständnis von N.d.N. aus inhaltlichen Überlegungen zur praktischen Philosophie und zur Religionstheorie *Kants*. Am Anfang dieser Überlegungen stand die Einsicht, daß es darauf ankommt, die Postulate praktischer Vernunft auf eine Weise zu fassen, die dem Gedanken sittlicher Autonomie angemessen ist, und daß sich dabei die Materie des kantischen Postulierens als Prinzip des Spinozismus herausstellt [15]. Freiheit ist von ihrem inneren Grund her mit ihrer Verwirklichung zusammen zu denken. Wie aber kann das geschehen, ohne daß die Subjektivität und mit ihr die individuellen Subjekte einem anonymen Prozeß sich verwirklichender Vernunft preisgegeben werden? Wie kann dieses Ergebnis vermieden werden, wenn doch Spinozas «omnis determinatio est negatio» zur Konsequenz hat, daß nur die eine Substanz ist, in der alles verschwindet und Individualität kein Bestehen hat? Will man den Momenten gerecht werden, deren Bestehen das Freiheitsbewußtsein voraussetzt, so muß dasjenige, was an einem jeden von ihnen als einer Determination des Einen Negation ist, seinerseits negiert werden. Da die Negation Entgegensetzung im Einen ist, bedarf es der «Entgegensetzung gegen die Entgegensetzung». In dieser Bedeutung hat Hegel den Ausdruck ‹N.d.N.› erstmals gebraucht, und zwar zur Bestimmung von Freiheit in der «absoluten Sittlichkeit» [16]. Für die Begriffsbildung, die diesem Ausdruck schließlich seine differenzierte Bedeutung zuwachsen ließ, ist außerdem ohne Zweifel Hegels Auseinandersetzung mit Kants Oppositionslehre und transzendentaler Dialektik der theoretischen Vernunft bedeutsam gewesen. Trotz ungezählter Untersuchungen zur hegelschen Dialektik ist sie noch kaum erforscht [17].

Ohne Hegels Konzept einer Negation von Negation würde ‹N.d.N.› heutzutage wohl kaum zur Nomenklatur eines Wörterbuchs gehören. Doch läßt sich außer von der Ursprungsgeschichte dieses Konzepts auch von seiner *Vorgeschichte* – oder besser: von einer Mehrheit solcher Vorgeschichten – sprechen, wenn man dabei nicht die Einheit eines Problems unterstellt und sich für die Einheit des Themas mit hinreichend schwachen Voraussetzungen begnügt. Als eine solche Voraussetzung mag beispielsweise gelten, daß entweder der doppelte Gebrauch des Wortes ‹Negation› im Ausdruck ‹N.d.N.› dazu dienen soll, nicht bloß Urteile, Aussagen oder Termini in Aussagen zu bezeichnen, sondern (zumindest auch) Entitäten oder Charaktere an Entitäten, die von Urteilen, Aussagen oder Termini in Aussagen verschieden sind; oder daß gewisse Ausdrücke, wie z.B. das griechische οὐ oder μή, das griechische α- und das lateinische a-privativum, das lateinische 'non' oder die negierend gebrauchte Vorsilbe 'in-', gedeutet werden als Partikel, deren Vorkommen das Vorliegen nicht nur negativer Aussagen oder Termini in Aussagen indiziert, sondern auch das Vorliegen oder Unterstelltsein von den Aussagen oder Termini entsprechenden Entitäten und Charakteren. Wo immer in der platonisch-aristotelischen Tradition der Erörterung von Nichtseiendem die Auffassung vertreten wurde, daß es Negationen außer in Reden über Seiendes auch unter den entia gibt – seien diese nun bloß entia rationis oder entia realia –, da ergab sich die Möglichkeit, sinnvoll von einer Entität zu sagen, daß sie oder ihre Eigenschaft Negation von Negation (negatio negationis) sei. Von dieser Möglichkeit Gebrauch zu machen, mochte naheliegend erscheinen, sobald im Hinblick auf das Nichtseiende eine ähnliche Mannigfaltigkeit seiner Bedeutungen unterschieden worden war wie im Hinblick auf das Seiende des *Parmenides*. Das war bereits in der griechischen Spätantike der Fall [18]. In besonderem Maß aber mußte es sich nahelegen, wo man – mit dem Übergang vom Griechischen zum Lateinischen – das den Redecharakter einer Verneinung und seine Struktur zum Ausdruck bringende ἀπόφασις (τινὸς ἀπὸ τινός) durch das den Gegensatz des Negativen gegen das Positive evozierende ‹negatio› ersetzte und – wie im lateinischen Mittelalter – sich dazu verstand, von Entitäten, die nicht Aussagen sind, sondern deren Objekte, zu sagen, daß sie etwas negieren. Exemplarisch wurde die auf diese Weise zustande kommende, ontologisch zu verstehende Rede von N.d.N. in der zur Lehre von der Begriffsbildung gehörenden logica praedicamentalis sowie in der metaphysischen Einheits- und Gegensatzlehre. In deren Kontext behauptete beispielsweise ein Skotist wie MASTRIUS «cum non ens sit negatio entis, ipsamet entitas, quae est forma positiva, per se formaliter negat hanc negationem sui» (da Nichtseiendes Negation von Seiendem ist, negiert eine Entität, die positive Form ist, allein schon durch sich der bloßen Form nach diese Negation ihrer selbst) [19] und identifizierte das Wesen des Seienden geradezu mit N.d.N. (negatio negationis entis a parte rei formalissime est ipsa quidditas entis, N.d.N. eines Seienden ist von der Sache her der reinen Form nach Washeit des Seienden selbst) [20]. Für THOMAS hingegen ist die «negatio negationis, qua de ente negatur non ens» (N.d.N., durch die von einem Seienden Nichtseiendes negiert wird), nur ein Gedankending [21]. In beiden Fällen aber ist die «negatio negationis» – im Unterschied zu Hegel – nur Negation der *Identität* von etwas mit seinem Negat und damit eine Negation, die weder als solche das Aufheben oder Aufgehobensein von Unterschied noch Selbstnegation und absolute Negativität ist. Vielmehr gilt die Einheit als das der Sache nach Frühere gegenüber der in ihr konnotierten N.d.N.; und die das Eins konstituierende Ungeteiltheit-in-sich ist hier weder selbst N.d.N. noch ihr Produkt. Entsprechend besagt der Satz «duplicata negatio efficit affirmationem» (doppelte Negation bewirkt Affirmation), der ungeachtet verschiedener Auslegungen Gemeingut aller philosophischen Schulen des Mittelalters ist, auch nicht Äquivalenz, wie sie aufgrund des Ersetzungscharakters gilt, den ein positives Prädikat im Verhältnis zu einem anderen Prädikat hat.

Thematisch enger mit Hegel verwandt ist die Verwendung, die ‹N.d.N.› als Ausdruck für die Aufhebung einer Beschränkung gefunden hat. Sie läßt sich in der frühen Neuzeit beispielsweise bei dem Cartesianer JOHANNES CLAUBERG [22] und bei HENRY MORE [23] belegen, dürfte aber auf ältere Ideen zu den sprachlich privativen göttlichen Attributen – wie infinitum, increatum – zurückgehen. Vermutlich hat sie ihren Ursprung in der neuplatonischen Spekulation über das Eine. In deren Tradition jedenfalls sind Konzeptionen von N.d.N. entwickelt worden, die der hegelschen am nächsten kommen. Eine erste solche Konzeption bahnt sich an bei PROKLOS – wenn auch anscheinend ohne ein griechisches Äquivalent für den Ausdruck ‹negatio negationis› [24]. Was die Proklos-

Forschung ‹N.d.N.› nennt, ist allerdings nicht das Eine selbst, sondern «der äußerste Akt des sich selbst übersteigenden Denkens, das den nichtdenkenden und nicht zu denkenden Ursprung zu berühren versucht» [25]. Thomas hingegen charakterisiert später das mit dem Seienden vertauschbare Eine selbst als «negatio negationis et rei simul» (N.d.N. und der Sache zugleich) [26] – dies freilich wiederum im Blick auf die Glieder eines *kontradiktorischen* Gegensatzes und ohne Selbstbezüglichkeit der Negation. Im Unterschied dazu scheint Meister Eckhart einen reflexiven Vollzug der göttlichen Natur selbst im Auge zu haben, wenn er diese Natur als «omnis negationis negatio» [27] bezeichnet. Aber auch für ihn bekräftigt die ausgesagte negatio negationis, daß in Gott keinerlei Negation Platz greift: «in ipso deo nullum prorsus locum habet negatio» (in Gott selbst hat Negation durchaus keinen Platz) [28]. Die Negation ist dem Einen, Gott, nicht – wie bei Hegel – immanent; sie ist ihm fremd. Ähnlich lehrt dann auch Nicolaus Cusanus: «Deo ... nulla convenit negatio seu privatio; sed propria est ei soli negatio negationis, quae mucro et apex purissimae affirmationis» (Gott ... kommt keine Negation oder Privation zu; sondern eigentümlich ist ihm allein die Negation jeglicher Negation, die Gipfel und Spitze reinster Affirmation ist) [29].

Anzumerken bleibt, daß in der mittelalterlichen Philosophie gelegentlich auch die Individuation durch duplex negatio bzw. N.d.N. zu erklären versucht wurde, so beispielsweise bei Heinrich von Gent [30].

In der *nachidealistischen* Kritik an der N.d.N. als einem Strukturelement der dialektischen Methode fand der ursprüngliche Problemzusammenhang, in dem dieses hegelsche Konzept entstanden war, keine Beachtung mehr. Auch die marxistische Lehre von der Dialektik, die Hegels Begriff der N.d.N. in groben Umrissen übernahm, aber seine spekulative Begründung verwarf, hat ihn nicht auf das Eine als Gegenstand der Philosophie bezogen, sondern ihrem materialistischen Prinzip entsprechend vor allem auf die Entwicklung des Kapitalismus und die Evolution der Natur [31]. Sie hat ihn als Begriff eines ganz gewöhnlichen Vorgangs betrachtet. N.d.N. sei «eine sehr einfache und überall täglich sich vollziehende Prozedur, die jedes Kind verstehen kann, sobald man den Geheimniskram abstreift, unter dem die alte idealistische Philosophie sie verhüllte» [32]. Die «Prozedur» steht unter einem Gesetz, dem dialektischen Gesetz der N.d.N., das «als ein äußerst allgemeines und eben deswegen äußerst weitwirkendes und wichtiges Entwicklungsgesetz der Natur, der Geschichte und des Denkens» [33] verstanden wird. Marx und Engels haben nicht bezweifelt, daß die N.d.N. in jedem Fall ein Resultat affirmativen Charakters hat. Die Kritik dieser Überzeugung ist den auf eine «negative Dialektik» ausgehenden Intentionen Sartres und Adornos gemeinsam [34], deren angemessene Formulierung gegenwärtig viele als ein Desiderat sowohl der Überwindung des dogmatischen Marxismus als auch der bloß verstehenden Hegelrezeption betrachten.

Anmerkungen. [1] Vgl. A. G. Baumgarten: Metaphysica (Halle ⁴1757) § 135ff. – [2] Vgl. G. W. F. Hegel, Wiss. der Logik, hg. G. Lasson (1934) 1, 101; 2, 41ff. – [3] a.O. 1, 102. – [4] 1, 98. – [5] 1, 99. – [6] 1, 100. – [7] 1, 102. – [8] 1, 103. – [9] Sämtl. Werke, hg. H. Glockner 15 (1959) 451. – [10] a.O. [2] 1, 102. – [11] a.O. 1, 100. – [12] 1, 102. – [13] 2, 496f. – [14] Vgl. Baumgarten, a.O. [1] § 7. – [15] Vgl. K. Rosenkranz: G. W. F. Hegels Leben (1844) 159. – [16] Hegel, a.O. [9] 1, 482-487. – [17] Eine bemerkenswerte Ausnahme ist M. Wolff: Der Begriff des Widerspruchs. Eine Studie zur Dialektik Kants und Hegels (1981). – [18] Vgl. hierzu und zum Folgenden W. Hübener: Die Logik der Negation als ontolog. Erkenntnismittel, in: H. Weinrich (Hg.): Positionen der Negativität (1975) 112ff. – [19] Mastrius de Meldula: Disputationes ... in duodecim Aristotelis Stagiritae libros Metaphysicorum, in: Bartholomaei Mastrii de Meldula et Bonaventurae Belluti ... Philosophiae ad mentem Scoti cursus integer 4 (Venedig 1708) n. 103, p. 150a. – [20] ebda. – [21] Thomas von Aquin, I Sent., d. 24, q. 1, a. 3, ad 1. – [22] J. Clauberg, Opera omnia philos. (Amsterdam 1691) 612. – [23] Henry More, Opera omnia (London 1679, ND Hildesheim 1966) 2/1, 170. – [24] Vgl. W. Beierwaltes: Proklos. Grundzüge seiner Met. (1965) 360ff. 395ff. – [25] a.O. 396. – [26] Thomas von Aquin, Quaest. quodlibetales, Quodl. 10, q. 1, a. 1, ad 3. – [27] Eckhart, In Joh. n. 692. – [28] Lat. Werke 2, 289, 3. – [29] Cusanus-Texte, hg. J. Koch I, 2/5, 112. – [30] Vgl. J. Assenmacher: Die Gesch. des Individuationsprinzips in der Scholastik 1 (1925) 31. – [31] MEW 20 (1962) 120ff. 348. – [32] a.O. 126. – [33] 131. – [34] J.-P. Sartre: Critique de la raison dial. (Paris 1960) 137-139. 168-171; Th. W. Adorno: Negative Dial. (1966) 159.

Literaturhinweise. W. Hübener s. Anm. [18]. – D. Henrich: Substantivierte und doppelte Negation, in: H. Weinrich (Hg.) s. Anm. [18] 481-485. – K. Hedwig: Negatio negationis. Arch. Begriffsgesch. 24 (1980) 7-33. – M. J. Suda: 'N.d.N.' bei Hegel und der Marxsche Atheismus, in: W. R. Beyer (Hg.): Die Logik des Wissens und das Problem der Erziehung. Nürnberger Hegel-Tage 1981 (1982) 173-182.

F. Fulda

Negativismus. In seiner Schrift ‹Die Katatonie oder das Spannungsirresein› (1874), welche auf Vorträge von 1866 in Königsberg zurückgeht, beschreibt K. L. Kahlbaum unter dem Titel ‹N. (active und passive Opposition)› das Symptom des zwanghaften «Nichtwollens» des Kranken «gegen jede Aktivität, die ihm zugemuthet wird» [1]. Auf dem Untergrund einer krampfartigen «negativen Spannung» im Gesamtbefinden der Kranken «herrscht bei ihnen (...) eine Tendenz zur Negation (...) von dem geringsten Grade der bloßen Entschlußlosigkeit bis zum Widerspruch gegen die Aktion»; sie kann sich «bald in mehr activer, bald in mehr passiver Weise» manifestieren, «im eigenen Bewußtsein wurzeln» oder «auf äußeren Anlaß entstehen» sowie «gegen sich selbst gewendet» oder «gegen die Außenwelt gerichtet» sein [2].

Der Wortbildung nach ist Kahlbaums Terminus ‹N.› insbesondere durch J. Guislains Untersuchungen (1833/1852) der krankhaften Störungen des Wollens («folie d'opposition», «extase» [3]) vorbereitet sowie durch W. Griesingers Charakteristik (1845/1861) der allgemeinen und religiösen Form der Melancholie («Hang zu allgemeiner Negation»; «innere Opposition gegen sich selbst» [4]). – Auf diese Quellen stützt sich auch J. Cotards Konzept eines «délire des négations» (1880/82); beim sog. 'Verneinungswahn' bedeutet 'Verneinung' allerdings nicht das Sichverweigern gegenüber dem Anspruch eines Seinsollenden, sondern die Behauptung der (partiellen oder totalen) Nichtexistenz der eigenen Person und der Welt aufgrund des Gefühls ihres moralischen und physischen Vernichtet- und Verurteiltseins [5]. – In Kahlbaums Krankheitsform prägen außerdem die motorischen und willensmäßigen Krampferscheinungen den ganzen Krankheitsverlauf, so daß der Kranke auch im maniatisch exaltierten Stadium nicht ein «losgelassen ausschweifendes» Wesen zeigt, sondern eigentümlich auf sich heruntergebunden (kata-ton) und «ernst» bleibt.

K. Jaspers (1913) vergleicht den Kranken in manchen katatonen Zuständen einem «toten photographischen Apparat, er sieht alles, hört alles, faßt auf, behält, ist jedoch keiner Reaktion fähig, keiner gefühlsmäßigen Stellungnahme und keines Handelns. Er ist gleichsam bei vollem Bewußtsein seelisch gelähmt» [6]. Nach Jaspers, dem die Forschungen zum N. von E. KRAEPELIN, O. GROSS und E. BLEULER [7] vorliegen, liegt den verschiedenen Krankheitsstadien eine «Störung der Aktivität» zugrunde: Aus der mechanisch agierenden Persönlichkeit ist alle Einsichts-, Erinnerungs- und Entscheidungsfähigkeit «verschwunden», und ihre Motive und Strebungen haben sich verselbständigt in der eigentümlichen Weise, daß der Kranke ohne ersichtlichen Grund hartnäckig «gegen alles widerstrebt oder direkt das Gegenteil tut» [8]. «Es handelt sich bei diesen – gar nicht seltenen – Zuständen um die rätselhaftesten Seelenzustände, die wir kennen.»

Eine Bemerkung Kahlbaums, wonach man vorläufig suchen müsse, «aus der Erforschung des abnormen Seelenlebens Aufschlüsse für das normale zu gewinnen», deutet die Methode und das Programm an, welches neuerdings von M. THEUNISSEN unter der Bezeichnung ‹N.› als künftige Aufgabe der *Philosophie* entworfen wird und mit dessen Realisierung die Philosophie Theunissen zufolge zugleich ihre neuere Geschichte, d. i. den Grundgedanken des nachhegelschen Denkens und den Grundzug der in diesem Denken reflektierten Realität der Moderne begreifen lernt [9]. Die Notwendigkeit des negativistischen Verfahrens ergibt sich für Theunissen indes nicht aus einem Mangel an 'analytischer' Erforschung des gesunden Seelenlebens [10], auch nicht primär aus der methodischen Bevorzugung der 'via negationis' oder des Kontrastverfahrens unter Bezugnahme auf extreme «von der Natur gestellte Experimental-Zustände» [11], sondern aus der geschichtlichen Tatsache, daß «wir nicht mehr wissen, wer wir als Menschen sind und was wir als Menschen zu sein haben» [12]. Im Anschluß an S. KIERKEGAARDS 'psychologische' Abhandlungen über Angst, Schwermut und Verzweiflung (1844/49), welche gelingendes Menschsein nur negativ als Nichtverzweifeltsein, als ständiges Negieren der andrängenden Möglichkeit von Verzweiflung zu denken erlauben [13], bezeichnet THEUNISSEN als ‹negativistisch› zunächst die Haltung des radikalen Sichverweigerns gegenüber modernen Lebensbedingungen, welche darin als 'negativ' erfahren werden, daß sie unser Tun aufs Ganze gesehen permanent in einen Widerspruch zu unserem Wollen treiben [14] und uns auch in ihrer Ablehnung an sie fesseln. Angesichts solcher Verstrickung und des geschichtlich gewordenen Mangels an positiven Leitbildern und Normen [15] kann sich die Haltung des revoltierenden Neinsagens nur realisieren durch das ihr entsprechende 'negativistische' Verfahren eines methodischen Fragens nach der Art der geschichtlichen und anthropologischen Bedingungen, unter denen der Mensch in ausweglose Bedrängnis gerät, mit der dabei leitenden Absicht, in diesen Bedingungen selbst eine Anzeige darauf aufzuspüren, «was unter wahrhaft menschlichem Selbstsein zu verstehen wäre» [16]. Eine Begründung für die Möglichkeit negativistischen Denkens bietet das formale Motiv der «negativen Philosophie» TH. W. ADORNOS an, wonach das Negative auf das von ihm abwesende Positive als auf sein Gegenteil von sich aus verweist: «... die vollendete Negativität, einmal ganz ins Auge gefaßt, [schießt] zur Spiegelschrift ihres Gegenteils zusammen» [17]. Adornos Philosophie steht gemäß Theunissen in der Linie desjenigen negativistischen Denkens, welches sich nach Hegel erstmals methodisch in Gestalt von Gesellschaftskritik entfaltet hat (ausgehend von K. MARX). – Damit indes dem negativistischen Denken gelingen kann, was Adorno wiederum für das «ganz Unmögliche» hält: daß es das 'Schlimme' der gegenwärtigen Welt im Ganzen zu benennen vermöchte, bedarf es nach S. KIERKEGAARD, mit dem die methodische Ausbildung der 'existenzkritischen' Richtung des N. beginnt, einer Reinigung der Aufmerksamkeit auf den Existenzvollzug [18] durch die Lebenspraxis des 'Annihilierens': des Neinsagens zu der ständig aufkeimenden Möglichkeit zu verzweifeln über das, was wir nicht wollen können, um dadurch des unverstellten Leidensgrundes ansichtig zu werden: des 'Woran' der Verzweiflung, «das einen, recht verstanden, aus der Verzweiflung erlöst» [19].

In der *Psychologie* und *Pädagogik* ist der Begriff ‹N.› zur Kennzeichnung verschiedener Entwicklungsstadien aufgenommen worden, in welchen bei Kindern, Jugendlichen und Erwachsenen eine ablehnende Grundeinstellung zur Umwelt hervortritt [20].

Anmerkungen. [1] K. L. KAHLBAUM: Die Katatonie oder das Spannungsirresein. Eine klin. Form psych. Krankheit (1874) XV. 48; vgl. dazu H. KINDT: Katatonie. Ein Modell psych. Krankheit (1980). – [2] KAHLBAUM, a.O. 47f. 30; vgl. E. BLEULERS Unterscheidung von 'äußerem' und 'innerem', 'aktivem' und 'passivem', 'Willens-' und 'intellektuellem' N. in Anm. [7]. – [3] J. GUISLAIN: Traité sur les phrénopathies (Brüssel 1833; dtsch. 1838) 3, 3f.; Leçons orales sur les phrénopathies (Paris/Bonn 1852), dtsch.: Klin. Vorträge über Geistes-Krankheiten (1854) 11. und 6. Vortrag. – [4] W. GRIESINGER: Die Pathologie und Therapie der psych. Krankheiten (1845) §§ 94. 55; (1861) §§ 116. 120. 51; vgl. R. LEUBUSCHER: Über Abulie. Allg. Z. Psychiatrie IV/1 (1847) 571f.; D. G. KIESER: Elemente der Psychiatrik (1855) § 58a. – [5] J. COTARD: Du délire des négations. Archives Neurol. 4 (Paris 1882) 152-170. 282-296; vgl. E. HECKER: Zur klin. Diagnostik. Allg. Z. Psychiatrie 33 (1877) 613. – [6] K. JASPERS: Allg. Psychopathologie (1913) 283. – [7] E. KRAEPELIN: Psychiatrie (⁵1896); O. GROSS: Zur Differentialdiagnostik negativist. Phänomene. Psychiat.-neurol. Wschr. 6 (1904) 345-353; E. BLEULER: Zur Theorie der schizophrenen N. Psychiat.-neurol. Wschr. 18-21 (1910/11) 171-176. 184-187. 189-191. 195-198. – [8] K. JASPERS, a.O. [6] 282f. 154. – [9] M. THEUNISSEN: Ὁ αἰτῶν λαμβάνει. Der Gebetsglaube Jesu und die Zeitlichkeit des Christseins, in: B. CASPER (Hg.): Jesus – Ort der Gotteserfahrung (1976, ²1977) 48f.; Kierkegaards Werk und Wirkung, in: M. THEUNISSEN und W. GREVE (Hg.): Materialien zur Philos. S. Kierkegaards (1979) 41ff. 54ff. u.a.; Kierkegaard's negativistic method, in: Kierkegaard's truth: The disclosure of the self. Psychiatry and the humanities 5, hg. J. H. SMITH (New Haven/London 1981) 381-423; Selbstverwirklichung und Allgemeinheit. Zur Kritik des gegenwärtigen Bewußtseins (1982). – [10] KAHLBAUM: Die Gruppierung der psych. Krankheiten (1863) 105. – [11] a.O. [1] XI; THEUNISSEN, a.O. [9] (1981) 395. – [12] THEUNISSEN, a.O. [9] (1982) 6. – [13] S. KIERKEGAARD, Die Krankheit zum Tode. Saml. Vaerker XI 129f.; vgl. K. ROSENKRANZ: Psychologie (²1843) 406; THEUNISSEN, a.O. [9] (1976) 54; vgl. (1981). – [14] THEUNISSEN, a.O. 61. – [15] a.O. [9] (1979) 71. – [16] a.O. (1982) 50f., Anm. 6. 15. – [17] TH. W. ADORNO: Minima Moralia. Reflexionen aus dem beschädigten Leben (1951, 1971) 334. – [18] KIERKEGAARD, a.O. [13] 129; vgl. Pap. VIII B 143. – [19] a.O. [13] 173, Anm. – [20] Vgl. D. P. AUSUBEL: Negativism as a phase of ego development. Amer. J. Orthopsychiat. 20 (1950) 796-805 (mit Lit.-Ang.); L. F. SHAFFER: The psychology of adjustment (Washington 1936, 1944) 183-186; Enciclop. italiana della pedagogia e della scuola 4 (1970) 174f.; A. GRINSTEIN: The index of psychoanalytical writings (New York 1956).

Literaturhinweise. B. MAGER: Über den N. (Med. Diss. Erlangen 1912), ND in: Psychiat.-neurol. Wschr. 15 (1913) 96-102. – E. BLEULER s. Anm. [7]. – A. BOSTROEM, Katatone Störungen, in: O. BUMKE (Hg.): Hb. der Geisteskrankheiten II/2 (1928) 134-206. – H. KINDT s. Anm. [1]. Red.

Negator. Worte oder Zeichen, die dem Ausdruck der aussagenlogischen Negation dienen, heißen ‹N.›. Die natürlichen Sprachen können die Negation eines Satzes auf vielfältige Weise in einen Satz einbauen, wie etwa der aussagenlogische Gebrauch des Wortes ‹nicht› im Deutschen zeigt. In logischen und mathematischen Zeichensprachen werden die N.en in der Regel an den Anfang des negierten Satzes gestellt. So bringt G. FREGE zu diesem Zweck einen kleinen senkrechten Strich an dem der zu negierenden Aussage (A) vorhergehenden waagrechten Inhaltsstrich an: $\top A$. In den ‹Principia Mathematica› von B. RUSSELL und A. N. WHITEHEAD steht $\sim p$ für die Negation von p. Im Anschluß an G. Peano wird $-p$ geschrieben. D. HILBERT verwendet die bequeme Überstreichung der zu negierenden Aussage: $\bar{p}$. Die Warschauer Symbolik hat Np. Heute hat sich weitgehend die auf A. HEYTING zurückgehende Schreibweise $\neg p$ durchgesetzt.

Die französische Bezeichnung ‹négateur› kommt zuerst 1950 bei J. DOPP vor [1], das deutsche Äquivalent ‹Negator› zuerst 1954 bei I. M. BOCHEŃSKI/A. MENNE [2].

Anmerkungen. [1] J. DOPP: Leçons de logique formelle II (Louvain 1950) 35. – [2] I. M. BOCHEŃSKI und A. MENNE: Grundriß der Logistik (1954) 3. 23.   A. MENNE

Neid (aus ahd. nid, nidh, nith; mhd. nit; aber auch Scheelsucht; griech. vor allem: φθόνος; aber auch: βασκαίνειν, φθονεῖν, μεγαίρειν neidisch sein, mißgönnen; ὀφθαλμὸς βάσκανος das neidische, das behexende Auge; βασκανία Neid, Behexung; im Lateinischen vor allem: livor, invidia; aber auch: fascinare, defigere, invidere; oculus malignus, oculus obliquus, oculus invidiosus, fascinum [1]) reicht von der Mißgunst bis zum Haß gegen einen anderen Menschen und erstreckt sich vornehmlich auf diejenigen Güter oder Vorzüge materieller, sozialer und geistiger Art, die der andere besitzt, die aber für den Neider im Bereich des Erreichbaren zu liegen scheinen. Wie die bisherigen historischen Deutungen des Neides zeigen, gehört zu ihm ein dreidimensionales Begriffsfeld: eine psychologisch-anthropologische, eine ethisch-religiöse und eine sozial-politische Perspektive. Die verschiedenen Bedeutungen des Begriffes ‹N.› erwachsen zugleich aus historisch verschiedenen Situationen.

Da ist zunächst der N. der Götter (φθόνος θεῶν), wenn die Verehrung der Menschen, die sich in Opfern ausdrückt, nachläßt. Bei HOMER ist noch nicht von φθόνος (bzw. φθονεῖν neidisch sein) die Rede, sondern von der schwächeren Form, der Mißgunst (μεγαίρειν mißgönnen) [2]. Bei PINDAR und AISCHYLOS findet sich der göttliche φθόνος als angemessene Korrektur im Sinne der Weltordnung, die dann nötig wird, wenn die Sterblichen ungetrübtes Glück genießen. Die Gottheit wird hier nicht als moralisch handelnde Person gedacht, sondern als Naturmacht, die ein Gesetz der Weltordnung vollzieht [3]. Bei HERODOT zeigt sich die geläufigere und volkstümlichere Form des N. der Götter: mißgünstiges Versagen als Reaktion auf menschliche Überhebung (ὕβρις: z.B. 1, 32, 4; 3, 40, 1; 7, 10, 2; 7, 236, 1; 8, 109, 3). Im volkstümlichen Glauben ist der N. der Götter allezeit zu fürchten. Er tritt als eig‌ner Daimon auf, der z.B. die Jugendblüte raubt (ab 4. Jh.), besonders begabte junge Menschen dahinrafft und bei allzu großem Glück rächend eingreift [4]. Als die furchtbarste Waffe eines neidischen Daimons galt dessen «böser Blick» (ὀφθαλμὸς βάσκανος). Der «böse Blick» wurde in späterer Zeit auch Menschen – mit oder ohne Verbindung mit dunklen Mächten – zugeschrieben. N. und «böser Blick» wurden weitgehend identifiziert und waren nicht nur bei den Griechen, sondern auch bei den Israeliten, Römern und in der frühchristlichen Zeit gefürchtet. Um sie abzuwehren, wurden Amulette getragen und Beschwörungszeichen an die Häuser gemalt [5].

Soweit Ungleichheiten im Besitz die Ursache des N. zu sein schienen, entwickelte sich der «demokratische» N. bei den Griechen der archaischen Zeit zunehmend zum Ansporn, soziale Gerechtigkeit in Form von Gleichheit herzustellen [6]. In der attischen Demokratie wird der über die Gleichheit unter den Bürgern wachende N. im Ostrakismos geradezu institutionalisiert. Diese Einrichtung wird jedoch noch im 5. Jh. wieder abgeschafft, als sich abzeichnet, daß gerade in einer Gesellschaft von Gleichen, die notwendig nicht in jeder Beziehung gleich sein können, der N. destruktiv wirkt [7].

Unter den Vorsokratikern beschäftigt sich besonders DEMOKRIT mit dem Affekt des N. Für ihn ist der das Gemeinschaftsleben störende N. die Ursache von Bürgerkriegen. So obliege es der Gesetzesordnung, den N. der Menschen zu zügeln [8]. Demokrit verweist auch auf die negative Wirkung des N. auf den Neider selbst: dieser plage sich und gefährde seine innere Ausgeglichenheit (εὐθυμίη) [9].

In dem Augenblick, da der N. unter den Menschen seine demokratische Legitimation verliert, wird er auch den Göttern abgesprochen. An die Stelle des N. rückt auf dem Höhepunkt der Entwicklung der griechischen Philosophie die Idee einer vollkommenen Gerechtigkeit. Göttlichem Wesen entspricht statt des N. (φθόνος) jetzt gerechter Unwille (νέμεσις), der nur noch unverdiente Eupragie zu beseitigen trachtet. So ist PLATONS Gottheit neidlos (φθόνος γὰρ ἔξω θεῶν χοροῦ ἵσταται) [10]. Die Annäherung des Menschen an Gott ist für Platon nicht Frevel, sondern Postulat. Der N. der Gottheit würde hinderlich sein, jenes Maximum an Einsicht und Vernunft zu erreichen, das der Philosophierende anstrebt. Dieses platonische Argument findet sich bei Aristoteles ausführlich dargelegt [11]. Für die menschliche Gemeinschaft ist es nach PLATON wichtig, daß der Wetteifer und das Streben nach Auszeichnungen (φιλονικία) nicht in N. umschlagen. Hybris und N. sind die Grundzüge des Tyrannen. Der wahrhaft vollkommene Mann läßt seine Vorzüge den anderen Menschen zugute kommen. Der Besitz persönlicher Vorzüge und sonstiger Güter soll den Menschen nicht neidisch machen, sondern ihn anspornen, diese auch zu erwerben; denn der Wetteifer fördert den Staat [12]. Auch das wissenschaftliche Gespräch muß von Wohlwollen geprägt und frei von N. und Mißgunst sein [13]. Platon war sich der Ursächlichkeit historischer Vorgänge für das Auftreten des N. bewußt; denn der N. gehört zu den Verfallserscheinungen und letzten Endes nicht zur natürlichen Grundausstattung des Menschen [14]. Den N. aus der Polis zu verbannen, gehört zu den wichtigen Aufgaben des Staatsmannes.

Nach den Untersuchungen Platons, die von erzieherischen Absichten geleitet sind, liefert ARISTOTELES eine theoretische Analyse des N., in der die psychische, ethische und politische Spannweite des platonischen Themas erhalten bleibt. Die Affekte des gerechten Unwillens (νέμεσις), des N. (φθόνος) und des Eifers (ζῆλος) werden verglichen und auf die Gemeinsamkeiten und Differenzen hin befragt. Die Nemesis ist eine Unlust, die durch die Beobachtung eines unangemessenen Wohlstandes (εὐπραγία) eines Unwürdigen entsteht. Der N. ist eine Unlust, die durch die Vorstellung von Wohlergehen schlechthin hervorgerufen wird, ohne Rücksicht auf dessen Angemessenheit bzw. Unangemessenheit. Die kleinen Vorzüge des anderen, nicht die großen Unterschiede machen neidisch, wobei der Neidische weniger darauf aus ist, selbst in den Genuß dieser Vorzüge zu kommen, als vielmehr wünscht, daß auch der andere sie nicht hat [15]. Die Unlust des Eifers (ζῆλος) ist dagegen in ihrer Intention positiv. Sie gönnt dem anderen dessen Güter, schließt aber den Wunsch ein, diese selbst ebenfalls zu erwerben [16]. In den ethischen Schriften versucht Aristoteles die Affekte Nemesis, N. und Schadenfreude (ἐπιχαιρεκακία) als Haltungen zu verstehen und sie durch eine Mitte, ein Zuviel und ein Zuwenig zu charakterisieren. Trotz ihrer Mesotes-Struktur ist jedoch die Nemesis keine Tugend, weil ihr das für eine Hexis erforderliche Moment der freien Entscheidung (προαίρεσις) fehlt [17]. Insofern N. in den Handlungen der Menschen wirksam wird, vermehrt er die natürliche Ungerechtigkeit; die Nemesis dagegen die natürliche Gerechtigkeit. Wie bei Platon – wenn auch in anderer Weise – muß deshalb auch bei Aristoteles die richtige Staatsverfassung und Erziehung dazu beitragen, den N. nicht aufkommen zu lassen: Auf den Vorschlag des Phaleas von Chalkedon, die Gerechtigkeit durch den gleichen Besitz aller Bürger herzustellen, antwortet Aristoteles, daß es besser sei, die Begierden als das Eigentum anzugleichen; dies aber könne nur durch eine adäquate Erziehung aufgrund einer entsprechenden Gesetzgebung erreicht werden [18]. Gleichwohl weiß Aristoteles, daß übermäßiger Reichtum und übermäßige Armut das vernünftige Handeln erschweren. So hält er eine Demokratie auf agrarischer Basis für die beste Art von Demokratie, weil im Durchschnitt nicht viel Vermögen da ist und die Menschen sich der Arbeit widmen müssen, ohne viel Zeit zu haben, nach «fremden Dingen zu begehren» [19].

Hatte schon Demokrit bemerkt, daß der N. auch den Neider in seinem Wohlbefinden beeinträchtigt, so verlegen sich die hellenistischen Philosophen fast ausschließlich auf diesen Aspekt. In der hedonistischen Lebensauffassung EPIKURS und der *Epikureer* hat die Unlust des N. keinen Platz. Auch die Regung der Nemesis, die Aristoteles gebilligt hatte, ist zu vermeiden; denn sie erzeugt Unlust. Um sich seines N. zu entledigen, muß sich der Neidische klar machen, daß der Gute den N. nicht verdient, der Schlechte nicht zu beneiden ist, weil er sich selbst schadet. Der Weise wird sein Leben so einrichten, daß er den N., aber auch die Verachtung der Mitmenschen gar nicht erst provoziert. Auch politische Enthaltsamkeit hilft den N. zu vermeiden [20].

Auch die *Stoiker* verwerfen den N. als unlusterzeugendes Pathos, wobei sie darauf verzichten, die ethische Minderwertigkeit dieses Affektes noch einmal herzuleiten. Die stoische Literatur begnügt sich mit der Angabe von Definitionen, in denen der N., wie schon bei Aristoteles, dem Schmerz (λύπη) als einem der vier Hauptaffekte zugeordnet wird [21].

Nach EPIKTET ruft nur die falsche Einschätzung der Außendinge den Affekt hervor. Nur im inneren Bereich des Menschen liegt das wahre Gut; wer dies erkannt hat, in dem kann die Regung des N. keinen Raum mehr gewinnen [22].

Die ‹Rede› von DION CHRYSOSTOMOS über den N. bringt weitere Einzelheiten der weitgehend utilitaristisch argumentierenden stoisch-kynischen Anschauung. Die Hauptbegründung der Neidlosigkeit beruht darauf, daß der Ruhm von Mitmenschen auf die Meinungen der Menge zurückgehe, diese aber kaum sachkundig urteile. Reichtum, Ehre und Lust sind nach Dions Ansicht keine Güter und können deshalb auch beim Weisen keinen N.

hervorrufen. Darüber hinaus soll die Sorge um die Gesundheit den N. vermeiden helfen; denn der N. ist eine Krankheit der Seele [23].

Für PLUTARCH ist der N. fester Bestandteil der menschlichen Natur und insofern auch nicht ganz zu beseitigen [24]. Nichtsdestoweniger gehört er zu den schmerzlichsten Affekten [25] und erfordert daher die vielfältigsten Methoden seiner Mäßigung. So rät Plutarch dem für N. Anfälligen, entweder nur auf sich oder nach unten oder, wenn überhaupt, dann nur besonders kritisch nach oben zu schauen [26]. Kann man sich vom N. nicht freimachen, so soll man wenigstens nicht den eigenen Bruder oder Freund beneiden, sondern den N. nach außen auf Fremde oder Feinde ableiten [27]. Im Gegensatz zu Aristoteles sieht Plutarch N. und Eifer innerlich verbunden. Hinter dem Eifer liegt oft N. verborgen [28]. Feinsinnige psychologische Beobachtungen stellt Plutarch in der Schrift ‹De invidia et odio› an. Haß ist in vielen Fällen berechtigt, er wird auch offen eingestanden, während N. niemals gerecht ist und vor den anderen verborgen wird. Wird ein Mensch gehaßt, so bleibt der Haß bestehen, auch wenn diesem ein Höchstmaß an Glück oder an Unglück zuteil wird. Der N. aber nimmt ein Ende, wenn jemand – z.B. Alexander der Große – überragenden Ruhm genießt oder auch großes Unglück hat [29].

Im römischen Volksglauben war der N. der Götter ungebrochen gegenwärtig. Menschen mit großem Erfolg (siegreiche Feldherren, mächtige Politiker usw.) fürchteten ihn. Um den N. abzuwenden, mußte auf ein empfangenes Lob sogleich die Entsühnung folgen, sei es im Gebet oder in einer Selbsterniedrigung durch Spucken in den eigenen Busen. Auch ein gedankenlos ausgesprochenes Wort des Lobes konnte Unheil für den Sprecher heraufbeschwören [30]. Vor dem N. der Götter und Menschen versuchte man zu fliehen durch den Verzicht auf virtus und gloria [31].

Mit der Lehre von Jesus und ihrer Auslegung durch dessen Jünger gelangt die Auffassung des N. in eine neue Dimension. Die Erlösungsbotschaft besagt gerade das Gegenteil der alten Vorstellung vom N. der Götter. Da das Hauptmotiv der christlichen Lebensführung die Liebe Gottes und des Mitmenschen ist, muß die Liebe – und nicht das antike Streben nach Selbstvervollkommnung – den N. bekämpfen. PAULUS mahnt die Christen – und für Cyprians Untersuchung ‹Über den Eifer und den N.› ist diese Aussage zentral –, daß «die Liebe nicht eifert» (ἡ ἀγάπη οὐ ζηλοῖ) [32]. Im ‹Brief an die Galater› führt er den N. unter den «Werken des Fleisches» auf [33].

Seit dem 4. Jh. (EUAGRIOS PONTIKUS, JOH. CASSIANUS) wird der N. unter die sieben bzw. acht Hauptsünden gezählt. Er gehört nicht zur menschlichen Natur, sondern entsteht unter dem Einfluß des Bösen.

N. kann zur Ursache schlimmster Verfehlungen eskalieren, sogar des Mordes, den JOH. CHRYSOSTOMUS eine «Frucht des Neides» (καρπὸς τοῦ φθόνου) nennt [34]. Chrysostomus ist es auch, der erkennt, daß der N. als ein Pathos die menschliche Seele lähmt und zur Passivität verurteilt. Der Neidische wendet sich gegen den Beneideten und versäumt es dabei, seine eigene Situation zu verbessern: Kain findet keine Therapie gegen seinen N., darum ermordet er seinen Bruder Abel [35]. So führt der Neider letztlich einen hoffnungslosen Krieg gegen sich selbst, in dem er sein eigenes Glück eher bekämpft als gewinnt [36].

THOMAS VON AQUIN definiert den N. zum Teil im Anschluß an Aristoteles als «Traurigkeit über das Wohlergehen eines anderen» [37]. Er unterscheidet vier Weisen der Traurigkeit über die Güter anderer. Die erste Weise ist der Schmerz – wegen des eigenen Schadens, der aus den Gütern anderer erwachsen könnte. Die zweite Weise ist wie bei Aristoteles der Ehrgeiz oder Wetteifer. Die aristotelische Nemesis, die dritte Weise der Traurigkeit, hat für Thomas ihr Gewicht verloren; denn was können zeitliche Güter, die nach Aristoteles die Nemesis hervorrufen, bedeuten, wenn sie nach der Anordnung Gottes verliehen werden und ein Nichts darstellen «im Vergleich zu den künftigen Gütern, die den Guten aufbewahrt sind» [38]? Die vierte Weise ist der eigentliche N.; der Neidische «empfindet Schmerz über das, worüber man sich freuen sollte, nämlich über das Gut des Nächsten». Thomas kennt fünf Sprößlinge des N.: Mißgunst, Ehrabschneidung, Schadenfreude, Haß, Ohrenbläserei [39].

FRANCIS BACON macht den N. in einem seiner Essays zum Hauptthema [40]. Neidisches Verhalten gehört zu den unerfreulichen Grundgegebenheiten menschlichen Zusammenlebens. Wer sich vor dem N. anderer schützen will, muß dafür Opfer bringen, also etwa bewußt ein Mißgeschick herbeiführen, um sich statt des N. Mitleid einzuhandeln, oder sich ständig mit einer anderen, noch beneidenswerteren Person umgeben. Bacon unterscheidet den öffentlichen vom privaten N. Der öffentliche N., wie er sich z. B. im Ostrakismos der Griechen gezeigt hat, kann dem Wohl der Allgemeinheit dienen. Der private N. dagegen ist ohne Nutzen, vielmehr Ausdruck der Tugend- und Hoffnungslosigkeit mit dem einzigen Ausweg, das Glück der Beneideten zu zerstören. In diesem Sinne besonders neidisch sind nach Bacon die Krüppel und die Eunuchen, deren Lage nur durch das entsprechend große Elend anderer 'gebessert' werden kann. Bacon folgt den meisten älteren Philosophen darin, daß in der Regel nahestehende und gleiche Personen wie etwa «Verwandte und Amtskollegen» sich beneiden.

THOMAS HOBBES' Definitionen des N., der Schadenfreude und der Nacheiferung folgen dem ersten Anschein nach im wesentlichen den Bestimmungen der ‹Rhetorik› des Aristoteles. Der tiefgreifende Unterschied zu Aristoteles wird erst deutlich, wenn man den Stellenwert beachtet, den der N. bei Hobbes «in der Ordnung der Natur» hat. Der Sache nach gehört er nicht nur zu den «Affekten oder Störungen des Geistes», sondern zu dem Grundstreben des Menschen, der «Begehrung und Abneigung»: «Fremdes Unglück zu sehen, ist etwas Angenehmes; denn es gefällt, nicht sofern es ein Unglück ist, sondern sofern es ein *fremdes* Unglück ist ... Ebenso ist es etwas Unangenehmes, fremdes Glück zu sehen, jedoch nicht sofern es Glück ist, sondern sofern es *fremdes* Glück ist» [41]. Die Begehrungen sind bereits «der Wille selbst» und nur das «*Wie*» des Handelns steht in unserer Macht [42]. So gehört N. zu den Ursachen für die Entstehung des Staates [43] und macht die bedingungslose Unterwerfung des «Willens aller» unter den Willen eines «einzigen» [44] erforderlich.

Der N. ist zwar für MANDEVILLE ein Laster, aber er muß ebenso wie andere Laster akzeptiert werden; denn er ist die nötige Triebkraft des Handelns und der Produktion. «Die strengen Fronherren Not, Habsucht, *Neid* und Ehrgeiz halten jeder im Kreise der ihm Zugeordneten die Mitglieder der Gesellschaft bei der Arbeit fest und bringen sie dazu, daß sie sämtlich – und die meisten mit Freudigkeit – den Mühen und Plagen ihres Standes unterwerfen» [45]. Der N. steht im Dienst des Selbsterhaltungstriebs (self-defence), weil der «Unwille über *diejenigen* ist, die besitzen, was wir schätzen, aber entbehren». Somit lenkt er vom Gegenstand, den wir haben möchten, aber nicht haben können, ab. Bereits bei Kindern und bei Tieren sieht Mandeville den N. tief verwurzelt [46].

Im Unterschied zu Mandeville und Hobbes betont J. BUTLER die enge innere Verbindung zwischen den Menschen und das natürliche Prinzip der wechselseitigen Anziehung. So liegt das Hauptmotiv des N. im Streben, sich mit dem anderen gleichzustellen und ihn zu übertreffen. Das Unheil des anderen ist nicht das Ziel des N., sondern nur das Mittel, um das Ziel, die Gleichstellung mit ihm, zu erreichen [47].

DESCARTES bezeichnet den N. als «ein Laster, das in einer Verdorbenheit der Natur verwurzelt ist, aufgrund deren sich manche Menschen über die angenehmen Dinge, die anderen passieren, ärgern». Dabei folgt er der aristotelischen Unterscheidung von berechtigtem N. (Nemesis) und moralisch verwerflichem N. Darüber hinaus ist der N. für Descartes ein medizinisches Problem [48]. Er hängt mit der Ausbreitung der «gelben Galle» und «schwarzer Flüssigkeit», die von der Milz kommt, zusammen. Er kann infolgedessen auch wie eine körperliche Krankheit behandelt bzw. erforscht werden [49]. Noch in der von DIDEROT und D'ALEMBERT edierten ‹Französischen Enzyklopädie› finden sich Gesundheitsratschläge (Bäder, Milchspeisen, schmerzstillende Mittel), um dem N. als Krankheit abzuhelfen [50]. Descartes' Wechselwirkungshypothese zwischen Geist und Körper – angewandt und demonstriert am Beispiel des N. – ist lebendig geblieben und erst vor kurzem von W. ZANDER wieder aufgestellt worden. Dabei wurden gleichzeitig mit der Provokation neidischer Gefühle bei den Versuchspersonen Röntgenaufnahmen des Magens vorgenommen [51].

Der cartesianisch denkende Arzt und Philosoph C. BONTEKOE rechnet den N. weniger zu den Affekten als vielmehr zu den Fehlern der nicht mit sich selbst übereinstimmenden Seele. Diese folgt dabei nicht «ihrer Vernunft, oder Gott, ... sondern nur dem Impuls ihrer physiologischen Disposition, und d.h. der Bewegung ihres Blutes, der Säfte der Glieder und der Muskeln» [52]. Die Verwandtschaft mit dem Haß wird bei Bontekoe eliminiert: wer, so wie der Neidische, über die Güter und das Glück «traurig» ist, ist krank, erklärt Bontekoe [53].

N., Haß und Schadenfreude liegen für SPINOZA eng beieinander: «N. ist Haß, sofern dieser den Menschen dergestalt affiziert, daß er bei dem Glück eines anderen sich betrübt und umgekehrt an dem Unglück eines anderen sich erfreut» [54]. Die gegebenenfalls destruktive Wirkung des Neides hält Spinoza in einem seiner Lehrsätze fest: «Wenn wir uns vorstellen, daß jemand sich eines Dinges erfreut, das nur einer allein besitzen kann, werden wir zu bewirken streben, daß er jenes Ding nicht besitze» [55]. In der Anmerkung zu diesem Lehrsatz stellt Spinoza N. und Mitleid gegenüber: Die, denen es schlecht geht, werden bemitleidet, die, denen es gut geht, beneidet. Eine spezielle Form des N. ist für Spinoza die Eifersucht, die sich immer dann einstellt, wenn einer «das Ding, das er liebt», an einen anderen verliert und es nicht zurückzuholen vermag. Der Eifersüchtige beginnt das geliebte Ding selbst zu hassen und den, der es jetzt besitzt, zu beneiden [56]. Der N. ist nach der Auffassung Spinozas naturgegeben und wird durch die Erziehung noch verstärkt: «Eltern pflegen ja ihre Kinder bloß durch den Stachel der Ehre und des N. zur Tugend anzuspornen» [57]. Die tatsächliche Wirkung des N. bleibe jedoch eindeutig negativ: «N. ist Haß oder Trauer, das heißt eine Affektion, die die Wirkungskraft des Menschen oder sein Streben hemmt» [58].

D. HUME erörtert N. und Schadenfreude im Zusammenhang mit seiner Theorie der Mechanik der Affekte. Die ethische und politische Bedeutung des N. tritt dadurch zurück. Jedes affekterzeugende Objekt, das wir aufnehmen, wird von einem seiner 'Größe' entsprechenden Gefühl begleitet. Die erlebte Größe ist jedoch relativ. Je nachdem, ob wir mehr oder weniger Glück oder Unglück bei anderen sehen, schätzen wir unser eigenes Glück oder Unglück höher oder niedriger, und demgemäß fühlen wir Unlust oder Lust. Der N. wird durch den gegenwärtigen Genuß eines anderen erregt, indem aufgrund des Vergleichs damit die Vorstellung unseres eigenen Genusses abnimmt. Die Schadenfreude dagegen ist der durch nichts provozierte Wunsch, einem anderen Schaden zuzufügen, nur um aus dem Vergleich damit Lust zu gewinnen [59]. Der N. gehört neben anderen Affekten wie Furcht, Wohlwollen usw. zu den treibenden Motiven unseres Handelns. Er bedarf zwar der Aufklärung über die wirkliche Beschaffenheit seines Gegenstandes; diese ist aber begrenzt, da der Verstand seinerseits im Dienst der Affekte steht.

Das Gewinnstreben des Menschen ist nach A. SMITH Voraussetzung des wirtschaftlichen Wachstums und somit Ursache des sozialen Fortschritts. Die daraus resultierenden ungleichen Besitzverhältnisse führen zu N. und Ressentiment, negativen Begleiterscheinungen, die nach Smith Recht und Ordnung gefährden. Den Regierungen fällt damit als eine vorrangige Aufgabe zu, erworbenes Eigentum vor Neidern zu schützen [60]. Smiths Perspektive des rationalen Egoismus wird von Marx mit Mandevilles Position identifiziert und heftig kritisiert werden.

Bei KANTS Analyse des N. aus moralischer Perspektive stehen N. und Mißgunst nebeneinander: «Der N. (livor), als Hang, das Wohl Anderer mit Schmerz wahrzunehmen, obzwar dem seinigen dadurch kein Abbruch geschieht, der, wenn er zur That (jenes Wohlwollen zu schmälern) ausschlägt, qualificirter N., sonst aber nur Mißgunst (invidentia) heißt, ist doch nur eine indirectbösartige Gesinnung, nämlich ein Unwille, unser eigen Wohl durch das Anderer in Schatten gestellt zu sehen, weil wir den Maßstab desselben nicht in dessen innerem Werth, sondern nur in der Vergleichung mit dem Wohl Anderer zu schätzen und diese Schätzung zu versinnlichen wissen» [61]. Für Kant ist der N. nur jene destruktive Leidenschaft, die weder dem einzelnen noch der Gesellschaft dient, «mithin der Pflicht des Menschen gegen sich selbst sowohl, als gegen Andere entgegengesetzt» [62].

Wie nach ihm Marx, so sieht auch HEGEL bei Formen des rohen Kommunismus N. wirksam. Hegel erwähnt Epikur, der seinen Freunden vom Plan einer Gütergemeinschaft gerade aus dem Grunde abgeraten hatte, «weil dies ein Mißtrauen beweise und die einander mißtrauen nicht Freunde seien» [63]. Insofern Hegel den in der bürgerlichen Gesellschaft auftretenden Gegensatz von extremer Armut und großem Reichtum als Problem thematisiert, ist der bei einem solchen Gegensatz auftretende N. («innere Empörung gegen die Reichen» [64]) als Problem erkannt. Hegel sieht jedoch keine Möglichkeit, auf der Basis der klassischen Ökonomie (A. Smith, J. B. Say, D. Ricardo) – die er als nicht aufzugebende Errungenschaft ansieht – den Konflikt zu beseitigen. Er schlägt deshalb die Eindämmung des Problems durch Sozialhilfeorganisationen (Korporationen) und staatlich-interventionistisches Handeln vor [65].

SCHOPENHAUERS Analyse der menschlichen Schwächen bleibt wesentlich im psychologisch-ethischen Bereich. Sie gipfelt in einer ausführlichen Betrachtung des N. [66]. Für Schopenhauer steht neben der Schadenfreude, die mit der Grausamkeit «eng verwandt» ist, auch der N. im Gegensatz zum Mitleid, «insofern er nämlich durch den entgegengesetzten Anlaß hervorgerufen wird» [67]. Während das Mitleid dazu beiträgt, das menschliche Elend ein bißchen erträglicher zu machen, gilt für den N., daß «er zur Schlechtigkeit der Welt ein Großes beiträgt». Der Ausgezeichnete ist ungern geduldet, gegen ihn richtet sich der N. als «die Seele des überall florierenden, stillschweigenden und ohne Verabredung zusammenkommenden Bundes aller Mittelmäßigen» [68]. Als Ursache des N. erkennt Schopenhauer den «Willen zum Leben, der durch die steten Leiden des Daseyns mehr und mehr erbittert, seine eigene Qual durch das Verursachen der fremden zu erleichtern sucht». Wer den Haßausbrüchen der Neider entgehen will, pflegt am besten die Tugend der Bescheidenheit, die «denn auch bloß zur Schutzwehr gegen den N. erfunden» worden ist. Schwierig wird solche N.-Abwehr jedoch bei so persönlichen Vorzügen wie «bei Weibern die Schönheit, bei Männern der Geist». Wo solches mißgönnt wird, gilt es, dem Haß des Neiders, welcher «der giftigen Kröte gleich, in finstern Löchern lauert», die gefährliche Spitze zu nehmen, indem man den Neid verhöhnt, ihn für schmeichelhaft hält und sich an der Qual des Neiders weidet. Hat man den N. damit auch nicht aus der Welt geschafft, so mag man sich dennoch trösten: «Der Tod versöhnt den N. ganz, das Alter schon halb» [69].

Nach KIERKEGAARDS feinsinnigen moralischen Beobachtungen ist auch der ein Neider, der andere neidisch macht, indem er sie nämlich ihre Mängel dadurch erkennen läßt, daß er seine eigenen Güter oder Fähigkeiten betont zur Schau stellt. N. und Dummheit sind für Kierkegaard die zwei großen destruktiven Mächte der menschlichen Gesellschaft. Der N. ist nach Kierkegaard «versteckte Bewunderung», wobei der Bewunderer sich oft nicht anders zu helfen weiß, als das Bewunderte in Zweifel zu ziehen und herabzumindern: «Bewunderung ist glückliche Selbstverlorenheit, N. unglückliche Selbstbehauptung» [70]. Es sei, so sagt Kierkegaard, «in einer leidenschaftslosen und stark reflektierten Zeit N. das negativ-einigende Prinzip», während in einer leidenschaftlichen Zeit die Begeisterung vorherrsche und zu gemeinsam gesteckten Zielen führe [71]. Alle irdischen und weltlichen Güter sind nach Kierkegaard «an und für sich selbstisch, neidisch», geistige Güter dagegen zumindest teilweise «Mitteilung», und ihr Besitz ist somit «neidlos».

Manche Analytiker der bürgerlichen Gesellschaft, wie z. B. A. FERGUSON, sehen im N. den Ansporn zu «nationaler Betätigung und Tugendübung» [72] bzw. die entscheidende Triebkraft des ökonomischen Fortschritts. Um so mehr registrieren ihn die Kritiker dieser Gesellschaft als spezifisches Symptom der Selbstentfremdung des Menschen, der Depravation seiner eigentlichen Natur. In seiner Darstellung des rohen Kommunismus zeichnet der junge K. MARX das Bild einer Gesellschaft, in der «der allgemeine und als Macht sich konstituierende N.» regiert [73]. Dieser N. ist für Marx die versteckte Form jener Habsucht, die das soziale Beziehungsgefüge der kapitalistischen Konkurrenzgesellschaft prägt und «alle Leidenschaften und alle Tätigkeiten» [74] vernichtet. Der rohe Kommunist, der gleichsam zur «unnatürlichen Einfachheit des armen, rohen und bedürfnislosen Menschen» zurückkehren will, ist nur die «Vollendung dieses N.» und der mit ihm verbundenen «Nivellierungssucht» [75], die gerade «das Wesen der Konkurrenz ausmachen» [76]. Auf der Linie dieser Kritik hat der spätere Marx das abstrakte nationalökonomische Argument von der 'invisible hand' in den Einwand umgekehrt, daß in der «Gesellschaft der freien Konkurrenz (...) jeder wechselseitig die Geltendmachung des Interesses der anderen hemmt, und statt einer allgemeinen Affirmation, vielmehr eine allgemeine Negation aus diesem bellum omnium contra omnes resultiert» [77].

Optimistischer als Schopenhauer, Kierkegaard und Marx beurteilt NIETZSCHE den N. Er sieht dessen treibende Kraft und glaubt, daß die gesellschaftliche Dynamik solcher Motive bedarf. Die Gefahr, die im Ausbruch des N. liege, könne im übrigen gebannt werden, wenn der Neider ein Ventil finde, das ihn daran hindere, als Zerstörer aufzutreten. Die Rolle eines solchen Ventils weist Nietzsche z.B. dem Priester zu [78]. N. und Eifersucht, die «Schamteile der menschlichen Seele» [79], finden sich nach Nietzsche ursächlich auch beim Schadenfrohen: «Der Schaden, der den anderen betrifft, stellt diesen ihm gleich, er versöhnt seinen N.» [80]. Daß die soziale Gleichheit indessen die Menschen vom N. befreien könnte, glaubt Nietzsche nicht: «Sie verlangen, daß jene Gleichheit, die der Mensch anerkennt, nun auch von der Natur und dem Zufall anerkannt werde, sie zürnen darüber, daß es dem Gleichen nicht gleich ergeht» [81]. In seiner ‹Genealogie der Moral› nennt Nietzsche das Ressentiment die eigentlich üble Form des N. Dem Ressentimentvollen wirft er vor, daß er das eigene und das allgemeine Elend den Glücklichen anlaste. So werde das Glücklichsein zur Schande und der Glückliche müsse sein Wohlergehen verbergen [82]. Demgemäß spottet auch Zarathustra über die Neider: «Wie könnten sie mein Glück ertragen, wenn ich nicht Unfälle und Winter-Nöte und Eisbären-Mützen und Schneehimmel-Hüllen um mein Glück legte!» [83] Der schlimmste Neider ist nach Nietzsche jener «Weltvernichter», der aus seiner eigenen Misere folgert: «Weil ich *etwas* nicht haben kann, soll alle Welt *nichts* haben! Soll alle Welt nichts *sein*!» [84] Gegen die «kranke Selbstsucht» [85] des reaktiven Menschen, der «mit dem Auge des Diebes ... auf alles Glänzende» blickt und jenen «mit der Gier des Hungers mißt ..., der reich zu essen hat» [86], setzt Nietzsche in einer geschichtsphilosophischen Besinnung die heile und heilige Selbstsucht der «schenkenden Tugend» [87], die der schöpferische «Mensch der großen Liebe und Verachtung» [88] praktiziert, um die kranke Wirklichkeit der europäischen Kultur vom Fluch des Ressentiments zu erlösen [89].

Nietzsches N.-Verwindung durch die Ablösung des Menschen durch den Übermenschen entspricht bei G. SOREL die Zurückdrängung des N. durch die politische Aktion. Der N. wird besonders durch Demagogen geschürt, die sich dadurch der Mithilfe von Neidischen versichern; denn «der N. ist ein Gefühl, das besonders passiven Wesen zu eignen scheint». Führer und Demagogen verwandeln den N. in ein aktives Gefühl, um skrupellos in die «begehrtesten Stellungen» zu gelangen. Der Mythos des proletarischen Generalstreiks ist das Gegenmittel zur demagogischen Ausnützung des N.: «er erweckt auf dem Grunde der Seele ein Gefühl des Erhabenen, das den Bedingungen eines riesenhaften Kampfes entspricht; er läßt das Bedürfnis, durch Bosheit seinem Neide Genüge zu tun, an die letzte Stelle rücken» [90].

Die Frage, warum bestimmte Individuen an N. und Eifersucht erkranken, während andere nur gelegentlich davon berührt werden, führt bei S. FREUD zur psychologischen Genese bzw. unbewußten Vorgeschichte dieser Phänomene. Seine These vom Penis-N. der Frau als primärer Gegebenheit begründete er mit der für beide Geschlechter zentralen Bedeutung, die er dem Phallus zuschrieb. Das Mädchen fühlt sich durch die Entdeckung des anatomischen Geschlechtsunterschiedes [91] im Vergleich mit dem Knaben minderwertig und wünscht ein Bub zu sein bzw. einen Penis zu bekommen. Aus diesem «Kastrationskomplex des Weibes» leitet Freud eine ganze Reihe «charakteristisch weiblicher Reaktionen» ab. Sieht man bereits in Freuds Theorie die Gleichursprünglichkeit der Selbsterhaltungs- oder Ichtriebe mit den Sexualtrieben enthalten, so sind N. und Eifersucht bei beiden Geschlechtern als Reaktion des Kindes auf den unumgänglichen Verlust der halluzinatorischen Wunscherfüllung zu verstehen. Reale oder phantasierte Verlustangst aufgrund frühkindlicher Traumatisierung führt u. a. dazu, das verletzte Selbstgefühl durch den völligen «Besitz» des anderen zu bewältigen. Unter der Bedingung der Gerechtigkeitsforderung kann «man den N. fahren lassen» [92] zugunsten des «Gemeingeistes in der Gesellschaft» [93], der sich mittels der ambivalenten Identifizierung mit dem Anderen entwickelt; auch in diesem Aspekt seines Werkes scheint das wesentliche Konfliktverhältnis des Menschen zu Natur und Kultur auf, das Freuds Weltbild prägt.

Im Unterschied zu Freuds psychoanalytischer Deutung des N. als Triebschicksal thematisiert M. SCHELER dieses Phänomen im unmittelbaren Anschluß an Nietzsches Ressentimenttheorie in einer ethisch-phänomenologischen Perspektive. Er weist auf die Täuschung des Neiders hin, der die Ursache seiner Verbitterung beim Beneideten anstatt bei sich selbst sucht. Aus der Unfähigkeit, das eigene Los entscheidend zu verbessern, entstehe im schlimmsten Fall ein N.-Gefühl, das den Beneideten in seiner Existenz zu vernichten trachte: «Alles kann ich dir verzeihen, nur nicht, daß du bist und das Wesen bist, das du bist – ja daß ich nicht du bin» [94]. Nietzsches «Weltvernichter» kehrt hier seine Zerstörungswut gegen sich selbst und gegen den anderen, weil er diesem sein vermeintliches Mehr an Lebendigkeit neidet.

Die verheerende Art solchen N., die «das völlige Ausgeschlossensein des Neiders vom Gegenstande des N. voraussetzt» [95], bezeichnet L. KLAGES als «Lebens-N.» [96]. Neidern dieser Art helfe nur die Vernichtung des Beneideten «mitsamt der Erinnerung an seine Vorzüge» [97]. Für Klages ist der N. stets der Ausdruck eines angeschlagenen Selbstgefühls.

In der modernen bürgerlichen Gesellschaft erhält sich der Gegensatz von Reichtum und Armut trotz des Prinzips rechtlicher und sozialer Chancengleichheit. In einer solchen Gesellschaft müssen auftretende Eigentumsdifferenzen sehr viel stärker N. hervorrufen als in einer Gesellschaft, die ständisch strukturiert ist. Für H. SCHOECK wird der N. zur universalen menschlichen Gegebenheit und jede Vorstellung einer neidfreien Gesellschaft zur Utopie. Die politische Dimension des N. wird jedoch unterschätzt, wenn Schoeck erklärt: «Je mehr es in einer Gesellschaft den Privatleuten wie den Trägern der politischen Macht möglich ist, so zu handeln, als ob es keinen N. gäbe, desto größer wird das wirtschaftliche Wachstum und die Zahl der Neuerungen im allgemeinen sein» [98].

Die Tendenz zur Gleichheit in neueren sozialen Bewegungen muß jedoch keineswegs in jeder Hinsicht und in jedem Fall Ausdruck des N. sein. Gestützt auf das von ihm vorgeschlagene Fairness-Prinzip, behauptet J.

RAWLS, daß große Ungleichheit an objektiven Grundgütern in Gesellschaften die Selbstachtung von Menschen nachhaltig verletzen kann. Die N.-Reaktion der Betroffenen ist in diesem Falle nicht vernunftwidrig; denn sie bewirkt, «daß sie sich besser fühlen». Der N. ist nicht selbst ein moralisches Gefühl, aber er kann in den Dienst eines moralischen Strebens treten. Inspiriert von Freud, begreift Rawls den N. als die Energie, die den Gerechtigkeitssinn antreibt. Ohne ihn gäbe es kein oder «wesentlich weniger Gerechtigkeitsstreben». Der Entwurf eines fairen Gesellschaftszustandes in einer hypothetischen ursprünglichen Wahlsituation (original position) kann nach Rawls nie einen Zustand wollen, der N. auf den Besitz anderer an objektiven Grundgütern zur Folge haben könnte [99]. Hier wäre vielleicht die aristotelische Unterscheidung zwischen N., Eifer und Nemesis sowie die des Thomas von Aquin zwischen den vier Arten der Unlust angesichts fremder Glücksgüter hilfreich, um das Postulat der N.-Vermeidung zu konkretisieren. Das gilt auch für andere Vertreter der neueren Wohlfahrtsökonomie – wie z.B. bei H. R. VARIAN –, die N.-Vermeidung zum Kriterium für Verteilungsmodelle machen. N. liegt für den letzteren dann vor, wenn bei einer Verteilung ein Teilnehmer den Anteil eines anderen vorziehen würde. Die Kriterien zur Unterscheidung legitimer von ungerechtfertigter Präferenz scheinen dabei noch nicht adäquat entwickelt zu sein [100].

Anmerkungen. [1] Vgl. dazu M. SCHAUPP: Invidia (Diss. Freiburg i. Br. 1962) und die Arbeiten von W. STEINLEIN [3] sowie WALTON (1978) und ODELSTIERNA (1949) in den Lit.hinweisen. – [2] HOMER, Odyssee 4, 170; 23, 210. – [3] W. STEINLEIN: Φθόνος und verwandte Begriffe in der älteren griech. Lit. (Diss. Erlangen 1941) 48-80. – [4] O. KERN: Die Religion der Griechen (1973) 2, 263. – [5] K. MEISEN: Der böse Blick und anderer Schadenzauber in Glaube und Brauch der alten Völker und in frühchristl. Zeit. Rhein. Jb. Volkskunde (Bonn 1950) 144-177; vgl. die Arbeiten von JAHN (1855) und SELIGMANN (1922) in den Lit.hinweisen. – [6] Vgl. R. HIRZEL: Themis, Dike und Verwandtes (1966) 299ff. – [7] Vgl. S. RANULF: The jealousy of the Gods and the criminal law of Athens 1. 2 (London 1933/34). – [8] DEMOKRIT, VS 68 B 245. – [9] a.O. B 88. – [10] PLATON, Phaidr. 247 a. – [11] ARISTOTELES, Met. 982 b 28ff. – [12] PLATON, Nomoi 731 a-b. – [13] Gorgias 487 a 3; Nomoi 635 b 1. – [14] H. RYFFEL: Metabole Politeion. Der Wandel der Staatsauffassungen (1949) 117f. – [15] ARISTOTELES, Rhet. 1387 b. – [16] a.O. 1388 a. – [17] Vgl. zum Ganzen ausführl. E. MILOBENSKI: Der N. in der griech. Philos. Ges. (1964) 77-88. – [18] ARISTOTELES, Pol. 1266 b. – [19] a.O. 1318 b 10-35. – [20] Vgl. MILOBENSKI, a.O. [17] 97-103. – [21] z.B. in CHRYSIPPS Def., überliefert bei PLUTARCH, De Stoic. repugn. 25, 1046 B. – [22] EPIKTET, Diatribe 3, 13, 9f. Euchirid. 26; vgl. dazu M. POHLENZ: Die Stoa – Gesch. einer geistigen Bewegung (1948) 328ff. – [23] DION CHRYS.: Rede vom Neid, hg. W. ELLIGER (Zürich 1967) 755-772. – [24] PLUTARCH, De cap. ex inim. util. 10, 91 E. – [25] De frat. am. 7, 481 D. – [26] De tranquil. an. 10f. – [27] a.O. [24] 92 A f. – [28] Das Wort «Eifer» (ζῆλος) wird – wie z.B. bei Cicero – im guten und im schlechten Sinn verwendet: CICERO, Tusc. IV, 8, 16. – [29] PLUTARCH, De invidia et odio. – [30] z.B. VERGIL, Ecl. 7, 26; OVID, Met. 10, 584. – [31] Vgl. zum Ganzen: M. SCHAUPP, a.O. [1] 136-151. – [32] PAULUS, 1 Kor. 13, 4; S. CYPRIAN, Liber de celo et livore. MPL 4, 13; Cyprian erwähnt aus dem AT Beispiele des N.: Kain und Abel, die Brüder des Josef, Saul und David. – [33] Gal. 5, 19ff. – [34] JOH. CHRYSOSTOMUS, Gen. 54, 2. MPG 54, 473. – [35] Vgl. TH. NIKOLAOU: Der N. bei Joh. Chrysostomus (1969) 29f. – [36] CHRYSOSTOMUS, 4. Psalm, 12. MPG 55, 59. – [37] THOMAS VON AQUIN, I Met. 3 e. – [38] S. theol. II/II, 36, 2. – [39] ebda. – [40] FR. BACON, The essays or counsels, civil and moral. Works, hg. J. SPEDDING/R. L. ELLIS/D. HEATH ([1]1861, 1963) 392-397. – [41] TH. HOBBES, De cive, hg. G. GAWLICK (1959) 26. – [42] a.O. 21. – [43] 125ff. – [44] 128f. 176ff.; Leviathan 17. – [45] B. MANDEVILLE: A search into the nature of society (1723), in: The fable of the bees, hg. PH. HARTH (Harmondsworth 1970) 368. – [46] The fable of the bees a.O. 159f. – [47] J. BUTLER: Sermons ([1]1726), in: British moralists, hg. L. A. SELBY-BIGGE 1 (New York 1965) 204f. – [48] R. DESCARTES, Les passions de l'âme, Art. 182. 184. Oeuvres, hg. ADAM/TANNERY 11, 466. 468. – [49] a.O. Art. 184. – [50] J. L. R. D'ALEMBERT und D. DIDEROT: Encycl. ou Dict. raisonné des sci. 5 (Paris 1755) 735. – [51] W. ZANDER: Psychosomat. Forschungsergebnisse beim Ulcus duodeni (1977). – [52] C. BONTEKOE: Tract. ethico-physicus de animi et corporibus passionibus (Amsterdam 1696) § 18. – [53] a.O. § 24. – [54] B. SPINOZA, Eth. III, Def. 23. – [55] a.O. Lehrs. 32. – [56] Lehrs. 35, Bew. und Anm. – [57] Lehrs. 55, Anm. – [58] Lehrs. 55, Folges., Bew. – [59] D. HUME, Ein Traktat über die menschl. Natur III, hg. R. BRANDT (1973) 110ff. – [60] A. SMITH: The wealth of nations ([1]1776), dtsch. Übers. H. C. RECKTENWALD (1978) 601. – [61] I. KANT, Met. der Sitten. Akad.-A. 6, 45. – [62] a.O. 459. – [63] G. W. F. HEGEL, Grundlinien der Philos. des Rechts, hg. HOFFMEISTER § 46, Anm.; vgl. auch Hegels Vorlesungsnotiz, in: Vorles. über Rechtsphilos., hg. K.-H. ILTING 2, 221. – [64] Grundl. ... Zusatz § 244. – [65] a.O. § 250-256. 257-320. – [66] A. SCHOPENHAUER, Werke, hg. A. HÜBSCHER (1939) 6, 490. – [67] a.O. 490f. – [68] 491. – [69] 495. – [70] S. KIERKEGAARD, Werke, übers. E. HIRSCH (1954) 24./25. Abt., Die Krankheit zum Tode 84f. = Saml. Vaerker (Kopenhagen 1920-36) XI, 197f. – [71] 17. Abt., Eine literar. Anzeige 89 = VIII, 77. – [72] Vgl. A. FERGUSON: Abh. über die Gesch. der bürgerl. Ges., in: Slg. sozialwiss. Meister, hg. H. WAENTIG (1923) 34. – [73] K. MARX und Fr. ENGELS, Ökon.-philos. Manuskripte (1844). Schr., Manuskripte, Briefe bis 1844, Erg.bd. (1968) 534. – [74] a.O. 550. – [75] 535. – [76] 534. – [77] K. MARX: Grundrisse der Kritik der polit. Ökonomie, Rohentwurf [1857/58] (Berlin 1953) 74. – [78] FR. NIETZSCHE, Krit. Ges.-Ausg., hg. COLLI/MONTINARI 6/2 (1968) 393. – [79] a.O. 4/2 (1967) 333. – [80] 4/3 (1967) 198. – [81] 200. – [82] 6/2, 388f. – [83] 6/1 (1968) 217. – [84] 5/1 (1971) 226. – [85] 6/1, 94. – [86] ebda. – [87] 93. – [88] 6/2, 352. – [89] 90. – [90] G. SOREL: Réflexions sur la violence ([1]1906), dtsch. Übers. C. OPPENHEIMER (1969) 193. 195. – [91] S. FREUD, Ges. Werke XIV, 23. 241. 524. – [92] a.O. XV, 144. – [93] a.O. XIII, 134. – [94] M. SCHELER, Ges. Werke 3 (1955) 45. – [95] L. KLAGES, Die Grundlagen der Charakterkunde ([11]1951) 15f. – [96] a.O. 16. 26. – [97] 16. – [98] H. SCHOECK: Der N. Eine Theorie der Ges. ([1]1966, 1968) 17. – [99] J. RAWLS: Eine Theorie der Gerechtigkeit (1975) 579-587. – [100] H. R. VARIAN: Equity, envy and efficiency. J. econ. Theory (1974) 63-91; Distributive justice welfare oeconomics and the theory of fairness. Philos. public Affairs 4 (1974/75) 223-247.

Literaturhinweise. O. JAHN: Über den Aberglauben des bösen Blicks bei den Alten. Verh. kgl. sächs. Ges. Wiss. 7 (1855). – A. SCHULER: Über Herodots Vorstellung von N. der Götter (1869). – S. SELIGMANN: Die Zauberkraft des Auges und das Berufen (1922). – E. RAIGA: L'envie (Paris 1932). – S. RANULF s. Anm. [7]. – J. CARCOPINO: L'ostracisme athénien (Paris 1935). – W. STEINLEIN s. Anm. [3]. – V. D'AGOSTINO: L'invidia nella litt. latina, in: Spigolature. Class. aspetti di vita e di pensiero greco-romano (Turin 1944) 29-35. – E. WISTRAND: Invidia – Ein semasiolog. Beitrag. Eranos 44 (1946) 355. – E. B. STEVENS: Envy and pity in Greek philos. Amer. J. Philos. 69 (1948) 171-189. – J. ODELSTIERNA: Invidia, invidiosus, and invidiam facere – A semant. investig. (Uppsala 1949). – A. PARIENTE: Sobre inuidia. Emerita 20 (1952) 499-508. – M. KLEIN: Envy and gratitude (New York 1957). – K. STIEWE: Invidia, invideo. Mus. Helv. 16 (1959) 162-171. – M. SCHAUPP s. Anm. [1]. – G. BARTELINK: Abstracta als duivelsnamen. Hermes 34 (1963) 175-177. – E. MILOBENSKI s. Anm. [17]. – H. SCHOECK s. Anm. [98]. – G. FOSTER: The anatomy of envy. Current Anthropology 13 (1972) 165-201. – W. L. VAN UNNIK: De ἀφθονία van God in de oudchristelijke lit. (Amsterdam/London 1973). – W. CONRAD: Ressentiment in der Klassenges. (1974). – A. ALTMANN: Ressentiment und Moral bei Nietzsche (1977). – R. D. GILL: N. in der Renaissance. Mediaev. Humanist. NS (1978) 215-230. – P. WALCOT: Envy and the greeks – A study of human behavior (Warminster 1978). – E. M. WALTON: Envy in Greek lit. to the end of the fifth century B.C. (Diss. Johns Hopkins Univ. 1978).

K.-H. NUSSER

Neigung (lat. inclinatio naturalis, pronitas, propensio, proclivitas; engl. propensity; franz. inclination, penchant; ahd. hnîgan; mhd. nîgen) bezeichnet ursprünglich das Gestimmt- und Gerichtetsein der Seelenvermögen zur Ausübung ihrer spezifischen Akte. Das deutsche Wort wurde wohl von den deutschen Mystikern des 14. Jh. zuerst eingeführt und sollte die lateinischen Ausdrücke ‹inclinatio naturalis› und ‹pronitas› (animi, voluntatis) übersetzen. Erst in späterer Zeit, aufgrund des Einflusses der englischen Moral-sense-Philosophie, gesellt sich als weiteres Bedeutungselement die Gewohnheit dazu, so daß man auch von einer gewohnheitsmäßigen N. sprechen kann, wobei sich die Bedeutung derjenigen der Wörter ‹Hang›, ‹Leidenschaft› und ‹Trieb› annähert.

N. benennt einen für die Ethik zentralen Sachverhalt, dessen nähere Bestimmung davon abhängig ist, ob man die menschliche Natur für 'korrupt' hält, als eine durch Erbsünde getrübte Gottesebenbildlichkeit ansieht [1], oder ob man davon ausgeht, daß der Mensch von Natur aus gut ist. Danach gestaltet sich jeweils die Rolle der N. im Verhältnis von Natur und Tugend. Der Mensch hat aufgrund der Erbsünde nach THOMAS VON AQUIN eine indirekte Willensneigung zum Bösen (quadam pronitate voluntatis ad malum) [2], eine N., die bei Adam ebenso wie bei den Engeln anfänglich nicht vorhanden war, so daß der erste Abfall von Gott bloß aus der freien Entscheidung herrührte [3]. Bei den Mystikern nimmt MEISTER ECKHART vor allem auf, daß THOMAS VON AQUIN und DUNS SCOTUS dem Menschen auch eine N. zum Guten und zur Tugend zubilligen [4], während TAULER der anderen Traditionslinie folgt und die böse N. unterstreicht [5]. Aufgrund der Erbsünde hat der Mensch eine N. zum Bösen (geneiglich ist ze gebresten). Die Sinne und niedersten Kräfte des Menschen neigen sich zur äußeren und vergänglichen Welt (neigent sich nider zuo ussern dingen). Gegen diese N. muß der um Selbsterkenntnis bemühte Mensch ankämpfen [6]. Deutlich trennt Meister Eckhart N. und Sünde: N. zur Sünde ist selbst keine Sünde, sondern wird dies erst durch den Willen [7]. N. ist für sich noch keine zwingende Kraft [8], eine wichtige Einschränkung, die LEIBNIZ später verwenden wird [9]. Der Mensch soll sich nach MEISTER ECKHART nicht wünschen, daß ihm die N. zur Sünde verginge; denn dann würde es auch keine Tugend geben können [10]. Die N. zum Guten ist jedoch dem «Seelenfünklein» so eingewurzelt, daß sie sogar noch in der Hölle wirksam wird [11].

Ethisch bedeutungsvoll ist die damit angezielte höhere N., wie LEIBNIZ analysiert: «... immaßen die Tugend darin bestehet, daß man eine N. und Fertigkeit habe, nach dem Verstand zu würken, und folglich alles zum rechten Endzweck, das ist zur wahren Erkänntniß und Liebe Gottes zu richten» [12]. Der Wille wird von Leibniz als «inclinatio intelligentis, sive proclivitas» definiert und ausdrücklich als ein appetitus intellectualis vom appetitus sensitivus unterschieden [13]. Der Geist neigt sich immer der Seite zu, auf der gerade das größere Gut zu sein scheint; er neigt sich aber frei, so daß er sich auch anders entscheiden könnte; denn er handelt spontan [14]. Die N. (propensio) ist eine Bestimmung des Geistes, etwas vor anderem zu denken, weil der Gedanke daran differenzierter ist als die anderen gleichzeitigen Gedanken [15]. Bei WOLFF wird der Zusammenhang von Vernunft und N. dagegen geleugnet; denn N. – auch sinnliche Begierde und gelegentlich Wille genannt [16] – ist bloß «N. der Seele gegen die Sache, davon wir einen undeutlichen Begriff des Guten haben» [17]. N. bringt Empfindungen hervor; die Vernunft hat damit nichts zu schaffen.

Es blieb der englischen Moralphilosophie vorbehalten, die systematische Annahme eines moral sense zu entwickeln, in dem der Widerstreit von N. und Tugend durch die Verbindung von Tugend und Glückseligkeit beendet wird. SHAFTESBURY, HUTCHESON und HUME beeinflußten entscheidend HERDER, LESSING, KANT, GOETHE, SCHILLER und WINCKELMANN. SHAFTESBURY rät, der Natur zu folgen, und führte die bis heute geltende Dreiteilung in egoistische, altruistische und höhere N.en ein [18]. Im Rahmen seiner Analyse des Liebesbegriffs gelangt HUTCHESON zur Unterscheidung von drei Klassen von Wünschen: 1. die ruhigen (calm) Wünsche, die frei von begleitenden Lust- bzw. Schmerzempfindungen sind; 2. die Affekte, die von reflexiv verursachten Gefühlen begleitet sind, und 3. die Leidenschaften im engeren Sinn, bei denen heftige und verwirrende Empfindungen auftreten [19]. Mit der letzten Klasse sind nach Hutcheson in der Regel N.en verknüpft. Von N.en, im Unterschied zu Wünschen, ist dann die Rede, «wenn wir zu ... Gegenständen oder Handlungen bestimmt sind, ... ohne irgendeine Vorstellung von ihnen als etwas Gutem oder als ein Mittel zur Abwendung von etwas Üblem zu haben ... und ohne daß sie Gegenstand eines besonderen Wunsches sind». Diese N.en nennt er auch Leidenschaften. Als Beispiele führt Hutcheson u.a. an: Handlungen aus Zorn und Neugier, den Angstschrei, instinktive Reaktionen (auch bei Tieren) [20]. Bei Hutcheson tritt N. in den Zusammenhang mit Gewohnheit. Dies mag damit zusammenhängen, daß Hutcheson die Erbsünde nicht mehr für die Erklärung des moralischen Übels in Rechnung stellt, sondern in letzterem ein korrigierbares Übergewicht von egoistischen Wünschen und N.en sieht, die nicht auf die menschliche Natur, sondern auf «preternatural causes» wie Gewohnheit, Habitus und Vorstellungsvermögen zurückgehen [21]. Der wilde und der zivilisierte Mensch unterscheiden sich im Grunde ihres Herzens und ihrer N.en, behauptet wenig später ROUSSEAU [22]. Dabei kann der von Natur aus gute Mensch seinen natürlichen Gefühlen mehr trauen als seiner durch die Gesellschaft verdorbenen Vernunft [23]. Allgemein betrachtet, gibt es im Menschen sowohl den Egoismus als auch die selbstlose Freude am Glück anderer. Nur das letztere bedeutet, den N.en des Gewissens zu folgen, und dies befriedigt wirklich [24]. Für HUME wird das moralische Gefühl nicht vom Gedanken der Nützlichkeit geleitet, sondern vom Gefühl der Sympathie mit dem Glück der Menschheit [25]. Die kühle und uninteressierte Vernunft ist im Gegensatz zur produktiven N. kein Motiv zum Handeln [26]. N. oder Abneigung entspringt nach Humes Auffassung der Aussicht auf Lust oder Unlust [27], und die Vernunft lenkt den durch N. übermittelten Handlungsimpuls nur, insofern sie die Mittel zum Erreichen des gewünschten Ziels angibt [28]. Bei der Streitfrage, ob die moralische Billigung durch Vernunft oder N. zustande kommt, obsiegt bei Hume die N.: «Es ist wahrscheinlich, daß das endgültige Urteil, das Charaktere oder Handlungen für liebenswert oder hassenswert erklärt, ... auf irgendeinem inneren Sinn oder Gefühl beruht, den die Natur uns Menschen ganz allgemein mitgegeben hat» [29].

TETENS sieht dagegen N.en eher als von «Ideen auf die Objekte geleitete Triebe» an. Trieb und N. sind noch zu unterscheiden; denn «oft leitet die Idee zum Gegenstande hin, wovon das ungeleitete, bloß durch dunkle Gefühle bestimmte, Bestreben sich abwendet» [30]. Auch für HUTCHESON spielt Vernunft eine positive Rolle; denn von Vernunft gesetzte Ziele wirken auf das Gefühl zurück, ein vom vorkritischen KANT geteiltes Urteil [31].

Doch bereits in seiner Schrift ‹Träume eines Geistersehers› (1766) rückt Kant von den Engländern ab; die moralischen Prinzipien entstammen nicht dem Gefühl, sondern allein der Vernunft. Kant definiert N. als «habituelle sinnliche Begierde» [32]; sie besteht in der «Abhängigkeit des Begehrungsvermögens von Empfindungen» und «beweist jederzeit ein Bedürfnis» [33]. Die auf das Gefühl von Lust und Unlust gegründeten N.en sind natürlichen Ursprungs, doch wechseln sie und «wachsen mit Begünstigung» [34]. Grundsätzlich gilt, daß alle Menschen «die mächtigste und innigste Neigung zur Glückseligkeit» haben [35]. Die Idee der Glückseligkeit wird bei Kant zum allgemeinen Titel für alle N.en, die den Willen bestimmen. Ein von N.en bestimmter Wille kann jedoch niemals moralisch sein. Wesentlich für den durch das Sittengesetz bestimmten moralischen Willen ist, «daß er als freier Wille, mithin nicht bloß ohne Mitwirkung sinnlicher Antriebe, sondern selbst mit Abweisung aller derselben, und mit Abbruch aller N.en, so fern sie jenem Gesetz zuwider sein könnten, bloß durchs Gesetz bestimmt werde» [36]. N.en sind «blind und knechtisch, sie (die N.) mag nun gutartig sein oder nicht» [37], Freiheit und Moralität entstehen erst durch «Unabhängigkeit von N.en» [38]. So ist etwa das Gebot der Nächstenliebe so zu verstehen, daß der Mensch wohltun solle «aus Pflicht, selbst wenn dazu gleich gar keine N. treibt» [39]. Nach Kant können zwar die Materien, auf die sich N. und Pflicht beziehen, zusammenfallen, doch Handeln «aus Pflicht» und Handeln «aus Neigung» bezeichnen zwei einander ausschließende Bestimmungsprinzipien des Willens.

SCHILLER hat Kants Bestimmung der N. eingehend kritisiert. Zwar beteuert er, daß er mit Kant grundsätzlich übereinstimme und einverstanden sei, daß dieser die Glückseligkeit aus der Ethik verbannt habe, aber tatsächlich versucht Schiller, gegen Kant die Sinnlichkeit zu rehabilitieren. Kant und Schiller haben ihre Kontroverse als Darstellungsproblem ansehen wollen [40], aber sie unterscheiden sich bereits darin fundamental, daß Schiller Kants Lehre vom «radikal Bösen» in einem Brief an Körner strikt ablehnt [41]. Kants Behandlung der N. hält Schiller für philosophisch angemessen, aber doch für lebensfremd, wie sein berühmtes Distichon ‹Die Philosophen› zeigt: «Gern dien' ich den Freunden, doch tu' ich es leider mit N., / Und so wurmt es mich oft, daß ich nicht tugendhaft bin» [42]. Kant wird von Schiller vorgehalten, die Affekte des Menschen zu gering zu achten, er habe auch den «uneigennützigen Affekt in der edelsten Brust verdächtig» gemacht [43]. In seiner Schrift ‹Über Anmut und Würde› (1793) entwirft Schiller dagegen die Existenzweise einer «schönen Seele», in deren «Anmut» dann «Pflicht und N. harmonieren» [44]. Denn es gibt «keinen anderen Weg, den sinnlichen Menschen vernünftig zu machen, als daß man denselben zuvor ästhetisch macht» [45], heißt es programmatisch in ‹Über die ästhetische Erziehung des Menschen› (1795). Schiller strebt eine Veredelung des Menschengeschlechts durch Selbsterziehung an, bei der die ästhetische N. vermittelnd tätig ist und eine Wesensverbindung von Pflicht und N. herstellt [46]. Schiller wollte den Gehorsam gegen die Vernunft selbst zum Gegenstand der N. machen, eine «N. zu der Pflicht» [47] einführen. Kantisch bleibt Schiller jedoch darin, daß er die von ihm angestrebte «innige Übereinstimmung» zwischen den beiden Naturen des Menschen bloß als eine «Idee» ansieht, die uns aufgegeben ist, aber nie ganz erreicht werden kann. Daher wandelt sich auch die Anmut der schönen Seele in die «Würde» als «Ausdruck einer erhabenen Gesinnung» [48]. KANT seinerseits hält in seiner Schiller gewidmeten Fußnote an der Trennung von Pflicht und N. fest: Das von Schiller entworfene «herrliche Bild der Menschheit ... verstattet gar wohl die Begleitung der Grazien, die aber, wenn noch von Pflicht allein die Rede ist, sich in ehrerbietiger Entfernung halten» [49] müssen, aber er erwägt die Möglichkeit einer «sinnenfreien N.», eines «habituellen Begehrens aus reinem Vernunftinteresse» [50].

Der frühe FICHTE steht noch ganz unter dem Einfluß Kants, aber ihn interessieren die Gründe für die «Unzulänglichkeit des Vernunftgebots», wenn ein der Vernunft widerstreitendes Naturgesetz unsere N. bestimmt [51]. In uns selbst erleben wir dann, daß wir «die Stimme der Pflicht vor dem Schreyen der N. nicht hören, sondern uns in der Lage zu seyn dünken könnten, wo wir unter bloßen Naturgesetzen stehen» [52]. Was Unabhängigkeit von der Sinnlichkeit heißen kann, ist Fichtes Frage. «Sittliches Interesse» heißt bei ihm «Selbstachtung als activer, den Willen ... thätig zur N. bestimmender Trieb» [53]. N. wird später bei Fichte durch den Begriff Naturtrieb abgelöst, der als «Medium zwischen Fremd- und Selbstbestimmung» [54] verstanden ist. HEGEL dagegen nimmt Schillers Motiv auf und radikalisiert es, wenn er Kants moralischer Weltanschauung «Verstellung» und Unernst vorwirft. «Das moralische Selbstbewußtsein stellt seinen Zweck rein, als von N.en und Trieben unabhängig auf.» Aber indem es handelt, «bringt es seinen Zweck zur Wirklichkeit, und die selbstbewußte Sinnlichkeit, welche aufgehoben sein soll, ist gerade diese Mitte zwischen dem reinen Bewußtsein und der Wirklichkeit». Die Sinnlichkeit hat ihre eigenen Gesetze, und es kann der Moralität «daher nicht Ernst damit sein, ... der Neigungswinkel der N.en zu sein». Die Harmonie von Pflicht und N. in der moralischen Handlung ist also «nur an sich und postuliert», in Wahrheit «jenseits des Bewußtseins in nebliger Ferne» [55]. Bei Hegel wird der Kantische Begriff der N. durch die Gleichsetzung mit den Begriffen Trieb und Begierde abgelöst. In § 11 der ‹Grundlinien der Philosophie des Rechts› spricht er von den «Trieben, Begierden und N.en, durch die sich der Wille von Natur bestimmt findet». N.en, Triebe und Begierde liegen vielfach zueinander im Gegensatz. Sie gehören zur Erscheinungsweise des Willens in seinem anthropologisch-empirischen Zustand, in dem sich der Mensch durch den dialektischen Gegensatz der N.en bildet [56]. Von der N. im eindeutig positiven Sinn, von der die Dichter reden, spricht Hegel bei der Behandlung der Ehe: Die besondere N. kann der Ausgangspunkt der Ehe sein [57].

SCHOPENHAUER verwendet N. wieder in traditioneller Weise als «Empfänglichkeit des Willens für Motive einer gewissen Art». Bei einer «starken N.», Leidenschaft also, üben diese Motive «eine Gewalt über den Willen» aus, die «absolut» ist [58]. Damit wird nach Schopenhauer die «intellektuelle Freiheit in gewissem Grade» aufgehoben [59]. Wir haben «böse N.en», aber die von Schopenhauer angenommene Unveränderlichkeit des Charakters schließt nicht aus, daß wir sie erfolgreich bekämpfen. Fast optimistisch klingt Schopenhauers Feststellung, daß «in jedem Menschen auch eine N. zur Wahrheit [liegt], die bei jeder Lüge erst überwältigt werden muß» [60].

Für NIETZSCHE ist die Kantische Unterscheidung von Pflicht und N. hinfällig. Pflichten können sich nach langer Übung in lustvolle N.en verwandeln. Ein «kleiner

Rest asketischer Grausamkeit» sei der Grund, daß Kant die Pflicht mit etwas Unangenehmem identifiziert habe [61]. Wie die Unterscheidung von Pflicht und N. überflüssig wird, so erübrigt sich nach Nietzsche auch der asketische Geist-Leib-Gegensatz der bisherigen abendländischen Moral. Intellekt und N.-Bejahung sind beide nur Triebresultate, Ausflüsse der Physiologie. «Der Egoismus ist so viel werth als er physiologisch werth ist, der ihn hat» [62]. N.-Bejahung ist genauso Ausdruck des «Willens zur Macht» wie N.-Verneinung, wobei beide bei edlen und unedlen Menschen vorkommen können. Jene Morallehrer, die die Selbstbeherrschung ins Zentrum ihrer Lehre stellen, «bringen damit eine eigenthümliche Krankheit über den Menschen: nämlich eine beständige Reizbarkeit bei allen natürlichen Regungen und N.en und gleichsam eine Art des Juckens» [63]. «Selbstsein, sich selber nach eigenem Maß und Gewicht schätzen» gehört erst zur jüngeren Geschichte der Menschheit. «In den längsten und fernsten Zeiten» würde die N. dazu «als Wahnsinn empfunden worden sein» [64]. Im ganzen der Entwicklung gesehen, wirkt Nietzsches Subjektivierung der N. auch im Sinne der Entsubjektivierung: an die Stelle der N., die gut und schlecht sein kann, wird der Trieb treten.

Im 20. Jh. wird N. von Philosophen, soweit sie sich nicht ausdrücklich auf Kants Sprachgebrauch beziehen, terminologisch im umgangssprachlichen, positiven Sinn verwendet. Mit diesem positiven Sinn geht – wie schon bei Hegel, Schopenhauer und Nietzsche – auch bei M. SCHELER die Kritik an Kants Auffassung der N. einher. Scheler gesteht Kant zu, daß nur der Willensakt und nicht die N. im strengen Sinne sittlich gut sein könne. Aber der höhere Wert, der im Akt gewählt werde, liege schon «in den Strebungen selbst, nicht erst entspringt dieses Höhersein aus seinem Verhältnis zum Wollen» [65]. Auch die Liebe zu Gott als N., die Kant abgelehnt hatte, ist möglich; denn N. ist «unmittelbare Hinwendung zu einem Wert» und im Fall der Liebe nicht primär auf einen bloßen Gegenstand der Sinne bezogen [66]. Auch die experimentelle und verhaltenstherapeutische Psychologie spiegelt die Veränderung des Sprachgebrauchs. So spricht z. B. J. W. ATKINSON nicht mehr von N.en, sondern höchstens von kausal wirkenden Motivationen. Die Differenzierung, Trieb einem Tier, N. im guten und schlechten Sinne aber nur vernünftigen Wesen zuzuschreiben, ist untergegangen. HUSSERL stößt auf N. bei dem Problem, wie das Ich den Akt aus «originärer Freiheit» vollziehen kann: «Ich kann mich frei entscheiden und gleichzeitig folge ich der gewohnheitsmäßigen N. Ganz frei bin ich, wenn ich nicht passiv motiviert bin, das ist, Folge leiste durch Affekte, sondern durch 'Vernunftmotive'» [67]. Für ADORNO ist N. ein allerdings entfremdeter Rest menschlicher Unmittelbarkeit, weil sie sich dem Tauschprinzip der Liebe in der bürgerlichen Gesellschaft nicht unterwerfen will: «dann widersetzt dem sich die einmal gefaßte N., indem sie ausharrt» [68].

Anmerkungen. [1] K. KIRMSSE: Die Terminologie des Mystikers J. Tauler (1930) 59. – [2] THOMAS VON AQUIN: S. theol. II/I, 85, 3 ad 2. – [3] a.O. I, 63, 7. – [4] II/II, 123, 1. – [5] A. HAAS: J. Taulers Lehre von der Selbsterkenntnis des Menschen. Freib. Z. Philos. Theol. 16 (1969) 248-286. 350-387. – [6] A. M. HAAS: Nim dîn selbes war. Studien zur Lehre von der Selbsterkenntnis bei M. Eckhart, J. Tauler, H. Seuse (Fribourg 1971) 92. 95. 103f. – [7] MEISTER ECKHART, Die dtsch. Werke, hg. J. QUINT (1958) 5, 214. – [8] H. ARENDT: Vom Leben des Geistes 2 (1979) 56. – [9] Vgl. K. GOLDAMMER, Art. ‹Inklination›. Hist. Wb. Philos. 4, 383, Anm. 11. – [10] MEISTER ECKHART, a.O. [7] 5, 214. – [11] a.O. 1, 333. – [12] G. W. LEIBNIZ, Philos. Schr., hg. C. I. GERHARDT 7 (1890) 116. – [13] Textes inédits, hg. G. GRUA (Paris 1948) 725. – [14] a.O. 302. – [15] 523. 525. – [16] CHR. WOLFF: Vernünfftige Gedancken von Gott, der Welt und der Seele des Menschen (1741) § 878. – [17] a.O. § 434. – [18] A. A. C. Earl of SHAFTESBURY: Untersuch. über die Tugend, hg. P. ZIERTMANN (1905); vgl. LALANDE[10] 484. – [19] F. HUTCHESON: An essay on the nature and conduct of the passions and affections (1728). Coll. works 2, hg. B. FABIAN (1969-71) 27ff. 60ff. – [20] a.O. 62ff. – [21] 165-203. – [22] J.-J. ROUSSEAU, Discours sur l'origine et les fondements de l'inégalité, hg. J. Starobinski. Oeuvres compl., hg. B. GAGNEBIN/M. RAYMOND 3 (Paris 1964) 192. – [23] E. ZEIL-FAHLBUSCH: Wissen und Handeln (1979). – [24] ROUSSEAU, Emile, hg. CH. WIRZ/P. BURGELIN, a.O. [22] 4, 596ff. – [25] D. HUME, Untersuch. über die Prinzipien der Moral, hg. C. WINCKLER (1955) 135f. – [26] a.O. 176. – [27] Traktat über die menschl. Natur. TH. LIPPS (1973) 152. – [28] a.O. – [29] a.O. [25] 7. – [30] J. N. TETENS: Philos. Versuche über die menschl. Natur und ihre Entwicklung 2 (1777) 823. – [31] I. KANT, Werke. Akad.-A. 2, 311. – [32] Anthropol. in pragm. Absicht, a.O. 7, 251. – [33] Grundl. der Met. der Sitten, a.O. 4, 413 Anm. – [34] KpV A 212. – [35] Grundl., a.O. [33] 399. – [36] KpV A 129. – [37] A 213. – [38] A 212. – [39] Grundl., a.O. [33] 399. – [40] Vgl. H. REINER: Die Grundlagen der Sittlichkeit (1974) 36. – [41] Zit. bei: P. KONDYLIS: Die Entstehung der Dialektik (1979) 295; der Brief vom 28. 2. 1793. – [42] FR. SCHILLER, Sämtl. Werke (= Säkular-Ausg.) 1, 268. – [43] a.O. 11, 219. – [44] a.O. 222. – [45] 12, 87. – [46] REINER, a.O. [40] 42. – [47] SCHILLER, a.O. [42] 11, 217. – [48] a.O. 223f. – [49] KANT, a.O. [31] 6. 24 Anm. – [50] a.O. [49] 6, 212f. – [51] J. G. FICHTE: Critik aller Offenbarung. Ges.-Ausg., hg. LAUTH/JACOBS 1, 32. – [52] a.O. 33. – [53] 143f. – [54] W. G. JACOBS: Trieb als sittl. Phänomen (1967) 183. – [55] G. W. F. HEGEL: Phänomenol. des Geistes, hg. J. HOFFMEISTER (1964) 438. – [56] Grundl. der Philos. des Rechts § 17ff. – [57] a.O. § 162. – [58] A. SCHOPENHAUER: Die Welt als Wille und Vorstellung II. Sämtl. Werke, hg. A. HÜBSCHER ([3]1972) 680. – [59] a.O. 681. – [60] a.O. I, 292. – [61] FR. NIETZSCHE, Morgenröthe. Werke, hg. COLLI/MONTINARI 5/1 (1971) Nr. 339. – [62] Nachgelassene Fragmente, Frühjahr 1888, Frg. 14 [29], a.O. 8/3, 23. – [63] Die fröhliche Wiss., a.O. 5/2, 305. – [64] a.O. 117. – [65] M. SCHELER: Der Formalismus in der Ethik und die mat. Wertethik (1966) 62. – [66] a.O. 229f. – [67] E. HUSSERL, Ideen zu einer reinen Phänomenol. ... Husserliana 4, hg. W. BIEMEL (1952) 339. – [68] TH. W. ADORNO: Minima Moralia ([6]1969) 226.

Literaturhinweise. P. MENZER: Der Entwicklungsgang der Kantischen Ethik in den Jahren 1760 bis 1785. Kantstud. 2 (1898) 290-322; 3 (1899) 41-104. – R. D'ALLONES: Les inclinations 1 (Paris 1911). – W. G. JACOBS s. Anm. [54]. – H. JENSEN: Motivation and the moral sense in F. Hutcheson's ethical theory (Den Haag 1971). – H. REINER, a.O. [40]. – K. GOLDAMMER s. Anm. [9]. – M. ALBRECHT: Kants Antinomie der prakt. Vernunft (1978). – H. ARENDT s. Anm. [8]. K.-H. NUSSER/ W. SCHIRMACHER

Neofreudianismus. Die im anglo-amerikanischen Sprachraum gebräuchlichere Bezeichnung ‹Neofreudianer› (neo-Freudians) sowie der von H. SCHULTZ-HENCKE 1950 eingeführte Begriff ‹Neopsychoanalyse› [1] beziehen sich auf Gruppen von Psychotherapeuten, die von der Methode und den Theorien S. FREUDS in einigen wesentlichen Punkten abweichen, jedoch die Grundkonzeption der Psychoanalyse nicht aufgegeben haben.

Nicht als Neofreudianer bezeichnet werden diejenigen Psychoanalytiker, die sehr früh die Anhängerschaft an Freud aufgaben und eigene Schulen gründeten, wie z. B. A. Adler, Begründer der individualpsychologischen Richtung, und C. G. Jung, Begründer der komplexen Psychologie.

Die amerikanischen Richtungen des N. (z. B. E. FROMM, K. HORNEY, A. KARDINER, H. S. SULLIVAN [2]) berücksichtigen stärker, als dies in Freuds früheren theoretischen Entwürfen geschah, soziokulturelle Einflüsse auf die Entwicklung des Menschen. Daraus ergibt sich Übereinstimmung in ihrer Kritik der psychoanalytischen

Trieblehre, speziell der Libidotheorie [3]. Die wesentlichen Freudschen Erkenntnisse über die frühkindlichen Entwicklungsphasen werden jedoch vom N. nicht bestritten.

Die für den Neofreudianismus charakteristischen Vorbehalte gegenüber der Libidotheorie Freuds werden auch bei einem Autor wie TH. REIK offenbar, der aus eher äußeren Gründen (Ablehnung der Laienanalyse im Emigrationsland USA) von der 'orthodoxen' Psychoanalyse abrücken mußte [4]. Zum Beispiel verabsolutiert Reik die von Freud durch die Kulturentwicklung erklärte Trennung von Liebe und Sexualität zu einer anthropologischen Konstante [5]. In seinen religionspsychologischen Arbeiten, die den einflußreichsten Teil seines Werks ausmachen [6], «ist das Pathos des Religionskritikers im Namen größtmöglicher Humanität, das bei Freud noch möglich war, ... zur Attitüde des neutralen wissenschaftlichen Beobachters verflacht» [7]. Eben dadurch wurde Reik jedoch eine wesentlich detailliertere und vorurteilslosere Verarbeitung des religionsgeschichtlichen Materials als bei Freud selbst ermöglicht.

Abgelehnt wird von den meisten neopsychoanalytischen Schulen der Begriff der Metapsychologie, ein Schema, mit dessen Hilfe Freud und andere Psychoanalytiker seelische Abläufe nach ökonomischen, topischen, dynamischen, genetischen und adaptiven Gesichtspunkten zu ordnen versuchten [8]. Praktisch werden indes viele klinische Annahmen, die zu diesem Schema gehören, auch im N. benützt.

Die Divergenz der neopsychoanalytischen Richtungen untereinander ist ebenso groß wie ihre unterschiedliche Beziehung zum sogenannten 'mainstream of psychoanalysis', der die Entdeckungen Freuds grundsatztreuer weiterentwickelt. Die Theorien des N. sind noch nicht systematisiert; ein Vergleich mit dem Ganzen der Psychoanalyse ist noch nicht durchgeführt worden.

Scharfe Kritik an der neofreudianischen 'Revision' der Psychoanalyse – die sich allerdings fast nur auf die Kenntnis der Schriften von Karen Horney stützt [9] – hat TH. W. ADORNO geübt. Seiner Meinung nach handelt es sich bei den «Revisionisten ... nicht so sehr um häretische Abweichungen von Freuds Lehre als um eine bequeme Glättung ihrer Widersprüche» [10]. Schon die klassische psychoanalytische Methode sei durch den Zwiespalt gekennzeichnet, daß sie als «Methode medizinischer Behandlung innerhalb gegebener sozialer Verhältnisse ... die gesellschaftliche Anpassung des Patienten befördern», dabei jedoch «Verhaltensweisen und Befriedigungsformen hinnehmen oder gar verstärken [muß], die gemessen am Kern der psychoanalytischen Lehre, der Libidotheorie, zweifelhafte Substitute sind» [11]. In theoretischer Hinsicht erhalte die psychoanalytische Lehre durch einen vergleichbaren Widerspruch «repressive Züge». Freud verfolge nämlich «gegen die bürgerliche Ideologie, materialistisch das bewußte Handeln hinab auf seinen unbewußten Triebgrund», stimme aber «zugleich in die bürgerliche Verachtung des Triebs ein ..., die selber das Produkt eben jener Rationalisierungen ist, die er [sc. Freud] abbaut» [12]. Freud lasse jedoch solche Widersprüche unaufgelöst stehen und mache damit «den antagonistischen Charakter der gesellschaftlichen Realität offenbar» [13]. Indem die 'Revisionisten' durch Verzicht auf die zentralen Momente der Libidotheorie «die praktisch-realistische Seite der Freudschen Konzeption ... isolieren», machten sie aus einem «Instrument der Aufklärung ... ein weiteres Mittel, die seelischen Regungen dem Status quo zu integrieren» [14].

Anmerkungen. [1] H. SCHULTZ-HENCKE: Neo-psychoanalyse. Studium generale 3 (1950) 316-325; Lehrb. der analyt. Psychotherapie (1951); H. THOMÄ: Die Neo-Psychoanalyse Schultz-Henckes. Psyche 17 (1963/64) 44-128. – [2] R. L. MUNROE: Schools of psychoanalytic thought (New York 1955). – [3] D. RAPAPORT: Die Struktur der psychoanalyt. Theorie (1961, ³1973). – [4] Vgl. U. MAY: Psychoanalyse in den USA, in: Die Psychologie des 20. Jh. (1976) 2, 1219-1278. – [5] TH. REIK: Geschlecht und Liebe (1950) 24. – [6] Vgl. Dogma und Zwangsidee (1927, 1973); Der eigene und der fremde Gott (1923/1972). – [7] Y. SPIEGEL und J. SCHARFENBERG, Einl. der Hg., in: REIK: Dogma und Zwangsidee (1973) 14. – [8] D. RAPAPORT und M. GILL: The points of view and assumptions of metapsychology. Int. J. Psycho-Anal. 40 (1959) 153-162. – [9] TH. W. ADORNO: Zum Verhältnis von Psychoanalyse und Gesellschaftstheorie. Psyche 6 (1952/53), ND unter dem Titel: Die revidierte Psychoanalyse. Ges. Schr. 8 (1972) 21, Anm. 1. – [10] a.O. 40. – [11] 39. – [12] Minima Moralia (1951). Ges. Schr. 4 (1980) 65. – [13] a.O. [9] 8, 40. – [14] ebda.

Literaturhinweise. E. FROMM: Escape from freedom (New York 1941). – A. KARDINER: The psychol. frontiers of society (New York 1945). – K. HORNEY: Neue Wege der Psychoanalyse (1951). – TH. W. ADORNO s. Anm. [9]. – H. S. SULLIVAN: The interpersonal theory of Psychiatry (New York 1953).

H. THOMÄ/ Red.

Neokonfuzianismus oder ‹Sung-Konfuzianismus› bezeichnet in der westlichen Literatur die philosophisch-spekulative Ausgestaltung des orthodoxen Konfuzianismus in der konservativen Absicht, diesem ein geschlossenes Welt- und Menschenbild in der Antithese zum Buddhismus in seiner Mahayana-Philosophie zu geben. N. vereinigt philosophische Ansatzpunkte aus Buddhismus und Taoismus und erhebt die normierte Sozialethik des orthodoxen Konfuzianismus in den Rang einer Philosophie. Dies war die Leistung einer Reihe von Denkern des 11. bis 12. Jh. Die durchgehende Gestalt dieser Philosophie ist durch einen dualistischen Rationalismus gekennzeichnet, für den ein oberstes Weltprinzip (*li*) und eine Gestaltungskraft *ch'i* (in der Literatur auch «Äther» genannt) alle Dinge durchwalten, indem *ch'i* den Dingen ihre jeweilige Gestalt verleiht, während *li* die unendlichen Möglichkeiten des Soseins erklären hilft. Für den Nachfolger M. Riccis als Leiter der Jesuitenmission in China, N. LANGOBARDI SJ (1559-1654), war dies der Beweis für den grundlegend atheistischen Charakter der chinesischen Philosophie [1]. Dem Menschen wohnt seiner innersten Natur nach das an sich gute Weltprinzip inne, doch sind Physis und Psyche von der formgebenden Gestaltungskraft bestimmt, die sein wahres Wesen verstellen. Der Mensch findet seine Bestimmung (*ming*, auch «Auftrag») in der Erkenntnis des allen Dingen und Vorgängen innewohnenden Weltprinzips und dessen ethischer Realisation. Eine Seitenlinie des gleichen, antibuddhistisch intendierten Denkansatzes will das Weltprinzip im eigenen Seelengrund (*hsin*, auch «Herz») entdecken und in der Identität von Erkenntnis und Aktion verwirklicht sehen. Tendiert die Hauptrichtung zu moralischer Rigorosität bis zur Sterilität, neigt die Nebenrichtung zu subjektiver Autonomie bis zur Willkür.

Eine im Sinne des Konfuzianismus ausgeübte ausschließliche Inanspruchnahme bei den Staatsprüfungen seit etwa 1300 machte aus dem N. eine herrschende Staatsdoktrin bis um 1900. Schon im 18. Jh. war aber das moralische Erkenntnisstreben ausgeweitet worden in ein Streben nach umfassender Erkenntnis der Weltstruktur in all ihren Erscheinungsformen einschließlich der menschlichen Sinnenwelt, die von ihrer negativen Bewertung befreit wurde. Das Denken des N. näherte sich damit unbewußt modernen westlichen Denkansätzen an, bevor diese noch bekannt geworden waren. In dem danach neu ansetzenden Reform-Konfuzianismus eines K'ang Yu-wei (gest. 1927) wird der tradierte N. für die Entwicklung einer modernen Entwicklungsideologie in Anspruch genommen und damit de facto kritisch überwunden. In der rezenten philosophischen Diskussion in China außerhalb des Marxismus besitzt der philosophisch weiterhin ernstzunehmende N. gleichwohl noch Relevanz. Das gilt auch außerhalb Chinas: N. wird in der englischen 'Philosophy of organism' (J. Needham im Sinne von A. N. Whitehead und mit Bezug auf Leibniz) als äquivalent angesehen [2]; früher schon finden R. Eucken und H. Driesch – der China besuchte – im Denken des N. Anklänge an ihre Lebensphilosophie [3].

Anmerkungen. [1] L. Pfister: Variétés sinol. No. 59 1. 2 (Shanghai 1932) 61. 65f. – [2] J. Needham: Science and civilization in China 2 (Cambridge 1956) 474. 496ff. – [3] R. Eucken und C. Chang: Das Lebensproblem in China und Europa (1921) pass.

Literaturhinweise. J. P. Bruce: Chu-Hsi and his masters. An introd. to Chu-Hsi and the Sung school of Chinese philos. (London 1923). – P. C. Hsu: Ethical realism in neo-confucian thought (Columbia Univ. phil. Diss. 1933). – A. Forke: Gesch. der neueren chin. Philos. (1938). – Y. L. Fung: Hist. of Chinese philos., engl. D. Bodde 2 (Princeton 1953). – Yih-Ching Chow: La philos. morale dans le N. Préf. P. Demiéville (Paris 1954). – A. C. Graham: Two Chinese philosophers (London 1958). – C. Chang: The development of Neo-Confucian thought (London 1958). – Th. Metzger: Escape from predicament. N. and China's evolving polit. culture (New York 1977). T. Grimm

Neolamarckismus. Der Begriff ‹N.› taucht offenbar zum ersten Mal bei A. S. Packard 1901 [1] auf. Eine Begriffsbestimmung ist insofern problematisch, als Werk und Ideen von Jean Baptiste de Lamarck (1744–1829) [2], Lamarckismus, N., Psycholamarckismus und Neovitalismus nur schwer gegeneinander abzugrenzen sind. Bei einer Reihe von Unterschieden kennzeichnet die Neolamarckisten, daß sie Organismen die Fähigkeit zuschreiben, sich direkt den obwaltenden Verhältnissen anzupassen und erworbene Eigenschaften zu vererben. Das Prinzip der direkten Anpassung, wie auch immer gedeutet oder nicht gedeutet, wird als Ergänzung darwinistischer selektionistischer Vorstellungen aufgefaßt.

Die Belebung lamarckistischer Vorstellungen nach 1859, dem Erscheinungsjahr von Darwins ‹Entstehung der Arten›, die Propagierung lamarckistischer Ideen in der Transformation von E. Haeckel [3] oder der Fassung von H. Spencer, der an eine ununterbrochene Anpassung der inneren organischen Verhältnisse an die äußeren dachte und neben dem Selektionsgedanken an der Vererbung erworbener Eigenschaften – als Voraussetzung zum (sozialen) Fortschritt der Menschheit – festhielt [4], könnten schon als N. bezeichnet werden. Die Lamarckismusrezeption verläuft ungleich und in verschiedener Akzentuierung. Lamarck wurde als Materialist, Mechanist, als Vitalist, als Finalist und Idealist charakterisiert [5]. Die Lamarck-Biographien gehen in ihren Deutungen meist auseinander. Ursache hierfür ist nicht zuletzt die Vieldeutigkeit zentraler Begriffe Lamarcks [6], so daß mit seinem Namen gegen Ende des 19. und zu Beginn des 20. Jh. unterschiedliche Denkelemente etikettiert werden konnten [7].

In der zweiten Hälfte des 19. Jh. entwickelte sich – nicht in der Absicht, ursprüngliche Anschauungen Lamarcks wieder zur Geltung zu bringen, sondern meist unabhängig, vielfach aus darwinistischer Betrachtungsweise heraus – die Überzeugung, daß neben dem Selektionsprinzip in der organischen Natur auch innere Evolutionskräfte eine Rolle spielen. Vorstellungen von der *direkten Anpassung* an veränderte Umweltverhältnisse, organismische Reaktionsfähigkeit auf Einflüsse der Umgebung, Organgebrauch oder -nichtgebrauch, Vererbung erworbener Eigenschaften spielen in der Diskussion eine Rolle. Bei den Überlegungen, in welcher Art das innere Wirkelement zu fassen sei, werden auch psychische Kräfte (Zellseele) als unbewußte und bewußte Intelligenz der Organismen ins Spiel gebracht.

Die Biologen nahmen zwar meist Darwins und Haeckels Prinzipien ohne Vorbehalt an, die Theoretiker begannen aber bald an den Begriffen der natürlichen und künstlichen Zuchtwahl, der Erblichkeit, der Variabilität und an Darwins Erklärung der Anpassung Kritik zu üben. Aus den Reihen der Skeptiker gingen zwei Richtungen hervor: die 'Neodarwinisten' und 'Neolamarckisten'. Der Begründer der neodarwinistischen Richtung war der Zoologe A. Weismann, der Darwins Lehre von der natürlichen Zuchtwahl zum Alleinprinzip der Entwicklung machte. Als Neolamarckisten wurden demgegenüber vielfach Biologen bezeichnet, die vornehmlich an die Erblichkeit erworbener Merkmale glaubten, sie mochten sonst unterschiedlichen Anschauungen über die Triebkräfte der Entwicklung folgen. Vorstellungen von der direkten Einwirkung der Lebensgewohnheiten auf den Körperbau des Individuums gewannen gegen Ende des Jahrhunderts besonders in Frankreich Zustimmung. In Deutschland sprach sich neben anderen insbesondere O. Hertwig dafür aus [8]. Zur Stütze führte er eine Reihe von Experimenten an, die freilich von der modernen Vererbungsforschung anders gedeutet werden, etwa P. Kammerers Versuche an Amphibien und Reptilien [9] und W. L. Towers Experimente zur Entwicklung von Käfern [10]. G. Th. Eimer suchte die Schwierigkeiten der Abstammungslehre hauptsächlich im Sinne von C. W. von Naegelis mechanisch-physiologischer Theorie zu lösen, nach der es eine phylogenetische Triebkraft (Vervollkommnungsprinzip) gibt, die nach mechanischen Gesetzen die Organismen in neue Formen drängt [11]. Eimer verwarf Darwins Theorie von den Variationen in allen möglichen Richtungen als Grundlage der Selektion und führte die Entwicklung der organischen Formen auf eine in bestimmter Richtung wirkende Kraft zurück, die durch äußere Faktoren wie Licht, Luft, Wärme, Nahrung beeinflußt wird und der Selektion dasjenige Material an Veränderungen liefert, auf welches die Auslese wirkt. Diese gerichtete Entwicklung nannte er Orthogenesis [12]. Die Vererbung erworbener Eigenschaften erkannte er an.

In den Vereinigten Staaten analysierte E. D. Cope an genetischen Reihen fossiler Säugetierskelette, ihren Extremitäten und Zähnen, die Wirkung des Gebrauchs und Nichtgebrauchs und begründete von da aus einen N. [13]. Er glaubt, daß sich niedere Pflanzen durch leblose Kräfte entwickeln, daß sich reizbare Pflanzen (z.B. Mimosa), niedere Tiere durch Gewöhnung an die oft wiederkehrende Reizung verändern und daß auf höheren Lebensstufen ein erst unbewußtes, dann bewußtes Streben wirkend ist, das die Organe zu neuen Leistungen nötigt. Auch die Naturauslese soll die Entwicklung fördern; sie genügt aber nicht. Cope stellt die Lebenskraft als das innere Wesen aller Entwicklungsfaktoren auf.

Die innere Triebkraft zur Anpassung und Formveränderung im Evolutionsprozeß wird vielfach psychistisch gedeutet (Psycholamarckismus). Man mißt dem Plasma primäre Urteils-, Empfindungs- und Triebkraft zu, eine vereinfachte Seelentätigkeit. Organische Wesen besitzen primär psychische Eigenschaften. Danach gibt es keine Naturzwecke, sondern nur Eigenzwecke der Organismen, eine Autoteleologie. Hier treffen sich die Anhänger des Psycholamarckismus mit den einfachen Vorstellungen E. Haeckels über «Zellseelen», denen er Empfindung, Wille und Vorstellung zuordnet. Diese Bewegung (R. H. FRANCÉ) begreift sich als mechanistisch-physiologische Psychologie, die zum Teil monistisch aufgefaßt wird. Sie sieht gesetzmäßige Zusammenhänge zwischen den physiologischen Vorgängen und psychischen Wirkungen [14]. R. H. Francé wird wesentlich beeinflußt von A. PAULY, der Vitalismus, N., Psycholamarckismus und Lamarckismus zusammenzuschließen suchte [15]. Pauly und R. H. Francé werden vielfach als die eigentlichen Begründer des N. bezeichnet, der Psychobiologie im besonderen [16]. Die Psycholamarckisten A. Pauly und A. Wagner verleugnen mechanistische Interpretationsweisen.

Eine ganze Reihe von Wissenschaftlern sucht eine *Mittlerstellung* einzunehmen. E. VON HARTMANN, H. SPENCER, R. VON WETTSTEIN sind Lamarckisten und zugleich mehr oder weniger Darwinisten. Neben dem Selektionsprinzip suchen sie in der organischen Welt weitere umgestaltende Kräfte zu fassen. Zum entscheidenden Problem wird ihnen die direkte Anpassung, die R. VON WETTSTEIN im Sinne des N. definiert als «die Fähigkeit der Individuen unter den jeweilig herrschenden Verhältnissen, zweckmässige Veränderungen zu erfahren und die so erworbenen Eigentümlichkeiten zu vererben» [17]. Diese Anpassungsfähigkeit wird nur konstatiert, nicht weiter erklärt. E. VON HARTMANN, der das Selektionsprinzip ebenfalls nicht für ausreichend hält, ist ein Anhänger des «leitenden inneren Entwicklungsgesetzes». Das Lebensprinzip sucht auch er psychistisch zu fassen [18]. G. HABERLANDT hält an der direkten Anpassungsfähigkeit der Pflanze, ihrer Selbstgestaltungskraft, der Beherrschung des ganzen Pflanzenkörpers in seinem feineren und gröberen Bau durch die Funktion fest [19].

Sofern der N. nicht nur eine Reaktion gegen Darwin darstellt, besitzt er in A. SCHOPENHAUER seinen eigensten Philosophen [20]. Aus weltanschaulichen Gründen hat er in Form des Lyssenkoismus im stalinistischen Sowjetrußland eine besondere Rolle gespielt [21]. Da sich die Vererbung erworbener Eigenschaften aber als biologisch unmöglich erwiesen hat, ist der N. heute wieder weitgehend durch den Darwinismus in all seinen Differenzierungen zurückgedrängt worden [22]. Dennoch sind weiterhin Diskussionen um den N. zu beobachten [23].

Anmerkungen. [1] A. S. PACKARD: Lamarck, the founder of evolution, his life and work (New York/London 1901). – [2] M. LANDRIEU: Lamarck, le fondateur du transformisme, sa vie, son œuvre. Mém. Soc. Zool. France 21 (1908 [1909]); F. KÜHNER: Lamarck, die Lehre vom Leben (1913); V. L. KOMAROV: Lamarck (Moskau 1925); S. TSCHULOK: Lamarck (1937); R. W. BURKHARDT: The spirit of system. Lamarck and evolutionary biology (Cambridge, Mass./London 1977); J. SCHILLER (Hg.): Colloque international 'Lamarck' (Paris 1971). – [3] E. HAECKEL: Generelle Morphologie der Organismen 1. 2 (1866); der 2. Bd. ist Darwin, Goethe und Lamarck gewidmet. – [4] H. SPENCER: The principles of biology 1. 2 (New York 1866/67, 1873). – [5] Vgl. TSCHULOK, a.O. [2] 186. – [6] Vgl. F. KÜHNER, a.O. [2] 243. – [7] A. WAGNER: Gesch. des Lamarckismus (1908); E. RÁDL: Gesch. der biolog. Theorien in der Neuzeit 2 (1909); E. VON HARTMANN: Das Problem des Lebens (²1925). – [8] O. HERTWIG: Allg. Biol. (³1909). – [9] Vgl. u.a. P. KAMMERER: Vererbung erzwungener Fortpflanzungsanpassungen I-III. Arch. Entw. Mech. 25 (1908) 7-52; 28 (1909) 447-545; Vererbung erzwungener Farbveränderungen I-II. Arch. Entw. Mech. 29 (1910) 456-498; Direkt induzierte Farbanpassungen und deren Vererbung. Z. indukt. Abst.-Vererb.-Lehre 4 (1910/11) 279-288. – [10] W. L. TOWER: An investigation of evolution in chrysomelid beetles of the genus leptinotarsa. Carnegie Inst. Washington Publ. 48 (1906). – [11] C. W. VON NAEGELI: Mechan.-physiolog. Theorie der Abstammungslehre (1884). – [12] G. TH. EIMER: Die Entstehung der Arten auf Grund von Vererben erworbener Eigenschaften nach den Gesetzen organ. Wachsens 1-3 (1888-1901). – [13] E. D. COPE: The mechanical causes of the development of the hard parts of the mammalia (Boston 1889); The origin of the fittest (New York 1887). – [14] R. H. FRANCÉ: Die Weiterentwicklung des Darwinismus (1904); Zwischengespräch [Psycholamarckismus], in: Das Leben der Pflanzen I, 2 (1907) 361-375. – [15] A. PAULY: Darwinismus und Lamarckismus. Entwurf einer psychophysischen Teleologie (1905) 149. – [16] WAGNER, a.O. [7] 133. – [17] R. VON WETTSTEIN: Der Neo-Lamarckismus und seine Beziehungen zum Darwinismus (1903) 11. – [18] E. VON HARTMANN, a.O. [7]. – [19] G. HABERLANDT: Physiolog. Pflanzenanatomie (³1906). – [20] A. SCHOPENHAUER: Über den Willen in der Natur (1835, ²1854). Sämtl. Schr., hg. W. VON LÖHNEYSEN 3 (1980) 301-479. – [21] J. P. REGELMANN: Die Gesch. des Lyssenkoismus (1980). – [22] E. MAYR: Wie weit sind die Grundprobleme der Evolution gelöst? in: J.-H. SCHARF (Hg.): Evolution (1975) 171-179, bes. 175. – [23] Vgl. dazu: E. O. DODSON: Neo-Lamarckism, modern Darwinism and the origin of vertebrates. J. paleontol. 35 (1961) 1065-1076. – D. JORAVSKY: Inheritance of acquired characteristics (Lamarckian), in: P. WIENER (Hg.): Dict. of the Hist. of Ideas 2 (New York 1973) 617-622.

Literaturhinweise. K. SCHEWE: Schopenhauers Stellung zu der Naturwiss. (1905). – A. WAGNER s. Anm. [7]. – E. RÁDL s. Anm. [7]. – O. PROCHNOW: Die Theorien der aktiven Anpassung mit bes. Berücksichtigung der Deszendenztheorie Schopenhauers (1910). – R. SEMON: Über das Schlagwort 'Lamarckismus'. Z. indukt. Abst.- Vererb.-Lehre 22 (1919) 51f. – E. NORDENSKIÖLD: Die Gesch. der Biol. (1926). – H. G. CANNON: The evolution of living things (Manchester 1958). – L. J. BLACHER: Sewerzow und der N. Biologie Schule 16 (1967) 297-300. – E. MAYR: Lamarck revisited. J. Hist. Biol. 3 (1970) 275-298. – D. JORAVSKY: The Lysenko affair (Cambridge, Mass. 1970). – L. J. BURLINGAME: Lamarck, Jean Baptiste Pierre Antoine de Monet de, in: CH. G. GILLISPIE (Hg.): Dict. of scient. biogr. 7 (New York 1973) 584-594. – A. E. GAISSINOVITCH: The origins of Soviet genetics and the struggle with Lamarckism, 1922-1929. J. Hist. Biol. 13 (1980) 1-51.

G. MANN

Neologie (von griech. νέος, neu, und λόγος, Wort, Lehre, Sprache). Das Wort ist in der Bedeutung von 'Neuerung', 'neumodischer Auffassung' und 'neuer Lehre' seit der ersten Hälfte des 18. Jh. im französischen und deutschen Sprachgebrauch nachweisbar. Die in den Bereichen von Dichtkunst, Philosophie und Theologie auftretenden Wortführer und Verteidiger der von der Tradition abweichenden neuen Auffassungen werden «Neologen» oder etwas abschätziger «Neologisten» genannt. Ihre sprachlichen Neuschöpfungen, neuartigen Lehren und Theorien werden als «Neologismus» bzw. «Neologismen» charakterisiert.

1. Der Begriff ‹N.› taucht zunächst in der auf die zeitgenössische Dichtung bezogenen *Literaturkritik* auf. Als Buchtitel fand er bei dem Abbé DESFONTAINES (1685-1745) Verwendung, der als ein auf den Wohlklang der Verse und die grammatische Richtigkeit achtender Sprachreiniger hervortrat und 1726 seinen ‹Dictionnaire Néologique› veröffentlichte. In seiner Nachfolge steht der deutsche Literaturkritiker CHR. O. Frh. VON SCHÖNAICH (1725-1807), der zur Titelformulierung seines ironisch-satirischen Wörterbuches offenbar durch Desfontaines angeregt worden ist: ‹Die ganze Aesthetik in einer

Nuss oder Neologisches Wörterbuch› (1754). Schönaich richtet sich polemisch gegen sprachliche und stilistische Neuerungen der zeitgenössischen deutschsprachigen Dichtung, insbesondere gegen *Bodmer* und die Zürcher, aber auch gegen *Gellert, Gleim, Haller, Klopstock* und *Lessing*. Mit deutlicher Mißbilligung spricht Schönaich von einer «neologischen Dichtkunst», die sich über Stil, Geschmack und Sprachempfinden hinwegsetze und durch Anwendung von unerlaubten Metaphern die Eigenschaften der darzustellenden Dinge willkürlich verändere [1].

2. Im letzten Drittel des 18. Jh. drang der N.-Begriff auch in die *theologische* Fachsprache ein. Er diente zur Bezeichnung einer neuen Richtung der Theologie, die sich der historisch-kritischen Forschung sowie dem Kriterium der religiösen Erfahrung zugewandt hatte und die sich unter dem Einfluß der Aufklärung um eine Verbindung der protestantischen Überlieferung mit dem modernen Denken bemühte. Diese Bestrebungen hatten eine Abwendung von den dogmatischen Systemen der altprotestantischen Orthodoxie, aber auch von der pietistischen Erbaulichkeit und dem theologischen Wolffianismus zur Folge. Bevor die protestantische N., zu der Lutheraner wie Reformierte gehörten, sich durchsetzen konnte, hatte sie erhebliche Widerstände zu überwinden. Ihre maßgebenden Vertreter sind jahrzehntelang Gegenstand heftiger Kritik und entschiedener Ablehnung gewesen. Der Hallenser Theologieprofessor J. S. SEMLER (1725–1791), der zusammen mit A. FR. W. SACK, J. J. SPALDING, FR. W. JERUSALEM, J. G. TÖLLNER und A. W. TELLER zur Gruppe der führenden Neologen gerechnet wurde, spricht 1779 davon, daß viele zeitgenössische Theologen und Rezensenten über die «Neologen» zu spotten pflegen [2], und erklärt 1787, daß man eine Konföderation «wider die sogenannten Neologen» gebildet habe [3]. Mit der historischen Distanz zu den damaligen Auseinandersetzungen verschwindet in der späteren Verwendung allmählich die pejorative Nebenbedeutung des N.-Begriffs und damit die negative Einschätzung der neuen Lehren als überflüssiger oder unerlaubter Neuerungen.

3. In der *Theologiegeschichtsschreibung* des 20. Jh. hat sich der N.-Begriff als Bezeichnung für eine bestimmte Periode der protestantischen Aufklärungstheologie eingebürgert. Die Periode der N., welche den Wolffianismus und die Übergangstheologie ablöst, wird zeitlich etwa von 1740 bis 1790 (gelegentlich auch von 1750 bis 1780) angesetzt. Nach Inhalt und Umfang ist dieser theologiegeschichtliche Begriff jedoch nicht eindeutig. Als entscheidendes Merkmal der N. ist «ihr materieller Kampf gegen das kirchliche Dogma» hervorgehoben worden [4]. Andere Forscher formulieren vorsichtiger und sehen in der N. den Beginn einer «Selbstentfremdung der Theologie den kirchlichen Überlieferungen gegenüber» [5]. Bezeichnend für den theologiegeschichtlichen Begriff sind auch die Wortprägungen ‹N.-Zeit› [6] und ‹neologische Bewegung› [7]. Die Charakterisierung der Bestrebungen der N. und die Bewertung ihres Denkens, dessen Wirkungsgeschichte bis auf die Gegenwart reicht, ist in der gegenwärtigen Forschung noch umstritten [8].

4. Neben der spezifischen Bedeutung, die der N.-Begriff in der theologischen Fachterminologie besitzt, hat er sich seit dem 18. Jh. auch in einer allgemeinen Bedeutung von *sprachlicher* und *begrifflicher* Neuprägung erhalten. Auf diesen Bedeutungsgehalt hat der Philosoph W. T. KRUG (1770–1842) in einer Definition hingewiesen: Unter den Ausdrücken ‹N.› und ‹Neologismus› versteht man zuweilen «die Neuerungssucht in Ansehung der Sprache, indem Jemand entweder ganz neue Wörter bildet oder alten Wörtern neue Bedeutungen unterlegt oder sonstige Veränderungen des Sprachgebrauchs sich erlaubt» [9]. In der gegenwärtigen linguistischen Terminologie dient ‹Neologismus› als neutrale Bezeichnung einer jeden sprachlichen Neubildung. Dieser Bedeutungsgehalt ist auch in der Umgangssprache erkennbar, z. B. wenn die 1972 als Übersetzung aus dem Amerikanischen ins Deutsche gelangte neue Formel ‹Qualität des Lebens› bzw. ‹Lebensqualität› als ‹Neologismus› bezeichnet wird [10].

Anmerkungen. [1] CHR. O. Frh. VON SCHÖNAICH: Die ganze Aesth. in einer Nuss oder Neol. Wb. (1754), mit Einl. und Anm. hg. A. KOESTER (1900) 15. – [2] J. S. SEMLER: Beantwortung der Frg. eines Ungenannten insbes. vom Zweck Jesu und seiner Jünger (²1780) Vorrede. – [3] Unterhalt. mit Herrn Lavater über die freie pract. Relig. (1787) Vorrede XII. – [4] K. ANER: Die Theol. der Lessingzeit (1929, ND 1964) Vorwort VI. – [5] E. HIRSCH: Gesch. der neuern evang. Theol. 4 (1952, ²1960) 35. – [6] ANER, a.O. [4] 85. – [7] HIRSCH, a.O. [5] 4, 48. – [8] J. SCHOLLMEIER: Johann Joachim Spalding. Ein Beitrag zur Theol. der Aufklärung (1967) 39-55. – [9] W. T. KRUG: Allg. Handwb. der philos. Wiss.en nebst ihrer Lit. und Gesch. 3 (²1832-1838, ND 1969) 43. – [10] H. LÜBBE: Fortschritt als Orientierungsproblem. Aufklärung in der Gegenwart (1975) 57ff.

Literaturhinweise. K. ANER s. Anm. [4]. – E. HIRSCH s. Anm. [5]. – W. KRAUSS: Frz. Neologen im 18. Jh., in: Werk und Wort. Aufsätze zur Lit.wiss. und Wortgesch. (1972) 169-177. – A. REY: Néologisme: un pseudo-concept. Cah. Lexicol. 28 (1976) 3-17. – L. GILBERT: Néologie et néologisme. Beitr. roman. Philol. 16 (1977) 113-118.

G. HORNIG

Neovitalismus. Gegen Ende des 19. Jh. standen sich Vitalisten und Mechanisten in neuartiger Form gegenüber. Die alte Lebenskraftlehre (Paläovitalismus) [1] schien schon durch die Attacken E. DU BOIS-REYMONDS und H. LOTZES ihr Ende gefunden zu haben [2]. Zugleich geriet die Herrschaft des Darwinismus ins Wanken, der sich zu einer allgemeinen Lebenstheorie entwickelt hatte und u.a. beanspruchte, die Zweckmäßigkeit im Organismischen ohne Hilfe eines teleologischen Prinzips aus der zufälligen Verknüpfung mechanischer Ursachen erklären zu können. Kritik an darwinistischen Positionen, den noch und wieder geltenden materialistisch-mechanistischen Lebenstheorien, wurde zur Jahrhundertwende hin – so im Neo- und Psycholamarckismus – immer reger. Das Wesen des Lebens sah man im Vorhandensein und Entstehen von Zweckmäßigem (A. PAULY). Etliche Forscher sahen sich genötigt, Zugeständnisse zu machen, die sie noch nicht für vitalistisch hielten, die aber auch zur Restauration des Vitalismus führten, wie z. B. die Beobachtung der Wirksamkeit richtender, ordnender, leitender Kräfte unbekannter Art im Organismus.

Den Begriff ‹N.› empfiehlt 1888 zuerst E. RINDFLEISCH [3], ein Schüler R. Virchows: «Ganz unabhängig von jenen älteren vitalistischen Theorien hat sich der N. entwickelt, welcher die Lebenskraft nur in der innigsten Verbindung mit einem zu ihr gehörigen Lebensstoff kennt und beide gleichzeitig zum Gegenstande wissenschaftlicher Forschung macht. Derselbe ist redlich bemüht, die Erscheinungen des Lebens aus der chemisch-physikalischen Beschaffenheit des Lebensstoffes zu erklären ... Er verhehlt sich aber nicht, daß es auch abgesehen von den Erscheinungen des Bewußtseins Tatsachen gibt, welche der Forschung vielleicht unübersteigliche Hindernisse bieten werden» [4]. Rindfleisch richtet vor allem sein

Augenmerk auf die «vitale Selbstbestimmung», «den Stoff, der sich selbst bewegt». Die «Selbstbestimmung», die «durch eine vorläufige Überführung der Kräfte, welche von außen einwirken, in Spannkraft», erreicht wird [5], bleibt für ihn das entscheidende Charakteristikum des Organismischen. Die «organische Einheit» der Lebewesen ist ihm das große Schauspiel [6]. Er lehnt verbal den Materialismus ab und bekennt sich zu einem N., der sich letzten Endes durch molekulare Mechanik verwirklicht, also wieder in mechanistisches Denken mündet. Worin sich Kräfte im Sinne dieses N. von chemisch-physikalischen Kräften unterscheiden, bleibt unklar.

In seinem ‹Lehrbuch der Physiologischen und Pathologischen Chemie› (1887) bestreitet G. BUNGE den Gegnern des Vitalismus die These, daß «in den lebenden Wesen durchaus keine anderen Faktoren wirksam seien, als die Kräfte und Stoffe der unbelebten Natur» [7]. Die eigentlichen Lebenserscheinungen könnten nicht mechanistisch erklärt werden, allenfalls Bewegungsvorgänge, die für den Lebensprozeß unentbehrlich seien, aber doch nicht die eigentliche Lebenserscheinung ausmachten. Er sieht das Rätsel des Lebens in der Aktivität [8]. Weil seiner Ansicht nach der auf dem Wege der Physik und Chemie unerforschbare Kern der Lebensproblematik nur um so schärfer hervortreten wird, «treibt uns der Mechanismus der Gegenwart dem Vitalismus der Zukunft mit Sicherheit entgegen» [9]. Eine ganze Reihe weiterer Kritiker traten mit ähnlichen Argumenten auf. G. WOLFF [10] versuchte, «primäre Zweckmäßigkeit» zu erweisen, A. KERNER VON MARILAUN [11], E. ALBRECHT u. a. erklärten sich für den neuen Vitalismus. Das Problem des Zweckmäßigen schien vielen Biologen im ausgehenden 19. Jh. mit darwinistischen Mitteln nicht hinreichend interpretierbar. Es wurde zu einem Hauptpunkt der Diskussion. 1899 veröffentlichte P. N. COSSMANN eine methodologische Studie über das Verhältnis von Kausalität und Teleologie [12]. Kausalität ist ihm allgültig, aber nicht alleingültig, Teleologie tritt als Beurteilungsmaxime neben sie als statische und dynamische Teleologie.

E. VON HARTMANN, im Entwicklungsdenken selbst Darwin folgend, aber ein zweckmäßig-unbewußtes Entwicklungsprinzip sehend, stellt sich bloßer materialistisch-mechanischer Ausdeutung des Lebensgeschehens entgegen [13]. Er bemüht sich, in seinen Werken zu zeigen, daß in allem Lebendigen außer den physikalisch-chemischen Gesetzen noch eine andere Kraft wirkt, ein übermaterielles Prinzip.

Neolamarckismus, Psycholamarckismus und N. schienen zum Teil ineinander überzugehen. «Der anrüchige Begriff ‹Vitalismus›», so meinte PAULY 1905, «könnte nur ersetzt werden durch ein Wort, welches ausdrückt, daß die Ursache der organischen Teleologie eine psycho-physische ist, wodurch sich der Vitalismus mit dem Lamarckismus auch äußerlich in Eins verwandeln würde, da er innerlich nichts anderes ist als Lamarckismus» [14]. J. REINKE beklagt 1908 die Verwirrung um die Begriffe Vitalismus und N. Obwohl er sich selbst als Gegner des alten Vitalismus sieht und seine Behandlung der Lebensvorgänge als mechanistisch einschätzt, ist er in den Augen seiner Gegner Vitalist, da er nicht alle Lebenserscheinungen für physikalisch-chemisch erklärbar hält: «Es sind drei Stücke der Lebensvorgänge, in bezug auf welche die Durchführung der mechanistischen Theorie auf anscheinend unüberwindliche Hindernisse stößt: die Zweckmäßigkeit des Körpers, seiner Organe, Verrichtungen und Reaktionen; sodann die Fortpflanzung und Entwicklung; endlich die bewußte Intelligenz des Wahrnehmens und Denkens» [15]. Den Ursprung der Finalität einer Maschine kann man ursächlich erklären, den eines Organismus nicht [16]. Auch mit der Energetik zur Erklärung der Lebenserscheinungen ist nicht auszukommen. In jeder Maschine sind die Transformatoren der Energie, d. h. die Systembedingungen, nicht weniger wichtig als die Energie selbst [17]. Wie die energetischen Elementarprozesse in harmonischer, gesetzmäßiger Verknüpfung ablaufen, bleibt die große Problemfrage. Die gesetzmäßige Folge jener Elementarprozesse ist nach Reinke keine Funktion der Energie selbst, sondern eine Leistung von Kräften, die über der Energie stehen und sie beherrschen, von Kräften, die auch bei Tieren und Pflanzen als Systemkräfte gelten müssen. Alle an Systembedingungen geknüpfte Leistungsfähigkeit mit Einschluß des instinktiven Handelns muß daher in Organismen einen besonderen Grund haben, einen Realgrund oder eine Ursache. Damit kommt Reinke zu der Annahme von Kräften, denen die maschinelle Struktur und die Systembedingung in Pflanzen und Tieren ihren Ursprung verdanken. Diese Kräfte nannte er «Dominanten». Sie sind ihm ein symbolischer Begriff. Sie bedeuten den Erbzwang, der in der Fortpflanzung von Generation zu Generation überliefert wird und den Aufbau des neuen Organismus mit allen seinen Systembedingungen zur Folge hat. Die «Dominanten» bezeichnen ihm den Komplex innerer Ursachen, den man für das Zustandekommen der Gestalt von Pflanzen und Tieren sowie ihrer Teile und ihrer Struktur in Anspruch nehmen muß. Da die «Dominanten» zielstrebig und zweckmäßig wirken, so kommen sie dem aristotelischen Begriff der «Entelechie» nahe [18].

Als der eigentliche Begründer des N. kann H. DRIESCH bezeichnet werden. Seine Verdienste um die biologische Wissenschaft bestehen vor allem in der experimentellen Untersuchung tierischer Regenerations- und Regulationsprozesse. Er war der erste Entwicklungsbiologe, der den Systembegriff in konzeptioneller Weise zur Beschreibung entwicklungsphysiologischer Sachverhalte verwendete. In Versuchen an Seeigeln 1891 stellte er fest, daß die präformistischen Vorstellungen A. Weismanns, die grundlegend für mechanistische Vorstellungen waren, nicht richtig sein konnten. Wenn aus einem halben oder geviertelten Keim nicht ein Teilwesen wurde, sondern eine ganze Larve, dann konnte im Keimplasma nicht schon ein fertiges Geschöpf mit präformierter Struktur stecken, der Keim nicht eine Maschine mit fertigen Einzelteilen sein, vielmehr war das Ganze ein «äquipotentielles harmonisches System», d. h. mit überall gleichmäßig vorhandenen Werdemöglichkeiten, mit «prospektiver Potenz». Das organische Ganzheitsproblem trat ins Blickfeld.

‹Die Philosophie des Organischen› [19], Drieschs Hauptwerk, wurde das Standardwerk des N. Im zweiten Teil des Werkes entwickelt Driesch eine Entelechielehre; den Entelechiebegriff verwendet er im doppelten Sinne, einmal als «ganzmachenden Naturfaktor», dem bestimmte biologische Leistungen aufgebürdet werden, zum andern zur Ausfüllung einer Erkenntnislücke. «Entelechie ist nicht Energie, nicht Kraft, nicht Intensität, nicht Konstante, sondern – Entelechie» [20]. Driesch spricht von Entelechie als einem «daseienden Faktor im empirischen Sinne», der aus logischen Gründen eingeführt werden muß, um dem Prinzip des zureichenden Grundes im Prozeß des Werdens Genüge zu tun. Er steht für «ein X, das nicht selbst ‘Datum’ ist, aber dasein muß» [21]. Nach Driesch sind Grundkennzeichen organischer Zweckmäßigkeit Harmonie, Regulation, Regeneration und Restitution. Von diesen Tatsachenkreisen aus versucht er, seine vitalistischen Prinzipien analysierend zu erfassen und zu erweisen.

Die Epigonen knüpfen an der von Driesch hochgeschätzten Ganzheitsvorstellung lebender Systeme an. Die Ganzheitsbiologie begann sich deutlich zu entwickeln. Neben Drieschs N. ist die idealistische Lebenslehre J. VON UEXKÜLLS [22] bekannt geworden. A. MITTASCH sieht sich 1951 in weitgehender Übereinstimmung mit Drieschs Grundanliegen einer physiologisch-chemisch nicht erfaßbaren, vitalistischen Eigengesetzlichkeit trotz terminologischer Unterschiede: «'Entelechie' bedeutet für mich nicht etwa ein im Organismus vorhandenes beständiges Ding und Wesen, sondern ist ein abkürzender Ausdruck für das Integral der im lebenden Organismus tätigen Richt-, Form- und Entwicklungskräfte. Nur im Organismus (Pflanze und Tier), nicht im Kristall, müssen wir eine schaffende Zentralgewalt fingieren, die auf Erhaltung und Steigerung in Wechselwirkung mit der Umwelt bedacht ist; diese Zentralgewalt können wir uns kaum anders als seelisch geartet vorstellen» [23].

Im Laufe des 20. Jh. mußte der N. seine meisten Positionen wieder aufgeben. Heutige Vitalisten (J. HAAS, NACHTWEY, MUSCHALEK, WETTER u. a.) argumentieren vorwiegend aus religiösen Motiven heraus und haben keine Beziehung mehr zur biologischen Wissenschaft in der Verbindung zur rationellen biotheoretischen «Möglichkeitserwägung» im Sinne Drieschs.

Anmerkungen. [1] P. G. HESSE: Der Lebensbegriff bei den Klassikern der Naturforschung (1943); H. DRIESCH: Der Vitalismus als Gesch. und als Lehre (1905). – [2] E. DU BOIS-REYMOND: Unters. über thierische Elektricität 1 (1848); vgl. ebenfalls: Über die Lebenskraft. Aus der Vorrede zu den Unters. über thierische Elektricität..., in: Reden von Emil Du Bois-Reymond 2 (1887) 1-23; Über Neo-Vitalismus. Rede in der öffentl. Sitz. der Kgl. Preuß. Akad. der Wiss. ... am 28. Juni 1894, hg. E. METZE (1913); H, LOTZE: Leben, Lebenskraft, in: Handwb. der Physiologie, hg. R. WAGNER 1 (1842) IX-LVIII. – [3] E. RINDFLEISCH: Ärztl. Philos. (1888); vgl. dazu: Neo-Vitalismus. Dtsch. medicin. Wschr. 21 (1895) 617-622. – [4] Ärztl. Philos. a.O. 10. – [5] Neo-Vitalismus a.O. 620. – [6] a.O. 622. – [7] G. BUNGE: Vitalismus und Mechanismus (1886); er nahm diese Schrift als ‹Erste Vorlesung› in sein ‹Lb. der Physiolog. und Patholog. Chemie› (1887) auf; zit. (³1894) 3. – [8] ebda. 8. – [9] a.O. 14. – [10] Vgl. u.a. G. WOLFF: Mechanismus und Vitalismus (1902, ²1905); Leben und Erkennen (1933); Das Problem des Vitalismus. Med. Welt 9 (1935) 318-323. – [11] A. KERNER VON MARILAUN: Pflanzenleben 1. 2 (²1896/98). – [12] P. N. COSSMANN: Elem. der empir. Teleologie (1899). – [13] E. VON HARTMANN: Das Problem des Lebens (1906, ²1925). – [14] A. PAULY: Darwinismus und Lamarckismus. Entwurf einer psycholog. Teleologie (1905) 149. – [15] J. REINKE: Mechanik und Biol., in: Naturwiss. Vorträge (²1908) 153-176, zit. 171. – [16] a.O. 172. – [17] Über die in den Organismen wirksamen Kräfte, in: Naturwiss. Vorträge (²1908) 207-231, zit. 228f. – [18] a.O. 221f.; vgl. u. a. J. REINKE: Einl. in die theoret. Biol. (1901, ²1911); Der N. und die Finalität in der Biol. Biolog. Centralblatt 24 (1904) 577-601. – [19] H. DRIESCH: Philos. des Organischen (1908, ²1921). – [20] Vgl. hierzu und zum Folgenden: R. MOCEK: Wilhelm Roux, Hans Driesch. Zur Gesch. der Entwicklungsphysiol. der Tiere [Entwicklungsmechanik] (1974) 160f. – [21] a.O. 172. – [22] J. VON UEXKÜLL: Theoret. Biol. (1920, ²1928). – [23] A. MITTASCH: Briefwechsel zwischen Prof. Driesch und Prof. Mittasch, in: A. WENZL (Hg.): Hans Driesch. Persönlichkeit und Bedeutung für Biol. und Philos. von heute (1951) 181-207, bes. 206f.; vgl. Entelechie (1952).

Literaturhinweise. H. DRIESCH: Der Vitalismus als Gesch. und als Lehre (Leipzig 1905, ²1922); Die nichtmechanist. Biologie und ihre Vertreter. Nova Acta Leopoldina NF 1, H. 23 (1933). – G. SELIBER: Le néo-vitalisme en Allmagne. Rev. philos. 69 (1910) 625-636. – F. KOTTJE: Erkenntnis und Wirklichkeit (1926). – A. MEYER: Das Organische und seine Ideologien. Arch. Gesch. Med. 27 (1934) 3-19. – M. KLUGE: Johannes Reinkes dynamische Naturphilos. und Weltanschauung (1935), mit Bibliogr. – E. HEUSS: Rationale Biologie und ihre Kritik. Eine Auseinandersetzung mit dem Vitalismus H. Drieschs (1938). – L. R. WHEELER: Vitalism: its history and validity (London 1939). – E. UNGERER: Hans Driesch. Der Naturforscher und Naturphilosoph (1867-1941). Naturwiss. 29 (1941) 457-462. – G. VON NATZMER: Die Problemstellung der Biologie durch Driesch und ihre weitere Entwicklung, in: Hans Driesch. Persönlichkeit ... s. Anm. [23] 21-44. – A. WENZL: Drieschs N. und der philos. Stand des Lebensproblems heute, in: Hans Driesch. Persönlichkeit ... s. Anm. [23] 65-179. – H. R. HALLER: Gustav Wolff (1865-1941) und sein Beitrag zur Lehre des Vitalismus (Basel 1968). – F. B. CHURCHILL: From machine-theory to entelechy: Two studies in developmental teleology. J. Hist. Biol. 2 (1969) 165-185. – R. MOCEK s. Anm. [20].

G. MANN

Neptunismus. Der Versuch, die Geologie (bzw. Geognosie) am Ende des 18. Jh. als Wissenschaft zu begründen, führt zu einer Loslösung von den Auflagen des biblischen Schöpfungsberichtes und zum Rückgriff auf immanente Formungskräfte der Natur. Zur Frage der Entstehung von Gesteinen, insbesondere des Basalts, bilden sich zwei gegensätzliche Standpunkte heraus. Die Neptunisten unter der Führung von A. G. WERNER (1750-1817) [1] behaupteten, daß alle Gesteine ausnahmslos durch Sedimentablagerung oder Auskristallisation aus dem Wasser entstanden seien. Demgegenüber vertraten die Vulkanisten, sich auf J. HUTTON (1726-1797) [2] berufend, für einige Gesteinsarten (Basaltgestein) die Entstehung aus vulkanischer Tätigkeit. Der Mangel an ausreichendem Erfahrungsmaterial – Werner selbst hatte ausschließlich an sächsischen Formationen geforscht – brachte am Ende des 18. Jh. noch keine klare Entscheidung [3]. So suchte GOETHE mit seiner Schrift ‹Vergleichs Vorschläge die Vulkanier und Neptunier über die Entstehung des Basalts zu vereinigen› [4] beide Auffassungen zu versöhnen, ohne sich jedoch ganz von der Position des Neptunismus zu trennen. Den beiden Schülern Werners, L. VON BUCH (1774-1853) [5] und A. VON HUMBOLDT (1769-1859) [6], gelang es, durch geologische Forschungen außerhalb Sachsens der Theorie von der vulkanischen Entstehung des Basalts zum Durchbruch zu verhelfen.

In enzyklopädischen Darstellungen der Geologie [7] zu Beginn des 19. Jh. fungieren beide Theorien nebeneinander. Die Differenzierung z. B. zwischen vulkanischen (Trachyt, Basalt, Lava) und plutonischen Gebirgsarten (Granit, Porphyr, Serpentin) [8] deutet auf die Auflösung der ursprünglich einheitlichen Theorien hin. Im Rückblick auf den Neptunistenstreit betonen HEGEL [9], GOETHE [10] und SCHOPENHAUER [11] die Einseitigkeit der Theoriebildung und Erfahrungsverarbeitung. Seit dem Erscheinen von CH. LYELLS (1797-1875) Buch ‹Principles of Geology› [12] ist der Neptunismus als Theorie nur noch im Bestand der Geschichte der Geologie präsent. Der bloßen Alternative, ob Feuer oder Wasser den Entstehungsprozeß der Gesteine bewirkt haben, ist nach Lyells Werk eine Vielzahl geologischer Ursachenketten gefolgt.

Anmerkungen. [1] A. G. WERNER: Kurze Klassifikation (1789); Neue Theorie über die Entstehung der Gänge (1789). – [2] J. HUTTON: Theory of the earth (Edinburgh 1795, ND 1972). – [3] Vgl. O. WAGENBRETH: Abraham Gottlob Werner und der Höhepunkt des Neptunistenstreites um 1790. Freiberger Forschungshefte Kultur und Technik D 11 (1955) 183-241. – [4] J. W. GOETHE: Schr. zur Naturwiss. 11 (1970) 37f. – [5] L. v. BUCH: Ges. Schr., 4 Bde. (1867-1885). – [6] A. v. HUMBOLDT: Mineralog. Beobachtungen über einige Basalte am Rhein (1790). – [7] L.

OKEN: Allg. Naturgesch. für alle Stände 1 (1839) 578f. – [8] A. v. HUMBOLDT, Kosmos. Ges. Werke 1 (1889) 185. – [9] G. W. F. HEGEL, Enzykl. der philos. Wiss. Theorie-Werkausg. 9 (1970) 344. – [10] J. P. ECKERMANN, Gespräche mit Goethe. Artemis-A. 24 (1948) 555. – [11] A. SCHOPENHAUER: Sämtl. Werke, hg. W. v. LÖHNEYSEN 5 (1976) 660. – [12] C. LYELL: Principles of Geology 1 (London ³1834) 84f.

Literaturhinweise. K. A. v. ZITTEL: Gesch. der Geol. und Paläontol. bis Ende des 19. Jh. (1899). – C. C. BERINGER: Gesch. der Geol. und des geol. Weltbildes (1954). – H. HÖLDER: Geol. und Paläntol. in Texten und ihrer Gesch. (1960).   H. SCHLÜTER

Nestorianismus. Der in der Dogmengeschichtsschreibung [1] verwendete Begriff ‹N.› bezieht sich auf die dem Patriarchen von Konstantinopel, *Nestorios* (428–431), zugeschriebene und bereits 431 in Ephesos unter Führung des alexandrinischen Bischofs CYRILL anathematisierte Zusammenstellung [2] christologischer Äußerungen, nach denen die «Christusgebärerin» (χριστοτόκος) Maria nicht den Logos (ὁ λόγος) und die Gottheit (ἡ θεότης), sondern einen den Menschen ähnlichen, obgleich sehr überlegenen (κρείττων δὲ κατὰ πάντα) [3] Sohn empfing, der erst durch seinen verdienstvollen Gehorsam bis zum Tode sich bewährte [4] und schließlich nach der Auferstehung adoptiert (ἀναλαμβάνειν) wurde. Da der N. um der Transzendenz (Leidensunfähigkeit, Unsterblichkeit) des Logos [5] und der Kreatürlichkeit der eigenständigen Menschheit [6] willen eine substantielle Einigung (ἕνωσις φυσική, ἕνωσις καθ' ὑπόστασιν) der Menschheit und Gottheit in Christo leugnet und statt einer Vermischung (κρᾶσις, μίξις, σύγχυσις) lediglich eine in Gesinnung und Moral vollzogene Verbindung (συνάφεια) behauptet, wird ihm von seinen Gegnern ein die personale Einheit Christi aufhebender Dualismus vorgeworfen (διαιρεῖν τὰς ὑποστάσεις) [7].

Die mit LUTHER einsetzende Rehabilitierung des Bischofs Nestorios [8] erreicht um 1900 mit der Veröffentlichung bisher verschollener Dokumente [9] einen Höhepunkt und kulminiert z. B. in der Behauptung des protestantischen Dogmatikers FR. LOOFS, daß Nestorios zu einer «Säule der Orthodoxie» [10] geworden wäre, wenn er auf dem Konzil von Chalcedon (451) anwesend gewesen wäre.

Anmerkungen. [1] Vgl. A. VON HARNACK: Lb. der Dogmengesch. (⁴1909/10, ND 1964) 2, 355ff.; FR. LOOFS: Leitfaden zum Studium der Dogmengesch. (⁷1968) 227ff. – [2] Vgl. Acta Conciliorum oecumenicorum I/1, 1 (1927) 40ff. – [3] Vgl. J. D. MANSI: Sacrorum conciliorum nova et amplissima collectio 4 (Paris 1901) 1008ff.; Art. ‹Nestorianismus›, in: LThK 7 (²1962) 885ff.; FR. LOOFS: Nestorius and his place in the hist. of Christian doctrine (Cambridge 1914) 28ff.; J. P. JUNGLAS: Die Irrlehre des Nestorius (1912) 11ff. – [4] Vgl. JUNGLAS, a.O. 15ff.; LOOFS, a.O. 88. – [5] LOOFS, a.O. 69; vgl. VON HARNACK, a.O. [1] 355. – [6] FR. LOOFS: Nestoriana. Die Frg. des Nestorius (1905) 167, Z. 17f.; vgl. J. F. BETHUNE-BAKER: Nestorius and his teaching (Cambridge 1908) 66. 88ff. 156f. – [7] Acta Concil. oecumen. I/1, 1 (1927) 40. – [8] Vgl. M. LUTHER, Von den Konziliis und Kirchen. Weimarer A. 50, 583f. – [9] Vgl. F. NAU (Hg.): Nestorius. Le livre d'Héraclide de Damas (Paris 1910). – [10] FR. LOOFS: Art. ‹Nestorius›, in: Realencykl. prot. Theol. u. Kirche 13 (³1903) 741; vgl. a.O. [3] 94ff.   M. ARNDT

Neu, das Neue (griech. νέος, καινός; lat. novus; engl. new; frz. nouveau; ital. nuovo).

I. Von den beiden griechischen Adjektiven bezeichnet νέος das Neue (N.) der Zeit und dem Ursprung nach, καινός das N. der Art und Qualität nach. Beide treffen sich in der Bedeutung: unbekannt, unerwartet, überraschend, unerhört, wunderbar [1]. – Die klassische griechische Philosophie hat das N. nicht thematisiert, denn nicht im Kontingenten spiegelt sich das Göttlich-Wahre. Wenngleich es bei PLATON den Grenzbegriff des Plötzlichen (τὸ ἐξαίφνης) gibt, so verwenden er und ARISTOTELES die Worte für ‹neu› doch nur beiläufig [2]. – Erst mit der Entstehung der Eschatologie in der *alttestamentlichen Prophetie* (bes. Deuterojesaja) und folgend in der spätjüdischen und christlichen Apokalyptik wird das N. thematisch zur Eigenart des Ganz-Anderen, Wunderbaren der End- und Heilszeit. Als Bezeichnung für das endgültige Kommen des Gottes der Geschichte umfaßt es Kontingenz und Eschaton, denn unerwartet kommt das Heil. Umgekehrt erfaßt es das Eschaton als grundstürzend, denn durch die Krisis des Alten hindurch kommt Neues. In der Katastrophe der heiligen Geschichte Israels verkünden die Propheten eine neue Geschichte, einen «neuen Exodus», eine «neue Landnahme», einen «neuen Zion», einen «neuen Bund» teils in Entsprechung zum Anfang, teils als endgültige Überbietung alles Bekannten [3]. Die *Apokalyptik* weitet dies in der Äonenlehre kosmologisch aus und spricht von «neuem Himmel und neuer Erde», von «neuer Schöpfung» aller Dinge. Im Gottesbegriff vom creator ex nihilo heißt es dann: «Siehe, ich mache alles neu» [4]. Dem vom Tode bestimmten Leben wird «Leben aus den Toten» [5] als novum ex nihilo entgegengestellt.

Im Rahmen eschatologischer Novumerwartung wird vornehmlich im Bereich *paulinischer Theologie* Christus als der «neue Mensch» (2. Adam), die Christen als «neue Kreatur» [6], die Kirche als «neues Gottesvolk» aus Juden und Heiden und das Evangelium als «neuer Bund» verstanden [7]. Das in Christus antizipierte Novum wird in geschichtlichen Gegensätzen kontrastiert wie Gesetz/Freiheit, Buchstabe/Geist, Sünde/Gerechtigkeit, Tod/Leben, denn im gegenwärtigen Novum des auferstandenen Christus wird das novum ultimum der neuen Schöpfung wahrgenommen. So birgt das gegenwärtig kontingente N. kommende Totalität in sich. – In christlicher Zeit hat die *Gnosis* das N. zum 'Fremden' radikalisiert. Aus dem neuschaffenden Gott wurde der «neue Gott» (Marcion), aus dem Alles-Ändernden der Ganz-Andere, ein gegenweltlicher Erlösergott. Seine Neuheit wurde mit Begriffen wie ἄλλος, ἕτερος, ξένος, ἄγνωτος gesichert [8]. – Die antignostischen *Kirchenväter* haben dagegen die Selbigkeit des Deus creator et salvator und die Identität der einen Schöpfung im Wechsel ihrer Bestimmungen betont und auf die Eschatologie des N. fast ganz verzichtet. Sie haben das N. mit Hilfe der Kategorie ‹re-› und die Hoffnung mit Hilfe der Anamnesis des heilen Ursprungs domestiziert. Als restitutio in integrum und recapitulatio mundi gedacht, steht das N. nur noch in Kontrast zum Abfall und zum Vergessen und ist in Wahrheit Wiederholung und Wiederkehr des Ursprünglichen. Als Novum gegenüber der Schöpfung gilt im Heil nur noch die Verunmöglichung weiteren Abfalls (vgl. AUGUSTINUS: posse non peccare – non posse non peccare).

Erst bewußt *neuzeitliche Geschichtsphilosophie* hat das N. als Eigenart geschichtlicher Zukunft wieder freigesetzt. In Revolutionsutopien tritt die Zukunft in diese Kategorie ein, weil für ihre Bewältigung keine Muster aus der Vergangenheit zu finden sind. In der antimechanistischen Lebensphilosophie BERGSONS wird das N. als «fortwährendes Anderssein» zur Eigenart des Lebensflusses stilisiert, ohne mit einem endgültigen Ziel des Ganzen verbunden zu sein [9]. Erst E. BLOCH hat das N.

in seiner Hoffnungsphilosophie umfassend thematisch gemacht [10]. In seinem dialektischen Materialismus ist das N. der Hoffnung mit real-objektiven Möglichkeiten im Prozeß vermittelt und insofern mit dem 'Ursprung' verbunden, als der arbeitende Mensch als Urheber seiner Geschichte sich am Ende selber ergreift. Denn der Ursprung ist das Verwirklichende selbst. Er offenbart sich am N. des Endes in der «Humanisierung der Natur- der Naturalisierung des Menschen». Die Frage, ob theologisch begründete Novumerwartung von materialistischer Eschatologie beerbt werden kann, ist kontrovers und entscheidet sich an der Wahrnehmung der Dialektik des Negativen in einer «Ontologie des Noch-nicht» oder einer Creatio-ex-nihilo-Lehre [11].

Anmerkungen. [1] J. BEHM: Art. ⟨καινός⟩, in: Theol. Wb. zum NT 3, 450-456. – [2] Vgl. F. AST: Lex. plat. (1835-38); H. BONITZ: Index arist. (²1955). – [3] Vgl. bes. Jes. 43, 18; hierzu: G. VON RAD: Theologie des AT 2 (1960) 258ff. – [4] Apk. 21, 5. – [5] Röm. 11, 15. – [6] 2. Kor. 5, 17. – [7] E. KÄSEMANN: Exegetische Versuche und Besinnungen 2 (1964) 82ff. 105ff. – [8] H. JONAS: Gnosis und spätant. Geist 1 (²1954) 247ff.; A. VON HARNACK: Marcion. Das Evangelium vom fremden Gott (²1960) 87ff. – [9] H. BERGSON: L'évolution créatrice (Paris 1907). – [10] E. BLOCH: Das Prinzip Hoffnung 1. 2 (1959) bes. 227-235. – [11] J. MOLTMANN: Die Kategorie des Novum in der christl. Theologie, in: Ernst Bloch zu Ehren (1965) 243-263. J. MOLTMANN

II. Das Grimmsche Wörterbuch bestimmt ⟨neu⟩ als Gegensatzbegriff zu ⟨alt⟩, ⟨verbraucht⟩, ⟨unkräftig⟩, ⟨überkommen⟩, ⟨bereits vorhanden⟩, ⟨bekannt⟩ [1]. Neu kann das Verjüngte, Erneuerte, Unerhörte, Niedagewesene, Andere, Fremde heißen. – Die Reflexion auf das N. und das Verständnis der eigenen Zeit als 'neu' gehören seit der Renaissance zu den grundlegenden Orientierungs- und Selbstverständigungsleistungen des europäischen Denkens. Gegen eine traditionalistische Abwertung des N. zugunsten des Alten setzt sich in einem vom 16. bis zum 18. Jh. fortschreitenden Prozeß eine Hochschätzung des N., vor allem des N. der Wissenschaften und Künste, theoretisch durch. Skeptische Einschätzungen des N. als verwerflich, problematisch oder bedrohlich werden im Verlauf dieses Prozesses zurückgedrängt, treten aber seit dem 19. Jh. wieder stärker hervor. Die Frage, ob und wie qualitativ N. überhaupt (noch) möglich sei, und der Gedanke einer Ambivalenz des N. sind bestimmend für die Diskussion im Ausgang des 20. Jh.

1. *Emanzipation des N.* – Mit der «Rehabilitierung der theoretischen Neugierde am Anfang der Neuzeit» [2] war eine wichtige Bedingung für die Ausbildung der neuzeitlichen Wissenschaften als systematischer Erforschungsinstrumente des N. gegeben. Die neue Bewertung des N. ist im Spätmittelalter, so bei ROBERT KILWARDBY, MEISTER ECKHART und NIKOLAUS VON CUES, schon vorbereitet; so sagt Meister Eckhart über das N. und Seltene, daß es «einen angenehmeren Reiz auf den Geist» ausübe als das Gewohnte (quia dulcius irritant animum nova et rara quam usitata) [3]. Mit der Renaissance bricht sich eine Hochschätzung neuer Kenntnisse, Erkenntnisse und Entdeckungen Bahn, die in früheren Zeiten so keine Parallele hat. Daß das N. um seiner selbst willen geschätzt wird, ist selbst etwas historisch Neues. Die Entdeckung des *novus orbis,* der Neuen Welt, zersprengt seit 1492 endgültig die räumlichen Vorstellungen des alten Weltbildes. Seit dem ausgehenden 16. Jh. erscheint eine Flut von Schriften, die das Signum ⟨neu⟩ im Titel führen, in allen Bereichen des damaligen Wissenschaftssystems, von der Medizin bis zur Astronomie [4]. Mit G. GALILEI, dessen ⟨Discorsi⟩ die Einführung in zwei neue Wissenschaften versprechen [5], wird die Neugierde aus einer psychologischen Eigenschaft bereits «zum Merkmal der hektischen Unruhe des wissenschaftlichen Prozesses selbst» [6]. Fernrohr – «der Vermittler des N.» [7] – und Mikroskop werden im 17. Jh. zu den wichtigsten Instrumenten und zugleich Symbolen der Erforschung neuer Welten in den kleinsten und größten Ordnungen der Natur.

R. DESCARTES und F. BACON beanspruchen, neue Methoden wissenschaftlichen Argumentierens zu begründen. In der Widmung der ⟨Instauratio magna⟩ (1620) an Jakob I. sagt Bacon, in der Tat handle es sich hier um völlig N. (sunt certe prorsus nova) [8]. Bacon will durch sein ⟨Novum organum⟩ «dem Verstand einen neuen und sicheren Weg, von den sinnlichen Wahrnehmungen selbst aus, eröffnen und befestigen» (novam autem et certam viam, ab ipsis sensuum perceptionibus, menti aperiamus et muniamus) [9]. Dem Gedanken der Fremdheit und möglichen Inkommensurabilität des N. – daß «alles N. sich nicht so einpaßt» – begegnet Bacon mit dem Argument, daß sich das vom Progreß der Zeit heraufgeführte N. ohnehin nicht aufhalten lasse, so «daß das zähe Festhalten etwas ebenso Gewaltsames ist wie eine Neuerung» [10].

Die kulturkritische Moralistik steht der neuen Wertschätzung des N. seit jeher mit Skepsis gegenüber. GRACIÁN betont, daß «Neuheit schmeichelt»; darum sei mittelmäßiges N. häufig angesehener als ausgezeichnetes Altes, aber es stehe fest, daß «die Glorie der Neuheit von kurzer Dauer sein wird» [11]. Dieser Topos hält sich bis zu A. SCHOPENHAUER – «Das N. ist selten das Gute, weil das Gute nur kurze Zeit das N. ist» [12] – und wird von FR. NIETZSCHE radikalisiert: das N. ist «unter allen Umständen das Böse» [13].

2. *Kunst als Produktion von N.* – Seit der Renaissance wird von der Kunst gefordert, daß sie Neues herstelle. A. DÜRER bestimmt so die Aufgabe der Malerei (1512): «Dann ein guter Maler ist inwendig voller Figur und obs müglich wär, daß er ewiglich lebte, so hätt er aus den inneren Ideen, davon Plato schreibt, allweg etwas Neus durch die Werk auszugiessen» [14]. Für J. J. BREITINGER ist die «Dichtung die reichste Quelle des N. und Verwundersamen», wobei «das N., welches sie aus ihrem eigenen Grund und Boden an das Licht hervorbringet, allgemein und jedermann zu rühren fähig» ist; «das verwundersame N.» steckt dabei «nicht in den Sachen selbst, ... sondern in dem Urtheil der Menschen nach dem ungleichen Maasse ihrer Erkänntniß» [15]. Das produzierte N. ist das Ungewohnte, Seltene, Unbekannte, Unerhörte und noch Unbegriffene; «die Neuheit ist eine Mutter des Wunderbaren, und hiemit eine Quelle des Ergetzens» [16]. Leibniz' Konzept der unendlich vielen möglichen Welten wendet Breitinger poetologisch: «Ich sehe den Poeten an, als einen weisen Schöpfer einer neuen idealischen Welt oder eines neuen Zusammenhanges der Dinge» [17]. Seither gehört es zum Grundbestand der Poetik (bzw. später der Ästhetik), den Dichter (bzw. Künstler) als Produzenten des N. zu sehen oder dessen Produktion von ihm zu verlangen – so bei A. G. BAUMGARTEN, E. BURKE und I. KANT [18]. Für die moderne Ästhetik seit CH. BAUDELAIRE [19] und A. RIMBAUD wird das N. zur zentralen Kategorie und zur Parole des Selbstverständnisses der Moderne. In diesem Sinn verwenden sowohl die semiologische Ästhetik von R. BARTHES wie die neomarxistische Ästhetik – W. BENJAMIN, TH. W. ADORNO, P. BÜRGER [20] – die Kategorie, ja sie kann sogar zur Definition von Kunst überhaupt werden: «Kunst ist das N.» [21].

3. *Geschichte als Ort des N.* – Mit G. W. F. HEGEL erreicht die Reflexion auf das N. die Stufe einer dialektischen Totalisierung. Für die ‹Phänomenologie des Geistes› ist der Aufgang einer neuen Welt des Geistes das qualitativ N. der Gegenwart: «Aber wie beim Kinde ... der erste Atemzug jene Allmählichkeit des nur vermehrenden Fortgangs abbricht – ein qualitativer Sprung – und jetzt das Kind geboren ist, so reift der sich bildende Geist langsam und stille der neuen Gestalt entgegen, löst ein Teilchen des Baues seiner vorhergehenden *Welt* nach dem andern auf, ... Dies allmähliche Zerbröckeln, das die Physiognomie des Ganzen nicht veränderte, wird durch den Aufgang unterbrochen, der, ein Blitz, in einem Male das Gebilde der neuen Welt hinstellt» [22]. In der Französischen Revolution ist das spezifisch N. der modernen Welt zuerst vollständig sichtbar geworden [23]. Hegel spricht «von der neuen Epoche ..., welche im Reiche der Wissenschaft wie in dem politischen aufgegangen ist» [24]. Er bestimmt das N. prinzipiell und konsequent als historische Kategorie: «in der Natur geschieht nichts Neues unter der Sonne ... Nur in den Veränderungen, die auf dem geistigen Boden vorgehen, kommt Neues hervor» [25]. Auf die Frage, wie überhaupt Neues möglich sei – «aber woher dieses N.?» – antworten die ‹Vorlesungen über die Philosophie der Geschichte›, für den Geist eines Volkes sei das N. «eine höhere, allgemeinere Vorstellung seiner selbst, ein Hinausgegangensein über sein Prinzip, – aber eben damit ist ein weiter bestimmtes Prinzip, ein neuer Geist vorhanden» [26].

Der Hegel-Interpretation G. GÜNTHERS zufolge konnte es im «klassischen Weltbild ... nichts echt und wirklich N. geben ... Der grundsätzliche Unterschied der Hegelschen Geschichtsauffassung gegenüber der klassischen Tradition besteht nun darin, daß er die Diskontextualität, die in der platonischen Ideenlehre, und anderswo, das Diesseits vom Jenseits trennt, säkularisiert und in die Geschichte selbst hineinnimmt. Das Vehikel dazu ist für ihn die Kategorie des N. Die Geschichte ist für ihn das Medium, in dem total N. entsteht» [27]. – Auch bei Zeitgenossen Hegels, so bei FR. HÖLDERLIN, findet sich das Konzept eines qualitativ N. bzw. «Unendlichneuen», das von Hölderlin als modernes «Lebensgefühl (als Ich)» näher bestimmt wird [28].

4. *Problematik des N.* – Das Sich-selbst-fragwürdig-Werden der Moderne, die Krise der Selbstgewißheit und Fortschrittssicherheit des neuzeitlichen Denkens läßt sich gerade auch an der Einschätzung des N. verfolgen. Neben die Betonung des Interessanten und Lebenssteigernden des N. tritt in FR. NIETZSCHES Sicht des N. als ambivalent der Hinweis auf die im N. enthaltene Rastlosigkeit und Gewaltsamkeit [29]. Analog dazu sagt P. VALÉRY skeptisch: «Die 'Wahrheit', die Entdeckung von N., ist fast immer das Ergebnis einer natur-feindlichen Haltung» [30]. W. BENJAMIN kontrastiert Baudelaires und Nietzsches Begrifflichkeit des N.: für beide stehe das N. im Gegensatz zum «Immerwiedergleichen», auf dem bei Nietzsche der Akzent liege, während er bei Baudelaire auf das N. falle [31]. Die Macht der Mode beruht für Benjamin auf dem durch die warenproduzierende Gesellschaft in Dienst genommenen Reiz des N.; Mode wird damit zum Bild einer Gefangenschaft des N. im Alten: «Die Mode ist die ewige Wiederkehr des N.» [32].

S. FREUD thematisiert die Hemmschwellen gegenüber dem N. als Angst vor dem Befremdenden, Nichtselbstverständlichen des jeweils N. als des Unvertrauten. Seiner Interpretation zufolge steckt hinter der Angst vor dem N., hinter dem Unheimlichen des N. das unbewußte Heimliche nicht zugelassener Wünsche; die Abwehr des N. gilt im Kern dem verdrängten Alten uneingestandener Triebregungen [33]. – M. HEIDEGGER problematisiert die Iteration des N. durch die Neugier: «Sie sucht das N. nur, um von ihm erneut zu N. abzuspringen» [34].

Die Frage: «*wie ist ein N. überhaupt möglich?*» [35] kennzeichnet die Diskussion des N. in der Gegenwart. Zu den grundlegenden Fragen der neueren Wissenschaftsgeschichte und -theorie (so bei TH. KUHN, I. LAKATOS, P. K. FEYERABEND, H. SPINNER) gehören die nach der Entstehung, Vermittelbarkeit und Integrierbarkeit des N. [36]. Immer wieder zeigt sich eine Dialektik von N. und Altem, insofern N. nur unter Bezug auf Altes, z. B. über Rhetorik, zu vermitteln ist [37]. Die Selbstreflexion des N. der Moderne wird heute, angesichts von Gefährdungen der Lebenswelt durch virtuell katastrophales N., zum Programm von kritischer Wissenschafts- und Geistesgeschichte. Das emanzipierte, losgelassene N. der Neuzeit wird in seiner Bedeutung und in seinen Risiken für die Entwicklung von Kunst, Wissenschaften und Gesellschaft reflektiert. Bei aller Spannweite der gegenwärtigen Diskussion des N. – sei sie nun modernitätsskeptisch oder modernitätsbejahend – zeichnet sich in ihr die einheitliche Konzeption ab, den Fortschritt zu immer neuem N. als ambivalent zu sehen.

Anmerkungen. [1] Vgl. GRIMM 7 (1889) 645-649. – [2] H. BLUMENBERG: Der Prozeß der theoret. Neugierde (1973) 11. – [3] Vgl. ROBERT KILWARDBY, De ortu scientiarum VI, n. 17, in: Auctores Britannici Medii Aevi IV, hg. A. G. JUDY (Oxford 1976) 15; MEISTER ECKHART, Prologus generalis in opus tripartitum n. 2. Lat. Werke 1, hg. und übers. K. WEISS (1964) 149; zu CUSANUS vgl. BLUMENBERG, a.O. 160-165. – [4] Vgl. L. THORNDIKE: Newness and novelty in seventeenth-century science and medicine, in: PH. P. WIENER and A. NOLAND (Hg.): Roots of scient. thought. A cultural perspective (New York 1957) 443-457. – [5] G. GALILEI: Discorsi e dimonstrazioni matematiche intorno a due nuove scienze ... (Leyden 1638). – [6] BLUMENBERG, a.O. [2] 208. – [7] a.O. 179. – [8] F. BACON, The works, hg. J. SPEDDING/R. L. ELLIS/D. D. HEATH (London 1858, ND 1963) 1, 123. – [9] a.O. 1, 151 (Praefatio). – [10] Essays, hg. L. L. SCHÜCKING, dtsch. E. SCHÜCKING (1940) 109f. (Über Neuerungen). – [11] B. GRACIÁN: Handorakel und Kunst der Weltklugheit, dtsch. A. SCHOPENHAUER ([12]1978) 119. 34. 113. – [12] A. SCHOPENHAUER: Parerga und Paralipomena, hg. J. FRAUENSTÄDT ([4]1908) 2, 540. – [13] FR. NIETZSCHE, Werke, hg. K. SCHLECHTA (1966) 2, 39. – [14] A. DÜRERS schriftl. Nachlaß, hg. E. HEIDRICH (1910) 308. – [15] J. J. BREITINGER: Crit. Dichtkunst (Zürich 1740, ND 1966) 1, 124f.; vgl. B. HÜPPAUF: Das große N. und das kleine N. Bem. über Veränd. der gesellschaftl. Produktion des N. in der Lit. Literaturmagazin 13: Wie halten wir es mit dem N.? Innovation und Restauration im Zeichen einer vergangenen Zukunft, hg. G. KUNERT/ J. MANTHEY/D. SCHMIDT (1980) 27-41. – [16] BREITINGER, a.O. 1, 110f. – [17] 1, 426. – [18] Vgl. A. G. BAUMGARTEN: Aesthetica (1750/58, ND 1961) 329 (§ 511); E. BURKE: Vom Erhabenen und Schönen (1956) 1, 63f. 161f.; I. KANT, KU §§ 49. 53. – [19] CH. BAUDELAIRE, Oeuvres compl. (Paris 1975) 1, 134 (Voyage, 1859); dazu TH. W. ADORNO: Minima Moralia ([3]1970) 316-321; W. BENJAMIN: Charles Baudelaire. Ein Lyriker im Zeitalter des Hochkapitalismus, hg. R. TIEDEMANN ([3]1974) 66ff. – [20] Vgl. R. BARTHES: Die Lust am Text, dtsch. T. KÖNIG (1974) 61f.; W. BENJAMIN: Ges. Schr., hg. R. TIEDEMANN/H. SCHWEPPENHÄUSER (1972ff.) I/2, 673. 677. 681. 687f.; TH. W. ADORNO: Vorles. zur Ästhetik 1967/68 (Zürich 1973) 24f. 50f. 61. 73. 78-82; Ästhet. Theorie (1970) 36-40. 47-49. 55. 203. 404f.; P. BÜRGER: Theorie der Avantgarde ([2]1980) 81-86. – [21] R. PIEPMEIER: Die Wirklichkeit der Kunst, in: W. OELMÜLLER (Hg.): Ästhet. Schein (1982) 118. – [22] G. W. F. HEGEL, Theorie-Werk-A., hg. E. MOLDENHAUER/ K. M. MICHEL (1970/71) 3, 18f. – [23] a.O. 12, 529. – [24] 8, 12f.; vgl. 3, 590; 5, 15; 20, 460. – [25] 12, 74; vgl. G. GÜNTHER: Die hist. Kategorie des N. Hegel-Jb. (1970) hg. W. R. BEYER (1971) 34-61. – [26] HEGEL, a.O. 12, 100. – [27] GÜNTHER, a.O. [25] 48. – [28] FR. HÖLDERLIN, Entwürfe zur Poetik. Frankfurter

Ausg., hg. D. E. SATTLER (1979) 14, 177. – [29] NIETZSCHE, a.O. [13] 1, 170. 227; 2, 39. 650. 720. – [30] P. VALÉRY: Gedanken. Cahier B 1910 (1962) 27; vgl. 51. – [31] BENJAMIN, a.O. [20] I/2, 673; vgl. 677. 681. 686f. – [32] I/2, 677; vgl. 680. – [33] S. FREUD, Ges. Werke (London/Frankfurt 1940-1952) 11, 219. 421; 12, 167. 231. 259; 14, 99f.; 16, 118. – [34] M. HEIDEGGER: Sein und Zeit (¹³1976) § 36, 172; vgl. § 68c, 348. – [35] TH. W. ADORNO: Prismen. Kulturkritik und Ges. (²1969) 110; vgl. Ästhetische Theorie (1970) 55f. – [36] TH. S. KUHN: Die Struktur wiss. Revolutionen (²1976); Die Entstehung des N. Studien zur Struktur der Wiss.-gesch., hg. L. KRÜGER (1978); I. LAKATOS und A. MUSGRAVE (Hg.): Criticism and the growth of knowledge (Cambridge 1970); P. K. FEYERABEND: Wider den Methodenzwang. Skizze einer anarchist. Erkenntnistheorie (1976); H. SPINNER: Pluralismus als Erkenntnismodell (1974). – [37] Vgl. G. PETERSEN-FALSHÖFT: Die Erfahrung des N. Philos. Rdsch. 27 (1980) 101-117, bes. 113f.

Literaturhinweise. H. BLUMENBERG: Der Prozeß der theoret. Neugierde (1973). – C. R. HAUSMAN: A discourse on novelty and creation (Den Haag 1975). – G. PETERSEN-FALSHÖFT s. Anm. [37 zu II]. – G. KUNERT/J. MANTHEY/D. SCHMIDT (Hg.): Literaturmagazin 13: Wie halten wir es mit dem N.? (1980). – R. LETTAU: Die Fetischisierung des N., in: Zerstreutes Hinausschaun (1980) 178-184.
N. RATH

Neufichteanismus. Der N. ist weniger als philosophische Schule anzusprechen, als vielmehr in verschiedenen partiellen Fichte-Rezeptionen im 20. Jh. zu erkennen. So finden sich in den Theorien R. EUCKENS, H. MÜNSTERBERGS und H. RICKERTS mehr oder weniger ausdrücklich fichtesche Denkelemente aktualisiert. Die eigentliche Wirkung hatte erst der politische N. der ‹Ideen von 1914›, der, hauptsächlich ausgehend von Fichtes ‹Reden an die Deutsche Nation›, den politischen Hegemonieanspruch Deutschlands im Ersten Weltkrieg durch die Aktualisierung des fichteschen Menschheitsanspruchs der Nation philosophisch zu begründen suchte [1]. Gleichfalls dem N. zuzurechnen ist die pädagogische Bewegung, die in der Gründung der ‹Fichte-Gesellschaft› 1914 in Hamburg zum Ausdruck kam und die – anknüpfend an Fichtes Idee der Nationalerziehung – sich in der Volks- und Erwachsenenbildung Verdienste erwarb [2]. Von theologischer Seite knüpfte der junge F. GOGARTEN an fichteanisches Gedankengut an [3]. In der Zwischenkriegszeit gibt es Anknüpfungen an Fichte bei A. GEHLEN [4], H. SCHELSKY [5] und W. WEISCHEDEL [6]. Nach dem Zweiten Weltkrieg kündigt sich in dem Philosophieren R. LAUTHS und seines Kreises ein umfassender N. an, der Fichtes Denken von seinem Zentrum, der Wissenschaftslehre, her für die Gegenwart aktualisieren möchte [7].

Anmerkungen. [1] H. FREYTAG, R. EUCKEN, A. HARPF und W. SCHLÜTER: Fichte unser Führer (1917). – [2] Fichte-Ges. von 1914; «Nach Zusammenbruch und Niederlage gilt es, alle Deutschen zu sammeln ...»: Jungdeutsche Stimmen. Rundbriefe f. den Aufbau einer wahrhaften Volksgemeinschaft (1918). – [3] F. GOGARTEN: Fichte als religiöser Denker (1914); Religion und Gesch. Zu J. G. Fichtes hundertjähr. Todestag, 29. 1. 1914. Mh. der Comenius-Ges. für Kultur- u. Geistesleben 23, NF 6 (1914) 1-10; Fichtes Religion. Die Tat 5 (1914) 1101-1116. – [4] Vgl. bes. A. GEHLEN: Deutschtum und Christentum bei Fichte (1935), ND in: Ges.-A. 2 (1980) 215-293; Rede über Fichte. Z. ges. Staatswiss. 98 (1938) 209-218, ND a.O. 385-395; später: Über die Geburt der Freiheit aus der Entfremdung. Arch. Rechts- u. Sozialphilos. 40 (1952/53) 338-353; ND in: Studien zur Anthropol. und Soziol. (1962, ²1971) 232-246. – [5] H. SCHELSKY: Theorie der Gemeinschaft nach Fichtes 'Naturrecht' von 1796. Neue dt. Forsch., Abt. Philos. 13 (1935). – [6] W. WEISCHEDEL: Der Aufbruch der Freiheit zur Gemeinschaft. Studien zur Philos. des jungen Fichte (1939). – [7] J. G. FICHTE, Akad.-A., hg. R. LAUTH/H. JACOB (1962ff.), auf 30 Bde. in 4 Abt. berechnet; R. LAUTH: Die Bedeutung der Fichteschen Philos. für die Gegenwart. Philos. Jb. 70 (1962/63) 252-270, ND in: Zur Idee der Transzendentalphilos. (1965) 43-71; J. G. Fichtes Gesamtidee der Philos. Philos. Jb. 71 (1963/64) 252-285, ND in: Zur Idee ... 73-123.

Literaturhinweise. H. LÜBBE: Politische Philos. in Deutschland (1963 u.ö.). – B. WILLMS: Die totale Freiheit. Fichtes polit. Philos. (1966).
B. WILLMS

Neufriesianismus. Der Ausdruck ‹N.› bezieht sich auf die 'Neufriessche Schule' [1] und die Wiederaufnahme der Friesschen Philosophie und ihrer Tradition in der ersten Friesschule durch L. Nelson für Philosophie, Pädagogik und Politik und durch R. Otto für Religionsphilosophie und Theologie.

R. OTTO nannte seine religionsphilosophische Lehre ausdrücklich «Kantisch-Friessche Religionsphilosophie» [2]. Ebenso wie W. BOUSSET nahm OTTO vor allem Fries' Theorie des Gefühls und seinen strengen Dualismus von Wissen und Glauben auf. Er erstrebte eine Rechtfertigung des Glaubens gegen die vielfältigen Formen des Intellektualismus und Rationalismus.

L. NELSON und sein Göttinger Kreis versuchten eine kritische Erneuerung der Friesschen Philosophie unter Verarbeitung, Aufnahme und Kritik der modernen Geistes- und Naturwissenschaften sowie der Probleme von Staat und Gesellschaft. Vor allem die wieder aufgenommenen ‹Abhandlungen der Friesschen Schule›, die die Zeitschrift ‹Ratio› zur Nachfolgerin hat, dienten dem internationalen Schülerkreis zur Auseinandersetzung mit allen gängigen Weltanschauungen und Ideologien. Basis war ein universales Weltbild aus kritischem «selbstvertrauendem» Geist, der Glaube an die Würde der Vernunft, der Wissenschaft und des Rechts, die Vereinbarkeit von Religion und strenger Wissenschaft. Der N. wirkt fort in politischen, pädagogischen und gewerkschaftlichen Bewegungen.

Anmerkungen. [1] F. UEBERWEGS Grundr. der Gesch. der Philos., 4. Teil: Die dtsch. Philos. des XIX. Jh. und der Gegenw., hg. T. K. OESTERREICH (¹²1923) 473-476. – [2] R. OTTO: Kantisch-Friessche Religionsphilos. (1909, ²1921).

Literaturhinweise. Leonard Nelson zum Gedächtnis, hg. M. SPECHT/W. EICHLER (1953). – A. PAUS: Relig. Erkenntnisgrund. Herkunft und Wesen der Aprioritheorie Rudolf Ottos (Leiden 1966). – K. H. BLOCHING: Jakob Friedrich Fries' Philos. als Theorie der Subjektivität (phil. Diss. Münster 1971).
K. H. BLOCHING

Neugierde (lat. curiositas, ital. curiosità, frz. curiosité, engl. curiosity, inquisitiveness)

I. ‹N.› ist ein von Augustin gegen die antike Philosophie eingeführter Kampfbegriff, der zu einem Signal neuzeitlicher Emanzipation von der Theologie wurde.

1. Für AUGUSTIN ist curiositas Teil der Augenlust (concupiscentia oculorum), die sich von der einfachen sinnlichen Erfahrung insofern unterscheidet, als sie ein nicht auf Gegenstände bezogener Selbstgenuß des Menschen ist. Durch das vermeintlich autonome Vermögen, Prognosen über den erhabensten Gegenstand, den Sternenhimmel, zu geben und sich damit der Natur in Gesetzen zu versichern, macht sich der Mensch einer «impia superbia» gegen Gott schuldig, anstatt gottesfürchtig zu fragen (religiose quaerere), woher die Fähigkeit zur Naturbefragung kommt. Die N. gebrauchet nicht die Welt als Instrument «ad salutem», sondern als Mittel für das sich selbst genießende Erkenntnisvermögen und verhindert dadurch die selbstvergessene Anschauung Gottes in der «vita beata» [1]. Die theoretische N. wird zum Laster

durch den Versuch, sich von der voluntaristischen Offenbarung unabhängig zu machen. Es ist nur so viel von dieser Welt zu wissen notwendig, als es zur Erreichung des Heils bedarf. Das schwer Zugängliche disqualifiziert sich selbst, denn Gott offenbart das zum Heil Notwendige.

2. Im Gegensatz zu Augustin geht THOMAS VON AQUIN mit Aristoteles von der Natürlichkeit des Wissensstrebens aus, so daß die theoretische N. als Laster nur dann auftritt, wenn sie die Gotteserkenntnis gefährdet. Die Lasterhaftigkeit zeigt sich in der Übertreibung des natürlichen Erkenntnisstrebens und in dem Mangel an Konsequenz bei der Rückführung jeder Erkenntnis über die Schöpfung auf die Erkenntnis Gottes. So ist curiositas dem Kardinallaster der geistlichen Trägheit (acedia, s.d.) als eine seiner Formen zuzurechnen, da sie durch den Mangel an Zielstrebigkeit den Menschen von seiner Bestimmung abirren läßt (fuga finis). Diese Verfehlung wird als Ausschweifung ins Unzulässige (evagatio circa illicita) beschrieben, als eine Zerstreuung ins Einzelne, wodurch sich der Mensch dem Anspruch des schwer zugänglichen Absoluten zu entziehen sucht. Über die Legitimität des in der N. implizierten Wissensstrebens entscheidet nur, ob das schwer Zugängliche aus Liebe zur Wahrheit oder zur Herausstellung der eigenen Fähigkeiten angegangen wird [2].

3. Bei NIKOLAUS VON KUES findet die theoretische N. selbst ihre Begrenzung im Erkenntnisgewinn, da jede gewonnene Erkenntnis zur wissenden Unwissenheit (docta ignorantia) wird. «Das Dasein Gottes ist zwar die Ursache dafür, daß es Wissenschaft vom Dasein aller Gegenstände gibt, aber das Wesen Gottes, das in seiner Erkennbarkeit nicht ausgeschöpft werden kann, ist auch der Grund dafür, daß das Wesen aller Dinge nicht so erkannt wird, wie es erkennbar ist» [3]. Die Ungenauigkeit und Unabschließbarkeit der Erkenntnis ist dabei stets ein Verweis auf die uneinholbare göttliche Absolutheit, so daß Augustins «religiose quaerere» immer mitvollzogen wird. Der wesentliche Schritt zur Neuzeit besteht darin, daß das Zählen, Messen und Wägen der Naturerkenntnis gerade aus dem Mangel der Adäquatheit heraus legitimiert wird, denn sie kann nie die Vorbehaltssphäre Gottes antasten, welcher Verdacht zu Augustins Diskriminierung der curiositas führte. So eröffnet sich eine unverdächtige Enklave menschlicher Eigenständigkeit in der Geometrie und Mathematik als genuinen Produkten des menschlichen Geistes. Das Prinzip «Solus scit qui fecit» gilt im Fall der Mathematik nicht für Gott, sondern für den Menschen.

4. Für FR. BACON steht die N. gegen die voreilige Behauptung der Grenzen des Wissens und damit gegen das Erlahmen der Theorie. Nicht der verborgene Willkürgott verwehrt Einblick und Eingriff in die Natur, sondern das falsche Weltvertrauen und die Untätigkeit (socordia et inertia) des Menschen [4]. Dies setzt die Wandlung des Theoriebegriffes von der passiven Anschauung der sich selbst darbietenden Dinge zu ihrer experimentellen Veränderung in der methodischen Induktion voraus. Die wahre Ordnung der Dinge zeigt sich erst, wenn man sie künstlich in Unordnung versetzt (cum quis in perturbatione ponitur) [5]. Die theoretische N. gewinnt Arbeitscharakter.

5. GALILEIS «curiosità» findet neue Wahrheiten abseits methodischer Forschung im Ergreifen zufälliger Gelegenheiten. Zum ersten Mal wird die N. ganz bejaht. Galilei läßt im ‹Dritten Tag› des ‹Dialogs über die Weltsysteme› den Salviati sagen, nur seine N. und der Verdacht des unendlichen Vorrats unbekannter Dinge in der Natur könne gegen die Autorität die Unbefangenheit für das Neue behaupten [6].

6. KEPLER rechtfertigt die theoretische N. aus der Notwendigkeit des mathematisch erfaßbaren Naturgesetzes, in dem göttlicher und menschlicher Geist ihre gemeinsame Evidenz haben. Der menschliche Geist werde seine Kräfte erst dann richtig ermessen, wenn er einsieht, «daß Gott, der alles in der Welt nach der Norm der Quantität begründet hat, auch dem Menschen einen Geist verliehen hat, der diese Normen erfassen kann. Denn wie das Auge für die Farbe, das Ohr für die Töne, so ist der Geist des Menschen für die Erkenntnis nicht irgendwelcher beliebiger Dinge, sondern der Größen geschaffen» [7]. Dieses von Leibniz in der «Mathesis Divina» voll ausgebildete Prinzip erübrigt eine Rechtfertigung der N., da diese nach dem Wegfall des göttlichen Vorbehalts nur die Aufdeckung der Notwendigkeit göttlicher Schöpfung betreibt.

7. Für DESCARTES ist die Legitimität der theoretischen N. keine Frage mehr; sie ist objektiviert im Rigorismus der Methode und verwerflich nur, wenn sie diese gefährdet. Der «curieux» ist der Gelehrte, der nach methodisch gesichertem Wahrheitsbesitz strebt. Der Antike und dem Mittelalter war ein aufs Individuum, auf dessen Daseinserfüllung, Glück und Heil nicht bezogenes Wissen undenkbar. Durch die das Subjekt und seine Lebenszeit überspannende Methode verliert das Erkenntnisstreben jeden teleologischen Bezug auf das Individuum. Aus diesem Grund gibt es auch nicht mehr die Unterscheidung zwischen Wissenswürdigem und Beliebigem. Die theoretische Dignität eines Gegenstands hängt allein von seiner rationalen Erfaßbarkeit ab. Die letzte Spur einer Rechtfertigung der N. liegt in der Versicherung der methodischen Sorgfalt: «Atque haec omnia quo diutius et curiosius examino, tanto clarius et distinctius vera esse cognosco» [8]. Derart entfallen alle Bestimmungen für eine Diskriminierung der N., sie wird zu einem positiven Affekt. Der letzte Rest einer Finalität des Wissens besteht in dem Ziel der Erlangung einer definitiven Moral für die ganze Menschheit nach Vollendung des Erkenntnisprozesses.

8. In der entstehenden Ästhetik wird mit Hilfe der natürlichen Eigenschaft der N. die Emanzipation der Kunst und ihrer Gegenstände von der Autorität rationaler Regeln verteidigt. Die ‹Critische Dichtkunst› J. J. BREITINGERS betont das «Ergetzen», das alles «Neue» durch den Widerspruch mit «unsern Begriffen, Sitten und Gewohnheiten» hervorbringt [9]. Nicht alles Natürliche und Wahre hat die Kraft, Leidenschaft mit Erkenntnis zu verbinden und damit poetisch schön zu sein. Nur die sinnliche Anschauung des Seltenen und des Individuellen erregt N. Die Natur ist in der Erschaffung immer neuer Individuen zu vielfältig, um ihren Reichtum «nur mit Gedanken zu ermessen, geschweige durch die Nachahmung zu erschöpfen» [10]. N. erweckt gerade das, was «für den Verstand immer den Schein der Falschheit» hat, was von unsern «gewöhnlichen Begriffen vom Wesen der Dinge, von den Kräften, Gesetzen und dem Laufe der Natur» abweicht [11]. Insbesondere das irrational erscheinende «Wunderbare» als äußerste Steigerung des Neuen «verheißet unserer Wissens-Begierde eine wichtige und namhafte Vermehrung. Die nachfolgende Beschäftigung des Gemütes, da es die Vorstellungen mit seinen Begriffen und angenommenen Sätzen vergleichet, da es ... in dem vermeinten Widerspruch eine Übereinstimmung und Vollkommenheit entdecket, muß notwen-

dig angenehm und mit Ergetzen verknüpft sein» [12]. – Ähnlich wie Breitinger verteidigt A. G. BAUMGARTEN in seiner ‹Aesthetica› das Neue und das Wunderbare unter Berufung auf die N. in der «Thaumaturgia Aesthetica». N. wird zum Argument, die Emanzipation der Poesie von den Formen der Rationalität zu rechtfertigen, wobei Baumgarten allerdings zahlreiche Vorsichtsmaßregeln für geboten hält [13].

9. LESSINGS Begriff der N. wird ähnlich wie bei Breitinger und Baumgarten vom theoretischen und ästhetischen Wert des Neuen für die menschliche Seele bestimmt. «Das große Geheimnis, die menschliche Seele durch Übung vollkommen zu machen ... besteht einzig darin, daß man sie in steter Bemühung erhalte, durch eigenes Nachdenken auf die Wahrheit zu kommen. Die Triebfedern dazu sind Ehrgeiz und Neubegierde; und die Belohnung ist das Vergnügen an der Erkenntnis der Wahrheit» [14]. Die Erforschung der Wahrheit als Vorgang wird zu einem Mittel der Selbstverwirklichung des Menschen und bestimmt seinen Wert. Dabei wird der Prozeß der Erkenntnis im Gegensatz zu Descartes als unvollendbar gedacht. «Denn nicht durch den Besitz, sondern durch die Nachforschung der Wahrheit erweitern sich seine Kräfte, worin allein seine immer wachsende Vollkommenheit bestehet. Der Besitz macht ruhig, träge, stolz» [15].

10. HERDER betont gegenüber einer Wissenschaft, die das forschende Individuum und seine Antriebe durch die Methode ausschaltet, die Bedeutung der N. und des «Interesses» für eine Erkenntnis, die nicht vom Empfinden, vom Wollen und Handeln des Einzelnen abgetrennt ist. «Siehe so ist Erkennen nie ohne Empfindung. Das Wort N. Verlangen nach Erkenntnissen sagts: die Erfahrung, die Natur der Dinge, die zum Triebe immer Empfindung setzet und mit Genuß ihn lohnet, bestätigets. Sollte der ganze Berg unsres Erkennens ohne Gefühl zusammengetragen sein? ... Wahrheit ist Glanz und Sonne, mit dem Gefühl 'Hier ist gut sein!' verbunden» [16]. Erkennen soll wieder zur Lebenspraxis des Einzelnen gehören. Erkenntnis soll sein «Eindrang in uns selbst»; Herder wendet sich gegen die Trennung von Lebenspraxis und Methode bei Descartes. «Der Gegenstand muß ... würklich interessieren d.i. zwischen treten, mit geheimen Banden an mir hangen, würklich ein Teil meines Ich sein oder werden.» Herder führt die N. gegen eine Wissenschaft ins Treffen, die «Erkennen von Empfinden und Vernunft von Begierde» sondert und damit den Menschen von seiner Bestimmung abbringt, indem sie seine ungeteilte Natur und sein individuelles Glück vergißt [17].

11. KANT setzt dem Antrieb der Wißbegierde keine andere Grenze als die der Zerstörung der Vernunft selbst. Es bleibt der Vernunft, «wenn Wißbegierde sie auffordert, das absolute Ganze aller Bedingungen zu fassen, nichts übrig ..., als von den Gegenständen auf sich selbst zurückzukehren, um anstatt der letzten Grenze der Dinge die letzte Grenze ihres eigenen, sich selbst überlassenen Vermögens zu erforschen und zu bestimmen» [18]. Die mögliche Hypertrophie der Wißbegierde beschneidet Kants Vernunftkritik. Die Autonomie der Vernunft ist damit vollkommen. Allerdings bleibt die Frage ihrer Bestimmung und ihres Erkenntniszieles unbeantwortet.

12. HEIDEGGER hat die Frage der N. erneut auf Augustin zurückgeführt. Heidegger versteht N. als «Augenlust», in der das «In-der-Welt-sein» an ihm selbst «versucherisch» ist. Von seiner Bestimmung zum Selbstsein abirrend, verfällt der Mensch in der N. der «Uneigentlichkeit» des «Man». Die N. täuscht in ihrem Anspruch, alles gesehen zu haben, wie das «Gerede» in seinem Anspruch, alles zu kennen und zu verstehen, ein universales Daseinsverständnis vor, das ein «echtes Verstehen» des menschlichen Daseins als «Sein zum Seinkönnen» verhindert und als Surrogat ersetzt. Endlichkeit und Sorgestruktur des Daseins als eines Seins, dem es um das eigene Sein geht, lassen die theoretische N. erneut zu einem Problem werden, das durch die Ausschaltung des Einzelnen und seiner endlichen Lebenszeit im methodischen Prozeß schon abgetan schien. Heideggers subjektiver (d.h. endlicher und qualitativer) Zeitbegriff, an Augustin und der Lebensphilosophie orientiert, präsentiert die N. als Verdeckung der das «eigentliche» Dasein bestimmenden Dreidimensionalität der Zeit. Die durch «Unverweilen» und «Aufenthaltslosigkeit» gekennzeichnete N. reduziert die Zeitlichkeit des Daseins auf ein vom jeweils letzten zum nächsten Neuen springenden «Gegenwärtigen». Sie «gewärtigt» weder die Zukunft als die bestimmte zu ergreifende Möglichkeit des Selbstseins, dominiert von der unüberholbaren Möglichkeit des Todes, noch das Gewesenhin der «Geworfenheit». Die N. entzieht sich der Geworfenheit als dem Sein zum Tode durch ein Leben «um der Gegenwart willen» [19]. Bei Heidegger zeigt sich erneut eine Negativierung der theoretischen N. durch die Beziehung des Erkenntnisstrebens auf das Individuum und dessen Daseinserfüllung, im Unterschied zum Mittelalter jedoch ohne Rücksicht auf transzendente Entitäten.

Anmerkungen. [1] AUGUSTIN, Conf. V, 3, 4; X, 35, 55. – [2] THOMAS VON AQUIN, S. theol. II/II, q. 35, a. 4. – [3] NIKOLAUS VON KUES, De venatione sapientiae 12. – [4] FR. BACON, Novum Organon, Praef. – [5] a.O. I, 28. – [6] G. GALILEI, Dialogo dei massimi sistemi III. – [7] J. KEPLER, Brief an Mästlin (19. 4. 1597). – [8] R. DESCARTES, Meditationes III, 16, hg. ADAM/TANNERY 7, 42. – [9] J. J. BREITINGER: Crit. Dichtkunst I (1740) 111. – [10] a.O. 114. – [11] 130f. – [12] 142. – [13] A. G. BAUMGARTEN: Aesthetica (1750) §§ 808. 811. 813. 815. – [14] G. E. LESSING: Briefe die neueste Lit. betreffend. 11. Brief (1759). – [15] Eine Duplik (1778). Werke, hg. RILLA VIII, 27. – [16] J. G. HERDER: Vom Erkennen und Empfinden den zwo Hauptkräften der Menschlichen Seele (1775). Werke, hg. SUPHAN VIII, 264. – [17] a.O. 293. – [18] I. KANT: Met. Anfangsgründe der Naturwiss. (1786) Schluß. Akad.-A. 4, 565. – [19] M. HEIDEGGER: Sein und Zeit (^{10}1963) 172f. 346f.

Literaturhinweise. H. BLUMENBERG: Die Legitimität der Neuzeit (1966) 3. Teil; erw. und überarb. Neu-A. unter dem Titel: Der Prozeß der theoret. N. (1973); Augustins Anteil an der Gesch. des Begriffs der theoret. N. Rev. Ét. Augustiniennes 7 (1961) 35-70; Die Vorbereitung der Aufklärung als Rechtfertigung der theoret. N., in: Europ. Aufklärung, H. Dieckmann zum 60. Geburtstag, hg. H. FRIEDRICH/F. SCHALK (1967) 23-45. – K. H. STAHL: Das Wunderbare als Problem und Gegenstand der dtsch. Poetik des 17. und 18. Jh. (1975). G. MÜLLER

II. Im Rückgriff auf H. BLUMENBERGS ‹Rechtfertigung der theoretischen Neugierde› [1] diskutiert H. LÜBBE die Rolle der N. in der ‹Wissenschaft nach der Aufklärung› [2]. Die stabilisierte Harmonie von praktischer Relevanz und theoretischer N. bestimmte die aufgeklärte Wissenschaftspraxis. Aber diese Harmonie zerfällt unter dem Druck von Relevanzkontrolleuren; denn «der Anstieg des Relevanzkontrolldrucks drängt im Bewußtsein der Kontrolleure die legitimierende Bedeutung der theoretischen N. zurück» [3]. Deshalb bedarf die theoretische N. erneut der Verteidigung.

Lübbe erinnert zunächst an die *historische* Leistung der theoretischen N.: 1. «Institutionell bedeutet Emanzipation der theoretischen N. die Liquidation aller Formen des politischen und rechtlichen Geltungsschutzes, mit dem zuvor die orientierungspraktisch maßgebenden Wahrheiten ausgestattet waren. Die religiösen Weltdeutungssysteme verlieren, soweit erkenntnisbindende kognitive Ansprüche mit ihnen verknüpft waren, ihr öffentlich-rechtliches Geltungsprivileg.» – 2. «Kulturell bedeutet diese Emanzipation der theoretischen N. die Privilegierung der kognitiven Innovationen, des wissenschaftlichen Fortschritts also, gegenüber der Geltung von Traditionen. Die Prämien der bedeutenden Ansehens und der großen Publizität werden nicht mehr für Bestätigungen und Bekräftigungen, für Schultreue und Kanon-Kompetenz ausgeschüttet, sondern für Neuerungen mit Durchsetzungschancen.» – 3. «Methodisch bedeutet die Emanzipation der theoretischen N. die Anerkenntnis des prinzipiell hypothetischen Charakters unserer wissenschaftlichen Annahmen über das, was der Fall ist» [4].

Sodann aber sind die unentbehrlichen Leistungen der theoretischen N. auch für jede *zukünftige* Wissenschaftspraxis geltend zu machen: 1. «Nur diejenigen Wissenschaften, die im Recht der theoretischen N. nicht bestritten sind, sind auf Dauer auch relevante Wissenschaften.» – 2. «In politischer Hinsicht bleiben wir auf unangefochtene Legitimität der Curiositas deswegen angewiesen, weil wir vor der Wiederaufrichtung von Instanzen politischer Wahrheitsverwaltung niemals sicher sein können. Theoretische N. ist das Prinzip der Zersetzung ideologiepolitischer Frageverbote ... Die Legitimität der Curiositas ist ein Prinzip der Verhinderung totalitärer Identifikation von Machthabern mit Rechthabern.» – 3. «In letzter Instanz ist die theoretische N. ein Medium der Sicherung humaner Würde» [5] gegen die Zumutung, sich als Mensch nur noch in politisch-praktischen Zusammenhängen definieren zu sollen.

Anmerkungen. [1] H. BLUMENBERG: Die Vorbereitung der Aufklärung als Rechtfertigung der theoret. N., in: Europ. Aufklärung. H. Dieckmann zum 60. Geburtstag, hg. H. FRIEDRICH/ F. SCHALK (1967) 23–45; Die Legitimität der Neuzeit (1966) 201–433; erw. und überarb. Neu-A. unter dem Titel: Der Prozeß der theoret. N. (1973); Der Sturz des Protophilosophen – Zur Komik der reinen Theorie, anhand einer Rezeptionsgesch. der Thales-Anekdote, in: Das Komische, hg. W. PREISENDANZ/R. WARNING (1976) 11–65. – [2] H. LÜBBE: Philos. nach der Aufklärung. Von der Notwendigkeit pragmat. Vernunft (1980) 45–49. – [3] a.O. 52. – [4] 52ff. – [5] 55ff.

Literaturhinweis. H. A. OBERMANN: Contra vanam curiositatem (Zürich 1974).
P. PROBST

III. N. wird in der gegenwärtigen *Psychologie* als ein angeborener Trieb definiert, der auf die Befriedigung *kognitiver* Bedürfnisse (in Unterschied zu biologischen) sowie allgemein auf Erkenntnis von Umweltbedingungen abzielt. N. wird ausgelöst durch neue, unerwartete oder komplexe Reizmuster und zieht eine Gruppe von Reaktionen nach sich, die unter den Bezeichnungen Erkundungs-, Explorations-, Untersuchungs- und Orientierungsverhalten in der Literatur zusammengefaßt werden. Oft werden Termini wie Erkundungs- oder Explorationstrieb bevorzugt, um den vieldeutigen Begriff ‹N.› zu vermeiden. Versuche einer definitorischen Abgrenzung gegen ‹Wißbegier› begleiten den Begriff ‹N.› fast seine ganze Geschichte hindurch. Überlegungen, die N. als kognitiven Trieb einordnen, lassen eine solche Differenzierung jedoch nicht sinnvoll erscheinen [1].

1. In mehreren Abhandlungen des 19. Jh. wird N. als einer von zahlreichen Einzeltrieben des Menschen interpretiert [2]. J. KIESEWETTER versucht eine Einteilung der «geistigen Triebe in Erkenntnis und Willenstriebe» [3] und bezeichnet als Erkenntnistrieb den «Trieb zu wissen», «dem gewöhnlich die N. vorausgeht». Die hauptsächlich durch Langeweile bewirkte N. «kömmt auch einigen Tieren, der Nachtigall, den Affen usw. zu; der Mensch allein hat Wißbegierde» [4].

Diese spezifisch menschliche Form der N. entwickelt sich nach Kiesewetter und später W. PREYER [5] erst mit zunehmender Reife der intellektuellen Funktionen. Auch H. SPENCER vertritt diese Auffassung, bezieht sie aber auf die N. allgemein: «Niedrige Rassen», genauso wie Säuglinge, zeigten kein N.-Verhalten, da ihnen der Antrieb zur Erweiterung ihrer Kenntnisse fehle; ebenso ließen sie Anzeichen von Überraschung vermissen, was Spencer auf das Fehlen eines Konzepts einer natürlichen Ordnung zurückführt. Erst nach Heranreifen der dafür notwendigen intellektuellen Funktionen sollen sich Überraschung und N. entwickeln können [6]. Eine solche Spekulation ist durch kontrollierte Beobachtungen an Kindern leicht widerlegbar [7]. Als überholte frühere Spekulation, in der die zeitgenössischen negativen Konnotationen des N.-Begriffs besonders deutlich werden, kann auch der Versuch J. FEDERS gelten, N. als typisch weibliche Charaktereigenschaft mit der größeren weiblichen «Furchtsamkeit» und dem «Mangel ernsthafter, anstrengender Geschäfte» zu erklären [8].

Von M. TAINE und W. PREYER [9] liegen in der zweiten Hälfte des 19. Jh. Beobachtungen an einzelnen Kindern vor, in denen N.-Verhalten festgehalten ist, aber theoretisch nicht weiter analysiert wird. Drei Jahrzehnte später unternimmt K. GROOS einen Versuch in dieser Richtung. Im Zusammenhang mit einer Theorie der «Spiele der Menschen» wird ‹N.› definiert als «spielende Betätigung der Aufmerksamkeit» auf Neues, Unerwartetes in der Umgebung. Der N. kommt eine Sonderstellung unter den Trieben zu, da die Lust an der Betätigung zugleich auch ihr Motiv ist. Dieses Merkmal trennt nach Groos auch die N. von der Wißbegier; diese geht über die Lust am Forschen hinaus, um zu einer Erkenntnis zu gelangen [10].

2. CH. DARWINS *Evolutionstheorie* bildete in der zweiten Hälfte des 19. Jh. die Grundlage für den Aufschwung einer Tierpsychologie, die ihr Bestreben darin sah, die Entwicklung des menschlichen Geistes von seinem niederen, tierischen Ursprung her zu verfolgen. Darwins Auffassungen über die Kontinuität der psychischen Entwicklung vom Tier zum Menschen wurden von G. J. ROMANES aufgegriffen, der die Entwicklung der Gemütsbewegungen bei Tieren als eine Stufenabfolge beschrieb. Zwar betont auch Romanes, daß es sich bei der Zuschreibung menschlicher Gemütsbewegungen zu Tieren nur um Schlußfolgerungen handle, doch bildeten solche Analogieschlüsse das «einzige Forschungsmittel», das zur Verfügung stehe [11]. Daher stelle die menschliche Psychologie auch «die bestmögliche Schablone zur Beurteilung der ... Psychologie bei Insekten» dar [12]. N. im Tierreich zeige sich beispielsweise bei Insekten, die nach dem Licht streben [13]. Eine solche anthropomorphistische Sichtweise wird bei H. S. JENNINGS auf die Spitze getrieben, der selbst Amöben und Bakterien Gemütsbewegungen nicht absprechen will [14].

3. In Gegensatz zu dieser frühdarwinistischen Richtung steht die *Assoziationspsychologie* W. WUNDTS, der der «vulgären» Tierpsychologie u.a. eine «übereilte Anwendung unzulänglich gebildeter Begriffe» [15] vorwirft. Den Ausdruck ‹N.› behandelt Wundt an relevanter Stelle weder unter dem Oberbegriff «Verstandestätigkeit der Tiere» (Vorl. 23–25) noch unter «Instinkte» (Vorl. 26–29)

[16], er verwendet ihn nur in umgangssprachlichem Sinne [17]. Das Fehlen theoretischer Erörterungen über ‹N.› bei Wundt läßt sich dadurch erklären, daß Wundt in bezug auf tierisches Seelenleben die Assoziationsgesetze vom Menschen auf das Tier überträgt, indem er «das gesamte intellektuelle Leben der Tiere vollständig auf die einfachen Assoziationsgesetze» zurückführt [18].

4. Eine *objektivistische* Kritik an Romanes Anthropomorphismen und der von ihm bevorzugten «anekdotischen Methode» [19] beginnt bei C. L. MORGAN, der Bewußtseinsvorgänge bei Tieren nur dann zur Erklärung von Verhalten heranziehen will, wenn dies dazu unbedingt nötig ist (Sparsamkeitskanon) [20]. J. LOEB will hingegen prinzipiell keine Rückschlüsse vom tierischen Verhalten auf das Erleben zulassen. Er lehnt im Zusammenhang mit der Diskussion instinktiver Handlungen, die er nur als «Spezialfälle der tierischen Tropismen» ansieht [21], auch den N.-Begriff ab: «Es war nun lange bekannt, daß viele Tiere vom Licht 'angelockt' werden und in die Flamme fliegen. Das war eben ein besonderer Instinkt. Man sprach davon, daß diese Tiere 'das Licht lieben', daß 'N. sie zum Licht treibe' ... Die Motte fliegt nicht aus N. zum Licht, ... sie wird nur vom Licht orientiert» [22]. Ganz im Sinne dieser extrem mechanistischen Auffassung stellt A. BETHE die Frage: «Dürfen wir den Ameisen und Bienen psychische Qualitäten zuschreiben?» [23] und beantwortet sie mit «Nein».

5. Während der frühe Behaviorismus an die objektivistische Elimination des Begriffes ‹N.› anknüpft und infolgedessen der Ausdruck bis etwa 1950 in der entsprechenden Literatur nicht mehr aufzufinden ist, läßt sich eine Fortsetzung der Darwinschen evolutionstheoretischen Tradition in der Psychologie des amerikanischen *Funktionalismus* aufzeigen. So trägt W. JAMES einen neuen Aspekt zur *Triebtheorie* der N. bei. Er zählt die N. (sowie die komplementäre Erscheinung 'Furcht') zu den Emotionen. Das Wechselspiel von N. und Furcht (z. B. bei Annäherung des Organismus an sich plötzlich bewegende Objekte) bildet nach James die «instinktive Grundlage aller menschlichen N.» [24]. In der Diskussion der «angeborenen Reaktionen» nimmt die N. einen wichtigen Platz ein [25]. Auch W. MCDOUGALL führt N. und Furcht als Grundtriebe des Menschen auf [26].

In der neueren Tierverhaltensforschung begegnet das gleiche Begriffsverständnis. I. EIBL-EIBESFELDT faßt die Forschungsergebnisse in der Definition zusammen, daß N. eine *angeborene Lerndisposition* sei [27]. N. ist also für ihn gleichbedeutend mit «Trieb zu lernen». Nach Auffassung der Verhaltensforscher dient dieser Trieb der Anpassung des Tieres an die Umweltbedingungen und ist somit in der Jugend des Tieres stärker ausgeprägt. Beim Menschen dauert das N.-Verhalten in der Regel das ganze Leben hindurch an.

G. TEMBROCK unterscheidet reaktives (erzwungenes) und aktives (freies) Erkundungsverhalten [28], wobei das reaktive Erkundungsverhalten weitgehend obligatorisch abläuft, mit «artspezifischen Rahmenkoordinationen» verbunden ist und damit Informationen zur Systemerhaltung beisteuert. Dagegen liefert das aktive Erkundungsverhalten, das Tembrock mit N. gleichsetzt, redundante, zur Systemerhaltung nicht unbedingt erforderliche Informationen; es wird im fakultativen Lernen zum Selbstzweck. Ein enger Zusammenhang besteht auch zwischen N.- und Spielverhalten: N.-Verhalten läßt sich fassen als «Ausnutzung sensorischer Redundanzen, das Spielverhalten [als] Ausnutzung motorischer Redundanzen» [29].

6. Die Auffassung, daß es sich bei N. um ein angeborenes Verhalten handelt, wird auch von Vertretern einer eher lerntheoretisch ausgerichteten Psychologie geteilt. Erste Äußerungen in dieser Richtung finden sich bei I. P. PAWLOW. Er definiert N. als einen *Reflex*, der durch unerwartete Reize ausgelöst wird und als Verhaltenskomponente eine Reaktion der Sinnesorgane (*Orientieren*) hat. Vor allem beim Menschen kommt als Reaktionsform noch das *Manipulieren* von neuen Gegenständen hinzu. Pawlow führt für die von ihm systematisch beobachteten Reaktionen die Bezeichnungen *Orientierungs-* bzw. *Untersuchungsreflex* ein [30]. Der Lernpsychologe E. L. THORNDIKE ordnet die N. ebenfalls den angeborenen Reaktionen zu [31]. Arbeiten über die Orientierungsreaktion (bzw. den Orientierungsreflex) bilden in der gegenwärtigen Psychologie eine eigene Forschungsrichtung, in der eine Konzentration auf psychophysiologische Reaktionsformen festzustellen ist. Das von Pawlow eingeleitete *experimentelle* Erforschen von N.-Verhalten wird erst zögernd um 1930 eingeführt, und es dauert noch 20 Jahre, bis ein inhaltlich zusammenhängendes Experimentieren einsetzt [32]. Läßt man die Untersuchungen über die Orientierungsreaktion unberücksichtigt, werden vor allem vier operationale Definitionen von N. bevorzugt: a) spontanes Abwechseln im Verhalten, obwohl eine Wiederholung von vorher ausgeführtem Verhalten zu einer sicheren Belohnung führen würde [33]; b) Erkunden komplex gestalteter Umgebung [34]; c) Erkunden neuer Umgebungsreize, indem sich die Versuchsperson dem Gegenstand nähert (Lokomotion) oder durch Manipulieren untersucht [35]; darüberhinaus kann d) die Möglichkeit zur Exploration als Belohnung für das Lernen einer Reaktion eingesetzt werden [36]. Zur Erklärung der Befunde wird vorwiegend auf die Triebhypothese zurückgegriffen, und es werden Erklärungsbegriffe wie z. B. Explorationstrieb und Manipulationstrieb [37] eingeführt.

Die Bezeichnung ‹N.› wird in dieser Forschungsrichtung zunächst vermieden; erst D. BERLYNE verwendet sie um 1950 wieder [38]. Berlyne stellt erste Postulate zu einer N.-Theorie vor, indem er N. in den Termini der Lerntheorie C. HULLS [39] definiert. Er bestimmt N. als vermittelnde innerorganismische Reaktion, die ihrerseits Triebcharakter hat. Sie wird ausgelöst durch einen Umgebungsreiz und hat als beobachtbare Konsequenz das Erkundungsverhalten. Ist der Umgebungsreiz zu stark, folgen jedoch Furcht und Fluchtverhalten [40]. In einer späteren Fassung seiner Theorie überträgt Berlyne das Prinzip der optimalen Aktivierung des Organismus auf das N.-Problem: Durch Erkundungsverhalten verschafft sich der Organismus Reizeinwirkungen, die ein optimales Aktivitätsniveau gewährleisten. Informationstheoretische Überlegungen führen Berlyne zu dem experimentellen Ergebnis, daß mittlere Grade der Informationshaltigkeit (Grade der Neuheit bzw. Unerwartetheit) am stärksten die N. anregen [41]. Als weiterer Forschung ergibt sich für ihn die Unterscheidung zwischen '*extrinsischem*' (biologisch nützliche anzustrebende Reize) und '*intrinsischem*' (um ihrer selbst willen angestrebte Reize) Erkundungsverhalten [42] sowie die begriffliche Abgrenzung von *diversiver* (durch Reizarmut hervorgerufener) und *spezifischer* (bzw. *epistemischer*) N., die mit 'Wißbegier' gleichgesetzt werden kann [43].

H. FOWLER faßt die Ergebnisse zahlreicher Einzeluntersuchungen und einiger theoretischer Ansätze in der experimentellen Psychologie in der Feststellung zusammen, daß sie – wenn auch unterschiedlich explizit – eine Triebhypothese der N. plausibel erscheinen lassen [44].

Damit bleibt im Rahmen dieser Forschungsrichtung das traditionelle Begriffsverständnis erhalten.

7. Seit der Aufklärung findet sich eine positive Bewertung des N.-Begriffs besonders im Hinblick auf pädagogische Interessen. M. MENDELSSOHN, E. BURKE und G. E. LESSING [45] empfehlen z. B., die N. im Kinde zu pflegen und in Wißbegier zu überführen.

Gegenwärtig zeigt sich ein 'pädagogischer Optimismus', der sich auf das N.-Motiv stützt, im Werk von D. AUSUBEL [46]. Berlynes Ansatz wird allerdings in letzter Zeit in Frage gestellt; man nimmt an, daß sich die N. stärker auf spezifisch inhaltliche Bereiche zentriert, als dies Berlyne vermutet hatte. R. KRIEGER fordert die Abkehr von einem autonomen N.- bzw. Wißbegiermotiv und die Ergänzung des allgemeinpsychologischen Ansatzes Berlynes durch einen persönlichkeitspsychologischen im Sinne einer Erwartungs-Wert-Theorie [47].

Die gesellschaftlich-politische Relevanz des N.-Begriffs weist D. KUHNE auf, der in Berlynescher Terminologie die gegenwärtige gesellschaftliche Entwicklung beschreibt: Der steigenden Tendenz zur Produktion *diversiver* N. (Erzeugung von Konsumverhalten durch Angebot immer neuer Produkte und Trends) steht eine sinkende Tendenz in der Erzeugung *spezifischer* N. (Ausfüllen von Informationslücken; aktives Auseinandersetzen mit Menschen und Gesellschaft) gegenüber [48].

Anmerkungen. [1] H. FOWLER: Curiosity and exploratory behavior. Crit. psychol. Series, hg. M. H. MARX (New York/London 1965); M. GLANZER: Curiosity, exploratory drive, and stimulus satiation. Psychol. Bulletin 55 (1958) 302-315. – [2] Vgl. J. G. SULZER: Philos. Schr. 2 (1781) 114, zit. nach H. BLUMENBERG: Der Prozeß der theoret. N. (1973) 212; D. HUME: A treatise of human nature. The philos. works, hg. T. H. GREEN/T. H. GROSE 2 (Edinburgh 1886, ND 1964) 226f. – [3] J. KIESEWETTER: Faßliche Darstellung der Erfahrungsseelenlehre (^{1}1795, 1806) 266. – [4] a.O. 267. – [5] W. PREYER: Die Seele des Kindes (1881). – [6] H. SPENCER: Principles of sociology 1 (London ^{1}1876, ^{3}1885). – [7] D. BERLYNE: The influence of the albedo and complexity of stimuli on visual fixation in the human infant. Brit. J. Psychol. 49 (1958) 315-318. – [8] J. G. H. FEDER: Unters. über den menschl. Willen, 2. Teil (1786) 745. – [9] M. TAINE: Note sur l'acquisition de langage chez les enfants et dans l'espèce humaine. Rev. philos. France Etr. 1 (1876) 5-23; PREYER, a.O. [5]. – [10] K. GROOS: Die Spiele der Menschen (1899) 184. – [11] G. J. ROMANES: Die geistige Entwicklung im Tierreich (1885) 379. – [12] a.O. 378f. – [13] 308. – [14] H. S. JENNINGS: Das Verhalten der niederen Organismen (1910) bes. Kap. XX, 518-535. – [15] W. WUNDT: Vorlesungen über die Menschen- und Thierseele (^{1}1863, ^{3}1897) 386f. – [16] a.O. 385-498. – [17] Vgl. 405. 438. – [18] 396. – [19] C. L. MORGAN: Animal life and intelligence (London 1891) 399. – [20] Introd. to comparative psychol. (London 1894). – [21] J. LOEB: Einl. in die vergleichende Gehirnphysiol. und vergleichende Psychol. (1899) 119. – [22] a.O. 121f. – [23] A. BETHE: Dürfen wir den Ameisen und Bienen psychische Qualitäten zuschreiben? Arch. ges. Physiol. 70 (1898) 15-100. – [24] W. JAMES: The principles of psychol. (London 1890) 429. – [25] Psychol. und Erziehung (^{2}1908) 30-32. – [26] W. MCDOUGALL: An introd. to social psychol. (London 1908, ^{29}1948) 49. – [27] I. EIBL-EIBESFELDT: Grundriß der vergleichenden Verhaltensforsch. (1967) 238ff. – [28] G. TEMBROCK: Grundriß der Verhaltenswiss. (^{2}1973) 197. – [29] a.O. 198. – [30] I. P. PAWLOW, Sämtl. Werke III/1 (1953) 224. – [31] E. L. THORNDIKE: Human nature and the social order (New York 1940). – [32] Vgl. GLANZER, a.O. [1]. – [33] J. F. DASHIELL: A quantitative demonstration of animal drive. J. comp. Psychol. 5 (1925) 205-208; W. DENNIS: Spontaneous alternation in rats as an indicator of the persistence of stimulus effects. J. comp. Psychol. 28 (1939) 305-312. – [34] H. F. HARLOW und G. E. MCLEARN: Object discrimination learned by monkeys on the basis of manipulation motives. J. comp. physiol. Psychol. 47 (1954) 73-76. – [35] GLANZER, a.O. [1]. – [36] H. F. HARLOW: Motivation as a factor in the acquisition of new responses, in: Current theory and research in motivation (Lincoln 1953) 24-49. – [37] FOWLER, a.O. [1]. – [38] D. BERLYNE: Novelty and curiosity as determinants of exploratory behavior. Brit. J. Psychol. 41 (1950) 68-80. – [39] C. HULL: A behavior system (New Haven 1952). – [40] D. BERLYNE: An experimental study of human curiosity. Brit. J. Psychol. 45 (1954) 256-265. – [41] Conflict and information theory variables as determinants of human curiosity, in: S. KOCH (Hg.): Psychol.: a study of a science 5 (New York 1963) 284-364. – [42] Aesthetics and psychobiology (New York 1971). – [43] Konflikt, Erregung, N. (1974). – [44] FOWLER, a.O. [1] Einl.; vgl. dagegen: C. N. COFER und M. H. APPLEY: Motivation: theory and research (New York 1964). – [45] M. MENDELSSOHN: Kleine philos. Schr. (1789) 97; E. BURKE: A philos. inquiry into the origin of our ideas of the sublime and beautiful, hg. J. T. BOULTON (London 1958) 31; G. E. LESSING, Werke, hg. P. RILLA 8 (1956) 27. – [46] D. P. AUSUBEL: Psychol. des Unterrichts (1974). – [47] Vgl. R. KRIEGER: Ungewißheit und Wißbegier, in: H.-G. Voss und H. KELLER (Hg.): N.-Forschung (1981) 80-108. – [48] D. KUHNE: N., in: Hb. psychol. Grundbegriffe, hg. G. REXILIUS/S. GRUBITZSCH (1981) 720-724.

Literaturhinweise. E. BERBER: Psychol. der N. (1935). – M. GLANZER s. Anm. [1]. – H. FOWLER s. Anm. [1]. – D. BERLYNE s. Anm. [43]. – H. KELLER und H.-G. VOSS: N. und Exploration (1976). – H.-G. VOSS und H. KELLER (Hg.) s. Anm. [47].

U. SCHÖNPFLUG/Red.

Neuhegelianismus (engl. neo-hegelianism; frz. néo-hégélianisme; ital. neohegelismo; niederl. neohegelianisme)

1. Der N., der innerhalb jener vielgestaltigen philosophischen Strömung und Bildungsbewegung, die man als *Neuidealismus* zu etikettieren pflegt, das höchste Reflexionsniveau erreicht, trat in Deutschland, den Niederlanden, Italien, Frankreich und England auf. Entwicklungsgeschichtlich besteht zwischen deutschem und außerdeutschem N. ein gravierender Unterschied. Im Ausland verlief die Wirkungsgeschichte Hegels vergleichsweise stetig, weil sie «mehr den Charakter einer Sinnerschließung, einer Aneignung des zunächst ... als wesensfremd empfundenen Hegelschen Denkens» [1] hatte und weil in der Regel (außer in Frankreich) der deutsche Idealismus von vornherein von Hegel her so sehr als einheitlicher Gedankenkomplex aufgefaßt wurde, daß die Aneignung der Hegelschen Philosophie zugleich die Aneignung des Idealismus insgesamt – insbesondere auch des Kantischen – bedeutete.

In *Deutschland* dagegen weist die Wirkungsgeschichte Hegels und der anderen idealistischen Denker in der zweiten Hälfte des 19. Jh. einen folgenschweren Bruch auf, der durch den 1840 einsetzenden Zersetzungsprozeß des absoluten Idealismus herbeigeführt worden war. Die vormärzliche Krise der Philosophie schlechthin, die radikale, im Zeichen der Forderung nach dem «Praktischwerden» bzw. nach der «Verwirklichung» der Philosophie entwickelte Kritik des Linkshegelianer, ferner die aufgrund der rapiden Fortschritte von Naturwissenschaft und Technik sowie der stürmisch einsetzenden Entwicklung der Industriegesellschaft sich durchsetzende realistisch-pragmatische Geisteshaltung und schließlich das Umsichgreifen eines relativistischen Historismus hatten eine so vollständige Destruktion des Idealismus bewirkt, daß es erst in den 1860er Jahren gelang, die Erkenntnistheorie Kants dem philosophischen Denken der Zeit zugänglich zu machen und damit die Ausgangsposition des kritischen Idealismus zurückzugewinnen, von der aus sich der Neukantianismus und der Neuidealismus (ab 1880) entwickeln konnten. Der Ausdruck ‹N.›, der ersichtlich älter als die Sache selbst ist, wird wohl erstmalig von W. TOBIAS (1875) in abschätzigem Sinne in einer Polemik gegen W. WUNDT [2] gebraucht, und wenig später (1877) sagt E. VON HARTMANN das Entstehen eines Neufichteanismus und N. als Erweiterung des Neukantianismus voraus [3].

Das Wiedererwachen des Interesses an der Philosophie Hegels, das den N. inaugurierte, kündigte sich jedoch erst kurz nach der Jahrhundertwende an, zum Teil ausgelöst durch das (1897 erschienene) Hegelbuch des hegelianischen Philosophiehistorikers K. FISCHER [4], der schon durch sein Kantbuch (1860/61) der im Entstehen begriffenen Kantbewegung großen Auftrieb gegeben hatte. Über dieses Hegelbuch veröffentlichte W. DILTHEY 1900 eine berühmt gewordene Anzeige, in welcher er die Forderung nach einer entwicklungsgeschichtlichen Darstellung des Hegelschen Systems erhob [5], die er bald darauf selber mit seinem bahnbrechenden Werk über die Jugendgeschichte Hegels (1906) [6] einlöste – an das sich wiederum die von H. NOHL besorgte Herausgabe der «theologischen Jugendschriften» Hegels (1907) [7] anschloß. Der Diltheysche, bezeichnenderweise von Hegels Frühschriften ausgehende Anstoß, der durch die wenigen restlichen Vertreter des älteren Hegelianismus (W. PURPUS, A. LASSON, H. FALKENHEIM) verstärkt wurde, bewirkte ein so auffälliges Wiedererwachen des Interesses an der Hegelschen Philosophie, daß W. WINDELBAND in seiner vielbeachteten Heidelberger Akademierede von 1910 «die Erneuerung des Hegelianismus» konstatieren konnte [8].

Charakteristisch für den deutschen N. ist, daß aus der sich immer intensiver gestaltenden Auseinandersetzung mit Hegel nur wenige Ansätze zu einer systematischen Aufarbeitung, Weiterentwicklung oder Neugestaltung der Hegelschen Philosophie erwuchsen, so daß der N. keine dem Neukantianismus vergleichbaren Schulformen auszubilden vermochte. Die Beschäftigung mit der Philosophie Hegels war überwiegend problemgeschichtlich, hermeneutisch und, wo es um die Dialektik ging, kritisch-methodologisch orientiert. Man versuchte Hegels gegenständlich-konkrete Art des Denkens wieder zu erreichen, sein geschichtliches Bewußtsein fruchtbar zu machen und aus seiner Dialektik eine Methode zu gewinnen, die das Begreifen der kulturellen Sinnwirklichkeiten ermöglichen bzw. für die Geisteswissenschaften jene methodologische Grundlegung leisten sollte, die Kant und der Neukantianismus für die Naturwissenschaften vollbracht hatten. Die Hegelinterpretation stützte sich weniger auf ‹Logik› und ‹Enzyklopädie›, sondern ging vorwiegend von der ‹Phänomenologie› (bes. H. GLOCKNER, TH. HAERING) oder der Philosophie des objektiven Geistes (H. WENKE [9], H. FREYER [10]) aus. Niemand aber wollte ernsthaft Hegels Philosophie des absoluten Geistes, Hegels 'Metaphysik', erneuern bzw. die Dialektik als universale Bewegungsform der Selbstverwirklichung des Geistes und zugleich als Methode des philosophischen Begreifens seiner selbst in seiner Totalität gelten lassen, was auf den nachhaltigen Einfluß der Kantischen Metaphysikkritik, des naturwissenschaftlichen Realismus und des Historismus zurückzuführen ist.

Konstitutiv für Herausbildung und Entwicklung des N. war die in der Auseinandersetzung mit dem Idealismus gemachte Erfahrung, daß dieser eine Grundproblematik enthält, deren Entfaltung zu der von Kant zu Hegel verlaufenden Entwicklung führte. Der Fortgang von Kant zu Hegel als sachlich begründeter mußte erst neu entdeckt werden, damit es zur Formierung des N. kommen konnte, und wurde diesem wiederum zum bevorzugten Gegenstand der Darstellung und zum Mittel der Selbstexplikation.

Zahlreiche Untersuchungen, wie z. B. die von G. LASSON [11], S. MARCK [12], J. COHN [13], F. ROSENZWEIG [14], C. A. EMGE [15], trugen zur Entwicklung des N. bei, der seiner Hochblüte jedoch erst zustrebte, als im Zusammenhang mit der aufkommenden modernen historisch-philologischen Hegelforschung und textkritischen Editionsarbeit [16] die großen systematisierenden Darstellungen der Problementwicklung von «Kant bis Hegel» (R. KRONER) [17] bzw. der Entwicklung des Hegelschen Denkens im Kontext (H. GLOCKNER [18], TH. HAERING [19], G. GÜNTHER [20]) erarbeitet wurden. Diesen Entwicklungsstand des N. hatte H. LEVY vor Augen, als er ‹Die Hegelrenaissance in der deutschen Philosophie› thematisierte [21].

Die bedeutendsten Versuche, unter den Bedingungen der veränderten geistigen Situation im Geiste Hegels weiterzudenken, unternahmen GLOCKNER und KRONER, bei denen das kritisch-distanzierte Verhältnis des deutschen N. zur metaphysischen Substanz der Hegelschen Philosophie ganz deutlich wird. H. GLOCKNER, der über Dilthey und Rickert zu Hegel kam, wollte durch eine Modifikation der Hegelschen Denkweise in erster Linie kultur- und werttheoretische Probleme bewältigen. Die «panlogische» dialektische Methode verwerfend, forderte er eine Ergänzung der Hegelschen Philosophie durch die irrationale Lebensphilosophie des 19. Jh. und versuchte selbst eine umfassendere, die Dialektik ihrerseits aufhebende «rational-irrationale» Methode zu konzipieren, welche eine Neuorganisation der Problemgehalte des Idealismus ermöglichen sollte [22]. R. KRONER, der durch das «heterologische» (heterothetische) Prinzip des (noch dialektikfeindlichen) Rickert zu dialektischen Problemstellungen geführt worden war, stellte zuerst in einem monumentalen Werk den Weg «Von Kant bis Hegel» [23] als streng systematischen Entwicklungsprozeß dar, distanzierte sich aber später von Hegels Philosophie des absoluten Geistes und entwarf eine umfassende Kulturphilosophie, in der er vermittels der Dialektik von Gegenstandsbewußtsein und Ichbewußtsein die gegliederte «Sinnwirklichkeit» der Kultur als Resultat einer stufenweisen «Selbstverwirklichung des Geistes» [24] zu begreifen versuchte. Während der Rechtstheoretiker J. BINDER und K. LARENZ den N. eher kompromittierten, indem sie Hegels Staats- und Geschichtsphilosophie zur Rechtfertigung des Dritten Reiches mißbrauchten [25], knüpfte der Kulturphilosoph und Pädagoge TH. LITT wieder an die neuhegelianische Bewußtseinsdialektik an und wagte noch einmal den «Versuch einer kritischen Erneuerung» Hegels [26].

Anmerkungen. [1] G. LEHMANN: Gesch. der Philos. (1957) 66. – [2] W. TOBIAS: Grenzen der Philos. (1875) 37: Polemik gegen W. WUNDT: Vorles. über die Menschen- und Thierseele (1863/64, ⁶1919). – [3] E. VON HARTMANN: Neukantianismus, Schopenhauerianismus und Hegelianismus in ihrer Stellung zu den philos. Aufgaben der Gegenwart (1877, ³1910) 26f. – [4] K. FISCHER: Hegels Leben, Werke und Lehre (1897). – [5] Vgl. H. NOHLS Vorwort zu W. DILTHEY: Die Jugendgesch. Hegels. Ges. Schr. 4 (1959). – [6] a.O.; vgl. Fragmente aus W. Diltheys Hegelwerk. Mitgeteilt von H. NOHL. Hegelstudien 1 (1961) 103-134. – [7] H. NOHL: Hegels theol. Jugendschr., Vorr. I (1907). – [8] W. WINDELBAND: Heidelb. Akademierede (1910), in: Präludien (1919) 273-289. – [9] H. WENKE: Hegels Theorie des objektiven Geistes (1926). – [10] H. FREYER: Theorie des objektiven Geistes (1923, ⁴1973). – [11] A. LASSON: Was heißt Hegelianismus? (1916). – [12] S. MARCK: Kant und Hegel (1917). – [13] J. COHN: Theorie der Dialektik (1923). – [14] F. ROSENZWEIG: Hegel und der Staat 1. 2 (1920). – [15] C. A. EMGE: Vernunft und Wirklichkeit bei Hegel (1926). – [16] Vgl. bes. die Ausgabe von G. LASSON und J. HOFF-

MEISTER: Dokumente zu Hegels Entwicklung, hg. J. HOFFMEISTER (1936); zudem: Sämtl. Werke. Jubiläumsausg. in 20 Bänden, einer Hegel-Monogr. und einem Hegel-Lex., hg. H. GLOCKNER, 26 Bde. (1927-1940). – [17] R. KRONER: Von Kant bis Hegel 1. 2 (1921/1924, ²1961). – [18] H. GLOCKNER: Hegel – Entwicklung und Schicksal der Hegelschen Philosophie 1. 2 (1929/1940). – [19] TH. HAERING: Hegel, sein Wollen und Werk. Eine chronolog. Entwicklungsgesch. der Gedanken und der Sprache Hegels 1. 2 (1929/1930). – [20] G. GÜNTHER: Grundzüge einer neuen Theorie des Denkens in Hegels Logik (1933). – [21] H. LEVY: Die Hegelrenaissance in der dtsch. Philos. (1927). – [22] GLOCKNER: Das Abenteuer des Geistes (1938); Einführung in das Philosophieren (1944); Gegenständlichkeit und Freiheit, 1: Fundamentalphilosophie, 2: Philos. Anthropologie (1963/1964); Beiträge zum Verständnis und zur Kritik Hegels sowie zur Umgestaltung seiner Geisteswelt (1964). – [23] KRONER, a.O. [17]. – [24] Die Selbstverwirklichung des Geistes (1928); Kulturphilos. Grundlegung der Politik (1931); vgl. S. MARCK: R. Kroner, in: Die Dialektik in der Philos. der Gegenwart (1929) 2. Kap.; W. FLACH: R. Kroner und der Weg von Kant bis Hegel. Z. philos. Forsch. 12 (1958) 556-579. – [25] Vgl. E. TOPITSCH: Die Sozialphilos. Hegels als Heilslehre und Herrschaftsideologie (1967) 73ff. – [26] TH. LITT: Individuum und Gemeinschaft (1919, ³1926); Erkenntnis und Leben (1923); Einl. in die Philos. (1933); Denken und Sein (1948); Mensch und Welt. Grundlinien einer Philos. des Geistes (1948); Hegel. Versuch einer krit. Erneuerung (1953).

Literaturhinweise. J. KOHLER: N. Arch. Rechts- Wirtschaftsphilos. 1 (1907/08) 227-354; Vom Positivismus zum N., a.O. 3 (1909/10) 167-172. – W. WINDELBAND s. Anm. [8]. – F. BEROLZHEIMER: Das Programm des N. Arch. Rechts- Wirtschaftsphilos. 7 (1913/14) 507-552. – G. LASSON s. Anm. [11]. – H. SCHOLZ: Die Bedeutung der Hegelschen Philos. für das philos. Denken der Gegenwart (1921). – J. COHN s. Anm. [13]. – C. A. EMGE: Hegels Logik und die Gegenwart (1927). – H. LEVY s. Anm. [21]. – A. LIEBERT: Geist und Welt der Dialektik (1929). – F. J. BRECHT: Die Hegelforsch. im letzten Jahrfünft. Lit. Berichte Geb. Philos. 24, H. 2 (1931) 5-34. – Logos 20 [Hegel-H.] (Tübingen 1931). – Kantstudien 36, H. 3/4 [Hegel-H.] (1931). – Verhandlungen des 1., 2. und 3. Hegelkongresses (1931, 1932, 1934). – Idealismus 1 (1934). – Bl. dtsch. Philos. 9, H. 1 [Hegel-H.] (1935). – H. LÜBBE und K. GRÜNDER: Art. Hegel III, 1. 2 bzw. 3. 4, in: Staatslex., hg. Görres-Ges. 4 (⁶1959) 34-39 bzw. 46-48 (Lit.). – R. KRONER: Hegel heute. Hegelstudien 1 (1961) 135-153.

2. In den *Niederlanden* trat der N. zuerst bei G. J. P. J. BOLLAND auf, der ursprünglich Anhänger von E. VON HARTMANN war, sich 1902 von diesem ab- und Hegel zuwandte [1] und 1904 in seinem Hauptwerk ⟨Zuivere rede [= Reine Vernunft] en hare werkelijkheid⟩ [2] ein neuhegelianisches System aufstellte, das trotz erheblicher Modifikationen (bes. die Kategorienfolge der Logik, die Naturlehre und die Ästhetik betreffend) – im Unterschied zum metaphysikscheuen deutschen N. – Hegels Gesamtsystem mit allen seinen wesentlichen Voraussetzungen zu erneuern trachtete. Bolland, der durch zahlreiche Schriften [3] sowie die Edition mehrerer Werke Hegels (bes. der mit Kommentar versehenen ⟨Religionsphilosophie⟩ [4]) das Geistesleben der Niederlande nachhaltig beeinflußte, und seine Schüler, die «Bollandianer», verbreiteten ihren N., der sich bei ihnen mit einem christlich-kosmopolitischen Liberalismus verband, in Wort und Schrift (bes. durch ihre Zeitschrift ⟨De Idee⟩) mit geradezu missionarischem Eifer und riefen u. a. die Bollandgesellschaft (Genootschap voor Zuivere Rede) ins Leben, aus der später (1930) der Internationale Hegelbund hervorging. Aus der Schülerschar Bollands (H. W. PH. D. und G. A. V. D. BERGH VAN EYSINGA, J. CLAY, J. M. STEEGSTRA, J. C. BRUYN, J. G. WATTJES, W. F. STAARGARD, ESTER VAS NUNES [5]) ragen heraus: K. J. PEN, der N. Bollands prinzipieller und methodenbewußter weiterentwickelte, IR. B. WIGERSMA, der die Erkenntnisse der Naturwissenschaft in der Naturphilosophie dialektisch 'aufzuheben' versuchte [6], und der scharfsinnige Dialektiker J. HESSING, der in seiner Hauptschrift ⟨Das Selbstbewußtwerden des Geistes⟩ (1925) [7] die Bewußtseinsdialektik der ⟨Phänomenologie des Geistes⟩ zur systemerzeugenden Methode ausgestaltete.

Anmerkungen. [1] G. J. P. J. BOLLAND: Alte Vernunft und neuer Verstand, oder Anregungen neuer Hegelstudien (1902). – [2] Zuivere rede en hare werkelijkheid. Een book voor vrienden der wijsheid (Leiden 1904, ³1912). – [3] Denken en werkelijkheid (Amsterdam 1905); Nieuwe kennis, oude wijsheid – Schelling, Hegel, Fechner en de nieuwere theosophie (Leiden 1910); De Natuur (Leiden 1908, ⁵1916) u. a. – [4] HEGEL, Vorles. über die Philos. der Religion mit einem Kommentar, hg. G. BOLLAND 1. 2 (Leiden 1901). – [5] K. J. PEN: In over het onderscheid tussen de wetenschap van Hegel en de wijsheid van Bolland (Leiden 1915). – [6] IR. B. WIGERSMA: Natuurkunde en relativiteitstheorie (Haarlem 1923); Die Freiheit der Natur und die Unfreiheit der Naturwiss. (1932). – [7] J. HESSING: Zelfbewustwording des geestes (Amsterdam 1925), dtsch.: Das Selbstbewußtwerden des Geistes (1936).

Literaturhinweise. Logos 19, H. 1 [Holland-H.] (1930). – Verhandlungen ... a.O. [Lit. zu 1].

3. In *Italien* entwickelte sich ein in erster Linie durch B. CROCE und G. GENTILE repräsentierter systembildender N. von beachtlicher Originalität im Anschluß an die ältere neapolitanische Hegelschule (A. VERA, bes. B. SPAVENTA, P. D'ERCOLE). CROCE, durch seine Schrift ⟨Lebendiges und Totes in Hegels Philosophie⟩ [1] in Deutschland bekannt geworden, erblickt in Hegels Begriff des Geistes als des «konkret Universalen mit der Dialektik der Gegensätze» und in Hegels «Theorie der Abstufungen der Wirklichkeit» das Lebendige, verwirft aber Hegels «Panlogismus» ebenso wie Hegels «Deduktion» der Geschichte. Sein unverkennbar lebensphilosophische Züge tragender, u. a. auch an Vico orientierter N. faßt die Gesamtwirklichkeit als geschichtlich-dialektischen Lebensprozeß des Geistes auf, in welchem die stufenförmige Entwicklungsgeschichte des Begriffs (ästhetisch-individuelle und logisch-allgemeine Stufe in der theoretischen Sphäre, ökonomische und ethische Stufe in der praktischen) als ewige und ideale Geschichte in der realen Geschichte in immerwährendem Kreislauf auf stets höherem Entwicklungsniveau durchlaufen wird [2]. – GENTILE wollte Hegel im Rückgriff auf Fichte gleichsam «übertrumpfen» [3], indem er seinen «aktualen Idealismus» aus dem Grundbegriff des *reinen Aktes* (atto puro), d.h. jenem Fichtes «Tathandlung» entsprechenden ursprünglichen Denkakt, durch den alles Objektive existiert und dem alle Realität immanent ist, entwickelte [4].

Anmerkungen. [1] B. CROCE: Lebendiges und Totes in Hegels Philos. (1909). – [2] Filosofia dello spirito 1-4 (Bari 1902-1917); Ges. philos. Schr., Reihe I, 1-4 (1929/30), Reihe III, 1-3 (1927-1929). – [3] G. GENTILE: L'atto del pensare come atto puro. Annuario Biblioteca filos. Palermo (1912), dtsch.: Der aktuale Idealismus (1931); La riforma della dialettica Hegeliana (Messina 1913, ³1924). – [4] Teoria generale dello spirito come atto puro (Pisa 1916); Filosofia dell'arte (Mailand 1931), dtsch.: Philos. der Kunst (1934).

Literaturhinweise. J. EBBINGHAUS: B. Croces Hegel. Kantstudien 16 (1911) 54-84. – C. SGANZINI: G. Gentiles aktualist. Idealismus. Logos 14 (1925) 163-239. – A. M. FRAENKEL: Die Philos. B. Croces und das Problem der Naturerkenntnis (1929). – J. BAUR: G. Gentiles Philos. und Pädag. (1935). – F. L. MUELLER: La pensée contemp. en Italie et l'influence de Hegel (Genf 1941). – G. LEHMANN s. Anm. [1 zu 1] 68ff.

4. In *Frankreich* entwickelte sich der N. aus dem schon etwas früher als in Deutschland ausgebildeten Neukantianismus CH. RENOUVIERS [1], der Hegel zwar ablehnte, dessen Kategorienlehre aber implizit so dialektisch angelegt war, daß sein Schüler O. HAMELIN zur «Dialektik des Wirklichen» im Sinne Hegels gelangen konnte [2]. Im französischen N. hat nicht eigentlich eine Fortbildung der Hegelschen Philosophie stattgefunden. Er besteht vielmehr in einer freien Aneignung Hegelscher Denkmodelle und der dialektischen Denkform. Als Neuhegelianer im engeren Sinne können bezeichnet werden: L. BRUNSCHVICG [3], J. HYPPOLITE [4], A. KOYRÉ und besonders A. KOJÈVE, dessen Vorlesungen über Hegel (1933–1939) im Verein mit seinem Kommentar zur ‹Phänomenologie› [5] ein starkes Aufleben des Interesses an Hegel bewirkten, das sich auch bei G. FESSARD, M. L. RIQUET u. a. findet.

Anmerkungen. [1] CH. RENOUVIER: Essais de critique générale (Paris 1854). – [2] O. HAMELIN: Essai sur les éléments principaux de la représentation (Paris 1907). – [3] L. BRUNSCHVICG: La modalité du jugement (Paris 1897); Introd. à la vie de l'esprit (Paris 1900). – [4] J. HYPPOLITE: Genèse et structure de la Phénoménol. de l'esprit de Hegel (Paris 1947); Introd. à la philos. de l'hist. de Hegel (Paris 1948). – [5] A. KOJÈVE: Introd. à la lecture de Hegel. Leçons sur la Phénoménol. de l'esprit (Paris ²1947), dtsch.: Hegel. Eine Vergegenwärtigung seines Denkens. Komm. zur Phänomenol. des Geistes, hg. I. FETSCHER (1958).

Literaturhinweise. A. ETCHEVERRY: L'idéalisme français contemporain (Paris 1934). – B. KNOOP: Hegel und die Franzosen (1941). – I. FETSCHER: Hegel in Frankreich. Antares 1, H. 3 (1952/53) 3-15.

5. In *England* sind J. H. STIRLING mit seinem Buch ‹The secret of Hegel› (1865), TH. H. GREEN [1] und die Brüder CAIRD als Wegbereiter des N. aufgetreten, der von F. H. BRADLEY (1893) [2], A. S. PRINGLE-PATTISON, besonders aber von B. BOSANQUET [3] und auch von J. MCTAGGART vertreten wurde und dessen Blütezeit sich von den 1890er Jahren bis zum Ausbruch des Ersten Weltkrieges erstreckt.

Anmerkungen. [1] Works of TH. HILL GREEN, hg. R. L. NETTLESHIP 1-3 (London 1858-88). – [2] F. H. BRADLEY: Appearance and reality (London 1893, dtsch. 1928). – [3] B. BOSANQUET: Knowledge and reality (London 1885); The philos. theory of state (London 1899, ²1910).

Literaturhinweise. H. HÄLDÄR: Neo-Hegelianism (London 1927). – H. HÖHNE: Der Hegelianismus in der engl. Philos. (1936). – R. METZ: England und die dtsch. Philos. (1941). – A. ALIOTTA: Il neo-hegelianismo inglese e americano, in: Le origini dell'irrazionalismo contemp. (Neapel 1950) 141-196. – F. HOUANG: Le néo-hégélianisme en Angleterre. La philos. de B. Bosanquet (Paris 1954). H. KLEINER

Neukantianismus (frz. néo-kantisme, néo-criticisme; engl. neo-kantianism, neo-criticism). Von einem ‹N.› ist seit ca. 1875 die Rede. Das Bedürfnis nach Übersicht in der philosophischen Diskussion jener Zeit stand dem Begriff Pate. K. GRÜN sprach von «Über-» bzw. «Hyper-Kantianern» in der Schopenhauer-Nachfolge [1]; es entstand Streit, wer zu den echten, wer zu den «Pseudo-Kantianern» zu zählen sei, nachdem W. TOBIAS für eine klare Distinktion von Philosophie und Naturwissenschaft plädiert und gegen den vermeintlichen Kantianismus der für die Kantbewegung exoterisch so stimulierenden Mathematiker, Physiker und Physiologen argumentiert hatte [2]. H. VAIHINGER rückte den 1875 verstorbenen F. A. LANGE an die «Spitze der sogen. Neukantianer, die sowohl unter den Philosophen von Profession, als besonders unter den Naturforschern zu suchen sind» [3]. Lange selbst hatte 1875 eine «junge Schule von Kantianern im engeren und weiteren Sinne» aktenkundig gemacht, zu der er O. Liebmann, J. B. Meyer, H. Cohen, E. Arnoldt und C. Twesten rechnete [4]. Für Vaihinger gehörte dieser «Richtung der *Jungkantianer*» die Zukunft [5]. Die Exponenten der gegen den «neu erwachende(n) Kriticismus» [6] abgehobenen philosophischen Richtungen revanchierten sich polemisch: E. DÜHRING mit der Schelte der deutschen «Professorenphilosophie», die sich gegenwärtig «hauptsächlich mit Wiedererinnerungen aus den professoralen, schlechteren drei Vierteln des kantischen Gedankenkreises» behelfe [7]; E. VON HARTMANN mit einer Metakritik ‹N., Schopenhauerianismus und Hegelianismus in ihrer Stellung zu den philosophischen Aufgaben der Gegenwart› (1877) [8], die dem Wort ‹N.› Verbreitung sicherte. Nach E. von Hartmanns Intentionen sollte schon der Ausdruck ‹N.› die «im Schwange gehende Kantomanie» abwerten; Lange-Vaihingers N. wurde als «subjectivistischer Skepticismus» dargestellt, der den Fortgang zum «Neufichteanismus» und «Neuhegelianismus» [9] nur beschleunigen werde [10].

Ebenfalls mit polemischer Spitze und in ausdrücklicher Anknüpfung an E. von Hartmanns Kritik würdigte O. PFLEIDERER 1878 die «neukantische» Religionsphilosophie F. A. Langes, vor allem aber den *theologischen* N. der Ritschlschen Schule, die «Verbindung des modernen N. mit einem energischen Kirchenbewußtsein» [11]. W. HERRMANN als Hauptvertreter der angegriffenen theologischen Richtung wehrte sich wiederum dagegen, «als Neukantianer registrirt» zu werden, nur weil er von der philosophischen Kant-Diskussion zu lernen bemüht sei [12]. R. A. LIPSIUS anderseits, dessen ‹Lehrbuch der evangelisch-protestantischen Dogmatik› (1876, ²1879) E. von Hartmann als «theologischen N.» denunziert hatte [13], äußerte hiergegen nur den Vorbehalt, «dass man mir die empiristisch-sensualistische Wendung, welche der 'transcendentale Idealismus' bei verschiedenen philosophischen Neukantianern genommen hat, ebensowenig imputiren möge, als jenen schroffen Dualismus zwischen der 'Welt der Wirklichkeit' und der 'Welt der Werthe' oder 'der Ideen', wie ihn nicht blos *Albert Lange*, sondern auch *Herrmann* vertritt» [14]. Schon 1885 glaubte dann E. VON HARTMANN Anzeichen dafür feststellen zu können, «daß der ins Kraut geschossene N. ... bereits in die Periode des Welkens und Absterbens eingetreten ist» und «eine freiere Auffassung der geschichtlichen Leistung Kants» möglich wird [15].

Die Kennzeichnung des Kritizismus als ‹N.› soll demnach dessen dogmatisches und scholastisches Moment enthüllen. Entsprechend stellt M. HEINZE in der Neubearbeitung von F. UEBERWEGS ‹Grundriss der Geschichte der Philosophie der Neuzeit› (5. Aufl. 1880) die «kantische Richtung» in einem – ‹Rückgang auf frühere Lehren› betitelten – Paragraphen neben und nach dem Aristotelismus (Trendelenburgs und der katholischen Welt) dar [16], eine historiographische Plazierung, die die mit der 7. Auflage (1888) auch so genannten und in einem eigenen Paragraphen behandelten «sogenannten Neukantianer» bis zur 10. Auflage (1906) etikettiert [17]. W. WUNDT rechnet in seinem Rückblick auf die «jüngste Vergangenheit» den N. unverblümt der «Autoritätsphilosophie» zu: «Nachdem der N. mit seinem Ruf 'Zurück zu Kant' einen schüchternen, auf selbständige Weiterbildungen nicht ganz verzichtenden Versuch hierzu gemacht, ist die Autoritätsphilosophie in ihrer ganzen Machtfülle in der *Neo-Scholastik* hervorgetreten ...» [18].

Dokumentiert so der polemisch gebrauchte «Parteiname» [19] des ‹N.› einerseits die Gegnerschaft zum Kritizismus als einer durch kantische Prämissen charakterisierten philosophischen Position, wird ‹N.› anderseits schon bei Vaihinger neutral zur *historiographischen Klassierung* einer Anzahl von Autoren verwendet, die jenes ‹Zurück zu Kant› in ihren Arbeiten ausdrücklich realisieren [20]. Noch offener definiert H. HÖFFDING im Anschluß an F. PAULSENS Betrachtung ‹Was uns Kant sein kann?› [21]: «Der sogenannte N. bezeichnet daher keine abgeschlossene Schule, sondern das Bestreben, diejenigen Begriffe, mit welchen wir operieren, einer erkenntnistheoretischen Prüfung zu unterwerfen» [22]. Dieser Begriffsgebrauch hat sich trotz geäußerter Bedenken durchgesetzt. In der Frühphase wird dabei zwischen der Gruppen- oder Schulbezeichnung (‹Neukantianer›) und der inhaltlichen Positionsbezeichnung (‹Kritizismus› [23]) unterschieden [24]. J. E. ERDMANN stellte allerdings bereits in Frage, wie glücklich der Philosophiehistoriker verfährt, der jene Autoren «mit v. Hartmann die Neukantianer» nennt; bei jedem Einzelnen müßte «die Berechtigung dazu nachgewiesen werden ..., weil bei dem Einen das 'Neu', bei dem Anderen der 'Kantianer' nicht zu passen scheint» [25]. – H. RICKERT hat 1924, anläßlich eines Gedenkartikels für A. Riehl, mit dessen Tod er auch das Ende des N. als einer «geschichtlichen Erscheinung» gegeben sah, den Sinn des Terms ‹N.› dahin fixiert, daß «nur die als Neukantianer, d.h. als Kantianer, die etwas *Neues* gebracht haben», bezeichnet werden sollten, «die, wie Riehl sagt, durch ein erneutes und vertieftes Studium Kants die Philosophie *über sich selbst zu besinnen* [26] suchten und dadurch zugleich wirklich über ihren schon vorher erreichten Stand hinausführten», die «dadurch, daß sie auf Kant *zurück*gingen, die wissenschaftliche Philosophie zugleich erheblich *vorwärts*» führten. Die Hauptrepräsentanten dieses als nunmehr abgeschlossen betrachteten N. sind H. COHEN, A. RIEHL und W. WINDELBAND [27].

In der Diskussion um den 'revisionistischen' Charakter des N. [28], insbesondere den Versuch einer Fundierung des Sozialismus in kantischer Ethik, bekannte L. WOLTMANN 1900, «in Sachen der Ethik nicht nur Neukantianer, sondern unverfälschter Altkantianer» zu sein [29], eine Position, die F. STAUDINGER [30] und K. VORLÄNDER [31] angesichts der von ihnen als notwendig empfundenen Ausscheidung metaphysischer Restbestände in Kants Ethik kritisierten. Vorländers Klassierung einiger «aus systematischem Interesse auf den urkundlichen Kant» zurückgehenden Autoren (L. GOLDSCHMIDT, E. MARCUS) als ‹Altkantianer› [32] blieb umstritten und hat sich nicht durchgesetzt. E. VON ASTER stellte 1935 Parallelen in der Entwicklung des *Altkantianismus* (von Reinhold zu Fichte) und der Richtungsdifferenzierung im N. vor [33].

Dem N. *im engeren Sinne* werden von der älteren Philosophiegeschichtsschreibung [34] zugerechnet: die Philosophen O. LIEBMANN [35], F. A. LANGE [36], J. B. MEYER [37], H. COHEN [38]; des weiteren A. STADLER [39], F. PAULSEN [40], W. TOBIAS [41], A. RIEHL [42] (zugleich zum Positivismus gezählt), A. KRAUSE [43], K. LASSWITZ [44], F. SCHULTZE [45]. Dabei wird in der Zuordnung der einzelnen Autoren wie in der systematischen Ortsbestimmung zwischen N. und *Positivismus* ein fließender Übergang gemacht [46]. Als Neukantianer oder jedenfalls als Promotoren des N. gelten auch die *Naturforscher* H. VON HELMHOLTZ [47], J. C. F. ZÖLLNER [48] und A. CLAASSEN [49]. Die Hauptvertreter des *theologischen* N. – zu unterscheiden von der Religionsphilosophie der späteren neukantianischen Schulen [50] – sind A. RITSCHL, W. HERRMANN, R. A. LIPSIUS und J. KAFTAN [51]. Während A. Ritschl in Kants *Ethik* reformatorischen Geist rekognoszierte, wurde für die weitere, durchaus verschiedenartige Ausbildung neukantischer theologischer Dogmatik die kantische *Erkenntnislehre* und *Metaphysikkritik* im Blick auf die Abgrenzung und Legitimation eines eigenständigen religiös-sittlichen 'Glaubens' bedeutsam. – Eine später vielfach abgewertete '*Kant-Philologie*' entwickelt sich mit den Arbeiten bzw. Editionen von H. VAIHINGER [52], B. ERDMANN, R. REICKE, E. ARNOLDT u. a.

Der *französische* N. ist weitgehend identisch mit dem *néo-criticisme* von CH. RENOUVIER [53]. «Depuis plusieurs années s'est produit en France un mouvement néo-kantien qui n'est pas sans importance», schreibt A. FOUILLÉE 1881 in einem Artikel über den kritizistischen Moralbegriff [54]. Charakteristisch für Renouviers kritische Aneignung der kantischen Philosophie ist sein antimetaphysischer Phänomenalismus, zugleich seine positivismuskritische Kategorienlehre, die er von der Relation her aufbaut, und die Behauptung von Freiheit in der Welt der Phänomene [55]. – Auch die Streitigkeiten zwischen «Neuerern» und «Schule» in der katholischen Theologie Frankreichs um die Jahrhundertwende waren durch die Aneignung kantischer Philosopheme mitbestimmt [56].

Die Kantrezeption in *England* [57] hat nicht zur Ausbildung eines eigentlichen N. geführt, stand vielmehr im Dienst einer idealistisch orientierten Empirismuskritik [58]. Mit Recht kritisierte schon N. H. MARSHALL, daß Autoren wie T. H. GREEN, E. und J. CAIRD, B. BOSANQUET oder F. H. BRADLEY dem N. zugerechnet werden – es sei denn, um polemisch hervortreten zu lassen, «wie wenig diese Neuheit eine Erneuerung ist» [59].

Unbestritten ist die Existenz eines *italienischen* N., zu dem außer C. CANTONI, der durch sein großes Werk [60] die Bekanntschaft mit der kantischen Philosophie in Italien wesentlich förderte, u. a. F. MASCI, G. BARZELLOTTI und F. TOCCO gerechnet werden [61].

In T. K. OESTERREICHS Neubearbeitung des 4. Teils von UEBERWEGS ‹Grundriß der Geschichte der Philosophie› ([11]1916) ist ‹N.› – inflationär und austauschbar mit ‹(Neo-)Kritizismus› gebraucht – die Sammelbezeichnung für sechs, in der 12. Auflage von 1923 sogar für sieben Richtungen, die einen großen Teil der akademischen Philosophie des ausgehenden 19. und beginnenden 20. Jh. abdecken: 1. die physiologische Richtung (HELMHOLTZ, LANGE); 2. die metaphysische Richtung (LIEBMANN, VOLKELT); 3. die realistische Richtung (RIEHL); 4. die logizistische Richtung (*Marburger Schule*); 5. der werttheoretische Kritizismus (*südwestdeutsche oder badische Schule*); 6. die relativistische Umbildung des Kritizismus (SIMMEL); 7. die psychologische, welche an Fries anknüpft (NELSON) [62]. Ähnlich umfassend subsumiert L. W. BECK unter ‹N.› («a term used to designate a group of somewhat similar movements that prevailed in Germany between 1870 and 1920 but had little in common beyond a strong reaction against irrationalism and speculative naturalism and a conviction that philosophy could be a 'science' only if it returned to the method and spirit of Kant») eine metaphysische Richtung (von LIEBMANN und RIEHL bis hin zur ontologisch-metaphysischen Kantinterpretation von M. WUNDT, H. HEIMSOETH, M. HEIDEGGER und G. MARTIN), die Marburger Schule, den

Göttinger (NELSON), den Heidelberger und den soziologischen N. (SIMMEL) [63]. Die Unvereinbarkeit der hier allzu künstlich vereinten 'Kantischen' Positionen – L. NELSON distanzierte sich vehement von der «sogenannten Neukantischen Schule» [64] – hat andere Autoren [65] dazu veranlaßt, den N. auf drei Hauptrichtungen zu beschränken; H. GLOCKNER beispielsweise rechnet zum N. nur den «kritischen Positivismus» (LIEBMANN, RIEHL), den «Transzendentalismus der Marburger Schule» und den «teleologischen Idealismus» WINDELBANDS und seiner Schule. Im Anschluß an die philosophische Historiographie des ausgehenden 19. Jh. konnte man die Reichweite des N. noch enger begrenzen. So legte W. MOOG 1922 klar, daß «die Richtungen ..., die sich ausdrücklich zum Kritizismus und zum transzendentalen Idealismus bekennen und die logisch-erkenntnistheoretische Tendenz noch stärker als Kant selbst betonen, die alle psychologischen und metaphysischen Reste aus Kants Philosophie entfernen wollen, um ein einheitliches logisch-erkenntnistheoretisches System zu gewinnen», «eigentlich allein auf den Namen 'Neukantianer' Anspruch machen» können [66].

Für die philosophische Diskussion ist der N. *seit den zwanziger Jahren* dergestalt in *zwei* Hauptrichtungen oder 'Schulen' präsent [67]. Die zunächst durch A. RIEHL repräsentierte realistische Kantaneignung ist in einen Neu- oder «kritischen Realismus» ausgemündet (O. KÜLPE). K. VORLÄNDERS Darstellung der Philosophie COHENS und seiner «Anhänger» (P. NATORP, R. STAMMLER u. a.) als der «Neukantianer im engeren Sinne» [68] artikuliert den Anspruch der ‹Marburger Schule› (diese Schulbezeichnung taucht kurz nach der Jahrhundertwende auf [69]) auf das philosophische Erbe Kants [70]. Während sich dieser N. (im engsten Sinne) auf LANGES ‹Geschichte des Materialismus› zurückbezieht, hat die «'Badener' Philosophenschule» (A. MESSER) ihren Kantianismus immer von K. FISCHERS Werk über Kant [71] hergeleitet, «das die ganze Bewegung des N. in Fluß gebracht hat» [72], das nach H. RICKERT, anders als die einseitigen Kantinterpretationen Cohens und Riehls, «schon 1860 den *ganzen* Kant» gab, «den erst Windelband 1880 'zurückeroberte'» [73]. Der werttheoretische Kritizismus W. WINDELBANDS, H. RICKERTS und ihrer Schule transformierte die kantische Philosophie [74] zu einem «spezifisch erkenntnistheoretischen Neufichteanismus» [75]; er war auch für die Hegel-Renaissance offen, die er selbst mitbeförderte [76]. Anders als Windelbands wurden Rickerts Arbeiten im übrigen nie generell dem N. zugerechnet [77]; A. FAUST hat im Hinblick auf die systematische Universalität von Rickerts Kulturphilosophie von einem *Gegensatz* zum N. gesprochen [78].

Die Unterscheidung eines *älteren* von einem *jüngeren* N., zu dem E. CASSIRER, B. BAUCH, A. LIEBERT, R. HÖNIGSWALD und J. COHN gerechnet werden [79], oder die Fixierung einer «Nachgeschichte des klassischen N.» im «sog. Neoneokantianismus der Zeit nach dem Zweiten Weltkrieg» (W. CRAMER, H. WAGNER, R. ZOCHER) [80] verhelfen kaum zu historiographischer Klärung der Philosophie im 20. Jh. und bereiten überdies Zuordnungsschwierigkeiten; es dürfte angemessener sein, den *historiographischen* Term ‹N.› auf die Philosophie der 1918 «zu Ende gegangenen Kulturepoche» zu beschränken, die – im *systematischen* Begriff des ‹N.› konzentriert und zum Teil polemisch akzentuiert – den Antipoden für die philosophischen Bemühungen der zwanziger Jahre bildete [81], bis unter dem NS-Regime auch diese Auseinandersetzung ihr Ende fand.

Anmerkungen. [1] K. GRÜN: Die Philos. in der Gegenwart. Realismus und Idealismus (1876) III. 206. – [2] W. TOBIAS: Grenzen der Philosophie, constatirt gegen Riemann und Helmholtz, vertheidigt gegen von Hartmann und Lasker (1875). – [3] H. VAIHINGER: Hartmann, Dühring und Lange. Zur Gesch. der dt. Philos. im XIX. Jh. Ein krit. Essay (1876) 8. – [4] F. A. LANGE: Gesch. des Materialismus und Kritik seiner Bedeutung in der Gegenwart. 2., verb. und verm. Aufl. 2. Buch: Gesch. des Materialismus seit Kant (1875) 2. 115. – [5] VAIHINGER, a.O. [3] 216; 205 wird Lange auch als «Haupt der *Jungkantianer*» apostrophiert. – [6] 202. – [7] E. DÜHRING: Krit. Gesch. der Philos. von ihren Anfängen bis zur Gegenwart. 3. theilw. umgearb. Aufl. (1878) 520; vgl. 2., verm. Aufl. (1873) 428f.; Cursus der Philos. als streng wiss. Weltanschauung und Lebensgestaltung (1875) 449f. – [8] 2., erw. Aufl. der ‹Erläuterungen zur Metaphysik des Unbewußten› von 1874. – [9] «Neu-Hegelianismus» erkennt schon W. TOBIAS, a.O. [2] 37, in W. WUNDTS ‹Menschen- und Thierseele› 1 (1863). – [10] E. VON HARTMANN: Neukantianismus, Schopenhauerianismus und Hegelianismus in ihrer Stellung zu den philos. Aufgaben der Gegenwart (1877) 26f. – [11] O. PFLEIDERER: Religionsphilos. auf geschichtl. Grundlage (1878) 176ff. 192ff. – [12] W. HERRMANN: Die Religion im Verhältniß zum Welterkennen und zur Sittlichkeit. Eine Grundlegung der systemat. Theol. (1879) IX. – [13] E. VON HARTMANN: Die Krisis des Christenthums in der modernen Theol. (1880) 69ff. – [14] R. A. LIPSIUS: Philos. und Religion. Neue Beitr. zur wiss. Grundlegung der Dogmatik (1885) 3. – [15] E. VON HARTMANN: Krit. Grundlegung des transzendentalen Realismus. Eine Sichtung und Fortbildung der erkenntnistheoret. Prinzipien Kants (^{4}1914), Vorwort zur 3. Aufl. – [16] § 33, 388-392. – [17] (^{7}1888) § 43, 464-473; (^{8}1897) § 19, 193-207, nach der Philos. des «neuen Thomismus»; (^{9}1902) § 21, 215-228; (^{10}1906) §§ 21f., 224-244. – [18] W. WUNDT: Einl. in die Philos. (1901) 267. – [19] R. EUCKEN: Beitr. zur Gesch. der neuern Philos. vornehmlich der deutschen. Ges. Abh. (1886) 146ff. – [20] Vgl. L. RABUS: Grundriss der Gesch. der Philos. (1887) 119f. («Neokantianismus»). – [21] Vjschr. für wiss. Philos. 5 (1881) 1-96. – [22] H. HÖFFDING: Gesch. der neueren Philos. Unter Mitw. des Verf. aus dem Dänischen ins Dtsch. übers. von F. BENDIXEN 2 (1896) 616. – [23] Vgl. C. GÖRING: Über den Begriff der Erfahrung. Vjschr. für wiss. Philos. 1 (1877) 402. – [24] Vgl. W. NIEKE: Art. ‹Kritizismus›, in: HWP 4 (1976) 1297f. – [25] J. E. ERDMANN: Die dtsch. Philos. seit Hegels Tode. Faksimile-ND der Berliner A. 1896 mit einer Einl. von H. LÜBBE (1964) 764. – [26] A. RIEHL: Der Beruf der Philos. in der Gegenwart (1913), in: Philos. Studien aus vier Jahrzehnten (1924) 304; vgl. für COHEN die Vorrede zu ‹Kants Theorie der Erfahrung› (1871), für WINDELBAND das Vorwort zur 1. Aufl. der ‹Präludien› (1883) mit dem bekannten Diktum: «Kant verstehen, heißt über ihn hinausgehen.» – [27] H. RICKERT: Alois Riehl. Logos 13 (1924/25) 163-166; C. SIEGEL: Alois Riehl. Ein Beitrag zur Gesch. des N. (1932) 10. – [28] W. I. LENIN, Marxismus und Revisionismus. Werke 15 (1963) 21; vgl. R. STEIGERWALD: Zeitgemäße Bemerkungen zu Lenins Feststellung, daß der N. die philos. Grundlage des Revisionismus sei, in: Zur Kritik der bürgerl. Ideol. H. 52 (1975) 61ff. – [29] L. WOLTMANN: Die Begründung der Moral. Soc. Mh. 4 (1900) 718-724, abgedruckt in: Marxismus und Ethik, hg. H. J. SANDKÜHLER/R. DE LA VEGA (1974) 118. – [30] unter dem Pseudonym SADI GUNTER: Sozialismus und Ethik. Soc. Mh. 5 (1901) 433-438, abgedruckt in: Marxismus und Ethik a.O. 132. – [31] K. VORLÄNDER: Die neukantische Bewegung im Sozialismus. Kantstudien 7 (1902) 23-84, zit. 39. – [32] Gesch. der Philos. 2 (^{2}1908) 438. – [33] E. VON ASTER: Die Philos. der Gegenwart (1935) 7f. – [34] J. J. BORELIUS: Blicke auf den gegenwärtigen Standpunkt der Philos. in Deutschland und Frankreich (schwedisch 1879/80). Dtsch. von E. JONAS (1887) 18ff. (‹N.› = «Kombination des Materialismus mit Kants krit. Philos.»); M. HEINZE, a.O. [16f.]; H. VAIHINGER: Comm. zu Kants KrV 1 (1881, ^{2}1922) 13; R. FALCKENBERG: Gesch. der neueren Philos. von Nikolaus von Kues bis zur Gegenwart. Im Grundriss dargest. (1886) 459-461; J. E. ERDMANN, a.O. [25] 763-766. – [35] O. LIEBMANN: Kant und die Epigonen. Eine krit. Abh. (1865, ND 1912); Zur Analysis der Wirklichkeit. Philos. Untersuchungen (1876, ^{4}1911). – [36] a.O. [4]. – [37] J. B. MEYER: Kant's Psychol. (1870). – [38] H. COHEN: Kants Theorie der Erfahrung (1871, ^{2}1885); Kants Begründung der Ethik (1877, ^{2}1910). – [39] A. STADLER: Kants Teleologie und ihre erkenntnisstheoret. Bedeutung (1874); Die Grundsätze der reinen Erkenntnisstheorie in der Kantischen Philos. Krit. Darst. (1876). – [40] F. PAULSEN: Versuch einer Entwicklungsgesch. der Kantischen Erkenntnisstheorie (1875). – [41] a.O. [2]. – [42] A. RIEHL: Der philos. Kriticismus und seine Bedeutung für die positive Wiss. 1 (1876), 2 (1879/87). – [43] A. KRAUSE: Die Gesetze des menschl. Herzens wiss. dargest. als die formale Logik des reinen Gefühls (1876). – [44] K. LASSWITZ: Atomistik und Kriticismus. Ein Beitr. zur erkenntnisstheoret. Grundlegung der Physik (1878); Die Lehre Kants von der Idealität des Raumes und der Zeit, im Zusammenhange mit seiner Kritik des Erkennens allgemeinverständl. dargest. (1883). – [45] F. SCHULTZE: Philos. der Naturwiss. Eine philos. Einl. in das Studium der Natur und ihrer Wiss. 1-2 (1881/82). – [46] M. HEINZE, a.O. [16f.]; H. HÖFFDING, a.O. [22] 616; O. KÜLPE: Die Philos. der Gegenwart in Deutschland. Eine Charakteristik ihrer Hauptrichtungen nach Vorträgen, geh. im Ferienkurs für Lehrer 1901 zu Würzburg (³1905) 18; O. PFLEIDERER: Religionsphilos. auf gesch. Grundlage 1 (²1883) 489. – [47] H. VON HELMHOLTZ: Über das Sehen des Menschen (1856); Hb. der physiol. Optik (1867); Die Thatsachen in der Wahrnehmung (1879). Vgl. A. RIEHL: Helmholtz in seinem Verhältnis zu Kant. Kantstudien 9 (1904) 261-285. – [48] J. C. F. ZÖLLNER: Über die Natur der Cometen. Beitr. zur Gesch. und Theorie der Erkenntniss (1872). – [49] A. CLAASSEN: Physiol. des Gesichtssinnes, zum ersten Mal begründet auf Kants Theorie der Erfahrung (1876); Über den Einfluß Kants auf die Theorie der Sinneswahrnehmung und die Sicherheit ihrer Ergebnisse (1886). – [50] Vgl. J. HESSEN: Die Religionsphilos. des N. 2., erw. Aufl. (1924). – [51] Vgl. H. APPIA: La théol. naturelle et le néokantisme théologique. Thèse prés. à la Fac. de Théol. prot. de Paris (Liège 1886); J. WENDLAND: Art. ‹N.›, in: RGG¹ 4 (1913) 741-748; K. BORNHAUSEN: Art. ‹N.›, in: RGG² 4 (1930) 504-508. – [52] H. VAIHINGER: Comm. zu Kants KrV 1-2 (1881/92, ²1922). – [53] Hauptwerk CH. RENOUVIERS: Essais de critique générale (Paris 1854ff.). – [54] A. FOUILLÉE: Le néo-kantisme en France. Rev. philos. de la France et de l'étranger, 6ᵐᵉ année, vol. XI (1881) 1. – [55] E. JANSSENS: Le néo-criticisme de Charles Renouvier (Paris 1904); T. K. OESTERREICH (Hg.): F. Ueberwegs Grundriß der Gesch. der Philos. 5. Teil: Die Philos. des Auslandes vom Beginn des 19. Jh. bis auf die Gegenwart (¹²1928) 45-52; I. BENRUBI: Philos. Strömungen der Gegenwart in Frankreich (1928) 173-183. – [56] A. LECLÈRE: Le mouvement catholique kantien en France à l'heure présente. Kantstudien 7 (1902) 300-363. – [57] E. CAIRD: A crit. account of the philos. of Kant with a hist. introd. (Glasgow 1877). – [58] T. K. OESTERREICH (Hg.), a.O. [55] 135ff. – [59] N. H. MARSHALL: Kant und der N. in England. Kantstudien 7 (1902) 385-408. – [60] C. CANTONI: Emanuele Kant 1-3 (Mailand 1879/84). – [61] T. K. OESTERREICH (Hg.), a.O. [55] 212ff.; I. HÖLLHUBER: Gesch. der ital. Philos. von den Anfängen des 19. Jh. bis zur Gegenwart (1969) 110-113; V. MATHIEU: Art. ‹Neocriticismo›, in: Encicl. filos. 3 (Rom 1957) 850f. – [62] (¹²1923) 417; vgl. (¹¹1916) 364. – [63] L. W. BECK: Art. ‹Neo-Kantianism›, in: The Encycl. of Philos. 5 (1967) 468-473; vgl. V. MATHIEU, a.O. [61]; A. R. CAPONIGRI: Art. ‹Neo-Kantianism›, in: New Cath. Encycl. 10 (1967) 323-326. – [64] L. NELSON: Die sog. neukantische Schule in der gegenwärt. Philos. (1914). Ges. Schr. in neun Bänden 1 (1970) 207-217. – [65] G. LEHMANN: Gesch. der Philos. IX. Die Philos. des 19. Jh. 2 (1953); H. NOACK: Die Philos. Westeuropas. 2., neubearb. und erw. Aufl. (1976); H.-L. OLLIG: Der N. (1979); H. GLOCKNER: Die europ. Philos. von den Anfängen bis zur Gegenwart (²1960) 984ff. – [66] W. MOOG: Die dtsch. Philos. des 20. Jh. in ihren Hauptrichtungen und ihren Grundproblemen (1922) 210. – [67] Vgl. H. LEVY: Die Hegel-Renaissance in der dtsch. Philos. mit bes. Berücksicht. des N. (1927). – [68] K. VORLÄNDER: Gesch. der Philos. 2 (²1908) 423ff. – [69] Vgl. M. HEINZE, a.O. [17] (¹⁰1906) 234. – [70] Vgl. P. NATORP: Kant und die Marburger Schule. Kantstudien 17 (1912) 193-221, abgedr. in: Erkenntnistheorie und Logik im N. Hg. und mit einer Einl. vers. von W. FLACH und H. HOLZHEY (1980) 197-225. – [71] K. FISCHER: Gesch. der neueren Philos. 3. und 4. Bd.: I. Kant. Entwickelungsgesch. und System der krit. Philos. (1860, ²1869). – [72] B. BAUCH: Kuno Fischer†. Kantstudien 12 (1907) 269; vgl. W. WINDELBAND: Gesch. der Philos. (1892) 499; Kuno Fischer und sein Kant. Kantstudien 2 (1899) 1-10; H. GLOCKNER, a.O. [65] 981. – [73] H. RICKERT: Alois Riehl, a.O. [27] 168. – [74] Vgl. H. RICKERT: Die Heidelberger Tradition und Kants Kritizismus (1934). – [75] O. EWALD: Die dtsch. Philos. im Jahre 1907. Kantstudien 13 (1908) 215; vgl. O. KÜLPE, a.O. [46] 124; W. WINDELBAND: Lehrb. der Gesch. der Philos. 4., durchges. Aufl. (1907) 538. – [76] Vgl. H. LEVY, a.O. [67] 58ff. – [77] Vgl. M. HEINZE, a.O. [16f.]; H. GLOCKNER, a.O. [65] 995. – [78] A. FAUST: H. Rickert und seine Stellung innerhalb der dtsch. Philos. der Gegenwart (1927) 3-12. – [79] S. MARCK: Am Ausgang des jüngeren N. Arch. Philos. 3 (1949) 144-164. – [80] H.-L. OLLIG, a.O. [65] 4f., 94ff. – [81] Vgl. K. STERNBERG: Der N. und die philos. Forderungen der Gegenwart. Kantstudien 25 (1920) 396-410.

Literaturhinweise. J. WENDLAND s. Anm. [51]. – T. K. OESTERREICH (Hg.): Friedrich Ueberwegs Grundriss der Gesch. der Philos. 4. Teil: Die dtsch. Philos. des XIX. Jh. und der Gegenwart (¹²1923). – H. LEVY s. Anm. [67]. – G. LEHMANN: Gesch. der nachkantischen Philos. Kritizismus und krit. Motiv in den philos. Systemen des 19. und 20. Jh. (1931). – J. EBBINGHAUS: Kant und das 20. Jh. Studium Generale 7 (1954) 513-524. – H. LÜBBE: Art. ‹N.›, in: Staatslexikon 5 (⁶1960) 1005-1012; in: RGG³ 4 (1960) 1421-1425. – L. W. BECK s. Anm. [63]. – Marxismus und Ethik s. Anm. [29]. – H. NOACK s. Anm. [65]. – H.-L. OLLIG s. Anm. [65] (Lit.). – Erkenntnistheorie und Logik im Neukantismus s. Anm. [70]. – H.-D. HÄUSSER: Kritische Reflexion und Erkenntnisgegenstand. Kritik der objektivistischen Wende im späten N. (1983).

H. HOLZHEY

Neuplatonismus (engl. neoplatonism; frz. néo-platonisme; ital. neoplatonismo). Mit dem philosophiehistorischen Terminus ‹N.› bezeichnet man heute einhellig und international jene spätantike philosophische Geistesströmung, die mit AMMONIOS SAKKAS († ca. 242 n.Chr.) begann, ihre Höhepunkte in PLOTIN (ca. 205–270 n.Chr.), JAMBLICH († ca. 330) und PROKLOS († 485) erreichte und schließlich durch AUGUSTINUS (354–430) und PS.-DIONYSIOS AREOPAGITES (5. Jh.) ihre christliche Wendung fand. Sich selbst verstanden die Neuplatoniker als legitime Erben und weiterdenkende Interpreten Platons, was sie nicht hinderte, vielfaches Gedankengut nahezu aller philosophischen Richtungen der Antike als mit der platonischen Grundkonzeption vereinbar in ihr eigenes Denken zu integrieren. Das gilt in besonderer Weise auch für Aristoteles, der in erster Linie als der Schüler Platons verstanden wurde [1], sehr viel mehr, als wir das heute gewohnt sind. Dieses Selbstverständnis wurde von den Zeitgenossen akzeptiert: Wenn AUGUSTINUS etwa von «gewissen Büchern der Platoniker» (quidam Platonicorum libri) [2] spricht, die für seinen Weg zum christlichen Glauben wichtig waren, so meint er damit nachweislich die Schriften Plotins.

Das *Mittelalter* hat schon deswegen zwischen N. und Platonismus nicht unterschieden, weil ihm von den Schriften Platons nur wenige bekannt waren [3]. Der bis zum Hochmittelalter führende Platonismus wurde, nach heutigem Verständnis, in der neuplatonischen Version überliefert. Neuplatonisch akzentuiert war auch die Aristoteles-Rezeption, die deutliche Spuren ihrer neuplatonischen und syrisch-arabischen Vermittlung aufwies.

Die italienische *Renaissance* brachte dann endgültig den ganzen Original-Platon zur Kenntnis, verschmolz aber platonisches und neuplatonisches Gedankengut zu jener einheitlichen Weltsicht, die sie zur Auseinandersetzung mit Aristotelismus und Scholastik befähigen sollte. So übersetzte und kommentierte MARSILIUS FICINUS im Rahmen der «Accademia Platonica» in Florenz die Schriften Platons, daneben aber ebenfalls und ganz selbstverständlich die «Platoniker» Plotin und Porphyrios: durch die Person Plotins spreche Platon selbst [4]. Ähnliches gilt für die *Platoniker von Cambridge* im

17. Jh.: sie schätzten Platon, aber auch die zu den «Latter Philosophers after Christianity» gezählten Philosophen «Numenius, Plotinus, Amelius, Porphyrius, Proclus, Damascius and others» [5]; einen Begriff ⟨N.⟩ kennen sie nicht.

Im deutschen Sprachraum ist sich die *beginnende Philosophiegeschichtsschreibung der frühen Neuzeit* einig in der inhaltlichen Ablehnung der «Neuplatoniker». Sie sind Verfälscher Platons, die Zuordnung zu den «Platonikern» wird ihnen verwehrt, man hat aber noch keinen eigenen Namen für sie. J. BRUCKER rechnet sie zur «Secta eclectica», das Schlimmste, was sich in der Kloake (sentina) Alexandria zusammengebracht habe [6]. Bruckers Autorität beeinflußt das Urteil der nachfolgenden Philosophiehistoriker sehr stark zum Negativen, verhindert aber nicht die sukzessive Bildung des philosophiehistorischen Terminus ⟨N.⟩ im letzten Drittel des 18. Jh., an dessen Ende dann auch eine inhaltlich positive Wertung steht: 1774 spricht A. FR. BÜSCHING zwar noch von «eklektischer Philosophie», aber doch einer solchen «der neuern Platoniker» [7]. 1786 schreibt CHR. MEINERS schon eine ⟨Geschichte der Neu=Platonischen Philosophie⟩ [8], wertet freilich weiterhin pointiert negativ. 1788 verwendet J. A. EBERHARD die Schreibweise «neu-Platonisch» neben der terminusgeeigneten Zusammenziehung «neuplatonisch» [9], 1793 schließlich ist die endgültige Verfestigung zum Terminus augenscheinlich: G. G. FÜLLEBORN will unter dem Titel ⟨Neuplatonische Philosophie⟩ das allgemeine Charakteristikum «des bekannten N.» vorstellen [10]. Eine Bestätigung dieses terminologischen Sprachgebrauchs findet sich wenige Jahre später bei J. G. BUHLE: «Man giebt der Alexandrinischen Philosophie auch den Namen der Neu-Platonischen» [11]; Buhle referiert dieses Faktum spürbar unwillig, Platon sei im N. «durch Misdeutung bis zur Unkenntlichkeit verunstaltet» [12], auch Fülleborn wertet inhaltlich noch negativ. Dennoch offenbart die schrittweise Bildung des Terminus ⟨N.⟩ bei unveränderter Wertung eine Änderung in der Sicht der damit gemeinten Philosophen: Nicht mehr eine eklektische Kloake, sondern eine beschreibbare Form des Platonismus (wenn zunächst auch noch als Fehlform). Damit war zwar die Bedingung der Möglichkeit für eine Umwertung gegeben, nicht aber schon diese selbst. Dazu bedurfte es erst zusätzlich einer Philosophie von so hoher systematischer und spekulativer Potenz, wie sie der Deutsche Idealismus darstellt, zudem der positiven inhaltlichen Vereinnahmung neuplatonischer Elemente aus verschiedenen Traditionsströmen, die als solche oft zunächst gar nicht erkannt waren. Was bei FICHTE und beim frühen SCHELLING vorbereitet war, tritt bei HEGEL offen zutage: Der N. ist für ihn «ein Ruck des Menschengeistes, der Welt, des Weltgeistes», die neuplatonischen Philosophen sind «beim Ruck im innersten Heiligtum mit dabei gewesen» [13]. Die folgenden eineinhalb Jahrhunderte haben Hegels positive Wertung zwar nicht immer übernommen, mit der abgeschlossenen Terminusbildung ⟨N.⟩ hat sich aber endgültig eine Strukturierung durchgesetzt, die die unter diesem Begriff subsumierten Philosophen unabweisbar in die Geschichte des Platonismus verweist.

Anmerkungen. [1] Vgl. Commentaria in Aristotelem Graeca. Edita cons. et auctoritate Academiae litt. reg. Borussicae (1891ff.). – [2] AUGUSTINUS, Conf. VII, 9. CSEL 33, 154, 6; ferner VII, 20, a.O. 165, 15. – [3] Vgl. R. KLIBANSKY: The continuity of the Platonic tradition during the Middle Ages 1 (London 1950) 21ff. – [4] MARSILII FICINI ... opera ... 2 (Basel 1576) 1548. – [5] R. CUDWORTH: The true intellectual system of the universe (London 1678) 446. – [6] J. BRUCKER: Historia critica philosophiae (1742-44) 2, 319ff. – [7] A. F. BÜSCHING: Grundriß einer Gesch. der Philos. 2 (1774) 471ff. – [8] CHR. MEINERS: Grundriß der Gesch. der Weltweisheit (1786). – [9] J. A. EBERHARD: Allg. Gesch. der Philos. zum Gebrauch academischer Vorlesungen (1788) 211f. – [10] Beyträge zur Gesch. der Philos. 3, hg. G. G. FÜLLEBORN (Züllichau 1793) 70-85. – [11] J. G. BUHLE: Lehrb. der Gesch. der Philos. und einer krit. Lit. derselben (1796-1801) 4. Theil, 211. – [12] ebda. – [13] G. W. F. HEGEL, Sämtl. Werke, hg. H. GLOCKNER 19 (1928) 95.

Literaturhinweise. TH. WHITTAKER: The Neo-platonists (Cambridge ⁴1928, ND Hildesheim 1961). – PH. MERLAN: From Platonism to Neoplatonism (Den Haag 1953, ²1960). – E. VON IVÁNKA: Plato Christianus. Übernahme und Umgestaltung des Platonismus durch die Väter (Einsiedeln 1964). – Platonismus in der Philos. des MA, hg. W. BEIERWALTES (1969). – G. VON BREDOW: Platonismus im MA (1972). – W. BEIERWALTES: Platonismus und Idealismus (1972). – H. MEINHARDT: Das Eine vor den Gegensätzen. Arch. Begriffsgesch. 22, H. 2 (1978) 133-153.

H. MEINHARDT

Neupythagoreismus. M. INCHOFER bezeichnet 1633 in einem Votum zu den gegen Galilei erhobenen Anklagen jeden Heliozentrismus als «neupythagoreisch» [1]. Wer den unter den alten Pythagoreern erörterten Lauf der Erde um die Sonne behaupte, dürfe nicht länger Christ, sondern nur mehr «Neupythagoreer» genannt werden. Neben dieser möglicherweise singulären Verwendung bezeichnet der Ausdruck ⟨N.⟩ in der Regel den Pythagoreismus des ausgehenden Hellenismus und der Kaiserzeit. Der Ausdruck ⟨N.⟩ in diesem Sinne ist erst seit etwa 1815 nachweisbar; vorher wurde das Phänomen ⟨N.⟩ noch als ⟨Pythagoreismus⟩ bezeichnet.

Die Bildung der Bezeichnung ⟨N.⟩ hat folgende Voraussetzungen:

a) CICERO [2] und SENECA [3] bezeugen einhellig, daß das Pythagoreertum als Schule erloschen sei, Cicero hofft auf seine Neugründung in Rom durch seinen Freund P. Nigidius Figulus, Seneca stellt fest, diese «secta» habe kein Schulhaupt gefunden (praeceptorem non invenit). Damit ist das Ende des ursprünglichen Pythagoreertums klar bezeichnet.

b) Im Zeitalter des Humanismus und des Barock bestand weder Interesse noch die Notwendigkeit, die Hinterlassenschaft des Pythagoreismus chronologisch oder wertend zu sondern. Die erhaltenen Schriften des N. geben durchweg nicht zu erkennen, aus welcher Epoche sie stammen; sie weisen sich aus als Werke hochberühmter Pythagoreer der alten Zeit, z.B. des Archytas, Philolaos, Brontinos (des angeblichen Schwiegervaters von Pythagoras) u.a.; sie sind in dorischem, scheinbar archaischem Dialekt abgefaßt. Die Werke anderer, zeitlich fixierbarer N. werden nur durch Zitate anderer Autoren (sog. Fragmente) kenntlich. Es bedurfte daher der kritischen Ansätze des beginnenden Historismus, um in dieser Überlieferung die wenigen älteren Stücke von den zahlreichen jüngeren zu sondern. Einen ersten Vorstoß in diese Richtung unternahm A. BOECKH [4].

c) Anfang des 18. Jh. begann, zunächst auf dem Felde der Literatur, die Sonderung einer Silbernen Latinität von der eigentlich vollkommenen Goldenen Latinität. Ähnliches vollzog sich in den letzten Dezennien des 18. Jh. in der Philosophie, als die seit Ficino gehegte Ansicht zerbrach, daß der Neuplatonismus die genuine Fortsetzung der Philosophie Platons darstellte [5]. F. SCHLEIERMACHER gelang hier der eigentliche Durchbruch mit der Feststellung, den Zugang zu Platon eröffneten nicht die neuplatonischen Erklärer, sondern nur die Lektüre Platons selbst [6]. Seither bedeutet die Vorsilbe 'Neu-' nicht mehr Identität des Lehrgehalts trotz des zeitlichen Unterschieds, sondern trägt im Gegenteil den Nebensinn: nicht nur neu, sondern anders und schlechter. Nachdem D. T. TIEDEMANN schon 1793 von einem «neue[n] Pythagoreismus» [7] spricht, verwendet G. W. F. HEGEL die Bezeichnung ‹N.› in seinen Werken viermal [8]. Vermutlich hat er sie geprägt, und zwar, um vom authentischen Pythagoreertum «abzusondern, was offenbar den Neuplatonikern und den Neupythagoräern gehört» [9], die für ihn einen jüngeren und keineswegs gleichwertigen Nachhall darstellen.

Das war gewiß auch die Überzeugung von E. ZELLER; indes hat er die Grundlagen für ein differenziertes Urteil über den N. dadurch gelegt, daß er, hierzu weit über Hegel hinausgreifend, über das gesamte erhaltene Material Rechenschaft gibt [10]. Dabei hat Zeller die ernste Schwierigkeit erkannt, welche der N. der Forschung bis heute bietet: Was da vorliegt, ist durchweg inhomogen; manches (weniges) läßt echtes Philosophieren erkennen; oft genug sind die vordem beliebten Urteile «mystische Schwärmerei» und «okkultes Halbdunkel» wohl berechtigt. Insofern sind Zellers Bedenken, ob der N. der eigentlichen griechischen Philosophie zuzurechnen sei, durchaus fundiert; zudem erkannte er deutlich, daß im N. vieles mitgeführt wird, das dem Pythagoreertum ursprünglich fremd ist.

A. SCHMEKEL hat zu Zellers Urteil mit seinem Hinweis ein wesentliches Moment beigetragen, daß die Neupythagoreer etwa um 30 v. Chr. zur Begründung einer neuen Ontologie gelangt seien: Sie hätten sich von dem reinen, von Pythagoras begründeten Dualismus mit ihrer Annahme abgewandt, daß der Gegensatz 'Eins/Zwei' übergipfelt und aufgehoben werde durch ein 'höchstes Eines' [11]. So scheint es gerechtfertigt, das alte Pythagoreertum und den N. fundamental voneinander zu sondern, insofern der N. einen entscheidenden Schritt zur nachmals neuplatonischen Eins-Lehre getan hätte. Indes standen viele Vertreter des N. solchen Überlegungen durchaus fern. Senecas Wort über das Fehlen eines «praeceptor» mit verbindlichen Lehrentscheidungen gilt in aller Präzision: Der N. stellt keine in sich geschlossene Einheit dar.

Zunächst wurde die Bezeichnung ‹N.› in einfacher Analogie zu den vielen anderen gleichartigen Wortbildungen (etwa: Neuplatonismus, Neukantianismus) aufgenommen und verwendet. In jüngster Zeit ist Kritik laut geworden an ihrer allzu starken Vereinfachung: a) es hat keine Neu-Begründung oder Wiederbelebung einer erloschenen Schule stattgefunden, auch keine stufenweise fortschreitende Entwicklung (wie etwa Platonismus/Mittelplatonismus/Neuplatonismus); b) was als N. zusammengefaßt wird, stellt keine Einheit dar. Während auch späte Epikureer (z. B. Lukrez), späte Stoiker (Epiktet), späte Platoniker (Porphyrios und Proklos) die überkommene Lehre ihrer Schule als ein in sich geschlossenes Ganzes nachzuvollziehen unternehmen, trifft dies für keinen Neupythagoreer zu; sie alle spiegeln lediglich einzelne Aspekte des ursprünglichen Pythagoreertums wider. Dieses als eine Einheit zu rekonstruieren, war bereits der späteren Antike unmöglich. Darum bilden die Neupythagoreer des 1.–4. Jh. n. Chr. nur chronologisch, nicht aber vom Gehalt ihrer Lehre her eine Einheit. Unter ihnen waren THRASYLLOS VON RHODOS, MODERATOS VON GADES (= Cadiz), NIKOMACHOS VON GERASA, NUMENIOS VON APAMEA ernsthafte philosophische Denker, die vor allem zur Zahlentheorie Wichtiges beitrugen; andere neigten dazu, Philosophie mit Magie zu verquicken, so Ciceros Freund P. NIGIDIUS FIGULUS; nicht wenige glitten ab zu Scharlatanerie und Schwindelpraktiken, so etwa APOLLONIOS VON TYANA. Schließlich sind okkulte und theurgische Praktiken durch den N. im Neuplatonismus (IAMBLICH, MAXIMOS VON NIKAIA) heimisch geworden.

Insofern trägt der Terminus ‹N.› wenig dazu bei, eine bestimmte philosophische Richtung eindeutig zu bezeichnen. Daher wird seit einigen Dezennien die Tendenz spürbar, statt vom ‹N.› lieber vom ‹Pythagoreismus der Kaiserzeit› zu sprechen.

Anmerkungen. [1] M. INCHOFER, Vindiciarum S. Sedis Apostolicae Sacrorum Tribunalium adversus Neopythagoreos terrae motores et solis statores libri II. Bibl. de la Comp. de Jésus, hg. A. DE BACKER/C. SOMMERVOGEL 4 (Brüssel 1893, ND Louvain 1960) 566; vgl. H. GRISAR: Galileistudien (1892) 168. – [2] CICERO, Opera (1861) 4, 995f. (Vorw. zur Übers. des ‹Timaios›). – [3] SENECA, Nat. quaest. 7, 32, 2. – [4] A. BOECKH: Des Philolaos Bruchstücke (1819). – [5] Vgl. E. N. TIGERSTEDT: The decline and fall of the Neoplatonic interpretation of Plato (Helsinki 1974). – [6] F. SCHLEIERMACHER, 1. Vorw. seiner Übers. von Platons Werken (1804). – [7] D. T. TIEDEMANN: Geist der spek. Philos. (1783) 3, XIII. – [8] G. W. F. HEGEL, Vorles. über die Philos. der Relig. Sämtl. Werke, hg. H. GLOCKNER 15, 38; Vorles. über die Gesch. der Philos., a.O. 17, 236. 244. 253; 18, 311; 19, 10. 13. – [9] Gesch. der Philos., a.O. 17, 253. – [10] E. ZELLER: Die Philos. der Griechen in ihrer gesch. Entwicklung III/2 (⁵1923) 92ff. – [11] A. SCHMEKEL: Die Philos. der mittleren Stoa (1892, ND 1974) 403ff.

H. DÖRRIE

Neurealismus (Neorealismus), New Realism (ital. neorealismo, frz. néo-réalisme)

I. Den Terminus ‹Neorealismus› verwendet T. K. OESTERREICH in den zwanziger Jahren, als sich eine «allgemeine Verdrängung des Neukantianismus durch selbständigere Richtungen» andeutete [1], zur ausgrenzenden Positionsbestimmung einer Gruppe von Autoren, die er zuvor der durch A. Riehl begründeten realistischen Richtung des *Neukantianismus* zugerechnet hatte [2]. Der Begriff ‹N.› hat sich nicht mit der so gekennzeichneten realistischen erkenntnistheoretischen Richtung in der *deutschen* Philosophie (O. KÜLPE, A. MESSER, G. STÖRRING, E. BECHER u. a.) verknüpft. Die Position der Gruppe, die sich – ohne eine Schule zu begründen – an O. KÜLPES Werk ‹Die Realisierung› [3] orientierte, wird vielmehr von Anhängern und Interpreten meist als «kritischer Realismus» bestimmt [4]. Hingegen hat sich auch in der deutschen Philosophiegeschichtsschreibung des 20. Jh. ‹N.› als Bezeichnung des sich selbst so deklarierenden angelsächsischen New Realism durchgesetzt [5], der seinerseits vom deutschen N. zur Kenntnis genommen wurde [6].

Während der englische N. selbständig durch G. E. MOORES Bestreitung des «esse est percipi» [7] und T. P. NUNNS Perzeptionslehre begründet wurde, hatte die Bewegung des *amerikanischen* New R. ihren Ausgangspunkt in der Kritik von J. ROYCES Idealismus und seiner Widerlegung des Realismus [8] durch R. B. PERRY [9] und W. P. MONTAGUE [10], mit denen sich E. B. HOLT, W. T. MARVIN, W. B. PITKIN und E. G. SPAULDING 1910 zusammenschlossen (vgl. unten II.). Die amerikanische Richtung des New R. wurde durch den Critical Realism abgelöst, so genannt nach dem gleichnamigen Buch von R. W. SELLARS [11], dessen Auffassungen sich in wesentlichen Punkten D. DRAKE, A. O. LOVEJOY, J. B. PRATT, A. K. ROGERS, G. SANTAYANA und C. A. STRONG anschlossen [12]. Ohne an die kantische Tradition anzuknüpfen (wie der deutsche «kritische Realismus»), definierte sich diese Gruppe durch die Kritik am 'direkten' Realismus, d. h. an der Identifikation der in der Perzeption gegebenen Daten mit Elementen der physischen Welt, und wahrte so Einsichten der common-sense-philosophy.

Anmerkungen. [1] T. K. OESTERREICH (Hg.): Fr. Ueberwegs Grundriß der Gesch. der Philos., 4. Teil: Die dtsch. Philos. des 19. Jh. und der Gegenwart (^{12}1923) 569ff. – [2] a.O. 4. Teil: Das 19. Jh. und die Gegenwart (^{11}1916) 373ff. – [3] O. KÜLPE: Die Realisierung. Ein Beitrag zur Grundlegung der Realwissenschaften 1 (1912); 2. 3, hg. A. MESSER (1920/23). – [4] Vgl. A. MESSER: Einf. in die Erkenntnistheorie (1909); Der krit. Realismus (1923); W. MOOG: Die dtsch. Philos. des 20. Jh. in ihren Hauptrichtungen und ihren Grundproblemen (1922) 130ff.: «Der kritische psychologische Realismus (O. Külpe)». – [5] E. VON ASTER: Gesch. der Philos. (^{15}1968) 380ff.; G. SCHISCHKOFF: Philos. Wb. (^{18}1969) 427; vgl. T. K. OESTERREICH (Hg.), a.O. [1] 5. Teil: Die Philos. des Auslandes vom Beginn des 19. Jh. bis auf die Gegenwart (^{12}1928) 405ff. – [6] Vgl. O. KÜLPE, a.O. [3] 1 (1912) 1; auf neukantianischer Seite informierte M. PH. MASON über den Pragmatismus von James und die realistische Bewegung in seinem Aufsatz: Two antiidealistic theories, in: Philos. Abhandlungen. Festschr. zum 70. Geburtstag von H. Cohen (1912) 44-55. – [7] G. E. MOORE: The refutation of idealism. Mind NS 12 (1903) 433-453; dtsch. in. G. E. MOORE: Eine Verteidigung des Common Sense. Fünf Aufsätze aus den Jahren 1903-1941. Mit einer Einl. von H. DELIUS (1969) 49-79. – [8] J. ROYCE: The world and the individual. Gifford lectures. First series. The four hist. conceptions of being (New York 1899) 91ff. (Lect. III: The independent beings: A crit. exam. of realism). – [9] R. B. PERRY: Prof. Royce's refutation of realism and pluralism. Monist 12 (1901/02) 446-458. – [10] W. P. MONTAGUE: Prof. Royce's refutation of realism. Philos. Review 11 (1902) 43-55. – [11] R. W. SELLARS: Critical Realism (Chicago 1916). – [12] Essays in Critical Realism: A cooperative study of the problem of knowledge (London 1920).

Literaturhinweise. T. K. OESTERREICH s. Anm. [1. 2. 5]. – A. G. RAMSPERGER, Art. ‹Critical Realism›. Encycl. of Philos. 2 (1967) 261-263 (Lit.). – E. VON ASTER s. Anm. [5]. H. HOLZHEY

II. ‹New R.› heißt eine am Beginn des 20. Jh. einsetzende, zeitweilig zu erheblichem Einfluß kommende Richtung der englischen und amerikanischen Philosophie, deren in mancher Hinsicht verschiedenartigen Vertretern die Frontstellung gegen einen als Subjektivismus verstandenen Idealismus und gegen die Dichotomie von Subjekt und Objekt, Immanenz und Transzendenz sowie eine entschiedene Orientierung an der Praxis wissenschaftlicher Forschung gemeinsam sind. Weithin gemeinsam ist ihnen ferner die Lehre von der direkten, nicht durch mentale Repräsentanten vermittelten Zugänglichkeit der Gegenstände in der Erkenntnis sowie vom objektiven Sein der Beziehungen und der «sekundären Qualitäten», also eine mehr oder minder deutliche Affinität zum «naiven Realismus» [1]. Der New R. in England, eingeleitet durch G. E. MOORES realistische Auslegung der Intentionalität des Bewußtseins [2], wird u. a. getragen von S. ALEXANDER [3], P. NUNN, J. LAIRD und C. D. BROAD [4]. Am Anfang der Bewegung des New R. in Amerika stehen u. a. F. J. E. WOODBRIDGE [5] und E. B. MCGILVARY [6] sowie als Anreger W. JAMES [7]. 1910 konstituiert sich die Gruppe der «Six Platformists» [8] E. B. HOLT, W. T. MARVIN, W. P. MONTAGUE, R. B. PERRY, W. B. PITKIN, E. G. SPAULDING. Die Tendenz zum erkenntnistheoretischen Monismus und zur Abweisung jeder Sonderstellung des Geistigen und überhaupt des Bewußtseins ist im amerikanischen New R. im allgemeinen ausgeprägter als in seinem englischen Gegenstück; in psychologischer Hinsicht nähert er sich dem Behaviorismus.

Anmerkungen. [1] Vgl. E. B. HOLT u. a.: The New R. Cooperative studies in philos. (New York 1912, ND 1970) 10. – [2] G. E. MOORE, a.O. [7 zu I]. – [3] S. ALEXANDER: Realism and the basis of phenomenology, hg. R. M. CHISHOLM (Glencoe, Ill. 1960). – [4] C. D. BROAD: Perception, physics and reality (Cambridge 1914). – [5] F. J. E. WOODBRIDGE: Nature and mind (New York 1937); An essay on nature (New York 1940). – [6] E. B. MCGILVARY: Toward a perspective realism (La Salle, Ill. 1956). – [7] W. JAMES: Essays in radical empiricism (1912, ND New York/London 1947) bes. 1-38: Does consciousness exist? (1904). – [8] The program and first platform of six realists. J. Philos. 7 (1910) 393-401; vgl. auch a.O. [1] 471-486.

Literaturhinweise. R. KRÉMER: Le néo-réalisme américain (Louvain/Paris 1920). – R. P. HAWES: The logic of contemporary English realism. Cornell Stud. in Philos. 15 (New York 1923). – R. W. SELLARS: Current realism in Great Britain and the United States. Monist 37 (1927) 503-520. – R. KRÉMER: La théorie de la connaissance chez les néo-réalistes anglais. Acad. Royale de Belgique, Cl. des Lettres. Mémoires 2, 24, 1 (Bruxelles 1928). – R. B. PERRY: Realism in retrospect, in: Contemp. Amer. Philos. 2 (New York/London 1930) 185-209. – V. HARLOW: A bibliography and genetic study of Amer. Realism (Oklahoma City 1931). – G. MÜLLER: Der 'Neue Realismus' in den Vereinigten Staaten. Logos 21 (1932) 282-291. – R. METZ: Die philos. Strömungen der Gegenwart in Großbritannien 1. 2 (1935). – L. DEUEL: Der erkenntnistheoretische Realismus in der Philos. der Gegenwart (Diss. Zürich 1947). – L. BOWMAN: Criticism and construction in the philos. of the Amer. New R. (Stockholm 1955). – J. PASSMORE: A hundred years of philos. (1957, ²1966). – R. M. CHISHOLM: Realism and the background of phenomenology (Glencoe, Ill. 1960). – H. W. SCHNEIDER: Sources of contemp. philos. realism in America (Indianapolis, Ind. 1964). – TH. ROBISCHON, Art. ‹New R.›, in: Encycl. of Philos., hg. P. EDWARDS 5 (New York/London 1967) 485-489. W. HALBFASS

Neurologie. ‹N.› ist ein Kunstwort, das ursprünglich Nervenlehre bedeutete [1]. Seit etwa 1890 gilt N. als eine aus der Inneren Medizin hervorgegangene Fachrichtung, die sich mit den Krankheiten des zentralen und peripheren Nervensystems sowie der Muskeln beschäftigt. In Westeuropa gibt es seit Ende des 19. Jh. selbständige Neurologische Kliniken (z. B. in Zürich seit 1887), in Deutschland war das Fach bis in die sechziger Jahre dieses Jahrhunderts meistens mit der Psychiatrie vereinigt; die Trennung ist noch nicht endgültig vollzogen.

Anmerkung. [1] L. A. KRAUS: Krit.-etymol. medicinisches Lex. (1821) 349. H. E. KEHRER

Neurose (engl. neurosis, nervous affection; frz. névrose; ital. neurosi)

I. Der Begriff ‹N.› wurde von W. CULLEN (1710–1790) geprägt. Cullen verwendet den Ausdruck möglicherweise schon in der 1769 erschienenen ersten, mit Sicherheit aber in der 1772 erschienenen zweiten Auflage seiner ‹Synopsis nosologiae methodicae› [1]. Die im 19. Jh. bisweilen [2] behauptete erste Verwendung des Ausdrucks ‹N.› durch F. PLATER (1536–1614) läßt sich nicht belegen [3].

Cullens Wortprägung läßt sich auf dem Hintergrund einer Argumentationslinie verstehen, die zu Beginn des 18. Jh. vor allem durch H. BOERHAAVE vertreten wurde. Dabei handelte es sich um die Anwendung der cartesischen Maschinentheorie des Organismus auf die aus der Antike tradierten Konzepte der Humoralpathologie. Während bei Boerhaave noch Spekulationen über die physiologische und pathologische Rolle von Größe, Form und Bewegung der im *Blut* (und anderen Körperflüssigkeiten) enthaltenen Partikel im Vordergrund gestanden hatten, vertritt CULLEN konsequent den «*Primat des Nervensystems*» [4]. An Boerhaaves System kritisiert er die «Vorherrschaft einer hypothetischen Humoralpathologie» und die «beinahe gänzliche Vernachlässigung des Zustands der bewegenden Kräfte des animalischen Körpers» [5]. Cullens Verwendung des Begriffs ‹Bewegung› verweist auf seine cartesische Grundauffassung des menschlichen Körpers als einer «Maschine, die regiert wird durch die Gesetze von Materie und Bewegung» [6]. Nach Cullen, der damit eine in NEWTONS ‹Optik› enthaltene Anregung aufnimmt [7], hängen Empfindung und Bewegung von einer in den (als feste Röhren verstandenen) Nerven enthaltenen Flüssigkeit mit elastischen Eigenschaften ab [8]. Beeinflussungen der Vorgänge im Nervensystem sind demnach Grundlage für die Erklärung von Gesundheit und Krankheit, Leben und Tod. So verwundert es auch nicht, daß CULLEN meint: «Man könnte in einer gewissen Rücksicht fast alle Krankheiten des menschlichen Körpers mit dem Namen der *Nervenkrankheiten* belegen» [9], wobei er ‹Nervenkrankheiten› synonym mit N.en verwendet. Da aber eine solche Benennung keinen Nutzen bringen würde, lehnt Cullen dies ab [10] und bezeichnet nur eine von insgesamt vier Krankheitsklassen als Nervenkrankheiten oder N.en. Unter ‹N.› versteht Cullen 1784 «alle diejenigen widernatürlichen Zufälle der Empfindung und Bewegung, bei denen kein Fieber, wenigstens als ein Teil der ersten und Hauptkrankheit vorhanden ist, sowie auch alle diejenigen Krankheiten ..., welche von keinem topischen widernatürlichen Zustande der Werkzeuge, sondern von einer mehr allgemeinen widernatürlichen Beschaffenheit des Nervensystems und derjenigen Kräfte herrühren, von welchen die Empfindungen und Bewegungen vorzüglicher Weise und besonders abhängen» [11]. Kürzer definierte er 1772 N.en: «Sensus et motus laesi, sine pyrexia et sine morbo locali» [12]. Cullen grenzt damit N.en ab von den drei anderen Klassen seines Systems, in dem er unter der ersten Klasse alle fieberhaften Krankheitszustände (Pyrexiae), unter der dritten Klasse alle Ernährungsstörungen (Kachexien) und unter der vierten alle diejenigen Krankheitsbilder subsumiert, die er als lokaler oder unbekannter Herkunft interpretiert.

Als ‹N.en› bezeichnete Cullen auch Krankheiten, die nach dem heutigen Kenntnisstand nicht in diese Kategorie gehören, ja nicht einmal zu den Nervenkrankheiten zu zählen sind. Cullens Klasse der N.en umfaßt vier Ordnungen: 'Comata' ('Schlafsüchtige Krankheiten', nämlich Schlagfluß, Lähmungen); 'Adynamiae' ('Entkräftungen', nämlich Ohnmacht, Unverdaulichkeit, Hypochondrie, Bleichsucht); 'Spasmi' ('Krämpfe', nämlich Tetanus, Mundkrämpfe, Zuckungen, Kriebelkrankheit, Epilepsie und St. Veitstanz, Herzklopfen, Asthma, Keuchhusten, Sodbrennen, Koliken, Cholera, Durchfall, Harnfluß, Hysterie, Tollwut) und 'Vesaniae' ('Gemütskrankheiten', nämlich Dummheit, Melancholie, Manie und absonderliche Träume) [13].

Entsprechend den Kenntnissen und Bräuchen seiner Zeit klassifiziert Cullen Krankheiten hauptsächlich aufgrund ihrer *Symptome*. Allerdings zieht er auch vermutete *Ursachen* dann zur Klassifikation heran, wenn sie zur Differenzierung zwischen sonst ähnlichen Symptomgruppen dienen können. BOWMAN weist auf die Fortschrittlichkeit dieser Vorgehensweise hin [14], verglichen mit den rein symptomatisch orientierten Systemen LINNÉES und SAUVAGES', die Cullen als Vorbild dienten [15]. Hinsichtlich der *Ursachen von N.en* äußert sich CULLEN nicht explizit. Aus den näheren Erläuterungen seiner ‹Synopsis ...›, den ‹Anfangsgründen ...›, wird an den verschiedensten Stellen aber deutlich, daß N.en verursacht sein können durch psychische *und* physische Einwirkungen: So meint Cullen z.B., daß die N. «Herzklopfen» bewirkt sein kann sowohl durch körperliche Ursachen wie heftige Körperbewegungen und Abbindungen der Schlagader als auch durch psychische Beeinflussungen, nämlich in Gemütsbewegungen, «die auf das Gehirn wirken» [16]. Während Cullen beim Herzklopfen keinerlei Organ*veränderungen* erwähnt, führt er die Hysterie dagegen besonders auf solche Ursachen, nämlich die Erweiterung der Gebärmutter zurück [17]. Cullen verstand also unter der Vielzahl der von ihm als N.en bezeichneten Krankheitsbilder sowohl solche *mit* als auch *ohne* begleitende/verursachende organische Veränderungen. Dies unterscheidet Cullens Verwendung des Begriffs von dem späteren Gebrauch im 19. Jh.

Es war P. PINEL, der Übersetzer von Cullens Schriften [18], der wohl als erster nach Cullen 1797 ‹N.en› als «lésion du sentiment et du mouvement, sans inflammation ni lésion de structure» [19] definierte. Entgegen den Angaben mancher Lexika [20] findet sich also bei Pinel, und nicht bei Cullen, das erste Mal das *Fehlen organischer Veränderungen* als Kriterium bei der Definition von N.en. Bemerkenswert ist an dieser Definition Pinels auch, daß sie in Gegensatz zu den Entwicklungstendenzen der Medizin im 19. Jh. steht, die gerade durch die Suche nach organischen Veränderungen zum Zwecke der Erklärung von Krankheiten gekennzeichnet sind: Das Aufkommen der «pathologischen Anatomie», die seit den «höchst nützlichen» [21] Leichenöffnungen MORGNANIS bestrebt war, durch die Korrelation von Krankheitssymptomen mit den bei den Autopsien gefundenen anatomischen Veränderungen die letztlich organischen Ursachen der Krankheitsbilder aufzuspüren, ist hier zu nennen. Doch obwohl diese Richtung der Medizin auch von der Pariser Schule (ESQUIROL, PINEL, SANDRAS, ANDRAL, FALRET) besonders propagiert wurde und auch im Ausland großen Einfluß gewonnen hatte, ist hervorzuheben, daß von den obengenannten Autoren (außer Falret) [22] nicht versucht wurde, die patho-anatomische Methode auch auf das Studium der Nervenkrankheiten zu übertragen, wovor G. ANDRAL ausdrücklich warnt: «Die pathologische Anatomie ... hat uns die meisten Strukturveränderungen der verschiedenen Organe ... klar dargelegt, während sie uns in den Krankheiten des Nervensystems nur geringe oder gar keine Hilfsmittel dieser Art darbietet.» «... wir müssen die Behauptung aufstellen, daß die Zahl der Nervenkrankheiten, die mit Funktionsstörungen begleitet sind, bei weitem die geringe Anzahl derer, in welchen irgend wahrnehmbare Zeichen nach dem Tode bemerkt werden, übertrifft.» Weiter gibt Andral zu bedenken, daß «die in den N.en wahrgenommenen Strukturveränderungen bald Ursachen, bald Folgen des Leidens sind» [23]. Er bezieht damit schon 1836 eine vermittelnde Position zwischen anatomisch-pathologischen Auffassungen von N.en und einer rein funktionalen Betrachtungsweise, die erst 50 Jahre später größere Anerkennung finden sollte.

Die eben beschriebene Auffassung von N.en durch die Pariser Schule unterscheidet sich von der Entwicklung des Begriffs *im deutschen Sprachraum*. In den Anfangsjahrzehnten des 19. Jh. hat sich der Begriff ‹N.› hier noch nicht eingebürgert: in etlichen medizinischen und enzyklopädischen Lexika ist er nicht zu finden [24]. Zwar haben einige wenige Autoren den Begriff in die von ihnen erstellten Systeme der Medizin übernommen (z. B. F. L. Bang, C. F. Daniel, V. Hildenbrand, C. W. Hufeland und J. N. Raimann) [25], doch läßt sich aus ihren symptomatischen Klassifikationen nichts wesentlich Neues in bezug auf den hier relevanten Aspekt der Begriffsverwendung von N. erkennen. Erst mit der naturhistorischen Schule Schönleins und seiner Nachfolger J. Sobernheim und C. H. Fuchs beginnt eine neue Phase: Das Fehlen organischer Ursachen als Kriterium für die Definition des Begriffs ⟨N.⟩ wird angezweifelt; während aber Sobernheim noch unterscheidet zwischen «N.en mit oder ohne materielle Grundlage» [26], weist Fuchs deutlicher auf die organisch-physiologischen Grundlagen der N.en (oder Neuronosen, wie Fuchs sie nennt) hin: «Wie alle krankhaften Störungen organischer Tätigkeiten, müssen aber auch die N.en mit Veränderungen in der Materie verbunden sein, die Trägerin dieser Tätigkeiten ist» [27]. Ähnlich pathologisch-anatomische Grundauffassungen werden auch von Vertretern der psychiatrischen Medizin verfochten. R. Leubuscher, ein Mitarbeiter R. Virchows, schreibt: «Man hat vielfach sog. *N.en* und *organische* Nervenkrankheiten unterscheiden zu müssen geglaubt. Unter den ersteren ... verstand man solche Störungen im Bereiche des Nervensystems, bei denen sich keine der gewöhnlichen Veränderungen anatomisch nachweisen ließ, während bei dem Antreffen einer anatomischen Läsion von einer organischen Affektion gesprochen wird. Diese Unterscheidung ist der Sache nach falsch ... Funktionelle Erscheinungen, also auch Abweichungen, sind aber immer bedingt durch substantielle Veränderungen ...» [28]. Das ist auch der Standpunkt von W. Griesinger, C. Westphal, C. Wernicke, A. Pick und der jüngeren Wiener Schule unter K. Rokitansky und T. Meynert [29]. Zweifellos wurde eine solche, auf die patho-anatomische Grundausrichtung der Medizin und Psychiatrie im 19. Jh. sich stützende Auffassung von N. auch dadurch gefördert, daß tatsächlich Fortschritte in der Bakteriologie und der Neuropathologie dazu geführt hatten, daß organische Substrate für Krankheitserscheinungen gefunden wurden, die ursprünglich den N.en zugerechnet worden waren. «Die 'progressive Spinalparalyse' Wunderlichs, die 'Ataxie locomotrice progressive' Duchennes konnte man in jenem Sinn früher als N. mit aufführen, während wir sie später als 'graue Degeneration der Hinterstränge' als 'Hinterstrangsclerose' den anatomischen Rückenmarkserkrankungen einzureihen gelernt haben» [30]. Die Hoffnung, daß das stetige Fortschreiten der pathologischen Anatomie letztlich zum Schwinden des – durch das Fehlen organischer Veränderungen definierten – N.-Begriffs führen würde, findet sich bereits 1862 bei L. V. Marcé: «Die N.en, wie sie Cullen definiert hat, ... bilden offensichtlich eine provisorische Gruppe, schlecht definiert und dazu bestimmt, bedeutende Veränderungen über sich ergehen zu lassen; vielleicht sogar zu verschwinden in demselben Maße wie die pathologische Anatomie Fortschritte machen wird» [31]. Zwanzig Jahre später hat sich diese Hoffnung verfestigt, und A. Eulenburg kann konstatieren: «Es ergibt sich demnach ohne Weiteres, daß der Begriff der N. in seiner speziellen Anwendung auf bestimmte symptomatische Krankheitsbilder ein rein konventioneller und wechselnder ist, indem mit fortschreitender Erweiterung unseres pathologisch-anatomischen Wissens manche bisher dahin rubrizierte Krankheitszustände nach und nach aus diesem Rahmen herausfallen» [32]. Hier ist die Verengung des Ausdrucks ⟨N.⟩ auf den Begriff gebracht worden: ⟨N.⟩ als Negativdefinition, als Verlegenheits- bzw. Restklasse zur Bezeichnung aller derjenigen Krankheitsformen, deren anatomische Grundlage nur noch nicht erkannt worden ist, aber sicherlich in Zukunft erkannt werden kann.

A. Axenfeld stellt 1883 in zwar deutlicher, aber eher ratloser Distanz zu solchen Auffassungen fest: «Man weiß so ungefähr, was die N.en nicht sind, aber wir wissen nicht, was sie nun eigentlich sind» [33], und P. Dubois kritisiert die Vormachtstellung der pathologischen Anatomie im 19. Jh.: «Die funktionellen Störungen, die N.en, gerieten in Vergessenheit; die psychische Seite des menschlichen Wesens wurde vernachlässigt, so daß ich mir schon vor sehr langer Zeit den Ausspruch erlaubte: 'Zwischen der Medizin und der Tierarzneikunde besteht nur noch ein Unterschied bezüglich der Kundschaft'» [34]. Doch blieb es S. Freud, nach seinem Studienaufenthalt bei J. M. Charcot (1885/86), vorbehalten, endgültig von der Negativkonzeption des Begriffs ⟨N.⟩ abzurücken und die Anerkennung der N.en als funktionelle Störungen durchzusetzen.

Anmerkungen. [1] W. Cullen: Synopsis nosologiae methodicae (Edinburgh ²1772); die erste Auflage ist in Europa nicht beschaffbar. – [2] Vgl. G. Eisenmann: Die vegetativen Krankheiten und die entgiftende Heilmethode (1835) 61; J. N. Ringseis: System der Medizin (1841) 412, Fußnote; K. W. Stark: Allg. Pathologie (1838) 1369. – [3] Vgl. J. S. Maier: Beitrag zur Gesch. des N.-Begriffes von 1778 bis 1887 (Diss. 1948) 6f. – [4] Vgl. I. A. Bowman: W. Cullen (1710-90) and the primacy of the nervous system (Ann Arbor 1981) [Diss. 1975]. – [5] Cullen: First lines of the practice of physic (Edinburgh 1784) XXXIII. – [6] Institutions of medicine. The works, hg. J. Thomson (London 1827) 10; zit. nach Bowman, a.O. [4] 93. – [7] Bowman, a.O. [4] 96. – [8] ebda. – [9] Cullen: Anfangsgründe der prakt. Arzneywiss. (1778), Dritter Teil, welcher die Nervenkrankheiten enthält (1784) § 1027. – [10] ebda. – [11] a.O. § 1028. – [12] Synopsis ... a.O. [1]. – [13] Systemat. Einteilung der Krankheiten oder methodische Nosologie, in: Anfangsgründe ... a.O. [9] 440-478. – [14] Bowman, a.O. [4] 183f. – [15] Cullen, a.O. [9] 349ff. – [16] a.O. §§ 1295-1297. – [17] § 1461. – [18] Nach Angaben von Bowman, a.O. [4] 212: H. Haeser: Lehrb. der Gesch. der Medizin 3 (²1853) 703 und A. Roback: Weltgesch. der Psychol. und Psychiat. (1970) 212. – [19] P. Pinel: Nosologie philosophique (Paris 1797), zit. nach J. P. T. Barras: Traité sur les gastralgies et les entéralgies ou maladies nerveuses de l'estomac et des intestins (Paris ³1829) 5, Fußnote. – [20] Vgl. Wb. der Psychol., hg. W. Hehlmann (³1965) 373; Reallex. der Med. (1977); Wb. der Psychiat. und med. Psychol. (²1977) 348. – [21] Cullen, a.O. [9] XL. – [22] Vgl. E. H. Ackerknecht: Kurze Gesch. der Psychiat. (1957) 48; K. Levin: Freud's early psychology of the neuroses (Pittsburgh 1978) 19. – [23] G. Andral: Vorles. über die Krankheiten der Nervenherde, gehalten an der Univ. zu Paris im Jahre 1836 (1838) 8. 15. 296. – [24] z. B. Verein von Ärzten [Dr. Barez] (Hg.): Medizinisch-chirurg.-therapeut. Wb. (1840); D. Busch, J. Dieffenbach u.a. (Hg.): Encyclop. Wb. der medicin. Wiss.en (1841) (nur als Verweisstichwort); J. Copland (Hg.): Encyclop. Wb. der prakt. Medizin (1859); L. Fränkel (Hg.): Encycl. der prakt. Medizin (1840); G. F. Most (Hg.): Encycl. der ges. medizin. und chirurg. Praxis (1834). – [25] F. L. Bang: Praxis medica systematice exposita selectis diarii Nosocomii Fridericiani illustrata (Kopenhagen 1789); C. F. Daniel: Systema aegritudinum (Leipzig 1781); J. V. von Hildenbrand: Institutiones practico medicae 1-4 (Wien 1816-1825); C. W. Hufeland: Enchiridion medicum oder Anleitung zur medicin. Praxis (²1836); J. N. Raimann: Hb. der spez. medizin. Pathol. und Therapie für akad. Vorles.en bearbeitet (⁵1839). – [26] J. Sobernheim: Prakt. Diagnose der inneren Krankheiten (1837) 342. – [27] C. H. Fuchs: Lehrb. der spez. Nosologie und Therapie (1845) 461. – [28] R. Leubuscher: Hb. der medizin. Klinik I (1859), II (1861) 3. – [29] Vgl. Levin, a.O. [22] 19f.; Maier, a.O. [3] 48. – [30] A. Eulenburg: Real Enzycl. (1881) 598f. – [31] L. V. Marcé: Traité pratique des maladies mentales (Paris 1862) 37. – [32] Eulenburg, a.O. [30] 598. – [33] A. Axenfeld: Traité des névroses (Paris ²1883) 14. – [34] P. Du-

BOIS: Die Psychoneurosen und ihre psychische Behandlung (1905) 8.

Literaturhinweise. J. S. MAIER s. Anm. [3]. – K. LEVIN s. Anm. [22]. – I. A. BOWMAN s. Anm. [4].

K.-F. HUSEN

II. Der französische Psychiater J. M. CHARCOT [1] machte die ersten wichtigen Beobachtungen über seelisch-körperliche Reaktionen nach Katastrophensituationen verschiedenster Art (Explosionen, Erdbeben, Unfälle usw.). Lähmungen, Zittern der Gliedmaßen, Sprachstörungen und Sehstörungen waren die häufigsten körperlichen Begleitsymptome der allgemein als Hysterie bezeichneten N. Im Ersten Weltkrieg wurden Lähmungen und Zittern der Soldaten als Renten-N. beobachtet. Als Ursache dieser Symptome sah man lange Zeit kleinste Veränderungen in den Gehirnzellen an. (Daher der Name ‹N.› als Bezeichnung einer degenerativen Nervenkrankheit.) H. OPPENHEIM prägte den Begriff der traumatischen N., wobei die Vorstellung zugrunde lag, daß kleinste Erschütterungen des Gehirns abnorme seelisch-körperliche Reaktionen hervorrufen würden [2]. Durch die Untersuchungen S. FREUDS an Hysterikern konnte die psychische Genese dieser Störungen nachgewiesen werden [3]. Als Schlüssel zum Verständnis ergab sich dabei die entscheidende Beteiligung unbewußter Wunschvorstellungen und ganz bestimmter Konstellationen des Sexual- und Aggressionstriebes. Das erwies sich auch für andere N.-Formen, wie Zwangs-N. (ein Patient muß z. B. jede Glasscherbe vom Boden aufheben), Angst-N. (ein Patient hat in einer bestimmten Lebenssituation eine scheinbar unbegründete Angst), Organ-N. (Organkrankheiten ohne patho-physiologische Ursache), depressive (ständige unbegründete Verstimmungen) und schizoide N. (ständige Angst vor näherem Kontakt mit anderen Menschen) als gültig. Für die Entstehung der N.en neigte Freud zu der Auffassung, daß ein einzelnes traumatisches Erlebnis als Ursache anzusehen sei. Die weitere psychoanalytische Forschung hat diese Auffassung dahingehend differenziert, daß nicht ein einzelnes Trauma, sondern die verschiedensten, auch relativ unauffälligen Einflüsse der Umwelt, insbesondere in der frühen Kindheit, von Bedeutung sind. Außerdem ist ein konstitutioneller symptomatischer Faktor für die Ausgestaltung der N.-Form wahrscheinlich mitverantwortlich [4].

In der Frage der Abgrenzung der N.en zu anderen Krankheitsbildern lassen sich Organ-N.en, Konversions-N.en und andere Psycho-N.en voneinander unterscheiden [5]. A. MITSCHERLICH betont den dynamischen Wechsel zwischen N.en und psychosomatischen Erkrankungen: Einer ersten Phase der neurotischen Symptombildung folgt bei nicht erfolgreicher Verdrängung Verschiebung in körperliche Abwehrvorgänge [6]. V. FRANKL stellt fest, daß sich seit W. Cullen die unterschiedlichen Bedeutungen von N. «übereinanderkopiert» [7] haben. Im Rahmen seiner dimensional-ontologischen Betrachtungsweise definiert er N.en als «eine primär psychogene Erkrankung» [8], wobei er auf die Notwendigkeit einer solchen Definition zum Zwecke einer «gezielten» Therapie hinweist [9]. Als Behandlung der N. kommen je nach Art und Schwere der Störung die verschiedenen Formen der Psychotherapie in Betracht, angefangen von einfacher psychagogischer Psychotherapie bis zur analytischen Psychotherapie.

Anmerkungen. [1] J. M. CHARCOT: À propos de 6 cas d'hystérie chez l'homme. Progrès médical (Paris 1885). – [2] H. OPPENHEIM: Der Krieg und die traumat. N.en. Berliner klin. Wschr. (1915) 275ff. – [3] S. FREUD: Studien über Hysterie. Ges. Werke 1 (1952) 75ff. – [4] R. EGENTER und P. MATUSSEK: Ideologie, Glaube und Gewissen ([2]1966). – [5] F. ALEXANDER: Psychosomat. Medizin (1951); O. FENICHEL: Psychoanalyt. N.en-Lehre (1974/75). – [6] A. MITSCHERLICH: Krankheit als Konflikt (1966/67). – [7] V. E. FRANKL, V. VON GEBSATTEL und J. H. SCHULZ: Hb. der N.en-Lehre und Psychother. 1 (1959) 233. – [8] a.O. 236. – [9] ebda.

Literaturhinweise. W. DE BOOR: Psychiatrische Systematik (1954). – E. KRETSCHMER: Hysterie, Reflex und Instinkt ([6]1958). – E. H. ERIKSON: Kindheit und Gesellschaft ([2]1965). – R. SPITZ: Die Entstehung der ersten Objektbeziehungen ([3]1973).

P. MATUSSEK/Red.

III. Zunächst angeregt durch psychoanalytische Auffassungen, entwickelte sich die *reflexologische* Betrachtungsweise von N.en [1]; spätere *behavioristische* Richtungen betonten dagegen die Distanz zur Psychoanalyse [2].

Es waren I. P. PAWLOWS Tierexperimente, die den Anstoß zur Entwicklung von Reflextheorien der N. gaben. Indem Pawlow die bei seinen Versuchshunden experimentell (mittels einer Kreis-Ellipse-Differenzierung) konditionierten ungewöhnlichen Verhaltensweisen als Symptome einer «echten N.» bezeichnete [3], hatte er zum ersten Mal die Ausdrücke ‹N.› und ‹konditionierter Reflex› in einen Begriffszusammenhang gebracht. In Anwendung der Ergebnisse seiner tierexperimentellen Forschungen auf den Menschen erklärte Pawlow pathologisches Verhalten aus Konflikten der Erregungs-Hemmungs-Prozesse im Cortex und aus dem Einfluß starker und außergewöhnlicher Stimuli [4]. Ob die so erzeugten Störungen ‹N.› oder ‹Psychose› genannt werden, hängt nach Pawlow ab von der Schwere und Komplexität der affizierten Nerventätigkeit: schwächere Störungen der neurophysiologischen Prozesse nennt er ‹N.en›, stärkere ‹Psychosen› [5].

Die experimentelle Erzeugung einer Angst-N. mittels klassischen Konditionierens beim Menschen gelang J. B. WATSON und R. RAYNER 1920 («Klein Albert» [6]) – allerdings war es nicht möglich, diesen Versuch zu wiederholen [7]. 1923 *de*konditionierte M. C. JONES erstmals eine N. (multiple Tierphobie) [8]. Diese Versuche legten die Anwendung der Lerngesetze des klassischen (und später des operanten) Konditionierens auf die Erklärung neurotischen Verhaltens nahe; J. WOLPE formulierte eine bis in die Gegenwart hinein gültige lerntheoretische Definition: N.en werden verstanden als erlernte, unangepaßte Verhaltensgewohnheiten (habits), die – meist von Angst begleitet – trotz ihrer Unangepaßtheit nicht erlöschen [9]. H. J. EYSENCK und S. RACHMAN [10] erklären Entstehung und Aufrechterhaltung von N.en mittels eines Drei-Faktoren-Modells: Ausgelöst möglicherweise durch 1. ein oder mehrere traumatische Erlebnisse wird Angst 2. klassisch konditioniert und das neurotische Verhalten 3. besonders durch Angstvermeidung aufrechterhalten (operantes Konditionieren). Die auf die behavioristische Forschungstradition zurückgehende Verhaltenstherapie setzt in der Behandlung von N.en an bei der Gegenkonditionierung der Angst durch die von E. JACOBSON stammende [11] und von J. WOLPE [12] weiterentwickelte Methode der «Systematischen Desensibilisierung».

Seit der *«Kognitiven Wende»* in der Verhaltenstherapie [13] steht, eingeleitet besonders durch die Arbeiten von D. MEICHENBAUM [14], die Erfassung der verbal/kognitiven Reaktionsebene von N.en im Mittelpunkt des Forschungs- und Therapieinteresses. Die Analyse der Angstreaktionen von Neurotikern bezieht sich in der Einzelfalltherapie auf die mittels verschiedener Meßinstrumente zu erfassenden drei Reaktionsebenen der Angst, die asynchron und diskordant zueinander verlaufen: der motorischen, physiologischen und verbal/kognitiven Reaktionsebene [15]. Diese Art 'kognitiver Verhaltenstherapie' bezieht im Gegensatz zu frühbehavioristischem Vorgehen Kognitionen der Neurotiker mit in die Therapie ein, faßt Kognitionen allerdings weiterhin im begrifflichen Rahmen 'funktionaler Verhaltensgleichungen' [16].

Eine andere Forschungsrichtung, deren Vertreter sich u.a. auf N. CHOMSKYS Auseinandersetzung mit B. F. SKINNER [17] beziehen, lehnt es ab, Kognitionen nur als eine von mehreren lerntheoretisch analysierbaren Reaktionsformen zu verstehen. WOLPES Auffassung, daß Konditionierung «die Basis jeglicher psychotherapeutischen Veränderung» [18] sei, hält W. F. BREWER entgegen: «Es gibt keine überzeugende Evidenz für operantes oder klassisches Konditionieren bei erwachsenen Menschen» [19]. Für Brewer und andere 'Kognitivisten' handelt es sich bei den menschlichen Kognitionen um ein von Reizen und Belohnungen unabhängiges System, das autonomen Gesetzen folgt. Es wird bedauert, daß kognitive Theorien und Therapeuten sich kaum aufeinander beziehen [20]; doch lassen sich die Therapiemethoden sogenannter 'semantischer Therapeuten' [21] durchaus auf dem Hintergrund des oben beschriebenen Kognitivismus verstehen: So richten, bezogen auf die Therapie von N.en, die Semantiker ihre Aufmerksamkeit auf solche Verhaltensweisen, die nach A. T. BECK [22] den 'Kern' von N.en bilden: auf verzerrte, übergeneralisierte, idiosynkratische Gedanken und Denkschemata, auf die neurotischem Denken zugrundeliegenden «irrationalen Überzeugungen» (ELLIS [23]) und auf die «negativen Selbstkommunikationen» (QUITMANN u.a., MEICHENBAUM [24]). Festzustellen ist, daß sich im Rahmen dieser Forschungsrichtung die Konturen des Begriffs ⟨N.⟩ verwischen, wenn etwa ELLIS ⟨neurotisch⟩ im Sinne von ⟨gestört⟩ oder ⟨abnormal⟩ unter dem Oberbegriff ⟨emotionale Störung⟩ [25] verwendet.

Seit den 70er Jahren beginnen sich Integrationsbestrebungen der verschiedenen Therapierichtungen durchzusetzen [26]; eklektisches Vorgehen, das kognitive, verhaltenstheoretische, gesprächstherapeutische und psychoanalytische Komponenten aufgreift (z.B. LAZARUS [27]), gewinnt bei der Therapie von N.en und darüber hinaus an Bedeutung.

Vom Standpunkt der *Antipsychiatrie* her handelt es sich bei einer Bezeichnung wie ⟨N.⟩ um eines der «falschen Substantive» der «Pseudowissenschaft» Psychiatrie [28]. Diagnostische Kategorien wie ⟨N.⟩, ⟨Psychose⟩ usw. sind nach dieser Auffassung nichts anderes als «stigmatisierende Etiketten» [29], die im Sinne von selbstbestätigenden Prophezeiungen letztlich genau das Verhalten bewirken, das sie ursprünglich nur bezeichnen sollten [30]. Statt als «Krankheit» versteht T. S. SZASZ N.en als besondere Art von Kommunikationsverhalten, dessen Merkmale «Zeichenbenutzung» und «Regelbefolgung» am besten an einem Spielmodell menschlichen Verhaltens interpretiert werden können [31]. Therapie von N.en versteht Szasz als Änderungsversuch von Spielorientierungen und -strategien, den er als Lernsituation auffaßt, in der «der Spieler ('Patient') eingehender mit den Strafen für seine eigene Strategie ('N.') vertraut gemacht werden soll» [32].

Vergleicht man die drei beschriebenen Ansätze, so stellt man fest, daß die Verwendung des Begriffs ⟨N.⟩ in der *Antipsychiatrie* wegen der Gefahr der Stigmatisierung grundsätzlich abgelehnt wird; der Ausdruck sei deshalb zu *streichen*. – *Semantische Therapeuten* vernachlässigen die ätiologischen Konnotationen des Begriffs und betonen statt dessen die beinahe universale Anwendbarkeit ihrer Therapiemethoden, die als Allheilmittel gleichermaßen bei Neurotikern (ELLIS), Depressiven (BECK) und Schizophrenen (MEICHENBAUM) Anwendung finden. Hier tritt der Terminus ⟨N.⟩ in den Hintergrund; er erscheint als zu *eng* für den weitgespannten Rahmen semantischer Therapien. – *Verhaltenstherapeuten* verwenden weiterhin den Begriff ⟨N.⟩ im oben beschriebenen Sinne; allerdings begrenzt die Beschränktheit des lerntheoretischen Paradigmas auch die Möglichkeiten zur adäquaten Erfassung und Veränderung der N.en in ihrer auch kognitiven Komplexität. Die Folge ist eine Konzentration verhaltenstheoretischer Forschung auf die Erfassung immer spezifischerer N.en, wie z.B. monosymptomatischer Phobien (z.B. Schlangenphobien) [33], deren Existenz in Reinform in der klinischen Realität jedoch eher die Ausnahme sein dürfte. Der Begriff ⟨N.⟩ tritt hier als *Sammelbegriff* auf, der allerdings im Lichte gegenwärtiger Spezialisierung als zu *weit* gefaßt erscheint.

Anmerkungen. [1] Vgl. L. PICKENHAIN: Pawlowsche Mittwochskolloquien 1 (1956) 102. – [2] Vgl. H. J. EYSENCK: Die Zukunft der Psychol. (1977). – [3] I. P. PAWLOW: Sämtl. Werke III/2 (1953) 320. – [4] a.O. IV (1953) 329-344. – [5] a.O. – [6] J. B. WATSON und R. RAYNER: Conditioned emotional reactions. J. exp. Psychol. 3 (1920) 1-14. – [7] H. B. ENGLISH: Three cases of the 'conditioned fear response'. J. abnormal Soc. Psychol. 24 (1929/30) 221-225. – [8] M. C. JONES: A laboratory study of fear: the case of Peter. Pedagogical Seminary 31 (1924) 308-315. – [9] Vgl. J. WOLPE und A. A. LAZARUS: Behavior therapy techniques (New York 1968) 1; J. WOLPE, A. SALTER und L. J. REYNA (Hg.): The conditioning therapies (New York 1964) 9f. – [10] H. J. EYSENCK und S. RACHMAN: N.en – Ursachen und Heilmethoden (1973). – [11] E. JACOBSON: Progressive relaxation (Chicago 1929). – [12] J. WOLPE: Psychotherapy by reciprocal inhibition (Stanford 1958). – [13] Vgl. E. JAEGGI: Kognitive Verhaltenstherapie (1979). – [14] Vgl. D. MEICHENBAUM: Kognitive Faktoren bei der Verhaltensmodifikation: Veränderung der Selbstgespräche von Klienten, in: M. HARTIG (Hg.): Selbstkontrolle (1975) 203-215. – [15] Vgl. N. BIRBAUMER: Psychophysiol. der Angst (1973); S. RACHMAN und R. HODGSON: Synchrony and desynchrony in fear and avoidance. Beh. Res. Therapy 12 (1974) 311-318. – [16] F. H. KANFER und G. SASLOW: Behavioral analysis: An alternative to diagnostic classification. Arch. general Psychiatry 12 (1965) 529-538; D. SCHULTE: Ein Schema für Diagnose und Therapieplanung in der Verhaltenstherapie, in: SCHULTE (Hg.): Diagnostik in der Verhaltenstherapie (1974) 75-104. – [17] N. CHOMSKY: Review of B. F. Skinner, Verbal behavior. Language 35 (1959) 26-58. – [18] So die Überschrift von J. WOLPES Artikel in: A. BURTON (Hg.): What makes behavior change possible? (New York 1976) 58-72. – [19] So die Überschrift von W. F. BREWERS Artikel in: W. B. WEIMER und D. S. PALERMO (Hg.): Cognition and the symbolic processes (New York 1974) 1-42. – [20] D. B. ARNKOFF: Psychotherapy from the perspective of cognitive theory, in: M. J. MAHONEY (Hg.): Psychotherapy process (New York 1980) 339f.; M. J. MAHONEY: Psychotherapy and the structure of personal revolutions, a.O. 159. – [21] Vgl. JAEGGI, a.O. [13]. – [22] A. T. BECK: Wahrnehmung der Wirklichkeit und N. (1979) 142. – [23] A. ELLIS: Die rational-emotive Therapie (1977). – [24] H. QUITMANN, A. M. TAUSCH und R. TAUSCH: Selbstkommunikation von Jugendlichen und ihren Eltern. Z. klin. Psychol. 3 (1974) 193-204; MEICHENBAUM, a.O. [14]. – [25] A. ELLIS und R. GRIEGER (Hg.): Praxis der rational-emotiven Therapie (1979) 11. – [26] D. MEICHENBAUM: Kognitive Verhaltensmodifikation (1979) 258; Cognitive-behavioral modification: Future directions, in: P.-O. SJÖDÉN, S. BATES und W. S. DOCKENS: Trends in behavior therapy (New York 1979) 55-65. – [27] A. A. LAZARUS: Behavior therapy and beyond (New York 1971); vgl. auch M. J. MAHONEY: Reflections on the cognitive-learning trend in psychotherapy. Amer. Psychologist 32 (1977) 5-

13. – [28] T. S. Szasz: Geisteskrankheit – ein moderner Mythos? (1972) 14. – [29] a.O. 294. – [30] L. P. Ullmann und L. Krasner: A psychological approach to abnormal behavior (Englewood Cliffs 1969) 218. – [31] Szasz, a.O. [28] 26ff. – [32] a.O. 287. – [33] Vgl. A. Bandura: On paradigms and recycled ideologies. Cognitive Therapy Res. 2 (1978) 79-103, bes. 79-81.

Literaturhinweise. J. Wolpe s. Anm. [12]. – H. J. Eysenck und S. Rachman s. Anm. [10]. – T. S. Szasz s. Anm. [28]. – A. Ellis s. Anm. [23]. – A. T. Beck s. Anm. [22]. – E. Jaeggi s. Anm. [13]. – D. Meichenbaum s. Anm. [26]. – M. J. Mahoney s. Anm. [20].

K.-F. Husen

Neuscholastik. Der Begriff ‹N.› geht auf die beiden Theologen J. Frohschammer und A. Schmid zurück. Beide verwenden ihn im selben Jahr 1862 in zwei gleichzeitig erscheinenden Veröffentlichungen [1]. Ob dabei Frohschammer als der eigentliche Urheber des Begriffs erscheinen darf, weil er bereits in früheren Veröffentlichungen vorbereitende Formulierungen wie «moderne Scholastiker», «romanisirte deutsche Scholastiker» [2] oder «romanisch-scholastische Richtung» [3] verwendete, die Schmid gekannt haben muß [4], läßt sich nicht ausmachen. Die Behauptung J. Kleutgens, daß der Ausdruck ‹N.› ein «durch Frohschammer eingeführtes Schlagwort» [5] sei, dürfte weniger auf eine historische Einsicht als darauf zurückzuführen sein, daß sich Frohschammer dort, wo er zum ersten Mal von ‹N.› explizit spricht, vor allem mit Kleutgen auseinandersetzt [6]. Aber wie auch immer: den eigentlichen Anstoß zur Verbreitung des Begriffs ‹N.› hat das Buch von Schmid gegeben. Das breite Echo, das es in den damaligen Zeitschriften gefunden hat [7], bestätigt dies genauso wie etwa das Zeugnis von F. X. Kraus, der seinen Begriff von ‹N.› unmittelbar an dem von Schmid orientierte [8].

Frohschammer bezeichnet mit ‹N.› [9] oder «Neuscholasticismus» [10] eine Richtung der katholischen Philosophie und Theologie seiner Zeit, die zunächst kirchenpolitischen Charakter hat, da sie sowohl in Italien als auch in Deutschland nicht nur die Interessen Roms vertritt, sondern zudem die päpstliche Politik (z.B. in den Index-Kommissionen) aktiv mitgestaltet [11]. Konkreter versteht er unter dieser «romanisch-scholastischen Richtung» die Theologen der Römischen Schule in Italien und die Vertreter des Mainzer und Würzburger Kreises in Deutschland [12], die er ihrerseits als dem Jesuitenorden und dessen Zeitschrift ‹La Civiltà cattolica› verpflichtet ansieht. Wissenschaftlich gesehen ist die N. für Frohschammer eine Schule, die durch drei Grundsätze ausgezeichnet ist: erstens durch die Überzeugung, daß eine authentische katholische Theologie und Philosophie nur durch einen Rückgriff auf die Tradition der Kirche, genauer auf die Scholastik des Mittelalters, besonders des 13. Jh., erhalten und gewonnen werden könne [13]; zweitens durch die Ansicht, daß die neuzeitliche Geistesgeschichte im weitesten Sinne ein durch den Protestantismus verursachter Irrweg gewesen sei, der von seiten der kirchlichen Wissenschaftler ignoriert werden könne und müsse [14]; drittens durch die Meinung, daß die Freiheit der Wissenschaft und der Philosophie begrenzt sei, da diese der Lehrautorität der Kirche genauso unterworfen seien wie die Theologie [15].

Schmid charakterisiert die «neuscholastische Richtung» [16] ähnlich wie Frohschammer. Anders als dieser jedoch subsumiert er unter ihr nicht nur die «Römische Thomistenschule» [17] und die «neueste Scholastik» [18] in Deutschland, sondern auch den Ontologismus in Löwen, den katholischen Personalismus in Frankreich und die Schulphilosophie in Spanien [19]. Genauso wie gleichzeitig J. von Kuhn [20] unterscheidet er sie bereits von der Barockscholastik, die er wie dieser «Nachscholastik» [21] nennt. Außerdem distanziert er sich vom Vorschlag des Tübinger Theologen W. Mattes, der bereits 1846 [22] angeregt hatte, unter dem Begriff «redivive, neue Scholastik» [23] sowohl die Tübinger als auch die Römische Schule zu begreifen. Dem ist nach seiner Ansicht die geschichtliche Entwicklung nicht nachgekommen. Die vor allem durch J. von Kuhn auf seiten der Tübinger und F. J. Clemens auf seiten der Neuscholastiker geführte Auseinandersetzung hat für ihn deutlich gezeigt [24], daß es sich hier um grundsätzlich verschiedene Positionen handelt, die nicht nur das Verhältnis von Philosophie und Theologie bzw. von neuzeitlichem und traditionell-christlichem Denken betreffen, sondern das ganze Verhältnis von Natur und Gnade. Der Streitpunkt ist dabei weniger der Rückgang auf die Scholastik, den Kuhn ebenfalls für sich in Anspruch nimmt [25], sondern die von Clemens vertretenen Thesen, daß erstens jede Art von menschlichem Wissen sich nach dem Dogma der Kirche zu richten habe, welches seinerseits indirekt so etwas wie eine philosophische Tradition garantiere, und daß in dieser Hinsicht die Philosophie im strengen Sinne «ancilla theologiae» zu sein habe [26], daß zweitens die neuzeitliche Philosophie und mit ihr das ganze moderne Geistesleben abzulehnen sei, da es sich vom katholischen Glauben abgewandt habe [27], und daß drittens die menschliche Natur überhaupt nur im Lichte ihrer Erfülltheit durch die Gnade gesehen werden dürfe [28].

Der Begriff ‹N.› bei Frohschammer und Schmid hat seine *Verläufer* möglicherweise in Formulierungen früherer oder zeitgenössischer Theologen. So spricht z.B. schon 1823 J. B. Hirscher von einer «neu aufstehenden Scholastik» [29]. Allerdings versteht er, wie spätere Schriften [30] bestätigen, darunter noch nicht die theologisch-philosophische N.; er denkt dabei vielmehr an die von den Reformatoren als «Scholasticismus» angeprangerte Schulphilosophie, die sich einerseits durch Abstraktheit, Formalismus und Pedanterie auszeichnet [31] und andererseits ihre Methode nicht so sehr an den positiven Offenbarungsquellen als an Tradition und Dogma orientiert. 1846 verwendet, wie bereits erwähnt [32], W. Mattes den Begriff von einer «neuen, rediviven Scholastik». 1859 schließlich taucht bei J. von Kuhn der Begriff einer neuen Scholastik auf, die die alte Scholastik «represtinieren» wolle [33]. Von «represtinierter Scholastik» ist sodann vor allem bei Fr. Michelis die Rede [34].

In den *päpstlichen Verlautbarungen* findet sich weder der Begriff ‹N.› noch eine direkte Empfehlung der mit ‹N.› bezeichneten Richtung. Allerdings können sie als eine indirekte Parteinahme gelten, da die meisten von ihnen unter dem aktiven Einfluß neuscholastischer Theologen entstanden sind. Außerdem machen sie sich die Grundpositionen der N. zu eigen: Sie verurteilen zunächst jeglichen Versuch, neuzeitliches Denken und katholische Theologie miteinander zu vermitteln, wie dies unter anderen durch G. Hermes, A. Günther und J. Frohschammer geschah [35]. Sodann nehmen sie sich ausdrücklich das Recht, nicht nur in theologischen, sondern auch in wissenschaftlichen und philosophischen Fragen eingreifen zu dürfen, sofern diese der Kirche Schaden bringen [36]. Im weiteren erlassen sie die explizite Aufforderung, die katholische Theologie und Philosophie an der Tradition der Kirche zu orientieren, und erklären diese für fähig, der Entwicklung der Geschichte immer und jederzeit gerecht zu werden [37]. Schließlich bekräftigen sie die Ablehnung jeglichen neuzeitlichen Fortschritts sowohl in geistiger als auch in gesellschaftlicher Hinsicht [38]. Es kommt daher nicht von ungefähr, daß z. B. F. X. KRAUS [39] und FR. MICHELIS [40] den Höhepunkt der päpstlichen Ablehnungspolitik gegenüber der modernen Kultur im Brief ‹Tuas libenter› (21. Dez. 1863) und in der Enzyklika ‹Quanta cura› (8. Dez. 1864) durch PIUS IX. [41] als einen Sieg der N. werten.

Die *politische Dimension* des Begriffs ‹N.› bleibt während des ganzen 19. Jh. und auch noch während des Modernismusstreits erhalten. J. FROHSCHAMMER definiert die N. auch in späteren Schriften [42] als eine «durch das Papstthum im Bunde mit dem Jesuitismus» bestehende «Macht» [43]. Bei anderen Autoren gilt sie häufig als eine «Partei» [44], die man durch Schlagworte wie «Ultramontanismus», «Jesuitismus» [45] und «reaktionär» [46] kennzeichnet. Man wirft ihr nicht nur vor, die «Wächterin der Orthodoxie» [47] sein zu wollen, sondern zugleich die Henkerin der wissenschaftlichen Bestrebungen des katholischen Deutschlands zu sein [48]. Darüber hinaus macht man ihre Vertreter, die I. VON DÖLLINGER einfach «die Römer und ihr deutscher Anhang» [49] oder F. X. KRAUS «die Romanisten» bzw. die «Mainzer Partei» [50] nennt, für den allgemeinen Gegensatz von «Germanismus» und «Romanismus» verantwortlich [51]. Kennzeichnend für die politische Belastetheit des Begriffs ‹N.› ist auch die Tatsache, daß der sachlich-theologische Streit zwischen J. VON KUHN und C. VON SCHÄZLER bezüglich des Verhältnisses von Natur und Gnade seinen konkreten Anlaß in der kulturpolitischen Frage um die Errichtung einer katholischen Universität findet [52]. Auf dem Hintergrund dieser Verhältnisse ist es schließlich begreiflich, warum die Hauptvertreter der N. selbst den Begriff ‹N.› nicht nur überhaupt nicht verwenden, sondern sich auch, wie etwa J. KLEUTGEN [53] und J. HERGENRÖTHER [54], ausdrücklich dagegen verwahren, als Neuscholastiker bezeichnet zu werden.

Zu einem *positiven* und unpolitischen Begriff wird das Wort ‹N.› erst mit dem Erscheinen der Enzyklika ‹Aeterni Patris› Papst LEOS XIII. (4. Aug. 1879) [55]. In dieser wird zwar von ‹N.› oder ‹Neuthomismus› explizit genauso wenig gesprochen wie in den weiteren päpstlichen Verlautbarungen zum katholischen Hochschulwesen [56], dennoch aber macht sie es den katholischen Gelehrten möglich, sich selbst als Neuscholastiker zu bezeichnen. Auffälligerweise tauchen die Begriffe ‹N.› und ‹Neuthomismus› in den romanischsprachigen Ländern auch erst um 1878 auf [57]. Hier wird der Begriff ‹N.› sogar zum Selbstattribut von kirchlichen Wissenschaftlern. 1894 gründet D. MERCIER die ‹Revue Néo-Scolastique› [58]. Ihr folgen mit der Zeit gleichnamige Zeitschriften in anderen Sprachen [59].

Der Grund für diese positive Aufwertung des Begriffs ‹N.› liegt in der Erweiterung des neuscholastischen Grundsatzprogramms, die LEO XIII. einleitete. Schon die Glaubenskonstitution ‹Dei filius› von 1870 [60], die ebenfalls das Werk neuscholastischer Theologen ist [61], signalisierte erstmals den Wandel von einer rein defensiv und apologetisch orientierten Theologie und Philosophie zu einer kirchlichen Wissenschaft, die bereit war, mit der Neuzeit in eine ernsthafte Auseinandersetzung zu treten [62]. Zumindest wurde in diesem Dokument des 1. Vaticanums deutlich, daß die N. in der Lage war, innerhalb der philosophisch-theologischen Diskussion ihrer Zeit einen positiven Beitrag zu leisten, sofern sie einen Weg der Mitte zwischen Extremen wie Rationalismus, Irrationalismus, Traditionalismus, Ontologismus und Fideismus wies [63]. Leo XIII. setzte diesen Gesinnungswandel fort, indem er ein neues Verständnis von Tradition zur Geltung brachte. Er verstand diese als einen positiven Anstoß und verlangte daher weder eine Rekapitulierung der Scholastik noch eine apologetisch gesinnte Verteidigung derselben. Er forderte vielmehr ein Denken aus dem Geist des Hl. Thomas von Aquin («ad Sancti Thomae sapientiam» [64]) und der übrigen Größen der christlichen Tradition und zudem eine Fruchtbarmachung, Erweiterung und Vervollkommnung des Alten durch das Neue («vetera novis augere et perficere» [65]).

Um dieses Programm verwirklichen zu können, war es damals jedoch notwendig, die christliche Tradition und hier besonders die mittelalterliche Scholastik genau zu erforschen. Bis in die zweite Hälfte des 19. Jh. war diese nämlich gegenüber der neuzeitlich-rationalistischen Schulphilosophie und gegenüber der Barockscholastik noch gar nicht hinreichend abgehoben [66]. Dadurch bestand die unmittelbar auf ‹Aeterni Patris› folgende Phase der N. vor allem in der historischen Erforschung des Mittelalters [67]. Erst in einer späteren Phase nach dem Ersten Weltkrieg setzte ein wirklicher Dialog mit der modernen Philosophie ein [68]. Dieser wurde vor allem dadurch gefördert, daß man bei der geschichtlichen Erforschung des *Thomas von Aquin* auf einen *Vernunftbegriff* stieß, der sich mit dem, den die N. des 19. Jh. vertrat, keineswegs deckte [69]. Die thomasische Philosophie räumte der Vernunft angesichts der Gnade ein weit größeres Autonomierecht ein, als dies z. B. F. J. Clemens und C. von Schäzler zugestehen wollten. Zwar galt auch für Thomas das augustinisch-anselmianische Prinzip der «fides quaerens intellectum», doch gegenüber dem Augustinismus betonte er die von der Gnade als unabhängig vorausgesetzte menschliche Freiheit wesentlich mehr. Für eine N., die sich nun am «intellectus»-Begriff des Thomas orientierte, wurde der ursprüngliche Gegensatz zwischen Tübinger Schule und N., wie er das 19. Jh. beherrschte, hinfällig. Dies wiederum hatte zur Folge, daß die N. dem neuzeitlichen Denken in seinem entscheidenden Anliegen, die Autonomie der menschlichen Vernunft zu betonen, entgegenkommen konnte. Zwar konnte man noch 1918 bei F. EHRLE den Satz lesen: «Jede gesunde und vernunftgemäße Philosophie wird und muß daher in gewissem Sinne *aristotelisch* und *christlich*, also *scholastisch* sein» [70], und 1930 bei J. MARITAIN eine scharfe Verurteilung der neuzeitlichen Philosophie als «antichristlicher Revolution» [71] finden, doch ein Zurück zur klassischen N. des 19. Jh. fand nicht mehr statt. Auch der Versuch Papst JOHANNES' XXIII., die spezifisch neuscholastische Tradition der lateinischen Lehrbücher durch eine Rehabilitation der lateinischen Sprache im katholischen Hochschulwesen neu zu beleben [72], stieß auf kein Echo mehr.

Durch diese Verschiebung des Begriffs ‹N.› setzte aber zugleich auch seine *Auflösung* ein, denn mit der Zeit umfaßte er eine derartige Vielzahl von zum Teil kontrastierenden Richtungen, daß er seinen eindeutigen Inhalt verlor. Galt er Ende des 19. Jh. noch als Inbegriff einer theologisch-philosophischen Richtung, die das Ziel einer «Überwindung des weltanschaulichen Anthropismus» [73] hatte, so rückte im 20. Jh. unter dem Einfluß der Maréchal-Schule immer stärker der Begriff der «christlichen Anthropozentrik» in den Vordergrund [74]. Hatte man im 19. Jh. noch weitgehend die Vorstellung von einer relativ geschlossenen und kontinuierlich verlaufenden Tradition, so erkannte man mit zunehmender Forschung immer deutlicher, daß allein schon innerhalb der Scholastik verschiedenste Richtungen vertreten waren [75]. Diese historische Erkenntnis führte sogar so weit, daß man auch bezüglich des 19. Jh. die Römische Schule gegenüber der N. in Deutschland und um die Zeitschrift ‹La Civiltà cattolica› in Italien abhob [76]. Vor lauter Differenzierungen wurde so der Sammelbegriff ‹N.› immer inhaltloser. Dies ist der Grund, warum er in zunehmendem Maße kritisiert [77] und vermieden wurde, was z. B. die Tatsache veranschaulicht, daß eine Reihe von Zeitschriften, die eindeutig neuscholastische Titel trugen, diese ablegten [78]. Bestand schließlich in der ersten Hälfte des 20. Jh. noch die Hoffnung auf eine reale Synthese von scholastischem Denken und diversen Richtungen der modernen Philosophie, so wurde in der Zwischenzeit immer deutlicher, daß diese nur beschränkt möglich ist. Die Radikalisierung der philosophischen Traditionskritik von einer reinen Inhalts- zu einer Sinnkritik, die immer stärker bewußt werdende Bedeutung der Geschichtlichkeit für jedes philosophische und theologische Erkennen, die zunehmende Zersplitterung der verschiedenen philosophischen Disziplinen und der immer sprunghafter werdende Fortschritt der Wissenschaften in methodischer und sachlicher Hinsicht tragen dafür die Verantwortung [79]. Von da her gesehen muß man heute von einem Ende der N. sprechen.

Anmerkungen. [1] J. FROHSCHAMMER: Die röm. Index-Congregation und die Freiheit der Wiss. Athenäum, Philos. Z., hg. J. FROHSCHAMMER 1 (1862) H. 2, 263; A. SCHMID: Wiss. Richtungen auf dem Gebiete des Katholicismus in neuester und in gegenwärtiger Zeit (1862), vgl. [16]. – [2] J. FROHSCHAMMER: Über die Freiheit der Wiss. (1861) 78. 141 bzw. 143. 155. – [3] a.O. 140. 143. 148. 154f.; vgl. Athenäum 1 (1862) 26. 134. 144. 147. – [4] Vgl. SCHMID, a.O. [1] 144-149. – [5] J. KLEUTGEN: Zu meiner Rechtfertigung (1868) 4. – [6] FROHSCHAMMER, a.O. [1] 295-325. – [7] Rezensionen in: Tüb. theol. Quartalschr. 45 (1863) 171-183; Hist. pol. Bl. 51 (1863) 49-68; Der Katholik 43/1 (1863) 89-101; Allg. Lit.Ztg. 10 (1863) 2ff. – [8] F. X. KRAUS: Tagebücher, hg. H. SCHIEL (1957) 153. 155. 162. 164. – [9] FROHSCHAMMER, a.O. [1]; vgl. Athenäum 2 (1863) 654. – [10] a.O. [1] 305. 325. – [11] Vgl. 229-355. – [12] 110ff. 247-252. 312-318. – [13] 229-231; vgl. 134-147. – [14] 295-321. – [15] 68-110. – [16] A. SCHMID, a.O. [1] 6. 62-76. 101. 160; vgl. 79. 187. – [17] a.O. 64. – [18] 63. 92. 176 Anm. 280. – [19] 63f. – [20] J. VON KUHN: Das Verhältnis der Philos. zur Theol. nach modern-scholast. Lehre. Tüb. theol. Quartalschr. 44 (1862) 541-602, bes. 594f.; wenige Zeit später spricht Kuhn von «Spätscholastik», vgl.: Die christl. Lehre von der göttl. Gnade (1868) 123ff. 143ff. – [21] SCHMID, a.O. [1] 120. 262. 269 u. ö. – [22] 60. – [23] W. MATTES: Die alte und die neue Scholastik. Tüb. theol. Quartalschr. 28 (1846) 355-404. 578-620, bes. 355. 381ff. 399. – [24] SCHMID, a.O. [1] 160-163. 164ff. – [25] J. VON KUHN: Glauben und Wissen nach St. Thomas. Tüb. theol. Quartalschr. 42 (1860) 273-340. – [26] F. J. CLEMENS: De scholasticorum sententia philosophiam esse theologiae ancillam commentatio (1856); Unser Standpunkt in der Philos. Der Katholik 39/2 (1859) 9-23. 129-154. 1409-1446; Anonymus: Del progresso filosofico possibile nel tempo presente. La Civiltà catt. 4/3 (1853) 265-287. – [27] Anonymus: R. Descartes und seine Reform der Philos. Der Katholik 40/1 (1860) 15-36. 156-179. 257-280. – [28] Vgl. J. VON KUHN, a.O. [20]. – [29] J. B. HIRSCHER: Über das Verhältnis des Evangeliums zu der theol. Scholastik der neuesten Zeit im kath. Deutschland (1823) 290f.; vgl. III, 5. – [30] Die christl. Moral als Lehre von der Verwirklichung des göttl. Reiches in der Menschheit (1835) 3-5. 6-16. 64f. 71. – [31] a.O. 36f. 61. – [32] MATTES, a.O. [23]. – [33] J. VON KUHN: Einleitung in die Kath. Dogmatik (²1859) 306f. 513f. – [34] FR. MICHELIS: Bemerkungen zu der durch J. Kleutgen SJ verteidigten Philos. der Vorzeit (1861) 4. 6. 43. 62f. 66. 70-77. – [35] Vgl. DENZINGER-SCHÖNMETZER: Enchiridion Symbolorum (³⁴1967) Nr. 2738-2740. 2828-2831. 2850-2861. – [36] a.O. Nr. 2860. – [37] Nr. 2876. 2913. – [38] Nr. 2875-2880. 2890-2980. – [39] KRAUS, a.O. [8] 207f. – [40] FR. MICHELIS: Kirche oder Partei? (1865) 5ff. – [41] a.O. [38]. – [42] J. FROHSCHAMMER: Die Philos. des Thomas von Aquino (1889) IX. XIVff. 15f. Anm. 8. – [43] a.O. V. XIVff. – [44] FR. MICHELIS, a.O. [40] 17. 30f. – [45] J. HERGENRÖTHER: Kirche – und nicht Partei. Chilianeum 6 (1865) 8-26. 56-75; Augsburger Allg. Ztg. 285 (1863) 4714. – [45] FR. MICHELIS, a.O. [40] 37-40. – [46] F. X. KRAUS, a.O. [8] 111. 207f. – [47] FR. MICHELIS, a.O. [40] 5-13. – [48] J. FROHSCHAMMER: Über die Freiheit der Wiss. (1861) 140f. – [49] J. FINSTERHÖLZL (Hg.): Ignaz von Döllinger, Wegbereiter heutiger Theol. 2 (1969) 271. – [50] a.O. [8] 147f. – [51] FR. MICHELIS, a.O. [40] 36f.; vgl. die Nuntiaturberichte von P. F. MEGLIA, in: R. LILL: Die dtsch. Theol.professoren vor dem Vaticanum I im Urteil des Münchner Nuntius. Reformata Reformanda 2 (1965) 483-508. – [52] K. J. MATTES: Die Kontroverse zwischen Joh. v. Kuhn und C. v. Schäzler über das Verhältnis von Natur und Gnade (1968) 5-68; vgl. C. VON SCHÄZLER: Eine freie kath. Univ. und die Freiheit der Wiss. Hist.pol. Bl. 51 (1863) 325-356. 897-938; 52 (1864) 30-51; zur bildungspolit. Problematik der N. vgl. J. FRIEDRICH: Der Kampf gegen die dtsch. Theol. und theolog. Fakultäten in den letzten zwanzig Jahren (Bern 1875). – [53] J. KLEUTGEN, a.O. [5] 4. 32ff. – [54] J. HERGENRÖTHER, a.O. [44] 9. 24. 57f. 68. 71-75. – [55] Acta Sanctae Sedis [ASS] 12 (1879) 97-115. – [56] Acta Apostolicae Sedis [AAS] 6 (1914) 336-341. 383-386; 8 (1916) 156f.; 15 (1923) 309-326; 42 (1950) 561-578. – [57] G. PETRI: Antonio Rosmini e i Neoscolastici (1878); Sensismo e subbiettività dei Neoscolastici. La Sapienza 2 (1880); 3 (1881); 4 (1882); H. MEUFFELS: A propos d'un mot nouveau. La Quinzaine 38 (1901) 521-534; M. DE WULF: Introd. à la philos. néo-scol. (1904) 207-220. – [58] D. MERCIER: La philos. néo-scol. Rev. néo-scol. 1 (1894) 5-18. – [59] Riv. Filos. neo-scol. (1909ff.); New Scholasticism (1926ff.). – [60] DENZINGER-SCHÖNMETZER, a.O. [35] Nr. 3000-3045. – [61] Vgl. H. J. POTTMEYER: Der Glaube vor dem Anspruch der Wiss. (1968) 45-58. 82-100 u. ö. – [62] a.O. 59-81; L. SCHEFFCZYK: Die dogmat. Konstitution «Über den kathol. Glauben» des Vaticanum I und ihre Bedeutung für die Entwickl. der Theol. Münchner theol. Z. 22 (1971) 74-94. – [63] H. J. POTTMEYER, a.O. [61]. – [64] a.O. [55] 114. – [65] 111. – [66] B. WELTE: Zum Strukturwandel der kath. Theol. im 19. Jh., in: Auf den Spuren des Ewigen (1965) 380-409, bes. 399ff. – [67] F. VAN STEENBERGHEN: Le mouvement des études médiévales (1934); M. GRABMANN: Der Gegenwartswert der gesch. Erforsch. der mittelalterl. Philos. (1913). – [68] E. PRZYWARA: Die Problematik der N. Kantstudien 33 (1928) 73-98. – [69] Vgl. z. B. P. ROUSSELOT: L'intellectualisme de St. Thomas (Paris 1908). – [70] F. EHRLE: Grundsätzliches zur Charakteristik der neueren und neuesten Scholastik (1918) 4. – [71] J. MARITAIN: Antimodern (1930) 8. 10. – [72] AAS 54 (1962) 339-368, bes. 345ff. – [73] K. ESCHWEILER: Die zwei Wege der neueren Theol. (1926) 134. 162. 172. – [74] J. B. METZ: Christl. Anthropozentrik (1962). – [75] K. ESCHWEILER, a.O. [73] 29-80. 172-177; H. DE LUBAC: Surnaturel (Paris 1946ff.). – [76] W. KASPER: Die Lehre von der Tradition in der Röm. Schule (1962) 1-26; J. SCHUMACHER: Der «Denzinger» (1974) 57-60. – [77] K. ESCHWEILER, a.O. [73] 33f.; M. SCHOOF: Der Durchbruch der neuen kathol. Theol. (1969) 55f.; M. D. CHENU: Scholastik, in: Hb. der theol. Grundbegriffe 2 (1963) 489. – [78] Die ‹Revue Néo-Scolastique› wurde 1946 die ‹Revue philosophique de Louvain›, die Zeitschrift ‹Scholastik› 1965 zur Zeitschrift ‹Theologie und Philosophie›. – [79] K. RAHNER: Zum heutigen Verhältnis von Philos. und Theol., in: Schriften zur Theol. 10 (1972) 70-88; L. OEING-HANHOFF: Thomas v. A. und die Situation des Thomismus heute. Philos. Jb. 70 (1962) 17-33; Metaphysik und Gesch.philos., in: Gott in Welt 1 (1964) 240-268.

H. M. SCHMIDINGER

Neustik/Phrastik (engl. neustic/phrastic)

I. Die Termini ‹N.› (von griech. νεύειν, nicken) und ‹Ph.› (von griech. φράζειν, (an)zeigen, bezeichnen) sind von R. M. HARE um 1950 in die sprachanalytische Moralphilosophie und die normative und imperative Logik eingeführt worden. Sie dienen dazu, die Satzkomponente, welche die funktionelle Rolle des Satzes im Kontext ausübt bzw. anzeigt, von der informativ-deskriptiven Komponente zu unterscheiden. Die Ph. (bei WITTGENSTEIN:

Satzradikal [1]) weist auf einen Sachverhalt hin, ohne sein Bestehen zu behaupten. Die N. entscheidet darüber, ob der Satz Bitte, Befehl, Frage, Tatsachenbehauptung usw. ist. FREGES Behauptungszeichen '⊢' [2] oder etwa das Ausrufezeichen '!' sind neustische Zeichen. Die Sätze «Schließe die Tür!» und «Du wirst (gleich) die Tür schließen» haben dieselbe Phrastik, jedoch verschiedene N., wie folgende Umformulierung zeigt: «Dein Schließen der Tür in unmittelbarer Zukunft, bitte!» bzw. «Dein Schließen der Tür in unmittelbarer Zukunft, ja» [3]. Modalsätze können durch eventuell mehrfach negierte N. aufgebaut werden. Indikative bzw. imperative oder ähnliche N. sind der Grund für J. L. AUSTINS Unterscheidung zwischen konstatierenden und performativen Äußerungen. Da Tempora und Personalbestimmungen stets zur Ph. zählen, kann man (universale) Imperativsätze mit für alle Zeiten und Personen gültigem Inhalt konstruieren (HARE stützt hierauf seine präskriptive Ethiktheorie). Übliche logische Konstanten sind phrastisch, daher kann man logisch zusammengesetzte (z. B. hypothetische) Befehle usw. bilden. – Die Einteilung N./Ph. entspringt der sprachanalytischen Erkenntnis, daß Sätze auch nichtkognitive (z.B. emotive, performative usw.) Funktionen haben können. Doch ist sie noch zu grob, um vielfältige Bedeutungs-, Modal- und Gebrauchsunterschiede umgangs- und fachsprachlicher Sätze zu erfassen.

Anmerkungen. [1] L. WITTGENSTEIN, Philos. Untersuchungen § 22 mit Anm. Schriften 1 (1960) 299f. – [2] Vgl. Art. ‹Behauptungszeichen›. – [3] R. M. HARE: The language of morals (Oxford/London 1952); dtsch.: Die Sprache der Moral (1972) 38; vgl. dazu W. STEGMÜLLER: Hauptströmungen der Gegenwartsphilos. 1 (⁶1978/79) 520.   H. LENK

II. Später entwickelt R. M. HARE Differenzierungen zur schlichten Gegenüberstellung von N. und Ph. Schon 1949/50 hat er gesehen, daß seine 1949 eingeführte Unterscheidung «descriptor/dictor» [1] zu grob war, und den ursprünglichen Diktor daher in «sign of completeness», «sign of use» und «sign of mood or dictor» [2] zerlegt. In ‹The language of morals› (1952) erscheint ihm die Erwähnung dieser Dreiteilung allerdings als überflüssig, und er begnügt sich wieder mit der bloßen Dichotomie (phrastic/neustic). Seit etwa 1966 hält er diese Vereinfachung aber für einen großen Fehler [3] und besteht nun auf der Tetrachotomie phrastic, tropic (sign of mood; von griech. τρόπος, Modus, Art und Weise), clistic (sign of completeness und sign of concatenation; von griech. κλείειν, abschließen), neustic (sign of subscription) [4], deren letztes Glied nun bloß noch dem senkrechten 'Urteilsstrich' Freges, die Verbindung von Klistikon und (indikativischem) Tropikon aber seinem 'Waagerechten' entsprechen soll [5]. Gemäß dieser Viergliederung nimmt die exemplarische Satz-Zerlegung «Your shutting the door in the immediate future, please» [6] nun die Form an: «Message begins: shutting of the door by you in the immediate future, please: (signed) R. M. Hare: message ends» [7]: Die Gerundialkonstruktion («shutting ... future») ist, wie früher, das Phrastikon; «please» ist jetzt nicht mehr das Neustikon, sondern das (imperativische) Modalzeichen oder Tropikon; die 'Unterschrift' ist das Neustikon im neuen, engeren Sinn, d. h. das reine, auch mit anderen Modalzeichen kombinierbare Zustimmungszeichen (Zeichen für die Inkraftsetzung [8] oder Übernahme der Verantwortung); und die Worte «message begins» und «message ends» machen zusammen das (hier, wie im Morse-Code, zweiteilige) Klistikon aus, das

mögliche Zweifel über die Vollständigkeit der Äußerung ausschließen soll [9]. Das Klistikon dient aber nicht nur als Vollständigkeits- oder Begrenzungs-, sondern auch als strukturiertes Verkettungszeichen: Es gibt nicht bloß an, was zum Satz gehört und was nicht, sondern macht (z. B. durch die Verzweigung des 'Waagerechten' bei Frege oder durch die Verwendung von Klammern als einer Art 'Sub-Klistika') auch deutlich, *wohin* die einzelnen Teilausdrücke gehören [10]. Deshalb hält Hare es für möglich, daß sein Klistikon noch immer das Konglomerat *zweier* 'logischer Elementarteilchen' darstellt [11]. Am wichtigsten an seiner Vier- (oder Fünf-)Gliederung dürfte jedoch die Trennung von Klistikon und Neustikon auf der einen und Tropikon auf der anderen Seite sein; von der Terminologie abgesehen, ist sie das eigentlich Neue, das Hares Einteilung nicht nur gegenüber der älteren FREGES, sondern auch gegenüber der jüngeren SEARLES (propositional indicator/illocutionary force indicator [12]) überlegen erscheinen läßt. Erst diese Trennung erlaubt es nämlich zu sagen, daß kategorische Sätze, die durch Eintritt in einen 'wenn-dann'-Satz ihre Selbständigkeit verlieren, nur ihre Neustika und Klistika, nicht aber ihre Tropika abwerfen, und genau deshalb wird HARE nicht von den Einwänden betroffen, die GEACH und SEARLE gegen seine 'Sprechaktanalyse' der Bedeutung von 'gut' (bzw. gegen STRAWSONS analoge Behandlung von 'wahr') vorgebracht haben [13].

Anmerkungen. [1] R. M. HARE: Practical inferences (London 1971) 8f. – [2] a.O. 22-24. – [3] 21. 90; Some sub-atomic particles of logic (Vortrags-Ms., Fassung Canberra 1966) 7. – [4] a.O. (1966) 13-20 und Neufassung (Leeds 1971) 1-15; a.O. [1] 89-93. – [5] a.O. [3] (1966) 3f.; a.O. [4] (1971) 11-14. – [6] The language of morals (London 1952, dtsch. 1972) Kap. 2.1. – [7] a.O. [3] (1966) 19. – [8] H. U. HOCHE: Vom 'Inhaltsstrich' zum 'Waagerechten'. Ein Beitr. zur Entw. der Fregeschen Urteilslehre, in: M. SCHIRN (Hg.): Stud. zu Frege 2 (1976) 102. – [9] Hare, a.O. [3] (1966) 16; a.O. [4] (1971) 12f.; vgl. schon F. WAISMANN: Logik, Sprache, Philos. (1976) 439f. – [10] HARE, a.O. [4] (1971) 11f. 14f. – [11] a.O. (1971) 11; vgl. a.O. [3] (1966) 13. – [12] J. R. SEARLE: Speech acts (Cambridge 1969, dtsch. 1971) Kap. 2.4; vgl. HOCHE, a.O. [8] 99-102. – [13] HARE, a.O. [3] (1966) 8. 18; a.O. [1] 74-99 (Lit.-Angaben zu GEACH, SEARLE und STRAWSON: 74f. 93).

Literaturhinweise. G. FREGE: Begriffsschr. (1879) §§ 2-4; Funktion und Begriff, in: I. ANGELELLI (Hg.): Kl. Schr. (1967) 136f. (1891: 21f.); Grundgesetze der Arithmetik 1 (1893) § 5. – E. HUSSERL: Log. Unters. II/1 (1901) V. Unters., §§ 20-31; Ideen ... 1 (1913) §§ 129-133. Husserliana 3 (1950) 315-325; Erfahrung und Urteil (1948) §§ 69ff.; Formale und transz. Logik (1929) § 89 und Beilage I. Husserliana 17 (1974) 223-228. 299-313. – B. RUSSELL: The principles of mathematics (London 1903) Appendix A, §§ 477-479. – A. N. WHITEHEAD/B. RUSSELL: Principia mathematica (1910) 8. 11. – L. WITTGENSTEIN: Tractatus logico-philosophicus (1921) 4.442 und Philos. Unters. (1953) §§ 21f. Schriften 1 (1960) 40f. 298ff. – M. BLACK: A propos of 'facts'. Analysis 1 (1933/34) 39-43. – J. JØRGENSEN: Imperatives and logic. Erkenntnis 7 (1937/38) 288-296. – E. L. BEARDSLEY: Imperative sentences in relation to indicatives. Philos. Review 53 (1944) 175-185. – A. ROSS: Imperatives and logic. Philos. of Sci. 11 (1944) 30-46. – C. I. LEWIS: An analysis of knowledge and valuation (La Salle, Ill. 1946) Kap. III.4. – H. REICHENBACH: Elements of symbolic logic (New York 1947) Kap. VII. – R. B. BRAITHWAITE: Rezension von R. M. Hare, The language of morals. Mind 63 (1954) 249-262. – R. M. HARE: Rezension von E. W. Hall, What is value? Mind 63 (1954) 262-269. – B. MAYO und B. MITCHELL: The varieties of imperatives. Proc. arist. Soc., Suppl. 31 (1957) 161-190. – G. E. M. ANSCOMBE: An introd. to Wittgenstein's Tractatus (London 1959) 105f. – E. STENIUS: Wittgenstein's Tractatus (Oxford 1960, dtsch. 1969) Kap. 9. – J. L. AUSTIN: How to do things with words (Oxford 1962, dtsch.: Zur Theorie der Sprechakte (1972). – A. KENNY: Action, emotion and will (London 1963) bes. 222-230; Practical inference. Analysis 26 (1966) 65-75. – P. T. GEACH:

Assertion. Philos. Review 74 (1965) 449-465. – G. C. KERNER: The revolution in ethical theory (Oxford 1966) Kap. IV. – E. STENIUS: Mood and language-game. Synthese 17 (1967) 254-274. – A. N. PRIOR: Objects of thoughts (Oxford 1971) bes. Kap. 5. – M. FURBERG: Saying and meaning (Oxford 1971) 113-115. – M. DUMMETT: Frege. Philos. of language (London 1973) Kap. 10. – M. HUNTLEY: Propositions and the imperative. Synthese 45 (1980) 281-310. H. U. HOCHE

Neustoizismus (frz. néostoïcisme, engl. neo-stoicism). W. G. TENNEMANN überschreibt ein Kapitel seiner Philosophiegeschichte mit ‹Erneuerter Stoizismus› [1]. Im übrigen scheint der Begriff ‹N.› im 19. Jh. nur selten und erst im 20. Jh. regelmäßig gebraucht zu werden. Von «novi Stoici» hingegen spricht bereits J. CALVIN [2]. ‹N.› bezeichnet die Wiederbelebung der stoischen Philosophie im späthumanistischen Denken des ausgehenden 16. und beginnenden 17. Jh., die vor allem mit dem Wirken des Niederländers J. LIPSIUS (1547-1606) verknüpft ist. Die Rekonstruktion der antiken Stoa, vornehmlich aber der stoischen Ethik im Sinne einer autonomen Tugendhaltung menschlicher Selbstbehauptung unter Rückgriff auf *Seneca* und *Epiktet*, wie sie in Lipsius' drei Werken ‹De Constantia› (1584), ‹Manuductio ad Stoicam philosophiam› (1604) und ‹Physiologia Stoicorum› (1604) ausgeführt ist, versteht die stoische Philosophie als ein natürliches Vernunftsystem, das sich unter Verzicht auf den ursprünglichen Sensualismus der Stoa auf das Kriterium der «recta ratio» stützt [2a], hierbei von direkten Ableitungen aus biblischen und theologischen Autoritäten absieht, doch stets bemüht ist, eine weitgehende Übereinstimmung von stoischer und christlicher Lehre nachzuweisen. Die Harmonisierung mit der christlichen Doktrin wird dadurch erleichtert, daß einerseits weitgehend die gemäßigte stoische Ethik Senecas zugrunde gelegt ist und andererseits gewisse Umdeutungen (aprioristische Herkunft der moralischen Begriffe, entschiedener Rationalismus, metaphysischer Dualismus) und forcierte Ausdeutungen (Unterordnung des Tugendbegriffs unter den Gottesbegriff in der Frage des höchsten Gutes, entscheidende Abschwächung der Apathie-Lehre, Verschmelzung von Fatum und Vorsehung) vorgenommen worden sind. Eine ausdrückliche Distanzierung von stoischen Thesen geschieht bei Lipsius lediglich in eher sekundären Fragen (Gottgleichheit des stoischen Weisen, Verwerfung des Mitleids, philosophischer Selbstmord). Aus dieser Sicht erscheint die antike Stoa als ein rationales System, das die Wahrheiten des Christentums weitgehend vorwegnimmt und das deshalb geeignet ist, den Menschen auf dem Wege der bloßen Vernunft zum christlichen Glauben zu führen. Man kann zudem darauf verweisen, daß bereits in der frühchristlichen patristischen Tradition Übereinstimmungen zwischen Stoa und Christentum bemerkt worden sind und namentlich die frühchristliche Ethik von der stoischen Ethik und Affektenlehre entscheidend beeinflußt worden ist [3].

Historisch betrachtet, hängt die Entstehung und Verbreitung des N. mit der Ausbildung eines natürlichen Systems der Geisteswissenschaften (DILTHEY) zusammen, das im Bereich der sittlichen Lebensführung zu einer von Religion und Theologie gelösten, autonomen Moral geführt hat. Hierbei wurde die Wiedererweckung der stoischen Ethik in Ländern wie den *Niederlanden* und *Frankreich* auch dadurch motiviert, daß dort damals Zeiten äußerster geistiger und materieller Unsicherheit herrschten, hervorgerufen durch die von Kriegen und Bürgerkriegen begleiteten Auseinandersetzungen zwischen Katholizismus und Protestantismus, die Sehnsucht nach einem inneren Halt und der Bewältigung schwieriger Schicksalslagen aufkommen ließen [4]. In der Tat bot gerade die Stoa eine philosophische Ethik, die, unabhängig von den dogmatischen Streitigkeiten der beiden Konfessionen, als natürliche Grundlage für eine verinnerlichte Moral von strenger Sittlichkeit akzeptiert und als geistiger Zufluchtsort vor den Widrigkeiten des äußeren Lebens gewährt werden konnte.

Der N. hat sich unter diesen Voraussetzungen in ganz Europa während der Barockepoche zu einer überaus populären Moralphilosophie entwickelt, die, wie in Lipsius' weitverbreiteter ‹Politik› (1589), auch die zeitgenössische politische Ethik beeinflußte. Die neben Lipsius wichtigsten europäischen Vertreter des N. waren der deutsche Humanist K. SCHOPPE (Gaspar Scioppius, 1576-1649), dessen Schrift ‹Elementa philosophiae stoicae moralis› (1606) unter Anpassung an die christliche Lehre eine Systematisierung der stoischen Ethik, vornehmlich nach Seneca, enthielt, und der Franzose G. DU VAIR (1556-1621), der sich in seiner ‹Philosophie morale des Stoïques› (1599) [5] vornehmlich auf Epiktet stützte und in seinem ‹Traité de la constance et consolation ès calamitéz publiques› (1595) [6] dem Vorbild Lipsius' folgte. In Spanien hat außer FR. SÁNCHEZ DE LAS BROZAS (1523?-1600) vor allem FR. DE QUEVEDO (1580-1645) in ‹La cuna y la sepultura para el conocimiento propio y desengaño de las cosas ajenas› (1634) [7] und ‹Nombre, origen, intento, recomendación y descendencia de la doctrina estoica› (1635) [8] die Wiederbelebung stoischen Denkens gefördert. In Italien sind neustoische Züge u. a. bei V. MALVEZZI (1595-1634) und A. MASCARDI (1591-1640) zu erkennen, in England namentlich bei J. HALL (1574-1656) und in TH. GATAKERS (1574-1654) Schrift ‹De disciplina Stoica› (1652) [9].

In der europäischen Dichtung der Spätrenaissance und des Barock, zumal in dem unter dem Einfluß der Tragödien Senecas entstehenden Trauerspiel, sind Welt- und Menschenauffassung vielfach durch neustoische Anschauungen (Fatumbegriff, stoische Affektpsychologie und Ethik) geprägt.

Anmerkungen. [1] Beispielsweise W. G. TENNEMANN: Grundriss der Gesch. der Philos. (³1820) 254. – [2] J. CALVIN, Inst. rel. christ. III, 8, 9. – [2a] J. LIPSIUS: De constantia (Antwerpen 1584) 7-8. – [3] Vgl. J. STELZENBERGER: Die Beziehungen der frühchristl. Sittenlehre zur Ethik der Stoa (München 1933); M. SPANNEUT: Le stoïcisme des Pères de l'Eglise de Clément de Rome à Clément d'Alexandrie (Paris 1957). – [4] LIPSIUS, a.O. [2a] unpag. Vorwort: «Solatia malis publicis quaesivi»; ähnlich G. DU VAIR, Traité de la constance I (Paris 1595) Anfang. – [5] Nach G. DU VAIR: De la Sainte Philos., Philos. morale des Stoïques, hg. G. MICHAUT (Paris 1946) 116: note bibliogr. – [6] a.O. 118. – [7] Die ersten fünf Kap. erschienen bereits 1630 unter dem Titel ‹Doctrina moral del conocimiento propio y del desengaño de las cosas ajenas›; vgl. K. A. BLÜHER: Seneca in Spanien (1969) 327, n. 2. – [8] Erschienen zusammen mit QUEVEDOS ‹Defensa de Epicuro› und seinen Übersetzungen von Epiktet und des Ps.-Phocylides; vgl. BLÜHER, a.O. 352. – [9] Erschienen als Einl. zu dessen A. von Mark Aurels ‹Selbstbetrachtungen›.

Literaturhinweise. W. DILTHEY: Weltanschauung und Analyse des Menschen seit Renaissance und Reformation (1913). Ges. Schr. 2 (⁶1960). – L. ZANTA: La renaissance du Stoïcisme au 16e siècle (Paris 1914). – K. H. WELS: Opitz und die stoische Philos. Euphorion 21 (1914) 86-102. – R. M. WENLEY: Stoicism and its influence (London u.a. 1925). – G. MESNARD: Du Vair et le N. Rev. Hist. de la Philos. 2 (1928) 142-166. – G. MARZOT: L'ingegno et il genio del Seicento (Florenz 1944). – A. CHEW: Joseph Hall and Neo-Stoicism. Publ. modern Language Ass. 65 (1950) 1130-1145. – J. L. SAUNDERS: Justus Lipsius. The philos. of Renaissance Stoicism (New York 1955). – G. OESTREICH: Calvinismus, N., Preußentum. Jb. Gesch. Mittel- und Ostdeutschlands 5 (1956) 156-181. – P. ROQUES: La philos. morale des Stoïques' de Guillaume du Vair. Arch. Philos. NS 20 (1957) 226-239. 379-391. – J.-E. D'ANGERS: Le renouveau du Stoïcisme en France au 16e et au début du 17e siècle. Actes Congr. Assoc. G. Budé (Paris 1964) 122-153. – A. LEVI: French moralists. The theory of passions 1585 to 1649 (Oxford 1964). – J. BAIBLÉ: Agrippa d'Aubigné et le stoïcisme. Bull. Assoc. G. Budé (1965) 97-111. – A. ROTHE: Quevedo und Seneca. Untersuch. zu den Frühschr. Quevedos (Genf/Paris 1965). – A. BRIDOUX: Le stoïcisme et son influence (Paris 1966). – J. MAURENS: La tragédie sans tragique. Le N. dans l'œuvre de Corneille (Paris 1966). – H. J. SCHINGS: Die patrist. und stoische Tradition bei Andreas Gryphius (Diss. Köln 1966). – K. A. BLÜHER: Seneca in Spanien. Untersuch. zur Gesch. der Seneca-Rezeption in Spanien vom 13. bis 17. Jh. (1969). – H. ETTINGHAUSEN: Francisco de Quevedo and the Neostoic movement (Oxford 1972). – E. LEFÈVRE (Hg.): Der Einfluß Senecas auf das europ. Drama (1976). – G. ABEL: Stoizismus und Frühe Neuzeit (1978). K. A. BLÜHER

Neuthomismus. Die erstmalige explizite Verwendung des Begriffs ‹N.› dürfte mit größter Wahrscheinlichkeit in den Kreisen um A. ROSMINI-SERBATI in Italien um 1879, dem Erscheinungsjahr der Enzyklika ‹Aeterni Patris›, zu suchen sein [1]. Dafür spricht nicht nur der Umstand, daß Namen von Schulen oder Richtungen sich seltener als Selbst- denn als Fremdbezeichnungen von seiten eines Gegners her einstellen, sondern weit mehr die Tatsache, daß auch der Begriff ‹Neuscholastik› in den italienischen Spachraum anläßlich des Streits um die Katholizität Rosminis zwischen seinen Schülern und der Jesuiten-Zeitschrift ‹La Civiltà cattolica› Eingang findet [2]. In diesem Zusammenhang fällt der Begriff ‹N.› etwa bei P. M. FERRÈ, dem Bischof von Casal Monferrato, der seine Gegner M. LIBERATORE und G. CORNOLDI damit betitelt [3]. Obwohl er dabei eine bestimmte Richtung innerhalb der Thomas-Deutung selbst vor Augen hat, die in der Frage des Universalienproblems und der Erkenntnistheorie ihr spezifisches Gepräge findet, denkt er gleichzeitig an die ganze philosophisch-theologische Bewegung, die um die Mitte des 19. Jh. in Italien groß geworden ist und mit dem Erscheinen von ‹Aeterni Patris› ihren vorläufigen innerkirchlichen Sieg gegenüber jeder andern Art von christlichem Denken errungen hat [4].

Die Vertreter dieser mit ‹N.› bezeichneten Bewegung reden selbst nie von ‹N.›. Auch die Zeitschriften, die zum Erfolg der Renaissance des thomistischen Denkens beigetragen haben, machen diesbezüglich keine Ausnahme. Dafür ist die Rede von einer kirchlichen Wissenschaft «ad mentem» [5] bzw. «in vestigiis S. Thomae» [6]. A. SCHMID, der als einer der Urheber des Begriffs ‹Neuscholastik› zu gelten hat, spricht lediglich von der «neuesten Scholastik und Thomistik» [7] oder von «heutiger Thomistik» [8]. Erst K. WERNER dürfte es sein, der 1886 ‹N.› als Begriff (im Anschluß an P. M. Ferrè) in den deutschen Sprachraum einführt [9]. Ansonsten jedoch manifestiert sich der neuthomistische Geist in der Tatsache, daß im Sinne des Thomas von Aquin philosophiert wird [10].

Was dies bedeutet, geht aus den päpstlichen Verlautbarungen [11] hervor, die selbst den Ausdruck ‹N.› nie verwenden, jedoch eine Orientierung der katholisch-kirchlichen Wissenschaft an der «sapientia S. Thomae» [12] aus folgenden Gründen empfehlen: erstens bilde sein Denken die «absolutissima synthesis totius philosophiae christianae» (Z. GONZÁLEZ [13]), sofern es «gewissermaßen die Einsicht aller alten Lehren zusammen geerbt habe» [14]; zweitens habe sich die Kirche mit seiner Lehre, die aus dem spezifisch katholisch gearteten Spannungsfeld von Glaube und Vernunft einerseits und Tradition und Gegenwart andererseits entstanden ist, am meisten identifiziert [15]; drittens könnten durch das Studium seiner Werke die Glaubensirrtümer am wirksamsten bekämpft werden [16]. Obwohl die Päpste damit keine andere Richtung der christlichen Tradition herabsetzen wollten [17], wurde der Begriff ‹N.› dennoch gerade wegen der Möglichkeit dieses Mißverständnisses abgelehnt. Bei M. DE WULF z. B. geschah es aus eben diesem Grund zugunsten des Begriffs «Neuscholastik» [18].

Im 20. Jh. teilte der Begriff ‹N.› im wesentlichen das Schicksal des Begriffs ‹Neuscholastik›. Anders als dieser wurde er jedoch praktisch nie zur ausdrücklichen Selbstbezeichnung katholischer Theologen oder Philosophen. Explizit wurde er vorwiegend nur in historiographischen Zusammenhängen verwendet, um damit den Thomismus vom ausgehenden 18. bis ins 20. Jh. gegenüber dem Thomismus der Reformations- und Barockzeit abzuheben [19]. Die sogenannten Neuthomisten sprechen aufgrund ihrer Überzeugung, daß die Lehre des Thomas von Aquin der höchste Ausdruck der «philosophia perennis» sei, einfach von ‹Thomismus›. Nach einer ersten Phase, in der man darunter ein rigoroses Festhalten an der inhaltlichen Lehre des Thomas verstand, richtete man sich in einer weiteren Phase mehr nach dem Geist [20], der Haltung [21] und der Methode [22] dieses Denkens, indem man gleichzeitig damit versuchte, mit der modernen Philosophie in Dialog zu treten. Aber auch diese Phase konnte nur beschränkt Geltung beanspruchen, sofern man einerseits historischer sehen lernte und dabei feststellte, daß sein Denken nicht nur ein Beispiel für Kontinuität innerhalb der Tradition, sondern auch für Diskontinuität und Originalität ist [23], und sofern man andererseits erkennen mußte, daß die Verbindung mit der modernen Philosophie ihre Grenzen hat, weil es sich dabei um grundsätzlich verschiedene Denkformen handelt, die nicht nur bezüglich der Inhalte, sondern vorher schon bezüglich der Strukturen unversöhnbar sind [24]. Durch beide Einschränkungen wurde die Geltung des Prinzips «vetera novis augere et perficere», mit dem Papst LEO XIII. den N. legitimiert hatte, erheblich modifiziert.

Anmerkungen. [1] K. WERNER: Die ital. Philos. des neunzehnten Jh. 4 (1886) 179-200, bes. 201ff. – [2] G. PETRI: A. Rosmini e i Neoscolastici (1878). – [3] P. M. FERRÈ: Degli Universale secondo la teoria Rosminiana confrontata colla dottrina di S. Tommaso d'Aquino e con quella di parecchi Tomisti e filosofi moderni (Lasale 1880ff.). – [4] FR. PFURTSCHELLER: Von der Einheit des Bewußtseins zur Einheit des Seins (1977) 251-277; K. H. MENKE: Vernunft und Offenbarung nach A. Rosmini (1980) 15-25. – [5] A. ROSELLI: Summa philosophica ad mentem Angelici Doctoris S. Thomae Aquinatis (1777). – [6] T. M. ZIGLIARA: Summa philos. 1 (Rom 1876) Praefatio. – [7] A. SCHMID: Wissenschaftl. Richtungen auf dem Gebiete des Katholicismus in neuester und gegenwärtiger Zeit (1862) 63. – [8] a.O. 221. – [9] a.O. [1]. – [10] V. BUZZETTI: Institutiones sanae philosophiae iuxtae Divi Thomae atque Aristotelis inconcussa dogmata, hg. A. MASNORO (1940); G. VENTURA DI RAULICA: De methodo philosophandi (Rom 1828). – [11] Acta Sanctae Sedis [ASS] 12 (1879) 97-115; Acta Apost. Sedis [AAS] 6 (1914) 336-341; 15 (1923) 309-326; 42 (1950) 561-578; Corpus Iuris Canonici can. 1366, § 2 (vgl. can. 589, § 1). – [12] ASS 12 (1879) 114. – [13] Z. GONZÁLES: Philos. elementaria (Madrid 1868) 12. – [14] a.O. [12] 108. – [15] AAS 15 (1923) 314. – [16] AAS 31 (1939) 246. – [17] Vgl. F. EHRLE: Grundsätzl. zur Charakteristik der neueren und neuesten Scholastik (1918) 10f. – [18] M. DE WULF: Introd. à la philos. néo-scol. (Louvain 1904) 210-219. – [19] P. MONTAGNINI: Tomisti e neotomisti (1891); G. SAITTA: Le origini del Neotomismo nel secolo XIX (Bari 1912); A. MASNOVO: Il neo-tomismo in Italia (Mailand 1923). – [20] R. JOLIVET: La philos. chrét. et la pensée contemp. (Paris 1932) 90-92. 197-224. – [21] R. GROSCHE: Nachwort, in: A. D. SERTILLANGES: Der hl. Thomas v. A. (1928) 845f. – [22] M. D. CHENU: Scholastik, in: Hb. der theol. Grundbegriffe 2 (1963) 488f.; vgl. M. GRABMANN: Die Gesch. der scholast. Methode (1909-1911). – [23] W. KLUXEN: L'originalité de Saint Thomas d'Aquin et le problème d'un thomisme contemporain, in: Tommaso d'Aquino nel primo centenario dell'Enciclica ‹Aeterni patris› (1979) 197-210. – [24] a.O. [23]; vgl. L. OEING-HANHOFF: Thomas von Aquin und die Situation des Thomismus heute, in: Philos. Jb. 70 (1962/63) 17-33.

H. M. SCHMIDINGER

Neutralisierung (neutrales Bewußtsein). E. HUSSERL begreift die neutralen Bewußtseinserlebnisse als Modifikate der positionalen (quasi-positionale) [1]. Alle wirklich setzenden Akte können neutralisiert werden, indem man die in ihnen vollzogenen «Setzungen» nicht mitvollzieht, sondern es beim Vermeinen eines Gegenstandes beläßt, ohne ihm ein wirkliches oder auch mögliches Sein zuzusprechen. Dadurch wird der Setzungscharakter des doxischen Bewußtseins (im weitesten Sinne) und seiner Modalisierungen durch ein freies Sich-des-Leistens-Enthaltens aufgehoben [2]. Die Neutralisierung erstreckt sich auf die noetischen und noematischen Momente der intentionalen Erlebnisse [3]. Die Sphäre der neutralen Erlebnisse bildet die genaue Spiegelung der ihres thetischen Charakters beraubten positionalen Bewußtseinssphäre [4]. Husserl definiert Phantasie als Neutralitätsmodifikation von Vergegenwärtigung (Erinnerung im weitesten Sinn), im Unterschied zum «Bildobjektbewußtsein», als Neutralitätsmodifikation der Gegenwärtigung [5].

Anmerkungen. [1] E. HUSSERL: Ideen zu einer reinen Phänomenol. und phänomenolog. Philos., 1. Buch. Husserliana III (Den Haag 1950) 264f. bzw. III/1 (^{2}1976) 247; vgl. Cart. Meditationen und Pariser Vorträge. Husserliana I (Den Haag ^{2}1963) 93f. – [2] Ideen ... 1 (1954) 265f. bzw. (^{2}1976) 247f. – [3] a.O. 266f. bzw. 249. – [4] 288f. 353, Anm. 1 bzw. 269. 333. – [5] 267ff. bzw. 250ff.

P. JANSSEN

Neutralisierungen, Zeitalter der. «Das Z.d.N. und Entpolitisierungen» nennt C. SCHMITT [1] die Zeit «seit dem 16. Jahrhundert» mit jenen «Stufen, in denen sich der europäische Geist der letzten vier Jahrhunderte bewegt hat»; diese «Stufenfolge – vom Theologischen über das Metaphysische und Moralische zum Ökonomischen – bedeutet ... eine Reihe fortschreitender Neutralisierungen der Gebiete, von welchen das Zentrum» des jeweiligen «menschlichen Daseins» «wegverlegt wurde» [2]: theologische Konflikte werden im 17. Jh. metaphysisch, metaphysische im 18. Jh. moralisch-humanitär, moralische im 19. Jh. ökonomisch, ökonomische im 20. Jh. technisch neutralisiert; mit der Technik ist – wegen ihrer Instrumentalisierbarkeit – «der Prozeß fortwährender Neutralisierung der verschiedenen Gebiete des kulturellen Lebens an sein Ende gelangt» [3]. Dabei erscheinen die «Begriffe 'neutralisieren' und 'Neutralisation' oder 'Neutralisierung' ... im deutschen Sprachgebrauch erst gegen Ende des 18. Jahrhunderts ... 'Neutralisieren' wird nunmehr immer in dem Sinne verwendet, daß eine Sache oder Angelegenheit außer Streit gesetzt wird» [4]. Auch «die Lehre vom neutralen Staat des 19. Jahrhunderts steht im Rahmen» dieser «allgemeinen Tendenz zu einem geistigen Neutralismus, der für die europäische Geschichte der letzten Jahrhunderte charakteristisch» [5] und problemhaltig ist [6]. Freilich (so positiviert der späte C. Schmitt diesen Gedanken) ist die Neutralisierung – beschreibbar als «Vorgang der Säkularisation» [7] und bestimmbar durch «das Prinzip der Nichtidentifikation bzw. Neutralität» [8] – das positive Prinzip des modernen Staates überhaupt: er entsteht und wird erfolgreich durch die «Ent-Theologisierung des öffentlichen Lebens» und «Neutralisierung der Gegensätze des konfessionellen Bürgerkriegs» [9]. Dabei – zeigt R. KOSSELLECK – wurde mit der «Neutralisierung des Gewissens durch die Politik» der «Staat ... nicht zum Raum politischer Unmoral, sondern moralischer Neutralität. Als moralisch neutraler Raum ist er ein echter Entlastungsraum» [10], in dessen Schutz außer der neutralisierten Wissenschaft als Replik auf den hermeneutischen Bürgerkrieg um den absoluten Text der Bibel auch der neutralisierte «literarische» Leser entsteht, so daß dies das «Zeitalter auch der hermeneutischen Neutralisierungen» [11] ist und darum – im Anschluß an H. BLUMENBERGS Definition der «Neuzeit» als «zweite Überwindung der Gnosis» [12] – die Neuzeit umfassend als «Neutralisierung der biblischen Eschatologie» verstanden werden kann und die «Geschichtsphilosophie» als «Rache der neutralisierten Eschatologie an dieser Neutralisierung» [13]: die Neuzeit ist dann insgesamt «das Z.d.N.».

Anmerkungen. [1] C. SCHMITT: Der Begriff des Politischen (^{2}1932, ^{n}1963) 75-95. – [2] a.O. 80. 88. – [3] 94. – [4] H. STEIGER im Art. ‹Neutralität›, in: O. BRUNNER/W. CONZE/R. KOSELLECK (Hg.): Geschichtl. Grundbegriffe IV, 357; vgl. SCHMITT, a.O. [1] 97-101. – [5] SCHMITT, a.O. 87. – [6] Der Hüter der Verfassung (1931, ^{2}1969) 108ff. – [7] E. W. BÖCKENFÖRDE: Staat, Gesellschaft, Freiheit (1976) 42-64. – [8] a.O. 267. – [9] H. KRÜGER: Allg. Staatslehre (^{2}1966). – [9] C. SCHMITT: Der Nomos der Erde im Völkerrecht des Jus Publicum Europaeum (1950) 112. – [10] R. KOSELLECK: Kritik und Krise (1959, ^{2}1969) 30f. – [11] O. MARQUARD: Abschied vom Prinzipiellen (1981) 130f. – [12] H. BLUMENBERG: Die Legitimität der Neuzeit (1966) 78. – [13] O. MARQUARD: Schwierigkeiten mit der Gesch.philos. (1973) 16.

O. MARQUARD

Neuzeit, Mittelalter, Altertum. Die drei historischen Begriffe ‹At.›, ‹Ma.› und ‹Nz.› bezeichnen Zeitstrecken nicht durch eine Eigenart, sondern durch ihre zeitliche Relation zur Gegenwart. Trotzdem wurde und wird ihnen – nie unbestritten – zugemutet, Perioden der Weltgeschichte objektiv und gelegentlich sogar extensiv zu bezeichnen. Dies geschieht jedoch erst seit einer bestimmten Zeit, löst mithin andere Einteilungen ab oder konkurriert mit ihnen und stützt sich trotz des universalen Anspruchs gewöhnlich auf eine begrenzte Ereignisfolge innerhalb einer begrenzten Region, ist also erklärungsbedürftig.

Die griech. und lat. Äquivalente der Zeitbegriffe ‹alt›, ‹mittel›, ‹neu› wurden zwar z. B. von MARC AUREL auf verschiedene alte Geschichtswerke innerhalb des später so genannten At., von VARRO auf die Jahrgänge des Weines angewendet, bezeichneten aber nie historische Perioden [1]. Soweit überhaupt periodisiert wurde, verwendete man das mythische Schema der Weltalter mit der absteigenden Folge der Metalle Gold, Silber, Erz und Eisen, wobei Hesiod zwischen die beiden letzteren noch das Zeitalter der Heroen setzte [2]. Die Lehre von vier nach Metallen benannten Weltaltern, die verschiedentlich im Orient und auch im Buche Daniel 2, 31-45 auftritt, geht wohl auf altbabylonische Vorstellungen vom Weltenjahr und seinen Jahreszeiten zurück. Diese kosmologische Herkunft erklärt auch die stets latent damit verbundene Vorstellung der möglichen Erneuerung und Wiederkunft zunächst des goldenen Zeitalters [3].

Die ersten christlichen Jh. kannten keine historische Periodisierung. Sie standen unter dem Eindruck des neuen Bundes als des die Zeitrechnung bestimmenden heilsgeschichtlichen Ereignisses und unter der Vorstellung eines baldigen Endes dieser Welt. Vor allem TERTULLIAN bildet die Figuraldeutung aus, in der die geschichtliche Wirklichkeit des AT als Figura der heilsgeschichtlichen Erfüllung des NT gesehen wird. In einem dreistufigen Schema, das bei AUGUSTIN z. B. neben das zweigliedrige tritt, ist die Erfüllung als Mitte zugleich neue Verheißung von Weltende und Jüngstem Gericht [4].

Zur Zeit AUGUSTINS konkurrieren zwei Periodisierungen. Er selbst benutzt die von HIERONYMUS bearbeiteten ‹Chronicorum canones› des EUSEBIUS VON CAESAREA, der die biblische Geschichte mit den antiken Dynastien und Olympiaden synchronisierte und ein Datum der Geburt Abrahams nach der ‹Septuaginta› errechnet hatte. Einerseits analog zu den Lebensaltern, andererseits gestützt auf das Psalmenwort, daß vor Gott tausend Jahre wie ein Tag seien, erfolgte die Einteilung in sechs aetates, deren letzte, das Greisenalter, mit Christus beginne. Danach komme der ewige Sabbath. PAULUS OROSIUS, den Augustin zu den ‹Historiae adversus paganos› veranlaßt hatte, teilt anders ein. Er identifiziert, wie es seit dem Danielkommentar des HIPPOLYTUS üblich wurde, die vier Weltreiche von Daniels Traumdeutung mit dem babylonischen, dem persisch-medischen, dem mazedonischen und dem römischen Reich. Damit gewinnt das römische Imperium, das nun bis ans Ende der Welt dauern muß, eine heilsgeschichtliche Bedeutung, die Augustin ihm nicht zuerkennen wollte [5].

ISIDOR VON SEVILLA schematisierte die sechs aetates für den Schulgebrauch in seinem ‹Chronicon› (bis 627) und nahm sie auch in die ‹Etymologiae› auf. Maßgebend für die Zeitrechnung wurden BEDAS ‹De sex aetatibus› und ‹De ratione temporum›, worin der Weltbeginn, der ‹Vulgata› folgend, um 1246 Jahre später angesetzt wurde als bei Eusebius/Hieronymus, die der ‹Septuaginta› folgten, und worin erstmals nach Jahren seit Christi Geburt datiert wurde, was sich mit den angelsächsischen Missionaren auch im Frankenreich durchsetzte [6].

Beide Einteilungen gerieten mit dem Laufe der Zeit in Schwierigkeiten. Die aetates dauerten nach Matth. 1, 17 jeweils vierzehn Generationen, also etwa 500 Jahre, und selbst wenn man ihnen mit dem Psalmisten 1000 zugestand, war es doch mit den wachsenden Stoffmassen des letzten Zeitalters – z. B. in HARTMANN SCHEDELS Weltchronik von 1493 – aus allen Proportionen geraten. Und nicht erst die Humanisten oder gar die modernen Historiker, sondern schon der Bischof FRECHULF VON LISIEUX konnte vor 829 der Meinung sein, daß das römische Reich mit der Völkerwanderung zugrunde gegangen sei. Die 'translatio Imperii' ist eine erst spätere Anknüpfung im 9. Jh.: ADO VON VIENNE springt in seiner Chronik der sechs Weltalter von den oströmischen Kaisern auf Karl als den ersten «imperator ex gente Francorum» [7].

Die Auffassung, solche Einteilungen seien jahrhundertelang in Geltung gewesen, kann man nur vertreten, wenn man, wie es der deutsche Historismus gelegentlich tat, den Unterricht an protestantischen Schulen und Universitäten mit der Geschichte selbst oder auch nur der historischen Forschung und der Geschichtsschreibung verwechselt [8]. Einteilungen der Weltgeschichte sind aber auf bestimmte Gattungen bezogen. Sie treten in Lehrbüchern der Universalgeschichte auf, die an eben diesen protestantischen Universitäten Gegenstand eines halbjährigen Kurses war, jedoch nicht den Gegenstand einer wie auch immer gearteten Forschung oder Interpretation bildete. An den Jesuitenkollegien des katholischen Europa wurde Geschichte gar nicht gelehrt [9].

Innerhalb dieser Darstellungen kann es etwas bedeuten, wenn Orosius nicht nach den aetates, sondern (gegen Augustin) nach den vier Monarchien gliedert. Ebenso ist es bedeutungsvoll, wenn CARION und MELANCHTHON nicht, wie z. B. Schedel es tat, nach den aetates, sondern mit Orosius und gegen Augustin eher weltlich als christlich nach diesen Monarchien einteilen. Mindestens ebenso bedeutungsvoll ist es, daß SABELLICUS vor Carion bereits eine völlig säkularisierte, rein annalistische Darstellung der Weltgeschichte vom Standpunkt Venedigs aus schreibt, wobei es gar keine Perioden in diesem Sinne gibt, aber mit der Zeit der Völkerwanderung, in der zuerst die Inseln der Lagune besiedelt werden, ein Einschnitt gemacht wird [10].

Aufschlußreich ist es, daß die Periodisierung nicht die geringste Rolle bei der Darstellung spielt, wenn Autoren einerseits Universalgeschichte und daneben die historiographisch gewöhnlich viel wichtigeren zeitgeschichtlichen Werke schreiben. So konstruiert SLEIDAN 1556 die Weltgeschichte immer noch nach dem Schema ‹De quattuor summis imperiis›, ohne daß die Bearbeitung der ‹Commentarii de statu religionis et rei publicae Carolo V. Caesare› 1555 das im mindesten spüren ließe. Und der BOSSUET der ‹Histoire des variations des églises protestantes› von 1688 ist ein moderner Historiker, dessen Umgang mit den Quellen und dessen Urteil nicht dadurch bestimmt ist, daß er auch die weltgeschichtliche Predigt des ‹Discours sur l'histoire universelle› 1681 verfaßt hat [11].

Ehe Melanchthon die vier Monarchien im Unterricht durchsetzte, hatte vor Sabellicus MACHIAVELLI das Schema überflüssig gemacht und dadurch entthront, daß er die Zeit bis zu seiner Gegenwart mit der Völkerwanderung beginnen ließ [12]. Bald darauf erfuhr es eine heftige Kritik von JEAN BODIN in der ‹Methodus ad facilem historiarum cognitionem› [13].

Auffallender noch ist es, daß viele bedeutende Geschichtswerke überhaupt ohne Periodisierung verfahren. Und das geschieht nicht nur in der Gattung der Europäischen Staatengeschichte, sondern auch in den universalhistorischen Darstellungen von VOLTAIRE und GIBBON, in RANKES ‹Weltgeschichte› und in J. BURCKHARDTS ‹Weltgeschichtlichen Betrachtungen› [14]. Bei der Staatengeschichte mag es einleuchtend erscheinen, daß man nicht eigens bei jeder Dynastie oder Nation angibt, wann sie die weltgeschichtliche Periodengrenze überschreitet. Die universalhistorischen Werke der genannten Autoren verzichten darauf, obwohl die gängige Meinung ist, daß sich die dreigliedrige Einteilung At. – Ma. – Nz. damals und womöglich endgültig durchgesetzt habe.

Neben der Gattung, in welcher allein und auch nur partiell Periodisierung eine Rolle spielt, ist zu untersuchen, was jeweils der Gegenstand jener Einteilung ist. Die neue Konzeption des italienischen Humanismus, zunächst die nahezu individuelle Leistung PETRARCAS, aufgrund einer finsteren Zwischenzeit die vergangene klassische Antike von einer für die Zukunft erhofften und später für gegenwärtig erachteten neuen Zeit abzuheben, bedeutet ein völliges Absehen von den christlichen Geschichtsdeutungen der Historia universalis. Es ist nicht mehr von Weltgeschichte die Rede, sondern lediglich von Rom und seiner klassischen Latinität [15].

Der Wechsel von dem noch eine Generation zuvor bei DANTE verwirklichten universalen Bild der Welt zu der neuen ausschließenden Konzeption läßt sich in PETRARcas Biographie verfolgen. Im ersten Plan des Werkes ‹De viris illustribus› von 1337/38 war es noch Petrarcas Absicht, die berühmten Gestalten aller Länder und Zeitalter zusammenzufassen: «ex omnibus terris ac seculis illustres viros in unum contrahendi illa michi solitudo dedit animum» [16]. Von 1341 an wird die Begrenzung auf eine im wesentlichen römische Reihe der Helden «von Romulus bis Titus» in den Briefen immer deutlicher. Lange Jh., die wir Ma. nennen, werden nicht zur Kenntnis genommen, die weltgeschichtliche Kontinuität wird durchbrochen. Statt einer Zeit von der Schöpfung bis zum Jüngsten Gericht gibt es nun Zeiten und Unzeiten, leuchtende Perioden des Ruhms und Zwischenzeiten, die dem Vergessen anheimfallen. Dabei wird nicht nur das christliche Geschichtsbild aufgegeben, sondern auch die Auffassung der römischen Geschichte verwandelt.

Die Lehre von den vier Monarchien betrachtete Rom erst von der Errichtung des Imperiums an als weltgeschichtlichen Handlungsträger, dessen Kontinuität sich mittels der 'translatio Imperii' auf die deutschen Kaiser übertragen ließ. Petrarca leugnet die Bedeutung des Imperiums, das zeitlich doch so nahe mit dem Auftreten Christi zusammenfiel, und wendet seine leidenschaftliche Zuneigung dem tugendhaften republikanischen Rom von der Gründung der Stadt bis zur größten Ausdehnung des Imperiums zu. Petrarcas Studien reichen «usque ad declinationem imperii». Die Geschichte reduziert sich auf den ruhmvollen Aufstieg Roms. Die Zeit danach bis zu Petrarcas Gegenwart mit der vagen Hoffnung einer Erneuerung des alten Glanzes kann so einmal und zum ersten Male «medium tempus» genannt werden, gewiß noch nicht 'Ma.', sondern 'Zwischenzeit': «In medium sordes, in nostrum turpia tempus / Confluxisse vides» [17].

Die neue Konzeption der finsteren Zwischenzeit läßt nichts von der alten weltgeschichtlichen Einteilung bestehen. Es ist nicht die Weltgeschichte, welche eingeteilt wird, es wird kein Kontinuum in Perioden aufgeteilt, es wird nicht eine Chronik durch eine andere ersetzt. In biographischen Skizzen und in literarischen Briefen äußert ein Mensch sein Mißbehagen an der Gegenwart, seinen Schmerz über den Verlust vergangener Größe und eine ungewisse Hoffnung künftiger Erneuerung. Geschaffen wird dabei die klassische Antike der Philologen, ein ideales Konstrukt aus Anhaltspunkten der gewesenen Wirklichkeit, ein Corpus aus überlieferten Texten, das mit Eigenschaften heiliger Schriften versehen wird. Antiquitas wird zu etwas, das es im At. nicht gewesen ist, «sacrosancta vetustas», heiliges Alter, «tota antiquitas», Gesamtbegriff des Alten und der Klassizität [18].

Im 15. Jh. wird dieses At. zunächst ausschließlich von italienischen Humanisten der fünf Generationen von Petrarca bis Poliziano begrifflich gefeßtigt, und seit VALLA ungefähr wächst auch die Gewißheit, daß man sich in einer neuen Zeit befinde, die sich als Wiederbelebung der alten Zeit versteht [19]. Eigentümlich spiegelt sich dieses Bewußtsein in der Architekturtheorie im Wortgebrauch von antico/moderno. Moderno ist zunächst der inzwischen verachtete neuere gotische Stil, der ältere byzantinische wird als vecchio unterschieden vom wirklich alten, antico. Erst VASARI in der Mitte des 16. Jh. schlägt vor, den mittlerweile allgemein anerkannten antiken Stil der Renaissance qualifizierend mit dem passenden Zeitbegriff als «buona maniera moderna» zu bezeichnen [20].

Humanisten des 15. Jh. gebrauchen zuerst die drei relativen Zeitbegriffe für die literarischen Epochen, die auch wir noch darunter verstehen können. Der erste und bedeutsam wiederholte Beleg stammt aus der Apuleius-Ausgabe des JOHANNES ANDREA BUSSI (DE BUXIS), Bischof von Aleria, worin dieser ehemalige Sekretär des NIKOLAUS VON KUES seines verstorbenen früheren Herrn in einer Widmungsschrift gedenkt (Rom 1469): «Vir ipse, quod rarum est in Germanis, supra opinionem eloquens et latinus, historias idem omnes, non priscas modo, sed mediae tempestatis, tum veteres, tum recentiores usque ad nostra tempora, memoria retinebat» [21].

HARTMANN SCHEDEL zitiert diese Würdigung des Nikolaus von Kues in seinem ‹Liber chronicarum› (Nürnberg 1493) beim Todesjahr des Kardinals 1464 (S. CCLII^r), und JACQUES LEFÈVRE D'ÉTAPLES (JACOBUS FABER STAPULENSIS) tut es auf der ersten Seite seiner Ausgabe der Werke des Cusaners (Paris 1514). In SCHEDELS deutscher Weltchronik, die im selben Jahr seitengleich erschien, lautet die Übersetzung: «Er was zumal ein wolgesprechig und des lateins fertig man, und aller hystorien und geschichten, nicht allain der newen und gegenwärtigen sunder auch der alten gantz wissend und frisch gedechtig.» Den Begriff ‹media tempestas› nicht zu übersetzen, bedeutet nicht, daß er zufällig ausgelassen wurde, sondern daß die Konzeption dafür nördlich der Alpen noch nicht mit eigenen Worten ausgesprochen werden konnte [22].

Die Konzeption des italienischen Humanismus, die von ‹medium tempus›, ‹media antiquitas› oder den ‹saecula barbarica› zu sprechen erlaubte, war philologisch und nahm Geschichte nur aus dem römischen Blickpunkt wahr. Sie brauchte jedoch nicht nur Verachtung und Schmerz mit der Zwischenzeit zu verbinden, wie bei Petrarca, sondern konnte, zumal bei einem Kleriker, nun auch positiv die Kenntnis der Geschichte der Kirche und des kanonischen Rechts bedeuten. Sie setzt aber Petrarcas Trennung und die seit Valla sich abzeichnende Herausbildung einer klassischen Antike voraus, die bis zum Ende des 15. Jh. als ererbter Besitz Italiens galt. Danach erst wird sie bei den Humanisten in Frankreich, Süddeutschland und den Niederlanden möglich, und damit ändert sich der Bezug auf die nicht als ererbt gedachte, sondern erworbene Antike und auf die eigene Vergangenheit, die nun wohl 'mittlere', aber nicht bloße Zwischenzeit sein kann.

In Schedels deutscher Weltchronik ist das Ma. noch die Zeit der «newen». Erst im Kreis der Basler und Straßburger Humanisten am Beginn des 16. Jh. ändert sich diese Auffassung, jedoch ohne sich, und sei es auch nur im lateinischen Sprachgebrauch, während der nächsten anderthalb Jahrhunderte schon durchzusetzen [23]. Die Einzelbelege können wirkungsvoll sein, erlauben jedoch keinerlei begriffsgeschichtliche Behauptungen.

JOACHIM VON WATT (Vadianus) nennt 1518 in seinem Kommentar zu Pomponius Mela den Walafrid Strabo einen «mediae aetatis autor non ignobilis», und 1519 gebraucht BEATUS RHENANUS in seiner Ausgabe von Tacitus' ‹Germania› den Begriff schon technisch: die Autoren der «prisca antiquitas» seien zu erläutern durch diejenigen der «media antiquitas» [24]. WATT ist es auch, der zuerst auf Deutsch von ‹fränkischen Chroniken› ‹mittler jare› und von «mitteljärigen chronikschreibern» spricht, in seinem Buch ‹Vom Mönchstande› (1519). Der Basler Buchdrucker JOHANN HEERWAGEN redet 1531 von Geschichtsschreibern «mediorum temporum» und 1532 von Ereignissen, «quae mediis temporibus acciderunt» [25]. Dieser Sprachgebrauch schließt sich an die italienische Konzeption an und geht davon aus, daß die Zeit nach dem Untergang der klassischen Latinität oder des römischen Reiches als eine abgeschlossene Periode betrachtet werden kann und eine neue Zeit anzusetzen sei, die jedoch nicht nach bestimmten Ereignissen datiert wird. Dieser Sprachgebrauch blieb vereinzelt und fand vor allem bei den Reformatoren und den protestantischen Kirchenhistorikern des 16. Jh. keine Verwendung.

Bei den französischen Humanisten des 16. Jh. wird der Begriff des Altertums in systematisch orientierten antiquarischen Studien deutlicher und zugleich umfassend bestimmt. So verkündet G. BUDÉ in der programmatischen Vorrede seines Werkes ‹De Asse›: «Nicht auf eine Gattung von Wissenschaften oder Künsten nur erstreckt sich unsere Arbeit, sondern auf die gesamte Auslegung des Altertums, und nahezu in jeder Gattung auf die guten Autoren in beiden Sprachen» (Non in unum genus illam quidem editam aut disciplinarum, aut artium: sed in universum pertinentem ad antiquitatis interpretationem, et per omne prope genus auctorum probiorum utraque lingua patentem) [26]. Daneben tritt mit der Kritik an der ausschließlichen Geltung des römischen Rechts und dem Ersetzen des dogmatischen mos italicus durch den historischen mos gallicus das Studium der eigenen Rechtstradition und der Institutionen. Auch auf diesem Felde sind die vergangenen zehn Jahrhunderte nicht verachtete Zwischenzeit, sondern Ursprung geltender oder zunehmend beanspruchter Rechte. Und ebenso ist diese Zeit ein unabdingbarer Bestandteil in der neuen Konzeption einer historia integra oder historia universa bei F. BAUDOUIN, die nicht mehr heilsgeschichtliche historia universalis ist, sondern Geschichte des menschlich-politischen Handelns [27].

Der Wortgebrauch im 16. und frühen 17. Jh. ist weder einheitlich noch klar. Ob der Zeitbegriff nun ‹aevum›, ‹tempus›, ‹antiquitas›, ‹tempestas› oder ‹aetas› heißt, mag von geringerer Bedeutung sein, aber die Zeit, die dabei als die 'mittlere' bestimmt wird, kann in anderem Sprachgebrauch von der Antike aus gesehen als «inferior aetas», von der eigenen Zeit aus als «superior aetas / superiora tempora» bezeichnet werden [28]. Vermutungen, daß bei solchen Befunden eine einheitliche Epoche im weltgeschichtlichen Zusammenhang gemeint sein könne, sind nicht zu rechtfertigen. Bei keinem dieser Belege ist von einem einheitlichen Gegenstand die Rede, der sich entwickelt haben könnte, oder von einer Zeitperiode, die es zusammenzufassen gälte. Es handelt sich lediglich um die relative zeitliche Fixierung der jeweiligen Gegenstände. Dabei hat die mögliche Dreigliederung der Begriffe nicht mehr zu besagen als die humanistische Einteilung einer Buchseite nach 'ineunte, media, exeunte', wenn sie nicht ausdrücklich auf eine historische Konzeption Bezug nimmt oder sie nachweislich erschließen läßt.

In der Literatur *über* Autoren des 17. Jh. sind Spekulationen über vorgebliche Säkularisate heilsgeschichtlicher Einteilungen noch weit häufiger als die Vermutung chiliastischer und joachitischer Zeitvorstellungen bei philologischer und historischer Gruppierung von Werken und Autoren in der Renaissanceliteratur [29]. Die gelehrte Forschung im 17. Jh. selbst war gewaltig angewachsen, und dabei einigte man sich langsam auf die Unterscheidung von Quellengattungen auch nach ihren Entstehungszeiten. So wäre es absurd, auf philologische Notizen im Briefwechsel des J. LIPSIUS eine weltgeschichtliche Einteilung zu gründen. Das ‹Glossarium ad scriptores mediae et infimae latinitatis› (Paris 1678) von CH. DU CANGE und dessen zehn Jahre später herausgebrachtes entsprechendes ‹Glossarium ... graecitatis› teilt nicht die Geschichte ein, sondern folgt einem französischen Gebrauch, die Literatur eines moyen âge vom 5. bis zum 10. Jh. von der eines bas âge des 11. bis 15. Jh. zu unterscheiden. In der französischen politischen Geschichte läßt man eine neue Zeit gern mit Philipp dem Schönen beginnen [30].

Man kann immer noch der Auffassung begegnen, LEIBNIZ habe die humanistische Trias historischer Periodisierung in seiner ‹Nova methodus discendae docendaeque jurisprudentiae› von 1667 angewendet [31]. Leibniz teilt jedoch weder die Weltgeschichte ein, was auch die Humanisten nicht taten, noch bezieht er sich auf ein klassisches At. Er gibt eine historische Bücherkunde für das Studium der Rechtswissenschaften und unterscheidet dabei nach den Arten der Rechte die zugehörigen Sachbereiche, nämlich die historia romana für das jus civile, die historia ecclesiastica für das kanonische Recht, die historia media für das jus feudale und die historia «nostrorum temporum» für das jus publicum [32]. Die historia medii aevi ist nicht etwa zeitlich bestimmt, sondern als die der «rerum germanicarum» reicht sie ebenso in das sonst der neueren Zeit zugerechnete 16. und 17. Jh. eines Cujas, Buchanan, Goldast, Conring und Besold, sofern jus feudale im weitesten Sinn, aber auch öffentliches Recht und die Souveränität des Volkes behandelt werden, so wie sie sich andererseits mit der historia ecclesiastica überschneidet. Nicht historische Perioden sind hier abzugrenzen, sondern Gattungen juristischer Literatur. Dabei wird die Geschichte des 16. und 17. Jh. bzw. werden die Schriften von Luther und Erasmus, Sleidan, de Thou, Grotius, Hortleder und Meyer nicht als «nova» charakterisiert wie die methodus selbst, sondern als «hodierna». Neben diesen historiae steht gleichzeitig und ein wenig utopisch von den ersten Schismen der christlichen Kirche an bis zur Gegenwart des Verfassers die historia irenica mit Schriften von Erasmus, Melanchthon, Bucer und Julius Pflug [33].

Entsprechend kann man die Behauptung finden, D. G. MORHOF habe in seinem ‹Unterricht von der deutschen Sprache und Poesie› (Kiel 1682) das humanistische Schema auf die Literaturgeschichte angewandt [34]. Morhof unterscheidet aber lediglich Zeiten, «nemblich die Uhralte / die Tacitus gedencket / die Mittele / die von Carolo den Grossen her zu führen / und die neueste / die in diesem seculo erstlich angegangen» [35]. Hier ist keinerlei Beziehung auf die klassische Antike und auch keine auf die spätestens mit dem 16. Jh. beginnende neue Zeit, sondern ein inhaltsfreies Zeitschema, dessen Dreiteilung jedem möglichen Inhalt vorausgeht, wird auf die Perioden bezogen, die sich anzubieten scheinen.

Eine häufig wiederholte Behauptung des Historismus schrieb erst die Einführung und dann doch wenigstens die Durchsetzung des Dreierschemas der weltgeschichtlichen Periodisierung CHR. KELLER (CELLARIUS) und G. HORN zu, dann dem etwas früheren GISBERT VOETIUS [36]. Alle drei sind Protestanten, Voetius liefert eine Bücherkunde für das Studium der Theologie. Auch er teilt nicht die Weltgeschichte ein, sondern unterscheidet die alte Kirche, «antiquitas», von einer «intermedia aetas» der frühen Papstkirche, und diese vom Mannesalter der päpstlichen Macht zugleich mit den Ketzer- und Reformbewegungen. Diese Zeit zerfällt in drei Phasen, deren erste bis Luther reicht, die zweite bis zum Tridentinum, die dritte schließlich «usque in hunc diem» [37].

G. HORN bleibt noch in seinem ‹Orbis politicus› (1669) den vier Monarchien treu. Und im dritten Teil dieser ‹Politischen Welt=Beschreibung› unterscheidet er (noch wie Frechulf von Lisieux) Alte und Neuere Geschichte und läßt die «neue oder jüngere Geschicht=Beschreibung» beginnen «umbs Jahr Christi 400, als die Hoheit des Römischen Reichs schon in etwas gefallen war», kann aber ebenso von der neuen Geschichte «vom Jahr 1500» sprechen [38].

CHR. KELLER (CELLARIUS), den man zum endgültigen Urheber der dreigliedrigen Einteilung stilisiert hat, teilt den Stoff für den universalhistorischen Kursus immer noch thematisch nach den «imperia» ein und deshalb die historia antiqua bis zu Konstantin. Die historia medii aevi nach den zwölf Jahrhunderten byzantinischer Kaisergeschichte zu bemessen, entspricht weder der Reichs- noch der Kirchengeschichte, sondern einer barocken Vorliebe für die oströmischen Dynastien, obwohl Keller deren Ende mit der Vertreibung der Mauren aus Spanien und der lutherischen Reformation zu synchronisieren versucht [39]. Die «historia nova» beginnt demgemäß mit dem 16. Jh., weil von nun an die Zeiten fruchtbarer sind an den denkwürdigen Ereignissen, deren Kenntnis zur politischen Klugheit nützlich sei (... plures memorabiles res ad conscribendum suppeditant, quarum cognitio ad usum politicae prudentiae, quae nunc obtinet). Das 'Neue' dieser Periode, die mit der Reformation einsetzt, ist eine quantitative Einteilung des Stoffes, die an den Jahrhunderten orientiert ist, so daß mit dem 17. Jh. wiederum ein neuer Abschnitt einsetzt: «Novum saeculum novas turbas, mox in gravius bellum erupturas, attulit» [40].

Es mag ein geschichtliches Kriterium sein, die alte Geschichte nicht bei Augustus (wie Lipsius es tat) oder bei den Antoninen (wie für Du Canges Glossar) abzubrechen, weil das Reich sich noch bis Trajan erweiterte; es ist aber ein dynastischer und geographischer Gesichtspunkt, das At. mit Konstantin enden zu lassen. Die Bündelung der Daten 1453, 1492 und 1517 erfreute sich zwar später wie schon zuvor einer gewissen Beliebtheit, kann aber weder für die historische Forschung noch für die Geschichtsschreibung wegweisende Bedeutung beanspruchen [41].

Zieht man zum Vergleich ein Geschichtswerk heran wie PUFENDORFS ‹Einleitung zu der Historie der Vornehmsten Reiche und Staaten, so itziger Zeit in Europa sich befinden› (1682), so bemerkt man, daß die Staaten sich wohl verändern, aber weder hier noch in SPITTLERS 'Staatengeschichte' (1793) oder in RANKES 'Weltgeschichte' (1881–88) aus dem Ma. in die Nz. gehoben werden. Eine Periodengrenze tritt in diesen Werken nicht auf. Trotzdem gibt es, nach Keller wie vor ihm und ohne ihn, Zusammenhänge, in denen sinnvoll von neuerer Geschichte und später von ‹Nz.›, ‹temps modernes›, ‹modern times› gesprochen werden kann [42].

Diese Begriffe, von denen ‹Nz.› der jüngste ist [43], dienen einmal einer Gruppierung der Quellen, wobei dem Überwiegen lateinischer und handschriftlicher für das Ma. und dem Aufkommen des Buchdrucks und der Nationalsprachen eine Arbeitsteilung der Historiker entspricht, die durch akademische Fachgrenzen verfestigt wurde. Zum anderen haben sie auf vielen Arbeitsgebieten kulturhistorischer Forschung idealtypische Funktion zur vorläufigen Begriffsklärung.

Als Idealtypen aber haben sich diese Perioden, die dann nicht mehr quantitative und universal gemeinte Einteilungen sein können, erst sehr allmählich herausgebildet.

Das 'At.' wurde vom italienischen Humanismus geschaffen. Was zuvor in seinen Überresten Bedrohung und Verlockung einer heidnischen Gegenwelt war, wurde zum Ausgangspunkt einer ästhetischen Norm und Idealisierung. Diese ließ sich wohl mit Vorstellungen von Erneuerung und Wiedergeburt verbinden, die selbst nicht primär christlicher Herkunft sind, und konnte neben und gegen christliche Weltauffassungen treten, ist aber selbst nicht als Säkularisat zu deuten.

Die Ungleichzeitigkeit der wissenschaftlichen und ästhetischen Beschäftigung mit der Antike ist ein Grund dafür, daß es keine gemeinsame 'Renaissance' der europäischen Nationen gibt und daß die Klassizismen sich unterschiedlich und ohne allgemeine Anerkennung ausprägen [44]. Die Gleichzeitigkeit von Reformation, verspätetem und partiellem Humanismus und Renaissance in Deutschland war der Grund dafür, hier die neue Zeit mit dem Anfang des 16. Jh. beginnen zu lassen, was für Italien nicht gelten kann. Frankreich hat einen höchst lebendigen Humanismus im 16. Jh., datiert seine klassische Kultur aber auf das 17. Jh., die ebenso wie die Kultur des spanischen 'siglo d'oro' in einer viel lockereren Beziehung zur Renaissance steht. Völlig von der Renaissance gelöst hat sich der deutsche Humanismus, der nach der Blüte im 16. Jh. erst im letzten Drittel des 18. Jh. neu ersteht.

Jede dieser Strömungen schafft sich ein eigenes At. Neben die lebendige Latinität tritt die philologische Beschäftigung mit den Texten und die antiquarische Erforschung von Sachbereichen wie Institutionen, Münzwesen, Sitten, Kleidung usw. [45]. Die Einteilung dieser «antiquitates» durch FLAVIO BIONDO in «publicae», «privatae», «sacrae» und «militares» behielt bis ins 19. Jh. ihre Geltung [46]. Zu den Studien des 16. und 17. Jh. über die sogenannten 'Staats- und Privataltertümer', die systematisch und chronologisch aufgebaut waren, tritt im 18. Jh. J. J. WINCKELMANNS entwicklungsgeschichtlich konzipierte ‹Geschichte der Kunst des Altertums› (1764), die den ersten Entwurf der später zur selbständigen Disziplin werdenden klassischen Archäologie darstellt [47].

Das Schema, das Winckelmann auf die antike Kunst anwendet, hatte schon J. J. SCALIGER auf die griechische Poesie angewandt (1627) [48]. Bei Winckelmann liegt keine neue Konzeption von Entwicklung vor, sondern der Versuch, eine Reihe unterschiedlicher Ereignisse mit verschiedenen Handlungsträgern als *eine* Begebenheit darzustellen, die in ihren Entwicklungsstufen als Beginn, Aufstieg, Höhepunkt, Abstieg und Ende zu fassen sein soll. Als Paradigma dient – ungeachtet der fraglichen Vergleichbarkeit – die Entwicklung der antiken Kunst oder der griechischen Poesie [49].

Im *deutschen Idealismus* ist die Antike nicht mehr Vorgeschichte der eigenen Entwicklung oder Vorbild zur Nachahmung, sondern ein aus Überresten des Vergangenen geschaffenes Ideal, das dazu dient, sich in Abhebung von ihm des eigenen modernen Selbst bewußt zu werden. Das Ziel der 'At.-Wissenschaft' ist nun «die Kenntnis der altertümlichen Menschheit selbst, welche Kenntnis aus der durch das Studium der alten Überreste bedingten Beobachtung einer organisch entwickelten bedeutungsvollen National-Bildung hervorgeht». Dabei werden die Forschungsbereiche nach dem (diachronisch) historischen und dem (synchronisch) systematischen Gesichtspunkt unterschieden: «Zustände übrigens und Verfassungen sind hier durchaus der leitende Begriff, wogegen die Geschichte nur Begebenheiten und Ereignisse in ihrer Aufeinanderfolge erzählt; indem sie das Werdende, die Altertümer hingegen das Gewordene darstellen» [50]. Für diesen Gegensatz wie für die im übrigen anders strukturierte 'Querelle des Anciens et des Modernes' genügt ein zweigliedriger Gegensatz von Antike und Moderne, der die Jh. des Ma. nicht als Zwischenzeit vernachlässigen muß, sie aber als Vorgeschichte der Neuzeit oder als Beginn der Moderne für diese vereinnahmen kann. Weltgeschichtliche Konzeptionen ohne ein eigenes Ma. werden deshalb z. B. von SCHLÖZER [51] und von HEGEL [52] vertreten; dem entspricht auch die Begriffsbildung der klassischen At.-Wissenschaft im 19. Jh., und die Arbeitsteilung der Historiker gruppiert in dieser Zeit öfter antike und moderne, im wesentlichen politisch orientierte Geschichte und überläßt anders orientierten Kollegen das archivalische Studium der mittelalterlichen Quellen [53].

Die Selbständigkeit des Ma. zu betonen, bedeutet im 'Gothic revival' der Vorromantik und im Deutschland nach den Befreiungskriegen 1813/14 eine Reaktion gegen den Klassizismus und den Empirestil der Napoleonischen Ära, am Ende des 19. und in der ersten Hälfte des 20. Jh. hingegen eine konfessionelle, völkische und kleinbürgerliche Reaktion gegen die weltbürgerlich liberale Vorliebe für die Kultur der Renaissance.

‹Ma.› als Wort der deutschen Sprache, das neben «den mittleren Zeiten» (LESSING) oder «Mittelzeit» (GOETHE) für medium aevum stehen soll [54], ist nicht vor den Göttinger Historikern (A. L. VON SCHLÖZER, 1772) zu belegen [55]. Der Begriff ‹Ma.› ist erst um die Wende zum 19. Jh. allgemeiner verbreitet. Dabei fällt auf, daß Schlözer in seiner zum ersten Mal geographisch universalen Konzeption von Universalgeschichte kein eigenes Ma. postuliert. Bei ihm konkurrieren zwei Vorstellungen: Einerseits ist es, wie schon für Machiavelli und Bodin, die Völkerwanderung, mit der «das heutige politische Europa, und mit ihm die neue Geschichte» anfängt [56]; andererseits endet die systematisch zu behandelnde und an der römischen Geschichte orientierte Universalhistorie mit der an Entdeckungen und Erfindungen reichen, «an Epochen so fruchtbaren» Wende vom 15. zum 16. Jh.; Schlözer überläßt «die rückständige neueste Geschichte, oder die drei folgenden Jahrhunderte, der Spezialgeschichte» [57].

Dabei fehlt es nicht an dem Bewußtsein des Neuen: «Mit Hilfe jener Erfindungen entdeckten wir 3 neue Welten, und unterjochten, plünderten, cultivierten oder verwüsteten sie. Wir suchten die geschriebene Weisheit der alten Hebräer, Griechen und Römer wieder hervor; warfen großenteils das Joch des Despoten an der Tiber ab; setzten hie und da die arme Menschheit in ihre lang verlorne Rechte wieder ein; und leben der untertänigen Hoffnung, daß der VI. Neuen Welt, Orbis novissimi, von A. 1500 an, erste noch nicht einmal geschlossene 3 Jahrhunderte, nur die schöne Morgen Röte eines weit schöneren Tages, für die ganze Nachwelt (nicht blos für ihre Nefilim), seyn werden» [58]. Schlözers Einteilung, die zwar eine «Alte Welt» und ein «Mittel-Alter» kennt (für je 1000 Jahre, die er einmal vor und nach Christus, einmal vor und nach 500 n. Chr. gruppiert), ist jedoch nicht dreigliedrig, sondern folgt der alten Einteilung in sechs aetates, um die «Ur-Welt» vor Noah, die altorientalische «Dunkle Welt» und die «Vor-Welt» von Moses und dem Trojanischen Krieg unterzubringen [59].

Dieses aufklärerische Geschichtsbild Schlözers, zu dem J. CHR. GATTERER nichts Eigenes hinsichtlich Ma. und Nz. beitrug [60], ist weder ein Säkularisat noch eine Neukonzeption. SCHLÖZER ordnet auch mongolische und chinesische Reiche in die an der Chronologie des AT gewonnenen aetates ein, orientiert die Geschichte des Mittelmeerraumes mit Chiliasten und Humanisten an der römischen Monarchie und erkennt mit den rein politisch analysierenden Historikern Machiavelli und Bodin den Beginn einer neuen Zeit in der Völkerwanderung. GATTERER hingegen teilt die 6000 Jahre vor der Entdeckung Amerikas in drei Perioden ein, deren letzte als Mazedonisch-Römisches Reich von Alexander d. Gr. bis zu Kolumbus dauert, und kennt – entgegen der über ihn verbreiteten Meinungen – keinen Einschnitt, der unserem Ma. entspräche, noch ist er je in seinem historischen Bemühen bis zu einer Aussage über die Nz. gelangt [61].

A. HEEREN sieht dagegen wie Schlözer mit den Historikern der Renaissance und der Aufklärung am Ende der Antike in der Völkerwanderung eine «einzelne, allgemein Epoche machende Begebenheit», die es zu Beginn der neueren Geschichte nicht gebe [62]. Doch glaubt er, wie es seit dem 17. Jh. üblich wurde, «einen Zusammenfluß mehrerer großer Begebenheiten» zu erkennen, zu denen die Eroberung Konstantinopels, die Entdeckung Amerikas und des Seeweges nach Ostindien, der dadurch veränderte Welthandel und die «durch den Gebrauch des Schießgewehrs veränderte Kriegskunst» insofern gehören, als sie «auf Europa politisch gewirkt haben» [63].

Die historische Anschauung, die sich im 19. Jh. herausbildet, faßt L. VON RANKE in seinen Vorlesungen aufschlußreich zusammen, während er sich in der Darstellung seiner 'Weltgeschichte' wohl hütet, sie in die populären Perioden einzuteilen [64]. Die neuere Geschichte unterscheide sich von der alten zunächst «in Bezug auf den Schauplatz der Begebenheiten als der darin wie ebenso viele große Persönlichkeiten auftretenden Nationen». Ist die alte Geschichte im wesentlichen auf die «Küsten des Mittelmeeres» begrenzt, so erweiterte sich während des Ma. «dieser Schauplatz nach allen Seiten», und alle Nationen treten «miteinander in Verbindung. Es bildet den Charakter und die Weltanschauung des Ma., daß dies geschieht und sich eben vollzieht». Die neuere Geschichte endlich umfasse «die ganze Welt» [65].

In diese Reihenfolge der räumlichen Bestimmtheit von drei Perioden, die nicht wie bei Schlözer universal aufgefaßt, sondern mit den Handlungsträgern der klassischen Antike und des europäischen Ma. identifiziert werden, hat sich unbemerkt ein Hegelscher Entwicklungsgedanke eingeschlichen. An die Stelle des «Fortschritts im Bewußtsein der Freiheit» ist allerdings ein Fortschritt in der räumlichen Ausdehnung des Herrschaftsbereichs getreten. An die Stelle der extensiven Universalgeschichte der Aufklärung bei Voltaire oder Schlözer ist die von Europa ausgehende Entwicklungsgeschichte getreten. Das Ma. darin ist nicht mehr Zwischenzeit, intermedia aetas, oder «interim», wie FRISCHS ‹Dictionarium› 1741 'mittlere Zeit' übersetzt, sondern tragende Mitte, gelegentlich assoziiert mit dem mittleren Lebensalter [66]. Dabei gibt es keine Gemeinsamkeit mehr mit der humanistischen Auffassung der defizienten Zwischenzeit, die als tenebrae oder noch in Goethes Geschichte der Farbenlehre als 'Lücke' charakterisiert werden kann [67]. Historische Auffassungen haben wie die verschiedenen Sprachen das Gemeinsame nicht in der Beziehung auf den Gegenstand, sondern in der analogen bzw. differierenden Struktur der Konzeption.

‹Nz.› als deutsche Wortprägung statt ‹neue Zeit›, ‹neuere› oder ‹neue Geschichte› und äquivalent für ‹historia nova›, ‹temps modernes›, ‹modern times› ist erst außerordentlich spät nachzuweisen [68]. Während ein von ‹neuzeitung› abgeleitetes Adjektiv ‹neuzeitlich› bereits im 16. Jh. von FISCHART gebraucht wird und ein die

Moderne bezeichnendes Adjektiv «neuzeitig» ohne Substantiv 1775 von HEYNATZ verwendet wird, um bei Gelegenheit des Übersetzens von orientalisch-antiker Literatur neben dem wörtlichen Verfahren die gelegentliche «Austauschung mit neuzeitigen Ausdrücken und Verbindungen» zu empfehlen [69], ist ein Substantiv ‹Nz.›, als Übersetzung der üblichen ‹temps modernes›, nicht vor 1838 nachgewiesen, während HEINE es 1844 in den ‹Denkworten› auf Ludwig Marcus als ganz selbstverständlich benutzt [70]. Dabei ist zu beachten, daß ‹Nz.› neben einer historischen Periode seit dem 16. Jh. auch Modernität, Aktualität bezeichnet, die auf keine Zeitstrecke bezogen ist. ‹Nz.› ist möglicherweise eine Analogiebildung zum etwas älteren Begriff ‹Neuwelt›, der, von Goethe gebraucht und in CAMPES Wörterbuch bereits registriert, räumlich und zeitlich nicht nur das neuentdeckte Amerika, sondern die jetzt lebenden Menschen als ein Ganzes bezeichnet [71].

Folgerungen von dem vereinzelten Auftreten der Wortprägung ‹Nz.›, für die die übrigen modernen Sprachen Westeuropas kein genaues Äquivalent (zusammengesetzes Wort im Singular) kennen, auf ein neues und qualitativ verändertes Bewußtsein von Moderne sind unhaltbar, zumal die Historiker des 19. Jh. selbst bei der Darstellung und der Reflexion der neueren Geschichte und der Gegenwart – ebenso wie Politiker und Ökonomen zumindest der ersten zwei Drittel des Jh. – den Ausdruck ‹Nz.› nicht verwenden. Nicht nur RANKE und BURCKHARDT, sondern auch GERVINUS behandeln die Krise Europas zu ihrer Zeit und die Phänomene der Moderne, ohne von diesem Begriff Gebrauch zu machen [72].

Allerdings ist bald nach der Französischen Revolution und schon in ihren späteren Phasen, als etwa das Wort ‹Zeitgeschichte› in Verwendung kommt, der Eindruck entstanden, daß die 'neuere Geschichte' wiederum einen Endpunkt erreicht habe; die Eigenschaft des Begriffes ‹neu›, lediglich relativ zu sein, führt zur Verlegenheitslösung einer 'neuesten Geschichte' [73]. Dabei knüpfen sich an den äußerlichen Gegenstand, bei dessen Gelegenheit das Wort ‹Nz.› zuerst auftritt, nämlich die Umwälzung der französischen Presse, die durch Kostensenkung und zugleich durch den Romanfeuilleton einen gewaltig gestiegenen Abonnementsbezug zur Folge hatte, allgemeine Mutmaßungen über die Veränderung der Geschichte [74].

Wird ‹Nz.› nicht erkennbar als Gegenbegriff zu ‹At.› oder ‹Ma.› verwendet, so ist damit zu rechnen, daß 'Zeitgeschichte' und ihre Phänomene gemeint sind, die nicht auf eine Periode seit dem 16. Jh. projiziert werden dürfen. Als Gegenbegriff und zur Periodisierung in Handbüchern und Sammelwerken der Geschichte findet der Ausdruck ‹Nz.› dann häufigere Verwendung. ‹Nz.› als Gegenbegriff, dessen zeitliche Relation noch kein eigenes semantisches Merkmal trägt, gewinnt in den verschiedensten, meist kulturgeschichtlichen Zusammenhängen eine neue, idealtypische Funktion. Die Eigenschaft der neuen Zeit ist nun nicht mehr Erneuerung oder Wiedergeburt eines anderen, vergangenen Zeitalters, sondern Veränderung, die möglicherweise qualitativ als Fortschritt oder besondere Gefährdung gedeutet wird. Häufig ist jedoch nur eine quantitative Steigerung gemeint, die allerdings kritische Werte erreichen kann.

Nach der akademischen Etablierung des Dreierschemas At. – Ma. – Nz. wachsen die Versuche, es durch andere Schemata zu ersetzen oder es wieder aufzulösen. Statt der Versuche, die äußerlichen Perioden und Zeitgrenzen zu bestimmen, tritt die Frage nach deren Prinzipien in den Vordergrund. So schlägt, von seinem religionsphilosophischen Standpunkt ausgehend, K. ROSENKRANZ eine Einteilung der Weltgeschichte nach den religiösen Entwicklungsstufen Ethnicismus, Theismus und Christentum vor, denen auf der politischen Seite die Staatsformen Natur-, Gottes- bzw. Humanitätsstaat entsprechen sollten; dabei wird eine Entwicklungsidee, die schon Lessing vorsichtiger in der ‹Erziehung des Menschengeschlechts› angesprochen hatte, mit der historischen Realität unkritisch gleichgesetzt [75].

Einzelwissenschaftliche Forschungen im universalgeschichtlichen Rahmen führen in der Folge dazu, daß man statt des humanistischen Konzepts von Verfall und Wiederherstellung, das an führenden Werken und Persönlichkeiten orientiert ist, nun Strukturveränderungen untersucht, welche die Teilungskriterien methodisch aufzuheben und Begriffe wie ‹Verfall› als ungeschichtlich durch eine Kategorie wie ‹Veränderung› zu ersetzen erlauben. Dies leistet A. RIEGL durch seine Studien zur Ornamentik und zu den periodenübergreifenden Gestaltungsprinzipien (‹Spätrömische Kunstindustrie›, 1901), während M. WEBER in der Erforschung der Agrar- und Sozialgeschichte des Altertums wenig später das Modell der 'Katastrophentheorie' durch dasjenige der allmählichen Strukturveränderung zu ersetzen vermag [76].

Genauere Untersuchungen der ökonomischen und sozialen Geschichte einzelner Regionen lassen allgemeine Grenzziehungen für historische Perioden als nicht sachgemäß erscheinen. Das ideengeschichtlich orientierte Streben nach 'objektiver Periodisierung' erweist sich der vergleichenden historischen Forschung als bloße Hypostase einer Einzeldisziplin oder Nationalgeschichte [77]. Dabei können sehr unterschiedliche Gegenstände zu einer gemeinsamen Grenzveränderung motivieren. Aus der Sicht der Historiker der Wirtschafts- und Sozialgeschichte sowie der christlichen Sozialilehren und Reformbewegungen wäre entsprechend die Zeit um 1500 nicht für den Beginn, sondern für den Höhepunkt einer neuen Periode zu halten, die um 1300 begonnen und um 1600 oder 1789 geendet hätte [78]. Diese Epoche wird inzwischen seltener 'Renaissance', häufiger 'frühe Neuzeit' genannt [79]. Nach bestimmten Rechtsformen kann man das Ancien régime bis 1918 datieren, nach der Geschichte politischer Ideen wäre es in Frage gestellt, ehe es noch recht begonnen hätte. Die Identifizierung eines Zeitalters mit einem bestimmten Inhalt kann so zur Rede vom 'Ende der Neuzeit', die Gleichsetzung mit einem Entwicklungsziel zum Konzept einer 'post-histoire' führen [80].

Betrachtungen über den *Eigencharakter der neuen Zeit* setzen spätestens mit dem Ende des 16. Jh. ein. Für H. DE LA POPELINIÈRE (‹Histoire des histoires›, 1599) lassen besonders die neuen wissenschaftlichen und technischen Errungenschaften (die neue Physik, die Entdeckungen, der Buchdruck, der Gebrauch der Artillerie und die Medizin des Paracelsus) das zu Ende gehende Jahrhundert von allen früheren Zeiten unterscheiden [81]. In diese Zeit fällt eine erste Phase der im 17. Jh. in Frankreich entbrennenden 'Querelle des Anciens et des Modernes'; die Auseinandersetzungen beziehen sich in dieser Frühphase allerdings noch weniger auf die Einschätzung der Kunstwerke als auf die Prinzipien des neuen wissenschaftlichen Denkens, die Methode des philosophischen Zweifels und die Bedeutung der physikalischen Erkenntnis [82]. Nicht nur gegen einzelne Autoritäten richtet sich dabei die Kritik der 'Neueren', sondern das Prinzip der

Autorität selbst wird in Frage gestellt [83]. Dies gilt sowohl für die heiligen Schriften und die Autorität der Kirche wie zugleich für die Autorität der klassischen Autoren und für die Antike in ihrer bisherigen Vorbildlichkeit insgesamt [84]. Damit ändert sich auch die Zeitvorstellung: der genetische Begriff der 'Alten', im Vergleich zu denen die Gegenwart jung ist, wurde ersetzt durch den objektiven Begriff der Chronologie [85]; für F. BACON ist dementsprechend das Altertum «auf uns bezogen alt und früher, auf die Welt bezogen neu und jünger» (respectu nostri antiqua et major, respectu mundi ipsius nova et minor) [86]. Diese Vorstellung kann sich mit der Auffassung zunehmenden Alterns und Degenerierens, wie sie zu verschiedenen Zeiten auftritt, verbinden [87], erfährt aber eine positive Wendung in der Idee eines wachsenden kollektiven Bewußtseins im Bilde des «homme universel» PASCALS und in der Annahme einer fortschreitenden Erkenntnis [88].

Vor den quantitativen Veränderungen der Moderne ist die Konzeption der Welt als eines progredierenden Gesamtprozesses ausgebildet. LEIBNIZ kennt sie schon und hat sie nicht als Säkularisat gewonnen, sondern als mathematisches Modell, das er selbst in seiner Tätigkeit als Historiker nicht auf die Geschichte anzuwenden vermochte [89]. Ob die Möglichkeit des Zweifels am Geltenden, die Entgrenzung der Welt zum unendlichen Universum und der Fortschritt im Bewußtsein der Freiheit korrelierbar sind mit den technischen Fortschritten und der Ausdehnung geschichtlichen Handelns auf die ganze Erde oder ob mit diesen Anwendungen bereits die mögliche Selbstzerstörung beginnt, ist seit der Mitte des 18. Jh. eindringlich immer wieder gefragt worden [90].

Neben dieser metaphysischen steht die historische Frage, wer bei der Ausweitung des geschichtlichen Schauplatzes Handlungsträger der Nz. ist und wer ihre Folgen lediglich zu erleiden hat. Sie beginnt gewiß an verschiedenen Orten zu verschiedenen Zeiten und hat darüber hinaus einen unterschiedlichen Grad der Geltung und Wirkung. Skeptische Jh. sahen sie nur in wenigen forschenden und denkenden Individuen verkörpert, deren Zahl sich allenfalls etwas vermehren lasse [91]. Sie beginnt nicht nur in verschiedenen Disziplinen zu anderen Zeiten, sondern hat manche vielleicht lange noch nicht erreicht [92].

Die *Geschichte der Philosophie* war zunächst eine humanistisch-philologische Disziplin. Früh schon sah man in Boëthius die letzte Gestalt der untergehenden Antike, und BRUCKER z. B. läßt ihre Wiederherstellung nach den Jh., «da die Philosophie mancherley unangenehme und schädliche Veränderungen in ihrem Alter erlitten hat», im 14. Jh. mit Dante beginnen [93]. Die dritte Periode «erzählet, was sich von der Zeit an bis auf unsere Tage mit ihr zugetragen, da sie gleichsam wieder junge worden, das ist, in eine neue Gestalt und Verbesserung gebracht worden ist» [94]. Seit dem 16. Jh. tragen philosophische Werke programmatisch die Eigenschaft des Neuen schon in ihrem Titel, PATRIZI schreibt eine ‹Nova de universo philosophia›, BACON ein ‹Novum organum›, MORHOF schon wird diese und andere Autoren als «novatores» der Philosophie und der Physik registrieren [95]. In allen diesen Fällen ist nicht eine gegenwärtige, sondern eine neuartige Philosophie und Wissenschaft gemeint.

Die Aufklärung und im wesentlichen auch noch die liberalen Historiker des 19. Jh. sahen in der Veränderung ein bewußtes und willentliches Wirken. So fragt BRUKKER nach der Schilderung der mittelalterlichen Zeit. «Ist es bey der ... elenden Gestalt der Philosophie immerdar geblieben?» und antwortet: «Nein; die göttliche Vorsehung erweckte in dem vierzehenden und fünfzehenden Jahrhunderte einige große Geister, welche den Verfall der Wissenschaften und die verschimmelte Ungestalt der Wissenschaften zu Hertzen nahmen, und darauf zu denken anfiegen, wie dem Unwesen abzuhelffen wäre.» Brucker deutet die Philosophen der neueren Zeit nach dem Schema, daß sie entweder antike «Secten» wieder aufgerichtet oder erweckt haben oder, und das gilt für die großen und erneuernden Gestalten, die Philosophie einer «eclectischen Verbesserung» unterzogen, wobei Descartes den Ehrennamen des «Reformator Philosophiae» erhält [96]. Spätere Darstellungen differenzierten gewiß, änderten das Bild aber nicht völlig, bis in einer Gegenströmung die Dignität des Neuen bezweifelt wurde, sei es durch Aufwertung der mittelalterlichen Philosophie, sei es etwa bei der Geschichtsphilosophie durch die Enthüllung der angeblich zugrundeliegenden jüdisch-christlichen Denkschemata.

Die Eigenständigkeit des neuzeitlichen Denkens oder seine Umbesetzung früher christlicher Positionen kann historisch für ein Scheinproblem gehalten werden; zumindest die Philosophen des 16. und 17. Jh. operierten mit christlichen Gedanken wie das Christentum es mit der Antike tat [97]. Ein Phänomen wie die 'Politische Theologie' müßte sich methodisch isolieren lassen; entsprechende Phänomene gab es auch in nicht-christlichen Kulturen [98]. Dagegen sind einzigartige Kombinationen von auch anderswo auffindbaren Elementen, wie Rationalität, Kapitalismus und asketische Wirtschaftsgesinnung, nachweisbar, wobei es erstaunlich bleibt, daß die daraus gewonnene Prognose allgemeiner Bürokratisierung einen weltgeschichtlich durchaus nicht einzigartigen Zustand bezeichnet [99].

Die historische Forschung und die Geschichtsschreibung hat es noch weniger als die von ihr gemeinten Ereignisfolgen mit einheitlichen oder gleichbleibenden Gegenständen zu tun. In ständiger Wechselbeziehung der Gegenbegriffe untereinander und mit den bisherigen Auffassungen schafft, gruppiert und deutet sie Epochen und Perioden. Nicht nur die Nz. verändert sich, solange sie andauert, sondern auch ihr jeweiliges At. oder Ma., ebenso wie deren konstituierende Begriffe wie Polis oder Feudalismus, antike Ökonomie oder mittelalterliche Frömmigkeit. So hoch die Verständigungsfunktion bei gleichartigen Voraussetzungen sein kann, so gering ist ihr heuristischer Wert. Hypostasiert werden sie zu Identifikationen und Feindbildern, die seit je ihre Rolle in politischen und ideologischen Auseinandersetzungen spielen. Die historische Arbeit verwandelt sie, kann aber auch nahezu auf sie verzichten. Sie hat ihrerseits die Denkschemata zu analysieren, aufgrund deren sie konzipiert, verwandelt und wieder aufgegeben werden.

Anmerkungen. [1] Vgl. G. GORDON: Medium aevum and the middle ages. Soc. pure Engl. Tracts 19 (1925) 1ff. – [2] HESIOD, Opera et dies, hg. F. SOLMSEN (Oxford 1970) 49-85; vgl. A. MOMIGLIANO: Time in ancient historiography (1966), in: Essays in ancient and modern historiography (Middletown, Conn. 1977) 179-204. – [3] H. FRÄNKEL: Die Zeitauffassung in der frühgriech. Lit., in: Wege und Formen frühgriech. Denkens (1955) 1-22; F. BOLL und C. BEZOLD: Sternglaube und Sterndeutung (⁵1966). – [4] E. AUERBACH: Figura (1939), in: Ges. Aufsätze zur roman. Philol. (1967) 55f. – [5] Ps. 90, 4; 2. Petr. 3, 8; vgl. TH. E. MOMMSEN: Orosius and Augustine. Mediev. Ren. Stud. 14 (1954) 325ff. – [6] H. GRUNDMANN: Gesch.schreibung im Ma. (1965) 18f. und Lit. 79f. – [7] W. GOEZ: Zur Weltchronik des Bischofs Frechulf von Lisieux, in: Festgabe P. Kirn (1961) 93-110; A.-D. V. DEN BRINCKEN: Stud. zur lat. Weltchronistik bis in das Zeitalter Ottos von Freising (1957). – [8] Vgl. z. B. G. HERTZBERG: Art. ‹Geschichte›, in: ERSCH/GRUBER, Encycl., Sect. 1, t. 62 (1856) 343-387; so die meisten Enzyklopädien und Handbücher. – [9] E. FUETER: Gesch. der neueren Historiographie (1911, ³1936) 181ff. – [10] P. MELANCHTHON, Chronicon Carionis. Corp. Reformatorum 12 (1844); M. A. SABELLICUS: Opera (Basel 1560) 2, 425. – [11] Vgl. E. FUETER, a.O. [9] 201ff. 265ff. 289. – [12] N. MACHIAVELLI: Istorie fiorentine (1532) 1, c. 1-6. – [13] J. BODIN: Methodus ad facilem historiarum cognitionem (1566) Buch 7. – [14] Den vom Dreierschema abweichenden Begriffsgebrauch registriert die Lit. nicht. – [15] TH. E. MOMMSEN: Petrarch's conception of the 'Dark Ages'. Speculum 17 (1942) 226-242. – [16] F. PETRARCA, Familiares 8, 3. – [17] Ep. metr. 3, 33, hg. ROSSETTI (Mailand 1831) 2, 262; vgl. MOMMSEN, a.O. [15] 240f. – [18] R. PFEIFFER: Hist. of class. scholarship 2 (Oxford 1976) 15. 137; E. PANOFSKY: Die Renaissancen der europ. Kunst (1979) 23. – [19] PFEIFFER, a.O. [18] 35ff.; K. BORINSKI: Die Weltwiedergeburtsidee in den neueren Zeiten. Sber. Bayer. Akad., phil.-hist. Kl. 1919/1. – [20] PANOFSKY, a.O. [18] 47f. – [21] G. A. BUSSI, L. Apuleii Opera (Rom 1469), in: Prefazioni ... hg. M. MIGLIO (Milano 1978) 17; vgl. P. LEHMANN: Vom Ma. und der lat. Philol. des Ma. Quellen und Untersuch. zur lat. Philol. des Ma. 5 (1914) 6. – [22] ebda.; 6f. ohne Deutung des Befundes. – [23] 7ff.; Ma. und Küchenlatein. Hist. Z. 137 (1928) 197ff.; vgl. GORDON, a.O. [1]. – [24] Vgl. P. JOACHIMSEN: Gesch.auffassung und Gesch.schreibung in Deutschland unter dem Einfluß des Humanismus (1910, ND 1968) 257f. – [25] LEHMANN, a.O. [21] 7. – [26] G. BUDÉ, De Asse (1514). Opera omnia 2 (Basel 1557) 1; vgl. A. MOMIGLIANO: Ancient history and the antiquarian. J. Warburg and Courtauld Inst. 13 (1950) 285-315. – [27] F. BAUDOUIN: De institutione historiae universae et eius cum iurisprudentia coniunctione (Paris 1561); vgl. D. KELLEY: Historia integra. F. Baudouin and his conception of history. J. Hist. Ideas 25 (1964) 35-57; V. DE CAPRARIIS: Propaganda e pensiero pol. in Francia durante le guerre di relig. (Neapel 1959). – [28] J. VOSS: Das Ma. im hist. Denken Frankreichs (1972) 46ff. – [29] Seit K. BURDACH: Reformation, Renaissance, Humanismus (1918); bes. fehlorientierend A. KLEMPT: Die Säkularisierung der universalhist. Auffassung (1960). – [30] Vgl. die verschiedenen Aufl. des Dict. de l'Académie française und die Belege bei VOSS, a.O. [28]. – [31] G. W. LEIBNIZ, Akad.-A. VI/1, 259-364. – [32] a.O. 315. – [33] 321f. – [34] Vgl. z. B. VOSS, a.O. [28] 56. – [35] D. MORHOF: Unterricht von der dtsch. Sprache und Poesie (1682, ND 1969) 277f. – [36] z. B. LEHMANN, a.O. [21]. – [37] G. VOETIUS: Selectae disputationes theol. 2 (1648, ²1655) 735ff. – [38] G. HORN: Orbis politicus (1669) 63. 145. – [39] CHR. CELLARIUS: Historia universalis breviter ac perspicue exposita, in antiquam, et medii aevi ac novam divisa, cum notis perpetuis 3 (1708) 4ff. – [40] a.O. 233. – [41] Die Zuordnungen wechseln; D. PETAU: De ratione temporum (Paris 1633) gruppiert Fall Konstantinopels und Buchdruck; nicht nur kath. Historiker, noch HEEREN, vgl. Anm. [62], führt die Reformation nicht als polit. Ereignis an. – [42] Belege in den großen Wörterbüchern: Oxford Engl. Dict., LE ROBERT, GRIMM. – [43] R. KOSELLECK: 'Nz.', in: Vergangene Zukunft (1979) 300-348, bes. 303 Anm. 3. – [44] PANOFSKY, a.O. [18] streift dieses Thema, das umfassend noch nicht behandelt ist. – [45] MOMIGLIANO, a.O. [26]. – [46] F. BIONDO: Roma triumphans (1456ff.); vgl. PFEIFFER, a.O. [18] 50; A. BÖCKH: Enzykl. und Methodol. der philol. Wiss. (1877). – [47] PFEIFFER, a.O. [18] 167ff. – [48] J. J. WINCKELMANN: Gesch. der Kunst des Altertums (1764, ND 1966) Buch 8, Kap. 1; J. J. SCALIGER an Salmasius (1607). Epistolae (1627) 486f. – [49] L. VON RANKE: Vorles. 'Neuere Gesch. seit dem Anfang des 16. Jh.' (1860) Einl.; J. G. DROYSEN: Historik (1937) 21, 357. – [50] F. A. WOLF: Darstellung der At.-Wiss. (1807). Kl. Schr. 2 (1869) 883. 841. – [51] A. L. SCHLÖZER: Vorstellung seiner Universal-Historie (1772). – [52] G. W. F. HEGEL, Ästhetik bzw. Philos. der Weltgesch. – [53] A. MOMIGLIANO: Tradition and the class. historian. Hist. and Theory 11 (1972) 279-293. – [54] TH. TRÜBNER: Dtsch. Wb. 4 (1943) Art. ‹Ma.›, 650. – [55] ebda. und GRIMM 6 (1885) 2393. – [56] SCHLÖZER, a.O. [51] 83. – [57] a.O. 78. – [58] WeltGesch. nach ihren HauptTheilen im Auszug und Zusammenhange 1 (1785) 105. – [59] ebda., Tabelle. – [60] J. CHR. GATTERER: Versuch einer allg. Weltgesch. (1792). – [61] a.O. 2ff. – [62] A. HEEREN: Hb. der Gesch. des Europ. Staatensystems und seiner Colonien 1 (1809, ⁴1822) 6f. – [63] a.O. 7. – [64] RANKE,

a.O. [49] 405. – [65] 407. 410. – [66] Vgl. ADELUNG, Grammat.-krit. Wb. 3 (1798) 243. – [67] J. W. VON GOETHE: Materialien zu einer Gesch. der Farbenlehre (1810). Leopoldina I/6, 149. – [68] Vgl. GRIMM zu ergänzen durch WEIGAND: Dtsch. Wb. (1910); vgl. KOSELLECK, a.O. [43] 303. – [69] J. F. HEYNATZ: Br. 5 (1775) 113. – [70] E. ALLETZ, Die neue Demokratie ... (1838), der Beleg im Original: De la démocratie nouvelle (Paris 1837) 62; H. HEINE, Ludwig Marcus. Denkworte. Werke 14 (1862) 184. – [71] J. H. CAMPE: Wb. der dtsch. Sprache 3 (1809) Art. ‹Neuwelt›, 488; GRIMM 7 (1889) 689. – [72] Eine Registrierung des Wortgebrauchs fehlt; vgl. aber L. VON RANKE, Vorles. und Werke, z. B. Sämtl. Werke 52/53, 158f.; J. BURCKHARDT: Weltgeschichtl. Betrachtungen (1905); G. G. GERVINUS: Grundzüge der Historik (1837) 68f. 77ff.; Gesch. des 19. Jh. (1855-66). – [73] Vgl. z. B. RANKES Vorles. seit 1826. – [74] Vgl. z. B. BROCKHAUS 15 (¹¹1868) 689. – [75] K. ROSENKRANZ: Über einige Schwierigkeiten für die weltgeschichtl. Behandlung der Kunst. Prutz' Dtsch. Mus. (1856) 496ff. – [76] M. WEBER: Ges. Aufsätze zur Sozial- und Wirtschaftsgesch. (1924) 253ff. – [77] Die Kritik der frz. Historiker an objektiver Periodisierung und deren Etiketten bei L. FÈBVRE: Moyen âge et réforme ou du pouvoir des étiquettes en histoire. Rev. Hist. Philos. rel. 34 (1954) 198-208. – [78] Aus der umfangreichen Diskussion nur H. SPANGENBERG: Die Perioden der Weltgesch. Hist. Z. 127 (1923) bes. 39ff.; G. VON BELOW: Über hist. Periodisierungen mit bes. Blick auf die Grenze zwischen Ma. und Nz. (1925). – [79] E. TROELTSCH: Der Historismus und seine Probleme (1922, ND 1961); D. GERHARD: Periodization in history, in: Dict. of the Hist. of Ideas 3 (New York 1973) 476-481. – [80] Vgl. R. GUARDINI: Das Ende der Nz. (1950); der wohl von Bouglé geprägte Begriff ‹post-histoire› wurde auf die Werke A.-A. COURNOTS bezogen, bes. Traité de l'enchainement des idées fondamentales dans les sci. et dans l'hist. (1861, nouv. éd. 1911); unabhängig davon R. SEIDENBERG: Posthistoric man (1950). – [81] H. DE LA POPELINÈRE: L'hist. des histoires (Paris 1599). – [82] W. V. LEYDEN: Antiquity and authority. J. Hist. Ideas 19 (1958) 473-492; H. BARON: Querelle of ancients and moderns. J. Hist. Ideas 20 (1959) 3-22; J. DONNE: An anatomie of the world (1611). – [83] V. LEYDEN, a.O. [82]. – [84] Vgl. ST. VON DUNIN-BORKOWSKI: Spinoza 3 (1934); H. GÜNTHER: Freiheit, Herrschaft und Gesch. (1979) 217ff. – [85] F. BACON, Novum Organun. Works 1 (1858) 190; vgl. zur Ikonographie dieser Vorstellung: F. SAXL: Veritas filia temporis, in: Philosophy and Hist., Festschr. E. Cassirer (Oxford 1936, 1963) 197-222. – [86] BACON, a.O. [85] ebda.; vgl. W. V. LEYDEN: History and the concept of relative time. History Theory 2 (1963) 263-285. – [87] H. WEISINGER: Ideas of history during the Renaissance. J. Hist. Ideas 6 (1945) 415ff.; vgl. Daedalus (Summer 1976) über das Thema 'Decline', bes. die Aufsätze von P. BURKE und J. STAROBINSKI. – [88] B. PASCAL, Préface pour le traité du vide, in: Oeuvres compl. (1954) 533f. – [89] A. O. LOVEJOY: The great chain of being (1936, ²1966) 242ff.; vgl. FUETER, a.O. [9] 316f. – [90] Rousseau: vgl. J. STAROBINSKI: Rousseaus Anklage der Gesellschaft (1977). – [91] Leibniz: L. COUTURAT: Opuscules inédits de Leibniz (Paris 1903) 335. – [92] Vgl. die Ungleichzeitigkeit in der polit. Theorie z. B. in der Wirkungsgesch. von LA BOÉTIE: Von der freiwilligen Knechtschaft, hg. H. GÜNTHER (1980). – [93] J. J. BRUCKER: Erste Anfangsgründe der Philosophischen Gesch. (1736, ²1751) 2. – [94] ebda. – [95] D. G. MORHOF: Polyhistor (1688-92, ²1711). – [96] BRUCKER, a.O. [93] 349. 467. – [97] H. BLUMENBERG: Legitimität der Nz. (1966), umgearb. 1. und 2. Teil als: Säkularisierung und Selbstbehauptung (1974); vgl. auch die Kritiken von H. G. GADAMER und K. LÖWITH in: Philos. Rdsch. 15 (1968) 195-209. – [98] C. SCHMITT: Polit. Theol. 1. 2 (1922, ³1979); BLUMENBERG, a.O. [97] (1974) 107ff. – [99] M. WEBER, a.O. [76] 277.

H. GÜNTHER

Nexus, Nexus universalis. CICERO erläutert den stoischen Grundbegriff εἱμαρμένη, den er mit ‹fatum› übersetzt, als «ordinem seriemque causarum, cum causae causa nexa rem ex se gignat» [1]. Nichts könne geschehen, dessen bewirkende Ursachen («causas id ipsum efficientes») die Natur nicht in sich enthalte [2]. Die Ursachenreihen der Welt sind ineinander verflochten: «si omnia antecedentibus causis fiunt, omnia naturali conligatione conserte contexteque fiunt» [3]. Die Welt kann wegen der συμπάθεια im Naturgeschehen als in sich zusammenhängender Körper (σῶμα τι ἡνωμένον) bezeichnet werden [4]. In der Begründung dieser Lehre zeigen manche Argumente CHRYSIPPS eine große Nähe zum κυριεύων des DIODOROS KRONOS [5], den die Stoiker als solchen freilich für logisch fehlerhaft halten [6]. Zur Lösung der Antinomie von nexus universalis und Willensfreiheit wurden von den einzelnen *Stoikern* verschiedene Lösungen vorgeschlagen, die freilich der Kritik der skeptischen Akademiker günstige Angriffsmöglichkeiten boten.

Anmerkungen. [1] CICERO, De divinatione 1, 125; vgl. GELLIUS, Noct. Att. 7, 2 = SVF 2, 1000. – [2] CICERO, a.O. 1, 125. – [3] De fato 31: Wiedergabe der stoischen Lehre in einer Argumentation des KARNEADES. – [4] SVF 2, 1013. – [5] Vgl. P.-M. SCHUHL: Le dominateur et les possibles (Paris 1960) 62-64; A. WEISCHE: Cicero und die Neue Akad. (1961) 30-33. – [6] SVF 1, 489; 2, 283.

Literaturhinweise. M. POHLENZ: Die Stoa. Gesch. einer geist. Bewegung (1964) 101-106. – M. E. REESOR: Fate and possibility in early Stoic philosophy. Phoenix 19 (1965) 285-297. – H. BARREAU: Cléanthe et Chrysippe face au maître argument de Diodore, in: Les stoïciens et leur logique, Actes du coll. de Chantilly 18-22 sept. 1976 (Paris 1978) 21-40. – J. MOREAU: Immutabilité du vrai, nécessité logique et lien causal, a.O. 347-360.

A. WEISCHE

Nezessitieren (mlat. necessitare, nötigen) ist eine Neubildung der Scholastik, die besonders in der Diskussion um die Willensfreiheit Verwendung findet. Philosophisch pointiert erscheint sie offensichtlich zuerst bei THOMAS VON AQUIN, wo ‹necessitare› dasselbe wie ‹determinare› bedeutet, so z. B. wenn von der Kraft des Samens zur Vereinigung von Körper und Seele gesprochen wird, «disponendo materiam ultima dispositione, quae est necessitans ad formam» [1]. Thomas referiert als die Ansicht anderer, daß der menschliche Wille nicht frei sei, sondern vom Schicksal genötigt werde (negant liberum arbitrium, dicentes quod homo necessitatur a fato) [2]. Die Gestirne nezessitieren nur die Vermögen der Seele, die an körperliche Organe gebunden sind, die anderen hingegen inklinieren sie bloß. «In potentiis autem organis non affixis nullo modo agunt necessitando, sed inclinando tantum» [3]. In pseudo-thomistischen Schriften wird zwischen rein materiellen Geschöpfen, bei denen ein N. und Determinieren stattfinde, und Verstand und Wille (intellectus et voluntas) unterschieden, die in ihren Vollzügen nicht nezessitiert werden (non necessitantur in operationibus suis) [4], oder doch nur «in gewisser Weise» (quodammodo) [5]. Auch für Gott kann es kein äußeres oder inneres N. geben [6]. Der freie Wille wird auch nicht, so die Verurteilung des Averroismus von 1277, von der «ratio» oder «cognitio» durch N. eingeschränkt [7]. Dennoch bleibt gerade dies in der Folgezeit Gegenstand der Diskussion. So fragt man sich, ob ein evidenter, in sich selbst einsichtiger Satz zur notwendigen Zustimmung führe, «cum ratio evidens necessitet intellectum ut oppositum eius, quod est certitudinaliter notum, non potest credi» [8]. Ähnlich sieht DANTE eine Einschränkung des monarchischen Willens durch den ihm in den Gesetzen vorgeschriebenen Zweck: «Monarcha necessitatur a fine sibi praefixo in legibus ponendis» [9].

F. SUAREZ unterscheidet eine «necessitas quoad exercitium» von einer «necessitas quoad specificationem»: Mit letzterer ist ein N. des Willens durch Gott gemeint, insofern unter mehreren Möglichkeiten der Wahl nur eine eröffnet wird. Es handelt sich also nicht um eine absolute Notwendigkeit des Handelns oder Willens, sondern «conditionata agendi hoc, si voluntas agere velit» [10].

Bei R. DESCARTES und P. BAYLE wird N. im Zusammenhang der Freiheit Gottes diskutiert. Descartes läßt Gott die Möglichkeit offen, die ewigen Wahrheiten auch nicht gewollt zu haben: «car c'est toute autre chose de vouloir qu'elles fussent nécessaires, & de les vouloir nécessairement, ou d'estre nécessité à les vouloir» [11]. Bayle weist jede Spekulation, daß Gott die Welt und auch das Übel zur Offenbarung seiner Herrlichkeit notwendig erschaffen habe, zurück. Durch seine Güte allein erfolgte die Schöpfung und nicht dadurch, daß er «avoit été nécessité par sa nature à faire tout ce qu'il a fait» [12].

Für LEIBNIZ kann der Wille (volonté) des Menschen wohl geneigt gemacht (inclinée), nicht aber genötigt (nécessitée) werden [13]. Der Wille wird zwar immer die Partei ergreifen, der er mehr als jeder anderen zuneigt, aber er ist dadurch nicht genötigt. Ein überwiegender Grund treibt den Menschen zu seiner Wahl, aber der freie Wille bleibt erhalten [14]. So besteht kein Gegensatz zwischen 'frei' und 'bestimmt': «Man ist niemals völlig gleichgültig im Sinne eines indifferenten Gleichgewichts; man ist immer mehr geneigt (plus incliné) und folglich stärker bestimmt (plus déterminé) für die eine als für die andere Seite: trotzdem aber ist man niemals zu der ergriffenen Wahl genötigt (nécessité)» [15]. Dasselbe gilt für Gott in bezug auf die Schöpfung: «Die freie Substanz trifft ihre Entscheidung von sich aus und folgt hierbei dem Motiv des Guten, das der Verstand erkennt und das die Substanz ohne Nötigung geneigt macht (qui l'incline sans le nécessiter)» [16]. Der Lehre von der besten aller Welten wird aber entgegengehalten, daß Gott zu ihrer Wahl genötigt gewesen sei, da alle anderen unvollkommener und daher unmöglich seien (dogma necessitationis ad Unum Optimum) [17].

Der Begriff ‹N.› ist auch in der Folgezeit in der Diskussion um das Problem der Willensfreiheit präsent [18]. Er wird eher umgangssprachlich gebraucht bei J.-J. ROUSSEAU [19], eingedeutscht mit «zwingen» (in Abgrenzung zu «neigen», geneigt machen) [20], besser aber, wie bei KANT, durch «Nöthigung durch Antriebe der Sinnlichkeit» umschrieben, wovon die «Freiheit im praktischen Verstande» unabhängig ist, denn «die menschliche Willkür» wäre «thierisch (arbitrium brutum)», wenn sie pathologisch necessitirt werden kann» [21].

Im 19. Jh. spricht J. ST. MILL von den «necessitarians», die glauben, daß alle unsere Handlungen mit Notwendigkeit aus dem Charakter, der Erziehung usw. folgen und die deshalb den Fatalisten gleichkommen [22]. I. P. V. TROXLER gebraucht «Necessitation» als Synonym von «Prädestination» [23]. Seitdem kann ‹Nezessitarismus› als philosophiegeschichtliche Interpretationskategorie verwendet werden [24]. In der Logik verwendet E. J. HAMILTON «Necessitante» für «Antecedens», den Obersatz einer Schlußfolgerung [25].

Anmerkungen. [1] THOMAS VON AQUIN, Quaest. disp. de potentia III, 9 ad 2; vgl. Super ad Phil. 2, 3; in 2 Sent. V, 2, 1 resp.; XIII, 1, 3 ad 9; In 4 Sent. XI, 1, 3 b. – [2] Super ad Philippenses 2, 3, no. 77. – [3] Super Ev. Matth. 2, 1; vgl. auch JOHANNES VON JANDUN, zit. bei A. GEWIRTH: Marsilius of Padua (New York 1951) 1, 57. – [4] PETRUS DE ALVERNIA, In Polit. cont. VII, 5, 6; vgl. GUILELMUS WHEATLEY, In Boethii de cons. philos. IV, 11; V, 3; V, 4; CAJETAN, In peri herm. cont. II, 11. – [5] PETRUS JOHANNES OLIVI, Postilla in lib. gen. 19. – [6] GUILELMUS WHEATLEY, a.O. [4] III, 18. – [7] Zit. bei P. MANDONNET: Siger de Brabant et l'averroïsme latin au XIIIe siècle (Louvain ²1908-11) 2, 187f. – [8] FRANCISCUS DE MAYRONIS, Quaest. quodl., clm. 3726, f. 238r. – [9] DANTE, De monarchia I, 12. – [10] F. SUÁREZ, De necessitate gratia. Op.

omn. 7 (Paris 1857) 17. – [11] R. DESCARTES, Oeuvres, hg. ADAM/TANNERY (ND Paris 1964-73) 1, 152; 4, 118f. – [12] P. BAYLE, Oeuvres div. 3 (Den Haag 1727) 811; vgl. 813. – [13] G. W. LEIBNIZ: Essais de Théodicée § 371. Philos. Schr., hg. C. I. GERHARDT 6, 335. – [14] Théod. § 43. 45, a.O. 126f.; vgl. § 53, a.O. 132. – [15] § 132, a.O. 184; Übers. BUCHENAU. – [16] § 288, a.O. 288; Übers. BUCHENAU; vgl. § 228. 230, a.O. 253. 255. – [17] CHR. E. WEISMANN: De praejudicio, quod adcrescit veritatibus primariis de providentia Dei ... (1722). – [18] Vgl. M. MENDELSSOHN, Ges. Schr. 3 (1843) 369f.; VOLTAIRE, Philos. de Newton I, 4. Oeuvres, hg. BEUCHOT 38 (Paris 1930) 28; A. G. BAUMGARTEN: Metaphysica (^{3}1759) § 701ff. – [19] J.-J. ROUSSEAU, Confessions XII. Oeuvres compl., hg. B. GAGNEBIN/M. RAYMOND 1 (Paris 1959) 650. – [20] J. G. HERDER, Ideen zur Philos. der Gesch. der Menschheit VII, 3. Sämtl. Werke, hg. B. SUPHAN 13 (1887) 273. – [21] I. KANT, KrV A 534/B 562. – [22] J. ST. MILL: A system of logic VI, 2 (London ^{10}1879) 2, 424f. – [23] I. P. V. TROXLER: Naturlehre des menschl. Erkennens oder Met. (1828), hg. W. AEPPLI (1944) 247. – [24] E. GILSON: L'esprit de la philos. médiév. (Paris ^{2}1944) 350. 355f. – [25] E. J. HAMILTON: The perceptionalist (New York 1899) 147; Erkennen und Schließen (1912) 4. 34. 84. 94. 211ff. u.ö.

Red.

Nicht-Ich. Der Ausdruck ‹N.› stammt von J. G. FICHTE. Er findet sich bereits 1793/94 in seinen ‹Eigene[n] Meditationen über Elementarphilosophie› [1] – hier bildet Fichte auch die Adjektive ‹ichlich› und ‹nichtichlich› [2] –, dann 1794 in der Aenesidemus-Rezension [3] und in den ‹Einige[n] Vorlesungen ueber die Bestimmung des Gelehrten›. In dieser Schrift bestimmt Fichte N. als das, «was als außer dem Ich befindlich gedacht, was von dem Ich unterschieden und ihm entgegengesetzt wird» [4]. Der Begriff spielt dann vor allem in der ‹Grundlage der gesamten Wissenschaftslehre› (1794/95) eine zentrale Rolle. Auch in der zeitgenössischen Diskussion der ‹Wissenschaftslehre› ist er nachweisbar, insbesondere bei SCHELLING [4a]. Es war allerdings FICHTES Eigenart, sich auf keine Terminologie festzulegen, und in späteren Darstellungen der Wissenschaftslehre hat er den Ausdruck ‹N.› vermieden.

Die Wissenschaftslehre wollte eine klarere und systematischere Darstellung der Transzendentalphilosophie geben, als dies Kant gelungen war, besonders die Unklarheiten, die sich aus dem Ding-an-sich-Problem ergeben hatten, bereinigen sowie darüber aufklären, wie es zu dem Streit zwischen Idealismus und Realismus kommen konnte. Hierbei ist ‹N.› ersichtlich ein Kunstausdruck. Im Grunde aber wurde er seiner unmittelbaren Verständlichkeit wegen geprägt, die er z. B. solchen Wörtern wie ‹Subjekt› und ‹Objekt› voraus hat. Die Unterscheidung Ich/N. nämlich liegt gemäß FICHTES Darlegungen allen anderen Unterscheidungen zugrunde. Durch sie kommt es erst zu einem Selbstbewußtsein gleichermaßen wie zu einem Weltbewußtsein. Der Gegensatz Ich/N. selbst aber ist unmittelbar evident: «N. [wird] vom Ich ... nicht durch Begriffe, sondern unmittelbar durch die Anschauung unterschieden» [5], allerdings nicht durch empirische Anschauung, denn man kann den Unterschied nicht etwa an Gegenständen lernen, sondern, um überhaupt Gegenstände setzen zu können, muß man die Unterscheidung schon gemacht haben [6]. Zur Evidenz dieses Unterschiedes kommt es mithin in apriorischer Anschauung. Das bedeutet: Der Unterschied ist gar nicht gegeben, es sei denn, er wird gemacht. Er beruht auf einem Handeln des Ich. Er ist nur, sofern das Ich sich ein N. entgegensetzt. Dieses Entgegensetzen aber ist eine notwendige Handlung des Ich, so wahr ich Bewußtsein habe, wenngleich dieses Handeln als solches im faktischen Bewußtsein gar nicht vorkommt, sondern erst durch Reflexion zu Bewußtsein gebracht wird. Zugleich aber ist die Entgegensetzung von Ich und N. eine unbedingte Handlung des Ich. Die Selbsterfahrung eines jeden, die Faktizität unseres Daseins, zeigt zwar, daß wir zu solcher Entgegensetzung genötigt sind, auf der andern Seite jedoch beruht ihre Möglichkeit auf Spontaneität. Denn nur dadurch, daß das Ich sich selbst schlechthin in Grenzen setzt, vermag es überhaupt für sich, als Ich, begrenzt zu werden. Aber auch nur dadurch, daß das Ich faktisch begrenzt wird, d.h. genötigt wird, sich selbst durch Entgegensetzung eines N. in Grenzen zu setzen, kommt es zu einem wirklichen Bewußtsein [7]. Dieses hat mithin einen inneren Widerstreit des Ich mit sich selbst zu seinem Grunde insofern, als eben das Ich sich durch Entgegensetzung eines N. setzt und es wiederum vermittels eines Nichtsetzens seiner selbst, durch Übertragung dessen, was es nicht in sich setzt, auf das N., schließlich ein ideales N. setzt, dem ein reales gegenübertritt. Aus diesem inneren Widerstreit des Ich entwickelt Fichte zum einen ein dynamisches Wechselverhältnis von Erkennen und Handeln, zum andern zeigt er, daß die erscheinende Welt, das empirische Selbstbewußtsein gleichermaßen wie dasjenige, was ihm gegeben ist, als Resultat eines dem Ich immanenten Vermittlungsprozesses von Ich und N. begriffen werden kann, und zwar eines Prozesses, der aufgrund der Form des Ich weder in theoretischer noch praktischer Hinsicht zu einem Abschluß kommen kann. In theoretischer Hinsicht nicht, weil dem Ich, sobald es auf sich selbst, sein Vorstellen, reflektiert, damit zwangsläufig ein unbestimmtes, unendliches N. gegenübertritt, in praktischer nicht, weil das handelnd-strebende Ich, das nach dieser frühen Konzeption Fichtes letztlich auf eine Überwindung des Gegensatzes von Ich und N. aus ist, wiederum vom vorstellenden bzw. erkennenden Ich abhängt, da es in seinem Handeln auf bestimmte (vorgestellte) Zwecke bezogen ist, mithin in dem Gegensatz von Ich und N. zugleich die Bedingung der Möglichkeit seines Handelns hat.

Korrespondierend zu diesem inneren Widerstreit des Ich zeigt sich zugleich das N. unter einem Doppelaspekt, nämlich einerseits als im Ich und vom Ich gesetztes, andererseits als absolutes N. Das Ich enthält nur das Prinzip möglichen Lebens: «Soll ein ... wirkliches Leben möglich sein, so bedarf es dazu noch eines besonderen Anstoßes auf das Ich durch ein N. Der letzte Grund der Wirklichkeit für das Ich ist demnach ... eine ursprüngliche Wechselwirkung zwischen dem Ich und irgendeinem Etwas außer demselben, von welchem sich nichts weiter sagen läßt, als daß es dem Ich völlig entgegengesetzt sein muß» [8]. Daß das wahrhaft Absolute bezogen auf das in der Wissenschaftslehre angestrengte Räsonnement als ein absolutes Jenseits erscheint, war später auf SCHELLINGS und HEGELS Kritik gestoßen [9]. Diese Kritik mochte mit dazu beigetragen haben, daß Fichte den Ausdruck ‹N.› wieder fallen ließ.

Anmerkungen. [1] J. G. FICHTE, Gesamt-A. II/3, 123. – [2] ebda. – [3] I/2, 47. 62. – [4] I/3, 28. – [4a] F. W. J. SCHELLING, Über die Mögl. einer Form der Philos. überhaupt. Hist.-krit. Ausg. I/1, bes. 281-285; Vom Ich als Prinzip der Philos. oder über das Unbedingte im menschl. Wissen, a.O. I/2, 109-116 (§ X); 117f. (§ XI). – [5] FICHTE, a.O. [1] II/3, 28. – [6] I/2, 266f. – [7] I/2, 390. – [8] I/2, 411. – [9] SCHELLING, Vom Ich ..., a.O. [4a]; G. W. F. HEGEL, Ges. Werke, Akad.-A. 4, 42. 398.

Literaturhinweise. O. BENSOW: Zu Fichtes Lehre vom Nicht-Ich. Berner Stud. zur Philos. und ihrer Gesch. 12 (Bern 1898). – I. SCHÜSSLER: Die Auseinandersetzung von Idealismus und Realis-

mus in Fichtes Wiss.-Lehre (Diss. Köln 1969). – H. RADERMACHER: Fichtes Begriff des Absoluten (1970). – P. BAUMANNS: Fichtes ursprüngliches System (1972). – W. H. SCHRADER: Empirisches und absolutes Ich (1972).
H. JERGIUS

Nichtgegenständlichkeit Gottes, eine Variante des bis in die Antike zurückgehenden Gedankens der Unbegreiflichkeit Gottes, ist ein spezifisch modernes Stichwort. Es wird vorbereitet durch J. G. FICHTES Kritik des traditionellen Gottesgedankens, indem Fichte feststellt, «daß, sobald man Gott zum Objekte eines Begriffes macht, er eben daher aufhört, Gott, d. h. unendlich zu sein und in Schranken eingeschlossen wird» [1]. Der neuere Gebrauch des Stichwortes geht auf den Neukantianismus zurück.

H. COHEN legt 1902 dar, im Hinblick auf die Idee des Guten habe Platon auf das Grundlegen verzichtet, weil diese Idee «nach einem tieferen Grunde verlangt». Dafür habe er den Begriff des Unbedingten, des ἀνυπόθετον, gebildet [2]. Cohen sieht darin den «Ausdruck verzweifelnder Demut des tiefsten Menschengeistes, der Selbstironisierung der Vernunft». Der Sache nach handelt es sich dabei um das, was man bald darauf die N. nannte: «Da alles Sein auf der Grundlage des Denkens beruht, so erhebt sich das tiefsinnige Verlangen nach einem Grunde, der von dieser Grundlegung unabhängig sei» [3]. Auf diese Deutung Cohens spielt K. BARTH 1922 an: «Platonische Weisheit hat als Ursprung alles Gegebenen längst das Nichtgegebene erkannt» [4]. Dieser Gedanke findet die charakteristische Wendung, der wahre Gott sei «der aller Gegenständlichkeit entbehrende Ursprung der *Krisis* aller Gegenständlichkeit, der Richter, das Nicht-Sein der Welt» [5]. Auch COHEN hatte in der letzten Fassung seiner Religionsphilosophie dem einen Gott ausdrücklich die Gegenständlichkeit abgesprochen, und zwar bei Erörterung des biblischen Bilderverbotes [6]. Der Ursprung der Formel von der N. liegt jedoch weder bei Cohen noch bei K. Barth.

P. NATORP hat seit 1888 [7] das Hervorgehen der Gegenständlichkeit aus einer «Objektivierung» des potentiell im Subjektiven Gegebenen [8] zum Thema seiner Untersuchungen über die Logik des Psychischen gemacht. Dabei gelten ihm Subjekt und Objekt als *korrelative* Gestalten der Differenzierung des Bewußtseins. Das Psychische als solches aber betrachtet Natorp mit H. MÜNSTERBERG als das Nichtobjektivierbare [9]. Ebensowenig kann das Unendliche Objekt sein: «Im eigentlichen Verstande hat weder das Gefühl einen Gegenstand, noch kann das Unendliche für ein endliches Subjekt überhaupt Gegenstand sein» [10]. NATORP wendet sich daher gegen alle Ansprüche auf religiöse Objekterfassung. Die «absolute Obmacht des Guten» kann nicht objektiv sichergestellt werden, sondern liegt «einzig in der Forderung des Sittengesetzes selbst» begründet [11].

Unter Berufung auf H. RICKERT hat K. HEIM 1923 den Gesichtspunkt der Ungegenständlichkeit des Ich aufgegriffen und auf die Theologie angewendet. Dabei gelangte er jedoch nicht wie Natorp zur Auflösung der religiösen Objektsetzungen in das menschliche Bewußtseinsleben, sondern umgekehrt zu einer Neubegründung des Gottesgedankens: Die Pluralität der Bewußtseinswelten legt, damit sie dennoch bestehende Gemeinsamkeit Erklärung findet, die Annahme eines absoluten Ich nahe: «Es gibt nur Ein Ich, nur Eine 'Person', und das ist Gott. Alle anderen Subjekte oder Bewußtseinswelten können das nur in abgeleiteter Weise werden ...» [12]. Dieser Gott ist «das Nichtgegenständliche», «unnahbar für alles gegenständliche Begreifen ... Es gehört zu seinem Wesen, nicht gegenständlich zu sein» [13].

Schon vor Heim, allerdings ohne dessen erkenntnistheoretische Reflexion, hatte E. SCHAEDER 1914 aus der Perspektive seiner theozentrischen Theologie die Auffassung Gottes als Objekt abgelehnt: «Religion, die im Sinne realer persönlicher Gottbezogenheit ihren Namen verdient, zeigt sich prinzipiell daran, daß Gott für die Seele in jedem Betracht aufhört, Objekt zu sein, welches sie in der Hand hat. Er wird ihr immer beherrschendes Subjekt» [14]. Durch diese Umkehrung der Subjekt-Objekt-Beziehung im Gottesverhältnis wird nach F. K. SCHUMANN jedoch «etwas mit Worten gefordert ..., was im Denken nicht vollzogen werden kann: mit dem Objektsein Gottes ist das Gedachtsein eben aufgegeben und damit auch jede Möglichkeit einer Aussage darüber, wie Gott im Verhältnis zum menschlichen Ich gedacht werde» [15]. Diese Kritik trifft auch K. Heim und R. BULTMANN, der 1925 dem Gedanken Schaeders eine vertiefte Begründung gegeben hatte. Nach Bultmann setzt sich alles objektivierende «Reden über» Gott in Widerspruch zum Gedanken Gottes als der alles bestimmenden Wirklichkeit; denn «jedes 'Reden über' setzt einen Standpunkt außerhalb dessen, worüber geredet wird, voraus». Wer Gott als «ein Objekt des Denkens» behandelt, stellt sich außerhalb des Anspruchs Gottes auf den Menschen. Nur im Gehorsam gegen ein existenzielles Müssen können wir von Gott reden, denn in diesem Fall sehen wir «Gott, den Befehlenden, als das Subjekt» [16]. Bultmanns Programm der existenzialen Interpretation hat hier eine seiner wichtigsten Wurzeln.

K. BARTH hatte sich 1922 den Gedanken der N. im Sinne der Position Cohens als Ausdruck für den Gegensatz Gottes zur Welt zueigen gemacht und in der Nachfolge Schaeders das Subjektsein Gottes betont: «Gott ist nicht und Gott wird nicht anders Objekt als sich selber, auch nicht in seinem Worte». In diesem Sinne konnte Barth zustimmend auf Heims Begriff der N. verweisen [17]. Dagegen spricht er schon 1932 von einer Gegenständlichkeit Gottes [18]; und 1940 wird der Gedanke der N. als Auflösung des Unterschiedes von Gott und Mensch verworfen [19]. Zwar bleibt «das eigentliche und primäre handelnde Subjekt aller wirklichen Gotteserkenntnis Gott selber». Aber weil er sich selber als Sohn dem Vater und als Vater dem Sohne gegenständlich ist, wird er mittelbar auch uns in seiner Offenbarung gegenständlich «unter dem Zeichen und unter der Hülle anderer Gegenstände» [20]. Diese Erwägung bildet die Grundlage für Barths Hinwendung zum Gedanken der analogen Gotteserkenntnis [21].

In Fortsetzung der neukantischen Diskussion entwickelte K. JASPERS seinen Begriff der Transzendenz, die ebenso wie die Existenz, als deren Grund sie erfahren wird, die Sphäre der Subjekt-Objekt-Spaltung übersteigt und also ungegenständlich ist [22]. Da menschliches Reden und Denken aber unvermeidlich objektiviert, ergibt sich ein uneigentliches Reden von der Transzendenz in «Chiffern» (s. d.), entsprechend dem auf Existenzerweckung zielenden, «appellierenden» Reden [23].

Anmerkungen. [1] J. G. FICHTES Gerichtl. Verantwortungsschr. gegen die Anklage des Atheismus (1799), in: Die Schr. zu J. G. Fichtes Atheismusstreit, hg. H. LINDAU (1912) 226. – [2] H. COHEN: Logik der reinen Erkenntnis (1902) 73. – [3] Logik des reinen Willens (1904) 406. – [4] K. BARTH: Der Römerbrief (²1922) 22; vgl. COHEN, a.O. [2] 67ff. – [5] BARTH, a.O. 57. – [6] H. COHEN: Relig. der Vernunft aus den Quellen des Judentums (1919) 66. –

[7] P. NATORP: Einl. in die Psychol. nach krit. Methode (1888). – [8] Allg. Psychol. 1 (1912) 84f. u.ö. – [9] H. MÜNSTERBERG: Grundzüge der Psychol. 1 (1900) 88f.; dazu NATORP, a.O. [8] 294ff. 300; vgl. schon I. KANT, KrV B 404f. und dazu G. W. F. HEGEL: Logik, hg. G. LASSON (1963) 2, 432. – [10] P. NATORP: Relig. innerhalb der Grenzen der Humanität (1894, ²1908) 44; vgl. 99ff. – [11] a.O. 45ff. – [12] K. HEIM: Glaubensgewißheit. Eine Untersuch. über die Lebensfrage der Relig. (1916, ³1923) 247; vgl. 63: Berufung auf H. RICKERT: Der Gegenstand der Erkenntnis (⁴1921) 14ff. – [13] HEIM, a.O. 245f.; vgl. später mehr im Sinne E. Schaeders in: Glaube und Denken (1931) 315; vgl. 311. – [14] E. SCHAEDER: Theozentrische Theol. 2 (1914) 122; Das Geistproblem in der Theol. (1924) 15. – [15] F. K. SCHUMANN: Der Gottesgedanke und der Zerfall der Moderne (1929) 194. – [16] R. BULTMANN: Welchen Sinn hat es, von Gott zu reden? (1925), in: Glauben und Verstehen 1 (1934) 26f. 34. – [17] K. BARTH: Christl. Dogmatik 1 (1927) 64. 96. – [18] Kirchl. Dogmatik I/1 (1932) 87. – [19] a.O. II/1 (1940) 9. – [20] 16; vgl. 8. 22. 27. – [21] 252ff. – [22] K. JASPERS: Philos. 1 (1932, ²1948) 42ff.; vgl. 13ff. 317ff.: zur Ungegenständlichkeit des Ich und der Existenz. – [23] a.O. 679f. 786ff.; Der philos. Glaube angesichts der Offenbarung (1962) 213ff.

Literaturhinweise. F. K. SCHUMANN s. Anm. [15]. – P. H. JØRGENSEN: Die Bedeutung des Subjekt-Objekt-Verhältnisses für die Theol. (1967). – K. ROSENTHAL: Die Überwindung des Subjekt-Objekt-Denkens als philos. und theol. Problem (1970).

W. PANNENBERG

Nichts, Nichtseiendes (griech. οὐδέν, οὐκ ὄν, μὴ ὄν; lat. nihil, non ens; engl. nothing, not-being; frz. néant, rien; ital. nulla)

A. *Antike.* – «Es ist ein ganz artiges Bestreben unserer Philosophen, das denkbare Nichts zu einem erkennbaren Etwas zu machen.» Diese Worte F. M. KLINGERS [1] können auch eine Erklärung dafür sein, daß der Ausdruck ‹Nichts› (N.) in einem begriffsgeschichtlichen Lexikon behandelt wird, in dem der Begriff als begriffener Begriff – auch wenn er für gar nichts Bestimmtes steht, überhaupt nichts repräsentiert, schlechthin nichts bezeichnet – zu Ehren kommt und als 'Etwas' angesehen wird. Der Begriff des N., insofern er begriffen ist und eine Bedeutung hat, ist selbst nicht N., sondern hat als solcher eine Geschichte.

Sie beginnt da, wo auch die Geschichte des verneinten Gegenbegriffs, des Seienden, beginnt: in der griechischen Ontologie. Hier schon ist der Verneinungscharakter des Begriffs bewußt und auch etymologisch ausgedrückt worden. οὐδέν = οὐ δέν, entsprechend ist später das ‹N.›, das negierte ‹Ichts›, aus dem mittelhochdeutschen Genetiv ‹nihtes› hervorgegangen, und ‹nihil› ist nach VARRO als aus ‹ne› und ‹hillum› bzw. ‹hilla› oder, wie andere meinen, aus ‹ne› und ‹hilum› zusammengesetzt zu denken [2].

Der erste ontologisch bedeutsame Text überhaupt, das Lehrgedicht des PARMENIDES, stellt den Ursprung des N.-Begriffs dar. Der Inhalt dieses Gedichtes kulminiert in der von der Göttin verkündeten Wahrheit, daß das Sein ist. Dem entspricht negativ der gegen die über Werden und Vergehen spekulierende ionische Naturphilosophie gerichtete Satz: «Nichts ist nicht.» «Kein zweiter Satz wird von der Göttin ihrem Adepten so eingeprägt wie dieser» [3]. Zusammengenommen machen diese beiden Sätze die eine Wahrheit aus, die den «Weg der Überzeugung» kennzeichnen. Der andere auch von der Göttin aufgezeigte Denkweg geht vom Sein des N. aus. Er ist ein Irrweg, denn «weder könntest du wohl das Nichtseiende erkennen ... noch es aufzeigen» [4]. Es entzieht sich prinzipiell dem vernünftigen Sprechen und Denken [5]. Bevor nicht «entschieden» ist, daß dieser Weg des Nichtseienden (Ns.) der undenkbare und unnennbare ist, gehört man zu jenem «unterscheidungslosen Haufen», «bei denen Sein und Nichtsein dasselbe gilt und nicht dasselbe» [6].

Auf dem wahren Weg dagegen wird nach Parmenides das Nichtsein als Setzung der Sterblichen durchschaut. Es ist das eine Sein, das durch die vielen Überzeugungen der Menschen «benannt» wird: «zu werden und zu vergehen, zu sein und nicht zu sein» [7].

Gegen diese eleatische Lehre vom N., die ähnlich wie Parmenides auch Melissos formuliert hat, sind die Thesen des Sophisten GORGIAS in seiner Schrift ‹Über das Ns. oder über die Natur› gerichtet. Die Begründung für die erste These, die besagt, daß «nichts ist», widerspricht expressis verbis der parmenideischen Lehre und überbietet sie zugleich. Denn sie muß nach Gorgias so verstanden werden, daß «weder das Sein noch das Nichtsein ist» [8]. Der prädikative Gebrauch des Wortes ‹ist› in dem Satz «das Nichtsein ist das Nichtsein» macht deutlich, daß das Ns. 'ebenso wie' das Seiende ist. Das Seiende und das Ns. relativieren sich so gegenseitig, weil sie ontologisch auf gleicher Stufe stehen [9]. Das 'N. ist', besagt deswegen nicht, daß es nichts gibt, sondern nur, daß neben dem eleatischen 'ist' auch das 'nicht ist' Geltung hat.

In enger Verbindung mit der Lehre des Gorgias ist die Ansicht der Atomisten über das Nichtsein, namentlich die des DEMOKRIT, zu sehen. Es ist nicht nur die berühmte Formel des οὐ μᾶλλον ἤ im demokriteischen Satz «Das Ichts existiert um nichts mehr als das N.» [10], sondern dasselbe ontologische Anliegen, das beide verbindet: nämlich der eleatischen Lehre gegenüber auch der Existenz des Ns. philosophisch zur Geltung zu verhelfen. Demokrit freilich konkretisiert den Unterschied zwischen dem Seienden und Ns., indem er jenes als das Volle, Feste, d.h. als die Atome, dieses aber als das Leere begreift [11]. Weil das Leere, das auch ‹N.› genannt wird [12], aber der Ort ist, in dem sich die Atome bewegen, ist es mitkonstitutiv für das, was ist. Das Ns. ist deswegen wie das Seiende auch als konstitutives Prinzip der Gesamtwirklichkeit zu begreifen [13].

Sowohl die eleatische Lehrmeinung, die besagt, daß es Nichtsein nicht gebe, wie auch die Theorie der Atomisten, nach der N. in Form des Leeren als in der Naturwirklichkeit existierend vorgestellt wird, verfällt der Kritik PLATONS in seinem Dialog ‹Sophistes›. Die eleatische Lehre wird den Phänomenen nicht gerecht. Es sind nach Platon insbesondere die Phänomene des Irrtums, des bloßen Meinens und Scheinens und vor allem das Phänomen des Sprechens, die notwendig zu der Annahme zwingen, «daß das Ns. ist» [14]. Nach der eleatischen Lehre muß davon ausgegangen werden, daß «man das Ns. an und für sich richtigerweise weder aussprechen noch sagen noch denken kann; vielmehr ist es undenkbar und unsagbar und unaussprechbar und unerklärbar». Aber derjenige, der so das Ns. zu bestreiten versucht, wird nach Platon in größte Verlegenheit gebracht, da er über es Aussagen machen muß, durch die er mit sich selbst in Widerspruch gerät [15]. Auf diese Weise ist nämlich schon das Sein mit dem Nichtsein verbunden, und so dann auch die Zahl, die zum Seienden gehört usw., so wie auch das Bild im Hinblick auf das wahre Abgebildete eine sonderbare Verflechtung des Ns. mit dem Seienden darstellt [16].

Wenn falsche Sätze oder falsche Meinungen, Bilder, Abbildungen, Nachahmungen und Trugbilder und derartiges als Gegenstand der vernünftigen Rede gelten sollen, muß nach Platon, auch wenn man Gefahr läuft, für einen Vatermörder gehalten zu werden, Parmenides widersprochen und eine neue Ontologie zugrundegelegt werden, nach der «sowohl das Ns. in gewisser Hinsicht ist, als auch das Seiende wiederum irgendwie nicht ist» [17]. Die im weiteren Verlauf des Dialogs explizierte Lehre von der Verflechtung der Ideen zeigt, daß das Ns. nicht im Sinne eines Gegensatzes (ἐναντίον), sondern als das alles Seiende durchdringende Verschiedene (ἕτερον) gedacht werden muß. «Denn bei allen Gattungen bewirkt die Natur des Verschiedenen, daß sie von dem Seienden verschieden sind, und macht jedes dadurch zum Ns. Wir werden also dementsprechend mit Recht sagen, daß gleichermaßen alles nichtseiend ist und daß es doch wiederum, weil es am Seienden teilhat, ist und zum Seienden gehört» [18]. Jedes Seiende ist in dem Maße, als es anderes neben ihm gibt, zugleich ein Ns. Wenn diese Theorie auch auf die «Teile des Verschiedenen» angewandt und ein bestimmtes Ns. wie das Nichtschöne oder Nichtgroße herausgestellt wird, dann erst kann deutlich werden, daß es sich in Wirklichkeit um die Gegenüberstellung zweier Seiender handelt und daß das bestimmte Ns. nicht weniger 'ist' als das bestimmte Seiende. Platon hat im ‹Sophistes› diese Verflechtung des Seienden mit dem Ns. wie überhaupt der Ideen untereinander als die Bedingung der Möglichkeit menschlicher Rede im Sinne des Satzerkennens dargestellt und vor diesem Hintergrund das in einem falschen Satz zum Ausdruck gebrachte Ns. thematisiert [19].

ARISTOTELES konnte deshalb, schon im Hinblick auf den ‹Sophistes›, sagen: τὸ μὴ ὂν λέγεται πλεοναχῶς (das Ns. wird in mehrfacher Weise ausgesagt) [20]. Genauer gesagt kommt dem Begriff des Ns. eine dreifache Bedeutung zu: insofern etwas ein Nicht-Mensch oder ein Nicht-Großes oder ein Nicht-Schönes sein kann, ist das Ns. kategorial bestimmt; davon ist – entsprechend dem veritativen Sein im Bereich des Seienden – das falsitative, d. h. durch einen falschen Satz ausgedrückte Ns. zu unterscheiden. Schließlich ist auch das nur kategorial unterscheidbare Potentielle als Ns. gegenüber dem Aktuellen zu begreifen [21].

Die von Aristoteles aufgezählten verschiedenen Bedeutungen des Begriffs ‹Ns.› werden in der stoischen Ontologie als verschiedene Modi des gedachten Seins unter dem Titel des 'Etwas' positiv begriffen. Das Ns. ist das nur Gedachte oder das nur Vorgestellte. Zentauren, Riesen oder Pygmäen z. B. sind in diesem Sinne Ns. und unterscheiden sich nur durch die Weise des Gedachtseins. Gleichwohl ist dieses in verschiedener Weise Gedachte 'etwas', weil auch das Denken selbst zur Naturwirklichkeit gehört [22]. Vom Ns. ist das N. im Sinne des οὔτι zu unterscheiden. Freilich sind die Erklärungen dieses Begriffs uneinheitlich. Während nach SEXTUS EMPIRICUS das N. das ist, was nicht einmal für das Denken Realität hat, gehören nach einer anderen Überlieferung auch die Allgemeinbegriffe, die die Gattung oder Spezies bezeichnen und die sonst unter dem Titel des ἐννόημα als Quasi-Etwas (ὡσανεὶ τί) begriffen werden, zu den οὔτινα [23]. Möglicherweise ist der Begriff des N. kein genuiner Bestandteil der stoischen Lehre, sondern ihr erst später hinzugefügt worden [24].

Die stoische Lehre von dem durch die menschliche ἐπίνοια Gedachten als solchen hat die spätantike Ontologie allgemein fundamental beeinflußt und deswegen auch die Prägung des N.-Begriffs weitgehend mitbestimmt. Wie diese stoische Lehre in eine aristotelische Ontologie integriert werden kann, hat insbesondere ALEXANDER VON APHRODISIAS gezeigt. Da dieser Ontologie gemäß das eigentlich Seiende die sinnfällige Substanz ist, muß nach Alexander das durch das menschliche Denken Gedachte als Nichtsein begriffen werden: τὰ δὲ ἐν ἐπινοίᾳ τὸ εἶναι ἔχοντα μὴ ὄντα ἐστίν (Das, was das Sein im Denken hat, ist nichtseiend) [25]. Ns. in diesem Sinne ist aber nicht nur das von einer Sache im strengen Sinne Gedachte, also das Allgemeine im Sinne des Begriffs [26], sondern auch die Gegenstände der Vorstellung, wie das Mathematische, die Formen der artifiziellen Dinge oder irgendwelche Fiktionen müssen nichtseiend genannt werden, weil sie nicht in der Naturwirklichkeit (ἐν ὑποστάσει), sondern nur im Denken ein Sein haben [27]. Deswegen muß ein dreifacher Sinn des Begriffs ‹Ns.› unterschieden werden: das falsitative Ns. (τὸ ψεῦδος), das in keiner Weise Seiende (τὸ μηδαμῇ μηδαμῶς ὄν) und das nur potentiell Seiende (τὸ δυνάμει ὄν) [28]. Da das Ns. im Sinne des Potentiellen doch entstehen und sein kann, sind die Fiktionen des Denkens, wie z. B. der 'Bockhirsch', aus dieser Gruppe ausgeschlossen [29]; diese gehören vielmehr zum in keiner Weise Seienden [30]. Dagegen ist das Mathematische ein Ns. im Sinne des Potentiellen, denn derjenige, der die mathematischen Gegenstände im Denken von den qualitativen Bestimmungen der Dinge abstrahiert, sieht zugleich, daß so ein Ns. «später entstanden ist» (ὑστερογενές) und folglich schon immer ein potentiell Abstraktes war [31].

Dieser Differenzierung des Ns. liegt allerdings schon eine fundamentale Unterscheidung voraus, die das Verhältnis zum kategorialen Sein überhaupt betrifft. Erst DEXIPPOS hat in diesem Sinne ein außerkategoriales Ns., das in jeglicher Hinsicht Ns., vom kategorialen Ns. unterschieden [32].

Aber auch der mehr platonisch bestimmte Begriff des Ns. ist offensichtlich nicht eindeutig. Das zeigt die Diskussion um die Entstehung der Lehre von der «Schöpfung aus N.» (s. d.), die im hellenistischen Judentum, bei ARISTEAS und PHILON, zumindest vorbereitet worden zu sein scheint [33], wie auch und besonders die Philosophie PLOTINS, in der er von zentraler Bedeutung ist.

Wenn die platonische These von der Zwischenstellung der vielheitlichen Körperwelt zwischen dem wahrhaft Seienden und dem absolut Ns. rezipiert wird [34], muß nach Plotin auch nach dem einheitlichen Grund dieses vielfältig Ns. gefragt werden. Das Ns. im primären Sinne ist nach Plotin die Materie. Der Begriff des Ns. ist in diesem Zusammenhang nicht als das schlechthin Ns. (τὸ παντελῶς μὴ ὄν) zu begreifen, sondern als das vom Seienden Verschiedene, freilich nicht im Sinne des platonischen ‹Sophistes›, wonach auch beispielsweise die dem Seienden immanente Bewegung vom Seienden selbst verschieden ist. Vielmehr ist die Materie vom wahrhaft Seienden so verschieden, wie das «Bild vom Seienden verschieden ist, oder in noch höherem Grade nichtseiend» [35]. Da das wahrhaft Seiende, das Intelligible, das Geformte und so Bestimmte ist, erscheint ihm gegenüber die Materie, die für sich genommen nichts ist, aber potentiell alles, als nichtseiend. Ihr aktuelles Sein besteht in nichts anderem als darin, potentiell ein schwaches trübes Abbild zu sein, das nicht Gestalt gewinnen kann. Die Materie ist in diesem Sinne das aktuell Falsche, oder – mit den Worten des ‹Sophistes› – das «wirklich Ns.» (ὄντως μὴ ὄν) [36]. Deswegen kommt nach Plotin der Materie das Sein nur in einem äquivoken Sinne zu, und korrekterweise müßte man sagen, daß «ihr Sein das Nichtsein ist» [37]. Wenn die menschliche Seele sich diesem Bereich des Materiellen zuwendet – Plotin nennt das auch den Tod der Seele – gelangt sie «in das Ns.», wodurch sie freilich nicht physisch, als geistige Natur, vernichtet wird [38].

Der Begriff des Ns. war jedoch nicht nur in der spätantiken allgemeinen Seinslehre von grundlegender Bedeutung, sondern vor allem auch in der Theologie. Das zeigt sich bei Plotin und schon vorher bei BASILIDES. Dieser Gnostiker (erste Hälfte des 2. Jh.) hat wohl zum ersten Mal dem Gedanken Ausdruck verliehen, der die Grundlage aller negativen Theologie ist: Gott ist das N. (οὐδέν) oder οὐκ ὤν θεός [39]; aber auch die geschaffene Welt ist in anderem Sinne ein N. «So schuf der nichtseiende Gott eine nichtseiende Welt aus Ns., indem er ein Samenkorn hervorbrachte, das den Samen der Welt in sich hatte.»

Offensichtlich hat PLOTIN diesen Gottesbegriff rezipiert. Denn auch das Eine ist als das, was «vor allem Seienden», vor allem «Etwas» ist, vor allem Bestimmten, das «gleichsam die Gestalt des Seienden hat», selbst kein Seiendes [40]. Plotin nennt es als δύναμις πάντων, d.h. als Erzeuger all dessen, was ist, ein Ns. [41]. Ihm kommt also auch nicht irgendwie das «Ist» zu [42]. Es entzieht sich überhaupt aller Aussagbarkeit durch die menschliche Sprache. «Es ist ein Ns., sonst würde auch hier das Eine nur von einem anderen ausgesagt; ihm gebührt in Wahrheit kein Name, wenn man es denn aber benennen muß, so wird man es passend und gemeinhin das Eine nennen» [43]. Der unterschiedliche Sinn des sowohl für das Eine wie für die Materie angewandten Begriffs ⟨Ns.⟩ wird also immer nur vor dem Hintergrund der Gesamtbewegung vom Einen zur Materie erkennbar, zumal sie zugleich auch Entwicklungsstufen der Seele sind: Das Eine ist ein Ns., insofern es als die selbst unbestimmte Fülle aller Wirklichkeit alles aus sich entlassene bestimmte Seiende in sich schließt. Die Materie aber ist Ns., weil sie, aller bestimmenden Formen beraubt, vergeblich nach aktuellem Sein heischt.

Die Systematisierung des N.-Begriffs beginnt jedoch erst mit PORPHYRIOS, der die beiden Bedeutungen des Begriffs durch den Bezug zur menschlichen Seele verdeutlicht. Die Seele erzeugt nämlich, wenn sie sich vom Reich des Seienden, also des Intelligiblen, trennt, selbst «das eine» Ns. als ein falsches Vorstellungsbild. «Das andere» Ns. im Sinne des «Überseienden» erfaßt sie in einer «Vorerkenntnis», d.h. in einem dem Denken überlegenen Nichtwissen [44].

Erst MARIUS VICTORINUS wird dem neuplatonischen Programm einer Versöhnung des platonischen mit dem aristotelischen Denken hinsichtlich des Begriffs des Ns. gerecht, indem er vier Modi dessen unterscheidet, «was nicht ist»: «im Sinne einer Negation, so daß es eine völlige Beraubung des Seienden ist, im Sinne der Natur des einen im Verhältnis zu einem anderen, im Sinne des Noch-nichtseins, was zukünftig ist und sein kann, und im Sinne dessen, was jenseits alles Seienden, Sein ist» [45]. Trotz dieser begrifflichen Unterscheidung besteht eine enge Verbindung der einzelnen Modi untereinander. Denn Gott, der das über allem erhabene Ns. heißt, weil er «nichts von dem ist, was ist» [46], muß zugleich auch als das von allem Verschiedene und als das alles Zukünftige potentiell in sich Enthaltende gedacht werden. Weil diese drei Modi des Ns. in Gott zusammenfallen und die beiden letztgenannten, das Verschiedene und das Potentielle in ihrer bestimmten, d.h. welthaften mit Materie verbundenen Form aus Gott stammen, gehören sie zugleich auch zu dem, «was ist». Das Ns. im Sinne des Verschiedenen und Potentiellen ist deswegen mit platonischen Worten das «nicht wahrhaft Ns.». Das wirklich Ns. dagegen hat neben Gott, der Fülle des Seins, gar keinen Platz, so daß es weder benannt noch sein kann. Es entsteht vielmehr als leere privative Vorstellung in der Seele [47].

Bei der Rezeption dieser Lehre von den vier Arten des Ns., die bei PROKLOS [48] und besonders in der Ammoniosschule nachweisbar ist, ändert sich die ontologische Bewertung der Gegenstände des menschlichen Denkens und seiner Vorstellungskraft. Auch sie gelten fürderhin als ein irgendwie Seiendes; deswegen muß das schlechthin Ns. (τὸ μηδαμῇ μηδαμῶς ὄν) anders definiert werden. AMMONIOS HERMEIU begreift es, die fünfte «Ordnung» des Ns., als das «Unsagbare» und «Unvorstellbare» [49]. Nach seinem Schüler ELIAS ist es das weder potentiell noch aktuell Seiende, d.h. das in sich Widersprüchliche, so etwas wie der «gebildete Stein» (λίθος γραμματικός) [50]. DAVID, möglicherweise der Schüler des Elias, hat im Hinblick auf diesen Begriff des μηδαμῇ μηδαμῶς ὄν auf einen Gegensatz zwischen Platon und Aristoteles aufmerksam gemacht: Während Platon es als das verstanden habe, was weder gedankliche oder vorstellungsmäßige noch aktuelle Existenz hat, umfasse nach Aristoteles dieser Begriff all das, was, wie der 'Bockhirsch', keine aktuelle Existenz in der Naturwirklichkeit, aber doch ein Sein in Gedanken oder in der Einbildungskraft hat [51].

Anmerkungen. [1] Vgl. F. M. KLINGER, Betrachtungen und Gedanken über versch. Gegenstände der Welt und der Lit. II, 418, Sämtl. Werke 12 (1842) 32. – [2] Vgl. VARRO bei F. S. CHARISIUS, Artis grammat. libri V, hg. C. BARWICK (1925) 130, 11ff. – [3] PARMENIDES, VS 28 B 6, 2; dazu U. HÖLSCHER: Parmenides. Vom Wesen des Seienden (1969) 119. – [4] B 2, 7. – [5] Soph. 238 c ff. – [6] B 6, 7-9. – [7] B 8, 38-40. – [8] Zu GORGIAS vgl. Ps.-ARISTOTELES, De Melisso, Xenophane, Gorgia 979 a 24, in: Sofisti. Test. e framm. 2, hg. M. UNTERSTEINER (Florenz 1949) 60. – [9] Vgl. H. J. NEWIGER: Untersuchungen zu Gorgias' Schr. Über das Ns. (1973) 32. 188. – [10] DEMOKRIT, VS 68 B 156; dazu A. GRAESER: Demokrit und die skeptische Formel. Hermes 98 (1970) 300-317. – [11] LEUKIPP, VS 67 A 6-8; DEMOKRIT, VS 68 A 49. – [12] DEMOKRIT, VS 68 A 37. – [13] A 44; vgl. auch METRODOROS VON CHIOS, VS 70 A 3; B 1. – [14] PLATON, Soph. 237 a 3. – [15] Soph. 238 c ff. – [16] 240 c. – [17] 241 d 6f. – [18] 256 d 12-e 3. – [19] 257 a-259 e. – [20] Vgl. ARISTOTELES, Met. K 11, 1067 b 25; Phys. V, 1, 225 a 20. – [21] Met. Λ 2, 1069 b 27; expliziert in N 2, 1089 a 26. – [22] SENECA, Ep. 58, 15 = SVF II, 332, vgl. 87f. – [23] Vgl. SEXTUS EMPIRICUS, Adv. math. I, 17 = SVF II, 330; ORIGENES, In Joh. II, 13. Werke 4 (griech. christl. Schriftst.), hg. E. PREUSCHEN (1903) 68. – [24] Vgl. M. POHLENZ: Die Stoa (³1964) 1, 295. – [25] ALEXANDER VON APHRODISIAS, In Arist. Met. comm., hg. M. HAYDUCK. Comm. in Arist. graeca (CAG) I (1891) 779, 10. – [26] a.O. 670, 16. – [27] 230, 18. 27. 34; 677, 1. – [28] 674, 4. – [29] Vgl. 573, 33ff. – [30] 82, 4. – [31] 738, 29ff. – [32] DEXIPPUS, In Arist. Cat. comm., hg. A. BUSSE. CAG IV/2 (1888) 13, 17ff. – [33] Vgl. K. MAY: Schöpfung aus dem N. (1978); POHLENZ, a.O. [24] 1, 368; 2, 180. – [34] Vgl. PLATON, Resp. 477 a ff. – [35] PLOTIN, Enn. I, 8, 3, 6ff.; vgl. auch III, 6, 7, 10ff. – [36] Enn. II, 5, 5, 5ff.; 5, 20ff. – [37] I, 8, 5, 11. – [38] VI, 9, 11, 36. – [39] Vgl. HIPPOLYTUS, Refut. VII, 20, 2; VII, 21, 4; X, 14, 1; dazu H. JONAS: Gnosis und spätant. Geist 1 (³1964) 150f. 250. – [40] PLOTIN, Enn. VI, 9, 3, 38. – [41] Enn. V, 2, 1, 6. – [42] VI, 7, 38, 1; vgl. VI, 8, 8, 14. – [43] VI, 9, 5, 30. – [44] PORPHYRII Sent. ad intellig. duc., hg. E. LAMBERZ (1975) c. 26; vgl. c. 25. – [45] MARIUS VICTORINUS, Ad Candidum Arianum 4. Op. theol., hg. A. LOCHER (1976) 12, 21ff. – [46] a.O. 13 (18, 19f.). – [47] 11 (17, 22ff.). – [48] Vgl. P. HADOT: Porphyre et Victorinus 1 (Paris 1968) 170; PROKLOS, In Parmenidem. Op. ined., hg. V. COUSIN (Paris 1864, ND 1961) 999, 19ff.; 1082. – [49] AMMONIOS, In Arist. De interpr. comm., hg. A. BUSSE. CAG IV/5 (1897) 213, 2ff.; vgl. auch JOH. PHILOPONOS, In Arist. De an., hg. M. HAYDUCK. CAG XV (1897) 504, 19ff. – [50] ELIAS, In Porph. Isag., hg. A. BUSSE. CAG XVIII/1 (1900) 84, 1. – [51] DAVID, In Porph. Isag., hg. A. BUSSE. CAG XVIII/2 (1904) 189, 6ff.

Literaturhinweise. – Zu den Vorsokratikern: W. NESTLE: Die Schr. des Gorgias ⟨Über die Natur oder über das Ns.⟩. Hermes 57 (1922) 551-562. – O. GIGON: Gorgias, ⟨Über das Nichtsein⟩. Hermes 71 (1936) 186-213. – G. B. KERFERD: Gorgias on nature or that which is not. Phronesis 1 (1955/56) 3-25. – W. BRÖCKER: Gorgias contra Parmenides. Hermes 86 (1958) 425-440. – J.

KLOWSKI: Die Konstitution der Begriffe Nichts und Sein durch Parmenides. Kantstudien 60 (1969) 404-416. – H. J. NEWIGER s. Anm. [9]; Gorgias von Leontinoi und die Philosophen vor Sokrates. Würzb. Jb. Altertumswiss. NF 5 (1979) 47-60. – *Zu Platon:* I. MALCOM: Plato's analysis of τὸ ὄν and τὸ μὴ ὄν in the Sophist. Phronesis 12 (1967) 130-146. – G. E. L. OWEN: Plato on not-being, in: G. VLASTOS (Hg.): Plato (London/Beryville 1971) 1, 223-267. – P. SELIGMAN: Being and not-being. An introd. to Plato's Sophist (Den Haag 1974). – C. P. MICHAELIDES: The concept of not-being in Plato. Diotima 3 (1975) 19-26. – S. PANON: μὴ ὄν. Erläut. zur plat. Ontol., in: Πλάτων 27 (1975) 225-228. – W. BEIERWALTES: Identität und Differenz (1980) 9-23. – *Zum Neuplatonismus:* E. BREHIER: L'idée du néant et le problème de l'origine radicale dans le néoplatonisme grec. Ét. de philos. antique (Paris 1955). – W. THEILER: Porphyrius und Augustin, in: Forsch. zum Neuplatonismus (1966) bes. 187ff. – F. W. KOHNKE: Plato's conception of οὐκ ὄντως οὐκ ὄν. Phronesis 2 (1957) 32-40. – P. HADOT s. Anm. [48].

B. *Christliche Spätantike und Frühscholastik.* – AUGUSTINUS hat den neuplatonischen N.-Begriff rezipiert und ihn zugleich in ganz neuer Weise als ein Element des menschlichen Lebens selbst gedeutet. Diese Umdeutung war epochemachend. Sie ist als Antwort auf die manichäische Ansicht vom Bösen zu verstehen. In diesem Sinne erklärt Augustinus, daß es nach christlicher Überzeugung keine Gott, dem höchsten Sein, entgegengesetzte Substanz oder «Natur» gibt, «nisi quod omnino non est» [1]. Jedermann, der die lateinische Sprache beherrscht, versteht nach dem Kirchenvater aufgrund dieser Definition das N. als einen privativen Ausdruck [2]. Die Manichäer dagegen, die das N. in dem Johanneswort «ohne ihn ist nichts geworden» als ein Etwas im Sinne eines Wesens deuteten, haben nicht verstanden, daß es nichts bedeutet, ob man sagt: «Sine illo factum est nihil» oder «sine illo nihil factum est». «Wer aber möchte mit solchen Menschen reden, die von eben dem, was ich sagte, 'es bedeutet nichts', sagen können, also bedeutet es etwas, weil das N. selbst etwas ist?» [3] Da all jenes, was die «Spur» von «Maß, Form und Ordnung» erkennen läßt, auf irgendeine Weise ist, kann auch die Materie nicht nichts sein, denn sie ist zwar selbst formlos, aber doch durch Gottes Güte formbar. Augustinus bestimmt sie deswegen als das «prope nihil». Sie selbst ist freilich, wie alle «Naturen», aus dem N. geschaffen [4]. Deswegen ist das N. im Reich des geschaffenen Seins auch noch in der Form der Hinfälligkeit, Veränderlichkeit, Defizienz, also als ein «tendere» oder «vergere ad nihilum» anwesend [5]. Diesen neuplatonischen Gedanken hat Augustinus in seiner Willensmetaphysik zur Geltung gebracht. Wie die «corruptio» im Bereich der körperlichen Naturen im Vergehen und Schwinden der Formen besteht, so muß der «Tod der Seele» als ein willensmäßiger Defekt verstanden werden, in dem sich die Seele von Gott ab- und dem N. zuwendet (vergit ad nihilum) [6]. Der Ursprung dieser Möglichkeit der Hinwendung zum N. ist nach Augustin darin zu sehen, daß Gott den Menschen nicht «von seiner Natur zeugte», sondern «aus dem N. machte» [7]. Schon der frühe Augustin hatte in diesem Sinne das moralisch Schlechte als etwas Nichtiges erklärt: «... a nihilo nequitia nominata est; nihil est enim omne, quod fluit, quod solvitur, quod liquescit et quasi semper perit» (vom N. her hat die Nichtswürdigkeit ihren Namen erhalten; N. ist nämlich alles, was fließt, was sich auflöst, was zerrinnt und gewissermaßen ständig vergeht) [8]. Einerseits bedeutet diese willentliche Abkehr von Gott und das Insichselbstsein, das Sichselbstgefallen für den Menschen «nicht schon nichts sein, sondern sich dem N. nähern» [9], andererseits wird der Mensch durch diese Willensbewegung moralisch gesehen ein N.: «et manifestum est quia peccatum nihil est et nihil fiunt homines cum peccant» (und es ist evident, daß, weil die Sünde nichts ist, auch die Menschen nichts werden, wenn sie sündigen) [10]. Diese These Augustins von dem Nichtigkeitscharakter der Sünde wurde in der protestantischen Orthodoxie wieder aufgenommen und kontrovers diskutiert [11].

Obwohl die verschiedenen Bedeutungen des N.-Begriffs auch fürderhin präsent bleiben, ist die Wende von der Antike zum Mittelalter noch weitgehend von der Karriere des neuplatonisch verstandenen N.-Begriffs gekennzeichnet. In diesem Sinne bezeichnet DIONYSIOS AREOPAGITA, PROKLOS folgend, das Eine als das undenkbare, unnennbare Ns., insofern es jenseits aller Seinsheit ist [12]. Es ist zwar die Ursache alles Seienden, selbst aber nichts von diesem Sein [13]. Und obgleich es alles Seiende enthält und umfaßt und als göttliche Macht in alles eindringt, bleibt es gleichwohl in überseiender Weise ein «N. des Seienden» [14].

Durch SCOTUS ERIUGENA, den Übersetzer des Dionysios, wurden bedeutsame Konsequenzen aus diesem N.-Begriff gezogen. Wenn die göttliche Natur N. im Sinne des alles washaft Seiende Überragenden ist, kann sie in der Selbsterkenntnis nicht erkennen, was sie ist [15]. Daneben ergibt sich aus diesem N.-Begriff auch ein neuer Sinn der Rede von der «creatio ex nihilo».

Auch FREDEGISUS, ein Schüler ALKUINS, hatte kurz zuvor schon in seiner Schrift ‹De nihilo et tenebris› dargelegt, daß, da jedes begrenzte Wort (nomen finitum) etwas bezeichnet und jede Bezeichnung die Bezeichnung eines Seienden ist, auch das Wort ‹N.›, weil es etwas bezeichnet, die Bezeichnung einer existierenden Sache darstellt. Das N. ist also Etwas, ja sogar etwas unermeßlich Großes [16]. Ob Fredegisus deswegen als Vorläufer des Eriugena angesehen werden muß, ist umstritten [17]. ERIUGENA selbst jedenfalls versteht das N., aus dem Gott alles erschuf, «nicht als eine Materie, nicht als Ursache des Existierenden ... nicht als etwas Gott Gleichwesentliches und Gleichewiges, ... sondern als die 'Abwesenheit jeglicher Wesenheit'» [18]. Das aber ist er selbst. «Wir glauben nämlich, daß er selbst alles von N. geschaffen habe; es sei denn, jenes N. ist er selbst, der, weil er über alles überseiend erhoben ist und über alles, was gesagt und gedacht wird, gepriesen wird, deshalb nicht ohne Grund N. im Sinne der Erhabenheit genannt wird, ...» [19]. Dieses Verständnis der Schöpfung aus N. (s. d.), das schon bei GREGOR VON NYSSA vorgebildet sein mag [20], ist in der jüdischen Kabbala rezipiert [21] und JACOB BÖHME vermittelt [22] worden; durch diesen wurde es F. CH. OETINGER bekannt [23] und ist bis F. VON BAADER [24], I. H. FICHTE [25] und H. COHEN [26] immer lebendig geblieben.

In der Frühscholastik, die die augustinische Terminologie weithin übernimmt, wird auch der privativ verstandene Begriff des N. in die sprachlogische Diskussion miteinbezogen. Besonders ANSELM VON CANTERBURY hat die Frage aufgeworfen, wie dieses Wort ‹N.›, wenn es wirklich ein Wort ist, d. h. etwas bezeichnet, noch das bezeichnen können soll, was N. ist. «Was ist es deswegen, daß dieser Name, nämlich N., nicht nichts, sondern etwas bezeichnet und nicht etwas, sondern nichts?» Nach Anselm kann aber dieser scheinbare Widerspruch aufgelöst werden: Wie jede andere Negation (z. B. non-homo) nur dann erkannt werden kann, wenn das, was negiert wird, schon positiv erkannt ist, so muß auch schon das Etwas erkannt sein, um den Begriff ‹N.› verstehen zu können. «Destruendo non significat nihil sed aliquid, et constituendo non significat aliquid sed nihil» (indem er zerstört, bezeichnet er [der Ausdruck N.] nicht nichts, sondern etwas, und im Zustandebringen bezeichnet er nicht etwas, sondern nichts). Daß aber der Eindruck entsteht, das N. sei selbst etwas, liegt, wie bei vielen anderen Privationen, in der «forma loquendi», nicht in der Sache (secundum rem) begründet, denn wir sprechen über solches, was nicht «etwas» ist, «wie über existierende Dinge» [27].

Anmerkungen. [1] Vgl. AUGUSTINUS, C. Secundinum 10. CSEL 25, 919; De moribus II, 1, 1; De civ. Dei XII, 2. – [2] Vgl. De Genesi ad litt. 8, 16, 34. – [3] De nat. boni 25, 25. – [4] Conf. XII, 6, 6-8; De vera rel. 18, 36. – [5] De imm. an. 7, 12; De mor. II, 2, 2; II, 6, 8; C. Sec. 11; De div. quaest. 83, q. 21. – [6] De vera rel. 11, 21; C. Sec. 11. – [7] Vgl. Opus imp. c. Jul. 5, 42. MPL 45, 1479. – [8] De beata vita 2, 8. – [9] De civ. Dei 14, 13; vgl. Conf. 12, 11, 11; C. Sec. 8. – [10] In Ioh. evang. I, 13. CCSL 36, 7; vgl. Sermo 22, 9. CCL 41, 299; Enarr. in Ps. 75, 8. CCSL 39, 1042; dazu G. MADEC: 'Nihil' cathare et «nihil» Augustinien. Rev. Ét. Aug. 23 (1977) bes. 106f. – [11] Vgl. A. CALOV: Systema locorum theol. V. VI (Wittenberg 1677) 21-24. – [12] DIONYSIOS AREOPAGITA, De div. nom. I. MPG 3, 588 B. – [13] a.O. I, § V (593 C); VI (596 C). – [14] V, § VIII (824 A/B); vgl. VIII, § III (892 B). – [15] JOHANNES SCOTUS ERIUGENA, De divisione nat. 2, 28. MPL 122, 589 B. – [16] FREDEGISI Ep. de nihilo et tenebris. MPL 105, 752 C-753 A. – [17] Vgl. A. STÖCKL: Gesch. der Philos. des MA (1864) 1, 22. – [18] JOH. SCOTUS ERIUG., a.O. [15] 3, 5. MPL 122, 634 C/D. – [19] Expos. super ierarchiam caelestem IV, 3, hg. H. DONDAINE. Arch. Hist. doctr. litt. MA 18 (1950/51) 262; vgl. auch De div. nat. 3, 19. MPL 122, 681 A/C; 3, 20, a.O. 683 B. 684 Df. u.ö. – [20] Vgl. H. A. WOLFSON: The identification of Ex Nihilo with Emanatio in Gregory of Nyssa. Harvard theol. Rev. 63 (1970) 53-60. – [21] Vgl. G. SCHOLEM: Kabbala und Mythos. Eranos-Jb. 17 (1949) 309ff.; Ursprung und Anfänge der Kabbala (1962) 374f. – [22] Vgl. W. A. SCHULZE: Jacob Böhme und die Kabbala. Judaica (1955) 12-29. – [23] Vgl. F. CH. OETINGER, Swedenborgs und Anderer irdische und himmlische Philos. ..., hg. K. CH. EHMANN. Sämtl. Schr. II/2 (1855, ND 1977) 202; Die Philos. der Alten (1762) 157; Die Lehrtafel der Prinzessin Antonia. Hist.-krit. Ausg., hg. D. BREYMAYER/F. HÄUSSERMANN 1 (1977) 153; Theologia ex idea vitae deducta § 34, hg. K. OHLY (1979) 102. – [24] Vgl. F. X. VON BAADER, Beiträge zur Elementarphysiol. Sämtl. Werke 3, hg. F. HOFFMANN (1852, ND 1963) 241. – [25] Vgl. I. H. FICHTE: Grundzüge zum Systeme der Philos., 3. Abt. Die speculat. Theol. oder allg. Religionslehre (1846) 446. – [26] Vgl. H. COHEN: Relig. der Vernunft aus den Quellen des Judentums (²1966) 76. – [27] Vgl. ANSELM VON CANTERBURY, De casu diaboli 11. Op. omnia 1, hg. F. S. SCHMITT (1968) 248ff.

Literaturhinweise. É. ZUM BRUNN: Le dilemme de l'être et du néant chez S. Augustin. Rech. august. 9 (1969) 3-102; 'Être' ou 'ne pas être'. Rev. Ét. august. 14 (1968) 91-98. – G. MADEC s. Anm. [10]. – D. F. DUCLOW: Divine nothingness and selfcreation in John Scotus Eriugena. J. Religion 57 (1977) 109-123.

C. *Mittelalter.* – Im Mittelalter erlangt der Begriff des N. in zumindest drei verschiedenen philosophischen Richtungen fast gleichzeitig eine zentrale Bedeutung: Durch die Mystik des 12. Jh. wird die neuplatonische Bedeutung des Begriffs neu belebt und an die spätere Mystik weitergegeben. Die allgemein ontologische Bedeutung dagegen wird in den großen Entwürfen der mittelalterlichen Seinslehre herausgearbeitet. Schließlich kommt der N.-Begriff, bedingt durch die Entwicklung der Sprachlogik im 12. Jh. und das Aufkommen der sogenannten 'Logica modernorum', auch in den berühmten Logik-Handbüchern und in der Sophismata-Literatur zu philosophischen Ehren.

1. *Logik.* – Schon in einem der ersten Handbücher der terministischen Logik, dem des W. VON SHYRESWOOD, kommt ihm ein fester Platz unter den sogenannten 'synkategorematischen Begriffen' zu. Durch die drei berühmten Sophismata «wenn Nichts ist, ist es wahr, daß N. ist», «N. ist N.» und «N. und die Chimäre sind Geschwister» sucht Shyreswood den wahren Sinn des Begriffs ‹N.› deutlich zu machen [1]. Nach PETRUS HISPANUS bezeichnet der Terminus ‹N.›, der als universales, negatives, distributives Zeichen in der Logik behandelt wird, «keine Sache» [2]. Deswegen darf der Ausdruck ‹N.› nicht, wie später betont wird, durch «nulla substantia», sondern muß durch das gleichbedeutende «quiclibet non» ersetzt werden, wenn die wahre Bedeutung zum Vorschein kommen soll [3].

Gleichwohl ist, wie W. VON OCKHAM erkannte, der Begriff des N. in dieser frühen terministischen Logik zu kurz gefaßt. Das Wort «nihil» hat vielmehr mehrere Bedeutungen: Abgesehen davon, daß es in synkategorematischer Bedeutung im Sinne eines universalen, negativen, distributiven Zeichens gebraucht werden kann, steht es nämlich auch in kategorematischem Sinn für etwas, von dem gesagt wird, es sei ein N. Und zwar wird N. sowohl das genannt, was nicht real ist und kein reales Sein hat, wie auch solches, dem es (wie der Chimäre) innerlich widerstreitet, ein reales Sein zu haben [4].

Wendet man diese Unterscheidung auf das Sophisma «nihil et chimaera sunt fratres» an, so kann der Ausdruck «nihil» in synkategorematischer Bedeutung wahr sein, weil er nur so ein negativer Satz ist und anzeigt, «daß etwas Seiendes und die Chimäre nicht Brüder sind und das ist wahr; und so ist es auch wahr, daß N. und die Chimäre Schwestern sind» [5].

2. *Ontologie.* – In der Ontologie des 12. Jh. sind deutlich die Nachwirkungen der augustinischen bzw. der boethianischen, also der aus der Ammoniusschule stammenden Lehre zu erkennen, z.B. wenn nach CLAREMBALDUS das N. in der Formel «creatio ex nihilo», als die «absolute Möglichkeit», die nicht überhaupt N. ist, gedeutet wird, oder wenn andererseits THIERRY VON CHARTRES die durch den menschlichen Geist gebildeten Phantasiebilder, da sie «keine Natur haben», als N. bezeichnet [6], oder wenn schließlich GILBERT PORRETANUS das N. dasjenige nennt, was kein Etwas im Sinne einer Substanz oder Natur ist und was vom Ausdruck des «Etwas» vor allem hinsichtlich des «modus significandi» unterschieden ist [7].

Erst die Aristotelesrezeption im 13. Jh. in der Verbindung mit der sich an Priscian orientierenden Sprachlogik bringt neue Elemente auch im Hinblick auf den N.-Begriff (bzw. den Begriff des Ns.) zur Geltung. Formal wird die aristotelische Lehre von den drei Modi des Ns. weithin, so bei ROBERT KILWARDBY, ALBERTUS MAGNUS, THOMAS VON AQUIN u.a. übernommen. Inhaltlich jedoch zeigen sich große Verschiedenheiten. ROBERT KILWARDBY z.B. unterscheidet das potentiell Seiende als ersten Modus des Ns. von den sog. «figmenta», die als solche weder aktuell noch potentiell sind, sondern nur als Bilder der Einbildungskraft existieren. Von diesen beiden Modi ist schließlich das Ns. im Sinne des «Unmöglichen» verschieden, das weder irgendwie «ist», noch vorgestellt, noch überhaupt ein Sein im Intellekt haben und deswegen auch nicht durch ein Wort, es sei denn durch «unmöglich», bezeichnet werden kann [8].

Demgegenüber sind die Interpretationen des dreifachen Modus des Ns. bei ALBERT und THOMAS viel aristotelestreuer [9]. Thomas' epochale Leistung in diesem Zusammenhang besteht in der Unterscheidung der Seinsarten, zu denen die verschiedenen Modi des Ns. gehören. Im Hinblick auf die Natur ist so das überhaupt nicht Seiende vom privativen Ns. und von der Materie als dem aktuellen Ns., potentiell aber Seienden, zu unterscheiden [10]. Thomas nennt das Ns. im Bereich der Naturdinge das «non ens extra animam consideratum». Da Ns. dieser Art aber nicht, wie das naturhaft Seiende, von sich her die Erkenntnis in unserem Intellekt bewirken kann, sondern vielmehr der Intellekt selbst von sich her die Bestimmtheit des Ns. hervorbringt, d. h. es als solches erkennbar macht [11], wird es ontologisch angemessen nur als «ens rationis» begriffen. Als durch den Intellekt Erfaßtes ist jedes Ns. aber selbst ein Seiendes. «Jenes, was kein Seiendes in der Naturwirklichkeit ist, wird als Seiendes im Verstand angenommen, daher werden Negationen und Privationen Gedankendinge genannt» [12]. Das Ns. ist also, weil es wie das naturhaft Seiende erkennbar ist, im analogen Sinne ein Seiendes [13]. Nach Thomas muß darüber hinaus aber auch das Ns. als Gedankending weiter differenziert werden. Denn bei Privationen als einer besonderen Art der Negation ist das Nichtsein schon in der Wesensbestimmung eingeschlossen, so daß gar keine positive «Form» von ihnen im Intellekt oder in der Einbildungskraft gebildet werden kann. Die Fiktionen dagegen, die nichtseiend sind, weil sie als solche nicht in der Naturwirklichkeit vorfindbar sind, können als positive Form Gegenstand der Einbildungskraft sein [14].

Während in der thomistischen Ontologie auf diese Weise das Ns. in die Ordnung der Seinsarten integriert wird, muß der Begriff im Lichte einer einheitlichen Wesensontologie, wie sie HEINRICH VON GENT und DUNS SCOTUS vertreten, ganz anders gefaßt werden. Vom Begriff des Wesens, der Realität oder Natur her gesehen ist der Ausdruck ‹Nichtsein› nach HEINRICH VON GENT doppeldeutig. Er kann nämlich einmal das bezeichnen, «was jede Bestimmtheit des Seins negiert», d. h. was keine Bestimmtheit im göttlichen Geist (als ratio idealis) und folglich keine Möglichkeit hat, in der Naturwirklichkeit zu existieren. Heinrich nennt es das «purum non ens» [15]. Erfaßbar ist dieses im Begriff der «Sache» im allerallgemeinsten Sinne, der auch die «imaginäre Sache» umfaßt, «die das reine Ns. ist, weil sie weder ein Seiendes im Sinne der Wesenheit ist noch für ein Sein im Sinne der Existenz bestimmt ist» [16]. Davon zu unterscheiden ist nach Heinrich der Begriff des Nichtseins, durch den nur eine bestimmte Seinsweise, z. B. die aktuelle Existenz in der Naturwirklichkeit, negiert werden und zugleich eine andere Weise, nämlich das Wesenssein der Sache, wodurch sie «Ding» im Sinne der «ratitudo» ist, gesetzt sein soll [17].

DUNS SCOTUS hält dieser Konzeption entgegen, daß so die «ratitudo» einer Sache selbst ein N. sei, wenn sie in jenem N. der «res a reor reris dicta» ihren Grund haben soll, so daß die Sache sich aus «zwei N.en» zusammensetzen würde [18]. Auch nach Duns Scotus kann eine «Sache» im Sinne der ihr formal von sich aus, «principialiter» aber vom göttlichen Verstand zukommenden «ratitudo» (z. B. der ‹Mensch›), bevor sie durch den Schöpfungsakt aktuelle Existenz erhält, zwar auch N. genannt werden, aber nur insofern ihr das Sein noch nicht verliehen wurde. Vom N. dieser Art ist das N. im eigentlichen Sinne zu unterscheiden, das «Unmögliche», das, wie die «Chimäre», so heißt wegen der formalen Repugnanz mit einem Positiven [19]. Die Nichtigkeit dieses «schlechthinnigen N.» besteht nach Scotus in der Inkompossibilität der formalen Bestimmtheiten, die das «Unmögliche» in sich schließt [20].

Dieser scotistische Begriff des N. im Sinne des «Unmöglichen» ist der Ausgangspunkt einer Entwicklung, die sich in der klassischen, noch für Kant gültigen Distinktion zwischen «nihil negativum» und «nihil privativum» niederschlägt. In diesem Sinne unterscheidet schon HERVAEUS NATALIS das «nihil non ponendo», z. B. also die «Blindheit», vom «nihil negando», durch das «jede Seiendheit allgemein» negiert wird [21]. Im selben Sinne unterscheidet FRANCISCUS VON MEYRONNES zwischen dem N., das wegen der Inkompossibilität der formalen Bestimmtheiten auch «prohibitum» genannt wird, und jenem, wodurch nur der «innere Modus der aktuellen Existenz der Sache negiert wird, obgleich sie eine bestimmte Washeit hat» [22]. Meyronnes nennt jenes das «omnino nihil», dieses aber das «nihil privativum» [23].

3. *Mittelalterliche Mystik.* – Die neuplatonischen N.-Spekulationen werden in der mittelalterlichen Mystik aufgenommen. Am deutlichsten ist in der jüdischen Mystik, besonders in der *Kabbala*, ein Grundgedanke des Scotus Eriugena wiederzuerkennen. Nach kabbalistischer Lehre ist der Hervorgang der Sefiroth, d. h. der verschiedenen innergöttlichen Manifestationen des göttlichen Wesens, als der ersten Sefira, als eine Schöpfung aus N. zu begreifen, denn diese ist die «Ur-N.» ('ajin gamur). Wenn die erste Sefira als eine Emanation des En-sof gedacht wird, besteht eine Verschiedenheit zwischen dem «Unendlichen» und dem N. des göttlichen Urwillens. Daneben gibt es aber auch die Auffassung, daß die erste Sefira als der unendliche Wille Gottes die Wesenheit des En-sof selbst darstelle, so daß En-sof und Ajin, Unendliches und N. identisch sind [24]. Die Manifestation in den Sefiroth ist als die Ichwerdung Gottes zu verstehen. Das deutet ein mystisches Wortspiel an, in dem auf den Zusammenhang zwischen den hebräischen Wörtern für N. ('ajin) und für Ich ('ani) aufmerksam gemacht wird. Aus dem N. wird das göttliche Ich [25].

Die Herkunft aus dem Abgrund des N. ist aber bei all dem, was aus ihm hervorgegangen ist, noch zu erkennen. So hat Rabbi JOSEF BEN SCHALONN aus Barcelona (Anfang des 14. Jh.) gelehrt, «daß in jeder Veränderung des Wirklichen, in jedem Formwandel, jedem Übergang eines Dinges von einem Status in einen anderen, dieser Abgrund des N. neu durchschritten wird und sich in einem mystischen Moment neu öffnet» [26].

Kennzeichnend für die abendländische mittelalterliche Mystik ist dagegen, daß sie ein wesentliches Element der von Augustinus grundgelegten Willensmetaphysik übernimmt: die N.-Werdung der Seele im Sinne einer menschlichen Kenosis. Schon nach BERNHARD VON CLAIRVAUX ist es Zeichen einer «himmlischen Konversation, dich irgendwie zu vernichten, als ob du der nicht seiest, und dich selbst überhaupt nicht wahrzunehmen und von dir selbst ausgeleert und fast vernichtet zu werden [annullari]» [27]. Dieser Gedanke ist von grundlegender Bedeutung für die Fassung des N.-Begriffs in der *deutschen Mystik*, in der er auf vielfältige Weise modifiziert wird. Er ist – in seiner Vielfalt – gewissermaßen der Inbegriff der Philosophie des MEISTER ECKHART; das drückt ein von Nonnen verfaßtes Gedicht aus: «Der erfahrene Meister Eckhart will uns vom N. reden. Wer das nicht versteht, der soll es Gott klagen» [28]. Bei Meister Eckhart sind verschiedene Bedeutungen des Begriffs erkennbar. Das N. ist im Bereich des Geschaffenen, des Unterschiedenen, des Dies und Das, jedem einzelnen Naturding in Form einer Privation oder Negation beigemischt [29]. Jedes Seiende ist als von Gott, dem Sein selbst, Getrenntes notwendigerweise auch ein N. [30] oder, wie Eckhart sagt: «Jede geschaffene Sache schmeckt den Schatten des N.» [31]. Dem Schöpfer selbst kommt freilich nichts Nichtiges oder Negatives zu, vielmehr ist es der Mensch, der nach Eckhart als Täter dessen, «was zum Ns. und N. gehört», angesehen werden muß [32]. Gleichwohl ist – wie das Unvollkommene im Vollkommenen – das N. selbst, «die Wurzel der Übel, der Privationen und der Vielheit, im wahren und vollen Sein selbst verborgen» [33]. Die Seele, die ihr Leben von einem solchen geschaffenen Nichtigen abhängig macht, «liebt nichts und wird nichts» [34].

Von diesem den Bereich des Naturhaften betreffenden N.-Begriff ist der auf das sogenannte 'moralische Sein' bezogene, für die Mystik typische zu unterscheiden. Danach hat die Seele dann die «Fülle ihres Seins», wenn sie mit dem N. dieser Welt «nichts gemein» hat, so daß Gott in ihr wirken kann [35]. Insofern der menschliche Intellekt als solcher ursprünglich nichts mit dem erkennbaren Sein dieser Welt gemein hat, nennt Eckhart ihn und jeden Intellekt ein N. und alles zu ihm Gehörige ein Ns. [36]. Für die Seele, die sich nicht auf das N. dieser Welt einläßt, «sint alle creaturen ein lûter niht» [37]. Dieses Verhalten gegenüber dem Geschaffenen ist aber nur deswegen möglich, weil in der Seele ein «etwaz» ist, das schon ursprünglich «enhât mit nihte niht gemeine» [38], d.h. «gescheiden ist von nihte» [39]. Da dieses «Etwas» selbst aber nicht von der Art des geschaffenen Seins ist, nennt es Eckhart auch ein Ns. [40]. Um das zu werden, was er eigentlich und ursprünglich ist, muß der Mensch also «getoetet sin und gar tot sin und an im selber niht sin» oder zunichte geworden sein [41]. Wenn die Seele in dieser Weise stirbt und sich selbst «verwirft», dann «vindet sit got als in einem nihte» [42]. Sie hat so gefunden, was sie immer suchte, nämlich nichts [43].

Was Eckhart nur andeutete, hat JOHANNES TAULER expliziert: Der Mensch ist in doppelter Weise ein N. Das natürliche N. besteht darin, daß «wir von Natur aus nichts sind», das gebrechliche N. ist unsere Sünde. Mit diesem «doppelten N.» soll sich der Mensch vor Gottes Füße legen [44]. Indem der Mensch sich all seiner Kräfte entäußert, «in sein lauteres N. sinkt», «in reinem und bloßem N. verharrt» und so ganz zunichte wird, vollzieht sich seine Vereinigung mit Gott [45]. Nach Tauler versinkt so «das geschaffene N. in das ungeschaffene N.» [46]. Was daraus entsteht, ist das «einig Eine», in dem ein Abgrund im anderen, ein N. im anderen ist [47].

Das Versinken des menschlichen Geistes im göttlichen N. ist jedoch nach der für HEINRICH SEUSE charakteristischen Position nicht als ein völliges Aufgehen in einer ununterscheidbaren Einheit zu verstehen. Nach Seuse kann man das überwesentliche Licht der göttlichen Einheit, in das die Seele, ihres eigenen Seins unbewußt, entrückt wird, das «seinshafte, namenlose N.» nennen, das so heißt, weil der Menschengeist keinen der Endlichkeit angehörigen Ausdruck finden kann, um zu sagen, was es sei [48]. In diesem namenlosen N. wird Gott geboren. Es ist deswegen «daz geberlich niht, daz man sô nemmet» [49]. Die durch die Selbstentäußerung der Seele geleistete Entrückung in das «Nicht im Grunde» befreit zwar von aller Unterscheidung, aber «nicht dem Wesen nach» [50]. In diesem Sinne sagt Seuse: «Der mensche, der in sime ewigen nihte ze nihte ist worden, der weis von underscheide nût» [51]. Obzwar der Mensch also, indem er sich seines Selbsts entäußert, das Bewußtsein der Unterschiedenheit verliert, wird er gleichwohl, im Sinne des Seins, «in diesem N. niemals völlig vernichtet», denn seinen Sinnen bleibt der Unterschied ihres eigenen Ursprungs und seiner Vernunft ihre eigene Wahl erhalten [52].

Anmerkungen. [1] Vgl. Syncategoremata Magistri GUILLELMI DE SHIRESWODE, hg. J. R. O'DONNELL. Medieval Studies 3 (1941) 46-93, bes. 58. – [2] PETRUS HISPANUS, Tractatus XII, hg. L. M. DE RIJK (Assen 1972) 220; vgl. Logica modernorum II/2, hg. L. M. DE RIJK (Assen 1967) 154, 11ff. – [3] Vgl. NIKOLAUS VON PARIS, Syncategoremata, hg. H. A. G. BRAAKHUIS, De 13de Eeuwse Tractaten over Syncategorematische Termen, Deel II (Leiden 1979) 80f. – [4] GUILLELMI DE OCKHAM Scriptum in librum primum Sent. Ord. d. 36, q. un. Op. theol. 4, hg. G. I. ETZKORN/F. E. KELLEY (St. Bonaventure, N.Y. 1979) 547. – [5] Vgl. Sophismata ALBERTI DE SAXONIA II, Soph. 20. – [6] Vgl. Life and works of CLAREMBALD OF ARRAS, hg. N. M. HÄRING (Toronto 1965) 235; THIERRY OF CHARTRES, Lectiones in Boethii librum De trin. II, 46, in: Comm. on Boethius by Thierry of Chartres and his school, hg. N. M. HÄRING (Toronto 1971) 169, 15. – [7] Vgl. GILBERTUS PORRETANUS, Contra Eutychen 1, 38ff., in: The comm. on Boethius by Gilbert of Poitiers, hg. N. M. HÄRING (Toronto 1966) 250f. – [8] Vgl. ROBERT KILWARDBY, Quod fertur commenti super Priscianum Maiorem extracta 2, 1, 7, hg. K. M. FREDBORG/N. J. GREEN-PEDERSEN/L. NIELSEN/J. PINBORG. Cah. Inst. MA grec latin 15 (1975) 67. – [9] Vgl. ALBERTI MAGNI Metaphysica 11, tr. 1, c. 5, hg. B. GEYER. Op. omnia XVI/2 (1964) 465; THOMAS VON AQUIN, In Phys. V, 2, n. 656. – [10] THOMAS VON AQUIN, In Met. XII, 2, n. 2437; vgl. auch In Phys. V, 9, n. 734. – [11] De ver. 1, 5 ad 2; vgl. S. theol. I, 16, 3 ad 2. – [12] S. theol. I/II 8, ad 3; vgl. De ver. 1, 1 ad 7. – [13] De ver. 2, 11, 5; vgl. 2, 15, 2. – [14] Vgl. De ver. 3, 4 ad 6. – [15] HEINRICH VON GENT: Quodlibeta III, 9 (Paris 1518, ND Louvain 1961) fol. 61 P; 62 Q. – [16] Vgl. Quodl. V, 2, fol. 154 D. – [17] Quodl. 3, 9, fol. 61 P; S. quaest. ordinarium a. 30, q. 2 ad 1 (Paderborn 1520) (I, fol. 179 F). – [18] JOH. DUNS SCOTUS, Rep. paris. II, d. 1, q. 6, n. 8. Op. omnia, hg. L. WADDING XI/1, 257 a; vgl. Ord. I, d. 3, p. 2, q. un., n. 311. Op. omnia, ed. Vat. III, 189. – [19] Lect. I, d. 36, q. un., n. 39. Op. omnia, ed. Vat. XVII, 475. – [20] Ord. I, d. 43, q. un., n. 16-18, a.O. VI, 359-361; vgl. auch FRANCISCUS DE MAYRONIS, In libros Sent. ... I, d. 42, q. 1, ad 4 (Venedig 1520, ND 1966) fol. 118 K. – [21] HERVAEUS NATALIS, Quodlibeta undec. cum octo ipsius problem. tract. III, 1 (Venedig 1513, ND Ridgewood, N.J. 1966) fol. 68r/v. – [22] FRANCISCUS DE MAYRONIS, In libros Sent., Quodlibeta ..., I, d. 42, q. 1, ad 4, fol. 118 K. – [23] a.O., Quodl. VII, fol. 241 D. – [24] Vgl. G. SCHOLEM: Schöpfung aus Nichts und Selbstverschränkung Gottes, in: Über einige Grundbegriffe des Judentums (1970) bes. 75ff.; Ursprung und Anfänge der Kabbala (1962) 372ff. – [25] Vgl. SCHOLEM: Die jüd. Mystik in ihren Hauptströmungen (1957) 237. – [26] Vgl. a.O. – [27] BERNHARD VON CLAIRVAUX, De diligendo Deo 10, 27. Opera III, hg. J. LECLERCQ/H. M. ROCHAIS (Rom 1963) 142, 16. – [28] Vgl. A. JUNDT: Hist. du panthéisme pop. au MA au seizième siècle (Paris 1875, ND 1964) 281f. – [29] Vgl. MEISTER ECKHART, In Gen. II, 92. Lat. Werke I, 558, 9; vgl. In Joh. n. 206, a.O. III, 174; n. 611, a.O. III, 534. – [30] In Sap. n. 91, a.O. II, 424. – [31] In Joh. n. 20, a.O. III 17; vgl. n. 74, a.O. III, 62. – [32] In Exod. n. 74-76, a.O. II, 77-80. – [33] Sermo VIII, n. 90, a.O. IV, 86. – [34] In Sap. n. 34, a.O. II, 354; vgl. Sermo XXX, n. 317, a.O. IV, 279; Pr. 5 b. Dtsch. Werke I, 94, 4ff. – [35] Sermo XXXI, n. 323f. Lat. Werke IV, 283. – [36] Vgl. Quaest. paris. 2, n. 2, a.O. V, 50, 1ff.; 1, n. 7, a.O. 44, 6; dazu J. D. CAPUTO: The nothingness of the intellect in Meister Eckhart's 'Parisian Questions'. Thomist 39 (1975) bes. 94ff. – [37] Pr. 11. Dtsch. Werke I, 185; Pr. 4, a.O. 69 u.ö.; vgl. Rechtfertigungsschr. II, a. 30, hg. G. THÉRY. Arch. Hist. doctr. litt. MA 1 (1926) 236; Sermo VI, 4, n. 72. Lat. Werke IV, 70. – [38] Pr. 12. Dtsch. Werke I, 197. – [39] Pr. 46, a.O. II, 382. – [40] Pr. 28, a.O. II, 66. – [41] Pr. 29, a.O. II, 89; vgl. Pr. 39, a.O. 256. – [42] Pr. 71, a.O. III, 224. – [43] Vgl. Pr. 11, a.O. I, 187; Pr. 62, a.O. III, 59. – [44] JOHANNES TAULER, Pr. 67, in: Die Predigten Taulers, hg. F. VETTER (1910) 365. – [45] Pr. 60 e, a.O. 306; 60f., a.O. 314. – [46] Pr. 41, a.O. 176. – [47] Pr. 45, a.O. 201. – [48] Vgl. Seuses Leben, Kap. 52, in: HEINRICH SEUSE, Dtsch. Schr., hg. K. BIHLMEYER (1907) 187, 11ff. – [49] Büchlein der Wahrheit, Kap. V, a.O. 343, 9-11. – [50] a.O. 343, 17ff. – [51] Kap. VI, a.O. 353, 21. – [52] a.O. 353, 27ff.

Literaturhinweise. G. SCHOLEM s. Anm. [24f.]. – M. NAMBARA: Die Idee des absoluten N. in der dtsch. Mystik und ihre Entsprechungen im Buddhismus. Arch. Begriffsgesch. 6 (1960) 143-277. – J. D. CAPUTO s. Anm. [36]. – S. UEDA: Das 'N.' bei Meister Eckhart und im Zen-Buddhismus unter bes. Berücksichtigung des Grenzbereichs ..., in: D. PAPENFUSS und J. SÖRING (Hg.): Transzendenz und Immanenz. Philos. und Theol. in der veränderten Welt (1977). – A. KLEIN: Meister Eckhart. La dottrina mistica della giustificazione (Mailand 1978) 143-148.

D. *Renaissancephilosophie.* – In der Renaissancephilosophie kommt der N.-Begriff des spätantiken Neuplatonismus erneut zur Geltung. NIKOLAUS VON KUES hat in diesem Sinne Gott, das Nicht-Andere, als ein N. verstanden. Insofern jedes Seiende nichts anderes als es selbst und auch das N. nichts anderes als N. ist, muß das Nichtsandere selbst als das über jeglichen Gegensatz, auch den von Sein und N., erhabene N. gedacht werden. Es ist in diesem Sinne das N. des N. [1]. Zugleich aber ist dieses N. als das absolute Können auch «alles» in komplikativer Weise, so daß der Cusaner sagen kann: «Non esse ergo ibi est omnia esse» [2].

Die Rehabilitierung des platonischen Denkens durch den Cusaner und die Platonische Akademie ermöglichte und begünstigte das Werk einer nihilologischen Spekulation in der Spätrenaissance, die bis ins 18. Jh. auf die deutsche Schulphilosophie Einfluß besaß. In einer der ersten derartigen Abhandlungen ‹De nihilo› hat BOVILLUS das N. als das bestimmt, wodurch im «ersten Aevum», d.h. von Ewigkeit her bis zum Beginn der Schöpfung, «alles» ausgeschlossen war, bevor es dann selbst im «zweiten Aevum» von Gott ausgegrenzt und in die Flucht geschlagen wurde. Ob man es im «positiven» oder «privativen» Sinne versteht, daß nichts im «ersten Aevum» gewesen ist, heißt doch immer, daß «alles» nicht gewesen ist [3]. «N.» ist also das, was weder ist, noch gewesen ist noch je sein wird, und deswegen das, «was keine Möglichkeit zum Sein hat» oder – cusanisch gesprochen – «was nicht werden kann». Es ist nach Bovillus die absolute und äußerste Beraubung und Negation jeglicher Substanz, der das Nichtsein so zukommt, wie Gott das Sein. Deswegen ist das N. als das aktuell unendliche Ns. zu denken [4]. In ähnlicher Weise hat Bovillus' älterer Zeitgenosse LEONARDO DA VINCI das N. als das im Reich der Natur nicht Vorfindbare verstanden. «Das, was als N. bezeichnet wird, ist nur in der Zeit und in den Worten zu finden. Es liegt in der Zeit zwischen der Vergangenheit und der Zukunft, ohne etwas von der Gegenwart zu enthalten, und ebenso in den Worten, wenn die Dinge, von denen die Rede ist, nicht bestehen oder unmöglich sind» [5].

Der hier philosophisch ernst gemeinte Gegensatz zwischen dem Sein und dem N. wird in der Literaturgattung der Preisgedichte auf das N., besonders in dem Gedicht des J. PASSERATIUS, zum Ausdruck gebracht, indem mit dem kategorematischen Gebrauch des synkategorematischen Ausdrucks «nihil» gespielt wird [6]. Der Proklosherausgeber M. AEMILIUS PORTIUS, der in seiner «niemandem gewidmeten» Schrift «die bewundernswerte Kraft des N. explizieren will», kann auf diese Weise der neuplatonischen positive Bedeutung des Begriffs erneut zur Geltung bringen: «Nihil Deo potentius. Quamobrem etiam Deo rebusque divinis Nihil anteponendum ...» [7]. Zugleich wird in dieser nihilologischen Spekulation aber auch die aristotelische Lehre von den verschiedenen Bedeutungen des Ausdrucks «nihil» rezipiert. C. GOTZ hat in diesem Sinne in seiner Abhandlung ‹De nihilo› die neuplatonische und scholastische N.-Lehre zu vereinigen gesucht [8].

Die zweifellos wirkungsträchtigste Schrift dieser Zeit aber ist das philosophische Hauptwerk E. LUBINS, in dem der augustinische Gedanke vom Bösen als dem N. wieder aufgenommen und an Leibniz weitervermittelt wurde [9].

Nach Lubin ist das N., wie das Seiende, von Ewigkeit her und wesenhaft auf das Seiende bezogen, so daß sie getrennt voneinander nicht erkannt werden können. Da das N. «in sich nichts ist» und nichts hervorbringen kann, ist es in nur uneigentlichem Sinne als Prinzip dessen, was nicht ist, d.h. des Geschaffenen, das Lubin das Ns. im uneigentlichen Sinne nennt, zu denken. Das N. im strengen Sinne ist deswegen als höchste Defizienz, als «Nullität», als N. des N. zu denken [10].

Der für die Renaissancezeit charakteristische Umgang mit dem N. wie mit einem Gegenstand ist auch bei T. CAMPANELLA deutlich zu erkennen. Da jedes endliche Ding aus dem «Seienden und dem N. in einer transzendentalen Zusammensetzung zusammengesetzt ist», insofern es immer unzählig vieles Bestimmte wesentlich ist, muß das Ns. nach Campanella als ein metaphysisches Prinzip angesehen werden [11]. Von dem Ns. zu sagen, daß es nicht ist, hat einen doppelten Sinn: im Sinne der Wesenheit ist der Satz wahr, «weil die Wesenheit des Ns. das Nichtsein ist», im Sinne der Existenz aber ist er falsch, «da ja das Wahre in der Welt vorgefunden wird, daß vieles nicht ist, daß der Mensch kein Esel ist» usw. [12]. Campanella unterscheidet Stufen des Ns.: die Negation, die Privation, die Verschiedenheit und die Singularität, d.h. die «haecceitas». Die Negation vor der Erschaffung der Welt ist das «purum nihil fundamentaliter» und kann als solche in keinem Seienden gründen. Davon abgeleitet erscheinen alle anderen Stufen, auch die Negation im Sinne der Verneinung, als «nihilum secundum quid». Dies ist das Wesen eines Dinges vor seiner aktuellen Existenz. Wie aber das Ns. selbst ein metaphysisches Prinzip des endlichen Seienden ist, so müssen nach Campanellas eigentümlicher Lehre auch Prinzipien des Ns. selbst unterschieden werden. Je weniger Sein ein Ding nämlich hat, um so mehr ist es durch die Prinzipien der Schwäche (impotentia), des Unwissens (insipientia) und, wenn man so sagen darf, des Hasses (odium) bestimmt [13].

Anmerkungen. [1] NICOLAI DE CUSA, Directio Speculantis seu de non aliud, hg. L. BAUR/P. WILPERT. Op. omnia XIII (1944) 61. – [2] Trialogus de possest, n. 25, 12ff., hg. R. STEIGER. Op. omnia XI/2 (1973) 31. – [3] CAROLUS BOVILLUS, De nihilo, c. 3, n. 5 (Paris 1510, ND 1970) fol. 66r. – [4] a.O. c. 9, fol. 71r/v; c. 10, fol. 72r; c. 6, fol. 69r. – [5] Vgl. LEONARDO DA VINCI, Tagebücher und Aufzeichnungen, übers. und hg. TH. LÜCKE (1940) 10; vgl. 4f. – [6] Vgl. JOH. PASSERATIUS, in: C. DORNAVIUS, Amphitheatrum sapientiae socraticae Joco-Seriae, ... (1619) 734 a/b; M. SCHOOCHIUS: Tractatus philosophicus de nihilo. Accessit eiusdem argumenti Libellus Caroli Bovilli atque Johannis Passeratii ... (Groningen 1661); dazu W. HÜBENER: Scientia de aliquo et nihilo, in: Denken im Schatten des Nihilismus, Festschr. für W. Weischedel zum 70. Geb., hg. A. SCHWAN (1975) 41ff. – [7] M. AEMILIUS PORTIUS, De nihili antiquitate et multiplici potestate tract. nulli dedic., in: DORNAVIUS, a.O. 738 b. – [8] Vgl. C. GOTZ, Disp. de nihilo, quae non est de nihilo ..., in: DORNAVIUS, a.O. 730 b-732 a. – [9] Vgl. dazu W. SCHMIDT-BIGGEMANN: Eilhardt Lubins Begriff des Nihil. Arch. Begriffsgesch. 17 (1973) 184; HÜBENER, a.O. [6] 50ff. – [10] E. LUBIN: De prima causa et natura mali (Rostock 1601) 55f. 59. 61. – [11] T. CAMPANELLA, Universalis philos. seu metaphys. rerum iuxta propria dogmata II, 6, 3, 3, hg. G. DI NAPOLI (Bologna 1967) II, 34-38. – [12] Univ. philos. ... II, 6, 3, 6, a.O. II, 48. – [13] II, 6, 12, 1, a.O. 188f.; dazu vgl. B. BONANSEA: The concept of being or not being in the philos. of Campanella. New Scholast. 31 (1957) bes. 64ff.

Literaturhinweise. B. BONANSEA s. Anm. [13]. – W. SCHMIDT-BIGGEMANN s. Anm. [9]. – W. HÜBENER s. Anm. [6].

E. *Deutsche Schulphilosophie.* – Der ontologische Sinn des N.-Begriffs wird besonders in der Deutschen Schulphilosophie wieder aufgegriffen, vermittelt durch die spanische Scholastik, die selbst einen äquivoken Gebrauch des Wortes ‹N.› feststellt. PETRUS FONSECA erklärt in diesem Sinne, daß das Wort ‹N.› bisweilen so viel besage wie «keine Sache» (nulla res), d. h. die Bedeutung des Selbstwidersprüchlichen habe, manchmal aber auch das bezeichne, was kein «ens reale» ist, sondern nur gedacht oder, wie z. B. das «Leere», nur vorgestellt werden kann [1]. Von diesen «non entia», die freilich als gedachte oder vorgestellte «entia rationis» heißen, muß das «nihil» im Sinne einer realen Negation unterschieden werden, das die Abwesenheit einer realen Sache darstellt und als solches weder ein positives reales noch ein gedachtes Seiendes ist [2].

Obwohl der Begriff des N. bzw. des Ns. auch schon in den frühesten protestantischen Metaphysik-Lehrbüchern aus der spanischen Scholastik und aus Renaissance-Autoren übernommen wurde – R. GOCLENIUS hatte schon 1598 mit Bezug auf Scaliger einen kontradiktorisch dem Seienden entgegengesetzten Begriff des Ns. konzipiert und fünf Modi desselben unterschieden [3] –, gewinnt er doch innerhalb der Deutschen Schulphilosophie im 17. Jh. erst durch die allgemeine Auseinandersetzung mit C. TIMPLERS Neubestimmung des Gegenstandes der Metaphysik ein deutliches Profil. Timpler hatte 1604 als Thema der Seinswissenschaft das «Erkennbare» bestimmt, das sowohl das durch einen eigenen Begriff wie auch das durch den Begriff eines anderen Erkennbare und damit auch «das N. und alle Privationen und Negationen» umfaßt, und so selbst gegensatzlos ist [4]. Erst wenn das Seiende in einem engeren Sinne als das «Etwas» überhaupt begriffen wird, kann N. nach der Klassifizierung J. CLAUBERGS am Beginn seiner ‹Ontosophie› als ein Gegensatz angesehen werden. Da das «Etwas» hier im Sinne des Scotismus das Reale oder Mögliche bedeutet, muß – nach dem bekannten scotistischen Handbuch von B. MASTRIUS und B. BELLUTIUS – das «reine N.» jenes genannt werden, «was weder etwas außerhalb der Seele ist noch sein kann» oder «was keine wahre Wesenheit und Existenz haben kann» [5].

In diesem Sinne macht schon J. MARTINI, auf einen Grundgedanken seines Lehrers zurückgreifend [6], gegen Timpler geltend, daß das Ns. oder N. als solches nicht Objekt des Verstandes und deshalb auch nicht erkennbar sein kann, denn «wenn es dem Verstand objiziert wird, dann ist es kein reines Ns. mehr, sondern ein Gedankending», das ein objektives Sein im Intellekt hat [7]. Deswegen ist das Ns. oder das N. – so hat J.-H. ALSTED wie später auch der Wittenberger Calovschüler G. MEIER und der Gießener CH. MATTHIAS die Kritik an Timpler weitergeführt – kein durch sich, sondern nur akzidentell Erkennbares, «insofern es wie ein Seiendes konzipiert wird» [8]. Dieser im Geist konzipierte Begriff des N. ist freilich – nach dem schulphilosophisch gebildeten Cartesianer CLAUBERG – selbst nicht nichts, sondern offensichtlich – insofern er von anderen Begriffen unterschieden werden kann und die Abwesenheit von etwas oder allem darstellt – ein «Etwas», dem als Begriff die zweifache Seinsweise des esse proprium und esse vicarium zukommt [9].

Eine implizite Kritik des N.-Begriffs Timplers oder auch Claubergs ist auch in LEIBNIZ' Lehre vom N. erkennbar. Wenn seiend all das heißt, was denkbar ist, also auch das Unmögliche, so muß das N. das sein, was nicht mehr denkbar ist, von dem es also keinen Begriff geben kann. Das aber ist das N. im Sinne des «blityri», jenes seit den Stoikern gebrauchten Beispiels für einen Ausdruck, der weder für etwas Denkbares noch für etwas Vorstellbares steht [10].

Wegweisend auch für die kritische Philosophie sind die auf dem Boden der scotistischen Ontologie gewachsenen Unterscheidungen zwischen dem «schlechthin Ns.» (non-ens ἁπλῶς et simpliciter) und dem in bestimmter Hinsicht Ns. (non-ens κατά τι et secundum quid). Jenes ist das aus der Scholastik bekannte «nihil negativum», das nach der Erklärung B. KECKERMANNS und J.-H. ALSTEDS «überhaupt keine Seinsweise und keinen Seinsbezug hat», dieses ist das «nihil privativum», das immer schon ein Subjekt voraussetzt, welches für eine bestimmte Form aufnahmebereit ist [11]. In der Sprache strenger scotistischer Ontologie wird so das «unmögliche» und das «mögliche Ns.» unterschieden [12].

Diese Unterscheidung, die in etwas anderer Form auch bei F. BURGERSDIJK gefunden werden kann [13], muß aber nicht nur auf das inkomplexe, sondern auch auf das komplexe Ns., d. h. den falschen Satz angewandt werden. Danach ist das komplexe Ns. schlechthin der notwendig falsche Satz, der niemals ein «ens complexum» werden kann, wie z. B. «zwei mal zwei ist nicht vier» oder «Johannes wird den Himmel mit dem Finger berühren». Ein komplexes Ns. in bestimmter Hinsicht dagegen ist ein nur kontingent falscher Satz, wie z. B. «Kaiser Rudolf hat die Türkei besiegt», der nicht schon in sich widersprüchlich ist und deswegen in der Zukunft unter bestimmten Umständen wahr werden kann [14].

In der Deutschen Schulphilosophie, besonders an der Universität Jena, ist aber auch die verschiedene Gebrauchsweise des Begriffs ‹N.› zu Bewußtsein gekommen und deswegen ein terminologischer Unterschied zwischen «nihil» und «non ens» geltend gemacht worden. Während in einem – kontroverstheologischen – Satz wie «purgatorium est nihil» kein Unterschied zwischen «nihil» und «non ens» besteht, wäre es absurd, in Sätzen wie: «nichts ist ganz und gar glücklich» oder «nichts ist die Ursache seiner selbst» den Begriff des N. durch den des Ns. zu ersetzen [15]. Das zeigt, daß das N. bisweilen synkategorematisch im Sinne von «keine Sache» oder «kein Seiendes», manchmal aber kategorematisch, eine bestimmte Partikularität mitbezeichnend, gebraucht werden kann [16].

In der Schulphilosophie des 18. Jh. wird vor allem die scotistische Bestimmung des N.-Begriffs wieder aufgenommen. CHR. WOLFF sagt in diesem Sinne: «Was weder ist, noch möglich ist, nennet man N.» [17]. Da aber vom Unmöglichen im Sinne des Selbstwidersprüchlichen kein Begriff zu bilden möglich ist, kann Wolff auch sagen: «Nihilum dicimus, cui nulla respondet notio» [18], d. h. sowohl keine «notio realis» wie auch keine «notio imaginaria». Dadurch ist das N. vom «ens reale», vom «ens imaginarium» und vor allem auch vom «ens fictum» unterschieden, dessen ontologische Eigenart darin besteht, daß wir in den in seinem täuschenden Begriff verborgen liegenden Widerspruch nicht bemerken.

Seinem Lehrer folgend bestimmt A. G. BAUMGARTEN deshalb das «nihil negativum» kurz als das «nicht Darstellbare, Unmögliche, Widerstreitende, Widerspruch Involvierende», während das privative N. das «bloß Mögliche» genannt wird [19].

Dies ist der schulphilosophische Hintergrund der berühmten Einteilung des N.-Begriffs durch I. KANT, die, weil sich Kategorien als solche auf den aller Einteilung vorausliegenden Begriff des Gegenstandes überhaupt (problematisch genommen und unausgemacht, ob er Etwas oder N. sei) beziehen, als Aufweis der Kategorien des N. begriffen werden muß. Danach ist der Begriff des N. zuerst zu verstehen im Sinne eines «leeren Begriffs ohne

Gegenstand», des «ens rationis», das, wie z. B. das Ding an sich, nicht unter die «Möglichkeiten» gerechnet werden kann, weil ihm, obzwar er in sich nicht selbstwidersprüchlich ist, keine mögliche Anschauung entspricht. Der Begriff «N.» ist zweitens privativ, als «leerer Gegenstand eines Begriffs», drittens im Sinne des Wolffschen «ens imaginarium» als eine «leere Anschauung ohne Gegenstand» (z. B. Raum und Zeit) und schließlich als «unmögliches Unding» (nihil negativum) zu verstehen, in dem sich sogar der Begriff selbst aufhebt [20].

Anmerkungen. [1] Vgl. PETRI FONSECAE Instit. dialect. libri octo I, c. XXX (Köln 1572) 60. – [2] Vgl. Comm. Collegii Conimbricensis in univ. dialecticam Aristotelis (Köln 1607, ND 1976) I, 157. – [3] Vgl. R. GOCLENII Isagoge in peripat. et scholast. primam philos., quae dici cons. metaphysica, c. 1 (Frankfurt 1598) 11. – [4] C. TIMPLER: Met. systema methodicum, c. II, probl. I (Steinfurt 1604) 23. – [5] B. MASTRIUS und B. BELLUTIUS: Cursus philos., t. V. cont. ... disp. VIII, q. 1, a. 4, n. 56 (Venedig 1727) 31 a; vgl. a.O. 253 a. – [6] Vgl. J. MARTINI: Met. comment. (Straßburg 1606) 39f. – [7] J. MARTINI: Met. exerc. (Wittenberg 1608) 58 s. 60 s; vgl. Disp. metaphys. viginti octo, disp. I, th. 1, q. 9 (Wittenberg 1611) 16. 18. – [8] J.-H. ALSTEDII Comp. philos. (Herborn 1626) 57; Encyclopaedia 11, c. 1, r. 4 (Herborn 1630) 574 b; vgl. G. MEIER: Gnostologia (Wittenberg 1662) 49. 51; CH. MATTHIAS: Exerc. metaphys., disp. III, disqu. 7 (Marburg 1637) 103f. – [9] J. CLAUBERGII De cognit. dei et nostri ... exercit. centum XVII, 16/17. Op. omnia 2 (ND 1968). – [10] Vgl. HÜBENER, a.O. Anm. [6 zu D] bes. 38ff. – [11] Vgl. B. KECKERMANN: Scient. metaphys. compendiosum systema, pars post., c. 5 (Hannover 1611) 109f.; J.-H. ALSTED: Met. (Herborn 1622) 274f.; R. GOCLENIUS: Lex. philos. (Frankfurt 1613) s.v. ‹Nihil, Nihilum, Non Ens› 753 a/b; J. MARTINI, Met. exerc., a.O. [7] 64. 85; Disp. met. 20; vgl. auch J. A. QUENSTEDT: Theol. didactico-polemica sive Systema theol., pars prima, c. X, q. V (Wittenberg 1696) 429 a. – [12] Vgl. V. VELTHEIM: Instit. metaphys. (Jena 1680) 54. – [13] Vgl. F. BURGERSDICI Instit. metaphys. libri II (Den Haag 1657) 12. 22ff. 33f. – [14] Vgl. KECKERMANN, a.O. [11] 111; ALSTED, a.O. [11] 277; vgl. Encycl., a.O. [8] 575 b. – [15] Vgl. J. P. HEBENSTREIT: Philos. prima (Jena 1705) 105f.; P. MUSAEUS: Instit. metaphys. (Jena 1686) 53. – [16] Vgl. CH. DONAT: Met. usualis (Wittenberg 1682) 14f.; CH. H. LOEBER: Comp. metaphys. (Jena ²1674) 9; D. STAHL: Instit. metaphys. (Jena 1664) 15ff. – [17] CHR. WOLFF: Vern. Ged. von Gott, der Welt und der Seele des Menschen ..., c. 2, § 28 (Halle 1747) 15. – [18] Philos. prima sive Ontologia (²1736) § 57. Ges. Werke, hg. J. ECOLE II/3 (1962); vgl. § 137ff. – [19] Vgl. A. G. BAUMGARTEN: Metaphysica § 7 (Halle ³1750, ND 1963) 54. – [20] I. KANT, KrV B 348.

Literaturhinweise. E. MAYS VALLENILLA: Die Frage nach dem N. bei Kant (1974). – J.-F. COURTINE: Le projet suarézien de la mét. Archives philos. 42 (1979) 235-274.

F. *Neuzeitliche Mystik.* – Die Gedanken der mittelalterlichen Mystik, besonders TAULERS und RUYSBROEKS, fanden zu Beginn der Neuzeit weite Verbreitung in Europa. Besonders einflußreich war die Mystik des «Doctor des N.», J. VOM KREUZ, der sein Werk «Subida del monte» in Beischriften zu seinen Zeichnungen des Karmelberges so zusammenfaßt: «Pfad auf den Berg Karmel des vollkommenen Geistes: nichts, nichts, nichts, nichts, nichts, nichts und auf dem Berge nichts.» Das N. ist der Frieden der Seele. «Seitdem ich mich in das N. gestellt habe, erfahre ich, daß mir nichts fehlt» [1].

Die spanische Mystik beeinflußte zunächst den Kreis um FRANZ VON SALES und später besonders auch FÉNELON, nach dessen Lehre das menschliche Dasein vom göttlichen Schöpfer schlechterdings abhängig ist, so daß es von sich aus nichts machen, nichts sagen, nichts wollen kann. «Nous ne sommes rien par nous-mêmes.» Um dieses Bewußtsein zu erlangen, bedarf es aber des «anéantissement de tout moi-même» [2]. In diesem Sinne schreibt er: «Soyez un vrai rien en tout et partout; mais il ne faut rien ajouter à ce rien ... et vous serez tout sans songer à l'être» [3].

Auch in Deutschland etabliert sich am Beginn der Neuzeit eine neue mystische Tradition, die durch die positive Rezeption besonders der Taulerschen Mystik bei CARLSTADT, M. LUTHER, TH. MÜNZER und S. FRANK vorbereitet wurde. Durch V. WEIGEL, der Taulers Lehre vom zweifachen N. des menschlichen Daseins rezipiert [4], wird in diesem Zusammenhang mit der kosmologischen Bedeutung eine ganz neue Dimension des N.-Begriffs erschlossen. Fast gleichzeitig mit der kopernikanischen Wende wird hier in der Mystik bewußt, daß der ewige Grund, der «abyssus infinitatis», die ewige Weite, in der die Erde schwebt, das unbegreifliche N. ist.

Gleichwohl wird man doch eher J. BÖHME als den Vater der neuzeitlichen Mystik bezeichnen, in dessen Werk neue, wirkungsgeschichtlich bedeutsame Elemente des N.-Begriffs faßbar sind, die freilich vor einem bekannten Horizont erscheinen. Um das Sein und Gewordensein der Dinge philosophisch, d.h. in seiner Notwendigkeit begreifen zu können, muß nach Böhme – wie schon nach Eriugena – vorausgesetzt werden, daß Gott zwar die Dinge aus N. gemacht hat, daß aber er selbst dieses N. ist, und zwar als «eine in sich wohnende Liebe-Lust, darinnen kein Affect ist»; diese Lust ist als ein «freyer Wille, und gegen die Natur zu achten als ein N.» [5]. Das N. Gottes ist also seine «stille Freiheit», die «vor dem Begehren außer der Sucht ist» [6]. Da nichts vor ihm ist, muß dieser erste Wille der Ungrund genannt werden, in dem als solchem keine Offenbarung, sondern ein «ewig N.» ist, d. h. eine Stille ohne Wesen, ohne Farben, ja sogar ohne Tugend [7]. F. VON BAADER hat darauf hingewiesen, daß unter diesem N. des Ungrundes «nicht die Indifferenz, sondern die höchste Differenz zu verstehen ist» [8]. Das N. ist zwar «einig», es ist «ihm doch auch selber als ein N.: er ist ein einiger Wille des Ungrundes und ist weder nahe noch ferne, weder hoch noch niedrig, sondern er ist alles, und doch als ein N.» [9]. Gott ist also zugleich «N. und Alles», eine Formel, die schon der Cusaner kennt und die offenbar F. H. JACOBI, J. G. HAMANN, F. W. J. SCHELLING und F. VON BAADER rezipiert haben [10]. Das ewige N. der göttlichen Freiheit ist nach BÖHME aber zugleich auch ein ewiger Anfang, insofern es den Charakter der «Sucht» hat. Denn das «N. ist eine Sucht nach dem Etwas» [11]. Der göttliche Vater als Wille des Ungrundes ist in diesem Sinne «der Wille zum Ichts» [12]. Er ist das N., das «nach dem Etwas hungert» und durch diese «Begierde» eine Impression empfängt [13]. So entsteht aus dem N. der Freiheit das erste Wesen. Denn «die Freyheit als das N. hat in sich selber kein Wesen, sondern die Impression der strengen Begierde macht das erste Wesen» [14]. J. Böhme versteht so die göttliche «Freyheit» als «die freie Lust oder das N.», in dem sich die Geburt der Hl. Dreieinigkeit vollzieht, und zwar so, daß der «ungründliche, unfaßliche unnatürliche und unkreatürliche Wille», der «als ein N. und doch alles ist», in sich einen anderen Willen gebiert als seine «Empfindlichkeit und Findlichkeit, da sich das N. in sich selber zu etwas findet» [15], um sich schließlich selbst in eine ewige Beschaulichkeit seiner selbst zu führen. Da aber dies dreifaltige Leben selbst auch ein «einiger Wille» und als solches ein «unfaßliches N.» für die Kreatur ist, muß ebenso die Welt der Natur als notwendige Offenbarung des göttlichen N. gedacht werden. Denn die «Freyheit will nicht ein N. sein», sondern die Lust der Freyheit bestimmt sich selbst zur Natur, «daß sie will in Kraft,

Wunder und Wesen offenbar seyn» [16]. N. und Etwas sind so wesentlich aufeinander bezogen; «das N. will aus sich, daß es offenbar sey, und das Etwas will in sich, daß es im N. empfindlich sey» [17].

Damit der eigene Wille des Menschen aber «an der Natur Ende» in Gottes Händen sei, muß er nach Böhme als «creatürliche Selbheit» sterben, «er gehet gantz ins N.» [18]. In diesem mystischen Tod, «in der Gelassenheit», «scheinet das N., als die Freyheit Gottes» auf und macht sich so dem seiner Ichheit Absterbenden offenbar, denn «das N. will nicht ein N. seyn und kann nicht ein N. seyn» [19]. In diesem göttlichen n. wird nach Böhme «die ewige Freyheit, als der ewige Abgrund der Ewigkeit erreichet» [20].

Als die Summe dieser mystischen Lehren vom göttlichen N. und des sich auf dieses beziehenden menschlichen Daseins können die Verse des ANGELUS SILESIUS verstanden werden: «Gott ist ein lauter N., ihn rührt kein Nun noch Hier: Je mehr du nach ihm greifst, je mehr entwird er dir» [21]. Der Mensch muß vielmehr selbst nichts mehr sehen, nichts hören, um somit diesem göttlichen N. verbunden sein zu können. «Die zarte Gottheit ist ein N. und Übernichts: Wer nichts in allem sieht, Mensch, glaube dieser siehts» [22]. Nach Angelus Silesius ist Gott sowohl ein lauter Blitz wie ein «dunkles Nicht», ein Gottesname, der später auch bei G. ARNOLD erscheint [23].

Angelus Silesius gehörte ab 1650 zum Freundeskreis um DANIEL CZEPKO, der als Haupt des sogenannten Brieger Kreises besonders V. Weigel verpflichtet war [24]. So erklärt es sich auch, daß bei Czepko die kosmische Dimension des N.-Begriffs erneut stärker betont wird. Nach Czepko ist das N. außerhalb der Natur und der Ewigkeit. «Gegen diesem Nicht nun ist die Natur und Ewigkeit nichts als eine Mücke, die auf dem obersten Stern des Himmels sitzt.» Wie das in sich wirkende N. Jakob Böhmes läßt es «sich von der unbegreifflichen Ewigkeit beschließen, in der es sich ohne Anfang beginnet zu würcken und setzt sich zum Mittel in das innerste der Natur und also wird das Einige». Der Mensch aber hat seinen Platz als von diesem ewigen N. gemachte Natur zwischen Zeit und Ewigkeit [25]. Nur vor diesem mystischen Hintergrund ist B. PASCALS berühmte, von F. CHR. OETINGER übersetzte Antwort auf die Frage nach dem Standort des Menschen in der Unendlichkeit verständlich: «Un néant à l'égard de l'infini, un tout à l'égard du néant, un milieu entre rien et tout. ... également incapable de voir le néant d'où il est tiré, et l'infini où il est englouti» [26].

Wie Angelus Silesius hat G. TERSTEEGEN im 18. Jh. den Bedeutungsreichtum des mystischen N.-Begriffs in Versen festgehalten. Nach dem schlicht mit ‹N.› betitelten Gedicht ist das «Nichts haben», «Nichts wollen», «Nichts können», «Nichts sein» das der Gott ergebenen Seele eigene Leben. Die in diesem Sinne verstandene Selbstvernichtung ist reine Form menschlicher Kenosis. «Sink sanft ins N. und dich ausleer, – läßt Er dich arm, sei unbetrübet, – Sink sanft ins N. und nichts begehr!» Durch das Versinken ins eigene N. aber erreicht die Seele das göttliche N. «Wer in sich selbst nichts find't – als daß er wie ein kleines Kind – sonst nichts will wissen, nichts will denken – Als in sein Nichts sich zu ersenken, – O schönes Nichts, – Du Fülle alles Lichts!» [27].

Bis in die idealistische Philosophie und deren Umkreis ist die Wirkung dieses mystischen N.-Begriffs deutlich zu erkennen, so z.B. bei K. W. F. SOLGER: Nicht wegen seiner Gespräche über das Nichtsein, in denen die Lehre von der zwischen Sein und Nichtsein waltenden Dialektik entwickelt wird [28], gehört Solger in die mystische Tradition des N.-Begriffs, sondern aufgrund seiner in den Briefen entwickelten Philosophie des N., die er selbst eine «mystische» nennt [29]. Sie besteht in dem Aufweis der Realität des Nichts. L. TIECK zeigt sich von Solgers «Gedanken vom Bösen und realen N.» tief beeindruckt [30]. Nach SOLGER ist das, was wir gewöhnlich Wirklichkeit nennen, «nur eine Erscheinung oder in Beziehung auf Gott ein bloßer Schein, ein reines N.». Da auch wir selbst irgendwie dieser Wirklichkeit gehören, erfaßt ein wahres Selbstbewußtsein sein eigenes Ich nur insofern es in Gott ist, als Erscheinung aber gibt es sich völlig auf und wird «als ein daseyendes N. von unserer ewigen Natur» geschieden. In der Erkenntnis, daß dieses «positive oder existierende N.» das Prinzip des Bösen sei, sieht Solger den Grundgedanken seiner Philosophie und den eigentlichen Fortschritt gegenüber der traditionellen Ansicht. Freilich ist dieses «existierende N.» nur für uns etwas, «vom göttlichen Standpunkt aber betrachtet das reine N.» [31]. In diesem Sinne ist auch das – platonisch verstandene – «unwahre Erkennen» und sein eigenes Objekt, die gewohnte Wirklichkeit, keineswegs nichtseiend, sondern «es ist als das N., es ist mit einem Worte das Böse» [32]. Aus dieser Ontologie des N. als des Bösen ergibt sich für Solger die eigentlich mystische Konsequenz, daß es dem Menschen, der an und für sich selbst ein reines N. ist, nicht um dieses gegenwärtige Leben, «wie es sich erscheinend uns aufdrängt», zu tun sein kann, «sondern um die völlige Vernichtung desselben und um die Enthüllung des Ewigen, wie es in diesem N. ... aus sich selbst das ganze Dasein wird» [33]. Die höhere Art des Daseins ist nach Solger nämlich die Selbstoffenbarung, «und das offenbaren heißt sein N. vernichten, d.i. durch sich selbst daseyn» [34]. Das Dasein wird auf diese Weise wesentlich, denn ein wirkliches Wesen ist nur dadurch, «daß es dieses N. aufhebt oder vernichtet». Der Mensch freilich hat dieses Wesen immer nur in einem «vollständigen Gegensatze mit dem N.» [35]. Gott dagegen hat sich, indem er in unsere Endlichkeit kam und sich offenbarte, geopfert «und vernichtet sich in uns: denn wir sind N.» [36].

In seiner Rezension der nachgelassenen Schriften Solgers hat G. W. F. HEGEL zwar ausdrücklich das spekulative Moment dieser Nichtsphilosophie gewürdigt, aber zugleich bemängelt, daß von der «Voraussetzung von Gott einerseits und von Uns andererseits» ausgegangen würde; «und die Schwierigkeit ist dieselbe, ob wir als Seiendes oder als das N. vorausgesetzt werden» [37].

Derselbe kritisch gemeinte Grundgedanke wurde schon 26 Jahre früher der Fichteschen Philosophie entgegengehalten. Zwar ist die Aufgabe des Nihilismus tatsächlich – gegen Jacobi – das «reine Denken», bei Fichte jedoch bleibe es «schlechthin auf einer Seite stehen», so daß eine totale Vernichtung des Korrelats nicht möglich ist. Die idealistische Philosophie Fichtes hat deswegen «die Vollkommenheit des wahren N.» nicht erreichen können, weil auch für sie das Absolute das «N. für das Erkennen» ist. Es ist aber das Erste der Philosophie, «das absolute N. zu erkennen, wozu es die Fichtesche Philosophie so wenig bringt, so sehr die Jacobische sie darum verabscheut» [38]. Beide Formen der «Metaphysik der Subjektivität» erscheinen so vom Standpunkt des «wahren N.», d.h. der wahren Unendlichkeit als dem «Abgrund des N., worin alles Sein versinkt», wegen ihrer Einseitigkeit lediglich als «Momente der höchsten Idee» [39]. Mit dieser These, beim «wahren N.» anzufangen, steht Hegel in der mystischen Tradition. Hegels Lehre vom N. ist kritische Mystik. In seiner ‹Logik›, die als die Darstellung des Absoluten in seinem ewigen Wesen vor der Erschaffung der Natur und eines endlichen Geistes gilt, geht er von dem Resultat der ‹Phänomenologie des Geistes›, dem «reinen Wissen» aus, in dem alle Subjektivität aufgegeben und alle Objektivität innerlich gemacht und so nur einfache Unmittelbarkeit vorhanden ist [40]. Diese einfache Unmittelbarkeit ist das reine Sein, das selbst ganz unbestimmt ist. Deswegen gilt: «Das Sein, das unbestimmte Unmittelbare ist in der Tat N. und nicht mehr noch weniger als N.». Mit dem Begriff ‹N.›, für den sich Hegel unter anderem auf die Buddhisten beruft, ist die einfache Gleichheit mit sich selbst oder die vollkommene Leerheit oder Bestimmungs- und Inhaltslosigkeit gemeint [41]. Das Sein ist also nicht als etwas Festes zu denken, sondern es schlägt vielmehr dialektisch um in sein Entgegengesetztes, und das ist, ebenso unmittelbar, das N. Es liegt in der dialektischen immanenten Natur des Seins und N. begründet, daß sie beide, die zunächst als selbständig vorgestellt wurden, jetzt als Momente einer Einheit, nämlich des «Werdens» erscheinen. Auch diese Lehre gehört, schon nach F. VON BAADERS Urteil, in eine mystische Tradition [42]. Sie ist aber auch Mystik im Hegelschen Sinne des Spekulativen. «Geheimnisvoll» kann sie nach HEGEL nur sein «für den Verstand» [43]. Für den, der seinen Verstand aufgeopfert und in diesem Sinne verloren hat, gibt es keine Geheimnisse.

Der Einfluß der mystischen Literatur ist ab etwa 1804 auch bei F. W. J. SCHELLING deutlich zu beobachten. Im Sinne Böhmes wird «die Freiheit in ihrer Lossagung von der Nothwendigkeit das wahre N.» genannt, das als der Grund der Möglichkeit des «Abfalls» anzusehen ist und für sich auch das «N. der sinnlichen Dinge producirt» [44].

Schelling hat ausdrücklich das «nicht Seyende» im Sinne des μὴ ὄν, «von dem nur das wirklich seyend seyn geleugnet wird, bei dem aber noch die Möglichkeit ist seyend zu seyn», von dem in jeglicher Weise Ns. unterschieden. Von diesem im strengen Sinne Ns. (οὐκ ὄν) wird nach Schelling die «Negation des Seyns bejaht und selbst gesetzt» [45].

Besonders aus der Weltalterschrift, in der Angelus Silesius zitiert wird, geht hervor, daß das göttliche N. – anders als bei Böhme – als völlig sucht- und naturlos gedacht werden muß. Zwar ist es ein N., «aber wie die lautere Freiheit ein N. ist, wie der Wille, der nichts will, der keine Sache begehrt, dem alle Dinge gleich sind, ... Ein solcher Wille ist nichts und alles».

Dieses Moment des sucht- und begierdelosen Willens, der nichts ist, «wie die reine Frohheit, die sich selbst nicht kennt, ... wie die stille Innigkeit, die sich ihrer selbst nicht annimmt und ihres nicht Seyns nicht gewahr wird» [46], nimmt Schelling auch in seiner Spätphilosophie wieder auf, um den Begriff der «potentia pura», das erste Moment des Seienden, zu erläutern. «Wir haben früher das bloß Seynkönnende verglichen mit einem noch ruhenden, d.h. nicht wollenden Willen. Der Wille, der nicht will, ist allerdings als nichts; insofern entsteht jedes Wollen, jede Begierde wie aus dem N. ... Das Seynkönnende ist der wollen könnende Wille: als der bloß wollen könnende ist er also als nichts» [47]. Aber auch das zweite Moment oder die zweite Potenz, das reine Sein im Sinne des «actus purus», ist kein aktuell Seiendes. «Das auf solche Weise seyende ist daher auch = Nichts, inwiefern es nicht als in actu, mit Actus Seyendes gedacht werden kann» [48].

An Schelling knüpft im 20. Jh. der späte K. JASPERS an. Insbesondere dessen Frage, warum nicht nichts sei, führt als «Moment der existentiellen Grundverfassung» zum «anderen» oder spekulativen Denken, in dem der Bereich der endlichen Begriffe oder «Chiffern» überstiegen und das Sein als N. erfahren wird. «Im Transzendieren über alle Chiffern hinaus, nicht nur über die Welt, sondern über die Wirklichkeit unserer Existenz im Dasein, gelangen wir in die große Leere, in das All, das N. ist, in die Fülle, die ohne Offenbarung bleibt» [49]. Dieses N. im Sinne der Transzendenz, die nur für die «Existenz» ist, muß von dem «absoluten N.» unterschieden werden. Gegenüber jenem nämlich wird «dieses Nichtdenken der Aufschwung meines transzendierenden Wesens; gegenüber dem N. als absolutem Nichtsein wird es das Grauen vor dem möglichen transzendenten Abgrund». Dort trete ich ins N., um als Endlichkeit zur Eigentlichkeit zu verschwinden, hier aber falle ich «ins N. und vergehe schlechthin» [50].

Anmerkungen. [1] J. DE LA CRUZ, Obras compl., hg. J. V. RODRIGUEZ (Madrid ²1980) 1, 152ff. – [2] Vgl. FÉNELON, Oeuvres spirit., hg. F. VARILLON (Paris 1954) 230f. 193ff. – [3] Corresp. 6 (Paris 1827) 148. – [4] Vgl. V. WEIGEL, Von waarer Armut des Geistes oder gelassener Gelassenheit 5. Sämtl. Schr., hg. W.-E. PEUCKERT/W. ZELLER 3 (1966) 75f. – [5] J. BÖHME, De signatura rerum 6, 8; 6, 1. Sämtl. Schr. (1730), ND hg. W.-E. PEUCKERT (1955-61) 14, 47ff. – [6] Psychologia vera oder Viertzig Fragen Von den Seelen, Fr. 1, 10ff., a.O. 4, 10f. – [7] Sex puncta theosophica p. 1, c. 1, 7; 1, 29, a.O. 6, 8. 18. – [8] Vgl. F. VON BAADER, Ges. Schr. zur philos. Erkenntniswiss. oder Met., Sämtl. Werke 2, hg. F. HOFFMANN (1851, ND 1963) 102. – [9] BÖHME, Mysterium magnum 29, 1, a.O. [5] 17, 246; vgl. De electione gratiae 1, 3, a.O. 15, 4. – [10] De elect. grat. 1, 3f.; 1, 6f.; 2, 16, a.O. 15, 5. 17; Von der Menschwerdung, 2. Th., c. 2, 4, a.O. 5, 125; Myst. magn. 43, 3, a.O. 17, 437; N. CUSANUS, De vis. dei c. XII; J. G. HAMANN, Aesthetica in nuce. Sämtl. Werke, hg. J. NADLER 2 (Wien 1950) 204; F. H. JACOBI, Br. an Hamann, in: HAMANN, Briefwechsel, hg. A. HENKEL (1965) 5, 321; F. W. J. SCHELLING, Die Weltalter. Werke, hg. M. SCHRÖTER, 4. Hauptbd. (1927, ND 1978) 611; F. VON BAADER, Vorles. und Erläut. zu Jacob Böhmes Lehre, a.O. [8] 13, 63. – [11] BÖHME, Myst. pansophicum I, a.O. [5] 8, 97. – [12] Myst. magn. 7, 6, a.O. 17, 37. – [13] 3, 5, a.O. 17, 12. – [14] De sign. rerum 14, 27, a.O. 14, 201. – [15] 7, 32, a.O. 14, 64; De elect. grat. 1, 3f., a.O. 15, 5. – [16] De sign. rerum 14, 23, a.O. 14, 200; vgl. 2, 7, a.O. 14, 10. – [17] Quaest. theos. 3, 9, a.O. 18, 8. – [18] De sign. rerum 11, 96, a.O. 14, 165. – [19] 12, 21, a.O. 14, 172; vgl. 9, 57, a.O. 14, 111. – [20] Von der Menschwerdung, 3. Th., c. 5, 10, a.O. 5, 204. – [21] J. SCHEFFLER, Cherub. Wandersmann 1, 25. – [22] a.O. 1, 111. – [23] 2, 146; vgl. G. ARNOLD, Geistl. Lieder 207, 27. – [24] Vgl. M. NAMBARA: Die Idee des absoluten N. in der dtsch. Mystik und ihre Entsprechungen im Buddhismus. Arch. Begriffsgesch. 6 (1960) 263. – [25] DANIEL VON CZEPKO, Geistl. Schr., hg. W. MILCH (1930) 82. – [26] B. PASCAL, Pensées, hg. J. CHEVALIER (Paris 1954) 1106f.; vgl. F. CH. OETINGER, Swedenborgs ... Philos., a.O. [23 zu B] 215f. – [27] Vgl. G. TERSTEEGEN: Geistl. Blumengärtlein mit der Frommen Lotterie, Neue Ausg. (¹⁵1956) n. 5 (592); n. 317 (654); n. 574 (170). – [28] Vgl. K. W. F. SOLGER, Philos. Gespräche über Seyn, Nichtseyn und Erkennen. Nachgel. Schr. und Briefwechsel, hg. L. TIECK/F. VON RAUMER (1826) 2, 200-262; dazu K. HARTMANN: Grundzüge der Ontologie Sartres in ihrem Verh. zu Hegels Logik (1963) 132-135. – [29] Vgl. SOLGER an Abeken, a.O. 1, 604. – [30] Vgl. TIECK an Solger, a.O. 1, 541; 1, 586. – [31] SOLGER an Abeken, a.O. 1, 601. – [32] An Tieck, a.O. 1, 702. – [33] Philos. Gespräche (1817, ND 1972) 319. – [34] An Tieck, a.O. [28] 1, 703. – [35] a.O. 2, 172. – [36] 1, 603. – [37] G. W. F. HEGEL, Solgers nachgel. Schr. und Briefwechsel. Sämtl. Werke, hg. H. GLOCKNER 20, 166. – [38] Jenaer krit. Schr., Akad.-A. 4, hg. H. BUCHNER/O. PÖGGELER (1968) 398. – [39] a.O. 413; vgl. O. PÖGGELER: Hegel und die Anfänge der Nihilismus-Diskussion, in D. ARENDT (Hg.): Der Nihilismus als Phänomen der Geistesgesch. in der wiss. Diskussion unseres Jh. (1974) 343ff. – [40] HEGEL, Wiss. der Logik, a.O. [37] 4, 72. – [41] a.O. 88. – [42] Vgl. BAADER, a.O. [8] 101. – [43] HEGEL, System der Philos. § 82, a.O. [37] 8, 198. – [44] F. W. J. SCHELLING, Philos. und Religion (1804), a.O. [10] 30. – [45] Darst. des philos. Empirismus, a.O. 5. Hauptbd. (1928) 329; vgl. Weltalter Bruchstück, a.O. 4. Hauptbd. 597. – [46] Vgl. Die Weltalter, a.O. 611f. – [47] Philos. der Offenbarung, a.O. 6. Erg.-Bd. (1954) 213. – [48] Philos. der Mythologie, Erstes Buch, 5. Vorles., a.O. 6. Hauptbd. (1928) 337. – [49] K. JASPERS: Der philos. Glaube angesichts der Offenbarung (1962) 425; vgl. Von der Wahrheit (1947) 881. – [50] Philosophie 3 (⁴1973) 45f.

Literaturhinweise. F. MELZER: Das Wort 'nichts' in der Spruchweisheit des Angelus Silesius und Gerhard Tersteegens, in: Gestalt Gedanke Geheimnis. Festschr. für J. Pfeiffer, hg. von R. BOHNSACK/H. HEEGER/W. HERMANN (1967) 264-270. – M. NAMBARA s. Anm. [24].

G. *N. und Nihilismus.* – Einen neuen einzigartigen Rang erhält der Begriff des N. in der Reaktion auf die Philosophie Kants und des Deutschen Idealismus. Diesen Stellenwert hat er im 19. Jh. in der Romantik, bei Nietzsche und in der Nihilismusdiskussion bis weit in unser Jh. behalten. Er wird zuerst, so scheint es, von F. H. JACOBI in den achtziger Jahren noch vor Erscheinen der Kantischen ‹Kritik der praktischen Vernunft› als kritische Antwort auf die theoretische «Kritik» Kants ins Spiel gebracht. «Wenn unsere Sinne uns gar nichts von den Beschaffenheiten der Dinge lehren ..., so weiß ich nicht, was ich an einer solchen Sinnlichkeit und einem solchen Verstande habe, als daß ich damit lebe; aber im Grunde nicht anders als wie eine Auster damit lebe. Ich bin alles, und außer mir ist im eigentlichen Verstande N.» [1]. Da aber erst die Philosophie Fichtes das eigentliche Anliegen des Idealismus erfüllte, ist der Nihilismus-Vorwurf Jacobis am meisten gegen sie gerichtet. Denn sie ist eine Wissenschaft, die sich ihre Wahrheit selbst schafft und «Alles außer ihr in Nichts verwandelt» [2]. Der Idealist im Sinne Fichtes setzt sich so an Gottes Statt, denn wenn er, vor die Wahl gestellt: «das N. oder einen Gott», sich in sich allein begründen will, so daß «alles ... sich ihm dann allmählig in sein eigenes N.» auflöst, dann macht er, «das N. erwählend, sich zu Gott» [3]. Jacobi stellt diesem Fichteschen Nihilismus seine Philosophie des Nicht-Wissens gegenüber, denn «ich habe ja nichts wider mich als das N.; und mit ihm können auch Chimären sich wohl noch messen» [4].

Zeitgleich mit Jacobis Nihilismus-Vorwurf gegenüber der neuen Philosophie findet das durch diese Philosophie ermöglichte und vorbereitete Lebensgefühl literarisch auf breiter Ebene, im sogenannten 'romantischen Nihilismus' Ausdruck. Das menschliche, ohne sicheren metaphysischen Halt gelebte Leben erfährt sich in seiner Einsamkeit, in seiner Leere, Haltlosigkeit, Langeweile und Nichtigkeit. In diesem Sinne läßt schon L. TIECK seinen William Lovell an Rosa schreiben: «Jetzt, da ich nüchtern bin, schäme ich mich vor mir selber, ich wache in mir selbst auf, und alles wird zu nichte, was schon in sich selbst so nichtig war ... ich fühle meine ganze Nichtswürdigkeit, wie jetzt nichts in mir zusammenhängt, wie ich so gar nichts bin, nichts, wenn ich aufrichtig mit mir bin» [5]. Ganz offensichtlich hat sich im selben Sinne die Begegnung mit der Fichteschen Philosophie im Jenaer Studium bei FR. HÖLDERLIN niedergeschlagen: «O ihr Armen, ... die ihr auch so durch und durch ergriffen seyd vom Nichts, das über uns waltet, so gründlich einsieht, daß wir geboren werden für Nichts, daß wir lieben ein Nichts, glauben an's Nichts, uns abarbeiten für Nichts, um mälig überzugehen in's Nichts – was kann ich dafür, daß euch die Knie brechen, wenn ihr's ernstlich bedenkt?» Das N. ist nach Hölderlin das Letzte von allem im Leben, das Höchste im Geist, es gähnt uns «wie ein Abgrund» immerzu an [6]. Dieselbe Erfahrung wird etwa 40 Jahre später in der berühmten Gebirgswanderung des Lenz in G. BÜCHNERS gleichnamiger Novelle geschildert: «er hatte keinen Haß, keine Liebe, keine Hoffnung, eine schreckliche Leere und doch eine folternde Unruhe, sie auszufüllen. Er hatte *Nichts*» [7].

Deutlich distanziert sich im Jahre 1800 JEAN PAUL in seiner von Jacobi begeistert aufgenommenen ‹Clavis Fichtiana› von der Philosophie des «vernichtenden Leibgebers», der, während Kant noch große Stücke, wie die Dinge an sich übrig ließ, «nichts stehen ließ als das weiße N. (nihilum album, wie die Chemiker den feuerbeständigen Zinnkalk nennen), nämlich die ideale Endlichkeit der Unendlichkeit». Da Fichte aber auch deren Verschwinden anzudeuten scheint, so bleibt «nur das schwarze N. übrig, die Unendlichkeit, und die Vernunft braucht nichts mehr zu erklären, weil sie selber nicht einmal mehr da wäre». In diesem Sinne ist auch die ironische Charakterisierung des einsamen Fichteschen Ich zu verstehen: «Ich so ganz allein, nirgends ein Pulsschlag, kein Leben, N. um mich und ohne mich nichts als N.» [8]. Jean Paul weiß aber, wie er vier Jahre später bemerkt, daß die Fichtesche Philosophie nicht das Hirngespinst eines Einzelnen ist, sondern den «jetzigen Zeitgeist» repräsentiert, «der lieber ichsüchtig die Welt und das All vernichtet, um sich nur freien Spiel-Raum im N. auszuleeren» [9]. Ebenso ironisch wird in den im gleichen Jahr erschienenen ‹Nachtwachen des Bonaventura› – die bezeichnenderweise mit dem Begriff des N. enden –, sowohl die Fichtesche Ich-Philosophie wie auch die ernstgemeinte romantische N.-Erfahrung behandelt, indem das Dasein des einsamen Ich als das sich selbst verschlingende N. – «es ist Alles nichts» – gekennzeichnet wird. Das Leben erscheint von daher nur als «das Schellenkleid, das das N. umgehängt hat» [10]. Denn wenn das einsame Ich sich im Spiegel anschauen will – «Hu! Das ist ja schrecklich einsam hier im Ich ... nirgends Gegenstand, und ich sehe doch – das ist wohl das N. das ich sehe!» [11].

Aber nicht nur die Fichtesche Philosophie, auch das System Schellings bleibt von dem Nihilismusverdacht nicht verschont. FR. KÖPPEN hat ihm als einer «Philosophie des absoluten N.» den Mangel an Geist und an Symbol vorgeworfen [12]. Wie aus dem absoluten N. sich etwas gestalten, aus der Indifferenz die Differenz hervorgehen könne, bleibt nach Köppen das Geheimnis dieses absoluten Nihilismus.

Der Begriff des N. stellt schließlich in FR. SCHLEGELS Deutung der Fichteschen Philosophie das Bindeglied zwischen Idealismus und Mystik (J. Böhme) dar. «Daß der Idealismus auf N. hinauslaufe, bedeutet gleichviel dem Satze, daß er im Grunde Theosophie sei» [13]. Denn er hat dasselbe Verhältnis zur Welt wie die Mystik, in der diese «als N. erscheint» [14]. Die Antithese des Mystikers ist nach Fr. Schlegel Alles und N. Wenn man aber wie der Idealismus «sogleich Alles sein will, so wird man recht künstlich N. Es giebt ein Kunst-N.» [15].

Wie sachgerecht diese Charakterisierung des idealistischen Denkens war, zeigte sich jedoch erst in dessen extremsten Auswirkungen in den vierziger Jahren, in der Philosophie der reinen oder absoluten Kritik und besonders in der extrem individualistischen und absoluten egoistischen Position M. STIRNERS, dessen Werk ‹Der Einzige und sein Eigentum› das Motto hat: «Ich hab mein Sach auf Nichts gestellt». Dieses Ich, von dem es heißt, daß es «Alles haben und sein will», ist in einem bestimmten, in der Theologiegeschichte wohlbekannten

Sinne selbst das N.: «Ich bin nicht N. im Sinne der Leerheit, sondern das schöpferische N., das N., aus welchem Ich selbst als Schöpfer alles schaffe» [16]. Indem das Ich in «sein schöpferisches N. zurückkehrt», konstituiert es sich selbst als «Einzigen» [17]. Wenig später ist diese Philosophie des absoluten N., deren extremster Vertreter M. Stirner war, von K. GUTZKOW in einem Roman so charakterisiert worden: «Oleander las in einer Schrift der neuen philosophischen Schule, der kritischen oder chemischen, wie er sie nannte. Chemisch deshalb ..., weil diese Philosophen des absoluten N. die Liebigs der unsichtbaren Welt sind. Wie die chemische Retorte Urstoff auf Urstoff entdeckt und diesen immer aufs Neue zerlegt, so hat der philosophische gemütlose Verstand der neuesten Schule alles durch die Kritik bis zum vollkommensten N. aufgelöst» [18].

Gegen die Verwendung des Begriffs des «absoluten N.» hatte jedoch schon A. SCHOPENHAUER im ersten Teil seines Hauptwerks Bedenken angemeldet, die er selbst 25 Jahre später im zweiten Teil bekräftigte. Es ist nach Schopenhauer nämlich zu bedenken, «daß der Begriff des N. wesentlich relativ ist und immer sich nur auf ein bestimmtes Etwas bezieht, welches er negirt», also immer die Bedeutung des «nihil privativum» hat. «Näher betrachtet aber ist kein absolutes N., kein ganz eigentliches nihil negativum, auch nur denkbar; sondern jedes dieser Art ist, von einem höheren Standpunkt aus betrachtet ... immer wieder nur ein nihil privativum.» Auch ein logischer Widerspruch ist, so gesehen, nur ein relatives N. [19]. Diesen Gedanken hat offensichtlich FR. HEBBEL von Schopenhauer übernommen. 1838 schreibt er in seinem Tagebuch: «Alles kann man sich denken, Gott, den Tod, nur nicht das N. ... man kann sich freilich ohne Mühe ein N. neben einem Etwas denken, ich meine aber das N. überhaupt, das N. an die Stelle des Alls, das N. ohne Vergangenheit und Zukunft, das N., welches nicht allein die Wirklichkeit, sondern auch die Möglichkeit alles Übrigen ausschließt» [20]. Die Undenkbarkeit des N. liegt nach Hebbel in der Sprachlichkeit des Denkens begründet, denn man schenkt dem N. im Denken an es immer schon etwas, «wenigstens den Namen, der es schon zu Etwas macht und es aus der Sphäre der Unentscheidbarkeit, der es angehört, erhebt» [21].

Nach SCHOPENHAUER ist das menschliche Dasein aber auch durch ein mystisches Verhältnis zum N. bestimmt, in dem der vollkommen heilige Wille den Übergang ins leere N. durch Verneinen und Aufgeben alles Wollens zu erlangen sucht. Was sich aber gegen ein Zerfließen ins N. sträubt, ist nach Schopenhauer der Wille zum Leben. Deswegen kann, solange wir der Wille zum Leben selbst sind, vom Standpunkt der Philosophie jenes N. nicht als das eigentlich Seiende, sondern nur «negativ erkannt und bezeichnet werden» [22].

Die Schopenhauersche Ansicht von der Nichtigkeit der Dinge und des menschlichen Daseins entspricht freilich dem allgemeinen Zeitgeist, der sich am deutlichsten in den Werken G. LEOPARDIS ausdrückte, die Schopenhauer jedoch erst kurz vor seinem Tode kennenlernte. Leopardi hat die das Jahrhundert beherrschende Anschauung von der «nullità di tutte cose» in berühmte Worte gekleidet: «In somma il principio delle cose, e di Dio stesso, è il nulla» [23].

Die mystische Seite der Philosophie Schopenhauers, letzte Explikation der christlichen Lehre, war es, die die nihilistische und (mit Anklängen an Stirner) egoistische Position FR. NIETZSCHES auf den Plan rief, in der die nihilistische Bewegung selbst als «Ausdruck einer physiologischen décadence» verstanden wurde [24]. Diese Décadence ist daran zu erkennen, daß «der Wille zum N. die Oberhand hat über den Willen zum Leben», mit dem Ziel «nun, christlich, buddhistisch, schopenhauerisch ausgedrückt: 'besser nicht sein, als sein'» [25]. Der Nihilismus solcher Art, dessen inneren Zusammenhang mit dem Idealismus auch Nietzsche selbst gesehen hat [26], ist im Christentum gepflegt worden, denn im christlichen Gottesbegriff wird «das N. vergöttlicht, der Wille zum N. heilig gesprochen» [27]. Hier wurde das Ideal eines Menschen hochgehalten, das in Wirklichkeit «die große Verführung zum N. war ...» [28]. Der Begriff des N. hat dabei die Bedeutung des Lebensverneinenden. Ausdrücklich erklärt Nietzsche die in der platonisch-christlichen Tradition propagierte Vorstellung der «anderen Welt» als ein «Synonym des Nicht-seins, Nicht-lebens, Nicht-lebenwollens» [29]. Nach Nietzsche ist und bleibt aber auch dieser dekadente Widerwillen gegen das Leben, der Wille zum N., ein Wille, d.h. auch er ist noch eine Form des Willens zur Macht, denn «lieber will noch der Mensch das N. wollen, als nicht wollen» [30]. Denn Nihilismus im Sinne des Willens zum N. ist nach Nietzsche die notwendige Vorstufe jener extremen Form desselben, die in seiner Lehre von der ewigen Wiederkehr des Gleichen erreicht wird. «Denken wir diesen Gedanken in seiner furchtbarsten Form: das Dasein, so wie es ist, ohne Sinn und Ziel, aber unvermeidlich wiederkehrend, ohne ein Finale ins N.: 'die ewige Wiederkehr'. Das ist die extremste Form des Nihilismus: das N. (das 'Sinnlose') ewig!» [31]

Anmerkungen. [1] F. H. JACOBI, David Hume über den Glauben, oder Idealismus und Realismus. Werke 2 (1815) 216f.; vgl. Vorrede, a.O. 19f. – [2] Vorbericht zu: Über die Lehre des Spinoza, a.O. 4/1 (1819) IXXX. – [3] An Fichte, a.O. [1] 3 (1816) 49; vgl. Vorbericht ..., a.O. XLIV. – [4] An Fichte, a.O. 44. – [5] L. TIECK, William Lovell. Schr. (1828) 238f. – [6] FR. HÖLDERLIN, Hyperion. Sämtl. Werke, hg. F. BEISSNER 3 (1957) 45f.; vgl. Br. an den Bruder, a.O. 6 (1954) 253. – [7] Vgl. G. BÜCHNER, Lenz. Sämtl. Werke, hg. W. R. LEHMANN (1967) 1, 98. – [8] JEAN PAUL, Clavis Fichtiana. Sämtl. Werke, hg. E. BEREND 9 (1933) 467f. 501. – [9] Vorschule der Ästhetik, a.O. 11 (1935) 22. – [10] A. KLINGEMANN: Nachtwachen von Bonaventura, hg. J. SCHILLEMEIT (1974) 107. – [11] a.O. 131; vgl. 168. – [12] Vgl. FR. KÖPPEN: Schellings Lehre oder das Ganze der Philos. des absoluten N. (1803) 196. – [13] FR. SCHLEGEL: Philos. Lehrjahre 1796-1806, V, 468. Krit. Ausg., hg. E. BEHLER 18 (1963) 359. – [14] a.O. V, 467. – [15] II, 1033, a.O. [13] 115; 1040, a.O. 115. – [16] Vgl. M. STIRNER, Der Einzige und sein Eigentum, hg. von A. MEYER (1972) 5. – [17] a.O. 412. – [18] K. GUTZKOW, Die Ritter vom Geiste 7, 12. Werke 15, hg. R. GENSEL (o.J.) 140. – [19] A. SCHOPENHAUER, Die Welt als Wille und Vorstellung. Sämtl. Werke, hg. A. HÜBSCHER 2 (²1949) 484. – [20] FR. HEBBEL, Tagebücher Nr. 1353. Sämtl. Werke, hg. R. M. WERNER II/1 (1905) 291f. – [21] Nr. 3320, a.O. II/3 (1905) 21. – [22] SCHOPENHAUER, a.O. [19] 486. 485; vgl. a.O. 3, 703. – [23] Vgl. G. LEOPARDI: Zibaldone di pensieri, hg. F. FLORA (Mailand ⁴1953) 1, 903; vgl. auch 1, 103. 181; Lettere n. 143 (²1955) 247. – [24] FR. NIETZSCHE, Nachgel. Frg. Krit. Ges.-A., hg. G. COLLI/M. MONTINARI VIII/3 (1972) 327. – [25] a.O. 96. – [26] a.O. VIII/1 (1974) 321. – [27] Der Antichrist, a.O. VI/3 (1969) 183. – [28] a.O. VIII/2 (1970) 298. – [29] VIII/3 (1972) 146. – [30] Zur Genealogie der Moral, a.O. VI/2 (1968) 430; vgl. 357. – [31] a.O. VIII/1 (1974) 217; dazu K. LÖWITH: Nietzsches Philos. der ewigen Wiederkehr des Gleichen (²1956) 60ff.

Literaturhinweise. W. BRÖCKER: Nietzsche und der europ. Nihilismus. Z. philos. Forsch. 3 (1948) 161-177. – TH. SÜSS, Der Nihilismus bei F. H. Jacobi. Theol. Lit.-Z. 76 (1951) 194-199, ND in: D. ARENDT (Hg.) s. Anm. [39 zu F] 65-78. – K. HÜBNER: Fichte, Sartre und der Nihilismus. Z. philos. Forsch. 10 (1956) 29-43. 126. – O. PÖGGELER s. Anm. [39 zu F]. – D. ARENDT: Der 'poetische Nihilismus' in der Romantik. Studien zum Verh. von

Dichtung und Wirklichkeit in der Frühromantik 1. 2 (1972); ARENDT (Hg.): Nihilismus. Die Anfänge von Jacobi bis Nietzsche (1970).

H. *Zwischen den Nihilismen.* – 1. *Methodologischer Nichtsbegriff.* – Zwischen den geistigen Zentren des Nihilismus im 19. und 20. Jh. entwickelt sich unauffällig ein Begriff des N., der methodologischer Natur ist. H. COHEN hat in diesem Sinne das Nicht als Ausdruck der Urteilstätigkeit vom N. unterschieden, das kein absolutes N., sondern «nur ein relatives auf einen bestimmten Entdeckungsweg gerichtetes» ist. Das N. ist deswegen auch gar kein selbständiger Inhalt, sondern nur ein «vermittelnder Begriff», ein «Schwungbrett», ein «Zwischengedanke», durch den das Sein seinen Ursprung empfängt. Obwohl «Ausgeburt tiefster logischer Verlegenheit», ist das N. gleichwohl das «Operationsmittel, um das jedesmalige Etwas, das in Frage steht, in seinem Ursprung» zur Bestimmung zu bringen [1].

An Cohens «Logik des Ursprungs» orientiert sich F. ROSENZWEIG, der, unter Berufung auf die 1883 erschienene Infinitesimalschrift Cohens, die Mathematik als Organon des Denkens versteht, «weil sie ihre Elemente nicht aus dem leeren N. der einen und allgemeinen Null, sondern aus dem bestimmten, jeweils jedem gesuchten Element zugeordneten N. des Differentials erzeugt». Ausgangspunkt des Denkens ist deswegen nach Rosenzweig nicht das «N. überhaupt», sondern das N. «dieses Etwasses», d. h. «das besondere N.» [2].

2. *Mystik statt Nihilismus.* – Kritik erfährt der nihilistische N.-Begriff zuerst von religiöser Seite. M. BLONDEL hat in seinem 1893 erschienenen Hauptwerk die inneren Widersprüche des Schopenhauerschen «Nihilismus» aufzudecken versucht, indem er deutlich macht, inwiefern es unmöglich ist, das N. zu erfahren oder zu wollen. «Was heißt das für gewöhnlich, das N. wollen und es erfahren? Es heißt skrupellos nach dem Genuß streben, sich dem Sinnenleben verschreiben ..., die Menschen verachten und das eigene Ich überspannen. Man will das N. und genießt in Wirklichkeit alles, was es nur geben kann.» Dem stellt Blondel seinen mystischen N.-Begriff gegenüber: in Wirklichkeit das N. wollen und es erfahren heißt vielmehr, «in Entsagung sich von den Scheingütern lösen; ... es hieße, durch stufenweises Auslöschen sich nach und nach sterben und durch diese Abtötung das Nichtsein entscheidend erproben» [3]. Allerdings verbirgt sich nach Blondel in jenem materialistischen Nihilismus der Mystizismus, denn auch für jenen sind «Alles und Nichts» – die berühmte von Böhme her bekannte mystische Formel – «zwei gleichbedeutende Begriffe».

Von der Feststellung ausgehend: «Toujours la conviction persiste qu'avant les choses, ou tout au moins sous les choses, il y a le néant» weist auch H. BERGSON die «Idee eines absoluten N.» im Sinne der Aufhebung aller Dinge zurück, weil es eine «sich selbst zerstörende Idee», ein Pseudo-Idee, ein einfaches Wort» ist. Für einen Menschen, der sich an den Leitfaden der Erfahrung hält, gibt es nicht das N., er sieht nur, wie Tatsachen den Tatsachen, Zustände anderen Zuständen, Dinge den Dingen folgen und kann so das wahre Sein direkt erfahren [4].

Den gleichen Geist wie die skizzierte Lehre Blondels atmet auch die Kritik M. SCHELERS am religiösen Agnostizismus. Der Agnostiker hat nach Scheler eine mit dem «positiven Phänomen» des N. ausgefüllte Absolutsphäre seines Bewußtseins. Das so verstandene «absolute N. ist von jedem nur relativen N. als Phänomen scharf zu scheiden. Das absolute N. ist das Nichtetwassein und das Nichtdasein in Einem, in schlechthinniger Einigkeit und Einfachheit». Scheler sieht den «tragischen Zirkelgang des religiös indifferenten Bewußtseins» darin, daß es im «religiösen Schauder vor dem absoluten N.», also in der «Angst», sich an der Vielfalt der Erscheinungen «festsaugt» und gerade dadurch wieder das «Phänomen des absoluten N.» im Bewußtsein hervorbringt [5].

Anmerkungen. [1] H. COHEN: Logik der reinen Erkenntnis (^{2}1914). Werke 6 (1977) 84f. 89. 93. 104ff. – [2] F. ROSENZWEIG: Der Stern der Erlösung (1921) 29f. – [3] M. BLONDEL: L'action (Paris 1963) 2, 74f.; vgl. 77. – [4] H. BERGSON: L'évolution créatrice (Paris 1911) 298-323. – [5] M. SCHELER: Probleme der Religion, in: Vom Ewigen im Menschen (Bern 1954) 263ff.

I. *Nihilismus des 20. Jh.* – Trotz seiner weitsichtigen Deutung der abendländischen Geschichte als «Nihilismus» hat Nietzsche jedoch nach M. HEIDEGGER «das Wesen des N. nicht zu denken» vermocht [1]. Seine sich am Wertgedanken orientierende Metaphysik des Willens zur Macht ist vielmehr die Vollendung dieses Nihilismus. Das Nihil des Nihilismus bedeutet nach Heidegger, daß die Wahrheit des Seins ausbleibt, obwohl das Seiende erscheint, daß es also «mit dem Sein nichts ist». «Nihilismus bedeutet: es ist mit allem in jeder Hinsicht nichts» [2]. Dieses ‹N.› ist aber weder selbst ein Seiendes noch nur die bloße (logische) Verneinung eines solchen noch das «nichtige N.» im Sinne eines negativen Nihilismus. Zwar scheint das N. «das Nichtigste zu sein, dem, kaum daß es auch nur mit Namen genannt wird, zuviel Ehre angetan ist» [3], aber indem es in «ungemeinen» Erfahrungen begegnet, wird deutlich, daß es mit dem N. nicht nichts ist. Der ausgezeichnete Modus der Erfahrung des N. ist die Grundstimmung der Angst. «Die Angst offenbart das N.» [4], und zwar so, daß es sich an dem Seienden, das als Ganzes entgleitet, kundtut. Diese Kundgabe ist die Nichtung des N. «Das N. selbst nichtet» [5]. Nur weil in der ursprünglichen, meist niedergehaltenen («schlafenden») Angst das N. dem menschlichen Dasein ursprünglich offenbar und das Dasein selbst immer schon ins N. «hineingehalten» ist, kann Seiendes als solches offenbar werden. Deswegen gilt: «Im Sein des Seienden geschieht das Nichten des N.» [6]. Deswegen muß auch die Verneinung als eine Äußerungsweise der Nichtung auf das ursprüngliche Nichten des N. als seinen Grund zurückgeführt werden.

Nach dem späten Heidegger wird das Nichten des N. nicht mehr in der Angst erfahren. Es ist vielmehr die Bestätigung einer ausgezeichneten Präsenz. Die mögliche Überwindung des Nihilismus findet deswegen erst dann statt, «wenn statt des Anscheins des nichtigen N. das einsther ins ‹Sein› verwandte Wesen des N. ankommen und bei uns Sterblichen unterkommen kann» [7].

Im Gegensatz zu dieser eher theologischen Konzeption ist die Überwindung des Nihilismus nach G. BENNS berühmter Akademie-Rede (1932) nur ästhetisch – im Sinne Nietzsches – möglich. Die normale nicht beschönigte Lage des Ich ist derart, daß es hinter allen Gestalten, «allen Wendungen der Geschichte, der Begriffe, hinter Stein und Bein» das N. sieht. Im Mühen um einen Grund im Leben mit dem N. «stehen wir plötzlich» vor dem «Gesetz des Produktiven» als der «formfordernden Gewalt des N.» [8].

Obwohl Heidegger nicht die Hegelsche Mißdeutung des Begriffs ‹N.› im Sinne eines abstrakten Seins wiederholt, sondern die Nichtung des N. als Grund aller Verneinung angesehen hat, ist nach J.-P. SARTRE gleichwohl nicht zu erkennen, wie dies möglich ist, wenn dieses

Nichts jenseits der Welt sein soll. Wie aber der von Sartre sogenannte Wirklichkeitstyp der «Negativitäten» (Abwesenheit, Entfernung usw.) zeigt, hat das N. seinen Platz «mitten im Sein selbst, in seinem Herzen, wie ein Wurm» [9]. Da das N. weder als außerhalb des Seins noch vom Sein her verstanden werden kann, muß das vom An-sichsein verschiedene Sein, durch das das N. in die Welt kommt, ein Sein sein, «dem es in seinem Sein um das N. des Seins geht, d. h. ... es muß sein eigenes N. sein» [10]. Dieses Sein, das ein N. aus sich hervorbringt, das es von anderen sondert, ist die menschliche Freiheit, in der das menschliche Sein seine eigene Vergangenheit (wie auch seine Zukunft) in der Gestalt von Nichtung ist. Nach Sartre ist dieses im menschlichen Sein geborgene N., durch das sich das bewußte Sein in Ansehung seiner Vergangenheit selbst konstituiert, das N. im eigentlichen Sinne, die Negation als Sein, im Unterschied zum bloß trennenden «rien» [11]. Durch das immanente N. ist die Struktur des Seins bestimmt, die Sartre das «Für-sich» nennt. «Das Sein des Bewußtseins als Bewußtsein ist, im Abstand zu sich zu sein als Anwesenheit bei sich, und dieser Null-Abstand, der das Sein in sein Sein hineinträgt, ist das N.» [12].

Es war besonders der Heideggersche N.-Begriff, der nach dem Zweiten Weltkrieg verschiedene Reaktionen hervorrief. Während die protestantische Theologie diesen Begriff besonders in dem Zusammenhang mit dem Problem der Angst [13] oder des Atheismus [14] diskutierte, wird innerhalb der Philosophie besonders das Verhältnis des N. zur Verneinung und die «Wertung» des Heideggerschen N.-Begriffs thematisch [15]. Die deutlichste Kritik erfährt der Heideggersche Begriff jedoch von der sprachanalytischen Philosophie, der die Rede vom «Nichten des N.» als Prototyp sinnlosen Redens gilt [16], von den Positionen des Realismus, in dessen Rahmen der ironische Titel ‹Begegnung mit dem N.› steht [17], sowie von seiten des Marxismus: nach E. BLOCH ist das N. kein nichtendes Zugrundeliegendes, sondern genauso wie der Gegenbegriff, die Heimat oder das Alles, eine utopische Kategorie oder vielmehr eine «extrem gegen-utopische». ‹N.› und Alles sind «als objektive Möglichkeiten vorhanden» [18]. Das N. im Sinne des «absoluten N.» ist aber nicht Ursprung, sondern schon Resultat, es ist die «besiegelte Vereitelung der Utopie» [19]. Als solches setzt es immer schon ein «Treiben», eine «Sucht» im Ursprung voraus, die Bloch das «Nicht» nennt, und die, um zum Alles gelangen zu können, eine «Verbindung des Gebrauchs» mit dem N. eingeht. Der marxistische Böhme hat deswegen in seiner «Ontologie des N.» die Frage nach dem Ursprung des N. so beantwortet: «Es ist die zehrende Sucht in der Sehnsucht selber, die dieser entfremdet und unfrei, endlos in sich gebannte, welche dem N. im Sein den ontologischen Ursprung gibt» [20].

Aber auch diese gutgemeinte Ontologie des Noch-Nicht hat offenbar nicht verhindern können, daß eine neue Form des Pessimismus und Nihilismus im Entstehen begriffen ist, für die der Begriff des N. eine konkret-politische Bedeutung gewinnt. Aus der romantischen Daseinsangst scheint – da das waffenfreie Paradies ausbleibt und auf staatlicher Ebene die gegenseitige Bedrohung durch Waffen sogar noch wächst – bei den Phantasiereichen politische Untergangsstimmung geworden zu sein. In diesem Sinne erklärte Ende 1982 der Schriftsteller G. GRASS: «Übrig bleiben der von Ohnmachtsanfällen geschwächte Protest und stammelnde Angst, die bald keine Worte mehr finden und in sprachlose Furcht umschlagen wird, weil – dem N. gegenüber – kein Laut mehr Sinn gibt» [21].

Dieser politisch motivierten sprachlosen Furcht vor dem N. kann jedoch möglicherweise der marxistische Grundgedanke der Philosophie, verstanden im Sinne Blochs als das «Gewissen des Morgen», zum Trost gereichen: Gewiß, heute stehen wir unmittelbar vor dem Abgrund des N. Aber schon morgen werden wir einen entscheidenden Schritt weiter sein.

Anmerkungen. [1] M. HEIDEGGER: Nietzsche 2 (1961) 54. – [2] Nietzsches Wort 'Gott ist tot', in: Holzwege (^{5}1972) 244f. – [3] Nietzsche 1 (1961) 460. – [4] Was ist Metaphysik, in: Wegmarken (1967) 9. – [5] a.O. 11. – [6] 12. – [7] Zur Seinsfrage (1955), in: Wegmarken 238. – [8] Vgl. G. BENN, Akademie-Rede. Ges. Werke, hg. D. WELLERSHOFF 1 (^{4}1977) 437f. – [9] J.-P. SARTRE: L'être et le néant (1943) 57. – [10] a.O. 59. – [11] 65. – [12] 120. – [13] Vgl. P. TILLICH: Der Mut zum Sein (^{5}1964) bes. 28ff.; Offenbarung und Glaube, Schr. zur Theol. 2. Ges. Werke, hg. R. ALBRECHT 8 (1970) 319. – [14] K. BARTH: Die Lehre von der Schöpfung. Die kirchl. Dogmatik III/3 (^{2}1961) 384ff. – [15] Vgl. B. DELFGAAUW: Das N. Z. philos. Forsch. 4 (1949/50) 393-401; E. ORTNER: Das Nicht-Sein und das Nichts, a.O. 5 (1950/51) 82-86. – [16] R. CARNAP: Überwindung der Met. durch log. Analyse der Sprache. Erkenntnis 2 (1931) 219-242; vgl. Art. ‹Metaphysik›. HWP 5, 1272f. – [17] Vgl. H. KUHN: Begegnung mit dem N. (1950); A. SEIFFERT: Ernüchterung um das N. Z. philos. Forsch. 5 (1950/51) 528-546. – [18] E. BLOCH: Das Prinzip Hoffnung (1968) 11. – [19] a.O. 364. – [20] Philos. Grundfragen 1, Zur Ontol. des Noch-nicht-Seins (1961) 50. – [21] Vgl. G. GRASS' Dankesrede anläßl. der Verleihung des internat. Antonio-Feltrinelli-Preises. Die Zeit, Nr. 49 (3. Dez. 1982) 45.

Literaturhinweise. H. RICKERT: Sein und N., in: Die Logik des Prädikats und das Problem der Ontologie (1930) 198ff. – G. KAHL-FURTMANN: Das Problem des N. Krit. und hist. und systemat. Unters. (1934). – K. HEMMERLE: N. Sacramentum mundi 3 (1969) 800-804. – E. TUGENDHAT: Das Sein und das N., in: Durchblicke. M. Heidegger zum 80. Geb. (1970) 132-160. – K. RIESENHUBER: Art. ‹N.›, in: Hb. philos. Grundbegr., hg. H. KRINGS/H. M. BAUMGARTNER/CH. WILD 2 (1973) 991-1008. – B. WELTE: Über die versch. Bedeutungen des N., in: Denken im Schatten des Nihilismus. Festschr. für W. Weischedel zum 70. Geb. (1975) 26-33. – W. WEIER: Nihilismus. Gesch., System, Kritik (1980). – K. GLOY: Die paradoxale Verfassung des N. Kantstudien 74 (1983) 133-160.

TH. KOBUSCH

Nichtwissen, sokratisches. Der Begriff ‹s.N.› gehört notwendig zur platonischen Philosophie. Falls der *historische* Sokrates sein N. bekannte, was ungewiß ist (XENOPHONS ‹Memorabilien› wissen davon so wenig wie von seiner Ironie), so hat doch in jedem Falle das N. des *platonischen* Sokrates einen systematischen Sinn, der nur platonisch ist. Aus ‹Lysis› [1] erhellt, daß echtes Philosophieren nur aus dem Bewußtsein des N. möglich ist. Das natürliche Wissen des unphilosophischen Menschen, aber auch dasjenige des Naturphilosophen und des Sophisten muß mitsamt dem darauf gegründeten Stolz entfernt werden, so wie die künstliche Färbung des Haares, weil sie die Wirklichkeit verdeckt und echtem Wissen hinderlich ist. N. ist daher kein Gegensatz zu positiven metaphysischen Aussagen, sondern ihre Voraussetzung. Man darf also nicht, wie vielfach geschieht [2], das Bekenntnis des N. [3] dem historischen Sokrates, die vorher genannten Gründe «aus Eisen und Stahl» aber Platon zuteilen. Der Logos sagt etwas aus, nicht etwa Sokrates, der anders als die selbstzufriedenen Aufklärer und Rhetoren keinen Wissensbesitz sein eigen nennt, den er anderen einflößen und an sie übertragen könnte. Er unterwirft sich dem Logos, über den man sich im Gespräch Schritt für Schritt verständigt. Dabei übernimmt er die Rolle des Geburtshelfers (Maieutik, s. d.), der im Prozeß des Dialoges (Dialog und Dialektik sind schon sprachlich enge Verwandte) bei den Gesprächspartnern die zwingende Einsicht hervorbringt. Maieutisches N. geht etwa im ‹Theätet› [4] mit positiver platonischer Lehre widerspruchsfrei zusammen.

Wesentlich für das Verständnis des Phänomens ist die Unterscheidung von technischem und von sittlichem Wissen. Daß die ethische Beschaffenheit des Menschen in seinem Wissen liegt, ist urgriechische Auffassung und aus den alten Dichtern vielfältig belegbar. Der Weiseste ist der sittlich Beste. Das historische Delphische Orakel an Chairephon, das Sokrates für den weisesten aller Menschen erklärt, wird von Platon in der ‹Apologie› [5] so gedeutet, daß Sokrates diesen Ruhm verdient, sofern er nicht zu wissen wähnt, was er nicht weiß. Bei Handwerkern, Politikern, Rhetoren und Dichtern, die Sokrates, um das Orakel zu verifizieren, einer Prüfung unterzieht, findet er fachliches Wissen, das ihm nicht interessant und lernenswert ist, und zugleich den Wahn, dieses fachliche, technische Wissen, diese «Techne», liefere auch ethische Einsicht. Indem er diese Selbsttäuschung entlarvt, befreit er sich und wird weise, sofern er nicht weiß. So widerlegt er in der ‹Apologie› die irrige Meinung, der Tod sei ein Übel [6]. In diesem Negativen ist aber zugleich als Positives eine neue und höhere Haltung zu den menschlichen Dingen gewonnen. Wer diese Freiheit errungen hat, weiß, daß Unrechtleiden besser ist als Unrechttun. Wer aber davon wahrhaft durchdrungen ist, wie Sokrates in der ‹Apologie›, der kann es auch definitorisch aussprechen. Umgekehrt besitzt man eine Tugend noch nicht wirklich und im vollen Sinne, solange man sie nicht definieren kann. So macht denn die geistige Freiheit des nichtwissenden Sokrates den Weg frei für die im ‹Phaidon› zu entwickelnden Gründe einer hohen Bejahung des Todes und für den dialektischen Beweis im ‹Gorgias› [7], daß Unrechttun nutzloser und daher schlechter ist als Unrechtleiden.

Es scheint nur so, als stelle sich das s.N. da, wo es im wesentlichen vorkommt – in den Frühdialogen –, rein negativ dar: als kritische Zurückhaltung gegenüber ungeprüften Behauptungen. Vielmehr erweist es sich stets als eine antreibende, anspornende und erweckende Kraft, deren Leitsatz ist: «Das ungeprüfte Leben ist für den Menschen nicht lebenswert» [8]. So enthält das s.N. einen Hinweis auf das elementare Lebensbedürfnis der Seele nach einem festen und absoluten sittlichen Wissen. Dazu stimmt, daß im ‹Charmides› [9] das Wissen des Wissens, die Tugend Sophrosyne, zugleich auch Wissen des N. heißt. Ebenso ist alles Widerlegen und Entlarven in den Frühdialogen grundsätzlich mit der Entbindung positiven Wissens verbunden. Denn alle vom prüfenden Gespräch nicht widerlegten und ausgeschalteten Sätze bleiben gültiges Ergebnis und würden in geeigneter Verknüpfung die gesuchte Antwort auf die gestellte wissensethische Frage schon zu einem wesentlichen Teile erbringen. Eine volle Antwort könnte erst von der Ideenphilosophie aus gewonnen werden, die als Konzeption im Hintergrund steht. Die Aporien, mit denen der Leser abgefunden wird, sind vorläufig und enthalten einen Stachel zu weiterem gemeinsamen Suchen. So stellen sie als ein Noch-nicht-Wissen nur eine verwandelte Gestalt des N. dar und weisen wie dieses auf ein potentielles Wissen hin. Daß es zur Vollkommenheit verwirklicht werden und das menschliche Leben retten wird, ist Inbegriff des platonischen Philosophierens. Mit vollem Recht hebt daher P. NATORP als den letzten Sinn des s.N. hervor «die gediegenste Positivität des s.N., nämlich die Forderung des *unbedingt Bedingenden*: der Logizität des *reinen Sollens*.

Damit ist nichts Geringeres vielleicht nicht voll erreicht, aber zwingend gefordert als die *Transzendenz* des Guten» [10].

Unter den verbreiteten modernen Mißdeutungen des s.N. sind die harmloseren diejenigen, die es auf den historischen Sokrates einschränken, der damit seine Bescheidenheit gegenüber der Fülle möglichen Wissens oder seine Scheu vor der vermeintlichen Hybris eines absoluten Wissens habe ausdrücken wollen. In einem tiefen Widerspruch zum platonischen Gedanken dürfte die Auffassung stehen, die aus der sogenannten Lebensphilosophie, aus den Vorstellungen des George-Kreises [11] und unter dem Einfluß Diltheys erwuchs, durch das s.N. werde das höchste Ergebnis platonischer Philosophie in ein Licht schwebender Fraglichkeit gerückt. Die Übertragung des romantischen Ironiebegriffs von Fr. Schlegel und desjenigen von Kierkegaard auf Platon wirkte sich auch hier verhängnisvoll aus. Moderner Irrationalismus verkennt so Platons Vernunftphilosophie, für die N., Aporetik und Ironie eben da aufhören, wo der dialektische Weg zum Göttlichen beginnt, der den Menschen ohne Irrung zur Verähnlichung mit dem Göttlichen leitet.

Wenn Sokrates in der ‹Politeia› [12] die Idee des Guten so einführt, daß sie durch ihr sichtbares Analogon, die Sonne, vertreten wird, so ist das die mittelbare Rede eines Menschen, «der über etwas, was er nicht weiß, redet, als wenn er es wüßte» [13]. Es wäre aber, so heißt es ebenda [14], möglich, «von anderen Lichtvolles und Schönes zu hören». Gemeint sind die Dialektiker, die den direkten und allein zulänglichen Weg der Aussage beherrschen. Alle indirekte Redeweise, analogische, bildliche, mythische, ist in den platonischen Dialogen ein literarisches Mittel behelfsmäßiger Darstellung, wie es die Konfrontation mit nicht-philosophischen Partnern erfordert. Streng geredet wird in der Akademie; die Dialoge bieten nur einen Abglanz der Wahrheit und Hinweise auf die «göttliche» Wissenschaft; s.N. und Platons Metaphysik sind sachlich komplementär. Das s.N. ist der menschliche Gegenpol zur mehr als menschlichen Wahrheit des Logos; diese stellt nur die bloß menschliche Denkweise in Frage.

Anmerkungen. [1] PLATON, Lysis 218 a. – [2] Vgl. E. R. DODDS: Komm. zu Platons Gorgias (1959) 16f. 341. – [3] PLATON, Gorg. 509 a 5. – [4] Theät. 150 c 8. – [5] Apol. 21 a ff. – [6] a.O. 29 a. – [7] Gorg. 474 c-476 a. – [8] Apol. 38 a. – [9] Charm. 166 e. – [10] P. NATORP: Platons Ideenlehre (1903, zit. ²1921) 518. – [11] Vgl. z. B. P. FRIEDLÄNDER: Platon 1 (²1954) bes. Kap. ‹Ironie›. – [12] PLATON, Resp. 506 b-509 c. – [13] a.O. 506 c 2-5. – [14] 506 d 1.

Literaturhinweise. W. WINDELBAND: Gesch. der Philos. (¹⁰1921) 79f. – M. HIESTAND: Das s.N. in Platons ersten Dialogen (1923). – E. G. BALLARD: Socratic ignorance (Den Haag 1965). – G. MÜLLER: Das sokr. Wissen des Nichtwissens in den plat. Dialogen, in: Dorema, Festschr. H. Diller (Athen 1975) 147-173.

G. MÜLLER

Niedergang und **Untergang** (frz. déclin und chute; engl. decline und fall; ital. decadenza, declino und caduta)

Die *Begriffe* ‹N.› und ‹U.› werden weitgehend synonym verwendet; allerdings wird bei stärkerer Evokation des tragischen Aspekts mit Präferenz der Begriff ‹U.› gebraucht. Zudem wird ‹U.› oft als Unterbegriff zur Bezeichnung des Endstadiums eines N.-Prozesses verwendet. Die Begriffe ‹N.› und ‹U.› bedeuten in der historiographisch-philosophischen Reflexion den Zerfall und das Ende eines Staatssystems oder einer Kultur, wobei sich der Schwerpunkt von vornehmlich ästhetisch angehauchten Depravationslehren zu pathetischen Untergangsvisionen verlagern kann.

Das *Wort* ⟨N.⟩ kommt schon im Alt- und Mittelhochdeutschen vor (nidergang), freilich noch ohne Bezug zu historischen Entwicklungen, sondern ⟨N.⟩ bezeichnet das abendliche Versinken der Sonne, den Westen und die Herabkunft Christi [1]. Das Wort ⟨U.⟩ dagegen, dem im Althochdeutschen das bereits im Mittelhochdeutschen ausgestorbene ⟨sedalganc⟩ entsprach, wird im Mittelhochdeutschen vorerst nur im Sinn von 'Zwischengang' gebraucht. Erst bei den Mystikern des 14. Jh. und bei KONRAD VON MEGENBERG bürgert sich ⟨U.⟩, wahrscheinlich unter dem Einfluß des Lateinischen, in der Bedeutung von ⟨interitus⟩, ⟨occasus⟩ ein [2]. Im 17. Jh. wurde das Wort ⟨Dekadenz⟩ (s.d.) aus dem Französischen, wo es erstmals 1413 belegt ist [3] – im Provenzalischen allerdings ist es bereits vor der Mitte des 13. Jh. als ⟨dechasenssa⟩ anzutreffen [4] –, ins Deutsche übernommen [5]. Im Deutschen und Englischen wie auch im Französischen selbst bezeichnet es hauptsächlich die psychologischen Verfallsmomente eines N.-Prozesses, im Italienischen hingegen, das ⟨decadenza⟩ im 18. Jh. als französisches Lehnwort aufnahm, wird es großenteils gleichwertig und anstelle des eher zurückgedrängten Wortes ⟨declino⟩ verwendet [6].

1. Ausgehend vom Idyll eines goldenen Zeitalters, wie es in vielen östlichen Mythen thematisiert ist, begreift PLATON seine Zeit als einen N.-Prozeß, der teils menschlich verursacht und teils determiniert ist: Allem Entstandenen droht einmal der N. (... ἀλλ' ἐπεὶ γενομένῳ παντὶ φθορά ἐστιν) [7]. In mythischer Verkleidung erhebt er jene Zeiten zu glücklichen, die von Gott begleitet sind, während hernach die sich selbst überlassene Menschheit in völliger Depravation zusehends im N. begriffen ist [8], manifest im Übergang von der Herrschaft gerechter Eliten zu immer schlechteren Herrschaftsformen bis hin zu Tyrannis und Ochlokratie. Im Gegensatz zu Platon beschreibt POLYBIOS den N. nicht mehr mythisch, sondern logisch-gesetzhaft. Es ist ein naturgesetzlicher Kreislauf, der die Staaten, wie Polybios aufgrund des Schicksals der griechischen Polis typisierend folgert, von der Monarchie bis zur Ochlokratie und wieder in den Ausgangsposition zurückbefördert. Der N. wird im 6. Buch in die naturgesetzliche Kreislauflehre integriert und als zyklisch bedingtes Phänomen interpretiert [9], wiewohl Polybios, recht widersprüchlich, das Wirken der menschlichen Willensfreiheit und der Tyche nicht bestreitet. Die *frühchristlichen Kirchenväter* dagegen verwerfen die Naturgesetzlichkeit des Kreislaufs zugunsten christlich-eschatologischer Erwartungen. Daß die Welt selbst schon ihren eigenen U. bezeuge durch den sichtlichen Verfall aller Dinge (... mundus ipse iam loquitur et occasum sui rerum labentium probatione testatur), war die feste Überzeugung CYPRIANS und anderer frühchristlicher Kirchenväter [10]. Dabei übertönten allerdings eschatologische Erwartungen die Furcht vor dem N. des Römischen Reiches, bedingte doch die mögliche Realisierung des Reiches Christi gerade den N. des profanen Imperiums.

2. Waren die Reflexionen über den N. bis anhin durch mythische Bilder, religiöse Erwartungen und typisierende Folgerungen gekennzeichnet, so gewinnt der historische Vorgang des Zerfalls des Römischen Reiches seit der Antike bis in die Gegenwart Modellcharakter für die Begriffsbildung. Herausgefordert durch die Anklage der Heiden, wonach die Christen den N. des Römischen Reiches verursacht hätten, wies AUGUSTINUS deren Anschuldigungen wie auch reichstheologische und eschatologische Erwartungen vehement zurück. Denn der N. sei weder etwas Zufälliges noch etwas Naturgesetzliches, sondern er sei in der göttlichen Vorsehung aufgehoben [11]. Der N. ist nur eine akzidentelle Erscheinung im Plan der göttlichen Heilsgeschichte, in welcher es seit der Erschaffung der Welt bis zum Jüngsten Gericht, das bei Augustinus nicht die Charakteristika unmittelbarer Endzeiterwartungen aufweist, keine Umkehr gebe [12]. Augustinus' differenzierter N.-Begriff wurde im *Mittelalter* überwiegend in der reichstheologisch vereinfachten Version des OROSIUS übernommen, wonach das Wohlergehen von Kirche und irdischem Reich als Einheit zu betrachten war. Dieser N.-Begriff wurde nun, nach dem Ende des Westreiches, mit der Idee der translatio imperii verknüpft, die besagt, daß das Römerreich noch nicht untergegangen, sondern lediglich auf die Franken übertragen worden sei. Denn das Römische Reich war in der mittelalterlichen Vorstellung von der Weltgeschichte als dem Ablauf von vier Weltreichen das letzte. Es durfte deshalb noch nicht untergegangen, sondern nur transferiert worden sein. Vor diesem Hintergrund wurde der N. wieder stärker eschatologisch akzentuiert. So wird für OTTO VON FREISING der subjektiv empfundene N. des weltlichen Reiches wohl durch den Aufstieg des Reiches Christi kompensiert [13], indessen ist er auch überzeugt, daß die durch Altersschwäche gekennzeichnete Welt in den letzten Zügen darniederliege [14] und bald wie Babylon untergehen werde [15]. Denn, wie er in einer ansatzweise morphologischen Betrachtungsweise feststellt, «hat alle menschliche Macht und Weisheit im Orient ihren Anfang genommen, und im Okzident erleben wir nun den Anfang ihres Endes» [16].

3. Mit dem Aufkommen des *Humanismus* macht sich ein verändertes Geschichtsbewußtsein bemerkbar, das vor allem in einer Rückbesinnung auf die Werte der Antike und in der Verachtung jener Zeit, die dazwischenliegt, zum Ausdruck kommt. Der N.-Begriff, entledigt von Endzeiterwartungen und heilsgeschichtlichen Komponenten, wird zu einem Periodisierungsschema für jene Zeit, die einen selbst von der Antike trennt. Schon für PETRARCA ist alles, was auf die Römische Republik der Scipionenzeit folgt, N. Und mit größerer historiographischer Strenge bezeichnet LEONARDO BRUNI die Ursachen und Ereignisse, die den N. des Römischen Reiches besiegelten [17]. Dieser neue Epochenbegriff wird überdeutlich virulent bei FLAVIO BIONDO, der aus der Perspektive eines neuen Zeitalters seine 1453 vollendete Geschichte von Florenz ⟨Ab inclinatione Romanorum imperii⟩ betitelt hat.

4. Als erster Historiograph der Neuzeit greift MACHIAVELLI auf die antiken Kreislauflehren zurück. ⟨N.⟩ bezeichnet wieder, wie schon bei Polybios, einen naturgesetzlichen Prozeß. «Es ist von der Natur der menschlichen Dinge nicht gestattet, stille zu stehen. Wie sie [die Kulturen] daher ihre höchste Vollkommenheit erreicht haben und nicht mehr steigen können, so müssen sie sinken» [18]. Als wichtigsten Indikator für den inneren, den psychologischen N. einer Kultur, dessen Mechanismen Machiavelli aufzudecken sucht, erachtet er den Zerfall der Institutionen, vornehmlich der Religion [19]. Dabei wird der N. weitgehend eigengesetzlich erklärt und nicht providentiell, wie dies BOSSUET unter Rückgriff auf Augustinus nochmals unternimmt [20].

Bei VICO wird der N. zu einem integrierten Bestandteil der geschichtsphilosophisch reflektierten ewiggültigen Gesetze des Geschichtsverlaufs [21]. Jedes Volk durchläuft einen Zyklus (corso), der von der göttlichen zur heroischen und schließlich menschlichen Periode führt, um hernach in ein wissenschaftliches Zeitalter auszumünden. Auf dieser Stufe höchster Verfeinerung angelangt, folgt gesetzmäßig und durch sittlichen Verfall symptomatisiert der N. bis zum Tierzustand. Sodann beginnt ein neuer Zyklus mit einem Aufstieg (ricorso) [22]. Die tendenziell historische Betrachtungsweise, mit welcher Vico jedem Volk einen eigenständigen Zyklus zugesteht, befreite den N.-Begriff vollständig von den Periodisierungsqualitäten, mit welchen ihn die Humanisten für das Mittelalter bedacht hatten. Bei Vico ist das Mittelalter nicht mehr eine Zeit des N., sondern die heroische Stufe innerhalb jenes Zyklus, jenes ricorso, der nach dem Ende des antiken Zyklus eingesetzt hat.

Mit der *Aufklärung* verlieren die N.-Konzeptionen viel von ihrer Zugkraft als geschichtliche Ideen. Statt die Geschichte aus dem Blickwinkel einer in der Vergangenheit angesiedelten Norm zu betrachten, aus welchem sich die eigene Zeit als N.-Prozeß verstehen ließ, wird die jeweilige Gegenwart zusehends im Horizont zukünftiger Möglichkeiten interpretiert, in welchem sich die eigene Zeit nur als Moment innerhalb eines unermeßlichen Fortschritts ausnimmt. Der Fortschritt ist, zusammengesetzt aus der Erfahrung vieler einzelner Fortschritte, selbst zu einer geschichtstreibenden Kraft geworden, die stets Neues produziert [23]. N. wird nun vornehmlich dann diagnostiziert, wenn der Fortschritt in seiner Beschleunigung nicht jene Erwartungen erfüllt, die in ihn gesetzt werden, hingegen braucht N. nicht mehr die ständige Depravation einer Norm zu bedeuten. Diese Umbruchstelle verdeutlicht KANT eindrücklich, wenn er die alten N.-Konzeptionen so ironisiert: «Daß die Welt im Argen liege: ist eine Klage, die so alt ist, als die Geschichte ... Alle lassen gleichwohl die Welt vom Guten anfangen: vom goldenen Zeitalter ... Aber dieses Glück lassen sie bald wie einen Traum verschwinden; und nun den Verfall ins Böse ... mit akzeleriertem Falle eilen.» Alsdann hebt er von dieser Konzeption den neuen Fortschrittsgedanken ab: «Neuer, aber weit weniger ausgebreitet, ist die entgegengesetzte heroische Meinung, ...: daß die Welt gerade in umgekehrter Richtung, nämlich vom Schlechten zum Bessern, unaufhörlich (obgleich kaum merklich) fortrücke» [24]. Diese Abkehr von der Autorität der Alten und die Hinwendung zu den Versprechungen der Zukunft hatte sich bereits seit BACON [25] und der Querelle des Anciens et des Modernes angebahnt. Sie brachte es mit sich, daß N.-Konzeptionen oftmals nur noch als partielle Provokationen fungierten, mit welchen man sich des Fortschritts des eigenen Zeitalters um so mehr versichern wollte. Dies trifft selbst auf MONTESQUIEU zu, der zwar den N. anhand der römischen Geschichte umfassend thematisierte und ihn auch insofern naturgesetzlich erklärte, als er sogleich in Kraft trete, wenn eine Nation ihre Aufgabe erfüllt habe [26]. Die mechanischen Metaphern deuten jedoch darauf hin, daß auch Montesquieu sich dem Fortschrittsglauben ebensowenig entziehen konnte wie VOLTAIRE, wenngleich auch bei diesem zuweilen partielle N.-Konzeptionen vorliegen [27]. Eine umfassendere Dekadenzthematik findet sich bei ROUSSEAU. Seine Gesellschaftskritik setzt sich in ihrer Zivilisationsfeindlichkeit, wonach die Wissenschaften und die Künste den Menschen korrumpiert hätten, in Widerspruch zu den christlichen, aber auch zu den humanistisch-antiken Depravationslehren: Nicht mehr ein Manko an Kultur, sondern gerade deren Entfaltung garantiert am sichersten den beschleunigten N. einer Gesellschaft. Die Entwicklung der modernen Gesellschaft ist demnach nichts als eine Geschichte kontinuierlicher Depravation, wobei allerdings N.-Diagnosen oft dazu benutzt werden, um als Kontrastfolien einen anderen Gedanken stärker hervorzuheben.

Die kausale Rolle des Christentums beim N. des Römischen Reiches wird bei GIBBON mit herber Kritik untersucht. Der N. wird keineswegs mehr wie noch bei Otto von Freising durch den Aufstieg des Christentums kompensiert, sondern das Christentum selbst ist jetzt, in Verbindung mit dem in der Aufklärung aufkommenden Dekadenzbegriff, eine N.-Erscheinung. Es trägt, wie dies später Nietzsche noch umfassender thematisiert, mit der Verbreitung seiner Sklavenmoral zu einer Artverschlechterung insbesondere im geistigen Sinn bei [28]. Den maßgeblichen Einwirkungen des Christentums zum Trotz ist indes der N. selbst für Gibbon primär naturgesetzlich: «... anstatt zu fragen, warum das Römische Reich zerstört wurde, könnten wir eher darüber erstaunen, daß es so lange bestand» [29]. Zu dieser Naturgesetzlichkeit gesellt sich außerdem der rationalistische Fortschrittsglaube seiner Zeit. So bedeutet letztlich jeder N. nur einen temporären Rückfall auf der Linie des aufsteigenden Fortschritts: «... mit Sicherheit läßt sich voraussetzen, daß kein Volk, sofern sich nicht die ganze Gestalt der Natur ändert, in seine ursprüngliche Barbarei zurücksinken dürfte» [30].

Mit Gibbon ist vorerst ein Höhepunkt in der Reflexion über den N. von Kulturen erreicht. HERDER und der Historismus lösen die bisher vorherrschende naturrechtliche Denkweise mit ihrem Vertrauen auf die Gleichartigkeit der menschlichen Natur und die sich hieraus ergebenden Generalisierungen durch eine dynamische Geschichtsbetrachtung mit stärker ausgeprägtem Sinn für historische Individualitäten ab. Die Geschichte wird zum Schauplatz der Ablösung von weltgeschichtlichen Mächten, und die prononciert ästhetisch ausgerichtete N.-Optik schärft sich gleichzeitig an der Dynamik des Blühens. So meint Herder zum N. des Römischen Reiches: «... und da die Trümmern alle Nationen der römischen Erde bedeckten – gibts in aller Geschichte der Jahrhunderte einen größern Anblick? Alle Nationen von oder auf diesen Trümmern bauend!» [31] In der Romantik verbindet NOVALIS den Begriff des N. mit dem des Opfers und verleiht ihm dadurch organizistisch-metaphysische Bedeutung. Der N. des Römischen Reiches wird als das Weltopfer aufgefaßt, welches den Siegeszug der übersinnlichen Religiosität ermögliche [32]. HEGEL lenkt die Aufmerksamkeit wieder auf die Verfallsmomente im N. zurück. Löst ein Volk die Aufgaben nicht, die sich ihm in der Zukunft auf der Grundlage dessen stellen, was bis anhin geworden ist, dann scheidet es aus der Weltgeschichte aus und tritt in die «Periode des Verfalls und Verderbens». Denn jedes Volk kann in der Weltgeschichte «nur einmal Epoche machen» [33]. Mittlerweile bedeutet der N. nicht mehr, wie dies auch J. BURCKHARDT anhand der inneren Verfallserscheinungen in Staat, Religion und Kultur hervorhebt, das totale Ende eines kulturellen Gebildes, sondern das Erlöschen einer spezifischen Ausprägung, deren Substanz jedoch mindestens teilweise eine modifizierte Fortsetzung in einem anderen Volk findet [34]. NIETZSCHE sodann integriert den N. von Staatensystemen als partikulares Moment in den Rahmen einer umfassenden Verfallslehre, in welcher die wichtigsten Epochen und Bewegungen, so das Christentum, die Aufklärung, die bürgerliche Gesellschaft und der Sozialismus, als Stationen des Verfalls ausgewertet werden [35]. Daneben wird der N.-Begriff in Auseinandersetzung mit cäsaristischem und nationalstaatlichem Denken auch als zeitkritische Fremdbezeichnung, wie etwa bei J. J. BACHOFEN, verwendet [36].

5. Bei MARX enthält der N.-Begriff weder einen Bezug zur freien Willensbildung noch ist er schicksalshaft determiniert. Vielmehr bezieht er sich als Konstituens der historischen Dialektik auf die ökonomische Situation epochal bedingter Gesellschaftsformationen. Bei Marx gibt es, wie neuere Interpretationen mit A. Schmidt annehmen, «strenggenommen nur zwei wahrhaft historische Dialektiken: die des je nach den nationalen Gegebenheiten mehr oder weniger revolutionären Übergangs von der antik-feudalen zur bürgerlichen Aera und die des katastrophisch befreienden Übergangs von dieser zur sozialistischen» [37]. Im historischen Materialismus findet sich der Begriff ‹N.› demnach in zwei historisch konkretisierten Situationen: Der Aufstieg der bürgerlichen Gesellschaft bedingte den N. der feudalen, und der Sieg des Proletariats wird den N. der bürgerlichen Gesellschaft bedingen [38]. Dabei erklärt sich der N. einer Gesellschaftsformation aus dem Widerspruch zwischen alten Produktionsverhältnissen und fortgeschrittenem Entwicklungsstand von Produktivkräften. Dieser Widerspruch wird durch revolutionäre Prozesse in einer fortschrittlicheren Gesellschaftsformation aufgehoben [39]. Im Marxismus-Leninismus sowjetischer Observanz wird der epochal konkretisierte N.-Begriff, wie ihn Marx verwendet hat, mit universalgeschichtlicher Relevanz belegt.

6. Bei E. VON LASAULX finden sich erste Ansätze zu den großen Kulturmorphologien des 20. Jh. Aus seinen historisch fundierten Kenntnissen folgert er, daß in einem Volk dann der N. einsetze, wenn die Naturkräfte verbraucht seien. Trotz der empirischen Evidenz dränge sich der N. indessen nicht mit naturgesetzlicher Zwangsläufigkeit auf, weil es der Freiheit Gottes anheimgestellt sei, in die Geschichte einzugreifen und den Geschichtsverlauf zu korrigieren [40]. Es ist dem Panslawisten N. DANILEWSKI vorbehalten, den Begriff ‹N.› vollkommen deterministisch zu umschreiben. «Der Entwicklungsgang der kulturhistorischen Typen kommt am allernächsten den vieljährigen, nur einmal fruchttragenden Pflanzen, bei denen die Periode des Wachstums von unbestimmter Dauer, die Periode des Blühens und des Früchtetragens aber verhältnismäßig kurz ist und ein für allemal ihre Lebenskraft erschöpft» [41].

Eigentliche geschichtsphilosophische Dignität allerdings erlangt der Begriff ‹N.› erst durch O. SPENGLER. In seinen ‹Umrissen einer Morphologie der Weltgeschichte› versieht der den N.-Begriff mit organizistisch-biologischen Qualitäten. «Jede Kultur, jede Frühzeit, jeder Aufstieg und N., jede ihrer innerlich notwendigen Stufen und Perioden hat eine bestimmte, immer gleiche, immer mit dem Nachdruck eines Symbols wiederkehrende Dauer» [42]. Die biologistische Schematisierung, in Verbindung mit kulturmorphologischer Komparatistik, erlaubt Spengler, den N.-Begriff als relativ exakten und reichlich mit prognostischem Material versehenen Periodisierungsindikator einzusetzen. Als entscheidendstes Merkmals des N.-Beginns erweist sich der Umschlag einer Kultur in deren Zivilisation, augenfällig durch das Erlöschen der Religiosität. Dies vollzieht sich strukturell dann, wenn eine Kultur ihre Schicksalsidee erfüllt hat und die schöpferischen Kräfte zu erlahmen beginnen. Die Periode der Zivilisation ist durch Künstlichkeit gekennzeichnet, und als Phase des N. bildet sie den Abschluß eines Kulturkreislaufs. Spenglers Konzeption des N. enthält weder, wie etwa jene von Gibbon, einen sublimierten Fortschrittsgedanken, wonach jedem N. ein um so größerer Aufstieg folge, noch einen teleologischen Sinn, dem zufolge der N. Teil eines heilsgeschichtlichen Planes sei, sondern: «Diese Kulturen, Lebewesen höchsten Ranges, wachsen in einer erhabenen Zwecklosigkeit auf wie die Blumen auf dem Felde» [43].

In Auseinandersetzung mit Spengler taxiert H. PLESSNER ‹N.› als eine nur auf östliches Denken zutreffende Kategorie – ein Denken, das sich in Gleichgültigkeit gegenüber der empirischen Zeit verhalte und durch die fortschrittslose Konservierung der eigenen Kulturen diese dem N. weihe. Westliches Denken dagegen organisiere über den Umweg der Technik die ganze Menschheit in einem Richtungssinn. Durch die Integration der östlichen Kulturen in die eine westliche Zivilisation werde letztlich selbst den östlichen N.-Visionen die Grundlage entzogen [44]. Nicht so für L. KLAGES. Im Kampf zwischen Geist und Seele, zwischen Logos und Bios nimmt sich die wissenschaftlich-technische Entwicklung als düsteres Kapitel progressiver Naturprofanierung aus, dessen voraussschaubares Ende das Erlöschen jeglichen Lebens sein wird. Das Schicksal der Menschheit hat sich nach Klages zwischen 1890 und 1900 eindeutig zuungunsten des Bios entschieden, so daß dann im 20. Jh. die «Vollzugsgewalten des U.» als «Rache der geschändeten Vergangenheit» einsetzen konnten [45].

A. TOYNBEE verwendet wohl auch die Wörter ‹decline› und ‹fall› [46], maßgeblich aber sind ‹breakdown› (Niederbruch) und ‹disintegration› (Zerfall). Toynbee stellt den N. von Kulturen empirisch fest: Von 26 Kulturen seien bisher deren 16 verschwunden, 9 befänden sich im Endstadium, und nur die abendländische sei noch intakt. Obschon für ihn ein statistischer Nachweis besteht, daß Kulturen blühen und niedergehen, besitzt dieser Prozeß nicht wie bei Spengler naturnotwendige Gültigkeit. Auch die deterministische Stringenz, wie sie innerhalb vieler Kreislauflehren angeboten wird, durchbricht Toynbee; denn Kulturen sind nicht Gebilde, die sich ohne jeglichen Bezug untereinander entwickeln, sondern zwischen ihnen bestehen mannigfache Beziehungen, vornehmlich analoger Art zum Eltern-Kind-Verhältnis. In seiner Konzeption ist der N. die Folge menschlichen Versagens auf die von Gott stets von neuem gestellten ‹challenges› (Herausforderungen). Wird von den Menschen einer Kultur die ‹response› (Antwort) einmal nicht geliefert, so schließt sich eine Kette von nicht bewältigten Herausforderungen an, und mit ihnen treten die Gesetze des N. in Kraft. Ab Beginn des 6. Buches von ‹A Study of History› macht sich eine Wendung in Toynbees Auffassung bemerkbar. Betrachtete er die Kulturen bis anhin in phänomenologischer Optik als relativ gleichwertig, so führt er nun ein qualitatives Prinzip ein, an welchem deren Wert gemessen wird, nämlich an der in ihnen vorangetriebenen Entwicklung von höheren Religionen. In Relation zu diesem Prinzip verlieren die Kulturen ihren Wert als relativ autarke Gebilde, und ihr N. wird, nicht unähnlich der augustinischen Sehweise, in eine heilsgeschichtlich orientierte Geschichtsphilosophie integriert. «Schöpfung wäre nicht schöpferisch, wenn sie nicht alle Dinge im Himmel und auf Erden in sich aufnähme, einschließlich ihrer eigenen Antithese» [47]. Gegen die Ansicht, daß Kulturen nur einmal blühen und mit ihrem N. endgültig versinken, wendet sich SOROKIN. Er geht davon aus, daß jede Kultur mehrere Lebenszyklen umfasse. Infolgedessen sen ist der N. ein Vorgang, der sich innerhalb eines Kulturkreises in großen Zeitspannen wiederholt und zudem meistens nur einen Teil aller kulturspezifischen Leistungen erfaßt [48].

Anmerkungen. [1] GRIMM 7 (1889) 759f. – [2] a.O. 11/3 (1936) 1558-63. – [3] Dict. alphabét. et analogique de la langue franç., hg. P. ROBERT 2 (1957) 1106 b. – [4] G. FIGUEIRA, in: J. ANGLADE (Hg.): Anthol. des troubadours (Paris 1953) 149. – [5] H. SCHULZ/O. BASLER: Dtsch. Fremdwb. 1 (1913) 129. – [6] Grande diz. della lingua ital., hg. S. BATTAGLIA 4 (Turin [1966]) 65. – [7] PLATON, Resp. 546 a. – [8] Politikos 269 d-270 a. – [9] POLYBIOS, Hist. VI, 4, hg. TH. BUETTNER-WOBST (1965) 2, 243. – [10] CYPRIAN, Ad Demetrianum 3. 4. Corp. christianorum SL 3A, 2 (Turnhout 1976) 36f.; LAKTANZ, Divin. instit. VII, 15. 25. CSEL 19, 631ff. 663ff. – [11] AUGUSTINUS, De civ. Dei V, 1. MPL 12, 141f. – [12] a.O. XII, 14. MPL 12, 362. – [13] OTTO VON FREISING, Chronik IV, 5, hg. W. LAMMERS (1960) 310, 35. – [14] a.O. V, Vorwort = 374, 9ff. – [15] I, 32 = 102, 30ff. – [16] V, Vorwort = 372, 17ff. – [17] L. BRUNI: Hist. Florentini populi, hg. E. SANTINI (Città di Castello 1914-1926). – [18] N. MACHIAVELLI, Istorie fiorentine V, 1, hg. P. FANFANI/L. PASSERINI. Opere 1 (Florenz 1873) 218. – [19] Discorsi I, 12. Opere 2 (Mailand 1804) 67ff. – [20] J.-B. BOSSUET, Discours sur l'hist. universelle III, 1, hg. A. GASTE (Paris 1885) 2, 183ff. – [21] G. VICO, Principi di una scienza nuova (³1744) I, 2, 2, § 68. Opere 4/1, hg. F. NICOLINI (Bari 1953) 97. – [22] a.O. IV, 11ff. = 4/2, 87ff. – [23] Vgl. R. KOSELLECK: ‹Erfahrungsraum› und ‹Erwartungshorizont› – zwei hist. Kat., in: Soziale Bewegung und polit. Verfassung, hg. U. ENGELHARDT u.a. (1976) 13-33. – [24] I. KANT, Die Relig. innerhalb der Grenzen der bloßen Vernunft. Akad.-A. 6 (1907) 19f. – [25] F. BACON, Novum Organum I, 84. Works, hg. J. SPEDDING/R. L. ELLIS/D. D. HEATH 1 (London 1858) 190f. – [26] CH. DE MONTESQUIEU, Considérations sur les causes de la grandeur des Romains et de leur décadence c. 22. Oeuvres compl., hg. D. OSTER (Paris 1964) 480-483. – [27] VOLTAIRE, Essai sur les mœurs c. 12. Oeuvres, hg. L. MOLAND (Paris 1878-1885) 11, 246. – [28] E. GIBBON: Hist. of the decline and fall of the Roman empire c. 15. 16, hg. J. B. BURY (London 1899-1901) 2, 1ff. – [29] a.O. 4, 161. – [30] 167f. – [31] J. G. HERDER: Auch eine Philos. der Gesch. zur Bildung der Menschheit (1774). Sämmtl. Werke, hg. B. SUPHAN 5 (1891) 501. – [32] NOVALIS: Frg. und Stud. (1799/1800). Werke, hg. P. KLUCKHOHN/R. SAMUEL 3 (²1968) 565. – [33] G. W. F. HEGEL, Grundlinien der Philos. des Rechts § 347. Sämtl. Werke, hg. H. GLOCKNER 7 (²1938) 449. – [34] J. BURCKHARDT, Gesamt-A., hg. A. OERI/E. DÜRR 7 (1929) 238. – [35] FR. NIETZSCHE, Musarion-A. 16 (1925) z. B. 379. – [36] J. J. BACHOFEN, Polit. Betracht. über das Staatsleben der röm. Volkes. Ges. Werke, hg. K. MEULI 1 (1943) 27. – [37] A. SCHMIDT: Zum Verhältnis von Gesch. und Natur im dialekt. Materialismus, in: Existenzialismus und Marxismus (1965) 128. – [38] K. MARX/FR. ENGELS: Manifest der Kommunist. Partei. MEW 4, 463. 474. – [39] K. MARX: Zur Kritik der Polit. Ökonomie. MEW 13, 8f. – [40] E. VON LASAULX: Neuer Versuch (1856) 93. 165. – [41] N. DANILEWSKI: Rußland und Europa (russ. 1869, dtsch. 1965) 61f. – [42] O. SPENGLER: Der U. des Abendlandes (1918-1923, ND 1969) 148. – [43] a.O. 29. – [44] H. PLESSNER: Die U.-Visionen und Europa. Der Neue Merkur 4 (1920, ND 1970) 278f. – [45] L. KLAGES: Der Geist als Widersacher der Seele (1929-1932, ⁴1960) 917-1222. – [46] A. TOYNBEE: A study of hist. (London 1934-1961) 4, 2. – [47] a.O. 6, 324f. – [48] P. A. SOROKIN: Kulturkrise und Gesellschaftsphilos. (engl. 1951, dtsch. 1953) 270ff.

Literaturhinweise. E. SPRANGER: Die Kulturzyklentheorie und das Problem des Kulturverfalls (1926). Ges. Schr. 5 (1969) 1-29. – W. REHM: Der U. Roms im abendländ. Denken. Ein Beitrag zur Gesch.schreibung und zum Dekadenzproblem (1930). – M. SCHRÖTER: U.-Philos.? Von Hegel zu Spengler (1948). – H. VYVERBERG: Hist. pessimism in the French enlightenment (Cambridge, Mass. 1958). – S. MAZZARINO: Das Ende der antiken Welt (dtsch. 1961). – G. E. CAIRNS: Philos.s of hist. Meeting of East and West in cycle-pattern theories of hist. (New York 1962). – R. HÄUSLER: Vom Ursprung und Wandel des Lebensalterverglelchs. Hermes 92 (1964) 313-341. – K. W. SWART: The sense of decadence in 19th-century France (Den Haag 1964). – K. CHRIST (Hg.): Der U. des Röm. Reiches (1970). – R. STARN: Meaning-levels in the theme of hist. decline. Hist. and Theory 14 (1975) 1-31. – P. BURKE: Tradition and experience. The idea of decline from Bruni to Gibbon. Daedalus 105 (1976) 137-152. – M. FERRARI-ZUMBINI: U.e und Morgenröten. Über Spengler und Nietzsche. Nietzsche-Stud. 5 (1976) 194-254. – R. GILMAN: Decadence. The strange life of an epithet (New York 1979). – R. KOSELLECK und P. WIDMER: N. Studien zu einem geschichtl. Thema (1980). – P. WIDMER: Die unbequeme Realität. Studien zur N.-Thematik in der Antike (1982).

P. WIDMER

Nihilismus (engl. nihilism, frz. nihilisme, ital nichilismo, russ. nigilizm)

I. Der N.-Begriff in West- und Mitteleuropa. – 1. Der Begriff ‹N.› wurde im Laufe seiner Geschichte zur Kennzeichnung für zum Teil sehr verschiedenartige philosophische Standpunkte und Richtungen verwendet, so für den *philosophischen Egoismus* bzw. *Solipsismus*, für *Idealismus, Atheismus, Pantheismus, Skeptizismus, Materialismus* und *Pessimismus*, darüber hinaus vor allem zur Kennzeichnung *religiöser, politischer* und *literarischer* Strömungen. Trotz der Verschiedenartigkeit der Verwendung des Begriffs lassen sich in seiner Überlieferung weitgehend Zusammenhänge feststellen. In einigen Fällen kann allerdings eine Neubildung des Wortes ‹N.› nicht ausgeschlossen werden, bei der keine Kenntnis des früheren Gebrauchs vorlag [1] oder die Erinnerung an ihn verlorengegangen war. So hat I. TURGENEV geglaubt, er habe das Wort 1861 geprägt (s. u. II), und nicht wenige Autoren haben diese Überzeugung seither geteilt [2]. Als ‹terminus novus› wird es schon 1733 von F. L. GOETZIUS verwendet, und zwar sowohl im Hinblick auf theologische und philosophische Fragestellungen wie auch auf solche verschiedener Wissenschaften bis hin zu Jurisprudenz und Medizin [3]. – Die zur Charakterisierung bestimmter sozialer und politischer Einstellungen benutzte Bezeichnung ‹nihiliste›, die sich nach 1793 in der französischen Literatur findet, ist ohne Bedeutung für die fast gleichzeitige philosophische Verwendung des N.-Begriffes in Deutschland (s. u. 2) gewesen. Ob diese durch frühere Wortbildungen aus ‹nihil› beeinflußt worden ist, bleibt umstritten. Neben ‹Annihilation› (s. d.) ist deren wichtigste die Bezeichnung ‹Nihilianismus› für eine häretische Richtung der Christologie in der zweiten Hälfte des 12. Jh., die auf GAUTHIER VON ST. VICTORS Rede von den «nichilianist(a)e» [4] zurückgeführt wird. Ihr zufolge kann der ewige Logos nicht etwas *geworden* sein, weshalb das Menschsein Christus nur akzidentell zukomme. Dieser sei als Mensch «non aliquid», d.h. kein Individuum [5].

Anmerkungen. [1] Vgl. W. WUNDT: Völkerpsychol. 2: Die Sprache 2 (³1912) 592f. – [2] Vgl. z.B. K. OLDENBURG: Der russ. N. (1888) 189; G. BENN: Nach dem N. (1932). Ges. Werke 1 (1959) 156f.; A. STENDER-PETERSEN: Gesch. der russ. Lit. 2 (1957) 251. – [3] F. L. GOETZIUS: De nonismo et nihilismo in theologia (1733). – [4] P. GLORIEUX: Le Contra quatuor labyrinthos Franciae de Gauthier de Saint-Victor. Arch. Hist. doctrinale et litt. du MA 27 (Paris 1952) 200. – [5] Vgl. J. B. BOSSUET: Einl. in die Gesch. der Welt und Relig., fortgesetzt J. A. CRAMER (1786); M. GRABMANN: Gesch. der scholast. Methode (1911) 2, 124ff.; A. M. LANDGRAF: Dogmengesch. der Frühscholastik II/1 (1952).

2. In seiner ersten wesentlichen *philosophischen* Bedeutung wird der Begriff ‹N.› vor allem von theistischen und (erkenntnistheoretisch) realistischen Denkern auf die *idealistische Philosophie* angewandt. Die Forschung hat diese Verwendung bis zu J. H. OBEREIT [1] und D. JENISCH [2] zurückverfolgt. Zum Ausgangspunkt einer breiteren Diskussion wird der Begriff ‹N.› durch F. H. JACOBI. Dieser hat mit ihm I. Kants theoretische und praktische Philosophie [3] sowie J. G. Fichtes Wissenschafts-

lehre (welche er als konsequenten Kantianismus ansah) gekennzeichnet. Zum ersten Male verwendet er den Begriff in seinem ‹Sendschreiben an Fichte› (1799). Dieser erreiche sein Ziel einer Philosophie aus *einem* Stück nur auf Kosten der reflektierenden Auflösung aller «Sachen» in die Gedankenkonstruktionen eines absoluten Ich, das in Wahrheit nur Abstraktionsprodukt des empirischen Ich sei. Dem Menschen, der auf diese Weise sich selbst vergöttliche, löse sich alles «allmählig auf in sein eigenes Nichts». Allein der Glaube an einen lebendigen, für sich bestehenden Gott könne der aus solcher Philosophie resultierenden Verzweiflung widerstehen [4]. Der Jacobi-Schüler FR. KÖPPEN dehnte den N.-Vorwurf auf F. W. J. SCHELLING aus [5]. Nach W. T. KRUG muß der konsequente Idealist mit dem N. beginnen, daher gelange er nie zu einem «Etwas» [6]. W. HAMILTON führt aus, «if nothing but the phenomenal reality of the fact itself be allowed, the result is N.». Er unterscheidet zwischen dem spekulativen N. Fichtes, der freilich in dessen praktischer Philosophie überwunden werde, und dem skeptischen N. Humes [7]. – J. G. FICHTE hatte in Briefen und Entwürfen den N.-Vorwurf Jacobis zwar zurückgewiesen und die diesen begründenden Mißverständnisse seiner Lehre aufgedeckt [8]; die darin liegende Problematik hat ihn jedoch fortan immer wieder beschäftigt. Noch in der ‹Wissenschaftslehre› von 1812 fragt er nach dem wahren Mittel, dem «Sturze der Realität» durch den N. der Reflexion zu entgehen, und findet es im Zuende-Reflektieren: Das Wissen muß sich schließlich als fußend «auf reiner Realität» erkennen [9]. Der Diskussion um den idealistischen N. hatte Fichte freilich schon mit der ‹Bestimmung des Menschen› (1800) neue Impulse verliehen; er hatte in dieser Schrift Jacobis Einwänden in einer Weise Rechnung getragen, daß G. W. F. HEGEL in ‹Glauben und Wissen› (1802) beide als Dualisten mit Kant zusammenstellen konnte. Nach Hegel besteht «die noch ungelöste Aufgabe des N.» darin, «das *absolute* Nichts zu erkennen». Es stelle in Wahrheit die absolute Mitte Gottes dar, welchem kein bloßes Für-sich-Bestehen zukomme [10]. Für den Spätidealismus ist Hegels System logischer Pantheismus und daher N. Nach CHR. WEISSE liegt Hegels Leugnung der außerweltlichen Personalität Gottes die Erhebung der logischen Idee zur Gottheit zugrunde, die in ihrer Entäußerung keine neue Inhaltsbestimmung erfährt. So bleibe die dialektische Begriffsbewegung Hegels, aus dem Nichts der Logik entfaltet, in Wahrheit beim Nichts; das *wirkliche* Werden sei ihr verschlossen [11]. I. H. FICHTE stimmte zunächst Weisses akosmistischer Deutung Hegels zu, wandte sich jedoch später gegen die Behauptung, dessen Logik sei nihilistisch [12]. – Daß Jacobi selber unvermerkt dem von ihm bekämpften Idealismus und N. verfallen sei, hat zuerst der Hegelianer C. F. GÖSCHEL aufzuweisen gesucht [13].

Anmerkungen. [1] H. TIMM: Die Bedeutung der Spinozabr. Jacobis für die Entwickl. der idealist. Relig.philos., in: F. H. Jacobi. Philosoph und Literat der Goethezeit, hg. K. HAMMACHER (1971) 79ff. – [2] O. PÖGGELER: Hegel und die Anfänge der N.-Diskussion. Man and World 3 (1970) 180. 186-189. – [3] F. H. JACOBI: Über das Unternehmen des Kriticismus die Vernunft zu Verstande zu bringen und der Philos. überhaupt eine neue Absicht zu geben (1801). Werke, hg. FR. ROTH/FR. KÖPPEN 3 (1816) 175. 184; David Hume über den Glauben oder Idealismus und Realismus. Vorrede zugleich Einl. in des Verfassers sämtl. philos. Schr. (1815). Werke 2, 19. – [4] Werke 3, 9-57. – [5] FR. KÖPPEN: Schellings Lehre oder das Ganze der Philos. des absoluten Nichts (1803); vgl. K. WEILLER: Der Geist der allerneuesten Philos. der HH. Schelling, Hegel und Kompagnie 1 (1804); FR. BERG: Sextus oder über die absolute Erkenntnis von Schelling (1804). – [6] W. T. KRUG: Allg. Handwb. philos. Wiss.en ... (1828) 3, 63; vgl. 5/2 (²1832) 83. – [7] TH. REID: Philos. works, with notes and suppl. dissertations by Sir W. HAMILTON (Edinburgh 1846) 129. 748; W. HAMILTON: Lectures on met. and logic 1 (Edinburgh 1858, ⁵1870) 294. – [8] Zu «Jacobi an Fichte» (1799). J. G. FICHTES nachgel. Werke, hg. I. H. FICHTE 3 (1835) 390-394; Briefwechsel, hg. H. SCHULZ (²1930) II, 92; Gesamt-A., hg. R. LAUTH u.a. (1964ff.) III/3, 325-328. 330-333; III/4, 179-183. – [9] Nachgel. Werke 2 (1834) 325f. – [10] G. W. F. HEGEL, Sämtl. Werke, hg. H. GLOCKNER 1 (³1958) 409. – [11] CHR. H. WEISSE: Die Idee der Gottheit (1833) 225. 232f.; Grundzüge der Met. (1835) 463; Philos. Dogmatik 1 (1855) 274. – [12] I. H. FICHTE: Die Idee der Persönlichkeit und der individuellen Freiheit (1834) 92; Neue Systeme und alte Schule. Z. Philos. spekulat. Theol. 2 (1838) 264; vgl. A. HARTMANN: Der Spätidealismus und die Hegelsche Dialektik (1937) 88. – [13] Vgl. C. F. G(ÖSCHEL): Aphorismen über Nichtwissen und absolutes Wissen im Verhältnisse zur christl. Glaubenserkenntniß (1829); vgl. G. W. F. HEGEL: Über «Aphorismen über Nichtwissen und absolutes Wissen ...», in: Jb. wissenschaftl. Kritik (1829). Sämtl. Werke 20, 276-313.

Literaturhinweise. V. HUGO: Les misérables (1862) II. VI. VII. Oeuvres compl. 26 (1890) 401-403. – TH. SÜSS: Der N. bei F. H. Jacobi. Theol. Lit.ztg. 76 (1951) 194-200. – G. BAUM: Vernunft und Erkenntnis. Die Philos. F. H. Jacobis (1969) 32-47. – W. JANKE: Das empirische Bild des Ich – zu Fichtes Bestimmung des Menschen. Philos. Perspektiven 1 (1969) 229-246. – O. PÖGGELER s. Anm. [2]. – D. ARENDT: N. Die Anfänge von Jacobi bis Nietzsche. Eingel. u. hg. D. ARENDT (1970). – H. TIMM: Gott und die Freiheit. Stud. zur Relig.philos. der Goethezeit 1: Die Spinozarenaissance (1974). – W. MÜLLER-LAUTER: N. als Konsequenz des Idealismus. F. H. Jacobis Kritik an der Transzendentalphilos. und ihre philos.gesch. Folgen, in: Denken im Schatten des N., Festschr. W. Weischedel, hg. A. SCHWAN (1975) 113-163. – O. PÖGGELER: «Nihilist» und «N.». Arch. Begriffsgesch. 19 (1975) 197-210.

3. In der *Frühromantik*, insbesondere bei NOVALIS und FR. SCHLEGEL (der das Wort ‹N.› schon 1787 gebraucht), vollzieht sich eine «Poetisierung von Fichtes Prinzipien» [1]. Der Gedanke der unendlichen Tätigkeit des absoluten Ich wird für ein sich ins Grenzenlose ausweitendes Schöpfertum des individuellen Ich in Anspruch genommen. Dies führt zur Übertragung des N.-Vorwurfes auf die Willkürlichkeit und Naturferne der frühromantischen Dichtung; der Begriff ‹N.› wird zur ästhetischen Kategorie. JEAN PAUL, in seiner Jacobi zugeeigneten ‹Clavis Fichtiana seu Leibgeberiana› (1800) auch Kritiker des «Egoismus» J. G. Fichtes, wendet sich gegen die «poetischen Nihilisten», die «ichsüchtig» das All vernichten, sich «im freien *Spiel*raum des Nichts» ausleeren und sich am Ende «ins kraft- und formlose Leere verlieren» [2]. – Neuerer Literaturwissenschaft gilt die anonym veröffentlichte Schrift ‹Die Nachtwachen des Bonaventura› (1804) als Höhepunkt des romantischen N. [3] oder sogar als dessen bewußtseinsmäßige Überwindung [4].

Anmerkungen. [1] H. A. KORFF: Geist der Goethezeit (⁷1966) 3, 282. – [2] JEAN PAUL: Vorschule der Aesth. (1804, ²1813) I, § 2. – [3] Vgl. KORFF, a.O. 204-218; W. KOHLSCHMIDT: Form und Innerlichkeit (1955) 172-176. – [4] D. ARENDT: Der ‘poetische N.’ in der Romantik (1972) 2, 533. 536.

Literaturhinweise. W. REHM: Roquairol. Eine Studie zur Gesch. des Bösen. Begegnungen und Probleme (1957); J. Paul – Dostojewski. Eine Studie zur dichterischen Gestaltung des Unglaubens (1962). – W. HARICH: J. Pauls Kritik des philos. Egoismus (1968). – D. ARENDT s. Anm. [4].

4. Im *Frankreich* des ausklingenden 18. Jh. wurde als «nihiliste» bezeichnet, «qui n'était ni pour ni contre» [1]. In seiner ‹Néologie ou Vocabulaire de mots nouveaux› (1801) charakterisierte L. S. MERCIER den «Nihiliste ou Rienniste» als einen Menschen, «qui ne croit à rien, qui

ne s'intéresse à rien» [2]. In ähnlichem Sinne gebrauchen im 19. Jh. J. Görres, J. M. v. Radowitz und G. Keller den Begriff ‹N.›. Sie kennzeichnen mit ihm die Lebenshaltung selbstsüchtiger Borniertheit, deren Vertreter vor jeder kräftigen Idee in die Gefahrlosigkeit der Indifferenz flüchten [3] oder sich entschlußlos dem Wechsel der herrschenden Meinungen fügen [4] oder geistlos auf dem Bestehenden beharren [5].

Anmerkungen. [1] Vgl. F. Brunot: Hist. de la langue franç. des origines à 1900 IX/2 (Paris 1937) 834-836. – [2] L. S. Mercier: Néologie... (Paris 1801) 2, 143. – [3] J. Görres: Die heilige Allianz und die Völker, auf dem Congresse von Verona (1822). Ges. Schr., hg. W. Schellberg u.a. 13 (1929) 437-439. – [4] J. M. v. Radowitz: Gespräche aus der Gegenwart über Staat und Kirche (1845, ⁴1851) 327f.; ähnl. auch K. Gutzkow: Die Ritter vom Geiste (1850) I/1, Kap. 7. – [5] G. Keller: Der grüne Heinrich. Erste Fassung 4 (1855). Sämtl. Werke und ausgew. Briefe 1 (1956) 581f.

5. Häufiger werden *gesellschaftskritische* und *revolutionäre* Tendenzen, die im Antitheismus wurzeln, als nihilistisch gekennzeichnet. F. v. Baader findet im «(preußischen)» «scientifischen N.» den «für die Religion destructiven Mißbrauch der Intelligenz», aus dem nichts anderes folgen kann «als gründlicher Haß und Verachtung aller bestehenden (bürgerlich- und religiös-)socialen Institute» [1]. Nachdem die Evangelien «von der nihilistischen Kritik» nur noch als Mythos angesehen werden [2], versucht «ein moderner N.» vielfach, wie B. Auerbach ausführt, «die atheistische Verzweiflung im Volke auszubreiten», ohne sich um die daraus resultierende «Bodenlosigkeit aller Zukunft» zu kümmern [3]. J. D. Cortés bezichtigt den französischen Sozialismus (insbes. den P. J. Proudhons) des N. Die Negation der Sünde, die dieser vollziehe, führe zur Negation der göttlichen wie auch der menschlichen Regierung [4]. Daß der revolutionäre N. in den (unter 4. genannten) N. der sozialen Anpassung übergehen kann, hat K. Gutzkow in seiner Erzählung ‹Die Nihilisten› (1853) dargestellt. – Erben des gegen den Idealismus erhobenen N.-Vorwurfes sind vor allem die *Linkshegelianer*. Angesichts der Bibel- und Religionskritik von D. F. Strauß, B. Bauer und L. Feuerbach erscheinen nun Hegels Logik und Religionsphilosophie, vom theistischen Standpunkt aus gesehen, als nur vornihilistisch [5]. Vor allem Feuerbachs Schriften werden mit dem N.-Begriff in Verbindung gebracht [6]. Der philosophische Egoismus erfährt seine extremste praktische Ausdeutung durch M. Stirner [7]. Schließlich konstatiert K. Rosenkranz die Entwicklung des nihilistischen Radikalismus zur Praxis des «radicalen N., zur Revolution des Proletariers» [8]. – Auf materialistische Denkweisen wird der Begriff ‹N.› schon seit dem vierten Jahrzehnt des 19. Jh. angewandt [9]. – T. H. Huxley charakterisiert die aus H. Spencers politischem Liberalismus resultierende Forderung auf Beschränkung der Funktionen des Staates als «administrative» N.» [10]; H. Spencer hat diese Bezeichnung als unangemessen zurückgewiesen [11].

Anmerkungen. [1] F. v. Baader: Ueber Katholicismus und Protestantismus (1824); Ueber die Freiheit der Intelligenz (1826). Werke, hg. Fr. Hoffmann u.a. 1 (1851, ND 1963) 71-80. 133-150; E. Susini: Lettres inéd. de F. v. Baader (1942) Nrn. 150. 186. – [2] W. Meinhold: Maria Schweidler die Bernsteinhexe (²1846) Vorrede zur 2. Aufl. – [3] B. Auerbach: Schrift und Volk (1846). Ges. Schr. 20 (1864) 189. – [4] J. D. Cortés: Essai sur le catholicisme, le libéralisme et le socialisme (Paris 1851) 3, V. – [5] J. W. Hanne: Der mod. N. und die Strauß'sche Glaubenslehre im Verhältnis zur christl. Relig. (1842) 27. – [6] E. A. v. Schaden: Über den Gegensatz des theist. und pantheist. Standpunktes (1848) 124. 217f. – [7] M. Stirner: Der Einzige und sein Eigentum (1844); vgl. R. W. K. Paterson: The nihilistic egoist Max Stirner (London u.a. 1971). – [8] K. Rosenkranz: Hegel als dtsch. Nationalphilosoph (1870) XXf. – [9] K. Immermann: Die Epigonen (1836) I, Kap. 9; vgl. u. II. – [10] T. H. Huxley: Administrative N. (1871). Coll. essays 1: Method and results (New York/London 1893, ND 1970) 251-289. – [11] H. Spencer: Specialized administration (1871). Works 15 (London 1891, ND 1966) 437f. 442-444.

Literaturhinweise. E. Benz: Westl. und östl. N. in christl. Sicht (Stuttgart [1948]). – M. Riedel: Art. ‹N.›, in: Geschichtl. Grundbegriffe 4 (1978) 390-404.

6. Die deutsche Romantik hatte zu Beginn des 19. Jh. das Interesse an *indischer* Religion und Dichtung geweckt (F. Majer, Fr. Schlegel). In den folgenden Jahrzehnten rückt insbesondere der *Buddhismus* in den Blickpunkt religionswissenschaftlicher Forschung und wird als N. interpretiert [1]. A. Schopenhauers Willensmetaphysik erscheint als Rückkehr zu solchem «pantheistischen N.» [2], als «Nirwanismus» (Fr. Th. Vischer). Fr. Nietzsche sieht im zeitgenössischen Pessimismus einen «neuen Buddhismus» heraufkommen [3], den er als *passiven* N. versteht. – Von den geistigen Nachfahren Schopenhauers hat sich J. Bahnsen ausdrücklich zu einem N. bekannt [4].

Anmerkungen. [1] M. Müller: Die Bedeutung von Nirvâna (1857); Über den buddhist. N. (1869), in: Essays 1 (²1879) 254-265. 277-292; übrigens hat relig.wiss. und relig.philos. Betracht. häufig, auch noch im 20. Jh., die *Mystik* als N. charakterisiert, insofern diese dem Göttlichen die Qualität des absoluten Nichts zuspricht; vgl. R. Otto: Das Heilige (1917); H. Scholz: Relig.-philos. (1921). – [2] J. W. Hanne: Die Idee der absoluten Persönlichkeit 1 (1861) 35; vgl. L. Feuerbach: Das Wesen des Christentums (1841). ND 1. 2 (1956) 1, 75; Briefwechsel (Leipzig 1874) 299f.; E. Dühring: Cursus der Philos. als streng wiss. Weltanschauung und Lebensgestaltung (1875) 345ff. – [3] Fr. Nietzsche: Zur Geneal. der Moral (1887) Vorrede, Aph. 5. – [4] J. Bahnsen: Der subjective und der objective N. (1872), in: Wie ich wurde was ich ward (1905) 157-162.

7. Die Lektüre von P. Bourgets ‹Essais de psychologie contemporaine› hat Fr. Nietzsches Verständnis des N. wesentlich beeinflußt [1]. Er interpretiert den N. als *Willen zum Nichts* [2], der als verkappter Wille zur Macht eine transzendente Welt *fingiert*, um die wirkliche Welt verurteilen zu können. Die Verurteilung führt zur Selbstverurteilung und schließlich zur Selbstzerstörung des sie praktizierenden Menschen. Den *europäischen* N. beschreibt Nietzsche des näheren als eine mannigfache Strömungen in sich befassende geschichtliche Bewegung, die sich von der Gründung der (Herden-)*Moral* und der auf dieser basierenden *Wahrheit* bis zur Zersetzung beider erstreckt. Diese Bewegung der *décadence*, die mit Sokrates und Plato anhebe und sich im Christentum fortsetze, entwickle den Sinn für Wahrhaftigkeit, der sich «zum wissenschaftlichen Gewissen, zur intellektuellen Sauberkeit um jeden Preis» sublimiere [3]. Dabei werde das unmoralische Interesse bloßgelegt, das alle Moral fundiere. Die erstrebte allgemeingültige Wahrheit zerfalle in eine Vielzahl perspektivischer 'Wahrheiten'. Daraus erwachse die Einsicht, «*daß es gar keine Wahrheit giebt*», «daß ... jedes Für-wahr-halten notwendig falsch» ist. Sie stellt «die extremste Form des N.» dar [4] und ist von den Gestalten des *unvollständigen* N. zu unterscheiden, in denen noch an traditionellen Werten festgehalten wird [5], was in reduzierter Weise selbst noch im russischen N. (s.u. II) geschehe, der noch immer «das *Bedürfniss* nach Glauben» verrate [6]. – Nietzsche versteht sich selbst als

«der erste vollkommene Nihilist Europas», der aber den N. schon «hinter sich» habe, welcher die nächsten beiden Jh. bestimmen werde, um in späterer Zukunft durch die *«Gegenbewegung» der Umwertung aller Werte* abgelöst zu werden [7]. Zu dieser bedürfe es der Züchtung des *Übermenschen*. In ihm soll der *Wille zur Macht* seine höchste schöpferische Ausprägung erfahren. Die *Lehre von der ewigen Wiederkunft des Gleichen* erhält die Funktion der Züchtung zugesprochen: Die Nihilisten zerbrechen an ihr, weil sie ihnen bedeutet, daß «das Nichts (das 'Sinnlose') ewig» ist [8]. Das dionysische Lebensgefühl der Stärksten aber sieht sich durch sie gesteigert: Sie rufen «unersättlich da capo ..., nicht nur zu sich, sondern zum ganzen Stücke und Schauspiele» [9].

Anmerkungen. [1] Vgl. CH. ANDLER: Nietzsche, sa vie et sa pensée (Paris 1920ff.) 3, 418. 424. – [2] FR. NIETZSCHE, Zur Genealogie der Moral (1887) 2. Abt., Aph. 21. 24; 3. Abt., Aph. 14. – [3] Die fröhliche Wiss. 5 (1887) Aph. 357. – [4] Gesamt-A., hg. G. COLLI/M. MONTINARI (1967ff.) VIII/2, 11 [108], S. 293; 9 [41], S. 18. – [5] VIII/2, 10 [42], S. 142. – [6] Die fröhliche Wiss. a.O. [3] Aph. 347. – [7] a.O. [4] VIII/2, 11 [411], S. 431f. – [8] a.O. VIII/1, 5 [71], S. 215f. – [9] Jenseits von Gut und Böse (1886) Aph. 56.

Literaturhinweise. K. J. OBENAUER: Fr. Nietzsche, der ekstat. Nihilist (1924). – K. LÖWITH: Kierkegaard und Nietzsche oder theol. und philos. Überwindung des N. (1933); Nietzsches Philos. der ewigen Wiederkehr des Gleichen (1934, ²1955). – W. BRÖKKER: Nietzsche und der europ. N. Z. philos. Forsch. 3 (1948) 161-177. – M. HEIDEGGER: Der europäische N., in: Nietzsche (1961) 2, 31-256; Die ewige Wiederkehr des Gleichen a.O. 1, 255-472. – A. C. DANTO: Nietzsche as philosopher (New York 1965). – W. MÜLLER-LAUTER: Nietzsche. Seine Philos. der Gegensätze und die Gegensätze seiner Philos. (1971) 66-94.

8. Seit dem Ende des 19. Jh. findet Nietzsches Verständnis des N. zunehmend Verbreitung. Die Vielzahl der Veröffentlichungen, in denen seither Erscheinungen der Vergangenheit und Gegenwart als nihilistisch gedeutet werden, läßt sich kaum überblicken [1]. H. RAUSCHNING hat den Wandel des N.-Bewußtseins in den Generationen nach Nietzsche beschrieben [2]. Die Überzeugung, daß der N. zum «Normalzustand» geworden ist, schlägt sich in den Werken G. BENNS [3] und E. JÜNGERS [4] nieder. BENN setzt dem nihilistischen Auflösungsprozeß die künstlerische Formgebung entgegen; JÜNGER findet Zeichen einer «neuen Zuwendung des Seins» in der Entwicklung der modernen Naturwissenschaften, deren Ergebnisse einer theologischen Deutung fähig sein sollen, sowie in der zeitgenössischen Literatur und Philosophie [5]. Nach TH. W. ADORNO hingegen ist Nietzsches gegen das Christentum gerichteter Gebrauch des Wortes ‹N.› «umfunktioniert» worden: «zum Inbegriff eines als nichtig verklagten oder sich selbst verklagenden Zustands», dessen Unbestimmtheit die «Injektion von Sinn» gestatte. Derartige «Überwindungen» seien aber allemal schlimmer als das «Überwundene». Sie verbündeten sich schließlich mit den Mächten der Zerstörung, seien so selber nihilistisch. Was von den scheinbaren Positivitäten her als N. verurteilt werde, letztlich aber konkretes kritisches Bewußtsein sei, müsse vom Gedanken verteidigt werden [6]. – Weitgespannte Analysen des N. [7] und Versuche zu seiner Überwindung hat K. JASPERS vorgelegt. Für ihn ist die «offene Glaubenslosigkeit» des N. eine Gestalt der *Unphilosophie*, gegen die sich der philosophische Glaube an die Transzendenz zu behaupten habe [8]. Da die Frage nach dem *Nichts* bei den «Existenzphilosophen» zentrale Bedeutung erhält [9], werden sie selber als Nihilisten charakterisiert oder in die Nähe des N. gerückt: neben Jaspers vor allem M. Heidegger

und J.-P. Sartre [10]. A. CAMUS versteht unter N. das Bewußtsein der totalen *Absurdität* menschlichen Verhaltens. Die innere Widersprüchlichkeit dieses Bewußtseins treibt ihn zur Ausarbeitung der von menschlicher Solidarität getragenen Haltung der *Revolte*; an die Stelle universaler Sinnlosigkeit tritt die Gewißheit eines letzten, wenngleich rätselhaften Sinnes [11].

Anmerkungen. [1] Für die Lit. von 1945 bis ca. 1967 vgl. D. ARENDT: Der N.-Ursprung und Gesch. im Spiegel der Forsch.-Lit. seit 1945. Dtsch. Vjschr. Lit.wiss. 43 (1969) 346-369. 544-566. – [2] H. RAUSCHNING: Masken und Metamorphosen des N. (1954) 23-33. – [3] Vgl. G. BENN: bes. Weinhaus Wolf (1949). Ges. Werke, hg. D. WELLERSHOFF (³1965) 2, 127-151; Nihilistisch oder positiv? (1954) 1, 399f.; vgl. W. GRENZMANN: G. Benn. Der N. und die Form. Dichtung und Glaube (³1957); H.-D. BALSER: Das Problem des N. im Werke G. Benns (1965). – [4] Vgl. K. HERRMANN: E. Jünger und der dtsch. N. Pandora (1947) 7/42-55; A. v. MARTIN: Der heroische N. und seine Überwindung (1948). – [5] E. JÜNGER: Über die Linie, in: Anteile. Festschr. M. Heidegger (1950) 245-284; vgl. M. HEIDEGGER: Zur Seinsfrage (1956). – [6] TH. W. ADORNO: Negative Dialektik (1966) 367-372. – [7] K. JASPERS: Psychol. der Weltanschauungen (1919); Von der Wahrheit (1947). – [8] Der philos. Glaube (1948); vgl. F. MÄRKEL: G. Benn und der europ. N. Zeitwende 29 (1958) 308-322; K. ROSENTHAL: Das Problem des N. im Denken von K. Jaspers. Evang. Theol. 26 (1966) 422-434. – [9] Vgl. bes. M. HEIDEGGER: Was ist Met.? (1929, ⁶1951) Nachwort (1934). – [10] J. B. LOTZ: Existenzphilos., N. und Christentum. Stimmen der Zeit 142 (1948) 332-345; H. FRIES: N. Die Gefahr unserer Zeit (1949); G. LUKÁCS: Existenzialismus oder Marxismus? (1951); H. JONAS: Gnostizism and mod. N. Social Res. 19 (New York 1952) 430-452; K. HÜBNER: Fichte, Sartre und der N. Z. philos. Forsch. 10 (1956) 29-43; H. HOFER: Existenz und N. bei Nietzsche und drei verwandten Denkern (F. H. Jacobi, Sartre und Heidegger) (Diss. Bern 1960). – [11] A. CAMUS: Le mythe de Sisyphe (Paris 1942); L'homme révolté (Paris 1951); L'énigme. L'été (Paris 1954) 119-136; vgl. G. MARCEL: Homo viator (Paris 1944) 278-293.

Literaturhinweise. H. RAUSCHNING: Die Revolution des N. (Zürich/New York 1938, ND 1965). – H. L. GOLDSCHMIDT: Der N. im Licht einer krit. Philos. (1941). – A. GURWITSCH: On contemp. N. Rev. of Politics VII (Notre Dame, Ind. 1945) 170-198. – A. WEBER: Abschied von der bisherigen Gesch. (1946). – E. NIEKISCH: N. Zur Klärung der Begriffe, hg. H. BURGMÜLLER (1947). – C. F. V. WEIZSÄCKER: Die Gesch. der Natur (1948). – H. THIELICKE: Der N. (1950). – W. BRÖCKER: Im Strudel des N. (1951). – R. PANNWITZ: Der N. und die werdende Welt (1951). – I. SILONE: La scelta dei compagni (Rom 1954). – G. ANDERS: Die Antiquiertheit des Menschen (1956). – E. MAYER: Kritik des N. (1958). – J. GOUDSBLOM: Nihilisme en cultuur (Amsterdam 1960). – M. POLANYI: Beyond N. (Cambridge 1960). – F. LEIST: Existenz im Nichts (1961). – E. BLOCH: Philos. Grundfragen 1 (1961) 41-81. – H. WEIN: N.-Gespräch 1962. Universitas 17 (1962) 1223-1232. – L. KOLAKOWSKI: Etyka bez kodeksu. Twórczoć (Warschau 1962) Nr. 7; dtsch. in: Traktat über die Sterblichkeit der Vernunft (1967) 89-122. – Philos. Theol. im Schatten des N., hg. J. SALAQUARDA (1971). – W. WEISCHEDEL: Der Gott der Philosophen. Grundleg. einer philos. Theol. im Zeitalter des N. 1 (1971); 2 (1972). – V. E. FRANKL: Der Wille zum Sinn (1972) 128f. 138ff. 166f. – Der N. als Phänomen der Geistesgesch. in der wiss. Diskussion unseres Jh., hg. D. ARENDT (1974). – K. WELLNER: Der offenbare und der versteckte N. (1978). – W. WEIER: N. – Geschichte, System, Kritik (1980).

9. Für M. HEIDEGGER fallen N. und Metaphysik in eins [1]. Der N. ist «die Grundbewegung der Geschichte des Abendlandes» [2], insofern diese in der Metaphysik gründet. Deren Wesensmöglichkeiten, sich von den Vorsokratikern an entfaltend, erschöpfen sich im N. Nietzsches. Dessen Versuche, den N. zu überwinden, gehören diesem noch zu, machen ihn sogar erst *perfekt* [3]. Nach Nietzsche kann sich die Vollendung des N. nur noch *verwirklichen*, d. h. er wird zum Normalzustand [4]. Diesen führe

die Herrschaft der «Technik» herauf, in der sich die von Heidegger als Wille gedeutete neuzeitliche Metaphysik als *Wille zum Willen* enthülle, dessen «Vorform» Nietzsches «Wille zur Macht» darstelle [5]. – Nihilistisch ist die Metaphysik, Heidegger zufolge, in einem doppelten Sinn. *Einmal* insofern, als sie mit geschichtlicher Notwendigkeit zur Einsicht Nietzsches führe, daß es im Grunde mit dem *Seienden* nichts ist: es verliere die Tragfähigkeit für wahrhafte Sinngebung. Doch dabei bleibt das *Wesen* des N. noch verborgen: daß es, zum *anderen*, in der Metaphysik mit dem *Sein* nichts ist [6]. In der Metaphysik vollziehe sich das *Ausbleiben des Seins*, das von ihr nicht einmal bedacht werde: das Ausbleiben als solches werde *ausgelassen*. Nietzsches «vermeintliche Überwindung des N.» errichtet allererst die Herrschaft der unbedingten Auslassung des Ausbleibens des Seins zugunsten des Seienden von der Art des wertesetzenden Willens zur Macht» [7]. Die *Einkehr* in das Wesen des N. sei «der erste Schritt, durch den wir den N. hinter uns lassen» [8]. Sie müsse dem *Willen* absagen [9], «lernen, das Ausbleiben des Seins in dem zu bedenken, was es aus ihm selbst her sein möchte» [10].

Anmerkungen. [1] M. HEIDEGGER: Nietzsche (1961) 1, 343; Holzwege (1950) 244f.; Zur Seinsfrage (1956) 33. – [2] Holzwege 201. – [3] Nietzsche 2, 341. – [4] Seinsfrage 14. – [5] Was ist Met.? (1929, ⁶1951) Nachwort 39. – [6] Nietzsche 2, 336-339; Holzwege 239. – [7] Nietzsche 2, 375. – [8] Seinsfrage 41. – [9] Gelassenheit (1959) 32ff. – [10] Nietzsche 2, 368.

Literaturhinweis. O. PÖGGELER: Der Denkweg Martin Heideggers (1963) 104-135. 182. 292f. W. MÜLLER-LAUTER

II. *Der N.-Begriff in Rußland.* – Im Anschluß an deutsche und französische Quellen [1] wird der Begriff ‹N.› (russ. nigilizm) und ‹Nihilisten› (nigilisty) in Rußland zunächst vielfältig gebraucht, zum ersten Male 1829 von N. I. NADEŽDIN im Sinne von «Nichtigkeit» (ničtožestvo) in einer Kritik der Poesie Puškins und seiner Plejade [2]. Im Sinne von «Geschmacklosigkeit, Trivialität, Unbildung» wird 1836 ‹N.› dann bei V. BELINSKIJ [3], im Anschluß an Jean Paul als Synonym für ‹Idealismus› in der ‹Theorie der Poesie› von S. P. ŠEVYREV ebenfalls 1836 [4] und in der Polemik von DOBROLJUBOV gegen den Prof. Bervi 1858 als gleichbedeutend mit «Verneinung jeglichen realen Seins» und Skeptizismus verwendet [5]. Anfang der 1880er Jahre noch hat N. STRACHOV in seinen ‹Briefen über den N.› [6] dessen «Kritik der bestehenden Ordnung» als Negation «nahezu alles Bestehenden» aufgefaßt. Seinen weithin aufgenommenen Sinn erhält der Begriff – wohl über M. N. KATKOV [7] – durch I. TURGENEV 1861 in seinem Roman ‹Väter und Söhne› (Kap. V): «Ein Nihilist ist ein Mensch, der sich vor keiner Autorität beugt, der kein Prinzip auf Treu und Glauben nimmt, mag dieses Prinzip noch so viel Achtung und Ehrfurcht genießen.» Der russische N. – seine Hauptvertreter: N. ČERNYŠEVSKIJ, N. DOBROLJUBOV, D. PISAREV – geht aus von der anti-romantischen und anti-ästhetischen Haltung der «Söhne gegen die Väter»; die Anti-Ästhetik weitet sich zur Anti-Metaphysik in der Wendung gegen jegliche ideae innatae, zum Kampfe gegen die positive und natürliche Religion sowie gegen die mit dem Christentum eng verbundene Autokratie. Idealistische Ästhetik, Metaphysik, Religion und Autokratie sind für Etwas gehaltene Nichtse, die es zu entlarven und zu stürzen gilt. So A. HERZEN (Gercen) 1868: «Der N. verwandelt nicht *etwas* in *nichts,* sondern entlarvt, daß ein *Nichts,* das für ein *Etwas* gehalten wird, eine optische Täuschung ist» [8].

Die russischen Nihilisten vertreten einen anthropologischen Realismus, der teils dem Vulgärmaterialismus nachschlägt, sie sind philanthrop und radikal intellektuell, so daß bei PISAREV 1864 der Terminus ‹Nihilisten› durch ‹Realisten› ersetzt wird: «Der Realist ist der denkende Arbeiter, der mit Liebe an sein Werk geht» [9]. Das Proletariat hat noch kaum Bedeutung für sie. Ihre gesellschaftspolitischen und staatsphilosophischen Ideen sind teils frühsozialistisch (Fourier), teils liberal und individualistisch (W. v. Humboldt).

Die *sowjetphilosophische Interpretation* des «N. in Rußland» [10] meint, daß sich in ihm die tiefe Krise «der Leibeigenschafts-Struktur Rußlands ... in Philosophie, Moral, Kunst und Lebensweise» in den 1850er und 1860er Jahren zeige. Der «progressive Inhalt» des N., etwa in der Kritik der offiziellen kirchlichen Moral oder der abstrakten idealistischen Philosophie, könne die philosophische Verschwommenheit nicht übertünchen, die sich in der Verwischung der Grenzen z. B. von Materialismus und Positivismus, Dialektik und Evolutionismus äußere. Černyševskij und Dobroljubov seien nicht eigentlich Nihilisten zu nennen, obwohl sie dessen beste Elemente, vor allem die revolutionäre Negation des Bestehenden, übernommen hätten. Sie seien «revolutionäre Demokraten» mit streng materialistischer Philosophie, historischem Optimismus und der Bereitschaft zum Kampf für die revolutionäre Veränderung der Gesellschaft. Der «N. in Rußland» ist wegen der philosophischen und politischen Differenzen der diesem zuzurechnenden Personen nicht eindeutig bestimmbar.

Anmerkungen. [1] Etwa JEAN PAUL, FR. H. JACOBI, W. T. KRUG, MERCIER; vgl. A. I. ALEKSEEV, s. u. Lit. 414f. – [2] ALEKSEEV, a.O. 415. – [3] 416. – [4] ebda. – [5] 416f. – [6] N. STRACHOV: Pis'ma ob nigilizme (1881-1883); vgl. W.-H. SCHMIDT, s. u. Lit. 15. 220. – [7] Vgl. B. P. KOZ'MIN, s. u. Lit. 382f. – [8] A. I. GERCEN (Herzen), Sobr. Soč. v tridcati tomach (Moskau 1960) T. 20/1, str. 349. – [9] D. I. PISAREV: Soč. v četyrech tomach (Moskau 1956) T. 3, str. 67. – [10] A. NOVIKOV: Nigilizm v Rossi, in: Filosofskaja Ėnciklopedija T. 4 (Moskau 1967) str. 66f.

Literaturhinweise. A. I. ALEKSEEV: K istorii slova 'nigilizm', in: Sbornik statej v čest' Akademika A. I. Sobolevskogo (Leningrad 1928) str. 413-417. – B. P. KOZ'MIN: Dva slova o slove 'nigilizm', in: Izvestija AN SSSR, otd. lit. i jaz., T. X, vyp. 4 (1951) str. 378-385. – E. LAMPERT: Sons against fathers (London 1965). – W. GOERDT: Despotie und Subjektivität. Zu einem Leitmotiv des russ. N. Arch. der Philos. 13/1-2 (1964) 71-94. – W.-H. SCHMIDT: N. und Nihilisten. Forum Slavicum 38 (München 1974) 216-233: Lit. W. GOERDT

Nirvāna. ‹N.› ('Verlöschen') ist die *buddhistische* Bezeichnung für die Erlösung. Dem Terminus liegt das Bild vom Verlöschen einer Flamme zugrunde. Das Verlöschen im Rahmen des Erlösungsprozesses vollzieht sich in zwei Phasen [1]. Die erste, die auch als ‹N. zu Lebzeiten› bezeichnet wird [2], besteht im Verlöschen des 'Durstes' (tṛṣṇā) [3] oder der Leidenschaften [4], die für den Buddhismus das Grundübel darstellen, aufgrund dessen man durch immer neue Existenzen ins leidvolle Dasein (saṃsāra) verstrickt bleibt. Durch das vollständige Erlöschen des Durstes bzw. der Leidenschaften wird man ein 'Heiliger' (arhat) [5], der nach seinem Hinscheiden keine weitere Wiedergeburt erleidet. Er wird vielmehr beim Tode der zweiten Phase des 'Verlöschens' teilhaftig, des restlosen und endgültigen Verlöschens aller irdischen Persönlichkeitskonstituenten und des gesamten durch sie konstituierten leidvollen Daseins [6]. Bezüglich der Frage nach der Seinsweise des Erlösten nach dem Tode scheint der BUDDHA – ähnlich wie in der Frage nach dem wahren Selbst (ātman) – weitgehende Zurückhaltung geübt zu haben [7]. Da nach seiner Lehre das gesamte Dasein grundsätzlich leidvoll ist, kommt es ihm lediglich darauf an, ein für allemal davon befreit zu werden; ob diese Befreiung zu einem irgendwie positiven Zustand oder zur bloßen Vernichtung des Individuums führt, scheint für den Buddha von untergeordneter Bedeutung gewesen zu sein. Auch die der vom Buddha gewählten Terminologie zugrunde liegende Metapher (das Verlöschen der Flamme) läßt sich nicht als Indiz für eine Auffassung der Erlösung als totaler Vernichtung verwenden; denn ein alter brahmanischer Text belegt für das alte Indien die Vorstellung, daß das Feuer beim Verlöschen nicht vernichtet, sondern lediglich durch Eingehen in den Raum-Äther unfaßbar wird [8]. In der Tat wird auch an einigen Stellen des alten buddhistischen Kanons – von denen wir allerdings angesichts der bisher nur in Ansätzen gelungenen Stratifizierung des Materials vorerst nicht sagen können, ob sie zum ältesten, auf den Buddha selbst zurückgehenden Textbestand gehören – unter ausdrücklicher Verwendung des Bildes der verlöschenden Flamme die Auffassung ausgesprochen, die Seinsweise des Erlösten sei ein unergründlicher, unfaßbarer Zustand [9], und dieser Zustand wird gelegentlich sogar als freudvoll gekennzeichnet [10]. Einige Stellen schließlich sprechen gar vom N. als einer transzendenten, allen Bedingungen des phänomenalen Daseins entrückten 'meta-physischen' Stätte oder Wesenheit [11], dem ‹todlosen Ort› (amṛtaṃ padam) [12], dem Unentstandenen, Ungewordenen, Unverursachten (asaṃskṛta) [13]. Nach diesen Stellen präexistiert somit dem N. als spirituellem Ereignis eine ebenfalls ‹N.› genannte metaphysische Wirklichkeit, ein 'eschatologisches Absolutum' [14].

Die meisten Schulen des *Hinayāna* haben das N. als eine positive metaphysische Wesenheit – wenngleich zum Teil in erheblich modifizierter Gestalt – im Prinzip beibehalten und fassen das spirituelle Ereignis des N. als Teilhabe an dieser metaphysischen Entität auf [15]. Es gab jedoch auch Richtungen, die, wie etwa die *Sautrāntikas*, jeglichen positiven metaphysischen Aspekt des N. ablehnten und das beim Tode des Heiligen stattfindende endgültige Erlöschen als totale und restlose Vernichtung verstanden [16].

Im *Mahāyāna* erfährt die Deutung des N. entscheidende Umgestaltungen. Das N. als metaphysische Wesenheit wird von den Mahāyāna-Schulen nicht mehr als eine jenseitige, außerweltliche Entität verstanden, sondern als das gesamte Universum durchdringend, als dessen einheitliches wahres Wesen. Für den alten Buddhismus bestand das generelle Wesen allen Daseins in dessen Leidhaftigkeit, Vergänglichkeit und Substanzlosigkeit. Die Substanzlosigkeit wird von den Mahāyāna-Lehrern zur Leerheit (śūnyatā), zur Unwirklichkeit, radikalisiert [17]. Nicht nur die Konstituenten der leidenden Lebewesen, sondern auch die Bestandteile der Außenwelt sind, da eine causa prima im Buddhismus abgelehnt wird, aufgrund ihres Entstandenseins in Abhängigkeit von anderem (pratītyasamutpāda) in Wahrheit überhaupt nicht entstanden, sondern leer und unwirklich [18]. Das wahre Wesen des gesamten Daseins ist somit seine Wesenlosigkeit, sein Seit-jeher-zur-Ruhe-gekommen-Sein, sein Von-Natur-aus-immer-schon-erloschen-Sein [19], also das N. [20]. Während die *Mādhyamikas* sich auf diese negative Bestimmung des ontologischen Aspektes des N. beschränken, verleihen ihm andere Mahāyāna-Schulen einen positiveren Charakter und beschreiben es als ein höchstes Sein, das alle Erscheinungen als deren eigentliches Wesen durchzieht [21], oder gar als den in allen Lebewesen verborgenen, mit zahllosen Vorzügen und Wirksamkeiten ausgestatteten metaphysischen Aspekt des Buddha [22].

Das N. als spirituelles Ereignis läßt sich im Mahāyāna – sofern, wie im Madhyamaka, an der illusionistischen Ontologie in voller Strenge festgehalten wird – nicht mehr als eine tatsächliche Beseitigung von Leidenschaften und Leid verstehen; denn diese sind ja, als von anderem abhängige Daseinskonstituenten, in Wahrheit seit jeher bereits verloschen [23]. Das N. als spirituelles Ereignis kann vielmehr bloß in der Preisgabe aller falschen Vorstellungen und dem mystischen Gewahrwerden des ontologisch bereits antizipierten Verloschenseins aller Daseinskonstituenten bestehen [24]. Durch sein Mitleid mit den anderen, im spirituellen Sinne noch unerlösten Lebewesen jedoch wird der Adept des Mahāyāna – der Bodhisattva – dazu bewogen, zum mindesten vorerst auf eine totale existentielle Realisierung des N. zu verzichten und statt dessen zum Heile der anderen in der Welt auszuharren, ohne jedoch von ihrer Unreinheit befleckt zu werden [25]. Es handelt sich um eine Art Schwebezustand zwischen Welt und N., der auch nach der Erlangung der den anderen Lebewesen zuliebe angestrebten Buddhaschaft noch fortdauert [26], doch gehen die älteren Mahāyānatexte ganz im Sinne des frühen Buddhismus durchweg davon aus, daß auch der Buddha nach einer mehr oder minder langen Lebenszeit schließlich ins restlose N. eingeht [27], womit seine unmittelbare Wirksamkeit in der Welt ein Ende findet.

Nach anderen Richtungen besteht das spirituelle Ereignis des N. darin, daß das betreffende Lebewesen den ihm innewohnenden, hier als positive Wesenheit gefaßten metaphysischen Aspekt des N. von den äußerlichen Verunreinigungen, die ihn im Zustand des Saṃsāra überlagern, befreit [28]. Der so zur Manifestation gebrachte metaphysische Aspekt des N. fundiert aufgrund der zahllosen Vorzüge und heilvollen Wirksamkeiten, die ihm (nach Auffassung der Tathāgatagarbha-Schule) wesenhaft zukommen oder (wie die Yogācāras lehren) unter dem Einfluß seiner Reinigung zusätzlich entstehen können, einen unbefristeten Zustand vollkommenen Erlöstseins bei gleichzeitiger Fortdauer des Wirkens zum Heile der anderen Lebewesen [29]. Diese Form der Erlösung wird als ‹nicht [auf eines der Extreme Saṃsāra und N.] fixiertes Verlöschen› (apratiṣṭhitaṃ nirvāṇam) bezeichnet und ist konstitutiv für den Status eines Buddha [30].

Angeregt durch die wissenschaftliche Forschung seiner Zeit und die «romantische» Zuwendung zum Osten [31] rezipiert SCHOPENHAUER den Begriff des ‹N.› im Zusammenhang mit seinen Erörterungen über die Erlösung des Menschen von Tod und Leiden: «Das Sterben ist der Augenblick jener Befreiung von der Einseitigkeit einer Individualität, welche nicht den innersten Kern unseres Wesens ausmacht ... Der Buddhaistische Glaube nennt jenes N., d. h. Erlöschen» [32].

Anmerkungen. [1] L. DE LA VALLÉE POUSSIN: N. (Paris 1925) 171ff. – [2] Samyuttanikāya Nr. 12. 16. – [3] Majjhimanikāya I, 436. – [4] Saṃyuttanikāya Nr. 38. 1. – [5] a.O. Nr. 38. 2. – [6] II, 117. – [7] E. FRAUWALLNER: Gesch. der ind. Philos. 1 (1953) 227. – [8] a.O. 225f. – [9] 229ff. – [10] 226. – [11] a.O. – [12] Saṃyuttanikāya Nr. 10. 9. – [13] Udāna VIII, 3. – [14] DE LA VALLÉE POUSSIN, a.O. [1] XVII. – [15] a.O. 132f. – [16] 134f. – [17] L. SCHMITHAUSEN: Spirituelle Praxis und philos. Theorie im Buddhismus. Z. Missions- u. Relig.wiss. 57 (1973) 182f. – [18] Prasannapadā, hg. C. V. VAIDYA 214, 20-22. – [19] Mahāyānasūtralaṅkāra XI, 51. – [20] E. LAMOTTE: Le traité de la Grande Vertu de Sagesse 3 (1970) 1141. – [21] L. SCHMITHAUSEN: Ich und Erlös. im Buddhismus. Z. Missions- u. Relig.wiss. 53 (1969) 169. – [22] a.O. 167. – [23] a.O. [17] 184. – [24] ebda.; Prasannapadā a.O. [18] 131, 16-18; 150, 4; 225, 13f.; 228, 21. – [25] Madhyāntavibhāgatīkā, hg. PANDEYA 140, 18-22; Aṣṭasāhasrikā Prajñāpāramitā, hg. VAIDYA 146, 23-25; 206, 5-7. – [26] a.O. 19, 13-15. – [27] 69, 14; 197, 17f. – [28] SCHMITHAUSEN, a.O. [21] 167. – [29] a.O. 167-170. – [30] 164. – [31] A. SCHOPENHAUER, Sämtl. Werke, hg. A. HÜBSCHER (^{2}1946ff.) z. B. 3, 583; 4, 268. – [32] a.O. 3, 582f.; vgl. auch 642f.

Literaturhinweise. – *Zum Buddhismus:* F. O. SCHRADER: On the problem of N. J. Pali Text Soc. (1904/05) 157-170. – L. DE LA VALLÉE POUSSIN s. Anm. [1]; Vijñaptimātratāsiddhi (Paris 1928/29) 773ff.; Une dernière note sur le N. Ét. d'Orientalisme 2 (Paris 1932) 329-354; Le N. d'après Āryadeva, Mélanges chinois et bouddhiques 1 (1932) 127ff. – TH. STCHERBATSKY: The conception of Buddhist N. (Leningrad 1927). – G. MENSCHING: Zum Streit um die verschiedenen Deut. des Buddhist. N. Z. Missions- u. Relig.wiss. 48 (1933) 33-57. – E. J. THOMAS: N. and Parinirvāṇa. India Antiqua (Leiden 1947) 294f. – A. BAREAU: Asamskrta (Paris 1950). – E. FRAUWALLNER s. Anm. [7] 225ff.; Die Philos. des Buddhismus (^{3}1969) 129ff. 174f. 3101ff. – G. R. WELBON: The Buddhist N. and its Western interpreters (Chicago 1968); Bespr. von J. W. DE JONG, J. Ind. Philos. 1 (1972) 396-403. – SH. KUMOI: Der N.-Begriff in den kanon. Texten des Frühbuddhismus. Wiener Z. Kunde Süd- u. Ostasiens 12/13 (1968/69) 205-213. – L. SCHMITHAUSEN s. Anm. [21]; Der N.-Abschnitt in der Viniścayasaṃgrahaṇī der Yogācārabhūmiḥ (Wien 1969). – *Zu Schopenhauer* s. Lit. zu Art. ⟨Vedānta⟩.   L. SCHMITHAUSEN

Nisus oder ⟨nixus⟩ bedeutet in antiken Texten u. a. 'Anstemmen', 'Schwung', 'Flug' (auch 'Sternenflug'), 'Anstrengung', 'Gebären'. Mittelhochdeutsche Übersetzungen haben u. a. 'arbeit', 'inwendige erbeyt', 'begird', 'begir des willens' [1]. Mir bekannte mittellateinische Stellen bringen demgegenüber wenig Neues. Bis zum Anfang des 14. Jh. dient ⟨N.⟩ wie ⟨impulsus⟩ als Synonym für ⟨impetus⟩ [2], wird aber bei der Terminologisierung der Pariser Mechanik übergangen. Schön ist «N. angelorum» für 'Engelchor' um 1320 bei dem Franziskaner JOHANNES MICHAELIS [3]. Unterminologische Verwendungen bleiben in der Neuzeit häufig. So erwähnt J. G. HAMANN den N. «des Embryos bei dem Moment seiner Reise» und F. W. J. SCHELLING den N. gegen ein Drittes, in dem das Wiederherstellen der Dualität erscheint [4].

1. Spätestens im 17. Jh. gibt es Versuche, ⟨N.⟩ zu einem Terminus zu machen. F. BACON unterscheidet ⟨motus⟩ (virtutes activae) von ⟨nixus⟩; beide sind so komplex wie die sie ausübenden Körper [5]. Nixus entstehen durch Hemmung von Bewegungen: Stoßen verschieden große Bewegungen aufeinander, so unterliegt die kleinere zwar, übt aber wahrscheinlich gegen die stärkere einen nixus aus, über dessen Größe nicht sein Erfolg entscheidet [6]. – Vermutlich im Anschluß an diesen Wortgebrauch heißt bei P. GASSENDI N. oder connisus der Drang von Körpern nach Bewegung [7]. Im Gegensatz zur Meinung EPIKURS und LUKREZ', nach denen alle Dinge in unaufhörlichem motus sind [8], befinden sich die Atome nach GASSENDI entweder «in motu» oder «in connisu ad motum» [9]. Ursache von motus wie N. ist die gravitas oder das pondus der Atome [10], das Gassendi als eine ihnen bei der Schöpfung von Gott verliehende Kraft (vis, impetus) versteht [11]. Die Richtung der Bewegung zusammengesetzter Körper wird durch die in ihnen wirksamen atomaren N. mitbestimmt [12]. Für Gassendi ist nicht wie für Epikur und Lukrez der motus, sondern nur die mobilitas der Atome unvergänglich. Diese besteht entweder in motu oder in nisu [13], bleibt also den Atomen auch dann, wenn sie sich in Zusammensetzungen verfangen [14]. Damit wird ⟨N.⟩ zu Gassendis Ausdruck für den Nachfolger des Atomzustandes, den man in der Umgebung EPIKURS als παλμός (vibratio, agitatio) [15], vielleicht auch als πάλσις [16] bezeichnet. Diese Spezialbedeutung von ⟨N.⟩ muß in der zweiten Jahrhunderthälfte in Gassendistenzirkeln eine Rolle gespielt haben, denn F. BERNIER stellt 1684 die Frage, ob es richtig sei, «le *Nisus*, l'effort ou le poussement des Atomes» in zusammengesetzten Körpern anzunehmen (Bernier verwendet gegen seine Gewohnheit den lateinischen Terminus). Er hält Gassendis N.-Annahme für unvereinbar mit dem kontradiktorischen Gegensatz von Ruhe und Bewegung und zieht es vor, wieder zu glauben, daß die Atome ihre Bewegung auch in Zusammensetzungen nicht verlieren [17]. Im Hintergrund steht, wie der Kontext zeigt, die Krise des atomistischen Schwerebegriffs in der zweiten Jahrhunderthälfte, in deren Verlauf pondus zunehmend als eine nur sekundäre Eigenschaft der Atome gilt, die ihnen erst infolge der Attraktion der Erde zukommt [18]. So wird der junge Terminus zum Opfer einer Vorform der Gravitationstheorie.

Weitere Ansätze zur Terminologisierung von ⟨N.⟩ bringt G. W. LEIBNIZ [19]. Nach der frühen ⟨Theoria motus concreti⟩ (1671) ist N. neben den mechanischen Phänomenen Hebelarmlänge und Wucht das dritte (und zwar physikalische) Mittel zur Bewegung schwerer Gewichte durch leichte. Als N.-Verursacher werden Muskelbewegung [20], Schiesspulver, Magnet und Gift genannt [21]. Dieser N. ist noch nicht quantifiziert, auch entspringt er nicht einem inneren Vermögen der Körper, sondern der Bewegung des allein von selbst bewegten Äthers [22]. Der Wortgebrauch geht verloren – schon 1776 bedeutet ⟨N.⟩ geradezu «minimale Bewegung» [23], auch dient ⟨N.⟩ als ganz allgemeiner Ausdruck für «interior virtus agendi» [24]. – In Leibniz' späterer Physik heißt die tote Kraft «solicitatio ad motum» oder «conatus» (Tendenz zu Bewegung, unendlich kleine Bewegung) [25]; dafür kann auch ⟨N.⟩ stehen [26]. Der Übergang zur lebendigen Kraft geschieht dadurch, daß tote Kräfte einen Impetus empfangen [27]. Dieser ist rechnerisch das Produkt von Masse und Geschwindigkeit (mv) [28]; er wird als momentaner Bewegungszustand gedeutet [29] und gehört in den Bereich der lebendigen Kraft, ist aber nicht mit ihr identisch [30]. Der die Präzision des Sprechens wohl nicht erhöhende Umstand, daß Leibniz ⟨N.⟩ sowohl für ⟨solicitatio⟩ (N. elementaris) als auch für ⟨impetus⟩ (Summierung von elementaren N.) verwendet [31], könnte durch die metaphysische Erwägung veranlaßt sein, daß jeder momentane Bewegungszustand gleichsam der Drang ist, in den folgenden überzugehen, weil jedes Gegenwärtige mit dem Künftigen schwanger geht.

Im Anschluß an Leibniz unterscheidet CHR. WOLFF die vis motrix als den N. der Aktionsursache von der Trägheit als dem N. der Reaktionsursache. Beider N. sind gleichermaßen conatus ad motum und können mit Hilfe des Tastsinns erfahren werden: der erste an aufgezogenen Uhrwerksfedern, der zweite an Gewichten, die man an Seilen über eine Ebene zieht [32]. Ist der N. der Aktionsursache größer als der der Reaktionsursache, so wird der Überschuß in Bewegung umgesetzt [33], und der conatus mit seiner noch elementaren (unter Bedingungen der toten Kraft stehenden) gerichteten Geschwindigkeit verwandelt sich in einen impetus [34]. – Auch Wolffs terminologisch einflußreicher Anhänger F. CHR. BAUMEISTER charakterisiert die tote oder elementare Kraft als conatus ad motum [35], verwendet aber ⟨N.⟩ nur im Zusammenhang mit der Elastizität. Diese besteht in dem ‹N.›, kraft dessen etwas Zusammengedrücktes (z. B. ein gepreßter Schwamm oder eine gebogene Klinge) in den früheren Zustand zurückkehren kann [36]. Da zu den Beispielen für Elastizität das Uhrwerk als Triebfedermotor gehört, liegt die Übersetzung von ‹N.› durch Ausdrücke wie ‘Antrieb’ oder ‘Trieb’ nicht ferne. – G. BERKELEY erwähnt in ‹De motu› (der Zusammenhang verweist auf LEIBNIZ [37]) «solicitatio et nisus sive conatus», die nur belebten Dingen zukommen [38]. D. HUME spricht von «nisus, or strong endeavour, of which we are conscious» [39]. Den genannten Verwendungen ist als Bedeutung gemeinsam: gerichtete Kraft, die gehemmt ist und zur Bewegung drängt. Doch sind Begriffsbildung und Rezeption insofern mißlungen, als es keine allgemein verbindliche Präzisierung der Sache selber gibt und als ‹N.› nach einigen Autoren nur bei animalischen oder chemischen, nach anderen nur bei elastischen und nach wieder anderen bei allen gehemmten Kräften zu verwenden ist. Auch bleibt im Hinblick auf die jeweiligen Systeme die Rolle des Ausdrucks bescheiden.

2. Gegen Ende des 18. Jh. betritt ‹N.› dann (gleichsam durch eine Hintertür) die große Begriffsgeschichte. Der junge C. F. WOLFF hatte 1759 als Verfechter der Epigenesis-Theorie HALLERS beiden Vermögen organisierter Materie, Irritabilität und Sensibilität, die vis essentialis oder wesentliche Kraft als drittes zugesellt. Während die Irritabilität der Muskelfasern und die Sensibilität der Nervenfasern Funktionen der alten anima sensitiva übernehmen, übernimmt Wolffs wesentliche Kraft Funktionen der anima vegetativa [40]. Wolffs frühe Arbeiten waren (wohl wegen ihrer Ablehnung durch Haller [41]) nicht sehr erfolgreich. Viel Zustimmung fand aber zwanzig Jahre später der Göttinger Mediziner J. F. BLUMENBACH mit seiner ebenfalls die Epigenesis-Theorie vertretenden kleinen Schrift ‹Über den Bildungstrieb und das Zeugungsgeschäfte› [42], bei deren Entstehung auch G. CHR. LICHTENBERG beteiligt war [43]. Blumenbachs ‹Bildungstrieb›, der in vielem Wolffs vis essentialis gleicht [44], fällt deshalb unter die Begriffsgeschichte von ‹N.›, weil er in Klammern als ‹N. formativus› eingeführt wird (GOETHE erblickt in dieser ‘anthropomorphosierenden’ Benennung – «einen *nisus formativus*, einen Trieb, eine heftige Tätigkeit» – «das Höchste und Letzte des Ausdrucks» [45]). Zum Anlaß für Blumenbachs lateinische Wortwahl scheinen J. N. TETENS' ‹Philosophische Versuche über die menschliche Natur und ihre Entwicklung› gedient zu haben, in denen die Versöhnung von Evolutions- und Epigenesis-Theorie betrieben wird [46]. WOLFF hatte über die Beschaffenheit der wesentlichen Kraft nur wenig gesagt. Sie erscheint bei ihm als «Kraft zur Bewegung der Säfte» (Aufnahme, Verteilung, Ausscheidung) [47], in Hallers Rezension als «Kraft, die ... befördert» [48]. Einige Säfte zwingt sie zum Steigen, andere treibt sie aus und ist insofern propulsiv [49], und schließlich muß sie gerichtet sein, denn sie stellt eine «vim ... dirigentem absque canalibus viam determinantibus» [50] dar. Bei TETENS gewinnt die wesentliche Kraft viel deutlichere Merkmale eines N., denn erstens hat sie Triebcharakter [51], zweitens ist die wesentliche Kraft gerichtet [52]. Auch kann nach Tetens (und das ist seine Blumenbachs Auffassung entsprechende [53] Erklärung für Abweichungen der Bildung) die Richtung vorhandener wesentlicher Kräfte durch neu hinzukommende abgeändert werden [54].

BLUMENBACH sieht im Bildungstrieb die «organische Version einer newtonschen Kraft, ... die in organischen Körpern auf materielle Weise wirkt, um deren vorherbestimmte Strukturen entstehen zu lassen» [55]. Erfahrung habe ihn gelehrt, «daß in allen belebten Geschöpfen vom Menschen ... bis zum Schimmel herab ein besondrer, eingebohrner, Lebenslang thätiger würksamer Trieb liegt, ihre bestimmte Gestalt anfangs anzunehmen, dann zu erhalten, und wenn sie ja zerstöret worden, wo möglich wieder herzustellen. Ein Trieb (oder Tendenz oder Bestreben, wie mans nur nennen will) der sowol von den allgemeinen Eigenschaften der Körper überhaupt, als auch von den übrigen eigenthümlichen Kräften der organisirten Körper ins besondre gänzlich verschieden ist; der eine der ersten Ursachen aller Generation, Nutrition und Reproduction zu seyn scheint, und den ich hier um aller Misdeutung zuvorzukommen, und um ihn von den andren Naturkräften zu unterscheiden, mit dem Namen des Bildungs-Triebes (*Nisus formativus*) belege» [56]. Die besondere Stellung dieses Triebes in der Natur zeigt sich darin, daß bei der Organisation Gestalt und Bildung stets Vorrang vor Lage und Größe erhalten [57]. – Evolutionismus wie Epigenetismus operieren mit denselben Systemelementen: Materie und Kraft. Die force évolutrice ist nicht präformiert, während die Evolutionsmaterie (Ei oder Samentierchen) präformiert ist. Dagegen ist die Epigenesismaterie nicht präformiert, aber mit der Epigenesiskraft müssen Vorinformationen verbunden sein, weil ihre Produkte artspezifisch geraten. Eine solche Epigenesiskraft ist Blumenbachs Bildungstrieb – ähnlich wie vorher die vis plastica [58], wie NEEDHAMS force productrice [59] oder WOLFFS vis essentialis [60]. Während aber die Tätigkeiten früherer Epigenesiskräfte nach BLUMENBACH «bloß auf die Empfängnis und erste Bildung der Hauptorgane der neuen Frucht» eingeschränkt waren [61] (WOLFFS vis essentialis war das übrigens keineswegs [62]), geht Blumenbach davon aus, daß Zeugung, Ernährung und Reproduktion nur Modifikationen derselben Kraft sind, denn Ernährung ist kontinuierliche Reproduktion, und Reproduktion ist wiederholte partielle Generation [63]. Weil der Bildungstrieb und nicht der Same die Materie organisiert, muß möglicherweise die Wissenschaft zu «einer Art von Zeugung ohne Samen (*generatio aequivoca* oder *spontanea*)» zurückkehren, da «zuweilen allerhand Säfte durch eine besondere Art von Gärung oder Fäulnis einen Bildungstrieb erhalten» [64]. Die Richtung des Bildungstriebs kann auf unterschiedliche Weisen verändert werden: Mißgeburt beruht auf einer Richtungsstörung durch zufällige Ursachen [65], Bastard- und Blendlingsentstehung auf einer heftigen Richtungsänderung durch Mischung ungleicher Zeugungssäfte [66] und Bildung von Spielarten und Varietäten auf einer gelinden, aber nachhaltigen Veränderung der Richtung des Bildungstriebs durch «Klima, Nahrungsmittel, Lebensart und mehrere dergleichen Ursachen der Ausartung» [67]. Blumenbach verbindet mit seiner Theorie praktische Hoffnungen auf eine Verbesserung der Chirurgie und daraus folgend auf eine «Minderung des menschlichen Elends» [68].

Die Bildungstriebtheorie wird schnell und vielfältig rezipiert. Schon 1781 erwähnt G. FORSTER, daß der Chemiker «eine jeder Art von Geschöpfen eigentümliche, wesentliche Kraft annimmt, welche sich die Elemente aneignet und nach ihrer jedermaligen Beschaffenheit bildet. Dies ist derjenige Bildungstrieb, den Blumenbach beschreibt» [69]. Zugleich nennt Forster allerdings auch «lebendige Keime, welche sich die sichtbare Materie aneignen, sie in ihr eigenes Wesen verkehren», und bezeichnet sie als «plastische Kräfte» [70]. Ebenso viele Termini benutzt er noch 1789, ist also nicht geneigt, sich auf eine Schulrichtung festzulegen [71]. – J. G. HERDER erwähnt (obgleich er sich zur Epigenesis-Theorie bekennt [72]) noch 1784 als deren Theoretiker nur W. Harvey und C. F. Wolff [73]. Dementsprechend verwendet er nicht ‹Bildungstrieb›, sondern «organische Ähnlichkeit» der «schaffenden Kraft» der Natur, «Principium des neuen Lebens», «organische Kraft ..., die bildet», auch «Reproduktionskräfte» [74]. ‹Trieb› kommt hier (abgesehen von ‹Trieb der Fortpflanzung›) nur in Verbindung mit Irritabilität und Sensibilität vor («Das Resultat der Reize wird Trieb; das Resultat der Empfindungen, Gedanke» [75]). – Bei Formulierungen F. SCHLEGELS wie «Jeder Bildungspunkt ist mit einem *Stoß* zu vergleichen; *Tendenz* sind die Bildungslinien» [76] dürfte Blumenbachs Begriff im Hintergrund stehen. Zwar bezeichnet Schlegel noch 1798 die Epigenesiskraft nicht korrekt als «Bildungskraft», aber wenig später deutet er Krankheit als «falsche Tendenz des Bildungstriebes» und nennt (wahrscheinlich in Erinnerung an Schelling) «*Licht* und *Bildungstrieb* die Prinzipien der Natur» [77]. Außer solchen Erwähnungen findet man einschlägige akademische Zweckschriften [78].

3. Die wirkungsgeschichtlich maßgebliche Rezeption läuft über KANT, der «in der Vereinigung zweier Prinzipien, dem der physisch-mechanischen und der bloß teleologischen Erklärungsart der organisierten Natur», das Neue und zugleich die Bestätigung eigener Ideen sieht [79]. KU § 81 [80] enthält folgende Thesen: 1. Organismen kann man nur durch mechanische und teleologische Gründe zugleich erklären, der Grund der Möglichkeit der Vereinigung beider aber ist uns verborgen. 2. Wer Organismen nicht als Werke Gottes oder als Entwicklungen, sondern als Produkte betrachtet (Epigenesis-System), der hat die besseren Erfahrungsgründe und den kleineren Aufwand an Hyperphysik. Er beginnt zwar mit organisierter Materie, läßt aber die Frage nach deren Ursprung offen und vertritt ein System generischer Präformation, nach dem das produktive Vermögen des Zeugenden virtualiter auf die Gattung hin präformiert ist. 3. Blumenbach hat für die empirische Bestätigung und theoretische Präzisierung der Epigenesistheorie das meiste geleistet. Er schließt die Selbstorganisation von Materie aus [81] und unterscheidet den Bildungstrieb von der mechanischen Bildungskraft der Materie, läßt ihn aber gleichsam unter einer höheren Leitung stehen.

Schon H. DRIESCH hat Blumenbach in dieser Würdigung nicht wiedererkannt [82], und R. TOELLNER macht wahrscheinlich, daß KANT hier eher an Tetens als an Blumenbach denkt [83]. Auf der anderen Seite interpretiert Kant aber Blumenbach nicht unkorrekt. Daß dieser mit organisierter Materie beginne, trifft ja zu, denn sein Bildungstrieb kommt nur im Zusammenhang mit organisierter Materie vor [84]. Kants Verquickung von Epigenesis und Präformation ist zwar verwirrend, aber da der Bildungstrieb artspezifisch wirkt, muß er, auch wenn Blumenbach das nicht eigens anführt, schon vorher mit Informationen über die Artgestalt versehen sein. Daß aber Kant Blumenbachs Schrift mit Tetens' Augen liest, liegt deshalb nahe, weil er sie mit früheren eigenen Publikationen vereinbar machen muß. Während er im ‹Einzig möglichen Beweisgrund› von 1763 mechanische, evolutionistische und epigenetistische Versuche zur Erklärung der Organismenentstehung noch gleichermaßen verwirft [85], vertritt er in der Ankündigung von 1775 ‹Von den verschiedenen Rassen der Menschen› eine evolutionistische Hypothese, nach der bestimmte Keime und Anlagen, die in den Stämmen der natürlichen Gattungen enthalten sind, durch Einwirkung äußerer Gelegenheitsursachen (klimatische Bedingungen und Bodenbeschaffenheiten) zur Auswicklung kommen [86]. Diese Ankündigung veranlaßt eine späte Auseinandersetzung mit G. Forster, deren kantischer Anteil in der Schrift ‹Über den Gebrauch teleologischer Prinzipien in der Natur› von 1788 vorliegt. In ihr gibt Kant durch eine Anmerkung zu verstehen, daß er inzwischen die Epigenesis-Theorie schätzt [87]. In der KU ergreift er schließlich dezidiert für sie Partei. Tetens' ‹Versuche› sind angesichts dieser Vorgeschichte hilfreich, denn sie machen klar, daß es für das Schwanken zwischen Evolution und Epigenesis gute Gründe gibt. Wichtiger ist freilich, daß die von Tetens nahegelegte Verquickung von Epigenesis und Präformation es Kant erlaubt, die neueste Organismenentstehungslehre mit der neuesten Theorie zur Teleologie zu verbinden. Schon die Rassenschrift enthält methodologische Bemerkungen über die teleologische Betrachtung der Artentwicklung [88], und die KrV bringt fundamentale Klärungen [89]. In der Auseinandersetzung mit Forster führt Kant aus, daß man in der Naturforschung dort, wo mechanische Erklärungen nicht möglich sind, nach Zweckbestimmungen verfahren darf (nur können sie den Mangel an Mechanik nie ersetzen). Einer der Gegenstände teleologischer Erklärung sind Organismen. Sie können nur teleologisch gedacht werden, weil in ihnen alles wechselseitig Zweck und Mittel ist. Der Ursprung der Organisation ist mithin kein Thema der Physik, sondern der Metaphysik. Wir haben ihn als intelligentes Wesen zu denken, weil uns in unserer Erfahrung allein die Grundkräfte Verstand und Wille zugänglich sind [90]. Diese früheren Ansätze arbeitet Kant in der Kritik der teleologischen Urteilskraft systematisch aus, und gerade die auf den ersten Blick befremdliche Deutung des Bildungstriebs als eines präformierten Epigenesisvermögens hebt hervor, was Kant an Blumenbachs Bildungstrieb gefesselt hat. Er ist das theoretische Instrument eines Mediziners, der nicht als Philosoph oder Theologe, sondern als Naturwissenschaftler einen Naturgegenstand zugleich physisch-mechanisch und teleologisch denkt.

Es ist ein Umstand von geschichtlicher Tragweite, daß Blumenbach sich gegen Kants eigenwillige Interpretation nicht gesperrt hat. T. LENOIR hat gezeigt, daß sie für ihn zum Anlaß einer Umformulierung seiner theoretischen Ansätze in den Jahren zwischen 1790 und 1800 wurde, bei der er seine Vorstellungen von einer empirisch begründeten Theorie der Organismen präzisierte. Daraus entwickelte sich ein Programm für dreißig glänzende Jahre der deutschen Physiologie und Biologie, das nicht nur Schüler BLUMENBACHS [91] wie F. KIELMEYER, C. GIRTANNER, H. F. LINK, A. VON HUMBOLDT [92] und G. R. TREVIRANUS bestimmte.

Blumenbachs von Kant mitgeformte reife Theorie beeinflußte aber nicht nur für eine Generation das Gesicht zweier Wissenschaften. Philosophen erkannten in der wirkungsgeschichtlich besonders wichtigen Rezeption der Kritik der teleologischen Urteilskraft im Bildungstrieb die Inkarnation jener kantischen Vereinigung von Mechanismus und Zweckmäßigkeit, welche «eigentlich den ganzen Geist seines Systems zu enthalten» scheint [93]. In diesen Rahmen gehört bei aller Originalität auch GOETHES Charakterisierung des Bildungstriebs als «Entelechie, die nichts aufnimmt, ohne sich's durch eigene Zutat anzueignen» [94], und sein Ausblick auf eine natürliche Theologie: Alles Vorhandene bedarf einer vorhergehenden Tätigkeit und diese eines schicklichen Elements zum Wirken; beide muß man zuletzt als ewig gleichzeitig denken. «Dieses Ungeheure personifiziert, tritt uns als ein Gott entgegen, als Schöpfer und Erhalter» [95]. Noch 1828 übersetzt Goethe «force vitale» aus A. P. DE CANDOLLES' ‹Organographie› in Übereinstimmung mit Blumenbachs Systematik durch «Bildungstrieb», während sich K. SPRENGELS Candolles-Bearbeitung im Sinne der französischen Tradition für «Lebenskraft des Keimes» entscheidet [96]. Auch W. VON HUMBOLDT rezipiert die Bildungstriebtheorie in der kantischen Prägung. Er versteht schon 1794 in ‹Über den Geschlechtsunterschied› den Bildungstrieb als eine besondere Modifikation der Lebenskraft, in der alle Teile harmonisch wirken und doch nur ihrem eigenen Triebe folgen, so daß das Resultat ihrer Tätigkeiten einer Notwendigkeit entspringt, die auf den ersten Blick zufällig erscheinen könnte [97]. 1798 veröffentlicht A. L. VON HÜLSEN, damals noch Fichteaner, einen Fichte-nahen Aufsatz ‹Über den Bildungstrieb› [98], und 1815 schreibt F. VON BAADER seine ‹Sätze aus der Bildungs- und Begründungslehre des Lebens› [99], in denen der Name Blumenbachs nicht vorkommt, deren Orientierung aber unverkennbar ist, denn Baader schreibt, es gehe um den Grundsatz, «daß das Leben überall in und an sich hyperphysischen Charakter hat» [100]. Gelegentlich sind Formulierungen als Bildungstrieb-Paraphrasen erkennbar, z. B. bei G. H. SCHUBERT: «den lebensfähigen Stoff bereitende Kraft», «belebender Drang», «selbsttätig wirkende, bildende und bewegende Kraft des besonderen Lebens» [101].

Eine besondere Rolle spielt der Bildungstrieb in SCHELLINGS früher Naturphilosophie. Die ‹Ideen zu einer Philosophie der Natur› (1797) verstehen den Organismus im Sinn von Kant und Blumenbach als Vereinigung von Natur und Freiheit, Notwendigkeit und Zufälligkeit [102]. Denn ein inneres Prinzip der Zufälligkeit (der Bildungstrieb) entreißt den Organismus der Notwendigkeit des chemischen Prozesses, und beider Streit wird von einem äußeren Prinzip in Gang gehalten, das außerhalb der Grenzen empirischer Forschung liegt [103]. Die Weltseele-Schrift von 1798 führt aus, der chemische Prozeß erkläre zwar die Notwendigkeit, aber nicht die Zweckmäßigkeit belebter Körper [104]; dazu bedürfe es des Bildungstriebes, der freilich über die Grenzen des Physischen hinausgehe, weil er durch die Voraussetzung organisierter Materie die Frage nach einer höheren Ursache der Organisation veranlasse [105]. So habe sich in Blumenbachs Schrift der revolutionierende Schritt [106] zu einem Prinzip angekündigt, das die Freiheit und Zufälligkeit der Organismen durch eine Störung der allgemeinen Bildungskräfte der Natur erkläre, und der Ausdruck «Bildungstrieb» diene weniger zu einem Erklärungsgrund als zur Erinnerung an den Naturforscher, daß man weiter gehen müsse [107]. Das habe Blumenbach zwar nicht gesehen, es folge aber aus seinem Ansatz, und deshalb habe er als Vorläufer einer neuen Erklärung der Natur erstmals den Blick auf jenes übergeordnete Prinzip gelenkt, das die organische und die anorganische Natur zu einem einzigen Organismus verknüpfe und das «die älteste Philosophie als die gemeinschaftliche Seele der Natur ahndend begrüßte» [108]. Schon vorher verstehen die ‹Abhandlungen zur Erläuterung des Idealismus der Wissenschaftslehre› (1796f.) das Weltsystem als «eine Art von Organisation» und unterstellen einen «allgemeinen Bildungstrieb der Natur», der als produktive Kraft allein «die Kraft eines Geistes» sein kann; «einen regen Trieb», der die rohe Materie als «allgemeiner Geist der Natur» allmählich «sich selbst anbildet» und der in allen Gestaltungen demselben Prinzip von Zweckmäßigkeit folgt und «ins Unendliche fort ... die reine Form unseres Geistes auszudrücken bestrebt ist» [109]. Der ‹Erste Entwurf› (1799) erläutert ausführlich die Struktur des Bildungstriebes und seine Determination durch «Keime und Anlagen» [110]; seine Zuordnung zu Sensibilität, Irritabilität [111], Magnetismus, Elektrizität, Licht und Chemismus [112] (später erfolgt auch die Zuordnung zum Galvanismus [113]) und schließlich sein Übergehen in den Kunsttrieb der Tiere, in dem die allgemeine Produktionskraft sich verliert [114]. Im Zusammenhang mit solchen auf Kant und Blumenbach zurückweisenden Überlegungen entsteht als Seitenlinie die naturphilosophische Richtung der Naturwissenschaft, die wegen eines gemeinsamen Stammes zur Blumenbach-Tradition in vielfältigen Beziehungen steht und gegen Ende der dreißiger Jahre zugleich mit ihr in den Schatten tritt.

4. Bei SCHELLING erlebt ‹N.› den zweiten Höhepunkt seiner kurzen Begriffsgeschichte. Bei HEGEL klingt zwar der übliche Sprachgebrauch noch an: das individuelle Leben ist der spezifische *Trieb*, sich selbst als Einzelnes zu setzen und durch *Produktion* zur Allgemeinheit zu erheben [115]. Aber ‹Bildungstrieb› kommt meines Wissens in Hegels eigenen Veröffentlichungen nicht vor, obgleich damals noch alle Welt das Wort im Munde führt. Allerdings hat Hegel in Vorlesungen über den Bildungstrieb gesprochen und sich von Kant und Blumenbach dadurch distanziert, daß er unter ‹Bildungstrieb› nicht die Reproduktionskraft, sondern nur den Kunsttrieb der Tiere verstand [116]. So entspricht es Hegels Rückkehr zum Evolutionismus, anläßlich derer die alte «force évolutrice» zur Metapher für das negativ-Vernünftige wird.

In KRUGS ‹Handwörterbuch› von 1832 zerbricht die klassische Systematik vollends. Für Kant war die Bildungskraft etwas bloß Mechanisches [117], während Krug mit ‹Bildungskraft› im Grund den allgemeinen Bildungstrieb der Natur meint [118]. Der N. formativus oder plasticus wird für ihn (wohl unter dem Eindruck SURINGARS [119]) zum unmittelbaren Prinzip auch von Abweichungen und Monstrositäten [120], ferner gilt er nun primär als Zeugungskraft und Fortpflanzungstrieb, auch (unbeschadet seiner vegetativen Leistungen) als Selbsterhaltungstrieb. Er äußert sich im menschlichen Geist als Bildungsstreben, die Einbildungskraft ist ein Zweig von ihm, und obgleich seine Gesetze und Regeln der Naturphilosophie verborgen sind, darf sie ihn nicht für etwas Übernatürliches halten [121]. An einer Stelle, die an Tetens erinnert und spätere Entwicklungen vage vorskizziert [122], wird schließlich der Bildungstrieb ausdrücklich seines Epigenesis-Charakters entkleidet und zum «angeborenen Entwicklungstrieb» erklärt, «weil das Ding sich eben durch seine Entwickelung bildet» [123]. Nach dem Ende der Lebenskräftebiologie verkommt am Ende ‹Bildungstrieb› zur Bezeichnung für eine erwünschte Eigenschaft von Knaben und sozialen Aufsteigern. ‹N.› ergeht es nicht viel besser. Ganz unbekümmert darum, daß es seine einzigen guten Tage der Epigenesis verdankte, fungiert das Wort bei E. RENAN in «immense nisus universel pour ... produire une unité harmonique, une conscience» [124], und bei S. ALEXANDER bezeichnet es das «creative principle of emergent evolution» [125]. Gewöhnlich aber bedeutet ‹N.› – nicht anders als am Anfang seiner Geschichte – schlicht-umgangssprachlich ‹Trieb›.

Anmerkungen. [1] L. DIEFENBACH: Glossarium latino-germanicum mediae et infimae aetatis (1857) 381. – [2] M. JAMMER: Art. ‹Impetus› in: Encicl. filos. 3 (Florenz ²1967) 809f. – [3] R. BUSA:

Index thomisticus III/1, 4 (1979) 712: n. 54481. – [4] J. G. HAMANN, Werke, hg. J. NADLER 3 (1951) 47; F. W. J. SCHELLING: Einl. zu dem Entwurf eines Systems der Naturphilos. (1799). Werke I/3 (1858) 313. – [5] F. BACON, Novum Organum. De interpretatione naturae 48. Works (London 1857-74) 1, 330. – [6] a.O. 348f. – [7] P. GASSENDI, Opera (Lyon 1658) 1, 208a: «aeris corpuscula ..., eorum attractionem aut nisum»; 131a: «de ... partium ... in centrum connisu». – [8] EPIKUR nach DIOGENES LAERTIUS X, 43; LUKREZ, De rerum natura I, 951f. 995. – [9] GASSENDI, a.O. [7] 3, 17b; vgl. 1, 279b: die Atome sind in ständigem «seu motu, seu nisu». – [10] a.O. 3, 17b. – [11] 1, 279b; 3, 17b. – [12] 1, 384b: «quam in partem fuerit plurium connixus, ac impetus, in illam consequatur motus». – [13] ebda. – ⟨Mobilitas⟩ hat schon LUKREZ, a.O. [8], z. B. II, 142 und III, 200. – [14] GASSENDI, a.O. [7] 1, 384b: «Atomi ... detentae ... in corporibus, mobilitatem ... suam ... non amittunt, sed incessanter connituntur». – [15] DIOGENES LAERTIUS X, 43. – [16] a.O. X, 50; einige Texte lesen aber πλάσις, vgl. H. USENER: Epicurea (1887) 12; ihnen folgt GASSENDI, a.O. [7] 5, 19a; vgl. 5, 73b. – [17] Zur Sache F. BERNIER: Abregé de la philosophie de M. Gassendi (Lyon ²1684) 1, 69 und 2, 159f.; die Frage: Doutes 9, a.O. 2, 437-442. – [18] a.O. 2, 440: «Que chaque Atome, en particulier, n'a point de pesanteur». – [19] Die Angaben zu LEIBNIZ' Physik entnehme ich H. STAMMEL: Der Kraftbegriff in Leibniz' Physik (Diss. 1982). – [20] G. W. LEIBNIZ, Theoria motus concreti § 19. Die philos. Schr., hg. C. I. GERHARDT (= LPG) 4, 186. – [21] a.O. § 58 = LPG 4, 210. – [22] 189. 184. – [23] Opuscules et fragments inédits de Leibniz, hg. L. COUTURAT (Paris 1903) 15. – [24] Vgl. z.B. LPG 4, 470 (1694) und 2, 171 (1699). – [25] G. W. LEIBNIZ: Math. Schr., hg. C. I. GERHARDT (= LMG) 4, 398 und 6, 234. – [26] LMG 6, 238. – [27] LMG 6, 453. – [28] LMG 6, 457. – [29] LMG 6, 237f. – [30] LMG 6, 121. 238. – [31] LMG 6, 238. – [32] CHR. WOLFF: Cosmologia generalis (²1737) § 319, hg. J. ECOLE. Ges. Werke II/4 (1964) 238. – [33] a.O. § 344 = 252. – [34] § 394 = 289; § 166 = 137. – [35] F. CHR. BAUMEISTER: Philosophia definitiva 1 (1775) Nr. 670, hg. H. W. ARNDT (1978) 124. – [36] a.O. Nr. 675 = 125. – [37] Abgesehen von ⟨solicitatio⟩ und ⟨conatus⟩ gibt es eine Bezugnahme auf Leibniz in § 8 von ⟨De Motu⟩: Works, hg. A. A. LUCE/T. E. JESSOP 4 (London 1951) 13. – [38] a.O. § 3 = 11. – [39] D. HUME: An enquiry conc. human understanding, Sect. 7/1, § 52 Anm., in: L. A. SELBY-BIGGE (Hg.): Enquiries (Oxford ²1902, ³1975) 67. – [40] C. FR. WOLFF: Theoria generationis (1759); Theorie von der Generation (1764), hg. R. HERRLINGER (1966). – [41] J. SCHUSTER: Der Streit um die Erkenntnis des organischen Werdens. Sudhoffs Arch. 34 (1941) 196-218; vgl. HERRLINGERS Einl. a.O. [40] 9-18 und R. TOELLNER: A. v. Haller. Sudhoffs Arch., Beih. 10 (1971) 182-188; ferner T. LENOIR: Kant, Blumenbach and vital materialism in German biology. Isis 71 (1980) 79f. – [42] J. F. BLUMENBACH: Über den Bildungstrieb und das Zeugungsgeschäfte (1781, ND 1971). – [43] a.O. 53; LICHTENBERGS wiss. Aufzeichnungen aus der fraglichen Zeit sind verloren. – [44] Vgl. HERRLINGER, a.O. [40] 19. – [45] J. W. von GOETHE, Cottasche Gesamt-A. 19 (1969) 117. – [46] J. N. TETENS: Philos. Versuche über die menschl. Natur und ihre Entw. 1. 2 (1777, ND 1979); darin: 14. Versuch, 2. Abschn. = 2, 448-538; dazu R. TOELLNER: Evolution und Epigenesis, in: 20. Int. Kongr. für Gesch. der Med. (1968) 611-617. – [47] C. FR. WOLFF, Theorie von der Generation a.O. [40] 168f.; Theoria generationis a.O. [40] 12. – [48] Theorie ... a.O. [40] 139. – [49] Theoria ... a.O. [40] 12f. – [50] a.O. 73. – [51] TETENS, a.O. [46] 2, 523. – [52] a.O. 496. – [53] BLUMENBACH, a.O. [42] 62f.; vgl. Anm. [65-67]. – [54] 534. – [55] LENOIR, a.O. [41] 77. – [56] BLUMENBACH, a.O. [42] 12f. – [57] a.O. 55f. 73ff. – [58] a.O. 14ff.; vgl. LEIBNIZ' Bemerkungen LPG 6, 544ff. – [59] a.O. [42] 14ff.; vgl. C. FR. WOLFF, Theoria ... a.O. [40] 106ff. – [60] BLUMENBACH, a.O. [42] 14ff. – [61] 26. – [62] WOLFF, Theoria ... a.O. [40] 115: «Vis essentialis cum solidescibilitate succi nutritii constituunt principium sufficiens omnis vegetationis.» ⟨Vegetation⟩ bedeutet nach p. 15: Produktion und Organisation neuer Teile, Wachstum, Ernährung und Erhaltung. – [63] BLUMENBACH, a.O. [42] 19. – [64] a.O. 23: Beispiel: Schlafäpfel an Rosenstöcken: 24-26. – [65] 56f. – [66] 60f. – [67] 60. 63. – [68] 85f.: «Frohe Aussicht in die Zukunft». – [69] G. FORSTER, Philos. Schr., hg. G. STEINER (1958) 13f. – [70] a.O. 17. – [71] 71. 75. – [72] J. G. HERDER, Ideen zur Philos. der Gesch. der Menschheit, in: Werke, hg. B. SUPHAN 13, 86ff. – [73] a.O. 273f.; vgl. die Namenliste: 84; zur Einschätzung der ⟨Ideen⟩ durch BLUMENBACH vgl. R. HAYM: Herder 2 (1958) 293. – [74] HERDER, a.O. [72] 78. 86f. 91. – [75] a.O. 78; «Trieb der Fortpflanzung»: z.B. 99. 107. – [76] F. SCHLEGEL, Werke 16, hg. H. EICHNER (1981): Nr. 656 (1797) 140. – [77] Werke 18, hg. E. BEHLER (1963): Nr. 269 (1798) 145; Nr. 424 (1799) 158; Nr. 530 (1800) 168. – [78] Vgl. z. B. D. FRIEDREICH: Diss. de nisu formativo (1818), erwähnt a.O. [99]; G. C. B. SURINGAR: Diss. de nisu formativo ejusque erroribus, erwähnt a.O. [125]. – [79] KANT, Akad.-A. 11, 185. – [80] a.O. 5, 421-424. – [81] In Wirklichkeit äußert sich BLUMENBACH zurückhaltender, vgl. a.O. [64] und [65]. – [82] H. DRIESCH: Gesch. des Vitalismus (²1922) 77f. – [83] R. TOELLNER: Kant und die Evolutionstheorie, in: Clio medica 3 (1968) 243-249; vgl. auch Evolution und Epigenesis a.O. [46]. – [84] Daß KANTS Äußerung so zu interpretieren ist, zeigt die Anm. Akad.-A. 8, 180; ähnlich interpretiert GOETHE C. F. Wolff a.O. [45] 117; nach WOLFF ist in der Tat der Same «ein im höchsten Grad vollkommenes Nutriment»: Theorie ... a.O. [40] 246. – [85] KANT, Akad.-A. 2, 114f. – [86] a.O. 429-436. – [87] 8, 180. – [88] 2, 435. – [89] Vgl. z.B. KrV A 698/B 726; vgl. A 772f./B 800f. A 816f./B 844f. A 826/B 854. – [90] Akad.-A. 8, 159. 179. 182f. – [91] LENOIR, a.O. [41] 87-107; vgl. K. E. ROTHSCHUH: Physiologie. Orbis acad. 2/15 (1968) 190. 253-270. – [92] Zum Bildungstrieb vgl. K. E. ROTHSCHUHS Ber. über A. VON HUMBOLDTS Erzählung ⟨Die Lebenskraft⟩ in SCHILLERS ⟨Horen⟩: A. von Humboldt. Acta hist. Leopoldina 6 (1971) 50. – [93] Br. HÖLDERLINS an HEGEL vom 30. 1. 1795, in: Br. von und an Hegel, hg. J. HOFFMEISTER 1, 20; vgl. GOETHES Erinnerung a.O. [45] 111: «Meine Abneigung gegen die Endursachen war nun geregelt und gerechtfertigt.» – [94] GOETHE, a.O. [45] 81. – [95] a.O. 117f.; vgl. den schönen Passus p. 145. – [96] GOETHE: Von dem Gesetzlichen der Pflanzenbildung (1828) a.O. [45] 672; dagegen A. P. DE CANDOLLES und K. SPRENGEL: Grundzüge der wiss. Pflanzenkunde (1820) § 385, 325. – [97] W. VON HUMBOLDT: Über den Geschlechtsunterschied. Akad.-A. (1903-1936) 1. 328-334. – [98] A. L. VON HÜLSEN, Über den Bildungstrieb. Philos. J., hg. FICHTE/NIETHAMMER 9/2 (1798) 99-129. – [99] F. VON BAADER: Sätze aus der Bildungs- und Begründungslehre des Lebens (1820) = Werke, hg. F. HOFFMANN u.a. (1850-60) 1, 95-124; gemäß Werke 15, 277 im Jahr 1815 verfaßt; zur Schr. J. SAUTER: Baader und Kant. Dtsch. Beitr. zur Wirtschafts- und Gesellschaftslehre 6 (1928) 276-279. – [100] BAADER, a.O. [99] 97. – [101] G. H. SCHUBERT: Die Gesch. der Seele (1830) 25. 28f. 240. 242. – [102] F. W. J. SCHELLING: Ideen zu einer Philos. der Natur (1797). Werke I/2 (1857) 46ff.; Erster Entwurf eines Systems der Naturphilos. (1799). Werke I/3 (1858) 61. – [103] Ideen ... a.O. [102] 53f.; die Vorstellung, die Lebenskraft wirke dem entgegen. Prozeß entgegen, auch Von A. VON HUMBOLDT, vgl. HWP 5 (1980), Art. ⟨Lebenskraft⟩ (mit Anm. [29]) 125. 127f. – [104] SCHELLING: Von der Weltseele (1798). Werke I/2 (1857) 515. – [105] 527f. – [106] 522. – [107] 528f. – [108] 569. – [109] Abh. zur Erläuterung des Idealismus der WL (1796/97). Werke I/1 (1856) 386f.; vgl. Von der Weltseele a.O. [104] 499 und Ideen ... a.O. [102] 44. – [110] Erster Entwurf ... a.O. [102] 39-44. 56. 60f.; vgl. a.O. [104] 530ff. – [111] Erster Entwurf ... a.O. [102] 155-206. – [112] a.O. 207-220. – [113] System des transzend. Idealismus (1800). Werke I/3, 496. – [114] Erster Entwurf ... a.O. [102] 180-191, bes. 181. 187. – [115] G. W. F. HEGEL, Werke, hg. H. GLOCKNER 5, 248-252. – [116] a.O. 9, 660-665. – [117] Vgl. KU § 81 = Akad.-A. 5, 424. – [118] Vgl. a.O. [109]. – [119] Vgl. a.O. [78]. – [120] W. T. KRUG: Allg. Handwb. der Philos. Wiss. (²1832-1834), Art. ⟨Bildungskraft und Bildungstrieb⟩ 1, 360f. – [121] ebda. – [122] R. TOELLNER: Der Entwickl.-begriff bei K. F. v. Baer. Sudhoffs Arch. 59 (1975) 349f. – [123] a.O. [120], Art. ⟨Entwickelung oder Entfaltung⟩ 1, 776. – [124] E. RENAN, Dialogues philos. I, 24, nach LALANDE¹⁰ 682a. – [125] S. ALEXANDER: Space, time and deity (1920), nach D. D. RUNES (Hg.): Dictionary of philos. (New York ¹⁵1960) 8. 89. 210.

R. SPECHT

Niveau, psychophysisches. Der Terminus ⟨ps.N.⟩ geht auf W. KÖHLER zurück, der 1920 denjenigen Teil des Zentralnervensystems, auf dem sich das Korrelat gesehener Raumgestalten abspielt, das «psychophysisch maßgebende Niveau» nennt [1]. Im folgenden dehnt er diese Bezeichnung auf Korrelate auch nicht-visueller «phänomenaler Felder» aus und verkürzt dementsprechend den Ausdruck durch Fortlassung des einschränkenden 'maßgebend' auf ‹ps.N.› [2]. 1941 definiert W. METZGER: «Wir bezeichnen ... den Bereich jenes Endabschnitts als 'ps.N.'». Er betont, daß nur Vorgänge in diesem Niveau bewußtseinsfähig seien [3].

N. BISCHOF merkt schließlich 1966 an, den transphänomenalen Erregungsvorgängen des ps.N. seien die phänomenalen Gegebenheiten der (Umwelt und Körper-Ich umfassenden) Wahrnehmungswelt in bislang unbekannter, grundsätzlich aber – etwa im Sinne der Annahme psychophysischer Isomorphie – in empirisch entscheidbarer Gesetzmäßigkeit zugeordnet [4].

Anmerkungen. [1] W. KÖHLER: Die physischen Gestalten in Ruhe und im stationären Zustand (1920) 197. 200. 207. – [2] a.O. 200. 207. – [3] W. METZGER: Psychologie (1941) 266. – [4] N. BISCHOF: Erkenntnistheoret. Grundlagenprobleme der Wahrnehmungspsychol., in: Hb. der Psychol., hg. W. METZGER I/1 (1966, ²1974) 21-78.
W. WITTE

Nivellierung (ital. livellamento; frz. nivellement; engl. levelling; dtsch. N. aus frz. niveau, Ebene, waagrechte Fläche, abgeleitet aus lat. libra bzw. dessen Diminutivform libella, Waage, Wasserwaage).

I. Mit dem in vielfältig wechselnden Bedeutungsvarianten gebrauchten Begriff ‹N.› assoziieren sich häufig sowohl konservativ-kulturkritisches als auch radikaldemokratisches Pathos, und seine Vorgeschichte weist in den Raum der Auseinandersetzung um die politischen Gleichheitsdoktrinen hinein.

So ist bereits im 17. Jh. in England eine politische Bewegung der «Levellers» bekannt, die für die Religionsfreiheit und die Einführung des allgemeinen Wahlrechts eintrat [1]. Von England aus ist dann dieser Ausdruck vor und während der Französischen Revolution in den politischen Sprachgebrauch Frankreichs übernommen worden und findet hier seit NECKER vor allem in einem pejorativen Sinn zur Kennzeichnung jener radikaldemokratisch-republikanischen Bewegungen Verwendung, die nicht nur für die Durchsetzung des allgemeinen und gleichen Wahlrechts kämpfen, sondern grundsätzlich die Abschaffung der ständisch gegliederten Gesellschaft des Ancien Régime und der ungleichen Eigentumsverteilung fordern: «niveler tous les états de la société = les rendre égaux, en misère et pauvreté, en les dépouillant de tout ce qui leur appartient» [2]. Im ‹Néologiste français› von 1796 werden die «niveleurs» schließlich geradezu mit den Jakobinern gleichgesetzt und mit dem Terror der Guillotine in Verbindung gebracht [3].

Im Hinblick auf die Kennzeichnung von Trends des gesellschaftlichen Strukturwandels wird von N. seit der ersten Hälfte des 19. Jh. gesprochen. A. DE TOCQUEVILLE glaubt, in Nordamerika deutliche Anzeichen für eine ebenso universelle wie unaufhaltsame Bewegung zur N. bzw. zur Gleichheit der gesellschaftlichen Bedingungen entdecken zu können [4]; im Anschluß an A. URE [5] spricht MARX von der «Tendenz der Gleichmachung oder N. der Arbeiten» [6] und sieht in der «Abstraktion der Arbeit», d.h. in der «Gleichgültigkeit gegen die bestimmte Arbeit ..., worin die Individuen mit Leichtigkeit aus einer Arbeit in die andre übergehn und die bestimmte Art der Arbeit ihnen zufällig, daher gleichgültig ist» [7], die Grundlage für die Entstehung eines tendenziell die «überwältigende Mehrheit» der Gesellschaftsmitglieder umfassenden Proletariats mit einheitlicher Erlebnis- und Interessenlage, die auch die nachrevolutionäre Verwirklichung der «klassenlosen Gesellschaft» vermitteln soll.

Während in der modernen Soziologie die älteren Annahmen eines zur Aufhebung der sozialen Schichtstruktur führenden N.-Trends des Gesellschaftswandels praktisch durchgehend verworfen werden [8], hat im Anschluß an T. GEIGER [9] H. SCHELSKY [10] in den sechziger Jahren in einem eingegrenzten Sinne von N. als einem realen gesellschaftlichen Prozeß gesprochen. Eine Mehrzahl von «umfassenden und strukturell tiefgreifenden sozialen Aufstiegs- und Abstiegsvorgängen» hat, Schelsky zufolge, eine «nivellierte Mittelstandsgesellschaft» geschaffen [11], für welche eine sich ausdehnende und zunehmend zur Majorität gelangende Gesellschaftsschicht symptomatisch sein soll, die – insbesondere von ihrem relativ vereinheitlichten Freizeit- und Verbraucherverhalten her – «ebensowenig proletarisch wie bürgerlich ist». In späteren Hinweisen darauf, daß es sich hier um eine «vorläufige Antithese» und «deskriptive Gesamtorientierung» mit «aspekthaftem Charakter» handle [12], hat sich Schelsky von der ideologischen Auswertbarkeit seines Theorems distanziert und seine Verwendbarkeit als Ausgangspunkt für eine synthetische Theorie der Gegenwartsgesellschaft verneint.

Die These von der zunehmenden Vereinheitlichung der Bewußtseins- und Verhaltensformen wird schließlich bei H. MARCUSE [13] in die Theorie des «eindimensionalen Menschen» integriert, welche den auf allen Ebenen der Gesellschaft und der Kultur projizierten N.-Prozeß als geschlossenes Universum der technologischen Rationalität begreift und nur noch gesellschaftlich unterprivilegierten, politisch wenig relevanten Randgruppen die Möglichkeit zugesteht, sich dieser «Logik der Herrschaft» zu entziehen.

Anmerkungen. [1] Vgl. D. M. WOLF (Hg.): Leveller manifestoes of the Puritan Revolution (London 1967). – [2] J. NECKER: Du Pouvoir exécutif (1790). Oeuvres compl., hg. Baron DE STAËL (Paris 1820) 130. 288. – [3] Le Néologiste français ou Vocabulaire portatif des mots les plus nouveaux de la langue française (Paris 1796): «niveler, synonyme de aplanisseur, égaliseur, guillotineur ou jacobin», zit. M. FREY: Les transformations du vocabulaire français à l'époque de la Révolution (Paris 1925) 253. – [4] A. DE TOCQUEVILLE: De la démocratie en Amérique 2 (Paris ¹⁵1868) 429f. – [5] A. URE: Das Fabrikwesen in wiss., moralischer und commercieller Hinsicht. Aus dem Engl. von A. DIETZMANN (1835) 6ff. – [6] K. MARX, Das Kapital I. MEW 23, 441. – [7] Grundrisse der Kritik der polit. Ökonomie (1935) 25. – [8] Vgl. R. DAHRENDORF: Gesellschaft und Demokratie in Deutschland (1965) 80f. 94ff.; M. J. LEVY jr.: Modernization and the structure of soc.s 2 (Princeton, N.J. 1966) 661ff.; T. PARSONS: The social system (Glencoe ⁵1964) 157ff. – [9] T. GEIGER: Die Klassengesellschaft im Schmelztiegel (1949); vgl. auch A. GEHLEN: Die Seele im techn. Zeitalter (1957) 23-38. – [10] H. SCHELSKY: Auf der Suche nach Wirklichkeit (1965) 331ff. – [11] SCHELSKY, a.O. 355. – [12] 368. – [13] H. MARCUSE: Der eindimensionale Mensch (1967).
H. KLAGES

II. Der Begriff ‹N.› hat sich besonders in der neueren *Gedächtnispsychologie* eingebürgert. Man versteht darunter die autonome Veränderung eines Gedächtnisinhaltes im Verlaufe einer bestimmten Zeitstrecke im Sinne einer Verflachung seines Eigenschaftsreliefs, einer Konturverwischung, allgemeinen Homogenisierung und Angleichung der Teile aneinander. Der Begriff ‹N.› steht somit in Gegensatz zu ‹Präzisierung›, d.h. der Gedächtnisspurenveränderungen im Sinne von Übertreibungen, Verschärfungen und Überhöhungen von Eigenschaftsprofilen. Beziehungen zu dem Begriff der Prägnanz lassen sich leicht herstellen.

Die ersten *experimentellen* Arbeiten zum Problem der Präzisierung und der N. hat F. WULF 1922 vorgenommen [1]. Ihnen folgten zahlreiche weitere Untersuchungen. Meistens wurde die Methode der 'Kettenreproduktion' verwendet: Eine Versuchsperson prägt sich einen bestimmten Inhalt ein und reproduziert ihn nach einer bestimmten Zeit. Diese Wiedergabe wird von einer zweiten Versuchsperson eingeprägt und deren Reproduktion wiederum von einer dritten usw. Die letzte Wiedergabe zeigt dann oft sehr deutlich die jeweils wirksame Veränderungstendenz. Als einzuprägende Inhalte wählt man im allgemeinen Strichfiguren, aber auch literarische Texte [2].

Eine gewisse praktische Bedeutung gewinnen die Ergebnisse dieser Arbeiten für die Psychologie der *Gerüchtbildung* sowie für das Problem der *Zeugenaussagen* vor Gericht.

Anmerkungen. [1] F. WULF: Über die Veränderung von Vorstellungen. Psychol. Forsch. 1 (1922) 333-373. – [2] Vgl. bes. H. G. HARTGENBUSCH: Untersuch.en zur Psychol. der Wiedererzählung und des Gerüchtes. Psychol. Forsch. 1 (1922) 251-285.

Literaturhinweise. K. KOFFKA: Principles of Gestalt Psychology (London 1935). – F. C. BARTLETT: Remembering (Cambridge 1932). K. MÜLLER

Noch-Nicht-Sein, ein Begriff E. BLOCHS, ist gegen solche Philosophien gerichtet, die dem Weltprozeß zuschreiben, daß in ihm sich grundsätzlich nichts Neues mehr entwickeln könne, weil in seinem Ursprung bereits alles angelegt sei; eine genaue Kenntnis der Ausgangsbedingungen lasse eine sichere Vorhersage des Verlaufs des Weltprozesses zu. Bloch bezeichnet das N.-N.-S. des Stoffes als das «offen Mögliche» [1]. «Dies eigentlich Zeithafte, nämlich Heraufkommende in der Zeit, öffnet sich als immer noch mögliches Novum, in echter Zukunft» [2]. Das Noch-Nicht «charakterisiert die Tendenz im materiellen Prozeß, als des sich herausprozessierenden, zur Manifestierung seines Inhalts tendierenden Ursprungs» [3]. ‹N.-N.-S.› ist für Bloch synonym mit ‹Utopie› [4]. Die Verwirklichung oder Verfehlung («Alles oder Nichts = Kern») [5] hängt ab von der Materie, der Natur und den mit ihr arbeitenden Menschen [6]. Durch alles bisher Gewordene zieht sich das Noch-Nicht als die uneingelöste Zukunft in der Vergangenheit, vor allem in den bedeutenden Kulturwerken, die «auf das utopische Überhaupt in ihren Objektivierungen deuten» [7].

Anmerkungen. [1] E. BLOCH: Philos. Grundfragen I. Zur Ontol. des N.-N.-S. (1961) 46. Ges.-A. 13 (1970) 248. – [2] Philos. Grundfr. a.O. 25 = Ges.-A. 13, 227. – [3] Das Prinzip Hoffnung (1959) 357. – [4] Philos. Grundfr. 18 = Ges.-A. 13, 220. – [5] ebda. – [6] 19f. 34ff. = 221f. 226ff.; Prinzip Hoffnung a.O. [3] 258ff. – [7] Philos. Grundfr. 74. 26f. = 277. 228f. H. BRINKMANN

Noema. E. HUSSERLS Analyse des reinen intentionalen Erlebnisses ergibt, daß alle Noesen als irreell-intentionale Komponente das N., den vermeinten gegenständlichen Sinn in sich tragen [1]. Prinzipiell gehören zu jedem N. ein zentraler Sinneskern als der im N. vermeinte identische Bestimmungsgehalt, der als solcher Sinn im Modus seiner Fülle ist [2], und mannigfaltige, wechselnde noematische Charaktere, die dem identischen Gehalt als seine möglichen Gegebenheitsweisen (originär-anschaulich, erinnerungsmäßig, abbildhaft) oder Seinscharaktere (urmodal gewiß oder modalisiert) zukommen können [3]. Die noematische Einheit von Sinneskern (Materie) und thetischem Charakter (Qualität) faßt Husserl terminologisch als «Satz» [4].

Jeder noematische Sinneskern hat in sich gegenständliche Beziehung [5]; denn der in jedem N. in bestimmter Weise vermeinte «Inhalt» ist notwendig selber «Prädikat» von und über etwas, das der Träger aller noematischen Sinneskerne, der Zentralpunkt mannigfaltiger Sinngehalte ist [6]. Es sind also in noematischer Hinsicht zwei Gegenstandsbegriffe zu unterscheiden: 1. «der Gegenstand im Wie seiner Bestimmtheiten» als «Inhalt» (noematischer Sinn), 2. der Gegenstand als unbestimmtes, aber bestimmbares «subjectum», das den Einheitspunkt und Träger mannigfaltiger noematischer Sinngehalte bildet und auf das hin verschiedene noematische Sinne zur einheitlichen Deckung kommen (Gegenstandspol) [7].

Anmerkungen. [1] E. HUSSERL: Ideen zu einer reinen Phänomenologie und phänomenolog. Philos., 1. Buch. Husserliana III (Den Haag 1950) 318f. bzw. III/1 (²1976) 299f. – [2] a.O. 323 bzw. 304. – [3] 250f. 256ff. bzw. 233f. 238ff. – [4] 258. 316f. bzw. 240f. 297f.; 324 bzw. 305; vgl. Erfahrung und Urteil. Unters. zur Genealogie der Logik (⁴1972) 345. – [5] a.O. [1] 315 bzw. 296. – [6] a.O. 318. 321 bzw. 299. 302. – [7] 316ff. 322 bzw. 297ff. 303f. P. JANSSEN

Noesis. In der eidetischen Analyse des durch die phänomenologische Epoché gewonnenen reinen Bewußtseins unterscheidet E. HUSSERL zwei zu jedem intentionalen Erlebnis gehörende Strukturmomente: N. und Noema, den reellen und den irreell-intentionalen Bestandteil des Erlebnisses [1]. Die sich auf die N. richtende «reelle Analyse» des Erlebnisses findet zwei Komponenten aller Noesen: 1. die nicht-intentionale, stofflich-hyletische (Empfindungsinhalte wie Farb-, Tastdaten, Lust- und Strebensempfindungen) [2]; 2. die das Spezifische der Intentionalität in sich tragende Komponente, welche die «sensuelle Hyle» beseelt und sich als sinngebende Schicht über sie legt, so daß die hyletischen Daten in intentionaler Funktion stehen (N. im engeren Sinn) [3].

Im Zusammenspiel dieser beiden Komponenten des intentionalen Erlebnisses erfolgt die Sinngebung [4], in der sich die Konstitution des im Erleben vermeinten gegenständlich-noematischen Sinnes als konstituierter Leistung vollzieht [5]. Es ist die Funktion der Noesen, als «konstituierende Mannigfaltigkeiten» Bewußtsein *von Etwas* in der Weise zustande zu bringen, daß sie sich kraft der synthetischen Urform des Bewußtseins zu *einem* Bewußtsein von einem und demselben zusammenschließen und so «objektive Einheit der Gegenständlichkeit» hervortreten lassen [6]. Die Leistung der Noesen kann nach ihrer «sinnbildenden» (washaltigen) und nach ihrer «thetischen», auf die Seinssetzung des «Gegenstandes» abzielenden Seite unterschieden werden [7]. Zwischen allen noetischen und noematischen Momenten herrscht ein strenger Parallelismus, so daß sich gegenseitig entsprechende Formenlehren der noetischen Bewußtseinsmannigfaltigkeiten und der noematischen Sinne aufgebaut werden können [8].

Anmerkungen. [1] E. HUSSERL: Ideen zu einer reinen Phänomenol. und phänomenolog. Philos., 1. Buch. Husserliana III (Den Haag 1950) 205f. 218f. 255 bzw. III/1 (²1976) 189. 202. 237f. – [2] a.O. 208ff. bzw. 192ff. – [3] 210 bzw. 194. – [4] 213 bzw. 197. – [5] 214. 226f. bzw. 198. 210. – [6] Cart. Meditationen und Pariser Vorträge. Husserliana I (Den Haag ²1963) 77ff.; Ideen ... 1, a.O. [1] 212 bzw. 196. – [7] Cart. Medit. ..., a.O. 65; vgl. A. DIEMER: Edmund Husserl. Versuch einer syst. Darstellung seiner Phänomenol. (²1965) 67. 75. – [8] HUSSERL, Ideen ... 1, a.O. [1] 246f. 248f. 301 bzw. 229f. 231f. 282. P. JANSSEN

Noesis Noeseos (νόησις νοήσεως) begegnet bei ARISTOTELES in ‹Metaphysik› XII, 9 [1] und andeutungsweise in ethisch-politischen und psychologischen Texten [2], primär als nähere Bestimmung der raum- und zeitfreien Tätigkeit (ἐνέργεια) des obersten Seinsbereichs (πρώτη οὐσία). Das Verständnis ist durch die Knappheit der Äußerungen stark erschwert. Sicher ist, daß für eine *reine* Intentionalität ihrer selbst, auch wenn man sie sachlich für möglich hielte, alle historischen Voraussetzungen fehlen [3] – dies gilt a fortiori für eine reine Reflexivität – und daß eine aporetische (oder allenfalls formalistische) Erklärung nicht ausreicht. Welche Art intentionalen Denkens gemeint ist, muß unter Zuhilfenahme des historischen Umkreises erschlossen werden.

Der Gedankengang von Met. XII, 9 (wahrscheinlich eine Abbreviatur verlorener ausführlicherer Darstellungen) begründet den Selbstbezug der N.N. damit, daß die höchste Energeia in ihrer gegenständlichen Gerichtetheit nicht der Potentialität oder Kontingenz verfallen dürfe; sie könne daher nur wieder auf höchste Energeia (N.) gerichtet sein. Da aber der gesamten obersten Seinsschicht der 56 «Beweger» die höchste Energeia der N. zukommt, liegt es am nächsten, in der N.N. den Selbstvollzug der πρώτη οὐσία *als ganzer* zu sehen und sie auf deren inneres Gefüge (τάξις) [4] zu beziehen (daß jeder *einzelne* Nus sich primär auf sich selbst richte, geht aus dem Argument nicht hervor). Dem entspricht die übergreifende Stellung [5] des Fixstern-«Bewegers» sowie der Vergleich mit der apriorischen Organisation der ἐπιστήμη [6]. Hinzu tritt die vielfältige, durch die Frühschrift ‹Über die Philosophie› vermittelte Verknüpfung von Met. XII mit dem ‹Timaios› PLATONS und der ‹Timaios›-Interpretation der platonischen *Akademie* (Prinzipienlehre, Seinsschichtung, Nus-Theologie, Idealzahlen XII, 8 u. a.) [7]: Wie die «Beweger» die Ideen (und Idealzahlen) des Platonismus ersetzen, so steht der Gott des ARISTOTELES in der Nachfolge des ‹Timaios›-Demiurgen. Da aber der Demiurg das ideale 'Weltmodell' denkt und auch die weitergehende Vorstellung von den «Ideen im Geiste Gottes» im Prinzip schon Platons Schülerkreis gehört, ist für die aristotelische Theologie eine vergleichbare apriorische Struktur zu erschließen, die sowenig wie jene konzeptualistisch mißdeutet werden darf. Mit der (akademisch vorgegebenen) Ungewordenheit der Welt ist der 'technisch'-demiurgische Aspekt entfallen und der Gott in weltloser Selbstzuwendung zum Inbegriff des βίος θεωρητικός geworden. Die Formel ‹N.N.› bringt diese Wandlung pointiert auf den Begriff. GADAMER [8] hat ferner gezeigt, daß die Formulierung ‹N.N.› selber an die spätplatonische Kosmo-Theologie anknüpft und sie überbietet, indem sie der κίνησις αὐτὴν κινοῦσα der Seele (Nomoi X [9], dort Abbild des Nus!) die reine Energeia des Unbewegt-Bewegenden analog gegenüberstellt.

Die von Aristoteles ausgehende philosophische Theologie steht also zur neuplatonisch-augustinischen nicht im Gegensatz, sondern ist ihr ursprünglich in der Gemeinsamkeit der apriorischen Struktur tief verbunden. In der Wirkungsgeschichte ist der Zusammenhang freilich nur selten erneuert [10], dagegen durch die unter dem Einfluß der stoischen (ALEXANDER VON APHRODISIAS) [11], danach der christlichen und islamischen Theologie aufkommende (mono-)theistische – providentielle oder kreative – Interpretation eher verdeckt worden (maßgebend THOMAS VON AQUIN [12], zuletzt TRENDELENBURG, BRENTANO, ROLFES, MARITAIN u. a.). Die im Zeichen des Historismus stehende Forschung (ZELLER, ELSER, ROSS, GRUMACH, OEHLER u. a.) hat dann von der zweiten Hälfte des 19. Jh. an die Vorstellung vom Weltbezug des göttlichen Denkens bei Aristoteles überzeugend destruiert, ist aber ihrerseits zu keiner philosophischen Sacherklärung der N.N. vorgedrungen, sondern bei der Negation des Theismus stehengeblieben. Mit dem geschichtlichen Umkreis wurde auch die mittlere Lösung zwischen reiner Intentionalität ihrer selbst und Providenz, nämlich der Selbstbezug des obersten Seinsbereichs, und damit die genuine metaphysische Struktur der aristotelischen Theologie übersehen und das Kernstück des Systems aporetischer oder bloß formaler Auslegung überantwortet. Diese Struktur erweist sich als *Denkgefüge*, dessen einzelne Momente reziprok aufeinander bezogen und dadurch zugleich in ihrem Selbstbezug gegenständlich vermittelt sind: Das einzelne Moment geht, indem es uno intuitu alle anderen Momente denkt, in ihnen auf, wird mit ihnen eines und denkt darum, indem es sie denkt, sich selbst mit. Nach der Analogie des endlichen Denkens [13] läßt sich erschließen, daß das Sichselbstdenken des göttlichen Denkens (N.N.) überdies von einer Reflexion auf den eigenen Denkvollzug (νοεῖν ὅτι νοεῖ) begleitet wird: Zur intentio recta tritt – in demselben Aktvollzug einbegriffen – die intentio obliqua hinzu. Im übrigen schließt die Argumentation von Met. XII, 9 die ἔνυλα εἴδη, die Gegenstände des endlichen Denkens sind, vom göttlichen Denken wohl ebenso aus [14] wie die obersten logischen Sachverhalte [15]: Die Artformen sind weder Denken noch gehören sie zur πρώτη οὐσία; sie konstituieren den sinnlich-wahrnehmbaren Seinsbereich (deutlich Met. XII, 2-5) und können daher nicht ohne Kontingenz gedacht werden. Die obersten logischen Sätze wiederum sind diskursiver, nicht intuitiver Art.

Fortwirkung außerhalb des Aristotelismus. – HEGEL erkennt in der aristotelischen N.N. die Präfiguration für das Sichselbsterfassen des absoluten Geistes (Subjekt – Objekt) und gleichsam die Grundformel seiner Philosophie (Zitat von Met. XII, 7 als Abschluß der ‹Enzyklopädie›) [16], während der späte SCHELLING in seiner Hegelkritik die Spannung der klassischen, d. h. aristotelischen Metaphysik zwischen endlichem und unendlichem Denken (N.N.) [17] erneuert, aber zugleich durch die «positive» Philosophie der Offenbarung zu überwinden sucht. F. BRENTANO hat in unmittelbarem Anschluß an Aristoteles die Begleitwahrnehmung des inneren Sinns zum methodischen Prinzip seiner empirischen Psychologie gemacht [18] und damit u. a. die Phänomenologie E. HUSSERLS [19] nachhaltig beeinflußt. Darin wirkt jedoch nicht die der intentio recta unterliegende N.N., sondern die Reflexionsstruktur – das zum ursprünglichen Akt hinzutretende Begleitbewußtsein – des göttlichen und insbesondere des endlichen Denkens und Wahrnehmens weiter.

Anmerkungen. [1] ARISTOTELES, Met. 1074 b 33ff.; 1075 a 10. – [2] Eth. Nic. 1154 b 25ff. (mit 1178 b 21ff.); Pol. 1325 b 28ff.; vgl. 1323 b 23ff.; Eth. Eud. 1245 b 16ff.; Mag. mor. 1212 b 37ff. (zu diesen vier Stellen vgl. PLATON, Tim. 34 b); Met. 1072 b 18ff.; 1074 b 38ff.; De an. 407 a 7f.; 429 b 10; 430 a 2ff. a 19f. b 25; 431 a 1f. b 16f. – [3] Das selbstbezügliche Wissen in PLATONS Charm. 166 c ff. reflektiert sich als gegenstandsbestimmtes. – [4] ARIST., Met. 1073 b 2. – [5] Met. 1073 a 23ff. 29f.; 1074 a 35ff.; 1076 a 4 (identisch mit der πρώτη οὐσία). – [6] 1074 b 38ff. (νόησις 1075 a 3!). – [7] Vgl. PH. MERLAN: Aristotle's unmoved movers. Traditio 4 (1946) 1-30; auch in: Kl. Schr. (1976) 195ff.; E. BERTI: La filos. del primo Aristotele (Padua 1962) 344ff. 364ff. 387ff. 553ff.; I. DÜRING: Arist. (1966) 210ff. 472. – [8] H.-G. GADAMER: Hegel und die antike Dialektik. Hegel-Stud. 1 (1961) 182; auch in: Kl. Schr. 3 (1972) 9ff. – [9] PLATON, Leg. 894 b ff., bes. 896 a. 898 a –

[10] ALBINOS, Didaskalikos X, 3, in: Épitomé, hg. P. LOUIS (Paris 1945) 57. 59; PLOTIN, Enn. II, 9, 1, 46ff.; IV, 4, 2, 10ff.; V, 1, 9, 16ff.; 3, 6, 5f.; 3, 7, 18f.; 3, 13, 12ff.; 9, 5, 13ff.; 9, 6, 1f.; THEMISTIUS, In Arist. Met. lib. Λ paraphrasis hebraice et latine, hg. S. LANDAUER (1903) 32, 23ff. – [11] ALEXANDER VON APHRODISIAS, Quaest. I, 25; II, 3. 19. 21 und im wiederentdeckten Traktat De providentia; vgl. H. HAPP: Weltbild und Seinslehre bei Arist. Antike und Abendland 14 (1968) 77ff. – [12] THOMAS VON AQUIN, In Met. lib. XII, lect. 11, nn. 2614-16, hg. R. M. SPIAZZI (Turin/Rom 1964); De ver. q. 2, a. 3. – [13] ARIST., Eth. Nic. 1170 a 29ff.; De an. 425 b 12ff.; Met. 1074 b 35f. (ἐν παρέργῳ); De somn. 455 a 12ff.; die theol. Texte selbst bieten keinen Anhalt (Eth. Eud. 1245 b 16ff. bleibt mehrdeutig). – [14] Anders zuletzt R. NORMAN: Aristotle's philosopher-god. Phronesis 14 (1969) 71-74. – [15] Anders G. B. KERFERD: Art. ‹Aristotle›, in: Encyclop. of philos., hg. P. EDWARDS 1 (New York/London 1967) 161. – [16] ARIST., Met. 1072 b 18-30; vgl. G. W. F. HEGEL, Werke, hg. H. GLOCKNER 18 (1928) 330ff. 390f.; zur Differenz N. HARTMANN: Arist. und Hegel. Kleinere Schr. 2 (1957) 214-252, bes. 249ff.; H.-G. GADAMER, Hegel, a.O. [8] 193ff.; H. J. KRÄMER: Der Ursprung der Geistmetaphysik (²1967) 438f. – [17] F. W. J. SCHELLINGS Anknüpfung an die N.: Sämtl. Werke (1856ff.) X, 155; XI, 559f.; XIII, 106ff.; vgl. E. OESER: Die antike Dialektik in der Spätphilos. Schellings ([1965]) 12. 55f. 133f.; K. HEMMERLE: Gott und das Denken nach Schellings Spätphilos. (1968) 11. 261f. – [18] F. BRENTANO: Die Psychol. des Arist. (1867) 85ff.; Psychol. vom emp. Standpunkte (1874), hg. O. KRAUS 1 (1924) 40ff. 170ff. 185ff.; Vom sinnlichen und noetischen Bewußtsein, hg. O. KRAUS (1928) 3ff. 34ff. 37ff. 77ff. – [19] Vgl. z. B. E. HUSSERL: Log. Untersuch. 2/1 (⁵1968) V, 343ff.; Ideen zu einer reinen Phänomenol. und phänomenol. Philos. Husserliana 3 (Den Haag 1950) §§ 38. 45. 77ff.; Cartes. Medit. Husserliana 1 (Den Haag 1950) § 15f.; Zur Phänomenol. des inneren Zeitbewußtseins, Beilage XII. Husserliana 10 (Den Haag 1966) 126-130.

Literaturhinweise. E. ZELLER: Die Philos. der Griechen in ihrer gesch. Entwickl. 2/2 (⁵1963) 366ff. – K. ELSER: Die Lehre des Arist. über das Wirken Gottes (1893) (mit älterer Lit.). – W. D. ROSS: Aristotle (⁶1960) 182ff.: 'Aristotle's theol.' – E. GRUMACH: Physis und Agathon in der Alten Stoa (²1966) 53ff. – K. OEHLER: Die Lehre vom noetischen und dianoetischen Denken bei Platon und Arist. (1962) 202ff.; Der höchste Punkt der antiken Philos., in: Einheit und Vielheit. Festschr. C. F. von Weizsäcker (1973) 45-59; Aristotle on self-knowledge. Proc. amer. philos. Soc. 118/6 (1974) 493-506. – H. J. KRÄMER s. Anm. [16]; Zur arist. Theol. Kantstudien 58 (1967) 313-337; Grundfragen der arist. Theol. Theol. und Philos. 44 (1969) 363-382. 481-505. – R. NORMAN s. Anm. [14] 63-74.   H. J. KRÄMER

Noetik (von griech. νοητική; lat. noetica; engl. noetic; frz. noétique). Der Begriff ‹N.› findet im frühen 17. Jh. Verwendung in der Schullogik zur Bezeichnung des ersten Teils der in die Lehre vom Terminus oder Begriff, vom Satz oder Urteil sowie vom Diskurs oder Schluß dreigeteilten Logik; so etwa bei P. HERRICH [1] oder bei G. VON ISENDORN [2]. Während bei HERRICH dem zweiten und dritten Teil die Synthetik und die Dianoetik entsprechen, heißen diese bei A. G. BAUMGARTEN Thetik und Dianoetik [3].

J. H. ALSTED unterscheidet bereits 1614 die *noetischen* Instrumente, den Terminus, das Thema und das Axiom, vom Syllogismus als dem dianoetischen Instrument [4].

Historiographisch gebraucht TH. A. RIXNER das Wort. Er spricht von Platonischer und Aristotelischer N., wobei der Gebrauch recht unspezifisch bleibt, d. h. N. gleichbedeutend mit Logik, Metaphysik und Dialektik verwendet wird und die theoretische Philosophie insgesamt meint [5]. E. F. APELT gebraucht N. spezifischer zur Charakterisierung nicht-empirischer Ideenerkenntnis, wie sie Platon lehrt: «den ... nur durch Begriffe erkennbaren Gegenstand der philosophischen oder noetischen Erkenntnis nennt er [Platon] Idee und behauptet, daß es von diesem allein eine Wissenschaft gebe» [6].

W. HAMILTON stellt der Dianoetik, unter der er die Lehre vom Begriff, Urteil und Schluß zusammenfaßt, innerhalb der Elementarlehre der reinen Logik eine N. voran, die sich mit den vier fundamentalen Denkgesetzen beschäftigt, dem Satz des Widerspruchs, der Identität, des ausgeschlossenen Dritten und des zureichenden Grundes [7].

Als Benennung für die gesamte Logik findet N. bei E. F. FRIEDRICH Verwendung [8]. Er übersetzt N. mit «Theorie der Denkthätigkeit (theoria cogitationis)» und stellt der N. die «Theletik oder Lehre vom Wollen» entgegen [9]. K. BRAIG versteht unter N. eine nicht-psychologistische Erkenntnislehre, die zwar die «Psychologie zur Voraussetzung» nimmt [10], jedoch über sie hinausgeht, weil sie nach der Angemessenheit der «Psychischen Wirklichkeitsform zum Wirklichen außerhalb unseres Bewußtseins» fragt [11]. Auch für E. HUSSERL ist N. kein Begriff einer psychologischen Erkenntnistheorie. N. ist «die Phänomenologie der Vernunft, ..., welche nicht das Bewußtsein überhaupt, sondern das Vernunftbewußtsein einer intuitiven Erforschung unterzieht» [12]. Die Adjektive ‹noetisch› und ‹noematisch› sind parallel zur Korrelation von Noesis und Noema zu verstehen (s. d.).

Anmerkungen. [1] P. HERRICH: Logica institutio (1613) 1f. – [2] G. AB ISENDORN: Cursus logicus systematicus et agonisticus (1654) 33. – [3] A. G. BAUMGARTEN: Acroasis logica (1761) § 46. – [4] J. H. ALSTED: Logicae systema harmonicum (1614) 28f. 366. – [5] TH. A. RIXNER: Hb. der Gesch. der Philos. (1822) I, 187. 217. 258. 350; III, 434. – [6] E. F. APELT: Die Theorie der Induktion (1854) 130. – [7] W. HAMILTON: Lectures on logic (Edinburgh/London 1860) I, 68. 72-115. – [8] E. F. FRIEDRICH: Beitr. zur Förderung der Logik, Noetik und Wiss.lehre (1864) 66. – [9] a.O. 65. – [10] K. BRAIG: Vom Erkennen. Abriß der Noetik (1897) 14. – [11] a.O. 14. – [12] E. HUSSERL: Ideen zu einer reinen Phänomenol. und phänomenolog. Philos. 1, § 145. Husserliana III/1 (²1976) 333.   Red.

Nomina ante res. Als ‹N.a.r.› faßt 1917 der Germanist A. GÖTZE [1] Benennungen neuer Kulturgüter (wie 'Gabel' für das Eßgerät) oder die Bildung neuer Begriffe abstrakter Art (wie 'Pferdekraft' als physikalische Maßeinheit) mit vorher bereits vorhandenen Wörtern. Das ist jedoch nicht durchgedrungen; denn soweit die Bezeichnungen von Haus aus anderen Gegenständen galten, ja zum Teil noch weiter gelten, liegen hier nur gewöhnliche Fälle von Sinnwandel, Übertragung oder unabhängiger Zweitschöpfung (vgl. 'Streichholz' [2]), also in bezug auf die Neudinge eben doch bloß einfache 'Nomina post res' oder allenfalls 'Nomina cum rebus' vor. Von echten N.a.r. kann dagegen nur die Rede sein, wenn – wie bei 'Schreibmaschine', 'Luftschiff' [3], 'Astronautik' u.ä. – die Wortprägung schon im vorhinein, gleichsam als geistiger Entwurf durch sprachlichen Vorgriff, der neuen Sache zugewandt war und bei deren Erfindung gewissermaßen Pate gestanden hat.

Anmerkungen. [1] A. GÖTZE: N.a.r. Sber. heidelb. Akad. Wiss. 9 (1917); vgl. dazu H. SCHWARZ in: H. GIPPER und H. SCHWARZ: Bibliogr. Hb. zur Sprachinhaltsforsch. (1962ff.) 679f. unter Nr. 5515. – [2] A. GÖTZE, a.O. [1] 6f. – [3] a.O. 23.   H. SCHWARZ

Nominalismus (engl. nominalism; frz. nominalisme; ital. nominalismo)

I. – 1. *Begriffsbestimmung.* – Sowohl die Begriffsbestimmung des N. wie auch seine Bewertung für die Philosophiegeschichte sind bis zur Gegenwart umstritten. Die Schwierigkeit einer Begriffsbestimmung des N. hat ihren Grund in der Tatsache, daß der N. nicht nur ein erkenntnistheoretisches Phänomen ist (Universalienfrage), sondern auch auf die Entwicklung der Ontologie und der Theologie eingewirkt hat. Umgekehrt kann man eine Beeinflussung der Erkenntnistheorie und der Methode im nominalistischen Sinne durch eine gewandelte Philosophie und Theologie feststellen.

Nach 1945 bewegte sich die Diskussion über die Bedeutung des N. hauptsächlich um die Beurteilung der Philosophie und Theologie des späten Mittelalters, vor allem des 14. Jh. Gegen eine abwertende und verallgemeinernde Anwendung des Begriffs ⟨N.⟩ auf die Lehre WILHELMS VON OCKHAM wandte sich vor allem PH. BOEHNER [1]. Vor ihm war bereits E. HOCHSTETTER für eine sachgerechte Beurteilung Ockhams eingetreten [2]. Dennoch wird der Begriff ⟨N.⟩ noch immer für die Entwicklung der Philosophie und Theologie des 14. Jh. recht allgemein gebraucht. Eine vorsichtige methodische Anwendung dieses längst eingebürgerten Begriffes hielt auch E. Hochstetter für möglich und legitim, gestützt auf M. BAUMGARTNER und F. EHRLE [3]. Er grenzte sein Urteil ausdrücklich auf die Geschichte des 14. Jh. ein.

Eine Begriffsbestimmung des N. sollte dort ansetzen, wo dieser Begriff ursprünglich gebraucht oder der N. praktiziert wurde, nämlich in der Scholastik. Gerade dieser Ausgangspunkt kann vor dem Fehler bewahren, dem N. von vornherein die Bestreitung der Realerkenntnis anzulasten. Die Erkenntnistheorie des Mittelalters war in allen Schulen und Richtungen viel zu stark vom Interesse der Semantik geprägt, als daß sich in ihr die Fragen der (formalen) Logik und der Semantik voneinander trennen ließen [4]. Wo immer nach der Bedeutung des Begriffes oder des Satzes gefragt wird, steht die signifikatorische Rolle der Aussage zur Diskussion. Es geht um die Frage, wie eine Aussage formuliert oder verstanden werden soll, um 'eigentlich' zu sein, d.h. den Sachverhalt wirklich zu bezeichnen. Dieses Interesse an der Realerkenntnis wird begleitet und bestätigt durch eine weitere Zielsetzung. Die philosophische und theologische Arbeit des Mittelalters war weithin Textanalyse [5], die sich jedoch im Unterschied zum Humanismus nicht mit der formalen Seite der Texte zufrieden gab, sondern ihr Augenmerk vor allem auf ihre inhaltliche und sachliche Bedeutung richtete. Dies ergab sich aus der Zielsetzung der Philosophen und Theologen des Mittelalters: Den Philosophen ging es um Seinserkenntnis, den Theologen um Gotteserkenntnis, um Reflexion des göttlichen Heilshandelns.

Anmerkungen. [1] Vgl. PH. BOEHNER: The realistic conceptualism of William Ockham. Traditio 4 (1946) 307-335. – [2] Vgl. E. HOCHSTETTER: Studien zur Met. und Erkenntnislehre Wilhelms von Ockham (1927). – [3] Vgl. Nominalismus? Franc. Studies 9 (1949) 370-403, bes. 370. – [4] Vgl. J. PINBORG: Logik und Semantik im MA (1972) 11. – [5] ebda.

2. *Sache, Methode, Name.* – a) Der N. dürfte somit *sachlich* am treffendsten als Kritik am erkenntnistheoretischen Realismus zu verstehen sein, wobei man von der Bedeutung beider Begriffe in der Scholastik ausgehen muß. Die nominalistische Kritik entbrannte an der Frage, was die Erkenntnis bei der Bildung des Allgemeinbegriffes (universale) vom Gegenstand selbst einbringe. Der N. bestreitet eine Entsprechung zwischen Begriff und Sache, die auf einer Art inhaltlicher Abbildung beruht, die durch 'Abstraktion' vom realen Objekt selbst mit Hilfe eines geistigen Bildes (species) gewonnen wird und dessen wirkliches 'Wesen' in intentionaler Weise wiedergibt. Während der mittelalterliche Realismus gemäß dem Naturbegriff des ARISTOTELES auf einer ontologischen (nicht ontischen) Übereinstimmung von Ding und Allgemeinbegriff aufbaut, begründet der N. den Gebrauch bestimmter Begriffe für bestimmte Dinge mit einem unmittelbaren Kausalzusammenhang zwischen Objekt und Erkenntnis (OCKHAM) [1] oder auf der wiederholten Erfahrung (HOLCOT) [2] oder auf einem sinnenhaften Eindruck, den das extramentale Ding über den Sinn im Gehirn des Wahrnehmenden hervorruft (sensualistische Spezies-Theorie bei CRATHORN) [3]. Gestützt auf das Ökonomieprinzip genügte diesen Autoren das Zusammentreffen von Erkenntnis und Gegenstand für die Bildung des Begriffes. Der metaphysische Grund für diese Erkenntnistheorie liegt im Seinsverständnis des N., der Realität nur dem Einzelnen zuerkennt und daher die Annahme einer allgemeinen Natur, deren Aussagbarkeit auf einem realen Fundament in den Dingen selbst beruht, als überflüssig ablehnt. Nominalistische Metaphysik ist eine Metaphysik der einzelnen Dinge; zwischen ihnen und der menschlichen Erkenntnis gibt es kein Mittleres [4]. Die Dinge werden 'intuitiv' erkannt, das heißt: In der intuitiven Erkenntnis nimmt der Intellekt Existenz und Gegenwart des Dinges unmittelbar wahr. Der Metaphysik des Singulären entspricht die Lehre von der intuitiven Erkenntnis, wie sie schon von DUNS SCOTUS vertreten und von WILHELM VON OCKHAM aufgenommen und weiter ausgebildet wurde [5]. Mit solcher Art Metaphysik ist zwar ein erkenntnistheoretischer Realismus im modernen Sinne vereinbar, jedoch nicht im Sinne der mittelalterlichen Denker [6].

b) Je mehr die Frage nach dem Wesen und der ontologischen Struktur der Dinge verdrängt wird durch das Interesse an der Existenz des einzelnen Dinges und dessen Funktionszusammenhang mit den anderen Dingen, desto stärker verlagert sich die *Methodik* von der Metaphysik zu solchen Disziplinen, die der Darstellung des Funktionalen dienen, sei es in der Sache, sei es in der Erkenntnis und Aussage. Auf dieses Feld gehören Mathematik und Naturwissenschaft sowie Logik und Sprachtheorie. Daher verbindet sich im 14. Jh. mit der weiteren Ausbildung und Verfeinerung der Logik ein wachsendes Interesse an der Naturerkenntnis und der Mathematik. Schwerpunkte dieser Entwicklung sind Paris und Oxford, ohne daß damit jeder Magister dieser Universitäten zu den Nominalisten zu rechnen wäre. Der (gemäßigte) Ockhamist JOHANNES BURIDANUS, 1328 und 1340 Rektor der Pariser Universität, gab der von Franciscus de Marchia angestoßenen Impetustheorie, die Galileis Trägheitsgesetz vorbereitete, eine eigenständige, von den aristotelischen Ansätzen gelöste und unabhängige Form. In Oxford verfaßte THOMAS BRADWARDINE (selbst kein Nominalist), der 1325–35 dem für die scholastische Naturforschung höchst bedeutsamen Merton-College angehörte, sein berühmtes Werk ⟨De proportionibus velocitatum motuum⟩ [7]. Diesem Wandel der Methode, von der Wesenserkenntnis fort und hin zu Erfahrung und Experiment, entsprach im erkenntnistheoretischen N. die Tendenz, aus ontologischen Problemen solche der Logik zu machen [8]. Aus solchen Gründen erklärt es sich, daß der Begriff ⟨N.⟩ sowohl in der Geschichte der Philosophie wie auch in der Gegenwart keine einheitliche Anwendung gefunden hat.

c) Die *Namen* ⟨Nominalisten⟩, ⟨Realisten⟩ (nominales, reales) tauchen schon im 12. Jh. auf [9]. Als typischer Vertreter des frühscholastischen N. gilt ROSCELIN VON

COMPIÈGNE († um 1120), der den Allgemeinbegriff als «flatus vocis» bezeichnet haben soll. (Da wir Roscelins Lehre nur aus den Texten seiner Gegner kennen, ist es ungewiß, ob diese Formel wirklich von ihm stammt. Er könnte sich für ihren Gebrauch auf PRISCIAN [10] gestützt haben.) Neben Roscelin werden auch ABÄLARD († um 1142) und GILBERTUS PORRETANUS († 1154) von ihren Gegnern dazugezählt und als ‹Dialektiker› bezeichnet, weil sie durch übermäßigen Gebrauch der Logik in der theologische Methode einer einseitigen Formalisierung ausgeliefert hätten [11]. Im 13. Jh. finden wir den Ausdruck «nominales» bei ALBERT DEM GROSSEN († 1280). Er bezeichnet damit jene, die das Allgemeine nur dem Intellekt zusprechen [12]. Auf Ockhams Lehre und Schule wird die Bezeichnung ‹N.› (nominales) erst im 15. Jh. angewandt. Bis zum Ende des 14. Jh. ist der Ausdruck ‹Ockhamismus› gebräuchlich (so noch bei PETRUS VON CANDIA). Erst GERSON benutzt die Bezeichnung ‹Terminismus›. Bemerkenswert ist, daß bis ins 17. Jh. hinein manche Autoren, die den Ausdruck ‹N.› kannten und verwendeten, ihn gerade für die Lehre Ockhams vermieden [13]. Am Beginn der Neuzeit begegnen wir einer vereinfachenden Begriffsdeutung von N.: «Für die nominalistischen Philosophen handeln die Wissenschaften nicht von den allgemeinen Dingen, sondern von den gemeinsamen Vokabeln der Dinge» [14].

Den N. im weiteren Sinne (worunter hier auch Konzeptualismus (s.d.) und Terminismus gefaßt wird, ohne die trennenden Unterschiede zu verkleinern) bezeichnete man in der Spätscholastik als «via moderna». Dagegen wurden die Ausdrücke «antiquus», «modernus» rein im zeitlich-geschichtlichen Sinne gebraucht [15]. Die Ausdrücke ‹Nominalisten› und ‹Realisten› bezeichnen also *nicht nur* den Gegensatz in der Frage nach dem Seinsgrund des Universale, *sondern auch* zwei Schulrichtungen von unterschiedlicher Methodik, je nachdem der logischsermozinalen Argumentation oder der Metaphysik der Vorrang gegeben wird.

Anmerkungen. [1] Vgl. F. HOFFMANN: Die Schriften des Oxforder Kanzlers Johannes Lutterell. Erfurter theol. Studien 6 (1959) 175. – [2] Vgl. Die theol. Methode des Oxforder Dominikanerlehrers Robert Holcot. Beitr. Gesch. Philos. MA, NF 5 (1972) 235. – [3] Vgl. H. SCHEPERS: Holcot contra dicta Crathorn. Philos. Jb. 79 (1972) 106-135, bes. 113ff. – [4] Vgl. HOCHSTETTER, a.O. [2 zu 1] 17-22; R. GUELLUY: Philos. et théol. chez Guillaume d'Ockham (Louvain 1947) 157. 219. 358. – [5] Vgl. S. J. DAY: Intuitive cognition. A key to the significance of the Later Scholastics (St. Bonaventure 1947). – [6] Vgl. GUELLUY, a.O. [4] 363. – [7] Vgl. A. MAIER: Studien zu Naturphilos. der Spätscholastik 1-5 (Rom 1949-1958), bes. Bd. 2: Zwei Grundprobleme der scholast. Naturphilos. (Rom ²1951) 201-235; Ausgehendes MA 1 (Rom 1964). – [8] Vgl. Zwei Grundprobleme ... a.O. 75. – [9] Vgl. É. GILSON: History of christian philos. in the middle ages (New York 1955) 499. – [10] PRISCIAN, Instit. grammaticarum I/1, hg. M. HERTZ (1855) 1, 5; vgl. GILSON, a.O. 625. – [11] Lit. zum Streit zwischen 'Dialektikern' und 'Antidialektikern' des 12. Jh.: GILSON, a.O. 625-629. – [12] ALBERTUS MAGNUS, De praedicab. IX, 3. Opera, hg. P. JAMMY 1 (Lyon 1651) 93 A; zit. bei C. PRANTL: Gesch. der Logik im Abendlande 3 (1867) 99, Anm. 395. – [13] Vgl. HOCHSTETTER, a.O. [3 zu 1] 371; Ockhamforsch. in Italien. Z. philos. Forsch. 1 (1947) 563. – [14] R. GOCLENIUS: Lex. philos. (1613, ND 1964) 757; zit. in LALANDE¹⁰ 686. – [15] Vgl. Art. ‹Antiqui/ moderni (via antiqua/via moderna)›. HWP 1 (1971) 407-410.

3. *Geschichte.* – Der gegenseitige Einfluß von Sachproblematik und Methodik läßt sich in der gesamten Geschichte (und Vorgeschichte) des N. feststellen.

a) Schon in der *Antike* griff die Erkenntnislehre der Stoa die elementaren Erkenntnisformen auf, die ARISTOTELES grundlegend dargestellt und analysiert hatte: Begriff, Urteil und Schluß. Die aristotelische Lehre erfuhr nun eine selbständige Weiterentwicklung. In der Lehre vom Begriff führte man durch feinere Analysen und in Konsequenz einer sensualistischen Grundeinstellung die aristotelische Unterscheidung zwischen «Zeichen» und «Bezeichnetem» weiter. Für Aristoteles war der stimmliche Laut Zeichen der seelischen Vorstellung, das Schriftwort Zeichen des gesprochenen Wortes, die Vorstellung Abbild des wirklichen Dinges. Das gesprochene oder geschriebene Wort ist somit Zeichen für das gemeinte Ding [1]. Die *Stoa* unterschied nun zwischen dem Wort als Zeichen, dem Begriff als dem bezeichneten Gedankengehalt und dem damit gemeinten Gegenstand, der als einzelnes eine 'zufällige' Existenz hat [2]. Damit wandte sich die Stoa sowohl gegen die platonische Ideenlehre wie gegen die aristotelische Lehre von der den Dingen einer Art gemeinsamen Natur. Die Allgemeinvorstellungen sind weder etwas wirklich Seiendes noch haben sie in den seienden Einzeldingen ein reales Fundament, sondern sie sind künstlich herbeigeführte Verallgemeinerungen. Mit der Lehre, daß nur der Einzelvorstellung ein reales Objekt entspricht, steht jedenfalls der Stoiker wie der Kyniker dem Sensualismus Berkeleys näher als der aristotelischen Universalienlehre. Von der Stoa her wurde das erkenntnistheoretische Grundproblem, die Frage nach dem Verhältnis von Sein und Bewußtsein, zu einem Hauptthema der Philosophiegeschichte [3].

Daß außerdem eine 'idealistische' Metaphysik mit einer 'nominalistischen' Erkenntnislehre zusammengehen kann, läßt sich aus der unter dem Einfluß des *Neuplatonismus* stehenden Kategorienlehre bei SIMPLIKIOS und PORPHYRIOS ersehen. Für den Neuplatoniker kommen die aristotelischen Begriffe nicht an das eigentliche intelligible Wesen der Welt heran. Darum hat es die Logik, die in einem Kalkül der Begriffe besteht, nicht mit den Dingen selbst zu tun. Mit der Entwicklung der Logik zu einer eigenen Wissenschaft wird von diesem Ansatzpunkt her der N. vorbereitet. Die Gebilde des logischen Kalküls entsprechen der Struktur der Sinnenwelt, also dem Bereich der je einzelnen Dinge und ihrer Funktionszusammenhänge. Darüber absolut getrennt steht das Reich des Intelligiblen. Dem entspricht die ontologische Auffassung, «daß das Individuum nur ein Bündel von Eigenschaften ist, während die intelligible Substanz die eigentlich wirkliche Substanz ist» [4].

b) Die Darstellung des N. in der *Frühscholastik*, die J. REINERS gegeben hat, trifft heute noch im wesentlichen zu [5]. Danach kam der Anstoß zur Entstehung des N. nicht aus der Bekämpfung des frühscholastischen Platonismus, sondern den in den spätantiken Aristoteles-Kommentaren aufgeworfenen Frage, ob es die Logik mit den Dingen oder allein mit den Worten zu tun habe [6]. Unter «Wort» ist der stimmliche Laut zu verstehen, insofern er die Gattungen und Arten der Dinge bezeichnet. Dies muß bedacht werden, um ROSCELIN gerecht zu werden, der als Begründer des frühmittelalterlichen N. angesehen wird [7]. Für ihn sind die Universalien, d.h. die Gattungen und Arten, nur Worte und keine Dinge, wobei es gleichgültig ist, ob er dafür den Ausdruck «Wort» (vox) oder «Worthauch» (flatus vocis) gebrauchst. (Natürlich ist der stimmliche Laut an sich auch für den N. eine Sache. Hier geht es aber um seine Rolle im Bezeichnen der extramentalen Sache.) Damit richtet sich der N. dieser Zeit gegen die Lehre von der gleichen Natur in den universalen Substanzen und ist unabhängig vom extremen, platonistischen Realismus entstanden [8].

ANSELM VON CANTERBURY bekämpfte Roscelins N. aus theologischen Gründen. Er sah in der Universalienlehre die Ursache für die trinitarische Häresie seines Gegners und gab damit ein frühes Beispiel für die Ausweitung des erkenntnistheoretischen N. auf Gebiete der Glaubenslehre: «Wer freilich nicht einmal das versteht, wie mehrere Menschen in der Art ein Mensch sind, wie wird er in jener geheimnisvollen und höchsten Natur begreifen, auf welche Weise mehrere Personen, von denen eine jede einzelne vollkommen Gott ist, ein Gott sind?» [9] Der erkenntnistheoretische Gegensatz kommt klar zum Ausdruck: Für den frühscholastischen Realismus ist die Gesamtheit der gleichartigen Individuen eine Einheit, für den N. liegt die Einheit nur im gleichartigen Namen, reale Einheit besitzt allein das Einzelding. Auch ABÄLARD hat in seiner ersten Darstellung der Universalienlehre die Formel seines Lehrers Roscelin gebraucht: «Universale est vox». Roscelins Formulierungen gaben zwar zu Mißverständnissen Anlaß; seine Kritiker verfügten aber auch nicht über das erforderliche Rüstzeug logischer Technik, um sein erkenntnistheoretisches Anliegen zu verstehen. Ähnlich erging es später GILBERTUS PORRETANUS bei seiner Verurteilung durch die Synode von Reims (1148) [10]. Boethius hatte die Universalienfrage durch seine Übersetzung der ‹Isagoge› des Porphyrius und im Kommentar zu den ‹Kategorien› des Aristoteles nur angeschnitten, nicht gelöst. Von ihm her rührt die im 11. Jh. entstehende Bezeichnung der Logik als Wissenschaft von den Worten, die zur nominalistischen Ausformung der Logik einen idealen Ansatz bot. Abälard trieb die Kritik am naiven erkenntnistheoretischen Realismus bis aufs äußerste, ohne den philosophischen Realismus preiszugeben. So gab er den Anlaß zu dem Urteil, daß sich die Vervollkommnung der Logik mit der Entwicklung des N. verbindet [11].

c) Als Begründer des N. in der *Spätscholastik* galt früher allgemein WILHELM VON OCKHAM. Dieses traditionelle Urteil wurde bereits von E. HOCHSTETTER und besonders von PH. BOEHNER korrigiert. Boehner bezeichnete die Universalienlehre Ockhams als «realistischen Konzeptualismus» [12]. Im Gegensatz dazu sieht J. PINBORG gerade in Ockham den Begründer des spätmittelalterlichen N. [13]. Gegenüber der Frühscholastik verändert sich die Problematik. Die Frage bewegt sich nicht mehr in erster Linie um den ontologischen Stand des Namens (vox, nomen), sondern um denjenigen des Begriffs (conceptus). Ockham stützte die Erkenntnis auf einen unmittelbaren Kausalzusammenhang zwischen Begriff und intuitivem Erkenntnisakt bzw. dem ihm unmittelbar gegenwärtigen Objekt. Species und Abstraktion erübrigen sich, eine Folge der strengen Anwendung des Ökonomieprinzips. Wahrheit wird im Satz erreicht, der aus den Begriffen besteht, die somit unmittelbarer Gegenstand unserer Erkenntnis sind. Die Kategorie der Relation wird in der Aussage zur Konnotation der Begriffe (so schon bei PETRUS AUREOLI, †1322). Die Wirklichkeitstreue der Erkenntnis gründete OCKHAM auf dem Kausalnexus zwischen dem signifikativ gebrauchten Begriff und dem Bezeichneten. Eine rigorose Handhabung des Suppositionsbegriffes führte zur scharfen Trennung und Gegenüberstellung von Erkenntnis und Aussage einerseits und Sache andrerseits. Dabei konnte Ockham mit Recht betonen, daß er mit seiner Erkenntnislehre die Erkenntnis der Sachwelt, der extramentalen Gegenstände nicht aufhebe.

Ockhams Verdienste um Vervollkommnung und Formalisierung der Logik sind unbestreitbar, übrigens eine Folge der weiter vorangetriebenen Verselbständigung des intentionalen Bereiches gegenüber dem gegenständlichen! Doch ebenso konsequent waren die Auswirkungen dieser Entwicklung auf die Theologie. In der Gotteslehre kommt es zu einer starken Hervorhebung der Transzendenz Gottes, unterstützt durch die konzeptualistische Erkenntnislehre, die den für die Sache supponierenden Begriff als den primären Inhalt der Erkenntnis und der Aussage betrachtet [14]. Auch hier ist der Zusammenhang der geschichtlichen Entwicklung zu beachten. Der Einfluß der Logik auf die theologische Methode wuchs mit dem Fortschreiten der Scholastik. Bereits im Frühmittelalter war das Interesse der Theologen an den Aussageweisen groß und bestimmte weithin die dogmatische Reflexion [15]. Bei THOMAS VON AQUIN hielten sich ontologische und erkenntniskritische Methodik die Waage. Mitten in dogmatischen Aussagen finden wir sorgfältige Überlegungen über die Aussageweisen [16]. Ohne Thomas ist die erkenntniskritische Reflexion im 14. Jh. nicht zu verstehen. Freilich darf man den Gegensatz nicht übersehen, der zwischen Thomas einerseits und WILHELM VON OCKHAM und ROBERT HOLCOT andrerseits gerade auf dem Erkenntnisgebiet sehr deutlich wird, nämlich bei der Frage nach dem Gegenstand der Glaubenserkenntnis. Für Ockham und seine Schüler besteht dieser in den Glaubenssätzen, für THOMAS im Glaubensgeheimnis selbst [17]. Diese gegensätzlichen Aussagen beruhen auf einem grundverschiedenen methodologischen Ansatzpunkt im Gebrauch der Logik, nämlich auf der unterschiedlichen Zielsetzung von Termlogik und Satzlogik. Die Termlogik lenkt methodologisch die Realisten bei ihrer Suche nach dem eigentlichen und wesentlichen Significatum des Begriffes. So ist es auch ganz natürlich, daß die Magister, die am Ende des 13. Jh. die «Grammatica speculativa» (die Lehre von den modi significandi) in Paris zur Blüte brachten, dem erkenntnistheoretischen Realismus angehören [18]. Die Nominalisten mußten in der Satzlogik das ihren Zielen angemessene Instrument sehen. Sie betonten ja unermüdlich, daß alle menschliche Erkenntnis, sei es in der Wissenschaft, sei es im Glauben, im Complexum, also im Satz besteht. Da im ganzen Bereich der antiken und der christlichen Tradition die Lehrüberlieferung an Texte geknüpft war, nämlich die Schriften der philosophischen Meister, die Väterschriften, die Zeugnisse des christlichen Glaubensbekenntnisses und schließlich besonders die Hl. Schrift selbst, bestand die wichtigste Aufgabe im Interpretieren von Texten. So erhielt die rigorose Entwicklung der Satzlogik ihren Impuls von jener philosophischen und theologischen Tradition selbst, die von den nominalistischen Philosophen und Theologen kritisch befragt wurde. Man kann methodologisch den Gegensatz von Realisten und Nominalisten auf das Gegenüber von intensioneller und extensioneller Betrachtung der Logik zurückführen [19]. Der harte Kampf zwischen beiden Richtungen, der sich gerade auf dem Gebiet der Sprach- und Wortbedeutung abspielte [20] und der mit einer Niederlage für die Realisten, die Magister der Grammatica speculativa, ausging, machte die Unvereinbarkeit der verschiedenen Ausgangsprinzipien deutlich. Dies entsprach dem Grundsatz der scholastischen Disputierkunst: «Contra negantes principia alicuius artis non est disputandum» [21].

Dabei blieben die verschiedenen methodischen Prinzipien der beiden Richtungen für die jeweilige Gegenpartei ein ständiges Problem. Die Nominalisten kamen nicht ohne den Rückgriff auf die bezeichnete, extramentale Sache aus. Die nach dem Ökonomieprinzip geleugnete intelligible Species wurde bei OCKHAM durch die Theorie vom «fictum», später durch die Annahme des unmittelbaren Kausalnexus der Erkenntnis zur Sache ersetzt. HOLCOT duldete den Species-Begriff, wenn er ihn auch empiristisch umdeutete [22]. Das Dilemma wird bei dem Dominikaner CRATHORN (um 1330 in Oxford) ganz offen, der in seinen sprachtheoretischen und semantischen Analysen seiner Zeit weit voraus war. Einerseits stoßen wir bei ihm auf eine rigorose Zurückweisung der realistischen Universalientheorie. Andererseits distanzierte er sich durch seine Lehre vom «significatum propositionis» sowohl von Ockham wie von seinem gegnerischen Kollegen Holcot. Während diese den Gegenstand der Wissenschaft im Satz sahen, erblickte ihn Crathorn in dem vom Satz Bedeuteten [23]. Damit erhebt sich zwischen dem extramentalen Einzelding und dem Satz der Eigenbereich des Bedeuteten, eine Lehre, die an die Dreiteilung in res, signum und significatum erinnert, wie sie die stoische Logik vornahm. Man gewinnt zunächst den Eindruck, als erscheine dieses «significatum propositionis» wie eine neue Entität. Dem widerspricht jedoch der grobe Sensualismus dieser Erkenntnistheorie. Nach Crathorn bewirkt der durch den äußeren Sinn aufgefangene und über die Nerven zum Gehirn weitergeleitete Reiz den Begriff, der je nach der Verursachung durch den verschiedenen Sinn ein «verbum vocale» oder «verbum scriptum» sein kann. Dieses ruft das «verbum mentale» hervor, und zwar aufgrund eines natürlichen Kausalzusammenhanges mit dem je verschiedenen «verbum scriptum» oder «verbum vocale». Daneben steht eine andere Bestimmung des «verbum mentale» als jener nervliche, physiologische Vorgang, an dessen Ende das «verbum vocale» oder das «verbum scriptum» steht. Zu seiner Rechtfertigung berief sich Crathorn auf Augustinus, dessen Ausspruch vom «verbum nullius linguae» als einem vor jeder stimmlichen oder schriftlichen oder sogar nur logisch-mentalen Formulierung intuitiv geschauten Erkenntnisgegenstand [24] er zitiert und sensualistisch verfälscht. Crathorn kann wohl als der radikalste Lehrer des N. im Spätmittelalter angesehen werden. Daher sind seine ‹Quaestiones› [25], die wahrscheinlich Teile oder Auszüge aus seinem Sentenzenkommentar darstellen, von großer Bedeutung für die Geschichte des N. Die von Crathorn ausgelöste Diskussion um das «significatum propositionis» tauchte in abgewandelter Form wieder bei GREGOR VON RIMINI († 1358) auf [26].

Die Kritik der Nominalisten bewirkte andrerseits eine gewisse Revision realistischer Theorien. PINBORG hat dies an einem Beispiel aus dem Kategorien-Kommentar des WALTER BURLEIGH gezeigt [27]. Es waren nicht nur verhärtete Fronten zwischen beiden Schulrichtungen. Die Ergebnisse der nominalistischen Erkenntniskritik, der naturwissenschaftlichen und mathematischen Erfolge hatten ihre Auswirkungen weit über den N. hinaus.

d) An den *Universitäten* Europas waren Realismus und N. von unterschiedlicher Präsenz. Mancherorts sorgte man für eine Parität beider Richtungen. Der N. wurde besonders bevorzugt in Heidelberg, in Oxford, während Köln als Hochburg des Realismus galt. In Erfurt folgte man von Anfang an der Via moderna. Dies wirkte sich jedoch mehr auf die Anwendung gewisser methodischer Leitsätze aus wie etwa das Ökonomieprinzip (nulla pluralitas sine necessitate) oder der sprachtheoretische Forderung, wissenschaftliche Aussagen «secundum proprietatem sermonis» zu formulieren [28]. Humanismus und Reformation lenkten das Interesse von den erkenntnistheoretischen Problemen der beiden Schulrichtungen auf neue Gebiete.

Anmerkungen. [1] Vgl. ARISTOTELES, De interpr. 1, 16 a 1-19. – [2] Vgl. J. HIRSCHBERGER: Gesch. der Philos. 1 (⁸1965) 252. – [3] Vgl. W. WINDELBAND und H. HEIMSOETH: Gesch. der Philos. 1 (¹³1957) 168ff. – [4] So J. PINBORG unter Hinweis auf PORPHYRIOS, Isag. 7, 21-23; vgl. PINBORG, a.O. [4 zu 1] 37. 39. – [5] J. REINERS: Der N. in der Frühscholastik. Ein Beitr. zur Gesch. der Universalienfrage im MA (1910). – [6] Vgl. a.O. 14. – [7] Der eigentliche Urheber war nach REINERS der Lehrer Roscelins mit Namen Johannes, vgl. a.O. 32. – [8] Vgl. 31. – [9] ANSELM VON CANTERBURY, Epistola de incarnatione Verbi I. Werke, hg. F. S. SCHMITT 2 (1946) 10, 4-7. – [10] Vgl. N. HÄRING: Petrus Lombardus und die Sprachlogik in der Trinitätslehre der Porretanerschule. Miscell. Lombardiana (Novarra 1957) 113-127. – [11] Vgl. L. M. DE RIJK (Hg.): PETRUS ABAELARDUS, Dialectica (Assen 1956) XCIff.; vgl. auch REINERS, a.O. [5] 58f. – [12] Vgl. a.O. [1 zu 1]; PH. BOEHNER: Collected articles on Ockham, hg. E. BUYTAERT (Louvain 1958). – [13] Vgl. PINBORG, a.O. [4 zu 1] 127. – [14] Vgl. WILHELM VON OCKHAM, I Sent., d. 3, q. 2. Op. theol. 2 (St. Bonaventure, N.Y. 1970) 393-417; vgl. dazu die Kritik LUTTERELLS, des Anklägers Ockhams, in: HOFFMANN, a.O. [1 zu 2] 27. – [15] Vgl. W. BREUNING: Die hypostatische Union in der Theol. Wilhelms von Auxerre, Hugos von St. Cher und Rolands von Cremona (1962). – [16] Klassisch hierfür wohl THOMAS VON AQUIN, S. theol. I, q. 13, a. 1; vgl. dazu HOFFMANN, a.O. [2 zu 2] 148f. – [17] Vgl. THOMAS, S. theol. II/II, q. 1, a. 2; dagegen vgl. WILHELM VON OCKHAM, Prol. I Sent., q. 8 (in ord. 9); I Sent., d. 27, q. 3; R. HOLCOT, I Sent., q. 2; zu den theol. Konsequenzen des N. insgesamt vgl. J. AUER: ‹N.›. LThK 7 (²1961) 1020-1023. – [18] Vgl. M. GRABMANN: Thomas von Erfurt und die Sprachlogik des mittelalterl. Aristotelismus (1948). – [19] Vgl. PINBORG, a.O. [4 zu 1] 127. – [20] J. PINBORG: Die Entwicklung der Sprachtheorie im MA (1967) 180-198. – [21] Vgl. a.O. 195. – [22] Vgl. HOFFMANN, a.O. [2 zu 2]. – [23] Vgl. SCHEPERS, a.O. [3 zu 2] 127-130. – [24] Vgl. AUGUSTINUS, De trin. XV, c. 10, n. 19. MPL 42, 1071; vgl. IX, c. 7, n. 12. MPL 42, 967. – [25] CRATHORN, Quaestiones. Erfurt, Cod. Amplonianus 4.395 a; Univ.-Bibl. Basel, B.V. 30 (Edition in Vorbereitung). – [26] Vgl. H. ELIE: Le complexe significabile (Paris 1936). – [27] Vgl. PINBORG, a.O. [4 zu 1] 154ff. – [28] Vgl. E. KLEINEIDAM: Gesch. der Wiss. im mittelalterl. Erfurt, in: H. PLATZE und W. SCHLESINGER: Gesch. Thüringens II/2 (1973) 3. Kap., bes. 180ff.

4. *Gegenwärtige Deutung des mittelalterlichen N.* – Die heutige Beurteilung des mittelalterlichen N. ist sehr unterschiedlich. Es ist bekannt, daß die *Neuscholastik*, die am Realismus des Thomas von Aquin orientiert war, dem N. lange ablehnend gegenüberstand und ihm die Schuld am Niedergang der mittelalterlichen Theologie gab. Dieses Urteil wurde langsam abgebaut. Die Erschließung der handschriftlichen Quellen führte zu einer Differenzierung in der Auslegung der einzelnen Autoren. Außerdem erwachte ein neues Verständnis für die Bedeutung, die Logik, Methodik und Sprachanalyse für die theologische Aussage haben. Doch mag auch ein wachsender Einfluß der Transzendentalphilosophie (die «Entdeckung Kants» durch katholische Theologen und Philosophen) mitgewirkt haben. Theologische Sachfragen wurden dadurch weithin zu Fragen der Aussageweise, der Sprache, des Verständnisses und der Hermeneutik.

a) Die Klassiker und Autoren des *Marxismus* beurteilen den N. überwiegend als eine «fortschrittliche Bewegung» [1]. Sie verweisen dabei auf seine Verbindung mit der empirischen Methode, die dadurch bedingte Entwicklung von Naturwissenschaft und Mathematik durch Magister des N., deren vermeintliche Kritik an den Glaubenssätzen der Kirche, die angebliche Verurteilung nominalistischer Lehrer durch die kirchliche Autorität. Das Beispiel Ockhams, das diese Behauptung bestätigen soll, ist jedoch untauglich, da bekanntlich im sogenannten Ockham-Prozeß zu Avignon kein Urteil erfolgt ist. Vor allem wird die Ontologie des N. vom Marxismus positiv bewertet, weil sie nur dem einzelnen extramentalen Ding Realität zuspreche, während der mittelalterliche Realismus im Hinblick auf seine Universalienlehre zum Idealismus zu rechnen sei.

b) Schließlich sollte mancher *positive Einfluß* nicht übersehen werden, der von Autoren des N. ausging. Die starke Heranziehung der Logik in Philosophie und Theologie führte zwar vielfach zur Logisierung der Methode. Zugleich erwachte aber auch ein Bewußtsein für die Grenzen der Logik. So warnte z. B. HOLCOT vor ihrer Überbewertung. Über das Glaubensgeheimnis dürfe nicht «nimis logice» gesprochen werden [2]. Bei OCKHAM tritt Gottes Wesenheit zwar hinter den für Gott supponierenden Begriff zurück; die menschliche Erkenntnis bleibt bei der Aussage stehen. Ockham gab jedoch diesem Konzeptualismus eine Deutung auf Gottes Verborgenheit hin. Schon die Heiligen hätten häufig daran erinnert, daß in diesem Leben niemand Gott erkennen kann [3]. Die strenge Unterscheidung von «potentia absoluta» und «potentia ordinata» in Gott brachte eine Überbetonung der Transzendenz Gottes mit sich. Doch trat zugleich die Kontingenz des Geschöpflichen und der Stand des Menschen als 'Pilger' in dieser Welt stärker ins Bewußtsein [4]. Ein anderes Motiv für eine positivere Beurteilung des vielgestaltigen Phänomens N. ergibt sich angesichts der geistesgeschichtlichen Lage zu Beginn des 14. Jh., da auf Philosophie wie Theologie ein breiter Strom von logischen, sprachlogischen und methodologischen Überlegungen zukam, der bewältigt werden mußte. Erinnert sei an die Literaturgattung ‹De modo supponendi et respondendi› [5] – auch wenn sie keinen unmittelbaren Einfluß auf die Methode hatte; an die Rolle der «ars obligatoria» [6] für die Disputation philosophischer und theologischer Fragen; an die sermozinale Strenge durch die Überbetonung der «vis vocis». Die Gefahr, daß dabei aus der Theologie und der philosophischen Gotteslehre ein logisches Kalkül würde, war natürlich groß. Doch die Aufgabe der Bewältigung oder auch Integrierung solcher Methoden war nicht zu umgehen.

c) Die Diskussion um den N., seine philosophiegeschichtliche Bedeutung, ja seinen Namen und dessen Anwendung ist durchaus nicht abgeschlossen. Die Stellung eines Autors zum N. wird nicht immer einheitlich beurteilt, wie bei GREGOR VON RIMINI [7] und dem in seiner Ontologie der platonischen Tradition verbundenen NIKOLAUS VON KUES [8]. So bleibt als wichtigste Aufgabe die Erforschung und Edierung der Quellen, in die aber auch die unbekannteren Magister einzubeziehen sind [9]. Diese wurden bisher für den Verlauf der geschichtlichen Entwicklung unterschätzt. Man bedenke, daß sie es waren, in deren Händen tatsächlich der Lehrbetrieb einer Universität lag und durch deren «decisiones» auch die Lehren der «großen Meister» gingen.

Erforderlich ist schließlich ein verantwortungsvoller, differenzierender Umgang mit dem Begriff ‹N.›, damit vermieden wird, daß ein «Instrument der Forschung» ein «hintergründiger Leitgedanke» wird, «der, allen modernen Erkenntnissen zum Trotz, die Blickrichtung des Forschers leise lenkt» [10]. Beim Begriff des N. ist die Gefahr solchen Fehlgebrauchs dadurch naheliegend, weil er allzu lange und vom Ursprung her als Kampfparole verwendet wurde, wie umgekehrt der Begriff des Realismus. Der Vorschlag von HOCHSTETTER, BOEHNER und VIGNAUX, den Konzeptualismus Ockhams als «Ockhamismus» vom eigentlichen N. zu unterscheiden, sollte wenigstens an einen präzisierten Gebrauch des Begriffes ‹N.› mahnen. Damit erfüllte man eine Forderung bester scholastischer Methodik, daß nämlich die Namen dem Sachverhalt und den bezeichneten Dingen oder Inhalten zu unterwerfen sind und nicht umgekehrt [11].

Anmerkungen. [1] Vgl. Gesch. der Philos., hg. Akad. der Wiss. der UdSSR (Moskau 1957, dtsch. 1960) s.v. ‹N.›; Philos. Wb., hg. G. KLAUS/M. BUHR 2 ([7]1970) 791ff. – [2] Vgl. ROBERT HOLCOT, IV Sent., q. 3; vgl. HOFFMANN, a.O. [2 zu 2] 146, Anm. 187; 147, Anm. 188; 275, Anm. 69. – [3] Vgl. WILHELM VON OCKHAM, I Sent., d. 3, q. 2, I; vgl. HOFFMANN, a.O. [2 zu 2] 124, Anm. 129. – [4] Vgl. E. HOCHSTETTER: Viator mundi, in: Wilhelm Ockham, Aufsätze zu seiner Philos. und Theol. Franzisk. Studien 32 (1950) 1-20. – [5] L. M. DE RIJK: Die mittelalterl. Traktate De modo opponendi et respondendi (1980). – [6] Vgl. HOFFMANN, a.O. [2 zu 2] Sachregister: ‹Ars obligatoria›. – [7] Vgl. D. TRAPP: ‹Gregor von Rimini›. LThK 4 ([2]1960) 1193. – [8] Vgl. R. HAUBST (Hg.), Mitteil. Forsch.beitr. Cusanus-Ges. 6 (1967) 36. 46ff.; a.O. 11 (1975) 125-167; vgl. WINDELBAND/HEIMSOETH, a.O. [3 zu 3] 293f. – [9] Vgl. SCHEPERS, a.O. [3 zu 2] 135. – [10] Vgl. HOCHSTETTER, a.O. [3 zu 1] 372. – [11] Vgl. HOFFMANN, a.O. [1 zu 2] 24, 1-2 und Anm. 1; vgl. HILARIUS, De trin. IV, n. 14. MPL 10, 107.

Literaturhinweise. – Allgemein: J. REINERS s. Anm. [5 zu 3]. – E. HOCHSTETTER s. Anm. [3 zu 1]. – W. STEGMÜLLER: Das Universalienproblem einst und jetzt. Arch. Philos. 6 (1956) 192-225; 7 (1957) 45-81. – J. PINBORG s. Anm. [20 zu 3]; [4 zu 1]. – Nominalism: past and present. Monist 61 (1978). – *Einzelfragen:* J. WÜRSDÖRFER: Erkennen und Wissen nach Gregor von Rimini (1917). – E. HOCHSTETTER s. Anm. [2 zu 1]. – E. A. MOODY: The logic of William of Ockham (London 1935). – H. ELIE s. Anm. [26 zu 3]. – PH. BOEHNER s. Anm. [1 zu 1]; [12 zu 3]; Der Stand der Ockhamforsch. Franzisk. Studien 34 (1952) 12-31; Ockham. Philos. writings (Edinburgh 1957). – R. GUELLUY s. Anm. [4 zu 2]. – G. MARTIN: Wilhelm von Ockham. Unters. zur Ontologie der Ordnungen (1949). – N. HÄRING s. Anm. [10 zu 3]. – F. HOFFMANN s. Anm. [1 zu 2]; [2 zu 2]. – A. GRABNER-HAIDER: Analyt. Philos. und Theol. Z. kath. Theol. 94 (1972) 418-432. – H. SCHEPERS s. Anm. [3 zu 2]. – G. KÜNG: Nominalist. Logik heute. Allg. Z. Philos. 2 (1977) H. 1, 29-52. – G. VERBEKE: Der N. der stoischen Logik. Allg. Z. Philos. 2 (1977) H. 3, 36-55. – *Species-Lehre im N.:* W. J. COURTENAY: Adam Wodeham (Leiden 1978). – K. H. TACHAU: The problem of the *species in medio* at Oxford in the generation after Ockham. Mediaev. Stud. 44 (1982) 394-443.

F. HOFFMANN

II. *Neuzeit.* – 1. Orientiert man sich am mittelalterlichen Universalienstreit, so bezeichnet man diejenige Position als N., die die Existenz besonderer, von den Einzeldingen verschiedener Entitäten als Designata von Prädikatoren (generellen Termen) leugnen (vgl. oben I. 2 a). So definiert zu Beginn der Neuzeit THOMAS HOBBES: «Of names, ... some are *common* to many things; *man, horse, tree;* every of which, though but one name, is nevertheless the name of diverse particular things; in respect of all which together, it is called an *universal;* there being nothing in the world universal but names; for the things named are every one of them individual and singular» [1]. Ausgearbeitet wurde diese Position von G. BERKELEY in seiner Kritik an den «abstrakten Ideen», die J. LOCKE als Designata der «general names» postuliert hatte. Als anschauliches geistiges Bild ist die Idee z.B. eines Dreiecks, das weder schief- noch rechtwinklig, weder gleich- noch ungleichseitig ist, sondern «all and none of these at once» [2], undenkbar; als unanschauliches mentales Korrelat zu einem Wort ist es für BERKELEY eine unnötige Fiktion, die einer falschen Vorstellung von der Sprache entspringt: «First then, 'tis thought that every name hath, or ought to have, one only precise and settled signification, which inclines men to think there are certain *ab*-

stract, determinate ideas, which constitute the true and only immediate signification of each general name. And that it is by the mediation of these abstract ideas, that a general name comes to signify any particular thing» [3]. Berkeley selbst verzichtet auf diese Vermittlung und meint, eine partikulare Idee könne stellvertretend für eine andere partikulare Idee stehen, und entsprechend könnten einem Prädikator mehrere partikulare Ideen und somit auch mehrere Gegenstände, denen er zukommt, zugeordnet sein [4]. Prädikatoren sind demnach keine Eigennamen. Mit dieser Auffassung ist Berkeley schon nahe an derjenigen des späten L. WITTGENSTEIN, der 'Ideen', ob partikular oder abstrakt, als erklärende Vermittlungsinstanz zwischen Wörtern und Dingen ganz ablehnt: Wir kennen die Bedeutung eines Prädikators, wenn wir seinen Gebrauch beherrschen [5]. Daß es möglich ist, diese Fähigkeit zu erwerben, läßt sich nach Wittgenstein (und dies ist das Besondere seiner Auffassung) philosophisch, z. B. durch einen Rekurs auf Eigenschaften oder Gemeinsamkeiten, auch wenn diese im Sinne der 'Familienähnlichkeiten' verteilt sind [6], nicht erklären: «To say that we use the word "blue" to mean 'what all these shades of colour have in common' by itself says nothing more than that we use the word "blue" in all these cases» [7]. Und: «Gesprochenes kann man nur durch die Sprache erklären, drum kann man die Sprache selbst, in diesem Sinn, nicht erklären» [8]. Diese Grenze der Erklärbarkeit bedeutet für Wittgenstein aber nicht, daß Prädikatoren willkürlich zu- und abgesprochen werden, und in diesem Sinne distanziert er sich vom N.: «Man kann uns Nominalisten nennen, wenn wir uns nicht bewußt sind, daß die Grenze, die eine Definition zieht, um der Wichtigkeit dieser Grenze willen gezogen ist. Und Sätze, die diese Wichtigkeit erklären, sind nun nicht solche über die Sprache» [9].

Anmerkungen. [1] TH. HOBBES: Leviathan, ch. 4. Engl. works, hg. W. MOLESWORTH 3 (London 1839) 21; vgl. De corpore I, 2, 9. Op. philos. lat., hg. W. MOLESWORTH 1 (1839) 17f. – [2] J. LOCKE: An essay conc. human understanding IV, 7, 9, hg. P. NIDDITCH (Oxford 1975) 596. – [3] G. BERKELEY: A treatise conc. the principles of human knowledge, Introd. § 18. Works, hg. A. A. LUCE/ T. E. JESSOP (London ³1967) 2, 36. – [4] a.O. 33f. – [5] Vgl. L. WITTGENSTEIN: Philos. Unters., bes. 43, hg. G. E. M. ANSCOMBE/ R. RHEES (Oxford ²1958) 20. – [6] R. BAMBROUGH: Universals and family resemblances. Proc. Arist. Soc. 61 (1960/61) 207-222; H. WENNERBERG: The concept of family resemblance in Wittgenstein's later philos. Theoria 33 (1967) 107-132. – [7] WITTGENSTEIN: The Blue and Brown Books (Oxford 1958) 135. – [8] Philos. Grammatik, hg. R. RHEES. Schriften 4 (1969) 40. – [9] Nachlaß MS 129. 193, zit. nach G. P. BAKER und P. M. S. HAKKER: Wittgenstein – Understanding and meaning (Oxford 1980) 586.

2. Einen engeren, nahezu terminologischen [1] Sinn hat die Bezeichnung ‹N.› im 20. Jh. vor allem durch N. GOODMAN und W. V. QUINE erhalten, die ihre Position, ohne eine strenge Anknüpfung an die mittelalterliche Tradition zu beabsichtigen [2], selbst ausdrücklich als N. bezeichnen [3]. Den Problemhorizont bildet hier die Frage nach den Designata nicht von Prädikat-, sondern von gewissen Subjektausdrücken, speziell von denjenigen, die in der mathematisch-logischen Grundlagenforschung als Namen für Mengen aufgefaßt werden. Zweifelhaft wurde diese Auffassung durch die Entdeckung der Antinomien (s. d.) der Mengenlehre durch B. RUSSELL [4], die schon G. FREGE, in dessen System die 'Begriffsumfänge' den 'Mengen' entsprechen, zu der Frage veranlaßt hatte: «Wodurch sind wir berechtigt, die Zahlen [die er als Begriffsumfänge konstruierte] als Gegenstände anzuerkennen?» [5] GOODMAN (ebenso wie zunächst auch QUINE [6]) bestreitet diese Berechtigung; er erklärt die übliche Bildung von Mengennamen für unverständlich («... the nominalist rejects classes as incomprehensible ...» [7]) und nennt ‹N.› eine Position, die beim Aufbau einer logischen Sprache zwar 'Individuen' unterschiedlichster Art als Entitäten anerkennt (z. B. kann die verstreute Gesamtheit aller roten Dinge als *ein* – offensichtlich nicht 'unteilbares' – 'Individuum' angesehen werden), nicht aber die Legitimität eines Verfahrens, das es z. B. gestattet, von einem Individuum *a* als zusätzliche Entitäten zu unterscheiden: die Menge $\{a\}$, die aus dem einzigen Element *a* besteht; die Menge der Mengen $\{\{a\}\}$, die aus dem einzigen Element $\{a\}$ besteht; etc. ad infinitum [8]. Die ihn leitende Intuition drückt GOODMAN durch die Wendung aus: «No distinction of entities without distinction of content» [9]. Folgt man QUINES Vorschlag zur Eliminierung der Eigennamen und seinem weithin akzeptierten Kriterium zur Feststellung der «ontological commitments» eines Sprachsystems [10], dann unterscheidet sich der N. von seiner von Quine als 'Platonismus' bezeichneten Gegenposition darin, daß er nur Individuen als Werte für Variable akzeptiert, während letzterer auch Entitäten wie Attribute, Begriffsumfänge und insbesondere Mengen zuläßt. Für den so bestimmten N. entsteht die Aufgabe, zu zeigen, wie alle von ihm als sinnvoll betrachteten Aussagenbereiche ohne die Benutzung der 'platonistischen' Ausdrucksmöglichkeiten reformuliert werden können. Auf zwei Gebieten ist diese Aufgabe in Angriff genommen worden: dem Entwurf einer die Mengenlehre ersetzenden Mereologie (s. d.) (bei GOODMAN «calculus of individuals») und dem Aufbau eines nominalistischen Konstitutionssystems (s. d.).

Bereits 1916 hatte S. LEŚNIEWSKI [11], der sich selbst offenbar nie als Nominalisten bezeichnet hat [12], bei seinem Versuch, die Russellsche Antinomie zu lösen, seine als Ersatz der Mengenlehre konzipierte Mereologie als allgemeine Theorie vom Ganzen und seinen Teilen entwickelt und damit den (von Goodman erst 1951 nominalistisch umgeformten) Individuenkalkül von H. S. LEONARD [13] und N. GOODMAN [14] vorweggenommen. Ob LEŚNIEWSKIS System, das auf einer Aussagen- und einer Prädikatenlogik aufbaut, diese Ersatzfunktion übernehmen kann, ist bis heute unklar geblieben [15]. – In ihrem einer nominalistischen Rekonstruktion der Mathematik gewidmeten Aufsatz ‹Steps toward a Constructive Nominalism› haben GOODMAN und QUINE beispielhafte Reformulierungen von üblicherweise mengentheoretisch ausgedrückten Sachverhalten vorgeführt, ohne aber, wie Leśniewski, einen vollumfänglichen Ersatz für die Mengenlehre anzustreben. Statt dessen haben sie, einer Anregung des Leśniewski-Schülers A. TARSKI folgend [16], eine nominalistische Syntax-Sprache entwickelt, mit deren Hilfe sie es vermeiden können, über Zeichengestalten zu reden; da diese weder körperliche Gegenstände oder Ereignisse noch Einheiten der Sinneswahrnehmung sind, gelten sie ihnen (insbesondere Quine, dessen N. sich nicht nur gegen Mengen, sondern gegen alle abstrakten Entitäten richtet) als nicht akzeptabel [17]. Die Syntax-Sprache gestattet es ihnen ferner, die Aussagen der nicht nominalistisch reformulierbaren Teile der Mengenlehre und Mathematik wie Figuren auf einem Abacus zu behandeln, d. h. nicht als Sätze, sondern als konkrete und nicht unter dem Aspekt möglicher Wahrheit betrachtete Markenketten, die behandelt werden «without in any further sense understanding, or granting the truth of, the formulas we are dealing with» [18]. – QUINE hat den N. später aufgegeben, weil er meinte, sonst auf einen zu großen Teil der klassischen Mathematik verzichten zu müssen [19]. – Heute spricht man von 'nominalistischen Logiken' [20], die man in manchen ihrer Eigenschaften erst in jüngster Zeit genauer zu untersuchen beginnt [21].

Aufbauend auf seinen gemeinsam mit H. S. LEONARD angestellten älteren logischen Untersuchungen [22], entwirft GOODMAN in seinem Buch ‹The structure of appearance› [23] in kritischer Fortführung von R. CARNAPS ‹Der logische Aufbau der Welt› [24] ein nominalistisches Konstitutionssystem, das auf die Mengenabstraktion, Carnaps Hauptinstrument zur Konstitution der von den als 'gegeben' betrachteten Elementarerlebnissen verschiedenen Gegenstände, verzichtet. Die nominalistische Forderung, ein solches System dürfe als Entitäten nur 'Individuen' zulassen [25], sagt dabei nichts über die Wahl der Grundelemente; sie können z. B. (in Goodmans Terminologie) 'realistisch' gewählt sein (wie GOODMANS 'Qualia') oder 'partikularistisch' (wie CARNAPS 'Elementarerlebnisse') [26]. Der N. fordert nur, daß im System alle Entitäten als 'Individuen' *behandelt* werden, und dies heißt, daß diejenigen Entitäten, die aus denselben nichterzeugten Grundelementen erzeugt werden, stets miteinander identifiziert werden müssen [27], was bei mengentheoretischen Systemen nicht der Fall ist. GOODMAN bezeichnet seinen N. entsprechend auch als ‹Hyperextensionalismus› [28]: Während die Mengenlehre z. B. die Menge der Paarzeher mit der Menge der Wiederkäuer dann identifiziert, wenn beide dieselben Elemente enthalten, aber die Menge der Wiederkäuer-Zellen als in jedem Fall verschiedene Entität betrachtet, darf es für Goodman keine zwei verschiedenen Ganzheiten geben, die beide aus denselben Grundelementen bestehen; die Ganzheiten, die der Menge der Zellen und der entsprechenden Tiermenge entsprechen, betrachtet er als dasselbe Individuum.

Der philosophische Anspruch dieses modernen N. ist nicht immer deutlich: Einerseits weist GOODMAN einem Konstitutionssystem nicht die Aufgabe zu, den tatsächlichen Erkenntnisprozeß wiederzugeben, sondern nur die, seine Resultate zu reformulieren, und er hält ausdrücklich verschiedene Konstitutionssysteme für möglich [29]. So gesehen, könnte auch die Untersuchung eines nominalistischen Systems als eine Prüfung eines von vielen möglichen sprachlichen Werkzeugen erscheinen. Auf der anderen Seite wendet er gegen CARNAPS 'Toleranzprinzip', das Großzügigkeit bei der Wahl sprachlicher Mittel fordert [30], nicht ohne Pathos ein, der Philosoph sei im Gegensatz zum Fachwissenschaftler «driven not by practical needs but by an impractical desire to understand» [31]. Wenn GOODMAN nun außerdem feststellt, «the nominalist insists on the world being described as composed of individuals» [32], stellt er damit die These auf, der Hyperextensionalismus eines nominalistischen Systems sei verständlicher nicht nur als die Mengenlehre, sondern auch als diejenigen Ausdrücke der natürlichen Sprache, mit denen wir z. B. von Gestalten (Buchstaben, Melodien usw.) sprechen, was M. DUMMETT veranlaßt hat, als eigentliches Motiv Goodmans einen groben Materialismus zu vermuten [33], dem er die These des Konstruktivismus (s. d.) entgegensetzt, Namen für abstrakte Gegenstände seien eine «entirely natural extension of a mode of expression which already exhibits great heterogeneity» [34].

Anmerkungen. [1] Zu den Schwierigkeiten einer präzisen Festlegung vgl. R. A. EBERLE: Nominalistic systems (Dordrecht 1970) 8-10; in einem weiteren Sinne bezeichnete sich auch Carnap als Nominalist in: R. CARNAP: Der logische Aufbau der Welt (1928, ²1961) 31. – [2] N. GOODMAN: A world of individuals, in: I. M. BOCHEŃSKI, A. CHURCH und N. GOODMAN: The problem of universals (Notre Dame, Ill. 1956) 13-31; ND in GOODMAN: Problems and projects (Indianapolis 1972) 155-172, zit. 163; dtsch. in: W. STEGMÜLLER (Hg.): Das Universalienproblem (1978) 226-247, zit. 234f. – [3] N. GOODMAN and W. V. QUINE: Steps toward a constructive nominalism. J. symb. Logic 12 (1947) 105-122; ND in: GOODMAN, Problems ... a.O. 173-198. – [4] Brief von Russell an Frege vom 16. 6. 1902, in: G. FREGE: Wissenschaftl. Briefwechsel, hg. G. GABRIEL/H. HERMES/F. KAMBARTEL/C. THIEL/A. VERAART (1976) 211f. – [5] FREGE: Grundgesetze der Arithmetik. Begriffsschriftl. abgeleitet 2 (1903, ND 1962) 265. – [6] Zu Quines späterer Position vgl.: QUINE: Word and object (Cambridge, Mass. 1960) § 55. – [7] GOODMAN, a.O. [2] ND (1972) 156 (dtsch. 228); vgl. The structure of appearance (Indianapolis 1951, ²1966) ch. II. – [8] GOODMAN, a.O. [2] ND (1972) 158f. (dtsch. 230). – [9] a.O. 161 (dtsch. 232). – [10] QUINE: Notes on existence and necessity. J. Philos. 40 (1943) 113-127; Designation and existence a.O. 36 (1939) 701-709. – [11] S. LEŚNIEWSKI: Podstawy ogólnej teorii mnogości 1 [Die Grundlagen der allg. Mengenlehre 1] (Moskau 1916); nicht-polnisch erstmalig zugänglich in der Fassung seines Schülers A. TARSKI, in: J. H. WOODGER: The axiomatic method in biology (Cambridge 1937) Appendix E. – [12] Nach E. C. LUSCHEI: The logical systems of Leśniewski (Amsterdam 1962) 79. – [13] H. S. LEONARD: Singular terms (Diss. Harvard 1930), Typoskript Widener Libr. – [14] H. S. LEONARD und N. GOODMAN: The calculus of individuals and its uses. J. symb. Logic 5 (1940) 45-55. – [15] A. GRZEGORCZYK: The systems of Leśniewski in relation to contemp. logical research. Studia logica 3 (1955) 77-95. – [16] GOODMAN/QUINE, a.O. [3] (ND 1972) 183 n. – [17] a.O. 173. 183. – [18] 197. – [19] QUINE, a.O. [6]. – [20] W. STEGMÜLLER: Hauptströmungen der Gegenwartsphilos. 2 (1975) 195-203. – [21] Vgl. EBERLE, a.O. [1]. – [22] LEONARD/GOODMAN, a.O. [14]. – [23] GOODMAN, a.O. [7]. – [24] CARNAP, a.O. [1]. – [25] GOODMAN, The structure ... a.O. [7] ch. II, 3 (²1966) 37ff. – [26] a.O. 142. – [27] 39. 143. – [28] a.O. [2] (ND 1972) 159. 172 (dtsch. 231. 245). – [29] The revision of philosophy, in: S. HOOK (Hg.): Amer. philosophers at work (New York 1956) 75-92; ND in: GOODMAN, Problems ... a.O. [2]. – [30] CARNAP: Empiricism, semantics, and ontology. Rev. intern. Philos. 4 (1950) 20-40; dtsch. in: STEGMÜLLER (Hg.), a.O. [2] 338-361. – [31] GOODMAN, a.O. [2] (ND 1972) 169 (dtsch. 242). – [32] a.O. 163 (dtsch. 234). – [33] M. DUMMETT: Nominalism. Philos. Review 65 (1956) 491-505; dtsch. in: STEGMÜLLER (Hg.), a.O. [2] 264-279. – [34] DUMMETT: Frege. Philosophy of language (London ²1981) 498.

Literaturhinweise. L. HENKIN: Some notes on Nominalism. J. symb. Logic 18 (1953) 19-29; dtsch. in: STEGMÜLLER (Hg.) s. Anm. [2 zu 2] 248-263. – W. STEGMÜLLER: Das Universalienproblem einst und jetzt. Archiv Philos. 6 (1956) 192-225; 7 (1957) 45-81; ND in: Glauben, Wissen und Erkennen; Das Universalienproblem (1967) 48-118; Einleitung, in: STEGMÜLLER (Hg.) s. Anm. [2 zu 2] 1-19; vgl. auch die anderen dort abgedruckten Aufsätze. – G. KÜNG: Ontologie und logist. Analyse der Sprache. Eine Unters. zur zeitgenöss. Universaliendiskussion (1963). – W. V. QUINE: From a logical point of view (New York ²1961); The ways of paradox (New York 1966); Whitehead and the rise of modern logic, in: Selected logic papers (New York 1966) 3-36.

H. J. SCHNEIDER

Nominator. ‹N.› ist ein (vor allem in der konstruktivistischen Sprachphilosophie verwendeter) Terminus für solche sprachlichen Ausdrücke, die einen einzelnen Gegenstand (im logischen Sinne) benennen. N.en sind danach insbesondere Eigennamen (s. d.) und Kennzeichnungen (s. d.) [1], in einem weiteren Sinne auch Indikatoren (s. d.) [2]. Die sprachliche Bildung mit der Endsilbe ‹-(t)or› folgt einer Anregung R. CARNAPS, in der metasprachlichen Terminologie die verschiedenen Arten sprachlicher

Ausdrücke auf diese Weise vereinheitlichend kenntlich zu machen [3]. In Carnaps (englischsprachiger) Aufzählung geeigneter Termini findet sich anstelle von ‹N.› der Terminus ‹individuator›. Dieser Vorschlag hat sich gegenüber dem im angelsächsischen Sprachraum gebräuchlichen ‹singular term› [4] jedoch nicht durchgesetzt.

Anmerkungen. [1] P. LORENZEN und O. SCHWEMMER: Konstruktive Logik, Ethik und Wiss.theorie (1973) 30. – [2] K. LORENZ: Elemente der Sprachkritik (1970) 214. – [3] R. CARNAP: Meaning and necessity (Chicago/London 1947) 6, Anm. 6; ironisch-kritisch dazu vgl. G. RYLES Rez., in: Philosophy 24 (1949) 71f. – [4] Vgl. W. V. O. QUINE: Word and object (Cambridge, Mass. 1960) §§ 19ff.
G. GABRIEL

Nominismus. Der Ausdruck ‹N.› ist ein Neologismus F. M. MÜLLERS zur Kennzeichnung seines sprachkritischen Entwurfs einer monistischen Erkenntnistheorie auf der Grundlage einer einheitlichen Wissenschaft der Sprache und des Denkens, in Abgrenzung gegen den Nominalismus des 11. bis 14. Jh. [1]. G. RUNZE übernahm die Wortneubildung Müllers als programmatischen Titel für seinen glottophilosophischen Versuch einer «wahrhaft monistischen Lösung des erkenntnistheoretischen Grundproblems», nämlich des Verhältnisses von Sprache und Denken, Stoff und Geist [2]. Während man nominalistische Theorien seit den Kynikern und Stoikern primär durch ihre antiplatonische Stellungnahme in der Universaliendiskussion kennzeichnen kann, insofern sie allgemeine Begriffe lediglich als in Gestalt oder in Verbindung mit nomina bestehend interpretieren, bezieht der N. Müllers, Runzes sowie die beiden verwandte Theorie G. GERBERS [3] sprach- und philosophiekritisch Stellung im Monismusstreit des 19. Jh. und versucht, im Gegensatz zu allen systematischen Identitätsphilosophien einen *sprachphilosophischen Monismus* als «methodisches Ergebnis einer psychologischen und erkenntnistheoretischen Kritik der Sprache in ihrem Verhältnis zum Denken» [4] zu entwickeln und in bewußter Anknüpfung an LOCKE, HERDER, KANT und vor allem W. v. HUMBOLDT eine «linguistische» [5] Philosophie auf den Ergebnissen der Sprachwissenschaft des 19. Jh. zu begründen. Diese enge Beziehung zur Sprachwissenschaft unterscheidet den N. von allen nominalistischen und monistischen Philosophien. Der N. bezieht seine Argumente aus dem Grundsatz der – teils parallelistisch, teils dialektisch-operational gedeuteten – Untrennbarkeit von Sprache und Denken und sieht in dieser durch die Sprachforschung explizit gemachten Erkenntnis eine «vollständige Revolution der Philosophie» [6] und zugleich die einzig mögliche Grundkonzeption aller zukünftigen Philosophie.

Anmerkungen. [1] F. M. MÜLLER: Das Denken im Lichte der Sprache (The sci. of thought), dtsch. E. SCHNEIDER (1888) Vorrede VIII. – [2] G. RUNZE: Sprache und Gedanke. Beilage I der Stud. zur vergl. Relig.wiss. (1889) 188. – [3] G. GERBER: Die Sprache und das Erkennen (1884). – [4] RUNZE, a.O. [2] 188. – [5] 194. – [6] MÜLLER, a.O. [1] 45.

Literaturhinweise. L. NOIRÉ: F. M. Müller und die Sprachphilos. (1879). – S. J. SCHMIDT: Sprache und Denken als sprachphilos. Problem von Locke bis Wittgenstein (1968).
S. J. SCHMIDT

Nomokratie. Der Terminus ‹N.› ist eine gelehrte Neuprägung der zweiten Hälfte des 18. Jh.; der Gedanke aber, daß Gesetze bzw. der Nomos statt Menschen über Menschen herrschen sollten, geht auf die Anfänge grie- *chischen* Denkens zurück. PINDAR sprach vom Nomos Basileus [1], PLATON pries in den ‹Nomoi› den Staat, in dem Gesetze Herr der Herrscher seien [2]. ARISTOTELES sah als ein unentbehrliches Kennzeichen guter Demokratien an, daß in ihnen das Gesetz und nicht die unter Führung von Demagogen im Willen homogenisierte Menge herrsche. Nur die Herrschaft des Gesetzes garantiere, daß die Besten in die Ämter gelangten, ja wo die Gesetze überhaupt nicht herrschten, da könnte man nicht einmal von einem geordneten Gemeinwesen sprechen: ὅπου γὰρ μὴ νόμοι ἄρχουσιν, οὐκ ἔστι πολιτεία. δεῖ γὰρ τὸν μὲν νόμον ἄρχειν πάντων. Die Begründung ist aber auch hier die Partikularität der Abstimmungen der Menge im Vergleich zur Forderung nach Allgemeinheit von Verfassungen. Die Ordnung selbst ist Gesetz; und deswegen ist es wünschenswerter, daß die Gesetze herrschten, denn daß dies ein einzelner Bürger tue [3].

Die Allgemeinheit des Gesetzes im Gegensatz zur Kontingenz des Willens konkreter Personen schien auch in der beginnenden *Neuzeit* zuerst bei den Monarchomachen zunehmend Gewähr für Rationalität von Herrschaft zu bieten [4]. Im Anschluß an JANOTTI unterschied J. HARRINGTON in seiner ‹Oceana› (zuerst 1656) die freiheitliche und göttliche Herrschaftsform der Juden, Griechen und Römer von der cäsaristischen und barbarischen der Hunnen, Goten und Vandalen. Die erste ist durch «common right or interest» als «empire of laws and not of men» charakterisiert [5]. Dieser aristotelische Topos hat sich im folgenden in der angelsächsischen Tradition festgesetzt [6] und fand als Grundsatz Eingang zum Beispiel in die *Verfassung von Massachusetts* von 1780, die in Artikel 30 sagt: «It may be a government of laws and not of men» [7]. Zunächst ist mit diesem Grundsatz nichts anderes gemeint als die Orientierung an allgemeinen oder verallgemeinerten Interessen, am Gemeinwohl im Gegensatz zur Orientierung an der subjektiven Willkür Einzelner. Eine bestimmte Herrschaftsform im Sinne der klassischen aristotelischen Herrschaftsformenlehre ist damit aber gerade nicht verbunden worden.

Im Zusammenhang der vorrevolutionären Problematisierung von Herrschaft seit MONTESQUIEUS ‹Esprit des lois› jedoch und der in der Folge sprachproduktiven Möglichkeit von Wortneuprägungen auf ‹-cratie› (wie Ethocratie, Physiocratie) wurde auch die Wortneubildung ‹N.› naheliegend. Montesquieu selbst hatte sein Modell der gemäßigten Verfassungsformen im Gegensatz zur Despotie nach dem Muster der Tradition, die Gesetz und Willkür unterschied, gebildet. Dieses Kriterium der Herrschaftsausübung hatte er jedoch zur Klassifikation in der Herrschaftsformenlehre verwandt und so die klassische Lehre, die Demokratie, Aristokratie und Monarchie unterschied, aufgelöst und moralisch-postulatorisch finalisiert [8]. Auf den Spuren Montesquieus rekonstruierte erstmals J. D. MICHAELIS das mosaische Recht als dem theokratischen Despotismus entgegengesetzte Verfassungsform, die jenseits der Ausformung durch betimmte Regierungsformen wie Demokratie und Monarchie stand. Er charakterisierte sie als eine Art Gesetzesherrschaft als Stellvertretung einer unmittelbaren Königschaft Gottes [9]. Darin erblickte er den entscheidenden Vorteil, den immer wieder fälligen Übergang von einer Regierungsform in eine andere selbst gesetzlich und nicht durch Gewalt abwickeln zu können [10]. Michaelis lehnte es explizit ab, für die geschilderte Staatsform die Lehre von den Herrschaftsformen zu erweitern, wobei er freilich an ‹Theokratie› dachte [11]; er hielt sie vielmehr für eine Staatsform, zu deren Ausfüllung die

Demokratie besonders geeignet sei [12]. Wenn Michaelis damit den Begriff der N. entscheidend geprägt hat, so fehlt doch das Wort bei ihm durchgängig. Es kommt erst in HERDERS Adaptation des Werks von Michaelis in den ‹Ideen zur Philosophie der Geschichte der Menschheit› vor. Allerdings ist in der beiläufigen Verwendung bei Herder von der politischen Brisanz der Beschreibung des mosaischen Rechts bei Michaelis nur noch wenig zu spüren [13]. ISELINS Geschichtsphilosophie hält dagegen nicht mehr Gesetze, sondern die Liebe für die Garantie der Qualität einer Verfassung [14]. Er hält Sparta für das Beispiel eines «Despotismus der Gesetze» und unterläuft mit solcher Charakterisierung bereits die Unterscheidung der Herrschaft der Gesetze von der Herrschaft der Menschen [15]. Vor Herder gebrauchte schon J. H. JUNG-STILLING den Begriff ‹N.›, und zwar setzte er sein «nomokratisches System» in Opposition zum «physiokratischen System»: «Daß in dem vollkommensten Regierungssystem nicht Landstände, nicht das Volk, nicht irgendein Stand, nicht einmal der Regent selbst, sondern blos und allein das Gesetz der wahre Souverän sei» [16]. Zur Ausformung des Postulats der N. hält Jung-Stilling jedoch die Monarchie für die geeignetste Regierungsform, womit dem Begriff wiederum die politische Stoßkraft genommen wird und ‹N.› zum Programm einer politpädagogischen Maxime der Fürstenerziehung wird. War damit der Begriff der N. als deskriptive Kategorie der Verfassungsformenlehre immer schon fragwürdig und artikulierte sich in ihm lediglich ein diffuses politisches Wollen, so ist er politisch-ideologisch funktionslos geworden, seitdem das Wort ‹Rechtsstaat› zur Bezeichnung eines Postulats an ein Formenprinzip staatlichen Handelns zur Verfügung steht [17]. Im 19. Jh. hat der Begriff ‹N.› noch eine Zeitlang als bloßer Gegensatzbegriff zum Begriff der Autokratie fortgelebt.

Anmerkungen. [1] PINDAR, Frg. 169. Pindari Carmina cum Fragmentis, hg. B. SNELL, pars altera (^{3}1964) 123. – [2] PLATON, Leg. IV, 7; III, 10. – [3] ARISTOTELES, Pol. 1292 a ff.; 1287 a ff. – [4] C. SCHMITT: Der Nomos der Erde (1950) 42; Die geistesgesch. Lage des heutigen Parlamentarismus (^{2}1926) 52ff. – [5] J. HARRINTON: The Oceana and other works, with an account of his life by JOHN TOLAND (London 1771) 35. – [6] Vgl. z.B. D. HUME, Philos. works, hg. T. H. GREENE/T. H. GROSE (London 1874-1875, ND 1964) 3, 161. – [7] H. KRÜGER: Allg. Staatslehre (^{2}1966) 278 Anm. 23. – [8] Vgl. W. KUHFUSS: Mäßigung und Politik (1975); R. VIERHAUS: Montesquieu in Deutschland, in: Collegium Philosophicum. Festschr. J. Ritter (1965) 403-437. – [9] J. D. MICHAELIS: Mosaisches Recht (^{2}1775ff.) 1, 205. – [10] a.O. 299. – [11] 216ff. – [12] 258f. – [13] J. G. HERDER, Sämtl. Werke, hg. B. SUPHAN (1877ff.) 14, 62. – [14] I. ISELIN: Über die Gesch. der Menschheit (1768) 1, 425f. – [15] a.O. 159f. – [16] J. H. JUNG-STILLING: System der Staatswirthschaft I: Grundlehre (1792); Bemerk. über das Nomokrat. System, in: Abh. des staatswirthschaftl. Instituts zu Marburg (1791) 110; vgl. dazu H. REUTER: Joh. Heinr. Jung gen. Stilling als Staatswirtschaftler (Phil. Diss. Gießen 1930). – [17] E.-W. BÖCKENFÖRDE: Entstehung und Wandel des Rechtsstaatsbegriffs, in: Festschr. A. Arndt, hg. H. EHMKE u. a. (1968) 53-76; in der sehr detaillierten Klassifikation von E. KÜCHENHOFF: Möglichkeiten und Grenzen in der Staatsformenlehre (1967) wird ebenfalls kein Gebrauch von dem Begriff gemacht; vgl. jedoch H. KUHN: Der Staat (1967). Red.

Nomologie. ‹N.› wird gelegentlich im Sinne einer Lehre von Gesetzen gebraucht; als nomologisch bezeichnet man Gesetzeswissenschaften. Eine spezielle Verwendung hatte das Wort in der neukantianisch orientierten Grundlagendiskussion der Sozialwissenschaften. J. VON KRIES bezeichnete als erster «Urteilsinhalte, die den gesetzmäßigen Zusammenhang des Geschehens betreffen, als *nomologisch*» [1]. In einer «Aussage über objective Möglichkeit» ist so «stets ein Wissen nomologischen Inhalts ausgedrückt» [2]. In seiner ‹Logik› stellt er den Gesetzen die Einzeltatsachen gegenüber. Das Gesamtwissen von der Wirklichkeit gliedert er so in N. (Gesetzeswissenschaften) und Ontologie («erzählende und beschreibende Wissenschaften») [3]. Er knüpft hier an W. WINDELBANDS Unterscheidung der nomothetischen Naturwissenschaften von den idiographischen historischen Geisteswissenschaften an [4] und unterstreicht dabei deren idealtypischen Charakter: Auch die Naturwissenschaften enthalten historisch-idiographische Elemente, und die Kulturwissenschaften sind nicht rein idiographisch, sondern gelangen zur «Aufstellung von Massen-Gesetzen mit relativ großer Sicherheit» [5], z.B. in der Nationalökonomie. Einer historischen N. billigt VON KRIES gleichwohl nur begrenzte Reichweite zu [6].

Der neukantianische Rechtsphilosoph R. STAMMLER entwickelt in seiner transzendentalen Kritik der materialistischen Geschichtsauffassung eine soziale N. Er setzt an die Stelle des im Marxismus aus der Naturwissenschaft entlehnten Gesetzesbegriffs den der sozialen Regel. Eine «Gesetzmäßigkeit des sozialen Lebens» kann «nur im Telos gefunden werden» [7]. Teloi sind von Menschen gesetzte Regeln, und es kann «kein soziales Grundgesetz geben, das nicht ein solches der das soziale Leben begrifflich bedingenden regelnden Form desselben wäre» [8]. In die Naturkausalität ist – selbständig und von dieser unableitbar – das zweckhaft geregelte soziale Handeln eingelassen, «das Kausalitätsgesetz» ist selbst «nur eine Grundregel der Erfahrungswissenschaft» [9]. An die Stelle einer naturkausalen N. treten daher bei Stammler teleologische Regeln, die gleichermaßen konstitutiv für die Gesellschaft als auch für deren sozialphilosophische Thematisierung sind: «In diesem Sinne kann die philosophische Einsicht in das gesellschaftliche Leben der Menschen auch soziale N. heißen» [10].

M. WEBER spricht von sozialer N. oder «nomologischem Wissen» [11] im Blick auf methodische Konstruktionen der Soziologie, insbesondere im Zusammenhang mit seiner Lehre vom Idealtypus [12]. Die soziale N. auf der Basis idealtypischer Konstruktionen unterliegt dabei allerdings den Postulaten der Sinn- und der Kausaladäquanz: Sinnadäquanz ist gegeben, wenn der soziologisch rekonstruierte Handlungssinn die Zustimmung der Handelnden findet (oder finden würde), die Kausaladäquanz ist – nach der sich an Weber anschließenden Definition von A. SCHÜTZ – gegebenen, «wenn die Chance dafür besteht, daß (...) nach Regeln der Erfahrung tatsächlich in einer Weise gehandelt wird, welche der typischen Konstruktion entspricht» [13].

In der gegenwärtigen Diskussion ist von N. insbesondere im Sinne des von HEMPEL und OPPENHEIM vorgeschlagenen Modells der deduktiv-nomologischen Erklärung die Rede [14].

Anmerkungen. [1] J. VON KRIES: Über den Begriff der objectiven Möglichkeit. Vjschr. wiss. Philos. 12 (1888) 179-240, zit. 181f. – [2] ebda. – [3] Logik. Grundzüge einer krit. und formalen Urteilslehre (1916) 508. – [4] Vgl. Art. ‹Nomothetisch/idiographisch›. – [5] J. VON KRIES, a.O. [3] 520. – [6] a.O. 521. – [7] R. STAMMLER: Wirtschaft und Recht nach der materialist. Gesch.auffassung (^{5}1924) 435. – [8] a.O. 434. – [9] 439. – [10] 436. – [11] M. WEBER: Soziologie, universalgesch. Analysen, Politik (1973) 237. – [12] Vgl. Art. ‹Idealtypus›. – [13] A. SCHÜTZ: Der sinnhafte Aufbau der sozialen Welt (1974) 327. – [14] Vgl. Art. ‹Erklärung II›. TH. RENTSCH

Nomos (griech. νόμος). Das Fremdwort ‹N.›, das häufig noch immer als Synonym von Gesetz, Moralgesetz, Gebot oder Normordnung gebraucht wird [1], hat in der politischen Ethik des Protestantismus und in der modernen Rechtstheorie einen Bedeutungswandel erfahren, der darauf hinausläuft, die Vorstellungen der Entwicklung vom N. zum Gesetz vom Ursprung her zu revidieren. Die Rezeption des antiken N.-Begriffs in Deutschland hat sich in drei Etappen vollzogen. Einer philosophischen Rezeption folgte eine theologische und anschließend eine juristische. Dabei knüpfte jede Etappe an eine jeweils ältere griechische Bedeutung an. Die letzte Version sucht die Bedeutung des N. aus der etymologischen Wurzel neu zu bestimmen.

Zur indogermanischen Wurzel ‹*nem› gehörend [2], ist ‹N.› ein nomen actionis von νέμειν, das a) weiden, weiden lassen und b) verteilen, zuteilen, teilen bedeutet. Zur Zeit der nomadischen Landnahme könnte demnach mit ‹N.› die ‹Nahme› des Landes und die «erste Messung und Teilung der Weide» gemeint gewesen sein. Bei HESIOD ist N. schon die «Ordnung, den Gang der Arbeit auf den Feldern für alle bestimmt», im übertragenen Sinn auch die «Art und Weise des Gottesdienstes». In einem erweiterten Sinn heißt ‹N.› Regel, Brauch, auch Brauchtum, Sitte, Lebensordnung einer Gemeinschaft [3], bei HERAKLIT und PINDAR die politische (Real-)Verfassung der Polis samt Sitte, Brauch und Herkommen [4]. Immer wirkt im N. «der Gott, der ihn der Polis eingestiftet hat» [5]. Bald tritt allerdings der «geschriebene» N. neben den «ungeschriebenen» [6]. Der N. als Norm und Verordnung verdrängt den alten θεσμός von seinem Platz [7]. Während HERODOT die von ihm geschilderten Sitten und Bräuche der Völker, ihre Nomoi, noch für verbindlich und heilig hielt [8], bildete sich später unter dem Einfluß der *Sophisten* die Antithese von N. und Physis heraus [9]. Das sophistische Spiel mit den Antithesen Macht–Recht, Naturgesetz–positives Gesetz suchte PLATON aufzuheben, indem er den N. in seinen Altersschriften mit dem θεῖον verknüpfte, um ihn so als der Physis gemäß retten zu können [10]. Bei ARISTOTELES kommt dem N. keine spezifische Heiligkeit mehr zu [11]. Die Identifizierung des N. mit einem kosmisch-universalen (Natur-)Gesetz konfrontierte die willkürlichen Nomoi der Polis mit einem «vernünftigen Sittengesetz» und gipfelte schließlich in dem Postulat, daß nicht Menschen, sondern Gesetze regieren sollten. Als dann CICERO das griechische Wort ‹N.› mit dem juristischen Fachterminus ‹lex› ins Lateinische übertrug [12] und als PHILO JUDAEUS das nach-exilische Gesetz des Alten Testaments mit N. übersetzte [13], bedurfte es nur noch der christlichen Dialektik von Gesetz und Gnade [14], um den griechischen N.-Begriff mit den vielfachen Bedeutungen zu belasten, die bis heute die Problematik des Gesetzesbegriffes ausmachen.

Die Geschichte des N.-Begriffs war keineswegs präsent, als das Fremdwort ‹N.› als Bestandteil von Wortzusammensetzungen gelegentlich bei KANT und dann öfters im Laufe des 19. Jh. und um 1900 in der philosophischen Fachsprache auftauchte [15].

In der politisch-theologischen Diskussion um 1930 wurde der N.-Begriff von H. BOGNER als polemischer Begriff in die Ideologie der «Jungkonservativen» eingebracht [16]. N. hieß für ihn «die von den Göttern gebotene Lebensordnung» der Polis, die von den sophistischen Aufklärern «zersetzt» worden sei. W. STAPEL hat diesen präsophistischen, politisch-religiösen N.-Begriff in die Auseinandersetzungen um eine theologische Begründung der politischen Ethik lanciert [17]. Unter ‹N.› verstand er «die gottverordnete natürliche Konstitution einer Gemeinschaft, die geheiligten Sitten, Bräuche, Verfassungen, Wertungen eines Volkes» [18]. Es gebe kein universales christliches Moralgesetz. Jedes Volk habe seinen eigenen N.; der N. des Alten Testamentes sei nur «der Juden Sachsenspiegel», der für ein «deutsches Christentum» nicht verbindlich sei [19]. Stapel setzte daher «neben den N. der Juden gleichberechtigt die Nomoi aller anderen zum Christentum berufenen Völker» [20]. K. BARTH hielt «das Stapelsche Theologumenon» für den «vollzogenen Verrat am Evangelium» [21]. So wurde der N.-Begriff im Kirchenkampf zum Schibboleth zwischen den streitenden Parteien.

Als C. SCHMITT ihn 1934 in die Rechtstheorie einführte, um mit ihm das «konkrete Ordnungsdenken» im Unterschied zum Normativismus und Dezisionismus zu charakterisieren [22], war also der N.-Begriff in der deutschen Sprache bereits als fester Topos eingebürgert. Schmitt hat ihm allerdings in seinem Spätwerk von der Etymologie her erst die präzise Bedeutung beigelegt, die er heute besitzt. In der Krise der gesetzesstaatlichen Legalität [23], die das gesetzte Gesetz mit dem Recht verwechselte, suchte er nach einer Einheit von Raum und Recht, von «Ortung und Ordnung» [24], in der die Dialektik von Naturrecht und Positivismus aufgehoben werden könnte [25]. Er fand diese Einheit in einem radikalen Rekurs auf die fast ganz «vergessene» [26] ursprüngliche Bedeutung des N. als «raumhaft konkreter, konstituierender Ordnungs- und Ortungsakt» des «Nehmens, Teilens und Weidens» [27]. Nach Schmitt gehört jeder dieser drei Vorgänge «zum vollständigen Wesen dessen, was bisher in der Geschichte der Menschen als Rechts- und Gesellschaftsordnung erschienen ist» [28]. Mit Hilfe dieser Grundkategorien sollen sich die Antithesen von Sollen und Sein, Recht und Macht, Staat und Wirtschaft, öffentlichem und privatem Recht vermitteln lassen. Wie der N. als «raumeinteilender Grund-Vorgang» die Rechtsordnung zwischen den Staaten konstituiert, hat Schmitt am Beispiel des Jus Publicum Europaeum gezeigt [29]. Er hat in N. den «einfachen Ansatz» gesehen, «um durch alle fachlichen Spezialisierungen hindurch die Struktur verschiedener Sozialordnungen und Doktrinen zu erkennen» [30]. Vom N. her läßt sich etwa die «soziale Frage» als «eine Frage der richtigen Teilung und Verteilung» begreifen, wobei freilich immer zu bedenken ist, daß «kein Mensch geben kann, ohne irgendwie genommen zu haben» [31], denn «am Anfang steht nicht eine Grund-Norm, sondern eine Grund-Nahme» [32].

Anmerkungen. [1] Vgl. z. B. M. STOCKHAMMER: Philos. Wb. (1967) 247; J. HOFFMEISTER (Hg.): Wb. der philos. Begriffe (1944) Art. ‹N.›. – [2] E. LAROCHE: Hist. de la racine NEM en ancien grec (Paris 1949) 46; J. TRIER: Venus – Etymol. um das Futterlaub (1963) 72ff.; M. POHLENZ: N. Philologus 97 (1948) bes. 137ff.; zur griech. Etymol.: PLATON, Leges IV, 714 a; TRIER, a.O. 73f. (gegen Laroche); F. HEINIMANN: N. und Physis. Herkunft und Bedeutung einer Antithese im griech. Denken des 5. Jh. (1945, ND 1965) 59; C. SCHMITT: N. der Erde im Jus Publicum Europaeum (1950) 40; vgl. auch W. PORZIG: Die Namen für Satzinhalte im Griech. und im Idg. (1942) 260; HESIOD, Erga 388. 276, hg. U. VON WILAMOWITZ-MOELLENDORFF (²1962) 26. 22; vgl. ALKMAN, Frg. 40, in: Poetae Melici Graeci, hg. D. L. PAGE (Oxford 1962) 46; HOMER, Hymni eis Apollona 20. Opera 5, hg. TH. W. ALLEN (Oxford 1912, ND 1969) 21; AESCHYLOS, Prometheus 575. Tragoediae, ed. altera, hg. G. MURRAY (Oxford ²1955, ND 1966) 125; dazu HEINIMANN, a.O. 63f.; PORZIG, a.O. 260. – [3] G. FUNKE: Gewohnheit. Arch. Begriffsgesch. 3 (1958) 78; HEINIMANN, a.O. [2] 65ff.; vgl. auch PS.-PLATON, Minos 313 b. Platonis Opera 5, hg. I. BURNET (Oxford 1906) 313 b 6ff.; ARISTOPHANES,

Nubes 1185f. 1420ff. Comoediae, hg. F. W. HALL/W. M. GELDART 1 (Oxford 1900, ND 1951). – [4] HERAKLIT, Frg. 44. VS 1, 160; PINDAR, Pythia II, 86; I, 62. Pindari Carmina cum Fragmentis, hg. B. SNELL 1 (^{3}1959) 69. 62; HEINIMANN, a.O. [2] 65f.; H. E. STIER: ΝΟΜΟΣ ΒΑΣΙΛΕΥΣ. Philologus 37 (1928) 237; E. WOLF: Griech. Rechtsdenken 1 (1950) 213. 269f.; 2 (1952) 188f. – [5] So WOLF, a.O. [4] 1, 267. 269; N. D. FUSTEL DE COULANGES: La cité antique (Paris ^{21}1910, ND 1978) 218; H. KLEINKNECHT: Art. νόμος, in: Theol. Wb. zum NT, hg. G. KITTEL 4 (1942) 1017f.; A. A. T. EHRHARDT: Polit. Met. 1 (1959) 18. – [6] R. HIRZEL: Ἄγραφος νόμος. Abh. königl. sächs. Ges. Wiss., phil.-hist. Cl. 20 (1900) 1-100, bes. 49ff.; KLEINKNECHT, a.O. [5] 1020f. (mit Belegen). – [7] HEINIMANN, a.O. [2] 72; E. RISCH, Rez. Laroche a.O. [1]. Gnomon 24 (1952) 83; EHRHARDT, a.O. [5] 1, 16f. – [8] HEINIMANN, a.O. [2] 78ff. – [9] a.O. 15ff. 110ff.; M. POHLENZ: N. und Physis. Hermes 81 (1953) 418-438, bes. 423. 425; STIER, a.O. [4] 225ff.; M. GIGANTE: νόμος βασιλεύς (Neapel 1956); WOLF, a.O. [4] 1, 192. – [10] PLATON, Protagoras 337 c; Leges IV, 701 b/c; X, 892 a ff.; VI, 762 e; Ep. VII, 336 b; VIII, 354 e; WOLF, a.O. [4] 2, 78. 84; 4/2 (1970) 328ff.; vgl. U. GALLI: Platone e il N. (Turin 1937). – [11] ARISTOTELES, Pol. 1284 a 13; vgl. EHRHARDT, a.O. [5] 1, 19; STIER, a.O. [4] 256f.; H. BONITZ: Index Arist. (1870, ND 1955) 488f.; doch: Pol. 1290 a-1292 b; J. RITTER: 'Naturrecht' bei Aristoteles. res publica 6 (1961) 24. – [12] E. BALOGHT: Cicero and the Greek law, in: Scritti in onore di C. Ferrini (Mailand 1949) 2, 1-27; vgl. C. SCHMITT: Verfassungsrechtl. Aufs. (1958) 427 (zit. A. D'ORS). – [13] PHILO, De vita Mosis II, 51. Opera, hg. L. COHN/P. WENDLAND 4 (1902, ND 1962) 212; De specialibus legibus 2, 13. Opera 5 (1906, ND 1962) 88; EHRHARDT, a.O. [5] 1, 144. 203f.; W. GUTBROD: Art. νόμος, in: Theol. Wb. a.O. [5] 1044-1046 (zu Philo). – [14] Theol. Wb. a.O. [5] 1028f. 1051ff. – [15] Vgl. EISLER^4, Art. ⟨Nomokratie⟩, ⟨Nomologie⟩, ⟨Nomologisch⟩, ⟨Nomothesis⟩, ⟨Nomothetisch⟩; HOFFMEISTER, a.O. [1] (^{2}1955) Art. ⟨Nomokratie⟩, ⟨N.⟩, ⟨nomothetisch⟩; I. KANT, KrV A 424. B 452 = Akad.-A. 3 (1911) 292; KU^1 § 69 = Akad.-A. 5 (1913) 385; vgl. auch J. M. HOËNÉ-WROŃSKI: Le Sphinx, ou la Monothétique séhélienne (Paris 1818); J. VON KRIES: Über den Begriff der objectiven Möglichkeit und einige Anwendungen desselben. Vjschr. wiss. Philos. u. Soziol. 12 (1888) 181; E. NAVILLE: Le principe gén. de la classification des sci. arch. syst. Philos. 4 (1898) 369; E. HUSSERL: Log. Untersuch. 1 (^{5}1968) 172; R. STAMMLER: Wirtschaft und Recht (1896, ^{3}1914) 451; W. WINDELBAND: Gesch. und Naturwiss. (1904) 26ff.; vgl. auch E. SALIN: Platon und die griech. Utopie (1921) und schon J. G. HERDER: Ideen zur Philos. der Gesch. der Menschheit 12, III. Sämtl. Werke, hg. B. SUPHAN 14 (1909) 62 (Moses); P. CARUS: Nomotheismus, in: Philos. als Wiss. (Chicago 1911) 39ff. – [16] H. BOGNER: Die verwirklichte Demokratie. Die Lehre der Antike (1930); Der griech. N. Dtsch. Volkstum (1931) 745-752; Die Zersetzung des griech. N. a.O. (1931) 854-861. – [17] W. STAPEL: Der christl. Staatsmann. Eine Theol. des Nationalismus (1932) bes. 174ff.; zur Wirkung vgl. H. KESSLER: Wilhelm Stapel als polit. Publizist (1967) 168 Anm. 3 (mit Lit.). – [18] W. STAPEL: Sechs Kap. über Christentum und Nationalsozialismus (1932) 13 Anm. – [19] Juden, Heiden, Christen. Dtsch. Volkstum (1933) 64. – [20] a.O. [18] 14. – [21] K. BARTH: Gottes Wille und unsere Wünsche (1934) 34f. – [22] C. SCHMITT: Über die drei Arten des rechtswiss. Denkens (1934) 16. – [23] Die Lage der europ. Rechtswiss. (1950). – [24] Justissima tellus. Das Recht als Einheit von Ordnung und Ortung. Universitas 6 (1951) 283-290. – [25] P. P. PATTLOCH: Recht als Einheit von Ordnung und Ortung (1961). – [26] Ausnahme: G. VICO: Principi di una sci. nuova (^{3}1744) II, V, 2. Opere 4/1, hg. F. NICOLINI (Bari 1953) 288; dtsch. hg. E. AUERBACH (1924, ND 1965) 259. – [27] SCHMITT, Nehmen/Teilen/Weiden a.O. [12] 489-504. – [28] 492. – [29] a.O. [2]. – [30] a.O. [27] 490. – [31] 496. 501. 504. – [32] N. – Nahme – Name, in: Der Beständige Aufbruch. Festschr. für Erich Przywara (1959) 101.

Literaturhinweise. A. BILL: La morale a la loi dans la philos. antique (Paris 1928). – H. E. STIER s. Anm. [4]. – M. POHLENZ s. Anm. [2]. – F. HEINIMANN s. Anm. [2]. – C. SCHMITT s. Anm. [2]. – H. SCHMIDT: Der N.-Begriff bei Carl Schmitt. Der Staat 2 (1963) 81-108.   R. HEPP

Nomothetisch/idiographisch (von griech. νομοθέτειν, Gesetze geben, vorschreiben, feststellen, bestimmen; ἴδιος, eigen, eigentümlich / γράφειν, schreiben, beschreiben). – a) Der Begriff ⟨nomothetisch⟩ allein findet sich, als Adjektivbildung zu ⟨Nomothetik⟩ [1], bei KANT, synonym gebraucht für ⟨gesetzgebend⟩ und bezogen auf das Vermögen der Gesetzgebung von Verstand und Vernunft durch Naturbegriffe bzw. den Freiheitsbegriff [2].

b) Eigens als «Kunstausdrücke» ausgewiesen, sicher aber in einer Reminiszenz an den Kantischen Begriffsgebrauch, führt W. WINDELBAND in seiner Straßburger Rektoratsrede von 1894 [3] die Komplementärbegriffe ⟨nomothetisch⟩ und ⟨idiographisch⟩ in die logisch-methodologische Diskussion ein zur Kennzeichnung der unterschiedlichen methodischen Vorgehensweisen von Natur- und Geisteswissenschaften. Orientiert ist diese Differenzierung nicht am *Erkenntnisgegenstand*, sondern am vorherrschenden *Erkenntnisziel* der jeweiligen Wissenschaften, wie es in der Praxis zum Ausdruck kommt. Jenseits des Seinsdualismus der erfahrungswissenschaftlichen Gegenstände und der daran geknüpften Problematik, aus der Gegebenheitsweise der wissenschaftlichen Objekte als Natur oder Geist die Methode herzuleiten, sollen damit kritisch die unterschiedlichen Erkenntnisweisen begründet, die geisteswissenschaftliche Methode als nicht-psychologisch ausgewiesen und eine Klassifikation der Psychologie als gleichsam naturwissenschaftlicher Geisteswissenschaft ermöglicht werden. An die Stelle des Seinsdualismus der Objekte tritt in der logisch-methodologischen Reflexion der Methodendualismus erfahrungswissenschaftlicher Erkenntnisrichtungen: «So dürfen wir sagen: die Erfahrungswissenschaften suchen in der Erkenntnis des Wirklichen entweder das Allgemeine in der Form des Naturgesetzes oder das Einzelne in der geschichtlich bestimmten Gestalt; sie betrachten zu einem Teil die immer sich gleichbleibende Form, zum anderen Teil den einmaligen, in sich bestimmten Inhalt des wirklichen Geschehens. Die einen sind Gesetzeswissenschaften, die anderen Ereigniswissenschaften; jene lehren, was immer ist, diese, was einmal war. Das wissenschaftliche Denken ist – wenn man neue Kunstausdrücke bilden darf – in dem einen Falle nomothetisch, in dem andern idiographisch. Wollen wir uns an die gewohnten Ausdrücke halten, so dürfen wir ferner in diesem Sinne von dem Gegensatz naturwissenschaftlicher und historischer Disziplinen reden ...» [4].

Beide Dualismen kommen in dieser Konzeption freilich nicht mehr zur Deckung, dem formalen Gegensatz der Methoden entspricht kein Gegensatz der Wissensinhalte, so daß «dieselben Gegenstände zum Objekt einer nomothetischen und daneben auch einer idiographischen Untersuchung gemacht werden können» [5], abhängig davon, ob sie unter den Gesichtspunkten «des Immergleichen» oder «des Einmaligen» betrachtet werden [6]. Den formalen und logischen Status der als nomothetisch und idiographisch bezeichneten Methoden hat Windelband selbst nicht weiter entfaltet, sondern nur im Rückgriff auf Naturwissenschaft und Geschichte und deren Resultate illustriert: «die eine sucht Gesetze, die andere Gestalten» [7], die eine neigt zur Abstraktion, die andere zur anschaulichen Darstellung [8].

Diese Entfaltung vorzunehmen, allerdings unter Verzicht auf die Begriffe ⟨nomothetisch⟩ und ⟨idiographisch⟩, ist das Programm der Grundlegung einer Logik und Systematik der Kulturwissenschaften durch H. RICKERT und (von ihm ausgehend) M. WEBER einerseits, durch E. CASSIRER andererseits [9].

Anmerkungen. [1] I. KANT, KrV B 452; KU (¹1790) 420. – [2] KU 311. – [3] W. WINDELBAND: Gesch. und Naturwiss. (1894, ³1904). – [4] a.O. 12. – [5] 12. – [6] ebda. – [7] 16. – [8] 17. – [9] H. RICKERT: Die Grenzen der naturwiss. Begriffsbildung (1896-1902, ⁵1929); Kulturwiss. und Naturwiss. (1899, ⁶˙⁷1926; Die Probleme der Gesch.philos. (³1924); M. WEBER: Wiss.lehre (⁴1968); E. CASSIRER: Philos. der symbol. Formen (1923-1929); Zur Logik der Kulturwiss. (1942, ²1961).

Literaturhinweise. H. RICKERT: Wilhelm Windelband (²1929). – J. HABERMAS: Zur Logik der Sozialwiss. (1967, ²1970). – W. PANNENBERG: Wiss.theorie und Theologie (1973). – H.-L. OLLIG: Der Neukantianismus (1979). K. GROTSCH

Non aliud, das Nichtandere, ist symbolischer Name Gottes, den NIKOLAUS VON KUES in dem Tetralog ‹Directio speculantis seu de non aliud› und in cap. 14 von ‹De venatione sapientiae› erläutert. Alles Geschaffene ist ein je andres, dies *oder* das. Gott steht als unendliche Ursprungseinheit in absoluter einfacher Identität über aller Andersheit. Als N.a. ist Gott das Wesen gebende, Identität verleihende Macht, durch die ein jedes Seiende nichts andres als es selbst ist: «Non aliud est non aliud quam non aliud» (Das Nichtandere ist nichts anderes als das Nichtandere) ist die 'Definition', die sich selbst definiert [1]. Als solche ist sie Symbol der göttlichen Dreieinigkeit, in welcher die Dreiheit der Personen keine Verschiedenheit des Wesens bedeutet. Diese 'Definition' definiert nicht nur sich selbst, sondern auch alles andere, so daß ein jedes von jedem andern verschieden ist [2]. Nikolaus hat im Aliud die Alteritas (der *deutschen* Sprache gemäß) mitgedacht; insofern reicht die rein henologische Interpretation von E. WYLLER nicht aus [3].

Den ontologischen Begriff von 'Definition' als Wesensbestimmung durch den Schöpfer hat Nikolaus wohl bei JOHANNES SCOTUS ERIUGENA gefunden: «Gott wird von keinem definiert, sondern er definiert alle Dinge; also ist er die Ursache von allen» [4]. Der Gedanke der Nichtandersheit Gottes findet sich kaum in der von Nikolaus genannten ‹Mystischen Theologie› des Ps.-DIONYSIUS [5], wohl aber bei PLOTIN, den Nikolaus freilich nicht gelesen hat: «Jenes, da es die Andersheit (ἑτερότης) nicht hat, ist immer bei uns» [6]. Die Entdeckung des N.a. als Gottesname ist eine konsequente, gleichwohl schöpferische Entwicklung der platonischen Einheitsmetaphysik von Spätantike und Frühmittelalter, die durch den Einfluß MEISTER ECKHARTS auf Nikolaus gefördert wurde. Dies gilt zwar nicht für die Formulierung; eine ähnlich lautende Stelle bei Eckhart hat nicht denselben Sinn [7]. Der Gedanke wurde Nikolaus aber wohl nahegebracht durch die Dialektik von Indistinctio und Distinctio, die Eckhart mehrfach behandelt hat. Nikolaus hat sie in seinem Exemplar der ‹Expositio libri sapientiae› ausdrücklich mit einer Marginalie bezeichnet: «nota quomodo deus sua indistinctione distinguitur» [8]. Direkte Anregungen könnten da liegen, wo die Unterschiedenheit eines jeden Geschaffenen von der Ununterschiedenheit Gottes hergeleitet wird [9]. Nikolaus hat sich über solche Anregung nicht geäußert; die differenzierten Anwendungsmöglichkeiten seiner Formel ‹N.a.› bringen ja gegenüber der Indistinctio-Dialektik einen Fortschritt. – Nikolaus sieht im N.a. auch die Klärung dessen, was er mit Hilfe der Coincidentia oppositorum von Gott zu sagen versuchte [10]. Auf dieses Fundament stützt sich die eingehende Interpretation von G. SCHNEIDER [11]. Eine mehr an der definierenden Aktivität der Mens orientierte Interpretation des N.a. als Änigma und Sprachspiel hat S. DANGELMAYR vorgelegt [12].

Anmerkungen. [1] NIKOLAUS VON KUES, Directio speculantis seu de non aliud, hg. L. BAUR/P. WILPERT (1944) cap. 1. – [2] ebda. – [3] E. WYLLER: Zum Begriff N.a., in: Nicolo Cusano agli inizi del mondo moderno. Atti Congresso, Bressanone 1964 (Florenz 1970) 419-443. – [4] J. SCOTUS ERIUGENA, De divis. nat. I, 21. MPL 122, 468 D. – [5] CUSANUS, a.O. [1], cap. 1 Ende. – [6] PLOTIN, Enn. VI, 9, 8, 34. – [7] Vgl. dazu H. WACKERZAPP: Der Einfluß Meister Eckharts auf die ersten Philos. Schriften des Nikolaus von Kues. Beitr. Gesch. Philos. u. Theol. des MA 39/3 (1962) 163f. – [8] MEISTER ECKHART, Lat. Werke 2, hg. J. KOCH (1966) 490 Apparat. – [9] a.O. n. 145, S. 483, 3-7; n. 155, S. 491, 7-11. – [10] CUSANUS, a.O. [1] cap. 4, S. 9, 7-13. – [11] G. SCHNEIDER: Gott – das Nichtandere. Untersuch. zum met. Grunde bei Nikolaus von Kues (1970). – [12] S. DANGELMAYR: Gotteserkenntnis und Gottesbegriff in den philos. Schr. des Nikolaus von Kues (1969) 226-256.

Literaturhinweise. NIKOLAUS VON KUES, Vom Nichtanderen, dtsch. mit Einf. und Anm. hg. P. WILPERT (1952). – H. WACKERZAPP s. Anm. [7]. – W. BEIERWALTES: Deus oppositio oppositorum. Salzburger Jb. Philos. 8 (1964) 175-185; Cusanus und Proclos, in: Nicolo Cusano ... s. Anm. [3] 137-140. – G. VON BREDOW: Gott der Nichtandere. Philos. Jb. 73 (1965) 15-22. – S. DANGELMAYR s. Anm. [12]. – G. SCHNEIDER s. Anm. [11]. – P. BOLBERITZ: Der philos. Gottesbegriff in «non aliud» (Rom 1976, masch.). – J. HOPKINS: Nicholas of Cusa on God as non-other. A transl. and an appraisal of De non aliud (Minneapolis 1979). – W. BEIERWALTES: Identität und Differenz (1980). G. VON BREDOW

Nonkognitivismus, ethischer. Der Terminus ‹e.N.› – seit der Mitte des 20. Jh. gebräuchlich – gehört zur *Metaethik* (s.d.), d.h. zu jener Disziplin der Ethik, die selber normative Neutralität übt und sich auf die Bestimmung des logischen Status von ethischen Sätzen und die Klärung ihrer Bedeutungen beschränkt. Unter ‹e.N.› versteht man besonders in der britisch-amerikanischen und skandinavischen Philosophie der Gegenwart diejenige Theorie, die allen normativen ethischen Äußerungen sowie allen Werturteilen – die ästhetischen meist eingeschlossen – kognitiven Inhalt abspricht mit der Begründung, daß sie keine Aussagen über Tatsachen machen. Der e.N. erkennt – G. E. MOORES Kritik der 'naturalistic fallacy' folgend – weder spezifisch moralische Fakten an noch akzeptiert er einfache unanalysierbare Begriffe wie ‹gut› oder ‹schlecht›, die die Nicht-Naturalisten im Anschluß an Moore für intuitiv zugänglich erklärt hatten. Der e.N. entspricht weitgehend der Metaphysikkritik des logischen Positivismus, der die Verifizierbarkeit zum Kriterium des Sinnes von Sätzen bestimmt hatte [1]. Dementsprechend analysiert der e.N. insbesondere ethische Sätze und Werturteile und nicht so sehr wie Moore, der darin mehr der älteren britischen Tradition verbunden war, einzelne Begriffe. Sofern Sätze der Ethik nicht verifizierbar sind, werden sie vom e.N. für kognitiv sinnlos erklärt. Da jedoch die Wichtigkeit von ethischen Vorschriften und Werturteilen von den Vertretern des e.N. keinesfalls bestritten wird – einige ihrer Gegner behaupteten dies zu Unrecht –, wird solchen Sätzen eine andere als deskriptive und informative, nämlich nicht-kognitive Funktion zugesprochen. Diese besteht für den *Emotivismus* im Ausdruck oder Hervorrufen von Emotionen und im Evozieren von Verhaltensweisen und Handlungen, sofern sie verkappte Imperative sind; für den *Präskriptivismus* in der Formulierung von Vorschriften, die den Imperativen verwandt sind. Für den *Multifunktionalismus*, die dritte Hauptrichtung innerhalb des e.N., gibt es keine derartig fest bestimmte Funktion; er weist vielmehr die verschiedenen Bedeutungen ethischer Begriffe und Sätze auf, die sich nach ihrem Gebrauch in bestimmten Sprechsituationen richten. In der Literatur werden ‹e.N.›, ‹non-descriptivism›, ‹emotivism› bzw. ‹emotive theories of ethics› oft synonym gebraucht, doch ist die völlige Identifizierung unberechtigt, da bei einem weiteren Gebrauch des Begriffes auch andere ethische Theorien, etwa die des Existenzialismus, dem e.N. zugerechnet werden können, die nicht unter den Emotivismus fallen. Zugrunde liegt dem e.N., wie seine radikaleren Vertreter herausstellen, die schon von HUME formulierte Ansicht, daß es für die Ethik weder eine rationale noch empirische Begründung geben könne, daß sich vielmehr ethische Begriffe letztlich nur auf Emotionen zurückführen lassen [2] und daß alle Disziplinen, die weder rein analytische noch empirisch nachprüfbare Sätze aufstellen, unwissenschaftlich sind und nur Illusion und Sophisterei darstellen [3].

Die frühesten Ansätze zum e.N. im 20. Jh. werden oft bei dem Schweden A. HÄGERSTRÖM gesehen. Doch hat v. WRIGHT [4] mit Recht auf E. WESTERMARCKS ‹The origin and development of the moral ideas› [5] als Prototyp der emotive theories of ethics hingewiesen. Neuerdings hat S. A. SATRIS auf die deutsche *Wertphilosophie* und die österreichische *Werttheorie* als Vorläufer und Quellen sowohl schwedischer wie englisch-amerikanischer Theorien des Emotivismus aufmerksam gemacht [5a]. WESTERMARCK erklärte moralische Urteile für weder wahr noch falsch mit der Begründung: «The ultimate reason for this is, that the moral concepts are based on emotions, and that the concepts of emotion fall outside the category of truth» [6]. HÄGERSTRÖM bezeichnete die Sätze der Ethik ebenfalls als weder wahr noch falsch [7] und behauptete, daß Wörter wie ‹Wert›, ‹gut›, ‹schlecht› nur Gefühle oder Verlangen ausdrücken, nicht jedoch einen Gedanken [8]: «... good or bad as predicates of objects or actions have meaning for us only insofar as we feel desire or aversion towards or are interested in the thing. But a feeling or an interest cannot possibly be a cognition» [9]. Hägerström und A. Ross haben diese Gedanken besonders in die Rechtstheorie getragen, wo sie etwa von H. L. A. HART kritisch diskutiert wurden [10]. Auch andere Skandinavier haben zur Entwicklung des e.N. beigetragen. A. Ross erklärte im Anschluß an Hägerström, «daß die Urteile der sogenannten praktischen Erkenntnis in Wahrheit keine echten Urteile sind; d.h. Aussagen, die ein Wissen ausdrücken; sondern urteilsmäßig camouflierte Ausdrücke emotionaler Erlebnisse» [11]. Für die spätere Entwicklung sind besonders v. WRIGHT und I. HEDENIUS zu nennen [12].

Unabhängig von Hägerström, aber nach Satris wohl in Anlehnung an MARTYS «ein Emotiv», wurde der Emotivismus in *England* von OGDEN und RICHARDS entwickelt, die die verschiedenen Funktionen der Alltagssprache grundsätzlich in einen «symbolischen, wissenschaftlichen» Gebrauch zum Zweck empirisch nachprüfbarer Aussagen und einen «emotiven» Gebrauch einteilten, der in der Ethik, aber auch in Kunst und Ästhetik vorkomme. Die emotive Funktion der Sprache dient danach zum Ausdruck und zur Mitteilung von Gefühlen und Einstellungen, Stimmungen und Absichten einem Hörer gegenüber, aber auch dazu, diese im Hörer selber hervorzurufen [13]. Solche Sätze können im strikten Sinne weder wahr noch falsch sein. Das Kriterium dafür, ob wissenschaftlicher oder emotiver Sprachgebrauch vorliegt, ist die Frage: «Is this true or false in the ordinary strict scientific sense?» [14] BARNES erklärte entsprechend: «Value judgements in their origin are not strictly judgements at all. They are exclamations expressive of approval» [15]. Formulierungen des Emotivismus finden sich auch bei B. RUSSELL, der Wertfragen für außerhalb der menschlichen Erkenntnis liegend erklärte und Wissen auf wissenschaftliche Erkenntnis einschränkte. Ethische Sätze beschreiben nach Russell keine Fakten, sondern drücken Emotionen aus; sie sind darum weder wahr noch falsch [16]. Der *Wiener Kreis* und der *logische Positivismus* standen entschieden auf dem Boden des e.N. Nur insofern ethische Fragen empirisch waren, galten sie als sinnvoll, waren dann aber von der Psychologie und den Sozialwissenschaften, nicht aber von der Philosophie zu behandeln. Sofern ethische Sätze dagegen Werturteile darstellten oder Verhaltensnormen formulierten, galten sie als weder wahr noch falsch, sondern als kognitiv sinnlos und wurden als Ausdruck von Gefühlen oder als verkappte Befehle interpretiert. CARNAP erklärte die Sätze der Metaphysik wie die der normativen Ethik für Scheinsätze und darum für unsinnig. «In the Viennese Circle, we are accustomed to describe such statements as nonsense (after Wittgenstein)» [17]. Carnaps Position deckt sich allerdings durchaus nicht völlig mit der WITTGENSTEINS. Dieser hatte zwar die Sphäre der Werte als jenseits der empirischen Welt liegend erklärt und gefolgert: «Darum kann es auch keine Sätze der Ethik geben» [18]. Auch hatte er im Sinne des e.N. über die Ethik geurteilt «what it says does not add to our knowledge in any sense. But it is a document of a tendency in the human mind ...» [19]. Doch hieß das für Wittgenstein, daß die Ethik zum Unaussprechlichen, Mystischen gehört. Ethik ist für ihn transzendental (Tractatus 6.421), insofern sie das ist, «whereby I am able to think of good and evil at all, even in the impure and nonsensical expressions I have to use» [20]. Während CARNAP klare Befehle wie «Do not kill» anerkennt, auf die die Frage nach Wahrheit oder Falschheit nicht angewandt werden kann, kritisiert er ethische Sätze, deren sprachliche Form nahelegt, sie irrtümlich als Aussagen zu verstehen: «... the value statement, 'killing is evil', although ... it is merely an expression of a certain wish, has the grammatical form of an assertive proposition» [21]. «... a value statement is nothing else than a command in a misleading grammatical form ... this statement is not verifiable and has no theoretical sense» [22]. Schließlich behauptete Carnap: «Metaphysical propositions», zu denen er die Sätze der normativen Ethik rechnete, «are neither true nor false ... they are like laughing, lyrics, and music expressive. They express ... permanent emotional or volitional dispositions» [23]. Dieselbe radikale Theorie des Emotivismus vertrat auch A. J. AYER in ‹Language, truth and logic› [24], der einflußreichen und wohl bekanntesten Exposition des logischen Positivismus. Aufgrund des Verifikationsprinzips hört die philosophische Ethik praktisch auf zu existieren. «We find that ethical philosophy consists simply in saying that ethical concepts are pseudo-concepts and therefore unanalyzable» [25].

Von dieser radikalen Position entfernte sich die weitere Entwicklung des e.N., für die besonders C. L. STEVENSON in den USA Bedeutung erlangte. Sein ‹Ethics and language› [26], in dem er sich Hume und dem Empirismus verpflichtet erklärte, stellt die oft als repräsentativ angesehene Ausarbeitung des Emotivismus unter Abwandlung der Positionen Carnaps und Ayers dar. Doch hatte Stevenson bereits früher in England wichtige Vorarbeiten veröffentlicht, besonders ‹The emotive meaning of ethical terms› [27], in denen er sich von Ogden und Richards beeinflußt erklärte. Stevenson sieht zwar in den Sätzen der Ethik sowohl deskriptive wie emotive Bedeutungselemente vereint, wobei die deskriptive Komponente ausdrückt, was jemand glaubt, die emotive dagegen dessen Einstellungen, d.h. wie er sich dazu verhält. Doch bestimmt er als den vorwiegenden Gebrauch ethischer Sätze «not to indicate facts but to create influence» [28]. Seine auf kürzeste Formel gebrachte Analyse ethischer Sätze besagt, daß «This is good» gleichbedeutend ist mit «I approve of this; do so as well» [29]. Emotive Ausdrücke, erklärt er dementsprechend, «lead people, rather than command them, to alter their attitudes» [30]. Im alltäglichen Sprachgebrauch findet er bestätigt, daß ethische Sätze Einfluß ausüben durch «the more flexible mechanism of suggestion» [31]. Die non-kognitivistische Grundhaltung zeigt sich deutlich in der Behauptung, daß ethische Argumente weder gültig noch ungültig sein können [32]. Zwar gibt es moralische Argumente, aber diese sind keine Argumente über Fakten, sondern «persuasive arguments», die auf Änderung von Einstellungen und Verhaltensweisen abzielen. Gründe in solchen Argumenten sind kausaler Art im psychologischen Sinn, sie zielen auf Erfolg, nicht wie logische Gründe auf Schlüssigkeit.

Seit etwa 1950 nahm der e.N. immer differenziertere Formen an. Wie sich nach dem Zweiten Weltkrieg in der englischsprechenden Welt die Ansicht durchzusetzen begann, daß die Ablehnung der Metaphysik durch den logischen Positivismus zu grob und ungenügend war, so begann man sich von früheren Formulierungen abzuwenden, die ethische Sätze in Bausch und Bogen als sinnlos bezeichnet hatten. Die «emotivists» formulierten zunehmend vorsichtiger, wurden aber dennoch mehr und mehr kritisiert, wie die sich entwickelnde lebhafte Zeitschriftendiskussion belegt [33]. DUNCAN-JONES hatte bereits früher ansatzweise versucht, dem radikalen Emotivismus zu entgehen, als er in seiner Analyse verschiedener Bedeutungen ethischer Termini erklärte: «although our words are not meaningless, the sort of sentences we use never express facts». Damit verteidigte er, daß der Moralphilosoph «is saying something, and is not ... using word emotively» [34]. BARNES hielt zwar weiter am e.N. fest, sofern er erklärte, daß ethische Sätze nichts behaupten (assert), erklärte sie aber nicht mehr, wie der logische Positivismus es getan hatte, für sinnlos, sondern neigte jetzt dazu, sie als wahr oder falsch zu betrachten [35]. Ethische Prinzipien sind nach ihm Bejahungen (affirmations), keine Behauptungen (assertions) [36]. Ethische Urteile sind weder deduktiv noch induktiv, ihre Resultate weder gewisse noch wahrscheinliche Behauptungen (assertions), sondern Einstellungen (attitudes) gewissen Handlungen gegenüber [37]. «Ethical statements are exhortations ... a peculiar kind of persuasive ...» [38].

Publikationen wie Nowell-Smiths ‹Ethics› [39] und Wellmans ‹The language of ethics› [40] förderten die zunehmend differenziertere Betrachtungsweise, die als *Multifunktionalismus* bezeichnet wird. NOWELL-SMITH stellte heraus, daß Wertbegriffe verschiedene Funktionen haben: «They are used to express tastes and preferences, to express decisions and choices, to criticize, grade, and evaluate, to advise, admonish, warn, persuade and dissuade, to praise, encourage and reprove, to promulgate and draw attention to rules; and doubtless for other purposes also» [41]. Die Bedeutungen der Wörter lassen sich nicht starr definieren, sondern werden im Sinne Wittgensteins durch ihren Gebrauch bestimmt. Kontext und Sprechsituation verlangen dabei besondere Aufmerksamkeit. Grundsätzlich haben moralische Wertbegriffe zur Aufgabe, Für- und Gegen-Einstellungen (pro- or con-attitudes) auszudrücken [42], wobei Nowell-Smith durchaus vernünftige Gründe für unsere Wahl anerkennt [43]. Das Resultat von WELLMANS Untersuchungen ist, daß es nicht *die* Sprache der Ethik gibt, sondern daß die Sprache der Ethik heterogen ist. Ethische Sätze haben verschiedene Funktionen, insbesondere haben sie moralische Werturteile und Urteile moralischer Verpflichtungen zu formulieren [44]. In ähnlicher Weise spricht EDWARDS von der Vieldeutigkeit (polyguity) ethischer Termini [45] und betont die «manifold varieties in the usages of the ethical predicates» [46]. WELLMAN weist die grobe Einteilung der Emotivisten entschieden zurück, nach der es nur zwei Arten von sinnvollen Sätzen gibt, die kognitiven und die emotiven [47], und führt demgegenüber – ohne Anspruch auf Vollzähligkeit – fünf Arten von Bedeutungen an: «descriptive, emotive, evaluative, directive, and critical» [48]. Während die Emotivisten – beispielhaft Stevenson – die Möglichkeit rationaler Argumente für die Entscheidung der Gültigkeit moralischer Urteile, die für sie nur emotive Bedeutung haben, leugnen [49], wobei ihr Begriff von Gültigkeit fest an die Möglichkeit, die Wahrheitswerte kognitiver-deskriptiver Sätze zu bestimmen, gebunden ist, argumentieren ansatzweise BARNES [50], ausdrücklicher NOWELL-SMITH und WELLMAN für die Möglichkeit rationaler Begründungen für Wert- und Sollensurteile, und TOULMIN untersucht ‹The place of reason in ethics› [51]. WELLMAN lehnt eine eigene «Logik der Ethik» ab, verteidigt dagegen «good reasons for and against ethical judgments» [52]. Diese Möglichkeit ergibt sich damit, daß er die Frage nach der Gültigkeit und die grundsätzlichere Frage nach der Möglichkeit eines «Gültigkeits-Wertes» (validity-value) nicht an die weder wahren noch falschen, wenngleich rationalen Einstellungen richtet, sondern an die Sätze über solche Einstellungen (attitudes), die wahr oder falsch sein können. Die Einstellungen selber können Rationalität beanspruchen, insofern sich vernünftige Gründe für sie anführen lassen [53]. Beispielhafte Bedeutung für die Untersuchung verschiedener Bedeutungen ethischer Begriffe erlangte V. WRIGHTS ‹Varieties of goodness› [54]. Auch A. ROSS folgt mit seinen späteren Arbeiten [55] dieser Art metaethischer Untersuchungen, die detaillierte Einzelprobleme diskutieren, statt allgemeine Theorien zu formulieren. J. L. AUSTINS fruchtbaren Gedanken der speech acts aufnehmend kritisiert Ross zum Beispiel Hares Unterscheidung zwischen deskriptiven und präskriptiven Sätzen als zu grob und arbeitet wie V. WRIGHT auf eine deontische Logik, d.h. eine Logik des Sollens hin. Das Selbstverständnis non-kognitivistischer Ethiker findet klaren Ausdruck durch Ross: «The non-cognitivist philosopher ... accepts some moral directives (principles, rules, judgments) and rejects others ... he believes his acceptance to be constitutive of the validity of the moral directive, and not declaratory. In other words he takes his own morality as a personal attitude, an 'existential' commitment ... not as an impersonal, objective cognition» [56]. Die Darstellung der non-kognitivistischen Theorien ist heute durchweg kritisch [57]. Gleichwohl trifft RAPHAELS Urteil, das eine Spielart des e.N., die emotive theory of ethics, unumwunden «a crude thing when set beside the moral sense theory of Hume» [58] nennt, allenfalls auf den e.N. im Frühstadium des logischen Positivismus zu. Der Einfluß des späten Wittgenstein mit seiner phänomenologischen Untersuchung der Alltagssprache und seiner Theorie der Sprachspiele sowie AUSTINS Theorie der 'performatives' und seinen Untersuchungen von speech acts und speech situations [59] sind als wesentliche Faktoren für die Abkehr von den groben Vereinfachungen der logisch-positivistischen Unterscheidung von sinnvollen und sinnlosen Sätzen und die kritisch differenzierenden Untersuchungen späterer nonkognitivistischer Ethiker anzusehen. Angesichts der sehr unterschiedlichen Ansichten innerhalb des e.N. ist dieser Begriff als Dachbegriff zu betrachten.

Anmerkungen. [1] Vgl. Art. ‹Met.kritik, empirist., positivist.›. – [2] Vgl. D. HUME: A treatise of human nature (1738-1740) bes. book III; An enquiry conc. the principles of morals (1751). – [3] An enquiry conc. human understanding (1751) sect. 12, part. 3. – [4] G. H. VON WRIGHT: The varieties of goodness (London 1963) 72. – [5] E. WESTERMARCK: The origin and development of the moral ideas 1-2 (London 1906-1908). – [5a] S. A. SATRIS: The theory of value and the rise of ethical emotivism. J. Hist. Ideas (1982). – [6] WESTERMARCK, a.O. [5] 1, 17; vgl. Ethical relativity (London 1932) Kap. V. – [7] A. HÄGERSTRÖM: Om moraliska föreställningars sanning (Stockholm 1911); engl. Philos. and relig. (London 1964) 83. – [8] Till frågan om den gällande rättens begrepp 1 (Uppsala 1917); engl. in: Inquiries into the nature of law and morals (Stockholm/Uppsala 1953); Auszüge in: Philos. and relig. a.O. [7]. – [9] The philos. of A. Hägerström, in: Filosofiskt lexikon, hg. A. AHLBERG (Stockholm 1925, ³1951); engl. in: Philos. and relig. a.O. [7] 313-316, zit. 315; vgl. auch Selbstdarstellung, in: Die Philos. der Gegenwart in Selbstdarstellungen, hg. R. SCHMIDT 7 (1929) 111-159. – [10] H. ECKMANN: Rechtspositivismus und sprachanalyt. Philos. (Berlin 1969) hat aufgezeigt, daß die Differenzen wesentlich auf den verschiedenen Sprachtheorien beruhen, wobei die Skandinavier dem Emotivismus anhängen, HART dagegen zu den Analytikern der Umgangssprache gehört. – [11] A. ROSS: Kritik der sog. prakt. Erkenntnis (Kopenhagen/Leipzig 1933) 20 (Orig. dän.). – [12] Vgl. H. OFSTAD: Objectivity of norms and value-judgments according to recent Scandinavian philos. Philos. a. phenomenol. Res. 12 (1951-1952) 42-68. – [13] Vgl. C. K. OGDEN und I. A. RICHARDS: The meaning of meaning (London 1923 u.ö.) 228. – [14] a.O. 259; vgl. 257-260. – [15] W. H. F. BARNES: A suggestion about value. Analysis 1 (1933-1934) 45-46. – [16] Vgl. B. RUSSELL: Relig. and sci. (London 1935) Kap. IX. – [17] R. CARNAP: The unity of sci. (London 1934) 26; vgl. Log. Syntax der Sprache (Wien 1934) 204; Philos. and log. syntax (London 1935) bes. 22-26. – [18] L. WITTGENSTEIN: Tract. logico-philos. (London 1922 u.ö.) 6. 42. – [19] A lecture on ethics. Philos. Review 74 (1965) 12; vgl. dazu auch F. WAISMANN: Notes on talks with Wittgenstein a.O. 12-16. – [20] L. WITTGENSTEIN nach R. RHEES: Some developments in Wittgenstein's views of ethics a.O. [19] 25. – [21] CARNAP, Philos. a.O. [17] 24. – [22] a.O. 24f. – [23] 29. – [24] A. J. AYER: Language, truth and logic (London 1936, ²1946 u.ö.). – [25] a.O. 112. – [26] C. L. STEVENSON: Ethics and language (New Haven/London 1944, ND 1969). – [27] The emotive meaning of ethical terms. Mind 46 (1937) 14-31; ND in: Facts and values (New Haven/London 1963, ND 1975). – [28] a.O. 16. – [29] a.O. [26] 22. – [30] a.O. 33. – [31] ebda. – [32] Vgl. a.O. [26] Kap. VII. – [33] Zusammenfassung vgl. R. B. BRANDT: Ethical theory (Englewood Cliffs, N.J. 1959) Kap. 9. – [34] A. E. DUNCAN-JONES: Ethical words and ethical facts. Mind 42 (1933) 500. – [35] Vgl. W. H. F. BARNES: Ethics without propositions. Proc. Arist. Soc., Suppl. 12 (London 1948) 4-5; vgl. The philos. predicament (London 1950) 160ff. – [36] Vgl. Ethics a.O. 19. – [37] Vgl. a.O. 26. – [38] 18. – [39] P. H. NOWELL-SMITH: Ethics (Baltimore, Md./London 1954). – [40] C. WELLMAN: The language of ethics (Cambridge, Mass. 1961). – [41] NOWELL-SMITH, a.O. [39] 87. – [42] Vgl. a.O. 99-106. – [43] Vgl. 99-106. – [44] Vgl. WELLMAN, a.O. [40] Kap. XII. – [45] P. EDWARDS: The logic of moral discourse (Glencoe, Ill. 1955) Kap. VII. VIII. – [46] a.O. 141. – [47] WELLMAN, a.O. [40] bes. 117-127; vgl. auch Challenge and response. Justification in ethics (London/Amsterdam 1971) 239. – [48] a.O. [40] Kap. XI. – [49] Vgl. EDWARDS, a.O. [45] 192. – [50] Vgl. BARNES, Ethics a.O. [35]. – [51] S. TOULMIN: An examination of the place of reason in ethics (Cambridge, Mass. 1950). – [52] WELLMAN, a.O. [40] 156. – [53] Vgl. Challenge a.O. [47] 239; a.O. [40] Kap. IV. – [54] Vgl. VON WRIGHT, a.O. [4]; Norm and action (London/New York 1963). – [55] A. ROSS: Directives and norms (London 1968). – [56] a.O. 65f. – [57] Vgl. etwa K. NIELSEN: Art. ‹Ethics, history of›, in: Encyclop. of philos., hg. P. EDWARDS 3 (New York/London 1967) bes. 106-117. – [58] D. D. RAPHAEL: Art. ‹Moral sense›, in:

Dict. of the hist. of ideas, hg. PH. P. WIENER 3 (New York 1973) 235. – [59] Zum Stand der Diskussion über Austins Theorie vgl. J. S. ANDERSSON: How to define ‹performative› (Diss.). Filosofiska Studier 24 (Uppsala 1975).

Literaturhinweise. P. H. NOWELL-SMITH s. Anm. [39] (²1957). – W. K. FRANKENA: «Cognitive» and «Noncognitive», in: Language, thought, and culture, hg. P. HENLE (Ann Arbor, Mich. 1958). – G. C. KERNER: The revolution in ethical theory (New York/Oxford 1966). – J. O. URMSON: The emotive theory of ethics (London 1968). – W. STEGMÜLLER: Hauptströmungen der Gegenwartsphilos. 1 (⁴1969) Kap. X. 4 (b). – W. D. HUDSON: Modern moral philos. (London 1970). – Ausführliche Lit.angaben in: W. P. ALSTON: Art. ‹Emotive meaning›, in: Encyclop. of philos., hg. P. EDWARDS 2 (New York/London 1967) 486-493; R. B. BRANDT: Art. ‹Emotive theory of ethics› a.O. 493-496; K. NIELSEN: Art. ‹Ethics, history of› a.O. 3 (1967) bes. 115f.; A. PIEPER: Analyt. Ethik. Ein Überblick über die seit 1900 in England und Amerika ersch. Ethik-Lit. Philos. Jb. 78 (1971) 144-176.

H. J. CLOEREN

Noologie (lat. noologia, engl. noology), **noologisch.** ‹Noologia› wurde von A. CALOV um 1632 geprägt als Name für eine von ihm parallel zu seiner Gnostologia in enger Anlehnung an G. GUTKE ausgearbeitete weitere Fundamentaldisziplin der Metaphysik [1]. Das Manuskript der ersten Fassung geht verloren [2]. 1639 disputiert C. PRAETORIUS unter M. Eifler über Begriff und Gegenstand der allgemeinen N. 1650 veröffentlicht CALOV eine Neufassung seines früheren Entwurfes. Im Anschluß daran verfassen G. MEIER und G. WAGNER eigene N.en. Als der eigentliche Urheber der N. gilt den Zeitgenossen weiterhin GUTKE mit seiner seit 1615 entwickelten Theorie der Intelligenz [3]. Unter Ersetzung des für diese zentralen Begriffs der «subtilitas rerum» durch weniger dunkle Ausdrücke, wie «affinitas» oder «cognatio rerum», bestimmt CALOV die N. als diejenige erworbene Hauptfertigkeit des Geistes, welche weder, wie die Gnostologie, das Wißbare als solches noch, wie die Metaphysik, das Seiende als Seiendes, sondern die Verwandtschaft der Dinge in Betracht zieht, sofern sich aus ihr die ersten komplexen Erkenntnisprinzipien herleiten: «Noologia est habitus mentis principalis affinitatem rerum contemplans, quatenus ex eadem prima cognoscendi principia fluunt» [4]. Als habitus noeticus ist sie früher als der dianoetische habitus der Metaphysik, als der zweiten Geistestätigkeit oder der Aussagenbildung zugeordnet später als die Gnostologie. Anders als der Noologismus R. EUCKENS und seiner Schule – von O. SIEBERT auch «System selbständiger Geistigkeit» oder «Noetismus» genannt [5] – ist die ältere N. nicht, wie P. PETERSEN angenommen hat, eine Weiterentwicklung der averroischen Noetik, sondern eine systematische erkenntniskritische Ausarbeitung der in der Scholastik aus aristotelischen Vorgaben entwickelten Formel vom Intellekt als «habitus primorum principiorum» mit den Denkmitteln des skotistischen Formalismus (PH. FABER FAVENTINUS) und auf der Grundlage der Cardano-Kritik SCALIGERS. Ihre Ausgrenzbarkeit als Sonderdisziplin ist von Anfang an strittig gewesen. Sie galt wie die Gnostologie als eine überflüssige Wiederholung dessen, was unter den Gegenstandsbereich anderer Wissenschaften fällt (D. G. MORHOF, S. HOLLMANN), vornehmlich der Metaphysik (J. THOMASIUS, P. RABE) [6]. Nach C. A. CRUSIUS bildet sie als «Erklärung von dem Wesen des menschlichen Verstandes» im Gegensatz zur Willenslehre (Thelematologie) keine besondere Wissenschaft, kann aber, da in der Einrichtung unseres Verstandes viel Zufälliges ist, nicht zur Metaphysik gezogen werden und sollte daher der Logik zugeordnet bleiben [7]. W. HAMILTON charakterisiert die noologischen Traktate des 17. Jh. als in der Ausführung enttäuschend und zu Recht vergessen [8]. Erst durch die seit H. E. WEBER [9] diskutierte Verwandtschaft Gutkes mit Kant haben die Leistungen der «secta Gutkiana» (PASCHIUS) neues Interesse gefunden. Für I. KANT haben Leibniz und Locke den Streit der Noologisten und Empiristen, als deren Häupter Platon und Aristoteles angesehen werden können, nicht zur Entscheidung gebracht [10]. Für J. BENTHAM ist die N. als alegopathematische Pneumatologie neben der Thelematologie ein eigener Zweig der Psychologie [11]. In der französischen Tradition ist A.-M. AMPÈRES auch von P.-J. Proudhon aufgegriffene Einteilung der Erkenntnissphäre in die beiden Reiche der kosmologischen und noologischen Disziplinen (sciences noologiques) von Einfluß gewesen.

R. EUCKEN nennt ‹noologisch› die Methode, die «Entwicklung des Geistes innerhalb der Menschheit» [12], d.h. der Wissenschaft, Kultur und Moral, von der geistigen Potenz des Menschen, nicht von seiner Naturseite her (psychologisch) zu interpretieren. Eucken unterscheidet die Geistesentwicklung nach zwei Bewegungen: 1. der Bewegung des Geistes nach außen, auf die Welt hin, 2. der Bewegung des Geistes nach innen, der Konzentration auf das individuelle, moralische Selbst. Erst mit Hilfe der noologischen Interpretationsmethode wird die «metaphysische Wurzel» [13], der selbständige Geist, als begründendes Prinzip aller menschlichen Leistungen manifest. Im Ausgang von Eucken hat M. SCHELER die noologische Methode als einen Versuch angesehen, «die bei Kant teils zu wenig geschiedenen, teils in Widerspruch zu einander geratenden Methoden der Transzendentalphilosophie und Transzendentalpsychologie prinzipiell zu einigen» [14]. H. HÖFFDING hat die Existenz einer solchen Methode bestritten und den Terminus ‹N.› als eine weder notwendige noch glückliche Bezeichnung angesehen [15]. In der Euckenschule hat sich aus der noologischen Methode eine besondere Richtung der Pädagogik entwickelt (G. BUDDE u.a.). Für H. GOMPERZ ist die N. neben Ontologie und Kosmologie einer der Hauptteile der Weltanschauungslehre. Sie hat «die logischen Grundbegriffe selbst so weit zu reinigen, daß sie mit den korrelaten Begriffen der Psychologie verträglich werden» [16].

Von J. VOLKELT [17] wird ‹noologisch› im Zusammenhang mit dem Begriff ‹Intuition› verwendet. Er unterscheidet vier Formen intuitiver Gewißheit: 1. ethische Gewißheit, 2. religiöse Gewißheit, 3. ästhetische Gewißheit, 4. noologische Gewißheit. Die ethische Intuition erzeugt die Gewißheit des Selbstwerts des Sittlichen, die religiöse das Gefühl der Gewißheit der Einheit mit Gott, die ästhetische Intuition die Gewißheit vom Selbstwert des Ästhetischen, die noologische Intuition erzeugt den unmittelbaren Glauben an die logische Notwendigkeit. Der sachliche Zwang des logischen Denkens, welches sich nach dem Satz vom Widerspruch organisiert, ruht in der intuitiven Gewißheit, ist aber nicht zurückführbar auf diese. «Die intuitive Gewißheit ist nur die subjektive Form, in der sich mir der sachliche Zwang des Logischen zu spüren gibt» [18]. «Es erscheint mir nicht unpassend, diese vierte Form der intuitiven Gewißheit als noologische Intuition zu bezeichnen» [19].

Anmerkungen. [1] Vgl. M. WUNDT: Die dtsch. Schulmetaphysik des 17. Jh. (1939) 137, Anm. 1; 257. – [2] A. CALOV: Scripta philos. 1 (1651) 8. – [3] G. PASCHIUS: De novis inventis (²1700) 14; J. G. ZEIDLER: Ihre Praecellentz die Noologia oder Versteherey (o.J., ca. 1701) Vorrede. – [4] A. CALOV: Στοιχείωσις Νοολογική, vel habitus intelligentiae contemplans affinitatem rerum, quatenus ex ea prima cognoscendi principia fluunt (1650) a.O. [2] 49-115, zit. 51. – [5] O. SIEBERT: Rudolf Euckens Welt- und Lebensanschauung und die Hauptprobleme der Gegenwart (⁴1925) 54ff. – [6] Vgl. P. PETERSEN: Gesch. der arist. Philos. in protestant. Deutschland (1921) 323f.; S. C. HOLLMANN: Paulo uberior in universam philosophiam introd. I (1734) 28; P. RABE: Cursus philosophicus (1703) 1206f. – [7] C. A. CRUSIUS: Entwurf der nothwendigen Vernunft-Wahrheiten (1745) 9; Weg zur Gewißheit und Zuverläßigkeit der menschl. Erkenntniß (1747) 26f. – [8] TH. REID, Philosophical works, hg. W. HAMILTON (Edinburgh ⁸1895, ND 1967) II, 770a; W. HAMILTON: Lectures on metaphysics and logic 1 (1870) 123. – [9] H. E. WEBER: Die philos. Scholastik des dtsch. Protestantismus im Zeitalter der Orthodoxie (1907) 107ff. – [10] KANT, KrV A 854/B 882. – [11] The works of J. BENTHAM, hg. J. BOWRING (ND New York 1962) VIII, 88b. 288a. – [12] R. EUCKEN: Die Einheit des Geisteslebens in Bewußtsein und That der Menschheit (1888) 451. – [13] a.O. 450. – [14] M. SCHELER, Ges. Werke 1 (1971) 335. – [15] H. HÖFFDING: Moderne Philosophen (1905) 185f. – [16] H. GOMPERZ: Weltanschauungslehre 2: Noologie, 1. Einleitung und Semasiologie (1908) 42. – [17] J. VOLKELT: Gewißheit und Wahrheit (1918). – [18] a.O. 550. – [19] ebda.

Literaturhinweise. C. PRAETORIUS (Pr. M. EIFLER): Disputatio noologiam generalem succincte proponens (1639). – A. CALOV s. Anm. [4]. – G. MEIER: Intelligentia sive Noologia (1666). – G. WAGNER: Synopsis noologica (1670). – J. G. ZEIDLER s. Anm. [3]. – A.-M. AMPÈRE: Essai sur la philos. des sci., ou Exposition analytique d'une classification naturelle de toutes les connaissances humaines (Paris 1834). – H. GOMPERZ s. Anm. [16]. – G. BUDDE: Noologische Pädagogik. Entwurf einer Persönlichkeitspädagogik auf der Grundl. der Philos. R. Euckens (1914). – P. PETERSEN s. Anm. [6] 313ff. – M. WUNDT s. Anm. [1].

B. RÄNSCH-TRILL/Red.

Norm (lat. norma, Winkelmaß, Richtschnur, Regel, Norm, Übersetzung von griech. κανών, Maßstab, Regel bzw. γνώμων, Maßstab; engl. norm; frz. norme; ital. norma)

I. *Entstehung des Begriffs.* – *Rechtsphilosophie, Jurisprudenz.* – Der einzige bekannt gebliebene Architekturtheoretiker der Antike, VITRUV, verwendet ‹norma› terminologisch für das bei der baulichen Konstruktion rechter Winkel verwendete Werkzeug des Winkelmaßes [1]. Die erste deutsche Vitruv-Übersetzung von W. RYFF (1548) spricht «von der Gerechtigkeit des Winkelhacken» [2]. Ferner heißt in der Antike auch die zur Errichtung gerader Bauwerke gezogene Richtschnur ‹norma›; hier gehört sie zusammen mit libella (Setzwaage) und perpendiculum (Senkblei) zum Werkzeug des Baumeisters [3]. «Structuram ad normam et libellam fieri, ad perpendiculum respondere oportet» (Jeder Aufbau aber muß nach der Richtschnur und der Setzwaage gemacht werden und der Richtung des Senkbleies genau entsprechen), sagt PLINIUS [4].

Als Übersetzung von κανών wurde ‹norma› schon bald von der Bautechnik auch auf geistige Phänomene übertragen: CICERO verwendet das Wort ‹norma› neben ‹regula› in seiner Rechtsphilosophie. Entsprechend der architektonischen liegt auch dieser Bedeutung das Bild der Natur als Baumeisterin zugrunde, deren Werkzeuge auch menschliches Handeln benutzen soll [5]. Gemäß der Rechtsvorstellung der älteren Stoa interpretiert Cicero das Gesetz mit der Metaphorik aus der Baukunst als die «regula iuris atque iniuriae» (Maßstab des Rechts und des Unrechts) [6]. Das Baulineal bzw. der Maßstab (regula) stammt entweder direkt aus der Natur (natura, quae norma legis est – die Natur, die die Norm des Gesetzes ist) [7]) oder aus dem in dieser obwaltend gedachten allgemeinen Vernunftgesetz: «... lex est ratio summa, insita in natura ... eadem ratio cum est in hominis mente confirmata et confecta, lex est» (das Gesetz ist die höchste Vernunft, die der Natur eingeprägt ist ... die gleiche Vernunft ist Gesetz, wenn sie im Geist des Menschen gefestigt und ausgebildet ist) [8].

Im Unterschied zum Wortgebrauch in der Rechtsphilosophie versteht die praktische Jurisprudenz der republikanischen Zeit unter ‹regula iuris› lediglich eine in der Verallgemeinerung eines rechtlichen Gesichtspunktes sich manifestierende Juristenweisheit. In dem Maße jedoch, in dem die späteren kaiserlichen Konstitutionen derartige Rechtsgrundsätze nicht nur patentieren und modifizieren, sondern auch neue Vorschriften aufstellen, erscheint ‹regula› als Bezeichnung einer kaiserlichen Verordnung, also einer auf der Autorität des Kaisers beruhenden, der Kritik der Juristen entzogenen Gesetzesregel. Gleichbedeutend mit ‹regula› erscheint vor allem im ‹Codex Theodosianus› wiederum der Begriff ‹norma›. Der ‹Liber Augustalis›, ein sizilianischer Gesetzes-Kodex FRIEDRICHS II., leitet die «norma iustitiae» aus dem «fons iustitiae» ab und schließt das Juristendenken an die klassische rechtsphilosophische Argumentation an.

Immer wieder aber dient auch im Mittelalter die geometrische rectitudo (Rechtwinkligkeit) des architektonischen N.-Begriffs zur Plausibilisierung der rectitudo des praktisch-philosophischen Redens über N. UGUTIO z. B. spricht von der «regula id est norma quia rectam viam vivendi praebat vel quia regat ad recte vivendum, et declinare non permittat, vel quia quod pravum est et distortum corrigat, vel ad recte vivendum ducat» (die Regel, d. i. die Norm, weil sie den richtigen Lebensweg zeigt oder weil sie zum richtigen Leben leitet und nicht erlaubt abzuirren oder weil sie korrigiert, was verkehrt und verdreht ist, oder weil sie zum richtigen Leben führt) [9]. Er veranschaulicht diese Redeweise durch die Terminologie der Architektur, in der ohne die norma «nihil rectum fieri potest». Damit trägt der N.-Begriff in der Rechtsphilosophie weiterhin die naturrechtliche Fracht der Ausrichtung des Rechts an der Moral. So verläßt die Jurisprudenz die Sphäre des technischen Anwendens vorgegebener Gesetze und wird zur iurisprudentia architectrix, die die göttliche Architektonik des Guten nachzubilden strebt. Der philosophisch aufgeladene N.-Begriff kann dann sogar auf die Begründungen der Baukunst zurückwirken, von der auch gesagt werden kann, daß sie mit der «norma philosophiae» übereinstimmen müsse [10]. Insgesamt war ‹N.›, vor allem in der stehenden Wendung «regula et norma», eine im mittelalterlichen Sprachgebrauch eingeschliffene Metapher [11], was wohl auch damit zusammenhängt, daß in der Bautechnik die verschiedenen Werkzeuge sprachlich zu unterscheiden guten Sinn macht, daß aber offenbar für den Bereich praktisch-philosophischer Orientierungen eine vergleichbare Unterscheidung nicht eingeübt werden konnte. – Im Mittelalter bedeutete ‹norma› auch die Ordensregel [12].

Entscheidendes ändert sich erst im Humanismus. M. VON WESEMBEKE spricht bereits von dem dreifachen Aspekt, unter dem man durch eine N. oder Regel gemessen werden kann: Annäherung an Vollkommenheit, Ausgang vom angemessenen Handeln oder Einfügung in die unveränderliche ontologische Ordnung des Höher und Niedriger. Schließlich nennt B. KECKERMANN N. oder Maß den «modus per quem Ens ab Ente mensuratur» (Maß, durch das Seiendes an Seiendem gemessen wird) [13], wobei er auch ‹Kanon› und ‹N.› begrifflich deutlich auseinanderhält [14]. In diesem N.en-Modell, in dem eins am anderen nach dem Grad seiner relativen Vollkommenheit gemessen werden kann, ist die Prägung des Begriffs durch die Architektensprache verlassen.

War der N.-Begriff schon im Mittelalter ins Mittelhochdeutsche übernommen worden, und zwar sowohl im Sinne der Regeln einer Kunst als auch in der Wendung «der natturen normen» [15], und war er sowohl als «Richtschnur» wie als «Richtscheit» in bautechnischer und übertragener Bedeutung eingedeutscht worden, so wird der Begriff ‹N.› doch erst im 17. Jh. in Deutschland gebräuchlicher. Offenbar ist es vor allem die Rechtssprache, die an seiner Verbreitung wirkt, so daß z. B. ZEDLER in seinem Lexikon die Rechtsbedeutung für die Grundbedeutung einsetzt: «so viel, als eine vorgeschriebene Regel, oder Gesetz, welche man genau zu beobachten und nicht dawider zu handeln hat» [16]. Im übrigen verweist er auf «Richtschnur» und «Winkelhack», wobei auch der Artikel ‹Richtschnur› seinen Schwerpunkt im Juristischen hat. Im Gegensatz zum präskriptiven Verständnis versteht J. J. MOSER N.en deskriptiv: N.en formulieren das Normale, Gewöhnliche; gegen anspruchsvolle naturrechtliche und politische Regeln will er ein «wirkliches» Völkerrecht schreiben, welches rein deskriptiv von den «N.en» handelt, «darnach sich die Europäische Souverainen in ihren Staatshandlungen zu richten pflegen» [17]. Schlicht tautologisch erläutert noch am Anfang des 19. Jh. W. T. KRUGS Wörterbuch: «N. ist alles, was einem Andern zur Regel oder Richtschnur dient. Daher bedeutet es auch ein Muster» [17a].

KANT hatte zwar schon in der 1. Auflage der ‹Kritik der reinen Vernunft› den Begriff der N. so verwendet, daß er gesetzesspezifizierende oder ableitende Gesetze meinte, er bezog diesen Begriff jedoch ausschließlich auf das erkenntnistheoretische Problem der Begründung der Geltung empirischer Gesetze, welche erst unter den Gesetzen des reinen Verstandes und «nach deren Norm» möglich seien [18]. In der Rechtsphilosophie der ‹Metaphysik der Sitten› bezeichnete er Begriffe der praktischen Vernunft, wie z. B. die Idee einer Staatsverfassung, als Begriffe, denen zwar keine bestimmte Erfahrung entspricht, denen «aber auch als N. keine widersprechen muß» [19]. Im übrigen hatte Kant ‹Gesetze› und ‹N.en› nicht gleichgesetzt. Auch sonst spricht er nämlich durchaus von N.en der Beurteilung und Kritik. Doch bereits FICHTE behandelt das Thema des Sittengesetzes der selbstgesetzgebenden Vernunft im Rahmen der Problematik eines N.en-Begründungsverfahrens. Die Vernunft im Menschen schreibt «durch das Sittengesetz in uns» dem ganzen Menschen die N. vor, auf welche Art er allein tätig werden darf [20]. Mithin erstreckt sich der Geltungsbereich des Sittengesetzes der Vernunft bei Fichte nicht auf Handlungsgründe (Maximen), sondern auf eine kriterielle Ebene, die der Handlungssphäre nicht verhaftet ist: «sie wollen die bestimmt gegebene Handlung an eine gewisse N. halten, und über die Übereinstimmung jener mit dieser ein Urtheil fällen. Woher wollen sie nun diese N. nehmen? Aus der nach ihr zu richtenden Handlung nicht; denn die Handlung soll ja an der N., nicht die N. an der Handlung geprüft werden» [21].

Begriffsgeschichtlich noch bedeutsamer ist der Gebrauch, den KANT vom Begriff der Normalidee in seiner Ästhetik macht. Indem Kant das als Maßstab für das Verhältnis von Spezies und Gattung fungierende, in der Gesamtheit der individuellen Anschauungen sichtbar werdende Gattungsbild oder Muster ‹Normalidee› nennt und gegen das ästhetische Ideal absetzt [22], gewinnt der Begriff der N. den Sinn von ‹Gleichmaß›, ‹Durchschnitt›, in Medizin und Psychologie dann auch den des

Gesunden, da das Durchschnittsmaß als das von Natur Richtige und Gewollte verstanden wird. Einwände gegen solche Hypostasen von ‹N.› und ‹Normalität› formuliert erstmals F. SCHLEIERMACHER. Er polemisiert gegen das abstrahierende «Aufstellen Einer N. für alle Menschen» und setzt dem als seine eigene «primitive Formel» der Welt entgegen: «Die Individualität des Einzelnen ist ein wahres In-eins-bilden des Allgemeinen ...» [23]. Daß solche Relativierung keine Perhorreszierung des N.-Begriffs impliziert, zeigt die gleichzeitige Herausstellung des ‹Neuen Testaments› als einer authentischen Text-N. der Darstellung des christlichen Glaubens [24].

In der Rechtsphilosophie des 19. Jh. bestimmt F. J. STAHL das Recht als «N. und Ordnung des menschlichen Gemeinlebens», d. h. als «Gesamtanforderung und Gesamttat», als «ethisches Gebot» und zugleich «mechanisch sich erhaltende Einrichtung» [25]. Nach ihm beruht das Rechtssystem nicht auf dem Freiheitsgedanken und ist kein System von Berechtigungen, sondern stellt sich im Sinne der Historischen Rechtsschule dar als ein Zusammenhang von Ordnungen, d. h. von Rechtsinstituten, die er als durch ihr jeweiliges Telos bestimmte Komplexe von Tatsachen und rechtlichen N.en definiert. Die «N.en des Rechts», nach welchen «Lebensverhältnisse geordnet und gerichtet werden können», unterscheiden sich danach von Rechtsideen oder -prinzipien durch ihre Geltung, d.h. hier: ihre Positivität, die in ihrer «Verwirklichung» verbürgte Verbindlichkeit, Objektivität und Bestimmtheit (Anwendbarkeit).

In den Mittelpunkt des rechtsphilosophischen Interesses tritt der N.-Begriff mit K. BINDINGS mehrbändiger Untersuchung ‹Die N.en und ihre Übertretung› [26]. Darin behandelt er den Unterschied zwischen der hypothetischen Rechtsfolgeanordnung des Strafgesetzes und dem jeweils darin vorausgesetzten Verhaltensbefehl als «Gegensatz von Strafgesetz und N.». In der Folge wird ‹N.› bestimmt als «abstrakter Imperativ für das menschliche Handeln» [27], als «Ausdruck eines Wollens, das seine Vollziehung von anderen erwartet, einer Zwecksetzung mit der Maßgabe, daß der Wollende oder als wollend Gedachte den Zweck nicht sich selbst, sondern einem anderen setzt, und zwar ohne Rücksicht auf die Person des Wollenden selbst und ebenso ohne Rücksicht auf den Willensakt als solchen» [28]. Daneben wird der Terminus ‹N.› im Streit der positivistischen Staatslehre des letzten Drittels des 19. Jh. um den Begriff des Gesetzes (und damit um die Kompetenzen des Parlaments) gerne verwendet, um die Allgemeinheit einer rechtlichen Bestimmung zu bezeichnen [29]. Von daher ist dann jede allgemeine Rechtsvorschrift ohne Rücksicht auf die (parlamentarische oder gouvernementale) Form der Rechtssetzung eine N. So bestimmt das Einführungsgesetz zur Zivilprozeßordnung von 1877 in § 12, Gesetz im Sinne des Zivilprozeßrechts sei «jede Rechtsnorm».

Gegen die sogenannte Imperativentheorie, in der sowohl die Frage nach dem «N.-Adressaten» (Volk oder Rechtsanwender) als auch die Frage nach der spezifischen Differenz zu anderen Sollenssätzen (Zwangsmoment oder allgemeine Anerkennung als äußerliche Verhaltensregel) kontrovers bleibt, wandte sich vor allem H. KELSEN mit der These, der als N. qualifizierte, d.h. in seiner logisch aus dem Sein unableitbaren Eigengesetzlichkeit begriffene Rechtssatz sei ein Sollensurteil über die Rechtsfolge eines Tatbestandes [30]. Mit der Unterscheidung zwischen ‹N.› und ‹Rechtssatz›, d.h. zwischen dem Rechtsbefehl, dem objektiven Sinn eines (Rechtserzeugungs-)Aktes, mit dem ein Verhalten geboten, erlaubt oder ermächtigt wird, und dem hypothetischen rechtswissenschaftlichen Urteil darüber, ist Kelsen später wieder zur Imperativentheorie zurückgekehrt [31]. Allerdings versteht er nun in dieser «dynamischen» Betrachtungsweise (Lehre vom Stufenbau der Rechtsordnung) unter ‹N.› im Gegensatz zum üblichen juristischen Sprachgebrauch nicht mehr nur generell-abstrakte Rechtsakte (Gesetze), sondern auch individuell-konkrete (z. B. Urteile).

Anmerkungen. [1] VITRUV, De arch. IX, Praef. – [2] Dtsch. Übers. W. RYFF (Nürnberg 1548) CCLXIV. – [3] a.O. [1]. – [4] PLINIUS, Nat. hist. III, 521. – [5] CICERO, Acad. rel. I, 41; II, 140. – [6] De leg. I, 19. – [7] a.O. II, 61. – [8] I, 18. – [9] Zit. nach H. E. H. JAEGER: La norme d'après la doctrine des humanistes et des auteurs du droit naturel, in: La norma en el Derecho Canonico. Actas del III congr. intern. de Derecho Canonico (Pamplona 1979) I, 312. – [10] L. B. ALBERTI: De re aedificatoria (1485) VI, 3. – [11] Vgl. z.B. THOMAS VON AQUIN, S. theol. I/II, 101, 1, 3; In sent. III, a. 1, 3. – [12] DU CANGE: Glossarium mediae et infimae latinitatis (Paris 1883-1887, ND 1954) IV, 607f. – [13] B. KECKERMANN: Opera omnia (Genf 1614) I, 230. – [14] So in: Systema disciplinae politicae, publicis praelectionibus (Hannover 1608). – [15] HEINRICH VON NEUSTADT: Apollonius von Tyrland. Werke, hg. S. SINGER (1906, ²1967) 211, 13237. – [16] J. H. ZEDLER: Großes vollst. Universal-Lex. aller Wiss. und Künste 23 (1740) 1311; vgl. 31 (1742) 1425. – [17] J. J. MOSER: Versuch des neuesten Europäischen Völker-Rechts, 1. Teil (1777) 17ff. – [17a] W. T. KRUG: Allg. Handwb. der philos. Wiss. (²1833) III, 72. – [18] I. KANT, KrV A 128. – [19] Akad.-A. 6, 372. – [20] J. G. FICHTE, Ges. Ausg., hg. R. LAUTH/H. JACOB (1964) I/1, 241. – [21] a.O. 216. – [22] KANT, KU § 17; vgl. J. F. FRIES: Neue Kritik der Vernunft (1807) I, 237; III, 308f.; ferner KANT, Akad.-A. 7, 298. – [23] F. D. E. SCHLEIERMACHER, Werke, hg. O. BRAUN/J. BAUER (1913) II, 122f. – [24] Der christl. Glaube, hg. M. REDEKER 2 (⁷1960) 288ff. 299. – [25] F. J. STAHL: Die Philos. des Rechts II/1 (²1845) 162. 171ff. 180ff. 231. – [26] K. BINDING: Die N.en und ihre Übertretung (1872-1916). – [27] R. IHERING: Der Zweck im Recht I (³1893) 331. – [28] E. R. BIERLING: Prinzipienlehre (1894) 29; Zur Kritik der jurist. Grundbegriffe (²1965) I, 3; II, 7ff. – [29] Vgl. E.-W. BÖCKENFÖRDE: Gesetz und gesetzgebende Gewalt (1958) 210ff. – [30] H. KELSEN: Hauptprobleme der Staatsrechtslehre (1911). – [31] Reine Rechtslehre (²1960) 3ff. 73ff.

Literaturhinweise. F. SOMLÓ: Jurist. Grundlehre (1917). – W. WUNDT: Völkerpsychol. 9 (1918) 201ff. – H. OPPEL: κανών. Zur Bedeutungsgesch. des Wortes und seiner lat. Entsprechungen (regula, norma). Philologus, Suppl. 30, 4 (1937). – L. WENGER: Canon in den röm. Rechtsquellen und in den Papyri. Sber. Akad. Wiss. Wien, Phil.-hist. Kl. 220, 2 (1942). – M. E. MAYER: Rechts-N.en und Kultur-N.en (²1965). – H. KELSEN: Allg. Theorie der N.en (1979).

H. HOFMANN/Red.

II. *Ethik.* – Während das griechische κανών, das seine ursprüngliche Bedeutung grundsätzlich mit dem lateinischen ‹norma› teilt [1], in der antiken Ethik als Fachterminus im Sinne von ‹Maßstab› zur Unterscheidung des Wahren und Falschen bzw. ‹Regel› für richtiges Handeln gebraucht wurde, findet ‹norma› im Rahmen ethischer Reflexion nur selten und dann eher beiläufig Verwendung (so bei CICERO, THOMAS, PUFENDORF, THOMASIUS) [2]. In der Moralphilosophie gewinnt der Begriff der N. erst im 19. Jh. eigenständige terminologische Bedeutung. Die im 19. und 20. Jh. (vor allem im deutschsprachigen Raum) erfolgende schnelle und endgültige Rezeption des N.-Begriffs als eines Grundbegriffs ethischer Reflexion zeigt sich u.a. darin, daß retrospektiv die moralphilosophische Tradition im Rekurs auf den N.-Begriff gedeutet wird: Der N.-Begriff wird zum Oberbegriff, unter den so unterschiedliche Begriffe wie νόμος [3], ὀρθὸς λόγος [4], ‹regula›, ‹mensura›, ‹lex›, ‹ordo› [5], ‹kategorischer Imperativ› [6], ‹Sittengesetz› [7], ‹Tugend›, ‹Pflicht› [8] usw.

subsumiert werden. Anstelle des N.-Begriffs werden im angelsächsischen Sprachraum vor allem die Ausdrücke ‹Prinzip› (principle) oder ‹Regel› (rule) gebraucht.

1. Der N.-Begriff wird im 19. Jh. in kritischer Auseinandersetzung mit der Ethik KANTS in die philosophische Diskussion eingeführt. Erst gegen Ende des Jahrhunderts, in der 1886 erschienenen ‹Ethik› W. WUNDTS [9], wird der Begriff als ethischer Grundterminus gebraucht.

In systematisch bedeutsamer Weise wird der Begriff der N. von F. E. BENEKE in seinen ‹Grundlinien des natürlichen Systems der praktischen Philosophie› [10] verwendet. Durch seine Theorie der «Grundnormen des Moralischen» [11] will Beneke Kants bloß «formale» Bestimmung des Moralischen [12] überwinden, ohne dabei den Gedanken der Allgemeingültigkeit und Notwendigkeit des Sittengesetzes preiszugeben. N. wird definiert als der «Maßstab» [13], die «regelnde Grundlage» [14] der moralischen Beurteilung; die «Grundnormen des Moralischen» [15] insgesamt nennt Beneke das «Sittengesetz» [16]. Das Sittengesetz ist nach Beneke «nichts Anderes, als die reine und fehlerlose Hervorbildung der tiefsten Grundverhältnisse der menschlichen Natur» [17], so daß die «sittliche Nothwendigkeit» zugleich eine «natürliche» ist, «und zwar die Nothwendigkeit der *tiefsten* Naturverhältnisse unserer praktischen Entwickelung» [18]. Die Explikation der «Grundnormen des Moralischen» hat nach Beneke durch «psychologische Zergliederung» [19] der Natur der menschlichen Seele zu erfolgen. Durch eine solche Zergliederung gewinnen wir Klarheit über die «Grundmotive» [20] unseres Wollens und über die ihnen zugrundeliegenden Bewertungen der Gegenstände (Güter, Zwecke) unseres Begehrens. Die «richtige Werthgebung» [21] wird durch das «moralische Gesetz» geregelt, das seinen Ausdruck in der «allgemein-gleiche[n], allgemein-gültige[n] Norm der Werthe» [22] findet.

Den Überlegungen Benekes zum Teil verwandt sind die Ausführungen CHR. SIGWARTS [23] zum N.-Begriff [24]. Die Formulierung sittlicher N.en ist für Sigwart gleichbedeutend mit der «Aufstellung unbedingt gültiger Normal-Gesetze des Wollens» [25], und sie steht – wie auch bei Beneke – unter der Voraussetzung, «dass die natürlichen Willensrichtungen des Menschen auf die Verwirklichung der Sittlichkeit angelegt sind» [26]. Aber im Unterschied zu Beneke weist Sigwart darauf hin, daß Selbstbeobachtung und psychologische Zergliederung allein unzureichende Verfahren sind, um die empirische Allgemeingültigkeit von N.-Sätzen zu erklären. Es bedarf zusätzlich der geschichtlichen Analyse, da die N.en der Sitte und des Rechts als nichts anderes als die geltenden Überzeugungen «der Majorität» und daher als ein «Durchschnittsergebnis» aufzufassen sind, in dem «sich die mannigfaltig widerstreitenden Strebungen ausgeglichen haben» [27]. (Diese Überlegungen weisen voraus auf die um die Jahrhundertwende einsetzende und vor allem von G. SIMMEL geführte 'kulturwissenschaftliche' Erörterung des N.-Problems, die zu einer soziologischen Betrachtung der N.en überleitete [28].) Von der Frage nach der faktischen Geltung von N.en, die durch psychologische und geschichtliche Analyse zu beantworten ist, unterscheidet SIGWART die Frage nach dem Kriterium der Wahrheit ethischer Überzeugungen, die in N.en ihren Ausdruck finden. Ein solches Kriterium sieht Sigwart darin, daß die «Normalgesetz[e] des Wollens», d. h. die «obersten und unbedingten N.en unseres Wollens», die den «einzelnen Willensact als Naturgesetz» beherrschen, durch «die Idee eines schlechthin einheitlichen, allumfassenden wollenden Selbstbewußtseins vermittelt» sind [29].

W. WINDELBAND [30] will im Rekurs auf den N.-Begriff den Dualismus zwischen dem Reich der Freiheit und dem Reich der Natur, der im Rahmen der Kantischen Philosophie nicht aufgelöst werden konnte, beseitigen und zeigen, «wie mitten im Reiche der Naturnotwendigkeit die Norm zu Geltung und Herrschaft gelangen kann» [31]. Naturgesetze dienen nach Windelband der «theoretischen Erklärung der Tatsachen», N.en dagegen sind «Regeln der Beurteilung»; aufgrund von N.en wird «der Wert dessen, was naturnotwendig geschieht, beurteilt» [32]. Durch die «normative Gesetzgebung des logischen, des ethischen und des ästhetischen Bewußtseins» [33] werden aus dem «naturnotwendigen, gesetzlich bestimmten Prozeß des Seelenlebens» [34] jene Vorstellungsassoziationen, Motivationen oder Gefühlsweisen ausgezeichnet, die den «Wert der Normalität» haben [35]. Der Gesichtspunkt, unter dem bestimmte Zustände des Seelenlebens als der logischen, ethischen oder ästhetischen Normalität entsprechend hervorgehoben werden [36], ist der der «Allgemeingiltigkeit», d. h. der «Wert von allen anerkannt werden zu sollen» [37]. Das normative Bewußtsein bezeichnet Windelband auch als das «Normalbewußtsein» [38], und er stellt der Naturgesetzgebung die «Normalgesetzgebung» [39] gegenüber. Der «Inbegriff der N.en» ist nach Windelband das, was wir Vernunft nennen, und da «Freisein heißt der Vernunft gehorchen», ist Freiheit nichts anderes als «die Bestimmung des empirischen Bewußtseins durch das Normalbewußtsein» [40].

In der ‹Ethik› W. WUNDTS [41] rückt der Begriff der N. ins Zentrum der ethischen Reflexion. Die Ethik wird verstanden als Wissenschaft von den N.en, als «Normwissenschaft» [42]. Der N.-Begriff wird – in ähnlicher Weise wie später von H. KELSEN [43] – definiert als «eine reine Willensregel, die dem Sein ein Sollen gegenüberstellt» [44]. WUNDT unterscheidet «Grundnormen», die nur der Sittlichkeit zukommen [45] und «die Bedeutung eines praktischen Axioms haben» [46], und abgeleitete N.en (die z. B. auch Rechts-N.en sein können) [47]. In der Geschichte der Ethik sind nach Wundt an Stelle der eigentlichen N.en zwei Klassen von Allgemeinbegriffen verwendet worden: die Tugendbegriffe, die sittliche Tatbestände «unter dem Gesichtspunkte des Motivs», und die Pflichtbegriffe, die jene Tatbestände unter dem Gesichtspunkt des Zwecks betrachteten [48]. In den N.en finden jedoch «die Motive und Zwecke des Sittlichen zugleich Berücksichtigung» [49], so daß sich «die *primäre* Natur der N. und die im Vergleich damit *sekundäre* der Pflicht- und Tugendbegriffe» zeigt [50].

F. PAULSEN [51] sieht in dem Gegensatz «zwischen den sittlichen N.en und den Zwecken, zwischen den Pflichten und den Gütern», jenen «prinzipiellen Gegensatz in der Konstruktion der sittlichen Welt» begründet, der als der «Gegensatz der formalistischen und teleologischen Moralphilosophie» charakterisiert werden kann [52]. Die formalistische Moralphilosophie, die nach Paulsen vor allem durch die Ethik Kants repräsentiert wird, lehnt «jeden inneren Zusammenhang zwischen den sittlichen N.en und den Gütern überhaupt ab» [53] und erklärt den sittlichen Wert einer Person allein im Rekurs auf die Gesinnung [54]. Die teleologische Ethik dagegen behauptet einen «inneren Zusammenhang zwischen ... den Normwerten und den Zweckwerten» und versucht, «die objektive Sittlichkeit sozialtechnologisch zu erklären und zu begründen» [55]. Beide Typen der Ethik verhalten sich nach Paulsen komplementär zueinander: Das Recht der formalistischen Ethik liegt in der durch sie ermöglichten subjektiven Würdigung der Person, während die teleologische Ethik Kriterien für eine objektive Wertung von Handlungen bereitstellt [56].

2. In der sogenannten neuscholastischen katholischen Morallehre des 19. Jh. dient der Rekurs auf den N.-Begriff ursprünglich der kritischen Abgrenzung gegen die «subjektivistisch-rationalistische Theorie» Kants [57]. So kritisiert u. a. A. STÖCKL, daß Kant nicht nur fälschlicherweise die «N. der Moralität ... aus der Vernunft allein» [58] abgeleitet, sondern zudem mit dem kategorischen Imperativ ein nur formales Kriterium für die moralische Beurteilung von Handlungen entwickelt habe. Demgegenüber betont Stöckl den «doppelten Charakter» der N. [59]: Die sittliche N. ist nach Stöckl einerseits als Imperativ (norma imperata) zu interpretieren, andererseits jedoch muß sie zugleich als die inhaltlich bestimmte «Richtschnur» unseres Handelns (norma directiva) begriffen werden [60]. Die für uns «nächste N.» ist nach Stöckl «die natürliche sittliche Ordnung» [61], die «letzte und höchste N.» unseres Handelns aber ist «in letzter Instanz in dem göttlichen Verstande begründet» [62]. Gegenüber dieser, auch von späteren katholischen Moraltheologen (V. CATHREIN [63], A. LEHMEN [64], J. DONAT [65], F. WAGNER [66]) geteilten Auffassung vertritt TH. STEINBÜCHEL [67] unter dem Einfluß der modernen Wertethik die These, der Inhalt der sittlichen N. sei als sittlicher *Wert* zu bestimmen und von dem durch ihn begründeten Sollensanspruch zu unterscheiden. Der N.-Charakter wird nach Steinbüchel allein durch das Sollen konstituiert, so daß «Werterfassung und Normerlebnis» [68] als differente Erlebensmomente charakterisierbar werden. Grundsätzliche Kritik an der traditionellen katholischen Morallehre übt B. SCHÜLLER [69]. Die ethischen N.en zugrundeliegenden Werturteile wurden nach Schüller in der Tradition vor allem deontologisch, unter Absehung von den Folgen von Handlungen, begründet. Im Anschluß an die utilitaristische Ethik fordert Schüller dagegen, die deontologische Normierung zugunsten einer teleologischen Normierung aufzugeben. R. SPAEMANN kritisiert die Entgegensetzung von teleologischer und deontologischer Normierung. Nach ihm gibt es weder ein vollständiges Absehen von Handlungsfolgen noch kann die Gesamtheit aller Wirkungen einer Handlung in die Verantwortung eines Handlungssubjekts fallen. Sittliche N.en ergeben sich nach Spaemann aus «sittlichen Verhältnissen» und den aus ihnen resultierenden Verantwortlichkeiten [70].

3. Die Erörterung des N.-Begriffs erfolgt im ersten Drittel des 20. Jh. vor allem im Rahmen der Wertethik. Die N. wird als Ausdruck eines Sollens verstanden und in Beziehung gesetzt zu dem Begriff des Wertes, durch den der N.-Inhalt bestimmt wird. Während die Bestimmung der N. als Ausdruck eines Sollens unproblematisch erscheint, wird der Zusammenhang von N. und Wert kontrovers diskutiert.

Für WINDELBAND sind Werte – er übernimmt diesen Begriff von H. LOTZE [71] – das Ergebnis der kulturellen Entwicklung [72]. Während die «den Denkgewohnheiten der letzten Zeit» [73] gemäße psychologische und soziologische Wertbetrachtung allein die Relativität der Kulturwerte zu thematisieren vermag, erfordert die Behauptung der Geltung absoluter Werte das «Postulat» eines «Normalbewußtseins» [74], das die Regeln (N.en) für die Beurteilung der Kulturwerte generiert. Nach E. HUSSERL [75] dagegen setzt umgekehrt der Gedanke der «Normierung (des Sollens)» [76] Werturteile voraus: Weil bestimmte Sachverhalte durch Wertprädikate ausgezeichnet werden, sind Sollensforderungen möglich [77]. «Es gibt so vielfältige Arten der Rede vom Sollen, als es verschiedene Arten von – wirklichen oder vermeintlichen – Werten gibt» [78]. Damit gewinnt der Wertbegriff eindeutig Vorrang vor dem N.-Begriff.

M. SCHELER [79] zieht daraus die Konsequenz, daß «N.en letzte ursprüngliche Tatbestände des sittlichen Lebens *nicht* sind» [80]. N.en beruhen nach Scheler vielmehr auf der apriorischen Rangordnung der Werte [81]. N.en und Pflichten sind für ihn nichts anderes als eine «Spezifizierung» des ursprünglichen «idealen» Sollens «zu irgendeiner Art des *Imperativischen*» [82]. Das ideale Sollen selbst ist nach Scheler Ausdruck dessen, daß alles «positiv Wertvolle» sein soll, alles «negativ Wertvolle» nicht sein soll [83]. Sofern die N.en ihrem Gehalte nach auf ideale Sollensinhalte zurückgehen, die in Werten gründen, sind sie nicht «genetisch psychologisch» erklärbar [84]. Einer historischen, psychologischen oder soziologischen Deutung fähig ist jedoch die Tatsache, daß nicht nur zu verschiedenen Zeiten verschiedene Sollensinhalte normiert wurden, sondern daß auch die «*Imperative und N.en ... bei Anerkennung derselben Werte* sowohl geschichtlich als bei den verschiedenen Gemeinschaften *variieren*» können [85]. Die Notwendigkeit der Normierung von idealen Sollensinhalten, d. h. die Formulierung von Ge- und Verboten, ist nach Scheler bereits ein Indiz dafür, daß «das unmittelbare Gefühl für die Werte, auf die sie (die Sollensinhalte) zurückgehen, sich *verdunkelt* hat, oder wenigstens das Streben eine diesem Wertgefühl entgegengesetzte Richtung hat» [86]. – Die Unterscheidung zwischen idealem Sollen und N. findet sich der Sache nach auch bei NIC. HARTMANN [87], allerdings ohne Rekurs auf den N.-Begriff; statt dessen unterscheidet er zwischen idealem und aktualem Seinsollen [88].

Bei dem Versuch, eine 'gesetzesfreie Ethik' zu entwickeln, unterzieht H. SPIEGELBERG [89] die These Wundts von der primären Natur der N.en einer gründlichen Kritik; zugleich macht er in einem gesonderten Kapitel nachdrücklich auf die Vieldeutigkeit des Ausdrucks ‹N.› aufmerksam [90]. Nach R. POLIN [91] ist der Rekurs auf den N.-Begriff unverzichtbar, da durch die (imperativische) N. der ihr zugrundeliegende Wert mit den Zielen von Handlungen vermittelt wird [92]. – Den Zusammenhang zwischen Wert- und N.-Begriff betonen auch neuere Autoren (LENK, POSER); Werte werden als Begründungsinstanz für N.en angesehen, wobei allerdings der Wertbegriff – im Unterschied zur Wertethik (Scheler, Hartmann) – ohne ontologische Konnotationen gebraucht wird [93].

4. In der Gegenwart wird der N.-Begriff nicht nur im Rahmen der praktischen Philosophie thematisiert; N.en und N.-Sätze bilden zugleich auch den Gegenstand der deontischen Logik oder N.en-Logik [94]. Die deontische Logik behandelt die logischen Beziehungen zwischen N.-Sätzen, durch die gewisse Handlungen als geboten, verboten oder erlaubt behauptet werden [95], ohne jedoch auf das Problem ethischer N.en gesondert einzugehen [96]. Unmittelbar belangvoll für die praktische Philosophie ist allerdings die Unterscheidung zwischen Imperativen und N.-Sätzen. Nach VON KUTSCHERA stellen Imperative Handlungen dar, die sich in sprachlichen Äußerungen vollziehen und die als solche weder wahr noch falsch sind; dagegen können N.-Sätze, die das Bestehen von N.en behaupten, wahr oder falsch sein [97]. Da jedoch die in N.-Sätzen ausgedrückten N.en neben ihrem deskriptiven Gehalt zugleich auch imperativischen Charakter haben [98], ist es nach E. MORSCHER [99] ratsam, in

bezug auf N.en statt von «wahr/falsch» von «gültig/ungültig» zu sprechen [100]; anstelle von «gültig» bzw. «Gültigkeit» werden auch die Ausdrücke «gelten» bzw. «Geltung» gebraucht.

Die Verwendung des N.-Begriffs im Rahmen der praktischen Philosophie ist terminologisch nicht eindeutig geregelt. Unter ‹N.en› werden verstanden: Gebote, Verbote oder Erlaubnisse (RIEDEL) [101]; Handlungsanweisungen (Handlungsmaximen) oder Werturteile (Wertstandards), für die allgemeine Anerkennung gefordert wird (HABERMAS, ALBERT, LÜBBE) [102]; praktisch regulative Ideen (APEL) [103]; allgemeine Sätze, «in denen unabhängig von der Individualität der Handelnden zu bestimmten Zwecksetzungen aufgefordert wird» (SCHWEMMER) [104]; universelle Aufforderungen (GETHMANN) [105]; alle Regelungen, die den Menschen fordernd entgegentreten (WEISCHEDEL) [106]; Maßbegriffe, die «eine Funktion für die Legalität einer Handlung», nicht aber eine «direkte Funktion für das Gute oder gar für das Beste» haben (KRINGS) [107].

Die gegenwärtige N.-Diskussion steht unter der Prämisse der durchgängigen «normative[n] Verfaßtheit des konkreten Lebens einer ... Gesellschaft» (KLUXEN) [108]. Die Aufgabe der praktischen Philosophie wird darin gesehen, die den unmittelbar handlungsorientierenden N.en zugrundeliegenden «moralischen Prinzipien» (PATZIG) [109] oder «Grundnormen» (KAMLAH) [110] aufzuweisen und Verfahren der Prüfung, Begründung und Rechtfertigung von N.en zu entwickeln. Der Ausdruck ‹N.› wird dabei entweder im Sinne von ‹praktischer N.› verstanden und umfaßt insofern sowohl ethische als auch Rechts-N.en (LÜBBE) [111], oder es wird strikt zwischen Rechts- und Moral-N.en unterschieden (z.B. RIEDEL) [112]. Einige Autoren weisen darauf hin, daß ethischen Grund-N.en im Unterschied zu Rechts-N.en Unbedingtheit und Allgemeingeltung zukommt [113].

Da die gegenwärtigen Theorien der N.-Findung und N.-Begründung nur zum Teil zur Klärung und näheren Bestimmung des N.-Begriffs selbst beitragen [114], sollen im folgenden die unterschiedlichen Theorieansätze nur kurz genannt werden. Als Beispiele für N.en-Begründungsversuche, die im Rekurs auf oder im Anschluß an klassische Theorien der Ethik (Utilitarismus und Kant; Thomas von Aquin) erfolgen und die auf die Explikation der die einzelnen N.en «übergreifenden moralischen Prinzipien» [115] abzielen, sind die Beiträge von PATZIG [116] und KLUXEN [117] anzusehen. Als Verfahren der Prüfung, Begründung und Rechtfertigung von N.en sind vor allem zu nennen das von der sogenannten *Erlanger Schule* (LORENZEN, SCHWEMMER, KAMBARTEL, GETHMANN) entwickelte Modell transsubjektiver Beratung [118], APELS Versuch einer transzendental-pragmatischen N.en-Begründung [119], HABERMAS' Versuch der «universalistischen Sprachethik» im Rekurs auf die «Logik des praktischen Diskurses» [120] sowie der von KRINGS entfaltete Ansatz transzendentalphilosophischer N.en-Begründung [121].

Anmerkungen. [1] Vgl. R. GOCLENIUS: Lex. philos. (Frankfurt a.M. 1613, ND 1964) 760. – [2] CICERO, De orat. 3, 190; De leg. 2, 61; THOMAS VON AQUIN, S. theol. I/II, 101, 1 obj. 3; S. PUFENDORF: De jure naturae et gentium (1672) I, c. 6; zu THOMASIUS vgl. H. L. SCHREIBER: Der Begriff der Rechtspflicht (1966) 16ff.; vgl. auch J. G. FICHTE, Das System der Sittenlehre. Akad.-A. I/5, 63. – [3] G. B. KERFERD: The sophistic movement (London 1981) 112. – [4] M. WITTMANN: Die moderne Wertethik (1940) 50; zu PLATON vgl. K.-H. ILTING: Bedürfnis und Norm. Platons Begründung der Ethik, in: J. MITTELSTRASS und M. RIEDEL (Hg.): Vernünftiges Denken (1978) 420ff. – [5] B. BUJO: Moralautonomie und Normenfindung bei Thomas v. A. (1979) 51ff. – [6] A. STÖCKL: Lehrb. der Philos. 2 (²1869) 349; F. PAULSEN: Ethik, in: Systemat. Philos. = Die Kultur der Gegenwart I/4, hg. P. HINNEBERG (²1908) 287ff.; E. HUSSERL: Log. Unters. I (1900, ND 1968) 45. – [7] TH. LIPPS: Die ethischen Grundfragen (³1912) 152ff. – [8] W. WUNDT: Ethik 2 (³1903) 177ff.; M. RIEDEL: Norm und Werturteil (1979) 80. – [9] WUNDT, a.O. 2 164ff. – [10] F. E. BENEKE: Grundl. des nat. Systems der prakt. Philos. 1: Allg. Sittenlehre (1837). – [11] a.O. 219ff. – [12] VIIf. – [13] 67. – [14] 64f. – [15] 219. – [16] 228. – [17] 247. – [18] 248. – [19] 247. – [20] 67. – [21] 221. – [22] 79. – [23] CHR. SIGWART: Logik 2 (1878). – [24] Als Vermittler ist wahrscheinlich der Beneke-Schüler F. UEBERWEG (System der Logik, 1857) anzusehen; vgl. auch M. W. DROBISCH: Logik (1836). – [25] SIGWART, a.O. [23] 565. – [26] a.O. 566; vgl. 588f. – [27] 576. – [28] G. SIMMEL: Einl. in die Moralwiss. 1 (1892, ND Aalen 1964) 54ff.; zur Definition von ‹N.› vgl. a.O. 69; Soziologie (1908). – [29] SIGWART, a.O. [23] 585. – [30] W. WINDELBAND: N.en und Naturgesetze, in: Präludien 2 (1883, ND 1924) 59ff. – [31] a.O. 97. – [32] 67. – [33] ebda. – [34] 72. – [35] 69. – [36] Vgl. auch KANT, KU § 17, wo der Begriff der «Normalidee» eingeführt wird. – [37] WINDELBAND, a.O. [30] 73. – [38] a.O. 88. – [39] 74. – [40] 88. – [41] WUNDT, a.O. [8] – [42] a.O. 1, 1ff.; 2, 164ff.; vgl. N. HARTMANN: Ethik (1926) 27ff. – [43] H. KELSEN: Reine Rechtslehre (Wien 1960) 5. – [44] WUNDT, a.O. [8] 2, 167; vgl. 1, 8. – [45] a.O. 2, 171f. – [46] 2, 167. – [47] 2, 171f. – [48] 2, 178. – [49] 2, 181. – [50] 2, 182. – [51] F. PAULSEN, a.O. [6]. – [52] a.O. 296. – [53] ebda. – [54] 297. – [55] ebda. – [56] 298ff. – [57] STÖCKL, a.O. [6] 349. – [58] Vgl. auch: J. KLEUTGEN: Philos. der Vorzeit (1860-80) 1, 439f. 441ff. – [59] STÖCKL, a.O. [6] 349. – [60] a.O. 347f. – [61] 353. – [62] 355. – [63] V. CATHREIN: Moralphilos. 1 (⁵1911). – [64] A. LEHMEN: Lehrb. der Philos. auf aristotel.-scholast. Grundlage 4 (Moralphilos.) (³1919) 45ff. 56ff. – [65] J. DONAT: Ethica Generalis [Summa Philos. Christianae 7] (⁶1934) 23ff. – [66] F. WAGNER: Zum Problem der Sittennorm, in: M. MEINERTS und A. DONDERS (Hg.): Aus Ethik und Leben, Festschr. J. Mausbach (1931) 113ff. – [67] TH. STEINBÜCHEL: Die philos. Grundlegung der kath. Sittenlehre 2 (1947) 87ff.; vgl. auch M. REDING: Philos. Grundlegung der kath. Moraltheol. (1953) 78ff. – [68] STEINBÜCHEL, a.O. 74. – [69] B. SCHÜLLER: Zum Problem eth. Normierung. Orientierung 36 (1972) 81ff. – [70] R. SPAEMANN: Über die Unmöglichkeit einer universalteleolog. Ethik. Philos. Jb. 88 (1981) 70-89. – [71] H. LOTZE: Mikrokosmos 1-3 (1856ff.) 2 (⁶1923) 306ff.; vgl. H.-G. GADAMER: Das ontol. Problem des Wertes. Kleine Schr. 4 (1977) 205ff. – [72] W. WINDELBAND: Einl. in die Philos. (1914). – [73] Lehrb. der Gesch. der Philos. (⁶1912) 566. – [74] a.O. [72] 253f. – [75] HUSSERL, a.O. [6]. – [76] a.O. 40. – [77] 41f. – [78] 42. – [79] M. SCHELER: Der Formalismus in der Ethik und die materiale Wertethik (1916, ⁵1966). – [80] a.O. 224. – [81] 30. – [82] 211. – [83] ebda. – [84] 224. – [85] 222. – [86] 223. – [87] N. HARTMANN: Ethik (1926). – [88] a.O. 154ff. – [89] H. SPIEGELBERG: Gesetz und Sittengesetz (1935). – [90] a.O. 64ff. – [91] R. POLIN: La création des valeurs (Paris 1952). – [92] a.O. 203ff. – [93] H. POSER: Einl. zu: G. H. v. WRIGHT: Handlung, N. und Intention (1977) XIff.; H. LENK: Wertanalyse, Handlungserklärungen und Methodologisches zur Normenproblematik in der Bildungsplanung, in: H. STACHOWIAK (Hg.): Werte, Ziele und Methoden der Bildungsplanung (1977) 81ff.; vgl. auch LENK: Pragmat. Philos. (1975). – [94] Vgl. W. STEGMÜLLER: Hauptströmungen der Gegenwartsphilos. 2 (1975) 156ff. – [95] F. VON KUTSCHERA: Einf. in die Logik der N.en, Werte und Entscheidungen (1973) 11. – [96] G. H. v. WRIGHT: N. and action (London/New York 1963) 11ff. – [97] KUTSCHERA, a.O. [95] 12f.; vgl. RIEDEL, a.O. [8] 51ff.; R. BUBNER: Handlung, Sprache und Vernunft (1976) 275ff. – [98] RIEDEL, a.O. 51; A. PIEPER: Art. ‹N.›, in: H. KRINGS, H. M. BAUMGARTNER und CHR. WILD: Hb. philos. Grundbegriffe, Stud.-Ausg. 4 (1973) 1013. – [99] E. MORSCHER: Art. ‹N.›, in: J. SPECK (Hg.): Hb. wissenschaftstheoret. Begriffe 2 (1980) 453. – [100] Vgl. P. WEINGARTNER: Wissenschaftstheorie 1 (²1978) 173ff. – [101] RIEDEL, a.O. [8] 53; vgl. KUTSCHERA, a.O. [95] 11. – [102] J. HABERMAS: Wahrheitstheorien, in: Wirklichkeit und Reflexion, Festschr. W. SCHULZ (1973) 262; H. ALBERT: Ethik und Meta-Ethik, in: H. ALBERT und E. TOPITSCH: Werturteilsstreit (1979)

492ff.; H. LÜBBE: Die Begründbarkeit von N.en und die sog. Wertfreiheit der Wissenschaften, in: A. PAUS (Hg.): Werte, Rechte, N.en (1979) 180. – [103] K.-O. APEL, in: W. OELMÜLLER (Hg.): Transzendentalphilos. Normenbegründungen (1978) 167. – [104] O. SCHWEMMER: Grundlagen einer normativen Ethik, in: F. KAMBARTEL (Hg.): Prakt. Philos. und konstruktive Wiss.theorie (1974) 83f. – [105] C. F. GETHMANN: Rechtfertigung und Inkraftsetzung von N.en, in: W. OELMÜLLER (Hg.): Normenbegründung – Normendurchsetzung (1978) 147. – [106] W. WEISCHEDEL: Skeptische Ethik (1976) 139. – [107] H. KRINGS: Freiheit und sittl. Bindung, in: Stimmen der Zeit 199 (1981) 596ff., bes. 598; Die systemat. Struktur der Normenbegründung (Vortrag). Stuttgarter Hegel-Tagung (1981). – [108] W. KLUXEN: Ethik des Ethos (1974) 22. – [109] G. PATZIG: Ethik ohne Metaphysik (1971) 79. – [110] W. KAMLAH: Philos. Anthropologie (1973) 96, vgl. 93ff. – [111] LÜBBE, a.O. [102]. – [112] Vgl. RIEDEL, a.O. [8] 48ff. – [113] Vgl. z. B. a.O. 61ff.; A. PIEPER, a.O. [98] 1009ff. – [114] So die Theorien von KRINGS, a.O. [107], und HABERMAS, a.O. [102]. – [115] PATZIG, a.O. [109]. – [116] Vgl. a.O. [109]; Tatsachen, N.en, Sätze (1980). – [117] KLUXEN, a.O. [108]. – [118] P. LORENZEN: Normative logic and ethics (1969); LORENZEN und O. SCHWEMMER: Konstruktive Logik, Ethik und Wiss.theorie (1973); LORENZEN: Konstruktive Wiss.theorie (1974); Theorie der techn. und polit. Vernunft (1978); SCHWEMMER: Philos. der Praxis (1971); vgl. a.O. [104]; F. KAMBARTEL: Moralisches Argumentieren – Methodische Analysen zur Ethik, in: F. KAMBARTEL (Hg.), a.O. [104] 54ff.; GETHMANN, a.O. [105]; Zur formalen Pragmatik der Normenbegründung, in: J. MITTELSTRASS (Hg.): Methodenprobleme der Wiss.en vom gesellschaftl. Handeln (1979) 46ff. – [119] K.-O. APEL: Sprechakttheorie und transzendentale Sprachpragmatik zur Frage ein. in: APEL (Hg.): Sprachpragmatik und Philos. (1976) 10ff.; Das Apriori der Kommunikationsgemeinschaft und die Grundlagen der Ethik, in: Transformation der Philos. 2 (1973) 358ff. – [120] HABERMAS: Vorbereitende Bemerkungen zu einer Theorie der kommunikat. Kompetenz, in: HABERMAS und N. LUHMANN: Theorie der Gesellschaft oder Sozialtechnologie (1971) 101ff.; HABERMAS, a.O. [102]; Legitimationsprobleme im Spätkapitalismus (1973) 120ff. 140ff. – [121] H. KRINGS, in: W. OELMÜLLER (Hg.), a.O. [105] 217ff.; Der Grundsatz und die Maßnahme. Anmerkungen zu einer Logik der Normenbegründung, in: W. OELMÜLLER (Hg.): N.en und Gesch. (1979) 40ff.; System und Freiheit (1980).

Literaturhinweise. A. MESSER: Wert, N., Person in der Ethik. Neue Jbücher 42 (1918) 121ff. – P. FREUND: Die Entwicklung des Normbegriffs von Kant bis Windelband (Diss. Berlin 1933). – O. W. HASELOFF und H. STACHOWIAK (Hg.): Kultur und N. Schr. zur wiss. Weltorientierung 2 (1957). – P. W. TAYLOR: Normative discourse (Englewood Cliffs, N.Y. 1961). – H.-N. CASTAÑEDA: Imperatives, decisions and «oughts». A log.-metaphys. investigation, in: H.-N. CASTAÑEDA und G. NAKHNIKIAN (Hg.): Morality and the language of conduct (Detroit 1963) 219ff. – W. K. FRANKENA: Ethics (1963); dtsch.: Analyt. Ethik (1972). – W. HEISTERMANN: Das Problem der N. Z. philos. Forsch. 20 (1966) 197-209. – A. ROSS: Directives and norms (London 1968). – A. VALSECCI und L. ROSSI: La norma morale (Bologna 1971). – K. OPALER: Norm and conduct, in: H. HUBIEN (Hg.): Le raisonnement juridique (Brüssel 1971) 111ff.; Les normes, les énoncés sur les normes et les prépositions déontiques. Arch. Philos. Droit 17 (1972) 355ff. – M. RIEDEL (Hg.): Rehabilitierung der prakt. Philos. 1. 2 (1972/1974); N. und Werturteil (1979). – W. KORFF: N. und Sittlichkeit (1973). – W. HARDWIG: Sittlichkeit, sittl. N.en und Rechts-N.en, in: Grundfragen der ges. Strafrechtswiss. (1974) 19ff. – H. LENK (Hg.): Normenlogik (1974). – A. K. RUF: Grundkurs Moraltheologie 1: Gesetz und N. (1975). – H.-P. ZEDLER: Zur Logik von Legitimationsproblemen. Möglichkeiten der Begründung von N.en (1975). – A. LAUN: Art. ‹Norm› und ‹Normfindung›, in: K. HÖRMANN (Hg.): Lexikon der christl. Moral (1976), weiterführende Lit.-Angaben zur moraltheol. N.en-Diskussion. – G. PATZIG: Die Begründung moralischer N.en, in: G. PATZIG, E. SCHEIBE und W. WIELAND (Hg.): Logik, Ethik, Theorie der Geisteswiss. XI. Dtsch. Kongreß für Philos. (1977) 7ff. – A. PORTMANN (Hg.): N.en im Wandel der Zeit (1977). – J. SAUER (Hg.): N.en im Konflikt (1977). – A. HERTZ, W. KORFF, T. RENDTORFF und H. RINGELING (Hg.): Hb. der christl. Ethik 1. 2 (1978). – W. OELMÜLLER (Hg.): Materialien zur N.en-Diskussion 1-3 (1978ff.). – B. SCHLEISSHEIMER: Sein und Sollen (1978). – R. HEGSELMANN: Normativität und Rationalität (1979). – H. KELSEN: Allg. Theorie der N.en (1979). – A. PIEPER: Pragmat. und eth. Normenbegründung (1979). – G. DUX: Der Ursprung der N.en. Die Bedeutung der Sprache für ihre Entstehung. Arch. Rechts- und Sozialphilos. 66 (1980) 53-76. – Vgl. auch die weiteren in den Anm. genannten Werke.

W. H. SCHRADER

III. *Sozialphilosophie, Soziologie.* – Die Naturrechtstradition hatte das Verhältnis von Recht und Gesellschaft wesentlich im Modell des Gesellschaftsvertrages gedacht und so eine Identität der Formen des Rechts mit denen der Gesellschaft postuliert. Doch bereits in den Anfängen der Soziologie bei A. COMTE wird die historische Wandelbarkeit von normativen Komponenten des sozialen Zusammenhangs festgestellt. É. DURKHEIM hob die Gesellschaftsstruktur als eigenständige soziale Dimension von der Rechtsverfassung einer Gesellschaft bewußt ab und reflektierte sie als spezifischen Gegenstand der Soziologie. N.en sind für ihn Instanzen seines Grundbegriffs der «soziologischen Tatbestände», d.h. N. ist «jede mehr oder minder festgelegte Art des Handelns, die die Fähigkeit besitzt, auf den Einzelnen einen äußeren Zwang auszuüben» [1]. Durkheim unterscheidet dabei zwischen gesamtgesellschaftlichen N.en, die gerade aufgrund ihrer relativ vagen Allgemeinheit die «Solidarität» der arbeitsteiligen Gesellschaft als Ausdruck der moralischen Integration garantieren, und spezifischen, auf gesellschaftliche Teilgruppen bezogenen N.en [2].

Die am Ende des 19. Jh. auflebende Diskussion des N.-Begriffs fand ihren Niederschlag in G. SIMMELS grundlegender und richtungweisender Differenzierung: «N. hat die zweifache Bedeutung: einmal dessen, was allgemein, generisch geschieht, dann dessen, was geschehen soll, wenngleich es vielleicht nicht geschieht. Diese Doppelheit mag den tiefen Zusammenhang haben, dass für den Einzelnen dasjenige die N. im zweiten Sinne bedeutet, was N. der Allgemeinheit im ersten ist» [3]. Von Ausnahmen abgesehen – z. B. N. als Bezugsrahmen [4] – geht die sozialwissenschaftliche Theoriebildung von der zweiten Simmelschen Begriff, der N. als Sollensvorschrift, aus [5]. M. WEBER hält allerdings dem Simmelschen Versuch, noch im N.-Begriff den Seins-Aspekt der Normalität und den Sollens-Aspekt der Vorschrift oder Forderung als Aspekte des N.-Begriffs im Hinblick auf Allgemeinheit zusammenzudenken, die strikte, methodisch gemeinte Trennung entgegen, «daß einerseits die Geltung eines praktischen Imperativs als N. und andererseits die Wahrheitsgeltung einer empirischen Tatsachenfeststellung in absolut heterogenen Ebenen der Problematik liegen» [6]. Das normativ Gültige einer Gesellschaft, von Rechts-N.en über Konventionen bis hin zu den Imperativen der Ethik, beruht auf einem «wertrationalen *Glauben* von Menschen» [7]. Es verliert seinen N.-Charakter als «Objekt empirischer Untersuchung» [8]. In diesem strikten Sinne befaßt sich Soziologie nicht mit N.en, die auch für die soziologische Tätigkeit Gültigkeit hätten, sondern nur mit der Faktizität des Geltens von N.en in sozialen Zusammenhängen; das ist der Sinn der postulierten Werturteilsfreiheit der Sozialwissenschaften.

Auf dem 5. Internationalen Philosophenkongreß (1924) erwähnte F. TÖNNIES die Lehre von den sozialen N.en als eines von fünf Gebieten der reinen Soziologie. Er verstand unter N.en «alle von einer Verbindung ... ausgehenden, ihre Subjekte oder Mitglieder ... angehenden allgemeinen Gebote und Verbote, mithin alle die

Freiheit ihres Verhaltens einschränkenden, die Willen bindenden Vorschriften» [9]. Soziale N.en unterschied er von allgemeinen N.en dadurch, «daß diejenigen Personen, für welche die N. gelten will, selber zu denen gehören, die sie setzen und wollen, daß sie also in Eigengesetzgebung, in Autonomie beruhen» [10]. Unter sozialen N.en werden mithin nicht N.en verstanden, die sich inhaltlich auf Soziales beziehen, sondern N.en, deren Geltung im Sozialen begründet ist: «Der Inhalt sozialer N.en kann grundsätzlich beliebig sein» [11].

T. PARSONS behandelt demgegenüber N.en nicht mehr nur als einen wesentlichen Gegenstandsbereich soziologischer Forschung oder nur im Hinblick auf funktional differenzierte Teilbereiche der Gesellschaft (Rechtssystem, Erziehung o.ä.), sondern für ihn bildet der Begriff der N. einen unentbehrlichen Teil des Schemas, unter dem das Feld sozialen Handelns überhaupt konzeptualisiert wird: «there is no such thing as action except as effort to conform with norms just as there is no such thing as motion except as change of location in space» [12]. N.en sind generalisierte Erwartungsmuster, die für verschiedene Teilbereiche des sozialen Systems verschiedene Erwartungsmuster festlegen; in ihrer Allgemeinheit stehen sie jedoch niedriger als die ebenfalls zur normativen Kultur zählenden Werte und können daher gegebenenfalls durch diese gerechtfertigt werden [13]. Welches die normativen und welches die nicht-normativen Elemente von Handlungssystemen sind, ist nicht philosophisch, erst recht nicht normativ, sondern empirisch zu entscheiden, indem man schaut, welche Handlungsbeschreibungen bestimmte Handlungsverläufe faktisch als erstrebenswert auszeichnen bzw. im Blick auf die Zwecke hin als Zwecke an sich selbst ausgegeben werden. Die Entstehung und Geltung von N.en wird in der Soziologie somit nicht aus anderen N.en abgeleitet, sondern durch die Beobachtung des Verhaltens der N.-Setzer und der N.-Befolger ermittelt. Dabei gilt besondere Aufmerksamkeit den Interessen derjenigen, welche die gesellschaftliche Macht zur Setzung und Durchsetzung von für sie vorteilhaften N.en besitzen [14].

Die Parsonsche Konzeption von N. als generalisiertem Erwartungsmuster hat sich als fruchtbarer Ansatz erwiesen, der z. B. auch die Soziologie der Gruppen [15] stimuliert hat, wonach dann gruppennormenkonformes Handeln als positiv belohnt und normenwidriges Handeln negativ sanktioniert gedacht wird, was wiederum über den sozialen Rang einer Person in der Gruppe entscheidet. Ferner wurden herrschafts- bzw. schichtungssoziologische Überlegungen durch den Begriff der generalisierten Erwartungen (an Rollen) reformuliert, so «daß Rollenerwartungen nichts anderes sind als konkretisierte soziale N.en ('Institutionen')» [16]. Daher meint R. DAHRENDORF, daß aus den drei Kategorien ‹N.›, ‹Sanktion› und ‹Herrschaft› «alle übrigen Kategorien der soziologischen Analyse» sich ableiten ließen [17]. Dem liegt die Annahme zugrunde: «Gesellschaft heißt, daß N.en das Verhalten der Menschen regeln ...» [18]. N. LUHMANN hat den N.-Begriff schließlich dahingehend verfeinert, daß er N.en als «kontrafaktisch stabilisierte Verhaltenserwartungen» bezeichnet und damit abhebt auf die Haltung der Unbelehrbarkeit, die normativem (im Gegensatz zu kognitivem) Erwarten zugrunde liegt. Auf diese Weise wird Luhmanns Vorschlag sowohl dem normativen Geltungsanspruch, der sich als ein Sollen ausdrückt, als auch der Faktizität des kontrafaktischen Erwartens gerecht [19].

Anmerkungen. [1] É. DURKHEIM: Les règles de la méthode sociologique (Paris 1895); dtsch. hg. R. KÖNIG (⁴1976) 114. – [2] De la division du travail social (Paris 1893, ¹⁰1978) 177f. – [3] G. SIMMEL: Einl. in die Moralwiss. (⁴1964) 1, 69. – [4] Etwa bei M. SHERIF: The psychology of social norms (New York 1936, 1965) 44. – [5] Vgl. G. C. HOMANS: The human group (New York 1950); dtsch.: Theorie der sozialen Gruppe (1960) 137. – [6] M. WEBER: Methodol. Schr. (1968) 241. – [7] a.O. 315. – [8] 268. – [9] F. TÖNNIES: Soziolog. Studien und Kritiken 2 (1926) 438. – [10] Einf. in die Soziologie (1931) 190. – [11] F. H. TENBRUCK: Soziale N.en, in: Das Verhältnis der Wirtschaftswiss. zur Rechtswiss., Soziologie und Statistik, hg. L. RAISER u.a. (1964) 270-281. – [12] T. PARSONS: The structure of social action (New York/London 1937, ²1949) 76f.; vgl. T. PARSONS und E. SHILS: Toward a general theory of action (Cambridge, Mass. 1951) 14f. 105f. – [13] PARSONS: Durkheim's contribution to the theory of integration of social systems, in: Emile Durkheim, 1858-1917, hg. K. H. WOLFF (Columbus 1960) 118-153. – [14] R. DAHRENDORF: Über den Ursprung der Ungleichheit unter den Menschen (²1966). – [15] HOMANS, a.O. [5]. – [16] DAHRENDORF, a.O. [14] 23. – [17] a.O. 32. – [18] ebda. – [19] N. LUHMANN: Rechtssoziologie 1 (1972) 40ff.

Literaturhinweise. T. GEIGER: Vorstudien zu einer Soziologie des Rechts (1964). – G. SPITTLER: N. und Sanktion (1967). – R. LAUTMANN: Wert und N. Begriffsanalysen für die Soziologie (²1971). – N. LUHMANN s. Anm. [19]. – H. KEUTH: Der Normbegriff in der sozialwiss. Theoriebildung. Kölner Z. Soziologie Sozialpsychol. 30 (1978) 680-700. – H. POPITZ: Die normative Konstruktion von Gesellschaft (1980). – K. EICHNER: Die Entstehung sozialer N.en (1981). Red.

Normal, Normalität (engl. normal, normality; frz. normal, normalité; ital. normale, normalità)

I. Die Griechen verbanden den Begriff ‹normal›, soweit sie ihn nicht mit ‹gesund› usw. gleichsetzten, mit dem Begriff ‹Natur› (φύσις): Das Normale ist das Naturgemäße (τὰ κατὰ φύσιν). Dabei kommt dem Begriff ‹normal› jene Zweideutigkeit zu, die dem Naturbegriff eigen ist. ‹Natur› meint – so besonders deutlich in den Hippokratischen Schriften – zum einen die durchschnittliche, 'natürliche' Beschaffenheit, zum anderen auch etwa den gesunden Zustand des Körpers und seiner Organe und damit den Idealzustand, dessen Wiederherstellung Ziel der ärztlichen Therapie ist [1]. Das Ineins des deskriptiven und normativen Elements des 'Normalen' ist ein durch die Geschichte bleibendes Charakteristikum dieses Begriffs.

Die δικαίη (oder δικαιοτάτη) φύσις als Normalzustand ist ein speziell ärztlicher Normbegriff [2]. Auch ἄρτιος und τετράγωνος können in diesem Sinne ‹normal› bedeuten. Gegenbegriff ist τὸ βίαιον, das Naturwidrige, Abnorme [3]. Da die Natur für die Antike jedoch keineswegs immer das Regelmäßige impliziert («natura varie ludens» [4]), schwankt der an sie gekoppelte Begriff ‹normal›.

Die lateinischen Bezeichnungen bieten eine genaue Parallele zum Griechischen: ‹naturalis› bezeichnet, zumal bei den Ärzten der Renaissance und etwa in Verbindung mit ‹philosophia›, die Lehre vom Normalzustand des menschlichen Körpers, d. h. die Physiologie. Das Adjektiv ‹normalis›, aus der Geometrie stammend (von norma, das Richtmaß, das Winkelmaß, die Norm), gewinnt vor allem in der Physiologie des 18. und 19. Jh. terminologischen Vorrang (Normalgesetze, Normalplasma, Normalpuls). Auch hier ist der Normalzustand im Grunde ein Ideal. J. CHR. REIL spricht – in Analogie zu «Ideal» – von «dem Normal» sowie – KANTS Terminus aus der ‹Kritik der Urteilskraft› aufnehmend [5] – von der «Normalidee» [6]. Diese ist die «blosse subjective Regel für den Beobachter, der die Natur danach beurteilt, und das als

Anomalie anmerkt, was von dieser Regel abweichend in der Natur angetroffen wird» [7]. Das Normale ist – so REIL – nicht etwas empirisch-konkret Gegebenes, sondern ein «abstractes Produkt des Verstandes» [8].

Anmerkungen. [1] Vgl. die Belege bei M. MICHLER: Die prakt. Bedeutung des normativen Physis-Begriffs in der hippokrat. Schr. de fracturis – de articulis. Hermes 90 (1962) 385-401. – [2] HIPPOKRATES, π. ἀγμῶν 1. – [3] a.O. 30. – [4] Vgl. K. DEICHGRÄBER: Natura varie ludens. Abh. Akad. Mainz 3 (1954). – [5] I. KANT, KU § 17. – [6] J. CHR. REIL: Entwurf einer allg. Pathologie (1815) 1, 261ff. – [7] a.O. 262. – [8] a.O. 265.

Literaturhinweise. M. MICHLER s. Anm. [1]. – F. KUDLIEN: The old Greek concept of 'relative' health. J. Hist. behavioral Sci. 9 (1973) 53-59. F. KUDLIEN

II. Von der *Etymologie* her bedeutet ‹normal› das, was der Regel gemäß, regelmäßig ist; das, was sich weder nach rechts noch nach links neigt, sich also in der richtigen Mitte hält. Daraus leiten sich zwei Bedeutungen her: im gebräuchlichsten Wortsinn das, was für die Mehrzahl der Vertreter einer bestimmten Gattung zutrifft oder was den Durchschnitt bzw. die Maßeinheit eines meßbaren Merkmals ausmacht [1]. Der Begriff kann demnach sowohl eine Tatsache bezeichnen als auch einen «Wert, welcher der Tatsache vom Sprecher aufgrund eines von ihm übernommenen allgemeinen Urteils beigelegt wird» [2].

Diese Zweideutigkeit von Deskriptivem und Normativem zeigt sich auch an dem Gegenbegriff ‹Anomalie› (griech. ἀνομαλία, Ungleichheit, Unebenheit: verneintes Substantiv zu ὁμαλός, gleichmäßig, eben, glatt), indem dieser häufig irrtümlich von νόμος, ἄνομος abgeleitet worden ist, so daß er in etwa der Verneinung von lat. ‹norma› entspricht. Durch diese irrtümliche Etymologie wird ein deskriptiver Begriff zu einem normativen. G. CANGUILHEM [3] hat in diesem Zusammenhang auf ein Kuriosum der französischen Begriffsgeschichte hingewiesen: É. GEOFFROY SAINT-HILAIRE interpretiert trotz dieser falschen Etymologie «Anomalie» im deskriptiven Sinne als «Unregelmäßigkeit» und bestimmt sie in der Anatomie als individuelle Abweichung vom artspezifischen Typus: «jede organische Besonderheit, die ein Einzelwesen im Vergleich zur großen Mehrheit der Vertreter seiner Art, seines Alters und seines Geschlechts aufweist, macht das aus, was man eine Anomalie nennen kann» [4]. Abarten, Mißbildungen, Heterotaxien und Monstrositäten gehören für Geoffroy Saint-Hilaire als Arten zur Gattung Anomalie.

Begriffe und Gegenbegriffe des Normalen lassen sich allgemein normativ oder deskriptiv interpretieren, wobei in letzter Instanz eine normative Entscheidung unumgänglich ist. Zwar ist nicht jede Anomalie pathologisch, «doch nur weil pathologische Anomalien vorkommen, gibt es eine besondere Wissenschaft von den Anomalien, die qua Wissenschaft normalerweise bestrebt ist, jede in der Definition der Anomalie womöglich implizierte normative Vorstellung auszuschalten ... Die Anomalie ist eine individuelle Abweichung, welche verhindert, daß zwei Lebewesen einander vollständig substituieren können ... Verschiedenheit aber bedeutet nicht Krankheit. Das Anomale ist noch nicht das Pathologische ... Das Pathologische hingegen ist das Anormale» [5].

Definiert man Normales und Anormales durch ihre relative statistische Häufigkeit, so kann man auch das Pathologische für normal erklären, und andauernde volle Gesundheit läßt sich dann als anormal bezeichnen. Aber auch dann, wenn man die Krankheit in dieser Weise als normal ansieht, ist sie doch ein Zustand, der im Interesse des Überlebens bekämpft werden muß; vorgesehen ist sie also nur als ein im Verhältnis zum Fortbestand des Lebens, das hier als Norm fungiert, anormaler Zustand: die Begriffe ‹krank›, ‹pathologisch› und ‹anormal› sind einander demnach gleichzusetzen [6].

Der Kern des Normativen im Begriffsfeld des Normalen sowie des Anomalen und Anormalen führt CANGUILHEM in seiner Untersuchung über ‹Das Normale und das Pathologische› [7] zu der allgemeinen These, daß in den Wissenschaften vom Leben die Wertung einer biologischen Tatsache (und dies läßt sich auch anthropologisch formulieren) nicht nur von einem zu ihr stellungnehmenden Menschen vorgenommen wird, sondern vom Leben selbst, indem dieses auf Verletzungen usw. reagiere. Denn das Leben ist gegenüber den Bedingungen, unter denen es möglich ist, nicht indifferent, sondern es enthält «eine Polarität und damit eine unbewußte Wertsetzung», ist also «letztlich eine normative Aktivität». Das therapeutische Bedürfnis ist damit, unabhängig von seinen soziologischen und geschichtlichen Ursprüngen, Ausdruck eines «vitalen Bedürfnisses» [8]: «Das Leben selbst und nicht erst das medizinische Urteil macht aus dem biologischen Normalen einen Wertbegriff, der mehr als eine statistische Wirklichkeit bezeichnet» [9]. Daraus folgt jedoch andererseits, daß es «kein Normales oder Pathologisches an sich» gibt. Anomalien oder Mutationen sind nicht per se pathologisch, sie «zeugen vielmehr von möglichen anderen Lebensnormen» [10]. Der Vorzug dieser vom Biologischen ausgehenden Analyse des Normalen und Pathologischen ist, daß sie in der Betonung der Relativität des jeweiligen Normalen den letztlich normativen Charakter der Bestimmung des Normalen nicht preisgibt, wie dies häufig in der Absolutsetzung des deskriptiven Prärogativs der Wissenschaften geschieht. Außerdem erlaubt diese Analyse eine Applikation auf die speziellen anthropologischen Disziplinen ebenso wie auf den alltäglichen Streit um das Normale. Generell kann Canguilhem feststellen: «Der normale Mensch ist der normative Mensch, der fähig ist, neue und sogar organische Normen zu setzen. Eine einzige Lebensnorm wird als Privation und nicht als Positives empfunden» [11]. Die anthropologische Verteidigung der Normalität (N.) ist zugleich ein Plädoyer für einen N.-Pluralismus und die zugehörige Toleranz gegen neue und alte Formen des Normalen. Daß die Erfahrung der Relativität des Normalen als eine Bedrohung empfunden wird, darf darüber nicht vergessen werden; festgehalten ist dies etwa in FR. HEBBELS Tagebucheintragung von 1853: «Mit Prof. Brücke im neuen Irrenhause. Grauenvoll: *Massen* von Wahnsinnigen zu sehen, denn dadurch wird das Unnormale scheinbar wieder normal ... Die Menschen: verstimmte Instrumente» [12].

Dieser allgemeine Befund erlaubt eine Geschichte der Auffassungen des Normalen in unterschiedlichen Lebenssphären, vor allem eine (noch nicht versuchte) *Geschichte der Stellungen zum Normalen*, sowie spezielle Geschichten *der einschlägigen Terminologien*. Im Vorgriff auf eine solche Übersicht, die sich weitgehend mit einer Geschichte der Auffassungen von Gesundheit und Krankheit und ihrer metaphorischen Übertragung auf die verschiedensten Lebensbereiche decken würde, läßt sich als eine wesentliche Zäsur die Ersetzung des Begriffs der Gesundheit durch den der N. gegen Ende des 18. Jh. festhalten. Damit kommt ein Prozeß zum Abschluß, in dem sich die neuzeitliche Auffassung, daß der Mensch die Natur bezwingen und seinem normativen Willen unterwerfen kann, durchsetzt. Die Krankheit wird nicht mehr als fremdes Wesen oder als innerer Kampf gegensätzlicher Kräfte aufgefaßt, das Pathologische vom Normalen nicht mehr wie zwei heterogene Qualitäten voneinander unterschieden: vielmehr geht es um die Klärung des Verhältnisses von Normalem und Pathologischem. Im Laufe des 19. Jh. wird «die These von der wirklichen Identität der ausscheinend so verschiedenen und von der menschlichen Erfahrung so gegensätzlich gewerteten normalen und pathologischen Lebensphänomene zu einer Art wissenschaftlich approbiertem Dogma, dessen Übertragung auf das Gebiet der Philosophie und Psychologie sich wohl dem Prestige verdankte, das es in den Augen der Biologen und Mediziner besaß» [13].

Unter Berufung auf F.-J.-V. BROUSSAIS, insbesondere seine Schrift ‹De l'irritation et de la folie› (1828), ist die These von der substanziellen Identität und bloß quantitativen Differenz von Gesundheit und Krankheit, Pathologischem und Normalem mit besonderem Nachdruck von A. COMTE vertreten worden. Die Auffassung, daß die Krankheiten wesentlich «im Übermaß oder Mangel an Reizung der entsprechenden Gewebe im Verhältnis zum Normalzustand» bestehen (Broussais), wird von Comte als «Prinzip Broussais'» zu einem allgemeinen Axiom erhoben und auf die Gesellschaftswissenschaft angewandt, die Comte als eine Theorie der Ordnung aus der Analyse der Krise der Revolution versteht. Noch in den späten Zusammenfassungen seiner Lehre verweist Comte auf den Anstoß, die seine neue Wissenschaft der Soziologie von der Biologie erfahren hat, zumal von «jenem großartigen Prinzip, dessen Entdeckung ich Broussais zugeschrieben habe, weil es sich aus der Gesamtheit seiner Arbeiten ergibt, wenngleich ich allein seine allgemeine und unmittelbare Formel aufgestellt habe. Bis dahin hatte man angenommen, der pathologische Zustand werde von gänzlich anderen Gesetzen beherrscht als der Normalzustand; folglich war mit der Erforschung des einen nichts über den anderen ausgemacht. Broussais wies nun nach, daß die Krankheitsphänomene substanziell mit denen der Gesundheit identisch und lediglich der Intensität nach von ihnen unterschieden sind. Dieses einleuchtende Prinzip wurde zur systematischen Grundlage der Pathologie, welche somit dem Ganzen der Biologie eingeordnet werden konnte ... Die Einsichten, die wir jenem Prinzip bereits verdanken, lassen seine künftige Leistungsfähigkeit nur ahnen. Nach enzyklopädischem Prinzip kann es zumal auf die geistigen und sittlichen Funktionen übertragen werden; auf sie ist es noch keineswegs in gebührendem Maß angewendet worden, so daß ihre Erkrankungen unser Erstaunen und unsere Erregung hervorrufen, ohne uns einer Einsicht näher zu bringen ... Im Gesellschaftskörper kommt es wegen seiner größeren Kompliziertheit zu Störungen, die noch gravierender, vielfältiger und häufiger sind als im Einzelorganismus. Ich wage zu behaupten, daß das Broussaissche Prinzip auch auf diese Probleme übertragen werden muß; ich selber habe es häufig zur Konsolidierung und Präzisierung soziologischer Gesetze herangezogen. Die Analyse der Revolution kann freilich keinen Beitrag zur positiven Erforschung der Gesellschaft leisten, wenn die logische Einübung anhand der einfacheren Beispiele aus der Biologie fehlt» [14].

Die Vorstellung, daß Gesundheit und Krankheit von denselben Gesetzmäßigkeiten bestimmt werden, ist allgemein charakteristisch für das Verhältnis von Physiologie und Pathologie im 19. Jh. und ist vielfach bezeugt [15]. Für C. BERNARD, der sich selbst als den eigentlichen Gründer der experimentellen Medizin sah, war die Medizin als Experimentalwissenschaft allererst durch diese Ansicht begründbar, die es erlaubte, pathologische Schäden als Experimente der Natur zu betrachten und die physiologischen Gesetze aus den pathologischen Erscheinungen zu erschließen wie andererseits alle pathologischen Phänomene physiologisch zu erklären [16].

Die Ausstrahlung dieser Auffassungen des Gesunden und Kranken wird von einer Aufzeichnung FR. NIETZSCHES aus dem Frühjahr 1888 unter dem Stichwort «décadence» bezeugt: «Ich habe mich gefragt, ob man nicht alle diese obersten Werthe der bisherigen Philosophie, Moral und Religion mit den Werthen der Geschwächten, *Geisteskranken* und Neurastheniker vergleichen kann: sie stellen, in einer milderen Form, *dieselben Übel* dar ... der Werth aller morbiden Zustände ist, daß sie in einem Vergrößerungsglas gewisse Zustände, die normal aber als normal schlecht sichtbar sind, zeigen ...» [17]. Nietzsche zitiert anschließend, zur Begründung dieser Überlegungen, aus C. BERNARDS ‹Leçons sur la chaleur animale›: «*Gesundheit* und *Krankheit* sind nichts wesentlich Verschiedenes, wie es die alten Mediziner und heute noch einige Praktiker glauben. Man muß nicht distinkte Principien, oder Entitäten daraus machen, die sich um den lebenden Organismus streiten und aus ihm ihren Kampfplatz machen. Das ist altes Zeug und Geschwätz, das zu nichts mehr taugt. Thatsächlich giebt es zwischen diesen beiden Arten des Daseins nur Gradunterschiede: die Übertreibung, die Disproportion, die Nicht-Harmonie der normalen Phänomene constituiren den krankhaften Zustand. Claude Bernard» [18].

Zu dem Zeitpunkt, als Nietzsche die neue medizinische Krankheitsauffassung *philosophisch* virulent zu machen sucht, hat das Prinzip von Broussais, Comte und Bernard bereits begonnen, einer neuen substantialistischen Krankheitsauffassung Platz zu machen. Es gehört zu den von W. LEPENIES im Anschluß an G. Canguilhem herausgearbeiteten Eigentümlichkeiten in den «Wechselwirkungen zwischen den Wissenschaften vom Leben und den Sozialwissenschaften im 19. Jahrhundert», daß die Übertragung des medizinischen Paradigmas auf die Soziologie aus Gründen der N.-Orientiertheit der Soziologie zu einer neuerlichen «qualitativen Differenzierung von N. und Anormalität» führt [19]. Es spricht dabei einiges dafür, daß Claude Bernard diesen Weg in der Rezeption Comtes auch für die Medizin mitvollzieht: Das Paradigma, «das Krankheit und Gesundheit nur als quantitative Differenzen ansah», «existierte in den Wissenschaften vom Leben, bevor es den Positivismus im eigentlichen Sinne gab. Aber es war ausgerechnet die positivistische Soziologie, die dieses Konzept übernahm, es transformierte und an die Wissenschaften vom Leben zurückgab und so letztlich die Vorstellung einer profunden Identität normaler und pathologischer Phänomene zerstörte» [20].

Gleichwohl bleibt die Polarität des Normalen und Pathologischen für die Humanwissenschaften, die sich im 19. Jh. im Gefolge der Wissenschaften vom Leben und speziell der Medizin konstituieren, fundamental. M. FOUCAULT hat die These vertreten und bis zu einem Destruktionsversuch der Humanwissenschaften vorgetrieben, daß die Modellfunktion der Wissenschaften vom Leben im 19. Jh. letztlich auf den für sie konstitutiven Gegensatz von gesund und krank zurückzuführen ist: «Das Bewußtsein lebt, weil es verletzt werden kann, weil es verstümmelt, von seinem Lauf abgelenkt, gelähmt werden kann. Die Gesellschaften leben, denn es gibt unter ihnen kranke, die verkümmern, und andere, die gesund sind und in voller Expansion stehen. Die Rasse ist ein Lebewesen, dessen Degeneration man sehen kann. Und ebenso die Zivilisationen, bei denen man so oft den Tod hat feststellen können» [21]. Innerhalb dieser generellen Fixierung an die Polarität des Normalen und des Pathologischen bleibt die These von der bloß quantitativen Differenz zwischen beiden eine Episode, freilich auch ein Argument, auf das immer wieder zurückgegriffen wird.

In der Soziologie É. DURKHEIMS, die in der Tradition Comtes steht, ist die Unterscheidung «normaler» Phänomene von «pathologischen» grundlegend. Durkheim löst das Problem durch eine «soziokulturelle Relativierung der Phänomene des normalen und anormalen Verhaltens, die immer nur im Horizont eines bestimmten Gesellschaftstyps und darin auch immer nur in bezug auf eine bestimmte Entwicklungsphase dieses Typs verstanden werden können» [22]. Die Zuordnung einer sozialen Physiologie zu einer sozialen Pathologie erinnert an die medizingeschichtliche Herkunft der Problemstellung, auch wenn die Kontinuitätsthese nachdrücklich abgewiesen wird. Vorgeordnet ist die Feststellung, worin der «normale Zustand» überhaupt besteht; erst danach ließe sich die Frage nach dem Verhältnis des normalen zu dem entgegengesetzten Zustand beantworten [23]. Die berühmte These Durkheims freilich, daß das Phänomen, dessen pathologischer Charakter unbestritten ist, das Verbrechen, ein «regulärer Wirkungsfaktor des sozialen Lebens» und insofern «normal» ist, entspricht dem Paradigma der substanziellen Identität des Normalen und des Pathologischen: Der «Normaltypus» des sozialen Lebens kontinuiert sich durch die beiden entgegengesetzten Erscheinungsformen hindurch.

Die soziologischen Schwierigkeiten bei der Bestimmung des Normalen, seine Relativierung und gleichzeitig die Fixierung auf den «Normaltypus» der Gesellschaft, entspringen der Unsicherheit darüber, ob die moderne Gesellschaft einer Beurteilung unter diesem Gesichtspunkt überhaupt zugänglich ist. Durkheim neigt gelegentlich dazu, ihr als einer «Gesellschaft im Übergang» die Qualifikationen des «Normalen» vorzuenthalten [24].

Das Paradigma der Identität von Pathologischem und Normalem bleibt auch für die Psychoanalyse S. FREUDS weithin bestimmend. Daß «Gesundheit und Krankheit nicht prinzipiell geschieden, sondern nur durch eine praktisch bestimmbare Summationsgrenze gesondert sind» [25], ist eine oft wiederholte Auffassung Freuds, die er mit der Medizin des 19. Jh. teilt. Auch der Vorrang der «Pathologie des Seelenlebens» in methodischer Rücksicht bleibt dem Verhältnis von Physiologie und Pathologie der Medizin verpflichtet; freilich ist dieses Verhältnis in der Übertragung auf das Seelenleben einseitig: «Eines Urteils über das Normale getrauen wir uns vorläufig insoweit, als wir aus den Isolierungen und Verzerrungen des Krankhaften das Normale erraten» [26]. Vorsicht und Vorläufigkeit in der Abgrenzung pathologischer und normaler Vorgänge wird jedoch an einer entscheidenden Stelle der psychoanalytischen Theorie aufgegeben und im Sinne des Paradigmas der Identität überboten – in der Traumdeutung: «Während nun die psychoanalytische Forschung zwischen normalem und neurotischem Seelenleben überhaupt keine prinzipiellen, sondern nur quantitative Unterschiede kennt, zeigt die Analyse der Träume, in denen ja bei Gesunden und Kranken in gleicher Weise die verdrängten Komplexe wirksam sind, die volle Identität der Mechanismen wie der Symbolik» [27]. In den ‹Vorlesungen zur Einführung in die Psychoanalyse› hat Freud diese Entdeckung als die Begründung der «Tiefenpsychologie» und ihrer Anwendbarkeit auf alle Fragen menschlichen Schaffens und Tuns herausgehoben: «Aber dann erkannten wir die nahen Beziehungen, ja die innere Identität zwischen den pathologischen und den sogenannten normalen Vorgängen, die Psychoanalyse wurde zur Tiefenpsychologie, und da nichts, was Menschen schaffen oder treiben, ohne Mithilfe der Psychologie verständlich ist, ergaben sich die Anwendungen der Psychoanalyse auf zahlreiche Wissensgebiete, besonders geisteswissenschaftliche, von selbst, drängten sich auf und forderten Bearbeitung» [28]. Man darf diese Äußerung als eine Bestätigung nicht nur des konstitutiven Charakters der Polarität des Normalen und des Pathologischen für die Humanwissenschaften werten, sondern darüber hinaus als eine Erneuerung des wissenschaftsfundierenden Anspruchs des Identitätsparadigmas.

Ein Erklärungsversuch, warum die Erfassung der N. und die Bestimmung des Verhältnisses von N. und Anormalität seit dem Ende des 18. Jh. zu einem Leitthema der Humanwissenschaften wird, muß bei einem institutionsgeschichtlichen Faktum ansetzen. G. CANGUILHEM hat für Frankreich den Nachweis geführt, daß der moderne Terminus ‹normal› über die Terminologien zweier Institutionen zum festen Bestandteil der *Umgangssprache* geworden ist: über die Institutionen des Erziehungs- und Gesundheitswesens, «deren gleichzeitige Reform – zumindest in Frankreich – sich ein und derselben Ursache verdankt, nämlich der Französischen Revolution. 'Normal' ist jener Terminus, mit dem das 19. Jh. dann sowohl den Prototyp der Schule wie den organischen Gesundheitszustand bezeichnet» [29]. Diese moderne Terminologie setzt sich in Frankreich zwischen 1759, wo der Terminus ‹normal› aufkommt, und 1834, wo «normalisé» (normalisiert) gebräuchlich wird, durch. Der Vorgang der Ersetzung des 'alten', auf Norm und Vernunft bezüglichen Sprachgebrauchs durch einen neuen, der letztlich auf den Prozeß der Normierung und Normalisierung zurückgeht, wird auch im deutschen Sprachgebrauch in den dreißiger Jahren des 19. Jh. faßbar. W. T. KRUGS ‹Allgemeines Handwörterbuch der philosophischen Wissenschaften› notiert: «*Normal* ist ... soviel als regelmäßig oder musterhaft. So heißt das Natur- oder Vernunftrecht ein *Normal*recht, und so könnte man auch die Vernunftreligion eine *Normal*religion nennen. Ebenso sollen *Normal*schulen eigentlich Musterschulen sein, ob sie es gleich öfters nicht sind. – *Abnorm* heißt, was von der Norm abweicht, und *enorm*, was dieselbe dergestalt überschreitet, daß es an's Übermäßige und Ungeheure gränzt. – Etwas *normieren* heißt ebensoviel, als es nach einer Regel oder einem Muster einrichten. *Normativ* ist mithin einerlei mit *Regulativ*» [30]. Die spürbare Dynamisierung in der Auffassung des Normalen – das Normale ist Resultat von Prozeduren der Normierung und Normalisierung – legt die Erklärung nahe, die CANGUILHEM vorgeschlagen hat: In dem Zeitraum, in dem der neue, über alle Lebensbereiche ausgreifende Gebrauch des Terminus sich durchsetzt, hat «eine normative Klasse die Macht erobert, die Funktion der gesellschaftlichen Normen gleichzusetzen mit dem Gebrauch, den sie selbst von diesen – inhaltlich einzig durch sie bestimmten – Normen machte, und damit ein schönes Beispiel ideologischen Scheins geliefert» [31]. Der Vorgang der Normalisierung durch therapierende, erzieherische und disziplinierende Praxis hat seine

Entsprechung auch in dem ökonomischen und technischen Rationalisierungsprozeß durch normierende Maßnahmen im industriellen Maschinensystem (Normung) [32]. Die unterschiedlichsten Maßnahmen schließen sich zu einem großen Programm gesellschaftlicher und politischer Normalisierung zusammen: die Durchsetzung grammatischer Normen, die Normen für die Industrie (Normalmeter, Normalspur, Normalarbeitstag) und für das Gesundheitswesen (Sanitätsnormativ, Normalgewicht), für die Erziehung (Normalschulen) bis zu den morphologischen Normen für Menschen und Pferde in der Armee [33]. Die Relativierung des statisch Normalen, seine Vervielfältigung und die Zurichtung auf neue Normen verdeutlichen den dynamischen und polemischen Charakter des Begriffs, der «den der eigenen Geltung nicht unterworfenen Bereich des Gegebenen negativ qualifiziert und doch auf seiner Einbeziehung beruht» [34]. Wenn NIETZSCHE in der ‹Fröhlichen Wissenschaft› gegen den Monotheismus – «diese starre Konsequenz der Lehre von Einem Normalmenschen» – polemisiert, zieht er nur die theologische Konsequenz aus dem gesellschaftlichen Sonderschicksal der Menschengattung: mit dem Glauben «an einen Normalgott, neben dem es nur noch falsche Lügengötter gibt», drohte der Menschheit «jener vorzeitige Stillstand, welchen, soweit wir sehen können, die meisten anderen Tiergattungen schon längst erreicht haben: als welche alle an Ein Normaltier und Ideal in ihrer Gattung glauben und die Sittlichkeit der Sitte sich endgültig in Fleisch und Blut übersetzt haben» [35]. Und wenn J. BURCKHARDT Rafael im ‹Cicerone› als eine «normale Persönlichkeit» [36] und Sodomas ‹Ecce homo› als eine Darstellung des «leidenden Normalmenschen in einem Augenblick der Ruhe» [37] bezeichnet, so bedient er sich des modernen Terminus in der Intention einer Rettung des Klassischen gegen die romantische und moderne Verklärung der Normenüberschreitung. Ihr folgt auch die Politik der Normalisierung, wo sie das Normale dekretiert.

Fällig wird nach einer Epoche, in der die Verklärung des Normalen noch herbeizuführender Verhältnisse und die komplementäre artistische und avantgardistische Verachtung der N. sich, ohne es wahrhaben zu wollen, die Hand gereicht haben, die «Verteidigung der Normalität» (H. M. ENZENSBERGER) [38]. Sie widerspricht den konkurrierenden Einzigkeitsansprüchen, deren Credo von A. GIDE formuliert worden ist: «Der 'normale Mensch' ist kaum wichtig für uns; ich möchte fast sagen, man kann ihn streichen ... Der 'normale Mensch' (das Wort macht mich rasend), ist jener Rückstand, jener Urstoff, der nach dem Schmelzvorgang, wenn das Besondere sich verflüchtigt hat, auf dem Boden der Retorten zurückbleibt» [39]. Soweit er nicht mit Schweigen, Regression, Beharrlichkeit [40] reagiert, antwortet der «normale Mensch» auch hierauf mit dem Stereotyp: «... ist die normalste Sache der Welt» (H. KOHL) [41].

Anmerkungen. [1] LALANDE[10], Art. ‹normal› 688-690; vgl. für die dtsch. Sprache H. PAUL: Dtsch. Wb. ([5]1966) Art. ‹Norm›. – [2] LALANDE[10] 689. – [3] G. CANGUILHEM: Das Normale und das Pathologische (1974) 86f. – [4] É. GEOFFROY SAINT-HILAIRE: Hist. gén. et partic. des anomalies de l'organisation chez l'homme et les animaux (Paris 1832) 1, 30; zit. nach CANGUILHEM, a.O. 87. – [5] CANGUILHEM, a.O. [3] 90. – [6] a.O. 91. – [7] 81-96. – [8] 83. – [9] 85f. – [10] 96. – [11] 92. – [12] FR. HEBBEL: Tagebücher. Werke, hg. G. FRICKE/W. KELLER/K. PÖRNBACHER 5 (1966) 134. – [13] CANGUILHEM, a.O. [3] 19-22. – [14] A. COMTE: Syst. de politique pos. 1-4 (Paris 1851-54), vgl. ([4]1912) 1, 651-653; zit. nach CANGUILHEM, a.O. 26f, vgl. 25-38. – [15] W. LEPENIES: N. und Anormalität. Wechselwirkungen zw. den Wiss. vom Leben und den Sozialwiss. im 19. Jh., in: Das Ende der Naturgesch. (1976) 194. – [16] CANGUILHEM, a.O. [3] 38-57; LEPENIES, a.O. 193. – [17] FR. NIETZSCHE: Nachgel. Fragmente. Sämtl. Werke. Krit. Studien-Ausg., hg. G. COLLI/M. MONTINARI 13, 250. – [18] NIETZSCHE, a.O.; Zitat: C. BERNARD: Leçons sur la chaleur animale (Paris 1876) 391; der Nachweis des Zitates bei CANGUILHEM, a.O. [3] 24. 43. – [19] LEPENIES, a.O. [15] 193. – [20] a.O. 196. – [21] M. FOUCAULT: Die Geburt der Klinik. Eine Archäol. des ärztl. Blicks (1973) 53; vgl. auch zuletzt M. FOUCAULT: Überwachen und Strafen. Die Geburt des Gefängnisses (1976). – [22] R. KÖNIG: Émile Durkheim zur Diskussion (1978) 186; É. DURKHEIM: Regeln der soziol. Methode [frz. zuerst 1895] (1961 u.ö.) 3. Kap.: ‹Regeln für die Unterscheidung des Normalen und des Pathologischen›. – [23] DURKHEIM, a.O. – [24] a.O.; vgl. dazu S. LUKES: Émile Durkheim. His life and work (London 1973) 28-30. – [25] S. FREUD: Die Freudsche psychoanalyt. Methode (1904). Studien-Ausg., Erg.-Bd. (1975) 105. – [26] Der Humor (1927), a.O. 4, 281. – [27] Traumdeutung (1900), a.O. 2, 367. – [28] Vorles. zur Einf. in die Psychoanalyse (1916/17), a.O. 1, 574. – [29] CANGUILHEM, a.O. [3] 162; vgl. 161-177: ‹Von der Gesellschaft zum Leben›. – [30] W. T. KRUG: Allg. Handwb. der philos. Wiss. ([2]1832-1838) Art. ‹Norm›. – [31] CANGUILHEM, a.O. [3] 169. – [32] a.O. 162; vgl. 161-177 passim. – [33] 168. – [34] 163. – [35] NIETZSCHE: Die fröhl. Wiss. 3, 143, a.O. [17] 3, 490. – [36] J. BURCKHARDT: Der Cicerone (1855). Kröner-Ausg. 842; vgl. W. KAEGI: Jacob Burckhardt. Eine Biographie 3 (Basel 1956) 513f. – [37] BURCKHARDT, a.O. 895; KAEGI, a.O. 518. – [38] H. M. ENZENSBERGER: Verteidigung der N., in: Polit. Brosamen (1982) 207-224. – [39] A. GIDE: Paludes (Paris 1895), zit. nach ENZENSBERGER, a.O. 215. – [40] ENZENSBERGER, a.O. [38] 221ff. – [41] H. KOHL, vgl. z. B. in: Das Parlament 32, Nr. 37 (18. 9. 1982) 1.

Literaturhinweise. G. CANGUILHEM s. Anm. [3] mit Lit. – W. LEPENIES s. Anm. [15]. – Art. ‹normale/anormale›. Enciclop. Einaudi (Turin 1979) 9, 908-917.   H. H. RITTER

Normalformen, logische. Als ‹N.› bezeichnet man in verschiedenen formalisierten Theorien Ausdrücke (Formeln oder Terme) einer bestimmten Form, wenn man Untersuchungen über beliebige Ausdrücke auf die Untersuchung der Ausdrücke dieser Form zurückführen kann. Im folgenden werden gewisse Arten von N. für den klassischen Prädikatenkalkül der ersten Stufe erklärt. Da einige davon zu einem Vollständigkeitsbeweis verwendet werden, wird die Vollständigkeit des Prädikatenkalküls hier noch nicht vorausgesetzt und dementsprechend zwischen semantischer und syntaktischer Äquivalenz und ähnlichen Begriffsbildungen unterschieden.

1. Konjunktive und disjunktive N. Eine Formel ist eine konjunktive (disjunktive) N. in bezug auf eine Menge Σ von Formeln, falls sie eine Konjunktion (Disjunktion, im Sinne des nicht-ausschließenden «oder») von endlich vielen Disjunktionen (Konjunktionen) ist, wobei jedes der endlich vielen Glieder dieser Disjunktionen (Konjunktionen) ein Element von Σ oder die Negation eines Elements von Σ ist (auch eingliedrige Konjunktionen und Disjunktionen sind zugelassen). Zu jeder Formel, die aus Σ mit Hilfe aussagenlogischer Verknüpfungen aufgebaut ist, läßt sich eine mit ihr semantisch und syntaktisch äquivalente konjunktive (disjunktive) N. in bezug auf Σ angeben.

2. Kanonische konjunktive und *kanonische disjunktive* N. (auch *Boolesche* N.). Seien $\alpha_1, ..., \alpha_n$ irgendwelche Formeln ($n \geq 1$), ferner $\varepsilon_1, ..., \varepsilon_k$ (in irgendeiner Reihenfolge, z. B. lexikographisch) die $k = 2^n$ *Elementardisjunktionen* in bezug auf $\alpha_1, ..., \alpha_n$, d.h. die n-gliedrigen Disjunktionen der Form $\beta_1 \vee ... \vee \beta_n$, wobei β_ν die Formel α_ν oder ihre Negation ($\neg \alpha_\nu$) ist ($\nu = 1, ..., n$). Eine Formel ist dann eine kanonische konjunktive N. in bezug auf $\alpha_1, ..., \alpha_n$, falls sie eine Konjunktion von endlich vielen paarweise verschiedenen (in der Reihenfolge ihrer Indizes auftretenden) Elementardisjunktionen (*echte kanonische konjunktive* N.) oder die Konjunktion

$$(\alpha_1 \vee \neg\, \alpha_1) \wedge ... \wedge (\alpha_n \vee \neg\, \alpha_n)$$

(*unechte kanonische konjunktive* N.) ist. Entsprechend werden *Elementarkonjunktionen* und kanonische disjunktive N. in bezug auf $\alpha_1, ..., \alpha_n$ gebildet unter Vertauschung der Operationen der Konjunktions- und der Disjunktionsbildung. Demnach gibt es genau 2^{2^n} kanonische konjunktive (disjunktive) N. in bezug auf $\alpha_1, ..., \alpha_n$. Zu jeder Formel, die mit Hilfe aussagenlogischer Verknüpfungen aus $\alpha_1, ..., \alpha_n$ aufgebaut ist, läßt sich eine mit ihr semantisch und syntaktisch äquivalente kanonische konjunktive (disjunktive) N. in bezug auf $\alpha_1, ..., \alpha_n$ angeben.

3. *Abgeschlossene* N.: *Abgeschlossen* heißt eine Formel ohne freie Individuenvariablen. Zu jeder Formel läßt sich eine abgeschlossene N. angeben, die mit ihr allgemeingültigkeitsverbunden (d. h. in jedem Individuenbereich mit ihr gleichzeitig allgemeingültig bzw. nicht allgemeingültig) und (in bezug auf jede die logischen Axiome enthaltende Menge) ableitbarkeitsgleich (d. h. mit ihr gleichzeitig ableitbar bzw. nicht ableitbar) ist; ebenso eine mit ihr (in entsprechendem Sinne) erfüllbarkeitsverbundene und widerlegbarkeitsgleiche abgeschlossene N.; man erhält eine solche N. aus der gegebenen Formel α durch Vorschalten von Allquantifizierungen (*Generalisierte*) bzw. von Existenzquantifizierungen für alle freien Individuenvariablen von α.

4. *Pränexe* N.: *Pränex* heißt eine Formel, die aus einer quantorenfreien Formel ('Kern') dadurch entsteht, daß nur noch Variablen quantifiziert werden (bei der üblichen Notation stehen also alle Quantoren mit den zugehörigen Variablen am Anfang und bilden das sog. 'Präfix'). Zu jeder Formel läßt sich eine mit ihr semantisch und syntaktisch äquivalente pränexe N. mit (höchstens) denselben freien Individuenvariablen angeben.

5. *Skolemsche* N. heißt eine pränexe N., in der alle Existenzquantoren vor allen Allquantoren stehen (*allgemeingültigkeitstheoretische* Skolemsche N.) oder umgekehrt (*erfüllbarkeitstheoretische* Skolemsche N.). Zu jeder Formel läßt sich eine mit ihr allgemeingültigkeitsverbundene (s. 3.) und ableitbarkeitsgleiche (in bezug auf die Menge der logischen Axiome und zahlreiche weitere Mengen) allgemeingültigkeitstheoretische Skolemsche N. angeben, die dieselben freien Individuenvariablen enthält; ebenso eine mit ihr erfüllbarkeitsverbundene und widerlegbarkeitsgleiche erfüllbarkeitstheoretische Skolemsche N. mit denselben freien Individuenvariablen. Dasselbe gilt noch für Skolemsche N. mit nur drei Existenz- bzw. Allquantoren am Anfang (Gödel), aber nicht mehr allgemein für solche mit nur zwei solchen Quantoren.

6. *Identitätsfreie* N.: *Identitätsfrei* heißt eine Formel, in der das Gleichheitszeichen nicht vorkommt. Zu jeder Formel (im Prädikatenkalkül mit Identität) läßt sich eine mit ihr allgemeingültigkeitsgleiche (d. h. gleichzeitig mit ihr allgemeingültige bzw. nicht allgemeingültige) und ableitbarkeitsgleiche (in bezug auf die Menge der logischen Axiome) identitätsfreie N. angeben; ebenso eine mit ihr erfüllbarkeitsgleiche und widerlegbarkeitsgleiche identitätsfreie N.

7. *Kontrapränexe* N. (im einstelligen Prädikatenkalkül ohne Identität): Seien $P_1, ..., P_n$ gewisse einstellige Prädikatenvariablen ($n \geq 1$) und $\pi_1, ..., \pi_k$ die $k = 2^n$ *partikularisierten Elementarkonjunktionen* in bezug auf $P_1, ..., P_n$, d. h. die Formeln $\bigvee_a (\gamma_1 \wedge ... \wedge \gamma_n)$, wobei γ_ν gleich $P_\nu a$ oder gleich $\neg\, P_\nu a$ ist ($\nu = 1, ..., n$) und a eine beliebig gewählte Individuenvariable. Eine *kontrapränexe* N. in bezug auf $P_1, ..., P_n$ ist dann eine echte kanonische konjunktive N. in bezug auf $\pi_1, ..., \pi_k$. Demnach gibt es genau $2^{2^{2^n}} - 1$ kontrapränexe N. in bezug auf $P_1, ..., P_n$. Zu jeder abgeschlossenen Formel, in der als Prädikatenvariablen nur $P_1, ..., P_n$ vorkommen, läßt sich eine mit ihr semantisch und syntaktisch äquivalente kontrapränexe N. in bezug auf $P_1, ..., P_n$ angeben.

8. *Numerische* N. (im einstelligen Prädikatenkalkül mit Identität) heißt eine Aussage der Form

$$\bigvee_a (a = a),$$
$$\neg \bigvee_a (a = a),$$
$$\exists_{i_1}! \vee ... \vee \exists_{i_m}!\ (\textit{numerische Aussage erster Art})\ \text{oder}$$
$$\neg \exists_{j_1}! \wedge ... \wedge \neg \exists_{j_n}!\ (\textit{numerische Aussage zweiter Art}),$$

wobei $m, n, i_1, ..., i_m, j_1, ..., j_n$ beliebige von Null verschiedene natürliche Zahlen sind. $\exists_k!$ ist dabei eine Abkürzung für eine Aussage, die besagt «es gibt genau k Individuen». Zu jeder Formel, deren sämtliche Prädikatenvariablen einstellig sind, läßt sich eine mit ihr allgemeingültigkeitsverbundene und ableitbarkeitsgleiche (in bezug auf die Menge der logischen Axiome und zahlreiche weitere Mengen) numerische N. angeben; ebenso eine mit ihr erfüllbarkeitsverbundene und widerlegbarkeitsgleiche numerische N.

9. *Weitere* N. (*Gödelsche, Kalmársche, Pepissche, Ackermannsche* N. u. a.) sind von Interesse im Zusammenhang mit der Reduktionstheorie des Entscheidungsproblems. (Vgl. dazu die angegebene Literatur.)

Literaturhinweise. J. SURÁNYI: Reduktionstheorie des Entscheidungsproblems im Prädikatenkalkül der ersten Stufe (1959). – D. HILBERT und P. BERNAYS: Grundlagen der Mathematik 1. 2 (^{2}1968/70). – H. R. LEWIS: Unsolvable classes of quantificational formulas (Reading, Mass./London u. a. 1979).

W. SCHWABHÄUSER

Normalität bezeichnet bei E. HUSSERL den deskriptiv aufweisbaren Charakter der «Einstimmigkeit», «Typik» und «Regelhaftigkeit», der die natürliche Erfahrung in allen ihren Sphären und Entwicklungsstufen auszeichnet [1]. Er reicht von den «orthoästhetischen Erscheinungen» der Sinnesorgane bis zur bruchlosen Stimmigkeit der höchstfundierten kulturmenschheitlichen, ethischen Erfahrungszusammenhänge, wo die Normalität als das «Rechte» und «Angemessene» den Charakter der sittlichen Normhaftigkeit besitzt [2]. N. findet sich sowohl im primordialen wie im intersubjektiven Bereich. Ihre erste Stätte ist die intersubjektive Heimwelt, in der ein Mensch heranwächst. Der erwachsene, «reife und vernünftige» Mensch bildet den Maßstab für das, was als normal gilt [3]. Anomalität (Kinder, Kranke, Tiere) kann sich nur als Abweichung und Störung des Normalen konstituieren und bleibt so auf Systeme einstimmiger, normaler Erfahrung bezogen [4].

Anmerkungen. [1] E. HUSSERL: Phänomenologische Psychol. Vorlesungen Sommersemester 1925. Husserliana 9 (Den Haag 1962) 128; Ideen zu einer reinen Phänomenologie und phänomenol. Philos. Zweites Buch. Phänomenol. Untersuchungen zur Konstitution. Husserliana 4 (Den Haag 1952) 254; vgl. A. DIEMER: Edmund Husserl. Versuch einer systemat. Darstellung seiner Phänomenol. (^{2}1965) 243f. – [2] HUSSERL, Ideen ... 2, a.O. 66f.; vgl. DIEMER, a.O. 249f. – [3] Vgl. DIEMER, a.O. 244. – [4] HUSSERL: Cart. Meditationen und Pariser Vorträge. Husserliana 1 (Den Haag ^{2}1963) 154.

P. JANSSEN

Normativ/deskriptiv. Die beiden Bezeichnungen dienen der Unterscheidung zwischen wertenden und präskriptiven Urteilen auf der einen und beschreibenden, Sachverhalte lediglich feststellenden Urteilen auf der anderen Seite. Erstere werden in Disziplinen der praktischen, letztere in Disziplinen der theoretischen Philosophie, insbesondere aber in naturwissenschaftlichen Theorien expliziert. Das Begriffspaar wurde erstmals eingehend von R. M. HARE untersucht [1]. Es entstammt problemgeschichtlich dem Kontext einer spezifisch sprachanalytischen Metaethik.

a) Beiden Arten von Urteilen werden unterschiedliche Geltungskriterien und Geltungsweisen zugeordnet. Deskriptive Urteile ('Es regnet') unterliegen den Kriterien der Verifizier- bzw. Falsifizierbarkeit und sind entsprechend entweder wahr oder falsch. Normative Urteile im engeren Sinn (präskriptive Urteile wie 'Die Person *A* sollte ihr Versprechen *x* gegenüber Person *B* halten') sind weder wahr noch falsch, sondern gerechtfertigt oder ungerechtfertigt unter bestimmten Bedingungen: (i) daß die Person *A* tatsächlich der Person *B* *x* versprochen hat, befugt war, *x* zu versprechen, *x* aufrichtig versprach usw. (deskriptive Kontext-Bedingungen); (ii) daß das Versprechen von *A* verpflichtend ist (normative Kontext-Bedingung). Nur wenn beide Bedingungen zutreffen, ist das normative Urteil für die Person *A* verpflichtend. Deskriptive Kontext-Bedingungen allein begründen keine Verpflichtung, da z.B. Versprechen nur Verbindlichkeit im moralischen Sinn haben, wenn ihr Gehalt mit einem Kriterium der Normativität (z.B. Kants kategorischem Imperativ) legitimierbar ist. Normative Urteile im weiteren Sinn (evaluative Urteile wie 'Peter ist fleissig', 'Dieses Bild ist schön') haben ebenfalls keinen Wahrheitswert, sondern sind richtig oder falsch im Hinblick auf Gegenstände und Sachverhalte relativ zu Wert-Standards, Standards weltanschaulicher Art, des Geschmacks usw., die selbst keine universalisierbare Verbindlichkeit haben.

b) Normative Urteile im engeren und weiteren Sinn schließen deskriptive Urteile in Form deskriptiver Kontext-Bedingungen bzw. eines Bezugs auf Sachverhalte, Gegenstände, Handlungen und Personen ein. Dieses Verhältnis ist möglich, da einerseits die Bedeutungs-Regeln für normative und deskriptive Urteile das Merkmal der Universalisierbarkeit teilen [2] und da andererseits dieses Merkmal mit dem Kriterium der Präskriptivität konsistent ist [3].

c) Die These der u.a. von PH. FOOT und J. SEARLE vertretenen naturalistischen Ethik [4], normative Urteile seien aus deskriptiven ableitbar, geht von der falschen Annahme aus, die Bedeutung normativer Begriffe und Ausdrücke sei mit deskriptiven Bedeutungs-Regeln erschöpft. Deskriptive Bedeutungs-Regeln legen aber lediglich fest, daß wir Begriffe und Ausdrücke auf Gegenstände und Sachverhalte anwenden können, die sich in bestimmter Hinsicht ähnlich sind, schließen aber keine Evaluationen ein. Daher kann sich ein Schluß von deskriptiven auf normative Urteile ausschließlich auf die deskriptive Bedeutung von Begriffen und Ausdrücken stützen. Das Argument G. E. MOORES, die naturalistische Ethik unterliege bei ihrer deskriptiven Bestimmung der Bedeutung von ‹gut› einem naturalistischen Fehlschluß, ist umstritten, da weder die Voraussetzungen der Gültigkeit dieses Arguments geklärt sind, noch dem Naturalismus ein logischer Fehlschluß nachzuweisen ist [5].

d) In metaethischen Analysen und in der Normenlogik wird das Begriffspaar ‹normativ/deskriptiv› verwendet, um objektsprachliche Normsätze ('Du sollst Dein Versprechen halten') von metasprachlichen Sätzen ("Es ist geboten: Du sollst Dein Versprechen halten") zu unterscheiden [6]. Die metasprachlichen Sätze analysieren lediglich die Verwendung von Normsätzen, beziehen sich aber nicht wie diese unmittelbar auf Handlungen und Personen.

Anmerkungen. [1] R. M. HARE: Freedom and reason (Oxford 1963). – [2] a.O. 10. 12. – [3] 18. – [4] Vgl. PH. FOOT: Virtues and vices (Oxford 1978) Kap. 1. 7. 9. 11; J. R. SEARLE: How to derive 'Ought' from 'Is', in: PH. FOOT (Hg.): Theories of ethics (Oxford 1967) 101-114. – [5] Vgl. W. K. FRANKENA: Der naturalist. Fehlschluß, in: G. GREWENDORF/G. MEGGLE (Hg.): Seminar: Sprache und Ethik (1974) 83-99. – [6] F. VON KUTSCHERA: Einführung in die Logik der Normen, Werte und Entscheidungen (1973).

Literaturhinweise. R. M. HARE s. Anm. [1]. – PH. FOOT s. Anm. [4].
W. VOSSENKUHL

Normativismus. Der Gebrauch des Ausdrucks ‹N.› diente (in vorwiegend polemischer Akzentuierung) in der rechtstheoretischen und rechtsmethodischen Diskussion zur Bezeichnung einer Richtung des Rechtsdenkens und der Rechtswissenschaft, die das Recht allein als einen gegenüber dem Tatsächlichen abgeschlossenen Komplex geltender Normen (i. S. erlassener Gesetzesregeln) begreift und die Aufgabe der Rechtswissenschaft nur darin sieht, diesen Normenkomplex unter Anwendung der Mittel der Logik zu analysieren, in seinem Aussagegehalt festzustellen und durch Rückführung auf allgemeinere rechtslogische Begriffe und Denkfiguren zu systematisieren. Eine besondere Ausprägung erhielt diese Richtung des Rechtsdenkens und der Rechtswissenschaft durch die *Begriffsjurisprudenz*, eine im 19. Jh. vor allem von GERBER, VON IHERING, WINDSCHEID und LABAND vertretene methodische Richtung, die die Begriffe, Figuren und Formen des Rechts aus jeder sozialen und geschichtlichen Einbindung löste und ihnen eine quasi-kategoriale Eigenexistenz zusprach. Aufgabe der Rechtswissenschaft war es (nur), den 'Stoff' des Rechts, d.h. die positiven Rechtsregeln, vermittels dieser Begriffe, Formen und Figuren logisch-systematisch zu ordnen, zu entfalten und handhabbar zu machen [1]. Dieser methodische N. wurde erkenntnistheoretisch unterbaut durch die besonders von G. SIMMEL und in der *Marburger Schule* des Neukantianismus durch H. COHEN und P. NATORP vertretene streng dualistische Auffassung über das Verhältnis von Sein und Sollen und das darauf gegründete Postulat der Methodenreinheit [2]. Die Fragen nach dem Zusammenhang von Recht und sozialer Wirklichkeit, nach dem Vorgang der Rechtsbildung und -fortbildung, nach Grund und Legitimation des Rechts wurden aus der 'rein normativen' rechtswissenschaftlichen Betrachtung methodisch ausgeschlossen. Gleichwohl wurde eingeräumt, daß jedes Sollen *letztlich* nur aus einem Sein (Setzung, Willensakt) hervorgeht und die letzte Norm, die die Geltung der vorausgehenden Normen legitimiert, nicht eine wirkliche, geltende, sondern nur eine *vorausgesetzte*, hypothetische Norm sein kann [3]. Hauptvertreter des N. in diesem Sinn wurde H. KELSEN und die von ihm begründete, heute vor allem in Österreich einen maßgeblichen Einfluß ausübende Wiener Schule.

Eine wesentliche Grundlage des N. ist die Gleichsetzung von Recht und Gesetz. Gesetz und gesetzliche Regeln stellen für den N. nicht einen Versuch dar, Recht vollziehbar zu machen, sie *sind* das Recht. Die Beziehung von Gesetz und Recht (ebenso von Recht und Gerechtigkeit) ist damit aus dem Gegenstandsbereich der Rechtswissenschaft ausgesondert und in den Bereich von Rechtsethik und Rechtspolitik verwiesen; Rechtswissenschaft ist normative Gesetzeswissenschaft. Ausgeklammert bleibt für den N. ferner das Problem der Rechtsverwirklichung und der Vorgang der Rechtsbildung und -fortbildung. Erst und nur die fertige, bereits gesetzte und 'geltende' Norm ist Gegenstand rechtswissenschaftlicher Bearbeitung, und sie wird in dieser Bearbeitung auf sich gestellt, rein als Norm betrachtet, aus dem intentionalen Zusammenhang von Recht und Rechtsverwirklichung sowie von Recht und sozialer Lebenswirklichkeit gelöst (wenngleich der Zusammenhang als solcher nicht geleugnet wird). Der Ordnungszusammenhang der einzelnen Gesetzesnorm, in dem sie steht und aus dem sich ihr Geltungsumfang und -inhalt mitbestimmen, bleibt unberücksichtigt, soweit er nicht selbst in anderen Gesetzesnormen Eingang gefunden hat. Der N. reduziert jede konkrete Ordnung auf Gesetzesregeln; alles Recht und alle Ordnung wird zum «Inbegriff von Rechtsregeln» [4].

Die *Kritik* am N. hat sich vorwiegend an diesem Punkt, in der Auseinandersetzung um die rechtswissenschaftliche Interpretationsmethode, entzündet. Daneben ist sie auf der Ebene der Rechtstheorie und der Methode des Rechtsdenkens geführt worden. Hauptvertreter der Kritik waren die *Freirechtsschule* und die *soziologische Jurisprudenz*, sodann C. SCHMITT und H. HELLER [5]. Dem N. wurde schon in den 1920er Jahren der Dezisionismus als andere Art des Rechtsdenkens gegenübergestellt und dann das «konkrete Ordnungs- und Gestaltungsdenken» [6] als eine Form institutionellen Rechtsdenkens.

In der rechtstheoretischen und rechtsmethodischen Diskussion der Gegenwart spielt der Begriff ‹N.› keine nennenswerte Rolle mehr; wieweit die Position des N. noch, über die Ausstrahlung und Nachwirkung der Wiener Schule hinaus, vertreten wird, läßt sich nicht abschließend beurteilen. Die rechtstheoretischen und -methodischen Absolutheitsansprüche, die die Diskussion der 1920er Jahre bestimmten, sind heute überwiegend der Einsicht gewichen, daß ein isolierter N. ebensowenig wie eine rein soziologische Rechtsbetrachtung der komplexen Realität gerecht wird, die das Recht zwischen Sein und Sollen und im Übergang von der Norm zur (normgeformten) Wirklichkeit darstellt. Die alten Streitpositionen sind indes nicht gänzlich verschwunden; sie sind, in einem eingegrenzteren Rahmen, in der Auseinandersetzung um die richtige(n) Interpretationsmethode(n) der Rechtswissenschaft, nicht zuletzt im Bereich des Verfassungsrechts, weiter wirksam [7].

Anmerkungen. [1] C. F. GERBER: System des dtsch. Privatrechts (1848) 16; R. VON IHERING: Ges. Abh. 1 (1881) 8-16; B. WINDSCHEID: Lehrb. des Pandektenrechts 1 (^{7}1891) 51ff.; P. LABAND: Das Staatsrecht des Dtsch. Reiches 1 (^{2}1888) VIf. XI. – [2] G. SIMMEL: Einl. in die Moralwiss. 1 (^{4}1964) 1-84, bes. 8f. – [3] H. KELSEN: Hauptprobleme der Staatsrechtslehre (^{2}1923) VI. 8; Reine Rechtslehre (^{2}1960) 8. 51. 196-209. – [4] C. SCHMITT: Über die drei Arten des rechtswiss. Denkens (1934) 12. – [5] H. KANTOROWICZ (Gnaeus Flavius): Der Kampf um die Rechtswiss. (1906); Rechtswiss. und Soziol., hg. TH. WÜRTENBERGER (1965); E. EHRLICH: Grundlegung der Soziol. des Rechts (1912); C. SCHMITT: Gesetz und Urteil (1912); Polit. Theol. (1922) 28-31; H. ISAY: Rechtsnorm und Entscheidung (1929); H. HELLER: Staatslehre (Leiden 1934) 185. – [6] SCHMITT, a.O. [4] 7f. – [7] Probleme der Verfassungsinterpretation, hg. R. DREIER/F. SCHWEGMANN (1976).

Literaturhinweise. E. KAUFMANN: Kritik der neukantischen Rechtsphilos. (1921). – C. SCHMITT s. Anm. [4]. – H. KELSEN: Was ist die Reine Rechtslehre?, in: Demokratie und Rechtsstaat. Festgabe Z. Giacometti (1953) 142-162. – L. LEGAZ Y LACAMBRA: Rechtsphilos. (dtsch. 1965) 114-142. – K. LARENZ: Methodenlehre der Rechtswiss. (^{3}1975) 16-82. E.-W. BÖCKENFÖRDE

Nostalgie (von griech. νόστος, Rückkehr zur Heimat, und ἄλγος, Schmerz, ital./engl. nostalgia, frz. nostalgie, dtsch. Heimweh). – 1. Das Kunstwort für eine längst bekannte Sache stammt von J. HOFER aus Mülhausen im Elsaß (1669–1752), der seine ‹Dissertatio Medica De ΝΟΣΤΑΛΓΙΑ, Oder Heimwehe› 1688 in Basel vorlegte [1]. Hofer brauchte eine wissenschaftliche Bezeichnung für das Heimweh, unter dem Bewohner der Schweiz in der Fremde, besonders in Frankreich litten, wo es «la Maladie du Pais» [1a] genannt wurde; er nahm die Bestandteile des Wortes aus dem Odysseeprooemium (α 4f.); sie kennzeichnen Odysseus, den Prototyp des Heimwehkranken.

Hofers Dissertation scheint den Ansprüchen der Medizin lange genügt zu haben; sie wurde bis 1757 viermal gedruckt; die von ihrem Autor anstatt ‹N.› wahlweise vorgeschlagenen Termini ‹Pothopatridalgia›, ‹Nostomania› und ‹Philopatridomania› haben sich nicht durchgesetzt. J. GRIMM hielt 1830 seine Göttinger Antrittsrede ‹De desiderio patriae› unter Betonung der «communis lingua» [2]. Er zitierte das deutsche ‹Heimweh›, das bereits in die Literatur und in die allgemeinen Wörterbücher eingegangen war. Zwei Generationen später wird die Geschichte des Begriffs diskutiert: FR. KLUGE referiert [3] ungenau, aber mit Einschluß des berühmten J. J. SCHEUCHZER (der Hofers Dissertation falsch auf 1678 datierte) über die «Schweizerkrankheit». Neben der Betrachtung des Affektes Heimweh wurde die medizinische Komponente u. a. im Anschluß an Napoleons Feldzüge den wachsenden Erfahrungen angepaßt, als eine Form des Trübsinns beschrieben, die von Schlaf- und Appetitlosigkeit begleitet sei, psychiatrisch zeitweise der Melancholie zugeordnet und von K. JASPERS [4] zu Beginn des 20. Jh. neu erarbeitet, zusammengefaßt und mit eigenen Beobachtungen ergänzt.

2. Während das Heimweh in der Literatur emotionalisiert und auch mit Moralismen und Nationalismen angereichert wird, bleibt N. zweieinhalb Jahrhunderte hindurch eine mit den Fortschritten der Psychopathologie verfeinerte Befindlichkeit. Sie wird damit zur historischen Basis für das derzeit begriffsgeschichtlich Erhebliche, denn über N. läßt sich nur handeln, nachdem sie ein Feld der Erinnerungen und Assoziationen besetzt hat, das neben dem des Heimwehs und der von Hofer analysierten Krankheit liegt.

Heimweh war, nachdem ein Mediziner es als pathogenen Zustand beobachtet und das Wort ins Griechische übersetzt hatte, zum Objekt von Wissenschaft geworden und in einer Fakultät legitimiert – in einem Wörterbuch der Philosophie gewinnt der Begriff ‹N.› seine Stelle jedoch erst nach einer anscheinend im Zweiten Weltkrieg von Großbritannien ausgegangenen Bedeutungserweiterung und -diffusion ins Emotionale [5]; im deutschen Sprachraum wird das importierte Fremdwort ‹N.› zusätzlich interessant und erhält eine Ungenauigkeitslizenz, so daß es Leerstellen besetzen kann, wo ‹Heimweh› und andere jeweils entsprechende muttersprachliche Vokabeln nicht passen.

Obwohl Heimweh vorzüglich vom Einzelnen erlitten wird, der dorthin will, wo er sich zu Hause weiß, d. h. in die Umwelt, die ihm unverändert und unverloren geblieben ist und mit der er sich identifizieren kann, ist N. zu einem Kollektivbewußtsein geworden, somit kollektiv verwertbar und also auch kommerzialisierbar [6]. Anders als die auf eine neue, bessere Zukunft hin mit einem Vollkommenheitsanspruch konstruierte Utopie ist die nostalgisch repräsentierte Welt immer schon einmal dagewesen und durch die willkürliche Auswahl des Erinnerten zu einer 'heilen Welt' stilisiert: als Kontrast zur objektivierbaren Geschichte eine mit Emotionen überhöhte und daher risikolos verklärte Vergangenheit, die «unbewältigt» bleibt, weil N. politische Wunschvorstellungen allenfalls konserviert oder ihre Restauration ersehnt, den in verschiedenen Renaissancen gewagten Wertvergleich zwischen Gestern und Heute jedoch unterdrückt.

3. Vollkommenheits- und Fortschrittsansprüche von Utopien und Renaissancen stillen nicht die Sehnsucht nach einer problemlos «heilen Welt» – so überschrieb W. BERGENGRUEN 1950 ein Gedicht, das man zeitweise sogar «für den Urquell dieses nostalgischen Kitsches hielt» [7]. Als im und nach dem Zweiten Weltkrieg tradierte Ordnungsgefüge zerbrachen, wurden sie im Theaterfundus der Filmindustrie rekonstruiert; hier wuchert die N., anscheinend noch ohne feste Grenze andere Begriffsinhalte überdeckend (insoweit formal dem Kitsch vergleichbar [8]), jedoch setzt die Reflexion über das Phänomen fast zeitgleich ein, obwohl das Wort noch nicht in aller Munde ist: Die Zerstörung zeitigt Anspruch auf Versetzung in vergleichsweise problemlose Epochen – und dies zu allen Zeiten, wie man im Nachhinein erleichtert feststellen kann [9] und wie es die 'laudatores temporis acti' jederzeit bestätigen, die auf erzwungene Veränderungen ein Refugium ihrer Wünsche projizieren. Mit dieser mehr beredeten als niedergeschriebenen Haltung konvergiert die übernationale Verständigungskürzel ⟨N.⟩ und umgreift alle folgenden Rezeptionen vergangener Stilperioden und Lebensformen. Ob in der Kommerzialisierung und dem damit verbundenen Verschleiß jene Qualitätskriterien erhalten bleiben, die E. BLOCH mit Altwerden (gegenüber dem Verrotten) charakterisiert hat [10], ist noch nicht abzusehen.

Anmerkungen. [1] C. KISER ANSPACH: Med. Diss. on nostalgia by Johannes Hofer, 1688. Bull. Inst. Hist. of Med. 2 (Baltimore 1934) 376-391 (mit Übers. ins Engl.); K.-H. GERSCHMANN: Johannes Hofers Diss. ⟨De Nostalgia⟩ von 1688. Arch. Begriffsgesch. 19 (1975) 83-88. – [1a] J. HOFER: Diss. ... (1688) 5. – [2] J. GRIMM: Kl. Schr. 6 (1882) 411ff.; Das Heimweh der Schweizer auch in I. KANTS ⟨Phys. Geogr.⟩. Akad.-A. 9 (1923) 244f. – [3] FR. KLUGE: Heimweh. Z. dtsch. Wortforsch. 2 (Straßburg 1902) 234-251 (Nachtr. in Bde. 3ff.). – [4] K. JASPERS: Heimweh und Verbrechen (med. Diss. Heidelberg). Arch. Kriminalanthropol. 35 (1909) 1-116. – [5] M. DIETRICH: N. Vom Fachwort zum Modewort. Der Sprachdienst 18 (1974) 2-4 (mit nützl. lexikogr. Verw., aber Falschdatierung von Hofers Diss.). – [6] W. SCHIVELBUSCH: Das nostalg. Syndrom. Frankfurter H.e 28 (1973) 270-276; F. VENTURI: Utopia e riforma nell'Illuminismo (Turin 1970) 10f. über die «germanica nostalgia dell'Ur»; vgl. neuestens D. BAACKE: N. Zu einem Phänomen ohne Theorie, in: Meyers Enzyklop. Lex. 17 (1976) 449-452; unter dem Stichwort ⟨N.⟩ a.O. 447 Hofers Diss. ebenfalls falsch 1678 datiert. – [7] G. WOERNER, in: Die Zeit 17 (16. 4. 1976). – [8] Vgl. Art. ⟨Kitsch⟩. HWP 4, 844. – [9] So auch für Reaktionen in Rußland auf die revolutionäre Sachlichkeit der 1920er Jahre; vgl. M. JOCHUM: Neues Biedermeier? Frankfurter H.e 1 (1946) 89f. – [10] E. BLOCH: Das Prinzip Hoffnung (1959, ND 1976) 449.   K.-H. GERSCHMANN

Notion, notio. Mit «notio» (Vorstellung, Begriff) übersetzte CICERO im Zusammenhang der Unterscheidung von Gattung (genus) und Art (forma) das griechische ἔννοια und πρόληψις («Notionem appello quod Graeci tum ἔννοια tum πρόληψις») [1]. Der Gebrauchsspielraum umfaßt neben dieser Verwendung [2] und dem Kompositum «notiones communes» [3] noch «notio» in der Bedeutung «angeborene Idee» [4]. Auch BOETHIUS kennt die Bedeutung «allgemeiner Begriff» [5], verwendet «notio» jedoch meist als Synonym zu «cognitio» (Erkenntnis, Kenntnisnahme) [6]. ANSELM VON CANTERBURY gebraucht ⟨notio⟩ nicht, THOMAS VON AQUIN synonym zu «nota» (Kennzeichen) [7] und einmal in der Bedeutung ⟨Begriff⟩ [8].

Die Scholastik hat – im Anschluß an AUGUSTINS «alia notio est qua intelligitur genitor alia qua ingenitus» (durch einen Begriff wird der Erzeuger, durch einen anderen der Unerzeugte erkannt) [9] – eine Lehre der «notiones divinae» (der göttlichen Kennmale) entwickelt [10]. Sie mußte, ohne die Einheit des göttlichen Wesens aufzuheben, die jeweiligen Eigentümlichkeiten der drei göttlichen Personen bestimmen, wozu die drei Namen Vater, Sohn und Heiliger Geist nicht hinreichten. In diesem Zusammenhang ist «notio» bestimmt als «propria ratio cognoscendi divinam personam» (eigentümlicher Grund der Erkenntnis der göttlichen Person) [11]. Da die Eigentümlichkeiten der Personen aus ihren Relationen hinsichtlich ihres Gewordenseins, ihres Ursprungs, gewonnen wurden, konnte «notio» deshalb auch bestimmt werden als: «ratio innotescendi Personam quantum ad originem» (Grund der Erkenntnis der Person hinsichtlich ihres Ursprungs) [12]. Weil das Wesen im Göttlichen ebenso wie die Personen als Wirklichkeit bezeichnet werden (ut res quaedam), die «notiones» hingegen als Begriffe, die die Personen erkennen (ut rationes notificantes personas), trägt die Vielfalt der «notiones» keine entsprechende Vielfalt und Zusammensetzung in das Göttliche [13]. Im einzelnen ergaben sich fünf «notiones»: die Ursprungslosigkeit, die Vaterschaft, die Sohnschaft, die gemeinsame Hauchung und der Hervorgang (innascibilitas, paternitas, filiatio, communis spiratio, processio), wobei die gemeinsame Hauchung und die Ursprungslosigkeit als Eigentümlichkeiten der Person im strengen Sinn strittig waren, da die erste dem Vater und dem Sohn in ihrem Verhältnis zum Heiligen Geist gemeinsam sind, während die Ursprungslosigkeit als Negation einer Relation nicht die Person des Sohnes konstituiert [14]. Einen weiten Gebrauch von «notio» kennt DIONYSIUS CARTHUSIANUS: unter der allgemeinen Bestimmung der «notio» als «id quo res fit nota» (das, wodurch eine Sache erkannt wird) ist «notio» zunächst die «forma vel dispositio» (Form oder Verfassung) des Erkennbaren, dann, auf seiten des Erkennenden, die «species rei in anima per quam cognoscit» (die Vorstellung des Dinges in der Seele, durch die es erkennt), schließlich die außerhalb der Seele vorhandene Sache, durch die eine andere erkannt wird, wie durch die offenbare Wirkung die verborgene Ursache (causa occulta per manifestum effectum). Auf die Erkenntnis Gottes angewandt, heißt dies: die Geschöpfe, insofern sie Wirkung Gottes sind, durch die als ein Medium wir ihn erkennen, und die unserem Geist eingeprägte «species veritatis» sind die «notiones creatae» (die geschaffenen notiones), während die «dispositio formae, quae deus est et trinitas» die «notio increata» (die ungeschaffene notio) ist [15]. NIKOLAUS VON KUES unterscheidet die menschliche «conceptio» als «notio» von der göttlichen. Die göttliche «conceptio» sei die Hervorbringung der Dinge, die menschliche deren Kenntnisnahme: «conceptio divinae mentis est rerum productio, conceptio nostrae mentis est rerum notio» [16].

Mit dem Ende der Scholastik wird ⟨notio⟩ zum Terminus technicus der Logik. J. ZABARELLA unterscheidet eine «notio prima» und eine «notio secunda»: Die «ersten notiones» sind Namen, die über die Begriffe der Seele als Mittel unmittelbar Dinge bezeichnen, wie Lebewesen oder Mensch, oder diese Begriffe selbst, deren Zeichen diese Namen sind (primae notiones nomina statim res significantia per medios animi conceptus, ut animal et homo, seu conceptus ipsi, quorum haec nomina signa sunt), die «zweiten notiones» sind die Reflexionsbegriffe, nach denen wir die «ersten notiones» unterscheiden: Art, Gattung, Substantiv, Verb, Satz usw. (secundae vero sunt alia nomina his nominibus imposita, ut genus, species, nomen, verbum, sententia ... sive conceptus ipsi, qui per haec nomina significantur) [17]. Die «ersten notiones» bezeichnen die Dinge außerhalb unseres Geistes, wie sie sind, die «zweiten notiones» hingegen, wie sie von uns durch unseren Geist erfaßt werden, weshalb die 'ersten' 'Begriffe der Dinge', die 'zweiten' hingegen 'Begriffe der Begriffe' heißen (conceptus rerum, conceptus conceptuum). R. GOCLENIUS verzeichnet in seinem Lexikon die «notio divina» unter «notionale» [18] und grenzt «notio» auf die logische Bedeutung ein. Dabei meint «notio» entweder die erfaßte Vorstellung oder den Akt des Erfassens der Sache durch die Vorstellung: «Notio interdum accipitur pro specie apprehensa, non pro actu apprehendendi: Interdum pro apprehensione rei per speciem. Ac definitur ἐνέργεια mentis aliquid cognoscentis» [19]. Wie Zabarella unterscheidet Goclenius dann «erste» und «zweite notiones», die beide einfach oder zusammengesetzt sind, wobei die zusammengesetzten prädizierende Aussagen oder ganze Schlüsse sind [20].

J. JUNGIUS definiert: «Notio est prima intellectus nostri operatio, qua ceu imagine rem aliquam exprimimus: sive *Notio* est simulacrum (ὁμοίωμα) quo res in mente repraesentatur» (Der Begriff ist die erste Operation unseres Verstandes, sei es, daß wir durch ihn eine Sache wie durch ein Bild ausdrücken, sei es, daß der *Begriff* ein Abbild ist, durch das eine Sache im Geist vorgestellt wird) [21]. Seine Logik handelt im ersten Buch «von den Begriffen», worin er die über DESCARTES und LEIBNIZ in die Schulphilosophie vordringende Einteilung der Begriffe gibt [22]. Jungius unterscheidet zwischen: «notio confusa» und «notio distincta» (Begreifen einer Sache ohne Kunst und die durch Definition oder genaue Beschreibung, accurata descriptione, begriffene Sache), «notio latior» und «notio strictior» (der weitere kann von dem engeren allgemein prädiziert werden, nicht aber dieser von jenem; eine «notio restringens» begrenzt eine weitere «notio» auf eine engere, wie «beseelt» in «beseelter Körper»), «notio finita» und «notio infinita» (die «notio finita» bezeichnet eine bestimmte Sache, die «notio infinita» kann von allem außer dem Negierten prädiziert werden; homo – non-homo) sowie «notio absoluta» und «notio respectiva» (die «notio absoluta» «aliam notionem non respicit», die «notio respectiva» «aliam notionem respicit»; z. B. «notio animalis, trianguli, circuli» und «notio terminati, causae, patris») [23].

LEIBNIZ unterscheidet zunächst die «notio» bzw. «cognitio obscura», die nicht ausreicht, eine vorgestellte Sache zu erkennen (quae non sufficit ad rem repraesentatam agnoscendam), von der «notio» bzw. «cognitio clara», die man dann besitze, wenn durch sie die vorgestellte Sache wiedererkennbar ist (clara ergo cognitio est, cum habeo unde rem repraesentatam agnoscere possim); die «notio clara» wiederum ist entweder «confusa» oder «distincta»: «confusa», sofern die Sache, auf die sich die Erkenntnis richtet (besonders die Gegenstände der Sinne, sensuum objecta), sich zwar mit hinreichender Klarheit erkennen und von anderen Dingen unterscheiden läßt, aber nur durch das bloße Zeugnis der Sinne (simplici sensuum testimonio), nicht jedoch durch die Aufzählung ihrer Merkmale (notae); die «notio distincta» dagegen erlaubt es, vermöge der Merkmale (notae) und Proben (examina) eine Sache von allen ähnlichen zu unterscheiden; eine «notio distincta» haben wir von allen Dingen, «von denen wir eine Nominaldefinition (definitio nominalis), die nämlich nichts anderes ist als die Aufzählung der hinreichenden Merkmale (enumeratio notarum sufficientium), besitzen». Von diesen «notiones compositae» unterscheidet Leibniz die «notiones primitivae», die zwar undefinierbar – weil einfach und nicht in weitere Bestandteile zerlegbar –, jedoch gleichwohl distinkt seien [24]. CHR. WOLFF bestimmt «notio als «rerum in mente repraesentatio», deren Bildung die erste Handlung unseres Geistes vor der Bildung der Urteile und Schlüsse sei [25].

KANTS gelegentlicher Gebrauch («Der reine Begriff ... sofern er lediglich im Verstande seinen Ursprung hat ... heißt Notio» [26]) sowie die von W. T. KRUG vermerkten Bildungen wie «Notiologie», «notiologisch» [27] sind seltene Zeugnisse für einen sich nicht einbürgernden Gebrauch [28].

Anmerkungen. [1] CICERO, Topica VII, 31; weiter heißt es: «Ea est insita et animo praecepta cuiusque cognitio enodationis indigens»; vgl. B. RIPOSATI: Studi sui 'Topica' di Cicerone (Mailand 1947) 64f. – [2] De finibus III, 6, 21; Tusc. disp. IV, 24, 53; V, 10, 29; V, 39, 114. – [3] Vgl. Art. ‹Notiones communes›. – [4] Tusc. disp. I, 24, 57; vgl. BOETHIUS, Cons. phil. V, 4. metrum, Vers 17. CSEL 67, 119.8 = MPL 63, 852 A. – [5] BOETHIUS, Cons. phil. V, 4. prosa. CSEL 67, 118.14 = MPL 63, 850 A. – [6] Cons. phil. V, 5. prosa. CSEL 67, 120, 31 = MPL 63, 855 A; V, 6. prosa. CSEL 67, 126, 26 = MPL 63, 862 C; vgl. V, 6. prosa. CSEL 67, 125, 3.18 = MPL 63, 861 A/C. – [7] THOMAS VON AQUIN, S. theol. I, 87, 4, 3 ad 3; ScG III, 84. – [8] Expos. in Ep. ad Hebraeos 1, 1. – [9] AUGUSTIN, De trinitate V, 6. MPL 42, 915). – [10] Vgl. PETRUS LOMBARDUS, Sent. I, dist. XXVI-XXIX. – [11] THOMAS VON AQUIN, S. theol. I, 32, 3, resp. – [12] DUNS SCOTUS, Report. Paris. I, 28, 2, n. 9. – [13] THOMAS VON AQUIN, S. theol. I, 32, 3 ad 2. – [14] Vgl. Dict. de théol. cathol. 11 (1931) 802ff. – [15] DIONYSIUS CARTHUSIANUS, In I. Sent., d. 26, q. 4 (1535) 416 B. – [16] NICOLAUS CUSANUS, Idiota de mente III, 3. – [17] J. ZABARELLA, Op. logica (1608, ND 1966) 6 A ff. – [18] R. GOCLENIUS: Lex. philos. (1613, ND 1964) 778. – [19] a.O. 767. – [20] ebda. – [21] J. JUNGIUS: Logica Hamburgensis (1957) 1 (dtsch. 402). – [22] Für DESCARTES vgl. W. RÖD: Descartes. Die innere Genesis des cartes. Systems (1964) 164f. – [23] J. JUNGIUS, a.O. [21] 64ff. (dtsch. 442f.). – [24] G. W. LEIBNIZ: Meditationes de cognitione, veritate et ideis (1684). Die philos. Schr., hg. C. J. GERHARDT 4 (1880, ND 1965) 422f. – [25] CHR. WOLFF: Philos. rationalis sive Logica (1728) 127ff. (§ 34ff.). – [26] I. KANT, KrV B 377 (A 320). – [27] W. T. KRUG: Allg. Handwb. der philos. Wiss. (²1833) 76. – [28] Vgl. in neuerer Zeit M. HONECKER: Die Logik als Bedeutungs- und Notions-Lehre, in: E. FELDMANN und M. HONECKER (Hg.): Synthesen in der Philos. der Gegenwart. Festgabe Adolf Dyroff (1926) 32-51.

Literaturhinweis. H. POSER: Signum, notio und idea. Elem. der Leibn. Zeichentheorie. Z. Semiotik 1 (1979) 309-324.

W. L. GOMBOCZ/Red.

Notiones communes. Die Rede von n.c. geht zurück auf den stoischen Ausdruck κοινὴ ἔννοια, dabei ist strittig, ob πρόληψις als synonym zu gelten hat. Diese κοινὴ ἔννοια bezieht sich auf Vorstellungen, die als generelle oder Existenzaussagen formuliert werden können. Nach CHRYSIPP dienen die κοιναὶ ἔννοιαι als stärkstes natürliches Wahrheitskriterium. Sie basieren auf der Erfahrung (z. B.: daß viele Körper, die allein unfähig seien, eine gewisse Ausdehnung zu erreichen, diese mit Hilfe – etwa durch Beimischung – eines andern Körpers erreichen) [1]. PLUTARCH kritisiert [2], daß die Stoiker zum Teil von κοιναὶ ἔννοιαι reden, wo sie nicht mit den allen Menschen gemeinsamen Vorstellungen übereinstimmen. So würden sie die allgemein verbreiteten n.c. von 'Verwendung haben für' oder 'benötigen' nicht respektieren [3]. Überdies gerieten sie auch in Widerspruch zu ihren eigenen n.c., etwa ihren n.c. von Gott oder von der Vorstellung [4].

CICERO führt «notio communis» als Übersetzung von κοινὴ ἔννοια und πρόληψις ein [5]. Er versteht darunter entweder allen Menschen gemeinsame (vor aller Wahrnehmung getroffene) Unterscheidungen (Begriffe, Vorstellungen), die mittels Definition geklärt werden können, z. B. «usucapio» (Eigentumsrecht durch Verjährung), «agnatio» (Blutsverwandtschaft von Vaterseite), «fortitudo» (Tapferkeit) [6], oder Einsichten, formuliert in Sätzen, über deren Geltung weitgehende Übereinstimmung herrscht. Der Konsens soll dabei nicht Wahrheitskriterium sein. Cicero nennt religiöse und ethische Einsichten, z. B. daß es Götter gebe [7]. In der Folge ist die Rede von den n.c. einesteils an stoischen Gebrauchsweisen orientiert; daneben werden – entsprechend dem Gebrauch von κοινὴ ἔννοια in der Geometrie EUKLIDS – vor allem auch mathematische Axiome zu den n.c. gerechnet [8].

MELANCHTHON führt die Gewißheit in den Wissenschaften unter anderm auf angeborene Prinzipien oder Erkenntniselemente zurück, die nach seiner Auffassung den κοιναὶ ἔννοιαι entsprechen. Er unterscheidet theoretische Prinzipien (principia speculabilia), z. B. 'Zweimal vier ist acht', und praktische Prinzipien, z. B. 'Man soll Gott gehorchen'. Die praktischen Prinzipien stimmen mit dem ‹Dekalog› überein [9].

HERBERT VON CHERBURY kennzeichnet die n.c. – neben «n.c.» [10] gebraucht er häufig «notitiae communes» – durch sechs Merkmale: 1. Vorherigkeit (vor dem Diskurs), 2. Unabhängigkeit (von anderen n.c.), 3. Allgemeinheit (aus dem universalen Konsens sind nur die Geistesschwachen auszunehmen), 4. Gewißheit, 5. Notwendigkeit (die n.c. tragen zur Erhaltung des Menschen bei), 6. die Art der Bildung: Die n.c. werden ohne Verzug gebildet, während der Diskurs langsam verfährt [11]. Im Unterschied zu den so charakterisierten n.c. der ersten Klasse, die auf der Grundlage des «instinctus naturalis» gebildet werden, werden n.c. der zweiten Klasse mit Hilfe des Diskurses gebildet [12]. Für Herbert wichtige Beispiele von n.c. sind die fünf Prinzipien seiner rationalen Theologie, die auch praktische Sätze umfassen [13].

Kritik an Herberts Verständnis der n.c. üben DESCARTES, GASSENDI und LEIBNIZ. DESCARTES versteht unter ‹n.c.› wie unter ‹Axiom› und ‹ewige Wahrheit› solche Sätze, die aus der Intuition des «lumen naturale» gewiß sind, z. B. das «Cogito, ergo sum», den Satz der Identität, mathematische Axiome [14]. Er wirft Herbert vor, er mache die faktische Einhelligkeit der Meinungen zu einem Kriterium für n.c., da doch nur wenige Menschen sich richtig des «lumen naturale» bedienen würden [15]. GASSENDI stellt das Vorkommen des «consensus universalis» in Abrede und argumentiert so dagegen, daß er als ein Kennzeichen der n.c. dient [16]. Nach LEIBNIZ nennt Herbert die fünf Prinzipien zu Unrecht «n.c.», da sie bewiesen werden können und müssen [17]. Bei SPINOZA sind die n.c. «Grundlagen unseres Schlußverfahrens». Sie erklären dasjenige, was allen Körpern gemeinsam und gleichermaßen im Ganzen wie in den Teilen ist, z. B. «Substanz» [18]. HERDER stellt die n.c., «jene Begriffe, die auch nach der Ordnung unsres denkenden Geistes die ersten sein müssen», «himmlische, geistige Begriffe» [19], den Begriffen für sinnlich wahrnehmbare Merkmale gegenüber.

Abseits dieser terminologischen Tradition bestimmt CHR. WOLFF «notio communis» (gemeinschaftlicher Begriff) als etwas, das mehreren Dingen gemeinsam ist, im Gegensatz zur «notio singularis», die ein Individuum bezeichne [20]. Ähnlich unterscheidet E. SCHRÖDER die n.c. als Gattungsnamen, allgemeine Begriffswörter, von «nomina propria» (Eigennamen) [21].

Anmerkungen. [1] CHRYSIPP, SVF II, 154, 23-155, 24. – [2] PLUTARCH, Comm. not. – [3] a.O. 1068 A-D. – [4] 1065 D-E; 1084 F-1085 B. – [5] CICERO, Topica ad C. Trebatium 7. – [6] a.O. 5. 7; Tusc. IV, 24, 53. – [7] Tusc. I, 13; De nat. deor. I, 22f. – [8] Vgl. G. W. LEIBNIZ: Nouv. Essais. Die philos. Schr., hg. C. J. GERHARDT 5, Préface 42. – [9] PH. MELANCHTHON: Loci praecipui theol. von 1559, De lege naturae. – [10] Corresp. du P. MARIN MERSENNE, hg. C. DE WAARD 6 (1960) 358-362. – [11] HERBERT VON CHERBURY: De veritate (London ³1645), hg. G. Gawlick (1966) 60f. – [12] a.O. 58. 60. – [13] 208-226. – [14] R. DESCARTES, Principia Philos. 1, 49f. – [15] Corresp., hg. ADAM/TANNERY 2, 597f. (an Mersenne, 16. 10. 1639). – [16] P. GASSENDI, Op. omnia (Lyon 1658, ND 1964) 3, 411-419. – [17] LEIBNIZ, a.O. [8] I, 88f. – [18] B. SPINOZA, Ethik I, 8, Anm. 2; II, 38. 40. – [19] J. G. HERDER: Abh. über den Ursprung der Sprache. Sprachphilos. Ausgew. Schr., hg. E. HEINTEL (²1964) 1-87, zit. 33. – [20] J. N. FROBESIUS: Christiani Wolfii Philos. rat. sive Logica. CHR. WOLFF, Ges. Werke, hg. J. ECOLE u.a. III/6 (1980). – [21] E. SCHRÖDER: Lehrb. der Arithmetik und Algebra für Lehrer und Studirende 1: Die sieben algebr. Operationen (Leipzig 1873) 6.

Literaturhinweise. R. G. KOTTICH: Die Lehre von den angeborenen Ideen seit Herbert von Cherbury (Diss. Berlin 1917). – G. GAWLICK: Einl. zu: Herbert von Cherbury s. Anm. [11] VII-XLVIII. – R. SCHIAN: Unters. über das argumentum e consensu omnium (1973). – R. B. TODD: The Stoic common notions: A reexamination and reinterpretation. Symb. Osloenses 48 (1973) 47-75.

J. SCHNEIDER

Notstand (lat. status necessitatis) bezeichnet im strafrechtlichen und rechtsphilosophischen Sinn eine Situation, in der die Befolgung positiv-rechtlicher Bestimmungen die Abwehr einer unmittelbaren Bedrohung des privaten Eigentums oder der körperlichen Unversehrtheit des Einzelnen nur unzureichend oder überhaupt nicht gewährleistet. Die einzelnen Ansätze zur begrifflichen Erfassung des N. divergieren jedoch stark hinsichtlich der Ansicht, ob den durch das Gesetz nicht in Form eines Rechtssatzes abgesicherten Maßnahmen zur Abwehr der äußersten Bedrohung selbst noch ein übergesetzlicher Rechtscharakter zukommt oder nicht und welche Beschaffenheit bzw. Legitimität solch einem Notrecht (lat. jus necessitatis, favor necessitatis) zugestanden werden soll.

1. Im öffentlichen Recht gilt der *Staats-N.* seit den Juristen und Staatstheoretikern des 16. Jh. als ein *Ausnahmezustand* [1], in dem die konstitutionellen Bindungen der fürstlichen Souveränität oder der exekutiven Gewalt in einem bürgerlich-parlamentarischen System durch die Berufung auf eine übergesetzliche Staatsnotstandslage und der ihr allein noch gerecht werdenden «legitimen Tyrannis» [2] als einem «jus dominationis» [3] in Form einer einseitigen Erklärung von seiten der politischen Exekutivgewalt außer Kraft gesetzt werden kann [4]. Diesem vom Standpunkt der politischen Souveränitätslehre gedachten N. bzw. Notrecht entspricht umgekehrt auf der Seite der Lehren der Volkssouveränität eine bis in die griechische Antike zurückreichende Reflexion über die Bedingungen des legitimen Tyrannenmordes und die seit den Monarchomachen in die Geschichte der neuzeitlichen Staatstheorie eingegangene Theorie vom

Widerstandsrecht des Volkes gegenüber seinen politischen Repräsentanten [5].

2. Geschichte des *strafrechtlichen* N. – Weder in der griechischen noch in der römischen Antike finden sich systematische Überlegungen zur Einordnung des N. innerhalb der Rechtstheorie; der N. wird hier nur anhand exemplarischer Beispiele erörtert, wobei bestimmte Fälle mit Vorliebe behandelt werden: so bei THUKYDIDES [6] und XENOPHON [7] die Frage der nachträglichen Entschuldbarkeit von Überschreitungen in Kriegssituationen und bei DEMOSTHENES [8] und PLATON [9] die Legitimität der Notwehr, auch wenn diese für den Angreifer bzw. den Dieb mit tödlichem Ausgang endet. Als Begründung für die Nicht-Bestrafbarkeit von Vergehen gegen das Gesetz im Falle von N.-Situationen wird eine Unterscheidung zwischen freiwilligen und unfreiwilligen Handlungen getroffen, wobei allein jene Handlungen als ungerecht angesehen werden, die nicht durch den Zwang einer äußeren Notwendigkeit motiviert worden sind. Bereits ARISTOTELES sieht jedoch im N. eine Kollision zweier Rechtsgüter, der gegenüber es oft schwer zu entscheiden ist, «welches von zwei Dingen man wählen, und welches von zwei Übeln man ertragen soll» [10].

CICERO begreift dagegen die Notwehr als ein angeborenes Recht, das im Gegensatz zum geschriebenen Recht steht (indices, non scripta, sed nata lex) und in zweifelsfreier Weise jene Handlungen von einer strafrechtlichen Verfolgung ausschließt, die im Falle der äußersten Not begangen worden sind [11]. Mit Berufung auf diese 'naturalis ratio' wird im römischen Strafrecht auch die Verletzung der Rechtsgüter anderer gerechtfertigt, falls das Rechtsgut, das geschützt werden soll, größeren oder zumindest gleichen Wert hat als jenes, das zum Zwecke seiner Erhaltung vernichtet wurde, und falls die Bedrohung nicht anders abgewendet werden konnte [12].

Diese Bestimmungen der Straffreiheit von Normüberschreitungen im N.-Fall haben in den Formeln «Quod non est licitum in lege, necessitatis facit licitum», «Necessitas non habet legem» sowohl in die Bußordnungen der abendländischen Kirche als auch in das kanonische Recht Eingang gefunden [13]; sie stehen damit in Übereinstimmung mit älterem *germanischem* Recht, das zwar keine genauen Definitionen des N. bzw. des Notrechts kannte, jedoch in der Behandlung von Rechtsfällen und in Rechtssprichwörtern – wie «Not hat kein Gebot», «Not bricht Eisen», «Not bricht Recht», «Ein besser Recht ist Leibesnot, als Herrn Gebot», «Jeder ist sich selbst der Nächste», «Ein Notschlag, kein Totschlag» [14] – diesem Problem Rechnung trug. Denn als entschuldbare Nothandlungen galten im altdeutschen Recht die Aneignung von fremdem Brennholz und von Lebensmitteln [15], das Verletzen und Töten von Tieren anderer im Falle eines bedrohlichen Angriffs [16] bis hin zur Tötung von Greisen, Lahmen und Siechen und das Verkaufen und Töten von Kindern bei Hungersnot [17].

Erst mit der Entwicklung der 'gemeinrechtlichen Doktrin' wird im Anschluß an die Art. 166 und 175 der *Karolina* von 1521 der Versuch einer allgemeinen Bestimmung des N. unternommen, wobei die Frage der Kollision von Rechtsgütern im N.-Fall in den Vordergrund rückt, dabei jedoch das Problem des rechtlichen Charakters von Nothandlungen kontrovers bleibt [18]. Einen Einschnitt in der Geschichte der begrifflichen Bestimmung des N. und des Notrechts stellt der Versuch von H. GROTIUS dar, das Recht zur Kriegsführung und den Mundraub im Falle der Not systematisch auf naturrechtlicher Grundlage abzuleiten. Die von CICERO in der ‹Rede für Milo› ausschließlich für den Fall der privaten Notwehr postulierte Geltung eines Rechts auf Selbstverteidigung wird von GROTIUS nicht nur zur Begründung der Rechtmäßigkeit von Privatkriegen, sondern auch für den Fall militärischer Auseinandersetzungen zwischen Nationen herangezogen. Jedoch gilt für den privaten Bereich die gewaltsame Abwehr und die Vergeltung von Unrecht nur dann noch als zulässig, wenn die Hilfe von seiten der öffentlichen Sicherheitsbehörden unerreichbar ist [19]. Die Rechtmäßigkeit der Benutzung fremden Eigentums im Falle der Not leitet Grotius dagegen von der ursprünglichen, vorgesellschaftlichen Gütergemeinschaft der Menschen ab; in der höchsten Not trete die Institution des Privateigentums gegenüber dem alten Recht des gemeinsamen Gebrauchs der Dinge in den Hintergrund [20]: «Denn wie erwähnt, macht in allen menschlichen Einrichtungen die höchste Not eine Ausnahme» [21]. S. PUFENDORF nimmt die Frage der Einschränkung der legitimen Selbstverteidigung durch die Kompetenz öffentlicher Behörden wieder auf, indem er die Notwehr im Naturzustand (status naturalis) einschließlich dem Völkerrecht von der Notwehr innerhalb der bürgerlichen Gesellschaft (civitas, status civilis) unterscheidet [22]. Er kritisiert jedoch die Ansicht, daß im Falle eines N. wieder ein Recht auf den ursprünglichen Gemeinbesitz existiere; Pufendorf geht vielmehr davon aus, daß aufgrund des Fortschritts der Arbeitsproduktivität jeder Mensch für sein eigenes Aufkommen zu sorgen habe. Im Notfall dürfe deshalb nicht fremdes Eigentum gewaltsam angeeignet werden, vielmehr muß sein Eigentümer um Zustimmung ersucht werden; dieser ist jedoch nur dann moralisch zur Hilfe verpflichtet, wenn sich jemand unverschuldet in N. befindet. Dagegen erwähnt Pufendorf auch die Möglichkeit, daß diese Verpflichtung zur gegenseitigen Hilfe auch durch die Behörden in positiv-rechtlicher Form festgesetzt und gerichtlich erzwungen werden kann [23].

CHR. THOMASIUS erörtert eine weitere Einschränkung des Notrechts. Im Anschluß an Hobbes gilt ihm die Bewahrung des eigenen Wohlergehens und Lebens als höchste Pflicht des Menschen; denn Gott selbst hat die menschliche Natur mit diesem Selbsterhaltungstrieb ausgestattet. Die rechtlich nicht abgesicherten Formen der Abwehr von Not sind aber nur dann zulässig, wenn sie Handlungen ausschließen, die anderen Menschen Anlaß geben würden, selbst wieder in den N. zu geraten [24]. Dieses Prinzip der legitimen Selbsterhaltung ist von vielen Kriminalisten des 18. Jh. übernommen worden, ohne daß jedoch der von THOMASIUS vorgeschlagenen Einschränkung weiter Rechnung getragen wurde [25].

Während selbst CHR. WOLFF noch im N. einen Konflikt zwischen dem Gesetz und der Pflicht gegenüber sich selbst und gegenüber anderen sah und im Hinblick auf die Unmöglichkeit, zwei sich gegenseitig ausschließenden Gesetzen auf einmal Rechnung zu tragen, die Nichtberücksichtigung des weniger wichtigen Gesetzes als legitim erachtete [26], bricht I. KANT mit der alten naturrechtlichen Tradition, indem er die Existenz eines Notrechts verneint. Nach Kant kann die Notwehrhandlung niemals Grundlage eines Rechtsgesetzes sein, da dieses auf dem Prinzip des freien Willens beruht, dem der äußere Zwang der Not widerspricht. Obgleich jedoch die gewalttätige Selbsterhaltung mit dem kategorischen Imperativ unvereinbar ist und es «keine Not geben (kann), welche, was unrecht ist, gesetzmäßig machte», versucht auch Kant noch der subjektiven Notlage und dem aus ihr resultierenden Vergehen gegenüber den Rechtsnormen soweit Rechnung zu tragen, daß dieses vom Strafgesetz zwar nicht als «unsträflich» (inculpabile), wohl aber als «unstrafbar» (inpunibile) zu beurteilen ist [27].

J. G. Fichte zufolge steht die Nothandlung nicht nur außerhalb des Strafrechts, sondern außerhalb jeden Rechts. Denn das Recht regelt die Bedingungen des Zusammenlebens der Menschen nur für den Normalfall, während die äußerste Not auch die Selbstbehauptung eines Menschen auf Kosten des Lebens eines anderen erfordern kann. Folglich läßt sich das Notrecht beschreiben als «das Recht, sich als gänzlich außer aller Rechtsgesetzgebung zu betrachten» [28]. Jedoch muß sich dann diese durch das Rechtsgesetz nicht bestimmte Willkür gegenüber der moralischen Gesetzgebung als der höheren Instanz verantworten. Erst G. W. F. Hegel spricht der Selbsterhaltung gegenüber dem «formellen Recht» wieder eine Vorrangstellung im Sinne eines Notrechts zu, das sich als «wahrhaftes Recht» aus dem Charakter des Lebens als einer eigenständigen Form von Totalität herleitet [29]. Erheblichen Einfluß auf die weitere Bestimmung des N. gewann im 19. Jh. schließlich die in Anlehnung an Kant und Anselm Feuerbach entwickelte Theorie der strafrechtlichen Unzurechnungsfähigkeit von Handlungen, die «ohne alles Zutun des Willens» ausgeführt worden sind [30]. Die Notwehr erscheint jetzt neben anderen Gründen der Unzurechnungsfähigkeit nur mehr als «*einer* der Fälle, in welchem der Staat Denjenigen entschuldigt, der im Notstande sich befindet. Daß der N. (verschieden von der Notwehr) ein Aufhebungsgrund der Zurechnung ist, erkennen alle neuen Gesetzgebungen an» [31]. Damit ist aber die einheitliche begriffliche Erfassung des N. zugunsten einer differenzierten Behandlung unterschiedlicher N.-Materien aufgegeben, welche in der Folgezeit zu einer bis heute gebräuchlichen Unterteilung der Strafausschließungsgründe in rechtfertigende, entschuldigende und rechtlich unerhebliche N.-Handlungen ausgeweitet wurde [32]. Dabei steht die Lehre vom rechtfertigenden N. in der von Hegel wieder aufgenommenen Tradition, derzufolge im Notfalle die Erhaltung überwiegender, d.h. qualitativ höherer oder quantitativ umfangreicherer Rechte auch dann rechtmäßig ist, wenn dadurch die Rechte und Interessen anderer eingeschränkt werden (Theorie der Interessen- und Güterabwägung) [33]; demgegenüber ist die Entwicklung der 'Exemptionstheorie', d.h. der Auffassung des N. als eines rechtsfreien Raums durch Kants und Fichtes Übernahme des alten Prinzips des 'necessitas non habet legem' eingeleitet worden [34].

Während der französische Code pénal von 1811 und die deutschen Partikular-Strafgesetzbücher des 19. Jh. überhaupt keine differenzierten gesetzlichen Bestimmungen über den N. enthalten, gleichwohl die Strafbarkeit einer rechtswidrigen Handlung im Falle der äußeren Bedrohung aussetzen [35], hat das Reichsstrafgesetzbuch von 1871 die Behandlung in den §§ 52 und 54 förmlich geregelt. Als Voraussetzung für die Anerkennung eines N. und der Gewährung von Straflosigkeit trotz Rechtswidrigkeit der Handlung wurde hierbei jedoch u.a. geltend gemacht, daß der Täter von seiten einer anderen Person durch unwiderstehliche Gewalt oder Drohung mit einer gegenwärtigen, nicht anders mehr abzuwendenden Gefahr für Leib und Leben der eigenen Person oder der nächsten Verwandten zur Tat genötigt wurde; ferner durfte die N.-Situation nicht durch eigenes Verschulden hervorgerufen worden sein, sollte deren Abwehr von einer Strafverfolgung ausgesetzt sein [36]. Auf dem Wege der Rechtsprechung sind diese N.-Bestimmungen des Strafgesetzbuches in der Weimarer Republik schließlich zu der ausdrücklichen Anerkennung eines 'übergesetzlichen N.' auf der Grundlage des Prinzips der 'Güter- und Pflichtenabwägung' weiterentwickelt worden; das Reichsgericht ließ sich hierbei – etwa im Falle der Notwendigkeit einer medizinisch indizierten Schwangerschaftsunterbrechung – von der Überlegung leiten, daß die Frage, unter welchen Bedingungen im Falle der Not die Verletzung eines fremden Rechtsgutes als gerechtfertigt erscheint, anhand des dem geltenden Recht zu entnehmenden Wertverhältnisses der im Widerstreit stehenden Rechtsgüter oder Pflichten zu entscheiden ist [37].

Gegenüber der Frage, ob sich aus dem 'entschuldigenden N.' der §§ 52 und 54 StGB auch die Rechtfertigung von strafbaren Handlungen im Sinne eines 'Staats-N.' ableiten lassen, wie dies die Verteidiger im Rahmen der sog. Fememordprozesse der zwanziger Jahre gefordert hatten [38], hat das Reichsgericht jedoch eine schwankende Haltung eingenommen; zumindest schien ihm die Entwicklung einer zukünftigen Regelung des Staats-N. im Sinne der Prinzipien der strafrechtlichen Regelung des N. gemäß den §§ 52 und 54 StGB möglich und auch erforderlich [39]. Demgegenüber hat die liberale Staats- und Strafrechtslehre das Recht auf strafbare Taten durch private Personen und Gruppen unter Berufung auf einen übergesetzlichen Staats-N. verneint und in diesem Zusammenhang auf die ausschließliche Regelung des staatlichen Ausnahmezustandes durch Art. 48 der Weimarer Verfassung und entsprechende Bestimmungen des Verwaltungsrechts verwiesen [40]. Im Gegensatz zur nationalsozialistischen Rechtsauffassung [41] hat sich die Gesetzgebung in der Bundesrepublik Deutschland dieser strikten Trennung zwischen der Regelung des privaten, strafrechtlichen N. und des öffentlichen N. mit der 1968 erfolgten Verabschiedung der N.-Gesetze wieder angeschlossen und damit ihren Sinn für rechtsstaatliche Verfassungsprinzipien bekräftigt [42].

Die Frage, ob sich aus den allgemeinen strafrechtlichen N.-Bestimmungen der §§ 52 und 54 StGB zugleich auch die Anerkennung des Tatbestandes eines 'allgemeinen Befehls-N.' unter Bedingungen einer totalitären Herrschaft ableiten läßt, ist vom Bundesgerichtshof auf dem Wege der Rechtsprechung im Rahmen der Prozesse über nationalsozialistische Gewaltverbrechen verneint worden. Zwar implizierten die §§ 52 und 54 StGB auch eine Regelung im Falle des Vorliegens eines objektiven oder subjektiven *Befehls-N.*, doch erfaßten diese der Auffassung des Bundesgerichtshofs zufolge nur eine unter ganz bestimmten Extrembedingungen erfolgte, nämlich die im Falle einer unmittelbaren und unabweislichen Gefährdung des eigenen Lebens oder des Lebens der nächststehenden Verwandten begangene *Einzeltat* [43]. Dieser Tatbestand lag aber bei den meisten der unter dem NS-Regime begangenen Gewaltverbrechen nachweislich gar nicht vor. Aus diesem Grunde hat in den Prozessen über nationalsozialistische Gewaltverbrechen auch nicht diese Bestimmung des eigentlichen N. als vielmehr die Zubilligung der Existenz eines *subjektiven N.* (Putativ-N.) eine größere Bedeutung gespielt, von deren Möglichkeit dann allerdings recht großzügig Gebrauch gemacht worden ist [44].

Im Zuge der großen Strafrechtsreform von 1975 hat der Gesetzgeber in der Bundesrepublik Deutschland die strafrechtlichen Bestimmungen über den Tatbestand des N. mit den §§ 34 und 35 des neuen StGB neu geregelt. Dabei liegt nach § 34 StGB, der die ehemaligen Bestimmungen des 'übergesetzlichen N.' zusammenfaßt, dann ein *rechtfertigender N.* vor, wenn – wie etwa im Falle einer notwendig gewordenen medizinischen oder sozialen Indikation eines Schwangerschaftsabbruchs – bei der Abwendung einer gegenwärtigen, nicht anders abwendbaren Gefahr für Leib und Leben oder für ein anderes wichtiges Rechtsgut ein rechtlich minder bewertetes Rechtsgut verletzt wird. Demgegenüber setzt der *entschuldigende N.* gemäß § 35 StGB, in dem die bisherige Regelung des N. einschließlich des Putativ- und des Befehls-N. zusammengefaßt sind, keine Güterabwägung voraus, sondern trägt hier dem Konflikt zwischen der Wahrung eigener oder nahestehender wichtiger Interessen einerseits und der Einhaltung der Rechtsordnung andererseits Rechnung [45].

Anmerkungen. [1] E. FORSTHOFF: Art. ‹Ausnahmezustand›. HWP 1 (1971) 669f. – [2] A. CLAPMAR: De arcanis rerum publicarum (1605) IV, 2. – [3] ebda. – [4] C. SCHMITT: Die Diktatur (²1928) 1-79. – [5] K. WOLZENDORFF: Staatsrecht und Naturrecht in der Lehre vom Widerstandsrecht des Volkes (1916). – [6] THUKYDIDES, De bello Peloponnesiaco VI, 29. Historiae, hg. H. ST. JONES 2 (Oxford 1901, ND 1949). – [7] XENOPHON, Institutio Cyri V, 5, hg. W. GEMOLL (1968) 266ff. – [8] DEMOSTHENES, Aristocrates. Works, hg. J. H. VINCE 3 (London 1964) 252f. – [9] PLATON, Nomoi IX, 874 B. – [10] ARISTOTELES, Eth. Nic. III, 1, 1110 a, zit. nach der Übers. von E. ROLFES, hg. G. BIEN (1972) 15. – [11] CICERO, Pro Milone 4, 10-11. Orationes, hg. A. C. CLARK (Oxford ²1918, ND 1963); vgl. auch SENECA, Controversiae 4, 7. Declamations, übers. von M. WINTERBOTTOM 1 (Cambridge, Mass./London 1974) 458-469. – [12] R. STAMMLER: Darst. der strafrechtl. Bedeutung des N. (1878) 7-16. – [13] a.O. 17-21. – [14] E. GRAF/M. DIETHERR: Dtsch. Rechtssprichwörter (1864) 388-394. – [15] J. GRIMM: Dtsch. Rechtsalterthümer (1882) 400-402. 517; Sachsenspiegel II, 68. MG D4 NS (²1955) 189; Görlitzer Landrecht XLI, 2. – [16] Lex Burgundionum XXIII, 2. MG LS 3 (1863) 543; Sachsenspiegel a.O. [15] II, 35, 2; 60, 1 = III, 48, 4 = 235. – [17] J. GRIMM, a.O. [15] 460f. 487. – [18] STAMMLER, a.O. [12] 25-34. – [19] H. GROTIUS: De jure belli ac pacis (Paris 1625), dtsch. Übers. von W. SCHÄTZEL (1950) I, 1-3. – [20] a.O. II, 2ff. – [21] II, 6. 5. – [22] S. PUFENDORF: De jure naturae et gentium (Amsterdam ¹⁰1698) II, 5, §§ 1-5. – [23] a.O. II, 6, §§ 5-6. – [24] CHR. THOMASIUS: Institutiones jurisprudentiae divinae (1688, ³1702) II, 2, §§ 123-168. – [25] Mit der Ausnahme von J. L. E. PÜTTMANN: Elementa juris criminalis (1779) §§ 325. 450 und J. CHR. QUISTORP: Grundsätze des peinlichen Rechts (³1783) §§ 239. 374-376. – [26] CHR. WOLFF: Jus naturae (1746) §§ 521-626. – [27] I. KANT: Met. Anfangsgründe der Rechtslehre (1797) 41f. Akad.-A. 6 (1914) 235f. – [28] J. G. FICHTE: Grundlage des Naturrechts nach Principien der WL (1796). Sämmtl. Werke, hg. I. H. FICHTE II/3 (1845/46) 252-254. – [29] G. W. F. HEGEL: Grundlinien der Philos. des Rechts (1821) § 21. Werke, hg. E. MOLDENHAUER/K. M. MICHEL 7 (1970) 239-241. – [30] A. FEUERBACH: Lehrbuch des gemeinen in Deutschland geltenden Peinlichen Rechts (1801) §§ 84-101. – [31] a.O., 14., verm. und völlig umgearb. Original-A., hg. C. J. A. MITTERMAIER (1847) § 36 Zusatz. – [32] T. LENCKNER: Der rechtfertigende N. (1965) 7-31. – [33] P. BOKKELMANN: Hegels N.-Lehre (1935) 57ff. – [34] a.O. 4ff. 67ff. – [35] Code pénal, Köln (1811) Art. 64; Bayerisches Strafgesetzbuch (1813) Art. 121 und 93, Ziff. III; ferner (1861) Art. 67; Preußisches Strafrecht (1849) 2, XX, §§ 19-21. – [36] RStGB (1871) §§ 52. 54; ferner 313, Abs. 2; vgl. auch STAMMLER, a.O. [12] 61-73. – [37] RGSt 55, 82ff.; 61, 241ff.; 62, 137ff.; vgl. auch M. WACHINGER: Der übergesetzliche N. nach der neuesten Rechtsprechung des Reichsgerichts, in: Festgabe für R. FRANK (1930) I, 469ff. – [38] F. GRIMM: Grundsätzliches zu den Fememordprozessen (1928); W. LUETGEBRUNE: Wahrheit und Recht für die Feme (1928); vgl. F. HEILIGER: Der Staatsnotstand als Beispiel polit. Strafrechtswiss. (Diss. Leipzig 1935) 9ff. 49ff. – [39] RGSt 62, 137ff.; 63, 215; 64, 101. – [40] G. JELLINEK: Allg. Staatslehre (³1929) 359; J. SCHUBERT: Staatsnothilfe (Diss. Heidelberg 1933) 36. – [41] HEILIGER, a.O. [38] 24ff. 50ff. – [42] Vgl. W. HOFMANN/H. MAUS (Hg.): N.-Ordnung und Ges. in der Bundesrepublik (1967); N. der Demokratie (1967); D. STERZEL (Hg.): Kritik der N.-Gesetze (1968); M. KROHN: Die gesellschaftl. Auseinandersetzungen um die N.-Gesetze (1981). – [43] BGHSt 3, 271ff. 276; I StR 653f. – [44] H. JÄGER: Verbrechen unter totalitärer Herrschaft (1967) 79ff. 158ff. – [45] Gesetz über die Neuregelung des Strafrechts (StGB) vom 2. 1. 1975. Bundesgesetzbl. 1. Lfg. (1975) §§ 32-35.

Literaturhinweise. R. STAMMLER s. Anm. [12]. – P. MORIAUD: De délit nécessaire et de l'état de nécessité (Paris/Genf 1889). – H. TITZE: Die N.-Rechte in dem Bürgerl. Gesetzbuch und ihre gesch. Entwicklung (1897). – H. HENKEL: Der N. nach gegenwärtigem und künftigem Recht (1932). – R. MAURACH: Kritik der N.-Lehre (1935). – T. LENCKNER s. Anm. [32]. K. LICHTBLAU

Not- und Verstandesstaat. KANTS Unterscheidung von Naturnotwendigkeit und Freiheit als Kausalitätsformen von vernunftlosen und von vernünftigen Wesen folgend [1] unterschied SCHILLER den «Naturstaat» oder «N.» vom Vernunftstaat [2]. Der erste ist der immer schon vorfindliche positive Staat, dessen Regelungen der Naturgesetzlichkeit folgen, der zweite der Staat der vernünftigen Freiheit, der den Menschen als moralische Person sich verwirklichen läßt. – Wenn dagegen FICHTE unter N. den faktischen Zustand gesellschaftlicher *Un*ordnung verstand [3], so liegt die Prägung des Begriffs ‹N. und V.› durch Hegel eher auf der Linie von Schillers Wortgebrauch.

HEGEL spricht vom N. und V. oder äußerem Staat und meint damit die bürgerliche Gesellschaft: «Die bürgerliche Gesellschaft ist der äussere Staat, der V., als Sache der Noth ...» [4]. Daß die bürgerliche Gesellschaft als System der Bedürfnisse (der Not) dem Prinzip der Besonderung in je eigene Bedürfnisse folgt, läßt sie und ihre Ordnung als einen «Staat» (Zustand) des Verstandes begreifen, dem eben jene Besonderung als Qualität seiner Tätigkeit stets eigen ist. Davon hebt Hegel den eigentlichen Begriff des Staates als Wirklichkeit der Vernunft ab. So hat die Prägung des Begriffs des N. und V. bei Hegel die Funktion, diejenigen Begriffe vom Staat, die ihn als Anstalt der Not auffassen, zu relativieren und mit dem Begriff der bürgerlichen Gesellschaft zu identifizieren, um Platz zu schaffen für den von ihm intendierten Begriff des Staates als Wirklichkeit der Idee der Sittlichkeit, der Vernunft.

Anmerkungen. [1] I. KANT, Grundleg. Met. Sitten. Akad.-A. 4 (1911) 446ff. – [2] FR. SCHILLER, Über die ästhet. Erziehung des Menschen, 3. Br. Sämtl. Werke, hg. G. FRICKE/H. G. GÖPFERT 5 (⁵1975) 570f. – [3] J. G. FICHTE, Grundl. des Naturrechts nach Principien der Wiss.lehre. Sämmtl. Werke, hg. I. H. FICHTE 3 (1845) 302. – [4] G. W. F. HEGEL, Vorles.en über Rechtsphilos., hg. K.-H. ILTING 4 (1974) 473; ferner Grundlinien der Philos. des Rechts § 183. Sämtl. Werke, hg. H. GLOCKNER 7 (²1938) 263.

Red.

Notwendigkeit (griech. ἀνάγκη; lat. necessitas; engl. necessity; frz. nécessité; ital. necessità)

I. Antike. – A. *Vor Aristoteles.* – Die Vorsokratiker verwenden den Begriff der N. (ἀνάγκη) meist austauschbar mit dem des Schicksals (εἱμαρμένη), der die zwei Aspekte des unausweichlichen Zwangs und der Gesetzesnotwendigkeit verbindet. So vollzieht sich nach HERAKLIT der geordnete Ablauf der Veränderung der Welt «nach einer gewissen vom Schicksal verhängten N.» (κατά τινα εἱμαρμένην ἀνάγκην) [1]. Die Schicksals-N., die die Veränderung der Dinge leitet, wird von Heraklit zugleich als Logos bezeichnet [2], was die Gesetzesartigkeit der N. ausdrückt. PARMENIDES spricht von der mächtigen N. (κρατερὴ ἀνάγκη), die das wahrhaft Seiende in seine

Grenzen einschließt [3], aber auch im Bereich des Werdens wirkt, wo sie den Himmel in Bande geschlagen hat, daß er die Grenzen der Gestirne halte [4]. Manchmal wird ἀνάγκη parallel mit δίκη verwendet [5], d.h. die naturgesetzlich-kosmologische Ordnung und die gesellschaftlich-moralische Ordnung werden ihrer Art nach nicht geschieden; beide werden auf gleiche Weise als göttlich gesetzt gesehen, beide sind Ordnungen im Sinn allgemeiner Gesetze, und beide führen Zwang mit sich.

Auch PLATON redet von N. im Sinne des Zwangs sowohl bei Natur-N.en als auch bei gesellschaftlichen Gesetzen. Er differenziert jedoch zwischen dem faktischen sozialen Zwang, der auf schlechten Gesetzen beruhen kann, und dem wirklich Guten [6]; ἀνάγκη im Sinne des Zwangs und νοῦς/λόγος treten auseinander. Im ⟨Timaios⟩ heißt es, daß die Entstehung des Kosmos teils auf dem νοῦς, teils auf der N. beruhe; der νοῦς beherrscht die ἀνάγκη durch Überredung und lenkt dadurch die Dinge zum Streben auf das Beste [7]. Der N.-Begriff wird jedoch in seiner anderen Bedeutung, der der Gesetzesartigkeit, auch auf der Seite von λόγος/νοῦς verwendet; Wahrscheinlichkeitsgründe werden notwendigen Gründen [8], scheinbare Erkenntnis wird einer beweisenden und notwendigen Erkenntnis [9] derjenigen Dinge gegenübergestellt, die sich immer auf die gleiche Weise verhalten [10]. Eine weitere Verwendung des N.-Begriffs bei Platon ist die der notwendigen Bedingungen, des für einen Zweck Erforderlichen, und hierbei speziell des Lebensnotwendigen [11]. In diesen Zusammenhang gehört auch seine Unterscheidung zwischen notwendigen und nicht notwendigen Begierden [12]; notwendige Begierden sind Begierden nach lebensnotwendigen Dingen.

Anmerkungen. [1] HERAKLIT, VS 22 A 5. – [2] a.O. A 8. – [3] PARMENIDES, VS 28 B 8, 30. – [4] a.O. B 10, 6f. – [5] A 32. 37. – [6] PLATON, Resp. 493 c-d. – [7] Tim. 47 e f. – [8] Tim. 40 e. – [9] Theaet. 162 e. – [10] Resp. 484 b-c. – [11] Leg. 918 e; 920 b. – [12] Resp. 559 a-b.

B. *Aristoteles.* – ARISTOTELES stellt als erster ausführliche Überlegungen zum N.-Begriff an, wenngleich sie nicht systematisch ausgearbeitet sind wie seine Möglichkeitstheorie. In Met. V, 5 stellt Aristoteles die wichtigsten Bedeutungen des N.-Begriffs zusammen und versucht ihren gemeinsamen Bedeutungskern anzugeben. Es handelt sich ungefähr um diejenigen drei Bedeutungen, die bereits bei Platon vorkommen: (1) das Notwendige im Sinn des Lebensnotwendigen oder im Sinn des zum guten Leben Notwendigen; (2) N. im Sinn von Zwang oder Gewalt (βία), die der Gegenbegriff zum natürlichen Bewegungsanstrieb (φύσις, ὁρμή), mit Bezug auf Menschen spezieller zum Freiwilligen und Vorsätzlichen (προαίρεσις) ist; (3) die N. in dem Sinn, daß etwas sich nicht anders verhalten kann. Letztere wird als die Grundbedeutung angesehen, gemäß der auch die beiden anderen Bedeutungen ausgesagt werden: Das Erzwungene wird als notwendig bezeichnet, weil sich dasjenige, das gezwungen wird, nicht anders, d.h. nicht nach seinem eigenen Antrieb verhalten kann. Das zum Leben Erforderliche wird als notwendig bezeichnet, weil Leben nicht anders als unter diesen Bedingungen möglich ist. Aristoteles benutzt hier jedoch eine Äquivokation des Ausdrucks «sich nicht anders verhalten können» (οὐκ ἐνδέχεσθαι ἄλλως ἔχειν). In (2) ist das «sich verhalten» verbal-prädikativ gebraucht, d.h. es kommt vor in Sätzen wie 'A kann (sich) nicht anders handeln (bewegen) als so'. (3) hingegen wird von Aristoteles so erläutert, daß 'notwendig' bzw. 'kann nicht' als propositionale oder modale Ausdrücke vor einem ganzen Satz stehen ('es kann nicht sein, daß es sich anders verhält als so [daß es anders ist]'). Was sich in diesem Sinn nicht anders verhalten kann, sind Sachverhalte, die aus notwendigen Prämissen bewiesen sind, sowie diese notwendigen Prämissen selbst. An dieser Stelle fügt Aristoteles eine spekulative vierte Bedeutung von N. hinzu: (4) Die N. von Sätzen muß in einem obersten Notwendigen gründen, das einfach, unvergänglich und unbeweglich ist und sich daher *per definitionem* nicht auf vielfache Weise und daher nicht anders verhalten kann. Diese oberste N. ist nicht wie (3) eine modale, unterscheidet sich aber auch von (2), da das 'sich nicht anders verhalten können' hier gerade nicht auf Zwang, sondern auf der Physis beruht. – Eine andere Unterscheidung, die sich nicht mit derjenigen in Met. V, 5 deckt, ist die Unterscheidung zwischen *hypothetischer* N. (ἀναγκαῖον ἐξ ὑποθέσεως, οὗ οὐκ ἄνευ) und schlichter oder *absoluter* N. (ἀναγκαῖον ἁπλῶς), die u.a. in De gen. et corr. II, 11 entwickelt wird. Nimmt man sie hinzu, dann läßt sich (1) aus Met. V, 5 als Spezialfall der hypothetischen N. einordnen. Die Unterscheidung zwischen hypothetischer und absoluter N. macht Aristoteles sowohl mit Bezug auf Ereignisse als auch mit Bezug auf Sachverhalte oder Sätze. Dabei ist die hypothetische N. immer modal-propositional zu verstehen oder auf eine modale N. zurückführbar, wobei die modale N. für Aristoteles eine analytisch-definitorische ist. Die schlichte N. kann ebenfalls Sachverhalte betreffen, sie kann aber auch Ereigniszusammenhänge und die Existenz von Gegenständen betreffen. Im letzteren Fall ist die N. nicht als analytische zu verstehen, sondern als frequentative (d.h. 'notwendig' ist gleichbedeutend mit 'immer'); sie betrifft das ewige zyklische Wiederkehren der Stellungen der Himmelskörper, der Elemente und natürlichen Arten, wobei die Unaufhörlichkeit durch die N. der Existenz der Himmelskörper und Elemente gesichert ist. – Zu den einzelnen Bedeutungen:

1. Die N. im Sinn von *Zwang* spielt in der aristotelischen Philosophie eine Rolle als Gegenbegriff zur Selbstbewegung aufgrund der Physis [1] und spezieller zum Freiwilligen [2]. Es ist eine der Bedingungen für die Freiwilligkeit einer Handlung, daß sie nicht unter Zwang stattfindet, daß sie ihren Bewegursprung nicht außerhalb ihrer selbst hat.

2. Den *modalen* N.-Begriff versteht Aristoteles im Sinne einer *analytisch-definitorischen* N. Auf diese N. läßt sich auch die hypothetische N. zurückführen.

a) Den Begriff der *hypothetischen* N., der notwendigen Bedingungen, erläutert Aristoteles ausführlich in Phys. II, 9 für den Bereich natürlicher Veränderungs- und Entstehungsvorgänge. Wie der Name sagt, wird bei der hypothetischen N. ein Ereignis oder Gegenstand (z.B. ein Haus) als gegeben gesetzt und rückschließend gefragt, was von diesem gesetzten τέλος her notwendigerweise geschehen sein oder vorhanden sein muß (z.B. Steine und Balken). Diese rückwärtige Betrachtungsweise ist bei konkreten Handlungs- und Kausalzusammenhängen deswegen von Vorteil, weil sich keine strenge nach vorn gerichtete N.-Aussage angeben läßt. Denn dem Ergebnis des Vorgangs kommt keine notwendige Existenz zu [3]; das Eintreten der auslösenden Ursache ist ebenfalls nicht notwendig [4]; und schließlich ist Aristoteles der Meinung, daß sich ein späteres Ereignis *B* prinzipiell nicht aus einem früheren *A* mit N. ableiten läßt, weil es in dem Zeitintervall zwischen dem Eingetretensein von *A* und dem Eintreten von *B* falsch ist zu sagen, daß *B* eingetreten sein muß [5].

Den Begriff der hypothetischen N. verwendet Aristoteles auch mit Bezug auf Sätze bzw. Sachverhalte, und zwar parallel mit dem der hypothetischen Wahrheit, Unmöglichkeit usw. [6]. Von hypothetischer N. redet Aristoteles insbesondere bei rückwärtigen Schlüssen aus einer definitorischen Aussage, z. B.: «weil ein Haus das und das ist, muß notwendigerweise das und das vorhanden sein oder entstehen» [7]. Die hypothetische N. zwischen Ereignissen gründet in solchen Rückschlüssen aus Definitionsaussagen. Das gesetzte τέλος ist der Anfang nicht der Handlung, sondern der Überlegung [8], und die Überlegung besteht in einer Analyse des Begriffs des τέλος, geht aus von einer Definitionsaussage (ἀπὸ τοῦ ὁρισμοῦ καὶ λόγου) [9], die ihrerseits nicht mehr hypothetisch notwendig, sondern schlicht notwendig ist.

b) *Analytisch-definitorische* N. Die modale N. faßt Aristoteles als bestimmte Weise des veritativen Seins (εἶναι ὡς τὸ ἀληθές). Er bestimmt das veritative Sein als Zusammensein und Einssein der Teile des Sachverhalts [10], wobei die Beispiele durch kontextabhängige singuläre Sätze ('Sokrates geht') oder kontext-geschlossene generelle Sätze ('Die Diagonale ist rational'), also durch Satzfunktionen, formuliert werden. Das hat zur Folge, daß Sachverhalte ihren Wahrheitswert ändern können. Diejenigen Sachverhalte, deren Teile immer zusammen sind und sich unmöglich trennen lassen, sind die notwendigen Sachverhalte [11]; bei möglichen Sachverhalten können die Teile sowohl zusammen als auch getrennt sein, und bei unmöglichen Sachverhalten sind die Teile immer getrennt und lassen sich unmöglich verbinden. Notwendig wahre und unmögliche (notwendig falsche) Sachverhalte bilden zusammen diejenigen Sachverhalte, die sich unmöglich anders verhalten können [12].

Dasjenige, was sich nicht anders verhalten kann, ist auf ausgezeichnete Weise erkennbar und daher das Korrelat der begründenden Wissenschaft (ἐπιστήμη ἀποδεικτική), die Beweise von Sachverhalten durch wissenschaftliche Schlüsse gibt, in denen der Sachverhalt aus wahren, ersten, unvermittelten und hinsichtlich der Folgerung grundlegenderen Prämissen aufgewiesen wird [13]. Diese obersten notwendigen Sachverhalte enthalten ein καθόλου-Verhältnis zwischen zwei Termini, d. h. ein Verhältnis, das sowohl koextensiv als auch wesentlich ist (z. B. 'das Dreieck hat eine Winkelsumme von zwei Rechten') [14]. Die N. dieser obersten Prämissen selbst ist eine analytisch-definitorische, wobei Definition nicht im 'semantischen' Sinn, sondern in dem stärkeren Sinn einer vollständigen wissenschaftlichen Erklärung des Warum (διά τι) der Sache gemeint ist [15]. Von der modernen Einteilung her, die zwischen logischer und kausaler N. unterscheidet, ist daher die aristotelische modale N., sofern sie Aussagen mit Termini für natürliche Dinge (und nicht z. B. mathematische Aussagen) betrifft, nicht einfach eine logische, sondern sie hat außerdem den Aspekt der wissenschaftlichen Erklärung, d. h. einer eher kausalen Modalität.

Auch der Übergang von einer semantischen Definition zu einer wissenschaftlichen Definition läßt sich noch als eine Art von ἀπόδειξις verstehen [16]. Damit Begründungen nicht in einen infiniten Regreß führen, muß es jedoch oberste Prinzipien (ἀρχαί) der ἀπόδειξις geben, von denen selbst keine ἀπόδειξις mehr möglich ist [17].

3. *Das Notwendige im Sinn des schlechthin Einfachen.* Bei allen zusammengesetzten Sachverhalten und Definitionen läßt sich nach dem Grund ihrer Einheit, nach der Vermittlung der Teile fragen. Von den ἀρχαί der ἀπόδειξις dagegen verlangt Aristoteles, daß sie einfach und unteilbar und nicht weiter vermittelt sind [18], daß sie den Grund ihrer N. in sich selbst haben [19]. Aristoteles gibt keine eindeutige Antwort darauf, welches diese einfachen notwendigen ἀρχαί sind. In Anal. post. II, 19 scheint es, daß sie die allgemeinsten Gattungsbegriffe sind, die nicht Gegenstand der ἐπιστήμη sind, sondern die der νοῦς durch eine Art Induktion (ἐπαγωγή) erfaßt [20]. Nach Met. IX, 10 und De interpret. 13 hingegen scheint es sich um die obersten notwendigen οὐσίαι zu handeln, die bloße ἐνέργεια ohne ὕλη sind und daher keine Möglichkeit des Andersseins oder Nichtseins haben [21]. Notwendiges-Einfaches in diesem Sinn spielt eine Rolle auch in der aristotelischen Theorie notwendiger zyklischer Naturvorgänge.

4. Die *frequentative* N. ist eine absolute (d. h. nichthypothetische) N. mit Bezug auf Ereigniszusammenhänge. Aristoteles untersucht die Art dieser N. ausführlich in De gen. et corr. II, 11. Schlicht notwendige Sätze der Form 'es ist notwendig, daß auf *A B* folgt', hält Aristoteles nur dann für möglich, wenn *B* immer entsteht, und das heißt notwendigerweise vorhanden ist [22]. Da es für Aristoteles keine notwendige nach vorn gerichtete Verbindung zwischen Anfangsbedingungen und τέλος gibt, kann *B* kein τέλος sein. Außerdem kann sich die Reihe *A, B* ... nicht *ad infinitum* fortsetzen lassen, da sich dann kein Letztes angeben ließe, dessen Entstehen schlicht notwendig ist; man kann die Reihe aber auch nicht abbrechen, da man sonst die ewige Dauer der Bewegung nicht erklären kann [23]. Die aristotelische Lösung lautet, daß sich das immer stattfindende und schlicht notwendige Werden an einer begrenzten Anzahl von notwendig Vorhandenem vollzieht, jedoch nicht linear, sondern zyklisch-reversibel [24]. Das immer Vorhandene sind die Himmelskörper, die Elemente und die natürlichen Arten; die zyklisch notwendige Veränderung besteht bei den Himmelskörpern im Wiederkehren der Stellung eines numerisch identischen Gegenstandes, ansonsten in einem qualitativ identischen Wiederkehren [25].

Die aristotelische Auffassung der frequentativen N. hat zwei Komponenten: Erstens eine Beobachtungskomponente, insofern wir das Stattfinden kontinuierlicher Bewegung wahrnehmen [26], zweitens eine theoretische Komponente, sofern die Unaufhörlichkeit der Bewegung postuliert wird, die nach Aristoteles aus dem Begriff der Bewegung folgen soll. Aufgrund dieses Postulats stellt sich für Aristoteles nicht das Induktionsproblem, d. h. das Problem des Übergangs von beobachteten Gleichförmigkeiten zum 'immer'. Daß es sich bei der notwendigen Existenz bestimmter Entitäten letztlich um ein Postulat handelt, zeigt sich daran, daß wir sie nach Aristoteles auch dann annehmen müßten, wenn wir sie nicht wahrnehmen könnten [27], das höchste notwendig Existierende, der unbewegte Beweger, ohnehin nicht wahrnehmbar ist [28].

Die Abhängigkeit vom Bewegungsbegriff und damit von bestimmten theoretischen Postulaten ändert nichts an der frequentativen Bedeutung des fraglichen N.-Begriffs. Die Postulate selbst sind Postulate frequentativ zu verstehender notwendiger Existenzen. Ebenso sind die absolut notwendigen zyklisch-reversiblen Ereigniszusammenhänge, die von den notwendig existierenden Entitäten getragen werden, frequentativ zu verstehen. Sie können nach Aristoteles nicht notwendig im Sinne der analytisch-definitorischen N. sein, weil ein Beweis eines solchen Zusammenhangs ebenfalls zyklisch sein, d. h. bei einem bestimmten Begriff beginnen und nach Zwischenschritten wieder bei ihm enden müßte. Dann aber wird kein begründendes Wissen erreicht, welches das eine auf Einfacheres und Bekannteres zurückführt [29], sondern nur das Wissen eines Nacheinander von Dingen derselben Ebene.

Anmerkungen. [1] ARISTOTELES, Phys. IV, 8, 215 a 1f. – [2] Eth. Eud. II, 8, 1224 b 12f. – [3] De gen. et corr. II, 11, 337 b 30f. – [4] Phys. II, 9, 200 a 1ff. – [5] Anal. post. II, 12, 95 a 27-35. – [6] De caelo I, 12, 281 b 3-8. – [7] Phys. II, 9, 200 b 1. – [8] a.O. 200 a 23. – [9] 200 a 35. – [10] Met. IX, 10, 1051 b 11ff. – [11] a.O. 1051 b 9f. – [12] 1051 b 15f. – [13] Anal. post. I, 2, 71 b 9-22. – [14] a.O. I, 4, 73 a 21ff. – [15] II, 10, 93 b 29ff. – [16] II, 8, 93 b 16ff. – [17] I, 22, 84 a 30ff. – [18] I, 23, 84 b 35f. – [19] II, 18, 99 b 14. – [20] II, 19, 100 b 1-5. – [21] Met. IX, 10, 1051 b 27f.; b 31; De interpret. 13, 23 a 21ff. – [22] De gen. et corr. II, 11, 337 b 33f. – [23] a.O. 338 a 5ff. – [24] 338 a 9ff. – [25] 338 a 17ff. – [26] 337 a 35. – [27] Met. VII, 16, 1040 b 34f. – [28] a.O. XII, 7, 1072 a 22. – [29] 1072 b 25ff.

Literaturhinweise. J. CHEVALIER: La notion du nécessaire chez Aristote et ses prédécesseurs (Paris 1915). – C. K. GRANT: Certainty, necessity, and Aristotle's sea battle. Mind 66 (1957) 522-531. – K. BÄRTHLEIN: Untersuchungen zur arist. Modaltheorie. Arch. Gesch. Philos. 45 (1963) 43-67. – H. SCHRECKENBERG: Ananke. Untersuchungen zur Gesch. des Wortgebrauchs (1964). – J. MULHERN: Aristotle on universality and necessity. Logique Analyse, NS 12 (1969) 288-299. – J. HINTIKKA: Time and necessity. Studies in Aristotle's theory of modality (Oxford 1973). – U. WOLF: Möglichkeit und Notwendigkeit bei Aristoteles und heute (1979). – R. SORABJI: Necessity, cause, and blame. Perspectives on Aristotle's theory (Ithaca, N.Y. 1980). – G. SEEL: Die Aristotelische Modaltheorie (1982). U. WOLF

II. *Spätantike und Mittelalter.* – Die Entwicklung des N.-Begriffs nach Aristoteles setzt nicht die Tendenz dieses Autors zu nüchterner logischer, semantischer und beweistheoretischer Analyse fort. Wenn diese Elemente einer ausdrücklichen Thematisierung dessen, was N. bedeutet, in Spätantike und Mittelalter auch nicht fehlen, so stehen sie doch meist im Zusammenhang eines anderen Themas, z. B. der Schicksalhaftigkeit allen Geschehens oder des Verhältnisses Erster Grund/begründetes Seiendes. Bei der Erörterung dieser Themen wird ein Begriff von N. oft einfach vorausgesetzt und nur gelegentlich eigens expliziert. Gleichwohl gewinnt der Sinn von N. neue Akzente und Bezüge durch die Problemzusammenhänge, in denen nach Aristoteles N. eine wesentliche Rolle spielt.

Die spätantike wie die mittelalterliche Philosophie haben sich gleichermaßen mit der These auseinandergesetzt, alles Wirkliche sei notwendig. Zwar wurde diese These in der hellenistischen Epoche ausdrücklicher als im Mittelalter, sogar programmatisch als Erläuterung des Schicksalsgedankens formuliert, aber mittelalterliche Denker haben in ihr auch eine – mindestens mögliche – Konsequenz des Begriffs von Gott gesehen, daß er als reine Intelligenz hinreichende Bedingung aller Realität ist. In beiden Versionen scheint die These den aristotelischen Gedanken, daß nur das Notwendige Gegenstand der theoretischen Vernunft sein kann, in die unmittelbare Form umgesetzt zu haben, die Vernünftigkeit der Realität zeige sich in ihrer durchgängigen N.

A. *Spätantike.* – 1. *Megariker und Stoa.* – Die These von der N. aller Realität wird zunächst von dem Megariker DIODOROS KRONOS mit einer logischen Argumentation gegen Aristoteles eingewandt. Dabei kommt die Interdependenz der N. mit den anderen Modalbegriffen zur Geltung, insbesondere mit der Möglichkeit, gegen deren aristotelischen Begriff Diodor sich unmittelbar wendet. In seinem – schon in der Antike so genannten – «schlagenden Argument» (κυριεύων λόγος) hebt er die Differenz der Möglichkeit zur Wirklichkeit mit Prämissen auf, deren Anerkennung durch Aristoteles selbst er voraussetzen konnte [1]. Allerdings faßt er dabei Modalität ausschließlich als eine Eigenschaft von Sätzen auf [2], schränkt also den aristotelischen Modalitätsbegriff ein. Das «schlagende Argument» lautet:

«Wenn (1) alles vergangene Wahre notwendig ist und (2) aus Möglichem nichts Unmögliches folgt, dann ist nicht möglich, was weder wahr ist noch wahr sein wird» [3].

Anders wäre Diodors Resultat so zu formulieren, daß Sätze, die weder wahr sind noch wahr sein werden, auch nicht möglich sind. Als Begründung ist aus dem äußerst knapp berichteten Argument zu rekonstruieren: Wenn man von dem Gegenteil (des Resultats) ausgeht, dann sind Sätze möglich, deren Aussage jetzt nicht gilt und sich vielleicht auch in Zukunft als nicht zutreffend erweist (z. B.: 'Das ‹Historische Wörterbuch der Philosophie› wird vor 1986 abgeschlossen'). Aus solchen möglichen Sätzen über Gegenwärtiges bzw. Zukünftiges folgen wahre Sätze im Tempus der Vergangenheit, die als solche der ersten Prämisse zufolge notwendig sind (z. B.: 'Die Hoffnung auf den Abschluß des ‹Historischen Wörterbuchs› vor 1986 war immer realistisch'). Zeigt sich nun schließlich von einem möglichen Satz, daß er nicht wahr ist (weil z. B. das ‹Historische Wörterbuch› am 31. 12. 1985 noch in Arbeit ist), dann wird auch der aus ihm folgende Satz im Vergangenheitstempus unwahr und damit – als das Gegenteil eines notwendigen Satzes – unmöglich. Wenn sich also von einem möglichen Satz herausstellen kann, daß er falsch ist, folgt aus ihm Unmögliches, so daß die zweite Prämisse verletzt wird [4]. Um sie zu wahren, muß man deshalb die Klasse der möglichen Sätze auf diejenigen einschränken, die wahr sind oder wahr sein werden. – Indem Diodor aus Sätzen über Gegenwärtiges und Zukünftiges prinzipiell Sätze im Präteritum folgen läßt, überträgt sein Argument umgekehrt die anerkannte Modalität von Sätzen über Vergangenes, nämlich entweder N. oder Unmöglichkeit, auf Sätze überhaupt. Formal definiert er das Mögliche als «das, was wahr ist oder wahr sein wird» und damit anders als das Notwendige, «das, was nicht falsch sein wird, da es wahr ist» [5]. Offenbar ist der Unterschied zwischen allgemeinen Aussagen, z. B. solchen über mathematische Sachverhalte, und einzelnen über zeitliche Ereignisse gemeint, die erst mit deren Eintreten wahr werden. Wenn aber dem «schlagenden Argument» zufolge solches, das de facto nicht geschehen wird, auch nicht geschehen kann, dann ereignet sich das, was als zukünftig bevorsteht, mit N., wie es bei Cicero heißt [6]. Diodors Kritik der Aussagenmodalität wurde also in dem Sinn verstanden, daß sie N. als den einzigen Modus der Realität gelten läßt.

Dieser Konsequenz wegen wurde Diodors Theorie der Modalitäten in der Antike abgelehnt, obwohl die Folgerichtigkeit des «schlagenden Arguments» nicht bezweifelt, sondern allenfalls die erste oder die zweite seiner Prämissen um der Vermeidung der Konklusion willen aufgegeben wurde [7]. Schon Diodors Schüler PHILON VON ATHEN setzte zur Bestimmung der Modalitäten neu an und definierte das Mögliche als «das, was aufgrund der eigentümlichen Natur der [jeweiligen] Aussage Wahrheit annimmt» und das Notwendige als «das, was niemals Falschheit annehmen kann, da es, soweit es in sich ist, wahr ist» [8]. Damit hat er eine doppelte Betrachtung der modal einzuordnenden Sätze eingeführt, nämlich einmal nach dem immanenten Verhältnis von Subjekt und Prädikat und zum andern im Hinblick auf den bedingenden Zusammenhang mit anderen Sätzen. Ein möglicher Satz (z. B. 'Paul schläft.') erfüllt – zufolge einer ergänzenden Bemerkung in Boethius' Bericht – seine immanente Wahrheitsfähigkeit nur unter der Bedingung, daß «nichts von außen [das] verhindert» [9]. Notwendig ist dagegen derjenige Satz, dessen innere Stimmigkeit zugleich die zureichende Bedingung seiner Wahrheit ist (z. B. '4 − 2 = 2'). So haben zwar mögliche und notwendige Sätze die Eigenschaft innerer Konsistenz gemeinsam, hinsichtlich des widersprüchlichen Verhältnisses ihrer Wahrheit zu externer Abhängigkeit sind die notwendigen aber nicht zugleich auch mögliche. Unter diesem letzteren Aspekt läßt Philon die Bedeutung des Möglichen den Bereich des Notwendigen nicht mitumfassen, sondern begreift das Mögliche als etwas, das unter bestimmten Bedingungen gilt und unter anderen nicht, also als Kontingentes.

Die *Stoiker* übernahmen Philons Konzeption der doppelten Betrachtung von Sätzen und seinen Begriff von Möglichkeit, knapper formuliert: «Was Wahrsein annimmt, wenn das Äußere dem Wahrsein nicht entgegensteht» [10]. Den N.-Begriff haben sie jedoch gegenüber Philon wesentlich erweitert: «Was, da es wahr ist, das Falschsein nicht annimmt, oder was es zwar annimmt, von dem Äußeren aber daran gehindert wird» [11]. Das heißt, die N. eines Satzes kann nicht allein immanent konstituiert sein. Wenn es an solcher Konstitution fehlt, können auch andere Sätze einen Satz notwendig machen. Damit ist die relative bzw. hypothetische N. im aristotelischen Sinn wieder neben die – von Philon ausschließlich anerkannte – absolute getreten. Es gibt aber entscheidende Unterschiede zu Aristoteles: Einerseits wird als Bedingung aufgefaßt, was dem durch sie Notwendigen zeitlich vorausgeht – nicht, was ihm als sein Zweck folgt; darin wirkt Diodors Gedanke fort, Sätzen über Zukünftiges entsprächen immer solche über Vergangenes. Dadurch kann N. andererseits wieder wie bei den Vorsokratikern mit dem Schicksal in Zusammenhang gebracht werden.

Daß die Stoiker in der Antike als Vertreter der These galten, alles geschehe mit N., verdanken sie insbesondere CHRYSIPP, der die umfassende Lehre der Stoa entworfen hat [12]. Chrysipp selbst kam es darauf an, daß alles schicksalhaft (fato), d.h. aufgrund einer Reihe vorangehender Ursachen geschieht [13]. Daran lag ihm aus zwei Gründen: Einmal war für ihn dieses Verständnis von Schicksal gleichbedeutend mit der Überzeugung, daß der Weltprozeß durch Vernunft (λόγος) geordnet ist [14], zum anderen glaubte er, das Prinzip vom ausgeschlossenen Dritten nur aufrechterhalten zu können, wenn er hinreichende Ursachen für alles Geschehen, auch das zukünftige, annehme; geschähe nämlich etwas Künftiges ohne Wirkursachen, die in die Gegenwart und Vergangenheit zurückreichen, so wären Urteile über es – jetzt – weder wahr noch falsch [15]. Chrysipp hat also den aristotelischen Begriff vom Gegenstand des Wissens, er sei das aus seinem Grund Erkannte [16], in den Gedanken transformiert, daß alles Geschehen in der Welt vernünftig, d.h. kausal bestimmt ist. Komplementär dazu hielt er anders als Aristoteles das Problem der futura contingentia (der künftigen Ereignisse, die nicht wie z. B. die Gestirnsbewegungen nach einer stets gültigen Regel eintreten) nur so für lösbar, daß die Wahrheit über zukünftiges Geschehen jederzeit schon bestimmt, nämlich in seinen Ursachen gleichsam enthalten ist [17]. Nicht nur soll das Prinzip vom ausgeschlossenen Dritten für Sätze über Zu-künftiges überhaupt gelten, sondern es soll auch schon in der voraufgehenden Zeit feststehen, ob ein bestimmter solcher Satz wahr oder falsch ist. Wenn aber – so hält auch der Stoiker CICERO Chrysipp vor – eine Aussage über Zukünftiges Aussagen über Vergangenes zu seinen Bedingungen hat und diese letzteren ihren Wahrheitswert nicht mehr ändern können, also notwendig oder unmöglich sind, dann sind es auch die Folgerungen über alles, was noch bevorsteht; das heißt, Chrysipp ist die beanspruchte Distanzierung von Diodor nicht gelungen [18].

CHRYSIPP selbst wollte jedoch die universal angesetzte Schicksalhaftigkeit von der N. als einem besonderen Modus unterscheiden, indem er notwendig nur das nannte, was aus einer allein hinreichenden (αὐτοτελής) Ursache folgt, schicksalhaft aber alles, was geschieht, wenn eine äußere (προκαταρκτική, adiuvans et proxima) Ursache zu einer von Natur gegebenen Möglichkeit hinzukommt [19]. Gerade eine solche Verknüpfung von Bedingungen sieht auch der stoische N.-Begriff in seiner logischen Formulierung vor. Damit enthält die stoische Theorie selbst ein Argument für Kritiker, die Chrysipps Differenzierung zwischen Schicksalhaftigkeit und N. nicht akzeptieren [20]. Indem er dennoch diesen Versuch machte, zeigte er, daß N. für ihn schon denselben Sinn hatte, der auch zum Motiv der Kritik an der stoischen These über das Schicksal wurde: Wenngleich N. von dem aus – widernatürlicher – Gewalt resultierenden Zwang (βία) unterschieden und logisch als das Gegenteil von Unmöglichkeit definiert wird [21], erscheint sie doch in praktischer Hinsicht als diejenige Modalität, die im universalen Ursache-Wirkung-Zusammenhang willentliche Selbstbestimmung ausschließt [22]. Dieser praktische Aspekt tritt in der Diskussion um den stoischen Schicksalsbegriff in den Vordergrund.

Anmerkungen. [1] Vgl. W. C. und M. KNEALE: The development of logic (Oxford 1962) 119-122. – [2] a.O. 118. – [3] SVF 1, 489, 26-33. – [4] KNEALE, a.O. [1] 120f. – [5] CICERO, De fato 17, 4f.; BOETHIUS, In de interpret. 2, hg. MEISER (1880) 234, 22-25. – [6] CICERO, De fato 13, 1ff.; SVF 1, 489, 33ff.; CICERO, De fato 14, 1-12. – [8] BOETHIUS, a.O. [5] 234, 10-17. – [9] a.O. 234, 13f. – [10] DIOG. LAERT. VII, 75; vgl. KNEALE, a.O. [1] 125. – [11] DIOG. LAERT., a.O. – [12] z. B. SVF 2, 914, 20ff.; 918. – [13] CICERO, De fato 20f.; SVF 2, 1000, 29-32. – [14] SVF 2, 913. 915. 937, 22-25. – [15] CICERO, De fato 20. 26. – [16] ARISTOTELES, Anal. post. I, 2, 71 b 9-12. – [17] BOETHIUS, a.O. [5] 235, 14-22; SVF 2, 198; vgl. CICERO, De divin. 1, 127. – [18] CICERO, De fato 13f. – [19] a.O. 41f.; SVF 2, 997. – [20] z. B. ALEXANDER VON APHROD., SVF 2, 979, 4-24. – [21] a.O. 962. – [22] 1000, 35-39; 3, 658; BOETHIUS, a.O. [5] 195, 17-26; MARC AUREL, In semetipsum 12, 14, 1.

2. *Epikureer und Skepsis.* – EPIKUR hat die N. offen ein Übel genannt [1] und, noch gegen Demokrit gewendet, die Widersinnigkeit der These, alles geschehe mit N., daran demonstriert, daß ihr zufolge auch der Widerspruch eines Opponenten, es geschehe nicht alles mit N., als notwendig und deshalb seinerseits unwidersprechlich gelten müsse [2]. Wenn Epikur die N. auf einen Teil allen Geschehens neben dem zufälligen und dem durch uns bewirkten beschränkt hat [3], so dachte er an die durch Kausalität interpretierte, unerbittliche N. des Schicksals, die Verantwortlichkeit und mit ihr praktische Beurteilung – Lob und Tadel – nicht zuläßt [4]. Um der Freiheit menschlichen Tuns willen vollzog er gleichsam den umgekehrten Gedankengang wie die Stoa, indem er Elemente der Vernünftigkeit der Welt zur Disposition stellte: Dem durch Kausalität notwendigen Schicksal würde er den Mythos von der Einwirkung der Götter auf

das menschliche Leben noch vorziehen [5], das Prinzip vom ausgeschlossenen Dritten, das Wahrheitswerte von Sätzen und damit auch deren Gegenstände festzulegen scheint, braucht von Zukünftigem nicht zu gelten [6], und schließlich muß es auch vom Kausalitätsprinzip Ausnahmen geben [7]. Daß Epikur jedoch mit den Stoikern die Voraussetzung teilte, menschliches Erkennen und Wollen sei bloß ein Teil des universalen Wirkungszusammenhangs, zeigt sein Versuch, mit der Annahme einer nicht verursachten Atombewegung die Möglichkeit von Freiheit theoretisch zu sichern [8].

Die epikureische Einschätzung der N. nach ihrem Gegensatz zur menschlichen Selbstbestimmung wurde von der antiken Skepsis in einer neuen Perspektive konsequenter entwickelt. Für SEXTUS EMPIRICUS zeichnet N. all diejenigen Zustände der menschlichen Selbstwahrnehmung aus, die von der Vernunft weder bewirkt noch gewünscht werden [9]. Danach ist notwendig, was ohne Zutun des vernünftigen Willens und ohne Übereinstimmung mit ihm (ἀκουσίως), zugleich aber auch seinem verhindernden Einfluß entzogen, den Menschen bloß widerfährt [10]. Sextus versteht N. als den Modus einer Natur, «die sich um Gesetze nicht kümmert», d.h. der menschlichen Vernunft und ihren Interessen nicht affin ist, sondern die Menschen mit Affekten und Bedürfnissen nur verwirrt [11]. War N. für Aristoteles ein Korrelat der theoretischen Vernunfterkenntnis, so bezeichnet sie nach Sextus gerade umgekehrt die Grenze, an der die skeptische Argumentation versagt und die menschliche Selbstbestimmung durch Vernunft aufhört [12].

Anmerkungen. [1] EPIKUR, Sententiae Vaticanae (= SV) IX, hg. BAILEY 106. – [2] SV XL, a.O. 112. – [3] Epist. III, DIOG. LAERT. X, 133. – [4] a.O. 133, 6-134, 4. – [5] ebda. – [6] CICERO, De fato 21. – [7] a.O. 22. – [8] 23; vgl. LUKREZ, De rerum natura 2, 251-262. 289-293. – [9] SEXTUS EMP., Adv. math. XI, 143. – [10] a.O. 148; Pyrrhon. instit. I, 193. – [11] Adv. math. XI, 156f.; Pyrrhon. instit. I, 23f. – [12] Adv. math. XI, 148f.

3. *Plotin.* – Auch die Neuplatoniker verstanden N. mitunter als das Charakteristikum dessen, was den Menschen in der raumzeitlichen Natur zustößt, was man nur erleiden kann, da es nicht in unserer Macht liegt [1]. Mit dieser Zuordnung der N. verweist PLOTIN aber nicht auf einen Bereich, der gegen seine Philosophie gleichgültig und gegen den sie machtlos wäre, sondern bestimmt den einen der beiden extremen Orte der N. im Zusammenhang seiner Hypostasentheorie, die N. entsprechend den verschiedenen Stufen der Realität abwandelt. Auch ist das Extrem der physischen N. nach Plotin nicht einfach gegeben, sondern wird erst dadurch möglich, daß sich die Seele willentlich auf das Temperament des Körpers einläßt und sich damit den Zufällen der physischen Prozesse aussetzt, die sie zu affekthaften Zuständen wie Begierde und Zorn nötigen [2]. So kann N. zu demjenigen Moment der sinnlich erlebbaren Welt werden, das, wenngleich selbst noch vom Geist beherrscht, dieser Welt doch die Einheit und Harmonie der Vernunft nimmt [3]. In diesem Sinn bewirkt N. die Vereinzelung und Fremdheit der wahrnehmbaren Wesen gegeneinander, ihre Bedürftigkeit und ihr nach außen gerichtetes Handeln, ihre Feindschaft und Selbstbehauptung gegeneinander bzw. das Entstehen der einen auf Kosten der anderen [4]. – Die N. des Erleidens äußerer Einflüsse hat ihren Gegensatz also nicht im Zufall, sondern in der Freiheit der Seele, sich selbst vernünftig zu bestimmen. Unabhängig vom Körper zu sein, bringt für die Seele diese Freiheit mit sich, aber auch, wenn sie mit dem Körper verbunden ist, kann sie sich befreien, indem sie sich entscheidet, den Einflüssen des Körpers zu widerstehen und vermöge ihres geistigen Wesens nur um des absoluten Guten willen selbständig zu handeln [5]. Daraus ergibt sich ganz konsequent Plotins Argument gegen die epikureische These von einer unverursachten Atombewegung, der Einwand nämlich, daß ein solcher physischer Vorgang oder ein – in gleicher Weise verstandener – Antrieb der Seele dieselbe in einer um so größeren N. hielten, als die Bewegung, die die Seele sich selbst nicht zurechnen kann, weder gewollt noch verursacht wäre [6]; denn damit fehlte der Seele auch die bloße Möglichkeit eines Einflusses auf das, was mit ihr geschieht.

Anders denkt Plotin die N., mit der die Seele in die sinnlich wahrnehmbare Welt eintritt. Einerseits ist diese Bewegung der Seele so weit eigen, daß sie freiwillig genannt und ihr als Verfehlung angerechnet werden kann, andererseits ist sie als Bewegung zum Schlechteren hin ein unfreiwilliges Tun des Vernunftwesens Seele [7]. Die Freiwilligkeit beruht nicht auf einer überlegten Wahl, sondern bedeutet, daß die Seele einen ihr natürlichen Prozeß wie selbstverständlich als den ihren vollzieht [8]. Deshalb kann dies Tun der einzelnen Seele zugleich so verstanden werden, daß sie von einem allgemeinen und doch ihr ganz immanenten Gesetz gelenkt wird [9]. Und von der unentrinnbaren N., mit der die Seele dies Gesetz erfüllt, kann Plotin gleichwohl sagen, sie widerspreche nicht der Freiwilligkeit, sondern enthalte sie in sich [10]. – Die N. des inneren Gesetzes erscheint wiederum in einem anderen Licht, wenn Plotin sie noch einmal begründet: Ebensowenig wie der Geist und das Eine kann die Seele darauf verzichten, sich auf einer ihr nachgeordneten Stufe – hier der Sinnenwelt – zu verwirklichen, und für sich allein bleiben, denn das wäre gleichsam eine Beschränkung aus Neid und entspräche nicht ihrer aktiven Möglichkeit, alles ihr Nachgeordnete an sich teilhaben zu lassen [11]. Also beruht die N. des Gesetzes auf einer N., die aus dem Wesen des Guten – d.h. der Neidlosigkeit – und der Hypostasen gleichermaßen eingesehen werden kann. Weil der Wille, der sein Ziel *als* das Gute *weiß*, dadurch nicht genötigt, sondern frei ist [12], läßt sich aus dem Moment der Einsehbarkeit im Prozeß der Hypostasen verstehen, daß die N., mit der eine Hypostase der voraufgehenden durch deren Selbstmitteilung folgt, nicht den Charakter von Gewalt hat [13]. Indem Plotin die Grund-Folge-Beziehung der Hypostasen als ein Verhältnis bewußter Vernunft denkt, schafft er eine theoretische Grundlage für seine Kritik an der stoischen These, das Schicksal beherrsche jegliches Geschehen vermittelst dessen vollständiger Bedingtheit durch Wirkursachen. Die Kritik lautet nämlich, daß die These uns Menschen als selbst denkende, wollende und handelnde Wesen aufhebt und zu mechanisch bewegten Dingen mit blinden und deshalb unfreien Antrieben macht [14].

Schließlich wird bei Plotin erstmals als Problem erkennbar, was mittelalterliche Autoren ausführlicher behandeln, die Frage nämlich nach der Modalität des Prinzips aller N.: Sofern das absolute Eine einerseits nicht etwas Beliebiges, zufällig sich Ergebendes sein kann, muß es etwas Bestimmtes sein, das unbedürftige Gute, das mächtiger ist als alles, dessen Prinzip es ist; diese N. des Einen ist der Grund aller N. [15]. Anderseits gehört die N. all dem an, was aus dem Prinzip folgt, das heißt, im Einen sind die aus ihm resultierenden Hypostasen vorweggenommen, und weil dieses Verhältnis einer notwendigen Folge nicht umkehrbar ist, kann das allein von sich selbst her zu denkende Eine auch nicht notwendig genannt werden [16]. Plotins Formulierung, alles Nachgeordnete habe *abzuwarten*, as was ihm das Prinzip nicht zufällig erscheint, verweist auf ein Moment von Faktizität in der Begründung von N.

Unterscheidet man von den Versuchen der antiken Logiker, N. allgemeingültig zu definieren, Bestimmungen des Sinns von N. durch philosophische Kontexte, so findet man dies bei Plotin zu einer Konzeption ausgearbeitet. Was N. heißt, ist für ihn nicht abstrakt feststellbar, sondern eine je verschiedene Funktion der besonderen Stufen, in denen sich das Absolute zu vernünftigem Bewußtsein entfaltet; wie die Stufen bilden auch die Sinne von N. einen einsehbaren Zusammenhang. Damit hat Plotin die von Aristoteles ausgesprochene Korrelation zwischen Vernunft und N. systematisch entwickelt und zum Leitfaden für alle möglichen Sinne von N. gemacht.

Anmerkungen. [1] PLOTIN, Enn. II, 9, 9, 72-75; III, 1, 5, 22; IV, 4, 39, 25f.; vgl. AUGUSTINUS, De civ. Dei V, 10. CCSL 47, hg. B. DOMBART/A. KALB (Turnhout 1955) 140, 6ff. – [2] PLOTIN, Enn. III, 1, 8, 9-17; 9, 1f. – [3] III, 2, 2, 18-26. 33-39. – [4] a.O. 2-7. 26-30; VI, 8, 9, 19ff. – [5] III, 1, 8, 9ff. 17ff.; 9, 9-16; VI, 8, 7, 1ff. – [6] III, 1, 1, 15-22; vgl. 2, 9-17; 3, 17-23. – [7] IV, 8, 5, 7-10. – [8] IV, 3, 13, 17-20; vgl. II, 2, 2, 26f. – [9] V, 3, 13, 23-27. – [10] IV, 8, 5, 1-4; vgl. 3, 13, 1ff. – [11] IV, 8, 6, 1-16; vgl. V, 4, 1, 34ff. – [12] VI, 8, 4, 12-15. – [13] VI, 8, 9, 11ff. – [14] III, 1, 4, 20-24; 5, 15-20; 7, 17-21. – [15] VI, 8, 9, 6-10. 13-17. – [16] a.O. 10-13. 17-27; vgl. 4, 28f.

4. *Augustinus, Boethius.* – Mit anderen Mitteln und in einem engeren Zusammenhang will AUGUSTINUS zeigen, daß N. und Freiheit des menschlichen Willens nicht prinzipiell einander entgegengesetzt sind, wie es der skeptische N.-Begriff unterstellt. Vorbereitend unterscheidet Augustin N. als Inbegriff des von uns Unbeeinflußbaren von N. als modaler Eigenschaft, die man dem mit einem Satz gemeinten Sachverhalt zuspricht [1]. Auf das Unbeeinflußbare kann sich der Wille gleichwohl affirmativ beziehen: er kann es auch noch wollen – z. B. den Tod – oder sogar selbst mittelbar hervorgebracht haben, wie z. B. die Schuld [2]. Weil aber das Unbeeinflußbare nur unter Voraussetzung des Wollens begriffen werden kann – als das nämlich, was nicht bereit ist, wenn wir es wollen –, kann der Wille selbst grundsätzlich nicht zu einem Fall des Notwendigen in diesem Sinn werden; vielmehr gilt notwendig, daß der Wille, da er sich nicht getrennt, für sich stets bereit und insofern in unserer Macht oder frei ist [3]. Was N. als Modalität von Sachverhalten betrifft, so demonstriert just der zuletzt ausgesprochene Satz, daß sie nicht geeignet ist, die Willensfreiheit aufzuheben [4].

Diese Argumente sollen zur Lösung eines Problems beitragen, das gleichsam die Rolle der Frage nach dem Schicksal übernommen hat: Hat die Annahme, daß Gott alles Geschehen, auch alles menschliche Wollen, vorherweiß, nicht zur Konsequenz, daß alles notwendig geschieht, auch unser Wollen also nicht frei ist? [5] Augustin – und christliche Philosophen nach ihm – gehen vom aristotelischen Begriff des Wissens als gewisser Erkenntnis aus, deren Objekt sich nicht ebensogut auch anders verhalten kann, also notwendig ist [6]. Für den menschlichen Willen kann ein so begriffenes göttliches Vorherwissen nach Augustin nicht Unfreiheit bedeuten, weil damit zugleich der Wille als solcher aufgehoben und so das besondere Vorherwissen, von dem der Gedanke ausging, gegenstandslos würde [7].

BOETHIUS setzte sich neu mit der These auseinander, alles geschehe mit N., und griff dabei auf die aristotelische Tradition zurück. In ihr hatte PS.-PLUTARCH das Notwendige ausdrücklich im Gegensatz zum Kontingenten definiert, nämlich als solches Mögliche, dessen Gegenteil unmöglich ist – während das Gegenteil des Kontingenten ebenso möglich ist wie dieses selbst – [8], und ALEXANDER VON APHRODISIAS darauf hingewiesen, daß jene These mit der Gleichsetzung von Kontingentem und Notwendigem unentbehrliche Differenzen nivelliert, so zwischen festgelegten und variablen Zuständen eines Dinges und zwischen dem, was uns als Handelnden schlechthin vorgegeben ist, und dem, wofür wir verantwortlich sind [9]. Um der menschlichen Freiheit und der Unbestimmtheit künftiger Einzelereignisse (futura contingentia) willen hat BOETHIUS den Unterschied zwischen Kontingenz und N. noch zu präzisieren gesucht: Notwendig kommt eine Eigenschaft ihrem Zugrundeliegenden zu, wenn es zu ihrem konträren Gegenteil keine Affinität (cognatio) hat – wie z. B. der Schnee zur Wärme –, während eine Affinität zu beiden Extremen eines Gegensatzes das Zukommen eines jeden kontingent macht [10]. Als Materie, d. h. seiner bloßen Bestimmbarkeit nach, kann das Zugrundeliegende stets beide contraria aufnehmen, sofern es aber eigene Materie oder Substanz ist, hat es – mindestens – eine von Natur aus mit seiner Existenz verbundene, also notwendige Qualität [11]. – Wie Boethius zur Begründung der Kontingenz auf das aristotelische Hypokeimenonschema rekurriert, zieht er Aristoteles' Unterscheidung von absoluter und hypothetischer N. heran, um den Widerstreit zwischen göttlichem Vorherwissen und menschlicher Freiheit aufzulösen: Die zum Vorherwissen korrelative N. seines Gegenstands folgt nicht aus dessen «eigner Natur», sondern aus der Bedingung seines Gewußtseins [12]. Damit diese hypothetische N. den Kontingenzcharakter von Willensakten nicht aufhebt, muß Boethius sie ausschließlich der Erkenntnisart des göttlichen Geistes zuordnen [13]. Daß dieser Erkenntnisart, der Gewißheit, in der Sache N. entsprechen muß, wird nun zu einer Eigentümlichkeit der menschlichen Vernunft [14]. So ist der Preis hoch, um den Boethius die N. allen Geschehens theoretisch ausschließt: Die zum Wissen korrelative N. seines Objekts wird auch in allgemeiner Form von den gemeinten Sachen selbst geschieden und insofern die Einheit von theoretischer Vernunft und Realität aufgelöst, von der der aristotelische Gedanke jener Korrelation ausgegangen war [15].

Anmerkungen. [1] AUGUSTINUS, De civ. Dei (= CD) V, 10. CCSL 47, hg. DOMBART/KALB 140, 6ff. 13ff. – [2] Contra II Iuliani respons. IV, 103. MPL 45, 1398. – [3] De libero arbitrio (= LA) III, 3. CCSL 29, hg. GREEN 279, 61-69; 280, 101-110; CD V, 10, a.O. [1] 140, 11ff. – [4] CD V, 10, a.O. 141, 25-28. – [5] CD V, 9, a.O. 137, 23-50; LA III, 3, a.O. [3] 277, 1-278, 10. – [6] CD V, 9, a.O. 137, 36-43; LA III, 3, a.O. 279, 74-77; vgl. BOETHIUS, Consol. philos. V, 3, hg. STEWART/RAND 378, 65-84. – [7] CD V, 10, a.O. 141, 40-45; LA III, 3, a.O. 280, 110-118. – [8] PS.-PLUTARCH, De fato 571 b. – [9] ALEXANDER VON APHR., De fato. Suppl. Arist. II/2, hg. BRUNS 171, 26-172, 3; 175, 16-176, 14; 208, 20-209, 4; De anima libri mantissa. Suppl. Arist. II/1, hg. BRUNS 183, 25-184, 8. – [10] BOETHIUS, In De interpret. 2, hg. MEISER 235, 22-237, 9; vgl. 191, 5-11; 195, 3. – [11] a.O. 238, 5-16; 239, 1-12. – [12] Consol. philos. V, 6, a.O. [6] 406, 100-120. – [13] V, 5, a.O. 396, 50-56. – [14] a.O. 39-46. – [15] V, 4, a.O. 386, 60-388, 77.

Literaturhinweise. H. R. PATCH: Necessity in Boethius and the Neoplatonists. Speculum 10 (1935) 393-404. – W. C. und M. KNEALE s. Anm. [1 zu A. 1]. – D. FREDE: Omne quod est quando est, necesse est esse. Arch. Gesch. Philos. 54 (1972) 153-167. – R. W. SHARPLES: Aristotelian and Stoic conceptions of necessity in the De fato of Alexander of Aphrodisias. Phronesis 20 (1975) 247-274. – D. O'BRIEN: Le volontaire et la nécessité: réflexions sur la descente de l'âme dans la philos. de Plotin. Revue philos.

France Étranger 102 (1977) 401-422. – M. E. REESOR: Necessity and Fate in Stoic philos., in: J. M. RIST (Hg.): The Stoics (Berkeley 1978) 187-202.

B. *Mittelalter.* – 1. *Einteilungen der N.* – Im Mittelalter wird die Bedeutung von N. am häufigsten mit der Unterscheidung zwischen absoluter und hypothetischer N. erklärt. Teils erscheint diese Differenz in ihrer aristotelischen Fassung, teils in einer anderen Terminologie, die zugleich die Beschränkung auf einen Aspekt innerhalb der aristotelischen Konzeption oder deren Abwandlung im Sinn der spätantiken Entwicklung des N.-Begriffs anzeigt. So teilt sich z. B. für THOMAS VON AQUIN gewußte N. in mathematische a priori und naturwissenschaftliche a posteriori auf, weil – schon Aristoteles zufolge – die jeweiligen Beweise einmal von dem in der Logik der Sache Früheren und zum andern vom Resultat natürlicher Prozesse ausgehen [1]. Notwendig ist dabei das Bewiesene oder Beweisbare, der Beweisgrund dagegen nicht, vielmehr ist er «ratio necessitatis». Wird N. unmittelbar auf das Sein von Gegenständen bezogen, dann bedeutet ihre Apriorität einsinnige Abhängigkeit nicht nur der Akzidentien von den Wesensmomenten ihrer Substanzen, sondern auch der Substanzen von ihren Wirkursachen [2]; mit der Bestimmung absoluter N. durch lineare Wirkursächlichkeit geht Thomas in die Tradition über, die Diodoros Kronos und die Stoiker begründet haben. – Dieselbe Tendenz kennzeichnet die Unterscheidung von vorausgehender (praecedens) und nachfolgender (sequens) N. bei ANSELM VON CANTERBURY, denn hier wird der hypothetischen (sequens) N. diejenige gegenübergestellt, mit der die Naturursachen ihre Wirkungen hervorbringen [3].
Anders gewendet wird die aristotelische Unterscheidung, wenn der logische Charakter der hypothetischen N. der absoluten N. als Unvermeidbarkeit der Sachen selbst gegenübertritt. Aus dem theologischen Interesse, die göttliche Allmacht nicht durch Vergangenes und damit Unabänderliches zu begrenzen, hat schon PETRUS DAMIANI alle aus dem Widerspruchsprinzip resultierende N. – d. h. die Unmöglichkeit des Geschehenen, nicht gewesen zu sein, und analog des Gegenwärtigen und Bevorstehenden – ausschließlich der Folgerichtigkeit des Denkens als einer Eigentümlichkeit der Logik zugeschrieben [4]. – ABAELARD spricht einerseits von «necessitas consecutionis» bzw. «inferentiae», die allein in dem Implikationsverhältnis der Folgerung zu ihrer Voraussetzung besteht, ohne diese beiden Teilsätze je für sich zu betreffen [5], und ordnet auf der anderen Seite die N. schlechthin, die man in kategorischen Urteilen ausdrückt, den realen Modalbestimmungen («modales de rebus») zu [6]. Die N. der logischen Folge beruht für Abaelard auf der Analyse von Wesensbegriffen, auf Definitionen also (Si est homo, est animal.) [7]. Nur solche Implikationen gehen über die Faktizität hinaus, mit der Akzidentien ihrer Substanz zukommen, und erreichen N. in dem Sinn, daß sie allgemein, ewig und unabhängig vom Bestehen oder Nichtbestehen der definierten Gegenstände wahr sind [8]. Soll dagegen ein Prädikat seinem Subjekt mit *unbedingter* N. zukommen, so muß das Subjekt etwas ewig Bestehendes bedeuten. Denn von etwas zeitweise nicht Existierendem könnten dann jeweils auch solche Prädikate wahr negiert werden, die mit Bezug auf seine allgemeine Natur hypothetisch notwendig sind (z. B. ist jetzt wahr: 'Sokrates hat keinen Körper.') [9]. Nur an Ewigem kann also N. als *Seinsweise* – und nicht bloß Modalität von Sätzen – gedacht werden [10]. – ALBERT DER GROSSE bezeichnet die hypothetische N. mit dem seltener auch schon von Abaelard gebrauchten Ausdruck «necessitas consequentiae» und versteht als Notwendiges in diesem Sinn, «was aufgrund des Verhältnisses der Sätze und Termini auf anderes folgen muß», ohne diese Implikation ausschließlich auf Definitionen zu gründen wie Abaelard [11]. Vielmehr sieht Albert sie auch in der ihm wichtigen Logik der Beweise, und zwar dann gegeben, wenn man von der Konklusion auf die Prämissen zurückschließt, also gleichsam von der Wirkung auf die Ursache [12]. Der umgekehrte Schluß, d. h. der Beweis eines Sachverhalts aus seinen Prinzipien, führt dagegen zu einer Konklusion von absoluter N., die Albert «necessitas rei» oder «necessitas consequentis» nennt [13]. Obwohl er auch in einem anderen Kontext die N. der Wirkung und des Bewiesenen erwähnt, behält er doch an dieser zweiten Stelle die «necessitas rei» demjenigen vor, «das durch keinerlei Annahme in die Möglichkeit gebracht werden kann, nicht zu sein», dem gänzlich Unbedingten, also dem Absoluten [14]. – THOMAS VON AQUIN ergänzt dieselbe Terminologie noch um die Unterscheidung zwischen «necessitas de dicto» und «necessitas de re» [15]. Dabei denkt er an die N. einer logischen Implikation (wie: 'Wenn man einen sitzen sieht, dann sitzt er.'), die bei der Umwandlung in ein kategorisches Urteil auch ausgesprochen wird ('Wen man sitzen sieht, der muß sitzen.'). Diese N. gilt nur für den ausgesprochenen Zusammenhang, nicht für das Referenzobjekt (daß der Betreffende sitzt), das man unabhängig von demselben Zusammenhang denkt [16].
Anders erläutern mittelalterliche Autoren den Sinn von N., wenn sie sie nach solchen Gesichtspunkten einteilen, unter denen sie die Bestimmungen von Gegenständen modifiziert. Das einfachste Schema derartiger Gesichtspunkte ist die Disjunktion 'Innen/Außen', nach der BONAVENTURA N. als von außen kommenden Zwang von der innerlich entspringenden, aber auf Äußeres gerichteten N. des Bedürfnisses und der immanent bedingten, keinerlei äußere Abhängigkeit begründenden N. der unveränderlichen Natur der Sache unterscheidet [17]. Ein zweites Schema überschneidet sich mit diesem, die Einteilung nach den vier aristotelischen Ursachen nämlich, die Bonaventura und Thomas von Aquin vornehmen: Bestimmungen, die sich aus den Wesensmomenten Materie und Form ergeben, kommen dem betreffenden Subjekt aus einem inneren Prinzip und mit absoluter N. zu, während diejenigen, die aus Wirk- und Zweckursachen resultieren, von äußeren Bedingungen abhängen und notwendig im Sinn von erzwungen bzw. nützlich sind [18]. Schließlich teilt Bonaventura die Prinzipien, aus denen etwas im Modus der N. bestimmt wird, nach ihrer Angemessenheit gegenüber dem jeweiligen Gegenstand ein [19]: a) Ist ihm das Prinzip nicht affin (disconveniens), dann handelt es sich um eine Bewegungsursache, die auf Naturdinge mit N. im Sinn von Gewalt (necessitas violentiae) und auf Vernunftwesen gegen ihren Willen mit der N. des Zwangs (necessitas coactionis) einwirkt. b) Wenn das Bestimmungsprinzip dagegen Unzulänglichkeit (deficiens) mit sich bringt, so ruft es einerseits die N. des Bedürfnisses (necessitas indigentiae) im Hinblick auf die Vollzüge hervor, auf die der jeweilige Gegenstand von Natur aus angelegt ist, und begründet andererseits unmittelbar aus dem Mangel selbst N. im Sinn von Unvermeidbarkeit (necessitas inevitabilitatis), z. B. die N. des Todes für Lebewesen. c) Ein der Sache angemessenes und zu seiner Wirkung hinreichendes Prinzip findet man einmal bei der Organisation von Elementen (in disponendo), indem die Form die Materie mit

der N. eines (unbedingten) Erfordernisses (necessitas exigentiae) zu einer bestimmten Sache strukturiert, und zum andern für alle natürlichen Vollzüge eines Gegenstands (in complendo), die dann – wegen der Hinlänglichkeit ihres einen Prinzips – notwendig im Sinn von unwandelbar erfolgen (necessitas immutabilitatis); nur Gott kommt dieser letzte Typ von N. zu.

Die genannten Analysen zum N.-Begriff gehören zum größeren Teil in bestimmte Problemzusammenhänge, in denen N. eine wichtige Rolle spielt. Um der Übersichtlichkeit willen soll jedoch die Funktion des N.-Begriffs für Themen der mittelalterlichen Philosophie und seine kontextbedingte Prägung eigens, und zwar mit Bezug auf drei Themen behandelt werden: N. als Korrelat des Bewußtseins, N. im Verhältnis zur Absolutheit Gottes, N. als Folgebestimmung des Seins und der Kausalität.

Anmerkungen. [1] THOMAS VON AQUIN, In libros Post. Anal. expos. 1, 42, hg. SPIAZZI n. 374; In octo libros Phys. Arist. expos. 2, 15, hg. MAGGIOLO n. 270. 272f.; vgl. ARISTOTELES, Phys. II, 9, 200 a 15-22. – [2] S. c. gent. 2, 29, hg. PERA n. 1060f. – [3] ANSELM VON CANT., Cur deus homo 2, 17. Opera, hg. SCHMITT 2, 125, 8-15. – [4] PETRUS DAMIANI, De divina omnipotentia 7. Sources chrét. 191, 412, 9-29; 414, 38-49. – [5] ABAELARD, Dialectica, hg. DE RIJK 253, 28f.; 271, 26-36; 272, 36-273, 17; 282, 33-283, 1. – [6] a.O. 200, 33-201, 17; 272, 8-18. – [7] 271, 3-21; 283, 37-284, 11; vgl. THOMAS VON AQUIN, S. theol. I, 19, 3. – [8] 279, 18; 282, 27-283, 15. – [9] 200, 33-201, 17; vgl. WILHELM VON OCKHAM, S. logicae 3, 2, 5. Opera philos. 1, 512, 26-513, 45. – [10] Vgl. a.O. 195, 4-10; 204, 2ff. – [11] ALBERT D. GR., S. theol. 2, 1, 3, 2, hg. BORGNET 32, 16 b; vgl. Physik 2, 3, 5, hg. BORGNET 3, 172 a; ABAELARD, a.O. [5] 407, 12ff. – [12] ALBERT, Physik, a.O. 174 a – [13] 173 b-174 a; vgl. Met. 6, 2, 5, hg. GEYER 16/2, 311, 38-41. – [14] S. theol. a.O. [11] 16 b-17 a. – [15] THOMAS, S. c. gent. a.O. [2] 1, 67, n. 565; De veritate 2, 12 ad 4, hg. SPIAZZI. – [16] Vgl. WILHELM VON OCKHAM, Expos. in librum Periherm. Arist. 1, 6, 13. Opera philos. 2, 420, 26-43. – [17] BONAVENTURA, Quaest. disp. 7, 1. Opera (Quaracchi) 5, 107 b. – [18] In quattuor libros Sent. 3, 16, 1. Opera 3, 350 b-351 a; THOMAS, S. theol. I, 82, 1. – [19] BONAVENTURA, a.O. [18] 1, 6, 1, 1. Opera 1, 125 b-126 a.

2. *N. als Korrelat des Bewußtseins.* – ANSELM VON CANTERBURY hat den aristotelischen Zusammenhang zwischen N. und Beweis erneuert, indem er die N. als dasjenige Moment eines Arguments erkennbar machte, das dessen Resultat für die Vernunft als unerschütterlich wahr erscheinen läßt [1]. Zeitlich vor ihm, aber in einer anderen Tradition brachte AVICENNA (IBN SĪNĀ) N. (darūra, auch: Zwang) in ein allgemeineres Verhältnis zum Bewußtsein: Sie ist neben dem Zugeständnis an einen Gesprächspartner und der bevorzugten Meinung eine der Weisen, auf die man seine Aussagen allemal für wahr hält [2]. Die N., etwas zu behaupten, kann nach Avicenna entweder auf äußeren Erkenntnisgründen wie der Wahrnehmung, dem Experiment und der häufigen Wiederholung beruhen oder auf der Vernunft und der Einbildungskraft als inneren Erkenntnisquellen. Aus reiner Vernunft entspringt die N., erste Prinzipien aller Erkenntnis überhaupt (wie: 'Das Ganze ist größer als sein Teil.') für wahr zu halten [3]. Anders als diese Sätze können diejenigen, die die Einbildungskraft ebenfalls mit der notwendigen Überzeugung, sie seien wahr, hervorbringt, gleichwohl falsch sein. Wie es sich in Wirklichkeit verhält, kann dann erst eine rationale Untersuchung ermitteln, die zugleich die Irreführung des Bewußtseins durch eine nicht vernünftige N. aufdeckt [4]. Also ist für Avicenna die N. des Fürwahrhaltens, die Gewißheit, nicht stets Index der Wahrheit im Sinn des aristotelischen Wissensbegriffs, sondern kann auch in einem Schein bestehen, der unvermeidbar ist, solange man sich nicht von der Einbildungskraft leiten läßt. – Nicht nur als Modus des Behauptens, auch als Gegenstand des Denkens bezieht Avicenna N. auf Bewußtsein. Dabei begründet er die Schwierigkeit, N. regelrecht zu definieren, und macht so indirekt verständlich, warum die mittelalterlichen Autoren versuchten, den Sinn von N. dihairetisch zu erläutern: Wie ‹Seiendes› und ‹Etwas› ist ‹Notwendiges› dem Bewußtsein ursprünglich, ohne Vermittlung bekannterer Bestimmungen eingeprägt [5]. Weil solche Erstbegriffe vermöge ihrer selbst gedacht werden – also dem Denken als solchem angehören –, sind sie das, was allen Gegenständen gemeinsam ist, und das wiederum ist der Grund dafür, daß man sie nicht durch etwas Bekannteres als sie selbst und ohne Zirkel erklären kann [6]. Das führt Avicenna auch an den Modalbegriffen vor und zitiert als traditionelle Definitionen des Notwendigen, es sei «das, was nicht als nichtseiend gesetzt werden kann, oder das, was unmöglich wird, wenn es anders gesetzt wird, als es ist» [7]. Für die definierende Bestimmung ‹möglich› – so zeigt der Text – spielt ‹notwendig› seinerseits entweder unmittelbar die Rolle eines Definiens ('was nicht notwendig ist') oder mittelbar, wenn ‹Mögliches› durch Unmöglichkeit definiert wird ('was gegenwärtig nicht ist, ohne daß seine künftige Existenz irgendwann unmöglich wäre'), ‹das Unmögliche› aber wiederum durch N. ('dessen Nichtsein notwendig ist'); dasselbe gilt analog für ‹unmöglich› als Definiens von N. [8]. Ungeachtet dieser Zirkelhaftigkeit in den Definitionen der drei Modalbestimmungen bezeichnet Avicenna ‹das Notwendige› (alwāǧib, auch: das Pflichtgemäße) als diejenige von ihnen, die als erste gedacht wird. N. bedeute nämlich «die Gewißheit des Seins» (lat. vehementia essendi), und das Sein sei bekannter als das Nichtsein, da es durch sich selbst gewußt werde, das Nichtsein aber irgendwie vermittelst des Seins [9]. Weil das mit ‹möglich› und ‹unmöglich› Gemeinte Nichtsein als Moment enthält, findet Avicenna anhand der Wortbedeutungen doch noch in der N. ein erstes Glied für eine einsinnige Folge der Modalbestimmungen.

Dagegen stellt SIGER VON BRABANT eine andere logische Reihe von Erstbestimmungen auf, innerhalb derer frühere Glieder spätere definieren, um die von ihm so verstandene aristotelische Definition von N. zu verteidigen [10]. Danach wird zuerst ‹Seiendes› gedacht, dann ‹Nichtseiendes›, ‹Mögliches›/‹Unmögliches› und zuletzt ‹Notwendiges›, so daß N. legitim durch Nichtsein und Unmöglichkeit definiert wird. Hielte man sich an die in der Natur der Dinge anzunehmende Folge, so ginge die N., der Modus der immateriellen, die Sinnenwelt begründenden Realität, der Möglichkeit und Unmöglichkeit voraus, die ihren Ort vor allem in eben dieser wahrnehmbaren, materiellen Wirklichkeit haben. Weil aber unsere Erkenntnis umgekehrt von den Sinnendingen auf deren Grundlagen zurückgeht, ist auch den Modalbegriffen unserer Vernunft die genannte einsinnige Ordnung immanent.

Ohne die Beziehung der N. auf verschiedene Erkenntnisvermögen bei Avicenna zu kennen, hat THOMAS VON AQUIN Bemerkungen des Aristoteles über die Entsprechung von Wahrnehmung und Kontingenz einerseits sowie Wissen und N. andererseits ergänzt. Aristoteles hatte die N. des Wissensgegenstandes damit begründet, daß von etwas Kontingentem, sobald es außerhalb der ihm korrespondierenden Betrachtung, der Wahrnehmung, gerät, nicht mehr klar ist, ob es noch besteht oder nicht [11]. Thomas gesteht darüber hinaus der Beobachtung von Kontingentem auch ausdrücklich Gewißheit zu, eine insofern bedingte allerdings, als sie an den Vollzug der Wahrnehmung gebunden ist [12]. So ist die Beobachtungsgewißheit strukturgleich mit der hypothetischen N. ihres Gegenstands, die Thomas als «necessitas de dicto» interpretiert. – Auch auf die praktische Erkenntnis hat Thomas den N.-Begriff bezogen: Wie die theoretische Vernunft die ersten Prinzipien mit N. für wahr hält, verfolgt der Wille notwendig das Glück als seinen letzten Zweck, ohne daß diese «necessitas naturalis» seine Freiheit beeinträchtigte [13]. Während aber die Prämissen theoretischer Beweise grundsätzlich notwendig sind, weil sich ihre Wahrheit aus den ersten Prinzipien herleitet, sind nur solche Zwecke neben dem höchsten Gut 'Glück' notwendig, die in diesem unmittelbar impliziert sind, wie z.B. die Erkenntnis der Wahrheit [14]. Auch ohne N. gewählte Zwecke können jedoch bestimmte Mittel zu notwendigen Objekten des Willens machen, wenn diese Mittel notwendige Bedingungen für die Verwirklichung des jeweiligen Zwecks sind [15]. Die Schlüsse in theoretischen Beweisen stehen ausschließlich in diesem N.-Verhältnis zu ihren Prämissen, aus einer Zwecksetzung dagegen folgt der Vorsatz zur Ergreifung bestimmter Mittel nur kontingent, wenn es verschiedene Wege gibt, das Ziel zu erreichen [16]. Allgemein begründet hat Thomas diese Defizienz der praktischen Vernunft an N. im Zusammenhang mit den sittlichen Geboten, die er «Naturgesetz» nennt und wiederum mit dem Aufbau des theoretischen Wissens vergleicht [17]: Dieses hat es vornehmlich mit notwendigen Gegenständen zu tun, menschliches Handeln und deshalb auch praktische Vernunft jedoch mit Kontingentem. Daher geht die N., die den höchsten Vernunftprinzipien der Sittlichkeit noch zukommt, den besonderen Folgerungen verloren, die man aus ihnen zieht; so gilt z.B. das Gebot, Deposita zurückzugeben, meist, aber dann nicht, wenn der Empfänger das Geld zum Schaden des Staates gebrauchen würde.

Anmerkungen. [1] ANSELM VON CANT., Cur deus homo 1, 4. Opera, hg. SCHMITT 2, 52, 3ff.; vgl. 1, 25. Opera 2, 96, 2f. – [2] IBN SĪNĀ [AVICENNA], Al-Shifā', Logic V, Demonstr. 1, 4, hg. MADKOUR/AFFIFI (Kairo 1956) 63. – [3] a.O. 64. – [4] 64f. – [5] Al-Shifā', Al-Ilāhiyyāt [= Metaph.] 1, 5, hg. ANAWATI/ ZĀYED (Kairo 1960) 29, 5f.; lat. Übers.: Liber de philos. prima [= L. philos. pr.] I-IV 1, 5, hg. VAN RIET (Louvain 1977) 31, 2ff. – [6] Metaph. a.O. 30, 3ff.; L. philos. pr. a.O. 33, 25-29. – [7] Metaph. 35, 11f.; L. philos. pr. 40, 65ff. – [8] Metaph. 35, 9f. 12-16; L. philos. pr. 40, 62-65; 41, 68-73. – [9] Metaph. 36, 4ff.; L. philos. pr. 41, 79-82. – [10] SIGER VON BRABANT, Quaest. in metaph. 5, 17, hg. GRAIFF (Louvain 1948) 337f. – [11] ARISTOTELES, Met. VII, 15, 1039 b 31-1040 a 5; Eth. Nic. VI, 3, 1139 b 18-24. – [12] In decem libros Eth. Arist. 6, 3, hg. SPIAZZI n. 1145. – [13] S. theol. I, 82, 1; De veritate 22, 5. – [14] S. c. gent. 3, 97, hg. PERA n. 2734 c; De ver. 11, 1; 22, 5, hg. SPIAZZI 397 b; vgl. 24, 1 ad 18. – [15] S. theol. I, 19, 3; II/II, 58, 3 ad 2. – [16] De ver. 24, 1 ad 19. – [17] S. theol. I/II, 94, 4.

3. *N. im Verhältnis zur Absolutheit Gottes.* – Ob sich N. mit der Absolutheit Gottes vereinbaren läßt, das hat schon Plotin als Problem deutlich gemacht. Im frühen Mittelalter hat PETRUS DAMIANI dieses Problem zugespitzt, indem er sich an das christliche Dogma hielt, daß Gott durch seinen allmächtigen Willen alle Realität erschaffen hat. Kann dann die N. des Widerspruchsprinzips für Gott gelten? [1] Die Unmöglichkeit eines realen Widerspruchs – so lautet Petrus' Antwort – ist bloß ein Mangel der erschaffenen Natur, die solchen Gesetzen unterworfen ist, weil ihr Schöpfer das will. Das heißt, der absolute Wille findet weder an einem Naturgesetz noch an einem logischen Prinzip seine Grenze, sondern «hebt die N. der Natur leicht auf, wenn er will». Philosophisch wäre diese These so zu formulieren, daß alle N. in einem Prinzip gründet, das selber von N. schlechterdings frei ist.

Petrus' radikalem Lösungsversuch widersprach bald ANSELM VON CANTERBURY, ohne den Ausgangspunkt zu revidieren, daß alle N. und Unmöglichkeit dem göttlichen Willen unterliegen und nicht umgekehrt [2]. Während das für Petrus die Forderung bedeutet, den absoluten Willen als Willkür, sogar als Macht über die logischen Prinzipien zu denken, korrigiert Anselm den Begriff dieses Willens mit dem Argument, daß Gott ebensosehr die Wahrheit ist [3]. Deshalb will er, daß die Wahrheit, auch eine bestimmte Wahrheit, unwandelbar so bleibt, wie sie ist. Das impliziert den Ausschluß des Widerspruchs, den Petrus für Gott als möglich reklamiert hatte. So kann Anselm mit Bezug auf Gott wieder von N. sprechen, aber nur in einem modifizierten Sinn [4]: Sagt man sonst von einem *S* die N., *P* zu sein, und damit die Unmöglichkeit, *P* nicht zu sein, aus, so spricht man ihm den Zwang (coactio) zum einen und die Hinderung (prohibitio) am andern zu. Die entsprechenden Aussagen von Gott bedeuten jedoch, daß alles andere außer ihm unter der N. steht, die es zwingt, nichts gegen das von Gott Prädizierte zu tun, bzw. daran hindert, etwas Derartiges zu tun. – Das heißt, Anselm hat von Petrus auch den Begriff der N. übernommen, daß sie eine Modalität *äußerer* Einwirkungen definiert, und kann deshalb N. – als Implikation von Wahrheit – nicht unmittelbar auf Gott beziehen. Vom Absoluten gesagt, hat N. ausschließlich den Sinn, daß das Subjekt Grund für die anderem zukommende N. ist. Ganz übereinstimmend damit führt Anselms ontologisches Argument nicht zu einem «notwendigen Seienden», sondern zu «demjenigen, dessen Nichtsein nicht *gedacht* werden kann» [5].

HEINRICH VON GENT hat später nicht nur wie Bonaventura von der äußerlich verursachten N. (necessitas violentiae sive coactionis) die immanent begründete N. (necessitas immutabilitatis) abgehoben, sondern zur Beantwortung der Frage, ob Gott sich selbst notwendig will, auch die innere N. noch einmal unterteilt [6]: Entweder betrachtet man sie als dem Willen derart vorangehend, daß seine Äußerungen durch sie determiniert sind wie Naturprozesse – so würde sie die Freiheit des Willensakts aufheben. Oder die N. wird als ein den Willen begleitendes Moment verstanden, das Gott sich selbst mit demselben freien Willen auferlegt, mit dem er sich selbst zum Gegenstand seines Wollens macht [7]. So bleibt der absolute Wille der N. im Sinn Anselms übergeordnet und eignet doch sich selbst N. zu, um seinen freien Akten zugleich Festigkeit – Anselms Unwandelbarkeit der Wahrheit – zu geben.

Die Frage, ob Gott auch anderes als sich notwendig will, veranlaßte DUNS SCOTUS zu einer weiteren Präzisierung [8]: Die der N. äußeren Zwangs entgegengesetzte innere N. kann einerseits derart im Sinn von Unwandelbarkeit aufgefaßt werden, daß einer faktischen Bestimmung des absoluten Willens ihr Gegenteil nicht *folgen* kann; so will Gott anderes als sich. Anders ist die innere N. schlechthin zu denken, die Duns Scotus hier auch «die N. gänzlicher Unvermeidbarkeit oder Bestimmtheit» (necessitas omnimodae inevitabilitatis sive determinationis) nennt, denn sie schließt nicht nur die Nachfolge eines bestimmten Gegenteils, sondern dessen Zukommen schlechthin aus [9]. Diese absolute Festlegung spricht Duns Scotus dem göttlichen Willen nicht mit Bezug auf die zunächst kontingent gewollten Geschöpfe zu, sondern nur in seinem Sichselbstlieben [10]. –

In sachlichem Zusammenhang mit dieser Disjunktion der N. stehen zwei andere Überlegungen des Duns Scotus. a) Weil solches, das entweder notwendig oder unmöglich ist, sich nicht anders verhalten kann, fehlt ihm alle wandelbare Bestimmtheit, die es zu einem zeitlichen Gegenstand machen könnte [11]. Wie das Unmögliche ist also auch das Notwendige nicht in der Zeit, wenn man diese aristotelisch als Maß der Bewegung bzw. Veränderung auffaßt. b) Die Abstufung zwischen kontingent bestimmter und absoluter N. je nach den Objekten des göttlichen Willens entspricht der Bewertung, die Duns Scotus der N. überhaupt gibt: Sie ist eine Bedingung bzw. ein Kriterium der Vollkommenheit des Seienden als solchen und damit auch in jeder Klasse des Seienden, die nicht ihrem Begriff nach unvollkommen ist oder N. ausschließt [12]. Anders gesagt, wenn eine Bestimmung wie ‹hervorbringend› Gegenständen mit N. oder als mögliche zukommen kann, dann ist, was so beschaffen sein kann, unvollkommen, und, was notwendig so ist, vollkommen bestimmt. – Hatten PETRUS DAMIANI und ANSELM Gott der N. klar übergeordnet, so ist für DUNS SCOTUS N. ein Implikat des vollkommenen Seienden, Gott durch N. definiert. Dieser Wandel verweist auf den Einfluß der arabischen Philosophie.

Anmerkungen. [1] PETRUS DAMIANI, De divina omnipot. 13. Sources chrét. 191, 448, 13-31; 450, 43-50. – [2] ANSELM VON CANT., Cur deus homo 2, 17. Opera, hg. SCHMITT 2, 122, 25-123, 2. – [3] a.O. 123, 3-10. – [4] 123, 12-30. – [5] Proslogion 3. Opera, hg. SCHMITT 1, 102, 6-103, 2. – [6] HEINRICH VON GENT, S. quaestionum 2 (Paris 1520) fol. 27v Y-28r Y. – [7] a.O. fol. 28r Z. – [8] DUNS SCOTUS, Quaest. quodl. 16, hg. WADDING 12, 451f., 7. – [9] Vgl. In quattuor libros sentent. [= Sent.] 1, 29, 5, hg. WADDING 5/2, 1315, 31. – [10] Quaest. quodl. 16, a.O. 12, 446, 2. – [11] Sent. 2, 2, 3, a.O. 6/1, 163, 4. – [12] Sent. 1, 2, 7, a.O. 5/1, 307f., 6; Sent. 1, 8, 5, a.O. 5/2, 812, 12; 821, 25.

4. *N. als Folgebestimmung des Seins und der Kausalität.* – Als Folgebestimmung von Sein und Kausalität spielte N. eine zentrale Rolle in der Kontroverse zwischen AVICENNA, AL-GHAZALI und AVERROËS, und das hat sich auf die lateinische Philosophie seit dem 13. Jh. ausgewirkt. Begonnen hat die Erörterung des N.-Begriffs im arabischen Bereich schon in der Diskussion um die Grundlagen des Islam im 8. und 9. Jh., als der Konflikt zwischen den Annahmen göttlicher Allmacht einerseits und menschlicher praktischer Verantwortlichkeit andererseits thematisiert wurde. HIŠĀM IBN AL-ḤAKAM, ein Vertreter der frühen Shīʿa, der zugleich die Schule der Muʿtazila beeinflußt haben, soll davon ausgegangen sein, daß die menschlichen Taten – wie alle Realität – von Gott erschaffen sind, sie aber gleichwohl in einer Hinsicht frei und in einer anderen notwendig genannt haben: frei gewählt, sofern die Handelnden sich ihr Tun willentlich aneignen, und notwendig, sofern jede Tat nur aufgrund einer zu ihr antreibenden Ursache vollzogen wird [1]. Der Berichterstatter darüber, AL-ASHʿARĪ, hat selbst das doppelseitig angelegte Verhältnis von N. und Freiheit anders bestimmt: Einerseits wissen wir notwendig und zweifelsfrei den Unterschied zwischen selbstgewähltem und notwendigem Tun, weil wir uns im ersten Fall, z.B. beim Gehen, unserer Fähigkeit – über uns selbst zu verfügen – und bei notwendigen Zuständen, z.B. bei fiebrigem Zittern, unseres gänzlichen Unvermögens bewußt sind, ihnen zu entgehen [2]. Andererseits sind unsere Verhaltensweisen gleichermaßen von Gott erschaffen, ob wir sie uns willentlich aneignen oder als uns aufgezwungen erfahren, denn die Argumente für das Erschaffensein notwendiger Bewegungen, wie z.B. ihre raumzeitlich bestimmte Entstehung, gelten ebensosehr für gewollte Bewegungen [3]. – Zwar hat Hišām ibn al-Ḥakam N. und Freiheit als bloße Aspekte allen menschlichen Tuns verstanden, während Al-Ashʿarī danach zwei Arten von Bewegungen bzw. Zuständen unterschied, aber auch für Al-Ashʿarī beruhten dieselben Taten auf menschlicher Wahl *und* göttlicher Schöpfung. Bei beiden Autoren bekommt das der Freiheit gegenübergestellte Moment, die äußere Ursache bzw. die Schöpfung, die überlegene, entscheidende Funktion.

Dieses Verhältnis findet man, abstrakter gefaßt, in AVICENNAS ‹Metaphysik› wieder, in seinem fundamentalen Theorem nämlich, daß jedes Seiende, für sich genommen, in seinem Sein entweder notwendig oder möglich ist und daß das an sich Mögliche mit Bezug auf seinen Grund – und das heißt in letzter Instanz: mit Bezug auf das an sich Notwendige – ebenfalls notwendig ist [4]. Damit wird N., in sich als absolute und vermittelte abgestuft, zum Begriff von Realität überhaupt. Die Elemente dieser Konzeption sind folgende: Grundsätzlich ist das Sein einer Sache von ihrem in der Definition ausgesprochenen Wesen verschieden [5]. Daß die Modalbestimmungen als spezifische Eigenschaften des Seins aufgefaßt werden [6], heißt also, sie geben an, wie sich Sein jeweils zu einem bestimmten Wesen verhält. a) Das Sein ist unmittelbar mit dem Wesen gegeben, steht ihm gleichsam zu (arab. wāǧib) – ohne daß die für äußere Begründung reservierte Kausalitätskategorie angewendet würde [7] – und bezieht sich in diesem Sinn notwendig auf es [8]. «Das an sich in seinem Sein Notwendige» (wāǧib al-wuǧūd bi-dhātihi, necesse esse per se) – später: ens necessarium – wird bei Avicenna erstmals in der Philosophiegeschichte zum Begriff des Absoluten. Als *an sich* notwendig unterscheidet sich das Absolute von allem anderen, aus seiner N. gewinnt Avicenna auch seine anderen Bestimmungen, seine Grundlosigkeit, Einzigkeit, Einfachheit usw. [9]. b) Sein hat keine Beziehung – weder eine affirmative noch eine negative – auf das Wesen, und dann ist, was von solchem Wesen ist, weder notwendig noch unmöglich, sondern möglich [10]. Weil ihm an ihm selbst Sein nicht eher als Nichtsein zukommt, wird es α) zu seinem Seienden nur durch etwas anderes als es selbst, seinen Grund, bestimmt – und zwar so, daß diese Abgrenzung gegen das Nichtsein nicht wieder nur möglich, daß sie also notwendig ist und das an sich Mögliche durch anderes notwendig existiert – oder β) zu einem Nichtseienden durch den Ausfall seines Grundes, und dies mit derselben Eindeutigkeit, also im Modus der Unmöglichkeit [11]. – Im Hinblick auf ihre geschichtliche Wirkung ist von dieser Konzeption der bedingten Realität noch hervorzuheben: a) Daß etwas an sich Mögliches durch seinen Grund mit N. zu einem wirklich Seienden wird, das kann immer gelten oder zeitweise, und was für eine bestimmte Zeit notwendig wird, das muß aus zuvor schon bestehender Materie sein [12]. b) Die doppelte Betrachtungsweise endlicher Gegenstände – möglich ihrem Wesen nach, aber mit Bezug auf ihren Grund notwendig – ist auch die Methode, mit der Avicenna das aristotelische, an Wesensbegriffen orientierte Konzept von Kontingenz und Zufall aufhebt. Wenn nämlich diese Tradition einen Naturgegenstand, z.B. eine Hand mit sechs Fingern, als zufällig einstuft, dann liegt das für Avicenna an der Beschränkung der Betrachtung auf den einen Gesichtspunkt der allgemeinen Wesensnatur. Würden jedoch alle Entstehungsbedingungen des Gegenstands, insbesondere die in seiner konkreten Materie liegenden, berücksichtigt, so ergäbe sich seine N. [13]. c) Aus der Aufhebung aller Faktizität zu bedingter N. ergibt sich Avicennas Gottesbeweis. Sein Argument lautet, daß eine Begründungsreihe aus je an sich möglichen Gliedern als ganze keine N. durch die einzelnen Glieder gewinnen kann, sondern nur durch etwas, das – im begrifflichen Sinn – außerhalb ihrer ist, also durch ein absolut Notwendiges [14].

AL-GHAZALI hat im Zuge seiner Kritik an den theologischen Ansprüchen der Philosophie Avicenna vorgehalten, das genannte Argument führe nicht zu der absoluten Einheit, als die Gott gedacht werde, sondern nur zu einer ewigen Wirkursache, die ein Komplex aus Wesen und Eigenschaften sein könne [15]. Grundsätzlicher bestreitet er, daß man von der Möglichkeit der Einzeldinge auf die Möglichkeit des ganzen Kausalzusammenhangs und seine Abhängigkeit von einem an sich Notwendigen schließen könne [16]; denn die Ausdrücke ‹dem Sein nach möglich› und ‹in seinem Sein notwendig› hält er für dunkel und verwirrend. Al-Ghazali stellt deshalb die folgende Alternative zur Diskussion: a) Entweder ist das Mögliche als das zu verstehen, dessen Sein eine Ursache hat, und das Notwendige als das, dessen Sein nicht verursacht ist. Daß einzelne Körperdinge in diesem Sinn möglich, also verursacht sind, dafür vermißt er eine Begründung Avicennas [17] und argumentiert andererseits, eine Kausalkette, deren Glieder möglich sind, sei als ganze durchaus notwendig, nämlich unverursacht. Dasselbe Wortverständnis erlaubt ihm eine weitergehende Kritik an Avicennas metaphysischem Ansatz: Sofern N. Unverursachtheit bedeutet, meint man mit ihr eine bloße Negation, und für eine solche gibt es nicht wiederum eine Ursache, weder eine innere noch eine äußere [18]. b) Oder die Modalbestimmungen werden als Urteile nur des Verstandes darüber aufgefaßt, ob seine Annahme eines bestimmten Seins verhindert (= Unmöglichkeit) oder nicht verhindert (= Möglichkeit) bzw. seine Annahme eines bestimmten Nichtseins verhindert ist (= N.) [19]. Daran, daß es kein Referenzobjekt gibt, dem die Unmöglichkeit zukäme, erkennt man den rein intellektuellen Charakter der Modalitäten überhaupt. – In seinen beiden Deutungen der Modalitäten spricht Al-Ghazali der N. die Eignung für eine metaphysische Konstruktion ab, wie Avicenna sie unternommen hatte, indem er eine Bedeutung von N. für die als Inbegriff positiver Bestände ausgelegte Realität bzw. für ihren Kausalzusammenhang ausschließt.

AVERROËS hat Al-Ghazalis Kritik aufgenommen, soweit sie Avicennas Terminologie und Argumentation betrifft, und zugleich versucht, durch einen Rekurs auf Elemente der genuin aristotelischen Metaphysik Al-Ghazalis Konsequenzen zu vermeiden. a) So gesteht er Al-Ghazali zu, daß die Modalbegriffe generell kein Referenzobjekt zusätzlich zu dem der konkreten Sachbestimmungen haben, also keine Eigenschaften der Dinge bedeuten [20]. Vielmehr sollen sie denselben Status haben wie nach Aristoteles die Transzendentalien ‹Sein› und ‹Einheit›, d. h. den einer unmittelbar aus dem Wesen sich ergebenden Disposition: Entweder erfordert das Wesen eine (äußere) Ursache für die Existenz der Sache – was ‹Möglichkeit› bedeutet – oder nicht – worin der Sinn von ‹N.› erfüllt ist. Diese Zurückführung der Modalität auf das je besondere Wesen hat bei Averroës zwei Konsequenzen: α) Es gibt kein ursprüngliches Wissen von der abstrakten Unterscheidung des Seienden überhaupt in Mögliches und Notwendiges, sondern die Modalbestimmungen sind nur aus der bestimmten Natur der Dinge zu erkennen [21]. β) Naturprozesse hängen in keiner Hinsicht primär von äußeren Faktoren ab, weil in einer solchen avicenneischen Konzeption alles notwendig wäre. Vielmehr entstehen manche Naturdinge nur in den meisten Fällen, weil sie in ihrer Natur die Möglichkeit zum ausnahmsweisen Ausfall und deshalb selten ein äußeres Hindernis haben, notwendige Dinge dagegen haben kein derartiges Moment in ihrer Natur und können deshalb auch nicht verhindert werden [22]. b) Wie Averroës die äußere Bedingtheit der Naturdinge auf ihre wesensmäßige Modalität vereinheitlichend zurückführt, bestreitet er auch die fundamentale These Avicennas, alles Bedingte sei hinsichtlich seines Seins an ihm selbst möglich, durch anderes aber notwendig [23]. Ein und dieselbe Natur kann nicht in einer Hinsicht möglich und in einer anderen notwendig sein, weil das Mögliche das Gegenteil des Notwendigen ist. Die beiden Modalbestimmungen müssen sich auf zwei Naturen verteilen, die dann auch dieselbe Sache zugleich bestimmen können, wie z.B. die Sterne in ihrer Substanz notwendig, aber in ihrer räumlichen Bewegung möglich sind. c) Avicennas Gottesbeweis wird in seinem Grundgedanken beibehalten, aber mit aristotelischen Argumenten geführt [24]: Körperhafte Dinge, die ihrer Substanz nach bloß sein *können*, gelangen von der Potenz nur dann zur Wirklichkeit, wenn ein schon Wirkliches sie bewegt. Das verwirklichende Prinzip kann auch seinerseits ein Körper und wesensmäßig nur möglich, also Glied einer Ursachenkette sein. Diese Ursachen aber, die einander in unabgeschlossenen Reihen bedingen, erhalten sich und damit den Naturprozeß auf unbegrenzte Dauer nicht durch sich selbst, da sie allesamt vergänglich sind, sondern nur durch ein bewegtes Körperding, das seiner Substanz nach notwendig besteht. Sofern die Bewegung dieses Körpers, des supralunaren Kosmos, an ihr selbst wiederum nur sein *kann*, bedarf sie – und die von ihr abhängende Natur – eines Bewegungsprinzips, das in jeder Bestimmtheit notwendig und deshalb kein Körper ist.

Die lateinische Philosophie behandelte den N.-Begriff nach der Rezeption der arabischen Denker in deren thematischem Rahmen und im Spannungsfeld zwischen Avicennas und Averroës' Positionen. Dabei zog N. als Konsequenz von Kausalität ein wachsendes Interesse auf sich gegenüber der ontologischen Einordnung von N., und unter diesem Vorzeichen setzte sich schließlich Avicennas Konzeption durch. Auf Sein überhaupt hat z. B. THOMAS VON AQUIN N. bezogen, indem er sie einerseits wie Avicenna eine unmittelbare Folgebestimmung des Seienden als solchen nannte [25] und andererseits das Notwendige als das definierte, was in seiner Natur nur zum Sein bestimmt ist, also in Anlehnung an Averroës [26]. Averroës folgte er auch, als er das Kontingente vom Notwendigen danach unterschied, daß es nicht wie dieses mit Sicherheit aus seiner Ursache hervorgeht, denn er hat dabei eine wesensmäßige Zuordnung von bestimmten Ursachen und Wirkungen vorausgesetzt und alle zusätzlichen Faktoren als zufällig eingestuft [27]. – SIGER VON BRABANT hat den Gedanken, der Avicenna und Averroës – nach Al-Ghazalis Meinung willkürlich – vom Möglichen, das sich zwischen Sein und Nichtsein gleichsam neutral verhält, zum notwendig Seienden führt, in der durch Leibniz berühmten Weise formuliert [28]: Ein hinreichender Grund für das Sein des an sich Kontingenten ist nur in dem aus sich selbst Notwendigen zu finden, für das seinerseits man keinen Grund mehr angeben kann. – *Wie* Kausalität N. mit sich bringt, präzisierte DUNS SCOTUS [29]: Könnte die Form eines endlichen Gegenstands für sich bestehen, so wäre er im Hinblick auf seine Form an sich selbst notwendig. Weil aber auch die Form nicht ohne das absolut Notwendige sein kann, sind die Dinge keineswegs teils in sich – d. h. in ihrer Form – und teils durch ihre Wirkursache begründet, sondern diese erzeugt sie als ganze, einschließlich ihrer formbestimmten Natur und der ihr immanenten N. – Das Prinzip vom zureichenden Grund und die Erklärung des Primats der Effizienzkausalität trugen zu einer Naturbetrachtung bei, die schließlich N. als die einzige Modalität von Wirkungen etablierte. Schon unter den 1277 vom Bischof Tempier von Paris verurteilten Thesen erscheint die Behauptung, alles geschehe aus N. und nichts zufällig oder kontingent, wenn man nur alle Ursachen betrachte [30]. Die angefügte Zurückweisung, gerade im Zusammenwirken der Ursachen bestehe nach Boethius der Zufall, macht deutlich, daß die entscheidende Wende in der – zuerst von Avicenna vertretenen – Nivellierung der Ursachen verschiedener Typen zu einer funktionalen Gesamtheit liegt. Welche Voraussetzung die Zurückweisung und alle Averroës folgenden Autoren machen, hat gut vierzig Jahre später FRANCISCUS DE MARCHIA formuliert [31]: Wenn man einem Gegenstand ganz bestimmte Ursachen – die ihn um seiner Form, einer Naturabsicht, willen bewirken – zuordnet, wird er von ihnen, soviel an ihnen selbst liegt, mit N. hervorgebracht, de facto aber nur kontingent, weil diese wesensgemäßen causae per se durch ihnen und dem Naturzweck äußerliche causae per accidens am Wirken gehindert werden können. Zufällig sind diese letzteren Ursachen aber nur gegenüber der an der Form orientierten Kausalität, gegenüber dem anderen Zustand, der eintritt, wenn sie tatsächlich wirken, sind sie vielmehr causae per se. So gilt die Kontingenz, d. h. Verhinderbarkeit, von Wirkungen nur mit Bezug auf besondere Ursachen, berücksichtigt man aber, von den faktischen Wirkungen ausgehend, das Ensemble der für sie hinreichenden Ursachen, dann folgen sie mit N. aus ihnen [32]. Auf derselben Grundlage konnte sich schon BURIDAN ein Bewußtsein vorstellen, das aus seiner Kenntnis der gegenwärtigen Wirkmöglichkeiten und Zusammenhänge der Dinge die aus ihnen folgende N. (necessitas consequentiae) allen künftigen Naturgeschehens absieht [33].

Anmerkungen. [1] AL-ASHʿARĪ, Kitāb maqālāt al-islāmiyyīn, hg. RITTER (²1963) 40, 12-41, 3; 42, 12-43, 4; vgl. H. WOLFSON: The philos. of the Kalam (Cambridge, Mass./London 1976) 672f. – [2] The Theology of Al-Ashʿari, hg. MCCARTHY (Beirut 1953) 41, 8-42, 1; engl. Übers. 59f. – [3] a.O. 41, 1-5; 42, 6f.; vgl. 43, 11-16; engl. Übers. 58ff., vgl. 62. – [4] IBN SĪNĀ [AVICENNA], Al-Shifāʾ, Al-Ilāhiyyāt [= Metaph.], 1, 6, hg. ANAWATI/ZĀYED (Kairo 1960) 37, 6-10; 38, 11-39, 16; lat. Übers.: Liber de philos. prima I-IV[= L. philos. pr.] 1, 6, hg. VAN RIET (Louvain 1977) 43, 7-13; 44, 38-46, 71; Kitāb al-Ishārāt waʾl-tanbihāt [= KIT] 2, 4, hg. DUNYĀ (Kairo 1960) 455; Übers.: Livre des directives et remarques [= LDR], trad. GOICHON (Beirut/Paris 1951) 360. – [5] Metaph. 1, 5, a.O. 31, 10-17; L. philos. pr. 1, 5, a.O. 35, 62-73. – [6] Metaph. 1, 2, a.O. 13, 16ff.; L. philos. pr. 1, 2, a.O. 13, 42ff. – [7] Metaph. 1, 6, a.O. 38, 1-5; L. philos. pr. 1, 6, a.O. 44, 24-31. – [8] Al-Taʿlīqāt, hg. BADAWI (Kairo 1973) 28, 16; KIT 2, 4, a.O. [4] 447; LDR 357. – [9] Metaph. 1, 6, a.O. [4] 37, 11-18; L. philos. pr. 1, 6, a.O. [4] 43, 14-23; KIT 2, 4, a.O. 464-483; LDR 362-372. – [10] KIT 2, 4, 447; LDR 357. – [11] KIT 2, 4, 447f.; LDR 357f.; Metaph. 1, 6, a.O. 38, 11-39, 16; L. philos. pr. 1, 6, a.O. 44, 38-46, 71. – [12] Metaph. 1, 6, a.O. 47, 10-15; L. philos. pr. 1, 7, a.O. 54, 44-55, 50. – [13] Sufficientia 1, 13 (Venedig 1508, ND Louvain 1961) fol. 21ra (E). – [14] KIT 2, 4, a.O. [4] 449-455; LDR 359f. – [15] AL-GHAZALI, Tahāfut al-falāsifa [= TF] 6, hg. BOUYGES (Beirut ²1962) 129, 6-130, 9; engl. Übers. KAMALI (Lahore 1958) 111. – [16] TF 4, a.O. 112, 11-114, 15; engl. 92ff. – [17] TF 10, a.O. 155, 5; engl. 141f. – [18] TF 5, a.O. 116, 3-117, 4; engl. 97. – [19] TF 1, a.O. 75, 87-76, 88; vgl. 78, 95; engl. 48, vgl. 51. – [20] IBN RUŠD [AVERROËS], Tahafot at-Tahafot [= TT] 3, hg. BOUYGES (Beirut 1930) 196, 12-197, 5; engl. Übers. VAN DEN BERGH 1. 2 (London 1954) [mit Pagin. der Ausg. BOUYGES]. – [21] TT 3, a.O. 154, 1-3; 10, a.O. 418, 13ff. – [22] In Arist. De physico auditu comm. 2, 48. Arist. Opera cum Averrois comm. 4 (Venedig 1562) fol. 66v L-67r M. – [23] TT 8, a.O. [20] 395, 1-13. – [24] TT 8, a.O. 393, 5-394, 16; 10, a.O. 422, 1-423, 5. – [25] THOMAS VON AQUIN, S. theol. I, 22, 4 ad 3. – [26] In libros Peri herm. expos. 1, 14, hg. SPIAZZI n. 183; In octo libros Phys. Arist. expos. 2, 8, hg. MAGGIOLO n. 210. – [27] S. c. gent. 1, 67, hg. PERA n. 558f.; In duodecim libros Met. Arist. 6, 3, hg. CATHALA/SPIAZZI n. 1220f.; vgl. SIGER VON BRABANT, Tract. de necessitate et contingentia causarum, in: P. MANDONNET: Siger de Brabant et l'averroïsme lat. au 13e siècle 2 (Louvain ²1911) 115. 120. – [28] SIGER, Quaest. in metaph. 5, hg. GRAIFF, 333, 18-334, 31; vgl. 4, 185, 72-80. – [29] DUNS SCOTUS, Quaest. in Metaph. 5, 3, hg. WADDING 4, 602, 1f.; vgl. JOHANNES VON JANDUN, Quaest. in duodecim libros Metaph. 5, 9 (Venedig 1553, ND 1966) fol. 62r A. – [30] H. DENIFLE: Chartularium Universitatis Parisiensis 1 (Paris 1899) 545, art. 21. – [31] FRANCISCUS DE MARCHIA, In quattuor libros sentent. 1, 38, zit. bei A. MAIER: Die Vorläufer Galileis im 14. Jh. (Roma ²1966) 241f. – [32] Vgl. Ps.-DUNS SCOTUS, Expos. in octo libros Phys. Arist. 2, 13, hg. WADDING 2, 154, 5f. – [33] BURIDAN, In Metaph. Arist. quaest. 6, 5 (Paris 1588, ND 1964) fol. 36rb.

Literaturhinweise. A. M. GOICHON: La distinction de l'essence et de l'existence d'après Ibn Sīnā [Avicenne] (Paris 1937) 156-180. – A. MAIER: N., Kontingenz und Zufall, in: Die Vorläufer Galileis im 14. Jh. (Rom ²1966) 219-250. – R. R. EFFLER: Duns Scotus and the necessity of first principles of the knowledge, in: De doctrina Ioannis Duns Scoti. Acta Congr. Scotistici intern. 2 (Rom 1968) 3-20. – T. BARTH: Die Notwendigkeit Gottes und seine Begründung bei Duns Scotus, a.O. 409-425. – E. KARGER: A study in Ockham's modal logic (Ph.D. Diss. Berkeley 1976). – S. KNUUTILA: The 'Statistical' interpretation of modality in Averroës and Thomas Aquinas. Ajatus 37 (1978) 79-98. – L. MOONAN: Impossibility and Peter Damian. Arch. Gesch. Philos. 62 (1980) 146-163. – W. A. WALLACE: Albertus Magnus on suppositional necessity in the natural sciences, in: Albertus Magnus and his sciences. Commemorative essays 1980, hg. WEISHEIPL (Toronto 1980) 103-128. – K. JACOBI, Die Modalbegriffe in den log. Schr. des Wilhelm von Shyreswood und in anderen Kompendien des 12. und 13. Jh. (Leiden 1980).

C. *Nikolaus von Kues.* – Die drei thematischen Bezüge, durch die der N.-Begriff im Mittelalter vor allem geprägt wurde, sind in der Philosophie des NIKOLAUS VON KUES nicht mehr geschieden. Ausdrücklich faßt er die Modalitäten als Seinsweisen, wenn er den theologischen Gedanken von der Schöpfung durch das Wort philosophisch als Einschränkung (contractio) in einem doppelten Sinn begreift [1]: Indem sich die absolute N. Gottes durch sein Wort, also durch das Moment der Gleichheit in seiner Einheit, zu einem Inbegriff aller bestimmten Wahrheit, d. h. zu der aus den Wesensformen der Dinge resultierenden N. (necessitas complexionis) einschränkt, schränkt sie die reine, unbestimmte Möglichkeit der Dinge zu der bestimmten Möglichkeit dieses oder jenes Einzelgegenstands ein. N. und Gleichheit kennzeichnen den Prozeß natürlicher Entstehung, sofern das Unbestimmte sich dem besonderen, anderes ausschließenden Dieses- oder Jenessein nur angleicht – d. h. zu einem bestimmten Einzelnen wird –, wenn die Form es dazu nötigt. – Dasselbe Schema der vier realen Modalitätsstufen bezieht Cusanus auf das menschliche Erkennen [2]: Direkt oder affirmativ erfaßt es als Vernunft und Verstand nur die beiden eingeschränkten Seinsweisen, die reinen Extreme jedoch, also Gott, der hier auch «unendliche Wirklichkeit» genannt wird, und die unendliche Möglichkeit bloß negativ, als das Unerfaßbare. Konzentriert man die Betrachtung auf die N. des Verstandes, wie die Logik sie auf Regeln bringt, dann ist sie der Modus der Subsumtion des Besonderen unter das Allgemeine und damit eine Funktion der besonderen Art, wie der Verstand seine Einheit, das Allgemeine, in Verschiedenheit entfaltet [3]. Indem er selbst die Bewegung des Entfaltens ist, vollzieht sich in ihm Vernunfteinheit – d. h. Koinzidenz von Allgemeinem und Besonderem –, aber in seiner, des Verstandes Weise – d. h. im Bewußtsein des Unterschieds der logischen Bestimmungen – und ermöglicht so die diskursive N. des Schließens vom Allgemeinen auf das Besondere, also die N. des Wissens im aristotelischen Sinn. – Wie schon die menschliche Vernunft den Einteilungen des Verstandes logisch vorausliegt, ist die absolute N. eben das, was dem verständigen Denken unmöglich erscheint, z. B. die Koinzidenz des zeitlichen Unterschieds von ⟨früher⟩ und ⟨jetzt⟩ mit der Ungeschiedenheit derselben Zeitpunkte in der Ewigkeit [4]. Cusanus' Koinzidenztheorem entzieht dem traditionellen Bedenken, das Absolute notwendig zu nennen und es dadurch auf etwas Bestimmtes festzulegen, die Grundlage, weil das Absolute, das als Koinzidenz gedacht wird, stets beide Extreme eines Gegensatzes, sogar des kontradiktorischen, umfaßt, auch sofern es Vorsehung ist [5]. Kein Autor hatte nach Aristoteles den N.-Begriff so neu gedacht wie Cusanus: Er greift die aristotelische Erklärung des Notwendigen in der Formulierung «was nicht nicht sein kann» auf und zeigt, daß das Absolute diese Bedeutung erfüllt, indem es ihre Voraussetzung, daß das Nichtsein vom Sein unerreichbar getrennt ist, einsehbar durchbricht, zur bloßen Verstandesregel relativiert. Denn nur deshalb, weil das Absolute als das begriffen wird, dem nichts entgegengesetzt ist, auch nicht das Nichtsein, oder als die *Wirklichkeit* all dessen, was sein und nicht sein *kann*, ist es undenkbar, daß es auf die Seite des Nichtseins und damit in Gegensatz zum Sein treten oder überhaupt etwas sein *könnte*, was es nicht wirklich *ist* [6]. Indem Cusanus derart aus seinem koinzidentalen Begriff des Absoluten dessen N. erschließt, gibt er implizit eine argumentative Rechtfertigung sowohl für die Tradition, die Gott als ens necessarium verstand, wie auch für diejenige, die ihn über die N. erheben wollte, weil sie N. nur im Rahmen des Widerspruchsprinzips und deshalb nicht als absolute denken konnte.

Anmerkungen. [1] NIKOLAUS VON KUES, De docta ignorantia 2, 7, hg. HOFFMANN/KLIBANSKY. Opera 1, 82ff.; De ludo globi 2. Werke, Neuausg. des Straßb. Druckes von 1488, hg. WILPERT (1967) 2, 624, 118. – [2] De ludo globi a.O. 624f., 119. – [3] De coniecturis 2, 2, hg. KOCH/BORMANN. Opera 3, 81f. 84. – [4] De visione dei 10. Werke a.O. [1] 1, 308f., 41f. – [5] De docta ign. 1, 22, a.O. [1] 44f. – [6] De docta ign. 1, 6, a.O. 13f.; vgl. 1, 4, a.O. 10f.; De possest 27, hg. STEIGER. Opera 11/2, 32f. W. KÜHN

III. *Neuzeit.* – Mit Beginn der Neuzeit und dem Aufstieg der mathematischen Naturwissenschaft erfährt der N.-Begriff eine entscheidende Wandlung. War das aristotelische Verständnis von N. wesentlich teleologisch, so verbindet sich dies in der Folge zunehmend mit dem christlichen Gedanken einer notwendigen Prädestination durch Gott. Ebendiese teleologisch-theologische Auffassung gerät aber in der durch Experiment und mathematisches Funktionsgesetz charakterisierten neuen Naturwissenschaft in den Hintergrund. Die Erforschung kausaler Determinationsbeziehungen wird jetzt zum Leitmotiv. Für die Philosophie ergibt sich daraus das Problem der Begründung solcher Naturerkenntnis – und das heißt wesentlich: Sicherung ihres Notwendigkeitscharakters gegen *Kontingenzen* – und des weiteren die Frage, wie die für menschliches Handeln prätendierte *Freiheit* nicht nur mit göttlicher Vorherbestimmung, sondern nun vor allem auch mit durchgängiger Natur-N. vereinbar sein könne. Der N.-Begriff bleibt so auf sein Gegenteil in theoretischer bzw. praktischer Hinsicht – *Zufälligkeit* und *Freiheit* – bezogen.

Dabei ist ein Doppeltes wesentlich: Einmal kann danach gefragt werden, ob ein Seins-, Handlungs- oder Denkzusammenhang als notwendig oder als zufällig bzw. frei charakterisiert ist; der N.-Begriff ist dann schon vorausgesetzt und nicht eigens problematisiert. Zum andern kann der N.-Begriff selbst Thema philosophischer Erörterung sein; zu klären ist dann der Sinngehalt, die spezifische Modalität von 'N.' im Unterschied etwa zu Modalitäten wie 'Möglichkeit' und 'Wirklichkeit'. Im Sinne dieser doppelten Problemstellung wird im folgenden untersucht: A. welcher *Stellenwert* dem Notwendigkeitsbegriff in philosophischen Systementwürfen der Neuzeit zukommt; und sodann B., wie der *Sinn von N. selbst* – vor allem bei Hegel und Nic. Hartmann – bestimmt wird.

A. Das neuzeitliche Motiv der Selbstbehauptung der Subjektivität [1] findet bereits prägnanten Ausdruck in der experimentellen Naturforschung GALILEIS. Das Experiment wird gewissermaßen zum Nachvollzug objektiver Natur-N. durch das Subjekt, wobei diese 'Operationalisierung' der Natur nur vermittels des mathematischen Funktionsbegriffs angemessen kategorisierbar ist [2] und so Galileis Überzeugung begründet, das Buch der Natur sei in mathematischen Lettern geschrieben. Die mathematische Erfassung von Naturnotwendigkeit wird – im Sinne möglicher Naturbeherrschung – zur leitenden Intention der neuen Physik [3].

Anmerkungen. [1] Vgl. H. BLUMENBERG: Säkularisierung und Selbstbehauptung (1974). – [2] Vgl. E. HUSSERL: Die Krisis der europ. Wiss. und die transzendentale Phänomenol. § 9. Husserliana 6 (Den Haag 1962) 20-60. – [3] Vgl. E. CASSIRER: Das Erkenntnisproblem 1 (³1922, ND 1974) 387-402.

1. DESCARTES sucht diesem Wissenschaftsbegriff ein philosophisches Fundament zu geben [1]. Im Sinne der strikten Unterscheidung von erkennendem Subjekt (*res cogitans*) und ausgedehnter Substanz (*res extensa*) wird dem Psychisch-Geistigen *Freiheit* [2], dem Materiellen hingegen *kausal-mechanische N.* zugesprochen [3], was für den Erkenntnisbegriff nun ein Doppeltes zur Folge hat: a) Die wissenschaftliche *Methode* erscheint als eine vom Subjekt frei entworfene Forschungsstrategie: Zergliederung, Analyse einer komplexen Problemstellung in einfachste Elemente, um zwischen diesen sodann Verknüpfungen herstellen zu können. Notwendig ist «die Verbindung dieser einfachen Sachverhalte ..., wenn der eine Sachverhalt gewissermaßen in einer solchen Verschlingung in den Begriff des anderen verwickelt ist, daß wir keinen von beiden deutlich vorstellen könnten, falls wir urteilen sollten, sie seien voneinander getrennt» [4]. Die Einzelevidenzen können weiter zu längeren Deduktionsketten zusammengefügt werden, deren Zusammenhang dann ebenfalls notwendig ist [5]. – Als freie Erkenntnisstrategie des Subjekts enthält 'die Methode' zweifellos ein inventives Moment [6]. Andererseits gilt – und das ist für den Sinn von N. (den Descartes im Grunde nicht für klärungsbedürftig hält [7]) wesentlich –, daß vermittels des vom Subjekt geübten analytischen Verfahrens die Bedingungsstruktur eines objektiven Sachverhalts allererst sichtbar werden kann: Somit vermag nur das Denken die N. der Dinge zu erkennen, ohne diesen, wie Descartes betont, indes N. «aufzuerlegen» [8], im Gegenteil: b) *Ontologisch* vertritt Descartes die Auf-

fassung durchgängiger Determination im Bereich physisch-ausgedehnten Seins; Dinge, Pflanzen, Tiere, selbst der menschliche Organismus funktionieren, so Descartes, mit blinder, kausal-mechanischer N. [9]. Damit ist zugleich eine Naturauffassung vorbereitet, derzufolge die Natur, obzwar zweckmäßig strukturiert (wie der technische Mechanismus auch), dennoch nicht von sich her zwecksetzend sein soll: ein Problem, das, nach seiner Radikalisierung durch KANT [10], das Naturverständnis bis in die Gegenwart hinein belastet [11] und nur im Denkhorizont des Deutschen Idealismus eine philosophische Lösung gefunden hat.

Anmerkungen. [1] Vgl. E. CASSIRER: Das Erkenntnisproblem 2 (³1922, ND 1974) 442ff. – [2] Vgl. L. OEING-HANHOFF: Descartes' Lehre von der Freiheit, Philos. Jb. 78 (1971) 1-16. – [3] Vgl. F. A. LANGE: Gesch. des Materialismus (²1870, ND 1974) 208ff. – [4] R. DESCARTES, Regulae ad directionem ingenii 12, 17. Oeuvres, hg. ADAM/TANNERY (= AT) 10, 421. – [5] Regulae 12, 22. AT 10, 425. – [6] Vgl. W. RÖD: Descartes' Erste Philos. (1971) 52; J. SIMON: Wahrheit als Freiheit (1978) 121ff. 154ff. – [7] Vgl. DESCARTES, Notae in programma ... AT 8/2, 352. – [8] Meditationes de prima philos. 5, 9. AT 7, 66; vgl. auch RÖD, a.O. [6] 55ff. – [9] Vgl. Principia philos. 4, 188f. AT 8/1, 315f. – [10] Vgl. KANT, KU. – [11] Vgl. H. PLESSNER: Die Stufen des Organischen und der Mensch (³1975) bes. 2. Kap.

2. SPINOZA, darin von Descartes abweichend, entwickelt die Lehre, daß es, dem Begriff der Substanz zufolge, überhaupt nur eine Substanz – Gott – geben könne [1] derart, daß alles Wirkliche, einschließlich des Handelns und Denkens, als durchgängiger, unverbrüchlicher N.-Zusammenhang zu denken sei [2]. Etwas für zufällig halten sei lediglich Ausdruck mangelnder Ursachenerkenntnis [3], Freiheit im Sinne absoluter Willkür Illusion [4]. Frei, so Spinoza, bin ich nur, indem ich gemäß der N. meiner eigenen Natur handle [5], was letztlich aber heißt: handeln gemäß der Einsicht in die N. der göttlichen Vernunftordnung – *amor dei intellectualis* als höchste Freiheit, die mit der Schicksalsergebenheit des *amor fati* zusammenfällt [6]. N., die bei Descartes auf den Bereich der Naturdinge beschränkt war, beherrscht hier auch noch das Reich des Geistes, so wie umgekehrt auch die physische N. quasi logischen Charakter haben soll: Als «notwendig» charakterisiert Spinoza allgemein Dinge, «deren Natur einen Widerspruch gegen ihr Nicht-Dasein enthält» [7], denn: «Die [logische] Ordnung und Verknüpfung der Ideen ist dieselbe wie die [physische] Ordnung und Verknüpfung der Dinge» [8].

Anmerkungen. [1] Vgl. W. SCHULZ: Der begriffene Gott. Neue Rdsch. (1977) 546f. – [2] B. SPINOZA, Ethica 1, prop. 29. 35. Opera, hg. C. GEBHARDT 2, 70. 77. – [3] Eth. 1, prop. 33, schol. 1, a.O. 74. – [4] Vgl. Eth. 1, App., a.O. 77. – [5] Eth. 1, def. 7, a.O. 46. – [6] Vgl. W. SCHULZ, a.O. [1] 550f. – [7] SPINOZA, Tract. de intell. emend. 53, a.O. [2] 2, 19f. – [8] Eth. 2, prop. 7, a.O. 2, 89.

3. Differenzierter argumentiert LEIBNIZ, der zwischen *Vernunftwahrheiten* und *Tatsachenwahrheiten* [1] und dementsprechend auch zwei Typen von N. unterscheidet: 'Vernunftwahrheit' kommt logisch notwendigen Sätzen zu, d.h. Sätzen, deren Negation zu einem Widerspruch führt, während für 'Tatsachenwahrheiten' gilt, daß ihr Gegenteil widerspruchsfrei denkbar bleibt (z.B. daß Caesar den Rubicon *nicht* überschreitet). Zum näheren Verständnis sei an Leibniz' Monadenlehre erinnert. «Monade» meint hier «individuelle Substanz». Vor dem Schöpfungsakt soll sie zunächst, als ein komplexer Gedanke Gottes, im Zustand der «reinen Möglichkeit» existieren [2]. Nach Leibniz folgt aus dieser ihrer 'Möglichkeit' oder 'Wesenheit' ihr Schicksal – für Gott – ebenso gewiß und vollständig wie z.B. die unendlich vielen Punkte einer mathematischen Kurve aus dem zugeordneten Formelausdruck. Indem der göttliche Verstand ferner sämtliche 'Möglichkeiten' überblickt, kann er diejenigen, die miteinander harmonieren, «kompossibel» sind (zu dem Tyrannenmörder Brutus paßt z.B. kein republikanisch gesinnter Caesar), zu je einer «möglichen Welt» fügen und die beste derselben schließlich realisieren: Aus 'Möglichkeiten' werden dadurch wirkliche Monaden, deren wirkliches Schicksal dann die Tatsachenwahrheiten sind. Für Gott folgen diese mithin rein analytisch aus der der Monade zugrundeliegenden Wesenheit; sie sind also *notwendig*, aber nur *«ex hypothesi»* [3], eben unter der Annahme einer solchen Wesenheit, und insofern freilich auch «kontingent» [4]. Ist die rein logische N. der Vernunftwahrheiten «absolut» im Sinne des Widerspruchsprinzips, so unterliegt die «hypothetische N.» der Tatsachenwahrheiten dem «Prinzip des bestimmenden Grundes» (Nichts ist ohne Grund) [5]. – Für das Freiheitsproblem zieht Leibniz die Konsequenz, daß für Gott zwar alle Handlungen vorhersehbar, aber eben doch nicht absolut (logisch) notwendig sind, was in puncto Freiheit «allein zu fürchten wäre» [6]. Das der Monade zugrunde liegende Wesensgesetz bedeutet, daß sie ganz aus sich bestimmt ist und in diesem Sinne Spontaneität besitzt [7]. «Das System der absoluten und reinen N. von Straton oder Spinoza» sei damit, so Leibniz, überwunden [8]. Dieses Konzept von N. übernimmt CHR. WOLFF für den theologischen Part seiner in der Schulphilosophie breit wirksamen ‹Deutschen Metaphysik›: ‹Vernünfftige Gedancken von Gott, der Welt und der Seele des Menschen› (1720).

Anmerkungen. [1] G. W. LEIBNIZ, vgl. z.B. Monadologie 33. Philos. Schr., hg. C. I. GERHARDT [= PSG] 6, 612. – [2] Vgl. Essais de Théodicée 1, 52. PSG 6, 131. – [3] Disc. de métaph. 13. PSG 4, 437. – [4] a.O. – [5] Théod. 1, 44. PSG 6, 127; vgl. auch M. HEIDEGGER: Der Satz vom Grund (1957). – [6] Théod., Préface. PSG 6, 37. – [7] Théod. 1, 65. PSG 6, 138. – [8] Théod. 3, 345. PSG 6, 319.

4. D. HUME erörtert den Begriff der N. im Zusammenhang mit dem Problem der Kausalität. Die «relation of causes and effects» ist Hume zufolge die einzige der sieben Hauptarten von Vorstellungsrelationen (ideas), die nicht nur «philosophical relation», d.h. eine rein vorstellungsimmanente Relation, sondern vielmehr auch objektive, «natural relation» ist [1]. Sie ist, so Hume, für unser Weltverständnis von überragender Bedeutung, da wir mit ihrer Hilfe über das uns unmittelbar Gegenwärtige hinausgehen können [2]: Ein Brief verweist auf einen Absender, Blitz auf den Donner usw. Auf diese Weise stellen wir die Welt nicht als Chaos, sondern als Ordnung im Sinne eines notwendigen Geschehenszusammenhangs vor [3]. Bezüglich der N. der Kausalverknüpfung stellt Hume nun die Frage: «What is our idea of necessity, when we say that two objects are necessarily connected together?» [4] Die Beobachtung zeige zwar «like objects always existing in like relations of contiguity and succession» [5], aber weder räumliche Berührung noch zeitliche Aufeinanderfolge implizierten als solche schon N. Da Ursache und Wirkung ferner völlig verschiedene Ereignisse seien, könne es sich auch nicht um analytisch-logische N. handeln [6]. Es sei indes ein Faktum, daß sich die Vorstellung kausaler N. aufgrund wiederholter Beobachtungen gleichartiger Naturprozesse bilde. Zwar könnten

solche Beobachtungen «never produce any new quality *in the object*», wohl aber «a new impression *in the mind*» [7], nämlich eine «propensity, which custom produces, to pass from an object to the idea of its usual attendant. This therefore is the essence of necessity» [8]. Auch die Vorstellung kausaler N. wird hier also – entsprechend der empiristischen Grundannahme, daß jede Vorstellung letztlich auf Sinneseindrücke zurückgeht [9] – auf Wahrnehmung zurückgeführt: Die Beobachtung empirischer Regularitäten soll eine gewohnheitsmäßige Neigung des Verstandes hervorrufen, gleichartige Ereignisfolgen auch in der Zukunft zu erwarten. Kausale N. wird solchermaßen als eine rein *subjektive Nötigung* des Vorstellens gedeutet, der jede sachliche Verbindlichkeit im Sinne *objektiver N.* abgeht. – An diesem Punkt droht Humes Argumentation freilich inkonsistent zu werden: Denn sie unterstellt ja, daß jene Gewöhnung selbst, die uns zur Annahme von Kausalverhältnissen führt, «must be excited by nature» [10]; 'excited' ist aber nur ein anderes Wort für ‹verursacht›, d.h. die empiristische Kritik objektiver Kausalität muß das so Kritisierte ihrerseits schon in Anspruch nehmen. Dem entspricht, daß Irregularitäten des Naturverlaufs – ganz im Sinne objektiver Kausalgesetzlichkeit – nun auch «from the secret operation of contrary causes» erklärt werden [11], und selbst für das Handeln soll gelten «that nothing exists without a cause of its existence» [12]. Kausale N. behält damit letztlich auch bei Hume einen (uneingestandenen) *ontologischen* Sinn, was folgerichtig auch zur Leugnung von Zufall und Freiheit führt, soweit hiermit Formen *akausalen* Geschehens verstanden sein sollen.

Anmerkungen. [1] D. HUME, A treatise of human nature, hg. SELBY-BIGGE (Oxford 1896) 1, 1, sect. 5, 14f. – [2] Vgl. Enquiry concerning human understanding, sect. 4, 22. Enquiries, hg. SELBY-BIGGE (Oxford ³1975) 26f. – [3] a.O. – [4] Treatise 1, 3, sect. 14, a.O. [1] 155. – [5] a.O. – [6] Vgl. Enquiry, sect. 4, 25, a.O. [2] 29f. – [7] Treatise a.O. [4] 165. – [8] a.O. – [9] Vgl. bes. 1, 1, sect. 1, a.O. 1-7. – [10] Enquiry, sect. 5, 39, a.O. [2] 48; vgl. 75. 95. – [11] a.O. sect. 8, 67, a.O. 87. – [12] sect. 8, 74, a.O. 95.

5. KANT zweifelt nicht an der partiellen Berechtigung von Humes Analyse des Kausalprinzips, die subjektive Bedingungen von Erfahrung sichtbar gemacht hatte; doch kritisiert er den damit prätendierten Subjektivismus, welcher die Begründung wissenschaftlicher Objektivität wesentlich nicht leisten kann. Kant vollzieht demgegenüber eine Umkehrung der Perspektive (kopernikanische Wendung), wonach subjektiven Bedingungen von Erfahrung gleichwohl objektive Relevanz zukommt, indem das Objekt vom Subjekt wesentlich mitkonstituiert ist. Diese transzendentale Deutung von Naturerkenntnis wird von Kant nun gerade mit dem N.-Charakter bestimmter apriorischer Erkenntnisse begründet, die als notwendige nicht aus der Erfahrung stammen können – Erfahrung «sagt uns zwar, was da sei, aber nicht, daß es notwendigerweise, so und nicht anders, sein müsse» [1] – und dennoch fundamental für jegliche Erfahrungserkenntnis sind. Hierzu soll insbesondere auch das Kausalprinzip gehören [2], dem als apriorischem Grundsatz aller Naturwissenschaft N. zugesprochen wird, obwohl es sich hierbei nicht um einen logisch-analytischen, sondern durchaus nichttrivialen, synthetischen Satz handelt. Dieser bemerkenswerte Charakter einer notwendigen Synthesis gründet, so Kant, zuletzt in der Einheit des Selbstbewußtseins transzendentaler (nichtempirischer) Subjektivität, ohne doch lediglich formallogischer Natur zu sein: Als transzendentallogische Bestimmung ist Kausalität vielmehr erfahrungskonstitutiv und somit von objektiver, wissenschaftlicher Relevanz. Von Kant her ist solchermaßen der N.-Charakter des Naturgeschehens, seine durchgängige Gesetzlichkeit, erstmals in einem nicht mehr dogmatisch-metaphysischen Sinne denkbar geworden. – Davon unberührt bleibt Kant zufolge die Möglichkeit von Freiheit: Der überempirische, 'intelligible' Vernunftcharakter des Subjekts soll, da nicht dem physischen Sein zugehörig, kausaler Determination entnommen sein und sich daher nach der «Idee von einer Spontaneität, die von selbst anheben könne zu handeln, ohne daß eine andere Ursache vorangeschickt werden dürfe», selbst bestimmen können [3]. Diese Idee eines freien Handelns rein aus Vernunftprinzipien sei so mit lückenloser Naturnotwendigkeit vereinbar und als Motiv vernunftbestimmten Handelns gleichwohl praktisch relevant.

Anmerkungen. [1] KANT, KrV A 1. – [2] KrV B 232f. – [3] KrV A 533/B 561.

6. Dieses transzendentalphilosophische Verständnis des Verhältnisses von N. und Freiheit macht im Deutschen Idealismus eine Wandlung durch. Die Darstellung hier beschränkt sich auf eine Skizze der Position HEGELS (vgl. auch unten B. 2). – Das Wesen des Geistes ist Hegel zufolge als *Idealität* [1] zu fassen, d.h. seine Bestimmung besteht darin, 'die Idee', das System des Logischen, begreifend zu realisieren. Und wie dieses in seiner immanenten Gliederung gleichwohl Einheit ist, so ist Hegel zufolge auch der Geist in der Vielheit seiner Akte wesensmäßig er selbst, *Einheit* des Selbstbewußtseins. 'Im andern bei sich selbst sein' ist aber das Gegenteil von Fremdbestimmung, und das heißt: Die Idealität des Geistes bedeutet konkret *Freiheit*: eine der Grundbestimmungen idealistischer Systeme überhaupt. Indem ferner die *Natur* in idealistischer Perspektive als Gegensatz des Geistes verstanden ist, als die der Idealität entgegengesetzte Realität, wird ihr bestenfalls N. (oder, hinsichtlich ihrer Vereinzelung, Zufälligkeit) zugestanden [2]. In der Tat zeigen die Naturdinge nicht die selbsthafte Einheit des Geistes; sie zerfallen in raumzeitliches Außereinandersein, das äußerlich aufeinander einwirkt und damit 'blinder' N. [3], im Sinne von Fremdbestimmung, unterworfen ist. Allerdings, so Hegel, ist diesbezüglich zu differenzieren: Herrscht im Anorganischen strikte Kausalnotwendigkeit, so werden in der belebten Natur erste Formen von Selbstbestimmung sichtbar, die mit zunehmender 'Organisation' immer prägnanter als Unabhängigkeit von der äußeren Umgebung (Assimilation, Selbstregulation, zielgerichtetes Verhalten usw.) hervortreten und sich schließlich in der Freiheit vernunftbegabter Wesen vollenden [4].

Anmerkungen. [1] Vgl. G. W. F. HEGEL, System der Philos. 3, § 381. Werke, hg. H. GLOCKNER 10, 19ff. – [2] Vgl. System ... 2, § 248, a.O. 9, 54. – [3] Vgl. § 147 Zus., a.O. 8, 331. – [4] Vgl. System ... 2: Die Naturphilos., a.O. 9, passim.

7. Nach dem 'Zusammenbruch' der großen idealistischen Systeme im 19. Jh. wird Freiheit tendenziell als spekulative Illusion abgewertet, N. hingegen als der eigentliche Grundzug alles Seienden deklariert; paradigmatisch bei SCHOPENHAUER, der den *Satz vom Grunde* («notwendig ist, was aus einem gegebenen zureichenden Grunde folgt» [1]) von vornherein als schlechthin unhinterfragbare Basis ansetzt [2]. – Entsprechend der Unterscheidung sinnlicher, rationaler, mathematischer und voluntativer Bestimmungen soll es Schopenhauer zufolge

vier Typen von 'Grund' [3] und damit von N. geben: Der *Werdegrund* ist als Verursachungsprinzip verstanden: im Anorganischen als die landläufige *Ursache*, im Vegetativen als *Reiz* und auf kognitiver Ebene als *Motiv*. Der *Erkenntnisgrund* soll, als urteilsbegründend, logischer, empirischer oder transzendentaler Natur sein. Der *Seinsgrund* betrifft Begründungszusammenhänge zwischen reinen Anschauungen (im Sinne Kants) und soll dementsprechend für den Typ mathematischer N. einstehen. Der *Handlungsgrund* schließlich ist nach Schopenhauer als 'Motiv' zunächst ein 'Werdegrund', jedoch mit der Besonderheit, daß der Handelnde, via Selbstbewußtsein, hier auch des *Willens*, als der eigentlich bestimmenden Macht, inne wird [4]: in der Gestalt des je besonderen *Charakters*, der mit N. determiniert, was in einer gegebenen Situation Motiv sein kann. Ähnlich wie für Spinoza oder Hume ist *Freiheit* für Schopenhauer darum nur eine relative Freiheit der Wahl bei vorgegebenem Charakter. Den Charakter selbst und sein Wollen wählt man nicht: Es kann Wahlfreiheit, aber nicht Willensfreiheit geben [5] – außer für den 'intelligiblen' Charakter (ein von Kant übernommener Begriff), dessen Freiheit jedoch 'transzendentaler' Natur und somit nicht konkret handlungsrelevant sein soll [6].

Anmerkungen. [1] A. SCHOPENHAUER: Preisschrift über die Freiheit des Willens 1. Sämtl. Werke, hg. A. HÜBSCHER 4 (³1972) 7. – [2] Über die vierfache Wurzel des Satzes vom zureichenden Grunde §§ 4. 16, a.O. 1 (³1972) 4. 27. – [3] § 16, a.O. 27. – [4] § 43, a.O. 144f. – [5] Preisschrift ... 3, a.O. [1] 35f. 43ff. – [6] 5, a.O. 95ff.

B. – 1. Die Frage nach dem *Sinn der N.-Kategorie selbst* ist in der Philosophie der Neuzeit relativ selten behandelt worden. Hier ist zunächst an KANT zu erinnern: Zusammen mit ‹Möglichkeit› und ‹Wirklichkeit› gehört ‹N.› in die Gruppe der Modalkategorien, für die nach Kant wesentlich ist, daß sie keine Inhaltsbestimmung des Objekts, sondern nur dessen «Verhältnis zum Erkenntnisvermögen ausdrücken» [1] – was zur Begriffsklärung freilich positiv nichts beiträgt. Ergiebiger erscheint Kants Hinweis, daß N. gleichsam als eine Synthese aus Möglichkeit und Wirklichkeit zu deuten sei: Was wirklich ist, muß jedenfalls auch möglich sein; aber das nur Mögliche ist noch nicht wirklich. Was aber notwendig ist, kann nicht nicht-sein, d.h. in seiner Möglichkeit ist zugleich der Grund seines Wirklichseins mitgegeben [2]. Nun bleibt die Anwendung der Kategorien, transzendentalphilosophisch gedacht, auf Erfahrung restringiert. Was das unter modalem Aspekt bedeutet, ist in den «Postulaten des empirischen Denkens überhaupt» formuliert: Empirisch notwendig ist hiernach dasjenige, das als Wirkung «aus gegebenen Ursachen nach Gesetzen der Kausalität» bestimmt ist [3], während für das empirisch Mögliche lediglich Vereinbarkeit mit den Kausalgesetzen und für das Wirkliche nur sinnliche Wahrnehmbarkeit gefordert ist [4].

Anmerkungen. [1] KANT, KrV A 219/B 266. – [2] Vgl. a.O. B 110f. – [3] A 227/B 279. – [4] A 218/B 265f.

2. Statt die Modalanalyse wie Kant auf den Fall empirischer Gegebenheit einzuschränken, zielt HEGELS 'Begriffsentwicklung' auf den logischen Sinn der Modalkategorien. Diese sind nach Hegels Typisierung «wesenslogische» und damit wesentlich aufeinander bezogene Bestimmungen, die nicht isoliert für sich behandelt werden können. – Die im Sinne logischer 'Begriffsentwicklung' primäre Bestimmung von ‹Möglichkeit› ist, so Hegel, zunächst die von bloß formeller, widerspruchsloser Denk-

barkeit. Aber auch das Wirkliche, als irgendein Unmittelbares, Vereinzeltes, ist zunächst «als ein *nur* Mögliches bestimmt. In diesem Werte einer bloßen Möglichkeit ist das Wirkliche ein *Zufälliges*» [1]: Es kann dieses oder jenes sein, und indem es so gesehen nicht aus sich selbst heraus bestimmt ist, hat es «den Grund seines Seins nicht in sich selbst, sondern in anderem» [2], d.h. es ist *bedingt*. Das Bedingte ist als solches aber auch *bedingbar*, also veränderlich, fähig, sich in ein anderes Wirkliches zu verändern, und in dieser Hinsicht selbst *Bedingung* [3]. Die Begriffsentwicklung führt so zur Kategorie des *Bedingungszusammenhangs*. Damit ist eine Struktur charakterisiert, durch die nun auch die *reale* (im Unterschied zur bloß formellen) Möglichkeit einer Sache sichtbar wird. Zugleich ist ein durch seine reale Möglichkeit hindurch vermitteltes Wirkliches kein vereinzeltes, zufälliges mehr; eingebunden in den Bedingungszusammenhang *ist* sein Bestehen geradezu die Vermittlungstätigkeit seiner Bedingungen: «Wenn *alle Bedingungen* vorhanden sind, *muß* die Sache wirklich werden», und die solchermaßen «*entwickelte* Wirklichkeit ... ist die *N.*» [4]. Bedingung, Sache, (Vermittlungs-)Tätigkeit erweisen sich als die 'Momente' des N.-Begriffs [5] – ‹N.› zunächst als *äußere, relative* N. im Sinne des Gesetztseins durch Bedingungen, die der Sache selbst äußerlich sind [6]. Andererseits: Als verwirklichte zeigt die Sache zugleich einen neuen Aspekt: Sie erscheint als ein Resultat, das, insoweit es Bestand hat, eben auch die Bedingungen seines Bestehens in sich schließt. In dieser Perspektive braucht nicht mehr auf äußere Bedingungen reflektiert zu werden; das Wirkliche ist so gleichsam 'selbsttragend', in sich durch sich selbst gehalten und bedingt, «Vermittlung mit sich, welche absolute Negation der Vermittlung durch Anderes ist» [7], insofern «nur rein in sich gegründet» [8], «das Notwendige *schlechthin*, als unbedingte Wirklichkeit» [9], «*absolute* N.» [10]. Schließlich: Indem diese in sich gegründeten Ganzheiten als solche autark sind, somit einander äußerlich bleiben, eignet ihnen, als derart Vereinzelten, wiederum Zufälligkeitscharakter: «So ist es die N. ... *selbst*, welche sich als *Zufälligkeit* bestimmt» [11].

Diese Bestimmung eines rein in sich gegründeten, selbstgenügsamen Wirklichen, das zu seiner Existenz keines anderen bedarf, entspricht der klassischen Definition der *Substanz* [12], die somit, wie Hegels 'Begriffsentwicklung' zeigt, die Kategorien der Möglichkeit, Wirklichkeit, N., Zufälligkeit in eigentümlicher Verschränkung enthält. Der Fortgang braucht nur noch angedeutet zu werden: Entgegen der traditionellen Auffassung der Substanz als eines Trägers der Akzidenzen ist ‹Substanz› hier als deren in sich notwendiger Vermittlungsprozeß selbst verstanden [13]. Zugleich ist im Begriff substantieller Selbstgenügsamkeit auch schon ein Außen mitgesetzt, und das heißt: die Frage nach dem möglichen Verhältnis einer Substanz zu einer anderen, was Hegel zufolge auf die *Kausalbeziehung* führt. Die hier zunächst auftretende Bestimmung einer noch einseitigen Abhängigkeit der Wirkung von der Ursache ist schließlich im Begriff der *Wechselwirkung* überwunden. Als reiner Vermittlungszusammenhang erweist sich diese als die vollständig «*enthüllte* oder *gesetzte* N.» [14] und ist damit offenbar nichts anderes als die *konkrete Explikation* jener 'absoluten' N., die zuvor zum Begriff der absolut in sich gegründeten Substanz geführt hatte: nicht mehr 'blinde', 'äußere', sondern *«innere»* [15], vollständig in sich bestimmte N. In solcher 'Selbstbestimmung' ist nun bereits die Kategorie der *Freiheit* mitgesetzt, die sich so zuletzt «als die *Wahrheit der N.*» erweist [16].

Zum Verhältnis von N. und Zufälligkeit bleibt festzuhalten [17]: *Zufällig* ist nach Hegels Verständnis ein Wirkliches, das zugleich als ein nur Mögliches bestimmt ist: etwas, das sein kann oder auch nicht [18], je nach den Umständen; ein Vereinzeltes, d.h. ohne definierten Bedingungszusammenhang Existierendes; *notwendig* hingegen dasjenige, dessen Bedingungszusammenhang definitiv feststeht [19]. N. bedeutet somit wesentlich Relationalität; Relationalität indes setzt Relate voraus, denen als solchen wiederum Selbständigkeit (nämlich in bezug auf die von ihnen konstituierte Relation) zukommt. Selbständigkeit aber bedeutet Vereinzelung, Zufälligkeit, mit anderen Worten: *N. impliziert notwendig Zufälligkeit* – selbst noch im Begriff 'absoluter' ⟨N.⟩, der ja zur Bestimmung selbstgenügsamer, absolut vereinzelter und insofern eben auch zufälliger Ganzheiten geführt hatte. D. HENRICH hat dies in die pointierte Formulierung gefaßt, daß bei Hegel «Zufall und N. analytisch verbunden» sind; «nur wenn es ein absolut Zufälliges gibt, ist N. denkbar» [20]. Dies, ist Henrich, sei «die einzige philosophische Theorie ..., *die den Begriff des absoluten Zufalls kennt*» [21]. Umgekehrt ist in der Bestimmung von Zufälligkeit als eines defizienten Modus immer schon der Hinblick auf N. enthalten [22]. – Systemrelevant wird das charakterisierte Verhältnis von N. und Zufälligkeit aufgrund der Hegelschen Auffassung, daß sich die Totalität des Logischen entäußern muß zur Natur und als solche nun, in der Vereinzelung und Zufälligkeit ihrer Gestaltungen, ebensowohl als ein Reich totaler N. erscheint [23].

Anmerkungen. [1] G. W. F. HEGEL, System der Philos. 1, § 144. Werke, hg. H. GLOCKNER 8, 325. – [2] § 145 Zus., a.O. 326. – [3] § 146, a.O. 329. – [4] § 147, a.O. 330. – [5] § 148, a.O. 336. – [6] § 148, a.O. 337; Wiss. der Logik II, 3, 2, B. Werke 4, 689. – [7] Logik II, 3, 2, C, a.O. 4, 694. – [8] a.O. 695. – [9] System ... 1, § 149, a.O. 8, 337. – [10] Logik II, a.O. 693. – [11] a.O. – [12] Vgl. Vorles. über die Beweise vom Dasein Gottes. Werke 16, 506. – [13] System ... 1, § 151, a.O. 8, 338. – [14] § 157, a.O. 347. – [15] Logik II, 3, 3, C, a.O. 4, 720; vgl. 16, 21f. – [16] Logik III, a.O. 5, 6. – [17] Vgl. Werke, 16, 19f. 463-535. – [18] a.O. 471. – [19] Vgl. 414. 468. 471f. – [20] D. HENRICH: Hegel im Kontext (²1975) 164. – [21] a.O. 159. – [22] a.O. [12] 471f. – [23] Vgl. System ... 2, § 248, a.O. 9, 54-58; vgl. dazu D. WANDSCHNEIDER und V. HÖSLE: Die Entäußerung der Idee zur Natur und ihre zeitliche Entfaltung als Geist. Hegel-Studien (1983).

3. Mit der Ächtung aller spekulativen Philosophie im 19. Jh. geraten auch prinzipientheoretische Begriffsanalysen dieser Art in Verruf. Es sind dann offenbar erst wieder Grundlagenfragen des Wahrscheinlichkeitsbegriffs, die um die Jahrhundertwende erneut Interesse am Modalproblem wecken. Erwähnt sei in diesem Zusammenhang nur A. MEINONGS Arbeit ⟨Möglichkeit und Wahrscheinlichkeit⟩ (1915) [1], in der die Notwendigkeitsthematik allerdings sehr am Rande behandelt ist. – Das gilt auch für E. HUSSERLS phänomenologische Untersuchungen. ⟨N.⟩ ist hier vor allem als *Wesensnotwendigkeit* gefaßt, d.h. als der spezifische Zusammenhang inhaltlicher Bestimmungsstücke im «Wesen», im Begriff einer Sache – im Unterschied zur realen N. physischer und kausaler Prozesse [2]. In *erkenntnistheoretischer* Hinsicht greift Husserl auf den cartesischen Begriff *apodiktischer Evidenz* im Sinne unbezweifelbarer N. der Erkenntnis zurück [3].

Anmerkungen. [1] A. MEINONG, Ges.-Ausg. 6 (Graz 1972). – [2] E. HUSSERL: Ideen zu einer reinen Phänomenol. und phänomenol. Philos. 1, § 6. Husserliana 3 (1950) 19ff. – [3] Cart. Meditationen § 6. Husserliana 1 (1950) 55f.

4. Eine grundlegende Untersuchung zum Modalproblem ist von NIC. HARTMANN in ontologischer Absicht durchgeführt worden [1]. Hartmann unterscheidet zunächst allgemein *relationale* Modi (Möglichkeit, N.) von dem nicht-relationalen, *absoluten* Modus 'Wirklichkeit'. Die Relationalität erscheint konkret als *Bedingungskette*, deren N.-Charakter jedoch im ersten bzw. letzten Glied der Kette in Zufälligkeit umschlagen soll: «Die N. trägt das Prinzip ihrer Selbstaufhebung in sich und involviert damit die Zufälligkeit als ihre Begrenzung» [2]. (Die Möglichkeit in sich geschlossener Strukturen wird dabei gar nicht erwogen.) Das in der Tradition als letzter Weltgrund deklarierte 'absolut notwendige Wesen' sei insofern eher als «das 'absolut zufällige Wesen'» zu fassen [3]. – Ontologisch relevant, so Hartmann, ist nun insbesondere das Verhältnis der Modalbestimmungen untereinander («Intermodalbeziehungen»), das für die verschiedenen «Seinssphären» jeweils anders bestimmt wird:

Für die *Sphäre realen (raumzeitlichen) Seins* soll gelten, daß die Möglichkeit eines Realzustands durch die Totalität seiner Bedingungen vollständig bestimmt ist; mit deren Eintreten dieser somit zugleich real-wirklich (Wirkliches ist Hartmann zufolge nicht auf Reales, d.h. raumzeitlich Seiendes, beschränkt) und real-notwendig wird. Diese nur scheinbar 'paradoxe' *Verschränkung* der Modalbestimmungen [4] sei Ausdruck davon, daß ein *bloß* Mögliches, im Sinne unvollständiger Teilmöglichkeit (Potenz, Anlage), für eine Realisierung eben nicht zureicht. Die Konsequenz, so Hartmann, ist durchgängige N. des Realzusammenhangs, nicht nur des Kausalnexus im Anorganischen, sondern auch der höheren «Seinsschichten», wobei jede derselben «ihren besonderen Determinationstypus» (z.B. Finalität) habe [5]. Den Determinismus traditioneller Prägung lehnt Hartmann ab, weil er diese «Schichtengesetzlichkeiten» verkenne und zur Einheitsdetermination nivelliere [6]. *Freiheit* wird solchermaßen als eine 'höhere' Determinationsform deutbar: Frei ist stets «das Höhere gegen das Niedere» [7]. Raum bleibt in dieser Schichtenontologie aber auch für den *Zufall*, der jeweils an den «Schichtengrenzen» auftreten soll. Demgemäß, so Hartmann, «ist und bleibt das Ganze der Realsphäre als ein solches ein zufälliges ... Darum ist auch die das Ganze durchwaltende N. des Realnexus im letzten Grunde zufällige N.» [8]. – Als *logische Sphäre* ist hier das Reich der Vorstellungen verstanden, das viel mehr durch (gedanklich-assoziative) Zufälligkeit als durch N. charakterisiert sein soll: Das bloß Vorgestellte ist als solches nicht auch schon logisch notwendig [9]. – Unterschieden hiervon wird die *ideale Sphäre* der «Wesenheiten», die «der Zufälligkeit des *Denkens* und des *Wissens* ebenso enthoben [sind] wie der Zeitlichkeit und Individualität des Realen» [10]; man denke etwa an die Mathematik. Wegen der «allgemeine[n] Relationalität des idealen Seins» [11] tritt, so Hartmann, der (nicht-relationale) Wirklichkeitsmodus hier zurück. Zugleich gilt, daß Möglichkeit und N. sich, im Unterschied zur Realsphäre, nicht mehr vollständig durchdringen [12]: Vieles ist ideal möglich, ohne doch notwendig zu sein (z.B. die Möglichkeit verschiedener 'Geometrien') – kompossible Strukturen, die als selbstgenügsame Totalitäten «Parallelmöglichkeiten» repräsentieren [13]. Ebendadurch dringt Hartmann zufolge Zufälligkeit in das ideale Sein ein; Wesensnotwendigkeit kann es nur innerhalb des Kompossiblen geben [14]. Folglich sei «umzulernen»: «Immer galt das Reale als das Feld des Zufalls, das Wesensreich als das der N. ... Das Verhältnis ist umgekehrt: das Reale kennt innerhalb seiner

Grenzen den Zufall nicht, es ist ein einziger geschlossener Zusammenhang durchgehender Determination; das ideale Sein aber ... hat Raum für das Zufällige» [15], was sich z.B. in der Willkür bezüglich der Wahl geometrischer Axiome zeige [16]. Man beachte, daß die notwendige Determiniertheit des Realen nach diesem Verständnis gleichwohl wesenszufällig bleibt: Daß hier und jetzt ein Baum wächst, ist real notwendig, folgt aber nicht aus dem 'Wesen', d.h. der Definition des Baums. – Für die *gnoseologische Sphäre* schließlich wird von Hartmann in diesem Zusammenhang betont, daß das Erkennen in seinem Bezug auf Realität unumgänglich Wesenserkenntnis einschließt, denn das Reale sei «durchsetzt von den Strukturen und Gesetzlichkeiten des Wesensreiches» [17]. Freilich könne ein solches Erkennen niemals erschöpfend sein, insofern die Wesensnotwendigkeit stets hinter der N. des Realen zurückbleibt [18]. – Hartmanns Modalanalyse hat – trotz ihres rein deskriptiven, begründungsabstinenten Charakters – immerhin so viel deutlich gemacht, daß der Stellenwert der Modalbestimmungen untereinander und damit auch die Bedeutung der Notwendigkeitskategorie wesentlich vom Gegenstandsbereich (Sphäre) abhängig ist.

Anmerkungen. [1] N. HARTMANN: Möglichkeit und Wirklichkeit (²1949). – [2] a.O. 92. – [3] 93. – [4] 126. – [5] 203. – [6] 217. – [7] ebda. – [8] 219. – [9] 281. – [10] 311 (Hervorhebung des Vf.). – [11] 316. – [12] 329. – [13] 331. – [14] 343f. – [15] 344. – [16] 346. – [17] 365. 408. – [18] 373.

Literaturhinweise. N. HARTMANN: Die Frage der Beweisbarkeit des Kausalgesetzes. Kantstudien 24 (1920). – G. SCHNEEBERGER: Kants Konzeption der Modalbegriffe (1952). – W. SCHULZ: Der Gott der neuzeitl. Metaphysik (⁴1957). – M. HEIDEGGER: Der Satz vom Grund (1957). – H. BECK: Möglichkeit und N. Eine Entfaltung der ontolog. Modalitätenlehre im Ausgang von Nicolai Hartmann (1961). – G. SCHMIDT: Das Spiel der Modalitäten und die Macht der N. Z. philos. Forsch. 17 (1963). – W. CRAMER: Spinozas Philos. des Absoluten (1966). – D. HENRICH: Hegel im Kontext (²1975). – W. CRAMER: Das Absolute und das Kontingente (²1976). – T. R. WEBB: The problem of empirical knowledge in Hegel's philos. of nature. Hegel-Stud. 15 (1980). D. WANDSCHNEIDER

IV. *N. in der analytischen Philosophie.* – Der *logische Positivismus* vertritt die These, daß alle sinnvollen Sätze durch Beobachtung zu verifizierende Erfahrungssätze oder auf solche Sätze zurückführbar sind. Daher das empiristische Sinnkriterium: die Bedeutung eines Satzes besteht in der Methode seiner Verifikation, und alle Sätze, für die sich eine solche Methode nicht angeben läßt, sind unsinnige metaphysische Sätze. Neben den sinnvollen und den unsinnigen Sätzen gibt es die Sätze der Mathematik und Logik, die bloße Identitäten oder Tautologien sind. Für den N.-Begriff hat das zur Folge, daß er nur in seiner logischen Bedeutung zugelassen wird. Die Rede von einer Natur-N., von notwendigen Eigenschaften usw. hält dem empiristischen Sinnkriterium nicht stand, und so kann WITTGENSTEIN im ‹Tractatus› sagen: «Es gibt nur eine *logische* N.» [1]. Erst nach dem Scheitern des Programms des logischen Positivismus wird auch die Thematik der N. wieder umfassender behandelt; insbesondere zwei der Schwierigkeiten, die der Positivismus nicht lösen konnte, sind für die weitere Entwicklung der N.-Thematik bestimmend.

Erstens ist der beschränkte Begriff der logischen N., wie ihn der Positivismus verwendet, problematisch. Daß alle logisch notwendigen Aussagen Tautologien ohne jeden Erkenntniswert sein sollen, ist nicht ohne weiteres einleuchtend. Der logische Positivismus selbst läßt Aussagen wie das Verifikationsprinzip zu, die weder empirisch noch tautologisch sind und deren Status somit ungeklärt bleibt. Hier schließen analytische Philosophen an, die sich zwar der Metaphysikkritik des Empirismus verpflichtet wissen und von N. ebenfalls nur im logischen Sinn reden, die jedoch einen weiteren Begriff logisch notwendiger oder analytischer Aussagen verwenden, der nicht nur mathematische und formallogische Tautologien umfaßt, sondern alle Aussagen enthält, die aufgrund des semantischen Sinns von Ausdrücken wahr sind [2].

Zweitens führt das Scheitern des Versuchs einer empiristischen Reduktion von Dispositionsaussagen und Naturgesetzen zu einer Rehabilitierung des Begriffs einer natürlichen oder kausalen N. bis hin zur extremen Gegenposition des Positivismus, der realistischen Wissenschaftstheorie [3]. Eine Verwandtschaft mit dieser Theorie hat der Begriff einer metaphysischen N., wie ihn insbesondere KRIPKE vertritt [4], und schließlich gehört in diese Entwicklung auch das Wiederaufleben des Essentialismus, der sich nicht auf die N. von Aussagen beschränkt, sondern vom notwendigen Zukommen von Eigenschaften redet.

Anmerkungen. [1] L. WITTGENSTEIN, Tractatus 6. 37. – [2] Vgl. z.B. H. P. GRICE und P. F. STRAWSON: In defense of a dogma. Philos. Review 65 (1956) 151. – [3] z.B. R. HARRÉ und E. H. MADDEN: Causal powers. A theory of natural necessity (Oxford 1975); R. BHASKAR: A realist theory of science (Leeds 1975). – [4] S. A. KRIPKE: Naming and necessity, in: D. DAVIDSON und G. HARMAN (Hg.): Semantics of natural language (Dordrecht 1972) 253-355; dtsch.: Name und N. (1981) bes. 44-49.

A. *Logische N.* – Logisch notwendige Sätze sind Sätze, die eine ausgezeichnete Weise des Wahrseins und der Verifikation besitzen; sie werden nicht empirisch, sondern auf apriorische Weise, und zwar durch Reflexion auf die sprachliche Bedeutung von Ausdrücken begründet. Einigen Autoren zufolge bedient sich diese Begründung präanalytischer Intuitionen über notwendige Bedeutungszusammenhänge [1]. Andere sehen die Begründung in der Reflexion auf unser Regelwissen. WITTGENSTEIN vertritt manchmal die Auffassung, logisch notwendige Sätze seien überhaupt nicht Aussagen, sondern drückten sprachliche Regeln aus [2]. Die üblichere Auffassung ist die, daß logisch notwendige Sätze nicht selbst Regeln, sondern Aussagen sind, die auf sprachlichen Regeln beruhen [3]. Hieraus müßte sich erklären lassen, worin die N. logischer Sachverhalte gründet, warum sie, um die aristotelische Grundbedeutung der modalen N. wieder aufzunehmen, nicht anders sein können; sie gründet darin, daß diese Regeln strikt allgemeine Vorschriften machen, strikt allgemein in dem Sinn, daß eine Verletzung der Regel letztlich zu einer Verletzung des Satzes vom Widerspruch führen würde, und das heißt, kein sinnvolles Reden wäre.

Die verschiedenen Typen logisch notwendiger Aussagen unterscheiden sich dadurch, daß sie auf Bedeutungsregeln verschiedener Ausdruckstypen beruhen. *Aussagenlogisch notwendig* sind diejenigen komplexen Sätze, deren Wahrheit allein von der Bedeutung der logischen Junktoren abhängt und unabhängig vom Wahrheitswert der Teilsätze ist (z.B. $p \wedge q \rightarrow p$). *Begriffsanalytische* Aussagen beruhen auf der Bedeutung der in der Aussage enthaltenen Termini; sie besagen, daß zwei Termini in ihrer Bedeutung äquivalent sind oder daß die Bedeutung des einen die des anderen enthält (z.B. 'Katzen sind Tiere'). *Grammatische* Aussagen, wie sie die Sprachphilosophie macht, sind notwendigerweise wahr aufgrund der

Verwendungsregeln für allgemeine Typen von sprachlichen Ausdrücken (z. B. 'ein Prädikatausdruck hat die Funktion, den Gegenstand, der durch den Subjektausdruck identifiziert wird, zu klassifizieren').

Die Begründung aller logischen N.-Aussagen verweist auf oberste logische Gesetze: den Satz des Widerspruchs oder der Identität. Jede aussagenlogische N. läßt sich aufgrund der Interdefinierbarkeit der logischen Junktoren durch geeignete Umformungen auf die Form eines dieser beiden Gesetze bringen; und ebenso verweisen begriffsanalytische Aussagen, die dann wahr sind, wenn der zweite Terminus mit dem ersten gleichbedeutend ist oder in ihm enthalten ist, auf den Satz des Widerspruchs, nämlich darauf, daß man sich widersprechen würde, wenn man einem Subjekt den ersten Terminus zusprechen und den zweiten absprechen würde.

Anmerkungen. [1] A. PAP: Semantics and necessary truth (New Haven 1958) 126, Anm. 37; 14. Kap. E. – [2] L. WITTGENSTEIN: Bemerkungen über die Grundlagen der Math. (Oxford 1967) 2, 28. 39. – [3] R. CARNAP: Meaning and necessity (Chicago:London ⁵1967) 10; A. J. AYER: Language, truth and logic (New York 1952) 17.

B. *Kausale N.* – Nicht alle Auffassungen legen Kausalgesetzen N. bei. Empiristisch eingestellte Philosophen, die in der Tradition der Humeschen Kausalitätstheorie stehen, streichen den Begriff einer kausalen N. zugunsten einer psychologischen oder pragmatischen Auszeichnung von Naturgesetzen, wonach solche Gesetze Aussagen über regelmäßige Naturabläufe sind, die wir nach einer hinreichenden Menge von bestätigenden Beobachtungen induktiv verallgemeinern und subjektiv als notwendig empfinden, weil sie sich beim Aufstellen von Voraussagen [1] oder als Handlungsorientierung [2] bewähren. Da diese subjektiven Einstellungen jedoch weniger der Grund als vielmehr die Folge des besonderen Charakters von naturgesetzlichen Regelmäßigkeiten sind, der sie von bloß zufälligen Regelmäßigkeiten unterscheidet, versuchen viele Philosophen, ein weniger subjektives Kriterium für das Vorliegen naturgesetzlicher Aussagen zu formulieren und auf diese Weise die Rede von einer kausalen N. zu rechtfertigen.

Nach POPPER unterscheiden sich Naturgesetze von akzidentellen Regularitäten durch ihre strikte *Gesetzesform* [3]. Da die Universalität von speziellen Kausalgesetzen jedoch auf Normalbedingungen beschränkt ist, erfordert dies eine Zurückführung von spezielleren Gesetzen auf nicht mehr von Bedingungen abhängige Basisgesetze [4]. Diese formale Charakterisierung läßt ähnlich wie die subjektiven Auffassungen die Frage offen, wann wir zum Aufstellen einer Aussage dieser Form berechtigt sind.

Eine mögliche Antwort hierauf ist, daß diejenigen durch Beobachtung bestätigten regelmäßigen Naturabläufe Gesetzescharakter haben, die eine bestimmte Rolle im gesamten System der *naturwissenschaftlichen Erklärung* spielen [5], die sich durch die Art und Struktur der in den Regelmäßigkeiten involvierten Gegenstände und Stoffe erklären lassen [6]. Am ausführlichsten ausgearbeitet wird eine solche Erklärungsauffassung von der realistischen Wissenschaftstheorie, die gegen die Hume-Tradition im Rückgriff auf Aristoteles die Wichtigkeit der Dingsprache für die Kausalgesetzproblematik betont. Die kausale N. gründet für sie darin, daß der Begriff der Ursache sowie die Prädikate für natürliche Arten und Stoffe eine begriffliche N. enthalten, insofern es kausal unmöglich ist, daß sich ein natürlicher Gegenstand auf eine mit seiner Natur unvereinbare Weise verhält [7].

Dabei werden die Gegenstände als generative Mechanismen aufgefaßt, als Gegenstände mit bestimmten Fähigkeiten und inneren Strukturen; durch die Annahme, daß die generativen Mechanismen auch auf nicht-manifeste Weise wirksam sein können, wird das Problem der Normalbedingungen gelöst [8].

Einen anderen Weg gehen *aktionistische* Auffassungen, die behaupten, die kausale N. lasse sich nur über den Handlungsbegriff verstehen. Ausführlich entwickelt wird eine solche Theorie in G. H. VON WRIGHTS ‹Causality and determinism›. Er geht davon aus, daß naturgesetzliche anders als akzidentelle Allsätze kontrafaktische Konditionalsätze ('wenn p eingetreten wäre, wäre q eingetreten') implizieren. Während sich Kausalgesetze aufgrund ihrer Universalität nie vollständig verifizieren lassen, lassen sich singuläre irreale Konditionalsätze auf indirekte Weise durch ein Interferieren mit der Zukunft verifizieren, indem man einmal p herbeiführt und sieht, ob daraufhin q eintritt, und ein andermal nicht eingreift, also p nicht herbeiführt und beobachtet, ob q ebenfalls abwesend bleibt. Nur durch ein solches experimentelles Handeln soll sich zeigen lassen, ob das Vorhergehen von p für das Eintreten von q tatsächlich kausal relevant ist. Da wir nach von Wright die Vorstellung eines 'wie wäre es gewesen, wenn' nur deswegen haben können, weil wir handeln können und zum Handlungsbegriff wesentlich der Kontrast zwischen dem durch Handeln bewirkten Zustand und dem Zustand gehört, der ohne die Handlung der Fall wäre, ist der Kausalbegriff, da er den Begriff der kontrafaktischen Konditionalität impliziert und sich gerade dadurch vom Begriff einer bloß akzidentellen Regularität unterscheidet, vom Handlungsbegriff abhängig [9].

Für *singularistische* Kausalitätsauffassungen liegt die kausale N. nicht im Gesetzescharakter, sondern in der Verknüpfung der einzelnen Ursache- und Wirkungsereignisse. Die kausale N. wird nicht als modale N., sondern als N. im Sinne von Zwang verstanden. Nach dieser Auffassung beruht der Begriff der kausalen N. darauf, daß wir uns als äußeren Kräften unterworfen erfahren und selbst Kräfte auf andere Menschen und Dinge ausüben können [10]. Da der Begriff des Zwangs der Gegenbegriff zu dem der Willensfreiheit ist und daher gewöhnlich nur auf Wesen angewandt wird, die frei handeln können, hat diese Erklärung der kausalen N. jedoch wenig Anhänger. Der berechtigte Hinweis auf die wichtige Rolle des Kraftbegriffs wird von Autoren aufgenommen, die die These vertreten, daß die Bedeutung von Verben des Bewirkens grundlegend für das Verstehen von Kausalität ist, der N.-Charakter jedoch nicht auf die Seite des Bewirkens, sondern auf die der Gesetzesartigkeit gehört [11].

Anmerkungen. [1] Vgl. N. GOODMAN: Fact, fiction and forecast (Indianapolis ²1965) 20f.; dtsch.: Tatsache, Fiktion, Voraussage (1975) 36ff.; A. J. AYER: Probability and evidence (London 1972) 130. – [2] Vgl. L. WITTGENSTEIN: Über Gewißheit (1971) §§ 135. 284. 287. – [3] K. R. POPPER: The logic of scientific discovery (London ⁶1972) 62f. – [4] a.O. 433. – [5] E. NAGEL: The structure of science (London 1961) Kap. 4; P. F. STRAWSON: Introduction to logical theory (London 1952) 245; B. RUSSELL: Human knowledge (London 1961) Teil VI. – [6] RUSSELL, a.O. [5]; W. v. O. QUINE: Necessary truth, in: The ways of paradox (New York 1966). – [7] E. H. MADDEN: A third view of causality, in: T. L. BEAUCHAMP (Hg.): Philos. problems of causation (California 1974) 180f.; R. BHASKAR: A realist theory of science (Leeds 1975). – [8] Bhaskar, a.O. 46. 51f.; R. HARRÉ: The principles of scientific thinking (London 1970) 101f. – [9] G. H. VON WRIGHT: Causality and determinism (New York/London 1974) Teil II. – [10] S. P. LAMPRECHT: The metaphyics of naturalism (New York

1967) 131. 133. 138; R. TAYLOR: Action and purpose (Englewood Cliffs 1966) 10. 21; R. G. COLLINGWOOD: An essay on metaphysics (Oxford 1940) 309f. – [11] So G. E. M. ANSCOMBE: Causality and determination, in: E. SOSA (Hg.): Causation and conditionals (Oxford 1975) 66f.

C. *Metaphysische N. und notwendige Eigenschaften.* – S. A. KRIPKE führt einen N.-Begriff ein, den er sowohl vom Begriff des Apriori als auch vom Begriff der physikalischen N. unterschieden wissen will. Während der Begriff des Apriorischen ein erkenntnistheoretischer Begriff ist, ist der Begriff der N., wo er nicht einfach für den des Apriori eintritt, ein metaphysischer Begriff. Ein Sachverhalt ist in diesem Sinn metaphysisch notwendig, wenn die Welt in dieser Hinsicht nicht hätte anders sein können, als sie wirklich ist, d. h. wenn man sich keine mögliche Welt oder kontrafaktische Situation denken kann, in der er nicht der Fall ist [1]. Nach Kripke unterscheidet sich der Begriff der metaphysischen N. nicht nur in seiner Bedeutung von dem des Apriorischen, sondern auch in seiner Extension: es gibt kontingente apriorische Wahrheiten und notwendige aposteriorische Wahrheiten [2].

Zusammenhänge bestehen zwischen Kripkes Theorie der metaphysischen N. und der Theorie der notwendigen Eigenschaften oder N. *de re*. *De re* wird der Operator der N. dann verwendet, wenn er nicht vor einem geschlossenen Satz steht [*de dicto*-Verwendung: $\Box\,(\wedge_x)(Fx \to Gx)$], sondern nach dem Quantor, der den betreffenden Satz schließt [$(\wedge_x)\,\Box\,(Fx \to Gx)$] [3]. Weniger formal ausgedrückt: die *de dicto*-Formulierung sagt, daß es notwendig ist, daß alle möglichen Gegenstände, deren Existenz offengelassen wird, eine bestimmte Eigenschaft haben, während in der *de re*-Formulierung von wirklichen Gegenständen gesagt wird, daß ihnen die Eigenschaft notwendig oder essentiell zukommt [4]. Da solche *de re*-Aussagen wirkliche Gegenstände betreffen, sind sie Aussagen *a posteriori*, die zugleich eine N. behaupten.

Kripke geht mit seiner Lehre von einer metaphysischen N. noch über den Essentialismus hinaus. Während der Essentialismus nur für *de re*-Aussagen eine nichtapriorische N. annimmt, wendet Kripke seinen N.-Begriff auch auf *de dicto*-Aussagen an. Der Grund dafür liegt in seiner Auffassung der Bedeutung von Eigennamen und Allgemeinnamen. Diese stehen nach Kripke in einer unmittelbaren Zuordnung zu dem Gegenstand, den sie bezeichnen, und haben keinen deskriptiven Sinn; da sie den Gegenstand direkt und nicht vermittelt durch ihm zufällige Beschreibungen bezeichnen, sind sie starre Bezeichnungsausdrücke, die in jeder möglichen Welt denselben Gegenstand bezeichnen [5]. Das hat zur Folge, daß Identitätsaussagen, die mit Eigennamen formuliert sind ('der Abendstern ist der Morgenstern'), sowie Äquivalenz- oder Implikationsbehauptungen mit Allgemeinnamen ('Katzen sind Tiere') nicht analytisch oder *a priori* wahr sein können, da die Termini keine Bedeutung haben. Andererseits gelten solche Aussagen mit Allgemeinnamen gewöhnlich als notwendig, und manche Philosophen halten auch die Identitätsaussagen mit Eigennamen für notwendig. Es muß sich dabei also um eine nichtapriorische N. handeln, und es ist diese N., die Kripke als metaphysische bezeichnet [6].

Daß Kripkes metaphysischer N.-Begriff sowie der N.-Begriff des Essentialismus tatsächlich über den Begriff einer logisch-apriorischen N. hinausgehen, ist nicht unbestritten. So sagt A. PLANTINGA, der ähnlich wie Kripke einen metaphysischen N.-Begriff verwendet, es handle sich dabei um eine logische N. in einem weiten Sinn [7], und KRIPKE selbst erläutert die Begründungsfrage für das Vorliegen einer metaphysischen N., die Frage, ob die Welt in dieser Hinsicht hätte anders sein können, als die Frage, wie wir in einer solchen kontrafaktischen Situation *reden* würden oder müßten [8]. Eine aussichtsreiche Reduktionsmöglichkeit wird von Kripke selbst nebenbei erwähnt, aber nicht aufgenommen [9]; sie bestünde darin, metaphysische und essentialistische N.-Aussagen als Komplexe aus einer empirischen Aussage und einer grammatischen Aussage über die Bedeutung nicht einzelner Ausdrücke, sondern von Ausdruckstypen zu analysieren [10]. Gelingt diese Reduktion und ist man außerdem der Meinung, daß zum Verständnis der kausalen N. auf die eine oder andere Weise der Begriff der naturwissenschaftlichen Erklärung und damit ein Element einer begrifflichen N. gehört, dann wäre man im Besitz einer einheitlichen Theorie der propositionalen (modalen) N.: man könnte dann sagen, daß die modale N. durchweg eine im weiten Sinn logisch-apriorische ist und ihren Grund in dem oben erwähnten besonderen Allgemeinheitscharakter sprachlicher Regeln hat. Die einzig andere sinnvolle Rede von N. wäre die der nicht-modalen, prädikativen N. im Sinn von Zwang, die als N. in Gegenüberstellung zur Handlungsfreiheit erfahren wird. Diese prädikative N. ist jedoch kein selbständiger Gegenstand derzeitiger philosophischer Forschung, sondern spielt nur als Gegenbegriff zum Begriff der Handlungsfreiheit eine Rolle.

Anmerkungen. [1] S. A. KRIPKE: Name und N. (1981) 45f. – [2] a.O. 68. 118. 181. – [3] Vgl. G. E. HUGHES und M. J. CRESSWELL: An introd. to modal logic (London 1972) 183; dtsch.: Einf. in die Modallogik (1978) 161. – [4] A. PLANTINGA: The nature of necessity (Oxford 1974) 14; P. D. SNYDER: Modal logic and its applications (New York 1971) 143. – [5] KRIPKE, a.O. [1] 59. 145f. – [6] a.O. 116ff. 143f. – [7] 2. – [8] 144. – [9] 139f. 157. – [10] Für diese Möglichkeit vgl. J. L. MACKIE: De what re is de re modality. J. Philos. 71 (1974) 560; U. WOLF: Möglichkeit und N. bei Aristoteles und heute (1979) § 20, 188-212.

Literaturhinweise. A. PAP s. Anm. [1 zu A]. – R. CARNAP s. Anm. [3 zu A]. – G. E. HUGHES und M. J. CRESSWELL s. Anm. [3 zu C]. – D. BRAINE: Varieties of necessity. Proc. Arist. Soc., Suppl. 46 (1972) 139-170. – R. HARRÉ: Surrogates for necessity. Mind 86 (1973) 358-380. – A. PLANTINGA s. Anm. [4 zu C]. – A. WHITE: Modal thinking (Oxford 1975). – U. WOLF s. Anm. [10 zu C]. – S. A. KRIPKE s. Anm. [1 zu C].   U. WOLF

Noumenon/Phaenomenon ist ein Doppelbegriff bei I. KANT im Zusammenhang mit der «Unterscheidung aller Gegenstände überhaupt in Ph. und N.» [1]: «Erscheinungen, sofern sie als Gegenstände nach der Einheit der Kategorien gedacht werden, heißen Ph. Wenn ich aber Dinge annehme, die bloß Gegenstände des Verstandes sind, und gleichwohl, als solche, einer Anschauung, obgleich nicht der sinnlichen ... gegeben werden können; so würden dergleichen Dinge N. ...heißen» [2]. In kritischer Absicht wichtig ist vor allem der Begriff des N.: «Wenn wir unter N. ein Ding verstehen, *so fern es nicht Objekt unserer sinnlichen Anschauung* ist, indem wir von unserer Anschauungsart desselben abstrahieren; so ist dieses ein N. im *negativen* Verstande. Verstehen wir aber darunter ein *Objekt einer nichtsinnlichen Anschauung*, so nehmen wir eine besondere Anschauungsart an, nämlich die intellektuelle, die aber nicht die unsrige ist, von welcher wir auch die Möglichkeit nicht einsehen können, und das wäre das N. in *positiver* Bedeutung.

Die Lehre von der Sinnlichkeit ist nun zugleich die Lehre von den N. im negativen Verstande, d. i. von Dingen, die der Verstand sich ohne diese Beziehung auf unsere Anschauungsart, mithin nicht bloß als Erscheinungen, sondern als Dinge an sich selbst denken muß, von denen er aber in dieser Absonderung zugleich begreift, daß er von seinen Kategorien in dieser Art sie zu erwägen, keinen Gebrauch machen könne, weil diese nur in Beziehung auf die Einheit der Anschauungen in Raum und Zeit Bedeutung haben ... Wo diese Zeiteinheit nicht angetroffen werden kann, mithin beim N., da hört der ganze Gebrauch, ja selbst alle Bedeutung der Kategorien völlig auf; ... was also von uns N. genannt wird, muß als ein solches nur in *negativer* Bedeutung verstanden werden» [3]. «Der Begriff eines N. ist also bloß ein *Grenzbegriff*, um die Anmaßung der Sinnlichkeit einzuschränken, und also nur von negativem Gebrauche. Er ist aber gleichwohl nicht willkürlich erdichtet, sondern hängt mit der Einschränkung der Sinnlichkeit zusammen, ohne doch etwas Positives außer dem Umfange derselben setzen zu können» [4]. Der Begriff des N. bleibt deshalb ein *problematischer* Begriff, und Kant nennt einen Begriff problematisch, «der keinen Widerspruch enthält, der auch als eine Begrenzung gegebener Begriffe mit anderen Erkenntnissen zusammenhängt, dessen objektive Realität aber auf keine Weise erkannt werden kann» [5]. Die Unterscheidung von N. und Ph. kongruiert weitgehend mit der von «Ding an sich» und «Erscheinung».

Der Wortgebrauch der Unterscheidung von ‹N.› und ‹Ph.› geht auf PLATON zurück, der alles Seiende in die beiden großen Bereiche der νοούμενα und φαινόμενα unterteilt, wobei er unter v. [6] das mit dem Geiste zu Erkennende, die Ideen als reine urbildhafte Wesenheiten, und unter φ. das sinnlich Wahrnehmbare versteht [7]. KANT reflektiert diese Herkunft der beiden Begriffe und korrigiert zugleich ihren Platonischen Gebrauch: «Schon von den ältesten Zeiten der Philosophie her haben sich Forscher der reinen Vernunft außer den Sinnenwesen oder Erscheinungen (ph.), die die Sinnenwelt ausmachen, noch besondere Verstandeswesen (n.), welche eine Verstandeswelt ausmachen sollten, gedacht, und, da sie ... Erscheinung und Schein für einerlei hielten, den Verstandeswesen allein Wirklichkeit zugestanden» [8].

Anmerkungen. [1] I. KANT, KrV A 235ff./B 294ff. – [2] a.O. A 249. – [3] B 307ff. – [4] A 255/B 310f. – [5] A 254/B 310. – [6] PLATON, Resp. 508 c 1. 509 d 8; Parmenides 132 c 6; Timaios 30 d 2. 51 d 5. – [7] Resp. 337 c 5. 517 b 8. 523 b 5. 596 e 4. 598 b 3. 602 d 8; Parmenides 165 c 7. 166 b 6. – [8] I. KANT, Prolegomena § 32.

Literaturhinweise. G. D. HICKS: Die Begriffe Ph. und N. (1897). – P. NATORP: Platos Ideenlehre. Eine Einf. in den Idealismus (1903). – E. STENIUS: On Kant's distinction between ph. and n., in: Philos. essays dedicated to G. Aspelin (Lund 1963) 231-245. – G. PRAUSS: Platon und der log. Eleatismus (1966). – G. MARTIN: Platons Ideenlehre (1973). – G. PRAUSS: Zur Problematik der Dinge an sich. Akten 4. Intern. Kant-Kongr. II.1 (1974) 223-240; Kant und das Problem der Dinge an sich (1974). – H. E. ALLISON: Things in themselves, n. and the transcendental object. Dialectica 32 (1978) 41-76. – E. C. SANDBERG: The ground of the distinction of all objects in general in Ph. and N. Akten 5. Intern. Kant-Kongr. I.1 (1981) 448-455.   H. HERRING/Red.

Novissima. «De novissimis» (oder auch «De ultimis») ist in der altprotestantischen Dogmatik nach Sir. VII, 36 (Vulg. 40) Titel des Traktats von den letzten Dingen, der später durch ‹Eschatologie› verdrängt wurde. Mit «de n.» sind hier die kommende Endzeit und ihre Geschehnisse gemeint; es ist nicht an die vergangene Zeit der (ersten) Parusie des Messias gedacht, welche die neutestamentlichen und frühchristlichen Schriftsteller vor allem mit αἱ ἐσχάται ἡμέραι (die letzten Tage) bezeichneten [1].

Der Traktat handelt gewöhnlich über den Tod (de morte), die Auferstehung der Toten (de mortuorum resurrectione) sowie über das jüngste Gericht (de judicio extremo) und das Ende der Welt (de consummatione mundi). Die Vierteilung überwiegt, ist jedoch nicht bindend. So zählt J. GERHARD auch ewige Verdammnis und ewige Seligkeit (impiorum aeterna damnatio et piorum aeterna glorificatio) zu den n. (bei QUENSTEDT, HOLLAZ und KÖNIG hingegen nach der Lehre von der Vorsehung) [2].

Anmerkungen. [1] Vgl. W. C. VAN UNNIK: Der Ausdruck 'in den letzten Zeiten' bei Irenaeus, in: Neotestamentica et patristica. Freundesgabe für O. Cullmann (Leiden 1962) 293-304. – [2] J. GERHARD: Loci theol. (1610-22) XVII, 8.

Literaturhinweis. H. SCHMID: Die Dogmatik der evang.-luth. Kirche (⁴1858) 468-489.   Red.

Nu. Das Wort nimmt die aus der Scholastik überlieferte Formel für die Ewigkeit Gottes ‹nunc stans› (s. d.) auf. Nach ECKHART ist Gott in einem «êwigen nû», d. h. alle Zeitpunkte von der Erschaffung des ersten Menschen bis zum Tod des letzten Menschen bilden für ihn ein gleichzeitiges Gegenwärtig-Sein, «ein glîchiu êwicheit», ein «nunc manens aeternitatis». In dieses N. tritt der mit Gott («in einem liehte mit gote») vereinte Mensch. Auch für ihn gibt es dann kein zukünftiges Neues, «wan er wonet in einem nû alle zît niuwe âne underlâz». Dasselbe N. ist es, in dem der Prediger (Eckhart) spricht [1]. JOHANNES TAULER verlangt, man solle sich dem N. der Ewigkeit zuwenden [2], und nach HEINRICH SEUSE steht der gelassene Mensch in einem gegenwärtigen N. ohne einen ihn fesselnden Vorsatz [3].

J. GÖRRES hat den Begriff N. später wieder aufgenommen: Gottes «ewige That» kennt kein «Vor und Nach», «keine geordnete Folge von Momenten», sondern ist «in einem Blitze aufgezuckt» und drängt sich «in ein stetes N.» zusammen [4].

Anmerkungen. [1] MEISTER ECKHART, Predigt 2. Dtsch. Werke 1 (1958) 34f.; Sermo VIII, 85. Lat. Werke 4 (1956) 81 Anm.; vgl. 85. 380. – [2] J. TAULER, Predigt 67, hg. VETTER (1910) 367; vgl. Predigt 54, S. 249, 14. – [3] H. SEUSE, Büchlein von der Wahrheit Kap. 7. Dtsch. Schr., hg. K. BIHLMEYER (1907) 357. – [4] J. GÖRRES, Über Grundl., Gliederung und Zeitenfolge der Weltgesch., hg. M. A. STRODL (1880) 57.

Literaturhinweis. J. BERNHART: Die philos. Mystik des MA (1922).   P. HEIDRICH

Numinose, das. R. OTTO hat mit seinem Buche über ‹Das Heilige› den von lateinisch ‹numen› abgeleiteten Terminus in die *Religionswissenschaft* eingeführt. Schon vor ihm hatte N. SÖDERBLOM den Begriff des «Heiligen» als ein gegenüber dem Gottesglauben bedeutungsvolleres und zentrales Kriterium für die Existenz von Religion herauszustellen versucht [1]. OTTO faßte das N. als «das Heilige minus seines sittlichen Momentes» und beschrieb es als ein unableitbares Element im Seelenleben, als ein emotionales Apriori, dessen Erfahrung im Kreaturgefühl des erlebenden Menschen gekennzeichnet sei durch die zum Teil in Kontrastharmonie zueinander stehenden Momente des Schauervollen (tremendum), des Übermächtigen (majestas) und Erhabenen (augustum), des Anziehenden, Bestrickenden (fascinans) wie des Unheimlichen und «Ganz Anderen» (s. d.) [2]. – Die Kritik dieser Anschauungen betraf vor allem die psychologistische Umformung des transzendenten Apriori und die Ausklammerung ethischer Qualifikationen [3]. Heute wird der Begriff ‹numinos› häufig – unter Einschluß des sittlichen Willens – zur Kennzeichnung der vornehmsten Qualität der Gottheit verwendet.

Anmerkungen. [1] N. SÖDERBLOM: Art. ‹Holiness›, in: Encycl. of relig. and ethics 6 (Edinburgh 1913) 731-741. – [2] R. OTTO: Das Heilige. Über das Irrationale in der Idee des Göttlichen und sein Verhältnis zum Rationalen (1917, ⁶1921) 6, 13ff.; vgl. Das Gefühl des Überweltlichen (Sensus Numinis) (1932); Aufsätze, das Numinose betreffend (1923). – [3] Vgl. A. NYGREN: Die Gültigkeit der relig. Erfahrung (1922) 37-41; G. WIDENGREN: Religionens värld. Religionsfenomenologiska studier och översikter (Stockholm ²1953) 37-53; dtsch. Relig.phänomenol. (1969) 36ff.; W. SCHMIDT: Menschheitswege zum Gotterkennen (1923); F. K. FEIGEL: «Das Heilige» (Haarlem 1929, ²1948); W. BAETKE: Das Heilige im Germanischen (1942) 1-46.

Literaturhinweise. Rudolf Otto-Gedächtnisfeier der Theol. Fakultät der Philipps-Universität (1938). – R. F. DAVIDSON: Rudolf Ottos interpret. of relig. (Princeton 1947). – G. LANCZKOWSKI: Art. ‹Heilig I: Heilig und profan, relig.gesch.›, in: RGG³ 3 (1959) 146-148. – A. PAUS: Relig. Erkenntnisgrund. Herkunft und Wesen der Apriorietheorie R. Ottos (Leiden (1966). – C. COLPE (Hg.): Die Diskussion um das 'Heilige' (1977). – G. LANCZKOWSKI: R. Otto. Das Heilige als religiöse Kategorie, in: Christl. Religiosität im 20. Jh. (1980) 48-55. G. LANCZKOWSKI

Nunc stans (stehendes Jetzt) ist eine Formel für Ewigkeit. Der Begriff ‹N.s.› entsteht aus der Diskussion um das Verhältnis von Zeit und Ewigkeit. PLATON beschreibt die Zeit als «bewegtes Bild der Ewigkeit» (εἰκὼ κινητὸν αἰῶνος) [1]. Die Zeit entfaltet sich in Gegenwart, Vergangenheit und Zukunft; der Ewigkeit aber kommt nur Gegenwart zu. Daher ist die Zeit ein Bild «der in einem verharrenden Ewigkeit» (μένοντος αἰῶνος ἐν ἑνί) [2]. In der Tradition dieser Definition wird die Ewigkeit bestimmt als zeitloses Jetzt, wobei das μένειν das Dauern und Verharren und das ἕν das Jetzt ausdrücken [3]. So wird von PLOTIN die Ewigkeit bezeichnet als ein «Verharren im Einen» (μένειν ἐν ἑνί) [4]. PROKLOS beschreibt die Ewigkeit als «alles in dem Jetzt» (πάντα ἐν τῷ νῦν) [5] und mit einem Zitat aus JAMBLICHS Timaioskommentar als «in dem Jetzt verharrend» (ἐν τῷ νῦν μένον) [6].

Diese platonische Tradition wird dem Mittelalter durch BOETHIUS vermittelt, der die Formel ‹N.s.› so nicht kennt, obwohl z. B. THOMAS VON AQUIN sie unter Berufung auf Boethius zitiert [7]. BOETHIUS unterscheidet zwischen dem menschlichen Jetzt, das «gleichsam laufende Zeit», und dem göttlichen Jetzt, das dagegen «verharrendes Jetzt» (nunc permanens) ist und die Ewigkeit Gottes ausmacht. «Nostrum nunc quasi currens tempus facit et sempiternitatem, divinum vero nunc permanens neque movens sese atque consistens aeternitatem facit» (Unser Jetzt bewirkt gleichsam die fortlaufende Zeit und die Immerwährendheit, das göttliche Jetzt aber, verharrend und nicht sich bewegend und beständig, bewirkt die Ewigkeit) [8]. Das ‹Nunc permanens› zeigt sich als eine Übersetzung der griechischen Begriffe νῦν [9] und μένειν [10]. Für den Gedanken der Ewigkeit als ständig verharrendes Jetzt wurde auch die Definition der Ewigkeit als «interminabilis vitae tota simul et perfecta possessio» (der ganze und zugleich vollendete Besitz unbegrenzbaren Lebens) [11] wichtig. Auch diese Bestimmung erweist sich als Übernahme neuplatonischer Gedanken [12]. Die Umbildung des ‹Nunc permanens› des Boethius zum ‹N.s.› ist möglicherweise beeinflußt vom Gedanken der «stehenden Jahre» Gottes (anni stantes) von AUGUSTINUS [13] und der Ewigkeit Gottes als einer «immer stehenden» (semper stans) [14].

Durch die Bedeutung, die die Schriften des Boethius für die mittelalterliche Philosophie hatten [15], wird auch der Begriff der Ewigkeit als Nunc permanens übernommen (Kommentare zu den ‹Opuscula sacra› und zur ‹Consolatio› [16]). So setzt GILBERT DE LA PORRÉE in seinem Kommentar zu ‹De Trinitate› Gott in Gegensatz zur Gegenwart der zeitlichen Dinge: «Divinum vero nunc, id est instans, quod significatur, cum dicitur Deus nunc est: vere permanens ...» (Das göttliche Jetzt aber, das ist der Augenblick, der angezeigt wird, wenn gesagt wird: Gott ist Jetzt, [ist] wahrhaft verharrend ...) [17]. Auch andere mittelalterliche Kommentare zu Boethius bleiben bei der Formel ‹Nunc permanens› [18].

Auf die Umbildung von ‹Nunc permanens› zu ‹N.s.› hat vielleicht auch die Unterscheidung des ‹Liber de causis› von ewiger und zeitlicher Dauer Einfluß gehabt. Nur der ewigen Dauer kommt das Prädikat ‹stehend› (stans) zu, der zeitlichen hingegen ‹fortlaufend› (currens) [19].

ALBERTUS MAGNUS beschreibt die Ewigkeit Gottes als N.s. und beruft sich für diesen Terminus auf Boethius [20]. Er hält die Formel für angemessen zur Charakterisierung der Ewigkeit und bezieht sich dabei auf Gilbert de la Porrée. «Ita est una singularis et individua et simplex et solitaria mora, nunc stans, quae vocatur aeternitas» (So ist Gott ein einziges, einzigartiges, einmaliges, einfaches und alleiniges Verweilen, stehendes Jetzt, das Ewigkeit genannt wird) [21]. Vor allem die Erläuterung von ‹mora› durch ‹N.s.› ist eine Hinzufügung von Albertus Magnus, vielleicht in Erinnerung an den Begriff ‹instans› des Gilbert de la Porrée. Eine andere Stelle [22] erinnert an die Beschreibung der Ewigkeit aus dem ‹Liber de causis›. Die Dauer der Zeit ist eine «duratio successiva», die der Ewigkeit dagegen «duratio stans»; sie besteht substantiell aus dem Jetzt (nunc), einem Jetzt, das «manens et stans» (verharrend und stehend) ist.

Von Albertus Magnus übernimmt wahrscheinlich auch THOMAS VON AQUIN den Begriff ‹N.s.›, zugleich mit der Berufung auf Boethius für diese Formel [23].

TH. HOBBES kennt die Formulierung ‹N.s.› als einen festen Terminus der Schulphilosophie, die er heftig kritisiert. ‹N.s.› ist für ihn kein angemessener Begriff zur Beschreibung der Ewigkeit, die vielmehr «an endless succession of time» ist [24]. Eine stehende Gegenwart ist für Hobbes ebenso unverständlich wie für die Schulphilosophen selbst, die diesen Begriff verwenden [25].

A. SCHOPENHAUER greift auf den Begriff des N.s. zurück, wenn er von der «Unzerstörbarkeit unseres Wesens an sich» spricht [26]. Das individuelle Leben des Menschen gehört der Welt der Erscheinung an, in sich Werden und Vergehen abspielen; unser wahres Wesen dagegen ist das diesem Geschehen zugrunde liegende Prinzip. Durch die Zeit als «Form unseres Erkennens» [27] fassen wir alles Geschehen als in Vergangenheit, Gegenwart und Zukunft sich entfaltendes auf, «während das Wesen an sich selbst das alles nicht kennt, sondern im N.s. existiert» [28]. Schopenhauer beruft sich auf Kants Lehre von der Idealität der Zeit, aus der sich ergebe, «daß das eigentlich Wesentliche der Dinge, des Menschen, der Welt, bleibend und beharrend im N.s. liegt, fest und unbeweglich» [29]. Trotz allen Wechsels in der Zeit bleibt das zugrunde liegende Ding an sich, der Wille, das Unbewegliche. Einem über die bloße Erscheinung hinausgehenden Blick wird «das N.s. im Mittelpunkt des Rades der Zeit klar und sichtbar» [30]. Unser «Wesen an sich», der Wille zum Leben, wird vom Lauf der Zeit nicht betroffen und ist «in immerwährender Gegenwart» da [31]. Der Unterschied von Vergangenheit und Gegenwart fällt weg, wenn wir versuchen, die aufeinanderfolgenden Vorgänge des menschlichen Lebens «als auf *ein Mal und zugleich* und immer vorhanden, im N.s.», vorzustellen, «während nur scheinbar jetzt Dies, jetzt Das ist» [32]. Die Gegenwart, die empirisch betrachtet kaum zu fassen ist, stellt sich «dem metaphysischen Blick, der über die Formen der empirischen Anschauung hinwegsieht, als das allein Beharrende dar, das N.s. der Scholastiker» [33], die damit den Unterschied zwischen endloser Zeit und Ewigkeit betonten [34]. Die Erwähnung des «nunc stans der Scholastiker» bei TH. MANN wird eine Reminiszenz von dessen Schopenhauerlektüre sein [35].) Später hat F. ROSENZWEIG den Begriff ⟨N.s.⟩ wiederaufgenommen. N.s. bedeutet, daß «sich der Mensch von der Vergänglichkeit des Augenblicks erlöst» und dieser zum immer «wieder neu Angehenden und also Unvergänglichen, ... zur Ewigkeit umgeschaffen» wird [36].

Anmerkungen. [1] PLATON, Tim. 37 d 5. – [2] a.O. 37 d 6. – [3] Vgl. W. BEIERWALTES: Plotin. Über Zeit und Ewigkeit (Komm. zu Enn. III, 7) (1967) 170ff. – [4] PLOTIN, Enn. III, 7, 35. – [5] PROKLUS, In Plat. Tim. comm., hg. E. DIEHL (1903-1906) 1, 291, 8f. – [6] a.O. 3, 33, 3. – [7] THOMAS VON AQUIN, S. theol. I, 10, 2, ob. 1. – [8] BOETHIUS, De trin. IV, 72-74, hg. STEWART/RAND (London 1918). – [9] Vgl. BEIERWALTES, a.O. [3] 170ff. – [10] 164ff. – [11] BOETHIUS, Cons. philos. V, 6, 4. – [12] Vgl. BEIERWALTES, a.O. [3] 198ff. – [13] AUGUSTINUS, En. in Ps. CI, ser. 2, nr. 14, 47 = Corp. christ., Ser. lat. 40, 1449. – [14] Conf. XI, 11, 13; vgl. BEIERWALTES, a.O. 171 und Platonismus und Idealismus (1972) 29-37, bes. 31 Anm. 109. – [15] Vgl. M. GRABMANN: Die Gesch. der scholast. Methode 1 (1909) 148ff. – [16] Vgl. Die theol. Erkenntnis- und Einleitungslehre des Hl. Thomas von Aquin auf Grund seiner Schrift «In Boethium de Trinitate» (1948) 1-13. – [17] N. M. HÄRING (Hg.): The commentaries on Boethius by GILBERT OF POITIERS (Toronto 1966) 131. 80ff. nr. 81 = MPL 64, 1288 C 7ff. – [18] Vgl. Commentaries on Boethius by THIERRY OF CHARTRES and his School, hg. N. M. HÄRING (Toronto 1971) 107, 8-25 nr. 43f.; 209, 5-21 nr. 72; 291, 39-53 nr. 30; 384, 47-385, 62 nr. 72; vgl. N. M. HÄRING: Life and works of Clarembaldus of Arras (Toronto 1965) 171 nr. 78; ALEXANDER HALENSIS, S. theol. lib. I, pars I, inqu. I, tr. II, membr. III, cap. I, ob. I = Bd. 1, S. 99. – [19] Der pseudoarist. Schrift über das reine Gute bekannt unter dem Namen Liber de Causis, hg. O. BARDENHEWER (1882) 189. – [20] ALBERTUS MAGNUS, S. de creaturis p. I, tr. II, qu. III, art. II. Opera, hg. A. BORGNET (Paris 1890-1899) 34, 341 a; vgl. dazu ebda. art. V = 356 b. – [21] a.O. 348 a; dazu vgl. Anm. 17 HÄRING, a.O. [18] 131, 80ff. nr. 82. – [22] ALBERTUS MAGNUS, S. theol. p. I, tr. V, qu. XXII, membr. I, ad 2. Opera a.O. 31, 158; vgl. Komm. zum ⟨Liber de causis⟩. Opera 10, 446f. und: Super Dionysium De div. nom. 10. Opera omnia, hg. B. GEYER u.a. 37/1 (1972) 401. – [23] Vgl. THOMAS VON AQUIN, S. theol. I, 42, 2, ad 4; I, 20, 2, ob. 1 et ad 1ᵐ; I Sent. dist. 19, qu. 2, a. 2, ob. 3, hg. VIVES 7, 245; vgl. dazu auch I Sent. dist. 8, qu. 2, a. 1 = VIVES 7, 106: Stellungnahme zur Ewigkeitsdefinition des Boethius aus der Cons. philos. – [24] TH. HOBBES, Leviathan IV, 46. Engl. Works 3 (London 1839, ND 1966) 677. – [25] a.O. 677; vgl. Parallelstelle der lat. Version in: Opera philos. (London 1839-1845) 3, 500. – [26] A. SCHOPENHAUER: Die Welt als Wille und Vorstellung (=WWV) II, 4, 41, 542. Sämtl. Werke, hg. E. GRISEBACH (= SWG) (²1919ff.) 2, 527. – [27] a.O. 552 = SWG 2, 568. – [28] Parerga und Paralipomena = PP) II, 3, § 29, S. 40 = SWG 5, 51. – [29] WWV 2, 558 = SWG 2, 575. – [30] WWV 2, 548 = SWG 2, 565. – [31] WWV 2, 547 = SWG 2, 563; vgl. 1, 366. – [32] WWV 2, 547 = SWG 2, 563. – [33] WWV 1, 329 = SWG 1, 365. – [34] PP II, 3, § 29, S. 39 = SWG 5, 49. – [35] TH. MANN, Doktor Faustus. Ges. Werke 6 (²1974) 51. – [36] F. ROSENZWEIG, Der Stern der Erlösung. Ges. Schr. 2 (1976) 323.

Literaturhinweise. H. ABY: Schopenhauer und die Scholastik (Colmar 1930) 69-71. 100f. – W. BEIERWALTES s. Anm. [3].

H. SCHNARR

Nutzen, Nützlichkeit (griech. ὠφέλεια; lat. utilitas, fructus; engl. utility; frz. utilité; ital. utilità; **das Nützliche, nützlich** (griech. ὠφέλιμος, χρήσιμος, συμφέρον; lat. utilis, fructuosus; engl. useful, profitable; frz. utile, profitable; ital. utile, proficuro)

I. *Antike.* – Die Ausdrücke ⟨Nutzen⟩ (N.) und ⟨nützlich⟩ sowie ihre Opposita finden sich, in der Funktion allgemeinster handlungsorientierender bzw. -bewertender Nomina (ähnlich wie ⟨gut⟩ oder ⟨richtig⟩), schon in der vorphilosophischen, lebensweltlichen Erfahrung bzw. ihrem sprachlichen Niederschlag seit HOMER und sind von dorther der philosophischen Terminologie zunächst vorgegeben. Wichtig ist der etymologische Zusammenhang mit ⟨gebrauchen⟩ (χρῆσθαι, uti) und daher die Grundbedeutung von χρήσιμος bzw. ⟨utilis⟩, nämlich ⟨brauchbar⟩ [1].

1. Vor der Darstellung des spezifisch philosophischen Kontextes sei zunächst hingewiesen auf antike Ansätze zur Gewinnung eines ökonomischen N.-Begriffs sowie auf seine Bedeutung in der Rhetorik. Die klare Unterscheidung zweier Grundfaktoren des ökonomischen N., nämlich der inneren Eigenschaft einer Sache selbst und der Fähigkeit, sich diese zunutze zu machen (eine Flöte z. B. hat für den ungeübten Besitzer keinen Nutzen als Musikinstrument, wohl aber als mögliches Verkaufsobjekt), finden wir schon bei XENOPHON [2]. In dieser Linie hat dann ARISTOTELES erstmals klar die folgenreiche Unterscheidung von Nutzung zum Gebrauch und zum Tausch gemacht, also von Gebrauchswert und Tauschwert [3]. Die Bedeutung des N. in der Rhetorik als eines grundlegenden Gesichtspunktes zur Beeinflussung der Hörer, in der Wertskala angesiedelt zwischen dem Gerechten und Gesetzlichen einerseits, dem Schönen und Angenehmen andererseits, verdeutlicht gut die (wohl von Anaximenes von Lampsakos und nicht von Aristoteles stammende) ⟨Rhetorica ad Alexandrum⟩. Neben einem Definitionsversuch wird hier relativ ausführlich eine rhetorische Topik des N. sowie des ihm Ähnlichen und seines Gegenteils an Beispielen entwickelt [4]. Auch für die aristotelische ⟨Rhetorik⟩ ist die Orientierung am N. ein fundamentales Motivationsprinzip [5].

In der Tradition der Schulrhetorik schließlich bezeichnet die «utilitas causae» den leitenden Gesichtspunkt der Parteilichkeit der Rede, der ebenso für die «inventio» wie die «dispositio» maßgeblich ist, aber auch für die «elocutio» berücksichtigt werden muß [6].

2. Zu philosophischen Begriffen werden ⟨N.⟩ und ⟨nützlich⟩ noch nicht in der kosmologischen Phase des frühgriechischen Denkens, sondern erst dort, wo die sichere Orientierung des Handelns durch das tradierte Ethos erstmals prinzipiell erschüttert ist und damit menschliche Praxis ausdrücklich Thema der Reflexion wird, nämlich in der Krisis der *Sophistik.* Hier kommt erstmals die Möglichkeit einer vollständigen Dissoziation des Guten und des Nützlichen bzw. der Subordination des Guten unter das Nützliche in den Blick. Die maßgebende Instanz innerhalb dieser Entwicklung ist die Physis. Wird sie kosmisch, als umfassende All-Natur verstanden, dann kann z. B. von PROTAGORAS die der vorphilosophischen Erfahrung bekannte und schon bei DEMOKRIT angesprochene allgemeine Relativität des Nützlichen unter dem speziellen Gesichtspunkt des biologisch Förderlichen an verschiedenen Spezies des Lebendigen demonstriert werden [7].

Folgenreicher noch ist die Relativierung des N. und des Nützlichen unter dem Gesichtspunkt der biologisch-medizinisch interpretierten Natur des Menschen. Was ihr

N. bringt, das dem Leben Förderliche, wird von ANTIPHON als «das in Wahrheit» oder «der Natur nach» Nützliche (τὰ γὰρ τῷ ἀληθεῖ ξυμφέροντα bzw. τὰ τῇ φύσει ξυμφέροντα) dem gegenübergestellt, was der Nomos dafür ausgibt [8]. Dabei zeigt sich inhaltlich eine enge Verbindung von N. und Lust. Unter dem Gesichtspunkt des so verstandenen N. geraten vor allem die Institutionen von Recht und Moral unter Ideologieverdacht: als willkürliche Satzung sind sie, so behauptet KALLIKLES, von denen erfunden, deren Interessen allein sie nützen: von den Schwachen und der großen Menge [9]. Aber auch der Glaube an Götter kann in der Linie des N. interpretiert werden: Für PRODIKOS sind diese nichts anderes als Personifikationen der lebensförderlichen Naturkräfte (ὠφελοῦντα τὸν βίον) [10].

Formal gesehen wird ein Aspekt, der wohl ursprünglich zur Bedeutung von ‹N.› und ‹nützlich› gehört, bei der Erörterung des Zusammenhangs von ‹N.› und ‹Physis› besonders deutlich: die gleichsam immanente teleologische Struktur dieser Begriffe [11]. Daß in ihr eine Dynamik liegt, die geeignet ist, den Relativismus und Subjektivismus der Sophisten mit seinen eigenen Waffen zu schlagen, wird nach SOKRATES (zumal in der Darstellung XENOPHONS) vor allem bei PLATON deutlich [12]. Methodische Anhaltspunkte dafür liefern die Sophisten zum Teil selbst, so z. B. mit Antiphons Position des *in Wahrheit* Nützlichen.

3. In PLATONS Werk bezeichnen die Ausdrücke ‹N.› und ‹nützlich› keineswegs einen sekundären oder bloß funktionalen Wert, sondern stehen, wie schon der platonische Sprachgebrauch zeigt, in einer engen, zuweilen auch synonymen Beziehung zum Begriff des Guten. Sie können sogar als Kriterium zur Unterscheidung von wirklichem und vermeintlichem Guten dienen [13]. Dennoch ist, der semantischen Struktur nach, eine wichtige Differenz nicht zu übersehen: ‹nützlich› kann nicht wie ‹gut› als einstelliges Prädikat auftreten; ferner gibt es für Platon keine Idee des N. Von besonderer Bedeutung ist der Begriff des N. (und des Nützlichen) bei der Beantwortung der Frage nach der Motivation zur Befolgung moralischer Normen, so in ‹Politeia› I für die Frage, was es nützt, gerecht zu sein. Gegen die These des Thrasymachos von der Gerechtigkeit als dem, was dem Stärkeren setzt Sokrates die «Einsicht in die Irrtumsfähigkeit aller Vorstellungen vom Nützlichen» [14]; nützlich ist etwas nicht schon darum, weil es dafür gehalten wird.

Deshalb besteht immer die Notwendigkeit, wahren und scheinbaren N. zu unterscheiden. Gerade hier zeigt sich die Grenze der Macht des Stärkeren: selbst er kann die Unterscheidung von wirklich und scheinbar Nützlichem nicht durch seine Entscheidung herbeiführen. So löst sich die Motivationsfrage durch die Einsicht, «daß einem das, was wirklich gerecht ist, auch nützt» [15].

Hier wird zugleich deutlich, warum Platon auch bei der Idee des Guten selbst die Funktion des N. hervorhebt; nur durch sie wird alles andere erst brauchbar und nützlich: sowohl äußere Güter wie moralische Haltungen (Tugenden), schließlich alle Formen des Wissens bis hin zur Dialektik. Erst der rechte Gebrauch beseitigt die allem Genannten innewohnende Ambivalenz und macht es so wirklich nützlich und brauchbar (χρήσιμα καὶ ὠφέλιμα) [16].

Die Leistungsfähigkeit der Begriffe des N. und des Nützlichen im Sinne einer anti-ideologischen Handlungsorientierung zeigt sich ferner unter folgenden Gesichtspunkten: a) Anders als beim Schönen oder Gerechten kann man letztlich unmöglich etwas wirklich wollen, das man mindestens selbst nicht für gut und nützlich hält [17]. b) Es ist unmöglich, durch Beschluß oder Abstimmung festzustellen, was wirklich nützlich ist. Zwar kann der Staat den Inhalt von Gesetzen beschließen, nicht aber darüber, ob sie sich wirklich als nützlich erweisen. c) In der Linie dieser Argumentation wird schließlich der Homo-Mensura-Satz des Protagoras widerlegt: Das für den Menschen Nützliche steht letztlich nicht in seinem Belieben [18].

So zeigt sich bei Platon, daß die Begriffe des N. und des Nützlichen auf eine teleologische Ordnung verweisen, und damit auf etwas, das nicht mehr Gegenstand von Konventionen ist. Wenn auch zuweilen die Spannung zwischen individuellem und universellem N. – vor allem in der ‹Politeia›, deren Ziel freilich die Konvergenz beider ist – hervortritt, so behält methodisch, vor allem unter dem Gesichtspunkt der Motivation, die Ausrichtung am individuellen N. den Vorrang [19].

4. Die zentrale Stellung, welche sie bei Platon behauptet haben, verlieren die Termini des N. und des Nützlichen in der praktischen Philosophie des ARISTOTELES. Standen sie dort in nächster Nähe zum Guten selbst, so werden sie hier stärker instrumentell gesehen: Das zeigt schon deutlich die semantische Analyse. Gut als das, was alle erstreben, hat drei Grundbedeutungen:
- In-sich-selbst gut (ἀγαθόν bzw. καλόν, bonum honestum),
- lustvoll (ἡδύ, bonum delectabile),
- nützlich (χρήσιμον, bonum utile) [20].

Das Gute im Sinne des Nützlichen kann demnach bestimmt werden als das, was nicht an ihm selber gut oder lustvoll ist, sondern sein Gutsein durch Hinordnung auf An-sich-Gutes oder Lustvolles als Ziel gewinnt. Damit ergibt sich auch die ontologisch-kategoriale Einordnung des Nützlichen: es kann ‹gut› ausschließlich unter dem Gesichtspunkt der Relation, nie aber im substantiellen oder positiv-qualitativen Sinne genannt werden [21].

Trotz dieser Funktionalisierung gewinnen die Begriffe des N. und Nützlichen in Teilbereichen eine gewisse Eigenbedeutung, was sich auch in einer anderen Gliederungssystematik zeigt. So wird im Zusammenhang pädagogisch-didaktischer Überlegungen die Auswahl der Lerninhalte durch die Gesichtspunkte des Notwendigen – Nützlichen – Schönen/Edlen bestimmt [22]. Andererseits kann der Begriff des N. im Sinne des Gemeinwohls in der Politik als grundlegendes Kriterium zur Unterscheidung der Staatsformen dienen: diese können entweder den gemeinsamen N. aller (τὸ κοινὸν συμφέρον bzw. τὸ κοινῇ συμφέρον), nämlich der Herrschenden wie der Beherrschten (Königtum, Aristokratie, Politie), oder den partikularen Vorteil einer Gruppe (Oligarchie) oder nur eines Einzelnen zum Ziele haben (Tyrannis) [23].

Auch in der Naturphilosophie ist der Begriff des N. von Bedeutung, und zwar wiederum aufgrund seines immanenten teleologischen Potentials. N. (und Schaden) können als auf das jeweilige Telos bezogene Orientierungsprinzipien für Wirken und Tätigsein alles Lebendigen unterhalb des Menschen bis hin zum Pflanzlichen verstanden werden. Für das hier zugrundezulegende Seelenvermögen hat Aristoteles, anders als die Scholastik, noch keine spezielle Bezeichnung [24].

5. Eine im Verhältnis zu Aristoteles noch weitergehende (moralistisch-rigoristische) Reduzierung der Bedeutung des N. und des Nützlichen finden wir in Denken und Sprache der *Stoa*. Zwar stehen, wie bei Platon, die Begriffe des Guten und Nützlichen in engster Verwandtschaft [25]. Gerade daraus folgt aber für das Nützliche

eine Bedeutungsverengung, die jener des Guten entspricht. Wenn dieses nur im moralisch Guten, d. h. in der Tugend gesehen werden kann, so ist allein das nützlich, was mit ihr identisch ist oder zu ihr beiträgt [26]. Daß man sich damit ganz von der normalsprachlichen Verwendung des Ausdrucks trennt, zeigt besonders das Paradoxon «Für die Toren kann nichts nützlich sein» (τοῖς φαύλοις οὐδὲν εἶναι χρήσιμον) [27].

Diese Reduzierung, die auf der Absorption der anderen Bedeutungen von ‹gut› durch das Moralische beruht, gilt im wesentlichen auch für den Einflußbereich der Stoa im *römischen Denken*, wenngleich mit einer charakteristischen Nuance. Vor allem CICERO läßt sich, obwohl er die rigorose Position der Einheit von Sittlichgutem (honestum) und Nützlichem teilt, stärker auf eine Diskussion des Nützlichkeitsstandpunktes ein (sei es aus seiner charakteristisch antidogmatischen Einstellung, sei es aus römischem Realitätssinn) [28]. Im Mittelpunkt steht dabei die Schwierigkeit, in der konkreten Situation das in die Augen springende prima-facie-N. vom wahrhaft und *in the long run* Nützlichen (= Sittlichguten) zu unterscheiden, als dessen vornehmster Repräsentant die *utilitas communis omnium* gelten kann. Wer dagegen verstößt, handelt contra naturam [29]. Die in diesem Zusammenhang erforderliche Unterscheidungskunst führt Cicero in einer ausführlichen Kasuistik von Beispielen aus der eigenen, römischen Lebenswelt vor.

Eine der stoischen Reduktion der Bestimmungen des N. und Nützlichen ähnliche Entwicklung finden wir im *Epikureismus*, nur mit umgekehrten Vorzeichen: Wenn das Gute mit dem Lustvollen identisch ist, dann wird auch das Nützliche von dorther bestimmt. Auch unter dieser Perspektive wird die Unterscheidungskunst von prima-facie-Nützlichem und langfristigem bzw. endgültigem N. dringlich. So wird der N. für die Gesamtbilanz des Lustvollen zum entscheidenden Kriterium der moralischen Praxis [30]. Es ist nur konsequent, daß unter diesem Gesichtspunkt auch die Tugenden, so z. B. die Gerechtigkeit nach ihrem Sozialnutzen, bewertet werden, wie andererseits die Philosophie selbst nach ihrem N. für die Therapie der Seele [31].

6. Die stoische Identifikation von Nützlichem und Sittlichgutem wird von AUGUSTINUS aus inhaltlichen Gründen rückgängig gemacht, nämlich durch den Widerspruch zum normal-sprachlichen Verständnis von «honestum» und «utile» [32]. Augustinus unterscheidet sie vielmehr im Sinne der traditionellen Distinktion von 'in-sich-selbst gut' (honestum) und 'gut-für' (utile) und ordnet ihnen als die je adäquaten Realisationsmodi *«uti»* und *«frui»*, Gebrauchen und Genießen, zu. Die Unterscheidung dieser beiden Modi wird nun, theologisch wie philosophisch höchst folgenreich, radikalisiert durch die Zuordnung je streng geschiedener Gegenstandsbereiche, nämlich des Geschaffenen als Objekt des «uti», des Schöpfers als Gegenstand des «frui». Die Problematik der damit verbundenen, auch sonst für Augustinus charakteristischen radikalen Finalisierung des Naturhaft- bzw. Endlich-Guten wird überdeutlich bei der – positiv beantworteten – Frage, ob die strenge Disjunktion von «uti» und «frui» auf das Verhältnis zum Mitmenschen anwendbar ist [33]. Es ist ebenso die theologisch-spekulative Perspektive, die es Augustin gestattet, den traditionellen Hiat zwischen dem Guten und dem Nützlichen mindestens theoretisch dadurch zu überwinden, daß er als oberstes Prinzip allen N., ja genauer als den N. selbst, die göttliche Vorsehung identifiziert: «dicimus utilitatem divinam providentiam» [34]. Für die menschliche Praxis bleibt der Hiat freilich bestehen, weil ihr «in concreto» – «in statu viatoris» – das Letztprinzip allen N. in seiner Inhaltlichkeit verborgen bleibt.

Aus den genannten Voraussetzungen ergibt sich schließlich Augustins kritische Bewertung jenes sich verselbständigenden Strebens nach Erkenntnis und Wissenschaft, das deren Heilsbedeutung (frui) und damit ihren wirklichen Wert verkennt und im Bereich der religiösen Erkenntnis sogar Gott selbst zum Mittel (uti) des Selbstgenusses machen möchte, wenn es Zeichen und Wunder zur Befriedigung seiner Neugierde fordert [35]. Unter dem Titel «curiositas» wird diese Fehlhaltung mit der biblischen Augenlust gleichgesetzt und den menschlichen Grundlastern zugeordnet [36].

Anmerkungen. [1] H. STEPHANUS, Thesaurus graecae linguae 9 (1572, ND Graz 1954) s.v. ‹χρήσιμος›; R. STEPHANUS, Thesaurus linguae latinae 4 (1740-43, ND Brüssel 1964) s.v. ‹utilis›. – [2] XENOPHON, Oec. 1, 10. – [3] ARISTOTELES, Pol. I, 8, 1257 a; vgl. N. GEORGESCU-ROEGEN: Utility and value in econ. thought, in: Dict. of the hist. of ideas, hg. PH. P. WIENER 4 (New York 1973). – [4] Rhet. ad Alex. 2, 1421 b 7-1422 a 15; 1422 b 25-1423 a 12. – [5] Rhet. I, 6, 1362 a 15ff. – [6] Vgl. H. LAUSBERG: Elem. der lit. Rhetorik (⁵1976). – [7] DEMOKRIT, 68 B 172. VS II, 179, 4-8; PROTAGORAS, 80 A 22. VS II, 260, 32ff. – [8] ANTIPHON, 87 B 44, A, Col. 4. VS II, 349, 1-24, zit. 18-20. 23f. – [9] PLATON, Gorgias 483 b-c. – [10] PRODIKOS, 84 B 5. VS II, 317, 1-24, zit. 14. – [11] Vgl. W. WIELAND: Platon und die Formen des Wissens (1982) 167. – [12] XENOPHON, Memorab. Socratis 4, 5, 9; 3, 12, 1; 4, 4, 17; vgl. WIELAND, a.O. 167. 172. – [13] WIELAND, a.O. 166ff. – [14] a.O. 168. – [15] 169. – [16] PLATON, Resp. VI, 505 a; WIELAND, a.O. 179. – [17] Gorg. 467ff. 499 e; Prot. 358 c; Resp. II, 382 a; IV, 438 a; vgl. WIELAND, a.O. [11] 173. – [18] Theaet. 172 a; vgl. WIELAND, a.O. 176, Anm. 45. – [19] Resp. I; vgl. WIELAND, a.O. 169. – [20] ARISTOTELES, Eth. Nic. VIII, 1, 1155 b. – [21] a.O. I, 4, 1096 a 23. – [22] Pol. VIII, 1, 1337 a/b. – [23] a.O. III, 6, 1279 a; VII, 14, 1333 b. – [24] Phys. II, 8, 199 a. – [25] Vgl. M. FORSCHNER: Die stoische Ethik (1981) 178. – [26] DIOG. LAERT. VII, 104 = SVF III, 76; vgl. FORSCHNER, a.O. 178f. – [27] PLUTARCH, De Stoic. repugn. 12, 1038 A. SVF III, 674. – [28] CICERO, De officiis III. – [29] a.O. III, 6. – [30] DIOG. LAERT. X, 130. – [31] a.O. 150; H. USENER: Epicurea (1887, ND 1966) Frg. 221. – [32] AUGUSTINUS, De LXXXIII quaest. 30; De doctr. christ. I; IV, 4. – [33] De doctr. christ. I, 21; vgl. H. BLUMENBERG: Die Legitimität der Neuzeit (1966) 300. – [34] De LXXXIII quaest. 30. – [35] Conf. X, 35. 55; vgl. BLUMENBERG, a.O. 299. – [36] Conf. V, 3; X, 35; De mor. eccl. I, 38; vgl. BLUMENBERG, a.O. 295ff.

II. *Mittelalter.* – 1. Die in der Antike grundgelegten begrifflichen Merkmale von ‹N.› und ‹nützlich› bleiben im Mittelalter erhalten, so daß die Kontinuität der Bedeutung insgesamt größer sein dürfte als ihre Differenz. Das gilt vor allem für den Relationscharakter dieser Begriffe, der jede restlose Identifizierung von Nützlichem und Gutem bzw. die Substitution des Guten durch das Nützliche verhindert und so schon auf der semantischen Ebene ebenso für das antike wie das mittelalterliche Denken den Ansatz eines wie immer gearteten Utilitarismus erschwert. Von zentraler Bedeutung für das mittelalterliche Verständnis von N. und nützlich sind neben Cicero Aristoteles und Augustinus. Mit der Nennung dieser Namen ist zugleich ein Spannungsverhältnis zwischen zwei Polen angedeutet. Die augustinische Bestimmung der Begriffe des N. und des Nützlichen wird für das Mittelalter ebenso inhaltlich wie formal-systematisch relevant, letzteres dadurch, daß im 12. Jh. PETRUS LOMBARDUS die Disjunktion von *«uti»* und *«frui»*, von Nutzwert und Selbstwert, entsprechend der Disjunktion ihrer Gegenstandsbereiche (Gott – Schöpfung) zum Gliederungsprinzip des bedeutendsten und meistkommentierten theologischen Kompendiums des Mittelalters macht, nämlich des Sentenzenbuches. Am Beginn seines 1. Buches wird in der Regel das «utile» im Zusammenhang mit der uti/frui-Distinktion diskutiert [1]. Inhaltlich impliziert der vor allem in der Frühscholastik dominierende Einfluß von Augustinus die Grundtendenz, alles innerweltlich Gute, im nicht-moralischen wie im moralischen Sinne, unter der Perspektive eines absoluten Zieles zu entwerten. Damit wird aber die Anwendbarkeit der Unterscheidung von 'gut-an-sich-selbst' und 'gut-für' im Bereich des Endlich-Guten überhaupt fragwürdig, diesem scheint insgesamt nur der Charakter des Relativ-Guten, d. h. des Nützlichen zuzukommen.

2. Das Beispiel ANSELMS VON CANTERBURY zeigt deutlich, wie in der Frühscholastik die aristotelische Begrifflichkeit, wohl durch Ciceros Vermittlung, übernommen und zugleich im Sinne Augustins interpretiert wird. Nichts kann man, so Anselm, für gut halten, es sei denn aufgrund eines Selbstwertes (honestas), wie z. B. die Schönheit, oder aufgrund eines Nutzwertes (utilitas), wie die Gesundheit [2]. Das «bonum delectabile» wird an dieser Stelle nicht genannt, wenngleich Anselm es in anderem Zusammenhang durchaus als Aspekt von Gutsein anerkennt [3]. Daß darüber hinaus «honestas» und «utilitas» nicht im aristotelischen Sinne begrifflich unterschieden werden, zeigt die Tatsache, daß Anselm auch das die Vollkommenheit des Guten Fördernde ausdrücklich der honestas zuordnet. Entscheidend ist, daß beide Formen des Guten den Grund ihres Gutseins nicht in sich selbst, sondern nur im höchsten, im Göttlich-Guten (summum bonum) haben können.

3. Die umfassende Aneignung und zugleich weiterführende Systematisierung des aristotelischen Verständnisses von N. und nützlich finden wir erst bei THOMAS VON AQUIN, der zugleich die augustinische Komponente zu integrieren sucht. – Thomas verteidigt zunächst die Adäquatheit und Vollständigkeit der aristotelischen Unterscheidung der Formen des Guten, deren Reichweite er ausdrücklich nicht auf das «bonum humanum» begrenzt sehen möchte. Er tut dies:

a) durch die sich bei Aristoteles nicht findende systematische Ableitung dieser Formen [4]. Dies geschieht methodisch durch den Aufweis einer Strukturanalogie zwischen dem für das Gute überhaupt konstitutiven Prozeß des Strebens (bonum est aliquid, inquantum est appetibile) und dem naturhaften Bewegungsprozeß von Körperdingen, die ontologisch darauf beruht, daß beide Formen von «motus» (Bewegung, Prozeß) sind. Hier kann man, etwa bei der Ortsbewegung, zwischen einem absoluten und einem relativen Ziel des Bewegungsvorgangs unterscheiden, also zwischen dem Endpunkt und den zu durchlaufenden Teilstrecken. Das absolute Ziel läßt sich wiederum unter zwei Gesichtspunkten betrachten, einmal gleichsam als abstrakter Zielpunkt, zum anderen als konkretes, realisiertes Ziel, d. h. hier als Beharren und Ruhen des Körpers am Endpunkt der Bewegung. – Die gleiche Struktur weist nun der Prozeß des Strebens auf. Den Teilstrecken, die nur Durchgangsstationen sind (medium per quod), entspricht hier dasjenige Gute (Erstrebenswerte), das nicht um seiner selbst willen, sondern nur als 'gut für ...' angestrebt wird, also das Nützliche. Den beiden Aspekten des Endpunktes entspricht zum einen gleichsam als das objektive Ziel das An-sich-Gute (honestum), zum anderen als eher subjektives Ziel das lustvolle Ruhen in dem erreichten Ende (delectabile).

b) durch die Klärung des logischen Status der aristotelischen Einteilung [5]. ‹Gut› ist demnach kein Gattungsbegriff, der vom An-sich-Guten, Nützlichen und Lustvollen in univokem Sinne ausgesagt würde. Vielmehr stehen diese Aspekte des Guten zueinander in der Beziehung der Analogie, im Verhältnis von «prius et posterius». So erfüllt den maßgeblichen und vorgeordneten Sinn von ‹gut› das «bonum honestum»; im Hinblick auf dieses können dann nachrangig das «delectabile» und das «utile» ‹gut› genannt werden.

c) durch Klärung der Prinzipien der aristotelischen Systematik [6]. Sie beruht nach Thomas weniger auf der Unterscheidung von Gegenstandsbereichen als vielmehr von Formalprinzipien. Von daher erst wird einsichtig, warum dasselbe sowohl ‹gut› (honestum) wie auch ‹nützlich› genannt werden kann, z. B. die Tugend im Hinblick auf das Glück.

In diesem Zusammenhang geht Thomas an anderer Stelle so weit zu behaupten, daß in allem Guten außer Gott bzw. der Glückseligkeit An-sich-gut-sein und N. koinzidieren, und zwar wegen der Hinordnung auf das letzte Ziel: «in omnibus honestis utilitas honestati coincidit, nisi in ultimo» [7]. Wenn Thomas sich für diese Feststellung auch mit einem gewissen Recht auf Aristoteles berufen kann, so ist hier der Sache nach sicher der Einfluß Augustins entscheidend [8]. Daß damit für Thomas gleichwohl keine radikale Funktionalisierung des Nützlichen gegeben ist, daß es vielmehr auf seine eigene Weise am Guten partizipiert, zeigen folgende Überlegungen:

a) Schon im vormoralischen, naturalen Bereich hebt Thomas im Anschluß an Aristoteles die Bedeutung von N. und Schaden als Prinzipien allgemeiner Verhaltensorientierung höherer Lebewesen unter dem Gesichtspunkt der Lebensdienlichkeit hervor. Diese Orientierung ist die Leistung eines eigenen Seelenvermögens, das jedoch bei Mensch und Tier spezifisch differenziert ist. Während es bei diesem als «vis aestimativa», als eine Art Witterungs- und Sicherungsvermögen, vorgegeben und im Sinne eines naturalen Antriebs (quodam naturali instinctu) immer schon tätig ist, sieht seine Wirkungsweise beim Menschen wesentlich anders aus. N. und Schaden müssen als Orientierungsprinzipien hier eigens im Prozeß des Untersuchens und Vergleichens gewonnen werden (inquirendo et conferendo). Das leistet die «vis cogitativa», und zwar durch beständiges Auswerten konkreter Situationserfahrung, weshalb sie auch «ratio particularis» genannt wird [9].

b) Im Hinblick auf die empirisch beobachtbare, faktische Motivation menschlichen Handelns kann Thomas – und zwar keineswegs in nebensächlichem Zusammenhang, sondern bei der Diskussion des Dekalogs – ganz nüchtern feststellen, daß die Menschen die überwiegende Mehrzahl ihrer Handlungen nach dem Gesichtspunkt eines wie auch immer bestimmten Nutzens ausrichten: «homines ut plurimum actus suos ad aliquam utilitatem ordinant». In eben dieser Tatsache sieht er die Begründung für die Notwendigkeit, die Motivation zur Befolgung bestimmter Gebote, etwa des vierten, wegen mangelnder Evidenz ihres N. durch Verheißung von Belohnungen zu stärken [10].

c) Was die Phänomenologie des N. angeht, so stellt Thomas mit Recht zwei grundverschiedene Typen des «bonum utile» heraus: α) dasjenige Nützliche, das trotz aller Funktionalität auch um seiner selbst willen angestrebt werden kann, z. B. das wohlschmeckende, gut temperierte Heilmittel (medicina sapida calida), oder der Reichtum [11]; β) das Nützliche, das in keiner Weise an ihm selbst, sondern nur als Mittel zum Zweck gewollt wird: die bittere Arznei (medicina amara) oder die Amputation eines Körpergliedes [12].

d) Auch was das moralische Feld im engeren Sinne

betrifft, kommt Thomas zu einer bedeutsamen Differenzierung. Zum einen kann schon der richtige Gebrauch eines Nutzgutes den Charakter des Moralisch-Guten gewinnen, nämlich aufgrund der Vernunftgemäßheit des Gebrauchs. Darüber hinaus vermag die Hinordnung einer Handlung auf einen N. ihr moralisches Gutsein mitzuerwirken, nämlich in Kraft der Vernunft, welche die rechte Zuordnung leistet. Dies ist z. B. der Fall beim Verhältnis von Ehe und Nachkommenschaft [13].

e) In der Rechtsphilosophie betont Thomas die Bedeutung des Prinzips N. im Zusammenhang der Behandlung der «lex humana», des menschlich-positiven Gesetzes [14]. Mit Isidor von Sevilla und dem ‹Corpus Juris› sieht er im N. für die Menschen (utilitas hominum bzw. utilitas humana) den eigentlichen Zielsinn der «lex humana» und den Maßstab ihrer Richtigkeit [15]. Dabei wird die «utilitas» als Prinzip der positiven Gestaltung formal unterschieden vom Gesichtspunkt der Notwendigkeit (necessitas) des menschlichen Gesetzes, nämlich zur Unterdrückung des Schlechten [16]. Weil aber die «lex humana» ebenso aufgrund der endlichen Vernunft ihres Urhebers wie infolge der Kontingenz ihres Anwendungsbereiches veränderbar ist, muß es ein Begründungs- bzw. Rechtfertigungsprinzip für Gesetzeswandel geben (mutatio legum) [17]. Dieses ist wiederum kein anderes als der Gesichtspunkt des N., freilich mit der Einschränkung, daß der N. von erheblichem Gewicht und von starker Evidenz ist, d.h. größer als die Kompensation des mit einer Gesetzesänderung notwendig verbundenen Reibungsverlustes; daß sich hierbei kein Widerstreit von «bonum utile» und «bonum honestum» ergeben darf, versteht sich von selbst [18].

Analoges gilt auch für den Gesetzeswandel, der einer Änderung des allgemeinen Verhaltens (consuetudo) Rechnung trägt: Das veränderte Verhalten beweist handgreiflich, daß das entsprechende Gesetz weiterhin nicht mehr von N. ist (manifestatur per consuetudinem, quod lex ulterius utilis non est) [19].

4. Die begriffsgeschichtlichen Entwicklungen der Folgezeit vollziehen sich auf dem Hintergrund der bei Thomas erreichten Differenzierung, wobei Einzelpunkte weiter geklärt bzw. schärfer beleuchtet werden, ohne daß dabei, so scheint es jedenfalls angesichts der Forschungslage, der Perspektivenreichtum seiner Sicht im ganzen erreicht oder überboten wird.

Von systematischem Interesse ist der Versuch BONAVENTURAS, den Begriff des Nützlichen durch eine Distinktion innerhalb des «bonum utile» zu präzisieren, nach der sich die folgenden drei Arten unterscheiden lassen [20]: a) Das, was nur bedingt zum Erreichen des menschlichen Endziels nützlich, prinzipiell hierfür aber entbehrlich ist, wie z. B. äußere Güter. – b) Dasjenige im Hinblick auf das Endziel Nützliche, das zwar conditio sine qua non, damit aber noch nicht conditio per quam des Erreichens ist, ja geradezu zur conditio per quam non werden kann, nämlich im Falle des Scheiterns. Bonaventura nennt als Beispiel den freien Willen. – c) Schließlich bleibt das Nützliche, welches ebenso notwendige wie hinreichende Bedingung im Hinblick auf das letzte Ziel ist, und zwar so, daß von ihm her das menschliche Streben niemals desorientiert werden kann; dies ist der Fall bei der gnadenhaft-eingegossenen Tugend (virtus gratuita).

Man kann diese Distinktion Bonaventuras als den Versuch verstehen, den augustinischen Reduktionismus zu differenzieren bzw. verständlicher zu machen, und zwar dadurch, daß analog zu Augustins Vorgehen bei der Unterscheidung von uti/frui nun innerhalb des «bonum utile» selbst hierarchisch gestufte Gegenstandsbereiche unterschieden werden.

5. In der Linie des von Thomas erarbeiteten Problemstandes geht DUNS SCOTUS insofern einen Schritt weiter, als er die relative Eigenständlichkeit des Nützlichen formal-systematisch stärker betont. Schon die systemimmanente Prämisse, daß ‹gut› ebenso wie ‹seiend› nicht analog, sondern univok zu prädizieren ist, schafft eine andere Ausgangslage [21]. Wenn unter dieser Voraussetzung die aristotelische Distinktion des Begriffs ‹gut› akzeptiert wird, dann bedeutet dies notwendig eine Aufwertung des «bonum utile». Scotus sucht nun zu zeigen, daß diese systematische Konsequenz der Natur der Sache entspricht.

Wie sehr auch das Nützliche vom Ziel des An-sich-Guten her als ein «medium» bestimmt sein mag, so folgt gerade aus der Logik dieser Beziehung, daß ihm ein eigenständiges und wesensimmanentes Gutsein zukommt (propria et intrinseca bonitas). Nur aufgrund dessen besitzt es die Kraft, das An-sich-Gute als Ziel in seinem realen Sein mitzuerwirken. Aus der Zielbestimmung des Nützlichen folgt demnach nur, daß es nicht um seiner selbst willen begehrt wird, nicht aber, daß es nicht an ihm selber gut ist [22].

6. Im Denken des Spätmittelalters wird seit WILHELM OCKHAM die sich auf Augustinus stützende Finalisierung alles innerweltlich Guten als eines bloßen Nutzwertes kritisiert [23]. Formal besteht Ockhams Kritik darin, daß er die Vollständigkeit der augustinischen Distinktion gleichsam immanent bezweifelt und die Existenz eines dritten, eigenen Typus von Handlungen nachzuweisen sucht, die weder «uti» noch «frui» zugeordnet werden können (actus medius). Inhaltlich argumentiert er bezeichnenderweise mit dem aristotelischen Gedanken, daß wir bestimmte Güter, z. B. Tugend und Wissenschaft, um ihrer selbst willen, auch ohne Beziehung auf den «finis ultimus» erstreben können. Die systematische Konsequenz von Ockhams Kritik zielt darauf, die Möglichkeit einer natürlichen, nicht immer schon gottbezogenen Sittlichkeit zu sichern.

In der Folgezeit wird diese Position innerhalb des Ockhamismus rezipiert und weiterentwickelt, so von PIERRE D'AILLY und GABRIEL BIEL [24]. Kritisch verhält sich dazu GREGOR VON RIMINI, der Augustinus mit dem Argument zu verteidigen sucht, die Interpolation von «actus medii» laufe auf die Behauptung moralisch indifferenter Akte hinaus [25]. Daß es bei der ganzen Frage keineswegs nur um ein akademisches Problem geht, zeigt zum einen das Beispiel der spätmittelalterlichen Predigt, etwa bei GEILER VON KAISERSBERG, der die Position der natürlichen Sittlichkeit verteidigt, andererseits LUTHERS scharfe Kritik an GABRIEL BIEL [26].

7. Was die sonstige Begriffsentwicklung im Spätmittelalter angeht, kann im Hinblick auf den Forschungsstand der philosophischen Ethik in diesem Bereich nur eine Vermutung geäußert werden. Es scheint, daß in einer Zeit, deren religiöse Handlungsorientierung durch den «pursuit of holiness» als eine wesentliche Grundtendenz charakterisiert werden kann, der N. als eigener Aspekt des Guten in den Hintergrund tritt [27]. Eine der möglichen Konsequenzen solcher Dissoziierung des Guten und des Nützlichen zeigt sich bei MACHIAVELLI, nämlich in der Umwertung beider Prinzipien zugunsten des Nützlichen, die dennoch nicht so vollkommen gelingen kann, daß nicht das Böse, als das dem Principe Nützliche, in der Maske des Guten bzw. der Tugend aufzutreten gezwungen ist [28].

Anmerkungen. [1] PETRUS LOMBARDUS, Libri IV Sent. I, d. 1, c. 2f. – [2] ANSELM VON CANTERBURY, Monologion 14f. – [3] Proslogion 118. – [4] THOMAS VON AQUIN, S. theol. I, 5, 6. – [5] a.O. ad 3. – [6] ad 2. – [7] In II Sent. dist. 21, q. 1 c. – [8] ARISTOTELES, Eth. Nic. I, 8, 1097 a. – [9] THOMAS, Quaest. disp. de an. 13 c. – [10] S. theol. I/II, 100, 7 ad 3. – [11] In Eth. I, 1, 9; S. theol. I/II, 100, 5 ad 5. – [12] In Eth. a.O.; vgl. a.O. [6] und [7]. – [13] In IV Sent., dist. 31, q. 1, a. 2 ad 6. – [14] S. theol. I/II, 95, 3. – [15] a.O. 97, 1 ad 3. – [16] a.O. [14]. – [17] S. theol. I/II, 97, 1f. – [18] a.O. 97, 2. – [19] 97, 3 ad 2. – [20] BONAVENTURA, In II Sent., dist. 27, dub. 2. Opera omnia 2 (Quaracchi 1885) 670. – [21] JOHANNES DUNS SCOTUS, Opus Oxon. I, d. 3, q. 3; d. 8, q. 3. Opera omnia 5 (Lyon 1639, ND 1968). – [22] Opus Oxon. I, d. 3, q. 3, n. 2; q. 4; III, d. 34, n. 15. – [23] WILHELM VON OCKHAM, In I Sent. d. 1, q. 1; Opera theol. I (St. Bonaventure 1967) 376-379; vgl. M. SCHWARZ: Via Gregorii, in: Gregor von Rimini, hg. H. A. OBERMAN (1981) 93ff. – [24] GABRIEL BIEL: Collectorium in IV libr. Sent. (Lyon 1514) II, d. 28, q. un., a. 1, n. 1; PIERRE D'AILLY: Quaest. super libr. Sent. (Straßburg 1490, ND 1968); vgl. L. GRANE: Contra Gabrielem (Kopenhagen 1962) 170ff. – [25] GREGOR VON RIMINI, In Sent. I, d. 1, q. 1; Super I et II Sent. (1522, ND St. Bonaventure 1955) Fol. 23 A-F. – [26] SCHWARZ, a.O. [23] 93f.; vgl. GRANE, a.O. [24] 320ff. – [27] The pursuit of holiness in late medieval and renaissance religion, hg. CH. TRINKAUS/H. A. OBERMAN (Leiden 1974). – [28] N. MACHIAVELLI, Il principe 18.   G. JÜSSEN

III. *Neuzeit.* – ‹N.› und ‹Nützlichkeit› (Nt.) sind sehr formale Ausdrücke, die in der Neuzeit oft weniger begrifflich untersucht als (in wirtschaftlich- und sittlich-praktischen Zusammenhängen) verwendet werden. Ihre größte Bedeutung erhalten sie innerhalb der hedonistisch-utilitaristischen Tradition. Die für sie charakteristische Verzahnung von N. mit Freude, Lust (pleasure, plaisir) findet sich schon im italienischen Humanismus, so bei L. VALLA, der allerdings darauf besteht, daß die Freuden die Christen nicht von dieser Welt sind [1]. Dieser transzendente Bezug wird von HOBBES getilgt. Im Rahmen seiner kinematisch-physiologisch begründeten egoistischen Anthropologie definiert er das Nützliche als das Gute, sofern es Mittel ist [2]. Zusammen mit der rein subjektiven Bestimmung des Guten als jedweden Gegenstandes der Neigung des jeweiligen Menschen [3] bezeichnet N. die für den neuzeitlichen Begriff überhaupt charakteristische dreistellige Relation: etwas ist *für* etwas *von* jemandem nützlich. Obwohl D. HUME im Unterschied zu Hobbes Moral und Recht letztlich nicht im individuellen, sondern im sozialen N. begründet – die soziale Nt. (usefulness) gilt als eine wichtige Quelle des moralischen Gefühls [4] – wird der N.-Begriff selbst kaum verändert; Nt. gilt als Tendenz zu einem Ziel, gegenüber dem wir nicht indifferent sind [5], so daß Nt. uns gefällt. Alles Wertvolle ist entweder nützlich für Angenehmes oder selbst angenehm (agreeable) [6].

Nach SPINOZA heißt das Nützliche suchen, sein Sein zu erhalten streben, und je mehr einer dies tue, desto mehr sei er mit Tugend begabt [7]. Der Bezug des Nützlichen auf das Gemeinwohl wird von Spinoza direkt ausgesprochen: «Quae ad hominum communem Societatem conducunt, sive quae efficiunt, ut homines concorditer vivant, utilia sunt; et illa contra mala, quae discordiam in Civitatem inducunt» (Was zur gemeinsamen Gesellschaft der Menschen führt, oder was bewirkt, daß die Menschen in Eintracht leben, ist nützlich; dagegen ist alles das schlecht, was Zwietracht in den Staat bringt) [8].

Humes Frage, warum Nt. gefalle (why utility pleases), wird von A. SMITH aufgenommen und mit der beständigen Erinnerung an das Vergnügen und die Bequemlichkeit beantwortet, die der nützliche Gegenstand zu fördern geeignet sei [9]. Dagegen bestreitet Smith Humes These, daß das (sozial) Nützliche oder aber das Angenehme einer Gesinnung der erste Grund unserer sittlichen Billigung seien, und nimmt ein von der Wahrnehmung der Nt. ganz verschiedenes Gefühl der sittlichen Richtigkeit (propriety) der Gesinnung an [10]. Auch hebt Smith die relative Verselbständigung des N. hervor: Die Eignung von Kunsterzeugnissen werde deshalb oft höher geschätzt als der Zweck, für den sie bestimmt seien, weil man nicht den N. selbst, sondern die Eignung und Geschicklichkeit, N. zu leisten, schätze [11]. Diese Täuschung des Menschen durch die Natur treibe Wirtschaft und Handel, Staatsgründungen, Wissenschaften und Künste hervor [12].

Die ausschließliche Orientierung am N. führt freilich nach A. FERGUSON zu einer Auflösung der sozialen Bindungen. Dort, wo der Geist eines Handelsstaates herrsche, interessiere man sich zwar für die Erhaltung seines Landes, aber weil man mit seinen Mitmenschen nicht anders als mit seinem Vieh und seinem Boden handle, nämlich des N. wegen, die sie bringen, könne man sich hier und nur hier als losgelöstes, einsames Wesen finden [13]. Während nach SMITH der Preis eines Gutes von den Kosten der Herstellung abhängt [14], ist er nach F. GALIANI, C. BECCARIA und A. R. J. TURGOT durch die Nt. und Knappheit des Gutes bedingt [15].

CHR. WOLFF bestimmt den N. eines Dinges als «Folgerung aus seinem Wesen, die wir nicht bedacht haben, da wir es hervorzubringen getrachtet» [16], und Nt. als «Beförderung der Bequemlichkeit des menschlichen Lebens» [17]. A. G. BAUMGARTEN unterscheidet zwischen aktiver und passiver Nt. [18]. Im Rahmen seiner «Analytik des Schönen» sieht I. KANT in der Nt. einen Unterfall von Zweckmäßigkeit. Als «Übereinstimmung zu einem Zwecke, der in anderen Dingen liegt» [19], als «das mittelbar Gute (das Nützliche), welches als Mittel zu irgend einer Annehmlichkeit gefällt» [20], ist Nt. eine äußere Zweckmäßigkeit objektiver Art im Unterschied zur inneren Zweckmäßigkeit, der Vollkommenheit [21].

Ähnlich ergibt sich nach J. G. FICHTE im Rahmen einer Untersuchung des Geschmacksurteils «die Nt. des Dinges zu irgend einer Absicht» aus der Beziehung auf den Begriff eines äußeren Zweckes. Dem Ding kommt «adhärierende (bedingte) Schönheit», nicht «freie Naturschönheit» zu [22].

Im Bereich des Praktischen spricht KANT bei nicht-moralischen Verbindlichkeiten nicht von ‹nützlich› oder ‹Nt.›, sondern – aus dem Blickwinkel des Handelnden – von Geschicklichkeit und Klugheit. Nur im Nachlaß heißt es: «Was im wahren oder eingebildeten Bedürfnisse befriedigt, ist nützlich (mihi bonum)» [23]. Bei FICHTE finden sich praktische Zusammenhänge häufiger: ‹nützlich› und ‹Nt.› werden auf Vorteile [24] und Genuß [25] bezogen; es ist der Antrieb der Eigenliebe, der uns das Angenehme und Nützliche begehren läßt [26], die jedoch den moralischen Regeln oft widerstreiten [27]. In einem Plädoyer für Denkfreiheit behauptet Fichte allerdings auch von der Wahrheit, daß sie für den Menschen immer nützlich sei [28].

Zu einem Schlüsselwort wird ‹Nt.› (utilité bzw. utility) im Utilitarismus von C. A. HELVETIUS (L'utilité publique ... est le principe de toutes les vertus humaines) [29], von W. PALEY (It is the utility of any moral rule alone which constitutes the obligation of it) [30] und vor allem von J. BENTHAM. Letzterer versucht, Ethik und Politik, Gesetzgebung und Verwaltung zu empirisch verifizierbaren und rational kalkulierbaren Wissenschaften zu machen. Auf der Grundlage einer hedonistischen Anthropologie gilt als einziges und höchstes Beurteilungskriterium von Moral und Recht das Prinzip der Nt., «das schlechthin jede Handlung in dem Maß billigt oder mißbilligt, wie ihr die Tendenz innezuwohnen scheint, das Glück der Gruppe, deren Interessen in Frage stehen, zu vermehren oder zu vermindern» [31]. Die schon von F. HUTCHESON [32], C. BECCARIA [33] und J. PRIESTLEY [34] geforderte Maximierung des Glücks der größten Zahl kann ebenso als Prinzip des Glücks (principle of happiness) wie als Prinzip der Nt. (principle of utility) bezeichnet werden, weil die Nt. bei BENTHAM – wie vorher schon bei Galiani – vom Glück her definiert wird: «Unter Nt. ist jene Eigenschaft an einem Objekt zu verstehen, durch die es dazu neigt, Gewinn, Vorteil, Freude, Gutes oder Glück hervorzubringen ... oder ... vor Unheil, Leid, Bösem oder Unglück zu bewahren» [35].

Wirkungsgeschichtlich bedeutsam ist BENTHAMS Entwurf eines quantitativen N.-Begriffs: das Programm, Nt., verstanden als Wert einer Menge an Freude (pleasure) oder Leid (pain), zu messen. Sein berühmter N.-(Glücks-)Kalkül, zu dem sich schon bei W. WOLLASTON Ansätze finden [36], verbindet empirische mit mathematischen Elementen. Auf der einen Seite erfordert er Erkenntnisse über die Handlungsfolgen und deren Bedeutung für das Glück der Betroffenen. Auf der anderen Seite nennt er 7 Parameter (circumstances): Intensität, Dauer, Gewißheit oder Ungewißheit, Nähe oder Ferne, Folgenträchtigkeit, Reinheit und Ausmaß, mit deren Hilfe durch Addition und Subtraktion von N.-Größen die richtige, weil nutzenmaximale Entscheidung zu berechnen ist [37]. Der gesuchte kollektive N. (das größte soziale Glück) ergibt sich aus der Summe der individuellen N.-Größen, setzt daher neben der kardinalen Meßbarkeit auch die interpersonelle Vergleichbarkeit der N.-Werte voraus.

G. W. F. HEGEL weist den Nt.-Optimismus der französischen und britischen Aufklärung in seine Schranken, indem er die Nt. als spezifischen Standpunkt der Aufklärung anerkennt und zugleich relativiert. Für die Aufklärung haben alle Gegenstände die Qualität des individuell oder sozial Nützlichen [38]: «Das Nützliche ist der Gegenstand, insofern das Selbstbewußtsein ihn durchschaut, und die *einzelne Gewißheit* seiner selbst, seinen Genuß, (sein *Fürsichsein*) in ihm hat» [39]. Auch die Vernunft gilt hier als «ein nützliches Mittel» [40], und die Religion ist wegen ihrer Beziehung auf das absolute Wesen «unter aller Nt. das Allernützlichste» [41]. «Wie dem Menschen alles nützlich ist, so ist er es ebenfalls, und seine Bestimmung ebensosehr, sich zum gemeinnützlichen und allgemeinen brauchbaren Mitgliede des Trupps zu machen» [42]. Aber der universale Standpunkt der Nt. ist nach Hegel doch nur jene Stufe des sich entfremdenden Geistes, die im Prozeß der Selbstwerdung des Geistes zwar notwendig, jedoch zu überwinden ist. Dort, wo die Vergegenständlichung des Nützlichen zurückgenommen wird, damit die Nt. selbst Subjekt werde, tritt als neue Gestalt des Bewußtseins die absolute Freiheit hervor [43], die – sich auf den Thron der Welt erhebend, «ohne daß irgendeine Macht ihr Widerstand zu leisten vermöchte» [44] – den «*Schrecken* des Todes» mit sich führt [45].

A. COMTE nimmt Hegels Relativierung der Nt. zurück. Sein von Wissenschafts- und Fortschrittsgläubigkeit getragener Begriff des Positiven enthält das Nützliche als den Aspekt der «destination nécessaire de toutes nos saines spéculations pour l'amélioration continue de notre vraie condition, individuelle et collective, au lieu de la vaine satisfaction d'une stérile curiosité» [46].

Benthams Gleichsetzung von Nt. mit Lust wird in J. ST. MILLS verfeinertem Utilitarismus ebenso bekräftigt [47] – ähnlich A. BAIN [48] – wie die Definition von Gerechtigkeit durch den (sozialen) N. [49]. Die als Bentham-Kritik eingeführte Unterscheidung von niederen (sinnlichen) und höheren (geistigen) Freuden, der sogenannte 'qualitative Hedonismus' [50], begründet daher zugleich eine Unterscheidung zweier Arten von Nt. In seiner Wirtschaftstheorie folgt J. ST. MILL dem französischen Nationalökonomen J. B. SAY und behauptet, die Arbeit produziere eigentlich nicht Gegenstände, sondern Nt.en [51], also subjektive Werte für die Bedürfnisbefriedigung, von denen der Tauschwert der Dinge ebenso abhänge wie von der 'objektiven' Knappheit aller Güter [52]. Der junge K. MARX kennt einen normativen Begriff des N.: Die im Kommunismus geschehende Aufhebung des Privateigentums führe dazu, daß das Bedürfnis oder der Genuß ihre egoistische Natur und die Natur ihre bloße Nt. verlieren und der N. zum *menschlichen* N. werde [53].

In der deutschen Utilitarismus-Rezeption unterscheidet G. VON GIZYCKI zwischen subjektiver, innerlicher und objektiver, äußerer Nt. [54]. In G. E. MOORES nichthedonistischem Utilitarismus wird die Verzahnung von nützlich mit angenehm aufgehoben und ‹nützlich› neutral als «a means to the attainment of goods other than moral goods» [55] bzw. als «has good effects» [56] definiert.

Der wirkungsgeschichtlich bedeutendste Beitrag zur neueren N.-Theorie stammt aus der Grenznutzenschule. Ihre Grundgedanken wurden in bezug auf Glücksspiele schon vom Mathematiker D. BERNOULLI [57], in bezug auf die gesamte Wirtschaftstheorie von H. H. GOSSEN [58] entwickelt (s. Art. ‹Nutzen, Grenznutzen›). Mit der Grenznutzenlehre werden die Infinitesimalrechnung und graphische Darstellungsformen als neue mathematische Instrumente in die Wirtschaftstheorie eingeführt, die – trotz mancher Kritik an einer Überbewertung der Mathematik (so – weil wirklichkeitsfremd – von seiten des späteren PARETO, dann von G. MYRDAL, H. ALBERT u.a. [59]) – die Wirtschaftstheorie bis heute beherrscht. F. Y. EDGEWORTH, A. MARSHALL und I. FISHER verwenden Indifferenzkurven: Kurven gleicher N.-Schätzung (später weiterentwickelt durch E. SCHNEIDER, J. R. HICKS u.a.) [60]. Mit ihrer Hilfe läßt sich – was freilich erst PARETO klar erkennt – auf eine kardinale N.-Messung verzichten, die sich ohnehin als praktisch undurchführbar erwies; nur eine weit schwächere, eine ordinale N.-Messung ist erforderlich, bei der es nur noch auf die relative Rangordnung, nicht mehr auf die absolute N.-Größe ankommt. A. C. PIGOU arbeitet zunächst noch mit einer kardinalen N.-Messung, indem er – ähnlich wie DUPUIT, dann FRISCH und FISHER – den N. über jene Geldmenge definiert, die ein Wirtschaftssubjekt für die Erlangung des N. zu zahlen bereit sei [61].

Weitere bedeutende Beiträge zur Theorie kardinaler N.-Messung stammen – teilweise auf BERNOULLI [62], T. BAYES und R. JENNINGS [63] zurückgehend – von F. P. RAMSEY [64], B. DE FINETTI [65] und L. J. SAVAGE [66]. Sie kombinieren in einer Matrix den numerischen N. eines Handlungsergebnisses mit der Wahrscheinlichkeit, mit der der Handelnde das Ergebnis erwartet. So wandelt sich der Begriff des N. zu dem der *N.-Erwartung*, der zusammen mit der Maxime der Maximierung die Grundlage der modernen Theorie rationaler Entscheidung unter Unsicherheit (Risiko) bildet. Statt von ‹N.›/‹Nt.› spricht die Entscheidungstheorie auch von ‹Wünschbarkeit› (desirability) [67].

An die utilitaristische Gleichsetzung des sozialen (kollektiven) N. mit der Summe der individuellen N.-Werte knüpfen die Wohlfahrtsökonomie (PARETO, PIGOU [68], I. M. D. LITTLE [69]) und die Sozialwahltheorie [70] an. Diese Theorien kommen jedoch ohne N.-Messungen und -vergleiche nicht aus, die L. C. ROBBINS als wissenschaftsfremde Werturteile verwirft [71], während nach GEORGESCU-ROEGEN sogar die schwache Form ordinaler N.-Messungen unmöglich ist [72]. Die formalen Möglichkeiten, N. in *sozialen* Kontexten zu optimieren, untersucht die von J. VON NEUMANN und O. MORGENSTERN entwickelte Spieltheorie [73]. Bei ihren Begründern wird N. durch Numerizität, unbegrenzte Substituierbarkeit und freie Transferierbarkeit, d. h. – wie beim frühen Pigou – in Begriffen von Geldeinheiten oder ihren Äquivalenten definiert [74].

Dem statischen und individualistischen Moment im N.-Begriff der utilitaristisch-ökonomischen Tradition sucht die zeitgenössische Wirtschaftstheorie durch Dynamisierung der N.-Funktionen [75] sowie durch Berücksichtigung von Lernprozessen in sogenannten 'offenen Spielen' [76] zu begegnen. Aber auch hier fehlt eine reflexive Beziehung zu den individuellen N.-Vorstellungen [77]. Überdies ist der N.-Begriff selbst noch unklar bzw. kontrovers: ist N. die meßbare Augenblickspräferenz oder aber – so KRELLE – der Grad innerer Zufriedenheit, das Befriedigungsniveau [78]?

Außerhalb der utilitaristisch-ökonomischen Tradition gibt es weit weniger Beiträge. In A. SCHOPENHAUERS Hauptwerk findet sich die an Hume erinnernde Unterscheidung des Guten in das Angenehme als die unmittelbar gegenwärtige und das Nützliche als die nur mittelbare, auf die Zukunft gehende Befriedigung des jeweiligen Willens [79]. Zu FR. NIETZSCHES Kritik der abendländischen Moral und Ethik gehört auch eine historisch erhellende und zugleich entlarvende Genese der Vorstellung, die alles moralische Handeln «gegen das Handeln um des N. willen förmlich abschließt»: «Offenbar hat die Gesellschaft, der Heerd aller Moral ..., allzu lange und allzu hart mit dem Eigen-N. und Eigen-Sinne des Einzelnen zu kämpfen gehabt, um nicht zuletzt *jedes andere* Motiv sittlich höher zu taxieren, als den N. So entsteht der Anschein, als ob die Moral *nicht* aus dem N. herausgewachsen sei: während sie ursprünglich der Gesellschafts-N. ist, der grosse Mühe hatte, sich gegen alle die Privat-Nt.en durchzusetzen und in höheres Ansehen zu bringen» [80].

Aus der instrumentalen Beziehung des Nützlichen auf das Angenehme (hier: das Erfreuende) und dessen Gleichsetzung mit dem Schönen zieht NIETZSCHE die Konsequenz, daß «das Nützliche der oftmals nothwendige *Umweg zum Schönen*» wird und man «den kurzsichtigen Tadel der Augenblicks-Menschen, die nicht warten wollen ..., mit gutem Recht zurückweisen» kann [81].

In der Ästhetik von J. M. GUYEAU [82], E. VON HARTMANN [83], auch von G. SANTAYANA [84], gilt der ästhetische Wert (die Schönheit) eines Gegenstandes als ganz oder teilweise abhängig von seinem N. für ein wünschenswertes Ziel. B. CROCE hält die (wirtschaftliche) Nt. für eine eigenständige Form des Geistes, deshalb auch für eine fundamentale philosophische Kategorie, die aus einer Theorie der Praxis nicht eliminiert werden dürfe [85], selbst für den Bereich des Rechts von Bedeutung sei [86].

Im Gegensatz zur Herleitung der Moral aus der sozialen Nt. bei NIETZSCHE wendet sich M. SCHELER im Rahmen seiner Kritik an der vielfachen Verkehrung der an sich gültigen «Rangordnung der Werte» in der modernen Moral auch gegen eine Überbewertung der Nt. Das Nützliche ist ihm ein abgeleiteter Wert [87]: «Ein jeder Nt.-Wert ist ein Wert 'für' ein Lebewesen. 'Nützlich' ist, was die Beziehung einer beherrschbaren Ursache zur Realisierung eines Gutes vom Wert des sinnlich Angenehmen hat.» Von den beiden Werten des mittleren Wertbereichs, der Nt. (den Werten der Erhaltung, der Anpassung und des Werkzeuges) und dem vitalen Wert (den Werten der Entfaltung, der Eroberung und des Organs) ist daher *«der letztere dem ersteren evident vorzuziehen»* [88]. Das Nützliche stellt «den (echten) Konsekutivwert in bezug auf den *Selbstwert* des 'Angenehmen' dar» [89]. Der spezifisch moderne (dem Mittelalter und der Antike fremde) Asketismus ziehe dagegen die nützliche Arbeit dem Genuß des Angenehmen vor, was zum modernen Kapitalismus mit seiner endlosen Anhäufung angenehmer Dinge und der gleichzeitigen geringeren Genußfähigkeit führe [90]: zum grotesken «*'Ideal' des Minimums von Genuß bei einem Maximalmaß angenehmer und nützlicher Dinge!»* [91]. Im Gegensatz zum Evolutionsoptimismus SPENCERS sieht SCHELER daher im Geist der modernen Zivilisation keinen Fortschritt, vielmehr einen Niedergang: «ein Vergessen der Zwecke über der Entfaltung bloßer Mittel. Und eben das ist Dekadenz!» [92].

Innerhalb seiner sprachanalytischen Untersuchung der verschiedenen Bedeutungen von ‹gut› grenzt G. H. VON WRIGHT das Nützliche sowohl gegen das instrumental Gute (das einem beliebigen Zweck diene, während das Nützliche einem Zweck diene, der von uns tatsächlich verfolgt werde) als auch gegen das hedonistisch Gute ab. Das Nützliche, mit vorteilhaft (advantageous) und förderlich (favourable) eng verwandt, bezeichne entweder eine unterstützend (promotive) oder eine schützend (protective) förderliche Beziehung zwischen einem Ding und etwas anderem [93].

Anmerkungen. [1] L. VALLA: De vero falsoque bono (Basel 1540), hg. M. DE PANIZZA LORCH (Bari 1970) I/III, c. IX (1) u. a. – [2] TH. HOBBES: Leviathan (London 1651) I, c. 6, hg. C. B. MACPHERSON (Harmondsworth 1968) 121. – [3] a.O. 120. – [4] D. HUME: An enquiry concerning the principles of morals (London 1751) V/2, hg. L. A. SELBY-BIGGE (London 1963) 219. – [5] a.O. (1963) App. I, 286. – [6] a.O. (1751, 1963) IX/1. – [7] B. DE SPINOZA: Ethica (Amsterdam 1677) IV, prop. XX, hg. K. BLUMENSTOCK (Darmstadt 1967) 414. – [8] Ethica IV, prop. XL, a.O. (1967) 444. – [9] A. SMITH: The theory of moral sentiments (London 1759) IV, 1, dtsch. hg. G. GAWLICK (1977) 308. – [10] IV, 2, dtsch. a.O. 323. – [11] IV, 1, dtsch. a.O. 310. – [12] 315f. – [13] A. FERGUSON: Essay on the hist. of civil soc. (Edinburgh/Dublin 1767) ch. 3, dtsch. (²1923) 26. – [14] SMITH: An inquiry into the nature and causes of the wealth of nations (London 1776, ⁵1789) I, 5, dtsch. H. C. RECKTENWALD (1974) 33. – [15] F. GALIANI: Della moneta libri cinque (Neapel 1750), in: Economisti napoletani del sec. XVII e XVIII, hg. F. TAGLIACOZZO (Bologna 1937) 91-214; C. BECCARIA: Elementi di economia pubblica (Mailand 1769), in: P. CUSTODI (Hg.): Scrittori class. ital. di econ. pol. 11.12 (Mailand 1804); A. R. J. TURGOT: Valeurs et monnaies (1768). Oeuvres, hg. E. DAIRE/H. DUSSARD 1 (Paris 1844) 72-93. – [16] CHR. WOLFF: Vern. Gedanken von Gott, der Welt und der Seele des Menschen, auch allen Dingen überhaupt, Teil I (1719, ³1733) § 1029. – [17] Vern. Ged. von den Kräfften des menschl. Verstandes und ihrem richtigen Gebrauch in der Erkenntnis der Wahrheit (1713, ⁹1738) cap. 9, § 18. Ges. Werke I/1, 218. – [18] A. G. BAUMGARTEN: Metaphysica (Halle 1739) § 336. – [19] I. KANT, Erste Fassung der Einl. in die KU, Abschn. XII. Werke, hg. W. WEISCHEDEL 5 (1963) 231. – [20] KU (1790) § 4. Akad.-A. 5, 209. – [21] § 15, a.O. 226. – [22] J. G. FICHTE, Versuch eines erklärenden Auszugs ... Ges.-A., hg. R. LAUTH/H. JACOB (1962ff.) II/1, 371. – [23] Bruchstücke aus Kants Nachlaß. KANT, Werke, hg. K. VORLÄNDER 8 (1922) 258. – [24] FICHTE, Beweis der Unrechtmäßigkeit des Büchernachdrucks, a.O. [22] I/1, 423. – [25] Fichtes Schlußvorlesung von 1794, a.O. I/4, 416. – [26] Über die Wahrheitsliebe, a.O. II/2, 154. – [27] Critik aller Offenbarung, a.O. 52. – [28] Über die Achtung des Staats für die Wahrheit, a.O. 239. – [29] C. A. Helvetius: De l'esprit (Paris 1758). Oeuvres compl. (Paris 1795, ND 1969) II, disc. 2, ch. 6, 80. – [30] W. Paley: The principles of moral and pol. philos. (London 1785) II, ch. 6, in: Brit. Moralists 1650-1800, hg. D. D. Raphael 2 (Oxford 1969) 261. – [31] J. Bentham: An introd. to the principles of morals and legislation, ch. 1, sect. 2 (London 1789), hg. J. H. Burns/H. L. A. Hart (London 1970) 11f.; dtsch. (Auszüge) Eine Einf. in die Prinzipien der Moral und der Gesetzgebung, in: O. Höffe (Hg.): Einf. in die utilitarist. Ethik (1975) 35-58, zit. 35f. – [32] F. Hutcheson: An inquiry into the original of our ideas of beauty and virtue (London 1725) sect. III, § VIII, in: Brit. Moralists a.O. [30] 1, 283f. – [33] C. Beccaria: Dei delitti e delle pene (Monaco 1764; dtsch. Berlin 1870) Einleitung. – [34] J. Priestley: An essay on the first principles of government and on the nature of polit., civil and relig. liberty (London 1768). – [35] Bentham, An introd. ... ch. 1, sect. 3, dtsch. a.O. [31] 36. – [36] W. Wollaston: The religion of nature delineated (London 1724) sect. I, § IX, in: Brit. Moralists a.O. [30] 1, 250f.; sect. II, § IVf., a.O. 1, 255f. – [37] Bentham, An introd. ... ch. 4, dtsch. a.O. [31] 49-52. – [38] G. W. F. Hegel: Phänomenol. des Geistes, Kap. VIII. Das absolute Wissen, hg. J. Hoffmeister (1952) 551 = Ges. Werke 9 (1980) 423f. – [39] Kap. VI, Abschn. B III: Die Aufklärung, a.O. 413 = 315f. – [40] a.O. 399 = 305. – [41] 400 = 305. – [42] 399f. = 305. – [43] Abschn. B III: Die absolute Freiheit und der Schrecken, a.O. 414 = 316. – [44] a.O. 415 = 314. – [45] 419 = 321. – [46] A. Comte: Discours prél. sur l'esprit positif (Paris 1844) ch. 1, hg. P. Arbousse-Bastide (Paris 1963) 72. – [47] J. St. Mill: Utilitarianism (London 1863) ch. 2, dtsch. hg. D. Birnbacher (1976) 11. – [48] A. Bain: Mental and moral science (London 1868) 442. – [49] Mill, Utilitarianism ... ch. 5, dtsch. a.O. [47] 72ff. – [50] ch. 2, dtsch. a.O. 14ff. – [51] Mill: Principles of polit. economy, with some of their applications to social philos. I, ch. 3, § 1.2 (London 1848), hg. W. J. Ashley (New York 1965) 45f. – [52] Principles ... III, ch. 2, § 1, a.O. 442. – [53] K. Marx: Ökon.-philos. Manuskripte, 3. Manuskript. MEW Erg.-Bd. (1977) 540. – [54] G. von Gizycki: Moralphilos., gemeinverständl. dargestellt (1888) 14. – [55] G. E. Moore: Principia ethica, ch. 64 (Cambridge 1903, 1968) 106. – [56] Ethics (Oxford 1912, 1966) 130. – [57] D. Bernoulli: Specimen theoriae novae de mensura sortis, in: Comm. acad. scient. imp. Petropolitanae 5 (Petersburg 1738) 175-192; dtsch. (Leipzig 1896); engl. Econometrica 22 (1954) 23-36. – [58] H. H. Gossen: Entwickl. der Gesetze des menschl. Verkehrs und der daraus fliessenden Regeln für menschl. Handeln (1854), hg. A. Hayek (^{3}1927) bes. 4ff. – [59] G. Myrdal: Das polit. Element in der nationalökon. Doktrinbildung (1932, ^{2}1963); H. Albert: Marktsoziol. und Entscheidungslogik (1967); zur Kritik der Grenznutzenlehre: M. Weber: Die Grenznutzenlehre und das 'Psychophysische Grundgesetz'. Ges. Aufs. zur Wiss.lehre (^{4}1973) 384-399; L. Illy: Das Gesetz des Grenznutzens (1948). – [60] Vgl. I. Fisher: Mathemat. investigations in the theory of value and prices (New York 1892); J. R. Hicks: Value and capital (Oxford 1939); E. Schneider: Theorie der Produktion (Wien 1934). – [61] A. C. Pigou: Some aspects of welfare economics. Amer. econ. Review 41 (1951) 287-302; R. Frisch: New methods of measuring marginal utility (1932); Fisher: A statistical method for measuring 'marginal utility' ..., in: J. H. Hollander (Hg.): Econ. essays ... (New York 1927) 157-193. – [62] Bernoulli, a.O. [57]. – [63] T. Bayes: An essay towards solving a problem in the doctrine of chances, in: Philos. transaction 53 (London 1763) 370-418; Biometrica 45 (1958) 296-315; R. Jennings: Natural elements of polit. economy (London 1855). – [64] F. P. Ramsey: Truth and probability, in: The foundations of mathematics and other logical essays (London/New York 1931). – [65] B. de Finetti: La prévision: Les lois logiques, ses sources subjectives. Ann. Inst. Henri Poincaré 7 (1937) 1-68. – [66] L. J. Savage: The foundations of statistics (New York 1954). – [67] R. C. Jeffrey: The logic of decision (New York ^{2}1967), dtsch. hg. T. Cornides (1967). – [68] Pigou: Wealth and welfare (London 1912), 2. Aufl.: The economics of welfare (London 1920); The laws of diminishing and increasing costs. Econ. J. 37 (1927) 188-197; a.O. [61]. – [69] V. Pareto: Cours d'économie polit. 1. 2 (Lausanne 1896f.). – [69] I. M. D. Little: A critique of welfare economics (Oxford 1950, ^{2}1957); vgl. K. E. Boulding: Einf. in die Wohlfahrtsökonomie, in: G. Gäfgen (Hg.): Grundl. der Wirtschaftspolitik (1966) 77-109; E. J. Mishan: Ein Überblick über die Wohlfahrtsökonomie, in: G. Gäfgen (Hg.), a.O. 110-176. – [70] K. J. Arrow: Social choice and indiv. values (New York 1951, ^{2}1963); A. K. Sen: Collective choice and social welfare (San Francisco 1970). – [71] L. C. Robbins: An essay on the nature and significance of econ. science (London ^{2}1935) ch. 6. – [72] N. Georgescu-Roegen: Choice, expectations and measurability (1954), in: Analyt. economics: Issues and problems (Cambridge, Mass. 1966) 184-215. – [73] J. von Neumann und O. Morgenstern: Theory of games and econ. behavior (Princeton 1944, dtsch. 1961); vgl. auch R. D. Luce und H. Raiffa: Games and decisions (New York 1957); M. Shubik (Hg.): Game theory and related approaches to social behavior (New York 1964, dtsch. 1965). – [74] Neumann/Morgenstern, a.O. (engl.) 8ff. – [75] Vgl. W. Krelle: Dynamics of the utility function, in: J. R. Hicks und W. Weber (Hg.): Carl Menger and the Austrian School of economics (London/New York 1973). – [76] Vgl. F. C. Iklé und N. Leites: Verhandlungen – ein Instrument zur Modifikation der N.-Vorstellungen, in: Shubik, a.O. [73] 255-270. – [77] Vgl. H. Arnaszus: Spieltheorie und N.-Begriff aus marxist. Sicht (1974); O. Höffe: Strategien der Humanität (1975, ^{2}1984) Teil I: Kritik am Paradigma N.-Kalkulation. – [78] Vgl. M. Allais: Le comportement de l'homme rationnel devant le risque: critique des postulats et axiomes de l'école amér. Econometrica 21 (1953) 503-546; W. Krelle: Präferenz- und Entscheidungstheorie (1968) 1. Teil; A. Tversky: A critique of expected utility theory: Descriptive and normative considerations. Erkenntnis 9 (1975) 163-173; J. M. Vickers: Utilities and its ambiguities, a.O. 287-311. – [79] A. Schopenhauer: Die Welt als Wille und Vorstellung 1, 4, § 65, hg. A. Hübscher (^{2}1949) 426. – [80] Fr. Nietzsche: Menschliches, Allzumenschliches 2, 2, 40. Werke, Krit. Ges.-Ausg., hg. G. Colli/M. Montinari IV/3 (1967) 208f. – [81] 2, 1, 101, a.O. 56f. – [82] J. M. Guyau: Les problèmes de l'esthétique contemp. (Paris 1884, ^{4}1897) ch. 2. – [83] E. von Hartmann: Ästhetik 1, 2 (1886) 133-186. – [84] G. Santayana: The sense of beauty (New York 1896, 1955) § 38-40. – [85] B. Croce: Filos. della pratica, economia e etica (Bari 1909, ^{3}1923), dtsch. H. Feist/R. Peters (1929) 206-212; vgl. 239-259. – [86] a.O. 308. – [87] M. Scheler: Vom Umsturz der Werte. Ges. Werke, hg. M. Scheler 3 (^{4}1955) 128. – [88] a.O. 126. – [89] Der Formalismus in der Ethik und die materiale Wertethik. Ges. Werke 2 (Bern ^{4}1954) 124. – [90] a.O. [87] 129f. – [91] a.O. 130f. – [92] 147. – [93] G. H. von Wright: The varieties of goodness (London 1963) ch. 3.

O. Höffe

Nutzen, Grenznutzen. Die historische Entwicklung des N.-Begriffes ist im Zusammenhang mit *wirtschaftswissenschaftlichen* Lehren vom Wert der Güter zu sehen. Schon Aristoteles unterschied den durch subjektive Bedürfnisse begründeten Wert eines Gutes gemäß «dem ihm eigentümlichen Gebrauch» von dem objektiven Wert eines Gutes beim Tausch gegen die äquivalente Menge eines anderen Gutes oder gegen Geld [1].

Scholastische Denker des Mittelalters griffen diese Unterscheidung wieder auf und vertieften sie. Den *Gebrauchswert* beschrieben sie sinngemäß durch den N., in welchem sie keine Eigenschaft eines Gutes selbst sahen, sondern die von einer Person empfundene subjektive Bedeutung für die Bedürfnisbefriedigung; den *Tauschwert* brachten sie mit den Herstellungskosten des Gutes, insbesondere mit Arbeitskosten, in Verbindung [2]. Auf dieser Grundlage entwickelten sich zwei breite wirtschaftswissenschaftliche Strömungen: die objektivistische Wertlehre, auf der die englische Klassische Schule der Nationalökonomie und der Marxismus aufbauen, und die subjektivistische Wertlehre, die auch als G.-Schule bekannt ist und auf der die moderne Wirtschaftstheorie westlicher Länder basiert.

In der Mitte des 18. Jh. machte die sozialphilosophische Schule des *Utilitarismus* «the principle of utility» zur Grundlage ihres Denkansatzes. Ihr Hauptvertreter, J. BENTHAM, entwickelte einen Begriff meßbaren, auch interpersonell vergleich- und addierbaren N. «Nature has placed mankind under the governance of two sovereign masters, *pain* and *pleasure*». 'Leid' und 'Freude' stehen für negativen und positiven N.; ihr Saldo ergibt die «happiness» oder «utility» [3].

In die *Klassische Schule* der Nationalökonomie fanden die Lehren des Utilitarismus keinen Eingang. ADAM SMITH' ‹Wealth of Nations› (1776) ging Benthams Werken zeitlich voraus und knüpfte an die Unterscheidung von Gebrauchs- und Tauschwert an: «value in use» ist «the utility of some particular object»; «value in exchange» ist «the power of purchasing which the possession of that object conveys» [4]. Smith formulierte das Klassische Wertparadoxon: «The things which have the greatest value in use have frequently little or no value in exchange» und umgekehrt [5]. DAVID RICARDO, obgleich mit Bentham bekannt und mit dessen Schüler James Mill befreundet, übernahm von Smith das Begriffspaar ‹Gebrauchswert/Tauschwert› [6] und beendete sein Hauptwerk damit, festzustellen, daß «value in use cannot be measured by any known standard; it is differently estimated by different persons» [7]. Die im Gebrauchswert eines Gutes ausgedrückte individuelle Nützlichkeit sah Ricardo als Voraussetzung dafür an, daß das Gut Tauschwert haben kann, nicht hingegen als Bestimmungsgrund für die Höhe des Tauschwertes. Das Austauschmengenverhältnis zweier Güter und damit deren Tauschwerte versuchte Ricardo durch das Verhältnis der in die beiden Güter eingehenden Arbeitszeiten zu approximieren [8].

Wie für die Klassiker, so macht auch für KARL MARX die «Nützlichkeit eines Dings ... es zum Gebrauchswert» [9]. Über die Klassiker hinausgehend sieht Marx im Tauschwert von Waren nicht nur ein Austauschmengenverhältnis; für ihn ist der Tauschwert oder Wert schlechthin die in der Ware vergegenständlichte abstrakte menschliche Arbeit. Der Tauschwert einer Ware läßt sich gemäß dem «Wertgesetz» durch die zu ihrer Produktion «im Durchschnitt notwendige oder gesellschaftlich notwendige Arbeitszeit» messen [10]. Tauschwert realisiert sich nur für Waren, die Gebrauchswert haben; die im Tauschwert verkörperte Arbeit ist dann «nützliche Arbeit» [11].

Die Wertlehre der klassischen *und* der marxistischen Schule ist *objektivistisch,* weil sie die Tauschwerte nicht aus den subjektiven Nutzen ausdrückenden Gebrauchswerten, sondern aus objektiven Größen wie Arbeitszeiten folgert. Es bleibt der im folgenden zu erläuternden subjektivistischen Wertlehre vorbehalten, den Tauschwert aus dem Gebrauchswert der letzten verbrauchten Gütereinheit (genauer: aus dem *Grenznutzen*) herzuleiten.

Aussagen wie die, daß jeweils gleiche Zuwächse des Einkommens oder des Brotverbrauches einer Person abnehmende N.-Zuwächse (G.) bedeuten, waren Ökonomen wie LLOYD (1833), SENIOR (1836), JENNINGS (1855) und HEARN (1864) bekannt, wurden jedoch nicht zu weiterreichenden Schlußfolgerungen herangezogen [12]. Nur J. DUPUIT (1844) und H. H. GOSSEN (1854) sind bemerkenswerte, aber unbeachtet bleibende Vorläufer der G.-Schule. DUPUIT schließt aus der Unterscheidung von «utilité absolue» und «utilité relative» auf die Konsumentenrente eines Gutes [13]. GOSSEN spricht statt von N. von «Genuß»: «Die Größe ein und desselben Genusses nimmt, wenn wir mit Bereitung des Genusses ununterbrochen fortfahren, fortwährend ab, bis zuletzt Sättigung eintritt» [14]; diese Hypothese abnehmenden, bis auf Null fallenden G. wird seit WIESER [15] «Erstes Gossensches Gesetz» genannt. «Der Mensch erlangt ... ein Größtes von Lebensgenuß, wenn er sein ganzes erarbeitetes Geld ... der Art auf die verschiedenen Genüsse vertheilt, ... daß bei jedem einzelnen Genuß das letzte darauf verwendete Geldatom den gleich großen Genuß gewährt» [16]; diese für ein N.-Maximum notwendige Bedingung heißt «Gesetz des Ausgleichs der G. (des Geldes)» oder «Zweites Gossensches Gesetz». Arbeit führt GOSSEN mit der durch sie verursachten «Beschwerde», d.h. mit negativem N., in die Überlegungen ein [17].

Der Durchbruch der G.-Schule erfolgte um 1870 mit den voneinander unabhängig entstandenen Werken des Engländers ST. JEVONS, des Österreichers C. MENGER und des Schweizers L. WALRAS. Statt von N. spricht MENGER von «Bedeutung» [18]; G. ist bei JEVONS «degree of utility» [19], bei WALRAS «rareté» [20]. JEVONS entwickelt ähnlich wie Gossen eine N.-Theorie der Arbeit [21]. Alle drei Autoren gelangen inhaltlich zur Aussage des Zweiten Gossenschen Gesetzes, die man auch folgendermaßen ausdrücken kann: Die N.-Maximierung für einen Haushalt erfordert den Kauf von Gütern in solchen Mengen, daß jeweils für zwei Güter das Verhältnis ihrer G. gleich dem Verhältnis ihrer Preise ist. Damit ist über den G. die Verbindung zwischen subjektiven Einschätzungen und durch Preisen beschriebenen objektiven Austauschverhältnissen hergestellt. Insbesondere mit dem von WALRAS mathematisch formulierten mikroökonomischen (d.h. auf den Entscheidungen der einzelnen Haushalte und Unternehmungen basierenden) Modell einer Konkurrenzwirtschaft kann gezeigt werden, daß bei gegebener Ausstattung mit Produktionsfaktoren und gegebenen technischen Produktionsmöglichkeiten die Güter- und Faktorpreisrelationen und damit die Tauschwerte subjektivistisch bestimmt sind. Das Klassische Wertparadoxon ließ sich nun in folgendem Sinne lösen: Güter mit hohem Gebrauchswert und geringem Tauschwert sind solche, deren Gesamt-N. zwar hoch, deren G. und Tauschwert jedoch gering ist, weil sie sehr reichlich vorhanden sind.

Die Begründer der G.-Schule faßten den N. und den G. von Verbrauchsmengen einzelner Güter als subjektive, kardinal meßbare Größen auf, so daß für eine Person die N. einer Mengenkombination verschiedener Güter zu einem Gesamt-N. addierbar sind (additive N.-Funktion). Interpersonelle Vergleichbarkeit und Addierbarkeit von N. wurde nur gelegentlich unterstellt. F. EDGEWORTH [22] ging als erster davon aus, daß der N. einer Person keine Summe von Einzel-N. verschiedener verbrauchter Gütermengen ist, sondern eine von einer Person einer Gütermengenkombination zugeordnete kardinal meßbare Größe; der G. eines Gutes hängt dann nicht nur von der Menge dieses Gutes, sondern auch von den Mengen der anderen Güter in der Kombination ab. Verschiedene, gleichen N. stiftende Kombinationen von zwei Gütern lassen sich geometrisch als «Indifferenzkurve» darstellen; in deren Steigung kommt das Verhältnis der G. beider Güter zum Ausdruck. V. PARETO, der von «ophélimité» statt von N. spricht, zeigte schließlich, daß man für den N. keine kardinale Meßbarkeit unterstellen muß, daß es für die gesamte subjektivistische Wertlehre vielmehr ausreicht, für eine Person ordinale Vergleichbarkeit zweier beliebiger Güterkombinationen im Sinne von Präferenzrelationen «besser», «schlechter» oder «gleich gut» zu unterstellen [23]. In axiomatischen

Ansätzen zur mikroökonomischen Theorie versuchte man später, die Paretosche Konzeption zu einer Theorie der Wahlakte umzudeuten und ohne den Begriff des N. auszukommen [24]. Eine gewisse Neubelebung erfuhr die Konzeption des kardinalen N. in der Theorie strategischer Spiele von J. v. NEUMANN und O. MORGENSTERN [25]. In der neueren volkswirtschaftlichen Literatur werden darüber hinaus wichtige Erweiterungen des N.-Begriffes, wie interpersonelle N.-Interdependenz, altruistischer N., Risiko-N., intertemporaler N., diskutiert [26]. In den «welfare economics» wird unter ausdrücklicher Zulassung von interpersonellen N.-Vergleichen auch mit der Konzeption eines gesamtwirtschaftlichen N. oder einer «gesellschaftlichen Wohlfahrtsfunktion» argumentiert [27].

Während in marktwirtschaftlich orientierten Nachschlagewerken das Stichwort ⟨G.⟩ weitgehend verschwunden ist und die Sache unter ⟨Preis⟩ oder ⟨Wert⟩ behandelt wird, wird die G.-Lehre in marxistischen Darstellungen stereotyp als apologetische Erfindung zur Abwehr der Marxschen Werttheorie behandelt [28], was geschichtlich-genetisch unrichtig ist. Die G.-Schule hat vielmehr der unvollständig ausgebildeten klassischen konkurrenzwirtschaftlichen Theorie ein Fundament geliefert [29].

Anmerkungen. [1] Vgl. ARISTOTELES, Pol. I, 9, 1257 a 5; Eth. Nic. V, 8, 1133 a 19. – [2] Vgl. J. SCHUMPETER, Hist. of economic analysis, dtsch.: Gesch. der ökon. Analyse 1. 2 (1965) 144. – [3] J. BENTHAM: An introd. to the principles of morals and legislation (1789, London 1970) 11; vgl. SCHUMPETER, a.O. [1] 184f. – [4] A. SMITH: An inquiry into the nature and causes of the wealth of nations (London 1776, New York 1937) 28. – [5] a.O. 28. – [6] D. RICARDO: Principles of pol. economy and taxation (London 1817, ND 1932) chapter I. – [7] a.O. 420. – [8]a.O. [6]. – [9] K. MARX: Das Kapital I. MEW 23, 50. – [10] a.O. 53. – [11] 56. – [12] Vgl. G. J. STIGLER: The development of utility theory. J. pol. Economy 58 (1950); ND in G. J. STIGLER: Essays in the hist. of economics (Chicago/London 1965) 78f. – [13] J. DUPUIT: De la mesure de l'utilité des travaux publics. Annales des Ponts et Chaussées, 2nd ser. 4, 6 (Paris 1844). – [14] H. H. GOSSEN: Entwickl. der Gesetze des menschl. Verkehrs und der daraus fließenden Regeln für menschl. Handeln (1854, ³1927) 4f. – [15] F. VON WIESER: Der natürl. Wert (1889) 7. – [16] GOSSEN, a.O. [14] 93f. – [17] 38ff. – [18] C. MENGER: Grundsätze der Volkswirtschaftslehre (1871, ²1923) 103. – [19] St. JEVONS: Theory of pol. economy (London 1871). – [20] L. WALRAS: Eléments d'économie pol. pure (Lausanne 1874, Paris 1926). – [21] JEVONS, a.O. [19]. – [22] F. Y. EDGEWORTH: Math. psychics (London 1881). – [23] V. PARETO: Manuale di economia pol. (Mailand 1906, 1919). – [24] Vgl. R. G. D. ALLEN und J. R. HICKS: A reconsideration of the theory of value, parts I and II. Economica N.S. 1 (1934) 52-76. 196-219. – [25] J. VON NEUMANN und O. MORGENSTERN: Theory of games and economic behavior (Princeton, N.J. 1943). – [26] Vgl. M. NEUMANN, Art. ⟨N.⟩, in: Handwb. der Wirtschaftswiss., 21. Lief. (1979). – [27] Vgl. z.B. E. SOHMEN: Allokationstheorie und Wirtschaftspolitik (1976) Kap. 10. – [28] Vgl. z.B. Art. ⟨G.-Schule⟩, in: Meyers Neues Lex. 3 (1962) 770; 5 (²1973) 604; G. FABIUNKE: Gesch. der bürgerl. pol. Ökonomie (1975) 255ff. – [29] Vgl. z.B. J. SCHUMANN: Grundzüge der mikroökonom. Theorie (³1980) Kap. I-III.
J. SCHUMANN

Nyāya (indisch: Methode, Logik)

I. Wahrscheinlich in den ersten Jh. n.Chr. aus der Verschmelzung eines Lehrbuches der Dialogik mit einer alten Naturphilosophie entstanden, stellt der N. eines der Systeme der klassischen indischen *Philosophie* dar. Als Verfasser des systematischen Grundwerkes, der ⟨Nyāyasūtren⟩, wird ein gewisser GOTAMA oder AKṢAPĀDA angesehen.

Die Ontologie des Systems orientiert sich an einer einfachen Erlösungslehre, die das Leid des Menschen aus einem Nichtwissen um die wahren Bestimmungen von Mensch, Seele und Welt und dem daraus resultierenden Fehlverhalten im Leben ableitet, wobei ein streng moralischer Wiedergeburtsmechanismus gelehrt wird [1]. Demgemäß werden als Kategorien des Seins Seele, Körper, Sinnesorgane, Laster, Fortdauer nach dem Tode, Vergeltung, Leid, Erlösung usw. angenommen [2]. Sie gelten als 'Objekte der Erkenntnis', ihnen stehen als 'Mittel der Erkenntnis' Wahrnehmung, Schlußfolgerung, Vergleich und autoritative Aussage gegenüber [3].

Die *Naturphilosophie* des N. gehört dem gleichen Entwicklungsstrom an, aus dem sich auch das Vaiśeṣika herleitet, und ähnelt diesem stark. Die im N. enthaltene dialogisch-eristische Kategorienlehre ist für die klassische Systematik nur insofern von Bedeutung, als sie Begriffe enthält, die für die Ausgestaltung der Logik wichtig sind. Das gilt für das dort erscheinende Erkenntnismittel der Schlußfolgerung mit seinen fünf Gliedern Behauptung, Begründung, Beispiel, Anwendung und Schluß, mittels deren die Grundlage für die seit etwa der Mitte des 1. nachchristlichen Jahrtausends sehr lebhafte logische Diskussion innerhalb des N. und der logischen Schulen des Buddhismus und die klassische Syllogistik vorbereitet wird [4].

In den Disziplinen der *Ontologie* und *Gotteslehre* geht der N. im Laufe der Zeit eine immer stärker werdende Einheit mit dem Vaiśeṣika ein; die *Logik* wird im 2. Jahrtausend n.Chr. von der Schule des *Navyanyāya* (neuer N.) in sehr scholastischer Weise systematisiert [5].

Anmerkungen. [1] Nyāyasūtra I, 1, 2. – [2] a.O. I, 1, 9. – [3] III, 1, 54ff. – [4] H. N. RANDLE: Indian logic in the early schools; a study of the Nyāyadarśana in its relation to the early logic of other schools (London 1930). – [5] E. FRAUWALLNER: Raghunātha Śiromaṇi. Wiener Z. Kunde Süd- und Ostasiens 10 (1966) 86-107; 11 (1967) 140-208; 14 (1970) [= Wiener Z. Kunde Südasiens und Arch. ind. Philos.] 161-208.
F. ZANGENBERG

II. Sofern die *Logik* in Indien einheimischer Tradition verpflichtet bleibt, hat sich diese bis in die Gegenwart nicht aus dem Zusammenhang der Lehre von den Erkenntnismitteln oder der Beweisführung gelöst. Alle lexikographischen Äquivalente des Begriffes ⟨Logik⟩, wie z.B. tarka- oder nyāyaśāstram (Lehrsystem, für das die argumentierende Prüfung als Methode und Inhalt konstitutiv ist), hetuvidyā [1] (Lehre vom logischen Grund) oder nyāyavistaraḥ [2] (ausführliche Darlegung des argumentierenden Prüfens) meinen Logik immer nur als konkretisiert im Vollzug prüfenden Erkennens, das vom Erkenntnisakt und der Hinordnung auf die Wahrheitsfindung nicht zu trennen ist [3].

Anlaß logischer Untersuchungen werden daher immer nur einzelne Probleme der Erkenntnismittellehre, vor allem Schlußfolgerung (anumānam) und Implikation (arthāpattiḥ), oder solche der Lehre von der Debatte (kathā), wie der Beweis (sādhanam, avayavāḥ), die fehlerhaften Formen des logischen Grundes (hetvābhāsāḥ), die Sophismen (jātiḥ) oder gewisse Gründe einer Niederlage (nigrahasthānam). Erwähnung verdient in diesem Zusammenhang die argumentierende Prüfung (tarkaḥ), von der spätestens seit Udayana fünf verschiedene Formen gelehrt wurden (petitio principii, wechselseitige Voraussetzung, Zirkel, Regressus und Folgerung von mit anderen Erkenntnissen in Widerspruch Stehendem). Sie war nicht nur als Gegenstand der Untersuchung für die indische Logik wichtig, sondern auch dadurch, daß mit ihrer Hilfe faktische Erkenntnisse als allgemein gültig ausgewiesen werden konnten (vgl. Dharmakīrtis bādhakapramāṇam oder die Funktion des tarkaḥ bei der Feststellung der Umfassung des Beweisenden durch das zu Beweisende bei Vacaspati und Udayana).

Im engsten Sinne konkretisiert sich der Begriff der Logik indischer Tradition in der hetuvidyā, im Wissen von dem logischen Grund und der Notwendigkeit seiner Verbindung mit dem zu Beweisenden, wie es in den verschiedenen philosophischen Schulen Indiens Gestalt gewonnen hat. Eigenständige Formen logischer Reflexion haben vor allem die logisch-erkenntnistheoretische Schule des Buddhismus, der Nyāya und Navyanyāya, die Mīmāṃsā und der Jainismus entwickelt.

Spätestens seit dem 2. Jh. n. Chr. wird in Indien die Frage nach der Verbindung (sambandhaḥ, avyabhicāraḥ, avinābhāvaḥ, vyāptiḥ) von Beweisendem und zu Beweisendem und der ihr innewohnenden Notwendigkeit (niyamaḥ) zum Gegenstand begrifflicher Reflexion. Zunächst griff man auf ontische Zusammenhänge (Ursache:Wirkung, Veranlassendes:Veranlaßtes, Grundstoff:Umwandlung usw.) zurück, die man durch Analogie (sādharmyam, sāmānyato dṛṣṭam anumānam) auf andere als die beobachteten Fälle übertrug. Formal wurde diese Logik der Analogie für die Schlußfolgerung dadurch anwendbar, daß man implicite oder explicite (vgl. Śataśāstram) ein Dreifaches vom logischen Grund forderte: Der logische Grund sollte vom zu beweisenden Falle (pakṣaḥ) und von einem mit diesem gleichartigen Falle (sādharmyadṛṣṭāntaḥ, sapakṣaḥ) aussagbar, von mit dem zu beweisenden Falle nicht gleichartigen Fällen (vaidharmyadṛṣṭāntaḥ, vipakṣaḥ) aber nicht aussagbar sein. Dennoch bleibt in dieser Periode der indischen Logik, die durch die Untersuchungen VṚṢAGAṆAS (Sāṃkhya, um 200 n. Chr.), VASUBANDHU d. J. (Buddhismus, ca. 400–480 n. Chr.) und PAKṢILASVĀMIN (Nyāya, 5. Jh. n. Chr.) charakterisiert ist, die Lehre vom logischen Grund letztlich eine Kasuistik der Analogieschlüsse (vgl. die Polemik BHARTṚHARIS [4]).

Im formalen Sinne entsteht eine Logik erst mit DIGNĀGAS (logisch-erkenntnistheoretische Schule des Buddhismus, ca. 480–540) Erkenntnis, daß die zu beweisende Beschaffenheit nur dann notwendig zu erschließen ist, wenn die beweisende Beschaffenheit von dieser umfaßt ist. Eine solche Umfassung (vyāptiḥ) konnte aber nur dann als gegeben betrachtet werden, wenn die an Beispiel und Gegenbeispiel faktisch aufweisbaren Merkmale des logischen Grundes ausnahmslos Geltung hatten. Er lehrte daher, daß die beweisende Beschaffenheit vom zu beweisenden Falle (pakṣaḥ) zur Gänze, von den anderen Fällen, denen die zu beweisende Beschaffenheit zukommt (sapakṣaḥ), wenigstens in einem Falle aussagbar sein mußte und von keinem einzigen Falle aussagbar sein durfte, dem die zu beweisende Beschaffenheit nicht zukommt, soll sie schlüssig sein. Damit gelangte Dignāga zu folgendem System möglicher Schlußformen, das er «Rad der logischen Gründe» (hetucakram) nannte und erstmals in seinem nur tibetisch erhaltenen ‹Hetucakradamaruḥ› darlegte:

(Als Annahme gilt für alle Fälle, daß der logische Grund vom pakṣaḥ zur Gänze ausgesagt werden kann. A: Der logische Grund kommt allen Fällen zu; E: Der logische Grund kommt wenigstens einem Falle zu; K: Der logische Grund kommt keinem Falle zu. Die Position des 1. Buchstabens symbolisiert den sapakṣaḥ, die des 2. Buchstabens den vipakṣaḥ.)

	AK[4]	
AE[1]		AA[7]
KE[2]	KK[5]	KA[8]
EE[3]		EA[9]
	EK[6]	

Damit hatte Dignāga erstmals die aus der Kasuistik der Debatten-Handbücher bekannten Scheingründe in ein formallogisch begründetes System gebracht: Die Fälle 4 und 6 sind gültige Gründe, die Fälle 2 und 8 sind Gründe, die das Gegenteil des zu Beweisenden beweisen, und die restlichen fünf sind unschlüssig. Erwähnung verdient, daß Dignāga auch den Fall eines formallogisch richtigen Grundes, der aber auch Gegenteiliges beweist (viruddhāvyabhicārī hetuḥ), untersucht und logisch zu erklären gesucht hat. Außerdem hat Dignāga wohl als erster erkannt, daß der Beweis eine sprachlich formulierte Schlußfolgerung (parārthānumānam) ist.

Dignāgas Logikverständnis war für alle zeitgenössischen Schulen mit Ausnahme jener der Jainas bestimmend. In der Mīmāṃsā war es KUMĀRILA (um 600 n. Chr.), der die Logik Dignāgas einführte, wobei er dessen System der fehlerhaften Gründe differenzierte und dessen Lehre von der Umfassung schärfer zu fassen suchte. Er erkannte dabei unter anderem, daß die Umfassung des logischen Grundes durch die zu beweisende Beschaffenheit gelegentlich auch durch eine zusätzliche Beschaffenheit bedingt sein kann und so eigentlich keine Umfassung des logischen Grundes gegeben ist [5]; eine Erkenntnis, die mehr als zweihundert Jahre später für die Logik fruchtbar werden sollte. Auch das Vaiśeṣika-System hat durch das Werk PRAŚASTAPĀDAS die dignāgeische Logik übernommen, eine eigenständige Tradition der logischen Reflexion hat diese Schule jedoch nicht entwickelt. Anders verhält es sich mit dem *Nyāya*, dessen Logikverständnis durch die Erkenntnisse Dignāgas stark beeinflußt wurde, der diese aber in der Rezeption tiefgreifend verändert hat.

Es war vor allem UDDYOTAKARA (im 7. Jh. n. Chr.), der Dignāgas Lehren in den N. übernommen haben dürfte und, indem er sie modifizierte, die spezifische Logikauffassung der Schule grundlegte. So lehrte er, anders als Dignāga, daß die Fälle 4 und 6 aus dem «Rad der logischen Gründe» auch dann als gültige logische Gründe zu betrachten sind, wenn es außer dem zu beweisenden Falle entweder keinen Fall gibt, dem die zu beweisende Beschaffenheit zukommt (kevalavyatirekī hetuḥ), oder keinen Fall gibt, dem die zu beweisende Beschaffenheit nicht zukommt (kevalānvayī hetuḥ). Mit der Annahme dieser vier zusätzlichen Formen eines gültigen logischen Grundes hatte Uddyotakara aber Dignāgas rein empirisch orientierte Logik so verändert, daß sie auch für metaphysische Schlüsse geeignet wurde, insofern diese Schlußformen erlauben, empirisch nicht feststellbare Beschaffenheiten für eine ganze Klasse von Seienden oder für einen einzigen nicht mehrfach vorkommenden Fall zu erschließen (z. B. Seelenbeweis, Gottesbeweis usw.). Darüberhinaus differenzierte Uddyotakara Dignāgas System der fehlerhaften logischen Gründe, indem er für den logischen Grund zwei weitere Merkmale forderte, die in der N.-Tradition schon vorher bekannt waren, daß nämlich der logische Grund weder a) etwas beweisen darf, was von einem anderen Erkenntnismittel aufgehoben werden kann (abādhitaviṣayatvam), noch b) etwas beweisen darf, von dem auch das Gegenteil bewiesen werden kann (asatpratipakṣatvam). Er nahm daher fünf Arten des fehlerhaften Grundes an, so daß er unter Berücksichtigung der vier zusätzlichen Formen eines richtigen Grundes und der von ihm miteinbezogenen Möglichkeit, daß der logische Grund auch vom zu beweisenden Fall zur Gänze, teilweise oder gar nicht ausgesagt werden kann und selbst nicht nur eine einfache Beschaffenheit zu sein braucht, sondern auch zusammengesetzt sein kann, außerdem von einem der beiden Disputanten oder beiden für den zu beweisenden Fall anerkannt oder nicht anerkannt sein kann, auf insgesamt 2032 Formen des logischen Grundes kommt.

Als einzige haben die *Jainas* die dignāgeische Logik nicht übernommen, sondern versucht, den Aspekt der inneren Notwendigkeit der Verbindung von Beweisendem und zu Beweisendem für die Lehre vom logischen Grund fruchtbar zu machen. Sie lehnten daher die drei Merkmale des logischen Grundes als formale Bestimmung der Umfassung ab und lehrten, daß die Umfassung dann gegeben sei, wenn der logische Grund nicht anders als in Verbindung mit dem zu Beweisenden gegeben sein kann (anyathānupapannatvaṃ hetoḥ). Diese Lehre findet sich spätestens seit PATRASVĀMIN [6] und AKALAṄKA [7] (erste Hälfte des 8. Jh.) und scheint schon bei SIDDHASENA DIVĀKARA [8] (ca. 700 n.Chr.) zur Lehre, daß die Umfassung des logischen Grundes durch die zu beweisende Beschaffenheit am zu beweisenden Fall selbst zu zeigen sei (antarvyāptiḥ), geführt zu haben. Diese Lehre wird in der Zeit nach Dharmakīrti auch von der logischen Tradition der *Buddhisten* aufgegriffen, um zu zeigen, wie das Umfaßtsein des logischen Grundes formallogisch nachgewiesen werden kann, wenn die zu beweisende Beschaffenheit außer im zu beweisenden Falle nicht festgestellt werden kann, weil der zu beweisende Fall als Klasse alle Fälle umfaßt, denen die zu beweisende Beschaffenheit zukommen kann (z. B. alles Seiende ist vergänglich, weil es verursacht ist). Ausdrücklich scheint sich die Lehre von der antarvyāptiḥ im Buddhismus erst bei RATNĀKARAŚĀNTI (11. Jh. n.Chr.) zu finden.

Die Modifikation, die die dignāgeische Logik im N. erfahren hat, und die ganz anders geartete Auffassung der Umfassung, wie sie die Jainas entwickelt haben, zeigen, daß diese, so bedeutend sie für die Entwicklung des formallogischen Denkens in Indien war, doch nicht problemlos war. Eine der entscheidendsten Schwierigkeiten war die Unmöglichkeit, die von Dignāga in der Lehre von den drei Merkmalen des logischen Grundes geforderte Identität der Klasse aller die beweisende Beschaffenheit besitzenden Fälle mit der Gesamtheit oder einem Teil der aus allen den zu beweisende Beschaffenheit besitzenden Fällen gebildeten Klasse und nur mit dieser empirisch festzustellen. Um dieser Schwierigkeit zu begegnen, griff DHARMAKĪRTI (ca. 600–660 n.Chr.) die Frage nach der ontologischen Notwendigkeit auf, die dem Getrennt-nicht-Vorkommen (avinābhāvaḥ) von logischem Grund und logischer Folge zugrunde liegt. Ein solches konnte nach der Lehre Dharmakīrtis entweder a) auf der Identität des jeweiligen Wesens von Beweisendem und zu Beweisendem (tādātmyam) beruhen, oder b) auf dem Entstandensein des Beweisenden aus dem zu Beweisenden (tadutpattiḥ) oder c) auf der Nichtwahrnehmung von etwas, das, wenn es gegenwärtig wäre, wahrgenommen werden müßte (yogyānupalabdhiḥ). Diese Lehre vom Getrennt-nicht-Vorkommen des logischen Grundes, die die Feststellung der drei Merkmale praktisch überflüssig machte, entsprach dem sich auch im N. andeutenden neuen Logikverständnis und hat dieses wohl auch entscheidend gefördert, übernommen wurde sie aber weder vom N. noch von den anderen nicht-buddhistischen Schulen. Vielmehr führte der N. die formallogische Betrachtung Dignāgas in der von ihm rezipierten Form im Licht des neuen Verständnisses weiter:

Offenbar in Antwort auf Einwände der materialistischen und skeptischen Schule (Carvāka, Lokāyata), wonach ein logischer Grund trotz der formalistischen Erfüllung der drei dignāgeischen Merkmale Widersprüchliches beweisen kann und daher die Schlußfolgerung kein Mittel gültiger Erkenntnis sein kann [9], lehrte der N.-Denker BHĀSARVAJÑA (um 900 n.Chr.?) – vielleicht in Anschluß an unbekannte Vorgänger –, daß das Umfaßtsein des logischen Grundes durch das zu Beweisende aufgrund der Natur der Dinge (svabhāvataḥ) festliegen müsse und nicht durch dialektikbezogene Bestimmung des zu Beweisenden oder eine rein formale als logischer Grund verwendete Beschaffenheit, deren inhaltliche Festlegung erst durch den konkreten Gebrauch zustande kommt (z. B. «Wegen des Anders-als-Beschaffenheitsträger-oder-Beschaffenheit-Seins»), bedingt sein dürfe [10]. Die fortwirkende Form dieser Lehre findet sich jedoch bei TRILOCANA (9. Jh. n.Chr.?), der anstelle des Getrennt-nicht-Vorkommens von einer naturgegebenen Verbindung (svābhāvikaḥ sambandhaḥ) sprach und in Weiterführung einer Einsicht Kumārilas lehrte, daß eine naturgegebene Verbindung von Beweisendem und zu Beweisendem dann gegeben ist, wenn die Verbindung nicht durch eine zusätzliche Bestimmung (upādhiḥ) bedingt ist. Diese naturgegebene Verbindung ist nicht mehr eine Identität von Klassen, sondern ein notwendiger Zusammenhang zwischen den die Klassen begründenden Gemeinsamkeiten, der nach Trilocana durch eine innere Wahrnehmung des Denkorgans (mānasapratyakṣam) festgestellt werden kann. Bei seinem Schüler VĀCASPA TIMIŚRA (10. Jh. n.Chr.) geschieht diese Feststellung nur durch wiederholte Beobachtung, die durch eine argumentierende Prüfung (tarkaḥ) abgesichert ist.

Es ist diese Lehre, die UDAYANA (zweite Hälfte des 11. Jh. n.Chr.) weiterentwickelt, indem er die naturgegebene Verbindung folgerichtig als eine durch keine zusätzliche Bestimmung bedingte Verbindung (anaupādhikaḥ sambandhaḥ) bestimmt und die zusätzliche Bestimmung (upādhiḥ) formallogisch als eine «das zu Beweisende umfassende, das Beweisende (aber) nicht umfassende Beschaffenheit» definiert. Diese Lehre von der Beziehung von logischem Grund und logischer Folge war für die Udayana-Schule und den ganzen N. bis ins 14. Jh. grundlegend, als GAṄGEŚA mit seinem ⟨Tattvacintāmaṇiḥ⟩ das Grundwerk des Navyanyāya schuf. Die Definitionen von Umfassung (vyāptiḥ) und zusätzlicher Bestimmung (upādhiḥ) wurden jedoch im Anschluß an die Erkenntnisse Udayanas immer wieder umgeformt, um sie mit immer neuen Fällen der logischen Kasuistik in Einklang zu bringen.

Das sich in dieser Entwicklung andeutende Logikverständnis ist unter anderem charakterisiert durch das In-den-Vordergrund-Treten gewisser formaler Begriffe, wie z.B. des Begriffes des «Abgrenzers» (avacchedakam) bzw. des «Abgrenzerseins» (avacchedakatvam), mit dessen Hilfe sich Begriffe und Beziehungen exakt bestimmen lassen, oder des Begriffes des «Einen-gemeinsamen-Ort-Habens» (sāmānādhikaraṇyam) zweier Beschaffenheiten oder des Begriffes des «Gegenstückes» (pratiyogī) – bzw. des Gegenstückseins (pratiyogitā) –, bei dem es sich um den in einer Negation verneinten positiven Inhalt handelt und der in Verbindung mit einer sehr differenzierten Analyse der Negation und des Nichtseins (abhāvaḥ) eine wichtige definitorische Rolle spielt. Hervorzuheben ist außerdem eine immer mehr zunehmende Verwendung von Abstraktbildungen zweiter Ordnung und die wachsende Tendenz, Aussagen negativ zu formulieren, indem man beispielsweise die Erkenntnis, daß eine bestimmte Beschaffenheit als solche immer gegeben ist, durch die Negation des Nichtseins dieser Beschaffenheit ausdrückt, sofern sie, die Beschaffenheit, ein Gegenstück eines völligen Nichtseins ist. Beides scheint den Sinn zu haben, Aussagen über Klassen im Sinne des neuen Logik-Verständnisses auf Aussagen über Begriffe und Begriffsrelationen zurückzuführen. Als Beispiel sei hier GAṄGEŚAS Grunddefinition der Umfassung (vyāptiḥ) angeführt: «Umfassung heißt, daß der (Grund) den gleichen Ort mit einer (Folge) hat, die nicht abgegrenzt ist durch den Abgrenzer des Gegenstückseins eines völligen Nichtvorhandenseins, das den gleichen Ort mit dem (Grund), aber nicht mit (dessen) Gegenteil hat» [11].

Diese Frühzeit der «neuen Schule» des N. (Navyanyāya) setzt schon in der Generation nach Udayana ein. Unter den bedeutenderen Vertretern sind in dieser Zeit vor allem PRABHĀKAROPADHYĀYA (13. Jh. n.Chr.), TARAṆIMIŚRA und SONDADOPADHYĀYA (beide um 1300 n.Chr.) zu nennen, deren Werk jedoch nur mehr in Zitaten faßbar ist. Erhalten ist neben dem ⟨Tattvacintāmaṇiḥ⟩ des GAṄGEŚA (ca. 1290–1350), der als systematische Zusammenfassung der Erkenntnisse seiner Vorgänger erster Höhepunkt der Schule und Grundlage der weiteren Entwicklung ist, lediglich der ⟨Siddhāntadīpaḥ⟩ des ŚAŚADHARA, der, in Sprache und Problembewußtsein Gaṅgeśa bereits nahestehend, alle wichtigen Lehren des N. behandelt, und das ⟨Nyāyaratnam⟩ des MAṆIKAṆṬHAMIŚRA, welches ausschließlich logischen und dialektischen Problemen gewidmet ist. Maṇikaṇṭhamiśra dürfte zusammen mit Sondadopadhyāya älterer Zeitgenosse Gaṅgeśas gewesen sein, während Śaśadhara möglicherweise schon im 12. Jh. gelebt hat.

Auf diese erste Periode des Navyanyāya folgt die Zeit der frühen Kommentare zu Gaṅgeśas ⟨Tattvacintāmaṇiḥ⟩, in der eine Reihe wichtiger Lehrer gewirkt hat. Um die Mitte des 15. Jh. schreibt YAJÑAPATI seinen Kommentar, dessen Auffassungen und Problemstellungen eine reichhaltige und fruchtbare Kontroverse auslösen. Auf ihn folgen sein Schüler JAYADEVA, der ihn heftig bekämpft, später Jayadevas Schüler RUCIDATTA sowie PRAGALBHA und VASUDEVA SARVABHAUMA. Die beiden letztgenannten Autoren haben den zunächst in Mithila beheimateten Navyanyāya in die Nachbarländer verbreitet, so vor allem Vasudeva nach Bengalen, wo die Schule während der dritten Periode ihrer Entwicklung einen weiteren Höhepunkt erreicht. Allen diesen N.-Lehrern ist gemeinsam «das Überwiegen des sachlichen Interesses, d.h. an der Beschaffenheit der realen der Schlußfolgerung zugrunde liegenden Dinge. ... Formale Fragen bleiben demgegenüber vollkommen im Hintergrund» (FRAUWALLNER) [12].

Demgegenüber scheint die letzte Periode der Schule, die Zeit ihrer Blüte in Bengalen, durch ein sehr starkes formales Interesse gekennzeichnet zu sein. Sie wird in Methode und Problemverständnis durch das Werk RAGHUNĀTHA ŚIROMAṆIS (ca. 1480–1540) geprägt, dessen Kommentar zu Gaṅgeśas ⟨Tattvacintāmaṇiḥ⟩ von den späteren Vertretern der Schule immer wieder kommentiert wird. Unter diesen späteren Autoren wie KṚṢṆADĀSA, BHĀVĀNANDA und JAGADĪŚA ist GADĀDHARA (gest. 1709) der bekannteste. Als Kommentator Gaṅgeśas verdient neben Raghunātha noch MĀTHURANĀTHA (ca. 1600–1670) Erwähnung, der Gaṅgeśas Werk in seinem ⟨Tattvacintāmaṇirahasyam⟩ vom Standpunkt der späten Raghunātha-Schule kommentiert. FRAUWALLNERS Charakterisierung Raghunātha Śiromaṇis kann für die ganze durch ihn geprägte Periode des Navyanyāya gelten: Nach Frauwallner kann man zusammenfassend sagen, «daß bei Raghunātha eindeutig das formale Interesse überwiegt. Das sachliche tritt demgegenüber ganz in den Hintergrund. Die Hauptsache ist für ihn die Anwendung der überkommenen Begriffe auf die verschiedensten, auch die schwierigsten und absonderlichsten Fälle und das Formen passender Definitionen» [13].

Diese kurze Charakterisierung der Entwicklung des Navyanyāya [14] bietet für die Kenntnis der Weiterentwicklung des Logikverständnisses im 2. Jahrtausend n.Chr. wenig. Sie zeigt aber die Bedeutung und Reichhaltigkeit der logischen Tradition der neuen N., die schon bald nach Udayana auch für das Logikverständnis der anderen philosophischen Schulen bestimmend wurde. So ist beispielsweise die bedeutendste Leistung des Advaita-Vedānta auf logischem Gebiet, ŚRĪHARṢAS (Mitte des 12. Jh.) ⟨Khaṇḍanakhaṇḍakhādyam⟩, in dem Udayanas Lehren zurückgewiesen werden, in Stil und Methode des frühen Navyanyāya verfaßt. Die Logik der Rāmānuja-Schule (Viśiṣṭadvaita-Vedānta) ist anfänglich von der Logikauffassung der Udayana-Schule beeinflußt, später, etwa im Werk ŚRĪNIVĀSĀCĀRYAS, ebenso von der Sprache und Begrifflichkeit des frühen Navyanyāya geprägt, wie es die logische Tradition der Madhva-Schule (Dvaita-Vedānta) seit VYĀSATĪRTHAS (ca. 1460–1539) ⟨Tarkatāṇḍavam⟩ ist.

Anmerkungen. [1] Mahāvyutpattiḥ 76, 2. – [2] Nyāyamañjari of Jayantabhaṭṭa, crit. ed. by K. S. VARADACHARYA (Mysore 1969) I, 7, 7ff. und 8, 11ff. – [3] Vgl. beispielsweise a.O. [2]. – [4] Vākyapadīyam I, 32ff.; Übersetzung von M. BIARDEAU: Bhartṛhari, Vākyapadīya Brahmakāṇḍa avec la Vṛtti de Harivṛṣabha. Texte reprodui. de l'éd. de Lahore (Paris 1964). – [5] Slokavārttikam 8, 14f.; Übersetzung: Çlokavārtika, transl. from the original Sanskrit with extracts from the commentaries of Sucarita Miśra (the Kāśikā) and Pārthasārathi Miśra (the Nyāyaratnākara) by GANGĀNĀTHA JHĀ (Calcutta 1909). – [6] Tattvasaṅgrahaḥ v. 1363ff.; Übersetzung von GANGANATHA JHA: The Tattvasaṅgraha of Śāntarakṣita with the commentary of Kamalaśila, 1. 2 (Baroda 1937) (Gaekwad's Oriental Series 80). – [7] Nyāyaviniścayaḥ 2, 154. – [8] Nyāyāvatāraḥ v. 20. – [9] Vgl. Nyāyabhūṣaṇam des Bhāsarvajña, hg. SVĀMĪ YOGĪNDRĀNANDA (Varanasi 1968) 222, 18-20. – [10] Vgl. a.O. 226, 26ff. – [11] E. FRAUWALLNER: Raghunātha Śiromaṇi, a.O. [5 zu I] 10 (1966) 88. – [12] Raghunātha Śiromaṇi, a.O. [5 zu I] 11 (1967) 208. – [13] Raghunātha Śiromaṇi, a.O. [5 zu I] 14 (1970) 203. – [14] Sie beruht auf einer unpubl. Kurzdarstellung des Navyanyāya von E. Frauwallner.

Literaturhinweise. A. B. KEITH: Indian logic and atomism (Oxford 1921). – S. SEN: A study on Māthuranāthas Tattvacintāmaṇirahasya. Diss. Univ. Amsterdam (Wageningen 1924). – W. SPITZER: Begriffsuntersuchungen zum Nyāyabhāṣya (1927). – ST. STASIAK: Fallacies and their classification according to the early hindu logicians. Rocz. Orient. Lemberg 6 (1929) 191-198. – ST. SCHAYER: Stud. zur ind. Logik 1: Der ind. und der arist. Syllogismus, in: Bull. int. de l'Acad. Pol. des Sci. et des Lettres, Cl. de Philol., Cl. d'Hist. et de Philos., année 1932 (1933) 98-102; Stud. zur ind. Logik 2: Altind. Antizipation der Aussagenlogik, in: a.O. année 1933 (1934) 90-96. – E. FRAUWALLNER: Beiträge zur Gesch. des N. Wiener Z. Kunde Morgenlandes 43 (1936) 263-278. – D. H. H. INGALLS: Materials for the study of Navya-N. logic. Harvard Orient. Ser. 40 (Cambridge, Mass./London 1951).

– J. M. Bocheński: Formale Logik (1956). – S. K. Maitra: Fundamental questions of Ind. metaphysics and logic (Calcutta 1956). – E. Frauwallner: Die Erkenntnislehre des klass. Sāṃkhya-Systems. Wiener Z. Kunde Süd- und Ostasiens (WZKS) 2 (1958) 84-139. – D. H. H. Ingalls: Hist. of logic in India, in: Encycl. Brit. 14 (1958) 320-322. – E. Frauwallner: Dignāga, sein Werk und seine Entwicklung. WZKS 3 (1959) 83-165. – J. F. Staal: Structures in Indian logic. Synthese 2/3 (1960) 279-286; Correlations between language and logic in Indian thought. Bull. School of Oriental and African Studies, Univ. London 23/1 (1960) 109-122. – E. Frauwallner: Landmarks in the history of Indian logic. WZKS 5 (1961) 125-148. – E. Steinkellner: Die Lit. des älteren N. WZKS 5 (1961) 149-162. – B. K. Matilal: The intensional character of Lakṣaṇa and Saṃkara in Navya-N. Indo-Iranian J. 8 (1964-65) 85-95. – G. Oberhammer: Gedanken zur histor. Darstellung ind. Logik. Orient. Lit.-Z. 59 (1964) 6-19; Der Svabhāvika-Sambandha, ein gesch. Beitrag zur N.-Logik. WZKS 8 (1964) 131-181. – E. Frauwallner: Prabhākara Upadhyāya. WZKS 9 (1965) 198-226. – G. Oberhammer: Zum Problem des Gottesbeweises. Numen 12 (1965) 1-34. – E. Frauwallner s. Anm. [5 zu I]. – C. Goekoop: The logic of invariable concomitance in the Tattvacintāmaṇi. Gaṅgeśa's Anumitinirūpaṇa and Vyāptivāda with introd., transl. and comm. (Dordrecht 1967). – E. Steinkellner: Dharmakīrtis Hetubinduḥ, Teil II: Übersetzung und Anmerkungen. Österr. Akad. d. Wiss., Phil.-hist. Kl., Sber. 252, 2. Abh. (1967). – D. C. Guha: Navya Nyāya system of logic (Varanasi 1968). – B. K. Matilal: Gaṅgeśa on the concept of universal property (Kevalānvayin). Philos. East West 18 (1968) 151-161. – G. Oberhammer: Die Theorie der Schlußfolgerung bei Parāśarabhaṭṭa, WZKS 12/13 (1968/69) [Festschr. Erich Frauwallner] 253-273. – B. K. Matilal: The Navya-N. doctrine of negation. The semantics and ontology of negative statements in Navya-N. philos. Harvard Orient. Ser. 46 (Cambridge/Mass. 1969). – D. Sharma: The differentiation theory of meaning in Ind. logic (Den Haag 1969). – E. Frauwallner: Die Lehre von der zusätzl. Bestimmung (upādhiḥ) in Gaṅgeśas Tattvacintāmaṇiḥ. Österr. Akad. d. Wiss., Phil.-hist. Kl., Sber. 266, 2. Abh. (1970). – B. K. Matilal: Epistemology, logic, and grammar in Ind. philos. analysis (Den Haag 1971). – E. Steinkellner: Wirklichkeit und Begriff bei Dharmakīrti. WZKS 15 (1971) 179-211. – K. H. Potter (Hg.): Encycl. of Ind. Philosophies 2: Ind. metaphysics and epistemology: The tradition of N.-Vaiśeṣika up to Gaṅgeśa (Delhi 1977). – J. Lunstead: The development of logic in the Madhvite school. WZKS 22 (1978) 159-170. – E. Steinkellner: Dharmakīrti's Pramāṇaviniścayaḥ. 2. Kapitel: Svārthānumāham, II: Übers. und Anm. Österr. Akad. Wiss., Phil.-hist. Kl., Sber. 358 (1979). – B. S. Gillon und R. P. Hayes: The role of the particle eva in (logical) quantification in Sanskrit. WZKS 26 (1982) 195-203.   G. Oberhammer

O

Oberbegriff. Für den Terminus ‹O.› sind zwei Verwendungen zu unterscheiden. Nach der ersten, allgemeineren gebrauchssprachlichen Verwendung ist ein Begriff O. relativ zu anderen Begriffen (als seinen Unterbegriffen), wenn diese dem Umfang nach in ihm (echt) enthalten sind. In diesem Sinne ist ‹Baum› O. zu seinen Unterbegriffen ‹Eiche›, ‹Buche› usw. Das Verhältnis von O.en zu ihren Unterbegriffen läßt sich durch Prädikatorenregeln der Form «$x \varepsilon P \Rightarrow x \varepsilon Q$» darstellen, wobei «$Q$» für die O.e relativ zu den Unterbegriffen «P» steht.

Es ist auffällig, daß sich das gebrauchssprachliche Verständnis der Termini ‹O.› und ‹Unterbegriff› in den traditionellen Logiken und Lexika nicht findet (eine Ausnahme ist W. T. KRUG [1]). Der Sache nach, aber unter Vermeidung der Termini, wird es vielmehr in der Lehre von Gattungs- und Artbegriff [2] oder in dem allgemeineren Rahmen der «Begriffsverhältnisse» [3] dargestellt, wobei das Verhältnis von Unterbegriff zu O. als «Unterordnung (Subordination)» eines «niederen» unter einen «höheren» Begriff beschrieben wird [4]. Erst E. SCHRÖDER [5] nennt die beiden Glieder der Unterordnung «Unterbegriff» und «O.». Der Grund, warum die traditionelle Logik die Ausdrücke ‹O.› und ‹Unterbegriff› im Rahmen ihrer «Lehre vom Begriff» vermeidet, ist (unausgesprochen) darin zu suchen, daß diese Terminologie in einer anderen Verwendung Eingang in die «Lehre vom (syllogistischen) Schluß» gefunden hat. Ursprünglich hat hier jedoch ein Zusammenhang bestanden, der auf Aristoteles zurückgeht.

ARISTOTELES hat im Rahmen seiner Syllogistik, ausgehend von konkreten Syllogismen des Modus *Barbara*, deren beide Prämissen wahr sind, die zwischen den Begriffen (Termini) solcher Syllogismen bestehenden Umfangsverhältnisse dazu benutzt, eine Unterscheidung der syllogistischen Termini zu geben, nach der (im Sinne der späteren Terminologie) ‹O.› (τὸ μεῖζον ἄκρον, ὅρος πρῶτος, terminus maior) derjenige Begriff heißt, in dem der Mittelbegriff (μέσον, terminus medius) enthalten ist, und ‹Unterbegriff› (τὸ ἔλαττον ἄκρον, ἔσχατος ὅρος, terminus minor) derjenige, der dem Mittelbegriff untergeordnet ist [6]. Abgesehen davon, daß diese Bestimmung nur für konkrete Syllogismen des Modus *Barbara* zutreffen kann und nicht für den Modus *Barbara* selbst, in dem statt konkreter Termini wie ‹Eiche› und ‹Baum› Variable stehen, für die es keinen Sinn macht, von Umfangsverhältnissen zu sprechen, ist sie vor allem für (konkrete) Syllogismen anderer Modi nicht verallgemeinerbar. So ist für Aristoteles nach einer anderen Bestimmung der Mittelbegriff derjenige Begriff, der in beiden Prämissen vorkommt [7]. Der so ganz formal ausgezeichnete Mittelbegriff ist aber nicht auch dem Umfang nach stets der mittlere, z. B. nicht in dem konkreten Syllogismus des Modus *Darii* mit den (wahren) Prämissen «Alle Eichen sind Bäume», «Einige Pflanzen sind Eichen» und der Konklusion «Einige Pflanzen sind Bäume», wo der Mittelbegriff ‹Eiche› dem Umfang nach beiden anderen Begriffen untergeordnet ist. Aristoteles selbst trifft daher bereits ergänzende Bestimmungen, die sich auf die Stellung der Begriffe als Subjekt oder Prädikat in den Prämissen beziehen. Auf deren Stellung in der Konklusion gründet dann PHILOPONUS [8] eine allgemeine Unterscheidung von O. und Unterbegriff für die drei Aristotelischen Figuren, indem er als formale, von Umfangsbetrachtungen losgelöste Konvention einführt, daß der Prädikatbegriff der Konklusion ‹O.› und der Subjektbegriff der Konklusion ‹Unterbegriff› heißen solle. Der ursprüngliche Sinn von «der weitere» (μεῖζον) und «der engere» (ἔλαττον) Begriff ist dabei ausgeklammert. Und diese formale Betrachtungsweise bleibt für spätere Logiken und Lexika bis heute weitgehend bestimmend, sei es, daß auf die Stellung der Begriffe in den Prämissen oder (wie seit dem 17. Jh. meistens) in der Konklusion oder in beiden abgehoben wird. (Man vgl. exemplarisch so weit auseinanderliegende Autoren wie PETRUS HISPANUS [9], CHR. WOLFF [10], M. W. DROBISCH [11] und N. I. KONDAKOW [12].) Auch bei I. KANT [13], für den der Begriff, der dem «Prädikat der Konklusion» entspricht, noch «O.» heißt, «weil er eine grössere Sphäre hat als das Subjekt [der Konklusion]», ist letztlich die Prädikat- bzw. Subjektstellung in der Konklusion das formale Kriterium für O. bzw. Unterbegriff. F. UEBERWEG [14] führt zwar die Aristotelische Vorgeschichte als historische Erklärung der traditionellen Terminologie an, macht aber keinen Gebrauch von ihr in seiner systematischen Darstellung, die die übliche ist. Allgemein gilt auch für Autoren, die sich bewußt sind, wie unsachgemäß die überkommene Terminologie ist, daß sie wegen der «Gleichmäßigkeit der Überlieferung» [15] an ihr festhalten.

Anmerkungen. [1] W. T. KRUG: Art. ‹O.›, in: Allg. Handwb. der philos. Wiss. 3 (1828) 74. – [2] Vgl. z. B. M. W. DROBISCH: Neue Darstellung der Logik (⁵1887) §§ 18ff. – [3] So bei W. WUNDT: Logik I (⁴1919) 124ff. – [4] Vgl. B. BOLZANO: Wiss.-Lehre (1837) § 97; F. UEBERWEG: System der Logik (⁵1882) 140; CHR. SIGWART: Logik I (³1904) 351; so auch noch G. FREGE: Über Begriff und Gegenstand. Vjschr. für wiss. Philos. 16 (1892) 202; ND in: Funktion, Begriff, Bedeutung (⁴1975) 76. – [5] E. SCHRÖDER: Vorlesungen über die Algebra der Logik I (1890) 133. – [6] ARISTOTELES, Anal. pr. I, 4, 26 a 21; zur lat. Übers. vgl. BOETHIUS, MPL 64, 642 B. – [7] ARISTOTELES, Anal. pr. I, 32, 47 a 38. – [8] I. PHILOPONI in Arist. Anal. pr. comm., hg. M. WALLIES (1905) 67, 19; vgl. ferner 87, 10. – [9] PETRUS HISPANUS, Tractatus, hg. L. M. DE RIJK (Assen 1972) 43f. – [10] CHR. WOLFF: Philosophia rationalis sive Logica (³1740) § 339. – [11] M. W. DROBISCH, a.O. [2] § 84. – [12] N. I. KONDAKOW: Wb. der Logik (1978), Art. ‹O.›. – [13] I. KANT, Logik (Jäsche) § 62. – [14] F. UEBERWEG, a.O. [4] § 102. – [15] B. ERDMANN: Logik I (²1907) 654.

Literaturhinweise. H. MAIER: Die Syllogistik des Aristoteles (²1936, ND 1969/70) II/1, 47-71. – J. ŁUKASIEWICZ: Aristotle's syllogistic (Oxford ²1957) §§ 10f. – G. PATZIG: Die Aristotelische Syllogistik (³1969) Kap. IV passim. – W. und M. KNEALE: The development of logic (Oxford ²1971) 68-71.   G. GABRIEL

Oberflächenstruktur/Tiefenstruktur (engl. surface structure, superficial structure/deep structure; frz. structure de surface, structure superficielle/structure profonde). Das Begriffspaar ‹O./T.› gehört seit etwa 1965 [1] zum Kernbestand der Diskussionen um die Generative Transformationsgrammatik (GTG) [2]. Zunächst vereinfachend: Mit O. wird derjenige Bereich des sprachlichen Materials bezeichnet, der beim Sprechen, Hören, Lesen kaum reflektiert verwendet bzw. erschlossen wird; dieser Bereich ist potentiell unendlich vielfältig. Dagegen bezeichnet T. den Bereich, der diejenigen Regeln und Strukturen umfaßt, die einem Sprecher oder einer Sprachgemeinschaft die sinnvolle Produktion und Artikulation von Sprache gestatten; dieser Bereich ist deshalb hypothetisch begrenzt. Seit der Mitte der siebziger Jahre besteht die Tendenz, den Begriff ‹T.› anderweitig zu ersetzen. Als mehr metaphorische Adaptation hat das Begriffspaar ‹O./T.› auch in literaturwissenschaftliche Theorien Eingang gefunden.

Innerhalb der Entwicklung der GTG werden bisher grosso modo drei Phasen unterschieden, deren Spezifizierung von der jeweiligen Bedeutung von ‹O./T.› mitbestimmt wird: Die 'Standardtheorie' (ab 1965), die 'Erweiterte Standardtheorie' (ab Anfang der siebziger Jahre) und die 'Revidierte Erweiterte Standardtheorie' (ab Mitte der siebziger Jahre). Voraussetzung für den Ansatz des Begriffspaares ‹O./T.› war die Feststellung, daß linguistische Einheiten (z.B. Wörter, Sätze, Texte) allein anhand ihrer lautlichen oder graphischen Repräsentation nicht zureichend analysiert, genauer: die den linguistischen Einheiten zugrunde liegenden Regularitäten nicht erfaßt werden können. Diese Feststellung zuerst gemacht zu haben, ist nicht das Verdienst der GTG [3]. N. CHOMSKY, deren Hauptvertreter, hat selbst versucht, seine Grammatikkonzeption in eine Tradition zu stellen, die er als Konstrukt «Cartesianische Linguistik» genannt hat [4]. Dieser Versuch ist von 'fruchtbaren Irrtümern' begleitet gewesen, zum Teil in polemischer Absicht gegen die 'Empiristen' angelegt und aus verschiedenen Gründen kritisiert worden [5].

Im Kontext der *'Standardtheorie'* der GTG bestimmt sich die Konstitution von O. und T. und deren Konstellation zueinander folgendermaßen: O. und T. sind voneinander distinkt [6], wobei die O. «durch wiederholte Anwendung bestimmter formaler Operationen auf Einheiten einer elementaren Stufe determiniert wird» [7]. Die Basis der GTG in der Fassung der Standardtheorie enthält zwei Komponenten, die die T. konstituieren: a) Ersetzungsregeln von der Form $A \rightarrow Z/X - Y$ (lies: «Die Kategorie A [z.B. S (= Satz)] wird als die Kette Z [z.B. NP (= Nominalphrase) + VP (= Verbalphrase)] realisiert, wenn sie in der Umgebung vorkommt, die zur Linken aus X und zur Rechten aus Y besteht») [8]. X und Y sollen in der Basis leer sein. Die Regeln werden so lange angewendet, bis kein Symbol S mehr auftaucht, das nicht vollständig durch syntaktische Kategoriensymbole ersetzt ist. b) Ein Lexikon, genauer: «eine Menge von Lexikon-Eintragungen» [9], d.h. Einheiten, die durch «eine Menge von phonologischen, syntaktischen und semantischen Merkmalen» bestimmt sind [10]. Diese Eintragungen (lexical insertions) werden vorgenommen, wenn die Anwendung der Basisregeln beendet ist. Durch diesen Prozeß wird die T., auch «Basis-P-Marker» (base phrase marker) genannt, generiert, d.h. sie gibt kategorial die Struktur der Sequenzen der linguistischen Einheiten an, und sie führt Mengen spezifizierter syntaktischer Merkmale (komplexe Symbole [11]) ein. Ein abstraktes Baumdiagramm (Strukturbaum) oder eine Darstellung mit indizierten Klammern repräsentiert die T. Diese T. soll in der Fassung der Standardtheorie zwei Bedingungen erfüllen: Zum einen ist sie – und nur sie – Eingabe für die semantische Interpretation eines Satzes oder anders: die semantische Repräsentation wird durch die T. determiniert [12]. Zum anderen sind die Strukturen der T. die Grundlage für die Transformation in die O. Die O. ist also Resultat von Operationen, die die einfacheren und abstrakten Strukturen der T. in konkretere überführen [13]. Die Regeln des Transformationsprozesses müssen dabei so beschaffen sein, daß im Verlauf der Operationen keine Bedeutungsveränderung eintritt. Da das Ziel der GTG die Erarbeitung eines Mechanismus ist, der alle wohlgeformten Sätze einer Sprache beschreibt bzw. hervorbringt, und da demnach für die O. das Postulat der Wohlgeformtheit gilt, hat die transformationelle Komponente der Syntax auch die Funktion, diejenigen von der Basis erzeugten Strukturen herauszufiltern, denen kein wohlgeformter Satz zugeordnet werden kann [14]. P. A. M. SEUREN spricht hier in kritischer Absicht von «parasitärem Wachstum von Tiefenstrukturen» [15]. Die O. ihrerseits ist die Eingabe in die phonologische Komponente der Grammatik, die die Struktur der O. so 'interpretiert', daß sie als aktueller, wohlgeformter Satz phonetisch repräsentierbar wird.

Die 'Erweiterte Standardtheorie' der GTG ist Resultat kritischer Auseinandersetzung mit der These der Standardtheorie, derzufolge allein die T. maßgebend sei für die semantische Interpretation. Die Diskussion um die Rolle der T. hat zu einer Spaltung in 'interpretative' und 'generative' Semantik geführt [16]. Die Vertreter der generativen Semantik erklärten die Existenz der T. für überflüssig und schlugen ein Modell vor, in dem prädikatenlogisch darstellbare Bedeutungsstrukturen in syntaktische O.n transformiert werden. CHOMSKY modifizierte seine Theorie, indem er der O. eine weitgehende Rolle bei der semantischen Interpretation zuordnete, auf der Ebene der T. aber nur noch die Angabe thematischer Relationen ansiedelte [17].

In der 'Revidierten Erweiterten Standardtheorie' – auch 'Spurentheorie' genannt – wird nach CHOMSKY die «gesamte Information durch einen etwas erweiterten Begriff der O. bestimmt» [18]. Gleichzeitig lehnt er den Begriff ‹T.› ab und ersetzt ihn durch den Ausdruck «Anfangs-P-Marker» (initial phrase marker), um zum einen die rein syntaktischen Eigenschaften dieser Ebene zu akzentuieren, zum anderen, um durch die konnotativ insinuierte 'Technizität' des Ausdrucks bildlich orientierten Vorstellungen entgegenzuwirken, die mit 'Tiefe' 'essentiell' (versus 'Oberfläche' = 'nebensächlich') bzw. mit ‹T.› 'Grammatik' oder 'Universalgrammatik' verbinden [19]. Die Erweiterung der O. in der Fassung der Revidierten Erweiterten Standardtheorie besteht darin, daß auf dieser Ebene phonologische Null-Elemente (= t[race]) angesetzt werden, die die Position von durch Transformationen verschobenen Elementen markieren [20].

Anmerkungen. [1] Vgl. N. CHOMSKY: Aspekte der Syntax-Theorie (1969; amer. Orig. 1965) bes. 30f. 248f. Anm. 12 (= Aspekte); vgl. Sprache und Verantwortung (1981; frz. Orig. 1977) bes. 158ff. 189ff. – [2] Vgl. Art. ‹Grammatik› III, 3. HWP 3 (1974) 859f. – [3] Vgl. z.B. L. WITTGENSTEIN: Philos. Untersuchungen (1969; zuerst 1953) 664, auch 89 (Oberflächengrammatik/Tiefengrammatik); CH. F. HOCKETT: A course in modern linguistics (New York 1958) 246ff. (surface grammar/deep grammar). – [4] N. CHOMSKY: Cartesian linguistics (New York 1966) bes. 29ff. 75 Anm. 3; Sprache und Geist (1970; amer. Orig. 1968) Kap. 1 und 2. – [5] Vgl. H. AARSLEFF: The hist. of linguistics and

Professor Chomsky. Language 46 (1970) 570-585; R. HILDEBRANDT: Cart. Linguistik (1976). – [6] B. JACOBSEN: Transformational-generative grammar (Amsterdam 1977) 448. – [7] CHOMSKY, a.O. [1] 30. – [8] a.O. 92. – [9] 113. – [10] 266 Anm. 15. – [11] 111ff. – [12] Deep structure, surface structure, and semantic interpretation, in: N. CHOMSKY: Studies on semantics in Generative Grammar (Den Haag 1972) 66; J. J. KATZ: The philos. of language (New York 1966; dtsch. 1969). – [13] Vgl. z. B. H. KRENN: Die gramm. Transformation (1974); M. K. BURT: From deep to surface structure (New York 1971). – [14] Vgl. KRENN, a.O. [13] 17. – [15] P. A. M. SEUREN: Operators and nucleus (Cambridge 1969) 51. – [16] Vgl. KATZ: Interpretative vs. generative semantics. Found. language 6 (1970) 220-259; B. HALL PARTEE: On the requirement that transformations preserve meaning, in: CH. F. FILLMORE/D. T. LANGENDOEN (Hg.): Studies in linguistic semantics (New York 1971) 1-21; W. ABRAHAM: Einl. zu G. LAKOFF: Linguistik und natürl. Logik (1971) VII-XVII. – [17] Vgl. CHOMSKY, Studies..., a.O. [12]; vgl. auch Sprache..., a.O. [1] 183; R. JACKENDOFF: Semantic interpretation in Generative Grammar (Cambridge 1972). – [18] N. CHOMSKY: Reflexionen über die Sprache (1977; amer. Orig. 1975) 102; vgl. auch 119. – [19] a.O. 103. – [20] Vgl. Sprache..., a.O. [1] 183ff.; Essays on form and interpretation (New York 1977); H. LEUNINGER: Reflexionen über die Universalgrammatik (1979) bes. 80ff.

Literaturhinweise. Studia Grammatica, hg. Dtsch. Akad. der Wiss. zu Berlin. Arbeitsstelle Strukturelle Grammatik, H. 1ff. (1962ff.). – H. KRENN und K. MÜLLNER: Bibliogr. zur Transformationsgrammatik (1968). – N. RUWET: Introd. à la Grammaire Générative (Paris 1968). – F. KIEFER (Hg.): Semantik und generative Grammatik 1. 2 (1972). – E. BACH: Syntactic theory (New York 1974). – S. KANNGIESSER und H. L. MEYER: Generative Linguistik, in: H. L. ARNOLD/V. SINEMUS (Hg.): Grundzüge der Lit.- und Sprachwiss. 2 (1974) 187-238. – F. KIEFER und D. M. PERLMUTTER (Hg.): Syntax und generative Grammatik 1-3 (1974). – F. KIEFER (Hg.): Phonologie und generative Grammatik 1. 2 (1975). – B. JACOBSEN s. Anm. [6]. – H. LEUNINGER s. Anm. [20]. – W. KÜRSCHNER: Die generative Transformationsgrammatik seit dem 'Aspects'-Modell. Mitteilungen des Dtsch. Germanistenverbandes 27 (1980), H. 4, 4-17. – M. PÊCHEUX: La langue introuvable (Paris 1981) bes. 176-180, Anm. 57. – *Zur Textlinguistik.* J. S. PETÖFI: Transformationsgrammatiken und eine ko-textuelle Texttheorie (1971) bes. 192ff. – T. A. VAN DIJK: Aspekte einer Textgrammatik (zuerst 1971), in: W. DRESSLER (Hg.): Textlinguistik (1978) 268-299, bes. 290ff. – T. A. VAN DIJK u.a.: Zur Bestimmung narrativer Strukturen auf der Grundlage von Textgrammatiken (1972). – H. RIESER: Aspekte einer partiellen Texttheorie 1. 2 (1979). H. ADLER

Obersatz (lat. propositio maior; engl. major [premise]; frz. [proposition] majeure; ital. [proposizione] maggiore). Der Terminus ⟨O.⟩ gehört der Syllogistik an. Der deutsche Ausdruck wird als Übersetzung des lat. ⟨propositio maior⟩ bei CHR. WOLFF verwendet [1]. Entsprechendes gilt für ⟨Untersatz⟩ und ⟨propositio minor⟩. ARISTOTELES hat noch keine festen Termini, unterscheidet aber die beiden Prämissen eines Syllogismus danach, ob sie (neben dem Mittelbegriff) den Oberbegriff oder den Unterbegriff enthalten [2]. Daneben gibt es bei ihm auch Formulierungen, die schlicht auf die Reihenfolge der Prämissen abheben [3]. Beide Ausdrucksweisen finden sich in der Folgezeit als definitorische Bestimmungen wieder, die erste z.B. bei CHR. WOLFF: «*Propositio major* est praemissa, in qua terminus major construitur cum termino medio. *Minor* vero est *propositio*, in qua terminus minor construitur cum medio» [4], die zweite z.B. bei PETRUS HISPANUS: «Omnis autem sillogismus constat ex tribus terminis et duabus propositionibus. Quarum propositionum prima vocatur maior propositio, secunda minor» [5]. Eine Variante zur zweiten Auffassung (vgl. z.B. J. H. LAMBERT [6]) leitet die Terminologie aus der schematischen Darstellung ab, in der die erste Prämisse *ober*halb der zweiten Prämisse bzw. diese *unter*halb der ersten steht. Meist sind jedoch Bestimmungen der Wolffschen Art bis heute [7] vorherrschend. Zu beachten ist, daß die Termini ⟨O.⟩ und ⟨Untersatz⟩ wegen ihres definitorischen Zusammenhanges mit ⟨Oberbegriff⟩ und ⟨Unterbegriff⟩ strenggenommen nur in der Lehre von den sogenannten einfachen kategorischen Syllogismen verwendet werden können.

Eine Bestimmung, die sich nicht nur auf die kategorischen Syllogismen erstreckt, gibt I. KANT [8], indem er den O. als «allgemeine Regel» von dem Untersatz als «Satz, der ein Erkenntniss unter die Bedingung der allgemeinen Regel subsumirt» unterscheidet. Ein Zusammenhang zwischen O. und Oberbegriff bzw. Untersatz und Unterbegriff wird von Kant deshalb auch nicht hergestellt. Die allgemeine Verwendung Kants findet sich in der Folgezeit z.B. bei W. T. KRUG [9] und B. ERDMANN [10], die in diesem Zusammenhang dann auch auf die abweichende 'Prämissen'-Terminologie (insbesondere der Stoa) verweisen [11]. Die mangelnde terminologische Eindeutigkeit wird besonders bei F. UEBERWEG deutlich, der zunächst die Termini ⟨O.⟩ und ⟨Untersatz⟩ übergreifend einführt und später eine engere Bestimmung (der Wolffschen Art) für kategorische Syllogismen vornimmt [12].

Anmerkungen. [1] CHR. WOLFF: Dtsch. Logik, hg. H. W. ARNDT (1965) 4. Cap., § 6; vgl. A. G. BAUMGARTEN: Acroasis logica in Christianum L. B. de Wolff (1761) § 221. – [2] Vgl. Art. ⟨Oberbegriff⟩. – [3] ARISTOTELES: Anal. pr. II, 2; Anal. post. I, 24, 86 a 25-27. – [4] WOLFF: Philosophia rationalis sive Logica (³1740) § 340. – [5] PETRUS HISPANUS: Tractatus (Summule Logicales), hg. L. M. DE RIJK (Assen 1972) 43. – [6] J. H. LAMBERT: Neues Organon 1 (1764) § 197. – [7] N. I. KONDAKOW: Wb. der Logik (1978), Art. ⟨O.⟩. – [8] I. KANT, Logik (Jäsche) § 58. – [9] W. T. KRUG: Logik oder Denklehre (1825) § 74. – [10] B. ERDMANN: Logik 1 (²1907) 642. – [11] Vgl. Art. ⟨Prämisse⟩. – [12] F. UEBERWEG: System der Logik (⁵1882) § 100. 102. G. GABRIEL

Objekt (griech. ἀντικείμενον, ὑποκείμενον; lat. obiectum; dtsch. Gegenwurf[f], Gegenworf, Vorwurf, Gegenstand; engl. object; frz. objet; ital. obbietto, oggetto). – 1. *Synonyma.* – Das Wort ⟨O.⟩ ist die lateinische Übertragung des griechischen Ausdrucks ἀντικείμενον, den ARISTOTELES als 'laxen' Begriff für das Gegensätzliche in die philosophische Sprache eingeführt hat [1]. Wird das ἀντικείμενον als das einem Vermögen der Seele Gegenüberstehende begriffen, so hat es die Bedeutung ⟨O.⟩. Aristoteles unterscheidet in diesem Sinne schon zwischen sinnfälligen und intelligiblen O. [2]. Weil aber das O. als Gegenstand nur ist, insofern es auf das Vermögen des Wissens bezogen ist, gehört es kategorial gesehen zum Relationalen [3].

Der Begriff ⟨O.⟩ ist aber auch als lateinische Übersetzung des griechischen ὑποκείμενον anzusehen [4]. Nach JOH. PHILOPONOS richtet sich z.B. der Wert einer Erkenntnis auch danach, von welcher Art das O. des Erkennens ist (τὸ ὑποκείμενον περὶ οὗ ἡ γνῶσις). Die Geometrie ist von daher eine «wertvollere» Art des Erkennens als die Mechanik, weil sie die Figuren an und für sich selbst, d.h. ein «immaterielles O.» (ἄυλον ὑποκείμενον) betrachtet [5].

Schon früh wurde der lateinische Ausdruck ⟨obiectum⟩ auch ins Deutsche übertragen, und zwar als «Gegenwurf» oder «Gegenworf»: «daz werch ist aller edelest des objekt oder des gegenwurf aller edelst» [6]. «Gegenwurf» ist besonders in der Mystik ein geläufiger Begriff geworden. So heißt nach NIKOLAUS VON STRASSBURG Gott «unser reht gegenwurf», weil er der eigentliche Gegenstand des Strebens der Seele ist; insofern sich Seele und Gott aber gegenseitig durchdringen, gilt freilich auch: «wir sîn sîn reht gegnwurf» [7]. Der «Gegenwurf» gehört irgendwie zum Wesen des Vernünftigen überhaupt. «Aber da si sich keret in iren gegenworf bloz, do heizit si vornunft» [8]. Charakteristisch für das mystische Denken ist die Auffassung MEISTER ECKHARTS geworden, daß das «abgeschiedene Herz» als «Gegenwurf» weder dies noch das habe, d. h. daß dem Menschen im Zustande der Abgeschiedenheit nichts als bestimmtes O. präsent ist [9]. Wahrhaftes Erkennen vollzieht sich dieser Tradition gemäß ohne die Affizierung durch ein äußeres O. Dieser Gedanke prägt insbesondere die Philosophie V. WEIGELS. Nach seiner Lehre ist dasjenige, was «durch des Menschen Aug gesehen, gehört ergrieffen, verstanden geurtheilet und erkent wird» ein «objectum oder Gegenwurff» [10]. Wegen der Ansicht, daß alle Erkenntnis «komet unnd fliesset her vom erkennen und auß dem Auge, das da siehet unnd erkennet und mitnichten auß dem Gegenwurff, das da gesehen unnd erkennet werden soll», ist Weigel als Vorläufer des Deutschen Idealismus angesehen worden [11]. Beim Vorgang der sinnlichen Erkenntnis kommt nach Weigel dem Gegenwurf nicht einmal die Funktion des Mitwirkenden zu, sondern die «natürliche Erkentniß kommt auß dem erkennen und nicht auß dem Gegenwurff», sie ändert sich also auch ganz allein aufgrund der Veränderung des Erkennenden und nicht des O. [12]. Als Horizont dieser Erkenntnislehre muß die entsprechende theologische Vorstellung von dem sich sein O. selbst entwerfenden göttlichen Verstand angesehen werden, die wenig später J. BÖHME expliziert hat. Danach ist die «ewige Weisheit», d. h. das «ausgeflossene» Wort Gottes, als der «ewige Gegenwurf» der unergründlichen Einheit des göttlichen Wesens zu betrachten [13]. Zugleich freilich wird auch die geschaffene, sichtbare Welt von Böhme «ein Gegenwurf der Inwendigkeit» genannt [14].

Statt «Gegenwurf» wird als deutsche Übersetzung von O. auch «Vorwurf» gebraucht, und zwar wiederum insbesondere von den Mystikern. «Ouch ist got ein vorwurf aller vornunft glîchlîchen alse daz lîcht der sunnen ist ein vorwurf der ougen» [15]. Bis ins 18. Jh. ist der Begriff des «Vorwurfs» im Sinne des O. gebräuchlich geblieben. Noch J. J. WINCKELMANN erklärt: «In diese Ruhe und gleichsam in den Genuß seiner selbst, mit gesammelten und von allen äußeren Vorwürfen zurückgerufenen Sinnen, ist der ganze Stand dieser edlen Figur gesezet» [16]. Häufige Verwendung findet das Wort auch bei M. MENDELSSOHN und anderen Autoren [17].

Das Wort ‹Gegenstand› dagegen scheint erst seit dem 18. Jh. als Übertragung des philosophischen Terminus ‹O.› geläufig zu sein. In diesem Sinne schreibt J. CHR. GOTTSCHED: «Eine jede wirkende Ursache muß etwas vor sich haben, darein sie wirket, und worinn sich ihre Wirkung endiget: Dieses nennet man das O. oder den Gegenstand. Z. E. Das O. eines Zimmermannes ist das Holz, so er behauet, mein Gegenstand ist itzo die Ontologie ... Ein solches O. nun bestimmt auch die Wirkungen der Ursache gewisser massen» [18].

2. *O. und Seelenvermögen in der Philosophie des 13. Jh.* – Der Begriff ‹O.› scheint in der philosophischen Literatur des 12. Jh. noch nicht vorzukommen. Erst in den aus der ersten Hälfte des 13. Jh. stammenden philosophischen Schriften taucht der Begriff auf, und zwar meistens im Zusammenhang mit der Frage nach den den Vermögen der Seele eigenen Gegenständen, so z. B. in der ‹Summa Duacensis›, bei R. GROSSETESTE, PHILIPP DEM KANZLER, in der um 1225 entstandenen Schrift ‹De Anima et de potenciis eius› und besonders in dem von dieser abhängigen anonymen Traktat ‹Über die Vermögen der Seele und ihre O.› [19]. ‹O.› hat in dieser Schrift die Bedeutung der von einem Vermögen verschiedenen Materie (im Sinne des Stoffes), so wie die Farbe das O. des Sehsinnes darstellt. «Und O. soll allgemein für Materie genommen werden, da auf der Seite der Wesenheit der Seele in sich, zu der jene Verschiedenheit der Vermögen gehört, keine Verschiedenheit zu finden ist» [20].

Dieser Sinn des Begriffs ist auch bei der Frage nach der Erkenntnisweise der «anima separata» deutlich zu erkennen. Strittig ist, ob im Stande der Glorie die O. aller Sinne oder nur einiger erhalten bleiben oder nicht. Nach BONAVENTURA sind «die O. gewisser Sinne absolute Proprietäten, die im glorifizierten Körper gefunden werden, wie z. B. die Farbe des Gesichtsinnes und die Leichtigkeit des Tastsinnes». Die O. dieser beiden Sinne müssen auch im Stand der Seligkeit erhalten bleiben, weil der Auferstehungsleib mit Licht und Leichtigkeit ausgestattet ist. Zudem haben die Sinne im Stand der Seligkeit ein verändertes Verhältnis zu ihrem O. Während sonst nämlich die Sinne sich ihres O. erfreuen, weil es ihnen angemessen ist, sie vervollkommnet und erhält, kommt dem O. des Sinnes im Stand der Seligkeit nur der Charakter der Angemessenheit zu, weil der Sinn von sich aus vollkommen und unzerstörbar ist [21].

Demgegenüber vertritt DIETRICH VON FREIBERG die These, daß auch in der «anima separata» noch die verschiedenen Kräfte, auch der innere und äußere Sinn, wie in einer Wurzel als Habitus erhalten bleiben. Dementsprechend müssen fünf O.-Arten unterschieden werden, die die abgetrennte Seele «durch sich selbst» erkennen kann: Die sinnfälligen partikulären Gegenstände, das abwesende bloß vorgestellte partikuläre O., der Gegenstand der «vis aestimativa», die allgemeine Wesenheit einer Sache und schließlich das «übernatürliche» O., das allein aufgrund der Gnade Gottes «berührt» wird; das ist die göttliche Wesenheit, Gott selbst, «den erkennend zu berühren das glückselige Leben ist» [22].

Aber die O. sind nicht nur gegenüber den vielen Vermögen je verschieden, sondern die Bedeutung des Begriffs muß auch schon, bezogen auf ein einziges Vermögen, differenziert werden. Denn offensichtlich ist das O., «von dem aus ein Akt beginnt», im Sinne der «apprehensio» verschieden von demjenigen, worin der Akt sein Ziel findet [23]. Diese Unterscheidung zwischen dem anregenden und terminierenden O., die in der Scholastik allgemein Verbreitung fand, setzt nach THOMAS VON AQUIN freilich ihrerseits schon die Unterscheidung zwischen einem passiven und aktiven Vermögen voraus: «Das O. aber steht im Verhältnis zum Akt des passiven Vermögens als das bewegende Prinzip und die bewegende Ursache; die Farbe nämlich, insofern sie den Sehsinn bewegt, ist Prinzip des Sehens; im Verhältnis zum Akt des aktiven Vermögens aber steht das O. als Ziel und Zweck» [24].

Als das 'Ziel' der Tätigkeit gibt das O. dieser aber zugleich die Form. Es ist gewissermaßen das, worum es in der Tätigkeit geht. Die sich daraus ergebende klassische formale Bestimmung des O. als der «materia circa quam» ist für viele Jahrhunderte gültig geblieben. «Man muß sagen, daß O. nicht die Materie ist, aus der [etwas entsteht], sondern die Materie um die [es geht]: und es hat irgendwie die Bestimmtheit der Form, insofern es die Gestalt gibt» [25]. BONAVENTURA hat das O. im Sinne der

«Materie», um die es geht, von den anderen Bedeutungen des Materiebegriffs abgegrenzt; während die «materia ex qua» im eigentlichen Sinne Materie heißt, ist die «materia circa quam» das O. im eigentlichen Sinne, «nam idem potest esse objectum habitus et finis» [26].

Da aber unter den jetzigen Bedingungen jedem einzelnen Vermögen die konkreten Objekte nur in einer bestimmten Hinsicht erscheinen, muß – nach allgemein scholastischer Lehre – das formale vom materialen O. unterschieden werden. Das Formalobjekt ist der einheitliche Gesichtspunkt, unter dem die vielen materialen konkreten O. betrachtet werden. Nach Bonaventura stellen so z. B. die vielen artverschiedenen sinnfälligen Seienden wie Pferd oder Mensch das Materialobjekt oder, wie er auch sagt, das «objectum per accidens» des Sehvermögens dar. Obgleich nun auch das «objectum per se» sich artlich unterscheidet, nämlich als das Weiße vom Schwarzen, bleibt doch die Einheit des Sehvermögens oder Habitus dadurch gewahrt, daß der Formalgrund des ersten O. überhaupt, das Lichthafte (luminositas), ein einheitlicher ist [27]. In ähnlicher Weise kommen so nach THOMAS VON AQUIN Mensch, Esel, Stein und die anderen Materialobjekte des Sehvermögens in dem Formalgrund des Farbigen überein, was folglich als das eigentliche, formale O. dieses Sinnes anzusehen ist [28]. Dementsprechend definiert RICHARD VON MEDIAVILLA das Formalobjekt als das, «durch dessen Bestimmtheit an sich und zuerst das O. von dem Vermögen berücksichtigt wird, von welcher Art die Farbe hinsichtlich des Sehvermögens, der Ton hinsichtlich des Hörens ist» [29].

Besondere Bedeutung hat die Unterscheidung der O.-Arten im Hinblick auf den religiösen Glaubensakt erlangt. Während nämlich das Material-O. des Glaubens – nach BONAVENTURA – all das umfaßt, «was den articuli fidei folgt» oder – wie THOMAS sagt [30] – was nur insofern «unter die Glaubenszustimmung fällt, als es eine Hinordnung auf Gott hat», ist das Formal-O. des Glaubens nichts anderes als die Erste Wahrheit selbst, insofern sie sich geoffenbart hat.

Das Formal-O. ist nach scholastischer Lehre das implizit Miterfaßte. Da erst durch das Formal-O. etwas Bestimmtes in seiner aktuellen Erfaßbarkeit erscheint, ist es, insofern es O. ist, als Ermöglichungsgrund eines konkreten Material-O. zu denken. ALBERT DER GROSSE hat in diesem Sinne zwei Aspekte des O.-Begriffs unterschieden: «Das O. aber kann in zweifacher Weise betrachtet werden. Entweder insofern es das Vermögen schlechthin bewegt oder im Sinne des Vergleichs mit der Ursache, von der es die Kraft der Bewegung hat» [31]. Im Bereich der Sinneserkenntnis ist so die Farbe nur dann O. des Gesichtssinnes, wenn sie «durch das Licht zu einem spirituellen Sein vervollkommnet und zu einem aktuell Sichtbaren gemacht wird». Umgekehrt erhält aber auch das Licht nur durch die Partizipation an einer bestimmten Farbe den Charakter eines sichtbaren O. Dementsprechend kann nach Albert im Bereich der intellektiven Erkenntnis etwas nur dann O. des Intellekts sein, wenn die intelligible Form «am Akt des tätigen Intellekts partizipiert, der ihr das einfache und geistige Sein gibt». So hat das O. seine Bestimmtheit als solche von der Sache selbst, «im intelligiblen Sein konstituiert» ist sie aber erst durch das Licht des tätigen Intellekts [32]. Vor diesem Hintergrund wird die These des DIETRICH VON FREIBERG verständlich, die besagt, daß «die erkannte Sache durch die Tätigkeit des Intellekts die Bestimmtheit des O. erhalte», während die Sinne und die Einbildungskraft diese Bestimmtheit in der Sache immer schon voraussetzen. Deswegen steht nach Dietrich allein der Intellekt als aktives Kausalprinzip dem O. gegenüber [33].

Wie etwas für den menschlichen Verstand die Bestimmtheit des O. erhält, ist auch Thema der Abstraktionslehre SIGERS VON BRABANT. Weder das partikuläre Phantasma einer Sache als solches noch die unabstrahierte Form im Phantasma können als eigentlich universales O. gedacht werden. Es sind vielmehr zwei Arten der allgemeinen Form zu unterscheiden: Die eine ist die intelligible Form, durch die die Sache erkannt wird, d. h. der aktuell erkennende Intellekt selbst. Die andere Form jedoch, die in den Einzeldingen als reale allgemeine, nur potentiell intelligible, im Intellekt aber als abstrahierte aktuell intelligible Form existiert, hat für den Intellekt die Bestimmtheit des O., die durch den tätigen Intellekt selbst verursacht ist [34]. Siger nennt diese allgemeine Form auch das «immaterielle O.» [35].

3. *O. und objektives Sein.* – Die in der zweiten Hälfte des 13. Jh. festzustellende Ontologisierung des O.-Begriffs schlägt sich schließlich auch terminologisch nieder. HEINRICH VON GENT und MATTHAEUS AB AQUASPARTA stehen etwa gleichzeitig am Anfang der langen Geschichte der Lehre vom objektiven Sein, wonach ‹O.› schlicht das bedeutet, was durch den menschlichen Verstand erkannt werden kann. In diesem Sinne hebt MATTHAEUS AB AQUASPARTA hervor, daß «das aktuell Nichtseiende oder etwas, das von seinem Begriff her nicht das aktuelle Sein hat, aber dennoch intelligibel erfaßbar, dem Intellekt darstellbar ist, ein O. des Intellekts ist und sein kann». Denn es genügt für die Bestimmtheit des O., daß der Intellekt sich einen Begriff von der Sache machen kann, ob sie selbst nun existiert oder nicht; die Washeit der Sache ist so, auch wenn diese nicht existiert, O. des Intellekts. Allerdings stellt weder sie, noch der Begriff, noch auch die göttliche Idee allein das O. dar; nach Matthaeus eingängiger Bestimmung ist eigentliches O. des Intellekts vielmehr die «vom Intellekt begriffene Washeit selbst, insofern sie auf das ewige Urbild bezogen ist, das sich zum Intellekt in der Weise des Bewegenden verhält» [36]. Der Begriff, der die Wesenheit der Sache repräsentiert, hat, als auf die unveränderlichen Ideen bezogener, also den Charakter des Objektiven, insofern ihn der Intellekt «objektiv» sieht [37].

Dieser O.-Begriff erfuhr eine Präzisierung durch den Kardinal VITAL DU FOUR (Vitalis de Furno), der die Frage des Matthaeus ab Aquasparta aufgreift, ob Nichtseiendes durch den menschlichen Verstand erkannt werden könne. Versteht man das Nichtseiende im Sinne dessen, was unmöglich sein kann und so überhaupt nicht ist, wie z. B. die Chimäre, so «sage ich, daß derartiges Nichtseiendes nicht O. des Intellekts ist». Da die dem geschaffenen Intellekt eigene Erkenntnisweise darin besteht, daß die Sache selbst ihm «objektiv», d. h. «in der Bestimmtheit des O. und Erkannten», präsent ist, muß ihm, wenn er etwas Geschaffenes erkennen will, die Washeit und Wesenheit der Sache als O. «präsentiert» werden, so daß sie in ihm ein Sein hat «wie das Erkannte im Erkennenden». Als mögliches O. des Intellekts muß deswegen nach Vital nur das angesehen werden, was nicht des Aktes der Wesenheit entbehrt, obgleich es möglicherweise aktuell nicht existiert. Das Sein des O. ist «nicht anderswo als im Begriff des Geistes in der Weise eines Erkannten; deswegen hat es ein Sein im Intellekt in der Weise eines erkannten O.» [38].

In diesem Sinn wird auch in der pseudoscotistischen Schrift ‹De rerum principio›, als deren Autor Vital du Four vielfach angesehen wird, eine doppelte Präsenz des

O. unterschieden: die aktuelle Existenz in der äußeren Sache selbst, die aber nicht unbedingt zur Setzung eines Erkenntnisbildes im jeweilgen Vermögen erforderlich ist, und die Präsenz des Erkannten und Betrachteten als solchen, ohne die ein Erkenntnisbild in der Vorstellung oder im Intellekt niemals zustande kommt [39].

HEINRICH VON GENT war wohl der erste, der in diesem Sinne für die Wahrheit der Sache, d. h. für das durch den menschlichen Intellekt erkannte Wesen, insofern es erkannt ist, den Begriff des O. in der Erkenntnis bzw. im Erkennenden geprägt hat. Der Erkennende erfaßt in diesem O. die äußere Sache selbst, die für sich genommen als äußere nur potentiell, «insofern sie aber als O. im Intellekt ist, aktuell erkannt ist» [40]. Dieses erkannte O. im Erkennenden ist nach Heinrich das durch den Verstand konstituierte O. Also sind in bezug auf den Akt des Intellekts zwei Arten des O. zu unterscheiden: «eines, das die konstitutive Bestimmtheit des Aktes (d. h. der formale Grund) selbst ist, wie z. B. der Gesichtssinn sich auf die Farben, der Hörsinn sich auf die Töne bezieht. Ein anderes O. aber ist das, was durch den Akt im Sein konstituiert ist» [41].

Aber der Begriff des O. ist nach Heinrich nicht nur im Hinblick auf das intellektive Vermögen der Seele von Bedeutung. Vielmehr muß das O. im allgemeinen, d. h. insofern es O. ist, «an sich eine Beziehung zu jenem», d. h. einem Vermögen, haben. Die Sache kann aber nur in einem zweifachen Verhältnis der «intellektuellen Natur» objiziert sein, nämlich insofern sie einerseits «daraufhin angelegt ist, in ihr zu sein», d. h. als geistiges Sein in ihr konstituiert zu werden, andererseits aber insofern es ihre Bestimmung ist, in sich zu subsistieren, d. h. in sich zu ruhen und die Seele durch Lockung an sich heranzuziehen. Demgemäß hat also die Sache in doppelter Hinsicht die Weise des O.-Seins gegenüber der «intellektuellen Natur», nämlich als möglicher Gegenstand des Erkennens und des Wollens [42]. Beide Weisen des O.-Seins sind freilich nicht gleichgeordnet. Schon nach THOMAS VON AQUIN ist das O. des Intellekts «einfacher» und «absoluter» als das O. des Willens, weil es als erkanntes den «Grund» des «erstrebbaren Guten» darstellt und ihm so stets vorausgeht [43].

4. *Von Duns Scotus bis Ockham*. – Die das Verhältnis zwischen dem Vermögen und dem O. betreffenden Bestimmungen werden in der Philosophie des 14. Jh. präzisiert. Dabei erfährt der Begriff des O. besonders durch DUNS SCOTUS eine charakteristische Kennzeichnung. Während in der Philosophie der Franziskaner sonst sowohl die aktuell existierende Sache wie auch die erkannte Sache als aktuell erkannte ‹O.› heißen kann, ist dieser Begriff nach Duns Scotus vor allem auch auf das zu beziehen, was dem eigentlichen Akt des Erkennens als Erkennbares vorausliegt. Das liegt schon in der formalen Bestimmtheit des O. begründet. «Von der Bestimmtheit des O. sage ich, sie sei jene, der gemäß das O. das Bewegende des Vermögens ist» [44]. Während sich das O. zu einem Habitus wie die Ursache zur Wirkung verhält, muß das Verhältnis des O. zu einem Vermögen als das eines Bewegenden zu einem Bewegbaren verstanden werden [45]. In diesem Sinne muß auch das aktuell Allgemeine einer Sache, das das intellektive Vermögen bewegt, dem Erkenntnisakt als O. vorausliegen, denn «ein O. geht als O. dem Akt vorher» [46]. Das ist aber nach Scotus nur möglich, weil alles Erkennbare, verstanden im Sinne der sogenannten «objecta secundaria» des göttlichen Verstandes, den Modus des «intelligiblen Seins» hat. «Denn der göttliche Intellekt bringt dieses durch seinen Akt im 'intelligiblen Sein' hervor, und durch seinen Akt gibt er diesem O. ein solches Sein und jenem ein solches, und folglich gibt er ihnen eine derartige Bestimmtheit des O. – durch diese Bestimmtheiten bewegen sie später den Intellekt zu sicherer Erkenntnis» [47]. Indem der menschliche Intellekt die Wesenheiten der Dinge sehen kann, ist ihm schon im Pilgerstand die Möglichkeit gegeben, die «reine Wahrheit» im ewigen Lichte als O. zu sehen. «Denn jenes Selbige und unter derselben objektiven Bestimmtheit, was das sekundäre O. des göttlichen Intellekts ist, ist das O. des Menschen im Pilgerstand» [48]. Von hier aus stellt sich Duns Scotus das Problem, was als das erste adäquate O. des menschlichen Verstandes in seiner natürlichen Bestimmtheit anzusehen ist. Da es möglich ist, Metaphysik als transzendente Wissenschaft zu betreiben, muß das Seiende im allgemeinen Sinne, insofern es der abstrahierbare gemeinsame Inhalt der natürlich erkennbaren Dinge ist, als das erste adäquate natürliche O. des Verstandes betrachtet werden. Gleichwohl ist doch dadurch offensichtlich nicht auch jedes einzelne Seiende schon mögliches natürliches O. des Verstandes. Deswegen muß nach Scotus hinsichtlich des natürlichen O. unterschieden werden zwischen jenem, «das das Vermögen auf natürliche Weise oder aufgrund der Tätigkeit der naturhaft tätigen Ursachen erreichen kann», und demjenigen, «zu dem ein Vermögen natürlicher Weise hinneigt», ganz gleich, ob es jenes O. auch auf natürliche Weise erreichen kann oder nicht [49]. Das Seiende als solches ist demnach in dem Sinne erstes adäquates natürliches O., daß der Verstand auf alles Seiende allgemein «hingeordnet» ist, ohne doch alles einzelne Seiende zu erreichen [50].

Die scholastische Diskussion um den O.-Begriff wird erstmals von PETRUS AUREOLI zusammengefaßt, indem er eine vierfache Bedeutung des Begriffs, sofern das Verhältnis zu einem Vermögen gemeint ist, unterscheidet. O. ist zuerst das ein Vermögen Bewegende; wie im Bereich sinnlicher Erkenntnis die einzelne Farbe das O. des Sehsinnes ist, so ist die formale Bestimmtheit der Sache das für den Intellekt eigentlich Objektive. Zweitens wird etwas ‹O.› im denominativen Sinne genannt, wie das «Sehbare» in bezug auf den Seh- oder das Hörbare gegenüber dem Hörsinn, so das Erkennbare hinsichtlich des Intellekts. Drittens wird ‹O.› genannt, was als Gemeinsames von allen ein Vermögen bewegenden Bestimmtheiten ausgesagt wird; in diesem prädikativen Sinne ist die Farbe das O. des Sehsinnes, für den Intellekt aber ist es das Seiende. Schließlich kann auch dasjenige ‹O.› heißen, was, wie die fiktiven Farben des Regenbogens oder des Halsgefieders einer Taube, Ziel des Sinnes ist oder das, was im Modus des intentionalen, erscheinenden oder objektiven Seins intramental den Intellekt «terminiert» [51].

Der von Duns Scotus in die scholastische Diskussion eingeführte Begriff des adäquaten O. wird auch von WILHELM VON OCKHAM aufgegriffen. Unter den drei Bedeutungen des Begriffs des «ersten O.» – Erstheit im Sinne der Erzeugung, der Adäquatheit und der Vollkommenheit – nimmt nämlich der Begriff des adäquaten O. auch in der Prädikationstheorie Wilhelms von Ockham eine dominierende Rolle ein [52]. Der Begriff des adäquaten O. muß nämlich nach Ockham – obgleich er auf die Gleichheit der Vollkommenheit von O. und Akt hinzuweisen scheint – vor allem im Sinne der «Prädikation» verstanden werden, «so daß es durch Prädikation ein Gemeinsames sei für jedes O., das von einem solchen Vermögen erfaßbar ist» [53]. Obwohl aber so für jedes Vermögen sinnlicher und intellektiver Art ein adäquates O. zur Verfügung steht, weil «es etwas derartiges ist, von dem adäquat und erstlich ausgesagt wird, es sei das O. eines solchen Vermögens», ist es aus anderer Sicht dennoch in Wahrheit nicht das O. dieses Vermögens und kann auch nicht von ihm erfaßt werden. Wie im Bereich des Sinnlichen «jenes Gemeinsame Farbe», das erste adäquate O. des Sehvermögens, von all den sichtbaren Gegenständen prädiziert wird und doch nicht als dieses «Gemeinsame» von dem nur das Einzelne (diese Farbe) erfassenden Sehvermögen erfaßt wird [54], so ist – analog – auch das Seiende, jenes allerallgemeinste erste adäquate O. des Verstandes, dem Intellekt auch natürlich erfaßbar, also – gegen Scotus – «natürlich erreichbar», insofern es «von allem an sich Erkennbaren prädiziert wird» und in ihm eingeschlossen ist; aber gleichwohl ist deswegen nicht alles in diesem allgemeinsten O. Enthaltene dem Intellekt auch natürlich erreichbar [55].

Die scholastische Frage nach dem eigentlichen Gegenstand menschlichen Wissens führte innerhalb des Nominalismus bzw. Konzeptualismus zu einer Präzisierung des O.-Begriffs. Während nach THOMAS VON AQUIN der Begriff des O. als dem eigentlichen einheitlichen Gegenstandes eines Vermögens oder Habitus auch terminologisch zu unterscheiden ist vom eigentlichen Gegenstand einer Wissenschaft (Subjekt), auf den als Prinzip oder Zweck freilich auch wie bei jenem alles andere hingeordnet ist [56], scheinen beide Begriffe, ‹O.› und ‹Subjekt›, bezogen auf die Wissenschaft, bei SCOTUS promiscue gebraucht zu werden [57]. Sie werden erstmals systematisch aber von DURANDUS A SANCTO PORCIANO unterschieden. Nach Durandus ist O. im eigentlichen Sinne das, was erstlich und vor allem erkannt wird, und dies ist im Falle des wissenschaftlichen Erkennens die «bewiesene Konklusion» eines Syllogismus. «Subjekt» des Wissens dagegen ist das in der Konklusion enthaltene Subjekt, von dem Eigenschaften ausgesagt werden. O. des Wissens also – und Entsprechendes gilt auch für andere Akte des Intellekts wie den des Glaubens z. B. – ist das, «was gewußt wird» – der wissenschaftliche Satz –, Subjekt des Wissens aber ist das, worüber etwas gewußt wird – der inkomplexe Gegenstand [58].

WILHELM VON OCKHAM schließt sich diesem Sprachgebrauch an. Da das O. das im Wissen Gewußte (quod scitur) ist, insofern es den Wissensakt direkt terminiert, kann das Verhältnis des Subjekts zum Wissen damit nicht verglichen werden [59]. Denn Subjekt des Wissens ist das Subjekt der Konklusion, O. des Wissens aber die gewußte Konklusion. «Und so ist das Subjekt Teil des O.» [60].

Was eigentlicher Gegenstand des Wissens sei, bleibt auch im Nominalismus nach Ockham eine wichtige Frage. GREGOR VON RIMINI kritisiert in diesem Zusammenhang die Auffassung Ockhams vom Satz oder der Konklusion als O. Zwar muß das von ihm sogenannte «totale O.» des Wissens (objectum totale) etwas Komplexes sein, aber offenbar ist das nicht die Konklusion eines Beweises, sondern das durch die Konklusion oder den Satz überhaupt Bezeichnete bzw. Bezeichenbare, also so etwas wie der Sachverhalt [61].

Anmerkungen. [1] Vgl. ARISTOTELES, Met. Δ 9, 10, 1018 a 20. – [2] De an. I, 1, 402 b 15; II, 3, 415 a 20. – [3] Cat. 10, 11 b 24; vgl. auch JOH. PHILOPONOS, In Arist. De an. Comm. in Arist. graeca XV, hg. M. HAYDUCK (1897) 39, 36. – [4] Vgl. JEAN PHILOPON: Comm. sur le De anima d'Aristote, Traduction de Guillaume de Moerbeke, hg. G. VERBEKE (Louvain 1966) 88, 75. – [5] JOH. PHILOPONUS, a.O. [3] 22, 19ff. – [6] Vgl. Altdtsch. Predigten und Gebete aus Handschr., gesammelt und zur Herausgabe vorb. von W. WACKERNAGEL (Basel 1876) 498. – [7] NIKOLAUS VON STRASSBURG, Predigten, in: Dtsch. Mystiker des 14. Jh., hg. F. PFEIFFER 1 (1845, ND 1962) 271, 21-24. – [8] HERMANN VON FRITZLAR, a.O. 198, 21; weitere Beispiele vgl. GRIMM, s.v. ‹Gegenwurf›. – [9] Vgl. MEISTER ECKHART, Von abegescheidenheit. Dtsch. Werke 5, 423, 1ff.; 426, 5. – [10] V. WEIGEL: Der güldene Griff (1616) 14. – [11] Vgl. Γνῶθι σεαυτόν I, 12; dazu A. KOYRÉ: Un mystique protestant Valentin Weigel, in: Mystiques, spirituels, alchimistes du XVIe siècle allemand (Paris 1955) 93ff. – [12] WEIGEL, a.O. [10] 29. – [13] J. BÖHME, Tabulae principiorum 18f.; Clavis 18. – [14] Quaest. theosophicae 3, 20. – [15] PFEIFFER (Hg.), a.O. [7] 124, 37. – [16] Vgl. J. J. WINCKELMANN: Gesch. der Kunst des Altertums. Sämtl. Werke, hg. J. EISELEIN 6 (1825) 287. – [17] Vgl. M. MENDELSSOHN: Morgenstunden oder Vorles. über das Daseyn Gottes. Ges. Schr. (Jub.-A.) III/2, bearb. L. STRAUSS (1974) 15 u.ö. – [18] J. CHR. GOTTSCHED: Erste Gründe der Gesamten Weltweisheit darin ... Erster, Theoret. Theil § 313 (1733) 159. – [19] Vgl. Summa Duacensis, hg. P. GLORIEUX (Paris 1955) 43. 49; L. BAUR: Die philos. Werke des Robert Grosseteste, Bischofs von Lincoln (1912) 255. 265 u.ö.; Ex Summa Philippi Cancellarii Quaest. de anima, hg. L. W. KEELER (1937) 26; De anima et de potenciis eius, hg. R. A. GAUTHIER. Rev. Sci. philos. théol. 66 (1982) 223. 232. 244. 250; vgl. dazu: L. DEWAN: 'Obiectum'. Notes on the invention of a word. Arch. Hist. doctr. litt. Moyen Age 48 (1981) 37-96, bes. 42ff. 52. – [20] ANONYMUS, De potentiis animae et obiectis, hg. D. A. CALLUS. Rech. Théol. anc. médiév. 19 (1952) 147. – [21] BONAVENTURA, IV Sent. d. 49, p. II, sect. 1, a. 3, q. 1 (IV, 1018 b-1019 b). – [22] DIETRICH VON FREIBERG, De cognitione entium separatorum 90 (2)-(6)ff., hg. H. STEFFAN. Opera omn. 2 (1980) 251ff. – [23] Vgl. ANONYMUS, a.O. [20] 148, 2ff. – [24] THOMAS VON AQUIN, S. theol. I, 77, 3. – [25] S. theol. I/II 18, 2, ad 2f. – [26] BONAVENTURA, I Sent. prooem. q. 1. Opera omnia (Quaracchi) I, 8, n. 2. – [27] III Sent. d. 23, a. 1, q. 3, a.O. III, 479. – [28] THOMAS, S. theol. I, 1, 3. – [29] RICHARDUS DE MEDIAVILLA, II Sent. d. 24, a. 2, q. 2. Super IV libros sent. Petri Lomb. quaest. subt., hg. L. SILVESTRIUS (Brixen 1591) II, 302 b. – [30] THOMAS, S. theol. II/II, 1, 1. – [31] ALBERTI MAGNI Super Dionysium de divinis nominibus, hg. P. SIMON (1972) c. 4, n. 132. Opera omnia 37/1, 223, 47ff. – [32] c. 4, n. 12, a.O. 121, 20ff. – [33] Vgl. DIETRICH VON FREIBERG, De origine rerum praedicament. 5, 27, hg. L. STURLESE. Opera omn. 3 (1983) 188. – [34] SIGER DE BRABANT, Questions sur la Mét. III, q. 15, hg. C. A. GRAIFF (Louvain 1948) 129-134. – [35] Quaest. super Librum de causis q. 29, hg. A. MARLASCA (Louvain 1972) 121. – [36] MATTHAEUS AB AQUASPARTA, Quaest. de cognitione q. 1 (Quaracchi ²1957) 213, 18ff.; 214, 30-215, 3; 217. – [37] Vgl. a.O. 248, 4. – [38] Vgl. F. DELORME: Le cardinal Vital du Four. Huit questions disputées sur le problème de la connaissance. Arch. Hist. doctr. litt. Moyen Age 2 (1927) 291-294. – [39] De rerum principio q. 14, n. 27, in: JOHANNES DUNS SCOTUS, Opera omnia, hg. L. WADDING 3 (Lyon 1639, ND 1968) 126 b. – [40] HEINRICH VON GENT, S. quest. ordinariarum 34, q. 5 (Paris 1520, ND St. Bonaventure, N.Y. 1953) I, f. 217r K-L. – [41] a. 51, q. 1, a.O. II, f. 54r N. – [42] a. 48, q. 1, a.O. f. 29r D-29v E. – [43] THOMAS, S. theol. I, 82, 3. – [44] DUNS SCOTUS, Ord. I, d. 3, p. 1, q. 3, n. 183 (Ed. Vat.) 3, 111. – [45] Ord. prol. p. 3, q. 1-3, n. 148, a.O. 1, 100. – [46] Ord. I, d. 3, p. 3, q. 1, n. 359, a.O. 3, 217. – [47] Ord. I, d. 3, p. 1, q. 4, n. 266, a.O. 3, 162. – [48] Lect. I, d. 3, p. 1, q. 3, n. 192, a.O. 16, 303; vgl. Ord. I, d. 3, p. 1, q. 4, n. 262, a.O. 3, 160. – [49] Ord. prol. p. 1, q. un., n. 90, a.O. 1, 54. – [50] Ord. prol. n. 92, a.O. 1, 56; vgl. auch Quodl. q. 14, n. 11. Opera a.O. [39] 12, 369; dazu: L. HONNEFELDER: Ens inquantum ens. Der Begriff des Seienden als solchen als Gegenstand der Met. nach der Lehre des Joh. Duns Scotus (1979) bes. 55-98. – [51] PETRI AUREOLI Scriptum super primum sent. I, d. 2, sect. 10, a. 4, hg. E. M. BUYTAERT 2 (St. Bonaventure, N.Y. 1956) 544-550. – [52] GUILLELMI DE OCKHAM Scriptum in librum primum sent. ordinatio I, d. 3, q. 1. Opera theol. 2, hg. S. BROWN und G. GÁL (St. Bonaventure, N.Y. 1970) 388f. – [53] Quodl. septem I, q. 1, 113, a. 3. Opera theol. 9, hg. J. C. WEY (St. Bonaventure, N.Y. 1980) 6; vgl. Scriptum ... I, d. 3, q. 1, a.O. 2, 390. – [54] Scriptum ... I, d. 2, q. 4, a.O. 141. – [55] I, d. 3, q. 8, a.O. 539f. – [56] Vgl. z.B. THOMAS, S. theol. I, 1, 7. – [57] Vgl. HONNEFELDER, a.O. [50] 7ff. – [58] DURANDUS A SANCTO PORCIANO, Sent. prol. q. 5, n. 6, f. 9ra (Venedig 1571, ND Ridgewood 1964); vgl. III, d. 24, q. 1, n. 6, a.O. 2, 256vb. – [59] OCKHAM, Scriptum ..., a.O. [52]

1, 258. – [60] a.O. 2, 266, 17ff. – [61] GREGORII ARIMINENSIS Lectura super primum et secundum sent. I prol. q. 1, hg. W. ECKERMANN/M. SCHULZE (1981) 4–7.

5. *Spanische Scholastik.* – Die in der Philosophie des 14. Jh. entwickelten Ansichten über den O.-Begriff werden in der Spanischen Scholastik stärker systematisiert. Nach D. DE SOTO kommt dem Begriff des O. ein dreifacher Sinn zu: O. im Sinne des «nur Bewegenden» ist das, was das Vermögen zur Bildung eines Begriffs bewegt, der eine andere Sache repräsentiert, so wie das Bild im Hinblick auf den Begriff des Imperators; O. als das «nur Terminierende» ist die erkannte Sache selbst, insofern sie als distinktes O. den Begriff ihrer selbst hervorruft; schließlich kann O. als zugleich Bewegendes und Terminierendes verstanden werden, insofern z.B. das Bild im Erkenntnisvermögen auch den Begriff seiner selbst hervorrufen kann [1].

Der formalen Struktur nach ganz ähnlich, inhaltlich gesehen aber ganz verschieden, hat F. TOLETUS die dreifache Bedeutung des Begriffs interpretiert. Als zugleich bewegendes und begrenzendes O. muß jenes verstanden werden, was (wie z.B. der gesehene Stein) dem Vermögen die Species seiner selbst eindrückt und zugleich auch erkannt wird. Das nur terminierende, aber nicht bewegende O. wird vom Vermögen zwar erfaßt, ohne daß dieses jedoch durch ein Bild von der Sache beeinflußt würde. Das nur bewegende O. schließlich wird durch das Vermögen nicht eigentlich erkannt [2]. Das in diesem Sinne motivierende O. des Intellekts im jetzigen Zustand ist nach Toletus das sinnfällige Phantasma, d.h. das in der Einbildungskraft rezipierte Bild von der Sache. Terminierend dagegen ist die im Phantasma enthaltene und durch die Species repräsentierte «Natur» der Sache.

Durch JOHANNES A SANCTO THOMA erfährt die Unterscheidung zwischen dem «nur motivierenden» und «nur terminierenden» und dem «sowohl motivierenden als auch terminierenden O.», die Johannes mit fast denselben Worten wie Soto vorträgt [3], eine neue Interpretation. Nach Johannes besteht die Bestimmtheit des O. als solches, d.h. abgesehen davon, ob es motivierender oder terminierender Natur ist, darin, «daß es etwas Äußeres ist, von dem her die innere Bestimmtheit und Form eines Vermögens oder Aktes genommen wird und abhängt; und dies wird auf die Gattung einer formalen und äußeren Ursache, die nicht eine Existenz, sondern eine Spezifikation verursacht, zurückgeführt» [4]. Gegen ein einseitiges Verständnis des O.-Begriffs im Sinne des Terminierenden ist nach Johannes darauf aufmerksam zu machen, daß «es dem O. als O. nicht zukommt zu bewirken, sondern zu spezifizieren» [5]. Denn es ist zu unterscheiden zwischen der Bewegung im Sinne der «Ausführung» (exercitium), die zur Gattung der Wirkursache gehört, und der Bewegung im Sinne der Spezifikation. Diese gehört aber zur Gattung der «formalen äußeren Ursache», die das Vermögen in einer bestimmten Weise aktuiert und auf ein äußeres O. hinordnet [6]. Die Bestimmtheit des O. besteht also nicht darin, eine Form (species) im Intellekt hervorzubringen. Aber auch das terminierende O. hat – wie Johannes gegen eine nominalistische Interpretation hervorhebt, die es als «reinen Begriff» versteht – die Bestimmtheit einer äußeren Formalursache, denn insofern der Akt vom «Ziel» her seine Form erhält, «spezifiziert» es ihn von außen. Der Unterschied zwischen dem «motivierenden» und «terminierenden» O. besteht so nach Johannes in einer verschiedenen Spezifikationsweise [7].

6. *17. und 18. Jahrhundert.* – Am Beginn des neuzeitlichen Denkens ist der O.-Begriff vor allem durch das Verhältnis zum Begriff der Idee bestimmt. In DESCARTES' Lehre von der objektiven Realität der Idee ist noch deutlich die scholastische Theorie vom objektiven Sein zu erkennen. Danach ist aber «alles, was wir als in den O. der Ideen erfassen, in den Ideen selbst objektiv vorhanden» [8]. Die nominalistische Umdeutung dieser Theorie, wonach nur die äußere Sache selbst als O. angesehen wird, hat dagegen SPINOZA offensichtlich mitvollzogen: «Objectum ideae, humanam Mentem constituentis, est Corpus, sive certus Extensionis modus actu existens et nihil aliud» [9].

Noch deutlicher ist dieser Einfluß bei J. LOCKE erkennbar, der die Frage nach der Herkunft all unserer Ideen mit einem berühmten lapidaren Satz beantwortet: «To this I answer, in one word, from experience.» Da die Erfahrung aber auf «external, sensible objects» wie auch auf die «internal operations of our minds» gerichtet sein kann, gibt es nach Locke zwei Quellen unseres Wissens: «sensation» und «reflection». Dementsprechend sind auch zwei O.-Bereiche zu unterscheiden: «These two, I say, viz. external material things, as the objects of sensation; and the operations of our own minds within, as the objects of reflection» [10].

LEIBNIZ hat diese Unterscheidung aufgegriffen und terminologisch als «inneres» und «äußeres» O. festgelegt. Die äußeren sinnlichen O. sind nur mittelbare, «parce qu'ils ne sauroient agir immédiatement sur l'ame». Gott allein ist das unmittelbar äußere O. Unmittelbares inneres O. aber ist in gewisser Weise die Seele selbst: «On pourroit dire que l'ame même est son objet immediat interne; mais c'est en tant qu'elle contient les idées ou ce qui répond aux choses» [11].

Gegen Lockes und Hobbes' Vorstellung vom äußeren O. ist BERKELEYS idealistische Position gerichtet. Die eigentlichen O. der menschlichen Erkenntnis sind nach Berkeley die Ideen. Zu Beginn seiner Schrift ‹A treatise on the principles of human knowledge› hat er diese O. in drei Arten unterteilt: «It is evident to any one who takes a survey of the objects of human knowledge, that they are either ideas actually imprinted on the senses; or else such as are perceived by attending to the passions and operations of the mind, or lastly, ideas formed by help of memory and imagination ...» [12]. Gegen die allgemeine Meinung, die von der realen oder natürlichen Existenz aller «sinnfälligen O.» ausgeht, zeigt Berkeley, inwiefern das Sein der sinnfälligen O. nichts anderes ist als ihr Wahrgenommenwerden. Ohne die Wahrnehmung oder die Perzeption können sie auch nicht gedacht werden. «In truth, the object and the sensation are the same thing, ...» [13].

Neben dieser großen Tradition der neueren Philosophie ist eine innerhalb der Deutschen Schulphilosophie parallel laufende selbständige Entwicklung des O.-Begriffs zu beobachten, in der einerseits das scholastische Erbe bewahrt, anderseits die kritische Philosophie bereits vorbereitet wird. Das zeigt sich z.B. in der Diskussion um das rechte Verständnis des O. einer Wissenschaft.

So wird als Begriff für den Gegenstand einer wissenschaftlichen Disziplin nach F. BURGERSDIJK ‹O.› und ‹Subjekt› «fast ohne Unterschied» gebraucht, es sei denn, man nennt ihn als vom Geist betrachteten Gegenstand «O.», im Hinblick auf die hinzukommenden Eigentümlichkeiten aber «Subjekt». Während es in theoretischen Disziplinen immer nur ein O. gibt, auf dessen Betrachtung oder Denken die ganze Disziplin als solche ausgerichtet ist, haben die praktischen Disziplinen ein zweifaches O.: ein «O. der Lehre», das, wie in der Ethik die Tugenden und Fehler, durch Definitionen und Unterteilungen bestimmt werden kann, und ein «O. der Ausübung oder Praxis», um das sich die ganze Ausübung der jeweiligen Disziplin dreht, im Falle der Ethik: die menschliche Seele selbst [14]. Besondere Bedeutung hat die Lehre vom sogenannten «objectum disciplinare» bei A. CALOV und seinen Schülern erlangt, bei denen auch zum ersten Mal die spätere Subjekt-Objekt-Gegenüberstellung angedeutet zu sein scheint. Jedenfalls stellt sich nach G. MEIER, einem der Schüler Calovs, in einem «determinierenden Begriff» immer zweierlei dar, das «Subjekt, das der Intellekt ist», und zwar der menschliche «in statu conjunctionis», und das O., das alles ist, «was in der Sterblichkeit erkannt werden kann» [15].

Nach G. Meier ist das «objectum disciplinare», das Fundament der Disziplin, der «eine reale allgemeine Begriff, der durch seine gewissen Prinzipien und Bestimmungen ausgezeichnet, durch kontrahierende Arten und Modi begrenzt werden kann, aber selbst kein Prinzip, keine Bestimmung oder kontrahierender Modus in einer anderen Disziplin ist» [16]. Die Existenz eines solchen «objectum disciplinare» wird schon allein durch die Disziplin selbst erwiesen, denn sie ist eine «tractatio certum exhibens thema, idque menti repraesentans, cuius materia est obiectum» [17]. Das O. als das objizierte Thema ist aber vor allem von dem zu unterscheiden, was Calov und Meier das «Noema» nennen. Denn das Wort O. kann freilich seiner weiten Bedeutung gemäß alles bezeichnen, was die Sinne oder der Intellekt 'besetzen'. Im eigentlichen Sinne aber ist es verschieden von einem Bild im Sinne des Noema. «Was nämlich auf irgendeine Weise vom Intellekt erkannt werden kann, das alles wird noema genannt, was aber Bezug hat auf eine Disziplin, wird O. genannt.» Nach G. Meier entsprechen diesem Begriff des O. im Griechischen der Ausdruck des ἀντικείμενον, im Lateinischen der des «Subjekts», freilich nicht im Sinne der Inhärenz oder der «materia circa quam». Sie bezeichnen vielmehr verschiedene Aspekte desselben: «Subjekt ist im eigentlichen Sinne das, von dem wir ein anderes erkennen, O. aber das, was wir von einem anderen erkennen. Materia circa quam ist jenes, mit dem sich eine Wissenschaft beschäftigt» [18].

Diese und die sich daraus ergebende schulphilosophisch gängige Bestimmung des O.-Begriffs im Sinne des «subjectum occupans» [19] wird auch im 18. Jh. rezipiert und weiter differenziert, z. B. von A. F. MÜLLER: «Wenn das adjunctum, welches in seinem subjecto inhaesive ist, eine thätige kraft ... ist: so muß, wenn sich solche kraft durch eine wirckliche that äußert, noch ein anderes subjectum, in welches solche that verübet werde ... darzu kommen, welches insgemein subjectum ocupationis oder mit einem besonderen worte objectum genennet» [20]. Das O. einer Disziplin oder eines Habitus oder einer «that» ist entweder ein «totales» bzw. «adäquates» oder ein «partielles» bzw. «inadäquates», es ist ein primäres oder sekundäres, ein nächstes oder entferntes, es kann vielen Disziplinen gemeinsam oder nur einer eigentümlich sein, es ist an sich O. oder nur nebenbei usw. [21].

Bedeutungsvoller als Differenzierungen solcher Art ist jedoch die nähere Bestimmung des eigentümlichen O. des Intellekts. Nach D. STAHL, der eine für weite Teile der Schulphilosophie repräsentative Ansicht vertritt, ist etwas dadurch aktuelles O. des Intellektes, daß es von ihm erkannt oder begriffen wird. Das aber kann in zweifacher Weise geschehen: «I. Entweder ist nämlich etwas so im Intellekt, daß es außer dem, daß es O. des Intellekts ist, etwas ist. Z. B. werden Himmel, Mensch, Kälte, Wärme dem Intellekt freilich objiziert, wenn sie von ihm erkannt werden, aber außerdem sind sie auch in der Naturwirklichkeit ... II. Oder so, daß es, abgesehen davon, daß es O. des Intellekts ist, nicht ist. Und auf diese Weise ist objektiv im Intellekt das Gedankending: z. B. das hölzerne Eisen oder der vernunftlose Mensch» [22].

Während hier der scholastische Doppelsinn des O.-Begriffs noch bewußt ist, scheint bei CHR. A. CRUSIUS nur noch eine Bedeutung erkennbar zu sein: O. ist der äußere Gegenstand. «Dasjenige, was in einem Begriffe vorgestellet wird, und von dem Begriffe selbst, wodurch man es denket, unterschieden ist, heisset das O. desselben» [23]. Crusius nennt es auch, wie Spinoza, das O. der Idee, die selbst eine «Tätigkeit» oder eine «Action» des Geistes ist. Unter den «O. der Ideen» sind diejenigen «ausserhalb der Gedanke» von denen «innerhalb der Gedanke» zu unterscheiden. Jene sind nichts anderes, «als eine vorgestellte Sache, welche man unter gewissen Eigenschaften gedenket», um sie von anderen zu unterscheiden. Diese aber sind die «Vorstellungen der Eigenschaften selbst, womit man eine gedachte Sache bezeichnet», d.h. eine identische O. in verschiedener Absicht. Das O. «innerhalb der Gedanke» ist in dieser Hinsicht etwas Hervorgebrachtes. «Wenn etwas vorhanden ist, worinnen durch die Action etwas hervorgebracht wird: So heißt dasselbe das O. z. E. Diejenige Idee heißt das O. unseres Nachdenkens, welche wir ietzo durch unser Nachdenken verändern, zergliedern, deutlich machen, mit andern zusammen halten u.s.f.» Jenen anderen «tropischen Gebrauch des Wortes», wonach ‹O.› die «Originale unserer Begriffe, welche durch die Begriffe vorgestellet werden», bezeichnet, erklärt Crusius so, «daß die Dinge eben dadurch zu möglichen O. der Actionen der Geister werden müssen, wenn man einen Begriff von ihnen hat» [24].

7. Kant und Deutscher Idealismus. – In der kritischen Philosophie I. KANTS vollzieht sich die Restriktion der Bedeutung des Begriffs ‹O.›. Zwar kann man «alles und sogar jede Vorstellung, so fern man sich ihrer bewußt ist, O. nennen» [25], aber im analytischen Teil der ‹Kritik› wird bewiesen, daß wir von keinem Gegenstand als einem Ding an sich selbst, sondern nur insofern es O. der sinnlichen Anschauung ist, d.h. als Erscheinung, Erkenntnis haben können. «Nicht dadurch, daß ich bloß denke, erkenne ich irgend ein O., sondern nur dadurch, daß ich eine gegebene Anschauung in Absicht auf die Einheit des Bewußtseins ... bestimme ...» [26]. Das O. ist also zwar «in zweierlei Bedeutung» zu nehmen, «nämlich als Erscheinung oder als Ding an sich selbst» [27], allein «was die Dinge an sich sein mögen, weiß ich nicht und brauche es auch nicht zu wissen, weil mir doch niemals ein Ding anders als in der Erscheinung vorkommen kann». Das O. als Erscheinung ermöglicht erst zusammen mit dem Begriff die Erkenntnis des Dinges. Ohne ein korrespondierendes O. in der Anschauung bleibt der a priori erzeugte Begriff «ohne Sinn, d. i. ohne Bedeutung» [28]. O. ist in diesem Sinne das, «in dessen Begriff das Mannigfaltige einer gegebenen Anschauung vereinigt ist» [29]. Was das Wort ‹O.› aber im Hinblick auf die Erscheinung des Näheren bedeutet, ist nach Kants Worten «von tieferer Untersuchung». Da die gegebene Erscheinung als O. mit dem aus den Vorstellungen der Apprehension gezogenen Begriff übereinstimmen soll, so muß sie als O. «unter einer Regel stehen, welche sie von jeder anderen Apprehension unterscheidet». O. ist daher dasjenige an der Erscheinung, «was die Bedingung dieser notwendigen Regel der Apprehension enthält» [30].

Zur Erkenntnis eines von mir verschiedenen O. bedarf es nach Kant freilich auch des Denkens in Kategorien, dessen eigentlicher Gegenstand das «O. überhaupt» genannt wird [31]. Es ist nämlich die synthetische Einheit der Apperzeption, «durch welche allein das Mannigfaltige der Anschauung ... in ein vereinigtes Bewußtseyn, zur Vorstellung eines O. überhaupt, gebracht wird» [32]. Das in Kategorien Gedachte als solches ist das O. überhaupt. Kant nennt es auch das transzendentale O. Es liegt den äußeren Erscheinungen wie auch der inneren Anschauung zugrunde, «ist weder Materie noch ein denkend Wesen an sich selbst, sondern ein uns unbekannter Grund der Erscheinungen» [33]. Indem der Verstand, das Vermögen der Kategorien, die Sinnlichkeit begrenzt, «denkt er sich einen Gegenstand an sich selbst, aber nur als transzendentales O., das die Ursache der Erscheinung (mithin selbst nicht Erscheinung) ist und weder als Größe, noch als Realität noch als Substanz gedacht werden kann ..., wovon also völlig unbekannt ist, ob es in uns oder auch außer uns anzutreffen sei, ob es mit der Sinnlichkeit zugleich aufgehoben werden oder, wenn wir jene wegnehmen, noch übrigbleiben würde» [34]. Als die bloß intelligible Ursache der Erscheinungen ist das transzendentale O. das vor aller Erfahrung an sich selbst Gegebene [35].

Deutlich ist die Kantische Bestimmung des O. bei K. L. REINHOLD erkennbar, nach dem die eigentliche Bedeutung des Wortes ‹Gegenstand› – «ursprünglich ein metaphorischer Ausdruck» – das ist, «was dem Auge beym Sehen gegen (über) steht; was demselben vorgehalten werden, sich demselben vorwerfen muß, wenn es etwas sehen soll, der Vorwurf, das Objectum». Im Näheren aber bezeichnet der Begriff ‹O.› bzw. ‹Gegenstand› den «Stoff» einer jeden Vorstellung, der allein durch das «Afficiertwerden», d.h. durch sinnliche Erfahrung, in der Vorstellung vorkommen kann [36].

Insbesondere die Frage nach dem Grad der Abhängigkeit des O. vom erkennenden Subjekt war es, die den kritischen Idealismus nach Kant bewegte, allen voran J. G. FICHTE, der in seinem ‹Versuch einer neuen Darstellung der Wissenschaftslehre› den Herrn Professor BECK rühmend hervorhebt, weil er sich schon selbständig «zur Einsicht erhoben, daß die Kantische Philosophie kein Dogmatismus, sondern einen transscendentalen Idealismus lehre, und daß nach ihr das O. weder ganz noch halb gegeben, sondern gemacht werde» [37]. Zwar scheint – wie Fichte bemerkt – der dogmatische Irrtum dem Buchstaben nach durch Kant bestätigt zu werden, aber es widerstreitet seinem Geist ganz und gar, «daß das O. etwas anderes seyn soll, als ein Product der Einbildungskraft» [38].

Im Hinblick auf das Verhältnis zum Bewußtsein überhaupt besteht nach Fichte zwischen dem O. des Dogmatismus und des Idealismus ein «merkwürdiger Unterschied». Vorausgesetzt, daß alles, dessen ich mir bewußt bin, O. des Bewußtseins heißt, gibt es nach Fichte dreierlei Verhältnisse dieses O. zum Vorstellenden: «Entweder erscheint das O. als erst hervorgebracht durch die Vorstellung der Intelligenz» – so wie das Ding an sich, das O. des Dogmatismus – «oder als ohne Zuthun derselben vorhanden: und im letzteren Falle entweder als bestimmt auch seiner Beschaffenheit nach; (wie der Gegenstand der Erfahrung) oder als vorhanden lediglich seinem Daseyn nach, der Beschaffenheit nach aber bestimmbar durch die freie Intelligenz». Dieses dritte Verhältnis kommt allein dem Ich selbst zu: «Ich selbst also bin mir ein O.» [39]. Während der kritische Idealismus, welcher zur näheren Bestimmung der O. die Gesetze oder Kategorien «irgendwoher auffaßt», nicht verdeutlichen kann, «wie denn das O. selbst entstehe», leitet der vollständige transzendentale Idealismus die Handelsweisen und die objektiven Vorstellungen von den Grundgesetzen der Intelligenz ab [40].

Die Tätigkeit des Ich ist nach Fichte als ein objektives Handeln, das auf ein Nicht-Ich, auf ein O. geht, aufzufassen. «Wir wollen ... das Nicht-Ich O., das Ich Subjekt nennen» [41]. Was in dem und durch das Handeln des Ich entsteht, «ist das O. des Bewußtseyns oder das Ding». Die Verschiedenheit der O. liegt in der «verschiedenen Handelsweise des Ich» begründet. ‹Begriff› und ‹O.› bezeichnen so nur verschiedene Aspekte desselben: «Sieht man auf die Handlung des Ich, als solche ihrer Form nach, so ist es Begriff; sieht man auf den Inhalt der Handlung, auf das Materiale, darauf, was geschieht, mit Abstraktion davon, daß es geschehe, so ist es O.» [42].

Subjekt und O. aber bedingen sich gegenseitig, insofern ein Subjekt über sich selbst als bestimmtes nur dann reflektieren kann, wenn es sich schon durch ein O. begrenzt hat. «Ein Ich, das sich setzt, als sich selbst setzend, oder ein Subjekt ist nicht möglich ohne ein ... hervorgebrachtes O.» [43]. Ein O. ist in dieser Hinsicht ein «ursprünglich Beschränkendes». «Sein Wesen ist bestimmt durch ein Ruhen, ein Fixirtseyn» [44]. Wenn also ein O. gesetzt wird, wird auch eine bestimmte Tätigkeit oder Wirksamkeit mitgesetzt, «aber als aufgehoben». Auch aus transzendentaler Sicht behält das O., obgleich es gesetzt wird, in gewisser Hinsicht den Charakter des Vorgegebenseins, denn «stelle ich ein O. vor, so stelle ich es nur dadurch vor, daß ich mir vorstelle, ich könnte dasselbe nicht machen, denn es ist schon» [45].

Nach Fichte kann aber auch das Ich selbst O. sein. «Ich bin Subjekt und O.; und das macht mein wirkliches Seyn.» Die Ichheit des Ich «besteht in der Identität des O. und Subjekts». «Erblicke ich mich als Subjekt, so [bin ich das Wesen der] Freyheit und Selbstbestimmung.» «Wenn ich aber O. bin, so bin ich so fern begrenzt, und als solches, ... Naturwesen» [46].

Das Verhältnis zwischen dem Ich und dem O. ist auch in der Philosophie des jungen SCHELLING mitthematisiert, die durch die Suche nach dem Unbedingten als Prinzip allen Wissens bestimmt ist. Dieses Unbedingte, «was gar nicht zum Ding werden kann», ist nach Schelling das «absolute Ich», «das schlechterdings niemals O. werden kann». Denn «was O. für mich ist, kann nur erscheinen», und daher ist es als O. schon ein Bedingtes [47]. Es gehört zum Wesen des O., sich als solches, «eben deßwegen, weil, und insofern, als es O. ist, seine Realität niemals selbst» zu bestimmen; «denn es ist nur insofern O., als ihm seine Realität durch etwas anderes bestimmt ist: ja insofern es O. ist, setzt es notwendig etwas voraus, in Bezug auf welches es O. ist, d.h. ein Subject». Es steht dem Subjekt also gegenüber, insofern dieses denkt. Ein O. als solches «erwartet seine Existenz von etwas, das außer der Sphäre seines bloßen Gedachtwerdens liegt» [48]. Die These von einem dogmatisch ursprünglich gesetzten O. läßt sich deswegen nach Schelling gar nicht widerspruchslos denken, weil jenes O. nicht als O., d.h. als dem Ich entgegengesetzt bestimmt werden kann. «Mithin wäre ein vor allem Ich gesetztes O. kein O.» [49]. Das Ich selbst freilich ist nur dadurch Ich, daß «es niemals O. werden», d.h. niemals sinnlich angeschaut werden kann. «Wo O. ist, da ist sinnliche Anschauung ... Wo also kein O. ist, d.i. im absoluten Ich, da ist keine sinnliche Anschauung, also entweder gar keine oder intellectuale Anschauung» [50]. Die Anschauung der objektiven Welt deutet Schelling im platonischen Sinne als die uns seit dem Sündenfall als «gefallenen Wesen» zukommende Erkenntnisweise. Wir sind der Schau des «Dings an sich», «was nur so viel heißen kann als ein Etwas, das kein O. mehr für uns ist», verlustig gegangen. «Insofern also konnte Condillac sagen: So wie die Welt aufhörte Ding an sich für uns zu seyn, so wie die idealische Realität objektiv, und die intellectuale Welt O. für uns wurde, seien wir aus jenem Zustand der Seeligkeit gefallen» [51]. Diese Lehre von der gefallenen menschlichen Geistnatur ist bei Schelling auch noch da vage zu erkennen, wo es um den O.-Charakter des Geistes selbst geht. Da ein O. seiner formalen Bestimmung nach «etwas Todtes, Ruhendes, das keiner Handlung selbst fähig, nur Gegenstand des Handelns» ist, kann der Geist, der absolutes Subjekt und für den alles O. ist, nicht ursprünglich O. sein. «Der Geist also soll für sich selbst O. – nicht seyn, sondern – werden» und zwar durch sein eigenes Handeln [52]. Schelling unterscheidet im Blick auf den O.-Charakter des Ich zwischen dem «ursprünglichen O.» – das ist «alles andere, was nicht Ich ist» – und dem «O. für sich selbst», so wie es das Ich selbst ist, das niemals für ein Äußeres O. wird [53]. Obwohl das Ich schlechterdings kein O. ist, wird es doch in der Transzendentalphilosophie O. des Wissens. Schelling begreift die intellektuelle Anschauung, jenes Wissen, «dessen O. nicht von ihm abhängig ist, also ein Wissen, das zugleich ein Produciren seines O. ist», als das Organ des transzendentalen Denkens. Das «transcendentale Denken geht eben darauf, sich durch Freiheit zum O. zu machen, was sonst nicht O. ist». Aus dieser Sicht erscheint das Ich aber als «ein sich selbst zum O. werdendes Produciren» [54]. Auf diese Weise leuchtet es ein, daß O. an und für sich nicht außerhalb des Ich sind, denn «wo O. sind, bin auch ich». Daß ich gleichwohl «zur Vorstellung der O. als außer und unabhängig von mir vorhandener genöthigt werde», liegt nach Schelling darin begründet, «daß sie von Intelligenzen außer ihm ... angeschaut» werden [55].

Der philosophisch-systematische Stellenwert des O. ist nach HEGEL weder in der traditionellen Logik noch auch bei Kant zu Bewußtsein gekommen. Die Verstandeslogik hat zwar in der «Methodenlehre» dargelegt, wie die Formen des Denkens auf die vorhandenen O. zum Zwecke wissenschaftlicher Erkenntnis angewendet werden. «Wo diese O. herkommen und was es überhaupt mit dem Gedanken der Objektivität für eine Bewandtnis hat, darüber wird von der Verstandeslogik weiter keine Auskunft gegeben. Das Denken gilt hier als eine bloß subjektive und formelle Thätigkeit und das Objektive, dem Denken gegenüber, als ein Festes und für sich Vorhandenes. Dieser Dualismus ist aber nicht das Wahre, ...» [56]. Andererseits stellt sich nach Hegel auch die Kantische Objektivität als etwas Subjektives heraus, insofern die allgemeinen und notwendigen Bestimmungen «doch nur unsere Gedanken und von dem, was das Ding an sich ist, durch eine unübersteigbare Kluft unterschieden sind» [57]. Nach Hegel ist das O. vielmehr als das zweite Moment in der «Entwicklung» des Begriffs selbst anzusehen, der als «subjektiver Begriff» in den Formen des Begriffs, Urteils und Schlusses erscheint. Das Verhältnis zwischen «subjektivem Begriff», der auch so heißt, weil er die Subjektivität selbst ist, und dem O. ist jedoch nicht so zu denken, als ob jenes als «leeres Fachwerk» seine Erfüllung von außen durch dieses erhielte. Die Subjektivität «durchbricht» vielmehr selbst ihre Schranke und «erschließt sich durch den Schluß zur Objektivität». Das O. ist in diesem Sinne «die Realisierung des Begriffs» [58]. Da die Bewegung des subjektiven Begriffs in der Form des Schlusses in der Aufhebung jener Vermittlung zu sehen ist, in der nichts an und für sich ist, muß das Resultat ein Sein sein, in dem der Unterschied des Vermittelnden und Vermittelten weggefallen ist: dies Sein ist die an und für sich seiende Sache, die Hegel auch «O.» oder «Objektivität» oder auch den «objektiven Begriff» nennt [59]. Das O. ist die Unmittelbarkeit im Bereich des Begriffs; als das Anundfürsichseiende ist es «ohne Beschränkung und Gegensatz», frei und bar aller Zufälligkeit. «Die Erkenntnis der Wahrheit wird darein gesetzt, das O., wie es als O. frei von Zutat subjektiver Reflexion ist, zu erkennen» [60].

Anmerkungen. [1] D. DE SOTO, Summulae I, c. II, f. 2va (Salamanca 1554, ND 1980). – [2] F. TOLETUS, Comm. in tres libros Arist. De anima (1579) III, c. 7, q. 20, fol. 162rb. – [3] JOANNIS A SANCTO THOMA Cursus philos. (Ars logica ...) I/1, c. 2, hg. P. B. REISER (Turin 1948) 9 a 37ff. – [4] II, q. 21, a. 4, a.O. 670 a 21ff. – [5] a.O. 671 b 27. – [6] 672 b 47-673 a 3. – [7] 676 a 13ff. – [8] Vgl. R. DESCARTES, Med., 2. Responsio. Oeuvres, hg. ADAM/TANNERY 7, 161, 8ff. – [9] B. SPINOZA, Ethica II, Prop. 13. Opera, hg. C. GEBHARDT 2 (1925) 96, 1. – [10] J. LOCKE: An essay conc. human understanding 2, ch. 1, § 2-4. The Works 1 (London 1823, ND 1963) 82f.; vgl. auch § 24 und ch. 2, § 2. – [11] G. W. LEIBNIZ, Nouveaux essais II, 1. Akad.-A. VI/6 (1962) 109. – [12] G. BERKELEY, The principles of human knowledge. The works, hg. A. A. LUCE/T. E. JESSOP 2 (1949) 41. – [13] a.O. 43, 18 (in der 2. Aufl. gestrichen); vgl. Three dialogues between Hylas und Philonous a.O. 194ff. – [14] F. BURGERSDICI Instit. logicarum libri duo ... I, 19, Theor. XI (Ed. Nova Hardervici 1648) 112f. – [15] G. MEIER: Solida totius humanae cognitionis et inprimis philosophiae fundamenta ... [Gnostologia] (1666) 43. – [16] Vgl. Gnostologia (1666) 234. – [17] a.O. 235. – [18] ebda.; vgl. auch A. CALOV: Scripta philosophica (1651) 18. – [19] Vgl. M. W. STRATEMANN: Theatrum metaph. (1658) 105; J. JUNGIUS: Logica hamb., hg. R. W. MEYER (1957) 307, 23. – [20] A. F. MÜLLER: Einl. in die philos. Wiss.en, Anderer Theil, welcher die Met., Ethik und Politik in sich enthält (1733) 54. – [21] Vgl. MÜLLER, a.O. 55; BURGERSDIJK, a.O. [14] 114f.; S. STRIMESIUS: Ontologia et pneumatologia (1647) 38; J. A. SCHERZER: Vademecum sive manuale philos. ... (1704) s.v. ‹Objectum› I, 146f.; II, 171; bes. aber P. MUSAEUS: Instit. metaphysicae (1686) 350ff. und ST. CHAUVIN: Lex. philos. (²1713, ND 1967) s.v. ‹Objectum› 446 a-447 a. – [22] D. STAHLII Compendium metaphysicae in XXIV tabellas redactum ... (1686) 4. – [23] CHR. A. CRUSIUS: Weg zur Gewißheit und Zuverlässigkeit § 117 (1747, ND 1965) 204. – [24] Entwurf der Nothwendigen Vernunft-Wahrheiten § 65 (²1753, ND 1963) 122. – [25] I. KANT, KrV B 234. – [26] B 406. – [27] Vorrede zur 2. Aufl. B XXVII. – [28] B 299. – [29] B 137. – [30] B 236. – [31] B 158. – [32] An M. Herz, 26. May 1789, in: Kant's Briefwechsel Nr. 362. Akad.-A. 11, 50. – [33] KrV A 380. – [34] B 344. – [35] B 523. – [36] Vgl. K. L. REINHOLD: Versuch einer neuen Theorie der menschl. Vorstellungsvermögens (²1789) 342f. – [37] J. G. FICHTE, Ges.-A. I/4, hg. R. LAUTH/H. GLIWITZKY (1970) 203; vgl. J. S. BECK: Einzig mögl. Standpunkt der krit. Philos. (1796). – [38] J. G. FICHTE: Grundriß des Eigentümlichen der WL. Ges.-A. I/3, hg. R. LAUTH/H. JACOB (1966) 190. – [39] Versuch einer neuen Darst. der WL, a.O. [37] 189. – [40] a.O. 202. – [41] Grundlage der ges. WL. Ges.-A. I/2, hg. R. LAUTH/H. JACOB (1965) 328. 337. – [42] Grundlage des Naturrechts, a.O. [38] 314f. – [43] a.O. [41] 361. – [44] Vorles. über die Moral SS 1796, in: Kollegnachschr. 1796-1798. Ges.-A. IV/1, hg. R. LAUTH/H. GLIWITZKY (1977) 15. – [45] Vorles. über Logik und Met. SS 1797, a.O. 333. – [46] a.O. [44] 62; vgl. 53. 67. – [47] F. W. J. SCHELLING: Neue Deduktion des Naturrechts § 1. Hist.-krit. A. I/3, hg. H. BUCHNER/W. G. JACOBS/A. PIEPER (1982) 139. – [48] Vom Ich als Princip der Philosophie. Hist.-krit. A. I/2, hg. H. BUCHNER/W. G. JANTZEN (1980) 88, 13ff.; 91, 7. – [49] a.O. 93, 5f. – [50] 106, 10ff. – [51] Philos. Br. über Dogmatismus und Kriticismus, Achter Br., a.O. [47] 95. – [52] Abh. zu Erläuterung des Idealismus der WL. Sämtl. Werke, hg. K. F. A. SCHELLING 1 (1856) 367. – [53] System des trl. Idealismus a.O. 3 (1858) 367. – [54] a.O. 369f. – [55] 555f. – [56] G. W. F. HEGEL, System der Philos. § 192. Werke (Jub.-A.), hg. H.

GLOCKNER 8, 397. – [57] a.O. 127. – [58] 398f. – [59] Wiss. der Logik 2 (1816). Akad.-A. 12, hg. F. HOGEMANN/W. JAESCHKE (1981) 126. – [60] a.O. 131.

8. *Transzendentaler Realismus, Lebensphilosophie, Neukantianismus.* – Gegen den Idealismus Fichtescher Prägung gerichtet ist SCHOPENHAUERS Schrift über den Satz vom Grunde, die nach seinen Worten das Ziel verfolgt, zu zeigen, daß O. und Subjekt als erste Bedingung aller Erkenntnis auch dem Satz vom Grund vorhergehen, so daß der Inhalt dieses Satzes «die wesentliche Form aller O., d.h. die allgemeine Art und Weise alles Objektseyns darstellt», also etwas, «das dem O. als solchem zukommt: als solches aber setzt das O. überall das Subjekt voraus, als sein nothwendiges Korrelat» [1]. Wenn aber das O. immer ein Subjekt voraussetzt, so kann es gar nichts anderes sein als «Vorstellung». «Denn wir wissen solches O. von der Vorstellung gar nicht zu unterscheiden, sondern finden, daß Beide nur Eines und das Selbe sind» [2]. Gegenüber Kant, nach dem es «von den O. bloß Begriffe, keine Anschauung» gebe, distanziert er sich ausdrücklich: «Ich hingegen sage: O. sind zunächst nur für die Anschauung da, und Begriffe sind allemal Abstraktionen aus dieser Anschauung» [3]. Indem Kant nur die Art und Weise der Erscheinung des O. als bedingt durch die Erkenntnisformen des Subjekts setzte, entging ihm, «daß schon das Objektseyn überhaupt zur Form der Erscheinung gehört und durch das Subjektseyn überhaupt sowohl bedingt ist, als die Erscheinungsweise des Objekts durch die Erkenntnisform des Subjekts» [4]. In diesem Sinne darf nach Schopenhauer die These des transzendentalen Idealismus nicht als Leugnung der empirischen Realität der Außenwelt mißverstanden werden, da er daran festhält, daß alles Objektive, also das empirisch Reale überhaupt, durch das Subjekt in materieller und formeller Hinsicht bedingt ist [5].

Den Schopenhauerschen O.-Begriff hat E. VON HARTMANN aufgenommen und im Sinne seines «transzendentalen Realismus» expliziert. Weil Kant den Begriff auch «in transzendentem Sinne», also uneinheitlich gebrauchte, hält Hartmann eine terminologische Vereinbarung für geboten: «Unter O. verstehe ich den Bewußtseinsinhalt in einer ihm geliehenen abstrakten Verselbständigung gegenüber dem Akt des Bewußtwerdens und der Form des Bewußtseins». Weil sich der Sprachgebrauch einem solchen Verständnis bequem anfügt, «ist es ratsam, das Wort ‹O.› für den Bewußtseinsinhalt als solchen zu reservieren, d.h. es nie anders als in immanentem Sinne zu gebrauchen» [6]. Wie bei Schopenhauer gerät die Kantische Konzeption eines transzendentalen O. und seine «unmögliche Wortverbindung» des «O. an sich» auch bei Hartmann ins Visier scharfer Kritik. «Was geht es uns denn an» – so fragt er angesichts der Kantischen Lehre von dem O. einer nichtsinnlichen, intellektuellen Anschauungsart, «die nicht die unsrige ist» –, «ob für eine intellektuelle Anschauung im Himmel ein transzendentales O. im positiven Sinn möglich ist oder nicht, so lange wir bloß von dem transzendentalen O. der menschlichen Erkenntnis sprechen!? Das transzendentale O. des lieben Gottes kann doch meiner subjektiven Erscheinung keine objektive Realität verleihen, sondern nur ein solches, das transzendentales O. für mich, für mein Bewußtsein, und als solches positiv ist» [7]. Wenn aber die ganze Theorie von dem «negativen Grenzbegriff völlig verfehlt ist», kann gar nicht mehr eingesehen werden, warum sich das Gegenstandsfeld unseres Verstandes weiter erstrecken soll als das mögliche Gebiet unserer Anschauung.

Eine Antwort auf den Idealismus stellt auch W. DILTHEYS O.-Lehre dar. Sie ist im Zusammenhang mit der von Kant schon erwähnten, durch den transzendentalen Idealismus aufgeworfenen Frage nach der Realität der Außenwelt zu sehen, die in der zweiten Hälfte des 19. Jh. unter andern auch E. Zeller, A. Riehl, A. Stumpf thematisch behandelten. Die zeitgenössischen philosophischen Richtungen haben es nach Dilthey versäumt, das Bewußtsein der Realität der O. in einen umfassenden Lebenszusammenhang einzugliedern, d.h. in das «Verhältnis von Impuls und Hemmung der Intention, von Wille und Widerstand» [8]. Diese konstituieren das O. als solches. «Impuls, Druck, Widerstand sind nun gleichsam die festen Bestandteile, welche allen äußeren O. ihre Solidität mitteilen.» In den Empfindungen ist dem Menschen eine Kraft gegenwärtig, deren Außenseite die Empfindungsverbindung ist. «In der Empfindungsverbindung sitzt das O.» Insofern das Verhältnis nachträglich betrachtet werden kann, «liegen das Selbst und die O. daher beide innerhalb des Bewußtseins». Das O. ist also nicht durch das «Selbst» konstituiert. Es hat vielmehr dieselbe «Kernhaftigkeit» wie dieses. «Denn es ist nicht durch das Denken in das Leere hineinkonstruiert, sondern hat an dem Erlebnis des Willens sein eigenes Leben und seinen selbständigen Kern.» Daraus ergibt sich aber als allgemeine Bestimmung des O.: «Sofern ein Empfindungsverband die Struktur eines Willenszusammenhanges nicht besitzt, aber die permanente Ursache eines Systems von Wirkungen ist, nennen wir ihn O.» [9]. In dieser Weise muß das Bewußtsein von der Realität äußerer O. der Tatsache des Willens, der Triebe und Gefühle, «welche das Leben selber ausmachen», eingeordnet werden. Der Idealismus hat eben dies übersehen.

In diesem Zusammenhang konnte dem historischen Bewußtsein der fundamentale Bedeutungsunterschied des Begriffs O. im Mittelalter und in der Neuzeit nicht verborgen bleiben. R. EUCKEN ist einer der ersten, der diesen Bedeutungswandel, in Anlehnung an Prantls ‹Geschichte der Logik›, beschrieb, mit dem bemerkenswerten Ergebnis: «Um 1730 finde ich die ersten Beispiele der neuen Bedeutung z. B. wird in der Einleitung in die philosophische Wissenschaft von A. F. Müller (1733) II 63 objectivum mit 'an sich und außer dem Verstand', ... erklärt ... und so dürfen wir sagen, daß sie erst durch Kant in den allgemeinen Gebrauch eingegangen sind» [10]. Eucken entging auch nicht, daß schon Meister Eckhart den Begriff O. im Deutschen mit ‹fürwurf, gegenwurf, widerwurf› und Objektivierung als ‹widerwerfung› wiedergegeben hat [11].

Die idealistischen Fehlinterpretationen der Kantischen Lehre werden schließlich durch den kritischen Realismus A. RIEHLS zurückgewiesen, der darauf aufmerksam macht, daß «auch die kritische Philosophie die Existenz der Dinge nicht aufhebt», wenn sie die Unterscheidung zwischen Erscheinungen der Dinge und den Dingen selbst trifft. Die Existenz gehört nicht zum Inhalt der Vorstellung von einem Ding. Durch den Idealismus aber «werden beständig die beiden Fragen nach der Existenz der Dinge und nach der Erkennbarkeit derselben vermengt und das Sein der O. von ihrem O.-Sein nicht unterschieden» [12]. So hat Schopenhauer die Lehre Kants idealistisch umgedeutet, während sie, «was die Existenz der O. unabhängig vom Bewußtsein, dem sie erscheinen, betrifft, unstreitig realistisch aufzufassen ist» [13]. Denn, wenn es auch richtig ist, daß sich die Bestimmtheit der Verhältnisse der O. je nach unserem Verhalten verändern, so begreifen wir doch, selbst wenn wir nur diese Verhältnisbestimmungen der O. begreifen, genug, «um ihre Existenz von ihrem Vorgestelltwerden, das Sein der O. von ihrem O.-Sein, zu unterscheiden. Unsere Erkenntnis der O. mag jederzeit relativ sein, unser Wissen von ihrer Existenz ist absolut und unmittelbar» [14].

Besonders bemerkenswert ist es, daß im Neukantianismus die Bedeutungsänderung des Begriffs ‹O.› in der neueren Philosophie auch historisch zu Bewußtsein gekommen ist. H. COHEN weist verschiedentlich auf den Bedeutungswandel des Begriffs ‹O.› hin. «Das O. aber galt durchweg als das im Geiste objizierte, also als die Vorstellung des Gegenstands ... Der skeptische, vielmehr kritische, der wissenschaftliche Charakter der neueren Zeit prägt sich darin aus, ... daß man dem O. andererseits die Maske der Vorstellung abriss, und ihm dennoch kein gediegeneres Dasein zusprach als das des Vorwurfs. Das O. ist der Vorwurf» [15]. Nach der von Cohen meist korrekt referierten scholastischen Ansicht «ist das Objectum nur der Spielball, den das Denken sich selbst entgegenwirft. Und diese subjektive Bedeutung behält das O. bis in den Ausgang des 18. Jahrhunderts». Nach der dem Begriff erst «in den Kreisen der Aufklärung» verliehenen Bedeutung besagt «O.» aber soviel wie «Gegenstand». «Das Werfen, welches im O. ausgeprägt ist, wird jetzt beseitigt; jede subjektive Tätigkeit wird verworfen; das O. wird auf seine eigenen Füße gestellt; und es wird dem Verstande dadurch die Selbständigkeit des Gegenstandes entgegengehalten» [16].

Systematisch begründet hat er diese Ansicht schon in seiner ersten klassischen Kant-Interpretation, und zwar in Form einer Apologie der Kantischen transzendentalen Ästhetik, insbesondere der transzendentalen Anschauungsform des Raumes gegenüber dem Subjektivismusverdacht, den Trendelenburg in seiner Kantkritik äußert. Dieser Verdacht ist nach Cohen unbegründet, wenn man bedenkt, daß das Apriori dieser Anschauungsform als «erzeugendes a priori» verstanden werden muß. «Das a priori ... geht nicht bloss den O. vorher, sondern als Anschauung konstruiert es dieselben» [17]. In dieser Auffassung des Apriori als einer Auszeichnung der reinen sinnlichen Anschauung sieht Cohen das systematisch Entscheidende: «sie verändert die gesammte Ansicht von dem Begriff des O.» [18]. Cohen weiß diese Veränderung auch historisch festzustellen: «So lässt es sich verstehen, dass die Bedeutung dieses Terminus im 18. Jahrhundert gänzlich umschlagen konnte: dem Idealisten des 17. Jahrhunderts war das Objektive das nur den Sinnen Objizierte, während den Realisten des 18. Jahrhunderts die substantielle Subjektion nicht mehr genügte, welche bis dahin in dem Subjektiven geborgen lag.» Indem aber Kant den «transzendentalen Unterschied zwischen Sinnlichkeit und Verstand», d.h. die Möglichkeit einer reinen Anschauung im Sinne des erzeugenden Apriori erkannt hat, «wird die Disjunktion: subjektiv-objektiv in ihrem alten Sinn aufgehoben. Das Transzendental-Subjektive bedeutet ... das volle Objektive ...; denn es gibt gar keine höhere, gesichertere Objektivität als die in der formalen Apriorität der Anschauung» [19].

Im südwestdeutschen Neukantianismus wird der Begriff des O. mit jener Welt in Verbindung gebracht, deren Seinsweise im allgemeinen durch den von Lotze übernommenen Begriff des «Geltens» bezeichnet wird. E. LASKS «Geltungsphilosophie» kann in diesem Zusammenhang als ein Versuch der Rehabilitierung des Intelligiblen als Erkenntnisobjekt verstanden werden. «Wer Philosophie gelten läßt, der gibt das Nichtsinnliche als Erkenntnisobjekt, als 'Gegenstand' zu» [20]. Das «Nichtsinnliche», das das «Übersinnliche» und «Geltende» umfaßt, ist als ein O. besonderer Art zu denken: «Das Uebersinnliche wie das Geltende nimmt im Verhältnis zur Subjektivität die Stellung des ergreifbaren O. ein; beidem vermag das Erleben sich hinzugeben, sich zu unterwerfen» [21]. Lask sieht die «höchst einfache und ungeheure Leistung» Kants darin, die Gegenständlichkeit als die unbedingt geltende Wahrheit erkannt zu haben. 'Gegenstand' ist: der Subjektivität entgegengeltende, 'entgegenstehende' Wahrheit. Es liegt somit in der Gegenständlichkeit noch zugleich angedeutet, daß dabei das Gelten bereits als vorschwebendes O. auf das Subjekt hinblickend gedacht wird. 'Gegenstand' ist der transzendentallogische Gehalt, wenn er bereits als 'O.' in Korrelation zum erkennenden Subjektsverhalten gesetzt ist» [22]. Insofern das «Geltende» nicht nur gänzlich fremd, andersartig und selbständig gegenüber der Sphäre des Tatsächlichen ist, sondern widerspruchslos dazu zugleich auch immer als das Gegebene für ein Erlebnis in Beziehung zu einem Subjekt steht, bezeichnet es E. Lask mit dem seit Brentano diskreditierten Begriff des «immanenten O.». Zum reinen Gelten gelangt man überhaupt nur durch das Geltungserleben. «Wird über das Gelten reflektiert, so muß es freilich zum gedachten O. ... werden» [23]. Das O. ist so zugleich Inhalt und Voraussetzung des Geltungserlebnisses. «Denn O. bedeutet immer ein dem Erleben Vorschwebendes und somit auf das Erleben sich Beziehendes und Hinweisendes. Aber nicht nur dies! Es bedeutet zugleich ein trotz seines Gegenüberstehens Unabhängiges und Selbständiges, ein Entgegentretendes, Entgegenstehendes» [24]. Lask erkennt gerade in der Eigenart, Fremdartigkeit und Nichtauflösbarkeit des Geltens den «tiefsten Grund aller Objektivität». Deswegen liegt «im O.» «dies beides vereinigt: das Hingestelltsein vors Erleben, das objectum esse, ... und die ... Selbständigkeit gegenüber dem Erleben» [25]. Freilich distanziert sich Lask von der Lehre des immanenten O., insofern die Objekt- oder Immanentwerdung des Geltenden nur «ein von außen hinzutretendes Schicksal», «eine zufällige Situation» ist [26].

Im Gegensatz zu E. Lask charakterisiert der späte H. RICKERT die Welt der Werte als das, «was niemals O. werden kann» [27]. Der Begriff des O. ist dabei in einem neutralen Sinne zu verstehen: «Sein Begriff ist so umfassend wie möglich gemeint, insbesondere umfassender als der des Dinges, ja sogar als der des realen Seins oder des Wirklichen überhaupt, denn es gibt auch Ideale oder unwirkliche O., wie z.B. Zahlen oder geometrische Linien. O. heißt hier ganz allgemein alles, was vom erkennenden Subjekt in irgendeiner Weise zu unterscheiden ist.» Unter dieser Voraussetzung ist ein dreifaches Verhältnis zwischen Subjekt und O. denkbar. ‹O.› bezeichnet einmal «nichts anderes als die das körperliche Ich räumlich umgebende Wirklichkeit». Wenn aber das Subjekt als Bewußtsein verstanden wird, umfaßt der Begriff ‹O.› «alles, was nicht mein Bewußtseinsinhalt oder mein Bewußtsein selbst ist», also auch den eigenen Leib. Rickert nennt dies das «transzendente O.». Was hier als «Subjekt» aufgefaßt wird, läßt sich jedoch «noch einmal in O. und Subjekt zerlegen. Dann entsteht der neue, dritte O.-Begriff: O. sind jetzt meine Vorstellungen, Wahrnehmungen, Gefühle und Willensäußerungen» [28]. Rickert nennt einen solchen Bewußtseinsinhalt auch das «immanente O.». Wie bei Lask gelangt dieser Begriff auch beim späten Rickert, im transzendentalphilosophischen Sinne genommen, wieder zu philosophischen Ehren.

Im Zusammenhang mit der südwestdeutschen Variante des Neukantianismus muß auch G. SIMMELS Wertlehre gesehen werden. Zwar ist das «dritte Reich» der Werte nach Simmel allgemein als das jenseits von Subjekt und O., ja auch von Sein und Nichtsein bestehende allgemein Gültige zu charakterisieren [29], aber andererseits gilt, daß das durch das Begehren «zustande gekommene O., charakterisiert durch den Abstand vom Subjekt, ... ein Wert heißt. Der Augenblick des Genusses selbst, in dem Subjekt und O. ihre Gegensätze verlöschen, konsumiert gleichsam den Wert; er entsteht erst wieder in der Trennung vom Subjekt, als Gegenüber, als O.» [30]. Die Kategorie des Wertes steht aber gleichwohl «jenseits der Streitfragen nach der Subjektivität oder Objektivität des Wertes, weil sie die Korrelativität zum Subjekt ablehnt, ohne die ein 'O.' nicht möglich ist» [31]. Der Wert ist also ein O. besonderer Art. Durch die Wertung nämlich «erhält der Willens- und Gefühlsinhalt die Form des O.». Die besondere Art der Objektivität, die dem Wert zukommt, ist nach Simmel nicht erkannt worden, weil man nicht bedacht hat, «daß das O. des Willens als ein solches etwas anderes ist als das O. des Vorstellens» [32].

Obwohl in ontologischer Hinsicht bestimmten Neukantianern verwandt, entwickelt N. HARTMANN doch eine ganz eigene Auffassung von O. Das O. ist nach Hartmann das vom Gegenstandsbewußtsein Gemeinte. Es ist aber immer als O., d. h. als «Gegenstehendes» gemeint. Daß das Bewußtsein den Gegenstand «erfaßt», kann deswegen nicht bedeuten, daß das O. «immanent» wird. Vielmehr bleibt es als O. «unangetastet». «Das Einholen des Erfaßten bedeutet nicht ein Einholen des O. in das Subjekt, sondern nur die Wiederkehr der Bestimmtheiten des O. an einem inhaltlichen Gebilde im Subjekt, dem Erkenntnisgebilde, oder dem 'Bilde' des O.» [33]. Diesem «Bild des O.» kommt allein selbst der Charakter des Objektiven zu. «Objektiv also ist nicht das O., sondern das Bild des O. im Bewußtsein, sofern es die Züge des O. trägt» [34]. Das O. als das von ihm unabhängige Gemeinte dagegen hat den Charakter des Ansichseins, es geht nicht in seinem Objiziertsein auf. Die an sich seiende Sache nennt N. Hartmann das «objiciendum in seiner ansichseienden Totalität», in dem auch das sogenannte «Transobjektive» eingeschlossen ist, das jenseits des aktuell Objizierten liegt [35]. Die Sphäre des O. ist vor den anderen dadurch ausgezeichnet, daß die natürliche Einstellung der Erkenntnis die O.-Richtung ist. Jedes erkennende Subjekt hat einen solchen «Hof der O.» um sich, innerhalb dessen sich eine Stufung bestimmter Art erkennen läßt [36].

9. *Brentano, Meinong, Husserl.* – F. BRENTANOS philosophischer Werdegang ist am Begriff des O. ablesbar. Der frühe Brentano versteht den Begriff im Sinne des scholastischen «objektiven Seins». «Jedes psychische Phänomen ist durch das charakterisiert, was die Scholastiker des Mittelalters die intentionale (auch wohl mentale) Inexistenz eines Gegenstandes genannt haben und was wir, obwohl mit nicht ganz zweideutigen Ausdrücken, die Beziehung auf einen Inhalt, die Richtung auf ein O. (worunter hier nicht eine Realität zu verstehen ist), oder die immanente Gegenständlichkeit nennen würden.» Demnach enthalten die einzelnen psychischen Phänomene in je eigener Weise etwas als O. in sich: «In der Vorstellung ist etwas vorgestellt, in dem Urteile ist etwas anerkannt oder verworfen» [37]. Nach Brentano sind die psychischen Phänomene durch diese Eigentümlichkeit der «intentionalen Inexistenz eines O.», d. h. durch «die Beziehung auf etwas als O.», von den physischen unterschieden [38].

Da in jedem psychischen Phänomen aber nicht nur etwas von diesem Verschiedenes, sondern auch es selbst erfaßt wird, muß man zwei Arten des O. unterscheiden: «Jeder auch noch so einfache psychische Akt hat darum ein doppeltes O., ein primäres und ein sekundäres. Der einfachste Akt, in welchem wir hören, z. B. hat als primäres O. den Ton, als sekundäres O. aber sich selbst, das psychische Phänomen, in welchem der Ton gehört wird» [39].

Während nach dieser Konzeption des frühen Brentano schlechthin alles, das Fiktive und das Wirkliche, das Seiende und Nichtseiende als O. angesehen werden kann, ist beim späteren Brentano, etwa ab 1904, ein restriktiver Gebrauch des Begriffs ‹O.› zu beobachten. Das geht am deutlichsten aus der kleinen Abhandlung ‹Von den O.› aus dem Jahre 1908 hervor. Danach unterliegt alles, was Gegenstand des «Denkens» werden kann, «ein und demselben höchsten allgemeinen Begriff», und das ist der des «Realen». Alle fiktiven und irrealen Gegenstände dagegen sind «Modifikationen der Beziehungsweise des Denkens zu den realen Gegenständen» [40]. War früher für Brentano die Tatsache entscheidend, daß etwas überhaupt O. sei, so kommt es nun darauf an, die verführerische Struktur der Sprache, nach der etwas, das nicht ist, auch als O. erscheint, zu durchschauen. «Das als O. Bestehende hat als solches kein eigentliches Bestehen» [41]. All unser Denken hat also nur Reales zum O.: «Auch der Denkende selbst gehört zu seinen Denkobjekten» [42]. Ein Nichtsein oder eine Unmöglichkeit oder ein zukünftiger König u. dgl. können nicht, da sie keine Dinge sind, O. unserer psychischen Tätigkeit werden.

Die Rezeption und Weiterführung der Gedanken des frühen Brentano zeigen sich in A. MEINONGS Gegenstandstheorie. Nach Meinong ist das O. insbesondere von dem sogenannten «Objektiv» zu unterscheiden, so daß die Gegenstände «in die beiden großen Gruppen der O. und der Objektive zerfallen» [43]. Das O. ist wie das Objektiv ein Urteilsgegenstand, aber es gelangt «sozusagen erst auf dem Umwege über das Vorstellen vor das Forum des Urteils». Das O. ist das, was «beurteilt» wird, im Sinne des Urteils über etwas, das Objektiv aber das, was «geurteilt» wird. Wenn ich also z. B. auf die beschneite Straße schaue und urteile: «Es gibt Schnee draußen», dann ist «Schnee» nach Meinong das O. des Erkennens, «daß es Schnee gibt» aber dessen Objektiv [44]. Während das O. sprachlich durch das Wort ausgedrückt wird, gibt es mehrere Möglichkeiten, die Objektive sprachlich zu «bedeuten», die vorrangige ist aber der «daß-Satz».

Meinong nennt das bloß Vorgestellte als Vorgestelltes den Inhalt der Vorstellung oder das «immanente O.», während das «transzendente O.» der «Gegenstand der Vorstellung» heißt – eine Unterscheidung, die Ziel der Kritik B. RUSSELLS wurde [45]. Gegen diese Kritik verteidigt sich Meinong später mit dem Hinweis, daß dem immanenten O. «höchstens eine Pseudoexistenz» zukäme [46]. Das «immanente O.» darf freilich nicht mit dem ‹idealen Gegenstand› verwechselt werden. Der ideale Gegenstand, der zu den «Gegenständen höherer Ordnung» – eine Art ist z. B. auch das «Objektiv» – gehört, ist nach Meinong vor allem hinsichtlich der Seinsweise vom «realen Gegenstand» verschieden: während dieser «existiert», kommt jenem die Seinsweise des «Bestehens», eine Art zeitlosen Seins, zu.

Der Begriff des «intentionalen O.», der das Denken des frühen Brentano maßgeblich bestimmte, erfährt schon in den ‹Logischen Untersuchungen› E. HUSSERLS eine Umdeutung. Während nach Brentano dem intentionalen O.

die Seinsweise der mentalen Inexistenz zukommt, legt dieser Ausdruck (und andere ähnliche) nach Husserl vor allem die Mißdeutung nahe, als ob Akt und intentionales O. sich als ein psychischer Inhalt mit dem anderen im Bewußtsein «ineinanderverschachtele». In Wahrheit geht es aber nur um die Präsenz des intentionalen Erlebnisses. «Also der Satz: Das Ich stellt einen Gegenstand vor, es bezieht sich in vorstellender Weise auf einen Gegenstand, es hat ihn als intentionales O. seiner Vorstellung – besagt dasselbe wie der Satz: In dem phänomenologischen Ich, dieser konkreten Komplexion von Erlebnissen, ist ein gewisses, nach seiner spezifischen Eigentümlichkeit 'Vorstellen des bezüglichen Gegenstandes' benanntes Erlebnis reell gegenwärtig» [47]. Husserl hält es deswegen für einen Irrtum, einen reellen Unterschied zwischen «bloß immanenten» oder «intentionalen» und «wirklichen» oder «transzendenten O.» zu machen. «Stelle ich Gott oder einen Engel, ein intelligibles Sein an sich oder ein physisches Ding oder ein rundes Viereck usw. vor, so ist dieses hier Genannte und Transzendente eben gemeint, also (nur mit anderem Worte) intentionales O.; dabei ist es gleichgültig, ob dieses O. existiert, ob es fingiert oder absurd ist» [48].

Auch in den späteren ‹Ideen›, die im ganzen das O. des intentionalen Erlebnisses stärker thematisieren, wird die scholastische Deutung des Begriffs des «intentionalen O.» abgelehnt. «Versuchen wir aber in dieser Art wirkliches O. (im Falle der äußeren Wahrnehmung das wahrgenommene Ding der Natur) und intentionales O. zu trennen, letzteres, als 'immanentes' der Wahrnehmung, dem Erlebnis reell einzulegen, so geraten wir in die Schwierigkeit, daß nun zwei Realitäten einander gegenüberstehen sollen, während doch nur eine vorfindlich und möglich ist. Das Ding, das Naturobjekt nehme ich wahr, den Baum dort im Garten; das und nichts anderes ist das wirkliche O. der wahrnehmenden 'Intention'». In der phänomenologischen Reduktion aber, durch die sich der Phänomenologe aller transzendenten Setzungen enthält, wird das wirkliche O. «eingeklammert». Statt dessen sehen «wir uns» das ganze reduzierte Phänomen z. B. der Wahrnehmung an, d. h. «wir machen es zum O.». Auf diese Weise aber kommt auch das jeweilige «Korrelat» des Erlebnisses, der «noematische Sinn», in den Blick [49]. Das intentionale O. ist deswegen aus phänomenologischer Sicht als das «noematische O.» – die neuartige Objektivität – zu begreifen [50].

Von hier aus erscheint es auch verständlich, wie in der Schule Husserls das Problem der Objektivität eigens und neu thematisiert werden konnte [51].

10. *Kritik des O.-Begriffs*. – Ähnlich wie der späte Brentano hat schon FR. NIETZSCHE von einer sprachkritischen Position aus den O.-Begriff als solchen und die Vorstellung von der Subjekt-Objekt-Beziehung desavouiert. Bei der Sonderung zwischen Subjekt und O., zwischen einem Tun und dem, was es tut, u. dgl. darf nach Nietzsche nicht vergessen werden, «daß das eine bloße Semiotik und nichts Reales bezeichnet» [52]. Ebenso ist die Vorstellung von einer «adäquaten Relation» «zwischen Subjekt und O.» oder davon, «daß das O. etwas sei, das von Innen gesehn Subjekt wäre», nichts anderes als «eine gutmütige Erfindung, die, wie ich denke, ihre Zeit gehabt hat» [53]. Die traditionelle Rede von der «richtigen Perzeption», d. h. «dem adäquaten Ausdruck eines O. im Subjekt», erscheint Nietzsche gar als «widerspruchsvolles Unding» [54].

In M. HEIDEGGERS Existenzialanalytik des Daseins erfährt sowohl der Idealismus wie auch der Realismus eine Kritik, die die Subjekt-Objekt-Vorstellung überhaupt betrifft. Nach Heidegger ist die (besonders von Schopenhauer her geläufige) Aussage «jedes Subjekt ist, was es ist, nur für ein O. und umgekehrt» ganz formaler Natur und ontologisch nichtssagend. Sie kann freilich, nachdem der existential-ontologische Boden durch den Aufweis des In-der-Welt-Seins gesichert ist, nachträglich als formale Bestimmung zur Geltung gebracht werden [55]. Heidegger kritisiert die seit Descartes geläufige Vorstellung einer Subjekt-Objekt-Beziehung als eine 'künstliche dogmatische Beschneidung'. «Nicht zuviel, sondern zuwenig wird für die Ontologie des Daseins 'vorausgesetzt', wenn man von einem weltlosen Ich 'ausgeht', um ihm dann ein O. und eine ontologisch grundlose Beziehung zu diesem zu verschaffen» [56]. Es ist Heidegger freilich nicht darum zu tun, die Subjekt-Objekt-Vorstellung einfach zu verwerfen. Vielmehr soll der Charakter einer ursprünglichen Beziehung hinterfragt werden. Nicht das ist primär zu klären, wie «ein Subjekt hinaus zu einem O.» kommt, «wobei die Gesamtheit des O. mit der Idee der Welt identifiziert wird». Es muß vielmehr bedacht werden, daß, damit überhaupt «Seiendes innerweltlich begegnen und als begegnendes objektiviert werden kann», schon so etwas wie «Welt» ekstatisch erschlossen sein muß. Deswegen ist die Welt «gleichsam schon 'weiter draußen', als es je ein O. sein kann». Als Welt des Daseins ist sie zwar «subjektiv», zugleich aber auch als «zeitlich-transzendente 'objektiver' als jedes mögliche 'O.'» [57]. Da aber die Zeit selbst, verstanden als «Weltzeit», dieselbe «Transzendenz» hat wie die Welt und «mit der Erschlossenheit der Welt je schon ekstatisch-horizontal 'objiciert' wird», gilt auch für sie die Bestimmung: sie ist 'objektiver' als jedes mögliche 'O.'» [58]. Also sind nach Heidegger die erschlossene Welt und die veröffentlichte Weltzeit das eigentlich Objektive.

Heideggers Beurteilung der Subjekt-Objekt-Relation wird in einem wichtigen Punkte durch SARTRES phänomenologische Ontologie ergänzt. In seiner berühmten Analyse des «Blicks» zeigt Sartre, was es bedeutet, daß der Mensch dem Menschen ein O. ist. «Im Phänomen des Blickes» dagegen «ist der Andere grundsätzlich das, was nicht O. sein kann» [59].

11. *Neuere Deutungen*. – Gegenüber dem neuzeitlich im allgemeinen undifferenziert gebrauchten Begriff des O. hebt sich WHITEHEADS Lehre von den «Typen des O.» deutlich ab. Für den O.-Begriff ist in Whiteheads philosophischer Betrachtung der Natur der Unterschied zum Begriff des «Ereignisses» konstitutiv. Das «Ereignis» ist nach Whitehead die fundamentale und «letzte» Form der Wirklichkeit, die der Sinneserkenntnis und Wissenschaft erfahrbar ist. Aber die Sinneserkenntnis offenbart uns nicht nur komplexe «Ereignisse»: «There are other factors in nature directly disclosed to us in sense-awareness», z. B. wenn ich das Himmelblau «as situated in a certain event» sehe [60]. Diese «Faktoren» nennt Whitehead ‹O.›. O. sind also «entities recognised as appertaining to events» [61]. Während es zum Wesen des Ereignisses gehört, daß es «passiert», d. h. übergeht in andere Ereignisse, muß das O. als das «selbstidentische», im Fluß der Ereignisse «permanente» Element angesehen werden, das zwar wegen seiner Beziehung zum Ereignis («abgeleiteterweise») in Raum und Zeit ist – in Raum und Zeit zu sein, ist «eine fundamentale Eigentümlichkeit der Ereignisse» –, im eigentlichen Sinne jedoch «ohne Zeit und Raum ist». Deswegen werden auch O. im Unterschied zu den Ereignissen wesentlich «wiedererkannt», nämlich als

das Selbstidentische. In der «Wiedererkenntnis» (recognition) dieser zeit- und raumlosen O. werden nach Whitehead die «atomischen Eigentümlichkeiten» der Natur «wiedererkannt». Deren Kontinuität aber wird in den Ereignissen «erfaßt» (apprehended) [62].

Whitehead unterscheidet vier Arten oder Typen der O.: wahrnehmende O., Sinnes-O., Wahrnehmungs-O. und wissenschaftliche O. Das «wahrnehmende O.» ist die Einheit des Bewußtseins selbst, die in den Teilen des unmittelbar Präsenten gewußt wird. Die Sinnes-, Wahrnehmungs- und Wissenschafts-O. sind nach Whitehead als eine aufsteigende Hierarchie zu denken, in der jede Art die untere voraussetzt [63]. Das einfachste permanente Selbstidentische in den äußeren Ereignissen sind die Sinnes-O., wie die Farben, Töne, Geschmacksrichtungen usw. Die Wahrnehmungs-O. sind als Resultate unserer Erfahrungen zu verstehen, und zwar sind sie entweder, wenn das Wahrnehmungsurteil falsch ist, eine Täuschung, oder, wenn es richtig ist, «physikalische O.», wie der Tisch, der Stein, der Baum usw. Auf der Suche nach dem «einfachen Ausdruck» der Arten der Ereignisse entsteht schließlich das wissenschaftliche O., z. B. das Elektron.

In seinem späteren metaphysischen Hauptwerk ‹Process and reality› wird unter dem Titel des «ewigen O.» (eternal object) diese Konzeption ontologisch fundiert. Ein «ewiges O.», das, wie Whitehead selbst bemerkt, der platonischen Idee ähnelt, ist jede Entität, «deren begriffliche Wiedererkenntnis nicht einen notwendigen Bezug zu irgendwelchen bestimmten aktuellen Entitäten der zeitlichen Welt involviert» [64]. Die «ewigen O.» sind dem ontologischen Charakter nach reine Potentialitäten, insofern sie «gegeben» sind zur Bestimmung aktueller bestimmter Entitäten, und gleichen in dieser Hinsicht eher den skotistisch-leibnizischen «Washeiten» als platonischen Ideen. «An eternal object is always a potentiality for actual entities; but in itself ... it is neutral as to the fact of its ... ingression in any particular entity of the temporal world» [65]. Whitehead charakterisiert die ewigen O. auch als «reale Potentialitäten», weil sie sowohl eine passive Aufnahmefähigkeit besitzen, als auch – und insbesondere – eine «schöpferische Aktivität», die die Welt vorantreibt [66].

In der sprachanalytischen Philosophie wird erörtert, welche Arten von O. als existierend anzunehmen sind und welche durch Analyse der Sprache «wegerklärt» werden können. Insbesondere W. V. O. QUINE hat die jeweiligen Bedingungen für eine Ontologie verschiedener O.-Arten aufgewiesen. Nach Quine kann gar nicht bestritten werden, daß den physikalischen O. eine Vorrangstellung zukommt. «That more confidence should be felt in there being physical objects than in there being classes, attributes, and the like is not to be wondered. For one thing, terms for physical objects belong to a more basic stage in our acquisition of language than abstract terms do» [67]. Von dieser Basis aus macht Quine deutlich, inwiefern man auf die «idealen O.» in der Mechanik (Massenpunkte, reibungslose Oberflächen, isolierte Systeme) einerseits verzichten, die geometrischen O. und besonders die «abstrakten O.» dagegen kaum wegerklären kann. «For I deplore that facile line of thought according to which we may freely use abstract terms, in all the ways terms are used, without thereby acknowledging the existence of any abstract objects» [68]. Die Ontologie der abstrakten O. ist so nach Quine ein Teil jenes Schiffs, das wir nach Neuraths berühmtem, von Quine oft zitierten Gleichnis, auf offener See umbauen [69].

Anmerkungen. [1] A. SCHOPENHAUER, Die Welt als Wille und Vorstellung. Sämtl. Werke, hg. A. HÜBSCHER (³1972) 2, 16. – [2] a.O. 114. – [3] 531. – [4] 596. – [5] Sämtl. Werke 3, 9. – [6] E. VON HARTMANN: Krit. Grundlegung des trl. Realismus (⁴1914) 14f. – [7] a.O. 41. – [8] W. DILTHEY, Beiträge zur Lösung der Frage vom Ursprung unseres Glaubens an die Realität der Außenwelt und seinem Recht. Ges. Schr. 5 (⁴1962) 130f. – [9] a.O. 133. – [10] R. EUCKEN: Gesch. und Kritik der Grundbegriffe der Gegenwart (1878) 1f. – [11] Gesch. der philos. Terminologie im Umriß dargest. (1879) 120f. – [12] A. RIEHL: Der philos. Kritizismus 3, hg. H. HEYSE/E. SPRANGER (²1926) 123. – [13] a.O. 132. – [14] 133. – [15] H. COHEN: Logik der reinen Erkenntnis (²1914). Werke 6 (1977) 68. – [16] a.O. 317f. – [17] Kants Theorie der Erfahrung (³1918) 216. – [18] a.O. 220. – [19] 222. 224. – [20] E. LASK: Die Logik der Philos. und die Kategorienlehre. Ges. Schr., hg. E. HERRIGEL 2 (1923) 90. – [21] a.O. 11. – [22] 30. – [23] Zum System der Logik. Ges. Schr. 3 (1924) 68f. – [24] a.O. 84f. – [25] 85. – [26] 103. – [27] H. RICKERT: Grundprobleme der Philos. (1934) 110ff. – [28] Der Gegenstand der Erkenntnis (⁶1928) 16f. – [29] Vgl. G. SIMMEL: Hauptprobleme der Philos. (⁷1950) 109f. – [30] Philos. des Geldes (⁶1958) 12. – [31] a.O. 14. – [32] 26. – [33] N. HARTMANN: Grundzüge einer Met. der Erkenntnis (³1941) 44f. – [34] a.O. 46. – [35] 85ff. – [36] 215. – [37] F. BRENTANO: Psychol. vom empir. Standpunkt, hg. O. KRAUS 1 (1924, ND 1973) 124f.; vgl. 2 (1925, ND 1971) 8f. – [38] a.O. 128. 137. – [39] 218; vgl. auch: Vom O. n. 5, in: Die Abkehr vom Nichtrealen, hg. F. MAYER-HILLEBRAND (Bern 1966) 337ff. – [40] Von den O., a.O. 341ff.; vgl. auch 219f. – [41] Über das Sein im uneigentl. Sinne, abstrakte Namen und Verstandesdinge, a.O. [37] 2, 226. – [42] Von den Gegenständen des Denkens, a.O. 216. – [43] A. MEINONG: Über Annahmen, bearb. R. HALLER. Ges.-A. 4 (Graz 1977) 61. – [44] a.O. 44f.; vgl. auch: Über Möglichkeit und Wahrscheinlichkeit, bearb. R. M. CHISHOLM. Ges.-A. 6 (Graz 1972) 28. – [45] Vgl. B. RUSSELL: On the nature of acquaintance, in: Logic and knowledge, hg. R. CH. MARSH (London/New York ⁶1977) 170ff. – [46] MEINONG: Über Gegenstände höherer Ordnung und deren Verhältnis zur inneren Wahrnehmung, bearb. R. HALLER, a.O. [43] 2, 382f.; vgl. 414f. und: Über Annahmen a.O. 4, 85. 229f. – [47] E. HUSSERL: Log. Unters. II/1 (1968) 377. – [48] a.O. 425. – [49] Ideen zu einer reinen Phänomenol. und phänomenol. Philos. 1. Husserliana 3, hg. W. BIEMEL (Den Haag 1950) 223ff. – [50] a.O. 244; vgl. 260. 263. – [51] Vgl. z. B. R. INGARDEN: Betrachtungen zum Problem der Objektivität. Z. philos. Forsch. 21 (1967) 31-46. 242-260. – [52] FR. NIETZSCHE, Nachgel. Frg. Krit. Ges.-A., hg. G. COLLI/M. MONTINARI VIII/3 (1972) 50. – [53] a.O. VIII/2 (1970) 299. – [54] Über Wahrheit und Lüge im außermoralischen Sinn III/2 (1973) 378. – [55] M. HEIDEGGER: Sein und Zeit (¹¹1967) 208. – [56] 315f. – [57] 366. – [58] 419. 366. – [59] J.-P. SARTRE: L'être et le néant (Paris 1943), dtsch. Das Sein und das Nichts (1962) 357. – [60] A. N. WHITEHEAD: The concept of nature (Cambridge 1955) 15. – [61] An enquiry concerning the principles of natural knowledge (Cambridge 1955) 81. – [62] a.O. 62f. 65. – [63] a.O. 60. 149. – [64] Process and reality (New York 1929) 70. – [65] a.O.; vgl. auch: Adventures of ideas (Cambridge 1964) 180. – [66] Adventures a.O. 181. – [67] W. V. O. QUINE: Word and object (Cambridge, Mass. 1960) 233f. – [68] a.O. 119. – [69] Speaking of objects, in: Ontological relativity and other essays (New York 1969) 16.

Literaturhinweise. TH. REID: Essays on the intellectual powers of man (1785), Essay II (Cambridge, Mass. 1969). – W. BRANDT: Der Begriff des unmittelbaren O. bei Schopenhauer und seine Beziehungen zum Problem der Außenwelt (1907). – J. SCHWARZ: Das Verhältnis des Subjektiven und Objektiven im dtsch. Idealismus. Die Tatwelt 12 (1936) 31-42. – J. N. FINDLAY: Meinong's theory of objects and values (Oxford ²1963). – J. GÖRLAND: Die Entwicklung der Frühphilos. Schellings in der Auseinandersetzung mit Fichte (1973). – M.-L. SCHUBERT KALSI: Alexius Meinong on objects of higher order and Husserl's Phenomenology (Den Haag 1978). – H. W. NOONAN: Objects and identity (Den Haag 1980). – L. DEWAN: 'Obiectum'. Notes on the invention of a word. Arch. Hist. doctr. litt. Moyen Age 48 (1981) 37-96.

TH. KOBUSCH

Objekt, transzendentales. Mit dem Ausdruck ‹t.O.› («transzendentaler Gegenstand») bezeichnet KANT [1] das in allem Gegenstandsbewußtsein gleichartige, gegenüber jeder raumzeitlichen Lokalisation und kategorialen Bestimmtheit indifferente «Etwas überhaupt» [2], das in der begrifflichen Synthesis des Mannigfaltigen der Anschauung als einheitlicher und einheitsstiftender Bezugspunkt fungiert und insofern das gegenständliche Korrelat der transzendentalen Einheit des Bewußtseins darstellt [3]. Das Mannigfaltige der Anschauung gelangt nur in der Weise zur Synthesis in einer begrifflichen Vorstellung, daß es in der Einheit des Bezuges auf einen Gegenstand begriffen wird [4]. – Kants Gebrauch des Ausdrucks ‹t.O.› ist jedoch nicht durchgängig in bewußtseins- und erkenntnistheoretischem Sinne festgelegt. Er fällt oft gänzlich mit dem Gebrauch der Ausdrücke ‹Ding an sich› und ‹Noumenon› zusammen, die freilich ihrerseits nur die Begrenztheit unserer Erkenntnis benennen und der sinnlichen Rezeption ein schlechthin unbestimmbares Korrelat überhaupt zuweisen. In diesem Sinne wird auch das Selbst als metaphysisches Subjekt, sofern es transzendente und gänzlich unbestimmbare «Ursache» des Gegebenen der inneren Anschauung ist, zuweilen als ‹t.O.› bezeichnet [5]. – Vorherrschend bleibt gleichwohl die Tendenz, den Ausdruck ‹t.O.› auf dasjenige zu beziehen, was die kritische Restriktion vom Gedanken intelligibler, jenseits der Erscheinungswelt liegender Entitäten übrig läßt [6].

Anmerkungen. [1] Vgl. I. KANT, KrV A 108ff. B 522f. (A 494f.). – [2] a.O. A 104. 253. – [3] Vgl. bes. A 250f. – [4] A 108f. – [5] A 379f. B 566f. (A 538f.). – [6] Vgl. B 344 (A 288).

Literaturhinweise. A. WERNICKE: Die Theorie des Gegenstandes und die Lehre vom Dinge-an-sich bei Immanuel Kant. Schulprogramm (1904). – M. WARTENBERG: Der Begriff des «transzendentalen Gegenstandes» bei Kant – und Schopenhauers Kritik desselben. Kantstudien 4 (1900) 202-231; 5 (1901) 145-176. – H. HINDERKS: Über die Gegenstandsbegriffe in der Kritik der reinen Vernunft (1948). – H. HERRING: Das Problem der Affektion bei Kant. Kantstudien. Erg.h. 67 (1953). – G. JÁNOSKA: Der transzendentale Gegenstand. Kantstudien 46 (1954/55) 193-221. – H. E. ALLISON: Kant's concept of the transcendental object. Kantstudien 59 (1968) 165-186. – G. PRAUSS: Erscheinung bei Kant. Ein Problem der «Kritik der reinen Vernunft» (1971). – H. SEIDL: Bemerk. zu Ding an sich und transzendentalem Gegenstand in Kants Kritik der reinen Vernunft. Kantstudien 63 (1972) 305-314. – G. PRAUSS: Kant und das Problem der Dinge an sich (1974). – D. R. DUNBAR: The transcendental object. Idealistic Studies 5 (1975) 127-138. – H. E. ALLISON: Things in themselves, Noumena, and the transcendental object. Dialectica 32 (1978) 41-76.   W. HALBFASS

Objektbesetzung. In der psychoanalytischen Theorie versteht man unter O. die Verbindung von Objektrepräsentanzen – insbesondere sind damit die Apperzepte der Pflegepersonen des Kindes gemeint – mit psychischer Energie, d.h. mit Libido (der Energie des Eros und Lebenstriebes) und Destrudo (der Energie des Todestriebes). Die im Sinne der psychoanalytischen Theorie wirksamen, d.h. das manifeste Verhalten kodeterminierenden bzw. im pathologischen Fall vorwiegend allein bestimmenden O. sind unbewußt («das System Unbewußt enthält die Sachbesetzungen der Objekte» [1]). Die Besetzung dieser Sachvorstellungen mit Triebenergie kann verlorengehen, ein Prozeß, der z.B. zur Erklärung schizophrener Psychosen herangezogen wird [2]. Die Objektrepräsentanzen können zudem mit den Selbstrepräsentanzen (beide entwickeln sich aus der ursprünglichen Dual-union Mutter–Kind) verschmelzen oder ihre Besetzungen können ausgetauscht werden [3]. Man unterscheidet ferner die in der Ontogenese zuerst erfolgende Besetzung der bedürfnisbefriedigenden Objekte und Teil-Objekte [4] von der Besetzung ganzer Objekte, die mit der sogenannten Objektkonstanz korreliert [5]. Ob es eine primär spezifische Energie der O. gibt, oder ob über instinktive Reaktionsformen die O. zum Resultat der bio-psychosozialen Interaktion wird, gilt als strittig.

Anmerkungen. [1] S. FREUD: Das Unbewußte. Ges. Werke 10 (1913) 300. – [2] a.O. 299f. – [3] E. JACOBSON: The self and the object world. Psychoanal. Study Child 9 (1954) 75-127, bes. 99. – [4] M. KLEIN: A contrib. to the psychogenesis of manic-depressive states (1934), in: Contrib. to psychoanalysis (London 1950) 283. – [5] H. HARTMANN: Die gegenseitige Beeinflussung von Ich und Es in ihrer Entwicklung (1952), ND in: Ich-Psychologie (1972) 157-180.   W. LOCH

Objektität ist ein Begriff von A. SCHOPENHAUER und bezeichnet die Erscheinung des Leibes in seinem Verhältnis zum Willen: «Mein Leib ist die O. meines Willens» [1]. «Dem Subjekt des Erkennens ... ist dieser Leib auf zwei ganz verschiedene Weisen gegeben: einmal als Vorstellung in verständiger Anschauung, als Objekt unter Objekten ..., sodann aber auch zugleich auf eine ganz andere Weise, nämlich als jenes jedem unmittelbar Bekannte, welches das Wort Wille bezeichnet. Jeder wahre Akt seines Willens ist sofort und unausbleiblich auch eine Bewegung seines Leibes: er kann den Akt nicht wirklich wollen, ohne zugleich wahrzunehmen, daß er als Bewegung des Leibes erscheint. Der Willensakt und die Aktion des Leibes sind ... eines und dasselbe, nur auf zwei gänzlich verschiedene Weisen gegeben: einmal ganz unmittelbar und einmal in der Anschauung für den Verstand. Die Aktion des Leibes ist nichts anderes als der objektivierte, d.h. in die Anschauung getretene Akt des Willens ... Ich werde daher den Leib ... die *O. des Willens* nennen» [2].

Anmerkungen. [1] A. SCHOPENHAUER: Sämtl. Werke, hg. W. VON LÖHNEYSEN 1 (1961) 161. – [2] a.O. 158.   Red.

Objektivation (engl. objectivation; frz. objectivation; ital. obbiettivazione, oggettivazione). Wohl erst später als ‹Objektivierung› (s.d.) geprägt, wird ‹O.› häufig in denselben Kontexten verwendet wie ‹Objektivierung›. Der Begriff ‹O.› ist vor allem durch SCHOPENHAUER und durch DILTHEY (‹O. des Geistes/des Lebens›, s.d.) bekannt geworden. Bei SCHOPENHAUER bedeutet ‹O.› das «Sichdarstellen (des Willens) in der realen Körperwelt» [1], das sich in «unendlichen Abstufungen» vollzieht, von den «allgemeinsten Kräften der Natur» bis zur «Individualität ... beim Menschen» [2]. P. DEUSSEN hat den Begriff ähnlich gefaßt [3]. Für NIETZSCHE ist der Chor der griechischen Tragödie die «O. eines dionysischen Zustandes», insofern in ihm der «Urgrund» der tragischen Verwicklung vorgetragen wird [4].

In der Erkenntnistheorie bezeichnet ‹O.› vielfach die gegenstandskonstituierende Leistung von Begriff, Urteil, Wahrnehmung usw. Hierin gehören G. UPHUES' «O.-Theorie» [5], TH. ZIEHENS Konzeption der «O. der Begriffe» [6] und H. MAIERS «O.-Gesetz», dessen «Aufgabe [es] ist, den Urteilsgegenstand als Formungserzeugnis einzuführen»; der «allumfassende Urteilsgegenstand, das Sein des Universums, [ist] so zu denken, daß der Gesamtbestand des transzendent Gegebenen ... in ihm seine angemessene O. findet» [7]. Nach K. MANNHEIM leistet

Wissenschaft «Fixierungen subjektiver Vorstellungen in Form von Tatsachen», so daß «jede Wissenschaft O., möglichste Desubjektivation» ist [8]. Für J. COHN gibt es Objektivierung und O. nur in den Einzelwissenschaften. In einer auf das Ganze zielenden philosophischen Erkenntnis wird jedoch die Dialektik von Subjekt und Objekt bedacht: das gegenständliche Sein ist in Objektivierung und O. nur das «inadäquat gemeinte», «sobald auf die subjektive Geltung des vollkommen Objektivierten geachtet wird»; und das Subjekt soll sich objektiv werden und sich «in dieser O. verlieren», zugleich aber «als Selbst-O.» auch «als schlichtes Selbst undialektisch» bleiben; das Subjekt macht «eine Stufe der O. möglich ... und überschreitet sie» [9].

Zur Charakterisierung der Entstehung sozio-kultureller Gebilde dient ‹O.› den Soziologen H. FREYER («zweite O.» gegenüber der ersten O. in Gebärden usw.) und O. SPANN (O.-System als Ausgliederung eines Teils aus dem Ganzen der Gesellschaft) [10]. – Für TH. W. ADORNO stellt sich die Vergegenständlichung des Kunstwerks, seine O., ambivalent dar: «Seine O., Bedingung ästhetischer Autonomie, ist auch Erstarrung» [11]. Durch O. zu einer «Realität ... sui generis» geworden, kann das Kunstwerk «Einspruch gegen die Realität» erheben [12].

Schließlich wird die Problematik der O. dort behandelt, wo es für einige keine O. geben sollte, im Reden von Gott: Während «der Mythos das Jenseitige zum Diesseitigen objektiviert», bedeutet die «freie Tat» des Glaubens gerade kein objektiv festgestelltes Wissen [13]. Diese von R. BULTMANN und H. BRAUN [14] aufgestellte These hält H. GOLLWITZER für einseitig, da mit ihr alle im NT wiedergegebenen «Objektivitäten als O. behandelt und existenzial verflüssigt und alles Außerhalb in ein Innerhalb des Existenzvollzuges umgewandelt» wird [15].

Anmerkungen. [1] A. SCHOPENHAUER, Sämtl. Werke, hg. A. HÜBSCHER 3 (²1949) 277. – [2] a.O. 2, 152. 154f. – [3] P. DEUSSEN: Die Elemente der Met. (⁶1919) 120. 123. – [4] FR. NIETZSCHE, Die Geburt der Tragödie. Werke, hg. G. COLLI/M. MONTINARI 3/1 (Berlin/New York 1972) 58. – [5] G. UPHUES: Erkenntnistheoret. Logik (1909) 46. – [6] TH. ZIEHEN: Lehrb. der Logik (1920) 492. – [7] H. MAIER: Philos. der Wirklichkeit 1 (1926) 418. – [8] K. MANNHEIM: Wissenssoziol., eingel. und hg. K. H. WOLFF (1964) 221. – [9] J. COHN: Theorie der Dialektik (1923) 295-300. – [10] H. FREYER: Theorie des objektiven Geistes (²1928) 20ff. 29f.; O. SPANN: Gesellschaftslehre (³1930) 272f.; vgl. auch: P. L. BERGER und T. LUCKMANN: Die gesellschaftl. Konstruktion der Wirklichkeit (1969) 22. 24. – [11] TH. W. ADORNO, Ästhet. Theorie. Ges. Schr. 7 (1970) 154f. – [12] a.O. 414. – [13] R. BULTMANN: Jesus Christus und die Mythologie (1964) 17; Welchen Sinn hat es, von Gott zu reden? in: Theol. Bl. 4 (1925) 129-135. – [14] H. BRAUN: Die Problematik einer Theol. des NT, in: Ges. Studien zum NT und seiner Umwelt (1962) 325-341. – [15] H. GOLLWITZER: Die Existenz Gottes im Bekenntnis des Glaubens (1963) 51; vgl. auch 38.
                S. LORENZ/W. SCHRÖDER

Objektivation des Geistes/des Lebens. Der Begriff ‹O.d.G./d.L.› nimmt im Denken des späten DILTHEY einen gewichtigen Platz ein [1]. Dilthey begreift alle nicht-naturgegebenen Gegenstände als Objektivationen des menschlichen Geistes und Lebens: Wort und Tat, Bauwerk, Gesetz, Institution. Die Idee der O.d.G./d.L. ist für Diltheys Versuch einer Grundlegung der Geisteswissenschaften deshalb so tragend, weil erst mit ihrer Hilfe ein «Einblick in das Wesen des Geschichtlichen» zu gewinnen ist [2]. Die Idee der O.d.L. ermöglicht erst den Zugang zur Welt und zum Wesen des Geschichtlichen: «Die Geisteswissenschaften haben als ihre umfassende Gegebenheit die O.d.L.» [3].

Der Begriff ‹O.d.G./d.L.› steht also zum einen für den Akt und das Ergebnis der Entäußerung von Absichten, Vorstellungen, Ideen usw., zum anderen aber enthält er den Gedanken, daß die so entstandenen Gegenstände nicht nur willkürlich sind, sondern Ausdruck eines überindividuellen Geistes. Dilthey knüpft hier in spezifischer Weise – wahrscheinlich durch M. LAZARUS vermittelt [4] – an Hegels Begriff des objektiven Geistes an und setzt die Begriffe ‹O.d.G./d.L.› und ‹objektiver Geist› gleich, besteht aber gegen Hegel darauf, daß der objektive Geist nicht Ausdruck einer «allgemeinen Vernunft», sondern des «Lebens» ist. Dilthey pocht auf das Erleben und Verstehen; er will das Gegebene, das wirkliche Leben in seiner Totalität, auch das Irrationale in ihm, analysieren, so daß sein Begriff des objektiven Geistes sich auch über jene Gebiete erstreckt, die Hegel unter den Begriffen des subjektiven, objektiven und absoluten Geistes faßt.

Anmerkungen. [1] W. DILTHEY: Der Aufbau der geschichtl. Welt in den Geisteswiss. Ges. Schr. 7 (1927) 146-152. 208ff. – [2] a.O. 147. – [3] 148. – [4] M. LAZARUS: Einige synthet. Gedanken zur Völkerpsychol. Z. Völkerpsychol. Sprachwiss. 3 (1865) 1-94, bes. 41ff.; vgl. hierzu J. FRANKENBERGER: Objektiver Geist und Völkerpsychologie. Z. Philos. philos. Kritik 154 (1914) 68-83. 151-168.

Literaturhinweis. H. JOHACH: Handelnder Mensch und objektiver Geist. Zur Theorie der Geistes- und Sozialwiss. bei W. Dilthey (1974).
                F.-J. ALBERS

Objektivgebilde, soziales. ‹s.O.› ist eine wichtige Formel auf dem Wege des Bewußtmachens der Bedingungen des kulturellen Lebens. Während die Rede von Kulturerscheinungen und Kulturgütern den Blick vorwiegend auf die ausgeprägten Lebensformen und allenfalls auf deren Verbreitungsgebiete lenkt, ist mit ‹s.O.› zusätzlich Daseinsart und -grundlage in die Sicht einbezogen. Die in der Soziologie des ersten Drittels des 20. Jh. (bes. bei A. VIERKANDT [1]) gewonnenen Einsichten in die Bedingungen objektivierender Gruppen und objektivierter Schöpfungen ließen die Eigentümlichkeiten der zugehörigen 'Lebensprozesse' in ihrer sozialen Eigengesetzlichkeit wissenschaftlich genauer fassen. Für die Sprachforschung wurde der berechtigte Kern viel gebrauchter, aber als ungenau empfundener Redeweisen, wie 'Leben', 'Entwicklung' usw. 'der Sprache', sichtbar; vor allem war es möglich, psychologistische Betrachtungsweisen nach 1900 zu korrigieren [2]. Insbesondere die Gemeinschaftsformen von Sprachen (Muttersprachen) wurden in ihrer geschichtlichen Erscheinung als unpersönliche s.O. einer angemesseneren Methodik der Erforschung zugänglich; die entsprechenden 'überpersönlichen' s.O., also die in Wechselbeziehung zu den 'unpersönlichen' s.O. stehenden Menschengruppen (Sprachgemeinschaften) wurden nur zögernd einbezogen. In der Weiterentwicklung wurde die Rede von den s.O. als statisches Verfahren eingeschränkt durch die energetische Sprachauffassung, durch die O. (als methodisch nötige Zwischenstufe des Bewußtmachens) auf ihre tatsächliche Daseinsform (jede Sprache ist nach W. V. HUMBOLDT ein «Akt der Verwandlung der Welt in Gedanken») zurückgeführt werden.

Anmerkungen. [1] A. VIERKANDT: Gesellschaftslehre (²1928) 329f. – [2] L. WEISGERBER: Art. ‹Sprache›, in: Handwb. der Soziol., hg. A. VIERKANDT (1931) 593.
                L. WEISGERBER

Objektivierbarkeit, objektivierbar. Der Ausdruck ‹O.› bezeichnet in seiner allgemeinen Bedeutung diejenige Grundvoraussetzung wissenschaftlicher Naturerkenntnis, nach der es möglich ist, gegebene Vorstellungen derart auf Gegenstände zu beziehen, daß die bloß subjektiven Einsichten über Naturzusammenhänge in «allgemeingültige Erkenntnis» (für jedermann) übergeführt werden. Grundlegend für philosophische Diskussionen zum Problem der O. sind Formulierungen aus KANTS ‹Kritik der reinen Vernunft› [1]. Nach Kant ist mit der Beziehung gegebener Vorstellungen auf einen Gegenstand unmittelbar verbunden, daß einer ursprünglich reinen Synthesis des Mannigfaltigen der Anschauung durch reine Verstandesbegriffe Einheit gegeben wird.

Eine speziellere Bedeutung von ‹objektivierbar› liegt vor, wenn man diesen Begriff auf physikalische Größen (speziell Eigenschaften) bezieht und letztere ‹objektivierbar› nennt, wenn ihnen unabhängig von experimentellen Feststellungen «an sich» ein eindeutiger Wert zukommt. Eine solche O. ist in der klassischen Physik stets erfüllt, nicht jedoch in der *Quantentheorie*. Ist nämlich in dieser bei einer Größe ein bestimmter Wert gemessen worden, so hat eine dazu komplementäre Größe keinen eindeutigen Wert, und zwar – nach heute vorherrschender Überzeugung – aus prinzipiellen Gründen. In bezug auf den Zustand eines Systems dürfen – wie P. MITTELSTAEDT betont – nur die sogenannten «objektiven Eigenschaften», bei denen eine experimentelle Entscheidung den Zustand nicht verändern würde, als «an sich» vorliegend oder nicht betrachtet werden [2]. – C. F. VON WEIZSÄCKER hat die eingeschränkte O. von Größen und Eigenschaften in der Quantentheorie zum Gegenstand philosophischer Untersuchungen über das Subjekt-Objekt-Problem gemacht [3].

Anmerkungen. [1] I. KANT, KrV B 104. 137f. – [2] P. MITTELSTAEDT: Philos. Probleme der modernen Physik (^{4}1972) 104f. 133ff. 206f. – [3] C. F. VON WEIZSÄCKER: Zum Weltbild der Physik (^{9}1962) 86ff.

E. RICHTER

Objektivierung (engl. objectivization/objectification; frz. objectivation) ist im Gebrauch von Wortbildungen wie ‹Objektivität›, ‹objektiv› vorausgesetzt, weist ein breites Bedeutungsspektrum auf und ist dabei nicht immer deutlich von ‹Objektivation› geschieden.

I. *Philosophie.* – Die verschiedenen Bedeutungen, die der Begriff seit seinem Aufkommen im *philosophischen* Wortgebrauch annehmen konnte, führt bereits W. T. KRUG an: O. als a) Vorstellung eines Subjektiven (subjektiv Gegebenen) als objektiv (Vergegenständlichung), b) Hervorbringen eines Innerlichen (Absicht, Empfindung u. ä.) und c) das Gegenständlichwerden eines Absoluten [1]. Erst im *Deutschen Idealismus* gewinnt der noch bei Kant ungebräuchliche Terminus ‹O.› (auch: objektivieren; das Objektivieren) Bedeutung. FICHTE bezeichnet mit O. den Akt, in dem das Wissen sich selbst zum Objekt macht («reflektierend sich objektiviert und scheidet» [2]) bzw. den Prozeß der sich in der äußeren Existentialform setzenden Vernunft [3]. Ähnlich wird die Scheidung des identischen Absoluten in Subjektivität und Objektivität als «Subjekt-Objektiviren» bei SCHELLING gefaßt [4]. Im Rahmen seiner Religionsphilosophie unterscheidet HEGEL eine «bloß formelle O.», in der «Gott als gegenständlich überhaupt gewußt wird», von einer «absoluten O., in der Gott gewußt wird als an und für sich seiend nach den Bestimmungen, die dem Geist an und für sich zukommen» [5]. Darüber hinaus ist Gott «dies Manifestieren, sich Objektivieren und identisch mit sich in dieser O.» [6].

Der Begriff wird von der *Hegelschule* bedeutungskonstant übernommen, so von B. BAUER, nach dem das (nicht substantiell gedachte) Selbstbewußtsein sich in der Geschichte objektiviert [7], K. FISCHER und K. ROSENKRANZ, dem das Realisieren des Geistes sich als ein «Objektiviren» darstellt («seine Thaten werden für ihn zu Gegenständen, in denen er seinen Begriff anschaut») [8]). J. E. ERDMANN übernimmt den ‘ausgeführten Zweck’ aus HEGELS ‹Logik› [9] als «das objectivierte Subjective» [10]. – Nicht in streng terminologischem Sinne verwandt, begegnet der Begriff bei F. SCHLEGEL als O. der Moral [11], bei J. G. DROYSEN als O. des menschlichen Geistes [12] und bei I. H. FICHTE als O. der Empfindungsinhalte [13].

Auf den Bereich der Erkenntnistheorie beschränkt sich der Gebrauch des Begriffs bei LOTZE: Die Verwandlung eines Eindrucks in Vorstellung ist der «Beginn einer O. des Subjektiven» [14]. Als «logische O.» läßt sich die Konstituierung eines Erkenntnisobjekts durch den Akt der Namengebung beschreiben [15]. – Für W. WUNDT ist das Aufstellen eines Naturgesetzes, das er als Projektion logischer Prinzipien auf die Natur begreift, eine O. der bloß logischen Gesetzmäßigkeiten [16].

Der *Neukantianismus* – so COHEN und WINDELBAND – gibt die von Kant aufgewiesene synthetisierende Leistung der Begriffe mit ‹O.› wieder [17], kennt den Begriff aber auch in ethischen [18], psychologischen [19] und ästhetischen [20] Zusammenhängen. Mit seiner Auffassung der O. als «ganz bestimmter Weise der Synthesis des Mannigfaltigen» knüpft CASSIRER an den neukantianischen Wortgebrauch an, den er jedoch erweitert, indem er alle symbolisch vermittelten (auch vorwissenschaftlichen) Kulturphänomene als O.en versteht [21]. Vereinzelt dient den auf die Naturwissenschaften bezogene Begriff der «objektivierenden Wissenschaften» einer dichotomischen Wissenschaftsklassifikation: Der Akt der O. setzt sie methodisch von den «subjektivierenden» (verstehenden) Geisteswissenschaften ab [22]. – Pejorative Bedeutung erhält der Begriff, verstanden als «Schematisierung» und «künstliche Einheitlichkeit und Übersubjektivität des Erlebens» (und insofern «für das wirkliche Werterleben ... eine große Gefahr»), bei MÜLLER-FREIENFELS [23].

HUSSERL greift O. in der Bedeutung von Gegenstandskonstituierung auf und trifft dabei die folgende Differenzierung der «objektivierenden Akte»: «Jedes nicht-doxisch vollzogene Aktbewußtsein ist in dieser Art potentiell objektivierend, das doxische cogito allein vollzieht aktuelle O.» [24]. In der *hermeneutischen* Philosophie, die den Begriff ‹oggettivazione› bzw. ‹Objektivation› (s. d.) – so BETTI und GADAMER – bevorzugt, findet O. nur selten Verwendung [25]. – Als Synonym für ‹Thematisierung› führt M. HEIDEGGER den Terminus in ‹Sein und Zeit› ein als Bezeichnung für die «Artikulation des Seinsverständnisses» durch die «Umgrenzung des Sachgebietes und die Vorzeichnung der dem Seienden angemessenen Begrifflichkeit» [26]. JASPERS greift dieses Motiv auf [27], verwendet O. zumeist jedoch uneinheitlich [28]. Durchaus eigenständig weist WHITEHEAD der O. einen fundamentalen Status innerhalb der ‘Kategorien der Erklärung’ zu: «Der Terminus O. bezieht sich auf die besondere Weise, in der die Potentialität eines wirklichen Einzelwesens in einem anderen wirklichen Einzelwesen realisiert wird» [29]; ihre Bedeutung ist jedoch umstritten [30]. – LUKÁCS überträgt (vielleicht durch die dem Neukantianismus geläufige terminologische Gleichsetzung von ‹O.› und ‹Vergegenständlichung› angeregt [31]) den bei Marx und Engels in diesem Sinne nicht belegten Begriff auf die mit der kapitalistischen Warenproduktion einhergehende Entfremdung der Arbeit, die er als «Selbst-O., ... Zur-

Ware-Werden einer Funktion des Menschen» beschreibt [32]; hierin folgen ihm auch neuere Marxinterpreten [33].

Anmerkungen. [1] W. T. KRUG: Allg. Handwb. der philos. Wiss.en 3 (1833, ND 1966) 88. – [2] J. G. FICHTE: Darstellung der Wissenschaftslehre (1801). Werke, hg. I. H. FICHTE 2, 133; vgl. 10, 279. – [3] Wissenschaftslehre (1804) 17. Vortrag, a.O. 10, 305. – [4] F. W. J. SCHELLING, Ideen zu einer Philos. der Natur, Einl. Sämtl. Werke I/2 (1857, ND 1967) 62; vgl. auch: F. X. VON BAADER, Sämtl. Werke, hg. F. HOFFMANN u. a. 13 (1855, ND 1963) 118. – [5] G. W. F. HEGEL, Jub.-A., hg. H. GLOCKNER 15, 306f. – [6] a.O. 16, 318. – [7] B. BAUER: Die Posaune des Jüngsten Gerichts (1841, ND 1969) 144; Kritik der evang. Gesch. der Synoptiker 2 (1841, ND Hildesheim/New York 1974) 156; vgl. auch: L. FEUERBACH, Das Wesen des Christentums. Ges. Werke, hg. W. SCHUFFENHAUER 5 (1973) 47f. – [8] K. ROSENKRANZ: Met. 1 (1858) 27f.; K. FISCHER: System der Logik und Met. oder Wissenschaftslehre (1852) 168. – [9] G. W. F. HEGEL, Logik a.O. [5] 5, 224. – [10] J. E. ERDMANN: Grundriß der Logik und Met. (³1848) 161. – [11] FR. SCHLEGEL, Krit. A. 19 (1971) 125ff. – [12] J. G. DROYSEN, Historik § 12, hg. P. LEYH 1 (1977) 329. – [13] I. H. FICHTE: Psychol. 1 (1864, ND 1970) 374. – [14] H. LOTZE, Logik, hg. G. MISCH (²1928) 15; später ähnlich H. MAIER, Philos. der Wirklichkeit 1 (1926) 121. – [15] LOTZE, a.O. 16; ebenso B. BOSANQUET: Logic or the morphol. of knowledge (London ²1911) 17; vgl. auch M. LAZARUS: Das Leben der Seele 2 (²1882) 309. – [16] W. WUNDT: Logik 1 (⁴1919) 564. – [17] H. COHEN, Werke 4 (Hildesheim/New York 1978) 67; W. WINDELBAND: Einl. in die Philos. (1914) 42; vgl. auch F. STAUDINGER: Zur Durchführung des Transzendentalbegriffs. Kantstudien 24 (1920) 215-241; P. NATORP, Allg. Psychol. 1 (1912, ND Amsterdam 1965) 72; ähnlich später: K. MANNHEIM, Wissenssoziol., hg. K. H. WOLFF (1964) 179. – [18] H. COHEN: Relig. der Vernunft aus den Quellen des Judentums (1928, ND 1978) 15. – [19] NATORP, a.O. [17] 1, 67f. 154f. – [20] H. COHEN: Ästhetik des reinen Gefühls 1 (1912) 210ff.; P. NATORP: Dtsch. Weltberuf 1 (1918) 142; J. COHN: Allg. Ästh. (1901) 79f.; vgl. auch: G. SANTAYANA: The sense of beauty (New York 1896) 44-49; M. DESSOIR: Ästhetik und allg. Kunstwiss. (²1923) 180f.; R. INGARDEN: Vom Erkennen des lit. Kunstwerks (1968) 40ff. – [21] E. CASSIRER: Wesen und Wirkung des Symbolbegriffs (1965) 9; Philos. der symbolischen Formen 2 (⁴1964) 39; vgl. dazu: N. ROTENSTREICH: Philos., the concept and its manifestations (Dordrecht 1972) 94; H. JONAS: The phenomenon of life (New York 1966) 261. – [22] H. MÜNSTERBERG: Grundzüge der Psychol. (²1918) 35; vgl. dazu S. GARFEIN-GARSKI: Ein neuer Versuch über das Wesen der Philos. (1909) 130ff.; dagegen: E. BECHER: Geisteswiss.en und Naturwiss.en (1921) 276f.; vgl. auch NATORP, a.O. [17] 1, 195; H. RICKERT: System der Philos. 1 (1921) 91; ähnlich später H.-G. GADAMER: Wahrheit und Methode (⁴1975) 429. – [23] R. MÜLLER-FREIENFELS: Grundzüge einer Wertlehre. Ann. Philos. 1 (1919) 319-381, zit. 356. 352; vgl. auch: Philos. der Individualität (1921) 13; dazu L. VON WIESE: System der allg. Soziol. (²1933) 137; pejorativer Begriffsgebrauch auch bei K. JASPERS: Notizen zu Heidegger (1978) 184. – [24] E. HUSSERL: Ideen zu einer reinen Phänomenol. und phänomenol. Philos. Husserliana 3/1 (Den Haag 1976) 272; vgl. Log. Untersuch. 2 (1913) 481; vgl. auch: S. STRASSER: Phänomenol. und Erfahrungswiss. vom Menschen (1964) 70f.; The idea of dialogal phenomenol. (Pittsburgh/Louvain 1969) 89. 92; M. MERLEAU-PONTY: Vorlesungen 1 (Berlin/New York 1973) 213f. – [25] Jedoch vereinzelt bei J. WACH: Das Verstehen 1 (1926, ND 1966) 7. – [26] M. HEIDEGGER, Gesamt-A. I/2 (1977) 480f. – [27] K. JASPERS: Von der Wahrheit (1958) 133. – [28] Philos. 2 (1956) 12. 433; 3 (1956) 86. – [29] A. N. WHITEHEAD: Prozeß und Realität, dtsch. H. G. HOLL (1979) 66. – [30] I. LECLERC (Hg.): The relevance of Whitehead (London/New York 1961) 169-189; Whitehead's met. (London/New York 1958); W. A. CHRISTIAN: An interpretation of Whitehead's met. (New Haven 1959). – [31] WINDELBAND, a.O. [17]; so schon FEUERBACH, a.O. [7]. – [32] G. LUKÁCS, Werke 2 (1968) 267. – [33] J. HIPPOLYTE: Aliénation et objectivation, in: Etudes sur Marx et Hegel (Paris 1955) 82-104; so auch A. SOHN-RETHEL; vgl. H. D. DOMBROWSKI, U. KRAUSE und R. ROOS (Hg.): Symposion Warenform – Denkform. Zur Erkenntnistheorie Sohn-Rethels (1978) 196.

S. LORENZ/W. SCHRÖDER

II. *Psychologie.* – 1. Die Einführung der experimentell-naturwissenschaftlichen Methode in die Psychologie löste gegen Ende des 19. Jh. eine *erkenntnistheoretische Grundsatzdiskussion* über Gegenstand und Methoden der Psychologie aus. In diesem Zusammenhang benützten mehrere Autoren den Begriff ‹O.›, um die Stellung der Psychologie im System der Wissenschaften zu bestimmen.

Die Abgrenzung der Psychologie von den *Naturwissenschaften* war zum Problem geworden, nachdem R. AVENARIUS den traditionellen Dualismus von «innerer» Erfahrung (als Gegenstand der Psychologie) und «äußerer» Erfahrung (als Gegenstand der Naturwissenschaft) kritisiert und an seine Stelle das Konzept einer a-dualistischen «reinen Erfahrung» gesetzt hatte [1], die den Gegenstand der Psychologie ebenso bilden sollte wie denjenigen der Naturwissenschaft [2]. Avenarius' empiriokritische Position wurde in der Psychologie erstmals von O. KÜLPE rezipiert. Nach Külpe ist «unsere Erfahrung ursprünglich einheitlicher Art, weder subjektiv noch objektiv» [3]. Psychologie und Naturwissenschaft haben denselben Gegenstand, nämlich die einheitliche Erfahrung, betrachten ihn jedoch unter verschiedenen Gesichtspunkten: Die Psychologie beschäftigt sich mit den *subjektivierten*, die Naturwissenschaft mit den *objektivierten* Erlebnissen. Subjektivierung bedeutet hier die Auffassung der Erlebnisse «in Abhängigkeit vom eigenen Körper», O. ihre Auffassung «in Abhängigkeit von der Raumwelt außerhalb des Körpers» [4]. In verschiedenen Varianten wurde diese «Standpunkts»-Definition der Psychologie («Wissenschaft von der Erfahrung, insofern sie als vom Subjekt abhängig gedacht wird») von den meisten Vertretern der experimentellen Bewußtseinspsychologie übernommen [5]. Sie hatte die Unterordnung der Psychologie unter die Naturwissenschaften [6] bzw. die «Naturalisierung des Bewußtseins» [7] zur Folge, denn das «Subjekt», auf welches die von der Psychologie zu untersuchenden Erlebnisse bezogen gedacht wurden, wurde in der Regel als «körperliches Individuum» [8] oder als «Organismus», also in naturwissenschaftlichen Begriffen, beschrieben [9]. Da man sich die Psychologie als Grundlage sämtlicher Geisteswissenschaften dachte [10], bedeutete die empirische Definition der Psychologie gleichzeitig die Negierung der Gegenstandsspezifik der Geistes- bzw. Kulturwissenschaften.

Gegen diese Konsequenz erheben H. MÜNSTERBERG und H. RICKERT Einspruch; ihnen geht es darum, die Psychologie von den *Geisteswissenschaften* scharf abzugrenzen und damit die Eigenständigkeit der letzteren zu wahren. Sowohl Münsterberg als auch Rickert betrachten die Psychologie als eine objektivierende Wissenschaft, die sich prinzipiell in ihrer *generalisierenden Methode* von den Naturwissenschaften nicht unterscheidet. Nach Rickert geschieht die O. in der Psychologie dadurch, daß jeder Teil des psychologischen Subjekts sukzessiv zum Objekt gemacht wird; denkt man sich diesen Prozeß beliebig weit fortgesetzt, dann ist «das psychologische Subjekt ganz und gar zum Objekt geworden», d. h. vom «erkenntnistheoretischen Subjekt» abgelöst worden [11]. Ähnlich Münsterberg: Die O. besteht darin, daß bei der Betrachtung der Erlebnisse zuerst vom «aktuellen Ich», dann vom «vorgefundenen Ich» abstrahiert wird, bis zuletzt als «Bedingung für die Existenz der Objekte» das «vorfindende Ich» übrig bleibt, das «keinerlei Einfluß [sc. auf die Objekte] ausüben» kann. Psychologie und Naturwissenschaft unterscheiden sich nicht durch den Prozeß der O., sondern durch sein Resultat: «In dem vorgefundenen Objekt nennen wir psychisch, was nur *einem* Subjekt erfahrbar ist, physisch, was mehreren Subjekten gemeinsam erfahrbar gedacht werden kann» [12]. Beiden stehen die Geisteswissenschaften als 'subjektivierende' Wissenschaften schroff gegenüber; diese haben es «mit Werten, mit Zwecken, mit Akten des reinen Subjekts» zu tun. Die Psychologie ist weder selbst eine Geisteswissenschaft, noch kann sie die Grundlage derselben bilden [13].

Dagegen fordert P. NATORP die Entwicklung der Psychologie als einer *subjektivierenden* Wissenschaft, allerdings in ganz anderem Sinne als Külpe. O. bedeutet für Natorp «Zurückführung auf Gesetze», Gesetzeserkenntnis [14]. Die Psychologie seiner Zeit – hierin stimmt Natorp mit Rickert und Münsterberg überein – bedient sich der objektivierenden Methode; sie sollte folgerichtig als Physiologie und nicht als Psychologie bezeichnet werden [15]. Das bedeutet aber nicht, daß die «eigentliche» Psychologie den Geistes- bzw. Kulturwissenschaften zuzurechnen wäre, denn diese sind «samt und sonders objektivierend» [16], sie streben nach Gesetzeserkenntnis, freilich nach Gesetzen des Sollens, während die Naturwissenschaften von Gesetzen des Seins handeln [17]. Vielmehr ist es die Aufgabe der Psychologie, «das Subjektive des Bewußtseins abseits aller O.en ... zur Erkenntnis zu bringen» [18]; die Subjektivierung setzt die O.en der Natur- und Kulturwissenschaften voraus, macht sie jedoch «in Gedanken wieder ungeschehen» und gelangt so zu der «Rekonstruktion des Unmittelbaren im Bewußtsein aus dem, was daraus gestaltet worden» [19]. Die Psychologie hat sich also der Methode der *Rekonstruktion* zu bedienen; diese besteht in der «indirekten Beschreibung, nämlich auf dem Umwege über das Objekt» [20]. Natorps «rekonstruktive Psychologie» blieb allerdings in den Ansätzen einer «Disposition der Psychologie» [21] stecken und ist nicht abschließend durchgeführt worden.

Die Diskussionen um die Bedeutung der O. für die Begründung der Psychologie waren Ausdruck der 'Krise', welche die Psychologie zu Beginn des 20. Jh. erfaßte und die Epoche divergierender psychologischer 'Schulen' einleitete. Die 'objektive Psychologie', wie sie im Behaviorismus und in der Reflexologie repräsentiert ist, berief sich nicht auf den Münsterberg-Rickertschen Begriff der O., sondern entstand infolge der erkenntnistheoretisch unreflektierten Übertragung der naturwissenschaftlichen Methode der äußeren Beobachtung auf die Psychologie. Nach ihren Standards war auch die objektivierende Psychologie im Sinne Münsterbergs und Rickerts subjektiv, da sie den Begriff des Bewußtseins voraussetzte und sich der introspektiven Methode bediente.

2. *Innerhalb* der Psychologie tritt der Begriff der O. in verschiedenen Kontexten auf:

a) Nach W. WUNDT hat die «personifizierende» oder «mythologische» Apperzeption zur Folge, daß der Mensch «sein eigenes Bewußtsein objektiviert» [22], d.h., daß «die Objekte selbst als belebte, persönliche Wesen erscheinen» [23]. O. ist hier ein Sonderfall der Projizierung, d.h. der Übertragung bewußtseinsimmanenter Vorgänge auf die wahrgenommene Außenwelt.

b) WUNDT wendet den Begriff der O. (im psychologischen Sinn) nur auf 'subjektive' psychische Prozesse (Gefühle, Affekte) an, da Empfindung und Vorstellung für ihn ursprünglich objektiv sind, d.h. nicht erst objektiviert werden müssen. Dagegen bezeichnen manche Autoren mit ‹O.› die Konstituierung gegenständlicher psychischer Prozesse aus ursprünglich ungegenständlichen Prozessen. Häufig wird dafür die *Apperzeption* als Grund angesetzt; so bei TH. LIPPS: «Durch die Perzeption entstehen die Bewußtseinsinhalte. Durch die Apperzeption entstehen für mich die Gegenstände» [24]. Nach W. JERUSALEM ist O. die Leistung der *Urteilsfunktion;* sie hat ihren Ursprung in der «fundamentalen Apperzeption», «durch welche alle Vorgänge der Umgebung als Willensäußerungen selbständiger Objekte gedeutet werden» [25]. Anhand der Sprache – und zwar infolge ihrer Subjekt/Prädikat-Struktur – «entwickelt sich die fundamentale Apperzeption zur Urteilsfunktion, durch welche die Vorstellungen geformt, gegliedert und objektiviert werden» [26].

c) In der *Sinnesphysiologie* und *Wahrnehmungspsychologie* des 19. Jh. findet sich häufig – am prägnantesten und einflußreichsten bei H. HELMHOLTZ [27] – die Konzeption, daß *Empfindung* im Bewußtsein eines Sinneseindrucks, *Wahrnehmung* in der aus Empfindungen gebildeten Vorstellung äußerer Objekte besteht. Im Sinne dieser Konzeption wird die Gegenstandsbezogenheit der Wahrnehmung gelegentlich als Resultat einer O. bezeichnet [28]. J. SCHWERTSCHLAGER nimmt die Helmholtzsche Rahmenkonzeption auf, gibt ihr eine aktpsychologische Wendung und eliminiert ihre intellektualistische Komponente, die in Helmholtz' Lehre von den unbewußten Schlüssen repräsentiert war. Für Schwertschlager ist die O. die *erste Stufe des Wahrnehmungsaktes;* durch sie «setzt» das Erkenntnisvermögen der Seele «ein Objekt außerhalb des Subjekts», das allerdings «vorerst noch recht unbestimmt» ist [29]. O. ist nicht dasselbe wie Projizierung; die letztere faßt die Gegenstände als außerhalb des empfindenden Leibes gelegen auf [30]. An O. und Projizierung schließen sich als weitere Funktionsstufen des Wahrnehmungsaktes Individualisierung und Komplettierung an [31].

d) In der *Entwicklungspsychologie* bezeichnet O. die auf äußere Objekte bezogene Seite der Herausbildung des Subjekt-Objekt-Dualismus aus der diesen Dualismus nicht enthaltenden Erfahrung des Neugeborenen. Schon J. M. BALDWIN hatte hierin eine wesentliche Leistung des «prälogischen» Denkens erblickt, freilich ohne den Begriff der O. zu verwenden [32]. J. PIAGET nimmt den Ansatz Baldwins auf und präzisiert ihn, indem er die ontogenetische Aneignung einer Welt permanenter, d.h. unabhängig vom Subjekt existierender Objekte empirisch erforscht. Nach Piaget sind der Erwerb der Objektpermanenz, die O. räumlicher Verlagerungen und kausaler Beziehungen Errungenschaften der ersten, sensumotorischen Stufe der kognitiven Entwicklung. Auf dieser Stufe sind die Objekte zunächst noch unlösbar in gewisse einfache sensumotorische Schemata eingebettet, z.B. «Saugen» oder «Greifen». Die «Emanzipation» der Objekte von den Schemata setzt die Koordination zwischen Schemata voraus [33], und zwar in der Weise, daß ein Schema als Mittel zur Erreichung eines Zwecks verwendet wird, der durch ein anderes Schema bestimmt wird. Oder anders ausgedrückt: «Die multiple Assimilation, die eine wachsende Zahl von Relationen zwischen 'Handlung × Objekt'-Komplexen konstruiert, erklärt die O.» [34]. Aufgrund des Erwerbs der Objektpermanenz und der O. des Raumes betrachtet sich das Kind nicht länger als unbewegtes Zentrum seines Universums, sondern als eines der beweglichen Objekte, welche sein Universum bilden: eine Leistung, die Piaget auch als die «kopernikanische Revolution» des Kleinstkindes bezeichnet hat [35].

Anmerkungen. [1] R. AVENARIUS: Kritik der reinen Erfahrung (1888). – [2] Bemerkungen zum Begriff des Gegenstandes der Psychologie. Vjschr. wiss. Philos. 18 (1893) 400-420. – [3] O. KÜLPE: Über die O. und Subjektivierung von Sinneseindrücken.

Philos. Stud. 19 (1902) 509. – [4] Das Ich und die Außenwelt 2. Philos. Stud. 8 (1893) 338. – [5] Vor allem durch E. B. TITCHENER, den Begründer des psychol. 'Strukturalismus'; vgl. z. B. E. B. TITCHENER: Lehrb. der Psychol., übers. O. KLEMM (²1926) 5-7; auch W. WUNDT übernahm die Standpunkts-Definition, obwohl er die empiriokrit. Erkenntnistheorie im übrigen ablehnte; vgl. W. WUNDT: Über naiven und krit. Realismus. Kl. Schr. 1 (1910) 500. – [6] Vgl. hierzu: K. DANZIGER: The positivist repudiation of Wundt. J. Hist. behav. Sci. 15 (1979) 205-230. – [7] E. HUSSERL: Philos. als strenge Wiss. Logos 1 (1910) 297f. – [8] KÜLPE: Grundriß der Psychol. (1893) 4. – [9] H. EBBINGHAUS: Grundzüge der Psychol. 1 (1897) 7. – [10] Vgl. z. B. W. WUNDT: Über die Einteilung der Wiss.en. Philos. Stud. 5 (1889) 1-55. – [11] H. RICKERT: Die Grenzen der naturwiss. Begriffsbildung (1902) 171f. – [12] H. MÜNSTERBERG: Grundzüge der Psychol. (1900) 71f. – [13] a.O. 19. – [14] P. NATORP: Allg. Psychol. nach krit. Methode (1912) 61. 154. – [15] a.O. 177f. – [16] 22. – [17] 93. – [18] 91. – [19] 192f. – [20] 294. – [21] Kap. 10. – [22] W. WUNDT: Ethik I (³1903) 65. – [23] Völkerpsychol. II/1 (1905) 579. – [24] TH. LIPPS: Leitfaden der Psychol. (1903) 54. – [25] W. JERUSALEM: Lehrb. der Psychol. (⁵1912) 91. – [26] a.O. 109. – [27] Vgl. dazu: E. L. FISCHER: Theorie der Gesichtswahrnehmungen (1891) 26-51; B. ERDMANN: Die philos. Grundlagen von Helmholtz' Wahrnehmungstheorie. Abh. preuß. Akad. Wiss., Phil.-hist. Kl. (1921) 1. – [28] Vgl. L. HABRICH: Pädagog. Psychol. 1 (⁵1913) 21. – [29] J. SCHWERTSCHLAGER: Die Sinneserkenntnis (1924) 117. – [30] a.O. 121. – [31] 127. 132. – [32] J. M. BALDWIN: Thought and things, or genetic logic 1 (New York 1906). – [33] J. PIAGET: La construction du réel chez l'enfant (Neuchâtel ³1963) 277. – [34] La naissance de l'intelligence chez l'enfant (Neuchâtel ⁵1966) 363. – [35] Piaget's theory, in: P. H. MUSSEN (Hg.): Carmichael's manual of child psychol. (New York ³1970) 1, 795.

Literaturhinweis: L. BINSWANGER: Probleme der allg. Psychol. (1922).
E. SCHEERER

Objektivismus. Die Bedeutung des etwa seit Ende des 19. Jh. gebräuchlichen Terminus ‹O.› schwankt je nach seinem Bezug zu den ihm zugeordneten Gegenbegriffen: So erscheint er als Gegenbegriff zu ‹Subjektivismus›, ‹Individualismus› und ‹Transzendentalismus›.

Bereits in der Auseinandersetzung um den Empiriokritizismus findet sich die – später vorherrschende – pejorative Bedeutung des Begriffs ‹O.›; so bezeichnet O. EWALD den Versuch einer Eliminierung des Erkenntnissubjekts polemisch gegen E. Mach und R. Avenarius als «Machs O.» [1]. In historischem wie systematischem Zusammenhang erscheint der Begriff bei W. WUNDT, der die empiristische Linie der neueren Philosophie in einen O. münden sieht [2]. Der O., der die Erkenntnisobjekte «als ein gegenständlich Gegebenes» auffaßt, ist demnach einem transzendentalen «spekulativen Subjektivismus» entgegengesetzt [3]. Ähnlich wertet H. HÖFFDING den Subjektivismus, der die Welt «nur als unser eigenes Erzeugnis» betrachtet, und den O., der dem «praktische(n) Bewußtsein» entspricht, als dogmatische – und daher zu vermeidende – erkenntnistheoretische Extrempositionen [4]. – M. DESSOIR spricht von einem «O. in der Ästhetik» und meint damit die «Lehre, daß das Gebiet der ästhetischen Natur, Kultur und Kunst insgesamt objektive Merkmale einer gegenständlichen Eigenart besitze» [5].

In weltanschauungstypologischen Entwürfen bildet ‹O.› bisweilen mit ‹Subjektivismus› eine Fundamentalopposition. H. RICKERT, für den die «Ablehnung eines Subjekts, das nicht Glied der Objektwelt ist», konstitutiv für den O. ist, unterscheidet als Gefahren «für das Seelenleben, für die geschichtliche Kultur und für die Religion» «drei Abarten des O.»: «den Materialismus, den Naturalismus und den Atheismus» [6]. Kritisch behauptet Rickert einen «Zusammenhang von O. mit Sinnfremdheit und Bedeutungslosigkeit» [7]. Allenfalls auf dem Gebiet der Spezialwissenschaften berechtigt [8], ist der O., wenn er «einen alles umfassenden Weltbegriff zu bilden unternimmt, ... der Feind jeder echten Weltanschauung, weil er alles persönliche Leben zerstört. ... Nur der Subjektivismus gibt uns in Wahrheit einen einheitlichen Weltallbegriff» [9]. In E. ROTHACKERS Systematik der Geisteswissenschaften dient der (weniger wertende und hier dem Terminus ‹Individualismus› entgegengesetzte) Begriff zur Beschreibung der von Dilthey übernommenen Weltanschauungstypen [10].

Gegen die vereinseitigende Zuordnung des O. und des Subjektivismus zu antiker bzw. moderner Philosophie – entsprechend hatte etwa E. LASK [11] von einem «platonischen O.» gesprochen – wendet sich J. DEWEY [12]. Dagegen hält E. HUSSERL das Modell «des neuzeitlichen Gegensatzes zwischen physikalistischem O. und transzendentalem Subjektivismus» [13] für fruchtbar: «Die ganze Geschichte der Philosophie seit Auftreten der 'Erkenntnistheorie' ... ist eine Geschichte der ... Spannungen zwischen objektivistischer und transzendentaler Philosophie» [14].

Im Sinne eines «religiösen O.» macht M. SCHELER die Notwendigkeit einer «objektiv-seienden Gegenstandssphäre der Religion ..., wie sie sich schließlich im Dogma ... verkörpert» gegen eine subjektivistische Gefühlstheologie Schleiermacherscher Prägung geltend [15].

R. CARNAP will den metaphysisch befrachteten Begriff ‹Realismus› durch ‹O.› ersetzen, um das dem Verfahren der Realwissenschaften zugrunde liegende Weltbild zu kennzeichnen: «Die realistische Einstellung des Physikers äußert sich zunächst in der Verwendung der realistischen Sprache. ... Ein darüber hinausgehender Realismus als explizite These ist dagegen unzulässig; er muß zu einem ‹O.› ... korrigiert werden» [16].

Anmerkungen. [1] O. EWALD: Richard Avenarius als Begründer des Empiriokritizismus (1905) 76. – [2] W. WUNDT: Einl. in die Philos. (⁴1906) 236. 457. – [3] W. WUNDT: Logik 1 (⁴1919) 471. – [4] H. HÖFFDING: Psychologie in Umrissen auf Grundlage der Erfahrung (³1901) 297f. – [5] M. DESSOIR: O. in der Ästhetik. Z. Ästhetik 5 (1910) 1-15; vgl. auch F. KAINZ: Vorlesungen über Ästhetik 2 (1948) 330ff. – [6] H. RICKERT: System der Philos. 1 (1921) 73f. – [7] a.O. 90. – [8] ebda. – [9] a.O. 89. – [10] E. ROTHACKER: Logik und Systematik der Geisteswiss. (1926). – [11] E. LASK: Ges. Schr. 3 (1924) 17. – [12] J. DEWEY: The objectivism-subjectivism of modern philos. J. of Philos. 38 (1941) 533-542. – [13] E. HUSSERL: Die Krisis der europ. Wiss. en. Husserliana 6 (1962) 18. – [14] a.O. 71; vgl. dazu H.-G. GADAMER: Wahrheit und Methode (⁴1975) 230 u. ö. – [15] M. SCHELER: Ges. Werke 5 (1954) 283f. – [16] R. CARNAP: Der log. Aufbau der Welt (²1961) 250.
S. LORENZ/W. SCHRÖDER

Objektivismus, bürgerlicher. W. I. LENIN hat 1895 in seiner Auseinandersetzung über die ökonomische Entwicklung Rußlands mit dem damaligen kritischen Marxisten P. Struve [1] den Terminus ‹b.O.› inhaltlich bestimmt: Er spricht von dem «engen O.» (uzkij ob-ektivizm) sowie dem «mangelhaften Marxismus des Herrn Struve» als dem «Grundfehler seines Buches», das die Klassenanalyse des historischen Prozesses in Rußland vergesse [2], zwar dessen «Unvermeidlichkeit und Notwendigkeit» aufdecke, aber eben ohne die ihm je «eigene Form des Klassenantagonismus» [3] hervorzuheben. – Später hat Lenin den «'O.' eines Professors» dem «Materialismus des revolutionären Kämpfers» [4] sowie die Art des bürgerlichen Gelehrten, «der im Namen der 'Objektivität' die Wirklichkeit zu rechtfertigen sucht», der «Objektivität des Klassenkampfes» gegenübergestellt, welch letztere K. Marx' leitendes Interpretationsprinzip gewesen sei [5]. «Enger O.» ist somit ein Charakteristikum bürgerlicher Wissenschaft, dem auch Marxisten verfallen können. Er ist eine falsche Theorie der «Parteilosigkeit» (bezpartíjnost') und des Über-den-Klassen-Stehens (nadklássovost')' der Ideologie. Objektive und wahre Erkenntnis ist auf seinem Standpunkt daher nicht möglich. Die «Parteilichkeit» (partíjnost') als Prinzip der wissenschaftlichen Forschung vor allem auf den Gebieten der Geschichte und Gesellschaft, durchgeführt vom Standpunkte des revolutionären Proletariats aus, muß dem b.O. gegenüber als wahrhaft «objektiv» festgehalten werden.

Jedoch hat Lenin den Terminus ‹b.O.› nicht selbst geprägt. Er ist wohl ein Produkt der stalinistischen Ära der Sowjetphilosophie, in aller Munde während der «Ždánovščina» (Schdánow-Zeit, etwa 1947–1950), die mit der Verurteilung des «objektivistisch» geschriebenen Buches von G. F. ALEKSÁNDROV über die ‹Geschichte der westeuropäischen Philosophie› [6] anhebt. Seither kommt der Begriff — oft in Verbindung mit ‹Kosmopolitismus› — in der sowjetphilosophischen und marxistisch-leninistischen Literatur überhaupt häufig vor [7]. Nach Stalins Tod verliert er allmählich seinen hervorragenden Platz in der Diskussion, ist jedoch im Register zu Lenins Werken weiterhin aufzufinden [8], während die einschlägigen sowjetphilosophischen Wörterbücher den von Lenin gemeinten Sachverhalt unter dem Stichwort ‹O.› abhandeln [9], das weiterhin Mittel der Kritik an Abweichungen vom jeweils sich als orthodox verstehenden Marxismus-Leninismus wie an bürgerlicher Philosophie bleibt.

Anmerkungen. [1] W. I. LENIN, Werke 1 (1974) 339-528. – [2] a.O. 451. – [3] 520. – [4] 11 (1906) 350. – [5] 18 (1912) 323. – [6] G. F. ALEKSÁNDROV: Istorija zapadnoevropejskoj filosofii (Moskau ²1946). – [7] Vgl. Voprosy filosofii [VF = Fragen der Philos.] (1947) 1; VF (1947) 2, 3ff.: Peredovaja: Naši zadači [Leitartikel: Unsere Aufgaben]; VF (1948) 2 (4), 213ff.: I. JA. ŠČIPANOV: Protiv buržuaznogo ob-ektivizma i kosmopolitizma [Gegen den b.O. und Kosmopolitismus]; VF (1948) 3 (5), 3ff.: Peredovaja: Za bol'ševistskuju partijnost. v filosofii [Leitartikel: Für bolschewist. Parteilichkeit in der Philos.]; M. ROZENTAL' und P. JUDIN (Hg.): Kratkij filosofskij Slovar' [Kurzes philos. Wb.] (Moskau ⁴1954) 413-414: «Ob-ektivzm buržuaznyj»; M. A. LEONOV: Očerk dialektičeskogo materializma [Abriß des dialekt. Materialismus] (Moskau 1948) 30. – [8] W. I. LENIN, Werke, Reg.-Bd. 1 (1975) 436. – [9] M. ROZENTAL' (Hg.): Filosofskij Slovar' [Philos. Wb.] (Moskau ¹1963) 321; (Moskau ³1972) 290; Filosofskaja Énciklopedija 4 (Moskau 1967) 124f.; G. KLAUS und M. BUHR (Hg.): Philos. Wb. 1. 2 (¹¹1975) 885f.

Literaturhinweise. G. WETTER: Der dialekt. Materialismus (⁵1960). – W. GOERDT: Fragen der Philos. Ein Materialbeitrag zur Erforsch. der Sowjetphilos. im Spiegel der Z. «Voprosy filosofii» 1947-1956 (1960).   W. GOERDT

Obligatio, Ars obligatoria

I. Das Wort ‹O.›, belegbar in römisch-rechtlicher, kanonistischer und philosophischer Literatur, hat in seinen verschiedenen Anwendungsbereichen eine grundsätzliche Zweideutigkeit bewahrt: Einerseits kann ‹O.› das Verpflichtetsein bezeichnen (o. passiva), anderseits die Qualifizierung einer Person oder einer Norm, Pflichterfüllung zu fordern bzw. Verpflichtung zu schaffen (o. activa). Die ausdrückliche Unterscheidung dieser Bedeutungen, die schon in der Scholastik erarbeitet war [1], findet sich noch bei KANT [2], der sie von CHR. WOLFF [3] übernommen hat. Erst im späteren Latein ist zu dem Adjektiv ‹obligatorius› (verbindlich) ein Substantiv ‹obligatorietas› zur Bezeichnung der 'o. activa' gebildet worden, um diese Zweideutigkeit zu beheben [4].

Erste Definitions- und Ordnungsversuche für verschiedene Arten von O. finden sich im *klassischen römischen Recht*, das vor allem für den umfangreichen Wirtschaftsverkehr das Obligationenrecht vorsah. ‹O.› steht hier im allgemeinen für das «Rechtsverhältnis, vermöge dessen der Schuldner (debitor) dem Gläubiger (creditor) zu einer Leistung verpflichtet ist» [5]; gelegentlich bezeichnet ‹O.› das Forderungsrecht des Gläubigers. Eine allgemeine Einteilung, die in den Fragmenten des GAIUS überliefert wird, unterschied zwei mögliche Ursachen für das Zustandekommen derartiger Verpflichtungen: den Vertrag und das Delikt (im Sinne eines privatrechtlichen Übergriffs in eine fremde Rechtssphäre, der gesühnt werden muß): «omnis ... o. uel ex contractu nascitur uel ex delicto» [6].

Das Modell dieser Verpflichtungen erhielt ausserhalb des römischen Rechts einen neuen Wirkkreis, als *Kirchenväter* die Abhängigkeit des Menschen von Gott in weltlichem Recht entliehenen Vorstellungen formulierten. TERTULLIAN z. B. verstand die christlich-religiöse Ordnung zwischen Gott und Mensch als zwischen Partnern abgeschlossenen Vertrag; der Sünder ist folglich ein Vertragsbrüchiger und ist Gott zur Sühne verpflichtet [7]. – Die *Kanonisten* der scholastischen Zeit erkannten, daß hier, wie bei anderen kirchenrechtlichen Einrichtungen (z. B. dem votum und dem iuramentum), die Vorstellung der 'o. ex contractu' bzw., für den Sünder, der 'o. ex delicto' zugrunde liegt, und sie interpretierten die kirchenrechtlichen Institutionen in Analogie zu den entsprechenden römisch-rechtlichen. Da die scholastische Philosophie mit der Kanonistik durch eine teilweise Gemeinsamkeit des reflektierten Stoffes verbunden war, konnte z. B. bei der Behandlung des Eides (iuramentum) und des Gelübdes (votum), die kanonistisch als 'obligationes' verstanden wurden, der Ausdruck ‹O.› an die Philosophie vermittelt werden.

Die *scholastische* Weltdeutung aus dem Grundsatz des göttlichen, alles umfassenden 'ordo' übernahm ‹O.› zur Bezeichnung der Hinordnung des Menschen auf eine ihm vorgegebene Seinsbestimmung. Eine Definition THOMAS VON AQUINS legt den Sachverhalt des sittlichen Verpflichtens (obligare) fest auf die Bindung des menschlichen Willens, etwas anderes als das Gebotene nur mit der Konsequenz anstreben zu können, daß der derart Wollende zugleich einen Schaden an seiner Seinsform in Kauf nehmen muß: «hoc est obligare, scilicet astringere voluntatem, ut non possit sine deformitatis nocumento in aliud tendere» [8]. Um den Ort dieser Verpflichtung zwischen Freiheit und Notwendigkeit aufzuweisen, erklärt Thomas von Aquin 'Verpflichtung' als aus der Voraussetzung eines Zieles bedingte Notwendigkeit: «necessitas est conditionata, scilicet ex suppositione finis» [9], wobei das Ziel selbst, allgemein die 'salus', dem Menschen mit Notwendigkeit vorgegeben ist. Der durch den Verstoß gegen eine Verpflichtung erwirkte Schaden, moraltheologisch: die Schuld, wird mit derselben Notwendigkeit wirklich, mit der die Erfüllung der Verpflichtung verbindlich gefordert war; der Ungehorsame ist gebunden an eine Schuld (o. culpae) und eine Strafe (o. poenae), bzw. er ist, entsprechend der christlichen Bußlehre, zur Sühne verpflichtet. – Diese 'obligationes' trennt von ihren Vorformen, den römisch-rechtlichen Vertrags- und Deliktobligationen, daß an der Stelle des ursprünglichen Gläubigers ein sittliches Gesetz Gehorsam fordert. Entsprechend wird O. in der juristischen Bedeutung des Forderungsrechts vom Gläubiger auf das Gesetz selbst übertragen und kann demnach die Verbindlichkeit dieses Gesetzes benennen. In dieser Bedeutung wird ‹O.› ein Begleitbegriff des Gesetz-Begriffs: «dicitur enim lex a ligando, quia obligat ad agendum» [10]. – Obgleich inhaltlich die weltlich-rechtlich begründete O. von der Verpflichtung im sittlichen Sinne zu trennen ist, wurde auch in philosophischer Literatur immer wieder auf juristische Definitionsversuche zurückgegriffen, vor allem da, wo sich die beiden Disziplinen begegneten, wie in der Naturrechtsphilosophie [11].

Von «sittlich begründeten 'obligationes'» kann für die Zeit *vor* Kant nur mit der Einschränkung gesprochen werden, daß nicht Kants Begriff der Pflicht vorausgesetzt wird: Der Gedanke des unbedingten Sollens kam in den ethischen Systemen vor Kant nicht zum Tragen; Verbindlichkeit wurde daher als bedingt gedacht, bedingt z. B. durch die Verknüpfung einer Sanktion mit einer Norm: «Summa ... vis obligandi haec est legis aucthorem legum suarum observationi bona, transgressioni mala, scilicet naturalia, adiunxisse» (Die höchste ... verpflichtende Kraft ist die, daß der Gesetzgeber der Beachtung seiner Gesetze Gutes, der Übertretung Übles, d. h. Naturgemäßes, folgen läßt) [12]. Noch weiter ist O. im Werk Th. Hobbes' von der Bedeutung sittlicher Verpflichtung im Sinne Kants entfernt. Nach Hobbes konstituiert sich im «Naturzustand» die O. einerseits aus der naturnotwendig gegebenen Bindung des Menschen an seinen Trieb zur Selbsterhaltung, andererseits aus der ebenso notwendig gegebenen Ausstattung des Menschen mit Vernunft, die den Menschen befähigt, das Ziel der Selbsterhaltung auf längere Sicht zu planen. Ob eine Handlung 'gut' oder 'böse' ist, bestimmt sich danach, ob sie diesem Ziel dient oder nicht [13]. Die Vernunftbegabung ermöglicht dem Menschen die Erkenntnis, daß zur Selbsterhaltung der Friede wünschenswert ist und daß dieser Friede durch einen Gesellschaftsvertrag garantiert werden kann. In der Ordnung dieses Vertrages stellt sich für den Einzelnen O. dar als eine im Interesse der Selbsterhaltung angenommene Einschränkung der individuellen Freiheit: «ubi enim libertas desinit, ibi incipit obligatio» (wo nämlich die Freiheit fehlt, beginnt die O.) [14]. – Abgeschwächt findet sich die Vorstellung einer naturgegebenen O. bei Chr. Thomasius. Er erklärte in einem vieldiskutierten Gedankengang [15] den 'Ratschlag', der traditionell als Beispiel einer nicht verbindlichen Norm galt [16], für verbindlich in dem Sinne, daß er den Menschen zur Beachtung einer naturnotwendig entstehenden Gefährdung oder Gewinnmöglichkeit verpflichte (o. interna), daß er allerdings nicht verbindlich sei im Sinne einer «von außen» kommenden Verpflichtung (o. externa) durch ein Gesetz [17].

Während das Wort ‹O.› ins Englische und in die romanischen Sprachen übernommen wurde, setzte es sich im Deutschen als Fremdwort und nur in eingeengter juristischer Bedeutung fest.

Anmerkungen. [1] Alexander de Hales, S. theol. IV, 3 (Quaracchi 1948) 315, Nr. 224. – [2] I. Kant, Met. der Sitten. Akad.-A. 6, 417. – [3] Chr. Wolff: Philos. practica universalis I, § 118 (1738, ND 1971) 103. – [4] A. M. Stickler: Hist. iuris canonici lat. I (Turin 1950) 262 u. ö. – [5] M. Kaser: Das röm. Privatrecht. Rechtsgesch. des Altertums 3, 3/1 (1955) 401. – [6] Gaius, Institutiones 3, 88, hg. E. Seckel/B. Kuebler (1969) 148. – [7] Vgl. A. Beck: Röm. Recht bei Tertullian und Cyprian. Schr. der Königsberger Gelehrten Ges., geisteswiss. Kl. 7/2 (1930) 68. – [8] Thomas von Aquin, In II Sent. d. 39, q. 3, a. 3 sol. – [9] De ver. q. 17, a. 3, c; vgl. In IV Sent. d. 38, q. 1, quaestiunc. 3, sol. 2. – [10] S. theol. I/II, q. 90, a. 1, c; vgl. z. B. H. Grotius: De iure belli ac pacis I, 1, 9 (1642) 3. – [11] Vgl. z. B. S. v. Pufendorf: De officio hominis et civis juxta legem naturalem I, 2, § 3 (1682, ND New York 1927) 13; R. Cumberland: De legibus naturae disquisitio philos., cap. 5, § 11 (1683) 205ff. – [12] Cumberland, a.O. 206. – [13] Th. Hobbes, Leviathan I, 6. Opera philos., hg. G. Molesworth 3 (1851, ND 1966) 42. – [14] De cive II, 10 a.O. 2 (1839, ND 1966) 174; Die Interpretation der O. bei Hobbes hat in jüngerer Zeit zahlreiche Auseinandersetzungen veranlaßt; vgl. zusammenfassend (mit Lit.angaben) B. Willms: Von der Vermessung des Leviathan (II). Der Staat 6 (1967) 221-236; Die Antwort des Leviathan (1970). – [15] I. T. Canzius: Philos. Leibnitianae et Wolffianae usus in theol. ... ed. nova (1749) § 1222ff. – [16] Justinian, Digesta 17, 1, 2, 6, hg. Th. Mommsen 1 (1870) 479; Thomas von Aquin, In IV Sent. d. 3, a. 1, quaestiunc. 4, 2; vgl. d. 15, q. 3, a. 1, quaestiunc. 5, sol. 4. – [17] Chr. Thomasius: Fundamenta iuris naturae et gentium I, c. 4, § 61f. (⁴1718) 135.

Literaturhinweise. H. Reiner: Die philos. Ethik (1964). – H.-P. Schramm: 'obligatio' – Verbindlichkeit (Diss. Freiburg i.Br. 1964). – B. Willms s. Anm. [14]. – R. Polin: L'obligation morale et polit. chez Thomas Hobbes, in: R. Koselleck/R. Schnur (Hg.): Hobbes-Forsch. (1969) 133-152. H.-P. Schramm

II. Mit der Ars obligatoria (A.o.) konsolidiert sich im frühen 13. Jh. [1] innerhalb der *mittelalterlichen Logik* eine spezielle, sich von der allgemeinen Disputationspraxis absondernde *exerzitative Disziplin*. Sie entlehnt ihren Namen aus der Verpflichtung (obligatio), die sich zwei Kontrahenten bei Eröffnung einer Disputation in betreff einer zumeist kontrafaktischen Aussage auferlegen (disputatio ligata seu per hypothesin) [2]. Die Aufgabe des einen, des Opponenten, besteht darin, nach Feststellung des bestehenden Sachverhalts (sit rei veritas) dem anderen, dem Respondenten, zunächst eine Aussage zu 'obligieren' und ihm, falls er die O. annimmt, weitere Aussagen zu proponieren, die dieser gemäß den Regeln dieser Kunst zuzugeben, zurückzuweisen oder zu bezweifeln hat, ohne das Widerspruchsprinzip zu verletzen. Bemerkt der Opponent einen Regelverstoß, muß er die Zeit für verstrichen erklären (cedat tempus) und ihn darlegen. Sieht der Respondens noch eine Alternative, so wird das Gespräch mit ihr wiederaufgenommen. Die Vorgaben (propositiones) werden so geschickt gewählt, daß nur eine genaue Beachtung der Konsequenzenlehre den sich in ihrem Gebrauch einübenden Respondenten vor falschen Antworten schützt.

Man unterschied im allgemeinen *sechs Arten* von O.: neben der positio (auch falsa positio), depositio und institutio oder impositio, auf die man sich im 14. Jh. mehr und mehr beschränkte, auch noch die dubitatio, das sit verum und die petitio [3]. Die verschiedenen Akte der O. werden seitens des Opponenten durch formelhafte Ausdrücke (signa obligationis), wie pono, depono, impono, dubitetur, sit verum und peto eröffnet und seitens des Respondenten durch ihnen entsprechende verbale Akte, wie admitto, concedo, nego, dubito oder probo pariert.

Verallgemeinernd kann man sagen: Eine positio verpflichtet zur Anerkennung der Wahrheit eines möglichen, aber zumeist falschen, also kontrafaktischen Satzes mit allen seinen Konsequenzen, eine depositio dagegen verlangt analog dazu, den Ausgangssatz und alle Sätze, aus denen er folgt, für falsch zu halten. Stets ist darauf zu achten, daß ein von der O. unabhängiger Satz (propositio impertinens) nach seiner faktischen Wahrheit (secundum sui qualitatem) zu bewerten ist. Jeder wahre und mit der angenommenen O. verträgliche Satz sowie jeder falsche aus ihr folgende Satz ist daher zu konzedieren. Dagegen ist jeder falsche nicht aus der positio folgende Satz sowie jeder mit ihr unverträgliche wahre Satz zu negieren. Besondere Regeln gelten für die Setzung gewisser Unmöglichkeiten (positio impossibilis) [4].

Zum *Instrumentarium* der A.o. gehört daher die Entwicklung geeigneter *Entscheidungsverfahren* zur Beurteilung der 'Proposition'. So schreiben die ⟨Obligationes Parisienses⟩ vor, zunächst festzustellen, ob der proponierte Satz faktisch wahr oder falsch ist. Ist er wahr, so ist weiter festzustellen, ob seine Negation aus dem bisherigen Gang der Diskussion folgt oder nicht. Folgt sie daraus, dann ist er als ein «verum repugnans» zu negieren, folgt sie nicht, dann ist er als ein «verum non repugnans» zu konzedieren. Ist die Proposition aber falsch, so ist festzustellen, ob sie selbst aus dem Bisherigen folgt und deshalb als ein «falsum sequens» zu konzedieren ist oder ob sie daraus nicht folgt und als ein «falsum non sequens» negiert werden muß [5]. Ein anderes Verfahren, das zunächst kein Vorwissen über die faktische Wahrheit des proponierten Satzes verlangt, sieht bereits WILHELM VON SHERWOOD vor. Er prüft, ob die Negation der proponierten Aussage mit dem bisherigen Gang verträglich ist oder nicht. Ist sie unverträglich, d. h. ist ihre Konjunktion mit dem Bisherigen unmöglich, dann ist die Proposition selbst eine Folge des Bisherigen und daher zu konzedieren. Ist die Negation aber damit verträglich, dann muß man sehen, ob das notwendigerweise so ist, was anzeigt, daß die Proposition selbst dem Bisherigen widerspricht und daher als «repugnans» zurückzuweisen ist, oder ob das nicht notwendigerweise so ist, wodurch die Unabhängigkeit (impertinentia) der Proposition gesichert ist, so daß ihre Zulassung oder Zurückweisung aufgrund ihrer falschen Wahrheit bzw. Falschheit zu erfolgen hat [6]. Für den Fall bezweifelbarer Sätze (dubitatio) gelten entsprechende Regeln zur Verhinderung unhaltbarer Folgerungen. Bei einer institutio oder impositio verpflichtet man sich zur Annahme von Symbolen, in der Regel Buchstaben, für ganze Sätze oder Satzteile (institutio absoluta) [7] sowie von willkürlich veränderten Wortbedeutungen, z. B. einer Synonymie von 'Mensch' und 'Esel' und damit zur Anerkennung des Satzes 'Der Mensch ist ein Esel', eines Satzes, der als positio hätte zurückgewiesen werden müssen, da er nach damaliger Konvention etwas Unmögliches aussagt [8]. Manche Autoren, wie WALTER BURLEY und ALBERT VON SACHSEN, weisen ausdrücklich die Variante der Imposition zurück, wonach die Bedeutung der symbolischen Buchstaben von der Wahrheit bzw. Falschheit der Aussage (institutio dependens) abhängt [9].

Der Respondens verpflichtet stets als kritische Instanz. Ihm ist Versagen vorzuwerfen, sobald er einen Widerspruch nicht bemerkt oder eine unabhängige Aussage zu Unrecht zuläßt oder verwirft. Vor allem hat er den Gang des Gesprächs, die Reihenfolge der Propositionen zu beachten (ordo maxime attendendus). Ist z. B. gesetzt, der Respondens befinde sich in Rom anstatt in Paris, wo die Disputation gerade stattfindet, und proponiert der Opponens unmittelbar darauf: 'Ich spreche mit dir', so hat er diese von der Setzung unabhängige, faktische Wahrheit zu konzedieren. Sagt der Opponens dann: 'Ich bin in Paris', so muß er das negieren, obgleich es faktisch wahr ist, da aus Setzung und erster Proposition folgt, daß auch der Opponens sich in Rom befindet. Proponiert der Opponens zunächst: 'Ich bin in Paris', so ist das zu konzedieren, nicht mehr aber die daraufolgende Aussage: 'Ich spreche mit dir', weil das mit dem in Rom befindlichen Respondenten von Paris aus, damals jedenfalls, nicht möglich war [10]. Außer dem Gang sind auch die einzelnen Akte der Disputation zu beachten, insofern sie selbst jeweils ein neues verum darstellen, das der Opponens einsetzen kann, um eine Antinomie durch Rückbezüglichkeit zu erzeugen [11].

Die A.o. war ausdrücklich dazu bestimmt, den Studenten Gelegenheit zur *Einübung des logischen Folgerns* zu geben [12]. Die Konsequenzenlehre wurde vorausgesetzt. Eine allgemein anerkannte Regel, derzufolge alle in einem Disputationsakt vorgebrachten Aussagen auf denselben Zeitpunkt (idem instans) zu beziehen sind [13], bewirkt die Aufhebung des Unterschieds zwischen den omnitemporalen «consequentiae simplices» und den «consequentiae ut nunc», zugunsten der letzteren. Die «consequentiae accidentales» oder «infinitae» werden als ungeeignet verworfen, da sie, modern gesprochen, mit den Paradoxien der (strikten) Implikation (ex impossibile quodlibet und necessarium ex quolibet) belastet sind [14]. Demnach bleiben in der A.o. nur die «consequentiae naturales» oder «finitae» zu berücksichtigen, deren Geltung darauf gründet, daß das Antezedens das Konsequens einschließt [15].

Für die Geschichte der Aussagenlogik sind die Texte zur A.o. zudem von besonderem Interesse, weil sie auch Konsequenzen aus zusammengesetzten Aussagen (positiones compositae) behandeln [16]. Im 14. Jh. gingen die Schulmeinungen darüber auseinander, ob Konjunktionen aufgrund dessen, daß ihre einzelnen Glieder bereits konzediert worden waren, und ob analogerweise einzelne Glieder einer zuvor konzedierten Alternative zuzulassen sind [17]. Da nicht Wahrheit, sondern formale Konsistenz, Widerspruchsfreiheit, das Ziel einer Disputation nach den Regeln der A.o. ist, sehen einige Historiker sie als eine Vorform unserer modernen Axiomatik an [18], andere eher als ein Spiel zum logischen Training [19].

Die angenommene Vollständigkeit des Aristotelischen ⟨Organons⟩ suggerierte schon im 13. Jh. verschiedenen Autoren die Herkunft der A.o. aus dem 8. Buch der ⟨Topica⟩ [20]. Später bezog man sich auf Stellen der ⟨Analytica Priora⟩ und der ⟨Metaphysik⟩ des Stagiriten [21]. Die A.o. hat eine gewisse Ähnlichkeit mit der von Hippokrates beschriebenen und von Platon karikierten eristischen Disputationspraxis der Sophisten [22], denen aber eher die Traktate ⟨De modo opponendi et respondendi⟩ entsprechen, die nicht zur A.o. gezählt werden dürfen [23]. Faktisch läßt sich die allmähliche Herauslösung dieser Disziplin aus der reichhaltigen Sophismata-Literatur [24] und ihre Einbeziehung in die Behandlung der consequentiae beobachten. Sophismen werden als Sätze, die ebensogut bewiesen (probatio) wie verworfen (reprobatio) werden können, durch Destruktion des einen oder anderen Beweises gelöst. Insbesondere wird gezeigt, daß der betreffende Beweis gegen die Regeln bestimmter Theorien (z. B. die Suppositionsregeln) verstößt. Die einzelnen Sophismen wurden geradezu zur Einübung dieser Regeln konstruiert. Eine besondere Klasse bilden die Sophismen, die semantische Antinomien behandeln, vor allem den sog. 'Lügner' [25]. Sie werden ⟨insolubilia⟩ genannt, obwohl man verschiedene Methoden zu ihrer Lösung entwickelt hatte. Viele dieser Sophismen sind zugleich Gegenstand der A.o., die man in diesem Zusammenhang durchaus als eine spezielle Methode zu ihrer Lösung ansehen kann. Nicht von ungefähr findet man häufig die Traktate beider Disziplinen gekoppelt überliefert und spätestens in der zweiten Hälfte des 14. Jh. bildeten beide Disziplinen in vielen Universitäten ein curriculares Paar, wenn nicht sogar zusammen mit den Konsequenzen ein Tripel (tres tractatus moderni).

Die O.-Literatur ist in einer Fülle von Handschriften und Frühdrucken aus dem 13. bis 16. Jh. überliefert. Neben einer großen Zahl anonymer Darstellungen können bereits an die fünfzig Texte namentlich bekannten Auto-

Obligatio, Ars obligatoria

ren zugeschrieben werden. Etwa die Hälfte davon entstand vor 1400. Die Reihe der bedeutenderen Autoren reicht über WILHELM VON SHERWOOD, der bereits auf eine voll ausgebildete Theorie zurückgreifen konnte, und WALTER BURLEY [26], WILHELM VON OCKHAM [27], RICHARD KILVINGTON [27a], WILHELM HEYTESBURY, ROGER SWYNESHED [28], RICHARD BILLINGHAM, ALBERT VON SACHSEN [29], MARSILIUS VON INGHEN [30], RALPH STRODE, PETRUS VON CANDIA, RICHARD BRINKLEY [30a], JOHANNES WYCLIF [31] und PAUL VON VENEDIG [31a] bis zu unbekannteren Verfassern nicht unbedeutender Traktate des 14. Jh. wie ROBERT FLAND [32], RICHARD LAVENHAM [33], JOHANNES VON WESEL, WILHELM BUSER [34], MARTINUS ANGLICUS, JOHANNES HOLLANDRINUS, PETER VON MANTUA und PAUL VON PERGULA [35]. Diese Reihe wäre durch die Namen von gut zwei Dutzend Magistern aus dem 15. und 16. Jh. zu ergänzen; zu beachten sind zudem die anonymen Darstellungen der O. innerhalb zusammenfassender Schultexte (z. B. aus Cambridge und Oxford [36]), denen auf dem Festland vor allem die anonymen, als Anhang zu den ‹Summulae logicales› des PETRUS HISPANUS weitverbreiteten Traktate entsprachen [37]. Darüberhinaus bezeugen umfangreiche Kommentare und Quästionen zu einigen der genannten Texte, insbesondere zu den Traktaten von Roger Swyneshed und Johannes Hollandrinus, das große Interesse, das den O. im Schulbetrieb entgegengebracht wurde. Von den vielen Darstellungen, die in frühen Drucken vorliegen, seien hier nur diejenigen von THOMAS BRICOT [38], JOHANNES MAIOR [39], JUAN CELAYA [40] genannt; schließlich sei noch auf die umfassende Darstellung eines GASPAR LAX [41] verwiesen, die, wenn sie auch nicht die letzte war, gleichsam den Abgesang dieser logischen Disziplin darstellt.

Die A.o. verdient heute wieder bekanntgemacht zu werden, zum einen wegen der Aktualität ihrer Problemstellungen – man denke etwa an die dialogische und an die deontische Logik, an Gentzens «natürliches Schließen» und an Beths Methode der semantischen Tableaux, an die Theorien des Kontrafaktischen und generell an die zur Vermeidung von Antinomien konstruierten Axiomensysteme –, zum anderen wegen ihres noch zu erforschenden Anteils an der Ausbildung des modernen, auf Hypothesen und deren Folgen basierenden Wissenschaftsbegriffs, dessen Quellen bis in die Artistenfakultäten des Spätmittelalters zurückreichen.

Anmerkungen. [1] Vgl. L. M. DE RIJK: Some thirteenth cent. tracts on the game of O. I-III. Vivarium 12 (1974) 94-123; 13 (1975) 22-54; 14 (1976) 26-49 und R. GREEN: An introd. to the log. treat. ‹De obligationibus› with crit. texts of William of Sherwood (?) and Walter Burley I-II (Diss. Louvain 1963). – [2] Vgl. Obligationes Parisienses, hg. DE RIJK. Vivarium 13 (1975) 43f. – [3] So schon Obl. Par. a.O. [2] 27f. – [4] Vgl. Tract. Emmeranus de impossibili positione (um 1220), hg. DE RIJK. Vivarium 12 (1974) 111. 118; WILHELM VON OCKHAM, S. logicae III, 3, 42. Opera philos., hg. PH. BOEHNER/G. GÁL/ST. BROWN (St. Bonaventure 1974) 739-742. – [5] Obl. Par. a.O. [2] 29f. – [6] WILHELM VON SHERWOOD, De obligationibus, hg. GREEN, a.O. [1] II, 3. – [7] Vgl. u.a. WALTER BURLEY, De obl. (1302), hg. GREEN, a.O. [1] II, 35-37 und ALBERT VON SACHSEN: Perutilis logica (Venedig 1522, ND Hildesheim 1974) fol. 48rb-49ra. – [8] Vgl. Obl. Par. a.O. [2] 27f. – [9] So u.a. BURLEY, a.O. [1] II, 37-39 und ALBERT VON SACHSEN, a.O. [7] fol. 48va. – [10] So bereits Obl. Par. a.O. [2] 31. – [11] Vgl. u.a. RICHARD LAVENHAM, Obligationes, hg. P. V. SPADE. Riv. crit. Stor. Filos. 33 (1978) 225-242, bes. 228. – [12] So schon Obl. Par. a.O. [2] 27 und Tract. de obl. (anon.), übers. J. P. MULLALY, in: PETER OF SPAIN: Tract. syncategorematum and sel. anon. treatises (Milwaukee, Wisc. 1964) 117. – [13] So u.a. SHERWOOD und BURLEY, a.O. [1] 10. 61f. 85. 91 und noch JOH. ECK: Bursa Pavonis (Straßburg 1507) fol. J5r (regula generalis). – [14] Vgl. Tract. Emmeranus a.O. [4] 111. 118 (consequentia Adamitorum). – [15] Vgl. SHERWOOD, a.O. [1] 26; BURLEY, a.O. [1] 83 und De puritate artis logicae, hg. PH. BOEHNER, (St. Bonaventure 1955) 60f. – [16] Vgl. u.a. ALBERT VON SACHSEN, a.O. [7] fol. 50rb-51rb. – [17] Vgl. ROBERT FLAND, Obligationes, hg. P. V. SPADE. Mediaeval Studies 42 (1980) 41-60, bes. 45-47. – [18] So PH. BOEHNER: Mediaeval logic (Manchester 1952) 14f. – [19] So C. L. HAMBLIN: Fallacies (London 1970) bes. 125-134. 260-263 und DE RIJK, a.O. [1]. Vivarium 12 (1974) 94f. – [20] Vgl. GREEN, a.O. [1] I, 24-28. – [21] So im anon. Tract. de obl. a.O. [12] 117. – [22] Vgl. G. RYLE: Plato's progress (Cambridge 1966) 103-129. – [23] Vgl. L. M. DE RIJK: Der mittelalterl. Trakt. De modo opponendi et respondendi. Beitr. Gesch. Philos. Theol. MA NF 17 (1980) bes. 76-83. – [24] Vgl. M. GRABMANN: Die Sophismatalit. des 12. und 13. Jh. Beitr. Gesch. Philos. Theol. MA 36, 1 (1940) und E. STUMP: William of Sherwood's Treat. on Obligation. Historiogr. Linguist. 7 (1980) 249-264. – [25] Vgl. P. V. SPADE: The mediaeval Liar. A catalogue of the insolubilia-lit. Subsidia mediaev. 5 (Toronto 1975) mit vielen Eintragungen zur A.o. – [26] Vgl. GREEN, a.O. [1]. – [27] OCKHAM, Summa logicae III, 3, 39-45, a.O. [4] 731-744. – [27a] Eine kommentierte Edition der Obl. von RICHARD KILVINGTON wird von N. KRETZMANN vorbereitet. – [28] ROGER SWYNESHED, Obl., hg. P. V. SPADE. Arch. Hist. doctr. litt. Moyen Age 52e année 144 (1977) 243-285. – [29] ALBERT VON SACHSEN, a.O. [7] fol. 46va-51vb. – [30] MARSILIUS VON INGHEN (unter dem Namen von PIERRE D'AILLY) Tract. de arte obligandi (Paris 1489); E. P. BOS bereitet eine Ausgabe vor. – [30a] PETRUS VON CANDIA, Obl., hg. ST. F. BROWN (in Vorb.). – [31] JOH. WYCLIF, Logica I, 22, hg. M. H. DZIEWICKI (London 1893) 69-74. – [31a] PAUL VON VENEDIG: Logica magna (Venedig 1499) II, 14: De obl.; E. J. ASHWORTH bearbeitete die in Kürze erscheinende kommentierte Ausgabe der British Academy (Class. and mediev. log. texts). – [32] ROBERT FLAND, a.O. [17]. – [33] RICHARD LAVENHAM, a.O. [11]. – [34] Vgl. G. FEDERICI VESCOVINI: A la recherche du mystérieux Buser. English logic and semantics. Artistarum, Suppl. 1 (Nijmegen 1981) 443-457 und C. H. KNEEPKENS: The mysterious Buser again: William Buser of Heusden and the Obl. tract. 'obl. rogatum'. Acta Vth Europ. Symp. med. Log. and Semantics (Rom 1982). – [35] PAUL VON PERGULA, Logica V, hg. M. A. BROWN (St. Bonaventure 1961) 102-133. – [36] Vgl. L. M. DE RIJK: Logica Cantabrigiensis. A 15th cent. manual of logic. Rev. int. Philos. 29 (1975) 297-315; Logica Oxoniensis. An attempt to reconstruct a 15th cent. Oxford manual of logic. Medioevo 3 (1977) 121-164; E. J. ASHWORTH: The Libelli Sophistarum and the use of mediaeval logic texts at Oxford and Cambridge in the early 16th cent. Vivarium 17 (1979) 134-158. – [37] PETER OF SPAIN, a.O. [12] 117-134. – [38] THOMAS BRICOT: Insolubilia et obl. (Paris 1498). – [39] JOH. MAIOR: Tract. obl. (Paris 1516). – [40] JUAN CELAYA: Insol. et obl. (Paris s.d. [1517]). – [41] GASPAR LAX: Obl. (Paris 1512) 52 Blatt 2°.

Literaturhinweis. P. V. SPADE und E. STUMP: Obligations, in: Cambridge hist. of philos. (Cambridge 1982) 315-341.

H. SCHEPERS

Observatio, Beobachtung (engl., frz. observation; ital. osservazione)

I. *Begriffsbestimmung.* – Als ‹Beobachtung› (B.) wird eine bewußte Wahrnehmung bezeichnet, die absichtlich, aufmerksam-selektiv und planmäßig bestimmte Eigenschaften und Veränderungen eines Objekts oder Sachverhaltes mit dem Ziel der Erkenntnisgewinnung vorstellungsmäßig erfaßt. Im übertragenen Sinne kann eine methodische Reflexion als ‹B.› oder ‹observatio› bezeichnet werden; diese Bedeutung wird hier – ebenso wie 'ein Gesetz be(ob)achten', 'observer une règle', 'leges observare' u. ä. – ausgeklammert. – In jeder B. sind auf das B.-Objekt und auf das B.-Subjekt bezogene Komponenten vereinigt. Mit Bezug auf das Objekt bildet die B. die Grundlage allen Erfahrungswissens, B.-*Inhalt* und B.-*Methode* sind damit fundamental für jede Erfahrungswissenschaft. Die B. dient hierbei der Begründung des entsprechenden B.-Satzes der B.-Sprache [1] und hat die Funktion, eine Hypothese oder Theorie (zumeist einer theoretischen Sprache) zu stützen oder zu widerlegen [2]. Im Hinblick auf das B.-Subjekt ist jede B. von einer *Intention* getragen [3], die sich in dessen zweckbestimmter Suchhaltung ausdrückt. Diese setzt zur selektiv-planvollen Erfassung des B.-Objektes eine übergreifende Fragestellung, eine (implizite oder explizite) rudimentäre oder ausgebildete Hypothese oder Theorie voraus (*Theoriegeleitetheit* jeder B. [4]).

Typen der B. – Je nach Art der Wahrnehmung wird zwischen *äußerer* und *innerer* B. [5] (Selbst-B. [6], Introspektion [7]) unterschieden. Meist wird ‹B.› (im engeren Sinne, bloße B. [8]) der ‹experimentellen B.› (Experiment [9]) gegenübergestellt; bei ersterer wird angenommen, daß das B.-Objekt durch die B.-Tätigkeit nicht verändert wird, bei letzterer, daß die B. mit einer geplanten Herbeiführung des Anfangszustandes des B.-Objekts verbunden ist. Wissenschaften, die aus im B.-Objekt liegenden oder aus ethischen Gründen Experimente nicht oder nur begrenzt zulassen, sind z.B. Astronomie, Geowissenschaften, Archäologie bzw. Medizin, Anthropologie, Pädagogik. – Die elementarste Form der B. ist die *unmittelbare* B. [10], bei der die beobachtete Eigenschaft direkt wahrgenommen wird; bei der *mittelbaren* B. werden Hilfsmittel zur Verstärkung und Differenzierung der Wahrnehmung eingesetzt (z.B. Mikroskop); hierzu muß ein Wissen über die Möglichkeiten und Grenzen des Hilfsmittels vorausgesetzt werden. Jede unmittelbare oder mittelbare B. ist eine *direkte* B.; wird hingegen mit Hilfe von Geräten (vor allem Meßgeräten) unter Verwendung von Meß- und allgemeinen Theorien von einer direkten B. (z.B. Zeigerstellung) auf nicht direkt beobachtete oder nicht direkt beobachtbare Sachverhalte und Eigenschaften geschlossen, liegt eine *indirekte* B. vor [11].

II. *Sprachgebrauch.* – Ein dem modernen B.-Begriff entsprechender Terminus fehlt in der Antike und im Mittelalter; ‹τήρεσις›, ‹observatio› werden nicht systematisch von ‹φαινόμενον›, ‹αἴσθησις› [12] bzw. ‹experientia› und ‹experimentum› getrennt; noch HUME verwendet ‹experiment› gelegentlich für ‹B.› im engeren Sinne [13]; nur für astronomische und medizinische B. setzt sich ‹observatio› im Mittelalter zunehmend durch. Eine terminologische Trennung von ‹observatio› und ‹experimentum› erfolgt im 17. Jh., so in der Sache bei TH. SYDENHAM [14], den Sprachgebrauch erhellend bei G. W. LEIBNIZ: «Sunt Experimenta quaedam, quae potius Observationes nominantur, quae considerari tantum, non produci opus» (Es gibt gewisse Experimente, die man besser Beobachtungen nennt, bei denen etwas betrachtet, nicht aber hervorgebracht wird), wie «observationes caelestes item de ventis», und in aller Schärfe in der heute geläufigen Sprechweise bei CHR. WOLFF: «*Observatio* est experientia, quae versatur circa facta naturae sine nostra opera contingentia. *Experimentum* est experientia, quae versatur circa facta naturae, quae nonnisi inveniente opera nostra contingunt» (Eine *Beobachtung* ist eine Erfahrung bezüglich solcher Sachverhalte der Natur, die ohne Eingreifen eintreten. Ein *Experiment* ist eine Erfahrung bezüglich solcher Sachverhalte der Natur, die nur durch unser Eingreifen eintreten) [15]. J. F. W. HERSCHEL schlägt dafür auch «passive and active observation» vor [16]. – Das Wort ‹B.› wird weder von WOLFF noch in ZEDLERS ‹Universal-Lexicon aller Wissenschaften und Künste› verwendet; beide benutzen – wie die deutsche Übersetzung von G. BAGLIVI – «Observation oder Anmerckung» (Baglivi, Zedler) bzw. «Observation oder gemeine Erfahrung» (Wolff, Zedler) [17]. In der Mitte des 18. Jh. setzt sich ‹B.› im Deutschen durch und wird allenfalls durch ‹observatio› ergänzt [18].

III. *Begriffsgeschichte.* – Die sachlich naheliegende Unterteilung in zufällige, methodisch qualitative, quantitativ-messende und experimentelle B. ist nur sehr bedingt als Periodisierung der Begriffsgeschichte der B. geeignet, denn weder stellt die experimentelle B. eine erst mit GALILEI und NEWTON beginnende Spätphase dar – ARISTOTELES und GALEN beschreiben Experimente – noch beginnen quantitative B.en erst zu diesem Zeitpunkt: so beruhen die antike Astronomie und Archimedes' Statik auf quantitativen B.en. Geeigneter für eine Strukturierung ist die jeweilige theoretische Einstellung zur B. Danach besteht der erste Schritt in der Bestimmung des Verhältnisses von Theorie und (die B. einschließender) Erfahrung, der zweite in der begrifflichen Trennung der B. vom Experiment und der Ausbildung einer eigenen Methodenlehre, der dritte in der Einordnung der B. und ihrer Methodenlehre in Erkenntnis- und Wissenschaftstheorie.

1. *Erfahrung und Theorie.* – In der Antike bis zum Mittelalter – bei ARISTOTELES, GALEN und AVERROËS – finden sich erste Ansätze zu einer Bestimmung des Verhältnisses von B. und Theorie; doch erst von R. GROSSETESTE wird eine *Methodenlehre der Erfahrungserkenntnis* entworfen, die von ROGER BACON, WILHELM VON OCKHAM und NIKOLAUS ORESME weiterentwickelt und bei LEONARDO DA VINCI, J. L. VIVES und in der Schule von Padua (A. NIFO, J. ZABARELLA) zu einer Theorie der experimentellen B. ausgeweitet wird. Damit gelangten GROSSETESTE und seine Nachfolger erstmals zu einem «klaren Verständnis der Beziehung zwischen Theorie und B.» [19]. Nach dieser Methodenlehre wird durch B. (experientia, experimentum; gelegentlich observatio) die *scientia quia* begründet, von der auf die Prinzipien und die vier aristotelischen Ursachen zurückgegangen wird (resolutio). Diese werden nun – in der *scientia propter quid* – einer Ableitung in umgekehrter Richtung zugrunde gelegt (compositio), die es am Ende erlaubt, die behaupteten Ursachen durch B. zu verwerfen oder zu bestätigen, ohne daß damit ein Wahrheitsanspruch für die hypothetischen Ursachen erhoben würde [20] (so noch OSIANDER in seinem‹ Vorwort zu KOPERNIKUS' ‹De revolutionibus orbium coelestium› 1543); insbesondere reicht – wie schon GROSSETESTE schreibt – die B. hierzu nicht aus: «qui considerant et experiuntur in rebus et formant sibi opinionem ex experimentis suis absque profunditate racionum necessari incidunt in oppiniones falsas» (Die darüber nachdenken und die Sache prüfen und ihre Meinung auf Beobachtungen und Gründe stützen, verfallen notwendigerweise falschen Meinungen) [21].

Der mit KOPERNIKUS beginnende Umbruch ist dadurch gekennzeichnet, daß die Wahrheit der Hypothesen aufgrund von methodischen, d.h. systematisch gewonnenen und wiederholbaren B. behauptet wird. So schreibt der Kopernikus-Schüler J. RHETICUS 1568, er wolle «die Astronomie von Hypothesen befreien», «solis contentus observationibus» [22]. GALILEI übernimmt sowohl den Wahrheitsanspruch für die Hypothesen als auch die resolutiv-kompositive Methode mit dem Ausgang «per via dei sensi, dell'esperanza e delle osservazzione» [23] und mit der Überprüfung im Experiment im letzten Schritt, schränkt sie aber auf die scientia quia und die causa efficiens ein. Zugleich grenzt er die Bedeutung der B. ein, denn, wie Sinnestäuschungen und Kopernikus' bewunderungswürdiges Beispiel lehren, muß «die Vernunft die

Sinne überwinden» [24]. Diese Auffassung findet ihre Fortsetzung im *Rationalismus*. Da die Natur als res extensa mit Mathematik erfaßbar ist, sind Naturgesetze und -prinzipien keine induktiven Verallgemeinerungen von B.en, sondern a priori; angebliche «expériences utiles» sind nach R. DESCARTES «unsinnig und überflüssig, wenn man die Wahrheit der Dinge nicht kennt, bevor man sie anstellt» [25]. Diesen *Primat der Theorie* vor der B. vertreten auch SPINOZA, LEIBNIZ und später SCHELLING [26]. – Viel radikaler betont die *Experimentalphilosophie* [27] (W. GILBERT, R. BOYLE, R. HOOKE, I. NEWTON; theoretische Grundlegung durch F. BACON und J. LOCKE) die Begründung aller Wissenschaft auf «observation and experiment» [28]. So beginnt BACONS ‹Novum Organon›: «Homo, naturae minister et interpres, tantum facit et intellegit, quantum de naturae ordine, re vel mente observaverit: nec amplius scit aut potest» (Der Mensch, der Diener und Erklärer der Natur, vermag nur so viel zu bewirken und zu begreifen, als er von der Ordnung der Natur durch die Sache oder durch den Geist beobachten kann: mehr weiß oder vermag er nicht) [29]. Neu ist das klare *Methodenkonzept* der B.: Ausrichtung der B. an einer Fragestellung, breites Sammeln von B.en, Wiederholung der B., Kontrolle am Experiment und die Vermeidung vorschneller (oder jeder) induktiven Hypothesenbildung [30]. Die Royal Society wird zur Institution, solche B.en zu sammeln [31]. Auch wenn NEWTON sich wie Galilei auf die resolutiv-kompositive Methode stützt, ist die Stellung der B. darin ungleich gewichtiger: «This Analysis consists in making Experiments and Observations, and in drawing general Conclusions from them by Induction, and admitting of no Objections against the Conclusions, but such as are taken from Experiments, or other certain Truths. For Hypotheses are not to be regarded in experimental Philosophy. And although the arguing from Experiment and Observations by Induction be no Demonstration of general Conclusions; yet it is the best way of arguing which the Nature of Things admits of» [32]. – Newtons Ansatz wird leitend für die Experimentalphilosophie in Holland (H. BOERHAAVE, W. J. S'GRAVESANDE, P. VAN MUSSCHENBROEK) und unter deren Einfluß in Frankreich [33], ergänzt um eine schon bei TH. SYDENHAM vertretene sorgfältige *Abgrenzung von B. und Experiment*. Sydenham hatte die genaue B. und Beschreibung von Krankheiten unter Verzicht auf Experimente und Mikroskopie gefordert [34]. Ohne auf Experimente und Theorien verzichten zu wollen, übernimmt BOERHAAVE die Trennung von B. und Experiment und teilt alle Naturwissenschaft in «historia naturalis», die auf «observationes sensuum» beruht, und «physica rationalis» als theoretischen Teil, in dem «per ratiocinia ex observationibus» Unbekanntes abgeleitet wird, nämlich «proprietates, quae sensibus et experimento cognosci non possunt» [35] (womit Ansätze der Cartesischen Tradition eingebracht werden). Die Bedeutung der «historia» besteht darin, daß hier «physica non fallit», im Gegensatz zur «physica rationalis» [36], weil eine B. nicht falsch sein kann. – Auf die Holländer stützt sich D. DIDEROT, wenn er als die drei Hauptmittel der Erkenntnis Natur-B., Reflexion und Experiment nennt: «L'observation recueille les faits; la réflexion les combine, l'expérience vérifie le résultat de la combinaison. Il faut que l'observation de la nature soit assidue, que la réflexion soit profonde, et que l'expérience soit exacte» [37].

2. *Methodenlehre der B*. – Die Boerhaavensche Auffassung wird von seinem Schüler LA METTRIE und von VOLTAIRE übernommen und findet 1765 ihren Niederschlag in den umfänglichen Artikeln ‹Observateur› und ‹Observation› der ‹Encyclopédie›, nachdem der Artikel ‹observatio› in Zedlers ‹Universal-Lexicon› bereits die Ablösung der B. vom Experiment belegt. Zugleich dokumentieren die Encyclopédie-Artikel zwei neue Elemente: a) den Hinweis auf eine *den Beobachter einbeziehende Methodologie* der B.; b) die Feststellung, daß die «observation» als «premier fondement de toutes les sciences» nicht nur die «histoire naturelle», sondern auch die «histoire sacrée» und die «histoire civile» begründet [38].

Zu a): Dieses Element kennzeichnet eine umwälzende Veränderung in der Auffassung der B. als eigenständigen Teil der Erkenntnisgewinnung, der nicht losgelöst vom Beobachter gesehen werden darf. Bereits CHR. WOLFF hatte eine empirische «ars observandi» als Teil der «ars inveniendi» gefordert [39]. CH. BONNET spricht vom «Esprit d'Observation» und verlangt gegen alle empiristische Tradition vom Beobachter «génie» [40]. Er geht damit weiter als J. G. ZIMMERMANN, der zwar in seinem einflußreichen Werk ‹Von der Erfahrung in der Arzneykunde› vom Arzt Genie gefordert hatte – nicht jedoch für dessen die «historische Kenntnis» begründenden «Beobachtungsgeist» [41]. Zimmermann entwickelt wie Bonnet Ansätze einer «Beobachtungskunst», fordert «Genauigkeit», «Geduld», «Klugheit» und «Aufrichtigkeit» des Beobachters, Theorieunabhängigkeit, Mitteilbarkeit und Nachprüfbarkeit der B. [42]. Ebenso hatte J. H. LAMBERT methodologische Überlegungen zur B. angestellt [43], während H. S. REIMARUS in seinen beiden Fassungen der ‹Vernunftlehre› «B. und Experiment» in der «Erfahrungskunst» noch weitgehend als Einheit behandelt [44].

Angeregt von Bonnet, stellt die Holländische Akademie der Wissenschaft in Haarlem die Preisfrage: «Qu'est ce qui est requis dans l'Art d'Observer; et jusques-où cet Art contribue-t-il à perfectionner l'Entendement?» (Preisträger: B. CARRAD, J. SENEBIER, W. DE VOS [45]). SENEBIER erweitert seine Schrift zu einer umfänglichen ‹Art d'observer› [46]. Sie gilt vor allem dem «Observateur», denn schon die Wiederholung einer B., Grundbedingung jeder empiristischen Methodenlehre, ist wegen ihrer Einmaligkeit gar nicht möglich; vielmehr hat der Beobachter als «Estre intelligent» eine Idee von dem, woraufhin Einzelfälle zu vergleichen sind [47]. Senebier erkennt allerdings die sich damit ergebenden erkenntnistheoretischen Fragen nicht.

Zu b): Die Ausweitung der «histoire» auf die «histoire civile» erhebt den Anspruch, nicht nur eine Theorie der Seele oder der Gefühle durch B. zu begründen (Bonnet, Buffon), sondern jede Theorie des Menschen. Dies klingt in den Preisschriften an und findet seinen Niederschlag in der Begründung der Anthropologie und Ethnologie durch die Schriften der Société des Observateurs de l'homme [48]; vor allem L.-F. JAUFFRET und J.-M. DEGÉRANDO entwickeln dafür eine Methodologie der Forschung. Sehr genau wird das Problem erkannt, eine fremde, zunächst «unverständliche» Kultur (Menschenfresser) zu beobachten; die Lösung wird auf der Grundlage einer Zeichen- und Sprachtheorie gesucht.

3. *Erkenntnis und B*. – Von BACON, LOCKE und HUME wird der B. eine fundamentale Bedeutung in der Erkenntnisgewinnung zugewiesen; doch als sich zeigt, daß eine B. keineswegs so voraussetzungslos ist, wie die Experimentalphilosophie annimmt, stellt sich die Frage nach ihrer systematischen Einordnung in eine Erkenntnistheorie. Dies geschieht bei TETENS, dessen Ziel es ist, mittels der «beobachtenden Methode» den menschlichen Verstand zu untersuchen [49] und die «allgemeinen notwen-

digen Grundsätze» durch «Beobachtung unserer Denkart» zu gewinnen [50]. Von ihm werden an einer B. eines *äußeren* Gegenstandes «folgende Stücke» unterschieden: ein «gefühlter Eindruck, ... dann ein Gemeinbild, das aus andern vorhergegangenen Empfindungen abgesondert ist ... Hiezu kommt der Gemeinbegriff von einem äußern Objekte. Die Verbindung solcher Gemeinbilder mit den gegenwärtigen Eindrücken macht die puren Empfindungen erst zu Erfahrungen und Beobachtungen» [51]. – Obgleich KANT B. definiert als «Erfahrung, methodisch angestellt» [52] und sie damit seiner Vernunftkritik unterwirft, geht er auf deren Probleme nicht ein (wenngleich sich implizit die «kopernikanische Wende» auf den Begriff der B. in der Kant-Nachfolge auswirkt). Ähnliches gilt für J. G. FICHTE, der feststellt: «In der Wissenschaftslehre gibt es zwei sehr verschiedene Reihen des geistigen Handelns: die des Ich, welches der Philosoph beobachtet, und die der Beobachtungen des Philosophen» [53]. Erst HEGEL gibt der «beobachtenden Vernunft» einen systematischen Ort, indem er sie in seiner Rekonstruktion der Erkenntnisentwicklung in der ‹Phänomenologie des Geistes› vor die «Verwirklichung des vernünftigen Selbstbewußtseins» stellt. Daß «das Bewußtsein beobachtet», heißt für ihn: «die Vernunft will sich als seienden Gegenstand, als wirkliche, sinnlich-gegenwärtige Weise finden und haben» [54]. Dies geschieht in drei Schritten: Beobachtung a) der anorganischen Natur, b) der organischen Natur, c) des Selbstbewußtseins – aber jeweils im Sinne einer äußeren B., die das Äußere als «Ausdruck des Inneren» deutet und damit auf jeder Stufe an ihre Grenzen stößt. Da das, was «das Beobachten zu seinen Gegenständen hat, ... *gemeintes* Dasein ist [55], ist ein B.-Begriff, der in der B. die Dinge selbst zu erfassen vermeint, destruiert.

Eine Alternative zu Hegels Beschränkung auf äußere B. und damit zur Begrenzung der Begründungsleistung der B. bietet eine Psychologisierung der Kantischen Transzendentalphilosophie unter Rückgriff auf TETENS' Begriff der «innern B.» [56]. HUME hatte die innere B. für unmöglich erklärt [57], worin KANT ihm gefolgt war, weil sie «den Zustand des beobachteten Gegenstandes alteriert und verstellt» [58]; A. COMTE bezeichnet die «introspection» als «profonde absurdité» [59]. Demgegenüber ist nach J. F. FRIES die «Kritik der Vernunft eine auf Selbstbeobachtung ruhende Erfahrungswissenschaft» [60]. Er geht damit über J. F. HERBART hinaus, der die «Selbstbeobachtung» als «Voraussetzung» der Psychologie bezeichnet [61]. Nach E. F. APELT begründet die Selbst-B. «die Wahrheit jeder unmittelbaren Erkenntnis» [62]. Sowohl die Herbart-Schule (F. E. BENEKE, TH. WAITZ, C. FORTLAGE, H. ULRICI) und die Friessche Schule wie auch F. BRENTANO, W. JAMES, TH. LIPPS und O. KÜLPE machen von der Selbst-B. Gebrauch. L. NELSON bezieht sich methodisch auf «Tatsachen der Selbstbeobachtung» zur *Kritik* philosophischer Positionen, betont aber, daß sich zwar der Psychologe «für die Richtigkeit seiner Sätze auf die Selbstbeobachtung berufen» kann, nicht aber der Philosoph [63]. Kritisch zur Selbst-B. stellt sich W. WUNDT: Die Psychologie muß «darauf bedacht sein, den Zustand der Selbstbeobachtung möglichst zu unterdrücken, um die Erscheinungen nur nach ihrem Auftreten in der zufälligen inneren Wahrnehmung aufzufassen. Eine planmäßige Selbstbeobachtung ... ist nur eine Quelle von Selbsttäuschungen» [64]. In der Psychologie ist vielmehr «eine exakte Beobachtung nur in der Form der *experimentellen* Beobachtung möglich» [65]; einzig in der Völkerpsychologie ist die «reine B.» zulässig [66]. – Für H. RICKERT sind «Selbstwahrnehmung oder Selbstbeobachtung im strengen Sinne in sich widerspruchsvolle Begriffe. Das Beobachtende muß stets etwas *anderes* als das Beobachtete ... sein» [67]. Nach E. HUSSERL ist «die Phänomenologie von der methodologischen Skepsis» am «Wert der inneren Erfahrung» nicht betroffen [68], da sie «keine Daseinsfeststellungen über Erlebnisse zu machen hat, also keine 'Erfahrungen' und 'Beobachtungen' in dem natürlichen Sinne» einer Tatsachenwissenschaft, sondern «Wesensfeststellungen über unreflektierte Erlebnisse» [69]. Da Husserl die Phänomenologie als philosophische Begründung der Psychologie versteht, kehrt sich für ihn das Abhängigkeitsverhältnis von Philosophie und Psychologie wieder um; die Selbst-B. verliert damit die Funktion einer philosophischen Begründungsinstanz.

In der empiristisch-positivistischen Tradition bleibt der Gedanke leitend, daß alle Erkenntnis aus der Erfahrung stammt; hiervon ist die Stellung der B. geprägt. A. COMTE erklärt, die «première condition fondamentale de toute saine spéculation scientifique» sei «la subordination de l'imagination à l'observation» [70]. Die B. hat damit die Funktion eines Sinnkriteriums; doch da die von der Einbildungskraft nicht geförderte Beobachtung zum Empirismus entartet, sucht der Positivismus nach einer Synthese von «raisonnement» und «observation» [71]. J. F. W. HERSCHEL stellt kritisch fest, daß Berichte über B.en meist eine Mischung von «views and language of an erroneous theory with that of simple fact» seien, sieht aber, daß unsere Aufmerksamkeit durch eine vorgängige Klassifikation der Objekte und Relationen methodisch geleitet werden muß [72]. Nach J. ST. MILL ist keine Beschreibung einer angeblichen B. möglich, «ohne daß mehr als eine B. behauptet wird, ohne daß sie mit anderen beobachteten Phänomenen verglichen und damit klassifiziert wird» [73]. W. ST. JEVONS betont das Erfordernis von «mind-directed observation», «guided by the hope of verifying a theory» [74]. CH. S. PEIRCE definiert geradezu «*observing* – that is, perceiving by the aid of analysis» [75] –, und zwar von etwas, auf das «our intention is directed in advance of our noting it» [76]. Dies gilt nicht nur für die Naturwissenschaften, denn «all knowledge whatever comes from observation, but different sciences are observational in radically different ways» [77]; deshalb sind die Wissenschaften nach der Art ihrer B. zu klassifizieren [78]. (So gibt es ein «observational part of philosophy» [79].) B.en sind genaugenommen «wholly private and peculiar»; was als B. mitgeteilt wird, ist immer der *Vergleich* von B.en, also «an act of thought not included in the two observations» [80]. Für B. ERDMANN, selbst nicht dem Empirismus zugehörend, hat eine B. deshalb in der Regel «Urteilscharakter». Er unterscheidet analysierende, subsumierende und identifizierende B. Für sie gilt, daß der Beobachter seine «Gegenstände nicht eigentlich findet, sondern selbstwirkend, ja selbstthätig *schafft*» [81].

4. *Wissenschaftstheorie.* – Die B. ist eine *Handlung* (FICHTE [82]), ein «leises Mittun» (E. MACH [83]). Mehr noch gilt dies für die messende und experimentelle B., die seit Herschel als nur graduell verschieden von der B. im eigentlichen Sinne angesehen wird. – Mit der Relativitätstheorie wird die Einbeziehung des handelnden Beobachters in den Begriff des B.-Objekts (Raum, Zeit) zwingend. Daß die (messende) B. als Operation den Sinn eines Begriffes konstituiert, ist für P. W. BRIDGMAN Grundlage seiner ‹Logic of modern physics› [84] und wird in Verbindung mit ähnlichen Auffassungen H.

DINGLERS [85] heute im Konstruktivismus vertreten [86]. – Ähnliche Bedeutung kommt der Quantentheorie zu, weil in ihr der Einfluß des messenden Beobachters auf den beobachteten Sachverhalt grundsätzlich nicht eliminierbar ist [87].

Aufbauend auf MILL und MACH verfolgt der Logische Positivismus das Programm einer Begründung aller sinnvollen Begriffe und Aussagen auf B.-Begriffe und -sätze und transformiert damit das Problem der B. auf eine vorwiegend sprachtheoretische Ebene [88]. Durch Zuordnungs- und Interpretationsregeln sollte der Zusammenhang zwischen Nicht-Observablen und Observablen hergestellt werden; doch zeigte die Problematik der Dispositionsprädikate [89] die Undurchführbarkeit eines solchen Programms und führte zu einem differenzierten Modell einer Hierarchie von B.- und theoretischen Sprachen [90]. Zugleich wurde das Sinnkriterium in Gestalt einer Verifizierbarkeitsforderung von POPPER durch das Falsifikationskriterium ersetzt, wonach eine theoretische Aussage genau dann in einer Erfahrungswissenschaft zulässig ist, wenn sie durch einen Basissatz, d. h. durch einen Satz über einen «beobachtbaren Vorgang» falsifiziert werden kann; «beobachtbar» ist dabei ein «undefinierter, durch den Sprachgebrauch hinreichend präzisierter Grundbegriff» [91]. Nach Popper sind «Beobachtungen ... immer *Interpretationen* der beobachteten Tatsachen ... *im Lichte von Theorien*» [92]. Das hatte bereits P. DUHEM auf dem Hintergrund historischer Studien von jeder experimentellen Beobachtung festgestellt [93]. Ebenfalls wissenschaftshistorisch begründet besteht für TH. S. KUHN die Leistung des die «normale Wissenschaft» leitenden «Paradigmas» nicht nur darin zu bestimmen, welche B.en gemacht werden oder wie sie zu interpretieren seien, sondern die B. ist selbst Teil der Weltsicht [94]. Unter andern haben I. LAKATOS [95] und P. FEYERABEND [96] diese Auffassung kritisierend und differenzierend weitergeführt.

Anmerkungen. [1] Vgl. Art. ‹Beobachtungssprache›. – [2] Vgl. W. STEGMÜLLER: Probleme und Resultate der Wiss.theorie II: Theorie und Erfahrung (1970, 1973), bes. Kap. V. VIII. – [3] Vgl. Y. REENPÄÄ: Wahrnehmen, Beobachten, Konstituieren (1967) 9f. 33ff. – [4] K. POPPER: Logik der Forschung (³1969) 31. – [5] Vgl. J. N. TETENS: Philos. Vers. über die menschl. Natur 1. 2 (1777) 1, 478; I. KANT, Metaphys. Anfangsgründe der Nat.wiss. Werke, hg. W. WEISCHEDEL 5, 16. – [6] Vor allem J. F. FRIES: Syst. der Met. (1824). – [7] Vgl. Art. ‹Introspektion›. – [8] So W. WUNDT: Grundriß der Psychol. (⁹1909) 24 bzw. 25. – [9] Vgl. Art. ‹Experiment›. – [10] So W. WUNDT: Syst. der Logik II (1883) 277. – [11] Zur weiteren Differenzierung in den Sozialwiss. vgl. Lit.hinw. – [12] Vgl. L. BOURGEY: Observation et expérience chez Aristote (Paris 1955) 39; Observation et expérience chez les médecins de la coll. hippocr. (Paris 1953). – [13] D. HUME: Treatise on human nature (1739), Introd., hg. SELBY-BIGGE (London 1896) XXI. – [14] TH. SYDENHAM: Observationes medicae (1676), Praef. Opera medicina 1 (Genf 1757) 13. – [15] G. W. LEIBNIZ: Opusc. et fragm. inéd., hg. L. COUTURAT (Paris 1903) 174; CHR. WOLFF: Psychol. empirica (1732) § 456. – [16] J. F. W. HERSCHEL: A prel. discourse on the study of nature and philos. (London 1830) § 67. – [17] G. BAGLIVI: Zwey Bücher De Praxi Medicina (1705) 12. 15; CHR. WOLFF: Anmerckungen (1724) § 99; ZEDLER: Univ.-Lex. 25, Art. ‹Observatio› (1740) 278. – [18] So noch J. S. T. GEHLER: Physikal. Wb. 1, Art. ‹B.› (1787) 290; J. G. WALCH ergänzt sein ‹Philos. Lexicon› in der 4. Aufl. (1775) 324, um das Stichwort ‹B.›. – [19] A. C. CROMBIE: Robert Grosseteste and the origins of the exper. sci. 1100–1700 (Oxford ²1962) 9. – [20] a.O. 293. – [21] R. GROSSETESTE: De cometis. Isis 19 (1933) 21. – [22] J. RHETICUS, in: L. A. BIRKENMAJER: Mikołaj Kopernik (Krakau 1900) 612. – [23] G. GALILEI, Dialogo. Opere, Ed. Naz. 7, 75; vgl. E. A. BURTT: Metaph. found. of modern phys. sciences (London ²1932) 70. – [24] GALILEI, a.O. 355; vgl. 367. – [25] R. DESCARTES, An Mersenne, 23 Déc. 1630. Oeuvres, hg. ADAM/TANNERY 1, 196. – [26] H. POSER: B. und Theorie bei Descartes, Spinoza und Leibniz, in: Studia Leibnitiana Sonderh. 9 (1981) 115–146; Spekulative Physik und Erfahrung, in: L. HASLER (Hg.): Schelling (1981) 129–138. – [27] Vgl. Art. ‹Experimentalphilos.›. – [28] So in zahllosen Texten und durchgängig bei R. F. JONES: Ancients and moderns. A study in the rise of the scient. movement in the 17th century England (Berkeley/Los Angeles ²1965). – [29] F. BACON, Novum org. I, Aph. 1. – [30] a.O. 100. 98; R. BOYLE: Certain physiol. essays. Works 1 (London 1772) 302f. – [31] TH. SPRAT: History of the Royal Soc. (London 1667) 145. – [32] I. NEWTON, Opticks III, 1, q. 31 (London 1718). – [33] Vgl. P. BRUNET: Les physiciens hollandais et la méth. expér. en France au XVIIIe siècle (Paris 1926). – [34] Vgl. K. DEWHURST: Th. Sydenham (London 1966) 69. – [35] H. BOERHAAVE: Methodus discendi medicinam II, 1, § 1-4 (Venedig 1727); Praelectiones academicae I (Göttingen ²1745) 60. – [36] Prael. a.O. – [37] D. DIDEROT: Pensées sur l'interprét. de la nature (1754) § XV. – [38] D'ALEMBERT/ DIDEROT: Encycl. ou Dict. raisonné XI (1765) 314. – [39] WOLFF, a.O. [15] § 457f. – [40] CH. BONNET: Essai analytique sur les facultés de l'âme 1 (Kopenhagen/Genf ²1769) VIII. – [41] J. G. ZIMMERMANN: Von der Erfahrung in der Arzneykunde 1 (Zürich 1763) 477. – [42] a.O. 208–215. – [43] J. H. LAMBERT: Neues Organon I (1764) § 557. 577ff. – [44] H. S. REIMARUS: Vernunftlehre (1756) §§ 163–166 bzw. (³1766) §§ 222–231. – [45] Preisschriften, in: Verhandeling, mitgeg. d. d. Holl. Maatschappij der Weetensch. Haarlem XIII, 1 (1771); XIII, 2 (1772). – [46] J. SENEBIER: Art d'observer 1. 2 (Genf 1775). – [47] a.O. 1, 189. – [48] Vgl. S. MORAVIA: La scienza dell'uomo nel settecento (Bari 1970). – [49] TETENS, a.O. [5] Vorrede, IV. – [50] 1, 466. 469. – [51] 1, 434f. – [52] TETENS, a.O [5] Vorrede, IV – [50] 1, 466. 469. – [51] 1, 434f. – [52] KANT, KU § 66. Werke, hg. W. WEISCHEDEL 5, 488. – [53] J. G. FICHTE, Zweite Einl. in die WL. Werke, hg. I. H. FICHTE 1, 454. – [54] G. W. F. HEGEL, Phänomenol. des Geistes, hg. J. Hoffmeister (⁶1952) 183. – [55] a.O. 234. – [56] TETENS, a.O. [5]. – [57] HUME, a.O. [13] XXIII. – [58] KANT, a.O. [5] 16; Anthropologie I, 1, §§ 4. 7. – [59] A. COMTE: Cours de philos. pos. 3 (Paris 1830) 773; vgl. 1, 34f. – [60] FRIES, a.O. [6] 110. – [61] J. F. HERBART: Lehrb. zur Einl. in die Philos. (⁵1883) § 331. – [62] E. F. APELT: Met. (1857) § 100. – [63] L. NELSON: Über das sog. Erkenntnisproblem. Werke (1970ff.) 2, 368f. 359. – [64] W. WUNDT: System der Logik 2 (1883) 482. – [65] Grundriß der Psychol. (⁹1909) 26. – [66] a.O. 28f. – [67] H. RICKERT: Grenzen der naturwiss. Begriffsbildung (²1913) 136. – [68] E. HUSSERL: Ideen zu einer reinen Phänomenol. 1 (1913) 151. – [69] a.O. 153. – [70] COMTE: Discours sur l'esprit positif (Paris 1844) § 15; vgl. § 12. – [71] Vgl. Syst. de politique pos. 1 (Paris 1851) 711ff. – [72] HERSCHEL, a.O. [16] §§ 125. 129. – [73] J. ST. MILL: A system of logic IV, 1, § 3. Works (London 1967ff.) 8, 645. – [74] W. S. JEVONS: The principles of sci. (London ²1877) 404. – [75] CH. S. PEIRCE, Princ. of philos. Coll. papers (Cambridge, Mass. ³1974) 1, § 34. – [76] Coll. papers 7, § 115 Anm. 27. – [77] a.O. 1, § 238. – [78] 1, § 100. – [79] 1, § 133f. – [80] 7, § 331f. – [81] B. ERDMANN: Zur Theorie der B., in: Arch. syst. Philos. 1 (1895) 27. 29. 33. – [82] FICHTE, a.O. [53]. – [83] E. MACH: Erkenntnis und Irrtum (⁴1920) 430. – [84] P. W. BRIDGMAN: Logic of modern physics (New York 1927). – [85] H. DINGLER: Das Experiment (1928). – [86] Vgl. P. JANICH: Natur und Handlung, in: O. SCHWEMMER (Hg.): Vernunft, Handlung und Erfahrung (1981). – [87] Vgl. Art. ‹Meßprozeß›; ST. KÖRNER (Hg.): Observation and interpretation (London 1957); L. KRÜGER (Hg.): Erkenntnisprobl. der Naturwiss. (1970) 6: Objektivität und B. in der Quantenphysik. – [88] Vgl. Art. ‹B.-Satz›; R. CARNAP: Philos. found. of phys. (New York 1966) § 24f. – [89] Vgl. Art. ‹Dispositionsbegriff›. – [90] STEGMÜLLER, a.O. [2] Kap. VIIIf. – [91] POPPER, a.O. [4] 69. – [92] a.O. 72, Anm. 2*. – [93] P. DUHEM: La théorie physique (Paris 1906) ch. 8. 1. – [94] TH. S. KUHN: Structure of scientific revolutions (Chicago ²1970) ch. III bzw. X. – [95] I. LAKATOS: Philos. papers 1 (Cambridge 1978). – [96] P. FEYERABEND: Against method (London 1975).

Literaturhinweise. P. DUHEM s. Anm. [93]; ΣΩΖΕΙΝ ΤΑ ΦΑΙΝΟΜΕΝΑ (Paris 1908). – E. CASSIRER: Das Erkenntnisproblem 1–4 (²1911). – L. BRUNSCHVICG: L'expérience humaine et la causalité physique (Paris 1922). – P. BRUNET s. Anm. [33]. – E. A. BURTT s. Anm. [23]. – P. MOUY: Le développement de la physique cartésienne (Paris 1934). – L. BOURGEY s. Anm. [12]. – E. J. DIJKSTERHUIS: Die Mechanisierung unseres Weltbildes (1956). –

A. C. CROMBIE: Von Augustinus zu Galilei (1959); s. Anm. [19]. –
R. F. JONES s. Anm. [28]. – G. BUCHDAHL: Met. and the philos. of
sci. (Oxford 1969). – J. MITTELSTRASS: Neuzeit und Aufklärung
(1970). – W. STEGMÜLLER s. Anm. [2]. – N. R. HANSON: Observation and explanation (London ²1972). – K. HÜBNER: Kritik der
wiss. Vernunft (1978). – *Zu den Sozialwissenschaften:* R. KÖNIG:
B. und Experiment in der Sozialforsch. (⁶1968). – K. E. WEICK:
Syst. observational methods. Hb. soc. Psychol. 2 (Reading, Mass.
1968) 357-451. – M. VON CRANACH und H.-G. FRENZ: Systemat.
B. Hb. Psychol. 7/1 (1969) 269-331. – K. W. GRÜMER: B. (1974). –
W. SUMASKI: Systemat. B. (1977). H. POSER

Obszön (lat. obscenus bzw. obscaenus; engl. obscene; frz. obscène; ital. obsceno) bedeutet anstößig, unanständig, abscheulich, schmutzig, ekelhaft, zotig. Über die etymologische Herkunft besteht keine Einigkeit [1]. Auf die Verbindung von obscaenus mit scaena (Bühne) bei VARRO beruft sich J. D. SCHREBER (1690): obszön ist etwas, was für gewöhnlich in der Öffentlichkeit nicht, es sei denn auf der Bühne, gezeigt wird (quod nisi in scena, palam dici non debet) [2]. Gebräuchlicher und den skatologischen Bedeutungshorizont berücksichtigend ist die Herleitung aus caenum: Schmutz, Schlamm, Kot, Unflat; stammverwandt mit inquinare: beschmieren, besudeln, verunglimpfen und mit cunire: den Darm entleeren [3]. Bei CICERO, OVID, LIVIUS, PLAUTUS, TACITUS u. a. finden sich in ästhetischer und ethischer Hinsicht zahlreiche Synonyme, wobei die abwertende Bedeutung in ‹obszön› stets auf Sexuelles bezogen ist. Im Deutschen ist das Wort erst um die Jahrhundertwende geläufig; es fehlt in GRIMMS ‹Wörterbuch› [4]; GOTTSCHED gibt in seiner Übersetzung von BAYLES ‹Dictionnaire› ‹obszön› noch mit unflätig, schmutzig, zotig wieder [5].

In seinem zuerst 1693 erscheinenden ‹Dictionnaire historique et critique› trifft P. BAYLE unter dem Namensstichwort des Kulturhistorikers Franciscus de la Mothe le VAYER, dem er bescheinigt, er schreibe «fort librement sur des matières obscènes» [6], erstmals die für die folgenden Jahrhunderte maßgebliche Unterscheidung zwischen Obszönitäten, die ein Schriftsteller zum eigenen oder Vergnügen anderer vorbringt, und solchen, die in moralischer, abschreckender, belehrender oder belustigender Absicht angeführt werden [7]. BAYLE lehnt jeden Genußstandpunkt gegenüber dem Obszönen, auch in der Kunst, ab, gesteht aber für den Historiker und Wissenschaftler das Recht zur freien, unzensierten Darstellung des Obszönen. In einer Fußnote zur Übersetzung kritisiert J. CHR. GOTTSCHED, daß Bayle «seine schmutzige und unflätige Schreibart mit den Beispielen anderer Scribenten entschuldigen will, die auch Unflätereyen geschrieben haben» [8]. Gegen diese Einwürfe der 'Puristen' wehrt sich BAYLE im Anhang seines ‹Dictionnaire› mit einer längeren Replik «Eclaircissement sur les obscénités. Que s'il y a des Obscénités dans ce Livre elles sont de celles qu'on ne peut censurer avec raison» [9]. Hier faßt Bayle die zirkulierenden Vorurteile seiner Zeit über den obszönen Schriftsteller in neun Definitionen zusammen. In einem teils kritischen, teils kompromißhaften Kommentar akzeptiert er nur eine von neun Definitionen: ein obszöner Schriftsteller ist derjenige, «der in gemeinen Worten ein Bild seiner Lasterhaftigkeit zeichnet, sich gar darauf etwas einbildet und seine Leser zur Unzucht verführt, weil dies der sicherste Weg sei, das Leben zu genießen, und der den Anspruch erhebt, sich über Konventionen hinwegzusetzen und die Maximen anständiger Leute zu verhöhnen» [10]. Aretino, Catull und Ovid repräsentieren diesen obszönen Schriftstellertyp, den

Bayle nach kanonischem Recht bestraft und von der Obrigkeit verfolgt wissen will [11]. Bayle sieht sich selbst nicht als obszönen Schriftsteller, sondern als Historiker des Obszönen, den er weit mehr als den erotischen Künstler vom blinden Gehorsam gegenüber den guten Sitten und einem allzu zimperlichen, verbildeten Schamgefühl entbindet [12]. Bayle stellt für die Dokumentation des Obszönen im wesentlichen folgende Grundsätze auf: 1. Der Historiker darf das Obszöne weder verschweigen noch durch stilistisch-sprachliche Manipulation verfälschen; 2. ohne obszöne Worte und Bedeutungen kommt unsere Sprache gar nicht aus; 3. niemand kann verhindern, daß der Leser von sich aus obszöne Assoziationen hat; 4. die verletzte Schamhaftigkeit ist nicht die Schuld des Historikers; der entrüstete Leser soll dafür seine eigene Verderbtheit verantwortlich machen; ist er sittlich gefestigt, wird ihn die unvermeidliche Konfrontation mit dem Obszönen erst recht bestärken anstatt erschüttern [13].

Als Begriff zur Bestimmung des sexuell Häßlichen und Schamlosen hat erstmals K. ROSENKRANZ das Obszöne eingeführt. Rosenkranz bestimmt das Obszöne im Zusammenhang mit dem Schamgefühl funktional und erklärt die Tatsache des menschlichen Scham- oder Geschlechtsgefühls positiv als «das Gefühl des Geistes ..., seinem Wesen nach über die Natur hinaus zu sein ... Die Natur kennt die Scham nicht ..., der Mensch aber, seines Unterschiedes von der Natur sich innewerdend, schämt sich. Das Obszöne besteht in der absichtlichen Verletzung der Scham» [14]. Im Obszönen beraubt sich der Geist seiner «freien Herrschaft» über die Natur und damit auch über die Sexualität. Mit dem Schamgefühl wird gleichzeitig das «ästhetische Gefühl» verletzt: das Obszöne besteht in der absichtlichen Verletzung der Scham und des Schönen. Die exkrementelle Komponente des Obszönen bestimmt Rosenkranz als das «Ekelhafte», das den «Sinnen den Genuß eines für sie feindlichen Daseins zumuthet und das man auch das sinnlich Absurde nennen könnte»: das «Entwerden des schon Todten», die Verwesung. «Das Ekelhafte als ein Produkt der Natur, Schweiß, Schleim, Koth, Geschwüre u.dgl., ist ein Todtes, was der Organismus von sich ausscheidet und damit der Verwesung übergibt» [15]. Das Ekelhafte am Obszönen bedeutet daher «die Negation der schönen Form der Erscheinung durch eine Uniform, die aus der physischen oder moralischen Verwesung entspringt» [16].

Da zum Obszönen per definitionem die gezielte Absicht zu verletzen gehört, kann Rosenkranz alle jene kulturellen und künstlerischen Darstellungen der Geschlechtlichkeit vom Verdacht des Obszönen freisprechen, die das Schamgefühl *rein zufällig* und *unbeabsichtigt* verletzen [17]. Die *absichtliche* Verletzung der Scham faßt Rosenkranz als einen sexuellen Fetischisierungsvorgang auf. Der nackte Mensch in seiner geistig-sinnlichen Gesamtheit, ein Gleichnis der gottgeschaffenen Natur, ist weder häßlich noch obszön, sondern erst die isolierende Zurschaustellung und «Ostentation» einzelner Körperorgane und -funktionen verhäßlicht und prädestiniert ihn für obszöne Wirkungen. Da in Religion, Kunst und Wissenschaft isolierende, d.h. fetischistische Darstellungen der Sexualität und insofern auch Schamverletzungen zahlreich vorhanden sind, schränkt Rosenkranz den verwerflichen Charakter des Obszönen ein auf jede «Darstellung der Scham und der Geschlechtsverhältnisse in Bild und Wort, welche nicht in wissenschaftlicher oder ethischer Beziehung, sondern der Lüsternheit halber gemacht wird» [18] und damit die Absicht sexuell zu erregen unzweideutig erkennen läßt. Das Häßliche erreicht seine höchste Steigerungsform dort, wo an ihm «die sexuelle Beziehung in bestimmter Weise hervortritt» [19], nämlich die Zufälligkeit und Unabsichtlichkeit der obszönen Wirkung dementiert wird.

Rosenkranz bleibt trotz aufklärerischer Denkmotive und undogmatischer Thematisierung des Häßlichen im Bannkreis des Hegelschen Idealismus. Schon verrät die Reflexion auf das sexuell Häßliche die neuzeitliche Tendenz zur ästhetischen Grenzüberschreitung wie bei Baudelaire, Flaubert und Hugo [20]. Die Sexualität wird als wenn auch negativ bestimmte obszöne Natur des Menschen konkret anschaubar. Doch diese Bestimmungen finden ihre Grenze am absoluten Maßstab des Schönen. Das sexuell Häßliche, das Obszöne existiert allein durch das Schöne, «das seine *positive Voraussetzung* ausmacht. Wäre das Schöne nicht, so wäre das Häßliche gar nicht, denn es existiert nur als die Negation desselben» [21].

S. FREUD findet das Obszöne in der Analyse der Zote und des obszönen Witzes, die sich durch drei Dinge auszeichnen: a) durch «die beabsichtigte Hervorkehrung sexueller Tatsachen und Verhältnisse», b) durch einen Inhalt, der wie im Kindesalter das Sexuelle und Exkrementelle gemeinsam umfaßt und c) durch «eine Entblößung der sexuell differenten Person» mit dem Ziel, «Lust zu erregen» [22]. Freud setzt die Zote einem «Verführungsversuch» gleich, in dem Subjekt und Objekt sexuell erregt sind. Die Schamhaftigkeit des Objekts ist nur eine «großartige» Reaktion auf den Verführungsversuch.

Die lustvolle Entblößung des Sexuellen steht im Dienst der «Befriedigung eines Triebes (des lüsternen ...) gegen ein im Wege stehendes Hindernis» [23]. Die durch dieses Hindernis, nämlich die «Verdrängungsarbeit der Kultur», verschüttete Lust am Sexuellen will das Individuum wieder zugänglich machen. In der Zote und im obszönen Witz verschafft es sich ein Ventil gegen den schwer zu ertragenden Lustverzicht. Im Gegensatz zu seiner allgemeinen Kulturtheorie bestimmt Freud den obszönen Witz hier positiv als ein Mittel, die Verdrängung und Zensur des Sexuellen und damit «den Verzicht rückgängig zu machen, das Verlorene wieder zu gewinnen» [24]. Witz und Zote verstummen und werden überflüssig, wo ihre obszönen Anspielungen durch sexuelle Handlung eingelöst werden. Die Verdrängung, die «den Genuß der unverhüllten Obszönität erschwert oder unmöglich macht», ist stärker bei der Frau als beim Mann ausgebildet [25]. Zote und obszöner Witz tragen diesem Umstand Rechnung. Sie sind «ursprünglich an das Weib gerichtet» [26]. Der Mann ist bei Freud als hauptsächlicher Angreifer der kulturellen Verdrängung bestimmt, während die Frau konservativer, hauptsächlich als Objekt dieses Angriffes erscheint. Sie ist Objekt, der Mann Subjekt der sexuellen Entblößung im obszönen Witz, der somit im wesentlichen Männerwitz ist.

In seinem einflußreichen Essay ‹Obscenity and the law of reflection› (1929) verwirft D. H. LAWRENCE die vorherrschende Auffassung, wonach das Obszöne und die Pornographie durch die «vorsätzliche Absicht ..., sexuelle Gefühle zu wecken oder zu erregen» [27], etwas Negatives sind. Denn erstens ist die geschlechtliche Erregung im Kunstgenuß und im Alltag «überaus wertvoll» [28] – «Jedes Individuum hat ... seine Wesensmitte im Geschlecht» [29] – und zweitens ist die «alte ärgerliche Frage nach der Absicht, ... seit wir wissen, wie stark und einflußreich unsere unbewußten Absichten sind, einfach läppisch geworden» [30]. Obszön und pornographisch ist nicht die Freude an der Sexualität, sondern die «Freude am Schmutz». Als Zivilisationskritiker der Viktorianischen Gesellschaft bestimmt Lawrence die phantasiemäßige Verschmelzung sexueller und exkrementeller Vorgänge als Kriterium «der wahrhaft ordinären Menschen, die sich für Pornographie begeistern: ihnen sind Geschlecht und Ausscheidung ein und dasselbe» [31]. Obszön ist es, das Sexuelle durch seine Verbindung mit der Entleerung, also einem Symbol von «Ende und Zerfall» [32] zu beschmutzen. In der «gesunden» Erotik sind sexuelle und exkrementelle Funktionen stets getrennt.

Daneben werden alle Formen der Verheimlichung und Verdrängung, aber auch der Verwissenschaftlichung und ästhetischen Idealisierung sexueller Vorgänge in das Obszönitätskriterium einbezogen. Der Puritanismus ist genauso mit Haß und Verachtung gegenüber dem Sexuellen erfüllt und insofern obszön wie der den lebendigen Geschlechtsakt ersetzende Pornographiegenuß [33]. Verfehlt wird hier wie dort das offene Ausleben der Sexualität, das auf ein «schöpferisches Sich-Ergießen» [34] und den Austausch vitaler Energie beim «Geschlechtsakt zwischen zwei Individuen» aufgebaut ist [35]. So wird die sich auslebende Sexualität von Surrogaten dominiert, von denen die Onanie und die ihr dienstbare Pornographie die gefährlichsten und am meisten obszönen sind. Die lebensbejahende, nicht obszöne Erotik des «gesunden Boccaccio» konfrontiert Lawrence mit der Freudlosigkeit, Niedergeschlagenheit und inneren Leere des modernen «emanzipierten Bohemiens» [36], der durch die Rationalisierung seiner sexuellen Bedürfnisse, Selbstanalyse und Narzißmus den instinktiven Zugang zur Sexualität verschüttet und – auch dies ist obszön – durch einen intellektuellen Mechanismus ersetzt hat.

Nach H. MILLER beruht das Obszöne auf der Verdrängung des unbewältigten Konfliktes zwischen Lust- und Realitätsprinzip. «Ich fühle, daß nichts als obszön betrachtet würde, wenn die Menschen in ihren geheimen Wünschen bis zu Ende gingen» [37]. Aus der Analyse des status quo, die Miller Freud verdankt, folgt in Anlehnung an Lawrence die Ablehnung von Verdrängung und Projektion. Das Obszöne wird positiv als eine Erfahrungs- und Erkenntnismethode bestimmt, die dem Individuum hilft, zu sich selbst zurückzufinden und im freien wollüstigen Ausleben der Sexualität die Konfrontation mit dem lustfeindlichen Realitätsprinzip zu wagen. Der Künstler, Miller selbst, wird zum Stellvertreter oder Märtyrer dieser Umstellung und Bekehrung stilisiert. Miller trennt das Obszöne vom Pornographischen ab. Obszönität in Kunst und Literatur hat nicht – wie die Pornographie – mit sexueller Aufreizung zu tun; der Schriftsteller verfolgt vielmehr das Ziel «wachzurütteln, ein Gefühl der Realität zu vermitteln» [38]. Das Obszöne öffnet für die Erfahrung der verdrängten Realität, die Pornographie verschließt sie und bestätigt indirekt den kulturellen und gesellschaftlichen Verdrängungsmechanismus, der das Individuum zur triebmäßigen Selbstverleugnung, zu moralischer Heuchelei und Puritanismus treibt. Das Obszöne hat bei Miller «sowohl eine kognitive als auch ethische und politische Funktion» [39]. Seine Zivilisationskritik meldet gegenüber einem Verhalten Skepsis an, das meist nur Sexuelles «leichthin mit der Etikette ‹obszön› versieht»: «Furcht, Schuld und Mord bilden das wirkliche Triumvirat, das unser Leben beherrscht. Was ist unter diesen Umständen obszön? Das gesamte Lebensgebäude, das wir kennen. Nur in bezug auf die Sexualität von unanständig, unflätig, zotig, schmutzig, ekelhaft usw. zu sprechen», heißt das ganze Ausmaß an Abneigung und Widerspruch zu verkennen, das das Obszöne dem Leben gegenüber zum Ausdruck bringt [40]. Miller weitet jene Erlebnisrealität, zu der das Obszöne einen originären Zugang verschafft und für die es den unkonventionellen Künstler sensibilisiert, auf den Bereich der mystisch-religiösen Erfahrung aus. Das Obszöne erhält wie bei Lawrence und Bataille eine sakrale Gebrauchsfunktion für das Individuum: «In a sense, its use by the artist may be compared to the use of the miraculous by the Master» [41]. Der Durchbruch zum Wunderbaren, den das Obszöne ermöglicht, wird sogar mit dem wundertätigen Christus verglichen [42].

G. BATAILLE stellt die Vernichtung des Schönen durch Sexualität in die Mitte seines religionsphilosophischen Denkens, womit die ästhetischen Grenzüberschreitungen der modernen Kunst, Antiklassik, Schwarze Romantik, Manierismus und Surrealismus einen ihrer Theoretiker gefunden haben [43].

Die sexuelle Aktivität des Menschen wird als ein negierender und insofern obszöner Akt bestimmt, der sich a) auf die Scham und b) die Schönheit eines anderen menschlichen Körpers richtet. a) Im Hinblick auf den analerotischen Sadismus in den Schriften von D. A. F. DE SADE expliziert BATAILLE das Obszöne als «violation excessive de la pudeur, algolanie positive, excrétion violante de l'objet sexuel lors de l'éjaculation projeté ou supplicié, intérêt libidineux pour l'état cadavérique, le vomissement, la défécation ...» [44]. b) Bezugnehmend auf eine Tagebuchnotiz Leonardos über die unleugbare «Häßlichkeit des Sexualaktes», in dessen Verlauf die Schönheit der Gesichter, des Schmuckes und der Kleider durch schmutzige Wörter und Handlungen besudelt werden, bestimmt Bataille das Obszöne als «profanation de la beauté» [45]. Im Geschlechtsakt wird das Schöne vom Häßlichen lustvoll überwältigt, und nicht etwa versöhnt die verbleibende Schönheit mit der verletzenden Häßlichkeit des sexuellen Vorgangs. Entgegen Leonardo (und implizite auch Rosenkranz) hat das sexuell Häßliche Macht über das Schöne und nicht umgekehrt; diese Macht ist das Obszöne. Die obszöne Profanierung der Schamhaftigkeit und Schönheit ist ein Teilaspekt des integralen, d.h. jede menschliche Lebensäußerung einbeziehenden dialektischen Zusammenhangs zwischen dem Verbot (interdit) und seiner Übertretung (transgression). Die Mißachtung des (sexuellen, religiösen, gesellschaftlichen) Tabus begründet zuallererst die Autonomie und Freiheit des Menschen gegenüber der Natur. Ohne das Obszöne, d.h. ohne bewußte Verletzung von Tabus (Inzest, Menstruationsblut, Nacktheit usw.), gibt es keine Erotik (érotisme), deren Lustcharakter sich dadurch grundsätzlich von der tierischen Sexualität unterscheidet. «Essentiellement, le domaine de l'érotisme est le domaine de la violence, le domaine de la violation» [46].

Der Ursprung dieser Theorie findet sich bei DE SADE, dessen hedonistische Dialektik in der Formel «Point de voluptés sans crime» (Ohne Verbrechen keine Wollust. Ha! Wie sie doch für unser Vergnügen arbeiten, diese törichten Gesetzgeber; ... die Gesetze alle verletzen, ... das allein ist die Kunst zu genießen) [47], von BATAILLE erneut thematisiert wird: «Le désir de l'érotisme est le désir qui triomphe de l'interdit. Il suppose l'opposition de l'homme à lui-même» [48].

Der legitime Ausdruck dieses Triumphierens über das Verbot ist das Obszöne. Es (ver)führt das Individuum aus der rationalen Selbstkontrolle heraus in die «Negation des individuellen Aspektes» [49]. Der «letzte Sinn der Erotik ist die Verschmelzung, die Beseitigung der Grenze» [50] und das Verlangen, «die Vereinzelung des Wesens, seine Diskontinuität durch das Gefühl tiefer Kontinuität zu ersetzen» [51]. Die persönliche egoistische Lust zählt nicht mehr. Das Erschrecken darüber zeichnet den «geistigen Gehalt des Obszönen» (le contenu *spirituel* de l'obscénité) gegenüber seiner bloß abstoßenden, vulgären Gestalt in der Alltagssexualität aus [52]. «Die Obszönität bezeichnet die Verwirrung, die den mit dem Selbst-Besitz (possession de soi), mit dem Besitz der dauerhaften und durchgesetzten Individualität übereinstimmenden Zustand der Körper stört. Im Gegensatz zu diesem Zustand steht die Enteignung (dépossession) im Spiel der Organe, die in der erneuernden Verschmelzung ausströmen, ähnlich dem Hin und Her der Wellen, die sich durchdringen und ineinander verlieren» [53].

Das erotisch Obszöne überschreitet das Gesetz in zwei Richtungen: a) Es öffnet im Sinne einer irrationalistischen Erlebnismetaphysik für die erotisch-ekstatische Erfahrung der unendlichen Kontinuität des Seins und gerät in die Nähe der religiösen Mystik und lebensphilosophischer Konstruktionen (z.B. des späten religionsphilosophischen Bergson) [54]. b) Das erotisch Obszöne erweist sich «durch seine Weigerung, in die soziale Ordnung aufgenommen zu werden» [55] und die herrschenden Tabus anzuerkennen, als subversives libertines Phänomen. Es aktiviert überschüssige individuelle Energien zum Widerstand gegen Regeln, Normen und Institutionen, die die diskontinuierliche, begrenzte und endliche Existenzform des Menschen im zweckrationalen alltäglichen Lebens- und Arbeitszusammenhang sichern [56].

J.-P. SARTRE bestimmt in ‹L'être et le néant› (1943) das Obszöne als «eine Art des Für-Andere-Seins, die zur Gattung des Anmutlosen gehört» [57]. Der anmutige Leib fungiert in allen seinen Teilen und Bewegungen für ein Tun, für das er berechnet ist und von dem er «jeden Augenblick seine Daseinsberechtigung» erhält: «die Hand ist, *um zu greifen* und offenbart ... ihr Um-zu-greifen-Sein» [58]. Das Tun ist intentional auf einen Leib gerichtet, der für es in Bewegung bzw. in Funktion ist. Anders der «anmutlose Leib». Er ist in seinem Tun ganz oder teilweise gestört, so daß jedes oder «eins der Elemente der Anmut in seiner Realisierung behindert» wird [59]. Etwas erscheint dann am Leib, was plump, ungeschickt, träge oder auf andere Weise mit dem intendierten aktiven Tun nicht im Einklang ist. Aus dieser Dysfunktionalität können obszöne Wirkungen entstehen. Das fetischistisch isolierte Hinterteil oder ein anderes Körperdetail, das aus der erscheinenden Funktionalität des «tätigen Leibes» herausfällt und «passiv wie eine Sache» einfach bloß da ist, ist obszön [60]. Das Obszöne mißachtet die vom Tun belebte anmutige Gestalt. Die obszöne Fetischisierung, d.h. die teilweise Dysfunktionalisierung des tätigen Leibes wird im Sadismus bewußt angewendet. «Der Sadist zielt also darauf ab, ... den Anderen solche Haltungen und Stellungen einnehmen zu lassen, daß dessen Leib unter dem Aspekt des *Obszönen* sichtbar wird» [61]. Den Eindruck des Obszönen im Sadismus bewirkt die «werkzeughafte Aneignung» und «Versklavung der Freiheit des Anderen durch das Fleisch» [62]. Sartres phänomenologische Bestimmung des Obszönen und Anmutlosen ist in der ‹Ästhetik des Häßlichen› von Rosenkranz zum Teil vorweggenommen. Die Analyse des anmutigen Leibes als «Tun» oder «Werkzeug, das die Freiheit offenbart», verarbeitet Vorstellungen aus Bergsons Theorie des Lachens und Fichtes Idealismus der «Tathandlung».

M. BENSE bestimmt im Anschluß an Sartres Ausführungen das Obszöne als die Zerstörung der «Zeichenwelt der Anmut» [63] und der Scham. Diese Zerstörung ist als ein Reduktionsprozeß vorzustellen, der «das Erotische aus dem Zustand des ästhetischen Seins in den Zustand des mechanischen Seins versetzt ... Die Scham will die effektive Mechanik der erotischen Sphäre ... verdecken ... Der Zerfall der Scham leitet daher eine echte Evidenz der puren Realität auf Kosten ihrer ästhetischen Möglichkeit und ihres Genusses ein, und diese Evidenz reduziert also das Erotische auf das Obszöne, dessen Rolle demnach die schamlose *Entblößung*, die *Aufdeckung* der Physis, der Organe bedeutet» [64]. Die Reduktion des Erotischen auf das Obszöne, des ästhetischen Spiels mit dem Körper auf das bloße Faktum seiner «physischen Funktion», ist nach Bense zeichentheoretisch zu interpretieren. Das Obszöne hat Zeichencharakter, indem es «auf eine Art Natur, eine Art Wirklichkeit oder Physis verweist» [65]. Das sexuell Häßliche und Obszöne hat ebensoviel «Zeichenkraft» wie die Anmut und das Schöne. Das Interpretationsmodell Benses liquidiert die ontologische Rangfolge von schön und häßlich, derzufolge in der ‹Ästhetik des Häßlichen› von ROSENKRANZ, das Häßliche nur sekundär, «nur an und aus dem Schönen als dessen Negation existiert» [66]. Die ästhetische Rechtfertigung des Obszönen aus dem Anmutigen bzw. des Häßlichen und Bösen aus dem Schönen und Guten entfällt, entsprechend die ethische Verwerfung des seiner Ästhetik beraubten und auf Natur reduzierten Obszönen [67].

H. MARCUSE stützt seine gesellschaftskritische Theorie des Obszönen auf die subversive Sprachstruktur der schwarzen und weißen Radikalen in den USA [68]. Korrumpierte Repräsentanten der Öffentlichkeit werden durch obszöne Gesten und Ausdrücke aus der sexuellen Sphäre «neu bestimmt». Das Obszöne wird aus seinem eingeschränkt pornographischen und exkrementellen Bedeutungshorizont eliminiert und in kritisch-provokatorischer Absicht zur Beschreibung kultureller und gesellschaftlicher Sachverhalte gebraucht, die höchst unmoralisch sind [69]. Die «Umfunktionierung» obszöner Worte und Bilder zur moralischen und politischen Entlarvung des Gegners hat Marcuse zu einigen paradigmatischen Obszönitätsdefinitionen geführt, die für die Aktionen der Protest- und Alternativbewegung der 60er und 70er Jahre folgenreich wurden [70]: «Nicht das Bild einer nackten Frau, die ihre Schamhaare entblößt, ist obszön, sondern das eines Generals in vollem Wichs, der seine in einem Aggressionskrieg verdienten Orden zur Schau stellt; obszön ist nicht das Ritual der Hippies, sondern die Beteuerung eines hohen kirchlichen Würdenträgers, daß der Krieg um des Friedens willen nötig sei» [71]. Das Obszöne hat nach Marcuse ein gesellschaftliches Substrat; es stammt aus dem Wortschatz einer Gesellschaft, die «einen erstickenden Überfluß an Waren produziert und schamlos zur Schau stellt, während sie draußen ihre Opfer der Lebenschancen beraubt» [72].

Im Rahmen einer fragmentarisch gebliebenen Phänomenologie über «Scham und Schamgefühl» bestimmt M. SCHELER wie Rosenkranz, aber ohne Bezugnahme auf ihn, die Zielstrebigkeit und Zweckbestimmtheit der Schamverletzung als das Obszöne. Das Obszöne ist nicht die «Negation» oder «Annihilierung» des Schamgefühls, sondern «gerade darauf ist das obszöne Verhalten gerichtet, daß jene Verletzung des Schamgefühls, und zwar auch des eigenen, noch gefühlt und empfunden, und zwar lustvoll empfunden» und «gleichzeitig als solche gewollt und genossen wird» [73]. Die Tatsache, daß die «an sich schmerzhafte Schockierung des Schamgefühls nicht gelitten, sondern genossen wird», führt Scheler zu der Annahme, «daß es sich bei der Neigung zum Obszönen um eine eigenartige Verbindung von Grausamkeit und Schamhaftigkeit» handeln muß [74]. Die obszöne Verletzung der Scham z. B. durch den Sadisten ist eine lustbetonte, «teleokline Handlung» [75], während jener «Lüstling» nicht obszön genannt werden kann, der die «Scham nur als Hemmung seines Begehrens» empfindet [76].

Aktuell wirksam ist im obszön handelnden Individuum die Spannung zwischen «Geschlechtsliebe» und «Geschlechtstrieb» [77], zwischen dem «Selbst- und Individual(wert)bewußtsein» auf der einen und dem «gattungsmäßig Animalischen unserer Existenz» auf der anderen Seite [78]. Die aus dieser Spannung und wesensmäßigen «Disharmonie des Menschen zwischen ... seiner geistigen Person und seiner leiblichen Bedürftigkeit» [79] resultierende «Werttiefe» des Schamgefühls wird im Obszönen bewußt und lustvoll verletzt, ein Gedanke, den auch E. LUCKA in seiner Lehre von der «Metaphysischen Erotik» vorbringt und ihn das Obszöne als einen «Bereich» bestimmen läßt, «den sich das menschliche Lustbedürfnis schafft, weil es im Höheren nicht beständig auszuharren vermag» [80]. Tritt das «Nur-Sexuelle ... in seiner unpersönlichen und brutalen Kraßheit gegen die persönliche Liebe, so entsteht das Gefühl des Obszönen. Das Obszöne ist also das Nur-Sexuelle, aber nicht in seiner selbstverständlichen Naturhaftigkeit, sondern in der polemischen Stellung gegen einen Wert, der ins erotische Leben versenkt worden ist, meist den Wert der Persönlichkeit ... Sein tiefstes Wesen ist ein Negatives, ist die Tendenz, die höhere Form der Liebe zu karikieren und zu verhöhnen» [81].

Ohne direkte Bezugnahme aufeinander konvergieren Lucka, Scheler und Rosenkranz in der Vorstellung, daß den «Reiz des Obszönen ... demnach nur der vollkommen empfinden» kann, «der das Prinzip der Persönlichkeit in der Erotik für sich ganz erkannt hat, der aber auch die Möglichkeit des zerspaltenen erotischen Empfindens in sich trägt» [82]. Zweifellos ist das Vorhandensein übertriebener Keuschheitsideen und puritanischer Moralkodexe, kulturell und religiös übersteigerter Formen des Schambewußtseins nach SCHELER der eigentliche und im Grunde verständliche Nährboden für obszöne Handlungen [83]. Nach LUCKA darf man «sogar prophezeien, daß das Obszöne kulturell um so mehr an Macht gewinnen wird, je stärker das Prinzip der persönlichen Liebe die Gemüter beherrschen wird» [84].

N. LUHMANN definiert mit Rücksicht auf den «Ausbau personaler und sozialer Reflexivität» seit dem 18. Jh. auf Lucka fußend: «Das Obszöne disqualifiziert sich durch das fehlende Interesse an der Person, oder genauer: durch die Auswechselbarkeit der Bezugsperson. Dabei wird zugleich ein Bewußtsein der Einheit des (wie immer kulturell und sozial geformten) sexuellen Interesses mitgeführt, so daß die Liebe sich etwas erlaubt, was die Möglichkeit, obszön zu sein ... einschließt» [85].

Anmerkungen. [1] A. ERNOUT und A. MEILLET: Dict. étymol. de la langue latine (1939) 132. – [2] J. D. SCHREBER: De libris obscoenis (1690) § 2. – [3] A. WALDE: Lat. Etymol. Wb. (³1938). – [4] E. MERTNER und H. MAINUSCH: Pornotopia. Das Obszöne und die Pornographie in der lit. Landschaft (1970) 38f. – [5] P. BAYLENS Hist. und Crit. Wb. ... übers. von J. CHR. GOTTSCHEDEN, I. Theil (1741). – [6] P. BAYLE: Dict. historique et critique IV (1720) 2780. – [7] a.O. 2781. – [8] BAYLE, hg. GOTTSCHED, a.O. [5] 418. – [9] BAYLE, a.O. [6] 3007-3024. 2780. – [10] a.O. 3007. – [11] ebda. – [12] 3010. – [13] 3018. 3014. – [14] K. ROSENKRANZ: Ästhetik des Häßlichen (1853, ND 1968) 235. – [15] a.O. 313. – [16] 312. – [17] 235. – [18] 236. – [19] ebda. – [20] H. R. JAUSS: Die klass. und die christl. Rechtfertigung des Häßlichen in mittelalterl. Lit., in: JAUSS (Hg.): Die nicht mehr schönen Künste (1968) 144. – [21] ROSENKRANZ, a.O. [14] 7. – [22] S. FREUD: Der Witz und seine Beziehung zum Unbewußten. Ges. Werke 6 (1940) 105. 106. 109. – [23] a.O. 110. – [24] 111. – [25] ebda. – [26] 106. – [27] D. H. LAWRENCE: Pornogr. und Obszönität (1971) 25. – [28] a.O. – [29] a.O. 48. – [30] 22. – [31] 28. – [32] 110. – [33] 23. – [34] 28. – [35] 34. – [36] 39. – [37] H. MILLER: Über die Obszönität. Internat. Umschau 2 (1947) 556. – [38] a.O. 558. – [39] O. HANSEN: Henry Miller – Der konservative Avantgardist und das Obszöne, in: H. A. GLASER (Hg.): Wollüstige Phantasie, Sexualästhetik der Lit. (1974) 144. – [40] MILLER, a.O. 557. – [41] Obscenity and the law of reflection, in: Remember to remember (1947) 287. – [42] HANSEN, a.O. 144f. – [43] P. GORSEN: Das Prinzip Obszön (1969) 24-28. 34-38. – [44] G. BATAILLE: Oeuvres compl. 2, Écrits posthumes 1922-40 (1970) 56. – [45] G. BATAILLE: L'érotisme (1957) 161. – [46] a.O. 23. – [47] D. A. F. DE SADE: Ausgew. Werke 3 (1965) 430. – [48] BATAILLE, a.O. [45] 283, vgl. 218. – [49] Der heilige Eros (1963) 165. – [50] a.O. 166. – [51] 71. – [52] a.O. [45] 271. – [53] a.O. [49] 20. – [54] P. GORSEN: Zur Phänomenol. des Bewußtseinsstroms. Bergson, Dilthey, Husserl, Simmel und die lebensphilos. Antinomien (1966) 232f. – [55] BATAILLE, a.O. [49] 321. – [56] Die Souveränität (1978). – [57] J.-P. SARTRE: Das Sein und das Nichts (1952) 314. – [58] a.O. 315. – [59] 316. – [60] ebda. – [61] 317f. – [62] 318. 320. – [63] M. BENSE: Aesthetica, Einf. in die neue Ästhetik (1965) 106. – [64] a.O. 105. – [65] 107. – [66] ROSENKRANZ, a.O. [14] 44. – [67] BENSE, a.O. [63] 109. – [68] H. MARCUSE: Versuch über die Befreiung (1969) 59. – [69] a.O. 21. 23. – [70] GORSEN: Sexualästhetik (1972) 73ff. – [71] MARCUSE, a.O. [68] 22. – [72] 21f. – [73] M. SCHELER, Über Scham und Schamgefühl. Schr. aus dem Nachlaß 1 (1957) 95. – [74] a.O. – [75] ebda. – [76] 102f. – [77] 80. – [78] 148. – [79] 69. – [80] E. LUCKA: Die drei Stufen der Erotik (1913) 348. – [81] a.O. 344f. – [82] 346. – [83] SCHELER, a.O. [73] 103. – [84] LUCKA, a.O. [82]. – [85] N. LUHMANN: Liebe als Passion (1982) 151.

Literaturhinweise. L. MARCUSE: Obszön. Gesch. einer Entrüstung (1962). – H. GIESE: Das obszöne Buch (1965). – H. M. HYDE: Gesch. der Pornographie (1965). – M. L. ERNST und W. SEAGLE: To the Pure ... A study of obscenity and the censor (1969). – P. GORSEN s. Anm. [43]; Sexualästhetik (1972). – E. MERTNER und H. MAINUSCH s. Anm. [4]. – L. LEISS: Kunst im Konflikt (1971). – H. A. GLASER (Hg.) s. Anm. [39].   P. GORSEN

Obversion heißt eine unmittelbare Schlußweise, die auf der Gleichwertigkeit des judikativ-negativen und des prädikativ-negativen Urteils beruht bzw. darauf, daß diese beiden Arten der Negation (s.d.), zugleich angewandt, sich wieder aufheben. Der O. liegen daher die folgenden logischen Äquivalenzen zugrunde:

⊢ SeP ↔ SaP' (z.B.: Kein Stein ist lebendig – Alle Steine sind leblos)

⊢ SoP ↔ SiP' (z.B.: Einige Elemente sind keine Metalle – Einige Elemente sind Nicht-Metalle)

⊢ SeP' ↔ SaP (z.B.: Kein Mensch ist unsterblich – Alle Menschen sind sterblich)

⊢ SoP' ↔ SiP (z.B.: Einige Dreiecke sind nicht ungleichseitig – Einige Dreiecke sind gleichseitig).

In dieser Bedeutung wird der Terminus insbesondere in angelsächsischen Logiken des 19. Jh. verwendet, wohl zuerst bei A. BAIN [1], ferner z.B. bei W. S. JEVONS [2] und J. N. KEYNES [3]. Beispiele für die O. finden sich schon bei ARISTOTELES [4]; eine übersichtliche Zusammenstellung gibt vor Bain bereits W. THOMSON [5]. Bain kennt auch eine «materiale O.» und versteht darunter Fälle, in denen sich die Folgerung nicht formal, sondern nur aufgrund inhaltlicher Zusammenhänge ergibt. (Beispiel: «Wissen ist gut – Unwissenheit ist schlecht.») Gelegentlich wird ‹O.› auch synonym mit ‹Konversion› [6] verwendet, z.B. bei W. HAMILTON [7]. Zu weiteren Benennungen der O., die sich nicht durchgesetzt haben, vgl. P. COFFEY [8].

Anmerkungen. [1] A. BAIN: Logic (London 1870) 109ff. – [2] W. S. JEVONS: Elementary lessons in logic (London 1870, ND London 1965) 85. – [3] J. N. KEYNES: Studies and exercises in formal logic (London 1884) 133. – [4] De interpr. 10, 20 a 19-26. – [5] W. THOMSON: Outline of the necessary laws of thought (London 1842) § 86. – [6] Vgl. Art. ‹Konversion 1›. – [7] W. HAMILTON: Lectures on logic (Edinburgh/London 1866) 1, 262; 2, 258. – [8] P. COFFEY: The science of logic (London 1912) 232.   A. MENNE

Occasionalismus. ‹O.› ist ein sehr später Ausdruck. KANT spricht 1781 noch von dem «System der übernatürlichen Assistenz», benutzt aber in ähnlichem Zusammenhang 1790 den Ausdruck «Occasionalism» [1]. Weitere frühe Vorkommen gibt es bei F. W. J. SCHELLING [2] und W. T. KRUG [3], während die Philosophiegeschichtsvorlesungen von FR. SCHLEGEL [4] und G. W. F. HEGEL [5] das Wort bei der Darstellung *Malebranches* nicht benutzen. KRUG führt es auf ‹occasio› zurück [6]; es kommt jedoch von dem viel späteren ‹causa occasionalis› (s.d.). J. A. ERNESTI benutzt schlicht «cartesiana sententia» [7]. LEIBNIZ verwendet (mit Entsprechungen in den lateinischen Schriften) in den 1680er Jahren vornehmlich «hypothèse» [8], später meist (wie noch J. BRUCKER [9]) «système des causes occasionnelles» [10], hat aber auch «opinion» [11], «voye» [12] und «doctrine» [13], dem im übersetzten Wörterbuch BAYLES «Lehre» bzw. «Lehrgebäude der veranlassenden Ursachen» entspricht [14]. G. B. BILFINGER kommt mit «systema occasionale» [15] dem heutigen Ausdruck sehr nahe, zumal da er auch den damals seltenen Gruppennamen «occasionalistae» benutzt [16].

‹O.› bezeichnet eine späte Richtung des Cartesianismus, die angesichts von Schwierigkeiten des commercium mentis et corporis die Passivität aller Geschöpfe lehrt [17]. Der Westen hat zwei Überlieferungen, nach denen nicht die Naturursachen wirken, sondern Gott allein. Die *religiöse* geht darauf zurück, daß mit AVERROES auch seine Polemik gegen AL-GHAZALI rezipiert wurde, der die Thesen von der Alleinwirksamkeit Gottes vertrat; diese wurde innerhalb der Ockhamschule, deren Stifter schon die wissenschaftliche Unbeweisbarkeit des kausalen Nexus lehrte, von P. D'AILLY und G. BIEL (In IV Sent., d. 4) wieder aufgenommen und durch deren Bekämpfung in den Schulkompendien der Neuzeit übermittelt. Die zweite, *naturphilosophische,* Überlieferung ist vermutlich aus stoischen Quellen gespeist; sie manifestiert sich z.B. bei PATRIZZI und verschmilzt bei BASSO mit der religiösen. Im Interesse der Eindeutigkeit des Ausdrucks empfiehlt es sich sehr, solche Strömungen nicht mit ‹O.› zu bezeichnen, sondern das Wort für Cartesianer zu reservieren, zumal die philosophische Verwendung von ‹causa occasionalis› auf Cartesianer zurückgeht.

Auch innerhalb des Cartesianismus wird man nicht jeden Hinweis auf die Passivität von Naturursachen als 'O.' interpretieren dürfen, denn es gehört zu den Grundthesen jeder cartesianischen Physik, daß die Ausdehnung nicht bewegen, sondern nur bewegt werden kann, und zwar letztlich von Gott. O. liegt erst dann vor, wenn – anders als bei Descartes – die Passivität auch des Geistes behauptet wird, d.h. wenn ihm die Fähigkeit, bei willkürlicher Bewegung die Richtung der Zirbeldrüse zu ändern und Ideen oder gar Willensakte aus sich hervorzubringen, im Sinne der Alleinwirksamkeit Gottes abgesprochen wird; das eine ist bei LA FORGE, das andere erst bei

CORDEMOY erreicht. CLAUBERG darf in diesem Sinne kaum als Occasionalist bezeichnet werden, denn er bestreitet lediglich die a priori-Erkennbarkeit des kausalen Nexus und führt die Zuordnung bestimmter Ursachen zu bestimmten Wirkungen auf einen göttlichen Willensakt zurück, läßt aber die Frage nach den Urheberschaften offen.

Während der unpathetische O. CORDEMOYS von Schwierigkeiten der cartesischen Physik angeregt scheint, spielt in dem O. von GEULINCX und MALEBRANCHE die religiöse Motivation eine zentrale Rolle; er ist schwerlich eine bloße Fortentwicklung aus dem Cartesianismus, sondern eher dessen Verschmelzung mit der z.B. bei BASSO erscheinenden religiösen Tradition «christlicher Philosophie» und ihren spezifischen (keineswegs mit den ursprünglich-cartesischen identischen) antiaristotelischen Affekten. Philosophisch zeichnet er sich gegenüber dem früheren Stand durch zwei zukunftsträchtige Präzisierungen aus: die Annahme einer Ideenschau in Gott und die konsequente Charakterisierung des Handelns Gottes in den Geschöpfen als eines Handelns nach allgemeinen Gesetzen, die den O. (durch eine Art 'prästabilierter Harmonie') von dem Vorwurf befreit, er lasse Gott für jeden Einzelakt auf Abruf bereitstehen.

Den Streit um diese Richtung hat – in einer durch LEIBNIZ vorgeprägten Weise – die Philosophie der deutschen Aufklärung (und namentlich G. B. BILFINGER) bis zu Kant intensiv fortgeführt. Im 20. Jh. erhielt ‹O.› durch seine Verwendung bei C. SCHMITT [18] noch einmal eine aktuelle philosophische Bedeutung.

Anmerkungen. [1] I. KANT, KrV A 390; KU § 81. Akad.-A. 5, 422. – [2] F. W. J. SCHELLING: Zur Gesch. der neueren Philos. (1827). Werke I/9 (1861) 310. – [3] W. T. KRUG: Allg. Handwb. der philos. Wiss.en (²1832-1834) 3, 93. – [4] FR. SCHLEGEL: Entwickl. der Philos. (1804/05). Krit. A., hg. E. BEHLER 7 (1964) 266f. – [5] G. W. F. HEGEL, Vorles. über die Gesch. der Philos. III, 2, 1, A 3. – [6] a.O. [3]. – [7] J. A. ERNESTI: Initia doctrinae solidioris (²1783) 761. – [8] G. W. LEIBNIZ, z.B. die Briefe an Arnauld (1686/87). Philos. Schr., hg. C. I. GERHARDT (PSG) 2, 47. 57f. 113; ferner an Foucher (1686). PSG 1, 383; dagegen aber PSG 7, 313. – [9] J. BRUCKER: Hist. Crit. Philosophiae 1-4 (1743) 1, 772; 2, 305. 592. 705. 714f. – [10] LEIBNIZ, z.B. Théod. I, 61; II, 207; vgl. auch PSG 3, 464f. 561f.; 4, 533. – [11] PSG 3, 466. – [12] PSG 4, 577; diesen Ausdruck benutzt noch ein so später Autor wie F. BOUILLIER: Hist. de la philos. cartésienne (Paris/Lyon 1854) 1, 502. – [13] PSG 3, 625. – [14] Herrn PETER BAYLENS Hist. und Crit. Wb. 4 (1744) Art. ‹Rorarius› H (86 a). – [15] G. B. BILFINGER: Dilucidationes Philosophicae (³1746) 346. 357. – [16] a.O. 346. 355. 358f. – [17] Vgl. Art. ‹Leib-Seele-Verhältnis›. – [18] C. SCHMITT: Polit. Romantik (1925) 23ff. 115-152.

Literaturhinweise. F. BOUILLIER s. Anm. [12]. – E. KOENIG: Die Entwickl. des Causalproblems (1888). – L. STEIN: Antike und mittelalterl. Vorläufer des O. Arch. Gesch. Philos. 2 (1889) 193-245. – J. PROST: Essai sur l'atomisme et l'O. dans la philos. cartésienne (Paris 1907). – H. GOUHIER: La vocation de Malebranche (Paris 1926). – M. GUEROULT: Malebranche 1-3 (Paris 1955-1959). – H. J. DE VLEESCHAUWER: Three centuries of Geulincx res. Comm. Univ. South Africa C 1 (Pretoria 1957). – G. RODIS-LEWIS: Nicolas Malebranche (Paris 1963). – R. SPECHT: Commercium mentis et corporis (1966). – A. DE LATTRE: L'O. d'Arnold Geulincx (Paris 1967). – A. ROBINET: La tradition malebranchiste au 18e siècle. Rev. Univ. Bruxelles 2/3 (1972) 166-187. – G. MALBREIL: L'O. d'Arnold Geulincx. Arch. de Philos. 37 (1974) 77-105. – Zur Gesch. des Ursprungsworts vgl. R. SPECHT: Über 'occasio' und verwandte Begriffe vor Descartes. Arch. Begriffsgesch. 15 (1971) 215-255; bei Zabarella und Descartes, a.O. 16 (1972) 1-27; nach Descartes, a.O. 198-226 und 17 (1973) 36-65.
R. SPECHT

Ochlokratie (griech. ὀχλοκρατία, aus ὄχλος = Pöbel und κρατεῖν = herrschen). Der Terminus ‹O.› begegnet in der überlieferten griechischen Literatur zum ersten Male in der ‹Universalgeschichte› (Historiae) des POLYBIOS (ca. 200-120 v.Chr.). Polybios zieht hier zum Verständnis der römischen Verfassung, mit deren Untersuchung er den unerwarteten Aufstieg Roms vom Beginn des zweiten punischen Krieges bis zum Jahr nach der Schlacht bei Pydna (168 v.Chr.) zu erklären sucht [1], drei griechische Verfassungstheorien heran: die Theorie der Mischverfassung, die eine große Beständigkeit gewährleistet [2], das Naturgesetz des Kreislaufs der Verfassungen, die sogenannte 'Anakyklosis' [3] und das biologische Naturgesetz des Wachstums, der Blüte und des Vergehens [4]. Der Versuch der Verbindung dieser Theorien mußte zu Widersprüchen führen, so die Unverträglichkeit der festen und beständigen römischen Mischverfassung mit der Anakyklosis oder die Zuordnung des biologischen Moments des Verfalls zu deren Etappen. Hält man Hist. VI, 3, 5-4, 6 (verschiedene Verfassungsformen) mit VI, 4, 7-9, 14 (Anakyklosis-Theorie und Lehre vom biologischen Gesetz des Werdens und Vergehens) zusammen, so ergibt sich das folgende Bild von der Aufeinanderfolge der Verfassungsformen: Zuerst bildet sich von Natur aus, ohne besonderes Zutun, eine erste, urtümliche Form der Alleinherrschaft (μοναρχία); aus dieser entsteht durch planvollen Aufbau und durch Verbesserungen das Königtum (βασιλεία); dieses verändert sich zu der von Natur aus in ihm angelegten Entartungsform, der Tyrannis (τυραννίς); aus dem Sturz dieser Entartungsform entsteht die Aristokratie (ἀριστοκρατία); diese Verfassungsform entartet gemäß ihrer Natur zur Oligarchie (ὀλιγαρχία); wenn die Menge die Ungerechtigkeiten der an der Spitze des Staatswesens stehenden Männer im Zorn verfolgt, entsteht die Demokratie (δημοκρατία); aus dem anmaßenden und gesetzwidrigen Handeln des Volkes kommt es mit der Zeit zur sogenannten Ochlokratie (ὀχλοκρατία), nach deren Zusammenbruch die urtümliche Form der Alleinherrschaft die Wiederholung der geschilderten Entwicklung einleitet. Die Entartung der Demokratie zur «Pöbelherrschaft» beschreibt Polybios detailliert [5]: Die Demokratie hält an, solange noch Zeugen der Gewaltherrschaft der Oligarchen da sind; man ist mit dem gegenwärtigen Zustand zufrieden und schätzt Gleichheit und Redefreiheit am höchsten. Mit dem Heranwachsen einer neuen Generation und der Übergabe der Demokratie an die Enkel hört die Hochschätzung der inzwischen zur Gewohnheit gewordenen Gleichheit und Redefreiheit auf; vor allem die Reichen versuchen, die Überlegenheit über die Menge zu gewinnen. Unfähig, die Herrschaft durch eigene Kraft und Tüchtigkeit zu erlangen, ködern und verführen sie die Menge durch Verschleuderung ihres Vermögens auf jede Art und Weise. Hat sich die Menge daran gewöhnt, fremdes Gut zu verzehren und ihren Lebensunterhalt von ihren Nächsten zu erwarten, und findet sie einen großsprecherischen und kühnen Führer, den seine Armut von den Ehrenstellen im Staate ausschließt, dann löst sich die Demokratie auf und geht in Gewaltherrschaft (βία) und Faustrecht (χειροκρατία) über. Zusammenrottungen, Morde, Vertreibungen und Aufteilung des Landes sind die Folge, bis die Menge, ganz verwildert, wieder einen Alleinherrscher findet. Die beste Verfassung stellt die Mischung aus den drei positiven Verfassungsformen Königtum, Aristokratie und Demokratie dar.

ARISTOTELES kennt den Terminus ‹O.› noch nicht. Er beschreibt jedoch eine Art der Demokratie (bei ihm die fünfte und letzte), in der nur die Menge (πλῆθος) Herr ist und nicht das Gesetz [6]. An dessen Stelle entscheiden die Stimmen (Volksbeschlüsse, ψηφίσματα) unter der Führung von Demagogen. Das Volk wird als kollektive Einheit Monarch und, der Bindung an das Gesetz bar, despotisch. Die Rolle des Volkes ist analog jener der Tyrannis unter den Monarchien: despotische Unterdrückung der Besseren; den Volksbeschlüssen entsprechen in der Tyrannis die Befehle (ἐπιτάγματα), den Schmeichlern bei den Tyrannen die Demagogen. Diese machen die Menge auch zum Herr über die Magistrate, so daß alle Staatsämter der Auflösung anheimfallen. Da aber das Gesetz über alles herrschen müsse, die Obrigkeiten und die Verfassung das Einzelne entscheiden müßten, sei ein solcher Zustand eigentlich keine Demokratie, sofern diese wirklich eine Verfassung sei; denn keine Abstimmung könne allgemeiner Natur sein. Dieses gesetzlose Modell der extremen Demokratie bei Aristoteles ist der sachliche Vorläufer der O. bei Polybios, zumal da der Stagirite dieser Staatsform den Verfassungscharakter (πολιτεία) abspricht.

In der Klassifizierung der Staatsformen des Stoikers AREIOS DIDYMOS findet sich die O. wieder. In Übereinstimmung mit ARISTOTELES [7] unterscheidet er drei Grundformen: ein Einziger, die Wenigen, die Gesamtzahl der Bürger haben an der Macht teil. Jede dieser Grundformen kann, je nachdem die Machthaber das Gemeinwohl oder ihr eigenes Interesse im Auge haben, gut oder schlecht sein [8]. Von der aristotelischen Terminologie weicht Areios Didymos bei der Benennung der dritten Grundform (δημοκρατία) und deren Entartung (ὀχλοκρατία) ab; denn der Stagirite bezeichnet die gute Form der Herrschaft der Vielen als πολιτεία [9], die schlechte als δημοκρατία [10]. PLATON hatte demgegenüber in seinem Fünfverfassungssystem jede Herrschaft der Massen, ungeachtet ihrer Güte oder Schlechtigkeit, als δημοκρατία bezeichnet [11].

Die spätere Staatstheorie stieß sich offenbar daran, den im griechischen politischen Bereich verbreiteten und beliebten Terminus δημοκρατία für deren Entartung zu verwenden. Auch ARISTOTELES unterscheidet ja vier Arten der Demokratie, von denen er die oben analysierte extreme «Demokratie» abhebt [12]. Die Terminologie des polybianischen Sechsverfassungsschemas trägt diesem Modifizierungszwang vollauf Rechnung, indem die Bezeichnung δημοκρατία der gesunden Herrschaft des Volkes vorbehalten wird [13], während deren Entartung als ὀχλοκρατία bezeichnet wird [14].

Eine dem Aristotelischen Verfassungsschema vergleichbare Gegenüberstellung findet sich bei PLUTARCH [15]: den drei guten Verfassungen Monarchie, Oligarchie, Demokratie entsprechen die verfehlten als παρατροπαί und ὑπερχύσεις bezeichneten τυραννίδες, δυναστεῖαι, ὀχλοκρατίαι.

Auch PHILON VON ALEXANDREIA verwendet ὀχλοκρατία in der Bedeutung «Pöbelherrschaft» mehrmals [16]. Ferner sei auf das Synonymon zu ὀχλοκρατία, nämlich λαοκρατία, beim Rhetor MENANDROS VON LAODIKEIA (3. Jh. n. Chr.) in dem ihm nicht sicher zugeschriebenen Traktat Περὶ ἐπιδεικτικῶν (Über die epideiktische Rede), abgeleitet von λαοκρατεῖσθαι «vom Pöbel beherrscht sein», hingewiesen [17], ferner auf πονηροκρατία bei DIONYSIOS VON HALIKARNASS [18]. Der neuplatonische Philosoph OLYMPIODOR spricht von einer ὀχλοπολιτεία [19].

Anmerkungen. [1] POLYBIOS, Hist. VI, 1, 3. – [2] a.O. 10, 6ff. 12ff. – [3] 4, 7-10 (summarisch); 5, 4-9 (detailliert). – [4] 51, 4. – [5] Vgl. 9, 4-9. – [6] ARISTOTELES, Pol. IV, 4, 1292 a 4-37. – [7] a.O. III, 7, 1279 b 27. – [8] Vgl. hierzu: 1279 a 17-20. – [9] Zur Struktur der πολιτεία: III, 7, 1279 b 4-10; IV, 9, 1294 a 30-b 41. – [10] Vgl. III, 7, 1279 a 37-39; b 4-10. – [11] Vgl. PLATON, Politikos 291 d-292 a; 301 a-c; Leges IV, 712 c. – [12] ARISTOTELES, Pol. IV, 4, 1291 b 30-1292 a 4. – [13] POLYBIOS, Hist. VI, 4, 5. – [14] a.O. 4, 5. 10. – [15] PLUTARCH, Moralia. De tribus rei publ. generibus 3, 826 d-f; nach A. LESKY: Gesch. der griech. Lit. (³1971) 878 läßt dieses Fragment allerdings «Zweifel an seiner Echtheit offen». – [16] Vgl. PHILON, Conf. ling. 108; De agri cultura 45; Legatio ad Gaium 132; De virtutibus 180. – [17] L. SPENGEL (Hg.): Rhet. graeci 3, 350; vgl. L. RADERMACHER: Art. ‹Menandros›. RE XV/1 (1931) 762-764; LESKY, a.O. [15] 900. – [18] DIONYSIOS VON HALIKARNASS, Antiquitates rom. VIII, 5. 31. – [19] OLYMPIODOR, In Platonis Gorgiam comm., hg. A. JAHN. Neue J.bücher Philol., Suppl. 14 (1848) 104; jetzt hg. W. NORVIN (1913, 1936).

Literaturhinweise. H. RYFFEL: Μεταβολὴ πολιτειῶν. Der Wandel der Staatsverfassungen (Bern 1949). – K. VON FRITZ: The theory of the mixed constitution in antiquity. A crit. analysis of Polybius' pol. ideas (New York 1954). – TH. COLE: The sources and compos. of Polybius VI. Historia 13 (1964) 440-486. – P. PÉDECH: La méthode hist. de Polybe (Paris 1964). – M. GELZER: Kleine Schr. 3 (1964) 201-215. – K. F. EISEN: Polybius-Interpretationen (1966). – K.-W. WELWEI: Demokratie und Masse bei Polybius. Historia 15 (1966) 282-301. – G. J. D. AALDERS: Die Theorie der Mischverfassung im Altertum (Amsterdam 1968). – K.-E. PETZOLD: Studien zur Methode des Polybius und zu ihrer hist. Auswertung. Vestigia 9 (1969). – E. BRAUN: Die extreme Demokratie bei Polybios und bei Aristoteles. Österr. Jahreshefte 54 (1983).
E. BRAUN

Ockham's razor. Der Ausdruck ‹O.r.› bezeichnet das WILHELM VON OCKHAM zugeschriebene Ökonomie- oder Sparsamkeitsprinzip. CONDILLAC merkt an, daß es «le rasoir des nominaux» genannt wurde [1], W. HAMILTON erwähnt es als «law of parsimony» und bezeichnet es als «O.r.» [2]. Das Prinzip selbst jedoch findet sich – oft unter Verweis auf ARISTOTELES (Phys. I, 4 188 a 18f.; I, 6 189 a 15-17) – in klaren Formulierungen schon früher [3]. So zuerst wohl bei ODO RIGALDUS im 13. Jh. als «Frustra fit per plura quod potest fieri per unum» [4]. BONAVENTURA gebrauchte «dicendum, quod omnis ratio et natura concordat quod non fiat per plures quod potest sufficientissime fieri per unum; alioquin est ibi superfluum» [5]. Im selben Sinne verwenden es RICHARD VON MIDDLETON, DUNS SCOTUS, PETRUS AUREOLI, DURANDUS VON SAINT POURÇAIN u. a. ROBERT GROSSETESTE gebrauchte es in seinen naturphilosophischen Spekulationen. Bei DANTE dient es zur Begründung der monarchischen Regierungsform [6]. Als häufigste Formulierung bei OCKHAM gilt: «Pluralitas non est ponenda sine necessitate» [7]. Ebenfalls finden sich «nunquam ponenda est pluralitas sine necessitate» [8] – eine Formulierung, die schon DUNS SCOTUS kannte [8a] – und «frustra fit per plura, quod potest fieri per pauciora» [9] sowie «sufficiunt singularia, et ita tales res universales omnino frustra ponuntur» [10]. Eine der ausführlichsten Formulierungen ist: «Nihil debet poni sine ratione assignata nisi sit per se notum vel per experientiam scitum vel per auctoritatem Scripturae Sacrae probatum» [11]. Die Fassung «Entia non sunt multiplicanda praeter necessitatem» ist bei Ockham nicht belegt. Ockham erhebt das Prinzip zu einer allgemeinen Methodenvorschrift in den Wissenschaften. Für seine Erkenntnistheorie und Metaphysik folgt, daß nur solche Begriffe und Entitäten zuzulassen sind, die der Vernunft (ratio naturalis) evident sind oder eine Erfahrungsbasis haben – d.h. für Ockham, daß sie intuitiv zugänglich sein müssen – oder auf Bibelautorität beruhen [12]. Diesen Kriterien fallen besonders die scholastischen Universalien zum Opfer. Für Ockham nämlich gibt es keine universalen Realitäten außerhalb der Seele [13]. Das Prinzip dient Ockham zur Ausschaltung der von den Dingen als verschieden angenommenen Relationen, ferner von Wirkursächlichkeit, Bewegung, Seelenkräften und von Ideen im Geist des Schöpfergottes.

Für J. S. MILL ist O.r. «a purely logical precept», so daß er W. Hamilton kritisiert, der es im Rückgriff auf Aristoteles als ontologisches Prinzip betrachtet [14]. C. S. PEIRCE führt es als logische Maxime an, «daß man nicht mehr unabhängige Elemente annehmen soll als notwendig sind» [15]. B. RUSSELL unterstreicht die methodische Bedeutung von O.r. für die Philosophie: «The supreme maxim in scientific philosophizing is this: Wherever possible, logical constructions are to be substituted for inferred entities» [16]. Im Rahmen seiner Theorie des logischen Atomismus bietet er O.r. als heuristische Maxime für den Gebrauch in der mathematischen Logik und anderen Gebieten in folgender Formulierung an: «Wherever possible, substitute constructions out of known entities for inferences to unknown entities» [17]. Bei L. WITTGENSTEIN wird O.r. sprachkritisch benutzt: «Wird ein Zeichen nicht gebraucht, so ist es bedeutungslos. Das ist der Sinn der Devise Ockhams» [18]. Den sprachkritischen Aspekt bemerkte schon FR. A. LANGE [19], der in Ockham einen Vorläufer der britischen Empiristen sah, insofern diese sprachkritisch verfuhren und sich um Bedeutungsklärungen sowie um die Eliminierung überflüssiger (sinnloser) Begriffe bemühten. E. A. MOODY spricht noch schärfer von Ockhams «extreme economy of ontological commitment in which abstract or intensional extralinguistic entities are systematically eliminated by a logical analysis of language» [20]. V. RICHTER erklärt: «Ockhams Physikkommentar genauso wie sein gesamtes philosophisch-theologisches Werk ist im Grunde eine Sprachkritik» [21]. K.-O. APEL sieht die empiristische Sprachkritik mit O.r. beginnen [22].

Verwandt mit O.r. sind das Sparsamkeitsprinzip in der Theologie und das Ökonomieprinzip [23] in den Naturwissenschaften, das besonders E. MACH als Denkökonomie (s. d.) entwickelte.

Anmerkungen. [1] E. B. DE CONDILLAC: Essai sur l'origine des connaissances humaines (1746) I, sect. 5, § 5, Anm.; dtsch. hg. U. RICKEN (1977) 317 Anm. 42. – [2] W. HAMILTON: Discussions on philos. and lit. ... (London 1852) App. I, 590. – [3] Für eine Gesch. des Begriffs und frühere Formulierungen s. C. K. BRAMPTON: Nominalism and the law of parsimony. The modern Schoolman 41 (1964) 273-281; J. MIETHKE: Ockhams Weg zur Sozialphilos. (1969) 238-245: «Ockhams 'Rasiermesser'». – [4] ODO RIGALDUS, Comm. super scientias. Ms. Brügge 208, fol. 150 a, zit. PH. BOEHNER (Hg.): Ockham. Philos. writings (Edinburgh u. a. 1957) XX Anm. 2. – [5] BONAVENTURA, In I Sent. d. 10, a. 1, ad 4. Opera omnia 1 (Quaracchi 1882) 196. – [6] DANTE, De monarchia I, 3 (4). 5 (7). 14 (16), in: Tutte le opere di Dante Alighieri, hg. E. MOORE (Oxford 1897) 342 a. 344 a. 348 b-349 b. – [7] GUILLELMUS DE OCKHAM, In I Sent. prol., q. 1; d. 1, q. 3, hg. G. GÁL/ST. BROWN. Opera theol. 1 (St. Bonaventure, N.Y. 1967) 74 u. passim. – [8] In I Sent. d. 27, q. 2K, hg. G. I. ETZKORN/F. E. KELLEY. Opera theol. 4 (St. Bonaventure, N.Y. 1979) 205. – [8a] Vgl. DUNS SCOTUS, De primo principio c. 2, concl. 15. Opera omnia, hg. L. WADDING 3 (Lyon 1639, ND 1968) 219 a. – [9] S. logicae I, 12, hg. PH. BOEHNER/G. GÁL/ST. BROWN. Opera philos. 1 (St. Bonaventure, N.Y. 1974) 43. – [10] In I Sent. d. 2, q. 4, hg. ST. BROWN. Opera theol. 2 (St. Bonaventure, N.Y. 1970) 143; dazu krit. BRAMPTON, a.O. [3]. – [11] In I Sent. d. 30, q. 1[E] a.O. [8] 290. – [12] Für eine allg. Darstellung der Philos. Ockhams vgl. FR. COPLESTON: A hist. of philos. 3 (London 1953, ND 1972) bes. 43-100; E. A. MOODY: Art. ‹William of Ockham›, in: Encyclop. of philos. hg. P. EDWARDS 8 (New York/London 1967) 306-317. – [13] Für die Entwicklungsphasen von Ockhams diesbezügl. Theorie vgl. PH. BOEHNER: The realistic conceptualism of William Ockham, in: Coll. articles on Ockham, hg. E. M. BUYTAERT (St. Bonaventure, N.Y. u. a. 1958) 156-174. – [14] J. S. MILL: An examination of Sir William Hamilton's Philos. ... 2 (Boston ²1865) ch. 24, bes. 238-240; vgl. W. HAMILTON, a.O. [2] (²1853) 622. 629. – [15] C. S. PEIRCE: Coll. papers 6 (Cambridge, Mass. 1935, ⁴1974) Nr. 24; dtsch. Schr. zum Pragmatismus und Pragmatizismus, hg. K.-O. APEL (²1976) 278. – [16] B. RUSSELL: The relation of sense-data to physics (1914), in: Mysticism and logic and other essays (London/New York ²1917, ND 1959) 155. – [17] Logical atomism (1924), in: Logic and knowledge. Essays, 1901-1950, hg. R. C. MARSH (London/New York 1956) 326. – [18] L. WITTGENSTEIN: Tract. logico-philos. (dtsch./engl. London 1922 u. ö.) 3. 328. – [19] FR. A. LANGE: Gesch. des Materialismus und seiner Bedeutung in der Gegenwart 1 (³1876) 176 u. bes. 178. – [20] E. A. MOODY, a.O. [12] 307. – [21] V. RICHTER: Zu Ockhams nat. philos. Schr. Akten XV. Weltkongr. Philos., Varna 1973. 5: Probleme der gegenw. Logik (Sofia 1975) 816. – [22] K.-O. APEL: Die Idee der Sprache in der Tradit. des Humanismus von Dante bis Vico (1963, ²1975) 93. – [23] Bes. materialreich Art. ‹Ökonomie des Denkens›, in: EISLER⁴ 2, 341-343.

Literaturhinweise. W. M. THORBURN: The myth of O.r. Mind 27 (1918) 345-352. – R. O. KAPP: O.r. and the unification of phys. sci. Brit. J. Philos. of Sci. 8 (1957/58) 265-280. – G. O'HARA: O.r. today. Philos. Stud. 12 (1963) 125-139. – D. DUNCAN: O.r. (London 1958). – C. K. BRAMPTON s. Anm. [3]. – J. MIETHKE s. Anm. [3] 238-245. – R. ARIEW: Did O. use his r.? Franciscan Stud. 37 (1977) 5-17. – J. J. C. SMART: Is O.r. a phys. thing? Philosophy 53 (1978) 382-385.

H. J. CLOEREN

Ockhamismus. ‹O.› ist die seit dem 19. Jh. gebräuchliche Sammelbezeichnung für die Lehrrichtung Wilhelms von Ockham in ihren ersten Vertretern im 14. Jh. [1]. Sie geht zurück auf die 1339–1341 in den Statuten und Akten der Pariser Artistenfakultät auftauchenden Bezeichnungen «doctrina (scientia) Okannica», «errores Ockanici» und «Occhanistae» [2]. Dieser letztere Ausdruck wird von spätscholastischen Theologen und Logikern (PETER VON CANDIA, JEAN GERSON, PAUL VON VENEDIG) aufgenommen [3] und geht aus der humanistischen [4] und protestantischen [5] Polemik in die philosophische Historiographie des 17. und 18. Jh. über [6]. Die jüngere englische Variante «Occamites» (J. H. BLUNT 1874) [7] ist als «Ockhamites» von J. H. RANDALL jr. übernommen worden [8]. Die Pariser Skotisten des späten 14. Jh. qualifizieren die Ockhamisten als «rudes et terministae» [9]. Erst seit dem Pariser Nominalistendekret von 1474 sind diese literarisch auch als «Nominales» faßbar [10]. Sie definieren ihre Position der «Nominalität» durch Leugnung der Vervielfältigung der Dinge entsprechend der Vervielfältigung der Termini sowie durch sorgfältiges Studium der Eigenschaften dieser Termini [11].

Die sich hier manifestierende sachlich-historische Kongruenz von O. und Nominalismus ist in der Folge in mehreren Schritten unwiderruflich unterlaufen worden. Schon etwas früher hatte DIONYSIUS der Karthäuser die «Terminalistae» mit den «antiqui Nominales», die er aus Autoren des 13. Jh. als Verfechter der Lehre von der Unabhängigkeit des Wahrheitsgehaltes der Aussage von der Zeitform des Verbums kannte [12], durch ein gemeinsames Interesse an Termini und Begriffen verbunden gesehen [13]. Die Zuordnung des O. zur älteren nominalistischen Tradition bleibt jedoch insofern schwankend, als nicht eindeutig feststeht, welche der drei von JOHANNES VON SALISBURY unterschiedenen nominalisierenden Lösungen des Universalienproblems (voces-, sermo- und intellectus- oder notio-Theorie) [14] in der Folgezeit vorrangig als die der «Nominales» angesehen worden ist. Im

12. Jh. hat PETER ABAELARD als «princeps Nominalium» gegolten [15]. Für ALBERTUS MAGNUS dagegen haben die «Nominales» in der Universalienfrage die Ansicht vertreten, daß die «communitas» des Allgemeinen nur im «intellectus» bestehe [16]. J. TURMAIR (AVENTINUS) verstärkt diesen konzeptualistischen Akzent, wenn er die nach ihm von Ockham nur erneuerte Sekte der Neuaristoteliker oder «Nominales» auf die stoische Deutung der Universalien als «notiones in animo» zurückführt [17]. Indem er jedoch ROSCELLIN und seine «scientia vocum» an den Beginn der Entwicklung stellt [18], leistet er auf der anderen Seite der vokalistischen Mißdeutung des Ö. Vorschub, die wenig später bei M. NIZOLIUS greifbare Gestalt annimmt [19]. Auch für J. CARAMUEL Y LOBKOWITZ ist Aristoteles selbst eben deswegen zum eigentlichen Begründer der «schola Nominalis» geworden, weil er von den von Platon vervielfältigten Dingen nur die «pura nomina» zurückbehalten hat [20].

J. CRASSOT wendet gegen die Einordnung der Nominales in die stoische Tradition ein, die Stoiker hätten die Universalien ausschließlich als «conceptus mentis», nicht aber auch als «voces» oder «nomina» angesehen [21]. LEIBNIZ bleibt in der Deutung der Universalienlehre des Ö. auf einem undifferenzierten «nuda nomina»-Standpunkt stehen [22]. Sein Lehrer J. THOMASIUS dagegen interpretiert sie konzeptualistisch und ist darum auch geneigt, Turmairs Stoizismus-These zu folgen. Abaelard hat nach ihm dem «flatus vocis» Roscellins die «conceptus significati» substituiert und ist so zum Führer der «Conceptuales» geworden. Der Ö. hat später die Parteispaltung zwischen ihnen und den «Nominales» im engeren Sinne dadurch überwunden, daß er die Universalien «ordine inaequali» sowohl als «conceptus» als auch anderseits als «voces» oder «nomina» verstanden hat. An der ganzen Richtung sei jedoch von ihren ersten Anfängen her die Benennung «Nominales» haften geblieben [23]. Damit ist schon in der Mitte des 17. Jh. eine Positionsbestimmung des Ö. gewonnen, die prinzipiell mit den Ergebnissen der neueren Forschung verträglich ist. In dieser Zeit scheint Ockham nur in England noch uneingeschränkt als «the father of the Nominalists» (J. TAYLOR 1654) gegolten zu haben [24]. Die gegenreformatorische Scholastik hatte sich damals längst daran gewöhnt, auch Autoren der Jahrzehnte vor Ockham, wie Durandus de S. Porciano oder Petrus Aureoli, zu den Nominales zu rechnen. Der Ausdruck ‹Nominalismus› – lexikalisch im ‹Dictionnaire von Trévoux› seit 1752 belegt – wird vermutlich im Skotismus des 17. Jh. als Negativcharakteristik für nominalistische Tendenzen bei Thomisten und Jesuiten, und d.h. außerhalb des Ö. im engeren Sinne geprägt [25]. In jüngerer Zeit hat G. LEFF davor gewarnt, Ockham selbst in der falschen Perspektive des Ö. im Sinne von bloß unterstellten Folgewirkungen seines Denkens zu sehen [26].

Anmerkungen. [1] Vgl. H. HALLAM: Introd. to the lit. of Europe 1 (London 1837) 256; K. WERNER: Der hl. Thomas v. Aquino 3 (1859) 125; C. PRANTL: Gesch. der Logik im Abendl. 4 (1870) 2. – [2] Vgl. F. Kardinal EHRLE: Der Sentenzenkomm. Peters v. Candia. Franz. Studien, Beih. 9 (1925) 78-80; R. PAQUÉ: Das Pariser Nominalistenstatut (1970) 23-25. – [3] EHRLE, a.O. 60; J. GERSON, Centil. de conc. § 93. Oeuvres compl. 9 (Paris 1973) 515; D. SOTO, In Porph. Isag. (Venedig 1587) f. 32 K. – [4] Epist. obscur. vir., hg. A. BÖMER 2 (1924) 162; D. ERASMUS VON ROTTERDAM: Op. omnia (Amsterdam 1969ff.) I/1, 81; IV/1, 366; IV/3, 150. 154; Op. omnia (Leiden 1705) 6, ***3r; J. TURMAIR, Bayer. Chron. Sämmtl. Werke 4/1 (1882) 445; vgl. auch den «Typus logicae» bei REISCH und MURNER: PRANTL, a.O. [1] 4, 294f.; G. VOETIUS: Exercitia et bibl. stud. theol. (Utrecht 1644) 392. – [5] M. LUTHER, Werke, Weimarer Ausg. 3, Tischreden 5 (1919) 653 (n. 6419); A. CALOV: Scripta philos. (1651) 2, 797 und Systema loc. theol. 1 (1655) 78; J. H. HOTTINGER bei PRANTL, a.O. [1] 4, 188. – [6] J. THOMASIUS: Orationes (1683) 260 und Diss. hist. de doctor. scholast. lat. (1676) C 3v; A. TRIBBECHOVIUS: De doctor. scholast. (²1719) 225; G. PASCH: De novis inventis (1700) 45; J. H. ZEDLER, Gr. vollst. Univ.-Lex. 25 (1740, ND 1961) Art. ‹Ockamisten›; J. BRUCKER: Hist. crit. philos. (²1766f.) III, 730. 847. 903; IV, 96. 99; C. MEINERS: Comm. de nom. ac realium initiis atque progr. Comm. Soc. Reg. scient. Gott. 12 (1793/94) 37. – The Oxf. Engl. dict. 7 (Oxford 1933) Art. ‹Occamism›. – [8] J. H. RANDALL jr.: The career of philos. from the Middle Ages (New York 1962) 38. 47 u.ö. – [9] Vgl. J. GERSON, Oeuvres compl. 3, 242; 8, 182; 9, 517. 629. 632. 635. – [10] Vgl. EHRLE, a.O. [2] 310. 314. 316ff. 322ff. («Nominalistarum» EHRLE 316 ist ein Lesefehler für «Nominalitatum»). – [11] a.O. 322. – [12] M.-D. CHENU: Grammaire et théol. aux XIIe et XIIIe siècles. Arch. Hist. doctr. litt. MA 10 (1936) 9ff. – [13] DIONYSIUS CARTH., Op. omnia 20 (Tournai 1902) 554 bD. – [14] Vgl. PRANTL, a.O. [1] 3 (²1885) 119. – [15] W. MAP, De nugis curialium I, 24, hg. T. WRIGHT (London 1850) 41. – [16] ALBERTUS MAGNUS, Liber de praedicab. II, 2. Opera 1 (Lyon 1651) 12 b. – [17] J. TURMAIR, Ann. duc. Boiar. Sämmtl. Werke 3/2 (1884) 201f. – [18] a.O. 200. – [19] M. NIZOLIO, De veris principiis, hg. Q. BREEN 1 (Rom 1956) 65. – [20] J. CARAMUEL Y LOBKOWITZ: Bernardus Petrum Abailardum eiusque potentiss. sectat. triumphans (Louvain 1644) 11f. – [21] Vgl. J. THOMASIUS, De secta nominal., Orationes (1683) 252; Diss. hist. de doctor. scholast. lat. (1676) C 1v. – [22] G. W. LEIBNIZ, Marii Nizolii de veris principiis ..., Diss. prael. Akad.-A. VI/2 (1966) 427. – [23] J. THOMASIUS, Orationes a.O. [21] 252. 259-262; De doctor. ... a.O. [21] C 1v, C 3v. – [24] J. TAYLOR: The whole works 9 (London 1828) 471. – [25] Vgl. B. MASTRIUS DE MELDOLA und B. BELLUTUS, Disput. in Org. Arist. (Venedig ²1646) 362 b; 363 b (IV, n. 7. 9); B. MASTRIUS DE MELDOLA, Disput. in XII. Arist. Stag. libros Met. (Venedig 1646f.) I, 915 a (VI, n. 292); II, 209 a (IX, n. 4). – [26] G. LEFF: William of Ockham (Manchester 1975) XIII.

Red.

Ödipus-Komplex

I. Die Träume und Phantasien der Psychoneurotiker enthalten, wie S. FREUD fand, sehr häufig Todeswünsche bzw. deren Äquivalenz, die gegen Geschwister und/oder gleichgeschlechtliche Elternteile gerichtet sind. Diese Todeswünsche erklärte sich Freud einerseits durch «den Egoismus des Kindes ...» [1], anderseits als Folge der «frühzeitig» erwachten «sexuellen Wünsche des Kindes ...», die bewirken, daß der andersgeschlechtliche Elternteil «zum störenden Mitbewerber» wird [2]. Erstmalig entdeckte Freud diese psychodynamischen Zusammenhänge im Verlauf seiner Eigenanalyse [3]. Eine Phänomenbeschreibung der Ödipussituation findet sich jedoch schon vor der Zeit der Psychoanalyse: Freud verweist selbst auf DIDEROTS Roman ‹Le neveu de Rameau›, der von Goethe übersetzt wurde [4]. In Analogie zu den darin geschilderten Beziehungsverhältnissen und dem Ödipus-Mythos nannte FREUD diejenige psychische Entwicklungsphase, in der die beschriebene Dreierbeziehung zwischen Eltern und Sohn (bzw. Tochter) besteht, die ödipale und die Fixierung an die in dieser Weise affektiv besetzten Elternimagines den Ö.-K. [5]. Wie der Held der Tragödie ‹Oedipus Rex›, in der die Ödipussage eine Auslegung erfuhr, die durch politisch-gesellschaftliche Umwälzungen säkularen Ausmaßes bedingt war, weiß auch ein Neurotiker nicht, daß sein Verhalten den «Eltern» gilt. Diese Determination seines Verhaltens durch den Ö.-K. bleibt «unbewußt».

Vom «vollständigen Ö.-K.» wird gesprochen [6], um auszudrücken, daß neben der im Falle des Knaben (beim Mädchen ist es umgekehrt) libidinösen Bindung zur Mutter und der ihr korrelierten Rivalität mit dem Vater (positiver Ö.-K.) immer auch eine gegensätzliche Einstellung besteht, d. h. ein sogenannter negativer Ö.-K.: Liebe zum Vater und Rivalität mit der Mutter um die Gunst des Vaters. Die normale Entwicklung führt zur Zertrümmerung des Ö.-K. [7] und damit im Falle des Knaben zur Identifizierung mit der Männlichkeit des Vaters, im Falle des Mädchens zur Übernahme der weiblichen Rolle der Mutter. Störungen dieses normalen Schicksals des Ö.-K. geben zu Fehlidentifikationen hinsichtlich der Geschlechtsrolle Anlaß [8].

Über die Ausgänge des Ö.-K. entscheiden: a) Reifungsprozesse, die insbesondere das Triebleben betreffen; b) eine bei allen Menschen bestehende bisexuelle Anlage, die, falls abnorm stark ausgeprägt, zur libidinösen Überbesetzung der Mutter im Sinne eines narzißtischen Ideals führen kann, zur sogenannten 'narzißtischen Phase der ödipalen Entwicklung'. Insofern eine so gekennzeichnete 'positive' ödipale Einstellung aufgegeben wird, besteht die Gefahr der totalen Identifikation mit dem primären Objekt, was zum Realitätsverlust und also zur Psychose führen kann [8a]; c) die Intensität der narzißtischen Kränkung, die darin besteht, daß das kleine Kind de facto nicht die «Potenz» besitzt, die Mutter bzw. den Vater sexuell befriedigen zu können, wobei die Abwehr dieser Kränkung zur aggressiven Aufladung der verbietenden Rolle des gleichgeschlechtlichen Elternteiles führt [9]; d) die Stärke der Kastrationsdrohung durch den Vater (bzw. die Eltern), die ihr Gegenstück in den Mordimpulsen gegenüber dem Vater (den Eltern) hat [10].

Die Beteiligung der biologischen Reifungsvorgänge bei der Konstituierung des Ö.-K. wird von einer Reihe von Forschern bestritten bzw. es wird ihnen nur eine untergeordnete Rolle zugestanden. Die Neo-Analytiker (Neo-Freudianer) [11] z.B. geben den Milieufaktoren weitgehend Priorität, während die Psychoanalyse Freuds stets den Trieben, allerdings in Verbindung mit den gesellschaftlichen Einflüssen, die entscheidende Rolle zuschreibt, was z.B. Freuds Feststellung zeigt, «es sei der Ausdruck ... des ewigen Kampfes zwischen dem Eros und dem Todestrieb», der sich, besonders solange die menschliche «Gemeinschaft nur die Form der Familie kennt ...», im «Ö.-K. äußern» müsse [12]. Den neo-analytischen Standpunkt nehmen auch psychoanalytisch orientierte Anthropologen ein, die ihn durch völkerkundlich-vergleichende Untersuchungen erhärten konnten [13]. Für A. KARDINER ist deshalb der Ö.-K. «eher ein Endprodukt, eine Wirkung als eine Ursache» [14]. Für andere Ethnologen wird – und dies gilt vorab für strukturalistische Betrachtungen – der Ö.-K. zu einer Art logischen Instruments, «das es ermöglicht, eine Brücke zu schlagen zwischen» den Problemen – «wird man aus einem oder aus zweien geboren?» – und dem abgeleiteten Problem: «... wird das Selbst aus dem Selbst geboren oder aus dem Anderen?» [15]. In wieder anderer Sicht kann man den Ö.-K. bzw. den zugrunde liegenden Mythos (zu dessen Variationen vgl. [15a]) ebenso wie etwa die Geschichte Hiobs [16] als «Paradigma» für die Bewältigung der alle menschlichen Gesellschaften bedrängenden Frage sehen: Wie kann die Tatsache, daß manche Individuen an der Aufgabe, vollwertige Mitglieder ihres Stammes zu werden, scheitern, bewertet, gerechtfertigt und unter Kontrolle gebracht werden?

Unter den Analytikern war es A. ADLER, der den Ö.-K. als Folge von Milieueinflüssen, insbesondere der Erziehung durch die Pflegepersonen, interpretierte. Der Ö.-K. ist nach Adler eine pathologische Erscheinung, die sich infolge von Fehlerziehung einstellt. Eine Verzärtelung des Kindes erweckt frühzeitig sexuelle Wünsche, die sich auf die Mutter konzentrieren. Wesentliches Moment des Ö.-K. ist jedoch nicht die sexuelle Komponente, sondern der Machtanspruch des Kindes – gesteigert durch die Verwöhnung –, der die Beherrschung der Mutter und die Ausschaltung des Vaters zum Ziele hat [17]. Daß anstelle der Verwöhnung durch die Mutter pädophile Neigungen des Vaters – im Ödipus-Mythos des Laius (Laius-Komplex) – wesentlich an der Dynamik des Ö.-K. beteiligt sind, versucht F. J. DEVEREUX abzuleiten, wobei dann der Sohn-Mutter-Inzest zugleich die Kohabitation mit dem feminisierten, homosexuellen Vater repräsentiert [18]. M. KANZER und H. A. VAN DER STERREN [19] hingegen sehen in der Feindschaft zwischen Mutter (Jocaste) und Sohn das verdrängte, unbewußte Motiv für die manifeste Handlung. Seine Herkunft dürfte, bezogen auf Jocaste, mit deren Kampf gegen ihre «persekutorische Mutter» zusammenhängen. In dessen Interesse, zu dessen Verleugnung mißbraucht sie – wie manche Stellen bei Sophokles vermuten lassen, «bewußt» [20] – ihren Sohn Ödipus [20a]. Der bietet sich zu diesem Spiel an, weil er selbst das Problem der «persekutorischen Mutter» zu lösen hat, was schon aus seiner primär homophilen Einstellung seinem Vater gegenüber [21] erhellt. Aus dieser Perspektive wird deutlich, daß das Ödipus-Drama und damit der Ö.-K. den Wendepunkt, den Übergang von einer matrilinearen zur patrilinearen Gesellschaftsform markieren [22]. Deren Dominanz ist psychologisch nur gesichert, wenn die Identifikation mit dem starken und guten Vater vor Eintritt in die positiv-ödipale Phase gelungen ist, in der der Vater zum Konkurrenten um die phallischaktive, geliebte Mutter wird und die mit der Errichtung des ödipalen Über-Ichs – Zertrümmerung des Ö.-K. – endet. Denn nur hierdurch kann die Beziehung zur persekutorisch verschlingenden Mutter annulliert werden [23].

Der Ö.-K. bekommt damit auch den Charakter, vor der «Schizophrenisierung», vor der Ersetzung der «realen Welt» durch die Welt der primären, an Triebmodalitäten gebundenen Phantasien zu bewahren. Das freilich wird von einigen bedauert, insofern sie die psychotische Existenzform als Therapie für das Unbehagen in der Kultur, im Kapitalismus, in der Gesellschaft und der Familie überhaupt empfehlen in der Hoffnung, daß die «Verwirklichung des Prozesses der Wunschproduktion» die «Erde» zum «Ort der Heilung» [24] werden lasse.

Von manchen Analytikern, insbesondere denen der Schule von M. KLEIN, wurde in den letzten Jahren herausgestellt, daß sich der Ö.-K. in seinen Anfängen schon in der Säuglingszeit, etwa mit 6 Monaten, entfaltet [25], womit den prägenitalen Trieben bei seiner Bildung eine entscheidendere Rolle als den phallisch-genitalen zugeschrieben wird. Auch O. FENICHEL betont die Bedeutung der prägenitalen Triebe und spricht von Vorläufern des Ö.-K., so daß Angst vor der Kastration, die die ödipale Phase beherrscht, Angst vor Entwöhnungen zur Zeit der oralen und Angst vor Verlust der Exkremente zur Zeit der analen Phase in enger Beziehung zueinander stehen [26]. Die 'inzestuöse Fixierung' im Ö.-K. bekommt gemäß diesen Ansätzen den Stellenwert einer Reaktionsbildung gegen die Gefahren der davorliegenden psycho-sexuellen Organisationsstufe und erhält den Charakter einer «Abwehr gegen die in der ersten Objektbeziehung entstandenen Traumen» [27]. Die ödipale Fixierung kann auch als Versuch gesehen werden, die ambivalente Beziehung zur Mutter zu überwinden. Das bedeutet, daß der Ö.-K. aus solcher Sicht dann kein «explanatorisches Konzept» darstellt, sondern ein Phänomen, das in den Begriffen einer endopsychischen Situation zu erklären ist, die sich bereits entwickelt hat [28]. Ähnlich hatte schon K. HORNEY die akzentuierte Sexualität des Kindes als den Versuch verstanden, die aus der Abhängigkeit stammende Angst zu kompensieren [29].

Eine sehr weitgehende Hypothese über den Einfluß präödipaler Phasen auf die Entwicklung des Ö.-K. stellt O. RANK auf: Er wertet die Geburt als traumatisches Ereignis, bei dem die mütterlichen Genitalien zur Ursache von Angst werden. Mit dem ersten Erwachen der Sexualität versucht das Kind, die Quelle der Angst in eine Quelle der Befriedigung umzuwandeln; dieser Versuch kann jedoch nicht gelingen wegen der Nachwirkungen des allzu einschneidenden Geburtstraumas. Ranks Vorschlag für eine Definition des Ö.-K. beinhaltet die gesamte Eltern-Kind-Konstellation, also auch die Beziehung der Eltern untereinander und deren Einstellungen und Wünsche in bezug auf das Kind [30].

Eine umfassende Bedeutung gewinnt der Ö.-K., wenn man ihn im Lichte einer allgemeinen psychologischen Beziehungslehre (Objektbeziehungspsychologie) betrachtet [31]. Die affektiven ödipalen Verwicklungen ergeben sich jetzt als Reflexe der mit der Dreipersonenbeziehung unvermeidbar gesetzten Konfliktlage, und der Ö.-K. wird, falls es nicht zu seiner Überwindung kommt, zum Ausdruck ihrer Pathologie. Die Zweipersonenbeziehung bringt demgegenüber die Konfliktlage in der Form der «Grundstörung» zum Ausdruck [32]. Die Beziehungsverhältnisse und die dazugehörigen Erlebnisse gelten jeweils nur für das herrschende Beziehungsgefüge. Damit ist im Falle des Ödipus gesagt, daß alle beobachtbaren Elemente – neben der Liebe und der Haßreaktion gehören dazu die Neugier und die Suche nach der Wahrheit – nicht in Isolierung gelten, sondern nur als Glieder eines Bedingungszusammenhanges: «Kein Element, etwa das sexuelle Element, kann für sich, vielmehr nur aus seiner Beziehung mit anderen Elementen begriffen werden» [33]. Nach dieser Auffassung ist der Ö.-Mythos sowohl die Projektion der bio-psycho-sozialen Situation einer bestimmten Entwicklungsperiode wie zugleich Reflexionsstufe des Bewußtseins: Durch den Tod des «blutverwandten» Vaters – der infolge dieser Eigenschaft mit dem Sohn «im Sinne der Frühwelt identisch» ist – «wird die Individuation vollzogen, indem der Schritt von der synchron-zyklischen Zeit zur reflektierten Zeitlichkeit» und damit «in das begriffliche Denken» geschieht [34]. Der Ö.-K. als nicht vollbrachter Mythos ist Kennzeichen der neurotischen Verfassung – wie einer defekten Bewußtseinsstufe –, ist deren «Kernkomplex» [35], d.h. – und dies wäre seine allgemeine psychoanalytische Definition – er bedeutet Fixierung an eine durch die Elternbeziehung begrenzte und also infantile Erfahrungs- und Erlebensform, die als «defektuöse» Bewußtseinsstufe imponiert.

Die heute weitgehend anerkannte Auffassung, der Ö.-K. sei der Kernkomplex der Neurosen (ja womöglich auch der Psychosen), beruht auch auf der Struktur (dem «Setting») der klassischen psychoanalytischen Technik. Die sich während der Behandlung einstellende Psychodynamik hat in sehr entscheidenden Phasen der Therapie einen ausgesprochen ödipalen Charakter, weil nämlich der Analytiker dem Analysanden gegenüber a) eine permissive und insofern verführerische und gleichsam «mütterliche» Einstellung einnimmt. Zugleich aber übernimmt er, indem er selbst zur Abstinenz (zur strikten Vermeidung von Trieb-Gratifikationen) [36] verpflichtet ist, b) notwendigerweise die Rolle des versagenden, verbietenden und also «paternalen» Objektes, wird zum Über-Ich-Objekt. Hinzu kommt c), daß der Analytiker den Analysanden, der an seine bisherigen Interaktionsmuster und damit an deren Objekte fixiert ist, von diesen Fixierungen zu lösen hat. Das schließt ein, daß der Analytiker die in diesen Fixierungen enthaltenen Triebgratifikationen und die ihnen korrelierten narzißtischen Befriedigungen diagnostizieren und mittels seiner Deutungen zu verhindern streben muß. Wiederum wird der Analytiker als ein verbietendes Über-Ich-Objekt erfahren. Das gilt formal z.B. auch dann, wenn auf den Analytiker eine Vaterübertragung, also eine Über-Ich-Objektübertragung vorgenommen wird: Mit dem Ziel der Aufhebung dieser Bindung fungiert der Analytiker als ein Über-Ich-Objekt, jetzt allerdings als eines zweiter Ordnung. J. STRACHEY [37] spricht von der «Hilfs-Über-Ich-Funktion» des Analytikers.

Die mittels psychodynamischer Behandlungstechnik entstehende Psychodynamik ist notwendig und unvermeidbar, wenn eine Therapie neben dem emotionalen Erleben im hic et nunc, wie die Übertragung mit sich bringt, auch Einsicht und Wissen um die herrschenden Zusammenhänge und Beweggründe als Ziel verfolgt. Das ist ohne Hemmung der Triebgratifikation nicht zu erzielen, weil diese erst den «mentalen» Raum freigibt, in dem Gedanken und Denken und also diskursiv symbolisches Sprechen «über etwas als etwas» sich vollziehen kann. Dieses Ziel kann man auch beschreiben, indem man sagt, der Analytiker halte den Analysanden wach («keeping awake») [38] bzw. habe die zentrale Aufgabe, ihn «aufzuwecken» (39), was gleichbedeutend damit ist, ihm ein Leben in der gemeinsamen Realität zu ermöglichen, d.h. ihm zur Annahme des geltenden Realitätsprinzips zu verhelfen. Zugleich aber muß der Analysand auch in die Lage versetzt werden – und das ist entscheidend –, dessen Inhalte unter Umständen zu verwerfen, insofern die Iteration der formalen Methode des psychoanalytischen Verfahrens im Sinne der Dialektik das «Objekt» (der Übertragung) wie das «Subjekt» (das «Ich-Selbst» des Analysanden) verändert. Indem aber auch gerade das «Objekt» (der Analytiker-Vater, die Eltern) verändert wird, wird es teilweise oder sogar in Gänze überwunden, ja getötet.

Wie aus dieser Sicht deutlich wird, sind solche Ereignisse – soll Emanzipation, soll Individuation geschehen – unvermeidbar eine «Entwicklungsnotwendigkeit» und, wenn nicht «faktische», «externe», dann aber «psychische» Realität [40]. Im Hinblick auf diese Zusammenhänge wäre der Ö.-K. «kein Mythos», sondern «die wissenschaftliche Repräsentation dieses konkreten Prozesses» [41].

Anmerkungen. [1] S. FREUD: Die Traumdeutung (1900). Werke 2/3, 261. – [2] a.O. 264. – [3] Br. an W. Fliess vom 15.10.1897, in: Aus den Anfängen der Psychoanalyse (London 1950) 238. – [4] Das Fakultätsgutachten im Prozeß Walsmann. Psychoanalyt. Bewegung 3 (1931) 32-34. – [5] a.O. [1] 264. 267ff.; Der Psychoanalyse (1909). Werke 8, 50; Beiträge zur Psychol. des Liebeslebens (1910), a.O. 73. – [6] Das Ich und das Es (1923). Werke 13, 261. – [7] a.O. 260. – [8] Der Untergang des Ö.-K. (1924), a.O. 395ff.; Ein Kind wird geschlagen (1919). Werke 12, 208. – [8a] M. KATAN: The importance of the non-psychotic part of the personality in schizophrenia. Int. J. Psychoanal. 35 (1954) 119-128. – [9] B. GRUNBERGER: The oedipal conflicts of the analyst. Psychoanal. Quart. 49 (1980) 606. 613. 619. – [10] H.W. LOEWALD: Das Schwinden des Ö.-K. Jb. Psychoanalyse 13 (1981) 37-62. – [11] Vgl. z.B. E. FROMM: The Oedipus-complex and the Oedipus-myth, in: R. ANSHEN (Hg.): The family: its function and destiny

(New York 1954, ²1959) 420-448; K. HORNEY: New ways in psychoanalysis (New York 1939). – [12] FREUD: Das Unbehagen in der Kultur (1930). Werke 14, 492. – [13] M. MEAD (Hg.): The study of culture at a distance (Chicago 1953, ⁴1966) 72f. – [14] A. KARDINER: Sex and morality (1954), zit. nach M. BIRNBACH: Neo-Freudian social philos. (Stanford, Calif. 1954) 44ff. – [15] C. LÉVY-STRAUSS: Strukturale Anthropologie (1967) 238. – [15a] F. CHRISTLIEB: Der entzauberte Ödipus (1979). – [16] M. FORTES: Ödipus und Hiob in westafrik. Religionen (1966). – [17] A. ADLER: Nochmals – die Einheit der Neurosen. Int. Z. Individualpsychol. 8 (1930) 201-216. – [18] F. J. DEVEREUX: Why Oedipus killed Laius. Int. J. Psychoanal. 34 (1953) 134. – [19] M. KANZER: The Oedipus trilogy. Psychoanal. Quart. 19 (1950) 561-572; H. A. VAN DER STERREN: The 'King Oedipus' of Sophocles. Int. J. Psychoanal. 33 (1952) 343-350. – [20] H. STEWART: Jocaste's crime. Int. J. Psychoanal. 42 (1961). – [20a] Vgl. CHRISTLIEB, a.O. [15a] und unten FENICHEL und PELLEGRINO. – [21] Vgl. a.O. [18]. – [22] R. GRAVES: The Greek myths 2 (Harmondsworth 1955); F. BORKENAU: Zwei Abh. zur griech. Mythologie. Psyche 11 (1957/58) 1-27. – [23] W. LOCH und G. JAPPE: Die Konstr. der Wirklichkeit und der Phantasien. Psyche 28 (1974) 1-31. – [24] G. DELEUZE und F. GUATTARI: Anti-Ödipus (1974) 469. 353. 470. 496. – [25] M. KLEIN: Die Psychoanal. des Kindes (1932) 250ff.; P. HEIMANN: A contrib. to the re-evaluation of the Oedipus-complex – the early stages. Int. J. Psychoanal. 33 (1952) 84ff.; vgl. auch E. JONES: The early development of female sexuality (1927), in: Papers on psychoanalysis (Boston 1961); The phallic phase, a.O. – [26] O. FENICHEL, Coll. papers 1. 2 (London 1958) 108ff. – [27] H. PELLEGRINO: Versuch einer Neu-Interpretierung der Ödipus-Sage. Psyche 15 (1961/62) 475-485, bes. 477ff. – [28] W. R. D. FAIRBAIRN: A rev. psychopathology of the psychoses and psychoneuroses (1941), in: Psychoanalytic studies of the personality (London 1952) 36; Endopsychic structure consid. in terms of object-relationship (1944), a.O. 120. 121. – [29] HORNEY: The neurotic personality of our time (New York 1937) 160f. – [30] O. RANK: Modern education (New York 1932). – [31] J. RICKMAN: Number and the human sciences (1951), in: Select. contrib. to psycho-analysis (London 1957) 218ff. – [32] M. BALINT: Die drei psychischen Bereiche. Psyche 11 (1957/58) 321-344, bes. 342. – [33] W. R. BION: Elements of psychoanalysis (London 1963) 45; vgl. G. JAPPE und CH. VAN DER BORGH: Über den Familienroman im Ödipusdrama, in: S. GOEPPERT (Hg.): Die Beziehung zwischen Arzt und Patient (1975) 202-214. – [34] D. WYSS und B. LAUE: Ödipus – Zur Anthropologie von Aufklärung und Verblendung. Z. klin. Psychol. Psychother. 25 (1977) 43-51, bes. 46f. – [35] FREUD: Drei Abh. zur Sexualtheorie (1905). Werke 5; Über infantile Sexualtheorien (1908), a.O. 7, 176; Bemerk. über einen Fall von Zwangsneurose (1909), a.O. 428. – [36] M. BALINT: The basic fault (London 1968) 144f. – [37] J. STRACHEY: The nature of the therapeutic action of psychoanalysis. Int. J. Psychoanal. 15 (1934) 127-159. – [38] D. W. WINNICOTT: The aims of psychoanalytic treatment (1962), in: The maturational process and the facilitating environment (London 1972) 166. – [39] B. LEWIN: Dream psychology and the psychology of the analytic situation. Psychoanal. Quart. 24 (1955) 169-199. – [40] a.O. [10]. – [41] C. LE GUEN: The formation of the transference. Int. J. Psychoanal. 56 (1975) 371f.

Literaturhinweise. P. MULLAHY: Oedipus myth and complex (New York/London 1949). – W. SCHOENE: Über Psychoanalyse in der Ethnologie (1966). – R. C. COLOGERAS und F. X. SCHUPPER: Origins and early formulations of the Oedipus complex. Int. J. Psychoanal. 20 (1972) 751ff. W. LOCH/Red.

II. S. FREUD setzt in ⟨Totem und Tabu⟩ den Beginn der menschlichen Kultur mit dem ödipalen Mord am Urvater an [1]. Diesen Ansatz einer Entmythologisierung [2] zu unterziehen, ist Ziel der strukturalen Psychoanalyse J. LACANS. Weder Mythos noch reduzierbar auf eine reale lebensgeschichtlich fixierbare Entwicklungsstufe des Menschen, gewinnt der Ö.-K. seine strukturelle Bedeutung vielmehr durch die Einführung einer verbietenden Instanz (Inzesttabu): Jedes Individuum wird mit einem universalen «Gesetz» konfrontiert, in dessen Anerkennung seine «Subjektivierung» gründet – und «dieses Gesetz ist einer Sprachordnung gleich» [3].

Die klassische Psychoanalyse betrachtet den Vater als diejenige Instanz, die die Mutter-Kind-Dyade zur ödipalen Trias ergänzt und zugleich die Mutter dem Kinde «verbietet». Lacan hat dieses «Verbot» einer sprachtheoretischen Interpretation unterzogen. Die Intervention des Vaters hat rein strukturellen Charakter: Der Vater zerstört die Selbstgenügsamkeit der Mutter-Kind-Beziehung, die sich aus der narzißtischen Identifikation des Kindes mit der Mutter als Spiegelbild seiner selbst konstituiert. Indem die Mutter den «Namen-des-Vaters» [4] ausspricht, gesteht sie ein anderes Begehren als das nach dem Kinde ein. So wird dem Mangel, der dem Kind zuerst in der Abwesenheit der Mutter deutlich wird, ein Name verliehen. Der eigentliche Mangel an Sein oder Identität wird fortan benennbar. In diesem Sinne spricht Lacan vom «symbolischen Vater» [5]: Vater ist allein, wer einen Mangel kompensiert, ohne ihn freilich aufheben zu können. Im Akt dieser Benennung geschieht ein Zweifaches: Im «Namen-des-Vaters» scheint der Mangel identifizierbar, fixierbar; gleichermaßen jedoch konfrontiert der an sich «sinnlose» Name das Individuum mit einem «Gesetz» [6], das sich als Gesetz der Sprache entpuppt. Das ödipale Verbot entspricht dem «Verbot» des Signifikanten, die Sprache zum Spiegel zu hypostasieren. Als «mangelhafter» Anderer fungiert sie als «dritte» Instanz, an der sich die Einheit des Sinns wie des Ichs immer wieder bricht. Was die Sprache «verbietet», ist folglich die Präsenz eines (transzendentalen) Signifikats [7]; es ist die Sprache selbst, die «kastriert» ist.

Mit seiner sprachtheoretisch radikalisierten Konzeption der Psychoanalyse hat sich Lacan von jeder kulturalistisch relativierten Interpretation der Ö.-K. abgegrenzt. Vater und Mutter sind nichts als «Statthalter» von «Plätzen», die durch die Struktur der Sprache vorgegeben sind, so daß weder das Modell der Kleinfamilie noch irgendein anderes Modell sozialer Organisation als Grundlage psychoanalytischer Theoriebildung fungieren kann [8]. Vom Ö.-K. bleibt allein das «Gesetz der Kastration» [9], dem das Subjekt als sprechendes Wesen zeitlebens unterworfen sein wird.

Im Verlauf der letzten Jahre ist die Psychoanalyse in Frankreich zum Gegenstand grundsätzlicher Angriffe geworden, die sich vorrangig auf deren Rolle als soziale Praxis richten (M. FOUCAULT; R. CASTEL) [10]. Dieser anti-psychoanalytischen Strömung im weitesten Sinne läßt sich auch der «Anti-Ödipus» von G. DELEUZE und F. GUATTARI [11] zurechnen. Die «große Entdeckung der Psychoanalyse», die «Wunschproduktion[en] des Unbewußten» [12], hat – so die These – in dem Maße ihre «explosive» [13] Kraft eingebüßt, als man den Wunsch «ödipalisiert» hat: «Das ödipale Dreieck ist jene intime und private Territorialität, die zu allen Anstrengungen der gesellschaftlichen Reterritorialisierung des Kapitalismus paßt» [14]. In diesem Sinne dient die Ödipalisierung des Wunsches, seine Unterwerfung unter ein triangulares Schema der Reglementierung, Bändigung und (familialen) Normalisierung der nicht codifizierbaren [15] Produktivität der «Wunschmaschinen»: «Alle Ödipusse ... verdrängen die Wunschproduktionen, die sich weder auf eine Struktur noch auf Personen reduzieren lassen und die das Wirkliche in sich selbst konstituieren ... Denn das Unbewußte ist so wenig strukturell wie imaginär; noch symbolisiert, imaginiert oder figuriert es. Es läuft; es ist maschinell» [16]. Eine «Deödipalisierung» [17] des Unbewußten, die den Wunsch von den «Erfordernissen der

Repräsentation» [18] entbindet, führt nach Ansicht der Autoren zum Programm einer «Schizo-Analyse»: diese setzt nicht ein «ödipales», sondern ein «schizophrenes» Unbewußtes voraus, nicht ein «symbolisches», sondern ein «reales», nicht ein «strukturales», sondern ein «materielles», nicht ein «expressives», sondern ein «produktives» Unbewußtes [19].

Anmerkungen. [1] Vgl. S. FREUD, Totem und Tabu. Werke 16, 27ff. – [2] Vgl. J. LACAN, Schr. 2 (1975) 196; frz.: Ecrits (1966) 820. – [3] Schr. 1 (1973) 118; Ecrits 277. – [4] Vgl. Schr. 2, 88ff.; Ecrits 555ff. – [5] Schr. 2, 89; Ecrits 556. – [6] Schr. 2, 112; Ecrits 579. – [7] Vgl. S. M. WEBER: Rückkehr zu Freud (1978) 102. – [8] Vgl. E. ROUDINESCO: Action d'une métaphore, in: Pensée 161 (1972) 73. – [9] LACAN, Schr. 2, 196; Ecrits 820. – [10] M. FOUCAULT: Sexualität und Wahrheit 1 (1977); frz.: Hist. de la sexualité (Paris 1976) Kap. IV. V; R. CASTEL: Psychoanalyse und gesellschaftl. Macht (1976); frz.: Le psychanalyse (Paris 1973). – [11] G. DELEUZE und F. GUATTARI: Anti-Ödipus (1974); frz.: L'Anti-Oedipe (Paris 1972). – [12] a.O. (1974) 32. – [13] a.O. 69. – [14] 344. – [15] 222. 43ff. – [16] 66. – [17] 145. – [18] 69. – [19] 141. 231.

Literaturhinweise. H. LANG: Die Sprache und das Unbewußte (1973). – M. FRANK: Das individuelle Allgemeine (1977) 61-86.

CH. KAMMLER-PLUMPE

Offenbarung (griech. ἀποκάλυψις, Enthüllung, ἐπιφάνεια, Erscheinung, δήλωσις, Verkündigung; lat. revelatio, manifestatio; engl. revelation; frz. révélation; ital. rivelazione)

Der Begriff ‹O.› ist, obwohl er zu den zentralen Begriffen der Theologie gehört, in frühchristlicher Zeit noch nicht voll ausgeprägt. Den verschiedenen Vorgängen und Weisen der O., der Kundgabe Gottes an die Menschen, entsprechen mehrere griechische und lateinische Termini, die jedoch nicht eindeutig voneinander zu trennen sind: griech. vor allem ἀποκαλύπτω bzw. ἀποκάλυψις (Kundtun, Enthüllung), φανερόω (Sichtbar-Machen), ἐπιφαίνω bzw. ἐπιφάνεια (Sich-Zeigen, Erscheinung), δηλόω bzw. δήλωσις (Zeigen, Verkünden), lat. revelare bzw. revelatio (Enthüllung) und manifestare bzw. manifestatio (Deutlich-Machen). Umgekehrt wird bei den genannten Ausdrücken für ‹O.› vieles mitgedacht, was später in den Hintergrund getreten ist: bei ἀποκάλυψις das Aufdecken von Verborgenem, die O. von Geheimnissen, bei ἐπιφάνεια das machtvolle, glänzende Auftreten bei Göttern und Gottkönigen vor den Menschen. Persönliches Sprechen Gottes zu einzelnen Propheten usw., Traumgesichte und visionäres Schauen heißen ebenso ‹O.› wie die Mitteilung der Heilswahrheit an die Apostel insgesamt. Der profane Sprachgebrauch ist zwar Voraussetzung für den biblisch-theologischen, im ganzen aber wenig bedeutungshaltig (und bleibt deshalb hier unberücksichtigt). Erst durch das Christentum scheint ‹O.› allmählich zu begrifflicher Prägnanz avanciert zu sein. Bereits HIERONYMUS stellt fest, das Wort ἀποκάλυψις, «id est revelatio», gehöre originär der Hl. Schrift an und sei von keinem griechischen Weisen gebraucht [1].

I. *Altes und Neues Testament, Patristik.* – Im AT werden die O.n Gottes mit einer Reihe von Verben, nicht mit einem festgelegten Terminus bezeichnet: Gott läßt (sich) sehen, läßt (sich) erkennen, enthüllt (sich), spricht u.a.m. In der ‹Septuaginta› erscheint ἀποκαλύπτω gelegentlich in theologisch hervorgehobener Bedeutung, so wenn sich Gott dem Samuel oder den Propheten offenbart [2] und ihnen seine Geheimnisse enthüllt [3]. Obwohl Gott unergründlich ist («Die Wurzel der Weisheit, wem wurde sie offenbart?» [4]), hat er seine Macht, aber auch seine Gerechtigkeit und sein Erbarmen den Menschen offenbar gemacht [5]. Auch δηλόω dient zur Bezeichnung der O. und Kundgabe Gottes, seines Namens, seiner Absichten [6], seiner Macht und Herrlichkeit [7]. Mit ἐπιφαίνω bzw. ἐπιφανής wird dagegen das machtvolle, helfende oder furchterregende Eingreifen Gottes in die Geschicke der Welt bezeichnet [8].

Im NT erfolgt die Gotteserkenntnis wesentlich durch Christus, den Mittler der Gotteserkenntnis: «Niemand erkennt den Vater als nur der Sohn und wem es der Sohn offenbaren will» (βούληται ἀποκαλύψαι, voluerit revelare). Die Wahrheit ist den Weisen und Klugen verborgen, den Unmündigen aber offenbart worden [9]. «Nichts ist verborgen, was nicht offenbart werden wird» [10]. Damit offenbart Christus nicht nur den Vater, sondern auch sich selbst und seine Herrlichkeit [11]. Die Apostel verkündigen das Leben, das zuvor beim Vater war und nun ihnen erschienen ist (ἐφανερώθη, apparuit) [12]. PAULUS ist nach Jahrhunderten des Schweigens die O. des Geheimnisses (ἀποκάλυψις μυστηρίου, revelatio mysterii) gegeben; die Schriften der Propheten sind ihm offengelegt (φανερωθέντος, patefactus) [13], und dies Evangelium gibt er allen Völkern kund, das so auch der Urkirche offenbar wird [14]. Er predigt es den Gläubigen, denen Gottes Gerechtigkeit sich offenbart [15], während die Ungläubigen seinen Zorn am Tag des Gerichts erfahren werden [16]. O. ist demnach auch die O. von Gottes Macht am Ende der Zeiten [17]. Eschatologisch bedeutet ἀποκάλυψις das Geschehen des Weltgerichts [18], zusammen mit ἐπιφάνεια als Begriff für Christi Wiederkehr [19].

Ebenso wie die biblischen Schriften verwenden die Kirchenväter verschiedene Vokabeln für ‹O.›. Sie werden nur selten ausdrücklich erläutert. Im 1. Klemensbrief wird, wohl auch unter Einwirkung stoischer Kosmologie, Gottes Weltordnung gepriesen, die durch die darin waltenden Kräfte geoffenbart wird (ἐφανεροποίησας) [20], dann aber auch Gott angerufen, sich den Betenden zu offenbaren (τοῖς δεομένοις ἐπιφάνηθι) [21]. Für IGNATIUS VON ANTIOCHIEN erfolgt die O. wesentlich durch Christus, der Gottes «aus dem Schweigen hervorgegangenes Wort ist» (ὁ φανερώσας ἑαυτὸν διὰ Ἰησοῦ Χριστοῦ) [22]. In der Auseinandersetzung mit dem Judentum gebraucht der Barnabas-Brief φανεροῦν für die O., die sich mit der Menschwerdung Christi, seiner Erscheinung im Fleische, vollzieht [23]. So hat sich auch für MARCION Gott als Erlösergott erst im Evangelium offenbart und war vorher unbekannt [24]. Die O.-Funktion Christi wird vor allem dort benannt, wo die von der Philosophie herkommende Frage, wie der transzendente Gott erkannt werden könne, auftaucht. JUSTINUS folgert, daß dieser absolut jenseitige Gott sich nicht unmittelbar offenbaren kann und daß deshalb Christus die O. Gottes übernehmen muß [25] und die bloß vorläufige O. des AT an Moses und die Propheten vollendet [26].

Gegenüber der sich als O. verstehenden Gnosis, die aus einem geheimen «Buch der O.» [27] die Wahrheit empfangen will, behauptet IRENÄUS VON LYON Christus als alleinigen Mittler der O. und beruft sich auf Mt. 11, 27: «Der Vater erkennt das Wort, dieses erkennt den Vater. Deswegen gibt der Sohn die Kenntnis des Vaters kund (ἀποκαλύπται, revelat) durch seine O. (διὰ τῆς ἑαυτοῦ φανερώσεως, per suam manifestationem). Denn die Kenntnis des Vaters ist die O. (φανέρωσις) des Sohnes, alles nämlich wird durch das Wort geoffenbart (φανεροῦται, manifestatur)» [28]. Der Gott des AT ist derselbe Gott, den Christus offenbart (quem Christus revelat) und die Kirche bekennt. Er ist «der Vater unseres

Herrn Jesus Christus, durch ihn offenbart (revelatur) und zeigt er sich (manifestatur) allen, denen er sich offenbart» [29]. Der Vater hat, so HIPPOLYT, seinen Logos in die Welt gesandt, «er wollte nicht mehr durch die Propheten reden noch den Angekündigten nur dunkel ahnen lassen, sondern er sollte sichtbar erscheinen (ἀλλ' αὐτοψεὶ φανερωθῆναι) und reden» [30]. TERTULLIAN verwendet «revelare» und «revelatio», um gegen Marcion die Möglichkeit der O. Gottes auch in der Natur und nicht nur im Evangelium zu bekräftigen [31]. Die von Christus geoffenbarte Heilsbotschaft ist dann kontinuierlich an die Apostel und von diesen an die Kirche übergegangen, so daß diese die O. Gottes im Glauben bewahrt und deren Wahrheit damit erwiesen ist [32]. Die von CLEMENS VON ALEXANDRIEN angestrebte wahre Gnosis soll ein «göttliches Wissen» (ἐπιστήμη θεία) sein, ein «Licht, das alles offenbar (κατάδηλα) macht und ... den Menschen lehrt, Gottes teilhaftig zu werden» [33]. Daß die O. erst mit der Ankunft (παρουσία) Christi erfolgt, wird auch hier mit Mt. 11, 27 belegt [34]. Nach ORIGENES geschieht ebenfalls die volle O. Gottes erst mit der Erscheinung Christi im Fleische. Er, das Wort Gottes, lehrt, «den Vater zu erkennen (γνωρίσαι) und zu offenbaren (ἀποκαλύψαι)», der vorher nicht gesehen wurde [35]. Da die menschliche Natur aus eigener Kraft Gott nicht erkennen kann, wird «ihr vom Gesuchten selbst Hilfe geleistet», von dem, «der sich denen offenbar (ἐμφανίζων), die er seiner Erscheinung für wert erachtet» [36]. Deshalb heißt «geoffenbart (ἀποκαλυπτόμενον)» nicht nur etwas, «wenn es erkannt ist», sondern vor allem auch, «wenn etwas Verheißenes so gegenwärtig wird, daß es sich verwirklicht und erfüllt. Denn dann geschieht seine O. (ἀποκαλύπτεται), wenn es sich erfüllend seine Vollendung erlangt» [37]. Nicht der Mensch entscheidet sich aus eigenem Antrieb zur O., «vielmehr wird Gott gesehen, wann und für wen er selbst entscheidet gesehen zu werden, indem er sich offenbart» [38]. Wie sich in Christus das den Propheten gegebene Mysterium enthüllt hat [39], so wird sich die O. und Erkenntnis Gottes am Ende der Zeiten vollenden [40]. ATHANASIUS VON ALEXANDRIEN bestreitet zunächst gegen die Heiden, daß die Götter sich in sichtbaren, materiellen Bildern und Statuen offenbaren könnten (viel eher würden sie sich doch in beseelten, vernünftigen Wesen zeigen) [41]. Mit der Inkarnation Christi, der Erscheinung (ἐπιφάνεια) des göttlichen Logos, wurden diese Götter als wahnhafte Truggebilde entlarvt und der wahre Gott erkannt [42]. «Er offenbarte sich im Leibe (ἐφανέρωσεν), damit wir zur Erkenntnis des unsichtbaren Gottes gelangten» [43]. Schließlich demonstriert Athanasius gegen die Arianer an der O.-Funktion Christi dessen Göttlichkeit: Denn wenn Christus nicht wahrer Gott ist, «warum schafft durch denselben der Vater und offenbart (ἀποκαλύπτεται) sich in ihm allen, denen er sich offenbaren will» [44]. Für GREGOR VON NAZIANZ wiederum erfolgt die O. nach dem Grad des menschlichen Fassungsvermögens: «Das Alte Testament hat den Vater deutlich verkündet (ἐκήρυσσε φανερῶς), den Sohn aber auf schwer zu erkennende Weise. Das Neue hat den Sohn offenbart (ἐφανέρωσεν) und die Gottheit des Heiligen Geistes versteckt angedeutet. Jetzt wohnt der Geist unter uns und offenbart sich deutlicher (δήλωσιν)» [45]. So wie sich nach BASILIUS DEM GROSSEN der Schöpfergott auch in sichtbaren Dingen offenbart [46], so ist auch nach GREGOR VON NYSSA ein Erkennen Gottes in der Schöpfung möglich, wenn es im Geist der O. (τῷ πνεύματι τῆς ἀποκαλύψεως) geschieht [47]. Damit wird die Mittlerrolle Christi bei der O. aber nicht eingeschränkt.

Diese ist auch den späteren lateinischen Kirchenvätern bewußt. MARIUS VICTORINUS bestimmt die O. (manifestatio) mit Hilfe philosophischer Begriffe: Christus ist Abbild des Vaters, «weil Gott im Verborgenen ist, nämlich in der Potenz; der Logos aber ist offenbar (in manifesto), denn er ist Akt. Dieser Akt, der alles besitzt, was in der Potenz ist, bringt es entsprechend der Bewegung durch Leben und Intelligenz hervor, und so wird alles offenbar (et manifestat omnia)» [48]. Mit ‹revelatio› wird dagegen die Kundgabe der Heilswahrheit an die Apostel bezeichnet: Paulus hat das Evangelium von Christus empfangen als O., die «ipsarum rerum visio» ist und alle menschliche Klugheit und Lehre übersteigt. Gott hat ihn zur O. berufen und auserwählt, er hat ihm das Geheimnis des göttlichen Willens offengelegt (revelatum) [49]. So offenbart auch bei AMBROSIUS Christus die Geheimnisse des göttlichen Ratschlusses (paternae nobis dispositionis mysteria revelavit) [50]; Paulus verkündete, so HIERONYMUS, die O. Christi den Völkern [51].

Bei AUGUSTINUS erhält der O.-Begriff ein stärkeres Gewicht und einen vielfältigeren Sinn, der in vielem über die bisherigen Aussagen hinausgeht. Ausdrücklich wird ἐπιφάνεια mit ‹manifestatio› übersetzt und meint Christi Erscheinung als Mensch, speziell seine Geburt [52]. Zugleich sind ‹manifestatio› und ‹revelatio› die Begriffe, die heilsgeschichtlich die Erfüllung und O. des NT gegenüber dem AT bezeichnen: «Der Neue Bund ist die O. (revelatio) des Alten Bundes» [53]. Was im AT verborgen war (occultabatur), den Propheten nur verhüllt und figürlich vorgebildet (figuratum) war, ist im NT offenbart (manifestum, revelatum) worden. Die Schriften des AT verkünden die Ankunft Christi [54]. «Im Alten Bund ist die Verbergung (occultatio) des Neuen, im Neuen Bund ist die O. (manifestatio) des Alten» [55]. Vollendet wird die O. am Ende der Zeiten mit der Wiederkunft Christi und dem Gericht [56]. Dann wird das jetzt noch Verborgene ganz offenbart werden, und wir werden Gott nicht mehr nur in Bildern und Gleichnissen, sondern unmittelbar schauen [57]. – Mit ‹revelatio› werden außerdem, gemäß dem allgemeinen Sprachgebrauch der Zeit, göttliche Eingebungen und Erleuchtungen bezeichnet, die auch im Traum, in Vision und Ekstase erfolgen können [58], alle Mitteilungen und Inspirationen Gottes, wie sie besonders den Propheten und anderen biblischen Personen, aber auch späteren heiligmäßigen Personen zuteil werden [59] und wie sie auch für das rechte Verständnis der Schrift und bei der Verkündigung für Prediger und Zuhörer notwendig ist, da der Mensch der Hilfe und Gnade Gottes bedarf [60]. «Diese O., das ist die Anziehung (attractio)» durch Gott; das O.-Verständnis der Pelagianer verkennt dies [61]. Auch der Glaube hat den Beistand der O. nötig, um das Wort Gottes wahrhaft zu begreifen und einzusehen [62]. Damit berührt sich ein weiterer Aspekt des augustinischen O.-Begriffs: O. ist zunächst eine über das körperliche Sehen hinausgehende figurative, obgleich spirituale Schau; sie muß aber auch in ihrer Bedeutung erkannt und verstanden werden und ist erst dann «perfecta revelatio», d. h. mit dem Geist begriffene O. der einsichthaften und gewußten Dinge (ad mentis autem, id est intelligentiae, visionem simplex et propria pertinet revelatio rerum intellectarum atque certarum) [63]. Die «revelatio spiritualis» wird mit Gottes Hilfe verstanden, «weiter offenbart und so zur Einsicht des Geistes» geführt (plenius revelentur, et mentis intelligentia diiudicentur) [64].

Anmerkungen. [1] HIERONYMUS, Ad Gal. 1, 11f. MPL 26, 347. – [2] Num. 22, 31; 24, 4. 16; 1 Sam. 3, 1. 7. 21. – [3] Dan. 2, 28-30. 47

(hier: ἀνακαλύπτω, ἐκφαίνω, δηλόω). – [4] Sir. 1, 6. – [5] 1 Sam. 2, 27; Jes. 52, 10; 53, 1; 56, 1. – [6] Exod. 6, 3; 33, 12; 1 Kön. 8, 36; 2 Chr. 6, 27; Ps. 50, 8; Dan. 2, 28. 19. 22. 29. 30. 47. – [7] Jer. 16, 21; 2 Makk. 2, 8. – [8] Ri. 13, 6; Jo. 2, 11; 3, 4; Hab. 1, 7; Mal. 1, 14; 3, 23; 2 Sam. 7, 23; 2 Makk. 3, 24; 14, 15; 15, 27. – [9] Mt. 11, 25-27; Lk. 10, 21f.; vgl. Lk. 2, 32 (Christus als Licht zur O. der Völker). – [10] Mt. 10, 26; Lk. 12, 2 (ἀποκαλυφθήσεται); Mk. 4, 22; Lk. 8, 17 (φανερόν γενήσεται). – [11] Joh. 2, 11 (ἐφανέρωσεν, manifestavit); 14, 21f. (ἐμφανίσω, manifestabo); vgl. 1, 31. – [12] 1 Joh. 1, 2. – [13] Röm. 16, 25f. – [14] 1 Kor. 2, 10; Eph. 3, 3-5; vgl. 2 Kor. 2, 14; 3, 2; Gal. 1, 16; 2 Tim. 1, 10f. – [15] Röm. 1, 17 (ἀποκαλύπτεται, revelatur); vgl. Röm. 3, 21; Gal. 3, 23. – [16] Röm. 1, 18f. (ἀποκαλύπτεται, φανερόν, revelatur, manifestum); vgl. Röm. 2, 5; 1 Kor. 3, 13; 2 Kor. 5, 10; 2 Thess. 2, 3. 6. 8. – [17] 1 Kor. 1, 7; 2 Thess. 1, 7; Röm. 8, 18f.; 1 Petr. 1, 5; 4, 13; 5, 1. – [18] Apk. Joh. 1, 1; 1 Kor. 3, 13. – [19] 1 Tim. 6, 14; 2 Thess. 2, 8; vgl. Tit. 2, 13; 2 Tim. 4, 8. – [20] 1 Klemens LX, 1, hg. A. JAUBERT. Sources chrét. [= SC] 167 (Paris 1971) 196. – [21] a.O. LIX, 4. SC 167, 196. – [22] IGNATIUS VON ANTIOCHIEN, Ep. ad Magn. VIII, 2. Lettres, hg. P. TH. CAMELOT. SC 10 (Paris 1969) 86. – [23] Barnabas-Brief V, 6; VI, 14; VII, 1, hg. R. PRIGENT. SC 172 (Paris 1971) 108. 126. 128. – [24] Marcion bei TERTULLIAN, Adv. Marc. I, 8, 1; I, 18, 1; I, 19, 1. 5. CCSL 1, 449. 459f. 711. – [25] JUSTINUS, Dial. CXXVII, 3. Opera, hg. I. C. TH. DE OTTO (³1876) 1/2, 456. – [26] Apol. I, 63, 15f., a.O. 1/1, 174. – [27] SIMON MAGUS bei HIPPOLYT, Ref. omn. haer. VI, 9. Werke 3, hg. P. WENDLAND (1916) 136; vgl. den gnost. Jakobus-Brief, zit. bei H.-CH. PUECH und G. QUISPEL: Les écrits gnostiques du Codex Jung. Vigiliae christ. 8 (1954) 8. – [28] IRENÄUS VON LYON, Adv. haer. IV, 6, 3, hg. A. ROUSSEAU. SC 100 (Paris 1965) 442f.; vgl. IV, 6, 4f. 7, a.O. 444-449. 452; IV, 35, 4, a.O. 876f. – [29] Adv. haer. II, 30, 9. SC 294 (Paris 1982) 300. – [30] HIPPOLYT, Ref. omn. haer. I, 33, 14, a.O. [27] 291. – [31] TERTULLIAN, Adv. Marc. I, 18, 1f. CCSL 1, 459. – [32] De praescr. haer. XXI, 1-4, a.O. 202. – [33] CLEMENS VON ALEXANDRIEN, Strom. III, 44, 3. Werke, hg. O. STÄHLIN 2 (1906) 216. – [34] Protr. I, 10, 3; Paid. I, 20, 2, a.O. 1 (1905) 10. 101. – [35] ORIGENES, C. Cels. VI, 68, hg. M. ROBERT. SC 147 (Paris 1969) 348; vgl. III, 14. SC 136, 40. – [36] VII, 42. SC 150, 114. – [37] Com. in Joh. VI, 5, Werke 4, hg. E. PREUSCHEN (1903) 112. – [38] Frg. XIV, a.O. 496. – [39] XIII, 46. 48, a.O. 273. 275. – [40] I, 16, a.O. 20f. – [41] ATHANASIUS VON ALEXANDRIEN, C. gent. XIXf. MPG 25, 40f. – [42] De inc. XLVII. MPG 25, 180; ἐπιφάνεια auch sonst häufig für 'Erscheinung', 'Ankunft' Christi: MPG 25, 97. 196. 145. 160. 169. 512. 593; ORIGENES, MPG 13, 484; 11, 937; CLEMENS VON ALEXANDRIEN, MPG 9, 64. 394; JUSTINUS, MPG 6, 348. 388; EUSEBIUS, MPG 22, 620; 20, 869. 693; CYRILL VON ALEXANDRIEN, MPG 69, 720; JULIUS AFRICANUS, MPG 10, 63; GREGOR VON NYSSA, MPG 45, 633 u.v.a. – [43] ATHANASIUS, C. gent. LIV. MPG 25, 192. – [44] Or. c. Arian. II, 41. MPG 26, 233; vgl. III, 46. MPG 26, 421 (mit Zitat Mt. 11, 27). – [45] GREGOR VON NAZIANZ, Or. XXXI, 26, in: Fünf theol. Reden, hg. J. BARBEL (1963) 262. – [46] BASILIUS MAGNUS, De Spir. S. XVI, 38. MPG 32, 136. – [47] GREGOR VON NYSSA, In Hexaem. MPG 44, 68. – [48] MARIUS VICTORINUS, Adv. Ar. I, 19. MPL 8, 1052. – [49] Com. in Gal. 1, 12. 15. MPL 8, 1151. 1154; Com. in Eph. 3, 4ff. MPL 8, 1262f. – [50] AMBROSIUS, Com. in Luc. V, 105. MPL 15, 1750. – [51] HIERONYMUS, Com. in Gal. 1, 16. MPL 26, 351f. – [52] AUGUSTINUS, Sermo CC-CCIV. MPL 38, 1029. 1032f. 1035. 1037. – [53] De civ. Dei XVI, 26; XV, 18, 3; Sermo CCC, 3. MPL 38, 1377. – [54] Sermo CLX, 6; CXXXI, 9, 9. MPL 38, 876. 734; En. in psalm. CV, 36; LXXVII, 7, MPL 37, 1416; MPL 36, 986f.; C. adv. leg. I, 17, 35. MPL 42, 623; Quaest. in Hept. IV, 33. MPL 34, 732; C. Faust. VI, 2. 7. 9; X, 2; XV, 2; XVI, 28. CSEL 25/1, 285f. 295. 300. 311. 473. – [55] De catech. rud. IV, 8. MPL 40, 315; vgl. De bapt. c. Don. I, 15, 24. MPL 43, 122; C. duas ep. Pelag. III, 3, 4, 7. MPL 44, 592; vgl. zum Ganzen W. WIELAND: O. bei Augustinus (1978) 263ff.; zu den einzelnen Gehalten der O. (Gnade, Gerechtigkeit, Liebe Gottes, Heil, himmlisches Reich usw.) vgl. 330ff. (Belege). – [56] Sermo XVIII, 1, 1; XXXVI, 4. 4. MPL 38, 128. 216; In ev. Joh. XVII, 4; XXVIII, 11. MPL 35, 1529. 1627; De div. quaest. 83, LXVII, 2. MPL 40, 67. – [57] De cons. ev. III, 25, 86. MPL 34, 1216; De trin. I, 8, 16. MPL 42, 831; In ev. Joh. XXXV, 9. MPL 35, 141f.; vgl. WIELAND, a.O. [55] 367ff. – [58] Zahlreiche Belege bei WIELAND, a.O. 84ff. – [59] WIELAND, a.O. 107ff. 143ff. 148ff. – [60] De mor. eccl. cath. I, 17, 31. MPL 32, 1324; De gen. c. Manich. II, 2, 3. MPL 34, 197; En. in psalm. LXXV, 17f. XCVI, 2. MPL 36, 969f.; 37, 1238; In ev. Joh. CIV, 1. MPL 35, 1902; WIELAND, a.O. 184ff. 202ff. – [61] In ev. Joh. XXVI, 5. MPL 35, 1598; WIELAND, a.O. 249ff. – [62] De fide et symb. I, 1. MPL 40, 181; Ep. CXX, 1, 4. CSEL 34, 707; En. in psalm. CXXX, 14. MPL 37, 1714; Sermo CLXIX, 15, 18. MPL 38, 926. – [63] C. Adim. XXVIII, 2. CSEL 25/1, 188-190. – [64] Ep. CLXIX, 3, 11. CSEL 44, 619f.; vgl. De gen. ad lit. XII, 8, 19; XII, 29, 57; XII, 9, 20. MPL 34, 479. 461; WIELAND, a.O. [55] 39ff.

Literaturhinweise. J. DE GHELLINCK: Pour l'hist. du mot 'revelare'. Rech. Sci. relig. 6 (1916) 149-157. – A. OEPKE, Art. ἀποκαλύπτω, in: Theol. Wb. zum NT 3 (1938) 565-597. – H. SCHULTE: Der Begriff der O. im NT (1949). – R. LATOURELLE: L'idée de révélation chez les pères de l'église. Sci. ecclésiast. 11 (1959) 297-344. – W. ZIMMERLI: 'O.' im AT. Ev. Theol. 22 (1962) 15-31. – A. C. DE VEER: 'Revelare–Revelatio'. Elém. d'une étude sur l'emploi du mot et sur sa signification chez saint Augustin. Rech. august. 2 (1962) 331-357. – R. BRAUN: «Deus christianorum». Recherches sur le vocabulaire doctrinal de Tertullien (Paris 1962) 407-473. – R. BULTMANN: Der Begriff der O. im NT, in: Glauben und Verstehen 3 (²1962) 1-34. – U. WILCKENS: Das O.-Verständnis in der Gesch. des Urchristentums, in: W. PANNENBERG (Hg.): O. als Gesch. (³1965) 42-90. – D. LÜHRMANN: Das O.-Verständnis bei Paulus und in paulinischen Gemeinden (1965). – W. MUNDLE und B. GÄRTNER, Art. ⟨O.⟩, in: Theol. Begriffslex. zum NT, hg. L. COENEN 2/1 (1969) 985-992. – M. SEYBOLD u.a.: O. von der Schrift bis zum Ausgang der Scholastik, in: Hb. der Dogmengesch. 1/1a (1971). – W. WIELAND, s. Anm. [55].

II. *Mittelalter.* – Obwohl die *späte Patristik* und *Frühscholastik* den O.-Begriff nicht ausführlich behandeln, hat er bei einigen Autoren doch erhebliche Relevanz im Zusammenhang des Problems der Gotteserkenntnis, besonders dort, wo neuplatonische Gedanken für die Theologie fruchtbar werden. So ist es nach Ps.-DIONYSIUS AREOPAGITA unmöglich, die Erkenntnis der göttlichen Wahrheiten unmittelbar zu erlangen, und deshalb werden sie den Menschen in einer ihrem Fassungsvermögen entsprechenden Weise vom «Vater des Lichts» verliehen. Die O. erfolgt mit Hilfe von sinnlich wahrnehmbaren Bildern und Gestalten, damit wir von den materiellen Gebilden zu den bildlosen und rein geistigen Vorstellungen und zur Verähnlichung mit dem gottähnlichen Priestertum geführt werden. Zuerst sind es die Engel, die «zur Anteilnahme am Göttlichen gelangen und ... das Verborgene der Urgottheit offenbaren (ἐκφαντορικαί)» und dann «die unsere Erkenntnis überragenden O.n (ἐκφαντορίαι)» vermitteln [1]. Auch in der O. (ἐκφάνσει) bleibt Gott verborgen [2]. – MAXIMUS CONFESSOR reflektiert die Möglichkeit der O. in der Schöpfung. Die sichtbare Natur offenbart Gott und verhüllt ihn zugleich, weil sie nur die Hülle des unsichtbaren Schöpfers ist. Er wird «verhüllt, wenn er erscheint (κρύπτεται γὰρ φαινόμενος), und er erscheint, wenn er verhüllt wird (ἐκφαίνεται κρυπτόμενος)» [3]. Mit der Menschwerdung hat Christus eine der menschlichen Natur ähnliche Gestalt angenommen und sich selbst offenbart (ἀναφαίνεται) [4].

JOHANNES SCOTUS ERIUGENA bezeichnet die Erkenntnis Gottes als dessen Selbstkundgabe: «Ipsius namque creatio, hoc est in aliquo manifestatio, omnium profecto est subsistio» (Seine Schöpfung, d.h. O. in einem anderen, ist in der Tat die Begründung von allem). Da alles Seiende von Gott ausgeht und Gott in allem ist, ist alles die Erscheinung Gottes: «theophania» [5]. «Alles, was gedacht und wahrgenommen wird, ist nichts anderes als die Erscheinung des Nicht-Erscheinenden (apparentis apparitio), das Offenbarwerden des Verborgenen (occulti manifestatio), die Bejahung des Verneinten, die Erfassung des Unerfaßbaren, das Verständnis des Nicht-Verständlichen ...» [6]. – ANSELM VON CANTERBURY beruft sich auf Mt. 11, 25, um zu zeigen, daß erst Christus die O. Gottes vermittelt [7]. Ebenso dient in der Schule ANSELMS VON LAON Mt. 11, 27 dazu zu zeigen, daß Gott unbegreiflich und niemals ganz erkennbar ist und sich nur in Christus geoffenbart hat [8]. In der beginnenden Auseinandersetzung zwischen philosophischer Erkenntnis und O. durch Gott stellt PETRUS ABAELARD die O. deutlich über die Vernunfterkenntnis [9]. Auch wenn die Vernunft über die Werke Gottes einen Weg zur Gotteserkenntnis eröffnet, ist es Gott, der sich «per rationem» offenbart: «Deus enim revelavit. Saltem per effecta suorum operum» (Gott nämlich offenbart. Zum wenigsten durch die Wirkungen seiner Werke) [10].

HUGO VON ST. VIKTOR fragt im Anschluß an Ps.-Dionysius nach der Möglichkeit der O. durch die Schöpfung. Da von den sichtbaren Dingen auf den unsichtbaren Gott nur per analogiam geschlossen werden kann, bleibt allein die O. als Zugang zu Gott [11]. Trotzdem eröffnet alles Geschaffene, da es als solches an seinem Schöpfer partizipiert, einen doppelten Weg zur Erkenntnis, sowohl durch die ihm ähnlichen als auch durch die ihm unähnlichen Merkmale: «Quia duplex est modus manifestationis in sacro eloquio: alter videlicet per similia signa, alter per dissimilia formatus» [12]. So ist die ganze sichtbare Welt gleichsam ein von Gott geschriebenes Buch, geschaffen zur O. der unsichtbaren Weisheit (ad manifestandam invisibilium Dei sapientiam) [13]. Wie der Glaube mit der Zeit zunimmt und fortschreitet, so wird auch die Wahrheit «offenbarer» (manifestior), bis die O. alles dessen, was jetzt noch Rätsel und Geheimnis ist, dereinst in der «visio manifesta», der unmittelbaren Gottesschau, vollendet wird [14]. ALAIN DE LILLE nimmt den Theophanie-Begriff des Scotus Eriugena auf. In der «Theophania» schließen wir nicht von den Wirkungen, sondern von den nachfolgenden Merkmalen auf die Ursache, wie von der Asche auf ein Feuer; sie ist also umgekehrte O. (reciproca manifestatio): «Et ita theophania est manifestatio de Deo proveniens ex consequentibus signis, id est ex effectibus qui tamquam signa consequentia consecuntur ad causam». Theophanie geht von den Sinnen aus und zielt auf den Verstand, während die Physik vom Verstand zum Sinnlichen absteigt [15]. Demgegenüber ist für RADULPHUS ARDENS die Befestigung des Glaubens durch besondere O., Inspirationen und göttliche Eingebungen unabdingbar: «divina revelatio in nobis fidem confirmat» [16]. Bei RUPERT VON DEUTZ erscheint die «revelatio» Gottes, die «manifestatio» seiner Herrlichkeit vor allem mit der Hl. Schrift und der Menschwerdung Christi [17]. Wenn bei ihm wie bei BERNHARD VON CLAIRVAUX [18] und WILHELM VON ST. THIERRY [19] gern Mt. 11, 25 und 11, 27 zitiert werden (nicht den Weisen, sondern den Unmündigen ist die O. zuteil geworden), so geschieht dies, um den Vorrang der Schrift- und Glaubens-O. vor der Vernunfterkenntnis, der göttlichen Autorität vor der Dialektik zu erweisen.

Eine O. in den Werken der Schöpfung kennt aber gerade PETRUS LOMBARDUS. Gott zeigt sich in ihnen als Werkmeister [20]. Die O. erfolgt auf drei Weisen, durch die Werke, die Lehre und die Inspiration (fit enim revelatio tribus modis, per opera, per doctrinam, per inspirationem) [21]. Das hindert aber nicht, daß ‹manifestatio› sonst häufig für Christi O. des göttlichen Mysteriums, für die O. durch die Schrift gebraucht wird [22], ebenso wie ‹apparere› (hier wie auch bei anderen Autoren) für Christi Erscheinen im Fleische [23].

Singulär bleibt JOACHIM VON FIORE: So wenig die Bedeutung der Inkarnation Christi für die O. geleugnet wird (der Vater bleibt verborgen, weil er Herr ist, der Sohn wird offenbart, weil er Bruder ist [24]), so sehr erfüllt sich die O. doch erst am Ende der Zeiten im Weltalter des Hl. Geistes [25]. Wir, die wir am Beginn der dritten Epoche stehen, bedürfen noch mehr der O. (potius revelatione indigemus) als die Apostel, und die Folgezeit wird sie uns aufschließen [26].

In der *Hochscholastik* ist es zunächst das Ziel des ALBERTUS MAGNUS, Glauben und Wissen, natürliche Gotteserkenntnis und O. voneinander zu trennen und zu zeigen, daß die Schöpfung nichts von Gott offenbart (quod creatura nihil manifestat de Creatore) [27], d. h. nichts von Gottes Wesen; denn als Urheber der Schöpfung zeigt sich Gottes Anwesenheit in ihr wie in Zeichen und Bildern (praesentia Dei in vestigiis vel in imagine manifestata) [28]. Die Wahrheit anderer Wissenschaften folgt aus den Grundsätzen der Vernunft, die der Hl. Schrift übersteigt alle Vernunft und wird vom göttlichen Licht offenbart (manifestatur quodam simplici lumine divino), ist Erleuchtung der O. (illuminatio revelationis) [29]. Diese O. ereignet sich nach der ersten O. an die Apostel weiterhin in der Kirche, der die «expositio» der O. obliegt [30]. – Dieselbe Unterscheidung von Wissen und O. kennt ALEXANDER VON HALES [31]. Insbesondere kann die Gnade Gottes nur durch O. und nicht durch «scientia» erfahren werden [32].

Für BONAVENTURA ist die gesamte Welt eine «manifestatio» des göttlichen Urbildes und seiner Güte (divini exemplaris et bonitatis Dei) [33]; alles ist sein Schatten oder seine Spur (ideo omnis creatura est umbra vel vestigium) und offenbart Gott als den Urheber der Schöpfung [34]. In den Spuren der göttlichen Werke zeigt sich der dreieinige Gott [35]: «Deus ... cum sit summa lux, fecit omnia ad sui manifestationem» (Gott machte, weil er das höchste Licht ist, alles zu seiner O.) [36]. Christus ist «principium omnis revelationis», und nur in der O. hat alle Lehrautorität der Kirche ihre Stütze [37].

Nach THOMAS VON AQUIN stehen Philosophie und O., das natürliche Licht der Vernunft und das göttliche Licht der O., nicht in Konkurrenz zueinander. Die O. ist aber notwendig für das Heil der Menschen, weil der Mensch auf Gott als sein Ziel (finis) hin bestimmt ist. Viele Kenntnisse über Gott können nur durch göttliche O. erlangt werden, da sie die menschliche Vernunft übersteigen (dicendum quod necessarium fuit ad humanam salutem, esse doctrinam quandam secundum revelationem divinam, praeter philosophicas disciplinas, quae ratione humana investigantur) [38]. Die O. erfolgt nach einer bestimmten Stufung: den Engeln wird sie direkt (per apertam visionem) gegeben, durch diese dann bestimmten Menschen mit der von der göttlichen O. stammenden Gewißheit [39]. Die Vorschriften des Neuen Bundes sind eher zur O. geeignet als die des Alten, denn Christus ist Mensch geworden, um die Wahrheit und seine Göttlichkeit zu offenbaren [40]. In der O. des Glaubens in der Kirche wirkt Gott «sicut agens», so daß die Gotteserkenntnis sich vervollkommnet, obwohl sie keine «cognitio apparens» mehr ist wie zur Zeit Christi, sondern eine Übernahme der anderen, den Aposteln und Propheten gegebenen O., die aber letztlich auf der Autorität der göttlichen O. beruht [41]. Durch Wunder wird die O. bekräftigt [42]. (Bemerkenswert für den Sprachgebrauch ist, daß es von der O. heißt, sie werde von der Hl. Schrift empfangen und in der Kirche bewahrt; die Schrift selbst wird also nicht O. genannt [43].) Die O. (manifestatio) ist um so würdiger, je mehr sie auf reiner Betrachtung der göttlichen Wahrheit gründet und nicht mehr in körperlichen Bildern erfolgt. Denn dadurch nähert sie sich der direkten Schau Gottes im Himmel (appropinquat ad visionem patriae) [44].

Anders als für Thomas ist für JOHANNES DUNS SCOTUS die Vernunft weit weniger in der Lage, göttliche Wahrheiten zu erkennen. Die Trinität Gottes, das Endziel der Schöpfung u. a. können uns nicht «naturaliter», sondern allein durch die O. bekannt werden [45]. Die erste O. (prima traditio sive revelatio) erging an die Apostel [46] und war diesen absolut gewiß. Jetzt handelt die Theologie von den geoffenbarten Glaubenswahrheiten (de credibilibus revelatis), die in der Schrift zureichend niedergelegt sind [47]. Eine noch deutlichere Vorrangstellung erhält die O. bei WILHELM VON OCKHAM und G. BIEL. Da die menschliche Vernunft von sich aus wenig vermag, bezieht der Glaube seine Gewißheit allein aus der O. und der Autorität des Offenbarenden; denn alles, was von Gott geoffenbart ist, ist wahr [48].

In anderem Zusammenhang spricht NICOLAUS CUSANUS von «revelatio» und «manifestatio». Die Welt enthüllt (revelat) den Schöpfer in sinnlichen Bildern und Gleichnissen. Es ist gerade die Absicht Gottes, sich in der sinnlichen Erkenntnis zu offenbaren (quia sensitive cognitioni se divinus intellectus manifestare voluit) und in den Gegensätzen und Verschiedenheiten der Sinnenwelt als der Eine zu zeigen [49]. Der Logos enthüllt sich (se revelans) in allen vernünftigen Geschöpfen, weil diese Anteil an ihm haben, in den Engeln reiner als in den Menschen, in den seraphischen Geistern reiner als in den Engeln [50]. Ziel aller O. ist der Aufstieg der Gläubigen zur mystischen Schau (mystica visio) und alles Sinnliche zurücklassenden vollen O. des bisher unbekannten Gottes (revelationis incogniti Dei initium), die alles Hören und jede sprachliche Belehrung übersteigt [51].

Anmerkungen. [1] PS.-DIONYSIUS AREOPAGITA, De coel. hier. I, 3; II, 2f.; IV, 2. MPG 3, 121-124. 140. 180. – [2] Ep. III. MPG 3, 1069; De coel. hier. II, 3. MPG 3, 140f. – [3] MAXIMUS CONFESSOR, Amb. MPG 91, 1129; vgl. Quaest. ad Thal. 59. MPG 90, 603f. – [4] Amb. MPG 91, 1165-1167; Cap. theol. et oec. I, 67. MPG 90, 1108. – [5] JOHANNES SCOTUS ERIUGENA, De div. nat. I, 13. MPL 122, 455. – [6] a.O. III, 4. MPL 122, 633. – [7] ANSELM VON CANTERBURY, De fide trin. et inc. verbi. MPL 158, 264. – [8] Schule ANSELMS VON LAON, Sententiae Atrebatenses, hg. O. LOTTIN. Rech. Théol. anc. médiév. 10 (1938) 206; Sententiae Anselmi, hg. F. P. BLIEMETZRIEDER (1919) 80. – [9] PETRUS ABAELARD, Theol. christ. I, 15. MPL 178, 1005f. 1064. – [10] Com. in Ep. ad Rom. I, 1. MPL 178, 802f.; vgl. Sic et non 41. MPL 178, 1402; Theol. sum. boni III, 5, hg. H. OSTLENDER (1939) 107. – [11] HUGO VON ST. VIKTOR, Expos. in hier. coel. III. MPL 175, 970. – [12] a.O., MPL 175, 980. 971f. nach PS.-DIONYSIUS, a.O. [1] II, 3. – [13] Erud. didasc. VII, 4. MPL 176, 814. – [14] De sacr. leg. nat. et scrip. MPL 176, 38. 36; vgl. 338f. – [15] ALAIN DE LILLE: Textes inédits, hg. M.-TH. D'ALVERNY. Etudes philos. médiév. 52 (1965) 204-206. 228; La somme «quoniam hominis», hg. P. GLORIEUX. Arch. Hist. doctr. litt. MA 28 (1953) 282. – [16] RADULPHUS ARDENS: Speculum universale, in: G. ENGLHARDT: Die Entwicklung der dogmat. Glaubenspsychol. in der mittelalt. Scholastik vom Abaelardstreit bis zu Philipp dem Kanzler (1933) 408-410. 412. – [17] RUPERT VON DEUTZ, Com. in Joh. X. MPL 169, 632. 660. 662f. 668-670; De glorif. trin. et proc. S. Spir. I, 4. MPL 169, 17. – [18] BERNHARD VON CLAIRVAUX, MPL 183, 35. 1194; vgl. 183, 814. – [19] WILHELM VON ST. THIERRY, MPL 180, 384. 393; vgl. 180, 372f. – [20] PETRUS LOMBARDUS, Coll. in omn. S. Pauli ep. MPL 191, 1289. 1329; Sent. I, 3, 1f. 6. MPL 192, 529f. – [21] Coll., a.O. 191, 1328. – [22] 191, 1305. 1322f. 1325. 1531f. – [23] Sent. I, 15, 6f. 10. 12; II, 18, 2. MPL 192, 559-562. 687. – [24] JOACHIM VON FIORE: Concordia Novi ac Veteri Testamenti (Venedig 1519, ND 1964) fol. 29r; vgl. 60r. 75r. – [25] Tract. super quatuor evangelia, hg. E. BUONAIUTI (Rom 1930) 73. 141. – [26] Expos. in Apocalypsin (Venedig 1527, ND 1964) 39v; vgl. Concordia ... a.O. [24] 29r. – [27] ALBERTUS MAGNUS, Opera omnia, hg. A. BORGNET (Paris 1890-99) 25, 93. – [28] a.O. 31, 62f. – [29] 14, 907; 25, 113; vgl. 28, 405. 447f.; 14, 473. – [30] 28, 480. – [31] ALEXANDER VON HALES, S. theol., Tract. introd. I, 1, 2 (Quaracchi 1924-48) 1, 5. – [32] S. theol. III, 3, 7, 3, 1, a.O. 4, 1012f. – [33] BONAVENTURA, II Sent., d. 19, a. 1, q. 2. Opera omnia (Quaracchi 1882-1902) 2, 463. – [34] I Sent., d. 3, p. 1, a. un., q. 2, a.O. 2, 394. – [35] Coll. in hex. XXII, 24, a.O. 5, 339f. – [36] II Sent., d. 16, a. 1, q. 1, a.O. 2, 394. – [37] Sermo IV, 2. 6, a.O. 5, 568. – [38] THOMAS VON AQUIN, S. theol. I, 1, 1; Quaest. quodl. VII, 6, 1. – [39] S. c. gent. III, 154; S. theol. II/II, 2, 6. – [40] S. theol. I/II, 107, 3; III, 40, 1; vgl. Super Joh. I, 11. – [41] S. theol. II/II, 1, 7; De ver. XVIII, 3; S. theol. I, 1, 8. – [42] S. theol. II/II, 178, 1; S. c. gent. III, 99. – [43] In de div. nom. N, 1, 125; S. theol. II/II, 5, 3. – [44] S. theol. II/II, 174, 2. – [45] JOHANNES DUNS SCOTUS, Ord. prol., p. 1, q. un., n. 62ff. Opera omn., ed. Vaticana (Rom 1950ff.) 1, 38-40; In IV Sent., d. 14, q. 3, n. 5. Opera omnia, hg. L. VIVÈS (Paris 1891-95) 18, 127f. – [46] Ord. prol., p. 1, q. un., n. 69, ed. Vat. 1, 42f. – [47] In III Sent., d. 24, q. 1, n. 17, hg. VIVÈS 15, 47. 37; Ord. prol., p. 3, q. 3, n. 204f., ed. Vat. 1, 137f. – [48] WILHELM VON OCKHAM, Quodl. IV, 4; III Sent., q. 8 L ff.; G. BIEL, III Sent., d. 23, q. 2 D. – [49] NICOLAUS CUSANUS, De beryllo 36. Philos.-theol. Schr., hg. L. GABRIEL (1964-67) 3, 82; De possest, a.O. 2, 354; De Non-aliud 5, a.O. 2, 460. – [50] De principio, a.O. 1, 226. – [51] De possest, a.O. 2, 284; De docta ignorantia 247; vgl. De visione Dei 17, a.O. 3, 174.

Literaturhinweis. – M. SEYBOLD s. Lit.hinweis zu I (mit weiterer Lit). Red.

III. *Neuzeit bis zum 18. Jh.* – Entgegen der gebräuchlichen Annahme muß von seiten der Begriffsgeschichte festgestellt werden, daß der Begriff O. in der *Reformation* zunächst keine große Bedeutung gehabt hat. M. LUTHER hat das deutsche Wort zwar nicht verwandt, dem Begriff aber keinen systematischen Stellenwert in seiner Theologie eingeräumt. O. heißt einmal traditionell die besondere O. (revelatio peculiaris), das Zeichen (signum), das von Gott zur Bekräftigung der Wahrheit der Lehre erbeten wird; eine solche O. lehnt Luther in Abwehr der Schwarmgeister ausdrücklich ab und will sich stattdessen allein an die Schrift halten [1]. Sodann ist O. die im Wort Gottes, dem Evangelium und speziell mit der Menschwerdung Christi, erfolgte O. seiner Geheimnisse [2]. Da aber Gott auch nach dieser O. verborgen und unergründlich bleibt, so sieht sich der Christ auf den Glauben verwiesen; die jetzt noch unsichtbaren Dinge werden ihm erst im jenseitigen Leben offenbar werden (revelabuntur) [3]. «Drumb all das leben, das eyn recht glewbiger Christen furet nach der tauffe, ist nit mehr, denn eyn wartten auf die O. der selickeyt, die er schon hatt» [4]. So ist O. für Luther das mit der Schrift gegebene Wort Gottes oder die volle Manifestation seines Wesens, die uns auf Erden nicht zuteil werden kann.

J. CALVIN kennt über die Schrift-O. hinaus (Gott hat sich und seine Weisheit durch den Sohn geoffenbart [5]) eine O. Gottes in den Werken der Schöpfung: «Er hat sich derart im ganzen Bau der Welt offenbart (se patefecit in toto mundi opificio) und tut es noch heute, daß die Menschen ihre Augen nicht aufmachen können, ohne ihn notwendig zu erblicken» [6]. Da die Vernunft aber durch den Sündenfall verdunkelt ist, bedarf es der O. durch das Wort Gottes, um den Schöpfer und seine Gebote zuverlässig zu erkennen [7].

Dieses Verständnis des O.-Begriffs ändert sich mit der schulmäßigen Systematisierung der Theologie in der Folgezeit. Hatte bereits PH. MELANCHTHON auf die Frage: «Wie soll man Gott erkennen?» die Antwort gegeben: «Wie er sich selb geoffenbaret und seine O. in der Propheten und Aposteln schrifft und die Symbola gefasset hat» [8], so ist in der altprotestantischen Theologie die göttliche Inspiration der Schrift für die O. entscheidend. O. und Hl. Schrift werden nun gleichgesetzt (notitiae revelatae principium est scriptura) [9]. Für die Vermittlung der O. wird freilich das Instrumentarium der Vernunft in Anspruch genommen; sofern Grundbegriffe der O. auch außerhalb der biblischen Überlieferung, etwa in philosophischer Tradition, auftreten (Gott, Seele, Gewissen), müssen sie zu jener in Beziehung gesetzt werden. Dies geschieht durch die Unterscheidung einer allgemeinen, natürlichen O. (revelatio generalis sive manifestatio naturalis) von der speziellen übernatürlichen O. (revelatio specialis et supernaturalis) [10]. Für das Verhältnis beider aber wird die Bedingung gestellt: die Vernunft darf ihre Grenze nicht überschreiten, sondern muß sich dem durch die spezielle O. gegebenen Horizont unter- und einordnen [11].

Ein analoges Bild ergibt sich für die *katholische Theologie* des 16. und 17. Jh.: Taucht der Begriff auf dem Konzil von Trient nur selten auf (und dann, um das Fortwirken des Hl. Geistes in der Kirche zu unterstreichen), so nimmt er im Römischen Katechismus einen festen Platz ein und wird darauf in der gegenreformatorischen Theologie eingehend thematisiert. Dies führt zu mannigfachen Distinktionen je nach Art und Gegenstand der O.; allgemein heißt O. die Gesamtheit der Mitteilungen Gottes an die Menschen in welcher Form auch immer, die dann die Glaubenswahrheiten bilden und die Schrift wie auch die nachfolgende kirchliche Lehrtradition, aber auch Privat-O. einschließen [12].

Daß der Begriff ‹O.› nicht nur in der Theologie seinen Ort hat, zeigt die *Naturphilosophie* des 16. Jh.: AGRIPPA VON NETTESHEIM wählt als Motto den Vers aus Mt. 10, 26, daß nichts verborgen ist, was nicht offenbar werde [13], und PARACELSUS erklärt es zur Aufgabe des Menschen, die Natur zu erforschen und ihre Geheimnisse (bes. die der Welt der Gestirne) zu entschlüsseln, damit «offenbar» werden «die wunderwerk gottes» und «sichtbar» «alle natürliche mysteria der elementen ..., welches one den menschen nit het mögen beschehen» [14]. – J. BÖHME kennt sowohl eine O. Gottes in «Natur und Creatur» als auch eine endzeitliche Erwartung «der O. und [des] endlichen Gerichts» [15].

Mit der Verselbständigung von Philosophie und Theologie und der Erfahrung einer Vielzahl von Konfessionen und Religionen wird gegen Ende des 16. Jh. die Frage dringlich, wie der Anspruch einer O. auf göttlichen Ursprung und Wahrheit erwiesen werden könne. J. BODIN fordert, daß eine O. durch Vernunftbeweise begründet werden müsse, um nicht auf unsicherem Boden zu stehen, und hält eine aller O.-Religion vorangehende natürliche Religion (religio naturae) für möglich [16]. F. BACON trennt das Wissen der O. (knowledge by divine revelation) von dem der Philosophie und läßt keine Verbindung zwischen beiden Erkenntnisquellen zu [17]. E. HERBERT OF CHERBURY hält es zwar für möglich, daß es geoffenbarte Wahrheiten gibt. Da es aber verschiedene O.n gibt und nicht jede Religion, die sich auf O. beruft, gut ist, soll der Laie sich nicht auf die Autorität der Priester verlassen, sondern die O. prüfen und erst unter bestimmten Bedingungen annehmen [18]. Gott hat sich in der Schöpfung offenbart (seipsum in insigni huius mundi opificio patefacit), und diese O. bildet die Grundlage der Naturreligion der ersten Völker, die dann durch die Priester verdorben wurde [19].

Für TH. HOBBES ergeben sich praktische Konsequenzen aus der Trennung von Vernunft und O.: Da Gott heute nicht mehr in direkter O. zu den Menschen spricht und sein Volk selbst regiert, sondern durch die rechte Vernunft und die natürlichen Gesetze, fungiert der Staat als deren Ausleger, soweit sie das Zusammenleben der Menschen betreffen. Partikulare O.n haben hier also keinen Platz mehr, zumal auch Wunder als Beglaubigung der O. heute zweifelhaft sind [20].

SPINOZAS Ziel ist es zu zeigen, daß der Gegenstand der geoffenbarten Erkenntnis (objectum cognitionis revelatae) von dem der natürlichen (a naturali cognitione) völlig verschieden ist und beide ihr eigenes Reich bilden [21]. Das natürliche Licht der Vernunft aber erkennt den eigentlichen Sinn der O., gibt uns eine klare und deutliche Erkenntnis von Gott und kann insofern eine göttliche O. genannt werden. Die O. jedoch, die Gott den Propheten in Worten, Gesichten und Bildern gegeben hat, sind dem Vorstellungsvermögen der Menschen und den jeweiligen Umständen angepaßt, sind also sehr unterschiedlich und geben so nicht eine mathematische, sondern nur eine moralische Gewißheit [22]. Hauptinhalt all dieser O.n ist, den Gehorsam gegenüber Gottes Geboten und ein tugendhaftes Leben als heilsnotwendig aufzuweisen. Aber nur denen erscheint die O. als Gebot und Gott als Gesetzgeber, die nicht mit dem natürlichen Licht der Vernunft erkannt haben, daß alles, was Gott gesagt hat, ewige und notwendige Wahrheiten sind, die aus Gottes Natur und Vollkommenheit folgen. Diesen ist die O. aber höchst notwendig gewesen; Philosophie und Theologie bleiben insofern getrennt [23].

N. MALEBRANCHE übernimmt den Begriff ‹O.› in die Metaphysik, um ein Problem zu lösen, das durch Descartes' Trennung von Körper und Geist aufgetreten war: Während die intelligiblen oder geistigen Wesenheiten mit Hilfe des Verstandes oder inneren Sinnes sicher erkannt werden, können wir von uns aus über die Existenz der körperlichen Welt nichts wissen. Es bedarf einer «Art O.» (espèce de révélation), in der uns Gott der Realität der Dinge außer uns versichert und die Verbindung zwischen Seele und Körper wiederherstellt: «C'est donc Dieu lui-même qui, par les sentiments dont il nous frappe, nous révèle, à nous, ce qui se fait hors de nous, ... dans notre corps et dans ceux qui nous environnent.» Diese «révélations naturelles» sind zwar aufgrund der Sünde fehlbar und können uns, wie in Träumen, Halluzinationen usw., täuschen, aber nur im einzelnen und nicht über die Existenz von Körpern allgemein. Überdies gibt es die «révélation surnaturelle», die O. Gottes in der Schrift, die unfehlbar ist, weil Gott nicht täuschen kann [24].

Das Verhältnis von Vernunft und O., natürlicher Religion und Glauben, wird dann besonders vom *Deismus* des 17. und 18. Jh. thematisiert. CH. BLOUNT führt den Aberglauben und die widersprüchlichen bzw. falschen Lehren vieler, vor allem alter Religionen auf die angeblichen O.n, Prophezeiungen, Orakelsprüche und zweifelhaften Wundertaten zurück und weist deshalb der Vernunft die Aufgabe zu, die Wahrheit der Religion und den Willen Gottes aufzufinden [25]. Auch J. LOCKE setzt die Vernunft als Schiedsrichterin über den Glauben ein: «Die O. kann zwar in solchen Fällen, wo sie mit der Vernunft übereinstimmt, deren Vorschriften bestätigen», sie kann jedoch nicht etwas behaupten, «was unserer klaren intuitiven Erkenntnis widerspricht»; denn damit würden die Grundlagen unseres Wissens überhaupt hinfällig [26]. Schon die «Vernunft ist natürliche O.», und umgekehrt ist «O. natürliche Vernunft, erweitert durch eine Reihe neuer Entdeckungen, die Gott unmittelbar kundgegeben hat und für deren Wahrheit die Vernunft die Bürgschaft übernimmt, indem sie ihren göttlichen Ursprung bezeugt» [27]. Das Wesentliche des Christentums widerspricht nicht der Vernunft, obwohl es durch übernatürliche O. eingesetzt ist, und es liegt keine Herabsetzung der O. darin, daß die Vernunft ihr beistimmt [28].

Die Vernunft ist allgemein die kritische Instanz gegenüber der O. [29], ohne daß damit die O. überflüssig gemacht werden soll. Vielmehr ist diese, so J. TOLAND, nur ein besonderer Weg der Mitteilung von Wahrheiten. «Reason is of more dignity than revelation»; aber es kann letztlich keinen Gegensatz zwischen beiden geben, «for reason is not less from God than revelation» [30]. Natürliche und geoffenbarte Religion unterscheiden sich auch für M. TINDAL nicht im Inhalt, sondern «in the manner of its being communicated: the one being the internal, as the other the external revelation of the same unchangeable will of a being», des weisen und guten Gottes. Das Christentum als Vernunftreligion hat seinen Anfang in der Schöpfung, und die Behauptung, eine Vernunftwahrheit widerspreche der O., hieße, die O. selbst zu untergraben, da sie ja ihren Halt in der Vernunft hat [31]. SHAFTESBURY bestätigt dies: Vor jeder O. ist die Einsicht der Vernunft in Gottes Dasein, Güte und Vollkommenheit nötig [32]. «And 'tis the province of philosophy alone to prove what revelation does but suppose» [33]. Schon die Gesetze der Welt und die Ordnung des Universums offenbaren ein gutes und gerechtes Wesen und legen so den Grund für eine «historical revelation» [34]. Die O. setzt also, so wiederum TH. MORGAN, die natürliche Religion voraus und impliziert sie, und deren Ausbreitung kann selbst «a revelation from God, or manifestation of truth from him» genannt werden. Religion kann sich nicht allein auf die Autorität der O. gründen; aber die (christliche) O. hat die «principles of nature and reason», die oft verdunkelt worden waren, wieder in das wahre Licht gerückt [35]. Das Hauptziel der natürlichen Religion ist für den Deisten, zum pflichtgemäßen, tugendhaften Handeln anzuleiten. Daß dies auch der wesentliche Inhalt der O. des Evangeliums ist, untermauert TH. CHUBB mit dem Argument, daß sie zuerst ungebildeten Juden gegeben wurde: «whatever is above the common capacities of men, can be no part of what was originally the Christian revelation» [36]. Die Vernunft überzeugt uns zuerst von der Existenz Gottes und ist notwendig zur Beurteilung des wahren Inhalts der O., «what is the mind of God contain'd in his revelation» [37]. «Revealed religion, if it be of God, can be no other, nor no more, than a promulgation or a republication of the pure and uncorrupted religion of nature» [38]. – Gerade gegen eine solche Überbewertung der natürlichen Religion erhebt BOLINGBROKE Bedenken: Weder kann die Vernunft der O. noch die O. der Vernunft übergeordnet werden: «Faith and reason, revealed and natural knowledge, ought to be always distinguished» [39].

Kritiker des Deismus sehen zwar keinen ausdrücklichen Gegensatz zwischen Vernunftreligion und O., halten die christliche O., die einzig wahre O., aber doch für unabdingbar «to recover mankind out of their universal corruption and degeneracy» [40] oder zur Mitteilung von Wahrheiten, die die Vernunft von sich aus nicht hätte entdecken können [41]. G. BERKELEY bezweifelt die Fähigkeit der Vernunft, die O. überprüfen zu können: «On the contrary, should it not seem reasonable to suppose that a revelation from God should contain something different in kind, or more excellent in degree, than what lay open to the common sense of men?» [42]. P. BAYLE forderte zunächst noch, «que la vérité révélée a été comme soûmise à la lumière naturelle, pour en recevoir son attache ... et sa vérification» [43]. Später erkannte er aber die «Schwäche» der Vernunft in religiösen Dingen, die um so mehr zum «Licht der O.» führe, «wo wir einen festen und sichern Anker finden werden». Die Aporien, in die sich die «natürliche O.», die Vernunft, dabei verstrickt, zeigen «dem Menschen sein Unvermögen, und die Nothwendigkeit eines Erlösers und eines erbarmenden Gesetzes», verweisen ihn also an die übernatürliche O. [44].

G. W. LEIBNIZ hat darauf geantwortet, daß Vernunft und Glaube durchaus miteinander bestehen können und dieser auf jener aufbaut, «denn im Grunde kann keine Wahrheit einer anderen widersprechen und das Licht der Vernunft ist ebenso ein Geschenk Gottes wie das Licht der O.» [45]. Die Vernunft als «natürliche O.» ist das Mittel, «die übernatürliche O. ... als solche zu erkennen», «ihren Sinn richtig [zu] erfassen» und «daraus ein vollständiges Ganzes zu machen». Die christliche Theologie wird gestützt und bestätigt durch die natürliche Religion [46]. Dies ist in ähnlicher Form auch in die Schulphilosophie eingegangen [47]. D. HUME dagegen kann eine O. nicht anerkennen, da sie ebenso wie ein Wunder alle Erfahrung durchbricht und nur auf menschlichem Zeugnis beruht [48].

J.-J. ROUSSEAU hält die natürliche Religion für ausreichend, da die wesentlichen Ideen über Gott allein aus der Vernunft folgen. Die O. erniedrigt Gott, da sie ihm menschliche Gestalt verleiht; sie ist auch nicht notwendig zur Belehrung über den rechten Gottesdienst, obwohl sie von Nutzen sein kann, die großen Wahrheiten der Religion der Fassungskraft der Menschen näherzubringen [49]. Rousseau verwirft also die O. nicht völlig, sondern bestreitet nur die Verpflichtung eines jeden, sie für das Seelenheil anzunehmen [50], weil der Mensch nicht nach seinem Glauben an die O., sondern nach seinen Taten gerichtet wird [51]. Andere, wie D'ALEMBERT, halten die O. als Ergänzung der Vernunft für erforderlich: wir schließen zwar aus der Ordnung des Universums auf die Existenz eines höheren intelligenten Wesens, wissen aber erst durch die O., daß dieses auch immateriell ist, die Welt geschaffen und eingerichtet hat [52]. Da die O.-Lehre «einfach die Anwendung der Vernunft auf die O.» ist, sollen Theologie und Philosophie auch nicht streng voneinander geschieden werden [53].

Radikale Religionskritiker wie D'HOLBACH verwerfen dagegen die O. völlig, weil Gott damit nur einer ausgewählten Anzahl von Menschen die Wahrheit verkündet und es so zugelassen hätte, daß andere seinen Willen nicht kannten. Dies aber widerspricht seiner Güte und Gerechtigkeit. Auch ist die O. in sich widersprüchlich und entspricht nicht dem Vernunftbegriff von Gott, weil sie ihm menschliche Züge verleiht [54]. Hier zeigen sich Parallelen zur deutschen Aufklärung: H. S. REIMARUS will von der natürlichen Theologie her, die allen Glauben an die O. der vorherigen Prüfung durch die Vernunft unterwirft [55], die «Unmöglichkeit einer O., die alle Menschen auf eine gegründete Art glauben könnten», erweisen [56]. O. als «übernatürliche Erkenntnis» hat keinen Grund in der Natur und ist insofern ein Wunder, das die von Gott selbst gesetzte «Ordnung der Natur» durchbrechen und deren Mangelhaftigkeit zeigen würde. Beständige Wunder sind Gottes «Weisheit zuwider». Hat Gott sich nur einigen Menschen und nur zu bestimmter Zeit offenbart, so entsteht das Problem, wie das «Zeugnis von einer göttlichen O.» anderen Menschen weitergegeben werden konnte, da es doch bei der menschlichen Fehlbarkeit leicht verfälscht wird. Und tatsächlich weisen die verschiedenen O.n viele «Disharmonien» auf [57]. – G. E. LESSING antwortet darauf, daß die unterschiedlichen O.n und Religionen je geschichtliche Ausformungen des einen göttlichen Heilsplans und der jeweiligen Fassungskraft der Völker angeglichen sind. «O. ist Erziehung, die dem Menschengeschlechte geschehen ist, und noch geschieht ... Und so wie es in der Erziehung nicht gleichgültig ist, in welcher Ordnung sie die Kräfte des Menschen entwickelt; wie sie dem Menschen nicht alles auf einmal beibringen kann: eben so hat auch Gott bei seiner O. eine gewisse Ordnung, ein gewisses Maß halten müssen.» Alle O.-Wahrheiten aber sind bestimmt, Vernunftwahrheiten zu werden [58]. Warum sollte Gott einigen Menschen die O. vorenthalten, wenn dies der geeignete Weg war, «auf welchem in der kürzesten Zeit die meisten Menschen des Genusses» der Wahrheit «fähig wurden», zumal die Vernunft von sich aus auf die O.-Wahrheiten nicht gekommen wäre, wenn sie sie auch nachträglich vernünftig begreifen kann [59]. «Die geoffenbarte Religion setzt im geringsten nicht eine vernünftige Religion voraus: sondern schließt sie in sich» [60].

So wurde es in dieser Zeit möglich, die einzelnen O.-Aussagen geschichtlich zu verstehen und nicht mehr allein an dem ungeschichtlichen Maßstab der Vernunft zu messen. J. S. SEMLER führt dazu die Unterscheidung von O. und schriftlicher Überlieferung ein: die Schrift unterliegt historischen Bedingtheiten und ist die menschlich-wandelbare Ausformung der einen O.-Wahrheit [61]. Wie eine Antwort auf Reimarus klingt es, wenn J. F. W. JERUSALEM die O. in den Heilsplan Gottes mit der Menschheit einfügt: Da die Vernunftfähigkeiten des Menschen sich rückentwickelt haben, wurde es nötig, daß ihn eine besondere göttliche Mitteilung, die O., wieder zu dem reinen (Vernunft-)Begriff von Gott zurückführte. Die O. konkurriert nicht mit der Vernunft und «setzet also eben so wenig einen Mangel der Allwissenheit und Allmacht Gottes voraus» wie die Arzneikunst [62]. So konnte man jetzt die O. auch nicht nur als einmaligen Akt, sondern als geschichtlich fortdauernden Prozeß denken, so daß CH. BONNET für die zukünftigen Stadien der Weltentwicklung auch neue «höhere O.n» annimmt, die der dann erreichten größeren Vollkommenheit der Menschheit entsprechen. Es gibt also Abstufungen der O., und nicht für jeden war die (volle) O. notwendig [63]. Gegen solche Spekulationen Lessings und Bonnets, die der O. einen bestimmten geschichtlich-notwendigen Platz einräumen, erhebt M. MENDELSSOHN Einwände: Es würde bedeuten, daß viele Menschen ohne die O.-Wahrheit gelebt hätten. Er schließt deshalb, daß eine O. unnötig war «für alle Völker, die keine gehabt haben. Ganz sicher würde sich ihnen das heilige Wort offenbart haben, wenn sie ohne O. den Zweck ihres Daseins nicht erfüllen könnten». Das Judentum erhebe keinen Anspruch auf eine «ausschließende O. ewiger Wahrheiten, die zur Seligkeit unentbehrlich sind», sondern nur auf eine «geoffenbarte Gesetzgebung», die aber zugleich allgemeine «Menschenreligion» sei [64].

Eine geschichtlich fortschreitende O. war aber auch in F. CH. OETINGERS Gottesbegriff angelegt: daß Gott nicht verborgen bleibt, sondern sich selbst offenbart und darin «eine kreatürliche Weise» annimmt, bedeutet, daß er «eine innere Bewegung, Wirkung, Ueberwindung der Kräften seye». Die Philosophen dagegen machen «aus der Beschreibung Gottes in der O. eine leere Allegorie» [65]. So konnte dann TH. WIZENMANN seine «Gedanken von der menschlichen O. der Gottheit» entwickeln. O. ist, darin will er über Lessing hinausgehen, nicht nur Erziehung der Menschen, sondern «auch eine wesentliche Enthüllung der Gottheit, eine O. seiner selbst in der Welt». Sie ist «keine blos bildende, sondern eine fortgehende productive Entwicklung» [66].

Der Einspruch der Vernunft gegen die O. verliert auch dann an Gewicht, wenn die Vernunft selbst als geschichtlich bedingte erkannt wird und die O. eigentlich voraussetzt. So sagt J. G. HAMANN, daß die Beziehung auf die «einzige, selbständige und lebendige Wahrheit» nicht durch die Vernunft, sondern «durch eine unmittelbare O. erkannt werden kann» [67]. Die Differenzen unter den O.n erklären sich daraus, daß Gott «sich *durch Menschen* offenbart», d.h. seine O.n an den jeweiligen menschlichen Gegebenheiten ausrichtete. Die O.n Gottes in Natur und Geschichte entsprechen einander; auf ihnen beruht jede «wahre Religion». Einwürfe der Vernunft gegen sie vermögen nichts: «Es ist vielmehr der größte Widerspruch und Mißbrauch derselben, wenn sie sich selbst offenbaren will» [68]. Noch deutlicher bekräftigt J. G. HERDER die O. Gottes «in der Natur». Sie war die «herrlichste, älteste, simpelste O. Gottes». Die Welt ist als Gottes Schöpfung die Selbstmitteilung seiner Herrlichkeit, die Wirkung seiner Kraft, also «O., Erscheinung» des «allebenden Gottes» [69].

Anmerkungen. [1] M. LUTHER, Werke, Weimarer Ausg. 25, 120. – [2] a.O. 7, 494; 10/I/1, 181f.; 42, 646; 54, 88; 43, 314. – [3] 40/II, 590; vgl. 21, 514. – [4] 10/I/1, 108. – [5] J. CALVIN, Inst. rel. christ. IV, 8, 5. 7. – [6] a.O. I, 5, 1; vgl. Corpus Reformat. 34, 15. – [7] Inst. rel. christ. I, 6, 1. – [8] PH. MELANCHTHON, Werke, hg. R. STUPPERICH (1951ff.) 6, 177. – [9] J. A. QUENSTEDT: Theologia didactico-polemica (1685) 1, 32. 268; vgl. D. HOLLAZ: Examen theolog. acroamaticum (1707, ND 1971) 1, 85ff. – [10] HOLLAZ, a.O.; J. MUSAEUS: Introd. in theol. (1679) 14f. – [11] J. GERHARD: Loci theolog. (1610-25, ²1762-87) 2, 372. – [12] Weitere Ausführung und Nachweise bei H. WALDENFELS: Die O. von der Reformation bis zur Gegenwart. Hb. der Dogmengesch. I/1b (1977) 20-52. – [13] H. C. AGRIPPA VON NETTESHEIM: De occulta philos. (1533, ND 1967) 1. – [14] TH. PARACELSUS, Sämtl. Werke, hg. K. SUDHOFF (1922-33) I/12, 35. 58f.; vgl. 151. 156; vgl. B. S. VON WALTERSHAUSEN: Paracelsus am Eingang der dtsch. Bildungsgesch. (1935) 68f. 97ff. – [15] J. BÖHME, Sämtl. Werke (1730) ND hg. W.-E. PEUCKERT (1955-61) 17, 437; 1, 51; vgl. 20, 92. – [16] J. BODIN: Colloquium heptaplomeres (1857, ND 1966) 192f. 142f.; vgl. 172. 351f. – [17] F. BACON, De dignitate et augmentis scientiarum III, 1. The works, hg. J. SPEDDING/R. LESLIE/D. D. HEATH (London 1857-74, ND 1961-63) 1, 539; 4, 336; 3, 479. – [18] E. HERBERT OF CHERBURY: De veritate (London ³1645, ND 1966) 208. 226ff. – [19] De religione gentilium (Amsterdam 1663, ND 1967) 5ff. – [20] TH. HOBBES, De cive XV; Leviathan XII. XXXI. XXVI. – [21] B. SPINOZA: Tract. theol.-politicus. Praef., hg. G. GAWLICK/F. NIEWÖHNER (1979) 18f. – [22] Tract., c. I, a.O. 34f. 36f.; c. II, a.O. 60ff. – [23] c. IV. XV, a.O. 144ff. 454ff. 464f. – [24] N. MALEBRANCHE, Entretiens sur la mét. I, 5; VI, 3-7. Oeuvres, hg. A. ROBINET (Paris 1958-70) 12, 37. 135-143; vgl. 6, 108. – [25] CH. BLOUNT: The two first books of Philostratus (London 1680) 31. 20f. 96; vgl. The original of idolatry. Miscell. works (o.O. 1695) 3ff. – [26] J. LOCKE: An essay conc. human underst. (1690) IV, 18, 5f.; a.O. IV, 18, 9f.; IV, 19, 4; vgl. IV, 19, 10-16. – [28] The reasonableness of Christianity. The works (London 1823, ND 1963) 7, 145. – [29] Vgl. A. COLLINS: A discourse of free-thinking (London 1713, ND 1965) 25f. – [30] J. TOLAND: Christianity not mysterious (London 1696, ND 1964) 15f. 46. 146. – [31] M. TINDAL: Christianity as old as the creation (London 1730, ND 1967) 3. 8. 178f. – [32] A. A. C. SHAFTESBURY: A letter conc. enthusiasm V. VII, in: Characteristics of men, manners, opinions, times (London 1711, ND 1978) 1, 39. 54f. – [33] The moralists II, 3, a.O. 2, 269. – [34] Mor. II, 5, a.O. 2, 334; vgl. II, 3, a.O. 2, 278. – [35] TH. MORGAN: The moral philosopher (London

1738-40, ND 1969) 1, 15. 144f.; 2, 23; vgl. 3, 146. – [36] TH. CHUBB: Posthumous works (London 1748) 2, 131-135; vgl. 2, 60f. 67ff. – [37] A coll. of tracts on various subjects (London 1730) 165-167. – [38] a.O. [36] 1, 292. – [39] H. ST. J. BOLINGBROKE, The works, hg. D. MALLET (London 1754, ND 1968) 4, 172. 180; vgl. 276ff. 340-346. – [40] S. CLARKE: A discourse conc. the unchangeable obligations of natural religion and the truth and certainty of christian revelation (London 1706, ND 1964) 241. 245. 263. – [41] J. BUTLER: The analogy of religion, natural and revealed (London 1736), hg. E. C. MOSSNER (New York 1961) 127; vgl. 125f. 252ff. – [42] G. BERKELEY, Alciphron VI, 10. The works, hg. A. A. LUCE/T. E. JESSOP (London 1964) 3, 240; vgl. 1, 73. 88. – [43] P. BAYLE, Oeuvres div. (La Haye 1727-31, ND 1964-68) 2, 369. – [44] Dict. hist. et crit. (Rotterdam ³1720) 3, 2210 (Art. ‹Pauliciens›, Anm. H); 3, 1900 (Art. ‹Manichéens›, Anm. D); 3, 2307f. (Art. ‹Pyrrhon›, Anm. B, C); vgl. 1, 69 (Art. ‹Acoste›, Anm. G); 3, 2609f. (Art. ‹Socin›, Anm. H); 3, 2589 (Art. ‹Simonide›, Anm. F); dtsch. übers. J. CH. GOTTSCHED: Hist. und Crit. Wb. (1741-44) 3, 645. 310. 747ff.; vgl. 1, 69; 4, 218. 239. 554. – [45] G. W. LEIBNIZ, Theodizee, Einl. Abh. über die Übereinstimmung des Glaubens mit der Vernunft, §§ 1. 29. – [46] Nouveaux essais sur l'entendement humain IV, 7, § 11; IV, 19, §§ 4. 14; vgl. IV, 18, §§ 5f. – [47] CH. WOLFF: Theologia naturalis (1739-41) 2, 497. 562f; A. G. BAUMGARTEN: Metaphysica (³1750) 289. 355-360; vgl. GOTTSCHED in Antwort auf BAYLE, Hist. und Crit. Wb., a.O. [44] 1, 69. 407; 2, 157. 756; 3, 616; Erste Gründe der Gesamten Weltweisheit (1733-34, ND 1965) 1, 591; 2, 532f. – [48] D. HUME: Enquiry conc. human underst. X/2, dtsch. hg. R. RICHTER (1973) 155. – [49] J.-J. ROUSSEAU, Oeuvres compl., hg. B. GAGNEBIN/M. RAYMOND (Paris 1959ff.) 4, 607f. 614. – [50] a.O. 4, 625; vgl. 4, 964. 981. 991. 1018; 3, 729f. – [51] 4, 1136f. – [52] J. L. D'ALEMBERT: Essai sur les éléments de philos. (Paris 1805, ND 1965) 512f.; vgl. jedoch 23f. – [53] Einl. zur Enzyklopädie, hg. E. KÖHLER (1955) 96f. – [54] P.-H. TH. D'HOLBACH: Système de la nature (Paris 1821) 2, 32. 21. 75; dtsch. übers. F.-G. VOIGT (1960) 329f. 323. 354; Le Christianisme dévoilé (London 1756) Kap. V. VII; dtsch. in: Religionskrit. Schr. (1970) 84ff. 100; Le bon sens (London 1772, ND Paris 1971) 125f. – [55] H. S. REIMARUS: Abhandlungen von den vornehmsten Wahrheiten der natürl. Relig. (⁵1781) Vorbericht fol. 3r. 4v; Apologie oder Schutzschr. für die vernünftigen Verehrer Gottes, hg. G. ALEXANDER (1972) 1, 59f. 67. 69f. – [56] Ein Mehreres aus den Papieren des Ungenannten, hg. G. E. LESSING in: Zur Gesch. und Lit. 4 (1777) und in: LESSING, Werke, hg. G. GÖPFERT (1970-79) 7, 344ff. – [57] REIMARUS, a.O. 7, 345. 347ff. 387; Apologie, a.O. [55] 1, 71ff. 813. – [58] LESSING, Erziehung des Menschengeschlechts §§ 2. 5. 76, a.O. [56] 8, 490. 506; vgl. 7, 283. – [59] a.O. 7, 465f.; 8, 507. – [60] 7, 464. – [61] J. S. SEMLER: Abh. von freier Untersuchung des Canon (1771-75) 1, 46. 71f.; 2, 536f.; 3, 360f.; Versuch einer freiern theol. Lehrart (1777) 107f.; vgl. G. HORNIG: Die Anfänge der hist.-krit. Theol. (1961) 100ff. – [62] J. F. W. JERUSALEM: Betrachtungen über die vornehmsten Wahrheiten der Religion 2 (1776) bes. 60ff. 90ff. – [63] CH. BONNET: Philos. Untersuchungen der Beweise für das Christentum, dtsch. übers. J. C. LAVATER (1769) XIII. 364-366. 386. 418f.; Principes philos. sur la cause première IV, 20. Oeuvres (Neuchâtel 1779-83) 8, 190f. – [64] M. MENDELSSOHN, Betrachtungen über Bonnets Palingenesie [d.i.: Philos. Unters., a.O.] Ges. Schr., hg. G. B. MENDELSSOHN (1843-45) 3, 143-146; Jerusalem, oder über religiöse Macht und Judenthum, a.O. 3, 311f. 315f. 319f. – [65] F. CH. OETINGER: Bibl. und emblemat. Wb. (1776, ND 1969) 455f.; Theologia ex idea vitae deducta (1765) XXVII; vgl. R. PIEPMEIER: Aporien des Lebensbegriffs seit Oetinger (1978) 165ff. – [66] TH. WIZENMANN: Die Gesch. Jesu nach Matthäus, hg. C. A. AUBERLEN (1864) 314ff. 467f.; vgl. 328ff. – [67] J. G. HAMANN, Sämtl. Werke, hg. J. NADLER (1949-57) 3, 191. – [68] a.O. 1, 8-10; vgl. 2, 204. – [69] J. G. HERDER: Älteste Urkunde des Menschengeschlechts. Sämtl. Werke, hg. B. SUPHAN (1877-1913) 6, 258. 260. 262f. 265. 273.   U. DIERSE/W. LOHFF

IV. *Von Kant bis zur Gegenwart*. – Die Aussagen KANTS und des jungen FICHTE zum O.-Begriff bewegen sich noch ganz in der Gegenüberstellung von Vernunft und O., wie sie die Aufklärungsphilosophie ausgebildet hat: Die Vernunft ist der Boden, von dem aus der mögliche Inhalt und die Geltung der O. bestimmt wird. Für I. KANT ist der O.-Glaube identisch mit der positiven Religion und dem zufällig gegebenen «statutarischen» Kirchenglauben. Jeder O.-Glaube muß in seinem Kern mit der reinen moralischen Vernunftreligion zusammenstimmen, sich vor ihr rechtfertigen und sie befördern [1]. Damit ist der O.-Religion ein eigener, die Vernunft überschreitender Inhalt verwehrt. J. G. FICHTE hat in Anknüpfung an Kant den O.-Begriff aus apriorischen Prinzipien deduziert: O. ist eine «durch die Causalität Gottes in der Sinnenwelt bewirkte Erscheinung, wodurch er sich als moralischen Gesetzgeber ankündigt» [2]. Eine solche O. sei denkmöglich, aber keine empirische Erscheinung könne als O. nachgewiesen werden. Dieser Standpunkt der kritischen Philosophie wird von anderen Autoren ausgearbeitet und variiert (z. B. J. G. E. MAAS, CHR. A. GROHMANN) [3], aber auch im Sinne einer Verteidigung des religiösen O.-Glaubens kritisiert (F. KÖPPEN, im Anschluß an F. H. JACOBI) [4].

Eine prinzipielle Wende in der Konstellation von Vernunft und O. und eine Neubestimmung des Begriffs ergab sich, als ‹O.› nicht mehr bloß ein Begriff der Religionsphilosophie, sondern auch der spekulativen Philosophie wurde. F. H. JACOBI rezipiert den Begriff, um die Schwierigkeit des Kantischen Kritizismus zu bezeichnen und zu lösen, der den Zusammenhang von Ding an sich und Vorstellung, zwischen Realität und Idealität nicht begreiflich machen könne. Dieser Übergang kann für Jacobi – wie schon bei Malebranche (s.o.) – nur als ‹O.› bezeichnet werden. Das «reale Sein» entzieht sich dem Verstand, aber es «offenbart» sich ihm im Gefühl [5]. Der Deutsche Idealismus geht nun sogleich von göttlichem Sein aus, versteht die Gestaltungen der Wirklichkeit als Selbstentfaltung Gottes und setzt für diese den Begriff ‹O.› ein. Auch und gerade die sich geschichtlich realisierende Vernunft begreift sich nun selbst als Teil dieses O.-Prozesses. Laut F. W. J. SCHELLING ist «die Geschichte als Ganzes ... eine fortgehende, allmählich sich enthüllende O. des Absoluten» [6]. J. G. FICHTE nennt das «Dasein», das bewußte Sein, eine O. und «Sichdarstellung Gottes», eine O. und Äußerung des inneren, absoluten Seins [7]. G. W. F. HEGEL bezeichnet mit ‹O.› die Manifestation des Absoluten, des Geistes; das Offenbaren ist dessen «unendliche, absolute Wirklichkeit», denn der Geist ist nur, indem er sich besondert, d.h. bestimmte, endliche Erscheinungen hervorbringt und sich in ihnen manifestiert. Auch das Offenbaren, d.h. Erschaffen der Natur gehört zum Begriff des Geistes [8]. Hegels O.-Begriff erlaubt es, die christliche «absolute» Religion nicht nur die «geoffenbarte», d.h. positive Religion, sondern auch die «offenbare Religion» zu nennen, denn in ihr ist nicht nur Gott, sondern auch das Wesen der Religion «schlechthin offenbar» und manifestiert [9]. PH. MARHEINEKE hat das für die christliche Dogmatik so ausgeformt: Die O.-Lehre ist die Lehre vom Sohn Gottes, und diese hat sowohl Gottes «innere Selbst-O.» (den Logos) zum Inhalt wie die «äußere O.»: Schöpfung, Erhaltung, Vorsehung, Erscheinen Christi. In diesen O.-Prozeß ist das menschliche Bewußtsein hineingeflochten; aber «in dem menschlichen Geiste ist Gott sich nicht durch diesen, sondern durch sich selbst offenbar, und so auch dem menschlichen Geiste offenbar» [10].

Ein weiter O.-Begriff in Philosophie, Religions- und Kunsttheorie ist charakteristisch für die ganze Epoche. «Alles, was wir erfahren, ist eine Mitteilung. So ist die Welt in der Tat eine Mitteilung, O. des Geistes» (NOVALIS) [11]. Auch der junge SCHLEIERMACHER führt den O.-

Begriff aus den Grenzen der traditionellen Dogmatik heraus, subjektiviert und verallgemeinert ihn: «Was heißt O.? Jede ursprüngliche und neue Anschauung des Universums ist eine» [12]. O. ist eine Handlung des Universums sowohl wie ein Akt der Subjektivität. Da für die Romantik die produktive Einbildungskraft, die auf eine dem Verstand dunkle Weise originäre Gedanken und Phantasiegestalten hervorbringt, als Organ des sich entfaltenden Absoluten gilt, werden gerade sie und ihre Produktionen als O. gekennzeichnet: «die Einbildungskraft ist ein übernatürliches Vermögen, ist allemahl O.» (F. SCHLEGEL) [13]. O. ist übersinnliche Anschauung, auch Begeisterung und Ahnung sind O.n [14]. Besonders die Kunst stellt sich nun als O. dar (SCHELLING) [15] und erscheint so in einem religiösen Licht; Musik wird «geoffenbarte Religion» genannt (L. TIECK) [16]. Diese Ausweitung des O.-Begriffs geschieht um so leichter, als zwischen dem «Offenbaren» als «übermenschlicher Mitteilung» und dem «Finden aus sich selbst» nur begrifflich unterschieden werden kann, nicht aber im gegebenen Fall der Wirklichkeit, da der Produktionsakt, die Inspiration, im «Bewußtlosen» der Seele gründen (SCHLEIERMACHER) [17]. Eben dadurch verliert der Begriff aber nun alle Schärfe und dient häufig nur der rhetorischen Pointierung.

Je mehr sich die Philosophie dieser Epoche als christliche Philosophie versteht, desto mehr gibt sie dem O.-Begriff wieder einen genuin theologischen Sinn. Für F. X. VON BAADER, der den Begriff in sehr verschiedenen Kontexten gebraucht, ist O. besonders die Bewegung, in der ein Höheres (Gott) sich herabläßt und ein Niederes (Geschöpf) emporhebt, wodurch Gott und Geschöpf in gleicher Weise offenbar werden [18]. Nach F. J. MOLITORS christlicher Geschichtsphilosophie kann nach dem Sündenfall die verlorene Gottesebenbildlichkeit des Menschen nur durch O.n wieder hergestellt werden: «... alle Kultur ist das Resultat jener primitiven, dem ersten Menschen geschehenen O., welche in der Folge der Zeit durch neue O.n immer mehr aufgeschlossen wird» [19]. K. W. F. SOLGER und F. SCHLEGEL identifizieren O. und Schöpfung: «Die Aufhebung des Nichts (nach dem wahren Begriff der Gottheit) ist eben O., und dieß der wahre Grundbegriff davon» [20]. Die ältere Denkfigur, nach welcher zur natürlichen Vernunfteinsicht die O.-Wahrheit hinzukommt, wird nun signifikant umgekehrt: Die O. ist früher, und die philosophische Vernunft ruht auf der O.; dies gilt historisch und systematisch: Die griechische Philosophie sucht den Gehalt der Ur-O. zurückzugewinnen [21], und die transzendentale Idee Gottes beruht ebenfalls nur auf O., ja, der spekulative O.-Begriff meint nur diese Gegenwart des Gottesgedankens im menschlichen Geist (F. SCHLEGEL) [22]. Auch für K. W. F. SOLGER geht alle Philosophie letztlich auf Gottes O. zurück, und diese wird als «absolute Tatsache» nur im Glauben erfahren; «die volle, lebendige Erkenntniß, wodurch wir zugleich etwas Existierendes und etwas Wesentliches sind, ist der Glaube, in welchem sich Gott durch uns, für uns und in uns offenbart» [23]. Am eindringlichsten behauptet F. H. JACOBI – besonders gegen den Pantheismus Schellings gewendet –, daß alle wahre Philosophie die O.n der (intuitiven) Vernunft voraussetzt, die uns unmittelbar der metaphysischen Wahrheiten, besonders der Existenz eines persönlichen Gottes, versichert [24].

Aufmerksam geworden auf die produktive Einbildungskraft und die sich geschichtliche entfaltende Vernunft ändert sich das Verhältnis von Vernunft und O. zumeist auch in Religionsphilosophie und Theologie grundsätzlich: Sie verhalten sich nicht mehr wie das Natürliche und Übernatürliche, sondern eher wie das Vertraut-Bekannte und das Unverhofft-Neue. J. G. FICHTES Sittenlehre von 1812 bestimmt O. als ein «ursprüngliches Durchbrechen ... dessen, was in der Welt noch nirgends vorhanden ist, auf eine unbegreifliche, an kein vorheriges Glied anknüpfende Weise». In diesem Sinne tritt das kirchliche Symbol (Lehre, Kunstwerk), in welchem sich das Bewußtsein vom Übersinnlichen artikuliert, «genialisch, als O.» in die Welt [25]. Kritisch gegen Rationalismus und Supranaturalismus akzentuiert SCHLEIERMACHERS Dogmatik, daß die O. einerseits unableitbar Neues in die Geschichte bringt, andererseits aber nicht die natürliche Ordnung der Welt durchbricht. Schleiermacher geht von dem inzwischen sehr weiten und unbestimmten O.-Begriff seiner Zeit aus und präzisiert ihn für die Theologie so: O. ist die durch Gott gewirkte Tatsache, von der ein neues religiöses Gemeinschaftsleben ausgeht. Vernunft ist dienlich, den O.-Glauben zu explizieren, kann aber die O. nicht in Vernunftwahrheiten auflösen. Alle wirkliche Religion fußt auf O., die sogenannte natürliche Religion ist nur ein durch Abstraktion gewonnenes Konstrukt [26]. CH. H. WEISSE und andere nehmen Schleiermachers O.-Begriff auf [27]. C. I. NITZSCH akzentuiert die «Geschichtlichkeit der O.», die immer einen individuellen, bestimmten Inhalt hat [28].

In Auseinandersetzung mit dem spekulativen Idealismus führt auch die sogenannte Katholische Tübinger Schule einen weiten O.-Begriff in die Theologie ein. Dabei besteht sie aber auf der prinzipiellen Trennung zwischen Gott einerseits, Welt und Mensch andererseits, um jeden Pantheismus und Idealismus sogleich abzuwehren. «O. Gottes ist Darstellung seines Wesens in einem andern, was nicht Gott ist, und insofern außer Ihm»; dies andere ist das «Universum», nämlich die Natur und der Mensch (J. S. DREY) [29]. Die Theologie als «Philosophie der christlichen O. und ihrer Geschichte» hat das Verhältnis Gottes zu Welt und Mensch zu bestimmen [30]. «Als Hauptinhalt der O. haben wir anzusehen: Gott, die Welt, und das Verhältniß Gottes zur Welt, so wie der Welt zu Gott» (F. A. STAUDENMAIER) [31]. Der O.-Prozeß ist eine Vermittlung; aber nicht – wie bei Hegel – eine Vermittlung Gottes mit sich selbst, sondern «Gott vermittelt durch die O. die Einheit des Menschen mit sich» [32]. Gegen diesen weiten O.-Begriff und besonders gegen die Rezeption Kants innerhalb des Katholizismus (G. HERMES) [33] wendet sich die Neuscholastik. O. ist nicht die Manifestation Gottes in einem andern, sondern bewirkt «unmittelbare Erkenntnis»: «sie ist die Bekanntmachung durch das Wort oder durch unmittelbares Schauenlassen des zu offenbarenden Gegenstandes selbst» (H. DENZINGER; vgl. J. KLEUTGEN) [34]. J. H. NEWMAN betont den Geschichts- und Sprachcharakter der O. und bindet ihre Bewahrung und Weitergabe an die Institution der Kirche [35]. – Allen romantischen Verflüssigungen des Begriffs gegenüber dekretiert L. G. A. DE BONALD, daß Gottes O. sich nicht nur im Wort, sondern auch in der Schrift manifestieren mußte, um sichere Grundlage und Norm für die Gesellschaft sein zu können [36].

Mit dem Ende der romantisch-idealistischen Epoche neigen Theologie und Philosophie wieder zu stärkerer Polarisierung, und das hat Folgen auch für den O.-Begriff. SCHELLINGS «positive Philosophie» stellt sich in dieser Situation als «Philosophie der O.» die schwierige Aufgabe, diese Pole im Gleichgewicht zu halten: Weder die Philosophie noch die christliche O. sollen verkürzt werden, weder soll die O. als unbegreiflich nur hingenommen, noch soll sie in Vernunftwahrheiten aufgelöst werden. Es gilt, das Geschichtliche des Christentums als ein «objektiv Wahres» zu begreifen, das im «Überweltlichen», im Ursprung der Welt schon grundgelegt ist [37]. Während die Philosophie Hegels die O. des Absoluten als notwendig begriff, geht Schellings Spätphilosophie davon aus, «daß die O. nicht ein notwendiges Ereigniß, sondern die Manifestation des allerfreiesten, ja persönlichsten Willens der Gottheit sey» [38]. Um den der Philosophie vorgegebenen Inhalt der O., zu der die Schöpfung und die Geschichte des Menschengeschlechts gehören, fassen zu können, muß die Philosophie allerdings ihre herkömmlichen rationalen Grenzen verlassen.

S. KIERKEGAARD, der zunächst den Begriff noch durchaus in der Weise der Romantik gebrauchte (z.B. O. des Schönen in der Kunst [39]), engt ihn auf die Bereiche Ethik und Religion ein und entzieht die christliche O. nun ganz jedem Zugriff der Philosophie. Gegen Hegels These und Forderung, daß der Geist sich offenbare, setzt Kierkegaard den mit Recht verborgenen innerlichen Glauben [40]. Gegen das Hegelsche Bemühen, die christliche O. wissenschaftlich zu begreifen, betont er ihren Geheimnischarakter: «eine O. sensu strictissimo muß ein Geheimnis sein und gerade und allein daran kenntlich sein, daß sie das Geheimnis ist ...» [41]. Gegen die idealistische Bestimmung, O. sei nur vermittelt durch die Subjektivität existent (vgl. z. B. C. CONRADI [42]), hält KIERKEGAARD an der Transzendenz und Objektivität der christlichen O. fest, jenseits ihrer Auffassung durch den Menschen [43].

Andererseits geht die Philosophie nun zur Destruktion des religiösen O.-Begriffs über. Nicht das im Menschen wirkende Absolute erzeugt die O.n, sondern der Mensch selbst. D. F. STRAUSS schreibt die Geschichte des O.-Gedankens, um die «Auflösung des kirchlichen O.-Begriffs» vor Augen zu führen. Das moderne wissenschaftliche Bewußtsein könne unter O. nur im Anschluß an Hegel das Heraustreten und Äußerlichwerden des objektiven Geistes verstehen; allen Religionen und allen bürgerlichen Verfassungen lägen O.n in diesem Sinne zugrunde [44]. Für L. FEUERBACH entsteht der religiöse O.-Glaube aus dem Bedürfnis des Menschen, Gottes Existenz als wirklich gegeben zu wissen. «Der O.-Glaube ist der Culminationspunkt des religiösen Objectivismus» [45]. Indem der Mensch auf dem Umweg des fingierten Gottes nur seine eigenen Wünsche und Vorstellungen offenbart, ist O. «nur die Selbstbestimmung des Menschen» [46]. Ganz ähnlich gibt F. NIETZSCHE jedweder O. eine psychologische Erklärung. O. ist Inspiration und besagt, «daß plötzlich, mit unsäglicher Sicherheit und Feinheit, etwas *sichtbar*, hörbar wird, etwas, das einen im Tiefsten erschüttert und umwirft ...» [47]. Religion entsteht, indem der Mensch pessimistisch zweifelt, er selbst könne Urheber seines großen Gedankens sein, und ihn deshalb Gott zuschreibt. Etwas als O. anzunehmen, heißt, unseren eigenen Gedanken als Gottesgedanken siegen zu lassen [48].

Die Polarisierung von Theologie und Philosophie zeigt sich unter anderm in der Aufnahme der älteren trinitarischen Geschichtstheologie, die die Geschichtsepochen des Vaters, des Sohnes und des Hl. Geistes als O.-Stufen begriff; sie dient im 19. Jh. dazu, sowohl die Hoffnung auf eine Vertiefung des Christentums wie die Hoffnung auf ein nachchristliches Zeitalter zu artikulieren. Subjekt der O. ist deshalb einmal Gott, einmal der menschliche Geist. J. DE MAISTRE verkündet eine «O. der O.» im Sinne einer Erneuerung und Konsolidierung des Katholizismus [49]. Für M. HESS dagegen führt die Geschichte als «O.-Geschichte» zum dritten Zeitalter, wo «der *offenbare* Geist, der verklärte und versöhnte Mensch selber Schöpfer seiner Geschichte» ist [50]. Die alten chiliastischen Zukunftsträume, die in veränderter Form das revolutionäre politische und philosophische Denken des 19. Jh. durchziehen, halten den Begriff einer «neuen O.» lebendig, unter der das «Reich ewiger Freude» (H. HEINE [51]) und «eine jugendliche und herrliche Welt» (M. BAKUNIN [52]) vorgestellt werden.

Für die Philosophie ist seit der Mitte des 19. Jh. die O. in der Regel keine Herausforderung mehr. Religiöse O. löst sich in Vernunftgehalt auf oder bleibt der Vernunft fremd. Bei H. LOTZE schrumpft die O. zur Einwirkung Gottes auf das Gemüt; die religiöse Wahrheit, der O.-Gehalt, wird zum Produkt der Vernunft [53]. Auch für E. VON HARTMANN ist es der menschliche Geist, der die Erscheinungen in Natur und Geschichte zu O.n umformt. Der Glaube, zu dem die Vernunft prädisponiert ist, bestimmt so sehr die O., daß Hartmann von der «funktionellen Identität von O. und Glaube» sprechen kann [54]. H. COHEN entwickelt den O.-Begriff aus dem Judentum, wo er kein Mysterium und keine Enthüllung, sondern ursprünglich nur «die Gabe der Thora» meine. Philosophisch betrachtet sei O. «die Schöpfung der Vernunft» als Bedingung allen sittlichen Vernunftinhaltes [55]. Wird weiterhin O. durch ihren übervernünftigen Inhalt definiert, bekennt die Philosophie, keinen Zugang zu diesem «positiven Gehalt» zu haben (M. SCHELER) [56]. Es bleibt ihr dann nur, O. begrifflich zu beschreiben, wie es etwa H. SCHOLZ tut: O. ist «ein aus irdischen Erscheinungen oder Erlebnissen entspringender 'unirdischer' Eindruck»; O.n sind «Durchbrechungen des Weltbewußtseins, die die Unverbrüchlichkeit des Naturzusammenhanges zur Voraussetzung haben, eindeutig irdische Erscheinungen von eindeutig 'unirdischem' Gehalt» [57]. Laut K. JASPERS ist eine religiöse O. im Sinne einer «unmittelbaren, zeitlich und räumlich lokalisierten Kundgabe Gottes durch Wort, Forderung, Handlung, Ereignis» für den philosophischen Glauben unannehmbar; aber die christliche O. sei eine stete Herausforderung für die Auseinandersetzung [58]. – In M. HEIDEGGERS Rede von der Wahrheit als dem «Offenen» und der «Offenheit» der Welt und des Seienden [59] scheint der spekulative O.-Begriff des deutschen Idealismus durch. JASPERS nimmt diesen direkt auf: «Das Sein wäre nicht eigentlich Sein, wenn es sich nicht offenbarte.» Offenbar aber wird es in der Spaltung und Spannung zwischen Endlichkeit und Unendlichkeit, Objektivem und Subjektivem [60]. Bei TH. W. ADORNO wird O. zum hermeneutischen Begriff: Während das 19. Jh. die religiöse O. von der künstlerischen Inspiration her begriff, wird für Adorno Kunst nur als «Säkularisation von O.» verständlich [61].

Ist so O. kein großes Thema der Philosophie mehr, so bleibt sie freilich eines der Theologie, in der der O.-Begriff zum Teil eine geradezu inflationäre Entwicklung nimmt (P. ALTHAUS) [62]. Zwei gegenläufige Tendenzen zeichnen sich ab: Zum einen faßt man den Begriff weit und allgemein, um von ihm her Religion begreifbar zu machen und einen Anknüpfungspunkt für die christliche Religion aufzuweisen; zum anderen wird er eng auf die christliche O. eingegrenzt, um auf das Spezifische des Christentums hinzuweisen. In beiden Konfessionen ist die christliche Theologie zumeist bemüht, O. nicht zum Inbegriff von Lehrsätzen, die übernatürliche Wahrheiten enthalten, zu verdinglichen; vielmehr will sie zeigen, daß O. eine das menschliche Leben bestimmende und verändernde geschichtliche Wirklichkeit ist. Dabei wird akzentuiert, daß O. Geheimnis ist und der offenbare zugleich der verborgene Gott bleibt (K. BARTH, K. RAHNER) [63].

Der Reformkatholizismus verknüpft die O. eng mit der religiösen Subjektivität: «In aller Frömmigkeit ist irgendwelche positive O. Gottes enthalten» [64]. L.-A. SABATIER, der Schleiermacher rezipiert, interpretiert O. als Korrelat zur Religion: «Die Religion ist nichts anderes als die subjektive Seite der O. Gottes im Menschen und die O. nichts anderes als die objektive Seite der Religion in Gott» [65]. Dadurch wird die Betroffenheit des Subjekts durch die O. wichtiger als die kirchlichen Ausdrucksformen (z. B. A. LOISY) [66]. O. wendet sich nicht als Lehre an ein übernatürliches Vernunftvermögen, sondern sie betrifft das Ganze der religiösen Erfahrung: «Revelation is not statement but experience» (G. TYRELL) [67]. Der katholische Religionsphilosoph M. BLONDEL begreift O. als Antwort auf eine Sehnsucht des Menschen, der über die Vernunft hinaus nach dem Übernatürlichen fragt (vgl. M. SCHELER) [68]. O. zeigt sich als «Liebesbeziehung» zwischen Gott und Mensch [69]. Gegen eine intellektualistische Auffassung der christlichen O. betont auch die sogenannte 'Nouvelle Théologie' (z. B. M.-D. CHENU, L. CHARLIER, R. LATOURELLE), daß O. die geschichtliche Wirklichkeit Gottes in ihrer Bedeutung für die Existenz des Menschen meint; O. ist ein Zeugnis Gottes über sich selbst, aber nichts anderes als «le véhicule d'une connaissance réelle, nous livrant, fût-ce dans le mystère, en objet de perception et d'amour, une réalité, la réalité divine» (M.-D. CHENU) [70]. Nach H. DE LUBAC ist O. das Hineingehen Gottes in die Geschichte des Menschen, wodurch sich die Gemeinschaft und der einzelne ändern: Es wird durch Gottes O. die Brüderlichkeit aller Menschen in Christo und der absolute Wert jedes einzelnen offenbart [71]. R. GUARDINI macht die Philosophie des Dialogs und der Begegnung für das Verständnis von O. fruchtbar. Gott offenbart sich, heißt: Er handelt und spricht, und der Mensch sieht sich zu Antwort und Stellungnahme genötigt [72]. Gegenüber einem «Immanentismus», der die O. aus dem menschlichen Religionsbedürfnis hervorgehen läßt, und gegenüber einem «Extrinsezismus», demzufolge Gott von außen übernatürliche Mitteilungen macht, sieht K. RAHNER im O.-Geschehen «zugleich die Tat Gottes und die des Menschen»; dabei bleibt allerdings Gott der Grund auch der menschlichen Freiheit [73]. Um die Möglichkeit der Aneignung göttlicher Wahrheit darzutun, unterscheidet K. RAHNER im O.-Ereignis neben dem geschichtlichen einen vorgängig transzendentalen Aspekt: «die transzendentale Erfahrung der ... Nähe Gottes», die jeder schon immer, wenn auch unausdrücklich, gemacht hat [74].

Innerhalb des Protestantismus ist O. für die religionsgeschichtliche Schule – mit Blick auf Schleiermacher – das Kennzeichen einer jeden Religion: Durch innere O. in Herz und Gewissen und durch äußere O. in Personen und Taten wird das Übersinnliche für den Menschen wirklich erlebbar (R. OTTO) [75]. Für die christliche Theologie konzipiert E. TROELTSCH einen «dynamischen O.-Begriff», der es erlaubt, neben der Hl. Schrift auch die kirchliche Tradition bis hin zum gegenwärtigen religiösen Erleben als «progressive O.» zu verstehen [76]. P. TILLICH pointiert gegenüber einem formelhaften oder verwässerten Wortgebrauch, worin das Merkmal wirklicher O. besteht: «das Unbedingt-Verborgene ..., das Unbedingt-Fremde, das, wozu es keinen Weg von unserer Wirklichkeit aus gibt», enthüllt sich uns und wird für uns «das Unbedingt-Offenbare ..., das Ganz-Eigene» [77].

«O. ist die Manifestation dessen, was uns unbedingt angeht» [78]. Wird hier die existenzielle Betroffenheit – «jede O. ist ein Angriff» – so sehr zum O.-Kriterium, daß die Bibel zum 'Bedingten' herabsinkt und O. sogar die Sphäre der Religion überschreitet, so restringiert die dialektische Theologie den Begriff ganz auf das Zentrum der christlichen Botschaft. E. BRUNNER stellt dem idealistisch-humanistischen O.-Begriff schroff den eigentlich christlichen entgegen, der die Kontingenz, die Einmaligkeit und das Paradoxe des Erscheinens Christi meine [79]. Für K. BARTH ist nur das in der Hl. Schrift bezeugte Wort Gottes wirkliche O., so daß auch nur die christliche im strengen Sinn eine O.-Religion ist. Anders als in der Tradition offenbart Gott sich nicht in einem ihm fremden Medium; das Wort ist vielmehr Gott selbst. Denn für K. Barth ist O.-Lehre Trinitätslehre: «Gott offenbart sich als der Herr, und das bedeutet nach der Schrift für den Begriff der O., daß Gott selbst in unzerstörbarer Einheit, aber auch in unzerstörter Verschiedenheit der Offenbarer [Vater], die Offenbarung [Sohn] und das Offenbartsein [Hl. Geist] ist» [80]. Besonders von der Position K. Barths her wird verständlich, daß die moderne evangelische Theologie insgesamt O.-Theologie sein will [81]. R. BULTMANN rezipiert die Existenzialontologie, um O. verständlich zu machen. In der O. redet Gott den Menschen an, «daß der Mensch in ihr sich selbst verstehen lernt, ... daß er je sein Jetzt, den Augenblick, als einen durch die Verkündigung qualifizierten verstehen lernt» [82]. Um Theologie und Religion nicht gegenüber der säkularen Welt zu isolieren, bezieht die neuere Theologie die O. stärker auf die Geschichte [83]. Laut W. PANNENBERG ist O. – mit Blick auf den Deutschen Idealismus – «Selbsterschließung» und «Selbsterweis» Gottes, aber keine unmittelbare Wesenskundgabe, sondern «indirekte Selbst-O. im Spiegel der Geschichte» [84]. Für J. MOLTMANN zeichnet «die O. Gottes in Kreuz und Auferstehung» die ganze Geschichte vor [85].

Anmerkungen. [1] I. KANT: Die Rel. innerhalb der Grenzen der bloßen Vernunft (1793). Akad.-A. 6, 102ff. – [2] J. G. FICHTE: Versuch einer Critik aller O. (1792) § 5. Akad.-A. I/1, 48. – [3] J. G. E. MAAS: Krit. Theorie der O. (1792, ND Brüssel 1969); CH. A. GROHMANN: Über O. und Mythologie. Als Nachtrag zur Rel. innerhalb der Grenzen der reinen Vernunft (1799); zu J. P. L. SNELL, J. C. GREILING, J. H. TIEFTRUNK und J. W. SCHMID vgl. M. CASULA: Die Beziehungen zwischen Vernunft und O. bei den Frühkantianern, in: Transzendenz und Immanenz. Philos. und Theol. in der veränderten Welt, hg. D. PAPENFUSS/J. SÖRING (1977) 73-87. – [4] F. KÖPPEN: Über O., in Beziehung auf Kantische und Fichtesche Philos. (1802, ND Brüssel 1969). – [5] F. H. JACOBI: Idealismus und Realismus. Ein Gespräch. Werke, hg. F. ROTH/F. KÖPPEN 2 (1815, ND 1976) 164ff. 105; vgl. Über die Lehre des Spinoza, in Briefen, a.O. 4/1, 72. – [6] F. W. J. SCHELLING: System des transzendentalen Idealismus (1800). Sämtl. Werke I/3 (1858) 603. – [7] FICHTE: Die Anweisung zum seligen Leben (1806). Sämmtl. Werke, hg. I. H. FICHTE 5 (1845) 439. 461. – [8] G. W. F. HEGEL: Enzyklopädie (1830) § 383f. – [9] Vorles. über die Philos. der Religion. Sämtl. Werke, hg. H. GLOCKNER 16, 192ff. – [10] PH. MARHEINEKE: Die Grundlehren der christl. Dogmatik als Wiss. (1827) §§ 115. 206ff. – [11] NOVALIS, Schr., hg. J. MINOR 2 (1923) 198. – [12] F. SCHLEIERMACHER: Über die Religion. Reden an die Gebildeten unter ihren Verächtern (1799) 118, hg. H.-J. ROTHERT (1958) 66; vgl. NOVALIS, a.O. 115f. – [13] F. SCHLEGEL, Krit. Ausg., hg. E. BEHLER 19, 171 (Nr. 147). – [14] a.O. 19, 65 (Nr. 237); 58 (Nr. 175). – [15] SCHELLING, Philos. der Kunst. Sämtl. Werke I/5 (1859) 22ff. – [16] L. TIECK, vgl. W. H. WACKENRODER: Werke und Briefe (1967) 251. – [17] SCHLEIERMACHER, Dialektik, hg. R. ODEBRECHT (1942, ND 1976) 438-440. – [18] F. X. VON BAADER, Sämtl. Werke 15, 598f.; vgl. 4, 227. – [19] F. J. MOLITOR: Philos. der Gesch. 1 (1827) 105f.; vgl. 5, 125. – [20] K. W. F. SOLGER: Über die wahre Bedeutung und Bestimmung der Philos. Nachgel. Schr. und Briefwechsel, hg. L. TIECK/F. VON RAUMER (1826, ND 1973) 2, 169-179, zit. 171; F. SCHLEGEL, a.O. [13] 19, 327 (Nr. 198). – [21] a.O. 11, 117. – [22] 12, 302. 63. – [23] SOLGER, a.O. [20] 179. – [24] JACOBI: Von den Göttl. Dingen und ihrer O. (1811), a.O. [5] 3 (1816, ND 1976) 277. 364. 370. 403f. 425f. – [25] FICHTE: Das System der Sittenlehre (1812). Nachgel. Werke, hg. I. H. FICHTE 3 (1835) 105. 107. – [26] SCHLEIERMACHER: Der christl. Glaube (1821/22) § 12. Krit. Ges.-Ausg. 7/1 (1980) 19ff.; 2. Aufl. (1830/31) § 10, hg. M. REDEKER (1960) 1, 64ff. – [27] CH. H. WEISSE: Philos. Dogmatik (1855, ND 1967) 1, 77f. – [28] C. I. NITZSCH: System der christl. Lehre (1829) § 25. – [29] J. S. DREY: Kurze Einl. in das Studium der Theol. (1819, ND 1966) 10. – [30] Die Apologetik (1838, ND 1967) 1, 6f. – [31] F. A. STAUDENMAIER: Geist der göttl. O., oder Wiss. der Geschichtsprincipien des Christenthums (1837, ND 1966) 14f. – [32] a.O. 15. – [33] G. HERMES: Philos. Einl. (1819) (= Einleitung in die christkath. Theol., 1. Teil) §§ 84-86. – [34] H. DENZINGER: Vier Bücher von der relig. Erkenntniss (1856) 1, 115f.; J. KLEUTGEN: Die Theol. der Vorzeit (²1874) 5, 336ff. – [35] J. H. NEWMAN: Essays crit. and hist. (London 1871); Die Entwicklung der christl. Lehre, dtsch. H. HAECKER (1922). – [36] L. G. A. DE BONALD, Oeuvres compl., hg. J. P. MIGNE (Paris 1859) 1, 483. 489. – [37] SCHELLING, Philos. der O. Sämtl. Werke III/3 (1858) 196. 142. – [38] a.O. III/4 (1858) 11f. – [39] S. KIERKEGAARD: Entweder/Oder, übers. E. HIRSCH. Ges. Werke 1/1 (1964) 338. 58f. – [40] Furcht und Zittern, hg. E. HIRSCH. Ges. Werke 4 (o.J.) 91. – [41] Abschließende unwiss. Nachschr. zu den Philos. Brocken, übers. H. M. JUNGHANS. Ges. Werke 16/1 (1957) 205; vgl. 238. 253. – [42] C. CONRADI: Selbstbewußtsein und O., oder Entwicklung des religiösen Bewußtseyns (1851). – [43] Das Buch über Adler, übers. H. GERDES. Ges. Werke 36 (1962) 135. – [44] D. F. STRAUSS: Die christl. Glaubenslehre in ihrer gesch. Entwicklung 1 (1840) 75f. 264ff. – [45] L. FEUERBACH: Das Wesen des Christentums (1841). Sämtl. Werke, hg. W. BOLIN/F. JODL (²1960) 6, 246. – [46] a.O. 249. – [47] F. NIETZSCHE, Ecce homo. Werke, hg. K. SCHLECHTA (²1962) 2, 1131. – [48] Morgenröte, a.O. 1, 1053. – [49] J. DE MAISTRE, Les soirées de Saint-Petersbourg. Oeuvres compl. (Lyon 1884-86, ND 1979) 5, 242. – [50] M. HESS: Die heilige Gesch. der Menschheit (1837). Philos. und sozialist. Schr. 1837-1850, hg. A. CORNU/W. MÖNKE (1961) 1-74; Die europ. Triarchie (1841), a.O. 75-166, zit. 84. – [51] H. HEINE: Ludwig Börne (1840). Sämtl. Schr., hg. K. BRIEGLEB (1974-76) 4, 44. – [52] M. BAKUNIN: Die Reaktion in Deutschland (1842), in: Philos. der Tat (1968) 66f. – [53] H. LOTZE: Mikrokosmus (⁶1923) 3, 548f. – [54] E. VON HARTMANN: Die Religion des Geistes. Ausgew. Werke 6 (²1888) 74ff. – [55] H. COHEN: Die Religion der Vernunft aus den Quellen des Judentums (1919) 97. 84. – [56] M. SCHELER: Der Formalismus in der Ethik und die materiale Wertethik (⁵1966) 538. – [57] H. SCHOLZ: Religionsphilos. (²1922) 113f. – [58] K. JASPERS: Der philos. Glaube angesichts der O. (1963) 48f. – [59] M. HEIDEGGER: Holzwege (⁵1972) 49ff. u. ö. – [60] JASPERS: Philosophie (1956) 3, 204. – [61] TH. W. ADORNO: Ästhet. Theorie. Ges. Schr. 7 (1970) 162. – [62] P. ALTHAUS: Die Inflation des Begriffes 'O.' in der gegenwärt. Theologie. Z. systemat. Theol. 18 (1941) 134-149. – [63] K. BARTH: Kirchl. Dogmatik 1/1, 320. 338. 383; K. RAHNER: Sacramentum Mundi 3 (1969) 834f. – [64] L.-A. SABATIER: Religionsphilos. auf psychol. und gesch. Grundlage (1898) 40. – [65] A.O. 25. – [66] A. LOISY: L'évangile et l'église (Paris 1902). – [67] G. TYRELL: Through Scylla and Charybdis or the old theology and the new (London 1907) 285. – [68] M. SCHELER: Vom Ewigen im Menschen. Ges. Werke 5 (⁴1954) 115f. – [69] M. BLONDEL: Zur Methode der Religionsphilos. (1974) 92ff. – [70] M.-D. CHENU: La Parole de Dieu (Paris 1964) 1, 117. – [71] H. DE LUBAC: Glauben aus der Liebe (1970). – [72] R. GUARDINI: Die O. Ihr Wesen und ihre Formen (1940). – [73] RAHNER, a.O. [63] 832ff. – [74] a.O. 834; vgl. K. RAHNER/J. RATZINGER: O. und Überlieferung (1964) 11-24. – [75] R. OTTO: Das Heilige (1917), zit. (³¹⁻³⁵1965) 172. – [76] E. TROELTSCH: Glaubenslehre (1925) 40ff. – [77] P. TILLICH: Die Idee der O. Z. Theol. Kirche, NF 8 (1927) 403-412, zit. 406. – [78] Systemat. Theol. (1956) 1, 133f. – [79] E. BRUNNER: Philos. und O. (1925) 17ff.; O. und Vernunft (²1961). – [80] BARTH, a.O. [63] 1/1, 311; 1/2, 1. 222; G. KEHNSCHERPER: Gott und göttl. O. in der dialekt. Theol. K. Barths (1928). – [81] ALTHAUS, a.O. [62]. – [82] R. BULTMANN: Glauben und Verstehen 3 (³1962) 30f. – [83] E. FÜLLING: Geschichte als O. (1956). – [84] W. PANNENBERG u. a. (Hg.): O. als Geschichte (⁵1982) 7ff. 16. – [85] J. MOLTMANN: Theologie der Hoffnung (¹¹1980) 206.

Literaturhinweise. E. KOPPERMANN: Der O.-Begriff in der Religionsphilos. Kants, Fichtes, Fries' (1916). – K. ANER: Die Theologie der Lessingzeit (1929). – H. D. MCDONALD: Ideas of revelation (London 1963). – H. J. BIRKNER: Natürl. Theologie und O.-Theologie. Neue Z. systemat. Theol. 3 (1961) 273-295. – R. LATOURELLE: Théologie de la révélation (Brügge, Paris 1963). – H. WALDENFELS: O. Das 2. Vatikan. Konzil auf dem Hintergrund der neueren Theologie (1969); s. Anm. [12 zu III]. – A. DULLES: Revelation theology (New York 1969, dtsch. 1970). – F. KONRAD: Das O.-Verständnis in der evang. Theologie (1971). – P. EICHER: O. Prinzip neuzeitl. Theologie (1977).

G. SCHOLTZ

Offenbarungstheologie ist die Bezeichnung einer seit dem Ersten Weltkrieg im Protestantismus vorherrschenden theologischen Richtung, die in bewußter Frontstellung gegen die theologische Tradition den gesamten Vollzug theologischer Reflexion exklusiv auf das Geschehen vorausgesetzter aktueller Selbstoffenbarung Gottes zu gründen bestrebt ist. Dabei ist für K. BARTH die Selbsterschließung Gottes ursprünglich in dem in autoritärer kirchlicher Verkündigung aktuell ergehenden (wenngleich in ihr nie dingfest zu machenden) «Worte Gottes» gegeben, das Anerkennung und Gehorsam fordert [1]. Barth rekurriert damit faktisch auf die geschichtlich gegebenen, nicht hinterfragbaren Grunderfahrungen christlichen Glaubens in der Heiligen Schrift und bestimmt Offenbarung in der Folge streng christologisch (Jesus Christus = das Wort Gottes). Doch ist dieses Offenbarungsgeschehen nicht in der historischen Reflexion ausweisbar, wird ihr vielmehr als «Urgeschichte» bzw. Offenbarungsgeschichte konfrontiert und ist nur im Empfang gegenwärtiger Wortverkündigung erfaßbar [2].

Das damit gestellte Problem von Offenbarung und Geschichte wird in der von R. BULTMANN ausgehenden Existenztheologie ausgearbeitet. Offenbarung wird in einer vorausgestellten anthropologischen Reflexion gefaßt als Geschehen, das den Menschen zu seiner «Eigentlichkeit» bringe. Es kann nicht in der historischen Frage nach der Entstehung und Entfaltung des Christentums begründet werden, wird vielmehr nur vernommen, wo die Existenzfrage des Menschen aus der in der kirchlichen Verkündigung vergegenwärtigten Überlieferung vor allem des Osterglaubens unmittelbar eine Antwort empfängt, die ein neues Selbstverständnis des Menschen (im Glauben) evoziert [3]. Im Gegensatz hierzu versucht W. PANNENBERG, gestützt auf Beobachtungen zum Geschichtsverständnis der Heiligen Schrift und im Anschluß an Hegel, die Universalgeschichte selbst als Medium der Selbstoffenbarung Gottes zu verstehen. O. wird dann zu einer in der Voraussetzung der universalen Geltung des Christusgeschehens begründeten Geschichtsdeutung [4].

Anmerkungen. [1] K. BARTH: Das christl. Verständnis der Offenbarung (1948) 11ff. – [2] Kirchl. Dogmatik 1 (1932) 89ff. 311ff. – [3] R. BULTMANN: Der Begriff der Offenbarung im NT (1929), in: Glauben und Verstehen 3 (³1965) 1-34. – [4] W. PANNENBERG: Offenbarung als Geschichte (1961) 7ff. 91ff.

Literaturhinweise. P. ALTHAUS: Die Inflation des Begriffes der Offenbarung in der gegenwärt. Theologie. Z. syst. Theol. 18 (1941) 134-149. – H. HAUG: O. und philos. Daseinsanalyse bei R. Bultmann. Z. Theol. Kirche 55 (1958) 201-253. – W. PANNENBERG: Wiss.theorie und Theologie (1973). – G. HORNIG: O. und Motivforsch. in Schweden. Neue Z. syst. Theol. 16 (1974) 146-175.

W. LOHFF

Öffentlich/privat. ‹Öffentlich›, ursprünglich soviel wie offenbar, bekannt (so spricht noch LUTHER von öffentlicher Lüge und öffentlichen Artikeln des Glaubens), gewinnt erst im Neuhochdeutschen daneben die Bedeutung von allgemein zugänglich, für jedermanns Gebrauch bestimmt. Als Übersetzung von lat. *publicus* (für das ahd. *frôno = herrschaftlich* gestanden hatte) meint es dann zudem sowohl «amtlich» oder «obrigkeitlich» wie entsprechend dem französischen und englischen «public» «eine große bürgerliche Gesellschaft betreffend» [1] und mithin «gemein» im Sinne des gemeinen Wesens, des gemeinen Besten oder des gemeinen Nutzens [2]. ‹Privat› hingegen heißt der «gemeine Mann, der in keinem Amt ist» [3]. Von der politischen Wortbedeutung der *societas civilis* und der *res publica* her nimmt die Gegenüberstellung von öffentlich und privat eine mit dem römischen Recht überlieferte Unterscheidung auf [4], in der ‹öffentlich› und ‹privat› als juristische «Verhältnisbegriffe» fungieren, welche den Bezug auf die ideelle («moralische») Ganzheit bzw. auf das Einzelglied einer körperschaftlichen Einheit ausdrücken [5]. In diesem Sinne ist öffentlich das Allgemeine und privat dann das, was den einzelnen als einzelnen angeht: das Besondere. Noch CH. F. DAHLMANNS ‹Politik› [6] bewahrt in der auf die umfassende politische Ordnung bezogenen Formel vom «Öffentlichen und Ganzen» diese Bedeutung.

Indessen erfährt das Begriffspaar eine spezifische Umprägung, insofern ‹öffentlich› in herrschaftsbezogener Verengung mit ‹staatlich› identifiziert wird: CHR. WOLFF spricht von öffentlichem Regiment und öffentlichen Geschäften, wenn er staatliche Herrschaftsausübung meint, und unterscheidet die Hoheitsmaßnahmen des Königs von dessen «besonderen» oder «Privathandlungen» [7], ohne daß diesem Sprachgebrauch bereits eine klare Trennung öffentlicher und privater Angelegenheiten im Sinne zweier Zuständigkeitsbereiche entspräche [8]. Gleichzeitig engt er *res publica*, das *gemeine Wesen*, bezeichnenderweise auf die je besondere «Einrichtung eines Staats» ein [9]. Und J. ST. PÜTTER definiert: «Was kein Staatsgeschäft ist, d.i., was nicht den Staat oder dessen höchste Gewalt betrifft, das ist ein Privat-Geschäft» [10]. Dahinter steht der erste Versuch der Trennung von Justiz und Verwaltung in Österreich und Preußen von 1749, bei dem zwischen dem «interesse privatum» als dem Inbegriff individualistisch radizierter justiziabler Verhältnisse und den der Gerichtsbarkeit entzogenen «publica et politica», dem «status oeconomicus et politicus» unterschieden wird [11]. Ihm korrespondiert ein Prozeß, in dem die naturrechtliche *libertas civilis* zur «bürgerlichen Freyheit» uminterpretiert, das *forum internum* als unantastbarer Privatbereich propagiert und schließlich unveräußerliche Menschenrechte verkündet werden [12]. Diesen Entwicklungen zufolge übersetzt man *ius publicum* seit dem ausgehenden 18. Jh. in Deutschland nicht mehr nur mit «Staatsrecht», sondern auch mit «öffentliches Recht». In der mit dem Bezug des Wortes ‹öffentlich› auf die staatliche Herrschaft eintretenden Hervorkehrung des Bedeutungselements der Überordnung und des Zwangs, der die absolutistische Vorstellung korrespondiert, Hoheitsmaßnahmen stünden kraft staatlicher Souveränität jenseits des Rechts als des bloßen Inbegriffs subjektiver Berechtigungen, gründen noch heute nachwirkende dualistische juristische Begriffsbildungen: öffentliche Gewalt vs. subjektives Recht, private Rechts- vs. öffentliche Gewaltverhältnisse. Gerade mit den großen Kodifikationen des ausgehenden 18. und beginnenden 19. Jh. setzt sich dieses Verständnis zunächst gegen die hinter ihnen stehende vernunftrechtliche Begrifflichkeit und deren Annahme der Autonomie des Privaten, der originären Eigengesetzlichkeit des im Naturzustandsgedanken aufgedeckten «natürlichen Privat-Rechts» [13] durch.

Auf der Basis vernunftrechtlicher Staatstheorie bedeutet ‹öffentlich› im Sinne von ‹staatlich› freilich zugleich Abwesenheit individueller, privater Willkür, Verläßlichkeit infolge Publizität, allgemeiner Verbindlichkeit, Einsichtigkeit und freiheitssichernder Rationalität. «Öffentliche Gesetzgebung» nennt KANT die allgemeine, überindividuelle («äußere»), mit Macht ausgestattete Gesetzgebung des bürgerlichen Zustandes [14]. Die auf Leichtigkeit und Sicherheit der Anwendung angelegten positiven Gesetze des bürgerlichen Zustandes, vornehmlich also die staatlichen Entscheidungsregeln für Konfliktfälle, müssen ihrer Sicherungsfunktion wegen «notwendig als öffentliche gedacht werden», da sie «einer allgemeinen Bekanntmachung bedürfen, um einen rechtlichen Zustand hervorzubringen» [15]. Wenn Kant von ‹öffentlichem Recht› spricht, so nimmt er damit also zwar formell den traditionellen Terminus ‹ius publicum› (Staatsrecht) auf und stellt ihn formell der juristischen Tradition entsprechend dem ‹Privatrecht› gegenüber. Aber er interpretiert diesen Gegensatz im Sinne der Philosophie des Vernunftrechts: Privatrecht ist das Recht des *status naturalis*, in dem «nach der Sache innerer Beschaffenheit» und nach dem Privatwillen der einzelnen geurteilt wird. Demgegenüber bildet das öffentliche Recht einen höheren Zustand, insofern es «nicht mehr oder andere Pflichten der Menschen unter sich» enthält, als im Naturzustand «gedacht werden können», aber die Bedingungen angibt, «unter denen jene zur Ausübung (der distributiven Gerechtigkeit gemäß) gelangen» [16], und indem es den Normen des Naturzustandes, welche nur in einer provisorischen, präsumtiven und komparativen Weise Recht genannt werden können, allererst Beständigkeit und Verbindlichkeit verleiht [17]. Kant meint damit folglich nicht nur das Staats- und Völkerrecht, die bei allen Völkern gleichermaßen geltenden Rechtsgrundsätze und sein «Weltbürgerrecht», sondern versteht das öffentliche Recht als den Inbegriff aller im Rahmen einer Verfassung durch eine übergeordnete Entscheidungsgewalt sanktionierten Rechtsbeziehungen, als das Recht eines jeden bürgerlichen Zustandes (*status civilis*) im Gegensatz zu den ungesicherten, provisorischen Individualrechtsbeziehungen, welche die Vernunft aus der Idee des Naturzustandes gewinnt [18]. Öffentliches Recht bedeutet bei Kant, so könnte man sagen, die verbindliche Verallgemeinerung des vernünftigen und insofern natürlichen Privatrechts. Kaum damit zu vermitteln ist Kants Unterscheidung von öffentlichem und privatem Vernunftgebrauch im Sinne von abstrakt-theoretisch einerseits und konkret-praktisch andererseits: privat sei derjenige Gebrauch der Vernunft zu nennen, den jemand «in einem gewissen ihm anvertrauten *bürgerlichen* Posten oder Amte» – das heißt vor allem: in den Schranken und nach Maßgabe dieses Amtes – «von seiner Vernunft machen darf», öffentlich hingegen derjenige, den jemand als «*Gelehrter* von ihr vor dem ganzen Publicum der *Leserwelt*», gegenüber dem «eigentlichen Publicum, nämlich der Welt» macht [19] und folglich frei muß machen dürfen.

Der normative Sinn der rechtsphilosophischen Begrifflichkeit Kants schlägt sich politisch in der gegen die Reste ständischer Ordnung und Versuche ihrer Restauration auf der Basis des privaten als des naturwüchsigen Rechts im Sinne HALLERS [20] gerichteten liberalen Forderung nach einem öffentlichen, nämlich «gereinigten und wohlbefestigten» Rechtszustand nieder, dem das «Reich der Gnade, der privatrechtlichen Herrschaft, der Willkür, der faktischen Bedrückung» weichen soll [21].

Vor dem Hintergrund der Ablösung der naturrechtlichen Unterscheidung von *status naturalis* und *status civilis* durch HEGELS Dichotomie Staat/Gesellschaft bezeichnet der *politische Liberalismus* nun als öffentlich alle Angelegenheiten des «vaterländischen Gemeinwesens», die – weil alle Bürger als Glieder des «nationalen Publikums» angehen – öffentlich, d.h. nach Maßgabe der allgemeinen Meinung der bürgerlichen Gesellschaft zu erledigen sind. Damit wendet sich der Liberalismus gegen den der bürgerlichen Gesellschaft als monarchischer Anstalt gegenüberstehenden Staat der Restauration. In diesem Sinne hebt C. WELCKER [22] hervor, daß ‹öffentlich› nicht einfach ‹politisch› oder ‹staatlich› bedeute, sondern vornehmlich das, was alle einzelnen Bürger angeht: die «gemeinschaftlichen Verhältnisse, Rechte und Pflichten, Bedürfnisse und Interessen» des Volkes im Sinne der «Staatengesellschaft». Am deutlichsten tritt der neue Bezugspunkt im Begriff der öffentlichen Meinung hervor, die, als das staatskontrollierende wahre «gemeinsame Bewußtsein, Gewissen und Wollen» der Bürger gedacht, sich mittels Meinungs- und Pressefreiheit im staatsfreien gesellschaftlichen Bereich artikuliert. Indessen kritisierte MARX [23] die nur politische statt menschliche Emanzipation des Bürgertums als «Spaltung des Menschen in den öffentlichen und in den Privatmenschen», d.h. in das «wirkliche», aber egoistisch-unabhängige und damit «unwahre» Individuum und in das bloß «imaginäre Glied» einer nur «eingebildeten, unwirklichen Allgemeinheit». ‹Öffentlich› wird hier zur Bezeichnung eines äußerlichen Scheins von Allgemeinheit, während ‹privat› den Akzent der Gesellschaftsfeindlichkeit erhält. Im Gegensatz dazu wird ‹öffentlich› in der konservativen Tradition wiederum entschieden auf den Staat bezogen und, ethisch gewendet oder «existenziell» verstanden, zum Attribut einer «höheren Ordnung über allem Nutzen» [24] oder einer «höheren Art Sein» herrschaftlich repräsentierter politischer Einheit gegenüber dem nur «natürlichen Dasein des Volkes», dem Privaten und «bloß ökonomischen» [25] gesteigert. R. SMENDS vermittelnder Begriff des ‹Öffentlichen› reflektiert dagegen bereits die Begriffsgeschichte: «Öffentlich ist das, was in die den modernen Staat rechtfertigende Fülle seines Sinns ... und damit zugleich in den Bereich irgendwelchen bestimmenden oder doch billigenden Anteils des Volkes an diesem Sinngehalt gehört» [26].

Unter Rückgang auf die Bedeutung faktischer allgemeiner Zugänglichkeit bzw. Unzugänglichkeit dient das Begriffspaar *soziologisch* nurmehr zur Bezeichnung von Lebensbereichen oder sozialen «Aggregatzuständen» in einer offenen Gesellschaft: Privat ist der Bereich der Familie und Freundschaft, öffentlich sind die nicht integrierten Kommunikationen, als eine Zwischenform gilt das Berufsleben [27]. In ähnlicher (nichtnormativer) Weise verwendet die heutige Staatsrechtslehre das Prädikat ‹öffentlich›, um den Bereich zwischen Individuen und Staat zu kennzeichnen [28], d.h. den nicht staatlichen, aber auch nicht privaten Bereich der politischen Parteien, der Verbände, der Presse, der Kirchen und der öffentlichen Unternehmen, die wie z.B. die Energieversorgungsunternehmen der Bundesrepublik vermögensrechtlich ganz oder überwiegend in der Hand von Verwaltungsträgern in den Formen des Privatrechts gemeinschaftswichtige Aufgaben erfüllen, welche gleichwohl traditionell nicht zu den Staatsangelegenheiten gerechnet werden.

Anmerkungen. [1] J. CH. ADELUNG: Versuch eines vollständigen grammatisch-krit. Wb. der hochdtsch. Mundart III (1777) 893; (^{2}1798) 586. – [2] Vgl. J. H. ZEDLER: Grosses vollständiges Universal-Lexicon aller Wiss.en und Künste 25 (1740, ND 1961) 550ff. – [3] J. CH. NEHRING: Historisch-Politisch-Juristisches Lexicon etc. (1717) 746; vgl. M. LUTHER, Werke 39/1 (1926) 185. – [4] Dig. I/1, 1, 2 (ULPIAN): Publicum ius est quod ad statum rei Romanae spectat, privatum quod ad singulorum utilitatem. – [5] F. SCHMITTHENNER: Zwölf Bücher vom Staate III (1845) 2, 262. – [6] F. CH. DAHLMANN: Politik (1835, $^{2/3}$1847) § 139. – [7] CH. WOLFF: Grundsätze des Natur- und Völkerrechts (1754). Ges. Werke I/19 (1980) 725f. – [8] M. STOLLEIS: Staatsräson, Recht und Moral (1972) 53f. – [9] WOLFF, a.O. [7] 698. – [10] J. ST. PÜTTER: Neuer Versuch einer Jurist. Encyclop. und Methodol. (1767) 18. – [11] Vgl. H. MAIER: Die ältere deutsche Staats- und Verwaltungslehre (^{2}1980) 155f.; W. RÜFNER: Verwaltungsrechtsschutz in Preußen von 1749 bis 1842 (1962). Zum Folgenden D. GRIMM: Zur polit. Funktion der Trennung von öffentl. und privatem Recht in Deutschland, in: Studien zur europ. Rechtsgesch., hg. W. WILHELM (1972) 224ff. – [12] Vgl. D. KLIPPEL: Polit. Freiheit und Freiheitsrechte im dtsch. Naturrecht des 18. Jh. (1976); CH. LINK: Herrschaftsordnung und bürgerl. Freiheit (1979). – [13] Vgl. PÜTTER, a.O. [10] 8f.; F. VON ZEILLER: Das natürl. Recht (1802, ^{4}1835). – [14] KANT, Akad.-A. VI, 256. – [15] a.O. 311. – [16] 312. – [17] 256f. 312f. – [18] 311. 256f.; vgl. H. HOFMANN: Zur Lehre vom Naturzustand in der Rechtsphilos. der Aufklärung, in: Rechtsphilos. der Aufklärung, hg. von R. BRANDT (1982). – [19] KANT, Akad.-A. VIII, 28. – [20] G. BIEN: Kants Theorie der Universität und ihr geschichtl. Ort. Hist. Z. 219 (1974) 572; K. RÖTTGERS: Kritik und Praxis (1975) 53f. – [20] C. L. VON HALLER: Restauration der Staatswiss., 6 Bde. (1816ff.). – [21] C. VON ROTTECK: Ges. und nachgel. Schr. II (1841) 187. – [22] C. VON ROTTECK und C. WELCKER: Staats-Lex. X (^{2}1848) 246ff. – [23] K. MARX, MEW 1 (1970) 347ff. – [24] F. J. STAHL: Philos. des Rechts II/1 (^{5}1878) 302: «Das Öffentliche ist nicht bloß das, was dem Nutzen Aller, sondern was einer höheren Ordnung über allem Nutzen dient.» – [25] C. SCHMITT: Verfassungslehre (1928 u.ö.) 208ff. – [26] R. SMEND: Staatsrechtl. Abh. (1955, ^{2}1968) 420f. – [27] H. P. BAHRDT: Die mod. Großstadt (1961) 36ff. – [28] Vgl. etwa H. KRÜGER: Allg. Staatslehre (1964, ^{2}1966) 347.

Literaturhinweise. H. KUMMER: Öffentliches und privates Recht in der polit. Grundordnung. Z. ges. Staatswiss. 104 (1944) 29ff. – H. KIRCHNER: Beitr. zur Gesch. der Entstehung der Begriffe ‹öffentlich› und ‹öffentliches Recht› (Diss. Göttingen 1949). – E. MOLITOR: Über öffentl. Recht und Privatrecht (1949). – R. SMEND: Zum Problem des Öffentlichen und der Öffentlichkeit (1954), in: Staatsrechtl. Abh. und andere Aufsätze (^{2}1968) 462ff. – H. ARENDT: Vita activa (1960) 27ff. – J. HABERMAS: Strukturwandel der Öffentlichkeit (1962 u.ö.). – M. BULLINGER: Öffentliches Recht und Privatrecht (1968). – W. MARTENS: Öffentlich als Rechtsbegriff (1969). – U. K. PREUSS: Zum staatsrechtl. Begriff des Öffentlichen (1969). – P. HÄBERLE: Öffentliches Interesse als jurist. Problem (1970). – A. RINKEN: Das Öffentliche als verfassungstheoret. Problem (1971). – H. J. WOLFF und O. BACHOF: Verwaltungsrecht I (^{9}1974) 97ff. – L. DERLA: 'Pubblico' e 'privato' nel sistema di Machiavelli. Aevum 52 (1978) 426-449. – J. BAECHLER: Public et privé. Perspectives théoret. et hist. Arch. Filos. 2-3 (1979) 37-58. – M. STOLLEIS und D. GRIMM: Öffentliches Recht, in: Handwb. zur dtsch. Rechtsgesch., 21. Lief. (1982) 1189ff.

H. HOFMANN

Öffentlichkeit. – 1. Wort und Begriff ‹Ö.› sind ein Produkt der Aufklärung. Erstmals 1765 im Kontext einer Definition der literarischen Zensur belegt [1], bleibt das Kunstwort ‹Ö.› allerdings auch in der zweiten Hälfte des 18. Jh. noch ungebräuchlich und in seiner Bedeutung schwankend. J. CHR. ADELUNG definiert ‹Ö.› 1777 als «die Eigenschaft einer Sache, da sie öffentlich ist oder geschieht» [2], J. F. HEYNATZ als «Hervorziehung an das

Öffentlichkeit

Tageslicht» [3]. Erst um die Jahrhundertwende geht das Wort in den Sprachgebrauch der gebildeten Stände ein, wo es nach 1813 dann schnell zum Schlagwort und Kampfbegriff des politischen Liberalismus aufrückt. Dabei verdrängt es nach und nach den schon kurz vor der Französischen Revolution zum Schlagwort erhobenen Begriff ‹Publizität› und erweitert dessen Bedeutung über die Forderung nach Meinungs- und Pressefreiheit hinaus zur tendenziell universellen Forderung nach freiem geistigen Verkehr in allen die Allgemeinheit interessierenden Fragen. Gleichzeitig verbindet sich mit dem Begriff die Vorstellung eines sozialen Mediums, in dem sich das «öffentliche Leben» entfaltet. Diese Vorstellung verdichtet sich schließlich in der zweiten Hälfte des 19. Jh. zur neuen, nur im Deutschen anzutreffenden Bedeutung einer sozialen Gesamtheit [4], in der ‹Ö.› seither den älteren Begriff ‹Publikum› zum Teil ersetzt hat.

2. *Vor dem Ausgang des 18. Jh.* gibt es in keiner europäischen Sprache einen Begriff der Ö. Mit dem wichtigen römischrechtlichen Begriff ‹publicus› hat selbst das Attribut ‹öffentlich› vor Ende des 17. Jh. nur wenig gemein: Während ‹publicus› nämlich in erster Linie den mit besonderen Rechten ausgestatteten politischen Stand eines Herrschaftsträgers im Gegensatz zum ‹privatus› bezeichnet, dem die Qualität, Träger eines Amtes zu sein, abgeht, verläuft die für die alteuropäische Sozialverfassung wichtige Unterscheidung öffentlicher und heimlicher Handlungen quer zur ständischen Gliederung der Gesellschaft [5]. Sie ist damit gewissermaßen 'unpolitisch' und doch rechtlich bedeutsam: Öffentlich nämlich hat nach mittelalterlichem Rechtsempfinden grundsätzlich jedermann, er sei Bauer oder Fürst, ehrbarer Bürger oder ehrlose Hure, die Redlichkeit seines Handelns und Denkens sowie die ihm zukommenden Rechte und Pflichten vor der Allgemeinheit auszuweisen. Das Attribut ‹öffentlich›, bis ins 16. Jh. noch vorwiegend adverbiell und erst seither zunehmend auch adjektivisch gebraucht, spielt in solchen Zusammenhängen zwischen der sozialen Bedeutung 'vor jedermann' und der metaphorisch auf moralische Werte verweisenden visuellen Bedeutung 'klar, deutlich, redlich' hin und her; zu ihm bildet noch nicht 'privat', sondern 'heimlich/geheim' den semantischen Gegensatz [6]. 'Öffentlich' wird so in der deutschen Rechtssprache z. B. ein Verbrecher einerseits im Hinblick auf die Evidenz seiner Tat, andererseits aufgrund seiner Bestrafung genannt, die ihn vor der Rechtsgemeinschaft dauerhaft als Übeltäter brandmarkt. 'Öffentlich' heißt ein Gericht (im Gegensatz zum heimlichen Femegericht) sowohl der offen überprüfbaren Gerechtigkeit wegen, die es austeilt, als auch wegen seiner rechtmäßigen äußeren Form, die vorschreibt, daß es z. B. nur bei Tage, an offen zugänglichem Ort und vor allen Dingpflichtigen gehegt werden darf.

Erst mit der Rezeption des römischen Rechts zu Beginn der Neuzeit wird diese aspektereiche altgermanische Ö.-Praxis, die sich sprachlich niemals zu einem allgemeinen Begriff der Ö. verdichtet hat, langfristig von neuen Rechts- und Denkformen überlagert und verdrängt. Geheimhaltung gilt nun sowohl im Gerichtsverfahren (vgl. Inquisitionsprozeß) als auch in der Politik vielfach, wenn nicht als Prinzip der Gerechtigkeit, so doch zumindest als Gebot der praktischen Vernunft und politischen Klugheit. Der Lehre des A. CLAPMARIUS (1605) und zahlreicher Epigonen im 17. und 18. Jh. zufolge verbietet sich die Offenlegung der arcana imperii et dominationis, der politischen Herrschaftsprivilegien und -techniken souveräner Fürsten, um ihrer politischen Wirkung willen von selbst. Lange vor der Entstehung eines politischen Begriffs der Ö. bildet sich so im Umkreis der Literatur zur Staatsräson ein Begriff des politischen Geheimnisses aus [7]. Kritisiert wird dieses nämlich auch von seinen Gegnern bis ins späte 18. Jh. hinein nicht im Namen der Ö., sondern im Namen der Tugend und der christlichen Moral.

Auch die bürgerliche Gesellschaft, Hauptträger dieser Kritik, reklamiert ihrerseits mit der Forderung nach Gewissensfreiheit und religiöser Toleranz seit Mitte des 17. Jh. einen ihr eigenen Arkanbereich geistiger Autonomie, dessen Entfaltung sie in neuen privaten Geselligkeitsformen wie den französischen Salons, den englischen Klubs und den geheimen Logen der international verbreiteten Freimaurerorden, aber auch in der gelehrten Buch- und der privaten Briefkorrespondenz gegen die öffentliche Kontrolle des Staates zu sichern versucht [8]. Aus dieser politisch defensiven, moralisch aber offensiven Stellung gegenüber Staat und Kirche heraus erklärt sich die doppelbödige Verhaltensanforderung bürgerlicher Aufklärungszirkel: Sie fordert von ihren Anhängern bei der Äußerung ihrer Meinungen zunächst nur Offenheit nach innen, nicht aber Ö. nach außen. Erst im Vorfeld der Französischen Revolution verwandelt sich mit der Verschiebung der politischen Machtverhältnisse die moralische Offenheits- in eine politische Ö.-Forderung: Semantisch verweist hierauf die Bildung des Schlagworts ‹Publizität›, mit dem zunächst in Frankreich, seit ca. 1780 dann aber auch in Deutschland die ältere Forderung nach Meinungs- und Gedankenfreiheit politisch offensiv verteidigt wird.

3. Die Entstehung des Begriffs ‹Ö.› vollzieht sich im *18. und frühen 19. Jh.* semantisch in zwei Schritten: Zunächst wird das Attribut ‹öffentlich› seit Ende des 17. Jh. in der Bedeutung «staatlich» mit dem lateinischen ‹publicus› synonym; seit der zweiten Hälfte des 18. Jh. bezeichnet es darüber hinaus auch die besondere politisch-moralische Qualität bürgerlichen Herrschaftsanspruchs im nachabsolutistischen Staat.

a) Die Zusammenführung der Attribute ‹publicus› und ‹öffentlich› in der Vorstellung einer Ö.-Sphäre des Staates spiegelt semantisch den langfristigen Prozeß der Verknüpfung römischer Rechtsformen mit den politisch-sozialen Verhaltensnormen der mittelalterlichen Ständegesellschaft: Das sozial unspezifische Ö.-Gebot der Repräsentation rechtlicher Gesinnung und ständischer Rechte wird dabei in dem Maße, wie sich der Fürst über die Stände erhebt, in allen Bereichen fürstlicher Machtentfaltung, ebenso im Ausbau von Heer und Verwaltung wie im Zeremoniell des Hofes, zu einer auf den Fürsten personal zugeschnittenen Repräsentation der staatlichen Ordnung ausgebaut. An dieser Ö. relativiert sich das öffentliche Auftreten der Untertanen zur Entfaltung einer ständisch abgeschichteten Privatsphäre [9]. Sprachlich gibt sich dieser politisch-soziale Wandel in der Bildung neuer zusammengesetzter Begriffe wie ‹öffentliche Person› (persona publica), ‹öffentliches Amt› (officium publicum) und ‹öffentliche Gewalt› (vis publica) zu erkennen [10], deren Bedeutung sich nicht mehr allein aus dem öffentlichen Vollzug einer Rechtshandlung ableitet, sondern in erster Linie auf den Staat als Garant der herrschenden Rechtsordnung verweist.

b) Im Gegenzug hierzu kommen im Laufe des 18. Jh. zunächst in England, nach der Jahrhundertmitte dann auch in Frankreich zusammengesetzte Begriffe wie ‹public esteem›, ‹esprit publique›, ‹opinion publique› auf und zu Ansehen, die dem kollektiven Urteil der aufgeklärten bürgerlichen Gesellschaft zu Gegenständen der Moral, der Ästhetik, schließlich auch der Politik ein bisher unbekanntes Gewicht zuschreiben. Die Bedeutung einer sozialen Allgemeinheit verbindet sich in diesen Kollektivsingularen mit der einer politischen Autorität in einer Weise, die den Anspruch des Bürgertums auf Beachtung der öffentlichen Meinung in allen die Allgemeinheit interessierenden Fragen deutlich zum Ausdruck bringt. In Deutschland vollzieht sich dieser begriffsgeschichtliche Prozeß verzögert: Zwar wird schon um die Mitte des 18. Jh. das englische bzw. französische ‹le (the) public› eingedeutscht und dabei zum soziologischen Schichtenbegriff umgebildet. Aber erst nach Ausbruch der Revolution folgt die deutsche Begriffsentwicklung in der Bildung von Kollektivsingularen wie ‹öffentliche Kritik›, ‹öffentliches Urteil›, allen voran aber ‹öffentliche Meinung›, den westeuropäischen Vorbildern [11].

Die Mehrdeutigkeit des Attributs ‹öffentlich› greift nun vor allem KANT auf, um auf die Notwendigkeit einer Rechtsordnung zu verweisen, die die Ansprüche der Politik mit denen der Moral verbindet. Argumentativ noch verdeckt gibt Kant diese Intention schon 1784 in der polemischen Konfrontation von privatem und öffentlichem Vernunftgebrauch zu erkennen: Damit der Mensch «aus seiner selbst verschuldeten Unmündigkeit» heraustrete, so seine berühmte Antwort auf die Frage: Was ist Aufklärung?, sei nichts weiter erforderlich, als daß man ihm die Freiheit lasse, «von seiner Vernunft in allen Stücken öffentlichen Gebrauch zu machen» [12]. Um diese Forderung jedoch mit dem Gehorsamsanspruch des Staates in Einklang zu bringen, fügt er hinzu: «der Privatgebrauch derselben aber darf öfters sehr enge eingeschränkt sein, ohne doch darum den Fortschritt der Aufklärung sonderlich zu hindern. Ich verstehe aber unter dem öffentlichen Gebrauche seiner eigenen Vernunft denjenigen, den jemand als Gelehrter von ihr vor dem ganzen Publikum der Leserwelt macht. Den Privatgebrauch nenne ich denjenigen, den er in einem gewissen ihm anvertrauten bürgerlichen Posten, oder Amte, von seiner Vernunft machen darf.» Die Bezeichnung des Vernunftgebrauchs eines Privatmannes als 'öffentlich', die eines öffentlichen Beamten dagegen als 'privat' mußte politisch als paradox erscheinen, wies aber gerade dadurch auf die gegenläufigen Ansprüche der philosophischen Aufklärung hin: An ihr gemessen erscheint Kant der Vernunftgebrauch eines Beamten als 'privat' nicht im Sinne einer politisch-rechtlichen, sondern einer menschlich-moralischen Defizienz und der eines Gelehrten als 'öffentlich' im ursprünglichen Sinne der Freimütigkeit, nicht dem der staatlichen Autorität. Anders als hier spielt Kant die verschiedenen Bedeutungen des Attributs ‹öffentlich› in seinen späteren Schriften nicht gegeneinander aus, sondern verknüpft sie häufig zu mehrdeutigen und damit programmatisch aufgeladenen Begriffsneubildungen. So bezeichnet etwa der Begriff des ‹öffentlichen Willens› 1793 zugleich die Machtvollkommenheit des höchsten Staatsorgans und die moralische Autorität, die dessen Handlungsmaximen durch die Zustimmung des Publikums gewinnen [13]. Im Begriff des ‹öffentlichen Rechts› verknüpft sich diese Doppeldeutigkeit darüber hinaus mit dem Anspruch der Publizität, welche Kant auf zweifache Weise als transzendentale Bedingung des öffentlichen Rechts einführt: Sie diene 1. der Abweisung a priori ungerechter Rechtsansprüche: «Alle auf das Recht anderer Menschen bezogene Handlungen, deren Maxime sich nicht mit der Publizität verträgt, sind unrecht», und 2. der positiven «Entfernung alles Mißtrauens» gegen gerechte Rechtsansprüche: «Alle Maximen, die der Publizität *bedürfen* (um ihren Zweck nicht zu verfehlen), stimmen mit Recht und Politik vereinigt zusammen. Denn wenn sie nur durch die Publizität ihren Zweck erreichen können, so müssen sie dem allgemeinen Zweck des Publikums (der Glückseligkeit) gemäß sein, womit zusammen zu stimmen (es mit seinem Zustande zufrieden zu machen), die eigentliche Aufgabe der Politik ist» [14]. Die politische Funktion von Publizität besteht für Kant letztlich in der moralischen «Vereinigung der Zwecke aller» zu einem kollektiven Gesamtwillen des Publikums als Staatsbürgergesellschaft, eine Funktion, die der Genese eines Gemeinwesens aus Gewaltverhältnissen aber nicht zuwiderläuft, sondern es zur moralischen Anstalt weiterbilden soll.

4. Der Begriff ‹Ö.›, der kurz vor dem Wiener Kongreß als liberales Schlagwort weite Verbreitung findet, nimmt *im 19. Jh.* eine doppelte Bedeutung an:

a) *Die kritisch-normative Bedeutung:* Das Pathos der offenen Redlichkeit, das schon die Forderung der Aufklärung nach öffentlichem Bekenntnis und Austausch der privaten Urteile und Meinungen erfüllte, bestimmt auch den politisch-sozialen Sprachgebrauch des Begriffs ‹Ö.› im neuen Jahrhundert: «Ein sittliches, freies Leben hatte sich gestaltet», heißt es z. B. im Rechtfertigungsbericht der Jenaer Burschenschaft von 1819 auf den Karlsbader Auflösungsbeschluß, «zuversichtliche Ö. war an die Stelle schleichender Heimlichkeit getreten, wir konnten ohne Scheu und mit gutem Gewissen der Welt darbieten, was wir aus unserem innersten Herzen hervorgesucht und in die Wirklichkeit versetzt hatten» [15]. Im Kampf der Liberalen um die politische Verfassung richtet sich der Begriff nun in erster Linie polemisch gegen die Arkanpraxis absolutistischer Kabinettspolitik und Verwaltung. Ihm fällt damit zunächst keine konstitutive, sondern eine bloß kritische Funktion in der liberalen Staatstheorie zu: Als Inbegriff rechtlich garantierter Kontrollmöglichkeiten der staatlichen Institutionen durch das von ihm ausgeschlossene bürgerliche Publikum geht der Begriff in die liberale Publizistik ein. Drei Formen der politischen Ö. stehen dabei im Mittelpunkt des liberalen Forderungskatalogs: 1. die Ö. der parlamentarischen Verhandlungen, d. h. sowohl die unmittelbare Teilnahme des Publikums an ihnen als auch die vollständige Publikation ihrer Protokolle; 2. die Ö. der Gerichtsverhandlungen, vor allem der Strafprozesse, und 3. die Ö. der Presse und des literarischen Verkehrs überhaupt.

Vielfältige Erwartungen verbinden liberale Politiker wie C. T. WELCKER mit dem Konzept der Ö.: Sie diene der sittlichen und politischen Erziehung der Nation, der Herausbildung eines allgemeinen Interesses für die öffentlichen Angelegenheiten, der nationalen Opferbereitschaft, Wehrkraft und Stärke, vor allem aber der Kontrolle der Staatsorgane [16]. Gedämpft werden diese Erwartungen jedoch schon früh durch kritische Gegenstimmen: «Jede gegründete oder ungegründete Beschwerde», schreibt A. VON FEUERBACH 1821, wird seit einigen Jahren «mit dem lauten Hilfsruf: Ö.! beschlossen. Man hätte hierbei in Versuchung geraten können zu glauben, es komme auf weiter nichts an, als nur die Türen der Gerichtssäle zu öffnen, um die Gerechtigkeit bloß dadurch, daß man sie in ihrem Jammerstande zu allgemeiner Betrachtung ausstelle, von allen ihren Übeln, Leiden und Gebrechen auf einmal zu befreien» [17]. Eher verhalten würdigt auch HEGEL die Bedeutung parlamentarischer Ö.: Sie sei zwar «das größte Bildungsmittel für die Staatsinteressen überhaupt», zugleich aber nur «ein großes, die Bürger vorzüglich bildendes Schauspiel», an denen das

Volk «am meisten das Wahrhafte seiner Interessen» kennenlerne. Für den substantiellen Willen des Staates selbst biete die Ö. der Ständeversammlungen bloß eine «Gelegenheit von Kenntnissen», aber keinen Raum, in dem dieser selbst sich herausbilden könne [18].

Die liberalen Forderungen nach Institutionalisierung und gesetzlicher Garantie der öffentlichen Kritik an den Staatsorganen sind in Deutschland prinzipiell mit der Revolution von 1848 und der Gründung des Kaiserreichs erfüllt. Die faktischen Grenzen der Meinungs- und Pressefreiheit werden seither nicht mehr durch die Vorzensur, sondern vorwiegend durch strafgesetzliche Bestimmungen und ökonomische Machtstrukturen gezogen, welche neue Arkanbereiche politischer Machtausübung haben entstehen lassen.

b) Die *soziologisch-deskriptive Bedeutung:* Ebenfalls seit dem frühen 19. Jh. verbindet sich mit dem Begriff ‹Ö.› die Vorstellung eines Mediums, in dem sich nationales Leben überhaupt erst entfalten kann. «Das ganze politische Leben freier Völker bewegt sich in der Ö., wie man atmet in der Luft. Sie genießen ihrer wie der Gesundheit, ohne über ihren Wert zu streiten», schreibt C. T. WELCKER 1841 [19]. «Ohne Ö. wäre geistiges Wirken sozialer Art, also soziales Leben selbst, Unmöglichkeit», pflichtet ihm auch A. SCHÄFFLE bei [20]. Statt der Bedingungen sozialer Kommunikation bezeichnet ‹Ö.› in diesem Sinne deren Wege und Formen nun selbst: «Die Ö. ist für den sozialen Körper dasselbe, was die Physiologie des organischen Körpers die 'Ausbreitung' des Nervenstroms zu nennen liebt.» In schleichendem Sprachwandel nimmt der Begriff im 19. Jh. so schließlich die Bedeutung einer diffusen, nirgends scharf begrenzten und doch durch vielfache Formen geistigen und materiellen Austauschs verbundenen sozialen Einheit an.

Auf die kritische Funktion von Ö. bleibt diese zwar noch häufig als Adressat öffentlicher Appelle zurückbezogen; aus dieser passiven Bedeutung emanzipiert sich der Sprachgebrauch gegen Ende des Jahrhunderts aber immer mehr, indem die Ö. selbst metaphorisch zum Subjekt von Willensbekundungen, insbesondere der öffentlichen Meinung (s. d.) erklärt wird.

5. Die ambivalente Doppeldeutigkeit des liberalen Ö.-Begriffs in kritisch-normativer und soziologisch-deskriptiver Verwendung zerfällt *zu Beginn des 20. Jh.* in der Kritik am liberalen Ö.-Modell: Auf der einen Seite entlarvt nach dem Ersten Weltkrieg CARL SCHMITT die dem Parlamentarismus zugrundeliegende Idee einer kritischen Ö. als Illusion, da diese ihren liberalen Anspruch, Wahrheit und Gerechtigkeit als Ergebnis eines kollektiven Diskussionsprozesses in Erscheinung treten zu lassen, heute weniger denn je zu erfüllen vermöge [21]. Im Maße, in dem Ö. ihre kritische Funktion nicht mehr wahrzunehmen vermag, verliert aber auch der soziologische Begriff seine Konturen. Mit der Transformation der bürgerlichen Gesellschaft des frühen 19. Jh. und ihren überschaubaren Geselligkeitsformen in die industriell geprägte und anonyme Massengesellschaft des 20. Jh. verkehrt sich die Bewertung solcher Ö. daher vielfach ins Negative. F. TÖNNIES gibt dieser Erfahrung Ausdruck in der berühmten begrifflichen Unterscheidung von ‹Gemeinschaft› und ‹Gesellschaft›: «Alles vertraute, heimliche, ausschließliche Zusammenleben ... wird als Leben in Gemeinschaft verstanden. Gesellschaft ist die Ö., ist die Welt ... Man geht in die Gesellschaft wie in die Fremde» [22]. Gesellschaftskritik und politische Systemkritik verweisen selbst in dieser negativen Wendung des Begriffs aber noch wechselseitig semantisch aufeinander, wie sich an HEIDEGGERS Definition der Ö. als «Seinsweise des Man» zeigt: «Sie regelt zunächst alle Welt- und Daseinsauslegung und behält in allem Recht ..., nicht weil sie über eine ausdrücklich zugeeignete Durchsichtigkeit des Daseins verfügt, sondern ... weil sie unempfindlich ist gegen alle Unterschiede des Niveaus und der Echtheit. Die Ö. verdunkelt alles und gibt das so Verdeckte als das Bekannte und jedem Zugängliche aus» [23]. Demgegenüber bekundet die Frankfurter Schule nach dem Zweiten Weltkrieg ein lebhaftes Interesse an einer Wiederbelebung des liberalen Modells kritischer Ö. Durch die soziologische Reflexion auf deren gesellschaftspolitische Voraussetzungen hat vor allem J. HABERMAS einer Soziologisierung des normativen Ö.-Begriffs selbst Vorschub geleistet, die sich semantisch in neuen qualifizierenden Begriffsbildungen wie ‹hergestellte›, ‹publizistisch aufbereitete›, ‹qualifizierte› und ‹kritische Ö.› niedergeschlagen hat.

Anmerkungen. [1] J. v. SONNENFELS: Grundsätze der Polizey, Handlung und Finanz 1 (1765) 82. – [2] J. CHR. ADELUNG: Versuch eines vollst. grammat.-krit. Wb. der Hochdtsch. Mundart 3 (1777) 893 bzw. (²1798) 586. – [3] J. F. HEYNATZ: Versuch eines dtsch. Antibarbarus 2 (1797) 309f. – [4] Vgl. N. HEYNE: Dtsch. Wb. 2 (²1906, ND 1970) 1053. – [5] Vgl. L. HÖLSCHER: Ö. und Geheimnis (1979) Kap. 1. – [6] Vgl. J. MAALER: Die Teutsch Spraach (1561, ND 1971) 312. – [7] Vgl. M. STOLLEIS: Arcana imperii und Ratio status. Bemerk. zur polit. Theorie des frühen 17. Jh. (1980). – [8] Vgl. R. KOSELLECK: Kritik und Krise (1959, ND 1976). – [9] Vgl. J. HABERMAS: Strukturwandel der Ö. (1962 u.ö.). – [10] Vgl. J. H. ZEDLER: Großes vollst. Universallex. aller Wiss. und Künste 25 (1740, ND 1961) 551ff. – [11] Vgl. HÖLSCHER, a.O. [5] Kap. 3. – [12] I. KANT, Akad.-A. 8 (1923) 36f. – [13] Über den Gemeinspruch: Das mag in der Theorie richtig sein, taugt aber nicht für die Praxis, a.O. [12] 294. – [14] Zum Ewigen Frieden, 2. Anhang, a.O. [12] 386. – [15] P. WENTZCKE: Gesch. der dtsch. Burschenschaft 1 (1919) 158. – [16] Vgl. C. T. WELCKER, Art. ‹Ö.›, in: C. ROTTECK/C. T. WELCKER (Hg.): Staatslex. 12 (1841) 269ff. – [17] A. VON FEUERBACH: Betrachtungen über die Ö. und Mündlichkeit der Gerechtigkeitspflege 1 (1821, ND 1969) 16. – [18] G. W. F. HEGEL: Grundlinien der Philos. des Rechts § 315 und Zusatz. – [19] WELCKER, a.O. [16] 247. – [20] A. SCHÄFFLE: Bau und Leben des soc. Körpers 1 (1875, ²1881) 447. 445. – [21] C. SCHMITT: Die geistesgesch. Lage des heutigen Parlamentarismus (1923) 38ff. – [22] F. TÖNNIES: Gemeinschaft und Gesellschaft (1887, ²1912) 4. – [23] M. HEIDEGGER: Sein und Zeit (¹¹1967) 127.

Literaturhinweise. C. SCHMITT s. Anm. [21]. – R. KOSELLECK s. Anm. [8]. – J. HABERMAS s. Anm. [9]. – F. SCHNEIDER: Pressefreiheit und pol. Ö. (1966). – W. MARTENS: Öffentlich als Rechtsbegriff (1969). – W. HUBER: Kirche und Ö. (1973). – L. HÖLSCHER s. Anm. [5].

L. HÖLSCHER

Officium (aus op[i]-fici-om = Werk-tun [1]) ist zuerst in den Komödien des PLAUTUS (ca. 250–184 v.Chr.) belegt [2]. Die ursprüngliche Bedeutung ist einfach ‹Tun›, ‹Handlungsweise›, ‹Tätigkeit› [3]. Jedoch hat der Begriff schon bei Plautus in den meisten Fällen die später maßgebende Bedeutung ‹Dienst›, ‹Verbindlichkeit›, ‹Obliegenheit›, ‹Pflicht›, ‹Verpflichtung›, ‹Schuldigkeit›, wobei man grundsätzlich a) freiwillige Dienstleistung (Gunst, Höflichkeit, Gefälligkeit) und b) durch äußeren oder moralischen Zwang bedingte Verpflichtung (Pflicht, Zwang, Funktion, Amt) unterscheiden muß. In den Versen ‹Stichus› 58–61 fassen wir mit dem Begriff ‹officium› den festen Pflichtenkanon des römischen Sklaven. Eine auf die griechische Philosophie zurückgehende, für alle Menschen verbindliche ethische Norm hat der Komödiendichter CAECILIUS STATIUS (ca. 220–168 v.Chr.), in bewußtem Gegensatz zur «homo homini lupus»-Formel des Plautus (‹Asinaria› 495), geprägt: «homo homini deus est, si suum officium sciat» [4]. Die bis heute gültige Festlegung hat der Begriff durch CICERO erfahren; er schreibt an Atticus: «mihi non est dubium quin, quod Graeci καθῆκον, nos 'officium' ... Nonne dicimus 'consulum officium, senatus officium, imperatoris officium'? Praeclare convenit, aut da melius» [5]. Entsprechend gibt er seiner in enger Anlehnung an das mittelstoische System der 'praktischen sittlichen Anforderungen' (περὶ τοῦ καθήκοντος) des PANAITIOS (ca. 180–100 v.Chr.) geschriebenen Ethik den Titel ‹De officiis› [6].

Das Verbum καθήκω begegnet zuerst im 5. Jh. v. Chr. bei AISCHYLOS [7], HERODOT [8] und THUKYDIDES [9] mit der allgemeinen Bedeutung ‹herabkommen›, ‹herankommen›, ‹auf jemanden zukommen›, ‹sich erstrecken bis›; aber auch schon, etwa als Neutr. plur. partic. praes., bei HERODOT [10] und XENOPHON [11] mit dem speziellen Sinn von ‹zukommen›, ‹wohl anstehen›, ‹passend›, ‹geeignet›, ‹erforderlich sein›, ‹sich gehören› bzw. ‹das Sich-Gehörende›, ‹Sich-Gebührende›, ‹das Zukommende›, ‹die Schuldigkeit› [12].

Der Begründer der Stoa, ZENON VON KITION (333–262 v.Chr.), hat das Neutrum des Partizips (τὸ καθῆκον, τὰ καθήκοντα), ‹das dem Menschen Zukommende›, ‹ihm Anstehende› als ethischen Normbegriff in die Philosophie eingeführt [13]. Nach der Abzweckung unterscheidet er drei Qualitätsstufen menschlichen Handelns: a) das auf das höchste sittliche Gut (τὸ καλόν) gerichtete vernunft- und naturgemässe (κατὰ τὸν ὀρθὸν λόγον, κατὰ τὴν φύσιν) Handeln des Weisen (τὸ κατόρθωμα); b) das auf sittlich indifferente Objekte (ἀδιάφορα, μέσα) gerichtete, der animalischen Natur gemäße Handeln von Weisen und Nichtweisen; solches Handeln ist als relativ sittlich wertvoll für alle Menschen vorgeschrieben (τὸ καθῆκον), wenn es naturgemäß ist und zum Erreichen eines absoluten Wertes führt (z.B. die Bewahrung der Gesundheit, die an sich keinen Wert darstellt). Diese unter Umständen zu bevorzugenden, an sich sittlich indifferenten Objekte heißen τὰ προηγμένα, die abzulehnenden, weil nicht naturgemäßen, τὰ ἀποπροηγμένα; c) das auf letztere oder auf das Schlechte (τὸ κακόν) abzielende oder gegen das καθῆκον verstoßende sittliche Fehlverhalten des Unweisen (ὁ φαῦλος) ist τὸ ἁμάρτημα [14]. Die weitaus meisten Zwecke gehören zur Gruppe b, da sich das absolute Gute nur selten verwirklichen läßt und nur wenige Menschen vollendete Weise sind. Schon bei CHRYSIPP (ca. 280–207 v.Chr.) umfaßt daher τὸ καθῆκον als Oberbegriff des naturgemäßen sittlichen Handelns, über die spezielle Bedeutung des relativen sittlichen Erfordernisses der Gruppe b (μέσον καθῆκον) hinaus, auch den Sinn der absoluten sittlichen Anforderung (τέλειον καθῆκον = κατόρθωμα) [15]. Da PANAITIOS vor allem auf den Nichtweisen und den auf dem Weg zur Weisheit Voranschreitenden (ὁ προκόπτων) abhebt, spielt der Begriff des κατόρθωμα bei ihm nur noch eine geringe Rolle. Bei EPIKTET (ca. 55–135 n.Chr.) ist das κατόρθωμα in dem allgemeinen sittlichen Normbegriff des καθῆκον aufgegangen [16]. Vereinzelt begegnet jedoch auch bei Epiktet noch der altstoische strenge Gegensatz von κατόρθωμα und ἁμάρτημα [17] Das besagt: Die καθήκοντα, die allgemeinen sittlichen Erfordernisse, sind in allen Fragen des menschlichen Lebens an alle Menschen gerichtet, aber nur der Weise kann sie richtig erfüllen und damit das κατόρθωμα setzen, während der Unweise ihnen nicht gerecht wird und stets in das ἁμάρτημα verfällt. Daß der Grieche diese reichen Nuancen auch unter dem Begriff des stoischen καθῆκον immer noch mitverstand,

entnehmen wir für PANAITIOS' Werk π. τοῦ καθήκοντος aus einigen Stellen seines Zeitgenossen POLYBIOS [18] und aus CICEROS ‹De officiis›. Wie schon diese lateinische Wiedergabe von τὸ καθῆκον problematisch ist, so deckt das deutsche ‹Pflicht› [19], in dem wir ja das Etymon ‹pflegen› (Pflicht = das, was einer zu tun pflegt) nicht mehr erkennen, keinen der beiden antiken Begriffe.

CICERO hat im Jahre 43 v.Chr. die drei Bücher des Panaitios zu zweien zusammengezogen, ein drittes hat er weitgehend selbständig hinzugefügt. Für das letzte Buch, aber auch zur Ergänzung der beiden ersten hat er noch POSEIDONIOS (ca. 135–50 v.Chr.), HEKATON (Schüler des Panaitios) und die κεφάλαια (Hauptstücke) seines Zeitgenossen ATHENODORUS CALVUS benutzt.

AMBROSIUS (337–397) hat für seine drei Bücher ‹De officiis ministrorum› (Über die Pflichten der Kleriker) nicht nur Ciceros Titel, sondern bis in wörtliche Anlehnungen das ganze panaitianisch-ciceronische System in die christliche Ethik hineingenommen. – FRIEDRICH DER GROSSE hat Ciceros Schrift aufs höchste geschätzt und ihre Übersetzung durch CHR. GARVE veranlaßt. Nicht zum geringsten hat dieser antike Einfluß dazu beigetragen, die Leitbegriffe der preußischen Staatsauffassung und Pflichterfüllung herauszubilden [20].

Anmerkungen. [1] A. JURET: Et. de morphol. et d'étymol. lat. Rev. Et. lat. 16 (1938) 55-73, bes. 61f.; A. WALDE und J. B. HOFMANN: Lat. etymolog. Wb. 1-3 (³1938-1956) s.v. ‹officium›; A. ERNOUT und A. MEILLET: Dict. étymol. de la langue lat. Hist. des mots (Paris ⁴1959) s.v. ‹officium›. – [2] PLAUTUS, z. B. Capt. 297; Cas. 508; Curc. 280. – [3] Vgl. F. SKUTSCH: Quisquilien. Glotta 2 (1910) 151-164; Beispielstellen: Asin. 380; Poen. 427; Stich. 14; Most. 27; Truc. 436; Trin. 818; Cist. 657; Cas. 585 und (mit etymologisierendem Wortspiel) Stich. 58-61; vgl. auch P. PERSSON: Zur Interpr. von Catull c. CX. Eranos 14 (1914) 116-129, bes. 126-128 und vor allem E. BERNERT: De vi atque usu vocabuli officii (Diss. Breslau 1930). – [4] L. ALFONSI: Sul v. 265 Ribbeck di Cecilio Stazio. Dioniso 18 (1955) 3-6. – [5] CICERO, Ad Att. 16, 14, 3. – [6] a.O. 15, 13, 6; 16, 11, 4. – [7] AISCHYLOS, Choephoren 455. – [8] HERODOT, 2, 32; 5, 49; 7, 130. – [9] THUKYDIDES 2, 27. – [10] HERODOT 1, 97; 5, 49; 8, 19. 40. 102. – [11] XENOPHON, Anabasis 1, 9, 7; Kyrupädie 8, 1, 4. – [12] H. G. LIDDELL und R. SCOTT: A Greek-Engl. lex. Neu hg. H. S. JONES/R. McKENZIE (Oxford ⁹1958) s.v. καθήκω; H. SCHLIER, Art. καθήκω in KITTELS Theol. Wb. NT 3 (1938) 440-443. – [13] DIOGENES LAERTIOS 7, 108; STOBAIOS, Ecl. II, 85, 12ff. W. – [14] STOBAIOS, Ecl. II, 86, 10f.; 93, 14ff.; 96. – [15] Ecl. II, 85, 18-20. – [16] EPIKTET, Diss. II, 14, 18; 17, 31; III, 7, 25; Ench. 30. – [17] Diss. II, 26, 5. – [18] POLYBIOS 3, 78, 3; 6, 33, 9. – [19] Die dtsch. Übers. ‹Pflicht› findet sich nach GRIMM 7 (1889) 1756ff. noch nicht in J. VON SCHWARZENBERGS Übertragung von ‹De officiis› (1530), sondern erst in der Übers. von CHR. GARVE (Breslau 1783). – [20] Vgl. dazu TH. ZIELINSKI: Cicero im Wandel der Jh. (⁵1967) 247-249.

Literaturhinweise. E. BERNERT s. Anm. [3]. – M. POHLENZ: Ant. Führertum. Ciceros de officiis und das Lebensideal des Panaitios (1934). – G. NEBEL: Der Begriff des καθῆκον in der alten Stoa. Hermes 70 (1935) 439-460. – W. WIERSMA: Τέλος und καθῆκον in der alten Stoa. Mnemosyne 5 (1937) 219-228. – G. KILB: Eth. Grundbegriffe der alten Stoa und ihre Übertr. durch Cicero (Diss. Freiburg i. Br. 1939). – D. TSEKOURAKIS: Studies in terminology of early Stoic. Hermes Einzelschr. 32 (1974).   R. RIEKS

Okkultismus (aus lat. occultus, verborgen, versteckt, geheim; engl. occultism; frz. occultisme; ital. occultismo). Die wohl früheste Verwendung findet der Begriff ‹O.› beim Begründer der okkulten Modeströmung im Frankreich des 19. Jh., A.-L. CONSTANT, bekannt unter seinem Schriftstellernamen ELIPHAS LÉVI; hier tritt der Begriff «occultisme» ohne spezifische Abgrenzung neben den wesentlich älteren Ausdruck «sciences occultes» [1]. Im

Okkultismus

Englischen verwendet «occultism» zum ersten Mal 1881 der Theosoph A. P. SINNETT [2].

Im weitesten Sinne faßt das Wort ‹O.› alle Erscheinungen und Praktiken zusammen, die sich auf verborgene, in der Welt und im Menschen wirkende Kräfte beziehen, die der normalen, auf der Information der Sinnesorgane beruhenden Erfahrung nicht zugänglich sind (das 'Übersinnliche'). In der Antike bedeutete das Wort «occulta» die Geheimnisse, die in den Mysterien überliefert wurden. Beide Bedeutungen fließen in den Ausdrücken ‹Geheimlehre› und ‹Geheimwissenschaften› zusammen, mit denen die Okkultisten die von ihnen vertretenen Lehren bezeichnen. Ihre Grundlage ist der Glaube, daß alle Welterscheinungen zu einem einzigen Insgesamt gehören und zueinander in notwendigen, zielgerichteten Beziehungen stehen, die weder zeitlich noch räumlich sind [3].

Zum Kennwort für die Geheimwissenschaften wurde das Wort «okkult» durch AGRIPPA VON NETTESHEIM, der sich 1533 gegen Vorstellungen von niederem Zauber- und Hexenwesen absetzt [4], um die Weisheit des *esoterischen Wissens* – Astrologie, Alchemie, Kabbala, Theosophie, der hermetischen Tradition – von dem Verdacht des schwarzmagischen Mißbrauchs, des «Teufelumgangs» fernzuhalten [5]. C. KIESEWETTER ist der Bedeutung der Geheimwissenschaften von Agrippa bis C. du Prel nachgegangen [6]. Oft wird er irrtümlich als Erfinder des Begriffs ‹O.› angesehen. Bereits im 17. Jh. wurde das Unerklärte, Okkulte, Gegenstand von Forschung: Der Hofprediger Karls II., J. GLANVIL, sammelte Berichte von Spukvorgängen und schädigender Magie [7]; auf Betreiben der Royal Academy wurde das «Zweite Gesicht» auf schottischen Inseln durch eine Kommission untersucht [8]. Im 18. Jh. überdauerten zahlreiche Geheimgesellschaften (Rosenkreuzer, Freimaurer) sowie der medial begabte Geisterseher E. SWEDENBORG das Verdikt der Aufklärung, die das Okkulte in das Kuriositätenkabinett der menschlichen Narretei verwies und damit eine säkulare Verdrängung des Magischen zugunsten einer rationalistischen, mechanistischen und materialistischen Weltauffassung einleitete. Die Zuwendung der Romantik zu den «Nachtseiten des Seelenlebens» – Traum, Unbewußtes, Hellsehen – durchbricht diese Verdrängung. Sie war teilweise getragen vom «animalen Magnetismus» des deutschen Arztes F. A. MESMER und seinen Nachfolgern. Im «magnetischen Schlaf» – die damalige Bezeichnung für einen hypnotischen Trancezustand – zeigten die Somnambulen hellseherische Leistungen. Der Begriff ‹okkult› erscheint in der zeitgenössischen Literatur nicht (Jung-Stilling, Kieser, Schlegel, Carus, Kerner, Schopenhauer). Erst Baron DU POTET nennt sein Buch über den animalen Magnetismus 1852 ‹La Magie Dévoilée ou Principe de Science Occulte›. – In Frankreich gründete Dr. ENCAUSSE, der sich «Papus» nannte, den Martinisten-Orden, zu dessen «Oberstem Rat» bekannte Schriftsteller wie M. BARRÈS gehörten, und propagierte okkulte Praktiken [9]. Wie BAUDELAIRE, VERLAINE, LAUTRÉAMONT und RIMBAUD bedienten sich viele andere Künstler des Okkulten – bis zum schwarzmagischen Satanismus (DE GUAITA, PÉLADAN) – als Waffe der Auflehnung gegen das bürgerliche Establishment und damit gegen die religiösen und kulturellen Werte des Abendlandes. Sie suchten in der okkulten Überlieferung nach präjüdisch-christlichen und präklassischen Spuren, d.h. nach ägyptischen, indischen oder chinesischen schöpferischen Werten. Diese Auflehnung setzt sich fort im Surrealismus A. BRETONS, ELUARDS und ARAGONS, die die gesamte ästhetische Tradition des Abendlandes

aufheben und in den durch okkulte Praktiken (automatisches Schreiben) vermittelten unbewußten Produktionen oder in von Freud inspirierten «Freien Assoziationen» Phantasieprodukte entstehen ließen, die eine tiefe und geheime Bedeutung haben sollten [10]. – In den Initiations-O. des fin de siècle spielt die Gründung der 'Theosophischen Gesellschaft' (1875) durch H. P. BLAVATSKY hinein [11], von der sich 1913 die von R. STEINER gegründete 'Anthroposophische Gesellschaft' abspaltete.

Neben dem oben beschriebenen, sogenannten *esoterischen* O. entsteht in der Mitte des 19. Jh. im Anschluß an den animalen Magnetismus ein *empirischer* O. Ausgelöst durch eine 1848 von Amerika ausgehende Epidemie des Tischrückens wurden unerklärliche Phänomene in Abhängigkeit von sogenannten Medien wie dem Schotten D. D. Home untersucht (Bewegungen und Gewichtsveränderungen von Gegenständen, Spielen von Musikinstrumenten ohne erkennbare Bewirkung). Gegen die spiritistische Deutung einer Bewirkung durch «discarnate agencies» (Geister) vertrat der Physiker W. CROOKES, heftig angefeindet, Anfang der siebziger Jahre des 19. Jh. die These, daß es sich um eine Kraft handeln müsse, die im menschlichen Organismus ihre Quelle habe. 1882 wurde die Londoner 'Society for Psychical Research' gegründet mit dem in den Statuten festgelegten Ziel, «das große Material umstrittener Phänomene zu untersuchen, die mit den Begriffen mesmeristisch, psychisch (psychical) oder spiritistisch bezeichnet werden». Dies solle ohne Vorurteil im Geist exakter und nüchterner wissenschaftlicher Forschung durchgeführt werden [12]. Auch Forschungen der Psychopathologie über den sogenannten «psychischen Automatismus» (unterbewußte Produktionen, Spaltung der Persönlichkeit) ließen erkennen, daß viele von den Spiritisten den «Jenseitigen» zugeschriebene Phänomene auf unbewußt wirkende Fähigkeiten Lebender zurückzuführen waren [13]. «Animisten» und «Spiritisten» standen sich künftig gegenüber und stellten Alternativhypothesen für bestimmte Bekundungen des «Unerklärlichen» auf, die bis heute Gegenstand heftiger Kontroversen sind [14]. Ende des 19. Jh. wurde das neu geschaffene Wort ‹O.› noch als Sammelbegriff für beide Richtungen verwendet [15].

Im deutschen Sprachraum wurde zu Beginn der zwanziger Jahre des 20. Jh. der Begriff ‹O.› von ‹Spiritismus› abgehoben, am entschiedensten vom Psychologen R. BÄRWALD, wenn auch sein Versuch, im Rahmen eines «kritischen O.» alle Phänomene außersinnlicher Wahrnehmung auf Telepathie zurückzuführen, heute als überholt gilt [16]. Repräsentativ für eine Gegenrichtung ist der Arzt A. VON SCHRENCK-NOTZING [17]. Wie er vertraten entschieden die These der Echtheit okkulter Phänomene die Philosophen H. DRIESCH und T. K. OESTERREICH, der Psychologe A. MESSER und der Arzt R. TISCHNER. Die akademische Psychologie nahm jahrzehntelang fast geschlossen in schroffer Weise gegen den O. Stellung, so W. WUNDT [18] und K. MARBE [19]. Im ‹Wörterbuch der Philosophie› schreibt F. MAUTHNER 1910, es «kann kein Wort stark genug sein, die Dummheit dieser neuesten Form der alten Wundersucht zu charakterisieren» [20]. Die Spitze pejorativer Konnotation erreichte O. PROKOP, der O. und Parapsychologie als «Wissenschaftskriminalität» bezeichnet [21]. Die behaupteten Phänomene werden von ihm und seinen Anhängern ausnahmslos auf Betrug und Täuschung zurückgeführt. TH. W. ADORNO nennt 1969 den O. «die Metaphysik der dummen Kerle» [22]. Für die radikalen Gegner stand von vornherein fest, daß unmöglich ist, was nicht aus bekannten Naturgesetzen erklärt werden kann. Eine Zwischenstellung zwischen Skepsis und interessierter Zuwendung nahm M. DESSOIR ein. Dessoir hat 1889 den Begriff «Parapsychologie» vorgeschlagen [23], der sich als Bezeichnung für die empirische okkulte Forschung seit den dreißiger Jahren international durchgesetzt hat [24].

Das letzte umfassende Sachbuch, das die empirischen Forschungsergebnisse seit dem animalen Magnetismus unter dem Stichwort ‹O.› – als «werdende Wissenschaft» – darstellt, stammt von der Schweizer Autorin F. MOSER. Die experimentelle Arbeit des 'Parapsychological Laboratory' an der amerikanischen Duke Universität (J. B. RHINE) seit 1934 führte zu einem Durchbruch und zur Aufnahme der Erforschung des Okkulten in die «scientific community»; Lehrstühle wurden in den fünfziger Jahren in Utrecht und Freiburg i. Br. errichtet. Jedoch bleibt die Beschäftigung mit dem O. umstritten: Die Geschichte der Parapsychologie ist die Geschichte ihrer Kontroversen [25]. Neben der beginnenden akademischen Eingliederung ist der O. auch in der außeruniversitären Öffentlichkeit seit der Mitte der sechziger Jahre zu einiger Popularität gelangt. In trivialer Form spiegelt sich diese neue Einstellung zum Irrationalen in einer unübersehbaren Menge «grauer Literatur», die von besonnenen Anleitungen zur Meditation bis zum Umgang mit Transplanetariern reicht. Positiv zeigt sich darin ein Bedürfnis nach Bewußtseinserweiterung einer von den Angeboten der Konsumgesellschaft enttäuschten jungen Generation [26], negativ die wachsende Angst vor den Gefahren, welche die Menschen der technischen Zivilisation bedrohen. Schutz wird oft in einem abergläubischen O. gesucht, der psychohygienischer Aufklärung bedarf [27].

Anmerkungen. [1] A.-L. CONSTANT: Dogme et rituel de la haute magie (Paris 1854-56), dtsch.: Dogma und Ritual der hohen Magie (1927) 1, 8; Hist. de la magie (London/New York 1860), dtsch.: Gesch. der Magie (1926, ND Basel 1978) 1, 10. 37. 71; 2, 65. 214. – [2] A. P. SINNETT: The occult world (1881). – [3] R. AMADOU: Das Zwischenreich (1957). – [4] AGRIPPA VON NETTESHEIM: De occulta philos. (1533, ND 1970); auch eine PARACELSUS zugeschriebene Schrift trägt den Titel ‹De philos. occulta›; sie wendet sich gegen Agrippa; über die «okkulten Wissenschaften» in der Renaissance siehe W. SHUMAKER: The occult sciences in the Renaissance (Los Angeles 1972). – [5] G. F. HARTLAUB: Das Unerklärliche (1951). – [6] C. KIESEWETTER: Gesch. des neueren O. (1891). – [7] J. GLANVIL: Sadducismus Triumphatus, or a full and plain evidence conc. witches etc. (London 1681). – [8] Vgl. KIESEWETTER, a.O. [6] (²1909) 315. – [9] PAPUS: L'occultisme (Paris 1890, ND 1975) mit einem Vorw. von A. FRANCE; A B C illustré d'occultisme (Paris 1922, ND 1972) mit einem Vorw. von CH. DE BRHAY. – [10] N. NADEAU: Gesch. des Surrealismus (1965); C. KELLERER: Der Sprung ins Leere. Objet trouvé – Surrealismus – Zen (1983). – [11] H. P. BLAVATSKY: The secrete doctrine (London 1888). – [12] A. GAULD: The founders of psychical research (1968) 138; vgl. auch die Eröffnungsrede des ersten Präsidenten H. SIDGWICK, in H. BENDER (Hg.): Parapsychologie (⁶1980) 57-60. – [13] Vgl. P. JANET: L'automatisme psychol. (Paris 1889); C. G. JUNG: Zur Psychol. und Psychopathol. sog. okk. Phänomene (1902); H. BENDER: Psychische Automatismen (1936). – [14] Vgl. E. MATTIESEN: Das persönl. Überleben des Toten (1936); dazu A. RESCH (Hg.): Fortleben nach dem Tode, VII. Imago Mundi Kongreß (1978). – [15] K. SIEGISMUND: Vademecum der ges. okkulten Lit. (1888). – [16] R. BÄRWALD gab 1926 eine kurzlebige ‹Z. für krit. O.› heraus und erklärte den Titel als «ein Wiss.gebiet, ein Teil der Psychologie, der auch von Zweiflern betrieben werden kann». – [17] Dazu A. VON SCHRENCK-NOTZING: Die Entwickl. des O. zur Parapsychol. in Deutschland (1932). – [18] W. WUNDT: Hypnotismus und Suggestion (1892) 109. – [19] K. MARBE: Die okkulte Bewegung der Gegenwart. Preuß. Jb. 197 (1924) 47-60. – [20] F. MAUTHNER: Wb. der Philos., s.v. ‹O.› (1910) 187f. – [21] O. PROKOP und W. WIMMER: Der moderne O. (1976). – [22] TH. W. ADORNO: Minima Moralia. Thesen gegen den O. (1969) 321-329. – [23] M. DESSOIR, in: Sphinx, Mschr. für die gesch. und experimentale Begründung der übersinnl. Weltanschauung auf monist. Grundlage 4 (1889) 7, 341-344. – [24] Im anglo-amerikan. Sprachraum auf Vorschlag von J. B. RHINE seit 1937 auch vielfach anstelle von «Psychical Research». – [25] Dazu die Beitr. von E. BAUER und E. R. GRUBER, in: G. C. CONDRAU (Hg.): Die Psychol. des XX. Jh. 15 (1979) 546-559. 483-493. – [26] Vgl. K. HUTTEN: Überweltpropheten gegen Diesseitigkeitsapostel, in: E. BAUER (Hg.): Psi und Psyche (1974) 75-93; M. MARTY: The occult establishment. Social Res. 37 (1970) 212-230; A. TIRYAKIAN (Hg.): On the margin of the visible: Sociology, the esoteric and the occult (New York 1974); M. FERGUSON: Die sanfte Verschwörung (1982). – [27] H. BENDER: Psychohygienische und forensische Aspekte der Parapsychol., in: CONDRAU (Hg.), a.O. [25] 652-672.

Literaturhinweise. C. AGRIPPA VON NETTESHEIM s. Anm. [4]. – H. BÄCHTOLD-STÄUBLI: Handwb. des dtsch. Aberglaubens (1927-42). – O. BÄRWALD: O. und Spiritismus (1926). – H. BENDER (Hg.) s. Anm. [12]; Verborgene Wirklichkeit (1973). – J. GÖRRES: Mystik, Magie und Dämonie, «Die christl. Mystik» in Auswahl, hg. J. BERNHART (1927). – W. F. BONIN: Lex. der Parapsychol. und ihrer Grenzgebiete (1976/81). – G. CONDRAU (Hg.) s. Anm. [25]. – M. DESSOIR: Vom Jenseits der Seele (1917); DESSOIR: Der O. in Urkunden (1925). – H. DRIESCH: Parapsychol. (1932). – M. ELIADE: Forgerons et alchimistes (Paris 1956); Occultism, witchcraft, and cult fashions (Chicago 1976). – M. FERGUSON s. Anm. [26]. – S. FREUD: Neue Folge der Vorles. zur Einf. in die Psychoanalyse. Ges. Werke 15 (1933). – J. GRASSET: L'O. hier et aujourd'hui (Montpellier 1908). – G. F. HARTLAUB s. Anm. [5]. – A. HELLWIG: O. und Wiss. (1926). – E. HOWE: Urania's children (London 1967). – K. HUTTEN s. Anm. [26]. – A. JAFFÉ (Hg.): C. G. Jung, Erinnerungen, Träume und Gedanken (1971). – C. G. JUNG: Psychol. und Alchemie (1944). Ges. Werke 12 (1972). – K. KIESEWETTER s. Anm. [6]. – J. G. LEITHÄUSER: Das neue Buch vom Aberglauben (1964). – M. MARTY s. Anm. [26]. – F. MOSER: O. Täuschungen und Tatsachen (1935), ND: Das große Buch des O. (1974). – N. NADEAU s. Anm. [10]. – T. K. OESTERREICH: Der O. im modernen Weltbild (1921). – PAPUS s. Anm. [9]. – L. PAUWELS und J. BERGIER: Aufbruch ins Dritte Jahrtausend (1970). – G. SCHOLEM: Zehn unhist. Sätze über Kabbala. Judaica 3 (1973) 264-271. – A. SCHOPENHAUER: Versuch über das Geistersehen und was damit zusammenhängt (1850). Werke 7 (1977). – A. VON SCHRENCK-NOTZING s. Anm. [17]. – E. SCHURÉ: Die großen Eingeweihten (1911). – W. SHUMAKER s. Anm. [4]. – A. STRINDBERG: Okkultes Tagebuch (1964). – R. TISCHNER: Gesch. der okkulten Forschung (1924). – G. ZACHARIAS: Satanskult und schwarze Messe (1970).

H. BENDER/W. BONIN

Ökologie (frz. écologie, engl. ecology; von griech. οἶκος, Haus, Haushalt)

I. *Biologie.* – Das Wort ‹Ö.› ist eine von E. HAECKEL 1866 in die *Biologie* eingeführte Bezeichnung für die «gesamte Wissenschaft von den Beziehungen des Organismus zur umgebenden Außenwelt» [1]. Hierzu sind zunächst alle Existenzbedingungen, die teils anorganischer Natur (z.B. Licht, Wärme, Luftfeuchtigkeit, Wasser, Boden), teils organischer Natur sind (Nahrung, Feinde, Freunde) zu rechnen. Außerdem gehört dazu die Stellung, die jeder Organismus «in der Oeconomie des Natur-Ganzen» einnimmt. Die Herausbildung der Wechselwirkungen zwischen Umwelt (Milieu) und Lebewesen erklärt Haeckel durch die Deszendenztheorie als die mechanischen Folgen der natürlichen Züchtung im Kampf um das Dasein. Er schließt die Ö. damit an die Lehre DARWINS an [2]. In HAECKELS Definitionen [3] ist schon die später von dem Botaniker C. SCHRÖTER getroffene und seitdem eingebürgerte Zweiteilung der Ö. in Auto-Ö. (Beziehungsgefüge von Einzelorganismus und Umwelt) und Syn-Ö. (Lebensgemeinschaft und Umwelt) begrifflich vorweggenommen [4].

Gedanken über Zusammenhänge von Tier und Umwelt sind bereits in der ‹Historia animalium› des ARISTOTELES enthalten, entsprechende über Pflanzen finden sich in der ‹Historia plantarum› THEOPHRASTS. Echte ökologische Ansätze beginnen allerdings erst im 18. Jh. mit LINNÉ und BUFFON. 1877 kam K. MÖBIUS zum Begriff der Biozönose (Lebensgemeinschaft) durch Erforschung der Ö. einer Austernbank [5]. Eine erste Zusammenfassung ökologischer Tatsachen und Begriffe gab K. SEMPER 1880 [6]. Heute schließt Ö. als Lehre vom gesamten Lebensgeschehen in der Natur die vom Menschen bewirkten Veränderungen der Biosphäre mit ein [7]. Dazu gehören Gewinnung von Energie und Rohstoffen, Verschmutzung von Luft, Wasser und Boden, Zerstörung ökologischer Systeme (Ökosysteme, s. d.). Die Ö. hat dadurch eine angewandte Seite erhalten (Angewandte Ö.), die ihr ursprünglich fehlte.

Anmerkungen. [1] E. HAECKEL: Generelle Morphol. der Organismen 2 (1866) 286. – [2] CH. DARWIN: On the origin of species (London 1859). – [3] HAECKEL, a.O. [1]; Natürliche Schöpfungsgesch. (1879). – [4] C. SCHRÖTER und O. KIRCHNER: Die Vegetation des Bodensees 1 (1896); 2 (1902). – [5] K. MÖBIUS: Die Auster und die Austernwirtschaft (1877). – [6] K. SEMPER: Die natürlichen Existenzbedingungen der Thiere (1880). – [7] E. P. ODUM: Fundamentals of E. (Philadelphia u.a. ³1971); P. EHRLICH, A. EHRLICH und J. HOLDREN: Human-Ö. (1975).

Literaturhinweise. F. SCHWERTFEGER: Ö. der Tiere 1 (1963); 2 (1968); 3 (1975). – W. TISCHLER: Agrar-Ö. (1965); Einf. in die Ö. (²1978). W. TISCHLER

II. *Psychologie.* – Schon 1911 in der ersten Auflage seiner ‹Geopsyche› [1], vor allem aber in seiner ‹Psychologie der Umwelt›, hat W. HELLPACH gefordert, die Psyche sei zu untersuchen, «sofern sie von ihrer tatsächlichen Umwelt abhängig ist» [2]. In Ausweitung der Ansätze seiner biologischen Vorgänger hat er vorgeschlagen, die Umwelt einzuteilen in die: a) natürliche, d.h. die physischen Gegebenheiten, die den Menschen «geopsychisch» beeinflussen und die der Mensch «geurgisch» gestaltet; b) soziale, d.h. die Individuen und Gruppen, mit denen der Mensch in Beziehung tritt; c) kulturelle, d.h. die (in heutiger Sprache) symbolisch repräsentierten Gegebenheiten.

In den zwanziger Jahren hat K. LEWIN erkannt, daß psychologische Erklärung weder allein aus innerpsychischen Dispositionen noch allein aus verhaltensverursachenden Stimuli, sondern nur aufgrund des organisierten Insgesamts von Innen- und Außenbedingungen möglich ist; daraus resultierte seine berühmte Formel vom Verhalten als Funktion von Person und Umwelt (V = f(P, U)) [3]. Der Ausdruck ‹psychologische Ö.› findet sich wohl erstmals in einem Aufsatztitel Lewins [4]. Im Konstrukt des Lebensraumes (s.d.) hat Lewin die vom Individuum wahrgenommene Umwelt einzubeziehen versucht, um aufzuzeigen, welche Teile der psychischen, sozialen und kulturellen Welt jeweils mit welchen Bedeutungen als Ziele, Hindernisse, Grenzen usw. das Handeln bestimmen. Zentral und doch weitgehend mißachtet war Lewins Postulat, daß wir die Person und die Umwelt in einer gemeinsamen «Sprache» behandeln müssen; er hatte sich im Rahmen der Kantischen Tradition unter dem Einfluß E. CASSIRERS für eine «psychologische Repräsentation» entschieden.

Im Unterschied dazu hat E. BRUNSWIK [5] in der empiristischen Tradition und unter dem Einfluß des Neopositivismus des Wiener Kreises einen eher physikalistischen Ansatz entwickelt, der als *Funktionalismus* die Anpassung des Individuums an die in der Umgebung vorgefundenen Verhältnisse betont. Im Wahrnehmen reduziert das Individuum die gegebene Mannigfaltigkeit und bereichert sie wieder aufgrund seines Vorwissens (Linsenmodell). Psychologie, so verstanden, ist eine Bemühung um die Analyse der Wechselbeziehungen zwischen zwei aufeinander bezogenen Systemen, dem Individuum und der Situation, die beide mit gleichem Respekt behandelt werden müssen [6].

Zwar lassen sich um die Mitte des Jahrhunderts vereinzelt weitere ökologisch konzipierte Theorie-Ansätze in der Psychologie ausmachen, die eine «Zusammenschau» von Mensch und Umwelt anstreben [7]. Doch dominieren entweder Ansätze, die den Menschen und sein Verhalten aus Eigenschaften des Menschen selbst verstehen wollen – so insbesondere weitgehend die differentielle Psychologie und ihre Anwendungspraktiken in der Diagnostik und Psychotherapie –, oder es wird behauptet, das Verhalten sei Resultante der auf den Menschen wirkenden «Reize» – so die sogenannte experimentelle Psychologie, insbesondere der behavioristische Ansatz.

Etwa im Lauf der sechziger Jahre entstand dann primär aus praxisbezogenen Impulsen die sogenannte *Umweltpsychologie*, das ist der Versuch, für psychologische Aspekte der Mensch-Umwelt-Beziehung insbesondere in der gebauten Umwelt des Wohnbereichs, des Freizeitbereichs, der Institutionen, der Städte usw. wissenschaftlich fundierte Entscheidungs- und Bewertungsgrundlagen zu erarbeiten [8]. Für diese praktisch bedeutsamen Entwicklungen ist aber nicht nur ein starkes Theorie- und Methodendefizit offensichtlich, sondern es fehlt auch an einer weithin akzeptierbaren Grundstruktur von Begriffen und Fragestellungen.

Zu Beginn der achtziger Jahre läßt sich das Feld ökologischen Denkens in der Psychologie wie folgt umschreiben [9]: a) Eine reduzierte Bedeutung erhält der Begriff ‹ökologisch› nicht selten im Sinn von 'naturbezogen', 'an konkreter Wirklichkeit orientiert'. Kennzeichnend dafür ist etwa die Gleichsetzung von ökologisch mit ‹Feld› im Gegensatz zu ‹Labor›. *Ökologische Validität* hat jedoch Erkenntnis, wenn sie auf konkrete Umwelt generalisiert werden kann, egal ob sie dort oder im Labor gewonnen worden ist. – b) Zunehmend ökologisch orientierte Konzepte werden in der sogenannten *Kognitiven Psychologie* verwendet [10]. Das Interesse gilt hier der im Individuum symbolisch repräsentierten Umwelt. Oft steht dabei die sozio-ökonomische Bedingtheit des menschlichen Daseins im Vordergrund. Es handelt sich im wesentlichen um eine Wiederholung der Lewinschen Lebensraum-Konzeption, terminologisch und methodologisch reformiert und inhaltlich ausgeweitet. Sie entgeht nicht der Gefahr «phänomenalistischer Einkapselung» des Individuums, welche LEWIN und BRUNSWIK 1943 [11] gesehen haben, und verkennt eigentlich das ökologische Problem. – c) Die Psychologie wird nicht umhin können, den Akt der Begegnung bzw. die Transaktion zwischen Individuum und Welt ins Zentrum ihrer Aufmerksamkeit zu stellen. Damit wird die enge Verknüpfung der ökologischen Frage mit dem Problem der *Entwicklung* offensichtlich [12]. Eine 'reale ökologische Psychologie' des Handelns von realen Menschen in realen Umwelten fehlt aber noch weitgehend.

Anmerkungen. [1] W. HELLPACH: Die geopsych. Erscheinungen. Wetter, Klima und Landschaft in ihrem Einfluß auf das Seelenleben (1911); 5. Aufl.: Geopsyche (1939). – [2] Psychol. der Umwelt, in: E. ABDERHALDEN (Hg.): Hb. der biol. Arbeitsmeth. 1/VI (1924) 110. – [3] K. LEWIN: Grundzüge der topol. Psychol.

(1936, dtsch. Bern 1969). – [4] Constructs in psychology and psychol. ecology. Univ. Iowa Stud. Child Welfare 20 (1944) 1-29; dtsch. in: Feldtheorie in den Sozialwiss. (Bern 1963). – [5] E. BRUNSWIK: Wahrnehmung und Gegenstandswelt (1934). – [6] Vgl. K. R. HAMMOND (Hg.): The psychol. of Egon Brunswik (New York 1966). – [7] Vgl. bes. R. BARKER: Ecolog. psychology (Stanford, Calif. 1968); J. J. GIBSON: The ecol. approach to visual perception (Boston 1979); u. a. – [8] Vgl. etwa W. P. WHITE (Hg.): Resources in environment and behavior (Washington D.C. 1979); G. KAMINSKI (Hg.): Umweltpsychol. – Perspektiven, Probleme, Praxis (1976). – [9] Vgl. J. C. GIBBS: The meaning of ecol. oriented inquiry in contemp. psychology. Amer. Psychologist 34 (1979) 127-140. – [10] Vgl. U. NEISSER: Cognition and reality (San Francisco 1976, dtsch. 1979). – [11] Symposium. Psychol. Review 50 (1943). – [12] Vgl. U. BRONFENBRENNER: The ecology of human development (Boston 1979, dtsch. 1981); W. WALTER und R. OERTER (Hg.): Ökologie und Entwicklung (1979); C. F. GRAUMANN (Hg.): Ökol. Perspektiven in der Psychol. (Bern 1978); A. LANG: Vom Nutzen und Nachteil der Gestaltpsychol. für eine Theorie der psych. Entwicklung, in: K. FOPPA und R. GRONER (Hg.): Kognitive Strukturen und ihre Entwicklung (Bern 1981) 154-173. A. LANG

Ökonomie (griech. οἰκονομία; lat. oeconomia; engl. economy; frz. économie; ital. economia)

I. Für die gesamte alteuropäische Welt bezeichnet ‹Ö.› sowohl den Haushalt des Mannes oder Ehepaares von Stand (mit Sklaven bzw. Gesinde) als auch die geordnete Einrichtung und Verwaltung desselben. Der zweite Wortbestandteil (-nomia) verweist auf die Verteilung und Verwaltung als durchgehende Struktur des Rechts (distributive Gerechtigkeit), der Wirtschaft und des politischen Systems [1]. Von daher ist zu verstehen, daß die Wortverbindung ‹oiko-nom-› von Anfang an vielfach auf Organisations- und Nutzungsprobleme auch außerhalb der Sphäre des Hauses bezogen worden ist [2]. Die Merkmale der natürlichen Einheit, des vorgegebenen Telos und der klugen Wirksamkeit machen die Haushaltsführung zu einer Kunst, deren Kenntnis XENOPHON und ARISTOTELES eine Tugend nennen. So macht die Ö. in der aristotelischen Tradition dann neben Ethik und Politik den dritten Teil der praktischen Philosophie aus. Von XENOPHON ist eine selbständige kleine Schrift unter dem Titel ‹Oikonomikos› bekannt, welche die Aufgaben des Hausherrn innerhalb der Hausgemeinschaft zum Gegenstand hat [3]. ARISTOTELES behandelt die Ö. im ersten Teil der ‹Politik›, da die Polis selbst eine aus mehreren Dörfern bestehende Gemeinschaft und das Dorf eine Zusammenfassung mehrerer Häuser (οἰκίαι) ist [4]. Da der Mensch von Natur aus ein ζῷον πολιτικόν, ein auf Gemeinschaft bezogenes Wesen, ist und der einzelne Mensch insofern nicht autark leben kann, ist der Staat von Natur aus als Ganzes ursprünglicher als seine Teile, demnach auch als der Hausverband oder der einzelne Bürger; der Staat stellt eine vollständig autarke Gemeinschaft dar und ermöglicht so die Existenz einer häuslichen Gemeinschaft, da sowohl die häusliche als auch die politische Gemeinschaft ihren Sinn erst im Hinblick auf das übergreifende Telos des «guten Lebens» erfüllen. Dabei gilt die ökonomische Autarkie des Hausherrn aber umgekehrt auch als die Voraussetzung der Teilnahme am öffentlichen Leben der freien Stadtbürger [5]. Ö. und Politik sind also für Aristoteles noch nicht streng voneinander getrennt, sondern bilden Momente im Aufbau des gesellschaftlichen Lebens. Neben der Beschreibung der sozialen Verhältnisse umfaßt die Ö. auch noch die der Verwaltung des Hausbesitzes, welche sowohl die Handhabung der Werkzeuge als auch die Anleitung der Sklaven zum Gegenstand hat [6]. Dagegen ist es fraglich, ob auch noch die Erwerbskunst (κτητική) als Teil der Ö. aufzufassen ist; denn: «Die eine schafft herbei, die andere verwendet» [7]. Doch die «natürliche» Erwerbskunst, die ein Herbeischaffen der für den Haushalt notwendigen Dinge nicht durch Tausch, sondern durch Arbeit und Jagd ist, entspricht der Natur und der Ö. Der einfache Tauschhandel erweist sich dann mit dem Sinn der Haushaltung verträglich, wenn er als Austausch von Gebrauchsgütern zwischen den einzelnen Hausgemeinschaften betrieben wird und so zur Gewährleistung der naturgemäßen Autarkie des Oikos dient. Die entstandene Konvention, Geld anstelle von Gütern zu nehmen, ermöglicht aber auch die Kaufmannskunst (Chrematistik) [8], die keine Grenzen des Erwerbs von Reichtum mehr zu kennen scheint [9]. Am verwerflichsten ist das reine Zinsgeschäft und der Wucher, «der aus dem Geld selbst den Erwerb zieht und nicht aus dem, wofür das Geld da ist» [10]. Aristoteles schließt diese Art des Gelderwerbs nicht nur aus der Ö. aus, sondern hält sie auch in ethischer Sicht – gemessen am Prinzip der «ausgleichenden Gerechtigkeit», die er im Rahmen der Ethik als das Gerechte im Tausch bestimmt – für unhaltbar. Der Tauschverkehr kann nur auf der Grundlage der Gleichheit stattfinden, weil sonst der Vorteil des einen die Übervorteilung des anderen implizieren würde [11]. Aristoteles behandelt also die Probleme des Warentauschs und des Geldverkehrs nicht mehr als ökonomische, sondern als ethische Probleme. Von hier aus nehmen zwei unterschiedliche Betrachtungsweisen des Wirtschaftlichen innerhalb der Geschichte der praktischen Philosophie ihren Ausgangspunkt, die sich zum einen an der Hausverfassung, zum anderen an dem marktbezogenen Erwerbsleben orientieren.

Der Trennung von Ö. und Chrematistik folgen alle altständischen Verfassungen mit ihren zahllosen «polizeilichen» Verordnungen. Hiernach kann zur Ö. die gewerbliche Verarbeitung landwirtschaftlicher Produkte nur insoweit gehören, als der Stand des Hausherrn gewerbliche Immunitäten einräumt und die Produkte dem Eigenbedarf der Ö. dienen. Alles darüber Hinausgehende ist Chrematistik, Handwerk oder auf den Markt ausgerichtete Tätigkeit, die der Privilegierung und der damit gegebenen Leitung und Kontrolle des Gemeinwesens, der Obrigkeit (Gericht der Oikos-Herren) unterworfen sind. Die wohlgeordnete Verwaltung dieser wirtschaftlichen Praxis stellt eine Wissenschaft dar, die A. DE MONTCHRESTIEN 1615 erstmals im Titel einer staatswirtschaftlichen Untersuchung «politische Ö.» nennt [12]. Sie setzt den Besitz von Regalien voraus, die nur einem Stadtstaat oder einer hochfürstlichen Ö. zugehören, wie überhaupt die Standschaft die Struktur jeglicher Ö. bestimmt. «Wollte jemand die ganze Ö. wissenschaftlich vortragen, so müßte er 'omnes rei publicae status' einer Prüfung unterziehen» [13]. Entsprechend dieser Aussage weisen die Schriften über Ö. einen sachlich sehr verschiedenen Inhalt auf. So geben *Wirtschaftsbüchel* für die fürstliche Ö. Vorschriften über Rechte und Pflichten von Beamtenschaft, Kämmerern, Forstmeistern usw. in erster Linie und behandeln landwirtschaftliche Probleme nur am Rande [14], während in der sogenannten *Hausväterliteratur*, in der die Wirtschaft eines Landmannssitzes oder eines Vollbürgers dargestellt wird, Kenntnisse über land- und hauswirtschaftliche Betriebsweise und Technik, Hausbau, zivilrechtliche Fragen u. a. vermittelt werden [15]. Vom späten 16. Jh. an populär werdend, ist die Hausväterliteratur schon Vorstufe des gegen Ende des 17. Jh. einsetzenden Strebens nach Nutzbarmachung naturwissenschaftlicher Erkenntnisse in allen Bereichen der Güterproduktion, insbesondere im Landbau.

Die im Zuge der Reformation durch PH. MELANCHTHON erneut eingeleitete Rezeption der aristotelischen Ethik und Politik [16] führte zu einer Wiederaufnahme der alten Ö. im Sinne einer «oeconomia christiana» [17] und zur Ausrichtung der protestantischen Soziallehre auf den «status oeconomicus» im Rahmen einer Neuaufnahme der mittelalterlichen Dreiständelehre, wobei der häusliche Stand dem geistlichen (status ecclesiasticus) und dem herrschaftlichen (status politicus, civilis) gegenübergestellt wird [18]. Allerdings wird hier die Ö. noch nicht wie später in der Kameralwissenschaft in den städtischen und den agrarischen Sektor unterteilt [19], sondern nur als geschlossene Hauswirtschaft behandelt, die weiter in die «societas paterna», d. h. die engere Familie, und in ein das Eigentum und das Gesinde umfassendes häusliches Gemeinwesen (societas herilis) unterschieden wird [20].

G. W. LEIBNIZ, CHR. THOMASIUS und CHR. WOLFF zählen zu den Wortführern der neuen Richtung der Ö. [21], welche Veränderungen zeitigt, die unmittelbar die ständestaatliche Ordnung betreffen. Wurden bisher die Produktionszweige als Rechte und Gerechtigkeiten vergeben und in genossenschaftlicher und sachgebundener Gerichtsbarkeit gewahrt, deren ordnungsgemäße Nutzung oberinstanzliche Rechtswahrung darstellte, sollen jetzt neue Techniken auf ihre Nützlichkeit, d. h. Wirtschaftlichkeit hin ausprobiert und ihr Gebrauch ohne Rücksicht auf herkömmliche Rechte gefördert werden. Die letzteren sind aber untrennbar vom Status ihrer Eigentümer in der Res publica. Die mittels der Naturwissenschaften eingeleitete Umgestaltung der Güterproduktion ist so begleitet vom Rückzug der unteren Stände aus ihrer ständerechtlich-politischen Position und ihrer Gleichschaltung in einer Untertanenschicht, der gegenüber sich eine Obrigkeit erhebt bis zum Anspruch auf das Regiermonopol, welches sein Objekt im Untertanenbereich findet: Die «res oeconomica» der Untertanen wird jetzt zur «publique Landes-Ö.» [22], Verwaltungsobjekt der fürstlichen Kammer. In der Lehre der *Physiokraten* (Ökonomisten) ist die alte ständerechtliche Position der Ö. endgültig der eines reinen Güterproduzenten gewichen [23].

Wird in der schottischen Moralphilosophie die Ö. als Lehre vom Haus noch streng von der Behandlung des Naturrechts getrennt und behandelt F. HUTCHESON die Ö. in traditioneller Weise noch im Rahmen der Politik, so stehen jetzt der Ethik und den «principles of Oeconomicks and Politicks» die Grundsätze des Naturrechts (Elements of the Law of Nature) gegenüber, in denen bereits die für die modernen Wirtschaftswissenschaften bestimmenden Elemente der Markt- und Preislehre auf vertragstheoretischer Grundlage abgehandelt werden [24]. Die gängig gewordene Untergliederung der Ö. in die Ö. des Fürsten und die Ö. der Privatleute [25] bzw. in die «Privats-» und die «Staats-Ö.» [26] verweist bereits auf den Umstand, daß mit der Herauslösung der Familie und des souveränen Monarchen aus der ständisch verfaßten Gesellschaft und ihrer Vermittlung durch die neuzeitliche Verkehrsgesellschaft auch der alteuropäische Begriff der Ö. nun zwei unterschiedliche Bedeutungen angenommen hat. Aber auch der neue Begriff der Ö. ist noch insofern auf die Tradition bezogen, als er aus einer Übertragung des Modells der Haushaltung auf die «Camera» des Fürsten und schließlich auf den gesamten Staatsverband resultiert. So gibt sie den Weg frei für eine von der Ö. des Hauses verschiedene und doch zunächst noch in ihrer Vorstellungswelt wurzelnde Staats-Ö. bzw. 'politische Ö.' (s. d.).

Dieser Wandel im begrifflichen Verständnis von ‹Ö.› zeigt sich deutlich in den aufschlußreichen Kommentierungen der von J. G. SCHLOSSER 1798 ins Deutsche übersetzten aristotelischen ‹Politik› und der in dieser Ausgabe mit aufgenommenen Übersetzung des pseudoaristotelischen Fragments der ‹Ökonomik› [27]. Schlosser kritisiert nämlich nicht nur die Herabsetzung der Chrematistik gegenüber der Ö., indem er auf die Überlegenheit der neueren wirtschaftswissenschaftlichen Schriftsteller hinsichtlich der Unterscheidung zwischen Geld- und Güterreichtum verweist [28], sondern bemängelt auch, daß die alte Ö. noch nicht ausreichend zwischen «Privat- und Staats-Ö.», zwischen der «Staats- und der Privat-Haushaltung» unterscheide [29]. Damit beurteilt er aber die klassische Ö. bereits nicht mehr von ihrer eigenen Grundlage aus, sondern vom Standpunkt der im 17. und 18. Jh. entstandenen «Staats-Ö.» [30].

Für den *Liberalismus* ist Wirtschaft nur mehr private landwirtschaftliche Erwerbseinheit innerhalb der bürgerlichen Gesellschaft, wobei seit dem späten 18. Jh. zwischen gutsherrlicher Ö. und bäuerlicher Wirtschaft unterschieden wird. K. MARX und L. VON STEIN gebrauchen den Begriff der Wirtschaft noch in diesem Verständnis; die Ö. wird hingegen für MARX zum Kennwort bürgerlich-kapitalistischer Moral mit ihrem Verzicht auf die Möglichkeiten des Menschseins zugunsten des nüchtern berechnenden Feilmachens von Habe. Da Marx die ganze bisherige National-Ö. als Wissenschaft von den bürgerlich-ökonomischen Verhaltensweisen versteht, ist die Ö. zugleich mehr als nur die Einzel-Ö., sie ist das *Privateigentum* in Bewegung. In dieser Form wird sie für den späten Marx und für F. ENGELS identisch mit politischer Ö. [31].

Anmerkungen. [1] E. LAROCHE: Hist. de la racine NEM- en grec ancien (Paris 1949) 142-144. – [2] a.O. 141. – [3] XENOPHON, Oikonomikos; dtsch.: Kunst der Haushaltung, hg. E. MÜLLER (1911); Darstellung: M. B. AMZALAK: Xenofonte (Lissabon 1942). – [4] ARISTOTELES, Pol. I, 2, 1252 b. – [5] a.O. 1253 a. – [6] 4, 1253 b 23-38. – [7] 8, 1256 a 11. – [8] 1256 b 34-37. – [9] 9, 1257 a 29. – [10] 10, 1258 b 1-8. – [11] Eth. Nic. V, 5-8, 1130 b-1133 b 29. – [12] A. DE MONTCHRESTIEN: Traicté de l'économie pol. (Rouen 1615). – [13] D. MORHOF: Polyhistor (1688). – [14] Vgl. O. BRUNNER: Adeliges Landleben und europ. Geist (1949) 271ff. – [15] J. COLER: Oeconomia ruralis et domestica (1596); W. H. VON HOHBERG: Georgica curiosa (1682); P. FLORIN: Kluger, rechtsverständiger Haußvatter (1699). – [16] PH. MELANCHTHON: Commentarii in aliquot polit. libros Arist. (1530). – [17] J. MENNIUS: Oeconomia christ. (1529). – [18] G. SCHMOLLER: Zur Gesch. der nationalökon. Ansichten in Deutschland während der Reformationsperiode. Z. ges. Staatswiss. 16 (1860) 461-716, bes. 475. 485-487. – [19] J. C. DITHMAR: Einl. in die Oekon. Policei- und Cameralwiss.en (1731); vgl. auch J. G. WALCH: Art. ‹Ö.›, in: Philos. Lex. 3 (⁴1775) 312. – [20] E. TROELTSCH: Die Soziallehren der christl. Kirchen und Gruppen. Ges. Schr. 1 (1923) 581. – [21] Zu LEIBNIZ vgl. E. BODEMANN: Leibnizens volkswirtschaftl. Ansichten und Denkschr. Preuß. Jb. 53 (1884) 378ff.; CHR. WOLFF: Oeconomica (1750). – [22] T. L. LAU: Polit. Gedancken (1717); Aufrichtiger Vorschlag von glücklicher ... Einrichtung der Intraden und Einkünffte der Souverainen und ihrer Unterthanen (1719). – [23] R. L. D'ARGENSON: Journal (Paris 1736-57); MIRABEAU d. Ä.: Ami des hommes (Paris 1756); F. QUESNAY: Tableau écon. (Paris 1759); Grains, in: Encycl. VII (1757, ND 1966); P.-S. DU PONT DE NEMOURS: La physiocratie, ou constitution naturelle du gouvernement le plus avantageux au genre humain (Paris 1767). – [24] F. HUTCHESON: Short introd. to moral philos. (Glasgow 1747). – [25] WALCH, a.O. [19]. – [26] W. T. KRUG: Art. ‹Oekonomik›, in: Handwb. der philos. Wiss. 3

(²1833) 97. – [27] J. G. SCHLOSSER: Arist. Politik und Fragment der Oeconomik (1798). – [28] a.O. 2. Abt., 211, Anm. 11; 1. Abt., 64, Anm. 61. – [29] 217. – [30] M. RIEDEL: Aristoteles-Tradition am Ausgang des 18. Jh., in: Alteuropa und die mod. Ges. Festschr. O. Brunner (1963) 278-315, bes. 306-308. – [31] K. MARX: Nationalök. und Philos. Frühschr. (1964) 236. 258ff.

Literaturhinweise. F. X. FUNCK: Ueber die ökon. Anschauungen der mittelalterl. Theologen. Z. ges. Staatswiss. 25 (1869) 125-175. – A. ONCKEN: Gesch. der National-Ö. (1902). – R. KAULLA: Die gesch. Entwicklung der mod. Werttheorien (1906). – H. VON VOLTELINI: Die naturrechtl. Lehren und die Reformen des 18. Jh. Hist. Z. 105 (1910) 65-104. – W. GELESNOFF: Die ökon. Gedankenwelt des Aristoteles. Arch. Sozialwiss. Sozialpolitik 50 (1923) 1-33. – D. WILLERS: Die Ö. des Aristoteles (1931). – J. BRAKE: Wirtschaften und Charakter in der antiken Bildung (Diss. Göttingen 1935). – H. FREYER: Die Bewertung der Wirtschaft im philos. Denken des 19. Jh. (²1939). – A. MÜLLER-ARMACK: Religion und Wirtschaft (1959). – F. WAGNER: Versuch einer Bestimmung der Kategorien früheurop. Ö. Salzb. Jb. Philos. X/XI (1966/67) 387-392. – O. BRUNNER: Das 'ganze Haus' und die alteurop. 'Ö.', in: Neue Wege der Verfassungs- und Sozialgesch. (1968) 103-127. – S. LANDSHUT: Der Begriff des Ökonomischen, in: Kritik der Soziol. und andere Schr. zur Politik (1969) 131-175. – C. NÊME: Peut-on parler de théorie écon. chez Aristote? Rev. Hist. écon. soc. 47 (1969) 341-360. – M. J. FINDLEY: Aristotle and econ. analysis. Past Present 47 (1970) 3-25. – K. POLANYI: Aristotle discovers the economy, in: G. DALTON (Hg.): Primitive, archaic and modern economies (Boston 1971). – P. KOSLOWSKI: Haus und Geld. Zur arist. Unterscheidung von Politik, Ö. und Chrematistik. Philos. Jb. 86 (1979) 60-83.

H. RABE/Red.

II. In der *Theologie* ist ‹Ö.› (griech. οἰκονομία = οἰ.; lat. dispositio, aber häufig auch: dispensatio) ein Grundbegriff heilsgeschichtlichen Denkens. Obwohl bereits POLYBIOS im 2. Jh. v. Chr. die Geschichte als «allgemeine und umgreifende Ö. der Geschehnisse» (τὴν καθόλου καὶ συλλήβδην οἰ. τῶν γεγονότων), als Zusammenhang mit einem bestimmten Ziel konzipiert hatte [1], ist der Begriff bei den frühen Kirchenvätern noch nicht eindeutig geschichtlich gefaßt. ‹Ö.› heißt hier zunächst ‹Plan›, ‹Ratschluß› Gottes. Auch ist noch der profane hellenistische Sprachgebrauch (gute Fügung und Leitung: οἰ. καὶ διοίκησις [2]; Ordnung des Kosmos und aller Dinge: ἡ τῶν ὅλων οἰ. [3]) präsent und wirkt im Judentum (PHILON: Gott als Lenker, οἰκονόμος, des Alls [4]), in der Gnosis (s. unten), in der hermetischen Literatur (Gott ist «dispensator distributorque bonorum», die Sonne ist «vitae dispensator») [5] und schließlich im frühen Christentum nach, so etwa wenn TATIAN den menschlichen Körper und den Kosmos als κατ᾽ οἰ. συμφωνίας ἁρμονία bezeichnet, THEOPHILUS VON ANTIOCHIEN das Sechstagewerk der Schöpfung als οἰ. lobt, CLEMENS VON ALEXANDRIEN Gottes weise Welteinrichtung preist (s. unten) oder ORIGENES davon spricht, daß alles Seiende in der kommenden Weltordnung (in ordinatione ac dispensatione mundi) den ihm gebührenden Rang einnehmen wird [6]. Im NT erscheinen οἰκονόμος und οἰ. zunächst in den Gleichnissen vom klugen bzw. ungerechten Hausverwalter [7]. PAULUS überträgt οἰ. auf die Verwaltung des apostolischen Amtes [8]. Der οἰκονόμος ist «Haushalter der Geheimnisse Gottes» und seiner Gnadengaben [9]. Vor allem aber meint οἰ. den Ratschluß Gottes, seinen Heilsplan, den Christus in der Fülle der Zeiten ausführt [10]. (Unsicher ist, ob οἰ. in 1 Tim. 1, 4 ebenfalls den göttlichen Ratschluß oder eher die Erziehung des Menschen im Glauben meint.)

Bei den Kirchenvätern findet der Begriff breiten Widerhall. IGNATIUS und andere frühe Apologeten [11] sprechen von der Heilsveranstaltung, die sich auf Christus beziehe und von ihm verwirklicht werde [12]. Der Brief an Diognet wirft den Juden eine willkürliche Auffassung der οἰ., der göttlichen Pläne, vor [13]. Bei JUSTINUS bedeutet οἰ. sowohl die Weltregierung und Vorsehung Gottes, die sich etwa auch bei an sich unverständlichen Vorkommnissen des AT zeigt [14], als auch die Realisierung des Heilsplans Christi [15] sowie einzelne Heilsvorgänge (Inkarnation, Leiden und Tod Christi) [16]. Eine weitere, dann fortwirkende Bedeutung erhält der Begriff bei TATIAN. Hier ist οἰ. der innertrinitarische Prozeß, der Hervorgang des Logos aus Gott, der mit dem Begriff οἰ. nicht als völlige Abtrennung, sondern als ökonomische Teilung, wie das Anzünden einer Fackel an einer anderen, interpretiert wird [17].

Sehr häufig und in unterschiedlichem Sinn erscheint οἰ./dispositio bei IRENÄUS VON LYON. Neben «(Schöpfungs-)Ordnung›, ‹Weltplan›, ‹Ratschluß›, ‹Anordnung› Gottes meint οἰ. vor allem den Heilsplan, sowohl als ganzen wie auch in seinen einzelnen Geschehnissen. Die Christen sollen die geheimnisvolle Heilsordnung erforschen, Ziel und Absicht Gottes mit der Menschheit (τὴν πραγματείαν καὶ τὴν οἰ. τοῦ θεοῦ) verstehen [18]. Die Gnostiker und Häretiker verkennen den Heilsplan und werfen die οἰ. um [19]. Der eine Geist Gottes durchwaltet vom Anfang bis zum Ende in verschiedenen Ö. (ab initio usque ad finem variis dispositionibus) die Geschichte und steht dem Menschengeschlecht immer bei [20]. Deshalb wird die typologische Deutung des AT nötig: die Propheten haben ihren auf das NT vorausdeutenden Stellenwert in der Heils-Ö. [21]. Sie selbst können die Anordnungen Gottes und Einrichtungen der Erlösung noch nicht in ihrer vollen Bedeutung erkennen. Gott zeigt sich ihnen nur undeutlich und geheimnisvoll [22]. Denn der Heilsplan wird erst offenbar mit Christus, der durch ihn hindurchgeht und ihn zur Vollendung bringt (veniens per universam dispositionem et omnia in semetipsum recapitulans) [23]. So bezeichnet οἰ. speziell das Heilswerk Christi (dispositio salutis nostrae) [24], das «recapitulatio», Erfüllung des im AT präfigurierten Geschehens und Zusammenfassung der einzelnen Heilsveranstaltungen Gottes ist [25]. Besonders ist die Inkarnation eine Tatsache der Heils-Ö. [26], aber auch der Kreuzestod [27] und andere Geschehnisse des NT [28]. Im Kommen Christi wird die neue Heils-Ö. der Freiheit (nova libertatis dispositio) als Ablösung des alten Bundes der Knechtschaft begründet [29]. In einer Erziehung der Menschen zur Vollkommenheit, in der auch das Böse und Übel seinen Stellenwert hat, hat Gott alles zur Durchführung und Offenbarung seiner Heilsanordnungen (ad manifestationem dispositionum) bestimmt [30]. Dagegen erscheint Ö. nur an einer Stelle im Zusammenhang mit der Trinität und meint auch hier die Ö. der Erlösung [31].

TERTULLIAN unternimmt es wieder, ‹Ö.› für den Prozeß der Entfaltung der drei göttlichen Personen zu verwenden. Gott ist ein einziger, aber «mit der näheren Bestimmung, die wir Ö. nennen (quam oeconomiam [oe.] dicimus)» [32]. In seinem Kampf gegen die Monarchianer muß Tertullian die Einheit Gottes und das Zusammenwirken der drei Substanzen in ihr gleichzeitig begreifen (dispositionem trinitatis, oe.) [33]. Der Sohn ist vom Vater hervorgebracht, aber nicht abgetrennt; die Trinität entfaltet sich durch eng miteinander verbundene Stufen und schützt die Ö. (et oe. statum protegit) [34]. Daneben heißt Ö. auch bei Tertullian ‹Ratschluß› und ‹Anordnung› Gottes [35], außerdem ‹Heilsordnung› des AT und NT (veta et nova dispositio) [36]. – Auch HIPPOLYT benutzt ‹Ö.› vor allem zur Erläuterung der Trinität: «Die

Dreiheit wird dank der Harmonie der Ö. (οἰ. συμφωνίας) zu dem einen Gott zusammengeführt» [37]. Ebenso spricht NOVATIAN von einer «legitima dispositio» innerhalb des dreieinigen Gottes [38].

Auch CLEMENS VON ALEXANDRIEN verwendet ‹Ö.› in vielfacher Bedeutung. Neben dem profanen Sinn ist οἰ. zunächst die göttliche Weltregierung, die gerechte, heilige und weise Weltverwaltung und -lenkung, die Schöpfungsordnung, die nach festen Gesetzen verläuft [39]. Dann ist οἰ. die Ordnung, in der sich die Erziehung (παιδαγωγία) der Menschen zum Heil vollzieht. Der Logos bedient sich einer guten und weisen Art (οἰ.) der Erziehung, «indem er zuerst ermahnt, dann erzieht und zuletzt lehrt» [40]. Strenge, auferlegte Übungen usw. stehen im Dienste von Gottes Liebe und οἰ. und sind deshalb heilsam [41]. Schließlich meint οἰ. auch hier die Heilsabsicht, den Heilsplan, der von Gott zur Erlösung veranstaltet wird, aufgrund seiner Vorsehung erfolgt, im AT nur teilweise offenbart ist, von den Christen aber erkannt werden kann und in dessen Dienst einzelne Ereignisse wie die Inkarnation und Passion Christi stehen [42]. In allen diesen Hinsichten erweist sich Gott als Lenker (οἰκονόμος) und Beherrscher der Welt (οἰ.), der in weiser Voraussicht (πρόνοια) die Menschheit zum Heil führt.

Bei ORIGENES überwiegt das soteriologische Verständnis von οἰ. Ähnlich wie bei Tertullian werden zwei οἰ. unterschieden: die unter dem Gesetz (AT) und die, in der sich das Geheimnis des Vaters durch den Sohn offenbart (NT) [43]. Die früher auf den Juden ruhende Fürsorge (οἰ.) und Gnade Gottes ist jetzt auf die Christen übergegangen [44]. Dann ist οἰ. entweder Christi Heilstätigkeit insgesamt oder meint einzelne seiner Taten, wozu besonders seine Menschwerdung und sein Leiden zählen [45]. Das Heilswerk des Logos ist aber Bestandteil der umfassenden οἰ. Gottes, der die Schöpfung zu jeder Zeit lenkt und in Vorsehung Wohltaten zuteilt (dispensat), der als der Vater aller Dinge (ὁ τῶν ὅλων θεὸς καὶ πατήρ) der beste οἰκονόμος ist, um die rechten Zeiten, Mittel und Wege, Erziehungsmittel (ἀγωγάς) weiß, um die Menschen nach seinen Plänen (οἰ.) zu leiten [46]. Gott zeigt sich so als vorausschauender und gerechter Erzieher der Menschen, der für einen jeden über die geeigneten Methoden verfügt (dispensat), ohne ihn zu zwingen [47]. Er will, daß die unter ihm Stehenden sich willig seiner Führung (οἰ.) anvertrauen [48]. So kann Origenes das Christentum gegen die Einwürfe des Celsus verteidigen und behaupten, Gott bleibe ewig unwandelbar, lasse sich aber «durch seine Vorsehung (πρόνοια) und Weltregierung (οἰ.) zu den menschlichen Verhältnissen herab» [49].

In der Gnosis spielt der Begriff οἰ. zum Teil eine ganz andere Rolle. THEODOT bezeichnet den Demiurgen als Herrscher der οἰ., d.h. der von diesem erschaffenen psychischen Welt [50]. Nach PTOLEMÄUS ist unter den verschiedenen Naturen, die Christus angenommen hat, eine die der οἰ. (wiederum: der psychischen Welt), während er die Natur der materiellen Welt nicht angenommen hat. Durch diesen οἰ.-Leib hat Christus eine psychische Natur (ψυχικὴν οὐσίαν) erhalten, ist aber trotzdem sichtbar, betastbar und leidensfähig geworden [51], und zwar wohl unter Vermittlung des Demiurgen, des Vollenders und Ordners dieser Welt, der οἰ. [52]. Bei dem Gnostiker MARKUS kann οἰ. die Heilsveranstaltung meinen, die mit Christi Leiden und Tod erfolgt [53], aber auch die obere und untere Welt, die zueinander Urbild und Abbild sind [54]. Außerdem ist οἰ. mehrmals auf Christus bezogen, der «der Erlöser aus der οἰ.» bzw. «der Mensch aus/gemäß der οἰ.» heißt. Damit ist wohl, ähnlich wie bei Ptolemäus, der leibliche, geschaffene Christus gemeint, der allerdings hier nicht eine psychische Natur angenommen hat, sondern nach dem Urbild der oberen Welt geschaffen ist [55]. Für HERAKLEON wiederum hat οἰ. den Sinn von ‹Heilsplan› Gottes und kann auch dessen einzelne Stufen bezeichnen [56], und auch in der Schrift ‹Pistis Sophia› bedeutet οἰ. meist den alles Sein der Welt durchziehenden göttlichen Heilsplan. Er ist das Geheimnis Gottes, des Einzigen und Unaussprechlichen [57].

Οἰ. als Begriff für Gottes Walten und Wirken in der Welt für die Leitung der Menschen und die Fügung ihrer Schicksale wird auch in der Patristik ab dem 4. Jh. gern und häufig verwandt. Dabei kann οἰ. sowohl die Ordnung und Regierung der Welt als ganzer sein (τοῦ παντὸς οἰ.) [58] als auch Gottes gütige Einwirkung in einzelnen Situationen [59] und weiterhin die Heilsordnung, die Gottes Geheimnis ist [60] und mit der Inkarnation ihre höchste Ausprägung erfährt [61]. Gelegentlich kann so die Menschwerdung Christi selbst als οἰ. bezeichnet werden [62], ja einige Autoren unterscheiden zwischen dem noch nicht Mensch gewordenen Christus der Theologie und dem irdischen Christus der οἰ. [63]. Die Ö. Christi hat aber seine Göttlichkeit nicht geschmälert [64]. Bis weit in die byzantinische Zeit hält sich οἰ. in diesen Bedeutungen [65]. Daneben hat οἰ. oft auch den Sinn von ‹Akkommodation›, ‹Anpassung› (wie schon in der antiken Rhetorik und im stoischen Sprachgebrauch) [66]: Der Lehrer paßt sich an die Auffassungskraft der Hörer an; die Lehre muß zur Erreichung des höheren Ziels, des Heils, eingeschränkt werden; Christus übernimmt wegen der Menschen körperliche Schwächen; Paulus beschneidet den Thimotheus wegen der Juden usw. [67]. Von daher erklärt sich auch die Bedeutung ‹Ausnahme›, ‹Dispens›, die bis heute in der Ostkirche erhalten geblieben ist [68].

Bei den lateinischen Kirchenvätern wird Ö. zwar ebenfalls häufig gebraucht, scheint aber im ganzen, außer bei TERTULLIAN (s. oben), nicht die zentrale Stellung und die Bedeutungsvielfalt gehabt zu haben wie in der griechischen Patristik. «Dispositio», «dispensatio» und «oeconomia» (als Fremdwort) bezeichnen u.a. Gottes Lenkung der Welt und Fügung aller menschlichen Verhältnisse [69], so daß nichts zufällig geschieht, sondern in allem die göttliche Ö. eingehalten wird (divinae rationis dispositio perpetua servatur) [70]. Deshalb wird Ö. oft mit «gubernatio» und «providentia» (auch: praedestinatio) zusammen genannt [71]. Obwohl die göttliche Ö. im einzelnen unerforschlich und verborgen bleibt [72], ist sie bewunderungswürdig [73] und erweist sich als täglicher Beistand (cotidianae dispensationis auxilium) [74]. Speziell bezeichnet ‹Ö.› auch hier die Menschwerdung Christi sowie einzelne seiner Heilshandlungen [75]. Mit seiner Herablassung zu den Menschen ist die «dispensatio» der Erlösung vollendet [76]. Hierin erscheint das geschichtliche Fortschreiten des Heils-Ö. vom Anfang der Welt bis zu Christus (a principio processisse dispositionem summi dei); in Christus ist alles Vorhergesagte erfüllt, damit niemand diese «dispositio» verkenne [77]. In der christlichen Religion ist der Hauptgegenstand, so AUGUSTINUS, die Geschichte und Weissagung der zeitlichen Ordnung der göttlichen Vorsehung (historia et prophetica dispensationis temporalis divinae providentiae), wodurch sie das Heil des Menschengeschlechts, das ewige Leben, wiederherstellt [78]. Der Mensch steht, so der Historiker OROSIUS, als Gottes Geschöpf unter seiner Leitung (dispensatio); Gott lenkt und regiert mit weiser Vorsehung die Welt [79].

Im Mittelalter bleiben diese Bedeutungen von «dispositio» und «dispensatio» gültig. ANSELM VON HAVELBERG erkennt die «mira Dei dispensatio» in der Aufeinanderfolge der Völker: Von den Heiden zu den Juden und von da zu den Christen hat sich die göttliche Weisheit den Menschen allmählich «paedagogice et medicinaliter» mitgeteilt und schließlich, als sie ihre kluge, zurückhaltende Ö. aufgab, die Vollendung des christlichen Gesetzes gelehrt (et tandem subtracta omni dispensatione, omnem perfectionem Christianae legis edocuit) [80]. Für andere ist die «dispositio» Gottes bei der Frage der Zulassung des Bösen wichtig: ANSELM VON LAON unterscheidet einen oberen und unteren Willen Gottes. Nur gegen letzteren, das «praeceptum», sündigte Adam; er verstieß aber nicht gegen die «dispositio» [81]. Für HUGO VON ST. VIKTOR ist Gott nicht «auctor» des Bösen, aber dessen «ordinator». Die bösen Willensakte der Menschen bezieht Gott in seinen Willen ein und richtet sie nach ihm aus (ad suam voluntatem intorquet, et disponit secundum suam voluntatem). Diese «dispositio» ist uns unerkennbar und herrscht auch dort, wo wir allein nach unserer Willkür zu handeln glauben [82].

Für THOMAS VON AQUIN sind «dispositio» und «ordinatio» vor allem Begriffe, die die «ratio» von Gottes Vorsehung erweisen. Die von ihm gesetzte universale Ordnung und ewige «dispositio» ist im Gegensatz zu der partikularen Ausführung durch den freien Menschen unabänderlich (non quod aeterna eius dispositio mutetur, sed quia mutatur aliquis eius effectus) [83]. Sie zeigt sich darin, daß alles auf die göttliche «bonitas» als auf ein letztes Ziel ausgerichtet ist und daß die Vielzahl der Dinge von der Vorsehung nach der Vernunft aus- und eingeteilt ist (quod providentia secundum rationem quandam res dispensat) [84]. «Dispositio» ist hier also eher ontologisch verstanden, und die zeitlich-geschichtliche Ö. ist höchstens ein Moment davon. Wohl deshalb spielt in jenen Geschichtsentwürfen des Mittelalters, die heute oft als Heils-Ö. angesehen werden [85], der Begriff ⟨Ö.⟩ nur eine untergeordnete Rolle, obwohl natürlich die «gubernatio» der Welt durch Gott nicht geleugnet wird [86]. Auch JOACHIM VON FIORE bezeichnet mit «superna dispensatio» den göttlichen Ratschluß, ihm den Heilsplan anzuvertrauen, nicht schon diesen selbst [87].

⟨Ö.⟩ in der Bedeutung 'harmonische Ordnung der Welt' begegnet zuweilen auch in der Philosophie der Neuzeit, besonders des 17. Jh. [88]. In der Theologie und von ihr her in der späteren Philosophie hat der Begriff jedoch eine eigene Entwicklung genommen. Einerseits versteht J.-B. MASSILLON ⟨Ö.⟩ als ausgleichende Gerechtigkeit (compensation) in der Ewigkeit für irdische Leiden und Mühsal: «C'est ainsi que tout est disposé dans l'univers avec une économie de l'Auteur de la nature et de la grâce» [89]. Andererseits wird der Begriff von J. CALVIN aufgenommen: In der Einteilung des Bundes seiner Barmherzigkeit hält sich der Herr an eine Ordnung (oeconomiam et ordinem), die bis zur vollen Offenbarung seiner Herrlichkeit fortschreitet (temporis progressu) [90]. Gott hat sein Volk unterrichtet und regiert die Kirche. Die stufenweise Offenbarung hängt von der Ö. seiner Herrschaft ab (totum pendet ex oeconomia divini regiminis) [91]. Von hier gelangt der Begriff in die Föderaltheologie, die vor dem Hintergrund einer sich gleich bleibenden Substanz des Gnadenbundes deren geschichtlich verschiedene, zeitlich sich erstreckende Realisierung denkt. Dies geschieht in den jeweiligen Ö.: Gnade und Offenbarung werden in je eigenen Graden und Formen ausgeteilt, angepaßt dem Stand und der Auffassungskraft der Menschen. Gottes kluge, planvolle Weisheit bekundet sich in seiner unterschiedlichen Mitteilung an die Gläubigen gemäß der geschichtlichen Situation [92]. Damit wird zunächst die Verschiedenheit und Abfolge der Ö. des Alten und Neuen Testaments erklärt; dann kann man aber auch generell nach Zeit, Ort und menschlicher Verfassung wechselnde Ö. annehmen und, wie ZINZENDORF, so die Verschiedenheit der Konfessionen als Angleichung (Ö.) an «des Landes Temperatur und Luft» auffassen [93]. Da die einzelnen Ö. in einem sinnvollen Zusammenhang stehen, ergibt sich eine sukzessiv fortschreitende Offenbarung Gottes, auch über das NT hinaus bis ans Ende der Zeiten [94]. So werden die Epochen der Geschichte zu einer Gesamtheit verbunden; durch sie geht wie durch verschiedene Stadien (diversas dispensationes) von der Kindheit bis zum Mannesalter die «bonitas Christi» hindurch [95]. J. A. BENGEL konstruiert dann auf dem Grundgedanken, daß in der «Hl. Schrift gezeiget wird die große Haushaltung Gottes, wie er sein Volk durch seine Worte und Werke führet» [96], eine komplette Chronologie der Weltgeschichte, von der Schöpfung bis zum Jüngsten Gericht [97].

Der Gedanke, daß die «Haushaltung Gottes in der Menschenwelt» die verschiedenen Stufen der Offenbarung und auch den Wechsel der Religionen hervorgebracht habe [98], daß das Maß des Glaubens und der Erkenntnis Gottes ein anderes sei als in früheren Jahrhunderten, daß es gemäß der göttlichen Ö. wachse (crescit fides universorum secundum Epochas oeconomiae divinae) und die «zukünftige vollkommene Ö.» zum Ziel habe [99], bleibt auch im späteren 18. Jh. lebendig. LESSING schließt seine Lehre, daß «auch Gott bei seiner Offenbarung eine gewisse Ordnung, ein gewisses Maß halten müsse», an die alte Lehre von der «nämlichen Ö. des nämlichen Gottes» an [100]. HAMANN sieht in der «communicatio göttlicher und menschlicher idiomatum» den «Hauptschlüssel ... der ganzen sichtbaren Haushaltung» Gottes. Gott «läßt sich in alle kleine Umstände ein»; alles gehört zum «großen evangelischen Plan der Erbarmung über das ganze verführte menschliche Geschlecht» [101]. «Gehört das Antichristenthum nicht zum Plan der göttlichen Ö.?» [102]. HERDER erkennt in den Erscheinungen der Natur sowohl als der Geschichte die «Haushaltung Gottes mit unserm Geschlecht, die wahre Philosophie der Geschichte» [103]. Auch der Sündenfall hat seine Stelle «im Plane Gottes» [104]. Für TH. WIZENMANN besteht die «Ö. Gottes in der Welt» darin, daß Gott sich den Menschen zunehmend offenbart und «seine eigene innere Natur den Geschöpfen anschaulich macht», wodurch aber auch diese stetig vervollkommnet werden bis zur «Gottähnlichkeit» und der «göttliche Plan» zur Vollendung gelangt [105].

Bei CH. BONNET ist dagegen der alte kosmologische Sinn von ⟨Ö.⟩ bewahrt: Alle Lebewesen (Menschen, Tiere, Pflanzen) haben ihre «économie», d. h. «das System der Gesetze, wonach die Lebensverrichtungen in den organischen Körpern vor sich gehen». Eine geschichtliche Dimension erhält der Begriff dadurch, daß Bonnet eine neue Weltordnung, eine «Économie future» annimmt, auf die sich alle Lebewesen hin entwickeln werden. So sind auch die Tiere zum «perfectionnement» bestimmt und erhalten neue Funktionen in der «nouvelle Économie» [106].

Daneben spielt ⟨Ö.⟩ aber auch weiterhin in spekulativen Geschichtsphilosophien eine Rolle. F. J. MOLITOR begreift die Geschichte als «Erlösungs-Anstalt». «Die Anstalten Gottes mit dem gefallenen Geschlecht zielen also dahin: den verfinsterten Verstand des Menschen wieder zu erleuchten ... und solchergestalt die unterbrochene Verbindung zwischen dem Himmlischen und Irdischen wieder herzustellen» [107]. SCHELLINGS ‹Philosophie der Offenbarung› zielt auf eine «höhere Geschichte», in der die Manifestationen Gottes in der Schöpfung als geschichtliches Zu-sich-selbst-Kommen Gottes gefaßt werden. Schelling verweist auf Paulus' Wort «von einem seit Weltzeiten verschwiegenen Plan Gottes» als auch auf die Lehre von der Ö. bei den «alten Theologen» der Patristik [108]. Gott ist nicht absolut einfach und in sich selbst ruhend, er läßt sich auf das Endliche ein, und der «Proceß der Verwirklichung Gottes» ist «der Hauptschlüssel ... der ganzen sichtbaren Haushaltung» [109].

HEGELS Einwand gegen eine solche Geschichtsauffassung ist wohl, daß sie nicht die Vernunft und das Gute in der Wirklichkeit – denn darin besteht Gottes Wirksamkeit in der Geschichte – zu begreifen vermag. Auch ihm ist die Weltgeschichte «nichts anderes als der Plan der Vorsehung» und «die göttliche Idee»; aber die Philosophie soll dies in ihrem Inhalt in konkreten Bestimmungen erkennen [110]. Später hat man jedoch wieder im Hegelschen Weltgeist das primär «göttliche, weltumspannende Walten» [111], im «Weltplan» den «ununterbrochenen Act göttlicher Herablassung» gesehen [112]. Noch für M. HESS gilt, daß die «menschliche Gesellschaft ... die Gottesanstalt ... nachahmen» soll, da Gott «auch in der Menschheit, in der Geschichte wirksam» ist [113]. Heute verbindet sich der theologische Begriff der Ö. meist mit dem der Heilsgeschichte [114].

Anmerkungen. [1] POLYBIOS I, 4, 3. – [2] EPIKTET, Diss. III, 24, 92; 14, 7; vgl. EPIKUR, Ep. 1. Epicurea, hg. H. USENER (1887, ND 1966) 29. – [3] CHRYSIPP, SVF 2, 269. 273. 338; vgl. CELSUS bei ORIGENES, C. Cels. VIII, 53; so auch schon XENOPHON, Memor. IV, 3, 13. – [4] PHILON, De conf. ling. 98; vgl. De decal. 53; De op. mundi 11. 54; De Jos. 192; De Abrah. 69. – [5] HERMES TRISMEGISTUS, Asclep. 27. 29f., hg. A. D. NOCK 2 (Paris 1960) 332. 337. – [6] TATIAN, Or. ad Graec. XII, hg. E. SCHWARTZ (1888) 13; THEOPHILUS VON ANTIOCHIEN, Ad. Autol. II, 12, hg. G. BARDY (Paris 1948) = Sources chrétiennes (= SC) 20, 130; ORIGENES, De princ. I, 6, 2. – [7] Luk. 12, 42; 16, 1ff. – [8] 1 Kor. 9, 17; Kol. 1, 25; Eph. 3, 2. – [9] 1 Kor. 4, 1f.; Tit. 1, 7; vgl. 1 Petr. 4, 10. – [10] Eph. 1, 10; 3, 9. – [11] ARISTIDES, Apol., hg. E. HENNECKE (1893) 9; ATHENAGORAS, Lib. pro christ., hg. E. SCHWARTZ (1891) 25. – [12] IGNATIUS VON ANTIOCHIEN, Ep. ad Eph. XX, 1; vgl. XVIII, 2, hg. TH. CAMELOT. SC 10 (Paris ⁴1969) 76. 74. – [13] Ep. ad Diognetum IV, 5, hg. H.-I. MARROU. SC 33a (Paris ²1965) 60. – [14] JUSTINUS, Dial. c. Tryph. CVII, 3; CXXXIV, 2; CXLI, 4. MPG 6, 725. 785. 800; vorbereitet schon bei MARC AUREL XI, 18; IV, 19. 51 (οἰ. als kluge Nebenabsicht und Berechnung) und bei PHILON, Quaest. gen. (nur armen. erhalten): Jakobs Lüge unter dem Zwang der Umstände; vgl. J. REUMANN: Oἰ. as 'ethical accommodation' in the fathers, in: Studia Patristica 3, hg. F. L. CROSS (Berlin 1961) 370-379; B. BOTTE: Oikonomia. Quelques emplois spécifiquement chrétiens, in: Corona gratiarum. Misc. patr., hist. et liturg. E. DEKKERS ... oblata (Brügge/Den Haag 1975) 1, 3-9. – [15] JUSTINUS, a.O. LXVII, 6; LXXXVII, 5. MPG 6, 629. 684. – [16] a.O. XXX, 3; XXXI, 1; XLV, 4; LXVII, 6; CIII, 3; CXX, 1. MPG 6, 540. 573. 629. 717. 753. – [17] TATIAN, Or. ad Graec. V, a.O. [6] 5f. – [18] IRENÄUS VON LYON, Adv. haer., hg. A. ROUSSEAU u.a. II, 28, 1 = SC 294, 270; vgl. II, 4, 1 = 294, 44; II, 25, 3 = 294, 254; I, 10, 3 = 264, 162; IV, 20, 11 = 100, 464; V, 10, 1 = 153, 125. – [19] a.O. I, 16, 3 = SC 264, 262; III, 12, 12 = 211, 235; III, 16, 8 = 211, 319; III, 24, 1 = 211, 471; IV, 1, 1 = 100, 395; V, 2, 2 = 153, 31; V, 13, 2 = 153, 169; V, 19, 2 = 153, 251. – [20] III, 12, 13 = SC 211, 236; IV, 33, 1 = 100, 802; IV, 28, 2 = 100, 758; IV, 33, 7 = 100, 818. – [21] IV, 33, 10 = SC 100, 824; IV, 31, 1 = 100, 788. – [22] IV, 20, 8. 10f. = SC 100, 652. 656. 660; IV, 21, 3 = 100, 684. – [23] III, 16, 6 = SC 211, 312; III, 23, 1 = 211, 444. – [24] III, 1, 1 = SC 211, 20; III, 13, 1 = 211, 252; III, 18, 2 = 211, 344; III, 22, 3 = 211, 438; IV, prol. 4 = 100, 390. – [25] V, 20, 2 = SC 153, 260; V, 23, 2 = 153, 290. – [26] III, 16, 3 = SC 211, 300; III, 17, 4 = 211, 338; V, 14, 2 = 153, 188; V, 20, 1 = 153, 254. – [27] III, 18, 5 = SC 211, 354; IV, 5, 5 = 100, 434; V, 17, 4 = 153, 232. – [28] I, 10, 1 = SC 264, 154; IV, 23, 1f. = 100, 694. 696; IV, 26, 1 = 100, 714; V, 19, 2 = 153, 252. – [29] III, 10, 5 = SC 211, 134; vgl. III, 10, 2 = 211, 120. – [30] IV, 37, 7 = SC 100, 942. – [31] Epid. 47, hg. L. M. FROIDEVAUX. SC 62 (Paris 1959) 106. – [32] TERTULLIAN, Adv. Prax. II, 1. Corpus christ. ser. lat. (= CCSL) 2, 1160. – [33] a.O. III, 1; IV, 2; IX, 1. 3; XIII, 5f.; XIX, 8; XXIII, 4; XXX, 5. CCSL 2, 1161. 1163. 1168f. 1175. 1185. 1192. 1204. – [34] VIII, 7. CCSL 2, 1168. – [35] Adv. Marc. II, 27, 3; V, 2, 4; V, 9, 13; V, 12, 8. CCSL 1, 506. 666. 691. 701; De carne Christi XVII, 3; XVIII, 3. CCSL 2, 904f. – [36] Adv. Marc. I, 2, 3; III, 15, 2f.; III, 20, 2; IV, 1, 3; V, 4, 8; V, 14, 7. CCSL 1, 443. 527. 535. 545. 678. 706. – [37] HIPPOLYT, C. Noet. 14; vgl. 3. 4. 8. MPG 10, 821. 808. 816. – [38] NOVATIAN, De Trin. 15. 27. MPL 3, 941. 966; vgl. auch SABELLIUS, bei EPIPHANIUS, Haer. LXII, 1. MPG 41, 1051. – [39] CLEMENS VON ALEXANDRIEN, Strom. I, 52, 3; 94, 1; 85, 5; II, 4, 3; III, 63, 2; 64, 2; 82, 5; 97, 1; IV, 29, 1; 37, 1; 148, 2; VI, 45, 6; 102, 1; 148, 2; VII, 5, 6; 3, 4; 42, 7; 73, 4; 83, 1f. Werke, hg. O. STÄHLIN (1905-36) 2, 34. 60. 55. 115. 225. 234. 240. 261. 264. 314. 454. 483. 508; 3, 6. 4. 32. 52. 59. – [40] Paed. I, 3, 3. Werke 1, 91; vgl. Paed. I, 74, 3; III, 99, 1, a.O. 1, 133. 290; Strom. VII, 53, 5; Quis div. XXXVI, 2, a.O. 3, 40. 183. – [41] Paed. I, 70, 1; I, 89, 1. Werke 1, 130. 142; Strom. I, 160, 5; VII, 72, 6, a.O. 2, 101; 3, 52. – [42] Protr. IV, 59, 3. Werke 1, 46; Strom. I, 52, 2; II, 20, 2; 99, 3; III, 103, 3; V, 6, 2; 39, 2; 55, 3; 108, 2; 134, 3; VI, 47, 1; 124, 3; 127, 1; 123, 2; 141, 4, a.O. 2, 34. 123. 167. 243. 329. 353. 363. 398. 417. 455. 494. 496. 503. – [43] ORIGENES, Com. in Joh. VI, 44. Werke, hg. P. KOETSCHAU (1899-1919) 4, 153f.; vgl. C. Cels. IV, 8f. Werke 1, 280. – [44] C. Cels. VI, 80; V, 50. Werke 2, 152. 54. – [45] Hom. in Luk. 6. 14; Com. in Matth. XVI, 13. 20; XVII, 19f. Werke 9, 35f. 83; 10, 515. 544. 638. 641; Com. in Joh. VI, 4; II, 34, 11; X, 16. 20; XIII, 30; XXVIII, 13; XXXII, 8. 23. 25. 31, a.O. 4, 92. 66. 112. 187. 191. 255. 405. 437. 466. 470. 479; Hom. in Jerem. XV, 4, a.O. 3, 128; C. Cels. II, 9. 16, a.O. 1, 136. 145; De princ. I, 2, 1; IV, 2, 4, a.O. 5, 28. 313; Hom. in Jes. XXIII, 3. MPG 12, 937. – [46] De princ. I, 4, 3; III, 1, 14; vgl. I, 6, 2; II, 11, 6; IV, 2, 2. Werke 5, 66. 220. 81. 189. 309; C. Cels. II, 76; IV, 69, a.O. 1, 199. 339. – [47] De princ. III, 5, 5f. 8. Werke 5, 275f. 279. – [48] Hom. in Jerem. XX, 2; vgl. XVIII, 5. Werke 3, 178. 155. – [49] C. Cels. IV, 14. Werke 1, 284. – [50] CLEMENS VON ALEXANDRIEN, Exc. ex Theod. XXXIII, 3; LVIII, 1, hg. F. SAGNARD (Paris 1948) 132. 176; vgl. ähnlich für VALENTINIAN: IRENÄUS, Adv. haer. I, 11, 1, hg. A. ROUSSEAU = SC 264, 168/170. – [51] PTOLEMÄUS bei IRENÄUS, Adv. haer. I, 6, 1; 7, 2 = SC 264, 92. 105f.; vgl. I, 9, 3 = SC 264, 145; III, 10, 4; 11, 3; 16, 1; 17, 1 = SC 211, 127. 147. 287/289. 329. – [52] a.O. I, 7, 4 = SC 264, 109; III, 11, 2 = SC 211, 144. – [53] MARKUS bei IRENÄUS, a.O. I, 14, 6 = SC 264, 224f.; vgl. MARKUS bei HIPPOLYT, Ref. om. haer. Werke 3, hg. P. WENDLAND (1916) 179. – [54] MARKUS bei IRENÄUS, a.O. I, 14, 7. 9 = SC 264, 227f. 232; I, 16, 2 = 264, 259; MARKUS bei HIPPOLYT, a.O. [53] VI, 52, 9. Werke 3, 186. – [55] IRENÄUS, a.O. I, 15, 2f. = SC 264, 241f. 244. – [56] HERAKLEON bei ORIGENES, Com. in Joh. VI, 23; X, 9; XIII, 49, in: A. HILGENFELD: Die Ketzergesch. des Urchristentums (1884, ND 1963) 478-480. 492 (Frg. 7. 9. 34). – [57] Pistis Sophia, kopt.-engl. hg. C. SCHMIDT/ V. MACDERMOT (Leiden 1978) 222f. 227f. 243. 249. 284. 335; dagegen οἰ. als Amt der Engel, Mächte u.ä.: 195. 198. 289. 345. – [58] GREGOR VON NYSSA, MPG 45, 126; vgl. METHODIUS, MPG 18, 244; EUNONIUS, MPG 30, 864; MAXIMUS CONFESSOR, MPG 90, 801. – [59] EUSEBIUS, MPG 20, 420. 664. 1509; CYRILL VON ALEXANDRIEN, MPG 77, 496. – [60] GREGOR VON NYSSA, MPG 45, 85. 100; EPIPHANIUS, MPG 42, 505. 828. – [61] EPIPHANIUS, MPG 41, 744; 42, 268. 292. 309. 736; JOHANNES CHRYSOSTOMUS, MPG 57, 467; PROCLUS VON KONSTANTINOPEL, MPG 65, 685. 697; DIDYMUS VON ALEXANDRIEN, MPG 39, 328; EUSEBIUS, MPG 22, 592. 785; ALEXANDER VON ALEXANDRIEN, MPG 18, 549; BASILIUS, MPG 29, 400; GREGOR VON NAZIANZ, MPG 36, 444; GREGOR VON NYSSA, MPG 45, 137; EUSEBIUS, MPG 20, 868; CYRILL VON ALEXANDRIEN, MPG 76, 1368f. 1373. 1380. – [62] ATHANASIUS, MPG 25, 541; 26, 133. 169. GREGOR VON NAZIANZ, MPG 36, 97; JOHANNES CHRYSOSTOMUS, MPG 73, 149; MAXIMUS CONFESSOR, MPG 91, 40. 524; EUSEBIUS, MPG 20,

49; 24, 836. 852; HIERONYMUS, MPL 22, 744. – [63] Vgl. bereits ORIGENES, In Jerem. hom. XVIII, 6. Werke, a.O. [43] 3, 158; dann: THEODORET, MPG 81, 120; 82, 708; 83, 149. 153; GREGOR VON NAZIANZ, MPG 36, 320; MAXIMUS CONFESSOR, MPG 91, 348; EUSEBIUS, MPG 20, 52; BASILIUS, MPG 29, 577; CYRILL VON ALEXANDRIEN, MPG 73, 149; PROKOP, MPG 87, 1540; JOHANNES DAMASCENUS, MPG 94, 792. 1052; vgl. K. DUCHATELEZ: La notion d'économie et ses richesses théol. Nouv. Rev. théol. 92 (1970) 283f. – [64] THEODOT VON ANCYRA, MPG 77, 1389. – [65] Zahlreiche Belege bei H. THURN: Oikonomia von der frühbyzant. Zeit bis zum Bilderstreit (Diss. München 1961). – [66] a.O. [12]. – [67] Vgl. DUCHATELEZ, a.O. [63] 285-291 mit Belegen; A. MICHEL: Humbert und Kerullarios 2 (1930) 173. – [68] Vgl. H. S. ALIBIZATOS: Ἡ οἰ. κατὰ τὸ κανονικὸν δίκαιον τῆς ὀρθοδόξου ἐκκλησίας (Athen 1949). – [69] AUGUSTINUS, De civ. Dei I, 24; Enarr. in psalm. CXXXIV, 23. MPL 37, 1753f.; Ep. CXXXVII, 15, hg. I. GOLDBACHER. CSEL 44, 118; FAUSTUS bei AUGUSTINUS, C. Faust. XXVI, 1. MPL 42, 479; MAXIMUS TAURINENSIS, MPL 48, 248; EUSTATHIUS, MPL 53, 933; MARIUS MERCATOR, MPL 48, 214; PRISCILLIANUS, hg. G. SCHEPPS. CSEL 18, 62f.; ENNODIUS, hg. G. HARTEL. CSEL 6, 67. 167. 359. 416; FIRMICUS, hg. C. HALM. CSEL 2, 89. 111. 113; LACTANTIUS, hg. S. BRANDT. CSEL 19, 170. 585; HIERONYMUS, hg. I. HILBERG. CSEL 54, 283. 397; HILARIUS VON POITIERS, MPL 9, 941f.; 10, 136. – [70] LACTANTIUS, CSEL 27, 24. – [71] AUGUSTINUS, De civ. Dei XI, 1; XVIII, 42; Gen. ad lit. V, 22, 43; De doc. christ. III, 34, 49; AMBROSIUS, hg. C. SCHENKL. CSEL 32/1, 542. 591; LACTANTIUS, CSEL 19, 7. 593. 596; SALVIANUS, hg. F. PAULY. CSEL 8, 32. – [72] GREGOR D. GR., MPL 75 687. 1158; HIERONYMUS, MPL 26, 242; EVODIUS, Ep. ad Valentinum. Rev. bénédict. 18 (1901) 255; PHOEBADIUS, MPL 20, 19; HILARIUS VON POITIERS, MPL 10, 45. – [73] GREGOR D. GR., MPL 75, 594; AUGUSTINUS, MPL 32, 1324. – [74] CASSIANUS, hg. M. PETSCHENIG. CSEL 13, 25; vgl. GREGOR D. GR., MPL 76, 521. – [75] HILARIUS VON POITIERS, MPL 10, 66. 182; AMBROSIUS, MPL 15, 1659. 1671. 1674. 1678; RUFINUS, MPL 21, 348; HIERONYMUS, MPL 24, 335; 25, 434; hg. I. HILBERG. CSEL 54, 122; FILASTRIUS, hg. F. MARX. CSEL 38, 47; CASSIANUS, a.O. 25; AUGUSTINUS, De civ. Dei XVII, 10; Div. quaest. LXIX, 9. MPL 40, 78; Ep. CXXXVI, 1, hg. I. GOLDBACHER. CSEL 44, 94. – [76] LEO D. GR., MPL 54, 1067; LACTANTIUS, a.O. [69] 292; FILASTRIUS, a.O. 16; HILARIUS VON POITIERS, MPL 10, 323. – [77] LACTANTIUS, a.O. [69] 301. – [78] AUGUSTINUS, De vera rel. VII, 13; vgl. X, 19; XXVI, 48; LV, 110; De civ. Dei XI, 2; vgl. W. WIELAND: Offenbarung bei Augustinus (1978) 275ff. – [79] PAULUS OROSIUS, Hist. adv. pag. II, 1, hg. C. ZANGEMEISTER. CSEL 5, 81. – [80] ANSELM VON HAVELBERG, Dialogi I, 5. 10. MPL 188, 1147. 1157. – [81] ANSELM VON LAON bzw. dessen Schule, Sententiae div. pag., hg. F. BLIEMETZRIEDER (1919) 63f. – [82] HUGO VON ST. VIKTOR, De sacramentis I, 2, 20; I, 5, 29. MPL 176, 213. 260. – [83] THOMAS VON AQUIN, S. c. gent. III, 96f.; vgl. BONAVENTURA, Sent. I, d. 40, a. 3, q. 1. Opera omnia (Quaracchi 1882-1902) 1, 715. – [84] THOMAS VON AQUIN, a.O. III, 97. – [85] Vgl. z. B. L. SCHEFFCZYK: Die heilsökonom. Trinitätslehre des Rupert von Deutz, in: Kirche und Überlieferung, hg. J. BETZ/H. FRIES (1960) 90-118. – [86] OTTO VON FREISING, Chronica sive de duabus civitatibus VII, praef., hg. W. LAMMERS (1961) 494; RUPERT VON DEUTZ, De sancta trinitate et operibus eius XLII, 2, hg. H. HAACKE (1971/72) 2101: «consideremus admirandum operum Dei dispositionem». – [87] JOACHIM VON FIORE: Concordia Novi ac Veteris Testamenti (Venedig 1519, ND 1964) fol. a 2v. – [88] J. DE LA BRUYÈRE: Les caractères. Des esprits forts 43. De quelques usages 68, hg. R. GARAPON (Paris 1962) 479. 437; F. DE LA ROCHEFOUCAULD: Maximes 159. Oeuvres compl., hg. L. MARTIN-CHAUFFIER (Paris 1964) 424; B. PASCAL, Pensées Nr. 294, hg. L. BRUNSCHVICG; R. CUDWORTH: The true intellectual system of the universe (London 1678, ND 1964) 880; J. TAYLOR: The worthy communicant (London 1660) 28. – [89] J.-B. MASSILLON: Sermons pour le carême, Second dimanche: Sur le danger des prospérités tempor. Oeuvres (Besançon 1822) 3, 26f. – [90] J. CALVIN, Inst. rel. christ. II, 10, 20. – [91] Com. in Gal. IV, 1. Corpus Reform. 78, 225. – [92] A. HEIDANUS: Corpus theol. christ. (1686) 2, 3ff.; J. BRAUN: Doctrina foederum (²1691) 414. 279; B. PICTET: Theol. christ. (1696) 642ff.; J. H. HEIDEGGER: Medulla theol. Christ. (1696); H. WITSIUS: De oe. foederum Dei (²1685); W. MOMMA: De varia conditione & statu ecclesiae Dei sub triplici

oe. (1698); J. COCCEJUS: Summa doctrinae de foedere et testamento Dei (⁶1703) c. Xf.; L. RIISSEN: Summa theol. didactico-elencticae (1703) 279; J. H. MAJUS: Oe. temporum novi testamenti (1708); J. W. PETERSEN: Jesus Christus ... nach seinen vielfältigen Oe. (1721); J. F. BUDDEUS: Compendium inst. theol. christ. (1748) 456f. – [93] A. HEIDANUS, a.O.; N. VON ZINZENDORF zit. bei O. UTTENDÖRFER: Zinzendorfs Weltbetrachtung (1929) 79; S. BAUMGARTEN, Vorrede zu G. ARNOLD: Wahre Abbildung der ersten Christen (⁶1740); G. B. BILFINGER: Varia in fasciculos collecta (1743) 2, 229. – [94] z. B. bei C. VITRINGA: Anakrisis Joannis Apostoli (1705). – [95] P. POIRET: L'économie divine ... (Amsterdam 1687); Oe. divinae libri sex (1705, ²1728) 1, 732; vgl. zum ganzen E. BUSCH: Der Beitrag und Ertrag der Föderaltheol. für ein gesch. Verständnis der Offenbarung, in: Oikonomia ..., hg. F. CHRIST, O. Cullmann zum 65. Geb. (1967) 171-190; G. SCHRENK: Gottesreich und Bund im älteren Protestantismus (1923) 300-307. 313f. 317. – [96] J. A. BENGEL: Weltalter (1746) 1; vgl. bereits Bengels Lehrer J. CHR. PFAFF: De fine oe. Christi (1713); J. W. JÄGER: Compendium theol. positivae (1702). – [97] BENGEL: Ordo temporum a principio per periodos oe. divinae historicas atque propheticas ad finem usque (1741, ²1770); vgl. CHR. A. CRUSIUS: Hypomnemata ad theologiam propheticam (1764); vgl. M. BRECHT: J. A. Bengels Theol. der Schrift. Z. Theol. Kirche 64 (1967) 111-116. – [98] J. S. SEMLER: Neue Versuche die Kirchenhistorie der ersten Jh. mehr aufzuklären (1788) 4. 9; zur Untersuchung der patrist. Akkommodationstheorie im 18. Jh. vgl. K. GRÜNDER: Figur und Gesch. (1958) 64f. – [99] F. CH. OETINGER: Theol. ex idea vitae deducta (1765) 18. 238, hg. K. OHLY (1979) 1, 80. 158; Die Met. in Connexion mit der Chemie (1771) 28; vgl. R. PIEPMEIER: Aporien des Lebensbegriffs seit Oetinger (1978) 45f. 84. – [100] G. E. LESSING: Die Erzieh. des Menschengeschl. §§ 5. 88. Werke, hg. G. GÖPFERT (1970-79) 8, 490. 508. – [101] J. G. HAMANN, Werke, hg. J. NADLER (1949-57) 3, 27; 1, 36; 3, 145f.; vgl. 3, 213. – [102] Br. an F. H. Jacobi vom 1. 1. 1786. Briefwechsel 6 (1975) 209; vgl. K. GRÜNDER, a.O. [98] 89. – [103] J. G. HERDER, Sämtl. Werke, hg. B. SUPHAN (1877-1913, ND 1967/68) 7, 54; 13, 374. – [104] a.O. 7, 116. – [105] TH. WIZENMANN: Die Gesch. Jesu nach Matthäus, hg. C. A. AUBERLEN (1864) 290f. 341. 347. 353f. – [106] CH. BONNET: Contemplation de la nature VI, 1. Coll. compl. des œuvres (Neuchâtel 1779-83) 4/1, 193; dtsch.: Betrachtung über die Natur, hg. J. D. TITIUS (1789-90) 1, 290; La palingénésie philos., Avertiss.: IV, 3. Oeuvres 7, 113. 375ff. – [107] F. J. MOLITOR: Philos. der Gesch. oder über die Tradition (1827-53) 1, 105. 125; 2, 1. – [108] F. W. J. SCHELLING, Sämtl. Werke, hg. K. F. A. SCHELLING (1856-61) 14, 30. 11. 333. 340. – [109] Die Weltalter, hg. M. SCHRÖTER (1946) 230. 249; zu F. VON BAADER vgl. Sämtl. Werke (1850-90, ND 1963) 12, 191. 220. – [110] G. W. F. HEGEL: Vorles. über die Philos. der Weltgesch., hg. J. HOFFMEISTER 1 (1968) 77f. – [111] H. M. CHALYBÄUS: Philos. der Gesch. und Gesch. der Philos. Z. Philos. spekul. Theol. 1 (1837) 34. – [112] I. H. FICHTE: Die Seelenfortdauer und die Weltstellung des Menschen (1867) 372ff. – [113] M. HESS: Die heilige Gesch. der Menschheit (1837). Philos. und sozialist. Schr., hg. A. CORNU/W. MÖNKE (1961) 57f.; vgl. 113. – [114] O. CULLMANN: Christus und die Zeit (1946); Heil als Gesch. (1965); vgl. die Beiträge in: Oikonomia, a.O. [95].

Literaturhinweise. A. D'ALÈS: Le mot oikonomia dans la langue théol. de Saint-Irénée. Rech. Et. grecques 32 (1919) 1-9. – TH. L. VERHOEVEN: Studien over Tertullianus' Adversus Praxean (Amsterdam 1948). – I. BRANDT: Die Gesch. des Wortes 'économie' (Diss. Masch.schr. Leipzig 1950). – O. LILLGE: Das patrist. Wort οἰ., seine Gesch. und seine Bedeutung bis auf Origenes (Diss. Masch.schr. Erlangen 1955). – M. WIDMANN: Der Begriff οἰ. im Werk des Irenäus und seine Vorgesch. (Diss. Masch.schr. Tübingen 1956). – J. REUMANN: The use of oikonomia and related terms in Greek sources to about A.D. 100 (Diss. Univ. of Pennsylvania 1957); «Stewards of God». Pre-christian religious applic. of Oikonomos in Greek. J. biblical Studies 77 (1958) 339-349; Oikonomia = 'Covenant', terms for 'Heilsgesch.' in early christian usage. Novum Test. 3 (1959) 282-292. – R. A. MARKUS: Trinitarian theol. and the economy. J. theol. Studies NS 9 (1958) 89-102. – H. THURN s. Anm. [65]. – K. DUCHATELEZ s. Anm. [63]. – O. MICHEL, Art. οἰ., in: Theol. Wb. zum NT, hg. G. KITTEL 6 (1959) 154f. – W. JAESCHKE: Die Suche nach den eschatolog. Wurzeln der Gesch.philos. (1976) 225ff. 262ff.   U. DIERSE

Ökonomie, politische (griech. οἰκονομία πολιτική, lat. oeconomia politica, ital. economia politica, frz. économie politique, engl. political economy). Der Begriff ‹p.Ö.› ist antiken Ursprungs und war bereits im Hellenismus als spezifische terminologische Bezeichnung für die Wirtschafts- und Haushaltungspolitik des griechischen Stadtstaates gebräuchlich. Vermittelt über die lateinischen Aristoteles-Übersetzungen des 13. und 14. Jh., wird er im Zeitalter des Absolutismus in den einzelnen europäischen Nationalsprachen zunächst zur Kennzeichnung des Staatshaushalts des Landesfürsten und der staatswirtschaftlichen Rahmenbedingungen der entstehenden Volkswirtschaften übernommen. Seit der zweiten Hälfte des 18. Jh. wird ‹p.Ö.› schließlich zunehmend zum Inbegriff der modernen, dem Liberalismus sich verpflichtet fühlenden Wirtschaftswissenschaften, die im Gegensatz zur Tradition der alteuropäischen Ökonomik nicht mehr die Verfassung des 'ganzen Hauses' oder ausschließlich den engeren Bereich der 'Staatswirtschaft', sondern nun vor allem die auf den Markt bezogenen wirtschaftlichen Aktivitäten der nationalstaatlich organisierten Volkswirtschaften zum Gegenstand haben [1].

Gleichwohl entzieht sich der geschichtliche Sinn dieser Wortverbindung, wenn allein ihre Verwendungsweise im Rahmen der auf SMITH und RICARDO Bezug nehmenden Tradition des Wirtschaftsliberalismus berücksichtigt wird. Denn die mit dieser Schulrichtung bekannt gewordene Definition der p.Ö. als einer Wissenschaft, welche sich mit den Entstehungsgründen, der Verteilung und der Reproduktion des Volksvermögens befaßt, konfligiert aufgrund ihres unpolitischen Selbstverständnisses mit dem Traditionszusammenhang, aus dem sie ihren eigenen Namen entlehnt. Aber ebensowenig wie diese auf dem Boden des bürgerlich-liberalen Gesellschaftsmodells entwickelte Bestimmung der p.Ö., die auf der Vorstellung einer von politischen Prozessen und Interventionen weitgehend freien Markt- und Verkehrswirtschaft beruht [2], noch den Sinn dieser Wortverbindung ausschöpfen oder gar erklären kann, hilft allein der Rekurs auf die aristotelische Tradition der praktischen Philosophie zur Klärung dieses Begriffs. Denn letztere schließt gerade eine Verbindung oder gar Identifizierung des Ökonomischen mit dem Politischen aus, weil die Hausgemeinschaft auf einem herrschaftlichen Verhältnis beruht und insofern der Monarchie gleichkommt, da jedes Haus von einem Einzigen regiert wird, die Verwaltungsangelegenheiten in der Polis dagegen durch freie, untereinander gleichgestellte Stadtbürger ausgeübt werden. Nur innerhalb der Betrachtung unterschiedlicher Regierungs- und Verfassungsformen räumt ARISTOTELES die Möglichkeit einer auf dem Königtum beruhenden 'Ökonomie des Staates' ein, wo einer über allem steht und wo ein einzelnes Volk oder einzelner Staat in den gemeinsamen Dingen nach der Art einer Hausverwaltung regiert wird; denn «wie die Hausverwaltung eine Art von Königtum im Hause ist, so ist dieses Königtum die Verwaltung eines oder mehrerer Staaten und Völker» (ὥσπερ γὰρ ἡ οἰκονομικὴ βασιλεία τις οἰκίας ἐστίν, οὕτως ἡ βασιλεία πόλεως καὶ ἔθνους ἑνὸς ἢ πλειόνων οἰκονομία) [3].

Indessen ist der griechischen Antike die Vorstellung einer Annäherung oder gar Überschneidung zwischen dem Bereich des Ökonomischen und dem des Politischen nicht ganz so fremd gewesen, wie es die aristotelische Tradition der Dreiteilung der praktischen Philosophie in Ethik, Ökonomik und Politik nahezulegen scheint, vor deren Hintergrund das Auftauchen einer Wortverbindung wie der der ‹p.Ö.› schließlich notwendig als ein «contradiction in terms» erscheinen mußte [4]. Denn nicht nur bei PLATON findet sich noch die ältere Vorstellung, gegen die sich dann Aristoteles kritisch wendet: nämlich daß die Verwaltung des Hauses zugleich ein Vorbild für die 'Kunst' der Verwaltung eines Stadt-Staates sei [5]; sie kommt darüber hinaus auch in späteren Zeugnissen zum Ausdruck, welche zugleich den Übergang von der Haus-Wirtschaft zur Stadt- bzw. Staats-Wirtschaft im Gefolge des Hellenismus dokumentiert [6]. Daß aber spätestens zu dieser Zeit auch bereits der Begriff οἰκονομία πολιτική gebräuchlich war, zeigt nicht nur seine Verwendung in der ‹Rhetorik› des PHILODEMUS [7], sondern auch seine Erwähnung zu Beginn des zweiten Buchs der *pseudo-aristotelischen* ‹Ökonomik›. Im letzteren Falle liegt ihm hierbei zugleich die präzise Bedeutung einer 'Ö. der Stadt' bzw. 'des Staates' zugrunde, welche innerhalb einer Klassifikation unterschiedlicher Arten von 'Ö.' der eines Königreichs, der Satrapen und der eigentlichen 'Privat-Ö.' gegenübergestellt wird und in diesem Rahmen die staatswirtschaftliche Behandlung von Fragen der Besteuerung von landwirtschaftlichen Erzeugnissen und des Gebrauchs von Handelshäfen und Verkehrswegen als auch der Erwirtschaftung sonstiger öffentlicher Einnahmen des Stadtstaates zum Gegenstand hat: οἰκονομίαι δέ εἰσι τέσσαρες, ὡς ἐν τύπῳ διελέσθαι (...), βασιλική σατραπική πολιτική ἰδιωτική [8].

Ob die im 17. Jh. erfolgende Wiederaufnahme des Begriffs ‹p.Ö.› und seine Übertragung in die einzelnen westeuropäischen Nationalsprachen sich ausschließlich einer erneuten Rezeption des zweiten Buchs der pseudo-aristotelischen ‹Ökonomik› verdankt oder aber im Einzelfall auch als genuine sprachliche Neuschöpfung angesehen werden muß, ist nicht eindeutig geklärt. Fest steht jedoch, daß bereits im späten 13. Jh. eine lateinische Übersetzung dieses Buches angefertigt worden ist, welche später auch wieder in der großen lateinischen Aristoteles-Ausgabe von 1483 abgedruckt wurde [9]. Deshalb kann auch davon ausgegangen werden, daß spätestens seit diesem Zeitpunkt folgender Übersetzungsvorschlag für die pseudo-aristotelische Klassifikation der einzelnen Ökonomien bekannt gewesen ist: «Yconomie autem sunt quattuor, ut in typo dividi (...): regalis, satrapica, politica, ydiotica» [10]. So nimmt beispielsweise noch H. CONRING in seiner Schrift ‹De civili prudentia› (1662) den Begriff «oeconomia politica» unter direkter Bezugnahme auf dieses zweite Buch der pseudo-aristotelischen ‹Ökonomik› zur Bezeichnung für die Verwaltung der Finanzen eines fürstlichen Haushaltes auf [11]. Und auch W. v. SCHRÖDER erwähnt in seiner ‹Fürstlichen Schatz- und Rent-Cammer› (1686) noch die «oeconomia politica» (in Unterscheidung zur oeconomia rustica) [12]. In eben diesem Sinne setzt schließlich J. A. SCHLETTWEIN, welcher im Rahmen seiner Rezeption der physiokratischen Lehre wohl als erster den Ausdruck «p.Ö.» in die deutsche Sprache einführt, diese auch noch 1778 mit einer «Staatshaushaltswissenschaft» gleich [13].

Daß diese Wiederaufnahme des antiken Begriffs der p.Ö. im Widerspruch zur aristotelischen Tradition stehen könnte, in deren weiterem Bezugsrahmen sie erfolgt, ist zu diesem Zeitpunkt offenbar nicht als Problem empfunden worden. Eher ist davon auszugehen, daß diese Frühgestalt einer 'politischen Wirtschaftslehre' durch eine erneut erfolgende metaphorische Übertragung des 'hauswirtschaftlichen' Bezugsrahmens, wie er im ersten Buch der Aristotelischen ‹Politik› erörtert wird, auf die Belange des fürstlichen bzw. 'nationalen' Staatshaushalts der neuzeitlichen Territorialstaaten zusätzlich motiviert worden ist. Bemerkenswert ist auf jeden Fall, daß der Begriff ‹p.Ö.› bereits zu Beginn des 17. Jh. im französischen Sprachbereich nicht nur in der gleichen Bedeutung wie der Ausdruck ‹policie› bzw. ‹police› zur Kennzeichnung des politischen Gemeinwesens selbst gebraucht wurde [14], sondern daß er 1615 in dem ‹Traicté de l'œconomie politique› von A. DE MONTCHRESTIEN zum ersten Mal als Titel einer staatswirtschaftlichen Abhandlung Verwendung fand. Diese Abhandlung ist darüber hinaus deshalb von Bedeutung, weil Montchrestien mit ihr einen bewußten Bruch mit der Tradition der alteuropäischen Ökonomik im Sinne einer rein 'privatwirtschaftlichen' Haushaltslehre angestrebt und die von ihm erörterten wirtschaftswissenschaftlichen Fragestellungen in einen unmittelbaren politischen Kontext gestellt hat. Er wirft nämlich bezeichnenderweise Xenophon und Aristoteles vor, nicht erkannt zu haben, daß die Erwerbskunst für den Staat die gleiche Bedeutung wie für die häusliche Gemeinschaft hat und eine gutgeführte Hausverwaltung auch ein Vorbild für die Staatsverwaltung darstellt: «on peut fort à propos maintenir, contre l'opinion d'Aristote et de Xenophon, que l'on ne sçauroit diviser l'œconomie de la police sans desmembrer la partie principale de son Tout, et que la science d'acquerir des biens, qu'ils nomment ainsi, est commune aux republiques aussi bien qu'aux familles. De ma part, je ne puis que je ne m'estonne comme en leurs traitez politiques, d'ailleurs si diligemment escrits, ils ont oublié ceste mesnagerie publique, à quoy les necessités et charges de l'Estat obligent d'avoir principalement égard» [15].

Demgegenüber hat Montchrestien den Begriff des Ökonomischen nun definitiv im Hinblick auf die Betrachtung der Staatsverwaltung erweitert. Hierin ist auch die eigentliche Bedeutung der Wortverbindung 'p.Ö.' zu sehen, die im Gegensatz zur aristotelischen Tradition der alteuropäischen Ökonomik auf einem neuen, nun von der Politik ausgehenden Typus des wirtschaftlichen Denkens beruht, wie er seit den 'politischen Schriftstellern' des 16. und 17. Jh. gepflegt wurde. Diese mit juristischen und fiskalpolitischen Problemen beschäftigte 'Staatenkunde' bzw. 'Staatswissenschaft' steht am Beginn des merkantilistischen Zeitalters, dem bereits im 14. und 15. Jh. Untersuchungen über das Geld- und Münzwesen von ORESME, PETRARCA, CARAFA, ANTONIN u.a. vorausgegangen sind. In den politischen Traktaten von OSSE, OBRECHT, BESOLD, KLOCK, FAUST und H. CONRING wird nun der an die Stelle der ständisch-patrimonialen Gewalten getretene landesfürstliche Herrschaftsverband als ausschließlicher Bezugspunkt der juristisch-fiskalischen Überlegungen begriffen [16]. Während jedoch in dieser Frühzeit der Staatswirtschaft Sicherheits- und Wohlfahrtspolizei noch zusammengefaßt wurden, beschränkt sich MONTCHRESTIEN bereits sachlich auf die Erörterung der wirtschaftlichen Funktionen der Wohlfahrtspolizei, deren Aufgabe es ist, auf dem Gebiet des Manufakturwesens, des Handels und des Schiffahrtswesens zu intervenieren, um damit die Voraussetzungen für eine regelmäßige Erhebung von Steuern und Zöllen zum Zwecke der Bereicherung des Staatshaushalts zu garantieren. So behandelt er nicht nur das Manufakturwesen, Handel und Schiffahrt, sondern im 4. Buch auch die Pflichten und Regierungsaufgaben des Fürsten [17].

Diese Parallelisierung von Haus- und Staatsverwaltung und der Behandlung staats- und nationalwirtschaftlicher Fragestellungen ist kennzeichnend für die ganze ältere Richtung der p.Ö. bzw. «économie politique patronale» [18]. Charakteristisch ist nicht nur die Ausrichtung aller ökonomischen Fragestellungen auf die eudämonistische Wohlfahrtspolitik und den Machtzuwachs des Nationalstaates, sondern auch die Gleichsetzung der fürstlichen Regentschaft mit der Stellung eines Hauswirts und der nationalen Erwerbswirtschaft mit dem fürstlichen Haushalt. Nach dieser Auffassung ist die zunächst auf die «Camera», die «Schatz- und Rentkammer» des Fürsten und später auf die «Kommerzien» und die Stadt- und Landesökonomie ausgerichtete absolutistische Wirtschaftspflege selbst noch ein integrales Moment der Staatsverwaltung und als solches eben Teil der 'Politik'. Denn die politische Macht des merkantilistischen Staates hat die ökonomische Selbständigkeit der eigenen Territorial- und Nationalwirtschaft zu ihrer Voraussetzung, dem politischen Gleichgewicht des europäischen Staatensystems entspricht das ökonomische Gleichgewicht der Handelsbilanzen, das nicht nur den englischen Merkantilisten und französischen Wirtschaftspolitikern, sondern auch den deutschen und österreichischen Kameralisten allein durch eine restriktive Handelspolitik hinsichtlich der Einfuhr industrieller Fertigprodukte und der Ausfuhr von Rohstoffen und Edelmetallen gewährleistet erschien [19].

So begreift die im deutschsprachigen Raum entstehende «Oeconomische-, Policey- und Cameral-Wissenschaft», welche seit der 1727 erfolgten Einrichtung der Professur für «cameralia oeconomica und Policey-Sachen» unter Friedrich Wilhelm I. von Preußen in Halle langsam an die Stelle der alten «professiones Ethices vel Politices» tritt, den 'ökonomischen Staat' als ein um wirtschaftliche Wohlfahrt, Recht und Religion besorgtes 'väterliches' Regiment [20]. Diese Entwicklung der Staatswissenschaften führte an den deutschen Universitäten während des 18. Jh. zu einer Ersetzung der Fächertrias der praktischen Philosophie durch die kameralistischen Lehrdisziplinen, die neben der auf die Stadt- und Landwirtschaft erweiterten traditionellen Ökonomik nun die beiden politischen Fächer der Polizeiwissenschaft als einer Verbindung von Volkswirtschaftspolitik und Verwaltungslehre und die Kameralwissenschaft im engeren Sinne (Finanzwissenschaft) umfaßte [21]. Seit J. H. G. JUSTI [22] wurde für die Finanzwissenschaften auch der Ausdruck «Staatswirtschaft» gebräuchlich und in der Folgezeit im Gegensatz zur Entwicklung der Ö. in England und Frankreich von der eigentlichen Volkswirtschaftslehre getrennt. Daneben hat sich auch der Ausdruck «Staats-Ö.» eingebürgert [23] und wird nun der Landes- und Privat-Ö., später auch der National-Ö., gegenübergestellt [24].

ROUSSEAU, der in der traditionellen p.Ö. nur eine auf den Staat ausgeweitete «économie domestique» sieht (Le sens de ce terme a été dans la suite étendu au gouvernement de la grande famille, qui est l'état), lehnt in seinem Enzyklopädieartikel von 1755 diese Gleichsetzung von privater Haushaltung und Staatswirtschaft bereits entschieden ab. Seiner Auffassung zufolge umfaßt die «économie politique» (économie publique) neben einer nach wie vor eudämonistisch orientierten Theorie der Staats-Ö. und der öffentlichen Finanzen vor allem die Grundzüge einer organizistischen Regierungs- und Verwaltungslehre (l'économie publique ... que j'appelle *gouvernement*) [25]. Dagegen versuchen die französischen 'Physiokraten' bzw. 'économistes', wie sie sich selbst nannten, die p.Ö. als eine von etatistischen Bedeutungsgehalten befreite «science nouvelle» auf naturrechtlicher Grundlage neu zu entwickeln. Die von V. DE GOURNAY stammende und von F. QUESNAY übernommene Parole «Laissez faire, laissez passer» richtet sich dabei gegen die im Merkantilismus üblich gewesenen Handelsbeschränkungen, die staatlichen Auflagen sowie die Förderung von halbstaatlichen Wirtschaftsmonopolen und fordert die Staatsverwaltung auf, sich wirtschaftspolitischer Eingriffe soweit wie möglich zu enthalten. Denn nicht der staatliche Gesetzgeber 'gibt' die Gesetze, vielmehr sind diese ihm durch den «ordre naturel» vorgegeben. Dem «ordre positif» soll so keine weitere Funktion mehr zukommen, als die natürlichen Gesetze zu respektieren und als solche zu 'deklarieren' [26]. Im ‹Tableau économique› behandelt QUESNAY in Anlehnung an R. CANTILLON [27] die wirtschaftlichen Beziehungen zwischen den drei gesellschaftlichen Klassen der Landarbeiter und Pächter, der Grundeigentümer und der als ökonomisch 'unproduktiv' (sterile) empfundenen Berufsgruppe der Kaufleute, Handwerker und Fabrikanten, wobei weder die industrielle Produktion noch der Handel, sondern allein die Agrikultur als Quelle des Reichtums und des jährlichen «produit net» angesehen wird [28]. Diese als Stoßrichtung gegen das Merkantilsystem gedachte Lehre von der 'Herrschaft der Natur' (physis kratei) bringt so nicht nur die Vorstellung eines selbständigen wirtschaftlichen Kreislaufs zum Ausdruck, sondern begreift auch die ethischen, positivrechtlichen und politischen Verhaltensregeln in Abhängigkeit von der grundlegenden natürlichen Ordnung. P.Ö. wird so bei QUESNAY, DU PONT DE NEMOURS, MERCIER DE LA RIVIÈRE und MIRABEAU zur umfassenden «science de l'ordre naturel» [29].

In England ist es zuerst W. PETTY gewesen, der den Ausdruck ‹p.Ö.› bereits Ende des 17. Jh. für die spätere 'klassische' Gestalt der modernen Arbeitswertlehre reservierte. Seine eigentliche politische Wirtschaftslehre nennt Petty «political arithmetick», die als eine Art von Landeskunde im weitesten Sinne die wirtschaftspolitischen Entscheidungen einer Regierung erleichtern helfen soll [30]. Demgegenüber beinhalten die «political economies» ihm zufolge jenen Teil der politischen Landeskunde, welcher sich um den statistischen Vergleich der wirtschaftlichen Daten unterschiedlicher Grafschaften und Ländereien bemüht; dieser Vergleich setzt aber einen gemeinsamen Wertmaßstab für unterschiedliche ökonomische Daten voraus, um dessen Weiterentwicklung sich dann auch später die Arbeitswertlehre bemühen sollte: nämlich «how to make a par and equation between lands and labour, so as to express the value of any thing by either alone» [31].

Obgleich die englischen Merkantilisten aufgrund der im Unterschied zu Deutschland und Frankreich weniger herausragenden Stellung des Monarchen bzw. Landesfürsten bereits relativ früh den Standpunkt privatwirtschaftlicher, bald ausschließlich den National-, nicht mehr allein den Staatsreichtum betreffenden Interessen vertraten, lassen sich dennoch Spuren des alten Verständnisses von p.Ö. bis hin zu J. STEUART verfolgen, welcher den letzten und systematischsten Versuch einer theoretischen Darstellung des Merkantilsystems unternahm. Noch in dem gleichen Werk, mit dem er das Wort ‹p.Ö.› in England populär machte, das dort sehr bald zum Inbegriff der neuen liberalistischen Wirtschaftstheorie wurde, begreift er den Gegenstand seiner Untersuchungen in Analogie zum Haushalt: «What oeconomy is in a family, political oeconomy is in a state» [32]. Nur weist Steuart nun darauf hin, daß nicht nur innerhalb der häuslichen Ökonomie die 'gesetzgeberische' und die 'exekutive' Funktion voneinander unterschieden werden müssen, sondern daß auch der Staatsmann im Unterschied zum Hausherrn nicht mehr als «Herr» (lord), sondern nurmehr als «Diener» (steward) der in ihrer Eigengesetzlichkeit bereits ausdrücklich anerkannten Volkswirtschaft anzusehen ist: «... a family may be formed when and how a man pleases, and he may there establish what plan of oeconomy he thinks fit; but states are found formed, and the oeconomy of these depends upon a thousand circumstances. The statesman (...) is neither master to establish what oeconomy he pleases, or, in the exercise of his sublime authority, to overturn at will the established laws of it, let him be the most despotic monarch upon earth» [33]. Und selbst A. SMITH, der bereits auf eine Tradition ökonomischer Untersuchungen auf arbeitswerttheoretischer Grundlage zurückblicken kann, die den Kern seines eigenen theoretischen Systems bildet, hat sich zunächst noch gemäß der schottischen Tradition der Moralphilosophie in seinen Glasgower Vorlesungen an dem Schema der praktischen Philosophie mit ihrer Dreiteilung in Ethik, Rechtslehre und Politik orientiert [34]. Jedoch erscheint in den ‹Lectures› [35] die Ökonomie im Rahmen der Wohlfahrtspolizei (police), die selbst ein Teil der Rechts- und Staatslehre darstellt, während sein Lehrer F. HUTCHESON noch die alte, auf die Hausgemeinschaft bezogene Ö. als Teil der Politik abhandelte und die Betrachtungen über Preisbildung und Handel im Rahmen der Naturrechtslehre vortrug [36]. SMITH's Kenntnis der Bielfeldschen Polizeiwissenschaft erlaubte dagegen die Zusammenfassung volkswirtschaftlicher Fragestellungen unter dem Begriff der Wohlfahrtspolizei, die nach diesem Verständnis [37] nicht nur Sicherheit und Ordnung, sondern auch Preiswohlfeilheit zu garantieren hat: «Police is the second general division of jurisprudence. The name is French, and is originally derived from the Greek πολιτεία, which properly signified the policy of civil government, but now it only means the regulation of the inferior parts of government, viz. cleanliness, security, and cheapness or plenty» [38].

Erst mit den 1776 erschienenen ‹Wealth of nations› hat SMITH sich entschlossen, die p.Ö. als Teil der «Wissenschaft eines Staatsmannes und Gesetzgebers» in Form eines selbständigen Zweigs der Moralphilosophie darzustellen [39]. An seiner Definition dieser Wissenschaft zu Beginn des 4. Buches zeigt sich, wie sehr auch er noch dem traditionellen politischen Bezugsrahmen verpflichtet ist: «Political oeconomy considered as a branch of the science of a statesman or legislator proposes two distinct objects. ... It proposes to enrich both the people and the sovereign» [40]. So muß auch für die von Smith entwickelte Theorie des Volksvermögens die 'Politik' als Ausgangspunkt angesehen werden; nicht nur identifiziert er noch in traditioneller Weise Reichtum mit Macht [41], auch nehmen seine staatswirtschaftlichen Untersuchungen, welche im Unterschied zur Analyse der Entstehungsgründe und der Verteilung des volkswirtschaftlichen Reichtums (revenue) die Sicherheits- und Wohlfahrtspolizei, d. h. Rechts-, Unterrichts- und Wirtschaftspflege auch das Militärwesen behandeln, den gesamten Raum des umfangreichen 5. Buchs der ‹Wealth of nations› ein.

Erst D. RICARDO sieht in der p.Ö. eine rein positiv verfahrende naturgesetzliche Wissenschaft, die von sämtlichen politischen und naturrechtlichen Konnotationen freizuhalten ist. Aufschlußreich für das Selbstverständnis der ökonomischen Theorie in England und Frankreich während des ganzen 19. Jh. ist eine gegen SMITH und TH. R. MALTHUS gerichtete Briefstelle, in der er für die Trennung der aus der Moraltheologie und der neuzeitlichen

Naturrechtslehre stammenden ökonomischen Werttheorie und der Betrachtung von Marktpreisbildungs- und Verteilungsprozessen plädiert: «Political economy you think is an enquiry into the nature and causes of wealth: I think it should rather be called an enquiry into the laws which determine the division of the produce of industry amongst the classes who concur in its formation» [42]. Wie sehr sich dieses Verständnis der p.Ö. nicht nur von ihrem geschichtlichen Ursprung, sondern auch bereits von dem Selbstverständnis der Physiokraten entfernt hat, zeigt DU PONT DE NEMOURS Kritik an J.-B. SAY [43], einem französischen Adepten von A. Smith: «Vous avez trop rétréci la carrière de l'économie politique en ne la traitant que comme la *science des richesses*. Elle est la *science du droit naturel* appliqué, comme il doit l'être, aux sociétés. ... Mais l'économie politique est celle de la *justice éclairée* dans toutes les relations sociales intérieures et extérieures» [44].

Es liegt insofern in einer gewissen Konsequenz dieses Prozesses der zunehmenden 'Entpolitisierung' der Wirtschaftswissenschaften im 19. Jh. begründet, daß der Begriff ‹p.Ö.› vor allem im angelsächsischen Sprachbereich bald als irreführend empfunden wurde und schließlich durch den neutraleren Ausdruck ‹economics› ersetzt worden ist. Als erster schlug A. MARSHALL vor, den Ausdruck ‹p.Ö.› bewußt aufzugeben. Marshall identifiziert das Adjektiv 'politisch' bezeichnenderweise nämlich nur noch mit 'parteilich' und ist sich der geschichtlichen Herkunft der Wortverbindung 'p.Ö.' nicht mehr bewußt, obwohl er damit natürlich der sozialistischen Rezeption und Interpretation der klassischen p.Ö. durchaus gerecht wird und insofern deren Kritik am 'partikularen' Charakter der 'bürgerlichen' Ö. unterlaufen möchte [45]. Auch S. JEVONS sprach inzwischen im Vorwort zur zweiten Auflage seiner ‹Theory of political economy› von dem «old troublesome double-worded name of our science» und plädierte nun für eine Wiederaufnahme des unverfänglicheren und bereits von den französischen Physiokraten bevorzugten Ausdrucks ‹science économique› [46].

Dagegen wurde vor allem von deutschsprachigen Ökonomen im 19. Jh. am Begriff ‹politische Ö.› festgehalten, um ein jeweils spezifisches Verständnis des Verhältnisses zwischen Ö. und Politik zum Ausdruck zu bringen. Bereits die frühe deutsche Rezeption der Smithschen Lehre [47] unterscheidet sich von ihrer Vorlage durch die Trennung der 'reinen' Volkswirtschaftslehre von der Finanzwirtschaft und der Gewerbepolitik. Als Theorie des Volksvermögens tritt nun seit K. H. RAU [48] die 'National-Ö.' an die Stelle der alten Ö. innerhalb der kameralistischen Fächertrias, während die 'Volkswirtschaftspolitik' und die 'Finanzwissenschaft' als Erbe der alten Polizeiwissenschaft zur 'Staatswirtschaft' zusammengefaßt werden [49]. Als Gesamtbezeichnung für diese drei Einzeldisziplinen hat sich schließlich im 19. Jh. der Begriff ‹p.Ö.› eingebürgert, der so an die Stelle des älteren fächerübergreifenden Titel ‹Kameralwissenschaft› tritt [50].

In HEGELS ‹Rechtsphilosophie› kommt diese den eigenen Traditionszusammenhang berücksichtigende Modifikation zum Ausdruck. Im Unterschied zu dem Naturrechtsaufsatz von 1802/03, wo er selbst noch den Begriff ‹p.Ö.› gebrauchte [51], spricht er nun im Blick auf die Theorie von Smith, Say und Ricardo, die er als Voraussetzung für eine philosophische Analyse des «Systems der Bedürfnisse» ansieht, von «Staats-Ö.» [52]. Indem Hegel die «bürgerliche Gesellschaft» sowohl als «Differenz» zwischen der alten Hausverfassung und dem modernen Staat bestimmt, als auch der traditionellen Sicherheits- und Wohlfahrtspolizei eine vermittelnde Funktion in dem Verhältnis zwischen Gesellschaft und Staat zukommen läßt, versucht er zugleich auch die Einheit zwischen der traditionellen und der modernen p.Ö. zu denken [53]. MARX sieht dagegen in der modernen p.Ö. eine Wissenschaft, die nicht mehr durch den Bezug auf ihren geschichtlichen Ursprung, sondern allein durch eine «immanente Darstellung» repolitisiert werden kann. In Form des Nachweises ihrer Widersprüche wird Darstellung zugleich zur «Kritik» der p.Ö. [54]. Denn die einheitliche Betrachtung von Produktions- und Zirkulationsprozeß entlarvt die «apolitische» Form des Waren- und Kapitalverkehrs als naturgesetzlichen und rechtsstaatlichen «Schein» [55]. Indem die menschliche Arbeitskraft selbst als Ware auf dem Markt veräußert wird, erweist sich die kapitalmäßige Verfügung über fremde Arbeit und ihre Exploitation im Fabriksystem als eine «Macht», die im Gegensatz zur Anonymität des Marktes in der Gestalt des Kapitaleigentümers personifiziert erscheint [56] und sich in den Arbeitskämpfen auch politisch manifestiert [57].

Demgegenüber fordert M. WEBER in seiner Freiburger Antrittsvorlesung von 1895 eine nationalstaatliche Grundlegung der modernen Volkswirtschaftspolitik, die zugleich deren verschüttete außenpolitische Dimension wieder freilegen soll. Im Gegensatz zu dem stetig anwachsenden Chorus der «Wald- und Wiesen-Sozialpolitiker» seiner Zeit ist Weber sich nämlich sehr wohl bewußt, daß die Zukunft einer jeden nationalen p.Ö. nicht nur im Ausgang der innenpolitischen, sondern vor allem auch der außenpolitischen Machtkämpfe einer Nation begründet liegt: «*Macht*kämpfe sind in letzter Linie auch die ökonomischen Entwicklungsprozesse, die *Macht*interessen der Nation sind, wo sie in Frage gestellt sind, die letzten und entscheidenden Interessen, in deren Dienst ihre Wirtschaftspolitik sich zu stellen hat; die Wissenschaft von der Volkswirtschaft ist eine *politische* Wissenschaft. Sie ist eine Dienerin der Politik, nicht der Tagespolitik der jeweils herrschenden Machthaber und Klassen, sondern der dauernden machtpolitischen Interessen der Nation» [58].

Während nach J. BENTHAM [59] im 19. Jh. kaum weitere englische Ökonomen Fragen der Staatswirtschaft und der Wirtschaftspolitik thematisiert haben, wendet sich die p.Ö. in Deutschland im Gefolge der historischen Schule der Nationalökonomie und einer zunehmenden sozialpolitischen Absicherung des extensiven Wirtschaftswachstums seit der Reichsgründung nun explizit Problemen der politischen Lenkung des Wirtschaftsprozesses [60], des staatlichen Eigenverbrauchs [61] und den theoretischen Aporien einer auf Werturteile Bezug nehmenden Wissenschaft zu [62]. P.Ö. wird so schließlich zum Inbegriff einer sozioökonomischen und finanzpolitischen Entscheidungstheorie, die seit J. WICKSELLS grundlegenden Untersuchungen im 20. Jh. zur 'Wohlfahrts-Ö.' weiterentwickelt wurde [63]. Mit dem zunehmenden Zweifel an der wirtschafts- und gesellschaftspolitischen Relevanz einer wertfreien, 'reinen' Wissenschaft sind schließlich auch im angelsächsischen Bereich wieder Versuche unternommen worden, eine «Neue p.Ö.» [64] als Theorie sozioökonomischer Entscheidungssysteme [65] und als «ökonomische Theorie der Demokratie» [66] auszuarbeiten. Diese 'Neue p.Ö.' hat wie auch die aus der Weiterentwicklung der marxistischen Wirtschaftstheorie entstandene sowjetische «Polit-Ö.» [67] eine durch den Einbezug moderner mathematischer und kybernetischer Modelle erhoffte Entwicklung wirksamer staatswissenschaftlicher Planungs- und Lenkungsinstrumentarien zum Ziel. Durch Anwendung ökonometrischer Modelle der optimalen Allokation knapper Güter in der Analyse (wirtschafts-)politischer Entscheidungsprozesse, der Bestimmung gesamtgesellschaftlicher Zielfunktionen und der Untersuchung wohlfahrtspolitischer Verteilungsprobleme streben diese Ansätze den Status einer umfassenden «politischen Wirtschaftslehre» [68] an, welche die Optimalität des Markt- und Wettbewerbmechanismus nicht nur im Hinblick auf die Verteilung wirtschaftlicher Güter, sondern auch hinsichtlich der Organisation politischer Prozesse (Wahlen als Pendant zu Angebot- und Nachfragefunktionen) und verbandsinterner Entscheidungsprozesse (Verhandlungen als Tauschprozesse) postuliert [69]. Dieser optimistischen Beurteilung der Möglichkeit einer Übertragung des Markt-Preis-Modells und der ihm entsprechenden Methoden der Marginalanalyse auf politische Prozesse widerspricht jedoch eine weitverbreitete Kritik an den logischen Prämissen und der wirtschaftspolitischen Irrelevanz der herkömmlichen Preis- bzw. Gleichgewichtstheorie und der Wohlfahrts-Ö., wie sie am extremsten von der im Gefolge der internationalen Studentenbewegung von 1967–69 motivierten akademischen Wiederaufnahme der Marxschen Kapitalismuskritik und ihrer Weiterentwicklung zur «Radical Political Economics» vertreten wird [70].

Anmerkungen. [1] O. BRUNNER: Die alteuropäische 'Ökonomik'. Z. Nationalökonomik 13 (1950) 114-139. – [2] E. ANGERMANN: Das 'Auseinandertreten von Staat und Gesellschaft' im Denken des 18. Jh. Z. Politik 10 (1963) 89-101; K. LICHTBLAU: Theorie der bürg. Ges. (1978) 13-148. – [3] ARISTOTELES, Pol. III, 1285 b 31-33 (Übers. O. GIGON); vgl. G. BIEN: Die Grundlegung der pol. Philos. bei Aristoteles (1973) 269ff.; Art. ‹Haus›, in: HWP 3 (1974) 1007ff.; P. KOSLOWSKI: Haus und Geld. Philos. Jb. 86 (1979) 60-83. – [4] E. BARKER: The pol. thought of Plato and Aristotle (New York 1959) 357; G. BIEN: Art. ‹Haus›, a.O. [3] 1015. – [5] PLATON, Politicus 258 e-259 d; vgl. auch P. SPAHN: Oikos und Polis, Hist. Z. 231 (1980) 529-564. – [6] E. LAROCHE: Histoire de la racine NEM- en grec ancien (Paris 1949) 144-144; P. LANDVOGT: Epigraph. Unters. über den ΟΙΚΟΝΟΜΟΣ (Diss. 1908); M. ROSTOVTZEFF: The social & economic hist. of the Hell. world 1-3 (Oxford 1941) 1, 439ff. – [7] PHILODEMUS, Volumina Rhetorica, hg. S. SUDHAUS 1. 2 (1892/96) 2, 32, Col. XXXVI, 9. – [8] ARISTOTELES, Oec. II, 1345 b 11-14; siehe ferner B. NIEBUHR: Kleine hist. und philol. Schr. 1 (1828) 412-416; U. WILCKEN: Zu den Pseudo-Aristotelischen Oekonomika. Hermes 36 (1901) 187-200; P. SCHNEIDER: Das zweite Buch der Pseudo-Aristotelischen Oekonomica (Diss. 1907); E. v. STERN: Zur Wertung der Pseudo-Aristotelischen zweiten Oekonomik. Hermes 51 (1916) 423-440; H. ANDREADES: La première apparition de la science des finances, in: Economie pol. contemp. 3 (1939) 1-9; R. LAURENTI: Studi sull'economico attr. ad Aristotele (Mailand 1968). – [9] ARISTOTELES, Opera latine per ... NICOLETUM VERNIAM 3/2 (Venedig 1483). – [10] B. A. VAN GRONINGEN: Aristote. Le second livre de l'économique (Leiden 1933, ND 1979) 18; vgl. auch P. THILLET: Les Economiques d'Aristote. Rev. Et. grecques 82 (1969) 563-589. – [11] H. CONRING, Opera, hg. J. W. GOEBEL 3 (1730) 408. – [12] W. v. SCHRÖDER: Fürstliche Schatz- und Rent-Cammer (1686) cap. IV, § 3. – [13] J. A. SCHLETTWEIN: Die Grundfeste der Staaten, oder die Politische Ö. (1778) 5. – [14] L. MAYERNE-TURQUET: La monarchie aristodémocratique (Paris 1611) 558; vgl. J. E. KING: The origin of the term 'political economy'. J. mod. Hist. 20 (1948) 230f. – [15] A. DE MONTCHRESTIEN: Traicté de l'œconomie politique (Rouen 1615) 31f. – [16] J. GLASER: Anfänge der ökonomisch-pol. Wiss.en in Deutschland. Z. ges. Staatswiss. 10 (1854) 682-696. – [17] MONTCHRESTIEN, a.O. [15] 335-370. – [18] T. FUNCK-BRENTANO, L'économie politique patronale = Einl. zur Neu-A. von MONTCHRESTIEN, a.O. [15] (Paris 1930) I-CXVII. – [19] Obwohl polemisch, sehr aufschlußreich J. H. G. JUSTI: Die Chimäre des Gleichgewichts von Europa (1758); allgemein K. PRIBRAM: Die Idee des Gleichgewichts in der älteren nationalökon. Theorie. Z. Volkswirtschaft, Sozialpolitik und Verwaltung 17 (1908) 1-28. – [20] J. C. DITHMAR: Einl. in die Oeconomische-, Policey- und Cameral-Wiss.en (1731); S. P. GASSER: Einl. zu den Oeconomischen, Politischen und Cameral-Wiss. (1729); vgl. H. MAIER: Die Lehre der Politik an den dtsch. Universitäten, in: Wissenschaftl. Politik, hg. D. OBERNDÖRFER (1962) 59-116, bes. 92f. – [21] H. MAIER: Die ältere dtsch. Staats- und Verwaltungslehre (1966) bes. 230f. – [22] J. H. G. JUSTI: Staatswirtschaft oder systemat. Abh. aller Oeconomischen und Cameralwiss. (1755). – [23] P. HÖRNICK: Oesterreich über alles / wann es nur will. 13. Aufl. unter dem Titel Bemerkungen über österreichische Staats-Ö. (1784). – [24] W. T. KRUG: Art. ‹Oekonomik›, in: Handwb. der philos. Wiss. (³1833) 96. – [25] J.-J. ROUSSEAU: Art. ‹Economie ou Oeconomie (Morale et Politique)›, in: Encyclopédie 5 (Paris 1755) 337-349. – [26] F. QUESNAY: Maximes gén. du gouvernement économiques d'un royaume agricole (Versailles 1758). – [27] R. DE CANTILLON: Essai sur la nature du commerce en gén. (London 1755). – [28] F. QUESNAY: Tableau écon. (Versailles 1758). – [29] P.-S. DU PONT DE NEMOURS: Physiokratie, ou Constitution naturelle du gouvernement le plus avantageux aux humain (Leiden/Paris 1768); P.-P. LE MERCIER DE LA RIVIÈRE: L'ordre naturel et essentiel des soc. pol. (London/Paris 1767); V. R. DE MIRABEAU: La philos. rurale ou économie gén. et pol. de l'agriculture reduit à l'ordre immuable des lois phys. et mor. (Amsterdam 1763). – [30] W. PETTY: Pol. arithmetick (London 1690). – [31] The pol. anatomy of Ireland (London 1691) 63. – [32] J. STEUART: An inquiry into the principles of pol. oeconomy (London 1767); Neuaufl. hg. A. S. SKINNER 1 (London 1966) 16. – [33] ebda. – [34] W. HASBACH: Unters. über Adam Smith und die Entw. der p.Ö. (1891); H. MEDICK: Naturzustand und Naturgesch. der bürg. Ges. (1973) 180-189. 296-301. – [35] A. SMITH: Lectures on justice, police, revenue and arms, hg. E. CANNAN (Oxford 1896). – [36] F. HUTCHESON: Short introd. to moral philos. (Glasgow ⁴1772). – [37] J. BIELFELD: Institutions pol. 1-3 (Den Haag 1760). – [38] SMITH, a.O. [35] 154. – [39] An inquiry into the nature and causes of the wealth of nations (London 1776). – [40] a.O. Buch IV, S. 1. – [41] II, Kap. 5. – [42] D. RICARDO vgl. Letters of D. Ricardo to Th. R. Malthus, hg. J. BONAR (Oxford 1887) 175; vgl. auch D. RICARDO: On the principles of pol. economy and taxation (London 1817) Einl. – [43] J.-B. SAY: Traité d'économie pol. (Paris 1803). – [44] P.-S. DU PONT DE NEMOURS: Correspondance avec J.-B. Say, in: Physiocrates, hg. E. DAIRE 2 (Paris 1846) 397. – [45] A. und M. P. MARSHALL: The economics of industry (London 1879) 2. – [46] S. JEVONS: The theory of pol. economy (London 1871, ²1879, ⁴1911) XIV. – [47] W. REUE: Adam Smith in Deutschland, in: Deutschland und Europa. Festschr. H. ROTHFELS, hg. W. CONZE (1951) 101-133. – [48] K. H. RAU: Lehrb. der p.Ö. 1-3 (1826-32). – [49] H. DIETZEL: Staatswissenschaften, in: Die dtsch. Universitäten 1 (1893) 566-583; H. MAIER, a.O. [21] 230f. – [50] K. KNIES: Die p.Ö. vom geschichtl. Standpunkte (²1883) 1f. – [51] G. W. F. HEGEL: Über die wiss. Behandlungsarten des Naturrechts. Werke, hg. E. MOLDENHAUER/K. M. MICHEL (1969/70) 2, 482. – [52] Grundlinien der Philos. des Rechts § 189. – [53] a.O. § 231-249; M. RIEDEL: Bürg. Ges. und Staat (1970) 54-68; K. LICHTBLAU, a.O. [2] 119f. – [54] K. MARX: Br. über 'Das Kapital' (1954) 80. – [55] Grundrisse der Kritik der p.Ö. (1953) 151-211. – [56] Das Kapital 1. MEW 23, 189-191. – [57] a.O. 279-320; Das Kapital 3. MEW 25, 884-893. – [58] M. WEBER: Ges. pol. Schr. (³1971) 14. – [59] J. BENTHAM: Manual of pol. economy. Works 3 (ND New York 1962) 31-84. – [60] E. v. PHILIPPOWICH: Grundriß der p.Ö. (1892). – [61] A. WAGNER: Lehrb. der p.Ö. (1879f.). – [62] W. HASBACH: Zur Gesch. des Methodenstreites in der p.Ö. Jb. Gesetzgebung, Verwaltung und Volkswirtschaft 19 (1895) 465-490. 751-808; G. RITZEL: Schmoller versus Menger (1951). – [63] J. WICKSELL: Finanztheoret. Untersuchungen (1896). – [64] W. MITCHELL: The new pol. economy. Soc. Res. 35 (1968) 76-110. – [65] R. DAHL and C. LINDBLOM: Politics, economics and welfare (New York 1953). – [66] A. DOWNS: An econ. theory of democracy (New York 1957). – [67] O. LANGE: P.Ö. (1969); K. G. ZINN: Sozialist. Planwirtschaftstheorie (1971); W. BRUS: Funktionsprobleme der sozialist. Wirtschaft (1971). – [68] C. BÖHRET: Pol. Wirtschaftslehre, in: Festgabe für GERT VON EYNERN, hg. C. BÖHRET/D. GROSSER (1967) 11-35. – [69] P. HERDER-DORNREICH: Der Markt und seine Alternativen in der freien Ges. (1968); B. FREY: Die ökon. Theorie der Politik oder die neue p.Ö. Z. ges. Staatswiss. 126 (1970) 1-23; H. P. WIDMAIER (Hg.): P.Ö. des Wohlfahrtsstaates (1974); F. LEHNER und F. SCHNEIDER (Hg.): Einf. in die neue P.Ö. (1977); W. POMMEREHNE und B. FREY (Hg.): Neue P.Ö. (1977). – [70] J. G. GURLEY: The state of pol. economics. Amer. econ. Rev., Papers and Proc. 61 (1971) 53-63; E. K. HUNT und H. J. SHERMAN: Economics. An introd. to trad. and radical views (New York 1972); A. LINDBECK: Die p.Ö. der Neuen Linken (1973); M. BRAUN: Die 'radikale p.Ö.' in den USA. Wirtschaftswiss. 6 (1977) 870-886.

Literaturhinweise. A. BLANQUI: Hist. de l'économie pol. en Europe 1. 2 (Paris 1837-38). – J. G. GARNIER: De l'origine et de la filiation du mot économie pol. J. Economistes 32. 33 (1852) 300-316. 11-23. – F. TRINCHERA: Storia crit. dell'economia publ. (Neapel 1873). – W. HASBACH: Die allg. philos. Grundlagen der von François Quesnay und Adam Smith begründeten p.Ö. (1890). – J. BONAR: Philosophy and pol. economy (London 1893; ⁴1967). – A. ONCKEN: Gesch. der National-Ö. (1902). – E. CANNAN: A review of econ. theory (London 1929). – E. H. VOGEL: Das Wort Politik in der Wirtschaftswiss. Jb. Nationalök. Statistik 147 (1938) 257-299. – H.-D. MUNDORF: Der Ausdruck 'p.Ö.' und seine Gesch. (Diss. 1957). – R. LECKACHMAN: A hist. of econ. ideas (New York 1958). – F. BEHRENS: Die p.Ö. bis zur bürg. Klassik (1962). – G. MYRDAL: Das pol. Element in der nationalökon. Doktrinbildung (1963). – S. LANDSHUT: Kritik der Soziol. und andere Schr. zur Politik (1969) 131-175. – L. BRESS: P.Ö. – Gesch. und Kritik. Arch. Sozialgesch. 13 (1973) 511-573. – A. W. ANIKIN: Ökonomen aus drei Jh. (1974). – K. HEINEMANN: P.Ö. – Heute (1974). – H. DENIS: Gesch. der Wirtschaftstheorien (1974-75). – P. CAPITANI: La nascita dell'economia pol. (Turin 1975). – J. KUCZYNSKI: Geburt und Tod einer Wiss. (1975). – G. STOLLBERG: Zur Gesch. des Begriffs 'p.Ö.' Jb. Nationalökonomie Statistik 192 (1977) 1-35. – K. BRAUNREUTHER: Stud. zur Gesch. der p.Ö. und der Soziol. (1978). – F. RANCHETTI: La formazione della scienza econ. (Turin 1978). – K. LICHTBLAU: Die Politik der Diskurse (Diss. 1980) 120-145. K. LICHTBLAU

Ökosystem (engl. ecosystem, frz. système écologique) ist ein Zentralbegriff der Ökologie (s. d.). Er wurde 1935 von TANSLEY für das funktionelle Beziehungsgefüge der Lebewesen untereinander und mit ihrem Lebensraum eingeführt, um den Systemcharakter dieses Gefüges zu betonen [1]. Unter ‹System› wird jeder Komplex verstanden, dessen Komponenten in bestimmten Beziehungen zueinander stehen [2]. Äquivalente, teilweise ältere Bezeichnungen sind ‹Mikrokosmos› [3], ‹Holozän› [4] und ‹Biogeozönose› [5]. ‹Ö.› wird für Komplexe verschiedenster Größenordnungen verwendet. Man kann den gesamten belebten Bereich der Natur (Biosphäre) als Ö. ansehen, aber auch z. B. einen Wald oder einen Teil eines Waldes mit seinen Lebewesen. Alle Größenordnungen von Ö. sind offen, da Energie durch die Lebensprozesse ständig aus dem System als Wärme ausscheidet und letztlich durch die Lichtenergie der Sonne ersetzt werden muß. Die Hauptfunktion eines Ö. liegt im Kreislauf seiner Stoffe und dem damit verbundenen Energietransfer von einer Ernährungsgruppe der Organismen zur nächsten [6].

Anmerkungen. [1] A. G. TANSLEY: The use and abuse of vegetational concepts and terms. Ecology 16 (1935) 284-307. – [2] R. WOLTERECK: Grundzüge einer allg. Biol. (²1940). – [3] S. A. FORBES: The lake as a microcosm (1887), ND in: Illinois Natural Hist. Survey Bull. 15, art. 9 (1925) 537-550. – [4] K. FRIEDERICHS: Grundsätzliches über die Lebenseinheiten höherer Ordnung und den ökolog. Einheitsfaktor. Naturwissenschaften (1927) 153-157. 182-186. – [5] V. N. SUKACHEV: Biogeocoenology and phytocoenology, in: Doklady Akademii Nauk SSSR. N.S. C.R. (Doklady) de l'Acad. Sci. de l'URSS 47 (1945) 429-431. – [6] J. A. WIENS (Hg.): E. Structure and function (Oregon 1972). W. TISCHLER

Ökumene (griech. οἰκουμένη von οἰκέω, [be]wohnen) bedeutet ursprünglich 'die bewohnte Erde' (ἡ οἰκουμένη γῆ), 'die ganze Welt' [1], meint dann speziell die griechische Welt im Gegensatz zu derjenigen der Barbaren [2] und so schließlich das römische Reich, in dem besonders der Kaiser als Herr der οἰκουμένη (lat. des orbis terrae) bezeichnet wird (Nero als der gute δαίμων τῆς οἰκουμένης, Marcus Aurelius als ihr Wohltäter und Beschirmer, εὐεργέτης καὶ σωτὴρ τῆς ὅλης οἰκουμένης [3]). Im NT bedeutet οἰκουμένη [οἰ.] ebenfalls 'die ganze Welt'; in ihr wird das Evangelium gepredigt [4]. Bei LUKAS ist aber auch die römische Welt [5] oder allgemeiner die von satanischen Mächten beherrschte Welt [6], die das Gericht und die Apokalypse zu erwarten hat [7], gemeint, während an anderen Stellen οἰ. eher neutral 'den ganzen Erdkreis' im hellenistischen Sinn bedeutet [8]. So ist die οἰ. im NT das weltliche Reich, in dem das Evangelium verkündet wird, das aber der Verurteilung verfällt, wenn sie dieses nicht aufnehmen will [9]. Eine eindeutige Kritik am römischen Reich [10] ist mit dem Begriff οἰ. im NT wohl nicht beabsichtigt.

Die Kirchenväter nehmen den tradierten Sprachgebrauch auf [11]. Seit dem 2. Jh. wird dann die Beziehung der Kirche zur Ö. wichtig. Die Kirche ist über die ganze οἰ. verbreitet [12] und insofern katholisch. In sie ist Christus herabgestiegen, um die Sünden der οἰ. auf sich zu nehmen [13]; in ihr haben die Apostel das Evangelium verkündet [14]. ORIGENES spricht darüber hinaus auch von der οἰ. der Kirche Gottes, deren Bewohner von ihm geführt werden [15]: die neue οἰ. ist der durch das Evangelium geheiligte κόσμος [16]. In der Folgezeit kann die οἰ. mit der über den ganzen Erdkreis verbreiteten Kirche gleichgesetzt werden: Die in den Kirchen bleiben, sind die Bewohner der οἰ.; außerhalb der Kirche leben die ἔθναι (BASILIUS) [17]. Dies hat seine lateinische Parallele bei AMBROSIUS (denique quasi orbis terrarum dicitur ecclesia [18]) und AUGUSTINUS (ecclesia ... toto orbe diffusa [19]). Daneben erscheint der Begriff Ö. als Bezeichnung für die Allgemeinheit der Konzilien: diese werden «ökumenisch» genannt [20] und verstehen sich selbst als οἰκουμενικὸς σύνοδος [21]. Doch ist dies von der weltlichen Herrschaft über die οἰ. nicht immer zu trennen: Kaiser KONSTANTIN D. GR. fühlt sich für die durch Glaubensspaltung bedrohte Einheit der Kirche verantwortlich und beruft das Konzil von Nicäa ein, um den «Leib der ganzen Ö.» (τὸ τῆς κοινῆς οἰκουμένης σῶμα) zu heilen [22]. Der *einen* Herrschaft des Kaisers über alle Reiche der Welt (οἰ.) entspricht die *eine* katholische Kirche der οἰ. [23].

Der auf spätantike Vorbilder zurückgehende Titel διδάσκαλος τῆς οἰκουμένης (Lehrer der Ö.) war im byzantinischen Reich für die auf die offizielle theologische, aber auch juristische Lehre verpflichteten und sie garantierenden Lehrer gebräuchlich (so noch bis ins Mittelalter für den Rektor der Universität von Konstantinopel) [24]. So können auch Kirchenväter wie Basilius d. Gr. u. a. διδάσκαλος τῆς οἰκουμένης, d. h. Autoritäten für die ganze Kirche genannt werden [25].

Damit ist es aber auch verständlich, daß für besonders hohe kirchliche Würdenträger wie die Patriarchen der Titel «ökumenischer Patriarch» gebräuchlich wurde, so zuerst 449 für Dioscorus von Alexandrien [26], was aber hier wohl zunächst nur 'Vorsitzender der Synode' (im Namen des Kaisers) bedeutete. Das Konzil von Chalcedon (451) stellt den Patriarchensitz von Konstantinopel (dem 'neuen Rom' und Sitz des Kaisers als Herrn der οἰ.) in vielem dem Papst gleich [27] und nennt Papst Leo I.

mehrmals «ökumenischer Bischof und Patriarch» [28]. Obwohl auch spätere Päpste so tituliert werden [29], haben diese sich selbst nicht so genannt. Demgegenüber wird seit dem frühen 6. Jh. (Johannes Cappadox) vor allem den Patriarchen von Konstantinopel der Titel οἰκουμενικὸς πατριάρχα gegeben [30], auch von seiten des Kaisers [31], ohne daß diese ihn zunächst selbst in Anspruch nehmen [32]. Mit οἰκουμενικός ist dabei keine Jurisdiktionsgewalt über andere Bischöfe oder Selbständigkeit gegenüber Rom gemeint, sondern ausgedrückt, daß der Patriarch in besonderer Weise den rechtmäßigen Glauben, die einmütige Lehre der Kirche vertritt [33]. Die lateinische Übersetzung jedoch, «universalis patriarcha», führt zu Ende des 6. Jh. in Rom zu dem Mißverständnis, es sei damit eine Oberherrschaft über die Kirche beansprucht und der päpstliche Primat bestritten. Im Streit mit dem Patriarchen Johann dem Faster spricht Papst GREGOR D. GR. von der Anmaßung, die mit dem 'neuen' Namen des «universalis episcopus» bzw. «οἰκουμενικὸς patriarca» verbunden sei, und beschwört Johannes, auf das «stultum et superbum vocabulum» zu verzichten, da er der «humilitas» widerspreche und die anderen Bischöfe herabsetze [34]. Als er später von Eulogius von Alexandrien selbst «universalis papa» tituliert wird, weist er dies zurück [35] und will sich nur «servus servorum» genannt wissen. Trotzdem werden auch nach Gregors Tod Päpste als «ökumenisch» bezeichnet [36], ebenso wie die Patriarchen von Konstantinopel [37] (in einem Fall protestiert Papst HADRIAN dagegen [38]), die den Titel seit dem 9. Jh. (Photios) und verstärkt seit dem 11. Jh. auch amtlich führen [39] und damit eine gewisse Suprematie über die drei anderen Patriarchate ausdrücken. Michael Keroullarios wird 1054 u.a. deshalb exkommuniziert, weil er «se adhuc scribit oecumenicum patriarcham» [40]. Die Patriarchen von Konstantinopel tragen diesen Titel aber bis heute.

In der katholischen Kirche bleibt ‹ökumenisch› bis in die Gegenwart das Attribut der universalen Konzilien. Offensichtlich in Anlehnung daran heißen im Luthertum, bei N. SELNECKER 1575, im lateinischen Konkordienbuch von 1580 und bei J. B. CARPZOW 1725 die drei Glaubensbekenntnisse, das apostolische, nicäenische und athanasianische, «tria symbola oecumenica» [41]. Vereinzelt wird Ö. auch im Sinne von «Ö. der Christenheit» gebraucht [42]. Auf der Suche nach einer neuen Einheit der christlichen Kirchen wird der Begriff seit der Mitte des 19. Jh. neu belebt, zunächst jedoch nur sporadisch und ohne nachhaltige Wirkung [43]. Erst die Missionskonferenz von 1900 in New York nennt sich ökumenisch, weil ihre Mission «den ganzen Kreis der bewohnten Erdkugel umspannen sollte» [44], während die 3. Konferenz von Edinburgh nur mit Einschränkung vom Begriff ‹ökumenisch› (= allchristlich) Gebrauch macht [45]. Schließlich setzt er sich dank des Wirkens von N. SÖDERBLOM [46] durch; man nannte in der Folge die geplante Konferenz von 1919 «ökumenisch» (engl. jedoch: universal) [47]. Auch die Stockholmer ‹Allgemeine Konferenz für praktisches Christentum› (1925) wurde als «ökumenisch» bezeichnet (ihr «ökumenischer Charakter ... beruht darauf, daß alle christlichen Kirchen ihre besonderen Gnadengaben ... zu dem gemeinsamen Besitz der Kirche Christi hinzutragen») [48]; dort sprach man von einer «großen ökumenischen Bewegung» [49], deren ständiges Forum dann 1929 den Namen ‹Ökumenischer Rat für praktisches Christentum› (1948 ‹Ökumenischer Rat der Kirchen›) erhielt.

1937 strebt die Oxforder Konferenz «echte Ökumenizität» an und definierte: «Denken und Handeln der Kirche ... sind insoweit ökumenisch, als sie versuchen, die Una Sancta als die Gemeinschaft der Christen zu verwirklichen, die sich zu dem einen Herrn bekennen» [50]. Und 1951 heißt es: «Ökumenisch» soll «alles das kennzeichnen, was sich auf die ganze Aufgabe der ganzen Kirche in der Verkündigung des Evangeliums für die ganze Welt bezieht. Es deckt deshalb in gleicher Weise diese missionarische Bewegung und die Bewegung zur Einheit» [51].

Die katholische Kirche nimmt die neue Bedeutung des Begriffs auf [52], steht jedoch der ökumenischen Bewegung reserviert gegenüber und entsendet zu den Konferenzen nur Beobachter. Während die Enzyklika ‹Mortalium animos› (1928) noch die Bestrebungen der «panchristiani» als Irrtum brandmarkt [53], nimmt Y. M.-J. CONGAR bereits eine differenzierte Position ein [54]. Ein «irenischer Geist» soll unbedingt vermieden [55], umgekehrt aber alles getan werden, um die «reunio» zu erreichen (1960 Errichtung eines Sekretariats für die Einheit der Christen [56]).

Anmerkungen. [1] HERODOT, Hist. III, 106; IV, 110; XENOPHANES, VS 21 A 41a; ARISTOTELES, Meteor. 362 b 13. 26; De mundo 392 b 26. 31; PHILO, Leg. Gaj. 10; Vita Mos. I, 157. 195. 255; Som. II, 180 u.ö. vgl. Opera, hg. L. COHN/P. WENDLAND 7: Index (1930) s.v.; Septuaginta: Ps. 17, 16; 18, 5; 23, 1; 32, 8; 48, 2; 49, 12 u.ö.; Jes. 10, 14. 23; 13, 5. 9. 11; 14, 17. 26 u.ö. – [2] DEMOSTHENES, Orat. VII, 35; XVIII, 48. – [3] LUKIAN, Makr. 7; W. DITTENBERGER (Hg.): Orientis Graeci inscript. sel. (1903-05) 666, 4; 668, 5; Oxyrhynchus Papyri (London 1898) 1021, 5; F. PREISIGKE: Sammelbuch griech. Urkunden aus Ägypten (1913-34) 1176, 2; vgl. H. G. LIDDELL und R. SCOTT: A Greek-English lex. (Oxford 1961) s.v. – [4] Mt. 24, 14. – [5] Lk. 2, 1; Apg. 17, 6. – [6] Lk. 4, 5 (bei Mt. 4, 8: κόσμος). – [7] Lk. 21, 26; vgl. Apg. 17, 31; 11, 28; Apk. Joh. 3, 10; 12, 9; 16, 14. – [8] Apg. 19, 27; 24, 5; Hebr. 1, 6; 2, 5 (hier apokalyptisch «die zukünftige Welt»). – [9] Vgl. Röm. 10, 18 (Zitat aus Ps. 18, 5). – [10] So M. PAESLACK: Die ‹Oikumene› im NT. Theologia viatorum 2 (1950) 33-47; dagegen O. MICHEL, Art. ‹οἰ.› in: Theol. Wb. zum NT, hg. G. KITTEL 5 (1954) 159-161. – [11] z.B. JOH. CHRYSOSTOMUS, Hom. in Mt. 7, 1. MPG 7, 104 ('das bewohnte Land'); Hom. div. VIII, 1. MPG 12, 372; BASILIUS, Ep. 243, 1. MPG 32, 904 ('die röm.-westl. Welt'). – [12] Martyrium des Polykarp V, 1; VIII, 1; XIX, 2. Sources chrét. 10 (³1958) 217f. 234; IRENÄUS, Adv. haer. I, 10, 1. MPG 7, 549; EUSEBIUS, Hist. eccl. IV, 15; V, 21; X, 1. MPG 20, 348. 485. 845. – [13] METHODIUS VON OLYMP, De resur. mort. II, 24. MPG 18, 329; CYRILL VON JERUSALEM, MPG 33, 444. 904; vgl. ORIGENES, Hom. VIII, 1 in Jer. MPG 13, 336f.; Contra Cels. II, 30. MPG 11, 852 (Christus kam in die durch Augustus befriedete οἰ.); vgl. I, 27. MPG 11, 712; EUSEBIUS, Hist. eccl. X, 4. MPG 20, 877; JOH. CHRYSOSTOMUS, Panegyricum I, 1. MPG 50, 530. – [14] JUSTINUS, Dial. LIII, 5. MPG 6, 593; EUSEBIUS, Hist. eccl. II, 3; III, 37. MPG 20, 141. 293; vgl. ATHANASIUS, Ep. ad Jov. 2. MPG 26, 817. – [15] ORIGENES, In Ps. 32, 8. MPG 12, 1305. – [16] Vgl. Com. in Joh. VI, 38. MPG 14, 301. – [17] BASILIUS, In Ps. 48. 2. MPG 29, 433; vgl. Ep. 204, 7. MPG 32, 753; Schreiben an das Konzil von Ephesus, in: Acta conciliorum oecumen., hg. E. SCHWARTZ (1927ff.) (= ACO) I/1/3, 64. – [18] AMBROSIUS, In Ps. 118 sermo XII, 25. MPL 15, 1369; vgl. CYPRIAN, De unit. eccl. 5. MPL 4, 518. – [19] AUGUSTINUS, De civ. Dei XIX, 22; vgl. XII, 9. 11; XVI, 22; XVIII, 50; XX, 11; XXII, 5. 7. – [20] Nicäa: EUSEBIUS, De vita Constant. MPG 20, 1060; EPIPHANIUS CONSTANT., MPG 42, 353. 397; ATHANASIUS, MPG 26, 25. 752. 1032; vgl. SULPICIUS SEVERUS, CSEL 1, 89. – [21] Konstantinopel (381): can. 6, in: J. D. MANSI: Sacrorum conciliorum nova et amplissima collectio (Florenz/Venedig 1759-1798, ND Paris/Leipzig 1901-1906) (= MANSI) 3, 564; Ephesus (431): ACO I/1/3, 26. 32; Chalcedon (451): MANSI 11, 209 und MPL 54, 958. – [22] KONSTANTIN, Br. an die Bischöfe Alexander und Arius, in: EUSEBIUS, Vita Constant. II, 65. MPG 20, 1037. – [23] THEODORET, MPG 83, 433. 436; andere Deutung der οἰ. (ewiges Leben) in MPG 82, 691. – [24] A. TUILIER: Le sens de l'adjectif 'œcuménique' ..., Nouv. Rev. théol. 86 (1964) 260-271; P. COLLINET: Hist. de l'école de droit de Beyrouth (Paris 1925) 167-175; F. FUCHS: Die höheren Schulen von Konstantinopel (1926) 8-18; L. BRÉHIER: Notes sur l'enseignement supérieur à Constantinople. Byzantion 3 (1926) 76; 4 (1927) 23-25. – [25] THEODORET, MPG 82, 1161f. (für Basilius); vgl. a.O. 1160 (Basilius als Licht der οἰ.); MPG 83, 1156 (Nestorius als Verteidiger der rechten Lehre, des Glaubens der οἰ.). – [26] MANSI 6, 855 (universalis episcopus); ähnlich 536 für Menas von Konstantinopel: MANSI 8, 959. – [27] MANSI 7, 369 (can. 28, von den Päpsten nicht anerkannt); vgl. MANSI 3, 560. – [28] MANSI 6, 1005. 1012. 1021. 1029; ACO II/3, 287. 289. 294. 297. – [29] MANSI 8, 425 (Hormisdas); 741 (Bonifaz II.); 895 (Agapit). – [30] MANSI 8, 926. 935. 959. 966. 1038. 1042. 1058. 1059. 1062. 1066. 1067. 1094; 10, 1002; 11, 201. 357. 560. 561. – [31] Codex Justinianus (Corpus iuris civilis) I, 1, 7; I, 4, 34; Novel. 5-7. 16. 42. 55-57. 67. 79. – [32] so H. GELZER: Der Streit über den Titel des ökumen. Patriarchen. Jb.er prot. Theol. 13 (1887) 549-584. – [33] So A. TUILIER, a.O. [24]; vgl. F. KATTENBUSCH: Lb. der vergleich. Confessionskunde 1 (1892) 112. 116: οἰ. πατρ. = der als offizielle Autorität im byzantin. Reich anerkannte Patriarch, ohne amtl. Obergewalt. – [34] GREGOR D. GR., Ep. V, 18-21. MPL 77, 738ff. 743f. 746. 749; vgl. Ep. VII, 4. 31. 33. MPL 77, 857. 888. 891; V, 43. MPL 77, 771. 774; vgl. E. CASPAR: Gesch. der Päpste 2 (1933) 366f. 452-465. – [35] Ep. VIII, 30. MPL 77, 933; vgl. Ep. IX, 68. MPL 77, 1004f. – [36] Theodorus u. a. bis zu Johannes VI.: MANSI 10, 913. 884; 11, 179. 196. 639. 668. 713. 737. 916; 12, 160. – [37] Sergius: MANSI 11, 560f.; Pyrrus: MANSI 10, 1000-1002; Petrus: MANSI 11, 357; Georgius: MANSI 11, 201 (Brief Kaiser Konstantins); Tarrasius: MANSI 12, 1127; 13, 200. 536. – [38] MANSI 12, 1074. – [39] V. GRUMEL: Le titre de patriarche œcuménique sur les sceaux byzantins. Rev. Et. grecques 58 (1945) 212-218; V. LAURENT: Le titre de patriarche œcuménique et la signature patriarcale. Rev. Et. byz. 6 (1948) 5-26. – [40] C. MIRBT und K. ALAND (Hg.): Quellen zur Gesch. des Papsttums (⁶1967) 277 (Nr. 539). – [41] E. KINDER: Der Gebrauch des Begriffs 'ökumenisch' im älteren Luthertum. Kerygma und Dogma 1 (1955) 180-207. – [42] N. L. ZINZENDORF, zit. bei O. UTTENDÖRFER: Zinzendorfs Weltbetrachtung (1929) 98. – [43] Belege bei W. A. VISSER'T HOOFT: Der Sinn des Wortes 'ökumenisch' (1954) 23-26. – [44] W. R. HOGG: Mission und Ö. (1954) 59. – [45] VISSER'T HOOFT, a.O. [43] 27f.; HOGG, a.O. 135. – [46] N. KARLSTRÖM: Kristna samförståndssträvanden under världskriget 1914-1918 (Stockholm 1947) 240. 555. 655; vgl. VISSER'T HOOFT, a.O. [43] 28ff. – [47] C. S. MACFARLAND: Christian unity in the making (New York 1948) 166. – [48] F. SIEGMUND-SCHULTZE: Die ökumen. Konferenz von Stockholm. Eiche 13 (1925) 349. – [49] A. DEISSMANN: Abschlußworte, in: Die Stockholmer Weltkirchenkonferenz. Amtl. dtsch. Bericht (1926) 739. – [50] Kirche und Welt in ökumen. Sicht. Bericht über die Weltkirchenkonf. von Oxford über Kirche, Volk und Staat (1938) 241. – [51] H. GRÜBER und G. BRENNECKE (Hg.): Christus – die Hoffnung der Welt. Ber. über die 2. Weltkirchenkonf. Evanston, August 1954 (1955) 163 (Dokument des Zentralausschusses von 1951). – [52] Acta apostolica sedis (= AAS) 11 (1919) 316; 15 (1923) 579. 581 (Enzyklika ‹Ecclesiam Dei›). – [53] AAS 20 (1928) 5-16. – [54] Y. M.-J. CONGAR: Chrétiens désunis. Principes d'un 'œcuménisme' cath. (Paris 1937) bes. XIIf. – [55] Instruktion ‹De motione oecumenica›. AAS 42 (1950) 142-147; Enzyklika ‹Humani generis›. AAS 42 (1950) bes. 564f. – [56] AAS 52 (1960) 433-437.

Literaturhinweise. O. MICHEL s. Anm. [10]. – A. TUILIER s. Anm. [24]. – H. GELZER s. Anm. [32]. – S. VAILHÉ: Le titre de patriarche œcuménique avant Saint Grégoire le Grand; Saint Grégoire et le titre de patr. œcum. Échos d'Orient 11 (1908) 65-69. 161-171. – J. VOGT: Orbis romanus (1929). – W. A. VISSER'T HOOFT s. Anm. [43]; Das Wort 'Ökumenisch' – seine Gesch. und Verwendung, in: R. ROUSE/ST. CH. NEILL: Gesch. der Ökum. Bewegung 1517-1948, 2 (1958) 434-441. – H. J. MARGULL: Theol. der missionarischen Verkündigung (1959) 247ff. – H. L. ALTHAUS (Hg.): Ökum. Dokumente (1962). – L. VISCHER (Hg.): Die Einheit der Kirche. Material der ökum. Bewegung (1965). – H. E. FEY: Gesch. der ökum. Bewegung 1948-1968 (1974) (engl. London 1970). – R. GROSCURTH (Hg.): Von Uppsala nach Nairobi. Ökum. Bilanz 1968-1975 (1975).   A. SEIGFRIED/Red.

Oligarchie (griech. ὀλιγαρχία; lat. paucorum administratio; engl. oligarchy; frz. oligarchie; ital. oligarchia). – 1. Der Terminus ‹O.› begegnet zum ersten Male in dem ersten Dokument europäischer Verfassungsdiskussion, in HERODOTS ‹Historien› [1]; er ist seitdem – freilich in verschiedenen Bedeutungen – einer der zentralen Begriffe zur Beschreibung von Staats- und Gesellschaftsformen bis in die zeitgenössische politische Theorie und Soziologie geblieben. – Herodot verlegt eine Diskussion, die mit Sicherheit in ähnlicher Form in athenensischen Sophistenkreisen geführt worden ist, nach Persien. Seinem Bericht nach beratschlagten nach dem Tod der (von ihnen ermordeten) Magier sieben persische Große, in dialektischer Rede und Gegenrede die Vor- und Nachteile der drei möglichen Staatsformen gegeneinander abwägend, welche Verfassung sie ihrem Reiche geben sollten (wobei, das klingt an, jede Form in ihrer jeweils besten Ausprägung angenommen wird). Während Otanes zugunsten der Volksherrschaft, Dareios zugunsten der Monarchie spricht, verteidigt Megabyzos die O. [2]: Die Macht solle den Besten (ἄριστοι) übertragen werden (zu denen die Unterredenden sich auch selbst zählen dürften); denn von den Besten seien mit Fug auch die besten Entscheidungen zu erwarten. Als auf die der O. spezifische immerwährende Gefährdung verweist dagegen Dareios auf die Neigung zum Parteienstreit: Jeder einzelne der Besten will unter ihnen der Allererste sein (wodurch alles doch wieder auf die Monarchie hinausliefe). Die Wenigen also werden, das ist deutlich, unbefragt gleichgesetzt mit den Besten. PLATON hat differenziert. Im ‹Politikos› hat er zunächst das einfache numerische Einteilungsprinzip übernommen und zwischen der Monarchie, der Obergewalt Weniger (δυναστεία ὀλίγων) und der Herrschaft der Menge (Demokratie) unterschieden [3]. Aus diesen drei Formen werden dann fünf, «indem zwei von ihnen aus sich selbst andere Namen hervorbringen». Unter der Berücksichtigung des normativen Aspektes von Freiwilligkeit und Unfreiwilligkeit, Armut und Reichtum, Gesetzesherrschaft und Gesetzeslosigkeit teilt sich die Monarchie in Tyrannis und Königtum, der von Wenigen beherrschte Staat in die Aristokratie und die O. (Für die Demokratie wird die Möglichkeit einer solchen wertmäßigen Differenzierung abgelehnt.) Als allgemeinste Definition der O. kann man daraus ableiten: O. besteht in einem von einer Minderheit regierten Staat und ist dort das Negativbild der Aristokratie. Über die Zuordnung der drei genannten normativen Unterscheidungskriterien werden wir des näheren durch die ethisch orientierte Verfassungstheorie der ‹Politeia› belehrt [4]. Die O. ist dort in der Reihe der Staats- und Seelenverfassungen die zweite der auf die Aristokratie (bzw. das philosophische Königtum) folgenden ungerechten Formen [5]; sie steht an Rang noch hinter der am Ehrprinzip orientierten lakonischen Timokratie oder Timarchie, aus welcher sie sich entwickelt, und sie geht aus der Freiheit als Zügellosigkeit verstehenden und uns als höchstes Gut anstrebende Demokratie voran, in welche sie schließlich zerfällt. Prinzip und höchstes Ziel der O. ist der Besitz, und so lautet Platons Definition: Es ist «die Verfassung, die auf der Einschätzung des Vermögens beruht, wobei die Reichen herrschen, der Arme aber keinen Anteil an der Regierung hat» [6]. Die O. wird gleich bei der ersten Erwähnung als mit vielen Fehlern behaftet eingeführt [7]; ihr erster Mangel wird mit einem Platons gesamte politische Philosophie charakterisierenden Gleichnis erläutert: Man stelle sich vor, der Steuermann eines Schiffes werde ausschließlich danach bestimmt, wieviel er besitzt, nicht aber danach, ob er seine Kunst beherrscht. (Weitere Fehler sind: Verfall der Einheit – wie schon bei Herodot –, Verfall der Wehrhaftigkeit, Vielgeschäftigkeit, totale Verarmung eines Teiles der Bürger.)

ARISTOTELES hat im III. Buch (Kap. 7) seiner ‹Politik› in Anknüpfung an die in Platons ‹Staatsmann› getroffenen Differenzierungen das bekannte Sechserschema entwickelt, das – wohl wegen seiner durchsichtigen Simplizität und leichten Handhabbarkeit, aber sicher auch aufgrund seiner für lange Zeit gültigen Realitätskonformität – die Staatsformenlehre in der westlichen politischen Philosophie für Jahrhunderte bestimmt hat [8]. Das Sechs-Verfassungen-Schema entsteht durch die Kombination eines quantitativen mit einem teleologisch-normativen Aspekt. Die Regierung kann entweder in der Hand eines einzigen oder weniger oder der Menge liegen, und sie kann entweder im Interesse des gesamten Staates (Gemeinwohl) oder aber der jeweils Herrschenden liegen. Die gute Herrschaft einer Minderheit heißt Aristokratie, als deren Fehlform hat die O. zu gelten [9]. Aufschlußreich ist dann freilich die das teleologisch-normative Unterscheidungskriterium «Herrschaft zugunsten der Gesamtheit/der Herrschenden» aufhebende bzw. durch Angabe der jeweils Interessierten soziologisch konkretisierende Definition: Die O. verfolgt den Vorteil der Reichen und die Demokratie den der Armen. Die quantitative Unterscheidung ist, so betont Aristoteles mit allem Nachdruck, nur von sekundärer und akzidenteller Bedeutung: Entscheidend ist, daß in der Oligarchie die Reichen (und in der Demokratie die Armen bzw. Freigeborenen) an der Regierung sind; der numerische Aspekt ist insofern freilich im Recht, als faktisch überall die Reichen die Minderheit und die Armen die Mehrheit bilden [10]. Würde man sich ausschließlich auf das Definitionsmoment «Herrschaft Weniger» festlegen und das inhaltlich-teleologische Herrschaftsaxiom Reichtum nicht mitbenennen, so «wäre es auch O., wenn man die Ämter nach der Größe vergäbe, wie einige sagen, daß es in Äthiopien geschieht, oder auch nach der Schönheit. Sind doch auch die schönen und die großen Menschen an Zahl gering» [11]. Da die Einteilung der Bewohner eines Landes in Reiche und Arme die wichtigste ist, sind O. und Demokratie die beiden Grundverfassungen, auf die sich – wie die Winde auf die zwei Hauptwinde Nord und Süd und alle Tonarten auf die dorische und phrygische – alle anderen zurückführen lassen; hiernach wäre dann die Aristokratie eine Unterart der O., nicht aber deren wertmäßige Alternative [12].

Alle späteren Definitionen der O. bewegen sich fast ausschließlich im Rahmen der von Herodot, Platon und Aristoteles gegebenen Bestimmungen, wobei sich zumeist – entgegen der nachdrücklichen Aristotelischen Kritik an der rein quantitativen Definition «Herrschaft Weniger» (wohl weil sich dies von einer wörtlichen Übersetzung her unmittelbar nahelegte) – gerade diese neutrale Definition vordrängte. Dagegen bleibt die Bestimmung «Fehlform bzw. Ausartung der Aristokratie» stets in Erinnerung.

2. Eine unveränderte Reproduktion des freilich von Aristoteles selbst nur als Ausgangsstellung verstandenen und sogleich verabschiedeten Sechserschemas [13] lesen wir in der bei JOHANNES STOBAIOS (5. Jh. n. Chr.) überlieferten [14] Kurzfassung der ethischen Lehre des Peripatos aus der Hand des Zeitgenossen und Freundes des Augustus AREIOS DIDYMOS [15] und in CHR. WOLFFS Schrift ‹Vernünfftige Gedanken von dem gesellschaftlichen Leben der Menschen› von 1721 [16]: Die O. ist eine Entartung der Aristokratie, «da einige zur Beförderung ihres besonderen Interesses mit Hintansetzung der gemeinen Wohlfahrt und Sicherheit herrschen» (Wolff).

3. Die meisten Bestimmungen ergeben sich durch Ausformulierung der verschiedenen möglichen Kombinationen der rein numerischen und der Entartungs-Definition. a) W. PINDERS ‹Allgemeine Realenzyclopädie› von 1848 [17] bietet beispielsweise die rein zahlenmäßige Definition: «Regierungsform, wo die oberste Staatsgewalt sich nur in den Händen weniger bevorrechteter Familien befindet». – b) Eine schlichte Parataxe der gattungsmäßig-quantifizierenden («überhaupt die Herrschaft Weniger») und der normativ gefaßten Entartungsdefinition («insbesondere aber jene Ausartung der Aristokratie...») findet man in dem von «einer Gesellschaft Gelehrten» herausgegebenen ‹Taschen-Conversations-Lexikon› von 1833 [18]. Genauso verfährt schon J. G. WALCHS ‹Philosophisches Lexicon› von 1726, wobei hier nur die erste zahlenmäßige Begriffsbestimmung weiter differenziert wird in Monarchie und Polyarchie, welch letztere dann in O. und Demokratie geschieden ist [19]. – c) Beide Aspekte in einfacher Identifikation führt der ‹Brockhaus› von 1839 vor: O. als Herrschaft Weniger «ist eine Ausartung der aristokratischen Regierungsform und findet dann statt, wenn sich einzelne Individuen oder Familien des Heftes der Regierung ausschließlich bemächtigen und einen gesetzwidrigen Einfluß üben» [20]. – d) Es kann schließlich auch die aus dem platonischen Fünfer- und dem aristotelischen Sechser-Schema bekannte Version «Entartung der Aristokratie» geboten werden, doch in der Weise, daß unter Absehung von der für die ältere politische Philosophie spezifischen naturrechtlich-teleologischen Interpretation der quantitative Skopus verschärft wird: O. ist dann die Herrschaft Weniger in Potenz oder eine aristokratische Oligokratie. CHR. A. BECK (1720–1784), der Rechtslehrer Josephs II., beantwortet die Frage «Was ist eine O.?» so: «Derjenige Aristokratische Staat ist krank, wo nur einige der Vornehmsten mit Ausschließung aller übrigen sich der Regierung allein anmaßen. Man nennt diesen Zustand eine O.» Als Beispiel wird das römische Triumvirat genannt. Aristotelisch ist wieder der anmerkungsweise Hinweis auf die Vernachlässigung des gemeinen Besten [21]. Ähnlich haben im 18. Jh. HEGEL [22], im 19. Jh. H. VON TREITSCHKE (‹Parekbasis der Aristokratie durch Übertreibung des Systems der Abschließung›) [23] und im 20. Jh. H. KELSEN [24] definiert. – e) Von Entartung oder Fehlform der Aristokratie sprechen schlicht SPINOZA [25] und KANT [26]. – G. JELLINEKS Staatsformenlehre setzt einerseits die machiavellistisch-montesquieusche Einteilung in Monarchien und Republiken voraus, differenziert die letzteren in solche mit korporativem Herrscher, in Klassenherrschaften oder aristokratische Republiken sowie in demokratische und oligokratische Republiken [27].

Das O.-Problem spielt im 20. Jh. – losgelöst von der klassischen Staats- und Verfassungsformenlehre – eine große Rolle in den Untersuchungen der Soziologie der politischen Parteien im modernen Staat. R. MICHELS bahnbrechende Untersuchung ‹Zur Soziologie des Parteiwesens in der modernen Demokratie› von 1911 [28] trägt den programmatischen Untertitel ‹Untersuchungen über die oligarchischen Tendenzen des Gruppenlebens›. Michels' Zentralthese lautet: «Die Demokratie führt zur O., wird zur O.» [29]. Die Gründe dieser Tendenz sind mannigfaltig; das «eherne Gesetz der Oligarchisierung», das den immanenten Hang aller menschlichen Aggregate zur Subklassenbildung ausspricht, steht nach Michels, wie alle soziologischen Gesetze, jenseits von Gut und Böse. Begründet wird diese Tendenz erstens aus dem Wesen der menschlichen Natur, zweitens dem Wesen des politischen Kampfes sowie drittens dem Wesen der Organisation. «Wer Organisation sagt, sagt Tendenz zur Oligarchie», formuliert Michels prägnant, und er fährt, die Erinnerung an alte Traditionen seit Platon und Aristoteles verratend, fort: «Im Wesen der Organisation liegt ein tief aristokratischer Zug» [30], jeder menschlichen Zweckorganisation sind oligarchische Züge immanent [31]. Wenngleich die demokratische, äußere Form der Basis des parteipolitischen Lebens den oberflächlichen Beobachter leicht über den «Hang zur Aristokratie oder, genauer gesagt, zur O. hinwegtäusche», so unterliege diesem doch prinzipiell jede Parteiorganisation. Das gelte nicht nur für die konservativen Parteien, in denen «die Tendenzen zur O. mit jener selbstverständlichen Unverblümtheit hervortreten, die dem prinzipiell oligarchischen Charakter dieser Parteien entspricht». Vielmehr förderten dieselben Erscheinungen die subversiven Parteien mit nicht geringerer Evidenz zutage. Das Auftreten solcher Tendenzen auch im Schoß der revolutionären Arbeiterparteien sei ein ganz besonders triftiger Beleg «für das Vorhandensein immanenter oligarchischer Züge in jeder menschlichen Zweckorganisation», weil eben die sozialrevolutionären und demokratischen Parteien theoretisch gerade ihren wesentlichsten Lebenszweck in der Bekämpfung der Oligarchie in allen ihren Formen erblickt hätten [32]. – Als Formen der Aristokratie bzw. der O. hat auch C. SCHMITT die Herrschaft der «Räte» in Rußland in ihrer Verbindung mit der kommunistischen Organisation sowie die Herrschaft des «Fascio» in Italien beschrieben [33].

Eine interessante Vorwegnahme solcher allgemeinen staats- und organisationssoziologischen Überlegungen bietet der O.-Artikel in W. T. KRUGS ‹Allgemeinem Handwörterbuch der philosophischen Wissenschaften› [34]. Geboten wird zunächst die klassische Bestimmung: «O. oder Oligokratie ist überhaupt diejenige Staatsverfassung, wo Wenige über Viele herrschen.» Dieser wird dann eine «engere Bedeutung» angehängt: «Da dies eigentlich in allen Staaten der Fall ist, selbst in der sogenannten Demokratie, weil die große Menge sich nie selbst regieren kann: so hat das Wort durch den Gebrauch eine engere Bedeutung bekommen. Man versteht nämlich darunter gewöhnlich eine bloß angemaßte und daher meist tyrannische Herrschaft einiger Menschen über ihre Mitbürger.»

Anmerkungen. [1] HERODOT, Historien III, 80-82. – [2] a.O. 81. – [3] PLATON, Polit. 291 d 1ff. – [4] Resp. VIII, 3-IX, 3. – [5] a.O. VIII, 6-9, 550 c 4ff. – [6] 550 c 11-d 1; vgl. auch 552 a 1. – [7] 545 c 4. – [8] Vgl. G. BIEN: Revolution, Bürgerbegriff und Freiheit. Über die Transformation der alteurop. Verfassungstheorie in polit. Gesch.philos. Philos. Jb. 79 (1972) 1-18. – [9] ARISTOTELES, Pol. III, 7, 1279 a 35. b 4. – [10] a.O. 1279 b 35; vgl. auch IV, 4, 1290 a 30ff. – [11] 1290 b 3ff. – [12] IV, 3, 1290 a 40; ausführl. Diskussion der Unterarten: IV, 5, 1292 a 39ff.; 6, 1293 a 11ff.; VI, 6, 1320 b 18ff. – [13] Vgl. G. BIEN: Die Grundlegung der polit. Philos. bei Aristoteles (²1980) 290f. – [14] J. STOBAIOS, Ecl. II b, 116, 21-152, 25, hg. W. WACHSMUTH (1884). – [15] AREIOS DIDYMOS, Die eth. Lehren des Aristoteles und der übrigen Peripatetiker, in: O. GIGON: Aristoteles. Einführungsschr. (Zürich/Stuttgart 1961) 259-292, zit. 290. – [16] CHR. WOLFF: Vern. Ged. von dem gesellschaftl. Leben der Menschen § 235 (1721, ND 1971) 171. – [17] W. PINDER: Allg. Realenzycl. 7 (1848) 851. – [18] Taschen-Conv.-Lex. 17 (1833) 171. – [19] J. G. WALCH: Philos. Lex. (1726) 1925f. – [20] Brockhaus 4 (1839) 339. – [21] CHR. A. BECK: Recht und Verfassung des Reiches in der Zeit Maria Theresias. Die Vorträge zum Unterricht des Erzherzogs Joseph im Natur- und Völkerrecht sowie im Dtsch. Staats- und Lehnrecht, hg. H. CONRAD. Wiss. Abh. Arbeitsgem. Forsch. Nordrhein-Westfalen 28 (1964) 211. – [22] G. W. F. HEGEL, Philos. Propäd. I, § 28, hg. K. ROSENKRANZ. Sämtl. Werke (Jub.-Ausg.), hg. H. GLOCKNER 3 (³1949) 73. – [23] H. VON TREITSCHKE: Politik 2 (1911) 218. – [24] H. KELSEN: Allg. Staatslehre (1925, ND 1962) 343. – [25] B. DE SPINOZA, Abh. vom Staate 11, § 2. Sämtl. Werke, hg. C. GEBHARDT 3 (⁵1977) 179. – [26] I. KANT, Met. der Sitten. Rechtslehre II, 1. Abt. Das Staatsrecht § 51 Anm. Akad.-A. 6, 339. – [27] G. JELLINEK: Allg. Staatslehre. ND des 5. Neudr. der 3. Aufl. (1966) 715. – [28] R. MICHELS: Zur Soziol. des Parteiwesens in der mod. Demokratie (²1925, ND 1970), hg. W. CONZE. – [29] a.O. Vorwort zur 1. Aufl. 1911 (1966) XVIII. – [30] a.O. [28] 25. – [31] a.O. 13. – [32] 12f.; vgl. auch G. ROTH: Polit. Soziol., in: A. WEBER (Hg.): Einf. in die Soziol. (1955) 330ff.: Das O.-Problem; vgl. G. HARTFIEL: Art. ‹O.›, in: Wb. der Soziol. (²1976) 496f. (mit Lit.). – [33] C. SCHMITT: Verfassungslehre (³1957) 81f. – [34] W. T. KRUG: Allg. Handwb. der philos. Wiss. 3 (1833, ND 1969) 111.

G. BIEN

Omega (griech. Ω, ω). In der abendländischen Tradition ist insbesondere im Anschluß an die ‹Apokalypse› des NT 1, 8: Ἐγώ εἰμι τὸ ἄλφα καὶ τὸ ὦ (Ich bin der Anfang und das Ende) der griechische Buchstabe 'Omega' – der Name ὦ μέγα wird erst in nachneutestamentlicher Zeit benutzt – zu einer Chiffre für die eschatologische Vollendung geworden. Diese Tradition findet sich bereits in der hellenischen Buchstabensymbolik, durch die «der religiöse 12- oder 24-Stunden-Tag der Ägypter mit den Buchstaben des griechischen Alphabetes bezeichnet und zugleich die Beziehung zu den 12 Tierkreiszeichen hergestellt» wird [1]. Im Alpha und im O. – die im System z.B. des Gnostikers Markos verbunden waren und den Anfang und die Vollendung des κόσμος, des αἰών symbolisierten – waren ἀρχή und τέλος eins [2]. Die Symbolbedeutung des Buchstabens Ω wurzelt vermutlich tiefer als die Endstellung im Alphabet, zumindest verweist die formale Übereinstimmung der Buchstabengestalt mit dem in der altägyptischen Zeit beheimateten Knotenring *schen*, dem die Symbolbedeutung *Endlosigkeit* zugesprochen wird, in diese Richtung. In der christlichen Symbolgeschichte erscheint O. als eines der wenigen Zeichen, die einen deutlichen Zeitbezug in sich enthalten.

Es ist vor allem dieser Zeitbezug, der O. als das vorgegebene Symbol des Endzieles innerhalb der zeitorientierten Weltschau PIERRE TEILHARD DE CHARDINS (1881–1955) zuhanden sein ließ, dies um so mehr, als Teilhard als Jesuit ganz bewußt in der christlichen Tradition gelebt hat, durch die die Symbolik des ἄλφα καὶ τὸ ὦ in der abendländischen Geisteswelt bis in unsere Tage hinein lebendig geblieben ist.

Ganz in der Tradition stehend, α und ω verbindend als Symbol Christi, der Anfang und Ende ist, in dem die Vollkommenheit in der Rückkehr des Endes zum Anfang erreicht wird, führt Teilhard das Symbol erstmals in einer Schrift aus dem Jahr 1917 an: «In ihrem Gewimmel von Seelen, von denen jede eine Welt zusammenfaßt, ist die Menschheit also der Beginn eines höheren Geistes, der auf dem Konzentrationspunkt der gereinigten Seelen leuchten wird, der in seiner höchsten Einfachheit die Vielheit der weise gemachten und geeinten Vielheit sein wird, der einfachste weil der umfassendste, der punktförmige Gipfel, zu dem alles Viele konvergiert sein und von dem es abhängen wird – die Einheit Überwinderin des Nichts: α et ω» [3].

Auffallend an diesem Text ist das Fehlen eines logischen Bezugs zum ersten Teil des Symbols, zum α. Ein solcher Bezug findet sich auch nicht im Ganzen des zitierten Textes. Das hier wohl eher spontan verwendete Symbol hatte so im teilhardschen Denken seine Anziehungskraft nicht aus der Gleichsetzung von Anfang und Ende, aus der symbolischen Rückkehr zur anfänglichen Fülle, sondern als Zeichen für eine in ω zum Ziel kommende Bewegung.

Der Grund für diese Konzentration auf den zweiten Teil des Symbols ist in dem Grundansatz des teilhardschen Bemühens um ein Verstehen der Wirklichkeit in der Einheit der Zeit zu suchen. So nimmt es nicht wunder, wenn α schon sehr früh aus der Spekulation verschwindet. Am Anfang der teilhardschen Weltschau steht nicht die Fülle: Die Wirklichkeit wird in ihren Anfängen nicht verständlicher: «Wir glauben instinktiv, wir würden uns, je weiter wir den Lauf der Zeiten zurückverfolgen, dem einsehbaren Bereich der Welt nähern. Das ist eine Fata Morgana. Nirgendwo sind die Dinge weniger begreiflich als in ihrem Anfang» [4]. Bereits 1918 (30. 1.) notiert Teilhard in seinem Tagebuch in bezug auf α als äußerstes Zugeständnis «die Idee einer schöpferischen Vervielfachung», die als «Explosion in Komponenten» [5] begriffen wird. Eine determinierende Wirkung, die von α ausgehen könnte, hat in der teilhardschen Weltschau keinen Platz [6]. Teilhard vertritt also eine Umkehrung des klassischen Verstehensansatzes der Philosophie, der in den ἀρχαί, in den principia die Wirklichkeit zu begreifen suchte. Die Welt hat in den Augen Teilhards ihre Einheit nicht im Ursprung, vielmehr ist «die Einheit der Welt dynamischer oder evolutiver Natur» [7]. Die Einheit des Universums zeigt sich so als Einheit der Bewegung in der Zeit. Mit dem Menschen, dessen unverkürzte Integration in die Sicht des Kosmos zum teilhardschen Kriterium wahrer Wissenschaftlichkeit wird, kommt in den Kosmos das Moment des τέλος zurück, das man seit Bacon zumindest aus der Welt der Wissenschaft vertrieben glaubte. Mit dem Menschen als gewordenem Teil der Natur, und zwar, wie Teilhard nicht müde wird herauszustellen, jenem Teil, der auf der Kurve von Komplexität-Bewußtsein-Zentreität die bisher höchste Stufe erreicht hat – zumindest in unserem Erfahrungshorizont –, ist die Frage nach dem Ziel der Bewegung als aus der evolutiven Bewegung selbst gewordene Frage ein Faktum, an dem die Wissenschaft nicht länger vorbeigehen kann. Da in der Bewußtwerdung des Menschen als Bewußtwerdung der evolutiven Bewegung die Zukunft der Evolution – zumindest in unserem irdischen Bereich – von der bewußten Zustimmung des Menschen abhängt, muß der Evolution, sofern sie als sinnhafte Bewegung angesehen wird, ein Ziel vorgegeben sein, das der Zustimmung des Menschen fähig ist.

Die Bedingungen, denen dieses Ziel genügen muß, umschreibt Teilhard in mehreren Schritten. Die erste Ausformulierung erfolgt im Kontext seiner Metaphysik der schöpferischen Vereinigung, der *unio creatrix*, in der für Teilhard immer schon der Christus seines Glaubens als *Christus evolutor* das Universum in der Kraft der Liebe an sich zieht. Dabei ist die Begrifflichkeit noch in der Abklärung begriffen. So fordert Teilhard: «Man muß unterscheiden: 1. O. als anziehendes Zentrum, 2. O., das in der ganzen Sphäre diffus ist = *wirkliches*, nach einem bestimmten Gesetz in einem bestimmten Strom erreichtes Sein» [8]. O. erscheint hier unter 2. als immanentes vorläufiges Zum-Ziel-Kommen des Evolutionsprozesses, das zur Identifikation des vorläufigen Zielpunktes mit «kosmischen Formen» führt, in denen der scholastische Formbegriff auflebt. Häufiger steht aber von Anfang an das natürliche, immanent verwirklichbare o (oder ω) dem transzendenten, mit Christus zu identifizierenden ω (oder Ω) gegenüber. «Nennen wir: o = den natürlichen Zielpunkt (x) der menschlichen (und kosmischen) Fortschritte; ω = den übernatürlichen Zielpunkt (Fülle Christi) des Reiches Gottes, so sehe ich drei hauptsächliche Beziehungen zwischen o und ω: 1. entweder sind o und ω *zwei disparate* (unabhängige) *Zielpunkte,* die auf zwei verschiedenen Ebenen innerhalb desselben geschaffenen Wirkens erarbeitet werden (z. B. ω ist das Produkt des menschlichen Wirkens, das als moralisch und 'um Gottes willen getan' angesehen wird; und o ist die für den Himmel nutzlose Frucht desselben Wirkens, sofern es zeitlich gelungen ist); 2. oder aber o und ω sind *zwei antagonistische Zielpunkte,* von denen der eine den anderen zu eliminieren trachtet, derart, daß jeder Punkt geschaffener Aktivität ein Ort der Entscheidung und Trennung zwischen o und ω ist (= Doktrin der klaren und einfachen Entsagung); 3. oder aber schließlich sind o und ω *zwei hierarchisierte Zielpunkte,* wobei ω eine Vergrößerung von o ist, das es 'auf seiner ursprünglichen Achse' eingefangen und sublimiert hat. (Man kann sich z. B. vorstellen, daß das natürliche menschliche Bemühen und die Gnade, *jedes zu einem wesentlichen Teil,* bei der Entwicklung des Geistes zusammenwirken, der *sich weiterhin in seiner natürlichen Substanz herausbildet,* während Gott ihn gleichzeitig zur übernatürlichen Ordnung erhebt. Unter diesen Bedingungen wäre die Welt nicht nur ein Ort der Pflichterfüllung: sie ist *ein zu verwirklichendes Werk»* [9]). Für Teilhard ist nur die dritte Definition akzeptabel, die den Vorteil hat, daß «in der Hypothese des Christus, der die natürliche Evolution der Welt sich zu eigen macht und übernaturalisiert, wirklich, buchstäblich *quidquid patimur, Christus agit et quidquid agimus, Christus agitur»* [10].

Die Texte lassen keinen Zweifel: die teilhardsche O.-Spekulation ist in erster Linie Ausdruck einer Mystik, die sich in der *Metaphysik der unio creatrix* die Möglichkeit eröffnet hat, sich philosophisch zur Sprache zu bringen. Es ist im Hinblick auf diese mystischen Wurzeln der O.-Spekulation nicht unrichtig zu sagen, daß das ganze Lebenswerk Teilhards das Bemühen ist, O.-Christus als dem erkannten Universum kohärent und kompatibel zur Sprache zu bringen, ohne daß dadurch seine Transzendenz in Frage gestellt würde. Die Fülle der Texte und Variationen zum O.-Thema können hier nur angedeutet werden. Auf eine grundlegende Tendenz zur begrifflichen Vereinfachung ist aber noch hinzuweisen: In späteren Texten wird die O.-Wirklichkeit nicht mehr in zwei hierarchisierte Zielpunkte, sondern nur mehr in den immanenten und den transzendenten Aspekt der einen O.-Wirklichkeit differenziert.

Darüber hinaus werden in den dreißiger Jahren vor allem wesentliche Momente aus dem personalistischen Denken Teilhards in die O.-Spekulation eingebracht: Der «kosmische Punkt O.» [11] als «der universelle und übermenschliche Zielpunkt», zu dem die Evolution hinführt, muß «sich gleichzeitig als *unvergänglich* und *personal* darstellen» [12]. O. als möglicher Zielpunkt des Universums – möglich, insofern keine Notwendigkeit a retro besteht, zu O. zu gelangen (andere, aber abzulehnende Möglichkeiten beschreibt Teilhard insbesondere in ‹La grande option› (1939) [13]) – muß, «da es weder Verschmelzung noch Auflösung der elementaren Personen gibt, (...) notwendig von ihnen verschieden sein, das heißt seine eigene Personalität haben» [14].

Der Aspekt der Unvergänglichkeit des O. führt zu der Frage nach dem Topos dieses «Punktes». In den meisten Schriften, insbesondere in den deutlicher an der Orientierung in der naturwissenschaftlich erkannten Welt interessierten (z. B. ‹L'hominisation› 1925, ‹L'esprit nouveau› 1942), erscheint O. als Ziel- und Endpunkt der konvergierenden evolutiven Bewegung – ein Ziel- und Endpunkt, der nicht mit Notwendigkeit erreicht wird, der vielmehr zum Erreichtwerden die Zustimmung der im Menschen bewußt gewordenen Evolution erfordert –; in den Texten dagegen, die aus einer christlichen Glaubensmystik heraus sprechen, erscheint der Punkt O. als der Ort der Vollendung der Inkarnation, als der Ort, an dem das im personalen Bewußtsein Geist gewordene Universum sich dem inkarnierten Wort Gottes vereint und mit ihm und durch es hindurch in die ewige Teilhabe an dem unendlichen Prozeß der Existenz des trinitaren Gottes eingeht. O. ist in der Sicht des Mystikers also nicht nur der Endpunkt der Geschichte des Universums, sondern zugleich Eröffnung einer unendlichen Zukunft in Gott, im Pleroma.

Anmerkungen. [1] G. KITTEL: Art. ‹ἄλφα›, in: Theol. Wb. zum NT, hg. KITTEL 1 (1933) 2. – [2] Vgl. ebda. – [3] P. TEILHARD DE CHARDIN: La lutte contre la multitude (1917). Oeuvres 12, Ecrits du temps de la guerre 1916-1919 (Paris 1965) 129-152, zit. 135; dtsch.: Der Kampf gegen die Vielheit. Frühe Schr. (1968) 109-136, vgl. 115. – [4] L'apparition de l'homme. Oeuvres 2 (1956) 80. – [5] Journal 1, 1915-1919 (Paris 1975) 271f. [30. 1. 1918]; dtsch.: Tagebücher 1-3 (1974-1977), zit. 2, 218f. – [6] Vgl. z. B. La découverte du passé (1935). Oeuvres 3 (1957) 264f.; Lettres de voyage 1923-1955 (Paris 1956) 59 [Okt. 1923]; dtsch.: Geheimnis und Verheißung der Erde, Reisebriefe 1923-1939 (1958) 61. – [7] Comment je crois (1934). Oeuvres 10 (1969) 124f. – [8] a.O. [5] 284 [2. 3. 1918], zit. dtsch. 2, 242. – [9] Mon univers (1918). Oeuvres 12 (Paris 1965) 301f. – [10] a.O. 303. – [11] Vgl. L'énergie humaine, Teil V: L'entretien de l'énergie humaine et 'le point cosmique O.'. Oeuvres 6 (1962) 172-180. – [12] a.O. 175. – [13] Vgl. Oeuvres 5 (1959) 55-81. – [14] a.O. [11] 180.

Literaturhinweise. Seit 1955 Vollständigkeit anstrebende Primär- und Sekundärbibliographie in: Arch. hist. Soc. Jesu, Bibliographia de Historia Societatis Jesu (Rom 1955ff.); daneben R. REZEK: Les premières 15 années. Bibliographie française sur Teilhard de Chardin (São Paulo 1973). – Für das Werk grundlegend: C. CUÉNOT: Bibliogr. des œuvres de Teilhard de Chardin, in: Pierre Teilhard de Chardin. Les grandes étapes de son évolution (Paris 1958) 567-627; dtsch.: Pierre Teilhard de Chardin, Leben und Werk (1966), mit überarb. Bibl.

K. SCHMITZ-MOORMANN

Onomatopöie (frz. onomatopée; engl. onomatopoeia). – 1. Ὀνοματοποιία (ὀνοματοποιεῖν) heißt ursprünglich – seit ARISTOTELES [1] – jede Form von *Wortneuschöpfung*. In dieser Bedeutung begegnet der Begriff zunächst vornehmlich im griechischen Sprachraum [2]; seine lateinischen Äquivalente werden mit ‹compositio› bzw. ‹fictio nominum› [3] oder ‹nuncupatio› [4] angegeben. Als Bezeichnung der Namengebung im Schöpfungsbericht dient O. dem Kirchenvater GREGOR VON NYSSA [5]. Bereits der Platoniker PHILON VON ALEXANDRIA [6] hatte den gleichbedeutenden Terminus θέσις ὀνομάτων in bezug auf die Namengebung durch Adam verwendet, während PLATON selbst den mythischen Sprachschöpfer ὀνοματοθέτης bzw. ὀνοματουργός [7] (= ὀνοματοποιός) nennt, was VICO wohl aufgreift, wenn er von der «divina onomathesia [= O.] ovvero imposizione dei nomi alle cose» [8] spricht, die Adam von Gott verliehen war.

Im Zusammenhang *poetologischer* Fragestellungen, die von der Bewertung der O. (= Wortneuschöpfung) durch QUINTILIAN bzw. HORAZ [9] ausgingen, läßt sich der Begriff über die Renaissancepoetiken bis ins 18. Jh. belegen [10]. Ansätze zu einer Festlegung des Begriffs auf Wortschöpfung im Sinne *wissenschaftlicher* Terminologiebildung [11] bleiben folgenlos. – In seiner ursprünglichen, weiten Bedeutung nur gelegentlich (da nicht durchgängig latinisiert) verwendet [12], wird ‹O.› im 19. Jh. ungebräuchlich.

Anmerkungen. [1] ARISTOTELES, Cat. 7 a 5; Eth. Nic. 1108 a 18; Top. 104 b 36f. – [2] SEXTUS EMPIRICUS, Adv. Math. I, 314; IRENÄUS VON LYON, Adv. haer. MPG 7, 565 B; GREGOR VON NYSSA, Contra Eunom. MPG 45, 621 C; SUIDAE lex., hg. A. ADLER 3 (1933) 441. – [3] QUINTILIAN, Inst. orat. 8, 6, 31. – [4] G. BUDÉ, Opera 3 (Basel 1557; ND Farnborough 1966) 1110. – [5] GREGOR VON NYSSA, Hex. 15. MPG 44, 77 B. – [6] PHILON VON ALEXANDRIA, De mundi opif. 148. Werke, hg. L. COHN/P. WENDLAND 1 (1896; ND 1962) 51f. – [7] PLATON, Charm. 175 b; Crat. 398 a. – [8] G. VICO, Opere, hg. F. NICOLINI 4/1 (Bari 1942) 162. – [9] HORAZ, Ars poet. 55; QUINTILIAN, a.O. [3]. – [10] G. B. PIGNA: Poetica Horatiana (Venedig 1561; ND 1969) 29; G. CAMPBELL: The philos. of rhet., hg. L. F. BITZER (Carbondale 1963) 300f. – [11] J. MICRAELIUS: Lexicon philosophicum (²1662; ND 1966) 928; C. A. CRUSIUS: Weg zur Gewißheit und Zuverlässigkeit der menschl. Erkenntnis (1747; ND 1965) 405f. – [12] H. GROTIUS: Epistolae ad Gallos (Leiden 1648) 439; G. W. LEIBNIZ, Opuscules et frg. inéd., hg. L. COUTURAT (Paris 1903; ND 1966) 35; Akad.-A. 6/2 (1966) 411; W. T. KRUG: Allg. Handwb. philos. Wiss.en 3 (1833; ND 1969) 115.

2. In der Bedeutung von *Schallnachahmung* läßt sich der Begriffsgebrauch von ‹O.› bis auf PHILON zurückverfolgen, der sie von der Affektmalerei noch nicht scheidet [1]. Noch vor PLUTARCH ist O. eindeutig – und für die Folgezeit verbindlich – als Nachahmung akustischer Phänomene definiert [2]. QUINTILIAN [3] sieht den Sprachursprung (wie schon die Stoiker, bei denen der Begriff nicht belegt ist [4]) in der O. Die griechischen [5] und auch die lateinischen Grammatiker, die die Onomatopoetica als «nomina de sono facta» [6] bezeichnen, ordnen die O. in eine Systematik der Tropen ein [7]. Hierin folgt das *Mittelalter*, dem der Begriff auch durch ISIDOR VON SEVILLA [8] bekannt gewesen sein dürfte, der antiken Tradition [9]. Während der griechische Terminus hier und in der Folgezeit häufig durch ‹nomen› bzw. ‹vocabulum ficticium› substituiert wird [10], ist er im 17. Jh. – SCHOTTELIUS führt die Onomatopoetica als «Lautwörter» ins Deutsche ein – gebräuchlich [11]. Bedeutungserweiternd definiert LEIBNIZ die O., die bei ihm neben Schallnachahmung auch Naturnachahmung durch Sprache allgemein umfaßt: O. liegt vor, wo Laut und Sache sinnfällig übereinstimmen (ubi sonus rebus manifestè consentit; K. VOSSLER wird hierfür später den Begriff der «phänomenopoetischen» Funktion der Sprache prägen: «jede Art von Sinneseindrücken, nicht nur die des Gehörs, können unmittelbar sprechend werden» [12]). So kann er die O. als imitatio naturae für eine Theorie des Sprachursprungs fruchtbar machen [13]. Angeregt durch ROUSSEAU [14] und später durch HERDER [15] entsteht eine Debatte um die Hypothese der Entstehung der Sprache aus der O. Als Verfechter des göttlichen Ursprungs der Sprache muß J.P. SÜSSMILCH die genetische Entwicklung der Sprache aus den ὀνοματοπεποιημένα [16], wie sie etwa von VATER, TIEDEMANN und DE BROSSES behauptet wird [17], ablehnen.

In seiner griechischen Form verschwindet der Begriff in der Folgezeit fast völlig, um im Französischen als ‹onomatopée› bzw. im Deutschen als ‹Onomatopöie› Eingang in die Nationalsprachen zu finden [18]. Während das Problem des Sprachursprungs durch O. zumeist ohne Verwendung des Terminus noch von FICHTE, den Brüdern SCHLEGEL und HEGEL diskutiert wird [19], ist er seit etwa der Mitte des 19. Jh. Bestandteil der sprachwissenschaftlichen Terminologie. – Schon früh erhebt

O. F. GRUPPE [20] die Forderung nach einer Widerlegung der onomatopoetischen Sprachursprungstheorie durch *sprachgeschichtliche* Forschung, die von F. M. MÜLLER, L. GEIGER und L. NOIRÉ ausgeführt wird [21]. Diese Position setzt sich jedoch nicht allgemein durch [22]: So will H. STEINTHAL die O. als «Reflex» bzw. «psycho-physische Tatsache» als *einen* Faktor erhalten wissen [23]. – Eine begrenzte Bedeutung mißt W. WUNDT der O. im Prozeß des kindlichen Spracherwerbs zu [24]. Vereinzelt steht F. MAUTHNERS eigenständige Konzeption einer «O. der Betonung» [25] da; ähnlich E. CASSIRERS Beschreibung der O. als Form einer «physiognomischen Weltansicht», die «das unmittelbare 'Gesicht' der Dinge und mit diesem ihr wahres Wesen einzufangen» sucht [26]. – Daneben wird die O. noch in den neueren Poetiken als Stilmittel berücksichtigt [27].

Anmerkungen. [1] PHILON, Werke, hg. L. COHN/P. WENDLAND 3 (1898, ND 1962) 201. – [2] STRABON, Works, hg. und übers. H. L. JONES 6 (London/Cambridge, Mass. 1960) 302ff.; PLUTARCH, Moralia 747 d. – [3] QUINTILIAN, Inst. orat. 8, 6, 31; 8, 3, 30. – [4] Vgl. SVF 2, 146; B. ROSENKRANZ: Der Ursprung der Sprache (1961) 13. – [5] TRYPHON, De tropis, in: Rhetores Graeci, hg. C. Walz (1832-36; ND 1968) 8, 740f.; Scholia in Dion. Thracis artem gramm., in: Grammatici Graeci, hg. A. HILGARD 1/3 (1901) 461. – [6] DONATUS, Ars gramm., in: Grammatici Latini, hg. H. KEIL (= GLK) 4 (1864; ND 1961) 400; POMPEIUS, Comm. artis Donati. GLK 5 (1868; ND 1961) 308. – [7] PRISCIAN, Inst. gramm. GLK 2 (1855; ND 1961) 450; DIOMEDES, Ars gramm. GLK 1 (1857; ND 1961) 460. – [8] ISIDOR VON SEVILLA, Etymol. I, 37, 14. – [9] C. THUROT (Hg.): Extraits de divers ms. latins pour servir à l'hist. des doctrines grammat. au MA (Paris 1869; ND 1964) 469f. – [10] JOHANNES DACUS, Opera, hg. A. OTTO 1/2 (Kopenhagen 1955) 410ff.; TH. BIBLIANDER: De ratione communi omnium linguarum et litterarum comm. (Zürich 1548) 152; C. GESNER: Mithridates (Zürich 1555) fol. 71vff. – [11] J. G. SCHOTTELIUS: Ausführl. Arbeit von der Teutschen Haubt Sprache (1663; ND 1967) 1465. 778; H. GROTIUS, Opera omnia theol. 1 (Amsterdam 1679; ND 1972) 363. – [12] G. W. LEIBNIZ: Collectanea etymologica. Opera omnia, hg. L. DUTENS 6/2 (Genf 1768) 111; K. VOSSLER: Geist und Kultur in der Sprache (1925) 230. – [13] LEIBNIZ, Opusc. et frg. inéd., hg. L. COUTURAT (Paris 1903; ND 1966) 151. – [14] J.-J. ROUSSEAU, Discours sur l'origine et les fondements de l'inégalité parmi les hommes. Oeuvres compl., hg. B. GAGNEBIN/M. RAYMOND 3 (Paris 1964) 148; vgl. dazu: M. MENDELSSOHN, Jub.-A. 2 (1931) 106ff. – [15] J. G. HERDER, Abh. über den Ursprung der Sprache. Sämtl. Werke, hg. B. SUPHAN 5 (1891; ND 1967) 35ff.; vgl. dazu: J. G. HAMANN, Philol. Einfälle und Zweifel. Werke, hg. J. NADLER 3 (1951) 37. – [16] J. P. SÜSSMILCH: Versuch eines Beweises, daß die erste Sprache ihren Ursprung nicht vom Menschen, sondern allein vom Schöpfer erhalten habe (1766) 123. 69ff. – [17] J. S. VATER: Übersicht des Neuesten, was für Philos. der Sprache in Teutschland gethan worden ist (1799) 5ff.; D. TIEDEMANN: Versuch einer Erklärung des Ursprunges der Sprache (1772) 188f.; C. DE BROSSES: Traité de la formation mécanique des langues (Paris 1765) 1, 218ff. – [18] Encyclop., hg. D. DIDEROT/J. L. D'ALEMBERT (Paris 1751ff.) 9, 261: Art. ‹langue›; 11, 484: Art. ‹onomatopée›; J. JEITELES: Ästhet. Lex. 2 (1837) 145; W. T. KRUG: Allg. Handwb. der philos. Wiss.en 3 (1833; ND 1969) 115. – [19] J. G. FICHTE, Akad.-A. 1/3 (1966) 103ff.; a.O. 4/1 (1977) 311; A. W. SCHLEGEL, Krit. Schr. und Br., hg. E. LOHNER 1 (1962) 151; FR. SCHLEGEL, Krit. A., hg. E. BEHLER 1/8 (1975) 167; a.O. 1/10 (1969) 360; G. W. F. HEGEL, Jub.-A., hg. H. GLOCKNER 3 (⁴1961) 211; a.O. 9 (³1958) 234. – [20] O. F. GRUPPE: Wendepunkt der Philos. im 19. Jh. (1834) 72. – [21] F. M. MÜLLER: Das Denken im Lichte der Sprache (1888) 187ff.; Die Wiss. der Sprache 1 (1892) 470ff.; a.O. 2 (1893) 362ff.; L. GEIGER: Ursprung und Entwickl. der menschl. Sprache und Vernunft 1 (1868) 167ff.; L. NOIRÉ: Der Ursprung der Sprache (1877) 333; Die Welt als Entwickl. des Geistes (1874) 246; vgl. dagegen im 20. Jh.: F. JODL: Lb. der Psychol. 2 (⁵/⁶1924) 244f.; H. PAUL: Prinzipien der Sprachgesch. (⁹1975) 178. – [22] A. MARTY: Über Sprachreflex, Nativismus und absichtl. Sprachbildung. Vjschr. wiss. Philos. 14 (1890) 55-84; bes. 74; T. CURTI: Die Entstehung der Sprache durch Nachahmung des Schalles (1885) passim; M. LAZARUS: Das Leben der Seele 2 (²1878) 112ff. – [23] H. STEINTHAL: Abriß der Sprachwiss. 1 (²1881) 376ff. – [24] W. WUNDT: Essays (1885) 250ff.; Völkerpsychol. 1/1 (³1911) 329ff.; Grundriß der Psychol. (¹¹1913) 359. – [25] F. MAUTHNER: Beitr. zu einer Kritik der Sprache 2 (³1923) 517ff. – [26] E. CASSIRER: Philos. der symbol. Formen 3 (⁴1964) 128f. – [27] F. KAINZ: Vorles. über Ästh. (Wien 1948) 529; W. KAYSER: Das sprachliche Kunstwerk (⁷1961) 103ff.

3. In der neueren *Sprachwissenschaft* wird das Phänomen der O. häufig vor dem Hintergrund der jeweils entwickelten Zeichenmodelle behandelt, so etwa von F. DE SAUSSURE als (zu vernachlässigende) Ausnahme vom Prinzip der Arbitrarität des sprachlichen Zeichens und von C. K. OGDEN und I. A. RICHARDS als Ausnahmefall eines direkten, nicht durch «thought/reference» vermittelten Bezuges des sprachlichen Symbols auf ein außersprachliches Objekt [1]. Einen solchen 'naturwüchsigen' (motivierten) Charakter der O. bestreitet W. J. ENTWISTLE, der ihre Konventionalität behauptet [2]. Als eine Randerscheinung der Sprache faßt K. BÜHLER die O.: Ihren «Maltendenzen» sind durch das Überwiegen des (nicht nachahmenden) Symbolfeldes der Sprache sowie durch Phonologie und Syntax enge Grenzen gezogen [3]. S. ULLMANN unterscheidet zwischen einer primären (Schallnachahmung) und einer sekundären O. (Nachahmung nicht-akustischer Phänomene) [4]. In ihrer Bedeutung für die Klärung des Sprachursprungs weiterhin umstritten [5], wird die O. zunehmend zum Gegenstand sprachpsychologischen Interesses [6].

Anmerkungen. [1] F. DE SAUSSURE: Cours de linguistique gén., hg. CH. BALLY u.a. (Paris 1976) 101f.; C. K. OGDEN und I. A. RICHARDS: The meaning of meaning (London ¹⁰1969) 12. – [2] W. J. ENTWISTLE: Aspects of language (London 1953) 15. – [3] K. BÜHLER: Sprachtheorie (²1965; ND 1978) 195ff. 153. – [4] S. ULLMANN: Semantik (1973) 107ff.; Semantic universals, in: J. H. GREENBERG (Hg.): Universals of language (Cambridge, Mass./London ²1966) 225f. – [5] E. SAPIR: Language (New York 1949) 7f. – [6] H. HÖRMANN: Psychol. der Sprache (²1970) 229ff.

Literaturhinweise. S. ULLMANN s. Anm. [4 zu 3]. – T. LEWANDOWSKI: Linguist. Wb. 2 (1975) 454f.

S. LORENZ/W. SCHRÖDER

Ontogenese. Den Begriff ‹Ontogenesis› prägte 1866 E. HAECKEL [1]. Er verstand darunter die Entwicklungsgeschichte des einzelnen Lebewesens von der befruchteten Eizelle bis zum Eintritt der Geschlechtsreife. Der Ontogenesis stellte Haeckel die Phylogenesis (Stammesgeschichte) gegenüber [2].

Bei den Metazoen, den mehrzelligen Organismen, lassen sich verschiedene Abschnitte der O. unterscheiden: 1. die Embryonalentwicklung bis zum Schlüpfen der Larven oder der Geburt der Embryonen; 2. die Jugendentwicklung, gekennzeichnet durch selbständige Nahrungsaufnahme, starkes Wachstum, eventuell durch den Besitz larvaler Organe. Das Entstehen der Adultform kann kontinuierlich vor sich gehen (direkte Entwicklung), oder es ist eine Metamorphose mit mehr oder weniger starken Formveränderungen eingeschaltet (indirekte Entwicklung). Häufig wird 3. zur O. auch das Adult- und Altersstadium gerechnet.

Die Analyse der O.n verschiedener Tierformen hat wesentliche Kriterien zur Auffindung von Homologien geliefert und dazu beigetragen, verwandtschaftliche Beziehungen zu erhellen. Schon K. E. VON BAER erkannte, daß sich die gemeinsamen Merkmale einer großen Tiergruppe früher ausbilden als die besonderen (Gesetz der

Embryonenähnlichkeiten) [3]. HAECKEL leitete dann aus den morphologischen Ähnlichkeiten in der Individualentwicklung und in der Stammesgeschichte das «biogenetische Grundgesetz» ab: «Die Ontogenesis ist die kurze und schnelle Rekapitulation der Phylogenesis» [4]. Diese Behauptung wird stark eingeschränkt durch zahlreiche Anpassungen des sich entwickelnden Keimes an seine spezifische Umwelt. Deshalb spricht man heute von «biogenetischer Regel». Was hinsichtlich der ontogenetischen Rekapitulationen für den morphologischen Bereich gilt, läßt sich auch für physiologische Vorgänge und für Verhaltensweisen aufzeigen [5].

Anmerkungen. [1] E. HAECKEL: Generelle Morphol. der Organismen (1866) 1, 55. – [2] a.O. 1, 55. 57. – [3] K. E. VON BAER: Über Entwicklungsgesch. der Thiere (1828). – [4] HAECKEL, a.O. [1] 2, 300. – [5] K. LORENZ: Vergl. Bewegungsstudien an Anatinen. J. Ornithol., Erg.bd. III (1941) 194-294.   H. ENGLÄNDER

Ontologie (neugriech. ὀντολογία, neulat./ital. ontologia, frz. ontologie, engl. ontology). – 1. *Die Schulphilosophie des 16. und 17. Jh. und Leibniz.* – Das Wort ‹Ontologie› scheint auf R. GÖCKEL (GOCLENIUS; 1547-1628) zurückzugehen [1]. In seinem ‹Lexicon philosophicum› unterscheidet Goclenius die drei «kontemplativen Wissenschaften» nach dem Modus ihrer Abstraktion von der Materie. Diese Abstraktion kann die singuläre bzw. sinnenhafte Materie, d.h. diesen oder jenen Körper, betreffen: abstractio physica. Sie kann sich aber auch sowohl auf die singuläre wie allgemeine Materie beziehen, die wie erstere ebenfalls nur secundum rationem abstrahiert wird. Das ist die abstractio mathematica *und* die abstractio ὀντολογική, das bedeutet: die in der Philosophie vom Seienden bzw. den Transzendentien stattfindende Abstraktion. Schließlich gibt es eine Abstraktion von der Materie secundum rem und secundum rationem. Das ist die abstractio transnaturalis, die auf Gott und die Intelligenzen zutrifft. Von der ὀντολογία wird eigens angemerkt, daß sie eine philosophia de *ente* sei [2]. Die ‹scientia› transnaturalis als Lehre von Gott und den Engeln wird von der ‹scientia› ὀντολογική als Lehre vom Seienden und den Transzendentien unterschieden, und zwar aufgrund des Verhältnisses dieser Gegenstände zur Materie. Das Wort ‹O.› bringt damit eine bereits vor seiner Neubildung sich anbahnende Entwicklung im 16. Jh. zum Ausdruck.

Hatte ARISTOTELES, bei dem sich zwar noch nicht der Name, wohl aber die Sache der O. im Sinne einer Seinswissenschaft in aller Form findet [3], diese in der notwendigen polaren Spannung von Seins- und Gotteswissenschaft, von allgemeiner und spezieller Metaphysik entworfen und daher deren innere Einheit in einer einzigen Wissenschaft aufgehoben, so beginnen die beiden Pole von Seins- und Gotteswissenschaft bereits bei PERERIUS (†1610) sich zu verselbständigen und als zwei verschiedene Wissenschaften sich nebeneinander zu ordnen: Erste Philosophie und allgemeine Wissenschaft auf der einen, Metaphysik im Sinne von Theologie, Weisheit und göttlicher Wissenschaft auf der anderen Seite [4]. Nicht zufällig nennt GOCLENIUS in demselben Artikel ‹Abstractio materiae› den Namen des Pererius. SUÁREZ hatte die Konzeption der aristotelischen Metaphysik noch durchschaut und daran festgehalten [5]. MICRAELIUS (1597-1658) jedoch greift auf die von Pererius getroffene Unterscheidung zurück und bringt sie in exemplarischer und für die Schulphilosophie des 17. Jh. wirksamer Weise zur Darstellung: «Der Gegenstand der Metaphysik ist das Seiende, insofern es seiend ist. Daher wird sie auch von einigen O. (ὀντολογία) genannt ... Die Metaphysik wird unterteilt in die allgemeine, in der das Seiende in seinem abstraktesten Sinne und in völliger Indifferenz betrachtet wird, ... und in eine besondere Metaphysik, in der das Seiende in jenen Arten von Substanzen betrachtet wird, die von jeglicher Materie abgetrennt sind, wie es Gott, die Engel und die abgetrennte Seele sind» [6].

In den ‹Prolegomena› zu seiner ‹Metaphysik› von 1656 stellt J. CLAUBERG (1622-1665) eine Wissenschaft vor, die sich mit «den intelligiblen, mehr allgemeinen und abstrakten Gegenständen befaßt, welche Aristoteles als 'diejenigen nach den physischen Gegenständen' (kommend) bezeichnet hat. Aus diesem Grunde ist auch der Name der Metaphysik geschaffen worden, welche man gewissermaßen eine postphysische Wissenschaft heißen könne, entweder wegen der Universalität ihres Objektes oder auch, weil sie aufgrund ihrer Würde über die physische (Wissenschaft) emporgehoben ist» (ad res intelligibiles magisque communes et abstractas, quas τὰ μετὰ τὰ φυσικά Aristoteles appellavit, unde effectum nomen Metaphysicae, quasi dicas scientiam postphysicam vel obiecti universalitate aut etiam dignitate supra physicam elevatam) [7]. Diese höchste Wissenschaft beziehen die Philosophen sowohl auf die Kenntnis Gottes und ähnlicher Dinge, sie wollen darin aber vorrangig die allgemeine Lehre vom Seienden behandeln (doctrinam de Ente generalem), weshalb man sie auch eine universalis seu Catholica scientia heißen könne [8]. Ihr Gegenstand ist das «ens quatenus ens est», d.h. «insofern es allgemein von Gott und allen geschaffenen Dingen, den materiellen wie immateriellen, ausgesagt werden kann» (quatenus communiter de Deo rebusque creatis omnibus, materialibus et immaterialibus affirmari potest) [9]. Da diese Wissenschaft sich mit dem ens in genere befaßt, scheint sie nicht unpassend Ontosophia vel O. geheißen werden zu können [10]. Metaphysica, scientia universalis seu Catholica, O. vel Ontosophia: das geht nicht in die Richtung der von Pererius, Goclenius und Micraelius verengten O., sondern in die Richtung der von Aristoteles allumfassend gedachten Seinswissenschaft.

J. B. DU HAMEL (1624-1706) weist einleitend auf den Schwierigkeitsgrad der Metaphysik hin und gliedert die Metaphysik (hanc philosophiae partem) in drei Traktate auf: 1. In die O. bzw. die Wissenschaft vom Seienden bzw. die Erste Philosophie. Diese ist eine scientia generalis, aus welcher die beiden anderen Traktate herausfließen (dimanant). Ihre Untersuchung bezieht sich «auf die Natur des Seienden selbst, seine Prinzipien, Eigentümlichkeiten (affectiones) und auf seine ersten gewissermaßen Arten» (species) [11]. Der 2. Traktat, nämlich die Ätiologie, d.h. der Traktat von den Ursachen, nimmt die O. heraus. Er macht die eigentliche Metaphysik (Metaphysica proprie dicta) aus. In Gegenüberstellung dieser Metaphysik zur Physik werden beider Unterschiedlichkeiten herausgearbeitet: Die Physik untersucht nur die Dinge, die in die Materie eingetaucht sind, die Metaphysik dagegen die Gründe der Dinge, die mehr von der Berührung mit der Materie getrennt und daher verharrend (firmae) sind [12]. Die Physik wendet sich, wie Fr. Bacon bemerke, lediglich der Existenz der Dinge zu, der Bewegung und einer natürlichen gewissen Notwendigkeit der Materie, die Metaphysik hingegen forscht sehr sorgfältig nach dem ersten Grund und der Idee des herzustellenden Dinges. Untersuchungsgegenstand der Physik sind die res concretae, der Metaphysik hingegen die res abstractae, die von der Materie getrennten Formen und Gründe der Dinge [13]. Daher ist die Metaphysik auch das Haupt der in der Physik durchgeführten Untersuchungen (Physicae contemplationis caput) [14]. Der 3. Traktat der im weiteren Sinne verstandenen Metaphysik ist die Theologia naturalis, die vor allem Gott und die Seele zum Thema ihrer Erörterung hat, denn von den Engeln ist für uns nur sehr wenig durchschaubar. Bedenkt man, daß gerade der Begriff der *Ursache* (principium, causa, ratio, forma) sozusagen das Ferment darstellt, welches die drei von Aristoteles unternommenen Anstrengungen zur Bestimmung des Gegenstandes der Metaphysik zu einer strukturellen Einheit zusammenfügt [15], dann kann die von Du Hamel durchgeführte (äußerliche) Dreiteilung der Metaphysik in O. bzw. Erste Philosophie, Metaphysik im eigentlichen Sinn und in Theologia naturalis über die bei ihm noch gegebene innere Einheit von Metaphysik als Seins- und Gotteswissenschaft in einem nicht hinwegtäuschen. Metaphysik als Ursachenlehre und natürliche Theologie emanieren aus der O., das wird klar gesagt.

Der Begriff ‹O.› taucht bei LEIBNIZ (1646–1716) anscheinend nur in seiner ‹Introductio ad Encyclopaediam arcanam› auf. Die dort skizzierte Scientia Generalis «ist nichts anderes als die Wissenschaft vom Denkbaren ganz allgemein, insofern es ein solches ist» (de Cogitabili in universum quatenus tale est) [16]. Sie umfaßt die herkömmliche Logik (Logica hactenus recepta), die Erfindungskunst (Ars inveniendi), die Methode bzw. den Modus zu disponieren (Methodus seu modus disponendi), Synthese und Analyse (Synthesis atque Analysis), die Didaktik bzw. Wissenschaft zu lehren (Didactica seu scientia docendi), die Gnostologie, auch Noologie geheißen (Gnostologia, quam vocant Noologiam), die Erinnerungskunst bzw. die Mnemonik (Ars reminiscendi seu Mnemonica), die zeichenhafte bzw. symbolische Kunst (Ars characteristica seu symbolica), die Kombinationskunst (Ars combinatoria), die Kunst der Spitzfindigkeiten (Ars argutiarum), die philosophische Grammatik (Grammatica philosophica), die Lullsche Kunst (Ars Lulliana), die Geheimlehre der Weisen (Cabbala sapientum) und die natürliche Magie (Magia naturalis). «Vielleicht auch die O., d.h. die Wissenschaft vom Etwas und Nichts, vom Seienden und Nicht-Seienden, von der Sache und der Art der Sache, von der Substanz und dem Akzidens» (Forte etiam Ontologiam seu scientiam de Aliquo et Nihilo, Ente et Non Ente, Re et modo rei, Substantia et Accidente) [17]. Nicht sicher (forte!) ist sich Leibniz, ob er die O. unter den enzyklopädischen Wissenschaftsbegriff subsumieren soll. Ihr Gegenstandsgebiet ist aber genauso weit gefaßt wie bei TIMPLER (1567/68–1624), nach welchem die Metaphysik nicht nur das reale und gedankliche Sein, sondern auch das Nichtseiende, ja alles irgendwie Erkennbare zum Gegenstand hat [18].

Anmerkungen. [1] R. GOCLENIUS: Lexicon philosophicum (Frankfurt a. M. 1613, ND 1964) 16: Art. ‹Abstractio›. – [2] ebda. – [3] ARISTOTELES, Met. IV, 1, 1003 a 20-32 in Verbindung mit VI, 1, 1026 a 23-33. – [4] Vgl. Art. ‹Met.› V, 5; Art. ‹Theol., natürl.›. – [5] Vgl. Art. ‹Theol., natürl.›. – [6] J. MICRAELIUS: Lexicon philosophicum (1653, Stettin ²1662, ND 1966) 654: Art. ‹Met.›. – [7] J. CLAUBERG, Opera omnia philosophica 1 (1656, Amsterdam 1691, ND 1968) 281. – [8] a.O. 281. 283. – [9] 281. – [10] 281. – [11] J. B. DU HAMEL: Philosophia vetus et nova 1-4 (Paris 1678) 3, 14f. – [12] a.O. 15. – [13] ebda. – [14] ebda. – [15] Vgl. bes. ARIST., Met. I, 2; 982 a 4-983 a 23; IV, 1, 1003 a 21-32; VI, 1, 1025 b 18-1026 a 32. – [16] G. W. LEIBNIZ, Opuscules et frg. inéd., hg. L. COUTURAT (Paris 1903, ND 1961) 511. – [17] 511f. – [18] Vgl. Art. ‹Met.› V, 5, Sp. 1236.

Literaturhinweise. – Zum 16. und 17. Jh.: P. BROSCH: Die O. des Johannes Clauberg (1926). – M. WUNDT: Die dtsch. Schulmet. des 17. Jh. (1939); Die dtsch. Schulphilos. im Zeitalter der Aufklärung (1945, ND 1964). – W. PHILIPP: Das Werden der Aufklärung in theol.-geschichtl. Sicht (1957). – J. MANCINI: Una battaglia contro la met. nel seicento: Arnoldo Geulincx. Riv. Filos. neoscol. 49 (1957) 476-500. – E. VOLLRATH: Die Gliederung der Met. in eine Met. generalis und eine Met. specialis. Z. philos. Forsch. 16 (1962) 258-284. – K. FEIEREIS: Die Umprägung der natürl. Theol. in Religionsphilos. (1965) 14-25. – E. M. ROMPE: Die Trennung von O. und Met. Der Ablösungsprozeß und seine Motivierung bei Benedictus Pererius und anderen Denkern des 16. und 17. Jh. (1968). – W. HÜBENER: Scientia de Aliquo et Nihilo. Die hist. Voraussetzungen von Leibniz' O.-Begriff, in: Denken im Schatten des Nihilismus. Festschr. W. Weischedel, hg. A. SCHWAN (1975) 34-54. – W. RÖD (Hg.): Gesch. der Philos. 7: Die Philos. der Neuzeit 1: Von Fr. Bacon bis Spinoza (1978) 113-115. – Vgl. Lit.hinweise Art. ‹Met.› V, 5. – *Zu Aristoteles:* J. B. LOTZ: O. und Met. Scholastik 18 (1943) 1-30. – G. L. MUSKENS: De ente qua ens Metaphysicae aristotelicae obiecto. Mnemosyne 13 (1947) 130-140. – G. PATZIG: Theol. und O. in der ‹Met.› des A. Kantstud. 52 (1961) 185-205. – H. SEIDL (Hg.): A.' Met. I. Halbbd., griech.-dtsch., mit Einl. und Komm. (1978) XXXVI-XLV. 338f. 418-422.

2. Zu Wolff, Kant und Hegel. – Die im 17. Jh. grundgelegte Trennung der natürlichen Theologie von der O. vollendet sich bei CHR. WOLFF (1679-1754), und zwar exemplarisch in seinem lateinischen Werk. «O. seu philosophia prima est scientia entis in genere seu quatenus ens est» (Die O. oder Erste Philosophie ist die Wissenschaft vom Seienden im allgemeinen bzw. sofern es Seiendes ist) [1]. Schon allein das zeitliche Nacheinander im Erscheinen der lateinischen Werke unterstreicht diese Trennung: 1730 die ‹Philosophia prima sive O.›, 1731 die ‹Cosmologia Generalis›, 1732 die ‹Psychologia empirica›, 1734 die ‹Psychologia rationalis›, 1736/37 endlich zweibändig die ‹Theologia naturalis›. Der zeitliche Abstand dieses letzteren Werkes zur O. ist erheblich. Die ‹Deutsche Metaphysik›, die übrigens zehn Auflagen erlebte, enthält demgegenüber noch das Ganze [2] und läßt folgenden Aufbau erkennen: Zunächst wird über die Grundlage zu den realen Stufen des Seienden gehandelt, d.h. eine vom Erkennen her und darum aus der Selbsterkenntnis entwickelte O. geboten [3]. Es folgen die Kapitel über Seele, Welt und Gott [4]. Jedoch auch in der ‹Deutschen Metaphysik› ist Wolffs Tendenz erkennbar, in der Lehre vom menschlichen Geist und von Gott die Metaphysik, in der Lehre vom ens qua ens dagegen die Philosophia prima zu erblicken [5]. Die zwar nicht ganz problemlose, aber von Aristoteles doch einsichtig gemachte Einheit von Erster Philosophie und Metaphysik im Sinne einer natürlichen Theologie ist endgültig zerbrochen. Das hat auf Kants Konzeption von O. und Metaphysik gewirkt.

KANT beurteilt die traditionelle O. als «anmaßend», weil sie «von Dingen überhaupt synthetische Erkenntnisse a priori in einer systematischen Doktrin zu geben (z.E. den Grundsatz der Kausalität)» beanspruche. Der «stolze Name einer O. ... muß dem bescheidenen, einer bloßen Analytik des reinen Verstandes, Platz machen» [6]. Die O. wird daher abgewandelt zur Transzendentalphilosophie als Wissenschaft von den allgemeinsten Begriffen und Grundsätzen aller natürlichen und sittlichen Dinge überhaupt, ohne Objekte anzunehmen, die gegeben wären [7]. Kants Schrift ‹Welches sind die wirklichen Fortschritte, die die Metaphysik seit Leibnizens und Wolffs Zeiten in Deutschland gemacht hat?› von 1791 bekräftigt diese Auffassung von der O. als einem «System aller Verstandesbegriffe und Grundsätze» [8], verdeutlicht aber noch unmißverständlicher als bisher, worin seine O. von der herkömmlichen sich unterscheidet: «Sie berührt nicht das Übersinnliche, welches doch der Endzweck der Metaphysik ist, gehört also zu dieser nur als Propädeutik, als die Halle, oder der Vorhof der eigentlichen Metaphysik, und wird Transzendental-Philosophie genannt, weil sie die Bedingungen und ersten Elemente aller unserer *Erkenntniß* a priori enthält» [9]. Wolffs Trennung der Theologia naturalis von der O. spricht sich in dieser Kantischen Anschauung ebenso aus – Kant nennt Wolff in unmittelbarem Zusammenhange [10] – wie die Entfernung von der aristotelischen Konzeption der Seinswissenschaft (Met. IV, 1 in Verbindung mit Met. VI, 1). Denn nach ARISTOTELES ist O. nicht Propädeutik oder Vorhof, sondern grundlegender Teil der Metaphysik im Sinne von Grundlagenforschung, eine Analyse nicht nur der Begriffe, sondern vornehmlich der Wirklichkeit selbst, nicht nur auf mögliche Gegenstände der Sinneserfahrung eingeschränkt, sondern das Übersinnliche, den Endzweck der Metaphysik, tangierend und darin kulminierend [11]. Dieses Übersinnliche setzt zwar nach Aristoteles den ganzen Unterbau der Sinneserfahrung voraus, wie es die Kapitel 1–5 von Met. XII in ihrer eindringlichen Analyse beweisen, es kann aber durch die Erfahrung selbst nicht mehr belegt werden. Es ist zwar nicht ohne Erfahrung auffindbar, aber durch Erfahrung nicht ausweisbar. Dennoch verdient angemerkt zu werden, daß seit der im 20. Jh. erfolgten Entdeckung von KANTS Kritizismus als versuchter Begründung einer *neuen* Metaphysik die Kantforschung sich der künftigen Aufgabe einer Herausarbeitung der in Kants Transzendentalphilosophie implizierten O. nicht mehr wird entziehen können. Stellvertretend für diese Tendenz der gegenwärtigen Kantforschung seien die Arbeiten von H. G. Redemann und O. Blaha genannt [12].

HEGEL ordnet die «vormalige O.» der Logik zu [13], wobei er an Kants Unterscheidung der Logik in eine allgemeine und transzendentale anknüpfen kann. Letztere enthält «die Lehre von den Kategorien, Reflexionsbegriffen und dann den Vernunftbegriffen», ... also den «objektiven Denkformen» [14]. In Hegels Denken selbst tritt seine «objektive Logik ... an die Stelle der vormaligen Metaphysik» [15]. Diese vormalige Metaphysik stellt sich in der Sicht Hegels als «das wissenschaftliche Gebäude über die Welt» dar, «das nur durch *Gedanken* aufgeführt sein sollte» [16]. Sie gliedert sich für Hegel unmittelbar in die O., die «die Natur des *Ens* überhaupt erforschen sollte» und an deren Stelle unmittelbar die objektive Logik tritt. Die objektive Logik begreift sodann in sich auch die übrige Metaphysik mit ihren Inhalten Seele, Welt und Gott [17]. Faßt Hegel somit unter dem Titel ‹O.› die vormalige Metaphysik, so versteht er diese O. als «Wesenlehre» vom «unmittelbaren Wesen» der «unmittelbar gegenständlichen Dinge» [18]. Gehört daher in Hegels Darstellung der ehemaligen Metaphysik und O. einerseits die Lehre vom ens und andererseits die Lehre von Gott noch zusammen [19], so spricht sich in der Trennung der O. als «Wesenlehre» von der Theologie als Gotteslehre die besonders seit Wolff wirksam gewordene Abspaltung der Theologia naturalis von der O. aus [20].

Anmerkungen. [1] CHR. WOLFF: Philosophia prima, sive O., Methodo scientifica pertractata, qua omnis cognitionis humanae principia continentur (Frankfurt/Leipzig ¹1730, ²1736, ND 1962) § 1. – [2] Vgl. M. WUNDT: Schulphilos. (s. Lit. zu 2) 185. – [3] a.O. 160. – [4] 159. – [5] 141f. 159. 186. – [6] I. KANT, KrV B 303. – [7] KrV B 873. – [8] Akad.-A. 20, 260. – [9] ebda. – [10] 260f. – [11] Vgl. ARIST., Met. XII. – [12] Vgl. Lit. zu 2. – [13] G. W. F. HEGEL: Nürnberger und Heidelberger Schr. (1808-1817). Werke 1-20, hg. E. MOLDENHAUER/K. M. MICHEL (1970/71) 4, 406f. – [14] a.O. – [15] 5, 61. – [16] a.O. – [17] ebda. – [18] 19, 83. – [19] 5, 61. – [20] 19, 83.

Literaturhinweise. – *Zu Chr. Wolff:* H. PICHLER: Über Chr. W.s O. (1910). – H. LÜTHJE: Chr. W.s Philos.begriff. Kantstud. 30 (1925) 39-66. – M. WUNDT: Die dtsch. Schulphilos. im Zeitalter der Aufklärung (1945, ND 1964) 141f. 160-165. 185-189. – H. HEIMSOETH: Chr. W.s O. und die Prinzipienforschung I. Kants, in: Stud. zur Philos. I. Kants (1956) 1-92. – A. BISSINGER: Die Struktur der Gotteserkenntnis. Stud. zur Philos. Chr. W.s (1970). – J. ÉCOLE: Editoris Introd., in: CHR. W., Ges. Werke II/3 (Lat. Schr.), hg. J. ÉCOLE (1962); vgl. Anm. [1] V-XXIV. – *Zu Kant:* N. HARTMANN: Diesseits von Idealismus und Realismus (1924), jetzt in: Kleinere Schr. 2 (1957) 278. 322. – M. WUNDT: K. als Metaphysiker (1924). – M. HEIDEGGER: K. und das Problem der Met. (1929). – H. HEIMSOETH: Stud. zur Philos. I. K.s met. Ursprünge und ontol. Grundl. (1956). – G. MARTIN: I. K. O. und Wiss.theorie (⁴1969). – H. G. REDEMANN: Gott und Welt. Die Schöpfungstheol. der vorkrit. Periode K.s (1962). – O. BLAHA: Die O. K.s. Ihr Grundriß in der Transzendentalphilos. (1967). – M. L. MILES: Logik und Met. bei K. Zu K.s Lehre vom zweifachen Gebrauch des Verstandes und der Vernunft (1978). – *Zu Hegel:* K. FISCHER: Hegels Leben, Werke und Lehre (²1911, ND 1963). – R. KRONER: Von Kant bis H. 1. 2 (1921-24, ²1961). – TH. HAERING: H. Sein Wollen und sein Werk 1. 2 (1929, ND 1963). – B. LAKEBRINK: Stud. zur Met. H.s (1969). – W. WEISCHEDEL: Der Gott der Philosophen 1 (1971) 283-398.

3. *Das 20. Jh.* – Um die Wende zum 20. Jh. beginnt der Begriff ‹O.›, Geschichte zu machen, freilich in einem sowohl von Aristoteles als auch von Wolff bzw. von dessen Vorgängern verschieden beanspruchten Sinn.

a) E. HUSSERLS ‹Prolegomena zur reinen Logik› von 1900 versuchen die Objektivität der logischen Gebilde gegen jede falsche Subjektivierung zu verteidigen. Logische Begriffe und Sätze sind nicht psychische Gebilde, wie dies der in der damaligen Logik herrschende Psychologismus annahm, sondern «ideale Einheiten» und «Idealgesetze». Die Idealität bzw. Apriorität der reinen Logik wird daher nachgewiesen [1]. Die reine Logik gabelt sich ihrer Thematik nach in die Logik der «Bedeutungskategorien» und in die Logik der «formalen gegenständlichen Kategorien» [2]. Erstere ist die Lehre von den «idealen Bedingungen der Möglichkeit von Wissenschaft bzw. Theorie», behandelt also Themen wie Begriff, Satz, Schluß usw. [3] und wird später von Husserl die «apophantische» Logik geheißen [4]. Letztere befaßt sich mit der apriorischen Lehre von den «formalen» Begriffen, die für die Gegenstände überhaupt konstitutiv und «von der Besonderheit irgendwelcher Erkenntnismaterie unabhängig» sind [5]. Zu diesen «formalen» Begriffen gehören z.B.: «Gegenstand, Sachverhalt, Einheit, Vielheit, Anzahl, Beziehung, Verknüpfung usf.» [6]. Nach einer späteren Formulierung von Husserl ist dies die *formale* O. [7], deren übergreifende Einheit die reine Mannigfaltigkeitslehre als Theorie der möglichen Theorieformen ausmacht [8].

Der formalen O. als der fundamentaleren Wissenschaft sind untergeordnet die *regionalen* bzw. *materialen* O.n. In seinen ‹Ideen zu einer reinen Phänomenologie und phänomenologischen Philosophie› von 1913 hat Husserl erneut die Aktphänomenologie in Angriff genommen. Er nennt hier «das die reelle, intensionslose Erlebniskomponente oder den Stoff (Hyle) belebende Moment *Aktnoëse* ..., das durch sie geleistete Gegenstandsmoment *Aktnoëma*» [9]. Stoff und Noëse stellen reelle Teile des Bewußtseinserlebnisses dar, nicht dagegen das Noëma, obwohl es zum Erlebnis gehört, z. B. das

Noëma der Wahrnehmung eines Baumes, das «Baumwahrgenommene». «Der *Baum schlechthin, das Ding in der Natur, ist nichts weniger als dieses Baumwahrgenommene als solches,* das als Wahrnehmungssinn zur jeweiligen Wahrnehmung unabtrennbar gehört. Der Baum schlechthin kann abbrennen, sich in seine chemischen Elemente auflösen usw. Der Sinn aber – Sinn *dieser* Wahrnehmung, ein notwendig zu ihrem Wesen Gehöriges – kann nicht abbrennen, er hat keine chemischen Elemente, keine Kräfte, keine realen Eigenschaften» [10].

Die Analyse der Erlebnisse mit Rücksicht auf das in ihnen Vermeinte, den Sinn, der in seiner Totalität nichts anderes als das Gesamt der Welt ausmacht, führt in gegenständlicher Hinsicht zur Erkenntnis verschiedener Seinsregionen und deren gegenseitiger Abgrenzung. «Jede dieser Regionen (z. B. Natur, Mensch, Geschichte) ist das Objekt einer eigenen auf sie bezogenen Wesenswissenschaft oder *materialen O.*» [11]. Diese materialen bzw. regionalen O.n sind streng apriorische Wissenschaften und bilden das Fundament der auf denselben Gegenstandsbezirk ausgerichteten empirischen Wissenschaften. Über ihnen erhebt sich die formale O., welche alle die im Wesen «Gegenstand überhaupt» gründenden formalen Kategorien samt den darin enthaltenen allgemeinen einsichtigen Sätzen herausarbeitet. Husserl konzipierte diese O.n nicht als letztfundierende philosophische Disziplinen. Da für die O. das Eidos ebenso ein transzendenter Gegenstand ist wie für die Einzelwissenschaften die realen Tatsachen, verharren ontologische Forschung ebenso wie fachwissenschaftliche in der naiven natürlichen Welteinstellung. Husserls Wendung zum transzendentalen Idealismus aufgrund seiner Reduktionsmethode könnte daher scheinbar in Widerstreit geraten mit der Annahme von O.n. Das ist aber nicht der Fall. Denn «zur Gewinnung der Gegenstände der O.n [ist] nicht die gesamte Reduktion, sondern nur die eidetische Komponente dieser Reduktion erforderlich» [12]. Die eidetische Reduktion allein führt zum *transzendenten Eidos,* dem Gegenstand der O. Der alleinige Vollzug der transzendentalen Reduktion führt zum *transzendentalen Faktum,* dem Gegenstand der Metaphysik. O. und Metaphysik unterscheiden sich bei Husserl dadurch, daß beide verschiedenen Komponenten der phänomenologischen Reduktion zugeordnet sind [13].

b) N. HARTMANNS «Neue O.», durch die von Husserl behandelte Problematik mitangeregt, setzt sich prononciert von der alten O. ab. Diese hing nach Hartmanns durchaus zutreffender Ansicht «an der These, das Allgemeine, in der essentia zur Formsubstanz verdichtet und im Begriff faßbar, sei das bestimmende und gestaltgebende Innere der Dinge. Neben die Welt der Dinge, in die auch der Mensch eingeschlossen ist, tritt die Welt der Wesenheiten, die zeitlos und materielos ein Reich der Vollkommenheit und des höheren Seins bildet» [14]. Hartmann kritisiert an dieser alten O. die «Vernachlässigung des empirischen Wissens und jenes Emporwuchern einer rein aus Begriffen [= dem Allgemeinen] deduzierenden Metaphysik» [15]. Hingegen seien «die Kategorien, von denen die neue O. handelt, ... weder durch Definition des Allgemeinen noch durch Ableitung aus einer formalen Tafel der Urteile gewonnen, sondern Zug um Zug den Realverhältnissen abgelauscht» [16]. Die neue O. darf daher nicht mehr «als 'Wesens-O.' in Angriff» genommen werden, sondern sie muß im Gegenteil von jeder «Wesenslehre» ferngehalten werden, um jeder möglichen Annäherung an die substantiellen Formen und damit einer erneuten «Verselbständigung des 'Allgemeinen'» von vornherein einen Riegel vorzuschieben [17]. Hartmanns neue O. versteht sich daher nicht mehr als Metaphysik: weder im Sinne der aristotelischen Seinswissenschaft mit dem Gottesgedanken als integrierendem Problemzusammenhang noch im Sinne des von Chr. Wolff verbreiteten Typs einer O., die immerhin metaphysisch angelegt bleibt, wenn sie auch den Gottesgedanken herausgenommen und die um ihn kreisenden philosophischen Fragen zu einer eigenen wissenschaftlichen Disziplin verselbständigt hat. Die neue O. ist nichts anderes als eine «Kategorialanalyse» (s. d.), d. h. eine Herausarbeitung der «Formenmannigfaltigkeit des Seienden und des Ineinandergreifens von Abhängigkeit und Selbständigkeit» [18]. «Der spekulativ-metaphysische Einschlag der alten O. ist auf der ganzen Linie gefallen. Das Seinsproblem ist auf bescheidenere, aber übersichtliche und ohne alle Gefühlsromantik stellbare Probleme beschränkt» [19].

c) Ausgehend von der faktischen Unterscheidung und der meistens damit auch verbundenen Verwechslung «zwischen dem praktischen Gebrauche und der theoretischen Durchbildung unserer Begriffe» [20] wendet G. JACOBY diese Unterscheidung auf den Begriff der Wirklichkeit selbst an: «Der Gegenstand der nachfolgenden Untersuchungen ist der Bedeutungsgehalt des Begriffes Wirklichkeit» [21]. Es geht um die grundlegende philosophische Frage: «was ist Wirklichkeit?», wobei Jacoby sich in gleicher Weise von dem naiven Wirklichkeitsbegriff (das Wirkliche ist identisch mit dem Wahrgenommenen) distanziert wie von der positivistischen Beschränkung des Außenwirklichkeitsbegriffes auf die immanente Wahrnehmungswirklichkeit [22]. Jacoby nimmt für seine Untersuchung des Begriffs der Wirklichkeit den Titel ‹O.› in Anspruch. Anhand dreier Bedeutungen von O. verdeutlicht er *seinen* Begriff von O. Mit der von ihm als O. der rationalistischen Schulphilosophie des 17. und 18. Jh. bezeichneten O., «die sich mit dem so genannten Seienden und seinen verschiedenen Arten im Allgemeinen beschäftigte», hat seine O. nur die im Anschluß an die Kategorienlehre dieser O. von der modernen Forschung fortgesetzte Gegenstandstheorie gemein. Sie tritt ferner in die Fußstapfen der nach Meinung Jacobys heute geläufigsten Bedeutung von O. im Sinne einer «Theorie über die allgemeinsten Formbeziehungen der Wirklichkeit». «Unter veränderter Methodik» beschäftigt sie sich daher «mit dem, was in der älteren O. unter dem Begriffe der existentia abgehandelt wurde, also nur mit einem Teile dessen, was damals zu einer O. gehörte. Um diesen Sachverhalt zum Ausdruck zu bringen, haben wir der vorliegenden Untersuchung den einschränkenden Titel einer allgemeinen O. nur der Wirklichkeit, nicht den einer allgemeinen O. überhaupt gegeben». Mit einer dritten Bedeutung von O. im Sinne des ontologischen Gottesbeweises, die versucht, «das Wesen der Wirklichkeit ohne Zuhülfenahme der Erfahrung rein logisch aus Begriffen abzuleiten», hat sie nichts zu tun [23]. Jacoby grenzt seine allgemeine O. der Wirklichkeit aber auch von der Metaphysik ab, deren Aufgabe «die Erforschung der übersinnlichen Welt als solcher» ist. Für die Frage: «was ist transzendente Wirklichkeit überhaupt?», erweise sich die O. der Wirklichkeit als zuständig, für die andere Frage dagegen: «wie ist diese transzendente Wirklichkeit im Einzelnen beschaffen?», die Metaphysik. «Das Gegenstandsgebiet der O. ist also die allgemeine Grundlage und Voraussetzung sowohl der Naturwissenschaften als auch der Metaphysik» [24].

d) Im radikalen Unterschied zu N. Hartmann, nicht

ohne Hinweis auf die Möglichkeit seiner Untersuchungen auf dem durch E. Husserl gelegten Boden [25], geht es M. HEIDEGGER nicht um Fundamentalaussagen über das Seiende, sondern vorrangig um die Frage nach dem Sein als solchem. Kennzeichnend dafür sind sein Begriff von der «ontologischen Differenz» des Seins zum Seienden und umgekehrt [26] sowie seine betonte Rede vom «Sinn» bzw. der «Wahrheit des Seins» [27]. Die abendländische Metaphysik denke «in Wahrheit stets nur das Seiende als solches und gerade nicht und nie das Sein als solches» [28]. Auch *J.-P. Sartres* Umkehrung des metaphysischen Satzes, wonach nicht mehr die essentia der existentia, sondern die existentia der essentia vorausgehen soll, verharre «mit der Metaphysik in der Vergessenheit der Wahrheit des Seins» [29]. Wie weit Heideggers Seinsdenken sich von Hartmanns Kategorialanalyse der Formenmannigfaltigkeit des Seienden entfernt hat, veranschaulicht folgender Satz: «Das Sein ist weiter denn alles Seiende und ist gleichwohl dem Menschen näher als jedes Seiende, sei dies ein Fels, ein Tier, ein Kunstwerk, eine Maschine, sei es ein Engel oder Gott. Das Sein ist das Nächste» [30]. Was in der klassischen Metaphysik und O. Gott vorbehalten wurde, nämlich das dem Menschen (und überhaupt allen Dingen) Nächste zu sein, das vergibt Heidegger an das Sein. Wird dieses Seinsdenken damit eine Fundamental-Metaphysik und Fundamental-O., weil es noch hinter Gott zurückzugreifen scheint? Der Satz: «Die Wahrheit des Seins kann deshalb der Grund heißen, in dem die Metaphysik als die Wurzel des Baumes der Philosophie gehalten, aus dem sie genährt wird», könnte in diese Richtung weisen [31]. Ebenso das Wort vom Denken, das, «von der Metaphysik her gesehen, in den Grund der Metaphysik zurück[geht]» [32]. Jedoch das Wort von einer Fundamental-Metaphysik fällt bei Heidegger nicht, wohl das von einer «Fundamental-O.» [33]. Darunter versteht Heidegger zunächst die «existenziale Analytik des Daseins» [34], schärfer gefaßt: die fundamentale Problematik der «Frage nach dem Sinn von Sein überhaupt» [35]. Die Analytik des Daseins erweist sich dabei einerseits als auf diese fundamentalontologische Frage vorbereitend [36], andererseits als «erst des Lichtes aus der zuvor geklärten Idee des Seins überhaupt» bedürftig [37]. Für dieses Verständnis von Fundamental-O. kann Heidegger sogar gelegentlich einfach «O.» sagen [38]. Im selben Humanismusbrief, in welchem Heidegger für das nach der Wahrheit des Seins fragende Denken, das «dabei den Wesensaufenthalt des Menschen vom Sein her und auf dieses hin bestimmt», die geläufigen Titel ‹Ethik› und ‹O.› ablehnt, nimmt er auch die Bezeichnung ‹Fundamental-O.› für das in ‹Sein und Zeit› versuchte «Vordenken» in die Wahrheit des Seins zurück [39]. Genauso wie die Metaphysik wird die O. deshalb kritisiert, weil sie «immer nur das Seiende (ὄν) in seinem Sein» denke und daher ohne ihr Fundament bleibe [40]. «Die 'O.' aber, sei sie transzendentale oder vorkritische, unterliegt der Kritik nicht deshalb, weil sie das Sein des Seienden denkt und dabei das Sein in den Begriff zwängt, sondern weil sie die Wahrheit des Seins nicht denkt und so verkennt, daß es ein Denken gibt, das strenger ist als das begriffliche» [41]. Als «theoretisches Fragen nach dem Sinn des *Seienden*» verstand auch ‹Sein und Zeit› in der Regel den Begriff ‹O.› [42]. Innerhalb dieses «theoretischen Fragens» unterscheidet Heidegger wiederum die O.n, «die Seiendes von nicht daseinsmäßigem Charakter zum Thema haben» [43]. «Alle O.» denkt nach Heidegger nur «die Wahrheit des Seienden» [44]. Die Fundamental-O. vor dem Hineinschlittern in ein solches Denken zu bewahren, macht ihren Verzicht auf eben diesen Titel notwendig und unwiderruflich. Abgesehen von dem Begriff der Fundamental-O. kommt der Begriff ‹O.› bei Heidegger daher in einer dreifachen Bedeutung vor: 1. als identisch mit Fundamental-O., 2. als Lehre vom Sein des daseinsmäßigen Seienden, 3. als Lehre vom Seienden ohne daseinsmäßigen Charakter.

Anmerkungen. [1] E. HUSSERL: Log. Untersuch. 1: Prolegomena zur reinen Logik. Husserliana 18, hg. E. HOLENSTEIN (Den Haag 1975) 25-229. – [2] a.O. 244-246. – [3] Vgl. 244f. – [4] Ideen zu einer reinen phänomenol. und phänomenol. Philos. Husserliana 3/1, hg. W. BIEMEL (Den Haag 1950) 325-329. – [5] a.O. [1] 245. – [6] ebda. – [7] a.O. [4] 362f. – [8] a.O. [1] 248. – [9] W. STEGMÜLLER: Hauptströmungen der Gegenwartsphilos. 1 (⁴1969) 49-95: Kap. Husserl, zit. 73; vgl. HUSSERL, a.O. [4] 241-248. – [10] HUSSERL, a.O. 222. – [11] STEGMÜLLER, a.O. [9] 73; vgl. HUSSERL, a.O. [4] 364-368. – [12] STEGMÜLLER, a.O. [9] 76. – [13] Vgl. 72. – [14] N. HARTMANN: Neue Wege der O. (⁵1969) 8. – [15] a.O. 9. – [16] 13. – [17] 11. – [18] 36; vgl. 18. 20. – [19] 20. – [20] G. JACOBY: Allg. O. der Wirklichkeit 1 (1925) 1; vgl. 3. 4. 6 u.ö. – [21] a.O. 1; vgl. 3f. 6. 9f. 13. – [22] Vgl. 2. 7. 9. 11. – [23] 12f. – [24] 15-17. – [25] M. HEIDEGGER: Sein und Zeit (SuZ) (¹⁴1977) 38. – [26] Identität und Differenz (1957) 43. 46f. 59-67; Was ist Met.? (⁷1955) 23: Einl. (1949); 45f.: Nachw. (1943). – [27] Vgl. z.B. SuZ 183. 200. 230f.; Platons Lehre von der Wahrheit. Mit einem Br. über den Humanismus (²1954) 59f. 61. 65. 69f. 72. 74. 77. – [28] Platons Lehre ... a.O. 76; Was ist Met.? a.O. [26] 8f. (Einl.). – [29] Platons Lehre ... a.O. [27] 72. – [30] a.O. 76. – [31] Was ist Met.? 8 (Einl.). – [32] a.O. 9; vgl. Platons Lehre ... 119. – [33] SuZ 13; Was ist Met.? 21 (Einl.). – [34] SuZ 13f. – [35] a.O. 183. 200. – [36] Vgl. 183. 436. – [37] 436. – [38] 231. – [39] Platons Lehre ... 110. 109; Was ist Met.? 21 (Einl.). – [40] Platons Lehre ... 109. – [41] a.O. 110; vgl. auch Identität ... a.O. [26] 51; Was ist Met.? 21 (Einl.). – [42] SuZ 12f. 39. – [43] a.O. 13. – [44] Was ist Met.? 21 (Einl.).

Literaturhinweise. – *Zu E. Husserl:* O. BECKER: Die Philos. E. H.s. Kantstud. 35/2-3 (1930) 119-150. – W. PÖLL: Wesen und Wesenserkenntnis, mit bes. Berücksichtigung der Phänomenol. H.s und Schelers (1936). – O. JANSSEN: Dasein und Wirklichkeit. Eine Einf. in die Seinslehre (²1942). – W. H. MÜLLER: Die Philos. E. H.s nach den Grundzügen ihrer Entstehung und ihrem systemat. Gehalt (1956). – S. PASSWEG: Phänomenol. und O. (1939). – J. KRAFT: Von H. zu Heidegger (²1957). – W. BIEMEL: Die entscheidenden Phasen von H.s Phänomenol. Z. philos. Forsch. 12 (1958) 187-213. – E. FINK: Sein, Wahrheit, Welt. Vor-Fragen zum Problem des phänomenol. Begriffs. Phaenomenologica 1 (Den Haag 1958). – C. A. VAN PEURSEN: Die Phänomenol. H.s und die Erneuerung der O. Z. philos. Forsch. 16 (1962) 489-501. – W. STEGMÜLLER s. Anm. [9] 49-95. – A. DIEMER: E. H. Versuch einer systemat. Darstellung seiner Phänomenol. (²1965). – ST. STRASSER: Grundgedanken der Sozial-O. E. H.s. Z. philos. Forsch. 29 (1975) 3-33. – *Zu N. Hartmann:* J. KLEIN: Das Sein und das Seiende. Das Grundproblem der O. N. H.s und M. Heideggers (1949). – A. WILMSEN: Ende der alten O.? Scholastik 28 (1953) 361-381. – S. MOSER: Met. einst und jetzt. Krit. Untersuch.en zu Begriff und Ansatz der O. (1958). – K. KANTHACK: N. H. und das Ende der O. (1962). – H. HERRIGEL: Was heißt O. bei N. H.? Z. philos. Forsch. 17 (1963) 111-122. – W. STEGMÜLLER s. Anm. [9] 243-287. 721ff. Bibliogr. – *Zu G. Jacoby:* W. V. DEL NEGRO: O. als Wiss. vom Seienden. Z. philos. Forsch. 11 (1957) 556-575. – G. HENNEMANN: Allg. O. der Wirklichkeit. Z. philos. Forsch. 12 (1958) 596-611. – B. V. FREYTAG: G. J. 80 Jahre alt. Z. philos. Forsch. 15 (1961) 237-250. – *Zu M. Heidegger:* A. STERNBERGER: Der verstandene Tod. Eine Untersuch. zu M. H.s Existential-O. (1934). – J. B. LOTZ: Zum Wesen der Existenzphilos. Scholastik 25 (1950) 161-183. – E. CORETH: Das fundamentalontol. Problem bei H. und Hegel. Scholastik 29 (1954) 1-23. – O. PÖGGELER: Der Denkweg M. H.s (1963). – W. WEISCHEDEL: Der Gott der Philosophen 1 (1971) 458-494. – G. HAEFFNER: H.s Begriff der Met. (1974). – J. B. LOTZ: M. H. und Thomas von Aquin (1975). – F. WIPPLINGER: Met. Grundfragen ihres Ursprungs und ihrer Vollendung (1976). – J. MÖLLER: H. und das Problem der Met., in: Met. und Theol., hg. K. KREMER (1980) 54-75.   K. KREMER

e) In der *Analytischen Philosophie* wird der Ausdruck ‹O.› auf zwei Weisen verwendet: Erstens im Sinne der philosophischen Disziplin der O. (*die* O.); was diese Verwendung betrifft, wird meist zu zeigen versucht, daß traditionelle ontologische Frageweisen durch bestimmte andere Fragen ersetzt werden sollten. Zweitens im Sinne der O., die jemand hat, d. h. der Existenzvoraussetzungen, an die er sich durch das Akzeptieren einer Sprache oder Theorie bindet (*eine* O.).

Eine radikale Kritik an der Fragestellung der traditionellen O. entwickelt R. CARNAP in seinem Aufsatz ‹Empiricism, semantics, and ontology› [1]. Carnap unterscheidet zwischen internen Existenzfragen, die unter Voraussetzung eines bestimmten sprachlichen Rahmens (z. B. der Rede über Zahlen) nach der Wahrheit einer Existenzaussage (z. B. 'Gibt es eine Primzahl größer als 100?') innerhalb dieses Rahmens fragen, und externen Existenzfragen, die nach der Existenz eines solchen Rahmens selbst (der Welt der Zahlen) fragen. Carnap wirft der traditionellen O., die solche externen Existenzfragen als Fragen nach dem «ontologischen Status» des fraglichen Typs von Entitäten, d. h. als die Frage, ob sie das metaphysische Merkmal der Realität, Subsistenz o. ä. besitzen, versteht, vor, sie könne den Sinn dieser Frage, ihren kognitiven Gehalt, nicht verständlich machen. Carnap zieht daraus die Konsequenz, daß die Fragen der O. Pseudofragen sind und es sich bei externen Existenzfragen vielmehr um die praktische Frage handelt, ob man einen bestimmten sprachlichen Rahmen annehmen soll.

Versuche der Rehabilitierung der O. als philosophischer Disziplin finden sich bei P. F. STRAWSON und A. QUINTON. Bei STRAWSON tritt das Wort ‹O.› zwar selten auf, und wenn, dann meist im Sinne von «eine O.», was er gleichsetzt mit «ein begriffliches Schema» [2]. Sein Buch ‹Individuals›, welches den Untertitel ‹An essay in descriptive metaphysics› trägt, ist jedoch im ganzen nichts anderes als eine sprachanalytische O.; explizit sichtbar ist das, wenn z. B. von Fragen der «ontologischen Priorität» von Gegenstandstypen die Rede ist [3]. QUINTON weist darauf hin, daß dieser Teilbereich der Metaphysik, der Fragen der Hierarchie und Abhängigkeit zwischen den grundlegenden Arten von Entitäten behandelt, auf die wir alltäglich ständig Bezug nehmen, von der thematischen Ausgrenzung her Anspruch auf den traditionellen Titel ‹O.› hat [4], daß er sich jedoch mit einer Methode der «immanenten Metaphysik» untersuchen läßt, die der empiristischen Kritik an traditionellen ontologischen Frageweisen nicht ausgesetzt ist [5]. E. TUGENDHAT zeigt, daß die Intentionen der traditionellen O. in einer Gegenstandstheorie nicht vollständig aufgehen: Die traditionelle O., wie sie von Aristoteles eingeführt wurde, enthält durch die Orientierung einerseits an der substantivischen Formel vom 'Seienden als Seienden' und andererseits an der Verbalform 'ist' (welche Existenz, Identität, Prädikation und Sein im Sinne der Wahrheit ausdrücken kann) eine innere Spannung, die über eine Gegenstandstheorie (Orientierung ausschließlich am 'ist' im Sinne von 'existiert') hinausweist und zur formalen Semantik als der angemessenen Nachfolgedisziplin der O. führt [6].

Für die zweite Verwendungsweise ist insbesondere W. VAN O. QUINES Position wichtig. Quine ist gegen Carnap der Meinung, daß eine scharfe Trennung zwischen (sinnvollen) internen und (sinnlosen) externen Existenzaussagen unmöglich ist, da wir keine klaren Kriterien zur Aussonderung von Kategorienwörtern haben [7]. Außerdem müssen sich, so Quine, auch kategoriale Existenzaussagen sinnvoll verstehen lassen, da wir z. B. sinnvoll davon reden können, daß jemand eine Theorie so ändert, daß sie keine Gegenstände einer bestimmten Kategorie mehr enthält [8]. Worum es bei solchen Existenzaussagen geht, ist nicht die Frage, ob Gegenstände der Kategorie tatsächlich existieren, sondern die Frage, an welche Ontologie sich eine Theorie bindet (Quine redet von «ontological commitments»), d. h. welche Aussagen der Form 'Es gibt Gegenstände der Art *A*' wahr sein müssen, damit die Sätze der Theorie wahr sind [9].

Das umgangssprachliche 'es gibt den Gegenstand *a*' läßt sich in logischer Schreibweise durch die Verbindung von Existenzquantor und Identitätszeichen als '$(\exists x)(x = a)$' wiedergeben [10]. Eine Theorie setzt dann genau diejenigen Gegenstände voraus, die unter den Werten der gebundenen Variablen sein müssen, welche die Theorie enthält [11]. Existenz ist daher einfach das, was der Existenzquantor ausdrückt. Anders als diejenigen Philosophen, die eine sprachanalytische Erneuerung *der* O. als philosophischer Disziplin anstreben, ist Quine der Meinung, daß sich der Existenzbegriff nicht weiter explizieren läßt, sondern daß wir nur die in jeweiligen Theorien vorausgesetzten O.en untersuchen können. Hier können wir fragen, was als Evidenz für das Vorliegen einer Existenzquantifikation gilt. Geht es z. B. um die Frage, ob wir Einhörner unter die Werte unserer gebundenen Variablen rechnen sollen, ist das Kriterium die Sinneswahrnehmung. Für kategoriale Existenzaussagen wie 'Es gibt Zahlen', 'Es gibt Attribute' liegt die Evidenz darin, daß wir wissenschaftliche Gründe dafür haben können, Zahlen oder Attribute in den Bereich der Werte unserer Variablen einzuschließen oder nicht [12]. Wir ziehen z. B. mit Gründen eine Ding-Sprache einer Sinnesdaten-Sprache vor, insbesondere aus Gründen der Einfachheit, aber auch deshalb, weil sie stärker durch Gewöhnung verankert ist [13].

Anmerkungen. [1] In: R. CARNAP: Meaning and necessity (Chicago ²1956) 205ff. – [2] P. F. STRAWSON: Individuals (London 1959) 15. 119. – [3] a.O. 17. 59. – [4] A. QUINTON: The nature of things (London 1973) 236f. – [5] a.O. 240. 247f. – [6] E. TUGENDHAT: Die sprachanalyt. Kritik der O., in: Das Problem der Sprache, hg. H.-G. GADAMER (1967); Vorles. zur Einf. in die sprachanalyt. Philos. (1976) 3./4. Vorles. – [7] W. VAN O. QUINE: Existence and quantification (1966), in: Ontol. relativity and other essays (New York 1969) 91. – [8] a.O. 92f. – [9] ebda. sowie: On what there is (1948), in: From a logical point of view (New York ²1961) 8. – [10] Vgl. a.O. [7] 94. – [11] a.O. 94. – [12] 97. – [13] 99; a.O. [9] 17.

Literaturhinweise. J. M. LOUX: Recent work in ontology. Amer. philos. Quart. 9 (1972) 119-138. – E. K. SPECHT: Sprache und Sein (1967). – R. W. TRAPP: Analyt. O. (1976). – E. TUGENDHAT s. Anm. [6].   U. WOLF

Ontologie, formale und materiale. Formale O. ist bei E. HUSSERL neben der formalen Apophantik die andere Grunddisziplin der formalen Logik. Sie erforscht in formaler Allgemeinheit die Spezifikationen der obersten formal-ontologischen Kategorie «Etwas-überhaupt» [1]. Die Kategorie «Etwas-überhaupt» sowie ihre Spezifikationen ergeben sich auf eine doppelte Weise. Einmal durch die ontologische Wendung der Apophantik [2], zum anderen auf dem Wege der Formalisierung [3]. Das Kategoriensystem der formalen O. bildet den notwendigen Rahmen für alle sachhaltigen, «materialen» O.en. Die formale O. hat damit zugleich die Funktion einer allgemeinen Wissenschaftslehre [4].

‹Materiale O.› heißt jede das Apriori eines Gegenstandsgebietes erforschende, den Gesetzen der formalen

O. folgende Wesenswissenschaft. Materiale O.en sind etweder die regionalen Ontologien selbst oder in ihrem Rahmen stehende speziellere O.en [5].

Anmerkungen. [1] E. HUSSERL, Ideen zu einer reinen Phänomenol. und phänomenol. Philos. 1. Husserliana (Hua.) 3 (1950) 27; vgl. Formale und transzendentale Logik. Hua. 17 (1974) 91. 119. – [2] Form. u. tr. Logik (1974) 110. 119. – [3] Erfahrung und Urteil. Untersuch. zur Genealogie der Logik (^{3}1964) 435. – [4] Ideen ... 1, a.O. [1] 27; vgl. Form. u. tr. Logik a.O. [1] 125. – [5] Ideen ... 1, a.O. [1] 364; vgl. Ideen ... 3. Hua. 5 (1952) 36.   U. CLAESGES

Ontologie, trinitarische. Nachdem TH. HAECKER 1934 gefordert hatte, «auf dem unerschütterlichen Grunde der Analogia entis die Analogia trinitatis» zu erbauen, wodurch erst «die Philosophie in einem entscheidenden Sinne eine christliche Philosophie» werde [1], sind Versuche zu einer «trinitarischen Metaphysik», erstmals wohl von H. E. HENGSTENBERG [2], oder Entwürfe einer «tr.O.», erstmals wohl von C. KALIBA [3], vorgelegt worden. Dabei wurde in verschiedener Weise darzutun versucht, daß alles endliche Seiende, weil es Abbild und Teilhabe des trinitarischen Schöpfers sei, auch dessen Bild zeige, weshalb «die analogia entis letztlich analogia trinitatis» sei [4].

Solche Versuche, eine trinitarische Struktur des geschaffenen Seienden aufzuzeigen, gehen auf AUGUSTINUS zurück, der gelehrt hatte: «in creatura ... apparet vestigium ... Trinitatis» (in der Kreatur ... zeigt sich eine Spur der Trinität) [5]. THOMAS VON AQUIN hat diese Lehre aufgenommen und weitergeführt: Während die vernünftigen Kreaturen die Trinität in der Weise des Bildes darstellen, finde sich in allen Kreaturen eine Darstellung der Trinität in der Weise der Spur, insofern ihr Sein, d.h. ihr erstes inneres Prinzip, auf den Vater verweist, ihr zweites Prinzip, die Wesensform, den Sohn und ihre (innere) Ordnung den Hl. Geist darstellen [6]. Nach NIKOLAUS VON KUES ist alles, was ist, offenkundig eine Einheit, und zwar nicht mehr oder weniger als eben diese Einheit und also auch die Gleichheit, dann ferner ebenfalls die Verbindung von Einheit und Gleichheit; und so sei jede Kreatur schon aufgrund dieses Ternars Einheit, Gleichheit, Verbindung ein Bild der göttlichen Trinität [7].

Gegenüber solchen im Rahmen der traditionellen Metaphysik verbleibenden Ansätzen hat K. HEMMERLE «eine neue, eine tr.O.» gefordert, der nicht mehr im Sinne des griechischen Seinsverständnisses «das Letzte die Substanz» und «Selbständigkeit» sind, die sich vielmehr in ihrem Seinsverständnis statt an den Naturdingen an den personalen Vollzügen von Sprache und Liebe orientiere und «Sein als ... Sich-Geben», als Vollzug von «Kommunion» zu verstehen habe [8]. Mit dieser Fragestellung konvergieren neuere historische Untersuchungen zur traditionellen Metaphysik, die z.B. dargelegt haben, wie Augustinus in ausdrücklich geübter Kritik an der Kategorienlehre des Aristoteles, d.h. an seinem Seinsverständnis, den Geist, der im wesentlichen Selbsterkenntnis ist, den sich in der Erkenntnis ausspricht und darstellt, auch als «Bild und Darstellung seiner selbst» verstanden hat, und zwar derart, daß diese «reine Repräsentation seiner selbst» nicht mehr als Akzidens einer Substanz zu bestimmen ist [9]. Gehört die Darstellung seiner selbst aber wesentlich zum Leben des Geistes, dann muß auch in Gott ein Sich-selber-Aussprechen, also das Bilden eines ihn völlig darstellenden Wortes als seines vollkommenen Bildes angenommen werden. In diesem Sinn hat auch THOMAS VON AQUIN gelehrt: «Offenkundig ist es also notwendig, in jedem Vernunftwesen, dem Erkennen zukommt, ein Wort anzusetzen» [10].

Die wohl bedeutendsten Ansätze zu der geforderten Ontologie der Liebe und Kommunion finden sich bei PETRUS AUREOLI, nach dem der Geist, der sich in der Selbsterkenntnis ins vom natürlichen Sein verschiedene «erscheinende Sein» (esse apparens) und so «sich vor sich setzt» (ponit se ante se), in der ekstatischen Liebe «sich außer sich setzt» (se extra se ponit) und sich in diesem Resultat der liebenden Selbstmitteilung, einem «esse datum et latum» (Geschenkt- und Dargebotensein), dem Geliebten schenkt [11]. Aus solcher gegenseitiger liebender Selbstmitteilung geht in Gott aus Vater und Sohn der Hl. Geist hervor, der Gott in der Seinsweise des Geschenktseins ist [12]. Eine tr.O., die menschliche Liebe derart in Analogie zur göttlichen als Selbstmitteilung zu verstehen suchte, hätte wohl zunächst in einer Analyse der Freiheit, die als Selbstbestimmung Voraussetzung und als sittliche Freiheit Anfang der Liebe ist, darzulegen, daß in Analogie zum Hervorgang des Geistes in Gott aus der Selbstmitteilung der Freiheit an die Freiheit aller das Reich der Freiheit hervorgeht; denn die von Willkür verschiedene sittlich-rechtliche Freiheit ist genau das, was man nur haben kann, indem man es auch den anderen gibt. In «Aufhebung» der natürlichen Selbstbehauptung durch wechselseitige Selbstmitteilung der Freiheit die Freiheit aller realisieren heißt das Reich der Freiheit verwirklichen, das nach HEGEL das Reich des göttlichen Geistes ist [13].

Anmerkungen. [1] TH. HAECKER: Schöpfer und Geschöpf (1934) 131f. – [2] H. E. HENGSTENBERG: Das Band zwischen Gott und Schöpfung (1940, ^{2}1948) 5. – [3] C. KALIBA: Die Welt als Gleichnis des dreieinigen Gottes. Entwurf zu einer tr.O. (1952). – [4] H. BECK: Analogia Trinitatis. Salzb. Jb. Philos. 25 (1980) 87. – [5] AUGUSTINUS, De trin. VI, 10, 12. – [6] THOMAS VON AQUIN, S. theol. I, 45, 7; vgl. 93, 6. – [7] NIKOLAUS VON KUES, De pace fidei 8. – [8] K. HEMMERLE: Thesen zu einer tr.O. (1976) 8. 36. 50. 54. – [9] J. MADER: Die log. Struktur des personalen Denkens (1965) bes. 94ff. 193ff. – [10] THOMAS, De diff. verbi et hum. 3; vgl. L. OEING-HANHOFF: Sein und Sprache in der Philos. des MA, in: Sprache und Erkenntnis im MA, hg. W. KLUXEN (1981) 165-178. – [11] Vgl. PETRUS AUREOLI, Super I. Sent. dist. 2, sect. 2, ad obj.; dist. 3, sect. 14, C. Resp. ad Quaest.; vgl. dazu die jetzt maßgebliche Wiedererschließung der Ontologie Aureolis in: TH. KOBUSCH: Sein und Sprache. Hist. Grundlegung einer Ontologie der Sprache (Habil.-Schr. Tübingen 1982). – [12] Vgl. Art. ‹Geist›. HWP 3, 157. – [13] G. W. F. HEGEL, Philos. der Religion, hg. G. LASSON (1966) II, 2, 175; vgl. L. OEING-HANHOFF: Das Reich der Freiheit als absoluter Endzweck der Welt, in: Freiheit, hg. J. SIMON (1977) 55-84.   L. OEING-HANHOFF

Onto-Logik ist nach M. HEIDEGGER, im Rückgriff auf Hegels Verständnis von Logik in dessen ‹Wissenschaft der Logik› [1], der sachgemäßere und deutlichere Ausdruck [2] für die Seinswissenschaft, die seit 1613 als ‹Ontologie› bzw. ‹Ontosophie› bezeichnet wird [3]. Da die klassische Metaphysik aber nicht nur Ontologie, sondern zugleich auch Theologie ist, heiße sie zutreffend Theo-Logik [4]. Wegen ihres onto-theologischen Grundzuges ist die Metaphysik «im Grunde vom Grund aus das Gründen, das vom Grund die Rechenschaft gibt, ihm Rede steht und ihn schließlich zur Rede stellt» [5]. In der herkömmlichen Bezeichnung ‹Ontologie› zeige sich dieser Grundzug vom Gründen und vom Grund Rechenschaft geben kaum oder zuwenig. Denn «der Grund, die Ratio sind nach ihrer Wesensherkunft: der Λόγος im Sinne des versammelnden Vorliegenlassens: das Ἕν Πάντα» [6]. O.-L. bedeutet daher: Sie gibt vom Sein als dem Grund des Seienden Rechenschaft und steht dem Λόγος Rede [7]. «Denkt die Metaphysik das Seiende im Hinblick auf seinen jedem Seienden als solchem gemeinsamen Grund, dann ist sie Logik als O.-L. Denkt die Metaphysik das Seiende als solches im Ganzen, d. h. im Hinblick auf das höchste, alles begründende Seiende, dann ist sie Logik als Theo-Logik» [8].

Anmerkungen. [1] M. HEIDEGGER: Identität und Differenz (1957) 53-55. – [2] a.O. 56. – [3] Vgl. Art. ‹Ontologie›. – [4] HEIDEGGER, a.O. 56. – [5] 55. – [6] 54. – [7] 56. – [8] 69.   K. KREMER

Ontologismus. Unter ‹O.› wird im philosophischen Sprachgebrauch die Lehre von der primären Erkennbarkeit des absoluten Seins durch den endlichen Intellekt verstanden. Anders als diejenige Metaphysik, die, ausgehend vom erfahrungsmäßig gegebenen Wirklichen, vermittels des Satzes vom Grund die Existenz des absoluten Seins – Gottes – räsonierend zu erschließen intendiert, apostrophiert der O. die Vorgängigkeit der unmittelbaren Erkenntnis der Idee des absoluten Seins vor der Erkenntnis des durch Erfahrung Gegebenen. Für alle (ausnahmslos der christlichen Theologie verpflichteten) ontologistischen Denker gilt, daß diese primäre, jegliche andere Erkenntnis bedingende Erkenntnis des absoluten Seins weder eine Einsicht in dessen Wesenheit noch eine Schau Gottes im Sinne der von der Offenbarungstheologie gelehrten «visio beatifica» darstellt, sondern lediglich ein apriorisches intuitives Wissen um die unvorgreifliche Präsenz des realen absoluten Seins in dem Selbstvollzug des endlichen Geistes.

Fundiert im augustinisch-franziskanischen Denken (Illuminationslehre) und als systematische Erkenntnislehre hauptsächlich von N. MALEBRANCHE expliziert, gewinnt die ontologistische Theorie zunächst im «Kapuziner-Ontologismus» des 17., der «Tiroler Schule» des 18. Jh. und dann vor allem im 19. Jh. eine zentrale Bedeutung und eine weitreichende Wirkung.

Der Inaugurator der ontologistischen Bewegung des 19. Jh. ist der Italiener V. GIOBERTI (1801–1852). Wahre Erkenntnis gründet nach Gioberti in der unmittelbaren Intuition des notwendigen göttlich-schöpferischen Seins. Er spricht von der unmittelbaren Erfassung des ersten synthetischen Urteils (der «formola ideale»): «l'ente crea l'esistente e l'esistente ritorna all'Ente» [1]. Das besondere, in sich vielfältige Wirkliche wird als Produkt des absolut spontanen, für sich selbst bestehenden und in seiner Realität dem endlichen Intellekt unmittelbar gegenwärtigen göttlichen Seins gewußt. Kritisch wendet sich Gioberti gegen den «Psychologismus» von Descartes, Rosmini u.a. An die Stelle der Ableitung der Intelligibilien aus den Sensibilien setzt er die der Sensibilien aus den Intelligibilien. Im Kontext dieser Psychologismuskritik bezeichnet Gioberti seine eigene Position als «ontologismo» [2] und gibt so der ganzen Bewegung sowie der ihr zugeordneten Tradition ihren Namen. Letzterer zählt Gioberti u.a. Denker wie Augustin, Anselm, Bonaventura, Malebranche und Gerdil zu.

Von den zahlreichen Anhängern Giobertis in Italien sind BERTINI, CENTOFANTI, PUCCINOTTI, FORNARI und ACRI die bedeutendsten.

Umstritten in der philosophie- und theologiegeschichtlichen Literatur ist die Zugehörigkeit von A. ROSMINI-SERBATI (1797–1855) zum O. Vor allem in der deutschen philosophie- und theologiegeschichtlichen Literatur wurde diese Zugehörigkeit immer wieder behauptet, doch läßt sich dies, wie die Streitschriften zwischen Gioberti und Rosmini beweisen, nicht aufrechterhalten. GIOBERTI lobt zwar Rosminis Identifizierung des «primum philosophicum» mit der Seinsidee. Doch irre er, wenn er meine, er könne die Idee von der Realität in der Weise trennen, daß in der logischen Ordnung das «primum psychologicum» dem «primum ontologicum» vorausliege. Für ROSMINI ist wesentlich, daß dieses ersterkannte «ideale Sein» nicht identisch ist mit dem realen unendlichen Sein (d.i. mit Gott); das «ideale Sein», als reine Potentialität, ist vielmehr die universale Voraussetzung der Erkenntnis sowohl des absoluten als auch des kontingenten Seins [3].

Von Gioberti und Rosmini beeinflußt ist T. MAMIANI, der ein eigenständiges ontologistisches System entwickelt hat. Mit dem O. Giobertis verwandt ist die von V. MICELI begründete Schule von Monreale. – Die weite Verbreitung, die der O. in Italien fand, hatte ihren Grund nicht zuletzt darin, daß die italienischen Ontologisten in ihrer Philosophie die Manifestation des genuin italienischen Geistes sahen.

Außerhalb Italiens wurde der O. besonders in Belgien (Löwen) und in Frankreich wirksam. Die Hauptvertreter des (teilweise mit dem Löwener Traditionalismus in enger Verbindung stehenden) belgischen O. sind TITS, LAFORÊT, LEFÈBVRE, UBAGHS; aus der Vielzahl der ontologistischen Denker Frankreichs ragen vor allem BRANCHEREAU, FABRE D'ENVIEU und HUGONIN heraus. Einen gemäßigten O. lehrte der Schweizer Jesuit ROTHENFLUE. – Die Anfechtung des orthodoxen Charakters des O. durch neuthomistische Theologen (u.a. KLEUTGEN, ZIGLIARA) endete mit der kirchlichen Verurteilung der ontologistischen Hauptlehren durch Dekret des Hl. Offiziums vom 18. 9. 1861 [4].

Als philosophisch-theologische Erkenntnislehre bedeutet der O. des 19. Jh. eine Radikalisierung, zugleich aber auch eine nicht unerhebliche Transformation des ontologischen Gottesbeweises: Während im ontologischen Argument der Intellekt sich begrifflich-räsonierend der Realität des Unbedingten vergewissern will, behauptet der O. das vorbegrifflich-intuitive Gegebensein des absoluten Seins im endlichen Intellekt. Historisch ist das Aufkommen des O. im 19. Jh. und die Entdeckung bzw. die Konstruktion seiner Tradition aus der Situation der nach einer philosophischen Fundierung suchenden, mit dem Sensualismus und dem Idealismus der Zeit konfrontierten katholischen Theologie zu verstehen.

Anmerkungen. [1] V. GIOBERTI, Introd. allo studio della filos. II, 2. Opere 5 (Rom/Mailand 1939) 143ff. – [2] Vgl. II, 3, a.O. 5, 62ff. – [3] A. ROSMINI-SERBATI, Nuovo saggio sull'orig. dell'idee II. Opere 4 (Roma 1934) 11ff.; Vincenzo Gioberti e il panteismo (Mailand 1846) § 63. – [4] H. DENZINGER: Enchiridion symbolorum (³⁶1976) Nr. 1659-1665. 2841-2847.

Literaturhinweise. K. WERNER: Die ital. Philos. des 19. Jh. (1884-86). – G. GENTILE: Rosmini e Gioberti (Pisa 1898). – J. HENRY: Le traditionalisme et l'ontologisme à l'Univ. de Louvain. Annales ISP Louvain (1924). – G. BONAFEDE: Le ragioni dell'ontologismo (Palermo 1942). – L. FOUCHER: La philos. cath. en France au XIXe siècle (Paris 1955). – Dict. de théol. cath. (Paris 1903ff.) 11, 1000ff. – Encicl. filos. 3 (Venedig/Mailand 1957) 1041ff. – LThK² 7, 1161ff.   R. MALTER/F. PFURTSCHELLER

Ontōs on (griech. ὄντως ὄν), wirklich seiend. Das griechische Adverb ὄντως, gebildet vom Partizip (des Infinitivs εἶναι) ὄν, seiend, ist eine Neubildung der attischen Sophistenzeit. Der erste Beleg findet sich beim Redner ANTIPHON (ca. 480–411 v.Chr.): «wenn auch der Anschein (εἰκότως) gegen mich spricht, ich aber in Wirklichkeit (ὄντως) den Mann nicht getötet habe» [1]. Ὄντως weist also schon im außerphilosophischen Gebrauch auf eine eigentliche Wirklichkeit, die im Gegensatz zu vordergründigem (täuschenden) Schein steht. Die Grunderfahrung PLATONS und der Grundgedanke seiner Ideenphilosophie ist eine solche Scheidung (nicht Trennung!) von sinnlich faßbarer, aber uneigentlicher Wirklichkeit und dem eigentlichen, nur dem Denken zugänglichen Idealbereich, von dem her das Sinnenfällige sich allererst begründen und verstehen läßt. Das zu Platons Zeit modische Wort ὄντως entsprach bestens seinen Intentionen, er übernimmt es, wie immer nicht als Terminus, wohl aber an zentraler Stelle, in seine Metaphysik: Das Sinnenfällige ist das «geringer Seiende» (ἧττον ... ὄν) [2], nur «das Abbild des Dortigen» (τῶν ἐκεῖ ὁμοίωμα) [3]; es bedarf zu seinem Sein und zu seiner Erkenntnis der Teilhabe an dem, was allein in vollem Sinne Sein genannt werden kann, an den Ideen. Die Ideen sind deshalb den Einzeldingen gegenüber das «Wahre» (ἀληθές) [4], das «wirklich Seiende» (ὄντως ὄν) [5]; sie stellen gegenüber dem Sinnenfälligen einen «ontologischen Komparativ» dar (so die geläufige heutige Formulierung), es besteht ein Seinsgefälle zwischen ihnen und dem durch sie Begründeten. Freilich sind sie nicht schlicht das Höchste an Seinsvollkommenheit: Sie sind in sich gestuft, die jeweils allgemeinere Idee ist die inhaltsreichere und somit von größerer Seinsmächtigkeit [6]. Über (ἐπέκεινα) allem Sinnenfälligen und Idealen schließlich steht die selbst unbegründete, aber alles begründende Fülle der Seinsvollkommenheit, die «Idee des Guten» (ἰδέα τοῦ ἀγαθοῦ) [7].

Der bekannte Satz des ARISTOTELES, daß «das Seiende in vielfacher Bedeutung ausgesagt wird» (τὸ ὄν ... λέγεται πολλαχῶς) [8] steht in der Wirkungsgeschichte des platonischen Gedankens vom óntōs on. Die Frage nach der Bedeutung der Aussage 'seiend' und die Antworten darauf sind bei ihm entsprechend seiner fortentwickelten Ontologie differenzierter geworden, außerdem tritt die Reflexion über den sprachgegebenen Ausgangspunkt solcher Überlegungen hinzu, an entscheidender Stelle seines metaphysischen Denkens bleibt Aristoteles dennoch 'Platoniker': Unter den drei Seinstypen Materie, Form und konkret Einzelseiendes ist nicht etwa das Einzelseiende, sondern die Form (εἶδος) das «früher und in höherem Grade Seiende» (πρότερον καὶ μᾶλλον ὄν) [9]. Darüber hinaus dürfte die «kyriologische» [10] Zielrichtung des aristotelischen Fragens insgesamt (was ist das κυρίως λέγεσθαι, «der eigentliche Sinn einer Aussage» [11]?) auf dem Hintergrunde des platonischen Denkens von Seinsstufungen zu sehen sein. Die Vokabel ‹óntōs› freilich hat für Aristoteles in diesem Zusammenhang keine Bedeutung.

Das wird begreiflicherweise anders bei jener Erneuerung des Platonismus in der Spätantike, die sich selbst als den platonischen Texten in enger legitimer Interpretation verbunden verstand. Die Neuplatoniker systematisierten viele noch tastende Denkansätze Platons und verfestigten häufig seine freie Diktion zur Terminologie. Das gilt besonders für den neuplatonischen 'Scholastiker' PROKLOS: In seinem Timaioskommentar liefert er, auf ältere Vorgänger verweisend, eine durchsystematisierte Stufung von Sein und Nichtsein mit Hilfe des Terminus ‹óntōs›: Der Bereich des Denkbaren (νοητόν) ist das óntōs on, derjenige der Seele das «nicht wirklich Seiende» (οὐκ ὄντως ὄν); «nicht wirklich nichtseiend» (οὐκ ὄντως οὐκ ὄν) ist dagegen das Sinnenfällige, «wirklich nichtseiend» (ὄντως οὐκ ὄν) die Materie [12]. Ein *byzantinischer Scholiast* hat zu dieser Proklos-Stelle ein instruktives Diagramm [13] beigetragen:

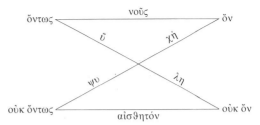

ein platonischer Zentralgedanke, bearbeitet von spätantiker Gelehrtendidaktik. Die Formulierung ‹óntōs on› hat danach keine Wortgeschichte mehr, das gemeinte Problem bleibt aber präsent in aller nachfolgenden «Metaphysica generalis», bis hin zur Gegenwart, etwa in Heideggers «ontologischer Differenz».

Anmerkungen. [1] ANTIPHON, Tetralogie I, β 10; vgl. U. VON WILAMOWITZ-MOELLENDORFF: Euripides, Herakles II (1889) 163f. – [2] PLATON, Resp. IX, 585 b 9f.; vgl. Tim. 28 a. – [3] Phaidros 250 a 6. – [4] Phaidon 66 b 7. 67 b 1; Phaidros 247 c. – [5] Phaidros 247 e 2f. 249 c 4; Resp. VI, 490 b 5. – [6] Vgl. PLATONS Dialoge Parm. und Soph. – [7] Resp. VI, 509 b. – [8] ARISTOTELES, Met. 1026 a 33f. et passim; vgl. H. BONITZ, Index Arist. (1870) 220 b 38ff. – [9] Met. 1029 a 5ff.; vgl. 29ff. – [10] So z. B. (mit Verweis zur Erläuterung auf J. G. WACHTER) J. G. HAMANN, Werke, hg. J. NADLER 2 (1950) 199; 3 (1951) 285. – [11] Vgl. etwa ARISTOTELES, Cat. 2 a 5ff.; Met. 1015 a 13f. – [12] PROCLUS DIAD., In Plat. Tim. comm. 27 d, hg. E. DIEHL 1 (1903) 233, 1ff. – [13] Publ. mit Quellennachweis im Anhang der Ausg. von E. DIEHL, a.O. 469.

Literaturhinweise. N. HARTMANN: Zur Lehre vom Eidos bei Platon und Arist. Kleinere Schr. 2 (1957) 129–164. – J. G. DENINGER: 'Wahres Sein' in der Philos. des Arist. (1961). – J. STENZEL: Stud. zur Entwicklung der plat. Dialektik von Sokrates zu Arist. (³1961). – H. MEINHARDT: Teilhabe bei Platon (1968). – F. W. KOHNKE: Plato's Conception of τὸ οὐκ ὄντως ὄν. Phronesis 2 (1957) 32–40.
H. MEINHARDT

Ontosophie (lat. ontosophia), von J. CLAUBERG in seinem 1647 von T. Andreae veröffentlichten Metaphysikkompendium vorgeschlagenes und nach seiner Wendung zum Cartesianismus beibehaltenes Synonym zu ‹Ontologie›. Weil die O. auch die physischen Dinge zu behandeln habe, hält Clauberg die übliche Bezeichnung ‹Metaphysik› für weniger geeignet, um die Aufgabenstellung der Wissenschaft vom Seienden als solchem zu bezeichnen [1]. In Anlehnung an ihn hat auch der Cartesianer J. E. SCHWELING eine O. in sein Philosophielehrbuch aufgenommen [2]. Nach E. CHAUVIN bezeichnet O. im Unterschied zur Ontologie nicht das System der methodischen Lehre vom Seienden, sondern den Habitus dieser Wissenschaft [3]. Für A. GENOVESI (1743) sind O. und Kosmosophie Teilgebiete der Metaphysica generalis [4]. Der Ausdruck ‹O.› hat sich im Einflußbereich des Wolffianismus als Name einer philosophischen Disziplin nicht gegen ‹Ontologie› behaupten können, ist jedoch den Schulmetaphysikern des 18. Jh. als mögliches Äquivalent für ‹Ontologie› in Erinnerung geblieben [5]. Mit D. TIEDEMANN wird Claubergs Neuerung endgültig zum Gegenstand der Historiographie [6].

Anmerkungen. [1] JOHANNIS CLAUBERGII Metaphysica de ente, quae rectius Ontosophia ..., in: Opera omnia philos., ed. J. T. SCHALBRUCHIUS (Amsterdam 1691, ND 1968). – [2] J. E. SCHWELING: Philosophiae tomus praeliminaris continens Logicam et philosophicam et vulgarem, neque non Ontosophiam (1964). – [3] E. CHAUVIN: Lex. rationale sive Thesaurus philosophicus (Rotterdam 1692) Art. ‹Ontosophia›. – [4] A. GENOVESI: Elementa metaphysicae 1 (Complectens principia ontosophiae et cosmosophiae) (Neapel ²1756). – [5] Vgl. J. H. WINKLER: Institutiones philosophiae universae 1 (³1762) 35; F. C. BAUMEISTER: Institutiones metaphysicae (1774) 9; A. G. BAUMGARTEN: Metaphysica (⁷1779, ND 1963) 2; J. G. DARJES: Elementa metaphysices (²1753) 7; B. HAUSER, SJ: Elementa philosophiae 2 (1755) 11. – [6] D. TIEDEMANN: Geist der spekulativen Philos. 6 (1797) 154ff.

C. F. GETHMANN/Red.

Ontotheologie. Der Begriff ‹O.› wird von KANT bei der Frage nach der grundsätzlichen Einteilung der Theologie geschaffen. Theologie, verstanden als «Erkenntnis des Urwesens», kann entweder auf bloßer Vernunft (= theologia rationalis) oder auf Offenbarung (= theologia revelata) beruhen. Die theologia rationalis denkt sich ihren Gegenstand entweder bloß «vermittelst lauter transzendentaler Begriffe» (= transzendentale Theologie) oder durch einen «aus der Natur (unserer Seele)» entlehnten Begriff (= höchste Intelligenz) und heißt dann natürliche Theologie. Der Befürworter allein einer transzendentalen Theologie ist Deist, läßt allenfalls das Dasein eines Urwesens durch bloße Vernunft erkennen, «wovon aber unser Begriff bloß transzendental sei», und erblickt im Urwesen lediglich eine «Weltursache». Der Befürworter einer natürlichen Theologie ist Theist; er gesteht der Vernunft zu, «den Gegenstand nach der Analogie mit der Natur näher zu bestimmen» (mit Freiheit und Verstand begabt), und betrachtet das Urwesen als «Welturheber».

Die transzendentale Theologie ihrerseits gliedert sich in Kosmotheologie und O. Erstere versucht, «das Dasein des Urwesens von einer Erfahrung überhaupt ... abzuleiten», ohne über die Welt, wozu sie gehört, etwas näher zu bestimmen. Letztere, die O., «glaubt durch bloße Begriffe, ohne Beihülfe der mindesten Erfahrung, sein [= des Urwesens] Dasein zu erkennen» [1].

Als O. charakterisiert M. HEIDEGGER die Metaphysik, insofern diese «die Frage nach dem Seienden als solchem *und* im Ganzen bestimmt. Die Ganzheit dieses Ganzen ist die Einheit des Seienden, die als der hervorbringende Grund einigt» [2]. Dieser onto-theologische Charakter der abendländischen Metaphysik, d. h. ihre von Aristoteles in der Einheit von Seins- und Gotteslehre geschaffene und zusammengefaßte Wesensverfassung, ist nach Heidegger für die «Erfahrung eines Denkens» fragwürdig geworden, «dem sich in der Onto-Theo-Logie die noch *ungedachte* Einheit des Wesens der Metaphysik gezeigt hat» [3]. «Aber der Grund dieser Zwiegestalt und gar seine Herkunft bleiben der Metaphysik verschlossen, und zwar nicht zufällig oder zufolge eines Versäumnisses» [4]. Genauer jedoch muß nach Heidegger die als Onto-Theo-Logie zu verstehende Metaphysik Onto-Theo-Logik heißen. Sie «ergründet» nämlich «das Seiende als solches» und «begründet» es «im Ganzen». Ontologie und Theologie als «Logien» «geben vom Sein als dem Grund des Seienden Rechenschaft». Sie stehen dem Λόγος Rede und sind in einem wesenhaften Sinne Λόγος-gemäß, d. h. die Logik des Λόγος. Demgemäß heißen sie genauer Onto-Logik und Theo-Logik. Die Metaphysik ist sachgemäßer und deutlicher gedacht: Onto-Theo-Logik» [5].

Anmerkungen. [1] I. KANT, KrV B 659f.; vgl. B 620. 630; Philos. Religionslehre, Nachschr. PÖLITZ, Akad.-A. 28, 1003. 1013-47; vgl. auch J. SCHMUCKER: Die O. des vorkrit. Kant. Kantstud. Erg.-H. 112 (1980). – [2] M. HEIDEGGER: Identität und Differenz (1957) 51; vgl. 55. 56. 67-72; Was ist Met.? (⁷1955) Einl. (19f.); Nietzsche 2 (1961) 321. – [3] Identität ... a.O. 51; vgl. 53. – [4] Was ist Met.? (⁷1955) 20. – [5] Identität ... 56; vgl. 57f. 67-72; Nietzsche 2, 353.

K. KREMER

Operation (psychologische Bedeutung; zur logischen Bedeutung vgl. ‹Logik, operative›). – 1. In einer für die Psychologie relevanten Bedeutung wird der Begriff ‹O.› in der Neuzeit erstmals von J. LOCKE verwendet, und zwar zur Bezeichnung der Tätigkeiten des Geistes, welche – vom inneren Sinn aufgefaßt und zum Gegenstand der Reflexion gemacht – neben den Empfindungen die zweite Quelle der 'Ideen' sind [1]. Locke kennt fünf «operations of the mind»: Auffassen (perception), Behalten (retention), Unterscheiden (discerning), Vergleichen (comparing) und Kombinieren (compounding) [2]. Neben den geistigen Tätigkeiten selbst umfaßt der Begriff ‹O.› bei Locke auch die aus ihnen entspringenden passiven Modifikationen, wie z. B. die Zustimmung zu einem Gedanken [3]. Die O.en sind Betätigungen seelischer Vermögen (faculties), deren Bezeichnung bei Locke im allgemeinen identisch mit derjenigen der O.en ist [4].

Eine wesentlich engere, nämlich ausschließlich auf die Tätigkeit des *Verstandes* bezogene Fassung des Begriffs ‹O.› findet sich bei CHR. WOLFF. Wolff unterscheidet drei «operationes intellectus», nämlich Begriff (notio cum simplici apprehensione), Urteil (judicium) und Schluß (discursus oder ratiocinatio). Die Lehre von den O.en des Verstandes weist er ausdrücklich der Psychologie zu [5]. Er hat damit die in der deutschen Erfahrungsseelenlehre übliche Terminologie festgelegt, denn der Ausdruck ‹O.› wird hier nur auf die Tätigkeiten des Verstandes [6] und allenfalls noch auf diejenigen der Einbildungskraft bzw. Phantasie [7] bezogen.

Dagegen wird in der schottischen Philosophie des 'common sense' der O.-Begriff durchgängig korrelativ zum Begriff des seelischen Vermögens (mental faculty) verwendet. Die Begrifflichkeit dieser Schule wird abschließend, unter Rückgriff auf die aristotelisch-scholastische Terminologie, durch W. HAMILTON festgelegt: Die Ausdrücke «act», «operation» und «energy» sind gleichbedeutend, sie bezeichnen die aktuelle oder momentane Existenz, während «power», «faculty», «habit» usw. sich auf die potentielle oder mögliche Existenz beziehen [8]. Durch die Vermittlung der schottischen Schule drang diese Begrifflichkeit in die französische Psychologie des 19. Jh. ein und läßt sich hier noch zu Beginn des 20. Jh. nachweisen [9].

Vorausweisende Bedeutung hat der O.-Begriff der schottischen Schule jedoch nicht im Hinblick auf die vermögenspsychologische Klassifikation der O.en, sondern durch die von ihrem Begründer, TH. REID, mit Hilfe des O.-Begriffs geführte Polemik gegen die Ideentheorie Lockes. Reid wendet gegen Locke ein, daß auch die Empfindung eine O. sei; mithin entfalle der Unterschied zwischen Empfindungs- und Reflexionsideen [10]. Bei der Ausführung seiner O.en, wie z. B. Wahrnehmung, Gedächtnis, Einbildungskraft (imagination), bezieht sich der Geist *unmittelbar* auf Objekte, und nicht etwa auf Ideen, die als Abbilder (images) zwischen Ding und O. eingeschoben sind. Empfindung und Wahrnehmung unterscheiden sich nach der Art der gegenständlichen Beziehung: Die Wahrnehmung «hat immer ein Objekt, das verschieden von dem Akt ist, durch den es wahrgenommen wird», während bei der Empfindung Akt (= O.) und Objekt miteinander identisch sind [11]. Neben dieser Theorie des «natürlichen Realismus» [12] steht bei Reid allerdings auch eine Theorie des Wahrnehmungsprozesses, in der dieser als Resultat einer «Kette von O.en» (train of operations) beschrieben wird; hier geht die Empfindung der Wahrnehmung zeitlich voran [13], so daß es nahe lag, sie als Objekt der Wahrnehmung mißzuverstehen und Reid eine Repräsentationstheorie der Wahrnehmung zu unterschieben [14]. Dieses Mißverständnis setzt schon innerhalb der schottischen Schule bei TH. BROWN ein; dieser wirft Reid vor, den Begriffen ‹Akt› und ‹O.› keine präzise Bedeutung beigelegt zu haben, und hält die von Reid postulierte Beziehung zwischen O. und Objekt für «mysteriös» und «dunkel»; in Wirklichkeit handle es sich bei den Objekten der Wahrnehmung um «einfache und invariante Antezedentien» in der (kausalen) Folge von Ereignissen [15]. Hamilton reagiert auf Browns Einwände, indem er Reids Annahme preisgibt, daß die Empfindung der Wahrnehmung zeitlich vorausgehe [16], da sie der Theorie der unmittelbaren Wahrnehmung zuwiderlaufe. Die Wahrnehmung sei das objektive, kognitive, die Empfindung das subjektive, dem Fühlen zugehörende Element eines komplexen psychischen Zustands [17].

2. Von den schottischen 'common sense'-Philosophen führt ein bis jetzt noch kaum beachteter Ideenzusammenhang [18] zu den Psychologen der 'Würzburger Schule', die zu Beginn des 20. Jh. in polemischer Wendung gegen die Assoziationstheorie und gegen das Dogma von der obligatorischen Anschaulichkeit des Denkens eine dualistische Psychologie der geistigen Tätigkeiten und geistigen Inhalte entwickeln [19]. In terminologischer Hinsicht wird dieser Zusammenhang dadurch maskiert, daß der tätigkeitsbezogene Grundbegriff der Würzburger nicht ‹O.›, sondern ‹Akt› [20] oder ‹Funktion› [21] heißt. Überdies stehen die psychischen Inhalte, und nicht die Akte, im Mittelpunkt des Forschungsinteresses der Würzburger Schule.

Eine Ausnahme hiervon bildet nur O. SELZ, der auf der Grundlage des O.-Begriffes seine Theorie der «produktiven und reproduktiven Geistestätigkeit» [22] aufbaut. Selz führt den Begriff der O. in Entgegensetzung zum Begriff des Erlebnisses ein: «Eine Zielsetzung zieht ... unmittelbar nicht die Reproduktion von Bewußtseinserlebnissen, sondern die Reproduktion gewisser mehr oder weniger allgemeiner intellektueller oder motorischer O.en nach sich» [23]; «Wir bedürfen des *Begriffs der intellektuellen O.* zur Bezeichnung der *nur zum Teil bewußten, wiederholbaren Gesamtprozesse, die als Ganzes einer Zielsetzung zugeordnet sind*» [24]. Insofern O.en der Lösung einer Aufgabe dienen, werden sie auch als Lösungsmethoden bezeichnet [25]. Entgegen der assoziationstheoretischen Deutung des Gedankenverlaufs, wonach dieser ein allenfalls durch die Stärke und das konstellative Zusammenwirken geordnetes «System diffuser Reproduktionen» ist, betrachtet Selz das psychische Geschehen als ein «System spezifischer Reaktionen». O.en sind deswegen *spezifische* Reaktionen, weil ihre Auslösungsbedingungen genau festgelegt sind; so bildet z.B. innerhalb einer Gesamt-O. das Gelingen oder Mißlingen einer Teil-O. den auslösenden Reiz für eine weitere Teil-O. Da die O.en streng deterministisch zu Ketten [26] verknüpft sind, spricht Selz auch von einer «reflexiblen Zuordnung» der O.en. Allerdings sind die Auslösungsbedingungen und die Art der Verknüpfung bei O.en ganz andere als bei einer Reflexkette. Der Lösungsprozeß wird nämlich durch die *schematische Antizipation* des Ziels in Gang gebracht und weitergetrieben. Schematisch ist die Antizipation deswegen, weil in ihr *alle* Bestandstücke des Zielerlebnisses antizipiert werden, wobei jedoch mindestens ein Bestandstück unbestimmt ist [27]. Durch die schematische Antizipation werden gewisse *intellektuelle Grund-O.en* ausgelöst [28]. Sie unterliegen einem hierarchischen Ordnungsprinzip: Allgemeine O.en gehen in spezielle O.en über, indem die schematische Antizipation spezialisiert wird [29]. Gleichwohl weisen auch die speziellen O.en allgemeine Momente auf, da sie unter Abstraktion von dem jeweils vorliegenden konkreten Vorstellungsmaterial durch gewisse allgemeine Charakteristika spezieller Denkziele ausgelöst werden. Insofern stehen die intellektuellen O.en unter dem Gesetz der *generellen Verknüpfung*, d.h. ihre Zuordnung ist an einen bestimmten allgemeinen Charakter der verknüpften Glieder gebunden [30].

Neben der Aufdeckung der Verlaufsstruktur des Denkens besteht ein wesentlicher Inhalt der Selzschen Denkpsychologie in der Klassifikation der intellektuellen O.en. Als die «*allgemeinsten Lösungsmethoden*» unterscheidet Selz die O.en der *Mittelfindung* mit den Unterfällen der Mittelaktualisierung und der Mittelabstraktion von den O.en der *Mittelanwendung* [31]. In der organisierten Produktion entstehen neue O.en, aber nicht in dem Sinne, daß ein grundsätzlicher Unterschied zwischen produktiver und reproduktiver Tätigkeit bestünde: «Jede neue O. entsteht ... durch die Anwendung bereits ausgebildeter, welche die Neubildung unter bestimmten auslösenden Bedingungen kausalgesetzlich herbeiführen» [32]. Mithin läßt sich die kausalgenetische Analyse auch auf die Erforschung jener «Strukturgesetze des Geistes» anwenden, welche die geisteswissenschaftliche Psychologie für sich in Anspruch nimmt [33]. – In begriffsgeschichtlicher Hinsicht ist bemerkenswert, daß bei Selz der Begriff ‹O.› zur Bekämpfung der Vermögenspsychologie verwendet wird: «Das halte ich ja für mein Verdienst, daß ich auf dem Gebiete des Produktiven der Vermögenspsychologie den Garaus gemacht habe» [34].

3. Zu Beginn des 20. Jh. bildet sich in den USA eine *funktionalistische* Richtung der Psychologie heraus, welche den O.-Begriff in polemischer Wendung gegen das 'strukturalistische' Programm einer Analyse der Bewußtseinsinhalte in psychische Elemente und ihre Verbindungen aufgreift. J. R. ANGELL konzipiert den Funktionalismus als eine «Psychologie der O.en», im Gegensatz zur «Psychologie der Elemente» [35], jedoch ohne den Begriff der O. präzise zu definieren oder von den verwandten Begriffen ‹Akt› und ‹Funktion› abzugrenzen. Bei Angell findet sich noch ein lebendiges Bewußtsein von der Herkunft des O.-Begriffes aus der älteren Vermögenspsychologie; dieser konzediert er, daß sie einen «dynamischen und funktionalistischen» Standpunkt eingenommen habe [36]. Nach funktionalistischer Auffassung sollen die psychischen O.en unter «tatsächlichen Lebensbedingungen» mit dem Ziel der Aufdeckung ihres (biologischen) Nutzwertes (utility) und ihrer Realisierung durch physiologische O.en erforscht werden. Jedoch bleiben solche Appelle auf programmatischer Ebene stecken, und von einer durchgeführten Klassifikation und Kausalanalyse der O.en kann keine Rede sein.

Dem amerikanischen Funktionalismus fehlt eine Analyse von Genese und Struktur psychischer O.en. In der von J. PIAGET entwickelten 'genetischen Epistemologie', deren Programm zum Teil auf Anregungen aus dem amerikanischen Funktionalismus zurückgeht [37], steht dagegen ein genetisch und strukturell konzipierter O.-Begriff im Mittelpunkt. Nach Piaget sind O.en «verinnerlichte oder verinnerlichbare Handlungen» [38], deren Ursprung in der sensumotorischen Intelligenz des Kleinstkindes liegt. Allerdings reicht das Kriterium der Verinnerlichung nicht zur Definition des O.-Begriffs aus, denn auch anschauliche Vorstellungen sind verinnerlichte Handlungen. Das Niveau des operatorischen Denkens –

das Adjektiv zu ‹O.› ist ‹operatorisch› (opératoire), während ‹operativ› sich auf den Handlungsaspekt des Denkens allgemein bezieht [39] – ist erst dann erreicht, wenn die verinnerlichten Tätigkeiten sich zu «Gesamtstrukturen organisiert» haben [40] und «reversibel geworden» sind [41]. «Eine einzelne O. kann nicht O. sein» [42], denn O.en sind grundsätzlich systemhaft, d. h. in eine durch die Mechanismen der direkten, inversen und identischen O. konstituierte assoziative *Gruppierung* eingeordnet. Die Systemhaftigkeit der O.en wird in besonders prägnanter Weise durch ihre *Reversibilität* zum Ausdruck gebracht, d. h. durch «die Fähigkeit, dieselbe Handlung in ihren zwei Durchlaufsrichtungen auszuführen», und zwar «mit dem Bewußtsein, daß es sich um dieselbe Handlung handelt» [43].

In der Genese des operatorischen Denkens lassen sich die beiden Hauptstufen der *konkreten* und der *formalen* O.en unterscheiden.

Die *konkreten* O.en sind immer mit der (offenen oder verinnerlichten) Handlung verbunden; in die logische Struktur, welche sie der Handlung verleihen, sind die sprachlichen Ausdrücke einbezogen, doch kann auf dieser Stufe noch kein von der Handlung unabhängiger sprachlicher Schluß entwickelt werden [44]. Ihnen liegt die Struktur der Gruppierungen zugrunde, doch erlaubt diese noch keine unbegrenzte Kombination der O.en, vielmehr ist deren Zusammensetzung nur in «unmittelbarer Nachbarschaft» der sie konstituierenden Elemente möglich [45]. Bei den letzteren handelt es sich um Klassen oder Relationen. Vom Inhalt, jedoch nicht von der logischen Struktur her, lassen sich die «logisch-mathematischen» von den «infralogischen» (physikalischen, raumzeitlichen) O.en unterscheiden.

Die *formalen* O.en unterscheiden sich von den konkreten nicht durch das Hinzutreten neuer O.en, sondern durch ihren reflexiven Charakter: «Das formale Denken besteht ... in Reflexionen über (die konkreten) O.en ..., also im Operieren mit O.en oder ihren Ereignissen» [46]. Es bezieht sich auf Hypothesen und nicht nur auf Gegenstände. Seinen zugleich reflexiven und hypothetischen Charakter erhält das formale Denken dadurch, daß es an Aussagen (Propositionen) operiert. Der Inhalt der Aussagen besteht in *intrapropositionalen* O.en; die von den Hypothesen zu den Folgerungen führenden deduktiven O.en sind *interpropositional*. Strukturell betrachtet, sind in den formalen O.en die Begrenzungen überwunden, welche den konkreten O.en noch anhaften: Die Kombinatorik ist jetzt universell anwendbar, die Unterschiede zwischen der auf Klassen und auf Relationen bezogenen Reversibilität (Inversion bzw. Reziprozität) fallen weg, und sämtliche O.en können in ein einziges Gesamtsystem zusammengefaßt werden, die *kommutative INRC-Gruppe* (Identität, Negation, Reziprozität, Korrelativität).

Piagets Theorie der stadienförmigen, durch eine immanente Tendenz zur Gleichgewichtseinstellung bestimmten Entfaltung des operatorischen Denkens basiert auf kinderpsychologischen Untersuchungen unter quasi-experimentellen Bedingungen und wird im allgemeinen als Entwicklungspsychologie rezipiert. Darüber gerät Piagets eigentliches Anliegen leicht in Vergessenheit, nämlich die Entwicklung einer genetischen Epistemologie. Nach Piaget kann nämlich «nur ein systematischer Vergleich zwischen der Psychogenese der Begriffe und ihrer Entwicklung in den Wissenschaften ... zu gültigen erkenntnistheoretischen Ergebnissen führen» [47]. Unter diesem Vorzeichen entwickelt Piaget eine konstruktivistische, auf dem Grundbegriff der O. beruhende Theorie der einzelwissenschaftlichen Erkenntnis, die jedoch mit dem von P. W. BRIDGMAN vorgeschlagenen «Operationalismus» (s. d.) wenig zu tun hat. Dieser verfehlt nach PIAGET die «gegenseitige Strukturierung» der O.en, indem er sie als «nützliche Verfahren» konzipiert, die schon in der vorgegebenen Struktur enthalten sind. Die objektiven Strukturen entdeckt man aber «nicht am Ende einer operationellen Reise ..., sondern nur durch ihre Rekonstruktion» [48].

4. Zum Teil in kritischer Auseinandersetzung mit Piaget entwickelt L. S. VYGOTSKIJ [49] eine «instrumentelle» Konzeption der «höheren psychischen Funktionen»: diese haben ihren Ursprung in der äußeren Tätigkeit, deren spezifisch menschliches Strukturmoment die gesellschaftlich vollzogene Konstruktion und Verwendung von Werkzeugen ist. Bei Vygotskij tritt der Begriff ‹O.› nur gelegentlich auf und hat keinen systematischen Stellenwert.

Diesen erhält er durch Vygotskijs Schüler, vor allem durch A. N. LEONTJEV, der eine Theorie von der hierarchischen Struktur der Tätigkeit entwickelt. «In dem Gesamtstrom der Tätigkeit, der das menschliche Leben in seinen höchsten, durch psychische Widerspiegelung vermittelten Erscheinungen bildet, unterscheidet die Analyse ... erstens einzelne Tätigkeiten, und zwar nach den sie hervorrufenden Motiven; zweitens Handlungen als bewußten Zielen untergeordnete Prozesse; drittens O.en, die unmittelbar von den Bedingungen für die Erreichung eines konkreten Ziels abhängen» [50]: so faßt Leontjev die endgültige Version seiner Theorie zusammen. Ihre volle Bedeutung erschließt sich allerdings nur, wenn die von Leontjev schon früher vorgenommene Rekonstruktion der Genese von O.en zur Kenntnis genommen wird.

Die ersten Ansätze zu einer Herausgliederung der O. aus dem Tätigkeitsstrom finden sich auf dem Niveau der *perzeptiven Psyche*, die durch Umwegverhalten und eine beschränkte Fähigkeit zur Übertragung erworbener Anpassungen auf neue Situationen gekennzeichnet ist. Wenn ein Tier ein Hindernis umgeht und sich gleich darauf dem eigentlichen Tätigkeitsziel zuwendet, hat sich ein «besonderes System der Tätigkeit» herausgebildet, das «den Bedingungen entspricht, unter denen der zur Tätigkeit anregende Gegenstand gegeben ist»: nämlich die O. [51]. Auf dieser Stufe ist die Wahrnehmung «noch vollständig in die äußeren motorischen O.en der Tiere einbezogen»; dies erlaubt die Herausbildung eines «verallgemeinerten Abbildes», das nach dem Prinzip der «Ähnlichkeit der Dinge» umgestaltet und präzisiert werden kann; dadurch kann auch die O. auf neue gegenständliche Bedingungen übertragen werden [52]. Auf dem Niveau des *Intellektes*, das bei den Primaten erreicht ist, werden nicht mehr nur «Ähnlichkeiten zwischen den Dingen», sondern auch «Ähnlichkeiten der Beziehungen zwischen den Dingen» der Übertragung der O.en zugrundegelegt. Gleichzeitig spaltet sich die Handlung in eine Vorbereitungs- und eine Vollzugsphase auf [53]. Dies bildet, zusammen mit dem Vorhandensein einer primitiven Hierarchie zwischen den Mitgliedern einer Gemeinschaft höherer Tiere, die natürliche Voraussetzung für die Herausgliederung einzelner O.en [54].

Im Gegensatz zum Tier spiegelt beim Menschen «die Verbindung zwischen Motiv und Ziel einer Tätigkeit nicht die natürlichen, sondern die objektiven gesellschaftlichen Zusammenhänge und Beziehungen wider» [55]. Zur Illustration dieses Satzes bedient sich Leontjev des 'Jäger und Treiber'-Beispiels: Der Treiber handelt entgegen seinen natürlichen Bedürfnissen, wenn er das Tier von sich wegtreibt; er kann dies tun, weil ihre Befriedigung durch die Kooperation mit den Jägern sichergestellt ist. Dies bedeutet, daß sich die (zielgerichtete) Handlung aus dem (motivbezogenen) Tätigkeitsstrom herausgegliedert hat. Unmittelbar hat dies noch keine Veränderung in der O.-Ebene der Tätigkeit zur Folge. Diese ergibt sich infolge der gesellschaftlichen Herstellung und Verwendung von Werkzeugen. Bei der Produktion spezialisierter Werkzeuge gilt es nämlich, «O.en auszugliedern und bewußt zu erfassen». Damit «geht das Ziel einer Handlung in eine andere Handlung als Bedingung ihres Vollzugs ein», und dadurch wird die erste Handlung zur *bewußten* O. umgestaltet [56]. Auch auf dieser Entwicklungsstufe ist die O. noch die Einheit der *äußeren* Tätigkeit. *Innere* O.en entstehen und verselbständigen sich erst infolge der gesellschaftlichen Arbeitsteilung und der Entstehung des Eigentums an Produktionsmitteln. Die psychische Seite dieses Prozesses ist eng mit der gewandelten Funktion der Sprache verknüpft. Ursprünglich ist die Sprache noch in die kollektive Tätigkeit des Menschen einbezogen, sie dient dem zwischenmenschlichen Verkehr und verwirklicht die «Vorbereitungsphase» der praktischen Arbeitstätigkeit. Nach der Scheidung von Produktion und Austausch erlangt die Sprache eine «theoretische, kognitive Funktion»; damit ist die äußere sprachliche Form nicht mehr unerläßlich: «Viele sprachliche Handlungen nehmen allmählich den Charakter innerer Prozesse an», z. B. «innerer O.en», die jetzt «zu rein kognitiven Vorgängen» werden [57].

Auf dem Hintergrund dieser Rekonstruktion der natur- und menschheitsgeschichtlichen Entstehung der Tätigkeitsstruktur fordert Leontjev eine *Systemanalyse* der Tätigkeit, welche «die lebendige Tätigkeit nicht in Elemente zergliedert, sondern die die Tätigkeit charakterisierenden inneren Beziehungen aufdeckt» [58]. Ihr wichtigstes allgemeines Resultat ist die *Beweglichkeit* der Struktureinheiten der Tätigkeit: Zwischen den jeweils benachbarten Ebenen der Tätigkeit finden ständige Transformationen statt – Tätigkeiten können in Handlungen übergehen und umgekehrt, und dasselbe gilt für Handlungen und O.en. Dieselbe Aufgliederung und Integration findet sich auch auf der Seite der «psychischen Abbilder», welche die Tätigkeit auf ihren verschiedenen Ebenen regulieren.

Ein zentrales Prinzip der Tätigkeitsanalyse ist die auf Vygotskij zurückgehende These, daß «äußere und innere Tätigkeit eine gemeinsame Struktur haben» [59]. Davon ausgehend, entwickelt P. J. GALPERIN eine Theorie der «etappenweisen Herausbildung geistiger O.en» [60]. Geistige (und allgemeiner ideelle) O.en sind nach Galperin «nichts anderes als materielle Handlungen ..., die in die Form der Widerspiegelung übertragen und vielfach verändert wurden» [61]. Ihre Aneignung setzt voraus, daß anfangs «exteriorisiert», d. h. in Form «materialisierter» Handlungen vermittelt werden. Die Qualität und insbesondere die Verallgemeinerbarkeit geistiger O.en wird vor allem durch ihre «Orientierungsbasis» bestimmt, d. h. durch die «Bildung einer vorläufigen Vorstellung von der Aufgabe» [62], welche der Ausführung der Handlung vorausgeht. Man kann zwar die «Orientierungsbasis» im Sinne Leontjevs als «Bedingung» einer Handlung deuten, doch bleibt unklar, ob die Galperinschen «geistigen O.en» tatsächlich O.en oder nicht vielmehr Handlungen im Sinne Leontjevs sind. Auch die regelrechte Identifikation der geistigen O. mit der «widergespiegelten Form der gegenständlichen Handlung» scheint nicht unbedingt den Auffassungen Leontjevs zu entsprechen, denn für diesen ist das «psychische Abbild» von der Handlung bzw. O. zu unterscheiden.

Unabhängig von den Vertretern der 'kulturhistorischen Schule' (Leontjev, Galperin), aber ungefähr gleichzeitig mit ihnen, entwickelt auch S. L. RUBINSTEIN eine Konzeption von der hierarchischen Struktur der Tätigkeit. Sie stimmt in ihren allgemeinen Zügen, insbesondere in der Herleitung der spezifisch menschlichen Struktur der Tätigkeit aus dem Arbeitsprozeß, mit der Konzeption Leontjevs überein, weist aber im Detail einige Abweichungen auf. Sie lassen sich dadurch erklären, daß Rubinstein den Begriff der O. enger als Leontjev an das äußere Handeln bindet und z. B. beim Lösen von Denkaufgaben von «Prozessen» und nicht von O.en spricht [63]. Als O. bezeichnet Rubinstein «die Akte oder Abschnitte, in die die Handlung zerfällt»; das Resultat von O.en ist nicht bewußt, sie sind daher Teilhandlungen. Eine Handlung geht durch Automatisierung in eine O. über; eine solche automatisierte Handlung bezeichnet Rubinstein auch als Fertigkeit [64]. Unterhalb der Ebene der O.en, die Bestandteile der Handlungen sind, liegen die Bewegungen als Mechanismen, mittels deren die Handlung ausgeführt wird [65]. Die Abgrenzung der O. von der Handlung geschieht bei Rubinstein nicht entlang des Dualismus von Bedingung und Ziel, sondern nach den Kriterien der Komplexität und der Bewußtseinsfähigkeit.

GALPERIN bemerkt zu Recht, daß «die Unterscheidung der Begriffe Tätigkeit, Handlung und O. ... (bis heute) in der sowjetischen Psychologie beibehalten wird» [66]. Dies sollte jedoch nicht zu der Annahme verführen, daß die Begriffsverwendung völlig einheitlich sei. Galperin selbst kritisiert, daß die Unterscheidung von Tätigkeit, Handlung und O. «nur nach Motivationskriterien» erfolgt sei; er fordert demgegenüber, daß der «gegenständliche, operative Inhalt der Tätigkeit» in die psychologische Theoriebildung einzubeziehen sei [67]. In anderer Richtung konstatiert A. G. ASMOLOV eine Ergänzungsbedürftigkeit der Leontjevschen Tätigkeitsanalyse; das Konzept des Tätigkeitsstroms erfordere ein «Stabilisierungsmoment», das Asmolov in dem Sachverhalt der Einstellung findet [68].

5. Die Verwendung des Ausdrucks ‹O.› in der heutigen *Kognitionspsychologie*, die übrigens im allgemeinen ohne präzise terminologische Festlegung erfolgt, läßt seine *Herkunft aus der Technik elektronischer Rechengeräte* mehr oder minder deutlich erkennen. Ganz offensichtlich ist sie in der heute als 'Artificial Intelligence' bezeichneten Forschungseinrichtung, d. h. in der Simulation kognitiver Prozesse durch Computerprogramme. Eine vielzitierte Pionierarbeit [69] beschreibt die Grundstruktur des Organismus als eines informationsverarbeitenden Systems wie folgt: eine Anzahl von «Gedächtnissen» (= Datenspeichern), eine Anzahl «elementarer Informationsprozesse» und eine definierte Menge von Regeln für die Kombination dieser Prozesse in Verarbeitungsprogrammen. Die Informationsprozesse operieren am Inhalt der Datenspeicher, sie sind «genau definierte O.en» [70]. Das psychologische Analogon der grundlegenden Prozesse ihres Programms zum Finden von Beweisen aus der mathematischen Logik ist nach Meinung der Autoren der Selzsche Begriff der O. [71]. Daß SELZ von ihnen als psychologischer Gewährsmann entdeckt und anerkannt wurde, ist vor allem dem Wirken seines Schülers A. DE GROOT zu verdanken [72].

Der in der heutigen Kognitionspsychologie in der Regel benutzte O.-Begriff ist allerdings nicht an Selz orientiert, sondern entstammt einer unreflektierten Übertragung der 'hardware' elektronischer Rechengeräte auf die menschliche Kognition. Ausdruck dieser Denkweise ist der Dualismus zwischen 'Gedächtnisstrukturen' und 'O.en'. Die ersteren sollen – z. B. bei M. I. POSNER – die statischen, die letzteren die dynamischen Komponenten der Kognition kennzeichnen: «Eine geistige O. ist die interne Transformation der Information von einer Form in die andere» [73]. Dabei wird im allgemeinen vorausgesetzt, daß durch die Anwendung der O.en auf Gedächtnisstrukturen wieder neue Strukturen entstehen. So konstatiert z. B. F. KLIX: «Hochorganisierte Gedächtnisstrukturen bestehen ... nicht nur aus Begriffen. Eine zweite Klasse kognitiver Strukturen bildet sich in der tätigen Veränderung von Umgebungszuständen: die Klasse der O.en mit einer wohldefinierten Binnenstruktur. Das Zusammenspiel dieser beiden Komponenten ... bildet die Grundlage jener internen kognitiven Dynamik, die wir Denken nennen» [74]. Gegenüber der 'Durchschnittsauffassung' der heutigen Kognitionspsychologie ist hier der Gedanke der Herkunft der O.en aus den «Wirkungen von Umgebungsveränderungen» beachtenswert, der grundlegende – an die Auffassungen der Würzburger Schule erinnernde – Dualismus von 'Inhalten' und 'O.en' bleibt jedoch erhalten.

An eben diesem Dualismus wird jedoch seit ungefähr 1980 in steigendem Maße Kritik geübt. So wendet sich D. A. ALLPORT gegen die fundamentale, aber ungeprüft aufgestellte Annahme, daß die von der Kognitionspsychologie untersuchten grundlegenden psychischen Prozesse unabhängig von ihrem spezifischen Informationsgehalt seien; an ihre Stelle möchte er das Prinzip der *Inhaltsspezifik* kognitiver Mechanismen setzen [75]. Eine derartige Umorientierung kann sich auf neuere Entwicklungen in der 'Artificial Intelligence'-Forschung stützen; z. B. ist in *'Produktionssystemen'*, einem neuen Typ des Programmierens, der Daten-O.en-Dualismus verlassen: die Grundeinheit ist hier die 'Produktion', die aus einem Bedingungsteil und einem Handlungsteil besteht. Der Handlungsteil kann auch die Aktivierung eines neuen Ziels enthalten. Insofern ist in den Produktionssystemen auch der Dualismus zwischen einer 'zentralen Exekutive' mit Zielsetzungsfunktionen und den ihr untergeordneten, automatisch ablaufenden O.en aufgegeben. Jedoch liegt bis jetzt noch kein systematischer Vergleich zwischen der Struktur von Produktionssystemen und der hierarchischen Handlungstheorie im Sinne Leontjevs vor.

Eine einheitliche Verwendung des O.-Begriffs, so läßt sich abschließend konstatieren, gibt es in der heutigen Psychologie nicht. Konsensus besteht allenfalls darüber, daß eine einzelne O. immer nur ein *unselbständiges Teilmoment des Handelns* sein kann; hierin treffen sich die heute noch relevanten, auf Selz, Piaget und die sowjetischen Psychologen zurückgehenden Varianten des O.-Begriffs.

Anmerkungen. [1] J. LOCKE, An essay conc. human underst. II, 1, § 4. Works (London 1823) 1, 83. – [2] a.O. II, 9-11. – [3] a.O. [1]. – [4] II, 11, § 14. Works 1, 151. – [5] CHR. WOLFF: Psychologia empirica § 325 (²1738) 235f. – [6] Vgl. J. G. C. KIESEWETTER: Fassliche Darst. der Erfahrungsseelenkunde (1806) 142ff. – [7] Vgl. F. X. BIUNDE: Versuch einer systemat. Behandlung der empir. Psychol. (1831) I/1, 382ff.; F. FISCHER: Die Naturlehre der Seele, für Gebildete dargest. (1835) 346ff. – [8] W. HAMILTON: Lectures on met. and logic (Edinburgh 1861) I, Lect. X, 179. – [9] z. B. bei G. H. LUQUET: Idées générales de psychol. (Paris 1906). – [10] TH. REID: An inquiry into the human mind, on the principles of common sense (Edinburgh 1765) 530. – [11] a.O. 409. – [12] Dies die Bezeichnung HAMILTONS für Reids Theorie; vgl. a.O. [8] II, Lect. XXIII, 65. – [13] REID, a.O. [10] 425. – [14] Vgl. HAMILTON, a.O. [8] II, Lect. XXI, 31. – [15] TH. BROWN: Sketch of a system of the philos. of the human mind I: The physiology of the mind (Edinburgh 1820) 124. 127. – [16] HAMILTON, a.O. [8] II, Lect. XXIV, 98f. – [17] a.O. II, Lect. XXIX, 188f. – [18] Der Vermittler ist hier F. BRENTANO, der in seiner ‹Psychol. vom empirischen Standpunkt› (1874) den Analysen Hamiltons einen bedeutenden Stellenwert einräumt; Brentanos Unterscheidung der psych. und phys. Phänomene bildete den Ausgangspunkt für die späteren aktpsychol. Theorien. – [19] Beste Gesamtdarstellung bei G. HUMPHREY: Thinking (London 1951). – [20] Vgl. A. MESSER: Psychol. (1914). – [21] Vgl. O. KÜLPE: Vorles. über Psychol., hg. K. BÜHLER (²1922). – [22] Dies die Bezeichnung, die Selz seiner abschließenden Zusammenfassung gegeben hat: O. SELZ: Die Gesetze der produktiven und reproduktiven Geistestätigkeit (1924); ND in: Leben und Werk von Otto Selz, hg. K. J. GROFFMANN (²1981). – [23] Die Gesetze der produktiven Tätigkeit. Arch. ges. Psychol. 27 (1913) 367-380; ND in: C. F. GRAUMANN (Hg.): Denken (1965) 217ff. – [24] Zur Psychol. des produktiven Denkens und des Irrtums [= Gesetze des geordneten Denkverlaufs II (1922)] 373. – [25] Über die Gesetze des geordneten Denkverlaufs I (1913) 314f. – [26] a.O. [22] 37ff. – [27] a.O. [24] 371. – [28] a.O. 372. – [29] 375. – [30] 377. – [31] 525-609. – [32] Vorwort. – [33] a.O. [22] 61. – [34] Br. an J. BAHLE vom 20. 9. 1935; zit. nach H. B. SEEBOHM: Otto Selz – Ein Beitrag zur Gesch. der Psychol. (Diss. Heidelberg 1970) Anhang 19. – [35] J. R. ANGELL: The province of functional psychology. Psychol. Rev. 14 (1907) 61-91. – [36] a.O. 63. 78. – [37] Der Begriff der genetischen Epistemologie wurde von J. M. BALDWIN geprägt; vgl.: Genetic theory of reality (New York 1915). – [38] J. PIAGET: Logique et équilibre dans les comportements du sujet, in: Études d'épistémologie génétique (Paris 1956) II, 45. – [39] Les mécanismes perceptifs (Paris 1961) 353. – [40] Psychol. de l'intelligence (Paris 1947); dtsch.: Psychol. der Intelligenz (²1966) 43. – [41] J. PIAGET und B. INHELDER: Le développement des quantités physiques chez l'enfant (Neuchâtel 1941); dtsch.: Die Entwickl. der physikal. Mengenbegriffe beim Kinde. Ges. Werke (1975) IV, 385. – [42] a.O. [40] 41. – [43] a.O. [38] 44. – [44] a.O. [40] 165. – [45] L'épistémologie génétique (Paris 1970); dtsch.: Abriß der genet. Epistemol. (1980) 65. – [46] a.O. [40] 168. – [47] Introd. à l'épistémologie génétique (Paris 1950); dtsch.: Die Entwickl. des Erkennens. Ges. Werke (1975) IX, 14. – [48] a.O. [45] 132. – [49] L. S. VYGOTSKIJ: Denken und Sprechen (russ. 1934, dtsch. 1974). – [50] A. N. LEONTJEV: Tätigkeit, Bewußtsein, Persönlichkeit (russ. 1975; dtsch. 1977) 37f. – [51] Probleme der Entwickl. des Psychischen (russ. 1959; dtsch. 1967) 142. – [52] a.O. 148. – [53] 155. – [54] 169. – [55] 170. – [56] 189. – [57] 196. – [58] a.O. [50] 38. – [59] a.O. 33. – [60] P. J. GALPERIN: Die Entwickl. der Untersuchungen über die Bildung geistiger O.en; in: Ergebnisse der sowjet. Psychol. (russ. 1959; dtsch. 1969) 367-405. – [61] a.O. 399. – [62] 376. – [63] S. L. RUBINSTEIN: Sein und Bewußtsein (russ. 1957; dtsch. 1961) 233. – [64] Grundl. der allg. Psychol. (russ. ²1946; dtsch. 1958) 682f. – [65] a.O. 669. – [66] GALPERIN: Zu Grundfragen der Psychol. (russ. 1976, dtsch. 1980) 180. – [67] a.O. 185. – [68] A. G. ASMOLOV: Dejatel'host' i ustanovka (Moskau 1979). – [69] A. NEWELL, J. C. SHAW und H. SIMON: Elements of a theory of human problem solving. Psychol. Rev. 65 (1968) 151-166. – [70] a.O. 151. – [71] 164. – [72] A. D. DE GROOT: Thought and choice in chess (Den Haag ²1978). – [73] M. I. POSNER: Cognition: An introd. (Glenview, Ill. 1973) 92. – [74] F. KLIX: Information und Verhalten (1971) 22. – [75] D. A. ALLPORT: Patterns and actions: Cognitive mechanisms are content-specific; in: G. CLAXTON (Hg.): Cognitive psychology – New Directions (London 1980) 26-64.

Literaturhinweise. A. M. BATTRO: Piaget: Dict. of terms (New York 1973). – A. N. LEONTJEV s. Anm. [50. 51]. – J. PIAGET s. Anm. [40. 45]. – O. SELZ s. Anm. [24].   E. SCHEERER

Operationalismus

I. *Wissenschaftstheorie.* – Ausgehend von Gedankengängen des Pragmatismus hat P. W. BRIDGMAN die Methode der Physik einer von ihm so genannten «operationalen» Analyse unterzogen [1]. Bridgmans These besagt, daß alle physikalischen Begriffe durch ihnen entsprechende Meßoperationen definiert sind [2]. Eindeutig operational sind Begriffe immer dann, wenn es sich um Größenbegriffe handelt, für die Meßanweisungen existieren. R. CARNAP hat gezeigt, daß für eine physikalische Größe zwei topologische und drei metrische Bestimmungen erforderlich sind [3]. Sicher sind nicht alle physikalischen Begriffe in diesem metrischen Sinne operational definierbar, z. B. nicht der von H. MINKOWSKI in die Relativitätstheorie eingeführte Begriff der «Weltlinie» [4]. BRIDGMAN hat später die Beschränkung auf metrische Begriffe selbst aufgehoben und lediglich genau zu handhabende Methoden gefordert, aufgrund deren man entscheiden kann, ob ein vorliegender Fall unter den betreffenden Begriff fällt oder nicht. Er faßt dabei unter Operationen nicht nur Experimental- und Meßhandlungen, sondern neben bestimmten geistigen Handlungen auch sogenannte «Papier- und Bleistift-Operationen» [5]. Begriffe, für die es keine definierenden Operationen gibt, wie z. B. «absolute Länge», bezeichnet Bridgman als sinnlos (meaningless) und betrachtet sie als wissenschaftlich wertlos [6].

Im Sinne Bridgmans definiert eine neue Meßmethode einen neuen Begriff, und es muß jeweils *empirisch* festgestellt werden, ob zwei solche Begriffe synonym verwendet werden dürfen [7]. So ist in der Psychologie, falls man die Intelligenztests als Meßmethode versteht, bis heute nicht klar, ob die verschiedenen Tests den gleichen Intelligenzbegriff definieren. (Zu den methodologischen Konsequenzen des O. für die Psychologie vgl. ‹Operationalismus II›).

Der O. hat insbesondere dazu geführt, den Meßprozeß (s. d.) methodologisch zu analysieren [8]. Darüber hinaus wird der O. auch als ein allgemeines Programm der Gegenstandskonstitution verstanden, so daß dann Handlungen und Operationen die «operationalen Gegenstände» allererst konstituieren, durch die schließlich operationale Gegenstandsbereiche konstruiert werden können [9]. Dieses Programm, das in seinem Allgemeinheitsanspruch umstritten ist, fand eine teilweise Realisierung im Operativismus (s. d.).

Anmerkungen. [1] P. W. BRIDGMAN: The logic of modern physics (New York 1927), dtsch. Übers.: Die Logik der modernen Physik (1932). – [2] Vgl. Art. ‹Definition, operationale›. – [3] R. CARNAP: Physikalische Begriffsbildung (1926). – [4] H. MINKOWSKI: Raum und Zeit, in: O. BLUMENTHAL (Hg.): Das Relativitätsprinzip (⁶1958) 54. – [5] P. W. BRIDGMAN: Physikalische Forschung und soziale Verantwortung (1954) Kap. 1. 2. – [6] a.O. [1] 28ff. – [7] G. FREY: Die Mathematisierung unserer Welt (1967) 66. – [8] H. DINGLE: An operational theory of measurement, in: W. KRAMPF (Hg.): H. Dingler zum 75. Geb. (1956) 71. – [9] G. FREY: Gesetz und Entwicklung in der Natur (1958) 80ff.

Literaturhinweise. P. W. BRIDGMAN s. Anm. [1]; The nature of physical theory (Princeton 1936); Reflections of a physicist (New York 1950), dtsch. Teilübers. s. Anm. [5]. – H. DINGLER: Das Experiment. Sein Wesen und seine Geschichte (1928); Methodik statt Erkenntnistheorie und Wissenschaftstheorie. Kantstudien 41 (1936) 346-379; Empirismus und Operationismus. Dialectica 6 (1952) 343-376. – S. S. STEVENS: The operational definition of psychol. concepts. Psychol. Review 42 (1935) 517-527. – L. B. LINDSAY: A critique of operationalism in science. Philos. of Sci. 4 (1937) 456-470. – Symposium on operationism. Psychol. Review 52 (1945) H. 5, 241-295. – A. C. BENJAMIN: Operationism (Springfield, Ill. 1955). – PH. FRANK (Hg.): The validation of scientific theories (Boston 1956). – C. G. HEMPEL: A logical appraisal of operationism, in: Aspects of scientific explanation (New York 1965) 123-133. – G. SCHLESINGER: Art. ‹Operationalismus›, in: P. EDWARDS (Hg.): The Encycl. of philos. (New York 1965) 5, 543-547. – K. HOLZKAMP: Wissenschaft als Handlung (1968). – P. LORENZEN: Einführung in die operative Logik und Mathematik (²1969). – J. KLÜVER: Operationalismus. Kritik und Gesch. einer Philos. der exakten Wiss. (1971). G. FREY

II. *Psychologie.* – Die von P. W. BRIDGMAN [1] begründete wissenschaftstheoretische Konzeption wird in den USA im allgemeinen als ‹operationism› bezeichnet; daß sie auf deutsch als ‹O.› wiedergegeben wird, ist wahrscheinlich durch Anlehnung an den Grundbegriff des ‹O.›, nämlich ‹operationale Definition›, zu erklären.

Mit *einer* Ausnahme wird ‹O.› nicht als Bezeichnung für eine inhaltlich definierte 'Schule' der Psychologie verwendet. Die Bedeutung des O. für die Psychologie resultiert vielmehr daraus, daß er über ca. 30 Jahre hinweg (1935–1965) als nahezu allgemein anerkannte wissenschaftstheoretische Grundlage der amerikanischen Psychologie und insbesondere des Neobehaviorismus gedient hat.

Abgesehen davon, daß sich B. F. SKINNER schon 1931 auf Bridgman bezieht [2], wird die breite Propagierung des O., die 1935 einsetzt, gerade nicht durch Anhänger des Behaviorismus vorangetragen, sondern durch Psychologen, die mit Problemen der Psychophysik und Wahrnehmungspsychologie befaßt sind, also auf einem Gebiet arbeiten, das traditionell das 'Bollwerk' der introspektiven Elementaranalyse des Bewußtseins gebildet hat.

In einer Serie programmatischer Artikel präsentiert S. S. STEVENS den O. als ein «Verfahren, durch das die Begriffe der Psychologie in rigorose Form gebracht werden können». Nach der Lehre des O. haben «Begriffe und Aussagen nur dann empirische Bedeutung, wenn sie für ganz bestimmte, konkrete Operationen stehen, die durch normale Menschen ausgeführt werden können» [3]. Die fundamentale Operation der Wissenschaft schlechthin ist die *Unterscheidung* (discrimination); auf ihr beruht auch das *Hinweisen* (pointing at) auf Objekte oder Ereignisse, die durch einen operational definierten Begriff bezeichnet werden [4]. Alle wissenschaftlichen Begriffe müssen auf «öffentlichen» und wiederholbaren Operationen beruhen; daraus ergibt sich für die Psychologie, daß sie nur eine «psychology of the other one» sein kann, d. h. nur als Verhaltenswissenschaft (behavioristics) Bestand haben kann [5].

Auf Skinner folgt E. C. TOLMAN als der erste Behaviorist, der den O. rezipiert. Tolman bezeichnet 1936 sein «System» als «operationalistischen Behaviorismus», und zwar einesteils aus methodologischen, zum anderen aber auch aus inhaltlichen Gründen: das mit operationalistischen Methoden beobachtete Verhalten bestehe nämlich seinerseits aus Operationen [6]. Auch J. R. KANTOR hebt die Kontinuität zwischen den Operationen des Wissenschaftlers und denjenigen seines Forschungsgegenstandes hervor; sie gehe daraus hervor, daß alle Operationen «interbehavioral» – also von sozialer Natur – seien [7].

Im allgemeinen ruft der O. bei den Behavioristen aber keineswegs ein enthusiastisches Echo hervor [8]. Man verstand ihn im Sinne einer wissenschaftstheoretischen Bestätigung der objektivistischen, experimentellen Methodik, wie sie vom Behaviorismus ohnedies schon praktiziert worden sei. Nach H. ISRAEL beruht dies allerdings auf einem Mißverständnis; denn der Physiker setze die Existenz der operational zu definierenden Phänomene voraus, während der Psychologe die Operationen dazu benutze, um die zu beobachtenden Phänomene *hervorzu-*

bringen [9]. Diese Berichtigung wird jedoch kaum beachtet, und das wissenschaftstheoretische Interesse verschiebt sich innerhalb des Behaviorismus von dem offenbar als selbstverständlich betrachteten O. zu dem logischen Empirismus des Wiener Kreises.

Der O. als «die Revolution, die der Möglichkeit von Revolutionen ein Ende setzen wird» – diese Devise [10] beleuchtet die Hoffnungen auf die Vereinheitlichung der Psychologie, die man in die operationalistische Methodologie setzte und die durch das logisch-empiristische Programm einer Einheitswissenschaft noch verstärkt wurden. Sie liegt dem 1945 von E. G. Boring organisierten Symposium über den O. [11] zugrunde. Auf dem Symposium brachen jedoch Differenzen auf, die sich, wie wir heute wissen, als unausgleichbar erwiesen haben. SKINNER [12] deklariert, daß der Behaviorismus bis jetzt «nichts weiter als eine gründliche operationale Analyse traditioneller mentalistischer Begriffe» gewesen sei, und bemängelt das Fehlen einer «akzeptablen Formulierung» für den «verbalen Bericht». Den Stevens-Boringschen O. kennzeichnet er als den Versuch, «sich heimlich auf das behavioristische Trittbrett zu schwingen», d. h. durch einige Zugeständnisse an den Behaviorismus die alten (mentalistischen) Erklärungsfiktionen aufrechtzuerhalten [13]. Aus einer vorläufigen Analyse des «verbalen Verhaltens» leitet er die These ab, daß «private» Ereignisse durch «öffentliche» Bekräftigungen aufrechterhalten werden und somit durchaus Gegenstand einer «operationalen und objektiven Wissenschaft» sein können [14]. Der Physiker BRIDGMAN leitet zum Mißfallen der physikalistisch orientierten Psychologen aus dem operationalistischen Standpunkt die Konsequenz ab, daß «der wichtigste Teil der Wissenschaft privat sei» [15], wendet sich aber vehement gegen eine Relativierung der «privat/öffentlich»-Dimension, die seiner Meinung nach aus Skinners Analyse folgt. H. FEIGL schließlich formuliert zwar einen Kanon von Anforderungen an die operationale Definition von Begriffen [16], gleicht aber den O. vollständig dem Programm des Logischen Empirismus mit seiner Theorie der Sprachebenen (Beschreibung, empirische Gesetze, Theorien erster und höherer Ordnung) an [17].

Fortan tritt der O. für die amerikanische Psychologie als empirie-bezogener Teil der logisch-empiristischen Wissenschaftskonzeption auf. Als solcher wird er prinzipiell nicht in Frage gestellt; der weitere Ausbau des wissenschaftstheoretischen Fundamentes geschieht im Hinblick auf die theoretischen Begriffe. Einen Markstein in diesem Prozeß bildet die Arbeit von K. MACCORQUODALE und P. E. MEEHL, in der eine Unterscheidung zwischen *intervenierenden Variablen* und *hypothetischen Konstrukten* eingeführt wird [18]. Im Gegensatz zu intervenierenden Variablen, die sich im Prinzip vollständig auf empirische Variablen reduzieren lassen, beziehen sich hypothetische Konstrukte «auf Prozesse oder Entitäten, die nicht unmittelbar beobachtet werden, ohne jedoch prinzipiell unbeobachtbar sein zu müssen» [19]. Dieses Merkmal der hypothetischen Konstrukte, nämlich Resultat eines über die operationale Definition hinausgehenden Deutungsprozesses zu sein, wird häufig als ihr «surplus meaning» (Bedeutungsüberschuß) bezeichnet [20].

Mit der Unterscheidung zwischen intervenierenden Variablen und hypothetischen Konstrukten ist eine Entwicklung auf den Begriff gebracht, die sich innerhalb des Behaviorismus schon längere Zeit vollzogen hatte: die Hinwendung auf die Analyse der im Organismus zwischen Reiz und Reaktion 'vermittelnden' Prozesse. Von den Autoren der Unterscheidung wird der *Erkenntniswert* der hypothetischen Konstrukte betont; sie werden ausdrücklich gegen bloße Fiktionen im Sinne des Als-Ob abgegrenzt, in bezug auf ihren Realitätsgehalt sollen sich hypothetische Konstrukte nicht von empirischen Begriffen unterscheiden [21]. Tatsächlich hat die Einführung der hypothetischen Konstrukte jedoch eher eine Zurücknahme des Erkenntnisanspruchs innerhalb der (neobehavioristisch-)psychologischen Forschung bewirkt; die verschiedenen 'Systeme' des Neobehaviorismus erwiesen sich nämlich nach ihrer formalen Seite und nach ihrem operational definierbaren empirischen Gehalt als äquivalent [22]. Vordem als experimentell entscheidbare Sachfragen behandelte Kontroversen – z. B. zwischen einer Triebreduktions-Theorie und einer kognitiven Theorie der Bekräftigung – verschieben sich damit auf die theoretische Sprachebene, sie werden umstilisiert in die Frage, welche Art von Bedeutungsüberschuß ein hypothetisches Konstrukt erhalten solle. Wenn nun die Funktion von hypothetischen Konstrukten in den 'Kontext der Entdeckung' verlegt wird, d. h. in die Phase der vorläufigen Formulierung von Theorien, während im 'Kontext der Bestätigung' nur operational definierte Variablen ohne Bedeutungsüberschuß anerkannt werden, dann kann es als eine Frage des individuellen 'Geschmacks' aufgefaßt werden, ob ein Forscher die von ihm verwendeten Konstrukte bloßlegt oder nicht [23].

Mit dem Vorstehenden ist die 'Durchschnittsauffassung' bezüglich der operationalistischen Grundlegung der Psychologie umrissen, die wenigstens in den USA in den fünfziger und sechziger Jahren vorherrscht und Eingang in weitverbreitete Lehrbücher findet [24]. Innerhalb der behavioristischen Tradition wird sie nur von B. F. SKINNER bekämpft, der den Behaviorismus rein *deskriptiv* aufgefaßt wissen möchte. Skinner weist nach, daß die operationale Definition intervenierender Variablen, wie sie z. B. von C. L. Hull vorgeschlagen wird, unhaltbar ist; er wendet sich zudem gegen die Einführung von 'Erklärungsfiktionen', was prägnant in der vielfach mißverstandenen Formel vom «Leeren Organismus» [25] zusammengefaßt ist. Gemeint ist damit, daß das Verhalten eine irreduzible Ebene von Ereignissen bildet, deren Erklärung durch Begriffe, die sich auf andere Beobachtungsebenen beziehen, unmöglich ist [26], vielmehr ausschließlich in der Kenntnis und Beherrschung der verhaltenskontrollierenden äußeren Bedingungen bestehen kann [27]. Wegen der «Verfälschung» in einen «methodologischen Behaviorismus» [28] zählt Skinner den O. nicht zu den wissenschaftstheoretischen Fundamenten seiner «*Experimentellen Verhaltensanalyse*», obwohl deren Grundbegriffe ausschließlich operational definiert sind.

Skinners Einschätzung, daß der psychologische O. letztlich der Rechtfertigung traditioneller «mentalistischer» Begriffe dient, wird durch dessen weitere Entwicklung bestätigt. Angesichts der empirisch erweisbaren Unhaltbarkeit der Gleichsetzung von «Empfindung» und «Unterscheidungsreaktion» plädieren W. R. GARNER, H. W. HAKE und C. W. ERIKSEN [29] dafür, den Begriff der *Wahrnehmung* wieder in die Psychologie einzuführen, und zwar mit Hilfe «*konvergierender Operationen*». Dabei handelt es sich um eine Anzahl experimenteller Operationen, «die alternative Hypothesen eliminieren und zu einem Begriff führen, der mit keiner der ursprünglichen Operationen identisch ist». Konvergierende Operationen können zu Begriffen führen, die sich auf nicht direkt beobachtbare Prozesse beziehen; z. B. können mit ihrer

Hilfe Eigenschaften des Wahrnehmungs- und Eigenschaften des Reaktionssystems voneinander unterschieden werden [30]. Mit dem Konzept der konvergierenden Operationen wird – gegenüber vereinfachenden Fehldeutungen – der ursprünglich von Bridgman intendierte Sinn der operationalen Definition wiederhergestellt (The concept is synonymous with the corresponding *set of operations*) [31].

Von etwa 1965 an wird von verschiedenen Positionen aus Kritik an der Behandlung des Empirie-Theorie-Verhältnisses durch den psychologischen O. vorgebracht, und zwar vor allem in Europa, wohin der operationalistische Neobehaviorismus 'exportiert' worden war, ohne daß seine wissenschaftstheoretischen Voraussetzungen zunächst problematisiert worden wären. Von H. DINGLERS 'Operativismus' ausgehend, kritisiert K. HOLZKAMP die empiristisch-sensualistische Denkweise des O.; auch für den operationalistischen Wissenschaftstheoretiker sei Erfahrung «dasselbe wie bloßes passives Aufnehmen von Sinnesdaten». Daher bleibe der von Bridgman inaugurierte O. «auf halbem Wege stehen», ein O. im «weiteren und prinzipielleren Sinne» – eine Bezeichnung, die Holzkamp für seine eigene Position in Anspruch nimmt – basiere auf der Grundannahme, «daß wissenschaftliches Forschen ... als aktiv handelndes Durchordnen oder Verändern realer Verhältnisse gemäß vorgeordneten theoretischen Ideen betrachtet werden muß» [32]. Für das entscheidende Merkmal des O. in der Psychologie hatte Holzkamp zunächst gehalten, daß er «ausdrücklich und ausnahmslos mit der wissenschaftstheoretischen Grundhaltung des Behaviorismus verbunden» sei [33]. Später erkennt er jedoch, daß es sich hier nur um einen Anwendungsfall der operationalen Methode handelt; die operationale Methode selbst zwinge niemanden zu einer «physikalistischen» oder «behavioristischen» Umformulierung theoretischer Systeme. Als bleibendes Verdienst Bridgmans anerkennt Holzkamp, das operationale Denkverfahren als «ein Werkzeug zur begriffsanalytischen Erhellung der Beziehung zwischen wissenschaftlichem Theoretisieren und wissenschaftlichem Handeln» entwickelt zu haben [34].

Auf einem ganz anderen Wege als Holzkamp, nämlich durch eine immanente logische Analyse der Begriffsbildung in neobehavioristischen Theorien, gelangt auch R. TUOMELA zu einer Neubewertung der Funktion theoretischer Begriffe, die man mit Holzkamp als «Primat des Theoretischen» beschreiben könnte. Tuomela weist nämlich nach, daß theoretische Begriffe dann für induktive Systematisierungen innerhalb einer Theorie unentbehrlich sind, wenn sie «empirisch offen» sind, d.h. Bedeutungsüberschuß enthalten, und sich auf Entitäten beziehen, die von den zu erklärenden Entitäten verschieden sind [35].

Der augenblickliche Status des O. in der Psychologie läßt sich schwer abschätzen. Insofern er in den Logischen Empirismus integriert wurde, verfällt er mit diesem zusammen dem Verdikt gegen die «rezipierte Auffassung» in der Wissenschaftstheorie [36], die u.a. durch die Konzeption der Theorie als Aussagengefüge und die Annahme einer theoriefreien Beobachtungssprache gekennzeichnet ist. Ein ernsthafter Ansatz zur Trennung des O. von seiner logisch-empiristischen Überformung wurde nur von Holzkamp unternommen, der diesen Versuch heute aber allenfalls als «Zwischenschritt» zu der inzwischen von ihm vertretenen «funktional-historischen Analyse» des Mensch-Welt-Zusammenhanges gelten lassen will [37]. In der realen Forschungspraxis der experimentellen Psychologie wird auf der Operationalisierbarkeit von Begriffen bzw. Hypothesen unverändert bestanden, doch dürfte es abgesehen von der orthodoxen Verhaltensanalyse heute (1982) wohl keine psychologische Theorie geben, in der die restlose Reduzierbarkeit sämtlicher Begriffe auf ihren operationalen Bedeutungsgehalt gefordert wird.

Anmerkungen. [1] P. W. BRIDGMAN: The logic of modern physics (New York 1927). – [2] B. F. SKINNER: The concept of the reflex in the description of behavior. J. gen. Psychol. 5 (1931) 427-458. – [3] S. S. STEVENS: The operational definition of psychol. concepts. Psychol. Rev. 42 (1935) 517. – [4] The operational basis of psychol. Amer. J. Psychol. 47 (1935) 324. – [5] Psychol. and the sci. of sci. Psychol. Bull. 36 (1939) 240. – [6] E. C. TOLMAN: Operational behaviorism and current trends in psychol. (1936); zit. nach dem ND in: Behavior and psychological man (Berkeley, Calif. ⁴1966) 116. – [7] J. R. KANTOR: The operational principle in the physical and psychol. sci. Psychol. Record 2 (1938) 3-32. – [8] Bes. deutlich kommt dies in der rückblickenden Feststellung zum Ausdruck, daß der O. ein «somewhat overemphasized program» sei; so K. W. SPENCE: The postulates and methods of 'behaviorism'. Psychol. Rev. 55 (1948) 70. – [9] H. ISRAEL und B. GOLDSTEIN: Operationism in psychology. Psychol. Rev. 51 (1944) 177-188. – [10] STEVENS, a.O. [4] 323. – [11] Symposium on operationism. Psychol. Rev. 52 (1945) 241-294. – [12] a.O. 271. – [13] 292. – [14] 294. – [15] 281. – [16] 258. – [17] 285. – [18] K. MACCORQUODALE und P. E. MEEHL: On a dist. between hypothetical constructs and intervening variables. Psychol. Rev. 55 (1948) 95-107. – [19] a.O. 104. – [20] Die Bez. «surplus meaning» stammt vermutl. von M. H. MARX: The general nature of theory construction, in: MARX (Hg.): Theories in contemp. psychol. (New York 1963) 24f.; das dtsch. Äquivalent «Bedeutungsüberschuß» findet sich bei TH. HERRMANN, K. H. STAPF: Über theoret. Konstruktionen in der Psychol. Psychol. Beitr. 13 (1971) 341. – [21] MACCORQUODALE/MEEHL, a.O. [18] 105. – [22] Die formale Äquivalenz der Systeme von HULL und TOLMAN wird herausgearb. in: K. MACCORQUODALE und P. E. MEEHL: Edward C. Tolman, in: W. K. ESTES u.a. (Hg.): Modern learning theory (New York 1954) 177-266. – [23] M. H. MARX: Intervening variable or hypothetical construct? Psychol. Rev. 58 (1951) 235-247. – [24] Zu nennen ist hier vor allem: M. H. MARX und W. A. HILLIX: Systems and theories in psychol. (New York 1963 u.ö.). – [25] Dieser Ausdruck wird von SKINNER selbst praktisch niemals verwendet, ist aber als prägnantes Etikett für seine Konzeption verbreitet. – [26] SKINNER: Are theories of learning necessary? Psychol. Rev. 57 (1950) 193. – [27] Sci. and human behavior (New York 1953) 35. – [28] Symposium ..., a.O. [11] 294. – [29] W. R. GARNER, H. W. HAKE und C. W. ERIKSEN: Operationism and the concept of perception. Psychol. Rev. 63 (1956) 149-159. – [30] a.O. [29] 158. – [31] BRIDGMAN, a.O. [1] 5. – [32] K. HOLZKAMP: Wiss. als Handlung (1968) 285. – [33] Theorie und Experiment in der Psychol. (1964) 198. – [34] a.O. [32] 290. – [35] R. TUOMELA: Theoret. concepts in neobehavioristic theories, in: M. BUNGE (Hg.): The methodol. unity of sci. (Dordrecht 1973) 123-152. – [36] F. SUPPE: The search of philos. understanding of scient. theories, in: SUPPE (Hg.): The structure of scient. theories (Urbana, Ill. ²1977) 3-241. – [37] HOLZKAMP: Theorie und Experiment in der Psychol. (²1981) 278.

Literaturhinweise. S. S. STEVENS s. Anm. [5]. – M. H. MARX (Hg.) s. Anm. [20]. – W. FRIEDRICH, K. P. NOACK, S. BÖNISCH, L. BISKY: Zur Kritik des Behaviorismus (1979) bes. Kap. 2.

E. SCHEERER

Operativismus. Der O. sieht die Basis der exakten Wissenschaften in der Fähigkeit des Menschen zu bestimmten technischen und symbolischen Operationen, darunter insbesondere solchen Operationen, die als schematisch kontrollierbare Befolgung von Regeln verstanden werden können.

Der Begründer des O. ist H. DINGLER, der, ausgehend von E. MACH, insbesondere Elemente des Konventionalismus [1] in sein Denken einbezieht. Es bestehen jedoch auch enge Verbindungen zum Operationalismus (s.d.), wie Dinglers Einführung zur deutschen Ausgabe von P. W. BRIDGMANS ‹Die Logik der heutigen Physik› darlegt [2]. – DINGLER sieht das einzig mögliche Fundament einer sicheren Wissenschaft in einem menschlichen Willensakt, nämlich in dem Entschluß, die «absolute, vollkommene Wissenschaft» zu begründen [3]. Gewisse operative Grundfähigkeiten, deren wir uns beim Denken, Schreiben, Rechnen und bei handwerklichen Verrichtungen bedienen, ermöglichen es nach Dingler, die Wirklichkeit geistig und manuell zu beherrschen, und zwar in einer absolut sicheren, bewußten, mitteilbaren und für jeden, der den genannten ersten Willensentschluß in gleicher Weise vollzogen hat, eindeutigen und zwingenden Weise. Das Können und Wissen, welches diese Beherrschung konstituiert, wird in den exakten Wissenschaften: Arithmetik, Veränderungslehre, Geometrie und Mechanik aufgebaut, mit (auf die erwähnte voluntaristische Basis gegründeten) Leitorientierungen, welche Dingler «Ideen» nennt.

In der Logik, Arithmetik und Analysis führen Dinglers Ansätze auf die später so genannte operative Logik und Mathematik und werden unter diesen Titeln von P. LORENZEN ausgebaut [4]. – Die operative Basis der Geometrie wird von DINGLER in der technischen Realisierung bestimmter räumlicher Formen gesehen, wie sie etwa ebene Flächen, gerade Kanten und rechte Winkel darstellen. Entsprechende Vorstellungen entwickelt Dingler ferner für die physikalische Kinematik und Dynamik, denen so ebenfalls ein apriorisches Fundament gegeben werden soll. Dabei ergibt sich nach Dingler eine methodische Auszeichnung der euklidischen Geometrie und der klassischen Mechanik gegenüber ihren nicht-euklidischen und relativistischen Alternativen. Geometrie als Lehre von der Raummessung wird als ein (apriorischer) Teil der Physik aufgefaßt. Den nicht-euklidischen Systemen verweigert Dingler die Bezeichnung «Geometrie». – Dinglers Bemühungen um eine apriorisch (normativ-technisch) orientierte Geometrie und Mechanik werden in der neueren Literatur unter dem auf LORENZEN zurückgehenden Namen «Protophysik» (s. d.) weitergeführt [5].

Gegenüber Bridgmans Operationalismus stellt DINGLER eine wesentliche Differenz selbst heraus, nämlich das «Prinzip der pragmatischen Ordnung», nach dem ein operativer Aufbau der exakten Wissenschaften so erfolgen muß, daß auf jeder Stufe nur solche Operationen benutzt werden, die vorher bereits verfügbar sind, d. h. «die genaue Beachtung der in sich meist notwendig bestimmten *Reihenfolge* der manuellen Operationen» [6].

Anmerkungen. [1] Vgl. Art. ‹Konventionalismus I›. – [2] P. W. BRIDGMAN: Die Logik der heutigen Physik (1932); vgl. ferner DINGLERS Besprechung des engl. Originals in: Physik. Z. 29 (1928) 710. – [3] Vgl. H. DINGLER: Aufbau der exakten Fundamentalwiss., hg. P. LORENZEN (1964) 24. – [4] P. LORENZEN: Einf. in die operative Logik und Math. (²1969); vgl. Art. ‹Logik, operative› und ‹Mathematik, operative›. – [5] G. BÖHME (Hg.): Protophysik (1976). – [6] Vgl. DINGLERS Einf. zu P. W. BRIDGMAN, a.O. [2] VIII.   G. FREY/Red.

Opfer (griech. θυσία; lat. sacrificium; engl. sacrifice; frz. sacrifice; ital. sacrificio)

I. Von der Antike bis zum Reformationszeitalter. – Obwohl das O. ein Element aller alten Religionen war und es an Beschreibungen von O.n und O.-Riten nicht fehlt, sind uns keine ausgearbeiteten Theorien des O. überliefert: weder bei den Griechen und Römern noch im Alten Testament oder bei den vorderasiatischen und orientalischen Religionen.

1. In der *griechischen Antike* finden sich ausführliche Beschreibungen von O.n bei HOMER [1], ebenso in der griechischen Tragödie bei AISCHYLOS [2] und EURIPIDES [3]. Auch HERODOT hat bei der Beschreibung der Sitten anderer Völker ihre O. beschrieben [4]. Die Griechen hatten kein einheitliches Wort für ‹O.› bzw. ‹opfern› [5]. Erst in späterer Zeit wird θύειν (θυσία) zum generellen Terminus für ‹O.›. HOMER verwendet weitgehend die Verben ῥέζειν, ἔρδειν (machen, tun) mit dem Objekt ἱερά oder ἱερεύειν (weihen, opfern). Auch unterschieden die Griechen zwischen O.n an die olympischen Götter und dem O. für die Toten und Heroen: zwischen dem θύειν ὡς ἀθανάτῳ und dem ἐναγίζειν ὡς ἥρωϊ [6].

Anlässe, den Göttern zu opfern, waren: Bitten, Danken, Sühnen oder die Bekräftigung eines Vertrages, die Eid-O. [7]. Die O.-Gaben an die olympischen Götter wurden, sofern die O. keine Erd-O. waren, nachdem das Fett verbrannt war, von den Opfernden verspeist. Tage des O. wurden zu Tagen des gemeinsamen Mahles und der Feste, die auch die Philosophen nicht verschmähten. PLATON hält den Gedanken, daß Götter durch Fett und Rauch der O. verführt werden könnten, für gottlos und tadelt in diesem Zusammenhang Homer [8], aber er greift nicht das O. überhaupt an, sondern nur den Glauben, daß die Götter bestechlich sind und durch O. bewegt werden können, Versprechungen ungeschehen zu machen. Aus Ehrerbietigkeit den Göttern zu opfern, hält er hingegen für einen Akt der Frömmigkeit [9], und zu den Pflichten des Staates gehört es, regelmäßig den Göttern zu opfern und bei dieser Gelegenheit Feste für die Bewohner zu veranstalten [10]. ARISTOTELES nimmt sogar an, daß einige Gemeinschaften zum Zwecke des gemeinsamen O. und Essens sich gebildet haben [11]. Die ausführlichste O.-Kritik findet sich in PLATONS ‹Euthyphron›, der die Frage behandelt, was Frömmigkeit ist. Opfern ist ein Akt der Frömmigkeit und heißt, den Göttern etwas schenken (οὐκοῦν τὸ θύειν δωρεῖσθαί ἐστι τοῖς θεοῖς) [12]. Aber, wendet Sokrates ein, ist Opfern dann nicht die Kunst des Handelns, und wie können wir annehmen, daß die Götter so bedürftig seien, daß sie die Geschenke der Menschen benötigen? [13] Der Aristoteles-Schüler THEOPHRASTOS bekämpft zwar nicht alle O., aber die Tier-O. als barbarisch [14]. Er steht damit in der Tradition der *Pythagoreer* und des EMPEDOKLES, der gleichfalls die Tier-O. verworfen hat [15]. Äußerst drastisch verspottet auch HERAKLIT die Riten des Entsühnungs-O.: «Aber Reinigung von Blutschuld suchen sie, indem sie sich mit neuem Blut besudeln, wie wenn einer, der in Kot getreten, sich mit Kot abwaschen wollte» [16].

Als Beweis dafür, daß die ersten O. unblutige O. waren (Früchte, Kräuter, Gerste usw.), gilt THEOPHRAST die Bedeutung des Wortes θυσία. Θύειν bedeutet nämlich «in Rauch aufgehen», denn so wurden die Erdgewächse den Göttern dargereicht. Die Bezeichnung θυσία für Tier-O. hält Theophrast für ein späteres Mißverständnis [17]. Die frühen O. – so seine These – waren keine Tier-O., sondern Frucht-O. Ein weiterer Einwand gegen das Tier-O. ist, daß dies der Bedeutung des O., ein Akt der Frömmigkeit zu sein (ἡ γὰρ θυσία ὁσία τίς ἐστι κατὰ τοὔνομα), widerspricht. Fromm sein und einem Lebewesen Schaden zufügen, kann nicht zusammengehören (πῶς γὰρ ὅσιον ἀδικουμένων τῶν ἀφαιρεθέντων) [18]. Anlässe zu opfern sind für Theophrast: Ehre, Dank, der Wunsch nach Wohltaten (ἢ γὰρ διὰ τιμὴν ἢ διὰ χάριν ἢ διὰ χρείαν τῶν ἀγαθῶν). Keiner dieser Anlässe rechtfertigt das O. von

Tieren [19]. Der wahre Grund für das Tier-O. ist vielmehr, das damit verbundene gemeinsame Essen zu feiern [20]. Auch greift Theophrast ein Motiv auf, das für die christliche Kritik am O. als einer materiellen Gabe bestimmend wird. Nicht der materielle Wert des O. heiligt den Opfernden, sondern die Gesinnung [21]. So schreibt auch SENECA: «Nicht will er verehrt sein durch O. und Blutströme, ... sondern durch ein reines Herz und edle, tugendhafte Vorsätze» (non immolationibus et sanguine multo colendum ... sed mente pura, bono honestoque proposito) [22].

2. Das *Alte Testament* verwendet – vor der Einführung der Namen für einzelne O.-Arten – zur Bezeichnung von O.n vor allem ‹qarbak› (Darbringung, achtzigmal, allerdings bloß in Ez. und ‹Priesterschrift›), ‹minhah› (Gabe) und ‹qadašim› (Weihegaben). O.-Anlässe waren Huldigung, Dank, Bitte und Buße. O. wollen das durch Sünde und Schuld gestörte Gottesverhältnis erneuern. Vor allem dem O.-Blut wird sühnende Kraft (Lev. 17, 11; Exod. 12; Lev. 16) zugeschrieben. Neben der Versöhnung ist das O. Gabe an und Gemeinschaft mit Gott. Es wird jedoch vor allem nach dem Exil auch als Werk des Gehorsams gegenüber Jahwe angesehen (Spr. 16, 6; Tob. 4, 11). Als wichtigstes alttestamentliches O. hat der Brand-O. zu gelten, bei dem der Israelit Jahwe ein makelloses Tier als «Ganz-O.» (1 Sam. 7, 9) darbringt. Daneben gibt es das Speise- (Lev. 2; 6, 7ff.; aus Weihrauch, Öl und Mehl) und Trank-O. (Num. 15, 1ff.; 28, 1ff.; Wein). Sühnende Wirkung haben die Sünd- und Schuld-O. sowie gelegentlich auch das Räucher-O. (Num. 17, 11ff.). Das O.-Mahl des Schlacht-O. wird eher als erlebte Gemeinschaft mit Gott betrachtet (Dt. 12, 5–7). Die Propheten Jesaja, Hosea, Malachias und Amos haben aber auch Worte der Kritik für die gängige O.-Praxis [23]. An die Stelle der materiellen O. sollen das Streben nach Gerechtigkeit (Amos 5, 24), Liebe und Gotteserkenntnis (Hos. 6, 6) und der Gehorsam gegen Gott (Jes. Sir. 35, 1ff.) treten. Die Verwerfung des veräußerlichten O.-Kultes und die Betonung eines gerechten Lebens als wahres O. durch die Propheten wird für das O.-Verständnis der Kirchenväter – gerade auch in ihren Polemiken gegen die Juden – maßgebend.

Aber auch von jüdischer Seite wird die O.-Kritik der alttestamentlichen Propheten wieder aufgenommen. PHILON VON ALEXANDRIEN unterstreicht, daß das Bewußtsein des Opfernden das primäre ist [24]. Ein weiteres alttestamentliches Motiv aufnehmend (vgl. Ps. 49f.) verwirft er die materiellen O., weil Gott als dem Schöpfer alles gehört und er keiner materiellen Gaben bedarf [25]. Die Wandlung des O.-Begriffs, seine zunehmende Spiritualisierung und Entmaterialisierung, ist daher aufs engste mit dem Gottesverständnis verknüpft. In diesem Sinne spricht sich auch APOLLONIOS VON TYANA gegen die O. aus. Die materiellen O. sind Gott als einem geistigen Wesen unangemessen [26].

3. Im *Neuen Testament* erfährt der O.-Gedanke eine grundlegende Wandlung. Es vollzieht sich eine gewisse Loslösung vom alttestamentlichen O.-Kult, aber zugleich eine Annahme und Überhöhung des O.-Gedankens, insofern hier die Selbsthingabe Jesu am Kreuz als endgültiges Sühne-O. und höchste Erfüllung des O.-Gedankens überhaupt gilt. Jesus selbst bekämpft zwar die jüdische O.-Praxis nicht, aber er übt Kritik am veräußerlichten O.-Kult (Matth. 9, 13; 12, 7). Er stellt grundsätzlich das Doppelgebot der Liebe über alle O. (Mk. 12, 33f.). Er erklärt der Samariterin, daß mit ihm ein neuer Kult gekommen ist (Joh. 4, 21–24; Matth. 12, 6). PAULUS minimalisiert (1 Kor. 10, 18) den Wert des O.-Kults, «denn wir haben ein Osterlamm, das ist Christus, für uns geopfert» (1 Kor. 5, 7). Der Verfasser des ‹Hebräerbriefes› (10, 1–19; 7, 27; 9, 12) betont, daß das Kreuzes-O. Jesu alles O.-Wesen des AT erfüllt und daher aufhebt. An die Stelle der vielen O., die immer neu gebracht werden mußten, tritt das für alle Zeiten gültige O. Christi.

Die Urgemeinde dürfte wohl von Anfang an, den O.-Kult relativierend, statt Pascha Ostern gefeiert haben. Jesus selbst hat nach den Einsetzungsberichten des Abendmahles sein Sterben als O. gedeutet. Wie einst am Sinai durch O.-Blut der Alte Bund (Exod. 24, 8) geschlossen wurde, so begründet sein Blut, die Sühne «für Viele» (= alle Völker), den verheißenen Neuen Bund (Jer. 31, 31ff.; Matth. 26, 28; Mk. 14, 24; 1 Kor. 11, 25). Gleicherweise deuten auch die Zeugen den Kreuzestod als O.-Tod (Joh. 1, 29. 36; 1 Kor. 5, 7b; 1 Petr. 1, 18f.; Offb. 5, 6ff. u.v.a.). Daraus folgert die Urgemeinde: Die durch das O. Christi Geheiligten sollen ihre *ganze Existenz* als Lob-O. für Gott gestalten (Hebr. 13, 10–16; Röm. 12, 1) und zu Selbstverleugnung (Mk. 8, 34 par.) und Tod bereit sein (Mk. 9, 49).

4. Die Aussagen der *Kirchenväter* über das O. werden bestimmt a) vom Verständnis des Kreuzestodes Christi als O.-Tod, b) von der Polemik gegen die Juden, c) von der Betonung des ganzen menschlichen Lebens als O. und d) von der Auffassung der Eucharistie als der O.-Form der Christen. ATHENAGORAS nennt das höchste O. die Erkenntnis und Verehrung Gottes. Sie treten an die Stelle der Brand-O., deren Gott nicht bedarf [27]. Erst JUSTINUS nennt ausdrücklich auch die Eucharistie ein O., das an die Stelle der alten O. tritt, die bei Malach. 1, 10ff. verworfen werden. Gebete und Dank-O. allein sind Gott angenehme O., die die Christen darbringen, wenn sie bei Brot und Kelch das Gedächtnis des Kreuzestodes Christi feiern [28]. Auch CYPRIAN vertritt die Ansicht, daß die Christen nur ein vollkommenes O. darbringen können, wenn sie es gemäß den Einsetzungsformeln Jesu tun und damit sein O. nachahmen: Die passio Christi ist es, die wir Gott als O. darbringen (sacrificium quod offerimus) [29]. Diese kirchliche O.-Handlung heißt aber meist (Ausnahme: z.B. TERTULLIAN) «oblatio» (Darbringung), wohl um Anklänge an jüdisch-heidnische «sacrificia» zu vermeiden und dann besonders um die Einmaligkeit des O. Christi, des einzigen «sacrificium», zu betonen (JOHANNES CHRYSOSTOMUS: Wir opfern, indem wir das Gedächtnis des Todes Christi vollziehen [30]). BASILIUS betont, daß es nur *ein* wahres O. gebe: das Selbst-O. Christi; dies sei der Grund dafür, daß die vielen O. als vergeblich zurückgewiesen werden [31].

CLEMENS VON ALEXANDRIEN und IRENAEUS sehen im O. einen Akt, der aus dem Innern des Menschen kommen muß. So ist das O. nicht angeordnet, weil Gott der Gaben der Menschen bedarf, sondern der opfernden Menschen wegen [32]; ihre Tugenden sind für Gott ein angenehmes O. [33]. Der O.-Gedanke ist so nicht verworfen, sondern verwandelt; denn nicht durch «sacrificia» wird Gott versöhnt, sondern durch Umkehr: «das Gewissen heiligt das O.» [34].

ORIGENES geht so weit, in das vollkommene O. nicht nur die Selbsthingabe an Gott hineinzulegen, sondern in ihm auch eine Aufforderung zum Martyrium zu sehen. «Wer ist aber der fehlerlose Priester, der ein fehlerloses O. darbringt, anders als wer am Bekenntnis festhält und alles vollständig erfüllt, was der Begriff des Martyriums erfordert» [35]. Christus bringt in seinem O. die Werke der Gläubigen dar, und in der Eucharistie werden sie geheiligt [36].

AUGUSTINUS unterscheidet zwischen dem sichtbaren und unsichtbaren O.: «Sacrificium ergo visibile invisibilis sacrificii sacramentum, id est sacrum signum est.» Das sichtbare O., das Sakrament, ist das heilige Zeichen für ein unsichtbares O. [37]. Als Zeichen der unsichtbaren O. hat Gott sie auch im alten Gesetz angeordnet [38]. Augustinus versucht also den Bruch mit dem alttestamentlichen O.-Gebot zu vermeiden und das neue O.-Verständnis als Sichtbarwerdung des dort schon Gemeinten zu denken. Das unsichtbare O. aber ist die Seele, die sich Gott hingibt (anima ipsa cum se refert ad Deum) [39]. Da aber O. nur Gott dargebracht werden können, ist auch die Barmherzigkeit nur dann ein O., wenn sie um Gottes willen geschieht (unde et ipsa misericordia, qua homini subvenitur, si non propter Deum fit, non est sacrificium) [40]. Augustinus bezeichnet Christus als «victima perfectissima», denn er erfüllt alle vier Momente, die am O. zu unterscheiden sind, vollkommen: a) er ist sündelos, also eine reine O.-Gabe; b) deshalb ist er auch der vollkommene Opferer; c) er ist eins mit dem, dem er sich opferte, und d) er hat sich in seinem O. mit denen verbunden, für die er sich opferte [41]. Von GREGOR D. GR. wird das O. deutlich als Versöhnung mit Gott gesehen; denn es rettet uns vor dem ewigen Untergang dadurch, daß es zu unserer Erlösung immer wiederholt wird [42].

ISIDOR VON SEVILLA spielt die O.-Kritik der Propheten gegen die Juden aus, um zu beweisen, daß Gott ihre O. zurückweist und verwirft; jedoch ist das O. des Melchisedech in Christi O. erfüllt. Die Gläubigen (credentes) vollbringen es nun ebenfalls [43]. Daneben geht Isidor den verschiedenen Bezeichnungen für O. nach (immolatio, hostia, victima) und versucht, sie aus der O.-Praxis der Römer zu erklären. «Sacrificium» leitet sich aus «sacrum factum» ab, nämlich der Wandlung von Brot und Wein in Leib und Blut Christi [44]. Damit ist aber der Charakter des «sacrificium» als «oblatio» (O.-Gabe) nicht bestritten. In der Karolingerzeit schließt sich HRABANUS MAURUS deutlich an Isidor an [45], und WALAFRIED STRABO legt Wert auf die Feststellung, daß der wahre Sinn des Meß-O. in der versöhnenden Selbst-Darbringung Christi an den Vater liegt und es nur insofern auch das O. der Gläubigen darstellt [46].

5. Die *Theologie des Mittelalters* führt neue Unterscheidungen hinsichtlich des Problems ein, inwieweit das Meß-O., die Eucharistie, wirklich ein O. genannt werden könne. PETRUS LOMBARDUS unterscheidet die «immolatio», die nur einmal, am Kreuz, geschehen sei, von «sacrificium et oblationem, quia memoria est et repraesentatio veri sacrificii et sanctae immolationis» (weil das Meß-O. Gedenken und Vergegenwärtigung ist des wirklichen O. Christi) [47]. Hiergegen wendet ALBERTUS MAGNUS ein, daß das Meß-O. nicht nur «repraesentatio», sondern «vera immolatio» sei, wenn man dies als «Darbringung der geopferten (getöteten) Gabe» verstehe, damit aber von seiten der Gläubigen noch immer ein O. (semper immolamus et sacrificamus) [48].

THOMAS VON AQUIN übernimmt die augustinische Unterscheidung zwischen dem «sacrificium visibile» und dem «sacrificium invisibile», verbindet aber die Notwendigkeit der äußeren (exterius) O. mit dem Wesen des Menschen selbst. Da dieser vermittels der Sinne Erkenntnis erwirbt, so bedarf er auch der sinnlich gegebenen Gegenstände, um das Göttliche zu vergegenwärtigen: «et propter hoc instituta sunt sensibilia sacrificia» [49]. Die Vernunft fordert die Verehrung des Göttlichen, die sich in dem äußerlich dargebrachten O. ausdrückt [50]. Mit Albertus Magnus ist Thomas der Auffassung, daß die Eucharistie «vera immolatio» sei, trotzdem aber gilt: «imago quaedam est repraesentativa passionis Christi, quae est vera immolatio» [51]. Damit hat sie, als wirkliches O., aber auch die Kraft der Versöhnung und Vergebung (vim satisfactionis) [52].

6. Die *Reformation* wendet sich vehement gegen den O.-Charakter der Messe, gegen «opffer und gutt werck» [53], um die Einmaligkeit von Christi O. hervorzuheben. LUTHER: «Christus hatt eyns sich selbst geopffert, er will von keym andern hynnfurt werden geopffert. Er wil, das man seyns opffers gedencken soll» [54]. Statt O. und Gabe ist die Eucharistie ein Empfangen und Nehmen, statt Versöhnung Gottes ein Glauben an den gnädigen Gott [55]. «Wir sollen geystlich opffern», und zwar «uns selb und allis was wir haben ..., wie wir sagen 'dein will geschehe auff der erden als ym hymel'» [56]. Auch für CALVIN ist mit Christi Tod ein für allemal das Sühne-O. dargebracht und nur noch die Hingabe der Gläubigen selbst als geistliches O. möglich (d'offrir leurs corps à Dieu en hostie vivante) [57]. Diese Lehren sind in die protestantischen Bekenntnisschriften eingegangen [58].

7. In Reaktion darauf verteidigte die *Gegenreformation* im Konzil von Trient die Messe als O. (verum et proprium sacrificium), in der das Kreuzes-O. Christi in der Gemeinde dargestellt wird (repraesentatur) und die deshalb ein wirkliches Sühn-O. für Lebende und Verstorbene ist [59]. In Fortführung dieser Lehren unterscheidet R. BELLARMIN in der Eucharistie das Sakrament, das nur dem Empfänger nützt, von dem O., das «ex opere operato» wirkend, allen nützt, für die es dargebracht wird [60]. Weitergehende diffizile Spekulationen vor allem der spanischen Gegenreformation über das Meß-O. [61] fanden keine nachhaltige Resonanz. Die katholische Theologie des 19. Jh. hat im Gegenteil die Unwiederholbarkeit des Kreuzes-O. betont, das allerdings im Meß-O. fortwirkt und vergegenwärtigt wird, so daß die Gläubigen Christus «immerdar seinem Vater darstellen und opfern können» [62]. Die päpstliche Enzyklika ‹Mediator Dei› bestätigt die tridentinische Lehre: das Meß-O. ist nicht nur «commemoratio», sondern «vera ac propria sacrificatio» [63]. Im Zeitalter der nachvatikanischen Ökumene versucht die reformatorische Theologie – im Gegensatz zur übertriebenen Ablehnung in der Reformationszeit – mittels des Vergegenwärtigungs-Gedankens den O.-Gedanken mit dem Abendmahl wieder zu verbinden, während katholische Theologen die Überbetonung des O.-Charakters der letzten Jahrhunderte durch Hervorhebung der anderen Aspekte der Eucharistie wettzumachen suchen [64].

Anmerkungen. [1] HOMER, Il. I, 447f.; II, 305; Od. IV, 429ff. – [2] AISCHYLOS, Eum. 450; Agam. 231. – [3] EURIPIDES, Iph. Aul. A 1540ff.; Hek. 535ff. – [4] HERODOT, Hist. II, 39; IV, 60f. – [5] Vgl. J. CASABONA: Rech. sur le vocab. des sacrifices en grec (Diss. Paris 1964, Aix-en-Provence 1966). – [6] HERODOT, Hist. II, 44. – [7] HOMER, Il. II, 410ff.; I, 447ff.; IX, 598; III, 103ff.; vgl. zum Eid-O. auch LIVIUS I, 24. – [8] PLATON, Resp. 365e (die Stelle bei HOMER, auf die Platon Bezug nimmt: Ilias IX, 598); Leg. 885b. 888c. 906b-e. – [9] Leg. 716d. – [10] a.O. 828a ff. – [11] ARISTOTELES, Eth. Nic. 1160 a 20f. – [12] PLATON, Euthyphr. 14c. – [13] a.O. 15c. – [14] THEOPHRAST bei PORPHYRIOS, De abstinentia II, c. 7, 2, hg. J. BOUFFARTIGUE/M. PATILLON (Paris 1979). – [15] EMPEDOKLES, VS I, 31 B 128. – [16] HERAKLIT, VS I, 22 B 5. – [17] THEOPHRAST, a.O. [14] c. 5, 3. – [18] a.O. 12, 4. – [19] 24, 1. – [20] 25, 7. – [21] 19, 4. – [22] SENECA, Opera, hg. F. HAASE 3 (1853) Frg. 123. – [23] Jes. 1, 10ff.; Hos. 6, 6; Mal. 1, 10ff.; Amos 5, 21. – [24] PHILON ALEX., De spec. leg. I, 283. 290. – [25] a.O. I, 271. – [26] APOLLONIOS VON TYANA bei EUSEBIUS, Praep. evang. IV, 13. – [27] ATHENAGORAS, Supplic. pro christ. Corpus apolog. christ. saec. sec. 7 (1857, ND 1969) 13. – [28] JUSTINUS, Dialogus cum

Tryphone 41, 6f. Corpus apolog. christ. saec. sec. 1 (³1877) I, II, 138; vgl. auch Apolog. I, 65. MPG 6, 427. – [29] CYPRIAN, Ep. 63, 14. 17. MPL 4, 397. 268ff. 276ff. – [30] JOH. CHRYSOSTOMUS, In ep. ad hebr. hom. XVII, 3. MPG 63, 131; vgl. LEO D. GR.: Messe als «sacrificii oblatio»; zum Ganzen vgl. J. A. JUNGMANN: Oblatio und Sacrificium in der Gesch. des Eucharistieverständnisses. Z. kath. Theol. 92 (1970) 342-350 (mit Belegen). – [31] BASILIUS, In Jes. comm. I, 24. MPG 30, 166. – [32] IRENÄUS, C. haer. IV, 18, 6. MPG 7, 1029. – [33] CLEMENS VON ALEXANDRIEN, Strom. VII, 3, 14f. – [34] IRENÄUS, a.O. [32] IV, 18, 1ff. MPG 7, 1024ff. – [35] ORIGENES, Exhort. ad. martyr. 30. MPG 11, 601. – [36] In Lev. homil. IX, 8. MPG 12, 520; C. Cels. VIII, 33. MPG 11, 1565. – [37] AUGUSTINUS, De civ. Dei X, 5. – [38] a.O. X, 5. – [39] X, 6. – [40] ebda. – [41] De trin. IV, 14. MPL 42, 901. – [42] GREGOR D. GR., Dial. IV, 58. MPL 77, 425; vgl. 77, 428; 76, 1278ff. – [43] ISIDOR, De fide cath. II, 17. MPL 83, 526; XXVII, 535f.; De eccl. offic. I, 18. MPL 83, 754ff.; zu Melchisedech als «praefiguratio Christi» vgl. BEDA VENERABILIS, MPL 91, 151. 832. – [44] ISIDOR, Etymol. VI, 33f. 38. – [45] Vgl. R. SCHULTE: Die Messe als O. der Kirche. Die Lehre frühmittelalterl. Autoren über das eucharist. O. (1959) 139f. – [46] a.O. 142f. – [47] PETRUS LOMBARDUS, Sent. IV, 12, 7. MPL 192, 866. – [48] ALBERTUS MAGNUS, In sent. IV, 13, 23. Op. omnia, hg. A. BORGNET (Paris 1890-99) 29, 370f. – [49] THOMAS VON AQUIN, S. c. gent. III, 119; vgl. S. theol. II/II, 85, 1. – [50] S. theol. II/II, 85, 1. – [51] a.O. III, 83, 1. – [52] III, 79. – [53] M. LUTHER, Weimarer Ausg. 10/I/2 (1925) 79. 119. – [54] a.O. I, 8 (1889) 493 (lat. 8, 421). – [55] I, 8, 513. 517 (lat. 8, 438. 441). – [56] I, 6 (1888) 368. – [57] J. CALVIN, Inst. Christ. III, 7, 1; IV, 18. – [58] Die Bekenntnisschr. der ev.-luth. Kirche (⁵1963) 93ff. 353ff. (Augsburgische Konfession und deren Apologie); 416 (Schmalkald. Art. II). – [59] Konzil von Trient, Sess. XXII in: H. DENZINGER und A. SCHÖNMETZER: Enchiridion Symbolorum (³⁶1976) Nr. 1738-1743. 1753. – [60] R. BELLARMIN, Controversiarum de sacrament. euchar. V, 22ff., VI, 4ff. Op. omnia, hg. J. FEVRE (Paris 1870-74, ND 1965) 4, 355ff. 373ff. – [61] Vgl. F. S. RENZ: Die Gesch. des Meß-O.-Begriffs (1901/02) 2, 203ff. – [62] M. J. SCHEEBEN: Die Mysterien des Christentums. Ges. Schr. 2 (1958) 406, vgl. 422; vgl. J. A. MÖHLER: Symbolik, hg. J. R. GEISELMANN (1958) § 34; noch stärkere Hervorhebung der «repraesentatio» des O. bei O. CASEL: Das christl. O.-Mysterium (1968) 121ff. – [63] Acta Apost. Sedis 39 (1947) 548. – [64] K. RAHNER: Die vielen Messen und das eine O. (1951); 2. Aufl. zus. mit A. HÄUSSLING (1966).

Literaturhinweise. J. W. F. HÖFLING: Die Lehre Tertullians vom O. im Leben und Kultus der Christen (1843); Die Lehre der ältesten Kirche vom O. (1851). – J. BERNAYS: Theophrastos' Schr. über Frömmigkeit (1866). – F. S. RENZ s. Anm. [61]. – E. DORSCH: Altar und O. Z. kath. Theol. 32 (1908) 307-352; Der O.-Charakter der Eucharistie einst und jetzt (1909); Aphorismen und Erwägungen zur Beleuchtung des vornizänischen O.-Begriffs. Z. kath. Theol. 34 (1910) 71-117. 307-352. – F. WIELAND: Der vornicänische O.-Begriff (1909). – P. STENGEL: O.-Bräuche der Griechen (1910). – F. SCHWENN: Die Menschen-O. bei den Griechen und Römern (1915, ND 1966). – J. KRAMP: Die O.-Anschauungen der röm. Meßliturgie (1920). – G. B. GRAY: Sacrifice in the Old Testament. Its theory and practice (Oxford 1925, ND New York 1971). – M. LEPIN: L'idée du sacrifice de la Messe d'après les théologiens depuis l'origine jusqu'à nos jours (Paris 1926). – O. EISSFELDT: «Molk» als O.-Begriff im Punischen und Hebräischen. Das Ende des Gottes Moloch (1935). – A. STEMPER: O. und O.-Begriff in der frühchristl. Kunst in ihrem Verhältnis zur Antike (Diss. 1943). – G. L. BAUER: Das heilige Meß-O. im Lichte der Grundsätze des hl. Thomas über das O. Divus Thomas 28 (1950) 5-31. – H. H. ROWLEY: The meaning of sacrifice in the Old Testament. Bull. John Rylands Libr. 33, 1 (1950) 74-110. – E. FORSTER: Die antiken Ansichten über das O.-Wesen (Diss. Innsbruck 1952). – A. KOLPING: Systemat. und dogmengeschichtl. Erinnerungen zum reformationszeitl. Kampf um die Messe. Theol. Quartalsschr. 132 (1952) 327-342. 432-469. – A. VORBICHLER: Das O. auf den uns heute noch erreichbaren ältesten Stufen der Menschengesch. Eine Begriffsstudie (1956). – G. E. H. AULÉN: För eder utgiven. En bok om nattvardens offermotiv (Stockholm 1956); engl. Eucharist and sacrifice (Philadelphia 1958). – R. SCHULTE s. Anm. [45]. – G. DE BROGLIE: La notion augustinienne du sacrifice 'invisible' et 'vrai'. Rech. Sci. relig. 48 (1960) 135-165. – F. CLARK: Eucharistic sacrifice and the Reformation (London 1960, Oxford ²1967). – P. MEINHOLD und E. ISERLOH: Abendmahl und O. (1960). – J. CASABONA s. Anm. [5]. – R. BERGER: Die Wendung 'offere pro' in der röm. Liturgie (1965). – W. AVERBECK: Der O.-Charakter des Abendmahls in der neueren evang. Theol. (1967). – W. HARTMANN: Oblatio munda. Die Messe als O. (1967). – J. A. JUNGMANN s. Anm. [30]. – F. PRATZNER: Messe und Kreuzes-O. Die Krise der sakramentalen Idee bei Luther und in der mittelalt. Scholastik (Wien 1970). – W. BURKERT: Homo necans. Interpretationen altgriech. O.-Riten und Mythen (1972). – E. KINDER, Art. ‹O. IV›. RGG³ 4, 1651-1656. – G. WENZ: Die Lehre vom O. Christi als Problem ökum. Theol. Kerygma und Dogma 28 (1982) 7-41. – K. LEHMANN und E. SCHLINK (Hg.): Das O. Jesu Christi und seine Gegenwart in der Kirche (1983). A. SEIGFRIED/Red.

II. Der O.-Begriff in der Philosophie der Neuzeit. – Mit Beginn der Neuzeit wird das O. Gegenstand auch philosophischer Reflexion und Kritik. Aufgrund seiner Implikationen (insbesondere wird das vorausgesetzte anthropomorphe Gottesbild als anstößig empfunden) ist erklärlich, daß der Begriff des O. ständig in der Diskussion bleibt. Daher kann er als *Indikator* für die Wandlungen der Religionsphilosophie der Neuzeit gelten. Darüber hinaus ist der Begriff des O. und seine Darstellung in der Schrift selbst auch *Anstoß* für die Ausbildung und Entwicklung der neuzeitlichen Religionskritik gewesen, was exemplarisch für das Motiv des Abraham-O. (Gen. 22) zutrifft. Erst spät findet der O.-Begriff in übertragenem Sinn und aus dem theologischen Kontext gelöst Eingang in Ethik, Geschichtsphilosophie und politische Ideologien.

1. *Religionsphilosophie.* – Ein zentrales Motiv der Kritik an der O.-Vorstellung spricht M. FICINO mit seinem Argument von der grundsätzlichen Unvereinbarkeit der (materiellen) O. mit der (geistigen) «natura deorum» [1] an (causa divina, quae supernaturalis est omnino: nec naturalibus motibus commovetur [2]). Daher ist das O. zugunsten einer vervollkommnenden Reinigung (animum perfectè purgare) [3] zu verwerfen. Einem solchen Typus der O.-Kritik begegnet etwa F. SUÁREZ mit dem Verweis auf die Differenzierung des O. in eine «oblatio externa» und eine «oblatio interna» (devotio) [4]. Die «oblationes externae» (= sacrificia) entsprechen dabei den Sakramenten und sind insofern über die bloß innerlich gebliebenen «oblationes» zu stellen: «sacrificium est actio magis sacra quam oblatio» [5]. Für MONTAIGNE ist das O. nicht nur ungeeignet, Schuld vor Gott zu tilgen [6], sondern zugleich (etwa bei Tier- oder Menschen-O.) ein Vergehen an seiner Schöpfung [7]. Das Argument der Unverträglichkeit von O. und philosophischem Gottesbegriff macht radikalisierend J. BODIN sogar gegen die Auffassung vom O.-Tod Christi (detestabile hoc sacrificium), der Gott nicht wohlgefällig sein könne, geltend [8]. HERBERT VON CHERBURY erweitert die Kritik am O. (sacrifices ... teaching no way to happiness ... nor any remedy for sin) [9] um eine Theorie seiner Entstehung: Das O. trat durch Priesterbetrug an die Stelle, die in der ursprünglichen moralischen und vernünftigen Religion (worship of God in virtue) die Reue als «universal Sacrament of nature, for reconciling God to man» einnahm [10]. Wie die Zeremonien überhaupt, die weder auf das göttliche Gesetz gegründet noch zur sittlichen Vervollkommnung geeignet sind (certum est eas ad legem divinam non pertinere adeoque nec etiam ad beatitudinem et virtutem aliquid facere), rückt SPINOZA auch das O. in den historischen Kontext der biblischen Väterzeit, um so seine Zeitgebundenheit zu erweisen: «Patriarchae ... ex sola illius tempo-

ris consuetudine Deo sacrificaverunt» [11]. Eine solche gegen die alttestamentliche O.-Praxis gerichtete Polemik, wie sie auch H. GROTIUS [12] und URIEL DA COSTA [13] vorbringen, sucht R. SIMON [14] mit dem Hinweis auf das Moment des relativen religionsgeschichtlichen Fortschritts der jüdischen O. gegenüber den Naturkulten der Nachbarn Israels zu entschärfen; häufiger begegnet jedoch die traditionelle Rechtfertigung des alttestamentlichen O. durch Verweis auf seinen typologischen (auf Christi O.-Tod vorausweisenden) Charakter [15]. – Im Zusammenhang seiner naturrechtlichen Staatskonstruktion nimmt HOBBES das O. als einen Bestandteil des «vernünftigen öffentlichen Gottesdienstes» (cultus divini rationalis publici pars) [16] in den Blick. Es ist vernünftig und für den Staat erforderlich a) als Dankesbezeugung gegen Gott [17] und b) als Institution der materiellen Versorgung des Klerus (ut in omni civitate ministri cultus divini alantur) [18], gleichwohl aber dem «optimus omnium cultus» untergeordnet, dem Gehorsam gegenüber dem Gesetz: «apud Deum acceptior est sacrificiis omnibus obedientia» [19].

Während LEIBNIZ das O. noch würdigen kann, sofern es – wie er es in der chinesischen Religion zu beobachten glaubt – zwischen Aberglauben und Rationalität die Mitte hält [20], nimmt die Religionsphilosophie der *deutschen Aufklärung* eine vorwiegend kritische Haltung ein. So bestreiten etwa H. S. REIMARUS und J. C. EDELMANN jeglichen Bezug der O. des AT auf Christi Tod, womit sie der gängigen typologischen Rechtfertigung des O. (durch das Argument, daß «alle O. ... von Gott im Alten Testament eingesetzt [sind], ein Vorbild von Christo zu seyn» [21]) die Grundlage entziehen. Dieser Ablehnung der Typologie liegt bei Edelmann der Gedanke zugrunde, daß Christi Tod nicht als O.-Tod (Edelmann meint vielmehr, «daß es ihm [sc. Christus] bey seinen freymüthigen Zeugnissen wider den bisherigen Aberglauben das Leben» kostete) bezeichnet werden kann [22]. Ähnlich wie bei REIMARUS, der die Einsetzung der O. «zum Vortheil der Priester» behauptet [23], läßt auch er das Motiv des Priesterbetruges anklingen [24]. Dem Verfasser der Schrift ‹De tribus impostoribus› gilt das Vorkommen von O. im AT als Argument gegen die vorgebliche Überlegenheit der christlich-jüdischen gegenüber anderen Religionen [25]. Die *Theologie* der Aufklärungszeit diskutiert kontrovers mit Blick auf das O. die Frage nach seinem «Ursprung aus der Natur» und somit die Frage nach seiner Zugehörigkeit zur natürlichen bzw. geoffenbarten Religion [26]. – Als «vornehmstes O.» Christi betrachtet FR. C. OETINGER nicht seinen Tod am Kreuz, sondern seinen Lebenswandel, der seinerseits ein Vorbild für das «lebendige O.» der Gläubigen als «vernünftige Aufführung und Dienst Gottes» ist [27].

Die O.-Kritik der deutschen Aufklärung war im wesentlichen schon im *englischen Raum* vorgebildet. Für CH. BLOUNT ist das dem O.-Begriff zugrundeliegende anthropomorphe Gottesbild, das nahelegt, Gott als einen orientalischen Despoten vorzustellen (conceive Gods to be like ... Eastern Princes) [28], unannehmbar, da überdies allein eine moralische Haltung (vgl. Herbert) Verfehlungen ausgleichen kann: «Man can do no more ... for the satisfying of Divine Justice, than to be heartily sorry and repent him of his sins» [29]. Nachdrücklich vertritt Blount die These der Entstehung des O.-Wesens durch Priesterbetrug: «all of this was to bring Roast-meat to the Priests» [30]. Hiermit bezieht er sich fast wörtlich auf ein anonymes, im englischen Sprachraum verbreitetes und von TOLAND, NICHOLS und TINDAL [31] zitiertes Gedicht, in dem der Untergang der ursprünglichen natürlichen Religion ursächlich mit der Etablierung der O.-Praxis in Verbindung gebracht wird: «Natural Religion was easy first and plain, / ... Sacrifices and Shows were at length prepar'd / The Priests ate Roast-meat and the People star'd» [32]. Die Auseinandersetzung zwischen Deismus und Orthodoxie gibt W. NICHOLS in der ‹Conference with a theist› wieder: Nach wie vor wird den klassischen kritischen Argumenten die Einsetzung des O. durch Gott und sein Verweischarakter auf Christus entgegengehalten [33]. HUME, der die Mentalität des Opfernden als «mercenary devotion» psychologisch entlarvt, läßt eine Zuordnung von Menschen-O. allein zu heidnischen Religionen mit Hinweis auf die Inquisition und deren ‹O.› nicht gelten [34].

In der *französischen Aufklärung* bleibt die religionsphilosophische Einschätzung des O. im wesentlichen die gleiche. Es finden sich bei BAYLE, MESLIER, VOLTAIRE und HOLBACH die Motive des Priesterbetrugs, der Widernatürlichkeit und der Unangemessenheit seines Gottesbildes [35]. Es lassen sich sogar Übereinstimmungen einzelner Topoi feststellen, so etwa, wenn VOLTAIRE das bei Tindal und Nichols belegte Schlagwort von den Priestern als «holy Butchers» [36] mit der Wendung «prêtres, bouchers accoutumés au sang» [37] aufnimmt.

Als eine besondere Herausforderung an Theologen und Religionsphilosophen [38] ist das O. Abrahams in seiner Rezeption gesondert zu skizzieren, da sich in ihm ein Konflikt zwischen Sittengesetz und Güte Gottes einerseits und seiner unmoralischen O.-Forderung andererseits manifestiert. Traditionell wurde auch hier das Problem durch Typologie und Allegorese [39] umgangen. Die Grausamkeit des alttestamentlichen Gottes, die von Religionskritikern wie etwa BODIN und HERBERT betont wird [40], und sein Wille, Isaak töten zu lassen, wird seit dem späten 17. Jh. – auch vom jungen TOLAND (!) [41] – bestritten, da Gott aufgrund seiner Allmacht Isaak wieder zum Leben hätte erwecken können [42]. Den biblischen Bericht von Abrahams O. versteht TH. CHUBB als Reflex der historischen Ablösung des Menschen-O. durch das Tier-O. (FR. SCHLEGEL wird später von der Beseitigung des Menschen-O. «durch stellvertretende Surrogate» sprechen [43]). Es war Gottes Absicht, «to shew to Abraham and to all his posterity, the unfitness of all human sacrifices» [44]. Diese Diskussionen finden auch in Deutschland [45] – besonders bei H. S. REIMARUS, auch in den im 18. Jh. gedruckten Fragmenten seiner ‹Apologie› [46] – ihren Niederschlag.

Gegen Ende des 18. Jh. werden kritische Stellungnahmen zur O.-Problematik zunehmend zur Ausnahme. So findet sich beim frühen FICHTE noch ein Nachhall der aufklärerischen Kritik am O.: Das O., das «eine sinnliche Darstellung von Gott» voraussetzt, muß «der Moralität widersprechen», indem es unterstellt, man könne Gott «anders, als durch Moralität ... gefallen» [47]. – Eine vereinzelte – und für ihre Zeit untypische – Polemik gegen das Meß-O. als ein «fortwährendes Menschen-O.» findet sich bei W. T. KRUG [48]. Die Abkehr von der Religionsphilosophie der Aufklärung in diesem Punkt markiert HERDER besonders sinnfällig, der «die Einwürfe der Deisten gegen diese Geschichte [sc. Abrahams O.]» ohne Gegenargument verwirft und dieses O. als ein «O. der Freundschaft» bezeichnet [49]. In dieser Zeit wird das O. wie auch andere Elemente der positiven Religion spekulativ gedeutet und angeeignet. Für HEGEL ist das O. als «Anerkennung der allgemeinen Macht» [50] ein konstitutives Moment der Religion überhaupt: «Durch das O.

drückt der Mensch aus, daß er seines Eigenthums, seines Willens ... sich entäußere» [51]. Indem Hegel so das O. als «Aufgeben einer unmittelbaren Endlichkeit» [52] faßt, kann ihm der Begriff einerseits zur Beschreibung des frühen Standpunktes des religiösen Bewußtseins [53], andererseits des Todes Christi dienen: Dieser hebt das Anderssein, die Negation Gottes in der Menschwerdung wieder auf und ist insofern «Negation der Negation» als «Moment der göttlichen Natur» [54]. Die spekulative Umdeutung des O. als Gottes «Zurückkommen aus der Entfremdung» wendet sich gegen die «falsche Vorstellung ..., daß Gott ein Tyrann sey, der O. verlange» [55]. Indem F. X. VON BAADER das O. als Mittel zur «Rehabilitation des Menschen zur effectiven Wiederherstellung seines Urcontracts mit Gott» [56] definiert und so mit dem Begriff des «Cultus» zusammenfallen läßt, kann er in seinen ‹Vorlesungen über eine künftige Theorie des O. oder des Cultus› auf der «Nothwendigkeit und Unentbehrlichkeit des Cultus als O.» insistieren [57]. Den Tod als «Rückkehr ins Unendliche» (Aufgabe der Endlichkeit) thematisiert FR. SCHLEGEL als «O.», das den «Kern aller positiven Religion ausmacht» [58]. Für A. SCHOPENHAUER ist das O. ein entscheidendes Indiz für den Ursprung der Religion aus dem Egoismus. Die Gunst der Götter «zu erkaufen» «ist der Sinn jedes O. und eben dadurch der Ursprung und die Stütze des Daseyns aller Götter; so daß man in Wahrheit sagen kann, die Götter lebten von O.». Ähnlich L. FEUERBACH in seiner «Theogonie» mit Blick auf das O.: «Wo Wünsche entstehen, erscheinen, ja entstehen Götter» [59]. Innerhalb der ‹Kritik der Religion› weist der junge MARX (unter Berufung auf den späteren katholischen Konvertiten G. F. DAUMER) der Berücksichtigung «des praktischen Kultus des Christentums», in dessen Zentrum das Menschen-O. gestanden habe, entscheidende Bedeutung zu: «Das Menschen-O. war ein Heiligtum und hat in Wirklichkeit existiert. Der Protestantismus hat es nur auf den geistigen Menschen übertragen und die Sache etwas gemildert ... Durch diese Geschichte ... bekommt das Christentum den letzten Stoß» [60].

Auch die neuere jüdische Religionsphilosophie nimmt eine vorwiegend kritische Haltung gegenüber dem O. bzw. seiner «Wiederherstellung ... im zukünftigen jüdischen Staate» [61] ein. Schon M. MENDELSSOHN hatte sich in dieser Frage die aufklärerische Position zu eigen gemacht [62]. Für H. COHEN ist die Überwindung des O. zugunsten der «Sittlichkeit» [63] eine spezifisch jüdische Errungenschaft, während der «Gedanke des O. auch eine Grundlage des Christentums ist» [64]. – E. CASSIRER weist dem O. einen entscheidenden Anteil am Prozeß der Entwicklung der Menschheit zu: «Indem der Mensch das Göttliche als eine ihm überlegene Macht anerkennt, die nicht durch magische Mittel bezwungen, sondern durch Gebet und O. versöhnt werden muß, gewinnt er ihr gegenüber allmählich ein eigenes freies Selbstgefühl» [65].

Anmerkungen. [1] M. FICINO, In Iamblich. de myst. Opera omnia (Basel 1576) 2, 1895. – [2] a.O. – [3] 1, 878; vgl. auch J. PISTORIUS (Hg.): Ars Cabalistica (Basel 1587, ND 1970) 736. – [4] F. SUÁREZ, De praeceptis affirmativis religionis ad Dei cultum et ad orationem, praesertim externam, pertinentibus 1, 3, 1. Opera omnia, hg. C. BERTON 13 (Paris 1859) 87ff. – [5] a.O. 89; vgl. auch: G. CONTARENUS, Opera (Paris 1571, ND Farnborough 1968) 357 A. – [6] M. MONTAIGNE, Essais 2, 12, hg. A. THIBAUDET/ M. RAT (Paris 1962) 502; vgl. J. BODIN, Colloquium heptaplomeres, hg. L. NOACK (1857, ND 1966) 292. – [7] BODIN, a.O. [6]. – [8] a.O. 293. – [9] E. Lord HERBERT OF CHERBURY: A dialogue between a tutor and his pupil (London 1768) 251. – [10] a.O. 253f.; vgl. dazu G. W. LEIBNIZ, Textes inédits, hg. G. GRUA 1 (Paris 1948) 45. – [11] B. SPINOZA, Tract. theologico-politicus, hg. G. GAWLICK/F. NIEWÖHNER (1979) 160ff. – [12] H. GROTIUS: De veritate religionis christ. 5, 7. Opera omnia theol. (Amsterdam 1679, ND 1972) 3, 75f. – [13] U. DA COSTA, Exemplar humanae vitae. Schr., hg. C. GEBHARDT (Amsterdam/Heidelberg/London 1922) 119f. – [14] R. SIMON: Hist. crit. du Vieux Testament (Rotterdam 1685, ND 1967) 50. – [15] Vgl. etwa B. PASCAL, Pensées, hg. L. BRUNSCHVICG, Nr. 680. – [16] TH. HOBBES, De homine 14, 10. Opera philos., hg. W. MOLESWORTH (London 1839ff., ND 1961) 2, 125. – [17] a.O.; vgl. auch: Leviathan, a.O. 3, 261f. – [18] De homine 14, 10, a.O. 2, 125. – [19] Leviathan, a.O. 262. – [20] G. W. LEIBNIZ, Abh. über die chines. Philos. Antaios 8/2 (1966) 183. – [21] H. S. REIMARUS, Apologie oder Schutzschrift für die vernünft. Verehrer Gottes, hg. G. ALEXANDER (1972) 1, 195. 200. – [22] J. C. EDELMANN: Abgenöthigtes Jedoch Andern nicht wieder aufgenöthigtes Glaubensbekenntnis (1746), ND hg. W. GROSSMANN (1969) 90. – [23] REIMARUS, a.O. [21] 1, 405ff. – [24] EDELMANN, a.O. [22] 89f. – [25] G. BARTSCH (Hg.): De tribus impostoribus (1960) 42f. – [26] CH. M. PFAFF: Diss. de moralitate, originibus et finibus sacrificiorum (1755); G. B. BILFINGER: De cultu Dei rationali (1731) bes. 19ff.; J. G. WALCH: Philos. Lex. (⁴1775) 2, 321f.; dort auch weitere zeitgen. Lit. – [27] FR. C. OETINGER: Rede nach dem allg. Wahrheits-Gefühl, Zweyter Theil (1759) 695ff.; vgl. dazu A. A. UBERLEN: Die Theosophie F. Ch. Oetingers nach ihren Grundzügen (1847) 256ff. – [28] CH. BLOUNT: The two first books of Philostratus (London 1680) 3. – [29] Religio laici written in a letter to John Dryden Esq. (London 1683) 69. 55ff. – [30] BLOUNT, a.O. [28] 3; vgl. auch: Great is Diana of the Ephesians: Or, the original of idolatry together with the politick institution of the gentiles sacrifices (London 1695). The misc. works of Charles Blount (London 1695); vgl. auch M. TINDAL: Christianity as old as the creation (London 1730), ND hg. G. GAWLICK (1967) 92. – [31] J. TOLAND: Letters to Serena (London 1704), ND hg. G. Gawlick (1964) 130; W. NICHOLS: A conference with a theist (London ³1723) 153; M. TINDAL, a.O. [30] 92. – [32] TOLAND, a.O. [30]; zum Problem vgl. TH. MORGAN: The moral philosopher (London 1738-1740), ND hg. G. GAWLICK (1969) 3, 97ff. u.ö.; J. LELAND: The divine authority of the Old and New Testament asserted (London (1738-1740) 1, 156ff. – [33] NICHOLS, a.O. [31] 317ff. – [34] D. HUME, The natural hist. of religion 9. The philos. works, hg. TH. H. GREEN/TH. H. GROSE 4 (London 1882, ND 1964) 338; zur Parallele ‹O./Inquisition› vgl.: Encyclopédie, hg. DIDEROT/D'ALEMBERT 17 (Neuchâtel 1765, ND 1967), Art. ‹Victime humain›; P.-H. TH. D'HOLBACH: Theologie portative (London 1768, ND Hildesheim/New York 1977) 200. – [35] P. BAYLE, Oeuvres div. (Den Haag 1727), ND hg. E. LABROUSSE (1964) 2, 579; 3, 125; vgl. auch: Dict. hist. et crit., Art. ‹Abaris›, Rem. C; J. MESLIER, Oeuvres compl., hg. J. DEPRUN/ R. DESNÉ/A. SOBOUL 1 (Paris 1970) 210. 218. 231; HOLBACH, a.O. 200. 160; VOLTAIRE, Essai sur les mœurs. Oeuvres, hg. M. BEUCHOT 15 (Paris 1829) 41; Traité sur la tolérance 14. Mélanges, hg. E. BERL/J. VAN DEN HEUVEL (Paris 1961) 608. – [36] NICHOLS, a.O. [31] 317; TINDAL, a.O. [31] 91. – [37] VOLTAIRE, Essai, a.O. [35] 160. – [38] Vgl. dazu G. GAWLICK: Abraham's sacrifice of Isaac viewed by the English deists, in: Studies on Voltaire and the 18th century 4 (Genf 1967) 577-600; D. LERCH: Isaaks Opferung christl. gedeutet. Eine auslegungsgesch. Unters. (1950) – Zugang zu diesem Problem vom Standpunkt der Deontik: PH. J. QUINN: Divine commands and moral requirements (Oxford 1978) 12ff. 54ff.; vgl. auch S. KIERKEGAARD, Furcht und Zittern. Ges. Werke, übers. E. HIRSCH 4 (1951ff.); dazu TH. W. ADORNO, Kierkegaard. Ges. Schr. 2 (1979) 150-174. – [39] P.-D. HUET: Demonstratio evang. 9, 170, 5 (⁴1694) 1149; F. GOMARUS, Explicatio prophetiarum Mosis de Christo. Opera (Amsterdam 1644) 537ff.; J. BÖHME, Mysterium magnum 48, 19. Sämtl. Schr. (1730), ND hg. W. E. PEUCKERT (1958ff.) 8, 496f. – [40] BODIN, a.O. [6] 293; HERBERT, a.O. [9] 78; De tribus impostoribus, a.O. [25] 42f.; dazu: P. DELANY: Revelation exam. with candour (London 1732) 2, 232-288. – [41] TOLAND: Christianity not mysterious (London 1696), ND hg. G. GAWLICK (1964) 136. – [42] A. BURY: The naked gospel (London 1691) 17. 20ff.; J. TILLOTSON, The excellence of Abraham's faith and obedience. Two hundred sermons and discourses, hg. R. BARKER (London 1712) 1, 11-21; S. CLARKE: Works (London 1738, ND New York/London 1978)

459ff. - [43] Fr. Schlegel, Philos. der Gesch., 6. Vorles. Krit. A., hg. E. Behler 9 (1971) 145ff. - [44] Th. Chubb, A coll. of tracts (London 1730) 227; vgl. dazu Voltaire, Dict. philos., Art. ‹Abraham›. - [45] A. G. Masch: Rettung der Ehre Gottes und der Unschuld Abrahams bey der Aufopferung Isaacs (1755); J. F. W. Jerusalem: Fortges. Betr. über die vornehmsten Wahrheiten der Religion (1773) 323-334; vgl. auch I. Kant, Die Relig. innerhalb der Grenzen der bloßen Vernunft. Akad.-A. 6, 87. - [46] C. A. E. Schmidt (= A. Riem) (Hg.): Übrige noch ungedruckte Werke des Wolfenbüttelschen Fragmentisten (1787) 20-22; Reimarus, a.O. [21] 1, 238ff. - [47] J. G. Fichte, Critik aller Offenbarung. Ges.-A., hg. R. Lauth/H. Jacob II/2 (1967) 92; vgl. dazu F. W. J. Schelling, Philos. der Offenbarung. Werke, hg. M. Schröter 6 (1927) 529. - [48] W. T. Krug: Allg. Handwb. der philos. Wiss. (1832ff., ND 1969) 3, 120. - [49] J. G. Herder, Briefe, das Studium der Theologie betreffend 5, 4. Sämtl. Werke, hg. B. Suphan 9 (1893, ND 1967) 181. - [50] G. W. F. Hegel, Vorles. über die Philos. der Relig. 2. Jub.-A., hg. H. Glockner (⁴1961) 16, 137. - [51] Vorles. über die Philos. der Gesch., a.O. 11, 83. - [52] Philos. der Relig. 1, a.O. [50] 15, 244. - [53] a.O.; vgl. Phän. d. Geistes, hg. W. Bonsiepen/R. Heede. Akad.-A. 9 (1980) 384. - [54] Philos. der Relig. 2, a.O. [50] 16, 304. - [55] a.O. - [56] F. X. von Baader, Fermenta cognitionis. Sämtl. Werke, hg. F. Hoffmann/J. Hamberger (1851ff., ND 1963) 2, 289. - [57] a.O. 7, 285; dazu L. C. de Saint-Martin: Le ministère de l'homme-esprit (Paris 1802) 213. 235. - [58] Fr. Schlegel, Krit. Ausg., a.O. [43] 12, 36; vgl. a.O. 13, 393. - [59] A. Schopenhauer, Parerga und Paralipomena 1. Sämtl. Werke, hg. A. Hübscher 5 (1938) 126f.; L. Feuerbach, Theogonie. Sämtl. Werke, hg. W. Bolin/F. Jodl (1903ff., ND 1960) 9, 25. - [60] K. Marx, MEGA 1/6, 639f.; G. F. Daumer, Die Geheimnisse des christl. Alterthums (1847); Der Feuer- und Molochdienst der alten Hebräer als urväterlicher, legaler, orthodoxer Cultus der Nation (1842); vgl. auch Marx, MEW 7, 199-203; vgl. dazu: Minucius Felix, Octavius 9. MPL 3, 270-273. - [61] M. Hess: Jüd. Schr., hg. Th. Zlocisti (1905) 4. - [62] M. Mendelssohn, Jerusalem. Ges. Schr., hg. G. B. Mendelssohn 3 (1843) 283. - [63] H. Cohen: Relig. der Vernunft aus den Quellen des Judentums (1919) 114. 469. - [64] a.O. 200; dazu L. Baeck: Das Wesen des Judentums (⁶1960) 184ff.; F. Rosenzweig, Ges. Schr. I/2 (Den Haag 1979) 737ff. - [65] E. Cassirer: Philos. der symb. Formen (⁴1964) 2, 266; zum O.-Begriff in der relig.geschichtl. und ethnol. Forschung vgl.: H. Hubert und M. Mauss: Essai sur la nature et la fonction du sacrifice. Année sociol. 2 (1889) 29-138; W. R. Smith: Die Religion der Semiten (1899) 206ff.; differenziert zu diesem: A. Bertholet: Der Sinn des kultischen O. Abh. preuß. Akad. Wiss., Phil.-hist. Kl. 2 (1942) 23ff.; A. Loisy: Essai hist. sur le sacrifice (Paris 1920); W. Grönbech: Essay on ritual drama (London 1931); S. H. Hooke (Hg.): Myth and ritual (Oxford 1933); E. O. James: Origins of sacrifice (London 1933); F. M. Müller: Theosophie oder psychol. Religion (1895) 86ff.; Physische Relig. (1892) 96-109; O. Gruppe: Griech. Kulte und Mythen (1887) 271ff.; W. Wundt: Völkerpsychologie 6 (1909) 667-679; H. Bergson: Les deux sources de la morale et de la relig. Oeuvres, hg. A. Robinet/H. Gouhier (Paris 1959) 1147ff.; dazu A. Loisy: Y a-t-il deux sources de la relig. et de la morale? (Paris 1933) 67-72; L. Lévy-Bruhl: Le surnaturel et la nature dans la mentalité primitive (Paris 1931) 294f.; C. Lévy-Strauss: Das wilde Denken (1968) 258ff.; E. Leach: Kultur und Kommunikation. Zur Logik symbol. Zusammenhänge (1978) 101. 106ff.; Genesis as myth (London 1969) 41ff.; M. Harris: Kannibalen und Könige (1978) 147ff. 158ff.; R. Girtler: Kulturanthropologie (1979) 224f.

2. *Ethik, Geschichtsphilosophie, politische Philosophie*. - Außerhalb der Religionsphilosophie begegnet der O.-Begriff in übertragenem Sinn zunächst - ohne hier jedoch zentrale Bedeutung zu gewinnen - in der *Ethik*, so etwa in Fichtes ‹System der Sittenlehre›: «Es soll für die Pflicht alles, ... was dem Menschen teuer sein kann, aufgeopfert werden» [1]. Ähnlich ist für Schiller «das heldenmütigste O.», das «wie eine freiwillige Wirkung» erscheint, Kennzeichen der «schönen Seele» [2]. Die Bedeutung des O. für den sittlichen Wert einer Handlung [3] bestreitet M. Scheler, da «Werte ... sich niemals auf O. und Kosten gründen» könnten [4]. Bereits zuvor hatte Nietzsche vom Standpunkt einer «nüchternen Moral, welche Selbstbeherrschung, Strenge, Gehorsam fordert» [5], diejenige Form der «Moralität, welche sich nach der Aufopferung bemißt» kritisiert und sie als «halbwilde Stufe» gekennzeichnet [6].

Schiller versteht sein - auch *geschichtsphilosophisch* bedeutsames - Konzept einer ästhetischen Erziehung als Versuch der Wiederherstellung der Totalität der menschlichen Fähigkeiten und wendet es so gegen die Tendenz der bisherigen Geschichte: «Es muß also falsch sein, daß die Ausbildung der einzelnen Kräfte das O. ihrer Totalität notwendig macht» [7]. In der teleologischen Geschichtsphilosophie Hegels finden die ‘O. der Geschichte’ ihre Rechtfertigung mit Blick auf ihr Ziel, das Wirklichwerden der Freiheit: «Dieser Endzweck ist das, ... dem alle O. auf dem weiten Altar der Erde und in dem Verlauf der langen Zeit gebracht worden» [8]. Horkheimer und Adorno versuchen den Prozeß der Zivilisation mit dem Begriff des O. zu fassen, da Naturbeherrschung, Triebverzicht und Einschränkung erfordere: «Die Geschichte der Zivilisation ist die Geschichte der Introversion des O. Mit anderen Worten: die Geschichte der Entsagung» [9].

Die Entstehung des Nationalstaatgedankens begünstigte im mittleren 18. Jh. die Übernahme der O.-Vorstellung in die *politische Philosophie*. Emphatisch überhöht Th. Abbt den «Tod für das Vaterland» als O. mit seiner Forderung, daß «alle Unterthanen des Königs ... bereit und willig» sein sollten, «ihr Leben für Ihn und für den Staat ... aufzuopfern» [10]. Mit ähnlicher Tendenz wird der Begriff im frühen 19. Jh. vornehmlich von der politischen Reaktion (so etwa A. Müller und J. J. Cortés [11]), aber auch von Feuerbach gebraucht, der, im Gegensatz zum «religiösen O.» [12], «moralische O.» als «freiwillige Selbstaufopferungen zum Besten anderer Menschen, zum Besten des Staats, des Vaterlandes» würdigt [13]. Nicht zuletzt Äußerungen Fr. Nietzsches (... warum sollten den kommenden Geschlechtern nicht einige Individuen der gegenwärtigen Geschlechter zum O. gebracht werden dürfen [14]) bereiteten gerade in ihrer Vieldeutigkeit dem politischen Denken [15] den Boden, das schließlich in die O.-Ideologie des Nationalsozialismus einmünden konnte. In Entsprechung zu einer inhaltlich nicht bestimmten «Entschlossenheit» [16] der Existenzphilosophie [17] wird das O. von E. Jünger als ein formales Prinzip beschworen: «Das tiefste Glück des Menschen besteht darin, daß er geopfert wird» [18]. Mit Wendung gegen den «Individualismus des liberalen Denkens» legitimiert C. Schmitt die Forderung des totalen Staates nach «O. des Lebens» [19], das nach K. Löwith eine Parallele zu Heideggers Existential «Freiheit zum Tode» darstellt [20]. Zu einer zentralen weltanschaulichen Leitvorstellung wird das O. dann als «das entscheidende Ethos des deutschen Menschen» [21] und «Aufopferungsmöglichkeit des einzelnen für die Gesamtheit» [22] - später zunehmend auf den Frontsoldaten beschränkt [23] - in der nationalsozialistischen Ideologie und Propaganda [24]. - Während in der offiziellen *marxistischen* Ethik - Marx seinerseits spricht beiläufig von der «Aufopferungsfähigkeit» der Pariser Kommunarden [25] - der «Heroismus der Sowjetmenschen» als O. gewürdigt wird [26], treten Züge einer politischen Theologie deutlicher bei E. Bloch zutage: «Der kommunistische Held ... opfert sich ohne Hoffnung auf Auferstehung ... dennoch aber stirbt dieser Materialist, als wäre die ganze Ewigkeit sein. Das macht: er hatte vorher schon aufgehört, sein Ich so wichtig zu nehmen, er hatte Klassenbewußtsein» [27].

Anmerkungen. [1] J. G. FICHTE, Das System der Sittenlehre. Akad.-A., hg. R. LAUTH/H. GLIWITZKY I/5 (1977) 181. – [2] FR. SCHILLER, Über Anmut und Würde. Sämtl. Schr., hg. G. FRIKKE/G. GÖPFERT (⁵1975) 5, 468. – [3] W. WUNDT: Ethik (⁴1912) 3, 158; FR. PAULSEN: System der Ethik (⁷/⁸1906) 1, 419. – [4] M. SCHELER: Der Formalismus in der Ethik. Ges. Werke 2 (⁵1966) 235; vgl. auch A. MEINONG: Zur Grundlegung einer allg. Werttheorie. Ges.-A., hg. R. HALLER/R. KINDINGER 3 (1968) 504-511. – [5] FR. NIETZSCHE, Morgenröthe 4, 215. Krit. Ges.-A., hg. G. COLLI/M. MONTINARI V/1 (Berlin/New York 1971) 193. – [6] Morgenröthe 4, 221, a.O. 197; vgl. Musarion-A. 14 (1925) 234f.; Krit. Ges.-A. VI/1 (1968) 246f. (= Werke, hg. K. SCHLECHTA 2, 447). – [7] SCHILLER, Ästhet. Erz. 7. Sämtl. Schr. a.O. [2] 5, 588. – [8] G. W. F. HEGEL, Vorles. über die Philos. der Gesch. Jub.-A. 11 (1961) 47; vgl. dazu K. R. POPPER: The poverty of Historicism (London ²1969) Widmung. – [9] M. HORKHEIMER und TH. W. ADORNO: Dial. der Aufkl. (Amsterdam 1947) 71. 73f. – [10] TH. ABBT, Vom Tode für das Vaterland. Verm. Werke 2 (1781, ND Hildesheim/New York 1978) 6; vgl. auch A. RIVAROL, in: F. SCHALK (Hg.): Die frz. Moralisten (1974) 2, 126. – [11] A. MÜLLER, Die Elemente der Staatskunst, hg. J. BAXA. Die Herdflamme 1/2 (1922) 202; J. D. CORTÉS: Der Staat Gottes (1933, ND 1966) 338ff. – [12] L. FEUERBACH, a.O. [59 zu II/1]. – [13] Vorles. über das Wesen der Relig., a.O. 8, 95. – [14] NIETZSCHE, Morgenröthe 2, 146, a.O. [5] 136; zu dieser Stelle vgl. TH. MANN: Nietzsches Philos. im Lichte unserer Erfahrung (1917). Essays 3 (1978) 253. – [15] Vgl. etwa W. STAPEL: Der christl. Staatsmann. Eine Theologie des Nationalismus (1932) 161; O. SPENGLER: Preußentum und Sozialismus (1921) 99. – [16] Vgl. ADORNO, Jargon der Eigentlichkeit. Ges. Schr. 6 (1973) 519ff. – [17] Zur Zweckfreiheit des O. vgl. M. HEIDEGGER: Was ist Metaphysik? (⁸1960) 45; K. JASPERS: Von der Wahrheit (²1958) 885. – [18] E. JÜNGER: Der Arbeiter (1932) 71; dazu CHR. Graf VON KROCKOW: Die Entscheidung (1958) 44-53; F. GLUM: Philosophen im Spiegel und Zerrspiegel (1954) 238; dagegen R. MAGRITTE, Sämtl. Schr., hg. A. BLAVIER (1981) 118. – [19] C. SCHMITT: Der Begriff des Politischen (1963) 70. – [20] K. LÖWITH: Der okkasionelle Dezisionismus von C. Schmitt. Ges. Abh. (1960) 118. – [21] F. BÖHM: Anti-Cartesianismus. Dtsch. Philos. im Widerstand (1938) 218; vgl. auch M. WUNDT: Die Treue als Kern dtsch. Weltanschauung (²1925) bes. 14. – [22] A. HITLER: Mein Kampf (¹⁰⁷/¹¹¹1934) 327f. – [23] J. GOEBBELS: Was ist ein O.? in: Das eherne Herz (1943) 145; vgl. T. KLEIN/H. RINN: Das Buch vom O. (1934); H. LEHMANN, Der O.-Gedanke in der dtsch. Kampflyrik (1942). – [24] C. BERNING: Vom 'Abstammungsnachweis' zum 'Zuchtwart'. Vokabular des NS (1964) 145f.; zum Fortleben des O.-Gedankens im dtsch. Konservatismus vgl. M. GREIFFENHAGEN: Das Dilemma des Konservatismus in Deutschland (²1977) 194ff. – [25] K. MARX, MEW 33, 205. – [26] A. F. SCHISCHKIN: Grundlagen der marxist. Ethik, hg. R. MILLER (1965) 486. – [27] E. BLOCH, Das Prinzip Hoffnung. Ges.-A. 5 (1959) 1378. 1381; vgl. Tendenz, Latenz, Utopie. Ges.-A., Erg.-Bd. (1978) 311.

S. LORENZ/W. SCHRÖDER

Opposition

I. Die Opposition ist in der *Logik* eine spezielle Art von Gegensatz (s.d.). Sie besteht zwischen den vier klassischen Urteilsarten; deren sechs mögliche Beziehungen ergeben vier Arten der O.:

Opposition:

konträr	$SaP \mid SeP$	nicht (SaP und SeP)
subkonträr	$SiP \lor SoP$	SiP oder (vel) SoP
kontradiktorisch	$SaP \rightarrowtail SoP$	entweder SaP oder SoP
	$SeP \rightarrowtail SiP$	entweder SeP oder SiP
subaltern	$SaP \rightarrow SiP$	wenn SaP, so SiP
	$SeP \rightarrow SoP$	wenn SeP, so SoP

Die Unterscheidung von konträrer und kontradiktorischer O. geht auf ARISTOTELES zurück [1]. Im Lateinischen wird ‹oppositio› und ‹oppositum› bis BOETHIUS für alle Arten von Gegensätzen gebraucht. Durch dessen Lehre von den Verhältnissen der vier Urteilsarten [2], dargestellt im logischen Quadrat (s.d.), fand die Lehre von der O. Eingang in die meisten Lehrbücher der Logik. Die obigen Urteilsbeziehungen finden sich übrigens mit anderer Terminologie und ohne den gemeinsamen Namen O. schon bei APULEIUS [3]. PETRUS ABAELARDUS behandelt ausführlich die vier Arten der O. und nennt sie auch so, gebraucht aber neben «opponuntur» auch «adversantur» und «repugnant» [4]. WILHELM VON OCKHAM läßt nur «propositiones contradictoriae» und «contrariae» als Arten der «oppositio» gelten. «Subalternae» und «subcontrariae» lehnt er als solche ab, da die entsprechenden Aussagen ja jeweils zusammen wahr sein können [5]. J. JUNGIUS widmet der O. ein eigenes Kapitel und unterscheidet als «O. proprie dicta» die «O. contraria» und «contradictoria» von der «O. improprie dicta», der «O. subcontraria» und «subalterna» [6]. I. KANT behandelt in seiner Logik die O. unter der Lehre von den mittelbaren Schlüssen, die er Verstandesschlüsse nennt. Als deren erste vier führt er sie unter Erwähnung der überkommenen lateinischen Terminologie auf [7]. Darin folgen ihm viele spätere deutsche Logiker, wobei die Bezeichnung O. meist wegfällt. F. UEBERWEG [8] dagegen, J. N. KEYNES [9] und manche neuscholastische Logiker [10] halten an der klassischen Lehre von der O. in Zusammenhang mit den unmittelbaren Schlüssen fest.

Anmerkungen. [1] De interpr. 7, 17b; vgl. Art. ‹Gegensatz II›. HWP 3 (1974) 117-119. – [2] M. S. BOETII Opera omnia. MPL 64, 321. 799ff. – [3] APULEII Platonici Madaurensis Opera, hg. P. THOMAS (Stuttgart 1970) 179ff. – [4] PETRUS ABAELARDUS, Dialectica, hg. L. M. DE RIJK (Assen ²1970) 173ff. – [5] GUILLELMI DE OCKHAM Summa logicae, hg. PH. BOEHNER/G. GÁL/ST. BROWN (St. Bonaventurae, N.Y. 1974) 99ff. – [6] JOACHIMI JUNGII Logica Hamburgensis, hg. R. W. MEYER (1957) 85ff. – [7] I. KANT: Logik, hg. G. B. JAESCHE (1800) A 180-184. – [8] F. UEBERWEG: System der Logik (1857) 162f. – [9] J. N. KEYNES: Studies and exercises in formal logic (London ⁴1906) 109-124. – [10] Vgl. A. LEHMEN: Lehrbuch der Philosophie 1 (³1909) 73-80.

A. MENNE

II. Der *linguistische* O.-Begriff nimmt in der auf F. DE SAUSSURE zurückgehenden, strukturalistisch geprägten Sprachwissenschaft einen zentralen Platz ein. Seine Bedeutung als Grundlagenbegriff des Strukturalismus ist zu unterscheiden von seiner speziellen Bedeutung: den O.en, die zwischen den einzelnen Elementen einer Sprache – den Lauten, Wörtern usw. – bestehen.

Der theoretische Ansatz des Strukturalismus setzt voraus, daß sich der Wert eines einzelnen Sprachelements nur aus dem gleichzeitigen Vorhandensein eines anderen Sprachelements derselben Sprache ergibt [1]. Damit wird es erforderlich, die grundsätzlichen Beziehungen festzulegen, die zwischen den einzelnen Sprachelementen bestehen können. Nach de Saussure kommen dafür lediglich Gleichheiten und Verschiedenheiten in Frage [2]. Verschiedenheiten drücken sich aber immer in O.en aus. Die Tatsache, daß alle sprachlichen Einheiten in wechselseitiger O. stehen, ist also ein grundsätzliches Merkmal der Sprache: «Nicht daß eines anders ist als das andere, ist wesentlich, sondern daß es neben allen andern und ihnen gegenüber steht. Und der ganze Mechanismus der Sprache ... beruht auf Gegenüberstellungen dieser Art ...» [3].

Nach de Saussure handelt es sich bei den O.en, die zwischen den Elementen einer Sprache bestehen, stets um syntagmatische und paradigmatische Beziehungen

[4]. Unter einer *syntagmatischen* Beziehung versteht man die Verkettung von Sprachelementen zu festen Kombinationen, z. B. ‹ein langes Leben›, ‹ein Haus bauen›, wobei man auch von syntagmatischen Sinnrelationen spricht, wie sie die Beziehungen zwischen ‹blond› und ‹Haar›, ‹Hund› und ‹bellen›, ‹Gans› und ‹schnattern› verdeutlichen [5]. Als *paradigmatische* Beziehung bezeichnet man das Gegensatzverhältnis zwischen Sprachelementen, die sich in einem gegebenen Kontext gegenseitig vertreten und damit ausschließen können; so stehen z. B. ‹gut› und ‹schlecht› oder ‹laufen›, ‹rennen›, ‹schleichen› in einer paradigmatischen Sinnrelation.

Syntagmatische und paradigmatische Beziehungen finden sich auf allen sprachlichen Ebenen: der syntaktischen (hier vor allem der Morphemebene), der semantischen (Lexikonstruktur) und der phonetischen [6]. Im Bereich der Phonologie jedoch hat der O.-Begriff besondere Wichtigkeit erlangt. Nach N. S. TRUBETZKOY, einem Hauptvertreter der Prager Schule, versteht man unter phonologischen O.en «Schallgegensätze, die in der betreffenden Sprache die intellektuelle Bedeutung zweier Wörter differenzieren können» [7]. So stehen z. B. im Deutschen die Vokale *o* und *i* in phonologischer Opposition, wie die Beispiele ‹Rose› und ‹Riese›, ‹Molch› und ‹Milch› zeigen, nicht dagegen das Zungen-*r* und das Zäpfchen-*r*, weil es im Deutschen kein Wortpaar gibt, das durch diesen Lautgegensatz differenziert wird. Trubetzkoy unterscheidet die O.en 1. nach ihrer Beziehung zum ganzen O.-System, 2. nach der Beziehung zwischen den O.-Gliedern und 3. in bezug auf das Ausmaß ihrer distinktiven Gültigkeit [8]. Innerhalb dieser Unterscheidungen differenziert er weiter. So kann in Beziehung zum ganzen O.-System eine O. *eindimensional* sein, d. h. die Gesamtheit der Eigenschaften, die beide O.-Glieder gemeinsam besitzen, kommt nur diesen zwei Oppositionsgliedern zu und sonst keinem anderen Glied desselben Systems; oder sie kann *mehrdimensional* sein, sich also auch auf andere Glieder desselben Systems erstrecken. Eine O. heißt *proportional,* wenn das Verhältnis zwischen ihren Gliedern mit dem Verhältnis zwischen den Gliedern einer anderen O. desselben Systems identisch ist, wie es z. B. bei den O.en zwischen *p–b, t–d* oder *k–g* im Deutschen der Fall ist. Die O. ist *isoliert,* wenn es kein anderes Phonempaar desselben O.-Verhältnisses gibt, z. B. *p–sch* im Deutschen. Hinsichtlich des zweiten Aspekts, der Beziehung zwischen den O.-Gliedern, kann eine O. *privativ* sein (das eine O.-Glied ist durch das Vorhandensein, das andere durch das Fehlen eines Merkmals gekennzeichnet), *graduell* (es gibt verschiedene Abstufungen derselben Eigenschaft) oder *äquipollent* (die einzelnen Sprachelemente sind logisch gleichberechtigt). In dritter Hinsicht schließlich, im Ausmaß ihrer distinktiven Gültigkeit, kann eine O. *konstant,* d. h. ständig wirksam, oder *aufhebbar* sein. Versuche, die hier genannten O.-Arten mit den Mitteln der modernen Logik zu formalisieren, finden sich u. a. bei HERINGER [9].

In besonderer Weise relevant wird der O.-Begriff bei der Definition des *Phonems:* als die kleinste (bedeutungsunterscheidende) phonologische Einheit [10] ist jedes Phonem ein durch die O.en herausgefiltertes phonologisches Grundelement, das damit wiederum zu allen anderen Phonemen desselben Sprachsystems in einer der genannten O.en steht.

Anmerkungen. [1] Vgl. F. DE SAUSSURE: Cours de linguistique générale (Lausanne/Paris 1916); dtsch. Grundfragen der allg. Sprachwiss. (²1967) 136f. – [2] Vgl. a.O. 129. – [3] 145. – [4] Der Terminus ‹paradigmatisch› kommt bei de Saussure noch nicht vor, ist aber heute der von der modernen Sprachwiss. verwendete Begriff; de Saussure sagt statt dessen «assoziative» Beziehung. – [5] Vgl. J. LYONS: Introd. to theoretical linguistics (Cambridge ⁶1974) 428. – [6] a.O. 74. – [7] N. S. TRUBETZKOY: Grundzüge der Phonol. (⁶1977) 30; urspr.: Travaux du Cercle linguistique de Prague 7 (1939). – [8] Zu den folgenden Begriffen und ihren Definitionen vgl. a.O. 60-69. – [9] H. J. HERINGER: Formale Logik und Grammatik (1972) 75f. – [10] Vgl. TRUBETZKOY, a.O. [7].
G. HEYER

Optimismus (von lat. optimum, das Beste; engl. optimism; frz. optimisme; ital. ottimismo). Den Begriff ‹optimisme› haben französische Jesuiten im Februar 1737 geprägt, um in polemischer Absicht Leibniz' ‹Théodicée› weniger zu charakterisieren, als dessen geometrische Behandlung eines theologischen Gegenstandes der Lächerlichkeit preiszugeben [1]. Sie konnten nicht ahnen, daß sie damit einem Wort zum Leben verhalfen, das sich von der metaphysischen Streitfrage seines Ursprungs löste und als eines der populären Schlagworte seit Beginn des 19. Jh. zusammen mit dem «danach gebildeten Witzwort Pessimismus» [2] die gegensätzlichen Grenzwerte eines vor allem Denken liegenden psychischen oder vitalen Befindens bezeichnet.

Es handelt sich um einen jener Begriffe, die im rechten Augenblick auftreten, um einem alten Thema den Namen zu geben, unter welchem sich die Gegner zu einer der großen Auseinandersetzungen des Jahrhunderts formieren, wobei der Gegenstand völlig verlorengeht und das Niveau der Argumentation, wo sie nicht vorzieht zu resignieren, nach dem 18. Jh. kaum mehr philosophischer Tätigkeit zugerechnet werden kann.

Anmerkungen. [1] Journal de Trévoux ou Mémoires pour servir à l'hist. des sci. et des arts 37 (1737, ND (1968), 5-36. 197-241. 444-471. 953-991, bes. 207ff., Rez. von LEIBNIZ' ‹Théodicée›, nouv. éd. (Amsterdam 1734). – [2] F. MAUTHNER: Wb. der Philos. 2 (1910) 188-220, bes. 188: Art. ‹O. (Pessimismus)›.
Red.

I. Im strikten Sinne setzt das System des Optimum «ou l'optimisme» eine Mehrzahl oder gar Unendlichkeit möglicher Welten voraus, von denen Gott die beste erschaffen hat. In diesem Sinne ist der Begriff nur auf die Systeme von LEIBNIZ und MALEBRANCHE anzuwenden, wie es z. B. in DIDEROTS ‹Encyclopédie› geschieht (Art. ‹O.›). LEIBNIZ, der das Wort O. selbst nicht gebraucht, arbeitet mit einem mathematischen Gleichnis: «Es muß nämlich immer bei den Dingen der Bestimmungsgrund aus dem Maximum oder Minimum gesucht werden, so nämlich, daß die größte Wirkung aus dem geringsten Aufwand sozusagen gezogen werde» (Semper scilicet est in rebus principium determinationis quod a Maximo Minomove petendum est, ut nempe maximus praestetur effectus, minimo ut sic dicam sumtu) [1]. Am ursprünglichen Beginn der Dinge wirkt die göttliche Mathematik also mit dem Kalkül «de maximis et minimis». Das Wort «maximum» bezeichnet jedoch nur einen quantitativen Aspekt unter Vernachlässigung des qualitativen. In der Geometrie und in der Mechanik mag das hingehen, wie Leibniz es selbst im ‹Tentamen anagogicum› tut [2]. Die ‹Théodicée› korrigiert das aber: «... die Folgerung von der Quantität auf die Qualität gelingt nicht immer, ebenso wie die von Gleichem auf Ähnliches ... der Teil des besten Ganzen ist nicht notwendig der beste, den man aus diesem Teil machen könnte, da der Teil eines schönen Dinges nicht immer schön ist, da er ja auf unregelmäßige Weise aus dem Ganzen gezogen oder von ihm genommen sein kann» (la conséquence de la quantité à la qualité ne va pas toujours bien, non plus que celle qu'on tire des égaux aux semblables ... la partie du meilleur Tout n'est pas nécessairement le meilleur qu'on pouvait faire de cette partie; puisque la partie d'une belle chose n'est pas toujours belle, pouvant être tirée du tout, ou prise dans le tout, d'une manière irrégulière) [3]. Das Wort ‹optimum› eignet sich – sogar für die Mathematik – besser als ‹maximum› zur Bezeichnung des qualitativen Aspekts, etwa für die Schönheit oder die Güte eines Gedankens oder eines Dinges: «Die Methode der besten Formen, d.h. der das Maximum oder Minimum erreichenden, die wir in die Geometrie eingeführt haben über die alte Methode der größten und kleinsten Mengen hinaus» (La Méthode de Formis Optimis, c'est à dire maximum aut minimum praestantibus, que nous avons introduite dans la Géométrie au delà de l'ancienne Méthode de maximis et minimis quantitatibus) [4]. Gelegentlich benutzt Leibniz auch das Substantiv «optimitas», um der Bestimmung des göttlichen Willens gerecht zu werden, die sich nach «der besten Eigenschaft freilich dieser Reihe oder der gesamten Folge» richtet (optimitas huius ordinis seu seriei universalis) [5]. Das Optimum ist qualitativer Art, sonst bestimmte es nicht den Willen, dessen Wesen es ist, auf das Gute abzuzielen; bestimmt ist der Wille durch eine logische Funktion, die mit den einfachsten Mitteln die reichsten Wirkungen erzielt; er ist einmalig und richtet sich auf die Harmonie des Ganzen. So ist die beste aller möglichen Welten die absolut beste, nach dem Modell einer Pyramide, die nur eine Spitze hat, und nicht nur die relativ beste, denn die Basis dieser Pyramide «geht ins Unendliche» (descend à l'infini) [6].

Anmerkungen. [1] G. W. LEIBNIZ, De rerum originatione radicali. Philos. Schr., hg. C. I. GERHARDT 7 (1890, ND 1961) 303; Théodicée I, § 8. – [2] a.O. 7, 272f. – [3] Théodicée II, § 212f. – [4] a.O. [1] 7, 272. – [5] Textes inédits, hg. G. GRUA 1 (Paris 1948) 357. – [6] Théodicée III, § 416.   Y. BELAVAL

II. Für LEIBNIZ ist der Gedanke der Wahl der besten aller möglichen Welten keine «unnütze Metaphysik», wie es dem zunehmend praktischer denkenden und von Newton beherrschten Jahrhundert allmählich schien, sondern notwendige Folge seiner später viel fruchtbareren Konzeption von Raum, Zeit und Kausalität. Es ist das Prinzip des zureichenden Grundes in einer räumlich und zeitlich unendlichen Welt, das einen Kosmos denken läßt, der weder mechanisch ist noch willkürliche Eingriffe Gottes in seine Gesetze braucht oder zuläßt. Die Vollkommenheit dieser Welt besteht vor allem darin, daß sie nach eigenen Gesetzen existieren kann, ohne daß ihre bewegende Kraft wie bei Newton abnähme. Sie ist erfüllt von der ganzen Reihe der Wesen, die nicht als einzelne, sondern insgesamt vollkommen sind.

Damit berührt der Begriff ‹O.› auch mehrere traditionelle Themen der Metaphysik: die Freiheit Gottes, vor allem seine Freiheit, anderes zu schaffen, als er schuf, den Ursprung und die Rolle des Übels oder des Bösen in der Welt. Es ist durchaus nicht sinnvoll, wie es seit dem 19. Jh. getan wurde, frühere Lösungsvorschläge dieser Fragen als ‹O.› zu bezeichnen, aber Leibniz und seine Gegner arbeiten mit Argumenten, welche auch früher in der Geschichte der Philosophie schon gebraucht wurden.

Das Existierende als das Gute oder Vollkommene zu identifizieren, ist noch keine philosophische Lehre, sondern ein häufig anzutreffender mythischer Sprachgebrauch. Die Frage, ob Gott eine bessere Welt hätte schaffen können, stellt PLATON (Timaios 30 c) und verneint sie, denn andernfalls wären Neid oder Bosheit Gottes zu vermuten, was sich mit seinem Begriff nicht verträgt. Die vollständige Reihe der Möglichkeiten Gottes, das Übel zu beheben, stellt EPIKUR auf: «wenn er es will und nicht kann, ist er unfähig, was für Gott nicht zutrifft; wenn er kann und nicht will, ist er bösartig, was Gott auch fernliegt; wenn er weder will noch kann, ist er sowohl bösartig wie unfähig und deshalb nicht Gott; wenn er es aber will und kann, was allein Gott zukommt, woher kommt dann das Übel? Oder warum behebt er es nicht?» (si vult et non potest, inbecillis est, quod in deum non cadit. si potest et non vult, invidus, quod aeque alienum est a deo. si neque vult neque potest, et invidus et inbecillis est, ideo nec deus. si et vult et potest, quod solum deo convenit, unde ergo sunt mala? aut cur illa non tollit?) [1]. Spätere Erörterungen werden lediglich die Negationen aufzuweichen versuchen.

Gegen manichäische und gnostische Behauptungen eines positiven bösen Prinzips sehen sich die Lehrer der jungen christlichen Kirche genötigt, eigenen Tendenzen der Weltverneinung zum Trotz die Vollkommenheit der Welt nicht im Fehlen des Übels, sondern in der reicheren Harmonie des Dissonierenden zu erblicken. Dabei greifen sie auf Plotin zurück. Alle denkbaren Formen des Seienden müssen verwirklicht werden, und durch seinen Gegensatz erst wird das Schöne noch schöner.

ABÄLARD folgerte aus den Prinzipien der Fülle und des zureichenden Grundes, daß Gott nur und nur auf die Weise tun und lassen konnte, was er tat, wie er es auch wirklich getan hat. Gott ist damit schon sehr ähnlich zu notwendig vollkommenem Handeln bestimmt wie bei LEIBNIZ, der das freilich nicht wahrhaben mochte [2]. Da man ABÄLARDS Prämissen so wenig leugnen konnte wie seine Folgerungen billigen, widerlegte ihn PETRUS LOMBARDUS durch den Machtspruch der Autorität. Wie Augustin im Genesis-Kommentar behauptet, hätte Gott den Menschen besser ohne Sünde schaffen können. «Daraus folgt, daß Gott sowohl anderes schaffen konnte als er schuf, wie auch das, was er schuf, besser als er es tat» (Ex praedictis constant quod potest Deus et alia facere quam facit, et quae facit meliora ea facere quam facit) [3]. THOMAS VON AQUIN bestätigt das. Unter gegebenen Bedingungen kann die Welt nicht besser sein, aber Gott hätte andere Dinge und eine bessere Welt schaffen können [4].

Es war daher kein neues Argument, das die Jesuiten von Trévoux Leibniz entgegensetzten, sondern neben dem Verdacht des Spinozismus (der damals nicht Panentheismus bedeutete, sondern Ausschluß eines persönlichen Gottes aus dem rationalen Mechanismus der Welt), welchen Leibniz ja gerade vermied, der – auch von S. CLARKE erhobene [5] – Vorwurf, die Freiheit Gottes zu leugnen. Der zunächst theologische, später auch psychologisch gebrauchte Begriff einer arbiträren Freiheit, der seine anthropomorphe Herkunft nicht verleugnen kann, trifft nicht den philosophischen Freiheitsbegriff von Leibniz. Denn eines Gottes oder der höchsten Weisheit unwürdig wäre die Vorstellung einer Freiheit, willkürlich und beliebig zu handeln, statt sich selbst völlig auf ein vollkommenes Handeln hin zu bestimmen.

Nicht widerlegt, sondern verdächtigt wird deshalb die Auffassung: «Der O., der von Leibniz zumindest, ist nichts als ein verschleierter Materialismus, ein erbaulicher Spinozismus ...» (L'Optimisme, celui du moins de M. Leibnitz, n'est qu'un Matérialisme déguisé, un Spinozisme spirituel) [6]. Ähnlich wird in der rhetorisch glänzenden Darlegung das zweite Argument aus dem Bestand der Tradition, die Rechtfertigung des Übels um des Guten willen, abgefertigt: «Glaubt man denn, daß das Übel seiner Natur nach eher zuständig sei, das Gute hervorzubringen, als das Gute selbst?» (Croirat'on que le mal soit de sa nature plus compétant que le bien, pour produire le bien?) [7]. Dabei scheint es ihnen angemessen, Leibniz' Versuche, alles zu versöhnen, das Böse im Guten, Konfessionen und Parteien im Glauben und im Recht, als harmlose Torheit, Bayles Zweifel an der Qualität der Schöpfung aber als Bosheit des Herzens zu diagnostizieren.

Das Übel in der Welt ist ein großes Thema des 18. Jh. BAYLES Zweifel, der naturwissenschaftlich vermeintlich gesicherte Glaube an die nachlassende Kraft der Schöpfung und ein auf allen Gebieten immer wieder auftretender historischer Pessimismus standen auf der einen Seite. Auf der anderen Seite ergänzten sich SHAFTESBURY, BOLINGBROKE, wie POPE sie verbreitet hatte, in ihrer sensualistischen Auffassung einer Welt, deren Mängel zu ihrer Vollkommenheit beitragen, mit Leibniz und zahlreichen Autoren, welche die Meinung der ‹Théodicée› vertraten, ohne von ihren Argumenten Gebrauch zu machen. POPE ist in der Kasuistik des Übels nicht ganz sicher, ob es immer Gutes bewirke: «Ist ein Teil Übel in dem Ganzen gut, läßts die Abwechslung zu, die Natur geschehen» (Or partial Ill is universal Good, / Or Change admits, or Nature lets it fall) [8]. Auch die Begründung, warum die «unendliche Weisheit» von den möglichen Welten die beste schaffen müsse, gelingt in der poetischen Form des ‹Essay on Man› (1733/34) nur unzureichend, was aber die Überzeugungskraft des «whatever is, is right» für die Mehrheit des Publikums nicht beeinträchtigte [9]. Es ging weniger um die Deutbarkeit der Welt als um das lebendige Gefühl ihres Zusammenhangs.

In Pope sahen jedoch die Gegner den leichter Anzugreifenden, wenn sie auf Leibniz zielten. So tat es CROUSAZ 1737 in seinem ‹Examen de l'essai de M. Pope sur l'homme›, und so tat es nach einer Fülle von Schriften, die für oder gegen die beste aller Welten geschrieben waren, 1753 die königliche Akademie in Berlin mit ihrer philosophischen Preisaufgabe für 1755. Ihr Präsident MAUPERTUIS wollte Leibniz' fortdauernde Wirkung zunichte machen, und Friedrich II. hatte selbst so misanthropische Ansichten von der Welt, daß ihm diese Bemühung und die Krönung einer ungewöhnlich schlechten Arbeit von A. F. REINHARD gegen den O. nur recht sein konnte. LESSING und MENDELSSOHN bewiesen (außer Konkurrenz) in ‹Pope, ein Metaphysiker?›, 1755, daß schon die Frage falsch gestellt war und ein Dichter kein System haben könne. Nicht nur in diesem Falle hat die offizielle Befassung mit dem Gegenstand seine sachliche Erörterung beendet. Danach erscheint dieses Thema nur noch polemisch oder apologetisch.

Das Erdbeben von Lissabon 1755 wirkte traumatisch auf eine Welt, die sich nach den Kriegen und Bürgerkriegen des 17. Jh., der Epoche Pascals und Bayles, langsam und stetig ein gutes Gewissen erworben hatte und ihre Wirklichkeit unter dem Modell fortschreitender Entwicklung sehen wollte. Dem Ausdruck des Schreckens lieh VOLTAIRE seine Stimme, dessen Betroffenheit allein schon seine optimistische Überzeugung belegt. Auch jetzt fällt es ihm nicht leicht, das «tout est bien» als «Illusion» zu verabschieden: «das Übel ist auf der Erde» (le mal est sur la terre) und der Mensch, anders als Pope es erhoffte, ist sich fremd und kennt sich selber nicht (l'homme, étranger à soi, de l'homme est ignoré) [10].

ROUSSEAU antwortet in seinem Brief an Voltaire vom 18. August 1756 aus einem seinerseits verletzten Gefühl: «Der O., den Sie so grausam finden, tröstet mich doch in eben den Leiden, die sie mir als unerträglich darstellen» (Cet optimisme, que vous trouvez si cruel, me console pourtant dans les mêmes douleurs que vous me peignez comme insupportables) [11]. Er gelangt zu der eigentlich metaphysischen Frage, die Leibniz ausgehend vom Prinzip des zureichenden Grundes gestellt hat, warum überhaupt etwas ist und wir sind und nicht nichts. Nicht vom vollkommenen Glück, sondern von der Existenz des Menschen her, die dadurch gerechtfertigt wird, daß es «besser ist für uns, zu sein als nicht zu sein» (s'il est mieux pour nous d'être que de n'être pas) [12], lasse sich etwas über die Welt aussagen. Kein philosophisches System könne die Existenz Gottes beweisen, sondern umgekehrt beweise, wenn überhaupt, dann die Existenz das System. Damit ist die weitere Entwicklung des Gedankens vorgezeichnet.

Kein anderes Werk hat den Begriff so populär gemacht wie VOLTAIRES ‹Candide ou l'Optimisme› 1759. Der 1737 geprägte Begriff wurde 1752 im ‹Dictionnaire de Trévoux› registriert und sollte schon 1762 Eingang in den ‹Dictionnaire de l'Académie› finden. Selten auch ist ein Werk so mißverstanden worden. Denn keineswegs wird die ‹Théodicée› widerlegt, sondern das phantastische Geschick der durch eine Welt des Unglücks wie des Glücks gejagten und darin sich behauptenden Figuren des Romans erweist das Mißverhältnis der Erklärbarkeit der Welt zum Leben des Einzelnen. Die Verkörperungen einer herrlichen Naivität, welche Voltaires eigene war, werden am Ende weise und wollen, mit der Absicht ihres Schöpfers versöhnt, ihren Garten Eden ohne zu vernünfteln bearbeiten [13].

Überraschend ähnlich vollzieht sich KANTS Stellung zum O. beim Durchgang durch die Arbeit der großen ‹Kritiken›. Noch im Gefolge der königlichen Preisaufgabe verteidigt Kant im ‹Versuch einiger Betrachtungen über den O.›, 1759, den Gedankengang von Leibniz. Die wirkliche Welt müsse die beste sein, und Gott könne nicht die Freiheit gehabt haben, eine weniger gute zu wählen: «Dank vor eine solche Freiheit, die das Beste unter dem, was zu schaffen möglich war, ins ewige Nichts verbannt, um trotz allem Aussprüche der Weisheit dem Übel zu gebieten daß es etwas sei» [14]. Aus dem «Dasein» folgt die Qualität: «Heil uns, wir sind!», und fragen wir, warum alles ist und gut ist, so lernen wir einsehen: «um des Ganzen willen» [15].

Nach der kritischen Arbeit vermag Kant sich 1791 abschließend zu äußern in ‹Über das Mißlingen aller philosophischen Versuche in der Theodizee›. Alle bisherige Theodizee habe nicht geleistet, was sie verspricht: «die moralische Weisheit in der Weltregierung gegen die Zweifel, die dagegen aus dem, was die Erfahrung an dieser Welt zu erkennen gibt, gemacht werden, zu rechtfertigen» [16]. Und sie müsse immer scheitern, weil wir zwar die «Einrichtung dieser Welt» erforschen können und der «moralischen Weisheit» uns in «der sittlichen Idee unserer eigenen praktischen Vernunft» vergewissern, niemals aber von der «Einheit in der Zusammenstimmung» beider einen Begriff gewinnen können [17]. Kant bedient sich einer «authentischen Theodizee» [18] und gesteht wie Hiob unser Nichtwissen. An die Rechtfertigungen des Übels richtet er Hiobs Frage an seine Freunde: «Wollt ihr Gott verteidigen mit Unrecht?», und er begründet, wie einst Bayle es tat, zu dessen Widerlegung das System des O. geschaffen wurde, nicht mehr die Moralität auf den Glauben, sondern «den Glauben auf die Moralität» [19].

Damit endet eine gewaltige metaphysische Aufgabe, die sich in Analogie zur physikalischen Erklärbarkeit des Universums gestellt hatte. Daß die Philosophie vor der Vereinigung der physikalischen mit der moralischen Deutung der Welt in das «asylum ignorantiae» ausweicht und dabei die Existenz entdeckt, besagt nicht, daß einzelne Wissenschaften sich nicht an einer Rechtfertigung der Welt um des Ganzen willen versuchen werden. Das kann in der Geschichte geschehen, in der politischen Ökonomie oder in der Soziologie, ohne daß dazu der desavouierte Begriff ‹O.› noch zu verwenden wäre.

Mit Beginn des 19. Jh. hat der Begriff ‹O.› den Sachverhalt, den er zunächst bezeichnete, völlig verloren und wird jetzt für eine Stimmung, für ein psychisches Verhalten zur Welt gebraucht, die, weil sie Stimmung ist, ihren Gegensatz im Pessimismus fordert. F. M. KLINGER beginnt seine um 1800 verfaßten ‹Betrachtungen und Gedanken über verschiedene Gegenstände der Welt und der Literatur› mit dem Aphorismus: «Der Optimism und Pessimism sind Zwillingsbrüder ... Keinen Augenblick kann man einen ohne den andern besitzen; und scheint auch einmal einer allein zu Gaste zu kommen, so tritt doch gleich der andre hinterdrein ... Kurz, dieses edle Brüderpaar hat sich so ziemlich, ohne weiter ihr Recht zu beweisen, zu Herren und Herrschern der moralischen und physischen Welt gemacht» [20].

Der Wortgebrauch läßt sich in der Folge danach ermessen. Beweisverfahren werden wohl verbissen, aber auf erbärmlichem argumentativem Niveau ausgefochten. Und wo die Gegensätze einander nicht ergänzen, so schlagen sie gelegentlich ineinander um. SCHOPENHAUER widerlegt nahezu seinen eben geführten Beweis, daß diese Welt gar nicht schlechter sein könnte, durch die Begeisterung, mit welcher er die Schönheit weltschmerzlicher Poesie zitiert und rühmt [21]. Andere lassen aus notwendig pessimistischem Boden einen «grundlosen O.» sprießen. NIETZSCHE überwindet sich, «die bisher verneinten Seiten des Daseins nicht nur als notwendig zu begreifen, sondern als wünschenswert» [22], um Candides paradoxer Definition des O.: «c'est la rage de soutenir que tout est bien quand on est mal» tragisch zu entsprechen. SCHOPENHAUERS Befürchtung, daß der O. eine «wahrhaft ruchlose Denkungsart» sei [23], kommt hier erst zum Bewußtsein ihrer selbst.

Anmerkungen. [1] H. USENER (Hg.): Epicurea, Frg. 374 (1887, ND 1966) 253. – [2] G. W. LEIBNIZ, Théod. § 171. – [3] PETRUS LOMBARDUS, Sent. libri quatuor I, q. 44. MPL 192, 640; vgl. W. HÜBENER: Sinn und Grenzen des Leibnizschen O. Studia leibn. 10 (1978) 222-246. – [4] THOMAS VON AQUIN, S. theol. I, 25, 6. – [5] Vgl. A. KOYRÉ: Von der geschlossenen Welt zum unendlichen Universum (1969) 212ff. – [6] Journal de Trévoux ..., a.O. [1 zu I] 208f.; vgl. zum Newtonschen Argument KOYRÉ, a.O. 211-245. – [7] Journal ..., 218. – [8] A. POPE: An essay on man, hg. M. MACK (London 1951) 139. – [9] a.O. 141. – [10] VOLTAIRE, Poeme sur le désastre de Lisbonne (1756). Oeuvres compl., hg. L. MOLAND (Paris 1877) 474. 477. – [11] J.-J. ROUSSEAU, Lettre à Voltaire (le 18 août 1756). Oeuvres compl. 4 (Paris 1969) 1060. – [12] a.O. 1061. 1063. – [13] VOLTAIRE, vgl. außer ‹Candide ou l'Optimisme›: Dict. philos., Art. ‹Bien (Tout est)› und ‹Pope›; dazu J. MÖSER, ‹Anti-Kandide›, und J. CHR. GOTTSCHEDS Rezension. Ausgew. Werke, hg. P. M. MITCHELL 10/2 (1980) 461-503: ‹Zugabe zur Théodicée 1763›. – [14] I. KANT, Versuch einiger Betracht. über den O. (1759). Werke, hg. W. WEISCHEDEL 1 (1960) 593. – [15] a.O. 594. – [16] Über das Mißlingen aller philos. Versuche in der Theodizee (1791), a.O. 6 (1964) 114. – [17] a.O. 114f. – [18] 116. – [19] 118f. – [20] F. M. KLINGER: Betracht. und Gedanken über versch. Gegenstände der Welt und der Lit. 1 (1803) 3f. – [21] A. SCHOPENHAUER, Die Welt als Wille und Vorstellung I/4, 46. – [22] FR. NIETZSCHE, Krit. Ges.-Ausg., hg. G. COLLI/ M. MONTINARI VIII/3 (1972) 289, Frg. 16 [32]. – [23] SCHOPENHAUER, a.O. [21] I/4, § 59.

Literaturhinweise. FR. CHR. BAUMEISTER: Hist. doctr. de mundo optimo (1741). – A. FR. REINHARD: Diss. ... sur l'optimisme (1755). – CHR. ZIEGRA: Slg. der Schr. über die Lehre von der besten Welt (1759). – K. ROSENKRANZ, Art. ‹O.›, in: J. S. ERSCH und J. G. GRUBER: Allg. Encycl. der Wiss. und Künste III/4 (1833) 270ff. – H. LORM: Der grundlose O. (1894). – L. STEIN: Der soziale O. (1905). – S. RZEWSKI: L'optimisme de Schopenhauer (Paris 1908). – R. BAZARDJIAN: Schopenhauer – der Philosoph des O. (1909). – A. O. LOVEJOY: The great chain of being (Cambridge, Mass. 1936 u.ö.). – H. VYVERBERG: Hist. pessimism in the French enlightenment (Cambridge, Mass. 1958). – CH. VEREKER: Eighteenth cent. optimism (Liverpool 1967).

H. GÜNTHER

Ordinary Language Philosophy

I. Die O. ist eine seit ihrer terminologischen Abgrenzung vom Idealsprachenprogramm («ideal language philosophy») des Wiener Kreises und des Logischen Empirismus durch G. BERGMANN [1] allgemein so bezeichnete Richtung der *sprachanalytischen Philosophie* [2]. Sie tritt etwa ab 1930 in England auf und hat später den gesamten angelsächsischen Sprachraum beeinflußt. Zu unterscheidende Ursprünge und Ausprägungen der O. sind a) die *common-sense-Philosophie* von G. E. MOORE, b) die Philosophie des späteren L. WITTGENSTEIN in Cambridge und die *Cambridge School* (M. LAZEROWITZ, N. MALCOLM, G. A. PAUL, J. WISDOM) und c) die *Oxford School*, in der sich die durch G. RYLE vertretene Richtung von der J. L. AUSTINS unterscheiden läßt (weitere Vertreter I. BERLIN, R. M. HARE, S. HAMPSHIRE, H. L. A. HART, P. NOWELL-SMITH, P. F. STRAWSON, S. E. TOULMIN). Gemeinsam ist allen ein analytisch-deskriptiver Rückgang auf die Alltagssprache als Basis einer Kritik der Philosophie- und Wissenschaftssprache und der von ihr mitgeführten Mißverständnisse. Strebte der Logische Empirismus eine Konstruktion exakter Wissenschaftssprachen an, so ging es G. E. MOORE um eine Zurückführung problematisch erscheinender philosophischer Sprache auf problemlos verständliche Sätze. Seine Analysen streben nach einer Rechtfertigung des common sense und seiner Sicht der Wirklichkeit.

Beeinflußt von G. E. Moore, aber auch sich abgrenzend, hat zuerst L. WITTGENSTEIN sich gegen die damals herrschende idealsprachliche Version der Metaphysik- und Sprachkritik (s. d.) gewandt. Dies ist durch die Protokolle F. WAISMANNS bereits gegen Ende der zwanziger Jahre anläßlich der Erläuterung des ‹Tractatus› in Ansätzen zu erkennen. Ab 1930 begann Wittgenstein seine Lehrtätigkeit in Cambridge. Er unterstrich den revolutionären, radikalen Charakter seiner Wende in programmatischen Reflexionen über seine rein deskriptive, 'phänomenologische' Methode. Dabei leitet ihn keineswegs ein Interesse an empirischen Beschreibungen faktischen Sprachgebrauchs. Die Bedeutung seines Rekurses auf die Alltagssprache ist vielmehr die Ersetzung der traditionellen transzendentalen Vernunftkritik durch Sprachanalyse. Insofern ist eine Kontinuität des ‹Tractatus› mit den erst postum (1953) erschienenen ‹Philosophischen Untersuchungen› zu konstatieren. In destruktiver Wendung sowohl gegen die Wissenschaftssprache (z. B. der Psychologie) als auch gegen die traditionelle metaphysische Philosophie sollen durch grammatische Analyse die Möglichkeitsbedingungen von Sprachspielen (s. d.) in situativ vergegenwärtigten Lebensformen (s. d.) geklärt werden. Zur unmittelbaren Schülerschaft Wittgensteins gehört A. J. T. D. WISDOM mit seinem Programm einer 'therapeutischen Sprachanalyse'. Die weitergehende Rezeption und Diskussion der O. Wittgensteins, dessen Werke noch nicht abschließend ediert sind, dauert an und dehnt sich mittlerweile auf den Kontinent aus.

Der auch als Oxford Philosophy bezeichnete Zweig der O. hat seine Hauptvertreter in G. RYLE und J. L. AUSTIN. RYLE war bis zu seinem Aufsatz ‹Systematically misleading expressions› [3] Anhänger eines modifizierten Idealsprachenprogramms. Er gewann aber bereits früher durch das intensive Studium der kontinentalen Phänomenologie E. Husserls und M. Heideggers einen Zugang zu metaphysikkritischen Programmen einer Destruktion insbesondere des erkenntnistheoretischen Dualismus und seiner ontologischen Voraussetzungen. Bald nach 1931 wendet er die Alltagssprachanalyse in systematischer Absicht an. Durch die Beschreibung ihres Gebrauchs sollen klärende Einsichten in die Genese philosophischer Probleme gewonnen und sogenannte Kategorienfehler (s. d.) vermieden werden. Ryles 50jährige Lehrtätigkeit sowie sein Hauptwerk ‹The concept of mind› (1949), in dem er die Methode der O. in anticartesianischer Absicht auf Grundprobleme philosophischer Psychologie anwendet, sind von kaum zu überschätzendem Einfluß. Ryle hat darüber hinaus mehrfach in eigenen Abhandlungen das Verhältnis der O. zur Phänomenologie thematisiert und den methodischen Status seiner Analysen reflektiert, den er im Aufweis einer 'nichtformalen (informal) Logik der Umgangssprache' sieht.

Bei J. L. AUSTIN, der seine Arbeitsweise als «linguistic phenomenology» [4] kennzeichnet, ist der Bezug auf traditionelle philosophische Probleme weniger ausgeprägt als bei Ryle und Wittgenstein und weicht einem philologischen Interesse an differenzierten Detailanalysen. (Austin studierte zunächst klassische Philologie in Oxford.) Seine dabei ausgearbeitete Sprechakttheorie ist vor allem in der Linguistik weiterdiskutiert worden und hat deren Pragmatisierung entscheidend beeinflußt.

Die angesprochenen Zweige der O. haben sich unterdessen vielfach beeinflußt und ergänzt. Für die weitere Entwicklung ist es aufschlußreich, daß sich nach dem Tode Wittgensteins 1951 die philosophische Aktivität Englands im wesentlichen in Oxford konzentrierte. (1953 hatte Oxford ca. 1000, Cambridge ca. 30 Philosophiedozenten und -studenten [5].) Das hat häufig zu einer Identifikation von O. und Oxford Philosophy geführt.

Die Analysen der O. sind inzwischen auf die klassischen philosophischen Themen z. B. der Metaphysik, der Ethik, Ästhetik und Religionsphilosophie ausgedehnt worden. Ihre im engeren Sinne sprachphilosophischlogischen Fundamente diskutiert sie heute verstärkt mit Blick auf die Lebensweltanalysen der kontinentalen Phänomenologie und Hermeneutik, aber auch im Zusammenhang mit den apriorischen Analysen der Transzendentalphilosophie. Die O. kann als bereits klassisches Paradigma der modernen Philosophie gelten.

Anmerkungen. [1] G. BERGMANN: Strawson's ontology (1960), in: Logic and reality (Madison 1964) 177. – [2] Vgl. Art. ‹Philosophie, analytische›. – [3] G. RYLE: Systematically misleading expressions. Proc. Arist. Soc. 32 (1931/32) 139-171; auch in: A. FLEW (Hg.): Logic and language. First ser. (Oxford 1951); dtsch. in: R. BUBNER (Hg.): Sprache und Analysis (1968) 31-62. – [4] J. L. AUSTIN: A plea for excuses (1954), in: Philos. papers (Oxford ³1979) 182; vgl. auch Art. ‹Phänomenalismus, linguistischer›. – [5] Vgl. M. J. CHARLESWORTH: Philosophy and linguistic analysis (Pittsburgh ²1961) 152.

Literaturhinweise. J. PASSMORE: A hundred years of philos. (London ²1966) Kap. XVIII. – CH. CATON (Hg.): Philos. and ordinary language (Urbana 1963). – H. D. LEWIS (Hg.): Clarity is not enough (London 1963). – V. C. CHAPPEL (Hg.): Ordinary language (Englewood Cliffs 1964). – M. J. CHARLESWORTH s. Anm. [5], bes. Kap. 1. 3. 5.6. – R. RORTY (Hg.), The linguistic turn (London 1967). – E. v. SAVIGNY (Hg.): Philos. und normale Sprache (1969). – E. v. SAVIGNY: Die Philos. der normalen Sprache (²1974). – K. GRAHAM: J. L. Austin. A critique of O. (Hassocks 1977). – G. L. VANDER VEER: Philosophical skepticism and ordinary-language analysis (Lawrence 1978).

W. LÜBBE/TH. RENTSCH

II. In den Untersuchungen der O. lassen sich *vier Verfahren* mit sehr verschiedenen Zielen unterschiedlicher Legitimationsbasis unterscheiden, je nach der Absicht des sprachanalytischen Rückgriffs auf die normale Sprache.

a) *Die klärende Verwendung:* Dabei wird festgestellt, daß eine vorliegende philosophische Frage oder These unklar formuliert ist; zur Klärung wird die Abweichung vom normalen Sprachgebrauch herausgearbeitet und das Gemeinte im Einklang mit ihm neu und klarer formuliert. Diese Klärung gilt als unumgänglicher erster Schritt der philosophischen Arbeit.

b) *Die therapeutische Verwendung:* Viele philosophische Fragen sind nur aufgrund bestimmter Unterstellungen sinnvoll. Wer etwa (im üblichen Problemzusammenhang) fragt: «Ist der Wille frei?» unterstellt, daß Willensakte Ursachen der menschlichen Handlungen sind. Bei bemerkenswert vielen philosophischen Fragen erweisen sich solche nicht in Frage gestellten Voraussetzungen als falsch; z.B. gibt es keine die Handlung verursachenden Willensakte. Und bei wiederum bemerkenswert vielen von diesen Fällen wird die Falschheit der Voraussetzung deshalb nicht gesehen, weil sie bloß als neue Formulierung einer anderen, richtigen Feststellung angesehen wird, ohne das aber zu sein. Die falsche Meinung, Willensakte bestimmten ursächlich die Handlungen, wird als Formulierung der richtigen Feststellung angesehen, daß die Menschen im allgemeinen tun, was sie wollen. Der therapeutische Hinweis auf die normale Sprache besteht dann in der Darlegung 1. der Falschheit der Voraussetzung, 2. des Fehlers, der mit der Umformulierung begangen wurde (hier der Verwechslung von dispositionaler und kausaler Erklärung), und 3. in der Ermittlung der Sprachgewohnheiten, die zu der fehlerhaften Umformulierung führen (hier der partiellen Ähnlichkeit dessen, was man über Wille und Handlung einerseits und Ursache und Wirkung andererseits sagen kann). Der Begriff der Therapie wird in diesem Zusammenhang von WITTGENSTEIN eingeführt, der die Behandlung philosophischer Scheinfragen mit der Behandlung von Krankheiten verglich und die therapeutische Sprachanalyse als erster systematisch praktizierte [1].

c) *Die beweisende Verwendung:* Feststellungen über die Sprache werden im wesentlichen auf drei Arten direkt als Argumente für oder gegen philosophische Thesen verwendet. Die erste Art liegt trivialerweise im Bereich der Sprachphilosophie und verwandter Gebiete vor. Zweitens gibt es philosophische Thesen, die implizite Behauptungen über die Sprache enthalten; daß der Wille Ursache der Handlungen sei, beinhaltet z.B., daß das Gesetz «Im allgemeinen tut man, was man will» ein empirisches Gesetz ist; in Wahrheit ist es eine partielle sprachliche Erläuterung zum Begriff des Wollens. Diese sprachliche Feststellung reicht also zur Widerlegung der Verursachungsthese aus. Drittens wird in der O. häufig aus der Tatsache, daß bestimmte Ausdrücke überhaupt Bedeutung haben (etwa 'wissen', 'rot', 'freiwillig'), darauf geschlossen, daß es etwas gebe, auf das sie zutreffen (also Wissen, rote Dinge und freiwillige Handlungen), und zwar soll der Schluß für Ausdrücke gelten, die in Standardsituationen lehrbar sind. Diese sogenannte «Standardbeispiel-Argumentation» (paradigm case argument) ist umstritten [2].

d) *Die heuristische Verwendung:* Sie wurde zuerst von Austin systematisch praktiziert [3] und geht von dem Gedanken aus, daß das Vokabular historisch gewachsener, natürlicher Sprachen im allgemeinen ökonomisch aufgebaut ist. Daher kann man gewöhnlich dann, wenn es zwei Wörter für scheinbar dieselbe Sache gibt, vermuten, daß in Wahrheit doch ein Unterschied zu beachten ist (z. B. zwischen 'freiwillig' und 'absichtlich'). Natürlich muß die Existenz des vermuteten Unterschiedes dann unabhängig gerechtfertigt werden.

Anmerkungen. [1] L. WITTGENSTEIN: Philos. Untersuchungen (1960) § 255. – [2] E. VON SAVIGNY: Das sog. paradigm case argument. Grazer philos. Studien 14 (1981) 37–72. – [3] Vgl. Anm. [4 zu I].   E. VON SAVIGNY

Ordnung (griech. θέσις, διάθεσις, κόσμος, τάξις; lat. ordo; engl. order; frz. ordre; ital. ordine)

I. *Antike.* – 1. Ordnung, ein geordnetes Verhältnis zwischen den Teilen eines Ganzen, eines Einzelwesens ebenso wie z. B. eines Heeres oder eines Staates, wird in der *griechischen Antike* durch θέσις, διάθεσις, vor allem aber durch κόσμος und τάξις bezeichnet. Der Bedeutungskern des Begriffs liegt im Militärischen und in seiner Nähe zum Nomos der Polis; der Begriff findet aber auch in der Kosmologie und in der Naturphilosophie Verwendung [1]. Der θέσις fehlt der normative Gehalt, den der Begriff τάξις sehr oft hat [2]. Jede διάθεσις ist eine τάξις [3], im Unterschied zur διάθεσις und, allgemeiner, θέσις aber bezieht sich τάξις auch auf eine O. in der Sukzession, ein geregeltes zeitliches Nacheinander [4]. In dieser Bedeutung begegnet es bei ANAXIMANDER: Die Dinge zahlen einander gerechte Strafe und Buße für ihre Ungerechtigkeit nach der O. der Zeit (κατὰ τὴν τοῦ χρόνου τάξιν) [5]. ARISTOTELES erklärt das atomistische ῥυσμός (Rhythmus), τροπή (Wendung) und διαθιγή (gegenseitiger Zusammenhalt) als σχῆμα, θέσις und τάξις (Form, Lage, O.) [6]. O. ist dem Geordneten von einer Ursache gegeben, die das zu Ordnende, temporal ausgelegt, aus einem Zustand der Unordnung, der ἀταξία, in eine O. überführt. So charakterisiert PLATON im ‹Timaios› ganz allgemein die Tätigkeit des Demiurgen: im Blick auf die Idee [7] führt er das in ordnungsloser Bewegung vorfindliche Sichtbare (κινούμενον ... ἀτακτῶς) aus der Unordnung zur O. (εἰς τάξιν ... ἤγαγεν ἐκ τῆς ἀταξίας) [8]. Dieses Modell gilt auch für alle menschlichen Demiurgen [9]. Platons ‹Nomoi› eröffnet der Athener mit der Frage, ob bei den Kretern und den Lakedämoniern ein Gott oder ein Mensch als Urheber der Gesetze gelte (αἰτίαν τῆς τῶν νόμων διαθέσεως) [10]. Weil die Menschen das Gerechte (τὸ δίκαιον) und das Gemeinsame (τὸ κοινόν) wenn überhaupt, nur kurze Zeit erfassen, bedürfen sie der guten Einrichtung und des Gesetzes (τάξις καὶ νόμος), ohne die sie sich nicht von den allerwildesten Tieren unterscheiden würden [11]. Ein aus der Oligarchie ins Demokratische fallender Mensch lebt, wie es sich trifft, ohne daß O. und Notwendigkeit sein Leben bestimmten (οὔτε τις τάξις οὔτε ἀνάγκη ἔπεστιν αὐτοῦ τῷ βίῳ) [12]. Mit τάξις bezeichnet Platon das durch einzelne Gesetze Gebotene, über die Ehe, die Erbfolge [13], Regeln, im Ringkampf, bei der Jagd, Bewässerungsvorschriften [14], im Musikalischen Rhythmus und Harmonie [15], die Bewegung der Sterne hat eine τάξις [16], die Glieder und Organe im Körper haben eine τάξις zueinander oder als bestimmte Stelle im Körper [17]. Wenn der O. und des Anstands teilhaftig (τάξεως ἄρα καὶ κόσμου τυχοῦσα), sind Hauswesen, Schiff, Leib und Seele (deren τάξις Gerechtigkeit und Besonnenheit, δικαιοσύνη, σωφροσύνη, sind) vollkommen, wenn der Unordnung teilhaftig (ἀταξίας), schlecht [18]. Schließlich findet sich τάξις häufig als Schlachtreihe, Stelle im Heer, Schlachten-, Heeres- und Marsch-O. [19].

In einer Kritik an der These, die Bewegung könne einmal begonnen haben, sagt ARISTOTELES, nichts von Natur her Seiendes sei ungeordnet (ἄτακτον), denn die Physis (bei den Einzelwesen also ihr Eidos [20]) sei für jedes Ursache der O. (αἰτία πᾶσιν τάξεως) [21], und hält allen Theorien der Genese des Kosmos die Ewigkeit seiner τάξις entgegen: ἡ δέ γε τοῦ κόσμου τάξις ἀΐδιος [22] (τάξις auch in der zweiten der drei Definitionen des Kosmos in ‹De mundo› [23]). Damit ist allerdings die Abhängigkeit des Kosmos von einer Ursache seiner O. keineswegs geleugnet: Daß der Kosmos das Gute und Beste sowohl als ein abgetrennt vom Kosmos für sich Seiendes als auch in sich als seine τάξις hat, belegt Aristoteles mit einem Bild, das für das mittelalterliche O.-Denken entscheidend geworden ist: auf beide Arten zugleich, wie in einem Heer; denn in diesem ist das Gute sowohl in der O. (ἐν τῇ τάξει) als auch im Feldherrn, in höherem Maße aber in diesem, denn er ist nicht durch die O., sondern die O. durch ihn (οὐ γὰρ οὗτος διὰ τὴν τάξιν ἀλλ' ἐκείνη διὰ τοῦτον) [24]. PLATONS Demiurg stellt die O. her, indem er die Arten des Sichtbaren, Feuer, Wasser, Luft und Erde, durch ein Band (δεσμός) vereinigt und in ein gegenseitiges Verhältnis (ἀναλογία) bringt [25]. Für ARISTOTELES ist jede τάξις ein Verhältnis (τάξις δὲ πᾶσα λόγος) [26]. Die Verfassung definiert Aristoteles als O. des Staates (und damit seiner Teile) (πόλεως τάξις) in bezug auf die Staatsämter (ἀρχῶν), vor allem die Regierung (πολίτευμα) [27], und bezeichnet sowohl empirisch gegebene Verfassungen [28] als auch die Verfassungstypen als O.en [29], wobei die Abarten (παρεκβάσεις: Tyrannis, Oligarchie, Demokratie) nicht eigentlich Verfassungen genannt werden können [30], da in ihnen die Herrschaft nicht einer Ordnung entsprechend (κατὰ τάξιν), sondern unbestimmt (ἀόριστος) ist [31]. Die O. ist Gesetz (nomos) [32], andererseits legen die Gesetze das Wie der in der Verfassung nur allgemein vorgeschriebenen Herrschaft näher fest [33], weshalb jeder nomos eine O. [34] und die Verfassung die O. der nomoi (τάξις τῶν νόμων) ist [35]. Jedes wider die Natur Seiende (παρὰ φύσιν) ist wider die O. (παρὰ τάξιν) [36]. Kosmologisch bezeichnet τάξις die Stelle der Elemente im Kosmos und ihr Verhältnis zueinander [37], die Teile der Lebewesen haben eine bestimmte τάξις als Ort und Lage zueinander [38]; τάξις wird auch im Militärischen gebraucht [39], Vorgänge haben eine τάξις [40], die Rede in ihrem Aufbau [41], die Reihenfolge der Behandlung der Themen in einer Wissenschaft [42], schließlich wird τάξις auch als Glied eines Einteilungsschemas verwendet [43].

PLATONS Begründung für die Tätigkeit des Demiurgen, er habe die O. für gänzlich besser als die Unordnung gehalten [44], gilt für die gesamte griechische Philosophie. Insofern sie die Phänomene der O. auf dem Hintergrund der Unordnung, des Chaos, gedacht hat, konnte der Begriff der O. universal verwendet werden und war nicht kontrovers, wohl aber die Ursachen und die Art der Herstellung von O. Der O. und dem Kosmos aber gehören die Menschen nur am Rande zu: Während im Unbewegten alles O. und Ruhe (τάξις καὶ ἠρεμία) ist [45] und es im Supralunaren kein wider die Natur und damit wider die O. gibt [46], kennt das Sublunare schon im Natürlichen und erst recht im Menschlichen das wider die O. Seiende, ist es nur soweit geordnet, als es der O. teilhaftig sein kann (ὡς ἐνδέχεται μετέχειν τὰ ἐνταῦθα τάξεως) [47]. In der nachklassischen Philosophie hat der Begriff keine Bedeutungsveränderung erfahren. In der *Stoa* tritt τάξις offenbar völlig hinter κόσμος zurück [48]. PROKLOS definiert τάξις als ὁ λόγος τῶν τεταγμένων (das Verhältnis der Geordneten) [49].

Anmerkungen. [1] Vgl. Hist. Wb. Philos. 4, Art. ‹Kosmos›; für τάξις: LIDDELL/SCOTT, Greek-Engl. Lex. (²⁵1976) 1756. – [2] z. B. PLATON, Tim. 30 a 5f.; Resp. 587 a 10f.; Leg. 780 d 5ff. – [3] ARISTOTELES, Met. V, 19, 1022 b 1ff. – [4] Cat. 6, 5 a 23ff.; vgl. jedoch PLATONS Gebrauch von διάθεσις: Tim. 27 a 2. – [5] ANAXIMANDER, VS I, 12 B 1. – [6] ARISTOTELES, Met. I, 4, 985 b 13ff.; vgl. Phys. I, 5, 188 a 23ff. – [7] PLATON, Tim. 27 d 5ff. – [8] a.O. 30 a 1-6. – [9] Gorg. 503 d 5ff. – [10] Leg. 624 a 1ff.; vgl. Krit. 109 c 6ff. – [11] Leg. 874 e 7ff.; vgl. 688 a 1ff. – [12] Resp. 561 d 5f.; vgl. Leg. 780 a 4f. – [13] Leg. 720 e 11ff.; 925 b 6f. – [14] a.O. 802 e 11; 844 c 7; 823 c 2. – [15] 664 e 8ff. – [16] 966 e 3. – [17] Tim. 71 a 1f.; 88 e 2. – [18] Gorg. 504 a 7ff. – [19] Leg. 746 d 8; 755 c 6; 878 d 2; Apol. 29 a 1. – [20] ARISTOTELES, Phys. II, 1, 193 a 28ff. – [21] Phys. VIII, 1, 252 a 11f.; vgl. De caelo III, 2, 301 a 4ff. – [22] De caelo II, 14, 296 a 33f. – [23] Ps.-ARIST., De mundo 2, 391 b 11ff. – [24] Met. XII, 10, 1075 a 11-15. – [25] PLATON, Tim. 31 b 4ff. – [26] ARISTOTELES, Phys. VIII, 1, 252 a 13f. – [27] Pol. III, 6, 1278 b 8-11; IV, 1, 1289 a 15-18; IV, 3, 1290 a 8f. – [28] a.O. II, 10, 1272 a 4; 1272 b 10; II, 11, 1273 a 21; IV, 9, 1294 b 1; V, 7, 1307 b 18. – [29] II, 9, 1269 a 32; III, 11, 1281 b 39; VIII, 2, 1324 a 24. – [30] III, 7, 1279 a 22ff. – [31] Rhet. I, 8, 1366 a 1f. – [32] Pol. III, 16, 1287 a 18. – [33] a.O. IV, 1, 1289 a 11-25. – [34] VII, 4, 1326 a 29f. – [35] II, 10, 1271 b 29. 31. – [36] De gen. anim. IV, 4, 770 a 9ff. – [37] De caelo III, 2, 300 b 23; Meteor. I, 3, 339 b 5; De gen. anim. III, 11, 761 b 17. – [38] Hist. anim. I, 6, 491 a 17; I, 17, 496 b 19; De gen. anim. IV, 8, 776 b 5. – [39] Eth. Nic. V, 1, 1129 b 20; Pol. IV, 13, 1297 b 21. – [40] Meteor. I, 9, 347 a 6 f; I, 14, 351 a 25; III, 3, 358 a 26. – [41] Phys. II, 26, 1403 b 2; III, 12, 1414 a 29ff. – [42] De part. anim. II, 9, 655 b 22. – [43] Magna Mor. I, 2, 1183 b 35; I, 35, 1198 a 27; Eth. Eud. VII, 12, 1245 a 2. – [44] PLATON, Tim. 30 a 5f. – [45] ARISTOTELES, Eth. Eud. I, 7, 1218 a 23. – [46] De gen. anim. IV, 4, 770 b 11f. – [47] Meteor. II, 3, 358 a 26. – [48] Vgl. SVF IV (1924) 85ff. 142. – [49] PROCLI DIAD. In Plat. Tim. comm., hg. E. DIEHL 1 (1903) 387, 27ff. (zu Tim. 30 a 3-6). Red.

2. Die Begriffsgeschichte von O. hat sich für den Bereich der *lateinischen Antike* unter Berücksichtigung von ‹mundus› an ‹ordo› zu orientieren. ‹Ordo› ist ein Zentralwort zunächst römischen Welt- und Selbstverständnisses. Es meint wie τάξις in vielfacher vorphilosophischer Verwendung allgemein die – mitunter nur faktische, meist aber sinnvolle – Anordnung von Teilen: «ordo vel bonorum vel malorum dicitur» (von einer Ordnung kann man sowohl im Guten als auch im Schlechten sprechen) [1]. ‹Ordines› heißen etwa die Sitzreihen im Theater oder die Ziegelreihen eines Bauwerkes [2]. Wichtig ist dann die militärische Bedeutung 'Reih und Glied der Schlachtordnung' [3]; «incertis ordinibus» (bei durcheinandergeratener Anordnung) [4] kann eine Truppe nicht kämpfen; ‹ordo› kann ferner jede Abteilung eines Heeres bedeuten, unabhängig von ihrer Aufstellung in jeweiliger Kampf-O. [5].

Weit verbreitet ist ‹ordo› als staatsrechtlicher Begriff: Der höchste ordo des römischen Staates ist der Senat [6], neben ihm gibt es von der Gracchenzeit (zweite Hälfte des 2. Jh. v. Chr.) an den niederen Adelsstand der Ritter (ordo equester) [7]; einen 'dritten Stand' hat es in Rom nicht gegeben, das Volk (plebs) war in diesem staatsrechtlichen Sinne nie ordo [8]. Erst zur Zeit CICEROS ist eine Ausdehnung des Sprachgebrauchs nachweisbar, die ‹ordo› zu einem soziologischen Begriff macht: ‹ordo› meint dann die rein faktische Gruppierung der Gesellschaft in Körperschaften, Zünfte, Vereine [9], überhaupt Menschenklassen jeder Art.

Cicero registriert unwillig dieses Verblassen des ordo-Begriffs («Gibt es denn einen ordo der Zensoren...», «ordo aliqui censorum est?») [10], verwendet selbst das Wort aber auch nicht unkonservativ eng [11]. Bemerkenswert ist, daß gerade er Anstoß an solcher Begriffserweiterung nimmt: denn mit ihm öffnet sich in besonderer Intensität römisches Denken dem Einfluß des Gedankengutes, das im griechischen Sprachraum unter den Begriffen ‹Kosmos› und ‹Taxis› überliefert war. Die römische Rezeption verteilt dieses Gedankengut – ohne eine endgültig klare Trennung – auf die beiden Begriffe ‹ordo› und ‹mundus›. ‹Mundus› steht dabei vor allem für den Bedeutungsbereich Weltall, ‹ordo› dagegen mehr für normative Strukturiertheit. So definiert Cicero im Anschluß an die *Stoiker* ‹ordo› als «compositio rerum aptis et accommodatis locis» (Gruppierung von Dingen an passenden und ihnen zukommenden Stellen) [12]. Eine solche Definition verweist auf ein Ordnungsprinzip, von dem her normativ begründet wird, was «passende und zukommende Stellen» sind. Der verpflichtende Charakter dieser Norm steigert sich, vom Ordo-Begriff der römischen Rhetorik [13] über Ciceros Verwendung von ‹ordo› als juristischen Begriff (‹ordo› etwa als Adelsstand [14], als Erbfolgeverhältnis [15], als Rechts-O. allgemein [16]) zu dem «ordo actionum», der «O. in den Handlungen». Wie in einer gelungenen Rede soll auch in einem geordneten Leben alles konsequent zueinander passen [17]. Das ergibt dann jene «Schönheit, Stetigkeit und O.» (pulchritudo, constantia, ordo), die die menschliche Ratio in der Natur erkennend vorfindet und handelnd im sittlichen Leben als «honestum», das «Schickliche», abbildet [18], – deutlich Gedankengut der Stoiker bei Cicero.

Noch über der geordneten Natur steht der supralunare «ordo siderum» (die O. der Gestirne) [19], deren ewige unendlich vollkommene Bewegungen nicht mehr nur einfach eine objektivierte Geordnetheit darstellen, sondern diese mit der ihnen innewohnenden «göttlichen Kraft und göttlichem Geist (vis et mens divina) [selbst] vollziehen» [20], «sie bewegen sich durch ihren eigenen Antrieb, ihre eigene Einsicht und Göttlichkeit» (sua sponte suo sensu ac divinitate moveantur) [21]. Die Gestirne sind in ihrer selbstvollzogenen Ordnung beseelte Wesen, bereits im Bereich des Göttlichen, für den Menschen höchste und normative Manifestation des Absoluten. «Von ihnen her stammt jegliche Bewahrung und jegliches Heil für alles» (ex qua conservatio et salus omnium omnis oritur) [22].

Ein so verstandener, letztlich transzendent begründeter ordo-Begriff konnte von dem christlichen Apologeten TERTULLIAN übernommen und zur Bezeichnung der Strukturen der jungen christlichen Kirche benutzt werden. Tertullian kennt bereits die bis heute bestehende Gliederung in «ordo» und «plebs» [23], verwendet in dem Zusammenhang auch die Vokabeln «clerus» und «laici» [24]. «Ecclesiastici ordines» [25] sind zu seiner Zeit der «episcopus, dehinc presbyteri et diaconi» [26]. In seiner späteren montanistischen Zeit kritisiert Tertullian den Kirchenbegriff der «Katholiken», den Unterschied zwischen «ordo» und «plebs» habe erst die Kirche geschaffen [27]. Mit dieser Kritik wird aber der bereits für den vorchristlichen Wortgebrauch festgestellte normative Sinn von ‹ordo› und dessen Letztbegründung in der Transzendenz bestätigt.

Die bekannte ordo-Definition AUGUSTINS ist der Ciceros recht ähnlich: «Ordo est parium dispariumque sua cuique tribuens loca dispositio» (ordo ist die Zusammenstellung gleicher und ungleicher Dinge durch Zuweisung des einem jeden zukommenden Standortes) [28]. Das deutet auf den Einfluß, den Cicero trotz Augustins Kritik an rein formal verstandener Rhetorik [29] inhaltlich auf das augustinische Denken hatte. Auch für Augustinus ist ‹ordo› ein Schlüsselbegriff seiner Weltsicht, jetzt aber vom gänzlich personal verstandenen christlichen Gottesbild her begründet und gedeutet. Alles, was Gott in seiner Schöpfung tut, bewirkt er mit Hilfe der O. [30]. Auf Gott selbst ist der Begriff nur höchst analog anzuwenden, da es in ihm keine Verschiedenheit, sondern nur «höchste Gleichheit» (summa aequalitas) gibt [31]. Das ordnende Schöpferwirken Gottes läßt alle Kreaturen eine mit ihrer Seinsintensität gegebene Stufe im Universum einnehmen: «die O. der Geschöpfe, vom höchsten bis zum untersten, durchläuft eine gerechte Stufenfolge» (ordinem creaturarum a summa usque ad infimam gradibus justis ... decurrere) [32]. Zeichen der Geordnetheit des Universums ist auch seine triadische Struktur, in der sich der dreifaltige Gott widerspiegelt. So, unter vielen anderen [33], die Trias «unum», «aequalis et similis species», «caritas»: «Durch den Reichtum göttlicher Güte ist alles von einem Anfang her (ab uno principio) durch Gleichheit und ähnliche Art (per aequalem illi ac similem speciem) ... in liebster Liebe verbunden (carissima ... caritate), gemacht und gegründet» [34]. Aufgabe des Menschen ist es, über die einzelnen Stufen der Schöpfung, aber sie je an ihrem Platze respektierend [35], zu ihrem Schöpfer emporzusteigen, durch Bildung und Erkenntnis und – damit verbunden – ein geordnetes sittliches Leben (ordo eruditionis und ordo vitae) [36]. Bis hierhin weist Augustins ordo-Denken deutlich neuplatonische Elemente auf (Hervorgang, Triaden, Rückkehr). Über die Neuplatoniker hinaus geht aber das Hineinbeziehen auch des Bösen in die gottgewollte Gesamtordnung: Das Böse als Böses geht zwar nicht auf Gott zurück (das hatte Augustinus noch von Plotin gelernt [37]), es vermag aber die göttliche O. auch nicht wirklich zu stören; es hat, nachdem es als Nichtgewolltes da ist, seinen Platz in der O., deren Inhalt gerade darin besteht, daß Gott das Böse nicht will [38]. Die Sünde des Menschen besteht in der verabsolutierenden Hinwendung zum Geschöpflichen, eine Verkehrung der ordo-bedingten Aufgabe des Menschen. Das «Elend» (miseria), das Gott über den sündigen Menschen verhängt, resultiert aus der Verkehrtheit der Handlung selbst, die sich ja gegen die innerste Wesensrichtung des Menschen auf den ordo richtet [39]; nur in Übereinstimmung mit seinem innersten Wesen kann der Mensch glücklich sein. Sünde ist also kein wirklicher Ausbruch aus der O., bestätigt sie vielmehr.

Augustins ordo-Lehre hat ihren Schwerpunkt in seinen frühen Schriften. Die Unerschütterlichkeit der gottgewollten O. weist aber schon auf die zentrale Thematik der späten Werke, Prädestination und Gnade.

Anmerkungen. [1] AELIUS DONATUS, Commentum Terenti, hg. P. WESSNER, ad. 362, 2. – [2] Vgl. B. KÜBLER: Art. ‹Ordo 1, I›, in: RE XVIII/1 (1939) 930. – [3] Etwa CAESAR, Bell. Gall. IV, 26, 1. – [4] a.O. 32, 5. – [5] Bell. civ. I, 13, 3; II, 28, 1. – [6] LIVIUS VIII, 18, 5. – [7] Vgl. KÜBLER: Art. ‹Equites Romani›, in: RE VI/1 (1907) 283. – [8] Vgl. a.O. [2] 932. – [9] L. SCHNORR VON CAROLSFELD: Gesch. der jurist. Person 1 (1969) 159. 213. 362f. – [10] CICERO, In Verr. II, 2, 137; ähnlich: Philipp. VI, 14. – [11] Etwa In Verr. II, 2, 17. – [12] De off. I, 40, 142. – [13] O. SEEL: Cicero. Wort, Staat, Welt (²1961) 402-407. – [14] Vgl. H. MERGUET: Lex. zu den Reden des Cicero 3 (1882) 506-511. – [15] CICERO, De leg. II, 19, 48. – [16] Pro Sex. Roscio Amerino XLVIII, 138. – [17] De off. I, 40, 144. – [18] a.O. I, 4, 14. – [19] De nat. deorum II, 15. – [20] a.O. 55. – [21] 43. – [22] 56. – [23] TERTULLIAN, De exhort. cast. VII, 3. CCSL 2 (Turnhout 1954) 1024. – [24] De monogamia XII, a.O. 1247f. – [25] a.O. – [26] De baptismo XVII, 1f. – [27] De exhort. cast. VII, 3, a.O. [23] 1024f. – [28] AUGUSTINUS, De civ. Dei XIX, 13. – [29] Conf. III, 4. – [30] De ordine I, 10, 28; II, 1, 2. – [31] a.O. II, 1, 2. – [32] De lib. arb. 3, IX, 24. CSEL 74, 110, 14f. – [33] Zusammenstellung der trinitarischen Formeln im frühen Schrifttum Augustins bei J. RIEF: Der Ordobegriff des jungen Augustinus (1962) 244ff. – [34] AUGUSTINUS, De musica VI, 17, 56. MPL 32, 1191. – [35] De vera relig. XX, 40. CSEL 77, 28, 4; De lib. arb. 3, V, 15. CSEL 74, 103, 13f.; De ordine I, 1. – [36] De ordine III, 8, 25ff. – [37] Vgl. Conf. VII, 9, 13ff. CSEL 33, 154ff. – [38] De ordine I, 6, 18. – [39] Epistula CXL 23, 56. MPL 33, 561; En. in Ps. XXVI, 2, 7. MPL 36, 202.

Literaturhinweise. B. KÜBLER s. Anm. [2]. – H. KRINGS: Ordo. Phil.-hist. Grundlegung einer abendl. Idee (1941). – F. GAESSLER: Der Ordo-Gedanke unter bes. Berücksichtigung von Augustinus und Thomas von Aquin (Diss. Freiburg i. Br. 1950). – W. KRANZ: Kosmos (1958). – O. SEEL s. Anm. [13]. – O. MUCK: Art. ‹Ordnung›. LThK² 7 (1962) 1212-1224. – J. RIEF s. Anm. [33]. – P. ANTIN: 'Ordo' dans S. Jérôme, in: P. ANTIN: Recueil sur S. Jérôme (1968) 229-240. – M. GATZEMEIER: Art. ‹Kosmos I›. Hist. Wb. Philos. 4, 1167-1173. – P. VAN BENEDEN: Aux origines d'une terminologie sacramentelle. Ordo, Ordinare, Ordinatio dans la litt. chrét. avant 313 (Löwen 1974). – B. COHEN: La notion d'‹ordo› dans la Rome antique. Bull. Ass. G. Budé (1975) 259-282. – M. KEUDEL: Art. ‹Ordo›. Thes. ling. lat. IX/2, fasc. VI (1978) 951-965.

H. MEINHARDT

II. *Mittelalter.* – 1. *Zur Rezeptionsgeschichte.* – Die Rückbesinnung auf die hochscholastische O.-Metaphysik vollzieht sich im französischen Kulturbereich in Anlehnung an ordnungstheoretische Tendenzen in der Philosophie und Wissenschaftstheorie des 19. Jh. Seit AMPÈRES taxonomischem ‹Essai sur la philosophie des sciences› (I: 1834) und PROUDHONS ‹Création de l'ordre› (1843) ist für E. DESCAMPS ein verstärktes Bemühen um die Einreihung des O.-Begriffes unter die obersten Erkenntnisprinzipien erkennbar, die schon C. BUFFIER 1724 als ein Desiderat der Schulmetaphysik gegolten hatte. In seiner Skizze einer nach ihm bisher nur fragmentarisch existierenden «science de l'ordre» oder Harmologie rückt er neuscholastische Definitionen der Philosophie und Wissenschaft (D. MERCIER, I. CARBONELLE), aber auch AUGUSTINS ‹De ordine› und das von THOMAS VON AQUINO zum «proprium» der Vernunft erklärte «cognoscere ordinem» [1] in Beziehung zu Proudhons Erhebung der Metaphysik zur allgemeinen und obersten Theorie der O. [2] und zeitgenössischen Überlegungen über die Funktion von O.-Konzeptionen für den Fortschritt der Naturwissenschaften [3]. Ebenfalls im Blick auf jüngere Taxonomie- und Harmologie-Traktate hat J.-A. CHOLLET zur selben Zeit die erste größere Monographie zum O.-Begriff von Thomas von Aquino verfaßt. In Deutschland haben programmatische Entwürfe einer allgemeinen O.-Lehre [4] keine vergleichbare stimulierende Wirkung gehabt. Fortan dominieren in der französischen Forschung von F. A. BLANCHE bis A. KREMPEL und P. MICHAUD-QUANTIN nüchterne, begriffsanalytische Untersuchungen, während erbaulichere Darstellungen (J. WEBERT) die Ausnahme bilden. Einige amerikanische Arbeiten (E. A. PACE, J. M. MARLING, B. COFFEY) lassen sich dieser Auslegungsrichtung angliedern. In Deutschland bestimmen seit den zwanziger Jahren Versuche einer sozialethischen Akzentuierung des im emphatischen Singular beschworenen Ordo-Gedankens das Bild. ‹Ordo› gilt in dieser Tradition mit einer zusammenfassenden Formel von O. VEIT als «eines der ranghöchsten Symbolworte – vielleicht das ranghöchste – der scholastischen Metaphysik» [5]. Zu der Strategie der Abwehr einer neuzeitlich-nominalistischen Zersetzung des O.-Gedankens [6] gehört auch dessen Umdeutung zu einer «im platonischen Sinne konzipierten» Idee [7]. Nirgends hat sich nach P. L. LANDSBERG die Idee der O. so sehr verwirklicht wie in der von ihm als «ewige, feste Standes-O. von Herrschaft und Dienst» verstandenen Gesellschaft des Mittelalters [8], nach deren Modell auch die kreatürliche Welt-O. als «Hof-O. der Substanzen» als der metaphysische Stände des Alls [9] mißdeutet worden ist. Diese Umkehrung der Prioritäten ist sachlich und historisch illegitim. Seit CHOLLET [10] ist immer wieder darauf hingewiesen worden, daß sich für THOMAS der Begriff der O. an der Verschiedenheit der Wesensformen orientiert, so daß es nur zwischen der Art nach unterschiedenen Dingen einen «ordo per se» und «secundum essentialia principia» geben kann, während alle O.-Beziehungen zwischen Menschenindividuen akzidentell sind [11]. Geburts- und berufsständische «ordines» treten für ihn gänzlich hinter den himmlischen und kirchlichen zurück und diese wiederum hinter dem Kollektivsingular «ordo» als der Form des Universums. Im übrigen variierte die Sozialhierarchie der «ordines» nach P. MICHAUD-QUANTIN schon bei früheren Autoren so stark, daß sich von ihnen her nur eine fließende Einteilung der Gesellschaft gewinnen läßt [12]. Für A. DEMPF jedoch wird seit der cluniazensischen Bewegung der Gedanke des ‹ordo› im Sinne der «sittlichen Welt-O.», innerlich erlebt als «Gemeinschafts-O. der anima hierarchizata», zum Mittelpunkt der Weltanschauung [13]. Während aber für ihn die Lebens-O. des Mittelalters letztmalig in Bonaventura ihren systematischen Ausdruck findet und Thomas von Aquino bereits den Prolog der Neuzeit spricht [14], hat dieser für andere als der «O.-Philosoph schlechthin» auch die historische Summe aus dem mittelalterlichen O.-Denken gezogen [15]. H. MEYER teilt diese Prämisse, läßt aber anders als H. KRINGS oder A. SILVA-TAROUCA und im Widerspruch zum lexikalischen Befund die natürliche Welt-O. stark hinter die Sittlichkeits-, Sozial- und Rechts-O. zurücktreten. Eine ausgewogene begriffsgeschichtliche Aufarbeitung des Themas ist bisher durch die vorwiegende Ausrichtung der Literatur auf Thomas von Aquino behindert worden. In der Tat ist dieser mit rund 22 000 Okkurrenzen aus der Wortfamilie ‹ordo/ordinare›, darunter über 10 000 für ‹ordo› [16], der ergiebigste Autor und hätte insofern im Mittelpunkt des Interesses stehen dürfen. Man hat ihn jedoch im Neuthomismus unbesehen als für das gesamte Mittelalter, ja für das christliche Abendland repräsentativ gesetzt – denn «'Abendland' heißt, will und ist O.» [17] – und darüber entweder auf historische Differenzierungen verzichtet oder von Thomas auf andere Autoren extrapoliert. KRINGS wollte «den Ordo-Gedanken als Leitgedanken einer Epoche darstellen» und nicht die Besonderheiten und Varianten, die er bei einzelnen Philosophen zeigt. Seine Analyse der O.-Idee «vernachlässigt eine etwaige 'Entwicklung' des Ordo-Gedankens von Augustin bis Bonaventura» [18]. MEYER unterstellt ohne Beleg, daß die Frühscholastik, deren O.-Terminologie bisher nur L. MANZ und P. MICHAUD-QUANTIN etwas ausführlicher zu dokumentieren versucht haben, und die jüdische und arabische Philosophie «vom Ordogedanken ausgiebigen Gebrauch gemacht» haben [19]. Auffällig ist jedoch gerade die Seltenheit ordnungstheoretischer Reflexionen in der Frühscholastik, aber auch die historische Wirkungslosigkeit der thomasischen O.-Emphase. Zu metaphysischen Spekulationen hat der O.-Begriff nach Michaud-Quantin ohnehin nur während einiger Jahrzehnte der Hochscholastik Anlaß gegeben [20]. Schon der Frühthomismus übernimmt das O.-Paradigma nicht mehr als Leitprinzip der Gedankenarbeit. Auch in Dantes ‹Divina Commedia› tritt der Begriff mit 21 Okkurrenzen für ‹ordine/ordinare› zurück [21]. Nicht selten ist er erst nachträglich auf die Quellen projiziert worden. Exemplarisch für diesen hermeneutischen Kunstgriff ist etwa der Versuch von M. UNGRUND, das Weltbild Hildegards von Bingen als «zum Ordo gefügte Einheit» zu deuten [22]. Auch O. VON SIMSON steuert zu seiner Deutung der gotischen Kathedrale vom mittelalterlichen O.-Begriff her keine expliziten sprachlichen Belege für «ordo» bei [23]. Ebensowenig belegt J. PALMA das O.-Vokabular, das er seiner Analyse der Wissenschaftskonzeption von Grosseteste zugrundelegt [24]. Ähnlich gibt es für die von Leibniz entlehnten transzendentalen O.-Einheiten, auf die hin G. MARTIN Ockham interpretiert, bei diesem keine terminologischen Entsprechungen. Ockhams eigenes O.-Verständnis dagegen hat für Martin nur eine untergeordnete Bedeutung [25]. Der von H. BLUMENBERG angenommene spätmittelalterliche «O.-Schwund» [26] ist von einer anthropozentrischen Teleologie her konzipiert und damit so etwas wie eine historische Komplementärthese zu Dempfs Postulat einer hochmittelalterlichen «Weltordnungsgewißheit» [27] ohne ein eigenes begriffsgeschichtliches Fundament.

Anmerkungen. [1] THOMAS VON AQUINO, Sent. libri Eth. I, 1. Opera omnia 47 (Rom 1969) 3. – [2] P.-J. PROUDHON, De la création de l'ordre dans l'humanité. Oeuvres compl., hg. C. BOUGLÉ/ H. MOYSSET (Paris 1927) 39. – [3] E. NAVILLE: La physique mod. (Paris 1883) 53ff.; C.-L. DE FREYCINET: Essais sur la philos. des sciences (Paris 1896) 295. – [4] J. ROYCE: Prinzipien der Logik. Encycl. der philos. Wiss. 1 (1912) 61-136; H. DRIESCH: O.-Lehre (1912); W. OSTWALD: Mod. Naturphilos. 1: Die O.-Wissenschaften (1914). – [5] O. VEIT: Ordo und O. Versuch einer Synthese. Ordo 5 (1953) 3-47, zit. 7. – [6] V. RÜFNER: Der Kampf ums Dasein und seine Grundlagen in der neuzeitl. Philos. Krit. Studie zur O.-Idee der Neuzeit (1929). – [7] VEIT, a.O. [5] 8. – [8] P. L. LANDSBERG: Die Welt des MA und wir (1922) 14. 23. – [9] L. ANDRIAN: Die Stände-O. des Alls (1930) 53. 55. – [10] J.-A. CHOLLET: De la notion d'ordre (Paris 1899) 15ff. – [11] THOMAS VON AQUINO, De spirit. creat. q. un., a. 8 co.; S. c. gent. III, 97, n. 2725. – [12] P. MICHAUD-QUANTIN: Etudes sur le vocabulaire philos. du moyen âge (Rom 1970) 97f. 101. – [13] A. DEMPF: Ethik des MA (1927) 67f. – [14] Vgl. Weltgesch. als Tat zur Gemeinsch. (1924) 311; Sacrum imperium (²1954) 358ff. 398. – [15] A. SILVA-TAROUCA: Thomas heute (1947) 27ff. – [16] Vgl. Ordo. Atti del II° Coll. int. del Less. int. europ. (Rom 1979) 1, 66. – [17] SILVA-TAROUCA, a.O. [15] 26. – [18] H. KRINGS: Ordo. Philos.-hist. Grundlegung einer abendländ. Idee (1941) 9f. – [19] H. MEYER: Thomas von Aquin (1938, ²1961), zit. (²1961) 372. – [20] Vgl. P. MICHAUD-QUANTIN, a.O. [12] 93. – [21] Vgl. Ordo, a.O. [16] 1, 198. – [22] M. UNGRUND: Die metaphys. Anthropol. der hl. Hildegard v. Bingen (1938) 16ff. 51. 72f. – [23] O. VON SIMSON: The Gothic cathedral. Origins of Gothic architecture and the Medieval concept of order (New York 1956). – [24] R. J. PALMA: Grosseteste's ordering of science. New Scholast. 50 (1976) 447-463. – [25] G. MARTIN: Wilhelm von Ockham. Unters. zur Ontologie der O.en (1949) 168f. – [26] H. KUHN und F. WIEDEMANN (Hg.): Das Problem der O. (1962) 37ff. – [27] DEMPF, Weltgesch. ... a.O. [14] 309.

Literaturhinweise. E. DESCAMPS: La science de l'ordre. Essai d'harmologie. Rev. néo-scolast. Philos. 5 (1898) 30-44. – J.-A. CHOLLET s. Anm. [10]. – M. DE WULF: Les exigences de l'ordre artistique. Rev. néo-scolast. Philos. 21 (1914) 261-280. – A. M. Horváth: Metaphysik der Relationen (1914). – F. A. Blanche: Les mots signifiant la relation dans la langue de Saint Thomas d'Aquin. Rev. Philos. 25 (1925) 363-388. – E. A. Pace: The concept of order in the philos. of St. Thomas. New Scholast. 2 (1928) 51-72. – W. Müller: Das Verhältnis der rechtl. zur sittl. O. (1929). – S. Waitz: Art. ‹Ordnung›. Staatslex. 3 (⁵1929) 1735-1742. – L. Andrian s. Anm. [9]. – A. Forest: La structure métaph. du concret selon Saint Thomas d'Aquin (Paris 1931). – R. Garrigou-Lagrange: Le réalisme du principe de finalité (Paris 1932). – J. M. Marling: The order of nature in the philos. of St. Thomas Aquinas (Washington 1934). – J. Webert: Saint Thomas d'Aquin, le génie de l'ordre (Paris 1934). – W. Schwer: Stand und Stände-O. im Weltbild des MA (1934, ²1952). – A. de Silva-Tarouca: L'idée d'ordre dans la philos. de Saint Thomas d'Aquin. Rev. néo-scolast. Philos. 40 (1937) 341-384; Thomas heute. Zehn Vorträge zum Aufbau einer existent. O.-Metaphysik nach Thomas v. Aquin (1947). – L. Manz: Der Ordo-Gedanke (1937). – E. Lousse: La formation des ordres dans la soc. médiév., in: L'organisation corpor. du Moyen Age à la fin de l'Anc. Rég. 2 (Louvain 1937) 61-90. – H. Meyer s. Anm. [19]. – H. Krings: Das Sein und die Ordnung. Dtsch. Vjschr. Lit.wiss. 18 (1940) 233-249; s. Anm. [18]. – L. R. Ward: Order as a philos. problem. Proc. Amer. cath. Philos. Ass. 17 (1941) 1-11. – H. Slesser: Order and disorder. A study of mediaeval principles (London 1945). – C. Barendse: L'unité d'ordre, in: Proc. of the 10th Int. Congr. of Philos. (Amsterdam 1949) 417-419. – B. Coffey: The notion of order according to St. Thomas Aquinas. Mod. Schoolman 27 (1949) 1-18. – G. Martin s. Anm. [25]. – F. Gässler s. Lit. zu I/2. – A. Krempel: La doctrine de la relation chez Saint Thomas (Paris 1952). – O. Veit s. Anm. [5]. – K. Flasch: Ordo dicitur multipliciter. Eine Studie zur Philos. des 'ordo' bei Thomas v. Aquin (mschr. Diss. 1956). – J. H. Wright: The order of the universe in the theol. of St. Thomas Aquinas (Rom 1957). – G. B. Phelan: Being, order and knowledge. Proc. Amer. cath. Philos. Ass. 33 (1959) 12-20. – H. Kuhn und F. Wiedmann (Hg.) s. Anm. [26]. – O. Muck: Art. ‹Ordnung›. LThK² 7 (1962) 1210-1212. – M. Guérard des Lauriers: La hiérarchie métaph. de l'ordre. Aquinas 5 (1962) 206-229. – J. M. Ramirez: De ordine placita quaedam philosophica (Salamanca 1963); Doctrina S. Thomae Aquinatis de bono communi immanenti totius universitatis creaturarum. Doctor comm. 16 (1963) 41-68. – G. C. Waterston: Une étude sémantique du mot 'ordre' et quelques mots de la même famille dans le français du moyen âge (Genf 1965); Order and counter-order. Dualism in western culture (New York 1966). – Y. Congar: Les laïcs et l'ecclésiologie des 'ordines' chez les théologiens des XIe et XIIe siècles, in: Publicaz. dell'Univ. catt. del S. Cuore, Contr., Ser. 3, Varia 5 (Mailand 1968) 83-117. – G. Giannini: Art. ‹Ordine›. Encicl. Filos. 4 (²1969) 1203-1210; S. Tommaso d'Aquino, genio dell'ordine. Giorn. Met. 29 (1974) 441-460; Art. ‹Ordine›. Diz. delle idee (1977) 823-825. – P. Michaud-Quantin s. Anm. [12]. – F. J. Yartz: Virtue as an ordo in Aquinas. Mod. Schoolman 47 (1970) 305-319; Order and right reason in Aquinas' Ethics. Med. Stud. 37 (1975) 407-418. – J. A. W. Hellmann: Ordo. Unters. eines Grundgedankens in der Theol. Bonaventuras (1974). – A. Benito y Duran: La Ordenación del universo según San Agustín y San Buenaventura. Augustinus 19 (1974) 31-49. – P. G. Kuntz: The metaphysics of hierarchical order. Proc. Amer. cath. Philos. Ass. 51 (1977) 36-46. – U. Keudel s. Lit. zu [I/2]. – Ordo. Atti ..., s. Anm. [16]. – J. J. Sanguinetti: El concepto de orden. Sapientia 35 (1980) 559-572.

2. *Frühscholastik.* – *Joh. Scotus Eriugena, Anselm von Canterbury, Schule von Chartres, Viktoriner.* – Im frühen Mittelalter entwickelt J. Scotus Eriugena mit den sprachlichen Mitteln der ps.-dionysischen Vorlage als einziger eine O.-Axiomatik, die sich mit den augustinischen Vorgaben messen läßt. Im Glossar der ps.-dionysischen Schriften steht τάξις (ordo) mit 148 Okkurrenzen an herausragender Stelle [1]. Als Übersetzer dieser Texte bringt Eriugena bevorzugt das tätige Anordnen zum Ausdruck. Anders als Hilduin gibt er τάττειν immer, ἱεραρχεῖν meist als «ordinare» wieder. Häufig verstärkt er τάξις zu «ordinatio». Er umschreibt αὐτόταξις mit «per se ipsam ordinatio», ταξιαρχία mit «ordinatio principalis» und setzt auch für εὐταξία (Hilduin: bonus ordo) nur «ordinatio» ein. Ἱεραρχία, von Ps.-Dionysios selbst als τάξις ἱερή (ordo sacer) [2] umschrieben, bleibt in den mittelalterlichen Übersetzungen seit Eriugena unübersetzt. Von den bei Ps.-Dionysios seltenen, in den beiden Schriften über die himmlische und kirchliche Hierarchie ganz fehlenden Gegenbegriffen werden ἀταξία stets, ἀκοσμία und ἀτοπία je einmal von Hilduin, ἀτευξία nur von Grosseteste mit «inordinatio» wiedergegeben [3]. In seiner eigenen O.-Metaphysik verbindet Eriugena augustinische Anregungen mit der neuplatonischen Vorlage. Auf Augustin weist die Rede von der generativen O. der raum-zeitlichen Wirkungen der Primordialursachen (ordo saeculorum, ordo temporum atque locorum) [4]. Nicht von Ps.-Dionysios stammt auch die Subsumtion der natürlichen O. und Lage unter die Kategorie der Qualität (nemo denegat, ordinem ... atque positionem naturalium partium ... ad qualitatem referri) [5], vor allem aber die Umwertung aller scheinbaren Deformität einzelner Weltteile einschließlich der als ‹tristitia› verstandenen Hölle, die bei Ps.-Dionysios nicht vorkommt, zum «pulchritudinis augmentum». Das Böse und Unförmige ist in dieser Theodizee der kumulativen Totalbetrachtung nicht nur in die O. einbezogen (pulchre ordinatum), sondern fungiert im Gegenhalt gegen das Gute in der O. des Ganzen (in universitatis pulcherrima ordinatione) als allgemeine Ursache von dessen Totalschönheit [6]. Ohnehin gehört zur harmonischen O. einer Gesamtheit Verschiedenheit der sie konstituierenden O.en. Hätte Gott die Dingnaturen ohne jeden Unterschied der O.en (absque ulla ordinum diuersorum differentia ac proprietate) geschaffen, gäbe es auch insgesamt keine O. «in republica naturarum», denn O. ist die Voraussetzung von Harmonie, diese aber aus verschiedenen O.en (ex ... differentibus ... substantiarum et accidentium ordinibus) zur Einheit zusammengefügt [7]. Daß Gott nach Sap. 11, 21 alles nach Maß, Zahl und Gewicht oder (mit Augustin) O. [8] geschaffen hat, besagt folglich, daß er nicht alles einander gleich und gänzlich ähnlich geschaffen, sondern seine subsistenzverleihenden Gaben «gradatim et ordinate» [9] verteilt hat. Teilhabe ist nichts anderes als diese die ganze Skala der Wesens-O.en durchlaufende Austeilung (diuinarum dationum et donationum a summo usque deorsum per superiores ordines inferioribus distributio) [10]. Die Gradation der Verteilung ist zugleich eine solche der Erkennbarkeit der Verteilungs-O., aber im umgekehrten Sinne. Je mehr sich der «ordo naturarum a summo usque deorsum» der göttlichen Klarheit nähert, um so dunkler wird er von uns erkannt, während er sich uns um so mehr offenbart, je weiter er nach unten hinabsteigt [11]. Die O. der Primordialursachen untereinander ist nur ein willkürliches Produkt der O.-Bemühungen unserer Seele. Als jenseits aller O.en liegende Ausgangspunkte jeglicher geordneten Vielheit (omnis numeri omnisque ordinis initia) sind sie in der Erstursache, die als Prinzip aller Ordnung auch «Taxiarchie» heißt [12], zu unterschiedsloser Einheit zusammengefaßt [13].

Die Frühscholastik hat die entwickelte kosmologische O.-Spekulation Eriugenas nicht in vergleichbarem Maßstab fortgesetzt, sondern dem O.-Begriff nach dem jeweiligen Schwerpunkt des thematischen Interesses neue, wenn auch begrenztere Anwendungsmöglichkeiten erschlossen. Für Anselm von Canterbury ist O. Gehorsams- und Sühne-O.; ginge der Sünder straflos aus, ließe Gott «aliquid inordinatum» in seinem Reiche zu [14].

Der Gehorsam gegen Gott besteht darin, daß jede Kreatur die ihr vorgeschriebene O. einhält (suum et quasi sibi praescriptum ordinem sive naturaliter sive rationabiliter servat). Handelt sie verkehrt, verwirrt sie die O. des Universums, soweit es sie selbst angeht (quantum in se est), nicht jedoch an sich, denn die «ordinis pulchritudo» wird durch die Einbringung von Genugtuung und Strafe in sie selbst vor Verletzung bewahrt [15]. In der Schule von Chartres wird wenig mit O.-Aussagen operiert. Die Formel des platonischen ‹Timaios› von der Überführung alles Sichtbaren aus ordnungslosem Gewoge (ex inordinata iactatione) in den Zustand der O. [16] legt THIERRY VON CHARTRES dahin aus, daß O. und ordnende Tätigkeit (ordo, ordinatio) auf ihnen voraufgehendes Ungeordnetes angewendet werden [17], während WILHELM VON CONCHES bestreitet, daß es im Prozeß göttlicher O.-Stiftung jemals einen Platz für Chaos oder «inordinatio» gegeben habe. Die «inordinata iactatio» ist darum für ihn etwas, was hätte sein können, sofern Gott nicht geordnet hätte [18]. Für CLARENBALDUS VON ARRAS besagt das Gutsein der Schöpfung (Gen. 1, 32) das Geordnetsein aller Wirkungen eines ordnenden Prinzips einschließlich des Übels (ordinata cuncta sunt quae ab ordinante principio profluxerunt) [19]. Der O.-Begriff selbst bleibt unbestimmt. Die Welt als «collectio ordinata creaturarum» [20] oder der «ordo temporum» [21] sind in diesen Texten nur der allgemeine Begriffsrahmen für eingängige Sachdiskussionen, die des O.-Begriffes nicht mehr bedürfen. HONORIUS AUGUSTODUNENSIS gibt mit seiner ‹Clavis physicae› nur einen Auszug aus dem Hauptwerk Eriugenas. BERNHARD SILVESTRIS dagegen versucht sich im Horizont der platonisch-stoischen Tradition in selbständigem O.-Denken. Die stoische 'Heimarmene' deutet er als den zur O. erhobenen, alles gliedernden und verknüpfenden Zeitzusammenhang (Imarmene quae continuatio temporis est sed ad ordinem constituta, disponit texit et retexit quae conplectitur universa) [22]. Die Sinnenwelt erneuert sich im gestuften und festen Zusammenhang ursächlicher Abfolge-O.en (gradatim firmoque tenore dispositis causarum sibi succedentium ordinibus) [23]. Die «per ordinem» aufgestellten Engel-O.en [24] sind ps.-dionysisches Erbe.

HUGO VON ST. VIKTOR bemüht sich um die Verbindung der asketischen «vanitas mundi»-Perspektive mit dem O.-Effekt der Dispositionen der göttlichen Weisheit. Wir nehmen in der Welt nichts als Unbeständigkeit, Hinfälligkeit, Verwirrung und damit O.-Losigkeit wahr (ubi ... confusio est, ordo esse non potest) [25]. In die Mitte zwischen die «inconcussa stabilitas» Gottes und die schreckliche Weltverwirrung gestellt, können wir nur dadurch, daß wir in unser Denken diejenige O. und Begrenzung bringen, die zu jeder «aedificatio» und darum auch zur «Erbauung» unseres Herzens zum Hause Gottes gehört, verhindern, daß wir in den «fluctus saeculi» Schiffbruch erleiden [26]. Andererseits werden die Wirrsale dieser Welt durch Gottes Weisheit regiert, die «usque ad fundum rerum» nichts ungeordnet läßt [27]. Nach dem Kalkül der Schönheitssteigerung durch Unvollkommenheit im Detail ist auch für Hugo das Ganze schöner durch die Degeneration des «ordo rerum» zu niederen Schönheitsgraden (si non essent differenter pulchra singula, non essent incomparabiliter pulchra universa) [28] und das Zugrundegehen des Einzelnen (in ordinatissima pulchritudine universitatis etiam ipsa corruptio pulchra est et placet) [29]. In seiner Erklärung der «Himmlischen Hierarchie» schränkt er den Eigenwert der O. durch Nachbarbegriffe ein und orientiert sie mit Röm. 13 an der «potestas». Nur wo diese ist, ist O. (ubi potestas est, ordo est) [30]. Da nicht jede O. «potestas», aber jede «potestas» von Gott verordnet ist, ist es angemessener, Hierarchie nicht nur als «ordo», sondern als «sacra potestas» zu definieren [31]. «Ordo» ist im übrigen ohne «actio» nur «negligentia» und ohne «scientia» unnütz [32]. Der von Hugo zum Ausdruck gebrachte O.-Vorrang der Seelenzustände vor den Weltvorgängen hat sich vielfältig in der Spiritualanthropologie des 12. Jh. niedergeschlagen. Für WILHELM VON ST. THIERRY ist der «ordo caritatis» des ‹Hohen Liedes› mit dem Finger Gottes in das Herz der geordnet Liebenden geschrieben und dem Menschen in seiner natürlichen Einsicht von Gott vorgezeichnet (quodam schemate ... formatus) [33]. Aus der Zerstörung der «imago Dei» durch einen «inordinatus appetitus» nach Gottähnlichkeit gewinnt er ein Inkarnationsmotiv. Es bedurfte des Mittlers, als in der menschlichen Handlungsorientierung nichts mehr an seinem Ort stand und nichts mehr «ordine suo» vonstatten ging [34]. O. ist bei ihm auch sonst mit Ortszuweisung verbunden. Die Güte der Allmacht bewirkt, daß alle Dinge ihre O.en einhalten und freiwillig mit ihrer Stellung zufrieden sind (ut ordines suas singula teneant, et sponte locis suis acquiescunt) [35]. ISAAK VON STELLA überträgt die Hierarchien der Engel explizit in die Seele. Damit unser Himmel, die Seele, nicht ohne Engel sei, kann und muß er in sich durch die O.en und Grade der Tugenden geordnet sein [36]. PETRUS LOMBARDUS widmet in seinem Sentenzenbuch den ps.-dionysischen Engel-O.en und dem «ordo caritatis» eigene Distinktionen [37]. RICHARD VON ST. VIKTOR erörtert die Schönheit der O. an der «ordinatissima proprietatum varietas» und der «pluralitas summe pulcra et omnium ordinatissima» der trinitarischen Personen [38]. NIKOLAUS VON AMIENS eröffnet seine Chronik mit der prägnanten These: «Rerum structura et ordo et constantia potens actorem se habere predicat et rectorem» [39]. PHILIPP VON HARVENGT verlangt für alle unsere Handlungen die Einhaltung der «veritas ordinis» und des «ordo veritatis». Daß ein jeder «secundum ordinem suum» handeln müsse, illustriert er auch an dem Beispiel der Heeres-O. (castrorum acies ordinata), das mit der Aristotelesrezeption verstärkte Bedeutung gewinnt [40]. Als die Grundlage aller theoretischen und praktischen Philosophie hat JOHANN VON SALISBURY den Ternar «ordo, lex, modus» in seinem ‹Entheticus› besungen. Die Philosophie statuiert, daß allen Dingen ein «modus» innewohnt, und schreibt vor, daß alles der O. entsprechend getan werde. Auch in allen Künsten gefällt uns O. Sie soll darum die Lebensführung, das Sprechen und mit der Sprache unseren Geist regieren [41]. ALAIN DE LILLE ruft in seinen theologischen Distinktionen in Erinnerung, daß O. im eigentlichen Sinne ein «gradus ecclesiasticus» sei. Erst danach führt er die Engel-O.en und das allgemeine O.-Verständnis (ordo im Sinne von convenientia oder concordia) auf [42].

Anmerkungen. [1] Vgl. Ind. complet de la langue grecque du Ps.-Aréopagite. Dionysiaca (Brügge 1937) 2, 1597. – [2] Vgl. Dionysiaca 2, 785. – [3] Vgl. Ind. compl., a.O. [1] 1587f. 1591. 1597; Nomencl. des formes les plus intéress. des trad. lat. Dionysiaca 1, CXIXff. – [4] JOHANNES SCOTUS ERIUGENA, Periphyseon 3 (Dublin 1981) 134 (MPL 122, 666 C). 140 (669 A-C). 142 (670 BC). 236 (712 A). – [5] Periphys. 1 (Dublin 1968) 154 (494 C). – [6] Opera. MPL 122, 953 D-954 C. – [7] a.O. 212 A; Periphys. 3, 68 (637 D/ 638 A). – [8] Periphys. 3, 140 (669 B); MPL 122, 1013 A. – [9] Corp. Chr., Cont. med. 31, 122. – [10] Periphys. 3, 54 (631 A). – [11] a.O. 166. 168 (681 AB). – [12] Corp. Chr., Cont. med. 31, 78. 124. – [13] Periphys. 3, 38. 42-44 (624 A-C, 626 A-D). – [14] ANSELM VON CANTERBURY, Opera omnia (1968) 2, 69, 147. – [15]

a.O. 72f. – [16] Timaeus, a CHALCIDIO transl. comment. instr., hg. J. H. WASZINK (London 1962) 22f. – [17] Arch. Hist. doctr. litt. MA 30 (1956) 185. – [18] WILHELM VON CONCHES, Glosae super Platonem, hg. E. JEAUNEAU (Paris 1965) 122f. – [19] N. M. HÄRING: Life and works of Clarembald of Arras (Toronto 1965) 220f. – [20] J. M. PARENT: La doctrine de la création dans l'école de Chartres (Paris/Ottawa 1938) 124. – [21] a.O. [17] 185ff. – [22] BERNARDUS SILVESTRIS, De mundi universitate, hg. C. S. BARACH/J. WROBEL (1876/1964) 32. – [23] a.O. 30. – [24] 40f. – [25] HUGO VON ST. VIKTOR, MPL 176, 665 D. – [26] Vgl. a.O. 665 B-D. 666 B. 715 D; Soliloquium de arrha animae und De vanitate mundi, hg. K. MÜLLER (1913) 42. – [27] MPL 175, 145 D. 185 B. – [28] a.O. 186 B. – [29] 140 C. – [30] 962 D. – [31] 962 D/963 A. – [32] 992 D. – [33] WILHELM VON ST. THIERRY, Comment. sur le cant. des cant., hg. M.-M. DAVY (Paris 1958) 136. – [34] Deux traités de l'amour de Dieu, hg. M.-M. DAVY (Paris 1953) 120. – [35] Deux traités sur la foi, hg. M.-M. DAVY (Paris 1959) 178. – [36] ISAAK VON STELLA, MPL 194, 1708 C. 1880 B. – [37] PETRUS LOMBARDUS, II Sent., d. 9; III Sent., d. 29; vgl. Sent. in IV libris distinctae 1 (Grottaferata 1971) 370ff.; 2 (1981) 171ff. – [38] RICHARD VON ST. VIKTOR, De trinitate, hg. J. RIBAILLIER (Paris 1958) 196f. 212. – [39] ALAIN DE LILLE, Textes inédits, hg. M.-T. D'ALVERNY (Paris 1965) 320. – [40] MPL 203, 781 B-782 A. – [41] MPL 199, 972 B-D. – [42] MPL 210, 884 AB.

3. *Hochscholastik. – Alexander von Hales, Albertus Magnus, Bonaventura.* – Das Verhältnis der Hochscholastik zu AUGUSTINS O.-Definition in De civ. Dei 19, 13 (parium disparumque sua loca cuique tribuens dispositio) ist gebrochen. Einerseits war sie die differenzierteste Formaldefinition von O., die aus der lateinischen Patristik überliefert war, und ist nicht zuletzt deshalb immer wieder zitiert worden [1]. Andererseits ließ sie sich auf die Trinitätslehre nicht anwenden und enthielt Besonderheiten, die auch ihre uneingeschränkte Geltung für den kreatürlichen Bereich problematisch machten. Ihr fehlte im Unterschied zur aristotelischen O.-Konzeption das einheitsstiftende Moment der Finalität, das sich nur über andere Augustin-Stellen, wie etwa über die Umdeutung des alles ordnenden «pondus sine pondere» zur «causa finalis» [2], gewinnen ließ. Eine wesensmäßige Zuordnung von Gleichem war angesichts der im O.-Begriff gemeinhin angenommenen Momente der Verschiedenheit und des Wertgefälles interpretationsbedürftig. Auch die Heranziehung des Dispositionsbegriffes, der nach ALBERTUS MAGNUS vom Begriff der O. strukturell verschieden ist (dispositio est per formas rei in seipsa, ordo autem ad alterum) [3], und die Übertragung der Ortskategorie auf den Bereich des Immateriellen verstanden sich nicht von selbst. Für THOMAS VON AQUINO ist diese Definition daher nur noch Argumentationsmaterial. Er tilgt sie im Autograph der ‹Summa contra gentiles› [4], unterlegt sie der Seligsprechung der Friedfertigen [5], schränkt ihre Geltung auf den «ordo secundum locum» ein [6], akzentuiert in ihr das Moment der «disparitas» [7], deutet ihren dispositiven Grundzug als «ordinatio aliquorum ad invicem» [8], setzt sie jedoch nicht in Beziehung zu seiner Leitidee des «bonum ordinis».

Schon bei WILHELM VON AUXERRE sind die Weichen für das Verlassen der augustinischen Ausgangsposition gestellt. Der dem «pondus» des biblischen Ternars (Sap. 11, 21) entsprechende «ordo» der augustinischen Parallelformel «modus–species–ordo» scheint wie «mensura/modus» nur auf Dispositionen und Umstände natürlicher Tätigkeiten zu zielen und wäre dann später als «species». Damit ergeben sich unter verschiedenen Gesichtspunkten verschiedene Rangfolgen (ordinationes) innerhalb der Ternare. Der «ordo» darf aus der Vorrangigkeit der Zielintention (ratione finis) Priorität beanspruchen, die «species» wegen ihrer Dignität. In keinem Falle jedoch ist «ordo/pondus» im Sinne der durch Nützlichkeit definierten O.-Erfordernisse des Universums (ordinata collocatio inter creaturas prout requirit utilitas universi) auf die Trinität übertragbar [9]. WILHELM VON AUVERGNE übernimmt die Nützlichkeit der O. in seine Weltdeutung (omnia, quae in universo sunt, decenter collocata, et utiliter ordinata a creatore sunt) [10]. Charakteristisch für ihn ist die Parallelisierung von Abfolge- und Zuordnungsverhältnissen, wie etwa die Prioritäts- und Posterioritäts-O. der Natur und der Schöpfung, der Ziele und Wege, Aktualitäten und Potentialitäten, Dinge und Erkenntnisse [11]. Der «ordo naturae» ist nicht falsch und irrig und insofern «ordo veritatis». Ihm haftet vermöge seiner Allgemeinheit und Beständigkeit nichts Zufälliges an (casualis non est, cum sit universalis, atque perpetuus). Er ist zugleich die O. der ihm eigenen Gerechtigkeit, die erfordert, daß in ihm das Einfache als das seinsmäßig Frühere den Vorzug vor dem Zusammengesetzten genießt [12]. Zu den Ungereimtheiten der griechisch-arabischen Intelligenzenlehre gehört für ihn, daß nach ihr den separaten Substanzen Vielheit, Ungleichheit und damit O. nicht aus ihnen selbst, sondern nur in Rücksicht auf den von ihnen bewegten Körper zukommen dürften [13]. Im ps.-dionysischen O.-Begriff weist er eine Äquivokation auf: Die viele «ordines» umfassende Hierarchie wird von Ps.-Dionysios ihrerseits als ein einziger «ordo» definiert [14].

ALEXANDER VON HALES rettet die augustinische Definition durch ein erweitertes Ortsverständnis, das spirituelle Über- und Unter-O.en zuläßt, und die Einbeziehung des Zugleichseins in den O.-Begriff [15]. Freilich betrifft die O. der Weltteile vorrangig das Früher und Später, das sich in Gestalt von Dignitätsunterschieden der verschiedenen Spezies einer Gattung oder der Individuen in ein und derselben Spezies in gewisser Weise im Zugleichsein geltend macht. Gäbe es irgendwo ein bloßes Zugleichsein ohne Früher und Später, wäre die Welt-O. nicht vollkommen, denn völlige Gleichheit höbe die Vollständigkeit (sufficientia) des Geschaffenen auf [16]. «Ordo» im augustinischen Ternar versteht er als Disposition des bereits Geschaffenen, gegen die er «pondus» als Disposition eines Dinges im Prozeß seiner Entstehung (ut est in fieri) abhebt [17]. Über die Umakzentuierung dieser Weisen einer von Gott herrührenden Disposition zu solchen einer in ihm selbst fallenden gewinnt er im Horizont der Boethianischen Unterscheidung von Vorsehung und Fatum die Referenzebene eines «ordo increatus in ipso Deo», der die Exemplarursache der den Dingen inhärierenden O. ist [18]. Nicht mehr aus Augustin und Boethius belegt ist die Rückbeziehung dieses «ordo deductus ab ipso exemplari» auf Gott als «causa finalis». Dann ist das Resultat seiner ordnenden Wirksamkeit nicht nur das Hinterlassen von O. als einer der Spuren der Trinität in allem Geschaffenen, sondern zugleich die Hin-O. des «bonum creatum» auf das höchste Gut [19]. Die finale O.-Beziehung begründet den Vorrang von «ordo» gegenüber «modus» und «species», die durch ihn im voraus miterkannt und somit 'gesetzt' werden [20], und ist zu unterscheiden von der O., welche die Weltdinge unter sich oder aus ihren Teilen haben [21]. Sie wird als ein Sekundärsein durch die Bewegungs- und Ursachen-O. des Boethianischen Fatum gestiftet. 'Sein' nämlich besagt nicht nur durch Schöpfung erlangtes Primärsein, sondern auch Beziehung aufeinander oder In-O.-sein (esse in ordine, connexio ordinatorum) [22]. Die nach Boethius allumfassende Vorsehungs-O. deutet Alexander als unverbrüchlichen «ordo universalis», der anders als

Ordnung

der «ordo naturae particularis» durch das Übel und die Sünde nicht korrumpiert wird [23]. Diese Unterscheidung ergibt in Verbindung mit derjenigen zwischen scheinbarer Un-O. der Dinge in sich selbst und guter und richtiger O. des Universums das Grundgerüst seiner Theodizee. Gott ordnet auch das in sich ungeordnete Übel «per accidens» zum Guten [24]. Die Einfügung wohlgeordneter Übel steigert die Schönheit des Ganzen [25]. Nur für die äußerliche Betrachtung entsteht der Anschein von Un-O. und Verworrenheit (quae videtur esse confusio est recta ordinatio secundum considerationem ipsius universi) [26]. Ähnliches gilt für den dem scheinbaren Triumph des Bösen zugrundeliegenden «ordo occultus» der göttlichen Gerechtigkeit [27]. Die Ursprungs-O. der Trinität ist nicht «ordo simpliciter», sondern als «ordo naturae vel originis» nur «ordo cum additione». In ihr wird nicht Natur geordnet, sondern mit dieser als dem Vermögen ähnlicher Hervorbringung die hier maßgebende «ratio ordinis» zum Ausdruck gebracht, die für Alexander mit Richard von St. Viktor in ihrer O.-Struktur einzigartig und darum «summus ordo» und «summa ordinatio» ist, aber ungewöhnlicherweise zugleich der logischen O. der Begriffspyramide entsprechen soll [28]. Die augustinische These, das Sündigwerden der vernünftigen Seelen sei der Welt-O. nicht abträglich [29], mißdeutet er mit einem verdorbenen Text zu deren Indifferenz gegen die Nichtexistenz von so etwas wie Seelen überhaupt. Durch die Unterscheidung zwischen der Vollständigkeit der O. (completio ordinis) und deren Unversehrtheit (integritas completionis) sucht er diese Konsequenz zu mildern. Die O. würde durch das völlige Fehlen von Seelen, nicht aber durch das Fehlen einiger beschädigt, denn die Identität einer O. ist unabhängig von der Anzahl des durch sie Geordneten [30]. Die Welt ist unter verschiedenen Rücksichten auf einen doppelten immanenten Zweck (finis intra) hingeordnet: auf die Lebensbedürfnisse des Menschen und auf das erste Bewegbare als Ursache der Bewegung [31].

Dieser Parallelismus der innerweltlichen Zwecke fällt für ALBERTUS MAGNUS fort. Das Universum ist für ihn nach drei O.-Rücksichten (tribus ordinibus) geordnet: in sich (nach Ort, Bewegung, Potenz und Akt), auf den Menschen und in gestufter Teilhabe auf Gott hin [32]. Er behält Alexanders Unterscheidung von «dispositio disponentis» und «dispositio dispositi» und die Einteilung dieser in eine solche in «fieri» und in «esse» bei [33], bezieht aber den O.-Effekt einer Finalisierung der Weltdinge nicht unmittelbar auf Gott selbst zurück. Dieser ordnet vielmehr ponderierend jedes Ding zunächst nur auf seinen ihm eigentümlichen Zweck hin (in proprium et connaturalem finem) [34]. Weltimmanente O. ist entsprechend auf örtliche Permanenz bezogen und darum wesentlich «ordo ... collocationis et quietis in esse» [35]. Diese O. der örtlichen Einsetzung ist aber zugleich die der verhältnismäßigen Zumessung eines Teilhabegrades, deren Begriff Albert durch eine Transzendierung der O.-Leistung der «natura universalis» gewinnt. Daß die Natur mit Aristoteles «causa ordinis in omnibus» ist [36], besagt dann, daß das als Teilhabe am göttlichen Intellekt verstandene «bonum ordinis universi» jedem Ding in dem ihm entsprechenden Maße (secundum analogiam congruam unicuique) mitgeteilt ist (in universo omnia communiter sunt ordinata ad communicandam divinam bonitatem, proportionaliter tamen) [37]. Jedes Ding ist «per modum suae participationis» in einen bestimmten «gradus universitatis» eingesetzt. Das Übel ist die Störung und Schwächung dieser «proportiones et habitudines participandi bonum» [38]. Das geordnete Zusammenwirken aller Dinge in der analogen Hin-O. auf einen gemeinsamen Zweck (ordinatio earum ad unum finem et ad invicem, secundum quod iuvant se in consequendo finem) sieht Albert in dem ps.-dionysischen Begriff der «contemperantia» ausgedrückt, den Aristoteles am Beispiel der Heeres-O. erläutere [39]. Damit wird das ps.-dionysische «bonum est diffusivum sui» zum Konstitutionsprinzip der aristotelischen O.-Metaphysik erhoben, innerhalb deren das aristotelische «sapientis est ordinare» der O.-Vollmacht dessen akzentuiert, der an allen Dingen das Frühere und Später und damit die O.-Gründe erkennt [40]. Insofern die Einsetzungs-O. durch ihre Vollzugsform (hoc modo quo ordinans ponit rationem ordinis in ordinatis) definiert ist [41], kann Albert sagen, daß der «ordo sapientiae» ein anderer sei als der «ordo bonitatis» [42]. Die geläufigen O.-Typen (O. der Zeit, dem Ort, der Natur, der Erkenntnis und der Dignität nach) schließen Ungleichheit ein (semper ordo ponit inaequalitatem in his quae ordinata sunt eodem ordine) [43]. Wie das «bonum exercitus» nur durch die verschiedenartige Hin-O. der Tätigkeiten verschiedener O.en von Menschen auf es erreichbar ist, so gäbe es kein «bonum universi», wenn alle Teile des Universums gleich wären [44]. Nicht jegliche Form von Gleichheit ist jedoch mit O. unverträglich. Anders als die Gleichheit der Gleichstellung (aequalitas aequiparantiae) hebt die Verhältnisgleichheit (aequalitas proportionis) die O. nicht auf [45]. Aus der ps.-dionysischen Formel von den Wechselverhältnissen der Zugeordneten gewinnt Albert den Begriff einer O. von Gleichen zu Gleichen in gemeinschaftlicher Mitwirkung (unum se habet ad alterum socialiter cooperando sibi) [46]. Im menschlichen «ordo dilectionis» jedoch, der den vom Intellekt geordneten Affekt zu seinem Subjekt hat, herrscht eine gottgewollte und darum auch vom «ordo gratiae» nicht korrigierte Rang-O. von Selbst- und Nächstenliebe, nach der die Blutsverwandtschaft eine engere Verbindung bedeutet als die unter das Gesindeverhältnis zu subsumierenden Spezialgemeinschaften von Herr und Knecht oder Lehrer und Schüler [47]. Das «par» und «impar» der augustinischen O.-Definition versteht er als Erscheinungsweisen ein und desselben Sachverhaltes unter verschiedenen O.-Rücksichten. Nach dem «ordo (secundum congruentiam) rei ordinatae» als einem «ordo particularis et secundum quid» ist vieles in der Welt ungeordnet, verworren und irrig, während es für den unverletzlichen «ordo universalis», der als «ordo (ex dispositione) sapientiae ordinantis» O. schlechthin (ordo simpliciter) ist, schlechterdings nichts Ungeordnetes gibt. Wird die «ratio ordinis» so gefaßt, ist auch das aus der Perspektive des ersteren O.-Verständnisses ungeordnet Erscheinende angemessen und schön (par et pulchrum) [48]. Vermöge der so verstandenen O. vermehrt auch das Böse als aufs beste geordnet «per accidens» die Vollkommenheit der Welt (auget perfectionem universi). Da der «ordo universalis» selbst nicht vermehrbar oder verminderbar ist, würde auch der Sündenfall aller Engel der «perfectio ordinis universi» nicht abträglich sein [49]. Die von Augustin für diesen Fall konstatierte Verminderung des «ordo universitatis» [50] kann demnach nur für den «ordo particularis» gelten. Die innertrinitarische Ursprungs-O. ist für Albert nicht nur, wie für Alexander, nicht «ordo simpliciter», sondern fällt, sofern mit ihr der O.-Begriff seiner eigentlichen und ursprünglichen Bedeutung entfremdet wird, aus der gängigen O.-Typologie heraus [51]. Man redet von O. im Sinne von «res ordinata» und von «ratio ordinis», letzteres wiederum im allgemeinen und im besonderen. Auf die Engel-O.en bezogen, ist O. demgemäß entweder ein bestimmter Teil einer Hierarchie oder das, wodurch die Hierarchie oder aber dieser ihr Teil definiert ist [52]. Innerhalb der biblischaugustinischen Ternare haben «numerus/modus» und «mensura/species» Vollkommenheitsdefizite gegenüber ihrer Vollendung in «pondus/ordo» [53]. Durch diese letzteren Begriffe ist auch die Zielintention unseres Handelns definiert. Der «ordo in intentione operis» ist nichts anderes als das eigentümliche Gewicht unserer Handlung, das dieser ihr Ziel gibt, und wird, sofern er gestört ist, vor allem durch die «attentio finis» restituiert [54].

Schärfer als Albert unterscheidet BONAVENTURA die O.-Wirkungen der göttlichen Weisheit und Güte. Die O. der Dinge im Universum wird der Weisheit oder dem Wissen appropriiert, die Hin-O. der Teile auf das Ziel der Güte oder dem Willen. Beide O.en sind einander konformiert. Die O. der Teile ist um der «ordinatio ad finem» willen [55]. Beide erfordern die Zulassung des Übels, jene um der Vollkommenheit des Universums willen, diese zum Lobe Gottes und um des Heils der Erwählten willen [56]. In jeder von beiden läßt sich ein deordinierbares Moment (finis creatus, ordo partium in toto) gegen ein nicht deordinierbares (ordo ad finem ultimum, qui Deus est, ordo rerum in universo) abheben. Ein in der O. seiner Teile deformiertes Ding bleibt geordnet innerhalb des Weltganzen. Ebenso kann Gott keine Deordination in Hinsicht des «finis ultimus» bewirken [57]. Auch wenn er häufig gegen den gewohnten Naturlauf handeln mag, handelt er darin doch nicht gegen den «ordo in finem», und wo er den «ordo naturae specialis» verändert, verstößt er nicht gegen den «generalis ordo» [58]. Das Übel ist folglich die Beraubung des «ordo particularis naturae» und nicht eine Abweichung von der O. der allgemeinen Vorsehung [59]. Dies gilt auch vom Übel der Strafe, die in sich ein «nocumentum ordinatum» ist, nicht jedoch im selben Sinne von dem der Schuld, das im Unterschied zu jenem, obwohl «ordinatissime» von Gott zugelassen, seine Schöpfungsabsicht (ordo ante factum esse, qui est in intentione facientis) «inordinate» ihrer Realisierung beraubt und, wenn auch nicht die allgemeine Welt-O., so doch den «ordo principalis» der Gottebenbildlichkeit deordiniert [60]. Die Einhaltung der allgemeinen Welt-O. hat den Vorrang vor dem Wohl von Einzelpersonen. So war un ihretwillen die Aufschiebung der Inkarnation des Gottessohnes als der größten Wohltat bis zur Fülle der Zeiten erforderlich, auch wenn infolgedessen viele nicht gerettet worden sind [61]. Grundsätzlich würde Gott keine «res ordinatae» schaffen, wenn er nicht einem jeden zuteil werden ließe, was «secundum exigentiam ordinis» und nicht schlechthin das Bessere ist. Unter O.-Rücksichten ist das Auge nicht besser als der Fuß, denn beide sind aufs beste im Ganzen des Leibes situiert. Daher gilt, daß etwas, obwohl es nicht in sich selbst das Beste ist, ja nur ein Minimum des Guten an sich hat, doch aufs beste geordnet und so «optimum in ordine» ist [62]. Weil Gott den «ordo sapientiae», den Bonaventura mit der Natur- und Schöpfungs-O. gleichsetzt [63], unverbrüchlich einhält und seine Macht seiner Weisheit und «ordinatio» nichts nimmt, darf und kann, was er «de potentia absoluta» kann, «de potentia ordinata» nicht sein [64]. Das Übel ist in einem dreifachen Sinne ordinabel. Als spezielle Beraubung des «ordo naturae» fällt es dem «ordo iustitiae», der im Unterschied zu jenem ein «ordo post factum esse» und «acquisitus» und darin zugleich ein «ordo factivus» und «voluntarius» ist [65], nach der O.-Disposition von Verdienst und Mißverdienst anheim.

Da es nicht selbst ein Seiendes ist, läßt es sich nicht wie das Gute, für das allein der Satz «esse ordinatum praesupponit esse» gilt [66], 'subjektiv', «per se» und «ex parte ordinati», sondern nur «per bonum substratum» und d. h. «per accidens» und «ex parte ordinantis» ordnen [67]. Drittens manifestiert es die O. des Guten gemäß dem alten rhetorischen Juxtapositionstheorem «secundum antithesim» [68]. In dieser Rücksicht vermehrt das Übel nicht nur die Schönheit der Welt [69], sondern zeigt auch das Ausmaß der göttlichen O.-Leistung, denn es ist ein Zeichen größerer Weisheit, Gutes mit Bösem als nur Gutes mit Gutem ordnen zu können [70]. Da die Dinge nur einer endlichen O. fähig sind (res non sunt capaces nisi ordinis finiti), gibt die unendliche Weisheit ihnen mit einer O. nach Maß, Zahl und Gewicht die höchste, die sie besitzen können [71]. Sie ist wegen der Endlichkeit der Kreatur vielgestaltig (multiformis) und mit Verschiedenheit und einer gewissen Unebenheit (disparilitas) behaftet [72]. Unendliches zu ordnen ist unmöglich. Wo O. ist, ist Begrenzung (terminatio), denn geordnet wird nur das Gezählte und gezählt das Begrenzte (limitata) [73]. Die Unendlichkeit der Zahlenreihe bindet Bonaventura mit der Unterscheidung von «ordo actualis» und «potentialis» in die Welt-O. ein. Trotz ihrer Unendlichkeit sind die Zahlen geordnet, denn sie haben einen «ordo possibilis» [74]. Vollkommene O. gibt es nur in der Engelwelt. Zwar werden die von Richard von St. Viktor formulierten innergöttlichen O.-Prärogative der höchsten Einheit und Gleichheit durch geschaffene Hierarchien nur unvollkommen repräsentiert [75]. Auf der anderen Seite verliert der Begriff des «ordo simpliciter» in dem der göttlichen Ursprungs-O. seine Ausgangsbedeutung. In Gott ist O. nur in weniger eigentlichen Sinne, nämlich nur «ratione originis» [76]. Hierarchische O. gibt es eigentlich und auf vollkommene Weise allein dort, wo natürliche Vorzüge und Gnadengaben (gratuita) einander korrespondieren. Dies ist nur bei den Engeln der Fall. Bei den Menschen findet sich eine «distinctio ordinum» im irdischen Zustand nur unvollkommen und fließend (imperfecte et incerte) nach Autorität und Berufsstand und auch im zukünftigen Zustand zwar in beständiger Form (stabiliter), aber nicht in völliger Entsprechung von Natur und Begnadung [77]. Herrschaft und Knechtschaft dienen der Erhaltung der durch den Sündenfall verwirrten Gründungs-O. der Natur, nach der alle Dinge gemeinsam waren, und konstituieren somit keine «secundum omnem statum» gültige O. Die auf weltliche Macht gegründete O. des Laienstandes wird außer durch natürliche Güter auch durch persönliche und politische Schicksalsfälle bestimmt [78]. Um den O.-Begriff für vielfältige Verwendungsmöglichkeiten offenzuhalten, vermeidet Bonaventura mit Fleiß seine axiomatische Festlegung. Sätze wie «ubi est ordo, ibi est proportio», «quaecumque habent ordinem, habent numerum et distinctionem» oder «nihil ad se refertur nec ordinatur» [79] gelten nicht uneingeschränkt. Der erste Satz ist nur wahr, wenn man «proportio» nicht im strikten Sinne als Maßverhältnis von Dingen derselben Gattung, sondern als Analogiebeziehung beliebiger Art versteht [80]. O. gehört nicht nur in die Kategorie der Relation, sondern erstreckt sich auf alle Gattungen des Seienden [81] und wäre somit, wenn sich dieser Ausdruck auch bei Bonaventura nicht findet, ein transzendentaler Begriff. Zwar gilt der Satz «ordo importat habitudinem», aber «habitudo» besagt im kreatürlichen Bereich 'Neigung' und 'Abhängigkeit', von daher gesehen auch anders als «gradus» keine «superpositio», in Gott dagegen nur «comparatio» und «connexio». An-

Ordnung

dererseits läßt sich O. generell aszendent, deszendent und transversal (vel ad id quod supra, vel ad id quod infra, vel ad id quod iuxta) verstehen [82]. Die durch das Ordo-Sakrament ausgedrückte «ordinata potestas» ist sowenig eine «relatio ordinatorum», daß O. «prout dicit relationem» gerade nichts Sakramentales ist [83]. Daß Unterscheidung ohne O. Verwirrung ist, gilt nicht für die göttlichen Ideen, die ohne jeden «ordo ad invicem» geeint sind, aber auch für den Schöpfungsakt, der als solcher keine Würdigkeits-O. zwischen Esel und Engel begründet [84]. Schlechthin ist O. nur dann mit Unterscheidung verbunden, wenn sie Stellung und Rangstufe von Dingen derselben Art betrifft, nicht aber, wenn etwas so geordnet ist, daß eines um des andern willen ist [85]. Obwohl O. nur Beziehung auf anderes zu besagen scheint, müssen auch Elemente von Selbstreferenz in den O.-Begriff aufgenommen werden. Der augustinische Ternar «modus/species/ordo» kann durch Versündigung auch in einer einzigen, als aus allen Außenbeziehungen gelöst betrachteten Seele korrumpiert werden. Sodann richtet sich die in der O. der Seelenkräfte anzutreffende Gerechtigkeit nicht «ad alterum», sondern «ad se» [86]. Die für die caritas-Lehre konstitutive augustinische Deutung von «pondus» als «inclinatio ordinativa» behält Bonaventura bei (pondus ... ordini correspondet). Der «caritas» kommt im höchsten Maße die «ratio ordinis» zu, weil sie «pondus» und «aequa ponderatrix» und «pondus» wiederum O.-Prinzip ist [87]. Auch der von Albert scharf herausgearbeiteten Unterscheidung von geordneter und ordnender O. bedient sich Bonaventura mit der Abhebung des «ordo ordinati» gegen den «ordo rationis ordinandi» [88].

Anmerkungen. [1] Vgl. ALEXANDER VON HALES, S. theol. (Quaracchi 1924ff.) 1, 278a. 471b; 2, 109a; ALBERTUS MAGNUS, Opera omnia (Münster 1951ff.) [= OMü.] 34, 1, 316b; Opera omnia (Lyon 1651) [= OLyon] 17, 348b; 18, 330a (= S. theol. 1, 62; 2, 63, 1); BONAVENTURA, Opera omnia (Quaracchi 1882ff.) 1, 372a; 5, 179b. 181a; 9, 623b; HEINRICH VON GENT, S. quaest. ordinar. (Paris 1520/St. Bonaventure 1953) 2, f. 56 H; RICHARD VON MIDDLETOWN, Super quatuor 1. Sent. (Brescia 1591, ND 1963) 2, 125a; JAKOB VON VITERBO, Disp. tertia de quol., hg. E. YPMA (1973) 140f.; DIETRICH VON FREIBERG, Opera omnia I (1977) 13; JOHANNES DUNS SCOTUS, Opera omnia (Vatikan 1950ff.) 6, 200; 7, 514. – [2] Vgl. ALEXANDER VON HALES, a.O. 1, 175a. 181a/b. – [3] ALBERTUS MAGNUS, I Sent., d. 3, a. 12, ad 2. Opera omnia (Lyon 1651) 14, 61b. – [4] THOMAS VON AQUINO, Opera omnia 14 (Rom 1926) App. 25+, 47 (= S. c. gent. 3, 78, n. 2535). – [5] Catena aurea, hg. A. GUARIENTI (Turin 1953) 1, 75a. – [6] I Sent., d. 20, 1, 3, ad 1. – [7] S. theol. I, 96, 3, sed c. – [8] Quaest. disp. de virt. in commune 1, 1, ad 9. – [9] WILHELM VON AUXERRE, S. aurea (Paris 1500, ND 1964) f. 58ra/b. – [10] WILHELM VON AUVERGNE, Opera omnia (Paris 1674, ND 1963) 1, 718a G. – [11] a.O. 625a A-C. 885a D-b B. – [12] 649b B. 703b D. 844b E. – [13] 885a B. 964a E/F. – [14] 990a H. b H. – [15] ALEXANDER VON HALES, a.O. [1] 2, 109a/b. – [16] a.O. 2, 113a. – [17] 1, 174b. – [18] 1, 278a/b. 279b. 287b. 309a. – [19] 1, 177b/178a. – [20] 1, 181a/b. – [21] 1, 177b. – [22] 1, 307b. – [23] 1, 387a. 405a. – [24] 1, 189b. 386b; 4, 676a. – [25] 1, 190a. – [26] 1, 282b; 2, 10a. – [27] 1, 190b; 2, 110a/b. – [28] 1, 472a-473b. 475b. – [29] AUGUSTINUS, De lib. arb. 3, 11, 32f. CCSL 29, 294f. – [30] ALEXANDER VON HALES, a.O. [1] 2, 523b/524a. – [31] a.O. 2, 112a/b. – [32] ALBERTUS MAGNUS, OLyon 19, 2, 356b (= S. de creat. 2, 89, 3). – [33] a.O. 17, 349a (= S. theol. 1, 62); OMü. 28, 26a. – [34] OLyon 17, 350b (= S. theol. 1, 62); 14, 65a (= I Sent., d. 3, 15); OMü. 25, 1, 1b; 28, 24a/b. 26a; 37, 1, 159b. – [35] OMü. 28, 26a; 34, 1, 317b. – [36] ARISTOTELES, Phys. 8, 1, 252 a 12; ALBERTUS MAGNUS, OLyon 2, 321b; 18, 579b (= S. theol. 2, 134, 2); OMü. 16, 1, 22b. – [37] ALBERTUS MAGNUS, OMü. 16, 2, 528a; OLyon 13, 1, 10a (= In Ps.-Dion., De coel. hier. 1, 2 F). – [38] OMü. 16, 1, 22b. – [39] OLyon 13, 1, 10a. – [40] OMü. 16, 1, 20a. 22a; OLyon 17, 349a (= S. theol. 1, 62). – [41] OLyon 15, 2, 305b (= III Sent., d. 29, 1). – [42] a.O. 14, 61b (= I Sent. d. 3, 12, ad 2). – [43] OMü. 34, 1, 316b. – [44] a.O. 37, 1, 374b. – [45] 395a. – [46] 196b. – [47] OLyon 15, 2, 305b. 306b-307b (= III Sent., d. 29, 1-3). – [48] a.O. 18, 329b/330a (= S. theol. 2, 63). – [49] 337b/338a (= S. theol. 2, 66). – [50] AUGUSTINUS, a.O. [29]. – [51] ALBERTUS MAGNUS, OMü. 34, 1, 317b. – [52] OLyon 15, 1, 106a (= II Sent., d. 9, 1). – [53] OMü. 28, 22a/b. 23b. – [54] a.O. 25, 1, 2a. 3a/b. 7a/b. – [55] BONAVENTURA, a.O. [1] 1, 80b. 705b. 786a/b; 3, 639b. – [56] a.O. 1, 844b. – [57] 4, 917a/b. – [58] 1, 813a. 755b. 831a; 4, 273a. – [59] 1, 831b. – [60] 2, 114b. 853b. 855a; 1, 844a. – [61] 3, 32b. – [62] 1, 787a; 2, 177a. 177b. 43b. 533a; 4, 51b. – [63] Vgl. 2, 774b; 4, 933b. 962b. – [64] 2, 177a; 4, 17b. – [65] Vgl. 1, 831a; 2, 832b; 5, 239a. – [66] 2, 816b. – [67] 1, 831a. 33a; 2, 816b. – [68] 1, 831a/b; 2, 114b. – [69] Vgl. 1, 830b; 2, 114b; 4, 921a. – [70] 2, 532b. – [71] 1, 786b. 772a. – [72] 2, 256b. – [73] 2, 21a; 1, 55a. 772a/b. – [74] 5, 6a. – [75] 2, 256b. – [76] 1, 373b. 509b. – [77] 2, 257a/b. – [78] 2, 1009a/b; 4, 617a. – [79] 2, 17. 639b; 1, 247a. 183a. – [80] 3, 639b. – [81] 2, 829a/b. – [82] 1, 373a/b. 447b; 4, 846a. – [83] 4, 616a-617b. – [84] 6, 371a; 1, 613a/b; 2, 29b. – [85] 3, 441b. – [86] 2, 829b; 4, 722b. – [87] 5, 219b; 3, 639a. 640b. – [88] 1, 374b.

4. Thomas von Aquino. – Bei THOMAS VON AQUINO tritt der Gedanke der schönheitssteigernden Wirkung der Integration des Übels zugunsten des aristotelischen O.-Modells von Heer und Feldherr zurück. Zwar geht auch für ihn die Schönheit der Welt aus der geregelten Vereinigung des Bösen und Guten (ex ordinata malorum et bonorum adunatione) hervor [1]. Auf AUGUSTINS kühne Metaphern von der antithetischen Komposition des Weltgedichts (De civ. Dei 11, 18) nimmt THOMAS jedoch anders als Bonaventura nicht mehr Bezug. Er scheint befürchtet zu haben, daß man aus ihnen eine Aufwertung des Übels zu einem eigenständigen Bestandteil der Welt-O. herausliest. Eine andere Augustin-Stelle (Enchir. 10) schwächt er dahin ab, daß das Übel nur «per accidens» unter der O. der Welt befaßt sei [2]. Augustins «oppositio contrariorum» nimmt er nur in Gestalt einer «silentii interpositio» auf [3]. Die Zusammenfügung der «pulchritudo saeculorum» durch den Abgang und Zugang von Dingen (De gen. ad litt. 1, 8) übersetzt er in eine solche der Welt-O. durch die O. und Verknüpfung der Ursachen [4]. Da er den «ordo temporis», der für ihn mit Aristoteles der O. von Bewegung und Materie folgt [5], grundsätzlich hinter die Wesens-O. der Dinge (ordo naturae) zurücksetzt, kann es für ihn keine ausgezeichnete O.-Leistung Gottes mehr sein, als «ordinator temporum» durch seine Vorsehung den Lauf der Zeiten zu regeln [6]. Auf der anderen Seite verleiht er der O. eine abgehobene Seinsqualität, die jedoch im Rahmen einer aristotelischen Ontologie akzidentell bleiben muß und so den geringen Seinswert aller den Erstsubstanzen nachträglichen Formbestimmungen erweist. Das «bonum universi» ist für ihn ein «bonum ordinis» [7]. Es erwächst zwar aus den Einzelgütern [8], ist aber als ihr «bonum commune» [9] und als Wesenscharakter (formale) der Einzeldinge [10] rangund besser als jedes der geordneten Dinge für sich [11], ja als letztgültige Weltform das Beste, was es in der Gesamtheit der Dinge gibt (quasi ultima forma et optimum in universo) [12] und folglich auch das vorrangig von Gott Intendierte und Verursachte (proprius effectus causae primae, ultimus finis in rebus causatis) [13].

Die Erhebung der O. zur Form erfordert eine Umwertung der überlieferten aristotelischen Begrifflichkeit. An sich ist die «unitas ordinis» die schwächste aller Einheiten (minima unitatum), die als «forma accidentalis» nur ein «unum secundum quid» begründen kann und daher nicht hinreicht, um die Einheit des Menschen oder die hypostatische Union zu erklären [14]. Thomas versucht zwar, die aristotelische Frage nach der Welt-O. (Met. XII, 10) in Analogie zur Frage nach der Form natürlicher Dinge als eine solche nach der Form des Ganzen zu entwickeln [15], weiß aber anderseits sehr wohl, daß diejenigen Dinge, deren Form in O. und Zusammenhang besteht, keine «res naturales», sondern Artefakte sind [16]. Eine artifizielle O.-Form, wie diejenige des Hauses, verleiht als Form des Ganzen den einzelnen Teilen nicht ihr Sein und ist keiner spezifischen Wirksamkeit fähig [17]. Die aus der «forma artificialium» nicht ableitbaren «actiones» sind aber gerade dasjenige, dessen Entzug den geschaffenen Dingen mit ihrer Zu-O. zueinander das Beste entziehen würden, was sie haben, denn ihre O.-Einheit ist ein einziger großer Wirkungszusammenhang (non est colligatio in ordinis unitatem nisi per hoc quod quaedam agunt et quaedam patiuntur) [18]. Der «ordo essentialis» der Ursachen, dem gemäß das Ranghöhere auf das Niedere einwirkt, ist den Dingen dennoch nicht in dem Sinne natürlich, daß er ihnen von ihnen selbst her zukäme (ordo ille qui est in natura non est ei a se sed ab alio) [19]. Gleichwohl muß die O.-Einheit der wirkenden Ursachen «ordo per se» sein, denn sonst könnte sich der «ordo intentionis» der Vorsehung nicht auf alles erstrecken, und die Dinge wären, da es besser ist, «per se» als «per accidens» geordnet zu sein, nicht aufs beste geordnet [20]. Nur im sublunaren Bereich des Werdens und Vergehens ist der Welt-O. in Gestalt der Beziehung der Individuen ein und derselben Art zueinander auch «ordo per accidens» beigemischt, während es in den Himmelssphären nur «ordo per se» gibt [21]. Obwohl aber die Welt durch eine solche Wesens-O. ihrer Teile zueinander in ihrer Totalität konstituiert wird [22], steht ihre Einheitsform nicht nur hinter den innerweltlich realisierten Formen substantieller Einheit, sondern auch noch hinter der reinen Kunstform zurück, die Thomas am Beispiel der «forma domus» durch die den Formcharakter der geordneten Zusammenfügung (compositio) begründenden Elemente der «colligatio» (contactus, ordo partium determinatus, ligamentum) über bloße, nicht derart durchkomponierte O.-Ganze wie Heer und Staat erhebt [23]. Er braucht zur Beschreibung der göttlichen O.-Absicht jedoch offensichtlich beide O.-Modelle. Einerseits ist die O. aller Dinge vom göttlichen Intellekt von Ewigkeit her vorerdacht und vorerwogen (praeexcogitatus, praemeditatus) [24]. Gott hat daher eine Idee der Welt-O. [25] und verhält sich in ihrer Verwirklichung wie ein «artifex» zu seinen «artificiata» [26]. Der Hervorgang der von ihm in den Dingen statuierten O. aus der O. in seinem schaffenden Geiste wird von Thomas folglich durchgängig am Verhältnis des Hauses im Geiste des Künstlers zu dem in der Materie exemplifiziert [27]. Auch die «integritas» des Ganzen als sein erstes Schönheitserfordernis [28] resultiert nicht aus bloßer O.-Einheit, sondern aus der O. und Zusammenfügung der Teile [29]. Dieser ordnungstheoretisch höherwertige Vereinigungsmodus wird aber durch das Modell der Unter-O. der Zu-O. der Teile unter ihre gemeinsame Ziel Hin-O. auf ein äußeres Ziel überlagert, zu dessen Erläuterung Thomas an zahlreichen Stellen ausdrücklich [30] oder unausdrücklich auf die aristotelische Analogie von «exercitus-dux» (Met. XII, 10) rekurriert. Die Insuffizienz des Exempels der statischen «forma artis» erweist sich schon daran, daß die Welt-O. wesensmäßig Bewegungs-O. ist. Ihr zweites Konstitutionselement neben der Konservierung des Wertgefälles ist, daß ein Ding von einem anderen bewegt wird (quod una ab alia movetur) [31]. Auch die Reordination der Ursprungs-O. auf den «ultimus finis» [32] ist an der Korrespondenz von Bewegungs- und Ziel-O. orientiert (secundum ordinem agentium est ordo finium) [33] und dient weniger dazu, zwischen den Strukturmodellen von Haus und Heer zu vermitteln, als letzteres über die «motio ducis» selbstbezüglich zu machen. Zur Selbstbezüglichkeit finalisiert ist aber auch die präexistente O.-Idee im göttlichen Geiste, sofern die Vorsehung schon ihrem Begriffe nach Ziel-O. (ratio ordinis rerum in finem) ist [34]. Thomas bemüht sich, den Kausalnexus selbst die Stelle des die Fügung und O. der Teile des Hauses konservierenden Bindemittels [35] übernehmen zu lassen. Die «colligatio» von Dingen verschiedener und gegensätzlicher Natur in einer O.-Einheit ist nur dadurch möglich, daß ein ordnendes Prinzip sie so miteinander verknüpft, daß einige auf andere einwirken, während andere Einwirkungen aufnehmen [36]. Die O. der Dinge hängt damit so sehr an ihren Eigenaktivitäten, daß ein Tätigkeitsentzug den O.-Entzug zur Folge hätte (Si ... rebus subtrahantur actiones, subtrahitur ordo rerum ad invicem ...) [37]. Umgekehrt können sie in ihrer Verschiedenheit nicht aus sich selbst eine einzige O. ordnend intendieren, sondern bedürfen, soll die O. nicht «per accidens» zustande kommen, eines einzigen «primum ordinans», das sie auf das Ziel hin ordnet, das es selbst intendiert [38].

Jeder der verschiedenen Naturen ist freilich unter Vollständigkeitsrücksichten ihre Stelle in der Totalität möglicher Teilhabeweisen bestimmt. Ohne wesensmäßige Ungleichheit, die Thomas auch mit Augustins O.-Definition «disparitas» nennt, kann die O. des Ganzen nicht sein, denn von der «diversitas formarum» leitet sich die «ratio ordinis rerum» her [39]. Diese Verschiedenheit entspringt in letzter Instanz nicht der unterschiedlichen Teilhabekapazität der Dinge, sondern der ursprünglichen Absicht des «primum agens», denn der «ordo divinae sapientiae» hat zum Zwecke der Vervollständigung der Welt (ad complementum universi) verschiedene Dingnaturen durch Zuteilung verschiedener Kapazitäten instituiert, da die in sich einfache Güte Gottes in den Dingen nicht anders als vielgestaltig (multiformiter, difformiter, secundum modum diversum) zur Darstellung gelangen kann [40]. Die Welt wäre unvollkommen, wenn in der O. der Dinge nicht alle überhaupt möglichen Seinsgrade enthalten und im «ordo bonitatis» nicht alle möglichen Grade der Güte verwirklicht wären [41]. O. und Verschiedenheit konnotieren einander und schließen zugleich eine Beziehung auf das Wesen und die Elemente der Schönheit ein. Wie das «bonum ordinis» ein «bonum ordinis diversorum» ist, so die «diversitas» eine «diversitas ordinata» [42]. Da aber die Schönheit ihrem Begriffe nach in dem geordneten Einklang verschiedener Grade besteht, würde den Dingen mit dem «ordo distinctorum et disparium» ihre höchste Zierde genommen [43]. So darf es auch «ex parte Dei» als Ursache der «disparitas» angesehen werden, daß die «pulchritudo ordinis» in höherem Maße widerscheine [44]. Schließlich ist der O.-Gesichtspunkt der in der «diversitas rerum» selbst bestehenden Ergänzung der Welt zur Vollständigkeit (complementum universi) orientiert an der Idee der «integritas universi» [45]. Von der überlieferten Bestimmung des Sechstagewerkes als «opus distinctionis et ornatus» her ist auch die Untrennbarkeit von «distinctio» und «ordo» nahegelegt. Im Begriff der O. ist Unterscheidung als ihre Voraussetzung eingeschlossen, ohne durch ihn eigens bezeichnet zu werden [46]. Wo O. ist, muß Unterscheidung sein, und wo keine Unterscheidung ist, findet O. nicht statt [47]. Damit zwei Dinge O. haben, müssen sie nicht nur beide seiend und ordinabel, sondern auch unterschieden sein, denn es gibt nach geläufiger Ansicht keine O. auf sich selbst (eiusdem ad seipsum non est ordo) [48]. Die drei einander wesensmäßig zugeordneten Formakte des Seinsverleihens, Unterscheidens und Hinordnens auf ein Ziel sind daher der O. der Zeit nach zugleich (in eodem instanti forma dat esse, ordinat et distinguit) [49]. Die Unterscheidung und O. der Dinge muß der Schöpfung als Idee (forma) ihrer selbst und des Unterschiedenen und Geordneten präexistieren [50]. Nach dem Sechstagewerk des «Deus artifex», das bis zur «integritas partium universi» als der substantiellen «perfectio totalitatis» führt [51], beginnt schon am siebten Tage mit der Veranlassung der geschaffenen Dinge zu den ihnen eigentümlichen zielgerichteten Tätigkeiten der «Deus dux» sein Weltregiment. Damit wird zugleich die O. der Teile zugunsten der Ziel-O. depotenziert. Zunächst orientiert sich Thomas noch an dem «dispositio vero de faciendis» der Sentenzenvorlage (I, d. 35) und schlägt die göttliche O.-Disposition auf die Seite der deutlich von der Ziel-O. der Vorsehung unterschiedenen Hervorbringungs-O. der «ars divina», die sich im «ordo partium ad invicem» erfüllt [52]. Dieser hat jedoch schon hier den «ordo ad finem» zu seiner Ursache.

Auch die artifizielle Disposition wird bereits mit dem Beispiel der Heeres-O. auf beide O.en bezogen [53]. Die Präferenz fällt von Anfang an auf die Ziel-O. als den «ordo principalis», gegenüber dem das Wechselverhältnis der Teile sekundär ist. Der «ordo ad bonum ducis, quod est victoria» ist vorrangig und ist das Worumwillen der funktionellen Zu-O. der Heeresteile, die es ohne ihn gar nicht gäbe (hic ordo est praecipuus, propter quem est primus ordo) [54]. Da die O. aller Dinge auf den «finis ultimus» hin nicht von der Sekundär-O. abhängt, kann die aus ihr herrührende «bonitas» durch göttlichen Eingriff auch erhalten bleiben, wenn der Welt die «bonitas» der O. eines Dinges auf ein anderes hin entzogen würde [55]. Umgekehrt kann Gott wohl gegen die zweite, nicht aber gegen die erste O. handeln und daher nicht die Ursache des «malum culpae» sein [56]. Das «bonum ordinis» ist ein «bonum» beider O.en [57]. Entsprechend gibt es einen «duplex finis». Der eine fällt in die geordneten Dinge selbst und ist der «ordo ipsius universi», auf den hin alle einzelnen Güter geordnet sind [58]. Der andere ist als «finis ultimus» ein «bonum separatum» (extrinsecum, exterius) außerhalb der Welt-O. (extra totum ordinem creaturae, supra ordinem) [59], denn jede wie auch immer geordnete Vielheit bedarf der Hin-O. auf ein äußeres Prinzip [60]. Die Letztform der Welt, die als «ordo partium» schon das Beste der Welt und das Ziel ihrer Hervorbringung ist, wird damit doppelt überhöht. Wie das «bonum separatum» besser ist als das O.-Gut der äußeren Ziel-O. [61], so ist diese höheren Ranges als das intramundane Optimum. Innerhalb des letzteren bestimmt sich der O.-Grad nach der Nähe zum «finis ultimus». Die Kreaturen sind durch um so höhere Teilhabe am «bonum ordinis» um so vollkommener geordnet, je näher sie Gott stehen [62]. Diejenigen, welche ihm dem Range nach am nächsten sind, halten die Ziel-O. unbeirrbar (indeclinabiliter) ein, während die vergänglichen Dinge bisweilen vom «rectus ordo» abweichen [63].

Anders als die Engel ist der Mensch von Natur aus zu keiner O. determiniert [64]. Die O. des zivilen Zusammenlebens (ordo politicus) läßt Thomas durch die O. der Verteilungsgerechtigkeit garantiert sein und gliedert sie nach dem Modell der Heeres-O. in die am Gemeinwohl orientierte O. des «praelatus» zum «subditus» und die in der Unterstützung bei der Erlangung des eigenen Wohls bestehende O. der einzelnen zueinander [65]. Die augustinische Definition des Friedens als «tranquillitas ordinis» überträgt er auf die Welt-O. Für die geordnete Weltruhe ist neben der Unterscheidung der Dinge voneinander erforderlich, daß keines von ihnen die Grenzen seiner Natur verläßt und daß diese Begrenzung beständig ist [66]. Der Rekurs auf die O. der göttlichen Gerechtigkeit [67] hat für die thomasische O.-Theologie keine konstitutive Bedeutung. Die göttliche Weisheit ist nicht mit Notwendigkeit auf eine bestimmte O. der Dinge festgelegt [68]. Gottes freier Wille als Immediatprinzip der Schöpfung hätte auch eine andere O. schaffen können [69]. «Ordo» im augustinischen Ternar deutet Thomas als die Beziehung, die im Unterschied zum absolut ausgesagten «ens» im «nomen boni» liegt [70]. Den aristotelischen Gedanken, daß die Seele in gewisser Weise alles sei, erläutert er mit Avicenna und Algazel durch das Sichabmalen (describi) der ganzen O. der Welt in der Seele [71].

Als O.-Synonyme verwendet er auch andere Beziehungsbegriffe, wie «relatio» und «habitudo» [72]. Aus ARISTOTELES übernimmt er den durchgängigen Verhältnischarakter der Natur-O., überträgt aber die Geltung des bei diesem zur Leugnung einer O. zwischen zwei Unendlichen dienenden Axioms «omnis autem ordo proportio quaedam est» (Phys. 8, 1, 252 a 13f.) [73] nicht auf den Schöpfungsbegriff. Wenn die Präposition «ex» der «creatio ex nihilo» nichts weiter als O. besagt, dann gerade nicht im Sinne eines «ordo determinatae proportionis» oder eines «ordo qui sit realis relatio». Eine O. von etwas zu nichts ist nur als Posteriorität (ordo temporis) oder Wesensabhängigkeit (ordo naturae) möglich [74]. Bisweilen hat THOMAS versucht, Strukturelemente des O.-Begriffes zusammenzustellen. Einmal nennt er gelegentlich der Erörterung des «ordo naturae» in Gott neben der im «nomen ordinis» schon vorausgesetzten «distinctio» die «ratio prioris et posterioris» und die je spezifische «ratio ordinis» (ordo secundum locum, secundum dignitatem, secundum originem), ein andermal «distinctio cum convenientia», «cooperatio» und «finis» [75]. Derartige Aufzählungen stehen jedoch an Aussagekraft hinter der deskriptiven Auseinanderlegung des «duplex bonum ordinis» an zahlreichen anderen Stellen zurück.

Anmerkungen. (Zur Abkürzung der Schriftentitel werden die Siglen des ‹Index Thomisticus› verwendet; die Textziffern beziehen sich auf die MARIETTI-Ausgabe.) [1] THOMAS VON AQUINO, Summa contra gentiles [= SCG] 3, 71, n. 2473. – [2] Summa theologiae [= ST] 1, 48, 1 ad 5. – [3] SCG 3, 71, n. 2473. – [4] Quaest. disp. de veritate [= QDV] 11, 1 co. – [5] QDV 28, 7 ad 13. – [6] AUGUSTINUS, De civ. Dei 10, 15; 11, 6. CSEL 40, 1, 471. 516. – [7] THOMAS VON AQUINO, De substantiis separatis [= OTS] 12, 115f. Opera omnia (Leonina) [= OLeo.] 40 (Rom 1968) D 63b; Quaest. disp. de potentia [= QDP] 6, 1, arg. 7; Quaest. disp. de malo (= QDM] 16, 9 co.; In I Sent. [= 1SN] 46, 1, 3, arg. 2; vgl. Ind. Thom., ‹bonus + ordo› 1-30, ‹ordo› 6271. 6597f. – [8] SCG 1, 78, n. 663. – [9] OTS 12, 124. OLeo. 40, D 63b. – [10] SCG 2, 45, n. 1226. – [11] SCG 1, 70, n. 595; 2, 45, n. 1226. – [12] SCG 2, 42, n. 1186; OTS 12, 123f. OLeo. 40, D 63b; ST 1, 15, 2 co. – [13] SCG 2, 42, n. 1185f.; 3, 64, n. 2392. – [14] SCG 2, 58, n. 1346; ST 4, 2, 1 co. – [15] Comm. in libros Metaphysicorum [= CMP] 12, 12, n. 2627f. – [16] SCG 4, 35, n. 3731. – [17] ST 1, 76, 8 co.; De occultis operibus naturae [= OPO] 267ff. OLeo. 43 (Rom 1976) 186a. – [18] SCG 3, 69, n. 2447. – [19] QDV 5, 2 ad 10. – [20] OTS 15, 35ff. OLeo. 40, D 67b/68a); ST 2, 1, 4 co. – [21] Quaest. disp. de spiritualibus creaturis [= QDS] 8 co. – [22] SCG 2, 39, n. 1157. – [23] CMP 5, 3, n. 779; 5, 21, n. 1106; In II Sent. [= 2SN] 17, 3, 1 co.; Sententia libri Ethicorum [= CTC] 1, 1, n. 5; SCG 4, 35, n. 3731; Comm. in libros Physicorum [= CPY] 1, 10, n. 78. – [24] ST 1, 44, 3 co.; SCG 3, 76, n. 2521. 2526; 3, 94, n. 2694; 3, 99, n. 2750. – [25] ST 1, 15, 2 co. – [26] SCG 2, 24, n. 1006; 4, 13, n. 3491. – [27] SCG 2, 42, n. 1186; 3, 76, n. 2520; 4, 13, n. 3491; ST 1, 15, 2 co.; 1, 44, 3 ad 1. – [28] Vgl. ST 1, 39, 8 co. – [29] SCG 3, 94, n. 2695. – [30] 1SN 44, 1, 2 co.; 2SN 38, 1, 1 co.; In IV Sent. [= 4SN] 19, 2, 2, 1 co.; SCG 1, 78, n. 663; ST 2, 5, 6 arg. 1; 2, 111, 5 ad 1; QDV 5, 3 co.;

QDP 1, 2 ad 1; 7, 9 co. – [31] ST 1, 103, 4 ad 1. – [32] 2SN 38, 1, 1 co.; QDP 3, 4, arg. 1. – [33] 2SN 38, 1, 1 co.; SCG 3, 17, n. 1995; ST 2, 109, 6 co.; QDP 7, 2 ad 10. – [34] ST 1, 22, 1 co. – [35] Vgl. ST 1, 104, 1 co. – [36] SCG 1, 13, n. 115; 3, 64, n. 2389; 3, 69, n. 2447. – [37] SCG 3, 69, n. 2447. – [38] SCG 1, 42, n. 341. – [39] SCG 3, 94, n. 2695; 3, 97, n. 2725. – [40] SCG 2, 44, n. 1204; 2, 45, n. 1227; 3, 97, n. 2724; 1SN 44, 1, 1 ad 4; QDP 3, 1 ad 9; ST 1, 47, 1 co.; 1, 23, 5 ad 3; 3, 183, 2 co. – [41] SCG 2, 91, n. 1777; 3, 71, n. 2469; 3, 72, n. 2481; ST 1, 22, 4 co. – [42] SCG 2, 45, n. 1226; 2, 30, n. 1066. – [43] 2SN 9, 1, 5, sed c. 2; SCG 3, 71, n. 2469; Compendium theologiae (= OTT) 1, 102. – [44] ST 1, 96, 3 ad 3. – [45] ST 1, 47, 1 co.; 1, 70, 2 ad 4. – [46] 1SN 20, 1, 3, 1 co. – [47] ST 2, 104, 4, sed c.; In Dionysii de divinis nominibus [= CDN] 4, 1, n. 283; 11, 1, n. 891; SCG 2, 39, n. 1157; QDP 10, 3 co. – [48] QDP 7, 11 co. – [49] QDV 29, 8 ad 8. – [50] SCG 2, 42, n. 1186. – [51] Vgl. 2SN 15, 3, 1 co.; ST 1, 73, 1 co., ad 2. – [52] 1SN, exp.t.; QDV 5, 1 ad 9. – [53] 1SN 39, 2, 1 co. – [54] 1SN 44, 1, 2 co.; 2SN 1, 2, 3 co.; QDV 5, 3 co.; CTC 1, 1, n. 1. – [55] 1SN 47, 1, 4 co. – [56] QDP 6, 1 ad 8. – [57] SCG 1, 78, n. 663. – [58] CDN 4, 1, n. 285; CMP 12, 12, n. 2627; SCG 1, 70, n. 595; 1, 71, n. 608; 3, 64, n. 2393; ST 1, 103, 2 ad 3. – [59] Vgl. CMP 12, 12, n. 2629. 2631; QDS 8 co.; ST 1, 13, 7 co.; 1, 28, 1 ad 3; 1, 103, 2, sed c., co., ad 3; 2, 111, 5 ad 1; 3, 39, 2 ad 2; QDP 1, 2 ad 1; QDV 5, 3 co.; CDN 4, 1, n. 285; Comm. in libros Perihermeneias [= CPE] 1, 14, n. 197. – [60] QDV 5, 3 co. – [61] CMP 12, 12, n. 2631; ST 2, 111, 5 ad 1. – [62] SCG 3, 64, n. 2391; 3, 90, n. 2655f.; CMP 12, 12, n. 2633. 2637; QDS 8 co. – [63] QDV 5, 4 co.; CMP 12, 12, n. 2636f. – [64] 2SN 29, 1, 4 ad 4. – [65] CDN 1, 1, n. 22; 4SN 19, 2, 2, 1 co. – [66] CDN 11, 1, n. 891. – [67] ST 1, 49, 2 co.; 1, 109, 3 ad 1; CDN 1, 1, n. 22. – [68] ST 1, 25, 5 co.; SCG 3, 99, n. 2750f. – [69] SCG 3, 99, n. 2755; QDV 23, 2 ad 3; ST 1, 25, 5 ad 3; 1, 105, 6 co. – [70] QDV 21, 6 co.; SCG 3, 20, n. 2013. – [71] QDV 2, 2 co.; 20, 3 co. – [72] QDV 7, 9 co., ad 7; QDP 6, 1 ad 17; CPY 5, 3, n. 662; ST 1, 116, 2 ad 1; 1, 13, 7 co.; In III Sent. [= 3SN] 1, 1, 1 ad 3; QDV 21, 6 co. – [73] CPY 8, 3, n. 993. – [74] QDP 3, 1 ad 7; 1SN 5, 2, 2 co. – [75] 1SN 20, 1, 3, 1 co.; CDN 4, 1, n. 283.

5. *Spätscholastik*. – *Meister Eckhart, Joh. Duns Scotus, Wilhelm von Ockham, Nikolaus von Kues.* – Thomas hatte das teleologische O.-Modell mit einer Insistenz und Prägnanz zur Darstellung gebracht, die sich in der Folge nur schwer überbieten ließ. Die Transformationen, die es durch die Besinnung auf den Seinscharakter der Realbeziehungen, die Einführung der «distinctio formalis» in die Gotteslehre und den Rückgriff auf den neuplatonischen Begriff der Autotaxis erfahren sollte, haben sich außerhalb des Thomismus und der direkten Nachwirkung der Hochscholastik der Mitte des 13. Jh. vollzogen. Bei den Dominikanertheologen der Wende zum 14. Jh. hat die O.-Spekulation jede Emphase verloren. Sie steuern nur geringfügige originelle Varianten zum Thema bei. JEAN QUIDORT erweist die Eigenrealität der Beziehung als eines «ordo ad aliud» im Vergleich zu der ihr korrespondierenden Beziehung (in comparatione ad suum correlativum) über den Dingcharakter der O.; Verhältnis nämlich impliziert O. (ubi est habitudo, ibi est ordo). Diese jedoch hat, wie das Beispiel der Heeres-O. zeigt, den Charakter eines Guten. Da aber alles Gute «in re» und selbst «res» ist, ist auch die Hinordnungsbeziehung ein Ding (ordo ad aliud necessario est res), stiftet aber als Auf-etwas-hin anders als ein absolutes Ding nicht Zusammensetzung, sondern nur Unterscheidung, ähnlich wie sich Sokrates durch das, was er zur gemeinsamen Menschennatur hinzufügt und wodurch er sich von dieser nur gedanklich (secundum rationem) unterscheidet, nichtsdestoweniger real von Platon unterscheidet [1]. Nach HERVEUS NATALIS hat Aristoteles die O. des Universums weder als von den geordneten Dingen abtrennbares Akzidens noch als Naturnotwendigkeit verstanden, sondern als etwas, was «per se» aus den Wesenseigenschaften der von einem höheren Prinzip auf ein Ziel hin geordneten Dinge folgt [2]. Für DURANDUS DE S. PORCIANO ist die O. der Teile im Universum verbesserungs- und verschlechterungsfähig, weil die Güte der O. nicht in einer mathematischen, sondern in einer natürlichen Proportion besteht, der gemäß eines zu wirken und zu erhalten und ein anderes zu leiden und erhalten zu werden bestimmt ist [3]. Alberts Schüler ULRICH VON STRASSBURG bleibt der platonischen Tradition verhaftet. Das O.-Moment der Kooperation der Weltteile integriert er in ein platonisierendes Teilhabeschema [4]. Ihrer «ratio formalis» nach ist O. die Form, welche die Teile des Universums in einer dessen «bonum commune» entsprechenden Teilhabe zur Konstitution einer einzigen Welt einigt. Materialiter ist sie die mit der Mittelbarkeit der Teilhabe zunehmende Überschattung des Lichtes des ersten wirkenden Verstandes durch die Mittelglieder. Da das erste Prinzip als solches weder Formal- noch Materialursache der von ihm verursachten O. ist, wird diese nur in der O. der Ziel- und Wirkursachen mit ihm als dem «ultimus finis» oder dem obersten der zehn O.-Grade des Universums in ein Verhältnis gesetzt [5]. Nach AEGIDIUS ROMANUS redet man im Bereich der Material- und Formalursachen nur im uneigentlichen Sinne von O., weil es zwischen einem Stoff und dem daraus Bestehenden und der Form und dem Formierten nicht eigentlich diejenige Unterscheidung gibt, die O. ihrem Begriffe nach besagt. Die O. der Teile im Ganzen fällt für ihn mit Averroes in die Kategorie der Quantität, während die örtliche O. der Teile die Kategorie der Lage konstituiert. Die Hin-O. des Heeres auf den Führer gehört dagegen in den «ordo respectu causae finalis», den es, weil das so Geordnete nicht gleichermaßen gut ist, in Gott nicht gibt [6]. Neben der doppelten O.-Struktur der Heeres-O. gibt es in den Dingen noch eine unmittelbare Hin-O. jedes Weltteiles auf Gott, sondern nichts kann zu Gott in einer bloß mittelbaren O. stehen [7].

MEISTER ECKHART tradiert überwiegend ältere Denkmuster. Kreatürliche O. ist für ihn einheitsstiftender Zusammenhang (ordo rerum creatarum est nexus et unitas ipsarum et unitas universi) und dieser vorwiegend Unter-O. [8]. «Allez, daz geordent ist, daz muoz geordent sîn under daz, daz über im ist» [9]. Er illustriert das Subordinationsschema durch die aristotelisch-thomanische Heeres-O. [10], die über Macrobius vermittelte «catena aurea» Homers [11] und die Jakobsleiter [12]. Die augustinischen Definitionen von «ordo» und «pax» steuern über die Gleichsetzung von «ordenunge» mit «setzunge» und «stat» [13], «vride» und «ruowe» [14] sowie die Etymologie von «imperium» als «non parium» [15] nach. Charakteristisch ist die Rücknahme dieser bei Thomas kosmologisch gebrauchten Metaphorik in die über Bonaventura in die frühscholastische Spiritualanthropologie zurückweisende «ordenunge der sêle» [16] und ihre De-ordination durch Leidenschaften (passio turbat ordinem ex natura sua), in der jedoch der «ordo universalis rerum» bewahrt wird [17]. Augustinisch ist auch die Bindung des O.-Begriffes an den Guten (ordo enim ipse est qui facit bonum, adeo quod impossibile est esse bonum sine ordine, et e converso impossibile est esse malum, ubi ordo est) [18]. Bei RAIMUNDUS LULLUS verdichtet sich die formelhafte Monotonie, mit der er nicht frei von Manierismen (ordinalissimans, ordinatissimare, ordinatissimitas) [19] O.-Vokabular in Thesenkatalogen einsetzt, gelegentlich zu rudimentärer O.-Axiomatik [20], nicht jedoch zu Nominal- oder Realdefinitionen des O.-Begriffes.

Die von WILHELM VON OCKHAM abgewehrte Verdinglichung der O.-Beziehung zu einem die körperlichen Weltdinge verknüpfenden Band (quasi quoddam ligamen ligans corpora ordinata in universo ad invicem) [21] dürfte sich kaum über die achtziger Jahre des 13. Jh. hinaus nachweisen lassen. GOTTFRIED VON FONTAINES deutet den «ordo essentialis» der Teilhabe des Seienden in der Tat als dessen «colligatio» untereinander und mit dem Ersten [22]. DIETRICH VON FREIBERG verleiht der O. der Wesensabhängigkeit die Funktion der Seinsbefestigung. Durch die Verwurzelung einer solchen O. in einem Ersten wird das Spätere in ihr befestigt (in suo ordine figuntur ea, quae sunt post). In diesem Sinne sind die Gattungen der Ursachen als ganze voneinander abhängig, z.B. die Materie von der Form (materia stat sub ordine formae, quae figit ipsam materiam in esse). Das Universum ist nicht nur eines wie ein Haufen, sondern «unum per se unitate cuiusdam ordinis essentialis connexionis entium ad se invicem» [23]. Die augustinische O.-Antithetik ist in diesen Jahren wohl nur noch bei MATTHAEUS AB AQUASPARTA unvermindert lebendig [24]. Anders als GOTTFRIED, für den es zwischen den Individuen derselben Art weder «ordo essentialis» noch Grad und Rangfolge gibt [25], deutet er auch die artgleichen Individuen als eine Art Universum, für welches das O.-Postulat der «inaequalitas», «disparitas» und «gradatio» gilt [26].

HEINRICH VON GENT hat die Formalstruktur der O. und die Realitätsgrundlage gedanklicher O.-Beziehungen sorgfältig analysiert. O. ist für ihn der «ratio formalis» nach nichts anderes als die Vergleichung derer, die untereinander in verschiedener Beziehung stehen, mit Rücksicht auf ein bestimmtes Prinzip. Was als eines existiert, hat als solches in seiner Absolutheit keine O., denn diese beinhaltet schon den Begriff und Namen nach Vielheit. In Gott gibt es daher O. nur im Bereich der Beziehungen und der durch sie gesetzten Vielheit. Zwischen den Gliedern gleichnamiger Wechselbeziehungen (in relativis ... aequiparantiae), wie etwa Ähnlichkeit, gibt es keine O. Aber auch das Unähnliche hat allein unter dem Gesichtspunkt seiner Unähnlichkeit keinerlei O., so daß auch eine mit der ihr korrespondierenden ungleichnamige Beziehung (respectus disquiparantiae) zusätzlich der vergleichenden Rücksicht auf etwas bedarf, worauf sich das Geordnete zurückführen läßt. Wie das Geordnete selbst sind auch seine Beziehungen nur materiale Fundierungen der O. [27]. Ihr Begriff vollendet sich erst durch die sei es reale, sei es gedankliche Beziehung auf etwas, was in Rücksicht seiner in welchem Sinne auch immer den Charakter eines Prinzips hat [28] und in eines der Verglichenen oder in ein von beiden unterschiedenes Drittes fallen kann [29]. Da dieser «respectus ad principium» den realen und gedanklichen Beziehungen gemeinsam ist, kann er dem Geordneten entweder vollendet (completive) aus der Natur der Sache selbst oder aber nur der Grundlage für eine entsprechende Begriffsbildung nach (originaliter), vollendet jedoch nur durch die Betrachtung unseres Verstandes zukommen. Ersteres gilt für die O. der in derselben, ihnen gleichsam untergelegten Natur geordnet subsistierenden göttlichen Personen (ordo naturae subiective) [30], letzteres für den «ordo rationis» der göttlichen Attribute [31]. Dieser wäre fiktiv, wenn er ein reines Gedankenprodukt (purus conceptus) wäre. Anders als das willensgeleitete Begreifen, welches das gedanklich Unterscheidbare in eine beliebige O. bringen kann, aktuiert jedoch das diskursiv gemäß der Natur des Begriffenen verfahrende Begreifen nur, was sich quasi «in potentia» schon in der Sache findet. Der von ihm gestiftete «ordo rationis» setzt darum im Begriffenen eine Angelegtheit (aptitudo) auf ein derartiges Begriffenwerden voraus und ist in diesem Sinne gleichsam natürlich (quodammodo est a re et quasi naturalis) [32]. Ein Früher oder Später gehört nur vermöge des Abhängigkeitsverhältnisses eines der O. unterworfenen Dinges von einem von ihm unabhängigen anderen und somit nur der O.-Materie nach zur O., die auch ohne dieses Realverhältnis ihrem Vollbegriff nach gegeben sein kann [33]. Wenn auch die O. des diskursiven Denkens ihren Ursprung in der Sache selbst hat, sind doch von seinen O.-Bestimmungen allenfalls das Erste und Zweite originaliter im Erkannten angelegt, nicht jedoch das Frühere und Spätere [34]. Das «parium dispariumque» der augustinischen O.-Definition versucht Heinrich dadurch zu retten, daß er das Moment der Ungleichheit in das Geordnete, das der Gleichheit in ihr Geordnetsein als solches verlegt [35]. Neben dem Gott und der Welt gemeinsamen O.-Typ des «ordo originis» und der ungewohnten Anwendung des «ordo rationis» auf Gott unterscheidet er im kreatürlichen Bereich einen mehrfältigen «ordo successionis» (Nichtsein – Sein, Lage, Dauer) und den der aristotelischen Heeres-O. entsprechenden «ordo gradus naturalis» des Universums, nach dem nur die eine O. an sich hat, was sich im Seinsgrad unterscheidet, während die Individuen derselben Art, unter denen es kein Früher «quoad gradum naturae» gibt, nur «per accidens» geordnet sind [36].

JAKOB VON VITERBO wendet gegen die Ansicht, ein «processus in infinitum» unter den Arten der geschaffenen Dinge würde ihren «ordo essentialis» zerstören, ein, daß die Wesens-O. der Arten dem Vollkommenheitsgrad nach nicht ausschließt, daß es in Rücksicht auf das Wirkvermögen der Ersturscache potentiell unendlich viele Arten in einer Gattung gibt, die wegen ihrer kausalen und wesensmäßigen Unabhängigkeit voneinander in Rücksicht der Ersturscache nur akzidentell geordnet sind. In Beziehung auf die unvergleichliche göttliche Vollkommenheit gibt es in der uneigentlichen Vergleichung der wesensmäßig geordneten Kreaturen untereinander überhaupt keinen «processus in infinitum», der im übrigen der Rückführung auf ein aktuell Erstes nicht im Wege stünde. Auch das, was wegen seiner Unendlichkeit in sich selbst keine Wesens-O. hat, besitzt sie gleichwohl im göttlichen Wissen [37]. Die Ausdehnung der Quantität nach geht für Jakob erst aus der Vereinigung von O. und Verknüpfung hervor (ex ordine simul et connexione partium provenit) [38]. Der augustinischen O.-Definition entsprechend besagt O. seiner eigentlichen Bedeutung nach eine gewisse Anpassung von sich ungleich zueinander verhaltenden Dingen aneinander (quamdam dispositionem vel aptam dispositionem aliquorum se habentium inaequaliter ad invicem). Weil es überall, wo es derartige O. gibt, ein Früher oder Später gibt, ist das «nomen ordinis» auf alles ausgedehnt worden, was wie auch immer im Verhältnis des Früheren oder Späteren steht, und, weil das Frühere oder Spätere eine Beziehung zueinander hat, weiterhin auf jede Form von Beziehung (ad omnem habitudinem vel respectum). In diesem Sinne ist O. allgemeiner als das Früher oder Später [39]. Die O. unter den göttlichen Attributen ist nur eine solche «secundum cognitionem» [40].

MATTHAEUS AB AQUASPARTA und JAKOB VON VITERBO hatten die von GOTTFRIED VON FONTAINES nachdrücklich bekräftigte [41] philosophische Auffassung von der wesensmäßigen O. der Arten und der akzidentellen O. der Individuen aus theologischen Erwägungen nach verschiedenen Richtungen durchbrochen. JOHANNES DUNS

SCOTUS hält Jakob gegenüber daran fest, daß eine Unendlichkeit des wesensmäßig Geordneten in jeder Weise unmöglich ist [42]. In der Welt scheint man nichts annehmen zu dürfen, was in seiner Seiendheit nicht irgendeine Hin-O. auf anderes manifest Seiendes besäße [43]. Die Setzung eines ordnungslosen Seienden ist irrational [44]. Ohne Einheit der O. gibt es keine Einheit des Universums. Diese aber entspringt aus der Wesens-O. seiner Teile [45]. In dieser steigt man zu größerer Einheit und geringerer Anzahl (paucitas) auf, so daß die Bewegung in einem zum Stehen kommt [46]. In jedweder Wesens-O. ist ein Zirkel unmöglich [47]. Gäbe es unendlich viele wesensmäßig geordnete Ursachen ohne ein erstes Prinzip, müßten sie zugleich wirklich und ins Unendliche vollkommener als andere sein, ohne daß es unter ihnen ein Früher gäbe oder sie von etwas abhingen, was nicht zu ihrer Gesamtheit gehört. Auch eine sukzessive Unendlichkeit von akzidentell Geordnetem wäre ohne einen Status im Bereich des wesensmäßig Geordneten nicht möglich, ja ohne Wesens-O. gäbe es überhaupt keine ursächliche Unendlichkeit [48]. Es wäre allerdings falsch, wie Dietrich von Freiberg die Ursachen in dem, was sie sind, und nicht, sofern sie verursachend sind, als wesensmäßig geordnet anzunehmen [49]. Die Leugnung der Eigenrealität der Beziehungen durch Heinrich von Gent zerstört die Einheit und den Zusammenhang des Universums. Nie wäre ein Ganzes real, wenn es für sein Sein einer Beziehung bedürfte und diese nichts anderes als ein Gedankending wäre [50]. Auf der anderen Seite erfordert eine Realbeziehung nicht, wie Heinrich meint, eine wechselweise Hin-O. derer, in denen sie fundiert ist, die mit Notwendigkeit aus ihrer natürlichen Abhängigkeit voneinander hervorginge. Allerdings kann die Potentialität alles Begrenzten in Hinsicht der O.-Form des Ganzen als die allgemeine Ursache der aus seiner Wirksamkeit folgenden realen O.-Beziehungen angesehen werden [51]. Gegen Richard von Middletown, aber auch Thomas läßt Scotus Gott nicht in dem Sinne über der O. stehen, daß seine Priorität nicht, wenn auch auf andere Weise, eine Hin-O. auf das Spätere genannt werden könnte. Nur die «relationes disquiparantiae» besagen O. [52]. An anderer Stelle nennt er jedoch die wechselweise wesensmäßige Zu-O. des Früheren und Späteren gegen den üblichen Sprachgebrauch eine «relatio aequiparantiae» [53]. In der augustinischen O.-Definition, der er mit der aristotelischen Heeres-O. verknüpft [54], zielt die vorrangig intendierte Ungleichheit auf die Unterscheidung der Arten, die mitintendierte Gleichheit auf die artgleichen Individuen [55]. Gottes «potentia ordinata» entspricht der «lex positiva» eines Fürsten. Liegt die Gültigkeit eines Gesetzes in der Vollmacht eines frei handelnden Wesens, so daß es nur gilt, weil es statuiert ist, bleibt eine Abweichung von ihm aus absoluter Vollmacht gleichwohl ein «ordinate agere», nämlich «secundum alium ordinem» [56]. Der «ordo naturae» und der «ordo originis» in Gott sind O.en verschiedener Art. Dieser setzt jenen nicht notwendig voraus, so daß er auch ohne ihn oder zugleich mit seinem Gegenteil bestehen könnte [57].

FRANCISCUS DE MAYRONIS macht diese Entkoppelung zum Leitfaden seiner Trinitätsspekulation. Der «ordo naturae» folgt für ihn aus den formal unterschiedenen Wesensbegriffen (rationes formales) seiner Glieder und gehört damit auf die Seite des «ordo essentialis» oder «ordo per se» [58], den Scotus auf die gegen Realexistenz und Erkanntwerden indifferenten «rationes quidditativae» im Sinne der «praecisio Avicennae» bezogen hatte [59]. Im Gegensatz zu akzidentellen O.-Typen, wie dem «ordo durationis», «localis», «dependentiae», «eminentiae» oder «causalitatis», verdient er recht eigentlich «ordo diffinitionis» genannt zu werden [60]. Der «ordo originis» schließt nicht nur immer eine «distinctio realis» seiner Glieder, sondern entgegen Heinrichs Unterscheidungsversuch über ein Erstes und Zweites hinaus auch ein Früher oder Später ein [61].

JOHANNES VON RIPA wird später gegen Aristoteles und Averroes mit dem von Franciscus noch festgehaltenen [62] Prinzip der Unmöglichkeit eines «processus in infinitum» im Bereich der «causae essentialiter ordinatae» brechen [63]. Schon um 1320 wird jedoch die O. des Universums konzeptualisiert. Wie die aristotelische Heeres-O. nach PETRUS AUREOLI aus dem Befehl des Führers und damit «ex opere intellectus» resultiert, so auch die O. des Universums, dessen Teile (die graduell unterschiedenen «naturae entium») allenfalls «in potentia propinquissima ad respectum ordinis» sind [64]. Mit größerer Vorsicht grenzt WILHELM VON OCKHAM die O.-Einheit der Welt als «intentio relativa» in der Seele gegen das faktische Geordnetsein der Weltdinge (partes sic ordinari) ab. Es würde einen «processus in infinitum» ergeben, wenn die O. von allen Teilen des Universums «in re» unterschieden wäre, so daß dieses 'O.-Ding' wiederum durch ein anderes O.-Ding dem Geordneten zugeordnet wäre. Andererseits trägt der Intellekt durch seine Weise, die Beziehung der absoluten Dinge begrifflich auszudrücken, nichts zur Einheit und O. der Welt bei, die auch ohne einen «conceptus» «ordo» einheitlich und geordnet ist [65]. Die platonische Tradition bleibt von solchen Reflexionen über den Status der O.-Beziehung unberührt. Für BERTHOLD VON MOOSBURG ist O. abgestufte Beziehung vieler auf Eines (relatio multorum in gradibus ad unum). Die Einzugsbereiche des «ordo autarkicus», neben dem Berthold aus Ps.-Dionysius den «ordo hierarchicus» der Engel aufnimmt, gehen von monadischen Urbildursachen (causae primordiales) aus, durch die er vom höchsten bis zum untersten Glied verkettet wird (texitur) [66]. Während hier das Eine der O., der es seine Eigenheit mitteilt, enthoben ist (est extra ordinem et separatum et exemptum a quo incipit totus ordo) [67], siedelt NIKOLAUS VON KUES die O. vorrangig in der Einheit des allereinfachsten Ursprungs der Dinge an. Die Vielheit hat als Abfall vom Einen ohne Hin-O. auf es keinen Bestand [68]. Die abbildliche O. des Universums als Partizipation der Einheit in der Vielheit verweist darum auf die O., welche das einfache Urbild selbst ist. Die «virtus ordinis» ist nichts anderes als die schaffende «virtus divina» [69]. Der Urheber der O. im «terminus ordinabilium» ist die O. der O. in allem Geordneten [70]. Dieses Schema erlaubt keine unverkürzte Übernahme des aristotelisch-augustinischen O.-Modells. Die augustinische Antithetik weicht der ps.-dionysischen «concordia» und «conspiratio» [71], das Moment der Disparität der Gleichsetzung von «ordo» und «aequalitas» [72]. Die O., die zur Teilung und Andersheit tendiert, wird zugunsten der zur Einheit hin aufgelösten O. verworfen [73]. In der aristotelischen Heeres-O. tritt der «ordo ad invicem», der bei Nikolaus sonst als «conexio» vorkommt, hinter dem «ordo ad finem» zurück. Einen «finis intra» gibt es nicht. Alles, was das Heer ist, hat es nun vom Fürsten [74]. Woher sollte das Entsprungene eine O. haben, wenn der Ursprung der O. entbehrte? Da ohne O. nichts vom Können zum Sein gelangen kann, bliebe nach Aufhebung der ewigen O. des Ursprungs nichts zurück [75].

Anmerkungen. [1] JEAN DE PARIS, Comment. sur les Sent., livre I (Rom 1961) 335f. – [2] HERVEUS NATALIS, De aetern. mundi, in: Quolibeta (ND 1966) 29va/b. – [3] DURANDUS DE S. PORCIANO, In Petr. Lomb. Sent. theol. comm. (ND 1964) 116rb/117ra. – [4] Vgl. Misc. mediaev. 11 (1977) 24. – [5] ULRICH VON STRASSBURG, Summa de bono IV, I, 6. – [6] AEGIDIUS ROMANUS, Primus Egidii (ND 1968) 111vb/116ra. – [7] a.O. 156vb. – [8] MEISTER ECKHART, Lat. Werke [= LW] 1, 277f. 546; 2, 12. – [9] Dtsch. Werke [= DW] 1, 313. – [10] DW 2, 122. – [11] LW 1, 682; 3, 219; vgl. DW 1, 211f. – [12] LW 1, 682. – [13] DW 2, 191. 201. 203. – [14] DW 2, 122f. 595. – [15] LW 1, 546; 2, 619. 622. – [16] DW 2, 120ff.; 3, 23ff. – [17] DW 2, 121; LW 1, 278. – [18] LW 1, 605; vgl. 607; 3, 562. – [19] RAIMUNDUS LULLUS, Opera lat. 5 (Palma 1967) 308ff.; Opera lat. 6 (Turnhout 1978) [= Corp. Chr., Cont. med. 33] 243. 249. 364. 366. – [20] Opera 6 (1737, ND 1965) 303 a. – [21] WILHELM VON OCKHAM, Opera theol. 9 (St. Bonaventure 1980) 728f. – [22] GOTTFRIED VON FONTAINES, Quodl. 4, q. 3. Les Philos. Belges 2 (Louvain 1904) 244. – [23] DIETRICH VON FREIBERG, Opera omnia 3 (1983) 14f. – [24] Vgl. MATTHAEUS AB AQUASPARTA, Quaest. disp. de prod. rerum et de prov. (Quaracchi 1956) 117. 243f. 267ff. 276. 321; Quaest. disp. de anima separata (Quaracchi 1959) 235f. 262f. – [25] GOTTFRIED VON FONTAINES, Quodl. 2, q. 10; 4, q. 1, a.O. [22] 141, 230. – [26] MATTHAEUS AB AQUASPARTA, Quaest. disp. de anima sep. 263. – [27] HEINRICH VON GENT, Summa theol. (ND 1953) 2, 56 I/K. – [28] a.O. 2, 57 T. – [29] 2, 56 K. – [30] 2, 57 R. 164 Q. – [31] 2, 58 C. – [32] ebda. – [33] 2, 58 H. – [34] 1, 254 A-255 G. – [35] 2, 56 N. – [36] 2, 57 Z. 164 Q. – [37] JAKOB VON VITERBO, Disp. prima de quolibet (1968) 22-27. – [38] Disp. secunda de quol. (1969) 153f. – [39] Disp. tertia de quol. (1973) 140f. – [40] a.O. 142. – [41] GOTTFRIED VON FONTAINES, Quodl. 4, q. 4, a.O. [22] 249. – [42] JOHANNES DUNS SCOTUS, Opera omnia (Vatikan 1950ff.) [= OVat.] 2, 156f. (= Ordin. I, d. 2, p. 1, q. 1-2, n. 52); 16, 128 (= Lect. I, d. 2, p. 1, q. 1-2, n. 49); Tract. de primo princ. c. 3, n. 29, hg. W. KLUXEN (1974) 36. – [43] Tract. de primo princ. c. 3, n. 37, a.O. 46. – [44] n. 47, a.O. 58. – [45] n. 43. 36, a.O. 52. 44. – [46] n. 44, a.O. 52. – [47] c. 2, n. 9, a.O. 10; OVat. 2, 152 (= Ordin. I, d. 2, p. 1, q. 1-2, n. 43); 6, 178 (= Ordin. I, d. 30, q. 1-2, n. 23); Opera omnia (Lyon 1639) [= OLyon] 6/2, 1046 (= Oxon. II, d. 42, q. 1, n. 4); 10, 617 (= Oxon. IV, d. 49, q. 16, n. 13). – [48] Tract. de primo princ. c. 3, n. 29ff., a.O. [42] 36ff. – [49] c. 2, n. 17, a.O. 22. – [50] OVat. 7, 111f. (= Ordin. II, d. 1, q. 4-5, n. 223ff.); 18, 68f. (= Lect. II, d. 1, q. 4-5, n. 205ff.). – [51] OVat. 6, 172ff. 177f. 199f. (= Ordin. I, d. 30, q. 1-2, n. 12. 20ff. 68ff.). – [52] OVat. 6, 179ff. (= Ordin. I, d. 30, q. 1-2, n. 24. 28f. – [53] Tract. de primo princ. c. 1, n. 3, a.O. [42] 2. – [54] OLyon 9, 515 (= Oxon. IV, d. 24, q. un., n. 3). – [55] OVat. 7, 513f. (= Ordin. II, d. 3, p. 1, q. 7, n. 251). – [56] OVat. 6, 363ff. (= Ordin. I, d. 44, q. un., n. 3ff.); 17, 535f. (= Lect. I, d. 44, q. un., n. 3f.). – [57] OVat. 7, 15 (= Ordin. II, d. 1, q. 1, n. 27); 18, 12 (= Lect. II, d. 1, q. 1, n. 34); OLyon 12, 89 (= Quodl., q. 4, n. 3). – [58] FRANCISCUS DE MAYRONIS, In libris Sent. (ND 1966) 63 M/N (= I Sent., d. 13, q. 1, a. 1); 67 I/K (= I Sent., d. 14-16, q. 3, a. 2). – [59] DUNS SCOTUS, OLyon 12, 21 (= Quodl., q. 1, n. 17). – [60] FRANCISCUS DE MAYRONIS, a.O. [58] 63 P, 66 K. 67 L. – [61] a.O. 64 D. 61 N-P. – [62] 66 K/L. – [63] JOHANNES VON RIPA, Conclusiones (Paris 1957) 60f.; Quaestio de gradu supremo (Paris 1964) 207ff. – [64] PETRUS AUREOLI, Comment. in primum lib. Sent. (Pars prima) (Rom 1596) 687 b A-C. – [65] WILHELM VON OCKHAM, Opera theol. 4 (St. Bonaventure 1979) 316f.; 9 (1980) 728f. – [66] W. P. ECKERT: Berthold von Moosburg O.P. und sein Komm. zu den Element. theol. des Proklos (1956) 77f. 85. 89 (Anm. 156. 183. 196). – [67] a.O. 85 (Anm. 186). – [68] NIKOLAUS VON KUES, Opera omnia (Leipzig 1932ff.) [= OLeip.] XII, 88 (= De ven. sap. 31, n. 92); Opera (Paris 1514, ND 1962) [= OPar.] 2, 146r (= Excit. 1.8). – [69] OLeip. XII, 91, 104 (= De ven. sap. 32, n. 95; 36, n. 111); I, 94 (= De doct. ign. 2, 9); OPar. 2, 55v/56r (= Excit. 1.3). – [70] OLeip. XII, 86 (= De ven. sap. 30, n. 90); XIII, 26 (= Dir. spec. 12). – [71] Vgl. OLeip. XII, 86 (= De ven. sap. 30, n. 89). – [72] Vgl. OPar. 2, 19v (= Excit. 1.1); OLeip. III, 179f. – [73] OLeip. III, 180 (= De coniect. 2, 17, n. 179). – [73] OLeip. III, 180 (= De coniect. 2, 17, n. 180). – [74] Vgl. OLeip. XI/1, 15 (= De ber. 15); XII, 90f. (= De ven. sap. 32, n. 95); XIII, 26 (= Dir. spec. 12). – [75] OLeip. XII, 88 (= De ven. sap. 31, n. 92).

W. HÜBENER

III. *Neuzeit.* – 1. *Von der Renaissance bis zum frühen 18. Jahrhundert.* – Der O.-Begriff der frühen Neuzeit ist zunächst noch nicht wesentlich verschieden von dem der vorangehenden Jahrhunderte. Viele der aus dem Mittelalter bekannten Formulierungen und Motive kehren hier wieder. Allgemein ist O. die Bezeichnung für das gute Zusammenstimmen ungleicher Dinge zu einem Ganzen gemäß ihrer jeweiligen Funktion [1], für eine vernünftige Gliederung des Vielen (ordo est plurimum iuxta rationem dispositio) [2], für Abstufung und hierarchischen Aufbau nach einem einheitlichen Prinzip. Diese O. ist vor allem das von Gott allen Dingen gegebene ewige Gesetz, nach dem die Welt gut und weise eingerichtet ist. Gott ordnet (ordinat et disponet) die ganze Schöpfung auf die passendste Weise (secundum modum convenientissimum) und zeigt darin seine vorsehende Lenkung des Universums [3]. O. alles Seienden ist auf Gott als die vollkommene O. bezogen [4]. O. ist auch das methodische Vorgehen im Lehren, Lernen und Denken [5]; als O. des menschlichen Lebens soll sie herrschen sowohl im Hauswesen, das mit Vorsorge zu führen und in guter O. zu halten Aufgabe der Hausfrau ist [6], als auch im politischen Gemeinwesen, in dem die Obrigkeit den Untertanen übergeordnet ist [7] und für das die universelle Rang-O. von den Engeln bis zu den niedersten Tieren das Vorbild gibt [8]. Maxime für die Lebensführung des Einzelnen ist es, sich in seinen «Grenzen zu halten und die Dinge in ihrer O. zu halten» [9].

Die allgemeine Rang-O. des Universums ist bevorzugtes Thema der *Renaissance*, besonders bei M. FICINO: Da in der Welt alles auf eine wunderbare Weise zusammenstimmt, kann diese O. nicht aus Zufall, ohne Plan und Baumeister entstanden sein. O. und Kontinuität in der Natur verweisen auf eine allweise Intelligenz, die alles fügt und dafür Sorge trägt, daß nichts von seinem Weg abweicht und die O. stört. Gott ist der Architekt, der die Idee der geordneten Welt in sich trägt und von dem alle Teile des Gebäudes ihre O. erhalten [10]. O. bedeutet Stufen-O., die verlangt, daß zwischen einzelnen Wesenheiten keine Stufe übersprungen wird (z. B. gibt es zwischen Intellekt und Körper den belebten Intellekt) [11]. «Die genaue O. [der Natur] erfordert, daß alle Grade der Dinge im Universum enthalten sind» [12]. Der Begriff O. meint sowohl die von Gott allen Seinsbereichen verliehene Gestalt und O. (speciem ordinemque), das «Gefüge und die O. der ganzen Welt» (totius mundi dispositionem et ordinem), die in den Gott nahen Bereichen deutlicher ausgeprägt ist als in den entfernteren [13], als auch die einzelnen Bereiche selbst, etwa die der intelligiblen Welt (idea, rationes, semina) oder die der Engel, der Dämonen usw. [14]. G. PICO DELLA MIRANDOLA kennt obere, mittlere und untere O.en (summae, mediae, infimaeque ordines), auf die alles Seiende verteilt ist. Der Mensch ist in die Weltmitte gestellt und hat dadurch an allen O.en Anteil, um sein Wesen frei zu bestimmen [15]. Die O. der göttlichen Kunstfertigkeit (divinae artis ordo) hat alles Wirken der Naturkräfte vorherbestimmt [16].

Auch G. BRUNO nimmt einen Weltaufbau an, in dem «alles, was ist, vom höchsten und obersten Wesen an, eine bestimmte O. einhält und eine Reihenfolge bildet, eine Stufenleiter (ave un certo ordine e fa una dependanza, una scala)». Gerade von der Verschiedenartigkeit und Vielgestaltigkeit der Welt hängt ihre «O., Symmetrie, Komplexion, der Frieden, die Eintracht, die Zusammensetzung, das Leben» ab [17]. «Unmöglich kann Harmonie und Eintracht walten, wo Einförmigkeit (unità) herrscht, ... sondern nur da, wo O. und Gleichgewicht unter verschiedenen Wesen waltet (ordine ed analogia di cose diverse) und jegliches Ding seine eigene Natur wahren kann» [18]. Diese O. ist nicht von einem transzendenten Gott gesetzt, sondern das Universum ist selbst «die göttliche Macht», «die allem eingepreßte und ewige O.» [19]. Die Menschen können selbst mit Hilfe ihres Verstandes «eine zweite Natur, andere Ereignisse und neue O.en (altre nature, altri corsi, altri ordini)» gestalten, sollen aber die bestehende «O. der Dinge (l'ordine delle cose) nicht umstürzen» und alles gleich machen [20]. Für sie ist vor allem die O. der Gestirne vorbildlich [21].

Die *Reformation* konnte schon wegen des ganz anderen Gottesbegriffs solchen O.-Spekulationen nicht folgen. Hier bedeutet O. oft eher 'Vorschrift', 'Gebot', 'Anordnung', die aber, wenn sie befolgt wird, O. herstellt. So spricht TH. MÜNTZER von der «ordnungk Gots in alle creaturn gesatzt» [22]. Für M. LUTHER sind alle weltlichen O.en und Grade der Gesellschaft (ordines et gradus societatis humanae) von Gott den Menschen auferlegt [23]; der Papst aber hat «nur eyn menschliche O.» und keine Macht, dem Glauben zu gebieten [24]. Nach J. CALVIN ist die Natur «die von Gott gesetzte O.» (ordo a Deo praescriptus). Sie allein würde schon zur Erkenntnis Gottes führen, «wenn Adam nicht gefallen wäre» [25]. Der Sündenfall macht aber den «ordre de justice» notwendig. Die weltliche Herrschaft ist von Gott eingesetzt, und es hieße Gottes O. umzukehren, wollte man sich jener widersetzen [26]. «Allen Menschen ist gewissermaßen ein Same der O. des weltlichen Regiments (semen aliquod ordinis politici) ins Herz gelegt», wodurch niemand ohne die Führung durch das «Licht der Vernunft» (luce rationis) bleibt [27]. In Gottes Lenkung und O. der Dinge (in ipso autem ordine rerum) zeigt sich seine väterliche Liebe [28]. Für R. HOOKER ergibt sich weiter die Notwendigkeit der O. auch in «public society», und diese impliziert, daß die Menschen «are distinguished by degrees. For order is gradual disposition». Auch die O. der kirchlichen Hierarchie erfährt so ihre Begründung [29]. W. PERKINS ist der Auffassung, die ursprüngliche Schöpfungs-O. sei durch den Sündenfall so sehr gestört worden (disorder is the effect of sin), daß sie erst durch Christus wiederhergestellt wurde, «as a king by his lawes brings his people in order» [30].

Diese O.-Konzeptionen entsprachen dem Grundtenor des 16. und 17. Jh. Gott ist der Urheber aller O. in der Welt, indem er allen Geschöpfen ihre Bestimmung gegeben und ihren Platz im Ganzen des Universums angewiesen [31] und so alles nach Maß, Zahl und Gewicht (Sap. 11, 21) geordnet hat. Die Engel haben ihre «ordines»; ja auch in der göttlichen Trinität gibt es eine O. der drei Personen, wenn auch nicht einen Vorzug der Natur, Zeit oder Würdigkeit nach, so doch «originis» [32]. Die Natur ist «nothing els but God himselfe, or a divine order spred throughout the world» [33]. Nur durch O. ist die Welt und erhält sie sich [34]; in ihr ist jedes Wesen es selbst, indem es den von «God of order» gegebenen Gesetzen folgt [35]. Der Arzt soll «nach gesazter O. der natur und nit der menschen» verfahren (PARACELSUS) [36]. «Also seind alle ding in die O. gesetzt», daß ein Handeln wider die «O. der Natur» Krankheit und Zerrüttung zur Folge haben würde [37]. «Es ist eine gewisse O. in den Creaturen, und viel unterschiedliche Grad, dadurch sie Gott etlicher massen nachfolgen und nachahmen, eine mehr, die andere minder», je nachdem, welche Stufe sie in der Rangfolge des Seienden einnehmen (J. ARNDT) [38]. Verschiedenheit und Wandelbarkeit der Dinge hat O. als Komplement: «Quelque incertitude et quelque variété qui paraisse dans le monde, on y remarque néanmoins un certain enchaînement secret et un ordre réglé de tout temps par la Providence, qui fait que chaque chose marche en son rang et suit le cours de sa destinée» (LA ROCHEFOUCAULD) [39]. O. bedeutet somit hierarchische Gliederung der Dinge: «Some are in high degree, some in lowe ..., so that all thynges is to be lauded and praised the goodly ordre of God»; ohne diese O. gäbe es nur «Babilonical confusion» [40]. Die umfassende O. der Natur wird als großartiges System gegenseitiger Entsprechungen und ewigen Gleichmaßes dichterisch gepriesen [41]. «Whence is it that Nature doth nothing in vain, and whence arises all that Order and Beauty which we see in the world?» (NEWTON) [42].

Die O., die der Mensch in der Harmonie des Universums vorfindet, soll er auch in seinem eigenen Inneren verwirklichen. M. DE MONTAIGNE empfiehlt dazu den Rückzug von den Geschäftigkeiten der Welt und die Beschränkung auf sich selbst in der Genügsamkeit des Privaten. Das Streben nach O. ist dann gegenüber ruhmvollen Taten in der Öffentlichkeit eher eine glanzlose Tugend [43]; sie ist aber zusammen mit Ruhe, Mäßigung und Beständigkeit der Lebhaftigkeit und dem Streben nach Außergewöhnlichem vorzuziehen [44]. In dieser inneren Ausgeglichenheit weiß sich Montaigne im Einklang mit dem «ordre public du monde. Heureux peuple ... qui se laisse mollement rouler après le roulement céleste» [45]. «Die O., die für die Flöhe und Maulwürfe sorgt, sorgt auch für Menschen, die ... sich geduldig lenken lassen wollen» [46]. So findet auch Montaignes Freund P. CHARRON die wahre Lebensweise ohne Unruhe und Erschütterungen in der Übereinstimmung mit den Gesetzen Gottes und der Natur, die wesentlich eins sind: ein Leben «selon Dieu, selon soy, selon nature, selon l'ordre et la police universelle du monde» [47].

O., Dauerhaftigkeit und Stabilität der Natur sind für TH. ELYOT zugleich Vorbild für die politische O., «so that in everything is order, and without order may be nothing stable or permanent». Sie begründen auch die Herrschaft des Königs und die unterschiedlichen Rang-O. der Untertanen; denn auch in der Schöpfung wird alles von *einem* Gott, «by one perpetual order, by one providence» gelenkt [48]. So wie im Universum nichts ohne O. bestehen kann [49], so verschafft sie auch «im riesigen Theater dieser Welt allen Dingen Wert und Rang» und ist das stärkste Band in Staat, Familie und Kirche (ALSTED) [50]. Exemplarisch heißt es bei J. BODIN: Es gibt für den menschlichen Geist nichts Schöneres anzuschauen als die O. der Welt und nichts Unangenehmeres als «confusio ac perturbatio» [51]. Diese O. bildet den «archetypus mundanae civitatis» (das Modell für das weltliche Gemeinwesen) [52], da auch hier O. im Sinne von Abstufung herrscht [53]. ‹O.› (order, ordre usw.) bedeutet in dieser Zeit auch ‹Rang›, ‹Stand› (les ordres, les états: die Stände), impliziert also schon vom Wort her eine Hierarchie [54]. (Dies mag auch der Grund sein, warum der Begriff bei TH. HOBBES, obwohl er häufig auf ihn angewandt wird [55], keine zentrale Rolle spielt und nur selten vorkommt [56]; denn Hobbes geht von der natürlichen Gleichheit aller Menschen aus.) Bereits unter Brüdern, so H. GROTIUS, gibt es eine O. durch das Vorrecht des Erstgeborenen [57]. Da auch in der Natur die vollkommenen Wesen über den niedrigeren stehen und sich darin Gottes «bel ordre» manifestiert, ist auch im Staat Über- und Unter-O. nötig und die Demokratie die schädlichste Regierungsform, da sie die natürliche O. pervertiert [58].

Die weltliche O. und Regierung sind eingesetzt, «pour

respondre & convenir à l'ordre de nature: où les choses les plus parfaictes dominent» [59]. Eine politische O. besteht dann, wenn ein jeder die ihm gebührende Stelle einnimmt [60]. Dadurch wird sie eine gerechte O. [61], dadurch haben die Gemeinwesen Dauer und Bestand [62], besonders große und volkreiche Staaten, die dem Volk durch Einteilung in «classes atque centurias» die notwendige O. und Gliederung geben und sich dadurch zu deren Wohl erhalten können [63]. Auch gewisse soziale Ungleichheiten sind durchaus in Gottes O. [64]. O. gründet auf der Eintracht und Gemeinschaft der Bürger [65], vor allem aber auf ihrem Gehorsam gegenüber der Obrigkeit (J. LIPSIUS: certus ordo in jubendo et parendo) [66]. «L'ordre est une liaison de plusieurs choses differentes, & inégales; une disposition reglés de plusieurs parties en un tout; une jonction de plusieurs membres en un corps, sous un mesme chef; ... un arrangement de plusieures personnes en un mesme communauté, chacun tenant son rang, & demeureant en sa place» (MUGNIER) [67]. Allein die politische O. vermag Frieden und Sicherheit zu garantieren [68].

Der Herrscher als 'O.-Hüter' handelt trotz seiner Machtfülle nicht willkürlich, sondern ist Gott, dem König der Könige, verpflichtet; er ist «son associé en l'ordre de l'univers» [69]. Der König muß sich Gottes Macht unterwerfen, denn alle Obrigkeit ist «von Gott geordnet: Sie ist Gottes O., Gottes Dienerin» (HEROLD) [70]; er kann sich aber in seinen Plänen darauf verlassen, daß Gott den einmal begründeten «ordre naturel des choses» nicht leicht umstoßen wird [71]. Nach FÉNELON leitet sich alle Macht und alles Recht her vom «ordre exprès de la Providence» als der «unique source de toute la force, de tout l'ordre»; denn Gott, «qui aime essentiellement l'ordre», hat die Macht den Menschen anvertraut [72]. Da die Menschen aber nicht immer der «loi naturelle» folgen, ist es notwendig, einen «ordre civile» zu errichten, der Freiheit und O. verbinden muß, damit die Menschheit weder in «libertinage» noch in «esclavage» verfalle [73]. Unordnung resultiert allgemein aus der Sündhaftigkeit des Menschen [74], entsteht aber besonders dann, wenn «inordinate desires» die Vernunft verdunkeln (MILTON) [75], wenn die «Lepra der Usurpation und Gleichheit» alles verwirrt und auf Erden ein Abbild der Hölle gibt, «où nul ordre ne règne» (SAINT-SIMON) [76], oder durch Krieg und Verwüstung: «Die O. der Natur ist worden gantz verwirret: Die Waffen haben selbst auß heimlicher Gewalt / Von niemand angerührt / geklungen und erschallt» (OPITZ) [77]. So liegt im Aufweis von O. in allen Bereichen auch das Bemühen um O. gegen die Ungewißheiten und Unbeständigkeiten des Lebens in einer Epoche der Glaubensspaltungen, Unruhen, Kriege und Bürgerkriege. Zuweilen gebietet aber die Staatsräson, daß Unordnung und Unvollkommenheiten in einem Staatswesen nur behutsam korrigiert werden; denn auch «le désordre fait, non sans utilité, parti de l'ordre de l'État» (RICHELIEU) [78]. Auch wirkt ein an sich die O. zerstörendes Prinzip wie die Eigenliebe (amour propre) indirekt wieder an der Konstituierung von O. mit, da sie die Grundlage der menschlichen Gesellschaft bildet [79]. Darin besteht die Größe des Menschen, daß er gerade aus der Konkupiszenz «un arrangement admirable», «un si bel ordre» wie die Gesellschaft hervorbringt (PASCAL) [80]. Wenn die menschlichen Leidenschaften und Anlagen «durch gewisse Gesetze in eine O. gebracht» werden, so erwächst gerade aus der Verschiedenheit «eine wunderbare O. und Schönheit ... / dergleichen bey einer durchgängigen Gleichheit derer Menschlichen Neigungen nicht hätte seyn können» (PUFENDORF) [81]. Dies sind bereits Anzeichen für eine Auflösung des traditionellen O.-Begriffs: O. wird nicht mehr als ein zwar störanfälliges, aber im übrigen wesentlich statisches Gefüge aus Rangstufen, das geschichtlichen Veränderungen nicht unterlag und sich deswegen an der ewigen Gesetzmäßigkeit der Natur orientieren konnte, begriffen, sondern, zumindest als menschliche O., als ein erst unter bestimmten Bedingungen sich realisierendes Ganzes, das nicht bereits natürlich vorgegeben ist: O. als Resultat eines Prozesses oder als das, was erst vom Menschen herzustellen ist.

Mit der zunehmenden Ausrichtung der Wissenschaften an dem methodisch strengen Verfahren der Mathematik wurde dann eine andere Bedeutung von ‹O.› wirksam: O. als Methode. Zwar unterscheidet J. ZABARELLA ‹methodus› und ‹ordo› als engeren und weiteren Begriff [82], jedoch können beide Termini auch als nahezu synonym verwendet werden [83]. Für R. DESCARTES gehört es zu den Regeln, sichere Erkenntnisse zu erlangen, «in der gehörigen O. zu denken (de conduire par ordre mes pensées), d. h. mit den einfachsten und am leichtesten zu durchschauenden zu beginnen, um so nach und nach, gleichsam über Stufen, bis zur Erkenntnis der zusammengesetztesten aufzusteigen, ja selbst in Dinge O. zu bringen, die natürlicherweise nicht aufeinander folgen (et supposant même l'ordre entre ceux qui ne se précèdent point naturellement les uns les autres)» [84]. «Die ganze Methode besteht in der O. und Disposition dessen, worauf man sein geistiges Auge richten muß, um irgendeine Wahrheit zu finden», d. h. im Ausgang von möglichst einfachen Begriffen und der Deduktion der verwickelten aus diesen unter Beachtung der richtigen Reihenfolge und der Abhängigkeit der einzelnen Sätze voneinander [85]. «Die O. besteht allein darin, daß die zuerst vorgebrachten Gegenstände ohne Hilfe der folgenden erkannt werden müssen, und alles Folgende dann derart anzuordnen ist, daß es allein durch das Vorhergehende bewiesen wird» [86]. Die so gefundene O. ist also keine Rang- oder Wert-O., sondern eine O. der Reihung, die die Verhältnisse der Gegenstände untereinander untersucht; sie gehört damit zur Mathematik [87]. Sie ist eine rein gedankliche O., die allein der Verknüpfung der Beweisgründe (ordre des raisons) folgt, nicht jedoch dem «ordre des matières» [88]. Mit der O. des Erkenntnisgangs ist noch nichts über die O. der Dinge ausgesagt [89].

Auch B. PASCALS O.-Begriff ist zunächst an der Mathematik orientiert. Der «ordre de la géométrie» besteht darin, von unmittelbar verständlichen Grundwörtern wie ‹Raum›, ‹Zeit›, ‹Bewegung›, ‹Zahl› usw., die nicht weiter definiert werden können, auszugehen und alles andere streng methodisch aus ihnen abzuleiten [90]. Die O. der Mathematik hat aber ihre Grenze etwa bei den Gegenständen der «science humaine» [91]. Auch deckt sich die rhetorisch verständliche O. nicht immer mit der O. der Sache selbst [92]. Deshalb ist zu beachten, daß jeder einzelne Bereich seine eigene O., seine Gesetzlichkeit und Logik (im übertragenen Sinne) und seinen spezifischen Anspruch hat: So differiert die übernatürliche O. Gottes (l'ordre surnaturel) dadurch von der O. der natürlichen Dinge (l'ordre dans les choses naturelles), daß sie den Glauben und die Liebe erfordert, während jene dem Verstand folgt [93]. Im «ordre du cœur» gelten, anders als im «ordre de l'esprit», keine Vernunftgründe. Christus und Paulus besaßen den «ordre de la charité, non de l'esprit»; sie wollten nicht belehren, sondern für Gott entflammen und begeistern (échauffer) [94]. Entsprechendes gilt für

Pascals Theorie der drei O.en «différents de genre»: Im «ordre des corps» streben die Menschen nach irdischer Größe und zeitlichem Ruhm. Diese O. wird unendlich überragt durch den «ordre de l'esprit», den «ordre» der großen Genies, die nach geistiger Größe und unvergänglichem Verdienst trachten. Beide O.en gelten aber nichts vor dem «ordre de la charité», dem Leben in der Gottesliebe, das Christus und die Heiligen führten: «Cela est d'un ordre infiniment plus élevé.» Zwischen allen drei O.en gibt es keinen stetigen Übergang: «De tous les corps ensemble, on ne saurait en faire réussir une petite pensée: cela est impossible et d'un autre ordre. De tous les corps et esprits, on n'en saurait tirer un mouvement de vraie charité: cela est impossible, d'un autre ordre, surnaturel» [95].

Der cartesische O.-Begriff wurde von der ‹Logik von Port-Royal› übernommen [96], aber er wirkte transformiert auch in der Metaphysik BOSSUETS und MALEBRANCHES weiter. Für J. B. BOSSUET ist es das Werk der Vernunft, die Verhältnisse und die O. zwischen den Dingen zu erkennen. «L'ordre ne peut être remis dans les choses que par la raison, ni être entendu que par elle.» Auch die Schönheit besteht in der O., d.h. in Arrangement und Proportion eines Gegenstandes [97]. N. MALEBRANCHE unterscheidet jedoch zwischen der Erforschung der Verhältnisse der (mathematischen) Größen, die zur Wahrheit führt und wissend macht, und der Untersuchung der Verhältnisse der Vollkommenheit (unter Wesen verschiedener Natur wie Geist und Körper), die die Erkenntnis der O. zum Ziel hat und damit die praktische gute Lebensführung. O. besteht in den «rapports de perfection»; sie wird durch den «désordre» der Sünde verletzt [98]. Gott setzt unter den Kreaturen eine 'Wert'-O. fest, deren «perfections intelligibles» absolut notwendig und unveränderlich sind, wie die ewigen Wahrheiten, die Gott ebenfalls in sich enthält. Er selbst folgt der O. und greift nicht mit Wundern in sie ein: «Dieu aime l'ordre par la nécessité de son être. ... Il haït nécessairement le désordre.» Er schätzt und liebt «toutes choses à proportion qu'elles sont aimables & estimables. Il aime invinciblement l'ordre immuable, qui ne consiste & ne peut consister que dans les rapports de perfection qui sont entre ses attributs, & entre les idées qu'il renferme dans sa substance.» Das macht Gottes Gerechtigkeit aus, daß er allem nach dessen Würdigkeit vergilt. Auch der Mensch wäre gut und gerecht, wenn er, wie Adam vor dem Sündenfall, im Einklang mit dem ewigen Gesetz der O. wäre. Im sündigen Menschen aber wird die O. des Zusammenwirkens von Körper und Geist dadurch gestört, daß der Geist vom Körper abhängig und durch die Leidenschaften abgelenkt wird [99]. Somit wird das Streben nach O. zur sittlichen Pflicht: «L'Amour de l'Ordre n'est pas seulement la principale des vertus morales, c'est l'unique vertu. ... Rien n'est plus juste que de se conformer à l'Ordre» [100]. Die vernünftige Einsicht in die O. (voir l'ordre par idée claire) und ihre Respektierung auch «par sentiment» werden aber durch die Konkupiszenz getrübt, der «amour de l'ordre» immer wieder durch den «amour propre» verletzt [101]. Deshalb ist letztlich Christus als «Réparateur» der ursprünglichen O. notwendig [102].

Descartes O.-Begriff bildet auch den Ausgangspunkt bei B. DE SPINOZA, insofern O. zunächst auch hier keine objektive Eigenschaft der Dinge ist, sondern ein das Denken bestimmendes Prinzip. O. und Verworrenheit gibt es ebenso wie schön und häßlich, gut und böse «nur im Hinblick auf unser Vorstellungsvermögen» [103]. O. entsteht aus der Vergleichung der Dinge untereinander und ist deshalb ein «cogitandi modus» [104] oder «imaginandi modus», weil wir etwas als harmonisch und wohlgeordnet empfinden und es so dem Verworrenen als dem weniger Vollkommenen vorziehen [105]. O. soll aber die Operationen des Denkens leiten, um zur sicheren und gewissen Erkenntnis zu gelangen. Jene Wahrheiten, die allein durch das Denken, die Erfassung des Wesens der Sache (apriorisch) erlangt werden, müssen methodisch, d.h. durch die O. unserer Vorstellungen (ideae), erforscht werden [106]. Täuschung und Zweifel resultieren allein daraus, «daß man die Dinge ohne O. untersucht» [107]. Klar und deutlich erkannte Vorstellungen können nicht, da sie einfach und nicht auf anderes zurückführbar sind, falsch sein, und sind so unmittelbar gewiß. Die zusammengesetzten Vorstellungen werden aus diesen Axiomen methodisch richtig, d.h. geordnet, abgeleitet. Beider Wahrheit hängt allein von unserer Denkkraft und nicht von einem Gegenstand der äußeren Natur ab [108]. Der Übergang von den Vorstellungen (ideae) zu den Gegenständen (ideatae) erfolgt über die Annahme eines Wesens, welches die Ursache beider ist, Gott: «denn er wird sowohl ihre Wesenheit als ihre O. und Einheit objektiv enthalten» [109]. Unter dieser Voraussetzung ist die «O. und Verknüpfung der Vorstellungen dieselbe wie die O. und Verknüpfung der Dinge» (ordo, et connexio idearum idem est, ac ordo, et connexio rerum) [110]. Da die O. der Ideen in Gott ist und Gott notwendig so handelt, wie er handelt, folgt, daß «die Dinge auf keine andere Weise und in keiner anderen O. von Gott haben hervorgebracht werden können». Diese O. ist Gottes Wille und entspricht seiner Wesenheit, d.h. wenn «die O. der Natur eine andere wäre, so hätte demnach auch die Natur Gottes eine andere sein» müssen [111]. Gott lenkt die Welt «mit gewisser und unveränderlicher O.», die die O. der Natur ist [112].

Ähnlich wie bei Spinoza ist auch bei G. W. LEIBNIZ O. ein Begriff, mit dem eine Relation bezeichnet wird. Er ist zugleich an die Metaphysik gebunden. Alles in der Welt vollzieht sich in «O. und Harmonie»; Gott handelt nach der O. der Natur [113]. Diese O. ist aber keine den Dingen inhärente Größe, sondern eine Beziehung der Dinge untereinander, ein «O.-Verhältnis» (rapport d'ordre). Zeit und Raum sind «Weisen der O.», in denen die Dinge verschiedene Stellen einnehmen können [114]. «Die Relationen und die O.en sind im gewissen Sinne Vernunftwesen, obgleich sie in den Dingen selbst ihren Grund haben; denn man kann sagen, daß ihre Realität, wie die der ewigen Wahrheiten und die der Möglichkeiten, aus der höchsten Vernunft stammt» [115]. Unsere Worte geben uns nur eine unvollkommene Vorstellung derjenigen «O. der Ideen», die «Engeln und Menschen, ja allen Intelligenzen überhaupt gemeinsam» wäre [116].

Anmerkungen. [1] D. ERASMUS VON ROTTERDAM, Opera omnia (Leiden 1703-06, ND 1961/62) 9, 1198. – [2] G. CARDANO, Opera omnia (Lyon 1661, ND 1967) 1, 226. – [3] P. POMPONAZZI: De naturalium effectuum causis sive de incantationibus (1567, ND 1970) 116f. 134. 143f. 245. – [4] CARDANO, a.O. [2] 1, 279. – [5] G. ACONCIO: De methodo e opusculi religiosi e filosofici, hg. G. RADETTI (Florenz 1944) 160; lat.-dtsch. hg. L. GELDSETZER (1971) 68. – [6] L. B. ALBERTI, Della famiglia. Opere volgari, hg. C. GRAYSON (Bari 1960-66) 1, 238f.; dtsch. Über das Hauswesen (1962) 309-311. – [7] J. FORTESCUE, De natura legis naturae II, 59. – [8] E. DUDLEY: The tree of commonwealth, hg. D. M. BRODIE (Cambridge 1948) 90f.; vgl. 101. – [9] F. PETRARCA: De remediis utriusque fortune I, 44, lat.-dtsch. hg. R. SCHOTTLÄNDER (1975) 109. – [10] M. FICINO: Theologia platonica II, 13, lat.-frz. hg. R. MARCEL (Paris 1964-70) 1, 118-124; II, 11, a.O. 1, 108f. 111f.; vgl.

XIV, 8, a.O. 2, 276; XVIII, 1, a.O. 3, 176; vgl. 3, 298f. – [11] Theol. plat. XV, 2. 4, a.O. 3, 21. 26. 31; vgl. XI, 3, a.O. 2, 107. – [12] II, 12, a.O. 1, 118; vgl. P. O. KRISTELLER: Die Philos. des M. Ficino (1972) 50f. – [13] M. FICINO: Comm. in convivium Platonis de amore / Commentaire sur le banquet de Platon, lat.-frz. hg. R. MARCEL (Paris 1978) V, 4; VI, 15, a.O. 184f. 232. – [14] Conv. Plat. II, 4; VI, 4f., a.O. 150. 204f. – [15] G. PICO DELLA MIRANDOLA: De hominis dignitate. Heptaplus. De ente et uno, hg. E. GARIN (Florenz 1942) 104. – [16] Heptaplus I, 13, a.O. 210; vgl. I, 6f., a.O. 242-244. 264. 566. – [17] G. BRUNO: Dialoghi italiani, hg. G. AQUILECCHIA (Florenz 1958) 298. 300. 464; vgl. 524. 573; Ges. Werke, hg. L. KUHLENBECK (1896-1906) 4, 102. 104; 3, 112; vgl. 3, 158; 2, 40. – [18] a.O. 1020; vgl. 1075; dtsch.: Ges. Werke 5, 83; vgl. 138. – [19] Opera latina (Neapel/Florenz 1879-81, ND 1962) 1/2, 193. – [20] Dialoghi, a.O. [17] 732. 1114; dtsch.: Ges. Werke 2, 181; 5, 176. – [21] Cena de le ceneri, hg. G. AQUILECCHIA (Turin 1955) 191. 208f. 218. 228; dtsch. hg. H. BLUMENBERG (1969) 145. 159f. 168. 176. – [22] TH. MÜNTZER: Schr. und Br., hg. G. FRANZ (1968) 491. 219; vgl. W. ROCHLER: O.-Begriff und Gottesgedanke bei Th. Müntzer. Z. Kirchengesch. 85 (1974) 369-382. – [23] M. LUTHER, Weimarer Ausg. 44, 435; 37/I, 443; zu diesem Sprachgebrauch vgl. Augsburgische Konfession, Art. 16 (dtsch.), in: Die Bekenntnisschr. der ev.-luth. Kirche ([6]1967) 70. – [24] LUTHER, a.O. 12, 335. – [25] J. CALVIN, Inst. rel. christ. I, 5, 5; I, 2, 1; vgl. Corpus Reformatorum [= CR] 36, 29; 34, 432. – [26] CR 27, 409; 53, 142; 49, 249; vgl. 53, 140-145. – [27] Inst. rel. christ. II, 2, 13. – [28] a.O. I, 14, 2; vgl. CR 9, 813/814; vgl. J. BOHATEC: Calvin und das Recht (1934) 60ff. – [29] R. HOOKER, Of the laws of ecclesiastical polity VII, 8, 5; VIII, 2, 2. The works, hg. J. KEBLE (London 1888, ND New York 1970) 3, 188. 341f. – [30] W. PERKINS, Works (Cambridge 1612-31) 3, 10*-13*; 1, 336; vgl. D. LITTLE: Religion, order, and law (New York 1969) 106ff. – [31] J. DE LA BRUYÈRE, Les Caractères. Des esprits forts 43. Oeuvres compl., hg. J. BENDA (Paris 1951) 490f. 495. – [32] M. MAUCLERC: De monarchia divina, ecclesiastica, et seculari christiana (Paris 1622) 155ff. 169. – [33] J. AYLMER: An harborowe for faithfull and trewe subiectes (Straßburg 1559, ND Amsterdam 1972) fol. c 3r/v. – [34] G. DU VAIR, Oeuvres (Paris 1625) 817. – [35] A. FAWKNER: Nicodemus for Christ, or the religious moote of an honest lawyer (London 1630) 4f. – [36] TH. PARACELSUS, Sämtl. Werke, hg. K. SUDHOFF (1922-33) 8, 211. – [37] a.O. 4, 534; vgl. 1, 154; vgl. E. METZKE: Coincidentia oppositorum (1961) 50. 55-57. – [38] J. ARNDT: Sechs geistreiche Bücher vom wahren Christentum IV, 2, 23, neue Aufl. (1741) 937f.; vgl. IV, 2, 9, a.O. 916; vgl. G. PH. HARSDÖRFFER: Artis apophthegmaticae continuatio (1656) 15f.; Delitiae philosophicae et mathematicae (1653) 3, 77; vgl. W. MAUSER: Dichtung, Relig. und Gesellschaft im 17. Jh. (1976) 185ff. – [39] F. DE LA ROCHEFOUCAULD, Maxime 613. Oeuvres compl., hg. L. MARTIN-CHAUFFIER (Paris 1950) 345; zu O. und Vorsehung vgl. auch J. LIPSIUS: Von der Bestendigkeit (1601, ND 1965) fol. 39r. – [40] (Anonym:) Exhortation concerning good ordre and obedience to rulers and magistrates, zit. in: E. W. TALBERT: The problem of order. Elizabethan polit. commonplaces and an example of Shakespeare's art (Chapel Hill 1962) 9. – [41] P. RONSARD, Oeuvres compl., hg. P. LAUMONIER (Paris 1914ff.) 8, 120; M. SCÈVE, Oeuvres compl., hg. P. QUIGNARD (Paris 1974) 244f. 286. 303; J. M. MEYFARTH: Das Jüngste Gericht ([6]1652) 14f. – [42] I. NEWTON: Opticks (New York 1952) 369. – [43] M. DE MONTAIGNE, Essais III, 2. Oeuvres compl., hg. A. THIBAUDET/M. RAT (Paris 1962) 786. – [44] Ess. II, 29, a.O. 683; III, 13, a.O. 1096; vgl. III, 8, a.O. 903. – [45] Ess. II, 17, a.O. 639. 642; vgl. III, 2, a.O. 793. – [46] Ess. II, 37, a.O. 746; vgl. H. FRIEDRICH: Montaigne (1949) 385f. 389. – [47] P. CHARRON, De la sagesse II, 3. Oeuvres (Paris 1635, ND Genf 1970) 1/2, 36. – [48] TH. ELYOT: The book named the governor (1531), hg. S. E. LEHMBERG (London 1962) 3f. 7; vgl. E. FORSET: A comparative discourse of the bodies nat. and polit. (London 1606, ND 1969) 27; J. DE SANTA MARIA: Tratado de republica, y policia christiana (Barcelona 1617) fol. 59v-60r; J. FERNANDEZ DE OTERO: El maestro del principe (Madrid 1633) fol. 56; A. AGUADO: Politica española (Madrid 1746) 23; vgl. J.-A. MARAVALL: La philos. politique espagnole au XVIIIe siècle (Paris 1955) 106ff. – [49] G. SCHÖNBORNER: Politicorum libri VIII. Ed. post. (1627) 9. – [50] J. H. ALSTED: Encyclopaedia 1 (1630) 1; vgl. E. MOLINIER: Les politiques chrestiennes (Paris 1621) 39f.; D. REINKINGK: Biblische Policey (1653) 233. – [51] J. BODIN: Universae naturae theatrum (1597) 1. – [52] Colloquium heptaplomeres, hg. L. NOACK (1857, ND 1966) 49. – [53] De republica libri VI (1577, [7]1641) 543 (nicht in der frz. Ausg. 1583); vgl. W. H. GREENLEAF: Bodin and the idea of order, in: Jean Bodin. Verhandlungen der int. Bodin-Tagung in München, hg. H. DENZER (1973) 23-38. – [54] Vgl. z. B. BODIN, a.O. Überschrift zu III, 8: De ordinibus civium; CH. LOYSEAU: Traité des ordres et simples dignités (Paris 1613); P. GRÉGOIRE: De republica (1609) 129. – [55] Vgl. die etwa bei B. WILLMS: Der Weg des Leviathan (1979) 154ff. angegebene Lit. – [56] TH. HOBBES, De cive XIII, 2: «per ordinem causarum»; Leviathan II, 29: die Menschen als «makers and orderers» der Staaten, «intestine disorder»; The elements of law natural and politic, hg. F. TÖNNIES (London 1889, ND 1969) 189: «government and good order of the people». – [57] H. GROTIUS: De jure belli ac pacis II, 5, 21 (1625, Amsterdam 1720) 263. – [58] C. SUSANNE: Discours par lequel il est prouvé que les princes sont plus propres que le reste des hommes au gouvernement de l'église (Paris 1624) 13f. 15f. 18. 27; vgl. J. LASSENIUS: Adeliche Tisch-Reden (1661) 16. – [59] J. TALFIN: La police chrestienne (Paris 1568) 1f. – [60] N. BIESIUS: De republica libri IV (Antwerpen 1556) fol. 3v-4r. – [61] P. CAIMO: Parallelo politico delle republiche antiche, e moderne (Padua 1627) 129f. – [62] J. DE CHOKIER DE SURLET: Epimetron sive auctarium thesauri aphorismorum politicorum (1619) 22; vgl. A. CONTZEN: Politicorum libri X (1620) 4. – [63] J. ALTHUSIUS: Politica methodice digesta ([3]1614, ND 1961) 11. 86. – [64] LA BRUYÈRE, a.O. [31] 498. – [65] TH. STARKEY: An exhortation to the people, instructynge theym to unitie and obedience (London ca. 1540, ND Amsterdam 1973) fol. 32r/v; A dialogue between Reginald Pole and Thomas Lupset, hg. K. A. BURTON (London 1948) bes. 61; A. KIRCHER: Principis christiani archetypon politicum (Amsterdam 1672) 57f. – [66] J. LIPSIUS: Politicorum sive civilis doctrinae libri sex II, 1 (Leiden 1589, Antwerpen 1610) 29 bzw. 36; vgl. P. CHARRON, a.O. [47] I, 49. Oeuvres 1/1, 173; einschränkend J. PONET: A shorte treatise of politike power (Straßburg 1556) fol. c 8. – [67] H. MUGNIER: La veritable politique de prince chrestien à la confusion des sages du monde, & pour la condamnation des politiques du siecle (Paris 1647) 7f.; vgl. 9f. – [68] P. NICOLE: Essais de morale (Paris 1733-71, ND Genf 1971) 2, 169f. 172f. – [69] P. HAY DU CHASTELET: Recueil de diverses pieces pour servir à l'histoire (o. O. 1638) 86; vgl. 11; vgl. (Anonym:) Lex Talionis (London 1647) 2, zit. in: W. H. GREENLEAF: Order, empiricism, and politics (London 1964) 49: Fürsten und Könige «in the rank and order» als Gottes «lieutenants and deputies». – [70] T. HEROLD: RegentenBuch oder Tractat von weltlicher Herrn und Regenten (1619) fol. B3. – [71] LOUIS XIV: Mémoires, hg. J. LONGNON (Paris 1927) 118; vgl. 69. – [72] F. DE FÉNELON, Essai philos. sur le gouvernement civile VI. Oeuvres compl. (Paris 1851-52, ND Genf 1971) 7, 111. – [73] Ecrits et lettres polit., hg. CH. URBAIN (Paris 1920, ND Genf 1981) 92. 95f. – [74] J.-B. MASSILLON, Oeuvres (Besançon 1822) 3, 10; vgl. 3, 13f. – [75] J. MILTON, Paradise lost XII, 86-89. The works (New York 1931-38) 2/2, 381. – [76] L. DE SAINT-SIMON, Projet de rétablissement du royaume de France. Ecrits inédits, hg. P. FAUGÈRE 4 (Paris 1882) 199. – [77] M. OPITZ: Geistliche Poemata (1638, ND 1975) 343. – [78] Cardinal RICHELIEU: Testament politique, hg. L. ANDRÉ (Paris [7]1947) 234. 236. – [79] J. DOMAT: Les loix civiles dans leur ordre naturel ..., nouv. éd. (Paris 1713) Xf. – [80] B. PASCAL, Pensées, hg. L. BRUNSCHVICG, Nr. 402f. – [81] S. PUFENDORF: Von dem Natur- und Völcker-Rechte II, 1, 7 (1711) 256; lat.: De jure naturae et gentium (London 1672, 1759, ND 1967) 1, 148. – [82] J. ZABARELLA, Opera logica (1597, ND 1966) 139. – [83] R. GOCLENIUS: Lexicon philos. (1613, ND 1964) 281. – [84] R. DESCARTES, Discours de la méthode II. Oeuvres, hg. CH. ADAM/P. TANNERY (Paris 1897-1910) [= A/T] 6, 18f. – [85] Regulae ad dir. ing. V. VI. A/T 10, 379. 381; vgl. X. A/T 10, 403f. – [86] Meditationes, sec. resp. A/T 7, 155. – [87] Reg. XIV und app. ad IV. A/T 10, 451, 378. – [88] Br. an Mersenne vom 24. 12. 1640. A/T 3, 266. – [89] Vgl. Med., praef. A/T 7, 8; vgl. F. ALQUIÉ: Descartes (1962) 26f. – [90] PASCAL, De l'esprit géom. Oeuvres compl., hg. J. CHEVALIER (Paris 1954) 578f. 582f. – [91] Pensées, a.O. [80] Nr. 61. – [92] Vgl. Pensées, Nr. 20f. 187. 373. – [93] De l'esprit géom., a.O. [90] 593. – [94] Pensées, a.O. [80] Nr. 283. – [95] a.O. Nr. 793; ähnlich Nr. 460; eine Vorform (ohne «ordre de la charité») im Br. an Christine von Schweden: Oeuvres, a.O. [90]

503; zu Pascals O.-Begriff insgesamt: E. WASMUTH: Person und O. bei Pascal. Philos. Jb. 61 (1951) 80-93; J. PRIGENT: La conception pascalienne de l'ordre, in: Collège philos. Ordre, désordre, lumière (Paris 1952) 190-209; J.-P. SCHOBINGER: B. Pascals Reflexionen über die Geometrie im allg. (1974) 162-170. – [96] A. ARNAULD und P. NICOLE: La logique ou l'art de penser (Paris 1662, ND 1970) 350-353. – [97] J. B. BOSSUET, De la connaissance de Dieu et de soi-même I, 8. Oeuvres compl. (Paris 1845/46) 5, 28. – [98] N. MALEBRANCHE, Méditations chrét. III, 21; IV, 8f.; Traité de morale I, 1, 7. 13f. Oeuvres (Paris 1958-70) 10, 33. 39; 11, 19. 21f. – [99] Entretiens sur la mét. IV, 10. 12f. 17-19; VIII, 13-15, a.O. 12, 95. 97. 102-104. 191-196; vgl. XIV, 12, a.O. 12, 350f. – [100] Tr. de mor. I, 1, 19-23; I, 2, 1, a.O. 11, 22-29. – [101] a.O. I, 5, 19f., a.O. 11, 68f.; vgl. II, 1, 1f., a.O. 11, 153f.; vgl. Recherches de la vérité, Eclaircissement X, a.O. 3, 133-141; vgl. H. GOUHIER: La philos. de Malebranche (Paris 1926) 41ff. – [102] Conversations chrét., a.O. 4, 108ff. – [103] B. DE SPINOZA, Ep. 32. Opera, hg. C. GEBHARDT (1925) 4, 170. – [104] a.O. 1, 245. – [105] Ethica I, app., a.O. 2, 81f. – [106] Tract. de intell. emend., a.O. 2, 16-19. – [107] a.O. 2, 28. 30. – [108] 2, 26f. – [109] 2, 36. – [110] Ethica II prop. 7, a.O. 2, 89f.; vgl. 72, 107f. 109. 141. 281. 287. – [111] Ethica I, prop. 33 and schol. 2, a.O. 2, 73. 75f. – [112] a.O. 1, 267; 3, 45. – [113] G. W. LEIBNIZ, Nouv. essais sur l'entend. humain, dtsch. hg. E. CASSIRER (1971) 35. 87. 443. 484; vgl. Monadologie § 63; Essais de Théodicée § 359. – [114] Nouv. essais, a.O. 104. 109. 133f.; vgl. Leibniz an Clarke. Philos. Schriften, hg. C. I. GERHARDT (1875-90, ND 1965) 7, 415: Raum als «ordre des situations»; dazu Clarke 7, 435. – [115] Nouv. essais, a.O. [113] 236f. – [116] a.O. 299; vgl. entsprechend das Verhältnis der botanischen Klassifikationen zum «ordre naturel»: 345f.

2. *Von der Aufklärung bis zur Gegenwart.* – In der Schulphilosophie des 18. Jh. gibt es zunächst kaum neue Begriffsbestimmungen. CH. WOLFF definiert ‹O.› formal als «Aehnlichkeit des mannigfaltigen in einem». In der O. wird Verschiedenes miteinander verknüpft, indem es «auf einen gemeinen Grund» bezogen, eine «ratio» in vielen gefunden wird. Vollkommenheit gründet auf O. (aber nicht alle O. impliziert Vollkommenheit). Die Regeln der Natur machen «die O. der Natur» aus [1]. Daneben stehen andere Konzeptionen, die neue Elemente enthalten. SHAFTESBURY, für den es «the Sum of Philosophy» ist, «to learn what is just in Society, and beautiful in Nature, and the Order of the World» [2], ist von der O., Harmonie, Zweckmäßigkeit und Vollkommenheit der Natur überzeugt und damit auch von einer Vorsehung, die dieses Gebäude so eingerichtet hat. Würde der Mensch tugendhaft leben und die Leidenschaften im Gleichgewicht halten, «the Order of the Moral World wou'd equal that of the Natural» und der Mensch mit der «goodly Order of the Universe» ausgesöhnt [3]. Die Betrachtung von «Truth, Proportion, Order, and Symmetry» in der Welt bereitet uns Vergnügen [4]. Zwar ist uns diese O., da die Welt unermeßlich ist, nicht in allem bekannt, aber da die Welt kein zufällig entstandenes Gebilde ist, sondern ein Ganzes, ein Selbst, in dem alles untereinander verbunden ist, impliziert sie O. [5].

G. B. VICO geht es darum, die in der physischen Natur erkannte O. und Zweckmäßigkeit auch auf die Entwicklung der menschlichen Geschichte zu übertragen. «Also herrscht in unserer Wissenschaft folgende Art von Beweisen: daß die Dinge so, wie sie es darstellt, geschehen mußten, geschehen müssen und werden geschehen müssen, nachdem einmal die göttliche Vorsehung diese O.en (ordini) eingesetzt hat.» Im Menschengeschlecht wirken diese O.en oft gegen dessen Pläne oder ohne dessen Wissen; sie sind aber «allgemein und ewig» [6]. Wenn gezeigt werden kann, wie die göttliche Vorsehung alles zur O. und zu *einem* Zweck, der Erhaltung des Menschengeschlechts, hinlenkt, so bedient sie sich dabei der Leidenschaften der Menschen, die auf persönlichen Vorteil und Nutzen bedacht sind, als eines Mittels, das die «bürgerlichen O.en (gli ordini civili) hervorbringt, durch die sie [die Menschen] in menschlicher Gemeinschaft leben können». O. entsteht aus dem Zusammenwirken von an sich ordnungswidrigen Elementen: «Der menschliche Wille, seiner Natur nach höchst schwankend, festigt und bestimmt sich nach dem allen Menschen gemeinsamen Sinn für das, was ihnen notwendig oder was ihnen nützlich ist» [7]. Damit wird ein Argument aufgenommen, das in anderen Wendungen bereits von PASCAL, DOMAT und PUFENDORF gebraucht worden war [8] und das MONTESQUIEU abwandelt: Reichtümer haben insofern eine gute Wirkung, als der zu ihrer Hervorbringung nötige Handelsgeist «den Geist der Genügsamkeit, Sparsamkeit, Mäßigung, Arbeit, Besonnenheit, Ruhe, O. und Regelmäßigkeit (de tranquillité, d'ordre et de règle) im Gefolge hat» [9].

Eine ähnliche Argumentation bestimmt die Theorie des «ordre naturel» der *Physiokraten*: Wenn die Menschen naturgemäß ihre Selbsterhaltung durch einen gesicherten Lebensunterhalt zum Ziel haben, so ist es ihr Interesse, den größtmöglichen Nutzen aus ihrer Arbeit zu ziehen. Die Befriedigung ihrer Bedürfnisse und Wünsche, der Genuß ihres Eigentums, ist aber nur möglich in einem «ordre social», der diese am meisten entwickelt, erfüllt und sichert, d. h. in einer Gesellschaft, die die Freiheit, die Subsistenzmittel zu erwerben, am besten und einfachsten gewährleistet: «L'ordre physique de la génération nous montre que le genre humain est destiné par l'Auteur de la nature à une multiplication très-nombreuse.» Da dies nur durch einen Überfluß an Unterhaltsmitteln erreichbar ist, wird die Einrichtung einer Gesellschaft nötig, die ihn ermöglicht; sie muß einen Teil des «ordre de la création» ausmachen. Das größtmögliche Glück der Individuen ist garantiert erst im «ordre essentiel à toutes sociétés particulières», der im «ordre des devoirs et des droits réciproques» besteht (Genuß des aus der Bearbeitung des Grund und Bodens gezogenen Nutzens und Achtung vor dem Eigentum anderer). «Cet ordre n'est qu'une branche de l'ordre physique.» Die natürliche O., von der die soziale O. ein Teil ist, ist das Zusammenspiel der verschiedenen Interessen zu dem als notwendig erkannten Ganzen der Gesellschaft. Die soziale O. hat nichts Willkürliches, sie ist einfach und evident; es sind die grundlegenden und unabänderlichen Gesetze der Natur, die sie konstituieren [10]. Allein die vollkommene Einsicht in die Gesetzmäßigkeiten dieser O. hilft sie zu etablieren; deshalb ist ihre öffentliche Lehre nötig [11]. Über ihre Einhaltung wacht die politische Regierung, die mit absoluter Souveränität ausgestattet ist. Sie fungiert aber nur als «autorité tutélaire», als Durchsetzungsorgan der O.-Gesetze, ist also ein «gouvernement de l'Ordre» [12]. Die natürliche O. der Gesellschaft verlangt nicht «neue Menschen», die ihre «natürlichen» Passionen verleugnen, sondern nur die Einordnung des «intérêt personnel» in einen «ordre immuable institué par l'Auteur de la nature pour gouverner les hommes tels qu'ils sont, pour servir à leur bonheur temporel» [13]. Mit der Befolgung der Gesetze des «ordre social» folgen die Menschen nur ihrer Vernunft; denn die Gesetze sind gerecht und nützlich zugleich [14]. In der Vermittlung des speziellen mit dem allgemeinen Interesse sind sie die Verwirklichung der «lois naturelles, constitutives de l'ordre évidemment le plus avantageux possibles aux hommes réunis en sociétés». Je mehr der «ordre naturel» herrscht, um so mehr wird der «ordre positif» gleichmäßig und vernünftig sein [15]. Der «ordre simple et naturel» funktioniert so, daß er das gegenseitige Glück und die wechselseitige Freiheit der Menschen befördert, so daß es unvernünftig und unmöglich ist, sich von ihm zu lösen [16]. Die ganze «science économique» ist nichts anderes als die Wissenschaft der natürlichen O. [17], ja der göttlichen O., insofern die natürlichen Gesetze ihr entsprechen [18].

Während der O.-Begriff der Physiokraten noch bei CONDORCET seine Spuren hinterläßt [19], meldet G. B. DE MABLY Kritik an: Wenn die Individuen als wirtschaftliche Subjekte frei sind und untereinander in Konkurrenz treten, so ist das, was die Physiokraten den «ordre essentiel de la nature» nennen, nur «ordre naturel de l'avarice, de la cupidité et de la sottise» oder nur der Anschein von O., «l'ouvrage de la crainte» [20]. «Nos besoins qui, dans l'ordre de la nature, devoient nous unir, ne serviront, dans l'ordre ou le désordre de votre politique, qu'à nous diviser» [21]. So sehen andere Autoren auch nicht im ökonomischen Mechanismus, sondern in den staatlichen Gesetzen das Mittel zur Schaffung «guter O.» [22] oder bezeichnen es als Aufgabe der «Policey» (im älteren Sinn des Wortes), für «gute Zucht und O.» zu sorgen [23], damit der Staat, gelenkt wie eine «Maschine», in der alle Teile «zu Aufrechterhaltung einer vortrefflichen O.» zusammenstimmen, seinen Endzweck, «Stärke und Glückseligkeit», erreichen kann [24]. Für R.-L. D'ARGENSON gilt O. jedoch nicht fraglos: Es gilt, sie mit Freiheit in Einklang zu bringen, damit nicht Zwang und Un-O. die einzigen Alternativen bilden [25]. Damit hat O. aber nicht ihren Stellenwert verloren: sie ruft unser ästhetisches Gefallen hervor, und nur zuweilen ist auch «désordre» erlaubt [26]. VOLTAIRE glaubt in der Geschichte der Menschheit einen «amour de l'ordre» zu erkennen, «qui anime en secret le genre humain, et qui a prévenu sa ruine totale» [27]. Für andere, wie MORELLY, ist die ursprüngliche natürliche O. der gegenseitigen Zuneigung und Brüderlichkeit vorbildlich. Sie gilt es durch Beseitigung des Eigennutzes und der Vorurteile zurückzugewinnen, um die O. der Eintracht und Harmonie wiederherzustellen [28]. Noch bis zum Ende des 18. Jh. behalten diese oder ähnliche O.-Konzeptionen ihre Anziehungskraft, sei es, daß, wie bei A. COURT DE GÉBELIN, die vergessene alte O., von der uns etwa die Mythen berichten und nach der die Natur in ihrer Gesetzmäßigkeit ewig handelt, zum Leitbild einer neuen, erst zu schaffenden gesellschaftlichen O. wird [29], sei es, daß, wie bei C.-F. VOLNEY, der in der «loi naturelle» enthaltene «ordre régulier et constant des faits» als Instanz auch für das menschliche Leben dient [30].

Für J.-J. ROUSSEAU ist dieser Weg nicht ohne weiteres gangbar. Zwar bestimmt eine natürliche O. der Dinge den Menschen im Naturzustand [31] oder heute noch den Weisen anstelle der positiven Gesetze [32]. Auch ist die O. der Natur wichtiger als die der Gesellschaft [33]. Im «ordre naturel» sind alle gleich, im «ordre social» herrschen Unter- und Über-O. bei scheinbarer Gleichheit. Wer demnach im «ordre civil» die natürlichen Gefühle bewahren will, weiß nicht, was er will [34]. Man muß also unter den Bedingungen der Zivilisation nach Möglichkeiten suchen, wie trotzdem eine gerechte O. geschaffen werden kann. Erst mit der Gesellschaftsbildung entwickelt der Mensch ein Bewußtsein und ein Gespür für O. und Gerechtigkeit, jenen «amour de l'ordre», der im Streben nach dem Wohlbefinden der Seele und der Ruhe des Gewissens besteht. Erst wenn der Mensch Einsichten gewinnt und sich mit anderen vergleicht, bilden sich moralische Begriffe, Vorstellungen von Schicklichkeit, Maß, Harmonie und O. Auch der «Ordre de l'Univers» fällt erst den Menschen mit einiger Geistesbildung auf [35]. Diese O. der Welt ist evident und nicht zu leugnen, obwohl wir ihren Endzweck nicht kennen. Alles in der Natur kündet von Harmonie und Eintracht. Ihre O. ist kein blinder Mechanismus, sondern von einer weisen Intelligenz, von Gott, eingerichtet. Rang-O. und Ungleichheiten haben diese O. verwirrt: «Où est l'ordre que j'avois observé. Le tableau de la nature ne m'offrait qu'harmonie et proportions, celui du genre humain ne m'offre que confusion, désordre!» Der Mensch verursacht alles Böse und Üble, ohne jedoch die O. als ganze beeinträchtigen zu können. Mit dem Tod des Körpers kehrt die Seele in jene O. zurück, mit der Gott alles, was existiert, erhält und zu einem Ganzen verbindet [36]. Für das diesseitige Leben besteht die rechte O. darin, daß man alle Dinge nicht auf sich selbst, sondern auf das Zentrum, Gott und seine Schöpfungs-O., bezieht; daß man alles Leiden als Teil dieser O. begreift und seine Glückseligkeit darin findet. In der Bewunderung der O. verlange ich nicht, daß mein Schöpfer zu meinen Gunsten (durch Wunder) in sie eingreift. In der Liebe zur bestehenden O. liegt mein Verdienst und meine Tugend, die der unschuldige Naturmensch noch nicht kennen kann. Schon der Anschein der O. genügt jetzt, sie zu lieben und zu erstreben. Der aus der natürlichen in die soziale O. getretene Mensch gewinnt eine neue sittliche O. in der Beherrschung der Leidenschaften und der Aufopferung des eigenen für das allgemeine Interesse [37].

Die Vorstellung einer von Gott geschaffenen und zweckmäßig eingerichteten Natur-O. war im 18. Jh. noch weit verbreitet, sowohl bei A. POPE (Order is Heav'n's first law) [38], als auch in der Physikotheologie [39] und in der natürlichen Theologie [40]. Sie wird aber samt dem darauf gegründeten Gottesbeweis zunehmend in Zweifel gezogen. Der Abbé MESLIER macht geltend, daß O. und Vollkommenheit der Welt ebensogut auch aus sich selbst heraus bestehen könnten [41]. P.-H. TH. D'HOLBACH stellt fest, daß O. und Un-O. nicht objektive Gegebenheiten, sondern nur subjektive Betrachtungsweisen der natürlichen, mit Notwendigkeit ablaufenden Gesetzmäßigkeiten sind, denen wie allen metaphysischen Abstraktionen nichts außerhalb des urteilenden Beobachters entspricht [42]. D. HUMES Position dagegen wechselt: Hatte er zunächst gemeint, daß «the order of the universe proves an omnipotent mind» [43], so unterzieht er die Physikotheologie dann einer kritischen Prüfung [44], um sie später wieder aufleben zu lassen [45] und sie zuletzt skeptisch zu relativieren. Die O. der Welt ist zwar unbezweifelbar, aber aus ihr folgt nicht notwendig, daß sie von einem Gott geschaffen ist. Auch der Polytheismus oder die epikureische Hypothese, nach der die O. der Welt sich selbst erhält, sind nicht auszuschließen. Ein ordnender Gott als Welturheber setzt voraus, daß die O. absichtsvoll in die Natur hineingelegt ist. Auch wird Gott dabei nach Analogie mit der menschlichen Vernunft, als intelligentes Wesen wie der Baumeister einer Maschine, gedacht. Trotz dieser ungesicherten Hypothesen ist es wahrscheinlich, daß die Ursache der O. in der Welt einige entfernte Ähnlichkeit mit der menschlichen Intelligenz hat. Aber eine praktische Relevanz folgt daraus nicht [46].

F. HEMSTERHUIS entgeht solchen Kritiken dadurch, daß er Gott nicht aus der Natur-O., sondern die O. aus Gott beweist: O. ist eine in bezug auf das erkennende Subjekt relative Kategorie, hat aber ihren Anhaltspunkt in den Ähnlichkeiten der Dinge untereinander. Je mehr sie sich ähnln, um so mehr sind sie der O. fähig. Da unsere Erkenntniskraft aber begrenzt ist, ist uns die unendliche O. des Universums nicht zugänglich; für Gott existiert eine ganze andere Welt-O. als für uns: «par conséquent toutes les choses qui sont ensemble, peuvent former le plus bel ordre, pour un être qui connoîtroit ... parfaitement les essences des choses» [47].

Bereits für den 'vorkritischen' KANT ist der gängige physikotheologische Gottesbeweis nicht annehmbar, weil in ihm die O. und Zweckmäßigkeit der Natur in jeder einzelnen ihrer Wirkungen als von Gott gesetzt vorausgesetzt wird, wo diese doch «mit nothwendiger Einheit aus den wesentlichsten Regeln der Natur abfließen», die Natur einen einheitlichen Mechanismus bildet. Eine «verbesserte Methode der Physikotheologie» müßte auch die «nothwendige O. der Natur» als ganze einem göttlichen Urheber zuschreiben, von der «wesentlichen O. der Dinge ... auf ein oberstes Principium nicht allein dieses Daseins, sondern selbst aller Möglichkeit» schließen. Und dieses Verfahren ist allein der Philosophie angemessen, weil in ihm «mehr nach der O. der Natur erklärt wird» [48]. Wenn Kant später die Physikotheologie noch radikaler kritisiert [49], so liegt das auch daran, daß er erkennt, daß die «allgemeine O. der Natur» selbst ihren Ursprung im menschlichen Verstand hat, «insofern er alle Erscheinungen unter seine eigene Gesetze faßt» [50]: «Die O. und Regelmäßigkeit an den Erscheinungen, die wir Natur nennen, bringen wir selbst hinein» [51]. Von der O. der Welt auf einen «Grund der Welt-O.» zu schließen, ist aber ein Schluß nur nach «einer Analogie mit den Gegenständen der Erfahrung», ein (insofern allerdings berechtigter) Schluß auf «ein uns unbekanntes Substratum der systematischen Einheit, O. und Zweckmäßigkeit der Welteinrichtung ..., welche die Vernunft zum regulativen Princip ihrer Naturforschung machen muß» [52]. Darüber hinaus wird aber von der Urteilskraft a priori vorausgesetzt, daß die O. der Natur unserem Erkenntnisvermögen zugänglich ist und es nicht übersteigt, denn ohne dies wäre es dem Verstand unmöglich, in der Natur «eine faßliche O. zu entdecken» [53]. Da diese Voraussetzung aber offensichtlich erfüllt ist, kann Kant sagen: «Newton sah zu allererst O. und Regelmäßigkeit mit großer Einfachheit verbunden, wo vor ihm Un-O. und schlimm gepaarte Mannichfaltigkeit anzutreffen waren» [54].

Zugleich wird es für die Geschichtsphilosophie nötig, O. und Regelmäßigkeit in dem scheinbar so ungeordneten Entwicklungsgang von Gesellschaft und Geschichte zu suchen: Für J. G. HERDER ergibt sich schon aus der Analogie mit der vom Schöpfer geordneten Natur, daß auch in der Geschichte ein göttlicher Plan und eine O. walten [55]. KANT sieht, ähnlich wie vor ihm Vico, die Physiokraten u. a., gerade im «Antagonismus ... in der Gesellschaft» das Mittel, «am Ende ... eine gesetzmäßige O.» hervorzubringen. «Alle Cultur und Kunst, ... die schönste gesellschaftliche O. sind Früchte der Ungeselligkeit, die durch sich selbst genöthigt wird sich zu discipliniren» [56]. Nach F. SCHILLER nimmt der Historiker «Harmonie aus sich selbst heraus und verpflanzt sie außer sich in die O. der Dinge, d. i. er bringt einen vernünftigen Zweck ... in die Weltgeschichte» [57]. Schiller nimmt sogar an, daß die «O. der Natur ... von der Sittlichkeit unserer Gesinnungen abhängig ist», insofern moralisch zweckmäßige Handlungen «zugleich eine physische Zweckmäßigkeit in sich schließen». Religion und Kunst können dazu dienen, daß unsere unvermeidlichen Leidenschaften wenigstens «nicht die physische O. verletzen» [58]. – Auch J. G. FICHTES O.-Begriff ist an Kant orientiert: Die «O. einer übersinnlichen Welt ... wird Welt nur dadurch, daß sie geordnet wird» [59]; d. h. Fichtes O.-Begriff meint nicht etwas Festes und Ruhendes, sondern ein «thätiges Ordnen (ordo ordinans)» [60]. Obwohl Fichte davon spricht, daß der Mensch einer «rein geistigen» und einer «sinnlichen O.» angehöre, obwohl er Gott als «moralische O.» bezeichnet [61], scheint auch dies nicht eine statische O. zu bedeuten. Denn O. als Realisierung von Zwecken ist von einem selbständigen, sittlich tätigen und ordnenden Ich abhängig. Das Ich ist «Urheber einer neuen O. der Mannigfaltigkeit», konkret: der «Gemeinde» freier und gleicher «Iche», deren Pflicht die Schaffung einer «neuen Welt-O.», ein sittliches Handeln für Gesetzgebung und Staat, Kunst, Wissenschaft oder Religion ist [62].

Dem Enthusiasmus solchen Schöpfertums entspricht während der Französischen Revolution die Verkündigung des Anbruchs einer neuen Zeit und eines «nouvel ordre» durch Mirabeau, Marat und J. ROUX [63]. E.-J. SIEYES u. a. setzen sich zum Ziel, eine gerechte Gesellschafts-O. zu errichten [64]; das Repräsentativsystem entspricht nach TH. PAINE «der O. und den unwandelbaren Gesetzen der Natur»; die Revolutionen in Amerika und Frankreich sind «eine Erneuerung der natürlichen O. der Dinge» [65]. Wenn J. P. BRISSOT die O. als eine «mesure révolutionnaire» bezeichnet und den Jakobinern vorwirft, statt O. Anarchie herbeigeführt zu haben [66], so verteidigt sich umgekehrt M. ROBESPIERRE damit, daß die auf Gerechtigkeit und «ordre public» gegründeten Regeln der Gesellschaft nichts mit Anarchie und «désordre» gemein hätten [67].

Die Gegner der Revolution berufen sich dagegen auf die 'wahre' alte O. [68] oder wollen die durch die Revolution gestörte O. wiederherstellen, wobei ihnen zumeist die ewige, unabänderliche O. der Natur als Vorbild für die geschichtlich-soziale O. dient [69]. – Romantiker wie NOVALIS finden in «alten Zeiten» durch Priester und Wahrsager «sonderbare Sympathien und O.en in die Natur» gelegt, von denen uns heute nur Spuren überkommen sind [70]. F. W. J. SCHELLING, der in seiner Frühzeit das «Entstehen einer rechtlichen O.» als Ziel der Geschichte begriffen hatte, Freiheit durch O. garantiert wissen wollte [71], erkennt später, daß alles Werden noch nicht vollständig O. geworden ist, ihm noch «Regelloses» zugrundeliegt, das «Verstandlose» nicht ganz in Verstand aufgeht [72]. – Für A. VON HUMBOLDT entspringt ein höherer Grad an Bildung «aus der Einsicht in die O. des Weltalls und in das Zusammenwirken der physischen Kräfte» [73]. Diese Einsicht, daß die Welt «ein in sich Geordnetes, wo jedes seine Stelle hat», ist, reicht aber, wie G. W. F. HEGEL weiß, nicht mehr aus, daraus einen vernünftigen Begriff von Gott zu bilden; denn damit wäre das Endliche zur Grundlage Gottes gemacht [74].

Will man die Wandlungen des O.-Begriffs im 18. und beginnenden 19. Jh. zusammenfassen, so kann man feststellen: 1. Aus der O. als einer hierarchischen Gliederung und Rangfolge wird zunehmend die O. einer Reihe oder Serie, deren Elemente nicht nach Qualitäts-, sondern nach Funktionsmerkmalen untereinander geordnet sind. (Bezeichnend ist, daß F. QUESNAY die alte Stände-O., «la division des sociétés en différents ordres de citoyens», für unvereinbar hält mit der natürlichen O. der Gesellschaft [75]). 2. O. wird zunehmend abhängig von einem Subjekt, das sie als O. erkennt oder erst setzt. Auch wenn diese O. noch metaphysisch verankert oder in den 'Dingen selbst' aufgefunden wird, so ist es doch eine O. *für* ein sie erkennendes Subjekt und auf dieses bezogen. 3. Damit hängt zusammen, daß die O. nicht mehr primär in Gott fundiert ist, sondern daß der Mensch es übernommen hat, O. zu stiften. Als Berufungsinstanz dient nun zumeist die Natur (in aller Vieldeutigkeit), die nun ihrerseits 'göttlich' genannt werden kann. 4. Daraus folgt, daß die O. nicht die vorgegebene und immer gültige O. ist, sondern die erst zu schaffende oder wiederherzustellende, die deshalb oft als «neue O.» bezeichnet wird. Der O.-Begriff kann Erwartungs- und Hoffnungscharakter erhalten. Er wird in den allgemeinen Prozeß der Vergeschichtlichung (R. KOSELLECK) einbezogen, der diese Epoche kennzeichnet. 5. Damit wird fraglich, *welche* O. gelten soll. Zumindest im politisch-sozialen Bereich ist die jeweilige O. nicht mehr konkurrenzlos und hat folglich besondere Begründungen nötig. Die Konsequenzen zeigt HEGEL auf: er beschreibt, in welche Konflikte die weltverbessernde Individualität gerät, die die bestehende O. als «eine gewalttätige O. der Welt, welche dem Gesetze des Herzens widerspricht», erfährt und doch nicht anders kann, als auch seine O. als «allgemeine O.» zu verwirklichen [76]. O. ist nicht mehr notwendig gerechte O. (GOETHE: «Ich will lieber eine Ungerechtigkeit begehen, als Un-O. ertragen» [77]); die alte Wohlgeordnetheit ist abgelöst durch O. als formales Arrangement (auch unter schlechten Regierungen existiert O.). Was gute O. sei, wird schwierig zu definieren; O. selbst wird «ein abstraktes Wort», das man dennoch nicht entbehren kann [78]. Hiermit sind zum Teil schon Tendenzen bezeichnet, die sich erst im Verlauf des 19. Jh. deutlich zeigen sollten.

Die Erfahrung des historischen Umbruchs der Revolution bildet auch den Hintergrund für viele O.-Konzeptionen der Folgezeit, die sich nicht auf die Restauration der vergangenen O., sondern auf die Errichtung einer zukünftigen O. richten. So konstatiert C. H. DE SAINT-SIMON eine Krise der moralischen und politischen O. in Europa und erwartet ihre Überwindung von der Begründung einer neuen O. und Organisation der Gesellschaft durch die Klasse der «industriels», aber auch von der Förderung der Künste und positiven Wissenschaften [79]. Das goldene Zeitalter der Menschheit liegt nicht hinter uns, sondern vor uns, «il est dans la perfection de l'ordre social» [80]. SAINT-SIMONS Schüler haben dann das Bedürfnis der Menschheit nach O., Harmonie und Einheit auf allen Gebieten formuliert und deren Realisierung für die Zukunft gefordert [81]. Ausgehend von einer ähnlichen Zeitdiagnose (Krise der alten O. und Unmöglichkeit ihrer Wiederherstellung) proklamiert A. COMTE als Heilmittel «ordre et progrès» gleichermaßen [82]. Die positive Philosophie leistet die Erfüllung des Bedürfnisses nach O. und Fortschritt, indem sie einerseits alle Phänomene der physischen und sozialen Welt wissenschaftlich, gesetzmäßig erklärt und sie so zu einer systematischen Einheit verbindet und andererseits diese O. fortschreitend durchsetzt und das Entwicklungsgesetz dafür aufstellt. Die O. wird sukzessive verwirklicht; der Fortschritt erfolgt gesetzmäßig. Sein und Bewegung, Organisation und Leben, Statik und Dynamik bilden keine Gegensätze mehr, sondern eine «Solidarität». «Für die neue Philosophie stellt die O. stets die Grundvoraussetzung des Fortschritts dar; und umgekehrt wird der Fortschritt das notwendige Ziel der O.» [83]. «Le progrès est le développement de l'ordre» [84]. Der Fortschritt vollzieht sich auf der Grundlage der O. [85].

Auch für jungdeutsche Revolutionäre wie M. HESS ist «O. ... das Ziel der Geschichte wie der Natur», eine «sociale O.», deren Inhalt «die höchste Freiheit» ist [86]. Eine «gut geordnete Gesellschaft», so W. WEITLING, hat die immer weitere Vervollkommnung zu «Einheit und Harmonie», die Verwirklichung des «allgemeinen Interesses» zum Ziel, wodurch auch alle Verbrechen verschwinden, denn diese sind nur «Folgen der gesellschaftlichen Un-O.» [87]. – Auch der Anarchismus bekennt sich durchaus zur O.; P.-J. PROUDHON: «La plus haute perfection de la société se trouve dans l'union de l'ordre et de l'anarchie» [88]. Die O. der Gesellschaft ist dabei Teil der umfassenden Schöpfung von O. durch eine neue organisierte Wissenschaft [89]. Für M. BAKUNIN gilt, daß sich Anarchie und O. nicht ausschließen; die «neue O.» soll vielmehr aus der Anarchie hervorgehen [90] und die «Entwicklung aller lokalen, kollektiven und individuellen Freiheiten sein» [91]. Nach J. DONOSO CORTÉS verkennt der Sozialismus (Proudhon) jedoch die Tatsache der Sünde und des Bösen, die die Un-O. verursacht und die Schaffung einer innerweltlichen O. unmöglich gemacht haben. Der Mensch hat die O., deren Zentrum Gott ist, verlassen und kann nur durch die freiwillige Übernahme des Leidens zu ihr zurückfinden [92].

Umgekehrt fühlt sich F. NIETZSCHE dazu berufen, aus der Erfahrung, daß «unsere gesellschaftliche O. ... langsam wegschmelzen» wird, «über die Notwendigkeit neuer O.en» nachzudenken, wozu in einem Zeitalter der Gleichheit auch gehört, «die O. des Ranges in der Welt aufrechtzuerhalten, unter den Dingen selbst – nicht nur unter den Menschen» [93]. F. M. DOSTOJEWSKIJ formuliert das Problem einer ganzen Epoche: Die «Sehnsucht nach O. und das Suchen nach der Wahrheit» ist deshalb so schwierig, «weil fast nichts vorhanden ist, an das man sich anschließen könnte»; und so wird die Entwicklung einer «eigenen O.» – «gleichviel was für eine O.» – die wichtigste Aufgabe [94]. Daraus entsteht aber die von E. DURKHEIM aufgeworfene Frage, wie der menschliche Wille sich einer O. einfügen kann, von der er weiß, daß er sie autonom geschaffen hat. «Wie soll man aber von dem Individuum eine soziale O. ableiten, die die Individuen überschreitet? ... Wenn das Gesetz ihr Werk ist, wie kann es sie dann binden?» [95]

Gegen Ende des 19. und im 20. Jh. versuchen mehrere Autoren, den scholastischen O.-Begriff zu restituieren und dadurch dem neuzeitlichen «O.-Schwund» [96] entgegenzuwirken [97]. Sie vermochten jedoch nicht, das seit Kant unhintergehbare Bewußtsein zu beseitigen, daß die O. der Natur erst von der Vernunft gesetzt wird. Dies prägt das Denken A. SCHOPENHAUERS [98]; dies liegt auch vielen Wissensbegründungen des 19. und 20. Jh. zugrunde: Schaffung einer der Natur der Dinge möglichst adäquaten, wenn auch nie ganz erreichbaren O. der Vorstellungen und Begriffe ist das Ziel aller philosophischen Spekulation [99]; logische O. bildet die Voraussetzung aller Erkenntnis [100]; alles zielgerichtete Denken muß geordnet sein [101]. Selbst die «Sätze unserer Umgangssprache sind ... logisch vollkommen geordnet»; eine «vollkommene O.» muß «auch im vagsten Satze stecken» [102]. Die Wirklichkeit ist, so H. BERGSON, «genau in dem Maße geordnet, in dem sie unserem Denken genüge tut. O. ist also eine gewisse Übereinstimmung von Subjekt und Objekt. Sie ist der in den Dingen sich wiederfindende Geist.» Entsprechend den beiden Richtungen, in die der Geist sich bewegt, bestehen aber zwei O.en: eine geometrisch-automatische und eine lebendig-gewollte, die miteinander in Konkurrenz stehen (Un-O. ist die Abwesenheit der einen dieser beiden O.en, die existiert, aber uns gerade nicht interessiert) und gegeneinander «zufällig» sind: «Wo ich Geometrisches finde, war Lebendiges möglich; wo die O. eine lebendige ist, hätte sie geometrisch sein können» [103]. Die «O.-Lehre oder Logik» H. DRIESCHS nimmt ihren Ausgang vom Erleben und der Selbstbesinnung des Ich («methodischer Solipsismus»), das für sich O. bildet, damit aber etwas außer sich setzt und für das so Geordnete Gültigkeit fordert: «Ich ordne in für mich gültiger Form ... Aber ich *ordne* doch eben, ich halte fordernd dieses als O.-Anteil fest, jenes nicht.» O. selbst wird als «Ursachverhalt» geheimnisvoll geschaut und kann nicht weiter analysiert werden. Mit diesem «Normieren» des Denkens und durch das Denken wird ein selbständiges Etwas, werden Gegenstände gesetzt, die in ihrer vollendeten Gesamtheit eine Einheit, «ein wirkliches System» bilden würden. Das «ordnungsmonistische Ideal», in dem «jede Einzelheit des Seins diesen ihren bestimmten O.-Platz» einnehmen würde, ist aber nicht erfüllbar; O. und Sein kommen nie völlig zur Deckung [104]. Es bleibt immer ungewiß, so F. MAUTHNER, inwieweit die Natur unserer «subjektiven O.» entspricht [105]. Aber auch wenn man zugesteht, daß die Annahme einer allgemeinen O. und Naturgesetzlichkeit «mehr dem Wunsch und einer Hoffnung als dem gegenwärtigen Stand unserer Kenntnisse» entspricht, so erweist sie sich doch als unerläßliche Voraussetzung der wissenschaftlichen Forschung [106]. Bis heute ist es strittig, ob die O.-Leistung des Subjekts eher darin besteht, «die im Material liegenden O.-Möglichkeiten ans Licht zu bringen» [107], oder ob Sinn, Wert und O. dem Sein erst von außen gegeben werden, also allein von der menschlichen Freiheit abhängen [108].

Historisch-politische Erfahrungen haben gegenüber revolutionären Veränderungen den Ruf nach Stabilität in Gesellschaft und Staat, nach «Ruhe und O.» [109] aufkommen lassen, anderseits der Kategorie O. aber auch den Index des Restaurativen angeheftet. Der Begriff ‹O.› konnte sich wie alle politischen Begriffe der 'Ideologisierung' und dem Streit der Parteien nicht entziehen. Auf einer reflektierteren Ebene wird eher die Ambivalenz der O. gesehen: S. FREUD weist darauf hin, daß O. zwar von unleugbarem Nutzen ist, aber wie jede Kulturleistung auf Triebverzicht aufbaut [110]. TH. W. ADORNO macht gegenüber dem «Jammer über den Verlust ordnender Formen» und dem «Ruf nach verbindlicher O.» (Heideggers Fundamentalontologie) ideologiekritische Einwände, nicht ohne seinerseits die Aussicht auf eine «menschenwürdige O. ... ohne Gewalt» zu eröffnen [111]. Andere Autoren insistieren von unterschiedlicher Perspektive aus darauf, daß für den Menschen die Einfügung in kulturell-gesellschaftlich, aber auch natürlich vorgegebene O.en mannigfaltiger Art unumgänglich ist, damit seine Subjektivität in ihnen Erfüllung und Sinn findet [112]. Hierzu zählen für W. MAIHOFER die sozialen Rollen der «Sitten-O. und Rechts-O.» [113], für A. GEHLEN die Institutionen, die dem Mängelwesen Mensch Norm und Halt geben [114], aber auch Freiheit garantieren können, weil sie «das Auseinandertreten der Positionen zur Unversöhnlichkeit ersparen» [115]. So gesehen geht es also nicht um die Alternative O. oder Nicht-O., sondern um die «Dialektik», das Begrenzungs- und Bedingungsverhältnis von O. und anderen Werten der Gesellschaft wie Freiheit, Gerechtigkeit und Sicherheit, dann aber auch um die Beziehung der O.en und Freiheiten untereinander [116]. Wenn der Mensch aber in verschiedene O.en einbezogen ist, wenn eine Konkurrenz der O.en denkbar ist, stellt sich die Frage, welche von ihnen eine «O. der O.en» herstellen, d. h. in letzter Instanz verbindliche Regelungen treffen kann. Einen solchen Monopolanspruch *einer* O. kann es nach H. BARTH wegen der Fehlbarkeit des Menschen nicht geben [117]. Dem entspricht das Fehlen eines höchsten Gutes auch dort, wo eine «Rang-O. der Werte» aufgestellt wird [118], und die allgemeine Erkenntnis, daß keine O. letzte Gültigkeit beanspruchen kann: «Depending upon where one starts, one has a distinct way of ordering the entities comprising the world» [119].

Gegenüber dieser Relativierung der O.en beharren andere Autoren aber darauf, daß alle O., die diesen Namen verdient, «noch eine Spur des O.-Prinzips» der «höchsten O.» in sich enthält [120], teilhat «an der welt-jenseitigen, göttlichen Ratio» [121] und daß der «Kampf um die Wahrheit der O. [die] eigentliche Substanz der Geschichte» ist [122]. «Die letzte und erste O.-Bestimmung des Menschen liegt darin, daß er capax Dei ist» und sich orientiert an der «gerechten Gesamt-O.» der göttlichen Weisheit [123].

Nimmt man aber eine sehr hohe Abstraktionsebene und einen ganz neutralen O.-Begriff zum Ausgangspunkt, so geht es nicht mehr um die Bestimmung der richtigen O., sondern um die Beschreibung der Merkmale und des Funktionierens jedweder O.; O. *soll* jetzt nicht mehr sein, sondern *ist* in irgendeiner Form mit jeder Gesellschaft gegeben. Trotz M. HEIDEGGERS Bedenken, daß das Typisieren der Vielzahl der O.en noch «nicht ein wirkliches Verständnis dessen, was da geordnet vorliege», biete und «das echte Prinzip der O. ... seinen eigenen Sachgehalt» habe [124], hat sich der formalisierte O.-Begriff in den Sozialwissenschaften weit verbreitet; ‹O.› rückt damit in die Nähe von ‹Struktur›, ‹Gestalt›, ‹Norm-› und ‹Regelsystem› u. ä. [125]. Politische und gesellschaftliche O.en werden dann auf ihre unterschiedliche Legitimation hin befragt [126], auf die Normen und Regeln, besonders das Recht, hin, die «O.-Sicherheit» und «-Gewißheit» garantieren [127]. Sie werden unterschieden nach sich selbst organisierenden oder von außen gesetzten O.en [128], nach inneren natürlichen oder künstlichen O.-Prinzipien [129]. Die funktionale Soziologie formuliert für hochkomplexe Gesellschaften das «motivational problem of order», d. h. die Frage, wie der für hohe Anforderungen an das Gesellschaftssystem nötige Aufwand an internalisierter O., Konsens, aufrechterhalten werden kann: «The remarkable thing about social order is not how perfect it is, but that is does exist at some sort of reasonably tolerable level» [130].

Die Ethnologie zeigt, von welchen O.-Strukturen Gesellschaften integriert werden (von Verwandtschaftssystemen, sozialen Organisationen, sozialen oder wirtschaftlichen Schichtungen usw.); diese O.en sollen, nach dem Anspruch von C. LÉVI-STRAUSS, wiederum nach ihren formalen Merkmalen geordnet werden, damit auf einer sehr abstrakten Ebene eine «O. der O.en» entsteht [131]. Anderseits belehrt die historische Forschung darüber, daß die «empirischen O.en», die «fundamentalen Codes einer Kultur, die ihre Sprache, ihre Wahrnehmungsschemata, ihren Austausch, ihre Techniken, ihre Werte ... beherrschen», geschichtlich sehr different ausgebildet sind; deshalb untersucht M. FOUCAULT das einer Epoche je eigene Schema des Ordnens selbst, das «rohe Sein der O.» in seiner historischen Veränderung [132]. Nimmt man aber einen universalen O.-Begriff, der nicht nur für den menschlich-kulturellen, sondern auch für den physischen und vitalen Bereich gelten soll, so gilt es, diese Bereiche nach dem jeweils «dominierenden Merkmal» (Quantität, O. und Bedeutung/Wert) und der ungleichen Art der Partizipation an der Gestalt (Struktur) zu unterscheiden [133].

Anmerkungen. [1] Ch. Wolff: Vern. Ged. von Gott, der Welt und der Seele des Menschen (1720) 55. 67. 397-400 (§§ 132. 156. 717-724); Philosophia prima sive Ontologia (1736) 360ff. (§§ 472ff.); vgl. Anmerckungen über die vern. Ged. ... (1724) 71ff.; H. A. Meissner: Philos. Lex. aus Ch. Wolffens sämtl. dtsch. Schr. (1737) 419ff.; J. G. Walch: Philos. Lex. (²1733) 2, 330f.; J. G. Darjes: Elementa metaph., ed. nova (1753) 150ff.; A. G. Baumgarten: Metaphysica (³1750) 19ff. 140. – [2] A. A. C. Shaftesbury: Miscell. reflections, in: Charact. of men, manners, opinions, times (London 1711, ND 1978) 3, 161. – [3] The moralists II, 3-5; III, 3, in: Charact. a.O. 2, 274-279. 284-294. 336f. 433; dtsch. hg. W. H. Schrader (1980) 100-103. 106-113. 140f. 204. – [4] An inquiry conc. virtue and merit, in: Charact. 2, 104. – [5] The moralists III, 1, in: Charact. 2, 358. 362; dtsch. Ausg. 155. 157. – [6] G. B. Vico: La scienza nuova (Neapel 1744) 341-348. Opere, hg. G. Gentile/F. Nicolini (Bari 1914-41) 4/1, 125-128; vgl. Sc. nuova 239, a.O. 96. – [7] Sc. nuova 133. 141, a.O. 76f. – [8] Vgl. Anm. [79-81 zu III/1]. – [9] Ch. L. de Montesquieu: De l'esprit des lois V, 6. Oeuvres compl., hg. R. Caillois (Paris 1949-51) 2, 280; vgl. A. Smith: An inquiry into the nature and causes of the wealth of nations (London 1776) III, 4; vgl. A. O. Hirschman: Leidenschaften und Interessen (1980) 25. 81. – [10] P.-P. Le Mercier de la Rivière: L'ordre naturel et essentiel des sociétés politiques (London/Paris 1767), hg. E. Depitre (Paris 1910) 7. 19. 21. 23. 28-30; vgl. F. Quesnay, Oeuvres économ. et philos., hg. A. Oncken (1888, ND 1965) 370-375. 637; V. R. de Mirabeau: La science ou les droits et les devoirs de l'homme (Lausanne 1774, ND 1970) 2. 51f. 77; Philos. rurale (Amsterdam 1764, ND 1972) 3, 318-322; G.-F. Le Trosne: De l'ordre social (Paris 1777) 8-13. 26f. 38ff. 85; P.-S. Dupont de Nemours: De l'origine et progrès d'une science nouvelle, in: E. Daire: Physiocrates (Paris 1846, ND Genf 1971) 337f. 342f. 374; N. Baudeau: Avertissement, in: Ephémérides du citoyen (1767) 1, 3ff.; Rez. zu: L'ordre naturel et essentiel des sociétés politiques, in: Ephémérides du citoyen (1767) 11, 165-185. – [11] Le Mercier de la Rivière, a.O. 39ff.; Mémoire sur l'instruction publique, in: Nouv. Ephémérides économ. (1775) 9, 131ff., bes. 154ff.; Quesnay, a.O. 331. – [12] Le Mercier de la Rivière, a.O. 52ff. 117ff.; Le Trosne, a.O. [10] 236; Quesnay, a.O. 637f. 329ff.; Mirabeau, La science ... a.O. [10] 118f. 176; Philos. rurale a.O. [10] 1, XXXVIIIf. – [13] Le Mercier de la Rivière, a.O. 329. – [14] Le Trosne, a.O. [10] 51. 180. – [15] Quesnay, a.O. [10] 375f.; Le Mercier de la Rivière: Lettre sur les économistes, in: Nouv. Ephémérides économ. (1775) 3, 59. – [16] Le Mercier de la Rivière, a.O. [10] 351; vgl. N. Baudeau: Première introd. à la philos. économ., in: Daire, a.O. [10] 742; Hist. du droit naturel, in: Ephémérides du citoyen (1767) 2, 123. – [17] N. N., in: Nouv. Ephémérides économ. (1775) 1, 170. – [18] Mirabeau, La science ... a.O. [10] 16. 217. – [19] M.-J.-A.-N. de Condorcet, Oeuvres (Paris 1847-49, ND 1968) 6, 537; 12, 633; vgl. jedoch 4, 222: Kritik des Begriffs der Natur-O.; in Deutschland vgl. J. A. Schlettwein: Die wichtigste Angelegenheit für das ganze Publicum: oder die natürl. O. in der Politik 1-2 (1772-73, ND 1978); Erläut. und Verthaidigung der natürl. O. in der Politik (1772, ND 1978); Die Rechte der Menschheit oder der einzige wahre Grund aller Gesetze, O.en und Verfassungen (1784, ND 1980) bes. 458f. – [20] G. B. de Mably, Coll. compl. des œuvres (Paris 1794-95) 11, 33. 36. 39; vgl. 11, 275f. – [21] a.O. 9, 32. – [22] J.-F. de Bielfeld: Institutions polit. (Leiden ²1767) 1, 100; dtsch.: Lehrbegriff der Staatskunst (1768) 1, 91. – [23] J. H. G. von Justi: Grundsätze der Policeywiss. (³1782, ND 1969) Vorrede zur 1. Ausg.; 233. – [24] Grundriß einer guten Regierung (1759) 321-330. – [25] R.-L. d'Argenson: Considérations sur le gouvernement ancien et présent de la France (Amsterdam ²1784) 24. – [26] E. B. de Condillac: Essai sur l'origine des connaissances humaines II, 2, 4. Oeuvres philos., hg. G. Le Roy (Paris 1947-51) 1, 116f. – [27] Voltaire: Essai sur les mœurs et l'esprit des nations, hg. R. Pomeau (Paris 1963) 2, 808. – [28] Morelly: Code de la nature (1755), hg. E. Dolléans (Paris 1910) 35ff. 53ff. 58ff.; dtsch.: Gesetzbuch der natürl. Gesellschaft, hg. W. Krauss (1964) 120ff. 142ff. 148ff.; vgl. Le prince (Amsterdam 1751, ND Paris 1970) 2, 5. – [29] A. Court de Gébelin: Monde primitif, analysé et comparé avec le monde moderne, nouv. éd. (Paris 1787) 1/3, 146ff. 159ff.; 8, XVIIIf. LXVIff. – [30] C.-F. Volney: La loi naturelle ou catéchisme du citoyen français (Paris 1793), hg. Gaston-Martin (Paris 1934) 95-98. – [31] J.-J. Rousseau, Oeuvres compl., hg. B. Gagnebin/M. Raymond (Paris 1959ff.) 3, 378; vgl. 3, 326. – [32] a.O. 4, 857. – [33] 4, 668. – [34] 4, 249. 251. 524. – [35] 4, 935f. 951; vgl. 3, 282. – [36] 4, 578-581. 583. 587-593; vgl. 4, 1046. – [37] 4, 602-605. 858; vgl. 4, 303f. 548. – [38] A. Pope: Essay on man IV, 49. Twickenham-Ed. 3/1 (London/New Haven 1950) 132. – [39] z. B. B. Nieuwentyt: Rechter Gebrauch der Welt-Betrachtung (1747) 19f.; J. P. Süssmilch: Die göttl. O. in den Veränderungen des menschl. Geschlechts (²1761); Ch. Bonnet: Philos. Unters. der Beweise für das Christenthum, übers. J. C. Lavater (1769) 41. 109. 122f.; eine Weiterführung von Malebranches O.-Begriff in: Collection compl. des œuvres (Neuchâtel 1779-83) 8, 61. 108f. 119; vgl. 6, 125. – [40] H. S. Reimarus: Abh. von den vornehmsten Wahrheiten der natürl. Relig. (⁵1781) 546. 556. 624. 631; vgl. das Ms. des R. P. de Balagny 1783/84 zit. in: B. Plongeron: Théol. et politique au siècle des lumières (Genf 1973) 114. – [41] J. Meslier: Mémoire des pensées et des sentiments. Oeuvres compl. (Paris 1970-72) 2, 169f.; dtsch.: Das Testament, hg. G. Mensching (1976) 303ff. – [42] P.-H. Th. d'Holbach: Système de la nature (Paris 1821, ND 1966) 1, 66-84; dtsch. übers. F.-G. Voigt (1960) 50-59; vgl. 2, 110. 113f.; dtsch. 375. 377; Système social (London 1773, ND 1969) 1, 98. 100f. – [43] D. Hume: A treatise of human nature, hg. L. A. Selby-Bigge (Oxford ²1978) 633; dtsch. hg. Th. Lipps/R. Brandt (1973) 219. – [44] An inquiry conc. human understanding XI, hg. Ch. W. Hendel (Indianapolis 1977) 145ff.; dtsch. hg. R. Richter (1961) 159ff. – [45] The natural hist. of religion, Introd., hg. H. E. Root (London 1956) 21; dtsch. hg. A. J. Sussnitzki (1911) 45. – [46] Dialoge über die natürl. Relig., hg. G. Gawlick (⁵1980) 57f. 62f. 70f. 110. – [47] F. Hemsterhuis: Aristée, ou de la divinité (Paris 1779). Oeuvres philos., hg. L. S. P. Meyboom (Leeuwarden 1846-50, ND 1972) 2, 11-23; vgl. dazu W. Heinse, Sämtl. Werke, hg. C. Schüddekopf (1902-25) 8/2, 134-136. 140. – [48] I. Kant, Einzig möglicher Beweisgrund ... Akad.-A. 2, 93-99. 103-127. 134-136. – [49] KrV B 648ff. – [50] Prolegomena § 38. Akad.-A. 4, 322. – [51] KrV A 125; vgl. B 237ff. 475; Anthropologie I, § 9. Akad.-A. 7, 144; 17, 547; 18, 380. – [52] KrV B 725. – [53] KU, Einl. Akad.-A. 5, 184-186. – [54] Akad.-A. 20, 58f. – [55] J. G. Herder: Ideen zu einer Philos. der Gesch. der Menschheit, Vorrede zu 1 (1784). Sämtl. Werke, hg. B. Suphan (1877-1913) 13, 7f. – [56] Kant, Akad.-A. 8, 20. 22. – [57] F. Schiller, Sämtl. Werke, hg. G. Fricke/H. G. Göpfert 4 (¹1966) 764; vgl. 765. – [58] a.O. 4, 788. – [59] J. G. Fichte, Sämtl. Werke, hg. I. H. Fichte (1834/35, 1845/46) 5, 361. – [60] a.O. 5, 381f. – [61] 2, 288f.; 5, 186; vgl. 5, 389. 394. 533; 7, 467. 304. – [62] 11, 68-71. 74f. – [63] Unter Abwandlung des Vergil-Verses Ecl. IV, 5 belegt bereits bei P. Bayle und D. Diderot; Nachweise bei T. Schabert (Hg.): Der Mensch als Schöpfer (1971) 13-15; vgl. H. Bancal: Du nouvel ordre social (Paris 1792). – [64] E.-J. Sieyes: Was ist der Dritte Stand? in: Polit. Schr. 1788-90, hg. E. Schmitt/R. Reichardt (1975) 169. 172; F. Boissel: Le catéchisme du genre humain (Paris 1792) 122. – [65] Th. Paine: Die Rechte des Menschen, hg. W. Mönke (1962) 244. 288. – [66] J. P. Brissot: A ses commettants (Paris 1794) 7; vgl. P. Kropotkin: Die frz. Revolution (1948) 289. 293f. – [67] M. Robespierre, Oeuvres 10 (Paris 1967) 275. – [68] E. Burke, Refl. on the revolution in France. Works (London 1850) 1, 394; A. Rivarol, Oeuvres choisies, hg. A. de Lescure (Paris 1880) 2, 59; vgl. 1, 276. – [69] L.-G.-A. de Bonald, Essai analyt. sur les lois nat. de l'ordre social. Oeuvres compl., hg. J.-P. Migne (Paris 1859) 1, 958-960; J. de Maistre, Considérations sur la France. Oeuvres compl. (Lyon 1884-86, ND 1979) 1, 1ff. 122ff. 157. Abendstunden zu St. Petersburg (1824/25) 2, 110ff. 122ff.; F. de Lamennais, Oeuvres compl. (Paris 1836-37, ND 1967) 7, 3ff. 292. 298-301; 10, 315f.; vgl. H. Barth: Die Idee der O. (1958) 96ff. – [70] Novalis, Heinrich von Ofterdingen. Schr., hg. P. Kluckhohn/R. Samuel 1 (³1977) 210f. – [71] F. W. J. Schelling, Sämtl. Werke, hg. K. F. A. Schelling (1856-62) 3, 583ff. 593f. 596. – [72] a.O. 7, 303f. – [73] A. von Humboldt: Kosmos (1845-58) 1, 5. – [74] G. W. F. Hegel: Vorles. über die Philos. der Relig., hg. G. Lasson (1966) 1, 216-218. – [75] Quesnay, a.O. [10] 331. – [76] Hegel: Phänomenol. des Geistes, hg. J. Hoffmeister (⁶1952) 266-275. – [77] J. W. Goethe, Belagerung von Mainz. Hamb. Ausg. 10, 391. – [78] J. Bentham, The works, hg. J. Bowring (New York 1838-43, ND 1962) 3, 252; vgl. 2, 441; 7, 29; Deontologie, dtsch. hg. J. Bowring (1834) 1, 349. –

[79] C. H. DE SAINT-SIMON, Oeuvres (Paris 1966) 2/3, 147f.; 3/5, 90; 5/10, 159. – [80] a.O. 1/1, 247f. – [81] Doctrine de Saint-Simon. Exposition, hg. C. BOUGLÉ/E. HALÉVY (Paris 1924) 123. 126f. 187. 193. 223. 286. 353. 464. 484; dtsch.: Die Lehre Saint-Simons, hg. G. SALOMON-DELATOUR (1962) 35f. 71. 76. 94f. 134. 180. 263. 278. – [82] A. COMTE: Système de politique positive (Paris 1851-54) Titelblatt von 1-4. – [83] Discours sur l'esprit positif. Oeuvres (Paris 1968-71) 11, 20f. 50-52. 56; frz.-dtsch. hg. I. FETSCHER (1956) 43. 45. 107. 109. 117. – [84] Catéchisme positiviste VIII. Oeuvres, a.O. 11, 209. – [85] Oeuvres, a.O. 7, 321; vgl. 8, 425ff.; zur Doppelbedeutung von O. als «commandement et arrangement» vgl. 8, 469. – [86] M. HESS: Philos. und sozialist. Schr., hg. A. CORNU/W. MÖNKE (1961) 68. 156f. 159. – [87] W. WEITLING: Garantien der Harmonie und Freiheit, hg. B. KAUFHOLD (1955) 125f. 267. 204; kritisch zu Weitling B. BAUER: Vollst. Gesch. der Partheikämpfe in Deutschland (1847) 3, 32. – [88] P.-J. PROUDHON: Qu'est-ce que la propriété, hg. E. JAMES (Paris 1966) 308. – [89] De la création de l'ordre dans l'humanité, nouv. éd. (Paris 1927) bes. 33ff. 38ff. – [90] M. BAKUNIN, Werke (1921-24) 3, 88. – [91] Sozial-revolutionäres Programm, in: Philos. der Tat, hg. R. BEER (1968) 318; vgl. A. BELLEGARRIGUE: L'anarchie. Journal de l'ordre (Paris 1850); weitere Belege in Art. ‹Anarchie, Anarchismus›. Hist. Wb. Philos. 1, 284ff. – [92] J. DONOSO CORTÉS: Essayo sobre el catolicismo, el liberalismo y el socialismo (Madrid 1851); dtsch.: Der Staat Gottes (1933, ND 1966) 247. 273. 275f. 326. 359f. 364ff. – [93] F. NIETZSCHE, Werke, hg. K. SCHLECHTA (1963-65) 1, 668; 2, 252. 684. – [94] F. M. DOSTOJEWSKIJ: Der Jüngling (1876) III, 13, 3; dtsch. E. K. RAHSIN (1963) 857-859. – [95] E. DURKHEIM: Erziehung, Moral und Gesellschaft (1973) 293f.; vgl. 161f. – [96] H. BLUMENBERG: O.-Schwund und Selbstbehauptung, in: Das Problem der O., hg. H. KUHN/F. WIEDMANN, 6. dtsch. Kongreß für Philos. (1962) 37-57; vgl. Die Legitimität der Neuzeit (1966) 192. – [97] Vgl. II. 1. – [98] A. SCHOPENHAUER, Sämtl. Werke, hg. J. FRAUENSTÄDT/ A. HÜBSCHER (1937-41) 2, 431f. 609; 3, 10f. 15f. 183. 542f. – [99] A.-A. COURNOT: Essai sur les fondements de nos connaissances (Paris 1851) 2, 383f.; H. CORNELIUS: Einl. in die Philos. (1903) 326; Transcendentale Systematik (1916) 12f.; E. MEYERSON: Identität und Wirklichkeit (1930) 18f. 443. – [100] CH. SIGWART: Logik (^{3}1904) 2, 10f. 398. 708ff. – [101] R. HÖNIGSWALD: Die Grundlagen der Denkpsychol. (^{2}1925, ND 1965) 66. 229; vgl. H. MAIER: Philos. der Wirklichkeit (1926-34) 1, 128; 2, 426. – [102] L. WITTGENSTEIN, Tractatus logico-philosophicus 5. 5563; Philos. Untersuchungen 97. 98. Schr. 1 (1960) 64. 339; vgl. 341. 346; zur O.-Leistung der Sprache vgl. auch K.-O. APEL: Sprache und O., in: Das Problem der O., a.O. [96] 200-225. – [103] H. BERGSON, L'évolution créatrice. Oeuvres (Paris 1959) 684f. 693-696; dtsch. Schöpferische Entwicklung (1921) 227f. 238-241. – [104] H. DRIESCH: O.-Lehre (^{2}1923) 4-9. 21-23. 27. 36. – [105] F. MAUTHNER: Beitr. zu einer Kritik der Sprache (^{3}1923) 3, 589f.; vgl. Wb. der Philos. (^{2}1923-24) 2, 504. – [106] W. OSTWALD: Moderne Naturphilos. 1: Die O.-Wiss. (1914) 210f.; vgl. H. WEIN: Zugang zu philos. Kosmologie. Überlegungen zum philos. Thema O. in nach-kantischer Sicht (1954) bes. 61. – [107] H. KRINGS: Sinn und O., in: Das Problem der O., a.O. [96] 125-141, zit. 125. – [108] R. POLIN: Être et ordre, in: Die Welt des Menschen – Die Welt der Philos. Festschr. J. Patočka, hg. W. BIEMEL (1976) 38-48. – [109] Vgl. unten III. 3. – [110] S. FREUD: Das Unbehagen in der Kultur (1930). Ges. Werke 14 (^{3}1963) 456f. – [111] TH. W. ADORNO: Negative Dialektik (1966) 93f. 99; vgl. Eingriffe (1973) 26. – [112] E. BRUNNER: Das Gebot und die O.en (1932) 123ff. 275; O. VON NELL-BREUNING: Gesellschafts-O. (1947); W. MAIHOFER: Vom Sinn menschlicher O. (1956) 51f. 80; W. REIMERS: Zum Begriff des O.-Gefüges in Natur- und Rechtswiss. Arch. Rechts- Sozialphilos. 44 (1958) 65-72. – [113] MAIHOFER, a.O. 63; G. ROELLECKE, in: H. LÜBBE (u.a.): Der Mensch als Orientierungswaise? (1982) 260ff. – [114] A. GEHLEN: Anthropol. Forschung (1961) 71; Urmensch und Spätkultur (^{2}1964) 34. – [115] Moral und Hypermoral (1969) 175; zum Spannungs- und Bedingungsverhältnis von O. und Freiheit vgl. auch A. VON MARTIN: O. und Freiheit (1956) 29ff.; ROELLECKE, a.O. [113]. – [116] C. J. FRIEDRICH: The dialectic of political order and freedom, in: P. G. KUNTZ (Hg.): The concept of order (Seattle/London 1968) 339-354, bes. 346f. 352. – [117] BARTH, a.O. [69] 217. 236ff. – [118] M. SCHELER: Ges. Werke (^{5}1966) 44f. 104ff.; N. HARTMANN: Ethik (^{4}1962) 269ff. 286f. – [119] P. WEISS: Some paradoxes relating to order, in: KUNTZ, a.O. [116] 14-20, zit. 20. – [120] F. A. VON DER HEYDTE: Freiheit, O. und Recht. Jb. des Instituts für christl. Soziälwiss. 3 (1962) 153-165, zit. 161. – [121] E. VOEGELIN: Die neue Wiss. der Politik (1959, ^{3}1977) 16; vgl. 32f. – [122] Order and history (Baton Rouge 1964-74) 2, 2; vgl. P. J. OPITZ, in: The philos. of order (Festschr. E. Voegelin) (1981) 41ff. – [123] H. KUHN: O. im Werden und Zerfall, in: Das Problem der O., a.O. [96] 11-25, zit. 23. 25. – [124] M. HEIDEGGER: Sein und Zeit (1927) 52. – [125] Idealtypus, Gestalt und Wirkungssystem zu O.-Begriffen zusammengefaßt bei J. VON KEMPSKI: Zur Logik der O.-Begriffe, bes. in den Sozialwiss. Studium generale 5 (1952) 205-218. – [126] M. WEBER: Wirtschaft und Gesellschaft (^{5}1976) 1, 16ff. – [127] TH. GEIGER: Vorstudien zu einer Soziol. des Rechts (1964) 57ff. 101ff. 125ff. u.ö. – [128] F. A. HAYEK: Law, legislation and liberty, 1: Rules and order (London 1973) 36f. – [129] H. SPIEGELBERG: Rules and order: toward a phenomenology of order, in: KUNTZ, a.O. [116] 296f. – [130] T. PARSONS: Order as a sociological problem, in: KUNTZ, a.O. 373-384, zit. 374. 379; The social system (Glencoe ^{5}1964) 30. – [131] C. LÉVI-STRAUSS: Strukturale Anthropologie (1967) 342ff. 359. – [132] M. FOUCAULT: Die O. der Dinge (1971) 22-25. – [133] M. MERLEAU-PONTY: Die Struktur des Verhaltens (1976) bes. 149-151. 155. 206f. 234.

3. Die Formel 'Ruhe und O.' drückte ursprünglich ein eher aufgeklärt-liberales Staatsverständnis aus. Ruhe des Volkes, Sicherheit des Gemeinwesens usw. galten seit jeher als Ziele der Politik [1]. MONTESQUIEU verwendet «Ruhe, O. und Regelmäßigkeit» noch nicht pointiert [2]. 1750 fordert dann TURGOT, daß die Gesetze die Bürger vor Tyrannei und Chaos schützen sollen, um eine Harmonie zwischen Regierenden und Regierten herzustellen und «l'ordre et la tranquillité dans l'Etat» aufrechtzuerhalten [3]. J. H. G. VON JUSTI wünscht «Ruhe, Sicherheit und O.» als «Triebfeder» des staatlichen Handelns [4], und diese liegen auch im Interesse des Volkes, denn «l'anarchie et le désordre» sind keineswegs Kennzeichen von Freiheit [5]. Die deutsche Aufklärung fordert vielfach die Sicherung von «O., Ruhe und Wohlstand» durch die Gesetzgebung [6]. Einziger Zweck des Staates ist es, «O., Ruhe, nützliche Geschäftigkeit, Sicherheit des Lebens und des Eigenthums und Genuß unschuldiger Freuden zu befördern» [7]. In dieser Verwendungsweise markiert die Formel einen grundsätzlichen Wandel in der Bestimmung des Staatsziels: Der Staat soll nicht mehr Glück und Tugend seiner Bürger befördern, sondern nur auf die äußerliche Befolgung der Gesetze achten und damit Ruhe, Sicherheit und O. besorgen [8]. So schränkt auch die preußische Reformgesetzgebung zu Ende des 18. Jh. den Staat auf die «Erhaltung der bürgerlichen Ruhe und O.» ein und nimmt ihm das Recht, eine bestimmte Religion einzuführen und andere auszuschließen [9]. Wegen ihres formalen Charakters bedeuten Ruhe und O. für sich allein jedoch noch keine Garantie für Freiheit. So bemerkt KANT: «Auf die Rechte der Menschen kommt mehr an, als auf die O. (und Ruhe). Es läßt sich große O. und ruhe bey allgemeiner Unterdrükung stiften» [10]. So kann die Parole bereits um 1800 unterschiedlich eingesetzt werden: von den Bürgern als Forderung nach Schutz gegen obrigkeitliche Willkür [11] und umgekehrt von dieser zur Abwehr der Ansprüche der Untertanen, zur Legitimation und Erhaltung der eigenen Herrschaft usw. [12]. Besonders seit den Karlsbader Beschlüssen und zur Zeit der Politik Metternichs werden «Ruhe und O.» zu Kampfbegriffen gegen revolutionäre (oder als solche eingestufte) Bestrebungen, nicht ohne von den Betroffenen als Reizwort empfunden und im Gegenzug verspottet zu werden. Die weitere Begriffsgeschichte demonstriert, wie die Formel vor allem im

20. Jh. zum politischen Schlagwort entleert wird, dessen Sinn nicht mehr ohne den jeweiligen Hintergrund der historisch-politischen Situation und Konstellation verstanden werden kann. «Ruhe und O.» werden von unterschiedlichsten Parteiungen zu unterschiedlichsten Zeiten jeweils anders gebraucht (positiv oder negativ besetzt), je nachdem, aus welcher Perspektive man selbst spricht und auf wen man abzielt. Das Beispiel der Revolutionäre von 1918/19 zeigt, daß auch von einer und derselben Gruppierung «Ruhe und O.» einmal bekämpft, ein andermal selbst vertreten werden können, je nachdem, ob man in Oppositions- oder Regierungsstellung steht.

Anmerkungen. [1] Vgl. M. DE L'HOSPITAL, Rede vom 26. 8. 1561. Oeuvres compl. 1 (Paris 1824, ND 1968) 449: «contenir le peuple en repoz et tranquillité»; J. H. G. VON JUSTI: Staatswirthschaft 1 (1755) XXXIII; KANT, Akad.-A. 8, 24: «gesetzmäßige Verfassung, Ruhe und Sicherheit»; W. VON HUMBOLDT, Akad.-A. 1, 113: «Wohlstand und Ruhe». – [2] s. oben Anm. [9 zu III/2]. – [3] A.-R.-J. TURGOT, Oeuvres 2 (Paris 1808) 45. – [4] J. H. G. VON JUSTI: Vergleichungen der Europäischen mit den Asiatischen und andern vermeintlich Barbarischen Regierungen (1762) 252; vgl. 255. – [5] (Anonym:) Catéchisme d'un peuple libre (o. O., o. J. [1789]) 10f. – [6] C. F. BAHRDT: Hb. der Moral für den Bürgerstand (1789) 12f.; Rechte und Obliegenheiten der Regenten und Unterthanen in Beziehung auf Staat und Religion (1792) 3f. 110: «O. und Regel»; 4. 13: «O. und Eintracht»; 41f.: «Freiheit nicht ohne O.»; 43: «O. und Ruhe» als «Zweck der Geseze». – [7] A. VON KNIGGE: Manifest einer nicht geheimen, sondern sehr öffentl. Verbindung ächter Freunde der Wahrheit, Rechtschaffenheit und bürgerl. O. an ihre Zeitgenossen (1795) 23; ähnlich TH. G. VON HIPPEL: Ueber Gesezgebung und Staatenwohl (1804) 159; (Anonym:) Der Freystaat unter jedem Himmelsstrich ... (1795) 82f.; vgl. CH. SOMMER: Grundlage zu einem vollkommenen Staat (1802) 59. – [8] Vgl. G. FORSTER: Über die Beziehung der Staatskunst auf das Glück der Menschheit (1794). Werke, hg. G. STEINER (1967-70) 3, 698. 616. – [9] C. G. SVÁREZ: Vorträge über Recht und Staat (1960) 506-512; Allg. Landrecht für die preuß. Staaten 4 (³1796) §§ 10. 12. – [10] KANT, Reflexion 1404 zur Anthropologie. Akad.-A. 15, 612. – [11] Vgl. auch GOETHE, Egmont. Hamb. Ausg. 4, 376f.; pejorativ bei W. HEINSE: Ardinghello (1787), hg. M. L. BAEUMER (1978) 147. – [12] Hierzu und zum folgenden ausführlich W. FRÜHWALD: 'Ruhe und O.', Literatursprache – Sprache der polit. Werbung. Texte, Materialien, Kommentar (1976).   U. DIERSE

IV. *Mathematik, Logik.* – 1. Im mathematisch-logischen Bereich gibt es verschiedene Verwendungen des Terminus ⟨O.⟩: Ist eine Menge M von Objekten gegeben, so heißen gewisse Relationen ρ in M ⟨O.en⟩ oder ⟨O.-Relationen⟩ in M. Im Falle einer Unterscheidung dieser Bezeichnungen wird unter O. häufig die Menge mitsamt der Relation, genauer das geordnete Paar (M, ρ), das auch als *geordnete Menge* bezeichnet wird, verstanden. Da zweistellige Relationen als Mengen geordneter Paare und allgemein n-stellige Relationen als Mengen von (geordneten) n-Tupeln erklärt werden, ist es wichtig, daß die Begriffe des geordneten Paares und des n-Tupels selbst den Begriff der O.-Relation nicht voraussetzen. Nach K. KURATOWSKI und N. WIENER kann ein geordnetes Paar (x, y) als die Menge $\{x, \{x, y\}\}$ und allgemeiner jedes n-Tupel als eine gewisse (reine) Menge definiert werden [1].

Es sei ρ eine zweistellige Relation in M. Steht das Element x zum Element y in der Relation ρ, so schreiben wir im folgenden $x \rho y$. Für die nicht strikten O.-Relationen ρ kann $x \rho y$ gelesen werden: x ist nicht hinter (unter, kleiner als usw.) y. Man spricht nun von (nicht-strikten) *Prä-* oder *Quasi-O.*, falls ρ in M reflexiv und transitiv ist, d. h. falls für alle x aus M gilt $x \rho x$ und aus '$x \rho y$ und $y \rho z$', folgt '$x \rho z$'. Die Relation ρ kann dann stets in eine strikte Quasi-O. $\succ$ und eine mit $\succ$ verträgliche Äquivalenzrelation $\sim$ [1a] zerlegt werden, die in Anwendungen auf die Wirtschafts- und Sozialwissenschaften häufig als *Präferenz-* bzw. *Indifferenz-Relation* bezeichnet werden [2]. Man setzt '$x \succ y$' für '$x \rho y$ und nicht $y \rho x$' und '$x \sim y$' für '$x \rho y$ und $y \rho x$'. Die Aussage '$x \rho y$' ist dann gleichbedeutend mit '$x \succ y$ oder $x \sim y$'.

Ist die zur Quasi-O. ρ gehörige Relation $\sim$ die Identität, besteht also für verschiedene Elemente keine Indifferenz, aber auch nicht notwendig Präferenz, so heißt (M, ρ) eine *Halb-O.* oder *partielle O.* Eine Quasi-O. (M, ρ) heißt *zusammenhängend* oder *Rang-O.*, falls beliebige Elemente x, y aus M stets vergleichbar sind, d. h. stets gilt: '$x \rho y$ oder $y \rho x$', was hinsichtlich der zugehörigen Relationen $\succ$ und $\sim$ besagt, daß stets genau einer der drei folgenden Fälle zutrifft: $x \sim y$, $x \succ y$, $y \succ x$. Für Rang-O.en, insbesondere in der *Spieltheorie*, stellt sich die Frage nach der Existenz von *Wert-* und *Nutzenfunktionen*, durch die die Präferenzen quantitativ wiedergegeben werden. Auch bei naheliegenden starken Voraussetzungen gibt es sogar in endlichen Fällen eine Reihe von überraschenden Beispielen für die quantitative Nicht-Bewertbarkeit von Rang-O.en [3].

Die zusammenhängenden Halb-O.en heißen *lineare O.en* oder *Ketten*. Wichtige Beispiele von linearen O.en sind die natürlich geordnete Menge $(R, \geq)$ aller reellen Zahlen und ihre geordneten Teilmengen [4]. Eine Kette heißt *Wohl-O.*, wenn jede (nichtleere) Teilmenge von ihr ein kleinstes Element besitzt.

2. Die O.-Theorie spielt in allen Teilen der Mathematik und in ihren Anwendungen eine fundamentale Rolle, die Theorie der linear geordneten Mengen insbesondere beim Aufbau des *Zahlensystems*, bei der begrifflichen Beherrschung des *linearen Zahlenkontinuums* und beim Aufbau der Theorie der *Ordinalzahlen* mit Hilfe von Wohl-O. Dabei spielt der Begriff des *O.-Typs* als Isomorphie-Klasse linear geordneter Mengen eine wichtige Rolle. Ein eigener anwendungsreicher Zweig der Theorie der Halb-O.en ist die sogenannte *Verbandstheorie* (engl. lattice theory; frz. théorie des réseaux) [5]. Zusammenhänge bestehen hier zum Begriff der Gruppierung in der genetischen Epistemologie von J. PIAGET [6]. Starke Verbindungen bestehen zur *Topologie* [7] und zur *Geometrie*.

In der *Geometrie* werden die Punkte auf einer Geraden oft als geordnete Menge betrachtet, im allgemeinen aber ohne Vorzugsrichtung. Dem wird der Begriff der dreistelligen *Zwischenrelation* ζ gerecht, den man auf eine strikte lineare Ordnungsrelation $\succ$ gemäß

$$\zeta(x, y, z) \Leftrightarrow x \succ y \succ z \text{ oder } z \succ y \succ x$$

– wobei wir $\zeta(x, y, z)$ lesen: y liegt zwischen x und z – zurückführen kann. Man kann Zwischenrelationen ζ aber auch direkt durch ihre Eigenschaften (d. h. axiomatisch) charakterisieren und dann nach Auszeichnung einer der beiden möglichen Vorzugsrichtungen (etwa durch Hinweis auf zwei Elemente, deren Reihenfolge man festsetzt) eine lineare O. festlegen [8].

Ist in einer (Inzidenz-)Geometrie für alle Geraden eine Zwischenbeziehung gegeben, so kann man den Begriff der *konvexen Punktmenge* einführen, unter den diejenigen Punktmengen fallen, die mit je zwei Punkten auch alle zwischen diesen liegenden Punkte enthalten. Jede Gerade wird dann durch jeden Punkt in zwei elementefremde konvexe Teilmengen zerlegt. Wird entsprechend auch jede Ebene durch jede ihrer Geraden und ferner der Raum selbst durch jede seiner Ebenen (und entsprechend weiter in mehr als dreidimensionalen Geometrien) in zwei elementefremde konvexe Punktmengen zerlegt, so liegt ein sogenannter *angeordneter Raum* vor. In angeordneten Räumen, wozu der euklidische Raum (gemäß der Axiomatik von D. HILBERT) gehört, kann man für die Geraden, Ebenen und für den Raum selbst eine *Orientierung* festlegen durch Auszeichnung einer *Links-* oder *Rechtsrichtung* bzw. eines *Links-* oder *Rechtsumlaufs* bzw. eines *Links-* oder *Rechtsschraubensinns* [9]. Das physikalische Problem der *Erhaltung der Parität* besteht in der Frage, ob im physikalischen (euklidischen bzw. lokal-euklidischen) Raum ein Schraubensinn von Natur her ausgezeichnet ist, was durch die Untersuchungen durch C. N. YANG und T. D. LEE 1956 positiv entschieden wurde [10]. Die Existenz zweier Orientierungen für den Raum in Gestalt etwa von spiegelsymmetrischen «widersinnig gewundenen Schnecken» und deren Ununterscheidbarkeit durch innere Eigenschaften, die schon G. W. LEIBNIZ (im 3. Schreiben an S. Clarke) im Hinblick auf die «Realität des Raumes» beschäftigte, ist von I. KANT in der Abhandlung ‹Von dem ersten Grunde des Unterschiedes der Gegenden im Raum› einerseits als Argument zugunsten der Existenz des absoluten Raumes und in den ‹Prolegomena› andererseits als Argument für die transzendentale Idealität des Raumes verwendet worden [11].

Die Existenz von Orientierungen und damit die *Orientierbarkeit* von Räumen (Ebenen, Flächen usw.) ist keineswegs immer gegeben. Beispiele nicht-orientierbarer Flächen sind das sogenannte 'Möbius-Band' und die 'Kleinsche Flasche' [12].

Besondere O.-Verhältnisse liegen in der *projektiven* und *elliptischen Geometrie* vor, wo die Geraden 'geschlossen' sind. Zu ihrer Darstellung benötigt man eine dreistellige Relation, die Relation der *zyklischen O.*, die für x, y, z etwa ausgesprochen werden kann: x, y, z liegen in zyklischer Reihenfolge, z. B.: Frühling, Sommer, Herbst. Will man unabhängig sein von dem in jeder zyklischen Ordnung steckenden Richtungssinn, so kann man zu einer vierstelligen Relation, der *Trennungsrelation*, übergehen, die im Falle der zyklischen O. der vier Jahreszeiten besagt: Das Paar (Frühling, Herbst) trennt das Paar (Sommer, Winter) und umgekehrt [13].

3. Es ist bemerkenswert, daß sich in gewissen geordneten Systemen der Begriff des *'Unendlich-Kleinen'* und *'Unendlich-Großen'* präzisieren und realisieren läßt. Es sei in einer durch $\succ$ strikt linear geordneten Menge M eine Verknüpfung & gegeben, durch die also jedem geordneten Paar (x, y) von Elementen x, y aus M das eindeutig bestimmte Element $x \& y$ aus M zugeordnet wird. Das Gebilde $(M, \succ, \&)$ heißt *angeordnetes* (einfaches) *Verknüpfungsgebilde* (oder angeordnetes Gruppoid), falls $\succ$ mit & im Sinne des *Monotoniegesetzes:* Für alle x, y, z aus M gilt

$x \succ y \rightarrow (x \& z \succ y \& z$ und $z \& x \succ z \& y)$,

verträglich ist. Gibt es nun in $(M, \succ, \&)$ ein neutrales (Null-)Element v mit $x \& v = v \& x = x$ für alle x aus M und ist die Verknüpfung zudem assoziativ, d.h. $(M, \&)$ eine Halbgruppe, so heißt $(M, \succ, \&)$ *archimedisch geordnet*, falls es zu beliebigen $x \succ v$ und $y \succ v$ stets eine natürliche Zahl n gibt, so daß (das noch so große) y durch das durch n-malige &-Verknüpfung aus x gebildete Element nx übertroffen wird: $nx \succ y$. Dies trifft z. B. für die Menge der (Klassen kongruenter) Strecken auf einer Geraden der Euklidischen Geometrie zu, falls $\succ$ im Sinne des üblichen Streckenvergleichs als 'länger als' und & als Hintereinandersetzen gedeutet wird. Es handelt sich dabei um eine auf EUDOXOS VON KNIDOS zurückgehende Aussage, die in die 4. Definition des Buches V der ‹Elemente› eingeht und heute als *eudoxisches* oder *archimedisches Axiom* der euklidischen Geometrie bezeichnet wird. Es gibt nun aber auch angeordnete Halbgruppen (mit neutralem Element), die *nicht-archimedisch* angeordnet sind. Gilt hier bei $x \succ v$, $y \succ v$ für kein n, daß $nx \succ y$, so heißt x *relativ unendlich klein* gegenüber y und y *relativ unendlich groß* gegenüber x [14]. Im Zusammenhang mit solchen Systemen (insbesondere nicht-archimedisch angeordneten algebraischen Ringen und Körpern) stehen sogenannte *nicht-archimedische Geometrien* [15] und Theorien der Infinitesimalrechnung, in denen die sogenannten *Differentiale* als (etwa relativ zu allen positiven rationalen Zahlen) unendlich kleine Größen, sogenannte Differentialquotienten als echte Quotienten solcher Größen (und nicht als Grenzwerte), aber auch z. B. bestimmt divergierende Reihen als (relativ) unendlich große Werte verstanden werden können. Damit kann für viele vom Standpunkt der im 19. Jh. durch A. L. CAUCHY, K. WEIERSTRASS u.a. auf den Grenzwertbegriff gegründeten reellen Analysis als 'unrein' bezeichnete 'infinitesimale' Begriffe und Methoden, wie sie G. W. LEIBNIZ, L. EULER oder J. BERNOULLI verwendeten, ein nachträgliches präzises Fundament im Rahmen einer *Nicht-Standard-Analysis* gegeben werden [16]. Nicht-archimedisch angeordnete Systeme werden auch zur Definition von Wert- und Nutzenfunktionen bei der Auflösung von Paradoxien der Spieltheorie oder der Behandlung des Arrowschen Paradoxons in der Theorie der Sozialwahlfunktionen gebraucht [17].

4. Im Hinblick auf allgemeinere Theorien der angeordneten Verknüpfungsgebilde, insbesondere die Theorie der angeordneten Körper (geordnete Bereiche mit zwei als Addition und Multiplikation gelesenen Verknüpfungen, die im wesentlichen den Gesetzen der Arithmetik etwa der rationalen Zahlen mit entsprechenden Monotoniegesetzen genügen), ist zu bemerken, daß der Körper der komplexen Zahlen *nicht anordnenbar* ist. E. ARTIN und O. SCHREIER haben 1926 gezeigt, daß ein Körper genau dann anordnenbar ist (d. h. eine den Monotoniegesetzen genügende lineare O. besitzt), wenn das Element 0 nicht Summe von Quadraten von 0 verschiedener Elemente ist. Im Körper der komplexen Zahlen gilt jedoch $1^2 + i^2 = 1 + (-1) = 0$. Die Nichtanordnenbarkeit der komplexen Zahlen liegt also nicht daran, daß dieser Körper (als Vektorraum über den reellen Zahlen) zweidimensional ist. Tatsächlich ist etwa die (im Sinne der Anordnung der Wörter in einem Lexikon definierte) *lexikographische O.* für die als Paare geschriebenen komplexen Zahlen $x + iy$ und $u + iv$ mit $(x, y) \succ (u, v)$ genau dann, wenn '$x > u$ oder (falls x und u identisch sind) $y > v$', eine sogar das Monotoniegesetz der Addition erfüllende Ordnungsrelation, die im übrigen wegen $(1,0) \succ (0,1)$ und $(1,0) \succ n(0,1) = (0,n)$ für alle natürlichen Zahlen n nicht-archimedisch ist. Es läßt sich jedoch nicht zugleich das Monotoniegesetz der Multiplikation erfüllen.

5. In einem kurzen historischen Rückblick zeigt sich: O.-Begriffe wie ‹Aufeinander-folgen›, ‹Sich-anschließen›, ‹Dazwischen› spielen bereits eine bedeutende Rolle im Buch E der ‹Physik› des ARISTOTELES und führen hier zu einem Versuch, das Phänomen des *Kontinuierlichen* zu fassen, was dann allerdings durch die philosophische Auffassung als 'Bewegungsvollzug', der sich von einem Anfang zu einem Ende erstreckt, nicht mehr auf dem Boden mathematischer Begriffsbildungen geschieht. Ähnlich gerät LEIBNIZ aus dem «Labyrinth des

Kontinuums» allein philosophisch heraus durch Übergang zu einer in der 'Physis' selbst gegründeten Kontinuität [18]. Andererseits waren in der auf archimedisch angeordnete Größenbereiche bezogenen Proportionenlehre des EUDOXOS, die ihren Niederschlag im Buch V der ‹Elemente› des EUKLID gefunden hat, mathematische Mittel zur Darstellung des Kontinuums im Sinne der Einbeziehung des 'Inkommensurablen' auf der Grundlage der griechischen geometrischen Algebra schon gefunden worden, wenn sie auch als Zahlbegriffe nicht explizit gemacht wurden [19].

Die O.-Begriffe sind im System des EUKLID noch nicht axiomatisch verankert, es wird anschaulich darüber verfügt. Nachdem schon C. F. GAUSS auf die Notwendigkeit hingewiesen hatte [20], findet sich eine hinreichende, im wesentlichen den Zwischenbegriff axiomatisierende Verankerung erst 1882 bei M. PASCH [21]. Zur Klärung der sogenannten *Stetigkeit* (Kontinuität) oder *Vollständigkeit* der geordneten Punktmengen auf einer Geraden und ihrer Beziehung zur geordneten Menge der reellen Zahlen sowie der besonderen Rolle des archimedischen Axioms bedurfte es jedoch noch weiterer Analysen, wie sie durch R. DEDEKIND, G. CANTOR, G. VERONESE, D. HILBERT und O. STOLZ geleistet wurden [22]. Die reine Zwischenbeziehung und die in der projektiven Geometrie auftretenden zyklischen Ordnungen sind vor allem von der italienischen logisch-geometrischen Schule axiomatisch behandelt worden, insbesondere von G. PEANO, G. VAILATI, M. PIERI und A. PADOA [23]. Daß weite Teile der Elementargeometrie allein auf den Punkt- und den Zwischenbegriff gegründet werden können, ist zuerst von O. VEBLEN und R. L. MOORE gezeigt worden [24]. Hinweise in dieser Richtung finden sich bereits in J. F. HERBARTS Konstruktion des «intelligiblen Raumes» [25]. Eine einheitliche Behandlung der ordnungstheoretischen Begriffe im Rahmen der Grundlagen der Geometrie und bezüglich der Zusammenhänge mit der Anordnung der gegebenenfalls einführbaren Koordinatenbereiche ist in jüngerer Zeit vor allem durch E. SPERNER mit Hilfe des Begriffs der *O.-Funktion* gegeben worden [26].

Das Problem *nicht-archimedisch angeordneter Größensysteme* und damit der Existenz (relativ zu anderen) unendlich kleiner Größen hat schon EUKLID durch die Bemerkung aufgeworfen, daß der Winkel, den ein Kreis mit seiner Tangente bildet, kleiner ist als jeder geradlinige Winkel [27]. Es ist durch die Jahrhunderte, vor allem auch in Verbindung mit der Entwicklung der Infinitesimalrechnung, diskutiert worden [28]. Die Möglichkeit eines nichtarchimedischen Zahlensystems haben zuerst G. VERONESE bzw. T. LEVI-CIVITA erkannt [29].

Partielle O.en wurden systematisch erstmals im Rahmen der Relationentheorie von C. S. PEIRCE und E. SCHRÖDER definiert und untersucht [30]. Mathematische Bedeutung gewannen sie im Zusammenhang mit R. DEDEKINDS Begriff der *Dualgruppe*, der vollkommen dem Begriff des Verbandes entspricht [31].

Die Bedeutung der *linearen O.* und der ordnungstheoretischen Analyse des Kontinuums für die Grundlagen der Analysis ist durch DEDEKIND 1872 dargelegt worden [32]. Mit der von ihm hierzu entwickelten Methode der sogenannten '*Dedekindschen Zerlegung*', die von F. HAUSDORFF über den Fall der bei den reellen Zahlen stets auftretenden sogenannten *Schnitte* verallgemeinert wurde [33], läßt sich auch eine den linearen O.-Begriff unmittelbar verwendende axiomatische Kennzeichnung des Systems der natürlichen Zahlen geben [34]. Eine erste derartige rein *ordnungstheoretische Charakterisierung der natürlichen Zahlen*, nämlich als wohlgeordnete Menge ohne größtes Element, in der jedes Element mit Ausnahme des ersten einen unmittelbaren Vorgänger hat, stammt von E. SCHMIDT [35]. R. DEDEKIND selbst und später G. PEANO hatten ihre Charakterisierung auf den Begriff der *Nachfolgerfunktion* gegründet, von dem aus die lineare O. der natürlichen Zahlen nur mit einigem Aufwand zu gewinnen ist. In diesem Zusammenhang ist auch G. FREGES «Reihenlehre» als Theorie der R-Erblichkeit, der R-Nachfahren und R-Nachkommenschaft bezüglich einer Relation R und der damit möglichen Begründung der natürlichen Zahlen und der rekursiven Definition zu sehen [36]. Die Einführung des Begriffs des *Wohl-O.* ist eine der großen Leistungen G. CANTORS [37]. Nicht nur für die Theorie der auf sie gegründeten Ordinalzahlen, sondern für alle Teile der Mathematik ist von Bedeutung, daß E. ZERMELO 1908 auf der Grundlage des sogenannten Auswahlaxioms zeigen konnte, daß jede Menge wohlgeordnet werden kann [38]. Ähnlich wie allgemeine Sätze für die natürlichen Zahlen durch das Verfahren der *vollständigen Induktion* entlang der Wohl-O. der natürlichen Zahlen beweisbar sind, lassen sich Sätze beliebiger Allgemeinheit gelegentlich vorteilhaft nach dem verallgemeinerten Verfahren der *transfiniten Induktion* entlang der nach dem Zermeloschen Wohl-O.-Satz existierenden Wohl-O. für die jeweilige Menge beweisen. Die Tragweite dieser Aussage wird allerdings durch 1963 von P. COHEN gewonnene Resultate eingeschränkt, nach denen das Auswahlaxiom für den Aufbau einer Mengenlehre nicht zwingend (d. h. von den übrigen mengentheoretischen Axiomen unabhängig) ist [39]. Äquivalent zum Wohl-O.-Satz ist – neben einer Reihe weiterer sogenannter '*Maximum-Prinzipe*' – das aus beweistechnischen Gründen häufiger verwendete '*Zornsche Lemma*', welches besagt: Eine halbgeordnete Menge $(M, \supseteq)$, in der es zu jeder Teilkette (linear geordneten Teilmenge) eine obere Schranke gibt, besitzt wenigstens ein maximales Element. Dabei ist a aus M obere Schranke einer Teilmenge A von M genau dann, wenn für alle x aus A gilt: $a \supseteq x$. Ein Element b aus M heißt maximales Element in $(M, \supseteq)$ genau dann, wenn es kein x aus M gibt, mit $x \supset b$ [40].

Anmerkungen. [1] Vgl. K. KURATOWSKI: Sur la notion de l'ordre dans la théorie des ensembles. Fund. Math. 2 (1921) 161-171. – [1a] Vgl. Art. ‹Gleichheit I›. Hist. Wb. Philos. 3, 671f. – [2] Vgl. K. J. ARROW: Social choice and individual values (New York 1951); H. G. STEINER: Eine mathemat. Theorie der Rang-O.en und Konsensusrang-O.en. Math.-phys. Semesterberichte XIV (1967) 212-245. – [3] R. D. LUCE und H. RAIFFA: Games and decisions (New York 1957); A. KIRSCH: 'Gerechte' lineare O.en und Punktbewertungen. Der Math.-Unterricht 15/1 (1969) 64-84. – [4] Vgl. E. V. HUNTINGTON: The continuum and other types of serial order (^{2}1917, ND New York 1955). – [5] Vgl. H. GERICKE: Theorie der Verbände (1963). – [6] Vgl. H. G. STEINER: Math. Präz. und didakt. relev. Modelle zum Gruppierungsbegriff, in: H. G. STEINER (Hg.): Didaktik der Math. (1978) 223-245. – [7] Vgl. F. HAUSDORFF: Grundzüge der Mengenlehre (^{2}1949). – [8] B. RUSSELL: The principles of math. (London ^{2}1937). – [9] Vgl. H. FREUDENTHAL und A. BAUR: Geometrie – phänomenologisch, in: H. BEHNKE u. a. (Hg.): Grundzüge der Mathematik 2 (1960) 1-28. – [10] Vgl. H. NEUERT: Parität und radioaktiver Betazerfall. Math.-phys. Semesterber. 6 (1959) 262-270; H. FREUDENTHAL: Der orientierte Raum des Mathematikers. Die Naturwiss. 50 (1963) 199-205. – [11] Vgl. M. JAMMER: Das Problem des Raumes (1960) 144; V. FRITSCH: Links und Rechts in Wissenschaft und Leben (1964). – [12] Vgl. D. HILBERT und S. COHN-VOSSEN: Anschauliche Geometrie (1932, ND 1973); E. A. ABBOT: Flatland (^{2}1884, ND Oxford 1978). – [13] Vgl. FREUDENTHAL und BAUR, a.O. [9]; G. PICKERT: Projektive Ebenen (1955).

– [14] Vgl. H. G. STEINER: 'Unendlich' in Algebra und Analysis. Math.-Unterr. 19/4 (1974) 35-63. – [15] Vgl. D. HILBERT: Grundlagen der Geometrie (⁹1962) § 12. – [16] Vgl. C. SCHMIEDEN und D. LAUGWITZ: Eine Erweiterung der Infinitesimalrechnung. Math. Z. 69 (1958) 1-39; A. ROBINSON: Non-Standard analysis (Amsterdam 1966). – [17] Vgl. P. C. FISHBURN: On the foundations of game theory: The case of non-Archimedean utilities. Int. J. Game Theory 2 (1972) 65-71. – [18] F. KAULBACH: Philos. und math. Kontinuum, in: W. RITZEL (Hg.): Rationalität – Phänomenalität – Individualität (1966) 125-147; vgl. auch Art. ‹Kontinuum, Kontinuität›. Hist. Wb. Philos. 4, 1044-1062. – [19] Vgl. H. HASSE und H. SCHOLZ: Die Grundlagenkrisis der griech. Math. (1929); N. BOURBAKI: Elemente der Mathematikgesch. (1971) 174f. – [20] C. F. GAUSS, Br. an Bolyai vom 6. 3. 1832. Werke 8, 222. – [21] M. PASCH: Vorles. über neuere Geometrie (1882). – [22] Vgl. F. ENRIQUES: Prinzipien der Geometrie. Enzyklop. math. Wiss. III/1-1, 1-129. – [23] Vgl. G. PEANO: I principii di geometria (Turin 1889); M. PIERI: I principii della geometria di posizione (Turin 1898); F. ENRIQUES, a.O. [22]. – [24] Vgl. O. VEBLEN: The foundations of geometry, in: J. W. A. YOUNG (Hg.): Monographs on topics of modern mathematics (New York ²1955). – [25] Vgl. J. F. HERBART: Allg. Metaphysik (1828). – [26] Vgl. W. DEGEN und L. PROFKE: Grundlagen der affinen und euklidischen Geometrie (1976) und die dort angeg. Lit. – [27] EUKLID, Die Elemente I-XIII, hg. C. THAER (²1962) III, § 16. – [28] Vgl. G. VIVANTI: Il concetto d'infinitesimo (Mantua 1894); ENRIQUES, a.O. [22] 118; ROBINSON, a.O. [16]. – [29] G. VERONESE: Fondamenti di geometria (Padua 1891); als Vorläufer kann gelten P. DU BOIS-REYMOND: Sur la grandeur relative des infinis des fonctions. Ann. di Mat. 2 (1871) 338-353; ferner liegt ein nicht-archimedisches System bereits in B. BOLZANOS Theorie der Zahlen vor: K. RYCHLIK: Theorie der rellen Zahlen in Bolzanos handschriftl. Nachlaß (1962, tschech. 1956); B. VAN ROOTSELAAR: Bolzano's theory of real numbers. Arch. Hist. exact Sci. 2 (1964) 168-180; D. LAUGWITZ: Bemerkungen zu Bolzanos Größenlehre. Arch. Hist. exact. Sci. 2 (1965) 398-409. – [30] C. S. PEIRCE: On the algebra of logic IV: The logic of relatives. Amer. J. Math. 3 (1880) 42-57; E. SCHRÖDER: Algebra und Logik der Relative (1895). – [31] R. DEDEKIND: Über die Zerlegung von Zahlen durch ihren größten gemeinsamen Teiler (1897). Ges. Werke 2, 103-108; vgl. auch H. MEHRTENS: Die Entstehung der Verbandstheorie (1979). – [32] R. DEDEKIND: Stetigkeit und Irrationalzahlen (1872, ⁶1960). – [33] HAUSDORFF, a.O. [7] 90f. – [34] H. LENZ: Grundlagen der Elementarmath. (1961) 45f. – [35] H. ROHRBACH: Das Axiomensystem von Erhard Schmidt für die Menge der natürl. Zahlen. Math. Nachr. 4 (1950) 315-321. – [36] R. DEDEKIND: Was sind und was sollen die Zahlen? (1887, ⁹1961); G. PEANO: Arithmetices principia, novo methodo expos. (Turin 1889); vgl. auch H. G. STEINER: Histor. Bem. zur vollst. Induktion und zum Charakter des Syst. der natürl. Zahlen. Math.-Unterr. 13/3 (1967) 81-98. – [37] G. CANTOR, Ges. Abh. (1932, ND 1962) 168. 312. – [38] E. ZERMELO: Beweis, daß jede Menge wohlgeordnet werden kann. Math. Ann. 59 (1904) 514-516. – [39] Vgl. Art. ‹Mengenlehre›. Hist. Wb. Philos. 5, 1044-1059. – [40] Zur Gesch. des nach M. ZORN benannten Prinzips vgl. P. J. CAMPBELL: The origin of «Zorn's Lemma». Historia Mathematica 5 (1978) 77-89.

Literaturhinweise. E. V. HUNTINGTON s. Anm. [4]. – B. RUSSELL s. Anm. [8]. – F. HAUSDORFF s. Anm. [7]. – K. J. ARROW s. Anm. [2]. – G. PICKERT s. Anm. [13]. – N. BOURBAKI: Elém. de math. Théorie des ensembles, c. III: Ensembles ordonnés (Paris 1956). – H. FREUDENTHAL und A. BAUR s. Anm. [9]. – H. J. KOWALSKI: Topolog. Räume (1961). – H. LENZ s. Anm. [34]. – H. GERICKE s. Anm. [5]; Gesch. des Zahlbegriffs (1970). – H. G. STEINER: Mengen, Abbildungen, Strukturen, in: Fischer-Lex. Mathematik 1 (1964) 246-292; Kardinal- und Ordinalzahlen, a.O. 166-196. – L. FUCHS: Teilweise geordnete algebraische Strukturen (1966). – W. DEGEN und L. PROFKE s. Anm. [26]. – W. FELSCHER: Naive Mengen und abstrakte Zahlen 1-3 (1978/79).

H. G. STEINER

Ordnung, berufsständische. Die Idee der b.O. ist im 19. Jh. von verschiedenen politischen und sozialphilosophischen Richtungen entwickelt worden, insbesondere von handwerklich-agrarischer Seite, von Vertretern der organischen Staats- und Gesellschaftslehre und von der erwachenden katholischen Soziallehre, in der sie bis heute einen beherrschenden Einfluß ausübt. Ihre Grundthese ist, daß man die Gesellschafts- und vor allem die Wirtschaftsordnung nicht dem «freien Spiel der Kräfte», d.h. dem Wettbewerb, überlassen könne, sondern daß man sie – neben den mehr personalen Kategorien Familie–Volk und den mehr institutionellen Kategorien Gemeinde–Staat – auch von den Berufsständen als weiteren, jedermann natürlicherweise umfassenden sozialen Gruppen her aufbauen und ordnen müsse. In der katholischen Soziallehre, die die b.O. in der Enzyklika ‹Quadragesimo Anno› (1931) zur offiziellen Forderung erhoben hat, ist sie wohl eine der wenigen konkreten Resultate aus der Abwägung von Subsidiaritäts- und Solidaritätsprinzip: Ersteres wird in ‹Quadragesimo Anno› gerade zu ihrer Begründung entwickelt, dem letzteren entspringt a) der Gedanke des Zusammenschlusses zu Berufsständen und b) auch die Vorstellung, daß die Berufsstände ihrerseits wieder am Gemeinwohl mitzuwirken haben. Nicht immer scharf genug unterschieden wird die Idee der b.O. von ständestaatlichen Ideen: Auch in katholischen Veröffentlichungen wird sie nicht selten als Argument für die Bildung berufsständischer Staatsorgane (sog. Ständekammern) verwendet. Auch eine Unterscheidung vom faschistischen Korporationendenken ist schwerlich von der Struktur, sondern wohl nur vom 'Geist' der Organisation her zu erreichen.

Literaturhinweise. J. MESSNER: Die b.O. (1936). – A. RAUSCHER: Subsidiaritätsprinzip und b.O. (1956). – G. GUNDLACH: Art. ‹b.O.›, in: Staatslex., hg. Görres-Ges. 1 (⁶1957). R. HERZOG

Ordnung der Begriffe. Analog zum Aufbau von Axiomensystemen aus Sätzen stellt sich bei der O.d.B. die Aufgabe, Grundbegriffe und Bildungsregeln anzugeben, durch die eine intendierte Klasse von Begriffen systematisch aufgebaut und dadurch geordnet werden kann. Die Methode kann entweder die sein, daß in genauer Entsprechung zu einem Axiomensystem die *Konjunktion* der Grundbegriffe und nur sie die materiale Basis des Begriffsaufbaus bildet, oder aber die, daß die Grundbegriffe als *getrennte* summa genera angesetzt werden, die durch Hinzufügung materialer Bestimmungen (differentiae) zu Klassen untergeordneter Begriffe führen. Der erste Ansatz kann in Anschluß an CARNAP als konstitutionstheoretisch bezeichnet werden, der zweite ist die klassifikatorische O.d.B. in Gattungen und Arten. Welcher Ansatz für welche Begriffsbereiche als adäquat und im allgemeinen als der grundlegendere betrachtet wird, hängt wie die Wahl der Grundbegriffe, Bildungsregeln und allfälliger Zusatzpostulate (z.B. LEIBNIZ' «continuum formarum») von den metaphysischen und erkenntnistheoretischen Voraussetzungen der jeweiligen O.d.B. ab.

Beide Ansätze treten in elementarer Form bereits bei PLATON auf; die Frage nach der Struktur seiner Ideenwelt führt Platon zur Methode der Teilungen und Zusammenfassungen (διαίρεσις und συναγωγή) [1] als Mittel der klassifikatorischen Begriffsordnung (s. Art. ‹Dihairesis›) und zu einer als systematische Erzeugung der Ideen aus der Eins und der unbegrenzten Zwei (ἕν und ἀόριστος δυάς) [2] auftretenden Antizipation einer Konstitutionstheorie. ARISTOTELES schließt mit seiner Klassifikationslehre an Platon an (s. Art. ‹Dihairesis›). Das wesentlich Neue bei ihm sind die Lehre von den Kategorien als summa genera, die die verschiedenen Bedeutungen von Sein ausdrücken [3], und die die möglichen Arten der Beziehung des Prädikats zum Subjekt in einem Satz behandelnde Prädikabilienlehre [4].

Für die Tradierung der aristotelischen Ordnungsschemata war PORPHYRIOS' ‹Einleitung in die Kategorien› von fundamentaler Bedeutung. Porphyrios präsentiert hier die von BOETHIUS erstmals graphisch dargestellte, als arbor porphyriana bekannte Begriffspyramide [5] sowie eine zur mittelalterlichen Lehre von den quinque voces führende Erweiterung der Prädikabilienlehre [6]. Das Mittelalter bewegt sich weitgehend in dem von Aristoteles und dessen spätantiken Kommentatoren, vor allem von Porphyrios und Boethius, geschaffenen Begriffsordnungsrahmen. Als bedeutsamer Neuansatz ist hervorzuheben der seltsame, in seinem rationalen Kern aber zukunftsweisende und noch auf Leibniz stark wirkende konstitutionstheoretische Versuch des RAIMUNDUS LULLUS zu einer begriffskombinatorischen scientia generalis, in der die Prinzipien der übrigen Wissenschaften «implicita et contenta» sein sollen «sicut particulare in universali» [7].

Mit DESCARTES' erkenntnistheoretischem Neuansatz in der Philosophie wandelt sich auch die Auffassung vom Wesen einer O.d.B. Die antik-mittelalterliche Tradition war von der totalen Entsprechung zwischen begrifflicher und ontologischer Ordnung ausgegangen (ὡς γὰρ ἔχει τὰ πράγματα, οὕτως καὶ αἱ ταῦτα πρώτως δηλοῦσαι λέξεις) [8]. Descartes hingegen setzt in den ‹Regulae› die beiden Ordnungen scharf voneinander ab, indem er das Postulat aufstellt, «daß alle Dinge sich in Reihen anordnen lassen, nicht insofern sie auf eine bestimmte Gattung des Seins bezogen, ... sondern insofern die einen aus den anderen erkannt werden können» (res omnes per quasdam series posse disponi, non quidem in quantum ad aliquod genus entis referuntur, ... sed in quantum unae ex aliis cognosci possunt) [9]. Die hier geforderte Ordnung entspringt ausschließlich dem Erkenntniszusammenhang der Begriffe (ideae), der in der evidentia und certitudo des intuitus einer Begriffsverbindung gründet [10]. Das Ziel ist die Konstruktion von Begriffsreihen durch Bildung komplexer aus einfachen Begriffen in der Weise, daß diese Reihen erkenntnismäßige Ordnungsrelationen darstellen [11]; Endzweck ist die Bildung einer Einheitswissenschaft, der sapientia universalis [12]. LEIBNIZ knüpft in seinem ganz ähnlichen Programm einer scientia generalis, deren organon die begriffskombinatorische Idealsprache der characteristica universalis ist [13], ausdrücklich an Descartes an [14] und fügt diesem kartesianischen (und lullischen) Ordnungsprogramm als weiteres universelles Ordnungsprinzip das Kontinuitätsprinzip hinzu, das ein Kontinuum von Artbegriffen fordert [15]. KANT führt das Programm der characteristica universalis und das Prinzip des continuum formarum in kritizistischer Transformation weiter. Die kantischen Kategorien sind «als die wahren Stammbegriffe des reinen Verstandes» [16] die Grundbegriffe für «eine transcendentale Grammatik, die den Grund der menschlichen Sprache enthält» [17]; die kantischen Ideen, im Gegensatz zu den Kategorien nur von einem «regulativen Gebrauch» [18], sind die Quelle der die Klassifikation in Gattungen und Arten regierenden «Prinzipien der Homogenität, der Spezifikation und der Kontinuität der Formen» [19].

Nach der von Descartes bis Kant reichenden Linie treten wesentliche Neuansätze zu einer O.d.B. erst wieder mit dem beginnenden 20. Jh. auf. Zu erwähnen ist hier HUSSERLS Idee einer reinen Logik [20], vor allem aber CARNAPS großartiges Programm einer Konstitutions-theorie [21], da sich Carnap bei seinem Versuch, den Gesamtbereich der empirischen Begriffe aus den beiden Grundbegriffen des Elementarerlebnisses und der Ähnlichkeitserinnerung zu konstituieren, bereits systematisch der Klassen- und Relationslogik der modernen mathematischen Logik bedient.

Anmerkungen. [1] PLATON, Phaidros 266 b. – [2] Vgl. ALEXANDER APHROD., In Arist. Met., in: ARISTOTELIS Opera, hg. I. BEKKER 4 (1836, ²1961) 551 a 17ff. – [3] ARISTOTELES, Met. Δ, 1017 a 22-24. – [4] Top. I, 4, 101 b 17-25. – [5] PORPHYRIUS, Isagoge in Arist. Cat., in: ARISTOTELIS Opera a.O. [2] 2 a 12-23; BOETHIUS, In Isag. Porph. comm., hg. S. BRANDT. CSEL 48, 209. – [6] PORPHYRIUS, a.O. 1 a 2f. – [7] RAIMUNDUS LULLUS, Ars magna et ultima. Opera ea quae ad adinventam ab ipso artem universalem ... pertinent (Argentorati 1651) 218. – [8] PORPHYRIUS, In Arist. Cat. expositio, hg. A. BUSSE, in: Comm. in Arist. Graeca IV/1, 71, 13f. – [9] R. DESCARTES, Regulae ad directionem ingenii, Reg. 6. Oeuvres, hg. CH. ADAM/P. TANNERY 10, 381. – [10] Reg. 3, a.O. 369. – [11] Reg. 6, a.O. 381ff. – [12] Reg. 1, a.O. 360. – [13] G. W. LEIBNIZ, Philos. Schriften, hg. C. I. GERHARDT 7, 184ff.; vgl. auch Art. ‹Characteristica universalis›. – [14] a.O. 186. – [15] Nouveaux essais III, 6, § 12. – [16] I. KANT, KrV B 107. – [17] Akad.-A. 28/2/1, 576; vgl. auch A. TRENDELENBURG: Hist. Beiträge zur Philos. 3 (1867) 26ff. 43ff. – [18] KANT, KrV B 672. – [19] a.O. B 686. – [20] E. HUSSERL: Log. Unters. I (1900) 243ff.: Skizze des Programms. – [21] R. CARNAP: Der logische Aufbau der Welt (1928); vgl. Art. ‹Konstitutionssystem›.

Literaturhinweise. A. TRENDELENBURG: Gesch. der Kat.-Lehre (1846, ND 1963). – C. PRANTL: Gesch. der Logik im Abendlande 1-4 (1855-85, ND 1955). – FR. UEBERWEG: System der Logik und Gesch. der log. Lehren. (⁴1874). – E. ASTER: Gesch. der neueren Erkenntnistheorie (1921). – H. LEISEGANG: Denkformen (²1951). – I. M. BOCHEŃSKI: Formale Logik (1956). – W. und M. KNEALE: The development of logic (Oxford 1962). – W. STEGMÜLLER: Hauptströmungen der Gegenwartsphilos. 1 (⁶1978). W. SAUER

Ordnungsdenken, konkretes. ‹Konkretes O.› ist ein von CARL SCHMITT 1933/34 geprägter Begriff («konkretes Ordnungs- und Gestaltungsdenken») zur Bezeichnung einer juristischen Denkart und rechtsphilosophischen Position, die dem institutionellen Rechtsdenken verwandt ist und sich als Ausprägung davon begreift [1]. Das konkrete O. suchte in Anknüpfung an das Institutionendenken von M. HAURIOU und in Aufnahme der im rechtswissenschaftlichen Positivismus offen und leer gelassenen Frage der Rechtsbegründung das Rechtsverständnis von den im damaligen Rechtsdenken vorherrschenden Positionen eines abstrakten Normativismus und eines das Recht grundlos lassenden Dezisionismus hinwegzuführen. Im Begriff ‹konkretes O.› verbinden sich eine rechtsmethodische und eine rechtsphilosophische Position; beide wurden – möglicherweise bewußt – nicht deutlich voneinander unterschieden, weshalb das konkrete O. eine eigenartige Zwischenstellung zwischen einer 'nur' rechtsmethodischen und einer 'auch' rechtsphilosophischen Theorieaussage einnimmt, die nach beiden Seiten hin entfaltet werden konnte. Diese Unbestimmtheit, die indes zugleich den bestehenden Zusammenhang zwischen Rechtsbegründung und Rechtsmethodik offenlegt, erhöhte die Chance praktischer Wirksamkeit und einer wohl intendierten Gründungsfunktion des Begriffs in den geistespolitischen Auseinandersetzungen seiner Entstehungszeit.

Das konkrete O. sieht – rechtsphilosophisch – das Recht nicht auf ein abstraktes Sollen normativer Setzungen bzw. Postulate oder auf arbiträre Entscheidungen gegründet, sondern in den dem dualistischen Auseinanderreißen von Sein und Sollen vorausliegenden konkreten Lebensordnungen und überpersönlichen Institutionen der geschichtlich-sozialen Wirklichkeit. Diese sind ihrerseits von dirigierenden Ordnungsideen geprägt und bestimmt, in und aus denen das konkrete Recht sich bildet und seine (begrenzte) normative Wirkung entfaltet. «Die Norm oder Regel schafft nicht die Ordnung; sie hat vielmehr nur auf dem Boden und im Rahmen einer gegebenen Ordnung eine gewisse regulierende Funktion mit einem relativ kleinen Maß in sich selbständigen, von der Lage der Sache unabhängigen Geltens» [2]. Dem entspricht rechtsmethodisch ein auf Sachgegebenheiten und Ordnungen hin orientiertes Rechtsdenken, das das Recht als Gefüge gestalthafter Rechtsgebilde (Institutionen) begreift und die einzelnen Rechtsregeln weniger aus sich selbst oder nach einem bestimmten gesetzgeberischen Willen, als vielmehr aus dem konkreten Ordnungszusammenhang, in dem sie stehen und den sie näher ausgestalten, interpretiert und entsprechend aktualisiert. Nach Schmitts Selbstverständnis hat das konkrete O. einen Vorläufer im mittelalterlichen aristotelisch-thomistischen Naturrecht, seine große Ausprägung neben Savigny vor allem in Hegels Rechts- und Staatsphilosophie, in der «das konkrete Ordnungsdenken mit einer unmittelbaren Kraft, wie man es nach der staats- und rechtstheoretischen Entwicklung des 17. und 18. Jahrhunderts kaum mehr hätte erwarten können, vor dem Zusammenbruch der folgenden Generationen noch einmal lebendig» wird [3]. K. LARENZ deutet das konkrete O. als Erscheinungsform des «objektiven Idealismus» [4], während G. RADBRUCH darin eine Denkform aus «der Natur der Sache» [5] sieht.

Zeitgeschichtlich stand das konkrete O. in einer politisch-polemischen Frontstellung gegen die liberal-individualistische (Erwerbs-)Gesellschaft und ihr abstrakt normatives Recht, das nicht nur die Austausch- und Erwerbsverhältnisse, sondern auch die Institutionen des sozialen und politischen Lebens (wie etwa Ehe, Familie, Berufsordnung, Beamtenverhältnis, öffentliche Korporationen) nur als Rechtsbeziehung zwischen einzelnen, auf sich gestellten Individuen (als Rechtssubjekten) bzw. einer Mehrheit solcher Individuen erfaßte und regelte, nicht aber als überpersönliche Ordnungen. Demgegenüber sollten die noch vorfindlichen oder wieder zu schaffenden konkreten Lebensordnungen und Institutionen des Zusammenlebens, in einer ihnen eigenen statusmäßigen Bindung und Inanspruchnahme der einzelnen, den Ausgangs- und auch Bezugspunkt rechtlicher Regelung bilden. In dieser Weise womöglich als Mittel re-integrierender, statusmäßige Ordnungen stiftender Lenkung der vom NS-Staat im Zeichen der nationalen Revolution betriebenen Rechtserneuerung gedacht, unterlag der Begriff ‹konkretes O.› in seiner Mehrdeutigkeit und seinem impressiven Charakter ohne Widerspruch sogleich der ideologischen Beschlagnahme und Ausdeutung im völkisch-rassistischen Sinn. Das hat nach 1945 die Diskussion des in ihm formulierten rechtsmethodischen und rechtsphilosophischen Problems zunächst erschwert und dazu geführt, daß der Begriff seither als aktueller Begriff so gut wie nicht mehr verwendet wird. Immer wieder konnte auf die Inanspruchnahme und Verwertung des konkreten O. im Sinne nationalsozialistisch-totalitärer Zielsetzungen und Zwecke verwiesen, daraus ein sachlicher Zusammenhang abgeleitet und so das konkrete O. etwa mit der Überzeugtheit des Rechthabens als «dynamistischer Nihilismus» qualifiziert [6] oder einem verhüllten Dezisionismus zugeordnet werden, womit sich jede weitere wissenschaftliche Diskussion und Auseinandersetzung erübrigte.

In Gang gekommen ist die Diskussion und Auseinandersetzung dann, teilweise in verdeckter Form, über das seit den fünfziger Jahren verstärkt auftretende «institutionelle Rechtsdenken» als eine Form der Rechtsbegründung in deutlicher Absetzung von Naturrecht und Wertedenken, durch die nähere, auch rechtssoziologische Beschäftigung mit dem Vorgang der Rechtsbildung und durch die anthropologisch-soziologische Institutionenlehre (B. MALINOWSKI, A. GEHLEN). Das *institutionelle Rechtsdenken*, das ebenso wie das konkrete O. eine rechtsmethodische und rechtsphilosophische Seite enthält, hat weniger in seiner rechtsmethodischen, wohl aber in seiner rechtsphilosophischen Ausprägung (E. FORSTHOFF, H. DOMBOIS) ungeachtet einer eigenen und spezifischen Fragestellung die sachliche Position des konkreten O. aufgenommen und in sich weitergeführt. Die Analyse des Rechtsbildungsvorgangs ließ zum einen die durch die dualistische Entgegensetzung von Sein und Sollen verdeckte Einsicht wiederkehren, daß Rechtsbildung (und ebenso Rechtsänderung) nicht ein normativer, sondern ein gesellschaftlicher Prozeß ist, der sich innerhalb der gesellschaftlichen Gesamtwirklichkeit und getragen von deren realen geistigen, sozialen und politischen Kräften vollzieht. Zum anderen hat sie bewußt gemacht, daß das Recht nicht die alleinige normative soziale Ordnungsmacht, sondern nur eine von mehreren (neben z.B. Sitte, Brauch, Ethos, Religion) ist und die «soziale Wirklichkeit», die dem Recht als von ihm zu ordnende gegenübersteht, keineswegs bloß faktische, norm- und ordnungsleere Wirklichkeit ist, sondern eine bereits – schon 'vor' und ohne Recht – normgeprägte und normgeformte. Dadurch wurde es möglich, die stete Einwirkung vorrechtlicher, sogenannter natürlicher oder seinsimmanenter Ordnungen und Regelhaftigkeiten auf das Recht, wie auch den Rückgriff des Rechts auf sie angemessen zu erklären und zu diskutieren, und ebenso deren Tendenz und oftmals auch innere Kraft, sich als Recht und in Recht auszuformen und zur Anerkennung zu bringen – eben das, was im konkreten O. als Problem gesehen und aufgenommen und, wenn auch nicht im einzelnen ausgeführt, als Position formuliert worden ist. Schließlich hat die anthropologisch-soziologische Institutionenlehre, die zum Teil an Haurious Institutionentheorie anknüpfte, Verständnis geweckt für den Realitätsgehalt der Institutionen als sozialer Gebilde und Wirkzusammenhänge, in denen sich, von einer ordnenden Idee (idée directrice) oder einem eingestifteten Zweck getragen, bestimmte Verhaltenserwartungen und Rollenanforderungen ausformen und im praktischen Vollzug zu einer normgeprägten Ordnung integrieren. Der Einwand oder das Verdikt gegen das konkrete O., einer unzulässigen Vermischung von Sein und Sollen Vorschub zu leisten und bloße gesellschaftliche Faktizität als Recht zu nehmen, ist damit zusammengefallen und der Weg freigemacht, sich auf die rechtsmethodische und rechtsphilosophische Position, die in ihm enthalten ist, und auf deren rechtspolitische Bedeutung einzulassen. Da es im konkreten O. nicht zuletzt um die Abwehr der Umformung des Rechts in ein Mittel der Revolution – über die Gleichsetzung von Recht und freischwebender, politisch voll ausnutzbarer Legalität – geht und es insofern eine Theorie der Gründung und Bewahrung darstellt, wird es von neomarxistischer Seite als bürgerlich-faschistischen Interessen dienende Position, die eine «ständische Segmentierung des Rechtssystems» theoretisch begründet, qualifiziert und kritisiert [7]. Aber auch demokratisches Rechtsdenken, soweit es Rechtsbildung und Rechtssetzung allein oder primär als Kompetenz des demokratischen Gesetzgebers ansieht und in dessen Verfügbarkeit stellt, steht ihm kritisch gegenüber.

Anmerkungen. [1] C. SCHMITT: Die drei Arten des rechtswiss. Denkens (1934). – [2] a.O. 13. – [3] 45. – [4] K. LARENZ: Rechts- und Staatsphilos. der Gegenwart (²1935) 156-168: «Konkretes O. und objektiver Idealismus». – [5] G. RADBRUCH: Die Natur der Sache als jurist. Denkform (1960), zuerst in: Festschr. R. Laun (1948). – [6] E. WOLF: Kritik des institutionellen Rechts- denkens, in: H. SCHELSKY (Hg.): Zur Theorie der Institution (1970) 77-89, zit. 85. – [7] I. MAUS: Bürgerl. Rechtstheorie und Faschismus. Zur soz. Funktion und aktuellen Wirkung der Theo- rie C. Schmitts (1976) 127-142, bes. 140.

Literaturhinweise. S. ROMANO: L'ordinamento giuridico (1918, Florenz ³1977; dtsch. 1975). – M. HAURIOU: La théorie de l'ins- titution et de la fondation. Cah. de la Nouv. Journée 4 (1925); dtsch. hg. R. SCHNUR (1965). – C. SCHMITT: Polit. Theol. (²1934) Vor- wort. – E. SCHWINGE und L. ZIMMERL: Wesensschau und konkre- tes O. im Strafrecht (1937). – E. FORSTHOFF: Zur Problematik der Rechtserneuerung (1947/48), in: W. MAIHOFER (Hg.): Natur- recht oder Rechtspositivismus (1962) 73-86. – H. DOMBOIS (Hg.): Recht und Institution (1956). – A. GEHLEN: Urmensch und Spät- kultur (1956, ²1965). – K. LARENZ: Methodenlehre der Rechts- wiss. (1960, ²1969) 161f. – H. HOFMANN: Legitimität gegen Lega- lität (1964) 177-187. – B. RÜTHERS: Die unbegrenzte Auslegung (1968) 277-302; Institutionelles Rechtsdenken im Wandel der Verfassungsepochen (1969). – H. SCHELSKY (Hg.): Zur Theorie der Institution (1970). – G. ELLSCHEID: Das Naturrechtsproblem in der neueren Rechtsphilos., in: A. KAUFMANN und W. H. HAS- SEMER (Hg.): Einf. in die Rechtsphilos. und Rechtstheorie der Gegenwart (1977) bes. 52-64. – K. ANDERBRÜGGE: Völkisches Rechtsdenken (1978) 106-120. E.-W. BÖCKENFÖRDE

Ordnungspolitik. Gemäß dem von W. EUCKEN geprägten Begriff versteht man unter O. den Teil der Wirtschaftspo- litik, der im Gegensatz zu der kurzfristig disponierenden Prozeß- oder Ablaufpolitik langfristig orientiert ist [1]. Die O. stützt sich auf eine Ordnungsidee oder doch zu- mindest auf ein de facto existierendes Ordnungskonzept für die Wirtschaft. Durch die Schaffung oder Setzung von bestimmten Regeln wird die Ordnung gesichert. Die Re- geln selbst bestimmen in starkem Maße, wie wirtschaftli- ches Handeln aufeinander abgestimmt wird. Konstituie- rende Elemente bilden die Wahl der Eigentumsordnung (privat, kollektiv bis hin zu gesellschaftlich), das Aufstel- len wirtschaftlicher Pläne (dezentral oder zentral) und die Koordination der Entscheidungen (über Einzelpreise auf Märkten oder durch den Vollzug volkswirtschaftli- cher Gesamtpläne). Der ordoliberale Ordnungsentwurf kombiniert privates Eigentum mit dezentraler Planauf- stellung und der Entscheidungslenkung auf Wettbe- werbsmärkten. Aufgabe der O. ist hier insbesondere die «Herstellung eines funktionsfähigen Preissystems voll- ständiger Konkurrenz» [2]. Gegenpol ist die zentralgelei- tete Volkswirtschaft mit vergesellschaftetem Eigentum, zumindest an den Produktionsmitteln und gesamtstaatli- cher Planung. Realtypen derartiger Ordnungsentwürfe sind einerseits die soziale Marktwirtschaft mit der zusätz- lichen Aufgabe, soziale Sicherung im Rahmen der O. zu gewährleisten, und andererseits die sowjetische Zentral- verwaltungswirtschaft mit einer imperativen, hierarchi- schen Mengenplanung. Die Regeln können auch so ge- wählt werden, daß andere Ordnungstypen entstehen: z. B. die marktsozialistische Wirtschaftsordnung mit de- zentraler Planung und Marktkoordination, aber kollekti- vem und gesellschaftlichem Eigentum an den Produk- tionsmitteln (Prager Reformversuch von 1967, Jugosla- wien), beliebig mischbar sind sie jedoch nicht.

Wie weit der Begriff O. zu ziehen ist, wird kontrovers diskutiert. Dient die O. nur der Funktion, einen als gesell- schaftlich akzeptierten oder politisch gewünschten Ord- nungsentwurf zu sichern, dann übernimmt die O. eine instrumentelle Rolle. Wird mit der O. auch die konkrete Wahl der Regeln gemeint, dann enthält sie normative Züge. Das ist solange kein Problem, wie eine normative Grundentscheidung aus der Vergangenheit vom allge- meinen politischen Konsens getragen wird. Ändern sich dagegen die Ziele der Wirtschaftspolitik und kann die bestehende Wirtschaftsordnung eine befriedigende Ziel- realisierung nicht oder nur partiell anbieten, dann ent- steht ein ordnungspolitischer Konflikt. Genießt dann die O. wegen ihrer langfristigen Orientierung doch noch Priorität gegenüber der kurzfristigen Ablaufpolitik, dann wirkt sie in bezug auf die gesellschaftlichen Ziele der Wirtschaftspolitik retardierend. Auch die O. (wenngleich weniger häufig als die Ablaufpolitik) muß sich dann einer Überprüfung stellen und für Reformen aufgeschlossen sein. Wie die Erfahrung aber gezeigt hat, garantiert eine von breitem Konsens getragene, in sich gut abgestimmte O. die optimale Nutzung der volkswirtschaftlichen Lei- stungskräfte im Dienste der Befriedigung ökonomischer Bedürfnisse.

Anmerkungen. [1] W. EUCKEN: Grundsätze der Wirtschaftspo- litik (1952, ⁵1975) bes. 372ff. – [2] a.O. 314.

Literaturhinweise. G. GÄFGEN: Theorie der Wirtschaftspolitik, in: Komp. der Volkswirtschaftslehre 2 (⁴1975) 59-94. – H. RIESE: Ordnungsidee und O. – Kritik einer wirtschaftspolit. Konzeption. Kyklos 25 (1972) 24-47. – F. BÖHM: Eine Kampfansage an Ord- nungstheorie und O. Ordo 24 (1973) 11-48. – W. DETTLING (Hg.): Die Zähmung des Leviathan. Neue Wege der O. (1980). – G. GUTMANN: Volkswirtschaftslehre. Eine ordnungstheoret. Ein- führung (1981). K. MACKSCHEIDT

Ordo ordinans/ordinatus. Diese in der lateinischen Tra- dition bisher nicht buchstäblich belegte Unterscheidung führt J. G. FICHTE 1800 ein, um seine Gleichsetzung Got- tes mit der lebendigen und wirkenden moralischen Welt- ordnung gegen den Pantheismusverdacht abzusichern. In seinem philosophischen Sprachgebrauch sei Ordnung immer ein «thätiges Ordnen» (O. ordinans) und nicht ein gemachtes, schon fertiges Neben- und Nacheinandersein (O. ordinatus) [1]. Ein Hinweis auf Spinoza [2] legt die Vermutung nahe, daß er dieses Begriffspaar nach dem Modell der Unterscheidung von natura naturans und na- turata entwickelt hat. Auf katholischer Seite hat man die Bestimmung der moralischen Ordnung als O. ordinans sogleich als einen Rückgriff auf die Sprache der Schola- stik verstanden, der sich aus der Geschichte, «vorzüglich aus Augustin», leicht erhärten lasse [3]. Für AUGUSTIN wie für die Scholastik ist Gott jedoch über und vor aller Ordnung [4]. Noch JOHANNES A SANCTO THOMA hat darum die Formel natura naturans nur im Sinne von «ordinans naturam» zugelassen. Gott sei weniger selbst Natur als vielmehr ihr Ursprung und Prinzip [5]. Entspre- chend hat auch die Philosophie des Mittelalters dort, wo sie die Momente des Ordnens und Geordnetseins unter- schieden hat, zwar die Ordnung auf Gott als ordinator zurückgeführt, nicht aber den Ordnungsbegriff selbst von ihm prädiziert. So gibt es für ALBERTUS MAGNUS zwei verschiedene Weisen, die Welt unter Ordnungsgesichts- punkten zu betrachten. Ungeordnetes gibt es in der Welt nur in Rücksicht der geordneten Dinge (O. rei ordinatae), nicht jedoch der ordnenden Weisheit Gottes (O. sapien- tiae ordinantis) [6]. Ähnlich meint AUGUSTIN, wenn er von einem ordo naturae in Gott spricht, nach der Meinung von ALEXANDER VON HALES, BONAVENTURA und anderen nicht, daß die göttliche Natur geordnet wird, sondern daß die ratio ordinis zu ihrem Begriff gehört. Ordnung nämlich könne von etwas entweder «sicut ordinati» (respectu eius quod ordinatur) oder «sicut rationis ordinandi» (respectu eius quod est ratio ordinis) ausgesagt werden [7]. R. EISLER hat in der der Erde anfänglich von Gott eingegebenen, fermentierenden Ordnungskraft J. B. VAN HELMONTS eine frühe Ausprägung der O. ordinans gesehen. Das unmittelbare aktive Konstitutionsprinzip der Dinge ist für diesen jedoch der «Archeus seminalis» [8]. Sodann ist die moralische Ordnung nach FICHTE nichts Inneres, sondern liegt außerhalb der endlichen moralischen Wesen [9].

Anmerkungen. [1] J. G. FICHTE, Akad.-A. I/6 (1981) 373f. – [2] Vgl. Akad.-A. III/4 (1973) 180. – [3] a.O. [1] 367. – [4] Vgl. H. KRINGS: Ordo (1941) 65, Anm. 21. – [5] J. A SANCTO THOMA, Cursus philos. thomisticus 2 (Turin 1933) 171a. – [6] ALBERTUS MAGNUS, S. theol. II, tr. 11, q. 63, m. 1, sol. – [7] ALEXANDER VON HALES, S. theol. 1 (Quaracchi 1924) 473; BONAVENTURA, I Sent., d. 20, a. 2, q. 2, sol. – [8] I. B. VAN HELMONT: Ortus medicinae (Amsterdam 1652) 27f. 30. – [9] J. G. FICHTE, a.O. [1] 383.

Red.

Organ (griech. ὄργανον, Instrument, Werkzeug, Sinneswerkzeug, Organ [oft synonym mit μέρος bzw. μόριον, Teil bzw. Körperteil]; lat. organum; engl. organ; frz. organe; ital. organo). – 1. Das Wort ὄργανον wird erstmals von ARISTOTELES als *biologischer Fachausdruck* benutzt. Zwar definiert Aristoteles den O.-Begriff nicht, auch verwendet er das Wort ὄργανον weitgehend austauschbar mit μέρος (Teil) oder μόριον (Körperteil). Dennoch lassen sich, im Anschluß an J. H. WOLF [1], die wesentlichen Momente des aristotelischen O.-Begriffs wie folgt angeben:

a) Für den Begriff ‹O.› ist die Zuordnung auf eine *Funktion* (Verrichtung, Leistung; griech. ἔργον, Werk) konstitutiv, und zwar gemäß der Maxime: «Die Natur schuf die O.e zur Verrichtung, und nicht die Verrichtung für die O.e» [2]. Modern ausgedrückt, erweist sich damit ὄργανον als prägnant *physiologischer Begriff*, während μόριον zur Bezeichnung anatomischer Sachverhalte dient. Das Prinzip der *analogen Funktion*, für dessen extensive Anwendung sich überraschende Belege finden lassen [3], bildet für die vergleichende Tierlehre des Aristoteles einen wichtigen Einteilungsgrund [4]. Wie eng Aristoteles den O.-Begriff an den Begriff der Funktion bindet, zeigt sich rein sprachlich daran, daß er ihn selten absolut, sondern in der Regel relativ zu einer bestimmten Funktion verwendet.

b) In *struktureller* Hinsicht unterscheidet Aristoteles zwischen solchen Körperteilen, die sich in gleichartige Teile (μέρη) zerlegen lassen, und solchen, bei denen dies nicht der Fall ist. Das Fleisch z.B. ist ein homöomerer Teil, weil sich bei seiner Zerlegung wieder Fleisch ergibt; die Hand dagegen ist nicht homöomer, da sie sich nicht in Hände, sondern nur in Fleisch und Knochen zerlegen läßt [5]. Den nicht-homöomeren Teilen kommen bestimmte Verrichtungen und Tätigkeiten zu, und damit erweisen sie sich als O.e [6]. Die homöomeren Teile dagegen sind nur um der nicht-homöomeren Teile willen da [7].

c) Schließlich sind Körperteile nur insofern O.e, als sie *Teile eines Ganzen* sind, wobei das Ganze 'früher' als seine Teile ist: Wenn der ganze Körper zerstört ist, dann hört die Hand auf, Hand zu sein, und kann nur noch dem Namen nach so bezeichnet werden [8]. Umgekehrt definiert es geradezu einen potentiell lebenden Körper, 'organisch', d.h. mit O.en ausgestattet zu sein [9]. Als erste Entelechie eines solchen Körpers setzt die *Seele* die O.e in Bewegung [10]; auch ist der Körper als Ganzes ihr O. [11].

Aristoteles verwendet das Wort ὄργανον auch weiterhin in seiner *umgangssprachlichen* Bedeutung, was es ihm erlaubt, die griffige Formel ὄργανον πρὸ ὀργάνων (Werkzeug, im Sinne von Organ, für Werkzeuge) für die Hand zu prägen [12]. Schließlich benutzt er auch, wie schon vor ihm PLATON [13], das Wort rein *metaphorisch*, z.B. wenn er Gehilfen oder Sklaven als ὄργανον ἔμψυχον (beseeltes Werkzeug) in Parallele zu materiellen, d.h. nicht beseelten Werkzeugen bringt [14].

Die nicht-biologischen Bedeutungsvarianten sind keine bloßen Konzessionen an die Umgangssprache, vielmehr legen sie Genese und philosophischen Stellenwert des biologischen O.-Begriffs bei ARISTOTELES offen. Die Zweideutigkeit von ὄργανον als (natürliches) O. einerseits und (technisches) Werkzeug andererseits bringt nämlich das aristotelische Prinzip der *durchgängigen Analogie* von φύσις (Natur) und τέχνη (Kunst, 'Technik') prägnant zum Ausdruck. Auf einem noch höheren Abstraktionsniveau werden die verschiedenen Bedeutungsvarianten von ὄργανον zusammengehalten durch das Prinzip, daß jede Bewegung drei Komponenten hat: das Bewegende, dasjenige, womit es bewegt, und das Bewegte [15]. Die mittlere Komponente dieses Schemas – etwas Bewegtes, das seinerseits bewegt – wird von Aristoteles anhand solcher O.e wie der Gelenke exemplifiziert. In diesem Sinne haben das angeborene Pneuma [16] und der männliche Samen [17] die Eigenschaften eines ὀργάνου. In seiner allgemeinsten und abstraktesten Bedeutung steht ὄργανον bei Aristoteles demnach für «*Mittler der Bewegung* bzw. ... *Mittel zum Zweck*» [18].

In der *antiken Medizin* wird der O.-Begriff des Aristoteles erst durch GALENOS rezipiert [19]. Auch bei Galenos hat der O.-Begriff eine eminent physiologische Bedeutung, indem er an der Funktion (ἔργον bzw. ἐνέργεια) orientiert ist. In der teleologischen Betrachtungsweise tritt jedoch ein gewisser Wandel auf: Im Vordergrund steht jetzt nicht mehr die globale physis-techne-Analogie, sondern der Nutzen bzw. die Brauchbarkeit der O.e für die optimale Konstitution des Körpers. Diese Betrachtungsweise wird auch auf solche Körperteile angewendet, die Aristoteles nicht als O.e bezeichnet, so z.B. auf Muskeln [20] und Eingeweide; die letzteren werden sogar bevorzugt mit dem O.-Begriff belegt. Im Zusammenhang damit findet sich bei Galenos weit häufiger als bei Aristoteles eine absolute, d.h. nicht durch Aufweisung der Funktion erläuterte Verwendung des Wortes ὄργανον; der O.-Begriff erhält damit den Charakter einer Dingbezeichnung [21] und rückt wieder in die Nähe des anatomischen Begriffs ‹Teil› (μόριον).

2. Diese Entwicklung der Begriffsverwendung bei Galenos ist verantwortlich dafür, daß der O.-Begriff in der *Medizin des Mittelalters und der frühen Neuzeit* keine klar abgegrenzte Bedeutung besitzt. Die Körperteile werden allgemein als ‹membrum› oder ‹pars› bezeichnet; ὄργανον wird als ‹instrumentum› oder seltener als ‹organum› übersetzt, ohne daß eine Bedeutungsdifferenzierung vorgenommen würde. Die aristotelische Unterscheidung zwischen homöomeren und nicht-homöomeren Teilen wird als ‹partes similares/dissimilares› übernommen. Alle diese Termini «bewegen sich ganz im überlieferten Bedeutungshorizont» [22], und zwar bis weit in das 18. Jh. hinein.

Bereits in der Spätantike hatte sich eine Spezialbedeutung von ‹organum› herausgebildet, die im Mittelalter weit häufiger begegnet als die allgemeine, aristotelisch-galenische Bedeutung: die auch in der heutigen Umgangssprache noch lebendige *Gleichsetzung von Organ und Stimme*. Sie beruht einerseits auf der bevorzugten Behandlung der menschlichen Stimmbildung durch einen byzantinischen Galen-Exzerpisten, andererseits auf der terminologischen Suggestion, die von der Bezeichnung der antiken Wasserorgel (organum hydraulicum) ausging. Jedenfalls tritt ‹organum› im Mittelalter ganz vorwiegend als musikalischer Terminus auf [23].

Dies gilt auch für die *scholastische Philosophie*, etwa für THOMAS VON AQUIN [24]. Gelegentlich verwendet Thomas jedoch den Begriff ‹organum› auch in seiner aristotelischen Bedeutung. So sind z. B. die Körperteile ‹organa› für die Potenzen der Seele, und sie lassen sich nach der Wichtigkeit der durch sie realisierten seelischen Potenzen in eine Rangordnung bringen [25]. Auch im Kontext der Bewegungslehre tritt ‹organum› in dem oben referierten aristotelischen Sinn auf [26].

Anders als Aristoteles nimmt Thomas jedoch eine begriffliche Differenzierung zwischen materiellen Werkzeugen auf der einen Seite und unter dem Gesichtspunkt des Zwecks betrachteten Körperteilen auf der anderen Seite vor. Ein Beil z. B. ist ein «*instrumentum* extrinsecum et commune», es ist von vielen benutzbar und nicht fest mit dem Körper verbunden; die Hand dagegen ist ein «*organum* unitum et proprium», denn sie «kommt nur für die eigene Tätigkeit einer bestimmten Seele in Frage». Zu dieser Unterscheidung wird Thomas von Aquin durch ein theologisches Interesse motiviert; in Christus soll nämlich die menschliche Natur ein «eigenes und verbundenes Werkzeug» Gottes sein, so wie es die Hand für die menschliche Seele ist [27]. Die Verfügbarkeit zweier lateinischer Ausdrücke für das griechische ὄργανον hat hier zweifellos unterstützend gewirkt; doch ist Thomas terminologisch nicht konsequent und spricht auch dann von ‹instrumentum›, wenn er eigentlich gemäß der obigen Unterscheidung ‹organum› verwenden müßte.

Ohne feste terminologische Bindung an den O.-Begriff setzt sich Thomas auch mit der von Aristoteles überlieferten teleologischen Analyse der Körperteile auseinander. Er fragt, ob der menschliche Körper auch *funktionslose Teile* besitzen kann, und zwar im Kontext der Rechtfertigung des Auferstehungsglaubens. Thomas lehrt nämlich einerseits, daß die Leiber der Auferstandenen dieselbe Natur haben werden wie früher, und andererseits, daß im Zustande der Auferstehung weder Nahrungsaufnahme noch Geschlechtsverkehr stattfinden werden. Die entsprechenden O.e werden also von den Auferstandenen niemals benutzt werden. Werden sie dennoch bei ihnen existieren? Mit folgenden Begründungen beantwortet Thomas diese Frage positiv. Erstens: im Zustande der Auferstehung werden die Mängel der Natur wiederhergestellt. Zur Vollkommenheit der Natur gehört aber die Integrität des Körpers; insofern an sich funktionslose Körperteile für die Integrität des Körpers notwendig sind, werden sie wiederhergestellt werden [28]. Zweitens: die Glieder des Körpers können in bezug auf zwei verschiedene «habitus» betrachtet werden. Betrachtet man sie hinsichtlich der Eignung der Materie für die Form, dann ist ihr Zweck nicht die Betätigung (operatio), sondern das vollkommenere Sein ihrer Wesensart (magis perfectum esse speciei). Betrachtet man sie hinsichtlich ihrer Eignung als Werkzeuge (instrumenta) für die Handelnden, dann ist ihr Zweck tatsächlich die Betätigung.

Dennoch sind sie nicht überflüssig, wenn die Betätigung fehlt; denn jedes Werkzeug dient auch der Demonstration seiner Wirkungskraft (virtus), und die Werkzeuge des Körpers (instrumenta corporis) dienen dazu, die Wirkungskraft der seelischen Vermögen (potentiae animae) zu demonstrieren [29].

In diesen Überlegungen wird das Problem der *rudimentären O.e* wohl zum ersten Male formuliert, doch läßt sich nicht erkennen, daß sie einen Einfluß auf die biologische Theoriebildung gehabt hätten – was wegen ihrer Einbettung in theologische Fragestellungen auch nicht zu erwarten ist.

3. Bis in die zweite Hälfte des 18. Jh. tritt keine wesentliche Änderung in der Verwendung des O.-Begriffs ein. Er gehört in die lateinische Gelehrtensprache und wird im allgemeinen nach wie vor nicht absolut, sondern relativ zu einer bestimmten Funktion verwendet. In die modernen Sprachen wird der Terminus nur zögernd aufgenommen und erscheint zunächst als Synonym, z. B. im Deutschen für ‹Glied› oder ‹Gliedmaßen› [30].

Gegen Ende des 18. Jh. setzt dann die «*Entfesselung des O.-Begriffs*» [31] ein, und zwar in mehrfacher Hinsicht. Zum einen bezeichnet der O.-Begriff jetzt nicht mehr beliebige Körperteile unter dem Aspekt ihrer Funktion, sondern unter Einbeziehung struktureller Kriterien eine Kategorie von Körperteilen, die nach unten gegen ‹Faser›, ‹Gewebe› usw., nach oben gegen den Gesamtorganismus abgegrenzt wird. Ferner emanzipiert sich das Adjektiv ‹organisch› von seiner Bindung an die physis-techne-Analogie, es dient jetzt zur Kennzeichnung des Lebendigen, im Gegensatz zum Mechanischen, schlechthin; ‹O.› und ‹Werkzeug› können damit nicht mehr austauschbar verwendet werden. Und schließlich nimmt der O.-Begriff eine zentrale Stellung in naturphilosophischen und einzelwissenschaftlichen Systematisierungen ein, was u. a. an Wortschöpfungen wie ‹Organologie› und ‹Organonomie› abzulesen ist.

Die Neufassung des O.-Begriffs wird eingeleitet durch J. C. REIL, und zwar auf dem Hintergrund einer nicht-vitalistischen Konzeption der Lebenskraft. Nach Reil ist «O. und Organisation ... Bildung und Structur belebter Körper»; O.e sind durch ihre «Mischung» (chemische Zusammensetzung) und Form gekennzeichnet. Zwar stehen «alle O.e des thierischen Körpers unter einander in einer gewissen Verbindung», aber «jedes O. ist unabhängig und selbständig, es wirkt für sich und durch sich, durch die Energie seiner eigenen Kräfte» [32]. In struktureller Hinsicht unterscheidet Reil zwischen einfachen, aus homogener Materie gebildeten O.en, und zusammengesetzten, aus ungleichartigen Elementar-O.en gebildeten O.en. Ein «letzter Zweck» kommt aber nur den «vollendeten O.en» zu; da jedes vollendete O. in sehr verschiedenen Verhältnissen aus einfacheren O.en zusammengesetzt ist, zeigt es auch «seine eigenthümliche Erscheinungen, hat seine eigene Physiologie nöthig» [33]. In funktioneller Hinsicht ist jedes O. durch eine spezifische *Reizbarkeit* bestimmt, d. h. durch «die Eigenschaft thierischer O.e, daß sie sich durch eine äußere Ursach bestimmen lassen, ihren gegenwärtigen Zustand durch sich selbst zu verändern» [34].

Reils O.-Konzeption ist charakterisiert durch die starke Betonung der Selbständigkeit der O.e, durch die Vorstellung einer Außensteuerung (Erregung durch spezifische Reize) der organischen Tätigkeiten und schließlich durch die Ableitung der Funktion der O.e aus ihren materiellen Eigenschaften. Mit diesen Merkmalen befand sie sich nicht in Übereinstimmung mit dem philosophischen Zeitgeist, der durch den transzendentalen Idealismus gekennzeichnet war. Am ehesten war noch ein Kompromiß zwischen der Lebenskraft-Konzeption und der Philosophie KANTS zu erzielen. Nach Kant wird jeder Teil eines organisierten Körpers als O. *gedacht*, nämlich «so wie er *durch* alle übrigen da ist, auch *um der anderen und des Ganzen willen* existierend», und – um ihn von «Werkzeugen der Kunst» zu unterscheiden – «als ein die anderen Teile ... hervorbringendes O.» [35]. Für den physiologischen und biologischen O.-Begriff hatte dies die Konsequenz, daß die Unterordnung der O.e unter den Gesamtzweck des Organismus stärker hervorgehoben und neben der Reizbarkeit die ‹Bildungskraft› als Erklärungsbegriff in den Vordergrund gerückt wurde.

Im ersten Drittel des 19. Jh. finden wir zahlreiche Beispiele für eine philosophische Überformung der Reilschen O.- und Lebenskraft-Konzeption im Geiste Kants, z.B. bei C. C. E. SCHMID [36], G. R. TREVIRANUS [37] und F. TIEDEMANN [38]. Allerdings zeigen die Kant rezipierenden Einzelwissenschaftler häufig die Tendenz, die teleologische Analyse des O.-Begriffs zu reifizieren (oder, um mit Kant zu sprechen, ihn aus einem regulativen in ein konstitutives Prinzip zu verwandeln). Als Beispiel möge die O.-Definition eines 1833 erschienenen Handbuchs der Psychologie dienen: O.e *sind* «Theile, die nicht bloß *Stoffe*, sondern *Werkzeuge*, Mittel zur Bewirkung eines Zweckes ... sind, und zwar dergestalt, daß sie sich gegenseitig hervorbringen, sich gegenseitig wie Ursache und Wirkung, Mittel und Zweck verhalten» [39].

Auch in F. W. J. SCHELLINGS früher Naturphilosophie spielt die Auseinandersetzung mit der Konzeption Reils eine große Rolle. Schelling wendet sich gegen die Ansicht Reils, daß der «Grund des Lebens einzig und allein in der thierischen Materie selbst» liege [40]; es verhalte sich genau umgekehrt: «der Lebensprocess selbst ist Ursache der Mischung sowohl als der Form der O.e» [41]. Das Organische unterscheidet sich nämlich von dem Mechanischen dadurch, daß in letzterem «die Funktion ... jedes einzelnen Theils von seiner *Figur* abhängig ist», während «umgekehrt in der Organisation die *Figur* jedes Theiles von seiner *Eigenschaft* abhängt» [42].

Allgemein gilt also für Schelling, daß die Funktion der O.e ihrer Struktur vorausgeht. Warum 'individualisiert' sich nun der Organismus überhaupt in einer Vielzahl von O.en? Weil alle Funktionen des Organismus auf dem Prinzip der Gegensätzlichkeit beruhen, weswegen sie nicht in ein und demselben Individuum vereinigt sein könnten. Der Organismus muß also «gleichsam in mehrere Individuen auseinandergehen», die allerdings nur innerhalb des Organismus ihre Funktion ausüben können. Damit gelangt Schelling zu einem O.-Begriff, der die wesentlichen Momente der Kantschen Definition enthält, sie jedoch durch den Gedanken der *Individualität* erweitert: Die Individuen «würden sich ... zur ganzen Organisation zugleich wie die Ursache und Wirkung ihrer Thätigkeit verhalten. Was aber zur Organisation (als einem Ganzen) sich so verhält (und dabei doch eigne Individualität hat), heißt O. Es müßten also, wo in *Einer* Organisation entgegengesetzte Funktionen vereinigt sind, diese Funktionen an verschiedene O.e vertheilt seyn» [43].

In der damals aktuellen Streitfrage über die Selbständigkeit bzw. Unselbständigkeit der O.e bezieht Schelling eine vermittelnde Position: O.e haben aufgrund ihrer eigentümlichen Funktion eine 'vita propria', weil sie diese Funktion aber nur innerhalb des Organismus ausüben können, kommt ihnen gleichzeitig ein «geborgtes Leben» zu: «so muß es dem Begriff der Organisation nach seyn» [44]. – «Je mehr ... im organischen Naturreich die Mannichfaltigkeit der Funktionen zunimmt, desto mannichfaltiger müßte das System der O.e sich entwikkeln» [45]. Mit diesem Satz hat Schelling ein Programm für die entwicklungsgeschichtliche Forschung am Leitfaden des O.-Begriffs aufgestellt, das – freilich mit phantastischen Arabesken – von L. OKEN aufgenommen wird. Nach Oken «entwickelt sich vom untersten Thiere herauf ein O. um das andere ... Jede Thierklasse bringt ein neues O. zu seiner Höhe, steigt diese Entwicklung an und steigt bis dahin, wo alle diese O.e vereinigt sind» [46] – nämlich bei den Säugetieren und speziell beim Menschen. Demgemäß ist jede Tierklasse unterhalb der Säugetiere durch jeweils *ein* O., gleichzeitig durch *einen* Sinn und *eine* Funktion definiert; außerdem ist jedes O., und damit jede Tierklasse, 'Reflex' eines anorganischen Systems. Beispiele für solche Analogien sind: Tierklasse: Würmer; Organ: Bedeckung; Sinn: Gefühl; Funktion: Kohäsion; Reflex: Erde; oder: Amphibien – Magen – Zunge – Chymismus – Salz [47]. Da der Mensch alle jene O.e, Sinne und Verrichtungen gleichmäßig in sich vereinigt, die bei den Tieren einzeln vorkommen, kann Oken sagen, daß die Tiere «nichts anderes als totale Darstellungen einzelner O.e des Menschen» sind [48].

Neben solchen, dem heutigen Verständnis nicht mehr zugänglichen Phantastereien finden sich bei Oken jedoch durchaus exakte Definitionen: «O.e sind Theile, welche aus Systemen zusammengesetzt sind und eine davon verschiedene, also eigenthümliche Verrichtung haben» [49]; und zwar herrschen Systeme durch den ganzen Leib, O.e treten dagegen nur «an einzelnen Stellen ... selbständig hervor» [50].

Der bestimmende Einfluß, den die Schellingsche Naturphilosophie im ersten Drittel des 19. Jh. auf die Entwicklung der Physiologie in Deutschland ausübte [51], führte zu einer Hypertrophie idealistischer Spekulationen über O. und Organismus im Rahmen der Einzelwissenschaft Physiologie. Für die Schelling-Rezeption sei je ein frühes und ein spätes Beispiel aufgeführt.

In seiner 1807 erschienenen ‹Physiologie des Menschen› lehrt PH. F. WALTHER: «In jedem O. ist die Einheit und actuale Unendlichkeit des Organismus auf das vollkommenste nachgebildet»; Einheit wegen des Bezogenseins des O. auf den Gesamtorganismus, Vollkommenheit, weil jedes O. «ein besonderes, selbständiges Leben in sich» lebt [52]. Nach Walther ist es «lediglich zufällig», d.h. es gehört nicht zum Wesen des Organismus, daß eine «Vielheit von O.en entsteht» [53]. Daß dies dennoch geschieht, begründet Walther wie folgt: «Die Unendlichkeit der Idee producirt in dem Acte der Subjectobjectivirung den größten Reichtum individueller Formen und Gestalten; so wie das Ideale in sich unendlich ist, so ist das Reale in sich in's Unendliche getheilt, und auf das mannigfaltigste gebildet» [54]. Verglichen mit dieser Aussage des Physiologen Walther nehmen sich die Ausführungen des Philosophen Schelling, wenigstens in seiner frühen Arbeitsperiode, beinahe wie Muster nüchternen biologischen Denkens aus! Im übrigen bringt Walther an den Schellingschen Aufstellungen einige Korrekturen an. Ein «specifiques Leben» führen nicht so sehr einzelne O.e als vielmehr die *Gewebe*, aus denen sie gebildet sind, und zwar unabhängig davon, in welches O. sie eingehen [55]. Ferner ist es nicht möglich, einzelnen O.en einzelne Funktionen zuzuordnen, vielmehr sind an den Funktionen des Organismus «beynahe alle» O.e beteiligt. Hieran erweist sich, daß «alle O.e unter einander in der Idee des Organismus auf das innigste verbunden» sind [56].

K. F. BURDACHS mit sechs Bänden unvollendet gebliebene ‹Physiologie als Erfahrungswissenschaft› (1826–1840) bildet den Abschluß der von Schelling inspirierten Physiologie. Bei Burdach wird der O.-Begriff insofern etwas modifiziert, als er unter *morphologischer* und speziell unter *embryologischer* Sicht betrachtet wird. Nach Burdach geht «das O. aus der Richtung der Lebensthätigkeit hervor» [57]; O.e sind «die beharrlichen Substrate der verschiedenen Richtungen des Lebens» [58]. Burdach hält an dem Schellingschen Prinzip des Primats der Funktion über die Form fest, doch trifft dies anhand der Tatsache, daß im Embryo «das O. früher als die Function ist», auf gewisse Schwierigkeiten. Burdach löst sie durch die Annahme, daß nicht die Funktion, sondern «der Gedanke der Function» das Früheste ist. Die «einige» (einheitliche) Lebenskraft spaltet sich in verschiedene Triebe, die sich in O.en verkörpern und in ihnen «latent» werden. Solange die O.e ihre Funktion nicht betätigen, wirken sie «vermöge ihrer gemeinartigen Lebendigkeit als Glieder der organischen Kette», verfolgen dabei aber auch ihre «eigenen Zwecke», indem sie sich «durch ihre Ausbildung zur vollen Verwirklichung der Function» vorbereiten [59].

4. BURDACH verwendet den O.-Begriff zwar noch in primär physiologischer Bedeutung; indem er ihn jedoch vorwiegend unter dem Aspekt der Formbildung thematisiert, repräsentiert Burdach, neben vielen anderen, eine gedankliche Bewegung, die um die Mitte des 19. Jh. allmählich in einer *partiellen Verdrängung des physiologischen durch den morphologischen O.-Begriff* resultierte. Voraussetzungen dafür sind einesteils die intensive Entwicklung der vergleichend-anatomischen und stammesgeschichtlichen Forschung, anderseits die immer präzisere Kenntnis der Feinstruktur des Organismus. Das Vordringen des morphologischen O.-Begriffs kann hier nicht im einzelnen rekonstruiert werden; seine endgültige Fixierung fand er 1866 in E. HAECKELS ‹Genereller Morphologie der Organismen› [60]. Haeckel ist sich dessen bewußt, daß der O.-Begriff «ursprünglich ein rein physiologischer» war; dennoch verwendet er ihn in morphologischem Sinn und begründet dies damit, daß «die Leistungen jedes Werkzeugs ... sehr oft zum grössten Theile durch seine Form und durch die der äusseren Form zu Grunde liegende innere Structur oder Zusammensetzung aus mehreren Formen bedingt» seien [61]. Haeckel betrachtet das O. als ein «morphologisches Individuum», das die zweite Ordnung in der folgenden «Stufenleiter der Individualitäten» einnimmt: Plastiden (= Zellen und kernlose 'Plasmastücke'), O.e., Antimere (= Seiten-O.e des bilateral symmetrischen Körpers), Metamere (= Segmente des längs seiner Achse gegliederten Körpers), Personen (Individuen i.e. Sinne) und Cormen (= Stöcke oder Kolonien). Die O.e gliedert er wiederum in fünf Ordnungen: Zellfusionen, einfache (homoplastische) O.e, zusammengesetzte (heteroplastische) O.e, O.-Systeme und O.-Apparate. Schließlich ist Haeckel auch für die endgültige Festlegung der bis heute so verwendeten Unterscheidung zwischen homologen (d. h. aus einer gemeinsamen Anlage hervorgegangenen) und analogen (d. h. infolge Anpassung an Umweltbedingungen ähnlich gewordenen) O.en verantwortlich [62].

Für Haeckel, den Propheten der Darwinschen Theorie in Deutschland, bildet das Vorkommen *rudimentärer O.e* – er beschreibt sie auch als «O.e ohne Function», als «unzweckmässig, unnütz, oder sogar nachtheilig und positiv schädlich» [63] und widmet ihnen eine eigene «Dysteleologie» – ein wichtiges Beweisstück für seine rein morphologische Behandlung des O.-Begriffs. Aber mit der Teleologie verbannte Haeckel auch den Begriff der Funktion aus der «Organologie», die für ihn mit der Anatomie zusammenfällt [64]. Damit widersprach er insofern dem Geiste der Evolutionstheorie, als diese gerade auf eine funktionalistische Auffassung des Organismus und seiner Teile angelegt ist.

Gegenüber Haeckels starrem morphologischen Schematismus bringt W. ROUX die funktionalistische Komponente des Darwinismus wieder in die Betrachtung der organischen Formbildung ein. Roux transponiert das Prinzip des Kampfs ums Dasein von der Ebene der Art auf die Ebene der Teile des Organismus, die er in einem beständigen Kampf um die Stoffwechsel-Ressourcen des Organismus sieht [65]. Das O. erscheint in dieser Konzeption als ein Teil des Organismus, der sich aufgrund der Wirkung trophischer und funktioneller Reize «zur abstraktesten Definition seiner Function» ausgebildet hat [66]. Voraussetzung für den «Kampf der Teile» ist einesteils ihre relative Selbständigkeit, zum anderen ihre Ungleichheit [67].

Durch die Wiedereinbeziehung des funktionellen Momentes, die nicht nur von dem 'Mechanisten' Roux, sondern auch von Vertretern neo-lamarckistischer oder vitalistischer Richtungen in der Biologie getragen wird, hat der O.-Begriff zu Beginn des 20. Jh seine auch heute noch im Prinzip gültigen Definitionsmerkmale erhalten: «gesetzmäßige Außengestalt, gesetzmäßige Lagerung und bestimmte innere, histologische Ausgestaltung» und «werkzeugmäßig eine bestimmte Funktion für das lebende Individuum als Ganzes» [68]. Der O.-Begriff wird heute mit einem solchen Grade von Selbstverständlichkeit verwendet, daß er in der medizinischen Lexikographie kaum thematisiert [69] und auch im aktuellen ‹Handbuch der Biologie› nur an *einer* Stelle problematisiert wird [70].

5. Von Aristoteles bis zum Ende des 18. Jh. erfolgte die Funktionsbestimmung von O.en in Analogie zu materiellen Werkzeugen. Die Emanzipation des Organischen vom Mechanischen ist offenbar Voraussetzung dafür, daß die umgekehrte Analogiebildung erst im 19. Jh. nachweisbar ist: Jetzt werden die materiellen Werkzeuge als 'Ergänzungen' oder gar als 'Abbilder' der menschlichen O.e aufgefaßt. So weist H. SPENCER darauf hin, daß «der Zusammenhang zwischen dem Organismus und seiner Umgebung in seinen höheren Formen mittels supplementärer Sinnes-O.e und supplementärer Gliedmaßen bewerkstelligt wird» [71]. E. KAPP verdichtet diesen Gedanken im Begriff der *O.-Projektion*. Nach Kapp hat «der Mensch in die ursprünglichen Werkzeuge die Formen seiner O.e projiziert» [72]. Weit über Spencer hinaus führt Kapps Konzeption einer menschheitsgeschichtlich relevanten Wechselwirkung zwischen O. und Werkzeug: Der Werkzeuggebrauch wirkt auf das O. zurück, und dieses wird eben dadurch zur weiteren Vervollkommnung und Entwicklung des Werkzeugs befähigt [73]. Mehr noch: daß die Natur dem Menschen nicht «ewig unbegriffen» bleibt, geht auf die O.-Projektion zurück: Das durch die Werkzeuge vermittelte Verständnis der Natur bewirkt, «daß der Mensch in ihr recht eigentlich sich selbst wieder findet und sich selbst wissen und begreifen lernend, der selbstbewußte wird» [74] – Gedanken, die stark an K. MARX' Konzeption von der vergegenständlichenden und dadurch die Natur des Menschen ändernden Funktion des Arbeitsprozesses erinnern [75]. Für eine Beeinflussung Kapps durch Marx liegen jedoch keine Hinweise vor.

Das weitere 'Schicksal' des Begriffs der O.-Projektion ist noch nicht erforscht; er scheint jedoch von den völkisch-jugendbewegten Lebensreformern des frühen 20. Jh. rezipiert worden zu sein. Jedenfalls fordert einer der Propheten dieser Bewegungen, der Maler FIDUS, im Jahr 1925, daß das Haus «zur O.-Projektion des Lebens und des Leibes» werden soll [76].

Anmerkungen. [1] J. H. WOLF: Der Begriff 'O.' in der Medizin (1971). – [2] ARISTOTELES, De part. anim. IV, 12, 694 b 13f. – [3] De an. II, 4, 416 a. – [4] Hist. anim. I, 1-6. – [5] Hist. anim. I, 1, 486 a. – [6] Hist. anim. I, 6, 491 a. – [7] De part. anim. II, 1, 646 b. – [8] Pol. I, 1. 2, 1253 a und mehrere andere Stellen. – [9] De an. II, 1, 412 b. – [10] De gen. anim. I, 99, 730 b. – [11] Eth. Eud. VII, 9, 1241 b. – [12] De part. anim. IV, 10, 687 a 21. – [13] PLATON, Kratylos 388 a. c. – [14] ARISTOTELES, Pol. I, 4, 1253 b 27ff. – [15] De an. II, 10, 433 b. – [16] De motu anim. 10, 703 a. – [17] De gen. anim. I, 22, 730 b. – [18] WOLF, a.O. [1] 23. – [19] a.O. 27ff. – [20] GALENOS, De usu part. I, 33. – [21] WOLF, a.O. [1] 28. – [22] a.O. 33. – [23] 31ff. – [24] THOMAS VON AQUIN; im Index der Migne-Ausgabe der S. theol. taucht «organum» überhaupt nur in dieser Bedeutung auf. – [25] S. theol. I, 76, 8. – [26] ScG II, 71. – [27] ScG IV, 41. – [28] ScG IV, 88. – [29] S. theol., Suppl. 80, 1. – [30] In ZEDLERS Universal-Lex. (1740) wird von ‹O.› auf ‹Glied, Gliedmaß› verwiesen; im übrigen wird für versch. «organa» eine dtsch. Übersetzung vorgeschlagen, z.B. «organa sensoria» = «Gliedmaßen der Sinne»; «organica pars» wird als «zusammengesetzter Theil», d.h. als das aristotelische μόριον ἀνομοιομέρον wiedergegeben. – [31] WOLF, a.O. [1] 38ff. – [32] J. C. REIL: Über die Lebenskraft. Arch. Physiol. 1 (1795) 42. – [33] a.O. 44. – [34] 82. – [35] I. KANT, KU (²1793) 291f. – [36] C. C. E. SCHMID: Physiologie, philos. bearb. (1798/1801); Empir. Psychol. 1 (²1796). – [37] G. R. TREVIRANUS: Biologie, oder Philos. der lebenden Natur 1 (1802) 43. – [38] F. TIEDEMANN: Physiologie des Menschen 1 (1830) 121. – [39] C. H. SCHEIDLER: Hb. der Psychol. 1 (1833) 239. – [40] F. W. J. SCHELLING: Von der Weltseele (1798). Schr. von 1794-1798 (ND 1975) 550ff. – [41] a.O. 574. – [42] 575. – [43] Erster Entwurf eines Systems der Naturphilos. (1799). Schr. von 1799-1804 (ND 1975) 67. – [44] a.O. 68. – [45] 67. – [46] L. OKEN: Abriss des Systems der Biologie (1805) 200. – [47] a.O. 203. – [48] Entwicklung der wissenschaftl. Systematik der Thiere (1805), ND in: A. MEYER-ABICH (Hg.): Biologie der Goethezeit (1949) 191. – [49] Allg. Naturgesch. für alle Stände 4 (1833) 88. – [50] a.O. 21. – [51] K. E. ROTHSCHUH: Physiologie – Der Wandel ihrer Konzepte, Probleme und Methoden vom 16. bis 19. Jh. (1968) 191ff. – [52] PH. F. WALTHER: Physiol. des Menschen, mit durchgäng. Rücksicht auf die comparative Physiol. der Thiere 1 (1807) 44. – [53] a.O. 45. – [54] 122. – [55] 117. – [56] 123. – [57] K. F. BURDACH: Die Physiol. als Erfahrungswiss. 2 (1827) 709. – [58] a.O. 708. – [59] 710. – [60] E. HAECKEL: Generelle Morphol. der Organismen 1 (1866). – [61] a.O. 290. – [62] 314. – [63] 2, 268f. – [64] 1, 42ff. – [65] W. ROUX: Der Kampf der Theile im Organismus (1881). – [66] a.O. 209. – [67] 65f. – [68] L. RHUMBLER: O.e des tierischen Körpers, in: Handwb. der Naturwiss. 7 (1932) 448-456. – [69] WOLF, a.O. [1] 43. – [70] G. C. HIRSCH: Der Bau des Tierkörpers, in: F. GESSNER (Hg.): Hb. der Biologie V/1 (1977) 1-66. – [71] H. SPENCER: Die Principien der Psychol. (engl. 1855, ³1880; dtsch. 1882) 1, 380. – [72] E. KAPP: Grundlinien der Philos. der Technik (1877) 44. – [73] a.O. 52. – [74] 124. – [75] K. MARX: Das Kapital 1. MEW 23, 192. – [76] J. FRECOT, J. F. GEIST und D. KERBS: Fidus – Zur ästhet. Praxis bürgerl. Fluchtbewegungen (1972) 243.

Literaturhinweise. A. MÜLLER: Das Individualitätsproblem und die Subordination der O.e (1925). – L. RHUMBLER s. Anm. [68]. – K. E. ROTHSCHUH s. Anm. [51]. – J. H. WOLF s. Anm. [1].
TH. BALLAUFF/E. SCHEERER

Organik nennt HEGEL die dritte Unterabteilung – neben Mechanik und Physik – seiner Naturphilosophie [1]. In der Durchführung verwendet er statt ‹O.› den Ausdruck ‹organische Physik›; sie ist die Lehre vom geologischen, vegetabilischen und animalischen Organismus [2]. Die Hegelschüler K. ROSENKRANZ [3] und C. L. MICHELET [4] übernehmen die Dreiteilung der Naturphilosophie in Mechanik, Physik und O. Besonders Michelet betont, daß die O. den teleologischen Charakter organischer Materie, welche sich «als innere Zweckmäßigkeit zur Idee des Lebens erhebt» [5], darzustellen habe: «Wenn die Materie, als die stoffliche Ursache, die Voraussetzung ist, welche allen Gestalten der Natur zu Grunde liegt: so stellt sich an diesem Stoffe in der Mechanik die bewegende Ursache, in der Dynamik die Form, und in der O. die Teleologie dar» [6].

Anmerkungen. [1] G. W. F. HEGEL: Enzyklopädie der philos. Wiss. im Grundrisse (³1830) § 252. – [2] a.O. § 337. – [3] K. ROSENKRANZ: System der Wiss. (1850) § 309. – [4] C. L. MICHELET: Das System der Philos. als exacter Wiss., enthaltend Logik, Naturphilos. und Geistesphilos. 2 (1876, ND 1968) 21-24. – [5] a.O. 313ff. – [6] 13.
TH. BALLAUFF

Organisation (von neulat. organisatio, frz. organisation, ital. organizzazione, engl. organization). Der Begriff ‹O.› wird bereits im 18. Jh. viel gebraucht, und zwar zunächst im Zusammenhang einer Wissenschaft des organischen Lebens im Unterschied zu mechanischen Artefakten [1]. Auch ‹Desorganisation› kommt vor [2]. Der Begriff hat vorerst wenig deutliche Konturen, ermöglicht immerhin aber schon die Unterscheidung von internen und externen Bezügen der O. [3]. In seinem allgemeinsten Sinne bezeichnet er die Zusammenordnung von Teilen zu einem Ganzen, und zwar sowohl den Prozeß der Herstellung einer funktionsfähigen Verbindung als auch den dadurch gebildeten Zustand. Sehr oft wird dabei unterstellt, daß das Ganze der Zweck dieser Zusammenordnung und die Teile die Mittel dazu seien. Diese teleologische Fassung konnte sich auf KANT [4] berufen und diente als eine der gedanklichen Grundlagen für die preußischen Reformen [5].

I. Sozialphilosophie und Soziologie. – Bis weit ins 19. Jh. hinein bleibt der O.-Begriff eng mit dem des Organismus verbunden. Allerdings klingt in der Begriffsbildung ‹organisateur›, die aus den Tagen der Französischen Revolution datiert, auch etwas von einer Machbarkeit von O. an, im Unterschied zum Wachsen von Organismen. Die weitere Entwicklung setzt eine schärfere Trennung von rationalen und naturalen Prozessen voraus, als dies bis dahin üblich gewesen war. Als C.-H. DE SAINT-SIMON 1814 erklärte, «La philosophie du siècle dernier a été revolutionnaire, celle du XIXᵉ siècle doit être organisatrice» [6], als er diese Programmatik 1819 in den Versuch umsetzte, mittels seiner Zeitschrift ‹L'organisateur› ein neues gesellschaftliches System auf wissenschaftlicher Grundlage zu «organisieren», und als ferner A. COMTE 1822 dieser Idee in seinem ‹Plan des travaux scientifiques nécessaires pour réorganiser la société› [7] folgte, da war der O.-Begriff zwar immer noch wie auch der Begriff des sozialen Organismus allein auf die Gesamtgesellschaft bezogen, aber er war nun gemeint als ein im Kern rationaler Begriff und nicht mehr als ein naturaler. Damit konnte er auch die Funktion übernehmen, Erfahrungen mit formal organisierten Sozialsystemen, mit Vereinen und Bürokratien in Staat und Wirtschaft, zu sammeln und entsprechende Forschungen zu betreuen. Solche Erfahrungen hatte K. MARX noch unter dem Titel ‹Kooperation› abgehandelt [8]; doch schon H. SPENCER hatte betont: «But cooperation implies organization», weil die wirkungsvolle Verbindung verschiedener Handlungen miteinander eine temporale, eine quantitative und eine qualitative Abstimmung aufeinander erfordere – in diesem Sinne ist dann O. ein Merkmal von Gesellschaft überhaupt [9].

Die aufkommende Kritik der Analogie von Organismus und sozialer Ordnung nimmt dieser Assoziation ihre Selbstverständlichkeit. Erst die Durchsetzung der Unterscheidung vom Begriff des Organismus gibt dem der O. forschungssteuernde Bedeutung mit der Möglichkeit, Forschungsresultate und Theorieentscheidungen zu speichern. Er wird damit ein disziplin- und schließlich theorieabhängiger Begriff, der nicht mehr durch allgemein anerkannte definitorische Merkmale bestimmt werden kann, dafür aber zum Bereichstitel für sehr umfangreiche Forschungen avanciert.

Es entstehen in den ersten Jahrzehnten des 20. Jh. neben Ansätzen zu einer ‹Allgemeinen O.-Lehre› [10], die rasch stecken bleiben, vor allem in der Betriebswirtschaftslehre Bemühungen um rationale O., die den kategorialen Bezugsrahmen Ganzes/Teil und Zweck/Mittel beibehalten, ihn aber auf Betriebsziele spezifizieren. Im Unterschied zum Organismusbegriff wird die Präzision fremddienlicher Zwecke und die Optimierung der Zweck/Mittel-Relation als Erfordernis der Erhaltung des Ganzen betont. Parallel dazu entwickelt M. WEBER unter dem Titel ‹Bürokratie› ein soziologisches Modell rationaler O., das die später empirisch forschende O.-Soziologie stark beeinflußt hat [11].

Gegenüber dieser «klassischen O.-Lehre» hat sich heute eine kritische Auffassung durchgesetzt. Die Betriebswirtschaftslehre hat ihre Erwartungen an faktisch rationales Entscheiden in O.en abgeschwächt und dafür das Verhältnis von O. und (möglichst rationalem) Entscheiden ins Zentrum ihres Interesses gerückt. Die Soziologie hatte zunächst der Betriebszweck entsprechenden «formalen» O. eine «informale» O. im Sinne von emotional bedingten Gruppenbeziehungen entgegengesetzt [12]. Sie arbeitet heute an einer beides übergreifenden allgemeinen O.-Soziologie, die das faktische soziale Verhalten in formal strukturierten O.-Systemen jeder Art erforscht. Daneben wird von Biologen, Kybernetikern und Systemanalytikern verschiedener Herkunft an einer 'Allgemeinen Systemtheorie' gearbeitet, die auf Maschinen, Organismen, Persönlichkeiten und zunehmend auch auf Sozialsysteme anwendbar ist.

Vor dem Hintergrund dieser Theorieentwicklungen benutzt man den O.-Begriff heute zumeist in einem engeren, gegenüber Ordnung im allgemeinen eingeschränkten Sinne. Der Begriff bezeichnet dann soziale Systeme besonderer Art, die besondere Leistungen erbringen und dazu Verhaltensweisen motivieren und koordinieren, die nur aufgrund der Mitgliedschaft in solchen Systemen erwartet werden können. Diese Forschungsentwicklungen sind nicht ohne Rückwirkung auf den Begriff der O. geblieben. An die Stelle der Dichotomien Ganzes/Teil und Zweck/Mittel, die nicht organisationsspezifisch definierbar sind, treten organisationsspezifische Problemstellungen; nämlich einmal die Frage, unter welchen Bedingungen ein abgegrenzter Kreis von Mitgliedern sich ein als Arbeit definiertes, anforderungsreiches Verhalten zumuten läßt; und zweitens die Frage, wie weit in O.en Arbeitsvollzüge in die Form eines (mehr oder weniger rationalen) Entscheidungsverhaltens gebracht werden können. Im erstgenannten Bereich ersetzen heute Fragen der Partizipation, der 'Demokratisierung' und der Humanisierung der Arbeitsvollzüge das, was Kant unter innerer Zweckmäßigkeit und unter Wechselwirkung verstand. Im zweiten Bereich geht es um die Möglichkeit, durch organisierte Dekomposition von Entscheidungsprozessen doch noch eine effiziente Zielerreichung, wenn nicht gar eine Gesamtunterstellung von Rationalität zu gewährleisten.

Anmerkungen. [1] Vgl. z. B. P.-L. DE MAUPERTUIS: Essai sur la formation des corps organisés (Berlin 1754). – [2] ANONYMUS: Etwas über die Worte Desorganisation und Somnambulismus. Berlinische Mschr. (1787) 177-180. – [3] Vgl. Abbé JOANNET: De la connoissance de l'homme (Paris 1775) passim; vgl. bes. 2, 111 Anm. 4. – [4] I. KANT, KU¹ § 65. Akad.-A. 5 (1913) 372-376. – [5] a.O. § 65 Anm., a.O. 375; zu Auswirkungen vgl. etwa H. STEPHANI: Grundriß der Staatserziehungswiss. (1797) 6ff. 83ff. – [6] C.-H. DE SAINT-SIMON, Oeuvres (Paris 1868, ND 1966) 1, 158; vgl. 4, 6. 8. – [7] A. COMTE: Ecrits de jeunesse (Paris 1970) 241ff. – [8] K. MARX, MEW 23, 341-355; zum Gebrauch des Wortes ‹O.› vgl. MEW 2, 142f. und 4, 470. – [9] H. SPENCER: The principles of sociol. (London 1897-1904) 2, 244 = A system of synthetic philos. (ND 1966) 7, 244. – [10] J. PLENGE: Drei Vorles. über die allg. O.-Lehre (1919); A. BOGDANOV: Allg. O.-Lehre. Tektologie (1926). – [11] M. WEBER: Wirtschaft und Gesellschaft (1972) 126ff. 551-579. – [12] C. I. BARNARD: The functions of the executive (Cambridge, Mass. 1938); F. J. ROETHLISBERGER und W. J. DICKSON: Management and the worker (Cambridge, Mass. 1939).

Literaturhinweise. J. PLENGE s. Anm. [10]. – A. BOGDANOV s. Anm. [10]. – K. STEFANIĆ-ALLMAYER: Allg. O.-Lehre (1950). – K. E. BOULDING: The organizational revolution (New York 1953). – J. G. MARCH und H. A. SIMON: O.s (New York 1958). – F. NORDSIECK: Betriebs-O. (1961). – P. M. BLAU/W. R. SCOTT: Formal O.s (San Francisco 1962). – N. LUHMANN: Funktionen und Folgen formaler O. (1964). – J. G. MARCH (Hg.): Hb. of. O.s (Chicago 1965). – J. D. THOMPSON: O.s in action (New York 1967). – E. GROCHLA (Hg.): Handwb. der O. (1969, ²1980). – R. MAYNTZ: Soziol. der O., in: Hb. der emp. Sozialforsch., hg. R. KÖNIG (1969) 2, 444-467. – D. SILVERMAN: The theory of O.s (London 1970). – W. KIRSCH: Entscheidungsprozesse 3 (1971). – P. N. KHANDWALLA: The design of O.s (New York 1977). – A. KIESER und H. KUBICEK: O. (1977). – K. TÜRK: Soziol. der O. (1978). – N. LUHMANN: O. und Entscheidung (1978). – J. SCHILLER: La notion d'organisation dans l'hist. de la biol. (Paris 1978).
N. LUHMANN

II. *Psychologie.* – In der Psychologie wird der Begriff ‹O.› sowohl zur Kennzeichnung eines Vorganges, im Sinne von ‹Organisierung›, als auch zur Beschreibung eines Zustandes, der aus diesem Vorgang resultiert (Organisiertheit), verwendet.

Von ‹O.› spricht man dann, wenn ein vorher diffuses, chaotisches oder bereits gleichförmig (koordinativ) gegliedertes Ganzes ein bestimmtes Maß von Differenzierung, d.h. Gliederung in echte Teile oder Unterganze, erhält und diesen Teilen differente Funktionen und Rollen innerhalb des Ganzen zufallen. Innerhalb des Ganzen müssen sich Schwerpunkte, Zentren, Haupt- und Nebenteile, Rangstufen und Hierarchien herausbilden [1]. Somit steht der Begriff der O. in enger Beziehung zum Gestalt- und Strukturbegriff.

Sehr ausführlich ist das Problem der O. im Bereich der *Psychologie der Wahrnehmung* behandelt worden. Hier haben in erster Linie die Untersuchungen über die Bedingungen der Figurwahrnehmung Aufschlüsse über Zusammenhangs- und Gliederungsfaktoren erbracht [2]. Die in diesen Arbeiten entwickelten Kategorien und Gesetze haben auch in der Gedächtnis- und Lernforschung [3], in der Theorie des Handelns [4] und nicht zuletzt auch in der Psychopathologie [5] und der Sozialpsychologie [6] Verwendung gefunden.

Anmerkungen. [1] W. METZGER: Psychologie (²1954), bes. 5. Kap. – [2] M. WERTHEIMER: Unters. zur Lehre von der Gestalt. Psychol. Forsch. 4 (1923) 299-342. – [3] H. VON RESTORFF: Über die Wirkung von Bereichsbildungen im Spurenfeld. Psychol.

Forsch. 18 (1933) 301-350; G. KATONA: Organizing and memorizing (New York 1940). – [4] Vgl. hierzu bes. K. LEWIN: Feldtheorie in den Sozialwiss. (1963). – [5] K. GOLDSTEIN: Der Aufbau des Organismus (Den Haag 1934). – [6] LEWIN, a.O. [4]; Die Lösung sozialer Konflikte (1953).

Literaturhinweise. W. KÖHLER: Psychol. Probleme (1933). – K. KOFFKA: Principles of Gestalt psychology (London 1935). – W. METZGER s. Anm. [1]. – K. MÜLLER: Denken und Lernen als Organisieren. Hb. der Psychol. I/2 (1964) 118-143.   K. MÜLLER

Organisch/aorgisch (anorgisch, anorganisch). Ausgehend von der Mystik des schwäbischen Pietismus [1] und dem energetisch beseelten Naturbild der Romantik definiert HÖLDERLIN im ‹Grund zum Empedokles› (1799) [2] ‹organisch/aorgisch› als in «notwendiger Wechselwirkung» befindliche Gegensätze [3]. ‹Organisch› meint nicht den natürlichen Organismus, sondern das Organisierte, Reflektierte des Geistes und der Kunst, ‹aorgisch› nicht das Unbelebte (das heutige An- oder Unorganische), sondern das Unbewußte, Sprachlose, Unbildliche und Desorganisierende der Natur [4]. Der nach GOETHE [5] von ὀργή (Trieb, Zorn, Erregung) bzw. ἄνοργος (zornlos) hergeleitete Stamm ‹orgisch› soll bei HÖLDERLIN wohl auf eine innere Erregbarkeit deuten, die in der aorgischen Natur vorab nicht vorhanden ist, sondern erst in der gegenseitigen Durchdringung von Natur und organisierendem Geist bzw. Kunst auf diese übergreift. «... eines verbindet sich mit dem andern, ersezt den Mangel des andern, ... dann ist die Vollendung da, und das Göttliche ist in der Mitte von beiden. Der organischere künstlichere Mensch ist die Blüthe der Natur, die aorgischere Natur, ... giebt ihm das Gefühl der Vollendung» [6]. Von der Harmonisierung dieser Polaritäten leitet Hölderlin das Schicksal des Empedokles ab.

SCHELLING mag den Begriff ‹aorgisch› von Hölderlin übernommen haben [7]; er wandelt ihn gemäß der griechischen Form in ‹anorgisch› um, ein Terminus, der in seiner Natur- und Kunstphilosophie austauschbar erscheint mit dem Begriff ‹unorganisch› [8]. Mit seiner Entgegensetzung von ‹organisch› und ‹an-› bzw. ‹unorganisch› nähert sich Schelling dem heutigen Sprachgebrauch: Die unorganische Natur unterscheidet sich von der organischen darin, daß ihr die Eigenschaft, sich selbst zu erregen und zu reproduzieren, fehlt; die «*erregenden Ursachen*» müssen außerhalb ihrer im gesucht werden [9]. Sie ist «das Todte (unerregbare)», das «durch äußere conträre Einflüsse nicht zur Selbstreproduktion bestimmt werden kann, sondern dadurch zerstört wird» [10]. Die unorganische Natur ist allerdings für Schelling nur die «erste Potenz» der Materie [11] innerhalb der «*dynamischen Stufenfolge in der Natur*» [12], die «als solche» nicht existiert: «Denn das einzige An-sich dieser Potenz ist die Totalität ..., d.h. der Organismus ... Die sogenannte unorganische Natur ist daher wirklich organisiert, und zwar für die Organisation (gleichsam als das allgemeine Samenkorn, aus welchem diese hervorgeht)» [13].

GOETHE wendet sich 1805 [14] gegen eine Vermischung der Etymologie von ἄνοργανος und ἄνοργος und entscheidet die nachfolgende Begriffsgeschichte endgültig zugunsten der Differenzierung ‹organisch/un- bzw. anorganisch›, wie W. T. KRUG (1827) bestätigt [15]. Das von Hölderlin mit dem Begriff ‹aorgisch› Bezeichnete erscheint allerdings der Sache nach auch bei GOETHE wieder: als die «von außen wirkende Kraft» des Dämonischen [16]: «dieses Wesen, das zwischen alle übrigen hineinzutreten, sie zu sondern, sie zu verbinden schien» [17].

In der neueren *Literaturwissenschaft* wird der Begriff ‹aorgisch› gelegentlich zur Deutung des pluralistischen Realismus des 19. Jh. verwendet. H. O. BURGER bezeichnet damit jenes «unfaßlich Fremde für den Menschen» [18], das Büchner etwa in der Form des «Chaotischen», Bachofen in der Gestalt des «Chthonischen» erfahren habe [19].

Anmerkungen. [1] W. RASCH: Die Zeit der Klassik und frühen Romantik, in: Ann. dtsch. Lit., hg. H. O. Burger (²1971) 465-524. 533. – [2] FR. HÖLDERLIN, Stuttgarter A., hg. FR. BEISSNER 4/1 (1961) 152ff. – [3] H. SCHWERTE: Aorgisch. German.-roman. Mschr. NF 3 (1953) 31. – [4] HÖLDERLIN, a.O. [2] 4, 154. – [5] J. W. GOETHE, Weimarer A. I/40 (1901) 334. – [6] HÖLDERLIN, a.O. [2]. – [7] Vgl. Brieffrg. Hölderlins an Schelling, in: Sämtl. Werke und Br., hg. F. ZINKERNAGEL 4 (1921) 434. – [8] SCHWERTE, a.O. [3] 32. – [9] F. W. J. SCHELLING, Werke, hg. M. SCHRÖTER 2 (1927) 143. – [10] a.O. 2, 146. – [11] Werke, hg. O. WEISS 3 (1907) 217. – [12] a.O. [9] 2, 6. – [13] a.O. 3 (1927) 102 Anm. – [14] GOETHE, a.O. [5] IV/17 (1895) 267-269; vgl. I/40 (1901) 334. 464. – [15] W. T. KRUG: Allg. Handwb. philos. Wiss.en 1 (1827) 138. – [16] E. BOUCKE: Wort und Bedeutung in Goethes Sprache (1901) 265 (mit weiteren Quellenangaben). – [17] GOETHE, Dichtung und Wahrheit, Buch 20, a.O. [5] I/29 (1891) 174. – [18] H. O. BURGER: Der plurale Realismus des 19. Jh., in: Ann. ... a.O. [1] 621-718, bes. 682. 651. – [19] a.O. 669.

Literaturhinweis. H. SCHWERTE s. Anm. [3].
L. RYAN/A. SEIFERT

Organismus (engl. organism; frz. organisme; ital. organismo)

I. *Biologie.* – 1. Der Ausdruck ‹O.›, über frz. ‹organisme› seit dem 18. Jh. überall gebräuchlich, weist auf ARISTOTELES und die Vorsokratik zurück (EMPEDOKLES, ANAXAGORAS, Corpus hippocraticum). Für ARISTOTELES ist die Seele Ursache des lebendigen Körpers, sowohl seiner Bewegung als auch des Worumwillen dieser Bewegung und der vollendeten Form. Daher werden alle tierischen und pflanzlichen Körper als 'Organe', Werkzeuge der Seele gedacht [1].

Die aristotelische Lehre wurde in mannigfacher Abwandlung, besonders unter dem Einfluß der Stoa und der medizinischen Tradition, dem Mittelalter vermittelt. ALBERTUS MAGNUS und THOMAS VON AQUIN stellen sie ausführlich dar. Nach Thomas ist die Seele Form des O. und Motor seiner Tätigkeiten, zugleich als Werkmeister, der mit Hilfe der 'potentiae' (Fähigkeiten) den Körper und seine «organa» (Werkzeuge) aufbaut und erhält. Nach PARACELSUS [2] und J. B. VAN HELMONT ist der 'Archeus' die 'Lebenskraft' des O.; van Helmont lehrt, der 'Archeus' müsse sich als «causa efficiens», als «principium dirigens» mit Materie vereinen, damit Leben zustande kommt und bestehen kann. So bedeutet der 'Archeus' Mittler zwischen Form und Materie, herstellender Künstler des O. Als «generationis faber ac rector» umgibt er sich mit körperlicher Gestalt [3].

DESCARTES' Metaphysik der «res cogitans» und der «res extensa» wird zum Ausgangspunkt für die Auffassung des lebendigen Körpers als Mechanismus. Während Descartes selbst noch in der Lehre von den 'Lebensgeistern' mit der Ansicht der Seele als schaffender Kraft verbunden bleibt, führt die endgültige Trennung von Leib und Seele zur vitalistischen und mechanistischen Deutung des O. So wird für G. A. BORELLI der O. Zeichen einer durch das Nervenfluidum als «spiritus rector» getriebenen Maschine [4]. Die Enzyklopädisten und Materialisten des 18. Jh. – vor allem J. O. DE LA METTRIE in ‹L'homme machine› (1748) [5] – führen alle Bewegung auf die Reizbarkeit der Muskelfasern zurück; das Seelische wird damit Zeichen einer Kraftäußerung der Materie, die sich im Nervensystem abspielt.

2. G. E. STAHL zieht aus jener Trennung eine andere, 'psychovitalistische' Folgerung: «Niemand wird dem Werkzeug, welches von irgendeinem Tätigen irgendeines Zweckes wegen bewegt wird, Leben beimessen: und ebenso dürfen wir auch dem Körper, welcher der Seele als bloßes Werkzeug dient, ... kein Leben zuschreiben. Der Körper ist, für sich allein betrachtet, sogar nicht einmal organisch, sondern wir wird es erst durch die Beziehung auf bestimmte Zwecke, zu deren Erreichung sich die Seele seiner als eines Werkzeuges ... bedient. Ebenso kann auch dem Körper, als bloßem Gemisch, durchaus kein *Leben* beigelegt werden: als Organ der Seele aber, insofern er von dieser zweckmäßig bewegt wird, kann er (von der Seele) *belebt* sein» [6]. Stahl ist übrigens der erste Autor, der konsequent den Ausdruck ‹O.› anstelle der älteren Ausdrücke ‹corpus organicum›, ‹organisierter Körper› o.ä. verwendet; er führt ihn ausdrücklich als Gegensatz zu ‹Mechanismus› ein [7].

Für G. W. LEIBNIZ [8] sind die O. Komplexe von Monaden, unter denen die Seele die herrschende ist, die anderen dienen ihr als ihr Leib. Die herrschende Monade ist von den leibbildenden Monaden durch die größere Deutlichkeit ihrer Perzeptionen unterschieden. Die «prästabilierte Harmonie» gewährleistet das Ganze als «teleologische Ordnung»: Alles in der Natur ist organisiert, es gibt keine tote Materie. Alle Lebewesen bestehen als «präformierte Keime» seit Weltanfang. Die Präformationslehre der Entwicklung hatte damit ihren theoretischen Horizont gefunden. Mechanistische und vitalistische Erklärung des Lebendigen gehen eine einzigartige Verbindung ein.

K. F. WOLFF stellt sich mit seiner ‹Theoria generationis› (1759) gegen die Präformationslehre und die Maschinen-Analogie: Durch eine besondere Kraft werden die Organe aus einer strukturlosen Masse geformt, indem sie durch Zufuhr von Nahrungsflüssigkeit Blasen (Zellen) bildet, deren Wände erhärten. Die Tragweite dieses Gedankens wird erst in der Biologie des 19. Jh. wieder sichtbar und führt hier zu einer physikalisch-physiologischen Erklärung des Lebendigen [9].

A. VON HALLER [10] gewann durch die Unterscheidung von Irritabilität und Sensibilität eine für lange Zeit fundamentale Kennzeichnung des O. Er stellte sich im übrigen auf den Boden der Präformationslehre gegen K. F. Wolff. – J. E. BLUMENBACH ordnete den Charakteristika des Organischen, der Kontraktilität, Irritabilität und Sensibilität einen «Bildungstrieb» (nisus formativus) als Bedingung für Fortpflanzung, Knospung und Restitution zu. Da das, was man entferne, auch in zweckmäßiger Weise neugebildet werde (z. B. Blutgefäße um Fremdkörper, Gallen u.a.), komme man nicht mit der Präformationslehre aus, sondern sei eine spezifisch «organische Gesetzmäßigkeit» anzuerkennen [11].

3. I. KANT bringt auch für das Problem des O. eine neue Wendung und Klärung: «In einem solchen Producte der Natur [dem O.] wird ein jeder Theil so, wie er nur *durch* alle übrigen da ist, ... d. i. als Werkzeug (Organ) gedacht», außerdem aber «als ein die anderen Theile ... *hervorbringendes* Organ, dergleichen kein Werkzeug der Kunst, sondern nur der allen Stoff zu Werkzeugen ... liefernden Natur sein kann: und nur dann und darum wird ein solches Product als *organisirtes* und *sich selbst organisirendes Wesen*, ein *Naturzweck* genannt werden können ...» [12]. «Man sagt von der Natur ... bei weitem zu wenig, wenn man [sie] ein *Analogon der Kunst* nennt, ... sie orga-

nisirt sich vielmehr selbst ... Genau zu reden, hat also die Organisation der Natur nichts Analogisches mit irgend einer Causalität, die wir kennen» [13]. Zweckmäßigkeit darf demnach nicht mit Zwecktätigkeit verwechselt werden. Wir haben in der teleologischen Naturbetrachtung ausschließlich ein Prinzip der Beurteilung zur Verfügung. Kant gibt damit zugleich eine Analysis aller möglichen Theorien über den O.: Die Auffassung des O. nach Analogie eines künstlichen Mechanismus war dem 17. und 18. Jh. geläufig und führte später zur 'Maschinentheorie' des Lebens, die Verlegung der Lebensfunktionen in die Materie zu E. HAECKELS Lehre von den «Moneren», die Vereinigung von Stoff und organisierender Seele zum 'Psychovitalismus', die Bemühungen um die Klärung der im O. wirkenden einzigartigen Kausalbeziehung zu den Theorien der 'Ganzheits- und Anstoßkausalität' [14].

4. Für F. W. J. SCHELLING [15] ist das Natürliche durch seinen Prozeßcharakter, durch unendliche Produktivität gekennzeichnet. Alles durchwaltet das Gesetz der Polarität. Leben erscheint als Gleichgewichtsprozeß, der sich vom chemischen Gleichgewicht durch seine beständige Störung unterscheidet. Sensibilität, Irritabilität und Reproduktivität lassen sich als Kennzeichen des O. deduzieren. O. ist Totalität. Seine Einheit entspringt aus Synthesen, die sich aus Gegensätzen herleiten lassen [16].

Nach R. TREVIRANUS zerstört der Mechanismus sich selber, indem er für den Zweck, für den er bestimmt ist, arbeitet; «hingegen der O. hat sein Bestehen durch die ihm eigene Wirksamkeit»: «Man hat gefragt, ob das Weizenkorn ... sich dessen, was in ihm ist, ... bewußt sein könne? ... Das Weizenkorn hat allerdings Bewußtsein ... Ohne ein solches Bewußtsein ... gibt es kein Leben.» Leben und Beseeltheit sind einerlei [17]. – Für C. G. CARUS wird im Begriff des O. alles zusammengefaßt, «was wir erkennen als eine durch die Einheit einer Idee bedingte und überall bestimmte, gegliederte Mannigfaltigkeit, so zwar, daß eben diese Mannigfaltigkeit, woran jene Idee sich offenbart, uns nun gleichsam als das Werkzeug (Organon) dieser Idee erscheint und als solches das Wesen derselben betätigt und in bestimmten Wirkungen darlegt» [18]. – In diesen Zusammenhang gehört die Entdeckung der individuellen Zeit und des Lebensrhythmus des O. durch K. E. VON BAER: «Die organischen Körper sind nicht nur veränderlich, sondern die einzigen, die sich selbst verändern, ... in dem O. sind die einzelnen Teile derselben nach dem Typus und Rhythmus des zugehörigen Lebensprozesses und durch dessen Wirksamkeit gebaut, so daß sie einem anderen Lebensprozeß nicht dienen können ... Was wir in der Musik Harmonie und Melodie nennen, ist hier Typus (Zusammensein der Teile) und Rhythmus (Aufeinanderfolge der Bildungen)» [19].

In der Auseinandersetzung mit der romantischen Naturphilosophie versuchen G. W. F. HEGEL und die Hegelianer die O. als Momente der dialektischen Entwicklung der Idee zu begreifen [20]. A. SCHOPENHAUER deutet sie als Objektivationen des Willens, der «Lebenskraft», der «Urkraft», die metaphysisch als «Ding an sich» «Wille» ist [21].

5. Über solche umgreifenden Konstruktionen des Organischen führte die Erforschung der Fülle des Einzelnen und die Analyse der Mannigfaltigkeit zum kausalen Zusammenhang in Beschreibung und Versuch. Von philosophischer Seite hat besonders H. LOTZE in der Mitte des 19. Jh. scharf die Verselbständigung von «Kräften» und ihre Gegenüberstellung zu den «Stoffen» kritisiert. O. sei «nichts anderes, als eine bestimmte, einem Naturzweck entsprechende, Richtung und Kombination rein mecha-

nischer Prozesse». Als unterscheidendes Kennzeichen des Organischen gelte, «daß in jenem [dem Anorganischen] der Keim der Gestalt zufällig von neuem wird, während er in diesem immer durch einen zweckmäßigen Nexus mechanischer Bedingungen in dem Prozeß der Gattung erzeugt und fortgepflanzt wird ...». «Der lebende Körper als Mechanismus betrachtet, unterscheidet sich von allen anderen Mechanismen dadurch, daß in ihm ein Prinzip immanenter Störungen aufgenommen ist, die durchaus keinem mathematischen Gesetze ihrer Stärke und Wiederkehr folgen» [22]. Lotze gab damit die Richtung an, in der sich die weitere Auseinandersetzung um den Begriff des O. bewegen sollte. Chemie und Physik übernahmen die Führung. L. Feuerbachs Schüler, der Physiologe J. MOLESCHOTT, popularisierte in Deutschland die Überzeugung, daß der O. eine Maschine sei, welche nach durchsichtigen chemischen und mechanischen Gesetzen arbeite, ebenso L. BÜCHNER. A. WEISMANN begreift so grundsätzlich die Naturwissenschaft als den Versuch, «den Mechanismus nachzuweisen, der das Geschehen aus der Welt hervorbringt; wo der Mechanismus aufhört, dort ist keine Naturwissenschaft möglich» [23]. Für H. SPENCER besteht Leben in einer besonderen Verbindung von Materie und Bewegung; die lebendige Substanz verdankt ihr Leben beweglichen und komplizierten Verbindungen. Der Anpassungsgrad des O. dient als Maßstab des Fortschritts [24]. Nach E. HAECKEL ist der O. Resultat einer langen Entwicklungsgeschichte: Zuerst kristallierten aus der leblosen Materie die ersten O., kernlose Zellen, «Moneren», und ein jeder Typus der heutigen Tiere hat eine andere Monere zu seinem Urahnen; aus einer gingen Wirbeltiere hervor, aus anderen Coelenterata usw. [25]. Er schloß sich damit CH. DARWIN an, der die organischen Formen als historische Gebilde auffaßt, denen keine Ideen zugrunde liegen, sondern die aus einer Reihe von Ereignissen hervorgehen [26].

Die Forschungen über Erblichkeit und Variabilität führten zu dem Begriff der Eigenschaft. Den ersten Vorstoß in dieser Richtung wagte DARWINS Pangenesistheorie. Seine Auflösung des O. in Eigenschaften nahm A. WEISMANN in der Unterscheidung von angeborenen und erworbenen Eigenschaften auf [27]. Für H. DE VRIES ist «die ganze O.-Welt ... das Ergebnis unzähliger verschiedener Kombinationen und Permutationen von relativ wenigen Faktoren» [28]. Für J. LOEB sind die O. «chemische Maschinen, welche wesentlich aus kolloidalem Material bestehen» [29]. W. ROUX versteht die sich entwickelnden Lebewesen als «in sich geschlossene Komplexe von Gestaltung bestimmenden und hervorbringenden Wirkungen, für deren Vollziehung von außen her nur die Ausführungsenergien und die Baumaterialien zu liefern sind» [30]. Er hält alle Behauptungen von der prinzipiellen mechanistischen Unerklärbarkeit des gestaltlichen organischen Geschehens für vorzeitige und einseitige Ausdeutung des noch Unbekannten, für eine unzulässige Ableitung von Sicherem aus Unbekanntem [31]. Zu den Grundfunktionen des O. – Wachstum, Selbstvermehrung und -gestaltung, Vererbung – fügt er als elementare Eigenschaft der Lebewesen die Selbstregulation hinzu [32].

6. Inzwischen hatte eine andere Auffassung immer mehr Anerkennung gefunden. Schon im Jahre 1873 suchte G. TH. FECHNER den Darwinismus durch die «Aufstellung eines allgemeinen Prinzipes, welches die organischen Entwicklungsgesetze unter sich begreift», zu vertiefen: «Das Prinzip der Tendenz zur Stabilität» [33]. Kein Zufall, sondern ein mathematisches Gesetz beherrscht alles Geschehen. Als Konsequenz aus der Psychophysik Fechners sah der Physiologe E. HERING im Gedächtnis die Grundeigenschaft der O. Jedes organische Wesen steht vor «uns als ein Produkt des unbewußten Gedächtnisses der organisierten Materie, welche immer wachsend und immer sich teilend, immer neuen Stoff assimilierend und andern der anorganischen Welt zurückgebend, immer Neues in ihr Gedächtnis aufnehmend, um es wieder und wieder zu reproduzieren, reicher und immer reicher sich gestaltete, je länger sie lebte. Die ganze individuelle Entwicklungsgeschichte eines höher organisierten Tieres bildet aus diesem Gesichtspunkte eine fortlaufende Kette von Erinnerungen an die Entwicklungsgeschichte jener großen Wesenreihe, deren Endglied dieses Tier bildet» [34]. Diese Theorie erweiterte R. SEMON zu einer Lehre von der «Mneme» als dem erhaltenden Prinzip im Wechsel des organischen Geschehens [35]. Er bezeichnet die «Wirkung der Reize als ihre engraphische Wirkung, weil sie sich in die organische Substanz sozusagen eingräbt oder einschreibt». Die Erscheinungen, die am O. aus dem Vorhandensein eines bestimmten Engramms oder einer Summe von solchen resultieren, bezeichnet er als mnemische Erscheinungen [36]. Den «Mnemismus» bauten E. BLEULER und E. RIGNANO [37] weiter aus. N. VON RASHEVSKY entwickelte auf der Grundlage der physikalischen Hysteresis-Phänomene eine Theorie des sinnvollen Reagierens und Lernens [38]. Angesichts der modernen Kybernetik gewinnen diese Lehren für die Erklärung des O. und der Vererbung wieder an Bedeutung.

7. E. MONTGOMERY unterschied seit 1881 den O. von der anorganischen Substanz, sofern er kein Aggregat, sondern ein einheitliches Ganzes darstellt, das sich der Umgebung gegenüber aktiv und handelnd verhält [39]. Seit 1899 trat dann J. REINKE zuerst wieder für eine «teleologische Betrachtung» ein und suchte energetische Systemkräfte, welche durch Physik und Chemie bekannt werden, von nichtenergetischen als «Dominanten» und als Seelenkräfte zu unterscheiden, die als «selbstbildende Kräfte des O.» den Übergang zu den psychischen Kräften bilden [40]. Besonders H. DRIESCH hat sich seit der Jahrhundertwende bemüht, den Beweis für die Autonomie des Organischen in der Entgegensetzung zur Maschinentheorie des Lebens zu führen. Der O. fordere die Annahme eines seelenartigen Faktors, der als «Entelechie» Ordnung und Aufbau des O. als eines Ganzen gewährleistet [41]. Dem sind zum Teil in umfassenden Entwürfen u.a. A. WENZL, J. VON UEXKÜLL, H. CONRAD-MARTIUS und R. WOLTERECK [42] gefolgt.

H. BERGSON wandte sich ebenfalls gegen die geläufig gewordene Betrachtung des O. Er sieht die O. im Zusammenhang eines einheitlichen Lebensstromes. Durch ihre Mittlerschaft schwinge sich das Leben als Impuls zu immer neuen Bildungen auf. Es gibt in ihm keine Wiederholung, keine automatisierte Ordnung, keine Prädetermination als allein die, sich immer von neuem von aller Bindung zu lösen, um sich aufs neue zu bestimmen. Das Leben entfaltet sich daher für Bergson zu einer unbestimmten, weil nicht prädeterminierten Fülle von divergenten Reihen: «Real ist einzig die kontinuierliche Formveränderung; Form ist nur eine von einem Sich-Wandeln gewonnene Momentaufnahme» [43].

8. Umfassend hat N. HARTMANN auf der Grundlage seiner «Kategorienlehre» das Wesentliche des O. zu bestimmen versucht. Jugend, Höhe und Altern des Individuums liegen in seiner Eigentätigkeit begründet, bilden

ein zeitliches Ganzes: «Das, was sich im Lebensprozeß identisch erhält, ist nicht ein Stadium, auch nicht die organische Form, sondern das Prozeßgefüge mit seinem zeitlichen Gestaltcharakter, der Gesamtrhythmus des Lebens, in dem jedes Stadium vorwärts wie rückwärts auf die übrigen Stadien fest bezogen bleibt» [44]. Zugleich beruhe die Beharrung der lebendigen Form nicht auf Subsistenz, sondern auf Konsistenz. «Was sich so erhält, ... ruht auf, ist also seinerseits das Getragene ...» vom «ständigen Wechsel des Stoffes und von der Unrast der Prozesse, die diesen Wechsel in Gang halten» [45].

9. Gegenwärtig dürfte die Erklärung des O. als Vorgang und Ergebnis eines spezifischen Prozeßgleichgewichtes weitgehend Anerkennung gefunden haben; sie wird vor allem von L. VON BERTALANFFY vertreten. In der Zelle und im vielzelligen O. finden wir eine bestimmte Zusammensetzung, ein konstantes Verhältnis zwischen den Komponenten, das auf den ersten Blick der Verteilung der Komponenten in einem chemischen Gleichgewichtssystem ähnlich ist und das in weitem Umfang erhalten wird: Unabhängigkeit der Zusammensetzung von der absoluten Menge der Komponenten, Regulationsfähigkeit nach Störungen, Konstanterhaltung der Zusammensetzung bei wechselnden Bedingungen und wechselnder Nahrung. Beim O. handle es sich so nicht um ein geschlossenes, sondern um ein offenes System: «Ein lebender O. ist ein Stufenbau offener Systeme, der sich auf Grund seiner Systembedingungen im Wechsel der Bestandteile erhält» [46].

Gegen diese Theorien stellte A. PORTMANN die Anschauung von der «Natur als einer ungeheuren, unbekannten, waltenden Einheit ... In diesem Unbekannten finden sich Lebewesen mit verschiedener Stufung von Innerlichkeit, von verschiedenen Graden des Wachseins, von verschiedener Wirkfähigkeit als Zentren spontaner Veränderung. Jedes dieser Lebewesen ist vor jeder Analyse ausnahmslos als Ganzes vor uns» [47]. Die Einsicht in die «relative Autonomie der Lebensprozesse» muß so im Mittelpunkt stehen: «Weltbeziehung durch Innerlichkeit und Selbstdarstellung in der Erscheinung sind in dieser Sicht die zwei obersten Kennzeichen des O., denen der Stoffwechsel, die Erhaltung, Regulation, Fortpflanzung und Entwicklung als Glieder der Verwirklichung sich unterordnen» [48].

Anmerkungen. [1] ARISTOTELES, De an. II, 4, 415 b. – [2] Vgl. TH. BALLAUFF: Die Wiss. vom Leben 1 (1954) 102ff. 175ff. – [3] a.O. 192ff. – [4] J. A. BORELLI: De motu animalium (Rom 1679, Neapel 1734) Vf. 8f., dtsch. (1927) 1f.; De motu musculorum, dtsch. Ausg. (1706, ND 1978) 37ff. – [5] J. O. DE LA METTRIE: L'homme machine (Leiden 1748), dtsch. Ausg. (1909) 15f. 49f. – [6] BALLAUFF, a.O. [2] 201ff.; G. E. STAHL: Theoria medica vera (1708), dtsch. Ausg.: Theorie der Heilkunde, hg. W. RUF (1802) 66ff. – [7] Theoria ... a.O. 13ff. – [8] G. W. LEIBNIZ, Monadol. § 63ff. Die philos. Schr., hg. C. I. GERHARDT 6 (1885, ND 1961) 617ff. – [9] BALLAUFF, a.O. [2] 226ff. 271ff. – [10] A. VON HALLER: Von den empfindlichen und reizbaren Teilen des menschl. Körpers (lat. 1753), dtsch. hg. K. SUDHOFF (1922). – [11] Vgl. BALLAUFF, a.O. [2] 279ff. 288ff. – [12] I. KANT, KU § 65. – [13] a.O. – [14] Vgl. J. HOFFMEISTER: Wb. der philos. Begriffe (^{2}1955) 446. – [15] F. W. J. SCHELLING: Erster Entwurf eines Systems der Naturphilos. (1799). – [16] Von der Weltseele, eine Hypothese der höheren Physik zur Erklärung des allg. O. (1798). Schr. von 1794-1798 (ND 1975) 403f. – [17] R. TREVIRANUS: Die Erscheinungen und Gesetze des organ. Lebens (1831-33) 1, 8. 16. 11. – [18] C. G. CARUS: Organ der Erkenntnis der Natur und des Geistes (1856) 148f. – [19] K. E. VON BAER: Reden 1 (1864) 39. 280f. – [20] G. W. F. HEGEL: Enzykl. der philos. Wiss. im Grundrisse (1830), hg. F. NICOLIN/O. PÖGGELER (1959) 284. – [21] A. SCHOPENHAUER: Parerga und Paralipomena 2 (1851) 129. – [22] H. LOTZE: Kleine Schr. 1 (1885) 161. 180. 204. – [23] Vgl. E. RÁDL: Gesch. der biolog. Theorien 2 (1909) 193. – [24] a.O. 209. – [25] 277. – [26] 326. – [27] 503f. – [28] H. DE VRIES: Intrazellulare Pangenesis (1889) 7. – [29] J. LOEB: Vorles. über die Dynamik der Lebenserscheinungen (1906) 1. – [30] W. ROUX: Die Entwicklungsmechanik, ein neuer Zweig der biolog. Wiss. (1905) 44. – [31] a.O. 87. – [32] 225. – [33] G. TH. FECHNER: Einige Ideen zur Schöpfungs- und Entwicklungsgesch. der O. (1873); vgl. RÁDL, a.O. [23] 545f. – [34] Vgl. E. HERING: Über das Gedächtnis als eine allg. Funktion der organisierten Materie (1905) 17. – [35] R. SEMON: Die Mneme als erhaltendes Prinzip im Wechsel des organ. Geschehens (1904, ^{4}1920); vgl. hierzu Art. ‹Mnemismus›. – [36] a.O. 15. – [37] E. BLEULER: Mechanismus – Vitalismus – Mnemismus (1931); E. RIGNANO: Das Gedächtnis als Grundlage des Lebendigen. Mit einer Einl. von L. VON BERTALANFFY (1931). – [38] N. VON RASHEVSKY: Learning as a property of phys. system. J. gen. Psychol. 5 (1931) 207-229; Physico-mathemat. aspects of the Gestaltproblem. Philos. Sci. 1 (1934) 409-419; vgl. ferner RÁDL, a.O. [23] 453ff.; B. BAVINK: Ergebn. und Probleme der Naturwiss. (^{10}1954) 524; E. UNGERER: Die Wiss. vom Leben 3 (1966) 204. 224ff. – [39] Vgl. RÁDL, a.O. [23] 558. – [40] J. REINKE: Das dynamische Weltbild (1926); vgl. RÁDL, a.O. [23] 559f. – [41] H. DRIESCH: Philos. des Organischen (^{2}1921) 400f. – [42] Vgl. BALLAUFF: Das Problem des Lebendigen (1949) 45ff. – [43] H. BERGSON: Schöpf. Entwicklung (1912) 33. 306. – [44] N. HARTMANN: Philos. der Natur (1950) 523. – [45] a.O. 548. – [46] L. VON BERTALANFFY: Das biolog. Weltbild 1 (1949) 124; vgl. BALLAUFF, a.O. [42] 70f. – [47] A. PORTMANN: Aufbruch der Lebensforschung (1965) 27. – [48] a.O. 185.

TH. BALLAUFF

II. *Kosmologie, Soziologie und Psychologie.* – Der Begriff ‹O.› wird nicht nur in der Biologie verwendet, sondern auch in zahlreichen anderen Wissensbereichen. Er tritt – als Gegenbegriff zu ‹Mechanismus› – in der Regel dann auf, wenn die Gegenstände einer Wissenschaft als *ganzheitlich, hierarchisch gegliedert und zielgerichtet* gekennzeichnet werden sollen, und bildet den zentralen Begriff ‘organischer’, ‘organismischer’, ‘organizistischer’ oder ‘organologischer’ Theorien. Aus der beinahe unübersehbaren Fülle einschlägiger Konzeptionen seien drei Verwendungsweisen herausgegriffen: 1. Das *Universum* als O.; 2. die *Gesellschaft* als O.; 3. die *Seele* (oder das Psychische) als O.

1. Die Gleichsetzung oder metaphorische Parallelisierung des *Universums* mit dem (menschlichen) O. geht auf PLATON [1] zurück. Terminologisch wird sie allerdings in der gesamten einschlägigen Tradition unter das Begriffspaar ‹Mikrokosmos/Makrokosmos› gebracht. Erst zu Beginn des 19. Jh. wird der Begriff ‹O.› ausdrücklich auf das Weltall oder auf die Erde angewendet, ohne jedoch die ‹Mikrokosmos/Makrokosmos›-Terminologie völlig zu verdrängen.

Die Subsumtion der *Welt* bzw. der *Natur* unter den Begriff des O. wird erstmals von F. W. J. SCHELLING vorgenommen: «Die Dinge sind ... nicht Principien des O., sondern umgekehrt, der O. ist das Principium der Dinge» [2]. Voraussetzung für diese Schlußfolgerung sind zwei Prinzipien, die fortan der Betrachtung des Universums als O. zugrunde liegen werden: a) die Unterscheidung zwischen dem Mechanismus als einem stabilen und dem O. als einem instabilen System; nach Schelling würde «ein unbeschränkter Mechanismus ... sich selbst zerstören», dagegen ist im O. die «Succession [der Ursachen und Wirkungen] ... innerhalb gewisser Grenzen eingeschlossen» und «fließt in sich selbst zurück»; b) der Gedanke, daß bei ganzheitlicher Naturbetrachtung «der Gegensatz zwischen O. und Mechanismus verschwindet» und dahingehend aufgelöst wird, daß der O. «früher ist» als der Mechanismus [3]. Aus der logischen Priorität des O. folgt allerdings für Schelling nicht, daß die organische

Natur jemals vor und unabhängig von der anorganischen Natur existiert hätte. Im Begriff des O. muß nämlich «notwendig der Begriff einer immanenten, bloß auf ihr Subjekt gerichteten Tätigkeit, die aber notwendig zugleich eine Tätigkeit nach außen ist, gedacht werden» [4]. Diese Tätigkeit nach außen fordert als notwendiges Korrelat eine äußere Tätigkeit, denn das Individuelle besteht «selbst nur durch Andrang einer äußeren Natur». Aus dieser «wechselseitigen Entgegensetzung» folgt, daß «organische Natur» ohne «anorgische Natur» nicht bestehen kann und umgekehrt [5].

An der Rezeption der Schellingschen O.-Konzeption durch die *Naturphilosophie der deutschen Romantik* lassen sich zwei Varianten unterscheiden. Die erste (eher idealistische) knüpft an das Konzept der inneren Tätigkeit an und betrachtet die Natur als Produkt einer dynamischen, sich in Polaritäten vollziehenden Begriffsentfaltung; die zweite (eher realistische) verwertet Schellings 'systemtheoretische' Einsichten und sucht die Analogie zwischen O. und Welt in beiden gemeinsamen Struktur- und Funktionsprinzipien.

Die erste Variante wird z. B. durch K. F. BURDACH und C. G. CARUS repräsentiert. BURDACH erkennt «das Weltganze als den unbedingten, Alles umfassenden und allein wahrhaften O. an, der durch sein unendliches Leben in immer engeren Kreisen und in mannichfaltigen ... Schöpfungen sich abbildet» [6]. Die Welt ist «das Offenbarwerden des Unendlichen»; letzteres ist ein «freies Wesen ...: der Geist der Welt, Gott» [7]. Unter Verzicht auf theistische Implikationen drückt CARUS einen ähnlichen Gedanken aus: es sei gegeben, «die Natur in ihrer Allheit und Einheit, Unendlichkeit und Endlichkeit, Mannigfaltigkeit und Gleichheit als das wahre Urbild alles dessen anzuerkennen, was wir mit dem Namen des Organischen oder des O. belegen»; O. ist «das irgendwie zeitlich oder räumlich sich Darbilden und Darleben eines geistigen Vor- oder Urbildes, und insoweit allemal eine fragmentarische und unvollkommene Wiederholung des Weltganzen» [8].

Die zweite, realistische Variante der Schelling-Rezeption setzt mit L. OKEN ein. Nach Oken heißt «ein individualer, in sich geschlossener, durch sich selbst erregter und bewegter Körper» O.; ein O. ist ein «individualer Planet», ein «Ebenbild des Planeten» [9]. Der Planet selbst ist kein O., wohl aber das Universum. SCHELLING hatte das «in sich Zurückfließen der Successionen» im O. mit Hilfe der Kreislinie verdeutlicht; in realistischer Interpretation dieses Bildes – und gleichzeitig unter Aufnahme antiker Vorstellungen – schließt OKEN, daß die ursprüngliche Form des O., wodurch er gleichzeitig dem Planeten ähnlich wird, die Kugel sein müsse: daher seine Konzeption des «Urbläschens», der Vorläufer der Zellentheorie.

G. TH. FECHNERS Versuch, die Gestirne als «beseelte» und dem menschlichen O. ähnliche Wesen zu erweisen [10], beruht demgegenüber nicht auf Ähnlichkeiten in der äußeren Form, auch nicht auf Analogisierung einzelner Organe des Körpers mit einzelnen Elementen des Planeten, sondern auf funktionellen Gesichtspunkten. Nach Fechner liegt die «Ähnlichkeit der Erde mit unserem Leibe» vor allem darin, daß beide in sich zusammenhängen, nach außen durch eine bestimmte Gestalt abgeschlossen sind, durch Zweckbeziehungen innerlich verknüpfte Ganze sind und anderen ähnlichen, doch individuell voneinander verschiedenen Ganzen in ähnlicher Weise gegenüberstehen [11]. FECHNERS Aufzählung von nahezu 50 Ähnlichkeiten zwischen Erde und Leib enthält eine Fülle systemtheoretisch fruchtbarer Einsichten. Die anorganische Materie läßt Fechner aus der organischen Materie hervorgehen und findet damit unter den Naturwissenschaftlern die Zustimmung W. PREYERS [12]; im allgemeinen widersprechen seine Ideen jedoch dem mechanistischen Zeitgeist der Naturwissenschaft in der zweiten Hälfte des 19. Jh.

Seit Fechner läßt sich die O.-Universum-Analogie nur noch sporadisch nachweisen. Sie taucht gelegentlich in erkenntnistheoretischen Zusammenhängen auf. Zum Beispiel bezeichnet P. HÄBERLIN die «Wirklichkeit a priori» als «universalen O.» und meint damit das von aller Wissenschaft geforderte Formprinzip eines «universal-eindeutigen Funktionszusammenhangs ... in seiner spezifisch empirischen Ausprägung» [13]. Im Kontext der Naturphilosophie nimmt A. MEYER-ABICH den Gedanken von der Welt als O. wieder auf. Er bringt damit zum Ausdruck, daß die Natur «eine echte organische Ganzheit» ist [14]. In bewußter Anknüpfung an Schelling und Fechner behauptet Meyer-Abich das Entstehen des Anorganischen aus dem Organischen; gemäß seiner «holistischen» Konzeption gehen nämlich die weniger komplexen Organisationsformen der Natur als «Simplifikation» aus den höheren Organisationsformen hervor.

Anmerkungen. [1] PLATON, Tim. 6 (30 b-d). – [2] F. W. J. SCHELLING: Von der Weltseele, eine Hypothese der höheren Physik zur Erklärung der allg. O. (1798). Schr. von 1794-1798 (ND 1975) 554. – [3] a.O. 403f. – [4] Erster Entwurf eines Systems der Naturphilos. (1799). Schr. von 1799-1801 (ND 1975) 153. – [5] a.O. 91. – [6] K. F. BURDACH: Die Physiol. als Erfahrungswiss. 6 (1840) 598. – [7] a.O. 593. – [8] C. G. CARUS: Natur und Idee (1861) 112. – [9] L. OKEN: Lehrb. der Naturphilos. 2, § 817 (1810) 10. – [10] G. TH. FECHNER: Zend-Avesta, oder über die Dinge des Himmels und des Jenseits 1 (1851) 1. – [11] a.O. 49. – [12] W. PREYER (Hg.): Wissenschaftl. Br. von W. Preyer und G. Th. Fechner (1890). – [13] P. HÄBERLIN: Der Gegenstand der Psychol. (1921) 48f. – [14] A. MEYER-ABICH: Naturphilos. auf neuen Wegen (1948) 43.

Literaturhinweise. A. MEYER-ABICH s. Anm. [14]. – Art. ‹Makrokosmos/Mikrokosmos›, in: Hist. Wb. der Philos. 5 (1980) 640-649.

2. Auch die Analogie zwischen O. und *Staat* oder *Gesellschaft* geht auf die Antike zurück und ist wenigstens in der platonischen oder vom Platonismus beeinflußten Tradition als Spezialfall der O.-Kosmos-Analogie zu werten. Vergleiche zwischen dem menschlichen Körper, einschließlich der Seele in ihrer Beziehung zum Körper, und staatlichen oder anderen sozialen Gebilden gehören mit wenigen Ausnahmen zum festen Bestand der antiken und mittelalterlichen Sozialphilosophie.

In der klassischen griechischen Philosophie werden O.-Analogien benutzt, um das Verhältnis zwischen dem Stadtstaat und seinen Bürgern zu verdeutlichen. In seiner Utopie eines vollkommenen Staates vergleicht PLATON den Staat mit einem Menschen, bei dem «die gesamte, sich über den Leib bis zur Seele als zu *einer* Zusammenordnung des in ihr Herrschenden sich erstreckende Gemeinschaft» mit *einem* schmerzenden Gliede zu fühlen pflegt, und verwendet diesen Vergleich zur Rechtfertigung der von ihm geforderten Frauen- und Kindergemeinschaft [1]. An anderer Stelle operiert Platon mit einem fortan beliebten Topos, nämlich der Anwendung der Begriffe ‹Gesundheit› und ‹Krankheit› auf das in Analogie zu einem Menschen vorgestellte Staatswesen [2]. Insgesamt betont Platon die Unterordnung der Bürger unter den Stadtstaat und die Notwendigkeit rationaler Gesamtplanung des staatlichen Aufbaus anstelle partieller Reformen durch Änderung einzelner Gesetze.

ARISTOTELES pflegt den natürlichen Vorrang des Ganzen vor seinen Teilen am O. nachzuweisen, und in dieser Absicht vergleicht er den Staat mit dem O.: «Der Staat ist von Natur und ursprünglicher als der Einzelne», wer nicht in der Gemeinschaft lebt, ist «wildes Tier oder Gott» [3]. Anders als Platon betont Aristoteles jedoch die Ungleichartigkeit der Teile (Bürger), welche die als O. aufgefaßte staatliche Gemeinschaft konstituieren [4]; im Vordergrund seines Interesses steht die gesellschaftliche Arbeitsteilung und das Zusammenwirken der Staatsbürger. Mit der Herrschaft der Seele über den Körper stellt Aristoteles einen vor allem im Mittelalter weidlich ausgebeuteten Topos des O.-Staat-Vergleichs bei; er selbst benutzt ihn allerdings nicht zur Rechtfertigung der monarchischen Staatsform, sondern zur Verdeutlichung des Verhältnisses zwischen Herr und Sklave in der Ordnung des 'Hauses' [5], d. h. der Familie, die er von der staatlichen Ordnung scharf unterscheidet [6].

Im Zeitalter des Hellenismus gewinnt die politische Theorie eine neue Dimension: Anstelle der bedeutungslos gewordenen griechischen Stadtstaaten steht die menschliche Gemeinschaft überhaupt im Vordergrund des Interesses. Der O.-Staat-Vergleich wird jetzt um Bilder bereichert, mit deren Hilfe das Zusammenfallen des individuellen Nutzens mit dem Nutzen für die Gemeinschaft demonstriert werden soll [7]. Auch die bei LIVIUS überlieferte Fabel vom Bauch und den Gliedern, mit deren Hilfe Menenius Agrippa die Sezession der Plebejer beendet [8], ist hellenistischen Ursprungs und gehört in diesen Kontext.

Durch den Apostel PAULUS werden die gängigen O.-Metaphern im Bilde der christlichen Gemeinde als «Leib Christi» zusammengefaßt: «Denn gleich wie ein Leib ist, und hat doch viele Glieder, alle Glieder aber eines Leibes ... also auch Christus ... Es kann das Auge nicht sagen zu der Hand: Ich bedarf deiner nicht ... Und so ein Glied leidet, so leiden alle Glieder mit ... Ihr aber seid der Leib Christi» [9]. Hierin ist einesteils ein egalitäres Moment enthalten – nach Paulus sind gerade die unscheinbarsten Glieder die nötigsten [10] –, zum anderen aber auch in der Vorstellung von Christus als dem Haupt der Gemeinde ein hierarchisches Moment [11]. In der Antike werden die Worte des Apostels in ihrem ursprünglichen Sinn, als Aufruf zur Eintracht, aufgefaßt und dergestalt noch von AUGUSTINUS benutzt, der das harmonische Zusammenleben im «Gottesstaat» mit O.-Metaphern verdeutlicht [12], während er in bezug auf den weltlichen Staat eine mechanistische, auf dem Vertragsdenken aufbauende Soziologie vertritt [13].

Im Mittelalter wird das 'organismische' Modell, das Augustinus nur für den «Gottesstaat» akzeptiert hatte, auf die gesamte, «wegen der Ähnlichkeit zu dem natürlichen menschlichen Körper» [14] als «corpus mysticum» verstandene Menschheit ausgedehnt. Gleichzeitig wird der augustinische Dualismus von «civitas terrena» und «civitas dei» in die Vorstellung zweier universaler Staaten oder «Reiche», des weltlichen und des kirchlichen, mit jeweils gleicher Struktur transformiert. Die Rezeption des Aristoteles führt – etwa bei THOMAS VON AQUIN – dazu, daß O. und Staat gleichermaßen als durch eine zentrale Instanz gelenkte [15], in sich hierarchisch geordnete [16] und auf einen spirituellen Zweck ausgerichtete [17] Gebilde betrachtet werden.

Das politische Denken des Mittelalters wird ausnahmslos von der O.-Metapher bestimmt; Meinungsverschiedenheiten werden nicht auf dem Wege der Bejahung oder Verneinung der 'organismischen' Staatsidee ausgetragen, sondern durch die verschiedene Ausgestaltung oder Deutung der O.-Metapher. Zwar werden die Definitionsmerkmale des O. bei Thomas von Aquin und anderen Vertretern der päpstlichen Partei zur Rechtfertigung der Monarchie [18], der ständischen Gliederung der Gesellschaft und des päpstlichen Herrschaftsanspruchs herangezogen, das O.-Modell kann jedoch auch im Sinne weltlicher Herrschaftsansprüche oder einer Gleichberechtigung der weltlichen und geistlichen Gewalt gedeutet werden. Dabei treten zum Teil neue Gedanken auf. So wird z. B. aus der funktionalen Äquivalenz der Organe auf die wechselseitige Vertretbarkeit staatlicher und kirchlicher Herrschaftsfunktionen geschlossen [19], oder das Zentralorgan wird dem Gesamt-O. untergeordnet, was zur theoretischen Rechtfertigung der Wahl-Monarchie und gelegentlich sogar der Republik verwendet wird [20].

In Gestalt solcher Lehren trug das mittelalterliche O.-Modell des Staates den Keim seines Zerfalls in sich, denn sie stellen ihn bereits als Resultat «freiwilliger Übereinkunft» [21] dar und bereiten der neuzeitlichen, auf den Ideen des Gesellschaftsvertrages und der im Herrscher repräsentierten Volkssouveränität beruhenden Konzeption den Boden. Das für die Renaissance typische Mißtrauen gegenüber dem O.-Modell läßt sich am besten an SHAKESPEARES ‹Coriolanus› belegen: die Handlung des Stücks ist eine einzige Absage an die erzählte Fabel des Menenius Agrippa [22]. Fortan werden O.-Analogien für längere Zeit nur noch als Teil des humanistischen Bildungsgepäcks mitgeführt [23].

Die Wiederentdeckung der O.-Konzeption von Staat und Gesellschaft erfolgt im Zuge der Kritik an der Gesellschaftsvertrag-Konzeption ROUSSEAUS und ihrer Realisierung durch die französische Revolution. Die Priorität gehört hier J. G. FICHTE: «In dem organischen Körper erhält jeder Teil immerfort das Ganze, und wird indem er es erhält, dadurch selbst erhalten: ebenso verhält sich der Bürger zum Staat» [24]. Die Staats- und Gesellschaftsphilosophie der deutschen Romantik operiert fortwährend mit dem Begriff des O., der jetzt auch terminologisch endgültig an die Stelle älterer Ausdrücke wie ‹organisierter› oder ‹organischer Körper› tritt; sie beziehen ihren O.-Begriff allerdings nicht von Fichte, sondern von F. W. J. SCHELLING. Und zwar bildet Schellings *Naturphilosophie* den Ausgangspunkt für die sozial-philosophischen O.-Theorien der Romantiker; Schelling selbst ist anfangs in der Anwendung des O.-Begriffes auf den Staat eher zurückhaltend und bezweifelt an einer Stelle ausdrücklich, daß Staaten jemals «organische Ganze» werden könnten [25]; er stellt andererseits in der Rede vom Staat als «objektivem O. der Freiheit» [26] seinem damaligen Anhänger J. J. WAGNER den Grundbegriff einer Lehre vom Staat zur Verfügung [27].

Wesentlich einflußreicher als Wagners Staatsphilosophie sind A. MÜLLERS ‹Elemente der Staatskunst›, in denen konstatiert wird: «Die alten Römer haben den Vergleich des Staates mit dem menschlichen Körper verstanden; sollte er jetzt nicht mehr passen ...? Dieser Körper, dessen innige, gewaltige Verbindung wir in jedem Lebens-Moment am unmittelbarsten fühlen, bleibt das nächste und schönste Muster aller Vereinigungen und Körperschaften, zu denen uns unsere ganze Lage unaufhörlich hin drängt» [28]. Die klassische Reminiszenz fällt Müller nicht von ungefähr ein, denn das Ganze, an das sich der Einzelne (wie bei den Römern) hingeben soll, ist «das Nationale, die Menschheit». Damit spricht er jenes Konzept an, in dem sich die staatlichen Vorstellungen der Romantiker von denjenigen des Mittelalters unterscheiden: die als 'Volkstum' aufgefaßte Nation. Im übrigen gelangen die Romantiker mittels der O.-Analogie zu denselben Schlußfolgerungen wie das Mittelalter: Der Staat ist kein bloßer Nutzverband, sondern hat einen transzendenten Zweck; seine optimale Organisation ist der Ständestaat. Die von den meisten Romantikern geäußerte Präferenz für eine 'gemischte' Staatsform [29] hat ihr Vorbild bei Aristoteles [30].

Aus der kaum übersehbaren Fülle 'organischer Staatstheorien' der Romantik sei die unsystematisch vorgetragene, aber einflußreiche Theorie F. VON BAADERS als Beispiel herangezogen: «Ohne soziale, organische Hierarchie, ohne Macht, Autorität und Untertänigkeit unter dieselbe besteht ... kein vollständiger O.; und weil kein Mensch von sich selbst das Recht haben kann seinesgleichen zu befehlen und keiner die Pflicht, seinesgleichen zu gehorchen, so vermochten auch die Menschen nicht von selbst sich zur Gesellschaft zu konstituieren, und nur ihre Gesellschaft mit Gott konnte und kann jene unter oder mit sich begründen» [31]. Das wesentliche Moment des O. verdeutlicht Baader im Bilde des «circulus vitae», den er sich aus dem Wirken einer «organisierenden Liebe» hervorgegangen denkt. Der O. ist durch einen Dualismus zwischen Zentrum (Urmitte) und Peripherie gekennzeichnet; eine Gemeinschaft ist dann organisch, wenn die peripheren Glieder über das Zentrum miteinander kommunizieren, während ein unmittelbarer Verkehr der Glieder untereinander eine mechanische Gemeinschaft darstellt [32]. Die Glieder sollen zwar mit dem Zentrum in lebendiger Verbindung stehen; fällt jedoch die Aktion des letzteren (der «obersten Macht») unmittelbar auf das Individuum, dann wirkt sie «notwendig erdrückend und despotisch ..., nicht aber, wenn dieses Individuum dieselbe Aktion als Glied eines Standes oder einer Korporation, somit vermittelt, erfährt» [33].

Während der Restaurationsperiode setzt auch in Frankreich Kritik am liberalistischen Staatsverständnis ein. Sie wird anhand des Begriffs ‹sozialer O.› vorgetragen und steht bei der Geburt der Soziologie als selbständiger Wissenschaft Pate; A. COMTE bedient sich ausgiebig jenes Begriffs. Aus der Biologie entnimmt Comte das Prinzip, daß mit der fortschreitenden Entwicklung der Spezialisierung und gleichzeitig das Zusammenwirken der Organe zunehmen. Diese Tendenz wird im sozialen O. fortgesetzt, der in bezug auf die «Vereinbarkeit der Arbeitsteilung mit der Kooperation» dem individuellen O. und auch der Familie überlegen ist [34].

Das weitere 'Schicksal' des Begriffs ‹sozialer O.› zeigt, daß die Rede von der Gesellschaft als O. nicht notwendigerweise mit ganzheitlichem und teleologischem Denken einhergeht. Sie wird nämlich von H. SPENCER adoptiert, der ein extremer Vertreter des Wirtschaftsliberalismus ist und eine im wesentlichen mechanistische, evolutionstheoretische Soziologie vertritt. Es ist gerade die Überzeugung von der Allgemeingültigkeit des Evolutionsprozesses, welche Spencer dazu drängt, die Gesellschaft als O. zu analysieren [35]. Die wesentlichste Gemeinsamkeit zwischen biologischem und sozialem O. besteht bei Spencer, wie bei Comte, in der fortschreitenden Spezialisierung der Funktionen. Spencers eigener Beitrag zur Idee des sozialen O. besteht in der Ableitung dieses Vorgangs aus dem «fortwährenden Wachstum» – dem hauptsächlichen Grund, welcher für die Beurteilung der Gesellschaft als O. spricht [36]. Insofern das Zusammenwirken durch eine (staatliche) Organisation gefördert wird, ist sie notwendige Voraussetzung für das soziale Wachstum; eine einmal bestehende Organisation hemmt jedoch das weitere Wachstum [37] – ein Grundsatz, aus dem heraus Spencer eine «weitgehende Einschränkung des Wirkungskreises staatlicher Einrichtungen» fordert, die er übrigens im «ausgebildeten industriellen [Gesellschafts-]Typ» bereits für realisiert hält [38].

Die von Spencer begründete evolutionstheoretische Parallelisierung von O. und Gesellschaft tritt in zwei Varianten auf: einer biologistischen und einer psychologistischen. Die *biologistische* Variante wird vor allem in Deutschland ausgebildet. Seit R. VIRCHOW die Zusammensetzung des Tierindividuums als «einen O. sozialer Art» [39], d. h. eine 'Zellenrepublik' bezeichnet hatte, fließen in das Denken der Biologen immer wieder aus dem Gesellschaftsleben entnommene Modellvorstellungen ein, die dann umgekehrt, nachdem sie in der Biologie gleichsam eine höhere wissenschaftliche Weihe erhalten haben, wieder auf Gesellschaft und Staat zurückbezogen werden. Das entsprechende Argumentationsmuster entfaltet – so bei W. ROUX, der seine Theorie vom «Kampf der Theile im O.» aus dem Bilde des «Wetteifers der Staatsbürger» bezieht [40] –, sie bleibt jedoch auch bei *lamarckistisch* ausgerichteten Autoren erhalten. Bei ihnen – z. B. bei O. HERTWIG – tritt an die Stelle des «Kampfs ums Dasein» die «soziale Hilfe» als «lebendige Kraft» innerhalb der menschlichen Gemeinschaft [41], und während noch ROUX die «Zentralisation zum Ganzen» im O. als keineswegs vollkommen bezeichnet hatte, wird jetzt als «Gesetz der physiologischen Integration» die «immer größere Abhängigkeit von den anderen Teilen und vom Ganzen» als notwendige Folgeerscheinung der biologischen und sozialen Funktionsdifferenzierung deklariert [42]. Obwohl Hertwig die inhumanen Konsequenzen (z. B. die Rechtfertigung des Krieges) des «ethischen, politischen und sozialen Darwinismus» kritisiert [42a], verstärkt sich bei ihm noch die bereits im Darwinismus festzustellende Tendenz, antidemokratische Einstellungen biologisch zu 'begründen' [43]; sie führt Hertwig bereits zur Forderung nach Errichtung eines «Berufsstaats» [44]. Weitere Konstanten der biologistischen 'organischen Staatstheorien' sind die Parallelisierung zwischen sozialen und biologischen Teilsystemen (nach Hertwig entspricht die Gesellschaft dem «Gewebe», der Staat dagegen ist ein O. [45]) und die Anwendung medizinischer Termini (Pathologie, Therapie usw.) auf soziale Gegebenheiten.

Gegen Ende des 19. Jh. ist steigende Skepsis gegenüber der biologistischen Variante der Konzeptionen des sozialen O. zu verzeichnen. A. SCHÄFFLE bedient sich zwar ausgiebig biologischer Parallelen, will sie aber nur als «Veranschaulichung für Zwecke systematischer Zergliederung und praktisch teleologischen Denkens» gelten lassen; jedoch müsse sich «die Sozialwissenschaft bewußt bleiben, daß die sozialen Verbindungen geistiger Art sind» [45]. Nachdem in der Folge jene geistigen Verbindungen als Nachahmung, Suggestion usw. näher expliziert wurden [46], kann J. M. BALDWIN um 1900 konstatieren: «Vom sozialen O. zu sprechen, wie der Biologe von den O. spricht, mit denen er zu tun hat, ist im höchsten Grade irreführend. Die Organisation, die im sozialen Leben durchgeführt wird, ist in allen ihren Formen eine psychologische Organisation» [47]. Auch P. BARTH stellt fest, «daß jede menschliche Gesellschaft der mechanischen und physiologischen Kausalität entrückt ist und einer anderen, eben der Kausalität des Willens, gehorcht»; er bezeichnet sie daher im Hinblick auf ihre Anfänge als Willens-O. und im Hinblick auf die «Tendenz des sozialen Lebens auf immer strengere Beherrschung durch den Geist» als geistigen O. [48].

Auf dem Hintergrund einer *psychologistischen* Konzeption der Gesellschaft ist die Beibehaltung der Rede vom sozialen O. nur dann sinnvoll, wenn die psychischen Prozesse, welche die Gesellschaft konstituieren sollen, ihrerseits mit 'organischen' Kategorien wie Ganzheitlichkeit und Teleologie erfaßt werden. Das Fehlen entsprechender Ansätze im angelsächsischen Bereich dürfte dafür verantwortlich sein, daß sich dort im 20. Jh. die O.-Gesellschaft-Analogie nicht mehr nachweisen läßt. Dagegen ist sie im deutschen Sprachraum auch in der ersten Hälfte unseres Jh. noch weit verbreitet.

Daß die O.-Analogie in Deutschland wesentlich länger beibehalten wurde als anderswo, liegt vor allem daran, daß sie von F. TÖNNIES zur Formulierung eines Gegensatzpaares herangezogen wurde, an dem die deutsche Soziologie lange Zeit geradezu dogmatisch festhielt: «Gemeinschaft ist das dauernde und echte Zusammenleben, Gesellschaft nur ein vorübergehendes und scheinbares. Und dem ist es gemäß, daß Gemeinschaft selber als ein lebendiger O., Gesellschaft als ein mechanisches Aggregat und Artefact verstanden werden soll» [49]. Die vorgebliche Dichotomie zwischen (organischer) Gemeinschaft und (mechanischer) Gesellschaft durchzieht wie ein roter Faden die 'deutsche Ideologie' der ersten Hälfte dieses Jahrhunderts; in besonders aggressiver Form tritt sie dort auf, wo sie mit psychologischen Grundannahmen kombiniert wird, die auch in bezug auf die individuelle Psyche am O.-Begriff orientiert sind [50].

Die Gemeinschafts-Ideologie dient der ressentimentgeladenen Abgrenzung der deutschen 'Innerlichkeit' gegen den Begriff von Öffentlichkeit, wie er im westlichen Demokratieverständnis vorausgesetzt ist, entbehrt aber positiver politischer Zielvorstellungen. Anders steht es mit denjenigen Konzeptionen, in denen das O.-Modell auf die Gesellschaft als Ganze angewendet wird. Zu nennen ist hier der 'Universalismus' O. SPANNS, der als Alternative zu Liberalismus und Marxismus den Ständestaat propagiert. Als gemeinsame Eigenschaften von O. und Gesellschaft bezeichnet Spann die «planmäßige Ungleichheit der Teile» bei «Gleichwertigkeit aller Organe» im Hinblick auf die Erfüllung von Leistungen. Die Gesellschaft ist jedoch nicht nur ein «Gebäude von Leistungen», sondern jedem ihrer Glieder kommt Geistigkeit und damit «innere Werteigenschaft» zu. «In dieser Werteigenschaft ist jeder Bestandteil der Gesellschaft ungleich-wichtig ... Die Wertungleichheit ergibt die Schichtbarkeit der Gesellschaft nach Werten und mit dem Zwang zur Wertung auch den Zwang zur Wertschichtung der gesellschaftlichen Elemente.» Die Gesellschaft erweist sich damit als ein «Über-O.» [51] oder auch als «geistiger O.».

Spanns Lehre von der Gesellschaft als geistigem O. ist eine in objektiven Idealismus transformierte Fortsetzung der psychologistischen O.-Konzeptionen; ihrem politischen Gehalt nach ist sie weitgehend identisch mit den Staatsvorstellungen der deutschen Romantik. Obwohl Spann sich als Wegbereiter der völkischen Bewegung verstand [52], wurde er nach der Annexion Österreichs durch den Nationalsozialismus verfolgt. Der 'Weltanschauung' des Nationalsozialismus entspricht in der Tat weit eher als die idealistische O.-Konzeption ihre biologistische Variante. Hier wäre etwa P. KRANNHALS zu nennen, der die O.-Analogie biologisch auffaßt und mit der Vorstellung eines rassisch homogenen «Volkskerns» verknüpft: «Wir nennen eine rassisch gemischte Menschengruppe solange ein Volk mit bestimmtem Volkscharakter, als ihr ursprünglicher, aus artgleichen Individuen bestehender Kern ... noch die Richtung der Kultur der ganzen Gruppe bestimmt. Dieses Volk ist so weit O., als es in den Formen des Zusammenlebens die Gesetze des natürlichen O. zum Ausdruck bringt» [53]. Die «Lebensgesetze» des natürlichen O. entnimmt Krannhals im wesentlichen den Ausführungen O. HERTWIGS über Arbeitsteilung und daraus folgende Über- und Unterordnung, überhöht sie aber mit Hilfe der Blut-und-Boden-Ideologie: «Die eigentlich staatliche, in der organisierten Arbeitsteilung zum Ausdruck kommende Entwicklung wird ... dadurch ausgelöst, daß die Blutsgemeinschaft eine organische Verbindung mit ihrem Lebensraum eingeht» [54].

Nach 1945 läßt sich auch in Deutschland die O.-Konzeption der Gesellschaft nur noch selten nachweisen. Wenn überhaupt, dann findet sie sich bei Autoren, die ihrer ideologisch-politischen Verwertung ferngestanden hatten. So diskutiert W. HELLPACH 1951 die Anwendbarkeit des Begriffs ‹Sozial-O.›, mit dem Resultat, daß sie nur bei Vorliegen «organischer Determinationen» (Biogonie, d. h. Erbübertragung; Biochronie, d. h. lebenszeitliche Bestimmtheit; Biotopie, d. h. lebensräumliche Bestimmtheit) berechtigt ist. Nach diesen Kriterien erweist sich nur die «Naturfamilie» als der «einzige echte Sozial-O.» [55]. Umfassendere soziale Gebilde enthalten zwar «sozialorganische Elemente», sind aber als «Sozialorganisation» Ausfluß des gemeinschaftsbildenden Willens oder als «Sozialaggregat» Resultate zufälligen Zusammentreffens. Andererseits ist das Bewußtsein der Zugehörigkeit zu einem Sozial-O. (Familie) als «virtueller Sozial-O.» eine «gemeinschafts-existentielle Grundtatsache». Der Begriff der Rasse fällt nicht unter die sozialorganische Kategorie, wie Hellpach überhaupt empfiehlt, mit der Charakteristik «organisch» gegenüber sozialen Tatsachen «recht sparsam und überlegt umzugehen» [56]. Die heutige deutsche Soziologie und Sozialpsychologie ist diesem Ratschlag fast ausnahmslos gefolgt.

Anmerkungen. [1] PLATON, Resp. V, 10, 462 cd; 12, 464 b. – [2] Leg. 628 d. – [3] ARISTOTELES, Pol. I, 2, 1253 a 20ff. – [4] a.O. III, 4, 1277 a 5ff. – [5] I, 5, 1254 b 15ff. – [6] 1, 1252 a 7ff. – [7] Vgl. CICERO, De off. III, 22f. – [8] LIVIUS, Ab urbe cond. II, 32. – [9] PAULUS, 1. Kor. 12, 12-27. – [10] a.O. 22. – [11] Ephes. 1, 22. – [12] AUGUSTINUS, De civ. Dei XXII, 30. – [13] W. STARK: Social theory and christ. thought (London 1959) 22. – [14] THOMAS VON AQUIN, S. theol. III, 8, 3. – [15] De reg. princ. I, 2. – [16] S. theol. I, 96, 3. – [17] De reg. princ. I, 12. – [18] a.O. [15]. – [19] WILHELM VON OCKHAM, Octo quaest. I, 11; VIII, 5; zit. nach: O. VON GIERKE: Das dtsch. Genossenschaftsrecht 3 (1881) 552. – [20] Vgl. NIKOLAUS VON KUES, MARSILIUS VON PADUA, Belege bei GIERKE, a.O. 579f. – [21] GIERKE, a.O. 569f.; der freiwillige Unterwerfungsvertrag wurde u.a. von OCKHAM, MARSILIUS VON PADUA und NIKOLAUS VON KUES behauptet. – [22] Vgl. dazu: D. C. HALE: Art. ‹Analogy of the body politic›, in: Dict. of the hist. of ideas, hg. P. WIENER 1 (New York 1973) 69. – [23] Noch bei TH. HOBBES, Leviathan II, 22. – [24] J. G. FICHTE: Grundl. des Naturrechts nach Prinzipien der WL (1796f.), hg. M. ZAHN (1960) 203. – [25] F. W. J. SCHELLING: Stuttgarter Privatvorles. (1810). Schr. von 1806-1813 (ND 1974) 406. – [26] Vorles. über die Methode des akad. Studiums (1803). Schr. von 1801-1804 (ND 1973) 546. – [27] J. J. WAGNER: Grundriß der Staatswiss. und Politik (1805). – [28] A. H. MÜLLER: Die Elemente der Staatskunst (1809), hg. von J. BAXA. Die Herdflamme 1 (1922) I, 324. – [29] J. BAXA: Einf. in die romant. Staatswiss. Die Herdflamme, Erg.-Bd. 4 (²1931) 69. 89f. 243. – [30] a.O. 90. – [31] F. VON BAADER: Grundzüge der Sozietätsphilos. (1837) 8. – [32] Franz von Baaders Schriften zur Gesellschaftsphilos., hg. J. SAUTER. Die Herdflamme 14 (1925)

661. – [33] a.O. 390. – [34] A. COMTE, Cours de philos. pos., zit. nach: La philos. pos., hg. E. RIGOLAGE (Paris o.J.) 3, 142. – [35] H. SPENCER: The principles of sociology (1876); dtsch.: Die Principien der Sociol. (1877/89) 1, 8f. – [36] a.O. (dtsch.) 2, 21. – [37] a.O. 3, 316. – [38] 3, 778. – [39] R. VIRCHOW, zit. nach: A. SCHÄFFLE: Bau und Leben des socialen Körpers 1 (²1881) 49. – [40] W. ROUX: Der Kampf der Theile im O. (1881) 65. – [41] O. HERTWIG: Der Staat als O. (1922) 46. – [42] a.O. 55. – [42a] O. HERTWIG: Zur Abwehr des ethischen, des sozialen, des polit. Darwinismus (²1921). – [43] «Der Darwinismus ist alles andere als socialistisch! Will man dieser ... Theorie eine Tendenz beimessen, so kann [sie] nur eine aristokratische sein» (HAECKEL). – [44] HERTWIG, a.O. [41] 204f. – [45] SCHÄFFLE, a.O. [39] 50f. – [46] Vgl. E. SCHEERER und U. SCHÖNPFLUG, Art. ‹Nachahmung›. – [47] J. M. BALDWIN: Social and ethical interpr. in mental development (New York ²1899); dtsch.: Das soziale und sittl. Leben erklärt durch die seelische Entwicklung (1900) 419. – [48] P. BARTH: Fragen der Geschichtswiss. II: Unrecht und Recht der ‘organischen’ Gesellschaftstheorie. Vjschr. wiss. Philos. 24 (1900) 82ff. – [49] F. TÖNNIES: Gemeinschaft und Gesellschaft (1887, ⁸1935) 5. – [50] Vgl. K. VON DÜRCKHEIM-MONTMARTIN: Gemeinschaft. Neue psychol. Stud. 12 (1935, ²1954) 195-214. – [51] O. SPANN: Der wahre Staat (1922). Ges.-Ausg. 5 (1972) 211f. – [52] Leidlicher Austrag unleidlicher Dinge. Ständisches Leben 6 (1936) 121-125 = Ges.-Ausg. 8 (1975) 381-387. – [53] P. KRANNHALS: Das organ. Weltbild (³1936) 1, 59f. – [54] a.O. 63. – [55] W. HELLPACH: Sozialpsychol. (³1951) 152. 158. – [56] a.O. 154.

Literaturhinweise. O. VON GIERKE s. Anm. [19]. – R. WORMS: Organisme et société (Paris 1896). – E. T. TOWNE: Die Auffassung der Gesellschaft als O., ihre Entwicklung und ihre Modifikation (1903). – P. BARTH: Die Philos. der Gesch. als Soziologie 1 (³1922). – J. BAXA s. Anm. [29]. – G. STOBRAWA: Vom organ. zum völk. Staatsdenken. Unters. über A. Müller, Fichte, Hegel und ihre Bedeutung für die Staatsphilos. der Gegenwart (1942). – E. KAUFMANN: Über den Begriff des O. in der Staatslehre des 19. Jh. Ges. Schr. 3 (1960) 46-66. – A. MEYER: Mechan. und organ. Metaphorik polit. Philos. Arch. Begriffsgesch. 13 (1969) 128-199. – D. C. HALE s. Anm. [22]. – J. SZACKI: Hist. of sociol. thought (London 1979).

3. Als konstitutives Moment der Gegenstandsbestimmung der *Psychologie* tritt der Begriff des O. in folgenden Zusammenhängen auf:

a) Indem F. W. J. SCHELLING die Seele als den «unmittelbaren Begriff des Leibes» bestimmt und ihr «insofern sie endlich ist, alle Verhältnisse des Leibes» zuschreibt, «welche dem Leib notwendig zugeschrieben werden» [1], gibt er einer ganzen Generation von Psychologen das Stichwort zur Aufnahme des O.-Begriffes in Erörterungen über Gegenstand und Methode der Psychologie. Einer der ersten, die dieses Stichwort aufgreifen, ist C. A. ESCHENMAYER. Entsprechend dem relativen Überwiegen des «absolut freien und unsterblichen» oder des «notwendig bindenden materiellen» Prinzips teilt er die empirische Psychologie in die Lehre vom geistigen, vom leiblichen, und vom «gemischten» O. ein [2]. Die Lehre vom leiblichen O. geht von dem Satz aus, «daß die Seele ihren Körper baut» [3]. Das enge Zusammenwirken von Leib und Seele, das in Schlaf, Wachen, Traum und im tierischen Magnetismus als Phänomen des «gemischten O.» zum Ausdruck kommt, kann sich Eschenmayer nur durch die Existenz eines «organischen Äthers» erklären. Diese Auffassung wird später durch I. H. FICHTE systematisiert, der die Seele sich ihren eigenen «inneren Leib» bauen läßt [4].

In derartigen Auffassungen wird vor allem eine *gegenständliche* Identität von Seele und O. behauptet. Eine andere Schattierung der naturphilosophischen Psychologie bzw. Anthropologie benutzt das allgemeine Prinzip – Seele als ideelles Urbild des O. – vor allem zu *methodologischen* Erörterungen. K. F. BURDACH will das «lei-

tende Princip für die Seelenlehre gewonnen haben», wenn wir «hinreichenden Grund [finden], von dem uns als Ganzes bekannten O. der Analogie nach auf das uns nur teilweise bekannte Naturganze zu schließen» [5]. C. G. CARUS will die «Entwicklung der menschlichen Seele durch menschliches Leben» unter dem Leitsatz des «sich Darlebens der Seele in der organischen Natur» betrachten [6]; hieraus ergibt sich der Primat der genetischen Methode für die Psychologie.

Obwohl das Programm der romantischen Naturphilosophen (Ablehnung einer vom O. isolierten Analyse seelischer Prozesse) durchaus den Ansatzpunkt für die Entwicklung einer «Psychologie als Naturwissenschaft» [7] geboten hätte, vollzieht sich die Entwicklung der wissenschaftlichen Psychologie auf dem Hintergrund einer mechanistischen Auffassung der Lebensvorgänge. Für die Psychologie wird die O.-Konzeption des deutschen Idealismus ein letztes Mal im Zuge der Abwehr des Vulgärmaterialismus in Anspruch genommen, und zwar unter Rückgriff auf Hegel durch J. SCHALLER. Nach Schaller ist der Materialismus unhaltbar, da er nicht erklären kann, warum sich der O. trotz des ständigen Wechsels seiner stofflichen Zusammensetzung als «zusammenhängendes, unteilbares Ganzes» erhält, als «ein und dasselbe Individuum». Dies sei nur durch einen «Prozeß des Immaterialisierens» zu erklären, «und nur dieser Prozeß ist Seele» [8]. Hieraus folgt: «Im Wesen des O. [ist] die Seele eingeschlossen; und ebenso schließt das Wesen der Seele den O. in sich» [9].

In methodologischer Hinsicht hebt Schaller hervor: «Eine Erkenntnis der Seele, welche von der Erkenntnis des O. abstrahiert, ist in sich selbst abstrakt, unklar, phantastisch».

W. WUNDT, der Begründer der ‘physiologischen’ (experimentellen) Psychologie, nimmt gegenüber der Konzeption der Seele als O. eine zwiespältige Haltung ein: er verbannt sie aus dem Bestande der *Einzelwissenschaft* ‘Psychologie’ – diese baut auf dem Begriff des Bewußtseins auf und folgt in ihrer physiologischen Grundlegung einem eher mechanistischen Verständnis der Lebensvorgänge –, läßt sie jedoch für deren *metaphysische und erkenntnistheoretische Begründung* bestehen. Hier ist die «Einheit der empirischen Seele ... die einer geistigen Organisation, die nicht nur der körperlichen Organisation des beseelten Leibes analog, sondern mit ihr eins ist, da eine Seelentätigkeit ohne die Vielheit der Organe und ihrer Funktionen für uns undenkbar wird, während überdies die Organisation des lebenden Körpers das seelische Leben voraussetzt» [10]. Daß Lebensvorgänge überhaupt mechanistisch betrachtet werden können, liegt nach Wundt daran, daß Willenshandlungen durch Übung mechanisiert werden [11].

b) WUNDT anerkennt selbst, daß seine Auffassung vom Verhältnis zwischen Körper und Seele letzten Endes auf Aristoteles zurückgeht; er verbindet sie jedoch mit einer Aristoteles fremden erkenntnistheoretischen Erwägung, indem er den Ausdruck «Entelechie des Körpers» folgendermaßen «wohl zutreffend» umschreibt: «[Die Seele] ist der gesamte Zweckzusammenhang geistigen Werdens und Geschehens, der uns in der äußeren Beobachtung als das objektiv zweckmäßige Ganze eines lebenden Körpers gegenübertritt» [12]. O. und Seele sind also nicht real voneinander verschieden, sondern nur in bezug auf den *Standpunkt*, aus dem sie beobachtet werden. Damit leitet Wundt jene Entwicklung ein, an deren Ende die gegenwärtig noch häufig akzeptierte Verwendung des O.-Begriffs in der Gegenstandsbestimmung der Psychologie steht.

Den entscheidenden Anstoß für diese Entwicklung gibt R. AVENARIUS. Er substituiert nämlich der Wundtschen Unterscheidung zwischen «innerer» (oder «unmittelbarer») und «äußerer» (oder «mittelbarer») Beobachtung die Unterscheidung zwischen der vom Individuum unabhängig (als Gegenstand der Naturwissenschaft) und der vom Individuum abhängig (als Gegenstand der Psychologie) betrachteten Erfahrung [13]. Bereits bei Avenarius wird «das Individuum» näher als das «System C», d. h. das Zentralnervensystem bezeichnet. Damit ist die Definition der Psychologie als Wissenschaft der vom O. abhängigen Erfahrung erreicht, welche der positivistisch transformierten «naturwissenschaftlichen Bewußtseinspsychologie» zugrunde liegt [14]. Eliminiert man aus ihr noch den Bewußtseinsbegriff, dann gelangt man zur behavioristischen Definition der Psychologie als Wissenschaft vom Verhalten der O. [15].

Entscheidend ist an dieser Definition im Kontext der Begriffsgeschichte von O. nicht ihr objektivistischer Zugang zur Psychologie, sondern die Tatsache, daß sie mit einem völlig seiner historischen Bedeutungsdimension entkleideten O.-Begriff operiert. In ihr bedeutet ‹organism› nichts anderes als ‹Lebewesen›. Trotz aller Versicherungen, daß der Physikalismus nur methodologisch, nicht aber inhaltlich gemeint sei [16], wird im Behaviorismus im allgemeinen eine mechanistische Konzeption des 'organism' vertreten, doch ist es auch möglich, die Definition der Psychologie als Wissenschaft vom «behavior of organisms» mit der wissenschaftstheoretischen Forderung nach Verzicht auf jegliche Erklärung mit Hilfe der Vorgänge innerhalb des O. zu verbinden [17].

c) Die gegen Ende des 19. Jh. einsetzende Reaktion gegen die sensualistische 'Elementenpsychologie' wird zum Teil anhand des O.-Begriffs vorgetragen. Wenn W. DILTHEY [18] gegenüber der «erklärenden» Psychologie die Beschreibung und Zergliederung des «seelischen Zusammenhanges» fordert, dann «steht ihm als Prototyp der Struktur ... der leibliche O. vor Augen» [19]. Diese Perspektive geht auch in der weiteren Entwicklung der geisteswissenschaftlichen Psychologie nicht völlig verloren; so leitet E. SPRANGER den Begriff der «Strukturpsychologie» aus einer O.-Analogie ab: «Wie in dem physischen O. jedes Organ durch die Form des Ganzen bedingt ist und das Ganze nur durch das Zusammenwirken aller Teilleistungen lebt, so ist auch das Seelische ein teleologischer Zusammenhang, in dem jede einzelne Seite allein vom Ganzen her verständlich wird und die Einheit des Ganzen auf den gegliederten Teilleistungen und Einzelfunktionen beruht» [20]. Mehr noch: von einer Biopsychologie, welche die O. als «relativ geschlossene, formbestimmte gegliederte Ganzheiten» (im Sinne Kants) «beurteilt» und das physische Geschehen an den O. unter dem Gesichtspunkt «der geschlossenen Formbestimmtheit ..., der inneren Strukturentwicklung, der relativen Erhaltungsgemäßheit der inneren Strukturen unter äußeren physischen Lebensbedingungen» interpretiert [21], erwartet Spranger wenigstens eine Annäherung zwischen der naturwissenschaftlichen und der geisteswissenschaftlichen Psychologie [22].

Als Beispiel einer derartigen 'Biopsychologie' zieht Spranger vor allem die von F. KRUEGER begründete «genetische Ganzheitspsychologie» heran. Nach Krueger liegt «der Ansatzpunkt für alle fruchtbaren Vergleiche zwischen O. und Seele» in der «mehr oder weniger gegliederten Ganzheit, sowohl des Lebensgeschehens, als auch des lebendigen Seins und seiner Formwerdung» [23]. Krueger zielt vor allem auf die «dispositionellen Angelegenheiten des Erlebens ..., auf ihren Strukturzusammenhang» ab, und in diesem Kontext wird die «wirkende Ganzheit der Seele und des O.» als Erklärungsbegriff herangezogen [24]. In letzter Instanz beruht die Ganzheit der Seele auf derjenigen des O., denn «alles Lebensgeschehen nährt sich und quillt aus einem umgrenzten 'Grunde', der selber von gegliedertem Leben beharrlich erfüllt ist» [25].

Auch in Deutschland hat der O.-Begriff – abgesehen von seiner bedeutungsleeren behavioristischen Variante – gegenwärtig (1982) keinen systematischen Ort im Begriffssystem der Psychologie. Eine Ausnahme bildet allenfalls K. HOLZKAMP, der die O. im Sinne der Systemtheorie als «Fließgleichgewicht», als «offenes System» charakterisiert [26] und die «Funktionalität der Wahrnehmung im Erkenntnisprozeß» aus der Aufrechterhaltung eines «labilen Fließgleichgewichtes zwischen ... der außerweltlichen 'Stimulierung' des O. und den zugeordneten Verarbeitungsprozessen ... auf stofflich-organismischem Spezifitätsniveau» ableitet [27]. Als unüberwindbaren Mangel der «bürgerlichen Psychologie» rügt Holzkamp ihre «organismische Konzeption», wonach der «Mensch als ahistorisches Naturwesen» betrachtet wird [28].

Anmerkungen. [1] F. W. J. SCHELLING: Bruno oder über das göttl. und natürl. Princip der Dinge (1802). Schr. von 1801-1804 (ND 1973) 182f. – [2] C. A. ESCHENMAYER: Psychol. in drei Teilen als empirische, reine und angewandte (1817) 23f. – [3] a.O. 157. – [4] I. H. FICHTE: Anthropologie (²1860) 273ff. – [5] K. F. BURDACH: Blicke ins Leben I: Comparative Psychol., Erster Theil (1842) 8. – [6] C. G. CARUS: Vorles. über Psychol. (1831, ND 1931) 38. – [7] BURDACH: Über Psychol. als Naturwiss. (1828). – [8] J. SCHALLER: Leib und Seele, zur Aufklärung über 'Köhlerglauben und Wiss.' (1855) 140. – [9] Das Seelenleben des Menschen. Psychologie I (1860) 155. – [10] W. WUNDT: System der Philos. I (³1907) 377f. – [11] a.O. 2, 131ff. – [12] a.O. 182. – [13] R. AVENARIUS: Bem. zum Begriff des Gegenstandes der Psychol., 2. Art. Vjschr. wiss. Philos. 19 (1894) 410ff. – [14] Innerhalb der Psychol. findet sich die entspr. Definition erstmals bei O. KÜLPE: Das Ich und die Außenwelt. Philos. Stud. 7 (1893) 338; letztmals wird sie vertreten von E. B. TITCHENER: Systematic psychol.: Prolegomena (New York 1929) 264. – [15] J. B. WATSON: Psychol. as the behaviorist views it. Psychol. Rev. 20 (1913) 158-177. – [16] Eine bes. klare Diskussion des Unterschieds findet sich in E. BRUNSWIK: The conceptual framework of psychol., in: Int. Encycl. of unified sci. I/10 (Chicago 1950). – [17] B. F. SKINNER: The behavior of organisms (New York 1938) zus. mit: Are theories of learning necessary? Psychol. Rev. 57 (1950) 193-216. – [18] W. DILTHEY: Ideen über eine beschr. und zergl. Psychol. (1894). Ges. Schr. 5 (1924) 139-237. – [19] F. KRUEGER: Über psych. Ganzheit (1926), in: Zur Philos. und Psychol. der Ganzheit (1953) 72. – [20] E. SPRANGER: Psychol. des Jugendalters (1929) 9. – [21] Die Frage nach der Einheit der Psychol. (1926). Ges. Schr. 4 (1974) 29f. – [22] a.O. 34. – [23] KRUEGER, a.O. [19] 77. – [25] Das Wesen der Gefühle (1928), a.O. [19] 217. – [25] Entwicklungspsychol. der Ganzheit (1939), a.O. [19] 301. – [26] K. HOLZKAMP: Sinnl. Erkenntnis – Hist. Ursprung und gesellschaftl. Funktion der Wahrnehmung (1973) 67. – [27] a.O. 300f. – [28] a.O. 182.

E. SCHEERER

III. *Politik und Ökonomie.* – Die Geschichte der *politischen* O.-Metapher und des Vergleichs eines politischen 'Körpers' mit einem menschlichen hat die Begriffsgeschichte von ‹organisch›, ‹O.› und die Geschichte der politischen Ideen zu berücksichtigen, für die – obgleich sie dem Begriff des O. nicht einfach zu entnehmen sind – die O.-Metapher Vehikel ist. Die Metapher rechtfertigt politische Ordnung, die Einrichtung oder Erhaltung eines sozialen 'Ganzen' und die Einordnung der Menschen, ihrer Arbeit und ihrer Willen; oder sie verweist auf die Natur und die Naturwüchsigkeit der Gesellschaft selbst; oder sie begründet die Sozialwissenschaft ihrem Gegenstand nach als Naturwissenschaft. Politischen Ideen wird eine sinnliche Anschauung nur unterlegt; dabei bestimmen die historisch vielfältigen Interessen politischen Sprechens an der O.-Metapher diese mehr als die weit hergeholte Ähnlichkeit des Verglichenen. Umgekehrt kann man sagen, daß der Begriff ‹organisch› in seiner Geschichte durch politische Ideen und Interessen an seiner metaphorischen Übersetzung selbst metaphorisch beladen und dadurch spezifiziert wird.

Der Ursprung der *antiken* O.-Metapher, wie sie in der von LIVIUS überlieferten Fabel des Menenius Agrippa beispielhaft enthalten ist [1], liegt in den Klassenkämpfen in der griechischen Polis begegnenden Homonoia-Literatur des ausgehenden 5. Jh. Eine Genealogie der Menenius-Fabel zeigt, daß die metaphorisch vorgetragene Forderung nach Konsens in historisch verschiedenen Umständen auf je bestehende oder gefährdete politische Ordnungen beziehbar war [2]. PLATON vergleicht den gerechten und wohlgeordneten Staat, in dem jeder Stand das Seinige tut und in dem sich zugleich die Einheit der Bürger – die Aufhebung ihrer exklusiven Interessen – fühlbar macht, mit der menschlichen Seele bzw. mit einem gesunden menschlichen Körper [3]. ARISTOTELES sagt vom Staat, er sei der ethisch-politische Zweck des Menschen als eines Vernunftwesens und in diesem Sinne «von Natur» ursprünglicher als jeder Einzelne: «Denn das Ganze ist notwendig ursprünglicher als der Teil, weil ja, wenn das Ganze dahin ist, auch nicht mehr Fuß noch Hand existiert» [4]. Der organischen Kosmologie und dem Kosmopolitismus der mittleren Stoa folgt CICERO: Die Verletzbarkeit des «naturgemäßen gesellschaftlichen Zusammenhangs der menschlichen Gattung» wie des «ganzen Körpers» eines Menschen macht eine Übereinkunft von partikularem und allgemeinem Nutzen zur naturgesetzlichen Pflicht [5]. Auch SENECA deutet diesen Vergleich zwischen dem natürlichen Konsens in einem Körper und dem aller Menschen untereinander zugunsten jedes einzelnen Menschen aus: «weil das Ganze an der Erhaltung des Einzelnen interessiert ist» [6]. PAULUS legt gleichfalls die antike Metapher zugrunde und bewahrt sie für die mittelalterliche Staatslehre auf, wenn er die geistige Einheit des corpus mysticum und die Vielheit der Gläubigen als der Glieder beschreibt, die der Verschiedenheit der verliehenen Gnade entsprechend das Ihrige tun, sich wechselseitig und also dem Ganzen von Nutzen sind [7].

Diese Idee eines kirchlichen O. absorbiert im *Mittelalter* die soziale Wirklichkeit außerhalb der Kirche, die Ungleichheit der Menschen, die Arbeitsteilung der Stände und Berufe und die weltlichen Herrschaftsverhältnisse, in der Form einer patriarchalischen Begründung ihres Bestandes; damit wird das corpus mysticum zum allgemeinen Erklärungsschema der feudalen Gesellschaftsordnung [8]. Unabhängig davon zeigt die organische Metaphorik auch naturalistische Elemente der mittelalterlichen politischen Lehren an. JOHANNES VON SALISBURY unternimmt eine Begründung des Staates aus der Ordnung der Natur, deren Begriff die «aequitas» ist: «Das Gemeinwesen ist ... gewissermaßen ein Körper, der durch die Wohltat göttlichen Geschenkes belebt, auf Geheiß der höchsten aequitas bewegt und von der Vernunft wie durch ein Steuer geleitet wird»; der aequitas – dem naturgesetzlichen Einklang aller Dinge – entspricht im Staat die funktionale Verteilung der Offizien; die politische Vernunft des Fürsten soll ihr folgen und bleibt zugleich als Haupt des Staates dem Sacerdotium als der belebenden Seele unterworfen [9]. THOMAS VON AQUIN leitet aus der sozialen Natur der Menschen – worunter nicht wie bei Aristoteles ihre vernünftige Einheit in der Polis, sondern ihre Arbeitsteilung (z. B. im Wirtschaftssystem der mittelalterlichen Stadt) begriffen wird – das der Ordnung der Welt analoge Naturgesetz der ständischen Gesellschaft und die Notwendigkeit einer politischen Autorität als der «gemeinsamen leitenden Kraft im Körper» ab, die im Verfahren distributiver Gerechtigkeit die Stellung jedes «Gliedes» und seine Beziehung zum Gemeinwohl und Gesellschaftszweck so definiert, wie die Autorität der Kirche die Teilnahme jedes Individuums am religiösen Zweck des corpus mysticum vermittelt; dessen Einheit ist zum Vorbild genommen: Der Monarch muß seinem Amt entsprechend «die einzelnen, die unter seiner Herrschaft stehen, wie Glieder seines eigenen Körpers betrachten» [10].

Die *spätmittelalterliche* organische Metaphorik und die der *Renaissance* entsprechen der Weiterentwicklung der politischen Lehren und insbesondere der Ausbildung des Souveränitätsbegriffs nicht immer; auch wo diese Metaphorik zu der innerweltlichen Begründung gesellschaftlicher Ordnung verwendet wird, die mit der Behauptung von der Selbsterhaltung der Welt als eines O. in den kosmologischen Lehren der Renaissance vergleichbar ist, bleibt sie von der Überlieferung geprägt. Bei MARSILIUS VON PADUA fügt sich die ‘Analogie’ zwischen einem Staat und einem Naturwesen nur mittelbar in den Kontext seiner Lehre von der Volkssouveränität: Wie ein Lebewesen nach der Natur, so setzt sich der Staat nach der Vernunft «aus bestimmten Teilen [zusammen], die einander in einem festen Verhältnis zugeordnet sind und ihre [ihnen zukommende] Funktion in wechselseitigem Austausch und in Beziehung auf das Ganze ausüben»; der immanente politische Zweck hat seinen Ausdruck im Zustand der Gesundheit bzw. der Ruhe im Staat [11]. NICOLAUS VON CUES belegt die Idee einer Kirche und Staat umfassenden Konkordanz mit der organischen Metapher der Lebenseinheit in traditioneller Weise [12]. SUÁREZ unterscheidet bei der Bestimmung des ursprünglichen Subjekts politischer Souveränität eine bloße Menschenmenge von einem vertraglich konstituierten «corpus politicum» als dem «corpus mysticum»; im Vergleich zwischen diesem politisch-moralischen und einem natürlichen Körper wird sodann der Übergang der Souveränität in die Gewalt des Staates plausibel gemacht, deren Naturnotwendigkeit Suárez nicht anders darstellt als Thomas: «Kein Körper kann sich erhalten ohne ein Prinzip, dessen Aufgabe es ist, das Gemeinwohl zu besorgen und anzustreben; ... daher ist in einer vollkommenen Gesellschaft eine Staatsgewalt vonnöten» [13]. ALTHUSIUS folgt CALVIN in der Vorstellung, daß sich die Menschen ihrer ungleichen Fähigkeiten wegen notwendig und «wie Glieder ein und desselben Körpers» vergesellschaften, durch einen Gesellschaftsvertrag zu «symbiotici» werden müssen; mit der organischen Metaphorik verbindet sich nun die Theorie der Volkssouveränität: Das vertraglich zu einem «corpus symbioticum» oder «einer Person» zusammengeschlossene Volk ist das Subjekt der majestas, «die Staatsgewalt ist immer nur eine unteilbare Gewalt, wie im physischen Körper nur eine Seele herrscht; ... kein Einzelner darf im Besitz der höchsten Gewalt sein, sondern wegen des Konsenses und der Eintracht des Gesellschaftskörpers sind Alle wie Einer anzusehen». Hierzu steht in Widerspruch, daß der von BODIN übernommene Begriff der Souveränität auch für die Staatsgewalt selber in der Form der vertraglich bestellten Herrschaft gilt; wie

Herrschaft und Gehorsam allgemein zur Rechtsordnung des menschlichen Zusammenlebens gehören, so ist es das Recht des Staates, «seine Glieder gleichsam als ein Volk zu einem Körper mit einem Haupt zu verbinden» [14].

HOBBES verwendet als erster die politische O.-Metapher unter Voraussetzung der von Descartes eingeführten mechanistischen Erklärungsweise belebter Körper; in dieser Erklärungsweise ist zugleich der Unterschied zwischen Natur und Kunstfertigkeit aufgehoben. Wie sehr Hobbes auch um den Nachweis politischer Ordnung aus der Notwendigkeit der Natur bemüht ist, so bezeichnet doch die vertragliche Herstellung solcher Ordnung ihre Künstlichkeit: Durch menschliche Kunst entstehen Maschinen als künstliche Tiere, und «durch Kunst wird jener große *Leviathan* geschaffen, genannt *Gemeinwesen* oder *Staat*, der nichts anderes ist als ein künstlicher Mensch ... Die *Souveränität* stellt darin eine künstliche *Seele* dar, die dem ganzen Körper Leben und Bewegung gibt ... Die *Verträge* und *Übereinkommen*, durch welche die Teile dieses politischen Körpers zuerst geschaffen, zusammengesetzt und vereint wurden, gleichen jenem '*Fiat*' oder '*Laßt uns einen Menschen machen*', das Gott bei der Schöpfung aussprach». Im Vertrag eines jeden mit jedem wird aus einer Menschenmenge ohne gemeinsamen Willen eine willentliche «Einheit aller in ein und derselben Person»; diese eine «Staatsperson» – Metapher der Souveränität – ist der Herrscher als der Souverän [15].

Das volkswirtschaftliche Gesamtmodell der *Physiokraten* – die natürliche Selbstregulation des einfachen Reproduktionsprozesses – stellt sich offenkundig in Analogie zum Stoffwechselprozeß der Organismen dar; TURGOT nennt die Zirkulation des Kapitals (des in der Landwirtschaft entstehenden «produit net») einen «nützlichen und fruchtbaren Kreislauf, der alle Arbeiten der Gesellschaft beseelt, der Bewegung und Leben im politischen Körper unterhält und den man mit Recht mit dem Kreislauf des Blutes im tierischen Körper vergleichen kann» [16]. In der *französischen Aufklärung* stehen die mit der politischen O.-Metapher benannten Gegenstände ganz in der Hobbesschen Tradition [17]; ROUSSEAU verleiht ihnen und der Metapher aber einen neuen politischen Sinn. Die politische Ordnung hat keine Naturgrundlage, ist gegen die äußere Natur und gegen die des Menschen gerichtet: Es handelt sich darum, «jedes Individuum, das für sich ein vollkommenes und einzeln bestehendes Ganzes ist, zu einem Teil eines größeren Ganzen umzuwandeln, aus dem dieses Individuum gewissermaßen erst Leben und Wesen erhält»; im Gesellschaftsvertrag assoziiert sich also eine Menge von Menschen mit partikularen Willen und verhilft dem «politischen Körper» (der «öffentlichen Person») und damit dem allgemeinen Willen zur Existenz: «Jeder von uns stellt gemeinschaftlich seine ganze Person und seine ganze Kraft unter die oberste Leistung der volonté générale, und wir nehmen jedes Mitglied als untrennbaren Teil des Ganzen auf. An die Stelle der einzelnen Person jedes Vertragsschließenden setzt dieser Gesellschaftsvertrag sofort einen moralischen und Gesamtkörper.» Der allgemeine Wille ist Ausdruck der korporativen Souveränität des Volkes; im Kontext des Begriffs der volonté générale steht organische Metaphorik: «Der politische Körper kann individuell aufgefaßt als ein organisierter lebender Körper betrachtet werden, der dem des Menschen ähnlich ist. ... Das Leben des einen wie des anderen ist das dem Ganzen gemeinsame *Ich*, das Empfinden füreinander und die innere Entsprechung aller Teile. ... Der politische Körper ist auch ein moralisches Wesen mit einem Willen; und diese volonté générale ist stets auf die Erhaltung und das Wohl des Ganzen und jedes einzelnen Teils gerichtet und stellt die Quelle der Gesetze dar.» Rousseaus Metaphorik evoziert den Vorrang des im Willen homogenen politischen Ganzen, worin der politische Zwang zur Moralität und zur Freiheit und Gleichheit der Individuen untereinander als Zweck enthalten ist: «Wie die Natur jeden Menschen mit einer unumschränkten Macht über alle seine Glieder ausstattet, so stattet auch der Gesellschaftsvertrag den politischen Körper mit einer unumschränkten Macht über all die seinigen aus, und ebendiese von der volonté générale geleitete Macht ... wird Souveränität genannt.» Aber unter dem Hobbesschen Gesichtspunkt, daß der Staat keine Verlängerung der Natur und der soziale Zusammenhalt nicht natürlich ist, stellt Rousseau die Anwendbarkeit organischer Metaphern in Frage: «Der Unterschied zwischen der menschlichen Kunst und dem Werk der Natur macht sich in ihren Wirkungen bemerkbar. Die Bürger mögen sich Glieder des Staates nennen, sie können sich nicht so im Staat vereinigen, wie es die wirklichen Glieder im Körper sind», was sich aus der Differenz des allgemeinen Willens und der partikularen Willen aller erklärt; entsprechend ist der politische ein «künstlicher Körper» und deswegen metaphorisch auch als Maschine vorstellbar [18]. Von Hobbes bis auf Rousseau ist die organische Metapher in politischen Theorien durch eine mechanische zu ersetzen, auf deren Grund sie funktioniert; zudem findet der Begriff ‹O.› bis zum ausgehenden 18. Jh. keine politisch-metaphorische Verwendung, und in den Vergleich des politischen 'Körpers' mit dem menschlichen geht nur ein einfacher Begriff von diesem ein. Seit Rousseau und im deutschen Idealismus wird aber der Begriff eines «organisierten Körpers» selbst durch politisches Sprechen belegt.

Zu einem Naturprodukt, welches regulativ als Naturzweck und d.h. als organisiert beurteilt werden soll, wird KANT zufolge erfordert, «daß die Teile (ihrem Dasein und der Form nach) nur durch ihre Beziehung auf das Ganze möglich sind» und daß sie «sich dadurch zur Einheit eines Ganzen verbinden, daß sie von einander wechselseitig Ursache und Wirkung ihrer Form sind»; in diesem Begriff ist schon enthalten, was Kant in Analogie damit von der republikanischen Idee und von der Französischen Revolution sagt: man hat «sich bei einer neuerlich unternommenen gänzlichen Umbildung eines großen Volks zu einem Staat des Worts *Organisation* häufig für Einrichtungen der Magistraturen usw. und selbst des ganzen Staatskörpers sehr schicklich bedient. Denn jedes Glied soll freilich in einem solchen Ganzen nicht bloß Mittel, sondern zugleich auch Zweck und, indem es zur Möglichkeit des Ganzen mitwirkt, durch die Idee des Ganzen wiederum seiner Stelle und Funktion nach bestimmt sein» [19]. FICHTES organische Metaphorik versteht sich im Kontext einer politisch-metaphorischen Verwendung des Begriffs ‹Natur›, auf den der vertraglich konstruierte und der staatlich erzwungene Rechtszustand unter den Menschen – das vorläufige Mittel ihrer Sittlichkeit und der Garant ihres gleichen Existenzrechts – gebracht wird: «Durch Vereinigung aller organischen Kräfte konstituiert sich eine Natur; durch Vereinigung der Willkür Aller die Menschheit.» Fichte erweitert das besitzindividualistische Vertragsmodell des Liberalismus um den Begriff der vertraglichen Vereinigung aller zu einer volonté générale als einem wirklichen Ganzen, einer «Allheit» («totum», unterschieden vom «compositum»): «Der aufgestellte Begriff ist füglich zu erläutern durch den eines organisierten Naturproduktes: etwa den eines *Baumes*. Man gebe jedem einzelnen Teile Bewußtsein und Wollen, so muß er, so gewiß er seine Selbsterhaltung will, die Erhaltung des Baumes wollen, weil seine eigene Erhaltung nur unter dieser Bedingung möglich ist.» Fichtes (jakobinische) Identifikation des souveränen Gemeinwillens und der übermächtigen Staatsgewalt widerstreitet zugleich seiner Absicht, mit der Metapher des «organisierten Naturproduktes» «das ganze bürgerliche Verhältnis ... kenntlich zu machen»; durch das organische scheint das liberalistische Gesellschaftsbild noch hindurch: wie im «organischen Körper», so bedarf es im Staat ebensowenig «einer besonderen Veranstaltung für die ... Erhaltung des Ganzen: jeder Teil, oder jeder Bürger erhalte nur sich selbst in dem durch das Ganze bestimmten Stande, so erhält er eben dadurch an seinem Teil das Ganze» [20].

Die politisch-ideengeschichtliche Wende gegen die liberalistischen und naturrechtlichen Lehren der Aufklärung und gegen die Französische Revolution, wie sie das Selbstverständnis der *Romantik* bestimmt, hat ihren metaphorischen Ausdruck in der Aufbereitung eines mechanisch-organischen Gegensatzes und in der Umfunktionierung der politischen Naturmetapher; die Romantiker erklären historisch-politische Institutionen zur unvermittelten, «organischen» Natur und wehren die Theorie und Praxis ihrer willkürlichen Machbarkeit als «mechanisch» ab. BAADER schreibt, die Verkennung des «organischen Bildungsprinzips oder der organischen Natur aller wahrhaften Assoziation so wie die entgegengesetzte flache Vorstellung letzterer als eines mechanischen oder anorganischen Aggregates» habe den abstrakten Individualismus und die praktische Willkür der Revolutionäre und Liberalen gegen «alles organisch Gewordene und Bestehende» mit sich gebracht. Nicht anders als die französischen Traditionalisten richtet sich EICHENDORFF mit der Forderung, eine Verfassung müsse «organisch *emporwachsen*, wie ein lebendiger Baum», gegen die geschriebene Verfassung der Revolution und gegen das «Einrammen eines dürren Freiheitsbaumes»; ADAM MÜLLER sieht das Vorbild der ständischen Gesellschaftsordnung im «Weltkörper selbst» und vergleicht die «Hingebung des Einzelnen an das Ganze» mit einem körperlichen Zusammenhang: «dieser Körper, dessen innige, gewaltige Verbindung wir in jedem wahren Lebens-Moment am unmittelbarsten fühlen, bleibt das nächste und schönste Muster aller Vereinigungen und Körperschaften»; NOVALIS nennt den Staat, da er «immer instinktmäßig nach der relativen Einsicht und Kenntnis der menschlichen Natur eingeteilt worden» ist, einen «allegorischen Menschen» [21].

In SCHELLINGS Philosophie rücken Natur und Geschichte (Staat) über die Metapher des O. zusammen; deren Implikationen gehören einer Kritik des Naturrechts, der Auffassung des Staates als eines «Mechanismus» zum Zweck der Rechtssicherung, und einem metaphysischen Begriff von Identität an: «es ist Ein Universum, welches die zwiefache Form der abgebildeten Welt jedes für sich und in ihrer Art ausdrückt. Die vollendete Welt der Geschichte wäre demnach selbst eine ideale Natur, der Staat, als der äußere O. einer in der Freiheit selbst erreichten Harmonie der Notwendigkeit und der Freiheit» [22]. HEGELS O.-Begriff ist an der Präformation und an dem Selbsterhaltungsprozeß orientiert, in dem ein O. «das Ende und Produkt seiner Tätigkeit als das findet, was er schon von Anfang an und ursprünglich ist»; dieser Begriff korrespondiert mit dem der Wirklichkeit – als der geschichtlichen Selbstverwirklichung und Arbeit des Geistes und als einer organisch besonderten Totalität – und dementsprechend mit der Methode des Hegelschen Systems. In der methodischen Entwicklung aus dem Widerspruch der bürgerlichen Gesellschaft erscheint «der Staat als *Resultat*»; in Wirklichkeit ist «der *Staat* überhaupt vielmehr das *Erste*, innerhalb dessen sich erst die Familie zur bürgerlichen Gesellschaft ausbildet, und es ist die Idee des Staates selbst, welche sich in diese beiden Momente dirimiert». An dies Quidproquo schließt sich die Metaphorik an: der «O. des Staats ... ist die Entwickelung der Idee zu ihren Unterschieden und zu deren objektiver Wirklichkeit.» Hegel läßt der gesellschaftlichen Verallgemeinerung besonderer Bedürfnisse und geteilter Arbeit, die die Wahrheit des liberalistischen Gesellschaftsmodells ausmacht, den Staat als Allgemeinheit methodisch folgen; zugleich sieht er in dem immanenten Widerspruch von Armut und Reichtum die Grenze der bewußtlosen Selbstregulation der bürgerlichen Gesellschaft; in der Notwendigkeit staatlichen Zwanges, der die gesellschaftliche Gewalt des Allgemeinen gegen das Besondere nur reproduziert, wird die Priorität wahr, die Hegel dem Staat mit der O.-Metapher zuspricht. Er wendet auf die «Souveränität des Staats» die Bestimmung an, «nach welcher im animalischen O. die sogenannten *Teile* desselben nicht Teile, sondern Glieder, organische Momente sind», und schreibt folglich über das Verhältnis der «besonderen Sphären und Geschäfte» zum Staat: «es ist teils nur die Weise der bewußtlosen *Notwendigkeit* der Sache, nach welcher ihre Selbstsucht in den Beitrag zur gegenseitigen Erhaltung und zur Erhaltung des Ganzen *umschlägt*, teils aber ist es die *direkte Einwirkung* von oben, wodurch sie ... zu dem Zwecke des Ganzen fortdauernd zurückgeführt» werden [23].

Im *Sozialismus* und *Kommunismus* des 19. Jh. bezieht sich die organische Metaphorik auf die «Organisation» der Arbeit wie auch auf ihre Naturalität. SAINT-SIMON begründet überdies durch organische Metaphern die Anwendung naturwissenschaftlicher Methoden in der Geschichts- und Gesellschaftswissenschaft und weist damit der Soziologie des 19. Jh. die Richtung. Eine «soziale Physiologie» ist als empirische Wissenschaft möglich, weil die Gesellschaft für Saint-Simon «keine bloße Anhäufung lebender Wesen», vielmehr selbst ein solches Wesen und «eine wirklich organisierte Maschine» (machine organisée) ist, «deren sämtliche Teile auf verschiedene Weise zum Gang des Ganzen beitragen». Die Physiologie der zivilisatorischen Zeitalter dieses «sozialen Körpers» belehrt über die historisch jeweils adäquaten politisch-sozialen («hygienischen») Institutionen bzw. über deren Obsoleszenz (dahinter steht die saint-simonistische Unterscheidung von «organischen» und «kritischen» Epochen): «warum sollten wir hygienische Gewohnheiten konservieren, die unserem physiologischen Zustand widersprechen?» Die Gesellschaft auf der Grundlage der entwickelten Industrie zu reorganisieren heißt, eine soziale «O.» der Arbeit nach Fähigkeiten vorzunehmen [24]. Diesem Prinzip stimmen alle sozialistischen Lehren zu; mit der Vorstellung seiner Verwirklichung verbindet sich die einer «organischen Gemeinschaft»: M. HESS zufolge hat sich dann «die menschliche Gesellschaft nach den Gesetzen ihrer Natur organisiert, dann ist sie ein lebendiger Körper, in welchem jeder Teil allseitig ausgebildet und mit dem Ganzen organisch verwachsen ist, daher ohne Not und Zwang seine Funktionen aus innerm Lebenstriebe verrichtet». Bei Hess steht die Metaphorik des «sozialen Körpers» zugleich im Kontext der Bestimmung der «sozialen Lebenstätigkeit» der Menschen als ihres Gattungswesens [25], und es ist diese Naturbasis der gesellschaftlichen Arbeit, für die MARX die Metapher des «Stoffwechsels» gebraucht. Marx nennt ähnlich wie Hegel nicht allein das bürgerlich-gesellschaftliche ein «organisches System», dessen historische «Entwicklung zur Totalität ... eben darin [besteht], alle Elemente der Gesellschaft sich unterzuordnen, oder die ihm noch fehlenden Organe aus ihr heraus zu schaffen» (diesem System entspricht die ‹Kritik der politischen Ökonomie› als «Anatomie der bürgerlichen Gesellschaft»); auch die Bestimmung des Arbeitsprozesses als «produktive Konsumtion» und «Verzehren des Verzehrens» bezieht diesen metaphorisch auf organische Prozesse. Eine solche Bestimmung abstrahiert von den geschichtlich-gesellschaftlichen Formen der Produktion und hat ihre Wahrheit im vorgesellschaftlichen, unaufhebbaren Naturverhältnis der Arbeit und der Physiologie des Menschen: «Als Bilderin von Gebrauchswerten ... ist die Arbeit ... eine von allen Gesellschaftsformen unabhängige Existenzbedingung des Menschen, ewige Naturnotwendigkeit, um den Stoffwechsel zwischen Mensch und Natur, also das menschliche Leben zu vermitteln.» Die organische Metaphorik der Arbeit greift auf die technischen Arbeitsmittel («Produktions-O.») und auf den «wie im organischen Leib» sich abspielenden «Lebensprozeß» des Kapitals und seiner Bestandteile («organische Zusammensetzung des Kapitals») über [26].

Für die *Soziologie* des 19. Jh. ist die Realisierung ihres distinkten Gegenstandsbereichs durch organische Metaphern eine Voraussetzung ihrer Formulierung als Wissenschaft; unter Ausschluß der Ökonomie vergleicht die «Soziologie der Ordnung» die Struktur, Funktion und Entwicklung im O. und in der Gesellschaft und erklärt beide zu Gegenständen der Naturwissenschaft [27]. Durch die naturwissenschaftliche Fassung und durch den Einfluß der zeitgenössischen Biologie auf die Soziologie (BICHAT, MILNE-EDWARDS, VON BAER) bzw. die gesellschaftliche Herkunft biologischer Modelle (physiologische Arbeitsteilung usw.) wird der O.-Begriff selbst betroffen und auch dem des mechanischen Systems angenähert. COMTE folgt der saint-simonistischen Geschichtsphilosophie und unterscheidet organische und kritische Epochen; ihre gegenwärtigen theoretisch-ideologischen Restbestände rechnet er den politischen Partien der Ordnung und des Fortschritts zu und neutralisiert sie zugleich in den soziologischen Kategorien «Statik und Dynamik». Eine solche Unterscheidung der «sozialen Physik» ist ursprünglich eine biologische, deren soziologische Anwendung Comte zufolge dadurch gerechtfertigt ist, daß das «Naturgesetz» der gesellschaftlichen Entwicklung «in letzter Analyse aus der Natur unseres O. herstammt»: Wie die Biologie unterscheidet zwischen dem «anatomischen Gesichtspunkte, der sich auf die Ideen der Organisation bezieht, und dem physiologischen Gesichtspunkt ..., der den Ideen vom Leben unmittelbar eigentümlich ist», so tut es die Soziologie zwischen dem «Studium der Existenzbedingungen der Gesellschaft und demjenigen der Gesetze ihrer beständigen Bewegung». Für die Comtesche Lehre werden jedoch die «rein statischen Gesetze des sozialen O.» zunehmend wichtiger; sie beantworten das soziologische Problem der Ordnung und erklären in Analogie zur funktionalen Differenzierung höherer O. den Konsens und die Solidarität eines «sozialen Systems» aus der fortgesetzten Teilung der menschlichen Arbeit [28]. Auch SPENCER nimmt in die Theorie der gesellschaftlichen Arbeitsteilung ein biologisches Modell auf; er vergleicht in wissenschaftstheoretischer und didaktischer Absicht «soziale Organe und Funktionen mit Organen und Funktionen des menschlichen Körpers» und spricht dem individuellen und dem «sozialen Organismus» eine «Gemeinsamkeit der Grundprinzipien ihrer Organisation» zu: In ihrer Entwicklung unterliegen beide einer wachsenden Differenzierung von Struktur und Funktionen bei gleichzeitiger Integration; die durch die Teilung ihrer Arbeit allseitig abhängigen Individuen bilden also ein gesellschaftliches «Aggregat, das nach demselben allgemeinen Grundsatze aufgebaut ist, wie ein einzelner O.». Die Grenze der Analogie ist durch Spencers liberalistische Vorstellung eines selbstregulierten industriellen Gesellschaftstyps zu markieren: Wie die Gesellschaft im Gegensatz zum konkreten O. «diskret» ist, so besitzt sie kein sensitives und Bewußtseinszentrum und hat kein den Bürgern vorgeordnetes Wohl [29]. DURKHEIM kritisiert daher, daß Spencer trotz aller biologischen Analogien in der Gesellschaft keine Realität und Natur sieht; das liberalistische (kontraktuelle) Modell einer arbeitsteiligen Gesellschaft kann die soziale Solidarität (den naturhaften Zwang des Ganzen) nicht zureichend erklären. Durkheim geht davon aus, «daß das Gesetz der Arbeitsteilung auf O. wie auf Gesellschaft anwendbar ist»; er beschreibt also unterschiedlich arbeitsteilige Gesellschaften nicht als unterschiedliche ökonomische Formationen, sondern der Struktur ihrer Solidarität nach und in Analogie zu biologischen Typen: Die «segmentäre» und in sich homogene Gesellschaft wird durch ein kollektives, das individuelle überlagernde Bewußtsein – eine Art volonté générale – zusammengehalten («mechanische Solidarität»); der «organischen» und funktional differenzierten Gesellschaft eignet eine Solidarität, von der Durkheim vergleichsweise schreibt: «Jedes Organ hat hier seine besondere Physiognomie, seine Autonomie, und dennoch ist die Einheit des O. um so größer, je auffallender die Individuation der Teile ist. Aufgrund dieser Analogie schlagen wir vor, die der Arbeitsteilung geschuldete Solidarität organisch zu nennen.» Jedoch abstrahiert Durkheim die aus einem arbeitsteiligen Gefüge entstehende Abhängigkeit der Individuen («organische Solidarität»); der «soziale O. als Ganzes» ist ihnen vorgeordnet und kommt insofern mit dem Kollektivbewußtsein überein: Wie für die Biologie gilt, daß das Leben «im Ganzen, nicht in den Teilen» ist, so «ist die Gesellschaft nicht bloß eine Summe von Individuen, sondern das durch deren Verbindung gebildete System stellt eine spezifische Realität ..., eine psychische Individualität neuer Art dar», die zum Gegenstand der Soziologie als Wissenschaft wird [30]. In der Nachfolge von Comte, Spencer und Durkheim breitet sich gegen Ende des 19. Jh. eine organizistische und biologische Soziologie aus (ESPINAS, SCHÄFFLE, LILIENFELD, BOUGLÉ, NOVICOW, WORMS), deren antidemokratische Tendenz zur Debatte steht [31]; in Deutschland führt TÖNNIES die Antithese von Gemeinschaft und Gesellschaft in die Soziologie ein, wobei «Gemeinschaft ... als ein lebender O., Gesellschaft als ein mechanisches Aggregat und Artefact verstanden werden soll» [32]. Der «Universalismus» SPANNS in seiner Verbindung ständisch-korporativer und monopolkapitalistischer Ordnungsvorstellungen ist gekennzeichnet durch eine Auffassung der Gesellschaft «nach der Art eines O., in welchem die Teile ... nur als Glieder, Organe, Verrichtungsträger ihre Existenz führen» [33]; die organizistische Sprache des Faschismus ist damit vorbereitet.

Nach 1950 nimmt die strukturell-funktionale Theorie

die Analogie von O. und Gesellschaft auf; nach dem Vorgang der älteren Soziologie und der Kulturanthropologie (RADCLIFFE-BROWN), die die Struktur und Funktion primitiver Gesellschaften mit einem organischen Lebensprozeß vergleicht [34], formuliert PARSONS eine allgemeine Theorie sozialen Handelns: In ihrer Definition des Zustandes, der relativ stabilen Struktur eines sozialen Systems als eines Ganzen und der Funktionen zu seiner Erhaltung und Adaptation an die Umwelt lehnt sie sich – worauf Parsons verweist – an die biologische Theorie an (Anatomie-Physiologie, Homöostase); jedoch läßt sich die Selbstregulation einer Gesellschaft auch kybernetisch verstehen [35]. In jüngster Zeit wird das Verhältnis der biokybernetischen Systemtheorie zur Theorie sozialer Systeme diskutiert; während HABERMAS den «Sollzustand eines Gesellschaftssystems» und den «Gleichgewichtszustand eines O.» für nicht in gleicher Weise identifizierbar hält, bezweifelt LUHMANN zwar nicht «die Vergleichbarkeit sozialer Systeme mit O. oder Maschinen», sieht aber einen Fehler der traditionellen politischen O.-Metapher darin, daß sie die Gesellschaft auf das Leben der Menschen als ihrer Teile bezieht, und schreibt zur Kennzeichnung der Differenz: «O. sind auf der Basis von Leben integriert, Sozialsysteme auf der Basis von Sinn» [36].

Anmerkungen. [1] LIVIUS, II, 32. – [2] W. NESTLE: Die Fabel des Menenius Agrippa, in: Griech. Stud. (1948) 502-516. – [3] PLATON, Resp. 434 c-e; 435 a ff.; 462 c/d. – [4] ARISTOTELES, Pol. 1252 b 30-1253 a. – [5] CICERO, De off. III, 5, 21ff. – [6] SENECA, De ira II, 31, 7. – [7] Röm. 12, 4-6; vgl. THOMAS VON AQUIN, In ep. ad Rom. XII, 2. – [8] Vgl. E. TROELTSCH: Die Sozialllehren der christl. Kirchen und Gruppen (1912) 294-324; O. VON GIERKE: Johannes Althusius und die Entwickl. der naturrechtl. Staatstheorien (³1913) 133ff. – [9] JOHANNES VON SALISBURY, Policr. V, 2; vgl. W. BERGES: Die Fürstenspiegel des hohen und späten MA (1938) 42-47. 135-139. – [10] THOMAS VON AQUIN, De reg. princ. I, I, 12f.; vgl. TROELTSCH, a.O. [8]. – [11] MARSILIUS VON PADUA, Def. pac. I, 2, 3. – [12] NICOLAUS VON CUES, De conc. cathol. III, 41, 583ff. – [13] F. SUÁREZ, De leg. III, 11, 7; 2, 4; 1, 5. – [14] J. ALTHUSIUS, Politica II, 4; I, 6; Praef.; II, 12; IX, 16-19. 12; vgl. GIERKE, a.O. [8] 161f. – [15] TH. HOBBES, Leviathan, Introd.; II, 17; De cive V, 9. – [16] A. R. J. TURGOT, Réfl. sur la formation et la distribution des richesses § 69; vgl. H. DENIS: Die physiokrat. Schule und die erste Darstellung der Wirtschaftsgesellschaft als O. Z. Volkswirtschaft, Sozialpolitik u. Verwaltung 6 (1897) 89-99. – [17] Vgl. D. DE JAUCOURT: Art. ‹État›, in: Encyclop., hg. DIDEROT/ D'ALEMBERT 6 (1756, ND 1967) 16-20. – [18] J.-J. ROUSSEAU, Contrat social II, 7. 6; I, 6f.; Polit. writings, hg. C. E. VAUGHAN (Cambridge 1915) 1, 241f.; Contrat social II, 4; Polit. writings 1, 298f.; Contrat social III, 1. – [19] I. KANT, KU § 65. – [20] J. G. FICHTE, Grundl. des Naturrechts. Werke, hg. I. H. FICHTE (1845/46) 3, 202-204. 208f. – [21] F. VON BAADER, Schr. zur Gesellschaftsphilos., hg. J. SAUTER (1925) 347; J. V. EICHENDORFF, in: Gesellschaft und Staat im Spiegel dtsch. Romantik, hg. J. BAXA (1924) 532; A. MÜLLER, Krit., ästhet. und philos. Schr., hg. W. SCHROEDER/W. SIEBERT (1967) 2, 135; Die Elemente der Staatskunst, hg. J. BAXA (1922) 1, 234; vgl. G. VON BUSSE: Die Lehre vom Staat als O. Krit. Untersuch. zur Staatsphilos. Adam Müllers (1928); NOVALIS, in: Gesellschaft und Staat im Spiegel dtsch. Romantik (1924) 179. – [22] F. W. J. SCHELLING, Schr. zur Gesellschaftsphilos., hg. M. SCHRÖTER (1926) 376. 388. – [23] G. W. F. HEGEL, Enzyklop. (1830) § 365; vgl. Werke, hg. H. GLOCKNER (1927ff.) 2, 203-206; 11, 90; Rechtsphilos. §§ 256. 269. 271. 278. – [24] CL. H. DE SAINT-SIMON, Oeuvres (Paris 1966) 5, 175-197; vgl. F. E. MANUEL: From equality to O. J. Hist. Ideas 17 (1956) 54-69. – [25] M. HESS, Philos. und sozialist. Schr., hg. A. CORNU/W. MÖNKE (1961) 347. 364. 330-332; vgl. TH. DEZAMY: Code de la communauté (Paris 1842) 243f.; P. J. PROUDHON, Oeuvres choisies, hg. J. BANCAL (Paris 1967) 102; K. MARX: Grundrisse der Kritik der polit. Ökonomie (1953) 716; J. DIETZGEN, Schr., hg. Arbeitsgruppe Philos. Dtsch. Akad. Wiss. (1961-65) 1, 230. – [26] MARX, Grundrisse a.O. 189; MEW 13, 8; Grundrisse 208; MEW 23, 57; vgl. MEW Erg.-Bd. 1, 516; MEW 23, 407; vgl. 195; Grundrisse 553f. 416; MEW 23, 640. – [27] Vgl. P. KELLERMANN: Kritik einer Soziol. der Ordnung. O. und System bei Comte, Spencer und Parsons (1967). – [28] A. COMTE, Entwurf der wiss. Arbeiten, welche für eine Reorganisation der Gesellschaft erforderlich sind, hg. W. OSTWALD (1914) 122; Soziol., hg. H. WAENTIG (1907) 1, 8. 232f. 236. 427. 436. – [29] H. SPENCER, Die Prinzipien der Soziol., hg. B. VETTER (1877-91) 2, 171f. 20f.; vgl. W. M. SIMON: Herbert Spencer and the «Social O.». J. Hist. Ideas 21 (1960) 294-299. – [30] E. DURKHEIM: De la division du travail social (Paris ⁷1960) 334. 3. 99-101. 167-169; Die Regeln der soziol. Methode, hg. R. KÖNIG (1961) 93f. 186-189. – [31] Vgl. Diskussion zwischen C. BOUGLÉ, J. NOVICOW und A. ESPINAS, in: Rev. philos. France Étrang. 99-102 (1900/01). – [32] F. TÖNNIES: Gemeinschaft und Gesellschaft (⁸1935, ND 1979) 5. 55. – [33] O. SPANN: Kurzgefaßtes System der Gesellschaftslehre (1914) 232. – [34] A. R. RADCLIFFE-BROWN: Structure and function in primitive society (London 1952) 179f. – [35] T. PARSONS: Die jüngsten Entwickl. in der strukturell-funktionalen Theorie. Kölner Z. Soziol. Sozialpsychol. (1964) 30-49; vgl. KELLERMANN, a.O. [27] 99ff. – [36] J. HABERMAS: Zur Logik der Sozialwiss.en. Philos. Rdsch. Beih. 5 (1967) 88; J. HABERMAS und N. LUHMANN: Theorie der Gesellschaft oder Sozialtechnol. – Was leistet die Systemforsch.? (1971) 146-149. 11. 92-94. 372.

Literaturhinweise. G. SALOMON: Die organ. Staats- und Gesellschaftslehre, Nachw. zu: R. WORMS: Die Soziol. (1926) 111-141; Art. ‹Social O.› in: Encyclop. of social sci. (New York ¹⁵1963) 14, 138-141. – P. KELLERMANN s. Anm. [27]. – A. MEYER: Mechanische und organische Metaphorik polit. Philos. Arch. Begriffsgesch. 13 (1969) 128-199.

A. MEYER

Organizismus (frz. organicisme, ital. organicismo, engl. organicism). Die als ‹O.› bezeichnete Theorie ist in ihren vielfältigen Definitionen von ebenso mehrdeutigem Gehalt wie die Begriffe ‹Mechanismus› und ‹Vitalismus›, deren Aporien der O. zu überwinden hofft [1]. Der O. ging aus der Diskussion dieser beiden Positionen hervor. Seine theoretischen Voraussetzungen lassen sich bis auf KANT zurückführen, der die Bedeutung der namentlich im französischen Materialismus bevorzugten mechanischen Auffassungen über die Ordnung des Wirklichen [2] einschränkte und auf der einzigartigen, nicht aus mechanischen Erklärungen ableitbaren Disposition der lebenden Organismen insistierte [3]. Die in der Folgezeit an Bedeutung gewinnende organische Lehre versuchte, die Methode der Zerlegung des Wirklichen in bewegliche, operable Elemente zu überwinden und über die Erklärung von Einzelphänomenen hinaus erneut zu einem Bild des Ganzen zu gelangen (SCHELLING [4]); der Begriff des Organischen wurde nun auf Gesellschaft, Staat, Recht und Sprache übertragen [5].

Diese Analogiebildung wird erstmals in Frankreich ‹organicisme› genannt. Die einzelnen Bestimmungen – dies gilt etwa für die frühe Formulierung des O. durch L. ROSTAN [6] – sind zunächst weniger um eine Erklärung sozialer Zusammenhänge als vielmehr um eine allgemeine Definition des Lebens bemüht und versuchen, es als ein (mechanisches) Verhältnis (organisch) strukturierter Teile darzustellen: «Das Leben ist eine zusammengesetzte Maschine: die Eigenschaften beruhen auf der organischen Struktur. Derart definiert sich der O.» (La vie, c'est la *machine montée*: les propriétés dérivent de la structure des organes. Tel est l'organicisme) – so das späte Resümee der damaligen Diskussion von C. BERNARD [7], an der insbesondere M. F. X. BICHAT, E. BOUTROUX und P. JANET beteiligt waren. Das Analogieprinzip liefert nach Auffassung des O. nicht nur – wie seine Kritiker bemerkten [8] – ein vages Bild des Gegenstandes, sondern vermag die menschlichen Gesellschaften als spezialisierte Typen des organischen Lebens zu beschreiben [9], die einen höheren Grad an Individuation aufweisen als die rein biologischen Systeme der Fauna und Flora [10]. Der O. sucht den Ort der Gesellschaften in der Natur [11]. «Die Organizisten haben niemals behauptet, die Gesellschaften seien irgendwelche Pflanzen oder Tiere, sondern sie haben behauptet, daß sie Lebewesen besonderer Natur sind, die jedoch zugleich den allgemeinen Lebensgesetzen unterworfen sind, die durch die Wissenschaft der Biologie studiert werden» [12].

Von diesen Bestimmungen ausgehend versucht Y. DELAGE den O. gegenüger Animismus, Evolutionismus und Mikromerismus abzugrenzen und beschreibt ihn als eine Theorie, für die ‹das Leben, die Körperform, die Eigenschaften und die Charakteristika seiner verschiedenen Teile einem Wechselspiel entstammen, dem Kampf aller seiner Elemente: Zellen, Fasern, Gebilde, Organe, die aufeinander einwirken» [13]. Diese Bestimmung, die den Lehren von W. ROUX – nach DELAGE neben Descartes «der andere echte Begründer des modernen O.» [14] – verpflichtet ist, bezieht die Einzelphänomene auf eine ihnen präexistente Harmonie. Diese cartesianische Prämisse wird in den folgenden Ansätzen aufgegeben.

Zu Anfang des 20. Jh. rückt die Beziehung von Organismus (Belebtem) und Umwelt (Unbelebtem) in den Mittelpunkt des Interesses; sie kann, wie J. S. HALDANE vitalistischen und mechanistischen Theorien entgegenhält, nicht als Bruch gedacht werden, sondern nur als Ganzes [15]. Für Haldane stellt sich ein Organismus als *interne* Relation der Teile einer Ganzheit dar, d. h. es gibt für den O. – wie A. MEYER-ABICH formuliert – «keine allen ... Gliedbereichen des Wirklichen gemeinsame Grundwirklichkeit» [16] mehr. Die «Lebenserscheinungen» gelten «als aktive Offenbarung eines unaufhörlich andauernden Ganzen ... Erst dieses Ganze ist das, was wir das Leben eines Organismus nennen» [17]. Dieser Ansatz, der für das Verständnis des O. auch weiterhin bestimmend blieb [18], wurde im anglo-amerikanischen Raum mit der philosophischen Kosmologie von A. N. WHITEHEAD in Verbindung gebracht, um – wie J. NEEDHAM das «organizistische Schema» gegenüber Kunst, Religion, Geschichte und Philosophie abgrenzt – «eine besondere Sphäre und Aktivität des menschlichen Geistes» [19] zu begründen, welches sich sowohl die belebte als auch die unbelebte Welt zum Gegenstand macht [20]. – Den Anspruch, die Einseitigkeit von Vitalismus (sofern er ein eigentümliches Lebensprinzip statuiert) und Mechanismus (verstanden als Theorie, die auch das Belebte auf der Grundlage physikalisch-chemischer Gesetze erklären will) überwunden zu haben, erheben auch die in Deutschland, ebenfalls an Haldane anknüpfenden Theorien des O. Die «organismische Biologie» L. V. BERTALANFFYS bestimmt den lebenden Organismus «als ein in hierarchischer Ordnung organisiertes System von einer großen Anzahl verschiedener Teile», die untereinander abhängig und als System reaktionsfähig und produktiv sind [21]; die Lehre erhebt den Anspruch, mit dieser Definition nicht nur «das Organische» insgesamt erfaßt zu haben [22], sondern im Prinzip der «Organisation» ein Modell anzugeben, das sich bereits in «der Medizin, der Psychologie, der Gesellschaftslehre usf. als notwendig erwiesen» [23] habe. Der Neuansatz besteht darin, die physikalischen Prinzipien und Gesetze mit Hilfe der sog. «holistischen Simplifikation» (A. MEYER-ABICH [24]) aus den biologischen Gesetzen abzuleiten. Er behauptet damit die Überlegenheit des biologischen gegenüber dem physikalischen Weltbild [25]. Das nach einem Begriff von J. C. SMUTS benannte Verfahren [26] erklärt weniger komplexe Ganzheiten (physikalische) durch Vereinfachung komplexer Ganzheiten (biologische). Nach MEYER-ABICH ist diese Deduktionsthese «als die *biologistische* oder auch *holistische* (zu) bezeichnen. Sie ist völlig gleichbedeutend mit dem 'Organicism' der englischen Autoren» [27]. Der insbesondere von Meyer-Abich hergestellte wissenschaftshistorische Zusammenhang des O. – in dessen Charakterisierung jedoch keine entscheidende Differenz zum Holismus mehr auszumachen ist – wird in die Definition von F. ALVERDES aufgenommen: «Der O. betont die Ordnungsgesetzlichkeit, die die Teile und Teilprozesse innerhalb des Organismus kennzeichnet», d. h. er behauptet eine genuine «Systemgesetzlichkeit des Lebens» [28]. In der Erweiterung dieses Grundgedankens erscheint dem O. Wirklichkeit in Qualitätsstufen unterteilt, und zwar in physikalische, organische, psychologische und geistig-soziale Wirklichkeitsbereiche [29], die auseinander ableitbar sind. Derart verallgemeinert, gerät das Schema des O., wie bereits in den ersten Formulierungsversuchen (vgl. J. NOVICOW [30]), zum ethischen Prinzip. Der O. stellt nunmehr «die Frage nach dem *biologischen Sinn* und nach dem *biologischen Wert* der einzelnen Lebensabläufe» [31]. – Abgesehen von der Frage, inwieweit die Kritik des O. an überlieferten biologischen Modellen berechtigt ist [32], und abgesehen von dem Problem, ob der O. sein Anliegen, der Biologie ein erschöpfendes theoretisches Fundament zu liefern, zu verwirklichen vermag [33], stellt sich angesichts des «gemeinsamen Anliegens» von O. und der sog. «völkisch-politischen Anthropologie» (E. KRIECK) [34] heute die Frage nach der ideologiekritischen Beurteilung des O. Der in der analogischen Funktion des Organismus-Bildes begründete Veranschaulichungswert liefert, zum Erklärungsprinzip und gar zum «Seinssymbol» übersteigert [35], die Sanktionierung gesellschaftlicher Hierarchie nach «rassischen» und ähnlichen biologischen Prinzipien gleich mit [36].

Unter O. wird seither einerseits – meist in pejorativer Bedeutung – eine *Sozialtheorie* verstanden, die Gesellschaft nach dem Vorbild der Sozialorganismus-Parabel des Menenius Agrippa als organische begreift [37] bzw. eine Auffassung von Wirklichkeit, «die das Ganze formalisiert und die Priorität des Ganzen, seine Herrschaft über die Teile hervorhebt» [38]. Dem steht anderseits das Bemühen insbesondere nordamerikanischer Philosophen gegenüber, den Begriff mit Hilfe eines der Tradition entnommenen Merkmalkataloges synoptisch zu präzisieren [39], dessen Erfolg jedoch angesichts der Vagheit, mit der der Ausdruck dennoch weiterhin verwendet wird [40], bezweifelt werden muß.

Anmerkungen. [1] L. V. BERTALANFFY: Theoret. Biologie 1 (1932) 37ff.; vgl. E. UNGERER: Die Erkenntnisgrundlagen der Biologie, in: Hb der Biologie I/1 (1965) 76ff. – [2] R. EUCKEN: Geistige Ström. der Gegenwart (1920) 122; A. TRENDELENBURG: Log. Untersuchungen 2 (³1870) 142ff. – [3] I. KANT, KU § 65. AKAD.-A. 5, 374. – [4] E. MENDE: Schellings Hypothese eines organischen Ursprunges des Weltsystems und die Beobachtungen der Spiralnebel durch Edwin P. Hubble. Philos. nat. 16/1 (1976) 437-444, zit. 444. – [5] EUCKEN, a.O. [2] 121. 129. – [6] L. ROSTAN: Exposition des princ. de l'organisme (Paris 1846) bes. 96f. – [7] C. BERNARD: Leçons sur les phén. de la vie communs aux animaux et aux végétaux (Paris 1878, ND 1966) 31. – [8] C. BOUGLÉ: La sociol. biol. et le régime des castes. Rev. philos. 25 (1900) 337-352; Le procès de la sociol. biol. a.O. 26 (1901) 121-146. – [9] J. NOVIKOW: Les castes et la sociol. biol. Rev. philos. 25 (1900) 361-373, zit. 362. – [10] A. ESPINAS: Être ou ne pas être ou du postulat de la sociol. Rev. philos. 26 (1901) 449-480, zit. 464; Sociétés animales (Paris 1877). – [11] a.O. 468. – [12] NOVIKOW, a.O. [9] 373. – [13] Y. DELAGE: La structure du protoplasma et les théories sur l'hérédité (Paris 1895) 407f.; vgl. I. F. HENDERSONS Dict. of biol. terms, hg. S. HOLMES (London/New York ⁹1979). – [14] DELAGE, a.O. [13] 721. – [15] J. S. HALDANE: Die philos. Grundlage der Biol. (1932) 3ff. – [16] A. MEYER-ABICH: Holismus – Ein Weg synthetischer Naturwiss., in: F. HESKE, P. JORDAN und A. MEYER-ABICH: Organik. Beitr. zur Kultur unserer Zeit (1954) 135-172, zit. 153. – [17] HALDANE, a.O. [15] 6. – [18] A. PLAMONDON: The contemp. reconciliation of mechanism and organicism. Dialectica 29/4 (1975) 213-221, zit. 214. – [19] J. NEEDHAM: O. in biology. J. philos. Studies 3 (1928) 29-40, zit. 38. – [20] a.O. 39; L. S. FORD: Whitehead's first metaph. synthesis. Int. philos. Quart. 17 (1977) 251-264; J. NEEDHAM: A biologist's view of Whitehead's philos., in: The philos. of Alfred North Whitehead, hg. P. A. SCHILPP (New York 1941) 243-271. – [21] BERTALANFFY, a.O. [1] 83. – [22] a.O. 85. – [23] L. V. BERTALANFFY: Das biol. Weltbild 1 (1949) 22. – [24] MEYER-ABICH, a.O. [16] 153. 166ff. – [25] HALDANE, a.O. [15] 15; NEEDHAM, a.O. [19] 34. – [26] J. C. SMUTS: Holism and evolution (London 1926), dtsch. Die holist. Welt (1938). – [27] A. MEYER-ABICH: Ideen und Ideale der biol. Erkenntnis (1934) 49. 35. – [28] F. ALVERDES: O. und Holismus. Biologe 5/4 (1936) 121-128, zit. 124. – [29] a.O. 126f.; MEYER-ABICH, a.O. [27]. – [30] NOVIKOW, a.O. [9] 367. – [31] ALVERDES, a.O. [28] 127. – [32] H. DRIESCH: Zur Kritik des Holismus (1936); Die Maschine und der Organismus (1935) 6ff. – [33] UNGERER, a.O. [1] 81ff.; Ideologie und Naturwiss., hg. G. DOMIN/R. MOCEK (1969) 318ff. – [34] F. ALVERDES u. E. KRIECK: Zwiegespräch über völkisch-pol. Anthropologie und biol. Ganzheitsbetrachtung. Biologe 6/2 (1937) 49-55, zit. 49. – [35] O. BENDA: Die Bildung des Dritten Reiches (1931). – [36] E. BLOCH: Die Fabel des Menenius Agrippa oder eine der ältesten Soziallügen (1936), in: Pol. Messungen, Pestzeit, Vormärz. Gesamt-A. 11 (1977) 172-176; G. LUKÁCS: Die Zerstörung der Vernunft 3 (1974) 52. – [37] J.-P. SARTRE: Kritik der dialekt. Vernunft 1 (1967) 87; vgl. F. W. COKER: Organismic theories of the state (London 1910). – [38] K. KOSÍK: Dialektik des Konkreten (1967) 45. – [39] M. T. KEETON: Edmund Montgomery – Pioneer of organicism. J. Hist. Ideas 8 (1947) 309-337; E. NAGEL: Mechanistic explanation and organismic biology, in: The structure of scient. thought, hg. E. H. MADDEN (Boston 1960) 132-141; D. C. PHILLIPS: Organicism in the late nineteenth and early twentieth centuries. J. Hist. Ideas 31 (1970) 413-432. – [40] A. J. BAHM: Organicism: The philos. of interdependence. Int. philos. Quart. 7/1 (1967) 251-284.

Literaturhinweise. J. NEEDHAM s. Anm. [19]. – F. ALVERDES s. Anm. [28]. – LALANDE (Paris ⁷1956) 722f. – D. C. PHILLIPS s. Anm. [39]. – Volk und Gesundheit. Heilen und Vernichten im Nationalsozialismus, hg. von der Projektgruppe 'Volk und Gesundheit' (1982) 40-44. R. KONERSMANN

Organologie bezeichnet in der biologischen Morphologie die Lehre vom Bau der Organe. In neuerer Zeit verwendet die mikroskopische Anatomie den Begriff ‹O.› für die funktionelle Histologie (feinstgewerbliche Funktionsanalyse) der Organsysteme und deckt damit einen Teilbereich der anatomischen Lehre von den Funktionen der Organe ab [1]. Diese Verwendung des Begriffs steht in einem gewissen Gegensatz zur bio-morphologischen Begriffsbestimmung, welche sich mit der äußeren Gestalt der Organe und ihrer Beschreibung (Organographie) befaßt. Die allgemeine Begriffsbestimmung ist also unscharf.

In der allgemeinen Bedeutung wurde der Begriff 1799 durch D. C. A. WILMANS eingeführt [2]. Nach Wilmans zerfällt die O., als «Lehre von der Organisation des Menschenkörpers», in die Chemie des Menschenkörpers und die Beschreibung der Gestalt des Körpers und seiner Teile. Der O. ist die Dynamologie, d. h. Physiologie koordiniert. Die Einschränkung des Begriffs ‹O.› auf die Anatomie der Organe wurde spätestens von E. HAECKEL [3] vorgenommen.

Eine spezielle Bedeutung erhält der Begriff ‹O.› in der «Gehirn- und Schedellehre» des F. J. GALL [4]. Diese nimmt ihren Ausgangspunkt von der Physiognomik J. C. LAVATERS und bezieht sich auf das Gehirn als ein aus den einzelnen Hirnteilen sich zusammensetzendes Organ und seine Verrichtungen. Gewisse, den Menschen und Tieren angeborene moralische und intellektuelle Anlagen und Neigungen bedürfen für ihre Verrichtungen bestimmter Organe (Werkzeuge), der einzelnen Hirnteile. Jede angeborene seelische oder intellektuelle Anlage besitzt – so GALL – ihr eigenes Organ und bringt sich daher nicht nur auf der Oberfläche des Gehirns, sondern auch in gewissen Erhabenheiten des darüberliegenden Schädelknochens zum Ausdruck (Kranioskopie, Organoskopie). Diese Lehre erwies sich zwar als falsch; dennoch legte Gall in seinen ausgiebigen vergleichenden Studien der Schädelformen und des Gehirns bei Mensch und Tier den Grundstein nicht nur für die vergleichende Anatomie des Gehirns und der Schädelformen, sondern auch für die neuzeitliche Hirnlokalisationslehre.

Die Regelhaftigkeit des Zusammenwirkens zahlloser Zellen in einem Organ, aber auch des Zusammenwirkens verschiedener Organe in einem lebendigen Organismus folgt den Prinzipien der «bionomen Organisation» [5], d.h. einer in dieser Organisation objektiv verankerten Gerichtetheit aller Bau- und Betriebsglieder auf die Verwirklichung der Raum-Zeit-Gestalt des Organismus. Deren Voraussetzung bildet die «organologische Gestalt» [6], d.h. ein dem lebendigen Organismus eigenes Gestaltungsprinzip, das nicht nur in seinen sehr komplexen Struktur-Funktionsprozessen zum Ausdruck kommt, sondern die 'Zeitgestalt' der lebendigen Organisation selbst setzt. Die organologische Gestalt ist durch ein ständiges Werden und Vergehen sich in einem Organismus gestaltender Lebensprozesse bedingt. Der Gestaltungsprozeß Leben tragender Substanzen als solcher läßt sich nicht künstlich erzeugen. Die organologische Gestalt sowohl des ganzen Individuums wie seiner Teile, der Organe und Zellen, mithin die Raum-Zeit-Gestalt organischer Lebewesen als solche erweist sich als ein außerordentlich sublimes bionomes Organisationsgefüge, dessen Teilprozesse jeweils eigenen, auf ihre 'Zeit-Gestalt' bezogenen Zeit-Gesetzen unterworfen sind, welche in dem organologischen Gestaltungsprozeß koordiniert und doch zugleich im Nacheinander der einzelnen Teilprozesse getrennt gehalten werden. Die Besonderheit der in der organologischen Gestalt zum Ausdruck kommenden bionomen Systeme läßt sich nicht als eine 'Verdichtung' kausalanalytischer Prozesse beschreiben, sondern sie bedarf einer zusätzlichen kategoriellen Bestimmung, der *Bedeutung* der Teilprozesse in einem organologischen System. Dem darin durchgängigen, kausal-analytisch faßbaren biotechnischen Prozeß bleibt im Bereich der Biologie nicht nur die Sinnhaftigkeit (Bedeutung) bionomer Ordnung im Lebewesen selbst, sondern auch in bezug auf die Umwelt dieses Lebewesens *komplementär* zugeordnet [7]. Die in der organologischen Gestalt sich verwirklichende und bis zum Tode erhaltende bionome Ordnung kann nur als ein 'Zugleich' biotechnischer Kausalität *und* bionomer Bedeutung verstanden werden. Sie äußert sich als Selbst-Identität des Lebewesens im Fluß der Zeit, als ein *Subjekt*.

Fußend auf dem Begriff der *Entelechie* wird in der Fortsetzung naturphilosophischer Ansätze der sogenannten 'Vitalisten' des 20. Jh. (SPEMANN, DRIESCH u.a.) [8]

der Versuch einer philosophischen O. unternommen [9]. In Anlehnung an den Begriff des «organisierten Wesens» [10], das nach KANT im Gegensatz zur Maschine nicht nur eine «bewegende», sondern eine «bildende» Kraft besitzt, werden die Gestaltungselemente der organischen Natur unter dem Begriff der «organischen Heteronomie» von dem in der anorganischen Natur waltenden Prinzip der in den physikalischen Gesetzen der Materie zum Ausdruck kommenden «idionomen» Gestaltung unterschieden (organologisches Erklärungsprinzip), da die organischen Erscheinungen nur durch ein hinter ihnen stehendes (heteronomes) geistiges Prinzip zu erfassen sind, welches als einem «organologischen Weltprinzip» unterworfen gedacht wird. Dieses anti-materialistische Denkprinzip kehrt den Gallschen Begriff der O. um: Nicht die durch materiale Formung der Gehirnoberfläche und des Schädeldachs gekennzeichneten Charakter- und Seeleneigenschaften sind einer lokalisatorisch orientierten organologischen Ordnung der Hirnteile unterworfen, sondern die Äußerungen der Seele und des Geistes erscheinen selbst als Prinzipien einer durchgängigen organologischen Weltordnung, welche im Menschen als dem komplexesten Wesen der Natur sich zum Ausdruck bringt. In diesem Sinne wird in Anlehnung an HERDERS ‹Ideen zu einer Philosophie der Geschichte der Menschheit› angenommen, daß im Menschenwesen sowohl körperhaft wie seelisch ein entelechisches Prinzip der lebendigen Natur sich äußert [11].

Anmerkungen. [1] J. W. ROHEN: Funktionelle Histologie (1981). – [2] D. C. A. WILMANS: Über medicinische Kunst und ihre Methodologie. Arch. Physiologie 3 (1799) 203-348. – [3] E. HAECKEL: Generelle Morphologie der Organismen 1 (1866) 42ff. – [4] Vgl. PH. F. WALTHER (Hg.): Neue Darst. aus der Gallschen Gehirn- und Schedellehre (1804). – [5] K. E. ROTHSCHUH: Theorie des Organismus (²1963). – [6] W. JACOB: Kranksein und Krankheit (1978). – [7] J. VON UEXKÜLL: Theoret. Biologie (²1928); Die Lebenslehre (1930); N. BOHR: Atomphysik und menschl. Erkenntnis (1958). – [8] H. SPEMANN (Hg.): Forschung und Leben (1943); H. DRIESCH: Philos. des Organischen (⁴1928). – [9] O. FEYERABEND: Das organolog. Weltbild (²1956). – [10] I. KANT, KU § 65. – [11] E. DACQUÉ: Leben als Symbol (1929).
W. JACOB

Organon (griech. ὄργανον; lat. organum). – 1. ‹O.› bedeutet ursprünglich Werkzeug, Instrument, Mittel. Neben Handwerkszeug ganz allgemein [1] werden damit Musikinstrumente [2], Kriegsgerät [3], landwirtschaftliches [4], astrologisches [5], medizinisches [6] Gerät usw. bezeichnet. Außerdem werden die Werkzeuge der Sinne, der Empfindungen und der Wahrnehmungen [7] ebenso wie die körperlichen Werkzeuge [8] ‹Organa› genannt. Daraus entwickelt sich der biologische Begriff ‹Organ› [9]. Oft wird ‹O.› in einem übertragenen Sinne [10] oder in philosophischen Topoi [11] verwendet. In der Musik ist ‹O.› die Bezeichnung für Orgel und dient außerdem zur Benennung früher mehrstimmiger Musik [12].

Anmerkungen. [1] PLATON, Leg. 678 d; Resp. 421 d. – [2] Resp. 397 a; Polit. 268 b; Lach. 188 d; PLOTIN, Enn. I, 4, 16, 27; III, 2, 17, 80. Opera, hg. P. HENRY/H.-R. SCHWYZER 1 (Paris/Brüssel 1951) 98. 296. – [3] PLATON, Leg. 795 a. – [4] Resp. 370 c/d. – [5] Vgl. Gloss. Epicureum, hg. H. USENER (Rom 1977) 478. – [6] PLATON, Polit. 298 c/d; PLINIUS d. Ä., Nat. hist. 26, 17. – [7] PLATON, Theait. 185 c/d; Resp. 508 b; Tim. 45 b; THOMAS VON AQUIN, In lib. phys. 7, 4. – [8] ARISTOTELES, De an. 432 a/b; PLOTIN, Enn. I, 1, 3, 3; I, 4, 16, 28, a.O. [2] 50. 98; THOMAS, S. theol. I, 91, 3. – [9] Vgl. Art. ‹Organ›. – [10] Vgl. z. B. «humanitas Christi est sicut quoddam organum divinitatis eius»: THOMAS, S. theol. I/II, 112, 1. – [11] DANTE nennt den Verstand ein O., vgl. Div. Comm., Parad. 14. – [12] Vgl. RIEMANNS Musik Lexikon, Sachteil, hg. H. H. EGGEBRECHT (1967) 680ff.

2. Bereits bei den Vorsokratikern ist ‹O.› in unterschiedlichen philosophischen Zusammenhängen belegt. HIPPASOS nennt die Zahl, die das Muster der Weltschöpfung ist, das O. des Schöpfergottes zur Beurteilung der Schöpfung [1]. Die Pythagoreer sehen in der Erde, die die Ursache für Tag und Nacht ist, das O. der Zeit [2]. Ein gegen EMPEDOKLES gerichtetes Fragment betont dagegen, daß Ursache und O. nicht verwechselt werden dürften [3]. GORGIAS spricht von der Schrift als dem O. des Gedächtnisses [4].

Den Werkzeugcharakter der Wörter betont PLATON [5]. Wegbereitend für einen strengeren Gebrauch von ‹O.› sind Stellen, an denen Platon Vernunftgründe «Organa der Beurteilung» nennt [6]. Außerdem unterscheidet er zwischen solchen Künsten, die Dinge herstellen, und anderen, die dazu die nötigen Werkzeuge liefern; die letzteren werden mitverursachende Künste genannt [7]. Damit wird die propädeutische Funktion von O. bereits angedeutet.

Im Bereich der Biologie macht ARISTOTELES ‹O.› zum Terminus technicus [8]. Analog zu der Hand als dem Werkzeug des Körpers spricht er von dem Verstand als dem Werkzeug der Seele [9]. Im Kontext der juristischen Güterlehre (u. a. unterscheidet Aristoteles hier zwischen beseelten – z. B. Sklaven – und unbeseelten – z. B. Geräten – Werkzeugen [10]) spielt O. auch in der politischen Theorie von Aristoteles eine Rolle [11]. Diese Gedanken haben Auswirkungen auf das Römische Recht [12] und finden ihren Niederschlag noch bei LEIBNIZ [13]. Die Rede will ARISTOTELES nicht als O. verstanden wissen [14]. Bezüglich der Logik verwendet er ‹O.› eher beiläufig [15]. An keiner Stelle seines Werkes nennt Aristoteles seine Logik ein O. [16], obgleich er sie durchaus auch als Propädeutik und Methodologie versteht [17]. Nach Aristoteles sind lediglich die Ermittlung der Sätze, die geschickte Unterscheidung der mannigfachen Bedeutungen der Wörter, das Auffinden des Unterschiedes und der Übereinstimmung der Dinge die «organa» oder Werkzeuge zur Syllogismenbildung und Induktion [18]. Ebenso beiläufig wie in der Logik verwendet Aristoteles ‹O.› in der Ethik, wenn er von den außerseelischen Gütern als Werkzeugen zur Erlangung der Glückseligkeit spricht [19]. Dieser auch vom Peripatos vertretenen Auffassung [20] widersprach die Stoa [21].

Aufgrund der aristotelischen Einteilung der Philosophie [22] sowie der Unterscheidung der Sätze und Probleme in ethische, physische und logische [23] verstehen die *Peripatetiker* – wiederum in Auseinandersetzung mit der Stoa [24] – die Logik nicht als Teil (μέρος) der Philosophie, sondern als ein ihr vorangestelltes O. [25]. «O. ist, was zur Vollständigkeit des Seins einer Sache dient und bei dessen Aufhebung das Ganze bleibt; Teil dagegen, was dem Sein einer Sache zur Vollendung dient und bei dessen Aufhebung das Ganze mitaufgehoben wird» [26]. Damit begründet der Peripatos das instrumentalistische Verständnis von Logik [27].

Vermutlich war es der Peripatetiker ANDRONIKOS, der ‹O.› als bibliographisch-archivalischen Sammelbegriff zur Bezeichnung der Gesamtheit der logischen Schriften von Aristoteles einführte [28], wobei zunächst wohl nur der in der ‹Zweiten Analytik› behandelte Inhalt ‹O.› hieß [29]. Auf Andronikos geht wahrscheinlich auch die heute bekannte Anordnung der einzelnen Bücher des aristotelischen ‹O.› zurück [30].

Die Fülle der antiken und mittelalterlichen Kommentare zum aristotelischen ‹O.› [31] stellte sicher, daß der bibliographisch-archivalische Büchertitel ‹O.› als Bezeichnung der logischen Schriften des Aristoteles durchgängig bestand. Zur Bezeichnung ganz bestimmter propädeutischer Inhalte wird es in der lateinischen Literatur bereits sehr früh üblich, statt ‹organum› ‹instrumentum› zu verwenden [32]: Für den Bereich der Ethik (Güterlehre) ist dies z. B. bei SENECA belegt [33], für die Logik bei BOETHIUS [34]. Diese Tendenz, die bis in die frühe Neuzeit reicht [35], hat auch Auswirkungen auf andere Sprachen, wie beispielsweise PH. CANAYES französischer Kommentar zum aristotelischen ‹O.› [36] zeigt: ‹O.› dient Canaye ausschließlich als Buchtitel; zur Bezeichnung der verhandelten Inhalte verwendet er stets «instrument» [37]. Allerdings wird etwa mit dem Beginn des 17. Jh. auch ‹O.› wieder vereinzelt zur Charakterisierung der Funktion der Logik verwandt [38]. In diese Zeit fallen deutliche Bemühungen, eine «philosophia organica» in größerer Selbständigkeit gegenüber Aristoteles zu entwickeln. So ist für R. GOCLENIUS ausschließlich die Dialektik «doctrina organica, quia est instrumentum philosophiae» [39]. J. MICRAELIUS faßt dagegen die «philosophia organica seu instrumentalis» [40], die er auch «philosophia canonica» [41] oder «philologia» [42] nennt, sehr weit: Neben der Grammatik, Rhetorik und Logik, die zusammen das Trivium ausmachen, zählt er auch die Poetik zu den «disciplinae organicae» [43].

Anmerkungen. [1] HIPPASOS, VS I, 109. – [2] VS I, 462. – [3] EMPEDOKLES, VS I, 305. – [4] GORGIAS, VS II, 301f. – [5] PLATON, Krat. 388 a-c; vgl. Art. ‹Organonmodell›. – [6] Resp. 582 d. – [7] Polit. 281 e. – [8] ARISTOTELES, De an. 412 a/b; vgl. Art. ‹Organ›. – [9] Probl. phys. 955 b 23-40. – [10] Pol. 1253 b 24-33; vgl. auch Eth. Eud. 1241 b 14-23. – [11] Pol. 1253-1256. – [12] Vgl. E. HEUMANN und E. SECKEL: Handlex. zu den Quellen des röm. Rechts, Art. ‹instrumentum› (¹¹1971) 275; vgl. auch Vocab. iurisprudentiae rom. issu Instit. Savigniani compos. III/1, Art. ‹instrumentum› (1979) 784ff. – [13] Vgl. G. W. LEIBNIZ, Textes inédits, hg. G. GRUA 2 (1948) 841. – [14] ARISTOTELES, De interpr. 17 a 1. – [15] Vgl. Organon 1. 2, hg. TH. WAITZ (1844-46, ND 1965) 2, 293f. – [16] Vgl. F. UEBERWEG: System der Logik (⁵1882) 27ff. – [17] Vgl. E. ZELLER: Die Philos. der Griechen II/2 (³1879) 182. 185ff.; vgl. P. MORAUX: Der Aristotelismus bei den Griechen 1 (1973) 78. – [18] ARISTOTELES, Top. I, 13. – [19] Eth. Nic. 1099 b 28; 1153 b 16; vgl. ZELLER, a.O. [17] 614. 620f.; vgl. MoRAUX, a.O. [17] 329. 353ff. – [20] Zu THEOPHRAST vgl. ZELLER, a.O. 855ff. – [21] SENECA, Ep. 87, 12; 92, 14. – [22] Vgl. ZELLER, a.O. [17] 176ff. – [23] ARISTOTELES, Top. I, 14; vgl. I. DÜRING: Aristoteles (1966) 53. – [24] Vgl. ZELLER, a.O. [17] 182. – [25] Vgl. C. PRANTL: Gesch. der Logik im Abendlande 1 (1855, ND Graz 1955) 136ff.; vgl. ZELLER, a.O. 181ff. – [26] AMMONIUS, In Arist. Anal. priora I comm. CAG IV/6, hg. M. WALLIES (1899) 8, 27-29; vgl. auch ALEXANDER VON APHR., In Arist. Anal. priora I comm. CAG II/1, hg. M. WALLIES (1883) Einleitung; vgl. OLYMPIODOR, Prol. in Cat. comm. CAG XII/1, hg. A. BUSSE (1902) 1, 15; 14, 18; vgl. ELIAS, In Porph. Isag. et Arist. Cat. comm. CAG XVIII/1, hg. A. BUSSE (1900) 26, 37. – [27] Vgl. W. RISSE, Art. ‹Logik› I/3. Hist. Wb. Philos. 5 (1980) 358f. – [28] Vgl. MORAUX, a.O. [17] 78ff.; vgl. CHR. A. BRANDIS: Über die Reihenfolge der Bücher des Arist. O. und ihre Griech. Ausleger, nebst Beitr. zur Kritik des Textes jener Bücher des Aristoteles und ihrer Ausgaben. Abh. kgl. Akad. Wiss. Berlin, hist.-philos. Kl. 1833 (1835) 249-299; vgl. dagegen ZELLER, a.O. [17] 187. – [29] Vgl. O. MIELACH: De nomine organi Arist. (1838) 13f. – [30] Vgl. MORAUX, a.O. [17] 91. – [31] Vgl. W. RISSE, Bibl. logica 1 (1965) 279. – [32] Vgl. P. KREBS: Antibarbarus der lat. Sprache 2 (⁸1962) 228. – [33] SENECA, Ep. 92, 14. – [34] BOETHIUS, In Isag. Porph. comm. CSEL 48 (Wien 1906) 140ff. – [35] J. ZABARELLA, Opera log. (1608, ND 1966) 52 c. – [36] PH. CANAYE: L'organe, c'est à dire l'instrument du discours divisé en deux parties, sçavoir est, l'Analytique, pour discourir véritablement, et la Dialectique, pour discourir proba-blement (Genf 1627). – [37] a.O. 1. 6. 749. – [38] Vgl. J. MARTINI: Instit. log. lib. VII (1610) 1; J. JUNGIUS, Log. hamb. (1638), hg. R. W. MEYER (1967) log. prol. 9-12; vgl. P. PETERSEN: Gesch. der arist. Philos. im prot. Deutschland (1921) 206. – [39] R. GOCLENIUS: Lex. philos. (1613, ND 1969) 282. – [40] J. MICRAELIUS: Lex. philos. (1652, ND 1966) 1004. – [41] a.O. 233. – [42] 1005. – [43] 1005f.; vgl. dort im Anhang die Auflistung der «termini philosophici de philosophia organica».

3. Im Rahmen dieser Bestrebungen muß das ‹Neue O.› von F. BACON gesehen werden. Bacons Absicht ist es, gegenüber dem Aristotelismus grundlegend neue Werkzeuge der Erkenntnis zu entwickeln, um vor allem in den Naturwissenschaften größere Fortschritte zu erzielen [1]. Er bedient sich des traditionellen Büchertitels ‹O.›, der soviel wie 'Propädeutik der Philosophie und der Wissenschaften' bedeutet. Damit steht Bacon zugleich am Anfang einer bis ins 20. Jh. reichenden Tradition, Propädeutiken *gleich welcher Art* den Titel ‹O.› zu geben. Im Gegensatz zu der syllogistisch-deduktiven Methode des Mittelalters entwickelt Bacon eine sachanalytisch-induktive Methode, die sowohl ihre Begriffe als auch ihre Axiome «auf einem sicheren Weg von den Dingen her» [2] ableitet.

Analog zu der Logik als O. des oberen Erkenntnisvermögens fordert G. B. BILFINGER 1725, ein O. des niederen Erkenntnisvermögens zu verfassen [3]. Dieser Aufforderung kommt A. G. BAUMGARTEN mit seinen für die Ästhetik grundlegenden Schriften nach [4]. Allerdings gewinnt der Begriff ‹O.› weder bei ihm noch später im Bereich der Ästhetik in irgendeiner Weise Bedeutung.

An die Stelle der formalen Logik stellt R. BURTHOGGE in seinem ‹Organum vetus et novum› die 'natürliche Logik' als «the natural method of Reasoning» [5]. Zentrale Teile der traditionellen Logik werden von ihm subjektiviert.

J. H. LAMBERTS ‹Neues O.› ist eine an der Schultradition und der aristotelischen Formenlehre orientierte Grundwissenschaft, die die Prinzipien aller Einzelwissenschaften enthält und deren Ableitung ermöglicht [6]. Das Werk gliedert sich in die Darstellung der instrumentellen Wissenschaften, die dem Verstand als Werkzeuge dienen [7], in die Dianoiologie (die formale Logik und Begriffsanalyse), die Alethiologie (die Irrtums- und Wahrheitslehre), die Semiotik (die Lehre vom Verhältnis von Zeichen und Bezeichnetem) und in die Phänomenologie (die Lehre von der prinzipiellen Vermeidbarkeit jeglicher Art von Schein).

Anmerkungen. [1] F. BACON: Novum organum (London 1620) I, 1ff. – [2] a.O. I, 18; vgl. II, 52. – [3] G. B. BILFINGER: Dilucid. philos. de deo, anima humana, mundo et generalibus rerum affectionibus (1725) § 268; vgl. E. BERGMANN: Georg Friedrich Meier als Mitbegründer der dtsch. Ästhetik (1910) 2. – [4] A. G. BAUMGARTEN: Med. philos. de nonnullis ad poëma pertinentibus (1735); Aesthetica 1. 2 (1750-58); vgl. BERGMANN, a.O. 1-24. – [5] R. BURTHOGGE: Organum vetus et novum (London 1678) 44. – [6] J. H. LAMBERT, Philos. Schr., hg. H. W. ARNDT 1 (1965) Xf. – [7] Neues O. I (1764) Vorrede, a.O.

4. Im Werk KANTS kommt der Begriff ‹O.› in verschiedenen Zusammenhängen vor: So nennt der vorkritische Kant ganz traditionell die Logik [1] oder auch die Metaphysik [2] ein O. Die Mathematik wird von Kant auch später noch O. genannt [3].

In der KrV heißt nur derjenige Teil der Logik, der «die Regeln, über eine gewisse Art von Gegenständen richtig zu denken» enthält, «O. dieser oder jener Wissenschaft» [4]. Die allgemeine reine Logik hingegen, die von allen

Inhalten abstrahiert und keine empirischen Prinzipien hat, ist «ein Kanon des Verstandes und der Vernunft» [5]. Als formale Logik zergliedert sie die Erkenntnis und legt deren allgemeine Prinzipien dar; deshalb kann dieser Teil der Logik zu Recht 'Analytik' heißen. Der Kanon (= Analytik) ist ein «negativer Probierstein der Wahrheit» [6], da er nur feststellen kann, ob das Denken mit seinen eigenen Regeln, nicht aber, ob eine Aussage mit ihrem Objekt übereinstimmt. Wird der Kanon (Analytik) wie ein Werkzeug oder O. ge(miß)braucht, so ist die Logik überfordert, und es kommt zum logischen Schein. Eben deshalb heißt die allgemeine Logik als vermeintliches O. 'Dialektik' oder 'Logik des Scheins' [7].

Die *transzendentale Logik* abstrahiert von empirischen, nicht aber von apriorischen Erkenntnisinhalten; daneben ist auch der «Ursprung unserer Erkenntnisse von Gegenständen ..., so fern er nicht den Gegenständen zugeschrieben werden kann» [8], ihr Thema. Die transzendentale Analytik, die ein Kanon des empirischen Verstandesgebrauches ist [9], zeigt diejenigen Verstandesgesetze auf, die die notwendige Bedingung der Möglichkeit der Erkenntnis von Gegenständen der Erfahrung sind. Diese Verstandesgesetze suggerieren aber ihre Anwendung «über die Grenzen der Erfahrung hinaus» [10]. Wenn der Kanon des empirischen Verstandesgebrauches als O. eines allgemeinen und unbeschränkten Gebrauches [11] mißverstanden wird, beansprucht er, Aussagen über Gegenstände überhaupt machen zu können. Dies führt zum transzendentalen Schein [12].

Da der transzendentale Schein unvermeidbar ist, ist die Gliederung der transzendentalen Logik in Kanon und O. zwingend: Die Gliederung der allgemeinen reinen Logik kann nur als analog zu der der transzendentalen Logik verstanden werden. Indem Kant mittels des Begriffspaare ‹Kanon/O.› aufzeigt, daß die Logik ausschließlich negativer Probierstein der Wahrheit ist, leistet er eine Grenzbestimmung der Wolffischen Logik und trifft darüber hinaus zugleich die schulmäßige Metaphysik, deren Thema in irgendeiner Form das 'ens qua ens', die Gegenstände überhaupt, war. Über alle Philosophie der reinen Vernunft sagt Kant, daß sie «nicht als O. zur Erweiterung, sondern als Disciplin zur Grenzbestimmung dient und, anstatt Wahrheit zu entdecken, nur das stille Verdienst hat, Irrthümer zu verhüten» [13].

Anmerkungen. [1] KANT, Akad.-A. 2, 310. – [2] a.O. 395. – [3] 398; 21, 194. 209. – [4] KrV A 51. B 76. – [5] A 53. B 77. – [6] A 60. B 84. – [7] A 61. B 85. – [8] A 55f. B 80. – [9] A 63. B 88. – [10] A 63. B 87. – [11] A 63. B 88. – [12] A 293ff. B 349ff. – [13] A 795. B 823; vgl. auch A 11ff. B 25ff.

Literaturhinweise. R. WIEHL: Vernunft als Kanon, O. und Kathartikon des allg. Verstandes, in: Subjektivität und Metaphysik. Festschr. Wolfgang Cramer, hg. D. HENRICH/H. WAGNER (1966) 327-365. – S. CARBONCINI und R. FINSTER: Das Begriffspaar Kanon-O. und seine Bedeutung für die Entstehung der krit. Philos. Kants. Arch. Begriffsgesch. 26 (1982).

5. Nach Kant tritt ‹O.› in einem anderen als dem bibliographisch-archivalischen Sinn nur mehr selten auf. F. W. J. SCHELLING nennt «die Kunst das einzige wahre ewige O.» [1].

Vom frühen Schelling beeinflußt sind J. J. WAGNER [2] und C. G. CARUS [3]. Beiden Autoren geht es darum, «die organische Form der Erkenntnis zu finden» [4]. ‹O.› ist hier nicht mehr nur der bibliographisch-archivalische Titelbegriff irgendeiner Propädeutik, sondern die etymologisch motivierte Benennung einer ganz bestimmten Erkenntnismethode. Eine derartige Verknüpfung zwischen dem biologistischen und bibliographisch-archivalischen Begriff bildet begriffsgeschichtlich gesehen jedoch die Ausnahme.

In F. SCHLEGELS Nachlaß findet sich die Bemerkung, daß es der Philosophie, die Kunst werden solle, an einem O. fehlt [5]. A. SCHOPENHAUER verwendet O. im Sinn von Grundprinzip, wenn er sagt, der Satz vom Grund sei in irgendeiner Gestalt das O. einer jeden Wissenschaft [6]. J. F. FRIES, der, von Kant beeinflußt, das Begriffspaar ‹Kanon/O.› verwendet, spricht davon, daß methodologische Regeln dann ein O. bilden, «wenn nach ihnen eine Wissenschaft zu Stande gebracht werden kann» [7]. B. BOLZANO schließlich nennt wieder die Logik ein O. [8].

W. WHEWELL verändert in seinem ‹Novum organum renovatum› die induktive Methode grundlegend, indem er davon ausgeht, daß allgemeine Sätze hypothetisch erschlossen werden müssen. Die aus solchen allgemeinen Sätzen abgeleiteten Folgerungen müssen ihrerseits deduktiv-experimentell bestätigt werden [9]. – G. J. DELARUE [10] und P. D. OUSPENSKY [11] verwenden ‹O.› ebenfalls als Titelbetriff für propädeutische Werke. Bemerkenswert ist, daß bei Ouspensky ‹O.› und ‹Kanon› synonym verwendet [12].

Die Sprache wird übereinstimmend als eines der wichtigsten Werkzeuge der menschlichen Erkenntnis verstanden, so etwa bei PLATON [13] und LAMBERT [14]. Bei THOMAS ist die Sprache das «proprium organum intellectus» [15]; G. G. FÜLLEBORN spricht davon, daß erst seit Wolffs Leistungen die Terminologie ein O. der Philosophie sein könne [16]. Im 3. Teil seines ‹Organon der menschlichen Erkenntnis› entwickelt WAGNER ein an der Mathematik orientiertes System der Sprache [17], und schließlich handelt Buch IV von WHEWELLS ‹Novum organon renovatum› «of the language of Science» [18].

Anmerkungen. [1] F. W. J. SCHELLING, System des transzendent. Idealismus (1800). Sämtl. Werke, hg. K. F. A. SCHELLING (1856ff.) 3, 627; vgl. 349. – [2] J. J. WAGNER: O. der menschl. Erkenntnis (1830, ND Brüssel 1968). – [3] C. G. CARUS: O. der Erkenntnis der Natur und des Geistes (1856). – [4] WAGNER, a.O. [2] XL; vgl. CARUS, a.O. 122. – [5] F. SCHLEGEL, Fragmente zur Poesie und Lit. Krit. Ausg., hg. E. BEHLER II/16 (1981) 264. 282. – [6] A. SCHOPENHAUER: Welt als Wille und Vorstellung 1 (³1859). Sämtl. Werke, hg. P. DEUSSEN 1 (1911) 34. – [7] J. F. FRIES: System der Logik (³1837). Sämtl. Schr., hg. G. KÖNIG/L. GELDSETZER (1967ff.) I/7, 390. – [8] B. Bolzano: Wissenschaftslehre 1 (²1929, ND 1970) § 5. – [9] W. WHEWELL: Novum organon renovatum (London 1858) 10ff. – [10] J. STRADA (= G. J. DELARUE): Essai d'un ultimum Organum ou constitution scient. de la méthode (Paris 1865). – [11] P. D. OUSPENSKY: Tertium Organum. The third canon of thought. A key to the enigmas of the world (New York ³1970). – [12] Vgl. den Titel; ferner S. 231 der dtsch. Übers. (1973): «Ich habe dieses System der höheren Logik Tertium Organum benannt, weil es für uns der dritte Kanon – das dritte Instrument – des Denkens ist, nach jenen von Aristoteles und von Bacon. Das erste war das Organon, das zweite das Novum Organum. Doch das dritte existierte früher als das erste.» – [13] Vgl. PLATON, Krat. 388 a-c. – [14] Vgl. J. H. LAMBERT, Neues O. II, a.O. [6 zu 3] 5-214: Semiotik oder Lehre von der Bezeichnung der Gedanken und Dinge. – [15] THOMAS VON AQUIN, ScG IV, 41. – [16] G. G. FÜLLEBORN: Beyträge zur Gesch. der Philos. (1794/95) IV, 126. – [17] WAGNER, a.O. [2] § 281-365; vgl. auch P. L. ADAM: Erläuterungen zum O. der menschl. Erkenntnis von J. J. Wagner (1854) Teil III. – [18] WHEWELL, a.O. [9] 257-370.

Literaturhinweis. P. KAPITZA: Die frühromant. Theorie der Mischung (1968).
R. FINSTER

Organonmodell (der Sprache). Nach PLATON ist die Sprache ein ὄργανον (Werkzeug) [1]. Bei W. V. HUMBOLDT ist sie «das bildende Organ des Gedankens» [2]. BÜHLER, von dem die Bezeichnung ‹O.› stammt, expliziert das sprachliche Organon als «das sinnlich wahrnehmbare, gewöhnlich akustische Phänomen» [3], das Sprachzeichen, mit dem ein Sprecher einem Hörer etwas über die Dinge mitteilt. Das Sprachzeichen «ist *Symbol* kraft seiner Zuordnung zu Gegenständen und Sachverhalten, *Symptom* (Anzeichen, Indicium) kraft seiner Abhängigkeit vom Sender, dessen Innerlichkeit es ausdrückt, und *Signal* kraft seines Appells an den Hörer, dessen äußeres oder inneres Verhalten es steuert wie andere Verkehrszeichen» [4]. Diese Relationen kennzeichnen die drei Funktionen der Sprache: *Kundgabe* (später bei Bühler: *Ausdruck*): Organon/Sprecher, *Auslösung* (später: *Appell*): Organon/Hörer, *Darstellung:* Organon/Gegenstand. PLATON handelt nur über die Relation Organon/Gegenstand.

Gegenüber Bühlers O. mit drei Funktionen entwirft KAINZ ein O. mit vier, indem er – wie PORZIG es bereits für *Protagoras* nachweist [5] – die *Frage* (ἐρώτησις) als vierte Funktion bestimmt, die bei Bühler zur Auslösung gerechnet wird. Das O. von Kainz enthält vier «I-Funktionen»: «1. die auf Erlebnisse des Sprechers bezogenen Leistungen des Ausdrucks und der Kundgabe (interjektive Funktion); 2. die auf das in situationsangemessener Weise zu beeinflussende, d. h. zu steuernde Verhalten des angesprochenen Partners bezogene Leistung der Auslösung oder des Appells (imperative Sprachfunktion); 3. die auf den dargestellten Sachverhalt ausgerichtete Leistung der sachlichen Mitteilung oder des Berichts (informativ-indikative Funktion); 4. die auf den Sprecher, Hörer und Sachverhalt gleicherweise bezogene Frage (interrogative Sprachfunktion), durch die ein Sprecher vom Partner die Beseitigung einer Horizontenge verlangt, was auf dem Weg der Entscheidung eines Zweifels oder durch Information über einen Sachverhalt geschehen kann» [6].

Anmerkungen. [1] PLATON, Kratylos 388 a 8ff. – [2] W. V. HUMBOLDT: Über die Verschiedenheit des menschl. Sprachbaues und ihren Einfluß auf die geistige Entwickelung des Menschengeschlechts (1836) LXVI. – [3] K. BÜHLER: Sprachtheorie. Die Darstellungsfunktion der Sprache (1934, ²1965) 25; vgl. auch Die Axiomatik der Sprachwiss.en. Kantstud. 38 (1933) 19-90. – [4] Sprachtheorie a.O. 28; die ältere Terminol. findet sich in: Krit. Musterung der neueren Theorien des Satzes. Idg. Jb. 6 (1918) 1-20. – [5] W. PORZIG: Das Wunder der Sprache (⁴1967) 378. – [6] F. KAINZ: Psychol. der Sprache V/1 (1965) 3. W. THÜMMEL

Organprimitivismen. ‹O.› ist ein Leitbegriff in der philosophischen Anthropologie A. GEHLENS [1]. Der Begriff hat seinen systematischen Ort in der Untersuchung der «morphologischen Sonderstellung des Menschen» und dient der Unterscheidung des Menschen von jedem Tier und allem Tierischen. «Die nächste uns obliegende Frage ist nun, die Sonderstellung des Menschen in morphologischer Hinsicht, also in der Betrachtung 'von außen' nachzuweisen. Diese Besonderheit besteht ... in einem durchgehenden *Mangel* an hochspezialisierten, d. h. umweltspezifisch angepaßten Organen ... Die 'Organmängel' und Organbesonderheiten des Menschen sind also unter der Leitidee des 'Unspezialisierten' zu betrachten und sind dann, positiv ausgedrückt, Primitivismen ... Wir müssen dabei die Ausdrücke gut bestimmen. Der Begriff 'primitiv' ist gleichbedeutend mit dem Begriff 'unspezialisiert', und er bedeutet in diesen Erörterungen niemals 'niedrigstehend' oder 'minderwertig' ... Unter Spezialisierung ist zu verstehen der *Verlust* der Fülle der Möglichkeiten, die in einem unspezialisierten Organ liegen, zugunsten der Hochentwicklung einiger dieser Möglichkeiten auf Kosten anderer» [2]. Als konkrete O. nennt Gehlen «Schädelwölbung, untergestelltes Gebiß, freigelegte Hand und Standfuß», die «in einem inneren Zusammenhang stehen: sie machen eben das aus, was man Aufrichtung nennt. Die Sonderstellung des Menschen ist also notwendig dann gewahrt, wenn man seinem unvergleichlich primitiven, archaischen Körperbau Rechnung trägt» [3]. Zur Ausführung und Begründung seiner Theorie von den O. beruft sich Gehlen auf einschlägige Vorarbeiten, insbesondere von L. BOLK und O. H. SCHINDEWOLF [4]. Von Bolk übernimmt GEHLEN das Konzept der «Fetalisation» und bezeichnet die vorgenannten O. als «permanent gewordene fötale Zustände oder Verhältnisse» [5]. Von Schindewolf übernimmt er das Konzept der «Proterogenese», welche besagt, «daß bei den Affen das biogenetische Grundgesetz keine Gültigkeit resp. umgekehrte Bedeutung besitzt, indem die Altersstadien, nicht die Jugendstadien die einstigen stammesgeschichtlichen Zustände wiederholen. Die ersteren bieten uns die Merkmale der Vorfahren dar, während neue Merkmalskomplexe plötzlich und ohne Vorliegen entsprechender phylogenetischer Vorstadien von den frühesten ontogenetischen Stufen der Affen erworben wurden, also die Jugendformen mit neuen Charakteren auftraten. Beim Menschen verläuft dann die Entwicklung *progressiv,* d. h. im Sinne des 'Vorwanderns' der Jugendmerkmale auf die Altersstadien, oder im Sinne ihrer 'Durchhaltung'. Beim Affen dagegen werden diese Jugendmerkmale regressiv abgebaut, sie greifen nicht auf immer spätere Wachstumsstadien über, sondern werden auf frühere Stadien zurückgeschraubt, indem sich die altererbte phylogenetische Struktur durchsetzt» [6]. Die Kritik Schindewolfs an Bolk übergeht Gehlen mit dem begründeten Hinweis auf die sachliche Übereinstimmung zwischen beiden im Endergebnis [7].

Aus rein anatomischer Sicht hat K. GOERTTLER in einer Untersuchung über die «morphologische Sonderstellung des Menschen im Reich der Lebensformen auf der Erde» Gehlens Konzept der O. partiell übernommen. Zum Beispiel von Hand und Fuß erklärt er: «Die Hand repräsentiert ganz allgemein die Machtstellung des Menschen auf der Erde und führt dabei zugleich ein geistiges Leben ... Wenn wir uns aber fragen, was an ihr nun eigentlich spezifisch menschlich ist, dann gibt uns weder ... der Bauplan, noch ihre funktionelle Gliederung eine befriedigende Antwort auf diese Frage. Wir müssen im Gegenteil feststellen, daß die Hand sogar einen ausgesprochen ursprünglichen und 'primitiven' Bauplan innerhalb der Tierwelt repräsentiert ... Die meisten, z. B. alle Huftiere und Raubtiere, haben aus dieser Anlage Formen entwickelt, die sehr viel spezialisierter sind» [8], und «der fünfzehige, mit der ganzen Sohle bis zur Ferse auftretende Fuß zeigt ebenso wie die Hand, daß der Mensch als 'Sohlengänger' ... einen sehr ursprünglichen Bauplan repräsentiert» [9].

Insgesamt verweisen nach GEHLEN die O. auf die Notwendigkeit der Technik als Organersatz, Organentlastung und Organüberbietung: «Zu den ältesten Zeugen menschlicher Werkarbeit gehören in der Tat die Waffen, die als Organe fehlen ... Das wäre das Prinzip des Organersatzes, neben das nun von vornherein die Organentlastung und Organüberbietung treten. Der Schlagstein in der Hand entlastet und überbietet zugleich im Erfolg die schlagende Faust; der Wagen, das Reittier entlasten uns von der Gehbewegung und überbieten weit deren Fähigkeit ... Das Flugzeug wieder ersetzt uns die nicht gewachsenen Flügel und überbietet weit alle organische Flugleistung» [10].

Anmerkungen. [1] A. GEHLEN: Der Mensch. Seine Natur und seine Stellung in der Welt 1 (1940, zit. ⁷1962) 86ff. – [2] a.O. 86f. – [3] 101. – [4] 88ff. – [5] 102. – [6] 116. – [7] 118. – [8] K. GOERTTLER: Morphol. Sonderstellung des Menschen im Reich der Lebensformen auf der Erde, in: Neue Anthropol., hg. H.-G. GADAMER/ P. VOGLER 2 (1972) 215-257, zit. 227. – [9] a.O. 229. – [10] A. GEHLEN: Anthropol. Forsch. Zur Selbstbegegnung und Selbstentdeckung des Menschen (1977) 93f.

Literaturhinweise. L. BOLK: Das Problem der Menschwerdung (1926). – O. H. SCHINDEWOLF: Das Problem der Menschwerdung, ein paläontol. Lösungsversuch, in: Jb. preuß. geolog. Landesanstalt 49/II (1928) 716-766; Phylogenie und Anthropol. aus paläontol. Sicht, in: Neue Anthropol., hg. H.-G. GADAMER/ P. VOGLER 1 (1972) 230-292. – J. VERSLUYS: Hirngröße und hormonales Geschehen bei der Menschwerdung. Mit Ausführungen von Otto Poetzl und Konrad Lorenz (1939). – D. STARCK: Der heutige Stand des Fetalisationsproblems (1962). P. PROBST

Orientierungsreflex. Der Organismus antwortet auf jede Änderung der Umweltsituation mit einem charakteristischen, komplexen Reaktionsmuster, das motorische, vegetative, sensorische und zentralnervöse Komponenten enthält und in seiner Gesamtheit die Ausrichtung (Orientierung) auf die Umweltveränderung und ihre optimale Verarbeitung realisiert. Diesen Sachverhalt bezeichnet man in der Physiologie der Höheren Nerventätigkeit als ‹O.›. Von Anpassungs- und Abwehrreflexen unterscheidet sich der O. durch seine Unabhängigkeit von Art und Richtung der Reizänderung und durch sein Erlöschen bei wiederholter Darbietung desselben Reizes [1]. Zwischen O. und bedingtem Reflex besteht eine antagonistische Wechselwirkung: Die Ausarbeitung eines bedingten Reflexes ist an das anfängliche Auftreten eines O. gebunden, ein stabiler bedingter Reflex wird jedoch nur nach Erlöschen des O. erhalten.

Der Begriff ‹O.› wird 1911 von I. P. PAWLOW eingeführt. Er bezeichnet zunächst die Einstellung der Sinnesorgane auf die Richtung eines 'neuen' Reizes und wird daher synonym mit ‹Einstellungsreflex› verwendet [2]. Weitere Synonyma, in denen die aktive, kognitive Funktion des O. stärker hervorgehoben wird, sind ‹Untersuchungsreflex› [3] und ‹Was-ist-das-Reflex› [4].

Die Eigenschaften des O. wurden von Pawlow auf dem Verhaltensniveau erforscht und mit Hilfe neurodynamischer Gesetze erklärt. Durch die Einführung elektrophysiologischer Registriermethoden erhält die vor allem durch E. N. SOKOLOV vorangetriebene physiologische Erforschung des O. nach 1950 neue Impulse, die sich – bei prinzipieller Bestätigung der neurodynamischen Konzeptionen Pawlows – darin niederschlagen, daß hinsichtlich des Reaktionsanteils des O. (Orientierungsreaktion) zwischen tonischen und phasischen Formen einerseits und generalisierten und lokalisierten Komponenten andererseits unterschieden wird. Die Tatsache, daß eine einmal erloschene Orientierungsreaktion durch jegliche Veränderung der Reizsituation wiederhergestellt wird, veranlaßt Sokolov zu der Annahme, daß infolge wiederholter Reizdarbietung ein *neurales Modell* herausgebildet wird, in dem «alle Eigenschaften des Reizes, oder eine beträchtliche Gruppe von Reizeigenschaften» repräsentiert sind [5]. Das neurale Modell wirkt als selektiver Filter, indem es Impulse von der Afferenz zu den effektorischen Mechanismen der Orientierungsreaktion blockiert. Die einlaufende Afferenz wird ständig mit dem neuralen Modell verglichen; weichen sie voneinander ab, dann entsteht ein Diskrepanz-Signal, welches die Orientierungsreaktion auslöst.

In der Physiologie der Höheren Nerventätigkeit wird heute im allgemeinen, schärfer als dies durch Pawlow geschah, zwischen O. im engeren Sinne und *orientierend-untersuchender Tätigkeit* unterschieden [6]. Die letztere besteht in der aktiven (z. B. taktilen) Exploration von Objekten, ihre Parameter hängen, anders als diejenigen des O., von spezifischen Eigenschaften des Objektes ab, sie involviert «eine ganze Serie bedingter O.» [7].

In der *sowjetischen Psychologie* nimmt das Konzept der *Orientierungstätigkeit,* als deren grundlegende Komponente bzw. genetisch früheste Form der O. betrachtet wird, eine wichtige Stelle ein. Am weitesten geht in dieser Hinsicht P. J. GALPERIN; er bestimmt die Psychologie geradezu als «die Wissenschaft, die die Entwicklung, die Struktur und die Dynamik der Orientierungstätigkeit erforscht» [8]. Die Orientierungstätigkeit tritt in der psychischen Widerspiegelung zutage; sie besteht darin, «sich vor allem in einer Situation mit den Signalmerkmalen der 'Neuartigkeit' zurechtzufinden» [9]; sie «beginnt in Situationen zu wirken, in denen kein fertiger Mechanismus zur erfolgreichen Lösung ihrer Aufgaben vorhanden ist» [10]. Die objektive Notwendigkeit der Orientierungstätigkeit – und damit des Psychischen – leitet Galperin daraus ab, daß mit der Entwicklung der Mobilität bei den Tieren «die notwendige Konstanz der Bedingungen [sc. der Handlung] nicht im voraus gewährleistet ist» [11]. Galperin betont, daß die Orientierungstätigkeit ihrem Wesen nach mit der «orientierend-untersuchenden Tätigkeit» der Pawlow-Schule identisch sei, lehnt jedoch den Zusatz 'Untersuchung' ab, da «sich Orientierung nicht auf Untersuchung, auf gnostische Tätigkeit beschränkt» [12]. Wichtiger als diese und einige andere Detailkorrekturen an den Auffassungen der Pawlow-Schule ist Galperins prinzipielle Absage an eine Reduktion der Psychologie auf die Physiologie der Höheren Nerventätigkeit: «Die Gesetze der ... höheren Nerventätigkeit besagen, was die richtige Ausführung der Orientierungstätigkeit ermöglicht», aber «sie enthüllen nicht die Bedingungen und Gesetze der Orientierungstätigkeit in der Umwelt» [13].

Außerhalb der Sowjetunion wird das Konzept des O. erst um 1960 in der Psychologie ernsthaft zur Kenntnis genommen [14], und zwar im Zuge der 'Liberalisierung' des Behaviorismus und seiner Zuwendung zur Analyse kognitiver Prozesse. Eine wichtige Rolle nimmt hier D. E. BERLYNE ein. Er beschränkt den Begriff ‹O.› auf die Einstellung und Sensibilisierung der Sinnesorgane, während er den Gesamtkomplex der in der Sowjetunion unter ‹O.› zusammengefaßten Erscheinungen als ‹Orientierungsreaktion› bezeichnet [15]. Diese Terminologie hat sich im Westen allgemein durchgesetzt. Die Orientierungsreaktion ist nach Berlyne eine Komponente des Explorationsverhaltens, das im Dienste der Reduktion eines als «perzeptive Neugier» bezeichneten erhöhten Aktivierungsniveaus steht [16].

Anmerkungen. [1] E. N. SOKOLOV: Perception and the conditioned reflex (russ. 1958, engl. Oxford 1963) 283. – [2] I. P. PAWLOW: Aufgaben und Einrichtungen eines mod. Laboratoriums zum Studium der höchsten Teils der Zentralnervensystems (russ. 1911). Sämtl. Werke, hg. L. PICKENHAIN III/1 (1953) 91. – [3] Der Zielreflex (russ. 1916), a.O. 224. – [4] Vorles. über die Arbeit der Großhirnhemisphären (russ. 1924), a.O. IV, 11. – [5] SOKOLOV, a.O. [1] 287. – [6] E. N. SOKOLOV und L. G. VORONIN: Orientirovočnij refleks i orientirovočno-issledovatel'skaja dejatel'nost' (Moskau 1958). – [7] SOKOLOV, a.O. [1] 11, Fußnote. – [8] P. J. GALPERIN: Zu Grundfragen der Psychol. (russ. 1976, dtsch. 1980)

121. – [9] a.O. 84. – [10] 108. – [11] 94. – [12] 111ff. – [13] 122f. – [14] G. RAZRAN: The observable unconscious and the inferable conscious in current Soviet psycho-physiology: Interoceptive conditioning, semantic conditioning, and the orienting reflex. Psychol. Rev. 69 (1961) 81-147. – [15] D. E. BERLYNE: Konflikt, Erregung, Neugier (engl. 1960; dtsch. 1974) 127. – [16] a.O. 245.

Literaturhinweise. E. N. SOKOLOV s. Anm. [1]. – D. E. BERLYNE s. Anm. [15]. – G. RAZRAN s. Anm. [14]. – E. N. SOKOLOV und O. S. VINOGRADOVA (Hg.): Neuronal mechanisms of the orienting reflex (Hillsdale, N.J. 1975).   E. SCHEERER

Original, Originalität (von lat. origo, Ursprung, Quelle, Stamm). – 1. *Zur Entstehung der Begriffe ‹Original› (O.) und ‹Originalität›.* – Vermittelt durch theologisches Schrifttum, gelangt das dem Lateinischen entlehnte Adjektiv ‹original› spätestens im 14. Jh. ins Englische und ins Deutsche, zunächst in der Übersetzung von peccatum originale (Erbsünde): original sin bzw. originale sünde [1]. Seit dem 15. Jh. ist in der deutschen Kanzleisprache ‹original› (mlat. originale exemplar) als Gegenbegriff zu ‹Kopie› belegt [2]. Das Substantiv ‹O.› in der Bedeutung des ‹Ursprünglichen›, ‹Angeborenen› findet sich erstmalig bei H. SACHS [3]. Die Übertragung der Kategorie auf das wissenschaftlich-philosophische und kunsttheoretische Umfeld erfolgt im Englischen und Französischen seit dem 17. Jh. Die Ableitung des Begriffs ‹Originalität› als Charakteristikum eines originalen Menschen bzw. Werkes vollzieht sich ebenfalls in diesem Zeit- und Sprachraum [4]. Seit dem 18. Jh. werden die Termini ‹O.› und ‹Originalität› in dieser Bedeutung auch in Deutschland verwendet, wobei sie – wie in England und Frankreich – in zunehmendem Maße auf den Bereich von Kunst und Kunsttheorie bezogen werden, vor allem als Grundbegriffe der Genie-Ästhetik [5].

Anmerkungen. [1] Vgl. The religious poems of W. Shoreham, hg. TH. WRIGHT (1842, ND New York 1965) 28. 105; Bruder Philipps des Carthäusers Marienleben, hg. H. RÜCKERT (1853, ND 1966) 10, 358. – [2] Vgl. F. KLUGE: Etymol. Wb. der dtsch. Sprache (¹⁹1963) 524; GRIMM 7 (1889) 1347. – [3] GRIMM, a.O. – [4] L. P. SMITH: Four words: romantic, originally, creative, genius (Oxford 1924) 87ff. – [5] B. FABIAN: Der Naturwissenschaftler als O.-Genie, in: Europ. Aufkl., hg. H. FRIEDRICH/F. SCHALK (1967) 47-68.

2. *Renaissance.* – Die Grundlage der Diskussion über Originalität bildet das sich in einem veränderten Kunst- und Wissenschaftsverständnis manifestierende Individualitätsdenken des 16. Jh. Im kunsttheoretischen Bereich distanzierten sich als erste SCALIGER und ARETINO von der traditionellen Forderung, in der Imitation antiker Vorbilder die höchste ästhetische Vollendung zu sehen. Mit den Begriffen ‹novitas› und ‹ingenium› bereiteten sie ein entsprechend orientiertes Kunstideal vor, dem nach Scaliger der Dichter als 'alter deus' in besonderem Maße entspricht [1]. Parallel zur geforderten novitas der ästhetischen Produktion entwickelte sich die Vorstellung originalen Schaffens als condition humaine unter den Kategorien ‹inventio› und ‹discovery› in der Wissenschaftstheorie des 17. Jh. Am Ideal des Entdeckers und Naturwissenschaftlers, dem infolge besonderer Begabung und selbständiger Reflexion als Bahnbrecher des Fortschritts charismatische Fähigkeiten zugesprochen werden (vgl. BACON [2] und SPRAT [3]), richtet sich auch die zuerst in England konzipierte Idee des künstlerischen und philosophischen Originals aus [4].

Anmerkungen. [1] Vgl. E. ZILSEL: Die Entstehung des Geniebegriffs (1926) 234-240. – [2] F. BACON: Novum Organon Scientiarum (1620). – [3] T. SPRAT: Hist. of the Royal Soc. (London 1667). – [4] FABIAN, a.O. [5 zu 1].

Literaturhinweis. H. BLUMENBERG: Nachahmung der Natur. Studium Gen. 10 (1957) 5, 266-283.

3. *17./18. Jh. (England und Frankreich).* – Seit dem 17. Jh. wird in England und Frankreich der Begriff ‹O.› in Verbindung mit ‹Genius› zunächst sowohl auf die Kunst als auch auf Wissenschaft und Philosophie bezogen [1]. So sieht z. B. DUFF in der Radikalität und schöpferischen Subjektivität des genialen Einzelnen den Ausgangspunkt jeglicher Originalität: «by the word Original, when applied to Genius, we mean that Native and Radical power which the mind possesses, of discovering something New and Uncommon in every subject» [2]. ‹Imagination› wird zur zentralen Kategorie originalen Tuns, ‹novelty›, die ungewöhnliche und überraschende Wirkung, zum Charakteristikum originalen Schaffens [3]. Doch erweist sich die hypostasierte Übertragbarkeit des Begriffs insofern als problematisch, als sie innerhalb der einzelnen Bereiche unterschiedliche Methoden und Fähigkeiten impliziert. Während die philosophische Originalität eine auf rationalen Grundlagen beruhende und grundsätzlich erlernbare, in «Regularity, Clearness, and Accuracy» [4] sich äußernde Qualität bezeichnet, ist die künstlerische Originalität eine angeborene, auf Gefühl basierende Kraft [5]. Im Zusammenhang mit der fortschreitenden Höherbewertung der schöpferischen Phantasie gegenüber der bloßen discovery von Vorhandenem nimmt bereits bei Duff der Künstler, vor allem das dichterische O., eine Vorrangstellung ein; bei YOUNG tritt schließlich das wissenschaftliche O. eindeutig gegenüber dem künstlerischen Genie zurück [6]. Verbunden mit dieser qualitativen und quantitativen Einschränkung der Originalität ist eine Erweiterung des formalen und inhaltlichen Spielraums der Dichtung: O.-Werke müssen zwar nach Young und DIDEROT noch dem Ideal der imitatio naturae genügen, doch schließt diese Forderung das Abweichen von der empirischen Wirklichkeit nicht aus. Originales Schaffen muß nur noch den Prämissen der inneren Wahrscheinlichkeit und Kohärenz entsprechen [7]. Mit dieser Betonung des fiktionalen Charakters der Kunst werden auch die Methoden der modernen O.-Dichter (als deren Prototyp in England und Deutschland Shakespeare gilt) gegenüber den antiken Vorbildern (bes. Homer und Horaz) als gleichberechtigt, wenn nicht höherrangig eingestuft (vgl. DUFF, YOUNG, DIDEROT, PERRAULT).

In der Abweichung von den traditionell vorgegebenen Regeln und der Orientierung an den naturwüchsigen genialen Fähigkeiten als Kriterien wahrer Originalität manifestiert sich die für die Sturm-und-Drangzeit programmatische Forderung: «Entfernet euch stolz von euern Vorgängern, solange als die Rücksicht auf die Natur euch diese Entfernung von ihnen erlaubet ... dadurch erhebt Ihr euch zum Originale» [8].

Anmerkungen. [1] Vgl. W. TEMPLE: On poetry (London 1690) und E. SHAFTESBURY: Characteristics (London 1708, ³1723) 80. – [2] W. DUFF: An essay on original genius, hg. J. L. MAHONEY (Gainesville 1964) 86. – [3] a.O. 90. – [4] 96. – [5] Vgl. H. MAINUSCH: Romant. Ästhetik (1969) 273f. – [6] E. YOUNG: Conjectures on original composition (1759, ND Leeds 1966); dtsch. Gedanken über die O.-Werke (1760, ND 1977). – [7] D. DIDEROT, Encycl. Oeuvres 16, hg. J. ASSÉZAT (Paris 1876) 178f. – [8] YOUNG, a.O. [6]; dtsch. Ausg. 24.

Literaturhinweise. L. P. SMITH s. Anm. [4 zu 1]. – B. FABIAN s. Anm. [5 zu 1]. – U. HOHNER: Die Problematik der Naturnachahmung in der Ästhetik des 18. Jh. (1976).

Original, Originalität

4. *Aufklärung und Idealismus in Deutschland.* – In Deutschland orientierte sich die mit der Entwicklung des Geniekults vermehrt auftretende Verwendung der Termini ‹O.› und ‹Originalität› zunächst an englischen und französischen Vorbildern (vor allem an Young und Diderot), bevor diese Kategorien von KANT, FICHTE, SCHELLING und HEGEL durch die Einbettung in die jeweiligen philosophischen Systeme eine qualitative Veränderung erfuhren. Die rasche Verbreitung konnte aber nur deshalb erfolgen, weil die Kunsttheorie des deutschsprachigen Raumes Probleme der Mimesis und der künstlerischen Subjektivität bereits reflektiert hatte (so z. B. BAUMGARTEN, BODMER und BREITINGER) [1]. Nach SULZER umfaßt der O.-Geist des Künstlers und Gelehrten noch unterschiedliche «Talente» wie «Phantasie», «Laune» und «Verstand». Der innovative Charakter eines «O.-Werkes» kann sich sowohl in inhaltlichen als auch in formalen Aspekten zeigen [2] (im Unterschied zu LESSING, der Originalität mit der Erfindung neuer Formen gleichsetzte [3]). Die Qualität der Originalität wird bei SULZER an einem außerästhetischen Maßstab gemessen: am Grad der positiven moralischen und geschmacklichen Beeinflussung des breiten Publikums. Wie Young, Diderot und LICHTENBERG grenzt auch Sulzer positive originale Leistungen von negativen ab [4].

Ebenso unterscheidet KANT zwischen einem «originalen Unsinn» und exemplarischen Kunstwerken. Die Kantische Gleichsetzung des Originalitäts-Begriffs mit dem nicht erlernbaren und nur wenigen Menschen gegebenen Vermögen der Einbildungskraft, auf unbewußte, verstandesmäßig nicht einholbare Weise Ideen zu veranschaulichen, schränkt Originalität auf den Bereich der Schönen Künste ein. Allerdings bezieht sich die Einzigartigkeit des geschaffenen Kunstwerks nicht auf die formale Durchführung: diese obliegt dem Verstand und ist insofern erlernbar [5]. In der Lösung des Originalitäts-Begriffs vom Prinzip der Nachahmung der empirischen Natur und in dessen Entwicklung zur Vermittlungsinstanz zwischen Noumenalem und Phänomenalem kündigt sich bereits der Bedeutungswandel an, den der Terminus im spekulativen Idealismus erfährt. FICHTE bestimmt Originalität als die «ideale Individualität», als die jeweils einmalige, von allem Empirischen unabhängige Gestaltwerdung der Idee, die «in jedem besonderen Individuum» «zum Leben durchdringt» und infolge ihrer Eigengesetzlichkeit die scheinbare Selbständigkeit der Außenwelt aufhebt [6]. Während bei Fichte Originalität jedem Menschen als tätigem Ich zukommt, reduziert sie SCHELLING infolge seiner Auffassung von der Kunst als Mittlerin zwischen Endlichem und Unendlichem auf die schöpferische Einbildungskraft des modernen Künstlers und begrenzt hiermit den klassisch-idealistischen Gebrauch des Begriffs endgültig auf den ästhetischen Bereich. Gemäß der Forderung an die Kunst, der sich in der jeweiligen Epoche widerspiegelnden «ganzen Seite des Weltgeistes» Ausdruck zu verleihen, gilt für die Moderne das Postulat, im Gegensatz zur Antike (als der Welt der Gattung) die Welt «der Individuen», in der «Wechsel und Wandel das herrschende Gesetz» sind, künstlerisch zu gestalten [7]. Dementsprechend bestimmt Schelling Originalität «als das Grundgesetz der modernen Poesie»: indem das «schöpferische Individuum» (dessen Prototyp Dante verkörpert) aus einem beliebigen Stoff ohne die Vorgabe philosophischer Ideen auf originelle Weise «seine Mythologie» gestaltet, reflektiert es die Essenz des Zeitalters [8]: «je origineller, desto universeller» [9]. Somit negiert Schelling, ausgehend von Fichtes Identitätsphilosophie, die Möglichkeit, Originalität auf partikuläre Faktoren des künstlerischen Schaffensprozesses zu beschränken. Auch HEGEL sieht das Vorhandensein der«echten O.» erst in der Vermittlung von Form und Inhalt, in der «Identität der Subjektivität des Künstlers und der wahren Objektivität der Darstellung» gewährleistet, die «das Ganze im strengen Zusammenhange aus einem Guß» erscheinen läßt. Indem Originalität mit «der wahren Objektivität» gleichgesetzt wird, ist sie nicht mehr allein auf die angeborene Gemütsverfassung des Individuums reduzierbar: dieses kann allenfalls «originell» sein. Dadurch, daß Hegel ausschließlich Künstlern früherer Epochen das Prädikat «originell» zuspricht, weist er – im Gegensatz zu Schelling – zugleich mit der Kunst den Begriffen ‹O.› und ‹Originalität› eine untergeordnete Rolle zu [10].

Anmerkungen. [1] U. Hohner, a.O. [Lit. zu 3] bes. 85ff. – [2] J. G. SULZER: Allg. Theorie der Schönen Künste (1775) 2, 372-375. – [3] A. NIVELLE: Kunst- und Dichtungstheorien zwischen Aufkl. und Klassik (1960, ²1971) 90. – [4] G. CHR. LICHTENBERG: Parakletor oder Trostgründe für die Unglücklichen, die keine O.-Genies sind (1774). Verm. Schr., hg. L. CHR. LICHTENBERG und F. KRIES (1800, ND 1972) 1, 65ff. – [5] I. KANT, KU §§ 45. 47. Akad.-A. 5, 306f. 308f. – [6] J. G. FICHTE: Grundzüge des gegenwärt. Zeitalters (1806). Ausgew. Werke, hg. F. MEDICUS (1912, ND 1962) 4, 463. – [7] F. W. J. SCHELLING, Philos. der Kunst. Ges.-A., hg. K. F. A. SCHELLING (1859) 5, 444. – [8] a.O. 446. – [9] 447. – [10] G. W. F. HEGEL, Ästhetik I. Theorie-Werk-A. (1970) 13, 376. 380ff. 383. 385.

Literaturhinweise. F. J. SCHNEIDER: Die dtsch. Dichtung der Geniezeit (1952) 1-21. – A. NIVELLE s. Anm. [3].

5. *19./20. Jh.* – a) In der *Romantik* erfährt der Originalitäts-Begriff Einschränkungen und Abwertungen unterschiedlicher Art. Zwar mißt SCHLEGEL zunächst der schöpferischen Einbildungskraft als Ort der dialektischen Vermittlung von Welt und Ich [1], durch die, ganz im Sinne der Epoche, im Gefühl der Sehnsucht Poesie entsteht [2], eine hohe Bedeutung bei: der Dichter soll in «ahnungsvoller geistiger Anschauung» [3] aus der «unendlichen Fülle» des Stoffs [4] auf «eigene, originelle Weise» Kunst gestalten [5]. Doch indem Schlegel die Anlage zur genialen Originalität prinzipiell allen Menschen zuspricht [6], erfolgt eine qualitative Abwertung des Begriffs. Dementsprechend bezeichnet SCHLEIERMACHER Originalität neben Witz, Humor und Charakter als einen Faktor des kombinatorischen Vermögens, der nicht auf herausragende Individuen beschränkt ist [7].

Die Ästhetik JEAN PAULS hält dagegen noch am Konzept des Genies als höchster Entfaltung aller Kräfte fest [8]. Aber dadurch, daß Jean Paul «geniale Originalität» gleichsetzt mit dem «innern Stoff», um den die zeitgebundene «Form nicht die Folie, sondern nur die Fassung legt» [9] und der «sogar den Reitz der Form durch seinen höhern» entbehrlich machen kann [10], hebt er den identitätsphilosophischen Vermittlungsgedanken zugunsten einer innerlich-subjektiven Bestimmung des Terminus auf.

Anmerkungen. [1] F. SCHLEGEL, Philos. Vorlesungen 1800-1807. Krit. A., hg. E. BEHLER 12 (1964) 374. – [2] a.O. 368. – [3] 377. – [4] 376. – [5] 377. – [6] 368. – [7] F. SCHLEIERMACHER, Brouillon zur Ethik. Werke, hg. O. BRAUN/J. BAUER 2 (1913) 222f. – [8] JEAN PAUL, Vorschule der Aesthetik (1804). Hist.-krit. A., hg. E. BEREND I/11 (1935) 45ff. – [9] a.O. 52. – [10] 54.

b) In der *zweiten Hälfte des 19. Jh.* ist eine einheitliche Entwicklungstendenz des Originalitäts-Gedankens nicht mehr sichtbar. Doch lassen sich die verschiedenen Versionen (VISCHER, KIERKEGAARD, SCHOPENHAUER, NIETZSCHE) alle als Reaktionen auf den verlorengegangenen Glauben an eine unmittelbar mögliche Versöhnung von Vernunft und Wirklichkeit begreifen [1] – eine adäquate Veränderung der entsprechenden philosophischen Terminologie erfolgt jedoch nur in Ansätzen.

VISCHERS Bestimmung der Originalität des Genies als je einmaliger Vermittlung von Subjekt und Objekt [2] ist als infolge immanenter Widersprüche gescheiterter, letzter Versuch anzusehen, Originalität im Rahmen einer klassisch-idealistischen Kunsttheorie anzusiedeln [3]. Auch KIERKEGAARD bewegt sich einerseits noch im Begriffsfeld der Genieästhetik, wenn er Originalität mit «Ursprünglichkeit», der angeborenen Fähigkeit des künstlerischen Genies gleichsetzt [4]. Doch indem er die dichterische Lebensform gegenüber der christlichen als bloß subjektiv-reflexiv und rein immanent abwertet, negiert er die traditionelle metaphysische Auffassung von Originalität [5]. Ebenso bezeichnet SCHOPENHAUER in herkömmlicher Manier Originalität als Eigenschaft des Genies, aus der Dialektik innerer urtümlicher Kraft und äußerer Anschauung Ideen, die im Gegensatz zur Abstraktion und Rationalität des Begriffs stehen [6], schöpferisch gestaltend tätig zu werden. Indessen ist Originalität nicht mehr aus einem transzendentalen Hintergrund zu erklären, sondern wie das Genie nicht weiter abzuleiten [7]. Ihre Funktion ist es, wie die der Kunst schlechthin, für Augenblicke die punktuelle Unabhängigkeit vom Prinzip des Wollens als treibender Kraft des Weltgeschehens zu demonstrieren und durch Distanz von «der Welt und den Dingen» «ihr wahres Wesen» sichtbar zu machen [8].

NIETZSCHE, der nach seinem Bruch mit Wagner den Glauben an die rettende Kraft des künstlerischen Genies verwarf, weist der Originalität im ästhetischen Bereich einen untergeordneten, ja pejorativen Sinn zu. «Originalitätsstreben» – eine der modernen Kunst zukommende Tendenz – wird als Verfahrensweise angesehen, die über die Konvention hinausgeht, damit aber dem Publikum unverständlich bleibt [9]. Nietzsche löst hiermit – konsequenter als Schopenhauer – ästhetische Originalität aus dem herkömmlichen metaphysischen Bezugsrahmen und bestimmt sie als bloßes «Kunstmittel», das «im besten Fall» Wegbereiter für eine neue Konvention sein kann. Insofern wertet er die «moderne Originalitätswut» der abstrakten Kunst als Manier der Zeit ab: «der Convention hartnäckig ausweichen heisst: nicht verstanden werden wollen» [10]. Eine positive Bestimmung erfährt der Originalitäts-Begriff im Bereich des Erkennens und in der Dimension des Handelns. Während aber der «originale Kopf» des Wissenschaftlers sich nicht durch die Entdeckung eines wirklichen Novum auszeichnet, sondern dadurch, «dass man das Alte, Altbekannte, von Jedermann Gesehene und Uebersehene *wie neu* sieht» [11], hat das Denken prinzipiell auch die Möglichkeit, sich gänzlich vom faktisch Gegebenen zu lösen und ins Utopische zu wenden: Originalität heißt dann etwas «*sehen*, das noch keinen Namen trägt» [12]. In ähnlicher Weise bedeutet die Zunahme von Originalität im Bereich praktischen Tuns einen radikalen Bruch mit der Tradition (der herkömmlichen Moral), dem «Hemmschuh des Glücks». In der Hoffnung, in der gegenseitigen Tolerierung fremder Originalität «das Zeichen einer neuen Cultur» sehen zu können, fordert Nietzsche «eine Erziehung zur Originalität» [13].

Anmerkungen. [1] Vgl. W. OELMÜLLER: F. Th. Vischer und das Problem der nachhegelschen Ästhetik (1959) 161. – [2] F. TH. VISCHER: Ästhetik, hg. R. VISCHER (1846, ²1922) § 412, 469-471. – [3] W. OELMÜLLER, a.O. [1] 148f. – [4] S. KIERKEGAARD, Über den Unterschied zwischen einem Genie und einem Apostel. Ges. Werke, hg. E. HIRSCH 21-23 (1960) 119. – [5] ebda. – [6] A. SCHOPENHAUER, Die Welt als Wille und Vorst. 1. Werke, hg. A. HÜBSCHER 2, 278. – [7] W. SCHULZ: Philos. in der veränderten Welt (1972) 404. – [8] SCHOPENHAUER, Parerga und Paralipomena 2, a.O. [6] 6, 81. – [9] FR. NIETZSCHE, Menschliches, Allzumenschliches II, 2, 122. Krit. Ges.-A., hg. G. COLLI/A. MONTINARI IV/3, 242f. – [10] ebda. – [11] II, 1, 200, a.O. 101. – [12] Die fröhliche Wissenschaft III, 261, a.O. V/2, 195. – [13] Nachgel. Frg., Frühjahr 1880, a.O. V/1, 426.

c) Im *20. Jh.* wird das mit der Originalitäts-Idee verbundene Denken vielfach als einseitige, bürgerlich-individualistische Ideologie (LUKÁCS [1]) oder als ein Spezifikum vergangener Kunst (BENJAMIN [2]) interpretiert. Positiv aufgegriffen wird die Tradition des Originalitäts-Gedankens allenfalls noch im Rahmen von ästhetischen Theorien, die sowohl der Kunst als auch dem Individuum eine gewisse Vorrangstellung zubilligen. So sieht ADORNO in der herkömmlichen Verbindung des Originalitäts-Begriffs mit der Idee des emanzipierten Subjekts eine sich in den Kunstwerken manifestierende «utopische Spur». In der Gegenwart erfahre diese traditionelle Kategorie dadurch, daß «die avancierte Produktion weniger auf die Originalität des einzelnen Gebildes aus (ist) als auf die Produktion neuer Typen», eine qualitative Neubestimmung [3]. Auch erlebt der Originalitäts-Gedanke implizit in der Diskussion über die Mimesis-Problematik eine Renaissance [4]. Darüber hinaus erscheint der Terminus wieder im Zusammenhang mit der Frage nach der spezifischen Rolle des Subjekts beim Prozeß wissenschaftlicher Erkenntnis. Nach POLANYI besteht (natur-)«wissenschaftliche Originalität» «im Sichtbarmachen eines Problems, das andere nicht erkennen», wobei die spezifische Leistung des Forschers als intuitiver Vorgriff auf eine noch zu findende wissenschaftliche Aussage aufzufassen ist [5]. Außerdem beschäftigen sich einige psychologische Theorieansätze neuerdings mit dem Originalitäts-Gedanken. So bezeichnet J. P. GUILFORD Originalität als «Faktor divergenten Denkens» der durch Testverfahren empirisch nachweisbar sein soll [6].

Anmerkungen. [1] G. LUKÁCS: Ästhetik 2 (1963) 133. – [2] W. BENJAMIN, Das Kunstwerk im Zeitalter seiner technischen Reproduzierbarkeit. Ges. Schr. I/2 (1974) 436-509. – [3] TH. W. ADORNO: Ästhetische Theorie (1970) 257f., bes. 258. – [4] Vgl. z.B. F. TOMBERG: Mimesis der Praxis und abstrakte Kunst (1968); H. MARCUSE: Die Permanenz der Kunst (1977) bes. 48f. – [5] M. POLANYI: Schöpferische Einbildungskraft. Z. philos. Forsch. 22 (1968) 53-69, zit. 68. – [6] Art. ‹Originalität›, in: W. ARNOLD u. a. (Hg.): Lex. der Psychol. (1980) 2, 1524.

Literaturhinweis. H. J. KRÄMER: Zu Konzept und Diagnose der Originalität (1979).   I. SAUR

Orphik. Das Wort kommt seit J. J. BACHOFEN vor [1] und ist eine Rückbildung aus Ὀρφικοί, ‹Orphiker›; auch ‹Orphismus› (engl. orphism, frz. orphisme, ital. orfismo) ist gebräuchlich. Es bezeichnet eine religiös-spekulative Richtung, die sich auf den mythischen Sänger Orpheus beruft. Seit dem 6. Jh. v. Chr. sind Dichtungen des 'Orpheus', besonders eine Theogonie, in Umlauf, werden als Grundlage privater Weihen sowie asketisch-vegetarischer Lebensweise von wandernden 'Orpheotelesten' propagiert, auch von 'bacchischen' Mysterien in Anspruch genommen [2]. Die bizarre Kosmogonie, die aus der Nacht Licht und Welt hervorgehen läßt, mündet in die Entstehung der Menschen aus dem Ruß der vom Blitz getroffenen Titanen, die Dionysos zerrissen und von ihm gekostet hatten. Erlösung von 'alter Schuld' und Jenseitsstrafen wird verheißen, zum Teil mit Seelenwanderung: Der Leib erscheint als Kerker der Seele.

Es gibt bereits eine *vorsokratische* Umdeutung der O. [3]. PLATON verabscheut die Bettelpriester [4], knüpft aber an Seelenlehre [5] und Jenseitsmythen der O. an und zitiert aus der Theogonie [6]. Neu setzt das Interesse an O. mit der *Spätantike* ein. Die Theogonie liegt jetzt in einer großen Kompilation vor, 24 Bücher ⟨Rhapsodien⟩ [7]. Eine Mystengemeinde benützt ⟨Hymnen des Orpheus⟩ [8]. Für Juden und dann Christen gilt 'Orpheus' als Archeget des mythologischen Polytheismus; man läßt ihn in einem 'Testament' [9] Widerruf zugunsten des Monotheismus leisten. Dagegen erheben die heidnischen Neuplatoniker – besonders PROKLOS, vor ihm SYRIAN, dann DAMASKIOS – 'Orpheus' zu Offenbarungsrang: Allegorese verwandelt die Mythen in platonische Metaphysik. Vor allem durch ihre Schriften blieb die Kenntnis der O. erhalten [9a].

Die *Neuzeit* behandelt Orpheus zunächst als Opernfigur [10]. Interesse für die Lehren der O. erwächst im Umfeld der *Romantik* mit der Wiederentdeckung des Mythos; führend ist F. CREUZER [11]. Hiergegen stellen Rationalismus und Klassizismus ein Griechenbild, das die O. ganz an den Rand drängt [12]. Von Primitivreligionen und vom Animismus her gewinnt O. neue Faszination [13], bestärkt durch die Funde von Jenseitstexten auf Goldblättchen in griechischen Gräbern [14]. Vorübergehend deklariert sich moderne Malerei als ⟨Orphismus⟩ [15]. In der Altertumswissenschaft stehen optimistische Rekonstruktionen [16] gegen weitestgehende Skepsis [17]; erst neueste Funde [18] schaffen eine neue Basis der Diskussion.

Anmerkungen. [1] J. J. BACHOFEN: Die Unsterblichkeitslehre der orphischen Theol. (1867) passim. – [2] Graffito ΟΡΦΙΚΟΙ aus einem Heiligtum in Olbia, 5. Jh. v.Chr., in A. S. RUSAJEWA: Orfism i kult Dionisa v Ol'bii. Vestnik Drevnej Istorii 143 (1978) 87-104; HERODOT 2, 81. – [3] Papyrus von Derveni, 4. Jh. v.Chr. Archaiologikon Deltion 19 (1964) 17-25; vgl. W. BURKERT: Orpheus und die Vorsokratiker. Antike und Abendland 14 (1968) 93-114. – [4] PLATON, Resp. 364 e. – [5] Krat. 400 c; Phaidon 62 b. – [6] Leg. 715 e = Pap. Derveni 13. – [7] Orph. Frg. 60-235. – [8] Orphei Hymni, hg. W. QUANTD (²1955). – [9] Orph. Frg. 245-248. – [9a] Orph. Frg. Index II: Fontes Fragmentorum. – [10] Am bekanntesten CL. MONTEVERDI: Orfeo (1607); CHR. W. GLUCK: Orfeo ed Euridice (dtsch. Orpheus und Euridike) (Wien 1762). – [11] F. CREUZER: Symbolik und Mythol. der alten Völker 1-4 (1810-12); J. W. v. GOETHE: Urworte orphisch (1817); G. ZOEGA: Über den uranfänglichen Gott der Orphiker (1799), in: Abh., hg. F. G. WELCKER (1817) 211-264; BACHOFEN, a.O. [1]. – [12] C. A. LOBECK: Aglaophamus; sive, de theologiae mysticae Graecorum causis (1829); E. HOWALD: Der Kampf um Creuzers Symbolik (1926). – [13] E. ROHDE: Psyche (1894); J. E. HARRISON: Prolegomena to the study of Greek relig. (Cambridge 1903). – [14] A. OLIVIERI: Lamellae aureae Orphicae (Bonn 1915); G. ZUNTZ: Persephone (Oxford 1971) 277-393; G. FOTI und G. PUGLIESE CARRATELLI: Un sepolcro di Hipponion e un nuovo testo orfico. Parola del Passato 29 (1974) 91-126. – [15] A. CAVALLARO: Il Cavaliere Azzurro e l'orfismo (Mailand 1976). – [16] Extrem V. MACCHIORO: Orfismo e Paolinismo (Montevarchi 1922); Zagreus, studi sull'orfismo (Bari 1920); Zagreus; studi intorno all'orfismo (Florenz 1930). – [17] U. v. WILAMOWITZ-MOELLENDORFF: Der Glaube der Hellenen 2 (1932) 182-207; I. M. LINFORTH: The arts of Orpheus (Berkeley/Los Angeles 1941). – [18] Vgl. a.O. [2, 3, 14].

Literaturhinweise. O. KERN (Hg.): Orphicorum Fragmenta (1922). – K. ZIEGLER und R. KEYDELL: Art. ⟨Orpheus⟩, ⟨orphische Dichtung⟩, in: RE 18 (1942) 1200-1417. – M. P. NILSSON: Opuscula 2 (Lund 1952) 628-683. – L. MOULINIER: Orphée et l'Orphisme à l'époque classique (Paris 1955). – J. B. FRIEDMAN: Orpheus in the Middle Ages (Cambridge, Mass. 1970). – F. GRAF: Eleusis und die orphische Dichtung Athens in vorhellenist. Zeit (1974). – G. BRÄKLIN-GERSUNG: Orpheus, der Logos-Träger. Eine Untersuch. zum Nachleben des antiken Mythos in der frz. Lit. des 16. Jh. (1975). – Orfismo in Magna Grecia (Neapel 1975). – W. BURKERT: Griech. Relig. der archaischen und klassischen Epoche (1977). – Orphism and Bacchic mysteries: new evidence and old problems of interpretation. Center for Hermeneutical studies in Hellenistic and modern culture. Colloquy 28 (Berkeley 1977) 1-8.　　　　　W. BURKERT

Orthodoxie, orthodox (griech. ὀρθοδοξία, ὀρθόδοξος; lat. orthodoxia, orthodoxus; frz. orthodoxie, orthodoxe; ital. ortodossia, ortodosso; engl. orthodoxy, orthodox)

I. ⟨O.⟩ (das griechische Wort ὀρθοδοξία ist erstmals im 2. Jh. n.Chr. in der Bedeutung ⟨richtige Meinung⟩ bezeugt [1]) und wird seit dem 4. Jh. bei den griechischen *Kirchenvätern* zu einem häufig gebrauchten Begriff für den rechtmäßigen Glauben, die wahre kirchliche Lehre in der Abwehr mancherlei Häresien, wie etwa derjenigen der Arianer [2], die sich ihrerseits selbst als orthodoxe Christen verstehen [3]. Latinisiert erscheint ⟨orthodoxus⟩ seit HILARIUS VON POITIERS [4]. Konzilien sehen sich als Verteidiger der O. [5] ebenso wie byzantinische Kaiser [6] und römische Päpste [7]. (LEO III. nennt Karl d. Gr. «imperator o.» [8].) AUGUSTINUS und Papst HONORIUS setzen, wie es später häufig geschieht, ⟨orthodoxus⟩ und ⟨catholicus⟩ gleich [9]. Mehrere Werke tragen den Begriff im Titel [10]. ISIDOR VON SEVILLA, der O. mit «recta gloria» übersetzt [11], sieht im katholischen Glauben «cuncti ... orthodoxi per Orientem et Occidentem pontifices» vereint [12]. Im Westen wie im Osten beruft man sich auf die «fides orthodoxa» der Väter [13]. Später wird der orthodoxe Glaube als Übereinstimmung mit den Entscheidungen der heiligen Konzilien bestimmt [14].

Im 9. Jh. berufen sich in dem Streit zwischen Papst NIKOLAUS I. und Patriarch PHOTIOS von Konstantinopel beide Seiten auf die «orthodoxa fides» bzw. ὀρθοδοξία [15]. Im Westen bleibt der Begriff weiterhin als Bezeichnung für Rechtgläubigkeit der Kirche, der Religion, der Aussagen der Väter etc. gebräuchlich [16], wenn er auch häufig durch ⟨catholicus⟩ ergänzt bzw. ersetzt wird [17]. In Ostrom verpflichtet Kaiser LEO VI. den Patriarchen, über die O. und die Einheit der Kirche zu wachen [18]. Im Schisma zwischen Rom und Byzanz von 1054 versteht sich Papst LEO IX. als Haupt der «orthodoxen» römisch-apostolischen Kirche [19], man erkennt aber auch Kaiser und Reich von Konstantinopel als «orthodox» an und bezeichnet nur Patriarch Michael Kerullarios als Häretiker [20]. Zur Unterscheidung der beiden Kirchen dienen die Begriffe ⟨Latini⟩ und ⟨Graeci⟩ [21]. Aber auch Ostrom beansprucht für sich die O. [22], zumal seit dem 12. Jh. mehrere Grundschriften der Ostkirche verfaßt werden [23]. Dadurch wird die Verwendung des Begriffs in der lateinischen Kirche des 11. und 12. Jh. aber nicht behindert [24], und die sich deutlich abzeichnende Unterscheidung auch in Glaubensfragen (z.B. im Dogma des Ausgangs des Hl. Geistes vom Vater *und* vom Sohn, dem sog. 'Filioque') wird auf beiden Seiten weiterhin mit den Begriffen ⟨Graeci⟩ und ⟨Latini⟩ benannt [25]. Zugleich wird aber auch die «fides Graecorum» «orthodoxa» genannt [26], und Papst INNOZENZ III. konstatiert, das Licht des Hl. Geistes und der «orthodoxae fidei» leuchte auch «super orientales» [27]. Das Laterankonzil von 1215 verurteilt jede Häresie gegen die «sanctam orthodoxam, catholicam fidem» [28], ebenso wie später das Konzil von

Konstanz (1414) Wyclif, Hus u. a. «in favorem ipsius fidei orthodoxae» verurteilt [29]. Den Zusammenhalt zwischen westlicher und östlicher Kirche erklärt das Konzil von Lyon (1274) damit, daß es die gemeinsame Lehre «orthodoxorum patrum atque doctorum latinorum pariter et graecorum» vertrete [30]. Ebenso wird in der Ostkirche (allerdings nur von Anhängern der 1439 in Florenz beschlossenen Union mit Rom) festgestellt, daß Lateiner und Griechen gleichermaßen «orthodoxi» seien [31]. Gegen die Protestanten weiß sich das Konzil von Trient in der Nachfolge «orthodoxorum patrum», die immer die Gegner der «orthodoxae religionis doctrinae» zurückgewiesen hätten [32]. Auch danach bleibt der Begriff der O. als Eigenbezeichnung der römisch-katholischen Kirche erhalten, wird aber schließlich der Name für die Ostkirche, die im 17. Jh. weitere grundlegende Werke ihres Glaubens verfaßt [33].

Anmerkungen. [1] Vgl. H. G. LIDDELL und R. SCOTT: A Greek-Engl. lex. (Oxford 1961) s.v.; ὀρθοδοξέω schon bei ARISTOTELES, Eth. Nic. 1151 a 19. – [2] EUSEBIUS, MPG 20, 257. 388. 560; ATHANASIUS, MPG 25, 237. 257. 301. 566. 788; 26, 1168; ISIDOR VON PELUSIA, MPG 78, 1108; JOHANNES CLIMACUS, MPG 88, 1201; BASILIUS, MPG 32, 301; EPIPHANIUS, MPG 42, 192. 469; SOPHRONIUS, MPG 87, 3188; EVAGRIUS SCHOLASTICUS, MPG 86/2, 2489; JOHANNES MONACHUS, MPG 96, 1373; THEODORUS STUDITES, MPG 99, 1537. 1769. – [3] So offensichtl. ARIUS, MPG 42, 209. – [4] HILARIUS VON POITIERS, MPL 10, 632; MARIUS MERCATOR, MPL 48, 175. – [5] MPG 25, 324; 65, 485; Codex Theodosianus XVI, 5, 6; J. D. MANSI: Sacrorum conciliorum nova et amplissima collectio 3, 561; 6, 693; 7, 388; 11, 358. 555; Acta conciliorum oecumenicorum, hg. E. SCHWARTZ 2/1/1, 70. 113; 2/1/2, 155. 161; 2/3, 565 (Index s.v. ‹catholici›). – [6] Codex Justinianus (Corpus Juris civilis) I, 1, 3. – [7] LEO D. GR., MPL 56, 859; GREGOR D. GR., MPL 75, 45; LEO III., MPL 122, 1260; vgl. 102, 1030; MANSI, a.O. [5] 12, 1073f. – [8] LEO III., MPL 129, 972. – [9] AUGUSTINUS, MPL 34, 227; HONORIUS, in: MANSI, a.O. [5] 11, 543; später: PRUDENTIUS VON TROYES, MPL 115, 1352. – [10] AMBROSIUS, Fides orthodoxa contra Arianos. MPL 17, 549-568; HIERONYMUS, Altercatio luciferani et orthodoxi. MPL 23, 155-192; CYRILL VON ALEXANDRIEN, Περὶ τῆς ὀρθῆς πίστεως. MPG 76, 1133-1200; GREGOR VON ELVIRA, De fide orthodoxa. MPL 20, 31-50 (unter dem Namen des PHOEBADIUS); THEODORET VON CYRUS, Quaest. et resp. ad orthodoxos. Corp. apologetarum christianorum 5 (³1881) 2ff. (unter dem Namen von JUSTINUS MARTYR); JOHANNES DAMASCENUS, Πηγὴ γνώσεως III: ἔκδοσις ἀκριβὴς τῆς ὀρθοδόξου πίστεως. MPG 94, 789-1228. – [11] ISIDOR, Orig. VII, 1. MPL 82, 388. – [12] MPL 84, 152. – [13] BEDA VENERABILIS, MPL 95, 37. 78. 110 (Zitat aus einem Brief des Papstes HONORIUS); ALCUIN, MPL 100, 265; MANSI, a.O. [5] 11, 555; 13, 416. – [14] THEODORUS STUDITES, MPG 99, 989. – [15] NIKOLAUS I., MPL 119, 777. 1033. 1040. 1091; vgl. 1201; PHOTIOS, MPG 102, 721f. – [16] HAYMO VON HALBERSTADT, MPL 118, 850. 869; AENEAS VON PARIS, MPL 121, 754; ANASTASIUS BIBLIOTHECARIUS, MPL 129, 64. 74. 82. 92. 100. 216. 220. 258. 263; JOHANNES SCOTUS ERIUGENA, MPL 122, 358 (Karl d. Gr. = «orthodoxissimus princeps»); vgl. 1225; EGILMAR VON OSNABRÜCK, MPL 129, 808; FLODOARD VON REIMS, MPL 135, 57. 59. 180. 185. 188; Papst JOHANNES XIII., MPL 135, 972; LIUTPRAND VON CREMONA, MPL 136, 918; AIMOINUS FLORIACENSIS, MPL 139, 668; ABBO FLORIACENSIS, MPL 139, 544. 547; Lat. Messe des 11. Jh.: MPL 138, 1330; BURCHARD VON WORMS, MPL 140, 616. 718; ANSELM VON REIMS, MPL 142, 1432. – [17] So in der lat. Version der Akten des 4. ökumen. Konzils: MANSI, a.O. [5] 6, 637. 731. 861. 869. 975. – [18] LEO VI., MPG 113, 464. – [19] LEO IX., Brief an Petrus von Antiochien, in: A. MICHEL: Humbert und Kerullarios 2 (1930) 461. 464f. 468f. – [20] HUMBERT, MPL 143, 991. 1002. 1004; C. MIRBT und K. ALAND (Hg.): Quellen zur Gesch. des Papsttums 1 (⁶1967) 276-278 (Nr. 538f.). – [21] HUMBERT, a.O. [20]; Adv. Graecorum calumnias, MPL 143, 929-974; NIKETAS, Lib. contra Latinos. MPL 143, 973-984. – [22] MICHAEL KERULLARIOS, Panoplia, in: A. MICHEL, a.O. [19] 2, 214. 218. 244. 246. 248. 254. 274; NIKETAS, a.O. 984. – [23] EUTHYMIOS ZIGABENES, Panoplia dogmatica. MPG 130, 20-1360 (‹O.› z. B. 21); NIKETAS VON MARONEIA, Dialogi de processione spiritus sancti (inter Graecum et Latinum). MPG 139, 169-222; NIKETAS CHONIATES, Θησαυρὸς τῆς ὀρθοδοξίας. MPG 139, 1087-1444; KONSTANTIN HARMENOPOULOS, Περὶ πίστεως ὀρθοδόξου. MPG 150, 29-42. – [24] GUILLELMUS CALCULUS, MPL 149, 779; BONIZO VON SUTRI, MPL 150, 807. 809. 856; HUGO VON FLAVIGNY, MPL 154, 92; EKKEHARD VON AURA, MPL 154, 472. 1001; SIGEBERT VON GEMBLOUX, MPL 160, 76. 135. 143; IVO VON CHARTRES, MPL 161, 1101; PETRUS ABAELARD, MPL 178, 629; ORDERICUS VITALIS, MPL 188, 78; WILHELM VON ST. THIERRY, MPL 180, 294; ANSELM VON HAVELBERG, MPL 188, 1152. 1165; PETRUS LOMBARDUS, MPL 192, 552; HUGO ROTHOMAGENSIS bei ALBERICH VON OSTIA, MPL 192, 1256; GERHOH VON REICHERSBERG, MPL 194, 1181; HUGO ETERIANUS, MPL 202, 233. – [25] ANSELM VON HAVELBERG, MPL 188, 1163-1248; vgl. im 15. Jh. JOHANNES PLOUSIADENOS (JOSEPH VON METHONE), De differentiis inter Graecos et Latinos. MPG 159, 959-1024. – [26] ANSELM VON HAVELBERG, MPL 188, 1247f. – [27] INNOZENZ III., MPL 214, 768. – [28] 4. Laterankonzil, can. 3, in: CH.-J. HEFELE/H. LECLERCQ: Histoire des conciles (Paris 1907ff) 5, 1330. – [29] a.O. 7, 516. – [30] KONZIL VON LYON, can. 1, in: a.O. [28] 6, 181. – [31] JOHANNES PLOUSIADENOS, a.O. [25], MPG 159, 969. 989f.; GEORGIOS VON TRAPEZUNT, MPG 161, 843. – [32] HEFELE/LECLERCQ, a.O. [28] 10, 20. 106. – [33] MELETIOS PEGAS VON ALEXANDRIEN, Στρωματεύς, in: DOSITHEOS: Τόμος τῆς χαρᾶς (Rimnik 1705); PETRUS MOGILAS (Erzbischof von Kiew), Ὀρθόδοξος ὁμολογία τῆς πίστεως τῆς καθολικῆς καὶ ἀποστολικῆς ἐκκλησίας ἀνατολικῆς (1645), in: J. MICHALCESCU: Θησαυρὸς τῆς Ὀρθοδοξίας. Die Bekenntnisse und die wichtigsten Glaubenszeugnisse der griech.-oriental. Kirche (1904) 22-122 und in: N. KARMIRES: Τὰ δογματικὰ καὶ συμβολικὰ Μνημεῖα τῆς Ὀρθοδόξου Καθολικῆς Ἐκκλησίας 2 (Athen 1953) 582-686; DOSITHEOS VON JERUSALEM, Ἀσπὶς ὀρθοδοξίας, in: J. HARDOUIN (Hg.): Acta conciliorum (Paris 1714-15) 11, 179-274.

Literaturhinweise. M. SESAN: O., Byzance et Rome. Byzantinoslavica 12 (1951) 175-178. 218-223; ‹O.›. Hist. d'un mot et de sa signification. Istina 15 (1970) 425-434; Din istoricul notiunii de ‹Ortodoxie›. Mitropolia Ardealului 1 (Sibiu 1956) 63-73; Despre ortodoxie şi catolicitate. Ortodoxia 2 (Bukarest 1961) 155-167.

A. SEIGFRIED/Red.

II. Obwohl sich für die nachreformatorische (lutherische und reformierte) Theologie des 16. bis 18. Jh. die Bezeichnung «altprotestantische O.» eingebürgert hat [1], scheint der Rezeption des Kennzeichens ‹orthodox› durch die aus der Reformation entstandenen protestantischen Kirchen selbst bisher keine begriffsgeschichtliche Beachtung geschenkt worden zu sein. Sicher gehört der Begriff erst der zweiten Generation der Reformatoren an: 1534 schreibt Zwinglis Nachfolger in Zürich, H. BULLINGER: «Utriusque in Christo naturae tam divinae quam humanae, contra varias haereses, pro confessione Christi catholica, assertio orthodoxa» (Rechtgläubige Behauptung beider Naturen in Christus, der göttlichen wie der menschlichen, gegen die verschiedenen Häresien, für das katholische Bekenntnis zu Christus) [2]. Und 1546 beruft sich der Wittenberger Melanchthon-Schüler G. MAIOR mehrfach auf «veteris et catholicae orthodoxae ecclesiae Christi consensum» [3]. Dies entspricht dem bisherigen Sprachgebrauch [4]. Der Begriff beansprucht die Kontinuität zu der noch mit dem Christentum der Bibel einigen religio (fides, doctrina) christiana der Alten Kirche der ersten Jahrhunderte – aber unter Ausschluß nicht nur der klassischen Häresien (Heterodoxien, ‹Ketzereien›), sondern auch der der römischen (Papst-)Kirche. In diesem Sinne werden die tradierten Begriffe ‹katholisch› (häufig) und ‹orthodox› (selten) gleichsinnig und gleichrangig wechselnd mit ‹christlich› gebraucht. Doch hat ‹orthodox› langsam, unter Vorangehen der Reformierten (gegen Luther richtet sich 1545 die «Orthodoxa Tigurinae ecclesiae ministrorum confessio, illorum et fidem et doctrinam, quam cum catholica sanctorum ecclesia communem habent, continens, in primis autem de coena Domini nostri Iesu Christi» [5]), mit seit den fünfziger Jahren stetig steigender Verbreitung [6], die Vorzugsstellung erlangt: nur die Bezeichnung ‹orthodox› konnte die vierfache Front der alten Heterodoxien, der Abgrenzung der zwei protestantischen Konfessionen gegen Rom, gegeneinander und gegen innerkonfessionelle Irrlehren zugleich erfassen. In diesem Sinne wird der Begriff in den letzten Jahrzehnten des 16. Jh., auch als bewußtes Nebeneinander «orthodoxorum tam veterum quam recentium» (der alten wie jungen Orthodoxen) [7] fest etabliert, während «seitdem die römisch-katholische Kirche am Wort ‹orthodox› desinteressiert wird, das charakteristisch für die» abendländischen und «orientalischen Christen als Dissidenten und Schismatiker wird» [8]. Besonders die Aufnahme des Begriffs «rechtgläubige Kirche», übersetzt mit «orthodoxorum ecclesia», und die gezielte Wiedergabe von «christliche Augsburgische Konfession» mit «Augustana Confessio orthodoxa» in der Konkordienformel von 1577/82 [9] ist die Voraussetzung für einen jetzt auch substantivierten Begriff ‹Orthodoxia›, als dessen vier Kennzeichen L. HUTTER angibt: «scripturae sacrae, oecumenicis symbolis, toti antiquitati puriori et primae illae minimeque variatae Confessioni Augustanae ex asse consona» (mit der Heiligen Schrift, den ökumenischen Bekenntnissen, dem ganzen reineren [kirchlichen] Altertum und dem ersten und nicht im geringsten veränderten Augsburgischen Bekenntnis bis ins Letzte übereinstimmend) [10]. Das ermöglicht den Begriff einer «Orthodoxia Lutherana» [11]. der gegenüber G. CALIXT (Helmstedt) nur den vorkonfessionellen O.-Begriff gelten läßt [12]. Gemeinsame protestantische Überzeugung aber bleibt: «ecclesia catholica idem notat quod orthodoxa» (katholische Kirche bezeichnet dasselbe wie orthodoxe) [13]; und daher ist «Catholicus orthodoxus oppositus catholico-papistae» (der orthodox-katholische dem päpstlich-katholischen entgegengesetzt) [14].

Auf dem Hintergrund dieses Sprachgebrauchs spricht G. ARNOLD zuerst 1693 von «sogenannten Orthodoxen» (orthodoxi quos vocabant) [15]; in seiner ‹Unpartheyischen Kirchen- und Ketzerhistorie› (1699/1700) hat er eine «Umkehrung (Umwertung) der ... Begriffe Orthodox und Heterodox» [16] vollzogen, indem er, mit der gesamten Tradition des Begriffs brechend, folgende Kennzeichen für ihn gibt: «Das Wesen dieser O. besteht (1) in dem einseitigen Wertlegen auf die reine Lehre und (2) in der Gleichgültigkeit gegen ein heiliges Leben. ... Die O. zeigt sich (3) in der Anerkennung eines künstlich gefertigten Symbols, (4) in der Unterwerfung unter die Autorität des Bischofs. ... (5) Die die Macht besitzende Hofpartei (hieß) orthodox und die unterdrückte Gegenpartei ketzerisch ...» [17].

J. F. BUDDEUS zeigt 1723 durch seine distanzierte und defensive, auf «veri generis orthodoxia» (O. wahrer Art) abzielende Behandlung, daß der Begriff unumkehrbar historisch relativiert ist [18]. Einen extrem (ab)wertenden Gebrauch des Begriffs lehnt er als historisch unangemessen ab [19]. Dieser hält sich aber noch bis hin zu KANT, der O. als «angemaßte alleinige Rechtgläubigkeit» und «Orthodoxism» als Bindung «des Kirchenglaubens» an die bloße «Autorität der Regierung» ablehnt [20]. Der Linie der Annahme der Kritik Arnolds und einer Neukonstruktion des Begriffs folgen viele Theologen des 18. Jh. [21]. «Mit dem Begriff ‹O.› verbindet (Johann Salomo) Semler noch nicht die Vorstellung einer bestimmten theologiegeschichtlichen Epoche; vielmehr bezeichnet er mit dem Ausdruck O. eine Geisteshaltung und Denkweise» [22].

Um die Wende zum 19. Jh. setzt sich einerseits die Neukonstruktion des Begriffs fort (für SCHLEIERMACHER sind O. als «das bereits allgemein Anerkannte» und Heterodoxie als «Umänderungen in unserer Kirche» «für den geschichtlichen Gang des Christentums gleich wichtig» [23]), andererseits ist die Historisierung [24] und die Ablehnung des Begriffs erreicht («orthodoxiae species» [Schein-O.]) [25]; gebräuchlich geworden ist dieses O.-Verständnis aber erst seit K. HASES Gleichsetzung von «kirchlicher O., (die) dem 17. Jahrhunderte angehörte», mit «altprotestantischer Dogmatik» [26]. K. BARTH wertet die theologiegeschichtliche «Station 'O.'» als Muster «einer in ihrer Art respektablen kirchlichen Wissenschaft» zwar wieder auf [27], betont aber: «Mit irgendeiner O. hat das nichts zu tun» [28]. Dennoch setzt sich der Versuch, O. von «Orthodoxismus» zu trennen [29], dem Vorwurf der «Bekenntnis-O.» [30], «Neu-O.» [31] aus und damit der pietistisch-aufklärerischen Kritik an der Verbindung von «O. und der religiösen Unterdrückung» [32].

Während sich ARNOLDS Begriffsbestimmung in der westlichen Theologie als unrevidierbar erweist, O. als Selbstbezeichnung verlorengeht, lebt der Begriff in wissenschaftlich-wertfreier soziologisch-kategorialer Verwendung fort: «Wir bezeichnen jemanden [und entsprechend eine Gruppe, ein soziales System] als orthodox in dem Maße, in dem er akzeptiert und selbst verlangt, daß sein Denken, seine Sprache und sein Verhalten reguliert ist durch die ideologische Gruppe, der er zugehört, und namentlich durch den Machtapparat (die Machtstrukturen) dieser Gruppe» [33]. Innerhalb solch «politischer O.» als eines institutionellen Rahmens kann «man zeigen, wie eine wissenschaftliche O. ... die Forschung lähmt durch Konzepte derart unter Kontrolle gehaltener Bezeichnung, daß sie unkontrollierbar werden» [34]. Diese wertneutrale Verwendung setzt aber einen seit dem späteren 19. Jh. verbreiteten abwertenden und, im Gegenzug dazu, wieder aufwertenden Sprachgebrauch voraus, der als orthodox eine Richtung der Philosophie («der orthodoxe Kantianismus»; «die orthodoxe subjektivistische Theorie» [35]), des Marxismus («die orthodoxen Marxisten ..., die unsere Bewegungsgedanken in ein starres, auswendig zu lernendes Dogma verwandelt haben» [36]; aber auch «wir, die wir uns als orthodoxe Marxisten bekennen» [37]) und der Psychoanalyse bezeichnet («die 'freie' Psychoanalyse blieb im Schatten der 'offiziellen', 'orthodoxen' ...» [38]).

Anmerkungen. [1] z. B. F. LAU: Art. ‹O., altprotest.›, in: RGG³ 4, 1719-1730; H. E. WEBER: Reformation, O. und Rationalismus (1937-51); F. W. KANTZENBACH: O. und Pietismus (1966). – [2] Heinrich Bullinger Bibliographie, bearb. von J. STAEDTKE 1 (1972) 62; vgl. 12 (1539) mit 11 (1529). – [3] Corp. Reformatorum 6, 42. 41. [4] M. SESAN: 'O.'. Histoire d'un mot et de sa signification. Istina 15 (1970) 428. 431f. – [5] a.O. [2] 167. – [6] CALVIN 1554: Corp. Reformatorum 8, 522; CALVIN 1555. 1556, J. TIMANN 1555, J. BÖTKER 1557: zit. bei TH. MAHLMANN: Das neue Dogma der luth. Christologie (1969) 253. 259. 251; BULLINGER, a.O. [2] 427 (1564); 433 (1566); WEBER, a.O. [1] I/2 (1940) 3. 131. 145. 161. 198; H. A. NIEMEYER: Collectio confessionum in ecclesiis reformatis publ. (1840) 463. 464. 612. 615; H. HEPPE: Dogmatik des dtsch. Prot. im 16. Jh. 1 (1857) 97. 164; O. RITSCHL: Dogmengesch. des Prot. 1 (1908) 347. 348. 356. 358. – [7] TIMANN, a.O. [6]; L. DANAEUS: Apologia seu vera et orthodoxa orthodoxae patrum sententiae defensio ... (Antwerpen 1582); LUKAS MARTINI an Daniel Hoffmann am 2. 2. 1591, in: PH. J. REHTMEYER: Der Stadt

Braunschweig Kirchenhistorie 5 (1720) 74. – [8] SESAN, a.O. [4] 434. – [9] Die Bekenntnisschr. der Evang.-luth. Kirche (²1952) 768, 14-16; 832, 38. – [10] L. HUTTER im Titel seiner Concordia concors (1614); vgl. auch: Compendium locorum theol. (1610), hg. W. TRILLHAAS (1961) XI; Loci communes theol. (postum 1619) 2a. 3a. 5a. 6b. 7a. 8. 552a. 555a; D. HOLLATZ: Examen theol. acroamaticum (1707, ND 1971) praefatio. – [11] WEBER, a.O. [1] I/2, 62 Pandochaeus 1596); II (1951) XX (Micraelius 1654); vgl. L. HUTTER: Laudatio funebris in P. Leyserum (1610) 47. – [12] G. CALIXT, Werke in Auswahl, hg. L. MAGER 1 (1979) 95, 4f.; 411, 26-412, 4. – [13] J. GERHARD: Loci theol. (1610-25), hg. PREUSS 5 (1867) 390b; vgl. J. BRAUNIUS: Doctrina foederum sive systema theol. (1688, ²1691) 630; E. HERBERT OF CHERBURY: De veritate (London 1645, ND 1966) 250. – [14] A. RIVETUS (1628); zit. nach M. LIPENIUS: Bibliotheca realis theologica (1685, ND 1973) s.v. ‹catholicus›. – [15] E. SEEBERG: Gottfried Arnold (1923) 20; vgl. G. ARNOLD: Unpartheyische Kirchen- und Ketzer-Historie (1729) 1, 85. 120. 215. 281. 638. – [16] SEEBERG, a.O. [15] 144. 225. – [17] a.O. 222. – [18] J. F. BUDDEUS: Institutiones theol. dogm. (Druck 1741) 52f.; vgl. M. GRESCHAT: Zwischen Tradition und neuem Anfang. V. E. Löscher und der Ausgang der luth. O. (1971) 28. 207. 214f. 274. 280. 332 (Lange); Bibl. Nr. 2. 28. 67. 81. 86. 158. – [19] BUDDEUS: Isagoge historico-theol. (1727) 962. – [20] KANT, Akad.-A. 6, 109; 7, 59f.; 6, 85. – [21] J. G. TÖLLNER (1769); zit. bei K. SCHOLDER in: Festschr. Hanns Rückert (1966) 472; S. F. N. MORUS: Epitome theol. christ. (¹1789, ²1791) XIV; CHR. F. AMMON: Summa theol. christ. (¹1803, ⁴1830) § 5 bzw. 6 (b). – [22] H.-E. HESS: Theol. und Relig. bei J. S. Semler (Diss. Berlin 1974) 123. – [23] FR. D. E. SCHLEIERMACHER: Kurze Darstellung des theol. Studiums (1811, ²1830) § 203-208; Der christl. Glaube (²1830) § 25 Zusatz; vgl. auch CHR. F. AMMON: Die wahre und die falsche O. (1849). – [24] K. F. BAHRDT: Systema theol. lutheranae orthodoxum cum brevi notatione dissensionum recentiorum (1785). – [25] J. A. L. WEGSCHEIDER: Institutiones theol. christianae dogm. (¹1815, ⁷1833) § 18c. 29. 99e. – [26] K. HASE: Hutterus redivivus. Dogmatik der evang.-luth. Kirche (1828, ¹²1883) V. IX. X. – [27] K. BARTH im Vorwort zu H. HEPPE: Die Dogmatik der evang.-ref. Kirche, hg. E. BIZER (1935, ²1958) IX. VIII. – [28] BARTH, Kirchl. Dogmatik IV/1 (1953) 808. – [29] WEBER, a.O. [1] I/1 (1937) 8. – [30] E. BRUNNER: Wahrheit als Begegnung (1938, ²1963) 84. – [31] P. TILLICH, Ges. Werke 10, 276; 9, 83; Systemat. Theol. 1 (1951, dtsch. 1955) 7. 9-15. – [32] a.O. 8, 127. – [33] Conchy 7. 272. – [34] a.O. 239; vgl. L. KOLAKOWSKI (1965), zit. in: Marxismusstudien 5 (1969) 97 (Z. A. JORDAN); A. J. AYER: Die Hauptfragen der Philos. (engl. 1973; dtsch. 1976) 145. – [35] F. A. LANGE: Gesch. des Materialismus (1866, ²1873/75) Anfang des 2. Buches; A. J. AYER: Sprache, Wahrheit und Logik (engl. 1935; dtsch. 1970) 144. – [36] F. ENGELS, MEW 38, 112 (1891). 422 (1892); IVANOV-RAZUMNIK: Gesch. des russ. sozialen Denkens (russ. 1911; ND 1969) 2, 355; B. RUSSELL (1927), zit. in: E. FROMM: Analyt. Sozialpsychol. und Gesellschaftstheorie (1970) 24; H. MARCUSE: Die Gesellschaftslehre des sowjet. Marxismus (engl. 1958; dtsch. 1964) 55; I. FETSCHER: Karl Marx und der Marxismus (1967) 60-122 (1960) passim; JORDAN, a.O. [34] 95-123. – [37] G. LUKÁCS: Was ist orthodoxer Marxismus? (1919). Werke 2, 61-69; Gesch. und Klassenbewußtsein (1923, ND 1967) 7. 13. 38; H. J. SANDKÜHLER, in: Marxismus und Ethik (1970/74) 19. 25. – [38] S. FREUD (1914), Ges. Werke 10, 95; P. J. REITER: Martin Luthers Umwelt, Charakter und Psychose 1 (1937) 362 und 2 (1941) 86; TH. W. ADORNO (1952; 1955), Ges. Schr. 8, 34. 52; E. FROMM: Sigmund Freuds Sendung (engl. 1959; dtsch. 1961) 66f. 153-155. 158; FROMM, a.O. [36] 200. 202-204; F. A. MANUEL, in: Daedalus 100 (1971) 205; A. MILLER: Du sollst nicht merken (1981) 36. 71.

Literaturhinweis. J. P. DECHONCHY: O. religieuse et sciences humaines (1980) (Literatur).   TH. MAHLMANN

III. Die Ausbildung einer *jüdischen* O. in Deutschland ist eine der Folgen des Generalprivilegiums FRIEDRICHS DES GROSSEN vom 17. IV. 1750, das zwar «das Rabbinerwesen aufrecht hielt, aber ihm zugleich alle Macht entzog», und zwar dadurch, daß es die Rabbiner von Gemeindevorständen zu wählen anordnete. Dadurch erzeugte es, «zunächst in der Hauptstadt, geradezu einen Zwiespalt zwischen sogenannten *Aufgeklärten* ... und den unbeweglichen Anhängern des Rabbinenwesens und der Unterrichtsquellen desselben (aus mißverstandener Nachahmung *Orthodoxie* genannt)» [1]. Nach N. KATZBURG soll der Begriff ‹O.› zwar in bezug auf jüdische Glaubenshaltung erstmals 1795 angewandt worden sein [2], doch spricht schon S. ASCHER 1792 von einer «orthodoxen Form» des Judentums, der er die Notwendigkeit einer «Reform» vorhält [3].

Unter O. im Judentum ist die Richtung zu verstehen, die an dem Ganzen des überlieferten Glaubens festhielt und von der beginnenden Emanzipation eine Assimilation an die moderne Kultur und eine Auflösung der Tradition befürchtete. Mit der Reflexion darauf, daß der Begriff ‹O.› selbst schon eine Anpassung an einen christlichen Begriff sei, insofern es im Judentum nicht auf dogmatisch festgelegte Inhalte, sondern auf «Orthopraxie» ankomme, wird heute, auch im innerjüdischen Sprachgebrauch, seltener von orthodoxem als von traditionellem Judentum gesprochen [4].

Unter Neo-O. [5] versteht man die Richtung, die von ihrem Begründer S. R. HIRSCH (1808-1888) [6] unter dem Stichwort «Torah im Derekh Eretz» vorgetragen worden war, nämlich: Torahstudium und Torahlehre verbunden mit gemäßigtem Modernismus und den Bedürfnissen und Anforderungen des Lebens [7]. Die von Hirsch angestrebte Trennung der Gemeinden in orthodoxe und liberale [8] führte am 26. Juli 1876 zum «Austrittsgesetz» [9], als dessen Folge sich in Frankfurt (Israelitische Religionsgesellschaft), Berlin (Adass Jisroel) und Halberstadt (Reichsbund gesetzestreuer jüdischer Gemeinden Deutschlands) die Gemeinden der «Trennungs-O.» bildeten [10]. Als philosophisches Hauptwerk der Neo-O., zu der manchmal auch noch F. ROSENZWEIG gerechnet wird, kann der Roman ‹Der neue Kusari. Ein Weg zum Judentum› von I. BREUER angesehen werden [11], der an den Zentralsatz des ‹Kusari› des JEHUDA HALEVI (12. Jh.) anknüpft: «Deine Gesinnung ist zwar dem Schöpfer wohlgefällig, nicht aber deine Handlungsweise» [12].

Das Verhältnis des Zionismus zur O. ist zwiespältig, ihr säkularer Zug zur Verwirklichung aus eigener Macht wirkt ihr entgegen; doch andererseits kann man vom Zionismus her sagen, daß «die orthodoxen Rabbiner, die mit der allgemeinen Kultur nicht vertraut waren, deutlicher als alle jüdischen Philosophen fühlten, daß diese Kultur nicht eine bloße Form ist, die man mit jüdischem Inhalt erfüllen, und die Torah nicht nur ein System von Gesetzen ist, in das man Inhalte fremder Kulturen einführen kann» [13].

Anmerkungen. [1] J. M. JOST: Gesch. des Judenthums und seiner Sekten, 3. Abt. (1859) 289. – N. KATZBURG und W. S. WURZBURGER: Orthodoxy. Encycl. Judaica 12 (Jerusalem 1971) 1486-1493. – [3] S. ASCHER: Leviathan oder Über Relig. in Rücksicht des Judenthums (1792) 156. – [4] Vgl. Tradition. J. orth. Jew. Thought, hg. W. S. WURZBURGER (New York 1958), bes. 20/1 (1982) ‹The state of orthodoxy›. – [5] N. SH. SAMET: Neo-Orthodoxy. Encycl. Judaica 12 (Jerusalem 1971) 956-958. – [6] BEN USIEL (= S. R. HIRSCH): Neunzehn Br. über Judentum (Altona 1836); Ges. Schr. 1. 2 (1902-1904). – [7] M. M. BREUER: The 'Torah-Im-Derekh-Eretz' of S. R. Hirsch (New York 1970). – [8] S. R. HIRSCH: Denkschr. über die Judenfrage über das Gesetz betr. den Austritt aus der Kirche (1873). – [9] Der Austritt aus der Gemeinde (1876); I. BREUER: Die Preuß. Austrittsgesetzgebung und das Judentum (1913). – [10] Vgl. Art. ‹Trennungs-O.›, in: Lex. des Judentums, hg. J. F. OPPENHEIMER (1971) 813. – [11] I. BREUER: Der neue Kusari (1934); vgl. G. SCHOLEM: Politik der Mystik. Jüd. Rdsch. 39, Nr. 57 (1934). – [12] JEHUDA HALEVI,

Kusari I, 1; BREUER, a.O. [11] 10. – [13] G. SCHOLEM, Diskussionsbeitrag zu M. SCHWARZ: Die versch. Strömungen der deutsch-jüd. O. in ihrem Verhältnis zur Kultur der Umwelt, in: Leo Baeck Inst. (Hg.): Zur Gesch. der Juden in Deutschland im 19. und 20. Jh. (Jerusalem 1971) 58.

Literaturhinweise. I. BREUER: Agudass Jisroel und Reformgemeinde O. Israelit 53, Nr. 46 (1912). – L. JUNG: Was ist orthodoxes Judentum? in: Festschr. J. Rosenheim (1931) 108-125. – H. SCHWAB: Hist. of orth. Jewry in Germany (London 1950). – L. JUNG: Guardians of our heritage (New York 1958). – H. SCHWAB: Chachme Ashkenaz: A concise record of the life and work of orth. Jew. scholars of Germany from the 18th to the 20th cent. (London 1964). – J. S. LEVINGER: I. Breuer. Concepts of Judaism (Jerusalem 1974). – N. H. ROSENBLOOM: Tradition in an age of reform. The rel. philos. of S. R. Hirsch (Philadelphia 1976). F. NIEWÖHNER

IV. In der *neueren Bildungs- und Umgangssprache* hat O. in der Bedeutung «[engstirniges] Festhalten an Lehrmeinungen» [1] ähnlich wie Dogmatismus den pejorativen Beigeschmack von 'Starrsinn' und 'doktrinärer Bindung', obwohl auch Respekt vor der darin gelegenen oder damit verbundenen Treue und Standfestigkeit mitschwingen kann. Bezugspunkt ist meistens so etwas wie ein Lehrgebäude, sei es schriftlich oder institutionell bestimmt (orthodoxer Marxismus, orthodoxe Psychoanalyse, orthodoxe Rechtschreibung). Dementsprechend wird ‹unorthodox› (wie undogmatisch, unkonventionell) in der Regel zustimmend gebraucht, verbunden mit Anerkennung für Einfallsreichtum und Entscheidungsfreude (Rettung durch eine unorthodoxe Operation, lebensbestimmende Wendung durch das unorthodoxe Urteil eines Jugendrichters).

Anmerkungen. [1] Vgl. Duden – Das große Wb. der dtsch. Sprache, hg. G. DROSDOWSKI u.a. 5 (1980) 1932b. – Vgl. auch die Belege in den Anm. [33-36 zu II]. Red.

Orthogenese, Orthogenesis (engl. orthogenesis, frz. orthogénèse, ital. ortogenesi)

I. Der Begriff ‹Orthogenesis› (Os.) – in der späteren Diskussion meist ‹Orthogenese› (O.) – wurde von W. HAACKE 1893 [1] zur Bezeichnung der für ihn unumstößlichen Tatsache eingeführt, daß die Entwicklung und Umbildung der Organismen stets nach *einer* (geraden, vorgeschriebenen) Richtung hin vor sich gegangen ist, und dient so als Gegenbegriff zu der aus A. Weismanns Biophoren-Theorie gefolgerten allseitigen Variabilität oder Amphigenesis. Die Os.-These ist bei Haacke Element einer auf Beseitigung des Weismann unterstellten Präformismus zielenden neolamarckistischen Epigenesislehre [2], die als Vererbungsträger in erster Linie das «monotone» Plasma des Zelleibes und nicht die Chromosomen des Zellkernes ansieht [3]. TH. EIMER hat den Begriff ‹Os.› 1895 in seinem Leidener Vortrag ‹Über bestimmt gerichtete Entwickelung (Orthogenesis) und über Ohnmacht der Darwinschen Zuchtwahl bei der Artbildung› [4] als angemessene Kennzeichnung seiner eigenen Auffassung übernommen und zum Angelpunkt einer gegen Weismanns «Allmacht der Naturzüchtung» gerichteten Entwicklungstheorie gemacht. Danach oszilliert das Abändern nicht, wie für Weismann, von einem Nullpunkt aus nach den verschiedensten Richtungen hin und her [5], sondern geschieht wie nach einem bestimmten Plan [6] ohne jede Beziehung zu irgendwelchem Nutzen [7] gesetzmäßig nach wenigen ganz bestimmten, konstitutionell bedingten, dichotomisch untereinander zusammenhängenden Entwicklungsrichtungen [8]. Die Os. ist nicht durch Selektion gezüchtet, sondern besteht, bevor diese eingreift [9]. Sie ist Ausdruck des organischen Wachsens (Organophysis oder Morphophysis) [10], das auf beständigen unmittelbaren äußeren Einflüssen (Klima, Nahrung) auf das Plasma und damit auf der für Eimer experimentell erwiesenen Vererbung erworbener Eigenschaften beruht [11]. Die abändernde Wirksamkeit der Os. wird durch die von den Gesetzen der Korrelation und Kompensation beherrschte Wirkung des Gebrauchs oder Nichtgebrauchs der Teile verstärkt oder abgeschwächt [12]. Als allgemeines Gesetz findet die Os. ihren Ausdruck in einer Reihe weiterer Entwicklungsgesetze, zu deren terminologischer Fixierung Eimer einen Katalog überwiegend nicht rezipierter Neogräzismen in Vorschlag gebracht hat [13]. WEISMANN hat die Os. 1896 über ihre Zurückführung auf Germinalselektion in seine eigene Lehre zu integrieren versucht. Die Entwicklung der Genetik ist über die lamarckistischen Ausgangshypothesen der vorwiegend auf morphologische Befunde gestützten Os.-Theorie, aber auch über den outrierten Selektionismus Weismanns, der sie hervorgerufen hatte, rasch hinweggegangen.

Anmerkungen. [1] W. HAACKE: Gestaltung und Vererbung (1893) 31ff. – [2] Vgl. die Art. ‹Epigenesis›, ‹Neolamarckismus›, ‹Präformismus›. – [3] HAACKE, a.O. [1] 49ff. – [4] Abgedr. in: TH. EIMER: Os. der Schmetterlinge (1897) 12ff. – [5] a.O. 17. 20. 34. – [6] 20. 51. – [7] III. VIf. 16. 20. 34 u.ö. – [8] Iff. 13ff. 52 u.ö. – [9] 16. 53. 86. 89. – [10] Vorw., I. III. 12 u.ö. – [11] II. VIIf. XIVf. 13. 15f. 54. – [12] VIII. XII. 13. 17. 41. – [13] VIII. 18ff. 24. 34ff. 72. 85.

Literaturhinweise. HAACKE s. Anm. [1]. – EIMER s. Anm. [4]. – A. WEISMANN: Über Germinal-Selection, eine Quelle bestimmt gerichteter Variation (1896). Red.

II. Orthogenetische Überlegungen sind als Reaktion auf ein Unbehagen am Darwinismus zurückzuführen, der mit seinen Erklärungsprinzipien die Frage nach einer möglichen teleologischen Betrachtungsweise der Natur gar nicht formulieren kann. A. WAGNER stellt 1908 in seiner ‹Geschichte des Lamarckismus› fest, daß das Problem der O. gegenüber dem Darwinismus «stets ein gefährlicher, aber unentfernbarer Fremdkörper bleiben wird; daß jedoch Hoffnung besteht, dem Problem der O. von lamarckistischer Grundlage aus beizukommen. Denn auch die O. mündet in einen 'Trieb', in ein 'Streben', also in einen psychischen Faktor» [1]. Die Orthogenetiker setzen sich ihrerseits dem Vorwurf aus, mit ihrem Neo-Lamarckismus dem Vitalismus in Form von gerichteten Evolutionskräften das Wort zu reden und somit die empirische Basis der Naturwissenschaft zu verlassen.

Zu einer weiteren Begriffsklärung hat L. PLATE beigetragen. Er unterscheidet die Orthoevolution als den bloß beschreibenden Begriff einer «bestimmt gerichteten Evolution» [2] von den sie möglicherweise verursachenden Bedingungen. Hier kann es einerseits Os. geben, sie «ist eine durch äußere Faktoren veranlaßte, bestimmt gerichtete Evolution einer Art, bei der alle Individuen sich im wesentlichen gleich verändern und daher der Selektion keine Gelegenheit zum Eingreifen geben» [3]. «Im Gegensatz zur O. steht eine andre Art geradliniger Evolution, welche ich 'Orthoselektion' nennen will; ich verstehe darunter keine besondere Art der Zuchtwahl, sondern es soll damit nur eine auf der einmal eingeschlagenen Bahn fortschreitende Wirkungsweise der Zuchtwahl bezeichnet werden» [4]. Die Auffassung der O. als eines von inneren Kräften geleiteten Prozesses wird als mißverständlich verworfen [5].

Orthogenetische Überlegungen innerhalb der synthetischen Theorie der Evolution (d.h. der Erweiterung des Darwinismus durch Mutationstheorie und Populationsgenetik) hätten den Begriff der Orthomutation zu klären. Mutationen, die innerhalb einer Population und über mehrere Generationen in gleicher Weise auftreten, sind bisher jedoch nicht nachgewiesen worden [6]. Neuere Überlegungen zur O. beschränken sich demzufolge auf die Orthoselektion, d.h. auf das Gleichbleiben der Auslesefaktoren [7]. Besonders aufschlußreich sind in diesem Zusammenhang Konzepte innerhalb der Vergleichenden Verhaltensforschung über «Verhaltenseigentümlichkeiten als Schrittmacher der Evolution» [8] und der Begriff des genetischen Dualismus bei K. POPPER [9]; hierbei werden zwei unterschiedliche Gen-Systeme für den Besitz und den Gebrauch von Organen angenommen, aus deren Zusammenspiel in der Auseinandersetzung mit der Umwelt orthogenetische Entwicklungen verständlich werden können.

Anmerkungen. [1] A. WAGNER: Gesch. des Lamarckismus (1908) 238f. – [2] L. PLATE: Selektionsprinzip und Probleme der Artbildung. Ein Hb. des Darwinismus (1913) 507. – [3] a.O. 510f. – [4] 511f. – [5] 508. – [6] W. ZIMMERMANN: Vererbung 'erworbener Eigenschaften' und Auslese (^{3}1969) 138ff. 142. – [7] G. HEBERER: Theorie der additiven Typogenese a.O. [7] II/1 (^{3}1974) 397f. – [8] W. WICKLER: Vergl. Verhaltensforsch. und Phylogenetik, in: G. HEBERER: Die Evolution der Organismen I (^{3}1967) 459. – [9] K. POPPER: Objektive Erkenntnis (1973) 300ff.

Literaturhinweise. B. RENSCH: Neuere Probleme der Abstammungslehre (^{3}1972). – G. G. SIMPSON: The meaning of evolution (Yale 1949). H. SCHLÜTER

Orthos logos, ὀρθὸς λόγος (rechte, das Richtige treffende Vernunft; lat. *recta ratio*) hat verschiedene Bedeutungen. ὀ.λ. kann richtiges *faktisches theoretisches* Denken, aber auch ein *objektives Kriterium* für theoretisches Denken bezeichnen. In Texten zur *Ethik*, in denen sich ὀ.λ. häufiger findet, kann mit ὀ.λ. entsprechend ein richtiges *faktisches*, kluges *Überlegen*, eine richtige subjektive Maxime, aber auch eine *objektive Regel*, ein ethisches *Gesetz* gemeint sein. Aufschlußreich für die Bedeutung von ὀ.λ. ist der mathematische Gebrauch von λόγος. Hier meint λόγος ein 'objektives Verhältnis zwischen zwei Zahlen oder zwei Größen', wobei ein solches objektives Verhältnis auch als Regel für eine Operation, etwa als Regel für die Bildung einer arithmetischen oder einer geometrischen Folge, betrachtet werden konnte [1].

In den Schriften PLATONS findet sich ὀ.λ. sechzehnmal, in den ps.-platonischen ‹Definitiones› dreimal. An dreizehn Stellen [2] hat der Begriff theoretische, an sechs Stellen [3] eine ethische Bedeutung, und zwar die von 'richtiger Überlegung' oder 'richtiger Absicht'. An keiner Stelle hat demnach bei Platon ὀ.λ. die Bedeutung von 'objektives ethisches Gesetz'. Für jenes ethische Gesetz, das später den Titel ὀ.λ. erhalten hat, gebraucht Platon andere Ausdrücke mit ähnlicher Bedeutung. Gern benutzt er Termini aus der mathematischen Verhältnislehre, um das objektive ethische Prinzip, den idealen Lebensentwurf, zu formulieren. So spricht er im ‹Gorgias› (508 a) von einer ἰσότης γεωμετρική. Die «geometrische Gleichheit» ist ein Gleichheitsverhältnis zwischen mindestens zwei geometrischen Verhältnissen, also eine Proportion nach dem Schema $A:B = B:C$. Die Proportion, übertragen auf das Gebiet der Ethik, dient nicht in erster Linie zur Bestimmung eines Wieviel, sondern einer Ordnung. Es stand nicht zur Debatte, wieviel Vernunft einem bestimmten Quantum an Leidenschaft gegenüberstehen solle, sondern wer den Vorrang (z. B. bei der Zielsetzung) haben solle: die Vernunft oder die Gefühle.

In der ‹Großen Ethik› (MM) des ‹Corpus Aristotelicum› wird zu Beginn von Kap. 10 des zweiten Buches zunächst gesagt: «Ein Handeln gemäß dem ὀ.λ. liegt vor, wenn der unvernünftige Teil der Seele den vernünftigen (λογιστικόν) nicht hindert, sich in der ihm eigentümlichen Tätigkeit auszuwirken. Dann nämlich wird die Handlung dem ὀ.λ. gemäß sein» (κατὰ τὸν ὀρθὸν λόγον) [4]. Die Termini ὀ.λ. und λογιστικόν sind hier nicht synonym gebraucht: Der ὀ.λ. – nicht das λογιστικόν – ist das, dem gemäß gehandelt werden soll und dem nicht nur die unvernünftigen Regungen gemäß sein sollen, sondern die *ganze* Handlung (zu der ja auch Wissen und Überlegung gehören: also Leistungen des λογιστικόν). Hierfür spricht nicht nur, daß PLATON und ARISTOTELES den Terminus λόγος sehr oft für die Begriffe ‹Verhältnis›, ‹Harmonie› [5] gebrauchen und kurz zuvor die Tugend als Harmonie von Vernunft und sinnlichen Regungen definiert wird [6], sondern auch der folgende Vergleich des Verhältnisses zwischen dem vernünftigen und dem unvernünftigen Seelenteil mit dem (ebenfalls gesollten) Leib-Seele-Verhältnis [7].

An wohl allen vorausgehenden Stellen wird der Terminus freilich in einem anderen Sinn verwendet, nämlich als 'richtiger subjektiver Gedanke', 'richtige Absicht, Überzeugung'. Die wichtigste Stelle ist gewiß die in MM I, 34, dem Kapitel, das man als Abhandlung über die sogenannten 'dianoetischen Tugenden' betrachten kann. Hier (1198 a 13-21) wird die Formel κατὰ τὸν ὀρθὸν λόγον πράττειν als Formel der «Heutigen» (gemeint sind damit wohl Akademiker) hingestellt, kritisiert und durch die μετά-Formel ersetzt. Zur Begründung wird folgendes angeführt: Man könne gerechte Handlungen zwar ausführen ohne jede Entscheidung und ohne ein Wissen um das Sittlich-Schöne, also aus einem bloßen Naturtrieb heraus, und ein solches Tun könne immer noch dem ὀ.λ. gemäß sein, weil es ja so geschehe, wie es der ὀ.λ. befehle; doch verdiene ein solches Handeln kein Lob. Die Tugend und das Lobwürdige werde daher besser so definiert: «Hinstreben zum Sittlich-Schönen in Verbundenheit mit dem Denken» (μετὰ λόγου). In dieser Formulierung kann mit ὀ.λ. nur die richtige subjektive Absicht, Überzeugung gemeint sein, nicht die objektive, gesollte Rangordnung (wie in II, 10), sonst wäre die Kritik an der κατά-Formel unverständlich und die Ersetzung des κατά (mit Akk.) durch ein μετά (mit Gen.) überflüssig. Von hier aus führt wohl der Weg zur Gleichsetzung von ὀ.λ. und φρόνησις an der Parallelstelle der ‹Nikomachischen Ethik› [8]. Auch in MM II, 6, der Abhandlung über die Selbstbeherrschung (ἐγκράτεια), hat der Terminus ὀ.λ. an allen sechs Stellen [9] die Bedeutung von 'richtiges Überlegen', 'richtige subjektive Überzeugung'.

In der ‹Eudemischen Ethik› (EE) wird – anders als in der ‹Großen Ethik› – der Bezug des ὀ.λ. zum Begriff der «Mitte» zum Ausdruck gebracht. Das gilt nicht nur von den zwei Stellen innerhalb der Bestimmung des Begriffs der Tugend überhaupt [10], sondern auch von der einen Stelle innerhalb der Behandlung der Einzeltugenden, nämlich bei der Behandlung der Freigebigkeit [11]. Aber die genaue Bestimmung des Begriffs des ὀ.λ. wird auf eine spätere Stelle verschoben (1222 b 7-9), die schwer auszumachen ist. Ordnet man MM II, 10 dem Abschnitt EE VIII, 3 zu [12], zeigt sich, daß dort zwar der Terminus ὀ.λ. nicht erwähnt wird, wohl aber der gleichbedeutende (und in der ‹Nikomachischen Ethik› öfters vorkommende) Ausdruck ὡς ὁ λόγος (zu ergänzen ist ein Verbum wie κελεύει). Das mit diesem Ausdruck Gemeinte wird zwar als 'richtig' bezeichnet, aber als 'nicht deutlich'. Im Folgenden wird dann allerdings *nicht* das gesollte *Rangverhältnis*, sondern das herrschensollende Element in den Mittelpunkt gestellt. Als Herrschendes, auf das hin man leben soll, wird der Gott genannt – gemeint ist wohl das 'Göttliche in uns', das allein der Theorie, d. h. hier: der Schau und der Verehrung des Gottes, lebe. Der beste Maßstab, d. i. der des λόγος (bzw. ὀ.λ.), sei derjenige, der die beste Wahl und Beschaffung der natürlichen Güter ermögliche, nämlich diejenige Güterwahl, die am ehesten die Schau und Verehrung des Gottes fördere; schlecht dagegen sei die Güterwahl, die der Schau und Verehrung des Gottes hinderlich sei; den unvernünftigen Seelenteil solle man sowenig wie möglich bemerken. – Da wir in dieser Schlußpartie der EE eine Auslegung – freilich eine gegenüber MM II, 10 veränderte – des ὀ.λ. vor uns haben, ist zu sagen, daß hier aus der Norm für das ethische Wollen und Verhalten eine Anweisung zum seligen Leben geworden ist.

In der ‹Nikomachischen Ethik› (EN) wird der Terminus ὀ.λ. im Zusammenhang mit dem Begriff der Tugend überhaupt zweimal erwähnt [13] und auch innerhalb der Behandlung der Einzeltugenden einmal [14]. Zu Beginn des sechsten Buches [15], das von den sogenannten 'dianoetischen Tugenden' handelt, also MM I, 34 entspricht, wird der Begriff des ὀ.λ. mit dem der «Mitte» in Verbindung gebracht und die Aufgabe gestellt, ihn zu bestimmen. Diese Bestimmung wird wohl gegen Ende dieses Buches versucht [16]. Ähnlich wie in MM I, 34 wird die Formel κατὰ τὸν ὀρθὸν λόγον, die sich in der Tugenddefinition der «Heutigen» findet, durch die μετά-Formel (μετὰ τοῦ ὀρθοῦ λόγου) ersetzt und dieser ὀ.λ. mit der φρόνησις gleichgesetzt. Diese Gleichsetzung ist fester Bestandteil der Tradition der aristotelischen Ethik geworden, ohne daß genau geprüft worden wäre, ob sie dem Rang, der dem ὀ.λ. an vielen Stellen der drei Ethikfassungen eingeräumt wird, gerecht wird. – Von ihr her ist es auch nicht weiter verwunderlich, daß in der anschließenden Abhandlung über die Selbstbeherrschung (ἐγκράτεια) der Terminus ὀ.λ. zwar an fünf Stellen vorkommt [17], sich aber nicht sicher ermitteln läßt, ob er auch einmal eine andere Bedeutung hat als 'richtige subjektive Überzeugung'.

In der Ethik der *Alten Stoa* finden sich manche Gemeinsamkeiten mit Lehren der Alten Akademie, so auch in der Lehre vom ὀ.λ. Von SPEUSIPPOS ist durch CLEMENS ALEXANDRINUS ein Zitat überliefert, in dem eine Gleichsetzung von ὀ.λ. und ‹Gesetz› vorgenommen wird [18]; die stoischen Philosophen sollen sich in diesen Punkten angeschlossen haben. Die *Alte Stoa* hat – nach den Berichten mehrerer antiker Schriftsteller [19] – den ὀ.λ. als das *Gesetz* bezeichnet, das befehle, was zu tun sei, und verbiete, was zu unterlassen sei, also als objektive ethische Norm. Sie hat den ὀ.λ. nicht nur als eine 'natürliche', d. h. überpositive Norm verstanden, als das allen (Menschen und Göttern) gemeinsame Gesetz, sondern auch als das alles durchdringende Gesetz, also als das Gesetz der Welt, und ihn mit dem höchsten Gott Zeus gleichgesetzt [20]. Der Rang des ὀ.λ. als objektives ethisches Gesetz ist auch daraus ersichtlich, daß er als die Norm genannt ist, mit der die vollkommene ethische Handlung übereinstimmt, gegen die die böse Tat verstößt [21], nach der sich der Weise verhält [22] und der die Selbstbeherrschung gemäß ist [23]. – In der *Jüngeren Stoa* führt EPIKTET meistens die 'Natur' als ethische Norm an; den ὀ.λ. erwähnt er wohl nur einmal [24]: ebenso wie der Nous und das Wissen erscheint dieser als geeignet, das Wesen des Gottes und damit auch das des Guten zu definieren. In MARC AURELS Schrift ‹Ad se ipsum› kommt der Terminus ὀ.λ. wenigstens fünfmal [25] vor; seine Bedeutung wird nicht näher bestimmt, sondern als bekannt vorausgesetzt: Gemeint ist damit das, wonach sich der ethisch Verhaltende richtet; einmal (XI, 1, 5) wird gesagt, der ὀ.λ. unterscheide sich nicht vom Begriff der Gerechtigkeit.

Von der Stoa abhängig – im Gebrauch des Terminus ὀ.λ. – war PHILON VON ALEXANDRIEN. In seinen Schriften findet sich ὀ.λ. etwa sechzigmal. Er ist der ursprünglichen Bedeutung von ὀ.λ. wohl auf der Spur, wenn er den rechten Winkel als das Symbol der Richtigkeit betrachtet, im Rechteck eine ausgezeichnete Figur sieht und im Quadrat – wegen der Gleichheit der Seiten – ein Symbol der Gerechtigkeit [26]. Vielleicht ist der Terminus ὀ.λ. von Altpythagoreern geprägt worden oder wenigstens unter pythagoreischem Einfluß in der Alten Akademie. Die Stellen bei Philon lassen sich in drei Gruppen teilen: Zur 1. Gruppe lassen sich diejenigen rechnen, an denen Bedeutungen wie '(göttliches) Gesetz der Welt', 'richtiger Logos der Natur' und zugleich auch 'natürliches Sittengesetz' zugrunde liegen; in einer 2. Gruppe lassen sich die Stellen zusammenfassen, wo die Bedeutung 'subjektives Prinzip' oder 'objektive Norm des Ethos' vorliegt, ohne daß jedesmal mit Sicherheit zu klären ist, welche von diesen beiden Bedeutungen gemeint ist; diese Gruppe ist die umfangreichste [27] und enthält nichts Unerwartetes; eine 3. Gruppe bilden die Stellen, an denen ὀ.λ. eine *neue* Bedeutung hat, nämlich eine theologische, etwa wie: 'richtiges theologisches Wissen' [28], 'göttliche Eingebung', 'Bibel' oder 'Mosaisches Gesetz' [29]. Diese theologische Verwendung des Terminus ὀ.λ. findet sich bei Philon wohl zum ersten Mal. Hervorgehoben zu werden verdienen auch die in der 1. Gruppe vorliegenden Bedeutungen, die belegen, daß der Terminus ὀ.λ. in der Antike auch im Sinne von 'objektive ethische Norm' gebraucht worden ist. Dies geschah vor allem da, wo der ὀ.λ. zugleich auch als «göttliches» oder «unvergängliches Gesetz» oder als «ὀ.λ. der Natur» bezeichnet worden ist [30]. Über den Gedanken des ethischen Gesetzes geht Philon wohl dort hinaus, wo er den ὀ.λ. als dasjenige ansetzt, demgemäß Gott das Weltall lenkt [31], oder als den Erstgeborenen Gottes und stellvertretenden Lenker der Welt betrachtet [32]. Hier konnten die christlichen Theologen mit ihrer Trinitätsspekulation und mit ihrer Lehre von der 'lex aeterna' und 'recta ratio' anknüpfen.

Seltener als von Philon wird ὀ.λ. von PLOTIN verwendet. An den zwei Stellen [33] hat ὀ.λ. gewiß die Bedeutung eines (wenigstens) vorgestellten Prinzips, dem das Verhalten gemäß sein soll; aber an der zweiten Stelle hält Plotin es für notwendig, das Attribut 'richtig' durch das des 'Begründetseins' zu ergänzen. Dies läßt darauf schließen, daß der Sinn des Ausdrucks 'dem ὀ.λ. gemäß handeln' kaum mehr bekannt war.

Wenn man von den theologischen Bedeutungen und der kosmologischen bei Philon absieht, kann man sagen, ὀ.λ. habe meistens die Bedeutung 'objektive ethische Norm' oder 'subjektives ethisches Prinzip' gehabt. Einzuräumen ist, daß es einige Belege dafür gibt, daß ὀ.λ. bisweilen auch im Sinne von *'Wahrheitskriterium'* gebraucht worden ist. So sagt DIOGENES LAERTIOS – am Ende seines Berichts über die verschiedenen stoischen Definitionen des Wahrheitskriteriums – unter Berufung auf POSEIDONIOS, daß einige der älteren Stoiker den ὀ.λ. als Wahrheitskriterium übrigließen [34]. SEXTUS EMPIRICUS berichtet dies auch von EMPEDOKLES [35] und gebraucht auch selbst einmal [36] ὀ.λ. im Sinne von 'richtiger Theorie' (speziell: im Sinne von 'richtiger Grammatik'). Aber die Verwendung in der theoretischen Philosophie ist wohl ziemlich selten gewesen.

Anmerkungen. [1] Vgl. z. B. EUKLID, Elem., hg. J. L. HEIBERG (1883-88) V, def. 4-6; NICOMACHUS, Introd. arithm., hg. R. HOCHE (1866) 120, 5-20; vgl. dazu auch: K. BÄRTHLEIN: Der Analogiebegriff bei den griech. Mathematikern und bei Platon (Diss. Würzburg 1958). – [2] PLATON, Apol. 34 b 3f.; Phaid. 73 a 9f.; 94 a 1f.; Soph. 239 b 8-10; 245 a 8f.; Phil. 43 e 8-10; Polit. 268 b 8f.; Tim. 56 b 3-5; Kritias 109 b 2f.; Leg. V, 743 c 3f.; VI, 781 d 1f.; VII, 822 e 8-823 a 2; X, 890 d 2-8. – [3] Polit. 310 c 4; Leg. II, 659 d 1-4; III, 696 c 8-10; Def. 412 a 8f.; 413 c 8; 414 b 8f. – [4] ARISTOTELES, Magna Moralia (MM) II, 10, 1208 a 5-12. – [5] Vgl. F. AST, Lex. Plat. (1835/36, ND 1956) 2, 258; H. BONITZ, Index Arist. (1870, ND 1955) 437 a 4-b 32. – [6] ARISTOTELES, MM II, 7, 1206 a 36-b 17. – [7] 10, 1208 a 12-20. – [8] Eth. Nic. VI, 13, 1144 b 23f. 27f. – [9] MM II, 6, 1202 a 10-14; 1203 a 13-15; 1203 b 16-19 (zweimal); 1204 a 5-12 (auch zweimal). – [10] Eth. Eud. II, 5, 1222 a 8-10. b 7-9. – [11] III, 4, 1231 b 32f. – [12] Genau: 1249 a 21-b 25. – [13] Eth. Nic. II, 2, 1103 b 31-34; III, 8, 1114 b 29f. – [14] In der Behandlung der σωφροσύνη: III, 14, 1119 a 20. – [15] VI, 1, 1138 a 8-10. b 7-9. – [16] VI, 13, 1144 b 21-30. – [17] VII, 5, 1147 b 3; 6, 1147 b 31f.; 9, 1152 a 12. 21f. (zweimal). – [18] CLEMENS ALEXANDRINUS, Strom. II, c. IV, 19, 3. – [19] Vgl. ALEXANDER VON APHR., De fato 35. Suppl. Arist. II/2, hg. I. BRUNS (1892) 207, 4; zugleich: SVF II, 295, 30-32; CLEMENS ALEX., Strom. I, c. XXV = SVF III, 81, 23-25; STOBAEUS, Ecl. II, c. VII, 11 d, hg. K. WACHSMUTH 2 (1884) 96, 10-17; ebenso: Ecl. II, c. VII, 11 i, a.O. 102, 4-10. – [20] DIOGENES LAERTIOS, Vitae VII, 128, hg. H. S. LONG (Oxford 1964); ferner: VII, 88. – [21] STOBAEUS, Ecl. II, zit. nach: SVF III, 136, 15f. 20-24; ferner CLEMENS ALEX., Paed. I, c. XIII = SVF III, 108, 39f. – PHILON, Leg. Alleg. I, § 93. Opera, hg. L. COHN/P. WENDLAND (1896ff.) 1, 85 = SVF III, 139, 38-40. – [22] STOBAEUS, Ecl. II = SVF III, 148, 41-149, 1. – [23] CLEMENS ALEX., Strom. II = SVF III, 67, 45-68, 2; SEXTUS EMPIRICUS, Adv. Phys. I, 153 = SVF III, 67, 20f. – [24] EPICTETI Dissertationes II, 8, hg. H. SCHENKL (1908) 124. – [25] MARCI AURELII ANTONINI :Ad se ipsum› libri XII, hg. J. DALFEN (1979): III, 6, 1; 12, 1; XI, 1, 5; 9, 1; XII, 35. – [26] PHILON, De plantatione §§ 121f. Opera 2, 157, 11-17; vgl. auch ARISTOTELES, MM I, 1, 1182 a 11-14. – [27] Zu ihr gehört ungefähr die Hälfte der Stellen; hier soll nur ein Teil angeführt werden: Leg. Alleg. §§ 148. 150. 168; De sacrif. Abelis §§ 47. 51; De poster. Caini § 142; De gigantibus § 48; Quod deus sit immutabilis § 50; De confus. ling. § 43; De migrat. Abrahami §§ 60. 128; Quod omnis probus liber sit § 97; De vita contempl. § 74. – [28] De Cherubim § 128; De agricultura § 130; De ebrietate §§ 77. 80; De mutat. nominum § 141. – [29] De ebrietate §§ 65. 68; De sobrietate §§ 22. 33; De special. legibus § 191; vielleicht sollte man hier auch auf jene vielen Stellen verweisen, an denen Philon den ὀ.λ. als «Vater» bezeichnet: z. B. De poster. Caini §§ 68. 91; De ebrietate §§ 33f. 95; De somniis II, §§ 135. 139. – [30] De mundi opificio § 143; De ebrietate § 142; De somniis I, § 119; De Josepho § 31; De vita Mosis I, § 48; De virtutibus § 127; Quod omnis probus ... §§ 46f. 62. – [31] De aeternitate mundi § 83. – [32] De agricultura § 51. Opera 2, 105, 22-106, 3. – [33] PLOTIN, Enn. III, 1 (Über das Schicksal), 10, 4f.; VI, 8 (Über das Freiwillige und über das Wollen des Einen), 3, 2-8. – [34] DIOG. LAERT., Vitae VII, 54, a.O. [20] 320, 10-12. – [35] SEXTUS EMP., Adv. Log. I, § 122. – [36] Adv. Log. I, § 44.

Literaturhinweise. J. WALTER: Die Lehre von der prakt. Vernunft in der griech. Philos. (1874). – G. GLOGAU: De Arist. Eth. Nic. notionibus quae sunt μεσότης et ὀ.λ. (1869). – M. WITTMANN: Die Ethik des Arist. (1920). – J. M. ROEBBEN: De recta ratio in de Eth. Nic. en de MM. En vergelijkende studie (Diss. Löwen 1949). – K. BÄRTHLEIN: Der ὀ.λ. in der Großen Ethik des Corp. Arist. Arch. Gesch. Philos. 45 (1963) 213-258; Der ὀ.λ. und das eth. Grundprinzip in der platon. Schr. Arch. Gesch. Philos. 46 (1964) 129-173; Zur Lehre von der 'recta ratio' in der Gesch. der Ethik von der Stoa bis Christian Wolff. Kantstudien 56 (1966) 125-155. – K. JACOBI: Arist. über den rechten Umgang mit Gefühlen, in: I. CRAEMER-RUEGENBERG (Hg.): Pathos, Affekt, Gefühl (1981) 21-52.

K. BÄRTHLEIN

Osten. Der Begriff ‹Osten› wird in der Philosophie, Literatur und Politik metaphorisch verwendet. Die Bedeutungsgehalte spielen auf Religion, Weisheit, Ruhe, Ausgeglichenheit, zuweilen auf Reichtum und Pracht, im politischen Sprachgebrauch seit dem Zweiten Weltkrieg auf Bedrohung, Diktatur und Kommunismus bzw. Marxismus an. Es läßt sich also keine einheitliche Begriffsverwendung erkennen. Die Problematik, die mit Himmelsrichtungsbegriffen erfaßt oder angedeutet werden soll, liegt im Kulturellen bzw. im Bereich komplexer Lebensordnungspraktiken und ihrer theoretischen Implikate. Sie erstreckt sich meist auf Vergleiche. Die Himmelsrichtungsbezeichnungen stehen gewöhnlich nebeneinander: Orient und Okzident, Ost und West. Berichte über die Verschiedenheit der in Berührung kommenden Kulturen haben eine literarische Tradition, die eigens erforscht werden müßte. Von den Alexanderzügen zieht sich über die Rom-Griechenland-Begegnung, die Ausbreitung des Christentums vom östlichen Mittelmeerraum her, die Ostrom-Westrom-Reichsteilung, die Kreuzzugsberichte, die Marco Polo-Reisen, über die Türkenzüge u.a.m. eine lange Tradition von Erfahrungen und Bekundungen der Ost-West-Begegnung, die sich bislang jeder Systematisierung verschließt. Bezieht man den Tatbestand mit ein, daß arabische Einflüsse in Spanien, also im geographischen Westen, Probleme der altägyptischen Kultur, des Zweistromlandes, Indiens und Chinas ebenso wie solche in bezug auf Moskau als zweites Rom und sodann die politischen Auseinandersetzungen des 20. Jh. mit Hilfe des Begriffs ‹Osten› kategorisiert werden, dann wird deutlich, warum lexikalische Erfassungen in den großen Nachschlagewerken auf Stichworte wie ‹Naher Osten›, ‹Mittlerer› und ‹Ferner Osten›, ‹Ostindien›, ‹Ostbengalen›, ‹Ostafrika› usw. ausweichen und sich im Erörtern regionaler, geographischer und historischer Sachverhalte erschöpfen. Artikel, welche die Metaphorik behandeln, existieren nicht.

Es drängt sich der Eindruck auf, daß Vergleichsproblematiken (die überdies ihr Spiegelbild in der Literatur der jeweils anderen Seite, z. B. der islamischen Literatur über die Kreuzzüge haben) bei Erlangen einer bestimmten Größenordnung von Komplexität und Verlieren klarer begrifflicher Konturen eine Tendenz zur Erfassung unter Himmelsrichtungsbegriffen aufweisen. Gleiches wie in bezug auf die Ost-West-Metaphorik zeichnet sich zur Zeit in bezug auf Nord-Süd-Metaphorik ab. Mit ihr soll die Differenz der Entwicklungszustände in einem für einheitlich gehaltenen Modernisierungsprozeß erfaßt werden. ‹Ost-West-Konflikt› und ‹Nord-Süd-Konflikt› gleichen Anzeigetafeln, deren Hinweischarakter wegen der Griffigkeit und Knappheit der Anzeige Klarheit freilich nur vortäuscht, also eigentlich mehr verdeckt als erhellt, mehr der Ahnung als dem Wissen aufschließt. Es gibt eine ganze Literaturtradition, die diese Eigenheit zum eigentlichen Gegenstand ihrer Beschäftigung erhoben hat. ‹Osten› steht darin als Begriff für Meditation, Versenkung, Mystik, Nirwana, Selbst- und Weltüberwindung. Zuweilen liegt hierin eine Anknüpfung an Elemente des Buddhismus. Das aber rechtfertigt keineswegs die Globalisierung dieser Aspekte mit dem Begriff ‹Osten›. Die Problematik der Verwendung des Begriffs ‹Osten› im Kontext der Erforschung des Gehalts von metaphorisch eingesetzten Himmelsrichtungsbegriffen lohnt einer eingehenden Erforschung, weil sich von daher ein Aufschluß über einen möglicherweise dialektischen Charakter von Aufklärungsliteratur über fremde Kulturen ergibt, der verstehen läßt, warum Aufklärung und Mißverstehen in einer Weise ineinander eingelassen sind, die manches Drama realgeschichtlicher Kulturbegegnung neuer Interpretation zugänglich machen kann.

Literaturhinweise. M. ZINKIN: Asia and the West (London 1951; ND New York 1978). – A. J. TOYNBEE: Civilisation on trial, and the world and the West (New York 1960). – 3rd East–West Philosopher's Conference, Honolulu 1959. Philosophy and culture – East and West. East and West philosophy in practical perspective, hg. CH. A. MOORE (Honolulu 1962). – G. E. CAIRNS: Philosophies of history. Meeting of East and West in Cycle-Pattern theories of history (Westport, Conn. 1962, ²1971). – S. L. GULICK: The East and the West. Study of their psychic and cultural characteristics (Rutland 1962). – PH. K. HITTI: Islam and the West. A historical cultural survey (Princeton 1962; ND Huntington 1979). – H. HERZ: Morgenland, Abendland. Fragm. zu einer Kritik 'abendländischer' Geschichtsbetrachtung (Leipzig 1963). – M. IQBAL: Botschaft des Ostens. Als Antwort auf Goethes west-östl. Divan. Aus dem Pers. übertr. und eingel. von A. SCHIMMEL (Wiesbaden 1963). – A. P. JUSKEVIC: Die Mathematik der Länder des Ostens im MA (Berlin 1963). – A. TH. VAN LEEUWEN: Christianity in world and history: Meeting of the faiths of East and West (New York 1966). – H. KÜHN: Tat und Versenkung. Europa und Asien (Frankfurt a. M. ²1968). – L. ABEGG: Ostasien denkt anders. Eine Analyse des west-östl. Gegensatzes (München ²1970). – S. N. HAY: Asian ideas of East and West. Tagore and his critics in Japan, China and India (Cambridge 1970). – M. EDWARDES: East-West passage. The travel of ideas, arts and inventions between Asia and the western world (New York 1971). – LI-FU CH'EN: Eastern and western cultures. Confrontation or conciliation (New York 1972). – D. BAKER (Hg.): Relations between East and West in the Middle Ages (Edinburgh 1973). – Y. FUKUZAWA: An outline of a theory of civilisation. Übers. D. A. DILWORTH/G. C. HURST (Tokio 1973). – H. YUKAWA: Creativity and intuition. A physicist look at East and West. Übers. J. BESTER (Tokio/New York 1973).

C. D. KERNIG

ARTIKELVERZEICHNIS

Mobilität
Modalanalyse
Modalismus
Modalität
Modalität (des Urteils)
Modallogik
Mode
Modell
Modell, Modelltheorie
Modern, die Moderne
Modernismus
Modus
Modus significandi
Möglichkeit
Mohismus
Molekül
Molinismus
Moment
Monade, Monas
Monarchianismus
Monarchie
Monastik
Monergismus
Monismus
Monophysitismus
Monopluralismus
Monopsychismus
Monotheismus
Monotheletismus
Montanismus
Moral, moralisch,
    Moralphilosophie
Moral, doppelte
Moral, offene/geschlossene
Moral, provisorische
Moral, sozialistische
Moralist, Moralismus
Moralität/Legalität
Moralität, Sittlichkeit
Moralsystem
Moraltheologie
Morphologie
Motiv
Motivation
Motivforschung
Münchhausen-Trilemma
Mundan
Mündigkeit
Mundus archetypus
Mundus intelligibilis/
    sensibilis
Mundus phaenomenon
Museum, imaginäres
Musik
Muße
Mutation
Mutterrecht
Muttersprache
Mysterium
Mysterium tremendum et
    fascinosum
Mystik, mystisch
Mystische, das
Mythologie, neue
Mythos, Mythologie

Nachahmung
Nachahmung, bildende
Nachahmung der Natur
Nachbild
Nacherleben

Nachfolge (imitatio) Christi
Nächstenliebe
Nagualismus
Naherwartung
Naiv, Naivität
Naiv/sentimentalisch
Naivität/Pietät
Name
Name Gottes
Narrativ, Narrativität
Narzißmus, narzißtisch
Nation, Nationalismus,
    Nationalität
Nationalliteratur
Nationalökonomie
Nativismus
Natur
Natur der Sache
Natur in Gott
Natur, zweite
Natura communis
Natura naturans/naturata
Natura universalis/
    particularis
Naturalismus
Naturalismus, ethischer
Naturbeherrschung
Naturgeschichte
Naturgesetzlichkeit,
    Naturgesetz
Naturkonstante
Naturmensch
Naturphilosophie
Naturrecht
Naturschönheit/
    Kunstschönheit
Natursprache
Naturvölker/Kulturvölker
Naturwissenschaften
Naturwüchsig
Naturzustand
Naturzweck
Nebenwirkungen
Nebularhypothese
Negat
Negation
Negation, Negativität
Negation der Negation
Negativismus
Negator
Neid
Neigung
Neofreudianismus
Neokonfuzianismus
Neolamarckismus
Neologie
Neovitalismus
Neptunismus
Nestorianismus
Neu, das Neue
Neufichteanismus
Neufriesianismus
Neugierde
Neuhegelianismus
Neukantianismus
Neuplatonismus
Neupythagoreismus
Neurealismus (Neorealismus),
    New Realism
Neurologie
Neurose
Neuscholastik

Neustik/Phrastik
Neustoizismus
Neuthomismus
Neutralisierung (neutrales
    Bewußtsein)
Neutralisierungen, Zeit-
    alter der
Neuzeit, Mittelalter,
    Altertum
Nexus, Nexus universalis
Nezessitieren
Nicht-Ich
Nichtgegenständlichkeit
    Gottes
Nichts, Nichtseiendes
Nichtwissen, sokratisches
Niedergang, Untergang
Nihilismus
Nirvāṇa
Nisus
Niveau, psychophysisches
Nivellierung
Noch-Nicht-Sein
Noema
Noesis
Noesis Noeseos
Noetik
Nomina ante res
Nominalismus
Nominator
Nominismus
Nomokratie
Nomologie
Nomos
Nomothetisch/idiographisch
Non aliud
Nonkognitivismus, ethischer
Noologie, noologisch
Norm
Normal, Normalität
Normalformen, logische
Normalität
Normativ/deskriptiv
Normativismus
Nostalgie
Notion, notio
Notiones communes
Notstand
Not- und Verstandesstaat
Notwendigkeit
Noumenon/Phaenomenon
Novissima
Nu
Numinose, das
Nunc stans
Nutzen, Nützlichkeit,
    das Nützliche, nützlich
Nutzen, Grenznutzen
Nyāya

Oberbegriff
Oberflächenstruktur/
    Tiefenstruktur
Obersatz
Objekt
Objekt, transzendentales
Objektbesetzung
Objektität
Objektivation
Objektivation des Geistes/
    des Lebens

Objektivgebilde, soziales
Objektivierbarkeit,
    objektivierbar
Objektivierung
Objektivismus
Objektivismus, bürgerlicher
Obligatio, Ars obligatoria
Observatio, Beobachtung
Obszön
Obversion
Occasionalismus
Ochlokratie
Ockham's razor
Ockhamismus
Ödipus-Komplex
Offenbarung
Offenbarungstheologie
Öffentlich/privat
Öffentlichkeit
Officium
Okkultismus
Ökologie
Ökonomie
Ökonomie, politische
Ökosystem
Ökumene
Oligarchie
Omega
Onomatopöie
Ontogenese
Ontologie
Ontologie, formale und
    materiale
Ontologie, trinitarische
Onto-Logik
Ontologismus
Ontōs on
Ontosophie
Ontotheologie
Operation
Operationalismus
Operativismus
Opfer
Opposition
Optimismus
Ordinary Language
    Philosophy
Ordnung
Ordnung, berufsständische
Ordnung der Begriffe
Ordnungsdenken, konkretes
Ordnungspolitik
Ordo ordinans/ordinatus
Organ
Organik
Organisation
Organisch/aorgisch
Organismus
Organizismus
Organologie
Organon
Organonmodell
Organprimitivismen
Orientierungsreflex
Original, Originalität
Orphik
Orthodoxie, orthodox
Orthogenese, Orthogenesis
Orthos logos
Osten

AUTORENVERZEICHNIS

Adler H. 1023-1025
Albers F.-J. 1055f.
Arndt M. 62 131f. 146-148 351-353 357-359 633-635 725

Ballauff Th. 205-210 1317-1326 1330-1336
Bandau Inge 658f.
Bärthlein K. 1389-1393
Beierwaltes W. 235-241
Belaval Y. 1240f.
Bender H. 1142-1146
Bien G. 130f. 184-192 1178-1182
Bloching K.-H. 732
Blüher K. A. 777-779
Böckenförde E.-W. 932f. 1312-1315
Böhringer H. 121-125
Bonin W. 1142-1146
Bonsiepen W. 675-686
Borsche T. 100-108 364-377 509-517
Brandt R. 563-571
Braun E. 1092-1094
Bredow Gerda von 897f.
Brinkmann H. 41-45 869
Burkert W. 281-283 1378-1380

Caldera R. T. 156-164
Claesges U. 224 1200f.
Cloeren H. J. 898-904 1094-1096

Dabag M. 650-653
Delmont-Mauri J. L. 156-164
Di Cesare Donatella 96-99
Dierse U. 406-414 1114-1121 1153-1162 1280-1303
Dörrie H. 756-758
Dreier R. 478-482

Egli U. 52-54
Engländer H. 1188f.

Fichtner B. 348-351
Finster R. 1363-1368
Frey G. 528-531 1216-1218 1222f.
Fuchs H.-J. 405f.
Fulda F. 686-692
Funke G. 484-489

Gabriel G. 888f. 1021f. 1025f.
Gawlick G. 517-519
Gerschmann K. H. 934f.
Gethmann C. F. 1206f.
Gipper H. 387-389
Goerdt W. 853f. 1064f.
Gombocz W. L. 935-938
Gorsen P. 170-172 1081-1089
Graumann C. F. 217-221
Grawe Chr. 533-535
Gregory T. 441-447
Grimm T. 92f. 714f.
Grotsch K. 635-641 896f.
Gründer K. VII-IX
Günther H. 782-798 1241-1246

Hager F. P. 421-441
Halbfass W. 420f. 759f. 1053
Hasenjaeger G. 50-52
Hauser R. 199f.
Hedwig K. 504-509
Heidrich P. 268-273 988
Henseler H. 401-403
Hepp R. 893-895
Herring H. 986f.
Herzog R. 1309f.
Heyer G. 670f. 1238-1240
Heymann E. 156-164 166-168
Hillermann H. 132-136
Hočevar R. K. 126-130
Hoche H. U. 775-777
Höffe O. 1001-1008
Hoffmann F. 874-884
Hofmann H. 653-658 906-910 1131-1134
Holenstein E. 210f.
Hölscher L. 1134-1140
Holzhey H. 747-754 758f.
Honnefelder L. 494-504
Hoppe Brigitte 509-517
Hornig G. 222f. 718-720
Horstmann A. 283-318
Hübener W. 1254-1279
Hucklenbroich P. 93-95
Hufnagel Cordula 626-633
Hügli A. 132-136 168f. 519-523 582-594
Hülsewiesche R. 142-146
Husen K.-F. 403-405 760-769

Jacob W. 1361-1363
Janssen P. 221f. 781 869f. 930
Jergius H. 801-803
Jørgensen S.-A. 337-341
Jüssen G. 149-153 992-1001

Kambartel F. 526-528
Kambartel W. 216f.
Kammler-Plumpe Christiane 1103-1105
Kanitscheider B. 662-666
Kaulbach F. 45-47 468-478 548-560
Kehrer H. E. 760
Kernig C. D. 1394-1396
Klages H. 867f.
Klein J. 192-199
Klein W. 136-138
Kleiner H. 742-747
Kobusch Th. 805-836 1026-1052
Konersmann R. 41-45 1358-1361
König G. 641-650
Koslowski P. 659-662
Krämer H. J. 871-873
Kremer K. 1189-1198 1202f. 1207
Kudlien F. 920f.
Kühl K. 609-623
Kühn W. 951-971

Lamsfuss G. 175-179
Lanczkowski G. 142 356f. 988f.
Lang A. 1147-1149
Leenhouwers A. 363f.
Lenk H. 774f.
Lessing H.-U. 273-279
Libera A. de 378-384
Lichtblau K. 940-946 1163-1173
Lipp W. 1-3
Loch W. 1053f. 1098-1103
Løgstrup K. E. 353-356
Lohff W. 1114-1121 1130
Lorenz S. 125f. 535-548 1054f. 1057-1059 1063f. 1185-1188 1230-1237
Lötzsch F. 114-117
Lübbe Weyma 1246-1248
Luhmann N. 1326-1328

Mackscheidt K. 1315f.
Mahlmann Th. 1382-1385
Maierù A. 447-455
Mainzer K. 47-50 531-533
Malter R. 1203f.
Mann G. 715-718 720-724
Marcus H. 138f.
Marquard O. 781f.
Martin N. 257-260
Matussek P. 765f.
Meinhardt H. 754-756 1204-1206 1251-1254
Menne A. 12-16 666-670 694f. 1089f. 1237f.
Metscher Th. 241f.
Meyer A. 1348-1358
Mojsisch B. 378-384 535-548
Moltmann J. 725-727
Müller E. W. 261-263
Müller Gerhard 836-838
Müller Götz 732-736
Müller K. 868f. 1328f.
Müller-Lauter W. 846-853

Neumann O. 108-114
Niewöhner F. 389-396 1385-1387
Nusser K.-H. 695-712

Oberhammer G. 1012-1020
Oeing-Hanhoff L. 7f. 1201f.

Pannenberg W. 803-805
Paus A. 267f.
Pfurtscheller F. 1203f.
Piepmeier R. 54-62 200-205
Pinborg J. 68-72
Portmann S. 482-484
Poser H. 117-121 1072-1081
Probst P. 359-362 736f. 1369-1371

Rabe Hannah 417-420 1149-1153
Ränsch-Trill Barbara 904-906
Rath H. 406-414
Rath N. 223f. 489-494 727-731

Red. 54-62 138-142 160f. 164-166
 200-205 263-267 362-364 666-675
 692-694 712-714 737-742 765f.
 799-801 873f. 889-891 904-910
 918-920 935-938 946 986-988 1054
 1096-1114 1149-1153 1174-1177
 1206f. 1222-1230 1240 1249-1251
 1316f. 1380-1382 1387f.
Rentsch Th. 891f. 1246-1248
Rescher N. 16-23
Richter E. 1056f.
Ricken F. 211-214
Rieks R. 1140-1142
Ritter F. 156-164
Ritter H. H. 921-928
Rücker H. 414-417
Ružička R. 594-609
Ryan L. 1329f.

Samson L. 179-184
Sandkühler H. J. 174f. 208
Sauer W. 1310-1312
Saur Ingeborg 1373-1378
Savigny E. von 1248f.
Schaeffler R. 62-66
Scheerer E. 319-336 341-348
 1060-1063 1208-1216 1218-1222
 1317-1325 1336-1348 1371-1373
Schepers H. 1068-1072

Schirmacher W. 523-526 707-712
Schlüter D. 66-68
Schlüter H. 724f. 1388f.
Schmidinger H. M. 769-774 779-781
Schmidt S. J. 889
Schmithausen L. 854-857
Schmitz-Moormann K. 1182-1185
Schnarr H. 989-991
Schneider H. J. 884-888
Schneider J. 938-940
Schönpflug Ute 319-336 737-742
Scholtz G. 242-257 1121-1130
Schrader W. H. 910-918
Schramm H.-P. 1065-1068
Schrimpf H. J. 337
Schröder W. 125f. 535-548 1054f.
 1057-1059 1063f. 1185-1188
 1230-1237
Schumann J. 1008-1011
Schwabhäuser W. 928-930
Schwarz H. 874
Seidl H. 72-92
Seifert Angelika 1329f.
Seigfried A. 396-398 1174-1177
 1223-1230 1380-1382
Sommer M. 225-235
Spaemann R. 172-174
Specht R. 9-12 95f. 571-582 857-866
 1090f.

Stabile G. 455-468
Steiner H.-G. 1303-1309
Stenius E. 279f.
Stierle K. 398-401
Stupperich R. 263-267

Thomä H. 712-714
Thümmel W. 1368f.
Tischler W. 1146f. 1173
Tonelli G. 623-626

Veit W. 214-216
Verschuer O. von 260f.
Vossenkuhl W. 931f.

Wandschneider D. 971-981
Weidemann H. 3-7 23-41
Weische A. 798f.
Weisgerber L. 263 1056
Widmer P. 838-846
Wieland G. 153-156
Willms B. 731f.
Witte W. 866f.
Wolf E. 560-563
Wolf Ursula 946-951 981-986 1199f.

Zangenberg F. 1011f.
Zimmermann Th. 384-387

ZUR FORMALEN GESTALTUNG

1. Text

Titel. In Doppel- und Mehrfachtiteln werden die Stichwörter, wenn sie Gegensätze bezeichnen, durch Schrägstrich, wenn sie einander ergänzen, durch Komma getrennt.

Die *Anfangsbuchstaben Ä, Ö, Ü* (nicht aber *Ae, Oe, Ue*) der Titelstichwörter werden alphabetisch wie *A, O, U* behandelt.

Abkürzungen. An Stelle des Titelstichworts tritt bei Substantiven der Anfangsbuchstabe mit Punkt; Adjektive werden nicht abgekürzt. Sonst sind im Text nur allgemein gebräuchliche Abkürzungen verwendet.

Auszeichnungen. Namen von Autoren, die Gegenstand eines Artikels sind, werden, wenn sie in einem Gedankenzusammenhang zum ersten Mal vorkommen, in KAPITÄLCHEN, die übrigen Hervorhebungen *kursiv* gesetzt. Namen der Verfasser von Untersuchungen zum Gegenstand des Artikels werden nicht ausgezeichnet.

Anführungszeichen und Klammern. In *einfachen* Anführungszeichen ‹...› stehen Werktitel, Teil- und Kapitelüberschriften sowie metasprachlich verwendete Ausdrücke. In *doppelten* Anführungszeichen «...» stehen Zitate (ausgenommen griechische und in runden Klammern beigefügte Übersetzungen von griechischen und lateinischen Zitaten).

In *eckige* Klammern [...] sind Einfügungen des Artikelautors in Zitate sowie Anmerkungsziffern gesetzt.

2. Anmerkungen und Literaturhinweise

Um den Text zu entlasten, sind die Belegstellen (mit Ausnahme der biblischen) in den Anmerkungen zusammengefaßt.

Beziehen sich mehrere aufeinanderfolgende Anmerkungen auf denselben Autor und/oder dasselbe Werk, wird der Verfassername bzw. der Werktitel nicht wiederholt.

Wenn sich eine spätere auf eine frühere, nicht unmittelbar vorhergehende Anmerkung bezieht, wird in der Regel die Nummer der früheren Anmerkung wiederholt:

[1] F. KLUGE: Etymol. Wb. dtsch. Sprache (¹¹1963) 8. – ... [4] KLUGE, a.O. [1] 432.

Zitierweisen. Sie folgen dem für Epochen, Autoren und Werke üblichen wissenschaftlichen Gebrauch, doch werden Siglen, die nur dem Fachmann bekannt sind, mit wenigen Ausnahmen (vgl. Abkürzungsverzeichnis Nr. 1) vermieden oder von Fall zu Fall neu eingeführt:

[1] DESCARTES, Werke, hg. ADAM/TANNERY (= A/T) 10, 369. – [2] Vgl. A/T 7, 32.

Zitiert wird nach der systematischen Gliederung der Werke und/oder nach Ausgaben bzw. Auflagen:

a) *Nach Gliederung:* [1] PLOTIN, Enn. II, 4, 15 = ‹Enneaden›, Buch 2, Kapitel 4, Abschnitt 15. – [2] THOMAS VON AQUIN, S. theol. I/II, 20, 2 = ‹Summa theologiae›, Pars I von Pars II, Quaestio 20, Articulus 2.

b) *Nach Ausgaben:* [1] PLATON, Phaid. 88 d 3-5 = ‹Phaidon›, S. 88, Abschn. d (Paginierung nach der Ausgabe von HENRICUS STEPHANUS, Paris 1578), Zeilen 3-5 (nach der Ausgabe von IOANNES BURNET, Oxford ¹1899-1906). – [2] KANT, Akad.-A. 7, 252, 3 = Gesammelte Schriften, hg. (Königl.) Preuß. Akad. Wiss. (ab Bd. 23 hg. Dtsch. Akad. Wiss. zu Berlin), Bd. 7, S. 252, Z. 3.

c) *Nach Auflagen:* [1] KANT, KrV A 42/B 59 = ‹Kritik der reinen Vernunft›, 1. Aufl. (1781), S. 42 = 2. Aufl. (1787), S. 59.

d) *Nach Gliederung und Ausgaben:* [1] ARISTOTELES, Met. II, 2, 994 a 1-11 = ‹Metaphysik›, Buch 2 (α), Kap. 2, S. 994, Sp. a, Z. 1-11 (nach Arist. graece ex rec. IMM. BEKKERI, Berlin 1831). – [2] JOHANNES DAMASCENUS, De fide orth. II, 12. MPG 94, 929ff. = ‹De fide orthodoxa›, Buch 2, Kap. 12 bei J. P. MIGNE (Hg.): Patrologiae cursus completus, Ser. 1: Ecclesia graeca, Bd. 94, S. 929ff.

Interpunktion. Nach Autorennamen steht ein Doppelpunkt, wenn eine ausführliche bibliographische Angabe folgt, ein Komma, wenn das Werk abgekürzt zitiert ist.

Die Zeichensetzung in *Stellenangaben* folgt weitgehend altphilologischem Gebrauch und entspricht folgenden Regeln:

Kommata trennen in Angaben nach Gliederung Buch von Kapitel und Kapitel von Abschnitt, in Belegstellen nach Ausgaben Band von Seite und Seite von Zeile (vgl. oben a) Anm. [1] und b) Anm. [2]).

Punkte bedeuten in Stellenangaben ‹und›; sie stehen z. B. zwischen Kapitel und Kapitel bzw. Seite und Seite:

[1] ARIST., Met. V, 19. 20 = Buch 5 (Δ), Kap. 19 und 20. – [2] KANT, Akad.-A. 7, 251. 265 = Bd. 7, S. 251 und 265.

Strichpunkte sind gesetzt, wenn auf eine untergeordnete Gliederungseinheit (Abschn., Art.) eine übergeordnete (Buch, Teil, Kap.) folgt:

THOMAS, S. theol. I, 14, 11; 44, 3; 55, 2 = Pars I, Quaestio 14, Art. 11; (Pars I) Quaestio 44, Art. 3; (Pars I) Quaestio 55, Art. 2

oder wenn die nächste Stellenangabe einem anderen Band bzw. Werk entnommen ist:

HEGEL, Werke, hg. GLOCKNER 11, 52; 10, 375 = Bd. 11, S. 52; Bd. 10, S. 375.

Literaturhinweise. Die Angaben sind normalerweise chronologisch, gelegentlich auch nach sachlichen Gesichtspunkten geordnet und entsprechen den üblichen Regeln, doch wird der Erscheinungsort nur bei fremdsprachigen Publikationen genannt.

Zeitschriften und andere Periodika werden nach dem von der UNESCO empfohlenen ‹Internationalen Code für die Abkürzung von Zeitschriftentiteln› zitiert (Abdruck in: World med. Periodicals, New York ³1961, XIff.; vgl. dazu Abkürzungsverzeichnis Nr. 2). Wie auch bei mehrbändigen Werken steht in den Stellenangaben die Bandzahl vor, die Seitenzahl nach dem Erscheinungsjahr.

ABKÜRZUNGEN

1. Siglen für Ausgaben, Buchtitel, Lexika und Sammelwerke

CAG	Commentaria in Aristotelem graeca. Consilio et auctoritate Academiae litterarum Regiae Borussicae 1–23 [51 Teile] (1882–1907, ND 1955ff.)
CCSL	Corpus christianorum. Series latina (Turnhout 1953ff.)
CSEL	Corpus scriptorum ecclesiasticorum latinorum, editum consilio et impensis Academiae litterarum Caesareae Vindobonensis 1–80 (Wien 1866ff.)
Eisler[4]	R. Eisler: Wörterbuch der philosophischen Begriffe 1–3 ([4]1927–1930)
FDS	Die Fragmente zur Dialektik der Stoiker. Zusammengestellt, ins Deutsche übers. und teilweise komm. von K. Hülser 1–4 (1982) [Sonderforschungsbereich 99, Univ. Konstanz]
Grimm	J. und W. Grimm: Deutsches Wörterbuch 1–16 (1854–1916)
KpV	Kritik der praktischen Vernunft ([1]1788)
KrV	Kritik der reinen Vernunft ([1]1781 = A, [2]1787 = B)
KU	Kritik der Urteilskraft ([1]1790, [2]1793)
Lalande[10]	A. Lalande: Vocabulaire technique et critique de la philosophie (Paris [10]1968)
LThK[2]	Lexikon für Theologie und Kirche, hg. von J. Höfer/K. Rahner 1–10 ([2]1957–1965)
MEGA	Marx/Engels, Hist.-krit. Gesamt-A.: Werke, Schriften, Briefe; Abt. 1–3 (Frankfurt a. M./Berlin/Moskau 1927–1935), nicht vollständig erschienen
MEW	Marx/Engels, Werke 1–39 (Ostberlin 1956–1968)
MG SS	Monumenta Germaniae historica inde ab anno Christi 500 usque ad annum 1500. Auspiciis Societatis aperiendis fontibus rerum Germanicarum medii aevi. Ed. Georgius Heinricus Pertz. Unveränd. Nachdruck Scriptores T. 1–30 (Stuttgart/New York 1963/64)
MPG	J. P. Migne (Ed.): Patrologiae cursus completus, Series I: Ecclesia graeca 1–167 (mit lat. Übers.) (Paris 1857–1912)
MPL	J. P. Migne (Ed.): Patrologiae cursus completus, Series II: Ecclesia latina 1–221 (218–221 Indices) (Paris 1841–1864)
RE	Paulys Real-Encyclopädie der classischen Altertumswissenschaft. Neubearb. hg. von G. Wissowa, W. Kroll u. a. Reihe 1. 2 [nebst] Suppl. 1ff. (1894ff.)
RGG[3]	Religion in Geschichte und Gegenwart 1–6 ([3]1957–1962)
SVF	Stoicorum veterum fragmenta collegit Ioannes ab Arnim 1–4 ([2]1921–1923)
VS	H. Diels/W. Kranz (Hg.): Die Fragmente der Vorsokratiker, griechisch und deutsch 1–3 ([13]1968)

2. Periodika (Beispiele)

Abh. preuß. Akad. Wiss.	Abhandlungen der (königl.) preußischen Akademie der Wissenschaften (Berlin)
Arch. Begriffsgesch.	Archiv für Begriffsgeschichte (Bonn)
Arch. Gesch. Philos.	Archiv für Geschichte der Philosophie (Berlin)
Bl. dtsch. Philos.	Blätter für deutsche Philosophie (Berlin 1927–1944)
Dtsch. Vjschr. Lit.wiss.	Deutsche Vierteljahresschrift für Literaturwissenschaft und Geistesgeschichte (Stuttgart)
Dtsch. Z. Philos.	Deutsche Zeitschrift für Philosophie (Berlin)
German.-roman. Mschr.	Germanisch-romanische Monatsschrift (Heidelberg)
Gött. gel. Anz.	Göttinger Gelehrte Anzeigen
Hist. Z.	Historische Zeitschrift (München)
J. Hist. Ideas	Journal of the History of Ideas (Lancaster, Pa.)
J. symbol. Logic	Journal of Symbolic Logic (Providence, R. I.)
Kantstudien	Kantstudien (Berlin, NF Köln)
Mind	Mind (Edinburgh)
Philos. Rdsch.	Philosophische Rundschau (Tübingen)
Philos. Jb.	Philosophisches Jahrbuch (Freiburg i. Br.)
Proc. Amer. philos. Soc.	Proceedings of the American Philosophical Society (Philadelphia)
Rev. Mét. Morale	Revue de Métaphysique et de Morale (Paris)
Rev. philos. Louvain	Revue philosophique de Louvain
Rhein. Mus. Philol.	Rheinisches Museum für Philologie
Sber. heidelb. Akad. Wiss.	Sitzungsberichte der Heidelberger Akademie der Wissenschaften
Studia philos.	Studia philosophica. Jb. Schweiz. philos. Ges.
Z. philos. Forsch.	Zeitschrift für philosophische Forschung (Meisenheim/Glan)

3. Häufig verwendete Abkürzungen

A	KrV¹	gén.	général(e)	pr.	priora
A.	Ausgabe	gent.	gentiles	Pr.	Predigt
a | b ...	Seitenteiler	Ges.	Gesellschaft	Proc.	Proceedings
a.	articulus	Gesch.	Geschichte	Prol(eg).	Prolegomena
a.O.	angegebenen Orts	griech.	griechisch	Prooem.	Prooemium
Abh.	Abhandlung(en)	GRIMM	s. Siglen	prot.	protestantisch
Abschn.	Abschnitt	H.	Heft	Ps.	Psalm
Abt.	Abteilung	Hb.	Handbuch	Ps.-	Pseudo-
adv.	adversus	hg.	herausgegeben	Psychol.	Psychologie
ahd.	althochdeutsch	hist.	historisch	publ.	publiziert
Akad.	Akademie	idg.	indogermanisch	q.	quaestio
Amer.	American	Inst.	Institut, institutio	Quart.	Quarterly
Anal.	Analyse, Analytica	int.	international	quodl.	quodlibetalis, quodlibetum
Anm.	Anmerkung(en)	Introd.	Introductio(n)		
Anz.	Anzeiger	ital.	italienisch	r	recto (fol. 2r = Blatt 2. Vorderseite)
Aphor.	Aphorismus	J.	Journal		
Arch.	Archiv(es)	Jb.	Jahrbuch	Rdsch.	Rundschau
Art.	Artikel	Jg.	Jahrgang	RE	s. Siglen
Ass.	Association	Jh.	Jahrhundert	Red.	Redaktion
AT	Altes Testament	Kap.	Kapitel	red.	redigiert
B	KrV²	kath.	katholisch	Reg.	Register
Beih.	Beiheft	KpV	s. Siglen	Relig.	Religion
Ber.	Bericht	krit.	kritisch	Res.	Research
Bespr.	Besprechung	KrV	s. Siglen	Resp.	Res publica = Politeia
Bibl.	Bibliothek	KU	s. Siglen	Rev.	Revue
Biol.	Biologie	LALANDE	s. Siglen	Rez.	Rezension
Bl.	Blatt, Blätter	lat.	lateinisch	RGG	s. Siglen
Br.	Brief(e)	Leg.	Leges = Nomoi	roy.	royal(e)
Bull.	Bulletin	Lex.	Lexikon	russ.	russisch
c.	caput, capitulum, contra	lib.	liber	S.	Summa
CAG	s. Siglen	ling.	lingua	Sber.	Sitzungsbericht(e)
cath.	catholique	Lit.	Literatur	Sci.	Science(s)
CCSL	s. Siglen	log.	logisch	Schr.	Schrift(en)
ch.	chapitre, chapter	LThK	s. Siglen	s.d.	siehe dort
Chem.	Chemie	LXX	Septuaginta	Slg.	Sammlung(en)
conc.	concerning	MA	Mittelalter	Soc.	Société, Society
corp.	corpus	Math.	Mathematik	Soziol.	Soziologie
C. R.	Compte(s) rendu(s)	Med.	Medizin	span.	spanisch
CSEL	s. Siglen	Med(it).	Meditationes	Stud.	Studie(n)
Dict.	Dictionnaire, Dictionary	MEGA	s. Siglen	Suppl.	Supplement(um)
disp.	disputatio	Met.	Metaphysik	s.v.	sub voce (unter dem Stichwort)
Diss.	Dissertatio(n)	MEW	s. Siglen		
dtsch.	deutsch	MG SS	s. Siglen	SVF	s. Siglen
ebda.	ebenda	Mh.	Monatshefte	T.	Teil
eccl.	ecclesiasticus	mhd.	mittelhochdeutsch	Theol.	Theologie, Theologia
Ed.	Editio	MPG	s. Siglen	UB	Universitätsbibliothek
Einf.	Einführung	MPL	s. Siglen	Übers.	Übersetzung
Einl.	Einleitung	Ms.	Manuskript	Univ.	Universität
engl.	englisch	Mschr.	Monatsschrift	v	verso (fol. 2v = Blatt 2, Rückseite)
Ep.	Epistula	Mus.	Museum		
Erg.Bd	Ergänzungsband	nat.	naturalis	Verh.	Verhandlungen
Eth.	Ethica	ND	Nachdruck	Vjschr.	Vierteljahresschrift
etymol.	etymologisch	NF	Neue Folge	Vol.	Volumen
evang.	evangelisch	nhd.	neuhochdeutsch	Vorles.	Vorlesung
FDS	s. Siglen	NT	Neues Testament	VS	s. Siglen
fol.	folio	p.	pagina	Wb.	Wörterbuch
Frg.	Fragment	Philol.	Philologie	Wiss.	Wissenschaft(en)
frz.	französisch	Philos.	Philosophie	Wschr.	Wochenschrift
G.	Giornale	Phys.	Physik	Z.	Zeitschrift
		post.	posteriora	Zool.	Zoologie
				Ztg.	Zeitung

HÄUFIG VERWENDETE ZEICHEN

1. Symbole der Junktoren- und Quantorenlogik (Aussagen- und Prädikatenlogik)
(vgl. Art. ‹Aussagenlogik›, ‹Indefinit›, ‹Logik, dialogische›, ‹Prädikatenlogik›)

Zeichen	Gesprochen	Name
a) Kopulae		
ε	ist (hat)	(affirmative) Kopula
ε'	ist (hat) nicht	(negative) Kopula
b) Logische Junktoren		
$\neg$	nicht	Negator
$\wedge$	und	Konjuktor
$\vee$	oder (nicht ausschließend, lat. vel)	Adjunktor
$\rightarrow$	wenn ..., so (dann) ...	(Subjunktor) Implikator
$\leftrightarrow$	genau dann wenn ..., so (dann) ...	(Bisubjunktor) Biimplikator
c) Logische Quantoren		
$\wedge x$	für alle x gilt	Allquantor
$\mathbb{A} x$	für alle x gilt (wobei der Variabilitätsbereich von x indefinit ist)	indefiniter Allquantor
$\vee x$	es gibt mindestens ein x, für das gilt	Existenzquantor
$\mathbb{W} x$	es gibt mindestens ein x, für das gilt (wobei der Variabilitätsbereich von x indefinit ist)	indefiniter Existenzquantor
d) Folgerungssymbole		
$\prec$	impliziert (aus ... folgt ...)	Zeichen für den Folgerungsbegriff der dialogischen Logik
$\Vdash$	aus ... folgt ...	Zeichen für den semantischen Folgerungsbegriff

2. Regel- und Kalkülsymbole (vgl. Art. ‹Kalkül›)

$\Rightarrow$	es ist erlaubt, von ... überzugehen zu ...
$\Leftrightarrow$	es ist erlaubt, von ... überzugehen zu ... und umgekehrt
$\vdash$	ist ableitbar
$=_{df}$ $\leftrightharpoons$ $:=$	nach Definition gleich

3. Relationssymbole

$=$	gleich
$\neq$	nicht gleich
$\equiv$	identisch
$\not\equiv$	nicht identisch
$\sim$	äquivalent
$<$	kleiner
$\leq$	kleiner oder gleich
$>$	größer
$\geq$	größer oder gleich

4. Symbole der Modallogik (vgl. Art. ‹Modallogik›)

$\Diamond$	es ist möglich, daß
$\square$	es ist notwendig, daß
$\prec$	strikte Implikation

5. Symbole der Syllogistik

S	Subjekt
P	Prädikat
a	affirmo universaliter (ich bejahe universell)
i	affirmo partialiter (ich bejahe partiell)
e	nego universaliter (ich verneine universell)
o	nego partialiter (ich verneine partiell)

6. Symbole der Mengenlehre (vgl. Art. ‹Mengenlehre›)

$\emptyset$	leere Menge
$\in$	Element von
$\notin$	nicht Element von
$\subseteq$	enthalten in
$\cup$	vereinigt (Vereinigung von ... und ...)
$\cap$	geschnitten (Durchschnitt von ... und ...)